Neuseeland

Bay of Islands & Northland (S. 135)
Auckland (S. 68)
Rotorua & Bay of Plenty (S. 314)
Waikato & Coromandel Peninsula (S. 184)
Taupo & Central Plateau (S. 282)
Taranaki & Whanganui (S. 242)
East Coast (S. 363)
Marlborough & Nelson (S. 434)
Wellington & Umgebung (S. 400)
West Coast (S. 485)
Christchurch & Canterbury (S. 525)
Queenstown & Wanaka (S. 624)
Dunedin & Otago (S. 588)
Fiordland & Southland (S. 665)

Charles Rawlings-Way

Brett Atkinson, Sarah Bennett, Peter Dragicevich, Lee Slater

REISEPLANUNG

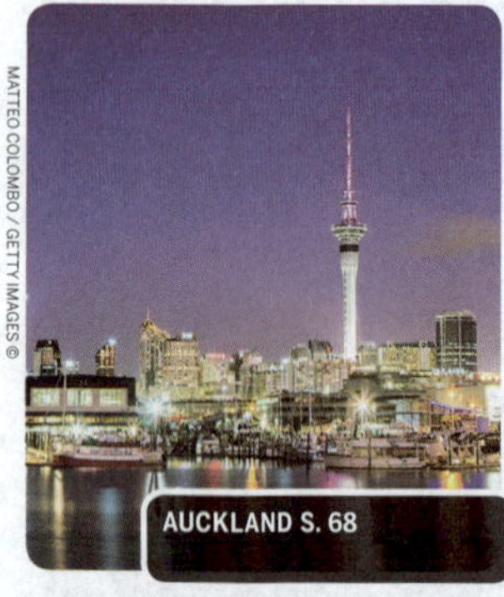
MATTEO COLOMBO / GETTY IMAGES ©
AUCKLAND S. 68

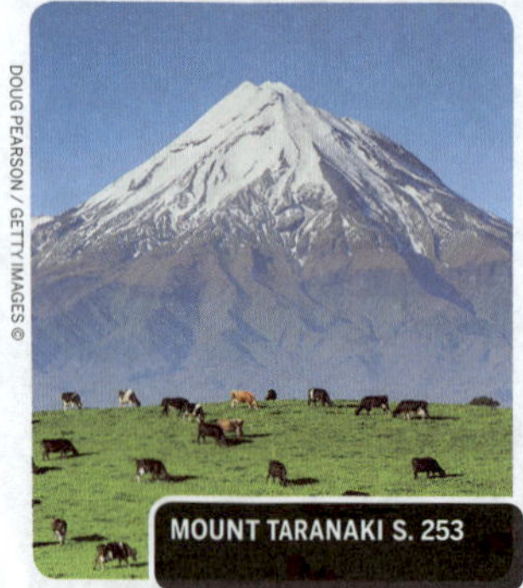
DOUG PEARSON / GETTY IMAGES ©
MOUNT TARANAKI S. 253

REISEZIELE IN NEUSEELAND

Inhalt

NEUSEELAND VERSTEHEN

PRAKTISCHE INFORMATIONEN

SPECIALS

Willkommen in Neuseeland

Gerade weil sich das tatsächliche und das politische Klima auf der Erde immer weiter aufheizen, ist es tröstlich, dass ein Land wie Neuseeland existiert. Diese menschenleeren, grünen und friedlichen Inseln sind ideale Rückzugsorte.

Durch die Wildnis wandern

Neuseeland ist 268 021 km² groß. Auf dieser Fläche leben 4,6 Mio. Menschen. Den Platz dazwischen füllen Wälder, Berge, Seen, Strände und Fjorde, die Neuseeland zu einer der schönsten Wanderregionen machen. Am besten, man nimmt sich einen der *Great Walks* vor (am bekanntesten sind Heaphy und Milford Track), oder man gönnt sich ein paar Stunden in der Natur, bei einer Strandwanderung, einer Kanufahrt oder einem Ausflug mit dem Mountainbike.

Entspannter Urlaub

Beim Vergleich mit anderen Urlaubszielen schneidet Neuseeland bestens ab – nicht zuletzt, weil das Reisen unbeschwert verläuft. Busse und Züge fahren pünktlich. Die Straßen sind in gutem Zustand. Nach Geldautomaten muss man nirgendwo suchen, und Taschendiebe oder Händler, die Fremde übers Ohr hauen, sind hier so rar wie verschmutzte Herbergsräume. Und wegen des Essens muss hier niemand auf die nächste öffentliche Toilette stürzen. Überdies gibt es keine Schlangen und nur eine einzige giftige Spinne, die seltene Rote Katipo.

Kultur der Māori

Wer sich auch nur entfernt für Rugby interessiert, hat sicher schon von der neuseeländischen Nationalmannschaft der All Blacks gehört, deren Weltruhm auch mit den unbesiegbaren Māori–Spielern zu tun hat. Das ist aber nur ein Beispiel dafür, wie die Kultur der Māori in den Alltag hineinwirkt: Überall hört man die Māori-Sprache, im Fernsehen gibt es Māori-Sender, an den Hauptstraßen stehen *marae* (Versammlungshäuser), man kann die *hangi* (Maori-Feste) besuchen oder Kulturveranstaltungen mit Māori-Liedern, Māori-Tänzen und dem einschüchternden *haka* (Kriegstanz) beiwohnen. Wer sehr mutig ist, entscheidet sich vielleicht sogar für ein *ta moko,* ein traditionelles Māori-Tattoo.

Essen, Wein & Bier

Die neuseeländische Küche war früher nur ein schwacher Abglanz britischer Sonntagsgerichte, doch heute suchen die Küchenchefs ihre Inspiration in den kulinarischen Gefilden der Neuen Welt, vor allem im Pazifikraum mit seinen Fischgerichten und den angrenzenden Küchen. Man sollte einige regionale Spezialitäten probiert haben: *paua* (Abalone), *kina* (Seeigel) und *kumara* (Süßkartoffeln). Für ein Picknick deckt man sich am besten auf einem der Bauernmärkte ein. Neuseelands Weingüter heimsen seit Jahrzehnten Preise für ihre Pinot Noirs und Sauvignon Blancs ein und auch die Craft-Beer-Szene boomt.

Warum ich Neuseeland liebe

Von Charles Rawlings-Way, Autor

Als in England geborener Australier erlebe ich jede Reise nach Neuseeland als einen Mix aus Landschaften und Kulturen, die einerseits so vertraut und doch so andersartig wirken. Die sanften Hügel und Hecken entsprechen den ungezwungenen Einheimischen und wirken entwaffnend, ablenkend und unterhaltsam. Die Māori-Kultur ist stark, die Surfstrände sind Weltklasse und das Bier ist köstlich. Neuseeland verbindet das Beste aus der Alten und der Neuen Welt miteinander, und zwar auf sozial und ökologisch sensible Weise: vielleicht als Vorlage für eine neue Weltordnung? Jedenfalls liebe ich Neuseeland!

Mehr Informationen über die Autoren gibt es auf S. 786

Aoraki/Mount Cook (S. 580)

Neuseeland

0
200 km
Bay of Islands
Eine herrliche Bucht mit rund 150 Inseln (S. 149)
Hauraki Gulf
Inseln, Jachten, Delfine ... ein Wasserparadies! (S. 110)
Rotorua
Geysire, Schlammtöpfe und schwefelhaltige Gase (S. 315)
Auckland
Restaurants, Bars und die Kultur der Pazifikinseln (S. 69)
Waitomo Caves
Glühwürmchen und andere Höhlenabenteuer (S. 209)
Tongariro Alpine Crossing
Die schönste Tageswanderung des ganzen Landes (S. 300)
SÜD-PAZIFIK
TASMAN-SEE
Cape Reinga
North Cape
Great Exhibition Bay
Bay of Islands
Kaitaia
Kerikeri
Russell
Paihia
Opononi
Kaikohe
Whangarei
Northland
Dargaville
Hen & Chicken Islands
Great Barrier Island
Wellsford
Kaipara Harbour
Hauraki Gulf
Helensville
Auckland
Whitianga
Coromandel Peninsula
Drury
Pukekohe
Thames
Huntly
Ngaruawahia
Raglan
Hamilton
Cambridge
Mt Maunganui
Tauranga
Bay of Plenty
Te Kaha
Hicks Bay
Te Araroa
Whakatane
Opotiki
Ruatoria
Tokomaru Bay
Tolaga Bay
Gisborne
Kawhia
Waikato
Rotorua
Waitomo Caves
Otorohanga
Te Kuiti
Taupo
Lake Taupo
Turangi
New Plymouth
Whanganui National Park
Tongariro National Park
Mt Ruapehu (2797 m)
Mt Taranaki (Mt Egmont) (2518 m)
Stratford
Opunake
Ohakune
Hawera
Wairoa
Hawke Bay
Napier
Hastings
Whanganui
Waipawa
Waipukurau
Palmerston North
Dannevirke
Woodville
166°E
168°E
170°E
172°E
174°E
176°E
178°E
36°S
38°S
40°S

Abel Tasman National Park
Postkartenstrände treffen auf türkisfarbenes Wasser (S. 472)
Wellington
Die politische und kulturelle Hauptstadt des Landes (S. 402)
Kaikoura
Langusten kosten und die Tierwelt bewundern (S. 452)
TranzAlpine Railway
Die klassische Bahnfahrt von Küste zu Küste (S. 501)
West Coast
Gletscher, wilde Natur und viel Geschichte (S. 485)
Milford Sound
Steile Klippen stürzen ins tiefblaue Meer (S. 676)
Akaroa & Banks Peninsula
Versteckte Buchten und französisches Erbe (S. 550)
Queenstown
Das Schnee- (und Après-Ski-) zentrum des Landes (S. 625)
Otago Peninsula
Hier leben vor allem Pinguine, Robben und Seelöwen (S. 610)
HÖHEN
2000 m
1500 m
1250 m
1000 m
750 m
500 m
250 m
0
TASMAN-SEE
SÜD-PAZIFIK
42°S
44°S
46°S
Collingwood
Golden Bay
Marlborough Sounds
Levin
Takaka
Abel Tasman National Park
Tasman Bay
Upper Hutt
Masterton
Porirua
Motueka
Picton
Karamea
Lower Hutt
WELLINGTON
Richmond
Nelson
Mt Owen (1875 m)
Blenheim
Cook Strait
Cape Palliser
Westport
Murchison
St Arnaud
Punakaiki
Reefton
Kaikoura
Greymouth
Hanmer Springs
Hokitika
Arthur's Pass
Ross
Mt Murchison (2400m)
Whataroa
Pegasus Bay
Franz Josef Glacier
Mt Hutt
Christchurch
Fox Glacier
Lyttelton
Methven
Banks Peninsula
Aoraki/Mt Cook (3754 m)
Lake Tekapo
Akaroa
Haast
Lake Pukaki
Ashburton
Jackson Bay
Twizel
Temuka
Lake Wanaka
Haast Pass
Timaru
Omarama
Milford Sound
Wanaka
Waimate
Glenorchy
Arrowtown
Fiordland National Park
Cromwell
Queenstown
Oamaru
Lake Te Anau
Lake Wakatipu
Clyde
Alexandra
Te Anau
Palmerston
Manapouri
Dunedin
Otago Peninsula
Lake Manapouri
Lumsden
West Cape
Winton
Gore
Milton
Tuatapere
Balclutha
Invercargill
Catlins Conservation Park
Foveaux Strait
Bluff
Oban
Stewart Island/Rakiura

Neuseelands Top 20

1

Waiheke Island & Hauraki Gulf

1 Der inselreiche Hauraki Gulf (S. 110) ist ein Paradies für Jachtbesitzer. Er schützt den Hafen und die Buchten an der Ostküste und bietet der Vergnügungsflotte der „Stadt der Segel" reichlich Anlass, diese Segel zu setzen. Trotz des regen Schiffsverkehrs sind im Golf einige Wal- und Delfinschulen zu Hause. Wahrzeichen der Stadt ist Rangitoto Island; sein nahezu perfekter Vulkankegel bildet den Hintergrund so mancher Schnappschüsse. Waiheke hingegen gilt wegen der schönen Strände, Weingüter und Restaurants als beliebtestes Insel-Refugium Aucklands.

Unten links: Matiatia Wharf, Waiheke Island (S. 111)

Auckland

2 Auckland (S. 69) wird von zwei Häfen eingefasst. Das Stadtgebiet ist auf den Resten erloschener Vulkane erbaut. Die Stadt gelangt auch immer wieder auf die Liste der lebenswertesten Städte der Welt. Zwar kann Auckland so Großkalibern wie New York oder London nicht ganz das Wasser reichen, dafür aber ist Auckland mit Stränden reich gesegnet, von schönen Weinanbaugebieten umgeben und groß genug für eine blühende Gastronomie- und eine lebendige Musikszene. In der ethnisch bunten Stadt feiert man Kulturfestivals mit echter Inbrunst. Schließlich lebt hier die weltweit größte Bevölkerungsgruppe aus Ozeanien.

Wellington

3 Wellington (S. 402) gilt als eine der coolsten kleinen Hauptstädte der Welt: Hier ist alles hip, dynamisch, aber auch traditionsverbunden. Die Stadt ist berühmt für ihre Kunst- und Musikszene. Eine Reihe kleiner Craft-Brauereien hat sich ebenfalls einen Platz in der Szene erobert. Wellington ist hektisch, aber dennoch gesellig, bunt, allerdings oft auch ganz in Schwarz gehüllt, und liebt das Unkonventionelle. Das wechselhafte Wetter gibt dem Ganzen noch zusätzlich einen besonderen Reiz. Unten: Die Skulptur *The Albatross* von Tanya Ashken am Meeresufer in Wellington

Bay of Islands

4 Türkisfarbenes Wasser glitzert in hübschen Buchten, Delfine treiben ihre Späße mit den Rudern der Boote, Orkas gleiten anmutig vorbei: Wahrscheinlich sind es diese Bilder, die die Besucher überhaupt erst nach Neuseeland gelockt haben – und hier in der Bay of Islands (S. 149) erlebt man diese Dinge hautnah. Egal, ob man nun ein harter Seebär oder ein überzeugtes Landei ist, es gibt Tausende Möglichkeiten, die rund 150 Inseln zu erkunden, die verstreut in dieser wunderschönen Bucht liegen. Oben rechts: Urupukapuka Island (S. 162)

Kaikoura

5 Kaikoura (S. 452; das bedeutet „Krebse essen") wurde einst von den Māori wegen ihrer Vorliebe für Meeresfrüchte besiedelt und ist heute der ideale Ort, um die Meerestiere zu kosten. Langusten stehen immer noch an erster Stelle, aber auf Angeltouren kann man auch ganz andere essbare Wunder der Tiefen an den Haken bekommen. Wale, Delfine und Robben gehören definitiv nicht auf die Speisekarte – aber Bootstouren oder Flüge zu diesen Tieren sind hier ein ganz großes Geschäft. Solche Touren führen auch zu Diskussionen, aber die neuseeländischen Veranstalter halten sich strikt an die Vorgaben des staatlichen Umweltministeriums.

Links: Delfin vor der Küste von Kaikoura

7

Die Westküste

6 Die Westküste (S. 485) wird vom wilden Tasmanischen Meer und den Südlichen Alpen umgeben und ist ganz anders als der Rest des Landes. Beide Eckpunkte dieser Küste vermitteln den Eindruck von Weltabgeschiedenheit. Im Norden liegt das verschlafene Karamea am Kahurangi National Park, am südlichen Ende der SH 6 liegt das Tor zu den Weltkulturerberegionen. Dazwischen finden sich die raue Küste, tiefe Wildnis, Sehenswürdigkeiten wie die Punakaiki Rocks sowie der Franz Josef und Fox Glacier und ganz viel Geschichte des Landes. Oben links: Franz Josef Glacier (S. 513)

Schwefelbad Rotorua

7 Das Erste, was man sofort bemerkt, wenn man nach Rotorua (S. 315) kommt, ist der Schwefelgeruch. Doch es sind gerade diese vulkanischen Nebenprodukte, die Besucher interessieren: Geysire, blubbernder Matsch, rauchende Erdspalten, Löcher mit siedendem mineralhaltigem Wasser ... Rotorua ist einzigartig. Man braucht hier aber kein Vermögen auszugeben – es gibt viele erschwingliche (teilweise kostenlose) Möglichkeiten, der Naturgewalt aus dem Erdinneren zu begegnen. Und Māori-Dörfer liegen unmittelbar am Weg. Links unten: Champagne Pool (S. 334)

Waitomo Caves

8 Der Besuch von Waitomo (S. 209) ist ein Muss. Die Stadt selbst besteht vornehmlich aus einer Mikrobrauerei, einem Café, einem Ferienpark und einigen B&Bs. Attraktiver ist da eindeutig die Unterwelt: ein verblüffendes Labyrinth unterirdischer Höhlen, Schluchten und Flüsse, die die Erosion in den Kalkstein des nördlichen King Country gegraben hat. Raftings durch finstere Höhlen sind das Highlight, nicht weniger Spannung versprechen aber Grotten voller Glühwürmchen, unterirdische Abseil-Abenteuer und mehr Stalaktiten und Stalagmiten, als man je an einem Ort gesehen hat.

23PICTURES / SHUTTERSTOCK ©

Tongariro Alpine Crossing

9 Mitten auf der Nordinsel bietet der Tongariro National Park (S. 300) eine außerirdisch anmutende Landschaft, aus der drei rauchende Vulkane aufragen. Dieser Weg ist der Inbegriff dessen, was der Park zu bieten hat. Er führt um den Fuß zweier Berge herum und ermöglicht einen Blick in die Krater. Dahinter erstrecken sich gefärbte Seen und die weite Ebene des Central Plateau. Genau deshalb gilt diese Wanderung als eine der schönsten eintägigen Touren der Welt. Oben links: Emerald Lakes (S. 300), Tongariro National Park

Rugby

10 Rugby ist Neuseelands Nationalsport. Mit gutem Timing hat man vielleicht das Glück, die Nationalmannschaft, die All Blacks (wiederholter und amtierender Weltmeister), in Aktion zu erleben. Die „Abs" werden fast wie Götter verehrt: Empfehlenswert ist das New Zealand Rugby Museum (S. 275) in Palmerston North, es lohnt aber auch, den Vorstadtkindern beim Spiel zuzusehen oder mit den Einheimischen in einem Pub vor einem Bildschirm zu grölen, wenn die massigen Männer zusammenprallen. Oben Mitte: Die All Blacks feiern den Sieg der Weltmeisterschaft im Jahr 2015

Abel Tasman National Park

11 Auf Schritt und Tritt gibt es hier Natur pur: üppig bewachsene grüne Hügel mit goldenen Sandbuchten, die sanft abfallen, bevor sie dann ins kristallklare, himmelblaue Wasser übergehen. Der Abel Tasman National Park (S. 472) ist ein klassisches Postkartenparadies, wo man sich überall in immer anderen Posen für ein Foto aufstellen kann: beim Wandern, Kajakfahren, Schwimmen oder einfach nur beim Sonnenbaden. Diese traumhaft schöne landschaftliche Ecke von Neuseeland legt die Messlatte sehr hoch.

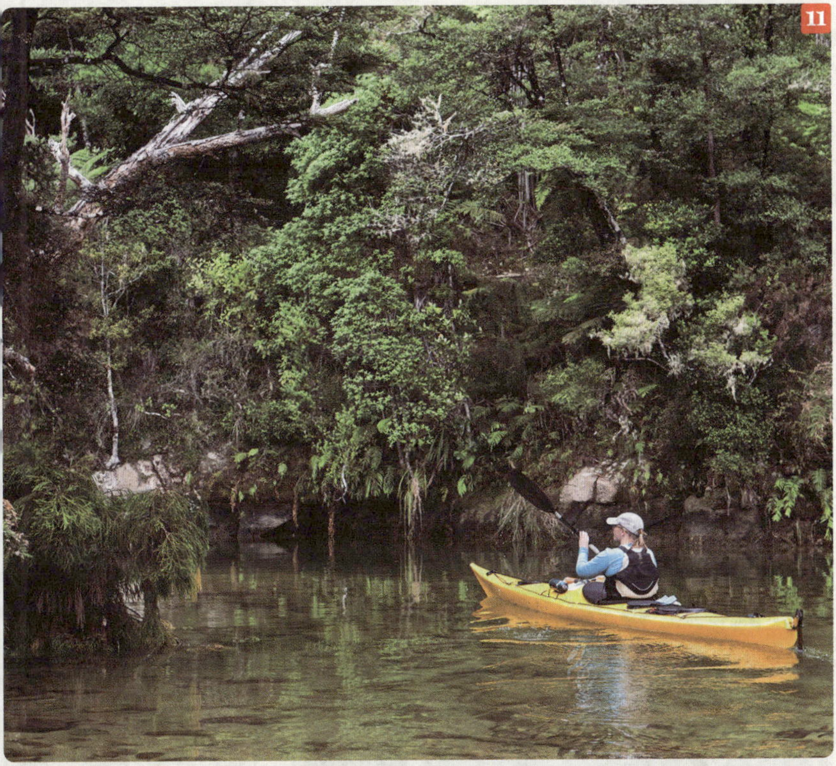

11

Kultur der Māori

12 Wer die Kultur der Ureinwohner Neuseelands, der Māori (S. 722), erleben möchte, sollte an einem *haka* (Kriegstanz) teilnehmen, bei einem traditionellen *hangi* (Festmahl) zulangen, einen Schmuckanhänger aus Knochen oder *pounamu* (Jade) schnitzen, einige Bruchstücke der Sprache erlernen oder eine authentische Kulturveranstaltung besuchen. In den großen Städten und Heimatmuseen ganz Neuseelands gibt es Kunsthandwerkliches und historische Gegenstände der Māori. Unten rechts: Eine Frau und ein Mann der Māori grüßen mit einer traditionellen *hongi*

Otago Peninsula

13 Die Otago Peninsula (S. 610) ist der Beweis dafür, dass auf der Südinsel unzählige Outdoor-Aktivitäten möglich sind. Die Halbinsel bietet die landesweit beste Gelegenheit zur Beobachtung der Tierwelt. Dutzende Zwergpinguine sind besonders bei ihrem nächtlichen Strandwatscheln überaus niedlich. Ihr gelbäugiger Cousin, der *hoiho*, steht gern an verlassenen Stränden Wache. Seelöwen und Robben räkeln sich auf den Felsen, während die Albatrosse aus der Festlandkolonie über ihnen schweben. Unten links: Drachenflieger über der Otago Peninsula

Heaphy Track

14 Der bei Wanderern und mittlerweile auch Mountainbikern (vornehmlich im Winter) beliebte vier- bis sechstägige Heaphy Track (S. 481) bildet die Attraktion im Kahurangi National Park, der großen Wildnis, die sich in der Nordwestecke der Südinsel ausbreitet. Weitere Highlights sind die geheimnisvollen Gouland Downs und die surreale Nikaupalmen-Küste, wohingegen die Städte an den jeweiligen Enden – bei Golden Bay und Karamea – die Besucher auf den Boden der Tatsachen zurückbringen.

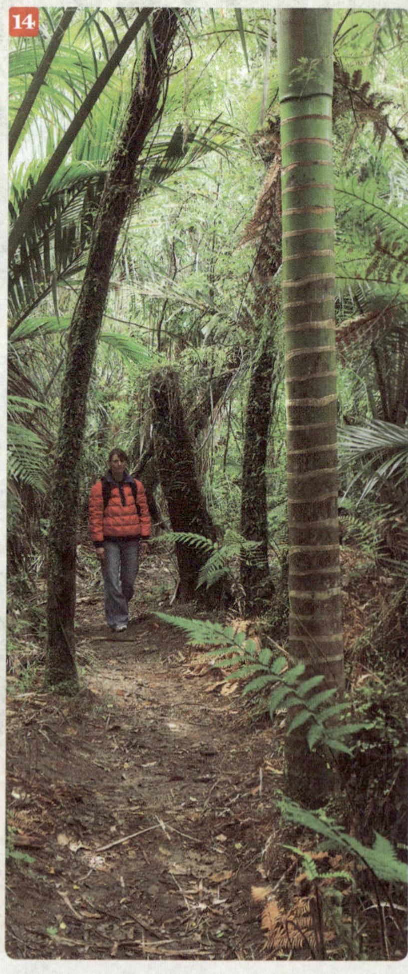

Central Otago

15 Per Zweirad rollt man entspannt den Otago Central Rail Trail entlang und radelt dabei durch einige der schönsten Landschaften Neuseelands (S. 620) und durch die denkmalgeschützten Straßen alter Goldgräberstädte. Unterwegs dient das sommerliche Steinobst, für das die Region bekannt ist, als Zwischenmahlzeit. In einem der vielen alten Pubs wartet dann das wohlverdiente Bier. Alternativ könnte man auch in den Weingütern der Region edle Tropfen verkosten. Oben: Der Otago Central Rail Trail (S. 620) bei Omakau

Skifahren & Snowboarden

16 Neuseeland besitzt einige hohe Berge, sodass man in der Wintersaison (Juni bis Okt.) immer irgendwo gute Schneeverhältnisse vorfindet. Die meisten Pisten befinden sich auf der Südinsel: Queenstown (S. 625) und Wanaka (S. 654) mit den Abfahrten am Coronet Peak, an den Remarkables und am Treble Cone sind beliebt. Zudem gibt es hier Reviere zum Snowboarden und Langlaufen. Auf der Nordinsel bietet der Mount Ruapehu die Chance, auf Vulkanhängen zu carven. Oben: Snowboarder am Coronet Peak (S. 633)

Milford Sound

17 Mit etwas Glück kann man den Milford Sound (S. 676) an einem klaren Tag erleben. Nur dann zeigt sich das Zusammenspiel von Wasserfällen, grünen Klippen, Gipfeln und dunkelblauem Wasser in voller Pracht. Allerdings ist es wahrscheinlicher, dass man das Ganze in der typischen Mischung aus Dunst und Sprühregen antrifft und man die Umrisse des Mitre Peak nur mit Mühe ausmachen kann. Immer aber sollte man ein Auge auf Seehunde und Delfine haben, besonders wenn man den Fjord mit dem Kajak erkundet.

Queenstown

18 Queenstown (S. 625) mag die Geburtsstätte des Bungeespringens sein, doch Neuseelands Abenteuerstadt hat viel mehr zu bieten als Sprünge in die Tiefe. Vor dem zerklüfteten blauen Profil der Gebirgskette der Remarkables können Reisende tagelang Ski- oder Mountainbikefahren oder wandern, um dann am Abend in internationalen Restaurants zu speisen. Am nächsten Tag kann man dann Drachenfliegen, Kajak- oder Floßfahren oder einfach nur ruhige Ausflüge etwa nach Arrowtown oder Glenorchy unternehmen.

AGE FOTOSTOCK / ALAMY STOCK PHOTO ©

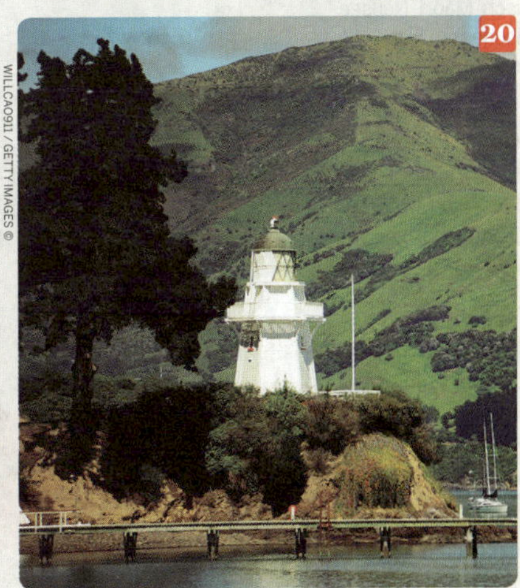

WILLCAO911 / GETTY IMAGES ©

TranzAlpine Railway

19 Die TranzAlpine (S. 501) führt auf einer der weltweit schönsten Bahnstrecken in weniger als fünf Stunden quer durchs Land, vom Pazifik bis zur Tasmansee. Unterwegs steht ein mächtiges Gebirge im Weg: Nach den Canterbury Plains führt eine Reihe von imposanten Tunneln und Viadukten hinauf durch die Southern Alps zum Arthur's Pass, wo der 8,5 km lange Otira-Tunnel sich direkt durch die Felsen von Neuseelands bergigem Rückgrat wühlt. Danach geht es (lediglich im Wortsinn) nur noch bergab bis ins verschlafene Greymouth.

Akaroa & Banks Peninsula

20 Das mit einer Prise französischer Atmosphäre gewürzte Akaroa (S. 550) umschließt einen der schönsten Häfen auf der Banks Peninsula. Der seltenste Delfin der Welt bevölkert die klaren Gewässer, die zudem ideal zum Kajakfahren und Segeln sind. Anderswo auf der Insel windet sich die Summit Road am Rand eines erloschenen Vulkans entlang, und viele Straßen schlängeln sich hinab zu versteckten Buchten. Tagelang kann man hier die vielen überraschenden Attraktionen erkunden. Unten rechts: Leuchtturm, Akaroa (S. 550)

Gut zu wissen

Weitere Informationen im Kapitel „Praktische Informationen" (S. 738)

Währung
Neuseeland-Dollar (NZ$)

Sprache
Englisch, Māori, Neuseeländische Gebärdensprache

Visum
Deutsche, Österreicher und Schweizer brauchen wie die Angehörigen von 57 weiteren Ländern kein Visum für Neuseeland (als Touristen). Unter www.immigration.govt.nz gibt es Infos.

Geld
In Städten und größeren Ortschaften gibt es überall Geldautomaten. In den meisten Hotels und Restaurants werden Kreditkarten akzeptiert.

Mobiltelefone
Viele europäische Handys funktionieren im neuseeländischen Netz. Per Roaming oder mit einer hiesigen Prepaid-SIM-Karte kann man sie benutzen.

Zeit
In Neuseeland gilt die MEZ plus 11 Stunden.

Reisezeit

Hochsaison (Dez.–Feb.)

- Sommer: volle Strände, zahlreiche Outdoor-Aktivitäten, tolle Festivals und Sportereignisse.
- Die Übernachtungspreise in den großen Städten steigen.
- Die Hauptsaison in den Skigebieten ist naturgemäß im Winter (Juni–Aug.).

Zwischensaison (März–April)

- Hauptreisezeit: gutes Wetter, wenig Betrieb, Kinder in der Schule und halbwegs warme Wassertemperaturen.
- Lange Abende bei einem Glas Wein oder Craft Beer.
- Auch der Frühling zählt zur Zwischensaison (Sept.–Nov.).

Nachsaison (Mai–Aug.)

- Zum Skifahren in die Southern Alps mit einigen der besten Hänge auf der südlichen Halbkugel.
- Keine Menschenmassen, gute Übernachtungsangebote und wohltuend leere Lokale.
- Strandorte wirken jetzt oft etwas verschlafen.

Websites

100% Pure New Zealand (www.newzealand.com) Seite des Tourismusverbandes.

Department of Conservation (www.doc.govt.nz) Infos zu Parks und Campingplätzen des DOC.

Lonely Planet (www.lonelyplanet.com/new-zealand) Infos zu den Reisezielen, Hotelbuchungen, Reiseforen und mehr.

Destination New Zealand (www.destination-nz.com) Tourismus-Website mit Tipps.

DineOut (www.dineout.co.nz) Restaurantempfehlungen.

Te Ara (www.teara.govt.nz) Online-Nachschlagewerk zu Neuseeland.

Wichtige Telefonnummern

Reguläre Telefonnummern in Neuseeland haben eine zweistellige Vorwahl, gefolgt von einer siebenstelligen Durchwahl. Wenn man innerhalb einer Region telefoniert, muss man die Vorwahl mitwählen. Bei Anrufen aus dem Ausland die vordere 0 weglassen.

Landesvorwahl (von Europa aus)	☎0064
Notruf (Feuerwehr, Krankenwagen, Polizei)	☎111
Telefonauskunft	☎018
Internationale Telefonauskunft	☎0172

Wechselkurse

Euro-Zone	1 €	1,55 NZ$
Schweiz	1 SFr.	1,43 NZ$
USA	1 US$	1,39 NZ$

www.xe.com mit Wechselkursen.

Tagesbudget

Preiswert: unter 150 NZ$

- Schlafsaalbett oder Campingplatz: 25–38 NZ$ pro Nacht
- Hauptgericht in einem preiswerten Lokal: unter 15 NZ$
- Erkundungstour per Naked Bus oder InterCity: fünf Fahrten ab 151 NZ$

Mittelteuer: 150–250 NZ$

- Doppelzimmer in Mittelklasse-Hotel/-Motel: 120–200 NZ$
- Hauptgericht in Mittelklasse-Restaurant: 15–32 NZ$
- Auto ausleihen und weitere Rundfahrten: ab 30 NZ$ pro Tag

Teuer: über 250 NZ$

- Doppelzimmer in Luxushotel: ab 200 NZ$
- Drei-Gänge-Menü in einem erstklassigen Restaurant: 80 NZ$
- Inlandsflug von Auckland nach Christchurch: ab 100 NZ$

Öffnungszeiten

Die Öffnungszeiten variieren je nach Saison (so ist es in Dunedin beispielsweise im Winter sehr ruhig), aber die folgenden Angaben können als grobe Orientierung dienen. Die meisten Einrichtungen haben an den Weihnachtstagen und Karfreitag geschlossen.

Banken Mo-Fr 9.30–16.30, manche haben auch samstags von 9–12 Uhr geöffnet

Cafés 7–16 Uhr

Geschäfte & Unternehmen Mo-Fr 9–17.30, Sa 9-12 oder 17 Uhr

Postämter Mo-Fr 8.30–17; größere Filialen auch samstags 9.30–13 Uhr

Pubs & Bars Von 12 Uhr bis spätabends (wie lange genau, hängt von der Region und dem Wochentag ab)

Restaurants 12–14.30 und 18.30–21 Uhr

Supermärkte 8–19 Uhr, in größeren Städten oft bis 21 Uhr oder länger

Ankunft in Neuseeland

Auckland Airport (S. 753) Airbus-Express-Busse fahren rund um die Uhr alle 10 bis 30 Minuten in die Stadt. Shuttlebusse verkehren ebenfalls 24 Stunden von Tür zu Tür. Ein Taxi zur Innenstadt kostet 75 bis 90 NZ$ (45 Minuten).

Wellington Airport (S. 753) Airport-Flyer-Busse fahren von 6.30 bis 21.30 Uhr alle 10 bis 20 Minuten in die Stadt. Shuttlebusse fahren 24 Stunden von Tür zu Tür. Ein Taxi zur Innenstadt kostet 30 NZ$ (20 Minuten).

Christchurch Airport (S. 753) Die Purple Line der Metro fährt von 6.45 bis 23 Uhr in regelmäßigen Abständen in die Stadt. Shuttlebusse fahren 24 Stunden am Tag von Tür zu Tür. Ein Taxi zur Innenstadt kostet rund 50 NZ$ (20 Minuten).

Unterwegs vor Ort

Neuseeland ist lang und schmal. Viele Straßen sind zweispurige Landstraßen: Von A nach B zu kommen, erfordert Planung.

Auto Man kommt im eigenen Tempo voran, kann abgelegene Gebiete erkunden und Regionen ohne öffentliche Verkehrsmittel besuchen. Mietwagen gibt es in größeren Städten. Es herrscht Linksverkehr!

Bus Verlässliche, regelmäßige Verbindungen im ganzen Land (meist günstiger als fliegen).

Flugzeug Schneller voran kommt man mit recht günstigen, regelmäßigen Inlandsflügen. An den CO_2-Ausgleich denken!

Zug Verlässliche, regelmäßige Verbindungen auf speziellen Strecken beider Inseln.

Mehr zum Thema **Unterwegs vor Ort** siehe S. 753

Was gibt's Neues?

Old Ghost Road

Die 85 km lange Old Ghost Road ist eines der ehrgeizigsten Radwegprojekte Neuseelands. Der Weg führt über zwei historische Goldgräberrouten durch Berglandschaften und ist ein echtes Abenteuer. (S. 492)

Christchurch Art Gallery

Das erste Haus für Kunst am Platze! Die Kunstgalerie war wegen des Erdbebens seit 2011 geschlossen und wurde nun wiedereröffnet. Hier sind einige der schönsten Kunstwerke des Landes ausgestellt. (S. 531)

Auckland City Limits

Ersetzt das langjährige Rockfestival Big Day Out und lehnt sich an das berühmte Austin City Limits an: Beim ACL im März kommen die großen internationalen Künstler in den Western Springs Park. (S. 88)

Stadtzentrum von Christchurch

Mitten in der restaurierten Innenstadt von Christchurch entstehen neue Bars, Restaurants und Unterkünfte. (S. 531)

Hydro Attack

Was springt denn da aus den stillen Gewässern des Lake Wakatipu? Oh Gott, es ist ein riesiger Hai, oder zumindest ein mit Düsen angetriebenes, torpedoähnliches Wasserfahrzeug, das so aussieht. (S. 631)

Bill Richardson Transport World

Dieses riesige Automobilmuseum in Invercargill beherbergt eine Sammlung schön restaurierter historischer Trucks. (S. 683)

Museum of Waitangi

Das Erbe und der fortwährende Einfluss des Gründungsdokuments des modernen Neuseeland (Treaty of Waitangi von 1840) auf die Gegenwart wird in diesem Museum in der Bay of Islands ausgestellt. (S. 157)

Skyline MTB Gravity Park

Rotorua ist auf dem Wege, zum weltweit besten Ort für Mountainbiker zu avancieren, und das vor allem durch die zusätzlichen 10 km aufregender Bergab-Trails, die mit einer Gondel erreichbar sind. (S. 323)

My Kiwi Adventure

Dieser Veranstalter im Tongariro National Park ermöglicht Besuchern ein geführtes Abenteuer auf dem Stehpaddel-Board in den höchsten Höhen des Landes oder schickt sie auf die schönsten Mountainbike-Strecken im Inneren der Nordinsel. (S. 307)

Len Lye Centre

Der neuseeländische Künstler Len Lye (1901–1980) wusste genau, wie er die Neugier der Menschen mit seinen Kunstwerken wecken konnte. Einige finden sich in der neuen Galerie von New Plymouth. (S. 243)

Sunshine Brewery

In der Craft-Beer-Brauerei von Gisborne gibt es einen neuen Verkostungsraum direkt am Waikanae Beach. Hier kann man sich eine Degustationskelle, etwas zum Mitnehmen oder zu essen organisieren. (S. 371)

Pukeahu National War Memorial Park

Der neueste Park in Wellington ist ergreifend – ein großes Gelände unterhalb des alten Art-déco-National War Memorial (1932) zu Ehren der neuseeländischen Soldaten und Soldatinnen. (S. 406)

Weitere Tipps und Empfehlungen finden sich unter lonelyplanet.com/new-zealand

Wie wär's mit ...

Städte

Auckland Sydney für Anfänger? Oder besser gesagt „Seattle minus Regen", dazu kommt die vitale pazifische Inselkultur. (S. 68)

Wellington Bietet wirklich alle Verlockungen, die man in einer Hauptstadt erwarten kann, und das in einem kompakten Geschäftsviertel mit schöner viktorianischer Architektur an den Hängen mehrerer Hügel. (S. 402)

Christchurch Absolut energiegeladen und schwungvoll wiederauferstanden nach den jüngsten Erdbeben, was größtenteils der Entschlusskraft und der Ausdauer der stolzen Einwohnerschaft zu verdanken ist. (S. 528)

Dunedin Kunstbeflissenheit und ein feucht-fröhliches Ambiente (dank so vieler Studenten!); die nahe gelegene Otago Peninsula eignet sich sehr gut zur Wildbeobachtung. (S. 599)

Hamilton Die Stadt ist zwar nur ein kleiner Lichtimpuls auf dem Radar, aber die zahlreichen Bars, Restaurants, Museen und der Fluss lohnen einen Besuch. (S. 187)

New Plymouth Das perfekte städtische Zentrum der Region, mit fabelhaften Galerien, coolen Cafés und Bars sowie gut zugänglicher Wildnis rundherum. (S. 243)

Extremsport

Queenstown Bungy Sich am atemberaubenden Shotover Canyon Swing oder Nevis Bungy festschnallen und anschließend wagemutig in die Tiefe stürzen. (S. 627)

Abel Tasman Canyons Hier schwimmt man, rutscht, seilt sich ab und springt die Fluten des Torrnet River hinab, einfach atemberaubend. (S. 474)

Waitomo Black-Water Rafting Ausgerüstet mit einem Neoprenanzug, einer Rettungsweste und einem Helm mit Lampe gleitet man auf einem unterirdischen Höhlenfluss dahin – eine echt wilde Zeit! (S. 210)

Extremport in Auckland Hier bieten SkyWalk und SkyJump am Sky Tower sowie EcoZip Adventures Nervenkitzel mit toller Aussicht. (S. 84)

Canyons Beim Klettern und Abseilen durch den unberührten Busch bei Thames müssen Klippen, Wasserläufe und Wasserfälle überwunden werden. (S. 220)

Rafting auf dem Buller River Gilt landläufig als Neuseelands klassisches Rafting-Abenteuer. In Murchison gibt es zwei hervorragende Anbieter. (S. 488)

Skydive Franz Beim Fallschirmspringen kann man viel vom Gletscher sehen (aber auch den Aoraki/Mount Cook). (S. 515)

Geschichte

Waitangi Treaty Grounds In der Bay of Islands wurde der umstrittene Vertrag von Waitangi (Treaty of Waitangi) von den Māori-Häuptlingen und der britischen Krone unterzeichnet. (S. 157)

Arrowtown Diese Stadt aus der Ära des Goldrausches ist voller denkmalgeschützter Gebäude und den Überbleibseln einer der ältesten chinesischen Siedlungen Neuseelands. (S. 649)

Oamaru Victorian Precinct Wunderschön restaurierte Gebäude und Lagerhäuser aus weißem Kalkstein, in denen heute ausgefallene Kunstgalerien, Restaurants und Kunsthandwerksläden untergebracht sind. (S. 593)

Denniston Plateau Das ehemalige Bergbaustädtchen Denniston bei Westport erinnert an eine Geisterstadt und lädt zur Erkundung ein. Hier lebten einst 1500 Bergleute. (S. 491)

Te Papa Wellingtons lebendiges Schatzhaus, in dem die Geschichte der Māori und Pākehā (Neuseeländer europäischer Herkunft) erklingt, erstrahlt und lebendig wird. (S. 407)

Dunedin Railway Station Über 100 Jahre alt; die Wände sind mit Mosaiken versehen, die Fenster mit Glasmalereien; eines der meistfotografierten Gebäude Neuseelands. (S. 599)

Shantytown Liegt südlich von Greymouth an der Westküste und ist eine authentische Nachbildung einer typischen Goldgräberstadt aus den 1860er-Jahren. (S. 501)

Māorikultur

Rotorua Hier erleben die Besucher kulturelle Aufführungen, wie einen *haka* (Kriegstanz) und ein *hangi* (Māori-Festessen) mit traditionellen Gesängen, Tänzen und Geschichten. (S. 315)

Footprints Waipoua An der Westküste Northlands kann man den umwerfend schönen Waipoua Kauri Forest mit einem Māori-Führer erkunden. (S. 178)

Te Ana Māori Rock Art Centre In Timaru erfahren die Besucher viel über die traditionelle Felsmalerei der Māori, bevor sie dann die entlegenen Stätten bei South Canterbury erkunden. (S. 569)

Hokitika Die wichtigste Quelle für neuseeländische *pounamu*; Heimat der Steinmetzmeister, Knochen- und Paua-Muschelschnitzer in traditionellen Māori-Mustern. (S. 505)

Toi Hauāuru Studio Empfehlenswert ist ein Besuch in diesem Studio in Raglan, in dem es zeitgenössische Māori-Schnitzereien, bildende Kunst und *Ta Moko* (Tattoos) zu bestaunen gibt. (S. 198)

Pacific Coast Highway In dieser lange verloren geglaubten Ecke Neuseelands bewegt sich das Leben im eher traditionell langsamen Schritt voran. (S. 366)

Erlebnisse abseits der Touristenpfade

Stewart Island Endstation! Mit der Fähre geht es nach Oban, um dort einfach mal ein paar Tage abzutauchen. (S. 692)

Oben: Wanderer auf dem Routeburn Track (S. 646) oberhalb des Lake Mackenzie.
Unten: Weingut Wither Hills (S. 451), Marlborough

Northern West Coast Einige der schönsten Schauspiele bieten sich an der Küste im Nordwesten, darunter das staunenswerte Oparara Basin. (S. 496)

East Cape Man sollte sich einige Tage Zeit nehmen, um diese doch sehr wenig touristische Ecke Neuseelands zu bereisen. (S. 366)

Whanganui River Road Empfehlenswert ist eine Fahrt am Whanganui River entlang, vorbei an Māori-Städten und Baumgruppen sowie den Überresten von aufgegebenen Farmen der Pākehā (europäischen Neuseeländer). (S. 268)

Forgotten World Highway 155 einsame, bewaldete Kilometer zwischen Taumaranui und Stratford (oder in anderer Richtung). (S. 257)

Nordwestküste der Nordinsel Dieser Teil Neuseelands ist echt dünn besiedelt – genau wie wir es alle mögen. (S. 178)

Molesworth Neuseelands größte Viehfarm erstreckt sich in wirklich entlegenem Terrain – empfehlenswert ist eine Führung über das Gelände. (S. 559)

Wandern

Milford Track Ein zu Recht so berühmter „Great Walk": Auf 53,5 km gibt es großartige Fjorde, Klänge, Berggipfel und Regentropfen. (S. 672)

Routeburn Track Diejenigen, die schon viele Kilometer der „Great Walks" auf dem Buckel haben, finden den Routeburn am besten. (S. 646)

Banks Peninsula Track Die sanften Hügel und die malerischen Buchten sehen vielleicht nicht aus wie die durch Erosion abgetragenen Überreste zweier Vulkane, sind sie aber. Braucht jemand vielleicht eine Nachhilfestunde in Geologie? (S. 550)

Mt Taranaki: Kurzwanderwege Man kann um den Berg herumwandern oder seinen Gipfel direkt besteigen, aber auch ein Bummel auf den fotogenen Berghängen kann sehr reizvoll sein. (S. 253)

Lake Angelus Track Der im Zickzack verlaufene Aufstieg auf dem Pinchgut Track ist ein bisschen wie ein raues Erwachen, aber die Ausblicke am Mount Robert Ridge vermitteln lang anhaltende Eindrücke. (S. 483)

Whanganui Journey Dieser „Great Walk" ist eigentlich eine 145 km lange Paddeltour auf dem größten befahrbaren Fluss des Landes und führt durch den Whanganui National Park. (S. 270)

Queen Charlotte Track Hier erlebt man die Freuden des Campens (Meeresbrise, Wellenrauschen, sternenreiche Nächte) oder luxuriöse Lodges. Egal was und wie, es ist immer eine lohnende Sache. (S. 492)

Old Ghost Road Egal, ob man diesen fesselnden Weg an der Westküste per Fahrrad oder zu Fuß nimmt, er strotzt nur so vor Spuren der Geschichte. (S. 430)

Pubs, Bars & Bier

Craft Beer in Wellington Garage Project und Golding's Free Dive sind nur zwei von gut 20 Craft-Bierbraugaststätten in der Hauptstadt (ob das etwas mit durstigen Politikern zu tun hat?). (S. 418)

Queenstown Der einzige Ort in Neuseeland, an dem man auch Montag- oder Dienstagabend ausgehen kann und dabei nicht alleine ist. (S. 643)

Auckland Die größte Stadt des Landes entwickelt sich allmählich in ein Zentrum des Hopfengetränkes: Auf geht's ins Galbraith's Alehouse, Hallertau oder Brothers Beer! (S. 127)

Nelson Craft Beer Nelson ist die Heimat des neuseeländischen Hopfens und kann sich mit seinem eigenen Craft-Beer-Trail brüsten, der eine ganze Menge Brauereien und legendäre Gasthäuser einschließt. (S. 464)

Invercargill Brewery Braut nicht nur eigene Sorten, sondern auch im Auftrag einiger der besten Kleinproduzenten Neuseelands. (S. 683)

Dunedin In Neuseelands bedeutendster Universitätsstadt gibt es viele tolle Bars, die die Menschen von den Straßen holen. (S. 607)

Mike's Die besten Craft-BeerSorten von Taranaki gibt es unweit von New Plymouth. (S. 252)

Pomeroy's Old Brewery Inn Das beste Pub in ganz Christchurch. (S. 540)

Erlebnis Essen

Essen in Auckland Neue Restaurants, ethnische kulinarische Enklaven und eine ständig wachsende Imbisswagen-Szene, all das macht Auckland zur kulinarischen Hauptstadt Neuseelands. (S. 93)

Winzerrestaurants in Central Otago In herrlichster Lage gibt es besten Wein und eine vorzügliche Küche. (S. 621)

Kiwifrüchte in der Bay of Plenty Ein Dutzend köstliche, flaumige, reife Kiwifrüchte kann man an Straßenständen bereits für 1 NZ$ erstehen. (S. 352)

Die Szene im Zentrum von Christchurch Die große Restaurant- und Barszene im südlichen Geschäftsviertel blüht (wieder) auf. (S. 542)

Stewart Island Extrem guter Dorsch! Ist etwa jeder auf dieser

Wharariki Beach (S. 479)

Insel Fischer? (Die Antwort ist: Ja. Man sollte aber eigene Zitronen mitbringen). (S. 692)

Wellington Night Market Freitags nach der Arbeit lockt hier der pure Essensgenuss; und dann nochmals abends nach dem freien Samstag. (S. 421)

Weinanbaugebiete

Marlborough Die größte Weinregion des Landes hält einen superben Sauvignon Blanc (und andere Sorten) bereit: unbedingt probieren! (S. 450)

Martinborough Das kleine, aber feine Weinanbaugebiet eignet sich vortrefflich für einen Tagesausflug von Wellington aus: Hier warten einfache Radtouren und ein süffiger Pinot Noir. (S. 428)

Waiheke Island Das Lieblingsziel für Wochenendausflügler aus Auckland. Hier herrscht ein heißes, trockenes Mikroklima: perfekt für Bordeaux-ähnliche Rot- und Roséweine. (S. 111)

Central Otago Central Otago zeichnet verantwortlich für einen Großteil der besten Pinot-Noir- und Rieslingweine des Landes. (S. 614)

Waipara Valley Einen Katzensprung nördlich von Christchurch entfernt liegen ausgezeichnete Weingüter mit einem ebenso ausgezeichneten Riesling. (S. 560)

Hawke's Bay Die warmen Tage gehen an der sonnenverwöhnten Ostküste in Abende mit köstlichem Chardonnay-Wein über. (S. 382)

Märkte

Otago Farmers Market Bio-Obst und -Gemüse, kräftiger Kaffee und hausgemachte Pies gibt es hier in Dunedin; eine gute Möglichkeit, sich für unterwegs mit Lebensmitteln einzudecken. (S. 605)

Nelson Market Ein großer, geschäftiger Markt; hier findet man alles, von Doris' traditioneller Bratwurst bis zu New-Age-Klamotten. (S. 465)

River Traders Market Der Markt am Flussufer des Whanganui findet traditionell am Samstagmorgen statt: An mehr als 100 Ständen werden unter anderem besonders gute Produkte vom Lande feilgeboten. (S. 267)

Harbourside Market Der ultimative Beweggrund, diesen wöchentlich stattfindenden Obst- und Gemüsemarkt zu besuchen, sind die Stände mit kulinarischen Leckereien aus aller Welt und der angrenzende City Market für Kunsthandwerk. (S. 415)

Otara Flea Market Ein Hauch vom Südpazifik in Auckland. (S. 106)

Rotorua Night Market Findet Donnerstagabend im Zentrum von Rotorua statt. Essen, Trinken, Straßenmusikanten … alles ein großer Hochgenuss. (S. 323)

Hastings Farmers Market Einer der ursprünglichen und immer noch einer der besten Bauernmärkte in ganz Neuseeland. (S. 392)

Strände

Karekare Klassischer Strand mit schwarzem Sand westlich von Auckland mit wilder Brandung für anspruchsvolle Surfer (Eddie Vedder wäre hier beinahe ertrunken!). (S. 125)

Hahei Typisch neuseeländischer Strand an der Coromandel Peninsula, mit obligatorischem Abstecher zur Cathedral Cove. (S. 232)

Wainui An der Ostküste der Nordinsel: Surfen, Sandburgen, Sonnenschein … Ideal zum Faulenzen. (S. 373)

Wharariki Beach Hier gibt es keinen Parkplatz, keinen Eiswagen … Dieses einsame Fleckchen Erde bei Farewell Spit gehört nur Wanderern und Denkern. (S. 479)

Hillary Trail Dramatische Schönheit und großer Abenteuerwert dieses Strands an der wilden Westküste sind kaum zu überbieten. Es sei denn, man drückt diesen Stempel irgendeinem nächsten und noch dem nächsten und dem übernächsten auf … (S. 125)

Manu Bay Neuseelands berühmtester Surfspot (schon *Endless Summer* gesehen?); hier gibt es nicht viel Sand, aber man ist ja eigentlich auch nur wegen des Point Breaks hier. (S. 199)

Abel Tasman Coast Track Die Fotos dieses postkartenreifen Paradieses muss man nicht mit Photoshop bearbeiten – die goldenen Strände, die blauen Buchten und grünen Hügel sind schon von Natur aus wunderschön. (S. 472)

Monat für Monat

TOP-EVENTS

Fringe NZ, Februar

Wellington Sevens, Februar

Beervana, August

Marlborough Wine & Food Festival, Februar

NZ Tattoo & Art Festival, November

Januar

Nach der Silvesternacht reibt sich Neuseeland kräftig die Augen, sammelt sich wieder und macht sich bereit für das kommende Jahr. Super Wetter, die Kricket-Saison ist in vollem Gang und die Einheimischen genießen in vollen Zügen die Ferien.

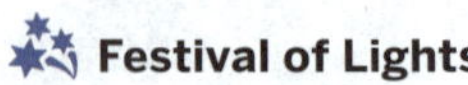

Festival of Lights

Der Pukekura Park von New Plymouth wird sowieso als „Juwel" bezeichnet, aber auf diesem Festival (www.festivaloflights.co.nz) funkelt er in der Tat ganz besonders. Denn im Januar wird der Garten in zauberhaftes Licht getaucht: Die Wege leuchten und die Bäume sind mit Tausenden von Lämpchen geschmückt. Es gibt Livemusik, Tanz und Vorstellungen für Kinder.

World Buskers Festival

Christchurch ist während dieses zehntägigen sommerlichen Festivals Gastgeber für eine große Schar von Jongleuren, Musikern, Gauklern und Tänzern (www.worldbuskersfestival.com). Wer allerdings nicht gern als Zuschauer am Geschehen beteiligt wird, sollte die Veranstaltung meiden.

Februar

Die Sonne scheint, die Kinder gehen wieder in die Schule, und der Sauvignon Blanc wird kaltgestellt: Partyzeit in Neuseeland. Festival-Karten (und Betten) sollten im Voraus gebucht werden.

Wellington Sevens

Es ist zwar keine Rugby-Saison, aber Anfang Februar/Ende Januar treffen die sieben besten Rugby-Teams der Welt zu einem Wettkampf in Wellington beim HSBC Sevens World Series (www.sevens.co.nz) aufeinander: Anhänger aus Australien, Neuseeland und Südafrika, aber auch die „kleinen Fische", beispielsweise die Cook Islands, Kenia und Kanada, sind dann hier zu bewundern. Immer eine gute Gelegenheit, um Party zu machen.

Waitangi Day

Am 6. Februar 1840 unterzeichneten Māori und Briten den Vertrag von Waitangi (www.nzhistory.net.nz). Noch heute ist der Waitangi Day ein Feiertag. In Waitangi (Bay of Islands) wird er besonders groß mit Führungen, Konzerten, Marktständen und Familienunterhaltung begangen.

Marlborough Wine & Food Festival

Neuseelands größtes und bestes Weinfest (www.wine-marlborough-festival.co.nz) wird bestens bestückt von rund 50 Marlborough-Weingütern mit Weinständen, Snackbuden und Entertainment. Das Fest findet an einem Samstag zu Beginn des Monats statt. Perfekt für Freunde des Sauvignon Blanc!

New Zealand Festival

Kunstbegeistert? Dieses einmonatige Spektakel (www.festival.co.nz) findet von Februar bis März (in Jahren mit gerader Jahreszahl) in Wellington statt. Neuseelands Kulturhauptstadt ist kunstverrückt: Theater, Tanz, Musik, Literatur und Kunst werden hier geliebt und gefördert. Häufig treten hier internationale Künstler auf.

☆ Fringe NZ

In Wellington geht es hoch her: Musik, Theater, Comedy, Tanz, Kunst etc. – aber es sind keine konventionellen Darbietungen, die man beim New Zealand Festival vorgeführt bekommt: Sie sind ungewöhnlich, avantgardistisch, kontrovers, ausgefallen und unorthodox – das trifft nicht jedermanns Geschmack (www.fringe.co.nz). Trotzdem großartig!

Art Deco Weekend

In der dritten Woche im Februar feiert Napier, das 1931 von einem Erdbeben dem Erdboden gleichgemacht und im Art-déco-Stil wiederaufgebaut wurde, sein architektonisches Erbe mit diesem tollen Fest (www.artdeconapier.com). Es gibt Musik, Essen, Wein, Oldtimer und Kostüme.

Splore

Splore (www.splore.net) ist ein topaktuelles, drei Tage dauerndes Outdoor-Sommerfest im Tapapakanga Regional Park an der Küste östlich von Auckland. Zeitgenössische Live-Musik, Darbietungen auf der Bühne, bildende Künste, Schwimmen, Pohutukawa-Bäume … Eltern würden ihren Kindern raten: Sonnenschutz, Hut und eine Flasche Wasser nicht vergessen!

März

Der März kommt mit einem Hauch von Herbst – Erntezeit in Weinbergen und Obstplantagen (toll, wenn man Arbeit sucht), langen Abenden und jeder Menge Festivals im Kalender.

Te Matatini National Kapa Haka Festival

Dieser fesselnde Wettkampf im Māori-*haka* (Kriegstanz) (www.tematatini.co.nz) findet Anfang März (oder Ende Februar) in ungeraden Jahren statt: Da wird viel gestikuliert, mit den Augen geglotzt und die Zungen werden herausgestreckt. Die Austragungsorte wechseln: Im Jahre 2017 wird der Wettbewerb in Kahungunu in Hawke's Bay stattfinden. Und es gibt nicht nur *haka:* Traditionelle Gesänge, Tänze, Geschichten und andere darstellende Künste werden ebenfalls dabei sein.

Wildfoods Festival

Wie wäre es mit Würmern, Hasenhoden oder Krabben? Auf solche Herausforderungen muss man sich auf diesem Food-Festival in Hokitika einstellen (www.wildfoods.co.nz) – das ist etwas für hartgesottene Mägen. Aber es macht auch Spaß, einfach nur das bunte Treiben zu beobachten. Außerdem gibt es tolle Getränke, um die Speisen hinunterzuspülen.

☆ WOMAD

Einheimische und internationale Musik, Kunst- und Tanzaufführungen (World of Music, Arts and Dance) füllen die Bowl of Brooklands in New Plymouth (www.womad.co.nz). Das World-Music-Festival wurde maßgeblich von Peter Gabriel beeinflusst, der das erste UK-Konzert 1990 ins Leben rief. Es ist nicht ganz so laut – ideal für Familien.

Pasifika Festival

Mehr als 140 000 Māori sowie zahlreiche Tonganer, Samoaner, Cook Islander, Niueaner, Fidschianer und andere Völker des Südpazifiks finden sich in Auckland ein, wo die weltweit größte polynesische Gemeinde lebt. Diese lebhaften Inselbewohner mit ihrer jeweiligen Kultur kommen bei dem alljährlich stattfindenden Festival (www.aucklandnz.com/pasifika) im Western Springs Park der Stadt zusammen.

☆ Auckland City Limits

Zeit für viel Spaß! Auckland City Limits (www.aucklandcitylimits.com) ist ein neues internationales Indie-Rock-Festival, das sich an die Austin City Limits in den USA anlehnt – die neuseeländische Version findet an einem Tag im März auf vier Bühnen im Western Springs Stadium statt.

April

Im April kommen die klugen Reisenden her: Im Meer kann man noch schwimmen, das Wetter ist mild – und keine Warteschlangen sind in Sicht (… anders aber über Ostern, wenn Unterkünfte ziemlich teuer sind).

☆ National Jazz Festival

An Ostern ist Tauranga Schauplatz für das längste Jazzfestival (www.jazz.org.nz) der südlichen Hemisphäre. Das Aufgebot an Künstlern ist beeindruckend (Kurt Elling, Keb Mo) und es gibt ausgezeichnetes Essen und tolle Weine.

Clyde Wine & Food Festival

Zu Ostern ist rund um Clyde in Central Otago Erntezeit; nun füllt sich die historische Hauptstraße mit Tischen und Ständen, an denen die besten Speisen und der beste Wein der Region angeboten werden (www.promotedunstan.org.nz).

Mai

Die schönen Herbsttage neigen sich dem Ende zu. Ein frostiger Kiwi-Winter steht vor der Tür. Gott sei Dank gibt es das Comedy Festival! Es ist auch die letzte Möglichkeit, Fiordland und Southland bei erträglichem Wetter aufzusuchen. Bauernmärkte haben nun Hochkonjunktur.

Bluff Oyster & Food Festival

Bluff und Austern passen zusammen wie, nun ja, die Hälften einer Muschel. Also ab in den tiefen Süden, um die salzigen Häppchen zu kosten (www.bluffoysterfest.co.nz). Im Mai ist es kühl, aber Musik und Wettbewerbe im Austernessen/-öffnen wärmen das Herz.

New Zealand International Comedy Festival

Drei Wochen lang lachen, lachen und nochmals lachen (www.comedyfestival.co.nz) – und das in Auckland, Wellington und anderen Städten: von Whangarei bis Invercargill und in allen mittelgroßen Orte dazwischen. Bekannte Comedians (Arj Barker, Danny Bhoy) treten neben vielen hoffnungsvollen Talenten auf.

Juni

Ab in den Süden! Die Skisaison hat begonnen, vor allem in Queenstown und Wanaka. Für alle anderen gilt: hoch in den Norden. In der Bay of Plenty ist es immer sonnig. Warum wird Northland eigentlich so unterschätzt?

Matariki

Das Māori-Neujahr wird von Matariki (dem Sternhaufen der Plejaden) angekündigt, der im Mai erscheint, und durch den Neumond im Juni. Drei Tage lang wird mit Gedenken, Musik, Film und Baumpflanzungen gefeiert, vor allem um Auckland und Northland (www.teara.govt.nz/en/matariki-maori-new-year).

New Zealand Gold Guitar Awards

Wir mögen beide Musikrichtungen: Country und Western! Diese Auszeichnungen (www.goldguitars.co.nz) werden im kühlen Gore vergeben, wo eine Woche lang Country-Klänge zu hören sind. Zahlreiche Konzerte und Straßenkünstler.

Juli

Wellingtons Einwohner krempeln den Kragen hoch, frieren und hocken in Buchhandlungen herum. In Auckland ist es nicht so schlimm. Es ist Skisaison, und wenn es in Queenstown überfüllt ist, fährt man zum Mount Ruapehu.

Queenstown Winter Festival

Dieses Schneefestival (www.winterfestival.co.nz) auf der Südinsel gibt es nun schon seit 1975. Es lockt rund 45 000 Skibegeisterte an. Die zehn Tage dauernde Party erfreut mit Feuerwerk, Jazz, Straßenparaden, Comedy, Maskenball und jeder Menge Wintersport auf den Berghängen. Manchmal beginnt das Fest schon Ende Juni.

New Zealand International Film Festival

Nachdem es Filmfestivals (www.nzff.co.nz) in Wellington, Auckland, Dunedin und Christchurch gibt, werden einige Streifen zwischen Juli und November auch in kleineren Städten gezeigt (Filmfans in Gore und Masterton lieben es!).

Russell Birdman

Birdman-Rallies sind typisch für die 1980er-Jahre, aber sie sind noch immer sehr lustig. Bei dieser hier in Russell (www.russellbirdman.co.nz) trotzen einige Verrückte – für kurze Zeit – der Schwerkraft und stürzen sich mit ihren Kisten ins Wasser. Bonuspunkte gibt es, wenn man Russell heißt.

August

Außerhalb der Wintersportorte kann man jetzt überall ziemlich günstig übernachten. Der Winter ist fast vorbei, doch unter freiem Himmel gibt es noch relativ wenige Events:

Musik und Kunst sind die Rettung – oder eben das beliebte Rugby!

Beervana

Bei diesem in Wellington alljährlich stattfindenden Bier- und Fleischfest taumelt man ins alkoholische Nirvana (draußen ist es eiskalt – also, was soll man sonst tun?). Aber ganz im Ernst, die Craft-Beer-Szene boomt in Neuseeland – dies ist die Gelegenheit, die besten Sorten zu probieren (www.beervana.co.nz).

Taranaki International Arts Festival

Unterhalb der verschneiten Hänge des Mount Taranaki herrscht im August eine Zeit der Ruhe und des Kräftesammelns. Allerdings nicht lange: Dieses schwungvolle Kulturfestival (www.taft.co.nz) vertreibt den Winter aus New Plymouth – mit jeder Menge Musik, Theater, Tanz, Kunst und Paraden.

Bay of Islands Jazz & Blues Festival

Manche Leute sind der Ansicht, dass man in der Bay of Islands außer Sonnenbaden allenfalls noch Delfine beobachten kann. Das ist nicht ganz richtig, denn im Spätwinter gibt es dieses tolle kleine Festival (www.jazz-blues.co.nz).

September

Der Frühling ist da! Die fantastische und überraschende World of Wearable Art Award Show ist immer wieder großartig. Und vielleicht wird ja jemand mal Canterbury im ITM-Rugby-Pokalfinale schlagen?

Artists Open Studios & Festival of Glass

Whanganui hat seine künstlerische Auszeichnung als Zentrum einer hinreißenden Glaskunst verdient: Jedes Jahr im September bereiten sich Heerscharen von einheimischen Künstlern und Kunsthandwerksbetrieben auf dieses erstklassige Fest (www.openstudios.co.nz, www.wanganuiglass.co.nz) vor. Hier können die Besucher viele kunsthandwerkliche Vorführungen, Ausstellungen und offene Ateliers bestaunen.

World of Wearable Art Awards Show

Das bizarre zweiwöchige Event in Wellington (www.worldofwearableart.com) zeigt erstaunliche handgefertigte Kleidung. Neuheiten der Show werden danach im World of Wearable Art & Classic Cars Museum in Nelson ausgestellt. Zieht sich manchmal bis in den Oktober hinein.

Oktober

Auf Rugby folgt Kricket – dazwischen ist für Sportfans Däumchendrehen angesagt. Aber vielleicht kann Kaikoura für Abwechslung sorgen? Im Rest von Neuseeland ist im Oktober Zwischensaison – günstige Übernachtungsmöglichkeiten, wenig Touristen und kein Wettlauf um die besten Plätze.

Nelson Arts Festival

Auch wenn in Nelson die Sonne für Ablenkung genug sorgt, gibt es viel künstlerisch wertvolles Zeug – drinnen wie draußen. Eine Ahnung von der heimischen Produktion bekommt man zwei Oktoberwochen lang (www.nelsonartsfestivals.co.nz).

Kaikoura Seafest

Die Stadt Kaikoura ist auf Langusten erbaut. Nun, nicht wirklich, aber das Meer ist hier voller Krustentiere, von denen viele während des Meerfestes auf den Tellern landen (www.seafest.co.nz). Gelegenheit zu trinken und zu tanzen.

November

Überall in Northland, auf der Coromandel Peninsula, in der Bay of Plenty und an der East Coast blühen die Pohutukawa-Bäume. Das Wetter wird von Tag zu Tag besser. Jetzt treffen die ersten Touristen ein.

NZ Tattoo & Art Festival

Das größte Tattoo-Festival in ganz Australasien (www.nztattooart.com) lockt jedes Jahr im November Tausende Tattoo-Fans nach New Plymouth. Es ist skurril, ausgefallen, sexy und extrem beliebt (aber nicht unbedingt bei Familien).

Toast Martinborough

Ein Tag voll weinseliger Hingabe. Dann hetzen die weinverliebten Einwohner Wellingtons über den Rimutaka Hill nach Martinborough (www.toastmartinborough.co.nz). In der Wairarapa-Region wird guter Pinot Noir produziert!

Oamaru Victorian Heritage Week

Die gute alte Zeit ... Als Queen Victoria noch auf dem Thron saß, die Rocksäume lang waren, die Hemdkragen hoch standen und Anstand keine hohle Phrase war! Old Oamaru genießt im November eine leicht ironische Huldigung der viktorianischen Vergangenheit (www.historicoamaru.co.nz): Man wirft sich in Schale, trägt Rennen auf dem Hochrad aus, es gibt Chorgesang und kulturhistorische Führungen.

Dezember

Endlich ist der Sommer da! Auf den Kricket-Spielfeldern ist die Saison nun in vollem Gange, und die Nation fiebert mit. Bald ist Weihnachten – die überfüllten Einkaufszentren sollte man also am besten meiden.

Rhythm & Vines

Wein, Musik und Gesang zu Silvester – und zwar im sonnigen Ostküstenstädtchen Gisborne (www.rhythmandvines.co.nz): Top-DJs, Hip-Hop-Acts, Bands und Liedermacher wetteifern um die Gunst der Zuschauer. Man kann sich aber auch bei einem Gläschen Wein genussvoll ein paar schöne, romantische Stunden am Strand gönnen.

Reiserouten

Vom Norden in den Süden

Ein Kurzüberblick über die schönsten Seiten Neuseelands, vom hohen Norden bis halb hinunter in den Süden: Am besten beginnt man in **Auckland**. Neuseelands größte Stadt lockt mit tollen Restaurants, Bars, Kunstgalerien, Boutiquen, Stränden und Buchten. Wer nicht so für Städte ist, bricht zur nördlich gelegenen **Bay of Islands** auf, um dort einige Tage lang Ruhe und Erholung zu finden.

Dann geht es südwärts nach **Rotorua**, einem Ort mit einzigartiger geothermaler Aktivität: Geysire, Schlammlöcher, vulkanische Dämpfe und Māori-Kultur sorgen für fesselnde Erlebnisse. Noch weiter südlich hat das fortschrittliche **Taupo** den nahe gelegenen schönen **Tongariro National Park** zu bieten. Hier lässt sich Wandern, Mountainbiken oder Fallschirmspringen. Dann fährt man die Aktivitäten wieder runter und begibt sich nach **Wellington**, eine hippe kleine Stadt mit einer unerschütterlichen Kunstszene. Jenseits der Cook Strait kann man dann erleben, warum so viel Wirbel um die **Marlborough Wine Region** gemacht wird. Wer keinen Wein mag, findet in der Nähe jedoch die stillen Buchten, Bergzüge und Wasserwege der **Marlborough Sounds**. Weiter in südlicher Richtung geht es dann nach **Christchurch**, um etwas südliche Kultur und Gastfreundschaft zu genießen.

Kiwi-Klassiker

Städte, Geysire, Thermalquellen, Wein, Māori, Gletscher, Extremsport, Strände und Wälder: Das sind nur einige der bekanntesten Stichworte, die für Neuseeland stehen.

Das oft als „City of Sails" bezeichnete **Auckland** ist ein Schmelztiegel. Wer dort ein paar Tage verbringt, shoppen geht, Restaurants und Bars besucht, wird feststellen, dass dies die kosmopolitischste Stadt Neuseelands ist. Man sollte vom Hafen aus mit der Fähre oder einer Jacht eine Tagestour nach **Waiheke Island** mit seinen Stränden und Weingütern unternehmen. Gen Norden erreicht man die **Bay of Islands**, wo man auf dem und im Wasser Spaß haben kann. Dann geht es gen Südosten; dort warten die Wälder und Urlaubsstrände der **Coromandel Peninsula**. Noch weiter südlich, in **Rotorua**, nimmt man eine Nase voll Schwefelgeruch. Sehenswert sind 10 m hohe Geysire, Schlammlöcher und Aufführungen von Māori-Tänzen. Im Anschluss wartet das an der East Coast gelegene **Napier**, eine Art-déco-Stadt. Hier muss man die edlen Tropfen des **Hawke's Bay Wine Country** probieren. Unten in **Wellington** ist der Kaffee heiß und das Bier kalt. Neuseelands Kapitale ist auch die Kunsthauptstadt des Landes. Eine Liveband, Straßenkünstler, eine Galerieeröffnung oder ein Theaterstück ansehen!

Dann geht es für einige Wochen hinüber zur Südinsel, um dort das Beste zu erleben, was der Süden zu bieten hat. Am Anfang steht eine Tour durch das Zentrum der **Marlborough Wine Region**, danach entspannt man sich einige Tage im legeren **Kaikoura** und genießt dort die Berge und die Wale vor der Küste. Das nächste Ziel ist die Hauptstadt des Südens, **Christchurch**, die nach den Erdbeben schnell wieder auf die Beine kommen will. Dann geht es an der Küstenstraße südwärts zu der für ihren Wildreichtum bekannten **Otago Peninsula**, die von der schottisch angehauchten Studentenstadt **Dunedin** mit ihren viktorianischen Fassaden ins Meer hineinragt. In der Stadt lockt viel Livemusik. Auf der SH 8 geht es ins Inselinnere in die bungee- und skibesessene Stadt **Queenstown**. Wer noch etwas Zeit hat, macht einen Umweg hinüber ins Fiordland, um den unvergesslichen **Milford Sound** zu erleben, bevor man zurück nach Queenstown und von dort per Flugzeug zum Ausgangspunkt nach Auckland reist.

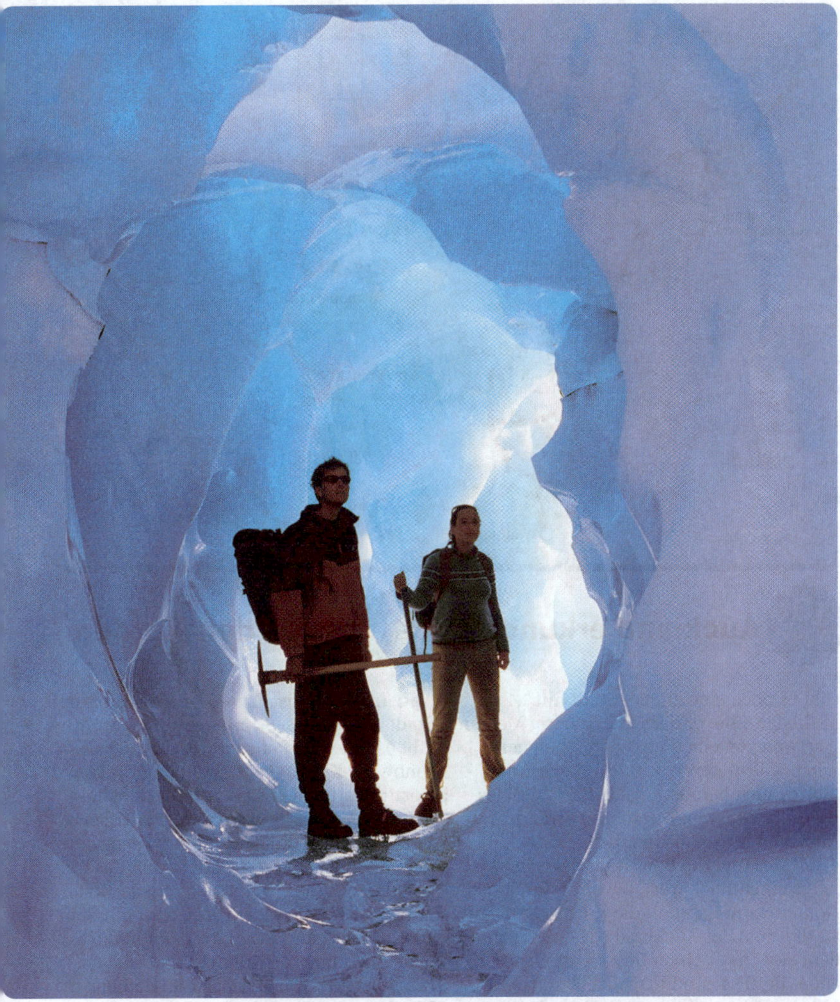

Oben: Wanderer auf dem Fox Glacier (S. 517)

Unten: Kaikoura (S. 452) und die schneebedeckte Seaward Kaikoura Range

DOUG PEARSON / GETTY IMAGES ©

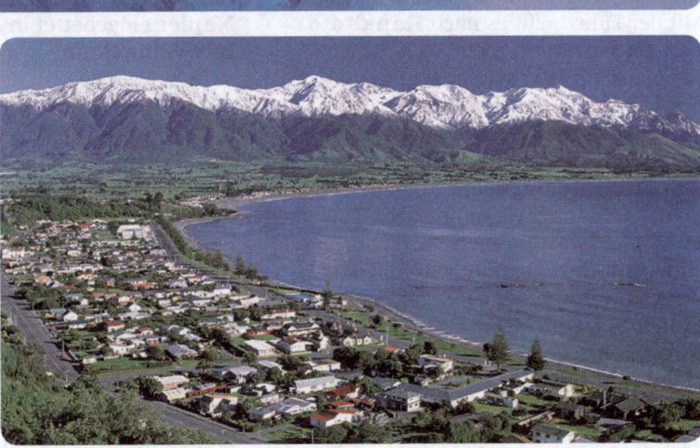

Auckland erkunden

Gibt es noch eine andere Stadt mit 1,4 Millionen Einwohnern, die an *zwei* Meeren liegt und von einer lebendigen polynesischen Kultur geprägt ist? In **Auckland** gibt es auch herausragende Bars und Restaurants, Museen, Inseln und Strände. Im Auckland Museum sind die Exponate über die Māori und die Bewohner des Südpazifiks einen Blick wert, bevor es durch die Domain zum Essen in die K Rd geht. Dann stattet man der Auckland Art Gallery und dem Sky Tower einen Besuch ab. Der Tag endet mit Essen und Drinks in Ponsonby. Mit der Fähre geht es nach **Rangitoto Island**. Devonport bietet sich für ein Essen an. Im **Waitakere Ranges Regional Park** kann man die Baumriesen, bei **Karekare** und **Piha** die Brandung bestaunen, in Britomart einkehren. Nach dem Frühstück in Mount Eden besteigt man den Maungawhau und schippert nach **Waiheke Island**. Einen Katzensprung entfernt locken Schnorcheln im **Goat Island Marine Reserve**, Segeln in der **Bay of Islands**, aufs Meer schauen am **Cape Reinga**, Riesenbäume im **Waipoua Kauri Forest** bestaunen, die **Waitomo Caves** erkunden, Surfen bei **Raglan** oder Sonnenbaden am Strand von **Whitianga**.

2 WOCHEN

Durch den Norden

Ausgangspunkt ist **Auckland**, die größte Stadt des Landes. Straßen mit Restaurants gibt es viele: die Ponsonby Road in Ponsonby, die K Road in Newton und die New North Road in Kingsland. Danach bietet sich eine Wanderung auf den One Tree Hill (Maungakiekie) an. Nicht versäumen sollte man die Auckland Art Gallery und das Auckland Museum. Nun geht es südwärts durch das Venture nach **Rotorua** mit den geothermischen Aktivitäten. Dann fährt man zur sonnenverwöhnten **Ostküste**. Am Meer liegt das Art-déco-Städtchen **Napier** eingebettet in die **Hawke's Bay Wine Country** mit seinen Chardonnay-Weinen. Auf der SH 2 Richtung Süden erreicht man die von Schafzucht und Weinbau geprägte Region **Wairarapa**. Danach geht es über die Rimutaka Range ins kunstbesessene **Wellington**. Auf der Nordwestroute zurück nach Auckland bieten sich Stops an: am New Zealand Rugby Museum in **Palmerston North**, im von der Glaskunst geprägten Städtchen **Whanganui** oder am **Mount Taranaki**, der sich wie der Olymp hinter New Plymouth erhebt. Alternativ geht es in den **Waitomo Caves** in die Tiefe oder man surft die Point Breaks bei **Raglan**.

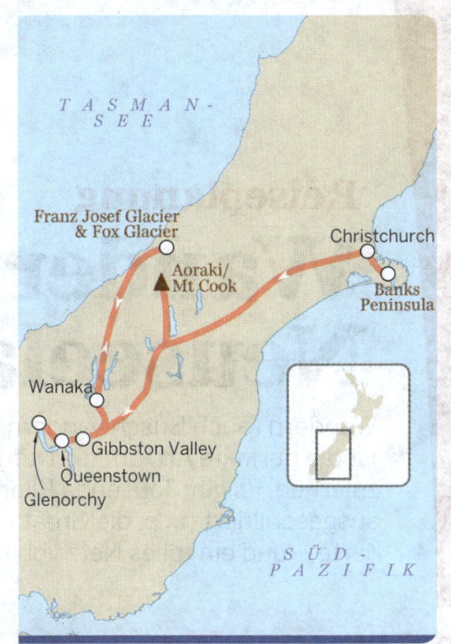

Rund um die Südinsel

Wer nach **Christchurch** fliegt, findet eine lebendige Stadt vor, die sich nach den Erdbeben um ihren Wiederaufbau bemüht. Nach einem Kaffee (z. B. im Addington Coffee Co-op oder Supreme Supreme) besucht man das Canterbury Museum und geht zum Avon River, der sich durch die Botanic Gardens windet. Danach besucht man die geologisch und kulturell interessante **Banks Peninsula**, anschließend geht es nordwärts nach **Kaikoura** zur Tier-Beobachtung. Weiter geht es durch die **Marlborough Wine Region** und zu den Wasserwegen der **Marlborough Sounds** (einen Tag). Ein Abstecher westwärts führt vom kunstbeflissenen **Nelson** in den **Abel Tasman National Park** und in die **Golden Bay**. In Richtung Süden geht es die schöne Westküste mit ihrer ganzen Wildheit und den Gletschern **Franz Josef** und **Fox** hinunter. Weiter im Inselinneren erstrecken sich die Skigebiete von **Wanaka** und dem Zentrum des Wintersports **Queenstown**. Von hier aus fasziniert der **Doubtful Sound**, und in den waldreichen **Catlins** im tiefen Süden herrscht ein kühles Klima. Zurück nach Christchurch geht es an der Ostküste durch Dunedin ins hippe **Oamaru**.

Winterfreuden

Zunächst fliegt man nach **Christchurch**, um sich zu akklimatisieren. Dann folgt ein Tagesausflug auf die **Banks Peninsula**, danach zum schneebedeckten **Aoraki/Mount Cook**. Weiter im Süden bietet **Queenstown** Skigebiete der Weltklasse, super Restaurants und ein berauschendes Nachtleben. Der Coronet Peak ist das älteste Skigebiet der Region mit baumlosen Skipisten, gleichmäßigem Gefälle und guten Bedingungen (auch für Snowboarder gut geeignet). Die Remarkables sind familienfreundlich. Wer genug vom Schnee hat, fährt um den Lake Wakatipu ins herrliche **Glenorchy** oder verlebt einen Nachmittag in den Weingütern im **Gibbston Valley**. Andererseits kann man sich durch den Extremsport von Queenstown die winterliche Kälte vom Leibe halten. Als Alternative zu Queenstown bietet sich ein Besuch in **Wanaka** (dem kleinen Bruder von Queenstown) an. Die Skigebiete hier heißen etwa Treble Cone, Cardrona und Snow Farm New Zealand (Skilanglaufgebiet). Von Wanaka aus macht man einen Ausflug mit Übernachtung in den Westland Tai Poutini National Park an der Westküste, um den **Franz Josef Glacier** und **Fox Glacier** zu erkunden; dann zurück nach Queenstown.

Reiseplanung

Wandern in Neuseeland

Wandern (auch Buschwandern, Trekking oder Tramping genannt) ist die perfekte Art, um die Natur-Highlights des Landes kennenzulernen. Es gibt Tausende Kilometer Wanderwege – einige gut ausgeschildert (u. a. die Great Walks), einige nur eine Linie auf einer Karte – und ein tolles Netz von Hütten und Campingplätzen.

Top-Wanderungen

Top 5: Mehrtägige Wanderungen

Lake Waikaremoana Track, Te Urewera National Park

Abel Tasman Coast Track, Abel Tasman National Park

Heaphy Track, Kahurangi National Park

Routeburn Track, Fiordland und Mount Aspiring National Park

Milford Track, Fiordland National Park

Top 5: Tageswanderungen

Rangitoto Island Loop, Auckland

Tongariro Alpine Crossing, Tongariro National Park

Mount Robert Circuit, Nelson Lakes National Park

Avalanche Peak, Arthur's Park National Park

Key Summit, Fiordland National Park

Wanderungen für Anfänger

Coromandel Coastal Walkway, Coromandel Peninsula

Mauao Summit Track, Mount Maunganui

Queen Charlotte Track, Marlborough Sounds

Abel Tasman Coast Track, Abel Tasman National Park

Rob Roy Glacier Track, Mount Aspiring National Park

Reiseplanung

Reisezeit

Mitte Dez.–Ende Jan. Hauptsaison für Wanderer ist während der Sommerferien, wenige Wochen vor Weihnachten – am besten meiden!

Jan.–März Das Sommerwetter hält meist bis in den März an: Am besten wartet man bis Februar, dann sind die Wanderwege nicht mehr so überlaufen. Die meisten tief gelegenen Pfade kann man ab Oktober und bis in den April nutzen.

Juni–Aug. Der Winter ist ungeeignet, um sich in die Wildnis hinauszuwagen, vor allem in größerer Höhe – einige Pfade sind wegen Lawinengefahr und der Einschränkungen beim Service gesperrt.

Unbedingt einpacken

Erste Priorität haben die Füße und der Rücken. Festes und bequemes Schuhwerk und ein gut sitzender, nicht zu schwerer Rucksack sind eine Grundvoraussetzung. Warme und wasserdichte Kleidung ist wichtig, egal wohin die Wanderung führt. Auch eine wärmende Mütze und ein Sonnenhut sollten im Gepäck sein. Wer campen oder in Hütten ohne Kochmöglichkeit übernachten möchte, sollte an einen Campingkocher denken. Ein Insektenspray gegen Gnitzen und andere Insekten leistet gute Dienste (obwohl lange Ärmel und bedeckte Beine den besten Schutz darstellen). Studentenfutter mit der Mischung aus

SICHERHEIT

Viele Tausend Menschen wandern unfallfrei durch Neuseeland, aber jedes Jahr erwischt es immer noch zu viele, besonders in den Bergen. Einige Pfade sind nur für geübte Wanderer geeignet, die zudem noch fit und bestens ausgerüstet sind. Diese Wege sollte man unbedingt meiden, wenn man diesem Anforderungsprofil nicht entspricht. Deshalb sollte man sich nur gesund und topfit auf eine solche Tour begeben.

Je nach Höhenlage herrscht in Neuseeland ganz unterschiedliches Klima, sodass man selbst im Sommer damit rechnen muss, durch Schnee, Eis oder rasch anschwellende Flüsse zu stapfen. Daher sind vor einer Tour unbedingt aktuelle Informationen über das Wetter und die Beschaffenheit der Wege einzuholen. Unter Umständen muss man dann seine Pläne ändern oder das schlechte Wetter erst einmal aussitzen. Infos gibt es unter anderem hier:

www.doc.govt.nz Infos des DOC zu Wegen, Gefahren und vielem mehr.

www.adventuresmart.org.nz Hier kann man seine Wandervorhaben online eintippen (zusätzlich sollte man die geplante Wegstrecke einem Freund oder Einheimischen mitteilen!).

www.mountainsafety.org.nz Sicherheitshinweise für Wanderer.

www.metservice.co.nz Wettervorhersagen.

Trockenfrüchten und Nüssen (plus etwas Schokolade) liefert Kraft und Energie für unterwegs.

Bücher & Informationen im Internet

Bevor man in die Wildnis aufbricht, sollte man sich bei der zuständigen Behörde – in der Regel dem **DOC** (Department of Conservation; www.doc.govt.nz) – oder bei den i-SITEs vor Ort mit den aktuellsten Infos eindecken. Dazu gehören nicht nur der aktuelle Zustand der Wege und das Wetter, das DOC gibt auch Bücher mit Details zu Flora und Fauna, zur Geologie und zur Geschichte der Nationalparks heraus; außerdem publiziert es Broschüren (max. 2 NZ$) zu Hunderten Wanderwegen überall in Neuseeland.

- *Hiking & Tramping in New Zealand* von Lonely Planet beschreibt über 50 Wege unterschiedlicher Länge und verschiedenen Schwierigkeitsgrads.
- *101 Great Tramps* von Mark Pickering und Rodney Smith gibt Anregungen zu zwei- bis sechstägigen Touren. Ein anderer Führer aus der gleichen Reihe, *202 Great Walks: The Best Day Walks in New Zealand* von Mark Pickering, nennt Tipps für kürzere, familiengerechte Ausflüge.
- *A Walking Guide to New Zealand's Long Trail: Te Araroa* von Geoff Chapple ist der Wanderführer schlechthin für Neuseelands längsten Wanderweg, der von Norden nach Süden durchs ganze Land führt.
- Das Handbuch *Bushcraft Manual* der Mountain Safety Council will Wanderern Sicherheit auf ihren Wegen geben und den Abenteurer in jedem herauskehren.
- *Tramping* von Shaun Barnett und Chris Maclean ist eine akribisch recherchierte Geschichte der beliebtesten neuseeländischen Outdoor-Abenteuer der Vergangenheit.
- Die *Bird's Eye Guides* von Potton & Burton Publishing enthalten fabelhafte topografische Karten. Daneben gibt es unzählige Bücher, die sich mit den Wanderstrecken oder kürzeren Stadtspaziergängen in ganz Neuseeland beschäftigen – einfach ein bisschen in den Buchhandlungen stöbern.

Karten

Die topografische Kartenserie *NZ Topo50* von Land Information New Zealand (LINZ; www.linz.govt.nz) sind die meist verwendeten. Leider haben viele Buchläden keine gute Auswahl dieser Karten, aber auf der LINZ-Website findet sich eine Liste aller Einzelhändler, und die DOC-Büros verkaufen oft die neuesten Karten für Wanderstrecken der jeweiligen Region. Auch in Outdoorläden sind die Karten erhältlich. NZ Topo Map (www.topomap.co.nz) hat eine interaktive topografische Karte, die bei der Planung hilft.

Websites

www.doc.govt.nz Bietet Beschreibungen, Warnungen und erschöpfende Angaben zu Flora und Fauna auf allen Wanderwegen des Naturschutzgebiets.

www.tramper.co.nz Artikel, Fotos, Foren und hervorragende Infos über Wege und Hütten.

www.teararoa.org.nz Die offizielle Website zu Neuseelands 3000 km langem Weg von Cape Reinga bis Bluff.

www.topomap.co.nz Onlinekarten zur Topografie des ganzen Landes.

www.mountainsafety.org.nz Hinweise zu Sicherheit und Ausrüstung sowie Kurse.

www.freewalks.co.nz Beschreibungen, Karten und Fotos von langen und kurzen Wanderungen im ganzen Land.

www.trampingnz.com Regionenbezogene Informationen über Wanderwege und hilfreiche Erfahrungsberichte.

NEUSEELANDS NEUN „GREAT WALKS“

WALK	LÄNGE	DAUER	SCHWIERIGKEITSGRAD	DETAILS
Abel Tasman Coast Track *	60 km	3–5 Tage	leicht bis mittelschwer	Der beliebteste Wanderweg des Landes ist auch mit einem Seekajak zu meistern und führt zu Stränden und Buchten im Abel Tasman National Park (Südinsel)
Heaphy Track *	78 km	4–6 Tage	mittelschwer	Zu den Wäldern, Stränden und Karstlandschaften im Kahurangi National Park (Südinsel)
Kepler Track **	60 km	3–4 Tage	mittelschwer	Zu den Seen, Flüssen, Schluchten, Urstromtälern und Buchenwäldern im Fiordland National Park (Südinsel)
Lake Waikaremoana Track *	46 km	3–4 Tage	leicht bis mittelschwer	Seeblicke, dicht bewachsene Gebirgskämme und Schwimmen im Te Urewera National Park (Nordinsel)
Milford Track **	54 km	4 Tage	leicht bis mittelschwer	Regenwald, Täler, Höhen und die 580 m-hohen Sutherland Falls im Fiordland National Park (Südinsel)
Rakiura Track *	39 km	3 Tage	mittelschwer	Zu den Vögeln (Kiwis), Stränden und den üppigen Wäldern auf der abgelegenen Stewart Island (Rakiura; vor der Südinsel)
Routeburn Track **	32 km	2–4 Tage	mittelschwer	Zu den atemberaubenden Gebirgslandschaften im Mount Aspiring und Fiordland National Park (Südinsel)
Tongariro Northern Circuit **	43 km	3–4 Tage	mittelschwer bis anspruchsvoll	Durch die aktive Vulkanlandschaft im Tongariro National Park (Nordinsel); siehe auch Tongariro Alpine Crossing
Whanganui Journey **	145 km	5 Tage	mittelschwer	Mit Kanu oder Kajak auf einem geheimnisvollen Fluss im Whanganui National Park (Nordinsel)

* ganzjährig Buchung erforderlich

** Buchungen nur in der Hauptsaison notwendig (Oktober bis April)

Great Walks

Wegekategorien

Die Wege in Neuseeland sind nach verschiedenen Merkmalen klassifiziert, u. a. auch nach dem Schwierigkeitsgrad. Weit verbreitet ist das folgende Klassifizierungssystem:

Short Walk (am leichtesten) Gut angelegt; möglicherweise auch für Rollstuhlfahrer zugänglich oder mit normalen Schuhen zu bewältigen (keine Wanderschuhe notwendig). Geeignet für Menschen jeden Alters und für jeden Trainingszustand.

Walking Track (leicht) Gut angelegter längerer Wanderweg; Wanderschuhe empfohlen. Geeignet für Menschen der meisten Altersklassen und Trainingsstufen.

Great Walk oder Easier Tramping Track (mittelschwer) Gut angelegt; die meisten Stellen, an denen ein Wasserlauf kreuzt, sind mit Brücken versehen, die Wegkreuzungen sind markiert. Leichte Wanderschuhe sind erforderlich und eine mittlere Fitness ist von Vorteil.

Tramping Track (für Fortgeschrittene) Verlangt Können und Erfahrung; Wanderschuhe erforderlich. Geeignet für Menschen von durchschnittlicher körperlicher Fitness. Einige Wasserläufe müssen durchwatet werden.

VERANTWORTUNGSBEWUSST WANDERN

Einige dieser Regeln mögen für routinierte Wanderer lächerlich und selbstverständlich erscheinen, aber der eine oder andere Hinweis ist vielleicht doch ganz brauchbar. Wer mehr zum Thema wissen möchte, kann sich online auf www.lnt.org informieren. Camper finden auf der Website des DOC (www.camping.org.nz) Tipps zum umweltbewussten Zelten. Im Zweifel bei einem DOC- oder i-SITE-Büro nachfragen.

Lächerlich und selbstverständlich:

➡ Möglichst nicht in der Hauptsaison auf Tour gehen, denn weniger Leute bedeuten weniger Stress für die Natur – und weniger Schnarcher in den Hütten!

➡ Alle Abfälle mitnehmen und niemals vergraben: Das Graben beeinträchtigt das natürliche Gleichgewicht des Bodens und der Vegetation und fördert die Erosion. Zudem wird vergrabener Abfall wahrscheinlich von Tieren wieder ausgebuddelt.

➡ Keine Reinigungsmittel, Shampoos oder Zahnpasta in oder in der Nähe von Seen und Wasserläufen verwenden – auch nicht, wenn sie biologisch abbaubar sind.

➡ Zum Kochen kein offenes Feuer benutzen, sondern einen leichten, mit Kerosin, Alkohol oder Naphta betriebenen Kocher; keine Einweg-Butankanister verwenden!

➡ Wo es eine Toilette gibt, sollte diese benutzt werden. Wenn keine vorhanden ist: Notdurft vergraben (min. 15 cm tief und 100 m von Wasserläufen entfernt).

➡ Wenn ein oft benutzter Weg durch eine matschige Stelle führt, trotzdem hindurchlaufen. Versuche, sie am Außenrand zu umgehen, werden die Stelle nur unnötig vergrößern.

Vielleicht ganz brauchbar:

➡ Beim Waschen von Geschirr mindestens 50 m Abstand zu Wasserläufen einhalten und statt Spülmittel Topfkratzer, Sand oder Schnee verwenden.

➡ Wenn unbedingt nötig, für die Körperreinigung biologisch abbaubare Seife und einen Eimer verwenden. Mindestens 50 m Abstand zu Wasserläufen einhalten. Das gebrauchte Wasser über eine große Fläche verteilen, damit der Boden die Fremdstoffe besser herausfiltern kann.

➡ Wo Feuer erlaubt ist, nur vorhandene Feuerstellen und nur totes, herumliegendes Holz benutzen. Nicht benötigtes Holz verbrennt man nicht einfach, sondern lässt es für den nächsten Glücklichen zurück.

➡ Die Taschen mit den Nahrungsmitteln außer Reichweite von Aasfressern lagern, d. h. beispielsweise an Dachbalken oder Bäumen aufhängen.
Tiere nicht füttern: Das kann das ökologische Gleichgewicht stören und bei den Tieren zu Krankheiten oder zur Abhängigkeit von Fütterungen führen. Die getrockneten Aprikosen also selbst essen.

Route (für Profis) Verlangt ein hohes Maß an Können, Erfahrung und Navigationsfähigkeiten. Stabile Wanderschuhe erforderlich. Nur für gut ausgerüstete und trainierte Wanderer.

Great Walks

Neuseelands offizielle „Great Walks" (von denen einer eine Flusswanderung ist) sind die beliebtesten Routen im Land. Hier gibt es Natur-Highlights en masse, doch man muss mit mindestens ebenso vielen Menschen rechnen, insbesondere im Sommer.

In *Hiking & Tramping in New Zealand* von Lonely Planet sind alle Great Walks beschrieben. Detaillierte Angaben enthalten zudem die Broschüren in den DOC Visitor Centers. Unter www.greatwalks.co.nz gibt es sie online.

Tickets & Buchungen

Auf diese Wanderwege darf man sich nur begeben, wenn man zuvor online oder am

DOC-Besucherzentrum und an einigen i-SITES gebucht hat. Diese an den jeweiligen Wanderweg gebundenen Tickets gelten für Unterkünfte in Hütten (von 22 bis 54 NZ$ pro Erw. und Nacht, je nach Weg) und/oder fürs Campen (6 bis 18 NZ$ pro Erw. und Nacht). Campen ist nur auf den dafür vorgesehenen Campingplätzen erlaubt; auf dem Milford Track ist das Zelten gar nicht möglich.

Außerhalb der Hochsaison (Mai bis September) gibt es Backcountry Hut Passes oder sogenannte *pay-as-you-go*-Hut-Tickets für alle Great Walks mit Ausnahme vom Lake Waikaremoana Track, Heaphy Track, Abel Tasman Coast Track und Rakiura Track (hier sind Vorabbuchungen ganzjährig erforderlich).

Für Kinder unter 17 Jahre sind die Übernachtungen in Hütten und auf Campingplätzen aller Great Walks kostenlos.

Buchungen unter www.greatwalks.co.nz, E-Mail greatwalksbookings@doc.govt.nz, Telefon ☎0800 694 732 oder in den DOC-Besucherzentren. Buchungen sollten so früh wie möglich erfolgen, besonders wenn die Wanderungen für den Sommer geplant sind.

TE ARAROA

So unglaublich lang und abenteuerlich! Der Te Araroa (www.teararoa.org.nz) ist ein 3000 km langer Fernwanderweg von Cape Reinga im Norden des Landes bis nach Bluff im Süden (oder umgekehrt). Die Route verbindet bereits bestehende Strecken mit neuen Abschnitten. Sie ist eine der längsten Wanderstrecken der Welt und wurde fast 20 Jahre lang von überwiegend freiwilligen Helfern angelegt. Auf der Website finden sich Karten und Anmerkungen sowie Blogs und Videos von unerschütterlichen Wanderern, die den kompletten Weg vom Anfang bis zum Ende hinter sich gebracht haben.

Weitere Wanderwege

Natürlich gibt es in Neuseeland noch viele andere Wanderwege als nur die Great Walks!

Nordinsel

Te Paki Coastal Track Eine 48 km lange drei- bis fünftägige, leichte Strandwanderung (nur Campen; keine Hütten vorhanden) an der zerklüfteten Küste von Northland. Alternativ kann man auch eine 132 km lange, sechs- bis achttägige Strecke gehen.

Aotea Track Dieser 25 km lange, zwei- bis dreitägige Wanderweg führt über eine Route, die schon die Holzfäller auf der Suche nach Kauri-Bäumen auf der Great Barrier Island angelegt haben. Als Folge davon trifft man noch auf Überreste aus alter Zeit. (S. 122)

Rangitoto Island Summit Eine kurze Bootsfahrt von Auckland entfernt liegt der 600-Jahre alte Vulkan Rangitoto, der am besten von den Höhen seines Kraters aus sichtbar wird, nachdem man eine Runde über die Insel gedreht hat (vier bis fünf Stunden).

Pouakai Circuit Der 25 km lange, zwei- bis dreitägige Rundweg führt durch Regenwälder im Tiefland, vorbei an Klippen, durch subalpine Wälder, Gras- and Sumpfgebiete am Fuße des Mount Taranaki im Egmont National Park. (S. 254)

Tongariro Alpine Crossing Eine tolle 19 km lange, eher leichte Tageswanderung durch den surrealen Tongariro National Park. (S. 300)

Mount Holdsworth–Jumbo Circuit Eine 24 km lange, mittelschwere bis anspruchsvolle zwei- bis dreitägige Wanderung entlang der alpinen Höhen des Tararua Forest Park unweit von Masterton.

Südinsel

Banks Peninsula Track Eine 35 km lange, zwei- (mittelschwere) oder viertägige (einfache) Wanderung über die Hügel und entlang der Küste der Banks Peninsula. (S. 550)

Hollyford Track Die kleine Siedlung Jamestown war ein typisches verrücktes Vorhaben vergangener Zeiten und hatte immer schon wenig Aussicht auf Erfolg gehabt. Stichwort: farbenfrohe Charaktere mit einem Schuss Drama und heute nicht mal mehr als Geisterstadt erkennbar. Eine vier- bis fünftägige, 58 km lange einfache Wanderstrecke im Fiordland. (S. 674)

Welcome Flat Der schöne Weg führt am Karangarua River im Schatten einiger der höchsten Gipfel Neuseelands entlang; zur Belohnung wartet ein wohltuendes Bad in einer der natürlichen Heißen Quellen. Eine zwei- bis dreitägige, 50 km lange Wanderung durch den Westland Tai Poutini National Park.

Mueller Hut Route Ja, es gehört ein harter 1040 m hoher Anstieg auf der Sealy Range beim Aoraki/Mount Cook dazu, aber das ist nun mal eine typisch alpine Erfahrung: geologische Wunder, eine faszinierende Pflanzenwelt und eine interessante Hütte.

Lake Angelus Track Über einen Bergrücken gelangt man zu einer protzigen DOC-Hütte an einem unberührten Karsee im Nelson Lakes National Park. Ein 22 km langer mittelschwerer Wanderweg (hin und zurück), der sich über zwei Tage erstreckt. (S. 483)

Queen Charlotte Track Eine 70 km lange, drei- bis fünftägige mittelschwere Wanderung in den Marlborough Sounds mit großartigen Ausblicken auf das Wasser. Super Unterkünfte und Bootsfahrten möglich. (S. 443)

Rees-Dart Track Eine 70 km lange, vier- bis fünftägige anspruchsvolle Wanderstrecke im Mount Aspiring National Park, die durch von Gletschern gespeiste Täler und über einen Gebirgspass führt.

St James Walkway Dieser Wanderweg führt durch ein bedeutendes Naturschutzgebiet, das etwa 430 Pflanzenarten eine Heimat bietet, von Tieflandgräsern bis zur Bergbuche und Gebirgskräutern. Fünf Tage und 66 km lang in der Umgebung des Lewis Passes. (S. 556)

Tuatapere Hump Ridge Track Ein ausgezeichneter, 58 km langer, dreitägiger Rundweg, dessen Anfang und Ende in der Te Waewae Bay, 20 km von Tuatapere, liegt. (S. 681)

Hütten im wilden Hinterland

Zusätzlich zu den Hütten auf den Great Walks unterhält das DOC mehr als 950 Hütten in den wilden Naturgebieten *(backcountry)* der neuseeländischen National- und Waldparks.

Bei den Hütten unterscheidet man folgende Kategorien:

Basic Huts Sehr einfache Schutzhütten mit wenig oder gar keiner Ausstattung. Gratis.

Standard Huts Keine Kochmöglichkeit und manchmal auch ohne Wärmequelle, aber dafür Matratzen, Wasserversorgung und Toiletten. Sie kosten 5 NZ$ pro Erwachsenem und Nacht.

Serviced Huts Mit Matratzen ausgestattete Schlafkojen oder -pritschen, Wasserversorgung, Heizung, Toiletten und manchmal auch Kochgelegenheiten. Übernachtung pro Erwachsenem 15 NZ$ pro Nacht.

Für die Nutzung mancher Hütten muss man vorbuchen (auf der Website findet sich eine entsprechende Liste): Online-Buchungen sind unter https://booking.doc.govt.nz oder in den DOC-Besucherzentren möglich. 11- bis 17-Jährige zahlen den halben Preis; für Kinder unter 10 sind die Hütten kostenlos. Umfassende Infos unter www.doc.govt.nz/parks-and-recreation/places-to-stay.

Wer viel wandern möchte, für denjenigen lohnt sich der sechs Monate gültige Backcountry Hut Pass (Erw 92 NZ$.); andernfalls sind die *pay-as-you-go*-Hut-Tickets empfehlenswert (5 NZ$; für eine Serviced Hut braucht man drei davon). Die Tickets sollten mit einem Datum versehen werden und dann in die dafür vorgesehenen Kästen an den Hütten hinterlegt werden. Ob man noch einen Schlafplatz für die Nacht erhält, hängt von der Ankunftszeit und der Belegung ab: Wer zuerst kommt, mahlt zuerst. In der Nebensaison (Mai bis September) bekommt man mit den Backcountry Hut Tickets und Pässen auch Schlafkojen oder Zeltplätze auf einigen Great Walks.

Campingplätze im Backcountry liegen oft neben den Hütten und sind in der Regel mit Toiletten und Frischwasser und manchmal auch Annehmlichkeiten wie Picknicktischen, Feuerstellen und/oder Kochgelegenheiten ausgestattet. Die Preise variieren und reichen von kostenlos bis zu 8 NZ$ pro Person und Nacht.

Campingplätze

Außer den Campingplätzen auf den Great Walks verwaltet das DOC mehr als 220 sogenannte „Conservation Campsites“ (sind in der Regel mit Fahrzeugen erreichbar); hier gibt es folgende Kategorien:

Basic Campsites Einfache Toiletten und Trinkwasser; gebührenfrei und Belegung in der Reihenfolge des Eintreffens.

Standard Campsites Toiletten und Wasserversorgung und vielleicht noch Grillplatz und Picknicktische; ab 6 NZ$, solange noch was frei ist.

Scenic Campsites Viel genutzte Plätze mit Toiletten, fließendem Wasser und manchmal auch mit Grillplätzen, Feuerstellen, Kochunterständen, kalten Duschen, Picknicktischen und Mülleimern. Gebühr pro Nacht 10 NZ$.

Serviced Campsites Voll ausgestattet mit: Toiletten mit Spülung, fließendem Wasser, heißen Duschen und Picknicktischen. Manchmal gibt es auch Grillplätze, Küche und Waschmöglichkeiten für Wäsche; rund 15 NZ$ pro Nacht.

Für alle Serviced Campsites und manche Scenic and Standard Campsites sind in der Hochsaison (Oktober bis April) Reservierungen nötig. Online-Buchungen unter https://booking.doc.govt.nz oder in den DOC-Besucherzentren.

Das DOC gibt kostenlose Broschüren heraus, in denen alle Campingplätze beschrieben sind und auch eine Anreisebeschreibung (sogar mit GPS-Koordinaten) mitgeliefert wird. Diese sollte man sich vor Antritt der Wanderung in den Büros des DOC besorgen oder von der entsprechenden Website herunterladen.

Geführte Wanderungen

Wenn man sich als Wanderer noch als Anfänger einschätzt oder sich in erfahrene Hände begeben will, weil man die DIY-Variante (DIY = Do it yourself) nicht mag, dann stehen mehrere Anbieter bereit, die die Wanderer durch die Wildnis führen. Man übernachtet in der Regel in komfortablen Hütten (mit Duschen!), das Essen wird gekocht und das Tragen der Ausrüstung wird einem auch noch abgenommen.

Auf der Nordinsel gibt es geführte Wanderungen auf den Mount Taranaki, rund um den Lake Waikaremoana und in den Tongariro National Park. Für den Abel Tasman Coast Track, den Queen Charlotte Track, den Heaphy Track, den Routeburn Track, den Milford Track oder den Hollyford Track werden auf der Südinsel geführte Wanderungen angeboten. Die Kosten für eine mehrtägige Wanderung beginnen bei etwa 1500 NZ$ und gehen für eine Deluxe-Wanderung auch schon mal bis zu 2200 NZ$ rauf.

Anreise zu den Wanderwegen

Die Ausgangspunkte der Wanderwege zu erreichen und von den Endpunkten weiterzukommen, kann ganz schön schwierig werden: Nur die besonders beliebten Routen werden von öffentlichen Verkehrsmitteln oder speziellen Transporten für Wanderer bedient. Mit dem eigenen Auto kann man zwar bequem zu dem einen Ende der Strecke kommen, muss aber später sein Fahrzeug irgendwie wieder einsammeln. Wenn die Wanderstrecke am Ende einer Sackgasse beginnt oder endet, dürfte es auch kaum möglich sein, per Anhalter hinzukommen.

Selbstverständlich sind die Routen, die mit öffentlichen Verkehrsmitteln oder mit dem Shuttle-Bus-Service zu erreichen sind (z. B. der Abel Tasman Coast Track), zugleich natürlich auch die überlaufensten. Eine gute Alternative kann es sein, einen privaten Transport zu vereinbaren, entweder mit einem Freund oder mit einem Mietwagen, der einen am Anfang der Strecke absetzt und am Ende wieder abholt. Wer das eigene Auto am Ausgangspunkt der Strecke abstellt, sollte auf keinen Fall Wertsachen im Auto liegen lassen – Diebstähle aus Autos, die in abgelegenen Gebieten geparkt werden, kommen leider häufig vor.

Reiseplanung

Skifahren & Snowboarden in Neuseeland

Neuseeland auf der südlichen Hemisphäre ist ein beliebtes Ziel für Wintersportfreunde, ob es nun um Skifahren, Langlauf oder Snowboarden geht. Die Skisaison geht hier im Allgemeinen von Juni bis September, doch dies kann von Skigebiet zu Skigebiet variieren. An manchen Orten dauert sie sogar bis Oktober.

Ideal zum Skifahren & Snowboarden

Anfänger oder Kinder

Mount Hutt, Central Canterbury

Mount Dobson, South Canterbury

Roundhill, South Canterbury

Coronet Peak, Queenstown

The Remarkables, Queenstown

Snowboarden

Mount Hutt, Central Canterbury

Treble Cone, Wanaka

Cardrona, Wanaka

Ohau, South Canterbury

Whakapapa & Turoa, Tongariro National Park

Die besten Après-Ski-Bars

Powderhorn Chateau, Ohakune

Dubliner, Methven

Cardrona Hotel, Cardrona

Lalaland, Wanaka

Rhino's Ski Shack, Queenstown

Planung

Reiseziele

Aufgrund der Vielzahl an Orten und Gegebenheiten ist es schwer, ein ganz bestimmtes Skigebiet zu empfehlen, da die Vorstellungen und Wünsche bei Wintersportlern doch sehr individuell ausfallen können. Manch einer möchte sich in der Nähe der Partyszene von Queenstown austoben, ein anderer in der bizarren Vulkanlandschaft des Mount Ruapehu. Wiederum andere bevorzugen die anspruchsvollen Abfahrten am Mount Hutt, das wenig überlaufene Rainbow-Skigebiet oder aber ganz entspannte Skiclub-Areale. Letztere sind für die Öffentlichkeit zugänglich und gewöhnlich nicht überlaufen und zudem kostengünstiger. Allerdings müssen Nicht-Mitglieder eine etwas höhere Gebühr entrichten.

Praktische Informationen

Die kommerziellen Skigebiete Neuseelands sind nur selten erschlossene Ferienorte mit Chalets, Hütten oder Hotels. Après-Ski-Programm und Unterkünfte sind vielmehr häufig in den umliegenden Städten anzufinden, von denen täglich Shuttlebusse zu den Pisten fahren. In vielen Gebieten von Skiclubs gibt es Hütten, die allerdings häufig ausgebucht sind.

Die Visitor Information Centres in Neuseeland und Tourism New Zealand (www.newzealand.com) haben Informationen zu den Skigebieten und Pauschalangeboten und nehmen auch Buchungen vor. **Skipässe** kosten zwischen 70 und 110 NZ$ pro Tag (Kinder zahlen die Hälfte). In den meisten Gebieten werden auch Kombipakete mit Skikursen und Liftbenutzung angeboten. Die Leihgebühr für Ski- und Snowboardausrüstung beginnt bei rund 50 NZ$ pro Tag. Skikurse kosten pro Stunde ab 120/60 NZ$ (Einzel-/Gruppenunterricht).

Informationen im Internet

www.snow.co.nz Berichte, Webcams und Pistenbedingungen für ganz Neuseeland.

www.nzski.com Berichte, Tipps zu Jobs, Pässe und Webcams für Mount Hutt, Coronet Peak und die Remarkables.

www.newzealandski.co.nz Nützliche Online-Plattform für die Skigebiete auf der Südinsel.

www.chillout.co.nz Infos zu den Skigebieten von Mount Lyford, Awakino, Hanmer Springs, Cheeseman, Roundhill, Rainbow, Temple Basin, Treble Cone, Fox Peak, Mount Dobson, Mount Olympus, Porters, Craigieburn Valley und Broken River.

www.mtruapehu.com Berichte, Pässe, Kurse und Webcams für die Skigebiete von Mount Ruapehu 's Whakapapa und Turoa.

Nordinsel

Tongariro National Park

Whakapapa & Turoa (S. 305) Diese beiden gut geführten Zwillingsorte beiderseits des Mount Ruapehu bilden das wohl größte Skigebiet Neuseelands. Whakapapa hat 65 Pisten, verteilt über 1050 ha, sowie Langlaufpisten, einen Funpark und das höchstgelegene Café Neuseelands. Mit dem Auto geht es von Whakapapa Village aus zu den Pisten (6 km; kostenlose Parkmöglichkeit); alternativ kann man den Shuttlebus ab National Park Village, Taupo, Turangi oder Whakapapa Village nehmen. Das kleinere Turoa hat einen Lift für Anfänger, Pisten für Snowboarder, Abfahrer, Langlaufloipen sowie eine über 700 m steile Abfahrt vom Highnoon-Express-Sessellift. Es gibt kostenlose Parkplätze und einen Shuttlebus vom 17 km entfernten Ohakune. Der Ort hat die lebendigste Après-Ski-Szene auf der Nordinsel.

Tukino (S. 305) Das von einem Club betriebene Skigebiet von Tukino liegt an der Ostflanke des Mount Ruapehu, 46 km von Turangi entfernt. Der Ort ist abgelegen und nur über eine 14 km lange Schotterpiste zu erreichen, die von der befestigten Desert Rd (SH 1) abzweigt – ein Geländewagen ist notwendig. Die Anlage ist nie überlaufen. Die Pisten sind überwiegend für Anfänger oder Fortgeschrittene geeignet.

Taranaki

Manganui (S. 254) Dieses Gebiet umfasst die clubgeführten Pisten an den Flanken eines Vulkans, des spektakulären Mount Taranaki im Egmont National Park, 22 km von Stratford und 55 km von New Plymouth entfernt (vom Parkplatz muss noch ein 25-minütiger Fußweg zurückgelegt werden). Taranaki ist bei Snowboardern äußerst beliebt, daher kann es auf den Pisten voll werden. Weiter oben gibt es begrenzte Übernachtungsmöglichkeiten.

Südinsel

Queenstown & Wanaka

Coronet Peak (S. 633) Im ältesten Skigebiet der Region Queenstown sorgen Schneekanonen und baumlose Pisten für ausgezeichnete Bedingungen für Skifahrer und Snowboarder

HELISKIING

Neuseelands ferne Gipfel sind für Heliskiing wie geschaffen. Entlang der unberührten Hänge in den Südalpen gibt es ein weites Skigebiet abseits der Pisten mit Extremskifahrten für Profis. Die Preise liegen zwischen ca. 825 und 1450 $ für drei bis acht Fahrten. Heliskiing gibt es bei Coronet Peak, Treble Cone, Cardrona, Mount Hutt, Mount Lyford, Ohau und Hanmer Springs; zu den unabhängigen Betreibern gehören:

Alpine Heliski (S. 633)

Harris Mountains Heli-Ski (S. 633)

Methven Heliski (S. 565)

Over The Top (S. 634)

Southern Lakes Heliski (S. 634)

Ski- & Snowboard-Gebiete

aller Leistungsstufen. Im Zeitraum von Juli bis September kann man freitags und samstags auch nachts über die Pisten carven. Ein Shuttlebus verbindet das Skigebiet mit dem 16 km entfernten Queenstown.

Die Remarkables (S. 633) sind ein optisch imposantes Skigebiet ebenfalls in der Nähe von Queenstown (Entfernung 28 km); während der Saison erreicht man es mit Shuttlebussen. Es gibt einen guten Mix aus Pisten für Anfänger, Fortgeschrittene und Cracks (Kinder unter zehn Jahren fahren umsonst). Besonders toll ist die geschwungene Abfahrt „Homeward Bound".

Treble Cone (S. 633) Das am höchsten gelegene und größte der Skigebiete an den südlichen Seen liegt in einer spektakulären Gegend, 26 km von Wanaka entfernt. An steilen Hängen gibt es Pisten für fortgeschrittene bis sehr gute Skifahrer – hier herrscht eine eher professionelle Atmosphäre vor. Es gibt auch viele Halfpipes und einen Funpark für Snowboarder.

Cardrona (S. 661) Cardrona liegt ca 34 km von Wanaka entfernt und bietet mehrere leistungsstarke Sessellifte, Lifte für Anfänger und ein Extremgelände für Snowboarder. Während der Saison verbinden Busse das Skigebiet mit Wanaka und Queenstown. Es ist auch für Skifahrer mit Handicap geeignet. Außerdem gibt es vor Ort einen Kinderhort.

Snow Farm New Zealand (S. 662) Neuseelands einziges kommerzielles Langlaufgebiet ist 33 km von Wanaka entfernt und liegt auf der Pisa Range hoch über dem Cardrona Valley. Es gibt 55 km gespurte Loipen, Hütten mit sanitären Einrichtungen und Tausende Hektar offene Schneelandschaft.

Süd-Canterbury

Ohau (S. 578) Dieses kommerzielle Skigebiet liegt am Mount Sutton, 42 km von Twizel entfernt. Es gibt zahlreiche mittelschwere und schwere Abfahrten, ausgezeichnetes Gelände für Snowboarder, zwei Funparks und die Lake Ohau Lodge.

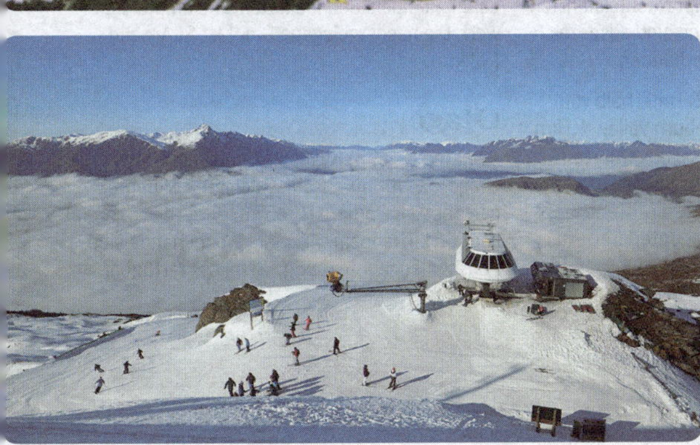

Oben: Snowboarder, Cardrona Alpine Resort (S. 661)

Unten: Blick auf die Pisten von Coronet Peak (S. 633)

Mount Dobson (S. 574) Das 3 km breite Talbecken liegt 26 km von Fairlie entfernt und ist auf Anfänger und mittelmäßig gute Skifahrer ausgerichtet. Auch ein Funpark ist vorhanden. Das Gebiet ist berühmt für seinen herrlich trockenen Pulverschnee. An klaren Tagen reicht der Blick vom Gipfel des Mount Dobson bis zum Aoraki/ Mount Cook und zum Pazifik.

Fox Peak (S. 574) Das preisgünstige Skiclubareal liegt 40 km von Fairlie entfernt und bietet Seillifte, schöne Loipen und Unterkünfte im Schlafsaal.

Roundhill (S. 575) Ein kleines Skigebiet mit weiten, sanften Hügeln, perfekt für Anfänger und leicht fortgeschrittene Skifahrer. Es ist 32 km von Lake Tekapo Village entfernt.

Central Canterbury

Mount Hutt (S. 565) Eines der am höchsten gelegenen Skigebiete der südlichen Hemisphäre und wohl auch eines der besten Neuseelands. Es liegt unweit von Methven, 118 km westlich von Christchurch – Shuttles verkehren aus beiden Städten. Die Zufahrt erfolgt auf steiler Straße – bei schlechtem Wetter sollte man deshalb sehr vorsichtig sein. Viele Hänge für Anfänger, fortgeschrittene Anfänger und Fortgeschrittene; Sessellifte, Heliskiing und weitflächige Pisten für Snowboard-Anfänger.

Porters (S. 562) Das Christchurch am nächsten gelegene kommerzielle Skigebiet (96 km von der Straße zum Arthur's Pass entfernt). „Big Mama" auf 620 m Höhe ist eine der steilsten Pisten in Neuseeland, aber es gibt auch breitere und sanftere Abfahrten. Außerdem vorhanden: ein Funpark, gute Langlaufloipen am Kamm sowie Übernachtungsmöglichkeiten in Lodges.

Temple Basin (S. 562) Ein clubeigenes Gebiet 4 km von der Kleinstadt Arthur's Pass entfernt. Der Fußweg vom Parkplatz zu den Lodges im Skigebiet dauert 50 Minuten. Es gibt Nachtskifahrten unter Flutlicht, und im Hinterland sind ausgezeichnete Pisten für Snowboarder vorhanden.

Craigieburn Valley (S. 562) Unterhalb von Hamilton Peak liegt das Craigieburn Valley, 40 km vom Arthur's Pass entfernt. Das clubgeführte Skigebiet zählt zu den anspruchsvollsten in Neuseeland, mit Pisten für Fortgeschrittene und Cracks (nicht für Anfänger). Unterkünfte in Lodges mit Selbstverpflegung.

Broken River (S. 562) Nicht weit vom Craigieburn Valley entfernt befindet sich dieses clubeigene Skigebiet. Der Fußweg vom Parkplatz zu diesem abgelegenen Ort dauert rund 15–20 Minuten. Schneesicheres Gebiet, lockere Atmosphäre. Unterkünfte in Lodges mit Verpflegung oder Selbstverpflegung sind verfügbar.

Cheeseman (S. 562) Ein weiteres cooles Clubgebiet in der Craigieburn Range. Der familienfreundliche Betrieb liegt ca. 100 km von Christchurch entfernt. Es befindet sich am Mount Cockayne in einer weiten, geschützten Senke mit einer Zufahrtsstraße zu den Pisten. Unterkünfte in Lodges sind vorhanden.

Mount Olympus (S. 562) Leider nur schwer zu finden (aber die Suche lohnt sich): Vom 2096 m hohen Mount Olympus sind es 58 km bis Methven und 12 km bis Lake Ida. Das Clubgebiet betreibt Pisten für fortgeschrittene Skifahrer und Könner; über Langlaufloipen gibt es gute Verbindungen zu anderen Skigebieten. Der Zugang ist manchmal nur mit Vierradantrieb möglich. Unterkünfte in Lodges sind möglich.

Im Norden der Südinsel

Hanmer Springs (S. 558) Das kommerzielle Skigebiet am Fuße des Mount St. Patrick liegt 17 km von der Kleinstadt Hanmer Springs entfernt und bietet Pisten für Fortgeschrittene und Könner. Während der Saison organisiert das Adventure Centre einen Shuttle-Service.

Mount Lyford (S. 558) Etwa 60 km von Hanmer Springs und Kaikoura sowie 4 km vom Ort Mount Lyford entfernt, verfügt dieses Skigebiet, das für neuseeländische Verhältnisse am ehesten als Resort durchgeht, über Unterkünfte und einige Lokale. Guter Pistenmix und ein Funpark.

Rainbow (S. 483) Das an den Nelson Lakes National Park (100 km von Nelson und Blenheim) angrenzende Skigebiet ist kaum überlaufen, hat ein abwechslungsreiches Gelände und gute Langlaufloipen. Schneeketten sind empfehlenswert. Die nächstgelegene Stadt ist St Arnaud (32 km).

Otago

Awakino (S. 593) Kleines Skigebiet in North Otago, das für durchschnittlich gute Skifahrer geeignet ist. Oamaru ist 45 km entfernt, Omarama liegt 66 km landeinwärts. Am Wochenende sind Pauschalangebote (Lodge Skipass) verfügbar.

Reiseplanung

Neuseeland extrem

Neuseelands im Übermaß vorhandene Anzahl an abenteuerlichen Aktivitäten fordert auch die Zaghaftesten dazu heraus, an ihre Grenzen zu gehen, aber es geht nicht allein um den Adrenalinkick. Panik auslösende, oft völlig durchgeknallte Dinge wie Skydiving, Bungee-Jumping, Mountainbiken und Jetboat-Fahren sind zwar aufregend, sie geben einem aber auch die Möglichkeit, auf diese Weise Neuseelands atemberaubende Landschaften kennenzulernen.

Zu Lande

Bungee-Jumping

Der Neuseeländer A. J. Hackett machte Bungee-Jumping im Jahr 1986 mit seinem Sprung vom Eiffelturm weltbekannt. Danach tat er sich mit dem neuseeländischen Skiprofi Henry van Asch zusammen und machte Bungee-Jumping für jedermann zugänglich.

Heute durchzieht ihre Heimatstadt Queenstown ein Spinnennetz aus Bungee-Seilen. Dazu gehört A. J .Hacketts Dreiergruppe: der Nevis Bungy (mit 134 m der höchste); der 43 m tiefe Sprung von der Kawarau Brücke (das Original) und der Ledge Jump (der höchstgelegene, von einer Plattform in 400 m Höhe). Eine weitere Bungee-Jumping-Plattform gibt es beim Thrillseekers Canyon in der Nähe von Hanmer Springs. Auf der Nordinsel kann man sich in Taihape, Rotorua oder Auckland in die Tiefe stürzen. Der landschaftlich schönste Sprung ist über den Waikato River in Taupo. Als Variation bietet sich der Shotover Canyon Swing oder der Nevis Swing in Queenstown an, beides riesige Seilschwünge – ein wahrhaft berauschendes Gefühl.

Top-Extremsportarten

Beste Gebiete für Fallschirmspringer

Queenstown

Motueka

Taupo

Fox & Franz Josef Glacier

Die besten Orte für Wildwasserfahrer

Buller Gorge, Murchison

Tongariro River, Taupo

Rangitata, Geraldine

Shotover Canyon, Queenstown

Die schönsten Strecken für Mountainbiker

Queen Charlotte Track, Marlborough

Redwoods Whakarewarewa Forest, Rotorua

West Coast Wilderness Trail, Hokitika

Ohakune Old Coach Road, Central Plateau

Alps 2 Ocean, South Canterbury

Drachen- & Gleitschirmfliegen

Eine überraschend sanfte, aber dennoch aufregende Art und Weise, in die Luft zu gehen. Beim Gleitschirmfliegen hängt man sich unter einen fallschirmartigen Flügel und startet segelnd von einem Hügel oder einer Klippe. Drachenfliegen ist gleichartig, aber mit einem kleineren, steifen Flügel. Die meisten sind Tandemflüge mit einem erfahrenen Piloten, es gibt aber auch Einweisungen für einen Alleinflug. Tandemflüge gibt es in Queenstown, Wanaka, Nelson, Motueka, Hawke's Bay oder Auckland.

Die New Zealand Hang Gliding and Paragliding Association (www.nzhgpa.org.nz) hat hier das Sagen.

Mountainbiken & Fahrradtouren

Neuseeland ist verrückt aufs Mountainbiken. Bezeichnet als „das neue Golfspiel" wegen seiner Beliebtheit bei Leuten einer gewissen Altersgruppe, ist Mountainbiken jetzt zu einer Sportart für alle Altersgruppen geworden. Der New Zealand Cycle Trail hat diese Sportart sicherlich vorangetrieben, aber es gibt im ganzen Land eine scheinbar endlose Anzahl von anderen Strecken.

Mountainbike-Parks – die meisten mit verschiedenen Schwierigkeitsstufen (und meistens mit Fahrradverleih) – sind eine gute Möglichkeit, sich im Montainbiken im neuseeländischen Stil zu versuchen. Der bekannteste ist der Rotorua's Redwoods Whakarewarewa Forest, darüber hinaus gibt es noch Makara Peak in Wellington, Woodhill Forest in Auckland und den Downhill Park in Queenstown mit einer Gondelbahn.

Zu den klassischen Strecken gehören im Land die 42 Traverse in der Nähe des Tongariro National Park, der Rameka auf dem Takaka Hill sowie die Strecken in den Port Hills von Christchurch – aber das ist nur die Spitze des Eisbergs. In zunehmendem Maße stehen auch Wanderwege den Mountainbikern offen – wie z. B. der schwierige, aber phänomenale Heaphy Track – aber angesichts der vielen Wanderer bleibt Mointainbiken auf die Nebensaison beschränkt. Manchmal sind die Wege beschädigt, daher sollte man vorher beim DOC Erkundigungen einholen.

Als Folge des Mountainbike-Booms kann man sich jetzt auch Mountainbikes leihen. Die Verleiher sind oft selber Montainbike-verrückt und können einem gute Strecken empfehlen. Empfehlenswert ist das Buch *Classic New Zealand Mountain Bike Rides* (erhältlich bei Buchläden, Fahrradgeschäften sowie auf der Website www.kennett.co.nz).

Und wie steht es mit Radtouren? Obwohl sie aufgrund des ständig wechselnden Wetters und der Straßenverhältnisse als unbequem und gefährlich eingestuft werden, gibt es einige bemerkenswerte Strecken, wie z. B. die Southern Scenic Route im tiefen Süden Neuseelands. Weitere Informationen dazu finden sich in den *Pedallers'-Paradise*-Heften von Nigel Rushton (www.paradise-press.co.nz).

Klettern

Für diesen Sport benötigt man lediglich ein wenig Magnesia für die Hände und ein Paar spezielle Kletterschuhe. Auf der Nordinsel gibt es einige Gebiete, die bei Kletterern sehr beliebt sind: u. a. der Mount Eden Quarry bei Auckland, die Whanganui Bay, Kinloch, die Kawakawa Bay und Motuoapa beim Lake Taupo, das Mangatepopo Valley und die Whakapapa Gorge im Central Plateau, Humphries Castle und Warwick Castle auf dem Mount Taranaki sowie Piarere und das beliebte Wharepapa South in Waikato.

Auf der Südinsel bieten sich die Port Hills oberhalb von Christchurch an oder der Castle Hill auf dem Weg zum Arthur's Pass. Westlich von Nelson sind die aus Marmor und aus Kalkstein bestehenden Berge der Golden Bay und der Takaka Hill erste Wahl. Alternativen sind Long Beach (nördlich von Dunedin) und Mihiwaka sowie Lovers Leap auf der Otago Peninsula.

Bei Regen findet man im ganzen Land Indoor-Kletterwände, z. B. in Rotorua, Whangarei, Auckland, Tauranga, Taupo, Wellington, Christchurch und Hamilton.

Climb New Zealand (www.climb.co.nz) führt die fiesesten und schwierigsten Überhänge in Neuseeland auf – mit Anfahrtswegen und allen sonstigen Informationen zum Thema Klettern.

Fallschirmspringen

Neuseeland hat eine der landschaftlich schönsten Gegenden für Fallschirmspringer. Ein Tandemsprung ist für Anfänger der sinnvollste Weg, um mit dem Fallschirmspringen anzufangen. Dabei sind sie an einen qualifizierten Ausbilder geschnallt und befinden sich bis zu 75 Sekunden im freien Fall, ehe sich der Schirm öffnet. Der Nervenkitzel ist jeden Cent wert: ab 249 NZ$ aus 9000 Fuß Höhe bis 559 NZ$ aus 19.000 Fuß (zusätzliche Kosten für DVD/Foto).

Weitere Informationen gibt es bei der New Zealand Parachute Federation (www.nzpf.org).

Auf dem Wasser

Jetboatfahren

Das Jetboat wurde in Neuseeland von Bill Hamilton, einem Ingenieur aus Fairlie, erfunden, der ein Boot wollte, das in seichten, einheimischen Flüssen fahren konnte. Er führte seinen späteren Erfolg auf Archimedes zurück, aber, wie die meisten Jetboatfahrer einem versichern, ist der Neuseeländer Bill der wirkliche Held der Geschichte.

Jetboat-Touren gibt es überall in Neuseeland und obwohl viel Wirbel um die haarsträubenden 360 Grad-Wendemanöver gemacht wird, bei denen die Passagiere klatschnass werden und jede Menge Spaß haben, sind sie nur ein Nebenschauplatz. Genau wie Bill es gewollt hatte, führen Jetboat-Touren den Passagier tief in eine Wildnis, die man normalerweise nie sehen würde und gehören somit zu den lohnenswertesten Reiseerfahrungen Neuseelands.

Teure Fahrten wie der Queenstown's Shotover, Kawarau und Dart werden dem Hype voll gerecht. Aber auch die ruhigeren Fahrten sind nicht zu verachten. Empfehlenswert sind Buller, Waiatoto (Haast) und Wilkin im Mount Aspiring National Park sowie der Whanganui, einer der besten Flüsse zum Jetboatfahren.

Parasailing & Kiteboarden

Das Parasailing (bei dem man an einem modifizierten Fallschirm, gezogen von einem Schnellboot, über dem Wasser hängt) ist für viele vielleicht der einfachste Weg, mit Hilfsmitteln in die Luft zu gehen. Anbieter gibt es an der Bay of Islands, an der Bay of Plenty, in Taupo, Wanaka und Queenstown.

Das Kiteboarden (oder Kitesurfen), bei dem man von einem kleinen Lenkdrachen auf einem kleinen Surfbrett übers Wasser gezogen wird, kann man in Paihia, Tauranga, Mount Maunganui, Raglan, Wellington und Nelson ausprobieren. Die Karikari Peninsula nahe dem Cape Reinga an Neuseelands Nordzipfel ist ein Mekka der Kiteboarder.

Sporttauchen

Neuseeland ist mit seinen warmen Gewässern im Norden, der interessanten Unterwasserwelt sowie einigen alten Schiffswracks ein beliebtes Ziel für Sporttaucher. Besonders die Poor Knights Islands unweit von Whangarei mit ihren subtropischen Strömungen, in denen sich jede Menge Meereslebewesen tummeln, zählen zu den besten Tauchrevieren (u. a. mit dem Wrack

NGA HAERENGA

Der New Zealand Cycle Trail (www.nzcycletrail.com) – in Māori auch Nga Haerenga, „die Reisen" genannt – umfasst 23 geländegängige Strecken, die Great Rides. Sie führen von Norden nach Süden, haben unterschiedliche Längen, Bodenbeschaffenheit und Schwierigkeitsgrade. Zahlreiche Strecken führen an historischen Eisenbahnlinien und Pionier-Trails vorbei, während andere brandneu und leicht zu meistern sind. Fast alle führen durch spektakuläre Gegenden.

Für Anfänger und leicht fortgeschrittene Radfahrer gibt es jede Menge Möglichkeiten, aber auch einige waghalsige Strecken wie die Old Ghost Road, ein international bekannter Klassiker. Auf den meisten Strecken gibt es einen Fahrradverleih, Shuttle-Busse, Verpflegung und Unterkünfte. Dies ist eine fantastische Gelegenheit, Neuseeland zu erkunden. Die meisten Strecken haben ihre eigene Website mit ausführlichen Informationen. Einen genauen Überblick sowie Links verschafft die oben genannte Website.

SURFEN IN NEUSEELAND

Surfer verraten nur ungern Geheimnisse – aber Neuseeland bietet einen Mix aus erstklassigen Wellen, gleichermaßen perfekt für Anfänger und Cracks. Wer sich abseits der ausgetretenen Pfade hält, wird großartige Wellen ohne störende Menschenmassen finden. Die neuseeländischen Inseln werden aus allen Windrichtungen mit Dünung versorgt. Brecher an Landspitzen, Riffs, felsigen Bänken und an flachem Sandstrand – alles ist hier zu finden!

Surfing New Zealand (www.surfingnz.co.nz) empfiehlt auf seiner Website einige Surfschulen. An den meisten neuseeländischen Stränden kann man hervorragend surfen. Nachstehend einige Tipps:

Waikato Raglan, Neuseelands berühmtester Surfstrand, üblicherweise der erste Stopp von Surfern aus Übersee

Coromandel Whangamata

Bay of Plenty Mount Maunganui, jetzt mit einem künstlichen Riff, das hohe Wellen erzeugt, und Matakana Island

Taranaki Fitzroy Beach, Stent Road und Greenmeadows Point liegen alle am „Surf Highway"

East Coast Hicks Bay, die Strände der Stadt Gisborne und Mahia Peninsula

Rund um Wellington Strände wie Lyall Bay, Castlepoint und Tora

Marlborough & Nelson Kaikoura Peninsula, Mangamaunu und Meatworks

Canterbury Taylors Mistake und Sumner Bar

Otago Dunedin ist ein gutes Surfquartier auf der Südinsel, es hat prachtvolle Strände wie den St Clair Beach

West Coast Punakaiki und Tauranga Bay

Southland Porridge und Centre Island

Von Nord nach Süd variieren die Wassertemperaturen und das Klima ganz erheblich. Zum Surfen sollte man einen Neoprenanzug anziehen. Auf der Nordinsel tut es im Sommer ein Shorty, auf der Südinsel ein Fullsuit oder kurzärmliger Steamer von 2–3 mm Stärke. Im Winter sollte man dann auch auf der Nordinsel einen Fullsuit wählen, auf der Südinsel gar einen mit 3–5 mm Stärke und sämtlichen Extras.

Josh Kronfeld, Surfer und ehemaliger Rugby-Nationalspieler bei den All Blacks

des Greenpeace-Flaggschiffs *Rainbow Warrior*).

Weitere beliebte Tauchgründe sind Bay of Islands, Hauraki Gulf, Goat Island und Gisborne 's Te Tapuwae o Rongokako Marine Reserve. In den Gewässern des Marlborough Sound liegt die *Mikhail Lermontov* auf Grund, das weltweit größte begehbare Wrack eines Kreuzfahrtschiffs. Die besten Tauchplätze von Fiordland sind der Dusky Sound, der Milford Sound und der Doubtful Sound mit glasklarem Wasser.

Für eine kurze Einweisung plus Tauchkurs in einem Pool zahlt man mindestens 180 NZ$. Für einen viertägigen, PADI-zertifizierten Kurs im offenen Meer muss man mit etwa 600 NZ$ rechnen. Einmalige organisierte Tauchfahrten vom Boot oder Land aus kosten etwa 170 NZ$. Weitere Informationen unter:

New Zealand Underwater Association (www.nzu.org.nz)

Dive New Zealand (www.divenewzealand.com)

Seekajakfahren

Seekajakfahren ist eine fantastische Möglichkeit, die Küste aus einer anderen Perspektive zu erkunden und dadurch die Flora und Fauna hautnah zu erleben. Auch macht es jede Menge Spaß und ist manchmal sogar aufregend. Es gibt jedoch auch einen kleinen Nachteil, der mit den Tandemkajaks zu tun hat ... man nennt sie nicht umsonst „Scheidungsboote"!

Wie man es von einer Seefahrernation erwartet, gibt es im Land zahlreiche Regionen für Seekajakfahrer. Zu den beliebtesten gehören Waiheke und die Great Barrier Islands, die Bay of Islands und die Coromandel Peninsula, Marlborough Sounds (Picton) und der Abel Tasman National Park. Kaikoura eignet sich hervorragend zur Beobachtung von Tieren, Fiordland hat eine atemberaubende Landschaft. Nützliche Informationen gibt es bei Kiwi Association of Sea Kayakers (www.kask.org.nz).

Wildwasserfahren, Kajak- und Kanufahren

Monumentale Gebirgsketten und genügend Regen – an Flüssen, die sich perfekt zum Rafting eignen, besteht wirklich kein Mangel. Auch gibt es genügend Anbieter, die einen in die Stromschnellen führen. Die Flüsse werden in Kategorien von I bis VI eingeteilt, wobei VI „nicht befahrbar" bedeutet. Die Betreiber organisieren oft verschiedene Fahrten, je nach Geschicklichkeit und Alter (schwierigere Strecken sind im Allgemeinen beschränkt auf Rafter ab 13 Jahren).

Zu Recht beliebt sind der Queenstown's Shotover und die Kawarau Rivers, aber genauso gut schneiden der Rangitata (Geraldine), Buller (Murchison) sowie Arnold und Waiho ab. Für mehrtägige Fahrten empfiehlt sich der Landsborough. Auf der Nordinsel kommen Raftingfans auf den Flüssen Tongariro, Rangitikei, Mohaka und Wairoa auf ihre Kosten. Und dann gibt es da noch die Kaituna Cascades bei Rotorua, Höhepunkt ist der sieben Meter hohe Wasserfall bei Okere Falls.

Kajak- und Kanufahren erfreuen sich immer größerer Beliebtheit, besonders auf seichten Seen. Es gibt aber auch jede Menge Orte, wo man in den Stromschnellen paddeln kann, z. B. auf dem relativ ungefährlichen Whanganui „Great Walk".

Weitere Informationen:

New Zealand Rafting Association (www.nz-rafting.co.nz)

Whitewater NZ (www.rivers.org.nz)

New Zealand Kayak (www.kayaknz.co.nz)

Reiseplanung

Essen & Trinken

Neuseelands Spitzenrestaurants

Clooney (S. 97)

Ist Clooney das beste Restaurant in Auckland? Darüber lässt sich streiten. Von George fehlt leider jede Spur.

Blue Kanu (S. 641)

Das Lokal in Queenstown serviert einige der besten Māori-, Pasifika- und asiatischen Gerichte in Neuseeland.

Gothenburg (S. 192)

Die Stadt Hamilton ist wirklich einen Besuch wert: Sie bietet einen Super-Service, hervorragende alkoholische Getränke sowie Hauptgerichte (und sogar Tapas).

Ortega Fish Shack (S. 417)

Neuseeland und das Meer sind untrennbar miteinander verbunden. In Wellington gibt es ausgezeichnete Fischrestaurants.

Roots (S. 549)

Eines der stilvollsten und hochgelobten Restaurants befindet sich in der kleinen Hafenstadt Lyttelton. Im Roots finden Verkostungen örtlicher und saisonaler Produkte statt.

Pegasus Bay (S. 561)

Die edelsten Weinlokale im Waipara Valley.

Das Essen in Neuseeland ist ein Höhepunkt für jeden Besucher. Es ist für jeden Geldbeutel etwas dabei, von preiswerten Gerichten bis hin zu kulinarischer Vielfalt, von frischem Fisch und Gourmet-Burgern bis zu Obst und Gemüse von Bauernmärkten und Spitzenklasse-Restaurants. Es gibt Fish-and-Chips-Läden, Pub-Bistros, aber auch Retro-Cafés und elegante Speisesäle. Auch das Trinken bietet zahlreiche Möglichkeiten, eine gute Zeit zu haben. Bei den Getränken liegen Kiwi-Kaffee, Craft Beer sowie Wein ganz vorne.

Das moderne Neuseeland

Vor nicht allzu langer Zeit gab es in Neuseeland nur ziemlich bescheidene Gerichte, bestehend aus „Fleisch und drei Gemüsesorten". Etwas exklusiver war da schon der Sonntagsbraten, der so lange im Ofen gebraten wurde, bis er fast auseinanderfiel. Lasagne galt damals noch als exotisches Gericht. Zum Glück hat sich seitdem einiges geändert: Die Restaurants haben sich über althergebrachte Konventionen hinweggesetzt und multikulturelle Einflüsse aus der ganzen Welt in ihre Speisekarten aufgenommen. Das Ergebnis ist eine dynamische Küche, die voller Überraschungen steckt.

Schlüssel für diesen kulinarischen Aufstieg waren die Einwanderer – insbesondere der Zustrom von Migranten aus Europa, Asien und dem Nahen Osten nach dem Zweiten Weltkrieg – sowie abenteuerlustige einheimische Restaurantbesucher und

EINHEIMISCHE DELIKATESSEN

Nach diesen einheimischen Köstlichkeiten sollte der Besucher Ausschau halten: Kina (Seeigel), Paua (Meeresschnecke), Kumara (Süßkartoffel, oft als Chips serviert), Whitebait (kleiner Fisch, oftmals in Frittiertem oder Omeletts verwendet) sowie die bescheidene Kiwi.

die zunehmende Verwendung von Aromen und Zutaten aus der Küche der Māori und Pazifikinsulaner.

Um die stets steigenden Ansprüche der heutigen Restaurantbesucher zu befriedigen, müssen die Restaurants es mittlerweile schaffen, kontrastierende Zutaten und Traditionen mit immer innovativer werdenden Speisen zu verknüpfen. Der Ausdruck „Modernes Neuseeland" wurde geprägt, um diese eigentlich nicht klassifizierbare Technik genauer zu kennzeichnen: eine Mischung aus Ost und West, ein Wirbel aus Atlantik und Pazifik und ein Spritzer authentische französische und italienische Küche.

Diejenigen, die all das zu überwältigend finden, können beruhigt sein: Auf der Speisekarte stehen auch noch traditionelle Gerichte (z. B. Lamm, Rindfleisch, Wild, Grünschalmuscheln) mit interessanten Gewürzen und frischen Zutaten. Es gibt milde bis extrem scharfe Gewürze, Fisch in Hülle und Fülle, das Fleisch ist zart und würzig. Guten Appetit!

Vegetarier & Veganer

In den meisten Städten gibt es mindestens ein Café oder ein Restaurant für Vegetarier. Eine Liste ist auf der Webseite der Vegetarians New Zealand (www.vegetarians.co.nz) aufgeführt. Darüber hinaus servieren fast alle Restaurants und Cafés vegetarische Gerichte (manchmal leider nur eins oder zwei). Viele Lokale haben auch glutenfreie und vegane Gerichte auf der Speisekarte. Man sollte sich aber vergewissern, dass auch die hausgemachten Brühen und Saucen vegetarisch sind.

Lonely Planet verwendet in seinem Restaurantverzeichnis ein vegetarisches Icon als Hinweis auf eine gute vegetarische Auswahl oder sogar ein komplett vegetarisches Menü.

Cafés & Kaffee

Irgendwann zwischen dem Beginn des neuen Jahrtausends und heute begann Neuseeland an der Kaffeekultur Gefallen zu finden. In nahezu jedem Café gibt es italienische Espressomaschinen, Boutique-Röstereien sind ein absolutes Muss und im Stadtgebiet sind qualifizierte Baristas die Regel. Auckland, Christchurch und das studentische Dunedin haben Generationen von Kaffeeliebhabern hervorgebracht, aber Wellington belegt den Spitzenplatz als die Koffeinhauptstadt Neuseelands. Die Kaffee- und Kaffeeröstszene gehört zu den lebhaftesten der Welt und ist äußerst offen und familienfreundlich. Mischen Sie sich unter die Einheimischen und tauchen Sie bei einem abendlichen Gespräch in die Szene ein.

Pubs, Bars & Bier

Vorbei sind die Zeiten, als die neuseeländischen Pubs noch männliche Bastionen waren, verqualmt, mit düsterer Beleuchtung und bierdurchtränkten, klebrigen Teppichen – heutzutage gehen die Einheimischen mit ihren Kindern vor allem zum

MÄRKTE

In Neuseeland gibt es über 50 Bauernmärkte. Die meisten finden am Wochenende statt. Besucher können mit einheimischen Herstellern zusammenkommen und frische Erzeugnisse aus der Region finden. Auch der Kaffee darf nicht fehlen, Verkostungen werden von geschäftstüchtigen und innovativen Standbetreibern angeboten. Man sollte eine Tragetasche mitbringen und schon frühmorgens kommen, um das Beste zu ergattern. Auf der Webseite www.farmersmarkets.org.nz sind Orte, Termine und Zeiten aufgeführt.

Reben auf einem Weingut in Marlborough (S. 450)

Brunch in den Pub oder um sich dort mit Freunden zu treffen und Tapas zu essen. Essen ist zum integralen Bestandteil der neuseeländischen Pubszene geworden, ebenso wie der unaufhaltsame Anstieg des Craft Beer (handwerklich hergestelltes Bier) im einheimischen Trinkverhalten.

Craft Beer – Bier in Kleinserie, das unabhängig von den Großbrauereien mit einheimischen Zutaten, Aromen und viel Enthusiasmus gebraut wird, ist der neueste Schrei in Neuseeland. Unzählige Mikrobrauereien sind in den letzten Jahren überall im Land aus dem Boden geschossen ebenso wie zahlreiche kleine Bars, in denen die Getränke verkostet werden. Insbesondere in Wellington gibt es Dutzende Craft-Bier-Bars mit Bier vom Fass und enthusiastischem Barpersonal, das über die Herkunft, die Herstellung und die Inhaltsstoffe der Biersorten genaue Auskunft geben kann. Einen draufzumachen ist nicht mehr unbedingt mit Volumen und Aufnahmefähigkeit verbunden, sondern eher mit Selektion und Tugendhaftigkeit.

Aber abgesehen vom Essen und dem originellen Bier ist das neuseeländische Pub immer noch der Ort, an dem alle Kiwis mit einem gemeinsamen Ziel zusammenkommen: um auf der Großbildleinwand ihre geliebten All Blacks beim Rugby anzufeuern – eine lautstarke Angelegenheit.

Weinregionen

Ebenso wie die Weinindustrie in Australien, so hat auch die neuseeländische Version ihren Status und Erfolg europäischen Einwanderern zu verdanken – visionären Besuchern, die den guten Boden und das gute Klima erkannten und die ersten Reben anbauten. Das älteste Weingut Neuseelands – Mission Estate Winery (S. 395) in Hawke's Bay – wurde 1851 von französischen Missionaren gegründet und produziert auch heute noch Spitzenweine.

Erst in den 1970er-Jahren liefen die Dinge aus dem Ruder: Die traditionellen landwirtschaftlichen Exporte gingen zurück, die Kiwis gingen mehr auf Reisen und die Einführung der BYO („Bring deinen eigenen Wein mit")-Lizenz für Restaurants ließ das Interesse und die Nachfrage nach einheimischem Wein ansteigen.

Seit jener Zeit haben die im kühlen Klima Neuseelands angebauten Weine die Welt erobert. Dabei stellen einige Schlüsselregionen den Löwenanteil an Flaschen her. Geführte Tagestouren per Minivan oder Fahrrad sind eine fantastische Möglichkeit, um ein paar erlesene Weingüter zu besuchen.

Marlborough (S. 450) Neuseelands größte und bekannteste Weinregion liegt an der Spitze der Südinsel, wo ein Mikroklima von warmen Tagen und kühlen Nächten perfekt für den Anbau des Sauvignon Blanc geeignet ist. Man könnte Tage hier verbringen, um die zahlreichen Weinkeller zu besuchen.

Hawke's Bay (S. 395) Die sonnige Ostküste der Nordinsel ist die Wiege der neuseeländischen Weinindustrie – hier werden hauptsächlich Chardonnay und Syrah angebaut. Die Gisborne-Region etwas weiter nördlich produziert ebenfalls hervorragende Chardonnays.

Wairarapa (S. 429) Nur eine oder zwei Stunden jenseits der Berge liegt die Wairarapa-Region mit der boutiquehaften Stadt Martinborough, Hauptausflugsziel für Wochenendreisende und Anbaugebiet für Pinot Noir.

Central Otago Die zentrale Otago-Region auf der Südinsel erstreckt sich von Cromwell im Norden bis Alexandra im Süden und Gibbston bei Queenstown im Westen. Hier werden der grandiose Riesling und Pinot Noir angebaut.

Waipara Valley (S. 560) Last but not least: Auch Christchurch hat seine eigene Weinregion – das Waipara Valley nördlich der Stadt –, wo die hervorragenden Weinsorten Riesling und Pinot Gris zur Reife gebracht werden.

Waiheke Island (S. 113) In der Mitte des Hauraki Gulf, eine kurze Überfahrt mit der Fähre von Auckland, liegt Waiheke mit seinem heißen, trockenen Mikroklima, das sich hervorragend für den Anbau von Rotwein und Rosé eignet.

Reiseplanung

Reisen mit Kindern

Neuseeland ist ein schönes Land für Kinder: sicher, erschwinglich, mit zahlreichen Spielplätzen und Aktivitäten für Kinder, einem gemäßigten Klima und einer chilifreien Küche. Außerdem kommt man schnell von A nach B, was dann besonders hilfreich ist, wenn die Kinder auf dem Rück- oder Vordersitz anfangen zu quengeln.

Top-Regionen für Kinder

Die Region um Wellington

Wenn man mit Kindern eine Stadt erkundet, sollten alle Sehenswürdigkeiten fußläufig zu erreichen sein. Dafür ist Wellington hervorragend geeignet. Die Stadt hat ein ausgezeichnetes Museum, eine Seilbahn, zahlreiche Cafés und wunderschöne Strände an der Kapiti Coast, noch nicht mal eine Stunde von Wellington entfernt.

Rotorua & die Bay of Plenty

Brodelnder Vulkanschlick, stinkende Gase, sprudelnde Geysire und *haka*-Darbietungen (Kriegstänze der Māori)! Für Kinder ein wahres Abenteuer und kaum zu toppen. An der Bay of Plenty liegen herrliche Strände mit zahlreichen Fish-and-Chips-Läden.

Queenstown & Wanaka

Obwohl der Wintersport in Neuseeland meistens Erwachsenen vorbehalten ist, kann man mit Kindern genauso viel, wenn nicht sogar mehr Spaß haben. In den kinderfreundlichen Urlaubsorten kommen Kinder voll auf ihre Kosten.

Christchurch & Canterbury

Naturparks, Ruderboote und botanische Gärten in der Großstadt und ganz in der Nähe die schöne Banks-Halbinsel (mit einer Vielzahl an Tieren).

Neuseeland für Kinder

In Neuseeland gibt es fantastische Naturparks, herrliche Strände, schöne Parks, verschneite Berge, interaktive Museen und Spielplätze für Kinder (mit Rutschen, Schaukeln, Wippen etc). Das Land hat sich in hervorragender Weise auf Kinder eingestellt.

Unterkunft

Zahlreiche Motels und Ferienparks bieten Spielplätze, Spielzimmer und DVDs für Kinder sowie oftmals eingezäunte Pools, Trampoline und Grasflächen.

In den günstigen und mittleren Unterkünften sind nicht immer Kinderbetten und Hochstühle vorhanden, die teureren Hotels stellen sie jedoch zur Verfügung und organisieren oftmals auch einen Babysitter-Service. Zahlreiche B&Bs werben mit ruhiger, kinderfreier Umgebung, und Hostels haben sich auf Rucksacktouristen spezialisiert. Es gibt jedoch genügend Hostels (darunter die YHA), in denen Kinder willkommen sind.

Großfamilien sollten ihre Unterkunft im Voraus buchen, wenn alle in demselben Zimmer schlafen wollen: Viele Motels und Hotels haben angrenzende Zimmer, die in Familiensuiten umgewandelt werden können.

Eintrittsgeld & Ermäßigungen

Für Unterkünfte, Rundfahrten und Sehenswürdigkeiten sowie für Bus- und Zugfahrten sowie Flüge gibt es oft Ermäßigungen für Kinder und Familien, manchmal sogar 50 % für Erwachsene.

Die Bezeichnung „Kind" ist nicht immer einheitlich und kann variieren von Kindern unter 12 bis unter 18 Jahren. Kleinkinder (unter vier Jahren) bekommen in der Regel freien Eintritt und kostenlose Beförderung.

Babysitten

Wer für einen Zeitraum eine professionelle Kinderbetreuung sucht, sollte auf der Webseite www.rockmybaby.co.nz oder unter „Babysitters" und „Child care centres" in den Gelben Seiten (www.yellow.co.nz) nachsehen.

Stillen & Windelwechseln

Die meisten Neuseeländer haben nichts gegen Windelwechseln und Stillen in der Öffentlichkeit. Eltern, die ihrem Kind in einem offenen Kofferraum die Windeln wechseln, sind ein vertrauter Anblick. In den meisten größeren Städten gibt es öffentliche Räume, wo Eltern ihr Baby füttern oder die Windel wechseln können.

Babynahrung und Wegwerfwindeln sind fast überall im Land problemlos erhältlich.

Für kleine Esser

Mit Ausnahme der gehobenen Restauants sind Kinder in neuseeländischen Restaurants im Allgemeinen willkommen. Die Cafés sind kinderfreundlich und Familien gehen schon zeitig in die Pubs, um dort zu Abend zu essen.

In den meisten Restaurants gibt es Kinderstühle. Kindermenüs sind geläufig, aber die Auswahl an Speisen lässt oft zu wünschen übrig (Schinken-und-Ananas-Pizza, Fischstäbchen oder Chicken Nuggets etc.). Wenn Restaurants keine Kindermenüs servieren, sollte man ein Gericht von der normalen Speisekarte bestellen und die Küche freundlich bitten, es zu reduzieren. Das Mitbringen von Babynahrung stellt keinerlei Probleme dar. Bei schönem Wetter kann man auf den Bauernmärkten wunderbar picknicken.

Highlights für Kinder

Strände

Hahei Beach (S. 232) Der klassische Sommerstrand. Auf der Coromandel-Halbinsel.

Mount Maunganui (S. 344) Sand und Wellen für die Kinder, Cafés und Bars für die Erwachsenen.

Hot Water Beach (S. 234) Im Sand auf der Coromandel-Halbinsel kann man seinen eigenen heißen Pool ausheben.

Ngarunui Beach (S. 199) Auf den sanften Wellen des Flusses Waikato lässt sich gut Surfen lernen.

St Kilda Beach (S. 602) In Dunedin ist das Wasser ziemlich kalt, aber den Kindern scheint das nichts auszumachen. Begegnungen mit Tieren.

Kiwi Bird life Park (S. 627) In Queenstown einen Kiwi entdecken.

West Coast Wildlife Centre (S. 513) Auge in Auge mit einem Rowi – dem weltweit seltensten Kiwi. Bei Franz Josef.

Cape Palliser (S. 430) Der größten Robbenkolonie der Nordinsel einen Besuch abstatten.

Auckland Zoo (S. 81) Hier lebt Neuseelands winziger Dinosaurier, der Tuatara.

Zealandia (S. 402) Zwitschernde Vögel in den raubtierfreien Hügeln von Wellington.

Interessante Museen

Te Papa (S. 407) Erdbeben, Māori-Kultur und geschmolzenes Magma. In Wellington.

Auckland Museum (S. 75) Das Vulkanfeld von Auckland und ein 25 m langes *waka taua* (Kriegskanu).

New Zealand Rugby Museum (S. 275) Jede Menge Dinge zum Ausprobieren für kleine Rugbyfans in Palmerston North.

Canterbury Museum (S. 531) Eine Mumie, Dinosaurierknochen und das tolle Discovery Centre in Christchurch.

Puke Ariki (S. 246) Ein Riesenhai in New Plymouth.

Wir haben Hunger!

Hastings Farmers Market (S. 392) Den Korb vollladen und ein Picknick machen.

Mt Vic Chippery (S. 415) Die besten Fish-and-Chips in Wellington und fünf verschiedene Sorten.

Schoc Chocolates (S. 432) Herrliche Schokoladensorten in der Region Wairarapa.

Kiwifruit In der Gegend von Motueka zur Erntezeit Kiwis pflücken.

Reiseplanung

Im Lonely Planet-Band *Reisen mit Kindern* sind jede Menge nützliche Informationen für Reisen mit Kindern aufgeführt.

In Neuseeland gibt es bei den Touristeninformationszentren die kostenlosen Hefte *Kidz Go!* (www.kidzgo.co.nz) und *LetsGoKids* (www.letsgokids.com.au).

Nützliche Webseiten:

- www.kidspot.co.nz
- www.kidsnewzealand.com
- www.kidsfriendlytravel.com

Neuseeland im Überblick

Auckland

Essen & Ausgehen
Geologie
Küstensaum

Restaurants, Bars, Cafés

Auckland verfügt über den Löwenanteil der besten Restaurants Neuseelands. Außerdem gibt es ausgezeichnete Märkte und eine angesagte Café- und Barszene. Die Stadt befindet sich zudem in einer Weinbauregion. Und auch Aucklands Kaffeekultur boomt.

Vulkane

Auckland ist im wahrsten Sinne des Wortes „heiß“: Über 50 Vulkane haben die einzigartige Topografie geformt. Eine Wanderung auf einem der Vulkangipfel ermöglicht einen weiten Panoramablick auf die Landschaft und das Stadtgebiet.

Strände

Strandliebhaber haben die Qual der Wahl: Sollen es die ruhigen, kindgerechten Buchten am Hauraki-Golf sein, die schwarzsandigen Surfstrände an der West Coast oder doch die atemberaubenden Strände der der Küste vorgelagerten Inseln?

S. 68

Bay of Islands & Northland

Küstensaum
Wildnis
Geschichte

Strände & Buchten

An der Ostküste von Northland reiht sich eine Bucht an die nächste. Ein beliebtes Ziel für Familien, Surfer und Angelfans. Im Westen erstrecken sich windumtoste Strände mit Sanddünen.

Alte Wälder

Kauri-Wälder haben einst große Bereiche im Norden eingenommen. In den Resten der alten Wälder befinden sich noch einige jener imposanten Baumriesen, vor allem im Waipoua Forest.

Kerikeri & Waitangi

Neuseeland wurde von Norden nach Süden besiedelt, zuerst von den Māori, später von den Briten. So findet man in Kerikeri das älteste noch vorhandene Steinhaus und die erste Missionsstation.

S. 135

Waikato & Coromandel Peninsula

Küstensaum
Städte
Höhlen

Strände & Surfen

Rund um Raglan findet man sichere Badeplätze und Weltklasse-Surfstrände, darunter die Manu Bay. Die Strände auf der Coromandel-Halbinsel sind im Sommer besonders beliebt.

Kleinstädte

In Te Aroha, Cambridge, Matamata und Raglan gibt es großartige Pubs, Cafés, Restaurants und nette Einheimische. In Thames und Coromandel findet man Spuren aus der Goldrauschzeit.

Waitomo Caves

Die Waitomo Caves sind ein absolutes Muss. Black-water-Rafting auf unterirdischen Höhlenflüssen sollte man sich keinesfalls entgehen lassen. Berühmt sind die Höhlen auch für ihre faszinierenden Glühwürmchen.

S. 184

Taranaki & Whanganui

Wildnis
Städte
Küstensaum

Nationalparks

Der in der Geschichte der Māori verwurzelte Whanganui National Park gehört zu den interessantesten Parks Neuseelands. Mount Taranaki (Egmont National Park) ist ein lohnendes Wanderziel.

Übersehene Orte

New Plymouth, Whanganui und Palmerston North sind Städte, die von Besuchern oft übersehen werden. Man findet fantastische Restaurants, coole Bars, ausgezeichneten Kaffee und interessante Museen.

Surf & Sand

Auf dem Surf Hwy. 45 südlich von New Plymouth gelangt man zu Stränden mit schwarzem Sand. Whanganui bietet Felsstrände, während der Horowhenua District südlich von Palmerston North mit braunen Sandstränden aufwartet.

S. 242

Taupo & Central Plateau

Wildnis
Landschaft
Outdoor-Aktivitäten

Seen & Flüsse

Neuseelands längster Fluss (Waikato) entspringt dem größten See des Landes, dem Taupo. In malerischer Umgebung kann man Wassersportmöglichkeiten nachgehen. Das Wasser ist kalt, aber am Ufer sprudeln heiße Quellen.

Landschaften

Die drei dampfenden, rauchenden und gelegentlich ausbrechenden Vulkane Ruapehu, Tongariro und Ngauruho liegen im Herzen der Nordinsel. Hier kann man im Winter Skifahren und den Rest des Jahres über wandern gehen.

Taupo

Fallschirmspringen, Bungee-Jumping, Wildwasserrafting, Jetboatfahren, Mountainbiken, Wakeboarden, Parasailing, Skifahren – Nervenkitzel pur.

S. 282

Rotorua & Bay of Plenty

Geothermale Aktivitäten
Indigene Kulturen
Aktivitäten

Vulkanismus

Das Gebiet rund um Rotorua ist bekannt für geothermale Aktivitäten mit Geysiren, Schwefeldämpfen, heißen Mineralquellen und Schlammlöchern. Die einzige aktive Vulkaninsel Neuseelands, Whakaari (White Island), liegt 48 km vor der Küste bei Whakatane.

Māori-Kultur

Rotorua ist bekannt für die Māori-Kultur. Es gibt traditionelle Tänze und musikalische Darbietungen, darunter *haka* (Kriegstänze) und *hangi* (traditionelle Māori-Küche).

Outdoor-Action

In Hülle und Fülle, z. B. Gleitschirmfliegen, Surfen, Fallschirmspringen, Zorbing, Jetboatfahren, Blokartsegeln, Wildwasserrafting, Mountainbiken, Kajakfahren.

S. 314

East Coast

Küstensaum
Wein
Architektur

Küstenlandschaft

An dieser Küste hat man das Gefühl, auf den Spuren von James Cook oder der Māori zu wandeln. Hier steht das East Cape Lighthouse, und auf dem Cape Kidnappers nistet eine Tölpelkolonie.

Gisborne & Hawke's Bay Weinregionen

In Gisborne wird Chardonnay angebaut, in Hawke's Bay hervorragender Rotwein. Es gibt auch einige gehobene Restaurants mit einem guten Tropfen Wein zum Essen.

Art-déco Napier

Das Stadtzentrum von Napier im Art-déco-Stil ist ein Magnet für Architekturliebhaber. Jedes Jahr findet ein Art-déco- Wochenende mit Musik, Wein, Autos und Kostümen. statt

S. 363

Wellington & Umgebung

Kunst & Kultur
Essen & Ausgehen
Nachtleben

Museen & Galerien

Zahlreiche ausgezeichnete Ausstellungen prägen die Museen der Innenstadt, darunter das interaktive Te Papa Museum und die international renommierte City Gallery Wellington.

Café-Kultur

Mehr als ein Dutzend Röstereien und zahllose angesagte Cafés machen Wellington zur Kaffeehauptstadt Neuseelands. Zu den besten gehören Havana Coffee Works oder Fidel's.

Bars

Zwischen all den Bars rund um die Cuba Street und dem Courtenay Place finden sich genügend extravagante Pubs, um bis zum Sonnenaufgang genüsslich auf Kneipenbummel zu gehen.

S. 400

Marlborough & Nelson

Wildnis
Wein
Tierwelt

Nationalparks

In der Region Nelson gibt es drei Nationalparks: Nelson Lakes, Kahurangi und Abel Tasman. In einer Woche kann man alle drei erwandern.

Marlborough Weinregion

Marlborough ist reich an Weinsorten wie Sauvignon Blanc, Riesling und Pinot Noir. Außerdem findet man diverse Möglichkeiten zur Verkostung von Schaumweinen und vorzüglichen regionalen Gerichten.

Kaikoura

Die Spitze der Südinsel ist der Lebensraum unzähliger Lebewesen, sowohl im Wasser als auch in der Luft. Kaikoura bietet eine Vielzahl an Ausflügen in die Tierwelt, aber ein Aufenthalt in dieser hübschen kleinen Stadt ist auch nicht zu verachten.

S. 434

West Coast

Wildnis
Outdoor-Aktivitäten
Geschichte

Naturwunder

An der Westküste stehen ca. 90 % des Landes unter Naturschutz. Hier gibt es Naturwunder im Überfluss. Einen Besuch wert sind der berühmte Bogen von Oparara sowie die Pancake Rocks bei Punakaiki.

Wandern

Zahlreiche Wege, geeignet für leichte bis schwere Wanderungen, durchziehen die Westküste. Alte Bergwerks- und Minenrouten wie der Charming Creek Walkway und der Mahinapua Walkway locken Anfänger und Geschichtsfreunde an.

Geschichte

Der Pioniergeschichte der Westküste kann man beispielsweise in Orten wie Denniston, Shantytown, Reefton und Jackson's Bay nachspüren.

S. 485

Christchurch & Canterbury

Geschichte
Outdoor-Aktivitäten
Landschaft

Christchurch & Akaroa

Das architektonische Erbe von Christchurch wurde von Erdbeben zerstört. Aber bei den Sehenswürdigkeiten wird die Geschichte der Stadt lebendig. Das in der Nähe gelegene Akaroa zelebriert sein französisches Erbe.

Wandern & Kajakfahren

Man kann die Täler um den Arthur's Pass erkunden, im Akaroa Harbour zwischen Delfinen paddeln oder zum Wandern und Kajakfahren auf Gletscherseen den Aoraki/Mount Cook National Park besuchen.

Banks Peninsula & Südalpen

Die Summit Road der Banks Peninsula führt zu Buchten, wo sich eine prächtige Natur zeigt: mit Flusstälern, Gipfeln und Gletschern.

S. 525

Dunedin & Otago

Tierwelt
Wein
Geschichte

Vögel & Robben

Die Otago Peninsula mit ihrer zerklüfteten Küste bietet einen Lebensraum für zahlreiche Tierarten – darunter Robben, Seelöwen und Pinguine. Auf dem felsigen Taiaroa Head befindet sich der weltweit einzige Brutplatz des Albatros.

Bannockburn & Waitaki Valley

Ein Besuch des Tals von Bannockburn lohnt sich schon wegen der Winzergaststätten und des weltweit besten Pinot Noir. Das aufstrebende Waitaki Valley ist für seinen Riesling und Pinot Gris bekannt.

Victoriana

Lohnenswert ist ein Spaziergang durch die Straßen von Dunedin. Als Alternative kann man zu Fuß oder mit dem Fahrrad den Victorian Precinct von Oamaru erkunden.

S. 588

Queenstown & Wanaka

Outdoor-Aktivitäten
Landschaft
Wein

Queenstown extrem

Kein anderer Ort der Welt hat so viele abenteuerliche Aktivitäten zu bieten: Bungee, Rafting und Mountainbiken sind nur ein kleiner Teil der Optionen.

Berge & Seen

Die Landschaft um Queenstown mit dem Lake Wakatipu und den steilen Remarkables ist beeindruckend. Auch eine Fahrt ins unberührte Gebiet um Glenorchy und den Mount Aspiring National Park ist toll.

Weinregionen

Nach einem Mittagessen im Restaurant der Amisfield Winery kann man die Region Gibbston erkunden und den Tag mit einer Riesling-Verkostung bei Rippon mit Blick auf den wundervollen Lake Wanaka ausklingen lassen.

S. 624

Fiordland & Southland

Landschaft
Wildnis
Outdoor-Aktivitäten

Herrliche Landschaft

Nach dem Milford Sound bleibt noch Zeit, um die Catlins zu erkunden oder der abgelegenen Stewart Island einen Besuch abzustatten.

Nationalparks

Der Fiordland National Park umfasst einen Großteil des großartigen Te Wāhipounamu (Südwest-Neuseeland), das zum Weltkulturerbe gehört. Weiter südlich präsentiert der Rakiura National Park die Schönheit von Stewart Island.

Wandern & Seekajakfahren

Ein unvergessliches Erlebnis ist eine Wanderung über die Milford oder Tuatapere Hump Ridge Tracks. Genauso abenteuerlich ist es, mit einem Seekajak den Doubtful Sound zu umschiffen.

S. 665

Reiseziele in Neuseeland

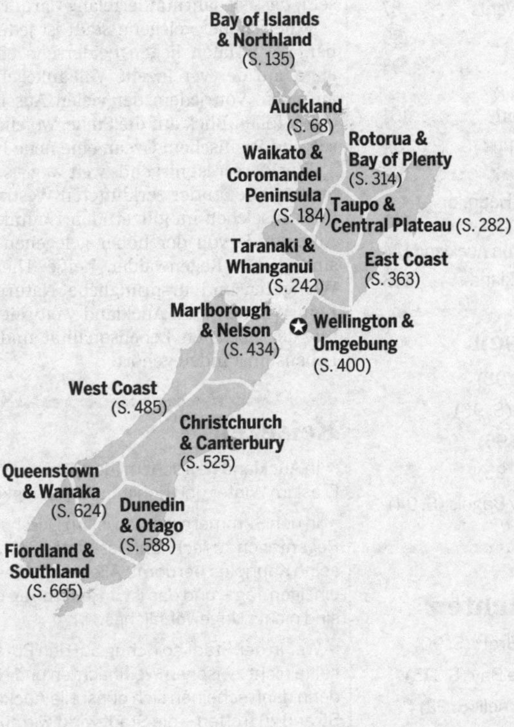

Bay of Islands & Northland (S. 135)

Auckland (S. 68)

Waikato & Coromandel Peninsula (S. 184)

Rotorua & Bay of Plenty (S. 314)

Taupo & Central Plateau (S. 282)

Taranaki & Whanganui (S. 242)

East Coast (S. 363)

Marlborough & Nelson (S. 434)

Wellington & Umgebung (S. 400)

West Coast (S. 485)

Christchurch & Canterbury (S. 525)

Queenstown & Wanaka (S. 624)

Dunedin & Otago (S. 588)

Fiordland & Southland (S. 665)

Auckland

➡ Inhalt

Gut essen

- Sidart (S. 98)
- Ortolana (S. 96)
- Depot (S. 95)
- Beirut (S. 95)
- Best Ugly Bagels (S. 94)

Schön übernachten

- Hotel DeBrett (S. 90)
- Enclosure Bay (S. 115)
- Ascot Parnell (S. 92)
- Fossil Bay Lodge (S. 115)
- Piha Beachstay – Jandal Palace (S. 126)

Auf nach Auckland!

Paris ist ja vielleicht die Stadt der Liebe, doch Auckland ist die „Stadt der Liebenden", wie ihr Māori-Name *Tāmaki Makaurau* besagt. Und diese Liebenden begehrten den Ort so sehr, dass sie jahrhundertelang darum kämpften.

Eine schöner gelegene Stadt ist jedenfalls kaum vorstellbar. Zwei Häfen liegen beiderseits einer schmalen Landenge, auf der vereinzelte Vulkankegel aus dem Ackerland aufragen. Von jedem der vielen Aussichtspunkte hat man einen tollen Blick auf die Stelle, wo einst zwischen Tasmansee und Pazifischem Ozean eine neue Insel entstanden ist.

Das Wasser ist nirgends weit weg – seien es die herrlichen Surfstrände an der zerklüfteten Westküste oder die unzähligen Inselchen im glitzernden Hauraki Gulf. Und nur eine Autostunde von der höher gelegenen Innenstadt entfernt sind dichte Regenwälder, heiße Thermalquellen, schöne Weingüter und ursprüngliche Naturparks zu entdecken. Kein Wunder, dass Auckland weltweit zu den Großstädten mit der höchsten Lebensqualität und den angenehmsten Lebensumständen gehört.

Reisezeit

- In Auckland herrscht mildes Klima mit gelegentlichem Frost im Winter und hoher Luftfeuchtigkeit im Sommer.
- In den Sommermonaten ist im Durchschnitt mit acht Regentagen zu rechnen. Das Wetter ist hier allerdings für seine Kapriolen berühmt: Alle vier Jahreszeiten an einem einzigen Tag – und das ist an jedem Tag des Jahres möglich – sind nichts Ungewöhnliches.
- Wer in der Stadt so richtig auf den Putz hauen will, sollte nicht zwischen Weihnachten und Neujahr kommen, denn dann scheinen sich quasi alle Auckländer am Strand zu treffen – die Stadt wirkt wie ausgestorben. Die Sehenswürdigkeiten bleiben natürlich geöffnet, doch viele Cafés und Restaurants schließen und nehmen oft erst im Laufe des Januars wieder ihren Betrieb auf.

AUCKLAND

1,5 MIO. EW.

Geschichte

Die Māori haben sich vor etwa 800 Jahren in der Region Auckland angesiedelt. Die ersten Siedlungen konzentrierten sich auf die Regionen der Inseln im Hauraki Gulf, aber allmählich wurde auch die fruchtbare Landenge immer verlockender und das Land wurde für den Anbau von Nahrungsmitteln nutzbar gemacht.

Über Hunderte von Jahren kämpften die verschiedenen Stämme der Tamaki um die Vorherrschaft in der Region und errichteten *pa* (befestigte Dörfer) auf den zahlreichen Vulkankegeln. Der *iwi* (Stamm) Ngāti Whātua vom Kaipara Harbour gewann 1741 die Oberhand und besetzte die größten *pa*. In den Musketenkriegen der 1820er-Jahre wurden sie vom Ngāpuhi-Stamm aus dem Norden stark dezimiert und das Land war praktisch wieder verlassen.

Zu der Zeit, als 1840 der Vertrag von Waitangi unterzeichnet wurde, hatte Gouverneur Hobson seinen Sitz in Okiato in der Bay of Islands. Als Te Kawau, der Häuptling der Ngāti Whātua, 12 km² Land am nördlichen Ende von Waitemata Harbour zum Verkauf anbot, beschloss Hobson, es zu erwerben und hier eine neue Hauptstadt zu errichten. Diese benannte er nach einem seiner großzügigen Gönner: dem Diplomatensohn und Politiker George Eden (1784–1849), 1. Earl of Auckland.

Zunächst bestand Auckland nur aus ein paar Zelten am Strand, doch die Siedlung wuchs rasch an und schon bald herrschte im Hafen reges Treiben. Erzeugnisse aus der Region wurden exportiert, darunter auch das Holz des neuseeländischen Kauribaums. Allerdings wurde nach nur 25 Jahren das zentraler gelegene Wellington zur Hauptstadt ernannt.

Seit Anfang des 20. Jhs. ist Auckland die am schnellsten wachsende Stadt Neuseelands und das Hauptindustriezentrum des Landes. Politische Entscheidungen mögen vielleicht in Wellington getroffen werden, aber Auckland ist das imposanteste Gebilde im „Land der langen weißen Wolke“.

Im Jahr 2010 wurden Gemeinden und Vororte in der Region Auckland zu einer „Megastadt” zusammengeschlossen. 2011 wurde die neue Metropole dann als Austragungsort der Rugby-Weltmeisterschaft kräftig herausgeputzt: Die Areale, die am Wasser liegen, wurden umgestaltet, die Kunstgalerie und der Tierpark wurden einer kräftigen Runderneuerung unterzogen, und viele neue Restaurants, Cafés und Bars erschienen auf der Bildfläche. Sie sorgen dafür, dass es auch nach der Weltmeisterschaft weiterhin deutlich lebendiger im Stadtzentrum zugeht als früher.

AUCKLAND IN ...

... zwei Tagen

Los geht es mit einem Rundgang durch die Innenstadt. Der Bummel beginnt in der **Karangahape Road** (K Road) und weiter zum **Wynyard Quarter**, mit einem zumindest kurzen Besuch zwischendurch in der Neuseeland-Abteilung der **Auckland Art Gallery**. Weiter mit der Fähre nach **Devonport** und nach einem Marsch zum North Head raus zum Abkühlen an den **Cheltenham Beach** (falls Wetter und Gezeiten mitspielen), bevor es mit der Fähre zurück in die Stadt zum Abendessen geht.

Am zweiten Tag folgen ein Aufstieg auf den **One Tree Hill**, ein Spaziergang im **Cornwall Park** und dann ein Besuch im **Auckland Museum** und **Domain**. Lohnenswert ist eine Fahrt über den **Tamaki Drive** mit Zwischenstopp an der **Bastion** oder am **Achilles Point**, um den Blick auf den Hafen zu genießen. Der Abend wird schließlich mit einem Essen und einer Kneipentour in **Ponsonby** verbracht.

... vier Tagen

Am dritten Tag geht's raus zum **Hauraki Gulf** und mit der Fähre nach **Waiheke Island**, wo die Strände ebenso locken wie die Weingüter.

Am letzten Tag steht der Westen auf dem Programm. Nach einem Frühstück in **Titirangi** werden der **Waitakere Ranges Regional Park**, **Karekare** und **Piha** erkundet. Noch ein bisschen frischmachen und dann hinein ins Nachtleben in **Britomart**.

Highlights

1 Hauraki Gulf (S. 110) Raus aufs Wasser und die Inselrefugien besuchen.

2 Auckland Volcanic Field (S. 74) Die faszinierenden vulkanischen Berge, Seen und Inseln Aucklands erkunden.

3 Strände an der Westküste (S. 125) Über den mystischen schwarzen Sand von Karekare und Piha laufen.

4 Waiheke Island (S. 111) Spitzenmäßige Weingüter und Strände abklappern.

5 Ponsonby (S. 97) Sich in den Cafés und Bars in Aucklands hippstem Bezirk herumtreiben.

6 Auckland Museum (S. 74) Sich von den Schätzen der Māori beeindrucken lassen und (buchstäblich) vom Vulkanausbruchssimulator und (übertragen) von den Gedenkstätten bewegt sein.

7 Goat Island Marine Reserve (S. 133) Mit den Fischen in der hübschen Bucht schwimmen.

8 Pasifika Festival (S. 89) Auf dem Fest im Western Spring Park polynesische Atmosphäre erleben.

Sehenswertes

Auckland ist die Stadt der Vulkane. Ihre Hauptverkehrsadern verlaufen auf Lavazungen, die vielen Kegel muten im Meer der Vororte wie grüne Inseln an. Und Auckland ist nicht nur die größte Stadt Neuseelands, sondern auch ihre multikulturellste. Hier lebt eine stattliche asiatische Gemeinde, der polynesische Bevölkerungsanteil ist der höchste unter allen Städten weltweit.

Da die Kiwis traditionell auf ein frei stehendes Eigenheim samt großzügigem Grundstück Wert legen, dehnt sich die Stadt weit ins Umland aus. Die Innenstadt präsentierte sich lange als reines Geschäftsviertel; erst in den letzten Jahren entstanden dort wieder Wohnungen. Die Geografie meint es gut mit der Stadt, die Stadtplanung allerdings weniger. Der ungezügelte Bauboom hat Auckland im Zentrum diverse architektonische Peinlichkeiten beschert. Wer das wahre Wesen der Stadt kennenlernen möchte, sollte deshalb besser innerstädtische Vororte wie Ponsonby, Grey Lynn, Kingsland oder Mt Eden aufsuchen; dort säumen Villen aus der viktorianischen und edwardianischen Epoche die Straßen.

KURZINFOS: AUCKLAND

Essen In der multikulturellen Szene in Ponsonby Central.

Trinken Weine von Weltrang in einem Weingut auf Waiheke.

Lesen *Under the Mountain* (1979) – Maurice Gees Jugendbuch über schleimige Kreaturen, die unter den Vulkanen Aucklands hausen.

Hören *Pure Heroine* (2013) – Clevere Texte und Rhythmen der gebürtigen Devonporterin Lorde.

Anschauen *Das Piano* (1993) – Mehrfacher Oscar-Preisträger, gefilmt am Karekare Beach.

Mitfeiern Pasifika

Infos im Internet www.aucklandnz.com; www.lonelyplanet.com/new-zealand/auckland

Vorwahl ☎ 09

Stadtzentrum

★ Auckland Art Gallery GALERIE
(Karte S. 76; ☎ 09-379 1349; www.aucklandartgallery.com; Ecke Kitchener & Wellesley St; ⏲ 10–17 Uhr) GRATIS Das beste Kunstmuseum der Stadt hat nach einer gründlichen Renovierung im Jahr 2011 nun ein beeindruckendes Atrium aus Glas und Holz, das in das Gebäude von 1887 im Stil eines französischen Schlosses eingefügt wurde. Es zeigt die Crème der neuseeländischen Kunst, aber auch bedeutende Werke von Pieter Bruegel dem Jüngeren, Guido Reni, Picasso, Cézanne, Gauguin und Matisse. Zu den Highlights zählen intime Porträts tätowierter Māoris aus dem 19. Jh. von Charles Goldie und die absolut dramatischen, mit Text bekritzelten Bilder von Colin McCahon.

Kostenlose Führungen beginnen täglich um 11.30 und 13.30 Uhr im Foyer.

Albert Park PARK
(Karte S. 76; Princes St) Der Albert Park am Hügel an der Ostseite der Stadt ist ein zauberhafter viktorianischer Garten, der während des Semesters von Studenten der benachbarten University of Auckland überlaufen ist. Der Park war einst Teil der Albert Barracks (1847), einer Festungsanlage, die während der Neuseelandkriege 9 ha umschloss. Ein Teil der ursprünglichen Kasernenmauer ist noch im Zentrum des Unigeländes erhalten.

Sky Tower TURM
(Karte S. 76; ☎ 09-363 6000; www.skycityauckland.co.nz; Ecke Federal & Victoria St; Erw./Kind 28/11 NZ$; ⏲ 8.30–22.30 Uhr) Der nicht zu übersehende Sky Tower sieht wie eine riesige Injektionsnadel aus, die sich in den Himmel bohrt. Mit der spektakulären Beleuchtung bei Nacht scheint der Turm aus einer anderen Galaxie zu stammen, bei besonderen Veranstaltungen verändern sich sogar die Farben. Mit 328 m ist er das höchste Gebäude der südlichen Hemisphäre. In nur 40 Sekunden rast der Aufzug zu den Aussichtsplattformen hinauf, durch deren gläsernen Fußboden man einen schwindelerregenden Blick in die Tiefe werfen kann. Besonders schön ist die Aussicht bei Sonnenuntergang, den man mit einem Drink in der Sky Lounge Cafe & Bar genießen kann.

Ganz Mutige können den SkyWalk (S. 84) oder den SkyJump (S. 84) wagen.

Civic Theatre THEATER
(Karte S. 76; ☎ 09-309 2677; www.civictheatre.co.nz; Ecke Queen & Wellesley Sts) Das „mighty Civic“ (1929) ist eines von weltweit nur sieben erhaltenen „atmosphärischen Theater-

Großraum Auckland

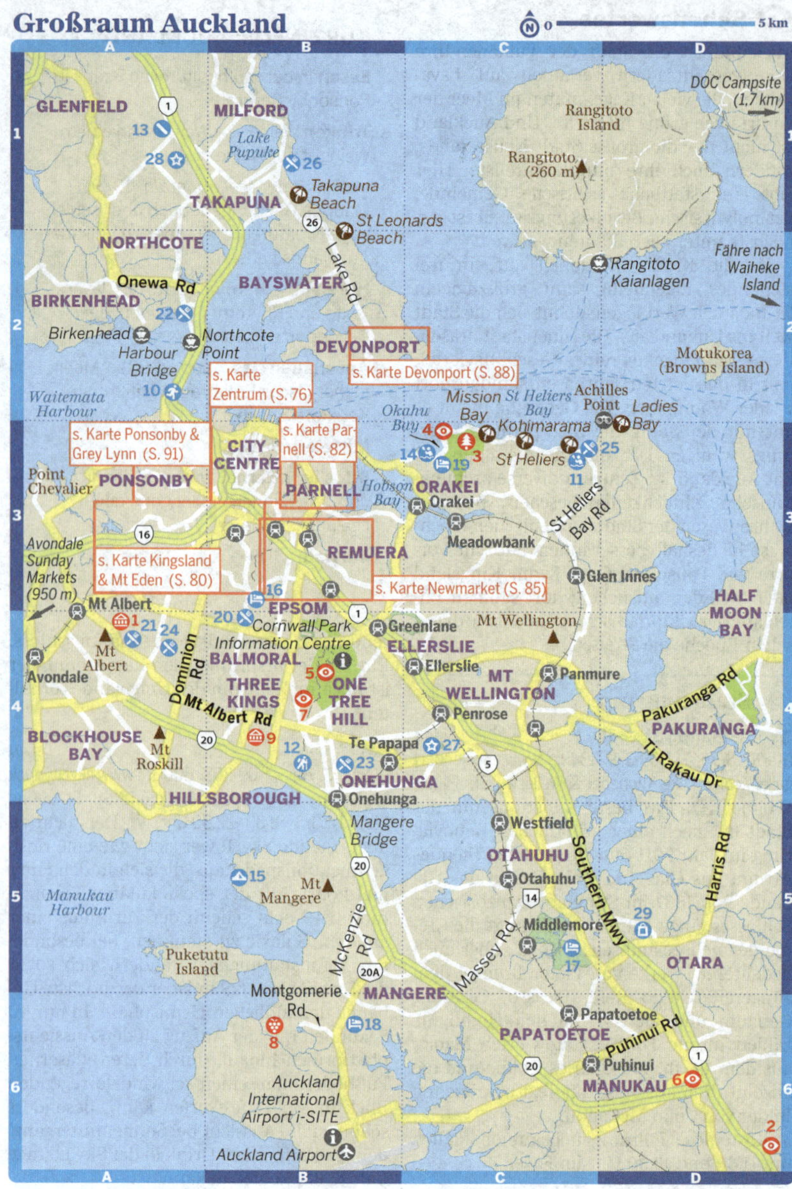

palästen" und ein schönes Relikt aus der Blütezeit des Kinos. Der Zuschauersaal ist opulent im maurischen Stil und die Decke mit einem südlichen Sternenhimmel samt Wolkenprojektionen und Sternschnuppen gestaltet. Auf dem Programm stehen hauptsächlich Tourneemusicals, Konzerte internationaler Künstler und Filmvorführungen bei Filmfestivals.

Auch wenn gerade keine Vorstellung stattfindet, lohnt es sich, einen Blick ins Foyer zu werfen, das in indischer Üppigkeit

Auckland

Sehenswertes
1 Alberton ... A4
2 Auckland Botanic Gardens ... D6
3 Bastion Point ... C3
4 Kelly Tarlton's Sea Life Aquarium ... C3
5 One Tree Hill ... B4
6 Rainbow's End ... D6
7 Stardome ... B4
8 Villa Maria ... B6
9 Wallace Arts Centre ... B4

Aktivitäten, Kurse & Touren
10 Auckland Bridge Climb & Bungy ... A2
11 Auckland Sea Kayaks ... C3
12 Coast to Coast Walkway ... B4
13 Dive Centre ... A1
14 Fergs Kayaks ... C3

Schlafen
15 Ambury Regional Park ... B5
16 Eden Villa ... B3
17 Grange Lodge ... C5
18 Jet Park ... B6
19 Nautical Nook ... C3

Essen
20 Bolaven ... B4
21 Chinoiserie ... A4
22 Engine Room ... A2
L'oeuf ... (s. 21)
23 Onehunga Night Market ... B4
24 Paradise ... A4
25 St Heliers Bay Bistro ... C3
26 Takapuna Beach Cafe ... B1

Unterhaltung
27 Mt Smart Stadium ... C4
28 North Shore Events Centre ... A1

Shoppen
29 Otara Flea Market ... D5

mit unzähligen Elefanten und Affen an den unglaublichsten Orten schwelgt. Ursprünglich sollten auch Buddhastatuen die Fassade zur Straße hin schmücken, was dann doch als zu gewagt verworfen wurde. Stattdessen entschied man sich für neoklassizistische nackte Jünglinge …

Old Government House HISTORISCHES GEBÄUDE
(Karte S. 76; Waterloo Quadrant) GRATIS Das 1856 errichtete imposante Gebäude war der Regierungssitz der Kolonie, bis dann im Jahr 1865 Wellington Hauptstadt wurde. Der Bau ist insofern ungewöhnlich, als er eigentlich aus Holz besteht, aber optisch auf Stein gemacht wurde. Heute ist er Teil der University of Auckland, aber auch Besucher dürfen gerne durch die blühenden Gärten schlendern.

University Clock Tower ARCHITEKTUR
(Karte S. 76; 22 Princes St) Der University Clock Tower ist der architektonische Glanzpunkt Aucklands. Der imposante „Elfenbeinturm" (1926) ist ein bisschen Jugendstil (mit eingearbeiteter neuseeländischer Fauna und Flora) und ein bisschen Chicagoer Schule (mit seinem massiven Sockel). Der Turm ist meistens geöffnet und kann dann einfach betreten werden.

St Patrick's Cathedral KIRCHE
(Karte S. 76; ☎ 09-303 4509; www.stpatricks.org.nz; 43 Wyndham St; ⌚ 7–19 Uhr) Aucklands katholische Kathedrale (1907) gehört zu den schönsten Gebäuden der Stadt. Der Kircheninnenraum besticht mit seinem polierten Holz und den belgischen Buntglasfenstern, die der majestätischen neugotischen Kirche Wärme verleihen. Im alten Beichtstuhl auf der linken Seite befindet sich ein historischer Schaukasten.

Britomart, Viaduct Harbour & Wynyard Quarter

Oberhalb des Bahnhofs erstreckt sich über ein paar Blocks hinweg die winzige Enklave Britomart mit historischen und modernen Gebäuden, in denen mittlerweile die besten Restaurants, Bars und Geschäfte der Stadt zu finden sind. Die Gegend ist besonders angesagt bei den Top-Modedesignern der Stadt, die sich zuvor in der High Street konzentriert hatten.

Viaduct Harbour war früher ein betriebsamer Handelshafen und wurde 1999/2000 sowie 2003 für die renommierte Segelregatta des America's Cup gründlich modernisiert. So ist das Hafenviertel heute der ideale Ort, um schick zu essen und gediegen auszugehen, denn hier ist jeden Abend etwas los. Informationstafeln zur Stadtgeschichte, Skulpturen und der Blick auf die Traumjachten der Reichen lohnen den Spaziergang durch den Hafen.

Das über eine Klappbrücke mit dem Hafen verbundene Wynard Quarter wurde ebenfalls anlässlich eines Sportwettkampfes, nämlich für den Rugby World Cup 2011, neu gestaltet. Die offenen Plätze, Uferrestaurants, Veranstaltungszentren, der Fischmarkt und der Kinderspielplatz sorgten dafür, dass es rasch zur beliebten neuen

NICHT VERSÄUMEN

AUCKLAND VOLCANIC FIELD

Manche Städte halten sich für verwegen, nur weil sie im Schatten eines Vulkans liegen. Auckland ist auf 50 Vulkanen gebaut und nein, nicht alle sind erloschen. Der letzte, der ausbrach, war der Rangitoto vor etwa 600 Jahren und niemand kann vorhersagen, wann es zum nächsten Ausbruch kommt. Auckland ist buchstäblich ein Hotspot – mit einem Magmareservoir 100 km unter der Erdoberfläche, das nur darauf wartet, nach oben zu blubbern. Aber nur die Ruhe: Das geschah bisher nur 19-mal in den vergangenen 20 000 Jahren.

Einige Vulkane Aucklands sind Kegel, manche bilden Kraterseen und andere wurden komplett durch Steinbruch abgetragen. Es werden gerade Schritte unternommen, das Vulkanfeld zum Welterbe erklären zu lassen und die bestehenden Reste zu schützen. Die meisten erhaltenen Kegel weisen Spuren von Terrassierung aus jener Zeit auf, als sie noch beeindruckende *pa* (Festungsdörfer) der Māori bildeten. Am interessantesten sind der Mt Eden (s. unten), der One Tree Hill (S. 83), der North Head (S. 79) und der Rangitoto (S. 110), aber ebenso lohnenswert sind Mt Victoria, Mt Wellington (Maungarei), Mt Albert (Owairaka), Mt Roskill (Puketāpapa), Lake Pupuke, Mt Mangere sowie Mt Hobson (Remuera).

Bummelmeile in Auckland wurde. Das Freiluftkino am Freitagabend und der Wochenendmarkt im **Silo Park** am westlichen Ende entwickelten sich zur sommerlichen Institution. Die meisten besseren Restaurants in Wynyard liegen ein Stück hinter dem Ufer in der Jellicoe Street.

New Zealand Maritime Museum MUSEUM
(Karte S. 76; ☎09-373 0800; www.maritimemuseum.co.nz; 149–159 Quay St; Erw./Kind 20/10 NZ$, mit Hafenrundfahrt 50/25 NZ$; ⏲9–17 Uhr, kostenlose Führung Mo–Fr 10.30 & 13 Uhr) Das Museum dokumentiert die Geschichte der neuseeländischen Schifffahrt von den Kanus der Māori bis hin zu den Jachten des America's Cup. Zu den Nachbauten gehören eine schaukelnde Zwischendeckkabine aus dem 19. Jh. und ein Strandladen und ein Ferienhaus aus den 1950er-Jahren. Die Ausstellung *Blue Water Black Magic* würdigt den Segler Sir Peter Blake, der das Whitbread-Round-the-World-Rennen und den America's Cup gewann und 2001 auf einer Reise zur Umweltüberwachung im Amazonasgebiet ermordet wurde. Auch eine einstündige Hafenrundfahrt auf einem Traditionsschiff kann hier gebucht werden.

Fischmarkt MARKT
(Karte S. 76; ☎09-379 1490; www.aucklandfishmarket.co.nz; 22–32 Jellicoe St; ⏲6–19 Uhr) Neben den Fischauktionen am frühen Morgen gibt es hier zudem Fischgeschäfte, Cafés und Restaurants sowie eine Kochschule, die sich auf die Zubereitung von Fisch und Meeresfrüchten spezialisiert hat.

Mt Eden

Mt Eden VULKAN
(Maungawhau; Karte S. 80; 250 Mt Eden Rd) Vom höchsten Vulkankegel (196 m) Aucklands aus bietet sich ein herrlicher Blick über die gesamte Landenge und die beiden Häfen. Der symmetrische Krater (Tiefe: 50 m) heißt *Te Ipu Kai a Mataaho* (die „Essschale von Mataaho“, dem Gott der im Erdboden versteckten Dinge) und gilt als überaus *tapu* (heilig). Aus diesem Grund darf man auch nicht in den Krater hineinsteigen, kann jedoch den Berg von außen erkunden. Die Relikte der *pa*-Terrassen und Lagergruben sind noch deutlich erkennbar.

Bis vor kurzer Zeit war es noch möglich, direkt bis auf den Gipfel zu fahren, aber wegen der Erosionsgefahr wurde der Fahrzeugverkehr inzwischen deutlich eingeschränkt. Auf den Berg führen Pfade aus sechs unterschiedlichen Richtungen und der Aufstieg zu Fuß dauert nur rund zehn Minuten, je nach Kondition.

Eden Garden GÄRTEN
(Karte S. 85; ☎09-638 8395; www.edengarden.co.nz; 24 Omana Ave; Erw./Kind 8/6 NZ$; ⏲9–16 Uhr) Die Parkanlage am Osthang des Mt Eden ist bekannt für ihre Kamelien, Rhododendren und Azaleen.

Parnell & Newmarket

Parnell ist einer der ältesten Stadtteile Aucklands, in dem zwischen all den Cafés, Restaurants und schicken Läden mehrere denkmalgeschützte Gebäude stehen. Das benachbarte Newmarket ist ein belebtes Einkaufsviertel mit vielen Boutiquen.

★ **Auckland Museum** MUSEUM
(Karte S. 82; ☎ 09-309 0443; www.aucklandmuseum.com; Auckland Domain, Parnell; Erw./Kind 25/10 NZ$; ⏲ 10–17 Uhr) Der imposante klassizistische Tempel aus dem Jahr 1929, der 2007 mit einer beeindruckenden Kuppel aus Kupfer und Glas versehen wurde, ist das beherrschende Element in der Auckland Domain und ein markanter Teil der Skyline von Auckland, besonders beim Blick vom Hafen aus. Kombitickets, zu denen eine Führung zu den Highlights und eine folkloristische Māori-Aufführung gehören, sind ebenfalls im Angebot (45–55 NZ$).

Im Erdgeschoss befinden sich die absolut sehenswerten Ausstellungen zur Natur- und Kulturgeschichte des südpazifischen Raums mit vielen Kunst- und Gebrauchsgegenständen der Māori. Zu den Glanzstücken gehören ein 25 m langes Kriegskanu und ein original erhaltenes, mit Schnitzereien verziertes Versammlungshaus, das nur ohne Schuhe betreten werden darf. Ebenfalls sehr interessant ist die Präsentation des Auckland Vulcanic Field, bei der auch ein Vulkanausbruch simuliert wird. Mit den militärischen Ausstellungen in den oberen Etagen wird das Museum seiner Doppelfunktion als Kriegsdenkmal gerecht.

Auckland Domain PARK
(Karte S. 82; Domain Dr, Parnell; ⏲ 24 Std.) Auf der etwa 80 ha großen Grünanlage befinden sich das Auckland Museum (s. oben), Sportplätze, Skulpturen, Gartenanlagen, naturbelassene Ecken und der **Wintergarten** (Karte S. 82; Wintergarden Rd, Parnell; ⏲ Nov.–März Mo–Sa 9–17.30, So bis 19.30 Uhr, April–Okt. 9–16.30 Uhr) GRATIS mit Farn-, Tropen- und Kalthaus, einer niedlichen Katzenstatue, einem Café-Kiosk und einem benachbarten Café. Der Hügel im Zentrum des Parks ist alles, was vom Pukekaroa, einem der Vulkane Aucklands, übrig geblieben ist. Auf seinem bescheidenen Gipfel würdigt ein umzäunter Totara-Baum den ersten Māori-König.

Parnell Rose Garden GÄRTEN
(Karte S. 82; 85-87 Gladstone Rd, Parnell) Die formale Gartenanlage erblüht von November bis März in schönster Pracht. Ein Spaziergang durch den Dove-Myer Robinson Park führt zur beschaulichen **Judges Bay** und zur winzigen **St. Stephen's Chapel** (Karte S. 82; Judge St), die anlässlich der Unterzeichnung der anglikanischen Kirchenverfassung Neuseelands 1857 erbaut wurde.

Holy Trinity Cathedral KIRCHE
(Karte S. 82; ☎ 09-303 9500; www.holy-trinity.org.nz; Ecke St Stephens Ave & Parnell Rd, Parnell; ⏲ 10–15 Uhr) Die anglikanische Kathedrale von Auckland ist ein Mischmasch architektonischer Stilformen, besonders im Vergleich zur benachbarten **St Mary's Church** (Karte S. 82; Parnell Rd, Parnell; ⏲ 10–15 Uhr) von 1886, einer wunderbaren neugotischen Holzkirche mit einem schönen Innenraum und interessanten Buntglasfenstern. Auch die Fenster der Holy Trinity sind bemerkenswert, vor allem das Rosettenfenster des englischen Künstlers Carl Edwards, das über dem schlichten Altar aus Kauriholz hervorsticht.

Kinder House HISTORISCHES GEBÄUDE
(Karte S. 82; ☎ 09-379 4008; www.kinder.org.nz; 2 Ayr St, Parnell; Eintritt mit Spende; ⏲ Mi–So 12–15 Uhr) In dem 1857 aus Vulkangestein erbauten Haus sind die Aquarelle und Erinnerungsstücke des Reverend Dr. John Kinder (1819–1903) ausgestellt, des Direktors der Church of England Grammar School.

Highwic HISTORISCHES GEBÄUDE
(Karte S. 85; ☎ 09-524 5729; www.historic.org.nz; 40 Gillies Ave; Erw./Kind 10 NZ$/frei; ⏲ Mi–So 10.30–16.30 Uhr) Ein hinreißendes Haus (1862) im reich verzierten Carpenter-Gothic-Stil inmitten eines üppigen Landschaftsgartens.

Ewelme Cottage HISTORISCHES GEBÄUDE
(Karte S. 82; ☎ 09-524 5729; www.historic.org.nz; 14 Ayr St; Erw./Kind 8,50 NZ$/frei; ⏲ So 10.30–16.30 Uhr) Das 1864 für einen Geistlichen erbaute Bilderbuchcottage ist ein außergewöhnlich gut erhaltenes Beispiel eines frühen Kolonialhauses.

Tamaki Drive

Die malerische, von Pohutukawa-Bäumen gesäumte Straße führt von der Stadt aus ostwärts entlang der Küste. Im Sommer tummeln sich hier massenhaft Jogger, Radfahrer und Inlineskater.

Ab der Ohaku Bay erstrecken sich etliche kinderfreundliche, beschauliche Badestrände. Auf der anderen Seite der Landspitze liegt die **Mission Bay**, ein beliebter Strand mit einem beleuchteten Jugendstilbrunnen, einem historischen Missionshaus, Restau-

Auckland Zentrum

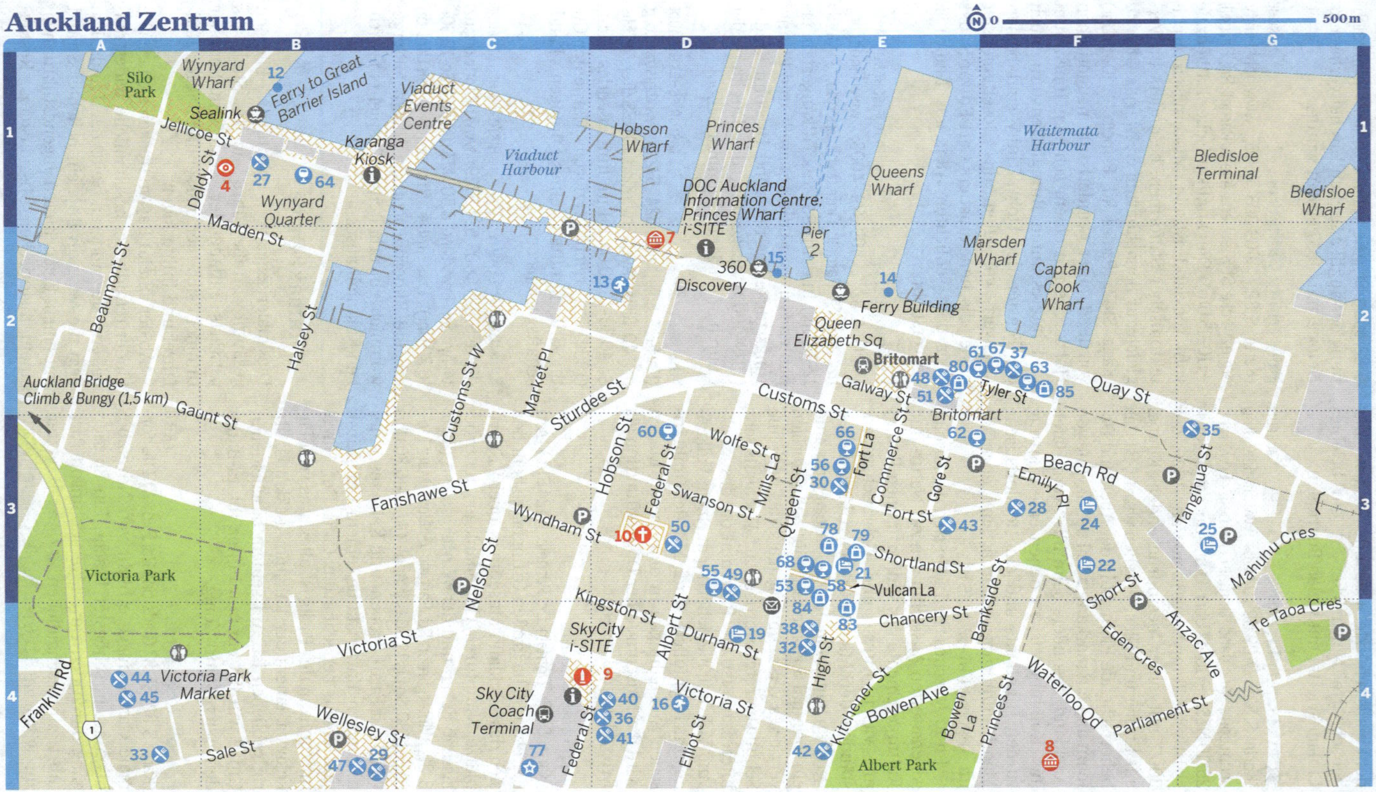

0 500 m

A B C D E F G
1 2 3 4

Silo Park
Wynyard Wharf
12
Ferry to Great Barrier Island
Sealink
Jellicoe St
Daldy St
4
27
64
Wynyard Quarter
Madden St
Viaduct Events Centre
Karanga Kiosk
Viaduct Harbour
Hobson Wharf
Princes Wharf
7
DOC Auckland Information Centre; Princes Wharf i-SITE
360 Discovery
15
13
Pier 2
Queens Wharf
14
Ferry Building
Marsden Wharf
Captain Cook Wharf
Waitemata Harbour
Bledisloe Terminal
Bledisloe Wharf
Beaumont St
Halsey St
Auckland Bridge Climb & Bungy (1.5 km)
Gaunt St
Customs St W
Market Pl
Sturdee St
Queen Elizabeth Sq
Britomart
Galway St
Tyler St
Britomart
Quay St
Customs St
61 67 37 80 63 48 51 85
62
35
Fanshawe St
Hobson St
Federal St
60
Wolfe St
Mills La
Swanson St
Queen St
Fort La
66
56
30
Commerce St
Gore St
Beach Rd
Emily Pl
28
24
Tanginua St
25
Fort St
43
Wyndham St
10
50
78
79
68
21
Shortland St
55 49
53
58
Vulcan La
84
83
Chancery St
Bankside St
22
Short St
Mahuhu Cres
Te Taoa Cres
Anzac Ave
Eden Cres
Victoria Park
Nelson St
Kingston St
19
Albert St
Durham St
38
32
SkyCity i-SITE
9
Victoria St
Victoria St
High St
Kitchener St
Bowen Ave
Bowen La
Princes St
Waterloo Qd
Parliament St
Franklin Rd
44
45
Victoria Park Market
Sky City Coach Terminal
40
36
41
16
Federal St
Elliot St
42
Albert Park
8
Wellesley St
33
Sale St
47
29
77
1

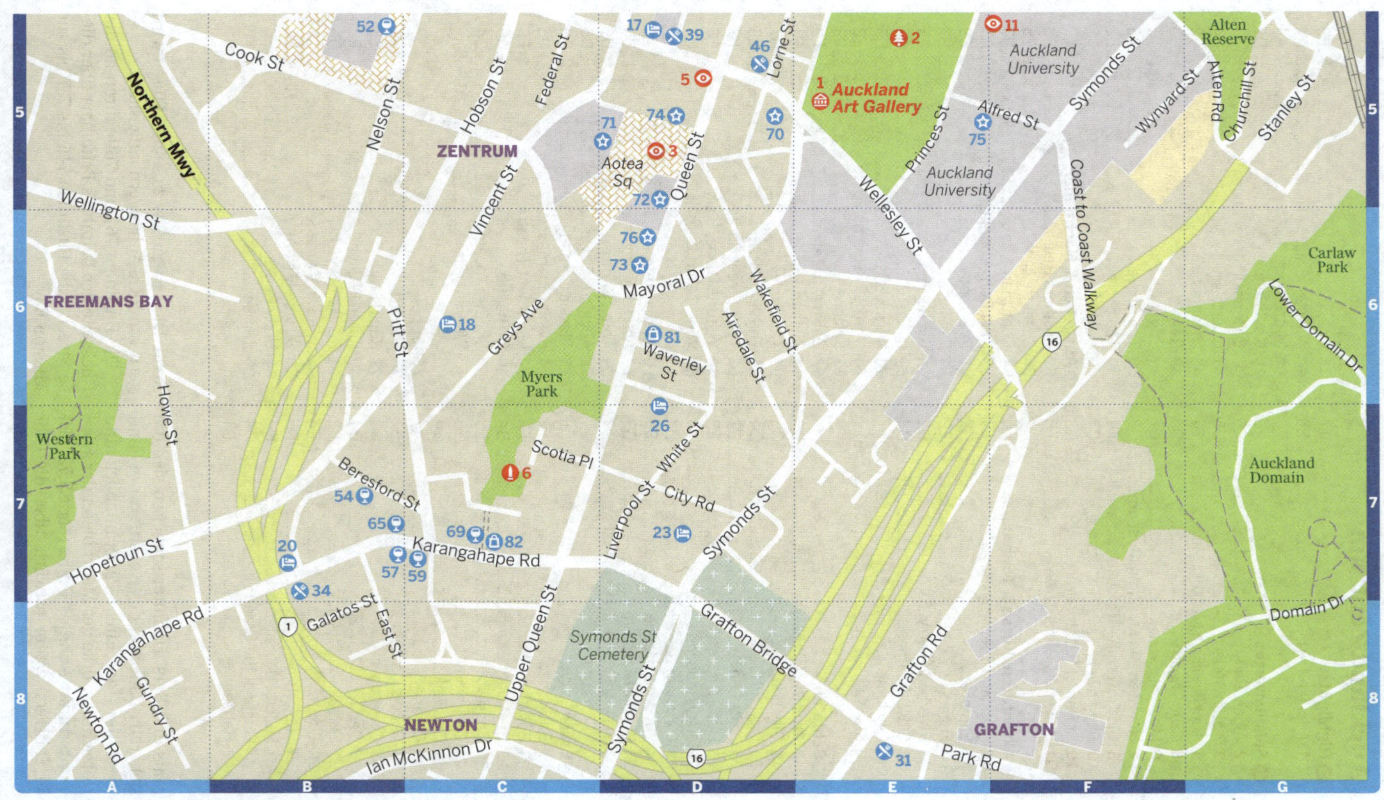

Auckland Art Gallery
Auckland University
Auckland Domain
Carlaw Park
Alten Reserve
Myers Park
Western Park
Symonds St Cemetery
Aotea Sq
ZENTRUM
GRAFTON
NEWTON
FREEMANS BAY
Northern Mwy
Coast to Coast Walkway
Lower Domain Dr
Domain Dr
Stanley St
Churchill St
Alten Rd
Wynyard St
Symonds St
Alfred St
Princes St
Wellesley St
Grafton Rd
Park Rd
Grafton Bridge
Lorne St
Wakefield St
Airedale St
Mayoral Dr
Queen St
Waverley St
White St
City Rd
Liverpool St
Scotia Pl
Upper Queen St
Karangahape Rd
Federal St
Hobson St
Vincent St
Greys Ave
Pitt St
Nelson St
Beresford St
East St
Galatos St
Ian McKinnon Dr
Cook St
Wellington St
Howe St
Hopetoun St
Gundry St
Newton Rd

Auckland Zentrum

Highlights
1 Auckland Art Gallery E5

Sehenswertes
2 Albert Park E5
3 Aotea Square D5
4 Auckland Fish Market B1
5 Civic Theatre D5
6 Moses C7
7 New Zealand Maritime Museum D2
8 Old Government House F4
9 Sky Tower C4
10 St Patrick's Cathedral D3
11 University Clock Tower F5

Aktivitäten, Kurse & Touren
12 Auckland Seaplanes B1
13 Explore D2
14 Fullers E2
15 Riverhead Ferry D2
16 Sky Screamer D4
SkyJump .... (s. 9)
SkyWalk .... (s. 9)

Schlafen
17 Attic Backpackers D5
18 City Lodge C6
19 CityLife D4
20 Haka Lodge B7
21 Hotel DeBrett E3
22 Jucy Snooze F3
23 Langham D7
24 Waldorf Celestion F3
25 Waldorf Stadium G3
26 YHA Auckland International D7

Essen
27 Baduzzi B1
28 Beirut F3
29 Best Ugly Bagels B4
30 Cassia E3
31 Ceremony E8
32 Chuffed E4
33 Clooney A4
34 Coco's Cantina B7
35 Countdown G3
36 Depot D4
37 Ebisu F2
38 Eighthirty E4
39 Ela Cuisine D5
40 Federal Delicatessen D4
41 Gusto at the Grand D4
42 Hansan E4
43 Ima E3
44 iVillage A4
45 Matterhorn A4
46 No.1 Pancake D5
O'Connell Street Bistro .... (s. 21)
47 Odette's B4
48 Ortolana E2
49 Revive D3
Sugar Club .... (s. 9)
50 The Grove D3
51 The Store E2

Ausgehen & Nachtleben
52 Brothers Beer B5
53 Cassette Nine E3
54 Centurian B7
55 Ding Dong Lounge D3
56 Everybody's E3
57 Family B7
58 Gin Room E3
59 Ink C7
60 Mo's D3
61 Northern Steamship Co. E2
62 Orleans E3
63 Ostro City Terrace F2
64 Sixteen Tun B1
65 The Eagle B7
66 The Jefferson E3
67 Tyler Street Garage F2
68 Vultures' Lane E3
69 Wine Cellar C7

Unterhaltung
70 Academy Cinemas D5
71 Aotea Centre D5
72 Auckland Town Hall D5
73 Classic Comedy Club D6
74 Event Cinemas D5
75 Maidment Theatre E5
76 Q Theatre D6
77 SkyCity Theatre C4
Whammy Bar .... (s. 69)

Shoppen
78 Barkers' E3
79 Kapiti Store E3
80 Karen Walker E2
81 Real Groovy D6
82 St Kevin's Arcade C7
83 Strangely Normal E4
84 Unity Books E3
85 Zambesi F2

rants und Bars. Dahinter schließen sich die sicheren Badestrände **Kohimarama** und **St Heliers** an. Einen Panoramablick und Holzschnitzwerke der Māori bietet der **Aussichtspunkt Achilles Point** (Karte S. 72; Cliff Rd, St Heliers) weiter ostwärts über die Cliff Road. Die **Ladies Bay** zu seinen Füßen wird gern von FKK-Anhängern aufgesucht.

Die Buslinien 767 und 769 fahren ab der Rückseite des Bahnhofs Britomart über diese Strecke, die Buslinien 745 bis 757 bis zur Mission Bay.

Kelly Tarlton's Sea Life Aquarium AQUARIUM (Karte S. 72; ☎09-531 5065; www.kellytarltons.co.nz; 23 Tamaki Dr, Orakei; Erw./Kind 39/22 NZ$; ⏲9.30–17 Uhr) In diesem Aquarium schwimmen Haie und Stachelrochen in transparenten Tunneln, die einst als Sturmwasserbecken dienten, über die Besucher und um sie herum. Diese können sogar geschützt in einem Haikäfig in den Becken schnorcheln (124 NZ$) oder auch ohne Käfig tauchen (265 NZ$). Eine weitere Attraktion ist die exklusive Penguin Discovery Tour (Di–So 10.30 Uhr, 199 NZ$ pro Pers.), bei der nur jeweils vier Besucher pro Tag zu den antarktischen Pinguinen geführt werden. Für alle Eintrittskarten gibt es bei Online-Buchung erhebliche Ermäßigungen.

Ein kostenloser Pendelbus, der passenderweise in Form eines Hais gestaltet ist, fährt in der Zeit von 9.30 bis 15.30 Uhr stündlich gegenüber dem Fährhafen (172 Quay Street) ab.

Bastion Point PARK (Karte S. 72; Hapimana St, Orakei) Politik, ein schöner Blick auf den Hafen und weitläufige Rasenflächen verbinden sich auf dem hübschen Landvorsprung mit abwechslungsreicher Geschichte. Das kunstvolle Garten-Mausoleum oben auf den Klippen ehrt den Politiker Michael Joseph Savage (1872–1940). Er war von 1935 bis 1940 der erste Premierminister der Labour Partei und seine sozialistische Reformen brachten ihm die Bewunderung der gesamten Bevölkerung ein.

Über den Rasen spaziert man zu einer mit Kanonen bestückten Uferbefestigung aus dem Zweiten Weltkrieg – eine von vielen am Hafen.

Devonport

Der hübsche, sehenswerte Ort mit den vielen gut erhaltenen viktorianischen und edwardianischen Gebäuden und noch mehr Cafés ist nur eine kurze Fahrt mit der Fähre von der Innenstadt entfernt. Außerdem kann man hier zwei Vulkankegel besteigen und sich am ersten Strand der Nordküste sonnen.

Wer die historischen Gebäude auf eigene Faust erkunden möchte, besorgt sich am besten im i-SITE (S. 107) die Broschüre *Old Devonport Walk*. Fahrräder können im Fährhafen ausgeliehen werden.

Die Fähren nach Devonport (hin & zurück Erw./Kind 12/6,50 NZ$, 12 Min.) starten beim Ferry Building von 6.15 bis 23.30 Uhr alle 30 Minuten (Fr & Sa bis 1 Uhr) sowie an Sonn- und Feiertagen von 7.15 bis 22 Uhr. Einige der Fähren nach Waiheke Island und Rangitoto legen ebenfalls hier an.

Mt Victoria (Takarunga; Karte S. 88; Victoria Rd) und **North Head** (Maungauika; Karte S. 88; Takarunga Rd; ⏲6–22 Uhr) waren einst *pa* der Māori und sind bis heute eine Art Festung mit Marinepräsenz. Beide Orte weisen mit Kanonen bestückte Uferbefestigungen auf, North Head ist zudem von einem Tunnelsystem durchzogen, das Ende des 19. Jhs. als Reaktion auf die Bedrohung durch Russland gegraben und im Ersten und Zweiten Weltkrieg weiter ausgebaut wurde.

Die Tore zu den Tunneln werden zwar abends geschlossen, was allerdings junge Leute häufig nicht davon abhält, über den Zaun zu klettern, um sich dann nachts auf eine gruselige Entdeckungstour unter Tage zu begeben.

DER EINE BAUM

Der erste Gedanke beim Anblick des One Tree Hill ist wohl „Wo ist denn nun der Baum?" Gute Frage. Bis zum Jahr 2000 stand noch eine Monterey-Kiefer oben auf dem Gipfel. Sie ersetzte den heiligen Totara, der 1852 von britischen Siedlern gefällt wurde. Māori-Aktivisten griffen den fremdländischen Eindringling 1994 erstmals an, um ihm 2000 den Garaus zu machen.

Nach viel Händeringen und Rücksprachen mit lokalen Māori und Baumexperten wurde Ende 2015 schließlich bekannt gegeben, dass ein Hain aus Eisenholzbäumen, Totara und anderen einheimischen Baumarten auf dem Gipfel gepflanzt werden soll. Dann würden die schwächeren Bäume in einer Art *X Factor* der Bäume abgeholzt, bis im Jahr 2026 nur noch ein Baum übrig ist.

Aucklands beliebtestes Wahrzeichen gewann 1987 weltweite Anerkennung, als U2 den Song „One Tree Hill" auf ihrem gefeierten Album *The Joshua Tree* veröffentlichte. Als Single erschien der Titel nur in Neuseeland, wo er sechs Wochen lang auf Platz 1 der Hitparade stand.

Kingsland & Mt Eden

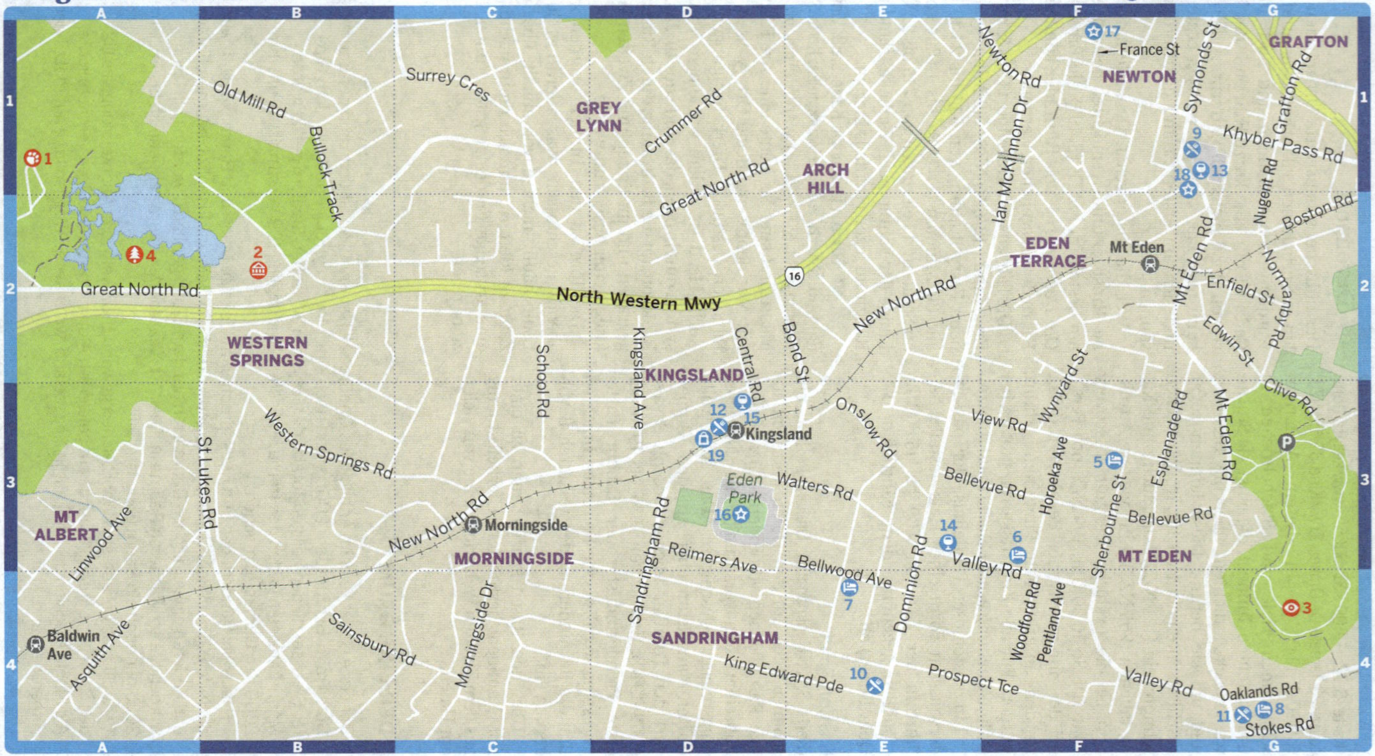

Kingsland & Mt Eden

Sehenswertes
1 Auckland Zoo ... A1
2 MOTAT ... B2
3 Mt Eden ... G4
4 Western Springs ... A2

Schlafen
5 Bamber House ... F3
6 Bavaria ... F3
7 Eden Park B&B ... E4
8 Oaklands Lodge ... G4

Essen
9 French Cafe ... G1
10 Meredith's ... E4
11 Molten ... G4
12 Petra Shawarma ... D3

Ausgehen& Nachtleben
13 Galbraith's Alehouse ... G1
14 Ginger Minx ... E3
Molten ... (s. 11)
15 Portland Public House ... D3

Unterhaltung
16 Eden Park ... D3
17 Kings Arms Tavern ... F1
18 Power Station ... G1

Shoppen
19 Royal Jewellery Studio ... D3

Zwischen den beiden Uferbefestigungen erstreckt sich das Cambria Reserve auf den Resten eines dritten Vulkankegels, der jedoch größtenteils abgetragen wurde.

Torpedo Bay Navy Museum MUSEUM
(Karte S. 88; ☎ 09-445 5186; www.navymuseum.mil.nz; 64 King Edward Pde, Devonport; ⏲ 10–17 Uhr) GRATIS Die Marine ist schon seit frühesten Kolonialzeiten in Davenport stationiert. In diesem gut gestalteten und oft bewegenden Museum wird ihre Geschichte vorgestellt, mit Schwerpunkt auf die Geschichten der Seeleute selbst.

Kingsland & Western Springs

Auckland Zoo ZOO
(Karte S. 80; ☎ 09-360 3805; www.aucklandzoo.co.nz; Motions Rd; Erw./Kind 28/12 NZ$; ⏲ 9.30–17 Uhr, letzter Eintritt 15.15 Uhr) In dem modernen, weitläufigen Tierpark stehlen die großen Exoten aus dem Ausland oft den einheimischen Arten die Schau. Aber wer seine Kids erst einmal von den Tigern und Orang-Utans losgeeist hat, findet eine schön präsentierte Abteilung mit Tieren aus Neuseeland vor. Sie heißt *Te Wao Nui* und ist unterteilt in sechs ökologische Zonen: Küste (Seehunde, Pinguine), Inseln (vor allem Echsen, darunter auch der Tuatara, der wie ein kleiner Dinosaurier aussieht und in Neuseeland beheimatet ist), Feuchtgebiete (Enten, Reiher, Aale), Nacht (Kiwis, na klar, aber auch Frösche, einheimische Eulenarten und Wetas, die Langfühlerschnecken), Wald (Vögel) und Hochland (vorwitzige Vögel und Echsen).

Es gibt häufige Busverbindungen (Erw./Kind 4,50/2,50 NZ$) ab der 99 Albert Street im Zentrum bis zur Bushaltestelle 8124 in der Great North Road, von wo es noch 700 m zu Fuß bis zum Zooeingang sind.

Western Springs PARK
(Karte S. 80; Great North Rd) Der malerische Park ist besonders beliebt bei Eltern, deren Kinder sich auf dem tollen Spielplatz austoben können. Er ist aber auch ideal für ein angenehmes Picknick im Grünen, bei dem man sicherlich Bekanntschaft mit den verspielten Purpurhühnern, gelassenen Enten und aufdringlichen, fetten Gänsen macht. Mitten im Park liegt ein See, der einst durch den Zusammenfluss zweier Lavaströme entstanden ist und in den täglich 4 Mio. Liter Quellwasser strömen. Von der Innenstadt kann man jeden Bus nehmen, der in der Great North Rd in Richtung Westen fährt (Erw./Kind 4,50/2,50 NZ$). Mit dem Auto fährt man auf dem North Western Motorway bis zur Ausfahrt Western Springs.

Bis 1902 stellte dies die Hauptwasserversorgung von Auckland dar.

MOTAT MUSEUM
(Museum of Transport & Technology; Karte S. 80; ☎ 09-815 5800; www.motat.org.nz; 805 Great North Rd, Western Springs; Erw./Kind 16/8 NZ$; ⏲ 10–17 Uhr) Das Paradies für Technikfans verteilt sich auf zwei Standorte und 19 ha Fläche. Sehenswert auf dem Gelände in der Great North Road sind vor allem das Motorrad, eine Honda 50, der ehemaligen Premierministerin Helen Clark sowie das Pionierdorf. Auf dem Gelände in der Meola Road befindet sich die Aviation Display Hall mit seltenen militärischen und zivilen Flugzeugen. Zwischen beiden Standorten verkehrt eine alte Straßenbahn (mit Eintrittskarte frei, sonst 1 NZ$), die auch am Western Springs Park und am Zoo vorbeifährt. Für Kinder ist die Fahrt auf jeden Fall ein Spaß, ganz gleich ob nun das MOTAT besucht wird oder nicht.

Parnell

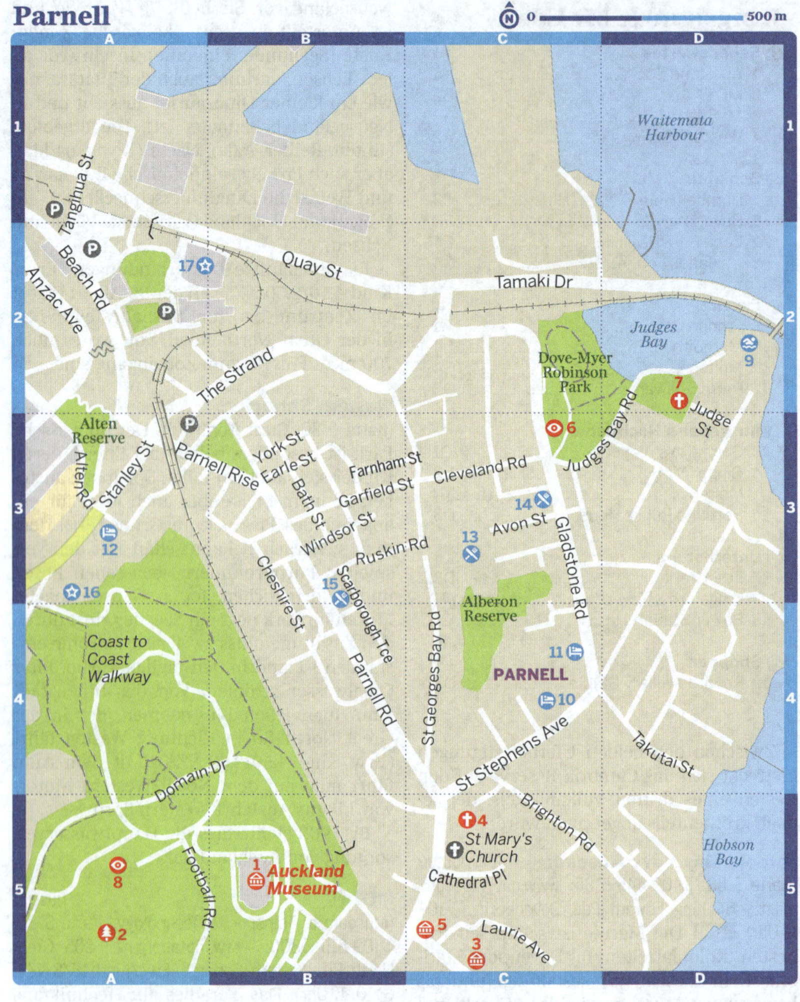

Parnell

Highlights
1 Auckland Museum B5

Sehenswertes
2 Auckland Domain A5
3 Ewelme Cottage C5
4 Holy Trinity Cathedral C5
5 Kinder House C5
6 Parnell Rose Garden C3
7 St Stephen's Chapel D2
8 Wintergarden A5

Aktivitäten, Kurse & Touren
9 Parnell Baths D2

Schlafen
10 Ascot Parnell C4
11 Quality Hotel Parnell C4
12 Quest Carlaw Park A3

Essen
13 La Cigale C3
14 Rosie C3
15 Woodpecker Hill B3

Unterhaltung
16 ASB Tennis Centre A3
17 Vector Arena A2

Weitere Vororte

One Tree Hill VULKAN, PARK

(Maungakiekie; Karte S. 72) Der Vulkankegel war der wichtigste *pa* der Landbrücke und Standort der größten Festung des Landes. Von seinem Gipfel (182 m) bietet sich ein toller Panoramablick. Hier befindet sich auch das Grab von John Logan Campbell, der 1901 dieses Stück Land der Stadt schenkte und sich dafür den Bau eines Denkmals für die Māori erbat. Daneben steht der Stumpf des letzten „einzigen Baums". Für die Erkundung des **Cornwall Park** mit seinen alten Bäumen und dem historischen Acacia Cottage (1841) sollte man sich etwas Zeit nehmen.

Im **Cornwall Park Information Centre** (Karte S. 72; ☎09-630 8485; www.cornwallpark.co.nz; Huia Lodge; ⏲10–16 Uhr) gibt es eine faszinierende interaktive Ausstellung darüber, wie der *pa* ausgesehen haben muss, als hier 5000 Menschen lebten. Das **Stardome** (Karte S. 72; ☎09-624 1246; www.stardome.org.nz; 670 Manukau Rd; Vorführungen Erw./Kind 15/12 NZ$; ⏲Mo 10–17, Di–Do bis 21.30, Fr–So bis 23 Uhr) GRATIS neben dem hervorragenden Kinderspielplatz bietet regelmäßig einen Blick in den Sternenhimmel und Vorführungen im Planetarium, die nicht vom launischen Wetter Aucklands abhängig sind (meist Mi–So 19 und 20 Uhr, am Wochenende zusätzliche Termine).

Von der Stadt aus ist der One Tree Hill mit dem Zug bis Greenlane und dann 1 km zu Fuß über die Green Lane West zu erreichen. Autofahrer nehmen vom Southern Motorway die Ausfahrt Greenlane und biegen rechts in die Green Lane West ab.

Wallace Arts Centre GALERIE

(Karte S. 72; ☎09-639 2010; www.tsbbankwallaceartscentre.org.nz; Pah Homestead, 72 Hillsborough Rd, Hillsborough; ⏲Di–Fr 10–15, Sa & So bis 17 Uhr) GRATIS Das Wallace Arts Centre in einer großartigen Villa von 1879 mit Blick auf den One Tree Hill und den Manukau Harbour zeigt neuseeländische Gegenwartskunst, die aus einer umfangreichen Privatsammlung stammt und alle vier bis sechs Wochen wechselt. Auf der Veranda kann man ein Mittagessen einnehmen und anschließend zwischen den prachtvollen Bäumen des Parks flanieren. Die ausgestellte Kunst ist zudem recht anschaulich und reicht von einem lebensgroßen Rugby Ruck („Gedränge") bis zu einem leuchtenden Ziggy Stardust auf Glas.

NICHT VERSÄUMEN

STRÄNDE DER NORDKÜSTE

Schöne Badestrände erstrecken sich vom North Head bis zur Long Bay. Die Inseln im Golf bewahren sie vor starker Brandung, daher sind sie auch für Kinder (unter Aufsicht) gut geeignet. Wer nicht ewig weit laufen will, um hüfttiefes Wasser zu erreichen, sollte auf die Flut warten. Der **Cheltenham Beach** ist nur ein kurzes Stück zu Fuß von Devonport entfernt. Der **Takapuna Beach** liegt am nächsten zur Harbour Bridge, ist am dichtesten bebaut und Aucklands Antwort auf Sydneys Bondi Beach. Zum benachbarten **St Leonards Beach**, der bei Schwulen beliebt ist, muss man bei Flut über Felsen klettern.

Die Busline 299 (Lynfield) fährt alle 15 Minuten von der Queen Street (vor dem Civic Theatre) zur Hillsborough Road (5 NZ$, 40 Min.).

Auckland Botanic Gardens GÄRTEN

(Karte S. 72; ☎09-267 1457; www.aucklandbotanicgardens.co.nz; 102 Hill Rd, Manurewa; ⏲April–Sept. 8–18, Okt.–März bis 20 Uhr) GRATIS In dem 64 ha großen Park sind über 10 000 verschiedene Pflanzen (darunter gefährdete Arten), Dutzende thematische Gärten und Unmengen an Hochzeitsfeiern zu erleben. Autofahrer nehmen von dem Southern Motorway die Ausfahrt Manurewa und folgen der Ausschilderung. Eine andere Möglichkeit ist der Zug nach Manurewa (8 NZ$, 43 Min.) und dann zu Fuß weiter über die Hill Road (1,5 km).

Alberton HISTORISCHES GEBÄUDE

(Karte S. 72; ☎09-846 7367; www.historic.org.nz; 100 Mt Albert Rd; Erw./Kind 10 NZ$/frei; ⏲Mi–So 10.30–16.30 Uhr) Die klassische Kolonialvilla aus dem Jahr 1863 diente als Kulisse für einige Szenen des Films *Das Piano*. Sie liegt 1 km vom Bahnhof Mt Albert entfernt.

Rainbow's End VERGNÜGUNGSPARK

(Karte S. 72; ☎09-262 2030; www.rainbowsend.co.nz; 2 Clist Cres, Manukau; Eintrittspass für alle Fahrgeschäfte Erw./Kind 57/46 NZ$; ⏲10–17 Uhr) Nach internationalem Standard ist der Rummelplatz vielleicht etwas langweilig, aber es gibt genügend Fahrgeschäfte (darunter auch eine Korkenzieher-Achterbahn), um die Kids den ganzen Tag über bei Laune zu halten.

DIE MĀORI IN AUCKLAND

Siedlungsnachweise der Māori sind buchstäbdlich in die Vulkankegel gemeißelt. Der vorherrschende *iwi* (Stamm) an der Landenge waren die Ngāti Whātua, heute jedoch leben Māori fast aller *iwi* Neuseelands hier.

Einen ersten Eindruck der Māori-Kultur vermittelt das **Auckland Museum** (S. 75) mit seiner wunderbaren Māori-Sammlung und einer folkloristischen Darbietung. Einen direkteren Einblick bieten die Touren von **TIME Unlimited** (S. 87), **Potiki Adventures** (S. 114) und Ngāti Whātuas **Tāmaki Hikoi** (S. 87) oder ein Besuch des *marae* und nachgebauten Dorfs in **Te Hana** (S. 130).

Aktivitäten

Wer nie mit einem Boot im Hauraki Gulf unterwegs war, ist nicht wirklich in Auckland gewesen. Es muss ja nicht gleich ein Törn auf einer Jacht sein, aber mit der Fähre sollte jeder mal gefahren sein.

In den Visitor Centres und Bibliotheken der Stadt gibt es die von der Verwaltung herausgegebene Broschüre *Auckland City's Walkways*, in der eine ganze Reihe schöner Stadtspaziergänge sowie der *Coast to Coast Walkway* (S. 85) beschrieben sind.

Da Auckland auch vom Ruf Neuseelands als Actionparadies profitiert, hat sich die Stadt jede Menge abenteuerliche Aktivitäten einfallen lassen. Bevor man etwas bucht, sollte man sich aber nach Ermäßigungen für Backpacker und nach Sonderangeboten erkundigen.

Segeln & Kajakfahren

Auckland Sea Kayaks KAJAKFAHREN
(Karte S. 72; ☎0800 999 089; www.aucklandseakayaks.co.nz; 384 Tamaki Dr, St Heliers) Geführte Touren (mit Mittagessen) nach Rangitoto (175 NZ$, 6½ Std.) und Motukorea (Browns Island; 135 NZ$, 4 Std.). Mehrtägige Exkursionen und abendliche Paddeltrips sind ebenfalls im Angebot.

Explore SEGELN
(Karte S. 76; ☎0800 397 567; www.explorenz.co.nz; Viaduct Harbour) Geboten werden zwei Stunden auf einer echten Jacht des America's Cup (Erw./Kind 170/120 NZ$), eine 90-minütige Tour auf einer glamourösen großen Jacht (Erw./Kind 75/55 NZ$) und die 2½-stündige Harbour Dinner Cruise (120/85 NZ$), eine Hafenrundfahrt mit Abendessen.

Fergs Kayaks KAJAKFAHREN
(Karte S. 72; ☎09-529 2230; www.fergskayaks.co.nz; 12 Tamaki Dr, Orakei; ⏲9–17 Uhr) Verleiht Kajaks (pro Std./Tag ab 20/80 NZ$), Paddle-Boards (25/70 NZ$), Fahrräder (20/80 NZ$) und Inlineskates (15/45 NZ$). Auf geführten Kajaktouren geht es nach Devonport (100 NZ$, 8 km, 3 Std.) oder Rangitoto (140 NZ$, 13 km, 6 Std.).

Extremsport

Auckland Bridge Climb & Bungy ABENTEUERSPORT
(Karte S. 72; ☎09-360 7748; www.bungy.co.nz; 105 Curran St, Westhaven; Erw./Kind Klettern 125/85 NZ$, Bungee-Jumping 160/130 NZ$, beides 230 NZ$) Klettern auf oder springen von der Auckland Harbour Bridge.

SkyJump EXTREMSPORT
(Karte S. 76; ☎0800 759 586; www.skyjump.co.nz; Sky Tower, Ecke Federal St & Victoria St; Erw./Kind 225/175 NZ$; ⏲10–17.15 Uhr) Der aufregende 11 Sekunden lange, 85 km/h schnelle Drahtseil-Sprung von der Aussichtsplattform des Sky Tower ähnelt eher einem Fallschirm- als einem Bungee-Sprung.

Wem das an Nervenkitzel und Abenteuer nicht reicht, der kann auch ein Kombiangebot SkyJump und SkyWalk (s. unten) buchen: Das Paket heißt Look & Leap (290 NZ$).

SkyWalk ABENTEUERSPORT
(Karte S. 76; ☎0800 759 925; www.skywalk.co.nz; Sky Tower, Ecke Federal & Victoria St; Erw./Kind 145/115 NZ$; ⏲10–16.30 Uhr) Beim SkyWalk wird der 192 m hohe und 1,2 m breite äußere Ring des Sky Tower ohne Brüstung oder Balkon umrundet. Keine Sorge, es ist nicht völlig verrückt – gesichert wird mit einem Sicherheitsgurt.

Sky Screamer ABENTEUERSPORT
(Karte S. 76; ☎09-377 1328; www.skyscreamer.co.nz; Ecke Albert & Victoria St; 2 Pers. 100 NZ$; ⏲So–Do 9–22, Fr & Sa 10–2 Uhr) Man stelle sich eine gigantische Steinschleuder mit sich selbst als Projektil vor, wenn der umgekehrte Bungee-Jump einen 60 m in die Luft schießt.

Weitere Aktivitäten

Parnell Baths SCHWIMMEN
(Karte S. 82; ☎09-373 3561; www.parnellbaths.co.nz; Judges Bay Rd, Parnell; Erw./Kind 6,40 NZ$/frei; ⏲Nov.–Ostern Mo–Fr 6–20, Sa & So 8–20 Uhr)

Newmarket

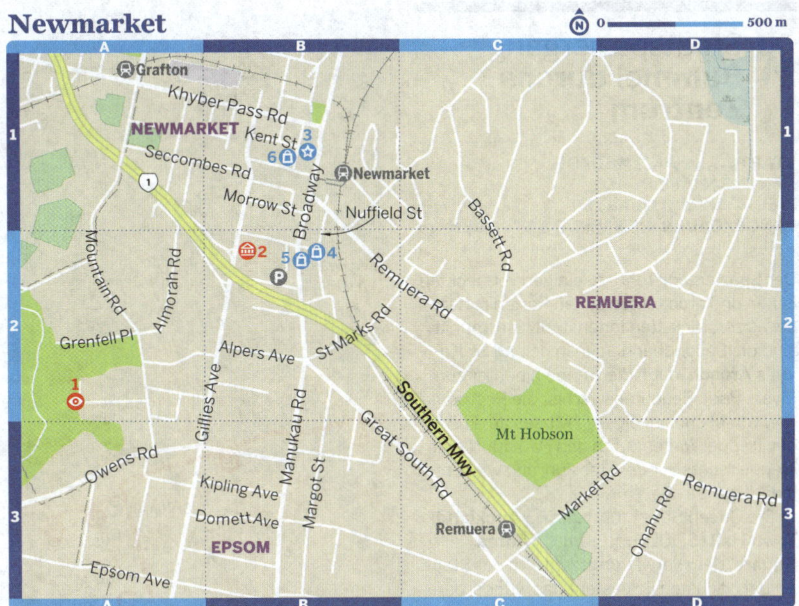

Salzwasserbecken im Freien mit einem großartigen Wandbild aus den 1950er-Jahren.

Coast to Coast Walkway WANDERN
(Karte S. 72; www.aucklandcity.govt.nz) Der von der Küste der Tasmansee quer durch die Stadt bis zur Pazifikküste führende Wanderweg ist tatsächlich nur 16 km lang und verläuft kaum auf befestigten Straßen, sondern hauptsächlich auf Naturpfaden. An der Strecke liegen der One Tree Hill, Mt Eden, Domain-Park und das Universitätsgelände. Man kann ihn in beiden Richtungen gehen: vom Viaduct Basin in Richtung Süden ist er mit gelben Zeichen und Meilensteinen markiert, von Onehunga in Richtung Norden sind die Markierungen blau. Am besten fährt man mit dem Zug zum Startpunkt Onehunga und lässt die Wanderung anschließend dann in einer Bar im Hafen ausklingen.

Am Bahnhof von Onehunga geht man die Onehunga Mall entlang bis zur Princes Street, biegt links ab und folgt dem Weg, der in dem direkt an der Autobahn liegenden Park beginnt.

Rapu NZ Surf'n'Snow Tours SURFEN
(☎09-828 0426; www.rapuadventures.com; Tour über 1/2/5/7/14 Tage 120/199/800/1160/2154 NZ$) Im Preis für die ein- oder zweitägigen Surfkurse sind der Transport, die Ausrüstung und täglich zwei zweistündige Unterrichtseinheiten mit enthalten, meist in Piha (andere Leute können für nur 50 NZ$ mitkommen).

In den Touren ab fünf Tagen sind auch die Übernachtungen im Preis inbegriffen; sie finden nur von Oktober bis Mai statt. Bei den Wintersporttouren gehört der Transport zum Mt Ruapehu mit dazu.

Dive Centre TAUCHEN
(Karte S. 72; ☎09-444 7698; www.divecentre.co.nz; 97 Wairau Rd, Wairau Valley; PADI-Open-Water-Schein 599 NZ$) Angeboten werden PADI-Kurse und Tauch-Charter.

Newmarket

Sehenswertes
1 Eden Garden A2
2 Highwic B2

Unterhaltung
3 Rialto B1

Shoppen
4 Karen Walker B2
5 Texan Art Schools B2
6 Zambesi B1

Stadtspaziergang **Bummel durchs Zentrum**

START ST KEVIN'S ARCADE, KARANGAHAPE ROAD
ZIEL WYNYARD QUARTER
LÄNGE/DAUER 4,5 KM; CA. 3 STUNDEN

Der Spaziergang führt zu einigen versteckten Ecken und architektonischen Reizen in der etwas zerstückelten Innenstadt. Startpunkt sind die Secondhandläden in der 1 **St Kevin's Arcade**, dann die Treppe hinunter zum Myers Park. Beachtenswert ist die Reproduktion von Michelangelos 2 **Moses** am Fuß der Treppe. Weiter durch den Park führt eine Treppe rechts vor der Überführung wieder hinauf zur Straße.

Die Queen Street führt zur 3 **Auckland Town Hall** (S. 105) und zum 4 **Aotea Square**, dem Verwaltungszentrum der Stadt. An der nächsten Ecke steht das wunderbare 5 **Civic Theatre** (S. 71). Weiter rechts in die Wellesley Street, dann links in die Lorne Street, wo gleich rechts am 6 **Khartoum Place** ein Kachelbild an die Frauen Neuseelands erinnert, die weltweit als erste das Wahlrecht für sich erkämpften. Die Treppe führt zur 7 **Auckland Art Gallery** (S. 71).

Nach Durchquerung des 8 **Albert Park** (S. 71) hinter der Galerie links in die Princes Street mit einigen 9 **viktorianischen Kaufmannshäusern** gegenüber dem 10 **University Clock Tower** (S. 73). Hinter dem Turm geht's zum 11 **Old Government House** (S. 73) und dann über den diagonalen Pfad zurück zur Princes Street. Das Gebäude an der Ecke Bowen Avenue war einst die größte 12 **Synagoge** der Stadt.

Die Bowen Avenue hinab, dann durch den Park und am 13 **Chancery Precinct** vorbei zur Einkaufsmeile 14 **High Street**. Links in der 15 **Vulcan Lane** befinden sich viele historische Pubs. Die Queen Street nach rechts führt zum 16 **Bahnhof Britomart** (S. 109). Hier steht man auf aufgeschüttetem Land, die ursprüngliche Küstenlinie verlief in der Fort Street. Im nahen Einkaufszentrum 17 **Britomart** warten gute Bars, Restaurants und Boutiquen. Vom Bahnhof Britomart links in die Quay Street und zum 18 **Viaduct Harbour** mit vielen Bars und Cafés und schließlich weiter über die Brücke zum sanierten 19 **Wynyard Quarter**.

☞ Geführte Touren

Kulturelle Touren

Tāmaki Hikoi KULTURELLE TOUR
(☎ 021 146 9593; www.tamakihikoi.co.nz; 1/3 Std. 40/95 NZ$) Angehörige des Ngāti-Whātua-*iwi* (Stamm) leiten verschiedene Māori-Touren mit kommentierten Wanderungen z. B. auf den Mt Eden und die Auckland Domain.

TIME Unlimited KULTURELLE TOUR
(☎ 09-846 3469; www.newzealandtours.travel) Kultur-, Wander- und Besichtigungstouren aus der Sicht der Māori.

Essen & Wein

Big Foody Food Tour FÜHRUNG
(☎ 021 481 177, 0800 366 386; www.thebigfoody.com; pro Pers. 125–185 NZ$) Stadtführungen in kleinen Gruppen, einschließlich Besuche von Märkten und Kleinerzeugern.

Wine Trail Tours WEINVERKOSTUNG
(☎ 09-630 1540; www.winetrailtours.co.nz) Die Exkursionen i führen zu den Weingütern im Westen Aucklands, zu den Waitakere Ranges (halber /ganzer Tag 125/255 NZ$) sowie zur Matakana Island (265 NZ$). Kombiangebot (265 NZ$) erhältlich.

Fine Wine Tours WEINVERKOSTUNG
(☎ 0800 023 111; www.insidertouring.co.nz) Die Ausflüge führen zu den Weingütern von Kumeu und zu den Inseln Matakana und Waiheke. Angeboten wird u. a. die vierstündige Kumeu-Tour (199 NZ$). Bei einem sechsstündigen Ausflug steht auch der Muriwai Beach (269 NZ$) auf dem Programm.

Wandern

Bush & Beach WANDERN
(☎ 09-837 4130; www.bushandbeach.co.nz) Wanderführungen in den Waitakere Ranges und entlang der Strände an der Westküste (150–235 NZ$), dreistündige Minibustouren durch die Stadt (78 NZ$) sowie kulinarische und Weintouren entweder in Kumeu oder in Matakana (halb-/ganztags 235/325 NZ$).

Hiking New Zealand WANDERN
(☎ 0800 697 232; www.hikingnewzealand.com) Ein breites Angebot ab Auckland u. a. die Touren Far North (1350 NZ$, 6 Tage) und NZ Uncut (7450 NZ$, 13 Tage).

Auckland Ghost Tours STADTRUNDGANG
(☎ 09-832 8047; www.aucklandghosttours.com; Erw./Kind 50/25 NZ$) Geschichten von der unheimlichen Seite Aucklands auf einem zweistündigen Stadtrundgang.

AUCKLAND FÜR KINDER

Alle Strände an der Ostküste (St Heliers, Kohimarama, Mission Bay, Okahu Bay, Cheltenham, Narrow Neck, Takapuna, Milford, Long Bay) sind für Kinder unter Aufsicht gefahrlos. Sehenswürdigkeiten wie **Rainbow's End** (S. 83), **Kelly Tarlton's** (S. 79), **Auckland Museum** (S. 75) und **Auckland Zoo** (S. 81) stehen bei den Kids hoch im Kurs. Die **Parnell Baths** (S. 84) haben ein Kinderbecken, aber an kühlen Tagen sind die Thermalbäder in **Parakai** (S. 130) oder **Waiwera** (S. 128) besser geeignet.

Bustouren

Auckland Hop On, Hop Off Explorer BUSTOUR
(☎ 0800 439 756; www.explorerbus.co.nz; Erw./Kind 45/20 NZ$) Der Bus fährt stündlich von 10 bis 15 Uhr (im Sommer häufiger) ab dem Ferry Building zu 14 Sehenswürdigkeiten.

Toru Tours BUSTOUR
(☎ 027 457 0011; www.torutours.com; pro Pers. 79 NZ$) Die dreistündige Expresstour findet auch mit einem einzigen Teilnehmer statt.

Bootsfahrten

Riverhead Ferry BOOTSFAHRT
(Karte S. 76; ☎ 09-376 0819; www.riverheadferry.co.nz; Pier 3, Ferry Terminal; pro Fahrt 35 NZ$) Hafen- und Golfrundfahrten, darunter eine 90-minütige Ausflugsfahrt durch den inneren Hafen nach Riverhead und Rückkehr nach einem Aufenthalt im dortigen Pub.

Fullers BOOTSFAHRT
(Karte S. 76; ☎ 09-367 9111; www.fullers.co.nz; Erw./Kind 42/21 NZ$; ⏱ 10.30 & 13.30 Uhr) Zweimal täglich eine 1½-stündige Hafenrundfahrt, einschließlich Abstecher nach Rangitoto und Rückfahrtkarte nach Devonport.

Weitere Touren

Auckland Seaplanes RUNDFLÜGE
(Karte S. 76; ☎ 09-390 1121; www.aucklandseaplanes.com; 11 Brigham St, Wynyard Quarter; pro Pers. ab 200 NZ$) Rundflüge in einem coolen Wasserflugzeug aus den 1960er-Jahren über den Hafen und die Inseln Aucklands.

Red Carpet Tours TOUR
(☎ 09-410 6561; www.redcarpet-tours.com) Tagesausflüge nach Hobbiton/Matamata (275 NZ$) oder 14 Tage durch ganz Mittelerde (6900 NZ$).

Devonport

Devonport

Sehenswertes
1 Mt Victoria B2
2 North Head D2
3 Torpedo Bay Navy Museum D2

Schlafen
4 Devonport Motel B2
5 Devonport Sea Cottage C2
6 Hampton Beach House B3
7 Parituhu B3
8 Peace & Plenty Inn B3

Essen
9 Bette's Bar & Eatery B2
10 Calliope Road Cafe A2

Feste & Events

Auf der Website von Auckland Tourism (www.aucklandnz.com) steht ein aktueller Veranstaltungskalender.

ASB Classic SPORT
(www.asbclassic.co.nz; Jan.) Führende Tennisspieler bereiten sich hier auf die Australian Open vor; das Turnier findet Anfang Januar im ASB Tennis Centre statt.

Laneway Festival MUSIK
(www.lanewayfestival.com.au; Jan.) Internationale Indie-Bands spielen während des Festivals am Anniversary Day (Montag nach dem letzten Wochenende im Januar).

Auckland Anniversary Day Regatta SPORT
(www.regatta.org.nz; Jan.) Die Regatta findet am Montag nach dem letzten Wochenende im Januar statt.

Movies in Parks FILM
(www.moviesinparks.co.nz; Jan.–März) Kostenlose Filmvorführungen am Freitag und Samstag an verschiedenen Schauplätzen.

Music in Parks MUSIK
(www.musicinparks.co.nz; Jan.–März) Kostenlose Konzerte an verschiedenen Orten.

Lantern Festival KULTUR
(www.aucklandnz.com/lantern; Feb.) Drei Tage lang werden in einem Park der Stadt asiatisches Essen, Kulturveranstaltungen und aufwendig gruppierte Laternenbilder geboten (meist im Februar).

Auckland Pride Festival SCHWULE & LESBEN
(www.aucklandpridefestival.org.nz; Feb.) Ein zweiwöchiges Fest der Lesben, Schwulen, Bi-, Trans- und Intersexuellen mit viel Musik, Kunst, Sport- und Kulturveranstaltungen. Die Highlights der Festivitäten sind die lebhafte Pride Parade, die Pride Party und das Big Gay Out (s. S. 89).

Big Gay Out SCHWULE & LESBEN
(www.biggayout.co.nz; ⏲ Mitte Feb.) Tausende Menschen strömen an einem Sonntag Mitte Februar zum Coyle Park in Point Chevalier.

Auckland Cup Week SPORT
(www.ellerslie.co.nz; Ellerslie Racecourse; ⏲ März) Das größte Pferderennen des Jahres findet Anfang März statt.

Splore MUSIK
(www.splore.net; Tapapakanga Regional Park; ⏲ Mitte Feb.) Drei Tage Campen und Musik am Strand. Internationale Stars.

★ **Pasifika Festival** KULTUR
(www.aucklandnz.com/pasifika; ⏲ März) An einem Wochenende Anfang/Mitte März findet diese riesige, beliebte polynesische Party im Western Springs Park statt.

Auckland City Limits MUSIK
(www.aucklandcitylimits.com; Western Springs Park; ⏲ März) Eintägiges Musikfest mit bekannten internationalen Rock-, Indie- und Hip-Hop-Künstlern.

Polyfest KULTUR
(www.asbpolyfest.co.nz; Sports Bowl, Manukau; ⏲ Mitte März) Ein gigantisches Fest der Sekundarschulen Aucklands, bei dem die Kultur der Māori und der Pazifikinseln gefeiert wird.

Auckland International Cultural Festival KULTUR
(www.facebook.com/culturalfestival; Mt Roskill War Memorial Park; ⏲ März) Eintägiges Fest Ende März mit Gastronomie und Aufführungen.

Auckland Arts Festival DARSTELLENDE KUNST
(www.aucklandfestival.co.nz; ⏲ März) Aucklands größtes Fest der Künste findet über drei Wochen im März statt.

Royal Easter Show MESSE
(www.eastershow.co.nz; ASB Showgrounds, 217 Green Lane West; ⏲ März/April) Eigentlich eine Landwirtschaftsmesse, aber die meisten Leute kommen wegen der Fahrgeschäfte.

NZ International Comedy Festival COMEDY
(www.comedyfestival.co.nz; ⏲ April–Mai) Drei Wochen von Ende April bis Mitte Mai Ablachen mit einheimischen und internationalen Comedy-Fans.

NZ International Film Festival FILM
(www.nzff.co.nz; ⏲ Juli) Kunstfilme über zwei Wochen ab Mitte Juli, viele im prächtigen Civic Theatre.

NZ Fashion Week MODE
(www.nzfashionweek.com; ⏲ Aug.) Findet im Viaduct Events Centre statt.

Auckland Heritage Festival KULTUR
(www.heritagefestival.co.nz; ⏲ Sept.) Zwei Wochen ab Ende September Führungen durch die Stadtviertel und historische Gebäude.

Diwali Festival of Lights KULTUR
(www.aucklandnz.com/diwali; Aotea Sq; ⏲ Mitte Okt.) Musik, Tanz und Essen der indischen Gemeinde Aucklands am Aotea Square.

Grey Lynn Park Festival VOLKSFEST, MUSIK
(www.greylynnparkfestival.org; ⏲ Nov.) Kostenloses Fest am dritten Samstag im November mit Kunst, Kunsthandwerk, Imbissbuden und Livemusik.

Christmas in the Park WEIHNACHTEN
(www.christmasinthepark.co.nz; ⏲ Mitte Dez.) Riesiges Konzert in der Auckland Domain.

Silo Cinema & Markets FILM
(www.silopark.co.nz; Silo Park, Wynyard Quarter; ⏲ Dez.–Ostern) Freiluftkino mit Filmklassikern am Freitagabend sowie Märkte mit Imbisswagen, DJs und Kunsthandwerksständen freitagabends und samstag- und sonntagnachmittags.

Schlafen

Auckland hat jede Menge Luxushotels und immer mehr internationale Hotelketten ziehen in Gebäude der Innenstadt ein. Dagegen sind die meisten Backpacker-Unterkünfte im Zentrum lausig, laut und miserabel. Es sind zwar nicht alle preiswerten Unterkünfte in der Innenstadt *so* schlecht, aber die wesentlich besseren Hostels befinden sich in den inneren Vororten wie Ponsonby, Parnell, Freemans Bay und Mt Eden.

Zentrum

Attic Backpackers HOSTEL $
(Karte S. 76; ☎ 09-973 5887; www.atticbackpackers.co.nz; 31 Wellesley St; B 29–36 NZ$, EZ/2BZ ohne Bad 54/84 NZ$; @ 📶) Das zentrale Hostel hat eine gute Ausstattung und eine noch bessere Atmosphäre. Mit Dachterrasse.

YHA Auckland International HOSTEL $
(Karte S. 76; ☎ 09-302 8200; www.yha.co.nz; 5 Turner St; B 28–31 NZ$, Zi. 99 NZ$, ohne Bad 90 NZ$; P 📶) 🍃 Das saubere und helle Hostel mit 170 Betten hat eine freundliche Atmosphäre, gute Sicherheitsmaßnahmen, ein Spielezimmer und jede Menge Schließfächer.

CityLife HOTEL $$

(Karte S. 76; ☎09-379 9222; www.heritagehotels.co.nz/citylife-auckland; 171 Queen St; Apt. ab 162 NZ$; P 📶 🏊) Das Hochhaushotel vermietet zahlreiche Apartments mit ein bis drei Schlafzimmern. Zum Haus gehören ein beheiztes Sportschwimmbecken, ein Fitnessraum und ein Parkservice. Die Lage könnte gar nicht zentraler sein.

Waldorf Celestion APARTMENT $$

(Karte S. 76; ☎09-280 2200; www.celestion-waldorf.co.nz; 19–23 Anzac Ave; Apt. ab 191 NZ$; P @ 📶) In den letzten Jahren wurden zahlreiche Waldorf-Hotels eröffnet, die alle das Gleiche bieten: preiswerte, moderne Apartments am Rand der Innenstadt.

City Lodge HOTEL $$

(Karte S. 76; ☎09-379 6183; www.citylodge.co.nz; 150 Vincent St; EZ/DZ ab 89/125 NZ$; @ 📶) Das Hochhaus wurde eigens für den Budgetmarkt gebaut. Die winzigen Zimmer mit ihren handtuchgroßen Bädern bieten eine saubere und sichere Unterkunft. Mit Großküche und behaglicher Lounge.

Jucy Snooze HOTEL $$

(Karte S. 76; ☎09-379 6633; www.jucyhotel.com; 62 Emily Pl; Hostel EZ/DZ 69/89 NZ$, Hotel Zi. 129 NZ$; P @ 📶) Die Zimmer im Hauptteil haben ein eigenes Bad, im Hostelflügel müssen die Gäste mit Etagenbetten und sehr schlichten Gemeinschaftsbädern Vorlieb nehmen.

★Hotel DeBrett BOUTIQUEHOTEL $$$

(Karte S. 76; ☎09-925 9000; www.hoteldebrett.com; 2 High St; Zi. ab 330 NZ$; 📶) Das hippe historische Hotel wurde mit gestreiften Teppichen und raffinierten Stilelementen in jeder Ecke der 25 extrem komfortablen Zimmer aufgepeppt. Im Preis enthalten sind ein kontinentales Frühstück, unbegrenztes WLAN und ein Drink vor dem Abendessen.

Waldorf Stadium APARTMENT $$$

(Karte S. 76; ☎09-337 5300; www.stadium-apartments-hotel.co.nz; 40 Beach Rd; Apt. ab 204 NZ$; 📶) Das große Gebäude hat geräumige (wenn auch konventionelle), familienfreundliche Apartments mit doppelverglasten Fenstern.

Ponsonby & Grey Lynn

Ponsonby Backpackers HOSTEL $

(Karte S. 91; ☎09-360 1311; www.ponsonby-backpackers.co.nz; 2 Franklin Rd, Ponsonby; B 29–32 NZ$ EZ/DZ ohne Bad 50/74 NZ$; P @ 📶) Die elegante zweistöckige Villa bietet eine freundliche Atmosphäre, sonnige Zimmer und einen hübschen Garten. Das Zentrum ist nur 20 Minuten zu Fuß entfernt.

Verandahs HOSTEL $

(Karte S. 91; ☎09-360 4180; www.verandahs.co.nz; 6 Hopetoun St; B 31–35 NZ$, EZ 59 NZ$, DZ 100 NZ$, ohne Bad 80 NZ$; P @ 📶) Ponsonby Road, K Road und das Zentrum sind nur ein kurzes Stück von diesem prächtigen Hostel entfernt. Es ist eindeutig eine der besten Backpacker-Unterkünfte in Auckland.

Brown Kiwi HOSTEL $

(Karte S. 91; ☎09-378 0191; www.brownkiwi.co.nz; 7 Prosford St, Ponsonby; B 30–33 NZ$, EZ/DZ ohne Bad 61/78 NZ$; @ 📶) Das Hostel verbirgt sich in einer tagsüber belebten Geschäftsstraße, einen Katzensprung von den Läden und Restaurants in Ponsonby entfernt. Der Hofgarten ist ideal zum Faulenzen.

Abaco on Jervois MOTEL $$

(Karte S. 91; ☎09-360 6850; www.abaco.co.nz; 57 Jervois Rd, Ponsonby; Zi./Suite ab 145/198 NZ$; P 📶) Das Motel ist in den feineren Suiten mit Edelstahlküche und Geschirrspülmaschine und mit Kühlschrank und Mikrowelle ausgestattet. Die dunkleren Zimmer im Erdgeschoss sind preiswerter.

Great Ponsonby Arthotel B&B $$$

(Karte S. 91; ☎09-376 5989; www.greatpons.co.nz; 30 Ponsonby Tce; Zi. 250–400 NZ$; P 📶) Die Inhaber der viktorianischen Villa in einer ruhigen Sackgasse legen großen Wert auf Nachhaltigkeit und servieren ein grandioses Frühstück. Die Apartments gehen auf einen hübschen Hinterhof hinaus. Das Frühstück ist im Preis enthalten.

Newton

Haka Lodge HOSTEL $

(Karte S. 76; ☎09-379 4556; www.hakalodge.com; 373 Karangahape Rd, Newton; B 25–32 NZ$, Zi. 99 NZ$, ohne Bad 89 NZ$; 📶) Der Umbau eines der zwielichtigsten Pubs in Auckland zu einem hellen und blitzblanken Hostel ist ein modernes Wunder. Die Schlafsäle sind mit speziell gefertigten Stockbetten mit Vorhängen für die Privatsphäre, Spinden und jeweils eigenen Steckdosen ausgestattet – es sind vermutlich die komfortabelsten Schlafsäle in ganz Auckland. WLAN ist kostenlos und unbegrenzt. Zudem könnte die Lage nahe der quirligen Szene in der K Road nicht besser sein.

Ponsonby & Grey Lynn

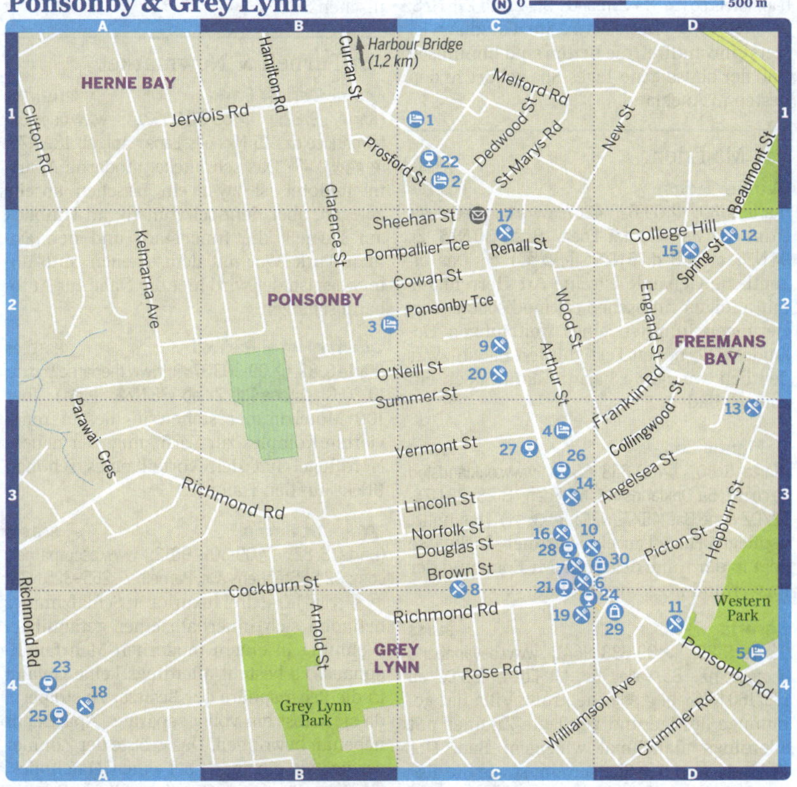

Ponsonby & Grey Lynn

Schlafen

1 Abaco on Jervois C1
2 Brown Kiwi C1
3 Great Ponsonby Arthotel B2
4 Ponsonby Backpackers C3
5 Verandahs D4

Essen

6 Bird on a Wire C3
7 Blue Breeze Inn C3
8 Cocoro C3
9 Dizengoff C2
10 Il Buco C3
11 MooChowChow D4
12 New World D2
13 Nishiki D3
14 Ponsonby Road Bistro C3
15 Queenie's D2
16 Saan C3
17 Sidart C2
18 Siostra A4
19 Street Food Collective C4
20 The Unbakery C2

Ausgehen & Nachtleben

21 Bedford Soda & Liquor C3
22 Dida's Wine Lounge & Tapas Bar C1
23 Freida Margolis A4
24 Golden Dawn C4
25 Gypsy Tea Room A4
26 Mea Culpa C3
27 Shanghai Lil's C3
28 SPQR C3

Shoppen

29 Karen Walker D4
30 Women's Bookshop D3
Zambesi .... (s. 14)

Langham HOTEL $$$
(Karte S. 76; 09-379 5132; www.aucklandlanghamhotels.co.nz; 83 Symonds St; Zi. ab 275 NZ$; P @) Der Service im Langham ist stets einwandfrei, die Betten sind himmlisch und der hauseigene Tages-Spa gehört zu den besten in Auckland.

Mt Eden

Bamber House HOSTEL $
(Karte S. 80; 09-623 4267; www.bamberhouse.co.nz; 22 View Rd, Mt Eden; B 28–30 NZ$, Zi. 94 NZ$, ohne Bad 76 NZ$; P @) Das eigentliche Gebäude ist eine Art Herrenhaus mit einigen hübschen altmodischen Verzierungen inmitten eines weitläufigen Geländes. Die neuen Fertighütten haben zwar deutlich weniger Charme, dafür aber ein eigenes Bad.

Oaklands Lodge HOSTEL $
(Karte S. 80; 09-638 6545; www.oaklandslodge.co.nz; 5a Oaklands Rd, Mt Eden; B 28–32 NZ$, EZ/DZ ohne Bad 45/72 NZ$; P @) Das helle, gepflegte Hostel in einer grünen Sackgasse liegt in der Nähe des Dorfs Mt Eden und der Busverbindungen in die Stadt.

Bavaria B&B $$
(Karte S. 80; 09-638 9641; www.bavariabandbhotel.co.nz; 83 Valley Rd, Mt Eden; EZ/DZ ab 135/160 NZ$; P @) Die große Villa hat geräumige, luftige und gepflegte Zimmer mit allerdings manchmal winzigem Bad. Der Fernseh- und der Speiseraum sowie die Terrasse sorgen für Kommunikation unter den Gästen. Ein warmes und kaltes Büfettfrühstück ist im Preis enthalten.

Eden Villa B&B $$$
(Karte S. 72; 09-630 1165; www.edenvilla.co.nz; 16 Poronui St, Mt Eden; Zi. 250 NZ$) Die hübschen Holzvillen sind typisch für die grünen Stadtteile Aucklands. Diese hier hat drei komfortable Zimmer mit Bad zu vermieten, ein schön nostalgisches Ambiente und charmante Gastgeber, die ein gutes warmes Frühstück servieren. Am besten gefiel uns das Zimmer im hinteren Teil, das eine originale Badewanne und einen Blick über den Garten direkt zum Mt Eden bietet.

Eden Park B&B B&B $$$
(Karte S. 80; 09-630 5721; www.bedandbreakfastnz.com; 20 Bellwood Ave, Mt Eden; EZ/DZ 165/250 NZ$;) Der heilige Rasen des legendären Rugby-Stadions Eden Park ist nur eine Straße entfernt. Die Zimmer sind zwar nicht besonders groß, aber dafür ebenso elegant wie die schöne Villa im edwardianischen Stil.

Parnell & Newmarket

Quest Carlaw Park APARTMENT $$
(Karte S. 82; 09-304 0521; www.questcarlawpark.co.nz; 15 Nicholls Lane; Apt. ab 189 NZ$; P @) Das schmucke, moderne Apartment-Hotel ist zwar ein bisschen abseits gelegen, aber dennoch günstig im Hinblick auf Parnell, die Innenstadt und den Domain-Park. Wer mit dem eigenen Auto unterwegs ist, der wird hier die Nähe zur Autobahn schätzen.

Quality Hotel Parnell HOTEL $$
(Karte S. 82; 09-303 3789; www.theparnell.co.nz; 10-20 Gladstone Rd; Zi. ab 138 NZ$; P) Über 100 Motelzimmer stehen in diesem renovierten Komplex zur Verfügung. Der neuere Nordflügel hat den Vorteil eines schönen Blicks auf den Hafen.

★ **Ascot Parnell** B&B $$$
(Karte S. 82; 09-309 9012; www.ascotparnell.com; 32 St Stephens Ave, Parnell; Zi. 255–325 NZ$; P @) Die drei luxuriösen Schlafzimmer befinden sich innerhalb einer geräumigen Wohnung in einem modernen Mehrfamilienhaus. Es besteht allerdings keine Gefahr, in die Privatsphäre der Besitzer zu stolpern, da sie selbst ein völlig separates Apartment nebenan bewohnen. Das größte der Zimmer verfügt als einziges über einen Hafenblick, aber der lässt sich für die anderen Bewohner auch von der großen Terrasse vor dem Wohnzimmer genießen.

Devonport

Parituhu B&B $$
(Karte S. 88; 09-445 6559; www.parituhu.co.nz; 3 King Edward Pde, Devonport; Zi. 125–155 NZ$;) In dem ruhigen, einladenden edwardianischen Bungalow direkt am Wasser steht nur ein Doppelzimmer mit eigenem Bad zur Verfügung.

Devonport Motel MOTEL $$
(Karte S. 88; 09-445 1010; www.devonportmotel.co.nz; 11 Buchanan St, Devonport; Zi. 160 NZ$; P) Dieses Minimotel hat nur zwei Wohneinheiten in einem adretten Garten zu bieten. Sie sind modern, sauber, abgetrennt und befinden sich in ruhiger Lage nicht weit von den Sehenswürdigkeiten Devonports entfernt.

Devonport Sea Cottage COTTAGE $$
(Karte S. 88; ☎09-445 7117; www.devonportsea-cottagenz.com; 3a Cambridge Tce, Devonport; Cottage 150 NZ$;) Das hübsche und gemütliche Häuschen ist über einen Pfad durch den Garten zu erreichen. Wöchentliche Preise sind ebenfalls im Angebot.

Hampton Beach House B&B $$$
(Karte S. 88; ☎09-445 1358; www.hamptonbeach house.co.nz; 4 King Edward Pde, Devonport; EZ/DZ ab 195/245 NZ$; @) Das vornehme edwardianische B&B direkt am Wasser vermietet geschmackvolle Zimmer, die auf den hinteren Garten hinausgehen. Geboten werden hochwertige Bettwäsche und ein Gourmetfrühstück.

Peace & Plenty Inn B&B $$$
(Karte S. 88; ☎09-445 2925; www.peaceand plenty.co.nz; 6 Flagstaff Tce, Devonport; EZ/DZ ab 195/265 NZ$; P) Das mit Antiquitäten ausgestattete viktorianische Fünf-Sterne-Haus in perfekter Lage hat romantische und luxuriöse Zimmer mit Bad, TV, Blumen, kostenlosem Sherry oder Port und Schokolade aus der Region.

Andere Gegenden

Ambury Regional Park CAMPINGPLATZ $
(Karte S. 72; ☎09-366 2000; www.arc.govt.nz; 43 Ambury Rd, Mangere; Stellplatz Erw./Kind 15/6 NZ$) Der Regionalpark bietet ein Stück Landschaft inmitten der Vorstädte und ist gleichzeitig ein landwirtschaftlicher Betrieb. Die Einrichtungen halten sich in Grenzen (eine Stehtoilette, warme Duschen und wenig Schatten), aber zum Flughafen ist es nicht weit, die Lage am Wasser ist schön – und spottbillig ist es außerdem auch noch.

Grange Lodge MOTEL $$
(Karte S. 72; ☎09-277 8280; www.grangelodge.co.nz; Ecke Grange Rd & Great South Rd, Papatoetoe; Wohneinheit 125–190 NZ$;) Wer von der Südinsel kommt, sollte dieses kleine, freundliche Vorort-Motel in Betracht ziehen, denn es liegt in unmittelbarer Nähe zum Flughafen. Man verlässt den Southern Motorway bei der Ausfahrt East Tamaki Road, biegt rechts ab und fährt gleich wieder rechts in die Great South Road.

Nautical Nook B&B $$
(Karte S. 72; ☎09-521 2544; www.nauticalnook.com; 23b Watene Cres, Orakei; EZ/DZ 108/162 NZ$;) Das gemütliche Haus des begeisterten Seglers Keith und seiner Frau Trish ist die ideale Unterkunft für alle Wasserratten. Vom Aufenthaltsraum und der Terrasse hat man einen schönen Blick auf den Hafen und der Strand ist auch ganz in der Nähe.

Jet Park HOTEL $$
(Karte S. 72; ☎09-275 4100; www.jetpark.co.nz; 63 Westney Rd, Mangere; Zi./Suite ab 189/289 NZ$; @) Das Jet Park in einem Industriegebiet am Rand des Flughafens hat komfortable Zimmer und ein Flair, das weit über das hinausgeht, was in mittelpreisigen Flughafenhotels sonst üblich ist. Dank der Bildschirme mit den Abflugzeiten in der Lobby und den kostenlosen Shuttle-Bussen zum Flughafen gibt es keinen Grund, seinen Flug zu verpassen.

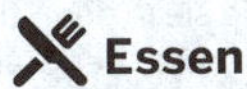

Essen

Wegen der räumlichen Ausdehnung und seiner ethnischen Vielfalt ist Auckland einsame Spitze in der Art und der Qualität seiner Restaurantszene. Außerdem eröffnen aufgrund der vielen Studenten aus Asien auch immer wieder neue preiswerte japanische, chinesische und koreanische Restaurants. Wer gut und günstig essen möchte, der wird auch von den Food Halls der Stadt begeistert sein.

Die Ucklander lieben guten Kaffee und so findet man an jeder Ecke ordentliche Cafés, insbesondere in den Vororten Ponsonby, Mt Eden und Kingsland. Einige dieser Cafés sind gleichzeitig Weinlokale, andere bieten auch frisch zubereitete Snacks zu vernünftigen Preisen oder sogar richtige Feinschmeckergerichte an.

Die angesagtesten neuen Essenstempel befinden sich in Britomart (oberhalb des Bahnhofs) und in der Federal Street (am Fuße des Sky Tower). Viele Neueröffnungen sorgten in letzter Zeit auch für eine Aufwertung des kulinarischen Rufs von Ponsonby. Das Wynyard Quarter und das ehemalige City Works Depot an der Ecke Wellesley Street/Nelson Street erfreuen sich ebenfalls einer aufstrebenden Restaurantszene.

Große Supermärkte sind in den meisten Stadtteilen zu finden. Besonders praktisch ist das **Countdown** (Karte S. 76; ☎09-275 2567; www.countdown.co.nz; 76 Quay St; 24 Std.) im unteren Teil der Stadt und das **New World** (Karte S. 91; ☎09-307 8400; www.newworld.co.nz; 2 College Hill, Freemans Bay; 7–24 Uhr) beim Victoria Park. Selbstversorger können sich auch auf dem Otara Flea Market (S. 106) und den Avondale Sunday Markets (S. 106) mit preiswertem, frischem Gemüse und im

AUCKLANDS MULTIKULTURELLE SPEISEKARTE

Rund 30 Prozent der Neuseeländer leben in Auckland und die größte Stadt des Landes ist auch die multikulturellste. Mit den Einwanderern, besonders aus Asien, entwickelte sich auch eine kosmopolitische Restaurantszene und clevere Feinschmecker (und einige der Spitzenköche Aucklands) begeben sich begeistert in die Randbezirke der Innenstadt, um dort authentische Speisen der multikulturellen Gegenwart und Zukunft der Stadt zu probieren.

In der Dominion Road in Balmoral (Buslinie 267 ab der Haltestelle 7058 nahe der Kreuzung von Queen und Wellesley Street bis Haltestelle 8418) gibt es das beste chinesische Essen in Auckland.

Ein paar Straßenblöcke weiter westlich (Buslinie 249 ab der Haltestelle 7022 in der Victoria Street East bis Haltestelle 8316 in der Sandringham Road) befinden sich einige der besten indischen und sri-lankischen Restaurants der Stadt. Unser Lieblingsrestaurant ist das **Paradise** (Karte S. 72; ☎ 09-845 1144; www.paradisetakeaway.co.nz; 591 Sandringham Rd, Sandringham; Hauptgerichte 12–18 NZ$; ⊙ 11.30–21.30 Uhr; ✎), dessen Spezialität die Mughlai-Küche ist, wie sie in den Straßen von Haiderabad zu finden ist.

Auf den lebhaften Nachtmärkten der Stadt, die jeden Abend in einem anderen Stadtteil auf einem Parkplatz stattfinden, verkaufen massenhaft Stände Essen aus den verschiedensten Ländern, ob aus Argentinien und Samoa oder aus Ungarn und der Türkei. Für Reisende am günstigsten gelegen ist der montägliche **Nachtmarkt in Onehunga** (Karte S. 72; www.aucklandnightmarket.co.nz; 151 Arthur St, Onehunga; ⊙ Mo 17.30–22 Uhr). Zu erreichen ist er mit dem Zug ab Britomart nach Onehunga und dann 550 m zu Fuß bis zum Parkplatz unter dem Dress-Smart Outlet Shopping Centre.

Wer Ende März in der Stadt ist, bekommt beim **Auckland International Cultural Festival** (S. 89) einen leckeren Vorgeschmack auf die künftige ethnische Vielfalt der Stadt. Die Website von Cheap Eats (www.cheapeats.co.nz) durchstreift Auckland nach dem besten Essen unter 20 NZ$.

La Cigale (S. 99) mit feineren Lebensmitteln und Produkten von lokalen Kleinerzeugern eindecken.

Zentrum

★ **Best Ugly Bagels** BÄCKEREI, CAFÉ $

(Karte S. 76; ☎ 09-366 3926; www.bestugly.co.nz; City Works Depot, 90 Wellesley St; belegte Bagels 5–12 NZ$; ⊙ 7–3 Uhr; ✎) Handgerollt, gekocht und im Holzofen gebacken – die Bagels von Best Ugly's sind einfach klasse. In der superhippen Bäckerei in einer umgebauten Werkstatt für Lastkraftwagen gibt es die Dinger mit Pastrami, Speckscheiben, Räucherlachs oder verschiedenen vegetarischen Belägen. Oder wie wär's mit einem Zimtbagel mit Frischkäse und Marmelade? Der Kaffee ist auch umwerfend.

Hansan VIETNAMESISCH $

(Karte S. 76; ☎ 09-379 8899; www.hansan.co.nz; 22–24 Kitchener St; Hauptgerichte 11–16 NZ$; ⊙ 11–22 Uhr) Gute, authentische und preisgünstige vietnamesische Restaurants sind in Neuseeland dünn gesät, weswegen dieses überraschend nobel aussehende Lokal eine echte Entdeckung ist. Es gibt kostenlosen Grüntee und eine große, bebilderte Speisekarte und zu vielen Hauptgerichten wird noch eine Nudelsuppe serviert. Hungrig geht hier wohl niemand raus.

Chuffed CAFÉ $

(Karte S. 76; ☎ 09-367 6801; www.chuffedcoffee.co.nz; 43 High St; Hauptgerichte 6,50–18 NZ$; ⊙ Mo–Fr 7–17, Sa & So 9–17 Uhr) Das coole, kleine Café in einem Lichtschacht hinten in einem Gebäude ist flächendeckend mit Straßenkunst dekoriert und auf jeden Fall ein Anwärter für den Titel bestes Café in der Innenstadt. An den Tischen draußen kann man sich ein warmes Frühstück, Wagyu-Hamburger, Lammhüfte oder überraschend leckere getoastete Sandwiches schmecken lassen.

Eighthirty CAFÉ $

(Karte S. 76; www.eighthirty.com; 35 High St; Sandwiches 7,50–9 NZ$; ⊙ Mo–Fr 7–15.30, Sa 9–14 Uhr) Eighthirty ist eigentlich eine Kaffeerösterei und die Filiale in der High Street serviert den besten Kaffee in der Innenstadt sowie eine leckere Auswahl an frischen Sandwiches, Salaten und Süßkram. Die strahlend weiße, nüchterne Einrichtung bildet einen interessanten Kontrast zu dem wunderbaren, denkmalgeschützten Gebäude, in dem es sich befindet.

No. 1 Pancake KOREANISCH $
(Karte S. 76; ☎ 09-302 0564; www.facebook.com/no1pancake; Ecke Lorne & Wellesley St; Pfannkuchen 3,50–4,50 NZ$; ⏲ Mo–Sa 10–19 Uhr) Die ständige Schlange draußen sagt schon alles über den Imbissladen. Er macht nur eine Sache und die sehr gut: köstliche, knusprige koreanische Pfannkuchen (*hotteok* oder *ho dduk*, je nachdem, wen man fragt) mit herzhafter oder süßer Füllung und ganz heiß in einer Papiertüte serviert.

Revive VEGETARISCH $
(Karte S. 76; ☎ 09-303 0420; www.revive.co.nz; 24 Wyndham St; Hauptgerichte 12–14 NZ$; ⏲ Mo–Do 10–19, Fr 10–15 Uhr; ✎) Ein vegetarisches Paradies mit Salatbar und preiswerten Tagesgerichten.

★ Depot MODERN NEUSEELÄNDISCH $$
(Karte S. 76; www.eatatdepot.co.nz; 86 Federal St; Hauptgerichte 16–34 NZ$; ⏲ 7 Uhr bis open end) Das beliebte Restaurant von TV-Koch Al Brown bietet exquisite Küche in zwangloser Umgebung mit großen Tischen, einfachem Fliesenboden und einem ständigen Kommen und Gehen. Die Gerichte sind jeweils für mehrere Personen gedacht. Zwei Mitarbeiter sind nur damit beschäftigt, die frischesten Muscheln und Austern der Stadt zu knacken und zu servieren. Reservieren kann man hier nicht, also heißt es entweder zeitig kommen oder eben warten.

★ Beirut LIBANESISCH $$
(Karte S. 76; ☎ 09-367 6882; www.beirut.co.nz; 85 Fort St; Hauptgerichte 26–29 NZ$; ⏲ Mo–Fr 7 Uhr bis open end, Sa 17 Uhr–open end) Vorhänge aus Sackleinen und Industrieeinrichtung wirken nun nicht gerade libanesisch, aber die raffinierten, intensiv aromatischen Speisen in diesem wunderbaren neuen Restaurant sind es auf jeden Fall. Die Cocktails sind fast so zündend wie das Essen – und das sagt schon eine Menge.

Federal Delicatessen AMERIKANISCH $$
(Karte S. 76; www.thefed.co.nz; 86 Federal St; Hauptgerichte 11–26 NZ$; ⏲ 7 Uhr bis open end) Die Version eines New Yorker jüdischen Delis des Promikochs Al Brown serviert einfache Sachen wie Bagels und Sandwiches, Suppe mit Mazze-Klößchen und jede Menge köstlicher, deftiger Gerichte zum Teilen (beispielsweise Truthahn-Hackbraten, Grillhühnchen, Roastbeef). Weiße Metzgereikacheln, Nischenbänke aus PVC und Bedienungen in Uniform aus den 1950er-Jahren tragen zur Illusion bei.

Odette's MODERN NEUSEELÄNDISCH $$
(Karte S. 76; ☎ 09-309 0304; www.odettes.co.nz; Shed 5, City Works Depot, 90 Wellesley St; Hauptgerichte 17–25 NZ$; ⏲ So & Mo 8–15, Di–Sa 7–23 Uhr) Nichts ist im Odette's von der Stange, weder die kugeligen Lampen noch die witzigen Fotos und ganz gewiss nicht das Speisenangebot. Wie wär's etwa mit Tintenfisch oder mit Rippchen zum Brunch? Oder schwammige wilde Pilze mit Doughnuts und persischem Feta? Abends werden dann die eher leichten Speisen durch Gerichte zum Teilen ersetzt. Am Wochenende geht es hier richtig hektisch zu.

Ela Cuisine INDISCH $$
(Karte S. 76; ☎ 09-379 2710; www.elacuisine.co.nz; 41 Elliott St; Hauptgerichte 20–25 NZ$; ⏲ Mo–Sa 11.45–14.45 & 17–21.30, So 17–20.30 Uhr) Das exzellente indische Restaurant ganz hinten im Food Court der Elliott Stables serviert leckere Currys (Kerala-Rind, Lammhüfte mit Kokosnuss, „butterfreies" Huhn usw.) und *masala dosa* (gefüllte Pfannkuchen), alles mit einer reichlichen Portion Reis und Salat. Preiswert ist es außerdem.

Ima ORIENTALISCH $$
(Karte S. 76; ☎ 09-377 5252; www.imacuisine.co.nz; 53 Fort St; Frühstück & mittags 10–26 NZ$, abends Gerichte zum Teilen 17–27 NZ$; ⏲ Mo–Fr 7–23, Sa & So 9.30–22 Uhr) Das Ima ist nach dem hebräischen Wort für „Mutter" benannt und serviert israelische, palästinensische, jemenitische und libanesische Hausmannskost, mittags auch Fleischpasteten und Sandwiches. Wer eine Gruppe zusammentrommelt, kann sich ein exzellentes Abendessen aus ganzem Fisch, *meschan*-Huhn (ein ganzer Vogel, der langsam mit Kräutern gegart und dann gegrillt wird) oder Lammschulterbraten teilen.

Gusto at the Grand ITALIENISCH $$
(Karte S. 76; ☎ 09-363 7030; www.skycityauckland.co.nz; SkyCity Grand Hotel, 90 Federal St; Hauptgerichte 20–42 NZ$; ⏲ 12–14.30 & 17 Uhr–open end; ✎ ♿) Das Gusto ist eines der erschwinglicheren Restaurants im großen, pompösen Kasino-Komplex SkyCity und bringt erstklassige Pastagerichte auf den Tisch, die alle frisch bei Bestellung zubereitet werden. Das Restaurant wirkt wie eine Erweiterung

der Hotellobby, aber die Gäste können am Marmortresen sitzen und die Hektik in der Küche beobachten.

Cassia INDISCH $$
(Karte S. 76; ☎ 09-379 9702; www.cassiarestaurant.co.nz; 5 Fort Lane; Hauptgerichte 28–34 NZ$; ⊙ Mi–Fr 12–15, Di–Sa 17.30 Uhr bis open end) Das stimmungsvoll beleuchtete Kellerrestaurant neben einer kleinen Zufahrtsstraße serviert gediegene, moderne indische Gerichte mit viel Verve und Extravaganz. Als Vorspeise empfiehlt sich *pani puri*, knusprige, aromatisch gefüllte Teighäppchen, gefolgt von einem herrlich reichhaltigen Curry. Die Delhi-Ente ist hervorragend, ebenso das pikante Goa-Fischcurry.

★ **Sugar Club** MODERN NEUSEELÄNDISCH $$$
(Karte S. 76; ☎ 09-363 6365; www.thesugarclub.co.nz; L53 Sky Tower, Federal St; 2-/3-/4-/5-Gänge-Mittagsmenü 56/70/84/98 NZ$, 3-/4-/5-/6-Gänge-Abendmenü 90/108/118/128 NZ$; ⊙ tgl. Mi–So 12–14.30 & 17.30–21.30 Uhr) Manchmal ist es ja ganz richtig, nicht zu viel von Restaurants in Hochhäusern zu erwarten, aber wenn der Chefkoch Peter Gordon ist, der berühmteste kulinarische Sohn Neuseelands, der in Großbritannien als „Pate der Fusionsküche“ gepriesen wird, kann man durchaus seine Erwartungen hochschrauben. Gordons akribisch komponierte, leckere Speisen konkurrieren mit dem großartigen Blick, aber sie gewinnen dabei trotzdem um Längen.

O'Connell Street Bistro EUROPÄISCH $$$
(Karte S. 76; ☎ 09-377 1884; www.oconnellstbistro.com; 3 O'Connell St; Hauptgerichte mittags 32–38 NZ$, abends 40–42 NZ$; ⊙ Mo–Fr 11.30–15 & 17.30–23, Sa 17.30–23 Uhr) Das Bistro mit seiner schicken Einrichtung und wundervollem Wein und Essen ist etwas für feine Kundschaft, ob Mittagessen für Manager oder Dates am Abend. Abends vor 19.30 Uhr gibt es ein Menü zum Festpreis (2-/3-Gänge-Menü 40/45 NZ$).

Grove MODERN NEUSEELÄNDISCH $$$
(Karte S. 76; ☎ 09-368 4129; www.thegroverestaurant.co.nz; St Patrick's Sq, Wyndham St; 5-/9-Gänge-Probiermenü 89/145 NZ$; ⊙ Do & Fr 12–15, Mo–Sa 18 Uhr bis open end) Ideal für ein romantisches Abendessen: gedämpfte Beleuchtung, sinnliche Gaumenfreuden und professioneller Service. Wenn selbst die umfangreiche Weinkarte das Eis nicht brechen kann – keine Chance, dass da überhaupt was funkt.

Britomart, Viaduct Harbour & Wynyard Quarter

★ **Ortolana** ITALIENISCH $$
(Karte S. 76; www.ortolana.co.nz; 33 Tyler St, Britomart; Hauptgerichte 25–29 NZ$; ⊙ 7–23 Uhr) Das stilvolle Restaurant serviert mediterrane und regional italienische Gerichte, die gleichermaßen kunstvoll präsentiert werden und wirklich köstlich schmecken. Viele der Zutaten stammen von der kleinen Farm des Besitzers im ländlichen Westen Aucklands. Die Patisserie seiner Schwester, das fabelhafte **Milse** nebenan, liefert einige der süßen Kreationen. Reservierungen sind nicht möglich.

Baduzzi ITALIENISCH $$
(Karte S. 76; ☎ 09-309 9339; www.baduzzi.co.nz; Ecke Jellicoe St & Fish Lane, Wynyard Quarter; Hauptgerichte 16–40 NZ$; ⊙ 11.30 Uhr bis open end; ✎) Das pfiffige und schick eingerichtete Restaurant kreiert raffinierte Fleischklößchen-Variationen, z. B. aus Langustenfleisch, sowie andere deftige, aber elegante italienische Speisen. Gegessen wird in gemütlichen Nischen, an der Bar oder draußen bei etwas Auckland-Sonne.

Store CAFÉ $$
(Karte S. 76; ☎ 09-366 1864; www.hipgroup.co.nz/thestore; 5b Gore St, Britomart; Hauptgerichte 18–25 NZ$; ⊙ 7–15 Uhr) Das schicke Café mit Tischen unter Lichterketten und zwischen Blumen im Zentrum von Britomart ist so frisch und spritzig wie das Sprudelwasser, das unaufgefordert am Tisch gereicht wird. Saisonales Obst und Gemüse sind auf der interessanten und verlockenden Speisekarte deutlich vertreten. Zu den angebotenen Gerichten zählen warmes Frühstück, Pastagerichte, frischer Fisch und Sandwiches mit Corned Beef.

Ebisu JAPANISCH $$$
(Karte S. 76; ☎ 09-300 5271; www.ebisu.co.nz; 116–118 Quay St, Britomart; große Portionen 34–39 NZ$; ⊙ Mo–Fr 12–15, tgl. 17 Uhr bis open end) Bei diesem Lokal handelt es sich eher um eine *izakaya*-Kneipe, in der es nicht ganz so steif und formell zugeht wie in typischen japanischen Nobelrestaurants. Allerdings fliegt auch hier kein Essen durch die Gegend oder wird auf dem Fließband angeliefert. Im Ebisu stimmt einfach alles und am besten kommt man in der Gruppe, denn die ausgezeichneten Plattengerichte sind zum Teilen gedacht.

Freemans Bay

Nishiki JAPANISCH **$**
(Karte S. 91; ☎ 09-376 7104; www.nishiki.co.nz; 100 Wellington St, Freemans Bay; Gerichte 5–17 NZ$; ⊙ Di–So 18–22.30 Uhr; ☑) Das Nishiki mitten in einer bunt gemischten Ladenreihe hügelabwärts von der Ponsonby Road serviert einer überwiegend japanischen Kundschaft leckere Gerichte. Eine bebilderte Speisekarte erleichtert die Auswahl aus der langen Liste von Sushi, Sashimi, Salaten, Eintöpfen, Spießen, Tempura, Robata sowie Reis- und Nudelgerichten.

iVillage INDISCH **$$**
(Karte S. 76; ☎ 09-309 4009; www.ivillageatvictoria.co.nz; 210–218 Victoria St, Freemans Bay; Hauptgerichte mittags 13–23 NZ$, abends 17–32 NZ$; ⊙ Di–Fr 12–15, tgl. 18–23 Uhr; ☑) Spezialität des indischen Spitzenrestaurants sind köstliche Tandoori-Gerichte und Lammcurrys, aber das breit gefächerte Angebot enthält auch reichlich vegetarische sowie indochinesische Speisen. An Sommerabenden lassen sich die subkontinentalen Köstlichkeiten im Innenhof des historischen Victoria Park Market genießen.

Queenie's CAFÉ **$$**
(Karte S. 91; ☎ 09-378 8977; www.queenies.co.nz; 24a Spring St, Freemans Bay; Frühstück 11–19 NZ$, mittags 23–26 NZ$; ⊙ 7–15.30 Uhr) Das exzentrische Eckcafé ist ganz und gar auf Neuseeländisch gemacht, einschließlich eines unoriginellen Wandbilds eines Māori-Mädchens aus den 1950er-Jahren. Das Essen ist eine Stufe besser als das übliche Caféangebot und das ausgefallene Speisenangebot (Kedgeree, türkische Eier, Musabaha, Cassoulet usw.) rechtfertigt die Preise.

★ **Clooney** MODERN NEUSEELÄNDISCH **$$$**
(Karte S. 76; ☎ 09-358 1702; www.clooney.co.nz; 33 Sale St, Freemans Bay; 2-/3-/7-Gänge-Menü 80/100/150 NZ$; ⊙ Di–So 18 Uhr bis open end, Fr 12–15 Uhr) Genau wie sein Namensvetter in Hollywood sieht das ganz in Schwarz gehaltene Lokal unverschämt gut aus und hat unglaublich viel Stil und Klasse. Die Geschmackskombinationen sind sehr vielschichtig, aber einwandfrei, und zusammen mit dem makellosen Service gehört es eindeutig in die Kategorie „teuer, aber jeden Cent wert".

Matterhorn MODERN NEUSEELÄNDISCH **$$$**
(Karte S. 76; ☎ 09-929 2790; www.matterhorn.co.nz; 37 Drake St, Freemans Bay; Hauptgerichte 35–36 NZ$; ⊙ 15 Uhr bis open end) Diese Institution aus Wellington brauchte 50 Jahre, um in Auckland eine Filiale zu eröffnen, aber das Lokal am oberen Teil des Victoria Park Market ist ein wirklich willkommener Neuzugang. Hier gibt's deftige Gerichte wie gegrillte Schweinebacken, Rotwild-Blutwurst, den legendären „Schweineteller" und einen preiswerten Sonntagsbraten.

Ponsonby & Grey Lynn

Die umtriebigste Restaurant-, Café- und Barmeile Aucklands ist so cool, dass sie sogar eine eigene Website hat (www.iloveponsonby.co.nz).

Street Food Collective FASTFOOD **$**
(Karte S. 91; ☎ 021 206 4503; www.thestreetfoodcollective.co.nz; Rear, 130 Ponsonby Rd, Grey Lynn; Gerichte 5–15 NZ$; ⊙ 11–15 & 17–22 Uhr) Ein tolles Konzept: 14 verschiedene Imbisswagen wechseln sich auf vier Stellplätzen in einem Innenhof ab, der über eine schmale Seitengasse zwischen Richmond Road und Mackelvie Street zu erreichen ist (erkennbar an den schmiedeeisernen Toren). Der Dienstplan wird online veröffentlicht und es gibt auch einen eigenen Bar-Wagen.

Bird on a Wire FASTFOOD **$**
(Karte S. 91; ☎ 09-378 6369; www.birdonawire.co.nz; 136–146 Ponsonby Rd; Hauptgerichte 10–16 NZ$; ⊙ 11–21.30 Uhr) Leckere Sandwiches und gesunde Hamburger, saisonale Salate und Grillhähnchen zum Mitnehmen. Ist dann die Sauce ausgesucht – z. B jamaikanische Marinade oder Trüffelbutter –, geht alles klar.

Il Buco PIZZA **$**
(Karte S. 91; ☎ 09-360 4414; www.ilbuco.co.nz; 113 Ponsonby Rd, Ponsonby; Pizzastück 6 NZ$; ⊙ 7.30–21 Uhr; ☑) Köstliche Pizzaschnitten, auch vegetarisch belegt, und leckere italienische Hausmannskost wie zum Beispiel Lasagne, gefüllte Champignons, Kartoffelkroketten und Cannoli.

Dizengoff CAFÉ **$**
(Karte S. 91; ☎ 09-360 0108; www.facebook.com/dizengoff.ponsonby; 256 Ponsonby Rd, Ponsonby; Hauptgerichte 6,50–20 NZ$; ⊙ 6.45–16.30 Uhr) In dem stilvollen Schuhkarton drängt sich eine grundverschiedene Mischung aus der Geschäfts- und Modewelt, Anwohnern aus Ponsonby und Reisenden. Das Essen ist jüdisch beeinflusst, es gibt z. B. leckere israelische Platten, Lebergehacktes, Bagels und

Hühnersalat sowie verlockendes Gebäck, aufputschenden Kaffee und einen ganzen Stapel Lesematerial.

★ Saan THAILÄNDISCH **$$**

(Karte S. 91; ☎ 09-320 4237; www.saan.co.nz; 160 Ponsonby Rd, Ponsonby; Gerichte 14–28 NZ$; ⏲ Mo & Di 17 Uhr bis open end, Mi–So 12 Uhr bis open end) Spezialität des superangesagten Restaurants ist die feurig-scharfe Küche der nordthailändischen Regionen Isaan und Lanna. Die Gerichte auf der Speisekarte sind praktischerweise von wenig scharf bis sehr scharf aufgeführt und werden als kleine oder große Portion zum Teilen angeboten. Wirklich außerordentlich gut ist der Weichschalenkrebs.

Siostra ITALIENISCH **$$**

(Karte S. 91; ☎ 09-360 6207; www.siostra.co.nz; 472 Richmond Rd, Grey Lynn; Hauptgerichte Brunch 17–20 NZ$, abends 28–36 NZ$; ⏲ Di–Do 16–23, Fr 12–23, Sa & So 9–23 Uhr) Das von zwei charmanten Schwestern geführte Siostra ist ein perfektes kleines Nachbarschaftsbistro, das deftige italienische Küche mit modernem Touch serviert. Der Brunch am Wochenende ist reichhaltig genug, um selbst den fiesesten Kater zu lindern.

Blue Breeze Inn CHINESISCH **$$**

(Karte S. 91; ☎ 09-360 0303; www.thebluebreezeinn.co.nz; Ponsonby Central, 146 Ponsonby Rd, Ponsonby; Hauptgerichte 26–32 NZ$; ⏲ 2 Uhr bis open end) Chinesische Regionalküche verbindet sich mit einem flippigen, pazifischen Retro-Ambiente in diesem superhippen Restaurant. Das Personal ist salopp, die Rumcocktails sind stark und zu den herausragenden Speisen zählen gedämpfte Teigtaschen mit Schweinebauch und Essiggurken sowie mit Kreuzkümmel gewürztes Lamm.

MooChowChow THALÄNDISCH **$$**

(Karte S. 91; ☎ 09-360 6262; www.moochowchow.co.nz; 23 Ponsonby Rd, Ponsonby; Gerichte 20–34 NZ$; ⏲ Mo–Fr 12–15, Mo–Sa 17.30 Uhr bis open end) Ein Thailänder der anderen Art, bei dem das Essen aus den Straßen Bangkoks salonfähig gemacht wird, ohne an typischer Schärfe einzubüßen. Die asiatisch inspirierten Cocktails sind ebenso umwerfend. In der Regel sitzt man mit anderen Gästen an großen Tischen zusammen.

Unbakery CAFÉ **$$**

(Karte S. 91; ☎ 09-555 3278; www.littlebirdorganics.co.nz; 1a Summer St, Ponsonby; Hauptgerichte 13–20 NZ$; ⏲ 7–16 Uhr; 🖉) 🍃 Willkommen in der „Nichtbackstube“, wo praktisch alles auf der Karte roh und ungekocht, aber dennoch sehr lecker und gesund ist. Mit dem besten Gwyneth-Paltrow-Gesichtsausdruck kann man sich dann Gerichte mit Açaibeeren, Chiasamen und Bioobst schmecken lassen; es gibt sogar Bagels, Risotto, Tacos und köstliche Kuchen. Die Säfte und Smoothies sind auch toll.

★ Sidart MODERN NEUSEELÄNDISCH **$$$**

(Karte S. 91; ☎ 09-360 2122; www.sidart.co.nz; Three Lamps Plaza, 283 Ponsonby Rd, Ponsonby; 8-Gänge-Mittagsmenü 50 NZ$, 5- bis 9-Gänge-Abendmenü 85–150 NZ$; ⏲ Fr 12–14.30, Di–Sa 18–23 Uhr) Niemand in Auckland bringt solche kreativen Probiermenüs zustande wie Sid Sahrawat. Es ist Essen als Kunst, Essen als Wissenschaft, aber noch viel wichtiger Essen, das die Geschmacksknospen befeuert, das Gehirn entzückt, den Magen füllt und ein Lächeln hervorzaubert. Das Restaurant ist etwas schwer zu finden, da es sich im hinteren Teil des ehemaligen Kinos Alhambra verbirgt.

Cocoro JAPANISCH **$$$**

(Karte S. 91; ☎ 09-360 0927; www.cocoro.co.nz; 56a Brown St, Ponsonby; Gerichte 9–28 NZ$, Probiermenü 85–180 NZ$; ⏲ Di–Sa 12–14 & 17.30–22 Uhr) Japanische Eleganz durchdringt alles in diesem exzellenten Restaurant, von der gedämpften Beleuchtung und schicken Einrichtung bis zu den delikaten Aromen der kunstvoll arrangierten Speisen. Mittags sind eine preisgünstige *donburi*-Reisschale (20–24 NZ$) und ein Drei-Gänge-Menü (49 NZ$) im Angebot, abends zeigt das mehrgängige Probiermenü die Kunstfertigkeit des Kochs.

Ponsonby Road Bistro MODERN NEUSEELÄNDISCH **$$$**

(Karte S. 91; ☎ 09-360 1611; www.ponsonbyroadbistro.co.nz; 165 Ponsonby Rd, Ponsonby; Hauptgerichte 34–36 NZ$; ⏲ Mo–Fr 12–0.30, Sa 16–0.30 Uhr) Der Service ist erstklassig in diesem modernen, gehobenen Restaurant, das die überwiegend französischen und italienischen Bistrogerichte mit asiatischen Aromen verbindet. Ein Highlight sind der importierte Käse und der Wein; die knusprige Pizza ist zudem ein köstlicher Imbiss zum Teilen.

Newton

Die Karangahape Road (K Road) ist vor allem bekannt für ihre Clubs, aber zwischen all den Vintage-Klamottenläden, Second-hand-Boutiquen, Tattoostudios und Sex-shops mischen sich auch Cafés und reichlich preiswerte ethnische Restaurants.

Coco's Cantina ITALIENISCH **$$**
(Karte S. 76; ☎ 09-300 7582; www.cocoscantina.co.nz; 376 Karangahape Rd, Newton; Hauptgerichte 28–33 NZ$; ⏰ Di–Sa 17 Uhr bis open end) In dem mit Aucklands Trendsettern und Feinschmeckern immer gut gefüllten Restaurant gehört das Warten auf einen freien Tisch einfach dazu. Kein Wunder, bei der guten Stimmung und der ausgezeichneten Getränkekarte. Die solide Speisekarte konzentriert sich auf das Wesentliche, das sich am saisonalen Angebot orientiert und durchweg lecker ist.

French Cafe FRANZÖSISCH **$$$**
(Karte S. 80; ☎ 09-377 1911; www.thefrenchcafe.co.nz; 210 Symonds St, Newton; Hauptgerichte 46 NZ$, Verkostungsmenü 145 NZ$; ⏰ Fr 12–15, Di–Sa 18 Uhr–open end) Das legendäre „Café" wurde schon vor mehr als 20 Jahren zu einem der besten Restaurants der Stadt gekürt und ist immer noch klasse. Die Küche ist grundsätzlich französisch, doch Küchenchef Simon Wright setzt dazu jede Menge asiatische und pazifische Akzente. Der Service ist tadellos.

Kingsland

Petra Shawarma ORIENTALISCH **$$**
(Karte S. 80; ☎ 09-815 8652; 482 New North Rd, Kingsland; Hauptgerichte 15–21 NZ$; ⏰ 11 Uhr bis open end;) Das Petra gehört einer freundlichen jordanischen Familie und serviert leichte, gesunde Kebabs. Die Dips und Salate lohnen ebenfalls die kurze Bahnfahrt nach Kingsland.

Mt Eden

Bolaven CAFÉ **$$**
(Karte S. 72; ☎ 09-631 7520; www.bolaven.co.nz; 597 Mt Eden Rd, Mt Eden; Hauptgerichte 11–26 NZ$; ⏰ Di–So 8–15, Mi–Sa 18–22 Uhr;) Kleine Gerichte mit starkem laotischen Einschlag sind die große Attraktion in diesem stilvollen, aber zwanglosen Restaurant. Neben Bagels und Bircher Müsli gibt es auch Sachen wie „Grandpa's *pho*" (Nudelsuppe), Klebreis mit gebratenem Ei und *mok pa* (gedämpfte, mit Fisch gefüllte Teigtaschen). Abends ist das Speisenangebot sehr viel laotischer, z. B. Gemüsecurry, Schweinespießchen und gebratener Tintenfisch.

Merediths MODERN NEUSEELÄNDISCH **$$$**
(Karte S. 80; ☎ 09-623 3140; www.merediths.co.nz; 365 Dominion Rd, Mt Eden; 5-/8-/9-Gänge-Probiermenü 80/120/140 NZ$; ⏰ Fr 12–15, Di–Sa 18 Uhr bis open end) Speisen im Merediths ist das kulinarische Äquivalent zum Höhlen-Rafting – ständig überrascht ein neuer Geschmack, man weiß nie, was als Nächstes kommt, und es endet mit einem prickelnden Hochgefühl. Es gibt keine Auswahl à la carte und samstags gibt es nur das Neun-Gänge-Menü.

Molten MODERN NEUSEELÄNDISCH **$$$**
(Karte S. 80; ☎ 09-638 7236; www.molten.co.nz; 422 Mt Eden Rd, Mt Eden; Hauptgerichte 32–35 NZ$; ⏰ Mi–Fr 11.30–15, Mo–Sa 18 Uhr bis open end) Das Molten im Schatten des Vulkans gelegen, besitzt den Charme eines Ecklokals und explodiert mit Aromen. Für das durchgängig exzellente Speisenangebot werden saisonale Erzeugnisse für kreative Gerichte verwendet. Das gleiche peppige und moderne Angebot gibt es auch nebenan in der Weinbar, zusätzlich zu Pizza, Käse und Schinken.

Parnell & Newmarket

La Cigale FRANZÖSISCH, MARKT **$**
(Karte S. 82; ☎ 09-366 9361; www.lacigale.co.nz; 69 St Georges Bay Rd, Parnell; Café 8–18 NZ$, Bistro 12–22 NZ$; ⏰ Markt Sa & So 9–13.30 Uhr, Café Mo–Fr 9–16, Sa & So bis 14 Uhr, Bistro Mi–Fr 18 Uhr bis open end) Das Geschäft für frankophile Feinschmecker führt französische Importe und auch ein Café voll mit Feingebäck. Beim Bauernmarkt am Wochenende zirpt die *cigale* („Zikade") so richtig los, wenn hier die Stände vollgepackt sind mit Produkten regionaler Kleinerzeuger. Mittwochabends halten hier Imbisswagen, donnerstag- und freitagabends verwandelt sich das Haus in ein originelles Bistro mit einfachen, rustikalen Gerichten.

Rosie CAFÉ **$$**
(Karte S. 82; www.hipgroup.co.nz/rosie; 82 Gladstone Rd, Parnell; Hauptgerichte 18–32 NZ$; ⏰ 7 Uhr bis open end) Das Rosie ist berüchtigt als Stammlokal von Premierministern, die gerne an Pferdeschwänzen ziehen (googeln!), aber dennoch ein schicker Laden für warmes Frühstück, eine kreative Bistromahlzeit oder Kaffee und Kuchen nach einem Spaziergang im Rosengarten. Der Service ist freundlich und aufmerksam und es gibt immer etwas für Leute, die Innereien mögen.

Woodpecker Hill ASIATISCH, FUSIONKÜCHE **$$$**
(Karte S. 82; ☎ 09-309 5055; www.woodpeckerhill.co.nz; 196 Parnell Rd, Parnell; große Portionen 32–37 NZ$; ⏲ 12 Uhr bis open end) Dieser merkwürdige „Specht" verbindet die Aromen der südostasiatischen Küche und die Gewohnheit, viele Gerichte zu teilen mit einer amerikanischen Art der Fleischzubereitung (geräucherte und langsam gegarte Rinderbrust, klebrige Rippchen usw.) und hat sich damit in der Restaurantszene Aucklands einen einzigartigen Platz ergattert. Die Einrichtung ist so kunterbunt wie das Essen, nämlich ein wildes Gemisch aus Tartan, Webpelz, Kupferglocken und Topfpflanzen.

Devonport

Calliope Road Cafe CAFÉ **$$**
(Karte S. 85; ☎ 09-446 1209; www.calliope roadcafe.co.nz; 33 Calliope Rd, Devonport; Hauptgerichte 10–26 NZ$; ⏲ Mi–Mo 8–15 Uhr; 👪) Das beste Café von Devonport, das etwas abseits der Touristenmeile liegt, serviert eingeweihten Einheimischen eine leckere Mischung aus Café-Klassikern und südostasiatischen Gerichten.

Bette's Bar & Eatery KNEIPENESSEN **$$**
(Karte S. 85; ☎ 09-446 6444; www.bettes.co.nz; 8 Victoria Rd, Devonport; Hauptgerichte 18–39 NZ$; ⏲ Mo 16 Uhr bis open end, Di–So 11 Uhr bis open end) Mit ihren recht guten Weinen, Cocktails und Bier, dazu ebenso guten Tapas und multikulturellen Gerichten ist die Bar super, um sich nach der Erkundung Devonports zu erholen.

Andere Gegenden

Chinoiserie CHINESISCH **$**
(Karte S. 72; www.facebook.com/chinoiserieltd; 4 Owairaka Ave, Mt Albert; Gerichte 8–15 NZ$; ⏲ Di–So 16–22 Uhr) Spezialität des Chinoiserie, das mit hipper Einrichtung und schmackhaftem taiwanesischen Essen etwas Pep in eine unscheinbare Vorstadt-Ladenzeile gebracht hat, sind *gua bao* – übergroße gedämpfte Teigtaschen, gefüllt mit Schwein, Huhn, Rind, Tintenfisch oder Tofu. Zusammen mit einem Glasnudelsalat oder Schweinerippchen wird es eine superleckere Mahlzeit. Die Desserts kann man sich sparen.

Ceremony CAFÉ **$**
(Karte S. 76; www.ceremony.company; 7 Park Rd, Grafton; Hauptgerichte 12 NZ$; ⏲ 7–15 Uhr; 📶) Viel Glanz und Gloria ist hier nicht zu erwarten, da das Ceremony alles ganz schlicht hält: minimalistische Einrichtung, starker Kaffee und ein knappes Speisenangebot aus leckeren Salaten und belegten weichen Brötchen (z. B. mit Schweinefleisch- und Fenchelwurst). Die einzige Extravaganz sind die vielen Glaskugellampen, ein Plattenspieler, eine ramponierte Schallplattensammlung und die Bärte vieler Gäste.

Jai Jalaram Khaman INDISCH **$**
(☎ 09-845 5555; 570 Sandringham Rd, Sandringham; Hauptgerichte 10–13 NZ$; ⏲ Mo–Fr 17–21, Sa & So 13–21 Uhr; 🌿) Exzellentes vegetarisches Essen aus dem Gujarat.

Takapuna Beach Cafe CAFÉ **$$**
(Karte S. 72; ☎ 09-484 0002; www.takapunabeachcafe.co.nz; 22 The Promenade, Takapuna; Hauptgerichte 19–30 NZ$; ⏲ 7–18 Uhr) Verfeinertes Café-Essen bei tollem Blick auf den Takapuna Beach sorgen dafür, dass in diesem Café immer etwas los ist. Wer keinen Tisch ergattert, kann sich mit einem preisgekrönten Eis trösten – wir mögen das gesalzene Karamell – und einen schönen Spaziergang am Strand machen.

L'oeuf CAFÉ **$$**
(Karte S. 72; ☎ 09-971 4155; www.facebook.com/LOeuf; 4a Owairaka Ave, Mt Albert; Hauptgerichte 10–20 NZ$; ⏲ 7–15.30 Uhr) Der Weg zu diesem Vorstadtcafé ist zwar aufwendig, aber es serviert das hübscheste und beste Frühstück in Auckland, z. B. das „Nest" (ein Nest aus Filoteig mit einem schottischen Wachtelei auf einem Bett aus Salat, Feta und pürierter Rote Bete) und das „Cambodian" (schwarzer Reis und gesalzene Karamellsahne mit Obst und essbaren Blüten obenauf).

St Heliers Bay Bistro MODERN NEUSEELÄNDISCH **$$**
(Karte S. 72; www.stheliersbaybistro.co.nz; 387 Tamaki Dr, St Heliers; Brunch 16–27 NZ$, abends 25–27 NZ$; ⏲ 7–23 Uhr) Das noble Restaurant mit Hafenblick ist über den hübschen Tamaki Drive zu erreichen. Reservierungen werden nicht angenommen, aber das pfiffige Personal findet recht zügig einen Tisch für die Gäste. Auf der Speisekarte stehen verfeinerte Klassiker (Fish and Chips, Hamburger, Rinderpastete) sowie warmes Frühstück, leckere Salate und ganz viel mediterrane Einflüsse.

Engine Room MODERN NEUSEELÄNDISCH **$$$**
(Karte S. 72; ☎ 09-480 9502; www.engineroom.net.nz; 115 Queen St, Northcote; Hauptgerichte 39–41 NZ$; ⏲ Fr 12–15, Di–Sa 17–23 Uhr) Das zwanglose Restaurant gehört zu den besten

SCHWULEN- & LESBENSZENE IN AUCKLAND

Die „Queen City" (wie sie rein zufällig aus anderen Gründen genannt wird) hat bei Weitem die größte Schwulengemeinde des Landes, da das quirlige Großstadtleben Schwule und Lesben aus dem ganzen Land anlockt. Allerdings zieht es viele der Schwulen in ihren 30er- und 40er-Jahren in das noch aufregendere Sydney, sodass diese Altersgruppe recht schwach vertreten ist. Es gibt nur sehr wenige Schwulentreffpunkte und die legen erst am Wochenende richtig los. Aktuelle Infos stehen im Monatsmagazin *Express* (in Schwulenlokalen erhältlich) oder auf www.gaynz.com.

Das größte Ereignis im Kalender ist das Auckland Pride Festival (S. 88). Es lohnt sich auch, nach den regelmäßigen Partys von Urge Events (www.facebook.com/urgebar) Ausschau zu halten; sie sind die einzigen stets vergnüglichen und sexy Abende für über 30-Jährige und daher schnell ausgebucht.

Die Szeneorte wechseln mit erschreckender Regelmäßigkeit, aber zur Zeit der Recherche waren die folgenden noch feste Größen:

Family (Karte S. 76; ☎09-309 0213; 270 Karangahape Rd, Newton; ⌚9–4 Uhr) Das kitschige, wilde und sehr junge Family ist am Wochenende proppenvoll, wenn Dragqueens auftreten und bis in die Morgenstunden getanzt wird, sowohl hinten in der Bar im Erdgeschoss als auch im Club im Untergeschoss.

The Eagle (Karte S. 76; ☎09-309 4979; www.facebook.com/the.eagle.bar; 259 Karangahape Rd, Newton; ⌚Di 16–24, Mi, Do & So bis 1.30, Fr & Sa bis 4 Uhr) In der gemütlichen Bar für einen ruhigen Drink am frühen Abend geht es zu später Stunde immer wilder zu. Wer früh genug ankommt, kann sich in der Video-Jukebox seine Favoriten wählen, ansonsten muss man sich den ganzen Abend mit Kylie und Taylor begnügen.

Centurian (Karte S. 76; ☎09-377 5571; www.centuriansauna.co.nz; 18 Beresford St, Newton; Eintritt vor/nach 15 Uhr 24/29 NZ$; ⌚So–Do 11–2, Fr & Sa bis 6 Uhr) Schwulensauna.

in Auckland und es serviert unter anderem luftig-leichte Soufflés aus Ziegenkäse, kreative Hauptgerichte und himmlische Schokoladentrüffel. Es lohnt sich, dort zu reservieren und die Fähre zum Northcote Point zu nehmen und dann noch 1 km Fußweg bis zum Restaurant zu absolvieren.

Ausgehen & Nachtleben

Das Nachtleben von Auckland verläuft wochentags recht ruhig. Wer nach einem Lebenszeichen Ausschau hält, sollte der Ponsonby Road, Britomart oder Viaduct einen Besuch abstatten. Die Karangahape Road (K Road) erwacht dann freitags und samstags allerdings erst spätnachts zum Leben – vor 23 Uhr lohnt es sich gar nicht, dort aufzukreuzen.

Zentrum

★Brothers Beer CRAFT BEER

(Karte S. 76; ☎09-366 6100; www.brothersbeer.co.nz; City Works Depot, 90 Wellesley St; ⌚12–22 Uhr) Unsere liebste Bierkneipe in Auckland ist im Industriedesign eingerichtet und verfügt über 18 Zapfhähne aus denen neben den hauseigenen Brothers-Bieren auch andere Biere aus Neuseeland und dem Rest der Welt fließen. Weitere Hunderte Flaschenbiere warten in den Kühlschränken. Zum Essensangebot gehört erstklassige Pizza, außerdem gibt es auch Bier-Probierrunden (fünf kleine Gläser für 25 NZ$).

Gin Room BAR

(Karte S. 76; www.ginroom.co.nz; L1, 12 Vulcan Lane; ⌚Di & Mi 17–24, Do 17–2, Fr 16–4, Sa 18–4 Uhr) Die Bar, die sich diskret über der ältesten Kneipe Aucklands verbirgt, hat einen etwas liederlichen kolonialen Charme, was völlig zum neuesten Image als Gin-Palast passt. Es gibt mindestens 50 verschiedene Sorten Gin – die Barkeeper beraten gerne – und darin sind noch nicht einmal die Gin-Cocktails miteingerechnet.

Mo's BAR

(Karte S. 76; ☎09-366 6066; www.mosbar.co.nz; Ecke Wolfe & Federal St; ⌚Mo–Fr 15 Uhr bis open end, Sa 18 Uhr bis open end; 📶) In der winzigen Eckbar möchte man am liebsten Probleme erfinden, nur damit die Barkeeper sie mit besänftigenden Worten und einem gekonnt eingeschenkten Martini lösen.

Cassette Nine CLUB

(Karte S. 76; ☎ 09-366 0196; www.cassettenine.com; 9 Vulcan Lane; ⏲ Di–Fr 16 Uhr bis open end, Sa 18 Uhr bis open end) Hipster lieben diese exzentrische Club-Bar mit Indie-Livemusik und internationalen DJs.

Vultures' Lane PUB

(Karte S. 76; ☎ 09-300 7117; www.vultureslane.co.nz; 10 Vulcan Lane; ⏲ 11.30 Uhr bis open end) 22 Sorten Biere vom Fass, über 75 Flaschenbiere und Sport im TV – das hübsch schäbige, historische Pub ist beliebt bei bärtigen Fans von Craft Beer.

Everybody's BAR

(Karte S. 76; ☎ 09-929 2702; www.everybodys.co.nz; L1, 7 Fort Lane; ⏲ Di–Sa 16 Uhr bis open end; 📶) In dem schon lange nicht mehr betriebenen und nun umgebauten Kino belegt das Everybody's zwei Ebenen, nämlich das Halbgeschoss mit Sofas und Polsterbänken und den bepflanzten Innenhof. Das Essen ist auch ganz gut.

Jefferson BAR

(Karte S. 76; www.thejefferson.co.nz; Basement, Imperial Bldg, Fort Lane; ⏲ Mo–Do 16–1, Fr & Sa bis 3 Uhr) Die Kellerbar mit dem goldenen Schimmer von 600 verschiedenen Whiskyflaschen ist ideal für einen gepflegten Absacker. Es gibt keine Getränkekarte – man sagt den sachkundigen Barkeepern, was gewünscht ist (torfig, weich, rauchig, nicht zu teuer) und sie schlagen etwas vor.

Ding Dong Lounge CLUB

(Karte S. 76; ☎ 09-377 4712; www.dingdongloungenz.com; 26 Wyndham St; ⏲ Mi–Fr 17–4, Sa 20–4 Uhr) Rock, Indie und alternative Sounds von Livebands und DJs, alles bei ein paar Gläschen Craft Beer.

Britomart, Viaduct Harbour & Wynyard Quarter

Tyler Street Garage BAR

(Karte S. 76; ☎ 09-300 5279; www.tylerstreetgarage.co.nz; 116–118 Quay St, Britomart; ⏲ 11.30 Uhr bis open end) Die Bar war tatsächlich früher eine Autowerkstatt und als Beweis wurden die Parklinien auf dem Betonboden belassen. Von einer kleinen Dachterrasse blickt man auf die Kaianlagen. An Wochenenden machen hier DJs Dampf.

Ostro City Terrace BAR

(Karte S. 70; ☎ 09-302 9888; www.ostro.co.nz; L2, 52 Tyler St, Britomart; ⏲ 12 Uhr bis open end) Der Blick von der Bar mag zwar nicht über den Hafen schweifen wie vom zugehörigen hochtrabenden Restaurant, aber der Blick von der großen Terrasse im 2. Stock auf die von Lichterketten beleuchtete Seitenstraße ist auch ganz hübsch. Der riesige Innenraum zeigt noch Spuren seiner gewerblichen Vergangenheit, aber wir ziehen es vor, unsere Cocktails um den Kamin auf der Veranda wie viel zu elegante urbane Camper zu schlürfen.

Sixteen Tun CRAFT BRER

(Karte S. 76; ☎ 09-368 7712; www.16tun.co.nz; 10–26 Jellicoe St, Wynyard Quarter; Verkostung 4/6/8 Biere 12/18/24 NZ$; ⏲ 11.30 Uhr bis spät) Das schimmernde Kupfer ergänzt perfekt den flüssigen Bernstein, der hier in Form von Dutzenden neuseeländischen Craft Beer-Sorten in Flaschen und vom Fass im Angebot ist. Fällt die Entscheidung schwer, gibt es immer noch den „Verkostungskasten" mit jeweils 200 ml.

Orleans BAR

(Karte S. 76; ☎ 09-309 5854; www.orleans.co.nz; 48 Customs St, Britomart; ⏲ So–Do 11.30 Uhr bis open end, Fr & Sa 16 Uhr bis open end) In dieser südpazifischen Variante einer Jazzbar aus den Südstaaten der USA gibt's abgefahrene Cocktails und an den meisten Abenden Jazz- und Blueskonzerte. Als Imbiss sind *po'boy*-Sandwiches (dick belegte Baguettes) im Angebot.

Northern Steamship Co. PUB

(Karte S. 76; ☎ 09-374 3952; www.northernsteamship.co.nz; 122 Quay St, Britomart; ⏲ 11.30 Uhr bis open end) In dem schönen, großen Pub in Bahnhofsnähe hängen Lampen verkehrt herum von der Decke und das Wandbild hinter der Bar lässt von Sommerferien in Neuseeland träumen.

Ponsonby & Grey Lynn

In der Ponsonby Road verschwimmen die Unterschiede zwischen Café, Restaurant und Club. Viele Restaurants haben Livemusik oder sie mutieren später am Abend zu Clubs.

★ **Gypsy Tea Room** BAR

(Karte S. 91; ☎ 09-361 6970; www.gypsytearoom.co.nz; 455 Richmond Rd, Grey Lynn; ⏲ So–Do 16–23.30, Fr & Sa 15–2 Uhr) Die kleine Cocktail- und Weinbar verströmt massenhaft schäbigen Charme. Keine Sorge, hier kommt niemand her, um Tee zu trinken.

★**Freida Margolis** BAR
(Karte S. 91; ☎09-378 6625; www.facebook.com/freidamargolis; 440 Richmond Rd, Grey Lynn; ⏲16 Uhr bis open end) Die Eckkneipe in einem ehemaligen Metzgerladen – „Westlynn Organic Meats" steht noch draußen auf dem Schild – ist heute eine tolle, kleine Nachbarschaftsbar mit dem Ambiente wie aus einem Armenviertel Bogotás. Einheimische Stammkunden sitzen draußen mit ihren braven Hunden, trinken Sangria, Wein und Craft Beer und genießen die Musik aus der großen eklektischen Plattensammlung des Besitzers.

★**Golden Dawn** BAR
(Karte S. 91; ☎09-376 9929; www.goldendawn.co.nz; 134b Ponsonby Rd, Grey Lynn; ⏲Di–Fr 16–24, Sa & So 12–24 Uhr) In der hippen Kneipe in einem alten Ladengeschäft und einem einladenden Stallhof ist regelmäßig für Unterhaltung u. a. mit DJs und Livebands gesorgt. Hervorragendes Essen gibt's auch, z. B. Brötchen mit Zupfbraten oder mit Garnelen und japanischer Mayonnaise und Chili. Zutritt ist über eine nicht gekennzeichnete Tür gleich um die Ecke in der Richmond Road.

Mea Culpa COCKTAILBAR
(Karte S. 91; ☎09-376 4460; 3/175 Ponsonby Rd, Ponsonby; ⏲Mo–Do 17 Uhr bis open end, Fr–So 15 Uhr bis open end) Wer in dieser kleinen, aber perfekt konzipierten Bar keinen Cocktail nach seinem Geschmack findet, ist selbst schuld.

SPQR BAR
(Karte S. 91; ☎09-360 1710; www.spqrnz.co.nz; 150 Ponsonby Rd, Ponsonby; ⏲12 Uhr bis open end) Das SPQR ist so ziemlich der richtige Ort, um auf der Ponsonby Road zu sehen und gesehen zu werden. Es lockt vor allem lokale Szenegänger an, die sich schnell alle Tische auf dem Gehweg schnappen. Diskretere Treffen sind besser im Innenraum mit schmeichelhaftem Kerzenlicht aufgehoben, das von der glänzenden, kupfernen Bar reflektiert wird. Auch das Essen ist hervorragend, besonders die dünnkrustige Pizza nach römischer Art.

Shanghai Lil's COCKTAILBAR
(Karte S. 91; ☎09-360 0396; www.facebook.com/lilsponsonby; 212 Ponsonby Rd, Ponsonby; ⏲Di–Sa 17 Uhr bis open end) Die Atmosphäre eines dekadenten Shanghai aus alter Zeit beherrscht die kleine Bar, wo der Besitzer in einer seidenen Mandarinjacke Charme versprüht und über 80-jährige Musiker die Klaviertastatur für Jazzsänger mit samtweicher Stimme streicheln. Hier verkehren Gäste unterschiedlichster Art, mit einem kräftigen Anteil schwuler Männer.

Bedford Soda & Liquor COCKTAILBAR
(Karte S. 91; ☎09-378 7362; www.bedfordsodaliquor.co.nz; Ponsonby Central, Richmond Rd, Ponsonby; ⏲12–24 Uhr) Kerzenlicht und eine halbindustrielle Ausstattung bilden das Ambiente für eine Bar im New-York-Stil, die sich der amerikanischen Trinkkultur widmet. Die Cocktails sind teuer, aber lohnenswert: Einige sind von Rauch umwoben, andere das alkoholische Äquivalent einer Schneekugel und der Milchshake mit gesalzenem Karamell und Maltesern ist genauso abgefahren köstlich, wie er klingt.

Dida's Wine Lounge & Tapas Bar WEINBAR
(Karte S. 91; ☎09-376 2813; www.didas.co.nz; 54 Jervois Rd, Ponsonby; ⏲12–24 Uhr) Tolles Essen und eine noch bessere Weinkarte locken reifere Gäste an. Zur Bar gehören auch eine Weinhandlung und ein Café nebenan.

Newton

Wine Cellar WEINBAR
(Karte S. 76; www.facebook.com/winecellarstkevins; St Kevin's Arcade, 183 Karangahape Rd, Newton; ⏲17–1 Uhr) Der Wine Cellar im Untergeschoss einer Ladenpassage ist dunkel, schäbig und sehr cool. In der Whammy Bar (S. 104) gibt es regelmäßig Livemusik.

Galbraith's Alehouse BRAUEREI, PUB
(Karte S. 80; ☎09-379 3557; http://alehouse.co.nz; 2 Mt Eden Rd, Newton; ⏲12–23 Uhr) Das gemütliche, englische Pub in einem stattlichen, denkmalgeschützten Haus bietet mit dem selbst gebrauten Ale und Lagerbier reinsten Genuss aus dem Zapfhahn. Es gibt noch weitere Craft Beer-Sorten vom Fass und das Essen ist auch sehr gut.

Ink CLUB
(Karte S. 76; ☎09-358 5103; www.inkbar.co.nz; 268 Karangahape Rd, Newton; ⏲Fr & Sa 21–4 Uhr) Ein alteingesessener Kellerclub für echte Tanzfans, manchmal mit berühmten DJs.

Mt Eden

Molten WEINBAR
(Karte S. 80; ☎09-638 7263; www.molten.co.nz; 422 Mt Eden Rd, Mt Eden; ⏲Mo–Sa 16.30 Uhr–open end) Auf den behaglichen Lederbänken oder hinten im Garten kann man eine ab-

TOP 10 PLAYLIST

Diese Auckland-Songs sollte man sich auf den MP3-Player runterladen:

- *Me at the Museum, You in the Wintergardens* – Tiny Ruins (2014)
- *400 Lux* – Lorde (2013)
- *Grey Lynn Park* – The Veils (2011)
- *Auckland CBD Part Two* – Lawrence Arabia (2009)
- *Forever Thursday* – Tim Finn (2008)
- *Riverhead* – Goldenhorse (2004)
- *A Brief Reflection* – Nesian Mystik (2002)
- *Dominion Road* – The Mutton Birds (1992)
- *Andy* – The Front Lawn (1989)
- *One Tree Hill* – U2 (1987)

geklärte, aber zwanglose Atmosphäre , eine tolle Wein- und Bierkarte und kreatives Essen aus dem Schwesterrestaurant nebenan genießen.

Ginger Minx BAR

(Karte S. 80; ☎ 09-623 2121; www.facebook.com/gingerminxnz; 117 Valley Rd, Mt Eden; ⏰ Mi–Sa 17–2 Uhr) Schräge Einrichtung, Retromöbel und professionell gemixte Cocktails kennzeichnen diese kleine Hipster-Bar.

Kingsland

Portland Public House BAR

(Karte S. 80; ☎ 021 872 774; www.facebook.com/theportlandpublichouse; 463 New North Rd, Kingsland; ⏰ Mo–Mi 16–24, Do 16–2, Fr & Sa 12–2, So 12–24 Uhr) Das Portland Public House wirkt mit seinem zusammengewürfelten Mobiliar, der Cartoon-Kunst und vielen Ecken und Nischen wie ein lässiger Besuch in der Bude eines Hipster-Kumpels. Außerdem gibt's hier klasse Livemusik.

☆ Unterhaltung

Donnerstags und samstags veröffentlicht der *New Zealand Herald* in seiner Beilage *Time Out* einen Veranstaltungskalender. Karten für die meisten größeren Veranstaltungen verkaufen **Ticketek** (☎ 0800 842 538; www.ticketek.co.nz) mit einer Filiale im **SkyCity Theatre** (Karte S. 76; ☎ 09-363 6000; www.skycity.co.nz; Ecke Wellesley & Hobson St) sowie **Ticketmaster** (☎ 09-970 9700; www.ticketmaster.co.nz) in der Vector Arena (s. unten) und im **Aotea Centre** (Karte S. 76; ☎ 09-309 2677; www.aucklandlive.co.nz; 50 Mayoral Dr). Bei **iTicket** (☎ 0508 484 253; www.iticket.co.nz) gibt es Tickets für eine Menge kleinerer Gigs und Tanzpartys.

Livemusik

Kings Arms Tavern LIVEMUSIK

(Karte S. 80; ☎ 09-373 3240; www.kingsarms.co.nz; 59 France St, Newton) Das denkmalgeschützte Pub mit einem schönen Biergarten ist die führende Kleinbühne Aucklands für einheimische und internationale Nachwuchsbands.

Whammy Bar LIVEMUSIK

(Karte S. 76; www.facebook.com/thewhammybar; 183 Karangahape Rd, Newton; ⏰ Mi–Sa 20.30–4 Uhr) Die Bar ist zwar klein, aber dennoch ist sie eine feste Größe in der Indie-Livemusikszene.

Power Station LIVEMUSIK

(Karte S. 80; www.powerstation.net.nz; 33 Mt Eden Rd, Eden Terrace) Auf der mittelgroßen Bühne treten gerne ausländische Nachwuchsmusiker und bekannte neuseeländische Bands auf.

Vector Arena STADION

(Karte S. 82; ☎ 09-358 1250; www.vectorarena.co.nz; Mahuhu Cres) Die Hallenarena ist Aucklands wichtigste Spielstätte für große Tourneekonzerte.

Kino

In den meisten Kinos kostet der Eintritt werktags vor 17 Uhr weniger; der Dienstag ist meist verbilligter Kinotag.

Academy Cinemas KINO

(Karte S. 76; ☎ 09-373 2761; www.academycinemas.co.nz; 44 Lorne St; Erw./Kind 16/10 NZ$) Fremdsprachige und Arthausfilme im Untergeschoss der Central Library.

Rialto KINO

(Karte S. 85; ☎ 09-369 2417; www.rialto.co.nz; 167 Broadway, Newmarket) Hauptsächlich Arthouse- und internationale Filme sowie bessere Mainstream-Streifen und regelmäßige thematische Filmfestivals.

Event Cinemas KINO

(Karte S. 76; ☎ 09-369 2400; www.eventcinemas.co.nz; Level 3, 297 Queen St) Zusätzlich zu den Blockbustern gibt es eine Bowlingbahn und einen Food-Court.

Theater, klassische Musik & Comedy

Der größte Kultur- und Unterhaltungskomplex Aucklands befindet sich rund um den Aotea Square. Das **Auckland Live** (☎ 09-309 2677; www.aucklandlive.co.nz) besteht aus der Town Hall, dem Civic Theatre und dem Aotea Centre sowie dem Bruce Mason Centre in Takapuna.

Auckland Town Hall KLASSISCHE MUSIK
(Karte S. 76; ☎ 09-309 2677; www.aucklandlive.co.nz; 305 Queen St) In dem eleganten edwardianischen Gebäude (1911) treten u. a. das NZ Symphony Orchestra (www.nzso.co.nz) und die Auckland Philharmonia (www.apo.co.nz) auf.

Q Theatre THEATER
(Karte S. 76; ☎ 09-309 9771; www.qtheatre.co.nz; 305 Queen St) Theateraufführungen verschiedener Ensembles und kleine Livemusik-Veranstaltungen. Das Silo Theatre (www.silotheatre.co.nz) tritt hier häufig auf.

Classic Comedy Club COMEDY
(Karte S. 76; ☎ 09-373 4321; www.comedy.co.nz; 321 Queen St; ⌚ 18.30 Uhr bis open end) An den meisten Abenden gibt es hier Stand-up-Comedy und während des jährlichen Comedy Festivals auch die legendären Nacht-Shows.

Maidment Theatre THEATER
(Karte S. 76; ☎ 09-308 2383; www.maidment.auckland.ac.nz; 8 Alfred St) Das Theater der University of Auckland tritt hier oft mit Produktionen der Auckland Theatre Company (www.atc.co.nz) auf.

Sport

Eden Park SPORTEVENT
(Karte S. 80; ☎ 09-815 5551; www.edenpark.co.nz; Reimers Ave, Mt Eden) Das Stadion ist im Winter Austragungsort der wichtigsten Rugbyspiele der All Blacks (www.allblacks.com) und im Sommer der Kricket-Länderspiele der Black Caps (www.blackcaps.co.nz). Es ist zudem die Heimspielstätte von Auckland Rugby (www.aucklandrugby.co.nz), der Mannschaft Blues Super Rugby (www.theblues.co.nz) und von Auckland Cricket (www.aucklandcricket.co.nz). Zu erreichen mit dem Zug ab Britomart bis Kingsland und dann immer den Massen nach.

Mt Smart Stadium SPORTEVENT
(Karte S. 72; ☎ 09-366 2048; www.mtsmartstadium.co.nz; 2 Beasley Ave, Penrose) Heimstadion der Rugby-League-Mannschaft Warriors (www.warriors.kiwi), der Auckland Football Federation (www.aucklandfootball.org.nz) und von Athletics Auckland (www.athletics-auckland.co.nz). Außerdem auch Spielstätte wirklich großer Konzerte.

North Shore Events Centre SPORTEVENT
(Karte S. 72; ☎ 09-443 8199; www.nseventscentre.co.nz; Argus Pl, Wairau Valley) Eine der zwei Heimspielstätten der Basketballmannschaft NZ Breakers (www.nzbreakers.co.nz) und gelegentlich Konzertbühne. Die andere Heimspielstätte ist die Vector Arena (S. 104).

ASB Tennis Centre SPORTEVENT
(Karte S. 82; www.tennisauckland.co.nz; 1 Tennis Lane, Parnell) Im Januar findet hier das ASB Classic (S. 87) der Frauen und der Männer statt.

Shoppen

Modebewusste sollten sich in das Viertel Britomart, in die Teed und die Nuffield Street in Newmarket und in die Ponsonby Road begeben. Vintage-Kleidung und Secondhand-Boutiquen sind in der Karangahape Road (K Road) oder in der Ponsonby Road zu finden.

Zentrum

★ **Real Groovy** MUSIK
(Karte S. 76; ☎ 09-302 3940; www.realgroovy.co.nz; 369 Queen St; ⌚ Sa–Mi 9–19, Do & Fr bis 21 Uhr) Massenhaft neue, gebrauchte und seltene Platten und CDs sowie Konzertkarten, riesige Poster, DVDs, Bücher, Zeitschriften und Kleidung.

★ **Unity Books** BÜCHER
(Karte S. 76; ☎ 09-307 0731; www.unitybooks.co.nz; 19 High St; ⌚ Mo–Sa 8.30–19, So 10–18 Uhr) Die beste unabhängige Buchhandlung im Stadtzentrum.

★ **Zambesi** KLEIDUNG
(Karte S. 76; ☎ 09-303 1701; www.zambesi.co.nz; 56 Tyler St; ⌚ Mo–Sa 9.30–18, So 11–16 Uhr) Neuseeländisches Kultlabel, das bei einheimischen und internationalen Promis heiß begehrt ist. Weitere Zambesi-Filialen gibt es auch in **Ponsonby** (Karte S. 91; ☎ 09-360 7391; www.zambesi.co.nz; 169 Ponsonby Rd, Ponsonby; ⌚ Mo–Sa 9.30–18, So 11–16 Uhr) und in **Newmarket** (Karte S. 85; ☎ 09-523 1000; www.zambesi.co.nz; 38 Osborne St, Newmarket; ⌚ Mo–Sa 9.30–18, So 11–16 Uhr).

Strangely Normal KLEIDUNG
(Karte S. 76; ☎ 09-309 0600; www.strangely-normal.com; 19 O'Connell St; ⌚ Mo–Sa 10–18, So

11–6 Uhr) Hochwertige, in Neuseeland hergestellte Maßhemden für Männer direkt wie aus dem Film *Blaues Hawaii*, sowie Hipster-Hüte, edle Schuhe und Manschettenknöpfe.

Barkers' KLEIDUNG
(Karte S. 76; ☎ 09-303 2377; www.barkersonline.co.nz; 1 High St; ⌚ Mo–Sa 9–19, So 10–17 Uhr) Das neuseeländische Label für Herrenmode hat seine Ansprüche höher geschraubt und dabei seine eigene, bislang unvermutete Coolness entdeckt. Der Beweis ist dafür ist dieser elegante Konzeptladen, ausgestattet mit einem eigenem Café, einem „Körperpflegeraum" oben und natürlich hochwertiger, maßgefertigter Kleidung, die kunstvoll präsentiert wird.

Kapiti Store LEBENSMITTEL
(Karte S. 76; ☎ 09-358 3835; www.kapitistore.co.nz; 19 Shortland St; ⌚ Mo–Fr 9–18, Sa 11.30–16.30 Uhr) Der Laden ist in Neuseeland gleichermaßen berühmt für seinen Käse wie für seine Eiscreme.

Britomart

Karen Walker KLEIDUNG
(Karte S. 76; ☎ 09-309 6299; www.karenwalker.com; 18 Te Ara Tahuhu Walkway, Britomart; ⌚ 10–18 Uhr) Auch Madonna und Kirsten Dunst tragen die coolen, aber kostspieligen Klamotten von Walker. Filialen von Karen Walker gibt es auch in der **Ponsonby Road** (Karte S. 91; ☎ 09-361 6723; 128a Ponsonby Rd, Grey Lynn; ⌚ Mo–Sa 10–17.30, So 11–16 Uhr) und in **Newmarket** (Karte S. 85; ☎ 09-522 4286; 6 Balm St, Newmarket; ⌚ 10–18 Uhr).

Ponsonby & Grey Lynn

Women's Bookshop BÜCHER
(Karte S. 91; ☎ 09-376 4399; www.womensbookshop.co.nz; 105 Ponsonby Rd, Ponsonby; ⌚ 10–18 Uhr) Exzellenter unabhängiger Buchladen.

Texan Art Schools KUNST, KUNSTHANDWERK
(Karte S. 85; ☎ 09-529 1021; www.texanartschools.co.nz; 366 Broadway; ⌚ 9.30–17.30 Uhr) Ein Kollektiv von 100 einheimischen Künstlern verkauft hier seine Arbeiten.

Kingsland

★ **Royal Jewellery Studio** SCHMUCK
(Karte S. 80; ☎ 09-846 0200; www.royaljewellerystudio.com; 486 New North Rd, Kingsland; ⌚ Di–So 10–16 Uhr) Arbeiten von neuseeländischen Kunsthandwerkern, darunter schöne Stücke im Māori-Design und authentischer Schmuck aus *pounamu* (Nephrit-Jade).

Andere Gegenden

★ **Otara Flea Market** MARKT
(Karte S. 72; ☎ 09-274 0830; www.otarafleamarket.co.nz; Newbury St; ⌚ Sa 6–12 Uhr) Der Markt auf dem Parkplatz zwischen der Manukau Polytech und dem Zentrum von Otara hat ein deutlich polynesisches Flair. Verkauft werden Lebensmittel, Musik und Kleidung des Südpazifiks. Zu erreichen mit den Buslinien 472, 487 oder 497 ab der 55 Customs Street in der Stadt (6,50 NZ$, 50 Min.).

Avondale Sunday Markets MARKT
(www.avondalesundaymarkets.co.nz; Avondale Racecourse, Ash St; ⌚ So 5–12 Uhr) Der große, beliebte Markt besitzt eine starke asiatische und polynesische Atmosphäre und verkauft frisches Obst und Gemüse. Zu erreichen mit dem Zug ab Bahnhof Britomart bis nach Avondale.

POLYNESIER IN AUCKLAND

Mit fast 180 000 Zuwanderern von den Pazifikinseln ist Auckland die größte polynesische Stadt der Welt. Die weitaus größte Gruppe bilden die Samoaner, gefolgt von Einwanderern von den Cook-Inseln, aus Tonga, Niue, Fidschi, Tokelau und Tuvalu. Die größte polynesische Gemeinde lebt in Süd-Auckland und in kleineren Gebieten im Westen und im Zentrum.

Wie bei der Renaissance der Māori in den letzten Jahrzehnten ist jetzt auch alles Polynesische bei den Hipstern Aucklands total angesagt. Pazifische Motive sind überall zu finden: In der Kunst, Architektur, Mode, Einrichtung, in Filmen und besonders in der Musik.

ℹ Praktische Informationen

INTERNETZUGANG

Die Stadtverwaltung von Auckland sorgt in Teilen des Zentrums, in Newton, Ponsonby, Kingsland, Mt Eden und Parnell für kostenloses WLAN. Alle öffentlichen Bibliotheken bieten kostenloses WLAN, Internetcafés hauptsächlich für Spielsüchtige sind über die ganze Innenstadt verteilt.

MEDIZINISCHE VERSORGUNG

Auckland City Hospital (☎ 09-367 0000; www.adhb.govt.nz; 2 Park Rd, Grafton; ⌚ 24 Std.) Das größte Krankenhaus der Stadt hat eine spezialisierte Notaufnahme (A&E).

Auckland Travel Clinic (☎ 09-373 4621; www.aucklandmetrodoctors.co.nz; 17 Emily Pl; ⌚ Mo–Fr 9–17.30, Sa 10–14 Uhr) Medizinische Versorgung für Reisende, auch Impfungen und Reiseberatung.

Starship Children's Health (☎ 09-307 4949; www.adhb.govt.nz; Park Rd, Grafton; ⌚ 24 Std.) Hat eine eigene Notaufnahme.

POST

Post (Karte S. 76; ☎ 0800 501 501; www.nzpost.co.nz; 155 Queen St; ⌚ Mo–Fr 9–17.30 Uhr) Ein Postamt gibt es auch in Ponsonby (Karte S. 91; 314 Ponsonby Rd; ⌚ Mo–Fr 9–17.30, Sa bis 13 Uhr) .

TOURISTENINFORMATION

Auckland International Airport i-SITE (Karte S. 72; ☎ 09-365 9925; www.aucklandnz.com; Internationale Ankunftshalle; ⌚ 6.30–22.30 Uhr)

Devonport i-SITE (Karte S. 88; ☎ 09-365 9906; www.aucklandnz.com; Devonport Wharf; ⌚ 8.30–17 Uhr; 📶)

Karanga Kiosk (Karte S. 76; ☎ 09-365 1290; www.waterfrontauckland.co.nz; Ecke Jellicoe & Halsey St, Wynyard Quarter; ⌚ 9.30–16.30 Uhr) Das ehrenamtlich geführte Zentrum, das aussieht wie ein wackeliger Stapel Schiffscontainer, verteilt Infomaterial zum Geschehen rund um das Hafengebiet.

Princes Wharf i-SITE (Karte S. 76; ☎ 09-365 9914; www.aucklandnz.com; 139 Quay St; ⌚ 9–17 Uhr) Die hauptsächliche Touristeninformation in Auckland mit dem eingebundenen DOC Auckland Visitor Centre (Karte S. 76; ☎ 09-379 6476; www.doc.govt.nz; 137 Quay St, Princes Wharf; ⌚ Mo–Fr 9–17 Uhr, im Sommer länger).

SkyCity i-SITE (Karte S. 76; ☎ 09-365 9918; www.aucklandnz.com; SkyCity Atrium, Ecke Victoria & Federal St; ⌚ 9–17 Uhr)

ℹ An- & Weiterreise

AUTO & WOHNMOBIL

Mietwagen

Zahlreiche Mietwagenfirmen sind in der Beach Road und Stanley Street nahe des Stadtzentrums zu finden.

A2B (☎ 0800 545 000; www.a2b-car-rental.co.nz; 167 Beach Rd; ⌚ Nov.–April 7–19, Mai–Okt. 8–17 Uhr) Preiswerte ältere Autos ohne sichtbare Mietwagenlogos.

Apex Car Rentals (☎ 09-307 1063; www.apexrentals.co.nz; 156 Beach Rd; ⌚ 8–17 Uhr)

FLUGZEUG VERSPÄTET? ZEIT FÜR EINEN DRINK!

Das Donnern der Jets behelligt die Weinreben offensichtlich nicht, da Neuseelands meistprämiertes Weingut nur 4 km vom Flughafen entfernt liegt. Das parkartige Gelände der **Villa Maria** (Karte S. 72; ☎ 09-255 0666; www.villamaria.co.nz; 118 Montgomerie Rd, Mangere; ⌚ Mo–Fr 9–18, Sa & So 9–16 Uhr) ist eine grüne Oase inmitten des Industriegebiets. Kurze Führungen (5 NZ$) finden um 11 und 15 Uhr statt. Weinproben kosten 5 NZ$ (Rückerstattung bei Einkauf), aber bei Wein und Antipasti (Teller 50–50 NZ$, Mittagessen 33–36 NZ$) auf der Terrasse zu verweilen, ist deutlich besser als in der Abflughalle herumzuhängen.

Im Januar und Februar findet hier ein Konzertzyklus mit international renommierten Künstlern statt, der bei Weintrinkern in ihren 40ern und 50ern sehr beliebt ist.

Budget (☎ 09-976 2270; www.budget.co.nz; 163 Beach Rd; ⌚ 8–17 Uhr)

Escape (☎ 0800 216 171; www.escaperentals.co.nz; 61 The Strand; ⌚ 9–15 Uhr) Ausgefallen lackierte Wohnmobile.

Gateway 2 NZ (☎ 0508 225 587; www.gateway2nz.co.nz; 50 Ascot Rd, Mangere; ⌚ 7–19 Uhr)

Gateway Motor Home Hire (☎ 09-296 1652; www.motorhomehire.co.nz; 33 Spartan Rd, Takanini)

Go Rentals (☎ 09-257 5142; www.gorentals.co.nz; Bay 4–10, Cargo Central, George Bolt Memoral Dr, Mangere; ⌚ 6–22 Uhr)

Hertz (☎ 09-367 6350; www.hertz.co.nz; 154 Victoria St; ⌚ 7.30–17.30 Uhr)

Jucy (☎ 0800 399 736; www.jucy.co.nz; 2–16 The Strand; ⌚ 8–17 Uhr)

Kea, Maui & Britz (☎ 09-255 3910; www.maui.co.nz; 36 Richard Pearse Dr, Mangere; ⌚ 8–18 Uhr)

NZ Frontiers (☎ 09-299 6705; www.newzealandfrontiers.com; 30 Laurie Ave, Papakura)

Omega (☎ 09-377 5573; www.omegarentals.com; 75 Beach Rd; ⌚ 8–17 Uhr)

Quality (☎ 0800 680 123; www.quality-rental.co.nz; 8 Andrew Baxter Dr, Mangere; ⌚ 8–16 Uhr)

Thrifty (☎ 09-309 0111; www.thrifty.co.nz; 150 Khyber Pass Rd; ⌚ 8–17 Uhr)

Wilderness Motorhomes (☎ 09-255 5300; www.wilderness.co.nz; 11 Pavilion Dr, Mangere; ⌚ 8–17 Uhr)

Autokauf

Auf den Gebrauchtwagenmärkten, bei denen die Verkäufer eine Art Standgebühr entrichten müssen, stehen KFZ-Mechaniker zum Durchchecken der angebotenen Autos bereit.

Auckland Car Fair (☎ 09-529 2233; www.carfair.co.nz; Ellerslie Racecourse, Green Lane East; Standgebühr 35 NZ$; ⌚ So 9–12 Uhr) Größter Automarkt in Auckland.

Auckland City Car Fair (☎ 09-837 7817; www.aucklandcitycarfair.co.nz; 6 West St; Standgebühr 30 NZ$; ⌚ Sa 8–15 Uhr)

BUS

Fernbusse fahren gegenüber dem Ferry Building (172 Quay Street) ab, die InterCity-Busse hingegen vom **SkyCity Coach Terminal** (Karte S. 76; 102 Hobson St). Viele Busverbindungen Richtung Süden halten auch am Flughafen.

Go Kiwi (☎ 07-866 0336; www.go-kiwi.co.nz) Tägliche Busverbindungen zwischen Auckland City–Auckland Airport–Thames–Tairua–Hot Water Beach–Whitianga.

InterCity (☎ 09-583 5780; www.intercity.co.nz) Direktverbindungen u. a. mit Kerikeri (ab 29 NZ$, 4½ Std., 3-mal tgl.), Hamilton (ab 18 NZ$, 2 Std., 16-mal tgl.), New Plymouth (ab 49 NZ$, 6¼ Std., tgl.), Taupo (ab 26 NZ$, 5 Std., 5-mal tgl.) und Wellington (ab 31 NZ$, 11 Std., 4-mal tgl.).

Naked Bus (www.nakedbus.com; fares vary) Fährt über den SH 1 nordwärts bis nach Kerikeri (4 Std.) und südwärts bis nach Wellington (12 Std.) sowie nach Tauranga (3½ Std.), Rotorua (3¾ Std.) und Napier (12 Std.).

FLUGZEUG

Auckland ist das wichtigste internationale Tor zu Neuseeland und Drehscheibe für Inlandsflüge. Der **Auckland Airport** (AKL; Karte S. 72; ☎ 09-275 0789; www.aucklandairport.co.nz; Ray Emery Dr, Mangere) liegt 21 km südlich des Stadtzentrums. Er hat separate Terminals für Auslands- und Inlandsflüge, die zehn Minuten zu Fuß über einen ausgeschildeterten Weg voneinander entfernt sind; ein kostenloser Shuttle-Bus verkehrt alle 15 Minuten (5–22.30 Uhr). In beiden Terminals gibt es eine Gepäckaufbewahrung, Restaurants, Geldautomaten und Schalter von Mietwagenfirmen.

Air Chathams (☎ 09-257 0261; www.airchathams.co.nz) Fliegt nach Whakatane und zu den Chatham Islands.

Air New Zealand (☎ 09-357 3000; www.airnewzealand.co.nz) Fliegt nach Kerikeri, Whangarei, Hamilton, Tauranga, Rotorua, Taupo, Gisborne, New Plymouth, Napier, Whanganui, Palmerston North, Kapati Coast, Wellington, Nelson, Blenheim, Christchurch, Queenstown und Dunedin.

Jetstar (☎ 0800 800 995; www.jetstar.com) Fliegt nach Wellington, Christchurch, Queenstown und Dunedin.

Virgin Australia (www.virginaustralia.com) Fliegt nach Dunedin.

MOTORRAD

NZ Motorcycle Rentals (☎ 09-486 2472; www.nzbike.com; 72 Barrys Point Rd, Takapuna; pro Tag 140–290 NZ$) Es werden auch geführte Touren durch Neuseeland angeboten.

ZUG

Die Züge des **Northern Explorer** (☎ 0800 872 467; www.kiwirailscenic.co.nz) fahren montags, donnerstags und samstags jeweils um 7.45 Uhr im **Bahnhof Auckland Strand** (Ngaoho Pl) ab und kommen um 18.25 Uhr in Wellington an. Unterwegs halten sie in Hamilton (2½ Std.), Otorohanga (3 Std.), am Tongariro National Park (5½ Std.), in Ohakune (6 Std.), Palmerston North (8½ Std.) und Paraparaumu (9¾ Std.). Der normale Fahrpreis nach Wellington beträgt zwischen 119 und 219 NZ$, einige ermäßigte Sitzplätze sind schon für 99 NZ$ zu haben. Sie werden nach dem Prinzip „Wer zuerst kommt, mahlt zuerst" vergeben.

ℹ Unterwegs vor Ort

AUTO & MOTORRAD

Zu den Hauptverkehrszeiten sind Aucklands Autobahnen hoffnungslos verstopft. Dies gilt insbesondere für die in Richtung Norden und Süden führenden Schnellstraßen. Daher meidet man sie am besten zwischen 7 und 9 Uhr sowie 16 und 19 Uhr. Außerhalb der Ferienzeiten wird es auch gegen 15 Uhr eng, denn dann ist Schulschluss.

Von 8 bis 22 Uhr sind Parkplätze in Auckland kostenpflichtig. Die meisten Parkautomaten nehmen Münzen und Kreditkarten und geben einen Schein aus, der hinter die Windschutzscheibe gelegt werden muss. Parken am Stadtrand ist sonntags kostenlos.

Parkhäuser können sehr teuer sein. Günstiger sind die städtischen Parkplätze in der Nähe des alten Bahnhofs in der 126 Beach Road (8 NZ$ pro Tag) und am Ngaoho Place und außerhalb von The Strand (7 NZ$ pro Tag).

FAHRRAD

Auckland Transport (S. 109) Gibt kostenlose Radkarten heraus, die in Bahnhöfen, Bibliotheken und i-SITEs erhältlich sind. Die Fahrräder können auf den meisten Fähren und Zügen kostenlos mitgeführt werden (je nach verfügbarem Platz), in Bussen sind jedoch nur Klappfahrräder erlaubt.

Adventure Cycles (☎ 09-940 2453; www.adventure-auckland.co.nz; 9 Premier Ave, Western Springs; pro Tag 30–40 NZ$, pro Woche 120–160 NZ$, pro Monat 260–350 NZ$; ⏲ Do–Mo 7.30–19 Uhr) Verleiht Straßen- und Tourenräder sowie Mountainbikes, macht Reparaturen und kauft Fahrräder auch zurück.

ÖFFENTLICHE VERKEHRSMITTEL

Die **Auckland Transport** (☎ 09-366 6400; www.at.govt.nz) informiert über Busse, Züge und Fähren und hat eine exzellente Funktion für die Reiseplanung.

Die öffentlichen Verkehrsmittel in Auckland unterstehen verschiedensten Betreibern, aber es gibt nun eine Kombi-Chipkarte namens AT HOP (www.athop.co.nz), mit der es mindestens 20 % Ermäßigung für die meisten Busse, Züge und Fähren gibt. Die AT-HOP-Karten kosten 10 NZ$ (nicht erstattungsfähig), lohnen sich also wirklich nur, wenn man länger in Auckland bleiben will. Eine AT-HOP-Tageskarte kostet 16 NZ$ und ermöglicht für einen Tag die Nutzung der meisten Züge und Busse sowie der Fähren der North Shore.

Bus

Das Busnetz deckt die ganze Stadt ab und die Fahrkarte kann beim Fahrer gekauft werden. An einigen Bushaltestellen geben elektronische Anzeigentafeln die voraussichtlichen Wartezeiten an, aber Vorsicht, die sind oft falsch.

Eine einfache Fahrt in die Innenstadt kostet 1/0,50 NZ$ (Erw./Kind). Fahrten zu weiter entfernten Zielen kosten zwischen 2,50/1,50 NZ$ und 11/6,50 NZ$.

Am praktischsten sind die umweltfreundlichen Link-Busse, die von 7 bis 23 Uhr auf drei Strecken in beide Richtungen unterwegs sind und dabei an den wichtigsten Sehenswürdigkeiten vorbeifahren:

City Link (Erw./Kind 0,50/0,30 NZ$, frei für AT-HOP-Karteninhaber, alle 7–10 Min.) Wynyard Quarter, Britomart, Queen Street, Karangahape Road.

Inner Link (Erw./Kind 2,50/1,50 NZ$, alle 10–15 Min.) Queen Street, SkyCity, Victoria Park, Ponsonby Road, Karangahape Road, Museum, Newmarket, Parnell und Britomart.

Outer Link (max. 4,50 NZ$, alle 15 Min.) Art Gallery, Ponsonby, Herne Bay, Westmere, MOTAT 2, Pt. Chevalier, Mt Albert, St Lukes Mall, Mt Eden, Newmarket, Museum, Parnell, Universität.

Fähre

Das edwardianisch-barocke **Ferry Building** (Karte S. 76; 99 Quay St) von Auckland steht am Ende der Queen Street. Die Fähren von **Fullers** (☎ 09-367 9111; www.fullers.co.nz) (nach Bayswater, Birkenhead (Karte S. 72), Devonport (Karte S. 88), Great Barrier Island, Half Moon Bay, Northcote Point (Karte S. 82), Motuihe, Motutapu, Rangitoto und Waiheke), von **360 Discovery** (Karte S. 76; ☎ 09-307 8005; www.fullers.co.nz) (nach Coromandel, Gulf Harbour, Motuihe, Rotoroa und Tiritiri Matangi) und von **Explore** (☎ 0800 000 469; www.explorewaiheke.co.nz) (nach Motutapu, Rangitoto und Waiheke) legen von angrenzenden Kais ab.

Die Fähren von **Sealink** (Karte S. 76; ☎ 0800 732 546; www.sealink.co.nz) zur Great Barrier Island legen am Wynyard Wharf ab, ebenso einige Autofähren nach Waiheke. Aber die meisten Autofähren nach Waiheke legen in der Half Moon Bay im Osten Aucklands ab.

Zug

Die Züge von und nach Auckland fahren nicht überall hin und auch nur selten, sie sind aber generell sauber, billig und pünktlich – allerdings kann jedes Problemchen auf den Strecken das ganze Netz zusammenbrechen lassen.

Im imposanten **Bahnhof Britomart** (Queen St) gibt es Lebensmittelläden, Wechselstuben und einen Fahrkartenschalter. Im unteren Bereich befinden sich die Gepäckschließfächer.

Es gibt nur vier Zugstrecken: Eine in Richtung Westen nach Swanson, die drei anderen nach Süden mit Endbahnhof in Onehunga, Manukau und Pukekohe. Zwischen etwa 6 und 22 Uhr (an Wochenenden länger) verkehren die Züge mindestens stündlich. Fahrkarten sind an Automaten oder an den Fahrkartenschaltern in den Bahnhöfen erhältlich. Alle Züge sind mit Rollstuhlrampen ausgestattet.

TAXI

Die vielen Taxis in Auckland warten meist an Taxiständen, fahren aber auch in viel besuchten Gegenden umher. **Auckland Co-op Taxis** (☎ 09-300 3000; www.cooptaxi.co.nz) ist eines der größten Taxiunternehmen. Die jeweiligen Taxiunternehmen legen ihren eigenen Fahrpreis fest, es kann also zu gewissen Preisunterschieden kommen. Für die Fahrt vom und zum Flughafen oder von und zu Kreuzfahrtschiffen wird ein Aufschlag verlangt, ebenso bei telefonischer Bestellung. Auch das Unternehmen Uber ist in Auckland vertreten.

VOM/ZUM FLUGHAFEN

Taxi Eine Fahrt in die Stadt kostet in der Regel 75 bis 90 NZ$, mehr bei starkem Verkehr.

SkyBus (☎ 09-222 0084; www.skybus.co.nz; einfach/hin & zurück Erw. 16/28 NZ$, Kind 6/12 NZ$) Die roten Busse verkehren von 5.15 bis 19 Uhr alle zehn bis 15 Minuten und in der Nacht mindestens halbstündlich zwischen den Terminals und der Stadt. Fahrkarten gibt es beim Fahrer, am Flughafenkiosk oder online. Die Fahrt dauert meist eine knappe Stunde (zur Hauptverkehrszeit auch oft einmal länger).

Super Shuttle (☎ 09-522 5100; www.supershuttle.co.nz) Praktischer Shuttle-Service von Tür zu Tür. Eine Person zahlt 37 NZ$ zu einem Hotel in der Stadt, mehr zu den Randbezirken. Billiger wird es, wenn sich mehrere Personen den Shuttle teilen.

380 Bus Etwas länger dauert die Fahrt mit dem Bus 380 nach Onehunga (4,50 $, 30 Min., 7–21.30 Uhr mindestens stündl.), mit Anschluss an den Zug nach Britomart im Stadtzentrum (5 NZ$, 27 Min., 6–22 Uhr halbstündl.).

INSELN IM HAURAKI GULF

Der Hauraki Gulf befindet sich zwischen Auckland und der Coromandel Peninsula, er ist durchzogen von *motu* (Inseln) und macht in puncto Schönheit der Bay of Islands deutlich Konkurrenz. Einige dieser Inseln liegen nur ein paar Minuten von der Stadt entfernt und eignen sich daher ausgezeichnet für einen Tagesausflug: Die weindurchtränkte Insel Waiheke und die Vulkaninsel Rangitoto sollte man sich auf keinen Fall entgehen lassen. Es erfordert dagegen schon mehr Anstrengung (und auch mehr Geld), nach Great Barrier zu fahren, aber dafür ist die Insel ein wirklich idyllischer Rückzugsort.

Im Hauraki Gulf Marine Park, gibt es mehr als 50 Inseln, von denen viele dem DOC unterstehen. Einige von ihnen sind richtig groß, andere sind nicht viel mehr als ein paar Felsen, die aus dem Meer aufragen. Sie wurden locker in zwei Kategorien eingeteilt: Erholung und Naturschutz. Die Erholungsinseln sind beliebt, leicht zugänglich, man kann sie ganz einfach besichtigen. Im Sommer sind ihre Häfen entsprechend voller Jachten.

Zu den unter Naturschutz stehenden Inseln gibt es allerdings nur begrenzten Zugang. Einige von Ihnen können mit einer speziellen Erlaubnis besucht werden, andere sind komplett für Besucher geschlossene Schutzgebiete zur Erhaltung seltener Pflanzen und Tiere, vor allem der vielfältigen Vogelwelt.

Der Golf ist eine recht belebte Wasserstraße für Meeressäuger. Weiter außerhalb zeigen sich regelmäßig Sei-, Zwerg- und Brydewale, zusammen mit Orcas und Großen Tümmlern. Vielleicht bekommt man hier auch eine echte Sensation zu sehen, nämlich einen vorbeiziehenden Buckelwal.

Rangitoto & Motutapu Islands

75 EW.

Der **Rangitoto** (www.rangitoto.org), mit 259 m der größte und jüngste Vulkankegel Aucklands, ragt elegant aus dem Wasser des Golfs heraus und bietet eine malerische Kulisse für alle Aktivitäten in der Stadt. Der Vulkan stieg erst vor 600 Jahren aus dem Meer empor und war wahrscheinlich einige Jahre lang aktiv, bevor er erlosch.

Die Māori, die auf **Motutapu** (Heilige Insel; www.motutapo.org.nz) lebten, wurden höchstwahrscheinlich Zeugen der Ausbrüche, da in der Asche einige Fußabdrücke gefunden wurden und mündliche Überlieferungen auch besagen, dass hier bereits vor der Eruption einige Generationen von ihnen lebten. Rangitoto ist heute durch einen Damm mit Motutapu verbunden.

Rangitoto ist ein perfektes Ziel für einen Tagesausflug. Die rauen Hänge aus vulkanischer Schlacke haben überraschend viel Flora (u. a. den größten Pohutukawa-Wald der Welt) zu bieten und es gibt ausgezeichnete Wanderwege. Festes Schuhwerk ist allerdings Voraussetzung und man sollte auch jede Menge Wasser auf die Wanderung mitnehmen. Auch wenn der Vulkan von Weitem steil aussieht, aus der Nähe betrachtet ähnelt er eher einem Ei, das in der Pfanne brutzelt. Die Wanderung auf den Gipfel nimmt rund eine Stunde in Anspruch und wird mit einer atemberaubenden Aussicht belohnt. Oben angekommen führt ein Rundweg am Rand des Kraters entlang. Ein Weg zu den Lavahöhlen zweigt vom Gipfelpfad ab – hin und zurück benötigt man dafür weitere 30 Minuten. Am Anlegeplatz gibt es eine Informationstafel mit Karten zur Orientierung.

Motutapu ist im Gegensatz zu Rangitoto größtenteils mit Gras bewachsen, das die hier lebenden Schafe und Rinder ernährt. Archäologisch gesehen ist die Insel sehr bedeutend. Hier finden sich Spuren von jahrhundertelanger Besiedlung durch Menschen.

In der Home Bay in Motutapu befindet sich ein **DOC-Campingplatz** (www.doc.govt.nz; Plätze pro Erw./Kind 6/3 NZ$) mit einfachen Einrichtungen (fließendes Wasser und WC). Ein Kocher ist mitzubringen, da offenes Feuer verboten ist. Gebucht wird übers Internet. Von der Rangitoto Wharf (Karte S. 72) gelangt man in drei Stunden zu Fuß zum Campingplatz. An Wochenenden und Feiertagen gibt es aber auch eine direkte Fährverbindung zur Home Bay.

Im Jahr 2011 wurden beide Inseln nach umfassenden Ausrottungsmaßnahmen zum schädlingsfreien Gebiet erklärt. Gefährdete Vogelarten wie Takahe und Tieke (eine Wellensittichart) wurden hier ausgesetzt und wieder heimisch gemacht, Kakariki und Glockenvögel sind mittlerweile von allein zurückgekehrt.

An- & Weiterreise

Explore (09-359 5987; www.exploregroup.co.nz; Erw./Kind hin & zurück 36/18 NZ$) Zwei Boote pro Tag verkehren zwischen dem Pier 3D in der Quay Street und Rangitoto (15 Min.) und an Wochenenden und Feiertagen eines zur Home Bay von Motutapu (30 Min.).

Fullers (09-367 9111; www.fullers.co.nz; Erw./Kind hin & zurück 30/15 NZ$) Hat Fährverbindungen nach Rangitoto ab dem Ferry Building in Auckland (25 Min., werktags 3-mal tgl., am Wochenende 4-mal) und ab Devonport (2-mal tgl.). Das Unternehmen betreibt auch den Volcanic Explorer (09-367 9111; Erw./Kind inkl. Fähre 65/33 NZ$; Abfahrt Auckland 9.15 & 12.15 Uhr), eine geführte Tour auf der Insel in einem überdachten „Straßenzug".

Motuihe Island

Die 176 ha große Motuihe Island (www.motuihe.org.nz) zwischen Rangitoto und Waiheke fasziniert Besucher mit seiner Geschichte und einem reizenden, weißen Sandstrand. In seinen drei *pas* siedelten zuletzt die Ngāti Pāoa. 1840 wurde die Insel für Decken, Kittel, Gartenwerkzeuge, Töpfe, Pfannen und eine Jungkuh verkauft. Von 1872 bis 1941 diente sie als Quarantänestation. Während des Ersten Weltkriegs war hier der schneidige „Seeteufel" Felix Graf von Luckner (1881–1966) zusammen mit anderen Deutschen und Österreichern interniert. Nach seiner gewagten Flucht schaffte er es bis zu den 1000 km entfernten Kermadec Islands. Dort wurde er jedoch wieder gefangen genommen.

Das mittlerweile schädlingsfreie Motuihe wird nun einem umfassenden Wiederaufforstungsprogramm unterzogen, das Freiwillige begeistert umsetzen. Aus diesem Grund sind hier inzwischen wieder gefährdete Vogelarten, darunter der geschwätzige Tieke, heimisch.

Abgesehen vom Hauptsitz der Stiftung ist die einzige Unterkunft auf der Insel ein schlichter **DOC-Campingplatz** (09-379 6476; www.doc.govt.nz; Stellplatz pro Erw./Kind 6/3 NZ$), der nur mit Toiletten und Wasser ausgestattet ist; Reservierung ist ein Muss. Es gibt keine dauerhaften Bewohner und auch keine Läden, nur im Sommer am Wochenende eine Bude.

An- & Weiterreise

Motuihe ist ein Paradies für Jachtbesitzer und die einfachste Anreise ist mit dem eigenen Boot. Fähren von **Fullers** (09-367 9111; www.fullers.co.nz; Erw./Kind hin & zurück 32/16 NZ$) verkehren gelegentlich nach einem anscheinend beliebigen Fahrplan.

Waiheke Island

8300 EW.

Die herrliche Insel Waiheke, die so verlockend nahe an Auckland liegt und mit ihrem eigenen warmen und trockenen Mikroklima gesegnet ist, war schon immer ein beliebtes Naherholungsgebiet für Städter und auch für Besucher. An der landwärts gelegenen Seite der Insel schwappt smaragdgrünes Wasser an Felsenbuchten, an der Ozeanseite hingegen befinden sich einige der schönsten Sandstrände der Region.

Die Strände sind zwar der größte Anziehungspunkt von Waiheke, aber der Wein steht gleich an zweiter Stelle. Rund 30 kleine Weingüter haben sich hier etabliert, viele mit Probierstuben, Nobelrestaurants und atemberaubender Aussicht. Auf der Insel gibt es auch zahlreiche originelle Galerien und Kunsthandwerksläden, ein Erbe der Hippie-Vergangenheit.

Wer genug hat von Trinken, Essen, Faulenzen am Strand und Planschen in den Wellen, findet reichlich andere Betätigungen. Wanderwege führen durch Naturschutzgebiete und an den Ferienhäusern der Elite Aucklands vorbei. Kajakfahren ist hier prima, auch Seilrutschen und Tontaubenschießen sind im Angebot. Alles in allem ein zauberhafter Ort.

Sehenswertes

Strände

Die besten Strände auf Waiheke sind der **Onetangi**, ein langer, weißer Sandstreifen im Zentrum der Insel, und der **Palm Beach** in einer hübschen, kleinen, hufeisenförmigen Bucht zwischen Oneroa und Onetangi. Beide verfügen über einen Nacktbadestrand, der sich jeweils am westlichen Ende hinter

Waiheke Island

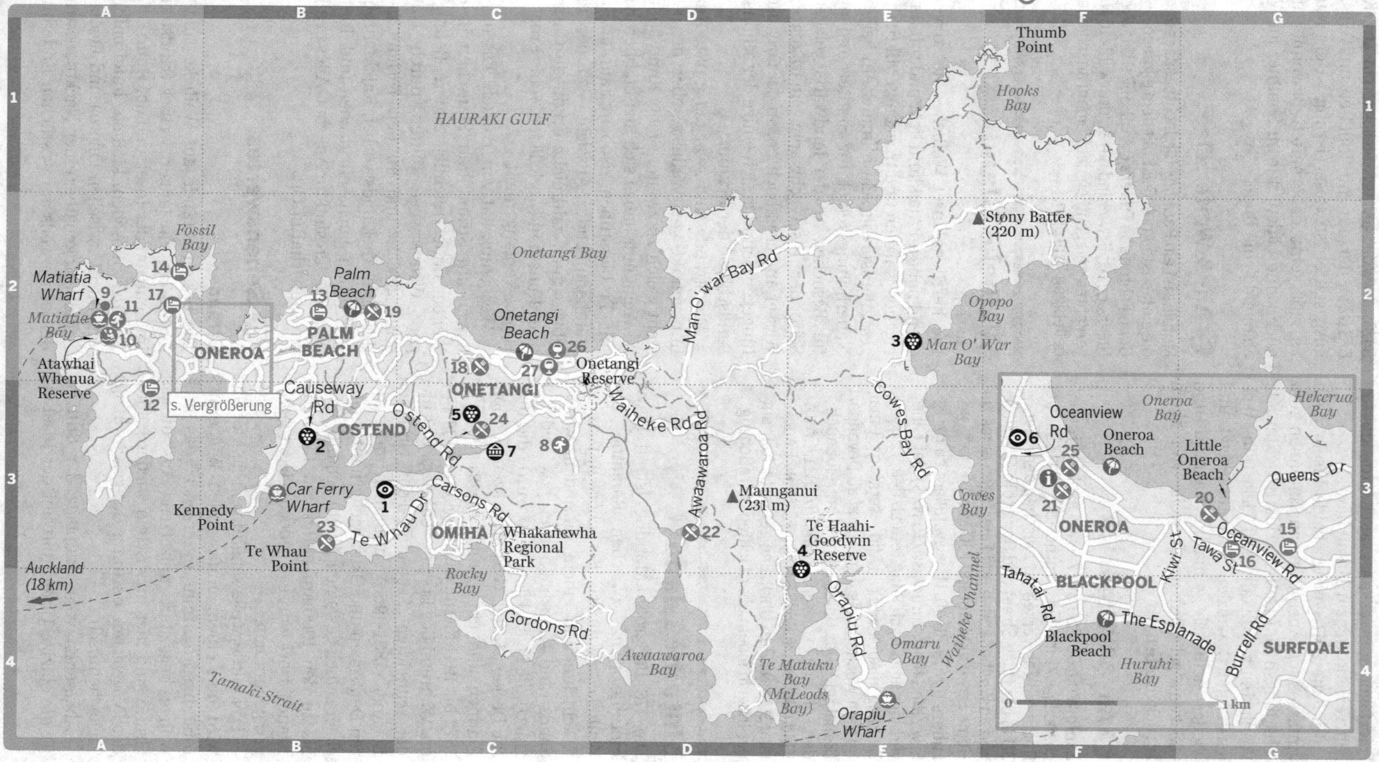
0 5 km
A
B
C
D
E
F
G
1
2
3
4
HAURAKI GULF
Thumb Point
Hooks Bay
Stony Batter (220 m)
Fossil Bay
Onetangi Bay
Matiatia Wharf
Matiatia Bay
Atawhai Whenua Reserve
ONEROA
s. Vergrößerung
Palm Beach
PALM BEACH
Causeway Rd
OSTEND
Ostend Rd
Onetangi Beach
ONETANGI
Onetangi Reserve
Waiheke Rd
Man O' war Bay Rd
Opopo Bay
Man O' War Bay
Cowes Bay Rd
Cowes Bay
Awaawaroa Rd
Maunganui (231 m)
Te Haahi-Goodwin Reserve
Orapiu Rd
Orapiu Wharf
Omaru Bay
Waiheke Channel
Te Matuku Bay (McLeods Bay)
Awaawaroa Bay
Gordons Rd
Rocky Bay
Whakanewha Regional Park
OMIHA
Carsons Rd
Te Whau Dr
Car Ferry Wharf
Kennedy Point
Te Whau Point
Auckland (18 km)
Tamaki Strait
1
2
3
4
5
7
8
9
10
11
12
13
14
17
18
19
22
23
24
26
27
Oceanview Rd
Oneroa Bay
Oneroa Beach
Little Oneroa Beach
Hekerua Bay
Queens Dr
6
25
21
20
15
16
ONEROA
Oceanview Rd
Tawa St
Kiwi St
Tahatai Rd
BLACKPOOL
The Esplanade
Burrell Rd
SURFDALE
Blackpool Beach
Huruhi Bay
0 1 km

Waiheke Island

Sehenswertes
1 Dead Dog Bay ... B3
2 Goldie Wines ... B3
3 Man O' War ... E2
4 Passage Rock Wines ... E3
5 Stonyridge ... C3
Waiheke Community Art Gallery ... (s. 6)
6 Waiheke Island Artworks ... F3
7 Waiheke Museum & Historic Village ... C3
Whittaker's Musical Museum ... (s. 6)
Wild On Waiheke ... (s. 5)

Aktivitäten, Kurse & Touren
8 EcoZip Adventures ... C3
9 Fullers ... A2
10 Ross Adventures ... A2
11 Waiheke Bike Hire ... A2

Schlafen
12 Cable Bay Views ... A3
13 Enclosure Bay ... B2
14 Fossil Bay Lodge ... A2
15 Hekerua Lodge ... G3
16 Tawa Lodge ... G3
17 Waiheke Dreams ... A2

Essen
Cable Bay ... (s. 12)
18 Casita Miro ... C2
19 Dragonfired ... B2
20 Dragonfired ... G3
21 Oyster Inn ... F3
22 Poderi Crisci ... D3
23 Te Whau ... B3
24 The Shed at Te Motu ... C3
25 Wai Kitchen ... F3

Ausgehen & Nachtleben
26 Charlie Farley's ... C2
27 Sand Shack ... C2

Unterhaltung
Artworks Theatre ... (s. 6)
Waiheke Island Community Cinema ... (s. 6)

ein paar Felsen verbirgt. Der Strand von **Oneroa** und der benachbarte **Little Oneroa** sind ebenfalls sehr schön, doch im Sommer liegen immer viele Jachten vor der Küste. In der **Man O' War Bay**, die man über eine unbefestigte Straße durch Felder und Wiesen erreicht, befindet sich ein kleiner, gut geschützter ausgezeichneter Badestrand.

Weingüter

Goldie Wines WEINGUT
(☎09-372 7493; www.goldiewines.co.nz; 18 Causeway Rd, Surfdale; Weinprobe 10 NZ$, Erstattung bei Kauf; ⏲12–16 Uhr) Das erste Weingut auf Waiheke wurde 1978 als Goldwater Estate gegründet. Das zugehörige Feinkostgeschäft verkauft neben Wein auch gut gefüllte Picknickkörbe (55 NZ$ für 2 Pers.).

Man O' War WEINGUT
(☎09-372 9678; www.manowarvineyards.co.nz; 725 Man O' War Bay Rd; ⏲Dez.–Feb. 11–18, März–Nov. bis 16.30 Uhr) In der einzigen Probierstube Waihekes, die am Strand gelegen ist, wird zum hauseigenen Valhalla Chardonnay auch ein Teller mit Tapas gereicht. Bei schönem Wetter kann man das Ganze auch mit einem Bad in der herrlichen Man O' War Bay verbinden.

Passage Rock Wines WEINGUT
(☎09-372 7257; www.passagerockwines.co.nz; 438 Orapiu Rd; ⏲Jan. tgl. 11–16 Uhr, Feb.–April & Dez. Mi–So, Aug.–Nov. Sa & So) „Waihekes meistprämiertes Weingut" serviert als Grundlage zum Wein exzellente Pizza.

Stonyridge WEINGUT
(☎09-372 8822; www.stonyridge.com; 80 Onetangi Rd; Probe pro Wein 4–18 NZ$; ⏲11.30–17 Uhr) Das berühmteste Weingut auf Waiheke produziert nicht nur weltberühmte Rotweine, sondern es kann auch mit einem reizvollen Café aufwarten, es bietet Führungen an (10 NZ$ inkl. zwei Weinproben, 30 Min., Sa & So 11.30 Uhr) und organisiert gelegentlich eine Tanzparty. Mit einer Flasche Wein und einem riesigen Teller voller Leckereien kann man sich gemütlich in eine der Hütten im Garten zurückziehen.

Wild On Waiheke WEINGUT, BRAUEREI
(☎09-372 3434; www.wildonwaiheke.co.nz; 82 Onetangi Rd; Bier- oder Weinprobe je Glas 2–3 NZ$; ⏲Do–So 11–16 Uhr, im Sommer tgl.;) Das Weingut mit Kleinbrauerei bietet Verkostungen, Bogenschießen, Laser-Tontaubenschießen, *pétanque*, einen Sandkasten und ein riesiges Schachbrett zum angenehmen Zeitvertreib.

Kunst, Geschichte & Kultur

Die kostenlose Broschüre *Waiheke Art Map* mit einem Verzeichnis der örtlichen Galerien und Kunsthandwerksläden ist im i-SITE erhältlich.

Dead Dog Bay GÄRTEN
(☎09-372 6748; www.deaddogbay.co.nz; 100 Margaret Reeve Lane; Erw./Kind 10 NZ$/frei; ⏲9–17 Uhr) Steile Pfade führen durch privaten Regenwald, Feuchtgebiete und Gärten voller Skulpturen.

Waiheke Island Artworks KULTURZENTRUM
(2 Korora Rd, Oneroa) Im Artworks ist das **Artworks Theatre** (☎09-372 2941; www.artworkstheatre.org.nz), das **Waiheke Island Community Cinema** (☎09-372 4240; www.waihekecinema.net; Erw./Kind 15/8 NZ$), die aufsehenerregende **Waiheke Community Art Gallery** (☎09-372 9907; www.waihekeartgallery.org.nz; ⏲10–16 Uhr) GRATIS sowie das **Whittaker's Musical Museum** (☎09-372 5573; www.musical-museum.org; erbetene Spende 5 NZ$; ⏲13–16 Uhr, Vorführungen Sa 13.30 Uhr) mit seiner Sammlung alter Instrumente untergebracht. Hier gibt es auch kostenlosen Internetzugang, sowohl an Monitoren in der **Waiheke Library** (☎09-374 1325; www.aucklandlibraries.govt.nz; ⏲Mo–Fr 9–18, Sa 10.30–16 Uhr; 📶) als auch über WLAN.

Waiheke Museum & Historic Village MUSEUM
(www.waihekemuseum.org.nz; 165 Onetangi Rd; Eintritt mit Spende; ⏲Mi, Sa & So 12–16 Uhr) Stellt Werke der Inselbewohner in sechs restaurierten Gebäuden aus.

Aktivitäten

Wandern

Die i-SITE hält Informationen zu den wunderschönen Küstenwanderungen (1–3 Std. Dauer) auf der Insel sowie zum 3 km langen Cross Island Walkway bereit. Er führt quer über die Insel von Onetangi zur Rocky Bay. Andere Touren verlaufen durch den **Whakanewha Regional Park**, ein Refugium für seltene Küstenvögel und Geckos, sowie durch drei Naturschutzgebiete der Royal Forest & Bird Protection Society: **Onetangi** (Waiheke Rd), **Te Haahi-Goodwin** (Orapiu Rd) und **Atawhai Whenua** (Ocean View Rd).

Noch mehr Aktivitäten

EcoZip Adventures SEILRUTSCHEN
(☎09-372 5646; www.ecozipadventures.co.nz; 150 Trig Hill Rd; Erw./Kind/Fam. 119/79/317 NZ$; ⏲9–17 Uhr) Die drei einzelnen, 200 m langen Seilrutschen von EcoZip mit Blick auf Weingüter, Buschland und Meer sind ein aufregendes Abenteuer. Anschließend geht es gemächlich 1,5 km zu Fuß zurück durch Buschland. Im Preis enthalten ist der Transport vom Matiatia Wharf oder von Oneroa, falls kein eigenes Fahrzeug zur Verfügung steht. Reservierung ist für diese Aktivität ein Muss.

Ross Adventures KAJAKFAHREN
(☎09-372 5550; www.kayakwaiheke.co.nz; Matiatia Beach; Halb-/Ganztagestour 125/195 NZ$, Verleih für 1/2/3/6 Std 30/45/50/60 NZ$) Ross ist der felsenfesten Überzeugung, dass auf Waiheke die Möglichkeiten, Kajak zu fahren, genauso gut sind wie im legendären Abel Tasman National Park. Und er muss es wirklich wissen, denn er bietet schon seit über 20 Jahren Kajakausflüge an. Erfahrene Kajakfahrer können die Insel bequem in vier Tagen umrunden und dabei versteckte Buchten und Sandbänke erkunden, die sich über Land nicht erreichen lassen.

Geführte Touren

Ananda Tours TOUR
(☎09-372 7530; www.ananda.co.nz) Auf dem Programm stehen Weintouren (110 NZ$), Gourmettouren mit Wein und Essen (170 NZ$) und eine Tour für Weinkenner (250 NZ$). Touren für kleine Gruppen können nach Wunsch organisiert werden, Besuch von Künstlerateliers inklusive.

Waiheke Island Wine Tours TOUR
(☎09-372 2140; www.waihekeislandwinetours.co.nz) Im Angebot sind „Views, Vines & Wines" (110 NZ$ pro Pers., 6 Std. mit 2 Std. Mittagspause in einem Restaurant nach Wahl), die nach Wunsch zusammengestellten „Platinum Private Tours" (495 NZ$ pro Paar) und die „Indulgence Two-Day Tours" (920 NZ$ pro Pers. inkl. 2 Übernachtungen).

Hike Bike Ako WANDERN, RADFAHREN
(☎021 465 373; www.hikebikeako.co.nz; Tour 3/5 Std. 99/125 NZ$) Wander- oder Radtouren über die Insel mit Māori-Führern oder eine Kombination von beidem. Die Teilnehmer werden von der Fähre abgeholt und es gibt eine ordentliche Portion Legenden, Geschichte und Kultur der Māori

Potiki Adventures KULTURTOUR
(☎021 422 773; www.potikiadventures.co.nz; Erw./Kind ab 150/80 NZ$) Eintägige Inseltour aus der Sicht der Māori, einschließlich Stränden, einer Buschwanderung, einem Weingutbesuch und Vorführungen von traditionellen Musikinstrumenten und Weberei.

Fullers TOUR
(☎09-367 9111; www.fullers.co.nz) Die Option „Wine on Waiheke" (Erw. 130 NZ$, 4½ Std.,

Abfahrt in Auckland um 13 Uhr) besucht drei örtliche Spitzenweingüter und beinhaltet einen Snackteller. „Taste of Waiheke" (Erw. 140 NZ$, 5½ Std., Abfahrt in Auckland um 11 Uhr) umfasst ebenfalls drei Weingüter sowie einen Olivenhain und einen Mittagsimbiss. Zudem gibt es „Explorer"-Inseltouren (Erw./Kind 57/29 NZ$, 1½ Std., Abfahrt in Auckland 10, 11 & 12 Uhr).

Andere Pauschalangebote schließen Zipline-Fahrten und Mietwagen ein. Alle Preise gelten inklusive Fähre und Tagesbuspass.

Feste & Events

Headland Sculpture on the Gulf KUNST
(www.sculptureonthegulf.co.nz; Feb.) Eine 2,5 km lange Skulpturenwanderung auf den Klippen den ganzen Februar über in ungeraden Jahren.

Waiheke Island of Wine Vintage Festival WEIN, ESSEN
(www.waihekevintagefestival.co.nz; Mitte März) Fünf Tage lang Wein, Essen und Musik. 17 Weingüter nehmen teil; Shuttle-Busse verkehren zwischen den verschiedenen Standorten.

Waiheke Island International Jazz Festival MUSIK
(www.waihekejazzfestival.co.nz; Preise je nach Veranstaltung; März/April) Neuseeländische und internationale Künstler treten von Karfreitag bis Ostersonntag auf der ganzen Insel auf.

Schlafen

Waiheke ist in den Sommerferien so beliebt, dass viele Einheimische lieber ihre eigenen Häuser vermieten und das Weite suchen. Man muss unbedingt im Voraus buchen und selbst dann sind kaum Schnäppchen zu ergattern. Dagegen wird es an Wochentagen im Winter deutlich günstiger. Als gute mittelpreisige Unterkunft bietet sich ein Ferienhaus an, das man unter www.bookabach.co.nz oder www.holidayhouses.co.nz mieten kann.

★ **Fossil Bay Lodge** HÜTTEN $
(09-372 8371; www.fossilbay.net; 58 Korora Rd, Oneroa; EZ 60 NZ$, DZ 85–90 NZ$, Zelte 100–120 NZ$, Apt. 130 NZ$;) Drei niedliche Hütten gruppieren sich um einen Hof gegenüber dem Haupthaus, wo sich die Toiletten, Gemeinschaftsküche und der Aufenthaltsbereich sowie ein kleines Apartment im oberen Stock befinden. Am schönsten sind die vier Luxuszelte, jedes mit einem richtigen Bett und eigener Toilette. Abgesehen von einer gelegentlich quakenden Ente oder einem kreischendem Kind vom benachbarten Waldorf-Kindergarten herrscht hier herrliche Ruhe.

Hekerua Lodge HOSTEL $
(09-372 8990; www.hekerualodge.co.nz; 11 Hekerua Rd, Oneroa; Zeltplatz 18 NZ$, B 31–33 NZ$, EZ 55 NZ$, DZ 90–120 NZ$;) Das abgeschiedene Hostel liegt mitten im Buschland und hat einen Grillplatz, einen Naturstein-Pool, einen Whirlpool, eine Sonnenterrasse, eine lässige Lounge und einen eigenen Wanderweg zu bieten. Es ist alles andere als luxuriös, aber besitzt eine zwanglose und gesellige Atmosphäre.

Tawa Lodge PENSION $$
(09-372 6675; www.pungalodge.co.nz; 15 Tawa St, Oneroa; Zi. 110–120 NZ$, Apt. 175–225 NZ$;) Neben dem separaten Cottage für zwei Personen vorne (unser Favorit wegen der herrlich romantischen Aussicht) und dem Apartment und dem Haus hinten werden noch drei relativ preisgünstige Dachzimmer vermietet, die sich eine kleine Küche und das Bad teilen.

★ **Enclosure Bay** B&B $$$
(09-372 8882; www.enclosurebay.co.nz; 9 Great Barrier Rd; Zi./Suite 390/495 NZ$;) Wer den Preis für ein Luxus-B&B zahlt, erwartet bestimmt etwas Besonderes und das wird hier gewiss geboten. Jedes der drei Gästezimmer hat einen Balkon und hinreißende Aussichten und die Besitzer pflegen die Art von Gastlichkeit, bei der nichts zu viele Umstände macht.

Waiheke Dreams FERIENHAUS $$$
(09-818 7129; www.waihekedreams.co.nz; 43 Tiri Rd, Oneroa; Haus mit 1/2 Schlafzi. 200/300 NZ$) Man träumt von einem luxuriösen, modernen, geräumigen und offen gestalteten Haus mit zwei Schlafzimmern auf dem Gipfel eines Hügels mit unvergleichlichem Blick über die Oneroa Bay und den Hauraki Gulf: nein, kein Traum, sondern die schöne Realität von Haus View43. Ganz hinten steht das beträchtlich kleinere Haus CityLights mit einem Schlafzimmer, von dem aus die Lichter von Auckland zu sehen sind.

Cable Bay Views APARTMENT $$$
(09-372 2901; www.cablebayviews.co.nz; 103 Church Bay Rd; Zi. 300 NZ$;) Die drei modernen Studio-Apartments haben einen umwerfenden Blick auf Weingüter und lie-

gen günstig zu ein paar der besten Weingutrestaurants von Waiheke. Auf der Website werden oft auch recht gute Discountangebote für Werktage und die Nebensaison aufgeführt.

Essen

Auf Waiheke gibt es einige ausgezeichnete Restaurants und mit etwas Glück wird die Aussicht von den saftigen Preisen ablenken. In Ostend befindet sich ein Supermarkt.

Dragonfired PIZZA **$**
(☎ 021 922 289; www.dragonfired.co.nz; Little Oneroa Beach, Oneroa; Hauptgerichte 10–18 NZ$; ⏲ Dez.–Feb. tgl. 10–20 Uhr, März–Nov. Fr–So 11–19 Uhr; ✎) Der Imbisswagen am Strand hat sich auf „handgemachtes Essen aus dem Holzofen" spezialisiert und serviert Pizza, Polenta und gefülltes Fladenbrot. Es ist mit Abstand die beste Bude für preiswertes Essen. Er hat noch einen zweiten Standort vor dem Laden in **Palm Beach** (☎ 0272 372 372; Matapana Reserve, Palm Beach; ⏲ Dez.–Feb. tgl. 10–20 Uhr, März–Nov. Fr–So 11–19 Uhr).

Shed at Te Motu MODERN NEUSEELÄNDISCH **$$**
(☎ 09-372 6884; www.temotu.co.nz/the-shed; 76 Onetangi Rd; Gemeinschaftsteller klein 12–18 NZ$, groß 22–36 NZ$; ⏲ Nov.–April tgl. 12–15, Fr & Sa 18 Uhr bis open end, im Winter kürzere Zeiten) Im rustikalen Hof des Shed kann man sich unter Sonnenschirmen Gerichte teilen, die kulinarisch international beeinflusst sind und von fähigem und ebenso internationalem Personal serviert werden. Highlights sind Shiitake-Pfannkuchen mit Kimchi und Schwarzem Lauch oder die langsam gegarte Lammschulter mit einem delikaten Biryani-Pilaf. Die besten Weine von Te Motu sind die großartigen Bordeaux-Verschnitte.

Freitagabends bietet das Shed ein preisgünstiges Einheitsmenü an (2/3 Gänge 45/55 NZ$). Reservierung ist sowohl für mittags als auch abends ratsam.

Oyster Inn FISCH & MEERESFRÜCHTE **$$**
(☎ 09-372 2222; www.theoysterinn.co.nz; 124 Oceanview Rd, Oneroa; Hauptgerichte 28–35 NZ$; ⏲ 12 Uhr bis open end) Das Restaurant ist ein beliebter Treffpunkt der Schickeria von Auckland. Sie lockt vor allem die exzellente Bistrokarte mit überwiegend Meeresfrüchten, Austern und Champagner und eine lebhafte, aber relaxte Atmosphäre, die teils Bar-, teils Restaurantflair hat. Im Sommer ist der Brunch auf der Veranda ein guter Start in einen weiteren Tag auf Waiheke.

Casita Miro SPANISCH **$$**
(☎ 09-372 7854; www.casitamiro.co.nz; 3 Brown St, Onetangi; Tapas 12–20 NZ$, Ración 26 NZ$; ⏲ Do–Mo 12–15, Fr & Sa 18–22 Uhr) Ein Pavillon aus Schmiedeeisen und Glas mit einem Mosaikgarten, der an Gaudí erinnert, bilden die Bühne für eine sehr unterhaltsame Kellnertruppe, die Gäste durch das Angebot köstlicher Tapas und *ración* (größere Portionen) geleiten, die zum Teilen gedacht sind. Im Sommer werden die Seitenwände geöffnet, ansonsten kann es bei viel Betrieb recht laut werden.

Wai Kitchen CAFÉ **$$**
(☎ 09-372 7505; www.waikitchen.co.nz; 1/149 Oceanview Rd, Oneroa; Hauptgerichte 17–26 NZ$; ⏲ 8.30–15.30 Uhr, im Sommer längere Zeiten; 👪) Warum das Wai Kitchen für ein Essen wählen? Nun, zuerst einmal gibt es hier eine abwechslungsreiche Speisekarte mit einer Fülle mediterraner und asiatischer Gerichte. Und dann wären da noch der reizende Service und das angenehme Ambiente samt einem beständig wehenden lauen Lüftchen in diesem verglasten, keilförmigen Lokal am *wai* (Wasser).

Poderi Crisci ITALIENISCH **$$**
(☎ 09-372 2148; www.podericrisci.co.nz; 205 Awaawaroa Rd; Hauptgerichte mittags 25–33 NZ$, Probiermenü abends 85 NZ$; ⏲ Mai–Sept. So, Mo & Do 12–17, Fr & Sa bis 22 Uhr, Okt.–April längere Zeiten) 🍃 Das Poderi Crisci hat sich schnell einen herausragenden Ruf für seine Speisen erworben, besonders für das legendäre vierstündige Mittagessen am Sonntag (70 NZ$ pro Pers.). Sortenreine Reben aus Italien und auch Oliven wurden neben den bestehenden Rebstöcken angepflanzt und im stimmungsvollen Weinkeller werden Verkostungen angeboten (10 NZ$, wird bei Kauf rückerstattet). Die Fahrt in das abgeschiedene Tal des Weinguts lohnt sich auf jeden Fall, aber eine vorherige Buchung ist notwendig.

Cable Bay MODERN NEUSEELÄNDISCH **$$$**
(☎ 09-372 5889; www.cablebay.co.nz; 12 Nick Johnstone Dr; Hauptgerichte 42–44 NZ$; ⏲ Di–So 12–15 & Di–Sa 18 Uhr bis open end; 📶) Eine beeindruckende, hypermoderne Architektur, interessante Skulpturen und eine herrliche Aussicht bilden die Kulisse für dieses hochgelobte Restaurant. Das Essen ist überragend, aber wenn das Geld nicht für eine Mahlzeit reicht, gibt es immer noch eine Weinprobe (10 NZ$ für fünf Weine, wird bei Kauf rückerstattet, tgl. 11–17 Uhr) oder kleine Gerichte auch zum Teilen an der Terrassenbar.

Te Whau MODERN NEUSEELÄNDISCH $$$
(☎09-372 7191; www.tewhau.com; 218 Te Whau Dr; Hauptgerichte 40–42 NZ$; ⊙Dez. & Jan. tgl. 11–17 & Do–Sa 18.30–23 Uhr, Feb.–Ostern Mi–Mo 11–17 & Sa 18.30–23 Uhr, Ostern–Nov. Fr–So 11–16.30 & Sa 18.30–23 Uhr) Ausblicke, Essen und Service in diesem Weingut-Restaurant an der Spitze der Halbinsel Te Whau sind außerordentlich. Zudem hat es eine der besten Weinkarten des Landes. In der zugehörigen Probierstube werden Proben der eigenen eindrucksvollen Bordeaux-Verschnitte gereicht (11–17 Uhr, 12 NZ$ für vier Weine).

Ausgehen & Nachtleben

Sand Shack BAR, CAFÉ
(☎09-372 2565; www.fourthavenue.co.nz; 1 Fourth Ave, Onetangi; ⊙8–23 Uhr) Teils Bar, teils Strandcafé, alles kombiniert mit cooler Einrichtung und Blick auf den Onetangi Beach von der Sonnenterrasse. Die Bierauswahl vom Fass ist recht gut und es gibt unkomplizierte Magenfüller wie warmes Frühstück, Hamburger und Pizza.

Charlie Farley's BAR
(☎09-372 4106; www.charliefarleys.co.nz; 21 The Strand, Onetangi; ⊙8.30 Uhr–open end) Bei einem Glas Waiheke-Wein oder Bier unter dem Eisenholzbaum auf der Terrasse mit Strandblick ist leicht zu verstehen, warum die Einheimischen die Bar so lieben.

Praktische Informationen

Waiheke Island i-SITE (☎09-372 1234; www.aucklandnz.com; 116 Ocean View Rd; ⊙9–16 Uhr) Neben dem sehr hilfreichen Hauptbüro gibt es noch einen (meist unbesetzten) Schalter im Fährterminal am Matiatia Wharf.

An- & Weiterreise

360 Discovery (☎09-307 8005; www.fullers.co.nz) Die Touristenfähre legt auf ihren eher seltenen Fahrten von Auckland nach Coromandel einen Zwischenstopp in Orapiu ein. Allerdings ist der Fähranleger von Orapiu recht abgelegen und mit dem Bus nicht zu erreichen.

Explore (☎0800 000 469; www.explorewaiheke.co.nz; hin & zurück Erw./Kind 36/18 NZ$; ⊙8.30–20.15 Uhr) Mindestens ein Dutzend Überfahrten pro Tag zwischen dem Ferry Building in Auckland und dem Matiatia Wharf (40 Min.).

Fullers (☎09-367 9111; www.fullers.co.nz; hin & zurück Erw./Kind 36/18 NZ$; ⊙Mo–Fr 5.20–23.45, Sa 6.15–23.45, So 7–22.30 Uhr) Häufige Passagierfähren zwischen dem Ferry Building in Auckland und dem Matiatia Wharf (40 Min.), einige mit Stopp in Devonport (wodurch sich die Gesamtfahrzeit um zehn Minuten verlängert).

Sealink (☎0800 732 546; www.sealink.co.nz; hin & zurück Erw./Kind/Auto/Motorrad 37/20/168/63 NZ$; ⊙6–18 Uhr) Die Autofähren verkehren hauptsächlich von Half Moon Bay im östlichen Auckland zum Kennedy Point (45–60 Min., mindestens stündl.), einige auch vom Wynyard Wharf im Stadtzentrum (60–80 Min., 3-mal tgl.).

Unterwegs vor Ort

AUTO, MOTORRAD & ROLLER

Tankstellen gibt es in Oneroa und Onetangi.

Fun Rentals (☎09-372 8001; www.funrentals.co.nz; 14a Belgium St, Ostend; Auto/Motorroller/Geländewagen pro Tag ab 59/49/59 NZ$) Einschließlich kostenlosem Transport von und zu den Fähren.

Rent Me Waiheke (☎09-372 3339; www.rentmewaiheke.co.nz; 14 Oceanview Rd, Matiatia; Auto/Motorroller pro Tag 69/59 NZ$)

Waiheke Auto Rentals (☎09-372 8998; www.waihekerentals.co.nz; Matiatia Wharf; Auto/Motorroller pro Tag ab 79/69 NZ$)

Waiheke Rental Cars (☎09-372 8635; www.waihekerentalcars.co.nz; Matiatia Wharf; Auto/Geländewagen pro Tag ab 79/109 NZ$)

BUS

Auf der Insel fahren Busse ab dem Matiatia Wharf über Oneroa (Erw./Kind 2/1 NZ$, 3 Min.) und all die größeren Ortschaften bis nach Onetangi (Erw./Kind 4,50/2,50 NZ$, 35 Min.) im Westen. Tageskarten (Erw./Kind 10/6 NZ$) werden am Schalter von Fullers am Matiatia Wharf verkauft. Manche Buslinien verkehren mitten am Tag oft nur im Stundentakt. Um längere Wartezeiten an Bushaltestellen zu vermeiden, ist es sinnvoll, den Fahrplan von Auckland Transport (S. 109) zu befragen.

FAHRRAD

Verschiedene Fahrradtouren sind in der Broschüre *Bike Waiheke!* beschrieben, die es am Fähranleger und im i-SITE gibt; mit ein paar Hügeln auf der Strecke muss allerdings gerechnet werden.

Waiheke Bike Hire (☎09-372 7937; www.waihekebikehire.co.nz; Matiatia; pro Tag 35 NZ$) verleiht Mountainbikes im Laden auf dem Parkplatz in der Nähe des Fähranlegers.

Waiheke ist streckenweise ziemlich hügelig, daher wird es sicher einfacher mit einem Hybridfahrrad von **Onya Bikes** (☎022 050 2233; www.ecyclesnz.com; 124 Oceanview Rd; pro Std./Tag 20/60 NZ$), einer Kombination aus selbst Strampeln und Elektromotor.

TAXI

Island Taxis (☎ 09-372 4111; www.islandtaxis.co.nz)

Waiheke Express Taxis (☎ 0800 700 789; www.waihekeexpresstaxis.co.nz)

Waiheke Independent Taxis (☎ 0800 300 372; www.waihekeindependenttaxis.co.nz)

Rotoroa Island

Von 1911 bis 2005 waren die einzigen Menschen, die auf diese friedliche kleine Insel an der äußeren Seite von Waiheke durften, Alkoholiker und Drogenabhängige, die hier einen Entzug machten (oder dazu verdonnert wurden), sowie die Mitarbeiter der Heilsarmee, die sich um sie kümmerten. Das 82 ha große **Rotoroa** (☎ 0800 768 676; www.rotoroa.org.nz; Zugangsgebühr Erw./Kind 5/3 NZ$; ⏲ Sonnenaufgang–Sonnenuntergang) wurde 2011 erstmals seit einem Jahrhundert für die Öffentlichkeit zugänglich gemacht, einschließlich der drei sandigen Badestrände und der Ausstellungen von Kunst und zur Sozialgeschichte in den restaurierten Gebäuden des ehemaligen Therapiezentrums.

Zudem gibt es drei gut ausgestattete, extrem altmodische Ferienhäuser für vier (375 NZ$) bis acht (650 NZ$) Personen sowie ein Hostel mit Schlafsälen (pro Pers. 35 NZ$), untergebracht im ehemaligen Haus des Heimleiters.

An- & Weiterreise

360 Discovery (☎ 09-307 8005; www.fullers.co.nz; Erw./Kind ab Auckland 52/30 NZ$, ab Orapiu 23/13 NZ$) Die Fähre von Auckland braucht 75 Minuten mit Zwischenstopp in Orapiu auf Waiheke. Die Fähren verkehren unregelmäßig und nicht jeden Tag. Im Preis ist die Zugangsgebühr zur Insel enthalten.

Tiritiri Matangi Island

Auf den magischen 220 ha der raubtierfreien **Insel** (www.tiritirimatangi.org.nz) ist der Tuatara zu Hause, eine Art prähistorische Eidechse. Zudem gibt es hier viele bedrohte einheimische Vögel wie den extrem seltenen und farbenfrohen Südinsel-Takahe. Zu den sonstigen Vögeln gehören u. a. Glocken- und Gelbbandhonigfresser, Sattelvögel (Tieke), Weißköpfchen, Springsittiche (Kakariki), Lappenkrähen (Kokako), Zwergkiwis, Neuseelandenten, Langbeinschnäpper, Farnsteiger und Pinguine. Bislang wurden auf der Insel 78 Vogelarten gesichtet. Mit 150 Exemplaren war der Sattelvogel einst fast ausgestorben, während allein auf Tiritiri heute wieder bis zu 1000 von ihnen leben. Wer in der **DOC-Schlafbaracke** (☎ 09-425 7812; www.doc.govt.nz; Erw./Kind 30/20 NZ$) übernachtet, erlebt den glutroten Sonnenuntergang in voller Pracht – eine rechtzeitige Reservierung und ein Platz auf der Fähre vorausgesetzt.

Die Insel wurde 1841 an die englische Krone verkauft, abgeholzt und bis in die 1970er-Jahre landwirtschaftlich genutzt. Seit 1984 haben Hunderte Freiwillige 250 000 einheimische Bäume gepflanzt und so die Erholung des Waldes ermöglicht. Am östlichen Inselende steht ein **Leuchtturm** von 1864.

Mit den Karten für die Fähre sollte auch unbedingt eine Wanderführung (5 NZ$) gebucht werden; die Führer wissen nämlich, wo die wirklich tollen Vögel zu finden sind.

An- & Weiterreise

360 Discovery (☎ 09-307 8005; www.fullers.co.nz; ⏲ Mi–So) Die Fähren nach Tiritiri Matangi Island legen mittwochs bis sonntags um 9 Uhr ab und kehren um 15.30 Uhr zurück. Die Überfahrt dauert 70 Minuten vom Fährhafen in Auckland (Erw./Kind hin & zurück 70/40 NZ$) bzw. 20 Minuten vom Gulf Harbour (55/32 NZ$).

Motuora Island

Auf halber Höhe zwischen Tiritiri Matangi und Kawau bietet Motuora Island 80 raubtierfreie Hektar Land und wird deshalb als „Kiwi-Krippe" genutzt. An der Westküste der Insel befindet sich ein Bootsanleger, der sich jedoch nur mit dem eigenen Schiff erreichen lässt. Der **DOC-Campingplatz** (☎ 09-379-6476; www.doc.govt.nz; Platz pro Erw./Kind 6/3 NZ$) muss im Voraus gebucht werden. Der Platz bietet Toiletten, kalte Duschen und Wasser. Außerdem wird noch eine Hütte für fünf Personen vermietet (60 NZ$); Bettwäsche und Essen muss man selbst mitbringen.

Kawau Island liegt 50 km nördlich von Auckland abseits der Mahurangi Peninsula. Mangels ordentlicher Straßen verlassen sich seine Einwohner hauptsächlich auf Boote.

Hauptattraktion ist das **Mansion House** (☎ 09-422 8882; www.doc.govt.nz; Erw./Kind 4/2 NZ$; ⏲ Mo–Fr 12–14, Sa & So 12–15.30 Uhr) von 1845. Der eindrucksvolle hölzerne Landsitz wurde einst durch Gouverneur George

Grey erweitert, der die Insel 1862 erwarb. Die tolle viktorianische Sammlung im Haus umfasst auch ein paar von Greys Privatgegenständen. Ums Haus herum erstreckt sich der original erhaltene Tropengarten. Vom Mansion House aus führen ausgeschilderte Kurzwanderungen (10–120 Min.) zu Stränden, einer alten Kupfermine und einem Aussichtspunkt. Das DOC (www.doc.govt.nz) stellt die Übersichtskarte *Kawau Island Historic Reserve* zum Download bereit.

Schlafen & Essen

Beach House BOUTIQUEHOTEL **$$$**
(☎ 09-422 8850; www.kawaubeachhouse.co.nz; Vivian Bay; Zi./Suite ab 345/620 NZ$) Der exklusive Komplex im Norden der Insel und am schönsten Sandstrand von Kawau vermietet luxuriöse Zimmer zum Strand oder zum großen, gepflasterten Innenhof raus sowie in einem Cottage im Buschland. Er ist ziemlich abgelegen, hat aber ein eigenes Restaurant, sodass kein Anlass besteht, woanders hinzugehen.

Kawau Lodge B&B **$$$**
(☎ 09-422 8831; www.kawaulodge.co.nz; North Cove; Zi. 350 NZ$; 📶) Das umweltbewusste Haus hat einen eigenen Bootsanleger, rundum eine Veranda und schöne Aussichten. Auf Wunsch werden die Gäste auch bekocht (6–75 NZ$) und Ausflüge organisiert.

Mansion House Cafe CAFÉ **$$**
(☎ 09-422 8903; www.facebook.com/mansionhousenz; mittags 16–18 NZ$, abends 18–28 NZ$; ⏱ wechselnde Öffnungszeiten) Wer keinen Picknickkorb mitgebracht hat, bekommt in dem idyllisch gelegenen Café den ganzen Tag über Frühstück, Salate, Currys und abends eine herzhafte Mahlzeit.

An- & Weiterreise

Kawau Cruises (☎ 0800 111 616; www.kawaucruises.co.nz) Fährverbindung zwischen Sandspit und Kawau (Erw./Kind hin & zurück 55/31 NZ$) mindestens viermal täglich sowie ein Wassertaxi (Mindestbetrag 143 NZ$). Die Super Cruise (Erw./Kind 68/34 NZ$, mit Grillimbiss mittags 95/50 NZ$) legt um 10.30 Uhr in Sandspit ab, umrundet die Insel und liefert an 75 Anlegern die Post ab.

Great Barrier Island

860 EW.

Auf Great Barrier gibt es unberührte Strände, heiße Quellen, alte Dämme aus Kauriholz, ein Waldschutzgebiet und Wanderwege. Da es auf der Insel keine Beutelratten gibt, gedeiht das native Buschland aufs Prächtigste.

Bei den Māori heißt die Insel Aotea (Wolke), James Cook nannte sie aufgrund ihrer Lage am Rand des Hauraki Gulfs Great Barrier. Die zerklüftete, unglaublich schöne Insel ist nach South-, North- und Stewart Island die viertgrößte Insel Neuseelands (285 km^2). Sie erinnert stark an die Coromandel Peninsula, mit der sie einst verbunden war; und wie Coromandel war sie früher ein Zentrum des Bergbaus, der Holzindustrie und des Walfangs. Diese Industrien gibt es jedoch längst nicht mehr. Heute sind zwei Drittel der Insel in Staatsbesitz und werden vom DOC verwaltet.

Auf der Insel findet man unberührte Strände, Thermalquellen, alte Kauridämme, ein Waldschutzgebiet und ein Netz von Wanderwegen. Da hier keine Beutelratten ihr Unwesen treiben, ist die natürliche Vegetation sehr üppig.

Obwohl nur 88 km von Auckland entfernt, wirkt die Great Barrier Island, als ob sie unendlich weit weg sei. Hier gibt es weder Supermärkte noch Stromversorgung (nur private Generatoren, Solar- und Windanlagen) oder Kanalisation (nur Desinfektionstanks). Viele Straßen sind unbefestigt und die Benzinpreise lösen bei Sparfüchsen wahre Schreikrämpfe aus. Der Handyempfang ist sehr eingeschränkt, Banken, Geldautomaten oder Straßenbeleuchtung sucht man vergeblich.

Hauptsaison ist von Mitte Dezember bis Mitte Januar, daher Transport, Unterkünfte und Aktivitäten frühzeitig buchen.

Die größte Siedlung **Tryphena** liegt 4 km von der Anlegestelle an der Shoal Bay entfernt. Sie verteilt sich auf mehrere Kilometer Küstenstraße und besteht aus ein paar Dutzend Häusern und einer Handvoll Läden und Unterkünften. Von den Landungsbrücken sind es 3 km nach Mulberry Grove, von dort aus ist es nochmals 1 km über die Landzunge zum Pa Beach und zum Stonewall Store (S. 122).

Der Flughafen befindet sich in **Claris**, einer kleinen Siedlung 12 km nördlich von Tryphena. Hier gibt es Gemischtwaren- und Getränkeläden, eine Wäscherei und eine Kfz-Werkstatt, eine Apotheke und ein Café.

Whangaparapara ist eine alte Holzfällerstadt, die im 19. Jh. das Zentrum der Walfangindustrie auf der Insel war. Der

Great Barrier Island

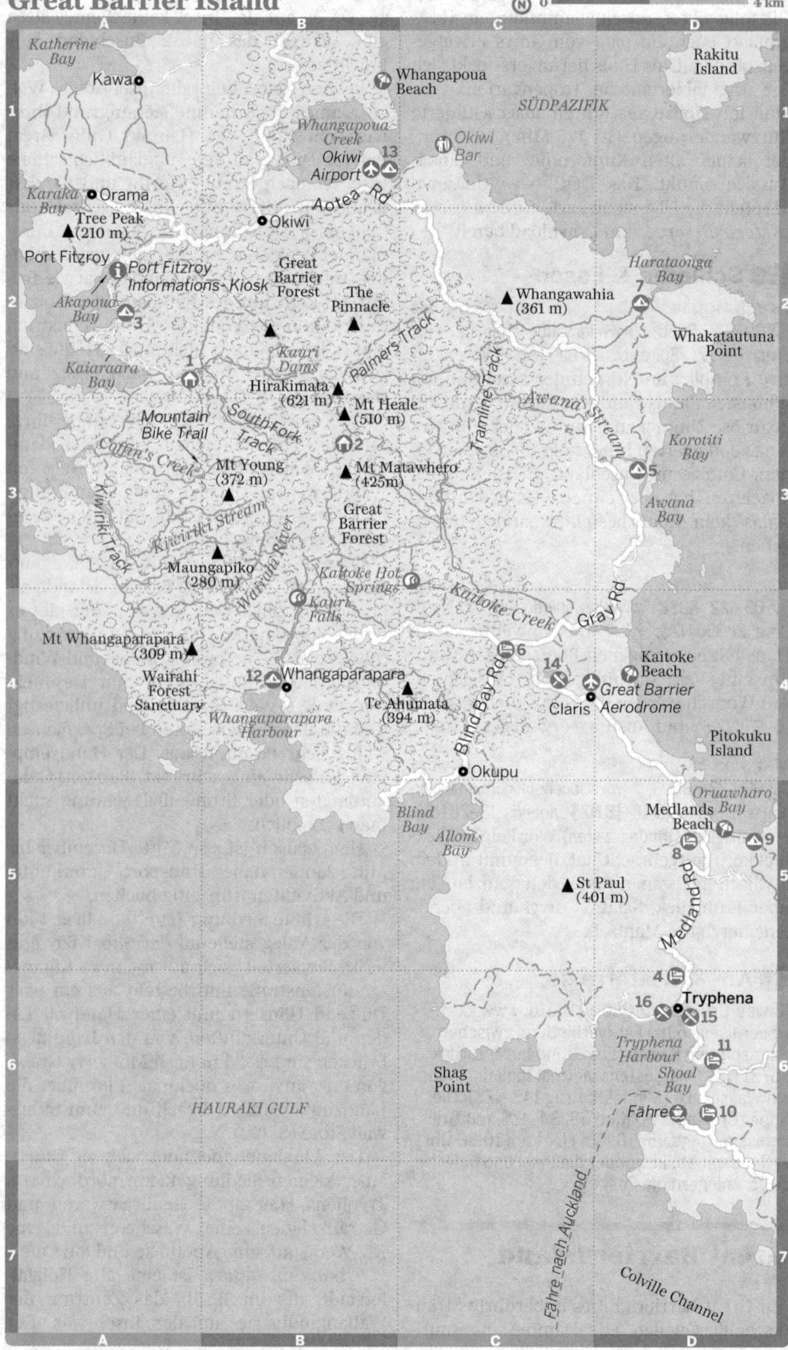

0
4 km
Katherine Bay
Kawa
Whangapoua Beach
Rakitu Island
SÜDPAZIFIK
Whangapoua Creek
Okiwi Airport
13
Okiwi Bar
Karaka Bay
Orama
Aotea Rd
Okiwi
Tree Peak (210 m)
Port Fitzroy
Port Fitzroy Informations-Kiosk
Great Barrier Forest
The Pinnacle
Harataonga Bay
7
Whangawahia (361 m)
Akapoua Bay
3
Whakatautuna Point
Palmers Track
Kauri Dams
1
Kaiaraara Bay
Hirakimata (621 m)
Tramline Track
Awana Stream
Mt Heale (510 m)
Mountain Bike Trail
South Fork Track
2
Korotiti Bay
Coffin's Creek
Mt Young (372 m)
Mt Matawhero (425m)
5
Awana Bay
Kiwiriki Track
Kiwiriki Stream
Great Barrier Forest
Maungapiko (280 m)
Wairahi River
Kaitoke Hot Springs
Kaitoke Creek
Gray Rd
Kauri Falls
Mt Whangaparapara (309 m)
6
Blind Bay Rd
14
Kaitoke Beach
Wairahi Forest Sanctuary
12
Whangaparapara
Te Ahumata (394 m)
Great Barrier Aerodrome
Claris
Whangaparapara Harbour
Pitokuku Island
Okupu
Oruawharo Bay
Medlands Beach
Blind Bay
Allom Bay
8
9
St Paul (401 m)
Medland Rd
4
Tryphena
16
15
Tryphena Harbour
11
Shag Point
Shoal Bay
HAURAKI GULF
Fähre
10
Fähre nach Auckland
Colville Channel

Great Barrier Island

Sehenswertes
1 Kaiaraara Hut ... A2
2 Mt Heale Hut ... B3

Schlafen
3 Akapoua Bay Campsite ... A2
4 Aotea Lodge ... D6
5 Awana Bay Campsite ... D3
6 Crossroads Lodge ... C4
7 Harataonga Bay Campsite ... D2
8 Medlands Beach Backpackers & Villas ... D5
9 Medlands Beach Campsite ... D5
10 Shoal Bay Lodge ... D6
11 Sunset Waterfront Lodge ... D6
12 The Green Campsite ... B4
13 Whangapoua Campsite ... B1

Essen
14 Claris Texas ... C4
Currach Irish Pub ... (s. 15)
15 Stonewall Store ... D6
16 Tipi & Bob's ... D6
Wild Rose ... (s. 15)

zweite Haupthafen namens **Port Fitzroy** liegt etwas eine Stunde Autofahrt von Tryphena entfernt an der Westküste. In diesen vier Hauptsiedlungen bekommt man neben anderen Dingen des täglichen Bedarfs auch Benzin und Diesel.

Aktivitäten

Wassersport

Die Strände an der Westküste gelten als sicher, an den Stränden der Ostküste ist aufgrund der starken Brandung allerdings eher Vorsicht geboten. Der weitläufige **Medlands Beach** mit seinem herrlich weißen Sand gehört zu den schönsten und am leichtesten zugänglichen Stränden der Insel. Der etwas abgelegene **Whangapoua** im Nordosten ist dagegen mühsamer zu erreichen. **Kaitoke**, **Awana Bay** und **Harataonga** an der Ostküste lohnen ebenfalls einen Besuch.

Okiwi Bar kann mit einem tollen Right-Hand-Break aufwarten, Awana sogar mit einem Left- und einem Right-Hand-Break. Die hübschen Buchten um Tryphena liegen im Schatten von Pohutukawa-Bäumen.

Die Bedingungen zum **Tauchen** sind auf Great Barrier Island sehr gut: Auf die Taucher warten Schiffswracks, Felsspitzen und jede Menge Fische zum Erkunden – und das bei einer Sichtweite von über 33 m (die Sichtweite kann allerdings je nach Jahreszeit unterschiedlich sein).

Mountainbiken

Die wilde Landschaft und der relativ geringe Verkehr machen Touren mit dem Mountainbike zu einer beliebten Freizeitbeschäftigung auf Great Barrier Island. Schön ist ein ausgewiesener, 25 km langer Radweg. Ausgangspunkt ist die Blind Bay Road in Okupu. Dann schlängelt sich der Weg unterhalb der Klippen von Ahumata dahin, bis er die Whangaparapara Road quert und es 15 km lang über die Forest Road durch den Wald nach Port Fitzroy geht. Das Befahren von DOC-Wanderwegen ist verboten.

Wandern

Die überaus beliebten Wanderwege der Insel sind im kostenlosen DOC-Büchlein *Great Barrier Island (Aotea Island)* zusammengestellt. Vor jeder Tour sollte man sich vergewissern, dass auch genug Wasser und Verpflegung in den Rucksack gepackt sind. Kleidungsmäßig sollte man für Sonne, aber auch Regen gerüstet sein.

Die beliebteste – einfache – Wanderung ist der **Kaitoke Hot Springs Track.** Er beginnt in der Whangaparapara Road und führt in 45 Minuten zu natürlichen heißen Quellen (die Wassertemperatur prüfen und nicht mit dem Kopf untertauchen!) an einem Bach im Busch.

Der **Windy Canyon**, nur 15 Minuten zu Fuß von der Aotea Road entfernt, beeindruckt mit bizarren Felsformationen und einem sagenhaften Blick über die Insel. Vom Windy Canyon führt ein hervorragender Pfad in rund zwei bis drei Stunden weiter durch den Busch nach Hirakimata (Mt Hobson, 621 m), dem höchsten Punkt der Insel mit einem großartigen Ausblick auf den Hauraki Gulf und Coromandel. Unweit des Gipfels erstreckt sich ein üppiger Wald mit ein paar alten Kauri-Kiefern, die den Holzeinschlag überlebt haben. Von Hirakimata sind es 40 Minuten Richtung Süden zur Mt Heale Hut.

Eine anspruchsvollere Tour ist der hügelige **Tramline Track** (5 Std.). Er beginnt an der Aotea Road und folgt einem alten Baumtransportweg bis zum Whangaparapara Harbour. Am Anfang führt der Weg querfeldein; der Boden kann nach Regenfällen stellenweise rutschig werden.

Etwa die gleiche Länge (11 km) hat der ebenere und einfachere **Harataonga Coastal Walk** (5 Std.) von der Harataonga Bay nach Whangapoua.

Viele weitere Wanderwege mit Gehzeiten zwischen 30 Minuten und fünf Stunden führen durch den Wald. Der **Aotea Track** kombiniert Teilstrecken der hier vorgestellten Wanderwege zu einer Drei-Tagestour; übernachtet wird in den genannten Hütten.

Schlafen

Abgesehen von Campingplätzen sind die Unterkünfte auf Great Barrier deutlich teurer als anderswo – und das in jeder Kategorie. Allerdings fallen die Preise auch hier in der Nebensaison.

Island Accommodation (☎021-138 7293; www.islandaccommodation.co.nz) bietet einen Buchungsservice, der besonders bei der Suche nach einem komplett ausgestatteten Ferienhaus für einen längeren Aufenthalt sehr praktisch ist. Auf den Internetseiten von Unterkünften und Informationsbüros der Insel finden sich auch oft Pauschalangebote mit Flug und Mietwagen. Von Weihnachten bis Mitte Januar schnellen die Preise in astronomische Höhen und es ist überall rappelvoll.

Das DOC unterhält zwei Hütten mit Stockbetten, fließendem Kaltwasser, chemischen Toiletten und einer Küche mit Esstisch im Great Barrier Forest. Gäste müssen ihren eigenen Schlafsack und Kochgeschirr mitbringen und online buchen. Die **Mt Heale Hut** (☎09-379 6476; www.doc.govt.nz; B Erw./Kind 15/7,50 NZ$) hat Platz für 20 Personen und einen Gasherd, die **Kaiaraara Hut** (☎09-379 6476; B Erw./Kind 15/7,50 NZ$) für 24 Personen hat jedoch keinen. Beide müssen im Voraus gebucht werden.

DOC-Campingplätze gibt es auch in der **Harataonga Bay** (☎09-379 6476; www.doc.govt.nz; Harataonga Rd; Stellplatz pro Erw./Kind 10/5 NZ$), am **Medlands Beach** (Sandhills Rd; Stellplatz pro Erw./Kind 10/5 NZ$), in der **Akapoua Bay** (Kaiaraara Bay Rd; Stellplatz pro Erw./Kind 10/5 NZ$), in **Whangapoua** (an der Aotea Road; Stellplatz pro Erw./Kind 10/5 NZ$), in **The Green** (Whangaparapara Harbour; Stellplatz pro Erw./Kind 10/5 NZ$) und in der **Awana Bay** (an der Aotea Rd; Stellplatz pro Erw./Kind 10/5 NZ$). Alle sind nur mit dem Notwendigsten ausgestattet, also mit Wasser, kalten Duschen (mit Ausnahme von The Green), Toiletten und einem Unterstand zur Essenszubereitung. Die Leute müssen ihren eigenen Gaskocher mitbringen, da offenes Feuer verboten ist. Gebucht wird online.

Medlands Beach Backpackers & Villas HOSTEL $
(☎09-429 0320; www.staymedlands.com; 9 Mason Rd; B/DZ ohne Bad 35/90 NZ$, Wohneinheiten 250 NZ$; 📶) Der Garten dieses Hauses mit Blick auf den herrlichen Medlands Beach eignet sich wunderbar zum Chillen. Die Unterkunft für Backpacker ist schlicht, auch die kleine, etwas separate Hütte mit Doppelbett für romantische Budgetreisende. Die Selbstversorgerhäuser bieten Platz für bis zu sieben Personen.

Crossroads Lodge HOSTEL $
(☎09-429 0889; www.xroadslodge.com; 1 Blind Bay Rd; B/EZ/DZ 30/50/75 NZ$; @📶) Die unscheinbare Backpacker-Unterkunft liegt 2 km vom Flugplatz entfernt und in der Nähe von Waldwanderwegen und heißen Quellen. Überdachte Laufgänge verbinden die Unterkunftsblöcke mit dem Haupthaus, in dem Küche, Lounge und Badezimmer untergebracht sind.

Aotea Lodge APARTMENT $$
(☎09-429 0628; www.aotealodge.com; 41 Medland Rd; Wohneinheit 120–220 NZ$; 📶) Die nicht zu teuren Häuschen stehen in einem sehr gepflegten, sonnigen Garten auf dem Hügel über Tryphena. Das Angebot reicht von einem Haus mit zwei Schlafzimmern bis zu einer sehr ungewöhnlichen Wohnung mit Zwischengeschoss und jeder Menge Stockbetten. Allen gemeinsam ist eine eigene Küche.

Shoal Bay Lodge FERIENHAUSE $$
(☎09-429 0890; www.shoalbaylodge.co.nz; 145 Shoal Bay Rd; Haus ab 160 NZ$) Das Haus inmitten von Bäumen mit drei Schlafzimmern bietet Meerblick, Vogelgesang und Sonnenenergie. Mit einem Glas Wein auf der Veranda ist der Sonnenuntergang noch mal so schön.

Sunset Waterfront Lodge MOTEL $$
(☎09-429 0051; www.sunsetlodge.co.nz; 5 Mulberry Grove Rd; Lodges ab 195 NZ$) Von den hübschen Apartments schweift der Blick über den Rasen aufs Meer. Eines der beiden Schlafzimmer in den Nurdachhäusern ist direkt unter dem Dach. Nebenan befinden sich ein kleiner Laden und ein Café.

Essen

Im Sommer sind die meisten Restaurants täglich geöffnet, aber ansonsten oft nur sporadisch. Auf www.thebarrier.co.nz werden jeden Monat die aktuellen Öffnungszeiten veröffentlicht, aber es empfiehlt sich, vor dem Ausgehen vorher anzurufen.

Für Selbstversorger gibt es kleine Läden in Tryphena, Claris, Whangaparapara und Port Fitzroy. Der **Stonewall Store** (☎09-

429 0451; 82 Blackwell Dr; ⏲ 8.30–17.30 Uhr) in Tryphena hat eine gute Auswahl an Wein, Bier und regionalen Erzeugnissen und hält auch samstagvormittags ab 10 Uhr einen kleinen Markt ab. Die besten Hamburger und Pommes frites gibt's im **Hub**, einem Holzschuppen am Hafen in Port Fitzroy.

Wild Rose CAFÉ **$$**
(☎ 09-429 0905; 82 Blackwell Dr; Hauptgerichte 11–21 NZ$; ⏲ Mi–Sa 7.30–15, So 9–15 Uhr;) Das Café sorgt für Aucklander Flair auf der Insel und bietet zudem getoastete Sandwiches und Burger, für die nach Möglichkeit nur Zutaten aus Bio-Anbau, nachhaltiger Landwirtschaft und Freilandhaltung in der Region verwendet werden.

Currach Irish Pub KNEIPENESSEN **$$**
(☎ 09-429 0211; www.currachirishpub.co.nz; 78 Blackwell Dr; Hauptgerichte 19–30 NZ$; ⏲ Dez.–Feb. tgl. 16 Uhr–open end, März–Nov. Do–Di;) Auf der oft wechselnden Speisekarte des lebhaften, kinderfreundlichen Pubs stehen Meeresfrüchte, Steaks und Hamburger. Hier trifft sich die ganze Insel und an manchen Abenden jammen hier lokale Musiker.

Tipi & Bob's KNEIPENESSEN **$$$**
(☎ 09-429 0550; www.waterfrontlodge.co.nz; 38 Puriri Bay Rd; Frühstück 16–20 NZ$, abends 34–40 NZ$; ⏲ 7.30–10 & 17–22 Uhr) In dem beliebten Lokal mit einladender Veranda zum Hafen raus werden sättigende Gerichte in großen Portionen serviert. Preisgünstigeres Essen gibt's in der Bar.

ℹ Praktische Informationen

Im Büro von GBI Rent-A-Car (s. rechts) in Claris befindet sich ein Informationsstand.

Port Fitzroy Information Kiosk (☎ 09-429 0848; www.thebarrier.co.nz; ⏲ Mo–Sa 9–15 Uhr) Eine privat geführte Information, die auch den *Great Barrier Island Visitor Information Guide* herausgibt.

Claris Texas (☎ 09-429 0811; 129 Hector Sanderson Rd; ⏲ 8–16 Uhr;) Das Café hat Internetzugang.

ℹ An- & Weiterreise

FLUGZEUG

Barrier Air (☎ 0800 900 600, 09-275 9120; www.barrierair.kiwi; Erw./Kind ab 114/96 NZ$) Fliegt 42-mal pro Woche vom Auckland Domestic Airport und vom North Shore Aerodrome nach Claris; der Flug dauert 30 Minuten. Flüge von Auckland nach Okiwi und von Claris nach Whitianga oder Tauranga sind auf Anfrage möglich.

FlyMySky (☎ 09-256 7025, 0800 222 123; www.flymysky.co.nz; Erw./Kind ab 118/91 NZ$) Fliegt mindestens dreimal täglich zwischen Claris und Auckland. Günstiger ist es, sonntags auf die Insel zu fliegen oder freitags wieder abzureisen (89 NZ$). Besonders preiswert sind Hin- und Rückfahrt, wenn eine Strecke mit dem Flugzeug und die andere mit der Fähre zurückgelegt wird (Erw./Kind 193/140 NZ$).

Sunair (☎ 0800 786 247; www.sunair.co.nz; einfach 150–190 NZ$) Fliegt täglich von Whitianga (130 NZ$), Tauranga (190 NZ$) und Hamilton (190 NZ$) sowie zweimal täglich vom Ardmore Airport in Papakura in Süd-Auckland (130 NZ$) nach Claris.

SCHIFF/FÄHRE

SeaLink (☎ 09-300 5900, 0800 732 546; www.sealink.co.nz; Erw./Kind/Auto einfach 79/58/275 NZ$, hin & zurück 100/79/340 NZ$) Die Autofähren verkehren an vier Tagen in der Woche vom Wynyard Wharf in Auckland zur Shoal Bay in Tryphena (4½ Std.) und einmal pro Woche nach Port Fitzroy (5 Std.).

ℹ Unterwegs vor Ort

Die meisten Straßen sind schmal und kurvenreich, aber selbst mit kleinen Mietwagen sind die unbefestigten Streckenabschnitte gut zu bewältigen. Wer keinen Wagen zur Verfügung hat, kann bei vielen Unterkünften auch eine Abholung am Flughafen oder am Fähranleger vereinbaren.

Aotea Car Rentals (☎ 0800 426 832; www.aoteacarrentals.co.nz; Mulberry Grove) vermietet Autos (ab 60 NZ$), Geländewagen (ab 80 NZ$) und Kleinbusse (ab 99 NZ$). Kunden dieser Autovermietung können darüber hinaus kostenlos den Service von Great Barrier Travel nutzen.

GBI Rent-A-Car (☎ 09-429 0062; www.greatbarrierisland.co.nz; 67 Hector Sanderson Rd) Die angebotenen Autos ab 40 NZ$ und Geländewagen ab 70 NZ$ sind schon etwas älter und klappriger. Außerdem betreibt die Gesellschaft auch einen Shuttle-Verkehr von Claris nach Tryphena (20 NZ$), Medlands (15 NZ$), Whangaparapara (20 NZ$) und Port Fitzroy (30 NZ$, mind. 4 Pers.) sowie weitere Shuttle-Dienste. Einzelne Fahrgäste bezahlen eine Grundgebühr von 5 NZ$. Der Shuttle-Bus muss telefonisch gebucht werden.

Great Barrier Travel (☎ 09-429 0474, 0800 426 832; www.greatbarriertravel.co.nz; Fahrkarten ab 10 NZ$) Bietet Shuttles auf der Strecke Tryphena–Claris (mit Anschlüssen zu Flugzeugen und Fähren) und einen Shuttle von Tryphena nach Port Fitzroy mit Haltestellen an den Ausgangspunkten vieler Wanderwege. Man sollte vorher unbedingt anrufen, um die genauen Fahrzeiten abzuklären und die entsprechende Fahrt zu buchen.

WESTLICH VON AUCKLAND

Das Gebiet westlich von Auckland ist der Inbegriff rauer Natur. Hier gibt es wilde Strände mit schwarzem Sand, von Gestrüpp durchzogene Gebirgsketten und typische „Westies" mit Vokuhila-Frisur und schwarzen T-Shirts. Sie verkörpern aber nur eines von mehreren Klischees, die es von den Einwohnern dieser Gegend gibt. Andere sind die Hippies, die zurück zur Natur möchten, die exzentrischen, unkonventionellen Künstler und die kiffenden Surfertypen. Eines haben sie alle gemeinsam: Sie bevorzugen ein einfaches Leben am Rand der Wildnis.

Zu dieser bunten Bevölkerungsmischung kommen noch die kroatischen Immigranten hinzu, denen die fruchtbaren Felder am Fuß der Waitakere Ranges den Spitznamen „Dallie Valley" verdanken (so genannt nach der dalmatinischen Küste, von der die meisten von ihnen stammen). Diese Pionierfamilien pflanzten nach ihrer Ankunft erste Rebstöcke und produzierten ihren eigenen Wein, womit sie den Grundstein legten für einen der größten und wichtigsten Industriezweige Neuseelands.

Titirangi

3200 EW.

Das kleine Dorf markiert das Ende der Vororte von Auckland und ist ein guter Ort, um bei einem Kaffee, einem Wein oder einem kühlen Bier alle Klischees zu begutachten. Hier lebte einst Neuseelands größter moderner Maler Colin McCahon, und das Dorf verbreitet immer noch eine künstlerische Atmosphäre. Titirangi bedeutet „Himmelsrand" – ein wahrlich passender Name für das Tor zu den Waitakere Ranges. Hier hat man letztmals die Möglichkeit zum Tanken und zum Geldabheben auf dem Weg Richtung Westen.

Sehenswertes

Te Uru Waitakere Contemporary Gallery GALERIE

(☎ 09-817 8087; www.teuru.org.nz; 420 Titirangi Rd; ⏲ 10–16.30 Uhr) GRATIS Eine hervorragende Galerie für Gegenwartskunst im ehemaligen Hotel Titirangi (1930) am Rand des Dorfs. Eine umfangreiche Restaurierung und die Ergänzung eines modernen Anbaus ließen die Pracht des traditionellen Gebäudes noch mehr erstrahlen.

McCahon House MUSEUM

(☎ 09-817 7200; www.mccahonhouse.org.nz; 67 Otitori Bay Rd, French Bay; Eintritt 5 NZ$; ⏲ Mi–So 13–16 Uhr) Es ist ein Zeichen von Wertschätzung, die Colin McCahon entgegengebracht wird: In diesem Haus, das als Mini-Museum der Öffentlichkeit zugänglich gemacht wurde, lebte und malte der Künstler in den 1950er-Jahren. Im schicken modernen Gebäude nebenan wohnt ein Künstler, der das Glück hatte, die McCahon Arts Residency zu gewinnen: Er kann sich hier ein Jahr lang ungestört seinem Schaffen widmen. Wie man dahin kommt? Einfach kurz vor dem Dorf Titirangi nach dem Wegweiser in der Park Road Ausschau halten.

An- & Weiterreise

Verschiedene Buslinien verkehren zwischen Titirangi und dem Zentrum Aucklands (6,50 NZ$, 1 Std.).

Waitakere Ranges

Diese 160 km² große Wildnis war bis Mitte des 19. Jhs. mit Kauribäumen bewachsen, bis die meisten dieser Riesen der Holzindustrie zum Opfer fielen. Einige Gruppen von Kauri- und anderen einheimischen Bäumen konnten im dichten Buschwerk des sich wieder erholenden Regenwaldes allerdings überleben, der mittlerweile im Waitakere Ranges Regional Park geschützt ist. Die raue Natur des Parks wird im Westen von den wunderschön wilden Stränden der Tasmansee begrenzt und ist ein ausgezeichnetes Ziel für einen lohnenswerten Tagesausflug von Auckland aus.

Sehenswertes & Aktivitäten

Arataki KULTURZENTRUM

(☎ 09-817 0077; www.aucklandcouncil.govt.nz; 300 Scenic Dr; ⏲ 9–17 Uhr) GRATIS Neben vielen Informationen zu den insgesamt 250 km langen Wanderwegen im Waitakere Ranges Regional Park hat das eindrucksvolle Zentrum auch Māori-Schnitzereien und spektakuläre Aussichten zu bieten. Die Schnitzwerke am Eingang stellen die Vorfahren des Kawerau *iwi* dar. Hier können auch Plätze auf mehreren einfachen Campingplätzen innerhalb des Parks gebucht werden (Erw./Kind 8/4 NZ$). Ein 1,6 km langer Naturlehrpfad gegenüber dem Zentrum führt die Besucher zu beschrifteten einheimischen Pflanzenarten, darunter auch alte Kauri-Bäume.

Hillary Trail WANDERN
(www.aucklandcouncil.govt.nz) Das Arataki Visitor Centre ist Startpunkt des anspruchsvollen, 70 km langen Wanderwegs, der nach dem Erstbesteiger des Mount Everest, Sir Edmund Hillary, benannt ist. Er kann in mehreren einzelnen Etappen oder aber komplett innerhalb von vier bis sechs Tagen mit Übernachtungen auf den Campingplätzen gegangen werden.

Der Weg führt zunächst nach Huia an der Küste und dann weiter nach Whatipu, Karekare, Piha und Anawhata. Von dort kann man entweder an der Küste entlang nach Te Henga und Muriwai wandern oder durch den Busch in den Cascades Kauri Park und die Wanderung am Bahnhof von Swanson beenden.

Zu den weiteren bekannten Wanderwegen im Waitakere Ranges Regional Park gehören der **Kitekite Track** (1,8 km, einfache Strecke 30 Min.), der **Fairy Falls Track** (3,2 km, einfache Strecke 1½ Std.) und der **Auckland City Walk** (1,5 km, Rundweg 1 Std.).

AWOL Canyoning ABENTEUERSPORT
(☎ 09-834 0501; www.awoladventures.co.nz; ⏲ Halbtages-/Tagestour 165/195 NZ$) Der Veranstalter bietet zahllose glitschige, rutschige und vor allem nasse Touren in den Piha Canyon und den Blue Canyon an sowie nächtliche Ausflüge im Licht von Glühwürmchen (185 NZ$). Der Transfer von Auckland ist im Preis inbegriffen.

ℹ An- & Weiterreise

Die Bahnlinie nach Westen von Auckland aus endet in Swanson, knapp 1 km vom Nordwestrand des Regionalparks. Allerdings ist das sehr weit von den Hauptattraktionen des Parks entfernt. Durch den Hauptteil des Parks gibt es keine Busverbindungen.

Karekare

Nur wenige Sandstreifen haben mehr Charakter als Karekare. Wer anfällig ist für metaphysische Grübeleien, wird unweigerlich auf Beschreibungen wie „spirituell" und „nachdenklich" zurückgreifen. Wahrscheinlich hat die Geschichte hier einen Abdruck hinterlassen: 1825 gab es an diesem Ort ein unbarmherziges Massaker durch Eindringlinge der Ngāpuhi an dem einheimischen Kawerau-*iwi*. Der berühmte Strand ist wild und traumhaft unerschlossen und diente schon als Drehort sowohl für hochintellektuelle als auch für wenig anspruchsvolle Filme – vom Oscar-Gewinner *Das Piano* bis hin zur TV-Serie *Xena – Die Kriegerprinzessin*.

Der schnellste Weg vom Parkplatz zum schwarzsandigen Strand führt durch einen Bach. Karekare gehört zu den gefährlichsten Stränden des Landes, es gibt eine starke Unterströmung, die völlig unvorhersehbar ihre Richtung ändert. Man darf also nicht einmal daran denken, hier schwimmen zu gehen, außer wenn der Strand von Rettungsschwimmern bewacht wird (was normalerweise aber nur im Sommer der Fall ist). Eddie Vedder, der Sänger von Pearl Jam, ist hier beinahe ertrunken, als er die Hütte von Neil Finn in Karekare besuchte.

Folgt man der Straße über die Brücke und läuft 100 m weit die Lone Kauri Road hinauf, kommt man an einen kurzen Weg, der zu den hübschen **Karekare Falls** führt. An diesem grünen Picknickplatz beginnen verschiedene Wanderwege.

In Karekare gibt es keine erwähnenswerten Läden und auch keine öffentlichen Verkehrsmittel. Um hierher zu gelangen, nimmt man den Scenic Drive und die Piha Road, bis zur gut beschilderten Abzweigung zur Karekare Road.

Piha

Sieht man einen Surfertypen aus Auckland, dessen Blick in die Ferne schweift, träumt er wahrscheinlich gerade von Piha ... Dieser wunderschön schroffe Strand mit Quarzsand war lange Zeit sehr beliebt bei allen, die dem Stress der Großstadt entfliehen wollten – entweder auf einem Tagesausflug, einer Teenie-Wochenendparty oder beim gemütlichen Familienurlaub.

Trotz seiner Beliebtheit ist Piha auch unglaublich gefährlich. Die wilde Brandung und die starke Unterströmung führten sogar zu einer populären eigenen Reality Show namens *Piha Rescue*. Wer nicht aus Versehen darin mitspielen will, sollte immer nur zwischen den Fahnen schwimmen. Dort können die Rettungsschwimmer denjenigen helfen, die in Schwierigkeiten geraten.

Piha ist zwar größer und dichter bevölkert als das benachbarte Karekare, aber trotzdem gibt es auch hier keinen Supermarkt, keine Bank und keine Tankstelle. Allerdings steht Besuchern ein kleiner Kramladen zur Verfügung, der auch als Café, Takeaway und Post dient.

Sehenswertes & Aktivitäten

Wenn man die Piha Road hinunterfährt, ist der Blick auf die Küste einfach spektakulär. In der Nähe der Strandmitte steht der **Lion Rock** (101 m), dessen „Mähne" in der Abendsonne golden glänzt. Der Fels ist eigentlich der ausgewaschene Kern eines alten Vulkans und war ein *pa* der Māori. Ein Pfad am südlichen Ende des Strandes führt zu einigen großartigen Aussichtspunkten. Bei Ebbe kann man in südlicher Richtung am Strand entlanggehen und der Brandung dabei zusehen, wie sie durch eine Schlucht auf einen weiteren großen Felsen mit dem Namen **Camel** zuschießt. Noch etwas weiter weg krachen die Wellen durch den **Gap** und verflachen sich zu einem sicheren Schwimmbecken. Am nördlichen Ende des Strandes nistet eine kleine Kolonie von Zwergpinguinen.

Surfboards können im Piha Store (s. rechts) und im Piha Surf Shop ausgeliehen werden (s. rechts).

Schlafen & Essen

★ Piha Beachstay – Jandal Palace HOSTEL $
(☎ 09-812 8381; www.pihabeachstay.co.nz; 38 Glenesk Rd; B/EZ 35/70 NZ$, DZ 120 NZ$, ohne Bad 80 NZ$; @) Die Lodge aus Holz und Glas bietet schicke Einrichtungen und liegt 1 km vom Strand entfernt. Am unteren Ende des Grundstücks plätschert ein Bach, in der Nähe führen Pfade durch den Busch. Im Winter sorgt ein Kaminfeuer im großen Aufenthaltsraum für Wärme und Behaglichkeit.

Piha Surf Accommodation HÜTTEN $
(☎ 09-812 8723; www.pihasurf.co.nz; 122 Seaview Rd.; Wohnwagen & Hütten 60–90 NZ$) Jeder der einfachen, aber recht charmant gealterten Wohnwagen ist mit Bettwäsche, TV, Kühlschrank, einem Kocher und einem Plumpsklo versehen; alle teilen sich die einfache Dusche. Die Hütten sind gemütlicher, nutzen aber ebenfalls das spartanische Bad.

Black Sands Lodge APARTMENT $$
(☎ 021 969 924; www.pihabeach.co.nz; Beach Valley Rd; Hütte 160 NZ$, Apt. 220–260 NZ$;) Die beiden modernen, zusammenhängenden Apartments mit jeweils eigener Veranda haben nicht nur eine erstklassige Lage, sondern auch nette Details wie Stereoanlagen und DVD-Player. Die Hütte ist wie ein neuseeländisches Ferienhäuschen der 1950er-Jahre ausgestattet; das Gemeinschaftsbad befindet sich im Haupthaus. Fahrräder und WLAN sind für Gäste kostenlos, auf Wunsch werden auch Massagen und ein reichhaltiges Abendessen geboten.

Piha Store BÄCKEREI $
(☎ 09-812 8844; 26 Seaview Rd; Snacks 2–10 NZ$; ⏲ 7.30–17.30 Uhr) Im Angebot sind Torten und andere Backwaren sowie Lebensmittel und Eiscreme. Der zugehörige Lion Rock Surf Shop verleiht Surfbretter und Bodyboards.

Piha Cafe CAFÉ $$
(☎ 09-812 8808; www.pihacafe.com; 20 Seaview Rd; Hauptgerichte 14–27 NZ$; ⏲ Mo–Mi 8.30–15.30, Do–Sa bis 22, So bis 17 Uhr) In diesem hübschen, umweltfreundlichen Café verbinden sich nahtlos Großstadtstandard und barfüßige Lässigkeit. Warmes Frühstück und knusprige Pizza stärken für einen anstrengenden Tag auf dem Surfbrett. Nach dem Surfen gibt es dann ein kühles Getränk auf der Veranda.

Shoppen

Piha Surf Shop OUTDOOR-AUSRÜSTUNG
(☎ 09-812 8723; www.pihasurf.co.nz; 122 Seaview Rd; ⏲ 8–17 Uhr) In dem Familienbetrieb verkauft der bekannte Surfbrett-Designer Mike Jolly seine Surfersachen und seine Frau Pam eine kleine Auswahl an Kunsthandwerk. Es werden auch Surfbretter (pro 3 Std./Tag 25/35 NZ$), Neoprenanzüge (8/15 NZ$) und Bodyboards (15/25 NZ$) verliehen, auf Wunsch auch Surfunterricht organisiert.

West Coast Gallery KUNST, KUNSTHANDWERK
(☎ 09-812 8029; www.westcoastgallery.co.nz; Seaview Rd; ⏲ 10–17 Uhr) Die Werke von über 200 einheimischen Künstlern werden in dieser kleinen, gemeinnützigen Galerie neben der Feuerwache Pihas verkauft.

An- & Weiterreise

Nach Piha fahren keine öffentlichen Verkehrsmittel, aber **Rapu** (☎ 09-828 0426; www.rapuadventures.com; hin & zurück 50 NZ$) sorgt für einen Shuttle-Service für Surfer. **Go Hitch** (☎ 0800 467 442; www.gohitch.co.nz; bis zu 3 Pers. 300 NZ$) betreibt am Wochenende ebenfalls einen Shuttle-Service vom Zentrum Aucklands und von Ponsonby nach Piha.

Te Henga (Bethells Beach)

Der atemberaubende Bethells Beach lässt sich über die Tenga Road am nördlichen

Ende des Scenic Drive erreichen. Der ursprüngliche schwarze Sandstrand bietet eine tolle Brandung, Dünen und Wanderwege, beispielsweise die beliebte Wanderung über Riesendünen zum Lake Wainamu (Ausgangspunkt an der Brücke beim Zugang zum Strand).

Essen

Bethells Cafe HAMBURGER, PIZZA $
(☎09-810 9387; www.facebook.com/thebethellscafe; Strandparkplatz; Hauptgerichte 12–17 NZ$; ⌚Nov.–Mai Fr 17.30–21.30, Sa & So 10–18 Uhr, Juni–Okt. So 10–18 Uhr) Das Bethells ist weniger ein Café, sondern vielmehr ein Imbisswagen mit Markise und es macht ein glänzendes Geschäft mit Hamburgern (Rindfleisch und vegetarisch), Pizza, Kuchen und Kaffee. An Freitagabenden herrscht hier eine ziemlich perfekte Kiwi-Strandszenerie: Musiker unterhalten die Erwachsenen, während die Kids über die Sanddünen toben. Hier gibt es auch Infos zum Luxuscampen in der Nähe.

Kumeu & Umgebung

Im wichtigsten Weinbaugebiet West-Aucklands gibt es noch einige Weingüter, die ursprünglich von kroatischen Familien gegründet wurden; sie brachten die Weinindustrie Neuseelands erst in Schwung. Die schicken Speiselokale, die in den letzten Jahren wie Pilze aus dem Boden geschossen sind, haben dem rustikal-ländlichen Flair dieser Region kaum Abbruch getan und bieten sich auf dem Rückweg vom Strand oder von den Thermalbädern an, um einen gemütlichen Nachmittag zu verbringen. Die meisten Verkostungen in den Weinkellern hier sind kostenlos.

Aktivitäten

Kumeu River WEINGUT
(☎09-412 8415; www.kumeuriver.co.nz; 550 SH16; ⌚Mo–Fr 9–16.30, Sa 11–16.30 Uhr) Das Weingut im Besitz der Familie Brajkovich produziert neben anderen Sorten einen der besten Chardonnays Neuseelands.

Coopers Creek WEINGUT
(☎09-412 8560; www.cooperscreek.co.nz; 601 SH16, Huapai; ⌚10.30–17.30 Uhr) Man kauft sich eine Flasche Wein, macht ein Picknick im schönen Garten und genießt (von Januar bis Ostern) eine Jazz-Session am Sonntagnachmittag.

TÖLPEL AUF GROSSER TOUR

Wenn die jungen Tölpel flügge geworden sind, erhalten sie die große Chance, ihre Flugkünste auszuprobieren – auf einem 2000 km langen Flug nach Australien. Dort tummeln sie sich dann mehrere Jahre, bevor sie wieder zurückkehren und diese Reise nie wieder antreten. Sobald sie in der Heimat eingetroffen sind, warten die Tölpel einige Jahre, bis ein Platz am Wasser in der Kolonie frei geworden ist, um sich mit einem festen Partner zum Nisten niederzulassen; und zwar jedes Jahr auf demselben Fleckchen. Anders ausgedrückt: Sie sind typische junge Neuseeländer auf Erlebnistour in Übersee.

Essen & Ausgehen

Tasting Shed TAPAS $$
(☎09-412 6454; www.thetastingshed.co.nz; 609 SH16, Huapai; Gerichte 14–26 NZ$; ⌚Mi & Do 16–22, Fr–So 12–23 Uhr) Das schicke Restaurant auf dem Land mit passender rustikaler Einrichtung serviert köstliche Gerichte, die ideal zum Teilen sind. Auf der Speisekarte stehen nicht nur Tapas und andere spanische Spezialitäten, sondern auch Köstlichkeiten aus Asien, dem Nahen Osten, Kroatien, Serbien, Italien und Frankreich.

Hallertau BRAUEREI
(☎09-412 5555; www.hallertau.co.nz; 1171 Coatesville-Riverhead Hwy, Riverhead; ⌚11–24 Uhr) Im Hallertau werden Probiergläser (14 NZ$) des hauseigenen Craft Beer auf einer weinumrankten Terrasse am Restaurant serviert. Weitere Biere anderer Brauereien, gutes Essen (Gemeinschaftsteller 11–15 NZ$, Hauptgerichte 24–31 NZ$) und gelegentlich DJs und Livemusik an Wochenenden sorgen dafür, dass die Kneipe außerordentlich beliebt ist bei den Bierfans von Auckland.

Riverhead PUB
(☎09-412 8902; www.theriverhead.co.nz; Ecke Queen & York St, Riverhead; ⌚11 Uhr bis open end) Ein Drink auf der herrlichen Terrasse im Schatten von Eichen und mit Blick auf den Fluss macht dieses Hotel von 1857 zu einem unvergesslichen Erlebnis, selbst wenn die Speisekarte (Hauptgerichte 26–36 NZ$) dem Anspruch eines Gastro-Pubs nicht ganz gerecht wird.

Ein schöner Tagesausflug ist eine Bootsfahrt (S. 87) von der Stadt zum eigenen Bootsanleger des Pubs.

An- & Weiterreise

Kumeu liegt vom Zentrum Aucklands 25 km über den Northwestern Motorway (SH16) entfernt. Die Busse nach Helensville (Linie 60) fahren von der 105 Albert Street hierher, (Erw./Kind 8,50/5 NZ$, 1 Std.), aber für die Gegend selbst ist ein Auto oder Fahrrad nötig.

Muriwai Beach

Der Strand mit schwarzem Sand und starker Brandung ist vor allem für die große **Tölpelkolonie des Takapu Refuge** bekannt, das sich über den ganzen Süden der Landzunge und die vorgelagerten Felsen erstreckt. Von den Aussichtsplattformen kann man die faszinierenden Tiere gut beobachten (und riechen). Jedes Jahr im August kehren die erwachsenen Vögel hierher zurück, um ihre Partner wiederzutreffen und sich an die Arbeit zu machen. Es werden ausgiebig Hälse aneinandergerieben, es wird geschnäbelt und gekuschelt. Dabei kommt in jeder Brutsaison aber nur ein einziges Küken heraus. Diese sind im Dezember oder Januar dann so weit, dass sie flügge werden und sich in die Welt hinaus wagen.

In der Nähe des Schutzgebiets führen ein paar kurze Wanderwege durch das schöne Waldgebiet zu einem Aussichtspunkt, von dem man den ganzen 60 km langen Strand überblickt. Wegen der starken Brandung und trügerischen Strömungen sollte man hier nur ins Wasser gehen, wenn der Strand überwacht ist und auch nur innerhalb der Fahnen schwimmen. Abgesehen vom Surfen ist der Muriwai Beach auch sehr beliebt zum Drachen- und Gleitschirmfliegen, Kitesurfen und Reiten. Es gibt hier auch Tennisplätze, ein Golfplatz und ein Café mit Imbiss.

Helensville

2600 EW.

Ein paar historische Gebäude, Antiquitätenläden und Cafés machen das dörfliche Helensville zu einem netten Zwischenstopp für Autofahrer auf dem SH 16 nach Norden.

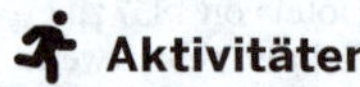

Aktivitäten

Tree Adventures OUTDOOR
(☎0800 827 926; www.treeadventures.co.nz; Restall Rd, Woodhill; Kurse 17–42 NZ$; ⌚Sa & So 10–17 Uhr) Mehrere Hochseilstrecken im Woodhill Forest mit schwingenden Rundhölzern, Netzen, Schwebebalken, Tarzanschaukeln und einer Seilrutsche.

Woodhill Mountain Bike Park MOUNTAINBIKEN
(☎027 278 0969; www.bikepark.co.nz; Restall Rd, Woodhill; Erw./Kind 8/6 NZ$, Fahrradverleih ab 30 NZ$; ⌚Do–Di 8–17.30, Mi 8–22 Uhr) Hat viele anspruchsvolle Pfade (einschließlich Sprungschanzen und Balken) im Woodhill Forest, 14 km südlich von Helensville.

Parakai Springs SCHWIMMEN, SPA
(☎09-420 8998; www.parakaisprings.co.nz; 150 Parkhurst Rd; Erw./Kind 22/11 NZ$; ⌚10–21 Uhr) Die Aucklander fahren mit ihren gelangweilten Kindern an nassen, kalten Tagen nach Parakai, 2 km nordwestlich von Helensville – eine preiswerte Alternative zu Waiwera. Es gibt hier große Swimmingpools mit warmem Thermalwasser, private Spas (je 30 Min. pro Pers. 5 NZ$) und ein paar Wasserrutschen.

Praktische Informationen

Visitor Information Centre (☎09-420 8060; www.helensville.co.nz; 5 Commercial Rd; ⌚Mo–Sa 10–16 Uhr) Befindet sich im Art Stop Cafe und hat kostenlose Broschüren zum *Helensville Heritage Trail* und *Helensville Riverside Walkway*.

An- & Weiterreise

Die Buslinie 60 fährt von der 105 Albert Street im Zentrum Aucklands nach Helensville (11 NZ$, 1½ Std.).

NORD-AUCKLAND

Der Großraum Auckland erstreckt sich von der Innenstadt 90 km nach Norden bis kurz hinter Wellsford, wo der SH 16 auf den SH 1 trifft. Im halb ländlichen Gebiet nördlich des Ballungsraums von Auckland sind herrliche Strände, Regionalparks, Wanderwege, idyllische Dörfer und Weingüter zu entdecken. Außerdem gibt es hervorragende Bedingungen zum Kajakfahren, Schnorcheln und Tauchen. All das lohnt einen Tagesausflug von Auckland oder als Zwischenstopp auf der Reise nach Norden.

Long Bay Regional Park

Die Long Bay ist die nördlichste von Aucklands East Coast Bays und ein schöner Ort für ein Familienpicknick und zum Schwimmen. Über das Jahr verteilt kommen über 1 Mio. Besucher hierher. Eine dreistündige Küstenwanderung (hin & zurück) führt nach Norden vom Sandstrand zum Okura River, vorbei an den abgeschiedenen Buchten Grannys Bay und Pohutukawa Bay (beliebt bei FKK-Fans).

An- & Weiterreise

Vom Mayoral Drive in der Stadt fahren regelmäßig Busse nach Long Bay (Erw./Kind 8/4,50 NZ$, 1 Std.). Autofahrer verlassen den Northern Motorway über die Ausfahrt Oteha Valley Road Richtung Browns Bay und folgen der Ausschilderung.

Shakespear Regional Park

Die Halbinsel Whangaparaoa, die sich kurz vor Orewa ins Meer erstreckt, ist eine dicht bebaute Landzunge mit einer beachtlichen südafrikanischen Expat-Gemeinde. Dieser hinreißende, 376 ha große Regionalpark befindet sich an ihrer Spitze und ist durch einen 1,7 km langen Zaun vor Schädlingen geschützt.

Schafe, Kühe, Pfauen und Purpurhühner trotten über die grasbewachsene Landzunge, und die von Eisenholzbäumen gesäumte **Te Haruhi Bay** bietet schöne Ausblicke auf die Inseln im Golf und die Stadt. Auf Wanderwegen von 40 Minuten bis zwei Stunden Länge können der Wald, Geschützstellungen aus dem Zweiten Weltkrieg, Māori-Stätten und Aussichtspunkte erkundet werden. Wem der Abschied von hier schwer fällt, der kann sich für ein paar Tage auf einem idyllischen **Campingplatz** (☎09-366 6400; www.aucklandcouncil.govt.nz; Platz pro Erw./Kind 15/6 NZ$) am Strand mit WCs und kalten Duschen einquartieren.

An- & Weiterreise

Es ist möglich, mit dem Bus ab der Albert Street auf einer kurvenreichen, 1½-stündigen Fahrt hierher zu fahren (Erw./Kind 11/6,50 NZ$). Eine Alternative ist die 50-minütige Fahrt mit der Fähre von **360 Discovery** (☎09-307 8005; www.fullers.co.nz; Erw./Kind 14/8,40 NZ$) nach Gulf Harbour, eine „Spielzeugstadt" aus harmonierenden Stadthäusern, einem Jachthafen, Countryclub und Golfplatz. Im Büro der Reederei kann man sich nach Bussen und Taxis zur Weiterfahrt erkundigen. Ansonsten sind die restlichen 3 km zum Park auch zu Fuß oder mit dem Fahrrad zu bewältigen. Die Fähre ist ebenfalls eine gute Alternative für Radfahrer, die sich die langweilige Strecke von Auckland her ersparen wollen, da Fahrräder umsonst transportiert werden.

WELCHE STRASSE?

Von Auckland umfährt der mehrspurige Northern Motorway (SH 1) Orewa und Waiwera über die Mautstraße Northern Gateway Toll Road. Dadurch lassen sich etwa zehn Minuten einsparen, vorausgesetzt, man bezahlt die Maut online bei der **NZ Transport Agency** (☎0800 40 20 20; www.tollroad.govt.nz; pro Auto & Motorrad 2,30 NZ$), entweder im Voraus oder innerhalb von fünf Tagen, anstatt sich an der Mautstation in die Schlange einzureihen.

Zwischen Weihnachten und Neujahr ist die SH1 Richtung Norden zwischen der Mautstraße und Wellsford oft fürchterlich verstopft; eine vernünftige Alternative ist die SH16 durch Kumeu und Helensville. Das gilt auch für die ersten Tage nach Neujahr Richtung Süden.

Orewa

7400 EW.

Die Einheimischen befürchten, dass sich Orewa in Neuseelands Pendant zur Gold Coast von Queensland in Australien verwandelt. Aber wenn sie nicht damit anfangen, Rentner zu exportieren und sie durch Parkwächterinnen in Bikinis zu ersetzen, wird das wohl kaum passieren. Der Ort ist trotzdem sehr bebaut und es schießen immer mehr hohe Apartmenthäuser aus dem Boden.

Sehenswertes & Aktivitäten

Orewa Beach STRAND

Der 3 km lange Sandstrand ist die eigentliche Hauptattraktion von Orewa. Da er im Hauraki Gulf liegt, ist er vor der Brandung geschützt, aber er wird dennoch in der Hochsaison von Rettungsschwimmern überwacht.

Millennium Walkway WANDERN

Der 8 km lange Rundweg beginnt an der South Bridge. Er führt durch verschiedene Parks und dann am Strand entlang wieder zurück; er ist mit blauen Wegmarkierungen gekennzeichnet.

ABSTECHER

TE HANA TE AO MARAMA

In ganz Neuseeland sind in den Hügeln die Terrassen vieler historischer *pa* (Festungsdörfer) zu sehen. Aber wer einen Eindruck gewinnen möchte, wie diese Māori-Dörfer tatsächlich aussahen, sollte an einer Führung durch das nachgebaute *pa* **Te Hana Te Ao Marama** (☎ 09-423 8701; www.tehana.co.nz; 307-308 SH1, Te Hana; Erw./Kind 28/17 NZ$; ⏲ Mi–So 9–17 Uhr) teilnehmen, die am besten vorher gebucht werden sollte.

Snowplanet WINTERSPORT
(☎ 09-427 0044; www.snowplanet.co.nz; 91 Small Rd, Silverdale; Tageskarte Erw./Kind 66/47 NZ$; ⏲ So–Do 10–22, Fr & Sa 10–24 Uhr) Das ganze Jahr über kann man hier Skifahren, Snowboarden und Schlauchrodeln. Die Skihalle liegt 8 km südlich von Orewa am SH 1.

Schlafen & Essen

Orewa Motor Lodge MOTEL $$
(☎ 09-426 4027; www.orewamotorlodge.co.nz; 290 Hibicus Coast Hwy; Wohneinheit 160–210 NZ$; 📶) Die Anlage ist eines der vielen Motels an der Hauptstraße von Orewa und besteht aus peinlich sauberen Wohneinheiten aus Holz. Einen Whirlpool gibt's auch.

Waves MOTEL $$$
(☎ 09-427 0888; www.waves.co.nz; Ecke Hibiscus Coast Hwy & Kohu St; Wohneinheit ab 185 NZ$; 📶) Die Unterkunft ist wie ein Motel, nur schicker: Die Apartments sind geräumig und die im Erdgeschoss haben Gärten und Whirlpools. Die Anlage ist nur ein paar Meter vom Strand entfernt.

Casablanca MEDITERRAN $$
(☎ 09-426 6818; www.casablancacafenz.co.nz; 336 Hibiscus Coast Hwy; Hauptgerichte 18–32 NZ$; ⏲ 10 Uhr bis open end) Türkische, nordafrikanische und mediterrane Gerichte gibt es in diesem lebaften Café. Die deftigen überbackenen Eier nach maurischer Art bilden eine gute Grundlage für die nächste Etappe auf der Neuseelandreise.

An- & Weiterreise

Es gibt direkte Busverbindungen zwischen Orewa und dem Zentrum Aucklands (Erw./Kind 12/7 NZ$, 1¼ Std.) und Waiwera (Erw./Kind 2,50/1,50 NZ$, 12 Min.).

Waiwera

285 EW.

Das hübsche Dorf an der Flussmündung hat einen tollen Strand, aber die Leute besuchen es vor allem wegen der *wai wera* (heißen Quellen). Das warme, mineralhaltige Wasser sprudelt aus 1500 m Tiefe in die 19 Becken des **Waiwera Thermal Resort** (☎ 09-427 8800; www.waiwera.co.nz; 21 Waiwera Rd; Erw./Kind 30/16 NZ$; ⏲ 9–20 Uhr, an Feiertagen 10–19 Uhr). Es gibt hier verschiedene große Wasserrutschen, Grillplätze, private Whirlpools (40 NZ$) und ein Heilbad. Im „Film-Pool" kann man sich sogar im heißen Wasser liegend einen Film anschauen. Obwohl die Preise Jahr für Jahr ansteigen, sind die Anlagen schon etwas abgenutzt. Dennoch ist das alles ein großes Vergnügen, besonders für Familien.

Der wunderbare, 134 ha große **Wenderholm Regional Park** (☎ 09-366 2000; www.aucklandcouncil.govt.nz; 37 Schischka Rd) zwischen den Flüssen Waiwera und Puhoi besitzt ein vielfältiges Ökosystem, zahllose Vogelarten, Strände und Wanderwege (30 Min. bis 2½ Std.). **Couldrey Homestead** (www.aucklandcouncil.govt.nz; Erw./Kind 5 NZ$/frei; ⏲ Sa & So 13–16 Uhr, Jan.–Ostern tgl.), ein ehemaliges Farmhaus aus den 1860er-Jahren, ist heute ein Museum. Auf dem Campingplatz gibt es nur Leitungswasser und Toiletten, aber die Gemeinde vermietet auch drei komfortable Ferienhäuser.

An- & Weiterreise

Die Buslinie 991X fährt von der Albert Street in Auckland über Orewa nach Waiwera (Erw./Kind 11/6,50 NZ$, 1¼ Std.).

Puhoi

450 EW.

Schmuddelige Cafés und ernste Dichter kann man getrost vergessen – das malerische Dorf ist ein Stück echtes Böhmen. 1863 kamen rund 200 deutschsprachige Einwanderer aus der heutigen Republik Tschechien hierher, um sich im damals dichten Busch anzusiedeln.

Sehenswertes & Aktivitäten

Bohemian Museum MUSEUM
(☎ 09-422 0852; www.puhoihistoricalsociety.org.nz; Puhoi Rd; Erw./Kind 3,50 NZ$/frei; ⏲ Sa & So 12–15 Uhr, Jan.–Ostern tgl.) Das Museum er-

zählt von den einstigen Entbehrungen und dem Durchhaltewillen der böhmischen Pioniere.

Church of Sts. Peter & Paul KIRCHE
(www.holyname.org.nz; Puhoi Rd) Die hübsche katholische Dorfkirche von 1881 beeindruckt mit einem interessanten Tabernakelgemälde (das Original hängt in Böhmen), Buntglasfenstern und Statuen.

Puhoi River Canoe Hire KANUFAHREN
(☎ 09-422 0891; www.puhoirivercanoes.co.nz; 84 Puhoi Rd) Hier kann man sich ein Kajak oder einen Kanadier ausleihen, und zwar entweder nach Stunden (Kajak/Kanu 25/50 NZ$) oder, um vom Dorf aus einen tollen Ausflug 8 km flussabwärts zum Wenderholm Regional Park (einfaches Kajak/Doppelkajak 50/100 NZ$, inkl. Rücktransport) zu unternehmen. Ohne vorherige Buchung geht allerdings gar nichts.

Essen & Ausgehen

Puhoi Valley CAFÉ $$
(☎ 09-422 0670; www.puhoivalley.co.nz; 275 Ahuroa Rd; Hauptgerichte 13–22 NZ$; ⌚ 10–16 Uhr) Das noble Café mit Käseverkauf gehört zu der in ganz Neuseeland bekannten, gleichnamigen Molkerei. Der entsprechende Käse dominiert denn auch die Speisekarte des Cafés, das nicht nur malerisch an einem See liegt, sondern auch einen Springbrunnen und einen Kinderspielplatz hat. Im Sommer kann man zur Musik auf dem grünen Rasen ein köstliches Feinschmeckereis genießen.

★ **Puhoi Pub** PUB
(☎ 09-422 0812; www.puhoipub.com; 5 Saleyards Rd; ⌚ Mo–Sa 10–22, So bis 20 Uhr) Charakter besitzt das Pub von 1879 mehr als genug: Die Wände sind vollständig mit alten Fotos, Tierköpfen und Haushaltswaren bedeckt.

An- & Weiterreise

Puhoi liegt 1 km westlich des SH 1. Der Abzweig befindet sich 2 km nach dem Tunnel durch die Johnstone Hills.

Mahurangi & Scandrett Regional Parks

Der **Mahurangi Regional Park** (☎ 09-366 2000; www.aucklandcouncil.govt.nz; 190 Ngarewa Dr, Mahurangi West) beidseitig des oberen Teils des Mahurangi Harbour ist ein Paradies für Bootsfahrer mit seinen Küstenwäldern, *pa*-Stätten und einem historischen Gehöft und Friedhof. Die geschützten Sandstrände sind erstklassig für ein Bad oder Picknick geeignet und es gibt Rundwanderwege von 1½ bis 2½ Stunden Länge.

Der Park besteht aus drei unterschiedlichen Fingern: Mahurangi West, das von einem Abzweig 3 km nördlich von Puhoi erreicht wird, an der Ostseite Scott Point mit einer Zugangsstraße 16 km südöstlich von Warkworth und das abgelegene Mahurangi East, das nur mit dem Boot zu erreichen ist. Unterkunft bieten vier einfache Campingplätze und vier Ferienhäuschen mit Platz für sechs bis acht Personen. Der Stellplatz für ein Wohnmobil kostet 6 NZ$ pro Person.

Auf dem Weg nach Mahurangi West passiert man den **Zealandia Sculpture Garden** (☎ 09-422 0099; www.zealandiasculpturegarden.co.nz; 138 Mahurangi West Rd; Eintritt 10 NZ$; ⌚ Nov.–März nach Vereinbarung), wo neben beeindruckender Architektur die Arbeiten des bekannten neuseeländischen Bildhauers Terry Stringer zu sehen sind.

Der **Scandrett Regional Park** (☎ 09-366 2000; www.aucklandcouncil.govt.nz; 114 Scandrett Rd, Mahurangi East) an der Meeresseite der Mahurangi Peninsula lockt mit einem Sandstrand, Wanderwegen, ein paar aufgeforsteten Wäldern, einem weiteren historischen Gehöft, noch mehr *pa*-Stätten und tollen Aussichten auf Kawau Island. Drei Ferienhäuser (für 6–8 Pers.) werden vermietet und es gibt Stellplätze für Wohnmobile (pro Erw./Kind 8/4 NZ$).

Warkworth

3300 EW.

Das an einem Fluss gelegen Warkworth ist mit seiner niedlichen Hauptstraße mit Dorfatmosphäre ein netter Zwischenstopp.

Sehenswertes & Aktivitäten

Dome Forest WALD
Rund 2 km nördlich von Warkworth führt am SH 1 ein Fußweg durch wiederaufgeforsteten Wald auf den Gipfel des Dome (336 m) hinauf. An einem klaren Tag sieht man von einem Aussichtspunkt unweit des Gipfels sogar den Sky Tower im Zentrum. Die Besteigung des Gipfels dauert hin und zurück etwa 1½ Stunden. Es ist aber auch möglich, eine anstrengende, siebenstündige Wanderung (einfache Strecke) durch das **Totora Peak Scenic Reserve** zu machen; der Start liegt an der Govan Wilson Road.

Warkworth District's Museum MUSEUM
(☎09-425 7093; www.warkworthmuseum.co.nz; Tudor Collins Dr; Erw./Kind 7/3 NZ$; ⏲10–15 Uhr) In dem kleinen Heimatmuseum sind Relikte aus der Pionierzeit ausgestellt. Interessanter ist jedoch der umgebende **Parry Kauri Park** mit ein paar riesigen Kauri-Bäumen, darunter der 800 Jahre alte McKinney-Kauri (7,6 m Umfang).

Ransom Wines WEINGUT
(☎09-425 8862; www.ransomwines.co.nz; Valerie Close; Weinprobe bei Kauf kostenlos, ansonsten gegen eine Spende von 5 NZ$ für das Tawharanui Open Sanctuary; ⏲Di–So 10–17 Uhr) Das vom SH1 aus gut ausgeschilderte Weingut 3 km südlich von Warkworth produziert hervorragende Tafelweine. Zur Weinprobe werden mit Rauchfleisch und Käse aus der Region bestückte Platten (20 NZ$ pro Pers.) gereicht. Eine Probe mit fünf Weinen kostet 15 NZ$.

Essen & Ausgehen

Chocolate Brown CAFÉ $$
(☎09-422 2677; www.chocolatebrown.co.nz; 6 Mill Lane; Hauptgerichte 10–22 NZ$; ⏲8–16 Uhr) Das Café ist mit witziger Kunst mit neuseeländischen Motiven ausgestattet, die meist auch verkauft wird, und serviert hervorragenden Kaffee, deftiges Frühstück mit reichlich Eiern und köstliche, hausgemachte Backwaren. Unbedingt Platz bleiben sollte noch für schokoladige Leckereien aus dem Laden nebenan, der auch viele Geschenkpackungen für die Lieben daheim verkauft.

Tahi Bar CRAFT BEER
(☎09-422 3674; www.tahibar.com; 1 Neville St; ⏲Di–Do 15.30 Uhr–open end, Fr–So 12 Uhr bis open end) Die Bar in einer ruhigen Gasse schenkt neun stets wechselnde neuseeländische Craft Beer-Sorten aus. Es ist ein ausgesprochen freundliches Lokal mit einer rustikalen, sonnigen Veranda und guten gemischten Tellern und Kneipenessen.

Shoppen

Honey Centre ESSEN
(☎09-425 8003; www.honeycentre.co.nz; Ecke SH1 & Perry Rd; ⏲8.30–17 Uhr) Rund 5 km südlich von Warkworth bietet sich dieses Honigzentrum mit Café, kostenloser Honigverkostung und einigen Bienenstöcken hinter Glas für eine interessante Pause an. Im Laden sind allerlei Produkte erhältlich, die alle irgendwie mit den Bienen zu tun haben – von Honigwachskerzen bis hin zu Honigwein. Wer Honig liebt wird hier sicher fündig.

An- & Weiterreise

Die Busse von **InterCity** (☎09-583 5780; www.intercity.co.nz) und **Naked Bus** (www.nakedbus.com) fahren auf ihrem Weg von Auckland in die Bay of Islands und zurück durch den Ort.

Matakana

291 EW.

Noch vor 15 Jahren war Matakana ein unbedeutendes Dorf auf dem Land mit einer Handvoll alter Gebäude und einem ebenso alten Pub. Heute amüsieren sich die Einheimischen über die vielen Aucklander, die stundenlang in den stilvollen Weinstuben und Cafés sitzen. Die **Matakana Cinemas** (☎09-422 9833; www.matakanacinemas.co.nz; 2 Matakana Valley Rd) befinden sich in einem beeindruckenden Gebäude, dessen Kuppeldach an ein Badehaus des Osmanischen Reiches erinnert. Direkt davor findet jeden Samstag der ausgezeichnete **Farmers Market** (www.matakanavillage.co.nz; Matakana Sq, 2 Matakana Valley Rd; ⏲Sa 8–13 Uhr) statt.

Der Grund für diesen Wandel liegt in den kleinen, aber feinen Weingütern der Gegend, die bekannt sind für ihre hochwertigen Grauburgunder, Merlots, Syrahs und unzähligen Varianten. Eine ausführliche Beschreibung der Weingüter in der Region findet sich in den kostenlosen Broschüren *Matakana Coast Wine Country* (www.matakanacoast.com) und *Matakana Wine Trail* (www.matakanawine.com), die beide in der Touristeninformation des Ortes erhältlich sind.

Sehenswertes & Aktivitäten

Tawharanui Regional Park STRAND
(☎09-366 2000; www.aucklandcouncil.govt.nz; 1181 Takatu Rd) Eine teilweise unbefestigte Straße führt zu diesem 588 ha großen Naturschutzpark am Ende der Halbinsel. Er ist ein Refugium für einheimische Vögel, umgeben von einem Schädlingszaun; an der Nordküste erstreckt sich ein Meeresschutzgebiet (Schnorchelausrüstung mitbringen). Im Park gibt's zahlreiche Wanderwege (1½–4 Std.), die eigentliche Hauptattraktion ist jedoch die **Anchor Bay** mit einem der schönsten weißen Sandstrände der Region.

Auf zwei einfachen Campingplätzen unweit des Strands darf man zelten (Erw./Kind 13/6 NZ$); außerdem besteht die Möglichkeit, ein *bach* (168 NZ$) für sechs Personen zu mieten.

Omaha Beach STRAND

Der Omaha ist der nächstgelegene Badestrand von Matakana, ein langer, weißer Sandstrand mit guter Brandung und noblen Ferienhäusern.

Blue Adventures WASSERSPORT

(☎022 630 5705; www.blueadventures.co.nz; 331 Omaha Flats Rd, Omaha; Unterricht pro Std. 40–80 NZ$) Unterricht im Kitesurfen, Stehpaddeln und Wakeboarden vor Omaha und Orewa.

Matakana Bicycle Hire FAHRRADVERLEIH

(☎09-423 0076; www.matakanabicyclehire.co.nz; 951 Matakana Rd; Verleih halb-/ganztags ab 30/40 NZ$, Touren ab 70 NZ$) Leihfahrräder zur Erkundung von Weingütern und Stränden in der Umgebung.

Essen & Ausgehen

Mahurangi River Winery & Restaurant MODERN NEUSEELÄNDISCH $$

(☎09-425 0306; www.mahurangiriver.co.nz; 162 Hamilton Rd; Hauptgerichte 28–34 NZ$; ⏲Do–Mo 11–16 Uhr) In dem ländlichen Restaurant an der Sandspit Road verbinden sich ein weiter Blick über Weingärten mit einem relaxten Ambiente und raffiniertem Essen.

The Matakana KNEIPENESSEN $$

(☎09-422 7518; www.matakana.co.nz; 11 Matakana Valley Rd; Hauptgerichte 17–25 NZ$; ⏲12–0.30 Uhr) Nach gründlicher Sanierung bietet der altehrwürdige Pub nun eine abgefahrene Einrichtung, edle Weine aus der Umgebung, Biere aus Kleinbrauereien und ordentliches Bistro-Essen inklusive Austern aus der Bucht von Mahurangi. Gelegentlich heizen DJs und Livebands den Gästen im coolen Außenbereich ein.

Vintry WEINBAR

(☎09-423 0251; www.thevintry.co.nz; 2 Matakana Valley Rd; ⏲10–22 Uhr) Die Weinbar im Komplex der Matakana Cinemas ist eine Art kommunaler Weinkeller aller lokalen Erzeuger.

Praktische Informationen

Matakana Information Centre (☎09-422 7433; www.matakanainfo.org.nz; 2 Matakana Valley Rd; ⏲10–13 Uhr) Im Foyer der Matakana Cinemas.

An- & Weiterreise

Matakana liegt 10 km über die Matakana Road nordöstlich von Warkworth; es gibt keine öffentlichen Verkehrsmittel. Fähren nach Kawau Island legen in Sandspit, 8 km über die Sandspit Road östlich von Warkworth, ab.

Leigh

390 EW.

Das hübsche kleine Leigh (www.leighbythesea.co.nz) hat einen malerischen Hafen voller Fischerboote und einen guten Badestrand in der **Matheson Bay**.

Abgesehen vom außergewöhnlichen Goat Island Marine Reserve vor der Haustür ist Leigh vor allem berühmt wegen der Livemusik im Leigh Sawmill Cafe (S. 134), wo manchmal überraschend berühmte Musiker vorbeischauen und eine Runde spielen. Wer ein Bierchen zu viel aus der hauseigenen Brauerei getrunken hat, kann im alten Schuppen der Sägemühle mit Schlafsälen (ab 25 NZ$) und riesigen Doppelzimmern mit Bad (125 NZ$) übernachten oder das Cosy Sawmill Family Cottage (ab 200 NZ$, 10 Pers.) mieten.

Sehenswertes

★ **Goat Island Marine Reserve** MEERESSCHUTZGEBIET

(www.doc.govt.nz; Goat Island Rd) Nur 3 km von Leigh entfernt erstreckt sich dieses 547 ha große Meeresschutzgebiet, das 1975 als erstes des Landes gegründet wurde. In nicht einmal 40 Jahren hat sich das Meer inzwischen in ein gigantisches Aquarium zurückverwandelt und vermittelt einen Eindruck, wie die Küste Neuseelands wohl einmal ausgesehen hat, bevor sich die ersten Siedler hier niederließen. Man muss nur bis zu den Knien ins Wasser waten, um Snapper (große Fische mit blauen Punkten und blauen Flossen), blaue Maomao (Preußenfische) und gestreifte Parore (eine Barschart) bestaunen zu können. Die gesamte Insel ist von Tauchrevieren umgeben. Hervorragende Tafeln erklären die Bedeutung für die Māori (es war der Landeplatz eines der Kanus ihrer Vorfahren) und zeigen Bilder der Arten, die vermutlich zu sehen sind.

Tauchreviere gibt es um die ganze Goat Island, die direkt vor der Küste liegt. Schnorcheln oder Tauchen ist aber auch direkt vom Strand aus möglich. Bunte Schwämme, Wälder aus Meeresalgen, Eberfische, Krebse und Stachelrochen sind stets zu sehen, mit sehr viel Glück sogar Schwertwale und Große Tümmler. Die Sicht soll zu 75 % mindestens 10 m weit reichen.

Goat Island Marine Discovery Centre AQUARIUM
(☎09-923 3645; www.goatislandmarine.co.nz; 160 Goat Island Rd, Leigh; Erw./Kind/Fam. 9/7/20 NZ$; ⌚Dez.–Feb. tgl. 10–16 Uhr, März–Nov. Sa & So) Meeresbiologen und Studenten der Universität von Auckland arbeiten in diesem Zentrum voller interessanter Ausstellungen zum Ökosystem des Meeresschutzgebiets. Ein Besuch lohnt sich besonders vor der Erkundung der Gewässer um Goat Island herum. Die interaktiven Exponate und das Gezeitenbecken voller Meereslebewesen sind auch toll für Kinder.

Aktivitäten

Octopus Hideaway SCHNORCHELN
(☎09-422 6212; www.theoctopushideaway.nz; 7 Goat Island Rd; ⌚10–17 Uhr) Der Laden, vom Strand ein Stück die Straße hoch, verleiht Schnorchelausrüstung (Erw./Kind 25/18 NZ$, mit Neoprenanzug 38/26 NZ$) und bietet zweistündige geführte Schnorchelausflüge bei Tag (75/55 NZ$) und bei Nacht (95/70 NZ$) an.

Goat Island Dive & Snorkel TAUCHEN
(☎09-422 6925; www.goatislanddive.co.nz; 142a Pakiri Rd; Schnorchelverleih Erw./Kind 25/18 NZ$, inkl. Neoprenanzug 38/26 NZ$) Das ganzjährige Angebot des alteingesessenen Unternehmens enthält geführte Schnorcheltouren, PADI-Kurse und Tauchausflüge im Goat Island Marine Reserve und anderen wichtigen Revieren. Schnorchel- und Tauchausrüstung werden ebenfalls verliehen.

Geführte Touren

Glass Bottom Boat Tours BOOTSTOUREN
(☎09-422 6334; www.glassbottomboat.co.nz; Goat Island Rd; Erw./Kind 28/15 NZ$) Ein Glasbodenboot bietet die Gelegenheit, das Unterwasserleben zu betrachten und dabei im Trockenen zu sitzen. Die 45-minütigen Ausflüge beginnen am Strand und finden das ganze Jahr über statt, sofern das Wetter mitspielt; über die Website oder per Telefon kann man die Wetterbedingungen erfahren und auch die Tour buchen. Das Unternehmen verleiht auch Schnorchelausrüstung (2/4 Std. 28/36 NZ$), Kajaks (pro Std. 28 NZ$) und bietet geführte Schnorcheltouren für Anfänger an (Erw./Kind 75/55 NZ$).

Ausgehen & Nachtleben

Leigh Sawmill Cafe PUB
(☎09-422 6019; www.sawmillcafe.co.nz; 142 Pakiri Rd; ⌚Jan.–März tgl. 10 Uhr bis open end, April–Nov. Do–So 10 Uhr bis open end) Die witzige kleine Kneipe ist ein regelmäßiger Zwischenstopp der Rockmusiker auf Sommertour, manchmal solche mit überraschend großen Namen. Die Pizza (14–35 NZ$) ist dünn und knusprig so wie sie sein soll und schmeckt am besten an einem trägen Sommerabend im Garten.

An- & Weiterreise

Zur Anreise ist ein eigenes Fahrzeug nötig.

Pakiri

Der herrliche Pakiri Beach, 12 km hinter Goat Island (davon 4 km auf unbefestiger Straße), ist ein unberührter weißer Sandstrand mit schöner Brandung – ein großer Abschnitt steht als Regionalpark unter Naturschutz.

Der **Pakiri Beach Holiday Park** (☎09-422 6199; www.pakiriholidaypark.co.nz; 261 Pakiri River Rd; Stellplatz ab 70 NZ$, Wohneinheiten ab 120 NZ$, ohne Bad 100 NZ$) direkt am Wasser hat einen Laden und adrette Wohneinheiten mit unterschiedlichem Komfort im Schatten von Eisenholzbäumen in einem sicheren Umfeld.

Pakiri Horse Riding (☎09-422 6275; www.horseride-nz.co.nz; Rahuikiri Rd), nur 6 km von Pakiri entfernt, vermietet 60 Pferde für tolle Busch- und Strandausritte von einer Stunde (65 NZ$) bis zu mehrtägigen „Safaris“. Die Unterkunft besteht aus einfachen, aber großartig gelegenen Strandhütten (B/Hütte 40/200 NZ$) oder einem komfortablen Haus mit vier Schlafzimmern (500 NZ$), das abgeschieden in den Dünen steht.

An- & Weiterreise

Es gibt keine Anbindung mit öffentlichen Verkehrsmitteln nach Pakiri; ein eigenes Fahrzeug ist notwendig.

Bay of Islands & Northland

➡ Inhalt

Gut essen

- à Deco (S. 145)
- Wood Street Freehouse (S. 139)
- Gables (S. 153)
- Food at Wharepuke (S. 165)

Schön übernachten

- Endless Summer Lodge (S. 175)
- Waipoua Lodge (S. 181)
- Tree House (S. 176)
- Kahoe Farms Hostel (S. 168)
- Kokohuia Lodge (S. 179)

Auf zur Bay of Islands & nach Northland!

Viele Neuseeländer verbinden mit „hoch in den Norden" nostalgische Erinnerungen an Strandurlaube mit der Familie, blühende Pohutukawa-Bäume und herumtollende Delfine in idyllischen Buchten. Ob auf dem Pausenhof oder in der Kantine: Wer ein *bach* (Ferienhaus) „oben im Norden" sein Eigen nennt, ist überall beliebt.

Hauptattraktion im Norden sind die zahllosen Strände. Besucher aus dicht besiedelten Ländern staunen nicht schlecht, wenn sie einen völlig unberührten Strand betreten und feststellen, dass weit und breit kein Mensch zu sehen ist. An der Westküste wachsen die spektakulären Überreste des uralten Kauri-Waldes, der einst das ganze Land bedeckte. Die noch verbliebenen Riesenbäume flößen große Ehrfurcht ein und zählen zu den wahren Schätzen Neuseelands.

Aber es gibt nicht nur die Schönheit der Natur zu bewundern, auch an historischen Stätten herrscht kein Mangel. In Northland liegen die ersten Siedlungsplätze der Māori und der Europäer, weshalb diese Gegend zu Recht den Titel „Wiege der Nation" verdient.

Reisezeit

- An Neujahr ist an den Stränden Northlands die Hölle los; die Lage beruhigt sich auch während der Schulferien im Januar nur unwesentlich. Diese Zeit der langen, faulen Sommertage zieht sich für gewöhnlich bis in den Februar oder sogar in den März hinein.
- Im „winterlosen Norden" erwartet den Besucher ein subtropisches Klima, vor allem in der Region von Kerikeri und weiter nördlich. Dort gibt es im Sommer durchschnittlich sieben Regentage pro Monat, im Winter sind es jedoch 16.
- Die durchschnittlichen Höchsttemperaturen liegen im Winter bei etwa 16 °C, die Mindesttemperaturen bei rund 7 °C.
- In dieser Region, besonders an der Ostküste, ist es oft 1 bis 2 °C wärmer als in Auckland.

Highlights

1 Matauri Bay (S. 166) Planschen, bodysurfen, sonnenbaden und am Strand spazieren gehen

2 Cape Reinga (S. 172) Wo Ozeane zusammenstoßen und sich die Seelen toter Māori auf ihre Reise begeben

3 Waipoua Forest (S. 180) Die alten Kauri-Giganten ehrfürchtig bewundern

4 Poor Knights Islands (S. 147) Tauchen in einem der besten Tauchreviere der ganzen Welt

5 Bay of Islands (S. 149) Mit dem Boot eines der vielen Inselparadiese in der Bucht besuchen

6 Ninety Mile Beach (S. 171) An Neuseelands berühmtem Sandstrand die Dünen hinuntersurfen

7 Waitangi Treaty Grounds (S. 157) In Geschichte und Kultur eintauchen

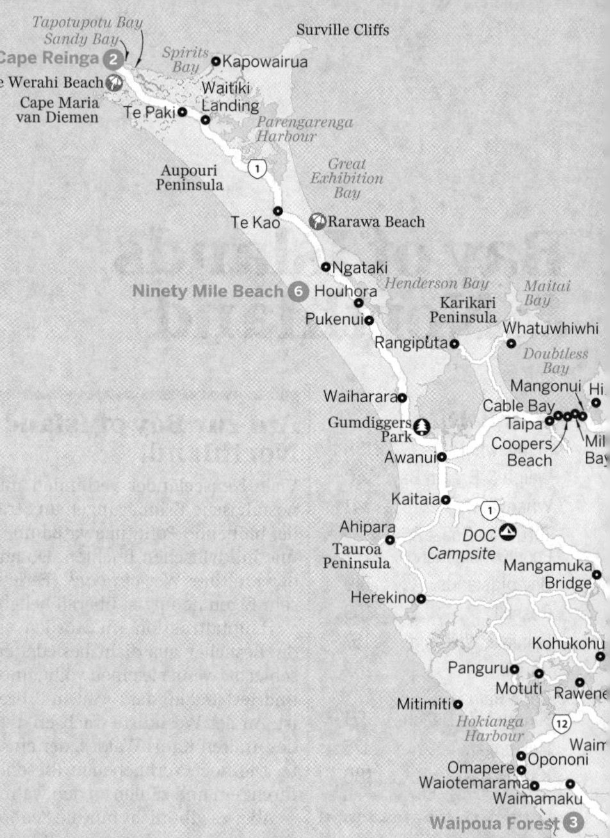

N 0 50 km

SÜDPAZIFIK

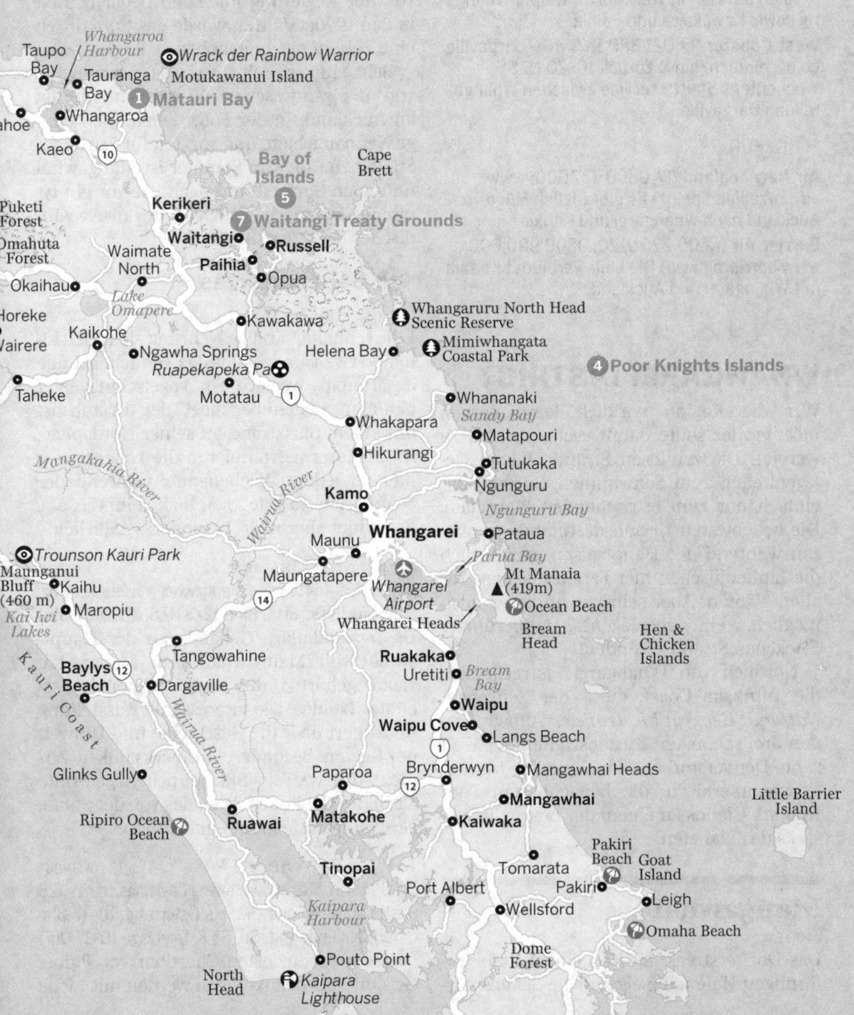

An- & Weiterreise

BUS

InterCity (☎ 09-583 5780; www.intercity.co.nz) Gemeinsam mit der angeschlossenen Firma Northliner fährt das Busunternehmen von Auckland über Waipu, Whangarei und Paihia nach Kerikeri sowie von Paihia über Kerikeri, Mangonui und Coppers Beach nach Kaitaia.

Mana Bus (☎ 09-367 9140; www.manabus.co.nz) Das Unternehmen verbindet Auckland und Kaitaia über Kerikeri, Paihia und Whangarei. Einige Fahrten werden gemeinsam mit Naked Bus durchgeführt.

Naked Bus (☎ 09-979 1616; www.nakedbus.com) Täglich fahren Busse von Auckland nach Kerikeri mit Halt in Warkworth, Waipu, Whangarei sowie Kawakawa und Paihia.

West Coaster (☎ 021 380 187; www.dargaville.co.nz; einfach/hin & zurück 10/20 NZ$) Wochentags Shuttleservice zwischen Whangarei und Dargaville.

FLUGZEUG

Air New Zealand (☎ 0800 737 000; www.airnewzealand.co.nz) Es gibt täglich Flüge von Auckland nach Whangarei und Kerikeri.

Barrier Air (☎ 09-275 9120, 0800 900 600; www.barrierair.kiwi) Die Linie verbindet Kaitaia mit Whangarei und Auckland.

WHANGAREI DISTRICT

Wer die Region wirklich kennenlernen möchte, der sollte damit rechnen, nass zu werden. Die zahllosen Strände bieten Gelegenheiten zum Schwimmen, Surfen oder einfach nur zum erfrischenden Planschen. Die beliebtesten Urlaubsdestinationen platzen während der Hauptsaison, wenn auch die Einheimischen hier Ferien machen, aus allen Nähten. Aber selbst dann ist es noch möglich, ein abgelegenes, unberührtes Fleckchen Strand zu finden.

Nördlich von Whangarei erstreckt sich die Tutukaka Coast, die – der Zeitschrift *National Geographic Traveler* zufolge – zu den drei schönsten Küstenstreifen der Welt zählt. Der verstorbene Tauchpionier Jacques Cousteau erklärte die benachbarten Poor Knights Islands zu einem der besten Tauchspots des Planeten.

Mangawhai

2400 EW.

Das Dorf erstreckt sich an einem hufeisenförmigen Hafen, die eigentliche Sehenswürdigkeit ist jedoch das 5 km weiter nördlich gelegene Mangawhai Heads.

Verschiedene Māori-Stämme bewohnten die Region vor den 1660er-Jahren, als die Vorherrschaft der Ngāti Whatua begann. 1807 schlugen diese die Ngāpuhi aus dem Norden in einer großen Schlacht und ließen die Überlebenden entkommen. Einer von ihnen war Hongi Hika, der dann 1825 mit seinen Männern und Musketen, die er sich von den Europäern besorgt hatte, zurückkehrte. Das nachfolgende Blutbad löschte den Stamm der Ngāti Whatua aus, und das Areal wurde *tapu* (heilig, tabu). Britische Besatzer kamen und wurden in den 1850er-Jahren von der Regierung mit Land bedacht. Erst in den 1990er-Jahren wurde das *tapu* durch eine Zeremonie aufgehoben.

Seit einiger Zeit profitiert Mangawhai von der verbesserten Verkehrsanbindung an Auckland. In der Folge entstanden einige Neubaugebiete und sorgten für Zuzug im Städtchen. Aber im Sommer ist Mangawhai unten am Surferstrand nach wie vor ein typisches, wunderbar entspanntes neuseeländisches Küstenstädtchen.

Sehenswertes

Mangawhai Heads STRAND

Eine schmale, sandige Nehrung zieht sich kilometerweit und bildet das südlichen Ende des Hafens, wo sich ein Vogelschutzgebiet befindet. Gegenüber liegt der Urlaubsort mit einem Surfstrand an seiner Nordspitze. Im Sommer patrouillieren die Lebensretter hier an jedem Wochenende, während der Schulferien sind sie sogar täglich im Einsatz. Es ist hier aber nicht besonders gefährlich.

Mangawhai Museum MUSEUM

(☎ 09-431 4645; www.mangawhai-museum.org.nz; Molesworth Dr; Erw./Kind 12/3 NZ$; ⊙ 10–16 Uhr) Das spektakuläre Gebäude an der Hauptstraße von Mangawhai nach Mangawhai Heads gehört zu den besten Regionalmuseen des Landes. Die interessante Ausstellung informiert über die Geschichte und Umwelt der Region. Besondere Aufmerksamkeit verdient das wie ein Stachelrochen geformte Dach des Gebäudes. Auch das von der Sonne verwöhnte Café lohnt einen Stopp.

Te Whai Bay Wines WEINGUT

(☎ 09-945 0580; www.tewhaibaywines.co.nz; 26 Bush Lane; ⊙ Ende Okt. bis Ostern tgl. 10–17 Uhr, Ostern bis Ende Okt. Sa, So & Feiertage 10–17 Uhr) Die hier produzierten Chardonnays, Pinots Gris und Bordeaux-Weine werden mit Liebe zum Detail angebaut. Das wunderschöne Weingut ist gleichzeitig ideal für den Genuss einer gemeinsamen Antipasti-Platte, was die Illusion, man befinde sich in der Toskana, noch verstärkt.

Die Touristeninformation Mangawhai informiert über weitere lokale Weingüter.

Aktivitäten

Mangawhai Cliff Top Walkway WANDERN
Der Wanderweg beginnt in Mangawhai Heads und ermöglicht tolle Blicke auf das Meer und das Festland. Wanderer benötigen etwa zwei bis drei Stunden, vorausgesetzt, man richtet es so ein, dass man bei Ebbe über den Strand zurückkehren kann. Die Strecke ist Teil des nationalen Wanderwegs Te Araroa. Bei der Touristeninformation ist die Broschüre *Tracks and Walks* erhältlich, die über weitere Wandermöglichkeiten in der Region informiert.

Wined About Bike Tours RADFAHREN
(☎021 945 050, 09-945 0580; www.winedabout.co.nz; pro Pers. 50 NZ$) Die drei hier zur Auswahl stehenden selbstständig durchführbaren Touren decken alle guten Dinge des Lebens ab, etwa Kunst und Schokolade, Wein und Oliven und die individuelle Erkundung von Mangawhai und der Strände in seiner Umgebung. Im Preis ist die Abholung vor und nach der Tour enthalten.

Schlafen

Mangawhai Heads Holiday Park CAMPINGPLATZ $
(☎09-431 4675; www.mangawhaiheadsholidaypark.co.nz; 2 Mangawhai Heads Rd; Stellplätze 16–18 NZ$, Wohneinheiten 105–135 NZ$;) Mit seiner Lage direkt am Wasser im sandigen Mündungsgebiet von Mangawhai ist diese entspannte Ansammlung von Stellplätzen, Wohneinheiten und Hütten eine wunderbare Retro-Version von Ferien in Neuseeland. Im Sommer ist hier alles rot eingefärbt von den Blüten der Pohutukawa-Bäume. Familienfreundlichkeit wird hier großgeschrieben, nach 22.30 Uhr muss aber Ruhe einkehren.

Sunhill Cottages COTTAGES $$
(☎09-431 4393; www.sunhill.co.nz; 2306 Cove Rd; Hütten 185 NZ$;) Die beiden Sunhill Cottages liegen in schöner ländlicher Umgebung und liegen nur eine kurze Autofahrt von Mangawhai ins Binnenland hinein entfernt. Die Hütten sind geräumig und luftig und haben wunderbare eigene Terrassen mit Blick auf das nahe gelegene Brynderwyn-Gebirge. Der beheizte Pool und die Gemeinschaftsbar unter freiem Himmel sind ideal, um am Ende des Tages zu relaxen. Im Haupthaus ist auch Bed & Breakfast (DZ 130 NZ$) möglich.

Mangawhai Lodge B&B $$$
(☎09-431 5311; www.seaviewlodge.co.nz; 4 Heather St, Mangawhai Heads; EZ 185 NZ$, DZ 190 NZ$, Wohneinheiten 175–220 NZ$;) Die schick eingerichteten Zimmer führen direkt auf eine rund um das Haus verlaufende Veranda, die einen tollen Blick bietet.

Essen & Ausgehen

Mangawhai Market MARKT $
(Moir St; Sa 9–13 Uhr) Der Markt wird in der Eingangshalle der Bibliothek von Mangawhai abgehalten und ist ein guter Ort, um sich mit Bioprodukten einzudecken (etwa Wein und Olivenöl) und um nach lokalem Kunsthandwerk zu stöbern.

Ein weiterer Markt findet sonntagmorgens zwischen Mitte Oktober und Ostern in der Mangawhai Heads Domain statt.

★ **Wood Street Freehouse** CAFÉ $$
(☎09-431 4051; www.facebook.com/woodstfreehouse; 12 Wood St, Mangawhai Heads; Hauptgerichte 16–22 NZ$, Platten 11–14 NZ$; Mo–Fr 12 Uhr

KURZINFOS: BAY OF ISLANDS & NORTHLAND

Essen Frische Austern aus der Orongo Bay.

Trinken In Northland gebrautes Craft Beer im Wood Street Freehouse in Mangawhai.

Lesen *The House of Strife* (1993), Maurice Shadbolts spannender Roman. Er spielt in der Zeit des Northland-Krieges.

Hören *Cape Reinga Way* (2011) von The Nukes: Ukulelen auf dem Weg ins Leben nach dem Tod.

Anschauen *Land of the Long White Cloud* (2009) – Angelnde Philosophen am Ninety Mile Beach.

Mitfeiern Waitangi Day

Ökologisch reisen Mit Footprints Waipoua Bäumen ein Ständchen bringen.

Infos im Internet www.northlandnz.com; www.kauricoast.com

Vorwahl ☎09

DIE MĀORI IN DER BAY OF ISLANDS & IN NORTHLAND

Diese von den Māori Te Tai Tokerau genannte Region hat eine lange und stolze Māori-Geschichte und weist heute einen der höchsten Anteile an Māori an der jeweiligen Gesamtbevölkerung auf. Wie am East Cape können Reisende auch hier im Alltag die Sprache der Māori hören. In der Mythologie ist diese Region als der Schwanz des Fisches von Maui bekannt.

Zu den besonders bedeutenden Māori-Stätten zählen **Cape Reinga** (S. 172), die **Waitangi Treaty Grounds** (S. 157), das **Ruapekapeka Pa Historic Reserve** (S. 156) und, **Tane Mahuta** (S. 180) im Waipoua Forest.

Vorführungen zur Kultur der Māori werden von einer ganzen Reihe von Anbietern organisiert. Dazu zählen **Footprints Waipoua** (S. 178), **Motuti Marae** (S. 176), **Ahikaa Adventures** (S. 173), **Sand Safaris** (S. 173), **Terenga Paraoa** (S. 153) und **Rewa's Village** (S. 164). Viele dieser Unternnehmen gehören Māori oder *hapu* (Unterstämmen). Tai Tokerau Tourism (www.taitokerau.co.nz) listet viele von ihnen auf seiner Website auf.

bis spätabends, Sa & So ab 10 Uhr) Craft Beer ist in Mangawhai angekommen, konkret in diesem lebhaften Café, das Biere lokaler Kleinbrauereien aus Northland ausschenkt, darunter Biere der Brauerei Schippers und der Sawmill Brewery. Die exzellente Essensauswahl umfasst Burger, ausgezeichnete Pizza und wunderbare Vorspeisenplatten. Die frittierten Trüffel mit Parmesan machen süchtig! Von Freitag bis Sonntag gibt es frische lokale Austern, die am besten auf der sonnigen Veranda schmecken.

Harvest Blue CAFÉ **$$**
(☎ 09-431 4111; www.facebook.com/harvestcafemangawhai; 198 Molesworth Dr; Hauptgerichte 18–28 NZ$; ⏲ So, Mo & Do 8–14, Fr & Sa bis 21 Uhr) Rustikale Holzmöbel, farbenfrohe Blumentöpfe und frische Kräuter sorgen im sonnigen Innenhof des entspannten Cafés für eine schöne Stimmung. Die neuen Besitzer haben die Karte überarbeitet. Nun finden sich dort neben Brunch-Klassikern wie Spanischem Omelett und frittierten Maiskolben zum Mittagessen asiatisch angehauchte Salate mit Tintenfisch oder auch Thunfisch. Freitags und samstags bietet das Harvest Blue zusätzlich ein Abendessen an.

Abends ist dann auch die ideale Zeit, um die Weine der lokalen Weingütern Lochiel Estate und Millars zu verkosten.

Mangawhai Tavern PUB
(☎ 09-431 4505; www.mangawhaitavern.co.nz; Moir St; ⏲ 11 Uhr bis frühmorgens) Das Pub ist eines der ältesten des Landes (1865 erbaut) und mit seiner Lage am Hafen eine Top-Adresse für ein gemütliches Bier am Nachmittag. Die Kneipengerichte sind berühmt – nicht zu Unrecht. Samstagabend und Sonntagnachmittag wird meist Livemusik gespielt. In der Zeit zwischen Weihnachten und Neujahr treten in der Gartenbar einige der besten Bands des Landes auf.

ℹ Praktische Informationen

Touristeninformation (☎ 09-431 5090; www.mangawhai.co.nz) Das Büro ist nur zeitweise besetzt, vor allem an den Wochenenden und im Sommer. Draußen helfen jedoch Informationstafeln weiter. Wenn Personal vor Ort ist, sollte man sich nach den Möglichkeiten erkunden, lokale Weingüter und Olivenhaine zu besichtigen.

Waipu & Bream Bay

1854 EW.

Die ersten 934 britischen Siedler kamen zwischen 1853 und 1860 aus Schottland über Nova Scotia (Kanada) nach Waipu. Die mürrischen Schotten hatten genug Verstand, um einen großen Bogen um das kühle Otago zu machen, wo sich so viele ihrer Mitstreiter niedergelassen hatten und siedelten stattdessen lieber in wärmeren Gefilden. Ihre Geschichte wird im **Waipu Museum** (☎ 09-432 0746; www.waipumuseum.co.nz; 36 The Centre; Erw./Kind 8/3 NZNZNZ$; ⏲ 10–16.30 Uhr) in Hologrammen, einem kurzen Film und mit interaktiven Exponaten wieder lebendig.

In der gleichen Ecke kann man auch wunderbar wandern, u. a. auf dem **Waipu Coastal Trail**, der von der Waipu Cove über die **Pancake Rocks** nach Süden zum Langs Beach führt. Der 2 km lange **Waipu Caves Walking Track** beginnt an der Ormiston Road und zieht sich durch Felder und Wiesen sowie durch ein malerisches Naturschutzgebiet bis hin zu einer großen Tropfsteinhöhle mit Glühwürmchen. Für die Erkundung der Unterwelt sind eine Taschenlampe, ein Kompass und gutes Schuhwerk notwendig.

Unmittelbar südlich des Städtchens Waipu bieten **Waipu Cove** und **Langs Beach** gute Bedingungen für Schwimmer.

Der traumhafte Strand von Bream Bay scheint endlos, der schöne Eindruck wird allerdings durch eine gigantische Ölraffinerie am Nordende etwas getrübt.

Der Strand von **Uretiti**, er liegt südlich des **DOC-Campingplatzes** (www.doc.govt.nz; SH1; Zeltstellplatz Erw./Kind 10/5 NZ$), ist ein inoffizieller FKK-Strand. Über Neujahr tummeln sich hier Kiwi-Familien, europäische Nudisten und Schwule.

Feste & Events

Highland Games FESTIVAL
(www.waipugames.co.nz; Erw./Kind 15/5 NZ$; ⏲1. Jan.) Nur 10 % der aktuellen Einwohner sind direkte Nachfahren von Schotten. Dennoch gibt es jedes Jahr reichlich Trubel bei den seit 1871 gefeierten Highland Games im Caledonian Park.

Schlafen & Essen

Waipu Wanderers Backpackers HOSTEL $
(☎09-432 0532; www.waipu-hostel.co.nz; 25 St Marys Rd; B/EZ/DZ 33/50/70 NZ$;) Die freundliche Unterkunft für Rucksacktouristen vermietet nur drei Zimmer. Je nach Jahreszeit gibt es kostenloses Obst.

Waipu Cove Resort FERIENANLAGE, MOTEL $$
(☎09-432 0348; www.waipucoveresort.co.nz; 891 Cove Rd; Wohneinheiten 120–220 NZ$;) Moderne Apartments mit eigenem Hof an der Grenze zwischen Ferienanlage und Boutiquehotel. Unmittelbar hinter den Sanddünen beginnt nur wenige Meter entfernt der Strand. Der Komplex verfügt über einen Wellnessbereich und einen Pool.

Blackshed Waipu CAFÉ $
(www.facebook.com/blackshedwaipu.co.nz/; 7 Cove Rd; Snacks 4–7 NZ$; ⏲Ende Okt.–Ostern 8–15 Uhr) Waipus bester Kaffee, kunstvolle Eiskreationen, Bio-Softdrinks und hausgemachter Kuchen – all dies wird von einem schicken roten Schiffscontainer aus serviert. Wenn man Glück hat, bekommt man einen der Stühle vorne und kann ganz entspannt seine Brioches und Brownies genießen.

Cove Cafe CAFÉ $$
(☎09-432 0234; 910 Cove Rd, Waipu Cove; Frühstück 5–15 NZ$, Pizza 20–24 NZ$, Hauptgerichte 20–23 NZ$; ⏲7–22.30 Uhr) Das traditionelle Cottage in der Nähe von Waipu hat ein wirklich riesiges Angebot; es reicht von Kaffee und Bagels zum Frühstück über Pizza und Gourmetburger bis hin zu regionalem Craft Beer. Die Veranda ist ein wunderbarer Ort, um gesunde Smoothies – als besonders lohnend erwies sich der Vita Berry Blast mit Banane, Erdbeeren und Blaubeeren – zu genießen.

McLeod's Pizza Barn ITALIENISCH $$
(☎09-432 1011; 2 Cove Rd; Pizza 13–28 NZ$, Hauptgerichte 19–30 NZ$; ⏲April–Nov. Mi–So 11.30 Uhr bis spätabends, Dez.–März tgl.) Die sehr beliebten Platten, leichten Gerichte und großartigen Pizzas passen hervorragend zum Craft Beer aus Waipus McLeod's Brewery. Eine besonders tolle Kombination ist die Wharfinger Pizza mit Garnelen, Avocado und Feta zusammen mit einem hopfigen Indian Pale Ale.

Praktische Informationen

Das Waipu Museum bietet Touristenbroschüren und Internetzugang.

An- & Weiterreise

Waipu Cove ist über eine besonders malerische Route zu erreichen. Die Strecke beginnt in Mangawhai Heads und führt am Langs Beach vorbei. Alternativ können Reisende aber auch vom SH 1 38 km südlich von Whangarei abfahren.

InterCity (S. 138) und Naked Bus (S. 138) unterhalten Buslinien.

Whangarei

52 900 EW.

Die einzige größere Stadt von Northland liegt inmitten einer wunderschönen Landschaft. Das Stadtzentrum bietet an einem regnerischen Tag viel Abwechslung: Es gibt eine lebhafte Künstlerkolonie, einige schöne Spaziergänge und interessante Cafés und Bars.

Sehenswertes

Town Basin

In der hübschen Marina am Fluss gibt es ein Oldtimer- und ein Uhrenmuseum, Cafés, Geschäfte, Kunst im öffentlichen Raum und eine Touristeninformation. Die ausgeschilderten Spaziergänge **Art Walk** und **Sculpture & Heritage Trail** laden zum Erkunden ein. Samstags (Okt.–April) wird im Schatten der Fußgängerbrücke ein **Kunsthandwerksmarkt** abgehalten.

★Whangarei Art Museum MUSEUM
(☎09-430 4240; www.whangareiartmuseum.co.nz; The Hub, Town Basin; Eintritt gegen Spende; ⏱10–16 Uhr) Im Te Manawa Hub Information Centre (S. 146) präsentiert Whangareis öffentliches Museum eine interessante Dauerausstellung. Das Highlight ist das Porträt eines Māori von Goldie aus dem Jahr 1904.

In Planung befindet sich gegenwärtig das **Hundertwasser Arts Centre** auf Grundlage von Entwürfen des österreichischen Künstlers Friedensreich Hundertwasser. Unter www.yeswhangarei.co.nz finden sich Details zu der Kampagne, mit der die Mittel für dieses Projekt eingeworben werden sollen. Ein Modell des geplanten Bauwerks ist im Hundertwasser HQ (s. unten), einem Laden zur Information über das Projekt, zu sehen.

★Clapham's Clocks MUSEUM
(☎09-438 3993; www.claphamsclocks.com; Town Basin; Erw./Kind 10/4 NZ$; ⏱9–17 Uhr) Diese sehr schöne Sammlung von 1400 tickenden und klingelnden Uhren bildet das nationale Uhrenmuseum.

Stadtzentrum

Old Library Arts Centre GALERIE
(☎09-430 6432; www.oldlibrary.org.nz; 7 Rust Ave; ⏱Di–Do 10–16 Uhr) GRATIS In diesem wunderschönen Art-déco-Gebäude werden Werke einheimischer Künstler ausgestellt. Auf der Website findet man auch Informationen über sporadisch stattfindende Konzerte.

Zwischen der alten und der neuen Bibliothek steht **Pou**, eine Skulptur aus zehn großen Pfählen, in die polynesische, keltische, kroatische, koreanische und Māori-Motive geschnitzt wurden. Die Bibliothek hält eine Broschüre mit Erläuterungen bereit.

Umgebung

Hundertwasser HQ KUNSTZENTRUM
(☎021 907 321; www.facebook.com/hundertwasserhq; 2 James St; ⏱Mo–Fr 10.30–14.30, Sa 10–13 Uhr) Das Informationszentrum soll die Aufmerksamkeit und die Spendenbereitschaft für den geplanten Bau des Hundertwasser Arts Centre in Whangarei erhöhen.

Abbey Caves HÖHLEN
(Abbey Caves Rd) GRATIS Die Abbey Caves sind ein unerschlossenes System von drei Höhlen voller Glühwürmer und Kalksteinformationen, etwa 6 km östlich der Stadt. Wer sich die Höhlen ansehen möchte, sollte sich eine Taschenlampe besorgen, festes Schuhwerk anziehen, aus Sicherheitsgründen nicht allein losziehen und darauf vorbereitet sein, nass zu werden. Das Schutzgebiet, in dem die Höhlen liegen, ist ein Wald aus bizarr geformten Felsenformationen. Bei i-SITE bekommen Reisende ein Informationsblatt für den Höhlenbesuch.

Kiwi North MUSEUM, WILDPARK
(☎09-438 9630; www.kiwinorth.co.nz; 500 SH14, Maunu; Erw./Kind 15/5 NZ$; ⏱10–16 Uhr) Der 5 km westlich von Whangarei gelegene Komplex besteht aus einem ganzen Dorf mit Gebäuden aus dem 19. Jh. sowie einem Museum mit Māori-Artefakten und Gegenständen aus der Kolonialzeit. Das Gecko- und Kiwihaus bietet die seltene Gelegenheit, das Lieblingsfedervieh des Landes in einem abgedunkelten Nachthaus zu erleben.

Whangarei Falls WASSERFALL
(Otuihau; Ngunguru Rd) Die kurzen Spazierwege in der Umgebung des 26 m hohen Wasserfalls bieten schöne Blicke auf das über die Kaskaden am Rand eines alten Lavaflusses in die Tiefe stürzende Wasser. Der Wasserfall ist mit dem Bus nach Tikipunga (3 NZ$, So keine Fahrten) erreichbar, er fährt in der Stadt an der Rose Street ab.

Quarry Arts Centre KUNSTZENTRUM
(☎09-438 1215; www.quarryarts.org; 21 Selwyn Ave; ⏱9.30–16.30 Uhr) GRATIS Ein exzentrisches Dorf voller Künstlerateliers und genossenschaftlich organisierter Galerien, die Kunst und Kunsthandwerk zu guten Preisen verkaufen.

Aktivitäten

Die bei der i-SITE kostenlos erhältliche *Whangarei-Walks*-Broschüre enthält Karten und detaillierte Beschreibungen von einigen hervorragenden Wanderwegen in der Region. Der **Hatea River Walk** führt vom Town Basin entlang dem Fluss zu den Wasserfällen (hin & zurück 3 Std.). Auf längeren Wanderungen geht es durch das **Parihaka Reserve** östlich des Hatea River, vorbei an den Resten eines Vulkankegels (241 m) und eines großen *pa* (Wehrdorf). Vom Aussichtspunkt des Kegels, der auch mit dem Auto erreichbar ist, lässt sich die Stadt von oben betrachten. Weitere Wanderwege führen durch das Buschland **Coronation Scenic**

Reserve, das direkt westlich des Zentrums liegt. Hier gibt es zwei *Pa*-Stätten und aufgelassene Steinbrüche zu sehen.

Skydive Ballistic Blondes ABENTEUERSPORT
(☎0800 695 867; www.skydiveballisticblondes.co.nz; pro Sprung 199–380 NZ$) Es handelt sich hier nicht nur um das Fallschirmsprung-Unternehmen mit dem sonderbarsten Namen im ganzen Land, sondern auch um das einzige mit der Lizenz, am Strand landen zu dürfen (Ocean Beach Ruakaka oder Paihia).

Pacific Coast Kayaks KAJAK FAHREN
(☎09-436 1947; www.nzseakayaking.co.nz; Verleih 4/8 Std. 60/80 NZ$, Touren 40–140 NZ$) Der Anbieter verleiht Kajaks und organisiert geführte Kajaktouren zu unterschiedlichen Attraktionen in Whangarei.

Geführte Touren

Pupurangi Hire & Tour KULTUR
(☎0800 538 891; www.hirentour.co.nz; Jetty 1, Riverside Dr; ⏲tgl. Okt.–April 9.30–17.30 Uhr, Mai–Sept. nur Sa & So) Organisiert verschiedene einstündige Touren durch Whangarei, die alle auf die Māori-Geschichte eingehen, darunter auch *Waka*-(Kanu-)Trips auf dem Fluss (35 NZ$). Vermietet aber auch Kajaks (Std. 17 NZ$), *waka* (Std. 25 NZ$), Wasserfahrräder (Std. 17 NZ$) und Fahrräder (Std. 15 NZ$).

Terenga Paraoa KULTUR
(☎09-430 3083; Abfahrt Town Basin; Erw./Kind morgens 55/30 NZ$, nachmittags 32/20 NZNZ$; ⏲9.30 & 13 Uhr) Geführte Touren mit dem Schwerpunkt Māori-Kultur. Es geht zum Whangarei Harbour, Mt Manaia, Kauri Park und – bei den morgendlichen Touren – zum Parihaka *pa*.

Schlafen

Little Earth Lodge HOSTEL $
(☎09-430 6562; www.littleearthlodge.co.nz; 85 Abbey Caves Rd; B/EZ/DZ/3BZ ab 32/62/72/96 NZ$, Hütten EZ/DZ 66/78 NZ$; @📶) Im Vergleich zum Little Earth wirken die meisten anderen Hostels geradezu schäbig. In diesem Haus, 6 km nördlich der Stadt und direkt neben den Abbey Caves auf einer Farm gelegen, müssen Reisende sich nicht auf Schlafsäle voller heruntergekommener Stockbetten gefasst machen. Stattdessen schlafen die Gäste in gemütlichen Betten mit schöner Bettwäsche und maximal zwei Mitbewohnern pro Raum. Wer es lieber etwas privater hat, findet sogar eine separate Hütte. Auf der Farm leben u. a. Kleinpferde.

Honey HOSTEL $
(☎027 355 7433, 09-430 8757; www.honeybnb.com; 52 Punga Grove; B 22 NZ$; 📶) Eine freundliche Unterkunft in einem Haus auf der anderen Flussseite vom Town Basin aus. Die Einrichtung ist asiatisch angehaucht, das Frühstück im Preis inbegriffen, ebenso der schöne Blick auf die Stadt.

Whangarei Falls Holiday Park & Backpackers HOSTEL $
(☎09-437 0609; www.whangareifalls.co.nz; 12 Ngunguru Rd, Glenbervie; Stellplätze 19 NZ$, B 28–32 NZ$, Hütten 62–72 NZ$; 📶🏊) Die Anlage liegt 5 km von der Stadtmitte entfernt, die Whangarei Falls sind auf einem kurzen Spaziergang zu erreichen. Die Hütten und Schlafsäle sind ihr Geld wert, manche haben sogar kleine Pantryküchen. Es gibt außerdem Plätze für Zelte und Wohnmobile. Der Park gehört zum YHA-Netz.

Whangarei Top 10 CAMPINGPLATZ $
(☎09-437 6856; www.whangareitop10.co.nz; 24 Mair St; Stellplätze ab 22 NZ$, Wohneinheiten 68–160 NZ$; @📶) Dieser zentral am Flussufer gelegene Campingplatz begeistert mit seinen freundlichen Besitzern, überdurchschnittlich guten Unterkünften und glänzenden Edelstahloberflächen.

Die Mair Street geht vom Hatea Drive, nördlich des Stadtzentrums, ab.

Whangarei Views APARTMENT $$
(☎09-437 6238; www.whangareiviews.co.nz; 5 Kensington Heights Rise; Apt. 159 NZ$; 📶) Die weit herumgekommenen und sehr gastfreundlichen schweizerisch-britischen Besitzer bieten ihren Gästen ein modernes und friedliches Apartment mit zwei Schlafzimmern. Um dorthin zu gelangen, muss man die Rust Avenue nehmen, rechts in den Western Hills Drive und anschließend links in die Russell Road abbiegen. Der Kensington Heights Rise zweigt dann von der Russell Road ab. Die Mindestaufenthaltsdauer beträgt zwei Nächte, aber dafür ist der Blick fantastisch.

Lodge Bordeaux MOTEL $$$
(☎09-438 0404; www.lodgebordeaux.co.nz; 361 Western Hills Dr; Apt. 390–460 NZNZ$; @📶) Die Lodge Bordeaux hat geschmackvoll eingerichtete Wohneinheiten mit hitverdächtigen Küchen und Bädern (meist mit Whirlpool), privaten Balkons und hervorragendem Wein. Die Anfahrt erfolgt über die Rust Avenue, von der man links in den Western Hills Drive abbiegt.

Whangarei

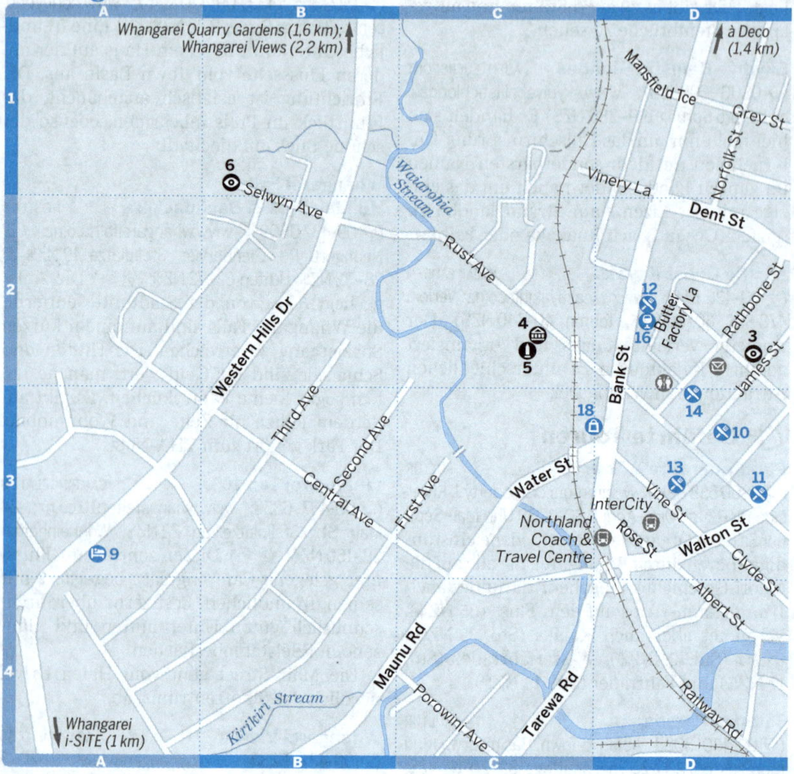

A B C D
1 2 3 4
Whangarei Quarry Gardens (1,6 km);
Whangarei Views (2,2 km)
à Deco
(1,4 km)
Mansfield Tce
Grey St
Norfolk St
Vinery La
Dent St
Waiarohia Stream
6 Selwyn Ave
Rust Ave
12
Butter Factory La
16
Rathbone St
3
James St
4
5
Western Hills Dr
Bank St
Third Ave
18
14
10
Second Ave
13
11
Central Ave
First Ave
Water St
Vine St
InterCity
Northland Coach & Travel Centre
Rose St
Walton St
Clyde St
9
Albert St
Maunu Rd
Tarewa Rd
Porowini Ave
Kirikiri Stream
Railway Rd
Whangarei i-SITE (1 km)

Essen

La Familia CAFÉ $
(www.lafamilia.nz; 84 Cameron St; Hauptgerichte 10–16 NZ$, Pizza 13–21 NZ$; ⏲Di–Sa 7–16, So 9–14.30 Uhr) Die Auswahl des gemütlichen Ecklokals ist eindrucksvoll und reicht von gutem Gebäck und Essen zum Mitnehmen bis hin zu italienischen Hauptgerichten und Pizzas zum Lunch. Es gibt eine kleine Weinkarte und eine gute Bierauswahl.

Fresh CAFÉ $
(☎09-438 2921; 12 James St; Hauptgerichte 12–14 NZ$; ⏲Mo–Fr 7.30–16, So bis 14 Uhr) Das wirklich frische und mit riesigen Blumenfotografien dekorierte Café serviert ausgezeichneten Kaffee und ein abwechslungsreiches Frühstück.

Nectar CAFÉ $
(☎09-438 8084; www.nectarcafe.co.nz; 88 Bank St; Hauptgerichte 12–20 NZ$; ⏲Mo–Fr 7–15, Sa 8–14 Uhr;) Das Nectar beeindruckt durch seine gelungene Mischung aus freundlichem Personal, Fairtrade-Kaffee und großen Portionen aus regionalen Zutaten. Vom Hinteren Fenster aus haben Gäste einen tollen Blick auf die Stadt. Besonders zu empfehlen sind die Eier Benedict auf leckeren Bagels. Viele Gerichte sind vegan und bio.

Nomad MAROKKANISCH $$
(☎09-955 1146; www.nomadcafe.co.nz; Quality St Mall, 71 Cameron St; Hauptgerichte 24–28 NZ$; ⏲Di–Sa 17 Uhr bis spätabends) In einer Fußgängerstraße voller Cafés und Restaurants ragt dieses schicke marokkanische Lokal heraus. Zu den kulinarischen Höhepunkten zählen scharfe Garnelen, Kofta und Tagine. „Dining & Vibe" heißt es auf dem Fenster – dem kann man nur zustimmen.

Pimarn Thai THAI $$
(☎09-430 0718; www.pimarnthai.co.nz; 12 Rathbone St; Hauptgerichte 16–23 NZNZ$; ⏲Mo–Sa 11–

Whangarei

Highlights
1 Clapham's Clocks F3
2 Whangarei Art Museum E3

Sehenswertes
3 Hundertwasser HQ D2
4 Old Library Arts Centre C2
5 Pou C2
6 Quarry Arts Centre B1

Aktivitäten, Kurse & Touren
7 Pupurangi Hire & Tour E2
8 Terenga Paraoa E3

Schlafen
9 Lodge Bordeaux A3

Essen
10 Fresh D3
11 La Familia D3
12 Nectar D2
13 Nomad D3
14 Pimarn Thai D3

Ausgehen & Nachtleben
15 Brauhaus Frings F3
16 The Old Stone Butter Factory D2

Shoppen
17 The Bach E2
18 Tuatara C3

14.30, tgl. ab 17 Uhr;) Das Pimarn ist so farbenprächtig, wie es sich für ein ordentliches Thai-Restaurant gehört. Auf der Speisekarte stehen alle thailändischen Klassiker, darunter ein exzellentes *yum talay* (scharfer Salat mit Meeresfrüchten).

★ à Deco MODERN-NEUSEELÄNDISCH $$$
(09-459 4957; www.facebook.com/adeco.restaurant; 70 Kamo Rd; Hauptgerichte 37–42 NZNZ$; Fr 12–15 Uhr, Di–Sa 18 Uhr bis frühmorgens) Northlands bestes Restaurant serviert fantasievolle Gerichte, die überwiegend aus heimischen Produkten, wie etwa den leckeren Meeresfrüchten, gezaubert werden.

Art-déco-Fans werden vom Gebäude selbst begeistert sein: Es ist eine wundervoll kurvige Villa im Marinelook mit erhaltener Originaleinrichtung. Von der Bank Street fährt man Richtung Norden, biegt dann links in die Kamo Road ein und schon ist man da. Eine Tischreservierung ist ratsam.

TopSail MODERN NEUSEELÄNDISCH $$$
(09-436 2985; www.topsail.co.nz; Onerahi Jacht Club, 206 Beach Rd, Onerahi; Hauptgerichte 39–44 NZ$; Mi–Sa 18 Uhr bis spätabends) Das Top Sail befindet sich oben im Onerahi Jacht Club, etwa 10 km von der Stadtmitte Whangareis entfernt. Es serviert herausragende Bistro-Klassiker, z. B. Entenbrust mit Manuka-Honig und Zitrone, sowie Fisch und Meeresfrüchte von Northlands Küsten sowie einheimische Produkte wie Wild von der Südinsel. TopSail ist definitiv die 15-minütige Taxifahrt vom Stadtzentrum aus wert. Eine Reservierung ist zu empfehlen.

Ausgehen

Old Stone Butter Factory BAR
(09-430 0044; www.thebutterfactory.co.nz; 84 Bank St; 10 Uhr bis spätabends) Die coole Bar in einer ehemaligen Bank spielt von Donnerstag bis Samstag Livemusik. Später legen dann DJs auf. Die Bar ist bei neuseeländischen Musikern sehr beliebt, auch wegen der lokalen Craft-Beer-Sorten und der guten Weinauswahl. Die Burger und Pizzas sind ihr Geld wert, der sonnige Innenhof ist ide-

al für einen Kaffee. Das Konzertprogramm kann bei Facebook eingesehen werden.

Brauhaus Frings PUB
(☎09-438 4664; www.frings.co.nz; 104 Dent St; ⊙10–22 Uhr) Das beliebte Pub braut sein eigenes Bier. Es bietet eine Terrasse und Pizza aus dem Holzofen. Livemusik wird am Mittwoch (Jam Night) und von Freitag bis Sonntag (ab 19 Uhr) gespielt. In der Woche schließt das Frings meist um 22 Uhr, am Wochenende kann es aber auch mal 3 Uhr früh werden.

Shoppen

Im Quarry Arts Centre (S. 142) findet man Kunst und Kunsthandwerk häufig zu guten Preisen.

Tuatara KUNST & KUNSTHANDWERK
(☎09-430 0121; www.tuataradesignstore.co.nz; 29 Bank St; ⊙Mo–Fr 9.30–16.30, Sa 8–14 Uhr) Māori- und Pasifika-Kunst und -Kunsthandwerk.

Bach KUNST & KUNSTHANDWERK
(☎09-438 2787; www.thebach.gallery; Town Basin; ⊙9.30–16.30 Uhr) Ein Zusammenschluss von über 1000 Kunsthandwerkern aus Northland.

Praktische Informationen

DOC Office (☎09-470 3300; www.doc.govt.nz; 2 South End Ave, Raumanga; ⊙Mo–Fr 8–16 Uhr) Liegt an der South End Ave, nur 2 km südlich des Zentrums von Whangarei rechts neben dem SH 1.

Postamt (16-20 Rathbone St) Zentrale Lage.

Te Manawa Hub Information Centre (☎09-430 1188; Town Basin; ⊙Mo–Fr 9–17, Sa & So 9–16.30 Uhr; 📶) Die Zentrale des i-SITE befindet sich im Foyer des Whangarei Art Museum.

Whangarei i-SITE (☎09-438 1079; www.whangareinz.com; 92 Otaika Rd (SH1); ⊙Mo–Fr 9–17, Sa & So 9–16.30 Uhr; 📶) Touristeninformation, Café, Toiletten und Internetzugang.

An- & Weiterreise

BUS

Die Busse nach Whangarei werden von InterCity (S. 138) betrieben. Die Busse halten vor dem **Northland Coach & Travel Centre** (☎09-438 3206; 3 Bank St; ⊙Mo–Fr 8–17 Uhr). Busse von Naked Bus (S. 138) und Mana Bus (S. 138) halten am Drehkreuz beim Town Basin. West Coaster (S. 138) verbindet Whangarei mit Dargaville und fährt ebenfalls am Drehkreuz ab.

FLUGZEUG

Der **Whangarei Airport** (WRE; ☎09-436 0047; www.whangareiairport.co.nz; Handforth St) befindet sich in Onerahi, 6 km südöstlich vom Stadtzentrum. Air New Zealand verbindet Whangarei mit Auckland, während Barrier Air die Verbindung mit Kaitaia sicherstellt.

Ein Taxi in die Stadt kostet etwa 35 NZ$. Es hält jedoch auch ein Bus in die City nur 400 m entfernt in der Church Street (3 NZ$, 18 Busse an Wochentagen, Sa 7).

Der von **Whangarei Bus Services** (☎09-438 6005; www.whangareibus.co.nz) betriebene Shuttleservice bedient alle Flüge.

TAXI

A1 Cabs (☎09-438 3377; www.whangarei.bluebubbletaxi.co.nz) Whangareis führendes Taxiunternehmen.

Whangarei Heads

Die Whangarei Heads Road führt über 35 km an den nördlichen Ausläufern des Hafens entlang und an Mangroven sowie von Pohutukawa gesäumten Buchten vorbei zum Hafeneingang. Um die kleine Siedlung am Wasser herum liegen Ferienhäuser, B&Bs und Galerien.

Von der Spitze des **Mt Manaia** (419 m), einer Felsnase über der McLeod Bay, hat man ein großartiges Panorama, der eineinhalbstündige Aufstieg ist aber sehr anstrengend.

Bream Head markiert das Ende der felsigen Landzunge. Die etwa fünfstündige Wanderung (einfach) von der **Urquharts Bay** zum **Ocean Beach** verläuft durch das **Bream Head Scenic Reserve**, zur zauberhaften **Smugglers Bay** und schließlich zu **Peach Cove**.

Der grandiose Ocean Beach erstreckt sich über mehrere Kilometer auf der anderen Seite der Landzunge. Dort kann man surfen und im Sommer am bewachten Strand baden. Ein Umweg von **Parua Bay** führt ins hübsche **Pataua**, eine kleine Siedlung an einem seichten Meeresarm, die über eine Fußgängerbrücke mit einem Surfstrand verbunden ist.

Aktivitäten

Bream Head Coast Walks WANDERN
(☎09-434 0571; www.coastwalks.nz; 2/3 Nächte 415/515 NZ$) Diese zwei- bis dreitägigen Wandertouren auf markierten Routen führen über Farmland, öffentliche Wanderwege und entlang atemberaubender Küstenabschnitte. Die Wanderer logieren in einer luxuriösen Lodge, die ausgezeichnetes Essen serviert. Von dort aus bricht man zu verschiedenen Wandertouren in der Gegend

DIE MEERESSCHÄTZE DER POOR KNIGHTS ISLANDS

Das 1981 eingerichtete Poor-Knights-Meeresschutzgebiet gehört zu den zehn besten Tauchspots der Welt. Die Inseln liegen inmitten einer subtropischen Strömung aus der Coral Sea, weshalb es hier viele tropische und subtropische Fische gibt, die man sonst in den Gewässern um Neuseeland eher selten findet. Das Wasser ist klar und frei von Sedimenten und Verschmutzungen. Die 40 bis 60 m hohen Riffe fallen steil zum Sandboden ab und bilden ein Labyrinth aus Bögen, Höhlen, Tunneln und Spalten – Lebensraum für eine Vielfalt an Schwämmen und bunten Unterwasserpflanzen. Fischschwärme, Aale und Rochen (in der richtigen Jahreszeit sogar Manta-Rochen) sind hier keine Seltenheit.

Die beiden vulkanischen Hauptinseln Tawhiti Rahi und Aorangi waren einst die Heimat des Ngāti-Wai-Stammes, seit einem Massaker 1825 sind die Inseln *tapu* (tabu). Bis heute sind sie für die Öffentlichkeit nicht zugänglich, damit die unberührte Natur geschützt wird. Hier brüten Tuataras und Graumantel-Sturmtaucher, dazu lebt hier eine absolut einzigartige Pflanzenspezies, die Poor-Knights-Lilie.

auf. Die Routen sind ausführlich beschrieben, bei Bedarf ist eine Abholung in Whangarei möglich.

Schlafen & Essen

Kauri Villas B&B $$
(☎09-436 1797; www.kaurivillas.com; 73 Owhiwa Rd, Parua Bay; DZ 130-175 NZ$;) Die hübsche, blau dekorierte Villa auf einem Hügel mit wunderbarem Blick über den Hafen von Whangarei hat eine schöne altmodische Atmosphäre, u. a. wegen der teilweise heftig glänzenden Tapeten. Die Dekoration im Anbau ist deutlich zurückhaltender.

Ara Roa FERIENHÄUSER $$$
(☎09-436 5028; www.araroa.nz; Harambee Rd, Taiharuru; DZ 295-750 NZ$;) Das Ensemble aus fünf Häusern auf einer Halbinsel reicht von einem Guest House mit zwei Schlafzimmern – komplett mit Blick auf den Sonnenuntergang und den nach Einbruch der Nacht zu hörenden Kiwis – bis hin zum wirklich eindrucksvollen Glass House (ein Schlafzimmer) am Ende der Halbinsel. Die anderen Häuser mit Namen wie Cliff House und Aria sind ähnlich luxuriös.

Parua Bay Tavern PUB $$
(☎09-436 5856; www.paruabaytavern.co.nz; 1034 Whangarei Heads Rd; Hauptgerichte 15–28 NZ$; ⏲Di–So 11.30 bis spätabends) Ein zauberhaftes Fleckchen für einen Sommertag! Das nette Pub steht auf einer daumenförmigen Halbinsel, ein einzelner Pohutukawa-Baum blüht feuerrot am grün schimmernden Wasser. Einfach einen Platz auf der Veranda suchen und dort ein kühles Getränk und ein gutes, ordentliches Pubessen genießen, etwa leckere Burger oder eine Pizza.

Tutukaka Coast & Poor Knights Islands

Rund um die Poor Knights Islands finden sich eine atemberaubende Unterwasserlandschaft und, als besonderen Reiz für unternehmungslustige Taucher, einige versunkene Schiffswracks.

Wer der Straße nordöstlich von Whangarei für 26 km folgt, kommt im putzigen Dörfchen **Ngunguru** an, nahe der Mündung eines breiten Flusses. **Tutukaka** liegt nochmals 1 km weiter und bietet einen geschäftigen Jachthafen, Tauchveranstalter und Sportangelboote.

Von Tutukaka führt die Straße ein Stück weit ins Landesinnere und erreicht nach etwa 10 km wieder den goldenen Sandstrand von **Matapouri**. Ein schöner, 20-minütiger Strandspaziergang führt zur **Whale Bay**, die von riesigen Pohutukawa-Bäumen gesäumt wird.

Wer von Matapouri aus weiter nach Norden fährt, gelangt zur scheinbar endlosen **Sandy Bay**, einem der besten Surfstrände Northlands. Hier finden im Sommer Longboarding-Wettkämpfe statt.

Am Strand macht die Straße einen Schlenker und führt zum SH1 bei Hikurangi. An einer Abzweigung kann man wieder zurück zur Küste fahren und bei **Whananaki** weitere fantastische Strände und den **DOC-Campingplatz Otamure Bay** ansteuern (☎09-433 8402; www.doc.govt.nz; Stellplatz Erw./Kind 10/5 NZ$).

Aktivitäten

Von Tutukaka aus werden Tauchfahrten für Anfänger und Fortgeschrittene angeboten.

An der Küste entlang lässt es sich wunderbar wandern. Bei der Whangarei-i-SITE (S. 146) nach der Broschüre *Tutukaka Coast Tracks & Walks* fragen.

Dive! Tutukaka TAUCHEN
(☎0800 288 882; www.diving.co.nz; Marina Rd; 2 Tauchgänge inkl. Ausrüstung 269 NZ$) Die Tauchkurse hier umfassen einen fünftägigen Open-water-PADI-Kurs. Für Nicht-Taucher ist die „Perfect Day Ocean Cruise" (169 NZ$) eine schöne Alternative mit Mittagessen und Snacks, vor allem aber mit Schnorcheln im Meeresschutzgebiet, einer Kajaktour durch Höhlen und Felsenbögen, Paddelboards und der Möglichkeit, Delfine (meistens) und Wale (gelegentlich) zu sehen. Die Bootsfahrten finden von November bis Mai statt. Sie starten um 11 Uhr, Rückkehr ist gegen 16 Uhr. Die Website informiert über zukünftigte Attraktionen, darunter eine Taucherhütte für sechs Personen und mehrtägige Fahrten auf der *Acheron,* einer Art Forschungsschiff.

Tutukaka Surf Experience SURFEN
(☎021 227 0072; www.tutukakasurf.co.nz; Marina Rd; 2 Std.-Kurs 75 NZ$) Die Surflektionen beginnen meist um 9.30 Uhr, im Sommer mehr oder weniger jeden Tag, ansonsten am Wochenende. Sie finden flexibel an dem Strand statt, der gerade die besten Brecher für Anfänger zu bieten hat. Besonders häufig ist dies an der Sandy Bay der Fall. Das Unternehmen verleiht auch Surfboards (Tag 45 NZ$) und Boards für Stehpaddler (Tag 20 NZ$). Der Spaß beginnt bereits mit der Fahrt zum Strand in einem coolen Van im Retrostil.

Schlafen & Essen

Lupton Lodge B&B $$
(☎09-437 2989; www.luptonlodge.co.nz; 555 Ngunguru Rd; EZ 125–155 NZ$, DZ 150–260 NZ$, Apt. 275–385 NZ$;) Die Zimmer in diesem historischen Bauwerk aus dem Jahr 1896 sind geräumig, luxuriös und charaktervoll. Das Haus liegt friedlich auf einem Farmgelände zwischen Whangarei und Ngunguru. Gäste können im Obstgarten spazieren, im Pool planschen oder im Salon Poolbillard spielen. Im Angebot ist auch ein stilvolles Apartment für bis zu vier Personen in einer umgebauten Scheune.

Marina Pizzeria PIZZA $$
(☎09-434 3166; www.marinapizzeria.co.nz; Tutukaka Marina; Pizza 18–21 NZ$, Hauptgerichte 25–30 NZ$; Fr 16 Uhr bis spätabends, Sa & So 10 Uhr bis spätabends)

Schnappa Rock CAFÉ $$
(☎09-434 3774; www.schnapparock.co.nz; Ecke Marina Rd & Marlin Pl; Frühstück & Mittagessen 13–29 NZ$, Abendessen 27–35 NZ$, Bar-Snacks 8–19 NZ$; 8 Uhr bis spätabends, Jun.–Sept. So abends geschlossen) Morgens wimmelt es hier von erwartungsvollen Tauchern, die am Abend ihren erlebnisreichen Tag hier wieder ausklingen lassen. Das Restaurant ist immer gut besucht. An Sommerwochenenden spielen manchmal Top-Bands aus Neuseeland.

An- & Weiterreise

Whangarei Commuter Shuttles (☎0800 435 355; www.coastalcommuter.co.nz; einfach/hin & zurück 25/40 NZ$) Whangarei Commuter Shuttles unterhält einen täglichen Shuttleservice für Taucher. Er fährt morgens in Whangarei ab und kehrt am Nachmittag wieder dorthin zurück.

Die Küstenroute nach Russell

Die schnellste Route nach Russell führt über den SH 1 nach Opua, von wo aus man mit der Fähre nach Okiato übersetzt. Die alte Russell Road ist eine kurvenreiche, landschaftlich aber sehr schöne Küstenstraße, für die man etwa eine halbe Stunde länger braucht.

Die Abfahrt ist leicht zu übersehen. Sie liegt etwa 6 km nördlich von Hikurangi in Whakapara (Ausschau nach dem Wegweiser nach Oakura halten). Nach etwa 13 km liegt das **Gallery & Cafe** (☎09-433 9616; www.galleryhelenabay.co.nz; 1392 Old Russell Rd, Helena Bay; Hauptgerichte 14–18 NZ$; 10–17 Uhr, im Winter geschl. Mo & Di) hoch über der Helena Bay. Das Café bietet Fairtrade-Kaffee, köstliche Kuchen, ein tolles Panorama und interessante Kiwiana-Kunst. Und die Gäste werden herzlich von Wolfie und Picasso, zwei riesigen, aber sanften und freundlichen Neufundländern, willkommen geheißen.

Bei **Helena Bay** führt ein 8 km langer Umweg auf einer unbefestigten Straße zum **Mimiwhangata Coastal Park** mit Sanddünen, Pohutukawa-Bäumen, ins Wasser ragenden Landspitzen und malerischen Stränden. Das DOC unterhält einige Unterkünfte im Schutzgebiet, darunter eine einfache, aber komfortable Hütte und ein Strandhaus (Woche 613 NZ$) mit jeweils Platz für sieben bis acht Personen. Einfache Campingmöglichkeiten (Erw./Kind 10/5 NZ$) gibt es an der abgelegenen Waikahoa Bay.

Zurück auf der Russell Road erreicht man **The Farm** (☎09-433 6894; www.thefarm.co.nz; 3632 Russell Rd; Stellplatz ab 13 NZ$, B/EZ 20/30 NZ$, DZ 80 NZ$), eine etwas raue, weitläufige Backpacker-Unterkunft mit verschiedenen Gebäuden, z. B. einem alten Woll-Lager mit einer Diskokugel als Dekoration. Die Zimmer sind einfach gehalten und die Farm während der Sommerferien bei Trialbikern sehr beliebt. Außerhalb der Saison ist die Unterkunft eine entspannte, rustikale Bleibe. Angeboten werden zudem Ausritte (50 NZ$, 2 Std.), Kajaktouren und Angelausflüge sind ebenfalls möglich.

An der Kreuzung kurz hinter der Farm führt von der Russell Road eine unbefestigte, kurvenreiche Straße nach links durch das **Ngaiotonga Scenic Reserve**. Wer nicht vorhat, den Wald zu erkunden, sollte die befestigte Rawhiti Road nehmen. Ansonsten gibt es hier zwei kurze Wanderwege: den zehnminütigen **Kauri Grove Nature Walk** und den ebenfalls zehnminütigen **Twin Bole Kauri Walk**.

Nach 2,6 km führt eine Seitenstraße zum **Whangaruru North Head Scenic Reserve**, das mit Stränden und Wanderwegen in schöner Landschaft lockt. Ein Rundweg führt vom **DOC-Campingplatz Puriri Bay** (☎09-433 6160; www.doc.govt.nz; Zeltstellplatz Erw./Kind 10/5 NZ$) auf einen Bergrücken mit sehenswertem Küstenpanorama.

Wer direkt nach Russell will, folgt der Rawhiti Road für weitere 7 km und biegt dann links in die Manawaora Road ein, die an einer Reihe von kleinen idyllischen Buchten vorbeiführt, bevor sie wieder in die Russell Road einmündet.

Auch ein Abstecher zum abgelegenen **Rawhiti**, einer kleinen Ngāpuhi-Siedlung, lohnt sich. Hier dreht sich das Leben noch immer um die *marae* (Tempel). Rawhiti ist der Ausgangspunkt für eine anstrengende Wanderung zum Cape Brett; für die 16,3 km lange Strecke bis zur Spitze der Halbinsel sollte man acht Stunden kalkulieren. Übernachten kann man unterwegs in der vom DOC unterhaltenen **Cape Brett Hut** (B 15 NZ$); die Hütte muss im Voraus gebucht werden. Für das Überqueren von Privatgelände wird eine Gebühr fällig (Erw./Kind 30/15 NZ$), die man im i-SITE (S. 162) der Bay of Islands bezahlt. Eine andere Möglichkeit bietet ein Wassertaxi von Russell oder Paihia zum Leuchtturm von Cape Brett. Zurück geht es dann zu Fuß.

Ein kürzerer Wanderweg führt über Māori-Land und durch das **Whangamumu Scenic Reserve** nach **Whangamumu Harbour**. Auf der Halbinsel finden sich über 40 alte Māori-Stätten und die Überreste einer ungewöhnlichen Walfangstation.

BAY OF ISLANDS

Die Bay of Islands ist einer der neuseeländischen Touristenmagneten schlechthin. Im türkisfarbenen Wasser der Bucht liegen etwa 150 naturbelassene Inseln. Besonders Paihia bietet hervorragende Budget-Unterkünfte; zudem sind Bootstouren und Wassersport sehr beliebt.

Die Bay of Islands ist zudem ein Ort von enormer historischer Bedeutung. Die Māori kennen sie als Pewhairangi und siedelten hier seit Beginn ihrer Einwanderung. Russell ist die erste permanente englische

MIT DELFINEN SCHWIMMEN

Das gesamte Jahr über können Besucher Bootsfahren buchen, die die Möglichkeit eröffnen, mit wild lebenden Delfinen zu interagieren. Die Erfolgsquote ist überraschend hoch. Gewöhnlich gibt es eine Freifahrt, wenn die erste keinen Erfolg war. Die Schwimmer sind dabei den Wetter- und Wasserbedingungen ausgesetzt, und es gibt Einschränkungen, wenn Delfinkälber dabei sind. Es bleibt natürlich den Delfinen überlassen, ob sie mit Menschen schwimmen wollen oder nicht. In jedem Fall können nur wirklich gute Schwimmer mit ihnen mithalten – selbst wenn die Delfine gut gelaunt sind und nur mit halber Geschwindigkeit schwimmen. Wem das Wohl der Tiere am Herzen liegt, sollte wissen, dass einige Wissenschaftler die Auffassung vertreten, dass das Schwimmen mit Delfinen deren Lebensraum und Verhalten negativ beeinträchtigt.

Lediglich drei Anbieter haben Lizenzen vom neuseeländischen Umweltministerium erhalten: Explore NZ (S. 159), Fullers Great Sights (S. 159) sowie die Jacht Carino (S. 150). Alle drei stiften, über DOC, einen Teil ihrer Einnahmen der Meeresforschung.

Siedlung und somit Geburtsstätte der europäischen Kolonisation im Land. Hier wurde der Vertrag von Waitangi ausgearbeitet und 1840 zum ersten Mal unterzeichnet. Er ist heute noch die Basis für die Beziehungen zwischen den verschiedenen Bevölkerungsgruppen Neuseelands.

Aktivitäten

In der Bay of Islands lässt sich die subtropische Unterwasserwelt wunderbar ertauchen – eine der Hauptattraktionen ist die gesunkene, 113 m lange Fregatte HMNZS *Canterbury* in der Deep Water Cove in der Nähe des Cape Brett. Die örtlichen Tauchschulen fahren auch zum Wrack der *Rainbow Warrior* bei den Cavalli Islands hinaus. Von Paihia ist man mit dem Boot rund eine Stunde Richtung Norden unterwegs. Beide Wracks sind lohnende Tauchziele: Zwischen bunten Anemonen und gelben Schwämmen schwimmen zahllose Fischschwärme umher. Die Bucht bietet aber auch viele Möglichkeiten zum Kajakfahren oder Segeln – entweder im Rahmen einer geführten Tour oder indem man sich ganz einfach ein Boot mietet und auf eigene Faust loszieht, um das Gewässer zu erkunden. Bootsfahrten und das Schwimmen mit Delfinen sind ebenfalls möglich. Einige Anbieter stellen ihren Betrieb allerdings während der Wintermonate ein.

Northland Paddleboarding WASSERSPORT
(☎027 777 4135; www.northlandpaddleboarding.co.nz; Anfängerkurse Std. 60 NZ$) Kurse und geführte Touren.

Horse Trek'n REITEN
(☎027 233 3490; www.horsetrekn.co.nz; 2 Std.-Ritt 120 NZ$) Ausritte in den Waitangi Forest.

Great Escape Jacht Charters SEGELN
(☎09-402 7143; www.greatescape.co.nz) Bietet Segelkurse für Anfänger (2 Tage 445 NZ$), aber auch längere Alternativen an.

Flying Kiwi Parasail ABENTEUERSPORT
(☎0800 359 691; www.parasailnz.com; Solo 115 $1, Tandem Erw./Kind 95/69 NZ$) Starts in Paihia und Russell. Es handelt sich um Neuseelands höchste Startpunkte (ca. 400 m).

Geführte Touren

Was ist das Wichtigste? Zunächst einmal sollte man für gutes Wetter beten, denn sintflutartige Regenfälle oder eine raue See machen manchen Fahrten unmöglich. Die Touren können im i-SITE (S. 162) in der Bay of Islands sowie in vielen Unterkünften gebucht werden.

Bootstouren

Hier kann man segeln oder mit Jetbooten und großen Barkassen übers Wasser fahren. Die Boote legen in Paihia oder Russell ab und halten im jeweils anderen Ort an.

Eine der schönsten Inseln der Bucht ist **Piercy Island (Motukokako)** nahe dem Cape Brett am Ostrand der Bucht. Die steile Felsenfestung wird von einem eindrucksvollen natürlichen Felsbogen geprägt, dem berühmten **Hole in the Rock**. Wenn die Voraussetzungen stimmen, fahren die meisten Boote geradewegs hindurch. Unterwegs lassen sich oft Große Tümmler und andere Delfine sowie Orcas, diverse Walarten und Pinguine beobachten.

Die beste Option, die Bucht zu erkunden, ist das Segelboot. Wer Lust hat, kann der Besatzung zur Hand gehen (dafür ist keine Erfahrung notwendig) oder den ganzen Nachmittag entspannt mit Insel-Hopping, Sonnenbaden, Schwimmen, Schnorcheln, Kajakfahren oder Angeln verbringen.

R Tucker Thompson SEGELN
(☎09-402 8430; www.tucker.co.nz; ⊙Nov.–April) Die *Tucker* ist ein majestätisches Schiff, das von einer gemeinnützigen Stiftung mit pädagogischer Zielsetzung betrieben wird. Angeboten werden eintägige Segeltörns (Erw./Kind 145/73 NZ$, inkl. Mittagessen vom Grill) und Nachmittagstörns (Erw./Kind 65/33 NZ$).

Carino SEGELN
(☎09-402 8040; www.sailingdolphins.co.nz; Erw./Kind 11/74 NZ$) Der über 15 m lange Katamaran hat die Lizenz des neuseeländischen Umweltministeriums, in die Nähe von Delfinen fahren zu dürfen. Die Betreiber halten sich an das neuseeländische Gesetz zum Schutz der Meeressäuger aus dem Jahr 1978. Für 6 $ gibt es ein Mittagessen vom Grill.

Ecocruz SEGELN
(☎0800 432 627; www.ecocruz.co.nz; B/DZ 650/1500 NZ$) Dreitägige Segeltörns (2 Nächte) auf der hochseetauglichen, 25 m langen Jacht *Manawanui*. Im Preis sind Unterkunft, Verpflegung, Hochseefischen, Kajakausflüge und Schnorcheln enthalten.

Mack Attack BOOTSAUFLÜGE
(☎0800 622 528; www.mackattack.co.nz; 9 Williams Rd, Paihia; Erw./Kind 99/49 NZ$) Ein rasan-

Bay of Islands

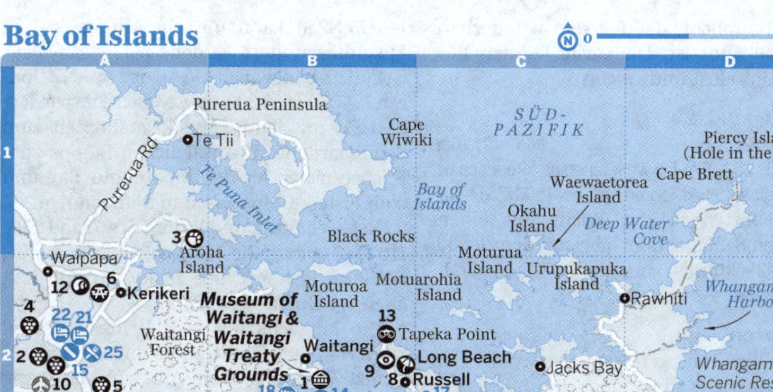

Bay of Islands

Highlights
- 1 Museum of Waitangi B2
- Waitangi Treaty Grounds .... (s. 1)

Sehenswertes
- 2 Ake Ake A2
- 3 Aroha Island A1
- 4 Byrne Northland Wines A2
- 5 Cottle Hill A2
- 6 Fairy Pools A2
- 7 Haruru Falls B2
- 8 Long Beach B2
- 9 Maiki B2
- 10 Marsden Estate A2
- 11 Omata Estate B2
- 12 Rainbow Falls A2
- 13 Tapeka Point B2

Aktivitäten, Kurse & Touren
- 14 Coastal Kayakers B2
- 15 Dive North A2
- 16 Gabriel the Steam Engine B3
- 17 Russell Nature Walks C2

Schlafen
- Aroha Island .... (s. 3)
- Bay of Islands Holiday Park .... (s. 7)
- 18 Baystay B&B B2
- 19 Cook's Lookout B2
- 20 Ferry Landing Backpackers B2
- 21 Kauri Park A2
- 22 Relax a Lodge A2
- 23 Russell-Orongo Bay Holiday Park C2
- 24 Wainui B2

Essen
- Get Fudged & Keriblue Ceramics .... (s. 21)
- Makana Confections .... (s. 21)
- 25 The Old Packhouse Market A2

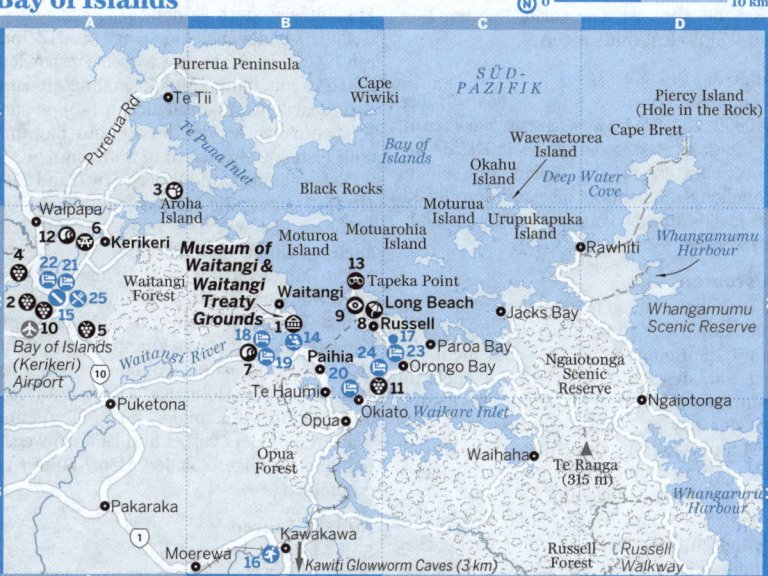

ter Trip mit dem Jetboot zum Hole in the Rock. Eine Alternative ist die Inner Bay of Islands Tour (Erw./Kind 85/49 NZ$).

Rock BOOTSAUFLÜGE
(☎0800 762 527; www.rocktheboat.co.nz; B/DZ/FZ ab 238/449/772 NZ$) Die einstige Autofähre ist heute ein schwimmendes Hostel mit Kabinen und einer Bar. Die Rundfahrten starten immer um 17 Uhr und beinhalten ein Abendessen mit Barbecue und Meeresfrüchten sowie Livemusik. Am zweiten Tag kann man dann von Insel zu Insel hüpfen, angeln, Kajak fahren, schnorcheln oder schwimmen. Tagestouren kosten nur 108 NZ$ pro Person.

Phantom SEGELN
(☎0800 224 421; www.yachtphantom.com; Erw./Kind 110/55 NZ$) Ein schnelles, über 15 m

langes Rennboot, das für sein wunderbare Essen bekannt ist. Die Gäste können Bier und Wein selbst mitbringen.

Tango Jet Ski & Island Boat Tours BOOTSAUSFLÜGE

(☎0800 253 8754; www.tangojetskitours.co.nz; Bootsausflug/Jetski-Touren ab 65/180 NZ$) Rasante Fahrten in der Bucht mit einem schnellen Schlauchboot oder mit dem Jetski. Die Jetskis können von zwei Personen gefahren werden.

Bustouren

Es ist billiger und geht schneller, wenn man von Ahipara, Kaitaia oder Doubtless Bay zum Cape Reinga fährt. Wer aber nicht viel Zeit hat, der kann Cape Reinga auch im Rahmen einer langen Tagestour (10–12 Std.) von der Bay of Islands aus besuchen. Alle Bustouren fahren am Ninety Mile Beach entlang und legen einen Stopp zum Sandboarden in den Dünen ein.

Fullers (S. 159) veranstaltet regelmäßig Bustouren und bietet auch auf Backpacker gemünzte Varianten an. Es ist jeweils ein Halt im Puketi Forest inbegriffen. Die kinderfreundliche Standardversion (Erw./Kind 149/75 NZ$) kann um ein Mittagessen in Pukenui erweitert werden.

Fullers bietet auch die **Awesome-NZ**-Touren (☎0800 653 339; www.awesomenz.com; Tour 129 NZ$) mit lauter Musik, mehr Zeit zum Sandboarden und zusätzlichen Stopps zum Frisbeespielen an der Tapotupotu Bay und zum Fish-&-Chips-Essen in Mangonui an.

Neuseelands Dune Rider (Erw./Kind 150/110 NZ$) bietet die Möglichkeit, Mangonuis gefeierte Fish & Chips zu kosten und hält auch am Gumdiggers Park.

Die Möglichkeiten, nach Hokianga und zum Waipoua Forest zu gelangen, sind begrenzt. Wenn man kein Auto zur Verfügung hat oder die Zeit etwas knapp ist, empfiehlt sich ein Tagesausflug: Fullers' achtstündige Tour „Discover Hokianga" (Erw./Kind 118/59 NZ$) führt u. a. an den Tane Mahuta und Wairere Boulders vorbei und ist auch wegen der sehr kundigen lokalen Māori-Führer zu empfehlen.

Andere Touren

Salt Air RUNDFLÜGE

(☎09-402 8338; www.saltair.co.nz; Marsden Rd, Paihia) Die landschaftlich schönen Rundflüge des Unternehmens umfassen einen fünfstündigen Flug in einem Kleinflugzeug inklusive einer Fahrt mit einem Geländewagen zum Cape Reinga und zum Ninety Mile Beach (425 NZ$) sowie Helikopterflüge zum Hole in the Rock (250 NZ$). Ein anderer Flug landet sogar auf der berühmten Insel (ab 399 NZ$), wo die Passagiere von einem lokalen Māori-Führer in Empfang genommen werden.

POU HERENGA TAI TWIN COAST CYCLE TRAIL

Voraussichtlich 2016 soll der Radweg komplett fertiggestellt sein (einige Teilstrecken sind bereits geöffnet). Er soll von der Bay of Islands quer durchs Land zum Hokianga Harbour führen. Das sind zwar nur 84 km, aber jeder, der es geschafft hat, kann zu Hause zu Recht damit prahlen. Die komplette Route wird von Opua über Kawakawa, Ngawha Springs und Kaikohe bis nach Horeke führen.

Zum Zeitpunkt der Recherche war bereits die Hälfte der Strecke fertiggestellt. Das 20 km lange Stück von **Kaikohe** nach **Okaihau**, das westlich von Kaikohe beginnt und durch einen stillgelegten Eisenbahntunnel führt, bevor es entlang des Ufers des **Lake Omapere** verläuft, sah sehr vielversprechend aus. Karten, Tipps und aktuelle Infos zum Stand der Dinge gibt's auf www.nzcycletrail.com. Näheres zum Thema Fahrradverleih und Shuttletransport – auch von Paihia in der Bay of Islands – findet man auf www.toptrail.co.nz.

Feste & Events

Country Rock Festival MUSIK

(☎09-404 1063; www.country-rock.co.nz; Festivalpass 50 NZ$; ⏲Mai) Am zweiten Wochenende im Mai.

Russell Birdman ABENTEUERSPORT

(www.russellbirdman.co.nz; ⏲Juli) Verrückte mit ausgefallenen Fluggeräten springen vom Startplatz in Russell ins eiskalte Wasser.

Jazz & Blues Festival MUSIK

(☎09-404 1063; www.jazz-blues.co.nz; Festivalpass 50 NZ$; ⏲Aug.) Zweites Wochenende im August.

Weekend Coastal Classic ABENTEUERSPORT

(☎021 521 013; www.coastalclassic.co.nz; ⏲Okt.) Neuseelands größtes Jachtrennen führt von Auckland zur Bay of Islands. Termin: das Labour-Day-Wochenende im Oktober.

An- & Weiterreise

BUS

Die Busunternehmen InterCity (S. 138), Naked Bus (S. 138) und Mana Bus (S. 138) fahren alle Zentren an der Bay of Islands wie Paihia und Kerikeri an.

ABC Shuttles & Tours (022 025 0800; www.abcshuttle.co.nz; Touren ab 40 NZ$) Flughafentransfers von und nach Kerikeri, Rundfahrten um die Bay of Islands und Fahrten von Paihia nach Kawakawa zu den Kawiti Glowworm Caves und den Toiletten von Hundertwasser.

FLUGZEUG

Air New Zealand (0800 737 000; www.airnewzealand.co.nz) Täglich Flüge von Auckland nach Whangarei und Kerikeri.

Barrier Air (09-275 9120, 0800 900 600; www.barrierair.kiwi) Verbindet Kaitaia mit Whangarei und Auckland.

Russell

816 EW.

Auch wenn der Ort einst als „Höllenschlund des Pazifiks" bekannt war, werden diejenigen, die mal so richtig einen draufmachen wollten, enttäuscht sein: Sie haben die Strandorgien um knapp 180 Jahre verpasst. Stattdessen findet man ein historisches Örtchen mit Souvenirläden und B&Bs vor. Im Sommer kann man am Strand Kanus oder Dinghis ausleihen.

Bevor es Höllenschlund bzw. Russell genannt wurde, hieß der Ort klangvoll Kororareka (süßer Pinguin) und war eine befestigte Ngāpuhi-Siedlung. Im frühen 19. Jh. erlaubte der Stamm die Umwandlung in Aotearoas erste europäische Siedlung. Schnell wurde die Stadt ein Sammelbecken für entflohene Sträflinge, Walfänger, Seeleute und andere zwielichte Gestalten. In den 1830er-Jahren lagen hier Dutzende Walfangschiffe vor Anker. Charles Darwin beschrieb Russell im Jahr 1835 als „angefüllt mit dem Ausschuss der Gesellschaft".

1830 war die Siedlung Schauplatz der sogenannten Mädchenkriege, bei dem zwei junge Māori-Frauen um die Gunst eines Walfängerkapitäns namens Brind buhlten. Ein zufälliges Treffen der Rivalinnen am Strand führte zuerst zu verbalen und anschließend zu tätlichen Auseinandersetzungen. Der eigentlich harmlose Konflikt eskalierte, als weitere Familienmitglieder aufeinandertrafen, um die Ehre der Mädchen wiederherzustellen: Innerhalb von nur zwei Wochen wurden Hunderte getötet oder verletzt, ehe britische Missionare ein Friedensabkommen zwischen den Parteien aushandeln konnten.

Nach der Unterzeichnung des Vertrags von Waitangi 1840 war Okiato (wo heute die Fähre abfährt) der Sitz des Gouverneurs und zeitweilige Hauptstadt. Die Regierung wurde jedoch 1841 nach Auckland verlegt, und Okiato, das zu diesem Zeitpunkt Russell hieß, ganz aufgegeben. Der Name ging dann auf Kororareka über.

Sehenswertes

Pompallier Mission HISTORISCHES BAUWERK
(09-403 9015; www.pompallier.co.nz; The Strand; Touren Erw./Kind 10 $/gratis; 10–16 Uhr) Das teilweise aus Stampflehm erbaute Gebäude wurde 1842 errichtet, um darin die Druckerpresse der Katholischen Mission unterzubringen. Das Haus ist das letzte noch verbliebene Gebäude der Mission im Westpazifik. Kaum zu glauben, dass hier insgesamt 40 000 Bücher auf Māori gedruckt wurden! In den 1870er-Jahren wurde es in ein Privathaus umgewandelt. Doch inzwischen hat man es restauriert und in seinen ursprünglichen Zustand zurückversetzt, inklusive Gerberei und Druckerwerkstatt.

Christ Church KIRCHE
(Church St) Der Bau der ältesten Kirche des Landes (1836) wurde mit einer Spende des englischen Naturforschers Charles Darwin finanziert. Das größte Denkmal auf dem Friedhof erinnert an Tamati Waka Nene, einen mächtigen Ngāpuhi-Häuptling aus Hokianga, der sich im Northland War gegen Hone Heke gestellt hatte. Die Einschüsse in den Mauern der Kirche stammen von Musketen und Kanonenkugeln aus der Schlacht von 1845.

Maiki HÜGEL
(Flagstaff Rd) Auf diesem Hügel, der hoch über Russell aufragt, schlug Hone Heke den Flaggenmast insgesamt viermal ab. Man kann zwar hinauffahren, die Aussicht ist aber so schön, dass sie auch den Fußmarsch rechtfertigt. Bei Ebbe den Weg von der Bootsrampe Richtung Westen am Strand entlang nehmen, bei Flut läuft man die Wellington Street hinauf.

Russell Museum MUSEUM
(09-403 7701; www.russellmuseum.org.nz; 2 York St; Erw./Kind 10/3 NZ$; 10–16 Uhr) Das kleine moderne Museum präsentiert eine

Russell

Sehenswertes

1 Christ Church A2
2 Pompallier Mission A3
3 Russell Museum A2

Aktivitäten, Kurse & Touren

4 Russell Mini Tours A2

Schlafen

5 Arcadia Lodge B3
6 Duke of Marlborough A2
7 Hananui Lodge & Apartments A2
8 Russell Motel B3
9 Russell Top 10 .... B1

Essen

10 Hell Hole A2
11 Hone's Garden A2
The Duke .... (s. 6)
12 The Gables A2
13 Waterfront A2

Ausgehen & Nachtleben

14 Duke of Marlborough Tavern A2

gut zusammengestellte Abteilung zu den Māori, zeigt ein beeindruckendes Modell von Captain Cooks Schiff *Endeavour* im Maßstab 1:5 und ein zehnminütiges Video zur Stadtgeschichte.

Omata Estate WEINGUT
(☎09-403 8007; www.omata.co.nz; Aucks Rd; ⏲Weinprobe & Essen Nov.–März 10–17 Uhr, April–Okt. Weinproben nur Mi–So 11–17 Uhr) Omata ist mit seiner stetig wachsenden Reputation für seine Rotweine – vor allem den traditionellen Syrah – eines der besten Weingüter in Northland. Zur Weinprobe und dem tollen Blick aufs Meer können Platten für mehrere Personen (40 NZ$) bestellt werden. Von April bis Oktober sollten Gäste sich vor der Anreise telefonisch versichern, dass das Weingut auch wirklich geöffnet hat. Es liegt an der Straße von Russell zur Autofähre in Okiato.

Geführte Touren

Russell Nature Walks WANDERN
(☎027 908 2334; www.russellnaturewalks.co.nz; 6080 Russell Whakapara Rd; Tagwanderung 38/20 NZ$, Nachtwanderung 45/20 NZ$; ⏲Tagwanderung 10 Uhr, Nachtwanderung in Abhängigkeit vom Sonnenuntergang) Das Unternehmen hat seine Basis in einem privaten Urwald 2,5 km südlich von Russell. Die Tag- und Nachtwanderungen ermöglichen es, die einheimische Vogelwelt, darunter Wekaralle und Tui (eine Honigfresser-Vogelart) sowie die Langfühlerschrecke Weta zu sehen. Die Nachtwanderungen werden sanft durch Glühwürmer beleuchtet. Nach Einbruch der Dunkelheit kann man Neuseelands berühmtesten einheimischen Vogel, den Kiwi, hören (und mit ein wenig Glück auch sehen). Die Wanderungen dauern 1½ bis 2 Stunden.

Die Besitzer Eion und Lisette betreiben außerdem ein Kiwi-Zuchtprogramm.

Russell Mini Tours BUSREISE
(☎09-403 7866; www.russellminitours.com; Ecke The Strand & Cass St; Erw./Kind 29/15 NZ$; ⏲Abfahrt 11, 13, 14 & 15, Okt.–April zusätzlich 10 & 16 Uhr) Rundfahrten mit dem Minibus durch das historische Russell inklusive Erklärungen.

Feste & Events

Tall Ship Race ABENTEUERSPORT
(⏲Jan.) In Russell am ersten Samstag nach Neujahr.

Schlafen

Wainui HOSTEL $
(☎09-403 8278; www.wainuilodge-russell-nz.com; 92d Te Wahapu Rd; B/EZ/DZ 28/53/66 NZ$; 📶) Obwohl es nicht ganz leicht zu finden ist, lohnt sich die Suche: Das moderne Buschcamp mit direktem Zugang zum Strand hat

gerade einmal zwei Zimmer, die sich einen gemütlichen Gemeinschaftsbereich teilen. Es liegt 5 km von Russell entfernt an der Straße zur Autofähre. Von der Te Wahapu Road nach rechts in den Waiaruhe Way abbiegen.

Russell-Orongo Bay Holiday Park CAMPINGPLATZ $
(☎09-403 7704; www.russellaccommodation.co.nz; 5960 Russell Rd; Stellplätze ohne/mit Strom 42/46 NZ$, Großzelt 80–90 NZ$, Hütten & Häuser 90–165 NZ$; @📶🏊) 🍃 Die entspannte Ferienanlage ist von einem 5,6 ha großen Wald voller Vögel umgeben und liegt etwa 3 km vom Anleger der Opua-Okiato-Fähre entfernt. Die Auswahl an Unterkünften ist groß, u. a. gibt es ein abgefahrenes Tipi und komfortable, abgeschlossene Wohneinheiten.

Ferry Landing Backpackers HOSTEL $
(☎09-403 7985; www.ferrylandingrussell.co.nz; 395 Aucks Rd, Okiato Pt; B/EZ/DZ 30/60/80 NZ$; @📶) Ferry Landing ist eher eine Privatunterkunft als ein Hostel: zwei Räume im Haus des Besitzers auf dem Hügel direkt oberhalb des Fähranlegers in Okiato. Man kommt faktisch nur mit dem Auto dorthin.

Russell Top 10 CAMPINGPLATZ $
(☎09-403 7826; www.russelltop10.co.nz; 1 James St; Stellplätze/Hütten/Häuser ab 45/80/160 NZ$; @📶) 🍃 Die baumreiche Anlage bietet einen kleinen Laden, eine gute Ausstattung, wunderbare Hortensien, saubere Hütten und nette Häuser. Die Duschen sind sauber, das Wasser muss aber an Münzautomaten bezahlt werden.

Duke of Marlborough HISTORISCHES HOTEL $$
(☎09-403 7829; www.theduke.co.nz; 35 The Strand; Zi. 165–360 NZNZ$; 📶) Das Duke besitzt Neuseelands älteste Schankerlaubnis und rühmt sich, „seit 1827 Schurken und Spitzbuben" zu bewirten. Seit damals ist das Gebäude allerdings schon zweimal abgebrannt ... Die Zimmer im oberen Stockwerk reichen von kleinen, hellen Räumen in einem Anbau aus den 1930er-Jahren bis hin zu schicken, geräumigen Doppelzimmern mit Meerblick.

Russell Motel MOTEL $$
(☎09-403 7854; www.motelrussell.co.nz; 16 Matauwhi Rd; Haus 135–210 NZ$; 📶🏊) Das altmodische Motel inmitten eines gepflegten Gartens bietet eine gute Auswahl an Häusern und einen nierenförmigen Pool, den die Kinder lieben. Die Studios sind ein klein wenig dunkel, aber bei diesem Preis im Zentrum von Russell darf man darüber nicht klagen.

Arcadia Lodge B&B $$$
(☎09-403 7756; www.arcadialodge.co.nz; 10 Florance Ave; DZ 215–300 NZNZ$; 📶) 🍃 Die individuell eingerichteten Zimmer des Hanghauses von 1890 sind mit interessanten Antiquitäten und schöner Bettwäsche ausgestattet. Außerdem gibt es hier das wahrscheinlich beste Frühstück der Stadt – in köstlicher Bioqualität und als Extra obendrauf einen grandiosen Blick von der Veranda.

Hananui Lodge & Apartments MOTEL $$$
(☎09-403 7875; www.hananui.co.nz; 4 York St; Wohneinheit 150–270 NZNZ$; 📶) Zur Wahl stehen die bestechend schönen, motelartigen Zimmer der gepflegten Lodge am Wasser sowie Apartments im neueren Anbau quer über die Straße. Die beste Wahl sind die im oberen Stock gelegenen Wohneinheiten am Wasser, von denen aus man den Strand überblickt.

Essen

Hell Hole CAFÉ $
(☎022 604 1374; www.facebook.com/hellholecoffee; 16 York St; Snacks 6–12 NZ$; ⌚Mitte Dez.–Feb. 7–17 Uhr, März, April & Okt.–Mitte Dez. 8–15 Uhr) Hier bestellt man Bagels, Baguette und Croissants zum besten Kaffee in der Stadt. Das kleine Lokal einen Block vom Wasser entfernt röstet seinen Kaffee sogar selbst. Die Softdrinks und die kunstvollen Eisblöcke machen das Hell Hole zu einem beliebten Treffpunkt, vor allem während Russells Hochsaison von Mitte Dezember bis Februar.

★Gables MODERN NEUSEELÄNDISCH $$
(☎09-403 7670; www.thegablesrestaurant.co.nz; 19 The Strand; Mittagessen 23–29 NZ$, Abendessen 27–34 NZ$; ⌚Fr–Mo 12–15, Do–Mo ab 18 Uhr) Das Gables serviert einfallsreiche Variationen neuseeländischer Klassiker (Lamm, Wild, Meeresfrüchte). Das Restaurant befindet sich am Wasser in einem Gebäude aus dem Jahr 1847, dessen Fundamente teilweise aus Walknochen bestehen. Von den Tischen am Fenster genießen die Gäste einen schönen Blick aufs Meer und können sich auf die Gerichte aus lokalen Erzeugnissen wie Austern und Käse freuen. Die Cocktails sind sommerlich frisch, dazu gesellt sich eine ganz ordentliche Bier- und Weinauswahl.

HONE HEKE & DER NORTHLAND-KRIEG

Nur fünf Jahre nach der Unterzeichnung des Friedensvertrags von Waitangi war Ngāpuhi-Häuptling Hone Heke so desillusioniert, dass er sich entschloss, den Fahnenmast in Kororareka, das Symbol der britischen Autorität, ein viertes Mal zu fällen. Gouverneur FitzRoy war jedoch ebenso entschlossen, es nicht dazu kommen zu lassen, und stationierte Soldaten und Marineinfanteristen in der Stadt.

Am 11. März 1845 belagerten die Ngāpuhi die Stadt als Ablenkungsmanöver. Die Taktik ging auf, die Angriffe von Häuptling Kawiti aus dem Süden und von einer anderen Gruppe von Long Beach aus waren ein großer Erfolg. Während die Truppen losstürmten, um den Ort zu verteidigen, fällte Hone Heke den Union Jack auf dem Maiki (Flagstaff Hill) zum vierten und letzten Mal. Die Briten wurden gezwungen, sich auf ihre vor Anker liegenden Schiffe zurückzuziehen. Der Kapitän der HMS *Hazard* wurde in der Schlacht schwer verletzt, sein Stellvertreter befahl, die Stadt unter Beschuss zu nehmen. Die meisten Gebäude wurden dabei dem Erdboden gleich gemacht. Das war der Beginn des ersten Neuseelandkriegs.

In den folgenden Monaten lieferten sich britische Truppen (zusammen mit Ngāpuhi aus Hokianga) einige Schlachten mit Heke und Kawiti. In dieser Zeit entstand das moderne *pa*, das erste hochentwickelte Grabensystem zur Verteidigung. Es lohnt sich, am Ruapekapeka Pa Historic Reserve (Ruapekapeka Rd), am SH1 südlich von Kawakawa, einen Zwischenstopp einzulegen und einen Blick auf die beeindruckenden Festungsanlagen zu werfen. Hier kann man an jenem Ort herumspazieren, an dem die letzte Schlacht des Northland-Kriegs stattfand, der durch detaillierte Infotafeln zu neuem Leben erweckt wird. Letztendlich schlossen Heke, Kawiti und George Grey (der neue Gouverneur) hier Frieden, ohne einen klaren Sieger zu benennen.

Waterfront CAFÉ **$$**
(www.waterfrontcafe.co.nz; 23 The Strand; Hauptgerichte 11–20 NZ$; ⌚8–16 Uhr; 📶) Der beste Tipp für ein üppiges Frühstück und den ersten Kaffee des Tages ist dieser Laden mit tollem Blick auf den Hafen. Am besten sind die Tische ganz vorne am Wasser, von denen aus man gelegentlich sogar Delfine bei ihren Spielen beobachten kann.

Hone's Garden PIZZA **$$**
(☎022 466 3710; www.facebook.com/honesgarden; York St; Pizza 18–25 NZ$, Wraps & Salate 14–16 NZ$; ⌚nur im Sommer 12 Uhr bis spätabends) In Hones gepflastertem Innenhof schmecken die Pizzas aus dem Holzfeuerofen (11 verschiedene Sorten) und das kühle Craft Beer vom Fass besonders gut. Und all dies in einer wunderbar entspannten Atmosphäre. Die umfangreiche Karte umfasst zusätzlich leckere Wraps und gesunde Salate. Die Antipasti-Platten (29–45 NZ$) sind besonders für Gruppen und Unentschlossene geeignet.

Duke PUB **$$**
(☎09-403 7829; www.theduke.co.nz; 35 The Strand; Mittagessen 15–25 NZ$, Abendessen 25–38 NZ$; ⌚11 Uhr bis spätabends) Es gibt in Russell keinen besseren Ort, um mit einem Glas in der Hand auf einer sonnigen Veranda ein paar Stunden zu vertrödeln. Die gehobene Bistroküche kann mit dem schönen Blick mithalten. Außerdem gibt es eine ausgezeichnete Weinkarte und eine große Auswahl an neuseeländischem Craft Beer.

Ausgehen

Duke of Marlborough Tavern PUB
(☎09-403 7831; www.duketavern.co.nz; 19 York St; ⌚12 Uhr bis spätabends) Eine coole, gemütliche Kneipe mit Pooltischen und typisch neuseeländischer Atmosphäre. Das Pub-Quiz dienstagabends (ab 7 Uhr) ist immer ein großer Spaß, bei Hunger können Gäste preiswerte Burgers und Fish & Chips bestellen.

Praktische Informationen

Russell Booking & Information Centre (☎09-403 8020, 0800 633 255; www.russellinfo.co.nz; Russell Pier; ⌚8–17 Uhr, im Sommer längere Öffnungszeiten) Hier bekommt man jede Menge Ideen für Unternehmungen in der Gegend.

An- & Weiterreise

Mit dem Auto geht es am schnellsten per Autofähre nach Russell (Auto/Motorrad/Passagier

11/5,50/1 NZ$), die zwischen 6.40 und 22 Uhr alle 10 Minuten von Opua (5 km von Paihia entfernt) Richtung Okiato (8 km von Russell entfernt) ablegt. Die Fahrkarten werden an Bord verkauft; dort wird nur Bargeld akzeptiert. Wer von Süden aus anreist, kann auch die landschaftlich reizvolle Russell Road entlang der Küste nehmen.

Um ohne Fahrzeug einfach nach Russell zu kommen, nimmt man eine Passagierfähre in Paihia (Erw./Kind einfach 7/3 NZ$, hin & zurück 12/6 NZ$). Sie fahren von 7–19 Uhr (Okt.–Mai 7–22 Uhr) im Allgemeinen alle 20 Minuten, abends nur noch stündlich. Die Fahrkarten werden an Bord oder bei i-SITE (S. 162) in Paihia verkauft.

Paihia & Waitangi

1800 EW.

Waitangi, der Geburtsort von Neuseeland, nimmt einen besonderen Platz in der nationalen Psyche ein. Das zeigt sich am Mix aus Party, Gedenkfeier, Protest und Apathie, der den Geburtstag der Nation (Waitangi Day, 6. Feb.) begleitet.

Hier wurde der lange ignorierte, umstrittene und oft angefochtene Vertrag von Waitangi zwischen Māori-Häuptlingen und den Vertretern der britischen Krone erstmals unterzeichnet. Im Vertrag hat man die Zugehörigkeit zu Großbritannien vereinbart – oder so was Ähnliches, je nachdem, ob man die englische oder die Māori-Version des Vertrags liest bzw. auslegen möchte. Wen die Geschichte Neuseelands und die Beziehungen zwischen den Bevölkerungsgruppen wirklich interessieren, sollte diesen Ort unbedingt besuchen.

Paihia ist mit Waitangi über eine Brücke verbunden. Die Küstenstadt wäre nicht weiter erwähnenswert, wenn sie nicht der Hauptzugang zur Bay of Islands wäre. Wenn das Geld nicht zu knapp ist, sollte man per Fähre nach Russell tuckern, wo es wesentlich hübscher ist.

In der Gegend lässt es sich wunderbar wandern – z. B. von Opua nach Paihia auf einem einfachen, 5 km langen Küstenweg.

Sehenswertes

★Waitangi Treaty Grounds HISTORISCHE STÄTTEN
(☎ 09-402 7437; www.waitangi.org.nz; 1 Tau Henare Dr; Erw./Kind 40/20 NZ$; ⏲ März–24. Dez. 9–17 Uhr, 26. Dez.–Feb. 9–18 Uhr) Hier auf dieser grünen Landzunge befindet sich Neuseelands wichtigste historische Stätte, an der am 6. Februar 1840 die ersten 43 Māori-Häuptlinge nach langen Verhandlungen den Vertrag von Waitangi mit der britischen Krone unterschrieben. Am Ende sollten ihn mehr als 500 Häuptlinge unterzeichnen. Der Eintrittspreis umfasst den Zugang zum Ort der Vertragsunterzeichnung, eine Führung, eine kulturelle Vorführung sowie den Eintritt in das neue Museum of Waitangi (s. unten). Neuseeländer, die sich mit einem Pass oder Führerschein ausweisen können, zahlen nur 20 NZ$.

Neuseeländer wissen, wie wichtig dieser Vertrag war. Ausländische Gäste wundern sich jedoch, dass es vor Ort nicht mehr Informationen über die Bedeutung dieses Vertrags für die neuseeländische Geschichte gibt. So erfährt man nur wenig über die zahlreichen Vertragsbrüche der Krone, die Kriege, die Landbeschlagnahmungen, die auf den Vertrag folgten – und über die Protestbewegung, die aktuell zur Rehabilitation für vergangenes Unrecht führt.

Das Treaty House mit seinen vier Räumen wurde 1832 als Wohnstätte des Briten James Busby erbaut. Heute ist es eine Gedenkstätte mit Museum, in dem unter anderem eine Kopie des Vertrages zu sehen ist. Auf der anderen Seite der Rasenfläche steht das reicht verzierte *whare runanga* (Versammlungshaus), das 1940 zur Hundertjahrfeier des Vertrages fertiggestellt wurde. Die aufwendigen Schnitzereien repräsentieren die wichtigsten Māori-Stämme.

Nicht weit von der Bucht entfernt befindet sich das 35 m lange *waka taua* (Kriegskanu). Eine Fotoausstellung zeigt, wie es zum Jubiläum aus gigantischen Kauri-Stämmen gefertigt wurde.

★Museum of Waitangi MUSEUM
(☎ 09-402 7437; www.waitangi.org.nz; 1 Tau Henare Dr; Erw./Kind 40/20 NZ$; ⏲ März–24. Dez. 9–17 Uhr, 26. Dez.–Feb. 9–18 Uhr) Das neue Museum of Waitangi ist ein moderner und umfassender Schauraum, der sich mit der Bedeutung des Vertrags von Waitangi in Vergangenheit, Gegenwart und Zukunft auseinandersetzt.

Das erste Stockwerk nimmt die Ausstellung „Ko Waitangi Tēnei" (Dies ist Waitangi) ein. Das Erdgeschoss ist temporären Sonderausstellungen und einem Bildungszentrum vorbehalten. Viele *taonga* (Schätze), die eine Bedeutung für Waitangi haben, waren früher über ganz Neuseeland verstreut. Das hervorragende Museum ist nun ein sicherer Ort für viele dieser für das Lind historisch wichtigen Exponate.

Paihia

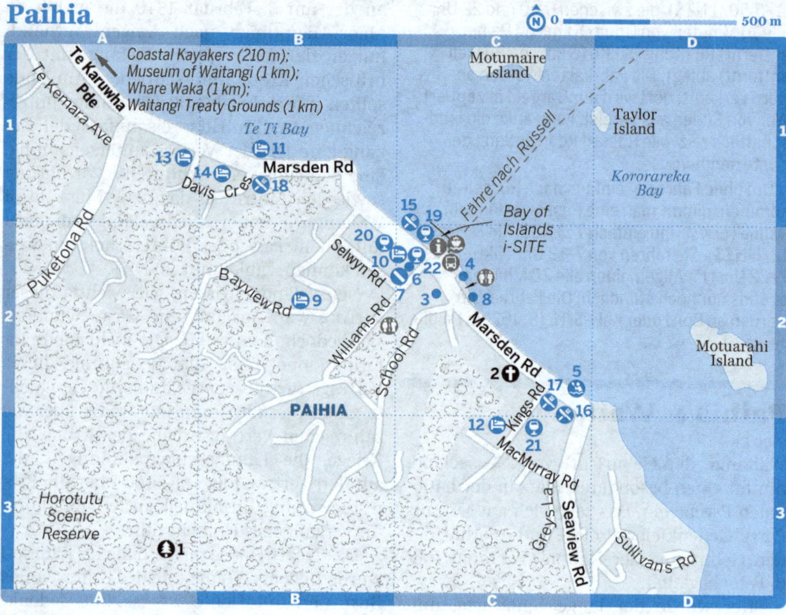

Paihia

Sehenswertes
1 Opua Forest A3
2 St Paul's Church C2

Aktivitäten, Kurse & Touren
3 Explore NZ C2
4 Fullers Great Sights C2
5 Island Kayaks & Bay Beach Hire C2
6 Mack Attack C2
7 Paihia Dive C2
8 Salt Air C2

Schlafen
9 Allegra House B2
10 Haka Lodge C2
11 Paihia Beach Resort & Spa B1
12 Peppertree Lodge C3
13 Seabeds A1
14 Seaspray Suites B1

Essen
15 35 Degrees South C1
16 Alfresco's C2
17 El Cafe C2
Paihia Farmers Market .... (s. 3)
18 Provenir B1

Ausgehen & Nachtleben
19 Alongside C2
20 Bay of Islands Swordfish Club B2
21 Pipi Patch Bar C3
22 Sauce C2

Der Eintrittspreis beinhaltet die Besichtigung des Ortes, an dem der Vertrag unterzeichnet wurde (S. 157), eine offizielle Führung und eine kulturelle Vorführung.

Opua Forest WALD
Direkt hinter Paihia bietet dieser Wald, der sich immer mehr vom Raubbau durch den Menschen erholt, Wege für zehnminütige Spaziergänge bis hin zu fünfstündigen Wanderungen. Ein paar große Bäume blieben von Axt und Feuer verschont, darunter einige große Kauri-Bäume. Von der School Road aus läuft man etwa 30 Minuten hinauf und gelangt so zu schönen Aussichtspunkten. Informationen über Wanderungen im Opua Forest erhält man im i-SITE. Wer mit dem Wagen kommt, nimmt von Opua aus die Oromahoe Road in westlicher Richtung.

St. Paul's Church KIRCHE
(Marsden Rd) Die 1925 aus Kawakawa-Stein erbaute Kirche hat viel Charakter und steht an jener Stelle, an der 1823 Neuseelands erste Kirche, eine einfache Raupohütte (aus Rohrkolben), errichtet wurde. Im Bunt-

glasfenster über dem Altar sind heimische Vögel zu erkennen. Der Kotare (Eisvogel) steht für Jesus (den König und „Menschenfischer"), während der Tui und der Kereru (Māori-Fruchttaube) die Gebrüder Williams darstellen (einer gelehrt, der andere praktisch veranlagt), die hier eine Missionsstation aufbauten.

Haruru Falls WASSERFALL
(Haruru Falls Rd) Ein Wanderweg (Hinweg 1½ Std., 5 km) führt vom Ort der Vertragsunterzeichnung den Waitangi River entlang zu diesem schönen hufeisenförmigen Wasserfall. Ein Teil des Wegs führt auf Stegen durch die Mangroven. Reisende können aber auch mit dem Auto dorthin fahren, indem sie von der Puketona Road rechts auf die Haruru Falls Road abbiegen.

Aktivitäten

Coastal Kayakers KAJAK FAHREN
(☎0800 334 661; www.coastalkayakers.co.nz; Te Karuwha Pde, Paihia) Das Unternehmen organisiert geführte Touren (halber/ganzer Tag 89/13 NZ$, mind. 2 Pers.) sowie mehrtägige Trips. Die Kajaks (halber/ganzer Tag 40/50 NZ$) können auch für eigene Touren geliehen werden.

Island Kayaks & Bay Beach Hire KAJAK FAHREN, BOOT FAHREN
(☎09-402 6078; www.baybeachhire.co.nz; Marsden Rd, Paihia; halber Tag Kajaktour 79 NZ$; ⏰9–15.30 Uhr) Verleiht Kajaks (Std. ab 15 NZ$), Segelkatamarane (1. Std. 50 NZ$, jede weitere Std. 40 NZ$), Motorboote (1. Std. 85 NZ$, jede weitere Std. 25 NZ$), Mountainbikes (Tag 35 NZ$), Boogiebretter (Tag 25 NZ$), Angelausrüstung (Tag 10 NZ$), Tauchanzüge und Schnorchelausstattung (Tag jeweils 20 NZ$).

Paihia Dive TAUCHEN
(☎0800 107 551, 09-402 7551; www.divenz.com; Williams Rd, Paihia; Tauchgänge ab 239 NZ$) Kombinierte Tauchgänge im Riff und an den Schiffswracks, entweder der *Canterbury* oder der *Rainbow Warrior*.

Geführte Touren

Fullers Great Sights BOOTSAUSFLUG
(☎0800 653 339; www.dolphincruises.co.nz; Paihia Wharf) Die vierstündige „Dolphin Cruise" (Erw./Kind 105/53 NZ$) legt täglich in Paihia um 9 und um 13.30 Uhr ab. Die Passagiere haben eine gute Chance, auf der Fahrt zum Hole in the Rock Delfine zu Gesicht zu bekommen. Auf dem Rückweg wird ein Zwischenstopp auf Urupukapuka Island eingelegt. Bei der ebenfalls vierstündigen „Dolphin Eco Experience" (Erw./Kind 117/58 NZ$, Abfahrt 8 und 12.30 Uhr) geht es vor allem darum, Delfine zu finden, um mit ihnen zu schwimmen.

Der ganztägige „Cream Trip" (Erw./Kind 127/64 NZ$) folgt der Hauptroute um die Bucht und umfasst ebenfalls das Schwimmen mit Delfinen. Alle Touren halten in Russell, um Passagiere an Bord zu nehmen.

Explore NZ BOOTSAUSFLÜGE, SEGELN
(☎09-402 8234; www.explorenz.co.nz; Ecke Marsden & Williams Rds, Paihia) Die vierstündige „Swim with the Dolphins Cruise" (Erw./Kind 95/50 NZ$, Schwimmen zusätzlich 15 NZ$) startet von November bis April in Paihia um 8 und 12.30 Uhr. Die vierstündige „Discover the Bay Cruise" (Erw./Kind 115/65 NZ$) beginnt um 9 und um 13.30 Uhr, um dann zum Hole in the Rock zu fahren und bei Urupukapuka Island einen Zwischenstopp einzulegen. Es können auch Kombipakete gebucht werden, die z. B. eine Busfahrt den Ninety Mile Beach entlang enthalten. Explore NZ besitzt für seine Fahrten zu den Delfinen eine Lizenz des neuseeländischen Umweltministeriums.

Feste & Events

Waitangi Day KULTUR
(⏰Feb.) Verschiedene Zeremonien in Waitangi am 6. Februar.

Bay of Islands Food & Wine Festival ESSEN, WEIN
(www.paihianz.co.nz/it_festival; Erw./Kind 45/15 NZ$; ⏰11–18 Uhr) Essen, Wein und lokale Musiker in Paihia am letzten Samstag im Oktober.

Schlafen

Wer über das nötige Kleingeld verfügt, bekommt in Russell mehr Flair, Paihia ist aber günstiger und seine Motels, Apartments und B&Bs liegen direkt am Wasser oder in den umliegenden Hügeln. Paihia bietet eine hervorragende Auswahl an Hostels; die Kings Road bildet das Zentrum der Backpacker-Gemeinde.

Haka Lodge HOSTEL $
(☎09-402 5637; www.hakalodge.com; 76 Marsden Rd; B 29–31 NZ$, DZ 89 NZ$; 📶) Die Haka Lodge liegt oberhalb guter Restaurants und mit ihrer Lage auf der anderen Straßenseite

der Anlegestelle so zentral, wie es nur geht. Paihias neuestes Hostel zeichnet sich durch seine moderne und farbenfrohe Einrichtung und die exzellenten Gemeinschaftseinrichtungen mit riesigen Flachbildfernsehern und freiem WLAN aus. Das Spektrum reicht von ausgezeichneten Schlafsälen bis hin zu abgeschlossenen Zimmern.

Seabeds HOSTEL $
(☎09-402 5567; www.seabeds.co.nz; 46 Davis Cres; B/EZ/DZ/Apt. 28/68/85/95 NZNZ$; @📶) Mit seinen komfortablen, stylischen und dazu noch günstigen Zimmern in einem umgebauten Motel ist das Seabeds eines der besten Hostels in Paihia. Eine Prise Design hier und da sorgt für ein elegantes Ambiente. Ein weiterer Pluspunkt: Die Lage ist ruhiger als die der Hostels an der Kings Road.

Bay of Islands Holiday Park CAMPINGPLATZ $
(☎09-402 7646; www.bayofislandsholidaypark.co.nz; 678 Puketona Rd; Stellplätze/Wohneinheiten ab 38/74 NZ$; @📶🏊) Der wunderbare Campingplatz unter hohen Bäumen an den seichten Stromschnellen des Waitangi River (7 km die Puketona Road hinunter) bietet ausgezeichnete Hütten, Wohneinheiten und schattige Zeltplätze.

Peppertree Lodge HOSTEL $
(☎09-402 6122; www.peppertree.co.nz; 15 Kings Rd; B 26-29 NZ$, Zi. 76–90 NZ$, Wohneinheiten 113 NZ$; @📶) Einfache, saubere Zimmer mit hohen Decken und schöner Bettwäsche. Fahrräder, Tennisschläger, Kajaks und zwei Grillplätze für Gäste machen das Hostel zu einer guten Adresse für kontaktfreudige Reisende. Es wird außerdem ein abgetrenntes Studio vermietet.

Seaspray Suites BOUTIQUEHOTEL $$
(☎09-402 0013; www.seaspray.co.nz; 138 Marsden Rd; DZ ab 210 NZ$; 📶) Eines der besten aus einer ganzen Phalanx von Motels und Apartments am Wasser. Die Seaspray Suites bieten eine Auswahl an modernen Suiten mit einem oder zwei Schlafzimmern, einige mit Balkonen mit Meerblick oder eigenen Innenhöfen.

Baystay B&B B&B $$
(☎09-402 7511; www.baystay.co.nz; 93a Yorke Rd, Haruru Falls; Zi. 140–175 NZNZ$; @📶) Ein elegantes, schwulenfreundliches B&B mit einem Whirlpool, von dem aus man den Blick übers Tal genießen kann. Die Yorke Road liegt abseits der Puketona Road, gleich vor dem Wasserfall. Der Mindestaufenthalt liegt bei zwei Nächten, es sind keine Kinder unter 12 Jahren erwünscht.

Cook's Lookout MOTEL $$
(☎09-402 7409; www.cookslookout.co.nz; Causeway Rd; Zi. 145–175 NZ$, Apt. 295 NZNZ$; 📶🏊) Ein altmodisches Motel mit freundlichen Besitzern, das neben einer atemberaubenden Aussicht auch einen mit Solarenergie beheizten Pool bietet. Von der Puketona Road (Richtung Haruru Falls) nach rechts auf die Yorke Road abbiegen und dann die zweite rechts nehmen.

Paihia Beach Resort & Spa APARTMENT $$$
(☎0800 870 111; 130 Marsden Rd; DZ 555–664 NZ$; 📶🏊) Die erst kürzlich renovierte Unterkunft bringt ihre Gäste in modernen Studio-Apartments, allesamt mit Meerblick, unter. Die elegante Piazza unten lockt mit einem Swimmingpool, es gibt außerdem luxuriöse Wellness-Angebote. Das zum Haus gehörende Restaurant Provenir zählt zu Paihias besten Lokalen. Online sind häufig gute Pakete und Last-Minute-Angebote zu finden.

Allegra House B&B $$$
(☎09-402 7932; www.allegra.co.nz; 39 Bayview Rd; Zi. 245–270 NZ$, Apt. 285 NZ$; 📶) Das Allegra besitzt drei schöne B&B-Zimmer und ein geräumiges Apartment – und von seinem Standort oberhalb der Stadt einen erstaunlich schönen Blick auf die Bucht.

Essen

El Cafe CAFÉ, SÜDAMERIKANISCH $
(☎09-402 7637; www.facebook.com/elcafepaihia; 2 Kings Rd; Snacks & Hauptgerichte 5–15 NZ$; ⏲Di–Do 8–16, Fr–So bis 21.30 Uhr; 📶) Der chilenische Besitzer des Cafés serviert den besten Kaffee der Stadt und köstliche Burritos, Tacos und Gerichte aus gebackenen Eiern wie Huevos Rancheros. Das kubanische Sandwich mit *pulled pork* ist genauso wunderbar, ebenso wie die Obst-Smoothies an einem warmen Tag an der Bay of Islands.

Paihia Farmers Market MARKT $
(www.bayofislandsfarmersmarket.org.nz; Village Green; ⏲Do 14–17.30 Uhr) Hier können Reisende ihre Vorräte mit Obst, Gemüse, Pickles, Eingemachtem, Honig, Fisch, Eiern, Käse, Brot, Wein und Öl direkt vom Erzeuger auffüllen.

35 Degrees South MEERESFRÜCHTE $$
(☎09-402 6220; www.35south.co.nz; 69 Marsden Rd; Platten 15–18 NZ$, Hauptgerichte 26–28 NZ$;

⌚ 11.30 Uhr bis spätabends) Der Service ist manchmal ein wenig chaotisch, aber die Lage oberhalb des Wassers im Zentrum von Paihia unschlagbar. Die besten Optionen auf der Karte sind die einheimischen Austern aus der nahe gelegenen Orongo Bay, die lokalen Meeresfrüchte und die Platten für mehrere Personen. Der Tintenfisch in Salz und Pfeffer und die frittierten Jakobsmuscheln sind besonders zu empfehlen, zum Nachtisch vor allem die Rosinendonuts.

Alfresco's PUB $$

(☎ 09-402 6797; www.alfrescosrestaurantpaihia.com; 6 Marsden Rd; Frühstück & Mittagessen 12–20 NZ$, Abendessen 18–33 NZNZ$; ⌚ 8 Uhr bis frühmorgens) Das lockere Restaurant mit Café und Bar lockt mit seinem guten Essen zu vernünftigen Preisen (z. B. vielen Gerichte mit Meeresfrüchten) auch viele Einheimische an. Jeden Sonntagnachmittag wird zwischen 15 und 18 Uhr Livemusik gespielt. Täglich gibt es außerdem eine Happy Hour von 15 bis 18 Uhr.

Provenir MODERN NEUSSEELÄNDISCH $$$

(☎ 09-402 0111; www.paihiabeach.co.nz; 130 Marsden Rd, Paihia Beach Resort & Spa; Hauptgerichte 32–42 NZ$; ⌚ 8–10.30 & 18 Uhr bis spätabends) Die kompakte Karte mit jahreszeitlichen Zutaten bietet lokale Meeresfrüchte und regionale Produkte. Subtile asiatische Elemente zeichnen vor allem die kleineren Gerichte aus, z. B. die Jakobsmuscheln und Austern aus der nahe gelegenen Orongo Bay. Die Weinkarte gehört zu den besten in Northland. Im Sommer schmeckt das Essen am besten an den Tischen am Pool.

Das Provenir serviert von 17 bis 19 Uhr unter dem Motto „Revive at Five" eine Kombination aus klassischen Bar-Snacks, Bier und Wein für jeweils 8 NZ$.

Ausgehen

Gott segne die Rucksacktouristen: Sie sorgen für Leben in der Bude. Es gibt an der Kings Road und im Stadtzentrum eine Vielzahl an Kneipen, weshalb die folgende Liste nur eine Auswahl sein kann.

Alongside BAR

(☎ 09-402 6220; www.alongside35.co.nz; 69 Marsden Rd; ⌚ 8–10 Uhr) Vermutlich die größte Veranda in ganz Northland erstreckt sich hier über dem Wasser. Morgens können Gäste hier ihren Kaffee mit Bagels genießen, später verwandelt sich das Alongside in eine wirklich nette Bar. Es gibt gute Bar-Snacks, aber auch komplette Mahlzeiten. Die komfortablen Nischen laden zu angeregter Unterhaltung bei Cocktails oder kaltem Bier ein. Oder man genießt einfach nur den großartigen Meerblick.

Sauce CRAFT BEER

(☎ 09-402 7590; www.facebook.com/saucepizzaandcraft; Marsden Rd; ⌚ 11–22 Uhr) Gäste können sich hier ihre eigene Pizza ganz nach

ABSTECHER

DURCHHALTEN BIS KAWAKAWA!

Kawakawa ist ein ganz normaler Kiwi-Ort am SH 1 südlich von Paihia – die öffentlichen Toiletten (60 Gillies St) sind jedoch alles andere als normal. Sie wurden von dem in Österreich geborenen Künstler und Öko-Architekten Friedensreich Hundertwasser entworfen, der von 1973 bis zu seinem Tod im Jahr 2000 in der Nähe von Kawakawa in einem abgeschiedenen Haus ohne Stromanschluss lebte. Die meistfotografierten Toiletten Neuseelands sind typisch Hundertwasser – dynamische, geschwungene Linien, verziert mit Keramikmosaiken und bunten Flaschen und einem mit Gras und anderen Pflanzen bewachsenen Dach. Weitere Arbeiten des Künstlers sind in Österreich, Deutschland und in Osaka zu finden.

Kawakawa hat auch einen Zug, der die Hauptstraße entlangfährt. Mit **Gabriel the Steam Engine** (☎ 09-404 0684; www.bayofislandsvintagerailway.org.nz; Erw./Kind 20/5 NZ$; ⌚ Fr–So & Feiertage 10.45, 12:00, 13.15, 14.30 Uhr) können Reisende eine nette 45-minütige Zugfahrt genießen.

Südlich der Stadt führt ein Schild an der SH1 zu den **Kawiti Glowworm Caves** (☎ 09-404 0583; www.kawiticaves.co.nz; 49 Waiomio Rd; Erw./Kind 20/10 NZ$; ⌚ 8.30–16.30 Uhr). In einer halbstündigen Tour kann man diese von Glühwürmern erleuchteten Höhlen gut erkunden. Allerdings nur geführt Touren.

ABC Shuttles & Tours (S. 153) bietet Touren mit dem Minibus von Paihia nach Kawakawa und zu den Höhlen an.

Wunsch zusammenstellen (12–22 NZ$). Dazu schmeckt ein frisch gezapftes Craft Beer aus Hamilton's Good George Brewery besonders gut, ebenso wie das Flaschenbier einiger weiterer kleiner neuseeländischer Brauereien.

Pipi Patch Bar BAR

(☎09-402 7111; www.facebook.com/basebayofislands; 18 Kings Rd; ⊙17 Uhr bis spätabends) Das Party-Hostel hat natürlich auch eine Party-Bar. Sie ist nicht zuletzt wegen ihrer großen Videomonitore und der netten Terrasse sehr beliebt. Ab Mitternacht werden die Gäste hineingebeten, um keinen Ärger mit den Nachbarn zu bekommen – obwohl die meisten von ihnen sowieso Rucksacktouristen sind, die der Lärm nicht stört.

Bay of Islands Swordfish Club BAR

(Swordy; ☎09-403 7857; www.swordfish.co.nz; oben, 96 Marsden Rd; ⊙16.30 Uhr bis spätabends) Tolle Aussicht, kaltes Bier und irre Geschichten gibt es in dieser hell erleuchteten Clubbar, wo diverse Meerestiere aus allen möglichen Ecken hervorlugen. Zu essen gibt es ganz gute Burger, Steaks und Meeresfrüchtegerichte (15–28 NZ$).

ℹ Praktische Informationen

Bay of Islands i-SITE (☎09-402 7345; www.northlandnz.com; Marsden Rd; ⊙März–Mitte Dez. 8–17 Uhr, Mitte Dez.–Feb. 8–19 Uhr) Infos und Buchungen.

ℹ An- & Weiterreise

Alle Busunternehmen, die Paihia anfahren, z. B. InterCity (S. 138), Mana Bus (S. 138) und Naked Bus (S. 138), halten am Maritime Building am Anleger.

Fähren fahren regelmäßig nach Russell.

ℹ Unterwegs vor Ort

Wer Fahrräder mieten möchte, sollte sich an **Island Kayaks & Bay Beach Hire** (S. 159) wenden.

Urupukapuka Island

Die größte Insel der Bucht ist Urupukapuka, ein ruhiges Plätzchen, durchzogen von Wanderwegen und umgeben von aquamarinblauem Wasser. Auf dieser und den Nachbarinseln flattern unzählige heimische Vögel herum, und zwar dank einer Schutzinitiative, die alle Raubtiere von der Insel fernhält. Vor der Abfahrt nach Urupukapuka daher besser noch einmal nachsehen, ob sich Ratten, Mäuse oder Ameisen im Boot oder im Gepäck verstecken.

Die meisten Bootstouren ankern in der Otehei Bay – ein netter Tagesausflug für alle, die nur ein wenig Inselluft schnuppern wollen. Wer lieber übernachten möchte, kann die Tour aufteilen und zu einem späteren Zeitpunkt zurückfahren.

Es gibt **DOC-Campingplätze** (www.doc.govt.nz; Zeltstellplatz Erw./Kind 10/5 NZ$) in der Cable, Sunset und Urupukapuka Bay. Trinkwasser und kalte Duschen (außer in der Sunset Bay) sowie Komposttoiletten sind vorhanden; Essen, einen Kocher und Brennstoff muss jeder selbst mitbringen.

Bay of Islands Kayaking (☎021 272 3353; www.bayofislandskayaking.co.nz; Doppelkajak für 2 Tage 170 NZ$) organisiert Kajakfahrten und die notwendige Campingausstattung für die Insel. Es wird allerdings nicht an Einzelpersonen verliehen, weshalb Interessenten zumindest zu zweit sein sollten.

Kerikeri

6500 EW.

Kerikeri bedeutet „graben, graben" – und die umliegenden fruchtbaren Felder werden tatsächlich oft umgepflügt. Die Stadt ist berühmt für ihre Orangen, produziert aber auch viele Kiwifrüchte, Gemüse und Wein. Wer nach körperlich anstrengender, schlecht bezahlter Arbeit sucht (die die Einheimischen nicht gerne verrichten), kann hier direkt in den Arbeitsurlaub starten.

Eine Ansammlung historischer Stätten am malerischen Flussbett vermittelt einen Schnappschuss vom Leben der frühen Māori und Pākehā (europäische Neuseeländer). 1819 erlaubte der mächtige Ngāpuhi-Häuptling Hongi Hika Reverend Samuel Marsden, im Schatten des Kororipo Pa eine Missionsstation zu eröffnen.

Es gibt aktuell eine Kampagne für die Anerkennung dieser Gegend als UNESCO-Weltkulturerbe.

Sehenswertes

★ **Stone Store** HISTORISCHES BAUWERK

(☎09-407 9236; www.historic.org.nz; 246 Kerikeri Rd; ⊙10–16 Uhr) Der Stone Store von 1836 ist Neuseelands ältestes Steingebäude. Zu kaufen gibt es interessante Kiwiana-Geschenke sowie Waren, die in dem Store auch früher schon angeboten wurden.

Führungen durch das aus Holz errichtete **Mission House** (www.historic.org.nz; Touren

DIE HEIMINDUSTRIE VON KERIKERI

Reisende können leicht den Eindruck gewinnen, dass jeder in Kerikeri ein kleines Kunsthandwerkunternehmen betreibt. Jedenfalls erweckt die lange Reihe entsprechender Läden auf dem Weg in die Stadt diesen Eindruck.

Northland ist nicht gerade für seinen Wein bekannt. Eine Handvoll Weingüter bemühen sich jedoch darum, dies zu ändern. Die wenig bekannte Rebe Chambourcin hat sich neben Pinotage und Syrah als besonders geeignet für das subtropische Klima der Region erwiesen.

Reisende sollten nach den Broschüren *Art & Craft Trail* und *Wine Trail* Ausschau halten. Hier ein paar Empfehlungen:

Kerikeri Farmers Market (www.boifm.org.nz; Hobson Ave; ⌚ So 8.30–12 Uhr) Von Gourmetwürsten bis hin zu *limoncello* findet man hier alles.

Old Packhouse Market (S. 165) Der Markt findet immer samstagvormittags statt.

Get Fudged & Keriblue (☎ 09-407 1111; www.keriblueceramics.co.nz; 560 Kerikeri Rd; ⌚ 9–17 Uhr) Eine ungewöhnliche Kombination aus Keramik und riesigen, dekadenten Mengen Karamell.

Makana Confections (☎ 09-407 6800; www.makana.co.nz; 504 Kerikeri Rd; ⌚ 9–17.30 Uhr) Kunstvolle Schokoladen-Kreationen mit der Möglichkeit, viele ausgiebig zu probieren.

Marsden Estate (☎ 09-407 9398; www.marsdenestate.co.nz; 56 Wiroa Rd; ⌚ 10–17 Uhr) Exzellentes Mittagessen mit ebenso ausgezeichnetem Wein auf der Veranda.

Ake Ake (s. unten) Die Weinprobe ist hier umsonst, wenn man zu Mittag isst oder Wein kauft. Das Restaurant zählt zu den besten von Northland.

Cottle Hill (☎ 09-407 5203; www.cottlehill.co.nz; Cottle Hill Dr; Weinproben 5 NZ$, kostenlos bei Weinkauf; ⌚ Nov.–März 10–17.30 Uhr, April–Okt. Mi–So 10–17 Uhr) Wein und Portwein.

Byrne Northland Wines (Fat Pig Wine Cellar; ☎ 09-407 3113; www.byrnewine.com/wordpress; 177 Puketotara Rd; ⌚ 11–19 Uhr) Exzellenter Viognier und Rosé.

10 NZ$), Neuseelands ältestem Gebäude (1822), beginnen hier und beinhalten auch den Eintritt zur Ausstellung *Soul Trade* im ersten Stock des Ladens.

Ein Stück den Hügel hinauf beginnt ein markierter historischer Weg zum **Kororipo Pa**. Von Hika angeführte Kampftruppen sammelten sich hier und zogen aus, um die Nordinsel zu terrorisieren, wobei während der Musketenkriege Tausende niedergemetzelt wurden. Welche Rolle die Missionare bei der Bewaffnung der Ngāpuhi gespielt haben, bleibt umstritten. Der Weg führt in die Nähe der kleinen Holzkirche St James Anglican Church (1878).

Aroha Island WILDPARK

(☎ 09-407 5243; www.arohaisland.co.nz; 177 Rangitane Rd; ⌚ 9.30–17.30 Uhr) GRATIS Die 5 ha große Insel kann über einen Dammweg, der quer durch die Mangroven führt, erreicht werden. Sie ist ein Rückzugsgebiet für den Streifenkiwi und andere heimische Vogelarten und gleichzeitig ein großartiger Picknickplatz für seine Bewunderer.

Es gibt ein Besucherzentrum, einen Kajakverleih sowie die Möglichkeit, an Nachtwanderungen teilzunehmen – mit der Chance, einen Blick auf einen Kiwi in freier Wildbahn zu erhaschen (35 NZ$ pro Pers.). Die Chancen stehen 50:50. Die Touren müssen im Voraus gebucht werden.

Ake Ake WEINGUT

(☎ 09-407 8230; www.akeakevineyard.co.nz; 165 Waimate North Rd; Weinproben 5 NZ$; ⌚ Weinkeller 10–16.30 Uhr, Restaurant Mo–Sa 12–15 & 18–21, So 12–15 Uhr, außerhalb des Sommers kürzere Öffnungszeiten) Die Weinproben sind kostenlos, wenn man hier zu Mittag isst oder Wein kauft. Das Restaurant (Hauptgerichte 28–34 NZ$, Mittagessen 25–48 NZ$) zählt zu den besten in Northland. Außerhalb des Sommers sollten sich Interessenten telefonisch vergewissern, dass das Restaurant geöffnet hat. Wohnmobile dürfen auf dem Gelände des Weinguts über Nacht kostenlos parken. Gäste können das Weingut auf einem 1 km langen Weg selbstständig erkunden.

Kerikeri

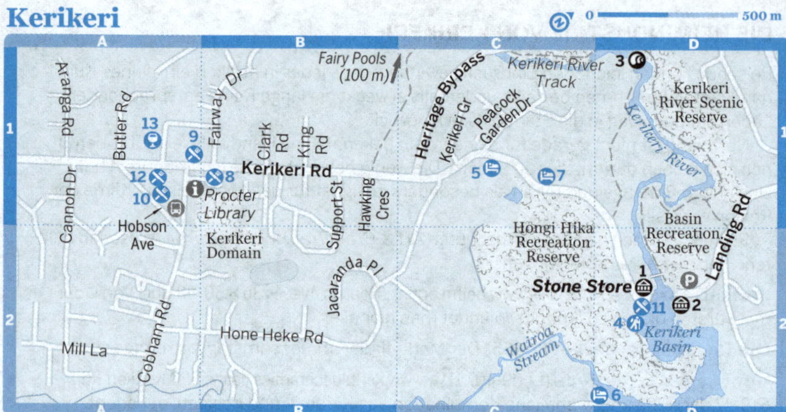

Kerikeri

Highlights
1 Stone Store D2

Sehenswertes
Mission House .... (s. 1)
2 Rewa's Village D2
3 Wharepuke Falls D1

Aktivitäten, Kurse & Touren
4 Kerikeri River Track D2

Schlafen
5 Bed of Roses C1
6 Pagoda Lodge D2
7 Wharepuke Subtropical Accommodation C1

Essen
8 Cafe Jerusalem B1
9 Fishbone A1
Food at Wharepuke .... (s. 7)
10 Kerikeri Farmers Market A1
11 The Pear Tree D2
The Village Cafe .... (s. 8)
12 Ziezo A1

Ausgehen & Nachtleben
13 La Taza Del Diablo A1

Rewa's Village MUSEUM
(☎09-407 6454; www.rewasvillage.co.nz; Landing Rd; Erw./Kind 10/5 NZ$; ⏲10 – 16 Uhr) Wer sich Kororipo Pa nur mit großer Mühe in seinem ursprünglichen Zustand vorstellen kann, sollte einfach einmal die Fußgängerbrücke über den Fluss nehmen und sich diese interessante Nachbildung eines traditionellen Fischerdorfs der Māori anschauen.

Aktivitäten

Kerikeri River Track WANDERN
Ausgehend vom Kerikeri Basin führt dieser 4 km lange Wanderweg an den **Wharepuke Falls** und den **Fairy Pools** vorbei zu den **Rainbow Falls**, wo das Wasser über eine moosbedeckte Höhle fällt. Die Rainbow Falls sind auch über die Rainbow Falls Road und von dort über einen zehnminütigen Spaziergang erreichbar.

Dive North TAUCHEN
(☎09-402 5369; www.divenorth.co.nz; 1512 Springbank Rd; Riff & Wrack 235 NZ$) Der Anbieter sitzt zwar in Kerikeri, holt seine Kunden aber auch kostenlos in Paihia ab.

Geführte Touren

Total Tours ESSEN
(☎0800 264 868; www.totaltours.co.nz) Hier besteht die Möglichkeit, die Umgebung von Kerikeri auf einer halbtägigen „Food, Wine & Craft“- Tour (70 NZ$) oder einer halbtägigen Weintour (80 NZ$) zu erkunden.

Schlafen

Aroha Island CAMPINGPLATZ $
(☎09-407 5243; www.arohaisland.co.nz; 177 Rangitane Rd; Stellplätze/Wohneinheiten ab 20/160 NZ$) Hier können Reisende inmitten der einheimischen Vogelwelt auf der Ökoinsel der Liebe *(aroha)* schlafen. Der Campingplatz bietet ein breites Spektrum an Nächtigungsmöglichkeiten zu vernünftigen Preisen – vom friedlichen Zeltplatz mit einfacher Ausstattung am Strand bis hin zu einem komplett eigenen Haus. Auf der gesamten Insel ist das Rauchen verboten.

Relax a Lodge PRIVATUNTERKUNFT $

(☎09-407 6989; www.relaxalodge.co.nz; 1574 Springbank Rd (SH10); EZ 55 NZ$, DZ & 2BZ 70 NZ$, Cottage 110–145 NZNZ$;) Das ruhige Landhaus 4 km außerhalb der Stadt ist keine richtige Farm, eher schon ein Orangenhain. In der gastfreundlichen Unterkunft finden zwölf Personen Platz. Auf dem Gelände verstreut liegen ein paar kürzlich renovierte Cottages, die zu einem sehr guten Preis-Leistungs-Verhältnis vermietet werden.

Kauri Park MOTEL $$

(☎09-407 7629; www.kauripark.co.nz; 512 Kerikeri Rd; Wohneinheiten 140–170 NZ$;) Das günstige Motel versteckt sich hinter hohen Bäumen an der Straße nach Kerikeri. Es bietet eine Reihe verschiedener Wohneinheiten. Die Premium-Suiten sind besonders komfortabel, aber auch alle Alternativen sind stilvoll eingerichtet und ihr Geld wert.

Wharepuke Subtropical Accommodation HÜTTE $$

(☎09-407 8933; www.accommodation-bay-of-islands.co.nz; 190 Kerikeri Rd; Hütten 150 NZ$;) Das Wharepuke ist vor allem für sein Essen und den prächtigen Garten berühmt. Es vermietet jedoch auch fünf Hütten unter Palmen mit jeweils einem Schlafzimmer. Sie sehen aus wie ganz gewöhnliche Ferienpark-Hütten, die Ausstattung ist jedoch eine Nummer besser.

Pagoda Lodge LODGE, CAMPINGPLATZ $$

(☎09-407 8617; www.pagoda.co.nz; 81 Pa Rd; Zeltplatz/Safarizelt/Wohnwagen ab 40/120/130 NZ$, Apt. 120–350 NZNZ$;) Die Lodge wurde in den 1930er-Jahren von einem Schotten mit Asienfimmel erbaut: So thront ein pagodenförmiges Dach auf einem Holz-Cottage. Das ungewöhnliche Anwesen zieht sich bis zum Fluss hinunter und ist übersät mit Buddhas, Zigeunerwagen und Safarizelten mit richtigen Betten. Die Gäste können aber auch ihr eigenes Zelt aufschlagen. Von der Cobham Road geht es links in die Kerikeri Inlet Road und dann nochmals links in die Pa Road – und schon ist man da.

Bed of Roses B&B $$$

(☎09-407 4666; www.bedofroses.co.nz; 165 Kerikeri Rd; Zi. 295–475 NZNZ$;) Nur Blütenblätter und keine Dornen schmücken dieses stilvolle B&B, das mit französischen Antiquitäten, edler Bettwäsche und bequemen Betten aufwartet. Das Ambiente ist Art déco, die Aussicht atemberaubend.

Essen

Village Cafe CAFÉ $

(☎09-407 4062; www.facebook.com/thevillagecafekerikeri; Village Mall, 85 Kerikeri Rd; Hauptgerichte 10–18 NZ$; Mo–Fr 8–16, Sa & So 8–14 Uhr) Das schicke kosmopolitische Lokal ist bei Einheimischen wegen des guten Kaffees, des frisch zubereiteten Takeaway-Essens und der Karte mit Brunch- und Lunchgerichten sehr beliebt. Besonders schön sind die Tische draußen in der Sonne.

Old Packhouse Market MARKT $

(☎09-401 9588; www.theoldpackhousemarket.co.nz; 505 Kerikeri Rd; Sa 8–13.30 Uhr) Auf diesem Markt in einer alten Obstverpackungshalle am Stadtrand treffen sich lokale Kunsthandwerker, Erzeuger und Bauern. Samstagmorgens ist dies der beste Tipp in der Stadt für ein entspanntes Frühstück.

Cafe Jerusalem ARABISCH $

(☎09-407 1001; www.facebook.com/cafejerusalem; Village Mall, 85 Kerikeri Rd; Snacks & Hauptgerichte 9–18 NZ$; Mo–Sa 11 Uhr bis spätabends) Hier gibt es Northlands beste Falafel und die besten Lammkebabs, serviert von einem ausgesprochen freundlichen Personal. Es gibt aber auch gute Salate und die Gäste dürfen Bier und Wein trinken. Zu empfehlen sind die *shakshuka,* gebackene Eier in einer scharfen Tomatensauce.

Fishbone CAFÉ $

(☎09-407 6065; www.fishbonecafe.co.nz; 88 Kerikeri Rd; Hauptgerichte 8–20 NZ$; Mo–Mi 8–16, Do & Fr bis 20, Sa & So 8.30–15 Uhr) Kerikeris bester Tipp zum Frühstücken serviert exzellenten Kaffee und gutes Essen. Besonders zu empfehlen sind die mit Pesto grün gefärbten Eier mit Schinken. Donnerstags und Freitagabend verwandelt sich das Fishbone ab 16 Uhr für ein paar Stunden in eine gemütliche Weinbar.

★ **Food at Wharepuke** CAFÉ $$

(☎09-407 8936; www.foodatwharepuke.co.nz; 190 Kerikeri Rd; Frühstück 14–22 NZ$, Mittagessen & Abendessen 24–39 NZ$; Di–So 10–22.30 Uhr) Das eine Bein noch in Europa, das andere in Thailand und der Kopf hoch oben in den grünen Baumwipfeln der Wharepuke Subtropical Gardens ... Kerikeris wirklich ungewöhnlichstes Lokal serviert an allen Freitagabenden allseits beliebte Thai-Bankette (3 Gänge 47,50 NZ$) und hat an Sonntagnachmittagen häufig

Livejazz im Programm. Nebenan liegt die interessante Wharepuke Print Studio & Gallery.

Ziezo BISTRO $$

(☎09-407 9511; 55 Kerikeri Rd; Hauptgerichte 19–28 NZ$; ⌚So–Sa 15 Uhr bis spätabends, So ab 10 Uhr) Das stilvolle Bistro mit glitzernder und farbenfroher Dekoration ist ein willkommener Farbtupfer in Kerikeris Einkaufsstraße. Das Essen ist nicht minder gut. Die international ausgerichtete Karte enthält u. a. holländische Pfannkuchen und Eier Benedict zum Sonntagsbrunch, bevor zum Mittagessen Fisch nach griechischer Art oder indonesisches Rindfleischcurry serviert werden.

Pear Tree INTERNATIONAL $$

(☎09-407 8479; www.thepeartree.co.nz; 215 Kerikeri Rd; Hauptgerichte 18–31 NZ$; ⌚Do–Mo 10–22 Uhr) Kerikeris teuerstes und am besten gelegenes Restaurant befindet sich in einem alten Privathaus direkt am Kerikeri Basin. Besonders schön (deshalb auch am besten reservieren) sind die Tische auf der Veranda. Bei den Hauptgerichten reicht die Auswahl von leckeren Grillgerichten bis hin zu leichteren Bistro-Klassikern. Zum Wild passt besonders gut eine der vielen neuseeländischen Craft-Beer-Sorten.

Ausgehen

La Taza Del Diablo BAR

(☎09-407 3912; www.facebook.com/eltazadeldiablo; 3 Homestead Rd; ⌚So, Di & Mi 16–21, Do–Sa 11–24 Uhr) Die mexikanische Bar ist ausgesprochen lebhaft und bietet eine gute Auswahl an Tequila, Mesqual, mexikanischem Bier und vermutlich den besten Margaritas von Northland. Zusammen mit vielen Bar-Snacks (10–18 NZ$) finden sich Tacos, Enchiladas und Chimichangas auf der Karte.

Hin und wieder sorgt Livemusik für ganz besonders ausgelassene Stimmung in dieser eher vornehmen Stadt.

ℹ Praktische Informationen

Procter Library (Cobham Rd; ⌚Mo–Fr 8–17, Sa 9–14 Uhr; 📶) Touristeninformation und kostenloses Internet.

ℹ An- & Weiterreise

BUS

InterCity (S. 138) und die Busse von Partnerunternehmen fahren an einer Haltestelle an der Cobham Road 9, gegenüber der Bibliothek, ab.

FLUGZEUG

Der **Bay of Islands (Kerikeri) Airport** (☎09-407 7147; www.bayofislandsairport.co.nz; 218 Wiroa Rd) liegt 8 km südwestlich der Stadt. Air New Zealand bietet Flüge von Auckland nach Kerikeri an.

Super Shuttle (☎0800 748 885; www.supershuttle.co.nz; einfach 25 NZ$) betreibt einen Shuttlebus vom Flughafen nach Kerikeri, Paihia, Opua und Kawakawa.

FAR NORTH

Hier bietet sich die Gelegenheit, die ausgetretenen Pfade zu verlassen – auch wenn dies meist bedeutet, sich auf unbefestigte Straßen vorzuwagen. Der abgelegene „Hohe Norden“ spielt in der Bay of Islands sowohl in puncto Aufmerksamkeit als auch Förderung seit jeher die zweite Geige. Und das obwohl die subtropische Spitze der Nordinsel mehr atemberaubende Küste zu bieten hat als jede andere Gegend, mit Ausnahme der vor der Küste gelegenen Inseln.

Obwohl man hier nicht unbedingt vom „winterlosen Norden“ sprechen kann, sind die Sommer doch lang und ruhig. Doch Teile des Far North befinden sich in einer schweren, wirtschaftlichen Krise – manche Gegenden können bestenfalls noch als „nüchtern“ beschrieben werden.

ℹ An- & Weiterreise

Busabout North (☎09-408 1092; ww.busaboutnorth.co.nz) Busabout North betreibt Buslinien von Mangonui nach Kaitaia (5 NZ$, 1 Std.), von Ahipara nach Kaitaia (3,50 NZ$, 15 Min.) und von Pukenui nach Kaitaia (5 NZ$, 45 Min.).

Matauri & Tauranga Bay

Zwar muss man vom SH 10 aus einen kurzen Umweg nehmen, doch die landschaftlich ausgesprochen reizvolle Rundtour zu diesen Traumstränden führt in eine Gegend, die Welten von der glitzernden Oberfläche entfernt ist, die Touristen in der Bay of Islands zu sehen bekommen.

Die Matauri Bay mit den 17 Cavalli Islands in der Ferne ist ein langer Surfsandstrand, der 18 km abseits des SH 10 liegt.

Der **Matauri Bay Holiday Park** (☎09-405 0525; www.matauribayholidaypark.co.nz; Zeltstellplätze ab 20 NZ$, Apt. 130–140 NZ$) befindet sich am nördlichen Strandende. Im Laden gibt es Lebensmittel, Alkohol und Benzin.

ABSTECHER

DIE WÄLDER VON PUKETI & OMAHUTA

Von Kerikeri aus gesehn im Binnenland gelegen, bilden der Puketi und der Omahuta Forest einen zusammenhängenden ursprünglichen Regenwald. 1951 wurde das Holzschlagen im Puketi Forest verboten, um sowohl die noch verbleibenden Kauri-Bäume als auch den bedrohten Vogel Kokako zu schützen. Wanderer sollten die Augen nach diesem seltenen schönen Tier (grau mit blauem Kehllappen) offen halten. Beide Waldgebiete besitzen mehrere Zugänge und ein Netzwerk an Wanderwegen in ganz unterschiedlicher Länge. Das Spektrum reicht von einem 15-minüten Spaziergang (u. a. der auch für Rollstuhlfahrer zugängliche Manginangina Kauri Walk) bis zu zweitägigen Wanderungen (u. a. der durchaus anspruchsvolle Waipapa River Track). Die Website von DOC informiert über alle Möglichkeiten.

In der Puketi Recreation Area am Ostrand des Waldgebietes liegen ein **DOC Campingplatz** (☎ 09-407 0300; www.doc.govt.nz; Waiare Rd; Stellplätze pro Erw./Kind 6/3 NZ$) und eine Hütte mit 18 Betten (18 NZ$). In der Hütte gibt es Warmwasserduschen, eine Küche und eine richtige Toilette, während die Gäste des Campingplatzes sich mit kalten Duschen begnügen müssen.

Adventure Puketi (www.forestwalks.com; 476 Puketi Rd; Führungen 55–155 NZ$) organisiert geführte, umweltbewusste Touren durch den Wald. Teilnehmer können z. B. bei einer Nachtführung nachtaktive Tiere kennenlernen. Das Unternehmen bietet außerdem ein sehr komfortables B&B (175–200 NZ$) am Waldrand. Die Website informiert über Pauschalangebote inklusive Führungen und Übernachtungen.

Auf der Landzunge oberhalb des Parks steht ein Denkmal für die *Rainbow Warrior:* Die letzte Ruhestätte des berühmten Greenpeaceschiffes zwischen den Cavalli Islands ist heute ein beliebter Tauchplatz. Das DOC betreibt auf Motukawanui Island eine **Hütte** (☎09-407 0300; www.doc.govt.nz; Erw./Kind 15/7,50 NZ$) für zwölf Personen. Man braucht ein Boot oder Kajak für die Anreise und muss im Voraus buchen. Außer Wasser, Matratzen und Komposttoilette gibt es nichts, alles muss selbst mitgebracht werden.

Zurück auf der Hauptstraße geht die Fahrt weiter gen Westen durch das nette Dorf Te Ngaere und an ein paar kleinen Buchten vorbei, bis man schließlich die Abfahrt zur Tauranga Bay erreicht. Der Sand an diesem kleinen Strand ist pfirsichfarben. Der **Tauranga Bay Holiday Park** (☎ 09-405 0436; www.taurangabay.co.nz; Stellplatz ab 20 NZ$, Hütte 97–170 NZNZ$; @ ᯤ) bietet Zeltplätze und Hütten am reizvollen Strand, hat aber wenige Bäume, sodass man dem Wetter ausgeliefert ist. Im Januar kostet der Stellplatz mindestens 54 NZ$, von Mitte Dezember bis Ende Januar liegt der Mindestaufenthalt bei sieben Nächten.

An einer Privatstraße an der Tauranga Bay organisiert **Northland Sea Kayaking** (☎ 09-405 0381; www.northlandseakayaking.co.nz; Touren halber/ganzer Tag 90/115 NZ$) Kajaktouren entlang der märchenhaften Küste mit ihren Buchten, Höhlen und Inseln.

Eine Unterkunft kann zusammen mit einer Tour für 35 NZ$ pro Person zusätzlich gebucht werden.

Öffentliche Verkehrsmittel in dieser Gegend oder im benachbarten Whangaroa gibt es nicht.

Whangaroa Harbour

Gleich hinter der Landzunge von Tauranga Bay liegt die schmale Zufahrt zum Whangaroa Harbour. Das kleine Fischerdorf Whangaroa liegt 6 km vom SH10 entfernt und wird als „Marlin Capital of NZ", also Neuseelands Marlin-Hauptstadt, bezeichnet.

Entsprechend viele Boote, die sich zum Hochseeangeln eignen, werden hier vermietet (Dez.–April); die Preise beginnen bei etwa 1200 NZ$ pro Tag. Wer eines der Monster am Haken zappeln hat, sollte darauf bestehen, dass es anschließend wieder ins Meer befördert wird: Der Gestreifte Marlin und der Schwertfisch gehören zu Neuseelands gefährdeten Fischarten.

Ein wunderbarer, 20-minütiger Spaziergang beginnt am Parkplatz am Ende der Old Hospital Road und führt hinauf zum **St Paul's Rock** (213 m), der das Dorf überragt. Oben muss man sich an einem Drahtseil hochziehen, was sich lohnt, denn die Aussicht ist wirklich sehenswert.

Der **Wairakau Stream Track** beginnt unweit der Gemeindehalle an der Campbell Road in Totara North auf der anderen Seite der Bucht und führt Richtung Norden zur Pekapeka Bay. Die Strecke ist wunderschön und noch völlig unberührt. Unterwegs kann man sich in Naturwasserbecken abkühlen. Die zweistündige Tour führt durch den Wald, vorbei an einer verlassenen Farm und einer Flussmündung mit steilen Ufern, und endet schließlich an der **Lane Cove Hut** (☎09-407 0300; www.doc.govt.nz; Erw./Kind 15/7,50 NZ$) des DOC, die mit 16 Betten und Komposttoiletten ausgestattet ist. Alles andere muss mitgebracht werden. Unbedingt frühzeitig buchen, da die Hütte im Sommer meist von neuseeländischen Familien belegt ist.

Der Startpunkt des **Duke's Nose Track** (hin & zurück 1¼ Std.) liegt hinter dem Cottage, von dort geht es hinauf zu den Kairara Rocks. Am Felsen kann man Ausschau nach dem Adlerprofil des Duke of Wellington halten. Die letzten 10 m müssen sich Wanderer an einer Kette nach oben ziehen, die Mühe lohnt sich aber angesichts der Aussicht durchaus. Wer absolut keine Lust hat, (zurück) zu wandern, hat eine Alternative: Das Unternehmen **Bushmansfriend** (☎027 680 5588; www.bushmansfriend.co.nz) vermittelt Wassertaxis ab der Lane Cove (20 NZ$) sowie anderthalbstündige Bootstouren (58 NZ$).

Hinter der nördlichen Landspitze des Hafens liegt die **Taupo Bay**, ein beliebter Surfstrand, der im Sommer stets von seinen treuen neuseeländischen Fans bevölkert ist. Bei östlicher Dünung kann man am Südende dieser Bucht an der Flussmündung Quality Righthanders, also rechtsbrechende Wellen, surfen.

Zu erreichen ist die Taupo Bay über eine 11 km lange, befestigte Straße, die vom SH10 ausgehend ausgeschildert ist.

Schlafen & Essen

★ **Kahoe Farms Hostel** HOSTEL $
(☎09-405 1804; www.kahoefarms.co.nz; B 32 NZ$, Zi. 86–112 NZ$) Das Hostel mit dem großartigen Ruf liegt am SH10, 10 km nördlich der Abzweigung nach Whangaroa: Es ist berühmt für die komfortable Unterkunft, die bukolische Lage und das hausgemachte italienische Essen, am meisten aber wohl für die warmherzigen Gastgeber. Das Backpacker-Cottage ist toll, doch ein Stück den Hügel hinauf liegt eine noch beeindruckendere Villa mit sehr günstigen Zimmern (inkl. Bad). Alle Zimmer sind hell und angenehm eingerichtet, die meisten haben sogar Blick auf den Garten

Sunseeker Lodge HOSTEL $
(☎09-405 0496; www.sunseekerlodge.co.nz; Old Hospital Rd; B/DZ 35/80 NZ$, Wohneinheiten 130 NZ$; @📶) Diese den Berg hinauf in Whangaroa liegende freundliche Unterkunft verwöhnt ihre Gäste in einem herrlichen Wellnessbereich mit atemberaubendem Blick, kostenlosen Kajaks und arrangiert bei Bedarf 90-minütige Hafenrundfahrten (Erw./Kind 45/15 NZ$). Das Personal holt die Gäste, wenn gewünscht, an der nächstgelegenen Bushaltestelle (Kaeo an der SH10) ab.

Marlin PUB $$
(☎09-405 0347; www.marlinhotel.co.nz; Whangaroa Rd; Hauptgerichte 15–26 NZ$; ⏰12–21 Uhr) Ein freundliches Pub mit solidem Essen. Die Dekoration besteht aus an die Wand gehängten ausgestopften Wildfischen.

ℹ Praktische Informationen

Boyd Gallery (☎09-405 0230; www.whangaroa.co.nz; Whangaroa Rd; ⏰8–19 Uhr) Die Boyd Gallery ist eigentlich der Gemischtwarenladen des Ortes, fungiert jedoch gleichzeitig als Touristeninformation. Die Website informiert über Unterkunftsmöglichkeiten in der Gegend.

ℹ An- & Weiterreise

Es gibt keine öffentlichen Verkehrsmittel nach Whangaroa Harbour. Die Busse setzen ihre Passagiere gewöhnlich an der SH10 in Kahoe ab, das etwas 15 km weiter nördlich liegt.

Doubtless Bay

6030 EW.

Die Bucht verdankt ihren ungewöhnlichen Namen dem Eintrag in Cooks Logbuch, in dem er schreibt, dieses Gewässer sei „zweifelsohne (doubtless) eine Bucht". Da hatte er recht, der Käpt'n – noch dazu ist die Bucht mit einer ganzen Reihe hübscher Badestrände gesegnet, die sich Richtung Karikari Peninsula erstrecken.

Das Zentrum **Mangonui** („Großer Hai") konnte sich trotz der Cafés und Souvenirläden, die die schönen historischen Gebäude am Ufer verunstalten, das Flair eines Fischereihafens bewahren. Die Häuser wurden gebaut, als Mangonui ein Zentrum der Walfangindustrie (1792–1850) war und Flachs, Kauri-Holz und -Harz exportierte.

Die beliebten Feriensiedlungen **Coopers Beach**, **Cable Bay** und **Taipa** sind friedvolle Strandenklaven.

Sehenswertes & Aktivitäten

Die Broschüre *Heritage Trail* (gibt es im Besucherzentrum) beschreibt u. a. eine etwa 3 km lange Wanderung, die an 22 historischen Stätten vorbeiführt.

Weitere Touren führen zur schönen **Mill Bay** westlich von Mangonui und zum **Rangikapiti Pa Historic Reserve**, wo alte Māori-Terrassen sowie die grandiose Aussicht auf die Doubtless Bay locken – besonders bei Sonnenauf- und Sonnenuntergang. Von der Mill Bay aus führt ein Pfad zum *pa* (man kann aber auch fast bis zum Gipfel hinauffahren).

Butler Point Whaling Museum MUSEUM
(☎0800 687 386; www.butlerpoint.co.nz; Marchant Rd, Hihi; Erw./Kind 20/5 NZ$; ⏲nach Vereinbarung) Das kleine Privatmuseum bei Hihi, ein viktorianisches Wohnhaus (1843) inmitten eines hübschen Gartens, steht 15 km nordöstlich von Mangonui.

Der erste Besitzer, Captain Butler, verließ das englische Dorset mit 14 Jahren, mit 24 Jahren war er bereits Kapitän eines Walfängers. Schließlich ließ er sich 1839 hier nieder, zeugte 13 Kinder und wurde Händler, Farmer, Friedensrichter und Parlamentsmitglied. Das Museum zeigt Exponate aus der Walfängerzeit.

DAS ATTENTAT AUF DIE RAINBOW WARRIOR

Als die Neuseeländer am Morgen des 10. Juli 1985 aufwachten, mussten sie erfahren, dass bei einem Terroranschlag im Hafen von Auckland ein Mensch ums Leben gekommen war. Das Flaggschiff von Greenpeace, die *Rainbow Warrior*, wurde an ihrem Liegeplatz an der Marsden Wharf versenkt. Sie wurde gerade für die Fahrt zum Mururoa Atoll in der Nähe von Tahiti vorbereitet – geplant war eine Protestaktion gegen französische Atomtests.

Einem Hinweis einer Nachbarschaftswache ist es zu verdanken, dass schließlich zwei Agenten vom französischen Geheimdienst (DGSE), die sich als Touristen ausgegeben hatten, verhaftet wurden. Die Agenten hatten zwei Sprengsätze am Schiff befestigt – der erste sollte die Crew veranlassen, das Schiff zu verlassen, der zweite sollte es dann versenken. Einige der Crewmitglieder gingen aber nach der ersten Explosion wieder an Bord, um Untersuchungen anzustellen und den Anschlag zu dokumentieren. Der Greenpeace-Fotograf Fernando Pereira kam dadurch bei der zweiten Explosion ums Leben.

Die Agenten wurden des Totschlags überführt und zu zehn Jahren Haft verurteilt. Die französische Regierung drohte daraufhin mit einem Boykott neuseeländischer Waren. Der Export in die EU sollte untersagt werden, was verheerende Folgen für die neuseeländische Wirtschaft gehabt hätte. Schließlich wurde vereinbart, dass Frankreich 13 Mio. NZ$ an Neuseeland zahlen und sich entschuldigen müsse. Dafür sollten die Agenten den Franzosen ausgeliefert und drei Jahre auf einer Insel im Südpazifik inhaftiert werden. Letztendlich zahlte Frankreich als Wiedergutmachung etwa 8 Mio. NZ$ an Greenpeace – die Bombenleger wurden noch vor Ende ihrer Haftstrafe entlassen.

Anfangs leugnete der französische Präsident François Mitterrand jegliche Beteiligung der Regierung an dem Anschlag. Nach den Untersuchungen entließ er aber den Verteidigungsminister und DGSE-Leiter Admiral Pierre Lacoste. Am 20. Jahrestag des Attentats wurde in Le Monde ein Bericht von Lacoste aus dem Jahr 1986 veröffentlicht, in dem er erklärt, dass der Präsident das Attentat persönlich genehmigt hatte.

Der Bombenanschlag hatte nachhaltige Auswirkungen auf Neuseeland. Die französischen Atomtests auf Mururoa wurden 1996 endgültig eingestellt. Das Wrack der *Rainbow Warrior* wurde in die Gewässer um Northlands Cavalli Islands gebracht, wo es erneut versenkt wurde und heute von Tauchern besucht werden kann. Die Masten kaufte das Dargaville Museum, sie thronen jetzt über der Stadt. Die Erinnerung an Fernando Pereira lebt in einem friedlichen Vogelschutzgebiet in Thames weiter. Ein Denkmal für das Schiff befindet sich in einem Māori *pa* (Wehrdorf) in der Matauri Bay nördlich der Bay of Islands.

Schlafen

Puketiti Lodge HOSTEL $
(09-406 0369; www.puketitilodge.co.nz; 10 Puketiti Dr; B/EZ/DZ/3BZ 40/130/150/170 NZNZ$; @) Für 40 NZ$ gibt's ein bequemes Stockbett in einem Sechser-Schlafsaal mit großer Veranda und überwältigender Aussicht, einen verschließbaren Schrank, in den selbst der dickste Rucksack passt, und – was vielleicht am meisten überrascht – ein Frühstück. An der Midgley Road, 6 km südlich des Örtchens Mangonui, gleich hinter der Abzweigung nach Hihi landeinwärts fahren.

Reia Taipa Beach Resort FERIENANLAGE $$
(0800 142 82472; www.taipabay.co.nz; 22 Taipa Point Rd, Taipa; DZ ab 220 NZ$;) Diese erst kürzlich renovierte Anlage begrüßt ihre Gäste besonders freundlich. Diese können zwischen Studios und Apartments entweder an der Strandseite oder am Pool wählen. Das Restaurant der Anlage ist durchaus zu empfehlen. Für Sportinteressierte gibt es einen Tennisplatz, für die anderen einen Wellnessbereich.

Mangonui Waterfront Apartments Motel APARTMENT $$
(09-406 0347; www.mangonuiwaterfront.co.nz; 88 Waterfront Dr; Apt. 125–225 NZNZ$; @) Diese historischen Apartments (2–8 Pers.) an der Promenade von Mangonui sind recht individuell eingerichtet – keines gleicht dem anderen, aber alle haben einen Balkon, reichlich Platz und einen eigenen Grill. Das 100 Jahre alte Tahi ist sehr zu empfehlen.

Old Oak BOUTIQUEHOTEL $$$
(09-406 1250; www.theoldoak.co.nz; 66 Waterfront Dr, Mangonui; DZ 175–275 NZ$, Suiten 275–325 NZ$;) Das sehr atmosphärische Gasthaus von 1861 beherbergt heute ein elegantes Boutiquehotel mit zeitgenössischem Design und hochklassigem Mobiliar. Es gibt jedoch nur sechs Zimmer - drei Suiten, zwei Premium-Studios und ein Standardzimmer. Das Haus hat viel Charakter, nicht zuletzt, weil es hier angeblich spukt.

Essen

Mangonui Fish Shop FISH & CHIPS $
(09-406-0478; 137 Waterfront Dr; Fish & Chips ca. 13 NZ$; 10–20 Uhr;) Besonders gut schmeckt es hier an den Tischen draußen über dem Wasser. Neben den Klassikern serviert das berühmte Lokal geräucherten Fisch und Meeresfrüchtesalate. Ein Krebssalat und ein kaltes Bier und alles ist gut!

★ **Little Kitchen on the Bay** CAFÉ $$
(09-406 1644; www.facebook.com/littlekitchennz; 1/78 Waterfront Dr, Mangonui; Frühstück & Mittagessen 8–14 NZ$, Platten 13–16 NZ$; Mo–Mi 7.30–15, Do & Fr bis 21.30, Sa & So 8–15 Uhr) Das ausgesprochen beliebte Lokal an der Doubtless Bay liegt direkt gegenüber vom Hafen. Tagsüber gibt es im sonnendurchfluteten Café Mangonuis besten Kaffee, ausgezeichnetes Takeaway-Essen und gute Hauptgerichte – nicht zuletzt hervorragende Burgers. Donnerstags und Freitagabend liegt der Fokus eher auf Wein, Craft Beer und Platten für mehrere Personen, vor allem mit Fleisch.

Thai Chef THAILÄNDISCH $$
(09-406 1220; www.thethaimangonui.co.nz; 80 Waterfront Dr, Mangonui; Hauptgerichte 18–26 NZ$; Di–So 17–23 Uhr) Northlands bestes thailändisches Restaurant serviert schwungvolle Gerichte mit ungewöhnlichen Namen wie The 3 Alcoholics, Spice Girls und Bangkok Showtime. Einen weiteren Schwerpunkt bilden Gerichte der nordöstlichen Küche Thailands, zu denen ein eiskaltes Singha-Bier hervorragend passt. Es ist sicher eines der besten thailändischen Restaurants in ganz Neuseeland.

Shoppen

Exhibit A KUNST & KUNSTHANDWERK
(09-406 2333; www.facebook.com/exhibita.mangonui; Old Courthouse, Waterfront Dr; 10–16.30 Uhr) Die Galerie stellt vor allem Künstler aus Far North aus.

Flax Bush KUNST & KUNSTHANDWERK
(09-406 1510; www.flaxbush.co.nz; 50 Waterfront Dr, Mangonui; 10–17 Uhr) Der Laden in einem historischen Gebäude am Wasser verkauft Muscheln aus dem gesamten Pazifikraum sowie Pasifika- und Māori-Kunsthandwerk, Schmuck und Wohnaccessoires.

Praktische Informationen

Doubtless Bay Visitor Information Centre
(09-406 2046; www.doubtlessbay.co.nz; 118 Waterfront Dr, Mangonui; 10–17 Uhr, im Winter kürzere Öffnungszeiten) Eine ausgezeichnete Quelle für Informationen über die Gegend.

An- & Weiterreise

Die Busse von InterCity fahren in der Nähe des Waterfront Cafe in Mangonui ab, außerdem vor der Großhandlung in Coppers Beach, gegenüber vom Laden in Cable Bay und vor der Shell-Tankstelle in Taipa. Busabout North (S. 166) fährt nach Kaitaia (5 NZ$, 1 Std.).

Karikari Peninsula

Die ungewöhnlich geformte Halbinsel Karikari bildet einen fast perfekten rechten Winkel, sodass die nicht weit voneinander entfernten Strände nach Norden, Süden, Osten und Westen weisen. Wen der Wind stört oder wer der Sonne beim Auf- und Untergehen zusehen will, wechselt eben einfach schnell den Strand. Trotz ihrer natürlichen Schönheit ist die sonnenverwöhnte Halbinsel auf wundersame Weise unberührt, weshalb es derzeit noch wesentlich mehr Farmer als Touristikveranstalter gibt. Es existieren keine öffentlichen Verkehrsmittel, auch Läden, Cafés und Restaurants sind nur dünn gesät. Ende 2013 hat ein ausländisches Unternehmen die Ferienanlage und den Campingplatz gekauft, um vor allem chinesische Touristen anzulocken. Alle gehen allerdings davon aus, dass es noch einige Jahre dauern wird, bis die Veränderungen wirklich greifen.

Sehenswertes & Aktivitäten

Tokerau Beach heißt der lange, sandige Abschnitt, der das westliche Ende der Doubtless Bay bildet. Das benachbarte **Whatuwhiwhi** ist kleiner und im hinteren Bereich der Bucht dichter bebaut. Die **Maitai Bay** mit ihren beiden kleinen Buchten ist die schönste von allen. Sie liegt am einsamen Zipfel der Halbinsel, am Ende einer unbefestigten Straße. Hier kann man fantastisch baden. Die Bucht ist geschützt genug für Kids, bietet aber auch ausreichend Brandung zum Bodysurfen.

Rangiputa liegt am Ellenbogen der Halbinsel Richtung Westen. Der blütenweiße Sand und das herrlich kristallklare, geschützte Meer scheinen direkt aus einem südpazifischen Inseltraum zu stammen. Eine Abzweigung von der Straße nach Rangiputa führt zum abgelegenen **Puheke Beach**. Der lange windige Streifen mit schneeweißen Sanddünen bildet den nördlichen Rand von Karikari.

Karikari Estate WEINGUT
(☎ 09-408 7222; www.karikariestate.co.nz; Maitai Bay Rd; Weinproben 15 NZ$; ⏲ Okt.–April 11–16 Uhr, Dez.–Feb. Pizzaabende 17 Uhr bis spätabends) Hier werden ausgezeichnete Rotweine gekeltert. Zum Weingut gehört auch ein Café (Hauptgerichte und Vorspeisenplatten 16–40 NZ$). Die Weinproben sind zwar schamlos überteuert, dafür gibt es den tollen Blick gratis dazu. Während der Hochsaison im Sommer serviert das Café ab 17 Uhr gute Pizzas.

Schlafen

Whatuwhiwhi Top 10 Holiday Park CAMPINGPLATZ $
(☎ 09-408 7202; www.whatuwhiwhitop10.co.nz; 17 Whatuwhiwhi Rd; Stellplätze ab 50 NZ$, Wohneinheiten 65–185 NZ$;) Der Platz liegt am Fuß einiger Hügel und blickt direkt auf den Strand. Die freundliche Anlage bietet neben der tollen Lage eine gute Ausstattung, Grillplätze für die Gäste und Kajaks zum Ausleihen. Die Gäste können auch PADI-zertifizierte Tauchkurse absolvieren.

Maitai Bay DOC Campsite CAMPINGPLATZ $
(www.doc.govt.nz; Maitai Bay Rd; Stellplätze pro Erw./Kind 10/5 NZ$) Die Plätze hier können nicht reserviert, sondern nur direkt bei der Ankunft gebucht werden. Der Campingplatz liegt am schönsten Strand der ganzen Halbinsel und hat chemische Toiletten, Trinkwasser und kalte Duschen.

Pepper's Carrington Resort FERIENANLAGE $$$
(☎ 09-408 7222; www.peppers.co.nz; 109 Maitai Bay Rd; Zi./Villen ab 295/395 NZ$;) Irgendwie wirkt diese Lodge oben auf einem Hügel mit ihren breiten Veranden und Gummibäumen ziemlich australisch. Die geräumigen Zimmer und Villen sind jedoch durch schöne Māori- und Pasifika-Designs geprägt. Der Blick über den Golfplatz auf den strahlend weißen Strand ist außergewöhnlich.

Das zur Anlage gehörende Restaurant Carrington hat ab 18.30 Uhr geöffnet. Der Fokus liegt auf Meeresfrüchten, u. a. zu empfehlen sind die Gerichte mit lokalen Jakobsmuscheln und die Austern.

Cape Reinga & Ninety Mile Beach

Für die Māori ist Cape Reinga (Te Rerenga Wairua) der Ort, an dem die Seelen der Verstorbenen ihre Reise in die spirituelle Heimat antreten. Die Aupouri Peninsula ist also ein riesiges Sprungbrett und sieht auch so aus – sie ist lang und schmal. Sie erstreckt sich über 108 km bis zu Neuseelands nördlichstem Punkt. An der Westküste befindet sich der Ninety Mile Beach („Ninety Kilometre Beach" wäre aber eher korrekt …), ein endloser Strand mit hohen Sanddünen, der vom Aupouri Forest flankiert wird.

SAMEN FÜR DIE ZUKUNFT

Die einheimischen Ngāti Kuri, die Wächter der heiligen Orte rund ums Kap, haben sich eine einzigartige Idee einfallen lassen, um Geld für die Wiederaufforstung zu sammeln. Für 20 NZ$ kann man seine persönliche CO_2-Schuld verringern, indem man einen selbst ausgesuchten heimischen Baum oder Busch pflanzt oder – falls man sich nicht die Finger schmutzig machen will – vom Personal pflanzen lässt. Wer sich dafür interessiert, kann Kontakt aufnehmen mit **Natives** (☎ 09-409 8482; www.natives.co.nz).

Sehenswertes

Cape Reinga LANDMARKE

Wenn man am windumtosten **Cape Reinga Lighthouse** (1 km Fußweg vom Parkplatz) steht und über den Ozean blickt, überkommt einen das Gefühl, am Ende der Welt angekommen zu sein. Hier treffen die Tasmansee und der Pazifik aufeinander, was bei stürmischem Wetter schon mal zu 10 m hohen Wellen führen kann. Oft kleben kleine Wölkchen an den Gebirgshängen, die selbst an heißen Tagen kurze, kühle Windstöße mit sich bringen.

Ganz am Ende des Kaps, etwas gen Osten, steht ein spirituell wichtiger, 800 Jahre alter Pohutukawa-Baum. Die Seelen sollen zu seinen Wurzeln hinuntergleiten. Aus Respekt vor der heiligsten Stätte der Māori sollte man sich dem Baum nicht nähern und in seiner Umgebung nichts essen oder trinken.

Te Paki Recreation Reserve NATURSCHUTZGEBIET

Ein großer Teil des Gebiets rund um Cape Reinga ist Teil des Te Paki Recreation Reserve, das vom DOC betrieben wird. Es ist öffentliches Gelände mit unbeschränktem Zugang; man sollte die Tore aber so belassen, wie man sie vorgefunden hat, und die Tiere nicht stören.

Auf jeder Seite der Mündung des Te Paki Stream liegen 7 km² Sanddünen, die sich für Toboggan-Fahrten anbieten. Im Sommer verleiht Ahikaa Adventures (S. 173) Sandboards (15 NZ$).

Great Exhibition Bay STRAND

Die Great Exhibition Bay an der Ostküste begeistert mit schimmernden, schneeweißen Quarzsanddünen. Keine öffentliche Straße führt dorthin, doch bei einigen Touren wird eine *koha* (Spende) gezahlt, damit das Māori-Land überquert werden darf. Von Parengarenga Harbour ist der Sandstrand auch per Kajak erreichbar.

Nga-Tapuwae-o-te-Mangai TEMPEL

(6576 Far North Rd) Mit seinen zwei von Kuppeln gekrönten Türmen (Arepa und Omeka, Alpha und Omega) und dem Ratana-Symbol aus Stern und Mondsichel kann man diesen Tempel leicht für eine Moschee halten. Ratana ist eine christliche Māori-Sekte mit über 50 000 Anhängern, die 1925 von Tahupotiki Wiremu Ratana gegründet wurde, der als „Sprachrohr Gottes" bekannt war. Einst stand Ratana genau dort, wo schließlich der Tempel errichtet wurde. Der Name bedeutet so viel wie „die heiligen Schritte des Sprachrohrs". Das Bauwerk liegt bei Te Kao, 46 km südlich von Cape Reinga.

Gumdiggers Park MUSEUM

(www.gumdiggerspark.co.nz; 171 Heath Rd, Waiharara; Erw./Kind 12/6 NZNZ$; ⌚ 9–16.30 Uhr) Das Gebiet war 100 000 Jahre lang von Kauri-Wäldern bedeckt. Zurück blieben uralte Baumstämme und wertvolles Harz (engl. gum), das zur Herstellung von Lacken und Linoleum verwendet wird und unter der Oberfläche begraben liegt.

Das Ausgraben dieses Rohstoffes war zwischen den 1870er- und den 1920er-Jahren die Haupteinnahmequelle der Region. Ab 1900 buddelten etwa 7000 *Gum*-Gräber in ganz Northland – und so auch hier – zahllose Löcher in den Boden. Ein 15-minütiger Film liefert erste Infos dazu; danach folgt man den Wegen durch den Busch, die an *Gum*-Gräberhütten, alten Kauri-Baumstümpfen, riesigen konservierten Baumstämmen und von den *Gum*-Gräbern hinterlassenen Löchern vorbeiführen.

Aktivitäten

Cape Reinga Coastal Walkway WANDERN

Anders, als die meisten denken, ist Cape Reinga in Wahrheit nicht der nördlichste Punkt des Landes – diese Ehre kommt den **Surville Cliffs** weiter östlich zu.

Eine Wanderung entlang des **Te Werahi Beach** nach **Cape Maria van Diemen** (5 Std.) führt an den westlichsten Punkt. Die Wanderung stellt einen Abschnitt unter vielen des 53 km langen Küstenwanderwegs Cape Reinga Coastal Walkway (von Kapowairua zum Te Paki Stream) dar, der auch für Einzelwanderer geeignet ist.

Die wunderschöne Tapotupotu Bay liegt eine zweistündige Wanderung östlich vom Cape Reinga, sie führt an der Sandy Bay und den Klippen entlang. Von der Tapotupotu Bay sind es acht Stunden Wanderung zur Spirits Bay mit einem der schönsten Strände des Landes. Beide Buchten lassen sich auch mit dem Auto erreichen.

Geführte Touren

Bustouren führen von Kaitaia, Ahipara, der Doubtless Bay und der Bay of Islands zum Cape Reinga. Es gibt in der Gegend jedoch keine regelmäßig verkehrenden öffentlichen Verkehrsmittel.

Far North Outback Adventures ABENTEUERTOUR
(☎ 09-409 4586; www.farnorthtours.co.nz; Preis nach Vereinbarung) Sehr individuelle eintägige Touren mit Geländewagen von Kaitaia/Ahipara aus. Morgentee und Mittagessen sind im Preis inbegriffen. Zu den Optionen gehören Fahrten zu abgelegenen Gebieten wie z. B. der Great Exhibition Bay.

Harrisons Cape Runner ABENTEUERTOUR
(☎ 0800 227 373; www.harrisonscapereingatours.co.nz; Erw./Kind 50/25 NZ$) Tagesausflüge von Kaitaia entlang des Ninety Mile Beach inklusive Sandboarden und Picknick.

Sand Safaris ABENTEUERTOUR
(☎ 0800 869 090, 09-408 1778; www.sandsafaris.co.nz; Erw./Kind 50/30 NZ$) Busfahrten ab Ahipara und Kaitaia, Sandboarden und Picknick inklusive.

Ahikaa Adventures KULTURTOUR
(☎ 09-409 8228; www.ahikaa-adventures.co.nz; Touren 50–190 NZ$) Die Māori-Kultur steht im Mittelpunkt der Touren, sie bieten wahlweise Sandboarden, Kajakfahren, Angeln und den Genuss eines traditionellen *kai* (Essen).

Schlafen

Es gibt einige Hostels und Motels und eine gute Auswahl an zertifizierten Campingplätzen.

DOC Campsites CAMPINGPLATZ $
(www.doc.govt.nz; Stellplatz pro Erw./Kind 10/5 NZ$) Die Lage der Campingplätze von Kapowairua, Tapotupotu Bay und Rarawa Beach ist spektakulär! Ausgestattet sind sie nur mit Wasser, Komposttoiletten und kalten Duschen, d. h. jeder muss sich einen Kocher mitbringen (es darf kein Feuer angezündet werden!). Und unbedingt an ausreichend Mückenschutzmittel denken, um die Moskitos und Sandfliegen in Schach zu halten. „Freedom/Leave-No-Trace"-Camping, also wildes Campen, ist am Cape Reinga Coastal Walkway erlaubt. Unbedingt darauf achten, dass kein Müll zurückgelassen wird!

North Wind Lodge Backpackers HOSTEL $
(☎ 09-409 8515; www.northwind.co.nz; 88 Otaipango Rd, Henderson Bay; B/EZ/DZ 30/60/80 NZ$) Dieses ungewöhnliche, mit Türmchen verzierte Haus findet man nach 6 km auf einer unbefestigten Straße an der Ostseite der Halbinsel Aupouri. Gäste können die gemütliche Atmosphäre genießen und sich auf der Wiese ein ruhiges Plätzchen für ein Bier und ein Buch suchen.

Pukenui Lodge Motel MOTEL $$
(☎ 09-409 8837; www.pukenuilodge.co.nz; 3 Pukenui Wharf Rd; Motel DZ 99–125 NZ$, Hostel B/DZ 27/70 NZ$;) Ein anständiges Motel und für Rucksacktouristen geeignete Schlafsäle und Zimmer im nahe gelegenen Thomas House. Das Gebäude aus dem Jahr 1925 war einst das erste Postamt von Pukenui.

An- & Weiterreise

Abgesehen von den zahlreichen geführten Touren gibt es hinter Pukenui keine öffentlichen Verkehrsmittel mehr. Pukenui selbst wird von Bussen von Busabout North (S. 166) mit Kaitaia (5 NZ$, 45 Min.) angefahren.

Neben der Far North Road (SH 1) können entsprechend ausgerüstete Fahrzeuge auch den Ninety Mile Beach als Fahrstraße benutzen. Allerdings bleiben immer wieder Autos im weichen Sand stecken und werden von der Flut verschluckt – einige dieser unglückseligen Fahrzeuge ragen als Mahnmal aus dem Sand heraus.

Vor dem Aufbruch unbedingt die Gezeitentafel studieren: 2½ Std. vor und nach der Flut sollte man auf keinen Fall losfahren! Vorsicht: Am Te Paki Stream gibt es „Treibsand" – dort ohne Stopp weiterfahren!

Viele Autovermieter verbieten eine Fahrt durch den Sand: Die Versicherungen zahlen nicht, wenn jemand im Sand stecken bleibt.

Unbedingt noch einmal auftanken, bevor es auf die Aupouri Peninsula geht.

Kaitaia

4900 EW.

Niemand kommt den ganzen Weg bis nach Far North, um dann in diesem Provinznest herumzuhängen. Aber Kaitaia ist ein guter

Zwischenstopp, wenn man einen Supermarkt, eine Post oder einen Geldautomaten braucht. Hier starten auch die Touren zum Cape Reinga und zum Ninety Mile Beach.

Sehenswertes

Te Ahu Centre KUNSTZENTRUM
(09-401 5200; www.teahu.org.nz; Matthews Ave) Im Bürgerzentrum befinden sich ein Kino, das **Te Ahu Heritage** (09-408 9454; www.teahuheritage.co.nz; Erw./Kind 7/3 NZ$; Mo–Fr 10–16 Uhr) GRATIS, das ausgewählte Exponate des Far North Regional Museum ausstellt sowie das lokale i-SITE mit Informationen über die Gegend. Dazu kommen noch ein Café und eine Bibliothek mit Gratis-WLAN. Das Foyer des Zentrums befindet sich in einem Kreis aus *pou* (geschnitzte Māori-Gedenkpfosten), die die unterschiedlichen Kulturen – Māori, kroatisch etc. – der Bewohner der Gegend symbolisieren.

Okahu Estate Winery WEINGUT
(09-408 2066; www.okahuestate.co.nz; 520 Okahu Rd; 26. Dez.–Feb. tgl. 10–17, März–Juni & Okt.–24. Dez. Do–Sa 12–17 Uhr) Unmittelbar südlich der Stadt, neben der Straße nach Ahipara, lädt Kaitaias einziges Weingut zu kostenlosen Weinproben ein und verkauft lokale Erzeugnisse, darunter die berühmte Chilisauce Kaitaia Fire.

Schlafen & Essen

Loredo Motel MOTEL $$
(09-408 3200; www.loredomotel.co.nz; 25 North Rd; Wohneinheit 120–155 NZNZ$;) Das ordentliche Motel versprüht ein luftiges, spanisches Flair und bietet gut gepflegte Wohneinheiten, die verstreut zwischen Palmen und Grünflächen liegen. Ein Swimmingpool sorgt für Abkühlung.

Gecko Cafe CAFÉ $
(09-408 1160; 80 Commerce St; Hauptgerichte 9–15 NZ$; Mo & Di 7–16, Mi–Fr bis 20.30, Sa 8–16 Uhr) Die morgendlichen Schlangen voller Einheimischer beweisen, dass das Gecko den besten Kaffee der Stadt kocht. Auch das Essen ist nicht schlecht. Reisende können den Tag hier mit Pilzen und Chorizo beginnen oder sich später zum Mittagessen einen Hühnchen-Wrap bestellen.

Beachcomber MEERESFRÜCHTE $$
(09-408 2010; www.beachcomber.net.nz; 222 Commerce St; Mittagessen 19–33 NZ$, Abendessen 22–37 NZ$; Mo–Fr 11–15, Mo–Sa 17 Uhr bis spätabends) Sicherlich das beste Restaurant der Stadt. Die Karte umfasst ein großes Angebot an Meeresfrüchten und Fleischgerichten, dazu kommt eine gut bestückte Salatbar. Etwas ganz Besonderes sind die panierten Jakobsmuscheln.

Praktische Informationen

DOC Kaitaia Area Office (09-408 6014; www.doc.govt.nz; 25 Matthews Ave; Mo–Fr 8.30–16.30 Uhr) Hier bekommt man Auskunft zu den Wanderwegen, was besonders wichtig für den nicht ganz einfachen Cape Reinga Coastal Walkway ist.

Far North i-SITE (03-408 9450; www.northlandnz.com; Te Ahu Community Centre, Ecke Matthews Ave & South Rd; 8.30–17 Uhr) Ein exzellentes Informationszentrum mit Tipps für das gesamte Northland.

An- & Weiterreise

BUS

Busabout North (S. 166) unterhält Buslinien zur Doubtless Bay (5 NZ$, 1 Std.), nach Pukenui (5 NZ$, 45 Min.) und Ahipara (3,50 NZ$, 15 Min.). **InterCity** (09-623 1503; www.intercitycoach.co.nz) hält in Kaitaia.

FLUGZEUG

Der **Kaitaia Airport** (021 818 314; www.bayofislandsairport.co.nz; Quarry Rd) liegt 6 km nördlich der Stadt. Sowohl **Air New Zealand** (S. 138) als auch **Barrier Air** (0800 900 600, 09-275 9120; www.barrierair.kiwi; einfacher Flug ab 99 NZ$) verbinden die Stadt mit Auckland.

Ahipara

EW. 1130

Alles Schöne geht einmal zu Ende, und der Ninety Mile Beach tut es in diesem Badeort. Zwar gibt es inzwischen einige Ferienhäuser, aber die Einheimischen achten darauf, dass es nicht zu viele werden. Surfer auf Besuch werden aber toleriert. Die Gegend ist bekannt für ihre riesigen Sanddünen und enormen *gum-fields*, auf denen einst 2000 Menschen arbeiteten.

Sandboarding und Quadfahren sind beliebte Aktivitäten in den Dünen oberhalb von Ahipara und auf der Tauroa Peninsula.

Sehenswertes

Shipwreck Bay STRAND
(Wreck Bay Rd) Der beste Surfspot der Insel liegt in einer kleinen Bucht an der Westseite Ahiparas. Seinen Namen verdankt der

Strand den Schiffswracks, die bei Ebbe immer noch zu sehen sind.

Ahipara Viewpoint AUSSICHTSPUNKT
(Gumfields Rd) Dieser spektakuläre Aussichtspunkt oben auf einer Steilküste hinter Ahipara ist über eine extrem holprige Straße zu erreichen, die von der unbefestigten Gumfields Road abgeht. Diese wiederum beginnt am westlichen Ende des Foreshore Drive.

Aktivitäten

Ahipara Adventure Centre ABENTEUERSPORT
(☎ 09-409 2055; www.ahiparaadventure.co.nz; 15 Takahe St) Verleiht Sandboards (halber Tag 10 NZ$/), Surfboards (halber Tag 30 NZ$), Mountainbikes (Tag 50 NZ$), Kajaks (Std. 25 NZ$), Strandsegler (Std. 65 NZ$) sowie Quads (Std. 95 NZ$).

NZ Surf Bros SURFEN
(☎ 09-945 7276, 021 252 7078; www.nzsurfbros.com; c/o 90 Mile Beach Ahipara Holiday Park; Surfunterricht 60–120 NZ$) NZ Surf Bros erteilt Surfunterricht und organisiert Tagesexkursionen sowie mehrtägige Ausflüge zu Stränden an der West- und der Ostküste von Northland.

Ahipara Treks REITEN
(☎ 09-409 4122; http://taitokerauhoney.co.nz/ahipara-horse-treks; ½ Std. 65/80 NZ$) Ausritte am Strand, auch im Wasser (wenn die Wellen nicht zu hoch sind).

Schlafen & Essen

★ **Endless Summer Lodge** HOSTEL $
(☎ 09-409 4181; www.endlesssummer.co.nz; 245 Foreshore Rd; B 34 NZ$, DZ 78–92 NZ$; @ 📶) Diese herrliche Kaurivilla (1880) gegenüber vom Strand wurde wunderschön restauriert und in ein wirklich außergewöhnliches Hostel umgewandelt. Es gibt keine Fernseher, dafür kann man aber auf der Terrasse hinterm Haus sitzen und inmitten von Weinreben andere Traveller kennenlernen. Dort stehen auch ein langer Tisch und ein Holzofen. Boogieboards und Sandboards stehen kostenlos zur Verfügung, Surfbretter können gemietet werden.

90 Mile Beach Ahipara Holiday Park CAMPINGPLATZ $
(☎ 0800 888 988; www.ahiparaholidaypark.co.nz; 168 Takahe St; Zeltstellplatz ab 40 NZ$, B/Zi. 28/75 NZ$, Apt. 75–135 NZNZ$; @ 📶) Der Platz bietet eine ganze Reihe an Unterkünften, darunter Hütten, Motel-Apartments und eine etwas in die Jahre gekommene, aber akzeptable Backpacker-Lodge, die dem HI angeschlossen ist. Im Gemeinschaftsraum mit bunten Wandmalereien flackert ein angenehm wärmendes Feuer im offenen Kamin.

Beachfront APARTMENT $$
(☎ 09-409 4007; www.beachfront.net.nz; 14 Kotare St; Apt. 175 NZ$; 📶) Wen stört es, dass die beiden Apartments für Ahipara ein wenig bourgeois sind? Der Blick aufs Wasser und der direkte Zugang zum Strand sind unschlagbar.

Bidz Takeaways FISH & CHIPS $
(Takahe St; Gerichte 7–15 NZ$; ⏲ 9–20 Uhr) Hier wird frischer Fisch verkauft, die Küche bereitet den besten Fisch und die besten Pommes Frites und Burger der Stadt zu. Angeschlossen ist ein kleiner Lebensmittelladen.

North Drift Cafe CAFÉ $$
(☎ 09-409 4093; www.facebook.com/northdriftcafe; 3 Ahipara Rd; Hauptgerichte 12–29 NZ$; ⏲ Mo–Mi 7–15, Do–So 7–15 & 17 Uhr bis spätabends) Ahiparas bester Kaffee und eine hippe, entspannte Stimmung zeichnen dieses Café mit seiner geräumigen und sonnigen Veranda aus. Zu den Spezialitäten zum Brunch und Lunch gehören die frittierten Zucchini und Maiskolben sowie die riesigen Grünlippmuscheln in einer grünen Currysoße. Im Sommer ein idealer Ort für ein paar kühle Biere und besondere Köstlichkeiten wie fantasievoll zubereitetes neuseeländisches Lamm.

An- & Weiterreise

Busabout North (S. 166) fährt von Kaitaia (3,50 NZ$, 15 Min.) aus nach Ahipara.

HOKIANGA

Der Hafen streckt seine dünnen Tentakel weit aus und ist der viertgrößte Naturhafen des Landes. Die herrlich raue Landschaft weist alle Schattierungen von Grün und Braun auf, die Farbe des Wassers erinnert an die Farbe von Ginger Ale. Grund sind die Flüsse aus dem Buschland, die hier in den Hafen münden.

Von allen entlegenen Teilen Northlands ist dies die Stelle, die am weitesten vom Puls der Zeit entfernt zu sein scheint. Anspruchsdenken hat hier keine Chance. Isolierte, von Māori dominierte Gemeinden schmiegen sich rund um die vielen Arme des Naturhafens, und tun dies schon seit Jahrhunderten. Entdeckt vom legendären Forscher Kupe ist Hokianga Harbour seit dem 14. Jh. durch die Ngāpuhi besiedelt. In den 1960er-Jahren trafen hier zahlreiche Hippies ein; ihr Vermächtnis ist eine immer noch blühende Kunstszene. Viele der Straßen sind unbefestigt. Die Touristendollars werden nach Osten zur Bay of Islands gelenkt, was das faszinierende Hokianga erstaunlich unterentwickelt bleiben lässt. Vielen der Einheimischen gefällt es allerdings so wie es ist.

An- & Weiterreise

Auf den verschlafenen kleinen Straßen fahren keine öffentlichen Verkehrsmittel. Wer Hokianga besuchen will, kann die „Discover Hokianga"-Tour von Fullers Great Sights (S. 159) buchen, sie startet in Bay of Islands.

Motuti

Wer ohnehin schon in Kohukohu ist, sollte einen kurzen Abstecher – 25 km oder 40 Minuten auf kurvenreichen Straßen – zu der verschlafenen Siedlung Motuti machen.

Das nahe gelegene **Motuti Marae** (☎09-409 5545; www.motuti.co.nz; 318 Motuti Rd; Führungen 90 Min./Tag 36/60 NZ$, Übernachtung 216 NZ$; ⌚So–Fr) bietet Führungen und sogar Übernachtungen an, alles inklusive einer traditionellen Begrüßung nach Māori-Art. Bei den längeren Führungen besteht die Möglichkeit, sich beim Flachsweben, Schnitzen und Stockspielen auszuprobieren. Eine Reservierung im Voraus ist erforderlich.

Sehenswertes

St Mary's Church KIRCHE
(Hata Maria; ☎09-405 2527; www.hokiangapompallier.org.nz; Motuti Rd) Etwa auf halber Strecke der 40 km langen Fahrt von Kohukohu über Panguru lohnt sich ein kurzer Abstecher zur St Mary's Church, in der Neuseelands erster katholischer Bischof unter dem Altar begraben liegt.

Jean Baptiste Pompallier kam 1838 in Hokianga an und feierte am Totara Point die erste Messe im ganzen Land. Seine sterblichen Überreste fanden hier 2002 ihre letzte Ruhestätte, nachdem sie in einer sehr emotionalen 14wöchigen Pilgerfahrt voller Māori-Zeremonien aus Frankreich hierher überführt worden waren.

Kohukohu

190 EW.

Irgendjemand sollte schnell eine Denkmalschutzverordnung für Kohukohu erlassen, bevor es zu spät ist! Wahrscheinlich gibt es nur wenige Orte in Neuseeland, wo ein viktorianisches Dorf voller interessanter Kauri-Gebäude so vollständig erhalten geblieben ist.

In der Blütezeit der Kauri-Industrie war Kohukohu ein geschäftiges Städtchen mit einer Sägemühle, einer Werft, zwei Zeitungen und einigen Banken. Heute ist es ein verschlafenes Fleckchen am Nordufer des Hokianga Harbour, 4 km von der Autofähre in Rawene entfernt (S. 178). Es existieren keine regulären Busverbindungen, aber im örtlichen Pub und auf der gemütlichen Veranda des **Koke Cafe** (☎09-405 5808; www.kohukohu.co.nz; Kohukohu Rd; Hauptgerichte 10–14 NZ$; ⌚So–Mi 8–16, Do–Sa bis 18 Uhr) können Reisende sich dafür wunderbar entspannen.

Village Arts (☎09-405 5827; www.villagearts.co.nz; 1376 Kohukohu Rd; ⌚tgl. 10–16 Uhr, im Winter kürzere Öffnungszeiten) ist eine exzellente kleine Galerie, die Arbeiten vor allem von Künstlern aus Hokianga ausstellt.

Das **Tree House** (☎09-405 5855; www.treehouse.co.nz; 168 West Coast Rd; Stellplätze/B 20/32 NZ$, EZ 64–70 NZ$, DZ 88 NZ$; 📶) 🍃 ist die beste Unterkunft in Hokianga. Die Besitzer sind sehr hilfsbereit, und die fröhlich gestrichenen kleinen Hütten inmitten exotischer Obst- und Nussbäume ausgesprochen nett. Die ruhige Unterkunft liegt 2 km vom Fähranleger entfernt (scharf links abbiegen, nachdem man von der Fähre kommt).

Horeke & Umgebung

Das winzige Horeke war nach Russell Neuseelands zweite europäische Siedlung. Von 1828 bis 1855 stand hier eine Wesleyanische Mission. 1840 versammelten sich 3000 Ngāpuhi zur größten Unterzeichnung des Vertrags von Waitangi.

Die rustikale **Horeke Tavern** (☎09-401 9133; www.horeketavern.co.nz; 2118 Horeke Rd; ⌚Mi–So 13 Uhr bis frühmorgens, Bistro Do–So 17.30–20 Uhr) ist angeblich das älteste Pub im Land (der erste Drink wurde hier 1826 ausgeschenkt); die Garten-Bar bietet im Sommer an mehreren Wochenenden Livemusik.

Horeke ist gleichzeitig auch das westliche Ende des Pou Herenga Tai Twin Coast Cycle Trail (S. 152).

NGĀTI TARARA

Bei der Erkundung des Nordens fällt auf, dass viele Straßennamen auf „-ich" enden. Das Schild an der Einfahrt nach Kaitaia erklärt „*haere mai, dobro došli* and welcome". Also: Willkommen in einer der besonders merkwürdigen ethnischen Verbindungen Neuseelands.

Seit dem Ende des 19. Jhs. wanderten zahlreiche Menschen von der dalmatinischen Küste im heutigen Kroatien auf der Suche nach Arbeit nach Neuseeland aus. Viele endeten schließlich auf Northlands *gum*-Plantagen. Die Pākehā (europäische Neuseeländer) waren nicht sehr erfreut über die Ankunft der neuen Einwanderer (besonders im Ersten Weltkrieg), weil die Menschen österreichische Pässe hatten. Ganz anders verhielten sich die Menschen in den kleinen Māori-Siedlungen im Norden. Hier fanden die Neuankömmlinge ähnliche Verhältnisse vor wie in ihren dalmatinischen Heimatdörfern, vor allem in der Bedeutung der Großfamilie und der Gastfreundschaft. Ganz zu schweigen von der gemeinsamen Erfahrung des Unrechts durch Kolonialherren.

Die Māori nannten die Immigranten scherzhaft Tarara, weil die schnelle Sprache der Neuankömmlinge für die Ohren der Māori wie „ta-ra-ra-ra-ra" klang. Viele kroatische Männer heirateten einheimische *wahine* (Frauen) und gründeten so neue Clans. Dies ist auch der Grund, warum heute einige berühmte Māori kroatische Nachnamen tragen, so z. B. die Sängerin Margaret Urlich und der ehemalige Rugby-Nationalspieler Frano Botica. Große Tarara-Siedlungen finden sich heute im Far North, in Dargaville und in West Auckland.

Sehenswertes

Wairere Boulders Nature Park PARK

(09-401 9935; www.wairereboulders.co.nz; McDonnell Rd; Erw./Kind/Familie 15/5/35 NZ$, nur Barzahlung; im Winter & Sommer bis 17/19 Uhr) In Wairere sind massive Basaltsteinformationen durch die Säurehaltigkeit alter Kauri-Wälder zu bizarren flötenartigen Gestalten geformt worden. Der Hauptrundweg dauert rund eine Stunde und enthält ein paar Steigungen sowie Gefällstrecken.

Ein weiterer Weg führt durch den Regenwald zu einer Plattform am Ende eines Felsentals (1½ Std.). Der Park ist auf dem SH 1 ab Horeke ausgeschildert. Die letzten 3 km sind unbefestigt. Wer kein eigenes Auto zur Verfügung hat, gelangt mit Fullers „Discover Hokianga"-Tour ab Paihia dorthin.

Mangungu Mission House HISTORISCHES BAUWERK

(www.historic.org.nz; Motukiore Rd; Erw./Kind 10 $/kostenlos; Nov.–April Sa & So 12–16 Uhr) Das 1839 vollendete hübsche Holzhaus stellt Reliquien der Missionare, die einst in ihm wohnten, sowie Erinnerungen an Horekes Vergangenheit als ein Zentrum des Schiffsbaus aus. Auf dem Grundstück stehen ein großes Holzkreuz und eine einfache Holzkirche. Nach Mangungu fährt man 1 km entlang der unbefestigten Straße, die von Horeke aus am Hafen entlangführt.

Schlafen

Horeke Tavern PUB $$

(09-401 9133; www.horeketavern.co.nz; 2118 Horeke Rd; DZ/FZ 85/135 NZ$) Einfache, aber saubere Zimmer im örtlichen Pub.

Rawene

440 EW.

Rawene wurde kurz nach Horeke gegründet und war somit Neuseelands dritte europäische Siedlung. Überraschend viele historische Gebäude (darunter sechs Kirchen!) haben hier bis heute überdauert und zeugen von einer Zeit, in der im Hafen noch deutlich mehr los war als heute. Ein mit Infotafeln versehener Heritage Trail führt an den wichtigsten Sehenswürdigkeiten vorbei.

Im Lebensmittelgeschäft am 4 Square gibt es einen Geldautomaten. Auch tanken ist hier möglich.

Sehenswertes

Clendon House HISTORISCHES BAUWERK

(09-405 7874; www.historic.org.nz; Clendon Esplanade; Erw./Kind 10 $/gratis; Mai–Okt. So 10–16 Uhr, Nov.–April Sa & So 10–16 Uhr) James Clendon, ein Händler, Schiffseigner und Magistrat, baute Clendon House in den lebhaften 1860er-Jahren. Nach seinem Tod stand seine 34-jährige Witwe Jane, eine Halb-Māori, mit einem Haufen Kinder und der riesigen Summe von 5000 £ Schulden da. Es gelang ihr jedoch, die Schuld abzutragen. Ihre Nachkommen lebten bis 1972 in ihrem Haus, bis es schließlich an den Historic Places Trust übertragen wurde.

Schlafen & Essen

Rawene Holiday Park FERIENANLAGE $
(☎09-405 7720; www.raweneholidaypark.co.nz; 1 Marmon St; B 20 NZ$, Stellplatz/Apt. ab 32/65 NZNZ$;) In dieser gut geführten Ferienanlage verstecken sich Zeltstellplätze im Buschland. Eine der schlichteren Hütten wurde für Rucksackreisende mit Stockbetten ausgestattet (Bettwäsche kostet extra).

Boatshed Cafe CAFÉ $
(☎09-405 7728; 8 Clendon Esplanade; Hauptgerichte 10–22 NZNZ$; ⏲8.30–16 Uhr) In diesem ausgezeichneten Café speist man mit Blick aufs Wasser. Es ist ein nettes Plätzchen mit gutem Essen und einem Souvenirladen, in dem lokale Kunst und Kunsthandwerk erhältlich sind. Ab und zu gibt es hier am Wochenende auch ein Abendessen.

An- & Weiterreise

Es gibt keine regelmäßigen Busverbindungen nach Rawene. Eine **Autofähre** (☎09-405 2602; Auto/Wohnmobil/Motorrad 20/40/5 NZ$, Passagier 2 NZNZ$; ⏲7.30–20 Uhr) fährt jedoch ins nördliche Hokianga und legt mindestens einmal stündlich 4 km südlich von Kohukohu an.

Fahrkarten für die 15-minütige Überfahrt können an Bord gekauft werden. Abfahrt in Rawene ist für gewöhnlich zur halben Stunde, an der Nordseite von Kohukohu zur vollen Stunde.

Opononi & Omapere

480 EW.

Die ruhigen Siedlungen in der Nähe der Südspitze des Hokianga Harbour gehen direkt ineinander über. Das Wasser ist außergewöhnlich klar und man kann hervorragend baden. Der Ausblick ist geprägt von den riesigen Sanddünen am North Head auf der anderen Uferseite. Wer von Süden her nach Omapere kommt, sollte sich den spektakulären Blick auf den Hafen nicht entgehen lassen.

Aktivitäten

Arai te Uru Heritage Walk WANDERN
Diese Wanderung (hin & zurück 30 Min.) beginnt am Parkplatz am Ende der Signal Station Road. Die Strecke folgt dann den Klippen und führt durch einen Wald voller hoher Manuka-Bäume, bevor sie auf der grasbewachsenen Landzunge von Hokianga endet. Auf der Landspitze finden sich die Überreste einer Signalstation, die einst Schiffen die schwierige Einfahrt in den Hafen erleichterte.

Die Station wurde 1951 geschlossen, nachdem der Schiffsverkehr in den Hafen immer mehr abnahm.

Jim Taranaki's Bone Carving Studio KURS
(☎09-405 8061; hokiangabonecarvingstudio@gmail.com; 15 Akiha St, Omapere; Kurs inkl. Mittagessen 60 NZ$) Kursteilnehmer können in diesem Atelier mit Blick aufs Meer ihre eigenen von den Māori inspirierten Knochenschnitzereien herstellen.

Geführte Touren

Footprints Waipoua KULTURFÜHRUNG
(☎09-405 8207; www.footprintswaipoua.co.nz; Erw./Kind 95/35 NZ$; ⏲April–Okt. ab 17, Nov.–März ab 18 Uhr) Diese von Māori organisierte vierstündige Dämmerungswanderung in den Waipoua Forest ist eine fantastische Erfahrung, bei der die Teilnehmer viel über die Kultur der Māori und die Waldgiganten erfahren. Es geht um die Stammesgeschichte, alte Legenden und es werden faszinierende *karakia* (Gebete, Beschwörungen) vor den riesigen Bäumen rezitiert. Es gibt auch tagsüber Führungen (80 NZ$), die abendlichen Touren haben jedoch deutlich mehr Atmosphäre.

Hokianga Express ABENTEUERSPORT
(☎021 405 872, 09-405 8872; pro Tour 27 NZ$; ⏲im Sommer 10–14 Uhr) Hier geht es mit einem Boot vom Anleger Opononi durch den Hafen zu den großen, goldfarbenen Sanddünen. Dort können die Teilnehmer eine Stunde lang mit Sandboards einen 30 m hohen Abhang hinunterfahren oder über das Wasser schießen. Boogieboards werden gestellt, eine Reservierung im Voraus ist notwendig. Außerhalb der Hochsaison finden die Touren unregelmäßig statt.

Schlafen

GlobeTrekkers Lodge HOSTEL $
(☎09-405 8183; www.globetrekkerslodge.com; SH12, Omapere; B/EZ/DZ 28/50/60 NZ$;) Ganz lässig entspannen kann man in diesem einer Privatunterkunft ähnelnden Hostel mit Hafenblick und hellen Schlafräumen.

In den Zimmern wurde an alles gedacht: Schreibtisch, Spiegel, Kunst und flauschige Handtücher. Es gibt eine Stereoanlage, aber keine Fernseher, was dazu beiträgt, dass die weinumrankte Grillecke ein viel besuchter Treffpunkt ist.

Copthorne Hotel & Resort HOTEL **$$**
(☎09-405 8737; www.milleniumhotels.co.nz; 336 SH12, Omapere; Zi. 140–200 NZ$;) Obwohl die viktorianische Villa durch die modernen Aluminiumfenster ein wenig verschandelt worden ist, handelt es sich bei diesem Hotel am Wasser um einen schönen Ort für einen Drink oder eine leichte Bistro-Mahlzeit (25–32 NZ$). Die teureren Zimmer in dem neueren Block haben Terrassen und Meerblick. Selbst wer hier nicht wohnt, sollte zumindest für einen Drink an der gemütlichen Bar vorbeikommen.

Mit ein wenig Glück finden sich online günstige Angebote für einen erholsamen Aufenthalt unter der Woche oder außerhalb der Hochsaison.

★ **Kokohuia Lodge** B&B **$$$**
(☎021 779 927; www.kokohuialodge.co.nz; 101 Kokohuia Rd, Omapere; DZ 295–320 NZ$;) Das B&B bietet viel Luxus und nachhaltiges und ökonomisches Wohnen. Es liegt in einem sich langsam vom Raubbau erholenden Buschgebiet hoch oberhalb des silberig glänzenden und von Dünen eingerahmten Hokianga Harbour. In dieser modernen und sehr stilvollen Unterkunft spielen Solarenergie und organische Freilandprodukte eine große Rolle, jedoch nicht auf Kosten des Komforts.

Hokianga Haven B&B **$$$**
(☎09-405 8285; www.hokiangahaven.co.nz; 226 SH12, Omapere; Zi. 220–240 NZ$;) Das moderne Haus mit original neuseeländischer Kunst an den Wänden bietet großzügige Zimmer am Rand des Hafens inklusive grandiosem Blick auf die Sanddünen. Gäste können alternative Behandlungstherapien buchen, bei einem Aufenthalt von mehr als einer Nacht gibt es Sonderpreise.

Essen

Landing CAFÉ **$$**
(☎09-405 8169; www.thelandingcafe.co.nz; 29 SH12; Snacks & Hauptgerichte 6–19 NZ$; ⏲8.30–15 Uhr) Das erst kürzlich eröffnete Lokal hat eine Veranda mit schönem Blick. Hier verbindet sich eine stilvolle Dekoration mit einer guten, soliden Küche. Besonders zu empfehlen sind die herzhaften Butterhühnchen-Pies und die frittierten Muscheln mit selbst zubereitetem Relish. Salatfans werden sich über die große Auswahl freuen: Sie reicht von israelischem Couscous über geröstete rote Beete bis hin zu Feta.

Opononi Hotel PUB **$$**
(☎09-405 8858; www.opononihotel.com; 19 SH12; Hauptgerichte 18–30 NZ$; ⏲11 Uhr bis spätabends) Das Spektrum der Küche in diesem freundlichen Pub reicht von einer anständigen Pizza in der Hauptbar bis hin zu ausgefalleneren Bistrogerichten im angeschlossenen Restaurant „Boar and Marlin".

In beiden Fällen sollten man sich um einen Tisch im Freien bemühen, um zum Essen den atemberaubenden Blick auf Opononis riesige Sanddünen auf der anderen Seite des Hafens genießen zu können.

Praktische Informationen

Opononi i-SITE (☎09-405 8869; 29 SH12; ⏲8.30–17 Uhr) Eine exzellente Touristeninformation, die auch lokale Souvenirs verkauft.

An- & Weiterreise

Die Gegend ist nicht durch öffentliche Verkehrsmittel erschlossen. Für individuelle Fahrten ist also ein Mietwagen aus Kerikeri oder Paihia erforderlich. Eine Alternative ist der Tagesausflug „Discover Hokianga" von Paihia aus, veranstaltet von Fullers Great Sights (S. 159). Die Fahrt umfasst den Besuch von Opononi, Omapere und den Waiere Boulders.

Waiotemarama & Waimamaku

Die benachbarten Dörfer liegen beide zwischen Hokianga Harbour und dem Waipoua Forest und sind die ersten von einer ganzen Reihe kleiner ländlicher Siedlungen an diesem wenig bewohnten Abschnitt des SH 12.

Aktivitäten

Labyrinth Woodworks LABYRINTH
(☎09-405 4581; www.nzanity.co.nz; 647 Waiotemarama Gorge Rd; Labyrinth Erw./Kind 4/3 NZ$; ⏲9–17 Uhr) Gäste können in diesem Irrgarten unter freiem Himmel einen Code knacken, indem sie Buchstaben sammeln, die schließlich das Codewort ergeben.

Das angeschlossene Puzzlemuseum ist ebenfalls interessant. Dies gilt auch für die Sammlung alter Brettspiele.

Und schließlich führen nahe gelegene Spazierwege noch zu einem Wasserfall und prächtigen Kauri-Bäumen.

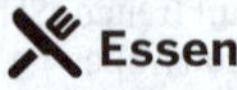

Essen

Morrell's Cafe CAFÉ $$

(☎ 09-405 4545; 7235 SH12, Waimamaku; Hauptgerichte 11–24 NZ$; ⌚ 9–16 Uhr) Diese Kombination aus Café und Kunsthandwerksladen liegt in einer ehemaligen Käserei. Es handelt sich um das letzte gute Lokal vor Baylys Beach. Reisende sollten hier also noch einmal einen Kaffee genießen und vielleicht eine Kleinigkeit essen.

KAURI-KÜSTE

Der 110 km lange Küstenstreifen zwischen Hokianga und Kaipara Harbours wird, von ein paar Flüssen und der einen oder anderen Klippe einmal abgesehen, durch nichts unterbrochen und ist absolut unerschlossen. Der Hauptgrund für einen Besuch in der Gegend sind die bestaunenswerten Kauri-Wälder, die zu den großen Naturwundern Neuseelands zählen. Hier stehen imposante Riesen: Wer den Stamm umarmen will, braucht gleich mehrere Helfer: Der Stammumfang liegt bei 8 m.

Nördlich von Dargaville gibt es nur noch wenige Geschäfte und Lokale – und keine Geldautomaten. Wer also seine Kasse auffüllen muss, sollte dies rechtzeitig woanders tun.

Wanderern ist DOCs Website (www.doc.govt.nz) zu empfehlen, sie informiert über die Wanderwege in der Region.

Waipoua Forest

Das Highlight der Westküste ist dieser fantastische Wald, der 1952 infolge starken öffentlichen Drucks unter Naturschutz gestellt wurde. Er schützt das größte Relikt der einst riesigen Kauri-Bestände im Norden Neuseelands. Die Straße durch den Wald (SH12) ist 18 km lang und führt an einigen der riesigen Exemplare vorbei. Ein Kauri kann 60 m hoch werden, sein Stamm einen Durchmesser von bis zu 5 m haben.

Die Kontrolle über den Wald ist den Te Roroa, dem lokalen *iwi* (Stamm) als ein Teil der Kompensation für den Bruch des Vertrages von Waitangi durch die britische Krone zurückgegeben worden. Die Te Roroa betreiben hier das Waipoua Forest Visitor Centre (s. unten) am Südrand des Parks. Eine andere Möglichkeit, den Wald zu besuchen, ist die Teilnahme an einer Führung in der Dämmerung von Omapere aus, veranstaltet von Footprints Waipoua (S. 178).

Sehenswertes

Tane Mahuta BAUM

Unweit des Nordendes des Parks und nicht weit von der Straße entfernt steht der mächtige Tane Mahuta, der nach dem Waldgott der Māori benannt ist. Mit 51,1 m Höhe, einem Umfang von 13,8 m und einer Holzmasse von 244,5 m³ ist er der größte lebende Kauri – er steht hier schon seit sage und schreibe 1200 bis 2000 Jahren!

Te Matua Ngahere BAUM

Vom Kauri-Wanderparkplatz führt eine 20-minütige Wanderung (einfach) zum Te Matua Ngahere („Vater des Waldes"). Unterwegs passiert man die „Four Sisters", einen Hain mit vier hoch aufragenden, anmutigen Bäumen, die an ihrem Stamm zusammengewachsen sind. Te Matua Ngahere ist mit seinen 30 m eine beeindruckende Erscheinung. Dazu trägt nicht zuletzt sein beträchtlicher Umfang bei (mit 16,4 m ist er der dickste lebende Kauri), aufgrund dessen die ausgewachsenen Bäume der Lichtung, über die er wacht, wie dünne Streichhölzer aussehen.

In der Nähe der „Four Sisters" beginnt ein einstündiger Wanderweg (hin und zurück) zu Yakas, dem siebtgrößten Kauri-Baum.

Waipoua Forest Visitor Centre KUNSTZENTRUM

(☎ 09-439 6445; www.teroroa.iwi.nz/visit-waipoua; 1 Waipoua River Rd; ⌚ Okt.–April 9–16 Uhr, Mai–Sept. Di–So 10–16 Uhr) Hier findet man interessante Informationen und Exponate über die Kauri-Wälder, kann geführte Touren (25 NZ$) und, Kurse über das Flachsweben (5 NZ$) buchen und ein gutes Café besuchen. Außerdem kann jeder hier für 180 NZ$ seinen eigenen Kauri-Baum pflanzen.

Schlafen

Waipoua Forest Campground CAMPINGPLATZ $

(☎ 09-439 6445; www.teroroa.iwi.nz/visit-waipoua; 1 Waipoua River Rd; Stellplätze/Wohneinheiten/Hauser ab 15/20/175 NZ$) Direkt am Waipoua River und gleich neben dem Besucherzentrum liegt dieser ruhige Campingplatz mit warmen Duschen, Spültoiletten und Küche. Die Hütten sind mit ihren unbezogenen Schlafsofas (Bettwäsche entweder selbst mitbringen oder leihen) äußerst spartanisch eingerichtet. Vermietet werden auch ganze Häuser, in denen bis zu zehn Personen Platz finden.

★ **Waipoua Lodge** B&B **$$$**
(☎ 09-439 0422; www.waipoualodge.co.nz; SH12; DZ inkl. Frühstück 585 NZ$;) Diese wunderschöne alte Villa am Südrand des Waldes verfügt über vier luxuriöse, geräumige Suiten. Ursprünglich handelte es sich um die Stallungen, den Wollschuppen und das Gehege für die Aufzucht der Kälber. Die Küche serviert wundervolle, geradezu dekadente Abendessen (80 NZ$).

ℹ Praktische Informationen

Waipoua Forest Visitor Centre (☎ 09-439 6445; www.teroroa.iwi.nz/visit-waipoua; 1 Waipoua River Rd; Sommer 9–18.30 Uhr, Winter 9–16 Uhr) Das von den Te Roroa betriebene Besucherzentrum betreibt auch ein Café mit angeschlossenem Campingplatz in der Nähe des Südrandes des Waipoua Forest.

Trounson Kauri Park

Der 450 Ha große Trounson Kauri Park bietet seinen Besuchern einen in einer halben Stunde leicht zu bewältigenden Rundweg. Er beginnt an der Picknickstelle an der Straße und führt durch einen schönen Teil des Waldes mit Bächen und vorbei an einigen schönen Kauri-Exemplaren, umgefallenen Bäumen und den „Four Sisters", zwei Baumpaaren mit miteinander verwachsenen Stämmen.

DOC betreibt einen **Campingplatz** (www.doc.govt.nz; Wohneinheiten pro Erw./Kind 10/5 NZ$) am Parkrand, der über eine Gemeinschaftsküche und Duschen mit Warmwasser verfügt.

Nur 2 km abseits des SH 12 liegt der attraktive **Kauri Coast Top 10 Holiday Park** (☎ 09-439 0621, 0800 807 200; www.kauricoasttop10.co.nz; Trounson Park Rd; Stellplätze/Wohneinheiten ab 42/125 NZ$; @) idyllisch am Fluss. Der Campingplatz bietet seinen Gästen eine gute Ausstattung und einen kleinen Laden.

Die Mitarbeiter organisieren nächtliche **Naturwanderungen** (Erw./Kind 25/15 NZ$), auf denen die hiesige Flora und Fauna erklärt wird. Es besteht dabei übrigens auch eine klitzekleine Chance, einen wild lebenden Kiwi zu sehen.

Trounson betreibt außerdem ein Programm zum Schutz vor Raubtieren und wurde so zu einem sicheren Hafen für bedrohte heimische Vogelarten auf dem Festland: So sollte man zumindest einen Morepork (Neuseeland-Kuckuckskauz) oder einen braunen Kiwi zu hören bekommen.

Wer von Norden anreist, sollte nahe Kaihu besser die zweite Abzweigung zum Park wählen: Auf diese Weise kann die holprige Schotterstraße umgangen werden.

Kai Iwi Lakes

In der Nähe der Küste und 12 km vom SH12 entfernt liegen diese drei forellenreichen Süßwasserseen nahe beieinander. Das blaue Wasser des **Taharoa** – er ist der größte See – wird von kleinen Sandstränden gesäumt. **Lake Waikere** erfreut sich großer Beliebtheit bei Wasserskifahrern, während **Lake Kai Iwi** relativ unberührt ist. Ein halbstündiger Spaziergang führt von den Seen zur Küste. Nach weiteren zwei Stunden gelangt man zum Fuß des vulkanischen **Maunganui Bluff** (460 m). Hinauf und wieder hinunter dauert die Wanderung insgesamt fünf Stunden.

Zelten (☎ 09-439 0986; www.kaipara.govt.nz; Erw./Kind 10/5 NZ$) ist am Ufer des Lake Taharoa erlaubt, wo es kalte Duschen, Trinkwasser und WCs gibt.

Baylys Beach

Das Dorf mit seinen farbenfrohen *baches* und einigen neuen Ferienhäusern liegt 12 km von Dargaville entfernt am SH 12. Der 100 km lange Ripiro Ocean Beach, ein Küstenabschnitt mit starker Brandung und einer Menge Schiffswracks, befindet sich in der Nähe.

Der Strand ist ein offizieller Highway, bei Ebbe darf man also über den festen Sand fahren – allerdings ist dieses Abenteuer eher etwas für Allradfahrzeuge. Obwohl er der längste befahrbare Strand Neuseelands ist, ist er wenig bekannt und folglich auch nicht so überlaufen wie der weithin berühmte Ninety Mile Beach. Bevor man losfährt, sollte man sich unbedingt bei den Einheimischen nach den aktuellen Gegebenheiten erkundigen und den Mietwagenvertrag daraufhin prüfen, ob es im Falle einer Panne Probleme mit der Mietwagenfirma geben könnte.

Der Ferienpark verleiht Quadbikes. Auch Ausritte auf dem Strand sind möglich, organisiert von **Baylys Beach Horse Treks**

(027 697 9610; www.baylysbeachhorsetreks.webs.com; 24 Seaview Rd; 1/2/3 Std. 50/70/90 NZ$; Ende Okt. bis Ostern).

Schlafen

Baylys Beach Holiday Park FERIENANLAGE $

(09-439 6349; www.baylysbeach.co.nz; 24 Seaview Rd; Stellplatz/Wohneinheit ab 18/65 NZNZ$;) Der mittelgroße Campingplatz wird von Pohutukawa-Bäumen eingerahmt und hat saubere Einrichtungen und hübsche, cremefarben-grüne Wohneinheiten, einige davon mit einer abgefahrenen, typisch neuseeländischen Einrichtung. Von einfachen Hütten bis hin zu Cottages für bis zu sechs Personen findet man hier alles.

Sunset View Lodge B&B $$

(09-439 4342; www.sunsetviewlodge.co.nz; 7 Alcemene Lane; Zi. 175–195 NZ$;) Wer mit einem Gin in der Hand in den Sonnenuntergang blicken möchte, ist in diesem großen, modernen B&B genau richtig. Die Zimmer oben bieten einen grandiosen Blick aufs Meer. Im Salon gibt es eine Selbstbedienungs-Bar, in der darauf vertraut wird, dass die Gäste ihre Getränke ehrlich bezahlen.

Dargaville

4500 EW.

Von einer Stadt, die sich selbst als „Kumara Capital of New Zealand" (hier werden zwei Drittel der leckeren Süßkartoffeln des Landes erzeugt) bezeichnet, ist wohl nicht allzu viel zu erwarten. Der 1872 von Holzhändler Joseph Dargaville gegründete Ort war früher ein bedeutender Flusshafen und blühte durch den Export von Kauri-Holz und Harz auf. Als die Baumbestände immer spärlicher wurden, begann der Niedergang Dargavilles – heute ist es nur noch ein ruhiger Ort, der Northern Wairoa mit landwirtschaftlichen Produkten versorgt.

Sehenswertes

Dargaville Museum MUSEUM

(09-439 7555; www.dargavillemuseum.co.nz; Harding Park; Erw./Kind 15/5 NZ$; 9–16, im Sommer bis 17 Uhr) Das oben auf dem Hügel liegende Museum ist deutlich interessanter als die meisten Regionalmuseen des Landes. Es präsentiert eine große Ausstellung zum Thema Harzgewinnung sowie Abteilungen zu den Themen Meereskunde, Māori und Musikinstrumente. Sogar eine schicke Modelleisenbahn ist hier zu finden.

Draußen wurden die Masten der *Rainbow Warrior* auf einem Aussichtspunkt nahe einer *pa*-Stätte aufgerichtet.

Schließlich lohnt noch die Nachbildung eines Kauri-Harz-Camps die Besichtigung.

Kumara Box FARM

(09-439 7018; www.kumarabox.co.nz; 503 Pouto Rd; Kumara-Shows 20 NZ$, Zugfahrten 10 NZ$; vorherige Reservierung) Wer alles über die Kumara, eine knubbelige Knolle, wissen möchte, sollte eine Show von Kumara Ernie buchen. Diese ist überraschend unterhaltsam und beinhaltet gewöhnlich eine Fahrt mit einem selbstgebauten und von einem Traktor gezogenen Zug durch die Felder zu „Neuseelands kleinster Kirche".

Schlafen & Essen

Für 15 $ pro Nacht können Wohnmobile auf dem Parkplatz des Dargaville Museum stehen. Es gibt vor Ort allerdings auch ganz ordentliche Motels und ein Hostel.

Greenhouse Backpackers HOSTEL $

(09-439 6342; greenhousebackpackers@ihug.co.nz; 15 Gordon St; B/DZ 29/70 NZ$;) Diese umgebaute Schule aus dem Jahr 1921 bringt die Gäste originell in den in Schlafsäle unterteilten alten Klassenzimmern unter. Die Gäste können darüber hinaus einen gemeinsamen Aufenthaltsraum nutzen, der wie die Schlafsäle mit farbenfrohen Wandgemälden dekoriert ist. Noch besser sind die gemütlichen Wohneinheiten im hinteren Garten.

Blah, Blah, Blah ... CAFÉ $$

(09-439 6300; 101 Victoria St; Frühstück 10–19 NZ$, Mittagessen 10–20 NZ$, Abendessen 22–35 NZ$; So & Mo 9–16, Di–Sa 9 Uhr bis spätabends) Das beste Restaurant in Dargaville verwöhnt seine Gäste mit einem Garten, hipper Musik, herrlichen Snacks, einer internationalen Karte, auf der sich u. a. Dukkah-Gewürzdip, Pizza und Steaks finden, sowie Bier, Wein und Cocktails.

Aratapu Tavern TEX-MEX, PUB $$

(09-439 5923; www.aratapu.com; 701 Pouto Rd; Hauptgerichte 10–30 NZ$; Küche 11–22, Bar 11 Uhr bis spätabends) Das gastfreundliche Landpub etwa 7 km außerhalb von Dargaville an der Straße zum Poutu Point ist verdientermaßen berühmt für seine Lammkeulen. Ebenso lecker und interessant sind die Tex-Mex-Gerichte, u. a. Tacos und Burritos, die vom freundlichen Besitzer, der selbst aus

Texas kommt, zubereitet werden. Hin und wieder treten samstags in der Gartenbar Bands auf.

Praktische Informationen

DOC Kauri Coast Area Office (09-439 3450; www.doc.govt.nz; 150 Colville Rd; Mo–Fr 8–16.30 Uhr) Umfassende Informationen zum Wandern und Campen in Northland.

Visitor Information Centre (09-439 4975; www.kauriinfocentre.co.nz; 4 Murdoch St; 9–17.30 Uhr;) Das Besucherzentrum befindet sich im Woodturners Kauri Gallery & Studio und vermittelt u. a. Unterkünfte und Touren.

An- & Weiterreise

Wochentags verbinden Shuttlebusse von West Coaster (S. 138) Dargaville mit Whangarei.

Te Wairoa Coachlines (027 482 2950; www.tewairoacoachlines.co.nz; einfach Erw./Kind 50/40 NZ$) fährt freitagabends in Auckland ab und kehrt Sonntagabend aus Dargaville zurück.

Poutu Point

Eine schmale Landzunge zieht sich, begrenzt von der Tasmansee und dem Wairoa River, von Dargaville nach Süden. An der Einfahrt zu Kaipara, Neuseelands größtem Hafen, endet sie abrupt. Das Kap mit dem einsamen Kaipara Lighthouse (1884 aus Kauri-Holz erbaut) liegt am Ende der Welt und ist von Dutzenden winziger Dünenseen durchsetzt. Nur 10 km liegen zwischen dem Nord- und dem Südkap von Kaipara Harbour – auf dem Landweg müsste man dafür 267 km (knapp 4 Std. Fahrt) zurücklegen!

Mit einem Geländewagen ist man auf dem 71 km langen Strand von Dargaville ganz in seinem Element. *Pouto Hidden Treasures* vom DOC ist eine hilfreiche Broschüre für alle, die hier mit einem eigenen Fahrzeug unterwegs sind. Darin enthalten sind Tipps, wie man sowohl sein Auto als auch das fragile Ökosystem am besten vor Schaden bewahrt. Die Broschüre kann unter www.doc.govt.nz heruntergeladen werden.

Wer das große Sanddünengebiet im Rahmen einer geführten Tour kennenlernen möchte, sollte sich an **Poutu Sand Safaris** (09-439 6678; www.pouto.co.nz/activities.html; pro Pers. ab 35 NZ$) wenden.

Eine Unterkunft bietet **Poutu Point Accommodation** (09-439 0199; www.pouto.co.nz/accommodation.html; Stellplätze & B 15 NZ$, Apt. 150 NZ$).

Matakohe

400 EW.

Abgesehen vom ländlichen Charme dieses Dorfes lohnt sich ein Besuch auch wegen des großartigen **Kauri Museum** (09-431 7417; www.kaurimuseum.com; 5 Church Rd; Erw./Kind 25/8 NZNZ$; 9–17 Uhr). Schon allein die riesigen Baumscheiben sind äußerst beeindruckend. Die ganze Holzindustrie wird durch Videofilme, Artefakte, fabelhafte Möbel und Intarsien sowie Nachbauten einer Sägemühle aus der Pionierzeit, eines Wohnheims, einer *gumdigger*-Hütte und eines viktorianischen Hauses wieder zum Leben erweckt. Im Gum Room ist eine eigenartige und wunderbare Sammlung von Objekten aus Kauri-Holz ausgestellt. Das Holz wird geschnitzt, zu Skulpturen verarbeitet und kann so lange poliert werden, bis es wie ein Edelstein schimmert. Der Museumsladen verkauft Souvenirs aus Kauri-Holz und -Harz.

Dem Museum gegenüber steht die kleine **Matakohe Pioneer Church** (1867) aus Kauri-Holz, die von Methodisten und Anglikanern gleichermaßen genutzt wurde und zudem als Gemeindesaal und Schule diente. Ganz in der Nähe kann man durch ein historisches Schulhaus (1878) und ein altes Post- und Fernsprechamt (1909) spazieren.

Schlafen

Matakohe Holiday Park CAMPINGPLATZ $

(09-431 6431; www.matakoheholidaypark.co.nz; 66 Church Rd; Stellplätze/Wohneinheiten ab 38/65 NZ$;) Der kleine Campingplatz ist aufgrund seiner modernen Ausstattung, der Weitläufigkeit und des schönen Blicks auf Kaipara Harbour ein echter Geheimtipp.

Matakohe House B&B $$

(09-431 7091; www.matakohehouse.co.nz; 24 Church Rd; DZ 160 NZ$;) Das B&B liegt in einer schicken Villa. Die einfach eingerichteten Zimmer öffnen sich zu einer Veranda. Die Besitzer verwöhnen ihre Gäste gerne mit kleinen Aufmerksamkeiten wie Portwein und Schokolade.

An- & Weiterreise

Te Wairoa Coachlines (s. links) unterhält eine Busverbindung nach Dargavilla. Die Busse fahren freitagabends in Auckland ab und kehren am Sonntagabend wieder zurück.

Bei Bedarf hält der Bus am Kauri Museum in Matahoke.

Waikato & Coromandel Peninsula

➜ Inhalt

Strände & Outdoor-Aktivitäten

- New Chum's Beach (S. 228)
- Cathedral Cove (S. 232)
- Opito (S. 228)
- Manu Bay (S. 199)
- Waitomo Caves (S. 209)

Schön übernachten

- Earthstead (S. 203)
- Hush Boutique Acc. (S. 225)
- Purangi Garden Acc. (S. 233)
- Hidden Valley (S. 196)
- Aroha Mountain Lodge (S. 206)

Auf nach Waikato & zur Coromandel Peninsula!

Sattgrüne, sanfte Hügel säumen Neuseelands mächtigen Waikato River. Adrenalin-Junkies können in der Brandung vor Raglan surfen oder die phänomenalen Höhlen von Waitomo unter die Lupe nehmen.

Diese Region ist auch die Heimat der Tainui. In den 1850er-Jahren wählte dieser mächtige Stamm einen König, um sich gegen den Verlust von Land und Souveränität zu wehren. Das fruchtbare Waikato wurde ihm gewaltsam genommen, aber er behielt bis zum 20. Jh. das King Country.

Im Nordosten ragt die Coromandel Peninsula in den Pazifik und bildet den Ostrand des Hauraki-Golfs. An ihrer Ostküste befinden sich einige der schönsten weißen Sandstrände der Nordinsel. Die sumpfigen Feuchtgebiete und die malerischen Felsbuchten an der Westküste waren lange Zeit das Ziel von Leuten, die einen alternativen Lebensstil suchten. Die Berge in der Mitte sind von Wanderwegen überzogen, auf denen Wanderer unberührtes Buschland mit zahlreichen Kauri-Bäumen erkunden können.

Reisezeit

- In den Sommerferien von Weihnachten bis Ende Januar können Strandunterkünfte in Waihi, Whitianga, Whangamata und Raglan knapp werden. Um Silvester ist am meisten los.
- In den milden Monaten Februar und März mit beständigem Wetter ist es auf der Coromandel Peninsula sehr viel ruhiger. Von Mai bis September erreichen die Regenfälle in der gebirgigen Coromandel-Region ihren Höhepunkt.
- In Waikato kann es im Sommer recht trocken sein, wohingegen es im Süden von Taumarunui oft feucht und kühl ist.
- Außerhalb der Sommerschulferien (Weihnachten–Januar) findet man in der Waikato-Region problemlos eine Unterkunft.
- An den Surfstränden von Raglan ist das ganze Jahr viel los.

An- & Weiterreise

Hamilton ist der Verkehrsknotenpunkt der Region. Vom hiesigen Flughafen werden zahlreiche Städte Neuseelands angeflogen. Buslinien verbinden die Stadt mit allen Reisezielen auf der Nordinsel. Auch die meisten im Inselinnern gelegenen Städte sind mit dem Bus zu erreichen. Die entlegenen Küstengemeinden (außer Mokau am SH3) werden allerdings etwas seltener angefahren.

Auf der Coromandel Peninsula gibt es weniger Verbindungen mit öffentlichen Verkehrsmitteln. Strände und Küsten erkundet man am besten mit dem eigenen Fahrzeug.

WAIKATO

Geschichte

Als die Europäer in diese Region kamen, die sich nach Norden bis zum Manukau Harbour von Auckland erstreckt, war sie schon seit Langem die Heimat der Waikato-Stämme, Nachkommen der Tainui. Bei der Besiedlung des Landes hatten die Waikato-Stämme andere vertrieben, die in früheren Einwanderungswellen in die Region gelangt waren.

Anfänglich war der Kontakt mit den Europäern für die einheimischen Māori von Vorteil. Ihr fruchtbares Land, das sie mit Kumara (Süßkartoffeln) und anderen Feldfrüchten bestellten, eignete sich gut für die Anpflanzung neuer Früchte und den Gemüseanbau. In den 1840er-Jahren blühte die Wirtschaft in Waikato, große Mengen landwirtschaftlicher Erzeugnisse wurden zu den Siedlern nach Auckland und darüber hinaus exportiert.

Die Beziehung zwischen den beiden Kulturen verschlechterte sich während der 1850er-Jahre, hauptsächlich weil die Kolonisten unbedingt Māori-Land kaufen wollten. Als Reaktion vereinigte sich eine Stammeskonföderation zum Schutz der eigenen Interessen, wählte einen König und bildete die sogenannte „Kingitanga" (Königsbewegung).

Im Juli 1863 entsandte Gouverneur Grey eine starke Streitmacht nach Waikato, um dort die Kolonialherrschaft durchzusetzen. Nach beinahe einjährigem Kampf, dem sogenannten Waikato Land War, musste sich die Königsbewegung nach Süden in das seitdem als King Country bezeichnete Gebiet zurückziehen.

KURZINFOS: WAIKATO & COROMANDEL PENINSULA

Essen Coromandel-Schalentiere – Miesmuscheln, Austern und Jakobsmuscheln sind die Spezialität der Region.

Trinken Das Coromandel-Craft-Beer in Luke's Kitchen & Cafe (S. 228).

Lesen *The Penguin History of New Zealand* (2003) von dem verstorbenen Michael King, einem Bewohner von Opoutere

Hören Heimische Vogelwelt im Sanctuary Mountain Maungatautari (S. 201).

Anschauen Beim Schnorcheln nahe Hahei die vorbeiziehenden Fischschwärme betrachten (S. 232).

Mitfeiern Beim jährlichen Whangamata Beach Hop (S. 237).

Ökologisch reisen In den Tipi-Zelten von Solscape ohne Stromnetz und mit Sonnenenergie (S. 195).

Infos im Internet www.thecoromandel.com, www.hamiltonwaikato.com und www.kingcountry.co.nz

Vorwahl ☎ 07

Als Ergebnis des Krieges wurden 3600 km² Land konfisziert, den größten Teil erhielten koloniale Soldaten, die es bestellen und verteidigen sollten. 1995 entschuldigte sich die britische Krone bei den Waikato-Stämmen für die unrechtmäßige Invasion und die Beschlagnahme ihrer Ländereien. Damit verbunden war eine Wiedergutmachung in Höhe von 170 Mio. NZ$, die außerdem die Rückgabe von Land beinhaltete, das sich noch im Besitz der Krone befand.

Rangiriri

Auf dem SH 1 in Richtung Süden folgt man dem Weg der Kolonialarmee während des Waikato Land War, des berüchtigten Landraubs. Unterstützt von Kanonenbooten und Artillerie griffen am 20. November 1863 etwa 1500 britische Soldaten die starken Befestigungsanlagen an, die die Krieger des Māori-Königs in Rangiriri errichtet hatten. Sie wurden mehrfach zurückgeschlagen und verloren 49 Mann, in der Nacht aber zogen sich viele der 500 Māori-Krieger zurück; die verbliebenen 183 Mann wurden

Highlights

1 In **Far North Coromandel** (S. 226) auf entlegenen Schotterpisten, überdacht von purpurfarbenen Blütenbaumkronen uralter Pohutukawas, umherfahren

2 Mit dem Kayak im **Te Whanganui-A-Hei Marine Reserve** (S. 230) verborgene Inseln, Grotten und Buchten erkunden

3 In der **Karangahake Gorge** (S. 240) das geheimisvolle Dickicht des Buschlands durchdringen

4 Im Sommer am **Hahei Beach** (S. 233) bei Sonnenuntergang beobachten, wie die Inseln vor der Küste ein letztes Mal aufleuchten

5 Beim Raften auf der Suche nach unterirdischem Nervenkitzel in den **Waitomo Caves** (S. 209)

6 Auf den Wellen reiten in **Raglan** (S. 194) und hinterher in diesem lässigen Surfort in ein Pub einkehren

7 Durch das paradiesische **Sanctuary Mountain Maungatautari** (S. 201) im Inselinneren wandern

8 In dieser faszinierenden Filmkulisse mit **Hobbiton Movie Set Tours** (S. 204) mit seinem inneren Bilbo oder Frodo Kontakt aufnehmen

am nächsten Tag gefangen genommen, nachdem sich die Briten unter Missachtung der weißen Parlamentärsflagge Zutritt zum *pa* (befestigtes Dorf) verschafft hatten.

Sehenswertes

Māori War & Early Settlers Cemetery SOLDATENFRIEDHOF
(Rangiriri Rd; 24 Std.) Auf diesem Friedhof der ersten Siedler befinden sich die Soldatengräber und ein Erdhügel über dem Massengrab von 36 Māori-Kriegern.

Rangiriri Heritage Centre MUSEUM
(07-826 3667; www.nzmuseums.co.nz; 12 Rangiriri Rd.; Eintritt 3 NZ$, bei Einkehr ins Café kostenlos; 9–15 Uhr) Hier wird ein kurzer Dokumentarfilm über die Schlacht gezeigt; außerdem ist auch ein kleines Museum mit Café vorhanden.

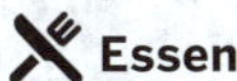

Essen

Rangiriri Hotel BISTROKARTE $$
(07-826 3467; 8 Talbot St; Hauptgerichte mittags 12–20 NZ$, Abendessen 17–33 NZ$; 11–23 Uhr) Neben dem Zentrum für Kulturerbe steht das historische Rangiriri Hotel – ein herrliches Plätzchen für ein Mittagessen oder ein kühles Bier.

Hamilton

206 400 EW.

Städte im Landesinneren einer Inselnation werden nie die glamouröse Attraktivität von Küstenorten haben. Rotorua kompensiert das mit heißem Schlamm und Taupo mit seinem See. Hamilton hat dagegen außer dem majestätischen Waikato River nicht allzu viel zu bieten.

Dennoch hat die Stadt ihre Reize. In der Hauptstraße gibt es um die Hood Street und die Victoria Street pulsierende Bars und ausgezeichnete Restaurants und Cafés, in denen man nach Besichtigung der Highlights, beispielsweise der Hamilton Gardens, garantiert gut essen kann.

Seltsamerweise wendet Hamilton dem grau-grünen trägen Waikato River größtenteils den Rücken zu, obwohl der Fluss mitten durch die Stadt hindurchfließt. Man bemerkt ihn kaum – außer man fährt über eine Brücke.

Die meisten Besucher legen die Wegstrecke zwischen Auckland und Hamilton auf dem SH 1 innerhalb von lediglich 1½ Stunden zurück; wer jedoch gemächlich auf kurvenreichen Nebenstraßen dahintingeln will, findet auf Umwegen durchaus lohnende

DIE MĀORI IN WAIKATO & AUF DER COROMANDEL PENINSULA

Waikato und das King Country gehören noch immer zu den am stärksten von Māori geprägten Regionen Neuseelands. Sie bilden das Kernland der Tainui-Stämme, der Nachfahren jener Einwanderer, die im 14. Jh. mit dem *tainui waka* (Kanu) in Kawhia eintrafen. Die Tanui sind in vier Hauptstämme gegliedert (Waikato, Hauraki, Ngāti Maniapoto & Ngāti Raukawa) und untrennbar mit der Kingitanga (Königsbewegung) verbunden, die in Ngaruawahia ihren Ausgangspunkt hat.

Die besten Gelegenheiten, die Māori-Kultur hautnah zu erleben, sind der Regatta Day und das Koroneihana-Fest in Ngaruawahia. Interessante *taonga* (Schätze) sind in den Museen in Hamilton und Te Awamutu ausgestellt.

Zeugnisse des Waikato Land War sind in Rangiriri, Rangiaowhia und Orakau zu sehen. Landkarten, Audiodateien und eine App mit diversen Ortschaften, in denen zwischen 1863 und 1864 gekämpft wurde, kann man unter www.waikatowar.co.nz auf dem Smartphone herunterladen.

Dutzende *marae* (Versammlungshäuser) liegen verstreut in der Landschaft, u. a. in Awakino und in Kawhia, wo das *tainui waka* begraben ist. Ohne Genehmigung darf das Versammlungshaus nicht besichtigt werden, aber man kann es von den Toren aus gut erkennen. Auf einigen Touren wird auch auf die Māori -Kultur eingegangen, z. B. auf der Tour in die Ruakuri Cave in Waitomo.

Obwohl die in der Nähe gelegene Coromandel Peninsula eine lange und reiche Geschichte der Māori aufzuweisen hat, gibt es hier nur wenige Möglichkeiten, sich mit deren Kultur auseinanderzusetzen. Historische *pa* (Wehrdörfer) sind überall zu finden; am besten zugänglich ist Paaku. Weitere dieser Dörfer gibt es am Opito Beach, in Hahei und am Hot Water Beach.

Ausflugsziele wie etwa Ngaruawahia, eine Ortschaft mit historischer Bedeutung, weil sich hier das nationale Heiligtum Turangawaewae Marae befindet.

Sehenswertes

★Hamilton Gardens GARDENANLAGE

(07-838 6782; www.hamiltongardens.co.nz; Cobham Dr; Führung Erw./Kind 15/8 NZ$; umzäunte Gartenanlage 7.30–17 Uhr, Infozentrum 9–17 Uhr, Führungen Sept.–April 11 Uhr) GRATIS Die Hamilton Gardens bilden zusammen einen ungefähr 50 ha großen Park mit einem Café, einem Restaurant und separat angelegten, ausgefallenen Themengärten mit üppiger Flora; dazu gehören u. a. ein italienischer Renaissance-Garten sowie chinesische, japanische, englische, amerikanische und indische Gärten mit Kolonnaden, Pagoden und einem Miniatur-Taj-Mahal. Ebenso interessant sind die nachhaltige Productive Garden Collection, der duftende Kräutergarten und der vorkoloniale Māori-Garten Te Parapara.

Ein echter Blickfang am Haupttor ist die eindrucksvolle Skulptur *Nga Uri O Hinetuparimaunga* (Erdmantel).

In jüngster Vergangenheit kamen ein Garten im Tudorstil und ein tropischer Garten hinzu; in Letzterem blühen mehr als 200 verschiedene Pflanzenarten aus warmen Klimaregionen. Führungen bucht man besser im Voraus.

★Waikato Museum MUSEUM

(www.waikatomuseum.co.nz; 1 Grantham St; Eintritt gegen Spende; 10–16.30 Uhr) GRATIS Das hervorragende Waikato Museum besteht aus fünf Abteilungen: einer Kunstgalerie, einem interaktiven Wissenschaftsmuseum, der Tainui-Abteilung mit den Māori-Schätzen – u. a. dem prachtvoll geschnitzten *waka taua* (Kriegskanu) namens *Te Winikawaka*, die laufende Ausstellung „For Us They Fell" mit Dokumentation zur Geschichte der Gefallenen im Ersten Weltkrieg (noch bis 11. Nov. 2018), und eine weitere über den Waikato River. Das Museum bietet auch ein umfangreiches Veranstaltungsprogramm für die breite Öffentlichkeit. Für einige Ausstellungen wird Eintritt verlangt.

Waikato River FLUSS, PARK

Von Gebüsch gesäumte Wege verlaufen an beiden Flussufern und bilden den Grüngürtel der Stadt. Die Joggingwege führen bis zum Promenadenweg um den Lake Rotoroa westlich des Zentrums. Der Memorial Park liegt näher an der Stadt, wo auch die Reste der *PS Rangiriri* – ein gepanzertes, dampfbetriebenes Kanonenboot aus dem Waikato Land War – am Flussufer liegen.

Zealong Tea Estate TEEPLANTAGE

(0800 932 566; www.zealong.com; 495 Gordonton Rd, Gordonton; Teeplantagen-Erlebnis Erw./Kind 25/13 NZ$; Di–So 10–17 Uhr, geführte Touren 9.30 & 14.30 Uhr) Interessante geführte Erlebnistouren durch die einzige Teeplantage Neuseelands, ca. 10 km nordöstlich von Hamilton gelegen. Gegen einen Aufpreis von 35 NZ$ lässt sich die Führung mit einer Art Brunch kombinieren (verschiedene Teesorten mit süßen und herzhaften Snacks). Auf dem Gelände gibt es auch ein Café bzw. Teehaus, wo traditioneller englischer High Tea serviert wird (42 NZ$) und auch Teeverkostungen angeboten werden (9 NZ$ pro Pers.); auch gibt es hier eine gute Auswahl von Hauptgerichten.

Riff Raff DENKMAL

(www.riffraffstatue.org; Victoria St) Die lebensgroße Statue des Autors der *Rocky Horror Picture Show*, Richard O'Brien alias „Riff Raff, der Zeitreisende vom Planeten Transsexual", ist eines der eher ungewöhnlichen öffentlichen Kunstwerke in Hamilton. Sie steht an einem kleinen Park, wo sich einst das Embassy Theatre befand, in dem O'Brien als Friseur arbeitete. Allerdings ist es schwer vorstellbar, dass das Hamilton der 1960er-Jahre jemanden zur Geschichte bisexueller, außerirdischer Dekadenz inspirierte. Für kostenloses WLAN sorgt Riff Raffs dreizackige Laserwaffe.

Hamilton Zoo ZOO

(07-838 6720; www.hamiltonzoo.co.nz; 183 Brymer Rd; Erw./Kind/Fam. 22/10/60 NZ$ zzgl. Führungen; 9–17 Uhr, letzter Einlass 15.30 Uhr) Im Hamilton Zoo leben über 500 Tierarten, u. a. vorwitzige, neugierige Schimpansen. Bei den Führungen steht man den Tieren Auge in Auge gegenüber und kann hinter die Kulissen schauen. Außerdem werden täglich *Meet-the-Keeper*-Gespräche angeboten – dann beantworten Tierpfleger die Fragen der Besucher. Der Zoo befindet sich 8 km nordwestlich von Hamiltons Stadtzentrum.

Classics Museum MUSEUM

(www.classicsmuseum.co.nz; 11 Railside Pl, Frankton; Erw./Kind 20/8 NZ$; 9–16 Uhr) Beim Betrachten der über 100 Oldtimer aus der ersten Hälfte des 20. Jhs. fühlt man sich in eine andere Zeit versetzt. Auch wer kein Autofreak ist, wird von dem verrückten Amphicar und dem coolen Maserati oder der Corvette begeistert sein. Das Museum liegt am SH1 nordwestlich von Hamiltons Zentrum.

Aktivitäten

Waikato River Explorer BOOTSFAHRT
(☎0800 139 756; www.waikatoexplorer.co.nz; Hamilton Gardens Jetty; Erw./Kind 29/15 NZ$; ⊙Mi–So, tgl. 26. Dez.–6. Feb.) Malerische 90-minütige Bootsfahrten auf dem Waikato River ab dem Bootsanleger Hamilton Gardens. Sonntagvormittags geht es um 11 Uhr auf zum Weingut Vilagrad Winery mit Weinverkostung und mediterranem Lunch-Arrangement mit am Spieß gebratenen Spezialitäten (Erw./Kind 79/40 NZ$). Samstagnachmittags ab 14 Uhr findet am nahe gelegenen Mystery Creek eine weitere Weinverkostung, inklusive Käsehäppchen (79/35 NZ$) statt.

Extreme Edge KLETTERN
(☎07-847 5858; www.extremeedge.co.nz; 90 Greenwood St; Tageskarte inkl. Klettergurt Erw./Kind 18,50/14 NZ$; ⊙Mo–Fr 12–21.30, Sa & So 9–19 Uhr) In dieser Anlage unweit des Bahnhofs Frankton im Westen der Stadt gibt es knallbunte Kletterwände mit Überhängen von 14 m. Kinder haben einen eigenen Kletterbereich; Anfänger bekommen kostenlosen Sicherheitsunterricht.

Waikato & King Country

Kiwi Balloon Company BALLONFAHRT (☎07-843 8538, 021 912 679; www.kiwiballooncompany.co.nz; 350 NZ$ pro Pers.) In den hohen Lüften vollkommen lautlos über der üppig grünen Landschaft von Waikato schweben: Das ganze Abenteuer mit dem Heißluftballon dauert ungefähr vier Stunden einschließlich einem entspannten und beschwingten Champagnerfrühstück sowie einstündigem Flug.

Hamilton

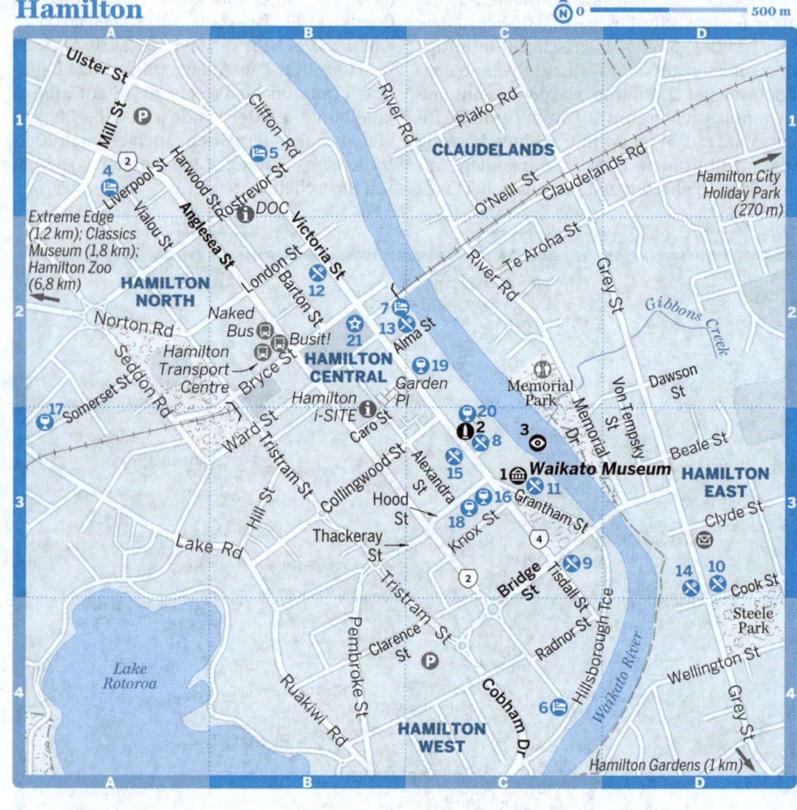

Hamilton

Highlights
1 Waikato Museum ... C3

Sehenswertes
2 Riff Raff ... C3
3 Waikato River ... C3

Schlafen
4 Anglesea Motel ... A1
5 Backpackers Central ... B1
6 City Centre B&B ... C4
7 Ibis Hotel ... B2

Essen
8 Banh Mi Caphe ... C3
9 Chim Choo Ree ... C3
10 Duck Island Ice Cream ... D3
11 Gothenburg ... C3
12 Hazel Hayes ... B2
13 Palate ... C2
14 Rocket Espresso ... D3
15 Scott's Epicurean ... C3

Ausgehen & Nachtleben
16 Craft ... C3
17 Good George Brewing ... A3
18 Little George ... C3
19 The Local Taphouse ... C2
20 Wonderhorse ... C3

Unterhaltung
21 Lido Cinema ... B2

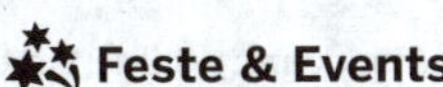

Feste & Events

Hamilton Gardens Arts Festival OPEN AIR-FESTIVAL
(☎07-859 1317; www.hgaf.co.nz; ⊙Feb.) Musik, Comedy, Theater, Tanz und Filme unter freiem Himmel in den Hamilton Gardens, immer in den letzten beiden Februarwochen.

Balloons over Waikato SPORT
(☎07-856 7215; www.balloonsoverwaikato.co.nz; ⊙März) Farbenprächtiges und fröhliches Fest mit Heißluftballons.

Schlafen

Die Straße von Auckland in die Stadt (Ulster St.) ist gesäumt von Dutzenden unscheinbarer Motels, die viel Verkehrslärm abbekommen und höchstens für einen Kurzaufenthalt empfehlenswert sind. Bei Online-Buchung von Hotelzimmern in der Innenstadt gibt es in der Regel immer Rabatt, und Gäste in den zentral gelegenen Hotels haben gute Ausgehmöglichkeiten mit Cafés, Restaurants und Bars in Reichweite.

Backpackers Central HOSTEL $
(☎07-839 1928; www.backpackerscentral.co.nz; 846 Victoria St; B 30 NZ$, EZ 50 NZ$, Zi. 80–125 NZ$; @ 📶) Gut geführtes Hostel mit Schlafsälen und Einzelzimmern auf einer Etage sowie Doppel- und Familienzimmer in einer anderen Etage; einige haben ein eigenes Bad und von allen aus hat man Zugang zur Gemeinschaftsküche und -Lounge. Wenn man als Pärchen oder in einer Gruppe unterwegs ist, bietet sich diese Unterkunft als gute Alternative zu einem Motel an.

Hamilton City Ferienpark FERIENPARK $
(☎07-855 8255; www.hamiltoncityholidaypark.co.nz; 14 Ruakura Rd; Stellplatz/Hütte/Wohneinheit ab 35/50/80 NZ$; @ 📶) Der schattige Park hat einfache Hütten und Stellplätze im Grünen. Die Anlage ist nicht allzu weit von der Stadt entfernt (2 km östl. des Zentrums) und sehr erschwinglich.

City Centre B&B B&B $$
(☎07-838 1671; www.citycentrebnb.co.nz; 3 Anglesea St; Zi. 90–125 NZ$; @ 📶 🏊) Das blitzsaubere, eigenständige Apartment am Fluss in einer ruhigen Straße im Zentrum (5 Gehminuten zur Victoria St & zur Hood St) hat direkt vor der Haustür einen Pool. In einem Flügel des Haupthauses wird zusätzlich ein Zimmer vermietet. Die Zutaten für das Frühstück werden den Gästen zur Selbstversorgung bereitgestellt.

Anglesea Motel MOTEL $$
(☎0800 426 453, 07-834 0010; www.angleseamotel.co.nz; 36 Liverpool St; Wohneinheit 140–300 NZ$; @ 📶 🏊) Diese Unterkunft wird von Travellern sehr gelobt und ist eine der besten in der „Motelstraße" namens Ulster St. Das Anglesea bietet reichlich Platz, freundliche Manager, einen Pool, Squash- und Tennisplätze und relativ elegante Innenräume.

Ibis Hotel HOTEL $$
(☎07-859 9200; www.ibis.com; 18 Alma St; Zi. 110–130 NZ$; ❄ 📶) Das Ibis am Flussufer ist eine gute Wahl, wenn man auf der Suche nach einer ruhigen, zentral gelegenen Bleibe in der Nähe der besten Bars und Restaurants von Hamilton ist. Geräumige und farbenfroh gestaltete Gemeinschaftsbereiche, die Zimmer sind klein, aber fein, mit hübschem Design.

Essen

★ **Duck Island Ice Cream** EISDIELE $
(☎07-856 5948; 300 Grey St; Eis ab 4 NZ$; ⊙Di–So 11–18, Fr & Sa bis 20 Uhr) Eine irre Auswahl an Aromen – Krabben-Apfel-Crumble oder Kokos-Kaffernlimetten, wie klingt das? Das stets wechselnde Angebot an verschiedenen Eissorten macht Duck Island zur wahrscheinlich besten Eisdiele von Neuseeland! Das sonnige Lokal an der Straßenecke verströmt hippes Retro-Ambiente, die frisch zubereiteten Limonen und Coke-Floats (mit Vanilleeis aufgeschäumte Cola, ein typisch amerikanisches Eisgetränk) sind ein Grund mehr, um einmal nach Hamilton East hinüberzufahren.

Banh Mi Caphe VIETNAMESISCH $
(☎07-839 1141; www.facebook.com/banhmicaphe; 198/2 Victoria St; Snacks & Hauptgerichte 10–17 NZ$; ⊙Di–Mi 11–16, Do–Sa bis 21 Uhr) Frische Frühlingsrollen, vietnamesische *Banh mi*-Sandwiches und dampfende Schalen mit *pho* (Nudelsuppe) stehen auf der Speisekarte des hippen Restaurants, das sich auch in einer Seitengasse in Hanoi befinden könnte.

Hamilton Farmers Market MARKT $
(☎022 639 1995; www.waikatofarmersmarkets.co.nz; Te Rapa Racecourse; ⊙So 8–12 Uhr) Dieser nunmehr an die Pferderennbahn Te Rapa, 4 km außerhalb von Hamilton, verlegte Bauernmarkt bietet jeden Sonntagvormittag ein Fest für die Sinne mit Käse aus der Region, Backwaren und anderen feinen Erzeugnissen. Eine empfehlenswerte Frühstückskombination ist ein Rocket-Kaffee und dazu ein leckerer Hot-Dog von Bangin Bangaz.

Scott's Epicurean INTERNATIONAL $
(☎07-839 6680; www.scottsepicurean.co.nz; 181 Victoria St; Hauptgerichte 11–20 NZ$; ⌚Mo–Fr 7–15, Sa & So 8.30–16 Uhr) Das großartige Lokal lockt mit eleganten Ledersitzbänken, Plafonds aus gepresstem Blech, tollem Kaffee und einem interessanten, erschwinglichen Speisenangebot, z. B. mit *pyttipanna* (der schwedischen Variante eines Resteessens) oder den stets beliebten *spaghetti aglio e olio* (Spaghetti mit Knoblauch und Öl) als schnelles Mittagessen. Der Service ist freundlich, und das Lokal ist außerdem vollständig lizenziert.

Rocket Espresso CAFÉ $$
(☎07-856 5616; www.facebook.com/rocketespressobar; 385 Grey St; Hauptgerichte 12–22 NZ$; ⌚Mo–Fr 7–16, Sa & So 8.30–15 Uhr) Das Café gehört zur aufstrebenden Ausgehszene von Hamilton East am anderen Flussufer. Rocket Espresso lockt Koffein-Freaks an, die sich gerne an großen Tischen zusammenrotten, um in den dort ausliegenden Gourmet-Magazinen und Zeitungen zu blättern. Die knappe Speisekarte umfasst ausgezeichnete Bistrogerichte über kräftige Hauptmahlzeiten bis hin zu mexikanischem Frühstücks-Omelett und einer superleckeren Quiche mit Räucherfisch als Mittagssnack.

★ **Gothenburg** TAPAS $
(☎07-8343562; www.gothenburg.co.nz; ANZ Centre, 21 Grantham St; Gemeinschaftsteller 7–24 $; ⌚Mo–Fr 9–23, Sa 11.30 Uhr open end) Das neue Gothenburg mit hohen Zimmerdecken befindet sich nun an einem malerischen Fleckchen am Flussufer und bietet eine Sommerterrasse direkt über dem Wasser. Die ehemalige Bar hat sich in ein In-Restaurant verwandelt. Auf der Speisekarte gibt es Gemeinschaftsteller aus der internationalen Fusion-Küche zur Auswahl, u. a. Teigtaschen mit Schweinefleischfüllung und saurem Kimchi-Gemüse oder Rinderhack- und Chorizo-Bällchen; das Bierangebot umfasst verschiedenste handwerklich gebraute Spezialbiere von Bierbrauern aus der Region. Die Sorten wechseln sich turnusmäßig ab.

Die Wein- und Cocktailkarte ist ebenso himmlisch – vor allem der Granatapfel-Mojito – und die Limetten-Kokos-Panna-Cotta ist ein allseits beliebter Dessert-Klassike à la Gothenburg.

Hazel Hayes CAFÉ $$
(☎07-839 1953; www.hazelhayes.co.nz; 587 Victoria St; Hauptgerichte 10–23 NZ$; ⌚Mo–Fr 7–16, Sa 8–14 Uhr) Dieses Café im Country-Stil serviert kreativ zubereitete Kaffees. Die kurze, prägnante Speisekarte enthält verschiedene Varianten der Bio- und Slowfood-Küche. Hier stimmt einfach alles, der Service und auch der Kaffee! Unbedingt probieren sollte man die hausgemachten Lachsfrikadellen mit vollsahniger Sauce Hollandaise – eine prima Unterlage für den ganzen Tag.

Chim Choo Ree MODERN-NEUSEELÄNDISCH $$$
(☎07-839 4329; www.chimchooree.co.nz; 14 Bridge St; Hauptgerichte 36–37 NZ$; ⌚Mo–Sa 11.30–14 & 17 Uhr–open end) Das luftige Restaurant in einem denkmalgeschützten Gebäude am Fluss serviert kleinere Gemeinschaftsteller, beispielsweise mit Thaifisch- und Papayasalat, in Gin gepökelten Lachs und Schweinebauch-Confit; größere, ebenso kreative Hauptgerichte verwenden Ente, Lamm, Wild und Fisch als Hauptzutat. Einheimische Gourmets spülen das Ganze mit einem guten Wein oder mit einem würzig-aromatischen Craft Beer hinunter.

Palate MODERN-NEUSEELÄNDISCH, FUSIONKÜCHE $$$
(☎07-834 2921; www.palaterestaurant.co.nz; 20 Alma St; Hauptgerichte 34–38 NZ$; ⌚Di–Fr 11.30–14, Mo–Sa 17.30 Uhr–open end) Das einfache, aber anspruchsvolle Palate hat den wohlverdienten Ruf, das kulinarische Niveau in dieser Gegend anzuheben. Auf der innovativen Speisekarte stehen Köstlichkeiten wie gebratene Ente mit Süßkartoffeln, Jakobsmuscheln, Shiitake-Pilzen und Chili-Brühe. Eine bessere Weinauswahl ist in Hamilton kaum zu finden.

🍷 Ausgehen & Nachtleben

In den Blocks rund um die Victoria Street und die Hood Street kann man gut von einer Bar in die nächste ziehen. Wenn an den Wochenenden keine Livebands auftreten, legen DJs auf. Hamiltons Ausgehszene lebt von süffigen Craft-Beer-Sorten, die es sich zu entdecken lohnt. Freitags ist bis spät in die Nacht richtig viel los.

Craft CRAFT BEER
(☎07-839 4531; www.facebook.com/craftbeerhamilton; 15 Hood St; ⌚Mi–Do 15 Uhr–open end, Fr–So 11.30 Uhr bis open end) Aus fünfzehn Zapfhähnen fließen verschiedenes Craft Beer mit verschiedenen Sorten in stetem Turnus – so bleiben die Stammgäste erhalten und Bier-Freaks schauen regelmäßig vorbei. Zum Biersortiment gehören nicht nur neuseeländische Biere, sondern auch

internationale Kultmarken renommierter Brauereien. Mittwochs um 19.30 Uhr ist immer eine Quiznacht geboten. Leckere Mini-Hamburger und Holzofenpizzas runden das gute kulinarische Angebot ab.

Local Taphouse BAR
(☎07-834 4923; www.facebook.com/thelocaltaphouse; 346 Victoria St, City Co-Op; ⊙11 Uhr bis open end) In diesem Bierlokal, Teil der neuen Hamiltoner Slowfood- und Ausgehszene steht Gutes aus der Region (sprich aus City-Coop-Quellen) ebenfalls hoch im Kurs. Ausgeschenkt werden Biere vom Fass aus den nahe gelegenen Regionen Waikato, Bay of Plenty und Coromandel. Serviert werden hier u. a. herzhafte Miesmuscheln in großen Töpfen und Gourmet-Burger. Weitere Lokale des neuen City-Coop-Trends sind u. a. eine spanische Tapas-Bar, ein Grillrestaurant und eine Cocktailbar, die erst nach Einbruch der Dunkelheit ihre Pforten öffnet.

Little George CRAFT BEER
(☎07-834 4345; www.facebook.com/littlegeorgepopupbar; 15 Hood St; ⊙Di–Do 4–23, Fr–So 14–1 Uhr) Zentral gelegenes Pendant zur Good-George-Brauerei, nur kleiner: eine weitere gute Adresse der Abendszene entlang der Hood-Street-Ausgehmeile. Die Biere kommen natürlich alle von Good George, jedoch werden Gästen oftmals auch andere Craft-Beer-Sorten aus dem Kiwi-Land präsentiert. Leckere Bar-Snacks – dienstags gibt es köstliche Tacos à 3 NZ$. Auch die gut sortierte Weinkarte hat es in sich und lockt eine gemischte Klientel an.

Good George Brewing BRAUEREI
(☎07-847 3223; www.goodgeorge.co.nz; 32a Somerset St, Frankton; Führungen inklusive Bier & Essen 19 NZ$; ⊙11 Uhr bis open end, Di–Do Führungen ab 18 Uhr) Lässiges Fabrikhallenambiente verbreiten die loftartigen Räumlichkeiten der ehemaligen Church of St. George, die jetzt ein Craft-Beer-Tempel ist. Hier sollte man eine Bierprobe machen (5 Biere 16 NZ$) und sich dazu eine himmlische Pizza aus dem Holzofen (20–23 NZ$) oder eines der Hauptgerichte (18–33 NZ$) bestellen. Besonders empfehlenswert American Pale Ale (Helles mit Zitrusaroma) und der prickelnde Drop Hop Cidre (Apfelwein mit Kohlensäure). Führungen müssen im Voraus gebucht werden.

Auf der Website stehen akutelle Termine für Bier- und Food-Specials; außerdem darf man sich immer auf die süffigen Saisonbiere aus der Good-George-Brauerei freuen.

Wonderhorse COCKTAILBAR, CRAFT BEER
(☎07-839 2281; www.facebook.com/wonderhorsebar; 232 Victoria St; ⊙Mi–Sa 17–3 Uhr) Das etwas versteckt liegende Ausgehlokal befindet sich in einer Seitenstraße der Victoria Street (ca. 20 m die Straße hinein). Dort werden regelmäßig Craft-Beer-Sorten von lokalen Kleinbrauereien ausgeschenkt, beispielsweise Shunters Yard und Brewaucracy. Auf Plattenspielern drehen sich Vinyl-Schallplatten; das kulinarische Angebot reicht von Mini-Hamburgern über asiatisches Streetfood bis hin zu sagenhaften Cocktails in einer der besten Bars in ganz Hamilton.

☆ Unterhaltung

Lido Cinema KINO
(☎07-838 9010; www.lidocinema.co.nz; Level 1, Centre Place, 501 Victoria St; Erw./Kind 16/10 NZ$; ⊙10 Uhr bis open end) Arthouse-Filme; dienstags ist Kinotag (10,50 NZ$).

ℹ Praktische Informationen

Anglesea Clinic (☎07-858 0800; www.angleseamedical.co.nz; Ecke Anglesea & Thackeray St; ⊙24 Std.) Bei Unfällen und in Notfällen, wenn dringende medizinische Versorgung gebraucht wird.

DOC (Department of Conservation; ☎07-858 1000; www.doc.govt.nz; Level 5, 73 Rostrevor St; ⊙Mo–Fr 8–16.30 Uhr) Karten, Stadtpläne und Wanderflyer, Verzeichnis von Campinplätzen und DOC-Hütten.

Hamilton i-SITE (☎07-958 5960, 0800 242 645; www.visithamilton.co.nz; Ecke Caro & Alexandra St; ⊙Mo–Fr 9–17, Sa & So 9.30–15.30 Uhr; 📶) Buchungen von Unterkünften, Aktivitäten und Verkehrsverbindungen, kostenloses WLAN im Bereich des Garden Place.

Post (☎0800 501 501; 1b/20 Clyde St, Hamilton East; ⊙Mo–Fr 9–17, Sa bis 12 Uhr) Filiale am gegenüberliegenden Flussufer in Hamilton East, jedoch in nächster Entfernung zur Innenstadt von Hamilton.

Waikato Hospital (☎07-839 8899; www.waikatodhb.govt.nz; Pembroke St; ⊙24 Std.) Hauptkrankenhaus für die Region Waikato; ca. 3 km südlich der Innenstadt von Hamilton.

ℹ An- & Weiterreise

BUS

Alle Busse fahren von und zum **Hamilton Transport Centre** (☎07-834 3457; www.hamilton.co.nz; Ecke Anglesea & Bryce St; 📶).

Die Überlandbusse von Waikato Regional Council's **Busit!** (☎0800 4287 5463; www.busit.co.nz) fahren u. a. nach Ngaruawahia, Cambridge, Te Awamutu und Raglan.

InterCity (☎ 09-583 5780; www.intercity.co.nz) fährt zahlreiche Ziele an, darunter wie folgt:

REISEZIEL	FAHRPREIS IN NZ$	FAHRZEIT	HÄUFIGKEIT (PRO TAG)
Auckland	12–35	2 Std.	11
Cambridge	10–20	25 Min.	9
Matamata	10–25	50 Min.	4
Ngaruawahia	10–21	20 Min.	9
Rotorua	14–35	1½ Std.	5
Te Aroha	10	1 Std.	2
Te Awamutu	10–22	35 Min.	3
Wellington	27–70	5 Std.	3

Naked Bus (www.nakedbus.com) fährt u. a. folgende Ziele an:

REISEZIEL	FAHRPREIS IN NZ$	FAHRZEIT	HÄUFIGKEIT (PRO TAG)
Auckland	17–19	2 Std.	5
Cambridge	15	30 Min.	5–7
Matamata	20	1 Std.	1
Ngaruawahia	15	30 Min.	5
Rotorua	10	1½ Std.	4–5
Wellington	20–30	9½ Std.	1–2

SHUTTLEBUS

Aerolink Shuttles (☎ 0800 151 551; www.aerolink.nz; 80 NZ$ einfache Strecke) Shuttlebusse auf Anfrage zwischen Hamilton und Flughafen Auckland.

Raglan Scenic Tours (☎ 021 0274 7014, 07-825 0507; www.raglanscenictours.co.nz) Pendelverkehr zwischen dem Internationalen Flughafen Hamilton und Raglan (einfache Strecke 42,50 NZ $). Es gibt auch eine Verbindung zum Hamilton Transport Centre oder zum Bahnhof Frankton (35 NZ$).

FLUGZEUG

Air New Zealand (☎ 0800 737 000; www.airnewzealand.co.nz) bietet regelmäßige Direktflüge von Hamilton nach Auckland, Christchurch, Palmerston North und Wellington an.

Kiwi Regional Airlines (☎ 07-444 5020; www.flykiwiair.co.nz) fliegt zwischen Hamilton und Nelson; ab Nelson gibt es einen Anschlussflug nach Dunedin.

ZUG

Hamilton liegt an der Strecke des **Northern Explorer** (☎ 0800 872 467; www.kiwiscenic.co.nz) zwischen Auckland (49 NZ$, 2½ Std.) und Wellington (179 NZ$, 9½ Std.) via Otorohanga (49 NZ$, 45 Min.). Die Züge verlassen Auckland montags, donnerstags und samstags und halten in Hamilton am **Bahnhof Frankton** (Fraser St), 1 km westlich des Stadtzentrums. Es gibt hier keinen Fahrkartenverkauf; weitere Infos über Fahrkarten stehen auf der Website.

Unterwegs vor Ort

AUTO

Rent-a-Dent (☎ 07-839 1049; www.rentadent.co.nz; 383 Anglesea St; ⌚ Mo–Fr 7.30–17, Sa 8–12 Uhr) Autovermietung.

BUS

Die Stadtbusse von **Busit!** (☎ 0800 4287 5463; www.busit.co.nz; Stadtstrecken Erw./Kind 3,30/2,20 NZ $) fahren täglich von etwa 7 bis 19.30 Uhr (Fr länger) durch das Stadtzentrum und die Vororte. Busit! betreibt auch den kostenlosen Bus Onboard CBD, der alle zehn Minuten (wochentags 7–18 Uhr) auf einer Rundstrecke durch Victoria St, Liverpool St, Anglesea St und Bridge St fährt.

ZUM/VOM FLUGHAFEN

Hamilton International Airport (HIA; ☎ 07-848 9027; www.hamiltonairport.co.nz; Airport Rd) liegt 12 km südlich der Innenstadt.

Super Shuttle (☎ 0800 748 885, 07-843 7778; www.supershuttle.co.nz; 30 NZ$ einfache Strecke) Vor Abreise online buchen!

TAXI

Hamilton Taxis (☎ 07-8477 477, 0800 477 477; www.hamiltontaxis.co.nz) Lokales Taxiunternehmen.

Raglan

2750 EW.

Das lässige Raglan ist der perfekte Surferort in Neuseeland. Das Örtchen ist klein genug, um einer Massenbebauung zu entgehen, aber groß genug für etwas Trubel – es gibt gute Lokale und eine Bar, in der in den Sommermonaten bekannte Bands auftreten. Hier finden sich nicht nur die berühmten Surfspots im Süden, sondern auch eine Bucht, die sich perfekt zum Kajakfahren eignet. Auch die vor Ort vertretene Kunstszene kann sich sehen lassen. In den hiesigen Galerien und Geschäften, kann man wunderbar herumstöbern.

Sehenswertes

Old School Arts Centre KUNSTZENTRUM, GALERIE
(☎ 07-825 0023; www.raglanartscentre.co.nz; Stewart St; ⌚ Mo & Mi 10–14 Uhr, unterschiedliche Öffnungszeiten) GRATIS Das Old School Arts Centre, ein Gemeindeforum der Bildenden

Künste, veranstaltet wechselnde Ausstellungen und Workshops zu den Themen Weben, Schnitzen, Yoga und Geschichtenerzählen. In den Sommermonaten werden regelmäßig Filme gezeigt (11 NZ$) und dabei Snacks und Bier serviert.

Der **Raglan Creative Market**, mit Hippiemode und Kunsthandwerk, findet jeden zweiten Sonntag im Monat (9–14 Uhr) im Freien vor dem Zentrum statt.

Aktivitäten

Raglan Rock KLETTERN, CAVING

(☎ 0800 724 7625; www.raglanrock.com; Klettern halber/ganzer Tag 100/180 NZ$, Caving 89–99 NZ$, min. 2 Pers.) Hier bekommt man Unterricht und das Equipment zum Klettern in den Kalksteinfelsen des nahe gelegenen Stone Valley. Aufregend ist die Klettertour „Stupid Fat Hobbit" und das Abseilen über der Bucht von Raglan. Caving-Möglichkeiten gibt es u. a. im Stone Valley. Besonders anspruchsvoll ist die „Rattlesnake".

Raglan Kayak KAJAKFAHREN

(☎ 07-825 8862; www.raglaneco.co.nz; Bow St Jetty; Einzelsitzer-/Doppelsitzer-Kajaks halber Tag 40/60 NZ$, 3-stündige geführte Hafentouren 75 NZ$ pro Pers.; ⏲ Nov.–Mai) Raglan Harbour ist eine tolle Adresse für Kajakfreunde. Hier werden geführte Touren angeboten, oder aber Kajaks samt Ausrüstung verliehen. Wer will, kann auch zu den „Pancake Rocks" mit den vielen Felsvorsprüngen und -nischen am nördlichen Rand der Bucht paddeln.

Raglan Watersports WASSERSPORT

(☎ 07-825 0507; www.raglanwatersports.co.nz; 5a Bankart St; Gruppen-/Einzelkurs 45/65 NH$) Gut geführte SUP-Schule, die Ausrüstungen vermietet oder auch geführte Touren anbietet (gilt auch für Kajak!); ebenfalls kann man Kitesurf- und Surfkurse buchen bzw. Material ausleihen. Nähere Auskunft und Empfehlungen zu Fahrradverleih und Ausflügen in die Umgebung, siehe Website.

Solscape SURFEN

(☎ 07-825 8268; www.solscape.co.nz; 611 Wainui Rd; halber Tag Surfbrett & Neoprenanzug-Verleih 35 NZ$) Super Solscape bietet 2½-stündigen Surfunterricht an (85 NZ$).

Geführte Touren

Waihine Moe Sunset Harbour Cruise BOOTSFAHRT

(☎ 07-825 7873; www.raglanboatcharters.co.nz; Raglan Wharf; Erw./Kind 50/30; ⏲ Ende Dez.–März Do–So) Zweistündige Bootsausflüge bei Sonnenuntergang durch den Raglan Harbour auf der *Wahine Moe* inklusive Getränke. Im Angebot sind auch 90-minütige Bootsfahrten am Vormittag (Erw./Kind 30/15 NZ$ inklusive Abhholung) Das kleinere Schiff namens *Harmony* legt am Bow-Street-Pier ab.

Raglan Scenic Tours GEFÜHRTE TOUR

(☎ 07-825 0507; www.raglanscenictours.co.nz; 5a Bankart St; 2½ Std. Raglan Sightseeingtour Erw./Kind 55/20) Sightseeingtouren, beispielsweise durch Raglan und Umgebung (Erw./Kind 48/15 NZ$) sowie Fahrten zu den Wasserfällen, Bridal Veil Falls, oder den Mount Karioi hinauf in die Schlucht Te Toto Gorge (Erw. ab 60 NZ$).

Schlafen

Solscape HOSTEL, HÜTTE $

(☎ 07-825 8268; www.solscape.co.nz; 611 Wainui Rd; Stellplatz 20 NZ$ pro Pers., Bahnwaggon B/DZ 30/80 NZ$, Tipi-Zelt 40 NZ$ pro Pers., Hütte DZ 100–220 NZ$; @📶) 🍃 Die umweltfreundliche Ferienanlage liegt auf einem Hügel und ist von Buschland umgeben. Zum Unterkunftsangebot gehören Tipi-Zelte, kuppelartige Lehmhäuser, Bahnwaggons und stilvolle *baches* (in NZ für Ferienhäuser) mit Ökocharakter; außerdem bietet die Anlage ausreichend Stellplatz für Zelte und Wohnmobile; einfachere Hütten sind ebenfalls verfügbar. Umweltschonender Umgang mit natürlichen Ressourcen wird durch Sonnenenergie gewährleistet. Die Zutaten für die Mahlzeiten der Gäste kommen frisch aus dem Permakultur-Garten und werden im Conscious Kitchen Café zubereitet.

Yoga, Massagen und Surfkurse sind ebenfalls bei Solscape (Mitglied im Jugendherbergsverband YHA) im Angebot.

Raglan West Accommodation MOTEL $

(☎ 07-282 0248; www.raglanwestaccommodation.com; 45 Wainui Rd; DZ 90 NZ$; 📶) Gute und günstige Unterkunft mit jeweils separater Kochnische, lediglich ein paar Gehminuten (über eine praktische Fußgängerbrücke) von Raglans Cafés, Restaurants und Geschäften entfernt. Ein gemütliches Frühstück lässt sich auch in einem noch näher gelegenen Café genießen.

Raglan Backpackers HOSTEL $

(☎ 07-825 0515; www.raglanbackpackers.co.nz; 6 Wi Neera St; Stellplatz pro Fahrzeug/pro Pers. 19 NZ$, B 28–30 NZ$, EZ 60 NZ$, 2BZ & DZ 74–84 NZ$; @) Lockeres Hostel direkt am Wasser. Einige Zimmer haben Meerblick, andere liegen um einen Hofgarten oder befinden sich in einem separaten Gebäude. Fahrräder und Kajaks stehen den Gästen kostenlos zur Verfügung, Surfbretter bekommt man gegen Bares. Man kann an einem Yogakurs teilnehmen, auf der Gitarre spielen oder in der Sauna relaxen. Kein WLAN – denn es „stört die Schwingungen".

Raglan Kopua Ferienpark FERIENPARK $
(☎ 07-825 8283; www.raglanholidaypark.co.nz; Marine Pde; Campingplatz EZ 36–40 NZ$, Wohneinheit EZ 85–135 NZ$; @) Eine gepflegte Anlage mit vielen verschiedenen Arten von Unterkünften auf der Landzunge hinter dem Meeresarm (eine Fußgängerbrücke führt von der Stadt aus hinüber, Autofahrer müssen ein ganzes Stück fahren). Schatten gibt es nicht, aber einen Strand zum Baden und viel Platz zum Herumtollen.

★ Hidden Valley COTTAGE $$
(☎ 07-825 5813; www.hiddenvalleyraglan.com; SH23, Te Uku; DZ 175–245 NZ$) Umgeben von 12 ha Urwald, 3 km von Raglan entfernt, locken zwei einzelne Chalets, jedes mit einem eigenen Wellnesspool. Das Baumhaus (Tree Tops) sitzt wie ein Nest in den Baumkronen von Kahikateas (einst als Weißkiefern bezeichnet, jedoch fallen diese unter die Gattung der Eibengewächse), während das Mountain View-Chalet einen Ausblick auf den Mount Kariori bietet. Die Baumhäuser sind stilvoll und modern eingerichtet und haben eine separate Kochnische. Wochentags gibt es immer Sonderrabatte (auf der Website nachschauen!).

Bow St Studios APARTMENT $$
(☎ 07-825 0551; www.bowstreet.co.nz; 1 Bow St; Wohnstudio EZ 170–195 NZ$, Cottage EZ 170–235 NZ$;) Das Unterkunftsangebot mitten in der Stadt und direkt am Wasser besteht aus eigenständigen Wohnstudios und einem denkmalgeschützten Cottage; stilvolle Einrichtung und Dekor laden zum Entspannen ein. Diese Anlage mit einer subtropischen Gartenanlage liegt in einer schön angelegten grünen Oase im Schatten von Pohutukawa-Bäumen.

Essen

Raglan Social Club CAFÉ, BURGER, VEGETARISCH $
(RSC; ☎ 07-825 8405; 23 Bow St; Gemeinschaftsplatten & Burger 15–18 NZ$; So–Mi 8–16 Uhr, Do–Sa open end) Der Raglan Social Club (RSC) macht seinem Namen alle Ehre – mit Gemeinschaftstischen und Kinderspielplatz. Zum familiären Angebot gehören leichte Mahlzeiten, u. a. Tintenfisch mit Salz und Pfeffer und Limettenmayonnaise; darüber hinaus gesunde Salate auch zum Mitnehmen. Donnerstag- und samstagabends geht es im RSC noch geselliger zu, wenn die tollen „Ragburger" gegrillt werden. Allerdings gibt es auch jede Menge Optionen für Vegetarier und Veganer.

Raglan Roast Food Department CAFÉ $
(☎ 07-282 0248; www.facebook.com/fooddepartmentraglanroast; 45 Wainui Rd; Pizza 6 NZ$ pro Stück, Hauptgerichte 10–14 NZ$; 8.30–21 Uhr) Stückpizza und interessante Eissorten – unser Favorit war das Reis-Zimt-Eis – tragen zu dem betont italienischen Charakter der authentischen Kaffeerösterei bei. In dem Ambiente aus bunt zusammengewürfelten Retromöbeln schmeckt der erste Kaffee zum Start in den Tag richtig gut; hinzu kommen herzhafte italienische Spezialitäten wie Lasagne und Gnocchi zum Essen vor Ort oder zum Mitnehmen.

Raglan Fish FISH & CHIPS $
(☎ 07-825 7544; www.facebook.com/raglanfishshop; 92 Wallis St, Raglan Wharf; Fish & Chips 7–10 NZ$; 9–19 Uhr) Superfrische Fish & Chips und flippiges Dekor zeichnen dieses Lieblingslokal der Einheimischen aus, das vor Kurzem die Räumlichkeiten einer restaurierten Werft ca. 1 km nördlich der Stadt bezogen hat. Auf der Speisekarte stehen frische Austern, Miesmuscheln und verschiedene Varianten von Meeresfrüchte-Salat.

★ Shack CAFÉ, INTERNATIONAL $$
(www.theshackraglan.com; 19 Bow St; Tapas 6–14, Hauptgerichte 12–21 NZ$; So–Do 8–17 Uhr, Sa & Fr open end;) Das beste Café im Ort ist gleichzeitig auch ein Brunch-Klassiker. Unbedingt probieren sollte man die Kichererbsen- und Maiskrapfen, interessant sind zudem die Hauptgerichte für mehrere Personen wie Tintenfisch-Tempura und Hähnchen mit Sternanis. An den Wänden hängt u. a. ein Surfbrett, die Holzdielen knarzen, die Musik ist flott, und das internationale Personal serviert Weine und Qualitätsbiere – eine wirklich gute Adresse.

Ausgehen & Nachtleben

Raglan Roast CAFÉ, KAFFEE ZUM MITNEHMEN
(☎ 07-825 8702; www.raglanroast.co.nz; Volcom Lane; Kaffee 4 NZ$; 7–17 Uhr, im Winter kürzere Öffnungszeiten) Dieses winzig-kleine Laden-

Raglan

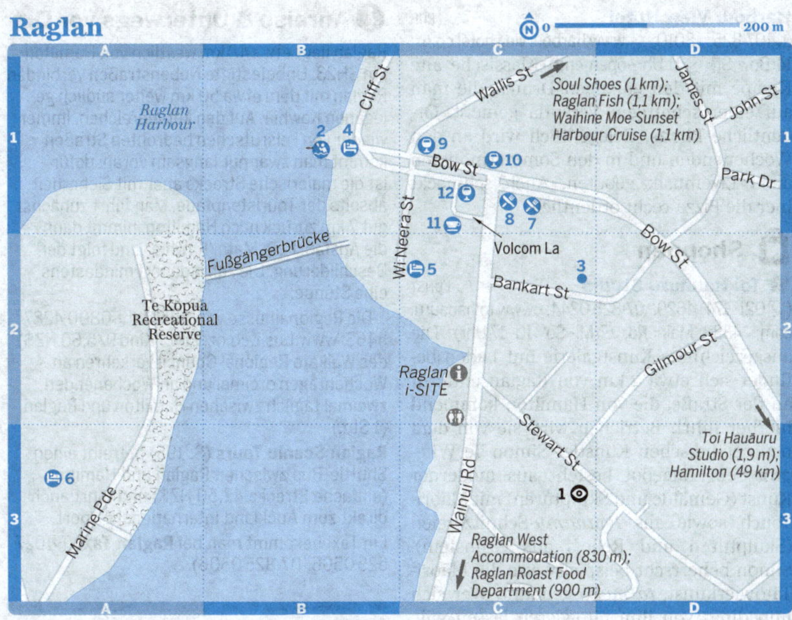

Raglan

Sehenswertes
1 Old School Arts Centre C3

Aktivitäten, Kurse & Touren
2 Raglan Kayak B1
3 Raglan Scenic Tours C2
Raglan Watersports .... (s. 3)

Schlafen
4 Bow St Studios B1
5 Raglan Backpackers C2
6 Raglan Kopua Holiday Park A3

Essen
7 Raglan Social Club C1
8 The Shack C1

Ausgehen & Nachtleben
9 Bow St Depot C1
10 Harbour View Hotel C1
11 Raglan Roast C1
12 Yot Club C1

café mit selbst geröstetem Kaffee macht die besten Koffeingetränke der Stadt. Hier sollte man kurz auf eine Tasse Kaffee mit Keks und einem netten Plausch einkehren. Wenn es allerdings zu voll ist, dann lohnt auch ein Abstecher in die Electrice Avenue gleich um die Ecke; dort geht es normalerweise etwas ruhiger zu. Nicht vergessen: Vor Abreise aus Raglan sollte man unbedingt ein paar Packungen des duftenden Kaffees für unterwegs mitnehmen.

Bow St Depot BAR, CAFÉ
(☎07-825 0976; www.bowstreetdepot.co.nz; 2 Bow St; ⏰11–1 Uhr) In warmen Sommernächten ist diese weitläufige Garten-Bar die beste Adresse in der gesamten Stadt. Gelegentlich legen DJs chillige Hintergrundmusik auf und sorgen für die nötige Entspannung beim Genuss eines Good George Craft Beer aus Hamilton; oder es lässt sich ungeniert schlemmen, beispielsweise mit ganzen Platten von leckerem Fingerfood wie Teigtaschen mit Garnelen- und Zitronengrasfüllung oder Mini-Hamburgern mit Pulled Pork – für alle zum Zugreifen!

Yot Club BAR, LIVEMUSIK
(☎07-825 8968; www.facebook.com/YOTClub Raglan; 9 Bow St; Eintritt frei bzw. 25 NZ$; ⏰Mi–Sa 20 Uhr bis open end, So 16 Uhr–open end) Laute Nachtbar mit DJs und tourenden Bands.

Harbour View Hotel PUB

(☎ 07-825 8010; www.harbourviewhotel.co.nz; 14 Bow St; ⏲ 11 Uhr–open end) Klassische alte Kneipe mit den gängigen Drinks, die man auf einer schattigen Veranda genießt. Ordentliche Pizzas. Gelegentlich wird an den Wochenenden und in den Sommermonaten auch Livemusik geboten. Auch schmeckt hier die Pizza recht ordentlich.

Shoppen

★ **Toi Hauāuru Studio** KUNST

(☎ 021 174 4629, 07-825 0244; www.toihauauru.com; 4338 Main Rd; ⏲ Mi–So 10–17 Uhr) Die ausgezeichnete Kunstgalerie mit Laden befindet sich etwa 2 km von Raglan entfernt an der Straße, die von Hamilton kommend hierher führt. Betrieben wird sie von dem neuseeländischen Künstler Simon Te Wheoro. Sein Angebot besteht aus moderner Kunst (Gemälde und Skulpturen) mit Māori-Touch sowie aus *Pounamu*-Schnitzereien (Skulpturen und Reliefs aus Grünstein). Simon beherrscht beispielsweise die Māori-Tätowierkunst, *ta moko* genannt. Wer sich unbedingt von ihm tätowieren lassen will, kann leicht über die Website Kontakt aufnehmen.

Außerdem gibt es hier interessante und erschwingliche Souvenirs wie originelle Surfklamotten und farbenprächtige Schmuckstücke im Māori-Stil wie etwa *hei tiki* (Anhänger) und *pounamu* (Grünstein-Schnitzereien).

Soul Shoes SCHUHE, ACCESSOIRES

(☎ 07-825 8765; www.soulshoes.co.nz; Wallis St, Raglan Wharf; ⏲ 9.30–17 Uhr) Der seit dem Jahr 1973 in Raglan ansässige, weltberühmte Laden verkauft handgefertigte Lederschuhe und seit einiger Zeit auch lässig-schicke Aktentaschen, Koffer, Rucksäcke und sonstige Taschen.

Praktische Informationen

Raglan i-SITE (☎ 07-825 0556; www.raglan.org.nz; 13 Wainui Rd; ⏲ Mo–Fr 9–19, Sa & So 9.30–18 Uhr) Hier bekommt man Broschüren des Department of Conservation (DOC) sowie Infos über Unterkünfte und Aktivitäten wie Kitesurfen und Stehpaddeln (SUP). Interessant ist auch das zugehörige Museum, besonders die Ausstellung über die Geschichte der Raglaner Surfszene.

West Coast Health Centre (☎ 07-825 0114; wchc@wave.co.nz; 12 Wallis St; ⏲ Mo–Fr 9–17 Uhr) Allgemeine medizinische Versorgung.

Anreise & Unterwegs vor Ort

Raglan liegt etwa 48 km westlich von Hamilton am SH23. Unbefestigte Nebenstraßen verbinden Raglan mit dem etwa 50 km weiter südlich gelegenen Kawhia. Auf den kurvenreichen, immer wieder von Felsrutschen bedrohten Straßen kommt man zwar nur langsam voran, dafür ist die malerische Strecke aber mit Sicherheit abseits der Touristenpfade. Man fährt zunächst gut 7 km zurück nach Hamilton, nimmt dann die Ausfahrt „Te Mata/Kawhia" und folgt der Beschilderung. Die Fahrt dauert mindestens eine Stunde.

Die Regionalbusse von **Busit!** (☎ 0800 4287 5463; www.busit.co.nz; Erw./Kind 9/5,60 NZ$) des Waikato Regional Council verkehren an Wochentagen dreimal und an Wochenenden zweimal täglich zwischen Hamilton und Raglan (1 Std.).

Raglan Scenic Tours (S. 195) betreibt einen Shuttle-Bus zwischen Raglan und Hamilton (einfache Strecke 42,50 NZ$) und fährt auch direkt zum Auckland International Airport.

Ein Taxi bekommt man bei **Raglan Taxi** (☎ 027 525 0506, 07-825 0506).

Südlich von Raglan

Die Westküste der neuseeländischen Nordinsel lockt mit einer ganzen Reihe herrlicher Surfstrände. Whale Bay und Manu Bay ziehen Surfer und Wellenreiter aus der ganzen Welt an; für passionierte Küstenwanderer wiederum bieten sich malerische Pfade an, die rund um den Mount Karioi und den Mount Pirongia führen.

Sehenswertes

Mount Karioi BERG

(Sleeping Lady, die schlafende Frau) Die Konturen des Mount Karioi (756 m) ähneln einer schlafenden Frau. Der Legende nach ist sie die Schwester des Mount Pirongia. Am Fuße des Berges, 8 km südlich der Whale Bay, liegt die steile Felsschlucht **Te Toto Gorge** mit einem schwindelerregenden Aussichtspunkt hoch über dem Abgrund. Vom Parkplatz der Te Toto Gorge führt ein anspruchsvoller, aber malerischer Weg den Westhang hinauf. Bis zum Aussichtspunkt läuft man zweieinhalb Stunden; von da an geht es noch eine Stunde weiter bis zum Gipfel, jedoch bietet die restliche Wegstrecke deutlich geringere Schwierigkeiten.

Der **Wairake Track** am Osthang ist ein steilerer und zweieinhalbstündiger Aufstieg zum Berggipfel.

Waireinga WASSERFALL
(Bridal Veil Falls) Gleich hinter der Te Mata (eine kurze Fahrt nach Süden ab der Hauptstraße zwischen Raglan und Hamilton) führt eine 4 km lange Abzweigung von der Hauptstraße zum 55 m hohen Wasserfall Waireinga (Bridal Veil Falls; Brautschleierfälle). Vom Parkplatz läuft man gut zehn Minuten durch moosiges Buschland bis an die obere Kante (zum Baden jedoch nicht geeignet). Nach unten sind es weitere zehn Gehminuten. Unbedingt das Auto abschließen wegen Diebstahlgefahr!

Mount Pirongia BERG, WALD
(www.mtpirongia.org.nz) Hauptattraktion des rund 170 km² großen Waldparks ist der 959 m hohe Mount Pirongia, dessen Gipfel in beinahe ganz Waikato zu sehen ist. Der Berg wird meist von der Corcoran Road aus bestiegen (einfache Strecke 3–5 Std.), wo auch Wege zu anderen Aussichtspunkten beginnen. Am Berghang wächst interessanterweise Neuseelands größte Warzeneibe (66,5 m). Wer übernachten möchte, kann das in der DOC-Hütte mit ihren sechs Schlafplätzen, die sich unweit des Gipfel befindet, tun. Karten und Informationen gibt es im DOC-Büro in Hamilton (S. 193).

Aktivitäten

Die Surfspots in der Nähe von Raglan – Indicators, Whale Bay und Manu Bay – sind für ihre Point Breaks auf der ganzen Welt bekannt. Bruce Browns klassischer und einflussreicher Surffilm *The Endless Summer* wurde im Jahr 1964 (veröffentlicht 1966) in der Manu Bay gedreht.

Ocean Beach WINDSURFEN, KITESURFEN
Der Ocean Beach befindet sich 4 km südwestlich von Raglan an der Öffnung der Bucht und ist über den Riria Kereopa Memorial Drive zu erreichen. Der Strand ist beliebt bei **Wind-** und **Kitesurfern**, aber wegen starker Strömungen für Schwimmer extrem gefährlich.

Ngarunui Beach SURFEN, BADEN
Der Ngarunui Beach knapp 1 km südlich des Ocean Beach eignet sich für **Surferneulinge** hervorragend zum Üben. Oben auf der Klippe steht ein Clubhaus für die freiwilligen Rettungsschwimmer, die von Ende Oktober bis April einen Teil des schwarzsandigen Strands überwachen. Es ist der einzige Strand mit Rettungsschwimmern und der beste zum Schwimmen.

Manu Bay SURFEN
Etwa 2,5 km hinter dem Ngarunui Beach folgt die Manu Bay, ein legendärer **Surfstrand**, der den längsten Left-Hand Break der Welt haben soll. Die lang gestreckten, gleichmäßig ausrollenden Wellen entstehen durch den Winkel, in dem die Dünung der Tasmansee auf die Küste trifft (die besten Bedingungen herrschen allerdings bei einer Südwestdünung).

Whale Bay SURFEN
Die Whale Bay ist ein bekannter Surfspot 1 km westlich der Manu Bay. Hier trifft man meist weniger Leute als in der Manu Bay, dafür muss man allerdings 600 m über Felsen klettern, um zum Break zu kommen.

Raglan Surf School SURFING
(☎ 07-825 7873; www.raglansurfingschool.co.nz; 5b Whaanga Rd, Whale Bay; Surfbretter ab 20 NZ$ pro Stunde; Leihgebühren für Bodyboard 5 NZ$, Neoprenanzug 5 NZ$; 3-stündiger Surfkurs inklusive Transfer ab Raglan 90 NZ$) Die Raglan Surf School rühmt sich damit, dass 95 % aller Anfänger schon in der ersten Stunde auf dem Brett stehen können. Die Schule befindet sich in der Karioi Lodge an der Whale Bay. Angeschlossen ist **Surfdames** (www.surfdames.co.nz; Surfkurse 100 NZ$ pro Pers.); einziger Anbieter von Surfkursen nur für Frauen inklusive Yoga, Massagen und Schönheitsbehandlungen.

Schlafen

Karioi Lodge HOSTEL $
(☎ 07-825 7873; www.karioilodge.co.nz; 5b Whaanga Rd, Whale Bay; B/DZ 30/80 NZ$; @ 📶) 🍃 Die Karioi Lodge befindet sich tief im Buschland und bietet eine Sauna, Mountainbikes, Busch- und Strandwanderungen, umweltfreundliches Gärtnern und die Gelegenheit, Bäume zu pflanzen; außerdem steht die Raglan Surf School zur Verfügung. Die Zimmer haben kein eigenes Bad, sind aber sauber und gemütlich. Urlauber mit Wohnmobil bekommen einen Stellplatz für 15 NZ$ pro Person auf einem bewaldeten Grundstück in der Umgebung, haben Zugang zu den Sanitäranlagen und dürfen auch die Küche benutzen.

Sleeping Lady Lodging LODGE $$
(☎ 07-825 7873; www.sleepinglady.co.nz; 5b Whaanga Rd; Lodge 175–260 NZ$) Sleeping Lady Lodges ist eine Ansammlung von sehr komfortablen eigenständigen Ferienhäusern mit herrlichem Meerblick.

Anreise & Unterwegs vor Ort

In der Gegend gibt es keine öffentlichen Verkehrsmittel. Geführte Touren können bei **Raglan Scenic Tours** (S. 195) gebucht werden.

Te Awamutu

9800 EW.

Te Awamutu (bedeutet „Ende des Flusses"; der Waikato war ab hier für die größeren Kanus nicht mehr befahrbar) liegt tief im Milchviehzuchtgebiet und ist ein nettes, ländliches Dienstleistungszentrum. Die Hauptstraße wird von blühenden Bäumen gesäumt, und das schöne Museum ist ebenfalls einen Besuch wert. Kurz gesagt: TA (alias Rosenstadt) eignet sich gut für einen kurzen Zwischenstopp.

Sehenswertes & Aktivitäten

★Te Awamutu Museum MUSEUM

(☎07-872 0085; www.tamuseum.org.nz; 135 Roche St; Eintritt gegen Spende; ⊙Mo–Fr 10–16, Sa bis 14 Uhr) Das Te Awamutu Museum beherbergt eine wunderbare Sammlung von Māori-*taonga* (Schätzen) und eine ausgezeichnete Ausstellung über den Waikato Land War. Hauptattraktion ist der allseits verehrte Te Uenuku („Der Regenbogen"), eine alte, angeblich an die 600 Jahre alte Māori-Schnitzerei. Wer ein Fan der Finn Brothers bzw. der Band Crowded House ist, und sich für einschlägige Videos, Memorabilien und Sammelalben begeistert, kann diese auf Anfrage erhalten – Te Awamutu ist nämlich ihre Heimatstadt.

St Paul's Church KIRCHE

(☎07-871 5568; Rangiaowhia Rd, Rangiaowhia; ⊙Gottesdienst 1. & 3. So d. Monats 9 Uhr) Leider ist alles, was von der Stadt übrig blieb, nur die hübsche anglikanische St. Paul's Church von 1854 und der Friedhof der katholischen Mission inmitten fruchtbaren Ackerlands – das den Māori geraubt bzw. von den Kolonialsoldaten beschlagnahmt und an sie verteilt wurde. Vor dem Einfall in Waikato war Rangiaowhia (5 km östl. von Te Awamutu an der Rangiaowhia Rd; eine Wegbeschreibung gibt es im i-SITE) eine florierende landwirtschaftlich geprägte Māori-Stadt, die Weizen, Mais, Kartoffeln und Obst bis nach Australien exportierte.

Bryce's Rockclimbing KLETTERN

(☎07-872 2533; www.rockclimb.co.nz; 1424 Owairaka Valley Rd; Ganztageskurs für 1–2 Pers. 440 NZ$) Bryce's Rockclimbing befindet sich in einer ländlichen Gegend 25 km südöstlich Te Awamutu, nahe Hunderten von Kletteroptionen an verschiedenen Felswänden (viele sind nur ein paar Gehminuten voneinander entfernt). Die etwas surreal anmutende Landschaft bietet einige der besten Klettermöglichkeiten in North Island, jedoch nur für Kletterer mit einem guten Grundwissen und Können.

Vor Ort befindet sich auch Neuseelands größtes Fachgeschäft für Kletterer, dort gibt es auch die ganze Palette an Kletterausrüstungen zum Ausleihen. Außerdem stehen den Gästen komfortable Unterkünfte zur Verfügung; sämtliche Zimmer haben ein eigenes Bad (B/DZ 30/76 NZ$). Gäste bekommen auf Anfrage auch ein Frühstück. Die Unterkünfte stehen Wanderern, Radfahrern, Anglern und ganz allgemein Reisenden zur Verfügung. Die Anreise erfolgt mit eigenem Fahrzeug.

Schlafen & Essen

Rosetown Motel MOTEL $$

(☎0800 767 386, 07-871 5779; www.rosetownmotel.co.nz; 844 Kihikihi Rd; DZ 125–140 NZ$;) Die altmodischeren Wohneinheiten im Rosetown besitzen eine Küche, neue Bettwäsche, TV und teilen sich ein Bad. Es ist eine angenehme Unterkunft für alle, die auf echte Kleinstadtatmosphäre stehen.

TE AWAMUTUS HEILIGER KLANG

Mit den Anfangszeilen der ersten Single mit dem Songtitel *Mean to Me* von Crowded House verhalf Neil Finn seiner verschlafenen Heimatstadt Te Awamutu im Alleingang zu internationalem Ruhm. Inspiriert hatte der Ort aber auch schon vorher: Die Songs *Haul Away* und *Kia Kaha* von Split Enz mit Neils älterem Bruder Tim enthalten ähnliche Bezüge.

Auch wenn die brillanten neuseeländischen Songwriter-Brüder nicht mehr auf der Höhe ihres Ruhms stehen, so pilgern Finnfans noch immer nach Te Awamutu. Im **i-SITE** bekommt man Finn-Briefmarken, und ein interessantes Sammelalbum informiert über den Erfolg der Brüder. Wer alles über die Finns erfahren will, kann auf Anfrage das **Te Awamutu Museum** besuchen.

ABSTECHER

SANCTUARY MOUNTAIN MAUNGATAUTARI

Mithilfe einer Gemeinschaftsstiftung wurde ein 47 km langer schädlingssicherer Zaun um die drei Gipfel des Maungatautari (797 m) gezogen und so das beeindruckende **Sanctuary Mountain Maungatautari** (www.sanctuarymountain.co.nz; Erw./Kind 18/8 NZ$) geschaffen. In diesem „Regenwaldatoll", das die Skyline zwischen Te Awamutu und Karapiro beherrscht, sind jetzt erstmals seit 100 Jahren wieder Kiwiküken geschlüpft. Ebenso kann man hier ein „Tuatarium" besuchen, ein Gehege für Neuseelands endemische Brückenechsen. Der Haupteingang ist beim Besucherzentrum an der Südseite des Schutzgebietes.

Geführte Touren (Di–So, Erw./Kind 35/15 NZ$), die vom Besucherzentrum aus starten, beinhalten u. a. eine Nachmittagstour durch das Sumpfland; vormittags und nachmittags stehen die Erkundung der Vogel- und Insektenwelt in den südlichen Gehegen des Schutzgebiets zur Auswahl. Diese Touren müssen online oder telefonisch mindestens 24 Std. im Voraus gebucht werden.

Out in the Styx (☎07-872 4505; www.styx.co.nz; 2117 Arapuni Rd, Pukeatua; dm/EZ/DZZ 95/155/260) liegt nahe dem südlichen Ende des Maungatautari und bietet geführte Tages- und Nachtwanderungen an. Die drei stilvollen Themenzimmer sind besonders hübsch gestaltet (polynesisch, afrikanisch oder im Stil der Māori). Außerdem gibt es Mehrbettzimmer und einen Wellnessbereich, in dem man die müden Beine wieder in Schwung bringen kann. Im Preis enthalten sind ein viergängiges Abendessen und das Frühstück. Geführte Nachtwanderungen sind ebenfalls buchbar.

Wer von Süden nach Norden über den Berg wandern (ca. 6 Std.) möchte, kann sich dort hinbringen lassen (10 NZ$ pro Pers., mind. 40 NZ$)

Walton St Coffee CAFÉ $

(☎022 070 6411; www.facebook.com/waltonstreetcollective; 3 Walton St; Snacks & Gerichte 6–12 NZ$; ⏲Di–Fr 6.30–15, Sa bis 13 Uhr) Diese Mischung aus Café, Galerie und Veranstaltungsräumlichkeit ist in einem rustikalen Gebäude mit Deckenbalken und Retromöbeln untergebracht. Es ist Te Awamutus Top-Location für einen guten Kaffee. Die Betreiber legen dabei sehr großen Wert auf Bioqualität und glutenfreie Produkte. Unbedingt probieren sollte man die Buddha-Bowl, einen leckeren Müsli-Mix mit Cashew-Nüssen, saisonalem Gemüse und Kräuterdressing – alles schön appetitlich in einer Schüssel angerichtet.

Red Kitchen CAFÉ $$

(☎07-871 8715; www.redkitchen.co.nz; 51 Mahoe St; Hauptgerichte 14–20 NZ$; ⏲Mo–Fr 7–17.30, Sa 7.30–14.30 Uhr) Hervorragender Kaffee, Thekengerichte, kosmopolitischer Brunch und Mittagsgerichte – das Macadamia-Cranberry-Müsli oder die Ciabattas mit sahniger Champignonfüllung sind echte Knüller. Zu diesem heiteren Café gehört außerdem ein Lebensmittelladen. Gourmets sollten sich eines der TV-Gourmet-Essen (von Mo bis Fr) bestellen und dann die Mikrowelle im Motel einschalten.

Redoubt Bar & Eatery KNEIPE & RESTAURANT $$

(☎07-871 4768; www.redoubtbarandeatery.co.nz; Ecke Rewi & Alexandra Sts; Hauptgerichte 15–26 NZ$; ⏲Mo–Fr 11–21, Sa & So 10–21 Uhr) Ein zwangloses kleines Lokal mit nostalgischen Fotos der Sportmannschaften von Te Awamutu an den Wänden. Man kann hier eine Kleinigkeit essen oder einen Drink nehmen. Es werden preiswerte, starke Cocktails und eine breite Palette von Speisen von Pasta über Pizza bis hin zu herzhaften Burgern und Muschelsuppe serviert.

☆ Unterhaltung

Regent Theatre KINO

(☎07-871 6678; www.facebook.com/RegentTeawamutu; 235 Alexandra St; Erw./Kind 16/10 NZ$; ⏲10 Uhr bis open end) Art-déco-Kino voller Film-Memorabilien.

Praktische Informationen

Te Awamutu i-SITE (☎07-871 3259; www.teawamutuinfo.co.nz; 1 Gorst Ave; ⏲Mo–Fr 9–17, Sa & So bis 14.30 Uhr). Jede Menge Infos und Buchungsmöglichkeiten.

An- & Weiterreise

Te Awamutu liegt am SH 3 auf halber Strecke zwischen Hamilton und Otorohanga (jeweils

29 km entfernt). Die Regionalbusgesellschaft **Busit!** (☎ 0800 4287 5463; www.busit.co.nz) bietet die preiswerteste Verbindung nach Hamilton (Erw./Kind 7,88/5,50 NZ$, 50 Min., werktags 8-mal tgl., am Wochenende 3-mal tgl.).

InterCity (☎ 09-583 5780; www.intercity.co.nz) verbindet 3-mal tgl. Te Awamutu mit Auckland (23 NZ$, 2½ Std.) und Hamilton (11 NZ$, 30 Min.).

Cambridge

15 200 EW.

Der Name sagt schon alles. Trotz des tosenden Waikato River, der so gar nicht nach Cam passt, haben sich die Bewohner der Stadt alle Mühe gegeben, mit von Bäumen gesäumten Alleen das Flair englischer Vornehmheit zu schaffen.

Cambridge ist berühmt für die Zucht und das Training von Vollblutpferden. Der Bezug zu Pferden zeigt sich anhand von Skulpturen und auf Tafeln, die auf die Sieger des Melbourne Cups hinweisen.

Sehenswertes

Cambridge Museum MUSEUM
(☎ 07-827 3319; www.cambridgemuseum.org.nz; 24 Victoria St; Eintritt gegen Spende; ⊙ Mo–Fr 10–16, So bis 14 Uhr) Im skurrilen Cambridge Museum, das sich in einem ehemaligen Gerichtshof befindet, gibt es reichlich Relikte aus der Pionierzeit, einen Raum zur Militärgeschichte und eine kleine Ausstellung zum lokalen Te Totara Pa noch vor dessen Zerstörung.

Jubilee Gardens GARTEN, DENKMAL
(Victoria St; ⊙ 24 Std.) Abgesehen vom Uhrenturm, errichtet im spanischen Missionsstil, sind die Jubilee Gardens ein vollmundiges Bekenntnis zum weit entfernten „Mutterland". Ein britischer Löwe bewacht das Ehrenmal mit einer Plakette mit der Inschrift *Tell Britain ye who mark this monument faithful to her we fell and rest content* (etwa so übersetzt: „Ihr, die ihr dieses Denkmal seht, berichtet Britannien, dass wir in Treue fielen und froh ruhen").

Lake Karapiro SEE
(☎ 07-827 4178; www.waipadc.govt.nz; Maungatautari Rd) Lake Karapiro, 8 km südöstlich von Cambridge gelegen, ist flussabwärts das letzte von acht Wasserkraftwerken am Waikato River. Es ist ein eindrucksvoller Anblick, besonders bei der Fahrt über den 1947 errichteten Damm. Der etwa 21 km lange Stausee ist auch eine ziemlich bekannte Austragungsstätte von internationalen Ruderwettkämpfen.

Aktivitäten

Te Awa RADFAHREN, WANDERN
(The Great New Zealand River Ride; www.te-awa.org.nz) Nach seiner für 2017 geplanten Fertigstellung wird der Te-Awa-Radwanderweg von Ngaruawahia, nördlich von Hamilton, bis Horahora südlich der Stadt 70 km lang am Waikato-Fluss entlang mäandern. Zur Zeit der Recherche führte bereits eine 18 km lange Wegstrecke von Cambridge's Avantidrome – Heimstätte Neuseelands Olympia-Radrennfahrern – entlang einer malerischen Route südwärts Richtung Mighty River Domain am Karapiro-See.

Boatshed Kayaks KAJAKFAHREN
(☎ 07-827 8286; www.theboatshed.net.nz; 21 Amber Lane; Einsitzer-/Doppelsitzer-Kajak für 3 Std. 25/50 NZ$, SUP für 2 Std. 20 NZ$; ⊙ Mi–So 9–17 Uhr) Im Boatshed Cafe kann man einfache Kajaks und SUPs (Stand Up Paddling) mieten. Innerhalb von etwa einer Stunde erreicht man gleich mehrere Wasserfälle. Es werden auch geführte Kajaktouren in der Abenddämmerung (Erw./Kind 110/75 NZ$) in eine faszinierende Schlucht voller Glühwürmchen unweit des Pokewhaenua angeboten. Diese Ausflüge müssen unbedingt im Voraus gebucht werden. Der Anbieter befindet sich beim Boatshed Café am Seeufer des Lake Karapiro.

Waikato River Trails RADFAHREN, WANDERN
(www.waikatorivertrails.com) Die 100 km langen Waikato River Trails östlich von Cambridge sind Teil des neuseeländischen Radwegprojekts Nga Haerenga, (www.nzcycletrail.com). Die kurvenreiche Route beginnt südlich und östlich vom nahen Cambridge, geht am Lake Karapiro vorbei, durchquert das südliche Waikato-Gebiet und endet am Atiamuri-Staudamm. Die fünf zusammengefassten Wege (oder einzelne Abschnitte) mit viel Geschichte und typischen Landschaften können zu Fuß oder mit dem Fahrrad erkundet werden. Eine kostenlose Übersichtskarte mit den fünf Abschnitten kann von der Website heruntergeladen werden.

Schlafen

Cambridge Motor Park FERIENPARK $
(☎ 07-827 5649; www.cambridgemotorpark.co.nz; 32 Scott St; Campingplatz ab 36 NZ$, Wohneinheit 70–115 NZ$; 📶) Ein ruhiger und schön ge-

pflegter Campingplatz mit viel Grün, sprich weitläufigem Wiesengrund. Der Platz ist vor allem für Zelte und Wohnmobile gedacht. Es gibt aber auch gute Hütten und Wohneinheiten. Der Ferienpark ist vom Stadtzentrum aus (2 km) über die ziemlich schmale Victoria Bridge zu erreichen.

Cambridge Coach House B&B, HÜTTE **$$**
(☎ 07-823 7922; www.cambridgecoachhouse.co.nz; 3796 Cambridge Rd, Leamington; DZ 165 NZ$, cottageEZ175;) Dieses Bauernhaus ist ein herrlicher Platz in der ländlichen Idylle Waikatos. Es gibt dort zwei Doppelzimmer und ein separates Cottage. Neu hinzugekommen sind u. a. Fernseher mit Flachbildschirm und Wärmepumpen; auch können hier die Gäste auf schattigem Gelände einen Grill anheizen. Das Cambridge Coach House liegt ein paar Kilometer südlich der Stadt an der Straße nach Te Awamutu.

Earthstead B&B **$$$**
(☎ 07-827 3771; www.earthstead.co.nz; 3635 Cambridge Rd, Monvale; DZ 220–350 NZ$;) In wunderschöner ländlicher Kulisse gelegen und nur eine kurze Autofahrt südlich von Cambridge entfernt bietet Earthstead drei umweltfreundlich und nachhaltig gestaltete Lehmbau-Ferienhäuschen wie etwa das Earth House und das Cob Cottage sowie zwei weitere Optionen mit elegantem europäischem Flair. Das Frühstück besteht aus frischen Biozutaten direkt vom Bauernhof, inklusive Eier, Honig und frisch gebackenem Sauerteigbrot.

Essen

Paddock CAFÉ **$**
(☎ 07-827 4232; www.facebook.com/paddockrealgoodfuel; 46a Victoria St; Snacks & Hauptgerichte 8–14 NZ$; Mo–Do 8–17, Fr & Sa bis 20, So bis 16 Uhr) Das Café hat sich Bioqualität auf die Fahnen geschrieben und die Speisekarte erinnert stark an Gaumenfreuden wie man sie in Auckland oder Melbourne gewohnt ist. Ein farbenprächtiges Wandgemälde verleiht diesem Ecklokal mit den etwas abgenutzten Holzmöbeln ein pulsierendes Flair. Manufakturlimonaden und gesunde Smoothies gehören zum Programm – am besten probiert man einmal den Bananen-Zimt-Smoothie, der zu Gourmet-Bagels und Burgern wunderbar schmeckt.

Boatshed Cafe CAFÉ **$**
(☎ 0800 743 321; www.theboatshedkarapiro.co.nz; 21 Amber Lane, Nebenstraße der Gorton Rd; Hauptgerichte 10–19 NZ$; Do–So 10–15 Uhr) Das stilvolle Café am Ufer des Lake Karapiro (von Cambridge aus auf dem SH1 gen Süden fahren und nach rechts in die Gorton Rd abbiegen!) ist ein genialer Ort zum lässigen Brunchen oder Mittagessen. Es empfiehlt sich, sich einen der Tische im Freien mit schönem Seeblick zu ergattern, pochierte Eier Benedict oder Mais-Koriander-Krapfen zu bestellen, den Blick auf den See zu genießen und dem Vogelgezwitscher zu lauschen.

★ **Alpino cucina e vino** ITALIAN **$$**
(☎ 07-827 5595; www.alpino.co.nz; 43 Victoria St; Pizzas 18–25 NZ$, Hauptgerichte 27–36 NZ$; Di–Do 11.30–14.30 & 17 Uhr bis open end, Fr–So 9 Uhr bis open end) In einem früheren Postamt (heute unter Denkmalschutz) untergebracht, ist das stilvoll-elegante Weinlokal eines der besten in der Region, jedoch geht es hier lässig zu und die Preise sind human. Auf der Speisekarte stehen vor allem ausgezeichnete Pastagerichte und herzhafte Hauptgerichte nach italienischer Art – unbedingt probieren sollte man den schonend zart gebratenen Schweinebauch mit Polenta und Spargel. Außerdem gibt es hier erstklassige Holzofenpizzas auch zum Mitnehmen.

Red Cherry CAFÉ **$$**
(☎ 07-823 1515; www.redcherrycoffee.co.nz; Ecke SH 1 & Forrest Rd; Gerichte 11–23 NZ$; 7.30–16.30 Uhr;) Das scheunenartige Red Cherry mit der ständig zischenden, kirschroten Espressomaschine bietet vor Ort gerösteten Kaffee, köstliche Büfettgerichte und beeindruckende Frühstücksgerichte an. Mittags kommen unschlagbar leckere Rindfleischburger aus der Küche. Cambridges bestes Café liegt 4 km außerhalb der Stadt an der Straße nach Hamilton.

Praktische Informationen

Cambridge i-SITE (☎ 07-823 3456; www.cambridge.co.nz; Ecke Victoria & Queen St; Mo–Fr 9–17, Sa & So 10–16 Uhr;) Kostenlose *Heritage-&-Tree-Trail*-Wanderkarten und Stadtpläne; Internetzugang.

An- & Weiterreise

Da Cambridge am SH 1, 22 km südöstlich von Hamilton, liegt, gibt es gute Busverbindungen. Die Regionalbusse **Busit!** (☎ 0800 4287 5463; www.busit.co.nz) fahren nach Hamilton (6,70 NZ $, 40 Min., werktags 7-mal tgl., am Wochenende 3-mal tgl.).

InterCity (☎ 09-583 5780; www.intercity.co.nz) fährt u. a. in die folgenden Orte:

REISEZIEL	FAHR-PREIS IN NZ$	FAHR-ZEIT	HÄUFIG-KEIT (PRO TAG)
Auckland	25–59	2½ Std.	12
Hamilton	17	30 Min.	8
Matamata	22	30 Min.	2
Rotorua	15–31	1¼ Std.	5
Wellington	24–66	8½ Std.	3

Naked Bus (www.nakedbus.com) fährt dieselben Ziele an:

REISEZIEL	FAHR-PREIS IN NZ$	FAHR-ZEIT	HÄUFIG-KEIT (PRO TAG)
Auckland	22	2½ Std.	6
Hamilton	15	30 Min.	5
Matamata	28	2¼ Std.	1
Rotorua	12	1¼ Std.	4
Wellington	70	9½ Std.	1

Matamata

7800 EW.

Matamata war nur eines von vielen netten Städtchen auf dem Land, bis es durch Peter Jacksons epische Filmtrilogie *Der Herr der Ringe* berühmt wurde. Während der Dreharbeiten hatten rund 300 Einwohner einen Job als Statisten (behaarte Füße waren nicht Voraussetzung).

Danach wurde dann *Der Hobbit* hier gedreht. Der Mittelerde-Schauplatz wird mittlerweile von der Stadt mit Begeisterung präsentiert. Es gibt beispielsweise eine gruselige Gollum-Statue, und auch die Touristeninformation erhielt ein entsprechend neues Gesicht.

Die meisten Reisenden, die nach Matamata kommen, sind eingefleischte Hobbit-Fans. Für alle anderen gibt es auch noch ein tolles Café, Alleen mit alten Bäumen und sanft geschwungene grüne Hügel.

Sehenswertes & Aktivitäten

Hobbiton Movie Set Tours FILMLOCATION
(☎0508 446 224 866, 07-888 1505; www.hobbitontours.com; 501 Buckland Rd, Hinuera; geführte Touren für Erw./Kind 79/39,50 NZ$, inklusive Essen 190/100 NZ$; ⌚Führungen 10–16.30 Uhr) Aus urheberrechtlichen Gründen wurden alle aufwendig konstruierten Filmkulissen nach den Dreharbeiten des Films *Der Herr der Ringe* hier und an anderen Sets des Landes wieder abgebaut. Aber die Besitzer von Hobbiton (dt. Hobbingen) durften schließlich ihre Hobbitwohnungen behalten; für die Dreharbeiten von *Der Hobbit* wurden neue gebaut. Im Preis der Führung ist ein Getränk im wunderschönen Green Dragon Inn (Gasthof zum Grünen Drachen) enthalten. Kostenlose Transfers gibt es ab dem i-SITE in Matamata; der aktuelle Fahrplan steht auf der Hobbiton-Website. Rechtzeitiges Buchen wird dringend angeraten. Im Rahmen der beliebten Evening Dinner Tours (So und Mi) gibt es am Abend ein Bankettessen.

Wer ein eigenes Fahrzeug hat, nimmt von Matamata die Straße in Richtung Cambridge, biegt rechts in die Puketutu Rd und dann links in die Buckland Rd ein. Parken kann man am Shire's Rest Cafe.

Wairere Falls WASSERFALL
Etwa 15 km nordöstlich von Matamata befinden sich die spektakulären, 153 m hohen Wairere Falls (der höchste Wasserfall auf der Nordinsel). Vom Parkplatz sind es 45 Minuten zu Fuß durch Buschland bis zum Aussichtspunkt oder ein 90-minütiger steiler Aufstieg bis ganz nach oben.

Firth Tower MUSEUM, HISTORISCHES GEBÄUDE
(☎07-888 8369; www.firthtower.co.nz; Tower Rd; Geländezugang kostenlos, Führungen Erw./Kind 5/1 NZ$; ⌚Gelände tgl 10–16 Uhr., Do–Mo Gebäude 10–16 Uhr) Der Firth Tower, etwa 3 km östlich der Stadt gelegen, wurde im Jahr 1882 vom Aucklander Geschäftsmann Josiah Firth gebaut. Der 18 m hohe Betonturm war einst ein schickes Statussymbol und birgt heute Māori- und Pionierartefakte. Um den Turm liegen zehn weitere historische Gebäude, darunter ein Schulzimmer, eine Kirche und ein Gefängnis.

Opal Hot Springs BADEN
(☎0800 800 198; www.opalhotsprings.co.nz; 257 Okauia Springs Rd; Erw./Kind 8/4 NZ$, 10/5 NZ$ für 30-minütige Spa-Session; ⌚9–21 Uhr) Die Opal Hot Springs sind keineswegs so glamourös wie sie klingen, aber es gibt dort immerhin drei große Thermalbecken. Die Anlage erreicht man über die Abzweigung gleich nördlich des Firth Tower; von dort fährt man noch 2 km. Ein Ferienpark befindet sich dort ebenfalls.

Schlafen

Broadway Motel & Miro Court Villas MOTEL **$$**
(☎07-888 8482; www.broadwaymatamata.co.nz; 128 Broadway; DZ 110–175 NZ$, Twinbed-Apt.

265 NZ$; @ ❄) Dieser gepflegte, ältere Block des weitläufigen, familiengeführten Motels wurde mit zunehmend neueren und nobleren Blocks erweitert, die etwas abseits der Straße gelegen sind. Am schönsten sind die schicken Miro-Court-Villen, die man im Apartmentstil errichtet hat.

Essen & Ausgehen

Workman's Cafe Bar CAFÉ $$

(☎07-888 5498; 52 Broadway; Hauptgerichte 12–30 NZ$; ⏲7.30 Uhr–open end) Das flippige Lokal ist wahrhaft exzentrisch (alte Transistorradios hängen von der Decke, die Wände sind mit Art-déco-Spiegeln zugepflastert, aus den Lautsprechern dröhnt Musik von Johnny Cash) und hat sich einen Namen gemacht, der weit über Matamata hinaus bekannt ist. Abends gibt das Café auch eine ganz passable Bar ab.

Redoubt Bar & Eatery PUB

(☎07-888 8585; www.redoubtbarandeatery.co.nz; 48 Broadway; ⏲Mo–Fr 11–14 & 17–21, Sa & So 11–21 Uhr) Darauf kann man sich wirklich freuen: dünne, knusprige Pizzas, die nach den Filmfiguren aus *Herr der Ringe* benannt sind, ausgezeichnete Lachs- und Hackfleischgerichte, gelegentliche Filmabende in der angrenzenden Gasse und an den meisten Wochenenden Livemusik. Das Ganze ist eine Art Mini-Schrein für alles, was mit Sport und Matamata zu tun hat; einige interessante Biere vom Fass machen das Pub definitiv zum beliebten Szenetreff. Den stets lässigen Inhaber, Clifford Williams, anscheinend der einzige Jamaikaner in ganz Matamata, grüßt man am besten mit einem coolen „Gidday“ (Guten Tag).

Praktische Informationen

Matamata i-SITE (☎07-888 7260; www.matamatanz.co.nz; 45 Broadway; ⏲9–17 Uhr) In einem wunderschönen Hobbit-Pförtnerhaus. Hier beginnen die Hobbiton-Führungen.

An- & Weiterreise

Regionalbusse von **InterCity** (☎09-583 5780; www.intercity.co.nz) fahren nach Cambridge (22 NZ$, 40 Min., 2-mal tgl.), Hamilton (27 NZ$, 1 Std., 3-mal tgl.), Rotorua (25 NZ$, 1 Std., 1-mal tgl.) und Tauranga (26 NZ$, 1 Std., 2-mal tgl.).

Regionalbusse von **Naked Bus** (www.nakedbus.com) fahren nach Auckland (20 NZ$, 3½ Std., 2-mal tgl.), Cambridge (28 NZ$, 2 Std., 1-mal tgl.), Hamilton (20 NZ$, 3½ Std., 2-mal tgl.) und Tauranga (14 NZ$, 1 Std., 1-mal tgl.).

Te Aroha

3800 EW.

In Te Aroha herrscht eine tolle Atmosphäre oder gar „die Liebe“, denn das ist die wortwörtliche Übersetzung des Namens. Der Ort am Fuß des mit Büschen bewachsenen Mount Te Aroha (952 m) ist ein sehr guter Ausgangspunkt für Wanderungen oder eine Art „Kurort“ mit heilenden Thermalquellen. Hier befindet sich auch der südliche Startpunkt des Hauraki Rail Trail. Die etwas verschlafene Hauptstraße lädt zum Stöbern nach originellen Antiquitäten, Retroklamotten und Accessoires ein.

Sehenswertes & Aktivitäten

Te Aroha Museum MUSEUM

(☎07-884 4427; www.tearoha-museum.com; Te Aroha Domain; Erw./Kind 5/2 NZ$; ⏲Nov.–März 11–16 Uhr, April–Okt. 12–15 Uhr) Dieses Museum ist in dem verschnörkelten früheren Kurhaus (dem „Schatz von Te Aroha“) untergebracht. Zu sehen sind beispielsweise skurrile Keramiken, alte Heilwasserflaschen, historische Fotos und eine alte Druckerpresse.

Mount Te Aroha WANDERN, MOUNTAINBIKEN

Die Wanderpfade hinauf zum Mount Te Aroha beginnen am obersten Punkt des Thermalgebiets; von dort aus führt ein 45-minütiger Aufstieg zum Aussichtspunkt Bald Spur/Whakapipi Lookout (350 m); eine weitere 2,7 km lange Wanderung (2 Std.) geht bis zum Gipfel hinauf. Über i-SITE sind Informationen zu den MTB-Trails erhältlich.

Te Aroha Mineral Spas SPA

(☎07-884 8717; www.tearohamineralspas.co.nz; Boundary St, Te Aroha Domain; 30 Min. Behandlung Erw./Kind 18/11 NZ$; ⏲Mo–Fr 10.30–21, Sa & So 10.30–22 Uhr) Dieses Spa in der edwardianischen Hot Springs Domain bietet Wannenbäder, Massagen, Schönheitsbehandlungen und Aromatherapien an. Hier befindet sich außerdem der sprudelige **Mokena Geyser** – der einzige kohlensäurehaltige Geysir der Welt. Er schießt sein Wasser etwa alle 40 Minuten 3 m hoch in die Luft (die heftigsten Eruptionen finden zwischen 12 und 14 Uhr statt). Spa und Behandlungen müssen im Voraus gebucht werden.

Schlafen & Essen

Te Aroha Holiday Park FERIENPARK $

(☎07-884 9567; www.tearohaholidaypark.co.nz; 217 Stanley Rd; Stellplatz ab 18 NZ$, Mietwohnmobil EZ/DZ 30/40 NZ$, Hütte & Wohneinheit 53–110 NZ$; @📶🐕) Wer ließe sich nicht gern in den Morgenstunden von einem lieblichen Vogelkonzert wecken? Zu dieser Anlage, die von mehreren Eichen bestanden ist, gehören ein Kunstrasentennisplatz, ein Fitnessraum und ein Thermalpool. Dieser wunderbare Ferienpark liegt lediglich etwa 2 km südwestlich der Stadt.

★ **Aroha Mountain Lodge** LODGE, B&B **$$**
(☎07-884 8134; www.arohamountainlodge.co.nz; 5 Boundary St; EZ/DZ/Cottage 125/145/320 NZ$) Diese noble Mountain Lodge besteht aus zwei edwardianischen Villen mit *arohaischem* Flair (*sooo* viel schöner als ein normales Motel!) und befindet sich am Hang oberhalb der Stadt. Sie bietet erschwinglichen Luxus und kann auf Wunsch auch inklusive Frühstück (20 NZ$ pro Pers. extra) gebucht werden. Das eigenständige Ferienhaus namens Chocolate Box bietet sechs bis acht Schlafplätze.

Domain Cottage Cafe CAFÉ **$**
(☎07-884 9222; Whittaker St, Te Aroha Domain; Snacks & Hauptgerichte 8–21 NZ$; ⊙Di–So 9–15 Uhr) Das sehr angenehme Tagescafé gehört zum Te-Aroha-Thermalgelände. Auch für Durchreisende lohnt sich eine kurze Einkehr auf einen Kaffee mit Kuchen.

Ironique CAFE **$$**
(☎07-884 8489; www.ironique.co.nz; 159 Whitaker St; Hauptgerichte 10–35 NZ$; ⊙So–Mi 8–16 Uhr, Do–Sa open end) Nachdem man den Hauraki Rail Trail bezwungen hat, kann man hier ganz wunderbar einen guten Kaffee und ein stärkendes Frühstück, bestehend aus pochierten Eiern Benedict, oder ein Abendessen, beispielsweise gegrillten Lachs und Entenkonfit, genießen. Nicht verpassen: Im ruhigen Innenhof kann man gemütlich ein paar Drinks zu sich nehmen.

ℹ Praktische Informationen

Te Aroha i-SITE (☎07-884 8052; www.tearohanz.co.nz; 102 Whitaker St; ⊙Mo–Fr 9.30–17, Sa & So bis 16 Uhr) Hier erfährt man Näheres zu Wanderrouten rund um den Mount Te Aroha und zu anderen Sehenswürdigkeiten in der Umgebung.

ℹ An- & Weiterreise

Die Regionalbussse von **Busit!** (☎0800 4287 5463; www.busit.co.nz) fahren ab/nach Hamilton (Erw./Kind 6/3 NZ$, 1 Std., wochentags 2-mal tgl.).

DAS KING COUNTRY

Dieses Gebiet hat gut und gern Anspruch auf den Titel „Neuseelands Kernland“. Hier mag man keinen Schnickschnack, hier züchtet man Rinder und widmet sich den All Blacks. Die Bastion des unabhängigen Māoritums wurde im Krieg gegen die Königsbewegung nicht erobert. Der Legende nach soll König Tawhiao seinen Hut auf eine große Karte Neuseelands gelegt und erklärt haben, dass das von dem Hut bedeckte Land unter seiner *mana* (Herrschaft) bleiben würde. Und tatsächlich war diese Region für Europäer bis 1883 tabu.

Die Waitomo Caves sind die Hauptattraktion der Region. Sie sind schon an sich ein unglaubliches Naturphänomen, aber daneben gibt es auch noch jede Menge Aktivitäten für Adrenalin-Junkies.

Kawhia

670 EW.

Das ruhige Kawhia (gesprochen wie „Mafia“ mit einem K) hat sich nicht nur kultureller Vernichtung widersetzen können, sondern entging auch einer groß angelegten Bebauung und behielt so das Flair eines verschlafenen Fischerdorfs. Viel gibt es hier nicht zu sehen oder zu besuchen, die Ortschaft verfügt über einen Gemischtwarenladen, ein paar Imbissbuden und eine Tankstelle. Selbst Kapitän Cook übersah damals die schmale Einfahrt in die große Bucht, als er 1770 hier vorbeisegelte.

Sehenswertes

Ocean Beach STRAND, HEISSE QUELLEN
(Te Puia Rd) Etwa 4 km westlich von Kawhia gelegen erstreckt sich der Ocean Beach mit seinen hohen schwarzen Sanddünen. Baden kann hier recht gefährlich sein, eine bis zwei Stunden vor und nach der Ebbe aber kann man die **Te Puia Hot Springs** im Sand entdecken – einfach ein Loch graben, und schon hat man seinen eigenen warmen Naturpool, worin man dann baden und entspannen kann.

Maketu Marae HISTORISCHE STÄTTE
(www.kawhia.maori.nz; Kaora St) Von der Werft namens Kawhia Wharf aus erstreckt sich ein Küstenweg bis nach Maketu Marae, einem Ort mit einem imposanten geschnitzten Versammlungshaus, dem Auaukiterangi. Zwei Gedenksteine – Hani und Puna – verweisen hier auf die letzte „Ruhestätte“ des

Tainui waka – eines historischen Kanus aus dem 14. Jh. Von der Straße aus lässt sich kaum etwas erkennen; das *marae* jedoch liegt auf einem Privatgrund, der nicht ohne Genehmigung betreten werden sollte. Eine Zugangserlaubnis kann per E-Mail (info@kawhia.maori.nz) vom Maketu Marae Committee eingeholt werden.

Das *tainui waka* – ein Kanu aus dem 14. Jh. – legte zum letzten Mal in Kawhia an. Die Expeditionsleiter Hoturoa, der Häuptling bzw. Kapitän, und Rakataura, der *tohunga* (Priester), suchten die Westküste ab, bis sie ihren prophezeiten Landeplatz fanden. Nachdem sie das *waka* an Land gezogen hatten, banden sie es an einen Pohutukawa-Baum, den sie Tangi te Korowhiti nannten. Dieser nicht markierte Baum steht noch immer an der Küste zwischen dem Kai und dem Maketu Marae. Das *waka* wurde dann einen Hügel hinaufgezogen und vergraben: Heilige Steine wurden über beiden Enden des Kanus abgelegt, um den Vergrabungsort zu markieren, der heute Teil des Geländes des *marae* ist.

Kawhia Regional Museum & Gallery MUSEUM, GALERIE
(☎07-871 0161; www.kawhiaharbour.co.nz; Omimiti Reserve, Kawhia Wharf; Eintritt gegen Erwerb einer Goldmünze als Spende; ⏲Mi–So 12–15 Uhr) Kawhias bescheidenes Museum liegt direkt am Wasser und informiert über die hiesige Geschichte, zeigt maritime und Māori-Artefakte und organisiert regelmäßig Kunstausstellungen. Es dient gleichzeitig als Besucherzentrum.

Aktivitäten

Kajaks können bei Kawhia Beachside S-Cape und Kawhia Motel ausgeliehen werden.

Dove Charters ANGELN
(☎07-871 5854; www.westcoastfishing.co.nz; Ganztages-Angeltouren 115 NZ$ pro Pers.) Zur möglichen Beute gehören beispielsweise Schnapper, Königsmakrele, Knurrhahn (ein barschartiger Fisch) und Kahawai (sogenannte Lachsbarsche).

Schlafen

Kawhia Beachside S-Cape FERIENPARK $
(☎07-871 0727; www.kawhiabeachsidescape.co.nz; 225 Pouewe St; Stellplatz ab 30 NZ$, Hütte ab B/DZ ab 30/60 NZ$, Cottage 120–160 NZ$) Der Campingplatz am Wasser macht von der Straße aus zwar einen leicht schäbigen Eindruck, bietet aber gemütliche Cottages, Hütten und Stellplätze mit Gemeinschaftsbädern. Das Ausleihen eines Kajak kostet für zwei Stunden 10 NZ$ pro Person.

Kawhia Motel MOTEL $$
(☎07-871 0865; www.kawhiamotel.co.nz; Ecke Jervois St & Tainui St; DZ 130–160 NZ$; WLAN) Die sechs frech gestrichenen, gepflegten, eher altmodischen Motelzimmer liegen direkt neben den Geschäften der Stadt; mit Kajak- bzw. Fahrradverleih.

Essen & Ausgehen

Annie's Cafe & Restaurant CAFE, RESTAURANT $
(☎07-871 0198; 146 Jervois St; Hauptgerichte 10–22 NZ$; ⏲9.30–15.45 Uhr) Nostalgisches Schanklokal in der Hauptstraße, das Es-

KINGITANGA

Die Einstufung der Māori als Volk ist relativ neu. Bis Mitte des 19. Jhs. bestand Neuseelands Bewohnerschaft tatsächlich aus vielen unabhängigen Stammesvölkern, die ab 1840 neben den Briten existierten.

Im Jahr 1856 formierte sich angesichts einer Flut britischer Einwanderer die Kingitanga (Königsbewegung), eine Vereinigung der Stämme, die sich auf diese Weise besser gegen den weiteren Verlust von Land und Kultur wehren wollten. Eine Versammlung von Anführern wählte den Waikato-Häuptling Potatau Te Wherowhero zum ersten Māori-König, in der Hoffnung, dass sein gesteigertes *mana* (Ansehen) den gleichen Zusammenhalt schaffen würde, den die Briten unter ihrer Königin hatten.

Trotz der gewaltigen Verluste im Waikato Land War und der schlussendlichen Öffnung des King Country blieb die Kingitanga bestehen – auch wenn sie keine formelle staatsrechtliche Funktion hat. Ein Ausdruck der Stärke der Bewegung war die große Trauerbekundung, als Te Arikinui Dame Te Atairangikaahu, Potataus Ururenkelin, 2006 nach 40 Jahren Herrschaft starb. Auch wenn das Ganze keine Erbmonarchie ist (die Führer der verschiedenen Stämme wählen einen Nachfolger), so setzte sich doch Potataus Linie mit dem derzeitigen Māori-König Tuheitia Paki bis heute fort.

presso, Sandwiches und lokale Spezialitäten wie Flunder und Whitebait mit Süßkartoffel-Pommes auf der Speisekarte hat.

Blue Chook Inn PUB
(☎07-871 0778; 136 Jervois St; Hauptgerichte 15–25 NZ$; ⏲Mi–So 16–24 Uhr) Kawhias freundliches Pub kombiniert ordentliches Essen mit gelegentlicher Livemusik.

An- & Weiterreise

Kawhia hat keine Busnetzanbindung. Autofahrer nehmen den SH 31 ab Otorohanga (58 km) oder fahren über die malerische, aber teilweise holprige Straße nach Raglan (50 km, 22 km unbefestigt).

Otorohanga

2700 EW.

Otorohangas Hauptstraße ist mit Girlanden hochgeschätzter Kiwi-Ikonen ausgeschmückt, darunter Abbildungen diverser Kiwiana (Dinge, die zum neuseeländischen Lebensgefühl gehören) wie Schafe, Gummistiefel, Flip-Flops, Draht Nr.-8 (Symbol der Anpassungsfähigkeit der Neuseeländer), All Blacks (Spieler der Rugby-Nationalmannschaft mit schwarzem Trikot), Meringuekuchen mit Sahne und Kiwi-Fruchtstückchen namens Pavlova sowie die beliebten Buzzy-Bee-Spielzeuge. Ein Besuch des Kiwi House ist absolut lohnend.

Sehenswertes

Otorohanga Kiwi House & Native Bird Park ZOO
(☎07-873 7391; www.kiwihouse.org.nz; 20 Alex Telfer Dr; Erw./Kind 24/8 NZ$; ⏲9–17 Uhr, Kiwi-Fütterungen tgl. 10, 13.30 & 15.30 Uhr) In dem Vogelhaus gibt es ein Nachtgehege (Voliere), in dem man aktive Kiwis dabei beobachten kann, wie sie mit ihren langen Schnäbeln eifrig nach Futter picken. Dies ist der einzige Ort Neuseelands, an dem man einen Großen Fleckenkiwi, die größte der drei Kiwi-Arten, bewundern kann. Braun gefiederte Kiwis kann man hier ebenfalls beobachten, und es gibt auch ein eigenes Fütterungskonzept für braune Kiwis. Außerdem leben hier noch andere einheimische Vögel wie Kakas, Keas, Kuckuckskauze und Wekarallen.

Ed Hillary Walkway GEDENKSTÄTTE
So wie die Hauptstraße mit Kiwiana-Symbolen dekoriert, ist der Ed Hillary Walkway (Nebenstraße der Maniapoto St) mit Infotafeln zu den All Blacks (Rugby-Nationalspielern), zum beliebten Brotaufstrich Marmite (Markenname) und natürlich mit Porträts des berühmten neuseeländischen Erstbesteigers des Mount Everest, „Sir Ed" (Edmund Percival Hillary) bestückt.

Schlafen

Otorohanga Ferienpark FERIENPARK $
(☎07-873 7253; www.kiwiholidaypark.co.nz; 20 Huiputea Dr; Stellplatz ab 30 NZ$, Hütte bzw. Wohneinheit 70–120 NZ$; @📶) Dem freundlichen Park fehlt es womöglich ein wenig an Ambiente, aber die Sanitäranlagen sind sauber; außerdem stehen ein Fitnesscenter und eine Sauna zur Verfügung.

Ausgehen & Nachtleben

Origin Coffee Station CAFÉ, KAFFEE
(☎07-873 8550; www.origincoffee.co.nz; 7 Wahanui Cres; Kaffee 4–5 NZ$; ⏲Mo–Fr 8.30–16.30 Uhr) Die Betreiber nehmen das Thema Kaffee todernst: Sie kaufen die Kaffeebohnen direkt am Ursprungsort ein, importieren und rösten ihn selbst. Das Kaffee befindet sich, wie der Name schon sagt, direkt am Bahnhof; bei richtigem Timing kann man auch zuschauen, wie der Northern Explorer langsam einfährt. Geröstete Kaffeebohnen und gemahlenen Kaffee gibt es natürlich auch zum Mitnehmen!

Thirsty Weta PUB, CRAFT-BIER
(☎07-873 6699; www.theweta.co.nz; 57 Maniapoto St; ⏲10–2 Uhr) Herzhafte Gerichte wie Pizzas, Steaks, Burger und Quesadillas (Hauptgerichte von 12 bis 38 NZ$). Später am Abend herrscht hier Weinbar-Ambiente und einheimische Musiker sorgen für Stimmung. Hier ist auch eine der besten Adressen für den Genuss von Craft Beer direkt aus dem Fass der ortsansässigen Brauerei King Country Brewing Co. Am besten schmeckt wahrscheinlich das Helle mit ausgewogener Würze.

Praktische Informationen

Otorohanga i-SITE (☎07-873 8951; www.otorohanga.co.nz; 27 Turongo St; ⏲ganzjährig Mo–Fr 9–17 Uhr, Okt.–April auch Sa 10–14 Uhr; 📶) Kostenloses WLAN und Infos rund um die Region.

An- & Weiterreise

BUS

Regionalbusse von InterCity (☎09-583 5780; www.intercity.co.nz) fahren von Otorohanga nach Auckland (20–42 NZ$, 3¼ Std., 3-mal tgl.)

sowie nach Te Awamutu (10 bis 21 NZ$, 30 Min., 3-mal tgl.), Te Kuiti (10 bis 21 NZ$, 1 Std., 3-mal tgl.) und Rotorua (25 bis 53 NZ$, 3½ Std., 2-mal tgl.).

Ein Bus von **Naked Bus** (☎ 0900 625 33; www.nakedbus.com) fährt tgl. zu den Waitomo Caves (10.35 Uhr, 20 NZ$, 30 Min.). Weitere Busse fahren u. a. nach Hamilton (25 NZ$, 1 Std.) und New Plymouth (30 NZ$, 3¼ Std.).

Waitomo Shuttle (☎ 07-873 8279, 0800 808 279; www.waitomo.org.nz/transport-to-waitomo; einfache Strecke Erw./Kind 12/7 NZ$) fährt zu den Waitomo Caves (5-mal tgl.), abhängig von den Ankunftszeiten der Busse und Züge. Reservierung empfehlenswert.

ZUG

Otorohanga liegt an der Route des **Northern Explorer** (☎ 0800 872 467; www.kiwiscenic.co.nz), der zwischen Auckland (ab 49 NZ $, 3¼ Std.) und Wellington (ab 139 NZ $, 9 Std.) via Hamilton (49 NZ $, 50 Min.) verkehrt.

Waitomo Caves

500 EW.

Selbst wer feuchte, dunkle Tunnel mit Hölle verbindet, sollte sich zu den Waitomo Caves begeben. Die Kalksteinhöhlen mit ihren Glühwürmchen sind eine der größten Attraktionen der Nordinsel.

Der Name Waitomo stammt von *wai* (Wasser) und *tomo* (Loch oder Schacht): In der Region gibt es zahlreiche Schächte, die zu unterirdischen Höhlen und Flüssen führen; in der Gegend sind bereits mehr als 300 Höhlen kartografiert worden. Die drei größten Höhlen – Glowworm, Ruakuri und Aranui – bezaubern Besucher schon seit über 100 Jahren.

Übrigens: Klaustrophobiker können hier aufatmen: Der Besuch der Waitomo Caves dürfte kein Stressfaktor werden: Die elektrisch beleuchtete, kathedralenähnliche Glowworm Cave wirkt alles andere als einengend. Aber auch all jene Reisenden, die es gern kompakt, etwas geheimnisvoll, pitschnass und pechschwarz mögen, können Waitomo kaum widerstehen.

Sehenswertes

Waitomo Caves Visitor Centre BESUCHERZENTRUM

(☎ 0800 456 922; www.waitomo.com; Waitomo Caves Rd; ⏲ 9–17 Uhr) Die drei großen Waitomo Caves werden alle von der gleichen Gesellschaft verwaltet, die ihren Sitz im fantastischen Waitomo Caves Visitor Centre (hinter der Glowworm Cave) hat. Es gibt verschiedene Kombi-Angebote, beispielsweise die Triple Cave Combo (Erw./Kind 95/42 NZ$); außerdem bietet die Legendary Black Water Rafting Company Höhlentouren mit Nervenkitzel an (siehe Website www.waitomo.com/black-water-rafting, Touren inklusive Abseilen und Rafting). Wenn möglich, sollte man die großen Reisegruppen, die meistens zwischen 10.30 und 14.30 hier eintreffen, meiden.

★ Glowworm Cave HÖHLE

(☎ 0800 456 922; www.waitomo.com/waitomo-glowworm-caves; Erw./Kind 49/22 NZ$; ⏲ 45 Min. geführte 30-minütige Touren 9–17 Uhr) Die geführte Tour durch die Glowworm Cave hinter dem Besucherzentrum führt zwischen beeindruckenden Stalaktiten und Stalagmiten hindurch in die große „Kathedralenhöhle". Die Akustik ist so gut, dass die Sängerin Kiri Te Kanawa und die Wiener Sängerknaben hier schon Konzerte gegeben haben. Das Highlight folgt am Ende der Tour, wenn die Teilnehmer mit einem Boot über den Fluss fahren. Sobald sich die Augen an die Dunkelheit gewöhnt haben, ist eine ganze „Milchstraße" aus kleinen, flackernden Lichtern ringsum erkennbar – die Glühwürmchen. Die Touren können im Besucherzentrum gebucht werden.

Aranui Cave HÖHLE

(☎ 0800 456 922; www.waitomo.com/aranui-cave; Erw./Kind 49/22 NZ$; ⏲ 1-stündige Touren 9–16 Uhr) Die Aranui Cave liegt etwa 3 km westlich der Glowworm Cave. Diese Höhle ist trocken (deshalb gibt es hier auch keine Glühwürmchen), sie punktet dafür aber mit unglaublichen Kalksteinformationen. An der Decke hängen Tausende winziger „Strohhalm"-Stalaktiten. Die Touren kann man im Besucherzentrum buchen, von wo aus man auch zum Höhleneingang gefahren wird. Ein 15-minütiger Spaziergang durch Buschland ist ebenfalls im Preis enthalten.

Ruakuri Cave HÖHLE

(☎ 0800 782 587, 07-878 6219; www.waitomo.com/ruakuri-cave; Erw./Kind 71/27 NZ$; ⏲ 2-stündige Touren 9, 10, 11, 12.30, 13.30, 14.30 & 15.30 Uhr) Eine eindrucksvolle 15 m hohe Wendeltreppe sorgt in der Ruakuri Cave dafür, dass niemand über die Begräbnisstätte der Māori am Höhleneingang trampelt. Die geführten Touren gehen durch 1,6 km des insgesamt 7,5 km langen Höhlensystems, u. a. durch Höhlenräume mit Glühwürmchen, mit unterirdischen Flüssen und Wasserfällen so-

ZAUBERWELT DER GLÜHWÜRMCHEN

Die hiesigen Glühwürmchen sind die Larven der Pilzmücke. Die Glühwürmchenlarven haben Leuchtorgane, die ein sanftes grünes Licht erzeugen. Sie leben in einer Art Hängematte, die von einem Überhang herabbaumelt, und spinnen klebrige, nach unten hängende Fäden, mit denen sie unachtsame Insekten fangen, die durch das Licht angezogen werden. Fliegt ein Opfer ins Licht, bleibt es an den Spinnfäden kleben. Danach rollt das Glühwürmchen den Faden auf und frisst das Insekt.

Das Larvenstadium dauert sechs bis neun Monate, je nachdem, wie viel die Glühwürmchen zu fressen bekommen. Wenn sie die Größe eines Streichholzes erreicht haben, verpuppen sie sich in einer Art Kokon. Nach etwa zwei Wochen schlüpft daraus die ausgewachsene Pilzmücke.

Die ausgewachsenen mundlosen Insekten leben nicht sehr lange. Sie schlüpfen, paaren sich, legen Eier und sterben – alles in zwei bis drei Tagen. Aus den klebrigen Eiern, die in Haufen von jeweils 40 oder 50 gelegt werden, schlüpfen innerhalb von etwa drei Wochen schon wieder die nächsten Glühwürmchenlarven.

Glühwürmchen leben eigentlich in feuchten, dunklen Höhlen, können aber auch überall dort überleben, wo es Feuchtigkeit, Überhänge und Insekten zum Fressen gibt. Waitomo ist berühmt für seine Glühwürmchen; man kann sie aber auch an vielen anderen Orten in Neuseeland sehen, und zwar sowohl in Höhlen als auch im Freien.

Wer auf Glühwürmchen trifft, sollte weder ihre Hängematten noch ihre Fäden berühren, leise sein und sie nicht anleuchten, denn all das wird sie veranlassen, ihr Licht zu dimmen. Es kann dann mehrere Stunden dauern, bis sie wieder anfangen zu funkeln, und in dieser Zeit bekommen sie natürlich Hunger. Die am hellsten leuchtenden Glühwürmchen sind die hungrigsten.

wie mit beeindruckenden komplexen Kalksteinformationen. Besucher beschreiben die Höhle als spirituell – einige behaupten, dass es darin spukt. Es ist üblich, sich beim Verlassen der Höhle die Hände zu waschen, um das *tapu* (Tabu) zu entfernen. Buchen kann man die Touren im Visitor Centre oder bei der Legendary Black Water Rafting Company (s. unten), wo sie auch starten.

Waitomo Caves Discovery Centre MUSEUM
(☎0800 474 839, 07-878 7640; www.waitomocaves.com; 21 Waitomo Caves Rd; ⏲9–17.30 Uhr, im Sommer längere Öffnungszeiten) GRATIS Das Waitomo Caves Discovery Centre gleich neben dem i-SITE bietet eine hervorragende Ausstellung mit Wissenswertem zur Entstehung von Höhlen, die dort gedeihende unterirdische Flora sowie zur Geschichte der Waitomo Caves und der Höhlenforschung.

Aktivitäten

Underground

Legendary Black Water Rafting Company CAVING, ABENTEUERTOUR
(☎0800 782 5874; www.waitomo.com/black-water-rafting; 585 Waitomo Caves Rd; ⏲Black Labyrinth Tour 9, 10.30, 12, 13.30 & 15 Uhr, Black Abyss Tour 9 & 14 Uhr, Black-Odyssey-Tour 10 & 15 Uhr) Die Black Labyrinth Tour (3 Std., 135 NZ$) besteht aus einer Fahrt im Neoprenanzug auf einem Gummi-Schwimmreifen über einen Fluss in der Ruakuri Cave. Das Highlight ist der Sturz einen kleinen Wasserfall hinunter, um danach durch eine lange Passage voller Glühwürmchen zu treiben. Der Trip endet mit einer Dusche, Suppe und Bagels in dem Café. Die abenteuerlichere Black Abyss Tour (5 Std., 235 NZ$) umfasst eine 35 m lange Abseilstrecke in die Ruakuri Cave, eine Seilrutsche, noch mehr Glühwürmchen und eine Schlauchbootfahrt.

Die neu eingeführte Black-Odyssey-Tour (4 Std., 175 NZ$) ist anspruchsvolles Caving durch eine Trockenhöhle mit Seilrutschen und Hochseilen. Für alle Touren ist ein Mindestalter vorgeschrieben. Wer eine Online-Vorausbuchung vornimmt, bekommt einen Rabatt von 10 %. Auf der Website findet man auch Kombiangebote mit Karten inklusive Eintritt für die anderen Waitomo Caves.

Spellbound CAVING, GEFÜHRTE TOUR
(☎07-878 7622, 0800 773 552; www.glowworm.co.nz; 10 Waitomo Caves Rd; Erw./Kind 75/26 NZ$; ⏲3-stündige Touren 10, 11, 14 & 15 Uhr) Spellbound ist genau das Richtige für alle, die nicht nass werden wollen, mehr an Glühwürmchen als an Action inter-

Waitomo Caves (Höhlen)

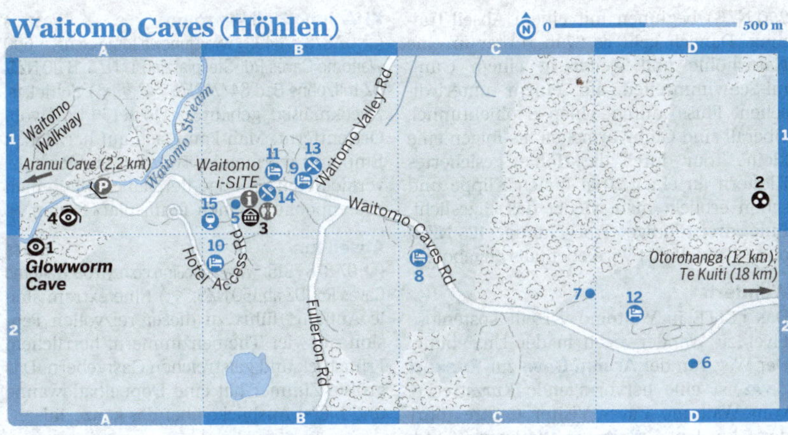

Waitomo Caves (Höhlen)

Highlights
1 Glowworm Cave ... A2

Sehenswertes
2 Opapake Pa ... D1
3 Waitomo Caves Discovery Centre ... B1
4 Waitomo Caves Visitor Centre ... A1

Aktivitäten, Kurse & Touren
5 CaveWorld ... B1
6 Legendary Black Water Rafting Company ... D2
Spellbound ... (s. 14)
7 Waitomo Adventures ... C2

Schlafen
8 Abseil Inn ... C2
9 Huhu Chalet ... B1
10 Kiwi Paka ... B2
11 Waitomo Top 10 Holiday Park ... B1
12 YHA Juno Hall Waitomo ... D2

Essen
13 Huhu ... B1
14 Waitomo General Store ... B1

Ausgehen & Nachtleben
15 Curly's Bar ... B1

essiert sind und die Menschenmassen in den Hauptthöhlen umgehen möchten. Die Touren in kleinen Gruppen führen in Teile des von unzähligen Glühwürmchen bewohnten Mangawhitiakau-Höhlensystems, etwa 12 km südlich von Waitomo (ein Rafting-Fahrt gibt es trotzdem).

Waitomo Adventures CAVING, ABENTEUERTOUR
(☎0800 924 866, 07-878 7788; www.waitomo.co.nz; 654 Waitomo Caves Rd) Waitomo Adventures bietet diverse Höhlenabenteuer an. Ermäßigungen gibt es bei kombinierten Touren und Vorausbuchung mit einer Vorlauffrist von mindestens 12 Stunden. Der Lost World Trip (4/7 Std., 360/515 NZ$) besteht aus Abseilen über 100 m, Klettern, Waten und Baden, die Tour Haggas Honking Holes (4 Std., 275 NZ$) aus drei Abseilabenteuern am Wasserfall, Klettern und dem Besuch eines unterirdischen Flusses. TumuTumu Toobing (4 Std., 190 NZ$) umfasst Wandern, Klettern, Baden und Tubing (Fahrt auf unterirdischem Fluss). Zur St. Benedict's Cavern Tour (3 Std., 180 NZ$) gehören Abseilen und eine unterirdische Seilrutsche.

CaveWorld CAVING, ABENTEUERTOUR
(☎0800 228 338, 07-878 6577; www.caveworld.co.nz; Ecke Waitomo Caves Rd & Hotel Access Rd) CaveWorld bietet Tube It (2 Std., 140 NZ$) an, eine Raftingtour durch die von Glühwürmchen-Höhle Te Anaroa. Außerdem gibt es die Footwhistle Glowworm Cave Tour (60 NZ$, 1 Std.) mit Zwischenstopp in einem Waldunterstand, wo kräftigender *Kawakawa*-Tee serviert wird, ein natürliches Elixier mit Blättern einer einheimischen Buschpflanze. Die Twilight-Footwhistle-Touren finden in der Abenddämmerung statt und kosten 65 NZ$.

Kiwi Cave Rafting CAVING, ABENTEUERTOUR
(☎07-873 9149, 0800 228 372; www.blackwaterraftingwaitomo.co.nz; 95 Waitomo Caves Rd) Die Expeditionen in kleinen Gruppen (5 Std.,

250 NZ$) beginnen mit einem Abseil-Training. Danach geht es 27 m runter in eine Naturhöhle und weiter in einem Gummi-Schwimmreifen auf einem unterirdischen Fluss durch einen Höhlentunnel. Überall sind Glühwürmchen. Es folgen eine kleine Tour durch die Höhle, gesichertes Klettern an einer 20 m hohen Klippe und schon erblickt man wieder das Tageslicht. Eine dreistündige Trockentour (125 NZ$) ohne Tunnelfahrt wird ebenfalls angeboten.

Wandern

Das i-SITE in Waitomo verteilt kostenlose Flyer zu Wanderwegen in der Umgebung. Der Weg von der **Aranui Cave** zur **Ruakuri Cave** ist eine hervorragende Kurzstrecke. Vom Waitomo Caves Visitor Centre führt der 5 km lange **Waitomo Walkway** (3 Std. hin & zurück) durch Ackerland und folgt dem Waitomo-Bach bis ins Naturreservat **Ruakuri Scenic Reserve**, von wo aus der 30-minütige Rückweg an einem natürlichen Kalksteintunnel vorbeiführt. Nachts sind hier Glühwürmchen zu sehen – mit einer Taschenlampe ist der Weg vom Parkplatz aus gut zu finden.

Dundle Hill Walk WANDERN

(☎07-878 7640; www.dundlehillwalk.com; Erw./Kind 75/35 NZ$) Der privat betriebene Dundle Hill Walk ist ein etwa 27 km langer Rundwanderweg, der ohne Begleitung in zwei Tagen durch das Busch- und Ackerland Waitomos zurückgelegt werden kann. Unterwegs wird in einer Berghütte hoch oben im Buschland übernachtet.

Schlafen

Waitomo Top 10 Holiday Park FERIENPARK $

(☎0508 498 666, 07-878 7639; www.waitomopark.co.nz; 12 Waitomo Caves Rd; Stellplatz ab 22 NZ$, Hütte bzw. Wohneinheit 95–170 NZ$; @ 📶 🏊) Der wunderschöne Ferienpark mitten im Ort hat blitzsaubere Sanitäranlagen und moderne Hütten. Für Kids gibt es jede Menge Ablenkung und Spielspaß im Freien.

Kiwi Paka HOSTEL $

(☎07-878 3395; www.waitomokiwipaka.co.nz; Hotel Access Rd; B/EZ/DZ 32/65/70 NZ$, Chalet EZ/DZ/2BZ/4BZ 95/100/110/160 NZ$; @ 📶) Bei diesem zweckmäßigen Hostel im Stil einer Berghütte erwarten Gäste Vierbettzimmer im Haupthaus und separate Spitzdach-Chalets, das Moreporc Cafe und überaus gepflegte Sanitäranlagen. Das Kiwi Paka ist vor allem bei großen Reisegruppen beliebt.

YHA Juno Hall Waitomo HOSTEL $

(☎07-878 7649; www.junowaitomo.co.nz; 600 Waitomo Caves Rd; Stellplatz ab 17 NZ$, B 30 NZ$, DZ mit/ohne Bad 84/74 NZ$; @ 📶 🏊) Schickes, zweckmäßig gebautes Hostel 1 km vom Ort entfernt. Man kann sich auf herzlichen Empfang, wärmendes Holzfeuer in der holzverkleideten Lounge-Bereich sowie einen Außenpool und einen Tennisplatz freuen.

Abseil Inn B&B $$

(☎07-878 7815; www.abseilinn.co.nz; 709 Waitomo Caves Rd; DZ ab 150 NZ$; 📶) Eine extrem steile Auffahrt führt zu dieser reizvollen Pension mit vier Themenzimmern, herrlichem Frühstück und geistreichen Gastgebern. Das größte Zimmer hat eine Doppelbadewanne und bietet Ausblicke über das ganze Tal.

Huhu Chalet CHALET $$

(www.airbnb.com; 10 Waitomo Caves Rd; DZ 140 NZ$) Hinter dem originellen Pyramidenbau, der einst Teil eines Werbelogos war, verbirgt sich das gemütliche Huhu Mezzanin-Chalet (also mit Zwischengeschoss), ganz oben mit Bad in mit modernem, knallrotem (!) Design und Wohnraum darunter. Einfache holzvertäfelte Wände und Retromöbel verleihen dem Chalet ein warmes Kiwiana-Ambiente; das beste Restaurant in ganz Waitomo befindet sich nur ein paar Schritte von hier entfernt.

Essen & Ausgehen

★Huhu MODERN NEUSEELÄNDISCH $$

(☎07-878 6674; www.huhucafe.co.nz; 10 Waitomo Caves Rd; kleine Teller 8–15 NZ$, Hauptgerichte 19–34 NZ$; ⌚12 Uhr bis open end; 📶) Das schicke, moderne Huhu bietet eine tolle Aussicht von der Terrasse und leckere modern-neuseeländische Gerichte. Außerdem gibt es starken Kaffee und Craft Beer, u. a. von der neuseeländischen Brauerei King Country Brewing Co.; auf der Speisekarte stehen Tapas mit saisonalen Zutaten, wie etwa schonend geschmortem Lamm, Teriyaki-Lachs und Bio-Ribeye-Steak. In der unteren Etage befindet sich eine kleine Bierkneipe, die vor allem im Sommer geöffnet ist. Auch dort fließt King-Country-Bier vom Fass.

Waitomo General Store CAFÉ $$

(☎07-878 8613; www.facebook.com/waitomogeneralstore; 15 Waitomo Caves Rd; Snacks & Hauptgerichte 8–18 NZ$; ⌚So–Do 8.30–19, Fr & Sa bis 21 Uhr; 📶) Das Ladencafé bietet sich für eine Einkehr vor oder nach einer Höhlentour an. Hier gibt es herzhafte Burger, guten Kaffee und Bier vom Fass. Auf der sonnigen

Veranda lässt sich nach Lust und Laune gratis im Internet surfen.

Curly's Bar PUB
(☎ 07-878 8448; www.curlysbar.co.nz; Hotel Access Rd; ⏲ 11 Uhr bis open end) Nach einem verheerenden Brand im Jahr 2012 ist nun das gute alte Curly's wieder auferstanden – der Heimstätte der King Country Brewing Co. Die freundlichen Inhaber Curly und Crusty sind immer zu einem Schwätzchen aufgelegt, und nach einem ereignisreichen Tag unter der Erde könnten das eisgekühlte Helle und die riesigen Spareribs – natürlich auf einer sonnigen Terrasse serviert – genau das Richtige sein!

ℹ Praktische Informationen

Waitomo i-SITE (☎ 07-878 7640, 0800 474 839; www.waitomocaves.com; 21 Waitomo Caves Rd; ⏲ 9–17.30 Uhr) Internetzugang, Postamt und Agentur.

ℹ Anreise & Unterwegs vor Ort

Busse von **Naked Bus** (☎ 0900 625 33; www.nakedbus.com) fahren 1-mal tgl. nach Otorohanga (20 NZ$, 20 Min.), Hamilton (25 NZ$, 1¼ Std.) und New Plymouth (30 NZ$, 3 Std.).

Waitomo Shuttle (☎ 07-873 8279, 0800 808 279; www.waitomo.org.nz/transport-to-waitomo; einfache Strecke Erw./Kind 12/7 NZ$) fährt ab Otorohanga 5-mal tgl. zu den Höhlen(Fahrtdauer 15 Min.), abhängig von den Ankunftszeiten der Busse bzw. Züge.

Waitomo Wanderer (☎ 03-477 9083, 0800 000 4321; www.travelheadfirst.com) Bietet einen täglichen Pendelservice ab Rotorua oder Auckland an, auf Wunsch auch mit Caving, Glühwürmchentouren und Tubing; für Fans von J. R. R. Tolkien oder Sir Peter Jackson ist sogar ein Abstecher nach Hobbiton (dt. Hobbingen) enthalten.

Südlich von Waitomo nach Taranaki

Die abgelegene Route auf der Te Anga Road von Waitomo aus in Richtung Westen ist eine zeitintensive, aber faszinierende Alternative zum SH 3, wenn das Ziel Taranaki heißt. Nur 12 km der 111 km langen Strecke sind noch nicht befestigt, die Straße ist jedoch fast auf der gesamten Länge kurvenreich und schmal. Man sollte etwa zwei Stunden einkalkulieren (ohne Zwischenstopps) und vorher volltanken.

Die Wanderwege im **Tawarau Forest**, der 20 km westlich der Waitomo Caves gelegen ist, sind in der DOC-Broschüre *Waitomo & King Country Tracks* beschrieben (1 NZ$, erhältlich im DOC in Hamilton oder Te Kuiti), beispielsweise der einstündige Wanderweg zu den Tawarau Falls ab dem Ende der Appletree Rd.

Das **Mangapohue Natural Bridge Scenic Reserve** liegt 26 km westlich von Waitomo und ist ein 5,5 ha großes Naturschutzgebiet mit einem riesigen Kalksteinbogen. Über den auch für Rollstuhlfahrer zugänglichen Weg spaziert man in fünf Minuten zum Felsbogen. Auf der anderen Seite ragen große, mit 35 Mio. Jahre alten fossilen Austern übersäte Felsblöcke aus dem Gras. Nachts kann man das Leuchten der Glühwürmchen sehen.

Etwa 4 km weiter westlich liegt das **Piripiri Caves Scenic Reserve**. Ein fünfminütiger Spaziergang führt zu einer großen Höhle mit fossilierten Riesenaustern. Unbedingt eine Taschenlampe mitbringen! Nach starken Regenfällen kann die Wanderung eine ziemlich matschige Angelegenheit sein. Eine Treppe führt hinunter in das Dunkel …

Die eindrucksvoll gestuften, etwa 30 m hohen **Marokopa Falls** liegen 32 km westlich von Waitomo. Ein kurzer Weg (hin & zurück 15 Min.) führt ab der Straße zur Basis des Wasserfalls.

Gleich hinter Te Anga führt eine Abzweigung nordwärts ins knapp 60 km entfernte Kawhia, weiter gen Südwesten geht es nach Marokopa (1560 Ew.), in ein kleines Küstendorf mit schwarzen Strand und einigen pompösen neuen Villen. In der ganzen Umgebung von Te Anga bzw. Marokopa finden sich zahlreiche Höhlen.

Der **Marokopa Campground** (☎ 07-876 7444; marokopacampground@xtra.co.nz; Rauparaha St; Stellplatz ab 24 NZ$, B 20 NZ$, Van-DZ 150 NZ$) ist nicht schick, aber hat eine schöne Lage dicht an der Küste. Es gibt einen kleinen Laden, der die nötigsten Lebensmittel im Sortiment hat.

Die Straße verläuft südwärts Richtung Kiritehere, über idyllisches Ackerland nach **Moeatoa** und zweigt dann rechts (nach Süden) in die Mangatoa Rd ab. Hier ist man nun wirklich in der tiefsten Provinz. Weiter geht es bis hin zum dichten **Whareorino Forest**. Die vom DOC betriebene **Leitch's Hut** (☎ 07-878 1050; www.doc.govt.nz; 5 NZ$/Erw.) bietet 16 Schlafkojen, eine Toilette, Wasser und einen Holzofen.

Es lohnt sich, in **Waikawau** den 5 km langen Abstecher über eine unbefestigte Straße zur Küste am **Ngarupupu Point** zu machen, wo ein rund 100 m langer Weg durch einen nasskalten Tunnel zu einem herrlich einsam gelegenen schwarzen Sandstrand führt. Vom Schwimmen wird dringend abgeraten, denn es gibt hier eine gefährliche Brandungsrückströmung.

Die Straße zieht sich 28 km lang kurvenreich durch dichten Wald mit verstreuten Farmhäusern, bis sie östlich von Awakino auf den SH 3 trifft.

Te Kuiti

4380 EW.

Das reizende Te Kuiti befindet sich in einem Tal zwischen malerischen Hügeln. Willkommen in der Schafschurhauptstadt der Welt und auf dem jährlich stattfindenden Great New Zealand Muster!

Sehenswertes

Big Shearer WAHRZEICHEN
(Rora St) Die 7 m hohe und gut 7,5 t schwere Statue Big Shearer erhebt sich am südlichen Stadtrand.

Feste & Events

Great New Zealand Muster KULTUR, ESSEN
(www.waitomo.govt.nz/events/the-great-nz-muster; Ende März/Anfang April) Das Highlight des Great New Zealand Muster ist das legendäre **Running of the Sheep**: Rund 2000 wollige Teufel rasen über die Hauptstraße von Te Kuiti. Zum Fest gehören auch Schafschurmeisterschaften, ein Umzug, traditionelle Māori-Aufführungen, Livemusik, Grillen, *hangi* und Marktstände.

Schlafen & Essen

Waitomo Lodge Motel MOTEL $$
(07-878 0003; www.waitomo-lodge.co.nz; 62 Te Kumi Rd; Wohneinheit 130–165 NZ$;) Motel am Ortsrand von Te Kuiti in Richtung Waitomo. Die modernen Zimmer bieten zeitgenössische Kunst, Flachbildfernseher und kleine Terrassen. Von den Wohneinheiten hinten kann man den Blick über den Mangaokewa Stream genießen.

Simply the Best B&B B&B $$
(07-878 8191; www.simplythebestbnb.co.nz; 129 Gadsby Rd; EZ/DZ inkl. Frühstück 70/110 NZ$) Es ist schwer, etwas gegen den angeberischen Namen einzuwenden, wenn die Preise derart erschwinglich, das Frühstück so üppig und die Gastgeber so charmant sind.

Bosco Cafe CAFÉ $
(07-878 3633; www.boscocafe.me; 57 Te Kumi Rd; Hauptgerichte 10–21 NZ$; 8–16 Uhr;) Das ausgezeichnete Café im Industrie-Look bietet großartigen Kaffee und verlockendes Essen (unbedingt Hackbraten im Speckmantel mit Blattgemüse probieren!). Bei einer Bestellung gibt es WLAN gratis.

Stoked Eatery CAFÉ $$
(07-878 8758; www.facebook.com/stokedeatery; Te Kuiti Railway Station, 2 Rora St; Hauptgerichte 17–38 NZ$; 10 Uhr bis open end) Dieses neu eröffnete Bahnhofslokal mit entspanntem Ambiente profitiert von seiner tollen Lage ganz nah an den Gleisen; die Speisekarte ist in Paddock (von der Koppel), Ocean (vom Meer) und Garden (aus dem Garten) unterteilt. Die Mahlzeiten sind herzhaft und großzügig; besondere Leckerbissen sind die knusprige Schweinshaxe (Pork Hock) und die Quiche mit Räucherfisch.

Praktische Informationen

DOC (Department of Conservation; 07-878 1050; www.doc.govt.nz; 78 Taupiri St; Mo–Fr 8–16.30 Uhr) Regionalbüro für Maniapoto und Umgebung.

Te Kuiti i-SITE (07-878 8077; www.waitomo.govt.nz; Rora St; Mo–Fr 9–17, Sa & So 10–14 Uhr, Mai–Okt. am Wochenende geschl.;) Internetzugang und Touristeninformation.

An- & Weiterreise

Die Busse von **InterCity** (09-583 5780; www.intercity.co.nz) täglich u. a. die folgenden Ziele an:

REISEZIEL	FAHRPREIS IN NZ$	FAHRZEIT (STD.)	HÄUFIGKEIT (PRO TAG.)
Auckland	24–58	3½	3
Mokau	14–30	2	2
New Plymouth	15–31	2½	2
Otorohanga	10–21	¾	3
Taumarunui	16–34	1¼	1

Naked Bus (09-979 1616; www.nakedbus.com) fährt 1-mal tgl. nach Auckland (25 bis 30 NZ$, 4 Std.), Hamilton (25 bis 27 NZ$, 1½ Std.), New Plymouth (30, 2¼ Std.) und Otorohanga (20 NZ$, 30 Min.).

Pio Pio, Awakino & Mokau

Von Te Kuiti führt der SH3 zunächst in südwestlicher Richtung zur Küste und folgt dann der zerklüfteten Küstenlinie bis nach

New Plymouth. Lohnend ist bei Pio Pio ein Abstecher in nordwestlicher Richtung ins Mangaotaki-Tal und zum **Hairy Feet Waitomo** (☎07-877 8003; www.hairyfeetwaitomo.co.nz; 1411 Mangaotaki Rd, Pio Pio; geführte Touren Erw./Kind 50/25 NZ$; h10 & 13 Uhr), Neuseelands neuestem Mittelerde-Drehort: Vor der imposanten Kalksteinkulisse wurden Szenen des Films *Der Hobbit* gedreht. In Pio Pio lockt das **Fat Pigeon Cafe** (☎07-877 8822; www.theowlsnest.co.nz/fat-pigeon-cafe.html; 41 Moa St; Hauptgerichte 13–22 NZ$; ⌚Mo–Sa 8–17, So 9–17 Uhr) mit preiswerten Hauptgerichten wie etwa Hähnchenfleisch- und Pilz-Quesadillas und mit riesigen frisch gebackenen Muffins; die Bagels sind reichlich mit Lachs und Frischkäse belegt.

An dieser malerischen Strecke liegen sowohl Schaffarmen als auch bizarre Kalksteinformationen, die etwas später – wenn der Highway dem Lauf des Awakino River folgt – üppigem und unberührtem Buschland weichen.

Der Awakino River mündet bei dem winzigen Dorf **Awakino** (60 Ew.) in die Tasmansee. Die Boote ankern geschützt im Mündungsarm, während sich die Einheimischen im bodenständigen **Awakino Hotel** (☎06-752 9815; www.awakinohotel.co.nz; SH 3; Gerichte 11–20 NZ$; ⌚7–23 Uhr) treffen.

Ein Stück weiter südlich steht unübersehbar das eindrucksvolle **Maniaroa Marae** auf den Klippen über dem Highway. Die bedeutende Anlage birgt den Ankerstein des *tainui waka*, den die Ureinwohner der Region aus ihrer polynesischen Heimat mitbrachten. Das furchteinflößend geschnitzte Versammlungshaus Te Kohaarua ist von außerhalb des Zauns gut zu sehen – das *marae* darf aber auf keinen Fall betreten werden, es sei denn, man wäre persönlich dazu eingeladen worden.

Etwa 5 km weiter südlich – da, wo der Mount Taranaki am Horizont auftaucht – liegt das Dorf **Mokau** (400 Ew.). Es hat einen schönen schwarzen Sandstrand und gute Surf- und Angelmöglichkeiten. Von August bis November schlüpfen im Mokau River (dem zweitlängsten Fluss auf der Nordinsel) zahllose Whitebaits, was ganze Schwärme von Anglern aus der Gegend anlockt. Das interessante **Tainui Historical Society Museum** (☎06-752 9072; mokaumuseum@vodafone.co.nz; SH 3; Eintritt gegen Spende; ⌚10–16 Uhr) zeigt alte Fotos und Artefakte aus der Zeit, als dieser einst abgelegene Vorposten ein Verschiffungshafen für Kohle und Holz der Siedlungen am Fluss war. **Mokau River Tours** (☎0800 665 2874; www.mokauriver.co.nz; Erw./Kind 60/10 NZ$) bietet dreistündige, kommentierte Flussfahrten an Bord der MV GlenRoyal an, inklusive Zwischenstopp weiter flussaufwärts an einem alten Campingplatz.

Gleich nördlich von Mokau befindet sich der **Seaview Holiday Park** (☎0800 478 786; seaviewhp@xtra.co.nz; SH 3; Stellplatz ab 14 NZ$, DZ Hütte/Wohneinheit ab 65/90 NZ$). Er ist rustikal, liegt dafür aber an einem weitläufigen Strand. Im **Mokau Motel** (☎06-752 9725; www.mokaumotels.co.nz; SH 3; EZ /DZ /Suite ab 95/110/125 NZ$; W) oberhalb des Dorfes bekommt man gute Angeltipps. Übernachten kann man in eigenständigen Ferienwohnungen oder eine Unterkunft in einer der drei Luxussuiten bekommen.

Taumarunui

5140 EW.

Taumarunui wirkt an einem kalten Tag ein bisschen trist, aber die Ortschaft im Herzen des King Country hat dennoch seine Reize. Der Hauptgrund, sich hier aufzuhalten, sind Kajaktouren auf dem Fluss Whanganui – oder die preisgünstigeren Wohnmöglichkeiten, wenn man im Tongariro National Park Ski fahren will. Zudem sind auch einige schöne Wander- und Fahrradwege in der Umgebung vorhanden.

Näheres zum Forgotten World Highway zwischen Taumarunui und Stratford findet sich unter „Taranaki" (S. 257). Für Informationen zum Kanu- und Kajakfahren auf dem Whanganui River siehe „Whanganui National Park" (S. 270).

Sehenswertes

Raurimu Spiral EISENBAHN

Die Raurimu Spiral, etwa 30 km südlich der Stadt, ist die einzigartige Meisterleistung einer Eisenbahnkonstruktion, die im Jahr 1908 nach zehn Jahren Bauzeit vollendet wurde. Eisenbahnfreaks können die Kehrschleife bei einer Fahrt mit dem Northern Explorer, der von Auckland und Wellington zur Nationalparksiedlung fährt, erleben. Leider hält dieser Zug seit 2012 nicht mehr in Taumarunui.

Aktivitäten

Der etwa 3 km lange **Riverbank Walk** am Flussufer des Whanganui führt von der

Cherry Grove Domain, 1 km südlich der Stadt, zum Taumarunui Holiday Park. Der **Te Peka Lookout** am anderen Flussufer des Ongarue am Westrand der Stadt ist ein guter Aussichtspunkt.

Epic Cycle Adventures MOUNTAINBIKEN
(☎022 023 7958; www.thetimbertrail.nz; 9 Rata St; MRV & Shuttle 100 NZ$) Arrangiert MTB-Verleih und bequeme Shuttle-Dienste für alle, die den Timber Trail in Angriff nehmen wollen. Nähere Auskunft hierzu erhält man auf der Website.

Geführte Touren

Forgotten World Adventures TOUR
(☎080072452278; www.forgottenworldadventures.co.nz; 1 Hakiaha St; 1/2 Tag(e) ab 210/495 NZ$; ⌚Buchungsbüro 9–14 Uhr) Wie wäre es mit einer außergewöhnlichen Fahrt in originell umgebauten Golfcarts über die Gleise der Eisenbahnstrecke von Taumarunui in das Dörflein Whangamomona in Taranaki? Diese überaus aufregende Tour führt durch insgesamt 20 Tunnel. Weitere attraktive Optionen sind eine Bahn- und Jetboot-Tour sowie Zweitagesausflüge für die insgesamt 140 km lange Strecke von Taumarunui nach Stratford (inkl. einer Übernachtung in Whangamomona).

Taumarunui Jet Tours ABENTEUERTOUR
(☎0800 853 886, 07-896 6055; www.taumarunuijettours.co.nz; Cherry Grove Domain; 30/60-minütige Touren ab 60/100 NZ$) Dieser Anbieter hat rasante Jetboot-Touren auf dem Whanganui River im Programm.

Schlafen & Essen

Taumarunui Holiday Park FERIENPARK $
(☎07-8959345; www.taumarunuiholidaypark.co.nz; SH4; Stellplatz ab 18 NZ$, Hütte & Cottage 55–90 NZ$; @📶) Zu dem schattigen Platz am Ufer des Whanganui River 4 km östlich der Stadt gehören ein sicherer Badeplatz am Fluss und saubere Sanitäranlagen. Die netten Besitzer haben jede Menge Tipps auf Lager, was sich unternehmen oder anschauen lässt.

Twin Rivers Motel MOTEL $$
(☎07-895 8063; www.twinrivers.co.nz; 23 Marae St; Wohneinheit 90–215 NZ$; 📶) Dieses Motel verfügt über zwölf Zimmer, die sich in einem

PUREORA FOREST PARK

Der 78 000 ha große Pureora Forest liegt am westlichen Ufer des Lake Taupo und ist der Standort des höchsten Totara-Baums Neuseelands. Nach einer langen Kampagne von Umweltschützern wurde in den 1980er-Jahren die Abholzung in diesem Waldgebiet gestoppt. Inzwischen hat sich der Wald auf eindrucksvolle Weise regeneriert. Zu den Wanderwegen im Park gehören u. a. Wege zu den Gipfeln des **Mount Pureora** (1165 m) und zur Felsnadel des **Mount Titiraupenga** (1042 m). Nach einem kurzen Spaziergang vom Parkplatz in der Bismarck Road erreicht man einen 12 m hohen Turm, von dem aus man in Baumkronenhöhe wunderbar Vögel beobachten kann.

Um in einer der drei **DOC-Hütten** (Erw./Kind 5/2,50 NZ$) zu übernachten, muss man sich vorher Hüttentickets gekauft haben, es sein denn, man hat einen Backcountry Hut Pass. Die drei **Campingplätze** (Erw./Kind 6/3 NZ$) haben Selbstanmeldungskästen. Hüttentickets, Karten und Infos sind beim DOC erhältlich.

Awhina Wilderness Experience (☎027 329 0996; www.awhinatours.co.nz; 100 NZ$ pro Pers.) organisiert fünfstündige Wanderungen mit Māori-Führern durch unberührte Buschlandschaft zum Gipfel ihres heiligen Bergs Titiraupenga.

Eine weitere Option ist eine Radwandertour auf dem spektakulären **Timber Trail**. Er beginnt im Ort Pureora im Norden des Parks und führt über 85 km in Richtung Südwesten nach Ongarue. Unterkünfte und Shuttle-Service gibt es bei **Pa Harakeke** (☎07-929 8708; www.paharakeke.co.nz; 138 Maraeroa Rd; DZ 150 NZ$), einer interessanten, von Māori ins Leben gerufenen Initiative in der Nähe des Dorfes Pureora, und in der **Black Fern Lodge** (☎07-894 7677; www.blackfernlodge.co.nz; Ongarue Stream Rd, Waimiha; ab 40–58 NZ$ pro Pers.) in Waimiha, die immer wieder für ihre Küche gelobt wird. Nähere Informationen gibt es bei **Epic Cycle Adventures** (s. oben) in Taumarunui.

Auf den Websites www.thetimbertrail.com und www.thetimbertrail.nz kann man sich Kartendaten herunterladen; dort findet man auch nähere Auskunft zu Shuttles, Fahrradverleih und Routenplanung.

tadellosen Zustand befinden. In den größeren Wohneinheiten können bis zu sieben Personen übernachten.

Anna's Cafe CAFÉ $$
(☎ 07-896 7442; 75 Hakiaha St; Hauptgerichte 13–20 NZ$; ⌚ Mo–Fr 7–16, Sa & So 22 Uhr) Annas Café nach Art einer Landhausküche wird durch die großformatigen Food-Fotografien an der Wand aufgehellt; auch die Speisekarte hält, was sie verspricht: Darauf stehen Weine, Biere und zu den Klassikern wie Pfannkuchen mit Beerenmix gibt es unterschiedlich zubereiteten Taumrunui-Kaffee.

Praktische Informationen

Taumarunui i-SITE (☎ 07-895 7494; www.visitruapehu.com; 116 Hakiaha St; ⌚ 8.30–17.30 Uhr) Touristeninformation und Internetzugang.

An- & Weiterreise

Busse von **InterCity** (☎ 0508 353 947; www.intercity.co.nz) fahren via Te Kuiti nach Auckland (42 NZ$, 4½ Std.) und über den Nationalpark nach Palmerston North (31 NZ$, 4½ Std.).

Owhango

210 EW.

In der winzig-kleinen Ortschaft Owhango beginnen alle Straßennamen mit einem „O". Er eignet sich als gemütliche Basis für Wanderer, Mountainbiker (hier endet die **42 Traverse**) und Skifahrer, die sich eine Unterkunft näher an der Piste im Tongariro-Nationalpark nicht leisten können oder wollen. Von der Omaki Road aus erreicht man einen zweistündigen Rundwanderweg durch den unberührten Wald des **Ohinetonga Scenic Reserve**.

Schlafen & Essen

Forest Lodge LODGE $
(☎ 07-895 4854; www.forest-lodge.co.nz; 12 Omaki Rd; B/DZ ab 25/60 NZ$, Motel-DZ 80 NZ$; @ 📶) Eine gemütliche Backpackerunterkunft mit komfortablen, sauberen Zimmern und guten Gemeinschaftsräumen. Wer mehr Privatsphäre wünscht, kann in einem der Motelzimmer für Selbstversorger nebenan einchecken. Mountainbikes und ein Bike-Shuttle-Service für die 42 Traverse stehen ebenfalls zur Verfügung.

Blue Duck Station LODGE, HOSTEL $$
(☎ 07-895 6276; www.blueduckstation.co.nz; RD2, Whakahoro; B/DZ 45/195 NZ$) Die Öko-Unterkunft mit Blick auf den Retaruke River, 36 km südwestlich von Owhango (1 km südlich der Stadt die Abzweigung nach Kaitieke nehmen!), besteht aus mehreren Lodges. Man kann in Schlafsälen in einem alten Schafschererquartier übernachten. Außerdem gibt es ein separates Familien-Cottage, in dem bis zu acht Personen Platz haben. Die Betreiber sind überzeugte Umweltschützer, die sich um die heimische Vogelwelt kümmern und historische Gebäude restaurieren. Zu den hier möglichen Aktivitäten zählen Touren in die Wildnis, Reiten, Kajakfahrten und Ausflüge mit dem Mountainbike.

Cafe 39 South CAFÉ $
(☎ 07-895 4800; www.cafe39south.co.nz; SH4; Hauptgerichte 13–21 NZ$; tgl. ⌚ 8–16 Uhr & Fr 17.30–21 Uhr) Das Essen ist köstlich (unbedingt die Maiskrapfen probieren!), der Kaffee schmeckt ausgezeichnet. Hier lässt es sich an kalten Tagen dank der Heizstrahler und der täglichen Suppen-Kreationen gut aushalten! Das Café liegt auf dem 39. südlichen Breitengrad, was auf der gegenüberliegenden Straßenseite angezeigt wird.

An- & Weiterreise

InterCity (☎ 0508 353 947; www.intercity.co.nz) Alle InterCity-Busse die in Taumarunui halten, bleiben auch hier stehen.

COROMANDEL PENINSULA

Coromandel Peninsula ragt bei Auckland in den Ostpazifik und begrenzt im Osten den Hauraki Gulf. Trotz ihrer Nähe zur Metropole bietet die Halbinsel herrliche Abgeschiedenheit. Durch einen hoch aufragenden Bergrücken ist sie in zwei sehr unterschiedliche Regionen unterteilt.

Die Ostküste birgt einige der schönsten weißen Sandstrände auf der ganzen Nordinsel. Wenn in Auckland über Weihnachten und Neujahr die Geschäfte schließen, ist das ein viel besuchter Zufluchtsort. Die kitschig anmutenden, geschichtsträchtigen Goldminenstädte an der Westküste bleiben davon relativ gut verschont; den die schlammigen Feuchtgebiete und die malerisch-steinigen Buchten sind für Besuchermassen weniger attraktiv. Seit Langem ist die Küste ein Refugium für Öko-Individualisten. Im mittleren Gebirgsabschnitt verlaufen kreuz und quer Wanderpfade, auf denen sich ganze

Coromandel Peninsula

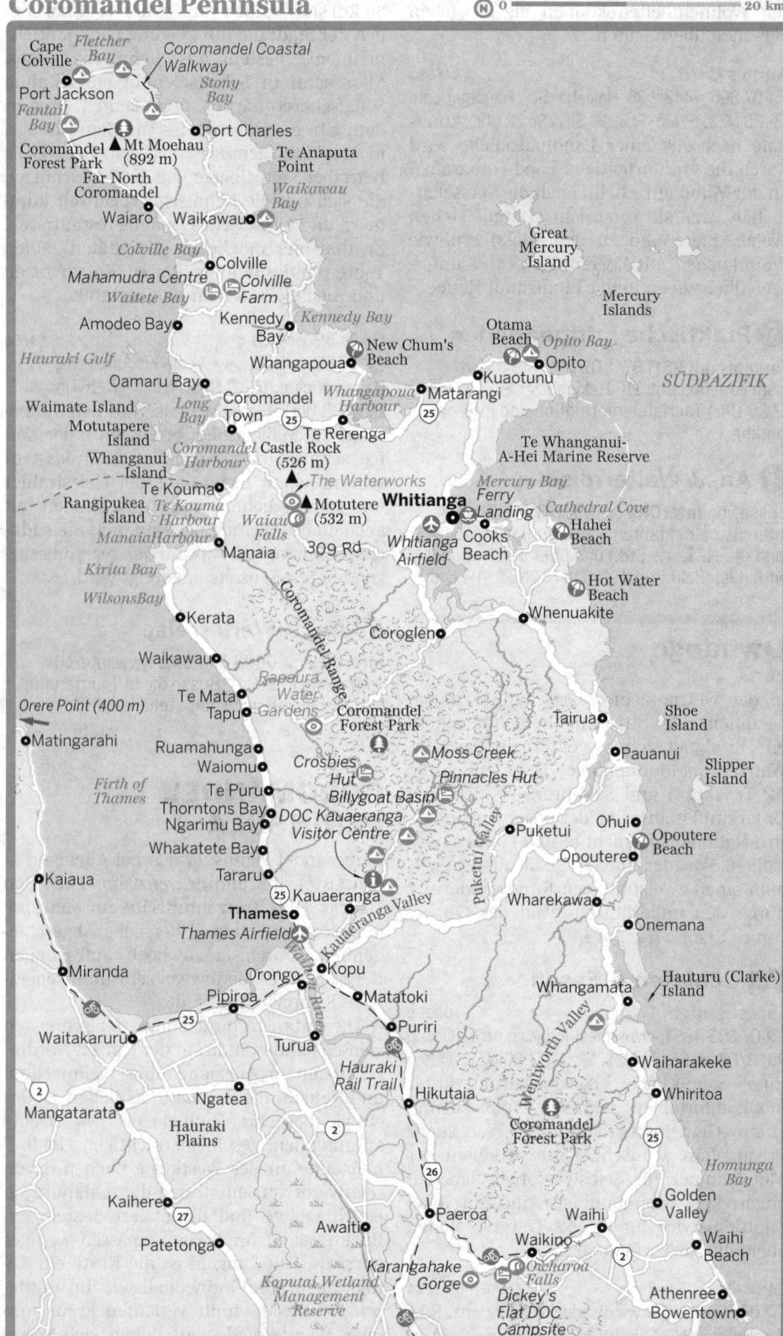
0 — 20 km
Cape Colville
Fletcher Bay
Coromandel Coastal Walkway
Port Jackson
Stony Bay
Fantail Bay
Port Charles
Coromandel Forest Park
Mt Moehau (892 m)
Te Anaputa Point
Far North Coromandel
Waikawau Bay
Waiaro
Waikawau
Colville Bay
Colville
Mahamudra Centre
Colville Farm
Waitete Bay
Great Mercury Island
Mercury Islands
Amodeo Bay
Kennedy Bay
Kennedy Bay
Otama Beach
Opito Bay
New Chum's Beach
Hauraki Gulf
Whangapoua
Opito
Kuaotunu
SÜDPAZIFIK
Oamaru Bay
Whangapoua Harbour
Matarangi
Waimate Island
Long Bay
Coromandel Town
Motutapere Island
Te Rerenga
Te Whanganui-A-Hei Marine Reserve
Whanganui Island
Coromandel Harbour
Castle Rock (526 m)
The Waterworks
Mercury Bay
Te Kouma
Rangipukea Island
Te Kouma Harbour
Motutere (532 m)
Whitianga
Ferry Landing
Cathedral Cove
Waiau Falls
Hahei Beach
ManaiaHarbour
Manaia
309 Rd
Whitianga Airfield
Cooks Beach
Kirita Bay
Hot Water Beach
WilsonsBay
Kerata
Coromandel Range
Whenuakite
Coroglen
Waikawau
Rapaura Water Gardens
Te Mata
Orere Point (400 m)
Tapu
Coromandel Forest Park
Tairua
Shoe Island
Matingarahi
Ruamahunga
Moss Creek
Pauanui
Waiomu
Crosbies Hut
Pinnacles Hut
Slipper Island
Firth of Thames
Te Puru
Billygoat Basin
Thorntons Bay
DOC Kauaeranga Visitor Centre
Ngarimu Bay
Puketui Valley
Ohui
Puketui
Opoutere Beach
Whakatete Bay
Opoutere
Tararu
Kaiaua
25
Kauaeranga
Kauaeranga Valley
Wharekawa
Thames
Onemana
Thames Airfield
Waihou River
Miranda
Kopu
Orongo
Hauturu (Clarke) Island
Whangamata
Matatoki
Pipiroa
Wentworth Valley
Waitakaruru
Puriri
Turua
Hauraki Rail Trail
Waiharakeke
Hikutaia
Whiritoa
Mangatarata
Ngatea
Hauraki Plains
Coromandel Forest Park
Homunga Bay
26
Kaihere
Golden Valley
Paeroa
Awaiti
Waihi
27
Waikino
Waihi Beach
Patetonga
Karangahake Gorge
Owharoa Falls
Koputai Wetland Management Reserve
Dickey's Flat DOC Campsite
Athenree
Bowentown

Landstriche ungezähmter Wildnis erkunden lassen. In dieesem Buschland gediehen einst turmhohe Kauri-Bäume und langsam wächst ihr Bestand auch wieder.

Geschichte

Die Māori bezeichneten die ganze Region einschließlich der Halbinsel, der Inseln und der beiden Küsten des Golfs als Hauraki. Verschiedene *iwi* (Stämme) beanspruchten Teile dieser Gegend, darunter der *Pare-Hauraki*-Zweig der Tainui-Stämme oder Nachfahren der Te Arawa und frühere Migranten. Funde polynesischer Artefakte und Hinweise auf die Moa-Jagd lassen Rückschlüsse auf eine gut 1000 Jahre andauernde Besiedlung der Region zu.

Die Hauraki-*iwi* gehörten zu den ersten, die mit europäischen Händlern in Berührung kamen. Anfangs sorgten die geografische Nähe der Region zu Auckland, sichere Anlegeplätze und reicher Nachschub von wertvollem Bauholz für den Wirtschafts-Boom. Das Abholzen der Kauri-Bäume auf der Halbinsel war ein Riesengeschäft. Mit dem Holzhandel verbunden war der Schiffsbau, der seine Anfänge im Jahr 1832 nahm, als an der Mercury Bay eine Fabrik errichtet wurde. Doch die Zeiten wurden rauer, als der Kauri-Bestand an der Küste erst einmal ausgedünnt war und die Holzfäller zur Nutzholzgewinnung tiefer in den Busch vordringen mussten. Man baute Kauri-Dämme, um mit Hilfe von Wasserkraft die riesigen Baumstämme zur Küste befördern zu können. Und nachdem schließlich in den 1930er-Jahren kein Kauri-Baum mehr übrig geblieben war, musste dieser Industriezweig vollends stillgelegt werden.

Der erste Goldfund Neuseelands in der Nähe der Stadt Coromandel datiert aus dem Jahr 1852. Obwohl dieser erste Goldrausch nur kurzlebig war, machte man rund um Thames im Jahr 1867 weitere Funde, später auch an anderen Orten. Die Halbinsel besitzt auch reiche Schätze an Halbedelsteinen, z. B. farbige Varianten des Quarzes, etwa Amethyst oder Achat und Jaspis. Das Schürfen an einem beliebigen Strand der Westküste kann sich also lohnen.

Trotz jahrzehntelanger erfolgreicher Beziehungen zu den Europäern waren die Hauraki-*iwi* von der Kolonialisierung mit am härtesten betroffen. Skrupellose Geschäfte von Siedlern und der Regierung mit dem Ziel, Zugang zu den wertvollen Ressourcen zu erlangen, führten dazu, dass die Māori in den 1880er-Jahren den Großteil ihres Landbesitzes einbüßten. Selbst heute ist die Präsenz der Māori auf der Halbinsel deutlich geringer ausgeprägt als in benachbarten Gegenden.

HAURAKI RAIL TRAIL

Der Hauraki Rail Trail verläuft von Thames in südlicher Richtung nach Paeroa und dann weiter gen Süden nach Te Aroha oder gen Osten nach Waihi. Aufgrund seiner Nähe zu den beiden Großstädten Auckland und Hamilton erfreut sich der Radweg wachsender Beliebtheit. Die zwei- und dreitägigen Touren sind am beliebtesten, aber auch kürzere Abschnitte können lohnenswert sein. Die Route von Paeroa in Richtung Osten durch die Karangahake Gorge und über Waikino nach Waihi ist traumhaft, denn sie führt durch ein bezauberndes, malerisches Flusstal. In den Hauptzentren Thames, Paeroa, Te Aroha und Waihi gibt es alles, was Radler benötigen, so auch einen Fahrradverleih, Shuttlebusse und Unterkünfte.

Detaillierte Infos, Routenpläne für Fahrradtouren und Tipps für Tagestouren stehen unter www.haurakirailtrail.co.nz. Vor Redaktionsschluss war eine Erweiterung der Radroute in Richtung Westen geplant, die von Koup rund um den Firth of Thames bis Miranda nach Kaiaua führen sollte. Auf der Website erfährt man Näheres über den aktuellen Stand der Dinge.

An- & Weiterreise

Täglich fahren auf der Verbindungsstrecke zwischen Auckland und Tauranga Busse durch Thames und Waihi, während andere auf Rundstrecken durch Coromandel-Stadt, Whitianga und Tairua verkehren.

Auf jeden Fall lohnend ist die herrliche Überfahrt an Bord der Fähre **360 Discovery** (S. 226) von Auckland über Waiheke Island nach Coromandel-Stadt.

Miranda

Die Siedlung mit dem hübschen Namen in der Sumpflandschaft am Firth of Thames befindet sich nur eine einstündige Autofahrt von Auckland entfernt. Es gibt zwei Gründe, sie zu besuchen: Man kann dort in den Thermalbädern herumplanschen und Vögel beobachten.

Dieses Fleckchen Erde ist das ganze Jahr über eine der am einfachsten zugänglichen Regionen Neuseelands, wenn es darum geht, Sumpf- oder Watvögel zu beobachten. In der riesigen Wattlandschaft wimmelt es nur so von Ringelwürmern und Krustentieren, die im Winter Tausende in der Arktis lebenden Watvögel anlocken – man hat hier 43 verschiedene Watvogelarten gesichtet. Die beiden wichtigsten sind die Pfuhlschnepfe und der Knuttstrandläufer, aber auch Steinwälzer, Flussuferläufer und der eigentümliche, umherstolzierende Rotkehl-Strandläufer sind hier nicht ungewöhnlich.

Der Weg einer hier erfassten Schnepfe konnte nachverfolgt werden – sie brachte von Alaska aus einen 11 570 km langen Nonstop-Flug hierher hinter sich! Kurzstreckenflieger sind u. a. der Magellan-Austernfischer und der vom Aussterben bedrohte Schiefschnabel-Regenpfeifer von der Südinsel sowie der Doppelband-Regenpfeifer und der Stelzenläufer.

Sehenswertes & Aktivitäten

Miranda Shorebird Centre WILDNIS
(☎ 09-232 2781; www.miranda-shorebird.org.nz; 283 East Coast Rd; Flyer zur Vogelbebachtung 2 NZ$; ⌚ 9–17 Uhr) zeigt Ausstellungen über Vögel, verleiht Ferngläser und verkauft nützliche Flyer zur Vogelbeobachtung. In der Nähe sind ein Hochsitz und mehrere Wanderwege (30 Min., 2 Std.). Das Vogelschutzzentrum bietet außerdem eine saubere Unterkunft mit Stockbetten und Küche (B/Zi. 25/95 NZ$) an.

Miranda Hot Springs HEISSE QUELLE
(☎ 07-867 3055; www.mirandahotsprings.co.nz; Front Miranda Rd; Erw./Kind 14/7 NZ$ zzgl. eigene Therme 15 NZ$; ⌚ 9–21.30 Uhr) besitzt ein großes Thermalschwimmbecken (angeblich das größte in der gesamten südlichen Hemisphäre), ein angenehm warmes Saunabecken, Wellness-Einrichtungen und private Thermalbecken.

Schlafen

Miranda Holiday Park FERIENPARK $
(☎ 07-867 3205; www.mirandaholidaypark.co.nz; 595 Front Miranda Rd; Stellplatz 25 NZ$ pro Pers., Wohneinheit 85–190 NZ$;) Nebenan liegt der Ferienpark mit blitzsauberen Wohn- und Sanitäreinrichtungen, einem eigenen Thermalbecken, und einem Tennisplatz mit Flutlicht.

Thames

6800 EW.

Die Holzgebäude aus der Zeit des Goldrausches im 19. Jh. dominieren noch immer das Stadtbild von Thames, aber die grau gekleideten Goldschürfer sind Menschen mit alternativem Lebensstil gewichen. Der Ort ist ein guter Ausgangspunkt für Wanderungen oder Kanuausflüge in das nahe gelegene Kauaeranga Valley.

Im Jahr 1769 landete übrigens Captain James Cook in dieser Ecke der Halbinsel und nannte den Waihou River „Thames" (Themse), weil er doch eine „gewisse Ähnlichkeit mit diesem Fluss in England" habe (ob das stimmt, mag jeder selbst beurteilen). Die Gegend war im Besitz der Ngāti Maru, Nachfahren des Tainui-Stamms. Ihr atemberaubendes Versammlungsgebäude Hotunui (1878) nimmt einen Ehrenplatz im Auckland Museum ein.

Nachdem sie 1867 den Goldschürfern Zugang zur Stadt gewährt hatten, wurden die Ngāti Maru in nur einem Jahr von einem Strom von rund 10 000 europäischen Siedlern überschwemmt. Als der anfängliche Boom mit hochschnellenden Preisen zum Erliegen kam, führte ein zweifelhaftes System von Regierungskrediten zur Verschuldung der Māori und zwang sie letztendlich dazu, Land zu verkaufen.

Sehenswertes

★ **Goldmine Experience** MINE
(☎ 07-868 8514; www.goldmine-experience.co.nz; Ecke Moanataiari Rd & Pollen St; Erw./Kind 15/5 NZ$; ⌚ Jan.–März tgl. 10–16 Uhr, April, Mai, Sept.–Dez. bis 13 Uhr) Man wandert hier durch einen Bergwerkstunnel, beobachtet (mobile) Steinbrecher, erfährt etwas über die Bergarbeiter, die aus Cornwall hierher kamen, und versucht sich als Goldgräber (zzgl. 2 NZ$).

School of Mines & Mineralogisches Museum MUSEUM
(☎ 07-868 6227; www.historicplaces.org.nz; 101 Cochrane St; Erw./Kind 10/gratis; ⌚ März–Dez. Mi–So 11–15 Uhr, Jan. & Feb. tgl.) Der Historic Places Trust bietet Führungen durch die Gebäude an, die eine umfangreiche Sammlung neuseeländischer Gesteine, Mineralien und Fossilien beherbergen. Der älteste Teil (1868)

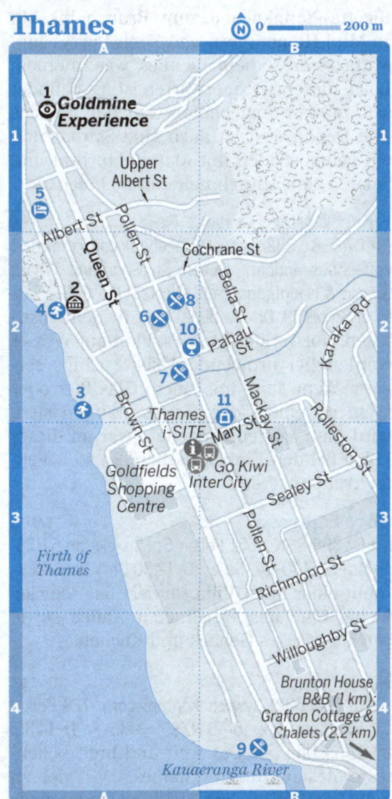

gehörte zu einer methodistischen Sonntagsschule, die sich auf einem Totenacker der Māori befand. Der Trust verteilt auch kostenlose Broschüren, in denen weitere bedeutende Bauwerke in Thames beschrieben werden, die man auch auf eigene Faust erkunden kann.

Butterfly & Orchid Garden GARTEN
(07-868 8080; www.butterfly.co.nz; Victoria St; Erw./Kind 12/6 NZ$; Sept.–März 9.30–16.30 Uhr) Der Garten befindet sich etwa 3 km nördlich der Stadt mitten im Dickson Holiday Park. Es ist ein umzäuntes Urwaldterrain mit vielen Hunderten exotischen Schmetterlingen.

Aktivitäten

Canyonz CANYONING
(0800 422 696; www.canyonz.co.nz; Ganztagestouren 360 NZ$) Canyonz bietet Ganztages-Canyoning-Touren in den Sleeping God Canyon, eine Schlucht im Kauaeranga Valley. Auf dieser Strecke geht es über 300 m steil hinunter – mit Abseilen, Wasserrutschen und Sprüngen. Los geht es in Thames um 8.30 Uhr; man kann sich auch um 7 Uhr in Hamilton abholen lassen. Aufgepasst: Thames ist nur eine 90-minütige Autofahrt von Aucklands Stadtzentrum entfernt. Wer ein eigenes Fahrzeug hat, kann den Ort also auch bequem im Rahmen eines Tagesausflugs besuchen.

Thames Small Gauge Railway EISENBAHN
(www.facebook.com/www.thamesrailway; Brown St; Fahrkarte 2 NZ$; So 11–15 Uhr) Ein echter Spaß für Kinder ist die Fahrt auf der 900 m langen Eisenbahnrundstrecke mit dieser putzigen Riesenmodelleisenbahn.

Karaka Bird Hide VOGELBEOBACHTUNG
GRATIS Die Hütte wurde von den Entschädigungszahlungen nach dem Anschlag auf die *Rainbow Warrior* errichtet und ist auf Bohlenwegen durch die Mangroven von der Brown Street aus zu erreichen.

Schlafen

Sunkist Backpackers B&B $
(07-868 8808; www.sunkistbackpackers.com; 506 Brown St; B 30–35 NZ$, EZ/DZ 65/85 NZ$;) Dieses Hostel ist in einem denkmalgeschützten Gebäude aus den 1860er-Jahren

Thames

Highlights
1 Goldmine Experience A1

Sehenswertes
2 School of Mines & Mineralogical Museum A2

Aktivitäten, Kurse & Touren
3 Karaka Bird Hide A2
4 Thames Small Gauge Railway A2

Schlafen
5 Sunkist Backpackers A1

Essen
6 Cafe Melbourne A2
7 Coco Espresso A2
8 Nakontong A2
9 Wharf Coffee House & Bar B4

Ausgehen & Nachtleben
10 Junction Hotel A2

Shoppen
11 Thames Market B2

untergebracht und verströmt viel Charakter. Es bietet geräumige Mehrbettzimmer, individuelle Einzel- und Doppelzimmer und einen schönen, sonnigen Garten. Das Frühstück ist im Zimmerpreis inbegriffen; alle Zimmer sind mit Gemeinschaftsbad. Angeboten werden auch Shuttle-Dienste zu den Pinnacles und verschiedenen Punkten entlang des Hauraki Rail Trail; ein Fahrradverleih ist ebenfalls vorhanden. Mit einem Leihwagen lassen sich auch die abgeschiedeneren Gegenden auf der Coromandel Peninsula bequem erkunden.

Cotswold Cottage B&B $$
(☎07-868 6306; www.cotswoldcottage.co.nz; 46 Maramarahi Rd; Zi. 180–210 NZ$;) Die hübsche Villa liegt etwa 3 km südöstlich der Stadt mit Blick auf den Fluss und die Rennbahn. Die Betten in den Zimmern sind mit edler Bettwäsche ausgestattet. Zum Haus gehört auch ein netter Wellness-Pool unter freiem Himmel. Die Gäste in den gemütlichen Zimmern haben alle Zugang zu einer angenehmen Terrasse.

Coastal Motor Lodge MOTEL $$
(☎07-868 6843; www.stayatcoastal.co.nz; 608 Tararu Rd; Wohneinheit 150–179 NZ$;) In dieser hübschen, einladenden Unterkunft, etwa 2 km nördlich von Thames, übernachtet man im Motel und in Hütten, die im Chalet-Stil errichtet wurden. Aufgrund des hübschen Meerblicks ist die Anlage vor allem in den Sommermonaten sehr gefragt.

Grafton Cottage & Chalets CHALET $$
(☎07-868 9971; www.graftoncottage.co.nz; 304 Grafton Rd; Wohneinheit 140–220 NZ$; @) Die meisten der attraktiven auf einem Hügel stehenden Holz-Chalets haben Terrassen mit traumhaftem Ausblick. Die gastfreundlichen Inhaber gewähren freien Internetzugang und bieten Frühstück sowie die Benutzung des Pools, des Spas und der hauseigenen Grillplätze.

Essen

Cafe Melbourne CAFÉ $
(☎07-8683159; www.facebook.com/cafemelbourne grahamstown; 715 Pollen St; Hauptgerichte 13–18 NZ$; ⏲Mo–Do 8–17, Fr bis 21, Sa & So 9–16 Uhr) Das stilvolle, geräumige Café strahlt das kosmopolitische Ambiente einer gewissen australischen Stadt aus. Es gibt coole Industriemöbel und große Tische, an denen schnell eine gesellige Atmosphäre entsteht. Auf der Speisekarte steht von sättigenden Ricotta-Pfannkuchen zum Brunch bis hin zu Mini-Hamburgern und Fisch-Currys zum Mittagessen so beinahe alles, was in einem Lokal dieser Art zu erwarten ist. Es befindet sich in dem umgebauten Gebäude namens The Depot; dort ist auch eine Saftbar und ein Feinkostladen mit Manufakturbrot und Salaten zum Mitnehmen untergebracht.

Wharf Coffee House & Bar CAFÉ $
(☎07-868 6828; www.facebook.com/thewharf coffeehouseandbar; Queen St, Shortland Wharf; Snacks & Hauptgerichte 10–18 NZ$; Mo ⏲9–15, Di, Mi & So bis 19, Do–Sa bis 21 Uhr) In dem rustikalen, holzverkleideten Pavillon am Wasser werden hervorragende Fish & Chips serviert. Wenn man mit einem Glas Bier oder Wein an einem der Tische draußen sitzt, wird man schnell verstehen, warum dieses Lokal bei den Einheimischen ein so beliebter Treffpunkt ist.

Coco Espresso CAFÉ $
(☎07-868 8616; 661 Pollen St; Snacks ab 5 NZ$; ⏲Mo–Fr 7.30–14, Sa 8.30–12.30 Uhr) Im Eckraum einer alten Villa serviert das schicke, kleine Café ausgezeichneten Kaffee sowie verführerisches Gebäck und Kuchen.

Nakontong THAI $$
(☎07-868 6821; www.nakontong.com; 728 Pollen St; Hauptgerichte 16–21 NZ$; ⏲Mo–Fr 11–14.30, tgl. 17–22 Uhr;) Das weit und breit beliebteste Restaurant in Thames. Das viel zu helle Licht trägt zwar nicht gerade zu einer romantischen Atmosphäre bei, aber dafür sorgen die zuweilen sehr scharfen Thai-Gerichte für die innere Wärme.

Ausgehen & Nachtleben

Junction Hotel PUB
(☎07-868 6008; www.thejunction.net.nz; 700 Pollen St; ⏲22 Uhr bis open end) Das Junction bediente schon 1869 durstige Goldgräber. Es ist ein etwas raues, historisches Kleinstadt-Pub mit Originalcharakter. Am Wochenende tummelt sich hier wegen der Livemusik Jungvolk, wohingegen Familien eher ins Grahamstown Bar & Diner an der gegenüberliegenden Straßenecke gehen, um dort die herzhaften Bistrogerichte zu genießen (Hauptgerichte 15–30 NZ$).

Shopping

Thames Market MARKT
(☎07-868 9841; Pollen St, Grahamstown; Sa ⏲8–12 Uhr) Samstagvormittags werden hier Bioprodukte und Kunsthandwerk verkauft.

Praktische Informationen

Thames i-SITE (☎ 07-868 7284; www.thecoromandel.com/thames; 200 Mary St; ⏲ Mo–Fr 9–17, Sa bis 14, So 10–16 Uhr) Ausgezeichnete Informationsquelle für die ganze Coromandel Peninsula.

An- & Weiterreise

Go Kiwi (☎ 0800 446 549; www.go-kiwi.co.nz) bietet praktische Verbindungen nach Auckland (44 NZ$, 2¼ Std.), Coromandel Town (34 NZ$, 1¾ Std.) und Whitianga (34 NZ$, 1¾ Std.).

Busse von **InterCity** (☎ 09-583 5780; www.intercity.co.nz) fahren nach Auckland (30 NZ$, 1½ Std.) und Hamilton (24 NZ$, 1¾ Std.).

Küstenstraße von Thames nach Coromandel-Stadt

Der schmale SH 25 schlängelt sich an der Küste entlang, vorbei an hübschen kleinen Buchten und steinigen Stränden. Es gibt Seevögel en masse, man kann angeln, nach Muscheln suchen und am Strand nach Quarz, Jaspis und sogar nach Goldkörnchen schürfen. Wenn im Dezember der Pohutukawa (oft auch als „Weihnachtsbaum Neuseelands" bezeichnet) blüht, färbt sich die Landschaft purpurrot.

Ein paar Geschäfte, Motels, B&Bs und Campingplätze liegen verstreut an den malerischen Buchten. Direkt nördlich des Te Puru sollte man in dem farbenfrohen **Waiomu Beach Cafe** e(☎ 07-868 2554; 62 Thames Coast Rd, Waiomu Bay; Hauptgerichte 10–23 NZ$; ⏲ 7–17 Uhr, im Sommer Fr bis 20 Uhr) einkehren. Hier kommen Gourmet-Pizzas, frisch gepresste Säfte und gesunde Salate auf den Tisch. Auf der Halbinsel gebrautes Craft-Bier ist ebenfalls zu bekommen. Im Sommer gibt es bei längeren Öffnungszeiten gelegentlich auch Burger-Specials.

Ab **Tapu** kann man sich ins Landesinnere begeben und über eine weitgehend befestigte Straße 6 km zu den **Rapaura Water Gardens** (☎ 07-868 4821; www.rapaurawatergardens. co.nz; 586 Tapu-Coroglen Rd; Erw./Kind 15/6 NZ$; ⏲ 9–17 Uhr) fahren, einer hübschen Mischung aus Wasser, Grün und Skulpturen. Dort gibt es auch Unterkünfte (Cottage/Lodge 165/285 NZ$) und ein Café (Hauptgerichte 14–29 NZ$).

Ab der Wilsons Bay entfernt sich die Straße langsam von der Küste und steigt über mehrere Hügel und Täler langsam an, bevor sie dann zur Stadt Coromandel hin, 55 km von Thames entfernt, wieder abfällt. Der Panoramablick über den mit kleinen Inseln gesprenkelten Coromandel Harbour ist etwas ganz Besonderes.

Coromandel

1480 EW

Coromandel (auch: Coromandel Town) mit seinen unzähligen unter Denkmalschutz stehenden Gebäuden ist ein durch und durch netter kleiner Ort. Die schicken Cafés, interessanten Kunstläden, ausgezeichneten Unterkünfte und köstlichen geräucherten Muscheln haben schon so manch einen länger als geplant hier verweilen lassen.

Im Jahr 1852 wurde im Driving Creek Gold entdeckt. Anfangs durfte der örtliche Patukirikiri-*iwi* (Stamm) die Herrschaft über das Land behalten und erhielt Geld für Schürflizenzen. Nach anfänglichem finanziellem Erfolg ereilte die Einheimischen aber das gleiche Schicksal wie die Ngāti Maru in Thames. Bis 1871 mussten sie wegen Schulden ihr gesamtes Land mit Ausnahme von 315 ha gebirgigen Geländes verkaufen. Heute sind weniger als 100 Menschen übrig, die sich diesem *iwi* zurechnen lassen.

Achtung: Die Stadt Coromandel ist nur ein Teil der Coromandel Peninsula. Durch die Lage an der Westküste der Halbinsel ist der Ort keine gute Ausgangsbasis für den Besuch der Cathedral Cove und des Hot Water Beach an der Ostküste.

Sehenswertes

Viele der historischen Stätten sind in der Broschüre *Coromandel Town* vom Historic Places Trust beschrieben; diese ist in der Touristeninformation erhältlich.

Coromandel Goldfield Centre & Stamper Battery HISTORISCHES GEBÄUDE
(☎ 021 0232 8262; www.coromandelstamperbattery.weebly.com; 360 Buffalo Rd; Erw./Kind 10/5 NZ$; ⏲ 10–16 Uhr, stündl. Führungen 10–15 Uhr, im Winter Fr geschl.) Der Steinbrecher, so heißt die Maschine zum Zerkleinern von Gestein, wird während der informativen einstündigen Führung durch diese Fabrik aus dem Jahr 1899 zu neuem Leben erweckt. Man kann sich auch im Goldwaschen versuchen (5 NZ$). Unabhängig von den Führungen lohnt es sich, an Neuseelands größtem noch funktionierendem Wasserrad anzuhalten. In den Sommermonaten sollte man nach den Lampenlicht-Touren fragen, die täglich um 17 Uhr starten.

NICHT VERSÄUMEN

COROMANDEL FOREST PARK

Mehr als 30 Wanderwege führen kreuz und quer durch den Coromandel Forest Park, der sich in mehreren großen Teilstücken in der Mitte der Coromandel Peninsula erstreckt. Die beliebteste Wanderung ist die anspruchsvolle Strecke hinauf zu den **Pinnacles** (759 m) im Kauaeranga Valley hinter Thames (hin & zurück 6–8 Std.). Ebenfalls fantastisch sind der Coromandel Coastal Walkway an der Nordspitze der Coromandel Peninsula, der von Fletcher Bay nach Stony Bay geht, und der Puketui Valley Walk zu verlassenen Goldminen.

Im **DOC Kauaeranga Visitor Centre** (Department of Conservation; ☎07-867 9080; www.doc.govt.nz; Kauaeranga Valley Rd; ⏲8.30–16 Uhr) bekommt man Karten und Infos und erfährt anhand von interessanten Exponaten vieles über den Kauri-Wald und seine Geschichte. Das Zentrum ist 14 km vom SH25 entfernt; von dort sind es dann noch 9 km Schotterpiste bis zum Ausgangspunkt der Wanderwege. Informationen rund um Shuttledienste bekommt man in den Hostels in Thames.

Die **DOC Pinnacles Hut** (Erw./Kind 15/7 NZ$) hat 80 Betten, Gaskocher, Heizung, Toiletten und kalte Duschen. Die **Crosbies Hut** (Erw./Kind 15/7,50 NZ$) verfügt über Schlafstätten, man erreicht sie von Thames oder dem Kauaeranga Valley nach einem vier- bis sechsstündigen Marsch; außerdem gibt es in diesem Teil des Parks vier einfache **Campingplätze im Hinterland** (Erw./Kind 6/3 NZ$): Einen in der Nähe einer jeden Hütte und je einen am Moss Creek und Billygoat Basin. Mehr als eine Gemeinschaftstoilette darf man allerdings nicht erwarten. Weitere acht **DOC-Campingplätze** (Erw./Kind 10/5 NZ$) sind von der Kauaeranga Valley Rd zugänglich. Die Hütten und einige der Campingplätze sind nur online buchbar.

Wer im Rahmen von geführten, jedoch abenteuerlichen Wanderungen die Umgebung erkunden will, wendet sich an **Walking Legends.** (☎07-312 5297, 0800 925 569; www.walkinglegends.com; 4-Tagestour ab 1550 NZ$).

Coromandel Mining & Historic Museum MUSEUM
(☎07-866 8987; 841 Rings Rd; Erw./Kind 5 NZ$/Eintritt frei; ⏲Feb.–Mitte Dez. Sa & So 10–13 Uhr, Mitte Dez.–Jan. tgl. 10–16 Uhr) Dieses kleine Geschichtsmuseum vermittelt interessante Einblicke in das harte und entbehrungsreiche Leben der Pioniere.

Aktivitäten

★**Driving Creek Railway & Potteries** EISENBAHN
(☎07-866 8703; www.drivingcreekrailway.co.nz; 380 Driving Creek Rd; Erw./Kind 35/13 NZ$; ⏲10.15 & 14 Uhr, im Sommer mit zusätzlichen Abfahrtszeiten) Diese einzigartige Eisenbahn ist das Lebenswerk ihres Besitzers, der sie mit viel Liebe zur Denkmalpflege erhalten hat. Der nostalgische Bummelzug überwindet steile Hänge, rattert über vier Bockbrücken, durch zwei Schleifen, eine Doppelkehre und zwei Tunnel und endet am „Eye-full Tower". Die einstündige Fahrt führt vorbei an Kunstwerken und Aufforstungen von einheimischen Bäumen – mehr als 17000 Jungbäume wurden bereits gepflanzt, u.a. auch 9000 Kauri. Im Sommer sollte man rechtzeitig vorausbuchen.

Es lohnt sich, sich das Video über den außergewöhnlichen Menschen, der hinter all dem steht, anzuschauen: Es ist der allbekannte, inzwischen leider verstorbene Töpfer Barry Brickell.

Mussel Barge Snapper Safaris ANGELN
(☎07-866 7667; www.musselbargesafaris.co.nz; Erw./Kind 55/30 NZ$) Lustige Angelausflüge mit viel Lokalkolorit; mit Abholservice.

Geführte Touren

Coromandel Adventures AUTOTOUR
(☎07-866 7014; www.coromandeladventures.co.nz; 480 Driving Creek Rd; Tagestour Erw./Kind 80/50 NZ$) Angeboten werden verschiedene Ausflüge rund um die Coromandel-Halbinsel sowie Shuttle-Dienste nach Whitianga und Auckland.

Schlafen

Lion's Den HOSTEL $
(☎07-866 8157; www.lionsdenhostel.co.nz; 126 Te Tiki St; B/Zi. 30/70 NZ$; 📶) In dieser zauber-

haften Unterkunft mit lässigem Hippie-Ambiente kann man wunderbar entspannen. Was den Aufenthalt hier so angenehm macht sind u. a. ein ruhiger Garten mit Fischteich, märchenhafte Lampen und Glyzinien. Es gibt einen hauseigenen Physiotherapeuten, der Massagen anbietet, und eine breite Auswahl komfortabler Zimmer.

Anchor Lodge MOTEL, HOSTEL $
(07-866 7992; www.anchorlodgecoromandel.co.nz; 448 Wharf Rd; B31, DZ 73 NZ$, Wohneinheit 135–320 NZ$;) Gehobene Backpacker-Unterkunft mit eigener Goldmine, Glühwürmchenhöhle, beheiztem Swimmingpool und Spa. Von den Wohneinheiten im ersten Stockwerk hat man einen herrlichen Blick auf die Bucht.

Coromandel Motel & Holiday Park FERIENPARK $
(07-866 8830; www.coromandeltop10.co.nz; 636 Rings Rd; Stellplatz ab 46 NZ$, Wohneinheit 80–185 NZ$;) Der große Park mit hübsch gestrichenen Hütten und gepflegten Rasenflächen hat einen einladenden Charakter und wird gut in Schuss gehalten. Zu der Anlage gehört, halb abgetrennt, das Coromandel Town Backpackers. Im Sommer ist viel los, sodass man im Voraus buchen sollte. Ein Fahrradverleih (20 NZ$ pro Tag) ist ebenfalls vorhanden.

★ **Hush Boutique Accommodation** STUDIO $$
(07-866 7771; www.hushaccommodation.co.nz; 425 Driving Creek Rd; Wohnmobil 45 NZ$, Hütte bzw. Sudio 145–175 NZ$) Die rustikalen, aber stilvollen Wohnstudios liegen verstreut auf einem Busch-Terrain. Viel honigfarbenes Echtholz schafft eine warme Atmosphäre. Der Gemeinschaftsbereich mit Kochgelegenheit im Freien und einer Grillstelle ist ideal, um andere Reisende kennenzulernen. Die kleinere Hütte namens Hush Petite (145 NZ$) ist eine eigenständige Wohneinheit mit einem Schlafzimmer; einstmals wohnte hier der Töpfer.

Jacaranda Lodge B&B $$
(07-866 8002; www.jacarandalodge.co.nz; 3195 Tiki Rd; EZ 90 NZ$, DZ 155–185 NZ$;) Das zweistöckige Cottage, ein Refugium zum Entspannen, liegt inmitten von etwa 6 ha Ackerland und Rosengärten. Das freundliche Inhaberpaar, Judy und Gerard, erfreut seine Gäste mit einem ausgezeichneten Frühstück mit frischen Zutaten aus dem eigenen Bio-Obstgarten, beispielsweise mit Pflaumen, Mandeln, Macadamianüssen und Zitrusfrüchten. Einige der Zimmer haben kein eigenes Bad.

Green House B&B $$
(07-866 7303; www.greenhousebandb.co.nz; 505 Tiki Rd; Zi.180;) Das Green House, ein guter alter Hort der Gastlichkeit, wartet mit drei hübsch eingerichteten Zimmern auf. Das Quartier im Erdgeschoss wurde vor Kurzem renoviert; dort genießen die Gäste Ausblicke aufs Meer und ins Umland.

Little Farm APARTMENT $$
(07-866 8427; www.thelittlefarmcoromandel.co.nz; 750 Tiki Rd; Zi. 90–130 NZ$;) Die drei komfortablen Wohneinheiten mit Blick auf ein Sumpfgebiet an der Rückseite einer Farm bieten viel Ruhe und Frieden. Die größte Wohneinheit verfügt über eine voll eingerichtete Küche und bietet den Gästen herrlichen Blick auf die Sonnenuntergänge.

Coromandel Accommodation Solutions UNTERKUNFTSVERMITTLUNG $$
(07-866 8803; www.accommodationcoromandel.co.nz; 265 Kapanga Rd; Wohneinheit & Apt. 120–250 NZ$;) Hier kann man Cottages und Ferienhäuser auf der Coromandel Peninsula buchen. Eine ausgezeichnete Möglichkeit, eine Unterkunft an der Küste zu ergattern! Es stehen außerdem zwei schicke Apartments in zentraler Lage in Coromandel selbst zur Verfügung.

Driving Creek Villas COTTAGE $$$
(07-866 7755; www.drivingcreekvillas.com; 21a Colville Rd; Villa 325 NZ$;) Die drei geräumigen, edlen Holzvillen sind eher etwas für Individualisten ohne Anhang, die ihre Privatsphäre lieben. Die moderne Einrichtung mit polynesischem Flair ist raffiniert, und die Lage im Buschland mit plätscherndem Bach einfach grandios.

Essen

Driving Creek Cafe VEGETARISCH, VEGAN $
(07-866 7066; www.drivingcreekcafe.com; 180 Driving Creek Rd; Hauptgerichte 9–18; 9.30–17 Uhr;) In diesem flippigen Café aus Lehmziegeln warten vegetarische, vegane, glutenfreie, biologische und Fairtrade-Gaumenfreuden auf Gäste. Die Speisen sind frisch, gesund und wunderschön angerichtet. Nach dem Essen können die Kleinen im Sandkasten spielen, während die Großen ihre E-Mails checken (WLAN kostenlos) Nicht verpassen: noch einen himmlischen Saft oder Smoothie!

Coromandel Oyster Company FISCH & MEERESFRÜCHTE $
(☎07-866 8028; 1611 Tiki Rd; Snacks & Gerichte 5–25 NZ$; ⌚Sa–Do 10–17.30, Fr bis 18.30 Uhr) Fangfrische Muscheln, Jakobsmuscheln, Austern, Fish & Chips und Butt. Von Thames kommend befindet sich das Seafood-Lokal auf dem Hügel etwa 7 km vor dem Städtchen Coromandel.

★ **Coromandel Mussel Kitchen** FISCH & MEERESFRÜCHTE $$
(☎07-866 7245; www.musselkitchen.co.nz; Ecke SH25 & 309 Rd; Hauptgerichte 18–21 NZ$; ⌚9–15.30 Uhr, Ende Dez.–Feb. auch Abendessen) Lässige Café-Bar, die sich auf dem Land etwa 3 km südlich der Stadt befindet. Serviert werden im Coromandel Mussel Kitchen die Muscheln entweder mit thailändisch oder mediterran gewürzter Soße oder halbschalig gegrillt. In den Sommermonaten eignet sich der Garten perfekt, um einen Muschel-Burger und ein eisgekühltes Craft Beer zu genießen. Es gibt aber auch geräucherte und mit Peperoni gewürzte Muscheln sowie Flaschenbier zum Mitnehmen.

Pepper Tree MODERN-NEUSEELÄNDISCH $$
(☎07-866 8211; www.peppertreerestaurant.co.nz; 31 Kapanga Rd; Mittagessen 16–28 NZ$, Abendessen 25–39 NZ$; ⌚10–21 Uhr; 📶) Coromandels bestes Restaurant tischt großzügig portionierte Mahlzeiten auf. Der Schwerpunkt der Speisekarte liegt auf fangfrischem Fisch und leckeren Meeresfrüchten. An einem lauen Sommerabend gibt es wohl keinen besseren Ort, als an einem der Tische im schattigen Innenhof zu essen.

Ausgehen & Nachtleben

Star & Garter Hotel PUB
(☎07-866 8503; www.starandgarter.co.nz; 5 Kapanga Rd; ⌚11 Uhr bis open end) Diese schicke Kneipe mit einfachem Kauri-Interieur in einem Gebäude aus dem Jahr 1873 bietet Billardtische, ordentliche Musik und an den Wochenenden regelmäßig Livemusik und DJs. Der hübsche Biergarten ist raffiniert mit Wellblech verkleidet.

Praktische Informationen

Coromandel Town Information Centre (☎07-866 8598; www.coromandeltown.co.nz; 85 Kapanga Rd; ⌚10–16 Uhr; 📶) Gutes Kartenmaterial und praktische Hinweise rund um die Gegend; hier ist auch der Flyer zu den kulturhistorischen Sehenswürdigkeiten (Titel: *Coromandel Town*) erhältlich.

An- & Weiterreise

Die bei Weitem schönste Art der Anreise von Auckland nach Coromandel ist an Bord der Fähre **360 Discovery** (☎0800 360 3472; www.360discovery.co.nz, einfache Strecke/hin & zurück 55/90 NZ$, 2 Std., werktags 5-mal tgl., im Sommer tgl., inklusive Fahrradmitnahme) mit Zwischenstopp in Orapiu auf Waiheke Island. Die Fähre legt an der Hannafords Wharf, Te Kouma, an und ab; von dort fahren Shuttlebusse in das 10 km entfernt gelegene Coromandel.

Radwanderer können Aucklands viel befahrene Straßen und Autoabgase komplett umgehen, indem sie bei Gulf Harbour die Fähre nehmen und direkt nach Coromandel übersetzen.

Busse von **InterCity** (☎09-583 5780; www.intercity.co.nz) fahren von Coromandel nach Hamilton (40 NZ$, 3½ Std.); **Go Kiwi** (☎0800 446 549; www.go-kiwi.co.nz) bietet Busverbindungen nachh Thames und Auckland ($59, 4½ Std.).

Far North Coromandel

Die zerklüftete Spitze der Coromandel Peninsula ist äußerst einsam und atemberaubend schön. Die Anstrengung, dorthin zu gelangen, lohnt sich auf jeden Fall. Die beste Reisezeit ist im Sommer, wenn die Schotterstraßen trocken sind, die Pohutukawa-Bäume in ihrer purpurfarbenen Pracht erstrahlen und Zelten kein Problem ist (es gibt hier oben nur wenige Unterkünfte).

Die 1260 ha große **Colville Farm** (☎07-866 6820; www.colvillefarmholidays.co.nz; 2140 Colville Rd; DZ 75–130 NZ$; @📶) hat Übernachtungsmöglichkeiten u. a. in einfachen Buschhütten und in separaten Häuser. Gäste können sich an der Arbeit auf der Farm beteiligen (beispielsweise beim Melken) oder an ein- bis fünfstündigen Ausritten teilnehmen (40–150 NZ$).

Im nahe gelegenen **Mahamudra Centre** (☎07-866 6851; www.mahamudra.org.nz; RD4, Main Rd, Colville; Campingplatz/B/EZ/2BZ 18/28/50/80 NZ$), einer ruhigen tibetisch-buddhistischen Bleibe, gibt es einen Stupa, einen Meditationsraum und regelmäßig stattfindende Meditationskurse. Die einfachen Unterkünfte befinden sich in einer parkähnlichen Umgebung.

Rund 1 km weiter liegt die winzige Siedlung **Colville** (25 km nördlich von Coromandel). Es ist eine abgelegene, ländlich geprägte Gemeinde an einer verschlammten Bucht, die mittlerweile ein Anziehungspunkt für Anhänger eines alternativen Lebensstils geworden ist.

Hier ist nicht viel geboten außer dem urigen **Colville General Store** (☎07-866 6805; Colville Rd; h8.30–17 Uhr), der von Biolebensmitteln bis hin zu Benzin so ziemlich alles verkauft (Achtung: Hier ist tatsächlich die letzte Möglichkeit, sich mit Lebensmitteln zu versorgen und zu tanken!).

Ein weiteres absolutes Muss ein Zwischenstopp in dem weiter nördlich gelegenen Slowfood-Laden **Hereford 'n' a Pickle** (☎021 136 8952; www.facebook.com/hereford.n.a.pickle; Kuchen/Quiche 4–6 NZ$; ⌚9–16 Uhr; 📶).

Guter Kaffee, frisch zubereitetes Fruchteis und deftige Kuchen mit Fleischfüllung (vom regionalen Hereford-Schlachtvieh) sind die Aushängeschilder dieses ländlichen „Farm-Shops", wie sich die Schlemmeroase nennt; hier kann man auch kostenlos im Internet surfen und bei Sonnenschein draußen essen. Würstchen, Räucherfleisch und andere Erzeugnisse aus der Region gibt es auch zum Mitnehmen, wie etwa frisch gepresste Säfte, Marmeladen und essigsaures Gemüse (Gewürzgurken, Mixed Pickles etc.).

Rund 3 km nördlich von Colville endet die befestigte Straße und gabelt sich in zwei Schotterpisten, von denen je eine an der West- und Ostküste der Halbinsel verläuft. An der Westküste ragen uralte Pohutukawa-Bäume in den Himmel, wenn man an dem türkisfarbenen Wasser und den steinigen Stränden vorbeifährt. Der vom DOC betriebene, kleine **Campingplatz Fantail Bay** (☎07-866 6685; www.doc.govt.nz; Port Jackson Rd; Erw./Kind 10/5 NZ$), 23 km nördlich von Colville, verfügt über fließendes Wasser und ein paar Plumpsklos im Schatten von Puriri-Bäumen. Nach weiteren 7 km erreicht man den **Port-Jackson-Campingplatz** (☎07-866 6932; www.doc.govt.nz; Port Jackson Rd; Erw./ Kind 10/5 NZ$), eine größere DOC-Anlage direkt am Strand.

Etwa 4 km weiter gibt es einen spektakulären Aussichtspunkt, an dem man anhand einer Metallplatte die einzelnen Inseln am Horizont identifizieren kann. Die nur 20 km entfernte Great Barrier Island sieht wie eine Verlängerung der Coromandel Peninsula aus, was sie einst auch war.

Die Straße endet an der **Fletcher Bay** – dem zauberhaften Ende der Welt. Obwohl die Bucht nur 37 km von Colville entfernt ist, sollte man eine Stunde für die Fahrt einplanen. Hier gibt es einen weiteren **DOC-Campingplatz** (☎07-866 6685; www.doc.govt.nz; Erw./Kind 10/5 NZ$) und das **Fletcher Bay Backpackers** (☎07-866 6685; www.doc.govt.nz; B 26 NZ$) – eine einfache Unterkunft mit vier Zimmern mit je vier Schlafplätzen. Bettwäsche und Verpflegung mitbringen!

Der **Coromandel Coastal Walkway** ist ein idyllischer Wanderweg (einfache Strecke 3½ Std.) zwischen Fletcher Bay und **Stony Bay**. Es ist eine relativ einfache Wanderung teils über Äcker und Wiesen mit grandiosem Blick aufs Meer. Wer nicht die ganze Strecke zurücklaufen will, kann sich von **Coromandel Discovery** (☎07-866 8175; www.coromandeldiscovery.co.nz; Erw./Kind 130/75 NZ$) von Coromandel zur Fletcher Bay fahren und sich dann vier Stunden später an der Stony Bay wieder abholen lassen.

An der Stony Bay, wo die Straße an der Ostküste endet, gibt es einen weiteren **DOC-Campingplatz** (☎07-866 6822; www.doc.govt.nz; Erw./Kind 10/5 NZ$, *bach* 77 NZ$) und ein kleines DOC-*bach* (Ferienhaus) für fünf Personen. Weiter im Süden in Richtung der etwas größeren Siedlung **Port Charles** gibt es ein paar nette Strände mit Ferienhäusern auf dem Weg dorthin.

Das **Tangiaro Kiwi Retreat** (☎07-866 6614; www.kiwiretreat.co.nz; 1299 Port Charles Rd; Wohneinheit 220–350 NZ$; 📶) bietet acht sehr komfortable eigenständige Holzhäuser mit einem oder zwei Schlafzimmern. Es gibt außerdem ein Spa am Buschrand und Massagen für 75 NZ$ pro Stunde; im Sommer laden ein Café sowie ein Restaurant mit Schanklizenz zur Einkehr ein. Die 20 km lange Straße nach Port Charles an der Kreuzung Port Charles Road/Wakawau Road ist kurvenreich und unbefestigt.

Nach weiteren 8 km erreicht man die Abzweigung, die zurück nach Colville führt. Alternativ kann man südlich zur **Waikawau Bay** fahren; dort befinden sich ein großer **DOC-Campingplatz** (☎07-866 1106; Erw./Kind 10/5 NZ$) und ein nur im Sommer geöffneter Laden. Die Straße schlängelt sich dann weiter gen Süden vorbei an der **Kennedy Bay** und endet schließlich unweit der Driving Creek Railway.

Von Coromandel nach Whitianga

309 Road

Von Coromandel aus gibt es zwei Strecken gen Südosten nach Whitianga. Die etwas längere, aber schnellere Variante führt über die Hauptstraße SH 25 und bietet großartige

Ausblicke auf den Pazifik; kleine Umwege zu unberührten Sandstränden sind problemlos möglich. Die andere Route ist die weniger befahrene, aber legendäre 309 Road, eine unbefestigte, raue 21-km-Piste mitten durch das Buschland. Die etwa 3 km südlich von Coromandel beginnende 309 führt 21 km durch die Coromandel Range (der größte Teil ist unbefestigt, jedoch in gutem Zustand) und erreicht etwa 7 km südlich von Whitianga wieder den SH 25. Die **Waterworks** (www.thewaterworks. co.nz; 471 309 Rd; Erw./Kind 24/18 NZ $; ⏲ Nov.–April 10–18 Uhr, Mai–Okt. 10–16 Uhr 👪) 🍃, 5 km vom SH25 entfernt, sind eine wunderbar bizarre Anlage voller skurriler, mit Wasserkraft betriebener Attraktionen, die beispielsweise aus alten Küchenmessern, Waschmaschinen, Fahrrädern und Toiletten hergestellt sind.

Rund 2 km weiter gelangt man nach einem nur zweiminütigen Fußmarsch durch Buschland zu den 10 m hohen **Waiau Falls**. Nach weiteren 500 m bzw. einem zehnminütigen Busch-Spaziergang erreicht man einen umwerfenden **Kauri-Hain**. Die rund 600 Jahre alten Baumriesen entgingen der Abholzung im 19. Jh. und sind ein Zeugnis dafür, wie majestätisch die Halbinsel wohl einst ausgesehen hat. Der größte Baum hat einen Umfang von 6 m.

Wer die Abgeschiedenheit mag und ein wenig verweilen möchte, kann in der **Wairua Lodge** (☎ 07-866 0304; www.wairualodge.co.nz; 251 Old Coach Rd; Zi. 170–250 NZ $) übernachten. Das ruhige B&B mit seinen charmanten Gastgebern versteckt sich im Busch Richtung Whitianga fast am Ende der 309. Auf dem Grundstück gibt es eine Badestelle am Fluss, einen Grillplatz, ein Spa und eine romantische Badewanne im Freien.

State Highway 25

Der SH25 steigt zunächst steil bis zu einem unglaublichen Aussichtspunkt an, um dann wieder steil abzufallen. Die Abzweigung bei Te Rerenga folgt der Bucht bis nach **Whangapoua.** An diesem Strand gibt es nicht viel, außer ein paar Ferienhäusern und den angenehmen **Whangapoua Holiday Park** (☎ 07-866 5215; www.whangapouaholidaypark.co.nz; 1266 Whangapoua Rd, Whangapoua; Stellplatz ab 20 NZ$, Hütte 75–90 NZ$). Man kann aber an der felsigen Küste zum abgelegenen, wunderschön einsamen und jungfräulichen **New Chum's Beach** (30 Min.) wandern, der als einer der schönsten Strände des Landes gilt. Zurück in Te Rerenga am SH 25 kann man sich dann im **Castle Rock Cafe** (www.castlerockcafe.co.nz; 1242 Whangapoua Rd, Te Rerenga; Hauptgerichte 12–22 NZ $; ⏲ Mi, Do, So 10–16, Fr bis 20.30, Sa 9–20.30 Uhr) stärken. Auf der Speisekarte stehen gute Pizzas und Gourmet-Burger, auch zum Mitnehmen, sowie zahlreiche selbst gemachte Marmeladen, Dressings und Soßen.

Weiter auf dem SH 25 in Richtung Osten erreicht man **Kuaotunu**, einen etwas interessanteren Urlaubsort an einem wunderschönen weißen Sandstrand. Im Ort sind ein Café mit Kunstgalerie, ein Laden und eine nostalgische Tankstelle. In **Luke's Kitchen** (www.lukeskitchen.co.nz; 20 Blackjack Rd, Kuaotunu; Hauptgerichte bzw. Pizza 15–28 NZ$; Café & Galerie ⏲ tgl. 8.30–15.30 Uhr, Restaurant & Bar 11–22 Uhr, im Winter kürzere Öffnungszeiten) herrscht urige Surferkneipen-Stimmung, es gibt eisgekühltes Bier (u. a. Craft Beer aus ganz Neuseeland) und ausgezeichnete Holzofenpizza. Bei Luke's sollte man unbedingt einmal vorbeischauen; denn gelegentlich gibt es auch Livemusik, Meeresfrüchte und cremige Obst-Smoothies. Gleich nebenan befindet sich das neu eröffnete Tagescafé mit Galerie. Dort bekommt man sehr guten Kaffee, hausgemachtes Gebäck und ein buntes Angebot an Kunsthandwerk. Eine besondere Gaumenfreude sind Spanische Eier oder ein Speck-Ei-Röllchen – bei Sonnenschein mitten im Dorf geschlemmt! Da lacht das Traveller-Herz!

Wer auf mehr Luxus aus ist, findet in der **Kuaotunu Bay Lodge** (☎ 07- 866 4396; www.kuaotunubay.co.nz; SH25; EZ /DZ 270/295 NZ$; 📶) sein Glück, einem eleganten B&B mitten in einem schön angelegten Garten mit ein paar geräumigen Zimmern mit Meerblick.

Fährt man bei Kuaotunu vom Highway ab, erreicht man (über eine unbefestigte Straße) eines der am besten gehüteten Geheimnisse der Coromandel Peninsula. Zunächst kommt der lange Streifen des **Otama Beach** Otama Beach in Sicht, der abgesehen von ein paar Häusern und Farmen menschenleer ist. Fährt man eine schmale Straße weiter, erreicht man schließlich wieder einen befestigten Abschnitt und kommt nach **Opito**, eine versteckte Enklave mit 250 superschicken Luxusvillen (zu schön, um sie einfach nur *baches* – Ferienhäuser – zu nennen); 16 dieser Häuser sind ständig bewohnt. Von diesem zauberhaften Strand aus kann man bis zum äußersten Ende laufen, wo die historische Stätte von Ngāti-Hei-*pa* (Wehrdorf) liegt.

Die **Leighton Lodge** (☎07-866 0756; www.leightonlodge.co.nz; 17 Stewart Pl; EZ 160–190 NZ $, DZ 200–220 NZ$; @) in Opito ist ein schickes B&B mit freundlichen Gastgebern, einer Ferienwohnung im Erdgeschoss und einem Zimmer im Obergeschoss, mit Balkon und einem wunderschönen Ausblick.

Whitianga

3800 EW.

Die großen Attraktionen von Whitianga sind die Sandstrände an der Mercury Bay sowie die Tauchspots und die Möglichkeiten, an der zerklüfteten Küste und im nahe gelegenen Te Whanganui-A-Hei Marine Reserve mit dem Boot oder mit dem Kajak zu fahren. Die hübsche Bucht ist bekannt für Sportfischerei (insbesondere Speer- und Thunfisch; Jan.–März).

Der legendäre polynesische Entdecker und Seefahrer Kupe soll um 950 n. Chr. hier in der Nähe gelandet sein. Der Name Whitianga ist die Kurzversion Te Whitianga a Kupe (Kupes Überfahrtsort).

Sehenswertes

Der **Buffalo Beach** erstreckt sich entlang der Mercury Bay nördlich des Whitianga Harbour. Mit der Personenfähre (S. 232) durch die Bucht erreicht man in fünf Minuten **Ferry Landing**. Von dort kann man zu den hiesigen Sehenswürdigkeiten wie dem Whitianga Rock Scenic & Historical Reserve, einem Park mit grandiosem Blick übers Meer, und zum **Shakespeare Cliff Lookout** wandern. Etwas weiter entfernt liegen Hahei Beach (13 km), Cathedral Cove (15 km) und Hot Water Beach (18 km, per Fahrrad etwa 1 Std.). Wer von Ferry Landing zu diesen Orten radeln will, der kann sich auf ein relativ flaches Gelände freuen.

Lost Spring QUELLE

(☎07-866 0456; www.thelostspring.co.nz; 121a Cook Dr; pro 90 Min./Tag 38/68 NZ$; ⏲So–Fr 10.30–18, Sa bis 20 Uhr) Dieser teure, aber aufregende Thermalkomplex im Disney-Rotorua-Stil umfasst mehrere Warmwasserbecken in üppig-grüner, dschungelartiger Umgebung inklusive explosivem Vulkan – ein idealer Ort zum Entspannen in tropischer Ruhe, mit einem leckeren Cocktail in der Hand; außerdem gibt es noch ein Tages-Spa und ein Café. Kinder unter 14 Jahren dürfen nur in Begleitung eines Erwachsenen in die Swimmingpools.

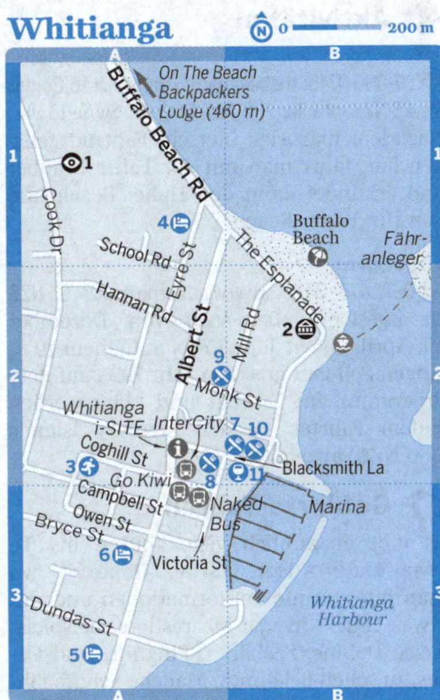

Whitianga

Sehenswertes
1 Lost Spring A1
2 Mercury Bay Museum B2

Aktivitäten, Kurse & Touren
3 The Bike Man A2

Schlafen
4 Beachside Resort A1
5 Mercury Bay Holiday Park A3
6 Turtle Cove A3

Essen
7 Blue Ginger B2
8 Cafe Nina A2
9 Poivre & Sel A2
10 Squids B2

Ausgehen & Nachtleben
11 Whitianga Hotel B2

Mercury Bay Museum MUSEUM

(☎07-866 0730; www.mercurybaymuseum.co.nz; 11a The Esplanade; Erw./Kind 7,50/0,5 NZ$; ⏲10–16 Uhr) Ein kleines, aber sehr interessantes Museum, das sich auf Regionalgeschichte spezialisiert hat – vor allem aber auf die beiden berühmtesten Besucher von Whitianga: den polynesischen Seefahrer Kupe und den britischen Entdecker James Cook.

Aktivitäten

Bike Man FAHRRADVERLEIH
(☎07-866 0745; thebikeman@xtra.co.nz; 16 Coghill St; 25 NZ$ pro Tag; ⏰Mo–Fr 9–17, Sa 9–13 Uhr) Nachdem man sich hier ein Fahrrad geliehen hat, fährt man mit der Fähre hinüber und erkundet dann den Hahei Beach und den Hot Water Beach.

Windborne SEGELN
(☎027 475 2411; www.windborne.co.nz; 95 NZ$ pro Tagestörn; ⏰Dez.–April) Von Dezember bis April stehen Tagestörns auf einem 19 m langen Schoner aus dem Jahr 1928 auf dem Programm. Im Februar und März werden zudem Fahrten zu den Mercury Islands (150 NZ$) angeboten.

Geführte Touren

Es gibt erstaunlich viele Touren ins **Te Whanganui-A-Hei Marine Reserve**, wo man interessante Felsformationen und mit etwas Glück diverse Meerestiere, beispielsweise Delfine, Seebären, Pinguine und Orcas, zu sehen bekommt. Manche Schiffe fahren eigens zu diesem Zweck hinaus, andere bieten wahlweise auch Schwimmen und Schnorcheln an.

Ocean Leopard BOOTSFAHRT
(☎0800 843 8687; www.oceanleopardtours.co.nz; Erw./Kind 80/45 NZ$; ⏰10.30, 13.30 & 16 Uhr) Die zweistündigen Ausflüge entlang der Küste führen u. a. natürlich auch zur Cathedral Cove. Das Boot ist glücklicherweise mit einem praktischen, schützenden Sonnendach ausgestattet; außerdem ist eine einstündige Whirlwind Tour (Erw./Kind 60/35 NZ$) im Programm des Anbieters.

Whitianga Adventures BOOTSFAHRT
(☎0800 806 060; www.whitianga-adventures.co.nz; Erw./Kind 75/45 NZ$) Whitianga Adventures haben ein zweistündiges Meeresgrottenabenteuer an Bord eines Schlauchboots im Programm.

Glass Bottom Boat GLASBODENBOOT
(☎07-867 1962; www.glassbottomboatwhitianga.co.nz; Erw./Kind 95/50 NZ$) Die zweistündige Tour mit einem Glasbodenboot wird zur Erkundung des Meeresschutzgebietes Te Whanganui-A-Hei genutzt.

Cave Cruzer BOOTSFAHRT
(☎07-866 0611; www.cavecruzer.co.nz; Erw./Kind 1 Std. 50/30 NZ$, 2 Std. 75/40 NZ$) Cave Cruzer veranstaltet Bootstouren in einem stabilen Schlauchboot.

Feste & Events

Scallop Festival ESSEN
(☎07-867 1510; www.scallopfestival.co.nz; ⏰Anfang Sept.) Anfang September geht es an einem Tag richtig rund, mit gutem Essen und Unterhaltung. Zum Verkosten gibt es verschiedenste Weich- und Krustentieren, also nicht nur Jakobsmuscheln.

Schlafen

On the Beach Backpackers Lodge HOSTEL $
(☎07-866 5380; www.coromandelbackpackers.com; 46 Buffalo Beach Rd; B/EZ/DZ 27/42/82 NZ$; @) Das hell gestrichene YHA-Hostel am Strand verfügt über ein vielfältiges Angebot an Zimmern, darunter einige mit Meerblick und eigenem Bad. Kajaks, Bodyboards und Spaten (für den Hot Water Beach) werden kostenlos zur Verfügung gestellt; außerdem ist ein Fahrradverleih vorhanden – für alle, die unbedingt mit der Fähre übersetzen wollen, um nach Hahei zu radeln.

Turtle Cove HOSTEL $
(☎07-867 1517; www.turtlecove.co.nz; 14 Bryce St; B28–32, DZ 75–85 NZ$; @📶) Bunt gestaltete Gemeinschaftsflächen und eine geräumige, moderne Küche machen das Turtle Cove zu einem der besten Hostels auf Coromandel Peninsula und in der Umgebung von Waikato. Die größten Mehrbettzimmer haben auch nur sechs Betten; hier fühlt man sich mehr wie bei einer Gastfamilie untergebracht als in einem pulsierenden Party-Tempel. Das Team an der Rezeption ist stets zuvorkommend und hat jede Menge gute Ideen auf Lager, wie man das Beste aus seiner Zeit herausholt.

Mercury Bay Holiday Park FERIENPARK $
(☎07-866 5579; www.mercurybayholidaypark.co.nz; 121 Albert St; Stellplatz ab 23 NZ$, Wohneinheit 85–160 NZ$; @📶🏊) Dieser kleine, aber komfortable und saubere Ferienpark befindet sich seltsamerweise in einem vorstädtischen Wohnviertel. Zur Anlage gehören Spielplätze, ein Trampolin, ein Swimmingpool und ein Billardtisch.

Beachside Resort MOTEL $$
(☎07-867 1356; www.beachsideresort.co.nz; 20 Eyre St; Wohneinheit 195–225 NZ$; 📶🏊) Dieses moderne Motel befindet sich am Rand des weitläufigen Oceans Resort und besitzt gepflegte Wohneinheiten mit Kochnischen; diejenigen im oberen Stockwerk sind mit Balkonen ausgestattet. Trotz des Namens

liegt das Haus ein Stück landeinwärts, hat aber immerhin einen beheizten Swimmingpool zu bieten.

Within the Bays B&B $$$
(☎07-866 2848; www.withinthebays.co.nz; 49 Tarapatiki Dr; Zi. 275–325 NZ$; @📶) Die Kombination aus reizenden Gastgebern und einem unglaublichen Ausblick macht dieses B&B (5 km vom Ortszentrum Whitinaga) auf einem Hügel über der Mercury Bay so attraktiv. Es ist geradezu ideal für Mobilitätseingeschränkte – sogar der Zugangsweg zum Anwesen ist für Rollstuhlfahrer geeigent.

Essen

Cafe Nina CAFÉ $
(☎07-866 5440; www.facebook.com/cafeninawhitianga; 20 Victoria St; Hauptgerichte 8–20 NZ$; ⏲8–15 Uhr) Grillfrühstück gefällig? Warum nicht?! Es ist hier einfach zu cool, um in den eigenen vier Wänden zu bleiben. Hier brutzeln Schinken und Eier auf einer Outdoor-Kochplatte, und die Gäste zieht es hinaus an die Tische im kleinen Park. Außerdem gibt es noch griechische Salate und schmackhafte Quesadillas.

Blue Ginger SÜDOSTASIATISCH $$
(☎07-867 1777; www.blueginger.co.nz; 1/10 Blacksmith Lane; Gemeinschaftsteller 9–14 NZ$, Hauptgerichte 22–28 NZ$; ⏲Di–Fr 11–14 & Di–Sa 17 Uhr bis open end) Die Speisekarte dieses lässigen Lokals ist geprägt von Gerichten mit südostasiatischem Aroma; man schlemmt gesellig an großen Tischen. Zu den Highlights zählen Beef Ren Dang nach indonesischer Art, Pad Thai (Nudeln mit Sojabohnen, Gemüse und Huhn) und köstliches Enten-Curry.

Mercury Bay Estate WEINGUT $$
(☎07-866 4066; www.mercurybayestate.co.nz; 761a Purangi Rd, Cooks Beach; Platte 18–48 NZ$, Weinverkostung 8–15 NZ$; ⏲Mo–Fr 10–17, Sa & So 9–18 Uhr) Recyceltes Holz und Wellblech bestimmen das Design dieses schicken, rustikalen Weinguts an der Straße von Ferry Landing nach Cooks Beach (35 km von Whitianga entfernt). Fisch und Meeresfrüchte, Käse und Charcuterieprodukte (Wurst- und Fleischwaren) passen ausgezeichnet zu den Weinen wie dem sehr guten Chardonnay Lonely Bay. Außerdem kann man hier neuseeländische Kunst erwerben.

Squids FISCH UND MEERESFRÜCHTE $$
(☎07-867 1710; www.squids.co.nz; 15/1 Blacksmith Lane; Hauptgerichte 15–32 NZ$; ⏲11–14.30 & 17.30 Uhr bis open end) Das ungezwungene Restaurant in Toplage an einer Ecke mit Blick auf die Hafenbucht bietet preiswerte Gerichte mit Fisch und Meeresfrüchten. Es gibt gedünstete Muscheln, Platten mit BBQ-Meeresfrüchten, Fischsuppe – manchmal asiatisch gewürzt – und auch gute Steaks.

Poivre & Sel MODERN-NEUSEELÄNDISCH $$$
(☎07-866 0053; www.poivresel.co.nz; 2 Mill Rd; Hauptgerichte 35–40 NZ$; ⏲Di–Sa 18 Uhr) Die mediterran anmutende Villa – umgeben von einem hübschen Garten im Schatten von Palmen – ist das stilvollste Lokal am Ort. Als Vorspeise empfiehlt sich Krebsfleisch mit schwarzem Knoblauch in Avocado-Grapefruit-Parfait, gefolgt von köstlichen Wachteln mit Steinpilzfüllung und Spargel. Der beste Auftakt zum Abendschmaus ist ein Happy-Hour-Drink (5 NZ$ ab 17 Uhr). Reservierung wird empfohlen.

Ausgehen & Nachtleben

Whitianga Hotel PUB
(☎07-866 5818; www.whitiangahotel.co.nz; 1 Blacksmith Lane; ⏲11 Uhr bis open end) Preiswerte Bistrokarte, viele eisgekühlte Biere vom Fass und eine Gartenbar mit entspannter Atmosphäre – kurzum, das was man unter einem echten neueseeländischen Pub-Erlebnis versteht! Hier kann man mit Einheimischen eine Runde Billard spielen oder auch mitsingen, wenn am Wochenende abends ein DJ auflegt oder Coverbands aufspielen. Die Liedtexte kennt wahrscheinlich jeder.

Praktische Informationen

Whitianga i-SITE (☎07-866 5555; www.whitianga.co.nz; 66 Albert St; ⏲Mo–Fr 9–17, Sa & So bis 16 Uhr) Praktische Informationen und Internetzugang. Im Sommer sind die Öffnungszeiten länger.

Anreise & Unterwegs vor Ort

BUS

Cathedral Cove Shuttles (☎027 422 5899; www.cathedralcoveshuttles.co.nz; pro Pers. 40 NZ$; 👪) Der Verkehrsbetrieb fährt ab Ferry Landing die nahe gelegenen Strände und Attraktionen an. Mitnahme nur nach telefonischer Anfrage oder Buchung über Website.

Go Kiwi (☎07-866 0336; www.go-kiwi.co.nz) bietet Busverbindungen zwischen Whitianga, Thames und Auckland an; von Ende Dezember bis März (Sommer) verkehrt auch die bequeme Strandbuslinie **Beach Bus** (S. 234) ab Ferry Landing für Fahrten nach Hahei, Cathedral Cove und Hot Water Beach.

InterCity (☎07-348 0366; www.intercity.co.nz) bedient zwei Strecken von/nach Coromandel Peninsula: Auckland–Thames–Paeroa–Waihi–Tauranga sowie Hamilton–Te Aroha–Paeroa–Thames–Coromandel Town. Vor Ort verkehren Busse auf den Strecken Thames–Coromandel Town–Whitianga und Whitianga–Tairua–Thames.

Naked Bus (www.nakedbus.com) fahren via Ngatea auf der Route Auckland–Tauranga–Mount Maunganui–Rotorua–Gisborne und weiter nach Whitianga.

FÄHRE

Passenger Ferry Ride (☎021 025 10169; www.whitiangaferry.co.nz; Erw./Kind/Fahrrad 4/2/1,50 NZ$; ⏲7.30–19.30 & 20.30–22.30 Uhr) eine 5-minütige Fahrt an Bord einer Personenfähre bringt Ausflügler über die Hafenbucht zum Whitianga Rock Scenic & Historical Reserve, zur Flaxmill Bay, zum Aussichtspunkt Shakespeare's Lookout. zur Gedenkstätte Captain Cook's Memorial sowie in die Buchten Lonely Bay und Cooks Bay.

FLUGZEUG

Sunair (☎0800 786 247; www.sunair.co.nz) fliegt Whitianga mit Auckland, Great Barrier Island und Tauranga an.

Coroglen & Whenuakite

Coroglen und Whenuakite sind Dörfer, an denen man leider schnell vorbeifährt, wenn man nicht aufpasst. Sie liegen am SH25 südlich von Whitianga und westlich des Hot Water Beach.

Vom Labour Day (Ende Okt.) bis zum Geburtstag der Queen (Anfang Juni) wird auf dem **Coroglen Farmers Market** (SH25; Ende Okt.–Anfang Juni ⏲So 9–13 Uhr) so ziemlich alles verkauft, von Gemüse bis hin zu Kompost. Ganz in der Nähe reiten die Leute von der **Rangihau Ranch** (☎07-866 3875; www.rangihauranch.co.nz; Rangihau Rd, Coroglen; Ausritt 50 NZ $ pro Std.) mit ihren Gästen über einen Weg, der früher als Trampelpfad zum Transport von Waren mit Packeseln benutzt wurde, durch wunderschönes Buschland zu herrlichen Aussichtspunkten.

Die **Hot Water Brewing Co** (☎07-866 3830; www.hotwaterbrewingco.com; ⏲ 11 Uhr bis open end) im freundlichen **Seabreeze Ferienpark** (☎07-866 3050; www.seabreezeholidaypark.co.nz; 1043 SH25; Campingplatz ab 22 NZ$ pro Pers., B 29 NZ$, Wohneinheit 72–145 NZ$; 📶) ist eine moderne Craft-Beer-Brauerei mit vielen Sitzplätzen an Tischen unter freiem Himmel. Hier bekommen Gäste hervorragende Biere, z. B. das hopfige Kauri Falls Pale Ale (Helles) und das Walkers Porter (Dunkles). Bei den Schlemmerplatten und Pizzas fällt es leicht, noch ein Bier hinterher zu bestellen; verdientermaßen berühmt in dieser Gegend ist auch der Burger mit Lammfleisch. Bier-Feinschmecker aufgepasst: Hier wird Barley Wine serviert, ein Vintage-Bier mit fantastischer Stammwürze.

Die legendäre **Coroglen Tavern** (www.coroglentavern.com; 1937 SH 25) ist eine typische Landgaststätte mitten im Nirgendwo. In den Sommermonaten treten hier bekannte neuseeländische Bands auf.

Colenso (☎07-866 3725; www.colensocafe.co.nz; SH25, Whenuakite; Hauptgerichte 10–18 NZ$; ⏲10–16 Uhr) ist besser als die durchschnittlichen Highway-Raststätten; hier gibt es erstklassigen Kaffee, Scones, Kuchen und leichte Snacks. Im dazugehörigen Laden werden Haushaltswaren und Geschenkartikel verkauft. Unbedingt probieren: das köstliche Macadamianuss-Krokant.

ℹ An- & Weiterreise

Busse von **InterCity** (S. 223) von Thames nach Whitianga halten in Whenuakite und Coroglen.

Hahei

270 EW. (IM SOMMER 7000 EW.)

Das kleine Hahei ist eine legendäre neuseeländische Stadt mit wunderschönem Strand. In den Sommermonaten platzt sie aus allen Nähten, ansonsten aber ist sie fast verwaist – mal abgesehen von den zahlreichen Busladungen an Touristen, die hier den obligatorischen Zwischenstopp an der Cathedral Cove einlegen. Der Ort ist wirklich bezaubernd und eignet sich prima, um einige Tage zu entspannen, besonders in den ruhigeren Monaten. Seinen Namen verdankt er Hei, dem Vorfahren des Ngāti-Hei-Volks, das im 14. Jh. mit dem Kanu *Te Arawa* landete. Weitere Informationen dazu erhält man unter www.hahei.co.nz.

Sehenswertes

Cathedral Cove STRAND

Die schöne Cathedral Cove mit ihrem berühmten gigantischen Steinbogen und der natürlichen Wasserfalldusche sollte man frühmorgens oder spätabends besuchen – so umgeht man die Massen. Am Parkplatz, 1 km nördlich von Hahei, beginnt eine ca. 30- bis 40-minütige Wanderung. Unterwegs kommt man an der felsigen **Gemstone Bay** (mit Schnorchelpfad, auf dem man große Schnapper sowie Krebse und Stechrochen bewundern kann) und der sandigen **Stingray Bay** vorbei.

Der Fußmarsch vom Hahei Beach zur Cathedral Cove dauert etwa 70 Minuten. Alternativ kann man ein Wassertaxi nehmen, dann ist man in rund zehn Minuten (S. 234) oder dem Beach Bus (S. 234) von Go Kiwi Shuttles dorthin. Achtung: In der Hauptsaison können Parkplatz und Bucht ziemlich überfüllt sein.

Hahei Beach STRAND

Der lange, wunderschöne Hahei Beach wird durch den Blick auf die zerklüfteten Inseln in der Ferne noch zauberhafter. Von Südzipfel des Hahei Beach kann man in 15 Minuten nach Te Pare laufen, einem *pa* (Wehrdorf). Von dort aus hat man einen fantastischen Blick auf die Küste.

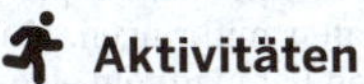

Aktivitäten

Cathedral Cove Sea Kayaking SEEKAJAK

(☎07-866 3877; www.seakayaktours.co.nz; 88 Hahei Beach Rd; halber/ganzer Tag 105/170 NZ$; ⏲8.45 & 13.30 Uhr) Dieser Anbieter organisiert geführte Kajaktouren zu den Felsbogen, Grotten und Inseln in der Gegend um die Cathedral Cove und die Mercury Bay. Die Remote Coast Tour geht genau in die entgegengesetzte Richtung zu Grotten, Hohlräumen und langen Tunneln – allerdings nur bei günstigen Witterungsbedingungen.

Hahei Beach Bikes FAHRRADVERLEIH

(☎021 701 093; www.haheibeachbikes.co.nz; 2 Margot Pl; halber/ganzer Tag 35/45 NZ$) Der freundliche Inhaber Jonny bietet einige Extras, z. B. Radwanderkarten mit Angaben zu wichtigen Haltepunkten und einen Spaten, damit sich jeder einen eigenen Spa-Pool am Hot Water Beach buddeln kann. Auf Wunsch können Fahrräder auch direkt am Kai von Ferry Landing bereitgestellt werden, damit die aus Whitianga kommenden Passagiere gleich in den Sattel steigen können.

Geführte Touren

Hahei Explorer ABENTEUERTOUR

(☎07-866 3910; www.haheiexplorer.co.nz; Erw./Kind 85/50 NZ$) Einstündige Jetbootfahrten entlang der Küste.

Schlafen

Tatahi Lodge HOSTEL, MOTEL $

(☎07-866 3992; www.tatahilodge.co.nz; Grange Rd; B 33 NZ$, Zi .90–130 NZ$, Wohneinheit 140–225 NZ$; @📶) In dieser wunderschönen Unterkunft werden Rucksacktouristen genauso viel Fürsorge und Respekt entgegengebracht wie den vielen Bromelien im üppig blühenden Garten. Die Mehrbettzimmer und ausgezeichneten Gemeinschaftseinrichtungen sind ebenso attraktiv wie die teureren Motel-Wohneinheiten.

Purangi Garden Accommodation COTTAGE $$

(☎07-866 4036; www.purangigarden.co.nz; Lees Rd; DZ 180–200 NZ$) Diese lässige Unterkunft an einer ruhigen Bucht am Purangi River besteht aus gemütlichen Chalets, größeren Häusern und einer geräumigen Jurte für Selbstversorger. Durch den hübsch angelegten Garten und über sanft geschwungene Wiesen erreicht man den Fluss, der sich hervorragend zum Schwimmen und Kajakfahren eignet. Manchmal wird man von den freundlichen Inhabern auch mit Bio-Obst oder frisch gebackenem Brot überrascht.

Hahei und der Hot Water Beach sind nur eine kurze Autofahrt entfernt.

The Church COTTAGE $$

(☎07-866 3533; www.thechurchhahei.co.nz; 87 Hahei Beach Rd; Cottage 140–215 NZ$; 📶) Die wunderschön eingerichteten, rustikalen Holzhäuschen mitten in einem subtropischen Garten sprühen nur so vor Charme. Die aufgeweckten neuen Inhaber sind sehr gastfreundlich und haben jede Menge Ideen auf Lager, was man in der Umgebung so alles machen und sehen kann.

Essen & Ausgehen

The Church MEDITERRAN $$

(☎07-866 3797; www.thechurchhahei.co.nz; 87 Hahei Beach Rd; Gemeinschaftsteller 10–28 NZ$; ⏲Mo–Sa 17.30 Uhr bis open end, außerhalb der Sommersaison kürzere Öffnungszeiten) Diese überaus reizvolle Holzkirche birgt Haheis schönstes Edelrestaurant mit ausgezeichneten Gemeinschaftsgerichten aus der spanischen und nordafrikanischen Küche sowie einer himmlischen Auswahl an neuseeländischem Craft Beer, wenn auch etwas hochpreisig. Unbedingt probieren sollte man das Lammfleisch-Tajine mit Joghurt und Couscous oder die Miesmuscheln nach marokkanischer Art. Da das Platzangebot im Gastraum begrenzt ist, sollte man frühzeitig einen Tisch reservieren.

★**Pour House** PUB

(www.coromandelbrewingcompany.co.nz; 7 Grange Rd; ⏲11–23 Uhr) Dieses moderne Pub mit Bis-

SICHERHEIT AM STRAND

Am Hot Water Beach gibt es gefährliche Strömungen, besonders direkt vor den heißen Quellen. Deshalb zählt dieser Strand zu den vier gefährlichsten Neuseelands, zumindest was die Zahl der Ertrunkenen angeht. Allerdings ist diese Zahl vermutlich etwas frisiert, wenn man die Scharen von Touristen in Betracht zieht, die es hierher zieht. Wie dem auch sei: Das Schwimmen ist hier *nicht* sicher, wenn keine Rettungsschwimmer auf Streife gehen.

trocharakter ist das Stammgasthaus der Coromandel Brewing Company. Hier werden die fünf Biere dieser Brauerei ausgeschenkt. In dem Biergarten werden auch Fleisch-, Käse- und Seafood-Platten sowie anständige Pizzas serviert. Sehr empfehlenswert ist das Code Red Irish Ale.

Purangi Winery WEINKELLEREI, BIERGARTEN
(☎07-866 3724; www.facebook.com/purangiestate ltd; 450 Purangi Rd; ⌚11–20 Uhr) Die lässige, etwas exzentrische Location, eine Mischung aus Weinkellerei, Biergarten und Pizzeria (Holzofenpizzas 18 bis 25 NZ$) mit rustikalem Flair – hat fast schon Imbissbudencharakter und liegt eingebettet in ländlicher Idylle, 6 km von Hahei an der Straße von Ferry Landing. Nicht verpassen sollte man das Aroma der Feijoa-Frucht (mit Anklängen an Ananas und Guave) in Form von Wein, Likör oder Cidre; und den hier herumstreunenden Katzen sollte man ein freundliches „Gidday" (Guten Tag) zuwerfen.

Anreise & Unterwegs vor Ort

Im Hochsommer betreibt die Gemeinde einen Busservice vom Fähranleger am Cooks Beach zum Hot Water Beach mit Zwischenstopp in Hahei. Weitere Auskunft hierzu erteilt **Whitianga i-SITE** (S. 231).

Eine weitere Möglichkeit auf dieser Strecke ist der **Beach Bus** (☎0800 446 549; www.go-kiwi.co.nz; Erw./Kind/Fam. 10/5/22 NZ$, Erw./Familienkarte 28/50 NZ$; ⌚Ende Dez.–Ostern 9.15–19 Uhr). Dieser praktische Strandbus, der nur im Sommer verkehrt, pendelt 5-mal tgl. zwischen Ferry Landing und Hahei, Cathedral Cove und Hot Water Beach. Am besten online Fahrkarten buchen, weil die Sitzplätze begrenzt sind; wer schon eine Fahrkarte hat, hat Vorrang.

Cathedral Cove Shuttles (S. 231) bietet bequeme Verbindungen ab Ferry Landing zu den nahe gelegenen Stränden und Sehenswürdigkeiten. Telefonisch oder per SMS auf Anfrage zu buchen.

Die Entfernung zwischen Ferry Landing und Hahei beträgt etwa 10 km. Fahrräder könen bei **Hahei Beach Bikes** (S. 233) ausgeliehen werden.

Cathedral Cove Water Taxi (☎027 919 0563; www.cathedralcovewatertaxi.co.nz; hin & zurück/einfache Strecke Erw. 25/15 NZ$, Kind 15/10 NZ$; ⌚alle 30 Min.) betreibt Wassertaxis ab Hahei bis zur Cathedral Cove.

Hot Water Beach

Der außergewöhnliche Hot Water Beach ist zu Recht berühmt. Je zwei Stunden vor und nach der Ebbe hat man Zugang zu einem Strandabschnitt vor einem Felsvorsprung in der Mitte des Strandes, wo heißes Wasser aus der sandigen Oberfläche heraussprudelt. Einfach einen Spaten mitbringen, ein Loch graben – und schon hat man sein eigenes, ganz privates Thermalbad! Surfer machen noch vor dem Hauptstrand Halt, wo es ein paar ganz ordentliche Brecher gibt. Auf der Landzunge zwischen den beiden Stränden befinden sich noch immer Spuren eines *pa* (Wehrdorf) der Ngāti Hei.

Aktivitäten

Hot Water Beach Store OUTDOOR-AKTIVITÄTEN
(☎07-866 3006; Pye Pl; ⌚9–17 Uhr) Spaten (5 NZ$) können direkt im Hot Water Beach Store ausgeliehen werden; gleich daneben befindet sich ein Café.

Schlafen & Essen

Hot Water Beach Top 10 Holiday Park FERIENPARK $
(☎07-866 3116; www.hotwaterbeachholidaypark.com; 790 Hot Water Beach Rd; Stellplatz ab 23 NZ$, B 30 NZ$, Wohneinheit 90–180 NZ$; @📶) Ein gut geführter, von hohen Bambus- und Gummibäumen umgebener Ferienpark, der von grünen Stellplätzen über eine geräumige, makellose Backpacker-Lodge bis hin zu schicken Villen, mit Deckenbogen aus einheimischem Holz, so ziemlich alles Mögliche zu bieten hat.

Hot Waves CAFÉ $$
(☎07-866 3887; 8 Pye Pl; Hauptgerichte 12–26 NZ$; ⌚Mo–Do & So 8.30–16, Fr & Sa 20.30 Uhr) Im Sommer will in diesem hervorragenden Café jeder einen Tisch im Garten haben. Wer in aller Ruhe brunchen will, sollte un-

bedingt die pochierten Eier Benedict mit Räucherlachs oder ein Frühstücks-Burrito probieren. Hier kann man sich auch einen Spaten für den Strand leihen (5 NZ$). Freitagnachmittags ab 13 Uhr gibt es manchmal Musik-Sessions.

An- & Weiterreise

Hier halten sowohl die Busse des **Cathedral Cove Shuttle** (027 422 5899; www.cathedralcoveshuttles.co.nz; 4–40 NZ$ pro Pers., abhängig vom Ausflugsziel; Sommer 9 Uhr bis open end, Winter bis 22.30 Uhr) als auch der Sommer-Strandbus **Beach Bus** (S. 234). Beliebt ist das Ausflugsziel auch bei Radfahrern, die ab Ferry Landing aus Whitianga übers Wasser hierherkommen. Auf die angenehme, ca. 18 km lange Radstrecke von Ferry Landing bis zum Hot Water Beach darf sich jeder freuen.

Tairua & Pauanui

1270 EW.

Tairua und seine Zwillingsstadt Pauanui befinden sich je an einer Seite der Flussmündung, die perfekt zum Windsurfen ist und an deren Stränden kleine Kinder nach Herzenslust im Wasser planschen können. Beide Orte haben ausgezeichnete Surfstrände (der in Pauanui ist wahrscheinlich einen Tick besser); doch damit hören die Gemeinsamkeiten auch schon auf. Tairua ist eine normale Wohnstadt (mit Geschäften, Geldautomaten und mehreren Lokalen), Pauanui hingegen ist ein hochpreisiges Refugium für wohlhabende Auckländer. Das nette Tairua hat seine Bodenständigkeit behalten. Beide Orte sind im Sommer extrem beliebt.

Sehenswertes & Aktivitäten

Paaku BERG

Vor rund 7 Mio. Jahren war Paaku eine Vulkaninsel, heute bildet sie den Nordzipfel des Hafens von Tairua. Die Ngāti Hei hatten hier ein *pa*, bevor die Gegend dann im 17. Jh. von Ngāti Maru eingenommen wurde. Zum Gipfel führt eine 15-minütige Wanderung vom Ende des Paku Drive aus. Die Mühe wird mit einem atemberaubenden Ausblick über Tairua, Pauanui und die Alderman Islands belohnt. Tafeln am Wegesrand erläutern die Kolonialgeschichte von Tairua. Nur eine berichtet über die Besiedlung durch die Māori.

Tairua Dive & Marine TAUCHEN

(07-864 8800; www.tairuadiveandmarine.co.nz; 7 The Esplanade; Tauchgang mit Boot ab 150 NZ$; 7.30–17 Uhr) Zuverlässiger Anbieter mit gutem Service. Verleih von Schnorchelausrüstung, Kajaks und SUP (Stehpaddelbrettern) für 75 NZ$ pro Pers.).

Schlafen & Essen

Tairua Beach Villa Backpackers HOSTEL $

(07-864 8345; www.tairuabackpackers.co.nz; 200 Main Rd; B 25–30 NZ$, EZ 65–75 NZ$, DZ 70–90 NZ$;) Die Zimmer in dieser an einer Flussmündung gelegenen Unterkunft sind gemütlich und freundlich. Die Aussicht von den Schlafsälen aus ist phänomenal. Den Gästen stehen Angeln, Kajaks, Surfbretter und Fahrräder zur Verfügung.

Pacific Harbour Lodge HOTEL $$

(07-864 8581; www.pacificharbour.co.nz; 223 Main Rd; Chalet 170–200 NZ$;) Das „inseltypische" Resort im Stadtzentrum bietet geräumige Ferien-Chalets mit viel Naturholz und Dekor à la Gauguin, umgeben von einem Südsee-Garten. Online kann man preiswertere Pauschalpakete buchen.

Sunlover Retreat B&B $$$

(07-864 9024; www.sunlover.co.nz; 20 Ridge Rd; DZ 260–350 NZ$;) In diesem stilvollen B&B hoch über dem Hafen eröffnen sich ein atemberaubender Ausblick auf Paaku und Tairua. Zwei der drei lichtdurchfluteten, geräumigen Suiten haben einen eigenen Balkon und riesige Fensterfronten mit Ausblick auf die Landschaft. Umgeben von schickem, modernem Dekor mit allerlei skurriler neuseeländischer Kunst werden hier die Gäste außerdem vom Haushund Rover, einem Labradoddle (Mischling aus Labrador-Retriever und Großpudel), herzlich empfangen.

Auf der Website findet man diverse Arrangements inklusive Angeln, Tauchen und Radfahren.

Manaia Kitchen & Bar CAFÉ $$

(07-864 9050; www.manaiakitchenbar.co.nz; 228 Main Rd; Hauptgerichte und Frühstück 12–19 NZ$, Mittagessen 17–24 NZ$, Abendessen 24–29 NZ$; 8.30 Uhr–open end;) Mit Sitzgelegenheit im Innenhof, für einen gemütlichen Sommerbrunch, und einer Bar in poliertem Kupferdesign für einen Drink später am Abend ist das Manaia die kosmopolitischste Location an der Ausgehmeile von Tairua. Auf der interessanten Speisekarte stehen beispielsweise Hähnchen mit Dukkah-Kruste und gebackener Maiskolben zum Frühstück. Freitagabends spielt gelegentlich Livemusik bzw. legt ein DJ auf.

Old Mill Cafe CAFÉ $$
(☎ 07-864 9390; www.theoldmillcafetairua.com; 1 The Esplanade; Hauptgerichte 15–25 NZ$; ⏲ Mi–So 8–22 Uhr) Das Old Mill Cafe mit seinen hellrosa getünchten Wänden und den eleganten Möbeln auf der Veranda serviert interessante Kaffeehausspeisen zum Frühstück oder Mittagessen sowie größere Hauptgerichte zum Abendessen. Hier kann man sich auf jede Menge Seafood freuen – u. a. Jakobsmuscheln mit sahniger Mornay-Soße oder Tintenfisch mit Salz und Pfeffer – geschlemmt wird im Freien mit Hafenblick. Hier gibt es wahrscheinlich auch die besten Muffins auf der ganzen Halbinsel.

ℹ Praktische Informationen

Tairua Information Centre (☎ 07-864 7575; www.thecoromandel.com/tairua; 223 Main Rd; ⏲ 9–17 Uhr) Informationen, Karten und Buchungen von Unterkünftten und Fahrkarten für verschiedene Verkehrsmittel.

ℹ An- & Weiterreise

Nach Tairua verkehren Busse von InterCity, Naked Bus und Go Kiwi.

Tairua und Pauanui sind durch eine **Personenfähre** (☎ 027-497 0316; einfache Strecke/hin & zurück 3/5 NZ$; ⏲ Dez. & Jan. tgl.), angebunden; diese fährt alle zwei Stunden von 9 bis 17 Uhr (im Jan. bis 23 Uhr). In den anderen Monaten bietet die Fähre einen Wassertaxi-Service.

Puketui Valley

Etwa 12 km südlich von Tairua befindet sich die Abzweigung ins Puketui Valley und zu den historischen Goldgräberstätten Broken Hills, (www.doc.govt.nz), die wiederum gut 8 km abseits der Hauptstraße liegen und über eine Schotterpiste zu erreichen sind. Auf kurzen Wanderwegen gelangt man zu den Pochwerken, der schönste führt durch den etwa 500 m langen Stollentunnel Collins Drive. Hinter dem Tunnel geht ein kurzer, mit „Lookout" markierter Seitenweg zu einem Aussichtspunkt, von dem aus man das ganze Panorama überblicken kann. Für diese Wanderung braucht man hin und zurück rund drei Stunden. Man sollte nicht vergessen, eine Taschenlampe und eine warme Jacke mitzunehmen! In der Touristeninformation von Tairua und Whangamata liegen DOC-Broschüren aus.

Hier befindet sich ein **DOC Campingplatz** (www.doc.govt.nz; Erw./Kind 10/5 NZ$) an einer hübschen Stelle am Fluss. Man befindet sich aber mitten in der Wildnis und muss entsprechend vorbereitet und umsichtig sein. Wasser immer abkochen!

Opoutere

Opoutere gehört mit Sicherheit zu den bestgehüteten Geheimnissen der Coromandel Peninsula. Abgesehen von ein paar Häusern gibt es hier meilenweit nichts. Baden kann jedoch gefährlich sein, vor allem unweit der Hikinui Islet, die sich in Strandnähe befindet. Auf der sandigen Landzunge wurde das **Wharekawa Wildlife Refuge** angelegt, ein Brutplatz für den vom Aussterben bedrohten Māori-Regenpfeifer.

Schlafen

YHA Opoutere HOSTEL $
(☎ 07-865 9072, 0800 278 299; www.yha.co.nz; 389 Opoutere Rd; B 28–32 NZ$, Zi. 90–130 NZ$) Ein Teil dieser wunderschönen Herberge mit viel Vogelgezwitscher ist in der historischen Opoutere Native School untergebracht. Man kann sich Kajaks, Wärmflaschen, Wecker, Stelzen und Hula-Hoop-Reifen ausleihen. Im Winter (April bis Okt.) ist das Hostel nur an Freitagen und an Samstagen geöffnet.

Copsefield B&B $$
(☎ 07-865 9555; www.copsefield.co.nz; 1055 SH25; Zi. 100–200 NZ$; 📶) Copsefield liegt am SH25, aber näher an Opoutere als an Whangamata; es handelt sich um eine idyllische Landhausvilla in einem hübschen, dicht bewachsenen Garten mit einem Spa und einer Badestelle am Fluss. Vermietet werden drei schöne Pensionszimmer im Haupthaus; etwas preiswerter ist das stilvolle separate Cottage, ein typisches neuseeländisches *bach* (Ferienhaus).

ℹ An- & Weiterreise

Go Kiwi (☎ 0800 446 549; www.go-kiwi.co.nz) Mit Umsteigen in Hikuai erwischt man den Anschlussbus nach Opoutere auf der Verbindungsstrecke Auckland–Whitianga.

Whangamata

3560 EW.

Wenn die Angehörigen der aufstrebenden Schicht von Auckland nach Pauanui strömen, macht sich die Jugend auf nach Whangamata, um dort zu surfen, zu feiern und zu flirten. Zu Neujahr, wenn auf einmal mehr als 40 000 Menschen den Ort bevölkern, kann es hier recht rau zugehen. Whangamata ist ein typischer Sommerferienort, in dem in der Nebensaison nicht viel los ist.

Aktivitäten

Neben Angeln (Sportfischen Jan.–April), Schnorcheln vor Hauturu (Clarke) Island, Surfen, Kajakfahren, Orientierungsläufen und Mountainbiken gibt es hier auch hervorragende Wandermöglichkeiten. Ein beliebtes Ziel, das man gut mit dem Kajak oder einem Stehpaddelbrett erreichen kann, ist Whenuakura (Donut Island), etwa 1 km nördlich vom Strand gelegen. Achtung: Im Zuge des Versuchs, den Status der Inseln als Naturschutzgebiet zu stärken, ist das Betreten verboten worden. Zwischen den Inseln mit dem Boot herumzuschippern, ist allerdings erlaubt.

Der **Wentworth Falls Walk** dauert zweieinhalb Stunden (hin & zurück), beginnt 3 km südlich der Stadt und verläuft über 4 km die unbefestigte Wentworth Valley Rd hinunter. Weitere 3 km südlich der Wentworth Valley Rd befindet sich die Parakiwai Quarry Rd, an deren Ende der **Wharekirauponga Walk** beginnt, ein teilweise schlammiger Weg (hin & zurück 10 km, 3½–4 Std.) zu einem Bergarbeitercamp mit Pochwerk. Schließlich kommt man noch zu einem Wasserfall, der an sehr ungewöhnlichen sechseckigen Basaltsäulen herunterrauscht. Die ganze Gegend ist ein wahres Paradies für munter zwitscherndes Federvieh.

SurfSup FAHRRADVERLEIH, STEHPADDELN/SUP
(☎ 021 217 1201; www.surfsupwhangamata.com; 101b Winifred Ave; halber/ganzer Tag 30/50 NZ$, Kajak ab 40/60 NZ$, SUP-Brett ½ Std. 20/30 NZ$) Von Dezember bis März werden täglich SUP- und Surfkurse sowie geführte Touren mit Kajak oder Stehpaddel nach Whenuakura (Donut Island) angeboten.

Kiwi Dundee Adventures WANDERN
(☎ 07-865 8809; www.kiwidundee.co.nz) Doug Johansen sieht aus wie die neuseeländische Variante von Crocodile Dundee und organisiert informative ein- bis 16-tägige Wanderungen durch die Wildnis sowie geführte Touren auf der Coromandel Peninsula und auch landesweit.

Feste & Events

Whangamata Beach Hop KULTUR
(www.beachhop.co.nz; Ende März–Anfang April) Wenn alljährlich das US-Kulturfestival stattfindet, steht Nostalgie hoch im Kurs – zu sehen gibt es u. a. fristierte Autos, Oldtimer, Motorräder, und es wird viel Rock'n' Roll gespielt. Wer das miterleben will, sollte unbedingt lange im Voraus buchen und sich schon mal ums passende Outfit kümmern (weißes T-Shirt, Kombi mit Lederjacke und langen Haaren).

Schlafen

Surf n Stay NZ HOSTEL $
(☎ 07-865 8323; www.whangamata-backpackers.co.nz; 227 Beverly Tce; jeweils inklusive Frühstück B 33–36 NZ$, EZ 45 NZ$, DZ 110 NZ$;) Von einem freundlichen neuseeländisch-brasilianischen Paar geführt, bietet das neu eröffnete Whangamata Backpackers auch Surf- und SUP-Kurse (ab 70 NZ$, zzgl. Ausrüstung ab 30 NZ$) an; außerdem gibt es gemischte Pauschalangebote mit mehreren Wassersportarten. Das Hostel liegt in einer ruhigen Seitenstraße, einen Häuserblock von der Meeresbrandung enfernt. Die Schlafsäle und separaten Zimmer sind sauber und komfortabel.

Wentworth Valley Campingplatz CAMPINGPLATZ
(☎ 07-865 7032; www.doc.govt.nz; 474 Wentworth Valley Rd; Erw./Kind 10/5 NZ$) Dieser Campingplatz ist ein bisschen gehobener als die meisten DOC-Plätze und vom Wentworth Falls Walk aus zugänglich. Er verfügt über Toiletten, Duschen und einen Gasgrill für die Gäste.

Breakers MOTEL $$
(☎ 07-865 8464; www.breakersmotel.co.nz; 324 Hetherington Rd; Wohneinheit 165–240;) Das neuartige Motel am Jachthafen an der Straße von Tairua nach Whangamata hat einen verlockenden Pool und Whirlpools auf den Terrassen der oberen Wohneinheiten.

Essen & Ausgehen

Soul Burger BURGER $
(☎ 07-865 8194; www.soulburger.co.nz; 441 Port Rd; Burger 11–16 NZ$; Mi–So 17 Uhr bis open end) Das hippe Ecklokal serviert ausgefallene Burger mit Namen wie Soul Blues Brother und Vegan Vibe. Dank der Schanklizenz bekommt man zum Burger auch ein schönes eisgekühles Bier.

Argo Restaurant MODERN-NEUSEELÄNDISCH $$
(☎ 07-865 7157; www.argorestaurant.co.nz; 328 Ocean Rd; Hauptgerichte 28–33 NZ$; Sa & So 17.30–21.30 & Ende Dez.–Anfang Feb. tgl. 9–14.30,)

Whangamatas stilvollstes Restaurant bietet eine überschaubare Speisekarte mit innovativen Bistrogerichten, u. a. Linguine mit Knoblauch und Coromandel-Muscheln und Fisch mit schwarzem Risottoreis und Kokus-Curry-Soße. Als Vorspeise schmecken die Schweinebauch-Kroketten wirklich gut zu einem hopfigen IPA (Indian Pale Ale; starkes Helles); auf der luftigen Terrasse lassen sich an einem faulen Nachmittag gut und gerne ein paar Drinks genießen.

SixfortySix CAFÉ $$
(☎07-865 6117; www.facebook.com/sixfortysix whangamata; 646 Port Rd; Hauptgerichte 10–26 NZ$; ⏲7.30–23 Uhr) Zu Recht als eines der besseren regionalen, neuseeländischen Cafés gelobt; denn bei Sixfortysix gibt es köstliches Bistro-Snacks wie Pulled-Pork-Sandwiches mit Hoisin-Sauce sowie deftige Hauptgerichtet – u. a. scharfe Fisch-Tacos und herrliche Burger mit Jakobsmuscheln und Speck. Der Trinkgenuss umfasst neuseeländischen Wein, lokales Craft Beer von Coromandel's Hot Water Brewing Co. sowie frisch gepresste Fruchtsäfte, Smoothies und guten Kaffee.

Lincoln PUB
(☎07-865 6338; www.facebook.com/thelincoln whangamata; 501 Port Rd; Di ⏲17 Uhr bis open end, Sa 21 Uhr bis open end) Das Lincoln ist eine Mischung aus Pub, Bistro und Café. In diesem vielfältigen Lokal an Whangamatas Hauptstraße erlebt man allzeit schöne Momente. In den Sommermonaten legen an den Wochenenden DJs auf.

Praktische Informationen

Whangamata Info Plus (☎07-865 8340; www.thecoromandel.com/whangamata; 616 Port Rd; ⏲Mo–Fr 9–17, Sa & So 9.30–15.30 Uhr) Freundliches und kompetentes Mitarbeiterteam.

An- & Weiterreise

Go Kiwi (☎0800 446 549; www.go-kiwi.co.nz) hat einen Shuttlebus-Service nach Auckland und in andere Teile der Coromandel-Region.

Waihi & Waihi Beach

EW. 4500 & 1800

Seit 1878 wurden aus Waihis Martha Mine, Neuseelands reichster Mine, Gold und Silber herausgeholt. Die Stadt entwickelte sich danach sehr schnell und schmückte sich mit prachtvollen Gebäuden und einer protzigen Allee voller Phoenix-Palmen, die mittlerweile prächtig gewachsen sind.

Die Mine wurde 1952 geschlossen, doch 1988 wurde wieder mit dem Tagebau begonnen, und neueste Pläne, das Potenzial weiterer Minen in der Nähe zu nutzen, reichen bis in das Jahr 2020. Ein weiterer Glücksfall für Waihi ist der wunderbare Hauraki Rail Trail (S. 219).

Waihi ist für einen Kurzbesuch interessant, doch das eigentliche Ziel zum längeren Verweilen ist **Waihi Beach**. Die beiden Orte sind so unterschiedlich wie Surfen und Bergbau. Sie sind durch 11 km Farmland voneinander getrennt. Der lange Sandstrand des Ortes erstreckt sich über 9 km bis nach Bowentown am nördlichen Rand des Tauranga Harbour. Und dort gibt es wunderschöne Stränden wie den der **Anzac Bay**. Von hier aus kann man eine sehr beliebte 45-minütige Wanderung durch den Busch zur unberührten **Orokawa Bay** unternehmen, zu der keine Straße führt.

Sehenswertes

Die Seddon Street, Waihis Hauptstraße, ist mit interessanten Skulpturen geschmückt, es gibt Infotafeln über die goldene Vergangenheit der Stadt und Kreisverkehre, die wie zerquetschte Daleks (aus *Doctor Who*) aussehen. Gegenüber dem Visitor Centre steht das Wahrzeichen der Stadt, das „Gerippe" eines zerfallenen **Cornish Pumphouse** (1904), das abends stimmungsvoll beleuchtet wird. Von hier bieten sich auf dem **Pit Rim Walkway** faszinierende Blicke in die 250 m tiefe **Martha Mine**.

Die Broschüre *Historic Hauraki Gold Towns* (gratis im Visitor Centre) beschreibt Rundgänge durch Waihi und Paeroa.

Gold Discovery Centre MUSEUM
(☎07-863 9015; www.golddiscoverycentre.co.nz; 126 Seddon St, Waihi; Erw./Kind 25/12; ⏲9–17 Uhr, Winter bis 16 Uhr) Waihis tolles neues Gold Discovery Centre erzählt im Rahmen interaktiver Präsentationen von der Geschichte, Gegenwart und Zukunft der Goldförderung. Zum spannenden Infotainment gehören Hologramme und Kurzfilme. Viel Glück beim virtuellen Tow-Up-Münzspiel mit dem grauhaarigen Minenarbeiter.

Athenree Hot Springs THERMALBECKEN
(☎07-863 5600; www.athenreehotsprings.co.nz; 1 Athenree Rd, Athenree; Erw./Kind 7/4,50 NZ$; ⏲10–19 Uhr) In den kühleren Monaten des Jahres kann man sich sehr gut in diese

beiden kleinen, aber wohlig warmen Thermalbecken zurückziehen, die sich in einem Ferienpark verstecken.

Waihi Arts Centre & Museum MUSEUM
(07-863 8386; www.waihimuseum.co.nz; 54 Kenny St, Waihi; Erw./Kind 5/3 NZ$; Do & Fr 10–15, Sa–Mo 12–15 Uhr) Das Waihi Arts Centre & Museum beherbergt eine Kunstgalerie und Exponate über die Goldgräbergeschichte der Region. Beim Anblick der Sammlung von abgehackten Bergarbeiterdaumen, die in Glasbehältern aufbewahrt werden, läuft es einem eiskalt den Rücken runter.

Aktivitäten

Goldfields Railway EISENBAHN
(07-863 8251; www.waihirail.co.nz; 30 Wrigley St, Waihi; Erw./Kind hin & zurück 18/10 NZ$, Fahrrad zzgl. 2 NZ$ extra pro Strecke; Abfahrt Waihi Sa, So & feiertags 10, 11.45 & 14–17 Uhr) Nostalgische Bummelzüge rattern von Waihi über eine etwa 7 km lange idyllische Stecke nach Waikino (30 Min.). Wer will, kann sein Fahrrad mit in den Zug nehmen und dann die Karangahake Gorge am Hauraki Rail Trail erkunden. Der Fahrplan ist je nach Saison unterschiedlich, also am besten auf der Website nachschauen!

Waihi Bicycle Hire FAHRRADVERLEIH
(07-863 8418; www.waihibicyclehire.co.nz; 25 Seddon St, Waihi; Leihrad halber ganzer Tag ab 30/40 NZ$; 8–17 Uhr) Fahrradverleih und jede Menge Informationen zum Hauraki Rail Trail in Wahihi.

Geführte Touren

Waihi Gold Mine Tours TOUR
(07-863 9015; www.golddiscoverycentre.co.nz/tours; 126 Seddon St, Gold Discovery Centre, Waihi; Erw./Kind 34/17 NZ$; tgl. 10 & 12.30 Uhr, im Sommer zusätzliche Touren) Als einer der Teilnehmer der etwa 1½-stündigen Waihi Gold Mine Tour ab dem Gold Discovery Centre kann man die spektakulären Stollen der Martha Mine erforschen.

Schlafen

Bowentown Beach Holiday Park FERIENPARK $
(07-863 5381; www.bowentown.co.nz; 510 Seaforth Rd, Waihi Beach; Stellplatz ab 46 NZ$, Wohneinheit 85–195 NZ$;) Der beeindruckend gepflegte Ferienpark liegt an einem eigenen, herrlichen Strandabschnitt und bietet erstklassige Motelwohnungen und Stellplätze für Camper an.

Waihi Beach Top 10 Holiday Resort FERIENPARK $
(0800 924 448; www.waihibeachtop10.co.nz; 15 Beach Rd, Waihi Beach; Stellplatz ab 29 NZ$, Wohneinheit 120–214 NZ$;) Das riesige Ferienresort ist recht aufwendig ausgestattet: mit Swimmingpool, Fitnessraum, Spa, schöner Küche und bietet unterschiedlichste Schlafgelegenheiten.

Westwind B&B B&B $
(07-863 7208; westwindgarden@xtra.co.nz; 58 Adams St, Waihi; EZ/DZ 50/90 NZ$) Das altmodische B&B wird von einem reizenden Paar – selbst eingefleischte Traveller – betrieben. Es gibt zwei gemütliche Zimmer mit Gemeinschaftsbad.

Waihi Beach Lodge B&B $$$
(07-863 5818; www.waihibeachlodge.co.nz; 170 Seaforth Ave, Waihi Beach; DZ 295 NZ$) Nur wenige Meter vom Strand entfernt liegt diese Unterkunft im Stil eines Boutiquehotels mit farbenfrohem Design, geräumigen modernen Zimmern und einem Studio mit Kochnische. Das himmlisch gute Frühstück wird häufig auf der sonnigen Terrasse serviert. Wer die freundlichen Inhaber Greg und Ali fragt, wie es mit dem hausgemachten Honig und Limoncello so läuft, kann sie womöglich beide verkosten.

Manawa Ridge LODGE $$$
(07-863 9400; www.manawaridge.co.nz; 267 Ngatitangata Rd, Waihi; Zi. 950 NZ$) Der Blick von dem schlossähnlichen Öko-Refugium, das 6 km nordöstlich von Waihi auf einem 310 m hohen Bergkamm sitzt, schweift über die ganze Bay of Plenty. Die Zimmer sind aus recycelten Eisenbahnbohlen, Lehmziegeln und kalkverputzten Strohwänden konstruiert – eine ideale Verbindung aus Erdverbundenheit und schickem Luxus.

Essen

Boy Oh Boy CAFÉ $
(www.facebook.com/boyohboy; 28 Wilson Rd, Waihi Beach; Snacks 6–8 NZ$; 6–16 Uhr) In diesem rustikalen, sonnigen Strandcafé herrscht kosmopolitisches Flair in Verbindung mit duftendem Kaffee und jeder Menge Sitzgelegenheiten im Freien. Zu den anderen schmackhaften Ablenkungen gehören erstklassige Obst-Smoothies sowie Pies und Calzone als ganze Mahlzeiten. Das kleinste und freundlichste Café am ganzen Waihi Beach ist betont vegan und es gibt eine große Auswahl an Snacks mit Bioqualität.

Waihi Beach Hotel BISTRO $$
(☎07-863 5402; www.waihibeachhotel.co.nz; 60 Wilson Rd, Waihi Beach; Hauptgerichte 20–32 NZ$) Die Aucklander Gastronomiekette Hip Group hat durch die Übernahme dieses klassischen neuseeländischen Hotels die ausgezeichnete Restaurantwelt bereichert; die vielfältige Speisekarte reicht von Ricotta-Pfannkuchen mit Zitronenquark und Mascarpone zum Brunch bis hin zu einem himmlischen Beefburger mit handgeschnittenen Pommes frites zum Abendessen. Der Service ist entspannt und vornehm; begleitet wird das Ganze von einer ausgezeichneten Auswahl an Weinen und Craft Beer. Nicht verpassen: Im angeschlossenen Laden auf eine Tasse erstklassigen Kaffee vorbeischauen, dort gibt es auch North Islands beste Gourmet-Wurstbrötchen und tolles Eis (z. B. Karamelleis mit Salzgeschmack).

Flatwhite CAFÉ $$
(☎07-863 1346; www.flatwhitecafe.co.nz; 21 Shaw Rd, Waihi Beach;Hauptgericht & Brunch 14–20 NZ$, Abendessen 20–35 NZ$; ⌚8 Uhr bis open end; 📶) Das unkonventionelle Flatwhite mit Schanklizenz liegt direkt am Strand. Abwechslungsreiche Brunchkarte, ordentliche Pizza und dicke Burger. Kürzlich renoviert, laden nun auch riesige Terrassen mit Meerblick zum Verweilen ein. Eine echte Gaumenfreude auf der neuen Speisekarte ist der Lachs mit dunkler Kruste, gegrilltem Maiskolben und Safran-Soße.

Porch Kitchen & Bar CAFÉ $$
(www.theporchwaihibeach.co.nz; 23 Wilson Rd, Waihi Beach; Haupgericht & Brunch 14–35 NZ$, Abendessen 28–35 NZ$; ⌚8 Uhr bis open end) Nach einem Brand als sogar noch besseres Restaurant wiederauferstanden: Die lebhafte Café-Bar Waihi Beach tischt raffinierte, gehaltvolle Hauptgerichte auf. Zum Mittagessen bieten sich Jakobsmuscheln mit Macadamiastreuseln an; am Abend lohnt sich eine nochmalige Einkehr, um ein gegrilltes Hähnchen mit scharfen Chipotle-Harissa und Gourmet-Kartoffeln mit viel Knoblauch zu schlemmen.

ℹ Praktische Informationen

Waihi i-SITE (☎07-863 9015; www.waihi.org.nz; 126 Seddon St, Waihi; ⌚9–17 Uhr, Winter bis 16 Uhr) Praktische Informationen u. a. zu dem interessanten **Gold Discovery Centre** (S. 238), einer modernen, interaktiven Ausstellung zur Goldförderung der Vergangenheit, der Gegenwart und Zukunftsperspektiven in der Region Waihi.

ℹ An- & Weiterreise

Ab Waihi fahren Busse von **InterCity** (S. 194) in Richtung Hamilton (36 NZ$, 2½ std.), Tauranga (19 NZ$, 1 Std.) und Thames (17 NZ$, 50 Min.).

Karangahake Gorge

Die Straße von Waihi nach Paeroa zwischen den bewaldeten Hängen der Karangahake Gorge hindurch ist eine der schönsten Kurzstrecken des Landes. Wander- und Radwege wurden auf den alten Pfaden der Māori angelegt. Der Weg führt durch dichten Wald vorbei an Überresten alter Minen und Bahngleise. In der Māori-Legende heißt es, dass diese Gegend unter dem Schutz eines übernatürlichen Wesens, eines *taniwha*, steht. Die örtlichen *iwi* hatten es geschafft, dieses Areal bis 1875 vor Minenarbeitern zu schützen, indem sie sich mit dem militanten Te Kooti verbündeten.

Für den sehr lohnenden 4,5 km langen **Karangahake Gorge Historic Walkway** (www.doc.govt.nz). braucht man (pro Strecke) eineinhalb Stunden, Ausgangspunkt ist der Parkplatz 14 km westlich von Waihi. Der Weg folgt der stillgelegten Eisenbahnlinie und dem Ohinemuri River zum Bahnhof Waikino. Von dort kann man mit einem historischen Zug nach Waihi fahren und vorher noch im **Waikino Station Café** (☎07-863 8640; www.waikinostationcafe.co.nz; SH2; Hauptgerichte 10–18 NZ$; ⌚9.30–15 Uhr) einkehren. Auch der nach Osten führende Abschnitt des Hauraki Rail Trail führt hier entlang, sodass man die Zugfahrt von Waihi mit einer Spritztour auf diesem Weg durch den spektakulärsten Abschnitt der Schlucht kombinieren kann. Fahrräder kann man sich im Waikino Station Cafe (45 NZ$ pro Tag) leihen. Vom Café aus gesehen auf der anderen Seite des Flusses befindet sich das **Victoria Battery Tramway & Museum** (☎027 351 8980; www.vbts.org.nz; Waikino; ⌚Mi & So & feiertags 10–15 Uhr), das ehemals größte Quarzerz verarbeitende Werk in Australasien. Hier kann man eine nette Bahnfahrt unternehmen und an einer Führung zu den unterirdischen Brennöfen teilnehmen.

Ein paar Kilometer weiter westlich führt die Waitawheta Road vom SH 2 über den Fluss zu den **Owharoa Falls**. Gegenüber den Wasserfällen ist in einer Holzhütte unter den Baumkronen schattenspendender Bäume das **Bistro at The Falls Retreat** (☎07-863 8770; www.fallsretreat.co.nz; 25 Waitawheta Rd; Pizzas 20–24 NZ$, Hauptgerichte 25–28 NZ$;

⌚10–22 Uhr) zu finden. Hier kommen regelmäßig Gourmet-Pizzas und deftige Fleischgerichte aus dem Holzofen, es gibt sogar einen tollen kleinen Spielplatz für die Kids. Gleich angrenzend befindet sich das **Rose Cottage** (☎07-212 8087; www.fallsretreat.co.nz/accommodation; DZ 150 NZ$), eine Selbstversorger-Unterkunft im Landhausstil.

Es existieren noch ein paar kürzere Wander- und Rundwege mit Ausgangspunkt am Hauptparkplatz an der Karangahake Gorge. Die Mitnahme einer Taschenlampe ist wegen der Tunnel recht sinnvoll. Nach einem zweistündigen Marsch erreicht man **Dickey's Flat**, wo es einen kostenlosen **DOC-Campingplatz** (www.doc.govt.nz; Dickey's Flat Rd; Erw./Kind 6/3 NZ$) und eine gute Badestelle gibt. Das Flusswasser bitte unbedingt vor dem Trinken abkochen! Auf den DOC-Infotafeln am Bahnhof und am Hauptparkplatz bekommt man Informationen über Wanderwege und die Geschichte der Region.

Weiter oben an derselben Straße liegt die im lettischen Stil errichtete **Ohinemuri Estate Winery** (☎07-862 8874; www.ohinemuri.co.nz; Moresby St; Hauptgerichte 16–33 NZ$, Gemeinschaftsplatten 45 NZ$; ⌚Mi–So 10–16 Uhr); hier bekommt man ein ausgezeichnetes Mittagessen. Wer an der Eignung dieser Region für den Weinanbau zweifelt, hat recht – die Trauben kommen aus anderen Regionen. Weinproben kosten 5 NZ$. Dieser Betrag wird beim Einkauf verrechnet. Wer zu tief ins Glas geschaut hat, kann in der Hütte im Chalet-Stil übernachten (135 NZ$/Nacht) und die zauberhafte Atmosphäre dieses abgeschiedenen Fleckchens genießen.

Paeroa

3980 EW.

Paeroa ist die Heimat von Lemon & Paeroa (L&P), dem Inbegriff neuseeländischer Trinkkultur. Mit dem Slogan „in Neuseeland weltberühmt" wird das beliebte Erfrischungsgetränk erfolgreich vermarktet. Ironischerweise wird es heute von Coca-Cola Amatil in Auckland hergestellt. Trotzdem: Ganze Generationen neuseeländischer Kinder haben ihren Eltern in den Ohren gelegen, ja einen Abstecher nach Paeroa zu machen, weil sie unbedingt die riesigen L&P-Flaschen sehen wollten. Die ganze Geschichte zu diesem kultigen Softdrink mit Zitronenaroma ist auf www.paeroa.org.nz nachzulesen.

Sehenswertes

Paeroa Museum MUSEUM
(☎07-862 8942; 37 Belmont Rd; Erw./Kind 2/1 NZ$; ⌚Di–Fr 12–15 Uhr) Das kleine Museum beherbergt eine große Sammlung von Royal-Albert-Porzellan und andere Artefakte der Pioniere und der Māori – auch in die Schubladen gucken!

Schlafen & Essen

Refinery COTTAGE $$
(☎07-862 7678; www.the-refinery.co.nz; 5 Willoughby St; DZ 120–145 NZ$; 📶) Die Wahl besteht aus zwei Hütten, der Refinery Guard's Cottage oder der Miner's Cabin – beide Optionen bieten geschmackvolle Unterkünfte mit rustikalem Flair mit schickem Dekor.

Refinery CAFÉ $
(☎07-862 7678; www.the-refinery.co.nz; 5 Willoughby St; Snacks 8–14 NZ$; ⌚Mi–Fr 8.30–16, Sa–So ab 9 Uhr) Im Refinery-Café ist das temporäre Untertauchen ein echtes Vergnügen. Das geräumige Café im Kiwiana-Stil der 1960er- und 1970er-Jahre lädt Gäste zum Auflegen vom Schallplatten ein. Es gibt hier nämlich eine Riesenauswahl an alten Vinyl-Scheiben. Guter Kaffee und gute Snacks (vor allem die gegrillten Sandwiches) schmecken auf den Retro-Sofas im Speisesaal in diesem denkmalgeschützten Gebäude besonders gut. Stilvol übernachten kann man hier auch.

L&P Cafe, Bar & Brasserie CAFÉ $$
(☎07-862 6753; www.lpcafe.co.nz; SH 2; Hauptgerichte 11-20 NZ$; ⌚9 Uhr bis open end) Das L&P wurde inzwischen stilvoll umgestaltet; hier kann man alles bestellen, angefangen bei L&B-Zwiebelringen im Teigmantel und L&P-Fish-&-Chips über schonend gegrillte BBQ-Schweinrippen mit Bourbonmarinade. Hier gibt es auch viele L&P-Memorabilien und natürlich riesige Portionen des gleichnamigen Crushed-Eis mit Zitronengeschmack. Natürlich sollte man auch noch Platz lassen für L&P-Eiscreme zum Dessert.

Praktische Informationen

Paeroa Information Centre (☎07-862 6999; www.paeroa.org.nz; Altes Postgebäude, 101 Normanby Rd; ⌚Mo–Fr 9–17 Uhr) Informationen und Broschüren inklusive Tipps rund um den Hauraki Rail Trail.

An- & Weiterreise

InterCity-Busse (☎09-583 5780; www.intercity.co.nz) fahren nach Paeroa mit Anschluss nach Thames und Hamilton.

Taranaki & Whanganui

➡ Inhalt

Gut essen

- Tomato Cafe (S. 277)
- Yellow House Café (S. 265)
- Cafe Lahar (S. 259)
- Federal Store (S. 250)
- Arborio (S. 251)

Schön übernachten

- One Burgess Hill (S. 249)
- Ahu Ahu Beach Villas (S. 258)
- Anndion Lodge (S. 264)
- King & Queen Hotel Suites (S. 250)
- 151 on London (S. 264)

Auf nach Taranaki & Whanganui!

Taranaki (oder einfach „Naki") liegt auf halbem Weg zwischen Auckland und Wellington und ist das Texas Neuseelands: Öl und Gas von den Bohrinseln sorgen für den oft beneideten Wohlstand der Region. New Plymouth ist das Zentrum und besitzt zwei ausgezeichnete Kunstgalerien sowie ein ebenso gutes Provinzmuseum. Außerdem ist die Stadt noch ein Paradies für Kaffeeliebhaber.

Hinter der Stadt liegt der düstere Vulkankegel des Mount Taranaki – eigentlich ein Pflichtprogramm für jeden Neuseelandbesucher. Die Region Taranaki bietet aber auch jede Menge schwarzer Sandstrände, die im Sommer gleichermaßen von Surfern wie Badeurlaubern besucht werden.

Weiter im Osten schlängelt sich der geschichtsträchtige Whanganui River durch den Whanganui National Park hinunter zur Stadt Whanganui. Hier sieht man gleich, dass die Hafenstadt aus dem 19. Jh. in Würde gealtert ist.

Palmerston North, die größte Stadt der Region Manawatu, wird von zwei verschiedenen Menschentypen bewohnt: Neben Fastfood-Provinzlern mit rauem Umgangston und aufgemotzten Autos leben hier koffeinsüchtige Intellektuelle von der Massey University. Die Umgebung der Stadt bietet ländliche Anmut, gemischt mit der Beschaulichkeit vergangener Tage – hier kann man die Seele baumeln lassen.

Reisezeit

- Der Vulkan Mount Taranaki gehört zu den regenreichsten Orten Neuseelands und bekommt auch häufig Schnee ab – sogar im Sommer. Das Wetter kann extrem schwanken.
- Im Gegenzug dazu führt New Plymouth, das direkt unterhalb des Mount Taranaki liegt, häufig die Liste mit den meisten Sonnenstunden auf der Nordinsel an. Reisende können hier mit warmen Sommern und kalten Wintern rechnen.
- In Whanganui sind die Winter milder, eine Ausnahme sind die Ebenen um Palmerston North. An Sonnenschein herrscht kein Mangel – das Jahresmittel liegt bei 2000 Stunden!

An- & Weiterreise

Air New Zealand (S. 252) bedient in der Provinz Taranaki den Flughafen New Plymouth mit Inlandsflügen. Die Verkehrsbetriebe Naked Bus (www.nakedbus.com) und InterCity (www.intercity.co.nz) bieten Busverbindungen ab New Plymouth. Zum Mount Taranaki gibt es eine Shuttleverbindung ab New Plymouth.

Die Flughäfen von Whanganui und Palmerston North werden ebenfalls von Air New Zealand angeflogen. Die Busse von InterCity und Naked Bus fahren in beide Städte. In Palmerston North halten auch die Züge von KiwiRail Scenic Journeys (S. 279) auf ihrer Fahrt von Auckland nach Wellington.

New Plymouth

56 300 EW.

New Plymouth, das vom Mt Taranaki überragt wird und von fruchtbarem Ackerland umgeben ist, besitzt den einzigen internationalen Tiefseehafen in diesem Teil von Neuseeland. Wie in allen Hafenstädten wird die große, weite Welt hier angeschwemmt und sorgt für geschäftiges Treiben und Weltoffenheit. Die Stadt hat eine blühende Kunstszene (mit zwei ausgezeichneten Galerien) und einige tolle Cafés, sie bietet mit schönen Stränden zum Surfen und dem Mount Taranaki (Egmont National Park) ganz in der Nähe viele Attraktionen für Outdoorfans.

Geschichte

Die einheimischen Māori-*iwi* (Stämme) haben Taranaki lange verteidigt. In den 1820er-Jahren sind sie vor den Waikato-Stämmen zur Cook-Straße geflohen, bevor diese die Region im Jahre 1832 in Besitz nahmen. Nur eine kleine Gruppe blieb in Okoki Pa (dem heutigen New Plymouth). Als 1841 europäische Siedler an die Küste von Taranaki kamen, waren sie geradezu ausgestorben, und es gab nur wenig Widerstand gegen die Besiedlung. Die New Zealand Company kaufte den verbliebenen Māori große Landstücke ab.

Als Gruppen anderer einheimischer Stämme aus dem Exil zurückkehrten, protestierten sie gegen die Landverkäufe. Ihre Forderungen wurden von Gouverneur Fitz Roy aufrechterhalten, allerdings erwarb die Krone nach und nach immer mehr Land von den Māori – europäische Siedler drängten auf den fruchtbaren Boden. Die Siedler zwangen die Regierung schließlich, die Verhandlungen mit den Māori abzubrechen, und 1860 kam es zum Krieg. Bis 1870 waren über 500 Hektar des Landes der Māori konfisziert.

Das folgende wirtschaftliche Wachstum verdankt die Region hauptsächlich der Milchwirtschaft. Die Entdeckung von Gas und Öl in der South Taranaki Bight im Jahre 1959 sorgte dafür, dass es der Provinz bis heute finanziell gut geht.

KURZINFOS: TARANAKI & WHANGANUI

Essen In einem der hippen Restaurants an der George Street in Palmerston North.

Trinken Eine Flasche des guten Mike's Pale Ale aus Mikes Bio-Brauerei (S. 252).

Lesen Den *Wanganui Chronicle*, Neuseelands älteste Zeitung.

Hören Das tolle Album *Back to the Burning Wreck* der aus Whanganui stammenden Riff-Meister The Have.

Anschauen *The Last Samurai*, die Hauptrolle hat Mount Taranaki, in einer „Nebenrolle" spielt Tom Cruise.

Ökologisch reisen Paddeltour auf dem Whanganui River, ein beeindruckendes Stück neuseeländischer Natur.

Infos im Internet www.visit.taranaki.info, www.whanganuinz.com, www.manawatunz.co.nz

Vorwahl ☎06

Sehenswertes

★**Len Lye Centre** KUNSTGALERIE

(☎06-759 6060; www.lenlyefoundation.com; 42 Queen St; ⊙Mo, Mi & Fr–So 10–18, Do 10–21 Uhr; 👪) GRATIS „Tolle Kunst braucht tolle Architektur", sagte der weltbekannte neuseeländische Künstler Len Lye (1901–1980), dem diese fantastische neue Kunstgalerie gewidmet ist. Und die Architektur ist wirklich erstaunlich: Die Fassade ist aus langen, ineinander verschränkten und verspiegelten Betonflöten, im Inneren verbinden Rampen unterschiedliche Ausstellungsebenen, in denen Lyes Werke gezeigt werden – kinetisch, laut und überraschend. Es gibt auch ein Kino, Kunsteinführungen für Kinder sowie nebenan die umfassende Govett-Brewster Art Gallery (S. 246). Unbedingt besuchen!

Highlights

1 Mt Taranaki (S. 253) Wanderung um oder auf diesen eindrucksvollen Gipfel

2 Len Lye Centre (S. 243) Die experimentelle Kunst in New Plymouths überwältigender neuer Kunstgalerie genießen

3 New Zealand Rugby Museum (S. 275) Alles über die All Blacks in Palmerston North erfahren

4 Surf Highway 45 (S. 258) Ein Ritt auf den Riesenwellen an der Küste der Surfer

5 New Plymouths Cafés (S. 250) In jedem Café eine neue Kaffeemischung testen

6 Chronicle Glass Studio (S. 263) Eine Vorführung bei den Glasbläsern in Whanganui

7 Whanganui National Park (S. 267) Gelassenheit neu erfahren bei einer Kanu- oder Kajaktour auf dem Whanganui River

8 Whanganui River Road (S. 268) Eine entspannte Fahrt auf der feuchten River Road mit dem Auto oder mit dem Fahrrad – hier ist der Weg das Ziel

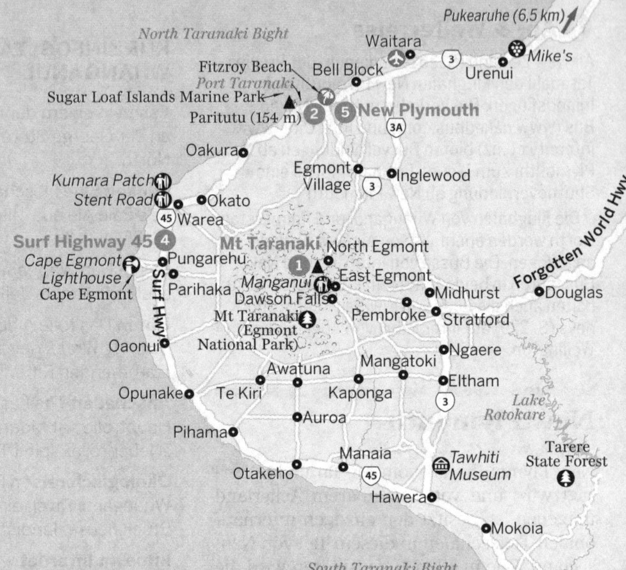

Taumarunui (43 km)
Taumarunui (14 km)
Taupo (39 km)
Ohinepane (10 km)
Owhango
Turangi
Ohura Falls
Maraekowhai
Mt Pihanga (1325 m)
Kaimanawa Mountains
Whakahoro
Rangipo
Mt Tongariro (1967m)
Whangamomona
Mangapurua Trig (663 m)
Mt Ngauruhoe (2291m)
Tongariro National Park
Ohura River
National Park
Whanganui National Park
Mangapurua/ Kaiwhakauka Track
Whakapapa Village
Iwikau Village
Kaimanawa Forest Park
7 Whanganui River
Mt Ruapehu (2797 m)
Mt Humphries (730 m)
Tohunga Junction
Desert Rd
Matemateaonga Track
Raetihi
Ohakune
Waiouru
Pipiriki
Paraparas
Whanganui River
Hiruharama
Ranana
Matahiwi
Whanganui National Park
Koriniti
Raukawa Falls
Atene
Atene Tracks & Taumata Trig
Whanganui River Road 8
Parikino
Mangaweka
Kai Iwi
Kai Iwi Valley Rd
Kai Iwi Beach
Ohingaiti
Ruahine Forest Park
Castlecliff
6 Whanganui
Whanganui Airport
Hunterville
Turakina
Marton
Turakina Beach
Ruahine Range
Bulls
Fielding
Dannevirke
Ashhurst
Moanaroa Beach
Palmerston North Airport
Manawatu Gorge
Woodville
Palmerston North 3
Himatangi Beach
Ballance
Mangatainoka
Manawatu Rv
Foxton Beach
Foxton
Makerua
Konini
Shannon
Makuri
Hokio Beach
Tararua Range
Levin
Eketahuna
Waikawa Beach
Manakau
Otaki Beach
Masterton (25 km)
Masterton (36 km)

★ Puke Ariki
MUSEUM

(☎06-759 6060; www.pukeariki.com; 1 Ariki St; ⌚Mo, Di, Do & Fr 9–18, Mi 9–21, Sa & So 9–17 Uhr) GRATIS Übersetzt bedeutet Puke Ariki „Hügel der Häuptlinge". Hier befindet sich das i-SITE (S. 251), ein Museum, eine Bibliothek, ein Café und das bekannte Restaurant Arborio (S. 251). Das ausgezeichnete Museum zeigt eine umfangreiche Sammlung von Māori-Artefakten sowie Ausstellungen zur Kolonialzeit, zur Geologie der Berge und zu Flora und Fauna (... hoffentlich sind nicht alle Haie so groß wie der über der Lobby).

★ Pukekura Park
PARK

(☎06-759 6060; www.pukekura.org.nz; Liardet St; ⌚tagsüber) GRATIS Der beste Park von New Plymouth verfügt über 49 ha große Gartenanlagen, Spielplätze, Naturpfade, Bäche, Wasserfälle, Teiche und Ausstellungsgebäude. **Ruderboote** (pro 30 Min. 12 NZ$, nur im Sommer) gleiten über den großen See (in dem es von dicken Aalen nur so wimmelt), nebenan im **Tea House** (☎06-758 7205; www.pukekura.org.nz; Pukekura Park, Liardet St; Snacks 6–11 NZ$; ⌚9–16 Uhr, im Sommer länger; 👪) kann man Kleinigkeiten essen (und tollen Karottenkuchen). In den Sommermonaten zieht das bunte Festival of Lights (S. 248) ein großes Publikum an, ebenso wie das perfekt gemähte **Kricketfeld**.

★ Govett-Brewster Art Gallery
KUNSTGALERIE

(☎06-759 6060; www.govettbrewster.com; 42 Queen St; ⌚Mo, Mi & Fr–So 10– 18, Do 10–21 Uhr) GRATIS Neben dem tollen neuen Len Lye Centre (S. 243 liegt die wohl beste regionale Kunstgalerie des Landes. Zu sehen sind zeitgenössische – oft auch experimentelle und provokante – regionale und internationale Ausstellungen. Auf dem Gelände befindet sich auch ein tolles Café.

Paritutu
BERG

(Centennial Dr; ⌚tagsüber) GRATIS Westlich der Stadt liegt Paritutu, ein zerklüfteter Hügel (154 m) mit einer Steilwand, dessen Name „emporragender Felshang" bedeutet. Der Name ist richtig gewählt, denn der 20-minütige Aufstieg geht mächtig in die Knie; die letzten Meter geht es über blanken Fels, immerhin ist ein Seil zum Festhalten da. Wer seinen inneren Schweinehund überwinden kann und den Gipfel erreicht, wird mit einer grandiosen Sicht belohnt – bis zu den Sugar Loaves, hinunter auf die Stadt und weiter bis zum Mount Taranaki.

Brooklands Park
PARK

(☎06-759 6060; www.newplymouthnz.com; Brooklands Park Dr; ⌚tagsüber) GRATIS Gleich neben dem Pukekura Park liegt der Brooklands Park mit der **Bowl of Brooklands** (☎06-759 6060; www.npeventvenues.nz; Brooklands Park Dr; ⌚nur an Konzerttagen), einer erstklassigen Freiluftbühne, in der Festivals wie das WOMAD (S. 248) stattfinden und Legenden wie die Rockband Fleetwood Mac aufgetreten sind. Zu den Highlights im Park zählen ein 2000 Jahre alter Puriri-Baum, eine Talsenke mit 300 Rhododendronarten sowie der bauernhofartige **Brooklands Zoo** (☎06-759 6060; www.newplymouthnz.com; Brooklands Park, Brooklands Park Dr; ⌚9–17 Uhr; 👪) GRATIS.

Sugar Loaf Islands Marine Park
INSEL

(☎06-759 0350; www.doc.govt.nz; ⌚24 Std.) GRATIS Die zerklüfteten Inselchen (Ngā Motu auf Māori) ein Kilometer vor der Küste sind Reste erodierter Vulkane und ein Refugium für Seevögel und über 400 Neuseeländische Seebären. Die meisten Tiere kommen zwischen Juni und Oktober, manche bleiben auch das ganze Jahr. In der winzigen **Interpretation Booth** an der Lee Breakwater Promenade erfährt man mehr über den Park, Touren werden ebenfalls hier angeboten (S. 248).

Taranaki Cathedral Church of St Mary
KIRCHE

(☎06-758 3111; www.taranakicathedral.org.nz; 37 Vivian St; ⌚8.30–18 Uhr) GRATIS Die nüchterne Church of St Mary (1846) ist Neuseelands älteste Steinkirche, aber die jüngste Kathedrale! Auf ihrem Friedhof findet man die Grabsteine der frühen Siedler und Soldaten, die während der Taranaki Land Wars fielen. Außerdem sind hier mehrere Māori-Häuptlinge begraben. Besonders schön ist die Gewölbedecke aus Holz im Innenschiff.

Puke Ariki Landing
SKULPTURENPARK

(St Aubyn St; ⌚24 Std.) GRATIS An der Uferfront liegt Puke Ariki Landing, ein historisches Gelände mit Skulpturen, zu denen auch die wunderbare, exzentrische **Wind Wand** GRATIS von Len Lye gehört – eine verrückte kinetische Skulptur.

New Plymouth Observatory
OBSERVATORIUM

(☎021 071 3315; www.sites.google.com/site/astronomynp; Marsland Hill, Robe St; Erw./Kind/Fam. 5/3/10 NZ$; ⌚März–Okt. Di 19.30–21.30 Uhr, Nov.–Feb. Di 20.30–22 Uhr) Ganz oben auf dem Marsland Hill (tolle Aussicht!) befindet sich das winzige Observatorium, das eines der

New Plymouth

New Plymouth

Highlights
1 Govett-Brewster Art Gallery B2
2 Len Lye Centre B2
3 Puke Ariki C1
4 Pukekura Park D3

Sehenswertes
5 New Plymouth Observatory C3
6 Puke Ariki Landing C1
7 Taranaki Cathedral C2
Wind Wand .... (s. 6)

Aktivitäten, Kurse & Touren
8 Todd Energy Aquatic Centre A1

Schlafen
9 Ariki Backpackers C2
10 Dawson Motel B2
11 Ducks & Drakes D2
12 King & Queen Hotel Suites B2
13 Waterfront B1

Essen
Arborio .... (s. 3)
14 Chaos C2
15 Frederic's B2
16 Kathakali C2
17 Petit Paris C2
18 Portofino C1
19 Tea House D3

Ausgehen & Nachtleben
20 Hour Glass C2
21 Mayfair C2
22 Snug Lounge B2

Unterhaltung
23 Basement B2

Shoppen
24 Kina B2

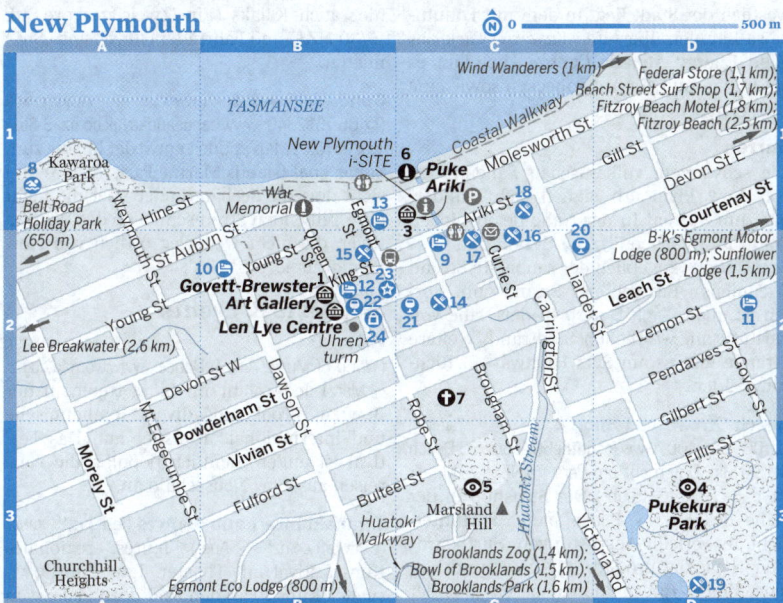

stärksten, für die Öffentlichkeit zugänglichen Teleskope Neuseelands hat.

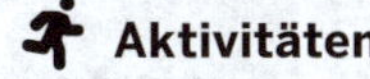

Aktivitäten

Wind Wanderers FAHRRADVERLEIH
(027 358 1182; www.windwanderer.co.nz; Parkplatz Nobs Line, East End Reserve; Fahrrad pro Std. Single/Tandem 15/25 NZ$; 10–17 Uhr) Radtouren auf New Plymouths ausgezeichnetem Coastal Walkway. Verleiht auch witzige Zweisitzer (nebeneinander) ab 10 NZ$ pro 10 Min.

Todd Energy Aquatic Centre SCHWIMMEN
(06-759 6060; www.newplymouthnz.com; Tisch Ave, Kawaroa Park; Erw./Kind 5,50/3,50 NZ$; Mo–Fr 6–20.30, Sa & So 7–19 Uhr;) Gleich

westlich der Stadt liegt in dem mit Pohutukawa-Bäumen übersäten Kawaroa Park das Todd Energy Aquatic Centre. Hier gibt es ein Innen- und ein Außenbecken sowie eine Wasserrutsche.

Surfen

Die schwarzen, vulkanischen Sandstrände von New Plymouth eignen sich wunderbar zum Surfen! In der Nähe des östlichen Stadtrandes liegen **Fitzroy Beach** und **East End Beach** (angeblich der sauberste Strand Ozeaniens). Ein schöner Strand zum Surfen ist auch **Back Beach** in der Nähe von Paritutu am westlichen Stadtrand. Weitere Strände gibt es am Surf Highway 45 Richtung Süden.

Beach Street Surf Shop SURFEN

(☎ 06-758 0400; www.lostinthe60s.com; 39 Beach St; 90 Min. Unterricht pro Pers. 75 NZ$; ⌚ Mo–Fr 10–17, Sa & So 10–15 Uhr) Der Surfshop in der Nähe des Fitzroy Beach bietet Surfunterricht an, verleiht Ausrüstungen (Surfboard/Neoprenanzug pro Std. 10/5 NZ$) und hält jede Menge Informationen bereit (auf der Website stehen gute Informationen über die Breaks an den Stränden der Umgebung).

Wandern

Im i-SITE von New Plymouth gibt es die Broschüre *Taranaki: A Walker's Guide*, in der Wanderwege entlang der Küste, in Naturschutzgebieten und Parks eingetragen sind. Der ausgezeichnete **Coastal Walkway** (11 km) von Bell Block nach Port Taranaki bietet einen Blick auf New Plymouth und führt über die reizvoll gebaute **Te Rewa Rewa Bridge**. Der **Huatoki Walkway** (5 km) schlängelt sich am Huatoki Stream entlang und ist ein netter Spaziergang ins Stadtzentrum. Eine Alternative bietet die Broschüre über den *New Plymouth Heritage Trail*, der zu historisch wichtigen Orten führt und eine eindringliche Begegnung mit der Vergangenheit ermöglicht.

Geführte Touren

Chaddy's Charters SCHIFFSTOUREN

(☎ 06-758 9133; www.chaddyscharters.co.nz; Ocean View Pde., Lee Breakwater; Ausflüge Erw./Kind 40/10 NZ$; ⌚ 9–16 Uhr; 👪) Eine Tour zu den Sugar Loaf Islands mit Chaddy ist das reinste Vergnügen: Der einstündige Ritt auf den Wellen bietet mindestens vier Lacher pro Minute. Die Touren starten täglich ab Lee Breakwater – wenn es die Gezeiten und das Wetter zulassen. Alternativ kann man hier auch Kajaks (Ein-/Zweisitzer pro Std. 15/30 NZ$) und Fahrräder (10 NZ$ pro Std.) mieten.

Canoe & Kayak Taranaki KAJAKFAHREN

(☎ 06-751 2340; www.canoeandkayak.co.nz; 3-Std.-Tour 95 NZ$) Man paddelt entweder hinaus zum Sugar Loaf Islands Marine Park (S. 246) und sieht dort die Seebären oder über die nicht allzu reißenden Stromschnellen des Waitara River, die nicht weit weg östlich von New Plymouth liegen.

Feste & Events

WOMAD MUSIK, KULTUR

(World of Music, Arts & Dance; www.womad.co.nz; ⌚ März) Jedes Jahr im März treten in der Bowl of Brooklands diverse einheimische und internationale Künstler auf. Das Festival ist außerordentlich populär, die Fans reisen aus ganz Neuseeland an.

Taranaki International Arts Festival KUNST

(www.taft.co.nz; ⌚ Aug.) Teures, regionales Kunstfestival mit Theater, Tanz, Musik, visueller Kunst, Paraden und dazu viel Essen und Wein.

NZ Tattoo & Art Festival KULTUR

(www.nztattooart.com; ⌚ Nov.) Das gewagte Fest mit viel nackter Haut zieht mehrere Tausend Fans von bemalter Haut alljährlich für ein Wochenende im November an. Wer möchte, kann sich hier ein neues Tattoo zulegen, den waghalsigen BMX-Fahrern zusehen oder einfach nur die wilde Atmosphäre genießen.

Taranaki Garden Spectacular KULTUR

(www.gardenfestnz.co.nz; ⌚ Nov.) Altes und berühmtes neuseeländisches Gartenfestival, das jedes Jahr Anfang November stattfindet. So viele Rhododendronbüsche sieht man nirgendwo wieder auf einem Fleck.

Festival of Lights KULTUR

(www.festivaloflights.co.nz; ⌚ Ende Dez.–Ende Jan.) Von Ende Dezember bis Ende Januar leuchtet der Pukekura Park mit 1000 bunten Lichtinstallationen, dazu ziehen kostümierte Figuren durchs Unterholz und es gibt Livemusik.

Schlafen

★ **Ducks & Drakes** HOSTEL, HOTEL $

(☎ 06-758 0404; www.ducksanddrakes.co.nz; 48 Lemon St; Hostel B/EZ/DZ ab 32/68/90 NZ$, Hotel Zi. ab 130 NZ$; 📶) Das Hostel befindet sich in einem verwinkelten Haus von 1920 mit

Streifentapeten und vielen Holzschnitzereien und hat jede Menge Charakter. Die Zimmer im ersten Stock sind am besten: abgelegen, ruhig und mit viel Sonne am Morgen. Nebenan befindet sich ein günstiger (neuerer) Hotelflügel mit schicken Studios und Suiten mit einem Schlafzimmer. Bewacht wird das Ganze von Border Collies.

Ariki Backpackers HOSTEL $
(☎ 06-769 5020; www.arikibackpackers.com; Ecke Ariki & Brougham Sts; B 30 NZ$, DZ 70–90 NZ$; @ 📶) Im oberen Stockwerk des alten Royal Hotel (hier hat sogar schon die britische Königin Elizabeth II. übernachtet!) befindet sich das freundliche, zentral gelegene Ariki mit seinen tollen Teppichen, einem großen Aufenthaltsraum mit Retro-Sofas und einer fantastischen Dachterrasse mit Blick über den Park bis zum Puke Ariki. Die meisten Zimmer haben eine Dusche und Toilette. Man kann auch Fahrräder und Surfbretter mieten (pro Tag 10 bzw. 25 NZ$).

Belt Road Holiday Park FERIENPARK $
(☎ 06-758 0228, 0800 804 204; www.beltroad.co.nz; 2 Belt Rd; Stellplatz ab 22 NZ$, Hütte 70–140 NZ$; 📶) Diese ökologisch betriebene und mit Pohutukawa-Blumen übersäte Ferienanlage liegt weit oben auf einem Steilufer mit Blick auf das interessante Lee-Breakwater-Gebiet, das von der Stadt nur etwa zehn Gehminuten entfernt ist. Die sechs besten Hütten hier haben wirklich einen Millionen-Dollar-Ausblick. „Recyceln, das ist das, was wir Kiwis tun sollten!", findet der Manager. Fahrräder kosten pro Tag 25 NZ$.

Sunflower Lodge HOSTEL $
(☎ 06-759 0050, 0800 422 257; www.sunflowerlodge.co.nz; 33 Timandra St; B/EZ/Twin/DZ/3BZ ab 31/55/75/75/99 NZ$; @ 📶) Fährt man von der Stadt eine steile Straße Richtung Süden hinunter, gelangt man nach einigen Minuten zum YHA Sunflower. Dem ehemaligen Altersheim gelingt es mit ein paar Ausnahmen (einige Holzpaneele sind noch vorhanden) seine alte Funktion erfolgreich zu verstecken. Dazu tragen auch Extras wie hochwertige Matratzen, ein Kräutergarten, ein Gartenhaus mit Grill, eine Sonnenterrasse sowie eine erstklassige Küche und eine Waschmaschine bei.

Egmont Eco Lodge HOSTEL $
(☎ 06-753 5720; www.mttaranaki.co.nz; 12 Clawton St; Stellplatz ohne Strom 20 NZ$, B/EZ/DZ/FZ ab 28/75/75/120 NZ$; @ 📶) Sauberes BBH-Hostel auf einer Lichtung mit zwitschernden Vögeln, einigen Schafen und einem plätschernden Bach (mit Aalen). Die gemischten Schlafsäle befinden sich in der Haupt-Lodge, außerdem gibt es weiter unten kleine Kiefernholzhütten (für 4 Pers.). Man muss zwar von der Stadt einen Aufstieg zu Fuß in Kauf nehmen, aber die Aussicht auf den allabendlichen kostenlosen Egmont-Kuchen beschleunigt den Schritt. Es gibt auch Zeltplätze im Gras.

★ **One Burgess Hill** MOTEL, APARTMENTS $$
(☎ 06-757 2056; www.oneburgesshill.co.nz; 1 Burgess Hill Rd; DZ ab 145 NZ$, Suite mit 1 Schlafraum ab 175 NZ$; 📶) Ein Motel der anderen Art: Das One Burgess Hill besteht aus 15 sehr schicken Einheiten in einem grünen Vorort am Berg etwa 5 km südlich von New Plymouth (auf dem Weg zum Mount Taranaki). Geradliniges Design, Küchen, Holzöfen und der Blick ins Tal bieten eine echte Abwechslung von den üblichen Drive-in Motels. Einfach toll!

Dawson Motel MOTEL $$
(☎ 06-758 1177; www.thedawsonmotel.co.nz; 16 Dawson St; DZ ab 150 NZ$, Wohneinheit mit 1-/2-Schlafraum ab 200/250 NZ$; 📶) Das hübsche, nur einige Jahre alte Dawson ist ein gut aussehendes zweistöckiges Haus – innen ganz in Weiß, Rot und Schwarz gehalten. Die Zimmer im oberen Stockwerk bieten Aussicht auf das Meer und die Berge. Auch die Lage ist gut: nur 100 m vom Coastal Walkway und fünf Minuten Fußweg von der Stadt entfernt.

Fitzroy Beach Motel MOTEL $$
(☎ 06-757 2925; www.fitzroybeachmotel.co.nz; 25 Beach St; Wohneinheiten mit 1/2 Schlafraum ab 155/200 NZ$, extra Pers. 20 NZ$; 📶) Das ruhige, altmodische Motel (nur 160 m vom Fitzroy Beach entfernt) wurde gründlich renoviert und ausgebaut. Zu den Highlights gehören hochwertige Teppiche, Doppelverglasung, hübsche Bäder und große Fernseher. Statt in winzigen studioartigen Zimmern wohnt man hier in Wohneinheiten mit ein oder zwei Schlafräumen. Fahrräder werden kostenlos verliehen.

BK's Egmont Motor Lodge MOTEL $$
(☎ 0800 115 033, 06-758 5216; www.bksegmontmotorlodge.co.nz; 115 Coronation Ave; DZ ab 140 NZ$, Wohneinheiten mit 1/2/3 Schlafraum ab 165/210/220 NZ$; 📶) Das gegenüber der Rennstrecke liegende BK ist nur einen kurzen Weg bergab von der Stadt entfernt. Es gibt 18 ebenerdige Wohneinheiten und jede

Menge Parkplätze. Die Zimmer sind schick, bequem und sauber und die Manager, die ebenfalls gerne reisen, haben ein herzliches Verhältnis zu ihren Mitarbeitern (was immer ein gutes Zeichen ist). WLAN und DVDs sind kostenlos.

★King & Queen Hotel Suites
BOUTIQUEHOTEL **$$$**

(06-757 2999; www.kingandqueen.co.nz; Ecke King & Queen St; Suite ab 205 NZ$;) Ein relativ neues Gesicht in der Hotelszene von New Plymouth. Das königliche Hotel liegt an der Ecke King und Queen Street. Die Mitarbeiter sind recht professionell. Das Hotel bietet 17 Wohneinheiten auf zwei Stockwerken, die alle mit antiken marokkanischen und europäischen Möbeln eingerichtet sind, dazu gibt es Teppiche, glänzende schwarze Fliesen, schicke Kunst, schöne Retro-Ledersofas und *echte* Blumen. Auf dem Gelände befindet sich auch ein Café mit einer zugehörigen Rösterei.

Waterfront
HOTEL **$$$**

(06-769 5301, 0508 843 928; www.waterfront.co.nz; 1 Egmont St; DZ/FZ ab 200/310 NZ$;) Das schicke Waterfront ist die beste Unterkunft, wenn der Chef zahlt. Die minimalistischen Studios sind recht protzig, aber die Penthäuser stehlen ihnen mit ihren großen Fernsehern und den kleinen Balkonen die Show. In manchen Zimmern (nicht in allen) hat man eine sagenhafte Aussicht, vom Bar-Restaurant Salt mit seiner kurvigen Vorderfront auf jeden Fall.

Essen

Chaos
CAFÉ **$**

(06-759 8080; www.chaoscafe.co.nz; 36 Brougham St; Hauptgerichte 8–18 NZ$; Mo–Fr 7.30–15.30, Sa 8.30–15, So 9–14 Uhr;) Das Chaos, eher liebenswert verlottert als chaotisch, ist eine zuverlässige Adresse für einen guten Kaffee und ein kräftiges Frühstück. Scharfe Bohnen mit Avocado und Käse, dazu Jazzmusik im Hintergrund, freundliche Mitarbeiter und ein künstlerisch angehauchtes Ambiente – kaum zu toppen! Es gibt auch ein großes Angebot an vegetarischen und glutenfreien Gerichten. Die Wand voll Graffiti ist sehenswert.

Petit Paris
CAFÉ **$**

(06-759 0398; www.petitparis.co.nz; 34 Currie St; Hauptgerichte 8–15 NZ$; Mo–Fr 7.30–16, Sa & So 8–15 Uhr) *Oh-la-la!* Hier gibt es jede Menge buttriger französischer Leckerbissen! Das Petit Paris mit der wehenden *tricolore* ist eine Boulangerie und Patisserie, in der knusprige Baguettes und *tartes au citron* (Zitronenkuchen), aber auch ein Omelett oder ein *croque-monsieur* serviert werden. Einen guten Kaffee kann man auch an der kirschfarbenen Theke an der Straßenseite trinken.

★Federal Store
CAFÉ **$$**

(06-757 8147; www.thefederalstore.com; 440 Devon St E; Hauptgerichte 10–20 NZ$; Mo–Fr 7–17, Sa 8–17, So 9–17 Uhr;) Das absolut beliebte Federal lässt mit der Retro-Einrichtung das Gefühl eines Eckladens aus den 1950er-Jahren wieder aufleben. Freundliche Mitarbeiter mit niedlichem Kopfputz nehmen die Kaffeebestellungen schon auf während man an der Theke ansteht, um das Essen zu bestellen. Und sie halten die Kunden stets bei guter Laune bis die bestellten warmen Gebäckstücke, das leckere New Yorker Sandwich oder das köstliche Brötchen mit Pulled Pork serviert werden. Tolle Kuchen, Torten und Essen (ganz schmackhaft die Gemüse-Frittata). Kinder sind als Gäste hier ebenfalls gerne gesehen.

Bach on Breakwater
CAFÉ, RESTAURANT **$$**

(06-769 6967; www.bachonbreakwater.co.nz; Ocean View Pde., Lee Breakwater; Hauptgerichte 11–24 NZ$; Do & Fr 9.30–16, Sa & So 9.30–17 Uhr;) Das aus schweren, recycelten Holzbalken gebaute originelle Café-Bistro im aufstrebenden Viertel Lee Breakwater sieht aus wie eine alte Seemannskiste, die der Sturm an Land gespült hat. Auf der Karte stehen jede Menge Gerichte mit Meeresfrüchten sowie Steaks, draußen stehen Tische in der Sonne und es gibt einen fantastischen Kaffee. Im Winter wärmt der Seafood Chowder (dicker Eintopf aus Meeresfrüchten). Angeboten werden auch viele vegetarische und glutenfreie Gerichte.

Kathakali
SÜDINDISCH **$$**

(06-758 8848; www.kathakali.co.nz; 39a Devon St E; Hauptgerichte 14–25 NZ$; Di–So 12–14 & 17–22 Uhr;) Von der Devon Street führen Stufen zu dem Lokal voll Atmosphäre. Auf der Karte stehen alle Köstlichkeiten Südindiens – von *dosa* (herzhaften Pfannkuchen) mit Kokosnuss-Chutney und *sambar* (Linsensuppe) bis zu einem Gemüse *korma* mit Kokosnuss und gemahlenen Cashewnüssen. Bei all den Kokosnüssen und der entspannten Atmosphäre scheint Kerala nicht so weit weg zu sein.

Frederic's PUBESSEN $$
(☎ 06-759 1227; www.frederics.co.nz; 34 Egmont St; Teller 13–21 NZ$, Hauptgerichte 19–26 NZ$; ⏲ 12 Uhr bis spätabends) Freddy's ist eine tolle Schlemmerbar mit witziger Innenausstattung (rostige mittelalterliche Leuchter, Tapete mit Pfauenmuster, religiöse Ikonenbilder), in der große Portionen serviert werden. Lecker sind die Pfannkuchen mit Pekingente oder die Muscheln mit Kokosmilch, Chili und Koriander, dazu schmeckt ein Monteith's Pale Ale.

Portofino ITALIENISCH $$
(☎ 06-757 8686; www.portofino.co.nz; 14 Gill St; Hauptgerichte 20–49 NZ$; ⏲ Di–So 17 Uhr bis open end) Das dezente, familiengeführte kleine Restaurant gibt es hier schon seit vielen Jahren. Auf der Karte stehen klassische italienische Pastagerichte und Pizza, wie sie schon die *nonna* (Großmutter) machte. Die Rigatoni Portofino (mit Spinat, Feta, Knoblauch und sonnengetrockneten Tomaten) sind einfach umwerfend.

★ **Arborio** MEDITERRAN $$$
(☎ 06-759 1241; www.arborio.co.nz; Puke Ariki, 1 Ariki St; Frühstück & Mittagessen 12–26 NZ$, Abendessen 31–55 NZ$; ⏲ 9 Uhr bis spätabends) Obwohl es wie eine Käsereibe aussieht, ist das Arborio im Puke Ariki Gebäude der erklärte Star unter den Restaurants von New Plymouth. Es ist luftig, künstlerisch angehaucht und modern, bietet einen guten Blick aufs Meer und einen tadellosen Service. Die mediterran angehauchte Speisekarte weist nicht nur eine leckere Pizza mit Tandoori-Hähnchen auf, sondern auch Steaks, Risottos und Fish & Chips in Tempurateig. Es gibt auch Cocktails und neuseeländische Weine.

Ausgehen & Nachtleben

★ **Hour Glass** BAR
(☎ 06-758 2299; www.facebook.com/thehourglass49; 49 Liardet St; ⏲ Di–Sa 16 Uhr bis spätabends) Die Bar mit Tapas und Craft Beer liegt an einem kaum spürbaren Anstieg der Liardet Street und ist mit dunkelroten Brokatgardinen, Holzstühlen mit gerader Rückenlehne und interessanten Holzpaneelen sowie einem großen Kühlschrank mit über 80 Craft-Beer-Sorten ausgestattet. Außerdem gibt es wahnsinnige Cocktails und abwechslungsreiche Tapas – der absolute Hit in New Plymouth. Freitagnacht gibt es zwanglose Jam Sessions, sonst kann man sich einfach nur gepflegt unterhalten.

Snug Lounge COCKTAILBAR
(☎ 06-757 9130; www.snuglounge.co.nz; Ecke Devon St W & Queen St; ⏲ Mo–Sa 16 Uhr bis spätabends) Die Bar am Rande der Stadt ist der tollste Ort in der Stadt für einen Drink. In Schale geworfen bestellt man einen Lychee Long Time (Sake, Wodka, Apfelsaft und Rosenwasser) und tut so, als gehöre einem die ganze Stadt. Einige Teller mit ausgezeichneten japanischen Häppchen stellen sicher, dass man nicht umkippt.

Mayfair BAR
(☎ 06-759 2088; www.themayfair.co.nz; 69 Devon St W; ⏲ 11 Uhr bis spätabends) Das alte Kino hat expandiert und hinzugekommen sind die angrenzenden Räumlichkeiten, die jetzt das Mayfair beherbergen – eine mainstreamtaugliche, stets gut besuchte Location mit Bar, Restaurant und Livemusik. Rock-Bands, Jazz-Trios, Stand-up-Komiker, DJs und Kammerorchester treten im Hauptraum auf; an der vorderen Bar gibt es Pizza, Burger, diverse Platten und eine ordentliche Weinkarte.

Unterhaltung

Basement LIVEMUSIK, COMEDY
(☎ 06-758 8561; www.facebook.com/thebasementnightclub; Ecke Devon St W & Egmont St) Die schmuddelige Bar ist eigentlich ein Irish Pub, aber der beste Ort in der Stadt, um Nachwuchsmusiker und -bands zu erleben, meistens Rock, Metal und Punk. Manchmal gibt es auch Comedy. Die Öffnungszeiten hängen von den Künstlern ab.

Shoppen

★ **Kina** KUNST, SCHMUCK
(☎ 06-759 1201; www.kina.co.nz; 101 Devon St W; ⏲ Mo–Fr 9–17.30, Sa 9.30–16, So 11–16 Uhr) In dem hübschen Geschäft an der Hauptstraße gibt es fantastisches Kiwi-Kunsthandwerk, Schmuck, Kunst und Design, außerdem gibt es regelmäßig Ausstellungen. Der perfekte Ort, um ein typisch neuseeländisches Mitbringsel zu kaufen.

Praktische Informationen

DOC (Department of Conservation; ☎ 06-759 0350; www.doc.govt.nz; 55a Rimu St; ⏲ Mo–Fr 8–16.30 Uhr) Informationen über die Nationalparks der Region, zum Trampen und Camping.

New Plymouth i-SITE (☎ 06-759 6060; www.taranaki.co.nz; Puke Ariki, 1 Ariki St; ⏲ Mo, Di, Do & Fr 9–18, Mi 9–21, Sa & So 9–17 Uhr) Im Puke Ariki Gebäude mit fantastischer interaktiver Touristeninformation.

Phoenix Urgent Doctors (☎ 06-759 4295; www.phoenixdoctors.co.nz; 95 Vivian St; ⌚ 8.30–20 Uhr) Arzttermine nach Vereinbarung, aber auch schnelle medizinische Hilfe in Notfällen. Es gibt auch eine Apotheke.

Post (☎ 0800 501 501; www.nzpost.co.nz; 21 Currie St; ⌚ Mo–Fr 9–17, Sa 9–13 Uhr) Weg mit Facebook und einfach mal wieder einen Brief schreiben.

Taranaki Base Hospital (☎ 06-753 6139; www.tdhb.org.nz; David St, Westown; ⌚ 24 Std.) Bei Unfällen und im Notfall.

An- & Weiterreise

BUS

Alle Busse fahren ab dem **Busbahnhof** (Ecke Egmont & Ariki St) im Zentrum von New Plymouth.

Die Busse von InterCity (www.intercity.co.nz) fahren zu folgenden Zielen:

REISEZIEL	FAHRPREIS	FAHRZEIT (STD.)	HÄUFIGKEIT
Auckland	73 NZ$	6	2-mal tgl.
Hamilton	49 NZ$	4	2-mal tgl.
Palmerston North	35 NZ$	4	1-mal tgl.
Wellington	45 NZ$	7	1-mal tgl.
Whanganui	29 NZ$	2¼	1-mal tgl.

Die Busse von Naked Bus (www.nakedbus.com) verkehren auf ähnlichen Strecken:

REISEZIEL	FAHRPREIS	FAHRZEIT (STD.)	HÄUFIGKEIT
Auckland	40 NZ$	8½	1-mal tgl.
Hamilton	40 NZ$	4¼	1-mal tgl.
Palmerston North	28 NZ$	4½	1-mal tgl.
Wellington	40 NZ$	6¼	1-mal tgl.
Whanganui	23 NZ$	2½	1-mal tgl.

FLUGZEUG

Der **New Plymouth Airport** (☎ 06-759 6060; www.newplymouthairport.com; Airport Dr) befindet sich 11 km östlich des Zentrums nahe dem SH 3. **Scott's Airport Shuttle** (☎ 06-769 5974, 0800 373 001; www.npairportshuttle.co.nz; pro Pers. 18–28 NZ$, pro 2 Pers. 22–32 NZ$) bietet einen Shuttle vom Flughafen bis vor die Haustür an.

Folgende Fluggesellschaften fliegen nach New Plymouth:

Air New Zealand (☎ 06-757 3300; www.airnewzealand.co.nz; 12-14 Devon St E; ⌚ Mo–Fr 9–17 Uhr) Täglich Direktflüge nach Auckland, Wellington und Christchurch, von dort gibt es Anschlussflüge.

Virgin Australia (www.virginaustralia.com) Bedient die gleichen Strecken wie Air New Zealand.

Singapore Airlines (www.singaporeair.com) Verkehrt zwischen New Plymouth, Christchurch und Auckland.

Unterwegs vor Ort

AUTO

Rent-a-Dent (☎ 06-757 5362, 0800 736 823; www.rentadent.co.nz; 592 Devon St E; ⌚ Mo–Fr 8–17, Sa 8–12 Uhr) Ein Mietauto zu günstigen Preisen bekommt man bei Rent-a-Dent.

BUS

Die Busse von **Citylink** (☎ 0800 872 287; www.taranakibus.info; Fahrkarten Erw./Kind 3,50/2,10 NZ$) verkehren montags bis freitags in der ganzen Stadt sowie weiter nördlich nach Waitara und südlich bis Oakura. Abfahrt ist am Busbahnhof (s. links).

FAHRRAD

Cycle Inn (☎ 06-758 7418; www.cycleinn.co.nz; 133 Devon St E; pro 2 Std./Tag 10/20 NZ$; ⌚ Mo–Fr 8.30–17, Sa 9–16.30, So 10–14 Uhr) verleiht Fahrräder. Weitere Adressen sind Wind Wanderers (S. 247) am Coastal Walkway und Chaddy's Charters (S. 248) am Lee Breakwater.

TAXI

Energy City Cabs (☎ 06-757 5580; www.energycabs.co.nz) Taxis in New Plymouth.

Rund um New Plymouth

Fährt man auf dem SH 3 von New Plymouth weiter Richtung Norden, gelangt man zu mehreren Abzweigen, die zum Meer, zu Surfstränden und zu hohen Dünen führen. **Urenui**, 16 km hinter Waitara, ist ein beliebtes Ziel in den Sommermonaten. Auch die Fahrt von New Plymouth Richtung Süden lohnt sich, denn zwischen der Stadt und dem Mount Taranaki gibt es einige sehenswerte Ziele.

Sehenswertes

Ungefähr 5 km hinter dem am Flussufer gelegenen Urenui liegt für viele Besucher das größte Highlight von North Taranaki – **Mike's Brewery** (☎ 06-752 3676; www.mikesbeer.co.nz; 487 Mokau Rd, Urenui; Verkostung/Führung 15/25 NZ$; ⌚ 10–18 Uhr). Fährt man etwas weiter, kommt man zum Abzweig nach **Pukearuhe** und zu den **White Cliffs** – riesige Steilhänge, die an ihre Namensgeber in Dover erinnern. Am Pier in Pukearuhe beginnt der **White Cliffs Walkway**, ein dreistündiger Rundweg mit traumhaften Ausblicken auf die Küste und die Berge (Taranaki and Ruapehu). Der Weg am Strand kann durch die Gezeiten riskant werden – am sichersten ist man zwei Stunden vor und nach Niedrigwasser.

Auf dem Weg weiter Richtung Norden nach **Mokau** lohnt sich ein Zwischenstopp bei den **Three Sisters**, einer Felsformation die gleich südlich der Tongaporutu Bridge ausgeschildert ist – bei Ebbe kann man die Küste entlanglaufen. Zwei Schwestern stehen etwas verloren vor der Küste, die dritte ist vor zehn Jahren zu einem Steinhaufen zusammengefallen – aber durch die ausgewaschenen Klippen entsteht inzwischen wieder eine neue Schwester.

Pukeiti GARTEN

(☎0800 736 222; www.pukeiti.org.nz; 2290 Carrington Rd, New Plymouth; ⏲9–17 Uhr) GRATIS Der 4 km² große Garten liegt 20 km südlich von New Plymouth und beherbergt unzählige Rhododendron- und Azaleenbüsche. Der Höhepunkt der Blüte liegt zwischen September und November, aber der Garten lohnt auch zu anderen Zeiten einen Besuch. Die Fahrt dorthin führt durch die Pouakai Range und die Kaitake Range, beide Gebirgszüge gehören zum Egmont National Park. Auf dem Gelände befindet sich auch ein Café.

Tupare HISTORISCHES BAUWERK, GARTEN

(☎0800 736 222; www.tupare.info; 487 Mangorei Rd, New Plymouth; ⏲April–Okt. 9–17 Uhr, Nov.–März 9–20 Uhr, Führungen Okt.–März Fr–Mo 11 Uhr) GRATIS Tupare liegt 7 km südlich von New Plymouth und wurde von dem berühmten Architekten James Chapman-Taylor im Tudor-Stil entworfen. Noch beeindruckender als das Bilderbuch-Gebäude ist jedoch der traumhafte 3,6 ha große Park, in dem es steht. Glockenblumen und Vogelgezwitscher in den Bäumen – ein Paradies für Picknick-Freunde.

Taranaki Aviation, Transport & Technology Museum MUSEUM

(TATATM; ☎06-752 2845; http://tatatm.tripod.com/museum; Ecke SH 3 & Kent Rd, New Plymouth; Erw./Kind/Fam. 7/2/16 NZ$; ⏲ Sa & So 10.30–16.30 Uhr) Etwa 9 km südlich von New Plymouth liegt an der Straße dieses Museum mit seiner etwas ungeordneten Ausstellung, die aus alten Flugzeugen, Zügen, Autos und Haushaltsgegenständen jeder Art besteht. Man sollte sich auch die Sachen zeigen lassen, die der verrückte Bienenzüchter entworfen hat (darunter befinden sich unglaubliche Sechsecke).

Mount Taranaki (Egmont National Park)

Der Mount Taranaki, ein typisch geformter, 2518 m hoher Vulkankegel, dominiert die Landschaft und zieht jeden magisch an, der ihn zum ersten Mal erblickt. Aus geologischer Sicht ist der Taranaki der jüngste von drei großen Vulkanen – der Kaitke und der Pouakai sind die beiden anderen –, die sich entlang der selben Verwerfungszone befinden. Da sein letzter Ausbruch vor über 350 Jahren stattfand, sind die Experten der Ansicht, dass ein neuer Ausbruch eigentlich überfällig sei. Dennoch sollte man sich davon nicht abschrecken lassen – dieser Berg ist eine absolute Schönheit und das Highlight eines jeden Besuchs in der Region.

Die Zugangspunkte zum Berg sind North Egmont, Dawson Falls und East Egmont. Es gibt DOC-Infocenter in North Egmont (S. 256) und Dawson Falls (S. 256); für Unterkunft und Versorgung muss man nach Stratford oder Inglewood fahren.

Geschichte

Einer Māori-Legende nach gehörte der Mount Taranaki zu einer Gruppe von Vulkanen im Zentrum der Nordinsel. Allerdings wurde er in grauer Vorzeit von dort vertrieben, nachdem er mit der wunderschönen Pihanga, dem Vulkan in der Nähe des Lake Taupo und der Geliebten des Mount Tongariro, erwischt worden war. Als er nach Süden floh – manche sagen aus Schande, andere, um den Frieden zu wahren –, hinterließ Taranaki eine große Narbe in der Erde, durch die heute der Whanganui River fließt. Schließlich ließ sich der Vulkan im Westen an seinem jetzigen Standort nieder, an dem er in majestätischer Einsamkeit steht und sein Gesicht hinter einer Wolke aus Tränen versteckt.

Aktivitäten

Wandern

Weil er gut zugänglich ist, gilt der Mount Taranaki als der „am häufigsten bestiegene" Berg Neuseelands. Dennoch ist das Wandern auf diesem Berg gefährlich und sollte keinesfalls unterschätzt werden. Es ist absolut lebenswichtig, sich bevor man aufbricht

DIE MĀORI IN TARANAKI & WHANGANUI

Seit Mount Taranaki wegen romantischer Komplikationen hierher geflüchtet ist, blickt die Region Taranaki auf eine bewegte Geschichte zurück. Nach den Konflikten zwischen den einheimischen *iwi*-Stämmen und Eindringlingen aus Waikato kam es zu zwei Kriegen mit der Regierung – der erste 1860–1861, der zweite 1865–1869. Nach den Kriegen wurden große Landstriche konfisziert, gegen die sich eine starke passive Widerstandsbewegung in Parihaka formierte.

Weiter östlich führt eine Fahrt auf der Whanganui River Road tief in traditionelles Māori-Gebiet, dabei kommt man durch die Māori-Dörfer Atene, Koriniti, Ranana und Hiruharama. In Whanganui lohnt sich ein Besuch im **Whanganui Regional Museum** (S. 261) mit seinen wunderbaren Exponaten indigener Kultur. Die **Kirche in Putiki** (S. 263) beeindruckt durch erstklassige Māori-Schnitzereien.

In Palmerston North legt das **Te Manawa** Museum (S. 275) einen Schwerpunkt auf die Kultur der Māori, während das **New Zealand Rugby Museum** (S. 275) die Verdienste der Māori bei den All Blacks würdigt, ohne die das Team niemals mehrfach nacheinander den Rugby World Cup gewonnen hätte.

Ratschläge einzuholen und das Department of Conservation (DOC), das Visitor Centre oder das i-SITE über sein geplantes Vorhaben zu informieren.

Die meisten Wanderwege sind von North Egmont, Dawson Falls oder East Egmont aus erreichbar. Weitere Details findet man in der DOC-Sammlung detaillierter Wander-Flyer (je 1 NZ$) oder in der kostenlosen Broschüre *Taranaki: A Walker's Guide*.

Der wichtigste Wanderweg von North Egmont aus ist der landschaftlich reizvolle **Pouakai Circuit**, ein 25 km langer Rundwanderweg, der in zwei bis drei Tagen durch alpine, sumpfige und von Büschen überwucherte Gebiete mit toller Aussicht führt. Von hier aus gibt es aber auch leichtere und kürzere Wanderwege, etwa den **Ngatoro Loop Track** (1 Std.), den **Veronica Loop** (2 Std.) und den **Nature Walk** (15 Min., Rundwanderweg). Der **Mount Taranaki Summit Climb** beginnt ebenfalls in North Egmont. Es ist ein 14 km langer Wanderweg, für den man hin und zurück acht bis zehn Stunden braucht und den unerfahrene Wanderer, vor allem bei Eis und Schnee, meiden sollten.

Von East Egmont aus gibt es den **Potaema Track** (rollstuhlgeeignet, hin & zurück 30 Min.) und den schönen **Stratford Plateau Lookout** (hin & zurück 10 Min.); ein längerer Wanderweg ist der steile **Enchanted Track** (hin & zurück 2–3 Std.).

In Dawson Falls kann man mehrere kurze Wanderungen unternehmen, z. B. auf dem **Wilkies Pools Loop** (hin & zurück 1¼ Std.) oder auf dem herrlichen, aber schwierigen **Fanthams Peak** (hin & zurück 5 Std.), der im Winter verschneit ist. Der **Kapuni Loop Track** (1 Std., Rundwanderweg) führt zu den 18 m hohen **Dawson Falls**. Die Wasserfälle sieht man auch vom Aussichtspunkt, zu dem man vom Besucherzentrum aus zehn Minuten geht.

Der schwierige, 55 km lange **Around-the-Mountain Circuit** nimmt drei bis fünf Tage in Anspruch und ist nur für erfahrene Wanderer geeignet. Entlang der Strecke gibt es eine Reihe von Hütten, die Karten zum Übernachten muss man im Voraus kaufen.

Der **York Road Loop Track** (3 Std.), erreichbar von der York Road nördlich von Stratford, ist ein faszinierender Wanderweg, der stellenweise einer stillgelegten Bahnstrecke folgt.

Zwischen Februar und März, wenn es weniger schneit, kann man ohne Bergführer wandern. Ansonsten sollten unerfahrene Wanderer sich beim DOC über Clubs und Führer informieren. Heuert man einen Führer an, so kostet der etwa 300 NZ$ pro Tag.

Skifahren

Manganui Ski Area SKIFAHREN

(☎ Ski-Lodge 06-765 5493, Schnee-Infotelefon 06-759 1119; www.skitaranaki.co.nz; Nähe Pembroke Rd, East Egmont; Skipass Erw./Kind 45/30 NZ$) Von Stratford aus fährt man über die Pembroke Road hoch zum Stratford Plateau. Von dort aus geht es noch 1,5 km zu Fuß (20 Min.) zum kleinen Skigebiet Manganui. Im i-SITE von Stratford (S. 258) gibt es tagesaktuelle Informationen über das Wetter und die Schneeverhältnisse. Auch das Schnee-Infotelefon oder die Webcam sind eine gute Möglichkeit, sich zu informieren.

Es gibt auch eine Unterkunft mit gemeinsam genutzten Einrichtungen (Erw./Kind/Fam. 45/15/100 NZ$).

Geführte Touren

Top Guides Taranaki WANDERN
(0800 448 433; www.topguides.co.nz; Halb-/Ganztagstouren pro Pers. ab 99/199 NZ$) Geführte Halb- und Ganztagswanderungen am Mount Taranaki (min. 2 Pers.). Der Veranstalter organisiert einen Shuttle zwischen New Plymouth und dem Mount Taranaki.

Taranaki Tours GEFÜHRTE TOUREN
(06-757 9888, 0800 886 877; www.taranakitours.com; pro Pers. ab 145 NZ$) Bietet eine Tagestour rund um den Berg an, der Fokus liegt dabei zum einen auf der Māori-Kultur sowie zum anderen auf Naturkunde. Außerdem werden Touren auf dem Forgotten World Highway angeboten und Shuttlefahrten zu den Bergen.

Beck Helicopters RUNDFLÜGE
(0800 336 644, 06-764 7073; www.heli.co.nz; Flüge pro Pers. ab 265 NZ$) Ein echtes Erlebnis ist ein Flug rund um den großen Berg (und er war schon vom Boden aus beeindruckend!). Maximum vier Personen.

Schlafen

Auf dem Berg gibt es mehrere Hütten des DOC, die über Wanderwege erreichbar sind. Die meisten kosten 15 NZ$ pro Nacht (Syme und Kahui kosten 5 NZ$); die Karten für die Hütten kauft man im Voraus beim DOC. Kochutensilien, Verpflegung und Schlafsack müssen selbst mitgebracht werden. Reservierungen sind nicht möglich – wer zuerst kommt, mahlt zuerst.

An der leichter zugänglichen Seite des Berges gibt es ein Hostel, zwei vom DOC geführte Schlafbaracken und einige interessante Lodges.

EcoInn HOSTEL, COTTAGE $
(06-752 2765; www.ecoinnovation.co.nz; 671 Kent Rd, Korito; EZ/Twin/DZ 35/70/70 NZ$, Cottage 140 NZ$; @) Die umweltfreundliche Unterkunft liegt etwa 6,5 km vom Abzweig zum Taranaki Aviation, Transport & Technology Museum entfernt. Das Haus wurde aus recyceltem Holz errichtet und arbeitet mit Solar-, Wind- und Wasserenergie. Es gibt auch ein Spa und einen Billardtisch. Das kleine *bach* (Ferienhaus) bietet Platz für vier Personen, im Hostel schlafen acht Personen. Gut für Gruppen geeignet.

DER TRÜGERISCHE BERG

Mount Taranaki mag aussehen, als wäre er leicht zu besteigen, aber der malerische Vulkankegel hat schon über 60 Menschenleben gefordert. Das Wetter auf dem Berg kann sich ganz plötzlich ändern – eben noch Sommersonne und gleich darauf tobt ein Schneesturm. Außerdem drohen steil abfallende Felsvorsprünge und vereiste, steile Hänge.

Es gibt viele kurze Wanderwege, die die meiste Zeit des Jahres sicher begangen werden können. Für abenteuerlustige Wanderer empfehlen sich die Monate Januar bis März. Unbedingt notwendig ist eine detaillierte topografische Karte (die Karten *Topo50 1:50.000 Mt. Taranaki* oder *Mt. Egmont* sind empfehlenswert). Vor dem Aufstieg sollte man sich im DOC über die aktuellen Bedingungen erkundigen. Außerdem muss man sich im DOC-Besucherzentrum **Dawson Falls** (S. 256) oder **North Egmont** (S. 256), im **New Plymouth i-SITE** (S. 251) oder online unter www.adventuresmart.org.nz registrieren lassen.

Camphouse HOSTEL $
(06-756 0990; www.doc.govt.nz; Egmont Rd, North Egmont; pro Erw./Kind 25/15 NZ$, ganze Unterkunft 600 NZ$) Das wie eine Backpackerunterkunft gestaltete Hostel liegt gleich hinter dem North Egmont Visitor Centre in einem historischen Wellblechhaus von 1850. In den Wänden sieht man noch die Schießscharten, durch die die Siedler während der Taranaki Land Wars auf die einheimischen Māori geschossen haben. Der Blick von der Terrasse reicht bis zum Horizont. Die vier Schlafsäle bieten Platz für insgesamt 32 Personen. Es gibt gemeinsame Wasch- und Aufenthaltsräume.

★ **Ngāti Ruanui Stratford Mountain House** LODGE $$
(06-765 6100; www.stratfordmountainhouse.co.nz; 998 Pembroke Rd, East Egmont; DZ/FZ ab 155/195 NZ$) Die schwungvoll geführte Lodge an der Stratford-Seite des großen Berges (15 km von der Abzweigung vom SH 3 und 3 km vom Skigebiet Manganui entfernt) hat einen Flügel mit kürzlich renovierten Zimmern im Motelstil und ein europäisches Restaurant (Frühstück und Mittagessen 12–

21 NZ$, Abendessen 31–42 NZ$). Angeboten wird auch Halbpension (ab 345 NZ$).

Praktische Informationen

Dawson Falls Visitor Centre (06-443 0248; www.doc.govt.nz; Manaia Rd, Dawson Falls; Do–So 9–16 Uhr, während der Schulferien tgl.) An der Südostseite des Berges, davor steht ein beeindruckender Totempfahl.

MetPhone (0900 999 06) Aktuelles Bergwetter.

North Egmont Visitor Centre (06-756 0990; www.doc.govt.nz; Egmont Rd, North Egmont; 8–16.30 Uhr, im Winter kürzer) Aktuelle und umfangreiche Informationen über den Nationalpark sowie über Wanderungen und Berghütten.

An- & Weiterreise

Es gibt drei Hauptzugangsstraßen zum Egmont National Park, die allesamt gut ausgeschildert sind. Am nächsten bei New Plymouth liegt North Egmont: Man fährt auf den SH 3 und nimmt 12 km südlich von New Plymouth die Abzweigung bei Egmont Village und folgt 14 km lang der Egmont Road. Von Stratford aus nimmt man die Abzweigung an der Pembroke Road und folgt der Straße 15 km bis East Egmont und zum Skigebiet Manganui. Aus südöstlicher Richtung führt die Manaia Road zu den Dawson Falls, die 23 km von Stratford entfernt sind.

Es gibt zwar keine öffentlichen Busse zum Nationalpark, dafür aber einige Shuttlebusbetreiber und Touranbieter, die Touristen gerne dorthin bringen (einfach/hin u. zurück 40/60 NZ$; Gruppen bekommen meistens Ermäßigung).

Eastern Taranaki Experience (027 246 6383, 06-765 7482; www.eastern-taranaki.co.nz; Tagestouren pro Pers. ab 60 NZ$) Angeboten werden Shuttlefahrten zum Berg, aber auch geführte Touren und Unterkunft. Abfahrt in Stratford.

Taranaki Tours (S. 255) Von New Plymouth bis North Egmont und zurück – gut geeignet für Tagestouren.

Top Guides Taranaki (S. 255) Shuttleservice zum Berg, Kunden werden rund um New Plymouth abgeholt. Normalerweise fährt der Bus um 7.30 Uhr. Angeboten werden auch Bergführer.

Rund um Mount Taranaki

Der Mount Taranaki erhebt sich wie ein Gott über die fruchtbaren Ebenen – ein perfekt aussehender Gipfel, der seit ewigen Zeiten Erstaunen, Bewunderung und tausendfaches Kameraklicken hervorgerufen hat. Man sollte unbedingt eine Wanderung rund um diesen faszinierenden Berg unternehmen, aber auch die nahe liegenden Orte Inglewood und Stratford besuchen oder den Forgotten World Highway befahren, eine touristisch wenig erschlossene 155 km lange Strecke durch das Hinterland zwischen Stratford und Taumarunui.

An- & Weiterreise

Eine gute Möglichkeit, den Berg zu erkunden, ist ein eigenes Fahrzeug, es gibt aber auch Shuttledienste von New Plymouth zu den Hauptzugangsstraßen der Nationalparks. Die Busse von InterCity (www.intercity.co.nz) und Naked Bus (www.nakedbus.com) fahren auf der Strecke Whanganui–New Plymouth auch durch Stratford und Inglewood. Den Forgotten World Highway sollte man selbst befahren, es gibt allerdings auch einige Touranbieter, die die Sehenswürdigkeiten auf dieser Strecke anfahren.

Inglewood

3250 EW.

Der kleine Ort Inglewood mit einer großen Straße liegt sehr bequem zum Mount Taranaki am SH 3. Hier kann man gut einen Zwischenstopp einlegen, um im Supermarkt Vorräte einzukaufen oder um bei einer Pause etwas zu essen.

Sehenswertes

Fun Ho! National Toy Museum MUSEUM
(06-756 7030; www.funhotoys.co.nz; 25 Rata St, Inglewood; Erw./Kind 7/3,50 NZ$; 10–16 Uhr;) Inglewoods Highlight ist das drollige Fun Ho! National Toy Museum, das altmodische Sandguss-Spielzeuge zeigt (und verkauft). Es dient gleichzeitig auch als Besucherinformation. Also auf geht's: „Fun Ho!".

Schlafen & Essen

White Eagle Motel MOTEL $$
(06-756 8252; www.whiteeaglemotel.co.nz; 87b Rata St, Inglewood; EZ/DZ ab 90/105 NZ$, extra Pers. 20 NZ$;) An der Straße in die Stadt aus Richtung New Plymouth kommend liegt das White Eagle Motel. Das altmodische Motel mit Blumenkästen ist sehr sauber und ruhig. Die Wohneinheiten mit zwei Schlafzimmern wirken größer als sie sind. Ruhig, reizend und rasch in allen Belangen.

Funkfish Grill PIZZA, MEERESFRÜCHTE $$
(06-756 7287; 32 Matai St, Inglewood; zum Mitnehmen 8–19 NZ$, Hauptgerichte 19–32 NZ$; 16–21 Uhr) Der flippige Funkfish ist eine angesagte Pizzeria, in der man auch Fish &

ABSEITS DER ÜBLICHEN PFADE

FORGOTTEN WORLD HIGHWAY

Die abgelegene, 155 km lange Straße zwischen Stratford und Taumarunui (SH 43) ist auch als Forgotten World Highway bekannt. Die Strecke windet sich durch hügeliges Buschland, vorbei an *pa* (Wehrdörfern) der Māori, verlassenen Kohlebergwerken und Gedenktafeln für längst Verstorbene. Nur eine kurze Strecke (etwa 12 km) der Straße ist nicht asphaltiert. Man sollte vier Stunden und jede Menge Stopps einplanen und vorher volltanken (unterwegs gibt es keine Tankstelle). Bei den i-SITEs und DOC-Besucherzentren der Gegend gibt es eine Broschüre über den *Forgotten World Highway*.

Sehenswertes

Ein Highlight ist der Ort **Whangamomona** (30 Ew.). Der schrullige Ort hat sich im Jahr 1989 nach Meinungsverschiedenheiten mit der lokalen Verwaltung zur unabhängigen Republik ausgerufen. Alle zwei Jahre (mit ungeraden Zahlen) wird im Januar mit pseudo-militärischem Gepränge der Unabhängigkeitstag (Republic Day) gefeiert. Im Ortszentrum steht das nicht zu verfehlende großartige, alte **Whangamomona Hotel** (☎06-762 5823; www.whangamomonahotel.co.nz; 6018 Forgotten World Hwy., Whangamomona; Zi. pro Pers. inkl. Frühstück 75 NZ$; ⏲11 Uhr bis spätabends), ein Gasthaus mit einfachen Zimmern und üppigen ländlichen Gerichten. Außerdem gibt es hier ein Ferienhaus – **Whanga Bridge House** (☎06-762 5552; www.facebook.com/whanga.bridgehouse; Ohura Rd, Whangamomona; pro Pers. 75 NZ$) mit Platz für acht Personen.

Geführte Touren

Wer nicht selber fährt, kann eine Tour durch das Gebiet auch bei Eastern Taranaki Experience (S. 256) oder Taranaki Tours (S. 255) buchen. Eine weitere Adresse ist Forgotten World Adventures (S. 216) in Taumarunui.

Chips (zum Mitnehmen oder vor Ort essen) bekommt. Lecker sind auch die Tempura-Muscheln. Abends verwandelt sich das Lokal in eine Bar.

Stratford

5610 EW.

40 km südöstlich von New Plymouth liegt am SH 3 der Ort Stratford, der überall an seinen Namensvetter Stratford-upon-Avon, William Shakespeares Geburtsort, erinnert. Alle Straßen im Ort tragen die Namen von Figuren aus Werken des Dramatikers. Stratford besitzt auch Neuseelands einziges **Glockenspiel**. Viermal täglich (10, 13, 15 und 19 Uhr) spielt die große Uhr im Tudor-Stil Shakespeares größte Dramen, allerdings etwas hölzern.

Sehenswertes

Percy Thomson Gallery KUNSTGALERIE
(☎06-765 0917; www.percythomsongallery.org.nz; Prospero Pl, Broadway S, Stratford; ⏲Mo–Fr 10.30–16, Sa & So 10:30–15 Uhr) GRATIS Direkt neben dem Stratford i-SITE befindet sich diese progressive Gemeindegalerie, die nach einem ehemaligen Bürgermeister benannt wurde und die eine bunte Mischung aus regionaler Kunst und Wanderausstellungen zeigt.

Taranaki Pioneer Village MUSEUM
(☎06-765 5399; www.pioneervillage.co.nz; SH 3, Stratford; Erw./Kind 12/5 NZ$; ⏲10–16 Uhr; 👪) Etwa 1 km südlich von Stratford liegt am SH 3 das Taranaki Pioneer Village. Auf dem 4 ha großen Gelände des Freilichtmuseums stehen 40 historische Gebäude aus vergangenen Zeiten – es ist mehr als nur ein bisschen gruselig. Im Museum gibt es auch ein Café.

Schlafen

Stratford Top Town Holiday Park FERIENPARK $
(☎0508 478 728, 06-765 6440; www.stratfordtoptownholidaypark.co.nz; 10 Page St, Stratford; Stellplatz/B/Hütte/Wohneinheit ab 20/25/50/100 NZ$; 📶) Der altmodische, rosafarbene Stratford Top Town Holiday Park ist ein gepflegter Wohnwagenpark, der auch Einzelzimmerhütten, motelähnliche Wohneinheiten und Etagenbetten für Backpacker anbietet. Hübsch sind die gepflegten kleinen Hecken zwischen den Wohnwagenstellplätzen.

Amity Court Motel MOTEL $$
(☎06-765 4496; www.amitycourtmotel.co.nz; 35 Broadway N, Stratford; DZ/Apt. ab 120/224 NZ$; 📶) Das mit Steinsäulen, kecken Dachvorsprüngen, Holzjalousien und gedämpften, dunklen Farben protzende neue Amity Court Motel hat die Übernachtungsmöglichkeiten im Ort um hundert Prozent verbessert. Die Apartments mit zwei Schlafräumen eignen sich gut für Familien.

ℹ Praktische Informationen

Stratford i-SITE (☎0800 765 6708, 06-765 6708; www.stratford.govt.nz; Prospero Pl, Broadway S, Stratford; ⏲Mo–Fr 8.30–17, Sa & So 10–15 Uhr) Alle wichtigen Informationen sowie gute Tipps für Wanderungen zum Mount Taranaki. Das Büro liegt in einer Arkade an der Hauptstraße.

Surf Highway 45

Von New Plymouth zieht sich bis Hawera im Süden der 105 km lange SH 45, auch als Surf Highway 45 bekannt, an der Küste entlang. Entlang der Strecke findet man jede Menge schwarzer Sandstrände – wer aber erwartet, dass er während der ganzen Fahrt die Wellen an die Küste branden sieht, wird wahrscheinlich enttäuscht sein: Die meiste Zeit schlängelt sich die Straße durch Farmland – immer wieder muss man Traktoren und Kühen ausweichen. In den Besucherzentren liegt die Broschüre *Surf Highway 45* zum Mitnehmen aus.

ℹ An- & Weiterreise

Dieser Teil Neuseelands liegt glücklicherweise abseits der Touristenströme, allerdings auch abseits der großen Busrouten. Man braucht ein eigenes Fahrzeug, um die Gegend zu erkunden (Fahrräder eignen sich auch sehr gut – das Gelände ist meistens flach).

Eine Alternative sind die Busse der regionalen Gesellschaft SouthLink (www.taranakibus.info), die jeden Freitag von New Plymouth nach Oakura, Okato und Opunake an der SH 45 verkehren und dann ins Landesinnere nach Hawera fahren (über Eltham). SouthLink fährt ebenfalls einmal täglich montags bis freitags von New Plymouth auf der Inlandroute über Stratford nach Hawera.

Oakura

1380 EW.

Fährt man von New Plymouth Richtung Süden kommt man zuerst in das verschlafene Oakura, das 15 km südwestlich am SH 45 liegt. Sein breiter Strand ist wegen seiner Righthander-Breaks bei Surfern beliebt, aber auch Familien sind hier gut aufgehoben (Sandalen mitnehmen – im schwarzen Sand verbrennt man sich leicht die Füße). Wer noch ein bisschen Surfunterricht braucht, bekommt ihn bei **Vertigo Surf** (☎06-752 7363; www.vertigosurf.com; 1135 SH45; Unterricht ab 80 NZ$; ⏲Mo–Fr 9–17, Sa 10–16 Uhr) oder der **Tarawave Surf School** (☎021 119 6218, 06-752 7474; www.taranakisurfschool.com; 90 Min. Unterricht pro Pers. ab 50 NZ$).

🛏 Schlafen & Essen

Oakura Beach Holiday Park FERIENANLAGE $
(☎06-752 7861; www.oakurabeach.com; 2 Jans Tce.; Stellplatz ab 20 NZ$, Hütte 75–140 NZ$; @📶) Die klassische Ferienanlage zwischen den Klippen und dem Meer ist besonders für Wohnwagen geeignet, bietet aber auch einfache Hütten und gute Stellplätze für alle, die zelten wollen (direkt am Meer!).

Wave Haven HOSTEL $
(☎027 694 1069, 06-752 7800; www.thewavehaven.co.nz; Ecke Lower Ahu Ahu Rd & SH45; B/EZ/DZ ab 25/50/60 NZ$; 📶) Eine Backpackerunterkunft für Surfer in der Nähe der großen Wellen mit kolonialzeitlichem Charme. Hier findet man eine Kaffeemaschine, eine große Terrasse zum Chillen, Gartenstühle, die aus alten Surfbrettern gemacht wurden und überall leere Weinflaschen. Ein Surfbrett am Highway dient als Wegweiser.

Oakura Beach Motel MOTEL $$
(☎06-752 7680; www.oakurabeachmotel.co.nz; 53 Wairau Rd; DZ/FZ 115/160 NZ$; 📶) Das sehr ruhige Motel mit sieben Wohneinheiten liegt abseits der Hauptstraße und nur etwa drei Minuten Fußweg vom Strand entfernt. Die Anlage stammt aus den 1970er-Jahren; alle Wohneinheiten haben Kochzeilen und sind absolut tipptopp. Es gibt 300 DVDs zum Ausleihen – der verschlafenen schwarzen Katze ist egal, welche man nimmt.

★ **Ahu Ahu Beach Villas** BOUTIQUEHOTEL $$$
(☎06-752 7370; www.ahu.co.nz; 321 Lower Ahu Ahu Rd; DZ/4BZ ab 295/650 NZ$; 📶) Teuer, aber recht beeindruckend: Die von Architekten entworfenen Villen auf einer Anhöhe mit Blick auf den Ozean sind herrlich ausgefallen, haben riesige Holzbalken, in die Wände eingelassene Flaschen, mit Flechten bewachsene französische Dachziegel und glänzenden Zementboden mit eingearbeiteten Paua-Muscheln. Eine Lodge bietet Platz

für vier Personen. Sogar bekannte Rockstars übernachten hier!

Carriage Café CAFÉ $
(☎06-752 7226; 1143 SH45; Gerichte 10–20 NZ$; ⏲8.30–15 Uhr; 👪) Das Café befindet sich abseits der Hauptstraße in einem sehr langsam rollenden Eisenbahnwagen von 1917. In dem ungewöhnlichen Lokal wird ein gutes Frühstück serviert, außerdem gibt es Pies mit Speck und Eiern sowie Scones mit Käse – und einen guten Kaffee, Smoothies und Milchshakes.

Rund um Okato

Zwischen Oakura und Opunake verlässt der SH 45 die Küste und führt nach Okato, aber immer wieder zweigen Nebenstraßen zu hübschen Stränden ab. An der **Stent Road** (Stent Rd, Warea) direkt südlich Warea liegen berühmte Surfreviere, ebenso bei **Kumara Patch** (Komene Rd, Okato; ⏲24 Std.) westlich von Okato. In der Nähe von Pungarehu liegt Cape Egmont mit dem bekannten historischen **Leuchtturm** (Cape Rd, Pungarehu; ⏲24 Std.) GRATIS und dem **Museum** (☎06-763 8499; www.southtaranaki.com; Bayly Rd, Warea; Eintritt gegen Spende; ⏲Sa–Mo 11–15 Uhr).

Schlafen & Essen

Stony River Hotel HOTEL $$
(☎06-752 4454; www.stonyriverhotel.co.nz; 2502 SH45, Okato; Twin/DZ/3BZ inkl. Frühstück 110/120/170 NZ$; 📶) In der Nähe von Okato liegt am Highway das zitronenfarbene, 136 Jahre alte Stony River Hotel. Das Hotel ist australisch angehaucht und bietet im Obergeschoss helle, super saubere Zimmer im Countrystil mit Bädern, im Erdgeschoss befindet sich ein Restaurant (Hauptgerichte 18–38 NZ$), in dem es freitags bis sonntags Mittagessen gibt, mittwochs bis sonntags Abendessen. Und ja, im Fluss gibt es eine Menge Steine.

★ **Cafe Lahar** CAFÉ $
(☎06-752 4865; 64 Carthew St, Okato; Hauptgerichte 10–22 NZ$; ⏲Mi & Do 8–16, Fr 8 Uhr bis spätabends, Sa & So 8.30 Uhr bis spätabends) Das ausgezeichnete neue Lahar befindet sich in einer kantigen, schwarzen Holzkiste mitten in Okato (es ist nicht zu verfehlen, denn es gibt kaum etwas anderes hier). Das luftige Lokal hat Ventilatoren, einladende Sofas und eine Speisekarte, die von Würstchen mit Bohnen bis zu Tandoori-Geflügelsalat alles bietet. Freitag-, Samstag- und Sonntagabend gibt es auch Pizza. Leckerer Kaffee.

SNELLY!

Opunake ist mehr als nur ein Surfermekka – es ist auch der Geburtsort des Mittelstreckenläufers Peter Snell (geb. 1938), der in Neuseeland Kultstatus erreicht hat. Bei den Olympischen Spielen von Rom 1960 und Tokyo 1964 rannte er seinen Konkurrenten einfach davon. Old Snelly gewann in Italien beim 800-m-Lauf die Goldmedaille, in Japan holte er sowohl im 800-m-Lauf als auch im 1500-m-Lauf Gold. Eine Legende! Vor der Bibliothek steht eine kuriose Statue, die ihn beim Laufen zeigt.

Opunake

1370 EW.

Der Sommerort ist das Surfzentrum von Taranaki. Opunake besitzt einen geschützten Strand für Familien und weiter draußen jede Menge herausfordernder Wellen.

Aktivitäten

Dreamtime Surf Shop SURFEN
(☎06-761 7570; www.dreamtimesurf.co.nz; Ecke Tasman & Havelock St; Surfboard/Bodyboard/Neoprenanzug halber Tag 30/20/10 NZ$; ⏲9–17 Uhr, Juni–Aug. So. geschl.) Der Dreamtime Surf Shop hat WLAN, verleiht alles zum Surfen und hat jede Menge Tipps für die besten Wellen der Gegend. Die Öffnungszeiten werden recht variabel gehandhabt, wenn es eine gute Brandung gibt – am besten vorher anrufen.

Opunake Walkway WANDERN
(Layard St; ⏲tagsüber) GRATIS Wer sich nicht aufs Wasser begeben möchte, für den ist der Opunake Walkway richtig. Der ausgeschilderte, 7 km lange Weg führt in Opunake am Wasser entlang. Er beginnt (oder endet) am Opunake Lake an der Layard Street und dauert ganz gemütlich drei Stunden.

Schlafen & Essen

Opunake Beach Holiday Park FERIENANLAGE $
(☎0800 758 009, 06-761 7525; www.opunakebeachnz.co.nz; Beach Rd; Stellplatz/Hütte/Cottage 38/70/105 NZ$; @📶) Der Opunake Beach Holiday Park ist ein zwangloser Ort hinter dem Surfstrand. Es gibt grasbewachsene Stellplätze, eine große Campingküche so-

wie höhlenartige Sanitäranlagen – und die Wellen sind nur wenige Meter entfernt. Und wenn die Wellen gerade einmal nicht zum Surfen locken, ist der schwarze Sandstrand gut für einen Strandspaziergang geeignet.

Headlands HOTEL $$
(☎06-761 8358; www.headlands.co.nz; 4 Havelock St; Zi. 120–250 NZ$; 📶) Nur 100 m vom Strand entfernt liegt das neue Headlands. Es bietet ein schickes, luftiges Bistro (Hauptgerichte 14–32 NZ$; 8.30 Uhr bis spätabends) und exklusive Zimmer in einem dreistöckigen Gebäude. Von den schönsten Zimmern genießt man einen tollen Sonnenuntergang. Unterkunft mit Frühstück oder Halbpension möglich. Es gibt auch eine Familienvilla mit vier Schlafräumen (und Platz für 12 Pers.), die je nach Wunsch gestaltet werden kann.

★ **Sugar Juice Café** CAFE $$
(☎06-761 7062; 42 Tasman St; Snacks 4–10 NZ$, Hauptgerichte 11–35 NZ$; ⏲So–Mi 9–16, Do–Sa 9 Uhr bis spätabends, Juni–Aug. Mo geschl.; ✍) Glücklich, hippie und gesund – im Sugar Juice Café findet man das beste Essen an der SH 45. Es gibt jede Menge leckere, hausgemachte und sättigende Speisen (unbedingt probieren sollte man die Ravioli mit Krebsen und Garnelen oder die Lammhaxe mit Preiselbeeren). Toller Kaffee, Salate, Wraps, Kuchen jeder Art und große Frühstücksteller – das Anhalten lohnt sich hier.

ℹ Praktische Informationen

Opunake Library (☎0800 111 323; www.opunakenz.co.nz; 43 Tasman St; ⏲Mo–Fr 9–17, Sa 9.30–13 Uhr; 📶) Die Bücherei dient gleichzeitig als Besucherzentrum und bietet Computer mit Internetzugang sowie rund um die Uhr kostenloses WLAN im Vorhof.

Hawera

11 750 EW.

Viel städtischen Charme darf man vom landwirtschaftlich geprägten Hawera, der größten Stadt von South Taranaki, nicht erwarten. Aber hier kann man gut seine Vorräte aufstocken, sich die Beine vertreten oder auch eine Nacht verbringen. Und bloß nicht Elvis verpassen!

Sehenswertes

★ **KD's Elvis Presley Museum** MUSEUM
(☎06-278 7624; www.elvismuseum.co.nz; 51 Argyle St; Eintritt gegen Spende; ⏲nach Vereinbarung) Elvis lebt! Jedenfalls in Kevin D. Wasleys erstaunlichem Museum, in dem sich mehr als 10 000 Platten des King sowie eine unglaubliche Sammlung von Elvis-Devotionalien befinden, alles über einen Zeitraum von 50 Jahren hinweg gesammelt. Besessenheit sei als Erklärung untertrieben, sagt KD. Aber nicht nach dem pausbäckigen Elvis der Las-Vegas-Zeit fragen: KD konzentriert sich auf den hüftschwingenden König des Rock 'n' Roll aus den 1950er- und 1960er-Jahren und die Sun Studios. Einlass ist nach Vereinbarung, im Voraus also anrufen.

Hawera Water Tower TURM, AUSSICHTSPUNKT
(☎06-278 8599; www.southtaranaki.com; 55 High St; Erw./Kind/Fam. 2,50/1/6 NZ$; ⏲10–14 Uhr) Der schmucklose, 54,21 m hohe Hawera Water Tower gehört zu den coolsten Dingen in Hawera. Einfach den Schlüssel im daneben gelegenen i-SITE (S. 261) abholen, 215 Stufen hochsteigen und dann den Horizont nach Lebenszeichen absuchen (an klaren Tagen kann man die Küste und den Mount Taranaki sehen). Zur Zeit der Recherche war der Turm wegen einer Überprüfung auf Erdbebensicherheit geschlossen, er sollte aber inzwischen wieder geöffnet sein.

Tawhiti Museum MUSEUM
(☎06-278 6837; www.tawhitimuseum.co.nz; 401 Ohangai Rd; Erw./Kind 15/5 NZ$; ⏲Fr–So 10–16, Jan. tgl., Juni–Aug. nur So) Das ausgezeichnete Tawhiti Museum beherbergt eine ganze Reihe von Exponaten und Dioramen sowie verblüffend lebensechte Figuren, für die Menschen aus der Gegend Modell gestanden haben. Eine große Traktoren-Sammlung würdigt das ländliche Erbe der Gegend; außerdem gibt es hier eine echte Eisenbahn, die ein Stück durch das Buschland führt, sowie Fahrten mit dem „Traders & Whalers"-Schiff (beides kostet allerdings extra). Das Museum befindet sich 4 km nördlich der Stadt unweit der Kreuzung mit der Tawhiti Road.

Schlafen & Essen

Wheatly Downs Farmstay FERIEN AUF DEM BAUERNHOF $
(☎06-278 6523; www.mttaranaki.co.nz; 484 Ararata Rd; Stellplatz ab 20 NZ$, B/EZ/Twin 33/75/83 NZ$, DZ mit/ohne Bad 115/83 NZ$) Das in ländlicher Idylle gelegene, denkmalgeschützte Gebäude verfügt über klassische Holzböden und eine schnörkellose Ausstattung. Hausherr Gary ist sehr liebenswürdig und präsentiert gerne seine ausgefallene Schweinerasse. Anfahrt: am Tawhiti Muse-

um vorbei und weitere 5,5 km die Ararata Road entlang. Eine Abholung ist nach Vereinbarung möglich.

Tairoa Lodge B&B $$
(☎027 243 5782, 06-278 8603; www.tairoa-lodge.co.nz; 3 Puawai St; EZ/DZ 165/195 NZ$, Ferienhaus DZ 245 NZ$, extra Pers. Erw./Kind 50/30 NZ$, inkl. Frühstück ; 📶) Das schöne Tairoa ist ein altes viktorianisches Herrenhaus von 1875 und sieht aus wie aus einem Bilderbuch. Es liegt am östlichen Rand von Hawera und bietet drei Gästezimmer sowie zwei Ferienhäuser (zwei und drei Schlafräume). Die Gäste erwartet jede Menge Kolonialstil, ein Garten voller Vögel (und oft auch Hochzeitsfeiern) und ein umfangreiches Frühstück.

Hawera Central Motor Lodge MOTEL $$
(☎0800 668 353, 06-278 8831; www.haweracentralmotorlodge.co.nz; 53 Princes St; DZ 140–170 NZ$; 📶) Das beste Motel der Stadt (ruhiger und schicker als die anderen an der South Road). Das glänzende, zweigeschossige Hawera Central ist sehr stilvoll mit seinen grau- und eukalyptusgrünen Farben und den Glasduschkabinen. Weitere Pluspunkte sind große Fernseher, die gute Sicherheit, die DVD-Spieler sowie eine kostenlose Filmbibliothek und kostenloses WLAN.

Indian Zaika INDISCH $$
(☎06-278 3198; 91 Princes St; Hauptgerichte 17–20 NZ$; ⏲Di–Sa 11–14, tgl. 17 Uhr bis spätabends; 🌶) In dem nach Gewürzen duftenden, schwarz-weiß eingerichteten Restaurant bekommt man mittags und abends ordentliche Currys in einem hübschen Umfeld. Über die Wandgemälde lässt sich streiten, schön ist aber das Straßenschild „Indien 12 550 km".

ℹ Praktische Informationen

South Taranaki i-SITE (☎06-278 8599; www.southtaranaki.com; 55 High St; ⏲Mo–Fr 8.30–17, Sa & So 10–15 Uhr; 📶) Alle Informationen über South Taranaki; im Sommer an den Wochenenden länger geöffnet.

Whanganui

43 600 EW.

Die Flöße am Ufer erinnern an Huckleberry Finn – Whanganui ist eine raue, etwas verlotterte historische Stadt am Ufer des breiten Whanganui River. Trotz gelegentlicher Überschwemmungen (ein großer Teil des Stadtzentrums stand im Juni 2015 unter Wasser) boomt die einheimische Kunstszene: Alte Hafengebäude verwandeln sich in Werkstätten für Glaskunst und auch das Stadtzentrum wurde erneuert. Es gibt kaum schönere Plätze um einen sonnigen Nachmittag zu verbringen als die hundefreie Zone unter den Blattdächern auf der Victoria Avenue.

Geschichte

Die Māori siedelten sich in Whanganui schon um das Jahr 1100 an. Der erste Europäer, der sich im Jahr 1831 am gleichnamigen Fluss niederließ, war Andrew Powers. Aber die eigentliche Besiedlung durch die Europäer begann erst ab 1840, als die New Zealand Company den Landbedarf in Wellington nicht mehr befriedigen konnte und die Siedler hierher zogen.

Als die Māori begriffen, dass die Geschenke der *Pākehā* (Europäer) als Tauschmittel für das Land dienten, waren sie verständlicherweise aufgebracht. Es folgten sieben konfliktreiche Jahre. Tausende von Regierungssoldaten besetzten Rutland Stockade im Queens Park. Schließlich wurde der Konflikt durch ein Schiedsgericht beigelegt. Während der Taranaki Land Wars unterstützten die Whanganui-Māori dann die *Pākehā*.

👁 Sehenswertes

★ **Whanganui Regional Museum** MUSEUM
(☎06-349 1110; www.wanganui-museum.org.nz; Watt St, Queens Park; ⏲10–16.30 Uhr) GRATIS Eines der besseren naturkundlichen Museen Neuseelands. Zu den Highlights unter den Māori-Exponaten gehören das geschnitzte Te Mata o Houroa Kriegskanu und einige brutal aussehende *mere* (Keulen aus Nephrit). Die Installationen zur Kolonialgeschichte und Präparate zur Tierwelt sind erstklassig. Kinder können im Museum jede Menge Knöpfe drücken und Schubladen öffnen und sind damit gut beschäftigt.

★ **Waimarie Centre** MUSEUM
(☎06-347 1863, 0800 783 2637; www.waimarie.co.nz; 1a Taupo Quay; Eintritt frei, Rundfahrten Erw./Kind/Fam. 45/15/90 NZ$; ⏲Okt.–April Di–So 10–14 Uhr; 👪) Die historischen Exponate sind interessant, aber fast alle Besucher kommen wegen der PS *Waimarie*, dem letzten Schaufelraddampfer, der den Whanganui River befuhr. 1900 wurde er von England hierher gebracht und fuhr unermüdlich auf dem Whanganui, bis er im Jahr 1952 leider ganz unspektakulär an seinem Anlegeplatz

Whanganui

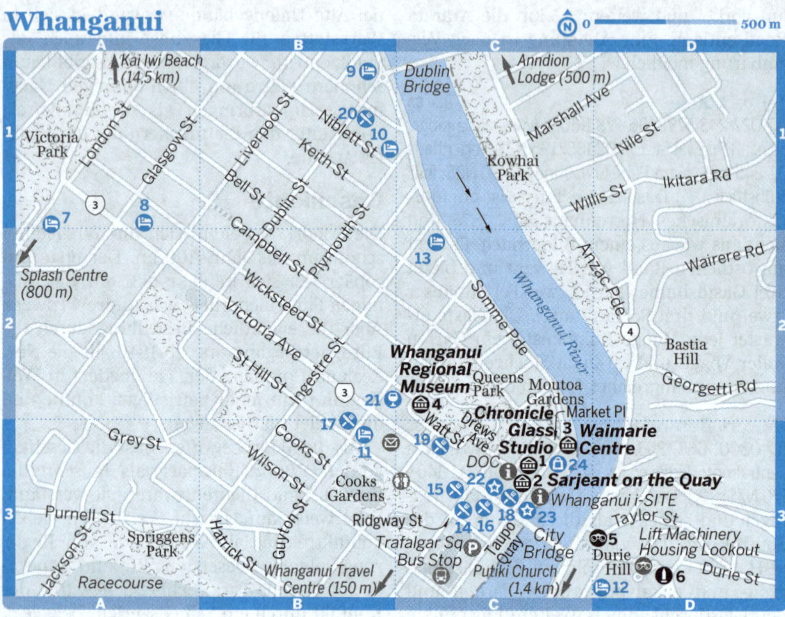

Whanganui

Highlights
1 Chronicle Glass Studio ... C3
2 Sarjeant on the Quay ... C3
3 Waimarie Centre ... C3
4 Whanganui Regional Museum ... C2

Sehenswertes
5 Durie Hill Elevator ... D3
6 War Memorial Tower ... D3

Schlafen
7 151 on London ... A1
8 Aotea Motor Lodge ... A1
9 Astral Motel ... B1
10 Braemar House YHA ... B1
11 Grand Hotel ... B3
12 Hipango Haven ... D3
13 Tamara Backpackers Lodge ... C2

Essen
14 Ambrosia ... C3
Big Orange ... (s. 15)
15 Ceramic Lounge ... C3
16 Jolt Coffee House ... C3
17 Mischief on Guyton ... B3
Spice Guru ... (s. 16)
18 Stellar ... C3
19 WA Japanese Kitchen ... C3
20 Yellow House Café ... B1

Ausgehen & Nachtleben
Grand Irish Pub ... (s. 11)
21 Shotz ... B2

Unterhaltung
22 Embassy 3 Cinemas ... C3
23 Riverside Bar ... C3

Shoppen
24 River Traders Market & Whanganui Farmers Market ... C3

sank. Erst nach 41 Jahren wurde das Wrack geborgen und restauriert und schließlich am ersten Tag des 21. Jhs. wieder vom Stapel gelassen.

Heute werden wieder zweistündige Fahrten auf dem Fluss angeboten, Abfahrt ist jeweils um 10.30 Uhr. Vorher reservieren.

★ **Sarjeant on the Quay** GALERIE
(☎06-349 0506; www.sarjeant.org.nz; 38 Taupo Quay; ⏱10.30–16.30 Uhr) GRATIS Das elegante neoklassizistische Gebäude der Sarjeant Gallery im Queens Park ist zurzeit leider wegen der Prüfung auf Erdbebensicherheit geschlossen. Bis zum Abschluss dieser Prüfung

ist die sehenswerte Sammlung am Taupo Quay untergebracht. Da die Fläche hier viel kleiner ist, wird nur ein Teil der Sammlung gezeigt (der allerdings immer wechselt). Auch über dem Whanganui i-SITE (S. 267) auf der gegenüberliegenden Straßenseite gibt es eine Ausstellung.

Tolles Souvenirgeschäft mit jeder Menge Whanganui-Glas.

★Chronicle Glass Studio GALERIE
(☎06-347 1921; www.chronicleglass.co.nz; 2 Rutland St; ⏲Mo–Fr 9–17, Sa & So 10–15 Uhr, Juni–Sept. So & Mo geschl.) GRATIS Das Beste der vielen Glasstudios in Whanganui: Hier kann man den Glasbläsern bei der harten Arbeit zusehen, durch die Galerie bummeln, am Wochenende an einem Glasbläserkurs selber teilnehmen (390 NZ$) oder auch nur an dem einstündigen Kurs „Wir machen einen Briefbeschwerer" (100 NZ$) oder sich auch einfach nur an einem kühlen Nachmittag aufwärmen.

Durie Hill Elevator TURM, AUSSICHTSPUNKT
(☎06-345 8525; www.wanganui.govt.nz; Anzac Pde.; Erw./Kind einfach 2/1 NZ$; ⏲Mo–Fr 8–18, Sa & So 10–17 Uhr) Vom Stadtzentrum aus gesehen jenseits der City Bridge befindet sich der Fahrstuhl von 1919, der als Zugang zum Wohngebiet Durie Hill gebaut wurde. Ein Tunnel bohrt sich 213 m tief in den Berg, von wo aus der Fahrstuhl 65,8 m bis nach oben rattert. Oben angekommen kann man noch einmal die 176 Stufen des **War Memorial Tower** (www.whanganuinz.com; nahe Durie St; ⏲tagsüber) GRATIS hochsteigen und den Horizont nach Mount Taranaki und Mount Ruapehu absuchen.

Ein weiterer lohnenswerter **Aussichtspunkt** (⏲tagsüber) GRATIS befindet sich oben auf dem Maschinenhaus des Fahrstuhls (nur 41 Stufen).

Putiki Church KIRCHE
(☎06-349 0508; 20 Anaua St; pro Pers. 2 NZ$, plus Kaution 20 NZ$; ⏲Gottesdienst So 9 Uhr) Jenseits der City Bridge etwa 1 km Richtung Meer steht die Putiki Church, die eigentlich St Paul's Memorial Church heißt. Ihr Äußeres ist eher unscheinbar, aber wie bei den gläubigen Gottesdienstbesuchern ist es das Innere, das zählt: Der Kirchenraum ist umwerfend, er ist komplett mit Schnitzereien der Māori und *tukutuku* (Wandpaneelen) bedeckt. Besucher können sonntags zum Gottesdienst kommen oder sich den Schlüssel zur Kirche im i-SITE (S. 267) ausleihen.

Kai Iwi Beach STRAND
(Mowhanau Dr, Abzweig Rapanui Rd; ⏲24 Std.) Kai Iwi Beach ist ein wilder Ozeanstrand mit schwarzem Sand und jeder Menge Treibholz. Man fährt zunächst auf der Great North Road 4 km Richtung Norden, biegt dann nach links auf die Rapanui Road und fährt noch einmal 10 km Richtung Meer.

Aktivitäten

Wanganui Horse Treks AUSRITTE
(☎021 930 950, 06-345 3285; www.facebook.com/wanganuihorsetreks; Manuka St, Castlecliff; Ausritte 1½/2/3/4-Std.80/100/140/200 NZ$) Die zuverlässigen Pferde laden zu einem Ritt über die Strände und Dünen von Castlecliff ein, nur eine kurze Fahrt vom Zentrum von Whanganui entfernt. Wenn man eine Gruppe anmeldet, wird es billiger. Informationen zu Terminen, Anfahrt und Reservierungen gibt es telefonisch. Hü, los geht's!

Splash Centre SCHWIMMEN
(☎06-349 0113; www.splashcentre.co.nz; Springvale Park, London St; Erw./Kind 5/3,50 NZ$, Wasserrutsche 3 NZ$; ⏲Mo–Fr 6–20, Sa & So 8–18 Uhr) Wenn das Meer zu wild tobt, bietet sich das Splash Centre zum Schwimmen oder für einen waghalsigen Trip auf der kurvigen Rutschbahn an.

Geführte Touren

Wanganui City Guided Walking Tours STADTFÜHRUNG
(☎06-349 3258; www.mainstreetwanganui.co.nz/tours; pro Pers. 10 NZ$; ⏲Okt.–April Sa & So 10 & 14 Uhr) Angeboten werden 90-minütige Führungen durch das alte Whanganui; dabei sieht man nicht nur historische Bauwerke, sondern bleibt selber fit. Die Touren beginnen am i-SITE (S. 267); Eintrittskarten gibt es drinnen.

Feste & Events

Vintage Weekend KULTUR
(www.vintageweekend.co.nz; ⏲Jan.) Jeweils an drei Tagen im Januar findet man am Ufer des Whanganui River jede Menge Oldtimer, schicke Retro-Kleidung, reichlich Musik, Märkte und Architektur aus der guten alten Zeit.

Artists Open Studios & Festival of Glass KUNST
(www.openstudios.co.nz; ⏲März) Erstklassiges Glaskunstfest. Viele Studios sind geöffnet, es gibt Vorführungen und Workshops.

Whanganui Literary Festival KULTUR
(www.writersfest.co.nz; ⌚Sept.) Jedes zweite Jahr im September (in Jahren mit ungerader Jahreszahl) gibt es hier Gedanken, Worte und Gedanken über Worte.

Whanganui River Week KULTUR
(⌚Nov.) Der breite Whanganui River wurde 2015 ein bisschen zu breit – es brauchte Monate, um die Folgen der Flut zu beseitigen. Aber die Einheimischen lieben ihren Fluss immer noch und feiern ihn eine Woche lang im November mit allen möglichen Veranstaltungen.

Cemetery Circuit Motorcycle Race SPORT
(www.cemeterycircuit.co.nz; ⌚26. Dez.) Mit Höllenlärm findet immer am zweiten Weihnachtsfeiertag in den Straßen Whanganuis ein Motorradrennen statt (eine Art südliche Kopie des auf der Isle of Man gefahrenen Rennens TT).

Schlafen

★ **Andion Lodge** HOSTEL $
(☎0800 343 056, 06-343 3593; www.anndionlodge.co.nz; 143 Anzac Pde.; EZ/DZ/FZ/Suite ab 75/88/105/135 NZ$; @ 📶 🏊) Die Besitzer Ann und Dion (daher der Name) sind ständig dabei, ihr berühmtes Super-Hostel zu verschönern und zu vergrößern. Die Gäste werden mit Stereoanlagen, großen Fernsehern, Spa mit Sauna und Swimmingpool, einem Grillbereich, Restaurant, Bar und kostenlosem Shuttle verwöhnt. „Das Wort Nein kennen wir nicht", sagt die liebenswerte Ann.

Tamara Backpackers Lodge HOSTEL $
(☎06-347 6300; www.tamaralodge.com; 24 Somme Pde.; B/EZ/3BZ/4BZ ab 29/44/93/116 NZ, DZ & Twin mit/ohne Bad ab 86/62 NZ$; @ 📶) Das Tamara ist ein fotogenes, unübersichtliches, zweistöckiges historisches Gebäude mit einem großen Balkon, hohen Decken (waren die Leute 1904 größer?), einer Küche, Fernsehraum, kostenlosen Fahrrädern und einem grünen Garten – und immer wird Phil Collins gespielt (entweder man mag's oder man mag's nicht). Am besten eines der schönen Doppelzimmer mit Flussblick verlangen.

Braemar House YHA HOSTEL $
(☎06-348 2301; www.braemarhouse.co.nz; 2 Plymouth St; B/EZ/Twin/DZ/FZ 30/50/75/75/130 NZ$, Pension mit Frühstück EZ & DZ 130 NZ$; @ 📶) Das am Fluss gelegene Braemar von 1895 kombiniert eine viktorianische B&B-Pension mit einer zuverlässigen YHA-Backpacker-Unterkunft. Die Pension bietet Zentralheizung und blumig-verspielte Zimmer; die luftigen Schlafsäle versprechen etwas mehr Spaß. Auf dem Rasen im Hinterhof halten Hühner Wache.

Astral Motel MOTEL $
(☎0800 509 063, 06-347 9063; www.astralmotel.co.nz; 46 Somme Pde.; DZ/FZ ab 85/110 NZ$; 📶 🏊) Die nahe gelegene Dublin Bridge gibt dem Astral so etwas wie Erdhaftung. Die Zimmer sind etwas in die Jahre gekommen und hellhörig, aber gut gepflegt, geräumig, mit großen Fernsehern und sind ihren Preis wert. Außerdem gibt es einen Pool und die Rezeption ist rund um die Uhr besetzt (für alle, die erst nach Mitternacht eintreffen). Und vor der Zimmertür liegt jeden Morgen eine kostenlose Ausgabe des *Wanganui Chronicle*.

Whanganui River Top 10 Holiday Park FERIENANLAGE $
(☎06-343 8402, 0800 272 664; www.wrivertop10.co.nz; 460 Somme Pde., Aramoho; Stellplatz ohne / mit Versorgung 39/46 NZ$, Hütte/Wohneinheit ab 68/119 NZ$; 📶 🏊) Der saubere Top-10-Platz liegt 6 km nördlich der Dublin Bridge am Westufer des Whanganui und bietet viel Abwechslung: einen Pool, Spielzimmer und eine Hüpfburg. Auch Kajakfahren ist möglich: Man wird von den Betreibern flussaufwärts gebracht und paddelt zurück zur Anlage. Die günstigen Hütten am Fluss haben eine tolle Aussicht. Die städtischen Busse fahren hier auch vorbei.

★ **151 on London** MOTEL $$
(☎06-345 8668, 0800 151 566; www.151onlondon.co.nz; 151 London St; DZ 115–160 NZ$, Apt. 200–280 NZ$; 📶) Das sechs Jahre alte peppige Motel hat schon viele Fans gewonnen. Es überzeugt durch seine Architektur, die erstklassigen Teppiche und Bettwäsche, die schicken lindgrünen-silber-schwarzen Farbtöne und große Fernseher. Die teuersten Apartments im Erd- und im Obergeschoss bieten Platz für sechs Personen und sind sicherlich das Nobelste, was Whanganui zu bieten hat. Gegenüber vom Parkplatz befindet sich ein Café.

Aotea Motor Lodge MOTEL $$
(☎06-345 0303; www.aoteamotorlodge.co.nz; 390 Victoria Ave; DZ ab 150 NZ$, 1-Zi.-Suite ab 195 NZ$; 📶) Es erfreut das Herz, wenn man sieht, dass jemand seinen Job gut macht, und die Besitzer von Whanganuis neuestem Motel tun genau das. Das moderne zweigeschos-

sige Motel liegt im oberen Teil der Victoria Ave und bietet geräumige Suiten, luxuriöse Bettwäsche, Ledersessel, dunkles Holz und jede Menge Stein und Marmor – einfach alles vom Feinsten.

Grand Hotel HOTEL $$
(☎0800 843 472, 06-345 0955; www.thegrandhotel.co.nz; Ecke St Hill & Guyton St; EZ/DZ/Suite inkl. Frühstück ab 79/99/130 NZ$; 📶) Wer die gesichtslosen Motels satt hat, sollte hier einchecken. Die Zimmer in diesem stattlichen altmodischen Gebäude von 1927 haben viel mehr Charakter. Die Einzel- und Doppelzimmer sind einfach, aber ihren Preis wert, die Suiten sind sehr geräumig.

Im Erdgeschoss befinden sich der Grand Irish Pub (S. 266) und ein Restaurant.

Hipango Haven FERIENHAUS $$
(☎021 664 599, 027 329 4654; www.whanganuinz.com; 49 Hipango Tce., Durie Hill; DZ 140 NZ$, extra Pers. 10 NZ$; 📶) Was für ein Zeitsprung! Im Hipango fühlt man sich in die 1960er-Jahre zurückversetzt. Das Ferienhaus hoch oben auf dem Durie Hill hat zwei Schlafzimmer, zwei Bäder, zwei Terrassen und einen einmaligen Blick über Whanganui und bietet Platz für vier Personen. Um hierher zu gelangen, biegt man am Red Lion Pub in die Taylor Street.

Essen

★ **Yellow House Café** CAFÉ $
(☎06-345 0083; Ecke Pitt & Dublin St; Gerichte 10–19 NZ$; ⏱Mo–Fr 8–16, Sa & So 8.30–16 Uhr; 🖉) Etwas entfernt von der Hauptstraße erwartet die Gäste eine bunte Mischung aus schrillen Tönen, leckeren Buttermilchpfannkuchen, regionaler Kunst und Gartentischen unter einem dickstämmigen Kirschbaum. Oh, auch sehr lecker – Zitronen-Kokosnuss-Schnitten! Die Mitarbeiter sind mehr als freundlich und es gibt auch noch eine sonnige Terrasse nach vorne. Mittags gibt es *Beer-and-ale pie*.

★ **Mischief on Guyton** CAFÉ $
(☎06-347 1227; 96 Guyton St; Hauptgerichte 10–25 NZ$; ⏱Mo–Fr 7.30–15 Uhr) „Ich glaube an die Wirklichkeit – manchmal", steht auf dem kleinen Schild im Fenster – wie spitzbübisch. Hier bekommt man Kaffeehaus-Klassiker (wie Eier Benedict oder Pasteten) und Gerichte aus der ganzen Welt (Thailändisches Garnelencurry, Marokkanisches Rinderfilet oder Tortillas mit Huhn und Bohnen). Am Tresen gibt es ausgezeichnete Kuchen und Salate; hinten raus ist ein kleiner Hof. Lohnt sich!

Ambrosia CAFÉ, DELIKATESSEN $
(☎06-348 5524; www.facebook.com/ambrosiadelicatessenlabolsanegra; 63a Ridgway St; Hauptgerichte 10–22 NZ$; ⏱Mo 8.30–16, Di–Fr 8.30–17, Sa 9–14 Uhr; 📶) Im Tresen von Ambrosia liegen die wunderbarsten Pies und Quiches, man kann aber auch etwas aus der Küche bestellen – vielleicht einen *ploughman's lunch* (einen köstlichen Käseteller mit Brot, Chutney und eingemachten Zwiebeln), leckere Quesadillas, ein dickes Sandwich, Hamburger mit Speck und Tomate oder auch einfach nur einen Havana-Kaffee mit Bohnen aus Wellington. In den Regalen stehen Produkte aus Neuseeland – vom Currypulver bis zu Nudeln –, die sich gut als Souvenir eignen. Und das Radio spielt Neil Finn (*sehr* neuseeländisch).

WA Japanese Kitchen JAPANISCH $
(☎06-345 1143; www.facebook.com/wa.wanganui; Victoria Court, Victoria Ave; Sushi 2,50–3,50 NZ$, Hauptgerichte 8–15 NZ$; ⏱Di–Fr 11.30–14.30, Di–Sa 17–20.30 Uhr) Das nette, kleine japanische Restaurant liegt in der ruhigen Victoria Court Mini-Mall an der Hauptstraße. Hier gibt es wunderbare günstige Sushi, Ramen Nudelsuppe und *donburi*-Reis. Wirklich eine tolle Entdeckung, die sonst kaum jemand macht!

Jolt Coffee House CAFÉ $
(☎06-345 8840; 19 Victoria Ave; Snacks 3–8 NZ$; ⏱Mo–Fr 7–16.30, Sa 7.30–13, So 8–13 Uhr) Beschwingt in den Morgen starten kann man in diesem hippen Café, das in den 107-jährigen Räumlichkeiten einer ehemaligen Apotheke eingerichtet ist. Die Speisekarte ist nicht sehr groß (Muffins, Karamellstückchen und Schokocroissants). Der Schwerpunkt liegt auf Fair-Trade-Kaffee. Jeden zweiten Freitag im Monat gibt es abends Musik wie bei Bob Dylan persönlich.

Big Orange CAFÉ $$
(☎06-348 4449; www.facebook.com/bigorangecafe; 51 Victoria Ave; Gerichte 14–22 NZ$; ⏱Mo–Fr 7–17, Sa & So 8–17 Uhr; 📶) Die muntere Espresso-Bar in einem beeindruckenden alten Backsteingebäude hat auf der Speisekarte Gourmet-Hamburger, sättigendes Frühstück, Muffins, Kuchen und Sandwiches (lecker mit Speck, Tomate und Salat). Im Sommer sind die Tische draußen immer besetzt. Abends wechselt das Publikum in die Ceramic Lounge nebenan.

WHANGANUI ODER WANGANUI?

Schon gut, wir wissen, dass es verwirrend ist: Schreibt es sich nun mit oder ohne „h"? Die Aussprache bleibt auf jeden Fall gleich, weil im örtlichen Dialekt „wanga" gesprochen wird und nicht „fanga" (wie im Rest des Landes).

Die ursprüngliche Schreibung war Wanganui, denn im regionalen Dialekt wird *whanga* (Hafen) „wanga" ausgesprochen. Aber 1991 führte das New Zealand Geographic Board offiziell die korrekte Māori-Schreibung mit „h" für den Whanganui River und den Whanganui National Park ein. Das war eine kulturell rücksichtsvolle Entscheidung: Die mehrheitlich von *Pākehā* bewohnte Stadt und Region behielt die alte Schreibweise, während das von Māori dominierte Gebiet am Fluss die neue übernahm.

2009 stimmte das Board zu, dass auch die Stadt und das Umland das „h" einführen sollten. Dies führte zu viel Ärger in der Gemeinde, die sich in der Frage fast paritätisch spaltete (der freimütige Bürgermeister Michael Laws war ein besonders starker Gegner des „h"). Schließlich beschied der neuseeländische Minister for Land Information Maurice Williamson, dass beide Schreibweisen zulässig sein und es jedem Einzelnen und jedem Unternehmen überlassen bleibe, ob es das „h" übernehme. Ein typisch neuseeländischer Kompromiss!

Dieser Mittelweg hielt sich etwas wackelig bis ins Jahr 2014, als der Bezirksrat von Wanganui sich dafür aussprach, einen Antrag beim New Zealand Geographic Board zu stellen, um die Schreibweise Whanganui festzulegen. Damit begann eine öffentliche Anhörung, die Ende 2015 ihren Höhepunkt fand, als die Ministerin für Land Information Louise Upston entschied, dass der Name des Bezirks offiziell als Whanganui festgelegt wird. Whunderbar!

Ceramic Lounge MODERN, REGIONAL $$

(☎06-348 4449; www.facebook.com/ceramiclounge bar; 51 Victoria Ave; Hauptgerichte 23–35 NZ$; ⌚Mi–Sa 17 Uhr bis spätabends; 📶) Das Ceramic teilt sich das Geschäft mit dem daneben liegenden Big Orange. Abends übernimmt das Ceramic und bietet erstklassiges Essen (dazu gehören auch göttliche Tortellini) in einer gedämpft beleuchteten, rostfarbenen Umgebung. Gelegentlich beschallen DJs die Cocktails schlürfende Gästeschar.

Spice Guru INDISCH $$

(☎06-348 4851; www.spiceguru.co.nz; 23a Victoria Ave; Hauptgerichte 17–25 NZ$; ⌚Di–Sa 11–14, Di–So 16.30 Uhr bis spätabends; 🌶) In der Stadt am Fluss gibt es einige indische Restaurants (hat man hier etwa eine Affinität zum Ganges?), aber das Spice Guru ist dank seiner charmanten Schwarz-weiß-Einrichtung, des aufmerksamen Service und der gut gewürzten Speisen einfach die Top-Adresse (das *chicken tikka masala* ist großartig). Es gibt auch eine Menge vegetarischer Gerichte.

Stellar CAFÉ $$

(☎06-345 7278; www.stellarwanganui.co.nz; 2 Victoria Ave; Hauptgerichte 14–36 NZ$; ⌚11 Uhr bis spätabends; 📶👪) Stellar ist eine lebhafte Bar mit Restaurant in perfekter Lage an der Hauptstraße Ecke Taupo Quay. Angeboten werden Pizzas, Steaks, Nudeln, Lammhaxe, große Salate und kaltes Bier. Und auf dem riesigen Bildschirm tummeln sich die All Blacks. Es gibt auch eine Kinderkarte.

Ausgehen & Nachtleben

Grand Irish Pub IRISH PUB

(☎06-345 0955; www.thegrandhotel.co.nz; Ecke St Hill & Guyton St; ⌚11 Uhr bis spätabends) Der Pub setzt auf die Vorliebe der Neuseeländer für Irish Pubs. Diese Version im Grand Hotel ist eine nette Adresse, um an einem diesigen Nachmittag am Fluss ein paar Guinness zu genießen. Gutes Pub-Essen (Hauptgerichte 10–29 NZ$).

Shotz BAR

(☎06-348 7922; www.facebook.com/shotzwanga nui; 75 Guyton St; ⌚Mo & Di 12–1.30, Mi–Sa 12–2, So 18–24 Uhr) Billardtische, Happy Hour, Jack Daniel's, Metallica aus der Jukebox und junge Einheimische, die sich gegenseitig ausstechen wollen – so schön wie 1989, bloß ohne Zigaretten.

☆ Unterhaltung

Riverside Bar LIVEMUSIK

(☎021 269 0071; www.riversidebar.co.nz; 49 Taupo Quay; ⌚Fr & Sa 18 Uhr bis spätabends) In diese rockige Bar am Fluss kann man sich gut zurückziehen und die Musik unterschiedlichster Bands von Metal über Rock bis zu Blues genießen.

Embassy 3 Cinemas KINO
(☎06-345 7958; www.embassy3.co.nz; 34 Victoria Ave; Erw./Kind ab 12,50/9 NZ$; ⊙11–24 Uhr) Die neuesten Blockbuster füllen abends die Plätze schneller als man „gelangweilte Teenager aus Whanganui" sagen kann. Dienstag ist Kinotag mit günstigen Karten.

Shoppen

River Traders Market & Whanganui Farmers Market MARKT
(☎027 229 9616; www.therivertraders.co.nz; Moutoa Quay; ⊙Sa 9–13 Uhr) Jeden Samstagvormittag findet neben dem Waimarie Centre der River Traders Market statt, auf dem jede Menge einheimisches Kunsthandwerk angeboten wird. Direkt nebenan findet gleichzeitig der Whanganui Farmers Market statt, auf dem es eine große Auswahl an Bioprodukten gibt.

Praktische Informationen

DOC (Department of Conservation; ☎06-349 2100; www.doc.govt.nz; 34-36 Taupo Quay; ⊙Mo–Fr 8.30–16.30 Uhr) Informationen über die Nationalparks und Camping in der Region.
Post (☎0800 501 501; www.nzpost.co.nz; 115 Victoria Ave; ⊙Mo–Fr 9–17, Sa 9–13 Uhr)
Whanganui Hospital (☎06-348 1234; www.wdhb.org.nz; 100 Heads Rd; ⊙24 Std.) Notfälle und Unfälle.
Whanganui i-SITE (☎06-349 0508; www.whanganuinz.com; 31 Taupo Quay; ⊙Mo–Fr 8.30–17, Sa & So 9–15 Uhr; 📶) Touristeninformation und DOC-Information (falls dort geschlossen ist) in einem beeindruckenden, renovierten Gebäude am Fluss (unbedingt einen Blick auf die alten Dielen werfen!). Die Ausstellungsräume der Sarjeant Gallery (S. 262) befinden sich oben; im Erdgeschoss gibt es Internetzugang.

An- & Weiterreise

BUS

Die Busse von InterCity fahren am **Whanganui Travel Centre** (☎06-345 7100; 156 Ridgway St; ⊙Mo–Fr 8.15–17.15 Uhr) ab.

REISEZIEL	FAHRPREIS	FAHRZEIT (STD.)	HÄUFIGKEIT
Auckland	65 NZ$	8	1-mal tgl.
Hamilton	58 NZ$	5½	1-mal tgl.
New Plymouth	29 NZ$	2½	1-mal tgl.
Palmerston North	26 NZ$	1½	3-mal tgl.
Wellington	39 NZ$	4½	2-mal tgl.

Naked Bus fährt ab dem Whanganui i-SITE zu den meisten Zentren der Nordinsel, u. a. nach:

REISEZIEL	FAHRPREIS	FAHRZEIT (STD.)	HÄUFIGKEIT
Auckland	44 NZ$	9	1-mal tgl.
Hamilton	37 NZ$	7	1-mal tgl.
New Plymouth	23 NZ$	2½	1-mal tgl.
Palmerston North	20 NZ$	1½	1-mal tgl.
Wellington	25 NZ$	4	1-mal tgl.

FLUGZEUG

Der **Flughafen Whanganui** (☎06-349 0001; www.wanganuiairport.co.nz; Airport Rd) liegt 4 km südlich der Stadt auf der anderen Flussseite in Richtung Meer. **Air New Zealand** (☎06-348 3500; www.airnewzealand.co.nz; 133 Victoria Ave; ⊙Mo–Mi & Fr 9–16.30, Do 9–18 Uhr) fliegt täglich direkt nach Auckland, dort hat man Anschlussverbindungen.

Unterwegs vor Ort

BUS

Trafalgar Square Bus Stop (www.horizons.govt.nz; Fahrkarten Erw./Kind 2,50/1,50 NZ$) Horizons betreibt vier Nahverkehrsbuslinien, die in Schleifen ab der Haltestelle Trafalgar Square Shopping Centre am Taupo Quay fahren. Dazu gehören auch die orangefarbenen und lila Linien, die am Whanganui River Top 10 Holiday Park in Aramoho vorbeifahren.

FAHRRAD

Bike Shed (☎06-345 5500; www.bikeshed.co.nz; Ecke Ridgway & St Hill Sts; ⊙Mo–Fr 8–17.30, Sa 9–14 Uhr) Vermietet ab 35 NZ$ pro Tag City-Räder inkl. Helm & Schloss. Dies ist auch eine gute Infoquelle für die Radtour Mountains to Sea vom Mount Ruapehu nach Whanganui, die Teil des **Nga Haerenga, New Zealand Cycle Trail** (www.nzcycletrail.com) ist.

TAXI

Rivercity Cabs (☎0800 345 3333, 06-345 3333; www.wanganui.bluebubbletaxi.co.nz)

Whanganui National Park

Der Whanganui River – die Hauptschlagader des Whanganui National Park – fließt von seiner Quelle am Mount Tongariro

290 km weit bis in die Tasmansee. Er ist der längste schiffbare Fluss des Landes und heute tummeln sich Kanus, Kajaks und Jetboats auf dem Strom, der im Sommer tief grün und spiegelglatt und im Winter aufgewühlt und braun ist.

An heimischen Pflanzen wachsen hier Steineiben und Farne. Gelegentlich sieht man am Fluss Pappeln und andere eingeführte Baumarten, Überbleibsel lang verschwundener Siedlungen. Entlang des Flusses tauchen auch Spuren von Māori-Wohnstätten mit alten *pa* (befestigtes Dorf) und *kainga* (Dorf) auf, und am Zusammenfluss der Flüsse Whanganui und Ohura bei Maraekowhai stehen *niu*-Pfähle (Kriegs- und Friedenspfähle) der Hauhau.

Die unglaublich malerische Whanganui River Road, eine Strecke, die dem Flussverlauf von Wanganui nach Pipiriki folgt, ist eine fabelhafte Alternative zum schneller befahrbaren, aber weniger reizvollen SH 4.

Geschichte

Nach einer Legende der Māori entstand der Whanganui River, als der Mount Taranaki, nachdem er mit dem Mount Tongariro um den schönen Mount Pihanga gekämpft hatte, aus dem Zentrum der Nordinsel zum Meer hin floh und dabei eine lange Furche hinterließ. An der Küste wandte er sich nach Westen und machte an seinem gegenwärtigen Standort Halt. Der Mount Tongariro schickte kühles Wasser, um die entstandene Verwundung der Erde zu heilen – und so entstand der Whanganui River.

Kupe, der große polynesische Entdecker, soll gegen 800 n. Chr. den Whanganui 20 km weit hinaufgefahren sein. Als die Europäer in den späten 1830er-Jahren hier Fuß fassten, säumten Māori-Siedlungen die Ufer im Flusstal. Missionare reisten stromaufwärts; ihre Siedlungen – Hiruharama, Ranana, Koriniti and Atene – blieben bis heute bestehen.

Dampfer wagten sich erst ab der Mitte der 1860er-Jahre auf den Fluss. Im Jahre 1886 richtete ein in Whanganui ansässiges Unternehmen schließlich die erste kommerzielle Dampfschifffahrtslinie auf dem Fluss ein. Schon bald folgten weitere, die den Fluss zwischen Whanganui und Taumarunui als Transportverbindung nutzten.

Neuseelands moderne Tourismusindustrie hatte hier ihren Ursprung. Die auch im Ausland angepriesenen Ausflüge auf dem „Rhein des Māori-Lands“ wurden so beliebt, dass 1905 bereits 12 000 Touristen die Flussfahrt stromaufwärts von Whanganui nach Pipiriki oder stromabwärts von Taumarunui aus unternahmen. Die Leistungen, die der Fluss Technik und Mannschaft abverlangte, waren legendär.

Nach 1918 wurde das Land stromaufwärts von Pipiriki Kriegsheimkehrern des Ersten Weltkriegs überlassen. Die Bedingungen für die Landwirtschaft waren ungünstig: Viele Familien kämpften jahrelang hart darum, dem wilden Land ihren Lebensunterhalt abzutrotzen. Nur einige wenige hielten bis in die frühen 1940er-Jahre durch.

Die Fertigstellung der Eisenbahnlinie von Auckland nach Wellington und der Ausbau der Straßen versetzten schließlich der kommerziellen Flussschifffahrt den Todesstoß; 1959 stellte das letzte Schiff seinen Betrieb ein. Heute ist nur noch ein einziges Schiff der alten Dampferflotte auf dem Fluss unterwegs: die *Waimarie* (S. 261).

Sehenswertes

Die Landschaft an der **Whanganui River Road** auf der Strecke von Whanganui nach Pipiriki ist ausgesprochen fotogen – karge, feuchte Berghänge fallen zu den trägen, jadegrünen Wassern des Whanganui River ab.

Wenn man flussaufwärts reist, erreicht man die Māori-Dörfer **Atene**, **Koriniti**, **Ranana** und **Hiruharama** – unbedingt erst einen Einheimischen fragen, bevor man hier eigene Wege geht. Entlang der Straße trifft man auch auf Überreste früherer Besiedlung, wie die von 1854 stammende **Kawana Flour Mill** (☎ 04-472 4341; www.nzhistory.net.nz/media/photo/kawana-flourmill; Whanganui River Rd; ⏲ Sonnenauf- bis Sonnenuntergang) GRATIS in der Nähe von Matahiwi, **Operiki Pa** (Whanganui River Rd) GRATIS und weitere *Pa*-Stätten.

Pipiriki liegt am nördlichen Ende der Whanganui River Road am Fluss. Es ist eine verregnete Ortschaft, in der heute nicht mehr viel los ist (es gibt weder Läden noch eine Tankstelle), aber früher war sie ein viel besuchter Ferienort, der von Dampfschiffen und anderen Booten angefahren wurde. Auf dem alten **Pipiriki Hotel** muss wohl ein Fluch liegen, denn das einst glamouröse Resort voller ausländischer Touristen brannte zweimal bis auf die Grundmauern nieder. Neuere Versuche, es wiederaufzubauen, scheiterten an der Finanzierung. Außerdem wurde es geplündert und alles, was irgendwie verwertbar war, wurde mitgenommen,

Whanganui National Park

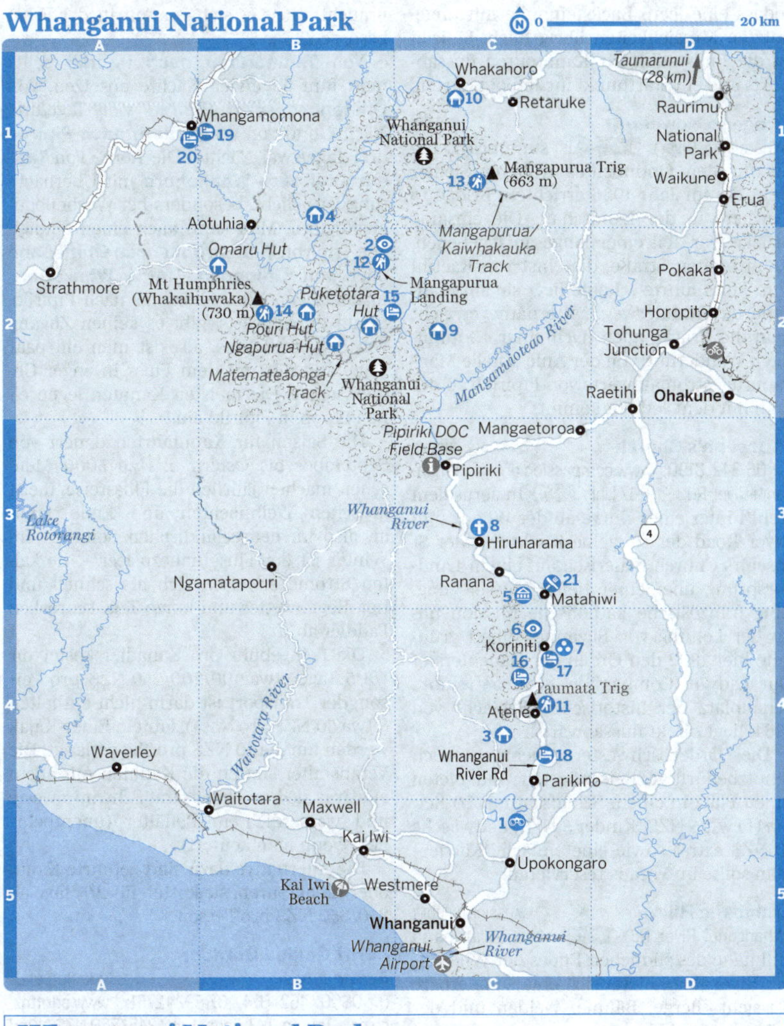

Whanganui National Park

Sehenswertes

1 Aramoana Hill C5
2 Bridge to Nowhere B2
3 Downes Hut C4
4 John Coull Hut B1
5 Kawana Flour Mill C3
6 Koriniti Marae C4
7 Operiki Pa C4
8 St Joseph's Church C3
9 Tieke Kainga Hut C2
10 Whakahoro Bunkroom C1

Aktivitäten, Kurse & Touren

11 Atene Viewpoint Walk & Atene Skyline Track C4
12 Bridge to Nowhere Track B2
13 Mangapurua/Kaiwhakauka Track C1
14 Matemateāonga Track B2

Schlafen

15 Bridge to Nowhere Lodge B2
16 Flying Fox C4
17 Kohu Cottage C4
18 Rivertime Lodge C4
19 Whanga Bridge House B1
20 Whangamomona Hotel A1

Essen

21 Matahiwi Gallery Cafe C3

sodass eine leere Backsteinhülle mit ungenutzten Möglichkeiten übrig blieb. Pipiriki ist die Endstation für Kanutouren flussabwärts und ein Startpunkt für Jetbootfahrten.

Bridge to Nowhere BRÜCKE
(Whanganui River) GRATIS Als stummes Zeugnis für den Optimismus früherer Siedler steht die im Jahr 1936 errichtete Bridge to Nowhere in der Landschaft. Die einsame Brücke war Teil einer lange aufgegebenen, 4,5 m breiten Straße, die einst von Raetihi zum Fluss führte – heute liegt sie am Mangapurua Wanderweg. Alternativ erreicht man die Brücke auch nach einer 40-minütigen Wanderung von der Anlegestelle Mangapurua, stromaufwärts von Pipiriki, zu der man mit dem Jetboot kommt.

St Joseph's Church KIRCHE
(06-342 8190; www.compassion.org.nz; Whanganui River Rd; 9–17 Uhr) GRATIS In Jerusalem steht hinter einer Kurve an der Whanganui River Road der rot-gelbe Kirchturm der St Joseph's Church malerisch auf einem Landvorsprung über einer tiefen Flussbiegung. Eine französische katholische Mission unter der Leitung von Suzanne Aubert gründete hier 1892 den Orden der Daughters of Our Lady of Compassion. **Moutoa Island**, Schauplatz der historischen Schlacht von 1864, liegt direkt flussabwärts.

Die Ordensschwestern nehmen auch schutzbedürftige Reisende auf und bieten ihnen Platz in einem Schlafsaal mit 20 Betten (Erw. 25 NZ$, Kinder 5 NZ$, Bettwäsche 10 NZ$ extra) sowie eine einfache Küche – man sollte im Voraus reservieren.

Aramoana Hill AUSSICHTSPUNKT
(Whanganui River Rd) GRATIS Vom Aramoana Hill nahe des südlichen Endes der Whanganui River Road bietet sich eine wunderbare Aussicht: Berge, Bäume, Weiden und der mäandrierende Fluss.

Aktivitäten

Kanu- & Kajakfahren

Der beliebteste Flussabschnitt für Kanu- und Kajakfahrten ist die 145 km lange Strecke flussabwärts von Taumarunui nach Pipiriki. Sie wurde unter dem Namen **Whanganui Journey** in das System der Great Walks aufgenommen. Der Fluss hat den Schwierigkeitsgrad II – leicht genug für Unerfahrene, aber mit genügend Stromschnellen, um die Strecke auch für Erfahrene interessant zu machen. (Wer ein Great Walks Ticket braucht, muss es sich vor Antritt der Fahrt besorgen.)

Von **Taumarunui nach Pipiriki** sollte man fünf Tage/vier Nächte ansetzen, von **Ohinepane nach Pipiriki** vier Tage/drei Nächte und von **Whakahoro nach Pipiriki** drei Tage/zwei Nächte. Die Route von **Taumarunui nach Whakahoro** mit Übernachtung ist beliebt, besonders bei Wochenendausflüglern. Man kann auch einen eintägigen Trip von **Taumarunui nach Ohinepane** oder von **Ohinepane nach Whakahoro** machen. Von Whakahoro bis nach Pipiriki, 87 km flussabwärts, gibt es keinen Zugang von der Straße aus, also ist man ein paar Tage lang nur mit dem Fluss in enger Gemeinschaft. Die meisten Kanuten legen einen Stopp in Pipiriki ein.

Die Saison für Kanufahrten dauert von September bis Ostern. Bis zu 5000 Menschen machen jährlich die Flussreise, meist zwischen Weihnachten und Ende Januar, also im neuseeländischen Sommer. Im Winter ist der Fluss nahezu leer – die kalten Ströme erweisen sich als schnell und tief, Regenwetter und kurze Tage schrecken Paddler ab.

Die Leihgebühr pro Kanadier kostet für 1/3/5 Tage etwa 100/200/250 NZ$ pro Person, der Transport ist darin nicht enthalten (etwa 50 NZ$ pro Nase). Für ein Einer-Kajak werden um die 70 NZ$ pro Tag verlangt. Die Veranstalter statten die Kanuten mit allem aus, was sie brauchen, samt Schwimmweste und wasserdichtem Behälter (unentbehrlich, wenn man kentert).

Die Alternative dazu sind geführte Kanu- oder Kajaktouren, sie kosten für 2/5 Tage ab 350/850 NZ$ pro Person.

Adrift Guided Outdoor Adventures KANUTOUREN
(0800 462 374, 07-892 2751; www.adriftnz.co.nz; Touren 1/3 Tage Erw. 245/850 NZ$, Kind 215/600 NZ$) Auf diesen begleiteten mehrtägigen Touren paddelt man auf dem breiten Whanganui River flussabwärts. Ein Führer für eigene Touren kostet 100 NZ$ pro Tag.

Canoe Safaris KANU-, KAJAKTOUREN
(06-385 9237, 0800 272 335; www.canoesafaris.co.nz; Kanuverleih 3/4/5 Tage 190/195/205 NZ$) Drei- bis fünftägige Flusstouren ab Ohakune ohne Begleitung, aber mit der notwendigen Ausrüstung und Unterstützung. Außerdem kann man Führer mieten oder Touren auf den Flüssen Rangitikei und Mohaka unternehmen.

Taumarunui Canoe Hire KANU-, KAJAKTOUREN
(☎0800 226 6348, 07-895 7483; www.taumarunuicanoehire.co.nz; Touren pro Pers. ab 65 NZ$) Die Veranstalter, die in Taumarunui ihren Sitz haben, bieten eigenständige Touren mit jeglicher Unterstützung (Karten, DOC Tickets, Jetboote usw.) an. Die angebotenen Paddeltouren dauern zwischen zwei Stunden und acht Tagen.

Unique Whanganui River Experience KANU-, KAJAKTOUREN
(☎06-323 9842, 027 245 2567; www.uniquewhanganuiriver.co.nz; 5-tägige Touren 910 NZ$) Begleitete fünftägige all-inclusive-Touren mit einem gut informierten und erfahrenen Einheimischen. Der Touranbieter hat seinen Sitz in Feilding.

Wades Landing Outdoors KANU-, KAJAKTOUREN
(☎07-895 4854, 027 678 6461; www.whanganui.co.nz; Touren 1/2/3/4/5 Tage pro Pers. ab 100/160/170/180/190 NZ$, Führer pro Tag 225 NZ$) Jede Menge mehrtägige Touren auf dem großen Fluss, mit oder ohne einen Führer, der auf die Sehenswürdigkeiten hinweist. Die DOC-Unterkunft bucht man selber.

Whanganui River Canoes KANU-, KAJAKTOUREN
(☎06-385 4176, 0800 408 888; www.whanganuirivercanoes.co.nz; Bootsverleih pro Pers. 3/4/5 Tage ab 160/170/180 NZ$, geführte Touren pro Pers. 3/4/5 Tage ab 665/785/885 NZ$) Man kann entweder ein Boot auf eigene Regie mieten oder an geführten all-inclusive-Touren teilnehmen. Wer nur wenig Zeit hat, sollte die eintägige Tour mit dem Jetboot zur Bridge to Nowhere und dann zurück mit dem Kanu bis Pipiriki unternehmen.

Yeti Tours KANU-, KAJAKTOUREN
(☎0800 322 388, 06-385 8197; www.canoe.co.nz; Bootsverleih 2-8 Tage 175–260 NZ$, 2/3/5-tägige Touren 420/620/850 NZ$) Bootsverleih (Kanus und Kajaks) aber auch geführte Touren auf dem Whanganui River.

Jetboot fahren

Den Hut gut festhalten – bei Jetboottouren bekommt man Teile des Flusses zu sehen, die man sonst erst nach tagelanger Paddelfahrt erreichen würde. Jetboote legen in Pipiriki und Whanganui ab; vierstündige Touren gibt es ab 125 NZ$ pro Person. Die meisten Anbieter können einen auch zu den Stellen am Fluss bringen, von denen aus man den Matemateāonga und den Mangapurua Track erreicht.

Bridge to Nowhere Tours OUTDOOR
(☎0800 480 308, 06-385 4622; www.bridgetonowhere.co.nz; Jetboottour Erw./Kind 130/75 NZ$, 2-tägige Kanufahrt Erw./Kind ab 235/165 NZ$) Jetboottouren, Kanufahrten, Mountainbike Touren, Tramping ... die Mitarbeiter in der Bridge to Nowhere Lodge (S. 273) machen alles möglich – und hinterher kann man mitten im Nirgendwo übernachten.

Whanganui River Adventures JETBOOTFAHREN, KANUTOUREN
(☎0800 862 743; www.whanganuiriveradventures.co.nz; Touren ab 80 NZ$) Jetbootfahrten flussaufwärts ab Pipiriki, wo auch Camping möglich ist und Hütten sowie Ferienhäuser zur Verfügung stehen. Die eintägigen kombinierten Touren mit Jetboot und Kanu (95 bis 150 NZ$) geben einen guten Einblick in den Nationalpark für alle, die in Eile sind.

Whanganui Scenic Experience Jet JETBOOTFAHREN, KANUTOUREN
(☎06-342 5599, 0800 945 335; www.whanganuiscenicjet.com; 2–8 stündige Touren Erw. 80–195 NZ$, Kind 60–145 NZ$) Jetboottouren flussaufwärts ab Whanganui (Erw./Kind ab 65/30 NZ$), außerdem längere Expeditionen (zwei bis acht Stunden) in den Nationalpark mit Abstecher zum Tramping. Kanutouren sowie kombinierte Fahrten Kanu/Jetboot sind auch möglich.

Wandern

Bridge to Nowhere Track WANDERN
(☎06-349 2100; www.doc.govt.nz; Whanganui National Park; ⌚tagsüber) GRATIS Der beliebteste Wanderweg im Whanganui National Park

FERNWANDERWEGE

Die Matemateāonga und Mangapurua/Kaiwhakauka Tracks sind großartige Fernwanderwege (DOC-Broschüre 1 NZ$ oder Download unter www.doc.govt.nz). Beide sind nur als Wanderungen in einer Richtung gedacht, die an abgelegenen Stellen am Fluss beginnen oder enden, sodass man selbst einen Transport mit dem Jetboot zum Start- oder Endpunkt am Fluss organisieren muss – die Jetbootbetreiber helfen gerne. Die Fahrt von Pipiriki zum Beginn des Matemateāonga Track kostet etwa 50 NZ$ pro Pers.; zum Startpunkt des Mangapurua Tracks werden etwa 100 NZ$ verlangt.

führt in 40 Minuten von der Mangapurua Landing (30 km flussaufwärts von Pipiriki mit dem Jetboot) zur lange verschollenen Bridge to Nowhere (S. 270). Die Fahrt dorthin kann über Jetbootbetreiber organisiert werden (einfach etwa 100 NZ$ pro Pers.).

Atene Viewpoint Walk & Atene Skyline Track WANDERN

(☎ 06-349 2100; www.doc.govt.nz; Whanganui River Rd; ⏲ tagsüber) GRATIS Etwa 22 km nördlich der Kreuzung mit dem SH 4 kann man in Atene an der Whanganui River Road den kurzen Atene Viewpoint Walk laufen. Der Aufstieg dauert etwa eine Stunde und führt durch Busch- und Farmland entlang einer Fahrbahn, die 1959 vom früheren Ministry of Works and Development gebaut wurde. Damals brauchte man die Straße, als man ein Projekt zur Gewinnung von Wasserkraft am Whanganui River prüfte; angedacht war ein Staudamm in Atene, der das Flusstal bis nach Taumarunui geflutet hätte. Von hier bietet sich auch eine tolle Sicht über den Whanganui National Park.

Den Weg mit toller Aussicht kann man noch verlängern, indem man dem 18 km langen Rundweg Atene Skyline Track folgt. Die Wanderung dauert sechs bis acht Stunden und bietet naturbelassene Wälder, Sandsteinfelsen und den **Taumata Trig** (523 m) mit einer Sicht bis zum Mount Ruapehu, Mount Taranaki und zur Tasmansee. Der Weg endet 2 km flussabwärts vom Ausgangspunkt wieder an der Whanganui River Road.

Matemateāonga Track WANDERN

(☎ 06-349 2100; www.doc.govt.nz; Whanganui National Park) GRATIS Drei bis vier Tage braucht man insgesamt für den 42 km langen Matemateāonga Track, der als einer der besten Wanderwege Neuseelands gilt. Da er sehr abgeschieden liegt, zieht er nicht die Horden von Wanderern an, die sonst Neuseelands berühmte Wanderwege bevölkern. Der Wanderweg, der tief in wilden Busch und hügeliges Land hineinführt, läuft am Kamm der Matemateāonga Range die Whakaihuwaka Road entlang. 1911 wurde mit der Arbeit an der Straße begonnen, um eine direktere Verbindung von Stratford zu der Eisenbahn in Raetihi zu schaffen. Der Erste Weltkrieg unterbrach die Arbeiten und die Straße wurde nie zu Ende gebaut.

Der eineinhalbstündige Abstecher zum Gipfel des **Mount Humphries** (730 m) wird an klaren Tagen mit atemberaubenden Aussichten bis zum Mount Taranaki und den Vulkanen von Tongariro belohnt. Es gibt einen steilen Abschnitt zwischen dem Whanganui River (75 m über dem Meeresspiegel) und der Puketotara-Hütte (427 m über dem Meeresspiegel), doch meistens ist die Strecke leicht zu bewältigen. Am Weg stehen vier DOC Backcountry-Hütten (☎ 06-349 2100; www.doc.govt.nz; Whanganui National Park; Erw./Kind 15/7,50 NZ$): **Omaru** (acht Doppelstockbetten), **Pouri** (zwölf Doppelstockbetten), **Ngapurua** (zehn Doppelstockbetten) und **Puketotara**; die Übernachtung in einer Hütte kostet pro Nacht 15/7,50 NZ$ (Erw./Kind). Das Westende des Tracks ist von der Straße aus zugänglich.

Mangapurua/Kaiwhakauka Track WANDERN

(☎ 06-349 2100; www.doc.govt.nz; Whanganui National Park) GRATIS Mangapurua/Kaiwhakauka Track heißt ein 40 km langer Wanderweg zwischen Whakahoro und Mangapurua Landing, die beide am Whanganui liegen. Er folgt zwei kleinen Nebenflüssen des Whanganui, dem Mangapurua und dem Kaiwhakauka. Zwischen den Tälern verläuft ein Nebenpfad zum 663 m hohen **Mangapurua Trig**, dem höchsten Punkt der Region. Hier blickt man ungehindert hinüber zum Tongariro und den Vulkanen im Egmont National Park. Dann geht es vorbei an der imposanten Bridge to Nowhere (S. 270). Der gesamte Marsch dauert etwa 20 Stunden bzw. drei bis vier Tage.

Der **Whakahoro Bunkroom** (☎ 06-349 2100; www.doc.govt.nz; Whanganui National Park; pro Erw. 10 NZ$) am Ende des Weges bei Whakahoro ist die einzige vorhandene Hütte, aber es gibt eine Menge toller Campingmöglichkeiten (kostenlos bis 14 NZ$). Am Ende bei Whakahoro ist der Weg von der Straße aus zugänglich. Dies gilt auch für eine Nebenstrecke, die am Ende der Ruatiti Valley–Ohura Road (aus Richtung Raetihi) beginnt.

Mountainbike fahren

Die Whanganui River Road und der Mangapurua/Kaiwhakauka Track sind Teil des 317 km langen Radweges **Mountains to Sea** Mount Ruapehu–Whanganui (www.mountainstosea.co.nz) und damit auch Teil des Radprojektes Nga Haerenga, New Zealand Cycle Trail (www.nzcycletrail.com). Wenn man einen Teil dieses Radweges erfahren will, fährt man von Mangapurua Landing am Whanganui River in der Nähe der Bridge of Nowhere mit dem (vorbestellten) Jetboot flussabwärts bis Pipiriki und dann weiter mit dem Rad auf der Whanganui River Road. Genauere Informationen und auch Hilfe bei Reparaturen bekommt man bei Bike Shed (S. 267) in Whanganui.

Geführte Touren

Whanganui River Road Tours GEFÜHRTE TOUR
(☎0800 201 234; www.whanganuiriverroad.com; 80 NZ$ pro Pers.) Der Veranstalter bietet eine fünfstündige Tour im Van auf der River Road mit vielen Stopps und Erklärungen an. Alternativ besteht die Möglichkeit, nur eine verkürzte Tour bis Pipiriki zu unternehmen, und danach zurück nach Whanganui zu radeln (100 NZ$ pro Pers., mit Fahrrad). Die Mindestteilnehmerzahl beträgt bei beiden Touren vier Personen.

Whanganui Tours GEFÜHRTE TOUR
(☎027 201 2472, 06-345 3475; www.whanganuitours.co.nz; pro Pers. 75 NZ$) Hier hat man die Möglichkeit, den Postboten auf seiner Tour auf der Whanganui River Road bis Pipiriki zu begleiten (Abfahrt 7 Uhr). Dabei erfährt man viel Interessantes über die Menschen und die Geschichte entlang der Straße. Die Rückkehr erfolgt im Laufe des Nachmittags. Es lohnt sich zu fragen, ob man nur bis Jerusalem mitfahren und danach zurück nach Whanganui radeln kann.

Eastern Taranaki Experience GEFÜHRTE TOUR
(☎06-765 7482; www.eastern-taranaki.co.nz; pro Pers. inkl. Mittagessen 230 NZ$) Die Abfahrt dieser Tagestouren ist in Stratford im benachbarten Taranaki (weitere Stopps in Whanganui). Die Touren führen auf der Whanganui River Road bis Pipiriki und von dort weiter mit dem Jetboot flussaufwärts mit einer Wanderung zur Bridge to Nowhere. Auf dem gleichen Weg geht es wieder zurück. Minimum sechs Personen.

Schlafen

Whanganui National Park

Im Whanganui National Park gibt es einige **Hütten**, eine **Lodge** und zahlreiche **Campingplätze** (kostenlos bis 14 NZ$). Am Abschnitt zwischen Taumarunui und Pipiriki stehen zwei Hütten, die während des Sommers als Great Walk Huts und in der Nachsaison als Backcountry Huts klassifiziert sind: **John Coull Hut** (☎06-349 2100; www.doc.govt.nz; Whanganui National Park; pro Erw. 32 NZ$) und **Tieke Kainga Hut** (pro Pers. 32 NZ$), die als *marae* wiederbelebt wurde (man kann hier übernachten, muss aber alle *marae*-Benimmregeln einhalten – z. B. kein Alkohol). An diesem Flussabschnitt befindet sich auch der Whakahoro Bunkroom (S. 272). Am unteren Abschnitt des Flusses liegt am Westufer, gegenüber von Atene, außerdem **Downes Hut** (☎06-349 2100; www.doc.govt.nz; Whanganui National Park; pro Erw. 15 NZ$).

Bridge to Nowhere Lodge LODGE $
(☎0800 480 308, 06-385 4622; www.bridgetonowhere.co.nz; Whanganui National Park; B/DZ ab 50/100 NZ$) Diese abgelegene Lodge liegt tief im Nationalpark, 21 km flussaufwärts von Pipiriki in der Nähe vom Matemateāonga Track. Zur Lodge gelangt man nur mit dem Jetboot oder zu Fuß. Die Lodge hat eine Bar mit Schanklizenz und tischt gute Hausmannskost auf. Angeboten werden auch Jetbootfahrten sowie Ausflüge mit dem Kanu oder dem Mountainbike. Es gibt auch Pauschalangebote, die Transfer, Unterkunft und Verpflegung enthalten.

Whanganui River Road

Entlang der River Road liegen einige Lodges, in denen Reisende ihr müdes Haupt betten können. Außerdem gibt es einen kostenlosen inoffiziellen Campingplatz mit Toilette und kaltem Wasser in Pipiriki und einen weiteren (noch weniger offiziellen) direkt nördlich von Atene. Auch in Pipiriki gibt es einen Campingplatz, einige Hütten

PÄSSE FÜR CAMPINGPLÄTZE & HÜTTEN

Vom 1. Oktober bis zum 30. April benötigt man im Whanganui National Park zwischen Taumarunui und Pipiriki für die Benutzung der Hütten (Erw./Kind 32 NZ$/frei) und Campingplätze (Erw./Kind 14 NZ$/frei) sogenannte **Great Walk Tickets**. Außerhalb der Hauptsaison braucht man nur den **Backcountry Hut Pass** (Erw./Kind für 1 Jahr 122/61 NZ$, für 6 Monate 92/46 NZ$), man kann aber auch nur pro Nacht bezahlen (Erw./Kind 5/2,50 NZ$). Die Pässe und Tickets gibt es online (www.greatwalks.co.nz), per E-Mail (greatwalks@doc.govt.nz), telefonisch (%0800 694 732) oder in den DOC-Büros in Whakapapa, Taumarunui, Ohakune oder Whanganui (S. 267).

und ein Ferienhaus, die alle von Whanganui River Adventures (S. 271) betrieben werden.

Kohu Cottage FERIENHAUS **$**
(☎ 06-342 8178; www.whanganuiriver.co.nz/accommodation1/kohu-cottage; 3154 Whanganui River Rd; DZ ab 70 NZ$) Die hübsche, kleine cremefarbene Holzhütte (100 Jahre alt!) liegt oberhalb der Straße in Koriniti und bietet Platz für bis zu vier Personen. Es gibt eine einfache Küche und für kalte Nächte am Fluss einen Holzofen.

Flying Fox LODGE, B&B **$$**
(☎ 06-342 8160; www.theflyingfox.co.nz; Whanganui River Rd; Stellplatz 20 NZ$, DZ 100–200 NZ$) Das umweltfreundliche Refugium liegt am Flussufer gegenüber von Koriniti. Selbstversorger übernachten in den Häusern Brewers Cottage, James K oder Glory Cart. Man kann sich aber auch für das B&B (120 NZ$ pro Pers.) entscheiden oder ein Zelt auf einer Lichtung im Busch aufschlagen. Zu erreichen ist die Anlage mit dem Jetboot. Autofahrer parken ihren Wagen am gegenüberliegenden Flussufer und schweben dann mit dem „Flying Fox" über den Fluss.

Rivertime Lodge LODGE **$$**
(☎ 06-342 5599; www.rivertimelodge.co.nz; 1569 Whanganui River Rd; DZ 170 NZ$, extra Pers. 35 NZ$) Eine ländliche Idylle: Gras bewachsene Hügel, die zum Fluss abfallen, und blökende Schafe. Rivertime ist ein einfaches Bauernhaus am Fluss mit zwei Schlafräumen, Waschmaschine, Holzofen, einer schönen Terrasse und ohne Fernseher! Platz für fünf Personen, Verpflegung wird angeboten.

Essen

In Pipiriki gibt es während des Sommers einige Imbissstände und dazu das einfache Café **Matahiwi Gallery** (☎ 06-342 8112; 3925 Whanganui River Rd, Matahiwi; Snacks 4–8 NZ$; Okt.–Mai Mi–So 9–16 Uhr) – vorher anrufen, ob auch geöffnet ist. Oder man nimmt gleich ein Sandwich mit.

Praktische Informationen

Informationen über den Nationalpark erhält man in den freundlichen i-SITEs in Whanganui (S. 270) oder Taumarunui (S. 217) oder online unter www.doc.govt.nz und www.whanganuriver.co.nz. Wer Gedrucktes vorzieht, sollte zum *Guide to the Whanganui River* (10 NZ$; s. http://rivers.org.nz/whanganui-guide) der neuseeländischen Recreational Canoeing Association greifen. Der **Wanganui Tramping Club** (☎ 06-348 9149; www.wanganuitrampingclub.org.nz) gibt vierteljährlich das Magazin *Wanganui Tramper* heraus.

Die DOC Geschäftsstellen in **Pipiriki** (☎ 06-385 5022; www.doc.govt.nz; Owairua Rd, Pipiriki; unregelmäßig) und **Taumarunui** (☎ 07-895 8201; www.doc.govt.nz; Cherry Grove Domain, Taumarunui; unregelmäßig) sind eher Stützpunkte als Touristeninformationen und nicht immer mit Personal besetzt.

Entlang der River Road gibt es – wenn überhaupt – nur einen eingeschränkten Mobilfunkempfang.

An- & Weiterreise

Vom Norden hat man über Straßen Zugang zum Whanganui River bei Taumarunui, Ohinepane und Whakahoro. Die letztgenannte Verbindung bedeutet jedoch eine lange Fahrt über abgelegene, meist unbefestigte Pisten. Straßen nach Whakahoro gehen bei Owhango und Raurimu ab, die beide am SH 4 liegen. Danach gibt es bis Pipiriki aber keinen weiteren Straßenzugang zum Fluss.

Aus Süden kommend geht die Whanganui River Road 14 km nördlich von Whanganui vom SH 4 ab, in den sie bei Raetihi, 91 km nördlich von Whanganui, wieder einmündet. Man braucht ungefähr zwei Stunden für die 79 km lange Strecke zwischen Whanganui und Pipiriki. Für den vollen Rundkurs von Whanganui über Pipiriki und Raetihi und zurück auf den SH 4 muss man mindestens vier Stunden veranschlagen (länger wenn man eine Pause machen möchte und sich etwas anschaut) . Eine Alternative ist eine der in Whanganui angebotenen River-Road-Touren.

Die River Road wurde während der Überschwemmungen 2015 stark beschädigt – zurzeit wird sie immer noch repariert. Aktuelle Informationen über den Straßenzustand bekommt man im Whanganui i-SITE (S. 270).

Entlang der River Road gibt es keine Tankstellen und keine Geschäfte.

Palmerston North

80 080 EW.

Die wohlhabende, von Schafzucht und Milchwirtschaft geprägte Region Manawatu umfasst die Bezirke Rangitikei im Norden und Horowhenua im Süden. Das Zentrum bildet das an den Ufern des Manawatu River gelegene Palmerston North, dessen – allerdings nicht allzu hohe – Hochhäuser deutlich aus den Ebenen emporragen. Als Neuseelands größte Universität prägt die Massey University das kulturelle und soziale Leben der Stadt. Dank der Universität besitzt „Palmy" eine aufgeschlossene, zugleich ländliche und akademische Atmosphäre.

John Cleese ließ das alles kalt: Nach einem Besuch spottete er: „Wer sich umbringen will, aber einfach nicht genug Mut dafür aufbringt, sollte nach Palmerston North fahren. Das wirkt todsicher." Die Stadt rächte sich, indem sie eine Müllhalde nach ihm benannte.

Sehenswertes

★ New Zealand Rugby Museum MUSEUM
(☎ 06-358 6947; www.rugbymuseum.co.nz; Te Manawa Complex, 326 Main St; Erw./Kind/Fam. 12,50/5/30 NZ$; ⊙ 10–17 Uhr) Fans des ovalen Balls lieben das New Zealand Rugby Museum. Die Räume quellen über mit Rugby-Reliquien – von einem Trikot der All Blacks aus dem Jahr 1905 bis zu einer Scrum Machine und der Trillerpfeife, mit der jedes erste Spiel bei einer Rugby-Weltmeisterschaft angepfiffen wurde. Selbstverständlich gewann Neuseeland nacheinander die Rugby World Cups 2011 und 2015: Man kann sich im Museum ja mal nach den Aussichten der All Blacks' für 2019 erkundigen.

★ Te Manawa MUSEUM
(☎ 06-355 5000; www.temanawa.co.nz; 326 Main St; ⊙ 10–17 Uhr; 👪) GRATIS Te Manawa verbindet Museum und Kunstgalerie zu einer einzigartigen Erfahrung. Die umfangreichen Sammlungen schlagen einen Bogen zwischen Kunst, Wissenschaft und Geschichte. Das Museum legt einen Schwerpunkt auf die Māori, die Ausstellungen der Galerie wechseln ständig. Kinder werden von den interaktiven Exponaten begeistert sein. Im gleichen Gebäudekomplex befindet sich das New Zealand Rugby Museum.

The Square PARK
(⊙ 24 Std.) GRATIS Als Palmys Herz und Seele hebt The Square das englische Stadtbegrünungskonzept auf ein ganz neues Niveau. Auf fast 7 ha finden sich ein Uhrturm, ein Ententeich, ein Riesenschachspiel, Māori-Schnitzereien, Statuen und Bäume für alle Jahreszeiten. Auf dem gepflegten Rasen genießen die Einheimischen ihr Mittagessen im Sonnenschein. Kostenloses WLAN!

Aktivitäten

Im i-SITE (S. 278) liegen die Broschüren *Discover City Walkways* und *Cycling the Country Road Manawatu* aus.

Lido Aquatic Centre SCHWIMMEN
(☎ 06-357 2684; www.lidoaquaticcentre.co.nz; 50 Park Rd; Erw./Kind/Fam. 5/4/13,50 NZ$, Wasserrutsche Tagespass 12 NZ$; ⊙ Mo–Do 6– 20, Fr 6–21, Sa & So 8–20 Uhr) Wenn die Ebene in der Sommerhitze glüht, hilft ein Sprung ins kühle Wasser des Lido Aquatic Centre. Es kommt nicht ganz an den Lido in Venedig ran, aber es bietet eine 50-m-Bahn, Wasserrutschen, ein Café und einen Fitnessraum.

Geführte Touren

Tui Brewery Tours GEFÜHRTE TOUR
(☎ 06-376 0815; www.tuibrewery.co.nz; SH 2, Mangatainoka; 35-Min. Tour pro Pers. 25 NZ$; ⊙ 11 & 14 Uhr) Auch wer lieber ein Craft Beer trinkt als das allgegenwärtige Tui, kommt bei dieser bierlastigen Tour auf seine Kosten. Die alte Brauerei und das Museum sind sehr interessant und man probiert das eine oder andere Bier. Die Brauerei befindet sich etwa 30 Minuten östlich von Palmerston North; Reservierung erforderlich.

Feilding Saleyard Tours GEFÜHRTE TOUR
(☎ 06-323 3318; www.feilding.co.nz/sale-yard-tours.html; 10 Manchester Sq., Feilding; Führung 10 NZ$; ⊙ Fr 11 Uhr) In der kleinen Ortschaft nördlich des Stadtzentrums weisen Farmer in die hohe Kunst der Viehauktion ein. Vor oder nach der Führung sollte man unbedingt den **Feilding Farmers Market** (jeden Freitag 9 bis 13.30 Uhr) besuchen.

Feste & Events

Festival of Cultures KULTUR
(www.foc.co.nz; ⊙ Ende März) Das große eintägige Festival zu Kunst, Kultur und Lifestyle mit einem Feinschmecker- und Handwerkermarkt findet auf dem Square statt.

Manawatu International Jazz & Blues Festival MUSIK
(www.mjc.org.nz; ⊙ Ende Mai–Anfang Juni) Jede Menge Jazz, Blues und Swing, zusätzlich viele Workshops.

Manawatu Beerfest BIER
(www.facebook.com/manawatubeerfest; ⊙ Okt.) An einem Tag im Oktober wird in allen Lokalen an der Regent Arcade, dazu gehören auch Fish (S. 278) und das Celtic Inn (S. 278), eine Art Oktoberfest mit viel Bier, Livemusik und jeder Menge Spaß gefeiert.

Schlafen

Peppertree Hostel HOSTEL $
(☎ 06-355 4054; www.peppertreehostel.co.nz; 121 Grey St; B/EZ/DZ/FZ 31/65/78/124 NZ$; 📶) Unerklärlicherweise befinden sich in diesem reizenden, 100 Jahre alten Haus überall

Palmerston North

Palmerston North

Highlights
1 New Zealand Rugby Museum B3
2 Te Manawa B3

Sehenswertes
3 The Square C2

Schlafen
4 @ the Hub B2
5 Fitzherbert Castle Motel C3
6 Peppertree Hostel C1
7 Primrose Manor C1

Essen
8 Café Cuba B2
9 Indian2nite B2
10 Table One Eight Eight A1
11 Tomato Cafe B2
12 Yeda C1

Ausgehen & Nachtleben
13 Brewer's Apprentice B3
14 Celtic Inn C1
15 Fish C1

Unterhaltung
16 Centrepoint Theatre B3
17 CinemaGold C2
Downtown Cinemas .... (s. 17)

Shoppen
18 Bruce McKenzie Booksellers B2

grün gestrichene Stiefel. Trotzdem ist das Peppertree die beste Budgetunterkunft der Stadt. Die Matratzen sind dick, in der Küche sind immer genug Kochutensilien und das Klavier und der Holzofen sorgen für eine gemütliche Atmosphäre. Gemischte Bäder und ein Schlafsaal nur für Frauen.

@ the Hub HOTEL **$**
(☎06-356 8880; www.atthehub.co.nz; 25 Rangitikei St; Zi. 75–170 NZ$; 📶) In Palmy leben jede Menge Studenten, viele von ihnen wohnen während des Semesters hier im Hostel. Trotzdem sind normalerweise auch sehr viele freie Zimmer für Reisende vorhanden. Gäste haben die Wahl zwischen Doppelzimmern mit Service, Bad und Kochecke, einem recht einfachen schuhkartongroßen Studentenzimmer oder einem großen Familienapartment mit drei Schlafräumen. Tolle Lage und ein tolles Preis-Leistungs-Verhältnis! Die Rezeption befindet sich an der 10 King Street (hier finden auch Langzeitgäste eine Unterkunft).

Palmerston North Holiday Park FERIENANLAGE $
(☎06-358 0349; www.palmerstonnorthholidaypark.co.nz; 133 Dittmer Dr; Stellplatz/Hütte ab 35/50 NZ$, Wohneinheit DZ/FZ 85/109 NZ$;) Der schattige Platz befindet sich etwa 2 km vom Square entfernt in der Nähe der Ruha Street. Trotz einer Wiese mit Gänseblümchen hat er etwas von einem Ausbildungscamp, aber er ist ruhig, erschwinglich und direkt an den Gärten der Victoria Esplanade gelegen. Gut für Kinder.

Primrose Manor PENSION $$
(☎06-355 4213; www.primrosemanor.co.nz; 123 Grey St; DZ 145 NZ$) Primrose Manor steht unter der Führung vom Peppertree Hostel (S. 275) nebenan und ist eine schicke, liebenswerte Pension für gehobene Ansprüche. Zu den fünf Gästezimmern, die meisten mit Bad und alle mit Fernsehen, gehören eine schicke Gemeinschaftsküche und ein Aufenthaltsraum. Eine gesellige Alternative zum Motel.

Fitzherbert Castle Motel MOTEL $$
(☎0800 115 262, 06-358 3888; www.fitzcastlemotel.co.nz; 124 Fitzherbert Ave; DZ 120–195 NZ$;) Von außen gibt sich das Haus wie eine Burg aus der Tudorzeit, doch hinter der Fassade verbirgt sich ein intimes Hotel mit 14 makellosen Zimmern. Alle haben Bäder mit Korkfußböden und gute Teppiche, es gibt viele Bäume, freundliche Mitarbeiter und in manchen Wohneinheiten sogar kleine Küchen. Kostenloses WLAN und Wäscherei.

Essen

★ **Tomato Cafe** CAFÉ, BISTRO $
(☎06-357 6663; www.tomatocafe.co.nz; 72 George St; Gerichte 11–23 NZ$; Mo–Sa 7–14.30, So 8–15 Uhr) Das lebhafte Café ist eine gelbe Box voll *Kiwiana*: Alles hängt mit Neuseeland zusammen – die Plattencover, Fotos, Drucke und Leinwände. Der mehr als engagierte Besitzer steht jeden Morgen um 5 Uhr auf, um sich um sein Lokal zu kümmern. Seine Begeisterung ist ansteckend: Fröhliche Mitarbeiter servieren tolle Salate, Pizzas und Croissant BLT, außerdem einen erstaunlichen Frühstücks-*gumbo* (kreolischer Eintopf) mit scharfer Wurst. Ein echter Volltreffer!

Yeda ASIATISCH $$
(☎06-358 3978; www.yeda.co.nz; 78 Broadway Ave; Gerichte 16–19 NZ$; 11–21 Uhr) Yeda ist besonders beliebt bei Studenten. Die Küche bietet einen bunten Querschnitt durch Asien von *pho* (Suppe) aus Vietnam über scharfes Thai-Hähnchen bis zu Teriyaki-Lachs aus Japan. Der lange, minimalistische Raum wirkt durch glänzenden Betonboden, helle Holztische und geschickt platzierte Gefäße mit schwarzen Essstäbchen. Während der (kurzen) Wartezeit kann man einen Japanese Slipper oder ein Asahi-Bier trinken.

Izakaya Yatai Atsushi Taniyama JAPANISCH $$
(☎06-356 1316; www.yatai.co.nz; 316 Featherston St; Gerichte 11–22 NZ$; Di–Fr 12–14, Di–Sa 18–21 Uhr;) Atsushi Taniyama kocht in dem unscheinbaren Vororthaus mit den leeren Sake-Flaschen auf den Fensterbänken einfache, frische und authentische japanische Gerichte. Das Hähnchen-, Schweine- und Rindfleisch sowie die Eier für die Gerichte stammen aus neuseeländischer Freilandzucht. Es gibt auch Menüs und viele vegetarische Gerichte.

Café Cuba CAFÉ $$
(☎06-356 5750; www.cafecuba.co.nz; Ecke George & Cuba St; Gerichte Brunch 10–26 NZ$, abends 25–32 NZ$; Mo–Sa 7 Uhr bis spätabends;) Unterzuckert? Dann ab ins scheinbar immer geöffnete Café Cuba – die Kuchen sind das Richtige für Schokoladensüchtige. Die Gäste lieben auch die tollen Kaffee-Spezialitäten und die klassischen Kaffeehausgerichte (Risottos, Salate, Currys oder frittierte Maisplätzchen). Der Spieß mit Halloumi und Aubergine ist fantastisch. Das Café ist auch sehr kinderfreundlich.

Indian2nite INDISCH $$
(☎06-353 7400; www.indian2nite.com; 22 George St; Gerichte 14–18 NZ$; 10.30–14 & 17 Uhr bis spätabends;) Das gehobene Restaurant bietet glücklicherweise nur wenig Bollywood-Schmalz und reißt kein Loch in die Reisekasse. Hinter den Panoramafenstern an der George Street und unter einem Gewölbe duftet es verführerisch und superfreundliche Kellner servieren nordindische Currys. Einen Versuch wert ist das *dal makhani,* das die ganze Nacht langsam vor sich hin geköchelt hat.

Table One Eight Eight BISTRO $$$
(☎06-353 0076; www.facebook.com/table188kitchenandbar; 188 Featherston St; Gerichte 30–36 NZ$; Di & Mi 17 Uhr bis spätabends, Do–So 10 Uhr bis spätabends) Die Hausnummer 188 in der Featherston Street hat über die letzten Jahrzehnte schon viele Gesichter gehabt: Milchgeschäft, Souvenirladen, Fish & Chips Lokal, Möbelgeschäft ... Zurzeit beherbergt

sie ein tolles Bistro, das auf der Liste der guten Restaurants in Palmerston North weit oben steht. Die saisonale Karte ist ein bisschen französisch, ein bisschen italienisch und ganz viel neuseeländisch. Eine gute Empfehlung ist der Waikanae Krebs und der Kuchen aus Süßkartoffeln. Es gibt auch gute Weine.

Ausgehen & Nachtleben

Fish COCKTAILBAR

(☎06-354 9559; Regent Arcade; ⏲Mi 16–23, Do 16–1, Fr & Sa 16–3 Uhr) Die progressive, schicke, pazifisch angehauchte Cocktailbar Fish hat den Finger fest am Puls von Palmerston North. Wenn die DJs donnerstags und freitags abends Musik auflegen, vergisst das trendige städtische Publikum bei Manhattans und Tamarillo Mules (die kicken wirklich) seine Probleme.

Brewer's Apprentice PUB

(☎06-358 8888; www.brewersapprentice.co.nz; 334 Church St; ⏲Mo–Mi 16 Uhr bis spätabends, Do–So 11 Uhr bis spätabends) Die früher mal schäbige Studentenkneipe ist jetzt eine schicke Bar, die von Monteith gesponsert wird. Mittags fallen hungrige Angestellte zum Essen ein (Mittagessen 17–22 NZ$, Abendessen 25–34 NZ$), abends bevölkert die Ü25-Generation den Biergarten. Freitag abend wird Livemusik geboten. Ein Schild im Lokal sagt: „*Keep Palmy Beered*". Da ist nichts dagegen zu sagen.

Celtic Inn IRISH PUB

(☎06-357 5571; Regent Arcade; ⏲Mo–Do 11–24, Fr & Sa 11–2, So 16–24 Uhr; 👪) Wer eine gute alte Kneipenatmosphäre erwartet, ist hier absolut richtig. Arbeiter, Touristen und Studenten bestellen hier das eine oder andere süffige Pint. Freundliche Mitarbeiter, Livemusik, rote Plüschsessel, Kinder, die um die Beine ihrer Eltern wuseln – alles ist reichlich vorhanden.

☆ Unterhaltung

CinemaGold KINO

(☎06-353-1902; www.cinemagold.co.nz; Downtown Shopping Arcade, Broadway Ave; Karten Erw./Kind 17/12 NZ$; ⏲10 Uhr bis spätabends) Im gleichen Gebäudekomplex wie die eher Mainstreamfilme zeigenden **Downtown Cinemas** (☎06-355 5335; www.dtcinemas.co.nz; 70 Broadway Ave; Karten Erw./Kind 17/10 NZ$; ⏲10 Uhr bis spätabends) setzt CinemaGold noch einen drauf. Dank der Plüschsessel und einer Schanklizenz können die Zuschauer die Kunstfilmklassiker und selten gezeigten Filme richtig genießen.

Centrepoint Theatre THEATER

(☎06-354 5740; www.centrepoint.co.nz; 280 Church St; ⏲Vorverkauf Mo–Fr 9–17 Uhr) Das Centrepoint, eine Stütze der brodelnden Theaterszene von Palmerston North, bietet große Shows mit vor Ort bekannten Namen, Theatersport und Stücke zu besonderen Anlässen. Wie wär es mit Dinner und einer Show?

Shoppen

Bruce McKenzie Booksellers BÜCHER

(☎06-356 9922; www.bmbooks.co.nz; 37 George St; ⏲Mo–Fr 9–17.30, Sa 9–17, So 10–16 Uhr) Ein ausgezeichneter unabhängiger Buchladen. Hier findet man garantiert auch das Buch über Craft Beer in Neuseeland, das man schon so lange sucht.

ℹ Praktische Informationen

DOC (Department of Conservation; ☎06-350 9700; www.doc.govt.nz; 28 North St; ⏲Mo–Fr 8–16.30 Uhr) DOC Information 2 km nördlich des Square.

Palmerston North Hospital (☎06-356 9169; www.midcentraldhb.govt.nz; 50 Ruahine St; ⏲24 Std.) Hilfe bei Unfällen und Notfällen.

Palmerston North i-SITE (☎0800 626 292, 06-350 1922; www.manawatunz.co.nz; The Square; ⏲Mo–Do 9–17.30, Fr & So 9–19.30, Sa 9–15 Uhr; 📶) Touristeninformation mit total hilfsbereiten Mitarbeitern.

Post (☎0800 501 501; www.nzpost.co.nz; 480 Main St; ⏲Mo–Fr 8–17.30, Sa 9–17.30 Uhr)

Radius Medical, The Palms (☎06-354 7737; www.careforyou.co.nz/the-palms; 445 Ferguson St; ⏲Mo–Fr 8–19, Sa & So 9–18 Uhr) Dringende medizinische Hilfe, außerdem Arzttermine nach Vereinbarung und eine Apotheke.

An- & Weiterreise

BUS

Die Busse von InterCity fahren ab dem Busbahnhof Main Street an der Ostseite des Square; zu den angefahrenen Zielen gehören:

REISEZIEL	FAHRPREIS	FAHRZEIT (STD.)	HÄUFIGKEIT
Auckland	72 NZ$	9½	2-mal tgl.
Napier	29 NZ$	3½	2-mal tgl.
Taupo	35 NZ$	4	2-mal tgl.
Wellington	39 NZ$	2¼	7-mal tgl.
Whanganui	26 NZ$	1½	3-mal tgl.

Die Busse von Naked Bus fahren ebenfalls vom Busbahnhof an der Main Street zu den meisten Städten der Nordinsel:

REISEZIEL	FAHR-PREIS	FAHR-ZEIT (STD.)	HÄUFIG-KEIT
Auckland	35 NZ$	10	1–2-mal tgl.
Napier	25 NZ$	2½	2-mal tgl.
Taupo	25 NZ$	4	1-mal tgl.
Wellington	24 NZ$	2½	2-4-mal tgl.
Whanganui	20 NZ$	1½	1-mal tgl.

FLUGZEUG

Der **Flughafen Palmerston North** (☎ 06-351 4415; www.pnairport.co.nz; Airport Dr) liegt 4 km nördlich des Stadtzentrums.

Air New Zealand (☎ 06-351 8800; www.airnewzealand.co.nz; 382 Church St; ⏲ Mo–Fr 9–17 Uhr) hat täglich Direktflüge nach Auckland, Christchurch und Wellington. Jetstar (www.jetstar.com) fliegt nach Auckland und Wellington. Originair (www.originair.nz) verkehrt zwischen Palmy und Nelson im Süden.

ZUG

KiwiRail Scenic Journeys (☎ 0800 872 467, 04-495 0775; www.kiwirailscenic.co.nz) bietet Fernverkehrszüge auf der Strecke Wellington–Auckland, die auch im alten, heruntergekommenen **Bahnhof Palmerston North** (Mathews Ave) halten. Er liegt etwa 2,5 km nördlich des Square nahe der Tremaine Avenue. Von Palmy nach Wellington nimmt man den *Northern Explorer* (49 NZ$, 2½ Std.), der montags, donnerstags und samstags um 16.20 Uhr abfährt. Eine andere Möglichkeit ist der *Capital Connection* (35 NZ$, 2 Std.), der Montag bis Freitag um 6.15 Uhr in Palmy abfährt. Der *Northern Explorer* nach Auckland (219 NZ$, 9 Std.) fährt dienstags, freitags und sonntags um 10 Uhr ab. Fahrkarten bekommt man bei KiwiRail Scenic Journeys oder im *Capital Connection* (im Bahnhof werden keine Fahrkarten verkauft).

ℹ Unterwegs vor Ort

BUS

Horizons (www.horizons.govt.nz; Fahrkarten Erw./Kind 2,50/1,50 NZ$) betreibt tagsüber die Nahverkehrsbusse. Abfahrt ist an der Bushaltestelle Main Street an der Ostseite des Square. Buslinie 12 fährt zur Massey University; es gibt keine Linie zum Flughafen.

FAHRRAD

Crank It Cycles (☎ 06-358 9810; www.crankitcycles.co.nz; 244 Cuba St; ⏲ Mo–Fr 8–17.30, Sa 9.30–15, So 10–14 Uhr) Vermietet Tourenräder ab 20/30 NZ$ pro halben/ganzen Tag, inklusive Helm und Fahrradschloss (Kaution 50 NZ$).

Daisy's Bikes (☎ 0800 626 292; www.daisybikes.co.nz; Palmerston North i-SITE, The Square; ⏲ Mo–Fr 9–17, Sa & So 9–15 Uhr) Im Palmerston North i-SITE kann man Tandems mieten (30 NZ$ pro Std.; 60 NZ$ für 4 Std.).

ZUM/VOM FLUGHAFEN

Vom Stadtzentrum zum Flughafen verkehren keine öffentlichen Verkehrsmittel, aber es gibt eine Menge Taxis und den **Super Shuttle** (☎ 0800 748 885, 09-522 5100; www.supershuttle.co.nz; Fahrkarten 19 NZ$), bei dem Reisende in einem Minivan in die Stadt gebracht werden (eine vorherige Reservierung ist nötig). Die Taxifahrt vom Stadtzentrum zum Flughafen kostet etwa 20 NZ$.

TAXI

Gold & Black Taxis (☎ 06-351 2345, 0800 351 2345; www.taxisgb.co.nz) Familiengeführtes einheimisches Taxiunternehmen.

Rund um Palmerston North

Rund 15 km nordöstlich von Palmerston North (der Studentenstadt) taucht der SH 2 in die **Manawatu Gorge** ein – eine der wenigen Stellen in Neuseeland, wo ein Fluss eine Bergkette kreuzt. Die Māori tauften die Schlucht *Te Apiti* (enger Durchgang) und glaubten, dass der große, rötliche Felsen fast in der Mitte der Schlucht ihr Schutzgeist sei. Angeblich ändert der Fels seine Farbe, wenn ein bedeutendes Mitglied des Rangitane-Stammes stirbt oder verletzt wird. Für eine Wanderung durch die Schlucht braucht man etwa vier Stunden – egal, von welcher Seite man beginnt.

Südlich von Palmerston North auf dem Weg nach Wellington kommt man in den unterschätzten Bezirk Horowhenua mit den verschlafenen Landstädtchen **Shannon** (1240 Ew.) und **Foxton** (2650 Ew.).

Der **Foxton Beach** ist einer von einer Reihe sehr breiter, flacher Strände entlang der Tasman Sea – schöner brauner Sand, reichlich Treibholz und Ferienhäuser nehmen hier immer mehr zu. Auch die Strände von **Himatangi**, **Hokio** und **Waikawa** lohnen einen Besuch.

Die Stadt **Levin** (20 300 Ew.) ist zwar größer, liegt aber zu dicht an Wellington und Palmerston North, um Reisende zu einem Halt zu veranlassen.

Sehenswertes & Aktivitäten

Owlcatraz ZOO

(☎06-362 7872; www.owlcatraz.co.nz; 44 Margaret St, Shannon; Erw./Kind inkl. 2-stündige Führung 30/10 NZ$; ⏲9–17 Uhr, im Winter eingeschränkte Zeiten) Unsere feinen gefiederten Freunde in Owlcatraz haben netterweise so drollige Namen wie Owlvis Presley und Owl Capone angenommen. Der Zoo befindet sich 30 Autominuten südlich von Palmerston North in Shannon.

Tararua Wind Farm FARM

(☎0800 878 787; www.windenergy.org.nz/tararua-wind-farm; Hall Block Rd, Ballance; ⏲24 Std.) Am südwestlichen Rand der Manawatu Gorge liegt etwa 40 Autominuten von Palmerston North entfernt die Tararua Wind Farm, der angeblich größte Windpark der südlichen Hemisphäre. Er befindet sich auf Privatgelände, aber von der Hall Block Road hat man einen beeindruckenden Blick auf die Turbinen.

Timeless Horse Treks AUSRITTE

(☎06-376 6157, 027 446 8536; www.timelesshorsetreks.co.nz; Gorge Rd, Ballance; 1/2 Std. Ausritt ab 50/80 NZ$; 👪) Eine gute Möglichkeit, der Stadt zu entkommen, ist ein Besuch bei Timeless Horse Treks. Auf leichten Ausritten erlebt man den Manawatu River und die umliegenden Hügel. Im Sommer wird auch ein Ausritt mit Übernachtung angeboten (225 NZ$). Reiter können in Palmy abgeholt und auch wieder zurückgebracht werden.

Taupo & Central Plateau

➡ **Inhalt**

Gut essen

- Lakeland House (S. 299)
- Storehouse (S. 294)
- The Bistro (S. 294)
- Spoon & Paddle (S. 294)
- Eat (S. 311)

Schön übernachten

- Station Lodge (S. 311)
- Braxmere (S. 299)
- Creel Lodge (S. 299)
- The Lake (S. 293)
- Ruapehu Country Lodge (S. 311)

Auf nach Taupo & zum Central Plateau!

Ob tiefe Flüsse oder hohe Berge: In dieser facettenreichen Region hat Neuseelands Geologie ihren großen Auftritt – und der ist wirklich ganz groß! Der wichtigste Akt spielt entlang der Taupo Volcanic Zone, die sich als aktives Vulkangebiet über Rotorua bis hinüber nach Whakaari (White Island) in der Bay of Plenty erstreckt. Dem regionalen Tumult unter der Erdoberfläche verdankt die Nordinsel ein paar ihrer Hauptattraktionen – beispielsweise den größten See des Landes oder die drei aktiven Vulkane des Tongariro National Park.

Doch der Nervenkitzel geht noch weiter: Die Gegend macht Queenstown in Sachen Outdoor-Abenteuer kräftig Konkurrenz. Wie wär's mit flotten Jetbootfahrten zu einem Wasserfall, Bungeespringen über einem Fluss, Fallschirmspringen oder Skifahren im frischen Pulverschnee? Wer es lieber entspannter mag, kann auch im Thermalwasser baden oder ein paar gemütliche Tage beim Fliegenfischen verbringen. In beiden Fällen sind Taupo und die zentrale Hochebene absolute Pflichtziele auf der Nordinsel.

Reisezeit

- Das Zentrum ist im Winter und Sommer gleichermaßen beliebt; eine wirklich schlechte Reisezeit gibt es eigentlich nicht.
- Die Skisaison dauert ungefähr von Juli bis Oktober. Stürme und Temperaturen unter 0 °C können in den Bergen aber jederzeit auftreten. Über 2500 m Höhe ist ein kleiner Teil der Region permanent verschneit.
- Aufgrund der Höhenlage ist das Klima der zentralen Hochebene allgemein recht kühl. Im Durchschnitt liegen die Höchsttemperaturen etwa zwischen 3 °C im Winter und bis zu 24 °C im Sommer.
- Von Weihnachten bis Ende Januar strömen Kiwi-Urlauber scharenweise zum Lake Taupo. Unterkünfte für diese Zeit sollte man daher rechtzeitig reservieren!

An- & Weiterreise

BUS

Taupo ist ein Umsteigebahnhof für **InterCity-Busse** (☎ 07-348 0366; www.intercitycoach.co.nz), die regelmäßig direkt nach Auckland (über Rotorua und Hamilton), Tauranga (über Rotorua), Wellington (über Napier und Hastings bzw. über Turangi, Waiouru, Taihape, Palmerston North und Kapiti Coast) verkehren. Die Linie Palmerston North – Auckland stoppt in Whanganui, bevor sie weiter am Westrand des Tongariro National Park entlang über Ohakune und National Park Village nach Norden über Taumaranui, Te Awamutu und Hamilton führt.

Naked Bus (www.nakedbus.com) fährt von Taupo nach Auckland (über Hamilton), nach Rotorua und Tauranga, nach Gisborne (über Rotorua), nach Napier und Hastings sowie nach Wellington (über Turangi, Waiouru, Taihape, Palmerston North und Kapiti Coast).

Mana Bus (www.manabus.com) verkehrt zwischen Auckland und Wellington mit Zwischenstopp in Hamilton, Rotorua und Taupo.

FLUGZEUG

Air New Zealand (S. 296) Direktflüge nach Taupo von Auckland. **Sounds Air** (S. 296) Flüge von Taupo nach Wellington.

ZUG

KiwiRail Scenic (☎ 04-495 0775, 0800 872 467; www.kiwirailscenic.co.nz) Der Northern Explorer hält auf der Auckland-Hamilton-Palmerston-North-Wellington-Route im National Park Village, in Ohakune und in Taihape.

LAKE TAUPO & UMGEBUNG

Lake Taupo ist Neuseelands größter See, er liegt im Krater eines Vulkans, der vor über 300 000 Jahren das erste Mal ausbrach. Die Caldera entstand vor etwa 26 500 Jahren beim Ausbruch des Oruanui. Damals wurden 750 km^3 Asche und Bimsstein in die Luft geschleudert – da erscheint der berühmte Ausbruch des Krakatau mit 8 km^3 fast schon als unbedeutende Kleinigkeit.

Der letzte Ausbruch fand 180 n. Chr. statt und schleuderte so viel Asche in die Atmosphäre, dass römische und chinesische Himmelsbeobachter die dadurch ausgelösten rötlichen Himmelsfärbungen in ihren Aufzeichnungen festhielten. Die Region ist noch immer vulkanisch aktiv und bietet, genau wie Rotorua, faszinierende Thermalgebiete.

KURZINFOS: TAUPO & CENTRAL PLATEAU

Essen Forelle – aber erst, nachdem man sie selbst gefangen hat!

Trinken Taupo Pale Ale von Lakeman Brewing.

Lesen *Awesome Forces* von Hamish Campbell und Geoff Hicks – die geologische Geschichte Neuseelands in explosiven Details.

Hören Das sonore Zwitschern der Tui am Tongariro River Trail.

Anschauen Die Filme *Der Herr der Ringe* und *Der Hobbit*. Wo hat sich Tongariros Filmstar-Berg versteckt?

Radfahren Taupos Craters of the Moon MTB Park.

Erforschen Die Hochgebirgsflora und die geologischen Besonderheiten im Tongariro National Park.

Infos im Internet www.greatlaketaupo.com, www.visitruapehu.com, www.nationalpark.co.nz, www.visitohakune.co.nz

Vorwahl ☎ 07, ☎ 06

Heute präsentiert sich der 622 km^2 große See mit seinen umliegenden Wasserwegen derart ruhig, dass ihn begeisterte Angler aus der ganzen Welt ansteuern. Aufgrund ihrer guten Lage am See sind Taupo und Turangi beliebte Touristenziele. Vor allem in Taupo werden etliche Unternehmungen und Einrichtungen angeboten, sowohl für Familien als auch für Individualreisende.

Taupo

26 100 EW.

Dank seiner malerischen Lage am nordöstlichen Seeufer konkurriert Taupo heute mit Rotorua um den Titel des „führenden Ferienortes der Nordinsel“. Vor Ort herrscht kein Mangel an Aktivitäten, die das Adrenalin in Wallung bringen. Doch auch wer keine Lust auf kreidebleiche Wangen und einen umgedrehten Magen hat, kommt hier voll auf seine Kosten – z. B. bei Spaziergängen am Seeufer. An klaren Tagen genießt man dabei eine schöne Aussicht auf die verschneiten Gipfel des Tongariro National

Highlights

1 **Tongariro Alpine Crossing** (S. 303) Auf dem berühmten Wanderweg die faszinierende alte Vulkanlandschaft erforschen

2 **Orakei Korako** (S. 290) Das vulkanische „vergessene Tal" wiederentdecken

3 **Taupo** (S. 283) Sich aus dem Himmel auf die Hauptstadt des Fallschirmspringens stürzen, angegurtet an einen wildfremden Menschen

4 **Mount Ruapehu** (S. 301) In Turoa oder Whakapapa durch Pulverschnee carven

5 **Ohakune Old Coach Road** (S. 310) Mit dem Mountainbike über den 284 m langen Hapuawhenua Viaduct fahren

6 **Lake Taupo** (S. 285) Per Kajak zu den modernen Māori-Felsritzungen paddeln

7 **Huka Falls** (S. 285) In einem Jetboot über den Waikato River zu den Fällen düsen

8 **Wairakei Terraces** (S. 286) Im heilenden Wasser der heißen Thermalquellen herumdümpeln

Park. Taupo ist zudem ein Mekka für Outdoorsportler und etabliert sich momentan als eines von Neuseelands besten Revieren zum Radfahren auf oder abseits der Straße.

Nahe der Stadt entspringt der Waikato River aus dem Lake Taupo. Danach donnert der längste Fluss des Landes die Huka Falls und die Aratiatia Rapids hinunter. Schließlich plätschert er behäbig gen Westküste und mündet dort gleich südlich von Auckland ins Meer.

Geschichte

Als der Māorihäuptling Tamatea-arikinui die Gegend das erste Mal besuchte, glaubte er, der Boden sei hohl, weil seine Schritte einen Nachhall erzeugten. Deshalb nannte er sie Tapuaeharuru (nachhallende Schritte). Der heutige Name bezieht sich allerdings auf die Geschichte Tias, der den See entdeckte und, in seinen Umhang gehüllt, neben ihm schlief. So wurde das Gebiet dann Taupo Nui a Tia (großer Umhang des Tia) genannt.

Die ersten europäischen Siedler ließen sich hier während des Ostküstenkriegs (1868–1872) nieder, in dem Taupo zu einem strategisch wichtigen Militärstützpunkt wurde: 1869 legte man eine Schanze an und im selben Jahr wurde hier eine Garnison berittener Polizisten bis zur Niederlage von Te Kooti stationiert.

Dank der zunehmenden Motorisierung wuchs Taupo im 20. Jh. von einem kleinen Dorf am See mit rund 750 Einwohnern zu einem größeren Ferienstädtchen heran, das von den meisten Orten der Nordinsel aus leicht erreichbar ist. Auch heute steigt die Zahl der Einwohner in der Hochsaison deutlich an, dann strömen Neuseeländer und ausländische Touristen gleichermaßen zum „Great Lake“.

Sehenswertes

Viele der Sehenswürdigkeiten von Taupo liegen außerhalb der Stadt, besonders rund um den Wairakei Park im Norden. Taupos Hauptattraktion ist der See, in dem, auf dem und um den herum man allerhand unternehmen und erleben kann.

★ Taupo Museum — MUSEUM

(Karte S. 289; ☎ 07-376 0414; www.taupodc.govt.nz; Story Pl; Erw./Kind 5 NZ$/frei; ⏲ 10–16.30 Uhr) Mit seiner hervorragenden Māori-Galerie und den schrägen Ausstellungsobjekten – darunter ein Wohnwagen aus den 1960er-Jahren, der wirkt, als ob die Bewohner nur mal schnell an den See gegangen wären –, bietet sich dieses kleine Museum als Alternative für Regentage an. Sein Herzstück ist das mit kunstvollen Schnitzereien geschmückte Māori-Gemeindehaus Te Aroha o Rongoheikume. Daneben gibt es Schaustücke zur örtlichen Industrie, einen Nachbau eines Ladens aus dem 19. Jh. und ein Moa-Skelett. In einer Galerie werden örtliche und Wander-Ausstellungen gezeigt. Sehenswert ist auch der Rosengarten neben dem Museum.

In einem Hof befindet sich der Ora Garden of Wellbeing, eine Nachbildung des neuseeländischen Beitrags zur Chelsea Flower Show (2004), die mit der Goldmedaille ausgezeichnet wurde.

★ Huka Falls — WASSERFALL

(Karte S. 286; Huka Falls Rd) Vor diesen gut ausgeschilderten Wasserfällen (mit Parkplatz und Kiosk) drängt Neuseelands längster Fluss, der Waikato, durch eine schmale Schlucht und stürzt dahinter 10 m tief in ein Becken. Von der Fußgängerbrücke lässt sich der gewaltige Wasserstrudel, den die Māori *hukanui* (Großer Gischtkörper) nannten, gut beobachten.

Nicht weit entfernt locken einige kurze Spaziergänge. Auf dem Huka Falls Walkway (S. 288) gelangt man zurück in den Ort, der Aratiatia Rapids Walking/Cycling Track führt zu den Stromschnellen.

An sonnigen Tagen ist das Wasser kristallklar. Der Aussichtspunkt (Karte S. 286) auf der anderen Seite der Brücke eignet sich perfekt für grandiose Fotos.

Māori-Felsritzungen — FELSRITZUNGEN

Die 10 m hohen Felsritzungen in den Klippen bei Mine Bay, die der Meister Matahi Whakataka-Brightwell in den späten 1970er-Jahren schuf, sind nur per Boot zugänglich. Sie zeigen Ngatoro-i-rangi, den visionären Māori-Seefahrer, der die Tuwharetoa- und Te-Arawa-Stämme vor tausend Jahren in die Gegend um Taupo brachte.

Aratiatia Rapids — WASSERFALL

(Karte S. 286) Die 2 km abseits des SH5 gelegene Stelle war ein spektakulärer Abschnitt des Waikato River, bis die Regierung hier eine Talsperre errichtete. Doch das Naturschauspiel ist nicht völlig verschwunden, denn die Schleusentore werden von Oktober bis März jeweils um 10, 12, 14 und 16 Uhr geöffnet und von April bis September um

Taupo & Wairakei

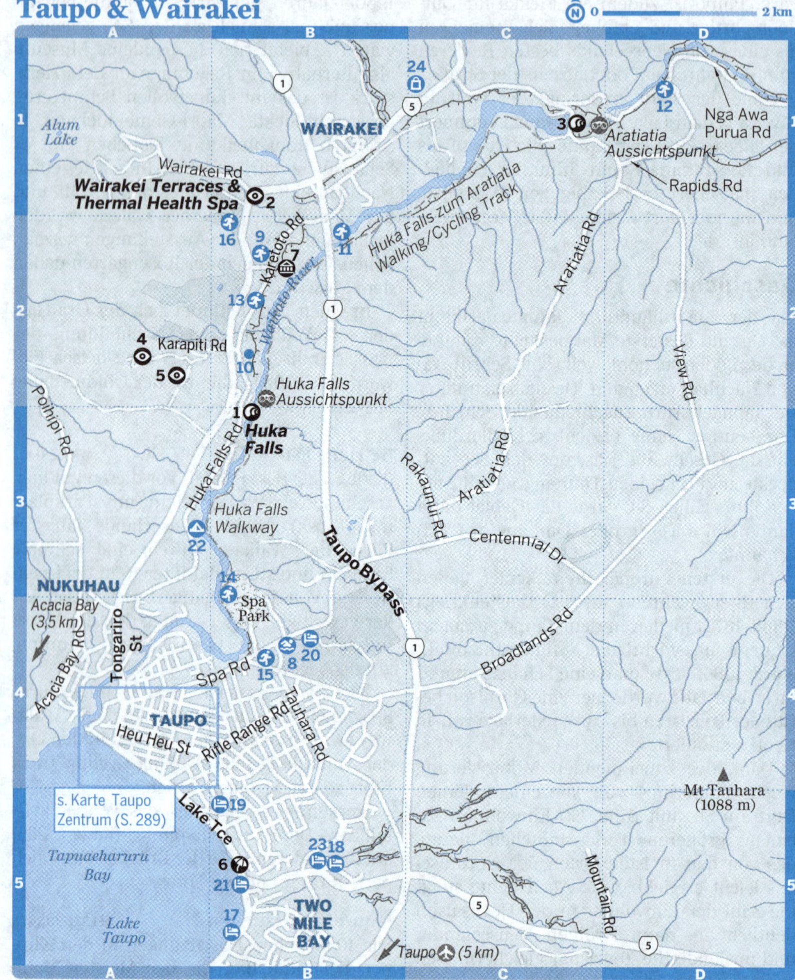

10, 12 und 14 Uhr. Der beste Blick auf das durch den Damm herabstürzende Wasser bietet sich von zwei Aussichtspunkten (Karte s. oben) aus.

Wer will, kann mit dem Auto anreisen oder gemütlich per Rad am Fluss entlangfahren (4 Std. hin & zurück, 30 km).

Geothermisches Gebiet

★ **Wairakei Terraces & Thermal Health Spa** HEISSE QUELLE
(Karte s. oben; 07-378 0913; www.wairakeiterraces.co.nz; Wairakei Rd; Rundgang Erw./Kind 18/ 9 NZ$, Wasserbecken 25$, Massage ab 85 NZ$; Fr–Mi 8.30–20.30, Do 8.30–19 Uhr) Mineralreiches Wasser aus dem Wairakei-Thermalfeld ergießt sich in Kaskaden über Sinterterrassen in mehrere Becken, die von Gärten umgeben sind (Zutritt ab 14 Jahren).

Nach einem wohltuenden Bad kann man sich auf dem **Terraces Walkway** den Nachbau eines Māori-Dorfes sowie Schnitzereien zur Geschichte Neuseelands, der Māori und des hier lebenden *iwi* (Stamm) Ngāti Tuwahretoa ansehen.

Künstlich angelegte Geysire und Sinterterrassen erinnern, wenn auch im kleineren

Taupo & Wairakei

Highlights
1 Huka Falls ... B3
2 Wairakei Terraces & Thermal Health Spa ... B1

Sehenswertes
3 Aratiatia Rapids ... C1
4 Craters of the Moon ... A2
5 Craters of the Moon MTB Park ... A2
6 Hot Water Beach ... B5
7 Volcanic Activity Centre ... B2

Aktivitäten, Kurse & Touren
8 AC Baths ... B4
9 Anarchy Boarding Park ... B2
10 Heli Adventure Flights ... B2
11 Huka Prawn Park ... B2
Hukafalls Jet ... (s. 11)
12 Rapids Jet ... D1
13 Rock'n Ropes ... B2
14 Spa Park Hot Spring ... B3
15 Taupo Bungy ... B4
Taupo DeBretts Hot Springs ... (s. 23)
16 Wairakei Golf & Sanctuary ... B2

Schlafen
17 Cottage Mews ... B5
18 Hilton Lake Taupo ... B5
19 Lake ... B5
20 Lake Taupo Top 10 Holiday Resort ... B4
21 Reef Resort ... B5
22 Reid's Farm Recreation Reserve ... A3
23 Taupo DeBretts Spa Resort ... B5

Shoppen
24 Lava Glass ... C1

Maßstab, an die berühmten Pink and White Terraces, die 1886 beim Ausbruch des Tarawera zerstört wurden.

Die Nachtveranstaltung Māori Cultural Experience (Erw./Kind 104/52 NZ$) gibt mit traditionellem Kriegstanz, Willkommenszeremonie, Konzert und *Hangi*-Mahl einen Einblick in das Leben der Māori, die in den geothermischen Gebieten leben.

Volcanic Activity Centre MUSEUM
(Karte S. 286; ☎ 07-374 8375; www.volcanoes.co.nz; Karetoto Rd; Erw./Kind 12/7 NZ$; ⏲ Mo–Fr 9–17, Sa & So 10–16 Uhr) Das Vukanzentrum beantwortet alle Fragen zur geothermalen bzw. vulkanischen Aktivität in der Taupo-Region. Das hervorragende (wenn auch leicht textlastige) Ausstellungsmaterial umfasst z. B. einen funktionierenden Seismografen, der die Erde „live" überwacht. Besonders beliebt bei Kindern ist der Erdbebensimulator: Die nachgestellten Stöße und Erschütterungen in der kleinen Kabine bringen Besucherzähne kräftig zum Klappern. Ansonsten kann man auch seinen eigenen Tornado kreieren und diesen dann bei seinem Zerstörungswerk beobachten. Zudem lässt sich hier ein künstlicher Geysir ober- und unterirdisch bewundern.

Ein kleines Kino zeigt Filme über örtliche Vulkanausbrüche und darüber hinaus ein zehnminütiges Video zum Christchurch-Erdbeben von 2011.

Craters of the Moon THERMALFELD
(Karte S. 286; ☎ 027 6564 684; www.cratersofthemoon.co.nz; Karapiti Rd; Erw./Kind 8/4 NZ$; ⏲ 8.30–17 Uhr) Das Thermalfeld wurde beim Bau des Kraftwerks erschlossen. Als der unterirdische Wasserspiegel abgesenkt wurde und sich dadurch der Druck veränderte, traten hier neue Dampfquellen und blubbernde Schlammlöcher an die Oberfläche.

Der Rundgang dauert ungefähr 45 Minuten und bietet einen wunderbaren Blick auf den See und die Berge im Hintergrund. Die Freiwilligen, die im Kiosk arbeiten, werfen gelegentlich einen Blick auf die auf dem Parkplatz abgestellten Autos.

Das Thermalfeld ist ab dem SH 1, ca. 5 km nördlich von Taupo, ausgeschildert.

Aktivitäten

Wandern & Radfahren

Wanderkarten und Leihräder bekommt man bei **Pack & Pedal** (Karte S. 289; ☎ 07-377 4346; www.packandpedaltaupo.com; 5 Tamamutu St; ganztags 35 NZ$; ⏲ Mo–Fr 8–18, Sa 8–17, So 9–16 Uhr), **Bike Barn** (Karte S. 289; ☎ 07-377 6060; www.bikebarn.co.nz; Ecke Horomatangi & Ruapehu St; halbtags/ganztags 35/50 NZ$; ⏲ Mo–Fr 8.30–17, Sa & So 9–16.30 Uhr) oder **Top Gear Cycles** (Karte S. 289; ☎ 07-377 0552; www.topgearcycles.co.nz; Suncourt Plaza, 19 Tamamutu St; ganztags 35 NZ$; ⏲ Mo–Fr 8.30–17, Sa 9–14 Uhr).

Um auf den Wegen vor Ort fahren zu dürfen, muss man vorübergehend Mitglied bei Bike Taupo (7 Tage 10 NZ$) werden. Die Bike Shops erledigen gerne die Anmeldung. Und unbedingt die Karte *10 Great Rides* in der Taupo i-SITE besorgen!

Craters of the Moon MTB Park MOUNTAINBIKEN
(Karte S. 286; www.biketaupo.org.nz; Craters Rd) Spannende Offroad-Mountainbike-Touren

erwarten alle Biker im Craters of the Moon MTB Park nördlich von Taupo im Wairakei Forest (10 Min. Fahrzeit). Nicht vergessen: Vor dem Aufbruch muss die zeitlich befristete Mitgliedschaft bei Bike Taupo beantragt werden. Die Bike Shops vor Ort übernehmen das gerne.

Great Lake Trail WANDERN, RADFAHREN
(www.greatlaketrail.com) Ein speziell für diesen Zweck angelegter, 71 km langer Fernwanderweg führt von Whakaipo Bay nach Waihaha am abgelegenen nordwestlichen Teil des Sees. Der Abschnitt **W2K** zwischen Whakaipo und Kinloch verzaubert durch wundervolle Ausblicke über den See auf den Tongariro National Park.

Huka Falls Walkway WANDERN, RADFAHREN
Dieser landschaftlich reizvolle, dabei einfache Wanderweg startet am Spa-Park-Parkplatz am Ende der County Avenue (nahe der Spa Road) und führt am Ostufer des Waikato River entlang. In einer guten Stunde erreicht man so die Huka Falls. Danach folgt der 7 km lange **Huka Falls to Aratiatia Rapids Walking Track** (weitere 2 Std.). Für den Radrundweg Taupo-Huka-Falls-Ariatiatia braucht man insgesamt vier Stunden.

Great Lake Walkway WANDERN, RADFAHREN
(Lion's Walk; Karte S. 289; www.greatlaketaupo.com/things-to-do/biking/trails/lions-walk/) Dieser hübsche Weg verläuft am Seeufer südlich von Taupo Boat Harbour bis zur Five Mile Bay (10 km). Das flache Gelände entlang der öffentlichen Strände eignet sich ideal zum Wandern oder Radfahren.

Heiße Quellen

Ein Bad in den heißen Quellen lässt sich wunderbar mit einem Spaziergang durch das Thermalfeld bei den Wairakei Terraces (S. 286) kombinieren.

Spa Park Hot Spring HEISSE QUELLE
(Karte S. 286) GRATIS An dieser hübschen und gut besuchten Stelle unter einer Brücke treffen das heiße Thermalwasser des Otumuheke und das kühle Wasser des Waikato River aufeinander und bilden dabei einen natürlichen (und kostenlosen) Whirlpool. Aber Vorsicht: Es sind bereits einige Besucher beim Abkühlen im schnell fließenden Wasser ertrunken! Die Badestelle liegt nicht weit vom Startpunkt des Huka Falls Walkway entfernt, ungefähr 20 Minuten außerhalb des Ortszentrums.

Taupo DeBretts Hot Springs HEISSE QUELLE
(Karte S. 286; ☎07-378 8559; www.taupodebretts.co.nz; 76 Napier Taupo Rd; Erw./Kind 22/11 NZ$; ⏱8.30–21.30 Uhr) Auf die Besucher warten mineralreiche Indoor- und Outdoor-Thermalbecken sowie gechlorte Süßwasserbecken. Die Kinder werden die beheizte Drachenrutsche (zwei spiralförmige Wasserrutschen) und den Warmwasser-Spielplatz mit Kippeimer lieben, während die Erwachsenen aus zahlreichen Behandlungen auswählen können, wie z. B. Entspannungsmassagen.

DIE MĀORI IN TAUPO & AUF DEM CENTRAL PLATEAU

Eine Berggruppe in der Mitte der Nordinsel spielt in mehreren Māori-Legenden eine herausragende Rolle. Die Geschichten, die um Lust und Verrat kreisen, enden damit, dass einige Berge in einen anderen Teil der Insel fliehen mussten (ein Beispiel ist die traurige Geschichte des Mount Taranaki).

Als diese Begebenheiten bereits längst vergangen waren, erforschte der *tohunga* (Priester) Ngatoro-i-rangi diese Region, nachdem er mit dem Boot aus Hawaiki gekommen war. Er gab den noch verbliebenen Bergen ihre Namen. Der heiligste Berg war der Tongariro, der aus mindestens zwölf Vulkankegeln bestand und als Anführer der anderen Berge galt.

Der wichtigste *iwi* (Stamm) der Region heißt Ngāti Tuwharetoa (www.tuwharetoa.co.nz): Er ist einer der wenigen *iwi* Neuseelands, der noch einen unumstrittenen *ariki* (Oberhäuptling) hat. Der momentane *ariki* ist Sir Tumu Te Heuheu Tukino VIII, dessen Ururgroßvater, Te Heuheu Tukino IV (ein Nachfahre von Ngatoro-i-rangi), 1887 die Berge dem Staat Neuseeland übereignete.

Mehr über die Geschichten der hier heimischen Māori und ihrer Vorfahren erfährt man im **Taupo Museum** (S. 285), bei den Felsritzungen an den Klippen von **Mine Bay** (S. 285) oder den **Wairakei Terraces** (S. 286).

Taupo Zentrum

Wassersport

Der Lake Taupo ist für sein kühles Wasser berühmt. Allerdings sprudeln mancherorts Thermalquellen direkt unter der Oberfläche – beispielsweise am **Hot Water Beach** (Karte S. 286) gleich südlich vom Stadtzentrum, wo man quasi direkt vor der Stadt schwimmen kann.

Besonders nett ist jedoch die **Acacia Bay**, die 5 km weiter westlich liegt. Noch besser und ruhiger wird's aber nach weiteren 7 km gen Westen: Die naturbelassenen, geschütz-

ABSTECHER

ORAKEI KORAKO

Da es ein wenig ab vom Schuss liegt, kommen im Vergleich zu anderen Thermalfeldern weniger Besucher nach **Orakei Korako** (☎07-378 3131; www.orakeikorako.co.nz; 494 Orakeikorako Rd; Erw./Kind 36/15 NZ$; ⊙8–16.30 Uhr). Doch seit der Zerstörung der Pink and White Terraces ist dies zweifellos das beste Thermalgebiet Neuseelands, auch wenn zwei Drittel des ursprünglichen Feldes nun unter einem gestauten Abschnitt des Waikato River liegen.

Ein Wanderweg führt über Treppen und Holzstege rund um die bunten **Sinterterrassen,** für die der Park berühmt ist, vorbei an **Geysiren** und bis zur **Ruatapu Cave** (1½ Std. Gehzeit einplanen). In dieser eindrucksvollen Höhle befindet sich ein jadegrünes Wasserbecken, das vermutlich Māori-Frauen bei einem Ritual als Spiegel diente (Orakei Korako bedeutet „Ort des Schmückens"). Der Eintrittspreis umfasst die Bootsfahrt über den See, die am hübschen Besucherzentrum mit Café startet.

Von Taupo nach Orakei Korako braucht man etwa 30 Minuten. Zuerst geht es 23 km auf dem SH1 Richtung Hamilton, dann weitere 14 km ab der ausgeschilderten Abzweigung. Von Rotorua aus muss man vom SH5 abbiegen und über Mihi fahren. Die Anreise ist auch auf dem **NZ River Jet** (☎0800 748 375, 07-333 7111; www.riverjet.co.nz; Mihi Bridge, SH5; 1½ Std. Fahrt, Erw./Kind 169/89 NZ$, inkl. Eintritt für Orakei Korako) möglich.

Auf halber Strecke zwischen Rotorua und Taupo liegt das **Mihi Cafe** (☎07-333 8909; www.facebook.com/mihicafe; 4089 SH5, Reporoa; Hauptgerichte 10–22 NZ$; ⊙ Mo–Do 8–15, Fr 8–15 & 18–20, Sa & So 9–15 Uhr), ein schräges und farbenfrohes Retro-Café, das an klassisch neuseeländische Cafés aus den 1950er- und 60er-Jahren erinnert. Hier gibt es absolut leckeres Essen, für das sich der Zwischenstopp auf jeden Fall lohnt. Unbedingt die zarten Pfirsich-Friands probieren oder den Chili-Beef-Pie. Es gibt einen netten Kinderspielplatz, falls die Kleinen auf dem Rücksitz etwas unruhig geworden sind.

ten Ufer der **Whakaipo Bay** eignen sich ideal für faule Strandnachmittage.

Taupo Kayaking Adventures KAJAKFAHREN
(☎0274 801 231, 07-376 8981; www.tka.co.nz; Acacia Bay) Der Kajakverleiher veranstaltet geführte Kajaktouren von seiner Basis in Acacia Bay zu den Māori-Felsritzungen. Inklusive Hin- und Rückfahrt dauert der Ausflug etwa vier Stunden (100 NZ$, mit Imbiss). Auch längere Fahrten und Wander-Rad-Kombis sind im Angebot.

Canoe & Kayak KANUFAHREN, KAJAKFAHREN
(Karte S. 289; ☎0800 529 256, 07-378 1003; www.canoeandkayak.co.nz/taupo; 54 Spa Rd) Einweisung und Bootsverleih sowie geführte Touren, darunter eine Fahrt auf dem Waikato River (59 NZ$, 2 Std.) oder eine Halbtagestour zu den Māori-Felsritzungen (95 NZ$).

Lake Fun Taupo BOOTFAHREN
(Karte S. 289; ☎0800 876 882; www.lakefuntaupo.co.nz; Taupo Marina, Ferry Rd) Dieser fünf Gehminuten vom Ortszentrum entfernte Ausstatter an der Marina verleiht Einzel-/Doppelsitzerkajaks (Std. 25/35 NZ$), Paddleboards (Std. 30 NZ$), Selbstfahrer-Motorboote (Std. ab 11 NZ$) und Jet-Skis (Std. 150 NZ$).

Anarchy Boarding Park WASSERSPORT
(Karte S. 286; ☎07-378 7666; www.anarchyboardingpark.com; 210 Karetoto Rd; Std. 80 NZ$; ⊙ Nov.–Apr. 10 Uhr bis spätabends, Mai–Okt. nur Sa & So) In Neuseelands einzigem Wakeboarding-Park kann man an einem Wasserski-Lift diesen aufregenden Sport unter Anleitung erlernen. Die notwendige Schutzausrüstung wird gestellt.

AC Baths SCHWIMMEN, KLETTERN
(Karte S. 286; ☎07-376 0350; www.taupodc.govt.nz; 26 AC Baths Ave; Erw./Kind 8/4 NZ$, Rutschen 5 NZ$, Kletterwand Erw./Kind 12/10 NZ$; ⊙6–21 Uhr, Kletterwand: wechselnde Zeiten) Das Taupo Events Centre liegt 2 km östlich der Stadt und bietet drei beheizte Pools, zwei Wasserrutschen, außerdem Einzel-Mineralbecken und eine Sauna. Ergänzt wird das Angebot durch eine Kletterwand und ein Fitnesscenter.

Extremsport & Adrenalinkicks

Über 30 000 absolvierte Sprünge pro Jahr machen Taupo zur „Welthauptstadt der Fallschirmspringer". Die Region ist auf jeden Fall ein super Revier für diese Sportart: Der tiefblaue See und die verschneiten Gipfel des Tongariro National Park bieten einen atemberaubenden Anblick – vorausgesetzt, man lässt seine Augen beim Springen offen. Die Fallschirmveranstalter bieten Gratis-Shuttleservices zum Taupo Airport an, der 8 km südlich der Stadt liegt.

Skydive Taupo SKYDIVING
(☎0800 586 766, 07-378 4662; www.skydivetaupo.co.nz; Anzac Memorial Dr; Sprung aus einer Höhe von 3657 m/4572 m ab 249/339 NZ$) Im Angebot sind auch Kombipakete (ab 439 NZ$), darunter ein preisreduzierter zweiter Sprung für Höhenjunkies.

Taupo Bungy BUNGEE-JUMPING
(Karte S. 286; ☎0800 888 408, 07-377 1135; www.taupobungy.co.nz; 202 Spa Rd; Solo-/Tandemsprung 169/338 NZ$; ⏲9–17 Uhr, im Sommer längere Öffnungszeiten) Die pittoreske Bungee-Anlage auf einer Klippe hoch über dem Waikato River ist die beliebteste der Nordinsel und bietet den Zögerlichen viele schöne Ausblicke. Die Mutigen können sich von einer Plattform, die 20 m über die Klippe hinausragt, 47 m in die Tiefe stürzen, wobei einem dabei schon als Zuschauer das Herz stehen bleibt. Auch Tandemsprünge werden angeboten, ebenso für die Cliffhanger-Riesenschaukel (Solo/Tandem 119/238 NZ$).

Rafting NZ Adventure Centre ADVENTURE-SPORT
(Karte S. 289; ☎0800 238 3688; www.raftingnewzealand.com; 47 Ruapehu St; ⏲8.30–17 Uhr) Dieser praktischerweise mitten in Taupo residierende Veranstalter vermittelt sämtliche Aktivitäten von Rafting auf dem Tongariro River über Skydiving, Jetboating und Bungee-Jumping bis hin zu den etwas gemütlicheren Freizeitvergnügen wie Bootsfahrten auf dem See und Angelfahrten.

Hukafalls Jet JETBOATING
(Karte S. 286; ☎0800 485 253, 07-374 8572; www.hukafallsjet.com; 200 Karetoto Rd; Erw./Kind 115/69 NZ$) 🍃 Dieser 30-minütige Nervenkitzel führt unter akrobatischen 360°-Drehungen flussaufwärts zum Gischt sprühenden Fuß der Huka Falls und flussabwärts zum Aratiatia Dam. Die Fahrten werden den ganzen Tag über angeboten (der Shuttle-Transport ab Taupo ist im Preis inbegriffen).

Rapids Jet JETBOATING
(Karte S. 286; ☎0800 727 437, 07-374 8066; www.rapidsjet.com; Nga Awa Purua Rd; Erw./Kind 105/60 NZ$; ⏲Sommer 9–17 Uhr, Winter 10–16 Uhr) Rasant geht es auf diesem sensationellen Trip (35 Min.) durch den unteren Abschnitt der Aratiatia Rapids – alternativ gäbe es da noch die nervenaufreibenden Fahrten zu den Huka Falls.

Die Anfahrt: Das Boot legt am Ende der Zufahrtsstraße zu den Aratiatia-Aussichtspunkten ab. Dafür zunächst die Rapids Road entlangfahren und dann in die Nga Awa Purua Road abbiegen.

Taupo Tandem Skydiving SKYDIVING
(☎0800 826 336, 07-377 0428; www.taupotandemskydiving.com; Anzac Memorial Dr; Sprung aus einer Höhe von 3657 m/4572 m ab 249/339 NZ$) Verschiedene Angebote, die DVDs, Fotos, T-Shirts etc. (388–679 NZ$) teilweise miteinschließen; auch mit Bungee-Jumping kombinierbar.

Rock'n Ropes SEILKLETTERN
(Karte S. 286; ☎0800 244 508, 07-374 8111; www.rocknropes.co.nz; 65 Karetoto Rd; pro Pers. 30–70 NZ$) Ein schwindelerregender Seilkletterkurs, bei dem man in wackligen „Baumwipfeln" balanciert, eine tückische Brücke aus zwei Drahtseilen überwindet und Seile hinaufklettert. Spannend sind die Kombinationen mit Schaukel, hohem Schwebebalken (High Beam) und Trapez.

Angeln

Fish Cruise Taupo ANGELN
(Launch Office; Karte S. 289; ☎07-378 3444; www.fishcruisetaupo.co.nz; Taupo Boat Harbour, Redoubt St; ⏲Okt.–März 9–17 Uhr, April–Sept. 9.30–15 Uhr) Der Veranstalter (13 Boote) vermittelt kleine Boote zum Angeln oder Jachten zum entspannten Cruisen.

Taupo Troutcatcher ANGELN
(Karte S. 289; ☎0800 376 882; www.tauptroutcatcher.co.nz; Taupo Marina, Ferry Rd; Std. ab 110 NZ$) Auf dem Lake Taupo gibt es eine gute Auswahl an Veranstaltern mit zwei Jahrzehnte langer Angelerfahrung, die alle einen erfolgreichen Angeltag organisieren können. Auf den Booten ist Platz für fünf bis zehn Personen.

Huka Prawn Park ANGELN
(Karte S. 286; www.hukaprawnpark.co.nz; Karetoto Rd; Erw./Kind 28/16 NZ$; ⏲9–16 Uhr) Die geothermisch beheizte Süßwassergarnelen-Zucht ist in ihrer Art weltweit einzigartig und bietet eine bunte Mischung an Aktivitäten, darunter Garnelen-„Angeln", Killer Prawn Golf und ein Spaziergang rund

um die Garnelenteiche. Natürlich gibt es auch ein Restaurant, wo Garnelengerichte serviert werden.

Weitere Aktivitäten

Wairakei Golf & Sanctuary GOLF
(Karte S. 286; ☎07-374 8152; www.wairakeigolfcourse.co.nz; SH1; 18 Loch 200 NZ$) Die Anlage ist von einem 2 m hohen und 5 km langen Schutzzaun umgeben, der unerwünschte Tiere vom anspruchsvollen, wunderschönen Golfplatz fernhält. Zugleich dient sie als Schutzzone für einheimische Vögel.

Geführte Touren

Sail Barbary BOOTSFAHRT
(Karte S. 289; ☎07-378 5879; www.sailbarbary.com; Taupo Boat Harbour, Redoubt St; Erw./Kind 44/25 NZ$; ganzjährig 10.30 & 14 Uhr, Dez.–Feb. zusätzlich 17 Uhr) Täglich 2½-stündige Ausflüge auf der klassischen 1926er-Jacht zu den Māori-Felsritzungen.

Ernest Kemp Cruises BOOTSFAHRT
(Karte S. 289; ☎07-378 3444; www.ernestkemp.co.nz; Taupo Boat Harbour, Redoubt St; Erw./Kind 40/10 NZ$; ganzjährig 10.30 & 14 Uhr, Okt.–April zusätzlich 17 Uhr) An Bord der *Ernest Kemp*, eines Dampfschiff-Nachbaus, geht es auf eine zweistündige Fahrt zu den Māori-Felsritzungen, zum Hot Water Beach, ans Seeufer und zur Acacia Bay, inklusive munterer Reiseleiterkommentare und Tee oder Kaffee dazu.

Buchungen erfolgen über Fish Cruise Taupo (S. 291). Manchmal startet um 12.30 Uhr eine 90-minütige Sonderfahrt.

Sail Fearless SEGELN
(Karte S. 289; ☎022 189 1847; www.sailfearless.co.nz; Taupo Marina; Erw./Kind 39/15 NZ$; 10.30, 14.30 Uhr, im Sommer zusätzlich 16 Uhr) Der gemütliche Segeltörn zu den Māori-Felsritzungen dauert 2 bis 2½ Stunden. Die ziegelroten Segel der Ketsch stechen einem sofort ins Auge.

Taupo's Floatplane RUNDFLÜGE
(Karte S. 289; ☎07-378 7500; www.tauposfloatplane.co.nz; Taupo Boat Harbour, Ferry Rd; Flüge 105–790 NZ$) Das am Jachthafen stationierte Wasserflugzeug ermöglicht unterschiedlichste Trips, darunter einen schnellen Flug über den See oder längere Ausflüge über Mount Ruapehu oder White Island.

Der dreistündige „Taupo Trifecta" kombiniert einen Rundflug nach Orakei Korako (S. 290) mit einer Fahrt auf dem Jetboat (505 NZ$).

Chris Jolly Outdoors BOOTSFAHRT, ANGELN
(Karte S. 289; ☎07-378 0623, 0800 252 628; www.chrisjolly.co.nz; Taupo Boat Harbour, Ferry Rd; Erw./Kind 44/16 NZ$) Die *Cruise Cat*, ein großes, modernes Motorboot, bietet Angeltrips und tägliche Fahrten zu den Māori-Felsritzungen (10.30, 13.30 und 17 Uhr) an. Empfehlenswert sind auch die Sonntagsbrunch-Fahrten (Erw./Kind 62/34 NZ$). Leihboote, geführte Wanderungen und Mountainbiketouren werden ebenfalls vermittelt.

Heli Adventure Flights RUNDFLÜGE
(Karte S. 286; ☎0508 435 474, 07-374 8680; www.helicoptertours.co.nz; 415 Huka Falls Rd; Flüge 99–740 NZ$) Veranstaltet unterschiedliche Hubschrauberrundflüge (10 Min.–1½ Std.). Auch eine Kombination aus Hukafalls Jet (S. 291) und Helijet ist möglich (189 NZ$). Wer will, kann auch Heli-Biking ausprobieren oder auf die Jagd gehen.

Feste & Events

Taupo Summer Concert MUSIK
(www.greatlaketaupo.com/events/iconic-events/summerconcert; Jan/Feb) Jährliches Sommerevent mit internationalen Bands, die ihren letzten Hit in den 1970er- und 80er-Jahren gelandet haben. 2016 treten u. a. Melissa Etheridge und Huey Lewis & the News auf.

Wanderlust MUSIK, KULTUR
(www.wanderlust.com/festivals/great-lake-taupo; Anfang Feb.) „Die ultimative Feier des achtsamen Lebens" – so lautet das Motto der viertägigen Veranstaltung Wanderlust, die entspannende und energiespendende Musik mit Yoga und Meditation verbindet und einen Schwerpunkt auf alternative Therapien und natürliches Heilen legt.

Ironman New Zealand SPORT
(www.ironman.com; Anfang März) Wer einen Magnet mitbringt, kann ihn an den zahlreichen gestählten Hintern dieses aufgemotzten Triathlons ausprobieren. Der Ironman lockt einige der weltbesten Athleten an. Anfang Dezember wird eine kürzere Strecke (70,3 km) angeboten.

Lake Taupo Cycle Challenge SPORT
(www.cyclechallenge.com; Nov.) Die über 160 km gehende Lake Taupo Cycle Challenge, eines der größten neuseeländischen Radsportevents des Jahres, zieht gut 10 000 Teilnehmer an, die am letzten Samstag im November um den See radeln.

Schlafen

In Taupo gibt es jede Menge Unterkünfte, die jedoch von Ende Dezember bis Januar und bei größeren Sportveranstaltungen schnell ausgebucht sind. Zu dieser Zeit also besser im Voraus buchen.

Reisende im Wohnmobil mit „Self-contained"-Plakette können im „Freedom Camp" von 17 bis 10 Uhr auf dem Parkplatz an der Ferry Road kostenlos übernachten. Ohne diese Plakette kann man sich auf **Reid's Farm Recreation Reserve** (Karte S. 286; Huka Falls Rd) einmieten, einem ungepflegten Platz am Waikato River.

Lake Taupo Top 10 Holiday Resort HOLIDAY PARK $
(Karte S. 286; ☎ 07-378 6860, 0800 332 121; www.taupotop10.co.nz; 41 Centennial Dr; Zeltplatz ab 44 NZ$, Hütte 113–324 NZ$; @ 📶 🏊) Dieser schicke, 8 ha große Park, der etwa 2,5 km vom Besucherzentrum i-SITE entfernt liegt, überzeugt mit allerlei Annehmlichkeiten, darunter einem neuen beheizten Swimmingpool in Minilagunengröße, *Pétanque*-Bahnen, Basketball- und Volleyballfeldern und Tennisplätzen sowie einem Laden auf dem Gelände. Eine gepflegte Anlage, noble Hütten und blitzblanke Einrichtungen machen den Park zum Anwärter auf den Titel des Camp des Jahres.

Finlay Jacks HOSTEL $
(Karte S. 289; ☎ 07-378 9292; www.finlayjacks.co.nz; 20 Taniwha St; Bett 28 NZ$, EZ & DZ 84 NZ$; @ 📶) Das netteste Hostel in Taupo war einst ein in die Jahre gekommenes Motel. Es gibt Zimmer mit Bad und super bequemen Betten. Zu den Bars und Restaurants am Ufer sind es nur ein paar Schritte. An den Tischen im Freien kann man sich am Ende des Tages gemütlich mit den anderen Gästen zusammensetzen.

Taupo DeBretts Spa Resort HOLIDAY PARK $
(Karte S. 286; ☎ 07-378 8559; www.taupodebretts.co.nz; 76 Napier Taupo Rd; Zeltplatz ab 24 NZ$, Hütten ab 85–255 NZ$; @ 📶) Das Taupo DeBretts Spa Resort ist eher ein gepflegter Holiday Park als ein superschickes Resort. DeBretts bietet seinen Gästen alles – von heckengesäumten Zeltplätzen bis hin zu Motelzimmern. Die fünfminütige Fahrt von der Stadtmitte aus lohnt sich allein schon für ein Verwöhnbad in den Thermalbecken auf dem Gelände (für Gäste zum halben Preis). Drei Wasserrutschen sorgen dafür, dass auch die Kids ausreichend beschäftigt sind.

Tiki Lodge HOSTEL $
(Karte S. 289; ☎ 0800 845 456, 07-377 4545; www.tikilodge.co.nz; 104 Tuwharetoa St; Bett 27–29 NZ$, DZ 80 NZ$; @ 📶) Das Hostel besticht durch seinen See- und Bergblick vom Balkon, eine geräumige Küche und bequeme Lounges sowie durch Māori-Kunstwerke und einen Spa Pool hinterm Haus. Motorroller und Räder kann man hier ebenfalls mieten.

★ **Waitahanui Lodge** MOTEL $$
(☎ 07-378 7183, 0800 104 321; www.waitahanuilodge.co.nz; 116 SH1, Waitahanui; DZ 119–179 NZ$; 📶) Die 10 km südlich von Taupo gelegenen Ferienhütten im Retrolook eignen sich perfekt für alle, die schwimmen, angeln oder tolle Sonnenuntergänge bewundern wollen. Das Highlight sind die beiden Hütten direkt am See. Doch Seezugang hat man auch von den anderen Hütten aus. Die Gemeinschaftsräume fördern die Geselligkeit. Die Hütten sind für Selbstversorger mit kleinen Küchen ausgestattet. Wer will, kann den für alle gedachten Grill anwerfen. Ruderboote und Kajaks kann man ebenfalls gratis ausleihen.

★ **The Lake** MOTEL $$
(Karte S. 286; ☎ 07-378 4222; www.thelakeonline.co.nz; 63 Mere Rd; DZ 155–185 NZ$; @ 📶) Das Boutique-Motel steckt voller Designermöbel aus den 1960er- und 70er-Jahren – und beweist, dass Design damals nicht nur Coolness à la Austin Powers bedeutete. Die vier Ein-Zimmer-Häuschen sind mit Küchenzeile, Wohn- und Essbereich ausgestattet. Gäste dürfen den schönen Garten nutzen. Einige Häuschen zieren umwerfende Porträts bekannter Musiker, die der Sohn des Besitzers malt.

Reef Resort APARTMENT $$
(Karte S. 286; ☎ 0800 733 378, 07-378 5115; www.accommodationtaupo.com; 219 Lake Tce; DZ 150–250 NZ$; 📶 🏊) Das schöne Resort sticht im Vergleich zu Taupos Apartments am Ufer heraus, denn es hat klassische 1- bis 3-Zimmer-Wohnungen mit gutem Preis-Leistungs-Verhältnis. Die Wohnungen gruppieren sich um einen hübschen Hof mit Pool.

Cottage Mews MOTEL $$
(Karte S. 286; ☎ 0800 555 586, 07-378 3004; www.cottagemews.co.nz; 311 Lake Tce, Two Mile Bay; DZ 125–150 NZ$, 4BZ 160 NZ$; 📶) Nur wenige Motels wirken derart charmant: Dieser nette Gebäudekomplex mit Giebeldach und Blumen in hängenden Töpfen verbreitet fast schon Landhausatmosphäre. Manche Räume haben Blick auf den See, die meisten

verfügen über ein Spa-Bad und alle haben einen kleinen Privatgarten. Räder und Kajaks kann man mieten.

Acacia Cliffs Lodge B&B $$$

(☎07-378 1551; www.acaciacliffslodge.co.nz; 133 Mapara Rd, Acacia Bay; DZ 700 NZ$; @📶) Dieses luxuriöse B&B hoch über der Acacia Bay bietet vier moderne und mit Kunstsinn eingerichtete Suiten, drei mit grandiosem Seeblick und eine ohne, die das aber durch eine geschwungene Badewanne und einen Privatgarten wettmacht (595 NZ$).

Der Besitzer ist zugleich Koch und tischt erstklassiges Essen auf (Abendessen buchbar). Im Preis inbegriffen sind Frühstück, Aperitif, Kanapees und der Transfer zum Flughafen von Taupo.

Hilton Lake Taupo HOTEL $$$

(Karte S. 286; ☎07-378 7080; www.hilton.com/laketaupo; 80-100 Napier Rd; Zi. ab 225 NZ$; @📶) Der große Komplex umfasst das historische Terraces Hotel (erb. 1889) und einen modernen Anbau. Mit eleganten Suiten, einem beheizten Freiluftpool und dem ganz ordentlichen Hausrestaurant Bistro Lago erfüllt er alle Erwartungen an den luxuriösen Hilton-Standard. Das Ganze liegt zwar etwas außerhalb der Stadt, aber dafür in angenehmer Nähe zum DeBretts-Thermalbad.

Essen

Merchant FEINKOST $

(Karte S. 289; www.themerchant.co.nz; 114 Spa Rd; ⏲Mo–Do 9–18, Fr–Sa 9–19, So 10–18 Uhr) Dieser Lebensmittelhändler am Stadtrand, ein Unterstützer traditioneller Lebensmittelproduzenten aus Neuseeland (der aber auch ausländische Spezialitäten importiert), ist ein lohnender Zwischenstopp für alle, die ihre Vorräte an Käse, Schokolade oder Craft Beer aufstocken müssen. Und unbedingt ein paar Biere von Lakeman Brewing aus Taupo probieren! Am besten schmeckt das Hairy Hop IPA.

L'Arté CAFÉ $

(☎07-378 2962; www.larte.co.nz; 255 Mapara Rd, Acacia Bay; Snacks 4–9 NZ$, Hauptgerichte 10–19 NZ$; ⏲Mi–So 8–16 Uhr, Jan. tgl.) Das fantastische Kunst-Café steht am Hügel hinter Acacia Bay. Viele der Köstlichkeiten, bei deren Anblick einem das Wasser im Munde zusammenläuft, sind hausgemacht. Unsere Empfehlung: Erst draußen in der Sonne brunchen und anschließend den Skulpturengarten und die Galerie besichtigen.

Spoon & Paddle CAFÉ $$

(Karte S. 289; ☎07-378 9664; www.facebook.com/spoonandpaddle; 101 Heu Heu St; Hauptgerichte 12–19 NZ$; ⏲8–16 Uhr) Spoon & Paddle ist in einem geräumigen und luftigen Haus aus den 1950er-Jahren untergebracht, das durch seine bunte Einrichtung auffällt. Es ist der Beleg dafür, dass man so ziemlich überall in Neuseeland großartige Cafés entdecken kann. Gebrüht wird ein hervorragender Kaffee, dazu kommt eine knapp gehaltene Bier- und Weinkarte. Die jungen Eigentümer konzentrieren sich auf köstliche Gerichte wie Lammschulter-Tortillas und die womöglich besten Eggs Benedict des Landes.

Kleine Gäste können die Minifestung im Garten erkunden, während Mum und Dad sich Nachmittagsleckereien wie Macarons oder Lemon Meringue Pie gönnen.

Storehouse CAFÉ $$

(Karte S. 289; ☎07-378 8820; www.facebook.com/storehousenz; 14 Runanga St; Shared Plates 7–14 NZ$; ⏲Mo–Mi 7–16, Do–Fr 7–22, Sa 8–22, So 8–15.30 Uhr) Zweifellos Taupos coolstes Lokal: Das Storehouse fungiert tagsüber als lässiges Café, das die heilige Dreifaltigkeit der Hipster-Kultur serviert, nämlich Bagels, Sliders (Mini-Hamburger) und Kaffee.

Abends verwandelt es sich dann in eine Bar, in der frisch gezapftes Craft Beer, Cocktails und Wein ausgeschenkt werden und Gemeinschaftsplatten mit Tacos, Empanadas und Knoblauch-Chili-Garnelen auf den Tisch kommen. Unbedingt noch etwas Platz für die Salted-Caramel- und Macadamia-Sundaes lassen.

Freitagabend wird oft Livemusik gespielt, nähere Infos dazu auf Facebook.

The Bistro MODERNE NEUSEELÄNDISCHE KÜCHE $$

(Karte S. 289; ☎07-377 3111; www.thebistro.co.nz; 17 Tamamutu St; Hauptgerichte 24–36 NZ$; ⏲17 Uhr bis spätabends) Das bei Einheimischen beliebte Bistro (Reservierung empfohlen) hat sich auf Klassiker spezialisiert, die in sehr guter Qualität zubereitet werden. Deshalb verwendet die Küche auch ausschließlich regionale und saisonale Produkte für Gerichte wie Enten-Confit mit getrüffelten Kartoffeln oder Tortellini mit Krebsfleisch und Schweinebauch. Das Ambiente ist intim, jedoch unaufgeregt. Eine kleine, perfekte Bier- und Weinkarte macht das Bistro zu einer allzeit verlässlichen Wahl.

Indian Affair INDISCH$$

(Karte S. 289; ☎07-378 2295; www.indianaffair.co.nz; Ecke Ruapehu & Tuwharetoa St; Hauptgerichte 16–29 NZ$; ⌚11.30–14 & 17 Uhr bis spätabends;) Dieses indische Lokal ist durch und durch modern: Statt gesetzter Curryhaus-Tradition herrschen hier Lederstühle mit hohen Rückenlehnen und Wände mit knallbunten Blumenmustern vor.

Das freundliche Personal serviert pikante Klassiker (Tipp: die Tikka-Lammkoteletts oder das Hühnchen-*jalfrezi*) und guten Whisky. Die Freilufttische bekommen viel Abendsonne ab.

Plateau PUB-KÜCHE **$$**
(Karte S. 289; ☎07-377 2425; www.plateautaupo.co.nz; 64 Tuwharetoa St; Hauptgerichte 19–33 NZ$; ⌚12–22 Uhr;) Ein stimmungsvoller Ort, um ein oder zwei Biere von Monteith zu sich zu nehmen und dazu die beliebten Plateau-Spezialitäten zu verkosten. Moderne Pub-Klassiker finden sich auf der Speisekarte, darunter Enten-Confit, Schweinebauch und ein edles Steak-Sandwich.

Brantry MODERNE NEUSEELÄNDISCHE KÜCHE **$$$**
(Karte S. 289; ☎07-378 0484; www.thebrantry.co.nz; 45 Rifle Range Rd; 2-/3-gängiges Menü 45/55 NZ$; ⌚Di–Sa ab 17.30 Uhr) Das Brantry in einem unauffälligen Gebäude aus den 1950er-Jahren zählt weiterhin zu den besten Restaurants der Region. Im klassischen Stil serviert es u. a. attraktiv angerichtete (fleischlastige) Hauptgerichte mit einem hervorragendem Preis-Leistungs-Verhältnis. Idealerweise komplettiert man sein Mahl mit Vorspeise und Dessert.

Ausgehen

Lakehouse Taupo CRAFT BEER
(Karte S. 289; ☎07-377 1545; www.lakehousetaupo.co.nz; 10 Roberts St; ⌚7.30 Uhr bis 24 Uhr) Das Herz der Craft-Beer-Bewegung schlägt im Lakehouse, wo ein Kühlschrank voll interessanter Flaschen sowie fünf Zapfhähne und eine wechselnde Auswahl an neuseeländischem Bier auf die Gäste warten. Am besten das Probierpaket mit vier Bieren (15 NZ$) bestellen, dazu eine Pizza oder ein auf Stein gegrilltes Steak. Damit lässt man sich am besten draußen nieder, um den Seeblick zu genießen. Wenn sich die Wolken etwas lichten, lässt sich sogar die Bergwelt sehen.

Crafty Trout Brewing BRAUEREI
(Karte S. 289; ☎07-989 8570; www.craftytrout.co.nz; 135 Tongariro St; ⌚Mi–Mo 10 Uhr bis spätabends) Auf den bequemen Ledersofas oder der sonnigen Veranda des Crafty Trout kann man es sich gutgehen lassen. Die Einrichtung ist leicht schräg – eine Mischung aus Gebirgsromantik und gemütlicher Fischerhütte. Deftige Mahlzeiten wie Steinofenpizza passen hervorragend zu den acht Bier- und Cidersorten. Besonders gut geschmeckt hat das erfrischende Hefeweizen, das mit Koriander und Grapefruit gewürzt ist.

Vine Eatery & Bar WEINBAR
(Karte S. 289; ☎07-378 5704; www.vineeatery.co.nz; 37 Tuwharetoa St; ⌚11 Uhr bis spätabends) Der Name dieser Weinbar, die sich das scheunenähnliche Gebäude mit der Weinhandlung Scenic Cellars teilt, deutet es schon an: Hier kann man sich traditionelle Tapas (9–18 NZ$) und größere, gut portionierbare Gerichte (Hauptgerichte 32–35 NZ$) teilen und dazu einen der edlen, aber dennoch bezahlbaren Weine probieren. Wer stilvoll einen Happen essen und ein wenig plaudern will, kann dies hier in Gesellschaft von Taupos Besserverdienern tun.

☆ Unterhaltung

Great Lake Centre KONZERTHALLE
(Karte S. 289; ☎07-376 0340; www.taupodc.govt.nz; Tongariro St) Veranstaltungsort für Performances, Ausstellungen und Kongresse. Das Programm liegt in der Taupo i-SITE aus.

Shoppen

Lava Glass KUNSTHANDWERK
(Karte S. 286; ☎07-374 8400; www.lavaglass.co.nz; 165 SH5; ⌚10–17 Uhr) Über 500 einzigartige Glasskulpturen stehen im Garten und rund um diese Galerie, die sich 10 km nördlich von Taupo an der SH5 befindet. Glasbläservorführungen und ein hervorragendes Café sorgen dafür, dass man noch etwas länger bleibt, während man darüber nachdenkt, was man wohl im Laden so alles erstehen könnte. Alle Artikel werden (sorgfältig verpackt) weltweit verschickt.

Taupo Riverside Market ESSEN, KUNSTHANDWERK
(Karte S. 289; ☎027 306 6167; www.riversidemarket.co.nz; Redoubt St; ⌚Sa 9–13 Uhr) Handgemachte Souvenirs, Kunst und Kunsthandwerk und eine Reihe von Ständen mit leckerem Essen sind doch gute Gründe, um den ersten Kaffee des Tages hier im Freien auf dem beliebten Wochenendmarkt zu trinken.

Kura Gallery KUNST
(Karte S. 289; ☎07-377 4068; www.kura.co.nz; 47a Heu Heu St; ⌚10–16 Uhr) Diese kompakte

Galerie vertritt über 70 Künstler aus ganz Neuseeland. Die ausgestellten Webwaren, Schnitzereien, Gemälde und Schmuckstücke kann man auch kaufen. Viele davon lassen einen Māori- oder Pasifika-Touch erkennen.

Praktische Informationen

Postamt (Karte S. 289; 46 Horomatangi St; ⌚ Mo–Fr 9–17, Sa 9–12.30 Uhr) Das Post Office ist zentral gelegen.

Taupo i-SITE (Karte S. 289; ☎ 07-376 0027, 0800 525 382; www.greatlaketaupo.com; Tongariro St; ⌚ 8.30–17 Uhr) Die Mitarbeiter helfen beim Buchen einer Unterkunft und der Weiterfahrt, informieren über die Auswahl an Aktivitäten, geben freundliche Ratschläge und vertreiben DOC-Karten und Stadtpläne.

An- & Weiterreise

Taupo Airport (☎ 07-378 7771; www.taupoairport.co.nz; Anzac Memorial Dr) Der Flughafen liegt 8 km südlich der Stadt. Für ein Taxi vom Flughafen ins Stadtzentrum zahlt man rund 25 NZ$. **Air New Zealand** (☎ 0800 737 000; www.airnz.co.nz) fliegt von Auckland nach Taupo. **Sounds Air** (☎ 0800 505 005; www.soundsair.com) verbindet Taupo und Wellington Mo–Fr 3-mal tgl. und Sa & So 2-mal tgl.

InterCity (%07-348 0366; www.intercity.co.nz), Mana Bus (www.manabus.com) und Naked Bus (www.nakedbus.com) halten an der Taupo i-SITE, das auch die Fahrkarten verkauft.

Die Shuttlebusse von Tongariro Expeditions (☎ 0800 828 763; www.tongariroexpeditions.com) verkehren von Taupo (65 NZ$, 1½ Std.), Turangi (45 NZ$, 45 min.) und Whakapapa (35 NZ$, 15 min.) zur Crossing und zum Northern Circuit.

Unterwegs vor Ort

Busit! (☎ 0800 4287 5463; www.busit.co.nz) ist das lokale Busunternehmen, das auch den Taupo North Service anbietet, der Montag bis Freitag zwei Mal täglich bis zu den Huka Falls und nach Wairakei fährt.

Great Lake Shuttles (☎ 021 656 424; www.greatlakeshuttles.co.nz) ist ein Anbieter für Mietwägen und Leihräder.

Zu den örtlichen Taxiunternehmen zählen **Blue Bubble Taxis** (☎ 07-378 5100; www.taupo.bluebubbletaxi.co.nz) und **Top Cabs** (☎ 07-378 9250).

Es gibt verschiedenste Shuttleservice-Unternehmen, die ganzjährig nach Turangi und zum Tongariro National Park fahren. Am besten erkundigt man sich in der Taupo i-SITE, wer geeignet ist. Je nach Saison gibt es unterschiedliche Angebote für Skifahrer bzw. Wanderer.

Turangi & Umgebung

3000 EW.

Das verschlafene Turangi entstand als Dienstleistungsort für das nahe gelegene Wasserkraftwerk. Heute ist der Ort vor allem bekannt als die Welt-Forellen-Hauptstadt und als einer der besten Orte für Wildwasser-Rafting.

Der Ort liegt am Tongariro River und ist im Winter ein idealer Ausgangspunkt für Skitage in den umliegenden Skigebieten und im Sommer für Wanderungen im Tongariro National Park.

Sehenswertes

Tongariro National Trout Centre AQUARIUM

(☎ 07-386 8085; www.troutcentre.com; SH1; Erw./Kind 12 NZ$/frei; ⌚ Dez.–April 10–16 Uhr, Mai–Nov. 10–15 Uhr) 4 km südlich von Turangi liegt diese vom DOC betriebene Forellenzucht mit informativem Anschauungsmaterial, einer Sammlung von Angelzubehör aus den 1880er-Jahren und einem Süßwasseraquarium mit all dem mehr oder weniger sympathischen Getier, das sich in Flüssen so herumtreibt. Ein netter Spaziergang führt zur Zucht- und Unterwasserbeobachtungsstation, zu den Aufzuchtbecken sowie zum Tongariro River mit Picknickstelle.

Aktivitäten

Der Tongariro River Trail ermöglicht nette Spaziergänge ab dem Stadtzentrum. Auch weiter draußen gibt es mehrere gute Wege: Der **Hinemihi's Track** nahe dem Gipfel des Te Ponanga Saddle beginnt 8 km westlich von Turangi am SH 47 (hin & zurück 15 Min.).

Der Anfang des **Maunganamu Track** liegt 4 km westlich von Turangi am SH41 (hin & zurück 40 Min.).

Und 12 km nördlich von Turangi kann man bei Te Rangiita am SH1 den **Tauranga-Taupo River Walk** laufen (hin & zurück 30 Min.).

Der Tongariro River hat ein paar Stromschnellen des Grades III, die sich bestens zum **Raften** eignen. Im Sommer wartet der Unterlauf mit ein paar anfängerfreundlichen Abschnitten des Grades I auf.

Parallel demonstriert die Präsenz von Petrijüngern an allen Flussbiegungen: Der Fluss ist ein perfektes Revier zum **Forellenangeln**.

★ **Tongariro River Trail** WANDERN, RADFAHREN
(www.tongarirorivertrail.co.nz) Der Tongariro River Trail ist ein 16 km langer Wander- und Radweg, der in der Stadt beginnt und vorbei am flussaufwärts gelegenen National Trout Centre zur Red-Hut-Hängebrücke führt. Für den Rundweg braucht man zu Fuß 4 Std, mit dem Fahrrad dauert die leichte Strecke 2 Std. Leihräder gibt es bei Tongariro River Rafting, die ein 35-$-Kombiticket für das Leihrad und den Trout-Centre-Eintritt anbieten.

Der Marsch durchs Grüne kann bei Bedarf verkürzt werden: Jenseits der Major Jones Bridge beginnt der Rundweg Tongariro River Lookout Track (hin & zurück 1½ Std.), der entlang des Flussufers zum Mount Pihanga führt und dabei an mehreren Aussichtspunkten vorbeiführt.

Rafting NZ RAFTING
(☎07-386 0352, 0800 865 226; www.raftingnewzealand.com; 41 Ngawaka Pl) Diese professionelle Firma veranstaltet vor allem Tongariro-Trips mit optionalem Sprung über einen Wasserfall (Grad III, 4 Std.; Erw./Kind 129/119 MZNZ$) sowie unterhaltsame Familienfahrten durch harmlosere Stromschnellen (Grad II, 3 Std.; Erw./Kind 90/70 NZNZ$). Für mindestens vierköpfige Gruppen werden zweitägige Ausflüge mit Übernachtung in einem Camp am Flussufer (Grad III+, 375 NZ$ pro Pers.) organisiert.

Tongariro River Rafting RAFTING
(☎07-386 6409, 0800 101024; www.trr.co.nz; Atirau Rd) Das Wildwasser kann man auf dem Gentle Family Float (Erw./Kind 85/70 NZ$) erkunden oder man stürzt sich direkt in die Stromschnellen der Kategorie III (125/109 NZ$). Im Sommer wird Raft-Angeln angeboten (Preis auf Anfrage).

Turangis erste Raftingfirma verleiht auch Mountainbikes und veranstaltet geführte Wanderungen (42 Traverse, Tongariro River Trail, Tree Trunk Gorge und Fishers Track). Nach Kombitickets mit verschiedenen Aktivitäten fragen.

Vertical Assault KLETTERN
(☎07-386 6558; www.verticalassault.co.nz; 26 Ngawaka Pl; Klettern Erw./Kind 20/15 NZ$; ⏲ Mo–Sa 10–17, So 10–16 Uhr) Kletterwand, Boulderanlage und Trampolin für Kinder unter fünf Jahren. Fahrräder, ja sogar Tandems, können hier ausgeliehen werden (Erw./Kind Tag 40/35 NZ$). Leih-Kletterschuhe kosten 5 NZ$ extra.

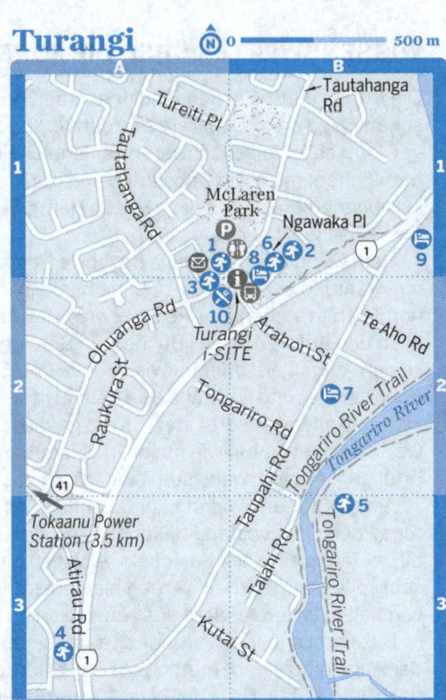

Turangi

Aktivitäten, Kurse & Touren
Creel Tackle House & Cafe .... (s. 7)
1 Greig's Sporting World A1
2 Rafting NZ B1
3 Sporting Life A2
4 Tongariro River Rafting A3
5 Tongariro River Trail B3
6 Vertical Assault B1

Schlafen
7 Creel Lodge B2
8 Extreme Backpackers B1
9 Sportmans Lodge B1

Essen
10 Hydro Eatery A2

Tokaanu Thermal Pools HEISSE QUELLE
(☎07-386 8575; www.nzhotpools.co.nz; Mangaroa St, Tokaanu; Erw./Kind 6/4 NZ$, Privatbad für 20 Min 10/6 NZ$; ⏲10–21 Uhr) In dieser schlichten, familienfreundlichen Anlage 5 km nordwestlich von Turangi lässt es sich wunderbar im Thermalwasser dümpeln. Auf einem rollstuhlgerechten Holzsteg (zehnminütiger Spaziergang) kommt man an blubbernden Schlammlöchern, Thermalquellen und einem Fluss voller Forellen vorbei.

WISSENSWERTES ÜBER DIE FORELLE

Die frühen europäischen Siedler suchten nach Möglichkeiten, Neuseelands Landwirtschaft, Jagd und Fischerei zu fördern bzw. zu verbessern. Im Rahmen dieser Bemühungen kam es zu folgenschweren Fehlentscheidungen, etwa bei der Einführung von schlimmen Schädlingen wie Opossums und Kaninchen. Eine ihrer harmloseren Auswilderungskampagnen brachte in der zweiten Hälfte des 18. Jhs. Bach- und Regenbogenforellen in die Flüsse des Landes.

Heute sind die Fische eine begehrte Beute von Sportanglern, die ihre Fliegen auswerfen, während sie bis zu den Oberschenkeln in klaren Flüssen oder am Rand von tiefen grünen Teichen stehen. Der Reiz dieser Freizeitbeschäftigung (bzw. die Besessenheit davon) blieb den Autoren dieses Buches ein Geheimnis. Nichtsdestotrotz bereitet das Angeln seinen Anhängern offenbar viel Freude und Zufriedenheit. Wie es der neuseeländische Schriftsteller und Dichter Kevin Ireland in seinem aufschlussreichen Buch *How to Catch a Fish* so treffend ausdrückte: „Es hat genauso viel mit schlichter Sturheit und persönlicher Getriebenheit zu tun wie mit allerlei komplexen Vorstellungen von Glück und mystischer Erfüllung. Am allerwenigsten besteht ein nachvollziehbarer Bezug zum Erfolg."

Als größter und wichtigster Laichfluss im Bezirk Taupo ist der Tongariro River weltweit für seinen Fischbestand bekannt. Erfundene Geschichten erzählen von Taupo-Forellen, die mehr als ein Sack Kartoffeln gewogen haben und so lang wie ein Surfbrett gewesen sein sollen. In Wahrheit werden hier jedes Jahr mehr als 28 000 normale Forellen legal von begeisterten Anglern aus Neuseeland und aller Welt gefangen.

Das Forellenfischen unterliegt zahlreichen strengen Bestimmungen (z. B. bezüglich der Angelplätze und -methoden) und erfordert praktisch überall eine Lizenz. Details dazu liefert **Fish & Game New Zealand** (www.fishandgame.org.nz). Am besten sucht man sich jedoch einen Angelguide. Die meisten bieten flexible Trips an und verlangen schätzungsweise 250 NZ$ für einen halben Tag.

Creel Tackle House & Cafe (☎ 07-386 7929; www.creeltackle.com; 183 Taupahi Rd; ⏱ Café 8–16 Uhr, Laden mit Anglerbedarf 7.30–17 Uhr) Angelausrüstung, Kaffee, Angeltipps und auf Wunsch auch Begleitung beim Angeln.

Bryce Curle Fly Fishing (☎ 07-386 6813; www.brycecurleflyfishing.com) In Turangi ansässiger Führer.

Flyfishtaupo (☎ 07-377 8054; www.flyfishtaupo.com) Der Führer Brent Pirie bietet eine Reihe von Angelausflügen an, darunter die für Senioren gedachten „Old Farts & Tarts"-Trips.

Greig's Sporting World (☎ 07-386 6911; www.greigsports.co.nz; 59 Town Centre; ⏱ Mo–Sa 7.30–17 Uhr) Verleiht und verkauft Ausrüstung und organisiert die Buchung von Führern und das Bootschartern.

Sporting Life (☎ 07-386 8996; www.sportinglife-turangi.co.nz; The Mall, Town Centre; ⏱ Mo–Sa 8.30–17.30, So 9.15–17 Uhr) Sportgeschäft voller Anglerzubehör. Auf der Website finden sich aktuelle Informationen für Angler.

Ian & Andrew Jenkins (☎ 07-386 0840; www.tui-lodge.co.nz) Führer fürs Fliegenfischen (Vater-Sohn-Team).

Central Plateau Fishing (☎ 027 681 4134, 07-378 8192; www.cpf.net.nz) Brett Cameron, ein Führer aus Turangi.

Schlafen

Motutere Bay Holiday Park HOLIDAY PARK $
(☎ 07-386 8963; www.motuterebay.co.nz; 2819 SH1, Motutere Bay; Zeltplatz ab 38 NZ$, Hütten ab 75–115 NZ$; @ 📶) Dieser hübsche Holiday Park 8 km nördlich von Turangi besticht durch seine schöne Lage am See und die gute Auswahl an Unterkünften, darunter bunte VW-Busse und schräge Holzhütten in Bootsform. In einer ruhigen Bucht gleich ums Eck paddeln Schwäne umher.

Extreme Backpackers HOSTEL $
(☎ 07-386 8949; www.extremebackpackers.co.nz; 22 Ngawaka Pl; Bett 26–28 NZ$, EZ 50–60 NZ$, DZ

64–74 NZ$; @ 📶) Das moderne Hostel wurde aus Wellblech und einheimischen Hölzern gebaut. Zu seinen Pluspunkten zählen eine Kletterwand, ein Café, eine Lounge mit offenem Kamin und ein sonniger Innenhof mit Hängematten. In den Schlafsälen stehen vier bis acht Betten. Die etwas teureren Privatzimmer haben eigene Bäder. Das Personal hilft gern beim Organisieren der Wanderung auf dem Alpine Crossing und anderer Aktivitäten.

Sportmans Lodge LODGE **$**
(☎ 07-386 8150, 0800 366 208; www.sportsmans-lodge.co.nz; 15 Taupahi Rd; Zi 85–90 NZ$, Cottages 115 NZ$; 📶) Die Sportmans Lodge grenzt hinten an den Fluss und ist ein recht günstiger Geheimtipp für passionierte Forellenangler, die am liebsten ihre Ruhe haben wollen. Die sauberen Kompaktzimmer teilen sich eine Lounge mit offenem Kamin und gut ausgestatteter Küche. Die separat stehende Selbstversorgerhütte bietet Platz für bis zu vier Personen.

★ **Braxmere** MOTEL **$$**
(☎ 07-386 6449; www.braxmere.co.nz; 88 Waihi Rd, Tokaanu; Apt. ab 180 NZ$) Das Braxmere liegt in der Nähe von Tokaanu am Südufer des Lake Taupo. Stilvolle Ferienwohnungen reihen sich auf dem Rasen direkt am Ufer. Die geräumigen Apartments mit einem Schlafzimmer haben alle eine Terrasse und einen kleinen Hof. Die Einrichtung ist schick und modern.

Auf dem Gelände befindet sich auch das hervorragende Restaurant Lakeland House. Turangi liegt 8 km entfernt.

Creel Lodge LODGE **$$**
(☎ 0800 273 355, 07-386 8081; www.creel.co.nz; 183 Taupahi Rd; Ferienwohnung 140–155 NZ$; 📶) 🍃 Das himmlische Refugium, eine üppig grüne und ruhige Anlage, schmiegt sich an das Ufer des Tongariro River. Die geräumigen Wohnungen (1–2 Schlafzimmer) haben jeweils ein Wohnzimmer mit Küche.

Abends kann man auf der eigenen Terrasse seinen Sundowner trinken oder kostenlos den hauseigenen Grill benutzen.

Das Creel Tackle House & Cafe (S. 298) befindet sich auf dem Gelände.

Oreti Village APARTMENT **$$$**
(☎ 07-386 7070; www.oretivillage.com; Mission House Dr, Pukawa; Apt. 220–350 NZ$; 📶) Diese Enklave mit attraktiven Apartments für Selbstversorger liegt hoch oben über dem See. Um die Anlage erstrecken sich vogelreiches Buschland und gepflegte Gärten mit farbenprächtigen Rhododendren. Gäste können z. B. den herrlichen Seeblick vom Balkon aus genießen, eine Partie Tennis spielen oder im Hallenbad schwimmen gehen. Die Anfahrtsbeschreibung: Dem SH41 ab Turangi in Richtung Nordwesten folgen (15 km) und dann nach rechts in die Pukawa Road einbiegen.

Essen

Hydro Eatery CAFÉ **$**
(☎ 07-386 6612; www.facebook.com/Hydroeatery; Ecke Ohuanga Rd & Pihanga St; Hauptgerichte 9–18 NZ$; ⏲ 6.30–16 Uhr) Das erst kürzlich an die beliebte Turangi Tavern angebaute Lokal wirkt luftig, modern und farbenfroh. Die Speisekarte beginnt mit hausgemachten Maispuffern zum Brunch und geht dann über zu leckeren Mittagsmahlzeiten wie Calamari, Chorizo-Salat oder Hühnchen-Pesto-Wrap. Auf der wundervollen Holzterrasse lässt sich herrlich entspannt die Sonne genießen.

Sollte man später am Tag zurückkehren, um in der Taverne nebenan ein paar Drinks zu sich zu nehmen, lohnt sich ein Blick auf die ländlichen Kiwiana-Kunstwerke, die zum Verkauf stehen.

River Vineyard & Restaurant MODERNE NEUSEELÄNDISCHE KÜCHE **$$**
(☎ 07-386 6704; www.riverwines.co.nz; 2/134 Old Mill Lane, nahe Grace Rd; Hauptgerichte 14–34 NZ$; ⏲ Di–So 10 Uhr bis spätabends) Die Hauptgründe für einen Besuch liegen auf der Hand: Die köstlichen Weine werden aus vor Ort von Hand geernteten Trauben gekeltert und zu den exzellent zubereiteten Gerichten des Restaurants kredenzt. Den Pinot gris sollte man am besten mit dem gebackenen Lachs mit Feinschmeckerkartoffeln und grünen Bohnen kombinieren, die mit einem Zitronen-*beurre-blanc*-Dressing verfeinert sind. Zum Brunch stehen Eggs Benedict und leckere Ciabatta-Sandwiches mit regionalem Taupo-Rindfleisch auf der Karte.

Lakeland House INTERNATIONAL **$$**
(☎ 07-386 6442; www.braxmere.co.nz; 88 Waihi Rd, Waihi; Hauptgerichte Mittagessen 16–25 NZ$, Abendessen 38–40 NZ$; ⏲ 10–15 & 18 Uhr bis spätabends) In dieses Restaurant am Südende des Lake Taupo, wo üppige Pasta-Portionen, Salate und *chowder* (Fischsuppe) die Mittagskarte dominieren, kommen Gäste aus dem weiteren Umkreis. Dazu wird Craft Beer der Brauerei Tuatara Brewing

frisch gezapft. Abends können die Gäste sich Entenbrust mit Sternanis-Honig-Glasur schmecken lassen, gefolgt von einem Stück New-York-Cheesecake. Das Restaurant liegt 6 km von Turangi entfernt, gleich am SH 41.

Vor Ort gibt es auch eine exzellente Unterkunft – das Braxmere.

ℹ Praktische Informationen

Turangi i-SITE (☎ 07-386 8999, 0800 288 726; www.greatlaketaupo.com; Ngawaka Pl; ⏲ 8.30–17 Uhr; 📶) Ideal für Informationen zum Tongariro National Park, Kaimanawa Forest Park, Forellenangeln sowie den aktuellen Schnee- und Straßenverhältnissen. Die Mitarbeiter verkaufen außerdem DOC-Hüttenpässe, Skipässe, Angelscheine und Fahrkarten und vermitteln Unterkünfte.

ℹ An- & Weiterreise

Die Busse von InterCity (☎ 07-348 0366; www.intercity.co.nz), Mana Bus (www.manabus.com) und Naked Bus (www.nakedbus.com) halten vor der Turangi i-SITE. **Backyard Tours** (☎ 022 314 2656, 07-386 5322; www.backyardtours.com) und **Turangi Alpine Shuttles** (☎ 0272 322 135, 0508 427 677; www.alpineshuttles.co.nz) vermitteln Fahrten zum Startpunkt des Tongariro Alpine Crossing.

REGION RUAPEHU

Die Highlights der Region Ruapehu sind Wanderungen und Wintersport im Tongariro National Park sowie Mountainbiken und Kajakfahren ab Ohakune und National Park Village. Der Wanderweg Tongariro Alpine Crossing gilt zu Recht als eine der weltbesten Tageswanderungen.

Tongariro National Park

Der Tongariro National Park (797 km²) liegt im Herzen der Nordinsel. Seine Wahrzeichen sind drei aktive Feuerberge: Ruapehu, Ngauruhoe und Tongariro. Alle drei markieren das Südende einer Vulkankette. Vorbei an Taupo und Rotorua erstreckt sich diese gen Nordwesten durch das Zentrum der Nordinsel, um schließlich Whakaari (White Island) zu erreichen.

Der regionale Vulkanismus beschert dem Nationalpark seine heißen Quellen, die eindrucksvollen brodelnden Schlammlöcher, Fumarolen und Krater. Der Nationalpark besitzt zudem doppelten Unesco-Welterbestatus: Die Unesco würdigte damit sowohl die spektakuläre Vulkanlandschaft als auch das wichtige kulturelle und spirituelle Erbe der Māori.

Aus geologischer Sicht gelten die Vulkane von Tongariro als ziemlich jung, denn Ruapehu und Tongariro sind noch keine 300 000 Jahre alt. Sie entstanden durch eine Mischung aus verschiedenen Eruptionen und Gletscheraktivität, besonders während der letzten Eiszeit. Einst reichten die Gletscher den Ruapehu bis auf 1300 m hinab. Das ist an den heute weit unterhalb der aktuellen Gletscherunterkante liegenden abgeschliffenen Felsen am charakteristischen Gletscherschliff erkennbar.

Heute ist der Nationalpark mit jährlich rund 200 000 Besuchern der beliebteste in Neuseeland. Viele Reisende kommen zum Skifahren – Ruapehus Schneefelder bilden das einzige offizielle Skigebiet nördlich von Wellington – im Sommer reisen jedoch noch viel mehr Gäste zum Bergwandern an. Deshalb kann es im Park auch voll werden, was besonders auf den beliebten Tagestourstrecken auffällt. Aber die meisten Menschen zahlen gerne diesen Preis, wenn sie dafür die magische Bergwelt erleben dürfen.

Die beliebtesten Wanderwege im Park sind der Tongariro Alpine Crossing und der Tongariro Northern Circuit. Doch es gibt noch viele weitere – von kurzen Spaziergängen bis hin zu wunderbaren Tagestouren wie der Whakapapa Valley Track und der Tama Lakes Track: Beide Wanderungen beginnen am Tongariro National Park Visitor Centre in Whakapapa.

Alle anspruchsvolleren Touren sollten nur fitte, erfahrene und gut ausgerüstete Wanderer unternehmen. Eine davon ist der Round the Mountain Track, eine durch abgelegene Gegenden führende vier- bis sechstägige Wanderung (71 km) rund um den Mount Ruapehu.

Geschichte

1887 wurde Tongariro als Neuseelands erster Nationalpark ausgewiesen. In der Zeit nach den Land- bzw. Māori-Kriegen war ein Jahr zuvor der Native Land Court zusammengetreten, um die Landbesitzverhältnisse bezüglich der Tongariro-Region zu klären. Dabei hatte der Häuptling der Ngāti Tuwharetoa, Horonuku Te Heuheu Tukino IV., leidenschaftlich dafür plädiert, das Areal intakt zu lassen. Hintergrund dieses Wunsches waren die Pākehā und ihr Anliegen, die Weidemöglichkeiten für ihr Vieh auszudehnen. „Wenn dieses Gericht unsere Berge um den Tongariro so gewöhnlich wie die anderen Landstücke behandelt", sagte er, „was wird mit ihnen geschehen? Sie werden zerteilt und verkauft. Ein Stück wird einem Pākehā zufallen, ein anderes einem anderen."

1887 sicherte Horonuku schließlich den ewigen Schutz des Landes, indem er es der britischen Krone zwecks Ausweisung eines Nationalparks schenkte (des ersten Nationalparks in Neuseeland und des damals erst vierten weltweit). Für einen Mann seiner Zeit bewies der Häuptling damit eine unglaubliche Weitsicht: Er hatte erkannt, dass Tongariros Wert in unbezahlbarer Schönheit und Tradition bestand – und nicht im Nutzen als eine weitere Schafweide.

Die Erschließung des Nationalparks ging zunächst recht langsam voran. Erst mit der Main Trunk Railroad kamen ab 1909 die ersten größeren Besucherscharen in die Region. In den 1950er- und 1960er-Jahren wurde die Entwicklung dann mit neuen Asphaltstraßen, Wanderwegen und Hütten vorangetrieben.

Sehenswertes

Mount Ruapehu VULKAN

(www.mtruapehu.com) Mount Ruapehu (2797 m) ist der höchste Berg der Nordinsel und einer der aktivsten Vulkane weltweit. Im März 1945 begann ein jahrelanger Ausbruch, der Lava über dem Crater Lake verteilte und dessen Asche bis nach Wellington getragen wurde. Am Weihnachtsabend 1953 kollabierte der Rand des Kratersees und eine enorme Flut aus Vulkanschlamm (Lahar) spülte alles auf ihrem Weg hinweg, darunter eine Eisenbahnbrücke. Nur einen Moment später stürzte ein vollbesetzter Zug in den Fluss, ein Unglück, bei dem 151 Menschen starben – eine der schlimmsten Zugtragödien Neuseelands.

Ruapehu rumpelte auch in den Jahren 1969 und 1973. Verdächtig regelmäßig kommt es zu bedeutenden Ausbrüchen. 2007 kam ein Grundschullehrer knapp mit dem Leben davon, als ein Fels durch das Dach einer Wanderschutzhütte katapultiert wurde und sein Bein zerquetschte. Kein Wunder, dass der Name des Berges so viel wie „Klanggrube" bedeutet.

Mount Tongariro VULKAN

(www.visitruapehu.com/new-zealand/Mt-Tongariro) Das beständige Rumpeln erinnert die Neuseeländer daran, dass all ihre Vulkane höchst lebendig sind. Der letzte größere Ausbruch fand 2012 statt, als Mount Tongariro, der nördlichste und niedrigste Gipfel des Parks (1967 m), ein paarmal aus seinen nördlichen Kratern spuckte, was eine neunmonatige teilweise Sperrung des berühmten Alpine Crossing Track zur Folge hatte.

Mount Ngauruhoe VULKAN

(www.visitruapehu.com/new-zealand/Mt-Ngauruhoe) Mount Ngauruhoe (2287 m), der jüngste Vulkan der Nordinsel, liegt nordöstlich des Ruapehu. Seine ersten Ausbrüche fanden vermutlich vor 2500 Jahren statt. Bis zum Jahr 1975 brach Mount Ngauruhoe mindestens alle neun Jahre aus, darunter auch 1954, als ein Ausbruch elf Monate dauerte und rund 6 Mio. m³ Lava ausgespuckt wurden. Der Ngauruhoe ist ein konischer Vulkan mit nur einem Ausbruchskanal und perfekt symmetrischen Hängen: Deshalb durfte er auch in Peter Jacksons *Herr der Ringe* die Starrolle als Schicksalsberg übernehmen.

Aktivitäten

Wandern

In Whakapapa (S. 305), Ohakune (S. 311) und Turangi (S. 300) gibt's jeweils DOC-Besucherzentren bzw. i-SITEs, die Wanderkarten und -infos zum Park bereitstellen. Zudem bekommt man dort aktuelle Details zu Wetter und Wegezustand. Jeden Januar veranstaltet das DOC hervorragende geführte Wanderungen im Bereich des Parks. Näheres hierzu wissen die DOC-Zentren, wo auch gebucht werden kann.

Die sicherste und beliebteste Wanderzeit im Nationalpark sind die Monate Dezember bis März, wenn die Wege normalerweise schneefrei sind und das Wetter etwas beständiger ist. Im Winter werden viele Tracks zum Abenteuertrip, für den man bergerfahren sein und mit Eispickel und Steigeisen umgehen können muss. Geführte Winterwanderungen bietet Adrift Outdoor Guided Adventures (S. 308) an.

Bei den insgesamt zehn Hütten an den Wanderwegen des Parks bezahlt man zumeist 15 NZ$ pro Person. Der Tongariro Northern Circuit zählt zu den Great Walks. Während der Great-Walks-Saison (Mitte Okt.–April) wird bei den Hütten von Mangatepopo, Oturere und Waihohonu daher der entsprechende Great-Walk-Tarif (32 NZ$) fällig. Alle Hütten verfügen über Gaskocher, Heizung, fließend Kaltwasser, Matratzenlager und die guten alten Plumpsklos. Wer direkt daneben zeltet (15 NZ$), darf die Ein-

Tongariro National Park & Umgebung

richtungen mitbenutzen. Great-Walk-Hüttentickets (Reservierung erforderlich) sind beim Tongariro National Park Visitor Centre (S. 306), bei **Great Walks Bookings** (☎0800 694 732; www.greatwalks.co.nz) und bei allen DOC-Besucherzentren des Landes erhältlich. Während der Great-Walks-Saison ist es ratsam, möglichst früh zu buchen. In der Nachsaison werden die Hütten zu Standard-Varianten (5 NZ$) ohne Gaskocher, dann ist nur ein Backcountry-Hüttenpass bzw. -ticket für die Übernachtung notwendig.

Tongariro National Park & Umgebung

Sehenswertes
1 Lake Rotokura B6
2 National Army Museum C6
3 Tongariro National Trout Centre D2

Aktivitäten, Kurse & Touren
4 Crater Lake Guided Walk B4
5 Mountain Air B3
6 Ruapehu Homestead A6
7 Tokaanu Thermal Pools D1
8 Tukino Ski Area C4

Schlafen
9 Braxmere D1
10 Oreti Village D1
11 Tongariro Family Holiday Park C2

Essen
Lakeland House .... (s. 9)
12 River Vineyard & Restaurant D1

★Tongariro Alpine Crossing WANDERN
(www.tongarirocrossing.org.nz) Diese beliebte Bergwanderung wird oft als Neuseelands schönste Tagestour gepriesen. Tatsächlich wählen jährlich rund 10 000 Wanderer diesen Weg in eine atemberaubende Landschaft mit dampfenden Ausbruchkanälen, heißen Quellen, bizarren Felsformationen und an Mondlandschaften erinnernde Becken, unglaublichen Geröllhalden und unendlichen Weitblicken. Die Wanderung führt aus Zonen mit Hochgebirgspflanzen wie Rispengras bis in die höchste vegetationslose Gipfelregion.

Achtung: Für diese Trekkingtour muss das Wetter einigermaßen stabil sein. Bei schlechten Bedingungen ist das Ganze nicht viel mehr als ein mühsames Auf und Ab, wobei der Streckenverlauf dann nur an den orangefarbenen Spitzen der Markierungspfähle zu erkennen ist. Wenn am Rand des Red Crater (höchster Punkt der Wanderung) starker Wind herrscht, kriecht man dort oben auf allen Vieren entlang.

Die Hochgebirgswanderung sollte mit dem entsprechenden Respekt gestartet werden. Wanderer sollten ausreichend Fitness haben und sich auf alle möglichen Wetterbedingungen vorbereiten. Der Alpine Crossing ist für extrem schlecht ausgerüstete Wanderer berüchtigt – von ungeeignetem Schuhwerk und fehlenden Regenjacken bis hin zu total durchnässten Jeans war da schon alles mit dabei. Da es zwischen Mangatepopo und Ketetahi kein Trinkwasser gibt, muss auch diesbezüglich ein ausreichend großer Vorrat mitgetragen werden.

Wer lieber an einer geführten Wanderung teilnehmen will, kann sich an Adrift Guided Outdoor Adventures (S. 308) oder an Adventure Outdoors (S. 398) wenden.

Der stärkste Betrieb auf dem Track herrscht an den ersten schönen Tagen nach Weihnachten und Ostern, wenn zwischen den beiden Straßenenden schnell mal mehr als 1000 Wanderer unterwegs sind.

Der Vorteil dieser Beliebtheit: Es gibt hervorragende Shuttlebusverbindungen, die von zahlreichen Firmen inklusive Hin- und Rücktransport angeboten werden. Wichtig: Die Shuttles unbedingt rechtzeitig buchen und unterwegs stets das Vorankommen im Auge behalten, um die Abfahrt nicht zu verpassen! Shuttlebusse verkehren ab Whakapapa Village, National Park Village, Ohakune und Taumarunui, wo man überall auch übernachten kann.

Der Weg beginnt abseits des SH47 an der Mangatepopo Road (Parkplatz) und endet abseits des SH46 an der Ketetahi Road. Für die insgesamt 19,4 km braucht man sieben bis acht Stunden. Die Wanderzeit verlängert sich jedoch deutlich, wenn Abstecher zum Gipfel des Ngauruhoe oder Tongariro eingeschoben werden (jeweils zusätzlich 2–3 Std. – sehr lohnend).

ROUTE	GESCHÄTZTE GEHZEITEN IM SOMMER (STD.)
Einstieg Mangatepopo Road zur Mangatepopo-Hütte	¼
Mangatepopo-Hütte zum South Crater	1½–2
South Crater zum Gipfel des Mt Ngauruhoe (Abstecher)	2–3 (hin & zurück)
Red Crater zum Gipfel des Mt Tongariro (Abstecher)	1½ (hin & zurück)
South Crater zu den Emerald Lakes	1–1½
Emerald Lakes zum Ketetahi Shelter	1½
Ketetahi Shelter zum Straßenende	1½

ℹ SICHERHEIT IN DEN BERGEN

Viele Neuseeland-Besucher bekommen Probleme in den Bergen: Das Wetter schlägt hier oft schneller als erwartet um – Rettungsaktionen, aber auch tödliche Unglücke sind keine Seltenheiten. Wer entlegene Pfade in Angriff nehmen will, muss unbedingt angemessen ausgerüstet sein und entsprechende Sicherheitsvorkehrungen treffen. Dazu gehört auch, vertrauenswürdige Dritte über die geplante Route zu informieren. Außerordentlich wichtig ist geeignete Bekleidung – idealerweise mehrere Kleidungsschichten unter einer wasserdichten Jacke (Zwiebelprinzip). Selbst im Sommer empfehlen sich zusätzlich Handschuhe und eine Kopfbedeckung. Stabile Wanderstiefel sind ohnehin Pflicht. Vor allem an heißen Tagen sollte genügend Trinkwasser und Sonnenschutzmittel mitgenommen werden.

Achtung: Wer die Hänge des Ngauruhoe erklimmt, sollte stets sorgfältig auf Steinschlag achten: Hier werden immer wieder Wanderer von losen Felsbocken verletzt!

Tongariro Northern Circuit WANDERN
(www.doc.govt.nz/tongarironortherncircuit) Dieser 43 km lange Rundweg um den Ngauruhoe herum lässt sich leicht in vier Tagen bewältigen. Starten kann man in Whakapapa Village oder an der Mangatepopo Road bzw. Ketetahi Road, die jeweils per Shuttlebus erreichbar sind. Obwohl man an einigen Stellen etwas klettern muss, ist der Weg ansonsten gut markiert und in Schuss, sodass ihn auch Leute mit mittlerem Fitnesslevel und etwas Wandererfahrung schaffen. Wer will, kann Abstecher zu den Gipfeln des Mount Ngauruhoe und des Mount Tongariro machen, die am Tongariro Alpine Crossing liegen, der wiederum einen Abschnitt des Northern Circuit bildet.

Der Northern Circuit führt an spektakulären und farbenprächtigen vulkanischen Formationen vorbei, die dem Park seinen Unesco-Welterbestatus beschert haben. Zu den Highlights zählen der South Crater, der Central Crater und der Red Crater, außerdem die leuchtend bunten Seen wie die Emerald Lakes, der Blue Lake, Upper und Lower Tama Lakes, die kalten Soda Springs sowie diverse Kegel, Lavaflüsse und imposante Gletschertäler.

Üblicherweise startet und endet die Wanderung im Whakapapa Village, wo sich auch das Besucherzentrum des Parks befindet. Viele Wanderer laufen jedoch lieber an der Mangatepopo Road los, um am spektakulärsten Tag der Wanderung sicher gutes Wetter zu haben. So wird aus dem Trip eine dreitägige Wanderung mit Übernachtungen in Oturere und in der Waihohonu-Hütte. Die letzte Etappe endet dann wieder im Whakapapa Village.

ROUTE	GESCHÄTZTE GEHZEITEN IM SOMMER (STD.)
Whakapapa Village zur Mangatepopo-Hütte	3–5
Mangatepopo-Hütte zur Oturere-Hütte	5–6
Oturere-Hütte zur Waihohonu-Hütte	3
Waihohonu-Hütte zum Whakapapa Village	5–6

Round the Mountain Track WANDERN
(www.doc.govt.nz) Dieser Wanderweg liegt etwas ab vom Schuss und bietet eine ruhigere Alternative zum geschäftigen Tongariro Northern Circuit. Doch er ist ziemlich anstrengend, birgt ein paar knifflige Flussüberquerungen und ist für Anfänger und unvorbereitete Wanderer nicht zu empfehlen. Rund um den Mount Ruapehu geht es durch ganz unterschiedliche Landschaften – von Gletscherflüssen über riedgrasbewachsene Moore zu majestätischen Bergen. Für die Tour sollte man mindestens vier Tage einplanen.

Wer noch Abstecher zur Blyth-Hütte oder den Tama Lakes machen möchte, rechnet besser mit sechs Tagen.

Zum Round the Mountain Trail gelangt man vom Whakapapa Village, von der Kreuzung bei der Waihohonu-Hütte, der Ohakune Mountain Road und der Whakapapaiti-Hütte. Die meisten Wanderer laufen in Whakapapa Village los und kehren am Ende auch dorthin zurück.

Von Dezember bis März ist der Weg am sichersten, denn dann liegt nur wenig oder gar kein Schnee und die Lawinengefahr ist geringer. Zu anderen Zeiten erschwert der Schnee die Orientierung und das Vorwärtskommen und man braucht Hochgebirgsausrüstung (Eispickel, Steigeisen und Spezialkleidung). Vor dem Aufbruch sollte sich jeder Wanderer gründlich vorbereiten, u. a. durch das Studium detaillierter Karten und die Überprüfung der aktuellen Weg- und Wettersituation. Kleidung für jedes Wetter und reichlich Essensvorräte sind ein absolutes Muss. Außerdem unbedingt einem Verantwortlichen die Route mitteilen und sich bei der Rückkehr dort wieder zurückmelden. Übernachten kann man unterwegs in folgenden Hütten: Waihohonu, Rangipo, Mangaehuehu, Mangaturuturu und Whakapapaiti. Eine Nebenstrecke führt zur Blyth Hut.

Crater Lake Guided Walk WANDERN

(☎ 0508 782 734; www.mtruapehu.com; Erw./Kind inkl. Sessellift 99/75 NZ$; ⊙ Dez.–April) Der unmarkierte und holprige Weg zum Kratersee des Ruapehu (hin & zurück 7 Std.) empfiehlt sich für alle, die den Säuresee aus der Nähe bewundern wollen. Die mäßig anspruchsvolle bis anstrengende Wanderung beginnt in Iwikau Village am oberen Ende der Bruce Road. Wer den Sessellift vom Skigebiet Whakapapa nimmt, läuft drei Stunden weniger.

Je nach Wetterlage werden von Mitte Dezember bis Mai geführte Wanderungen zum Kratersee angeboten, und zwar von Safety & Mountaineering Guides und den örtlichen Ngāti-Hikairo-Kulturführern.

Walking Legends WANDERN

(☎ 0800 925 569, 07-312 5297; www.walkinglegends.com) Geführte Wanderungen auf dem Tongariro Alpine Crossing und dem Tongariro Northern Circuit.

Skifahren & Snowboarden

Die Pisten auf beiden Hangseiten des Mount Ruapehu sind miteinander verbunden und bilden Neuseelands größtes Skigebiet. Beide Skigebiete bieten ähnliche Bedingungen auf gleicher Höhe (ca. 2300 m) und Abfahrten für alle Stufen: So gibt es alles von Anfängerhängen bis hin zu Profistrecken mit schwarzer Diamantmarkierung. Die Liftpässe gelten jeweils für beide Skigebiete.

Private Lodges (diese befinden sich hauptsächlich im Besitz der Skiclubs) sind die einzigen Unterkünfte im Skigebiet Whakapapa. Die meisten Besucher übernachten daher im Whakapaka oder National Park Village. Von Turoa aus sind es gerade einmal 16 km bis Ohakune, wo die Après-Ski-Szene nicht zu verachten ist. Die Skigebiete von Turoa und Whakapapa werden von einer Firma betreut, weshalb die Skipässe für beide Seiten des Berges gültig sind.

Whakapapa Ski Area SKIFAHREN

(☎ 07-892 3738; www.mtruapehu.com/winter/whakapapa; Tagesliftpass Erw./Kind 95/57 NZ$) Die Whakapapa Ski Area am Nordwesthang des Mount Ruapehu ist Neuseelands größtes Skigebiet. Es umfasst über 65 Abfahrten auf 1050 ha und einer maximalen Höhe von 2300 m. Das Gebiet eignet sich dank einer Reihe leichter Abfahrten gut für Anfänger. Die einzigen Unterkünfte sind die privaten Ski Club Lodges, der Hauptgrund, warum die meisten Skifahrer in Whakapapa oder National Park Village übernachten.

Turoa Ski Area SKIFAHREN

(☎ 06-385 8456; www.mtruapehu.com/winter/Turoa; Tagesliftpass Erw./Kind 95/57 NZ$) In der Turoa Ski Area am Südwesthang des Mount Ruapehu liegt die längste vertikale Abfahrt von Australasien sowie Neuseelands höchster Lift, der Highnoon Express. Aber auch Anfänger sind hier gut aufgehoben: Mit Leihausrüstung geht es in die Skischule und danach zum Üben die einfachen Abfahrten hinunter. Die Stadt Ohakune liegt 16 km von Turoa entfernt – hier ist Après-ski angesagt.

Tukino Ski Area SKIFAHREN, SNOWBOARDEN

(☎ 0800 885 466, 06-387 6294; www.tukino.co.nz; Tagespass Erw./Kind 60/30 NZNZ$) Ein Skiclub betreibt das recht abgeschiedene Pistenareal von Tukino, das 46 km hinter Turangi am Osthang des Mount Ruapehu liegt. Die 14 km lange, geschotterte Zufahrtspiste ab der Desert Road (SH 1) erfordert einen Geländewagen. Die menschenleeren Abfahrten in der Wildnis zielen vor allem auf Anfänger und Fortgeschrittene ab.

☞ Geführte Touren

Mountain Air RUNDFLÜGE

(☎ 0800 922 812; www.mountainair.co.nz; Kreuzung SH 47 & SH 48; Flüge 15/25/35 min. 120/195/245 NZ$) Bietet Rundflüge vom Standplatz auf halber Strecke zwischen Whakapapa Village und dem Nationalpark an. Abflug auch ab Turangi und Taupo möglich.

Whakapapa Village

100 EW. (SOMMER), 300 EW. (WINTER)

Innerhalb des Tongariro National Park liegt Whakapapa Village (Aussprache „fa-ka-papa") auf 1140 m Höhe an den unteren Hängen des Mount Ruapehu. Als Tor zum Park beheimatet es dessen Besucherzentrum und fungiert als Ausgangspunkt vieler Wanderrouten.

Aktivitäten

Tama Lakes Track WANDERN

Der 17 km lange Weg (hin & zurück), ein Abschnitt des Tongariro Northern Circuit, startet im Whakapapa Village und führt zu den Tama Lakes auf dem Tama Saddle zwischen Ruapehu und Ngauruhoe (hin & zurück 5–6 Std.). Vom oberen See aus hat man einen schönen Ausblick auf Mount Ngauruhoe und Mount Tongariro.

Ridge Track WANDERN

Vom Dorf aus beträgt die Gehzeit für Hin- und Rückweg 30 Minuten. Der Weg führt durch einen Buchenwald hinauf in die baumlose, nur von Sträuchern bewachsene Hochgebirgszone. Von oben fällt der Blick auf Ruapehu und Ngauruhoe.

Taranaki Falls Track WANDERN

Der 6 km lange Rundweg (2 Std.) führt vom Village zu den Taranaki Falls, die 20 m über einen alten Lavastrom in ein von Felsblöcken eingefasstes Becken stürzen.

Schlafen

Whakapapa Village hat nur eine begrenzte Zahl an Zimmern. Während der Skisaison sind die Preise am höchsten. Mehr Auswahl hat man im National Park Village und in Ohakune, wobei Letztgenannter auch ein größeres Angebot an Restaurants und Einkaufsmöglichkeiten bietet. Im Hochsommer, also über Weihnachten bzw. Neujahr und um Ostern, steigen die Preise markant.

Tongariro Family Holiday Park HOLIDAY PARK $

(☎07-386 8062; www.thp.co.nz; SH47; Zeltplatz pro Pers. ab 22 NZ$, Hütten 65–100 NZ$; 📶) Irgendwo im Nirgendwo und doch im Mittelpunkt des Geschehens: Dieses kleine Juwel liegt sehr günstig für alle Alpine-Crossing-Wanderer – nämlich am Highway auf halbem Weg zwischen Routenbeginn und -ende. Das einfache, sonnige und einladende Gelände ist von Wald umgeben. Zwischen den Bäumen findet man viele Rasenflächen und einen Kinderspielplatz. Die Sanitäranlagen, Hütten und Wohneinheiten für Selbstversorger sind nichts Besonderes, aber gepflegt.

Whakapapa Village und Turangi liegen jeweils 24 km voneinander entfernt.

Skotel Alpine Resort HOSTEL $

(☎07-892 3719, 0800 756 835; www.skotel.co.nz; Ngauruhoe Pl; EZ/2BZ/3BZ ohne Bad 40/65/80 NZ$, Zi. 140–185 NZ$, Hütten 185 NZ$; 📶) Wer das Resort eher als Hostel, denn als Hotel betrachtet, wird auch kein Problem mit diversen Teppichflecken oder billigem Linoleum haben und dafür das holzlastige Bergambiente und die nicht-hosteltypischen Angebote genießen, z. B. Gratis-Sauna, Spa Pool und Fitnesscenter, Skiverleih, Restaurant und Bar.

Whakapapa Holiday Park HOLIDAY PARK $

(☎07-892 3897; www.whakapapa.net.nz; Zeltplatz 21 NZ$, Bett 28 NZ$, Hütten 76–119 NZ$; 📶) Dieser beliebte, vom DOC betriebene Platz am Whakapapanui-Fluss bietet verschiedenste Unterkünfte, darunter Wohnmobilstellplätze am Rande eines wunderbaren Buchenwaldes, eine Backpacker-Lodge mit 32 Betten (Bettwäsche mitbringen), Hütten (Bettwäsche mitbringen) und eine Ferienwohnung. Der Laden vor Ort verkauft die wichtigsten Dinge.

Chateau Tongariro Hotel HOTEL $$$

(☎0800 242 832, 07-892 3809; www.chateau.co.nz; Whakapapa Village; DZ ab 245 NZ$; @📶🏊) Zur Eröffnung 1929 galt das noble Hotel mit seiner grandiosen Lage als *das* Hotel in der Region. Inzwischen ist die Pracht ein wenig verblasst, doch das Chateau ist immer noch eines der romantischsten Hotels Neuseelands, in dem man nachmittags zur Teatime in der Bibliothek sitzen, später den Aperitif an der Bar im Foyer genießen und am Abend im großartigen Ruapehu Room speisen kann.

Dazu kommen zwei Cafés, ein Hallenbad und ein 9-Loch-Golfplatz. Die Zimmer im historischen Teil des Hotels haben etwas mehr Charme als die im modernen Anbau. Unbedingt online nach Angeboten schauen.

Essen

Ruapehu Room INTERNATIONAL $$$

(☎0800 242 832; www.chateau.co.nz/ruapehu-restaurant; Whakapapa Village; Hauptgerichte 32–38 NZ$; ⏲ab 18.30 Uhr) À la carte im eleganten Chateau Tongariro Hotel: Wer hier speist, sollte reservieren und als Herr ein Hemd mit Kragen sowie lange Hosen tragen.

Praktische Informationen

Tongariro National Park Visitor Centre

(☎07-892 3729; www.doc.govt.nz; Whakapapa Village; ⏲8–17 Uhr) Neben Karten gibt es hier auch Informationen zu allen Parkbereichen (auch zu den Wanderwegen und Hütten) sowie Details zu den aktuellen Bedingungen (Wetter, Pisten- und Wegezustand). Mit den Ausstellungen zur regionalen Geologie und Menschheitsgeschichte kann man sich an Regentagen mehrere Stunden lang beschäftigen.

Die Broschüre *Walks in and around Tongariro National Park* (3 NZNZ$) gibt einen hilfreichen Überblick über 30 Wanderrouten in der Umgebung. Weitere Informationen zum Nationalpark erhält man in den i-SITEs in **Ohakune** (S. 311), **Turangi** (S. 300) und **Taupo** (S. 296).

An & Weiterreise

BUS

Der Tongariro National Park wird von Bussen regelmäßig angefahren. Die Haltestellen sind Whakapapa Village, National Park Village, Ohakune, Taupo und Turangi sowie einige Startpunkte der beliebtesten Wanderwege. Im Sommer steuern die Busse eher die Wanderziele an, im Winter konzentrieren sie sich auf den Transport der Skifahrer zu den Skipisten. Die Fahrkarte sollte man besser im Voraus kaufen, damit man nicht irgendwo unerwartet strandet.

Viele Shuttlebus-Unternehmen sind Ableger von Unterkünften, von daher am besten gleich bei diesen nach dem Transfer fragen.

Roam (☎ 0800 762 612, 021 588 734; www.roam.net.nz) ist ein Unternehmen in Whakapapa Village. Ansonsten gibt es noch **Tongariro Expeditions** (S. 296) in Taupo oder **Turangi Alpine Shuttles** (S. 300) in Turangi.

AUTO & MOTORRAD

Der Tongariro National Park wird von mehreren Straßen begrenzt: SH 1 (Desert Rd genannt) im Osten, SH 4 im Westen, SH 46 und SH 47 im Norden und SH 49 im Süden. Die Hauptzufahrtsstraße zum Park ist der SH 48, der zum Whakapapa Village und weiter hinauf in die Berge als Bruce Road bis zum Whakapapa-Skigebiet führt. Die Ohakune Mountain Road führt von Ohakune zum Turoa-Skigebiet. Die Desert Road wird bei schlechtem Wetter immer gesperrt; Umleitungen sind dann ausgeschildert. Auch Ohakune Mountain Road und Bruce Road werden teilweise geschlossen. Oder es dürfen ab manchen Stellen nur noch Wagen mit Allradantrieb oder mit Schneeketten weiterfahren.

National Park Village

200 EW.

Auf 825 m Höhe liegt dieses Nest an der Kreuzung von SH 4 und SH 47. Rund 15 km vom belebten Whakapapa Village entfernt herrscht hier während der Skisaison Hochbetrieb. Im Sommer wirkt das Dorf zwar ziemlich verschlafen, ist aber dennoch eine gute Ausgangsbasis für Aktivitäten im Bereich des Nationalparks.

Besuchern wird schnell auffallen, dass die Gegend hier Eisenbahnland ist: Etwa 20 km weiter südlich steht bei **Horopito** ein Denkmal für den „Last Spike" am SH 4 – den Schienennagel, mit dessen Einschlag die Main Trunk Railway Line zwischen Auckland und Wellington vollendet wurde (1908).

Allerdings ist Horopito eher für den Smash Palace (Neuseelands berühmtesten Autofriedhof) bekannt.

Etwa 5 km nördlich von National Park Village findet man bei **Raurimu** ein Meisterwerk der Ingenieurskunst: Eingefleischte Eisenbahnfans werden von der „Spirale" begeistert sein, während sich alle anderen Besucher fragen, was daran so besonders sein soll (denn zu sehen ist da nicht wirklich viel).

Aktivitäten

Im eigentlichen Dorf gibt es nur wenig zu unternehmen. Die eigentliche Hauptattraktion ist die Nähe zu den Wanderwegen des Nationalparks, die Kanumöglichkeiten auf dem Whanganui River und die diversen MTB-Trails. Auch einige Skipisten sind von hier aus gut erreichbar. Im Winter bieten die meisten örtlichen Unterkünfte daher Pauschalpakete inklusive Liftpass und Leihausrüstung an. Die Preise sind dabei weitaus niedriger als weiter oben am Berg.

Ski-Equipment lässt sich auch bei **Eivins** (☎ 07-892 2843; www.eivins.co.nz; Carroll St), **Snow Zone** (☎ 07-892 2757; www.snowzone.co.nz; 25-27 Buddo St) und **Ski Biz** (☎ 07-892 2717; www.skibiz.co.nz; 10 Carroll St; ⏲ Im Sommer 16–19 Uhr, im Winter 7.30–19 Uhr) leihen.

Vom National Park aus fahren Shuttlebusse täglich zu den Skipisten (Winter) sowie zum Tongariro Alpine Crossing und ins Whakapapa Village (Sommer).

My Kiwi Adventure MOUNTAINBIKEN
(☎ 021 784 202, 0800 784 202; www.mykiwiadventure.co.nz; 15 Findlay St; Paddleboarden 50 NZ$, Mountainbiken 45–95 NZ$) Das einzigartige Stand-up-Paddeln wird im Nationalpark nur auf dem Lake Otamangakau angeboten. Während man über das seidig schimmernde Wasser gleitet, kann man den Bergblick genießen. Im Preis inbegriffen sind die Ausrüstung und die Fahrt mit dem Shuttlebus. Wer will, kann auf hervorragenden Routen wie der Ohakune Old Coach Road, Fishers Track und 42 Traverse mountainbiken (Rad und Anfahrt inkl.).

Das lohnende Tongariro Adventure Package (99 NZ$) ist eine Kombination aus Tongariro Alpine Crossing, Paddleboarden und einer Radtour auf der Old Coach Road (insg. 2 Tage). Man kann sich aber auch einfach nur so ein Rad leihen (halber/ganzer Tag 35/55 NZ$) und die Gegend erkunden.

Adventure Outdoors WANDERN, KAJAKFAHREN
(☎0800 386 925, 027 242 7209; www.adventureoutdoors.co.nz) Geführte Wanderungen auf dem Tongariro Alpine Crossing – im Sommer (225 NZ$) oder Winter (185 NZ$) – und eine Fahrt auf dem Whanganui oder Whakapapa River in aufblasbaren Kajaks für zwei Personen (halber/ganzer Tag 119/189 NZ$). Neoprenanzug und Rettungsweste werden gestellt, sodass man gleich ablegen kann.

Kiwi Mountain Bikes MOUNTAINBIKEN
(☎0800 562 4537, 07-892 2911; www.kiwimountainbikes.com; Macrocarpa Cafe, 3 Waimarino-Tokaanu Rd) Verleiht Mountainbikes (halber/ganzer Tag ab 35/60 NZ$), bietet Informationen und den Radtransport (35 NZ$) zum Fishers Track, zur Ohakune Old Coach Road, zur 42 Traverse und der Bridge to Nowhere. Auch der Shuttleservice zum Startpunkt des Tongariro Crossing ist möglich. Einfach im Macrocarpa Cafe nachfragen.

Fishers Track MOUNTAINBIKEN
Dieser 17 km lange, fantastische Weg beginnt im National Park Village und führt (meist) bergab. Inzwischen ist er Teil der Ruapehu Whanganui Trails.

42 Traverse MOUNTAINBIKEN
Der vier bis sechs Stunden dauernde Mountain-Bike-Trail (46 km) durch den Tongariro Forest ist eine der beliebtesten Tagestouren auf der Nordinsel. Der Traverse verläuft entlang alter Holzfällerwege, weshalb man recht gut vorwärtskommt (obwohl es häufig bergauf und bergab geht). Wer an der Kapoors Road (bei der SH 47) startet und runter nach Owhango fährt, hat mehr Abfahrten als Aufstiege.

Adrift Guided Outdoor Adventures KANUFAHREN, WANDERN
(☎07-892 2751; www.adriftnz.co.nz; 3 Waimarino – Tokaanu Rd) Bietet geführte Kanufahrten auf dem Whanganui River an (1/3 Tage 245/859 NZ$) sowie viele verschiedene Aktivitäten mit Führer im Tongariro National Park (2 Std. bis 3 Tage, 95–950 NZ$) darunter den Tongariro Alpine Crossing (225–279 NZ$) sowie Wanderungen zum Kratersee am Mount Ruapehu (225 NZ$).

Mountainbiketouren (17 NZ$, halbtags) sind ebenfalls im Angebot.

Schlafen

In National Park Village findet man hauptsächlich günstige Unterkünfte und Mittelklassehotels. Das macht natürlich auch Sinn, weil die Mehrzahl der Besucher sowieso die meiste Zeit draußen in der Natur verbringt.

Die Preisangaben gelten jeweils für den Sommer. Zum Höhepunkt der Skisaison ist das Reservieren ein Muss, da die örtlichen Unterkünfte dann heiß begehrt sind.

Im Sommer nimmt der Andrang zu, was vor allem an den Wanderern auf dem Tongariro Alpine Crossing liegt.

National Park Backpackers HOSTEL $
(☎07-892 2870; www.npbp.co.nz; 4 Findlay St; Zeltplatz 15 NZ$, Bett 26–29 NZ$, DZ 62–86 NZ$; @📶) Diese alte Jugendherberge mit Holzverkleidung besticht durch einen großzügigen Garten zum Relaxen, eine gut ausgestattete Küche und Standardzimmer. Sie ist damit ideal für alle, die in der Gegend Outdoor-Aktivitäten buchen wollen. Außerdem steht hier die **Climbing Wall** (☎07-892 2870; www.npbp.co.nz; 4 Findlay St; Erw./Kind 15/10 NZ$; ⏲9–20 Uhr), falls das Wetter einmal nicht mitspielen sollte. Ein kleiner Laden auf dem Gelände verkauft alles Notwendige.

Plateau Lodge LODGE, HOSTEL $
(☎07-892 2993; www.plateaulodge.co.nz; 17 Carroll St; Bett 30 NZ$, DZ 75–115 NZ$, Apt. ab 160 NZ$; @📶) Die familienfreundliche Lodge überzeugt durch gemütliche Zimmer, einige davon mit Bad und Fernseher, sowie eine schöne Gemeinschaftslounge, Küche und Hot Tub. Die Schlafräume haben maximal zwei Stockbetten. Außerdem gibt es Apartments mit zwei Schlafzimmern, in denen sechs Personen Platz finden. Auch ein Shuttleservice ist verfügbar. Der Wohnmobilstellplatz kostet um die 38 NZ$.

Wood Pigeon Lodge LODGE $$
(☎07-892 2933; www.woodpigeonlodge.com; 130 Top Mill Rd, Raurimu; DZ 200–250 NZ$) In Raurimu, ca. 5 km nördlich von National Park Village, liegen drei verschiedene Unterkunftsoptionen in schöner, ländlicher Umgebung: Im Tree House (5 Pers.) ist man dank Wind- und Sonnenenergie energieautark. Kompakter wirkt The Hut, die gemütlich mit Holz eingerichtet ist und eine Badewanne im Freien hat (der Mindestaufenthalt liegt bei zwei Tagen). Für Gruppen (bis zu 8 Pers.) eignet sich The Barn als großzügig geschnittene rustikale Unterkunft.

Tongariro Crossing Lodge LODGE $$
(☎07-892 2688; www.tongarirocrossinglodge.com; 27 Carroll St; DZ 140–180 NZ$; @📶) Das hübsche Cottage mit Holzverschalung ist mit himmelblauen Zierstreifen und im Sommer mit üppig blühenden Kletterpflanzen geschmückt. Die Räume – vom Standard-Doppelzimmer bis zu größeren Ferienwohnungen – wirken sehr gemütlich und sind teils mit antiken Möbeln eingerichtet. Die angegebenen Preise verstehen sich inklusive Frühstück, das man aber nicht zwingend buchen muss. Es gibt ein Sonnendeck und einen Grillplatz sowie einen freundlichen schwarzen Kater, der sich als Besitzer des Ganzen fühlt.

Parkview Apartments APARTMENT $$$
(☎0800 727 588; www.parkviewnationalpark.com; 24 Waimarino – Tokaanu Rd; DZ 280 NZ$; 📶) Diese stilvollen und höchstmodernen Apartments im National Park Village wurden erst kürzlich errichtet. Die beiden Apartments mit jeweils zwei Schlafzimmern bieten Platz für vier Personen. Durch die Panoramafenster kann man den wunderbaren Bergblick genießen. Im Haus warten noch weitere Ablenkungen wie ein ausladender Flachbildfernseher, ein Kamin mit Gasheizung und eine moderne Küche, die alle zusammen den Gast schon mal dazu verleiten können, erst etwas später rauszugehen, um die schöne Umgebung zu bewundern.

Essen & Trinken

Station Cafe CAFÉ $$
(☎07-892 2881; www.stationcafe.co.nz; Ecke Findlay St & Station Rd; Hauptgerichte Mittagessen 15–20 NZ$, Abendessen 28–34 NZ$; ⏲Mo–Di 9–16, Mi–So bis 21 Uhr) Selig sind die Skifahrer (und Wanderer), die da fündig wurden und auf den kleinen Bahnhof stießen, der von kundiger Hand restauriert wurde und jetzt Brunches, Sandwiches, Kaffee und schmackhafte Kuchen serviert und abends mit einem Essen à la carte beeindruckt. Unbedingt das gegrillte Schweinefilet mit sahniger Blauschimmelkäsesoße probieren! Das dreigängige Abendmenü mit Sonntagsbraten (40 NZ$) wird weit und breit gelobt.

Schnapps PUB
(☎07-892 2788; www.schnappsbarruapehu.com; Findlay St; ⏲12 Uhr bis spätabends) Das beliebte Pub bietet eine fleischfreundliche Speisekarte (Mahlzeiten 14–28 NZ$), einen offenen Kamin, einen großen Flachbildschirmfernseher, einen Billardtisch und praktischerweise auch noch einen Geldautomaten. An winterlichen Wochenenden geht es hier entsprechend hoch her.

Erst kürzlich kam noch eine Minigolfanlage dazu, um Familien mit Kindern jeden Alters anzulocken (Erw./Kind 11/6 NZ$). Einfach Ausschau halten nach dem riesigen Treibholz-Kiwi!

Praktische Informationen

Im Village gibt es kein i-SITE. Weitere Informationen deshalb unter www.nationalpark.co.nz und www.visitruapehu.com abrufen. Die nächsten i-SITEs findet man in **Taumarunui** (S. 217) und **Ohakune** (S. 311).

An- & Weiterreise

Busse von **InterCity** (☎09-583 5780; www.intercity.co.nz) und Naked Bus (www.nakedbus.com) halten hier ebenso wie der Zug Northern Explorer, der von **KiwiRail Scenic** (S. 283) betrieben wird.

Ohakune

1000 EW.

In Ohakune muss man überall damit rechnen, Karotten zu Gesicht zu bekommen, schließlich ist der Ort die Karottenhauptstadt Neuseelands. In den 1920er-Jahren wurde das ehrwürdige Gemüse hier erstmals von chinesischen Siedlern angebaut, die das Land von Hand und mit Sprengstoff rodeten. Heute wird die Rübe jedes Jahr mit dem **Carrot Carnival** (www.carrotcarnival.org.nz; ⏲Anfang Juni) gefeiert. Und zwecks ehrender Verewigung steht hier seit 1984 auch noch die **Big Carrot** (Rangataua Rd) unübersehbar am Straßenrand.

Im Sommer bietet das hübsche Ohakune viele Outdoor-Abenteuer, darunter den hervorragenden Old Coach Road Mountain Bike Trail sowie einen leichten Zugang zum Whanganui National Park im Süden. Im Winter geht es hier sogar noch lebendiger zu. Denn dann fällt der Schnee im Turoa-Skigebiet und die Schneehasen fallen in Scharen ein. Ohakune hat im Prinzip zwei Zentren: Entlang des Highways erstreckt sich der Geschäftsbezirk. Das nördliche Ortsende rund um den Bahnhof (Junction) ist im Winter die Drehscheibe aller Aktivitäten. Als Bindeglied zwischen beiden Ortsteilen fungiert der **Mangawhero River Walkway** (zu Fuß rund 25 Min.).

ABSTECHER

LAKE ROTOKURA

Das **Rotokura Ecological Reserve** (www.doc.govt.nz) liegt 14 km südöstlich von Ohakune bei Karioi (karioi bedeutet „Ort zum Verweilen") nahe des SH49. Es gibt zwei Seen – der erste heißt zwar Dry Lake, ist aber ziemlich nass und eignet sich wunderbar für ein Picknick am Ufer, der zweite ist der Rotokura und den Māori heilig (*tapu*), weshalb dort weder gegessen noch geangelt oder geschwommen werden darf.

Der Rückweg dauert zu Fuß etwa 45 Minuten. Wer noch die uralten Buchen und die Wasservögel, z. B. die Zwergtaucher und Paradieskasarka, bewundert, braucht etwas länger.

Aktivitäten

In der Umgebung warten mehrere malerische Wanderungen, die größtenteils an der Ohakune Mountain Road starten. Diese 17 km lange Straße führt von Ohakune zum Turoa-Skigebiet (S. 305) am Mount Ruapehu. Einen guten ersten Überblick gibt die DOC-Broschüre *Walks in and Around Tongariro National Park* (3 NZNZ$), die bei der i-SITE in Ruapehu erhältlich ist.

Ab Ohakune fahren zahlreiche Shuttlebusse regelmäßig zum Startpunkt des Tongariro Alpine Crossing (S. 300). Über dessen Verlängerung, den Waitonga Falls Track, kann man weiter zum Round the Mountain Track (S. 304) wandern.

Ohakune Old Coach Road MOUNTAINBIKEN
(www.ohakunecoachroad.co.nz) Eine der besten Halbtagestouren Neuseelands (3–4 Std.)! Die einfache Route führt an Beispielen der Ingenieurskunst vorbei, wie etwa an den historischen Hapuawhenua- und Toanui-Viadukten, den einzigen erhaltenen Bogenviadukten der Südhalbkugel. Weiter geht es durch uralte Wälder mit eindrucksvoll großen Rimu- und Totarabäumen. Sie überstanden mehrere verheerende Vulkanausbrüche, da sie im Windschatten des Ruapehu stehen.

Waitonga Falls Track WANDERN
Der Weg zu den Waitonga Falls (1½ Std. hin & zurück, 4 km), Tongariros höchstem Wasserfall (39 m), verspricht großartige Ausblicke auf den Mount Ruapehu. Startpunkt ist die Ohakune Mountain Road.

Ruapehu Homestead REITEN
(☎ 027 267 7057; www.ruapehuhomestead.co.nz; Ecke Piwara St & SH49, Rangataua; 30 Min.–3 Std. Erw. 30–120 NZ$, Kind 15–90 NZNZ$) 4 km östlich von Ohakune (nahe Rangataua) gelegen, bietet Ruapehu Homestead geführte Ausritte auf den Paddocks an, auch längere Ritte entlang des Flusses und durchs Hinterland mit Bergblick sind möglich.

Canoe Safaris KANUFAHREN, RAFTING
(☎ 06-385 9237, 0800 272 3353; www.canoesafaris.co.nz; 6 Tay St) Bietet geführte Kanutrips auf dem Whanganui River (1–5 Tage, 185–1095 NZNZ$) und Rangitikei River (1–4 Tage, 195–905 NZNZ$), außerdem geführte Rafting Trips auf dem Mohaka River (2–4 Tage, 505–1075 NZNZ$). Das Unternehmen betreibt außerdem einen Kanu- und Kajakverleih (2–5 Tage, 170–205 NZNZ$).

Yeti Tours KANUFAHREN, KAJAKFAHREN
(☎ 0800 322 388, 06-385 8197; www.yetitours.co.nz; 61 Clyde St; geführte Touren 2–6 Tage 420–895 NZ$, Verleih 2–6 Tage 175–210 NZNZ$) Veranstaltet geführte Kanusafaris auf dem Whanganui und dem Mokau River. Kanu- und Kajakverleih.

Mountain Bike Station MOUNTAINBIKEN
(☎ 06-385 8797; www.mountainbikestation.co.nz; 60 Thames St) Verleiht Mountainbikes (halber/ganzer Tag ab 35/50 NZNZ$) und organisiert Transfers zu den Radwegen, darunter zur Ohakune Old Coach Road für 20 NZ$. Kombipakete mit Rad und Transport sind ebenfalls möglich. Auch der Transfer und Radverleih für die Tracks „Bridge to Nowhere" und „Mangapurua" am Whanganui River können arrangiert werden, ebenso wie die Fahrt zum 17 km langen Turoa Downhill Madness Ride auf dem Zugangsweg zum Mount-Ruapehu-Skigebiet.

Vertigo Climbing Centre KLETTERN
(☎ 06-385 9018; www.slr.co.nz; Goldfinch St; Tag Erw./Kind 20/10 NZ$; ⏲ Mo–Do 7.30–20 Uhr, Fr bis 24 Uhr, Winter Sa & So 7–18 Uhr, Sommer eingeschränkte Öffnungszeiten) Vertigos Kletterwand ist 12 m lang und 10 m hoch und bietet 40 verschiedene Routen. Wer Kletterschuhe leihen muss, zahlt weitere 4 NZ$. Die Öffnungszeiten im Sommer sind flexibel – einfach vorher anrufen.

Schlafen

Die angegebenen Preise beziehen sich auf die Sommersaison. Im Winter kostet das

Zimmer in der Regel 50 % mehr und man muss weit im Voraus buchen. Wer Mitte der Woche bucht, zahlt im Winter günstigere Preise. Auch im Sommer empfiehlt es sich, an den Wochenenden und in den Ferien zu reservieren.

Station Lodge HOSTEL $

(☎ 06-385 8797; www.stationlodge.co.nz; 60 Thames St; Bett 28 NZ$, Zi. 70 NZ$, Apt. 130–160 NZ$; @📶) Diese hervorragende Jugendherberge ist in einer alten Villa mit Holzboden und hohen Räumen untergebracht. Sie überzeugt mit einer gut ausgestatteten Küche, einer komfortablen Lounge, einem Spa Pool und einem gepflegten Garten mit Pizzaofen. Wer es gerne privater mag, kann eines der separaten Chalets oder Apartments mieten. Die Besitzer betreiben auch die Mountain Bike Station und die Ski & Board Station.

Ohakune Top 10 Holiday Park FERIENANLAGE $

(☎ 0800 825 825, 06-385 8561; www.ohakune.net.nz; 5 Moore St; Stellplatz 42 NZ$, Unterkunft 66–136 NZ$; @📶) Der Holiday Park an einem sprudelnden Bach bietet eine große Auswahl an Unterkünften, darunter auch ganz ordentliche Motelzimmer. Zu den Extras zählen ein Spielplatz, ein Grillplatz und ein Whirlpool.

Rocky Mountain Chalets MOTEL $$

(☎ 06-385 9545; www.rockymountainchalets.com; 20 Rangataua Rd; Apt. ab 190 NZ$; 📶) Diese Apartments mit zwei bzw. drei Schlafzimmern liegen nahe der Stadt und dennoch in ländlicher Umgebung und sind ideal für Familien und Gruppen. Jedes Chalet ist anders eingerichtet, die meisten wurden erst kürzlich renoviert. Alle sind geräumig und modern und haben eine eigene Küche. Bei mehr als zwei Übernachtungen gibt es einen Rabatt.

Snowhaven APARTMENT, B&B $$

(☎ 06-385 9498; www.snowhaven.co.nz; 92 Clyde St; Apt. 95 NZ$, Zi. 195 NZ$, Ferienhaus ab 195 NZ$; 📶) Ein angenehmes Trio – zum einen moderne Studio-Apartments in einem schieferverkleideten Häuserblock an der Hauptstraße, zum anderen drei Stadthäuser an der Junction, ebenfalls für Selbstversorger und mit drei Schlafzimmern ausgestattet. Darüber hinaus gibt es noch luxuriöse B&B-Zimmer, die irgendwo zwischen den beiden anderen Optionen angesiedelt sind. Alle Quartiere sind super in Schuss und bieten ein sehr gutes Preis-Leistungs-Verhältnis.

Peaks Motor Inn MOTEL $$

(☎ 0508 843 732, 06-385 9144; www.thepeaks.co.nz; Ecke Mangawhero Tce & Shannon St; Apt. 120–139 NZ$; 📶) Das gepflegte Motel bietet großzügige Zimmer mit schönen Bädern und komplett eingerichteten Küchen. Zu den Gemeinschaftsbereichen zählen Rasenflächen, ein einfaches Fitnesscenter, ein großes Outdoor Spa sowie eine Sauna. Auf der Website stehen preisgünstige Angebote für Unterkunft und Transport zur Tongariro Alpine Crossing. Die freundlichen Besitzer geben gerne Restauranttipps und wissen, wo was los ist.

Powderhorn Chateau HOTEL $$

(☎ 06-385 8888; www.powderhorn.co.nz; Ecke Thames St & Mangawhero Tce; Zi. ab 220 NZ$; @📶🏊) Das Powderhorn ist seit Langem in der Wintersaison ein beliebter Treffpunkt. Mit seiner Einrichtung aus Holz, den Schieferfußböden und den frei liegenden Balken verbreitet es die Atmosphäre einer Schweizer Berghütte. Im kräftig geheizten Hallenbad kann man sich vom Skifahren erholen, bevor man sich den übrigen Hotelangeboten widmet.

★ **Ruapehu Country Lodge** B&B $$$

(☎ 06-385 9594; www.ruapehucountrylodge.co.nz; 630 Raetihi – Ohakune Rd; DZ 287 NZ$; 📶) Die rund 4 km südlich von Ohakune an der Straße nach Raetihi gelegene Ruapehu Country Lodge ist eine perfekte Kombination aus Eleganz und Klassik. Heather und Peter, die weit gereisten und völlig unprätentiösen Gastgeber, heißen ihre Gäste herzlich willkommen. Die von großzügigen Gärten umgebene, 2 ha große Lodge ist nur durch einen mäandernden Fluss vom Golfplatz nebenan getrennt.

Das warme Frühstück ist im Preis inbegriffen. Kürzlich wurde ein Pizzaofen im Freien errichtet, um an warmen Frühlings- und Sommerabenden gemütlich draußen essen und plaudern zu können.

Essen

★ **Eat** CAFÉ $

(☎ 027 443 1426; 49 Clyde St; Snacks & Hauptgerichte 9–14 NZ$; ⏲ 9–16 Uhr) Bagels, innovative Salate und leckere amerikanisch und mexikanisch angehauchte Gerichte gesellen sich in diesem modernen Café an Ohakunes Hauptstraße zum besten Kaffee der Stadt. Die Betonung liegt auf Biozutaten und auf Nachhaltigkeit. Gerichte wie der Frühstücks-Burrito oder die Chicken-Tacos mit Karotten-Kreuzkümmel-Salat schmecken nach einem Tag voller Abenteuer richtig gut.

Cyprus Tree ITALIENISCH **$$**
(☎06-385 8857; www.cyprustree.co.nz; Ecke Clyde & Miro Sts; Hauptgerichte 16–34 NZ$; ⏲9 Uhr bis spätabends) Dieses ganzjährig geöffnete Restaurant mit Bar bringt italienische und neuseeländische Speisen auf den Tisch – Pizza, Pasta und Lamm mit Sumach. Das hochsaisonbedingte Chaos wird durch die Freundlichkeit des Teams aufgefangen. Erfreulicherweise ist Ohakunes beste Auswahl an neuseeländischen Craft-Beer-Sorten nun auch auf der Getränkekarte gelandet, die ansonsten Cocktails und Wein bietet. Bar-Snacks werden von 15 bis 17 Uhr serviert.

Bearing Point INTERNATIONAL **$$**
(☎06-385 9006; Clyde St; Hauptgerichte 26–36 NZ$; ⏲Di–Sa 18 Uhr bis spätabends) Auf herzhafte und gut zubereitete Gerichte kann man sich in diesem überraschend schicken Restaurant freuen. Zum Aufwärmen gibt es einen Hirscheintopf, anschließend ein mit Ahornsirup glasierter Lachs, Dry Aged Steaks oder ein pikantes Thai-Curry.

Powderkeg RESTAURANT **$$**
(☎06-385 8888; www.powderhorn.co.nz; Ecke Thames St & Mangawhero Tce; Baressen 11–22 NZ$, Hauptgerichte 22–42 NZ$; ⏲16 Uhr bis spätabends) Das Powderkeg ist die Partybar des Powderhorn Chateau. Im Winter legen DJs auf und es wird auch mal auf den Tischen getanzt.

Was das Essen angeht, sieht es gar nicht übel aus: Edel-Burger und Pizza, Fleischgerichte wie Lammrumpsteak und wieder einmal eine gute Auswahl an neuseeländischem Craft Beer – genau das Richtige, wenn man tagsüber die Old Coach Road auf zwei Rädern abgefahren hat.

ℹ Praktische Informationen

Ruapehu i-SITE (☎06-385 8427; www.visitruapehu.com; 54 Clyde St; ⏲8–17.30 Uhr) Nimmt Buchungen für Outdooraktivitäten, den Transport und Unterkünfte vor; die DOC-Mitarbeiter sind meist von 10 bis 16.30 Uhr vor Ort.

ℹ An- & Weiterreise

Busse von **InterCity** (S. 283) und Naked Bus (www.nakedbus.com) halten hier ebenso wie der von **KiwiRail Scenic** (S. 283) betriebene Northern Explorer Train.

Ruapehu Connexions (☎021 045 6665, 06-385 3122; www.ruapehuconnexions.co.nz) hat eine Niederlassung in Ohakune und ein auf die Region Ruapehu zugeschnittenes Angebot, darunter Mountainbiken, Wandern, die Tongariro Alpine Crossing und zur Skisaison ein praktisches Shuttle, das Ohakunes Nightlife Hot Spots ansteuert.

Waiouru

740 EW.

Rund 27 km östlich von Ohakune liegt Waiouru (792 m) an der Kreuzung des SH 1 und des SH 49. Der Ort dient in erster Linie als Armeestützpunkt und Benzinquelle für Autofahrer, die der 56 km langen Desert Road nach Turangi folgen und hier dann noch einmal auftanken.

Die einzigartige **Rangipo Desert** ist eigentlich gar keine Wüste: Ihre kahle rötliche Sandlandschaft mit ein paar wenigen Grasbüscheln ist vielmehr das Ergebnis der Vulkanausbrüche mehrerer Millionen Jahre. Dies gilt vor allem für die Taupo-Eruption vor rund 2000 Jahren, die das Land damals mit einer dichten Bimssteinschicht bedeckte und alle Vegetation zerstörte. Im Winter ist die Straße mitunter wegen Schnees gesperrt.

Das in einem großen Betonbunker am Südrand der Stadt untergebrachte **National Army Museum** (☎06-387 6911; www.armymuseum.co.nz; Erw./Kind 15/5 NZ$; ⏲9–16.30 Uhr) bewahrt die Geschichte der neuseeländischen Armee und ihrer verschiedenen Missionen von der Kolonialzeit bis heute. Die ausgestellten Waffen, Uniformen, Medaillen und Erinnerungsstücke erzählen bewegende Geschichten.

Bis Mitte 2018 wird das Museum eine Reihe von Sonderausstellungen anlässlich der 100-Jahr-Feiern zum Ende des Ersten Weltkriegs zeigen.

Taihape & Umgebung

1500 EW.

Taihape liegt 20 km südlich von Waiouru und trägt die zweifelhafte Auszeichnung, Welthauptstadt des Gummistiefels zu sein, was mit – ja, ganz richtig – einem riesigen, vergammelten Gummistiefel auf der Hauptstraße gefeiert wird.

Davon abgesehen ist der Ort das Tor zum Mokai **Gravity Canyon** (☎0800 802 864, 06-388 9109; www.gravitycanyon.co.nz; 332 Mokai Rd; ⏲9–17 Uhr), 20 km südöstlich von Taihape, wo Adrenalinjunkies einen 1 km langen, 170 m hohen Flying Fox bei Spitzengeschwindigkeiten von 160 km/h ausprobieren (155 NZNZ$), den höchsten Brücken-Bungeesprung der Nordinsel vollführen (80 m, 179 NZNZ$) oder auf der welthöchsten Tandemschaukel schaukeln können (159 NZ$). Multi-Thrill-Kombipakete sind ebenfalls zu haben. Nicht ganz so nervenaufreibend, aber ebenso spektakulär ist die gemütliche Fahrt im Hydrolift (40 NZ$), einem Sessellift mit Wasserantrieb, der in Neuseeland einzigartig ist.

Taihape liegt außerdem recht nahe am Abenteuerzentrum **River Valley** (☎06-388 1444; www.rivervalley.co.nz), das mit seiner Lodge rund 32 km weiter nordöstlich zu finden ist (die Anfahrt ist ab dem Gretna Hotel in Taihape ausgeschildert). Die beliebten halbtägigen Raftingtrips des Zentrums führen durch die wilden Stromschnellen des Rangitikei River (Grad V, 175 NZNZ$).

Im Angebot sind auch individuell gestaltbare Pferdetreks, bei denen man auf den Mount Ruapehu, die Ruahine Range und den Rangitikei River schaut (2 Std./halber Tag 109/175 NZNZ$).

Die Lodgezimmer (ab 31 NZNZ$) und die Zeltplätze (18 NZNZ$) werden durch ein hauseigenes Restaurant ergänzt, das frische Zutaten aus dem eigenen Garten verwendet.

Rotorua & Bay of Plenty

➡ **Inhalt**

Gut essen

➡ Macau (S. 342)

➡ Elizabeth Cafe & Larder (S. 342)

➡ Post Bank (S. 348)

➡ Abracadabra Cafe Bar (S. 330)

➡ Sabroso (S. 330)

Schön übernachten

➡ Koura Lodge (S. 328)

➡ Warm Earth Cottage (S. 351)

➡ Moanarua Beach Cottage (S. 359)

➡ Opotiki Beach House (S. 361)

➡ Tauranga on the Waterfront (S. 341)

Auf nach Rotorua und zur Bay of Plenty!

Ihren Namen verdankt die Bay of Plenty James Cook, der hier 1769 vorbeisegelte. Und noch immer wird sie ihrem Namen gerecht: Die Bucht, die sich von Waihi Beach im Westen bis Opotiki im Osten erstreckt, ist mit viel Sonne und Sand gesegnet, an ihren Ufern liegen die Ferienorte Tauranga, Mount Maunganui und Whakatane.

Vor der Küste bei Whakatane liegt der aktivste Vulkan Neuseelands, der Whakaari (White Island). Überhaupt prägt vulkanische Aktivität diese Region, aber nirgends tritt die unterirdische Gewalt deutlicher zutage als in Rotorua. Hier nimmt das tägliche Leben seinen Gang zwischen dampfenden heißen Quellen, aufbrausenden Geysiren, blubbernden Schlammtümpeln und den Schwaden von Schwefelgas, die für den „Duft" nach faulen Eiern sorgen.

Rotorua und die Bay of Plenty zählen zu den Kernsiedlungsgebiete der Māori und bieten zahlreiche Möglichkeiten, die reiche Kultur der neuseeländischen Ureinwohner kennenzulernen – z. B. beim Besuch einer eindrucksvollen Konzertaufführung, bei einem *hangi* (Māori-Festessen) oder bei einer Demonstration der kunsthandwerklichen Techniken.

Reisezeit

➡ Die Bay of Plenty ist eine der sonnigsten Regionen Neuseelands – Whakatane verzeichnet im Jahresdurchschnitt 2350 Sonnenstunden. Im Sommer (Dez.–Feb.) liegen die Höchsttemperaturen bei 20 bis 27° C. Der Andrang ist dann zwar groß, aber die angenehme Urlaubsatmosphäre entschädigt dafür.

➡ Ein Besuch in Rotorua lohnt sich immer: Die geothermische Aktivität ist, egal zu welcher Jahreszeit, ein Naturschauspiel, und auch Betten sind rund ums Jahr ausreichend vorhanden.

➡ Im Winter kann die Temperatur nachts bis auf 5 °C fallen, an der Küste ist es meistens wärmer (und den Strand hat man dann ganz für sich allein).

Anreise & unterwegs vor Ort

Air New Zealand (☎ 0800 737 000; www.airnewzealand.co.nz) bietet Direktflüge von Tauranga und Rotorua nach Auckland, Wellington und Christchurch.

Busse von InterCity und ManaBus verbinden Tauranga, Rotorua und Whakatane mit den meisten größeren Städten Neuseelands. Bay Hopper-Busse verkehren zwischen Tauranga, Whakatane und Opotiki. Busse von Twin City Express verbinden Tauranga und Rotorua.

KURZINFOS: ROTORUA & BAY OF PLENTY

Essen In den lebhaften Cafés und Restaurants an The Strand in Tauranga (S. 341).

Trinken Lokales Craft Beer aus der Croucher Brewing Co. in Rotorua (S. 331).

Lesen *How to Watch a Bird* über die Faszination der Vogelbeobachtung, geschrieben vom Schüler Steve Braunias aus Mount Maunganui.

Hören *Kora*, das schnörkellose Album der gleichnamigen Soulband aus Whakatane.

Anschauen Ausgezeichnete zweisprachige Shows auf Māori und Englisch im Māori-TV.

Ökologisch reisen Erlebniswanderung auf dem Redwoods Treewalk in Rotorua, der durch üppiges Buschland führt (S. 322).

Infos im Internet www.rotoruanz.com, www.bayofplentynz.com

Vorwahl ☎ 07

ROTORUA

65 280 EW.

Man nimmt nur eine einzige Nase von der schwefelreichen Luft Rotoruas, und schon ist klar, was einen in Neuseelands dynamischster Thermalgegend erwartet: sprühende Geysire, dampfende Thermalquellen und brodelnde Schlammtümpel. Die Māori verehrten diesen Ort und nannten eine der spektakulärsten Quellen „Wai-O-Tapu" (Heilige Wasser). Heute machen die Māori 35 % der Gesamtbevölkerung aus und sind mit ihren kulturellen Darbietungen und traditionellen *hangi* selbst mindestens so bemerkenswert wie die Landschaft, die sie bewohnen.

Trotz des durchdringenden Geruchs nach faulen Eiern ist die „Schwefelstadt" mit beinahe 3 Mio. Besuchern jährlich eine der touristischsten Gegenden der gesamten neuseeländischen Nordinsel. Einige Einheimische sind der Meinung, dass dieser Erfolg die Stadt dazu verleitet hat, sich auf ihren Lorbeeren auszuruhen, und dass Rotorua in sozialer Hinsicht hinter fortschrittlicheren Orten wie Tauranga oder Taupo zurückliegt. Mit mehr als 30 Motels ist die städtische Maschinerie „RotoVegas" auch nicht gerade einladend ... Aber wo sonst ist es schon möglich, einen 30 m hohen Geysir zu Gesicht zu bekommen?!

Geschichte

Die Region wurde erstmals im 14. Jh. besiedelt, als das Kanu *Te Arawa* unter der Führung von Tamatekapua aus Hawaiki kommend bei Maketu im Zentrum der Bay of Plenty landete. Die Siedler nahmen den Stammesnamen Te Arawa an, um des Bootes zu gedenken, mit dem sie die weite Reise zurückgelegt hatten.

In den folgenden Jahrhunderten bildeten sich Unterstämme, die das Territorium untereinander aufteilten, sich schließlich aber wegen des knapper werdenden Landes zerstritten. Eine Zäsur ereignete sich 1823, als Stämme aus Northland in den sogenannten Musketenkriegen in das Land der Arawa einfielen. Nachdem in diesen Kämpfen sowohl die Arawa als auch die Northland-Māori schwere Verluste erlitten hatten, zogen sich letztere zurück.

Im Waikato-Landkrieg (1863–1864) schlossen die Te Arawa dann mit der Regierung ein Bündnis gegen ihre Erzfeinde, die Waikato. Mit dieser Verstärkung im Rücken verhinderten die Te Awara erfolgreich, dass die Kingitanga-Bewegung durch Nachschub von der Ostküste weiteren Auftrieb bekam.

Als in den 1870er-Jahren endlich wieder friedlichere Zeiten anbrachen, verbreitete sich rasant die Kunde von der landschaftlichen Schönheit der Gegend und dem heilenden Wasser, das alle möglichen Krankheiten kurieren sollte. Rotorua erlebte daraufhin einen gigantischen Aufschwung und die Pink and White Terraces entwickelten sich zur Hauptattraktion. Diese Quarzablagerun-

Highlights

❶ **Rotorua Geysire** (S. 315) Ausbruch der Geysire in Te Puia oder Whakarewarewa

❷ **Rotorua** (S. 323) Eins der besten Mountainbike-Reviere

❸ **Wai-O-Tapu Thermal Wonderland** (S. 334) Kaleidoskopische Farben und blubbernde Schlammtümpel

❹ **Redwoods Whakarewarewa Forest** (S. 319) Schattige Wanderwege und den neue Redwoods Treewalk genießen

❺ **Mount Maunganui** (S. 334) Wellenreiten am ersten künstlichen Riff Neuseelands und anschließend bei einem wohlverdienten lokalen Craft Beer entspannen

❻ **Whakaari (White Island)** (S. 357) Ein Flug oder eine Bootsfahrt zum einzigen aktiven submarinen Vulkan Neuseelands

❼ **Tauranga** (S. 338) Essen in den ausgezeichneten Restaurants und Cafés an The Strand

❽ **Mauao** (S. 344) Den spektakulären Wanderweg am Mount Maunganui begehen

DIE MĀORI IN ROTORUA & AN DER BAY OF PLENTY

Der traditionelle Name der Bay of Plenty – Te Rohe o Mataatua – erinnert an das sagenumwobene Mataatua-Kanu, das von Hawaiki kommend in Whakatane landete. Die Geschichte der Region reicht aber noch deutlich weiter zurück: Der Polynesier Toi soll hier um 800 n. Chr. die erste Siedlung Aotearoas errichtet haben.

Die Hauptstammesgruppen der Region sind die **Ngāti Awa** (www.ngatiawa.iwi.nz) in der Gegend von Whakatane, die **Whakatohea** (www.whakatohea.co.nz) in Opotiki, die **Ngāi Te Rangi** (www.ngaiterangi.org.nz) in Tauranga und die **Te Arawa** (www.tearawa.iwi.nz) in Rotorua. Stämme in dieser Region waren auf beiden Seiten an den Neuseelandkriegen des späten 19. Jhs. beteiligt. Diejenigen, die gegen die Regierung kämpften, mussten umfangreiche Landenteignungen hinnehmen, die noch bis in die Gegenwart rechtliche Probleme aufwerfen.

In der Region leben besonders zahlreiche Māori, Reisende können auf vielfältige Weise etwas über deren Kultur in Erfahrung bringen. In Opotiki steht die **Hiona St Stephen's Church** (S. 360) – hier starb 1865 derMissionar Carl Völkner; sein Tod inspirierte die spannende Szene in dem Film *Utu*, in der ein Augapfel verspeist wird. Whakatane besitzt ein besucherfreundliches **marae** (S. 354; Versammlungshaus) an der Hauptstraße und **Toi's Pa** (S. 355), das vielleicht älteste *pa* (befestigtes Dorf) in ganz Neuseeland. In Rotorua gibt es traditionelle Māori-Dörfer, *hangi* (Māori-Festessen) und zahlreiche kulturelle Darbietungen.

gen, infolge vulkanischer Aktivität entstanden, bezeichnete man seinerzeit ehrfürchtig als achtes Weltwunder. Leider wurden die Terrassen bereits im Jahr 1886 durch einen Ausbruch des Mount Tarawera zerstört.

Sehenswertes

Stadtzentrum

★ Rotorua Museum MUSEUM, GALERIE

(Karte S. 320; ☎ 07-350 1814; www.rotoruamuseum.co.nz; Queens Dr, Government Gardens; Erw./Kind 20/8 NZ$; ⏲ März–Nov. 9–17 Uhr, Dez.–Feb. bis 18 Uhr, Führungen stündl. 10–16 Uhr, Dez.–Feb. auch 17 Uhr) Das herausragende Museum ist in einem prächtigen Gebäude im Tudor-Stil untergebracht. Ein 20-minütiger Film über die Geschichte von Rotorua, einschließlich des Tarawera-Ausbruchs, läuft ab 9 Uhr alle 20 Minuten. Der **Don Stafford Flügel**, der dem Te-Arawa-Volk aus Rotorua gewidmet ist, zeigt Holzschnitzereien, Webarbeiten aus Flachs, Arbeiten aus Jade und erzählt die Geschichte des hoch verehrten 28. Māori-Bataillons aus dem Zweiten Weltkrieg. Außerdem gibt es hier zwei Kunstgalerien und ein cooles Café mit Blick auf den Garten (die schönste Aussicht der Stadt hat man allerdings von der Aussichtsplattform auf dem Dach).

Ursprünglich war das Museum eine elegante Badeanstalt, das Bath House (1908); die Ausstellungen in den ehemaligen Duschräumen vermitteln einen faszinierenden Eindruck von den doch eher ausgefallenen Therapien, die hier früher angewendet wurden, darunter „elektrische Bäder" und der Bergonie Chair.

Government Gardens GÄRTEN

(Karte S. 320; Hinemaru St) Die gepflegten Government Gardens im englischen Stil rund um das Rotorua Museum sind ein wahres Postkartenidyll. Jede Menge Rosenbüsche, hier und da ein dampfender Thermalteich und dazwischen auch zivilisatorische Annehmlichkeiten wie beispielsweise Croquet-Rasen und Bowling-Greens erwarten die Besucher.

Blue Baths HISTORISCHE GEBÄUDE

(Karte S. 320; ☎ 07-350 2119; www.bluebaths.co.nz; Government Gardens; Erw./Kind/Fam. 11/6/30 NZ$; ⏲ Nov.–März 10–18 Uhr) Die prächtigen Blue Baths im spanischen Missionsstil wurden 1933 eröffnet (und waren erstaunlicherweise in der Zeit von 1982 bis 1999 geschlossen). Wer jetzt selbst Lust auf ein Bad verspürt, kann sich in den **beheizten Pool** stürzen.

Lake Rotorua SEE

Der Lake Rotorua ist der größte der 16 Seen des Bezirks. Unter der Wasseroberfläche verbirgt sich ein erloschener Vulkan. Mitten im See liegt die Insel Mokoia Island, die über die Jahrhunderte von verschiedenen Māori-Stämmen dieser Region bewohnt wurde. Am Ufer bieten mehrere Firmen Bootstouren auf dem See an.

Ohinemutu HISTORISCHE STÄTTE

(Karte S. 320) GRATIS Ohinemutu ist ein am Seeufer gelegenes Māoridorf (der Zugang erfolgt über Kiharoa, Haukotuku oder Korokai Street von der Lake Street nördlich des Rotorua Hospital her). Hier lässt sich die Verschmelzung von europäischem Erbe und der Māorikultur sehr gut nachvollziehen. Zu den Highlights zählen hier das heilige **Versammlungshaus Tama-te-kapua** aus dem Jahr 1905 (es ist für Besucher leider nicht zugänglich), zahlreiche Vulkanschlote und die historische Holzkirche St Faith's Anglican Church. Sie ist ausgestattet mit kunstvollen Māori-Schnitzereien, mit *tukutuku* (geflochtenen Matten) und einem Bleiglasfenster, das Christus im Māori-Gewand darstellt, wie er über die Wasser des Lake Rotorua schreitet.

Wer das Dorf besucht, sollte sich unbedingt respektvoll verhalten: Dieses Land ist in Privatbesitz, und die Einheimischen mögen keine lärmenden, neugierigen Touristen, die überall herumlaufen und alles fotografieren.

St Faith's Anglican Church KIRCHE

(Karte S. 320; ☎07-348 2393; Ecke Mataiawhea & Korokai St, Ohinemutu; Eintritt gegen Spende; ⏲8–18 Uhr, Gottesdienste So 9 & Mi 10 Uhr) Diese historische Holzkirche, die sich im Māoridorf Ohinemutu am Seeufer befindet, ist kunstvoll mit Māori-Schnitzereien, *tukutuku* (geflochtene Matten), bemaltem Beschlagwerk und Buntglasfenstern geschmückt. Ein Bleiglasfenster zeigt ein bemerkenswertes Ätzbild, auf dem Christus, bekleidet mit einem Māori-Gewand, über die Wasser des dahinterliegenden Lake Rotorua zu wandeln scheint.

Kuirau Park PARK

(Karte S. 320; Ecke Ranolf & Pukuatua St) GRATIS Lust auf ein preiswertes geothermisches Erlebnis? Westlich des Stadtzentrums von Rotorua liegt Kuirau Park, ein vulkanisches Gebiet, das man kostenlos erkunden kann. 2003 begrub ein Vulkanausbruch einen Großteil des Parks (einschließlich der Bäume) unter Schlammmassen, was die Zuschauer in Scharen anlockte. Heute befinden sich hier ein Kratersee, Tümpel mit kochendem Schlamm und jede Menge wabernde Dampfwolken. Vorsicht – die Tümpel sind kochend heiß, es hat bereits Unfälle gegeben.

ROTORUA IN …

… zwei Tagen

Nach dem Frühstück mit Seeblick im **Third Place Cafe** (S. 330) führt ein Bummel durch den dunstigen **Kuirau Park** (s. oben) in die Stadt zurück. Der nächste Halt ist das fabelhafte **Rotorua Museum** (S. 317), gefolgt von einem entspannten Bad in den **Blue Baths** (S. 317). Abends geht es zu einem *hangi* und einem Konzert ins **Tamaki Maori Village** (S. 332) oder ins **Mitai Maori Village** (S. 331).

Der zweite Tag beginnt mit einer geführten Tour im **Whakarewarewa Village** (S. 319); dort kann man zusehen, wie der Pohutu-Geysir in die Luft geht. Von hier ist es nicht weit zum **Redwoods Whakarewarewa Forest** (S. 319); dort sollte man sich ruhig ein paar Stunden Zeit nehmen - auch für den neuen **Redwoods Treewalk** (S. 322).

… vier Tagen

Von geothermischen Abenteuern kann man doch eigentlich nicht genug bekommen! Auf geht's zu den „Hot Spots" im Süden: **Waimangu Volcanic Valley** (S. 333) und **Wai-O-Tapu Thermal Wonderland** (S. 334). Die nahe gelegenen **Waikite Valley Thermal Pools** (S. 335) sind der richtige Ort, um den Tag mit einem Bad ausklingen zu lassen.

Am letzten Tag geht es nach Südosten, um das **Buried Village** (S. 335) zu besichtigen, im **Lake Tarawera** (S. 334) zu baden oder einen langen Spaziergang auf einem Wanderweg am nahe gelegenen **Lake Okataina** (S. 324) zu unternehmen. Zurück in der Stadt bietet sich eine Runde durch die Restaurants und Bars an der **Tutanekai Street** (S. 329; alias „Eat Streat") an. Als Lohn nach den Anstrengungen winken ein paar kalte Biere im **Brew** (S. 331).

Thermal Reserve

Te Whakarewarewa VULKANGEBIET

(Karte S. 336) Rotoruas Hauptattraktion ist Te Whakarewarewa (ausgesprochen wird der Name „fa-ka-re-wa-re-wa“), ein Geothermalfeld 3 km südlich des Stadtzentrums. Der vollständige Name des Gebiets lautet Te Whakarewarewatanga o te Ope Taua a Wahiao; übersetzt heißt das „Der Versammlungsplatz für die Kriegszüge von Wahiao“, viele Leute nennen es aber einfach „Whaka“. Das Gebiet ist wegen seiner Bedeutung für die Māori-Kultur und aufgrund seiner Dampffahnen und blubbernden Schlammtümpel berühmt. Hier befinden sich über 500 Quellen, darunter mehrere bekannte Geysire.

Zu den Highlights dieses aktiven geothermischen Gebiets zählen Te Puia und Whakarewarewa Village.

Te Puia GEYSIR, KULTURZENTRUM

(Karte S. 336; ☎ 0800 837 842, 07-348 9047; www.tepuia.com; Hemo Rd; Erw./Kind Führung 49,50/23 NZ$, Tageskombi geführte Tour & Vorführung 58/29 NZ$, Abendkombi geführte Tour, Vorführung & Hangi 140/70 NZ$; ⏲ Okt.–April 8–18 Uhr, Mai–Sept. bis 17 Uhr) Das Thermal-Schutzgebiet liegt 3 km südlich des Stadtzentrums und umfasst mehr als 500 Quellen. Die berühmteste ist **Pohutu** („Großer Spritzer“ oder „Explosion“), ein Geysir, der bis zu 20-mal am Tag ausbricht und dabei heißes Wasser bis zu 30 m hoch in die Luft schießt. Wann ein Ausbruch bevorsteht, ist leicht zu erkennen, denn der benachbarte Geysir **Prince of Wales' Feathers** bricht immer kurz vorher aus. Führungen (90 Min.) starten ab 9 Uhr stündlich, die 45-minütigen Kulturvorführungen bei Tag beginnen um 10.15, 12.15 und 15.15 Uhr.

Die abendlichen Te-Po-Konzerte und *hangi*-Festessen fangen um 18 Uhr an (im Anschluss an eine Führung um 16.30 Uhr in einem Kombipaket).

Hier befinden sich auch die **National Carving School** und die **National Weaving School**, in denen man Arbeit und Methoden von traditionellen Māori-Schnitzern und -Webern kennenlernen kann. Außerdem gibt es ein Versammlungshaus mit Schnitzereien, ein Café, Galerien, ein Kiwi-Schutzgebiet und einen Souvenirladen.

Whakarewarewa Village DORF

(Karte S. 336; ☎ 07-349 3463; www.whakarewarewa.com; 17 Tyron St; Führung & Kulturvorführung Erw./Kind 35/15 NZ$; ⏲ 8.30–17 Uhr, Führung stündl. 9–16 & Kulturvorführung 11.15 & 14 Uhr) Das Whakarewarewa Thermal Village ist ein lebendiges Dorf, dessen *tangata whenua* (Einheimische) immer noch genau so leben wie vor Jahrhunderten. Die Dorfbewohner führen die Besucher hier herum und erzählen ihnen von ihrem Leben und der Bedeutung der dampfenden, blubbernden Tümpel, der Quarzterrassen und Geysire für die Bewohner und die Region. Die Geysire sind zwar vom Dorf aus nicht direkt erreichbar, aber von einigen Aussichtspunkten aus sind sie sehr gut zu sehen (der Blick auf den Pohutu ist von hier aus sogar genauso beeindruckend wie von Te Puia aus – und dafür erheblich preiswerter).

Die Läden im Dorf verkaufen authentische Kunst und kunsthandwerkliche Erzeugnisse, und man kann mehr über die Traditionen der Māori erfahren, z. B. über Flachsweben, Schnitzen und *ta moko* (Tätowierkunst). Als Stärkung gibt es ganz in der Nähe leckere Maiskolben mit Butter (2 NZ$), direkt aus einem heißen Mineralbecken – das einzige echte geothermische *hangi* der Stadt! Andere größere *hangi*-Angebote rangieren im Preis zwischen 18,50 und 21 NZ$ pro Person.

Umgebung

Redwoods Whakarewarewa Forest WALD

(Karte S. 336; ☎ 07-350 0110; www.redwoods.co.nz; Long Mile Rd, nahe Tarawera Rd; ⏲ 8.30–17 Uhr) GRATIS Der zauberhafte Wald liegt 3 km südöstlich der Stadt an der Tarawera Road. Ursprünglich wuchsen hier 170 verschiedene Baumarten. Sie wurden ab 1899 gepflanzt, um herauszufinden, welche von ihnen sich besonders gut als Bauholz eigneten. Mächtige Küstenmammutbäume verleihen dem Park heute seine Würde. Unterschiedlich lange Wanderwege lassen die Wahl von halbstündigen Spaziergängen durch den Redwood Grove bis zu einer angenehmen Tageswanderung zu den Seen Blue Lake und Green Lake. Die meisten Wanderungen starten am Redwoods i-SITE (S. 332). Eine neue Attraktion ist der spektakuläre Redwoods Treewalk (S. 322).

Der Park eignet sich nicht nur für Wanderungen, sondern ist auch ein toller Platz für ein Picknick und erntet viel Lob für die gut zugänglichen Mountainbikewege. Mountain Bike Rotorua (S. 323) und Planet Bike (S. 324) verleihen Fahrräder auf der anderen Seite des Parks unweit der Waipa State Mill Road.

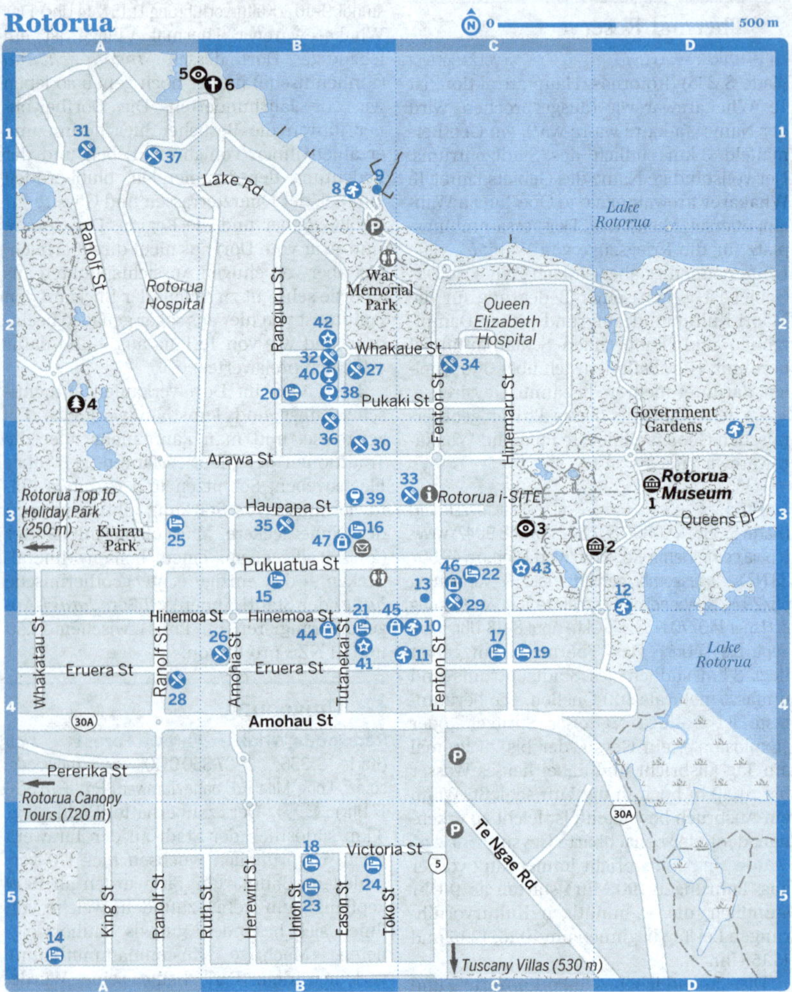

Rainbow Springs WILDPARK

(Karte S. 336; ☎0800 724 626; www.rainbowsprings.co.nz; 192 Fairy Springs Rd; 24-Std.-Pass Erw./Kind/Fam. 40/20/99 NZ$; ⏲ab 8.30 Uhr) In den natürlichen Quellen des Parks tummeln sich Wildforellen und Aale, die Besucher durch ein Unterwasserguckloch beobachten können. Es gibt Lehrpfade, eine neue Wasserbahn namens „Big Splash" und viele, viele Tiere, darunter ein Tuatara (ein einheimisches Reptil) und heimische Vögel (Kea, Kaka und Pukeko). Ein Highlight ist der **Kiwi Encounter**, der einen seltenen Einblick in die Lebensweise dieser bedrohten Vogelart eröffnet: Dazu gehört eine ausgezeichnete 30-minütige Führung (weitere 10 NZ$ pro Pers.), deren Teilnehmer auf Zehenspitzen durch Brut- und Aufzuchtstationen schleichen, um den Vogel aus der Nähe zu beobachten.

Rainbow Springs liegt etwa 3 km nördlich vom Zentrum Rotoruas.

Wingspan National Bird of Prey Centre VOGELPARK

(Karte S. 336; ☎07-357 4469; www.wingspan.co.nz; 1164 Paradise Valley Rd, Ngongotaha; Erw./Kind 25/10 NZ$; ⏲9–15 Uhr) Wingspan wid-

Rotorua

Highlights
1 Rotorua Museum D3

Sehenswertes
2 Blue Baths D3
3 Government Gardens C3
4 Kuirau Park A2
5 Ohinemutu A1
6 St Faith's Anglican Church B1

Aktivitäten, Kurse & Touren
7 Ballbusters D3
8 Kawarau Jet B1
9 Mana Adventures B1
10 Mountain Bike Rotorua Adventure Hub C4
11 O'Keefe's Fishing Specialists C4
12 Polynesian Spa D3
13 Rotorua Duck Tours C3
Volcanic Air .... (s. 9)
Wall .... (s. 21)

Schlafen
14 Ann's Volcanic Motel A5
15 Astray B3
16 Blarney's Rock B3
17 Crash Palace C4
18 Funky Green Voyager B5
19 Millennium Hotel Rotorua C4
20 Regent of Rotorua B2
21 Rock Solid Backpackers B4
22 Rotorua Central Backpackers C3
23 Six on Union B5
24 Victoria Lodge B5
25 YHA Rotorua A3

Essen
26 Abracadabra Cafe Bar B4
27 Atticus Finch B2
28 Bistro 1284 .... A4
29 Coconut Cafe & Restaurant C3
30 Fat Dog Cafe & Bar B3
31 Fish & Chip Shop A1
32 Leonardo's Pure Italian B2
33 Library Store C3
34 Lime Caffeteria C2
35 Sabroso B3
36 The Thai Restaurant B3
37 Third Place Cafe A1

Ausgehen & Nachtleben
38 Brew B2
39 Pig & Whistle B3
40 Ponsonby Rd B2

Unterhaltung
41 Basement Cinema B4
Millennium Hotel Rotorua .... (s. 19)
42 Novotel Rotorua B2
43 Tamaki Maori Village C3

Shoppen
44 Maori Made B4
45 Moko 101 .... B4
46 Rākai Jade C3
47 Rotorua Night Market B3

met sich dem Schutz von drei bedrohten neuseeländischen Vogelarten: Falke, Habicht und Eule. Die Schautafel im Museum informiert über die Vögel, anschließend können Besucher einen verstohlenen Blick in die Brutstation werfen und durch die Allwetter-Voliere gehen. Die interessante Flugschau um 14 Uhr sollte man sich nicht entgehen lassen!

Paradise Valley Springs WILDPARKS
(☎07-348 9667; www.paradisevalleysprings.co.nz; 467 Paradise Valley Rd; Erw./Kind 30/15 NZ$; ⌚8 Uhr bis zur Dämmerung, letzter Einlass 17 Uhr) Im Paradise Valley am Fuß des Mount Ngongotaha, 8 km von Rotorua entfernt, liegt Paradise Valley Springs, ein 6 ha großer Park mit Forellenteichen, großen, schlüpfrigen Aalen und verschiedenen Landtieren. Vertreten sind hier Rehe, Alpakas, Possums und ein Rudel Löwen (die Fütterung findet um 14.30 Uhr statt). Es gibt außerdem ein Café und einen erhöhten Laufsteg durch die Baumwipfel.

Volcanic Hills Winery WEINGUT
(Karte S. 336; ☎07-282 2018; www.volcanichills.co.nz; 176 Fairy Springs Rd; Verkostung drei/fünf Weine 7,50/12,50 NZ$; ⌚Okt.–April 11–19 Uhr, Mai–Sept. bis 18 Uhr) Ausgezeichnete Weine aus neuseeländischen Kultweinbaugebieten wie Marlborough, Central Otago und Hawkes Bay gibt es hier zu kosten; der überwältigende Blick über den See und auf die Stadt setzen noch eins drauf. Das Weingut ist nur mit der Seilbahn zu erreichen – dafür fallen zusätzliche Gebühren an. Wer die Verkostung von fünf Weinen im Voraus bucht, spart 2 NZ$.

Agrodome LANDWIRTSCHAFT
(Karte S. 336; ☎07-357 1050; www.agrodome.co.nz; 141 Western Rd, Ngongotaha; 1-stündige Führung Erw./Kind/Familie 47/24/118 NZ$, 1-stündige Show 33,50/17/87,50 NZ$, Führung & Show 65/32/154 NZ$; ⌚8.30–17 Uhr, Shows 9.30, 11 & 14.30, Führungen 10.40, 12.10, 13.30 & 15.40 Uhr) Im lehrreichen Agrodome erfahren Besucher alles, was sie schon immer über Schafe wissen

wollten. Zu der Show gehören eine Parade preisgekrönter Schafböcke, eine Viehauktion und Demonstrationen der Schafschur und der Arbeit der Hütehunde. Bei der Führung gibt es Nutztiere zu sehen, u.a. eben Schafe. Zu den weiteren Agrar-Attraktionen zählen ein Schurschuppen-Museum und ein Café. Ja, einige Witze sind etwas abgedroschen, aber die Show ist trotzdem sehr unterhaltsam.

Aktivitäten

Extremsportarten

Rotorua Canopy Tours EXTREMSPORT
(Karte S. 336; ☎07-343 1001, 0800 226 679; www.canopytours.co.nz; 173 Old Taupo Rd; 3-stündige Tour pro Erw./Kind/Fam. 139/95/419 NZ$; ⏲Okt.–April 8–20 Uhr, Mai–Sept. bis 18 Uhr) Ein 1,2 km langes Netz aus Brücken, Seilbahnen, Ziplines und Plattformen, und all das in 22 m Höhe in den dichten Kronen eines Urwaldes, wartet 10 Minuten außerhalb der Stadt auf Abenteuerlustige (... es heißt, der Rimu-Baum sei 1000 Jahre alt!). Viele einheimische Vögel leisten den Besuchern dort oben Gesellschaft. Eine kostenlose Abholung kann vereinbart werden.

Agroventures EXTREMSPORT
(Karte S. 336; ☎0800 949 888, 07-357 4747; www.agroventures.co.nz; Western Rd, nahe Paradise Valley Rd, Ngongotaha; 1/2/4/5 Fahrten 49/79/109/189 NZ$; ⏲9–17 Uhr) Im Agroventures, 9 km nördlich von Rotorua am SH 5 (Shuttleservice steht zur Verfügung), geht es richtig rund. Los geht es mit dem **Bungee-Sprung** aus 43 m Höhe und dem **Swoop**, einer Schaukel, die eine Geschwindigkeit von 130 km/h erreicht. Der **Freefall Xtreme** simuliert einen Fallschirmsprung, der **Shweeb** ist ein Monorailsystem mit Pedalantrieb. In den herabhängenden durchsichtigen Kabinen bringen sich die Besucher selbst per Pedalkraft mit bis zu 60 km/h voran.

Nebenan rast der Agrojet, angeblich Neuseelands schnellstes Jetboot, über einen sehr engen, 1 km langen Kurs.

Zorb EXTREMSPORT
(Karte S. 336; ☎07-357 5100, 0800 227 474; www.zorb.com; Ecke Western Rd & SH5, Ngongotaha; Fahrt ab 39 NZ$; ⏲9–17 Uhr, Dez.–März bis 19 Uhr) Zorb liegt 9 km nördlich von Rotorua am SH 5 – zu erkennen am grasbewachsenen Hang, auf dem große, durchsichtige, mit Menschen gefüllte Kugeln hügelabwärts rollen. Das hier ist keine Fata Morgana! Es gibt drei Strecken: 150 m geradeaus, 180 m Zickzack oder 250 m „Fall". Zwei Varianten sind möglich: Festgeschnallt und trocken oder freestyle in einer mit Wasser gefüllten Kugel. Seit Kurzem gibt es außerdem „zurfing". Dabei steuert man ein Bodyboard in einer der riesigen Kugeln.

Ogo EXTREMSPORT
(Karte S. 336; ☎0800 646 768, 07-343 7676; www.ogo.co.nz; 525 Ngongotaha Rd; Fahrt ab 45 NZ$; ⏲9–17 Uhr, Dez.–Feb. bis 18.30 Uhr) Ogo (etwa 5 km nördlich der Stadt) bedeutet, in einer großen Blase mit oder ohne Wasser einen grasbewachsenen Hügel hinunterzuschwanken. Verrückt? Lustig? Beängstigend? Na, alles zusammen eben ...

Skyline Rotorua EXTREMSPORT
(Karte S. 336; ☎07-347 0027; www.skyline.co.nz; Fairy Springs Rd; Erw./Kind Seilbahn 28/14 NZ$; ⏲9–23 Uhr) Die Seilbahn fährt auf den Mount Ngongotaha, etwa 3 km nordwestlich der Stadt, hinauf. Von dort oben haben Besucher einen tollen Blick auf das Seenpanorama oder sie können mit einem schnellen Rennrodel auf drei verschiedenen Pisten bergab sausen (drei Fahrten Erw./Kind 28/14 NZ$). Auf die wirklich Temposüchtigen warten die aufregende Himmelsschaukel (Erw./Kind 80/67 NZ$) oder die Zoom Zipline (95/85 NZ$).

Oben auf dem Gipfel befinden sich außerdem ein Restaurant und Café, es gibt die Weinverkostung in der Volcanic Hills Winery (S. 321) sowie Wanderwege und Naturpfade.

In den Preisen für Sky Swing und Zipline sind die Fahrt mit der Seilbahn und fünf Abfahrten mit dem Rennrodel enthalten. Spaß auf zwei Rädern verspricht der neue Skyline MTB Gravity Park (S. 323), der den Kitzel der Bergabfahrt mit der Seilbahnfahrt auf den Gipfel kombiniert.

Redwoods Treewalk WANDERN
(Karte S. 336; ☎07-350 0110; www.treewalk.co.nz; Redwoods Whakarewarewa Forest; Erw./Kind 25/15 NZ$; ⏲8.30–18 Uhr) Mehr als 500 m werden auf diesem hängenden Laufsteg überquert, der 21 Holzbrücken zwischen jahrhundertealten Mammutbäumen verbindet. Ein Großteil des Weges verläuft 6 m oberhalb des Waldbodens, in einigen Teilen steigt er bis auf 12 m an. Der Treewalk wurde im Januar 2016 eröffnet; für die zweite Phase des Projekts ist u. a. geplant, die Höhe bis auf 20 m anzuheben.

Kawarau Jet BOOTSFAHRT
(Karte S. 320; ☎ 0800 538 7746, 07-343 7600; www.kjetrotorua.co.nz; Seeufer; 30 Min. Erw./Kind 85/54 NZ$; ⌚ 9–18 Uhr) Beim Jetbootfahren mit Kawarau Jet auf dem See nimmt man richtig Fahrt auf. Auch Parasailing (30 Min. Tandem/Solo 80/115 NZ$) ist möglich.

Adventure Playground EXTREMSPORT
(Karte S. 336; ☎ 0800 782 396; www.adventure playground.co.nz; 451 Ngongtaha Rd; ab 75 NZ$) Quadfahren, Ausritte und Tontaubenschießen – an diesem adrenalingetränkten Ort ist das alles machbar. Gemächlicher geht es bei den malerischen Buggy-Touren durch ein nahe gelegenes Stück Urwald zu, die hier ebenfalls angeboten werden.

Wall FELSKLETTERN
(Karte S. 320; ☎ 07-350 1400; www.basement cinema.co.nz; 1140 Hinemoa St; Erw./Kind inkl. Geschirr 16/12 NZ$, Schuhmiete 5 NZ$; ⌚ Mo–Fr 12–22, Sa & So 10–21.30 Uhr) Zum Aufwärmen geht's an die Wand: The Wall bietet eine dreigeschossige Kletterwand mit vielen Überhängen in der Halle.

Mountainbiken

Am Rand der Stadt liegt der Redwoods Whakarewarewa Forest (S. 319) mit einigen der schönsten Mountainbikerouten des ganzen Landes. Das Wegenetz ist fast 100 km lang – genug, um Fahrer auf unterschiedlich schwierigen Strecken tagelang bei Laune zu halten. Aber Achtung: Nicht alle Wege im Wald sind für Radfahrer bestimmt, deshalb unbedingt die Hinweisschilder beachten. Im Besucherzentrum sind Streckenkarten erhältlich.
Ein weiteres unverzichtbares Ziel für Mountainbiker ist der neue Skyline MTB Gravity Park, in dem es mit der Seilbahn auf den Mount Ngongotaha geht.

Ebenfalls in der Nähe liegt die Strecke **Te Ara Ahi**, die zu den „Great Rides" des New Zealand Cycle Trail gehört (www.nzcycle trail.com). Es ist eine mittelschwere Zweitagesfahrt über 66 km, die nach Süden zum Wai-O-Tapu Thermal Wonderland und noch weiter führt.

Weitere Informationen sind auf einer speziellen Anzeigefläche zu finden, die das i-SITE in Rotorua der wachsenden Mountainbiker-Szene widmet. Online gibt es Infos unter www.riderotorua.com.

Skyline MTB Gravity Park MOUNTAINBIKEN
(☎ 07-347 0027; www.skyline.co.nz/rotorua; Fairy Springs Rd.; 1/15 Seilbahnfahrten mit Bike 28/55 NZ$; ⌚ 9–17 Uhr) Ein weiterer Beweis für Rotoruas anhaltenden Ruf als Weltklasseziel für Mountainbiker ist das neue Netzwerk von elf MTB-Tracks am Mount Ngongotaha. Es gibt hier Strecken aller Schwierigkeitsgrade; der Gipfel ist mit der Skyline-Seilbahn zu erreichen (S. 322). Fahrräder können auch an Ort und Stelle bei Mountain Bike Rotorua ausgeliehen werden (2 Std./halber Tag ab 60/90 NZ$).

Mountain Bike Rotorua MOUNTAINBIKEN
(Karte S. 336; ☎ 0800 682 768; www.mtbrotorua.co.nz; Waipa State Mill Rd; Mountainbikes 2 Std./Tag ab 35/45 NZ$, geführte Tour halber/ganzer Tag ab 130/275 NZ$; ⌚ 9–17 Uhr) Der Ausrüster verleiht Räder an der Zufahrt zum Parkplatz Waipa Mill am Redwoods Whakarewarewa Forest (S. 319), dem Ausgangspunkt für viele Radrouten.

Im neuen, zentral in Roturoa gelegenen **Erlebniszentrum** (Karte S. 320; ☎ 07-348 4290; www.mtbrotorua.co.nz; 1128 Hinemoa St; ⌚ 9–17 Uhr) können auch Fahrräder ausgeliehen werden, es gibt Mountainbike-Infos und man kann ein cooles kleines Café besuchen. Der Anbieter unterhält außerdem einen Fahrradverleih im Skyline MTB Gravity Park.

NICHT VERSÄUMEN

MĀORI-KONZERTE & HANGI

Die Māori-Kultur wird in Rotorua großgeschrieben, und bei aller Kommerzialisierung bietet sich hier eine tolle Gelegenheit, etwas über Neuseelands indigene Kultur zu erfahren. Die beiden Hauptaktivitäten sind Konzerte und *hangi*-Festessen, die oft zu einem abendlichen Unterhaltungsprogramm zusammengefasst werden. Dabei werden auch das berühmte *hongi* (Māori-Begrüßung, bei der zwei Menschen Stirn und Nase aneinanderdrücken und den Lebensatem teilen) sowie die Tänze *haka* und *poi* vorgeführt.

Das **Tamaki Maori Village** (S. 332) und das familiengeführte **Mitai Maori Village** (S. 331) sind besonders bekannt und beliebt. **Te Puia** (S. 319) und **Whakarewarewa Village** (S. 319) veranstalten ebenfalls solche Aufführungen, und auch viele der großen Hotels bieten Mainstream Māori-Konzerte und *hangi* an.

Planet Bike FAHRRADVERLEIH

(Karte S. 336; ☎027 280 2817; www.planetbike.co.nz; Waipa Bypass Rd; Mountainbike 2 Std./Tag ab 35/60 NZ$) Fahrradverleih und geführte Mountainbike-Touren (3 Std./halber Tag 150/199 NZ$) im Redwoods Whakarewarewa Forest (S. 319).

Wandern

Rund um Rotorua gibt es reichlich Gelegenheiten, sich die Füße zu vertreten, besonders empfehlenswert sind die Tageswanderungen. Die Broschüre *Walks in the Rotorua Lakes Area* (2,50 NZ$), erhältlich beim i-SITE, beschreibt Stadtspaziergänge wie den beliebten Bummel am Seeufer entlang (20 Min.). Siehe auch www.doc.govt.nz.

Der **Eastern Okataina Walkway** (eine Strecke 3 Std.) verläuft am Ostufer des Lake Okataina bis zum Lake Tarawera und passiert unterwegs den Soundshell, ein natürliches Amphitheater mit Überresten eines *pa* (befestigtes Dorf) und mehrere Badestellen. Der **Western Okataina Walkway** (eine Strecke 5 Std.) führt auf der Westseite des Sees entlang.

Der **Northern Tarawera Track** (eine Strecke 3 Std.) ist die Fortsetzung des Eastern Okataina Walkway; beide zusammen lassen sich zu einer Zwei-Tages-Wanderung von Ruato oder Lake Okataina zum Lake Tarawera mit Zeltübernachtung bei Humphries Bay (kostenlose Zeltplätze) oder Tarawera Outlet (Zeltplätze pro Erw./Kind 6/3 NZ$) kombinieren. Vom Tarawera Outlet ist ein Abstecher zu den 65 m hohen **Tarawera Falls** (hin & zurück 4 Std.) möglich. Von Kawerau, einem düsteren Holzfällerort im Schatten des Putauaki (Mount Edgecumbe) führt eine Forststraße zum Tarawera Outlet, sie zweigt von der Straße nach Whakatane ab; der Zugang kostet 5 NZ$, Passierscheine sind im Kawerau Information Centre (S. 337) erhältlich.

Die **Okere Falls** liegen etwa 21 km nordöstlich von Rotorua am SH 33. Ein leichter Wanderweg (hin & zurück 30 Min.) führt an den 7 m hohen Wasserfällen (beliebtes Rafting-Revier) vorbei. Weiter geht es durch einen Wald aus heimischen Steineiben und am Kaituna River entlang. Unterwegs gibt es bei Hinemoa's Steps einen Aussichtspunkt auf den Fluss.

Gleich nördlich von Wai-O-Tapu an der SH5 beginnt der **Rainbow Mountain Track** (eine Strecke 1½ Std.). Die anstrengende Wanderung führt zum Gipfel hinauf, den die Māori Maungakakaramea (Berg der gefärbten Erde) nennen. Die Aussicht von dort oben auf den Lake Taupo und den Tongariro National Park ist spektakulär. **Hamurana Springs** (Karte S. 336) bietet eine kurze Wanderung am Nordrand des Lake Rotorua.

Am Mount Ngongotaha, 10 km nordwestlich von Rotorua, gibt es ebenfalls mehrere schöne Wanderwege: Der leichte, 3,2 km lange **Nature Walk** ist ein Rundweg durch den Urwald, und der steile **Jubilee Track** (hin & zurück 5 km) führt zum Gipfel (allerdings ohne Aussicht). Siehe auch www.ngongotaha.org.

Mount Tarawera Volcanic Experience WANDERN

(Katikati Adventures; ☎0800 338 736; www.mt-tarawera.com; pro Pers. 149 NZ$) Die Teilnehmer dieses geführten Abenteuers lernen die gewaltige Vulkanlandschaft aus nächster Nähe kennen. Eine aufregende Fahrt mit dem Allradfahrzeug wird mit einer Wanderung um den Kraterrand kombiniert. Es bietet sich sogar die Gelegenheit, über das Vulkangestein in den Krater hinunter zu gehen. Kombi-Angebote beinhalten einen Hubschrauberflug über den Berg und die nahe gelegenen Seen.

Wildwasser-Rafting, Sledging & Kajakfahren

Rund um Rotorua gibt es reichlich Areale für jegliche Arten von Kajakfahrten und Wildwassersport. Dazu zählt auch der **Kaituna River** mit Stromschnellen der Kategorie V und einer äußerst spektakulären, 7 m hohen Stufe an den Okere-Wasserfällen. Die meisten dieser Ausflüge dauern einen Tag. Einige Firmen steuern die weiter entfernten Flüsse **Rangitaiki River** (Kategorie III–VI) und **Wairoa River** (Kategorie V) an, die allerdings nur befahrbar sind, wenn an jedem zweiten Sonntag der Damm geöffnet wird. Sledging (falls es jemand noch nicht weiß) bedeutet, auf einem Bodyboard flussabwärts zu sausen. Die meisten Anbieter sorgen auch für den Transport.

River Rats RAFTING

(☎07-345 6543, 0800 333 900; www.riverrats.co.nz) Raftingtouren auf dem Wairoa (129 NZ$), Kaituna (105 NZ$) und Rangitaiki (139 NZ$); außerdem bietet der Veranstalter einen landschaftlich reizvollen Ausflug auf dem unteren Rangitaiki (Kategorie II) an, der sich auch gut für Jugendliche eignet (Erw./Kind 139/110 NZ$). Wer mag, kann sich ein Kajak mieten (59/39 NZ$) und auf eigene Faust in See stechen, oder sich beim aufregenden River-Sledging (Hydrospeed) auf dem Kaituna (129 NZ$) vergnügen.

Wet 'n' Wild RAFTING
(☎0800 462 7238, 07-348 3191; www.wetnwildrafting.co.nz) Veranstaltet Fahrten auf dem Kaituna (99 NZ$), Wairoa (110 NZ$) und Mokau (160 NZ$) sowie gemächlichere Ausflüge auf dem Rangitaiki (Erw./Kind 130/100 NZ$) und längere Touren zu abgelegenen Abschnitten von Motu und Mohaka (2–5 Tage, 650–1095 NZ $).

Raftabout RAFTING
(☎0800 723 822, 07-343 9500; www.raftabout.co.nz) Bietet Rafting auf dem Kaituna (105 NZ$), Rangitaiki (139 NZ$) und Wairoa (129 NZ$), außerdem Sledging auf dem Kaituna (129 NZ$). Zum Rafting auf dem Kaituna gehört als aufregendes Highlight die Fahrt über die 7 m hohen Tutea Falls.

Kaituna Cascades RAFTING, KAJAKFAHREN
(☎0800 524 8862, 07-345 4199; www.kaitunacascades.co.nz) Rafting auf dem Kaituna (89 $), Rangitaiki (125 $) und Wairoa (115 $), plus Möglichkeiten zum Kajakfahren und Kombi-Angebote.

Kaitiaki Adventures RAFTING
(☎0800 338 736, 07-357 2236; www.kaitiaki.co.nz) Wildwasser-Raftingtrips auf den Flüssen Kaituna (95 NZ$) und Wairoa (125 NZ$) sowie Sledging auf einem Abschnitt der Kategorie III des Kaituna (109 NZ$).

Kaituna Kayaks KAJAKFAHREN
(☎07-362 4486; www.kaitunakayaks.co.nz; geführte Touren 160 NZ$, Unterricht halber/ganzer Tag ab 199/299 NZ$) Geführte Tandemausflüge und Kajakunterricht (mit Gruppenrabatt) auf dem Kaituna River.

Thermalbäder & Massage

Zu den Wellness-/Bäderanlagen in der Gegend zählen Hell's Gate & Wai Ora Spa (S. 334), 16 km nordöstlich von Rotorua, und Waikite Valley Thermal Pools (S. 335), etwa 35 km südlich.

Polynesian Spa SPA
(Karte S. 320; ☎07-348 1328; www.polynesianspa.co.nz; 1000 Hinemoa St; separater Pool 30 Min. Erw./Kind ab 18/7 NZ$, Familienpool Erw./Kind/Fam. 22/9/45 NZ$; ⏲8–23 Uhr) 1882 wurde an den Quellen in den Government Gardens ein Badehaus eröffnet, seither schwören die Leute auf das hiesige Wasser. Mineralbäder (36–42 °C) sind in mehreren Becken am Rand des Sees, in mit Marmor eingefassten terrassierten Pools und in einem größeren Hauptbecken möglich. Außerdem werden Luxusbehandlungen (Massage, Schlammpackung und kosmetische Behandlung; ab 89 NZ$; 10–19 Uhr) angeboten, zusätzlich gibt es ein Café.

Angeln

Rund um Rotorua findet sich immer eine gute Gelegenheit, um Forellen zu angeln. Man kann einen Führer anheuern oder allein losziehen: In jedem Fall wird ein Angelschein benötigt (1 Tag/3/9 Tage 20/45/87 NZ$), erhältlich sind diese bei **O'Keefe's Fishing Specialists** (Karte S. 320; ☎07-346 0178; www.okeefesfishing.co.nz; 1113 Eruera St; ⏲Mo–Fr 8.30–17, Sa 9–14 Uhr). Am Seeufer in Rotorua ist das Angeln mit Angelschein erlaubt, allerdings dürfen nicht alle Seen das ganze Jahr über befischt werden; entsprechende Infos dazu gibt es bei O'Keefe's oder im i-SITE.

Trout Man ANGELN
(☎0800 876 881, 07-357 5255; www.waiteti.com; 2 Std./Tagesausflüge ab 40/140 NZ$) Fischen lernen bei dem erfahrenen Angler Harvey Clark – in einigen Stunden oder bei mehrtägigen Trips.

Gordon Randle ANGELN
(☎07-349 2555; www.rotoruatrout.co.nz; Charter halber/ganzer Tag 420/860 NZ$) Es werden auch annehmbare Stundensätze angeboten.

Andere Aktivitäten

Ballbusters GOLF
(Karte S. 320; ☎07-348 9126; www.ballbusters.co.nz; Queens Dr, Government Gardens; ⏲9–19.30 Uhr) Ballbuster verfügt über einen Neun-Loch-Golfkurs (Erw./Kind 16/12 NZ$), Minigolf (12/9 NZ$) und eine Übungsfläche (80 Bälle 11 NZ$). Außerdem gibt es einen Schlagkäfig mit Ballwurfmaschine fürs Baseballtraining (Eimer mit Bällen 10 NZ$) und den eigenartigen Kitzel des Bubble Soccer (35 NZ$), bei dem die Teilnehmer in aufblasbaren Kugeln stecken, herumrennen und gegeneinander prallen. Paintball und Zielschießen komplettieren das reichhaltige Action-Angebot.

aMAZEme MAZE
(Karte S. 336; ☎07-357 5759; www.amazeme.co.nz; 1335 Paradise Valley Rd, Ngongotaha; Erw./Kind/Fam. 16/9/45 NZ$; ⏲9–17 Uhr) Das faszinierende, 1,4 km lange Labyrinth besteht aus exakt beschnittenen, mannshohen Escallonia-He-

cken. In den endlosen Windungen verlaufen sich Erwachsene und Kinder gleichermaßen, ein großer Spaß.

Farmhouse REITEN
(Karte S. 336; ☎07-332 3771; www.thefarmhouse.co.nz; 55 Sunnex Rd, nahe Central Rd; 30 Min./1 Std./2 Std. 26/42/74 NZ$) Bei Farmhouse nördlich des Lake Rotorua werden die Pferde zu einem kurzen Reitausflug für Anfänger oder einem längeren Ausritt für erfahrene Reiter gesattelt.

Geführte Touren

Rotorua Duck Tours GEFÜHRTE TOUR
(Karte S. 320; ☎07-345 6522; www.rotoruaduck tours.co.nz; 1241 Fenton St; Erw./Kind/Fam. 68/38/175 NZ$; ⏲Tour Okt.–April 11, 13 & 15.30 Uhr, Mai–Sept. 11 & 14.15 Uhr) 90-Minuten-Trips in einem mit Biotreibstoff betriebenen Amphibienfahrzeug führen an den wichtigsten Sehenswürdigkeiten der Stadt vorbei und auf drei Seen (Rotorua, Okareka und Tikitapu/Blue) hinaus. Auch längere Ausflüge auf dem Lake Tarawera stehen auf dem Programm.

Rotorua Paddle Tours WASSERSPORT
(☎0800 787 768; www.rotoruapaddletours.co.nz; Touren ab 90 NZ$; ⏲10 & 15 Uhr) Wer hat Lust, Stand-up-Paddling (Stehpaddeln) auszuprobieren – und zwar ohne gegen Wellen ankämpfen zu müssen? Der Veranstalter bietet 90-minütige Ausflüge auf dem Lake Rotorua, Lake Rotoiti und dem Blue Lake mit grenzenlos schöner Landschaft und entspannenden Pausen in heißen Pools an. Vorkenntnisse sind nicht erforderlich.

Foris Eco Tours ÖKOTOUR
(☎0800 367 471; www.foris.co.nz; Erw./Kind 249/99 NZ$) Der Tagesausflug beginnt mit einem einstündigen Spaziergang durch den alten Regenwald des Whirinaki Forest Park, bevor man sich anschließend auf einem Floß gemütlich über den Rangitaiki River treiben lässt. Ganztageswanderungen sind ebenfalls im Angebot, Mittagessen, Transfers und jede Menge Tierbeobachtungsmöglichkeiten sind dabei inbegriffen.

Thermal Land Shuttle TOUR
(☎0800 894 287; www.thermalshuttle.co.nz; Erw./Kind ab 70/35 NZ$) Täglich stattfindende Touren (morgens, nachmittags sowie nachts) zu einigen der wichtigsten Sehenswürdigkeiten, etwa Waimangu, Wai-O-Tapu, Te Puia und Rainbow Mountain. Man kann aber auch einfach nur den Transport dorthin buchen, ohne Führung.

Geyser Link Shuttle TOUR
(☎03-477 9083, 0800 304 333; www.travelheadfirst.com) Touren zu einigen der wichtigsten Sehenswürdigkeiten, einschließlich Wai-O-Tapu (halber Tag Erw./Kind 75/35 NZ$), Waimangu (halber Tag 75/35 NZ$) oder beides (ganzer Tag 125/65 NZ$). Außerdem werden Ausflüge angeboten, bei denen es u. a. nach Hobbiton und Whakarewarewa geht.

Volcanic Air RUNDFLUG
(Karte S. 320; ☎0800 800 848, 07-348 9984; www.volcanicair.co.nz; Rotorua City Lakefront, Memorial Dr; Flug 195–995 NZ$) Diverse Flüge mit Wasserflugzeug und Helikopter rund um den Mount Tarawera und die geothermischen Stätten in seiner Umgebung, darunter Hell's Gate, Buried Village und Waimangu Volcanic Valley. Ganz oben auf der Preisliste steht ein Ausflug von 3¼ Stunden Dauer, der nach Whakaari (White Island)/Mount Tarawera führt.

Happy Ewe Tours FAHRRADTOUR
(☎022 622 9252; www.happyewetours.com; Erw./Kind 55/35 NZ$; ⏲10 & 14 Uhr) Aufsitzen für eine dreistündige Fahrradtour in Kleingruppen durch Rotorua: Sie führt an 20 Sehenswürdigkeiten in der Stadt vorbei. Die Strecke ist eben, das Tempo gemächlich; Teilnehmer müssen sich also nicht auf dem Gipfel ihrer physischen Leistungsfähigkeit befinden (sie haben schließlich Urlaub!).

Mana Adventures CRUISE, KAYAKING
(Karte S. 320; ☎07-348 4186, 0800 333 660; www.manaadventures.co.nz; Seeufer; ⏲Mi–Mo 9–17 Uhr) Unten am See verleiht Mana Adventures (wenn das Wetter es zulässt) Tretboote (20 Min. Erw./Kind 10/8 NZ$) und Kajaks (halbe Std./Std. 16/28 NZ$). Eine neue Errungenschaft ist ein Spaziergang auf dem Wasser in einem riesigen, aufblasbaren Mana Ball (11 NZ$ pro 5 Min.).

Schlafen

Rotorua verfügt über zahlreiche Campingplätze und eine sich ständig verändernde Backpackerszene. Normale Motels stehen dicht an dicht an der Fenton Street: bessere und interessantere Zimmer finden sich abseits der Hauptstraße.

★ **Funky Green Voyager** HOSTEL $
(Karte S. 320; ☎07-346 1754; www.funkygreenvoyager.co.nz; 4 Union St; B ab 27 NZ$, DZ mit/ohne Bad 72/64 NZ$; @📶) Grün ist hier das Motto – und zwar von innen und von

außen (dank mehrerer Eimer Farbe und einer umweltfreundlichen Einstellung): Das schuhfreie Funky GV bietet eine entspannte Atmosphäre und jede Menge Geselligkeit unter den unternehmungslustigen Gästen. Die Besitzer kennen sich aus in der Welt und wissen, was Reisende sich so wünschen. Die besten Doppelzimmer haben eigene Bäder, die geräumigen Schlafsäle sind mit hochwertigen Matratzen und stabilen Holzbetten bestückt.

Rotorua Thermal Holiday Park CAMPINGPLATZ $
(Karte S. 336; ☎ 07-346 3140; www.rotoruathermal.co.nz; 463 Old Taupo Rd; Stellplätze ab 40 NZ$, DZ Hütte/Wohneinheit ab 60/95 NZ$; @ ᯤ ≋) Der superfreundliche Wohnmobilpark am Stadtrand schwimmt voll auf der Freizeitwelle mit. Grillplätze, Spielplatz, jede Menge Zeltplätze sowie ein Laden und ein Café erwarten die Reisenden. Die offenen Rasenflächen bieten reichlich Bewegungsmöglichkeiten, es gibt viele Bäume und heiße Mineralbecken, um den Tag zu verplanschen. Außerdem kann man hier Fahrräder mieten, und wir sind große Fans der rustikalen Blockhütten.

Rotorua Top 10 Holiday Park CAMPINGPLATZ $
(Karte S. 336; ☎ 0800 223 267, 07-348 1886; www.rotoruatop10.co.nz; 1495 Pukuatua St; Stellplatz/Hütte/Motel ab 46/100/150 NZ$; @ ᯤ ≋) Der kleine, aber perfekt gestaltete Campingplatz bietet einen tollen Kinderspielplatz. Die Duschen-/Toilettenblocks und die heißen Mineralbecken werden tiptop sauber gehalten. Die Hütten sind in einem guten Zustand und mit kleinen Kühlschränken und Mikrowelle ausgestattet. Auf dem Platz gibt es viele Sträucher und Picknicktische.

YHA Rotorua HOSTEL $
(Karte S. 320; ☎ 07-349 4088; www.yha.co.nz; 1278 Haupapa St; B 26–29 NZ$, EZ 75 NZ$, DZ mit/ohne Bad ab 94/80 NZ$; @ ᯤ) Hell und blitzblank präsentiert sich dieses stilvolle, zweckmäßige Hostel. Besonders Leute, die Outdooraktivitäten im Sinn haben, sind hier gut aufgehoben: Die Mitarbeiter reißen sich geradezu darum, beim Buchen von Ausflügen behilflich zu sein. Dazu kommen Unterstellmöglichkeiten für Fahrräder und Kajaks. Die teureren Zimmer haben ein eigenes Bad, außerdem gibt es einen Grillbereich und eine Terrasse zum Abhängen (obwohl das Haus keine Partyrampe ist). Ein weiterer Pluspunkt sind die hauseigenen Parkplätze.

Waiteti Trout Stream Holiday Park CAMPINGPLATZ $
(Karte S. 336; ☎ 07-357 5255, 0800 876 881; www.waiteti.com; 14 Okona Cres, Ngongotaha; Stellplatz 40 NZ$, B/Hütte/Motel ab 30/65/115 NZ$; @ ᯤ) Die sehr gepflegte Anlage ist eine tolle Option für Leute, die die 8 km lange Fahrt in die Stadt nicht scheuen. Der Holiday Park liegt auf zwei Morgen Gartenland am Ufer eines forellenreichen Bachs und ist eine gemütliche Unterkunft mit schönen Moteleinheiten, kleinen Hütten, einer netten Blockhütte für Backpacker und schönen Zeltplätzen am Bach. Kajaks und Dinghis werden kostenlos verliehen, Unterrichtseinheiten im Fliegenfischen (ab 30 NZ$) sind hier ebenfalls buchbar. Und das alles ohne Schwefelgeruch!

Rock Solid Backpackers HOSTEL $
(Karte S. 320; ☎ 07-282 2053; www.rocksolidrotorua.co.nz; 1140 Hinemoa St; B 19–27 NZ$, DZ mit/ohne Bad 90/70 NZ$; @ ᯤ) Das höhlenartige Rock Solid, das einem Einheimischen gehört, ist in einer ehemaligen Einkaufspassage untergebracht: Die Gäste kampieren also möglicherweise in einem Blumen- oder Feinkostladen. Die Schlafsäle über der Straße sind sonnig, und es gibt eine große, helle Küche. Unten befindet sich die Felskletterhalle (S. 323), von der großzügigen Lounge des Hostels hat man das Geschehen genau im Blick. Kostenloses WLAN und ein Billardtisch vervollständigen das Angebot.

Rotorua Central Backpackers HOSTEL $
(Karte S. 320; ☎ 07-349 3285; www.rotoruacentralbackpackers.co.nz; 1076 Pukuatua St; B 26–29 NZ$, 2BZ & DZ 64 NZ$; @ ᯤ) Das Hostel wurde 1936 gebaut; daran erinnern historische Merkmale wie dunkle Sockelleisten und Türrahmen aus Holz, tiefe Badewannen und geothermisch betriebene Radiatoren. Die Schlafsäle haben nicht mehr als sechs Betten (und keine Stockbetten), außerdem gibt es einen Wellness-Pool und Barbecue. Das Haus ist perfekt für Leute, die keine Lust auf Party haben.

Blarney's Rock HOSTEL $
(Karte S. 320; ☎ 07-343 7904; www.blarneysrock.com; 1210 Tutanekai St; B 23–27 NZ$, DZ 60 NZ$; @ ᯤ) Wer hier betrunkene Backpacker erwartet, die oberhalb eines Irish Pub Anekdoten aus ihrem Leben erzählen, wird enttäuscht sein. Das Blarney's ist eine ruhige, saubere und komfortable Unterkunft mit einem Manager, der auch hier wohnt und dafür sorgt, dass die Party im Untergeschoss

bleibt. Klein, heimelig, mit sonniger Terrasse, kostenlosem WLAN (und, ebenfalls gratis, zweimal wöchentlich Apfelkuchen) sowie – an kühlen Abenden – Wärmflaschen fürs Bett.

Astray MOTEL, HOSTEL $
(Karte S. 320; ☎ 07-348 1200, 0800 481 200; www.astray.co.nz; 1202 Pukuatua St; B/EZ/DZ ab 25/45/65 NZ$, FZ 105–150 NZ$; @ 📶) Selbst für Gäste, die 1,90 m groß sind, ist das Astray – ein "Micro-Motel", das wahrscheinlich besser nach Tokio als nach Rotorua passt, ein vernünftiges Angebot. Sauber, aufgeräumt, ruhig, freundlich und zentral: Nur der Raum ist halt eher begrenzt. Das kostenlose WLAN ist ein Pluspunkt.

Crash Palace HOSTEL $
(Karte S. 320; ☎ 07-348 8842, 0800 892 727; www.crashpalace.co.nz; 1271 Hinemaru St; B/EZ/DZ ab 22/45/65 NZ$; @ 📶) Das Crash hat sich in einem großen blauen Hotel aus den 1930er-Jahren unweit der Government Gardens eingerichtet. Die Atmosphäre hält die Balance zwischen Party und Grabesstille, ohne zu sehr nach einer Seite zu kippen. Die schönsten Zimmer haben Dielenböden, an den Wänden hängt viel Kunst. In der Lobby gibt's einen Billardtisch und ein DJ-Pult, und nach hinten raus auch eine schöne Terrasse. Die Zahl der Parkplätze ist begrenzt.

Tuscany Villas MOTEL $$
(Karte S. 336; ☎ 07-348 3500, 0800 802 050; www.tuscanyvillasrotorua.co.nz; 280 Fenton St; DZ ab 165 NZ$; 📶) Mit seiner italienisch angehauchten Bauweise und den spitzen Koniferen hebt sich dieses Motel in Familienbesitz von den anderen an der Fenton Street auffallend ab. Die Unterkunft passt perfekt für Geschäftsreisende wie für Urlauber, die die großzügige Möblierung, die zahlreichen Fernseher, DVD-Player und die Whirlpools zu schätzen wissen. Kostenloses WLAN.

Six on Union MOTEL $$
(Karte S. 320; ☎ 07-347 8062, 0800 100 062; www.sixonunion.co.nz; 6 Union St; DZ/FZ 130/180 NZ$; 📶 🏊) Ein Hoch auf die Blumenampeln! Die schlichte Anlage ist eine erschwingliche Unterkunft mit Pool, Wellnessbereich und kleinen Kitchenettes in allen Einheiten. Die Zimmer sind funktional, und die freundlichen Besitzer (aus Yorkshire) halten den Schwimmbeckenbereich in gutem Zustand. Das Haus liegt abseits des Verkehrslärms, aber nur ein paar Schritte vom Stadtzentrum entfernt.

Victoria Lodge MOTEL $$
(Karte S. 320; ☎ 07-348 4039, 0800 100 039; www.victorialodge.co.nz; 10 Victoria St; DZ/Apartment ab 118/169 NZ$; 📶) Das freundliche Vic hat viele Mitbewerber kommen und gehen sehen, selbst aber seine Marktposition behauptet. Geboten werden Apartments mit individuellem Flair und Studios mit thermal beheizten Tauchbecken. In die voll ausgestatteten, kürzlich renovierten Apartments können sich bis zu sieben Leute quetschen, zu viert ist es aber komfortabler.

Sandi's Bed & Breakfast B&B $$
(Karte S. 336; ☎ 0800 726 3422, 07-348 0884; www.sandisbedandbreakfast.co.nz; 103 Fairy Springs Rd; EZ/DZ inkl. Frühstück 85/130 NZ$; 📶 🏊) Das freundliche Familien-B&B wird von der gut gelaunten Sandi geführt, die stets lächelnd Urlaubern Tipps gibt. Das Haus steht an einer belebten Straße einige Kilometer nördlich der Stadt; daher sind die beiden unkomventionellen Chalets nach hinten raus mit TV und viel Platz zum Bewegen die beste Option.

Ann's Volcanic Motel MOTEL $$
(Karte S. 320; ☎ 07-347 1007, 0800 768 683; www.rotoruamotel.co.nz; 107 Malfroy Rd; Einheit 119–139 NZ$; 📶) Ann's ist ein erschwingliches Motel mit freundlichen Gastgebern, die haufenweise Rotorua-Tipps auf Lager haben. Zu den größeren Zimmern gehören Whirlpools im Freien und Einrichtungen für Reisende mit Behinderung; nebenan steht ein Haus für große Gruppen (ausgestattet mit neun Schlafplätzen) zur Verfügung. Die Zimmer zur Straße raus können aber ein bisschen laut sein.

★ **Koura Lodge** B&B $$$
(Karte S. 336; ☎ 07-348 5868; www.kouralodge.co.nz; 209 Kawaha Point Rd; Zi./Suite/Apt. 465/545/645 NZ$; 📶) Die Lodge mit zehn Zimmern steht abgeschieden am Westufer des Sees. Sie bietet geräumige Doppelzimmer, Luxussuiten und ein Apartment mit zwei Schlafzimmern. Terrassen und Balkons scheinen mit dem Seeblick zu verschmelzen; mit dem Kajak kann man direkt von dem Grundstück starten. Die Gemeinschaftsräume sind mit warmen Holzböden, Orientteppichen und einem gemütlichen Kamin ausgestattet. Das Gourmet-Frühstück an dem riesigen Holztisch bietet Gelegenheit, andere Traveller kennenzulernen.

Ein Wellnessbereich, eine Sauna und ein Tennisplatz sorgen für Abwechslung.

Mokoia Downs Estate B&B B&B $$$
(Karte S. 336; ☎ 07-332 2930; www.mokoiadowns.com; 64 Mokoia Rd; EZ/DZ 200/250 NZ$;) Die B&B-Unterkunft ist sehr komfortabel, aber ihr eigentlicher Reiz besteht in dem herzlichen Empfang durch die englisch-irischen Besitzer Mick und Teresa und den anderen Attraktionen des tollen, halb ländlichen Refugiums. Die Gäste können den Schafen, Eseln und Minipferden Hallo sagen, im hauseigenen Kino und in der Bibliothek abschalten oder Micks Schnäpse probieren, die er in seiner Mikrodistillerie aus lokalen Biofrüchten brennt.

Bio-Erzeugnisse kommen auch beim Frühstück auf den Tisch, von Mitte November bis Mitte April kann der solar beheizte Swimmingpool genutzt werden. Mokoia Downs liegt etwa 11 km nördlich vom Zentrum von Rotorua.

Regent of Rotorua BOUTIQUEHOTEL $$$
(Karte S. 320; ☎ 07-348 4079, 0508 734 368; www.regentrotorua.co.nz; 1191 Pukaki St; DZ/Suite ab 200/325 NZ$;) Das Regent, ein renoviertes Motel aus den 1960er-Jahren, erfüllt wirklich die Erwartungen. „Die 60er waren eine tolle Zeit zum Reisen", sagen die Besitzer. Entsprechend ist das Dekor: angesagte Schwarz-Weiß-Töne, verrückte Spiegel, Retro-Tapeten und Farbakzente. Es gibt auch einen Pool und ein Restaurant, und die Lokale an der Tutanekai Street liegen nur einen Katzensprung entfernt. Nebenan gibt es noch einen ganzen neuen Flügel mit weiteren Zimmern.

Millennium Hotel Rotorua HOTEL $$$
(Karte S. 320; ☎ 07-347 1234; www.millenniumrotorua.co.nz; Ecke Eruera & Hinemaru St; DZ ab 200 NZ$; @) Die von der Bauweise der Māori inspirierte Hochglanz-Lobby ist das Kernstück des eleganten fünfstöckigen Hotels. Die Zimmer am Seeufer bieten eine tolle Aussicht – und ebenso die Club-Lounge, die bei Geschäftsleuten und dem internationalen Publikum hoch im Kurs steht. Der *hangi* am Pool ist fantastisch; und das gilt auch für das hauseigene Restaurant Nikau. Wer im Voraus bucht, bekommt bessere Konditionen.

Essen

Am dem See zugewandten Ende der Tutanekai Street – „Eat Streat" genannt – findet sich eine Reihe guter Restaurants unter einem Dach. Auch im übrigen Stadtgebiet ist die Auswahl an Lokalen groß.

Mistress of Cakes BÄCKEREI $
(Karte S. 336; ☎ 07-345 6521; www.mistressofcakes.co.nz; Shop 2, 26 Lynmore Ave; Snacks 4–8 NZ$; ⏲ Di–Fr 8.30–17.30, Sa & So 9–15 Uhr) Hier gibt es fantastische Muffins, Blechkuchen, Kekse, Scones und auch Quiches, alles aus lokalen Zutaten hergestellt. Mistress of Cakes hat jetzt einen neuen Standort in der Nähe des Redwoods Whakarewarewa Forest. Ein Kaffee und ein irre gutes Würstchen im Teigmantel sind nach einer Wanderung oder einer Mountainbike-Tour eine willkommene Stärkung! Wer dort vorbeigeht, kann gleich nachsehen, welche Fertigmahlzeiten zum Mitnehmen es gibt.

Gold Star Bakery BÄCKEREI $
(Karte S. 336; ☎ 07-349 1959; 89 Old Taupo Rd; Pasteten 4–5 NZ$; ⏲ Mo–Sa 6–15 Uhr) Wer von Norden nach Rotorua hineinfährt, sollte unbedingt an dieser preisgekrönten Bäckerei halten: Sie steht im Ruf, mit die besten Pasteten in ganz Neuseeland zu backen. Zu den herzhaften Leckerbissen mit tollem Preis-Leistungs-Verhältnis zählen die mit Huhn und Pilzen oder der Klassiker Steak und Käse. Viel Glück bei der Auswahl aus dem riesigen Angebot!

Coconut Cafe & Restaurant SÜDINDISCH $
(Karte S. 320; ☎ 07-343 6556; www.coconutcafe.co.nz; 1240 Fenton St; Hauptgerichte 9–17 NZ$; ⏲ 11–15 & 17–23 Uhr;) Im Coconut, einem dekorativen Aufruhr in Gelb und Lindgrün im Besitz einer freundlichen südindischen Familie aus Kerala, kommen auch authentische Gericht aus dem benachbarten Sri Lanka auf den Tisch. Wie wär's mit Fisch-*moilee* (ein herzhaften Curry auf Kerala-Art gewürzt mit Kokosmilch), dazu ein Kingfisher-Bier oder ein erfrischendes Mangolassi. Die Auswahl an vegetarischen Gerichten ist ausgezeichnet.

Fish & Chip Shop FISH & CHIPS $
(Karte S. 320; ☎ 07-343 7400; 47 Lake Rd; Gerichte 5–15 NZ$; ⏲ Mo–Do 11–20, Fr–So 11–20.30 Uhr) Der erstklassige Laden für Fish and Chips zum Mitnehmen erfüllt sämtliche Erwartungen. Zu finden ist er hinter einer kleinen himmelblauen Fassade unweit von Ohinemutu.

Library Store CAFÉ $
(Karte S. 320; ☎ 07-346 0018; www.okerefallsstore.co.nz; 1127 Haupapa St, Rotorua Public Library; Snacks & Hauptgerichte 8–12 NZ$; ⏲ Mo–Fr 7.30–17, Sa 9–16 Uhr) Der Library Store ganz in der Nähe des Abfahrtbereichs für Busse hat

tollen Kaffee, säckeweise Stil – am besten sichert man sich einen sonnigen Platz auf den Retromöbeln vor der Tür – und haufenweise Bio-, vegetarische und glutenfreie Gerichte. Etwas weniger gesund ist die leckere „Bratwurst im Brötchen", eine gute Wahl für die Sightseeing-Pause oder beim Warten auf den Bus.

★ Abracadabra Cafe Bar ORIENTALISCH $$

(Karte S. 320; ☎ 07-348 3883; www.abracadabracafe.com; 1363 Amohia St; Hauptgerichte 15–30 NZ$, Tapas 10–15 NZ$; ⏲ Di–Sa 10.30–23, So bis 15 Uhr) Das Abracadabra mit seinen Anleihen bei den Küchen Spaniens, Mexikos und Marokkos ist eine Zauberhöhle voller würziger Genüsse – angefangen beim Tagine mit Rindfleisch und Aprikosen über Gambas-Fajitas bis zu Tijuana Schweinefleisch-Chili. Nach hinten raus gibt es eine tolle Terrasse – perfekt, um ein paar Biere aus lokalen Mikrobrauereien mit Tapas für mehrere Leute zu kombinieren. Für den Morgen danach empfehlen wir wärmstens das Frühstücksburrito und eine revitalisierende Flasche Kombucha.

Atticus Finch BISTRO $$

(Karte S. 320; ☎ 07-460 0400; www.atticusfinch.co.nz; 1106 Tutanekai St, Eat Streat; Platten für mehrere Leute 15–32 NZ$; ⏲ 12–15 & ab 17 Uhr) Bei einem Harper-Lee-Cocktail ergibt sich in diesem entspannten Lokal an der Eat Streat ganz bestimmt die Gelegenheit, über den berühmten Roman *Wer die Nachtigall stört* zu sinnieren. Jenseits der literarischen Anspielungen konzentriert sich die Speisekarte auf gemischte Häppchen in asiatischen und mediterranen Geschmacksrichtungen – zum Beispiel Garnelen mit Chili und Ingwer oder Mozzarellabällchen. Eine prägnante Getränkekarte mit Bier und Wein aus Neuseeland verleiht dem Ganzen ein lokales Aroma.

Die Käse- oder Aufschnittplatten (17–34 NZ$) bieten ein gutes Preis-Leistungs-Verhältnis für Paare oder Gruppen, die ihr Essen gern teilen.

Thai Restaurant THAI $$

(Karte S. 320; ☎ 07-348-6677; www.thethairestaurant.co.nz; 1141 Tutanekai St; Hauptgerichte 20–28 NZ$; ⏲ 12–14.30 & ab 17 Uhr) Unsere Wahl unter der Vielzahl ethnischer Lokale an der Tutanekai Street fällt auf das Thai Restaurant, das seinen einfallslosen Namen mit ausgezeichnetem Service und herausragenden Klassikervarianten wettmacht, wie man sie früher auf Ko Samui oder auf der Khao San Road genießen konnte. Besonders empfehlenswert sind Fisch und Meeresfrüchte – probieren sollte man den Tintenfisch mit Basilikum oder die Muscheln mit Knoblauch und schwarzem Pfeffer.

Leonardo's Pure Italian ITALIENISCH $$

(Karte S. 320; ☎ 07-347 7084; www.facebook.com/LeonardosPureItalian; 1099 Tutanekai St, Eat Streat; Hauptgerichte 22–34 NZ$; ⏲ So–Mi 17–21.30, Do–Sa 11.30–14.30 & 17–21.30 Uhr) Leonardo's, das jetzt wieder an Rotoruas „Eat Streat" zu finden ist, bemüht sehr stark das „genau wie Mama es gemacht hat"-Marketing. Das, was aus der Küche kommt, ist aber von solchem Kitsch weit entfernt – z. B. die perfekten Gnocchi mit Tomate, Mozzarella und Pesto oder die Capellini mit Muscheln und Anchovis.

Third Place Cafe CAFÉ $$

(Karte S. 320; ☎ 07-349 4852; www.thirdplacecafe.co.nz; 36 Lake Rd; Hauptgerichte 14–19 NZ$; ⏲ Mo–Fr 7.30–16, Sa & So bis 15.30 Uhr) Das interessante Café liegt abseits des Rummels und bietet eine fantastische Aussicht auf den See. Ganztägiges Frühstück/Brunch passt großartig zwischen Fish and Chips und ein fantastisches „Mumble Jumble" aus pürierter Kumara (Süßkartoffel), grünen Tomaten und würziger Chorizo, garniert mit Speck, pochiertem Ei und Sauce hollandaise. Kater? Welcher Kater? Die Gäste können sich auf ein rotes Ledersofa plumpsen lassen oder auf einen Fensterplatz mit Blick auf Ohinemutu hoffen.

Fat Dog Cafe & Bar CAFÉ $$

(Karte S. 320; ☎ 07-347 7586; www.fatdogcafe.co.nz; 1161 Arawa St; Hauptgerichte Frühstück & Mittagessen 12–26 NZ$, Abendessen 28–32 NZ$; ⏲ 7–21 Uhr; 🍴👪) An die Wände sind Pfotenabdrücke und alberne Verse gemalt – so sieht es aus im muntersten und kinderfreundlichsten Café der Stadt. Tagsüber kommen Burger (die Version Dogs Bollox probieren), Nachos, Salate und gewaltige Sandwiches auf den Tisch; abends gibt es bei Kerzenschein Lamm und Wild. Dazu werden verschiedene feine Craft-Beer-Sorten von Kawerau's Mata Beer serviert, z. B. das hopfige Tumeke NZ IPA.

Sabroso LATEINAMERIKANISCH $$

(Karte S. 320; ☎ 07-349 0591; www.sabroso.co.nz; 1184 Haupapa St; Hauptgerichte 19–30 NZ$; ⏲ Mi–So 17–21 Uhr) Die bescheidene lateinamerikanische Cantina – dekoriert mit Sombreros, Gitarren und Salz- und Pfefferstreuern, die aus Coronaflaschen gemacht sind – serviert schwungvolle mexikanische Gerichte. Das Chili mit schwarzen Bohnen und die Calamari-Tacos sind ausgezeichnet, genau wie die pikanten Margaritas. Einen Tisch zu bestellen empfiehlt sich, denn das Sabroso ist *muy popular*. Wer eine Flasche der hausgemachten scharfen Soße kauft, kann damit das nächste Barbecue aufpeppen.

Urbano Bistro MODERN NEUSEELÄNDISCH **$$**

(Karte S. 336; ☎07-349 3770; www.urbanobistro.co.nz; Ecke Fenton & Grey Sts; Frühstück & Mittagessen 14–21 NZ$, Abendessen 24–43 NZ$; ⏲Mo–Sa 9–23, So 9–15 Uhr) Das Vorstadtcafé mit seinem Riesenschachbrettboden und der auffälligen Tapete ist ein kühner Wurf von angesehenen lokalen Restaurateuren. Zu essen gibt es einige der köstlichsten Gerichte der Stadt (besonders zu empfehlen ist das Rindfleischcurry mit Ananas und Kumara), die alle aromatisch und gut zubereitet werden. Dazu gibt es leckere Weine und einen bemerkenswert guten Service. Tagsüber geht es weniger förmlich zu, die Gerichte sind dann preiswerter.

Lime Caffeteria CAFÉ **$$**

(Karte S. 320; ☎07-350 2033; Ecke Fenton & Whakaue St; Hauptgerichte 13–24 NZ$; ⏲7.30–16.30 Uhr; 🖉) Das erquickende Café liegt in einer ruhigen Ecke in der Nähe des Sees und überzeugt besonders durch Frühstück im Freien und Gerichte mit dem gewissen Etwas: Einen Versuch wert sind der Hähnchen-und-Chorizo-Salat oder das Garnelen-und-Lachs-Risotto in Limettensoße. Außerdem gibt es klassische Theken-Snacks und ausgezeichneten Kaffee.

Bistro 1284 MODERN NEUSEELÄNDISCH **$$$**

(Karte S. 320; ☎07-346 1284; www.bistro1284.co.nz; 1284 Eruera St; Hauptgerichte 36–42 NZ$; ⏲ab 18 Uhr) Das intime Lokal (farblich dominieren Schokoladen- und Graubraun) ist ein angesagtes Gourmetrestaurant an einem unauffälligen Teil der Eruera Street. Auf den Tisch kommt stilvolle Kiwi-Küche mit asiatischen und europäischen Einflüssen. Empfehlenswert ist z. B. das Lamm mit Pekannusskruste; außerdem sollte man Platz für den Nachtisch in Form von Pfirsich-Mango-Crumble lassen.

Ausgehen & Nachtleben

Brew BRAUEREI

(Karte S. 320; ☎07-346 0976; www.brewpub.co.nz; 1103 Tutanekai St, Eat Streat; ⏲Mo–Fr ab 11, Sa & So ab 9 Uhr) Die Jungs von Croucher Brewing Co, der besten Hausbrauerei von Rotorua, betreiben das Brew, das an einem sonnigen Fleck an der „Eat Streat" liegt. Aus 13 Zapfhähnen fließen die besten Croucher-Biere sowie Gerstensaft aus dem übrigen Neuseeland und Übersee. Zum hopfigen Croucher Pilsner passt die Pizza mit Pulled Pork und Garnelen. Außerdem gibt es guten Kaffee, und am Freitag abend treten gelegentlich Bands und DJs auf.

Ponsonby Rd COCKTAILBAR

(Karte S. 320; ☎021 640 292; www.ponsonbyrd.co.nz; 1109 Tutanekai St, Eat Streat; ⏲ab 17 Uhr) Der ehemalige TV-Wettermoderator Tamati Coffey hat glanzvollen Großstadtschick nach Rotorua gebracht – seine Bar ist nach Aucklands herausragender Restaurant- und Ausgehmeile benannt. Das in rotes Licht getauchte und mit Samt besetzte Dekor wirkt zweifellos lebhaft, kuschelige Nischen laden dazu ein, einen der Cocktails zu schlürfen, die nach Māorilegenden benannt sind. An den meisten Wochenenden können sich die Gäste ab 21 Uhr auf Livemusik freuen.

Pig & Whistle PUB

(Karte S. 320; ☎07-347 3025; www.pigandwhistle.co.nz; Ecke Haupapa & Tutanekai St; ⏲ab 11 Uhr) Die lebhafte Hausbrauerei in einer ehemaligen Polizeiwache serviert eiskaltes Lager. Dazu gibt es Großbild-Fernseher, einen Biergarten und von Donnerstag bis Samstag Livemusik, außerdem wird vernünftiges Essen (Hauptgerichte 19–32 NZ$) angeboten. Die Karte umfasst die ganze Skala von mit Harissa gewürztem Hähnchensalat über herzhafte Burger bis hin zu vegetarischen Nachos.

☆ Unterhaltung

Mitai Maori Village MĀORIKONZERT

(Karte S. 336; ☎07-343 9132; www.mitai.co.nz; 196 Fairy Springs Rd; Erw./Fam. 116/315 NZ$, Kind 23–58 NZ$; ⏲18.30 Uhr) Das Familienunternehmen bietet eine beliebte dreistündige Abendveranstaltung mit einem Konzert, *hangi* und einer Glühwürmchen-Buschwanderung an. Das Erlebnis kann auch noch mit einer Tour mit farbigen Nachtlichtern durch den Rainbow Springs Kiwi Wildlife Park nebenan inklusive Spaziergang durch das Kiwigehege kombiniert werden (Dauer insgesamt 4 Std., Erw./Kind 5–9 Jahre/Kind 10–15 Jahre 148/43/80 NZ$).

Ein Abholservice ist möglich. Außerdem besteht auch die Option, nur das Konzert zu besuchen.

Tamaki Maori Village MĀORIKONZERT

(Karte S. 320; ☎ 0508 826 254, 07-349 2999; www.tamakimaorivillage.co.nz; Buchungsbüro 1220 Hinemaru St; Erw./Fam. 115/310 NZ$, Kind 25–65 NZ$; ⏲ Touren starten Nov.–April 17, 18.15 & 19.30 Uhr, Mai–Okt. 18.15 Uhr) Tāmaki veranstaltet eine Dämmerungstour zu einem *marae* (Versammlungshaus) und einem Māoridorf 15 km südlich von Rotorua. Busse holen die Gäste am Buchungsbüro in der Hinemaru Street und von ihren Unterkünften in der Stadt ab. Das Erlebnis nimmt die Teilnehmer mit auf eine interaktive Reise durch Geschichte, Künste, Traditionen und Gebräuche der Māori aus voreuropäischer Zeit bis zur Gegenwart. An das Konzert schließt sich ein *hangi* an.

Basement Cinema KINO

(Karte S. 320; ☎ 07-350 1400; www.basementcinema.co.nz; 1140 Hinemoa St; Karten 15 NZ$; ⏲ Mo–Fri 12–22, Sa & So 10–22 Uhr) Das Programmkino zeigt auch fremdsprachige Filme und Arthouse-Streifen. Dienstags kosten die Karten nur 10 NZ$.

Novotel Rotorua MĀORIKONZERT

(Karte S. 320; ☎ 07-346 3888; www.novotelrotorua.co.nz; 11 Tutanekai St; Konzerte Erw./Kind 39/18 NZ$, inkl. Hangi 69/19 NZ$) Zu den unterhaltsamen Shows gehören eine Live-Aufführung von lokalen Māori-Darstellern und ein *hangi*. Veranstaltungsort ist das Matariki Cultural Centre in der Nähe des Sees.

Millennium Hotel Rotorua MĀORIKONZERT

(Karte S. 320; ☎ 07-347 1234; www.millenniumrotorua.co.nz; Ecke Eruera & Hinemaru St; Erw./Kind inkl. Hangi 70/35 NZ$) Zu den unterhaltsamen Shows gehören eine Live-Aufführung von lokalen Māori-Darstellern und ein *hangi*. Der Veranstaltungsort am Pool eröffnet ausgezeichnete Möglichkeiten, bei der Aufführung zu Fotografieren.

Shoppen

Māori Made KLEIDUNG, KUNSTHANDWERK

(Karte S. 320; ☎ 022 047 5327, 021 065 9611; maorimade.rotorua@gmail.com; 1180 Hinemoa St; ⏲ Mo–Fr 10–17, Sa bis 14 Uhr) Traditionelles und modernes Māori-Design wird in diesem ausgezeichneten Laden vereint. Präsentiert werden die Arbeiten von mehreren lokalen Designern. Kleidung, Haushaltswaren, Webarbeiten und Schmuck sind vertreten, viele der Arbeiten sind nur in diesem Geschäft zu haben, z. B. die eigenartigen Kiwiana T-Shirts von Paua Frita, stilvolle Damenmode von Mereana Ngatai oder die lebhaften Bilder von Mahi Toi.

Rākai Jade KUNSTHANDWERK

(Karte S. 320; ☎ 027 443 9295; www.rakaijade.co.nz; 1234 Fenton St) In diesem Laden können die Kunden nicht nur Standardstücke aus *pounamu* (Jade) kaufen, sondern auch in Zusammenarbeit mit Rākais Team lokaler Māori-Schnitzer eigene Anhänger oder Schmuckstücke entwerfen und schneiden. Wenn möglich, sollte man sich einen Tag vorher zu dem „Carve Your Own"-Erlebnis (150–180 NZ$) anmelden. Dann können sich die kreativen Teilnehmer darauf freuen, einen ganzen Tag damit zu verbringen, ihre ganz persönliche Erinnerung an Rotorua zu erschaffen.

Rotorua Night Market MARKT

(Karte S. 320; www.facebook.com/rotoruanightmarket; Tutanekai St; ⏲ Do ab 17 Uhr) Am Donnerstagabend wird die Tutanekai Street zwischen Haupapa und Pukuatua Street gesperrt, damit der Nachtmarkt von Rotorua ausreichend Platz zur Verfügung hat. Die Besucher finden hier lokal produzierte kunsthandwerkliche Gegenstände, Souvenirs, kitschige Straßenmusiker, Kaffee, Wein und eine ganze Menge Imbiss-Stände mit leckerem Essen.

Moko 101 KUNST

(Karte S. 320; ☎ 022 129 2468; www.facebook.com/MOKO101; 1130a Hinemoa St; Tattoos pro Std. 150 NZ$; ⏲ Mo–Fr 10–17 Uhr) Traditionelles *ta moko* (Māori-Tattoos) wird hier angeboten. Außerdem werden Gemälde und Mixed-Media-Arbeiten von lokalen Māori-Künstlern ausgestellt und wer als Erinnerung ein Teil davon käuflich erwerben will, kann dies gerne tun.

ℹ Praktische Informationen

Lakes Care Medical (☎ 07-348 1000; 1165 Tutanekai St; ⏲ Mo–Fr 8–20 Uhr) Medizinische Notfallversorgung.

Polizei (☎ 07-348 0099; www.police.govt.nz; 1190 Fenton St; ⏲ 24 Std.) Zentral gelegen.

Post (Karte S. 320; www.nzpost.co.nz; Ecke Tutanekai & Pukuatua St; ⏲ Mo–Fr 9–17, Sa bis 13 Uhr) Zentral gelegen.

Redwoods i-SITE (Karte S. 336; ☎ 07-350 0110; www.redwoods.co.nz; Long Mile Rd, nahe Tarawera Rd; ⏲ Okt.–März Mo–Fr 8.30–17.30, Sa & So 10–17, April–Sept. Mo–Fr 8.30–16.30, Sa & So 10–16 Uhr) Informationszentrum für den **Redwoods Whakarewarewa Forest** (S. 319).

Rotorua Hospital (☎ 07-348 1199; www.lakesdhb.govt.nz; Arawa St; ⏲ 24 Std.) Medizinische Versorgung rund um die Uhr.

Rotorua i-SITE (Karte S. 320; ☎ 0800 768 678, 07-348 5179; www.rotoruanz.com; 1167 Fenton St; ⌚7.30–18 Uhr) Die zentrale Anlaufstelle für Reiseinformationen und Buchungen einschließlich der Wanderungen des Department of Conservation (DOC) unterhält auch ein Café, bietet Duschen und Schließfächer und jede Menge Informationen zur Weltklasse-Mountainbikeszene von Rotorua.

An- & Weiterreise

BUS

Alle größeren Busunternehmen halten vor dem Rotorua i-SITE; dort kann man auch Fahrkarten buchen.

InterCity bietet u. a. die folgenden Ziele an:

REISEZIEL	FAHRPREIS	FAHRZEIT (STD.)	HÄUFIGKEIT
Auckland	66 NZ$	3½	7-mal tgl.
Gisborne	60 NZ$	4½	1-mal tgl.
Hamilton	43 NZ$	1½	5-mal tgl.
Napier	66 NZ$	4	1-mal tgl.
Taupo	29 NZ$	1	4-mal tgl.
Tauranga	29 NZ$	1½	2-mal tgl.
Wellington	65 NZ$	7	5-mal tgl.
Whakatane	46 NZ$	1½	1-mal tgl.

ManaBus fährt u. a. die folgenden Ziele an:

REISEZIEL	FAHRPREIS	FAHRZEIT (STD.)	HÄUFIGKEIT
Auckland	15 NZ$	4	3 -mal tgl.
Gisborne	19 NZ$	4¾	1 -mal tgl.
Hamilton	10 NZ$	1½	3-mal tgl.
Napier	18 NZ$	3	3 -mal tgl.
Taupo	8 NZ$	1	3 -mal tgl.
Tauranga	10 NZ$	1½	3 -mal tgl.
Wellington	19 NZ$	8	1 -mal tgl.
Whakatane	NZ$14	1½	1 -mal tgl.

Die Busse von **Twin City Express** (☎ 0800 422 928; www.baybus.co.nz) verkehren montags bis freitags zweimal täglich zwischen Rotorua und Tauranga/Mount Maunganui über Te Puke (11,60 NZ$, 1½ Std.).

FLUGZEUG

Air New Zealand (☎ 0800 737 000; www.airnewzealand.co.nz) fliegt nach/von Auckland, Wellington und Christchurch.

Die Fluggesellschaft Sunair (www.sunair.co.nz) hat Flüge nach/von Gisborne und zu Aucklands kleinerem Flughafen North Shore im Programm.

Unterwegs vor Ort

AUTO

Die bekannten Autovermieter buhlen am Rotorua Airport um die Aufmerksamkeit der Gäste. Ansonsten kann man es bei **Rent a Dent** (☎ 07-349 3993; www.rentadent.co.nz; 39 Fairy Springs Rd; ⌚Mo–Fr 8–17, Sa bis 12 Uhr) versuchen.

BUS

Viele lokale Attraktionen bieten einen kostenlosen Abhol-/Bringdienst. Shuttleservices stehen auch für Attraktionen außerhalb der Stadt zur Verfügung.

Baybus (☎ 0800 422 928; www.baybus.co.nz) betreibt lokale Busdienste innerhalb der Stadt sowie nach Ngongotaha (Linie 1, 2,60 NZ$), Rainbow Springs, zum Skyline Rotorua, Agroventures und Zorb und zum Flughafen (Linie 10, 2,60 NZ$). Linie 3 (2,60 NZ$) fährt zum Redwoods Whakarewarewa Forest.

TAXI

Rotorua Taxis (☎ 07-348 1111; www.rotoruataxis.co.nz) Bekanntes Taxiunternehmen in Rotorua.

ZUM/VOM FLUGHAFEN

Rotorua Regional Airport (ROT; Karte S. 336; ☎ 07-345 8800; www.rotorua-airport.co.nz; SH30) liegt 10 km nordöstlich der Stadt. **Super Shuttle** (☎ 09-522 5100, 0800 748 885; www.supershuttle.co.nz; 1. Passagier/jeder weitere Passagier 21/5 NZ$) bietet einen Tür-zu-Tür-Flughafenservice. Baybus (www.baybus.co.nz) bietet einen Airport-Busdienst an (Linie 10, 2,60 NZ$). Ein Taxi zum/vom Stadtzentrum kostet etwa 30 NZ$.

RUND UM ROTORUA

Zu den Highlights dieser Gegend zählt der Lake Tarawera. Besucher können den See mit dem Boot erkunden oder auf dem Tarawera Trail wandern. Das bis heute explosive vulkanische Erbe der Region zeigt sich an interessanten Stätten wie dem Wai-O-Tapu Thermal Wonderland, Waimangu Volcanic Valley und Hells Gate & Wai Ora Spa.

Sehenswertes

Waimangu Volcanic Valley

VULKANISCHES GEBIET, QUELLE

(Karte S. 336; ☎ 07-366 6137; www.waimangu.co.nz; 587 Waimangu Rd; Erw./Kind Wanderung 37/12 NZ$, Bootsfahrt 42,50/12 NZ$; ⌚8.30–17 Uhr, Jan. bis 18 Uhr, letzter Einlass 15 Uhr, Jan. 16 Uhr) Das interessante Thermalgebiet entstand während des Ausbruchs des Mount Tarawera 1886. Ein Bummel durch das Tal führt an spektakulären Thermal- und Vulkanphänomenen vorüber. Darunter befinden sich der **Inferno Crater Lake**, dessen überfließendes Wasser bis zu 80 °C erreichen kann, und der **Frying Pan Lake**, die weltweit größte heiße Quelle. Die Wanderung führt weiter zum Lake Rotomahana (das bedeutet warmer See). Von dort geht es wieder mit dem Bus zurück oder man unternimmt einen 45-minütigen Bootsausflug, der an dampfenden Klippen und den früheren Pink and White Terraces vorbeiführt.

Die Bezeichnung Waimangu (Schwarzes Wasser) bezieht sich auf die dunkle, schlammige Farbe, die das Wasser hier zum großen Teil aufweist. Das Gebiet liegt 20 Minuten südlich von Rotorua; zu erreichen ist es nach 14 km auf dem SH 5 (Richtung Taupo) und dann vom beschilderten Abzweig noch einmal 6 km.

Lake Tarawera SEE

(Tarawera Rd) Der hübsche Lake Tarawera lädt zum Baden, Angeln, zu Bootsfahrten und Wanderungen ein. **Clearwater Cruises** (Karte S. 336; ☎ 027 362 8590, 07-345 6688; www.clearwater.co.nz; pro Std. Ausflugsboot/kleines Boot zum Selbststeuern 550/145 NZ$) veranstaltet Rundfahrten und bietet Boote zum Selbststeuern an; Lake Tarawera Water Taxi & Eco Tours (S. 337) hat Bootstouren und Transfers mit dem Wassertaxi (muss im Voraus gebucht werden) zum Hot Water Beach und zum Tarawera Trail (S. 335; 15 km, 5–6 Std.) im Programm. Das **Landing Café** (Karte S. 336; ☎ 07-362 8502; www.thelandinglaketarawera.co.nz; Hauptgerichte 15–40 NZ$; ⏲ ab 10 Uhr) bietet frisches Fruchteis und Seeblick. Es gibt einen privat betriebenen Campingplatz, der allerdings nur per Boot zugänglich ist (Reservierung ist empfehlenswert) am **Hot Water Beach** (Karte S. 336; ☎ 07-349 3463; www.whakarewarewa.com/tarawera; Erw./Kind 10/5 NZ$) und einen vom Department of Conservation (DOC) gemanagten Platz in **Tarawera Outlet**. (Karte S. 336; ☎ 07-323 6300; www.doc.govt.nz; Erw./Kind 6/3 NZ$). Der Blue Lake Top 10 Holiday Park (S. 337) bietet Camping am Blue Lake.

Tarawera bedeutet „verbrannter Pfeil“ und der Name geht auf einen Jäger zurück, der bei einem Besuch seine Vogelpfeile in einer Hütte liegen ließ und bei seiner Rückkehr in der nächsten Saison feststellen musste, dass die Pfeile mit der Hütte abgebrannt waren.

Wai-O-Tapu Thermal Wonderland VULKANISCHES GEBIET, GEYSIR

(Karte S. 336; ☎ 07-366 6333; www.waiotapu.co.nz; 201 Waiotapu Loop Rd, nahe SH5; Erw./Kind/Fam. 32,50/11/80 NZ$; ⏲ 8.30–17, letzter Einlass 15.45 Uhr) Wai-O-Tapu (heilige Wasser) präsentiert mehrere interessante und eindrucksvolle geothermische Phänomene, die sich in einem kleinen Gebiet konzentrieren; darunter sind der kochende, vielfarbige **Champagne Pool**, der blubbernde **Schlammteich**, faszinierende **Mineralterrassen** und der **Lady Knox Geysir**, der pünktlich um 10.15 Uhr ausbricht (mit einem kleinen Stups durch Zugabe einer organischen Seife) und etwa eine Stunde lang bis zu 20 m hoch in die Luft schießt (am besten ist es, schon um 9.45 Uhr da zu sein).

Um dorthin zu gelangen, fährt man von Rotorua aus auf dem SH 5 (in Richtung Taupo) 27 km nach Süden. Von der ausgeschilderten Abzweigung sind es dann noch einmal weitere 2 km bis zum Wai-O-Tapu Thermal Wonderland.

Hells Gate & Wai Ora Spa VULKANISCHES GEBIET

(Karte S. 336; ☎ 07-345 3151; www.hellsgate.co.nz; SH 30, Tikitere; Eintritt Erw./Kind/Fam. 35/17,50/85 NZ$, Schlammbad & Spa 75/35/185 NZ$; ⏲ 8.30–20.30 Uhr) Hells Gate (Höllentor), das die Māori Tikitere nennen, ist ein eindrucksvolles geothermisches Reservat 16 km nordöstlich von Rotorua an der Straße nach Whakatane (SH 30) gelegen. Das Gebiet umfasst eine Fläche von 10 ha; ein 2,5 km langer Wanderweg verbindet die verschiedenen Attraktionen, darunter ein heißer thermischer Wasserfall. Außerdem kann man einem Meister der Holzschnitzerei bei der Arbeit zusehen und das Flachsweben und andere handwerkliche Māori-Traditionen kennenlernen.

Tikitere gilt den Māori traditionell als ein Ort der Heilung; deshalb gibt es hier auch das Wai Ora Spa, in dem die Gäste sich verschiedenen schlammigen Behandlungen unterziehen können. Ein kostenloser Shuttleservice von/nach Rotorua steht zur Verfügung.

Tikitere ist eine Abkürzung für *Taku tiki i tere nei* (Meine jüngste Tochter wurde davongetrieben); der Name erinnert an die Tragödie eines jungen Mädchens, das in ein Thermalbecken sprang und verschwand. Die englische Bezeichnung Hells Gate geht auf einen Besuch von George Bernard Shaw im Jahr 1934 zurück.

Buried Village ARCHÄOLOGISCHE STÄTTE, MUSEUM
(Karte S. 336; ☎07-362 8287; www.buriedvillage.co.nz; 1180 Tarawera Rd; Erw./Kind/Fam. 32,50/10/65 NZ$; ⊙Nov.–März 9–17, April–Okt. 9–16.30 Uhr) 15 km von Rotorua entfernt trifft man hinter den Seen Blue Lake und Green Lake auf das Dorf Te Wairoa, das durch den Ausbruch des Mount Tarawera im Jahre 1886 verschüttet worden war. Te Wairoa war ursprünglich ein beliebter Anlaufpunkt für Reisende, die hier die Sinterterrassen in Pink und Weiß besuchten.

Heute werden in einem Museum Gegenstände ausgestellt, die aus den Ruinen stammen. Führer in historischen Kostümen eskortieren Gruppen durch die Ausgrabungen. Es gibt auch einen Wanderweg zu den 30 m hohen **Te Wairoa Falls** und ein Teehaus, in dem Kaffee und Snacks serviert werden.

Wer vorab online reserviert, erhält einen Preisnachlass.

Aktivitäten

Tarawera Trail WANDERN
(Karte S. 336) Der kürzlich eröffnete Wanderweg (5–6 Std.) beginnt am Te Wairoa-Parkplatz an der Tarawera Road, 15 Autominuten von Rotorua entfernt. Er windet sich 15 km weit am Ufer des Lake Tarawera entlang und durch den Wald zum Hot Water Beach, wo ein Campingplatz (s. rechts) zu finden ist. Wassertaxis (S. 337; sie müssen im Voraus gebucht werden) transportieren ihre Passagiere nach und von Tarawera Landing und Hot Water Beach.

Eine Broschüre zum Tarawera Trail kann man unter www.doc.govt.nz downloaden.

Waikite Valley Thermal Pools SCHWIMMEN
(Karte S. 336; ☎07-333 1861; www.hotpools.co.nz; 648 Waikite Valley Rd; öffentliche Becken Erw./Kind/Fam. 16,50/9/42 NZ$, private Becken 40 Min. 20 NZ$ pro Pers.; ⊙10–21 Uhr) Rund 30 km südlich von Rotorua liegen diese ausgezeichneten Freiluftbecken, die in den 1970er-Jahren zwar offiziell eingerichtet, davor aber schon jahrhundertelang benutzt wurden. Es gibt vier Hauptbecken, zwei entspannende kleinere Becken und vier private Wellnessbereiche. Die Wassertemperatur liegt zwischen 35 und 40 °C. Dazu kommen noch ein Café und Zeltplätze (Erw./Kind Stellplätze ohne Strom, 22/11 NZ$, mit Strom 25/13 NZ$); für Camper ist der Zugang zu den Pools kostenlos.

Um dorthin zu kommen, biegt man vom SH 5 gegenüber dem Abzweig nach Wai-O-Tapu rechts ab und fährt 6 km weiter. Schon alleine wegen des grandiosen Blicks aufs Tal, der sich bietet, wenn man über den Hügel fährt, lohnt sich die Fahrt.

ABSTECHER

WHIRINAKI FOREST PARK

Der üppige Steineibenwald hat Canyons, Wasserfälle, Aussichtspunkte und fließende Gewässer sowie die **Oriuwaka Ecological Area** und die **Arahaki Lagoon** zu bieten. Die Wanderpfade variieren in Länge und Schwierigkeitsgrad: Die Broschüre des Department of Conservation (DOC) *Walks in Whirinaki Forest* (2,50 NZ$) informiert detailliert über Wander- und Campingmöglichkeiten. Erhältlich ist sie im **Murupara Besucherzentrum** des DOC (☎07-366 1080; www.doc.govt.nz; SH38; ⊙Mo–Fr 9–17 Uhr).

Relativ kurz ist die Wanderung auf dem **Whirinaki Waterfalls Track** (hin & zurück 4 Std.), der dem Whirinaki River folgt. Längere Wanderwege sind u. a. der **Whirinaki Track** (2 Tage), der sich mit dem **Te Hoe Track** (4 Tage) kombinieren lässt. Außerdem gibt es hier einen 16 km langen **Mountainbike-Track,** der es in sich hat.

Der Whirinaki Forest Park liegt 90 km südöstlich von Rotorua unweit des SH 38 auf dem Weg zum Te Urewera National Park (in Te Whaiti den Abzweig nach Minginui nehmen). Im Park gibt es mehrere gut zugängliche Campingbereiche und zehn Hütten im Hinterland (einige kostenlos, sonst bis 15 NZ$); bezahlt wird die Übernachtung im DOC-Büro.

Geführte Touren

Awhina Wilderness Experience WANDERN
(☎027 329 0996; www.awhinatours.co.nz; pro Pers. 100 NZ$) Der Veranstalter bietet fünfstündige Wandertouren mit lokalen Māori-Führern an durch den unberührten Busch zum Gipfel des Titiraupenga, ihres heiligen Bergs.

Schlafen & Essen

Blue Lake Top 10 Holiday Park FERIENPARK $
(Karte S. 336; ☎07-362 8120, 0800 808 292; www.bluelaketop10.co.nz; 723 Tarawera Rd; Stellplatz ab 45 NZ$, Wohneinheit 80–185 NZ$; @📶) Der

Rund um Rotorua

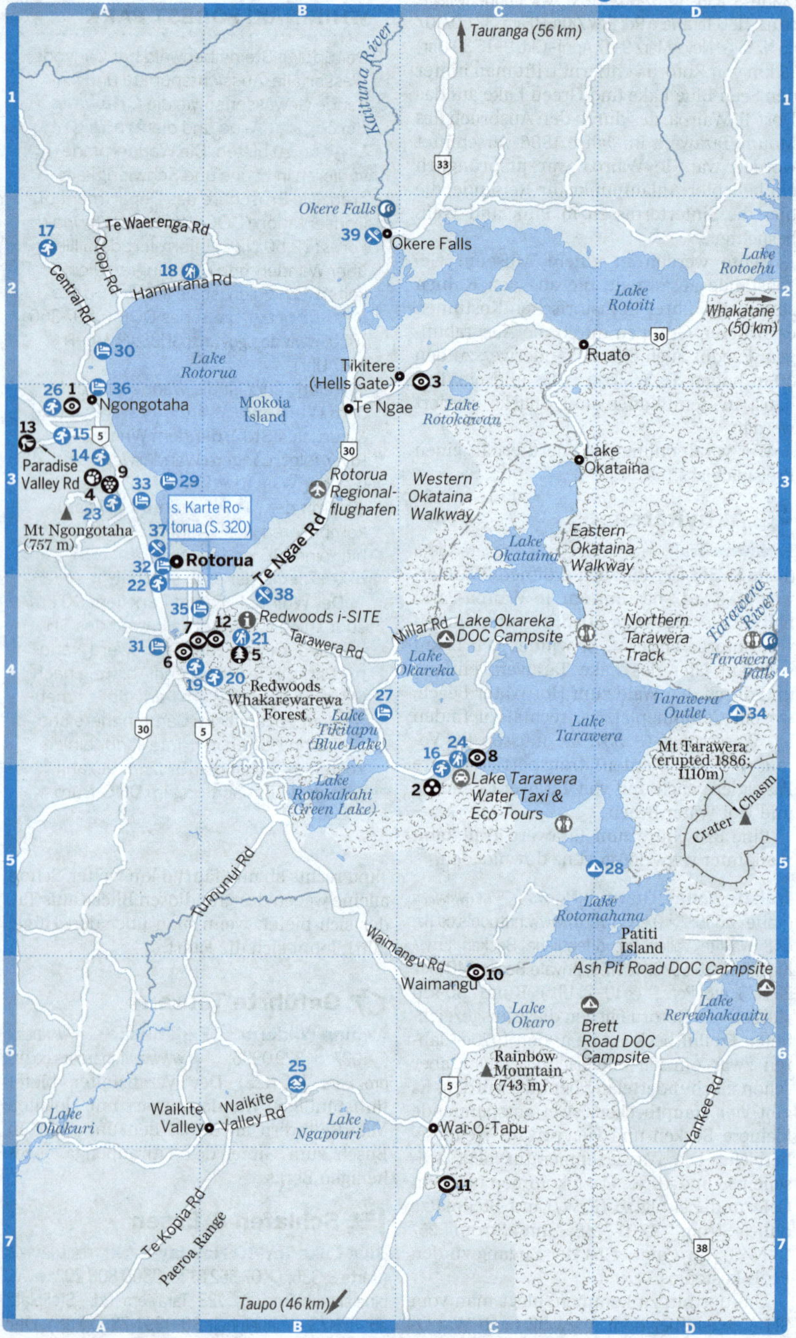

Rund um Rotorua

Sehenswertes
1 Agrodome ... A3
2 Buried Village ... C5
3 Hells Gate & Wai Ora Spa ... C2
4 Rainbow Springs ... A3
5 Redwoods Whakarewarewa Forest ... B4
6 Te Puia ... A4
7 Te Whakarewarewa ... A4
8 The Landing ... C4
9 Volcanic Hills Winery ... A3
10 Waimangu Volcanic Valley ... C6
11 Wai-O-Tapu Thermal Wonderland ... C7
12 Whakarewarewa Village ... B4
13 Wingspan National Bird of Prey Centre ... A3

Aktivitäten, Kurse & Touren
14 Adventure Playground ... A3
Agroventures ... (s. 15)
15 aMAZEme ... A3
16 Clearwater Cruises ... C5
17 Farmhouse ... A2
18 Hamurana Springs ... A2
19 Mountain Bike Rotorua ... A4
Ogo ... (s. 23)
20 Planet Bike ... B4
21 Redwoods Treewalk ... B4
22 Rotorua Canopy Tours ... A4
23 Skyline Rotorua ... A3
24 Tarawera Trail ... C4
25 Waikite Valley Thermal Pools ... B6
26 Zorb ... A3

Schlafen
27 Blue Lake Top 10 Holiday Park ... B4
28 Hot Water Beach Campsite ... D5
29 Koura Lodge ... A3
30 Mokoia Downs Estate B&B ... A2
31 Rotorua Thermal Holiday Park ... A4
32 Rotorua Top 10 Holiday Park ... A3
33 Sandi's Bed & Breakfast ... A3
34 Tarawera Outlet Campsite ... D4
35 Tuscany Villas ... A4
36 Waiteti Trout Stream Holiday Park ... A3

Essen
37 Gold Star Bakery ... A3
Landing Café ... (s. 24)
38 Mistress of Cakes ... B4
39 Okere Falls Store ... B2
Urbano Bistro ... (s. 35)

Unterhaltung
Mitai Maori Village ... (s. 23)

Ferienpark bietet Campingmöglichkeiten am Blue Lake, der sich prima zum Baden und Kajakfahren eignet. Der Lake Tarawera ist 6 km von hier entfernt. Die Anlage ist gepflegt, sie besitzt blitzsaubere Gemeinschaftseinrichtungen und hat eine günstige Auswahl an verschiedenen Arten von Hütten im Angebot.

Okere Falls Store CAFÉ $

(Karte S. 336; ☎07-362 4944; www.okerefallsstore.co.nz; SH33, Okere Falls; Snacks 5–15 NZ$; ⏲7–19, Biergarten Sa bis 20.30 Uhr) Okere Falls Store, etwa 20 km von Rotorua entfernt, lohnt definitiv die kurze und landschaftlich sehr reizvolle Fahrt. Auf dem unkonventionellen Balkon des Cafés kann man bei Fruchtsmoothies und großartiger Aussicht auf den Lake Rotoiti herrlich entspannen oder im Biergarten bei Wein, lokalen Biersorten und den köstlichen hausgemachten herzhaften Pasteten abhängen. Außerdem gibt es hier einen sehr guten Feinkostladen mit handwerklich hergestellten Produkten aus ganz Neuseeland.

Wenn es sich zeitlich einrichten lässt, ist Ende Oktober ein Besuch des jährlich stattfindenden Bierfests im Okere Falls Store eine gute Empfehlung.

Praktische Informationen

Kawerau Information Centre (☎07-323 6300; www.kawerauonline.com; Plunkett-St-Busbahnhof; ⏲9–16 Uhr) Das Besucherzentrum in Kawerau, an der Straße nach Tarawera, informiert über lokale Unterkünfte und verkauft Erlaubnisscheine für Wanderungen und Camping im Tarawera Outlet und an den Tarawera Falls.

Anreise & Unterwegs vor Ort

Rund um Rotorua fahren kaum öffentliche Verkehrsmittel, aber **Rotorua Duck Tours** (S. 326) unternimmt Fahrten zum Lake Tarawera.

Lake Tarawera Water Taxi & Eco Tours (Karte S. 336; ☎07-362 8080; www.ecotoursrotorua.co.nz; 1375 Tarawera Rd; Erw./Kind 65/35 NZ$; ⏲Abfahrt um 14 Uhr) Bootsausflüge auf dem Lake Tarawera mit der Möglichkeit zum Baden am Hot Water Beach. Der Anbieter holt außerdem Passagiere am Ende des Tarawera Trails am Hot Water Beach ab.

BAY OF PLENTY

Die Bay of Plenty erstreckt sich entlang der mit Pohutukawa-Bäumen übersäten Küste von Waihi Beach bis Opotiki und landein-

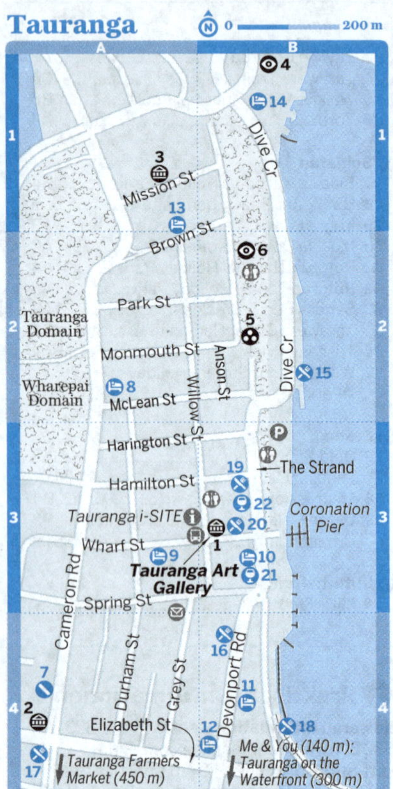

Tauranga

wärts bis zur Kaimai Range. Seit Generationen fahren die Neuseeländer in die Bucht, um Urlaub zu machen, das Meer zu genießen und Sonne zu tanken.

Tauranga

117 600 EW.

Tauranga erlebt seit den 1990er-Jahren einen Boom und ist eine der am schnellsten wachsenden Städte in Neuseeland – besonders beliebt ist sie bei Familien und Ruheständlern, die von Aucklands Immobilienmarkt profitiert haben. Zugleich besitzt die Stadt den geschäftigsten Hafen des Landes – mit Ölraffinerien und Bergen von Kohle und Nutzholz. Aber die Urlauber mit Sehnsucht nach einem Strand haben dafür gesorgt, dass aus dem alten Arbeitspferd ein Zirkuspony wurde: Restaurants und Bars säumen heute die sanierte Uferfront, schicke Hotels sind entstanden, und die einst verschlafenen Viertel Mount Maunganui und Papamoa sind zu neuem Wohlstand erwacht. Viel mehr Riviera geht nicht in Neuseeland!

Sehenswertes

★ Tauranga Art Gallery — GALERIE

(☎ 07-578 7933; www.artgallery.org.nz; Ecke Wharf & Willow St; ⏲ 10–16.30 Uhr) GRATIS Die Tauranga Art Gallery präsentiert historische und aktuelle Kunst und beherbergt eine Dauersammlung sowie regelmäßig wechselnde Ausstellungen. Das Gebäude war früher eine Bank, obwohl das heutzutage kaum noch zu erkennen ist. Ein Rundgang durch die Galerien im Erdgeschoss und in den Zwischenetagen dauert ungefähr eine Stunde.

Minden Lookout — AUSSICHTSPUNKT

(Minden Rd) Vom Minden Lookout, etwa 10 km westlich von Tauranga in Richtung Katikati, hat man einen ausgezeichneten

Blick zurück auf die Kräne im Tauranga Harbour und über die Bay of Plenty. Der Weg dorthin führt über den SH 2 nach Te Puna und dann auf der Minden Road Richtung Süden; der Ausguck liegt etwa 3 km diese Straße hinauf.

Classic Flyers NZ MUSEUM
(07-572 4000; www.classicflyersnz.com; 8 Jean Batten Dr; Erw./Kind/Fam. 15/7,50/30 NZ$; 9.30–16 Uhr) In der Nähe des Flughafens befindet sich das Classic Flyers NZ, ein interessantes Luftfahrtmuseum, in dem Doppeldecker, ausgediente Jets der US Airforce, Helikopter usw. gezeigt werden. Für eine Pause oder im Anschluss an die Ausstellung bietet sich eine Stärkung im hauseigenen Café an.

Mills Reef Winery WEINGUT
(07-576 8800; www.millsreef.co.nz; 143 Moffat Rd, Bethlehem; 10–17 Uhr) Das herrschaftliche Gut Mills Reef, 7 km von Stadtzentrum entfernt in Bethlehem, bietet Verkostungen seiner preisgekrönten Weine – man sollte unbedingt den Chardonnay probieren – und ein Edelrestaurant, was bedeutet: großartiges Essen, aber wenig Spaß, das täglich auf Reservierung mittags und abends geöffnet hat. Die Hauptgerichte liegen preislich zwischen 25 und 39 NZ$.

Monmouth Redoubt ARCHÄOLOGISCHE STÄTTE, PARK
(Monmouth St; 24 Std.) GRATIS Während der Neuseelandkriege war die unheimliche, von riesigen Pohutukawa-Bäumen beschattete Monmouth Redoubt eine Festung. Daneben befindet sich **Robbins Park** (Cliff Rd). Am Fuß der Redoubt am Ende der Straße The Strand ist in einem Gebäude ohne Seitenwände **Te Awa nui Waka**, ein nachgebautes Māori-Kanu, ausgestellt.

Elms Mission House HISTORISCHES GEBÄUDE
(07-577 9772; www.theelms.org.nz; 15 Mission St; Haus Erw./Kind 5 NZ$/0,50 NZ$, Gärten kostenlos; 10–16 Uhr) Das 1847 erbaute Elms Mission House ist das älteste Gebäude an der Bay of Plenty. Es ist im Stil seiner Epoche eingerichtet und steht zwischen anderen gut erhaltenen Missionsgebäuden in baumbestandenen Gärten.

Mission Cemetery FRIEDHOF
(Ecke Marsh St & Dive Cres) Der schaurige Mission Cemetery, nicht weit vom Elms Mission House entfernt, ist ein schattiges Gewirr von Bäumen und Grabsteinen.

Brain Watkins House HISTORISCHES GEBÄUDE
(07-578 1835; www.taurangahistorical.blogspot.co.nz; 233 Cameron Rd; Erw./Kind/Fam. 4/2/10 NZ$; So 14–16 Uhr) Das Brain Watkins House ist eine sittsame viktorianische Villa und eines der besterhaltenen Kolonialhäuser in Tauranga. Es wurde im Jahr 1881 aus Kauri-Holz erbaut.

Aktivitäten

Das kostenlose Heft *Tauranga City Walkways* beschreibt sehr detailliert Wanderwege rund um Tauranga und Mount Maunganui. Geschichtsfans sollten sich für ihre Erkundungen ein Exemplar der Gratisbroschüre *Historic Tauranga* holen und einen gemütlichen Bummel zu den recht versteckt liegenden historischen Stätten der Stadt unternehmen. Erhältlich sind die Hefte bei den i-SITEs.

Adrenalin Forest EXTREMSPORT
(07-929 8724; www.adrenalin-forest.co.nz; Upper Pyes Pa Rd, TECT All Terrain Park; Erw./Kind 42/27 NZ$; tgl. 10–14.30 Uhr, April–Sept. Mo & Di geschl.) Etwa 26 km von Tauranga entfernt, auf dem Weg nach Rotorua, erwartet einen dieser Pulsbeschleuniger: Hochseile, Seilrutsche, Plattformen und Hängebrücken führen durch einen Hain aus hohen Nadelbäumen. Für diejenigen, die ihre Nerven herausfordern wollen, gibt es sechs unterschiedliche Strecken mit zunehmendem Schwierigkeitsgrad.

Waimarino Adventure Park WASSERSPORT
(0800 456 996, 07-576 4233; www.waimarino.com; 36 Taniwha Pl; Kajaktouren ab 99 NZ$, Kajakmiete Std./Tag 26/55 NZ$, Park Tagespass Erw./Kind 42/32 NZ$; Sept.–April 10–18 Uhr, Mai–Aug. 10–17 Uhr) Am Ufer des Wairoa River, 8 km westlich der Stadt, verleiht Waimarino Kajaks für Touren auf eigene Faust und bietet auch Seekajaktouren an. Die Glühwürmchentour (130 NZ$ pro Pers.) ist eine zauberhafte Fahrt im Dunkeln durch den McLaren Falls Park. Waimarino ist aber auch ein Erlebnispark mit vielfältigem Wasserspaß: Kajakrutsche, Sprungbrett, Hochseilgarten, Zorbing auf dem Wasser, Warmwasserbecken und ein menschliches Katapult namens „The Blob" sorgen für den nötigen Adrenalinschub.

Kaimai Mamaku Forest Park WANDERN
(www.doc.govt.nz; SH29) GRATIS Im Hinterland des westlichen Teils der Bay of Plenty liegt

der zerklüftete, 70 km lange Kaimai Mamaku Forest Park. Das 35 km südwestlich von Tauranga liegende Schutzgebiet bietet Wanderungen sowie Hütten (pro Pers. & Nacht frei–15 NZ$) und Zeltplätze (6 NZ$) an. Weitere Infos finden sich in der DOC-Broschüre *Kaimai to Coast* (2,50 NZ$). **Kaimai New Zealand Tours** (☎07-552 5257; www.kaimai-new-zealand-tours.com) hat geführte Wanderungen im Angebot.

Elements Watersports WASSERSPORT
(☎0800 486 729; www.elementsonline.co.nz; Unterricht ab 80 NZ$) Wer mit dem Wasser noch nicht ganz so vertraut ist, der findet bei Elements Watersports Unterrichtsangebote im Segeln, Windsurfen und Paddleboarden und auch gleich noch einen Verleih für die nötige Ausrüstung.

Blue Ocean Charters ANGELN
(☎07-544 3072, 0800 224 278; www.blueocean.co.nz; Ausflüge ab 100 NZ$) Angel-, Tauch- und Sightseeing-Ausflüge (darunter einer nach Tuhua Island) auf der MV *Te Kuia* und der MV *Ratahi*.

Tauranga Tandem Skydiving EXTREMSPORT
(☎07-574 8533; www.tandemskydive.co.nz; 2 Kittyhawk Way, Tauranga Airport; Sprünge 10000/12000 Fuß 325/375 NZ$) Tauranga Tandem Skydiving bietet aufregende Sprünge mit Blick auf Whakaari (White Island), Mount Ruapehu und über die Bay of Plenty auf dem Weg nach unten.

Dive Zone TAUCHEN
(☎07-578 4050; www.divezone.co.nz; 213 Cameron Rd; Tauchgänge/Kurse ab 120/600 NZ$; ⏲Mo–Fr 8–18, Sa 7.30–16, So 7.30–14 Uhr) PADI-Kurse und Ausflüge zu lokalen Wracks und Riffs, plus Ausrüstungsverleih.

Geführte Touren

Bay Explorer BOOTSTOUR
(☎021 605 968; www.bayexplorer.co.nz; Erw./Kind 115/65 NZ$) Bei dieser beliebten Bootstour können die Teilnehmer diverse Tiere entdecken – potenziell gehören dazu Wale, Delfine und Vögel – und haben die Möglichkeit zum Paddleboarden, Kajakfahren und Schnorcheln rund um die nahe gelegene Insel Motiti Island.

Dolphin Blue BOOTSTOUR
(☎027 666 8047; www.dolphinblue.co.nz; Tagesausflüge Erw./Kind 150/100 NZ$; ⏲Abfahrt 8.30 Uhr) Gemächliche Tagesausflüge in kleinen Gruppen (maximal 15 Leute) quer durch Tauranga Harbour und hinaus in die Bay of Plenty im Gefolge von Delfinschulen. Sind die Tiere gefunden, können die Teilnehmer ins Wasser springen und mit ihnen herumplanschen. Wer sich dabei Sorgen um das Wohlergehen der Delfine macht, sollte sich darüber im Klaren sein, dass einige Leute das Schwimmen mit wild lebenden Delfinen als Störung von Lebensraum und Verhalten der Tiere ansehen.

Tauranga Tasting Tours TOUR
(☎07-544 1383; www.tastingtours.co.nz; Tour 130 NZ$) Die Probier-Tour führt in eine lokale Brauerei, zu den Weingütern Mills Reef und Morton Estate und abschließend auf einen Cocktail zurück in die Stadt.

Dolphin Seafaris BOOTSTOUR
(☎0800 326 8747, 07-577 0105; www.nzdolphin.com; Halbtagesausflüge Erw./Kind 150/110 NZ$) Bei den um Umweltschonung bemühten Ausflügen zum Delfinebeobachten können die Teilnehmer ins Wasser springen und mit den Tieren schwimmen. Wer sich dabei Sorgen um das Wohlergehen der Delfine macht, sollte sich darüber im Klaren sein, dass einige Leute das Schwimmen mit wild lebenden Delfinen als Störung von Lebensraum und Verhalten der Tiere ansehen.

Aerius Helicopters RUNDFLÜGE
(☎0800 864 354; www.aerius.co.nz; Flüge ab 115 NZ$) Lokale Flüge und weitere Exkursionen bis nach Lake Tarawera, Rotorua und Whakaari (White Island), Abflug ist in Tauranga.

Feste & Events

National Jazz Festival JAZZ
(www.jazz.org.nz; ⏲Ostern) Ein Spektakel mit Blasmusik und viel Schubidu – es gibt Konzerte, Essen und Wein im Überfluss.

Tauranga Arts Festival DARSTELLENDE KÜNSTE
(☎07-928 6213; www.taurangafestival.co.nz; ⏲Okt.) Das Festival startet am Wochenende vor dem Labour Day (in ungeraden Jahren) mit Tanz-, Comedy- und Theateraufführungen und vielen anderen sehenswerten Darbietungen.

Schlafen

Loft 109 HOSTEL $
(☎07-579 5638; www.loft109.co.nz; 109 Devonport Rd; B/DZ ab 31/80 NZ$; @📶) Das zentral gelegene Haus wirkt mit der gemütlichen Küche und dem süßen kleinen Balkon fast wie eine Privatwohnung im Obergeschoss. Die

Räume sind dank vieler Oberlichter schön hell, für kältere Tage gibt es einen Gasofen. Insgesamt geht es hier absolut relaxt zu – allerdings nicht in Sachen Sicherheit oder Trunkenheit.

Harbourside City Backpackers HOSTEL $
(☎07-579 4066; www.backpacktauranga.co.nz; 105 The Strand; B/2BZ/DZ ab 28/78/78 NZ$; @📶) In diesem kommunikativen Hostel (einem ehemaligen Hotel) in Reichweite der Bars und Restaurants an The Strand können die Gäste die Seeluft genießen. Die Zimmer sind eher klein, aber sauber, und die meisten Leute verbringen ohnehin mehr Zeit auf der tollen Dachterrasse. Es gibt keinen hauseigenen Parkplatz, aber weiter unten an der Straße befindet sich ein öffentlicher Parkplatz, der zur richtigen Zeit freie Stellplätze bietet.

Tauranga Tourist Park CAMPINGPLATZ $
(☎07-578 3323; www.taurangatouristpark.co.nz; 9 Mayfair St; Stellplatz/Hütte ab 30/55 NZ$; @📶) Die Anlage wirkt ein bisschen eng (großzügige Flächen gibt es hier nicht), aber sie ist gepflegt, sauber und aufgeräumt. Am schönsten sind die Plätze unten an der Bucht unter den Schatten spendenden Pohutukawa-Bäumen.

★**Tauranga on the Waterfront** MOTEL $$
(☎07-578 7079; www.thetauranga.co.nz; 1 Second Ave; Zi./Suite ab 165/215 NZ$; 📶) Das bekannte Motel einen kurzen Bummel vom Zentrum von Tauranga entfernt, bietet erst vor Kurzem renovierte Studios mit kompakten privaten Innenhöfen, und prächtige Hafensuiten mit riesigen Panoramafenstern und fantastischer Aussicht. Das Sonnenlicht strömt herein und erhellt das schicke und stilvolle Dekor, die modernen Badezimmer sind mit erstklassigen Toilettenartikeln bestückt, und kompakte Kitchenettes für Selbstversorger verfügen auch über Nespresso-Maschinen für den ersten Kaffee des Tages.

Hotel on Devonport HOTEL $$
(☎07-578 2668; www.hotelondevonport.net.nz; 72 Devonport Rd; DZ/Suite ab 170/220 NZ$; @📶) Das Devonport im Stadtzentrum ist die erste Adresse in Tauranga. Zimmer mit Ausblick auf die Bucht, Lärmschutzfenster, schicke Einrichtung und dazu noch die eifrigen Angestellten sprechen Geschäftsreisende und anspruchsvolle Wochenendurlauber gleichermaßen an. Mit dem täglichen Apfel kann man sich gleich aus der Schüssel in der Lobby versorgen.

Harbour City Motor Inn MOTEL $$
(☎0800 253 525, 07-571 1435; www.tauranga harbourcity.co.nz; 50 Wharf St; DZ/Fam. ab 165/210 NZ$; 📶) Das zitronengelbe Motor Inn überzeugt durch seine Lage direkt im Stadtzentrum (und mit reichlich Parkmöglichkeiten) und die moderne Ausstattung. In jedem Zimmer gibt es einen Whirlpool, und die freundlichen Mitarbeiter geben gerne fundierte Ratschläge zur Reiseroute der Gäste.

Roselands Motel MOTEL $$
(☎0800 363 093, 07-578 2294; www.roselands.co.nz; 21 Brown St; DZ ab 139 NZ$; 📶) Das entzückende altmodische Motel in ruhiger, aber zentraler Lage ist mit Farbtupfern in Orange und neuer Bettwäsche aufgehübscht worden. Auf die Gäste warten geräumige Wohneinheiten (sämtliche sind mit Küche ausgestattet), freundliche Gastgeber, die alle beim Vornamen nennen, und neue Fernsehgeräte.

City Suites HOTEL $$
(☎07-577 1480; www.citysuites.co.nz; 32 Cameron Rd; Apt./Suite 155/199 NZ$; 📶🏊) Die großen Zimmer (alle sind entweder mit Terrasse oder mit Balkon ausgestattet) verströmen mit ihren übergroßen Betten und komplett eingerichteten Küchen ein fast königliches Flair. Ein Schwimmbecken, kostenloses WLAN und sichere Parkplätze komplettieren die Liste der unabdingbaren Annehmlichkeiten für ständig auf Achse befindliche Geschäftsleute.

Trinity Wharf HOTEL $$$
(☎07-577 8700, 0800 577 8700; www.trinitywharf.co.nz; 51 Dive Cres; DZ ab 188 NZ$; @📶🏊) Der dreistöckige Hotelturm unweit der Hafenbrücke hat eine schicke, moderne Lobby – mit weißen Kacheln und stacheligen Topfplanzen; von dort geht es hinauf zum anspruchsvollen hauseigenen Restaurant Halo (Hauptgerichte 20–41 NZ$). Die Zimmer sind groß und luxuriös und in warmen Naturtönen eingerichtet. Zu den Annehmlichkeiten des Hauses zählen ein nur wenig genutzter Fitnessraum, ein Infinity-Pool und kostenloses WLAN. Ein wirklich bemerkenswertes Haus!

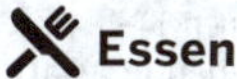

Essen

Me & You CAFÉ $
(☎07-577 0567; 48 First Ave; Snacks & Hauptgerichte 8–21 NZ$; ⏰7.30–15.30 Uhr; 🖉) Das Me & You, eines unserer Lieblingscafés in Tauranga, kombiniert unkonventionelles Retro-

dekor mit einer Terrasse im Freien, und die angesagten Baristas kennen sich mit allem aus, was mit Kaffeezubereitung zu tun hat. Eine riesige Auswahl an Thekensnacks – darunter eine ständig wechselnde Palette an frischen Salaten – passt zum Ei-haltigen Frühstück, und normalerweise gibt es eine schöne Auswahl an Rohkost und glutenfreien Gerichten.

Tauranga Farmers Market MARKT $
(07-552 5278; www.taurangafarmersmarket.co.nz; Arundel St, Tauranga Primary School; Snacks 5–10 NZ$; Sa 8–12 Uhr) Hier kann man mit einem Frühstücks-Burrito und einem Bio-Kaffee in den Samstagvormittag starten und anschließend diesen beliebten Wochenmarkt erkunden. Eine kunterbunte Schar von Straßenkünstlern sorgt für Unterhaltung. Auf der Website kann man seine eigene Hitliste der Leckerbissen zusammenstellen und sich vor Ort mit allem nötigen für ein Picknick versorgen.

Grindz Café CAFÉ $
(07-579 0017; 50 First Ave; Gerichte 11–18 NZ$; Mo–Fr 7–16, Sa 8–15.30, So 8–15 Uhr;) Das unangefochtene Highlight der breiten First Ave ist das Grindz, ein hippes Café mit Tischen, die auf dem Gehweg stehen. Drinnen wirkt der Laden geräumig: Er hat verschiedene Ebenen und ungewöhnliche Tapeten, Antiquitäten und Retro-Reliquien. An Tagesgerichten stehen Bagels, Gemüseburger, Muffins, Kuchen und Salate auf der Karte, dazu werden diverse Kaffeekreationen angeboten (wer noch ein bisschen verschlafen ist, sollte einmal „The Troug" probieren: eine „Tasse" Kaffee in der Größe einer Suppenschüssel – sie beinhaltet die vierfache Koffeindröhnung). Außerdem gibt es hier kostenloses WLAN.

Bobby's Fresh Fish Market FISH & CHIPS $
(07-578 1789; 1 Dive Cres; Gerichte ab 7 NZ$; 11–20 Uhr) Die lokale Institution serviert frische Fish & Chips an sechseckigen Tischen draußen direkt am Wasser, zahllose Möwen leisten den Gästen Gesellschaft.

★ **Macau** ASIATISCH $$
(07-578 8717; www.dinemacau.co.nz; 59 The Strand; Platten für mehrere Personen 14–31 NZ$; Mo–Fr ab 11, Sa ab 10 Uhr) Belebende asiatische Aromen stehen in dieser Neueröffnung an der Restaurantmeile an The Strand im Mittelpunkt. Die größeren und kleineren Teller sind zum Teilen gedacht. Zu den Highlights auf der Speisekarte zählen die knusprige, nach Sechuan-Art gewürzte Aubergine und die gedämpften Brötchen mit geröstetem Schweinebauch, die nach mehr schmecken. Ein stylishes Dekor, asiatisch inspirierte Cocktails und eine ansehnliche Palette an Craft Beer begründen den Ruf des Macau, eines der besten Lokale in Tauranga zu sein.

★ **Elizabeth Cafe & Larder** MODERN NEUSEELÄNDISCH $$
(07-579 0950; www.elizabethcafe.co.nz; 247 Cameron Rd; Hauptgerichte 12–25 NZ$; Mo–Fr 7–16, Sa & So 8–15 Uhr) „Essen, trinken, genießen", so lautet das Motto im Elizabeth, einer angesagten Café-Bar im Erdgeschoss eines vierstöckigen Bürogebäudes im Stadtzentrum. Viele der Gäste schauen von oben auf einen Sprung vorbei, aber man braucht kein Anzugträger zu sein, um die umwerfenden Eier Benedict mit Kartoffelrösti oder den Snapper-Taco mit einem würzigen mexikanischen Krautsalat zu genießen. Interessante Industrie-Ästhetik und Peroni vom Fass vervollständigen das Bild.

Rye American Kitchen & Spirits AMERIKANISCH $$
(07-571 4138; www.ryekitchen.co.nz; 19 Wharf St; Hauptgerichte 15–30 NZ$; Di–So ab 16 Uhr) Südstaatenküche ist in diesem Lokal mit seiner rustikalen und entspannten Atmosphäre zu Hause. Am besten angelt man sich einen Tisch im Freien und kombiniert einen Burger oder eine herzhafte Schüssel Jambalaya mit einem Craft Beer aus Neuseeland, Australien oder den USA oder man kostet ein paar amerikanische Bourbons und Whiskeys. Die Gegend um die Wharf Street wird gerade zu einer fußgängerfreundlichen Restaurantmeile umgestaltet.

Wer Lust auf weitere kulinarische Entdeckungen hat, der kann sich auf zusätzliche Neueröffnungen in dieser Gegend freuen.

Collar & Thai THAILÄNDISCH $$
(07-577 6655; www.collarandthai.co.nz; 21 Devonport Rd, Goddards Centre; Hauptgerichte Mittagessen 14–17 NZ$, Abendessen 24–32 NZ$; Mo–Sa 11.30–14, tgl. 17–22 Uhr) Für das Lokal im Obergeschoss, das raffinierte Varianten thailändischer Standardgerichte und jede Menge frisches Meeresgetier auf den Tisch bringt, ist keine Krawatte erforderlich. Perfekt für eine Mahlzeit vor dem Kinobesuch (Rialto Cinemas ist gleich nebenan). Es gibt auch einen günstigen Mittagstisch.

★ **Harbourside** MODERN NEUSEELÄNDISCH $$$
(☎07-571 0520; www.harboursidetauranga.co.nz; Railway Bridge, The Strand; Hauptgerichte 22–40 NZ$; ⏲11.30–14.30 & ab 17.30 Uhr) Das Harbourside ist in einem wunderbar atmosphärischen 100 Jahre alten Bootshaus am Ende von The Strand untergebracht – genau das richtige Ambiente für ein romantisches Abendessen mit plätschernden Wellen als Hintergrundgeräusch. Direkt dahinter spannt die Eisenbahnbrücke ihren Bogen über den Hafen. Die gebratene Ente im asiatischen Stil mit Wontons und Grüntee-Sobanudeln ist kaum zu toppen, oder man schaut einfach für einen stimmungsvollen Drink vor dem Abendessen vorbei.

Somerset Cottage MODERN NEUSEELÄNDISCH $$$
(☎07-576 6889; www.somersetcottage.co.nz; 30 Bethlehem Rd, Bethlehem; Hauptgerichte 30–40 NZ$; ⏲Mi–Fr 11.30–14.30, Mo–Sa 18–21 Uhr) Das meistgelobte Restaurant der Bucht ist das Somerset Cottage. Das schlichte, aber elegante Lokal eignet sich optimal für ein besonderes kulinarisches Erlebnis. Die Speisen sind stark saisonal ausgerichtet, verwendet werden ausschließlich beste einheimische Zutaten, die eindrucksvoll, aber nicht übertrieben aufwendig verarbeitet werden. Zu den herausragenden Gerichten zählen beispielsweise das Käse-Soufflé, Ente mit Kokos-Kumara und das berühmte Lakritzeis. Craft Beer von Fitzpatrick's Brewing in Tauranga ergänzt eine ausgezeichnet sortierte Weinkarte.

Ausgehen & Nachtleben

Brew CRAFT-BIER
(☎07-578 3543; www.brewpub.co.nz; 107 The Strand; ⏲Mo–Fr ab 11.30, Sa & So ab 10.30 Uhr) Die lange Theke aus Beton bietet Platz für viele Ellbogen und viele Gläser mit Croucher's handwerklich hergestellten, saisonalen Ales, Pilsners und Stouts (hoffentlich gibt es gerade das Äthiopische-Kaffee-Stout vom Fass). Die Stimmung ist locker, auf die Gemeinschaftstische kommen gute Pizzas und Teller mit typischem Kneipenessen, die für mehrere Leute zum Teilen gedacht sind (Hauptgerichte 15–31 NZ$). Außerdem kann man sich auch auf Biersorten aus ganz Neuseeland freuen.

Phoenix PUB
(☎07-578 8741; www.thephoenixtauranga.co.nz; 67 The Strand; ⏲Mo–Fr ab 10.30, Sa & So ab 8.30 Uhr) Das Phoenix erhebt sich über dem nördlichen Ende von The Strand. Der weitläufige Pub mit guter Küche schenkt Monteiths-Biere aus (einst ein Nischenprodukt, inzwischen Mainstream) und serviert Pizza und fleischhaltige Kneipengerichte (Hauptgerichte 20–36 NZ$; die Schweinelendchen sind zu empfehlen!). Das Publikum ist gut gekleidet, und aus den Lautsprechern dröhnen Red Hot Chilli Peppers. Craft-Beer-Fans sollten nachfragen, ob es gerade eines der aromatischeren Black-Dog-Bräus vom Fass gibt.

☆ Unterhaltung

Rialto Cinemas KINO
(☎07-577 0445; www.rialtotauranga.co.nz; 21 Devonport Rd, Goddards Centre; Erw./Kind 17/10,50 NZ$; ⏲öffnet 30 Min. vor Vorstellungsbeginn) Als Sitz der Tauranga Film Society ist das Rialto der beste Ort in der Stadt für einen guten Film, egal ob Klassiker, Kult, Arthouse oder international. Dazu kann man im Dunkeln einen Kaffee oder ein Glas Wein schlürfen. Dienstags kosten die Eintrittskarten nur 11,50 NZ$.

ℹ Praktische Informationen

NZ Post (www.nzpost.co.nz; 17 Grey St; ⏲Mo–Fr 8.30–17.30, Sa 9–16, So 10–15 Uhr) Im Paper Plus-Laden.

Tauranga Hospital (☎07-579 8000; www.bopdhb.govt.nz; 375 Cameron Rd; ⏲24 Std.) Einige Kilometer südlich der Stadt.

Tauranga i-SITE (☎07-578 8103; www.bayofplentynz.com; 8 Wharf St; ⏲8.30–17.30 Uhr, im Winter kürzere Öffnungszeiten; 📶) Lokale Touristeninformation, Buchungen, InterCity-Busfahrkarten und DOC-Karten.

ℹ An- & Weiterreise

AUTO

Wer auf der Route K nach Hamilton fährt, muss pro Wagen 1,80 NZ$ Straßenbenutzungsgebühr bezahlen. Richtung Osten nach Whakatane oder Richtung Süden nach Rotorua gibt es als neue Option die Tauranga Eastern Link Toll Road (2 NZ$ pro Auto), die in der Nähe von Papamoa beginnt. Die Gebühr muss online unter www.nzta.govt.nz bezahlt werden.

BUS

Busse von **Twin City Express** (☎0800 422 928; www.baybus.co.nz) verkehren montags bis freitags zweimal täglich zwischen Tauranga/Mount Maunganui und Rotorua (über Te Puke; 11,60 NZ$, 1½ Std.).

InterCity-Fahrkarten und Fahrpläne sind im i-SITE erhältlich. U. a. werden folgende Ziele angesteuert:

REISEZIEL	FAHRPREIS	FAHRZEIT (STD.)	HÄUFIGKEIT
Auckland	46 NZ$	4	3-mal tgl.
Hamilton	33 NZ$	2	2-mal tgl.
Rotorua	29 NZ$	1½	2-mal tgl.
Taupo	51 NZ$	3	2-mal tgl.
Wellington	59 NZ$	9	1-mal tgl.

ManaBus fährt u. a. zu diesen Zielen:

REISEZIEL	FAHRPREIS	FAHRZEIT (STD.)	HÄUFIGKEIT
Auckland	14 NZ$	3¼	3 -mal tgl.
Hamilton	10 NZ$	3	2 -mal tgl.
Napier	35 NZ$	5	2 -mal tgl.
Rotorua	10 NZ$	1	3 -mal tgl.
Taupo	12 NZ$	3	2-mal tgl.

Shuttle-Bus

Mehrere Firmen holen Fahrgäste von den Flughäfen in Auckland oder Rotorua ab und bringen sie per Bus nach Tauranga (allerdings kostet dieses Privileg ab 100 NZ$ aufwärts).

Aerolink Shuttles (☎ 0800 151 551; www.aerolink.nz) betreibt Shuttlebusse von Tauranga zum Flughafen in Auckland.

Luxury Airport Shuttles (☎ 07-547 4444; www.luxuryairportshuttles.co.nz) transportieren ebenfalls Reisende zwischen Tauranga Airport und Tauranga (ab 10 NZ$).

FLUGZEUG

Air New Zealand (☎ 0800 737 000; www.airnewzealand.co.nz) bietet täglich Direktflüge nach Auckland, Wellington und Christchurch an.

Sunair (☎ 0800 786 247; www.sunair.co.nz) verbindet Tauranga mit Whitianga, Gisborne und Great Barrier Island.

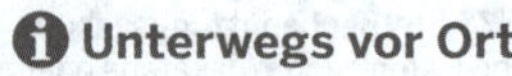

Unterwegs vor Ort

AUTO

Zahlreiche Autovermieter haben Niederlassungen in Tauranga, z. B. **Rent-a-Dent** (☎ 07-578 1772, 0800 736 823; www.rentadent.co.nz; 19 Fifteenth Ave; ⌚ Mo–Fr 8–17, Sa bis 12 Uhr).

BUS

Taurangas leuchtend gelbe Bay-Hopper-Busse steuern die meisten Ziele in der Umgebung an; sie fahren z. B. nach Mount Maunganui (3,20 NZ$, 15 Min.) und Papamoa (3,20 NZ$, 30 Min.). Die zentrale Haltestelle liegt an der Wharf Street; aktuelle Fahrpläne sind im i-SITE erhältlich.

FAHRRAD

Cycle Tauranga (☎ 07-571 1435; www.cycletauranga.co.nz; 50 Wharf St, Harbour City Motor Inn; halber/ganzer Tag 29/49 NZ$) verleiht Straßen-, Wander- und Hybridräder, Helme, Schlösser, Satteltaschen und Karten. Auch geführte Touren sind im Angebot.

TAXI

Tauranga Mount Taxis (☎ 07-578 6086; www.taurangataxis.co.nz) Ein Taxi von Tauranga-Zentrum zum Flughafen oder nach Mount Maunganui kostet ungefähr 25 NZ$.

Mount Maunganui

19 100 EW.

Der 232 m hohe, wuchtige Hügel, der die sandige Halbinsel mit der Ortschaft abschließt, hat der Stadt ihren Namen gegeben. Das flotte Mount Maunganui wird oft einfach „The Mount" oder Mauao genannt, was übersetzt „vom Tageslicht überrascht" bedeutet. Viele Leute halten es für einen Ortsteil des größeren Tauranga; dabei ist es eine eigenständige Gemeinde mit tollen Cafés und schicken Restaurants, angesagten Bars und fantastischen Stränden. Sonnenhungrige Urlauber strömen im Sommer in Scharen nach The Mount; sie kommen in der wachsenden Zahl von zehnstöckigen Apartmenthäusern unter, die auf der Landzunge entstehen.

Sehenswertes

★ Mauao BERG, AUSSICHTSPUNKT

Der eigentliche Berg – Mauao (Mount Maunganui) – kann auf Wanderwegen erkundet werden, die in vielen Kehren zum Gipfel hinaufführen. Für eine Gipfelwanderung sollte man rund eine Stunde einkalkulieren (inkl. kleiner Pause oben). Man kann aber auch einfach nur auf den Felsen von **Moturiki Island** herumklettern, die mit der Halbinsel verbunden ist. Die Insel und den Fuß des Mauao verbindet der **Mauao Base Track** (3½ km, 45 Min.); er führt durch zauberhafte Pohutukawa-Haine, die zwischen November und Januar blühen.

Eine Mauoa-Karte ist am Infostand des Beachside Holiday Parks erhältlich.

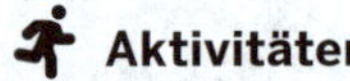

Aktivitäten

The Mount erhebt den Anspruch, Neuseelands absolute **Surfer-**Metropole zu sein (hier wird Surfen sogar in der Schule unterrichtet!). Man kann die Wellen am **Mount Beach** reiten, der schöne Strand-Breaks und

Mount Maunganui

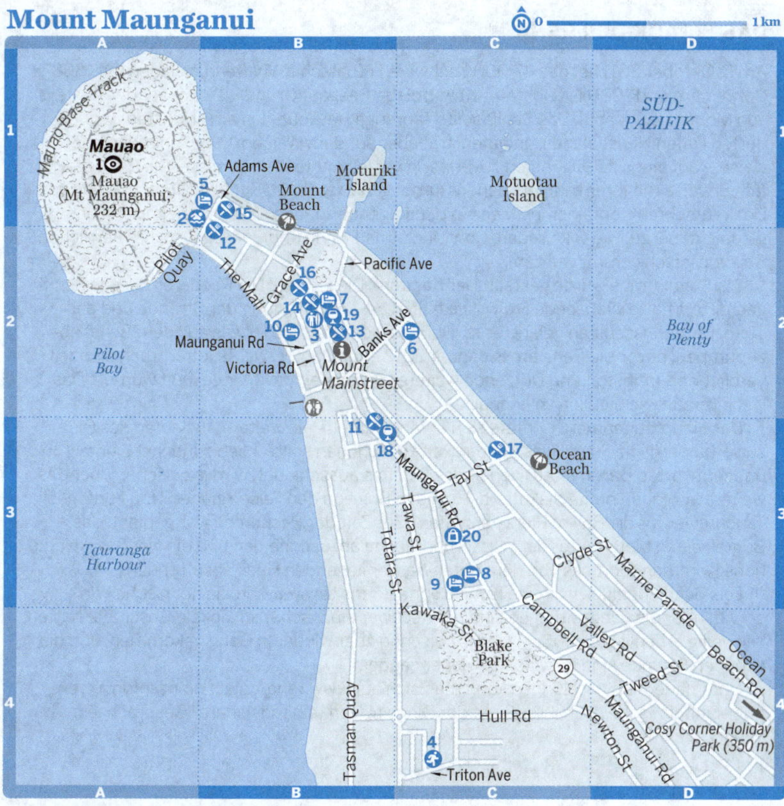

Mount Maunganui

Highlights
1 Mauao A1

Aktivitäten, Kurse & Touren
2 Mount Hot Pools A1
3 Mount Surfshop B2
4 Rock House C4

Schlafen
5 Beachside Holiday Park B1
6 Belle Mer C2
7 Mount Backpackers B2
8 Pacific Coast Lodge & Backpackers C3
9 Seagulls Guesthouse B&B C3
10 Westhaven Motel B2

Essen
11 Easy Go Thai B3
12 Mount Bistro B2
13 Mount Mainstreet Farmers Market B2
14 Post Bank B2
15 Pronto B1
16 Providores Urban Food Store B2
17 Tay Street Beach Cafe C3

Ausgehen & Nachtleben
Astrolabe Brew Bar .... (s. 14)
18 Hop House B3
19 Mount Brewing Co B2

Shoppen
20 Little Big Markets C3

DAS WRACK DER RENA

Am 5. Oktober 2011 lief das 47 000 t schwere Frachtschiff MV *Rena*, beladen mit 1368 Containern und 1900 t Treibstoff, am Astrolabe Reef auf Grund – 22 km vor der Küste von Mount Maunganui. Das Schiff sollte Tauranga Harbour, den am stärksten frequentierten Hafen Neuseelands, anlaufen, traf aber auf dem Weg dorthin – unerklärlicherweise – auf eines der eigentlich zuverlässig verzeichneten Hindernisse. Die *Rena* saß fatalerweise mit ihrem aufgerissenen Rumpf genau auf dem Riff fest. Öl lief aus und vom Deck rutschten Container ins Meer. In den folgenden Tagen sahen Einheimische ungläubig dabei zu, wie Ölklumpen, Container, tote Fische und Seevögel an ihre herrlichen Strände geschwemmt wurden.

Die Schuldfrage wurde gestellt: Der Kapitän? Die Eigner? Die Reederei, die das Schiff gechartert hatte? Tausende Freiwillige halfen bei der Reinigung der Strände und der Tiere. Bergungsschiffen gelang es schließlich, den Großteil des Öls aus dem Schiff abzupumpen, bevor die *Rena* am 8. Januar 2012 endgültig in zwei Teile zerbrach und der verbliebene Treibstoff und Dutzende weiterer Container ins Meer gespült wurden. Das Heck versank schließlich vollständig.

Das Hauptaugenmerk richtete sich anfangs darauf, ein weitere Auslaufen des Öls zu verhindern; die Frage, was mit der *Rena* geschehen sollte, blieb zunächst einmal unbeantwortet. Da ein Flottmachen des Schiffes ausscheidet, wird inzwischen über das weitere Vorgehen heftig diskutiert: Auch den Bug von den Felsen ziehen? Ein künftiges Tauchrevier für die Bay of Plenty schaffen? Zur Zeit der Recherche war geplant, das Bugteil einen Meter unter der Wasseroberfläche abzuschneiden und die vier Stockwerke hohe Kommandobrücke von dem unter Wasser liegenden Heck abzutrennen.

Das Schiffsunglück war eine Katastrophe für die Umwelt und die heimische Wirtschaft, aber die Langzeitfolgen sind ganz schwer einzuschätzen: lokale Geschäfte hatten zeitweilig erheblich Einbußen, sind inzwischen aber wieder in Gang gekommen, und die schönen Strände sind inzwischen wieder sauber.

Über neuere Entwicklungen kann man sich auf www.renaproject.co.nz informieren oder Einheimische nach ihrer Sicht der Dinge fragen (ein todsicherer Gesprächseinstieg!).

ein 100 m langes künstliches Surf-Riff vor der Küste aufzuweisen hat. Surf-Unterricht gibt es u. a. bei folgenden Anbietern: **Hibiscus** (☎07-575 3792, 027 279 9687; www.surfschool.co.nz; 2 Std./2 Tage Unterricht 75/165 NZ$), **Discovery Surf School** (☎027 632 7873; www.discoverysurf.co.nz; 2 Std. Unterricht 90 NZ$) und **Mount Surfshop** (☎07-575 9133; www.mountsurfshop.co.nz; 96 Maunganui Rd; 2 Std. Unterricht 80 NZ$, Boardverleih 30 NZ$; ⏲ Mo–Sa 9–17, So 10–17 Uhr).

Mount Hot Pools HEISSE QUELLE
(www.tcal.co.nz; 9 Adams Ave; Erw./Kind/Fam. 11/8/31 NZ$; ⏲ Mo–Sa 6–22, So 8–22 Uhr) Wer beim Erklimmen des Mauao seine Muskeln ordentlich trainiert hat, kann anschließend ein langes entspannendes Bad in diesen Heißwasserbecken am Fuß des Hügels genießen.

Rock House FELSKLETTERN
(www.therockhouse.co.nz; 9 Triton Ave; Erw./Kind 17,50/15,50 NZ$, Ausrüstung kostet extra; ⏲ Di–Fr 12–21, Sa & So 10–18 Uhr) In dem gigantischen blauen Stahlschuppen mit riesigen blauen Kletterwänden lässt sich das Felsklettern gut ausprobieren.

Baywave BADEN
(☎07-575 0276; www.tcal.co.nz; Ecke Girven & Gloucester Rd; Erw./Kind 7,50/5 NZ$, Wasserrutsche 4,80 NZ$; ⏲ Mo–Fr 6–21, Sa & So 7–19 Uhr) Wer nicht in Salzwasser baden möchte, dem sei ein Besuch im Baywave empfohlen mit traditioneller Schwimmbecken-Action plus dem größten Wellenbad Neuseelands, einer Wasserrutsche und Aqua-Aerobics.

Schlafen

Seagulls Guesthouse B&B B&B, HOSTEL $
(☎07-574 2099; www.seagullsguesthouse.co.nz; 12 Hinau St; B/EZ/DZ/FZ ab 30/65/85/110 NZ$; @) Keine Lust auf noch ein weiteres dieser überfüllten, alkoholgeschwängerten Hostels? Bitte sehr, hier ist es: Das Seagulls Guesthouse liegt an einer ruhigen Straße

unweit der Stadt und ist ein Juwel – ein makelloses, anspruchsvolles Hostel, in dem mehr Wert auf den friedlichen Genuss der reizvollen Umgebung als auf das Ausleben von den Exzessen der Jugend gelegt wird. Die attraktivsten Zimmer verfügen über ein eigenes Bad und TV. Es gibt außerdem kostenloses WLAN.

Beachside Holiday Park CAMPINGPLATZ $
(07-575 4471; www.mountbeachside.co.nz; 1 Adams Ave; Stellplätze ab 42 NZ$, Wohnwagen 70–90 NZ$, Hütte 110–130 NZ$; @) Mit drei verschiedenen Campingbereichen am Fuß des Mount Maunganui bietet der gemeindeeigene Caravanpark spektakuläre Plätze mit allen erforderlichen Einrichtungen; außerdem liegt er günstig zu den Mount Hot Pools (die den Campern Rabatt gewähren) und einer Reihe guter Restaurants. Die Rezeption dient zugleich als lokales Informationszentrum.

Pacific Coast Lodge & Backpackers HOSTEL $
(07-574 9601, 0800 666 622; www.pacificcoastlodge.co.nz; 432 Maunganui Rd; B/DZ ab 28/84 NZ$; @) Das straff geführte, stilvolle Hostel unweit des Geschehens ist gesellig, aber nicht partyorientiert; wer etwas trinken möchte, der wird nach 22 Uhr freundlich dazu aufgefordert, dies doch in der Stadt zu tun. Die zweckmäßig eingerichteten Schlafsäle mit Etagenbetten sind geräumig und mit Strandbildern geschmückt. WLAN und Surfbretter gibt's kostenlos.

Cosy Corner Holiday Park CAMPINGPLATZ $
(07-575 5899, 0800 684 654; www.cosycorner.co.nz; 40 Ocean Beach Rd; Stellplätze ab 44 NZ$, Hütte & Wohneinheit 75–125 NZ$; Mitte Dez.–Ostern; @) Der kompakte, spartanisch ausgestattete Campingplatz hat eine gesellige Atmosphäre und verfügt über Grillplätze, Trampoline und ein Spielezimmer. Außerdem liegt er günstig zum Strand mit einem speziellen Zugang über einen kleinen Weg auf der anderen Straßenseite. Achtung: Für Einzelreisende ist der Platz nur von Mitte Dezember bis Ostern geöffnet.

Mount Backpackers HOSTEL $
(07-575 0860; www.mountbackpackers.co.nz; 87 Maunganui Rd; B 27–31 NZ$; @) Das enge, aber aufgeräumte Hostel besticht durch seine tolle Lage – es ist ganz in der Nähe vom Strand und zugleich nur einen Katzensprung von den besten Restaurants und Bars in Mount entfernt. Dazu kommen weitere Extras wie etwa günstige Surfboards und Leihfahrräder sowie Rabatt beim Surfunterricht.

Westhaven Motel MOTEL $$
(07-575 4753; www.westhavenmotel.co.nz; 27a The Mall; Wohneinheiten 130–150 NZ$;) Die 1969er-Architektur ist schon gewöhnungsbedürftig, aber die Besitzer modernisieren gerade ein Zimmer nach dem anderen (Retrofans sollten also jetzt noch ganz schnell zuschlagen). Die komplett eingerichteten Küchen sind perfekt für Selbstversorger, Geschäfte und Restaurants sind zu Fuß leicht zu erreichen. Das preiswerteste Motel im ganzen Umkreis liegt außerdem nur wenige Meter von schönen Bademöglichkeiten entfernt.

Belle Mer APARTMENT $$$
(07-575 0011, 0800 100 235; www.bellemer.co.nz; 53 Marine Pde; Apt. 285–450 NZ$;) Eine protzige Strandanlage mit Ein-, Zwei- und Drei-Zimmer-Apartments, von denen einige einen Balkon mit Meerblick haben und andere wiederum einen eigenen Bereich im Innenhof – obwohl die an ein Urlaubsresort erinnernde Terrasse mit Pool sicher attraktiver ist. Die Quartiere sind in fein abgestimmten, warmen Farben geschmackvoll eingerichtet, und man bekommt hier alles geboten, was man für einen längeren Aufenthalt braucht, etwa eine voll ausgestattete Küche und eine Wäscherei.

Essen

Pronto BURGER $
(07-572 1109; www.facebook.com/prontogourmetnz; 1 Marine Pde.; Burger 10–14 NZ$; Mo 9–15, Di–Fr bis 20.30, Sa & So 8–20.30 Uhr) Manchmal ist das Leben ziemlich einfach. Man kombiniere den uneingeschränkten Blick auf den Pazifik und das eindrucksvolle Profil des Mauao mit einer Superauswahl an Gourmetburgern. Der mit *peri-peri*-Hühnchen und Avocadostücken ist kaum zu toppen, besonders wenn der/die Essende dabei auch noch am nahe gelegenen Strand sitzt und den Sand zwischen den Zehen spürt.

Mount Mainstreet Farmers Market MARKT $
(www.mountmaunganui.org.nz; Phoenix Car Park, Maunganui Rd; So 9–13 Uhr) Auf geht's zum lokalen Bauernmarkt für ein Verwöhnprogramm am Sonntagmorgen: frisches Obst und Gemüse, Kaffee, Gebäck, Honig, Käse, Säfte ... Kunst und Handwerk sind hier nicht zugelassen!

Providores Urban Food Store CAFÉ $
(☎ 07-572 1300; 19a Pacific Ave; Gerichte 7–22 NZ$; ⏰ 7.30–17 Uhr, April–Okt. Mo & Di geschl.; ✎) Mexikanische Teppiche und kuschelige Sofas bestimmen hier die Atmosphäre, während die Augen schon mal über das frisch gebackene Brot, die Buttercroissants, hausgeräuchertes Fleisch, diverse Käsesorten, Bio-Marmelade und Eier aus Freilandhaltung gleiten – perfekte Zutaten für ein Frühstück der Extraklasse oder einen üppigen Fresskorb für ein Picknick am Strand.

Tay Street Beach Cafe CAFÉ $$
(☎ 07-572 0691; www.taystreetbeachcafe.co.nz; Ecke Tay St & Marine Pde.; Hauptgerichte 14–25 NZ$; ⏰ Mo–Sa 8–21, So bis 16 Uhr) Das Tay Street Beach Cafe liegt etwa 2 km südlich von Mauao und damit abseits der gelegentlichen Hektik im Zentrum von The Mount. Schlaue Einheimische kommen in Scharen für einen Kaffee im hellen Morgensonnenschein hierher, verweilen bei Brunch-Klassikern wie Maispuffern, essen Fisch-Tacos zum Abendbrot oder sautierten Thunfischsalat zum Mittagessen. Eine herausragende Weinauswahl und Craft Beer von der Nordinsel runden das Angebot ab.

Tapas und Abendessen ab etwa 16 Uhr sind gleichermaßen verlockend. Empfehlenswert sind vor allem die thailändischen Fischfrikadellen oder die Lamm-Köfte.

Easy Go Thai THAILÄNDISCH $$
(☎ 07-574 8500; www.thaitakeaways.co.nz; 277 Maunganui Rd; Hauptgerichte 15–19 NZ$; ⏰ ab 16.30 Uhr) Das unauffällige Restaurant befindet sich an einem eher langweiligen Teil von The Mounts Hauptstraße, aber die thailändische Küche ist wirklich überzeugend. Wie wär's mit *gaeng dang bhed* (rotes Entencurry) oder klassischen thailändischen Fischfrikadellen? Wer Essen im Wert von mindestens 25 NZ$ bestellt, bekommt es sogar frei Haus geliefert. Und wie klingt Abendessen unter freiem Himmel gleich neben dem Strand?

★ **Post Bank** MODERN NEUSEELÄNDISCH $$$
(☎ 07-575 4782; www.postbank.co.nz; 82 Maunganui Rd; Hauptgerichte 24–34 NZ$; Di–Fr 12–14.30, 17 Uhr bis spät nachts) Bücherregale, die mit bunt gemischten Wälzern vollgestopft sind, verleihen dem Post Bank das Ambiente eines Herrenclubs; das Essen ist aber alles andere als antiquiert. Asiatische und mediterrane Einflüsse vereinen sich in einer Speisekarte, die spielerisch in „Kapitel 1, 2 und 3" aufgeteilt ist. Zu den Highlights zählen der vietnamesische Rindfleisch-Garnelen-Salat und ein tolles thailändisches Hähnchencurry.

Das reibungslos professionelle Team hinter dem Tresen mixt erstklassige Cocktails, die einer Flüsterkneipe der 1920er-Jahre zur Ehre gereicht hätten.

Mount Bistro MODERN NEUSEELÄNDISCH $$$
(☎ 07-575 3872; www.mountbistro.co.nz; 6 Adams Ave; Kleine Gerichte 15 NZ$, Hauptgerichte 26–36 NZ$; ⏰ Di–So 17.30–21 Uhr) Das buttermilchfarbene Mount Bistro sorgt für ein unprätentiöses Feinschmeckererlebnis am Fuße des Mauao: Hier werden hochwertige lokale Fleischsorten (Lamm, Rind, Hähnchen, Ente) sowie Fisch und Languste als fantasievolle klassische Gerichten zubereitet (z. B. Lammhaxe, Fischsuppe) und ansprechend serviert. Genau richtig für einen stilvollen Abend.

Ausgehen & Nachtleben

★ **Hop House** BAR
(☎ 07-574 5880; www.thehophouse.co.nz; 297 Maunganui Rd; ⏰ Di–Fr 16–23, Sa & So 12 bis spät abends) Die eigenartige Bar, die früher nach einem der besten Songs von David Bowie benannt war, hat sich neu erfunden und ist jetzt ein Top-Ziel für Craft-Beer-Fans im Gebiet von Tauranga und Mount Maunganui. Aus den vielen Zapfhähnen fließen wechselnde Biere aus ganz Neuseeland, und auch die Auswahl an Flaschenbieren ist ziemlich toll. Livemusik setzt an den meisten Freitagabenden gegen 20 Uhr ein.

Mount Brewing Co CRAFT BEER
(☎ 07-575 7792; www.mountbrewingco.co.nz; 109 Maunganui Rd; ⏰ 11–1 Uhr) Mit seinem entspannten Strandambiente lädt der Pub an der Hauptstraße dazu ein, ein paar Stunden an der Bay of Plenty zu vertrödeln. All die verschiedenen Biersorten kann man bei einer Bierprobe testen – unser Favorit ist das hopfige Mermaid's Mirth American Pale Ale. Bei Burgern, Platten für mehrere Personen und gelegentlicher Livemusik von lokalen Bands am Dienstag- und Freitagabend lohnt es sich, etwas zu verweilen.

Brewer's Bar PUB
(☎ 07-575 2739; www.facebook.com/BrewersBar; 107 Newton St; ⏰ 11–23 Uhr) Der Heimathafen der Mount Brewing Co liegt in einem Gewerbegebiet etwa 4 km vom Zentrum von Mount Maunganui entfernt und bringt gelegentlich Livemusik auf die Bühne. Das an-

ABSEITS DER ÜBLICHEN PFADE

TUHUA (MAYOR ISLAND)

Der inaktive Vulkan 35 km nördlich von Tauranga wird allgemein Mayor Island genannt. Die Insel im Privatbesitz ist berühmt für ihr schwarzes, glasartiges Vulkangestein (Obsidian) und ihre Vogelwelt. Hier leben sogar Kiwis, die 2006 auf der raubtierfreien Insel ausgewildert wurden. Wanderwege führen durch das überwucherte Kratertal, die Nordwestecke ist ein **Meeresschutzgebiet**.

Um die Insel zu besuchen, braucht man die Erlaubnis der *kaitiaki* (Hüter), der Kontakt läuft über das **Tuhua Trust Board** (☎ 07-579 0580; tuhuakaitiaki@hotmail.com). Die Landegebühr beträgt 5 NZ$, und die Gäste müssen strenge Quarantäneregeln einhalten. Die Unterkünfte beschränken sich auf einfaches Zelten/Hütten (15/35 NZ$); Essen und Wasser muss man selbst mitbringen (kein Kühlschrank). In den Kosten für die Unterkunft ist die Landegebühr enthalten. Mehrere Bootsverleiher in Tauranga bringen Passagiere nach Tuhua. Mehr Informationen gibt es beim Tuhua Trust Board oder **DOC** (☎ 07-578 7677; www.doc.govt.nz; 253 Chadwick Rd, Greerton) in Tauranga. Von der DOC-Website kann man auch die Broschüre *Tuhua/Mayor Island – How to Get There* herunterladen.

grenzende Brewer's Field nutzen von Ende Dezember bis Mitte Januar einige der größten neuseeländischen Bands für Gigs unter freiem Himmel.

Astrolabe Brew Bar PUB
(☎ 07-574 8155; www.astrolabe.co.nz; 82 Maunganui Rd; ⏲ 10–1 Uhr) Astrolabe Brew Bar beschwört eine unkonventionelle Retro-Ferienhausatmosphäre herauf: Es gibt Teppiche mit Blumenmuster, Bücherregale voller alter Romane, Sonnenschirme und alte, ramponierte Koffer. Wenn all das noch nicht für genügend Urlaubslaune sorgt, dann tun das vielleicht ein hopfiges Green Beret IPA von Neuseelands bekannter Mac's Brewery und ein Burger, eine Pizza oder ein Steak. Die Salate – den Rindfleischsalat „Jimmy the Cow" auf thailändische Art sollte man unbedingt probieren – schmecken ebenfalls sehr gut.

Shoppen

Little Big Markets MARKT
(☎ 021 032 7873; www.facebook.com/thelittlebigmarkets; Ecke Matai St & Maunganui Rd; ⏲ Okt.–April 1. Sa im Monat 9–13 Uhr) Kunst, Handwerk und leckeres Essen sind auf diesem monatlich stattfindenden Vormittagsmarkt zu finden.

Praktische Information

Die Rezeption im **Beachside Holiday Park** (S. 347) fungiert auch als inoffizielles Informationszentrum für The Mount, geöffnet hat es von 8.30 bis 19 Uhr. **Mount Mainstreet** (☎ 07-575 9911; www.mountmaunganui.org.nz; 141 Maunganui Rd; ⏲ 8.30–17 Uhr) verfügt ebenfalls über Infos und Kartenmaterial.

An- & Weiterreise

AUTO

Mount Maunganui liegt am anderen Ende der Hafenbrücke von Tauranga, von Süden aus ist es über Te Maunga auf dem SH2 zu erreichen. Leihwagen gibt es u. a. bei **Rite Price Rentals** (☎ 07-575 2726, 0800 250 251; www.riteprice rentals.co.nz; 63 Totara St; ⏲ 8–17 Uhr).

BUS

Busse von InterCity, ManaBus und Naked Bus auf dem Weg nach Tauranga halten auch in Mount Maunganui, Fahrkarten kosten genauso viel wie nach/von **Tauranga** (S. 344). Die Busse halten an der Salisbury Ave.

Papamoa

20 100 EW.

Papamoa ist ein aufblühender Ort in unmittelbarer Nachbarschaft zu Mount Maunganui; beide werden nur von ein paar leeren Koppeln getrennt, die schon bald erschlossen werden dürften. Wegen der großen neuen Häuser an makellosen Straßen wirkt Papamoa in manchen Vierteln wie eine bewachte Wohnsiedlung, aber der Strand hinter den Dünen ist einfach fantastisch – und spätestens dort versteht man, warum so viele Leute nach Papamoa ziehen.

Aktivitäten

Blo-kart Heaven EXTREMSPORT
(☎ 07-572 4256; www.blokartheaven.co.nz; 176 Parton Rd; Blokarts 30/50 Min. 30/50 NZ$, Driftkarts 15 Min. 25 NZ$; ⏲ Okt.–März 10–17.30 Uhr, April–Sept. bis 16.30 Uhr) Blo-kart Heaven, ein paar

Kilometer außerhalb von Papamoa Beach, ist der richtige Ort, um sich auf einer eigens dafür gebauten Rennstrecke im Landsegeln zu versuchen (Blokarts sind in Neuseeland konzipierte, spezielle Strandsegler). Seit Kurzem gibt es außerdem Driftkarts, die mit Elektroantrieb unterstützt werden; man kommt jetzt also auch voran, wenn gerade kein Wind weht. Beide Aktivitäten machen viel Spaß, sind leicht zu erlernen und sehr empfehlenswert.

Schlafen & Essen

Papamoa Beach Resort CAMPINGPLATZ $

(☎07-572 0816, 0800 232 243; www.papamoabeach.co.nz; 535 Papamoa Beach Rd; Stellplätze ab 48 NZ$, Villen & Wohneinheiten 90–150 NZ$; @📶) Das weitläufige Papamoa Beach Resort ist ein blitzsauberer, moderner Campingplatz, der, was Ausstattung und Preis anbelangt, längst über seine Anfänge als Caravanpark hinausgewachsen ist. Es gibt fantastische Villen für Selbstversorger hinter den Dünen (psst, man hört das Rauschen der Brandung). Leihfahrräder und Gokarts mit Pedalantrieb sind ein toller Spaß für die ganze Familie.

Beach House Motel MOTEL $$

(☎0800 429 999, 07-572 1424; www.beachhouse-motel.co.nz; 224 Papamoa Beach Rd; DZ ab 140 NZ$; 📶) Mit seiner kantigen Wellblechfassade und den geschmackvollen Korbmöbeln bietet sich das Beach House Motel für eine makellose, anspruchsvolle Version des Kiwi-Urlaubs im Ferienhaus an – entspannt und nah am Strand. Es gibt einen Pool, falls es am Strand zu windig ist, und aus den Felsgärten lugen orangefarbene Gänseblümchen.

Bluebiyou FISCH $$

(☎07-572 2099; www.bluebiyou.co.nz; 559 Papamoa Beach Rd; Hauptgerichte 16–40 NZ$; ⏲Di–Fr ab 11.30, Sa & So ab 10.30 Uhr) Bluebiyou ist ein luftig-lässiges Restaurant und liegt hoch in den Dünen. Serviert werden ein umfangreicher Brunch, italienisch angehauchte Fischspezialitäten und Tapas für mehrere Personen zum Teilen. Das Meeresfrüchterisotto ist ein todsicherer Tipp, und gebratene Sardellen oder Austern geben tolle Barsnacks ab. Während der Sommerzeit hat das Lokal sieben Tage die Woche geöffnet.

An- & Weiterreise

Die Buslinie 30 von Bayhopper fährt von Mount Maunganui nach Papamoa.

Katikati

4060 EW.

Der geschäftige, kleine Ort, der von den Einheimischen „Katikat" genannt wird, ist weltweit die einzige geplante Ulster-Siedlung und feiert seine Geschichte mit farbenfrohen **Wandmalereien**. Inzwischen gibt es in dem Ort mehr als 60 solcher Bilder, und wenn gelegentlich Festivals veranstaltet werden, kommen immer noch welche neu dazu. Das **Katikati Information Centre** (☎07-549 1658; www.katikati.org.nz; 36 Main Rd; ⏲Mo–Fr 9–13 Uhr, im Sommer längere Öffnungszeiten; 📶) bietet Infos und verkauft einen Wandbildführer (5 NZ$); wer mag, kann auch an einer der Führungen in kleinen Gruppen teilnehmen.

Sehenwertes

Katikati Bird Gardens WILDRESERVAT

(☎07-549 0912; www.birdgardens.co.nz; 263 Walker Rd E; Erw./Kind/Fam. 9,50/5/25 NZ$; ⏲Mitte Sept.–Mai tgl. 10–16.30 Uhr, Juni–Mitte Sept. nur Sa, So & Feiertage) Etwa 7 km südlich der Stadt liegen die 4 ha großen Katikati Bird Gardens voller einheimischer Vogelarten (schon mal einen Kawaupaka gesehen?). Außerdem gibt es hier ein Café und eine Galerie, und die Besucher können im Boutique-Cottage (DZ B&B 175 NZ$) übernachten.

Morton Estate WEINGUT

(www.mortonestatewines.co.nz; 2389 SH2; ⏲9.30–17 Uhr) Beim Bau von Morton Estate, einem der größeren Weingüter Neuseelands, wurde die kapholländische Architektur aus Südafrikas Weingebieten eingeschleust. Das Gut liegt am SH 2, 8 km südlich von Katikati. Besucher können die Weine verkosten und sich auch gleich damit eindecken. Unbedingt zu empfehlen ist der samtige Chardonnay.

Western Bay Museum MUSEUM

(☎07-549 0651; www.westernbaymuseum.com; Main Rd, The Old Fire Station; ⏲Mo–Fr 9–16, Sa & So 10–16 Uhr) GRATIS Anfang 2016 ist das regionale Museum in farbenfroher neuer Umgebung im Gebäude einer ehemaligen Feuerwache wiedereröffnet worden. Es spürt der Lokalgeschichte mit einer bezaubernden Mischung aus Māori-Artefakten und Ulster-Historie nach. Besucher sollten sich auch noch das alte Gefängnis Katikati Jail ansehen, das auf dem Gelände steht. In der engen Hütte war nur Platz für zwei Häftlinge gleichzeitig.

Aktivitäten

Katikati Mural Tours KULTURELLE TOUR
(07-549 5250; www.muraltown.co.nz; pro Pers. 10 NZ$; Okt.–März Sa & So 11 Uhr, zu anderen Terminen auf Voranmeldung) Bei der Führung werden einige der über 60 Wandbilder genauer unter die Lupe genommen.

Haiku Pathway WANDERN
(www.katikati.co.nz) Ein paar hundert Meter hinter dem Informationszentrum beginnt der Haiku Pathway. Er folgt dem Verlauf des Uretara River und führt an Felsblöcken vorbei, auf denen Haiku-Verse stehen. Eine entspannte Szenerie.

Schlafen

Kaimai View Motel MOTEL $$
(07-549 0398; www.kaimaiview.co.nz; 84 Main Rd; DZ ab 130 NZ$;) Hinter einem ungewöhnlichen Bild an der Fassade bietet dieses moderne Motel hübsche Zimmer (die alle nach heimischen Baumarten benannt sind) mit CD-Spielern, Küchenzeilen und einem Whirlpool (den gibt es aber nur in den größeren Zimmern). Die Aussicht, nach der das Motel benannt wurde, genießt man hinter dem Haus.

★ **Warm Earth Cottage** COTTAGE $$$
(07-549 0962; www.warmearthcottage.co.nz; 202 Thompsons Track; DZ 250 NZ$) In diesem ländlichen Idyll, 5 km südlich der Stadt und dann 2 km auf dem SH2 nach Westen, kann man vielleicht seine romantische Ader wiederentdecken und in einfachen Freuden schwelgen. Zwei schlichte Hütten ohne Strom stehen am Ufer des Waitekohe River, in dem man auch baden kann. Also den Grill anwerfen, in ein holzbefeuertes Bad im Freien eintauchen oder in der netten Gäste-Lounge/-Bibliothek ein Buch lesen. Ein großes Frühstück zum Selbermachen ist im Preis inbegriffen.

Essen & Ausgehen

Ambria Restaurant & Bar MODERN NEUSEELÄNDISCH $$
(07-549 2272; www.ambria.co.nz; 5/62 Main Rd; Hauptgerichte Mittagessen 16–20 NZ$, Abendessen 25–35 NZ$; Di & Mi ab 17, Do–Sa ab 11, So ab 10 Uhr) Das überraschend stimmungsvolle Ambria ist ein angesagtes Bar-Restaurant an einer unauffälligen Einkaufsstraße auf der Ostseite der Stadt. Zum gebratenen Entenconfit mit Süßkartoffelpüree passt ein Glas neuseeländischen Weins. Gourmet-Pizzas (24–26 NZ$) stehen auf der Mittags- und der Abendkarte. Die leckere Ambria-Pizza ist mit sautiertem Rindfleisch, karamellisierten Zwiebeln und Blauschimmelkäse belegt.

Talisman Hotel & Landing Restaurant PUB
(07-549 2218; www.facebook.com/talismanhotel; 7 Main Rd; Mo–Fr ab 11, Sa & So ab 10 Uhr) Das Talisman ist die örtliche Kneipe mit gelegentlicher Livemusik, einem tollen Pub-Quiz am Donnerstagabend und regelmäßigen Specials mit gutem Preis-Leistungs-Verhältnis im Landing Restaurant. Mittwochs ist immer der Pizza-und-ein-Pint-Abend, und auch die Burger und Steaks sind preisgünstig.

An- & Weiterreise

InterCity und Naked Bus halten in Katikati.

Maketu

1240 EW.

Wer auf dem SH 2 durch Te Puke fährt und dann links in die Maketu Road einbiegt, findet sich in diesem Ort am Meer wieder, der zwar historisch bedeutsam ist, aber schon deutlich bessere Tage gesehen hat.

Maketu spielte eine maßgebliche Rolle in der neuseeländischen Geschichte als Landeplatz des Kanus *Te Arawa* im Jahr 1340. An dieses Ereignis erinnert ein leider nicht sehr beeindruckendes, 1940 errichtetes Denkmal auf dem Tidenstrand. Heute ist der Ort vor allem berühmt für seine Maketu Pies (s. unten).

Essen

Maketu Pies FASTFOOD $
(07-533 2358; www.maketupies.co.nz; 6 Little Waihi Rd; Pies 4–6 NZ$; Mo–Fr 9–15.30 Uhr) Die berühmten Maketu Pies werden hier täglich frisch gebacken, was einem erheblichen Teil der Einwohner zu einem Arbeitsplatz verhilft. An der Ladenfront der Fabrik kann man die Pasteten noch warm aus dem Ofen kaufen – oder am Wochenende im Laden nebenan (besonders lecker sind die mit Chili, Käse und Rindfleischgeschmack).

Te Puke

7500 EW.

Willkommen in der „Welthauptstadt der Kiwifrucht". Während der Erntezeit, wenn es rundum sehr viel Arbeit gibt, ist hier richtig was los.

PELZIGES FRÜCHTCHEN

Die unscheinbare Kiwifrucht bringt NZ jedes Jahr mehr als 1 Mrd. NZ$ ein. Da die Bay of Plenty hier ganz dick im Geschäft ist, verwundert es nicht, dass die Einheimischen die Frucht auch persönlich sehr schätzen.

Ursprünglich stammt die Frucht aus China, wo sie Affenpfirsich genannt wurde (sie galt als reif, wenn die Affen sie verspeisten). Bei ihrer Übersiedelung nach Neuseeland wurde sie in Chinesische Stachelbeere umbenannt – damals war sie noch deutlich kleiner. Findige Neuseeländer züchteten aber zunehmend größere Exemplare und begannen in den 1950er-Jahren mit dem Export. Die Frucht erhielt einen attraktiven neuen Namen: Zespri. Heute bauen die Zesprianer zwei Sorten Kiwis an: die gewöhnliche, mit Flaum bedeckte grüne und die goldene Frucht mit der weichen Haut. Um mehr über die Kiwi zu erfahren, empfiehlt sich ein Besuch im **Kiwi360** in Te Puke.

Für Reisende, die zwischendurch mal ein paar Dollar dazuverdienen wollen, gibt es in dieser Gegend immer Arbeit beim Kiwipflücken – überwiegend natürlich in der Erntezeit (Mai und Juni): Man sollte aber nicht mehr als 15 NZ$ pro Stunde erwarten. Am besten fragt man bei den regionalen i-SITEs nach oder schaut online auf der Website www.picknz.co.nz nach Angeboten.

Sehenswertes

Kiwi360 FARM

(☎07-573 6340, 0800 549 4360; www.kiwi360.com; 35 Young Rd, nahe SH2; Eintritt frei, Führung Erw./Kind/Fam. 20/6/46 NZ$; ⏱9–17 Uhr) Wer alles über die Kiwi wissen möchte, schaut am Besten im Kiwi360 am Abzweig nach Maketu vorbei. Das Besucherzentrum inmitten von Obstplantagen mit Nashi-Birnen, Zitrusfrüchten, Avocados und (wer hätte das gedacht) Kiwis wartet mit einer Reihe von Attraktionen auf, darunter eine 35-minütige Plantagentour mit dem „Kiwicart", ein Kiwi-Aussichtsturm (ohne besonders viel Aussicht) und ein Café, das verschiedene Kiwi-Köstlichkeiten auftischt.

Schlafen

Te Puke Backpackers HOSTEL $

(☎07-573 8015; www.tepukebackpackers.com; 2 No 1 Rd; B/2BZ/DZ ab 25/60/60 NZ$; @📶) Für Obstpflücker und Schlafsaalurgesteine gibt es eine einfache Hostelunterkunft im Te Puke Backpackers, eine scheunenartige Angelegenheit auf der Whakatane zugewandten Seite des Ortes mit einem großzügigen Gemeinschaftsraum und kleinen, aufgeräumten Zimmern. Die Leute können normalerweise Traveller in Saisonarbeit vermitteln; Einzelheiten finden sich auf der Website.

Shoppen

Comvita BEAUTY

(☎07-533 1987; www.experiencecomvita.com; 23 Wilson Rd S, Paengaroa; Eintritt frei, Führung Erw./Kind 18/9 NZ$; ⏱Mo–Fr 8.30–17, Sa & So 9.30–16 Uhr) Lust auf was Süßes? Etwa 10 km südlich von Te Puke in Paengaroa liegt Comvita, wo die berühmtesten neuseeländischen Gesundheitsprodukte aus Honig und anderen Imkereierzeugnissen hergestellt werden. Das große neue Besucherzentrum bietet 40-minütige Führungen an, die darüber informieren, wie Nebenprodukte der Bienen und einheimische neuseeländische Pflanzen wie Manuka für Gesundheitsprodukte geerntet werden. Auf dem Weg nach draußen kann man einen Tiegel Vitamin E-Creme mit Blütenpollen und Manukahonig mitnehmen.

Wir empfehlen außerdem das Eis mit Honiggeschmack – etwas weniger gesund, aber dafür köstlich.

Praktische Informationen

Te Puke Visitor Information Centre (☎07-573 9172; www.tepuke.co.nz; 130 Jellicoe St; ⏱Mo–Fr 8–17, Sa 9–12 Uhr; 📶) Das Te Puke Besucherinformationszentrum befindet sich im selben Gebäude wie die öffentliche Bücherei (die Mitarbeiter werden auch bestätigen, dass „Puke" Puhkie ausgesprochen wird und nicht etwa Pjuk).

An- & Weiterreise

InterCity und Naked Bus halten beide in Te Puke.

Whakatane

18 950 EW.

Whakatane (sprich: fo-ka-ta-ne) ist ein wahres Paradies aus Pohutukawa-Bäumen,

Whakatane

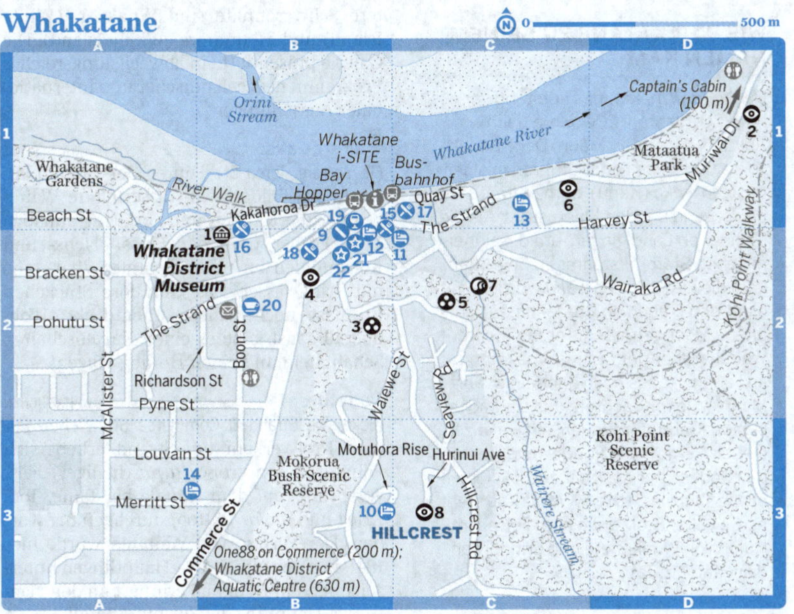

Whakatane

Highlights
1 Whakatane District Museum........B2

Sehenswertes
2 Muriwai's Cave........D1
3 Papaka Pa........B2
4 Pohaturoa........B2
5 Puketapu Pa........C2
6 Te Manuka Tutahi Marae........C1
7 Wairere Falls........C2
8 Whakatane Observatory........C3

Aktivitäten, Kurse & Touren
9 Diveworks Dolphin & Seal Encounters........B2
White Island Tours........(s. 13)

Schlafen
10 Motuhora Rise B&B........B3
11 Tuscany Villas........C2
12 Whakatane Hotel........B2
13 White Island Rendezvous........C1
14 Windsor Backpackers........A3

Essen
15 L'Epicerie........B1
16 Niko Niko........B2
17 Roquette........C1
18 Soulsa........B2

Ausgehen & Nachtleben
Detour Bar & Lounge........(s. 19)
19 Office........B1
20 Straight Up Espresso........B2

Unterhaltung
21 Boiler Room........B2
22 WhakaMax Movies........B2

das in einem natürlichen Hafenbecken an der Mündung des gleichnamigen Flusses liegt. Für den landwirtschaftlichen Bezirk Rangitaiki ist die Stadt der Dreh- und Angelpunkt. Whakatane hat aber noch mehr Reize – herrliche Strände, eine Hauptstraße mit sonnigem Flair und das vulkanische Whakaari (White Island) sind nur ein paar davon. Außerdem ist es (trotz Nelsons Protesten) offiziell die sonnigste Stadt Neuseelands! Schiffsausflüge zu der gerade einmal 9 km vor der Küste gelegenen Moutuhora (Whale Island) starten ebenfalls hier.

Sehenswertes

Auf den Klippen hinter dem Ort liegen zwei antike *pa*-Stätten der Ngāti Awa – **Te Papaka** und **Puketapu**; beide bieten eine sensationelle Aussicht auf Whakatane (und lassen sich sehr gut verteidigen).

WIE WHAKATANE ZU SEINEM NAMEN KAM

Der Name Whakatanes entstand vor rund 800 Jahren, 200 Jahre nach Ankunft der ersten Māori. Der Krieger Toroa und seine Familie fuhren in einem riesigen *waka* (Kanu), dem Mataatua, in die Gegend um den Meeresarm. Als die Männer an Land gingen, um die einheimischen Stammesführer zu begrüßen, kam die Flut und das *waka* wurde – mitsamt den Frauen an Bord – hinaus aufs offene Meer getrieben. Toroas Tochter, Wairaka, aber rief: „E! Kia whakatane au i ahau!" (Lass mich handeln wie ein Mann!) Sie missachtete das traditionelle *tapu* (Tabu) für Frauen, ein *waka* zu steuern, ergriff das Paddel und brachte das Boot sicher ans Ufer zurück. Eine etwas skurrile **Statue Wairakas** steht heute voller Stolz auf einem Felsen im Hafen von Whakatane und erinnert an diese tapfere Tat.

Te Manuka Tutahi Marae KULTURZENTRUM
(07-308 4271; www.mataatua.com; 105 Muriwai Dr; 90 Min. kulturelle Führung Erw./Kind 49/15 NZ$; Dez.–Feb. 9–16, März–Nov. eingeschränkte Öffnungszeiten) GRATIS Das Herzstück des kürzlich eröffneten Ngāti Awa *marae* ist nicht neu: Mataatua Wharenui (das Haus, das nach Hause kam) ist ein Versammlungshaus von 1875 mit fantastischen Schnitzereien. Im Jahr 1879 wurde es abgebaut und nach Sydney verschifft, ab 1925 verbrachte es 71 Jahre im Otago Museum. 1996 wurde es den Ngāti Awa zurückgegeben. Besucher können sich das Mataatua Wharenui von außen anschauen (auf respektvolles Benehmen achten!) oder eine ausgezeichnete Kulturführung buchen.

★ **Whakatane District Museum** MUSEUM, GALERIE
(07-306 0509; www.whakatanemuseum.org.nz; Esplanade Mall, Kakahoroa Dr; Eintritt durch Spende; Mo–Fr 9–17, Sa & So 10–14 Uhr) Das eindrucksvolle Museum mit Galerie im Gebäude der Bücherei zeigt kunstvoll präsentierte Exponate über einstige Siedlungen der Māori und Europäer in diesem Gebiet: Durch *taonga* (Schätze) der ortsansässigen Māori kann deren Abstammung bis zum Mataatua-Kanu zurückverfolgt werden. Weitere Schwerpunkte sind Whakaari (White Island) und Moutuhora (Whale Island). Die Galerie präsentiert ein abwechslungsreiches Programm neuseeländischer und internationaler Ausstellungen.

Wairere Falls WASSERFALL
(Te Wairere; Toroa St) Hinter der Stadt plätschert der Bilderbuch-Wasserfall Te Wairere über die Klippen und sorgt für dunstige Luft. Früher trieb der Fluss Flachs- und Kornmühlen an und versorgte Whakatane mit Trinkwasser. Das grandiose Stückchen Erde ist noch nahezu unentdeckt: Wohl überall sonst gäbe es einen Kartenschalter, Schautafeln und einen Hotdog-Wagen!

Pohaturoa WAHRZEICHEN
(Ecke The Strand & Commerce St) Neben einem Kreisverkehr am Strand erhebt sich Pohaturoa, ein großer *tapu* (heiliger) Felsvorsprung, auf dem Rituale bei Taufe, Tod, Krieg und *moko* (Tattoo) durchgeführt wurden. Der Vertrag von Waitangi wurde hier 1840 von den Ngāti-Awa-Häuptlingen unterzeichnet; ein Denkmal erinnert an den Ngāti-Awa-Häuptling Te Hurinui Apanui.

Muriwai's Cave HÖHLE
(Muriwai Dr) Die teilweise eingestürzte Te Ana o Muriwa (Muriwai's Cave) erstreckte sich einst 122 m weit in den Hang. Hier fanden 60 Menschen Unterschlupf, unter ihnen Muriwai, eine berühmte Seherin und die Tante von Wairaka (s. links). Neben den Wairere Falls und einem Felsen in der Hafeneinfahrt war die Höhle eine jener drei Sehenswürdigkeiten, nach denen Toroa auf Geheiß seines Vaters Irakewa Ausschau halten sollte, als er im *Mataatua*-Kanu eintraf.

Whakatane Observatory OBSERVATORIUM
(07-308 6495; www.whakatane.info/business/whakatane-astronomical-society; 22 Hurinui Ave; Erw./Kind/Fam. 15/5/35 NZ$; Di & Fr 19.30 Uhr) Das Observatorium von Whakatane, auf einem Hügelkamm hinter der Stadt gelegen, bietet bei klarem Himmel eine tolle Möglichkeit, die Sterne über der Bay of Plenty zu betrachten.

Aktivitäten

Lust auf einen Spaziergang? Der **Kohi Point Walkway** ist sehr empfehlenswert: Es ist eine vierstündige, 5,5 km lange Wanderung durch den Busch mitsamt Panoramablick von den Klippen und einem wirklich atemberaubenden Ausblick auf die Otarawairere Bay. Ein kurzer Umweg belohnt außerdem mit faszinierender Aussicht von Toi's Pa (Kapua te rangi), der angeblich ältesten *pa*-Stätte des Landes. Toi's Pa ist auch über eine teilweise unbefestigte Straße zu erreichen, die von der Straße Whakatane–Ohope abzweigt. Von Ohope aus fährt ein Bus zurück nach Whakatane – falls die müden Beine die zusätzlichen Kilometer nicht mehr schaffen. Beim i-SITE sind diverse Wanderkarten erhältlich.

Eine im Vergleich dazu deutlich weniger hügelige Option ist der **River Walk** (2–3 Std.): Er folgt dem Whakatane River, führt vorbei an den botanischen Gärten, der Muriwai-Höhle und dann weiter zur Wairaka-Statue.

Diveworks Dolphin & Seal Encounters TAUCHEN, TIERBEOBACHTUNG
(07-308 2001, 0800 354 7737; www.whaleislandtours.com; 96 The Strand; Schwimmen mit Delfinen & Seehunden Erw./Kind 160/130 NZ$, Tauchen inkl. Ausrüstung ab 215 NZ$) Der Tauch-/Ökotour-Anbieter veranstaltet ab Whakatane Ausflüge zum Schwimmen mit Delfinen und Seehunden (wenn man nur vom Boot aus zusehen möchte, wird es günstiger) sowie Tauchausflüge nach Moutuhora (Whale Island; Erw./Kind 120/85 NZ$) und nach Whakaari (White Island; zwei Tauchgänge inkl. Ausrüstung 300 NZ$). Auch diverse Angelausflüge hat dieser Veranstalter im Programm.

Wer sich Sorgen um das Wohlergehen der Delfine macht, sollte sich darüber im Klaren sein, dass einige Leute das Schwimmen mit wild lebenden Delfinen als Störung von Lebensraum und Verhalten der Tiere ansehen.

Whakatane District Aquatic Centre BADEN
(07-308 4192; www.whakatane.govt.nz/aquatic; 28 Short St; Erw./Kind/Fam. 4/2,20/11,50 NZ$; Mo–Fr 6–20, Sa & So 7–18 Uhr) Schwimmbecken in der Halle und im Freien, Whirlpools und ein schlauchartiger gelber Wurm von Wasserrutsche (4 NZ$).

Schlafen

Windsor Backpackers HOSTEL $
(07-308 8040; www.windsorlodge-backpackers.co.nz; 10 Merritt St; B/EZ/DZ ab 26/49/68 NZ$; @) Das beste Backpackers in Whakatane befindet sich in einem umgebauten Beerdigungsinstitut ... man kann also mit ruhigem Schlaf rechnen! Die ausgezeichneten Unterkünfte reichen von zweckmäßigen Schlafsälen bis hin zu einigen Doppelzimmern mit Motelstandard nach vorne hinaus. Die Gemeinschaftsbereiche wie Küche, Lounge und Grillplatz im Hof sind allesamt geräumig und sauber.

Whakatane Hotel HOTEL $
(07-307 1670; www.whakatanehotel.co.nz; 79 The Strand; B 25 NZ$, DZ ab 70 NZ$;) Der hübsche Jugendstilklassiker hat einfache (aber sehr ordentliche) Zimmer im Obergeschoss in zwei Gebäudeflügeln. Saubere Gemeinschaftsbäder, hohe Decken, Gemeinschaftsküche ... tolles Preis-Leistungs-Verhältnis. Einige Zimmer leiden etwas unter dem Lärm aus dem Pub darunter, aber die Besitzer versuchen die Leute so zu verteilen, dass sie möglichst wenig davon abbekommen.

Awakeri Hot Springs CAMPINGPLATZ $
(07-304 9117; www.awakerisprings.co.nz; SH30; Stellplätze 36 NZ$, DZ Hütten/Apt./Wohneinheiten 70/85/95 NZ$;) Etwa 16 km von Whakatane entfernt, an der Straße nach Rotorua (SH30), liegt die altmodische, aber tipptopp gepflegte Ferienanlage Awakeri Hot Springs. Zur Ausstattung gehören (wie der Name verspricht) Thermalquellen (Erw./Kind 7,50/5 NZ$), Picknickplätze und Betten in Unterkünften verschiedener Preisklassen.

One88 on Commerce MOTEL $$
(07-307 0915; www.one88commerce.co.nz; 188 Commerce St; DZ/Suite ab 160/200 NZ$) Das neue Motel verfügt über geräumige Zimmer und extragroße Suiten mit Superkingsize-Betten. Zu den meisten gehören Whirlpools und ein eigener Innenhof; mit dem erstklassigen Küchengerät und den riesigen Flachbildfernsehern summiert sich das Ganze zum Topangebot der Stadt. One88 liegt ruhig, ist aber zu Fuß nur 10 Minuten vom Zentrum entfernt. Herzlich willkommen in einem der besten neuen Hotels in Neuseeland!

Captain's Cabin APARTMENT $$
(07-308 5719; www.captainscabin.co.nz; 23 Muriwai Dr; DZ 130 NZ$) In einem ruhigen Teil der Stadt und mit ausgezeichneter Aussicht auf den Hafen ist diese gemütliche Wohneinheit der perfekte Ort für alle, die ein paar Tage hierbleiben wollen (ab zwei Tagen Aufenthalt wird der Übernachtungspreis günstiger). Ein gemütlicher Wohnbereich kombiniert geschickt Schlafzimmer, Lounge, Küche und Esszimmer mit einem zweiten kleineren Raum und einem kleinen, aber feinen Bad – alles ist ganz entzückend im nautischen Stil eingerichtet. Drei Personen können hier übernachten.

Tuscany Villas MOTEL $$

(☎07-308 2244; www.tuscanyvillas.co.nz; 57 The Strand E; DZ 150–225 NZ$;) Das moderne Motel liegt zwar ziemlich weit von Florenz entfernt, aber die interessante Architektur, die gusseisernen Balkone und die Blumentöpfe auf jedem freien Fleckchen sorgen für italienisches Flair. Die bequemen, luxuriösen Zimmer sind mit superbreiten Betten und Whirlpools ausgestattet. Das neue hauseigene Bistro sollte inzwischen auch geöffnet haben.

White Island Rendezvous HOTEL, B&B $$

(☎07-308 9588, 0800 242 299; www.whiteisland rendezvous.co.nz; 15 The Strand E; DZ 120–150 NZ$, Apt. ab 180 NZ$, B&B 190 NZ$;) Die makellose Anlage mit 28 Zimmern wird von den kompetenten Leuten von White Island Tour (für Tour-Teilnehmer sind die Preise günstiger) geführt. Auf den vielen Balkonen und auf der großzügigen Terrasse können die Gäste frische Seeluft schnuppern; drinnen sind alle Böden mit Dielen ausgelegt, was zusätzlich für eine maritime Atmosphäre sorgt. Die Luxuszimmer verfügen über Whirlpools; für Rollstuhlfahrer zugängliche Einrichtungen stehen ebenfalls zur Verfügung. Das B & B nebenan serviert morgens ein warmes Frühstück.

Motuhora Rise B&B B&B $$$

(☎07-307 0224; www.motuhorarise.com; 2 Motuhora Rise; DZ 230 NZ$;) Die flotte Unterkunft, die ein bisschen Rocky-Mountains-Atmosphäre verströmt, steht in mehrfachem Sinne an der Spitze der Stadt (die Zufahrt ist steil!) und ermöglicht außerdem einen weiten Blick bis nach Moutuhora (Whale Island). Bei der Anreise werden die Gäste mit einer Gourmet-Käseplatte begrüßt, weitere Extras sind das Heimkino, ein Außenwellnessbereich sowie Angelruten und Golfschläger. Kinderfreie Zone.

Essen

L'Epicerie CAFÉ $

(☎07-308 5981; www.lepicerie.co.nz; 73 The Strand; Hauptgerichte 10–16 NZ$; ⊙Mo–Fr 7.30–15.30, Sa 8.30–14.30, So 9–14 Uhr) *Sacre bleu!* Das klassisch französische Café im Zentrum von Whakatane ist eine wirkliche Überraschung: Hier werden grandiose Omeletts, Croissants, Crêpes und *croques monsieur* an Gemeinschaftstischen serviert. Fabelhafter Kaffee und tolle Feinkostregale voller Konfitüren, Brote, Senf und köstlich stinkendem französischen Käse vervollständigen die gallische Szenerie. Für ein lässiges Frühstück empfiehlt sich eine leckere *galette* (herzhafter Pfannkuchen).

Niko Niko JAPANISCH $

(☎07-307 7351; 43 Kakahoroa Dr; Sushi 2–3 NZ$; ⊙9–18.30 Uhr) Das Schnellfeuer-Sushi-Lokal liegt eingezwängt zwischen The Strand und dem Meer. Am besten bestellt man ein paar grandios angerichtete Chili-Hähnchen-Rolls und steuert einen der sonnigen Tische vor dem Restaurant an. Die extralangen Sushi-Rolls bieten zu einem Preis von 11 bis 14 NZ$ ein wirklich gutes Preis-Leistungs-Verhältnis.

Soulsa MODERN NEUSEELÄNDISCH $$$

(☎07-307 8689; www.whakatane.info/website/183; 126 The Strand; Hauptgerichte Mittagessen 17–20 NZ$, Abendessen 28–33 NZ$; ⊙Di–Sa 17.30–21 & Fr zusätzlich 11–14 Uhr) Saisonale Produkte werden in diesem gemütlichen Lokal an der Hauptstraße von Whakatane zu ausgezeichneten Gerichten verarbeitet. Unser Tipp: Mit den Frühlingsrollen mit Ente und Blaubeeren beginnen und anschließend das Wild mit Kumara (Süßkartoffel), Pastinakenpüree und gerösteten Macadamianüssen probieren. Es gibt eine gute Weinkarte, und das Mittagessen am Freitag ist eine entspanntere Angelegenheit mit preisgünstigen Hauptgerichten, darunter ein spitzenmäßiger Rindfleischburger mit karamellisierten Zwiebeln.

Roquette MODERN NEUSEELÄNDISCH, MEDITERRAN $$$

(☎07-307 0722; www.roquette-restaurant.co.nz; 23 Quay St; Hauptgerichte Mittagessen 20–34 NZ$, Abendessen 30–37 NZ$; ⊙Mo–Sa ab 10 Uhr) Das elegante, sonnige Roquette, ein modernes Restaurant am Wasser, bringt köstliche, mediterran beeinflusste Gerichte auf den Tisch: jede Menge sommerlicher Salate, Risotto und Fisch. Entspannte Musik, viel Glas und Mosaike, guter Kaffee und gut gelaunte Mitarbeiter vervollständigen das Bild. Zu empfehlen sind der Salat mit Lamm vom Holzkohlengrill oder die Garnelen und Chorizo *arancini*. Das Menü zur Happy Hour (Mo–Fr 17–18 Uhr) zum Preis von 23 NZ$ schließt auch ein Glas Wein ein.

Ausgehen & Nachtleben

Straight Up Espresso CAFÉ

(☎021 069 9637; 5 Boon St; ⊙Mo–Fr 7.30–16 Uhr) Das Café macht genau das, was auf der Dose mit dem besten Kaffee der Stadt steht. Die farbenfrohe Wandkunst, die coole Musik und die leckeren Snacks sind allesamt ausgezeichnete Gründe, um hier länger zu Verweilen.

Detour Bar & Lounge BAR
(☎07-308 0398; www.facebook.com/DetourBarLounge; 84 The Strand; ⏲ab 12 Uhr) Das Detour ist die eleganteste Lounge-Bar in Whakatane, das Publikum ist überwiegend älter als 25. Serviert werden Tapas (12–20 NZ$), gemischte Platten (25–36 NZ$) und Cocktails. Hauptgerichte (25–31 NZ) mit Fleisch vom Stonegrill gibt es ab 16 Uhr.

Office BAR
(☎07-307 0123; www.whakatane.info/business/office-bar-grill; 82 The Strand; ⏲ab 10 Uhr) Alles, was das modische Office tut, macht es gut: Bier, große Essensportionen mit reichlich Pommes und Salat (Hauptgerichte 18–32 NZ$) sowie Live-Bands und/oder DJs am Freitag- und Samstagabend.

☆ Unterhaltung

Boiler Room LIVEMUSIK
(☎07-307 1670; www.whakatanehotel.co.nz; Whakatane Hotel, 79 The Strand; ⏲Fr & Sa 22–2.30 Uhr) Genau genommen ist der Boiler Room im Whakatane Hotel der einzige Club der Stadt. DJs, Live-Bands und ab und zu auch ein neuseeländischer Stand-up Comedian bringen das Haus zum Beben. Auf der Facebookseite des Whakatane Hotels kann man nachsehen, was gerade läuft.

WhakaMax Movies KINO
(☎07-308 7623; www.whakamax.co.nz; 99 The Strand; Erw./Kind 14/9 NZ$; ⏲ab 10 Uhr) Mitten an The Strand zeigt WhakaMax neu herausgekommene Filme. Vor 17 Uhr und dienstags sind die Eintrittskarten billiger.

ℹ Praktische Informationen

Post (www.nzpost.co.nz; 197 The Strand; ⏲Mo–Fr 8.30–17, Sa 9–12 Uhr) Ist zentral gelegen.

Whakatane Hospital (☎07-306 0999; www.bopdhb.govt.nz; Ecke Stewart & Garaway St; ⏲24 Std.) Medizinische Notfallbehandlung.

Whakatane i-SITE (☎07-306 2030, 0800 924 528; www.whakatane.com; Ecke Quay St & Kakahoroa Dr; ⏲Mo–Fr 8.30–17.30, Sa & So 9–16 Uhr; 📶) Kostenloser Internetzugang (inkl. 24 Std. WLAN auf der Terrasse vor dem Gebäude), Buchung von Touren und Unterkünften und allgemeine Anfragen an das Department of Conservation (DOC). Außerdem kann man Fahrräder mieten, um die Küstenwege in der Nähe zu erkunden.

ℹ An- & Weiterreise

BUS

Die InterCity-Busse halten vor dem i-SITE. Es werden u. a. folgende Ziele mit Anschlussverbindungen angesteuert:

REISEZIEL	FAHRPREIS	FAHRZEIT (STD.)	HÄUFIGKEIT
Auckland	36 NZ$	6	1-mal tgl.
Gisborne über Opotiki	16 NZ$	3	1-mal tgl.
Rotorua	23 NZ$	1¼	1-mal tgl.
Tauranga über Rotorua	25 NZ$	8	1-mal tgl.

Das Unternehmen Naked Bus steuert u. a. folgende Ziele an:

REISEZIEL	FAHRPREIS	FAHRZEIT (STD.)	HÄUFIGKEIT
Auckland	40 NZ$	6	1-mal tgl.
Gisborne	28 NZ$	3¼	1-mal tgl.
Hamilton	35 NZ$	2½	1-mal tgl.
Rotorua	25 NZ$	1½	1-mal tgl.
Tauranga	20 NZ$	4	1-mal tgl.
Wellington	80 NZ$	10	1-mal tgl.

Lokale Busse von **Bay Hopper** (☎0800 422 928; www.baybus.co.nz) fahren nach Ohope (3,20 NZ$, 45 Min., 6-mal tgl.), Opotiki (9 NZ$, 1 Std., Mo & Mi 2-mal tgl.) und Tauranga (14,50 NZ$, 2 Std., Mo–Sa 1-mal tgl.).

FLUGZEUG

Air Chathams (☎0800 580 127; www.airchathams.co.nz) bietet Flüge zwischen Whakatane und Auckland an.

Sunair (☎0800 786 247; www.sunair.co.nz) fliegt an Wochentagen von Whakatane nach Gisborne und nach Hamilton.

Whakaari (White Island)

Neuseelands aktivster Vulkan (sein letzter Ausbruch liegt gar nicht so lange zurück, er erfolgte im Jahr 2013) liegt etwa 49 km vor der Küste Whakatanes. Die kleine Insel bestand ursprünglich aus drei separaten Vulkankegeln, die unterschiedlich alt waren. Inzwischen hat der jüngste von ihnen die beiden älteren förmlich unter sich begraben: Er schoss einfach zwischen ihnen in die Höhe. Der Mount Gisborne ist mit 321 m der höchste Punkt dieser Insel. Unter geologischen Gesichtspunkten ist Whakaari

ABSTECHER

MOUTUHORA (WHALE ISLAND)

Moutuhora oder Whale Island – so genannt wegen der an einen Wal erinnernden Form – liegt 9 km vor Whakatane. Die Insel gehört zur Taupo Volcanic Zone, der dortige Vulkan ist aber nicht sonderlich aktiv, auch wenn es am Ufer heiße Quellen gibt. Der Gipfel ragt 353 m hoch auf, und die Insel besitzt mehrere historische Stätten, darunter ein sehr altes *pa* (befestigtes Dorf), einen Steinbruch und ein Lager.

Auf Whale Island befand sich ursprünglich eine Māori-Siedlung. 1829 ermordeten Māori Seeleute des Handelsschiffs *Haweis*, das in Sulphur Bay vor Anker lag. 1867 ging die Insel dann in europäischen Besitz über und verblieb in Privatbesitz, obwohl hier seit dem Jahr 1965 ein vom Department of Conservation (DOC) geschütztes Reservat für See- und Küstenvögel besteht. Sogar Neuseeländische Seebären werden hier regelmäßig gesichtet.

Bedingt durch den Schutzstatus der Insel ist das Betreten nur unter sehr strengen Auflagen im Rahmen organisierter Touren lizensierter Veranstalter erlaubt.

Organisierte Ausflüge zur Insel von Whakatane bieten u. a. folgende Veranstalter an: **White Island Tours** (☎0800 733 529; www.moutuhora.co.nz; 15 The Strand East, Whakatane; Erw./Kind 90/60 NZ$; ⌚10–13.30 Uhr), **Diveworks Dolphin & Seal Encounters** (S. 355) und **KG Kayaks** (s. unten).

mit Moutuhora (Whale Island) und Putauaki (Mount Edgecumbe) quasi verwandt, da sie allesamt in der Taupo-Vulkanzone liegen.

Hier spielt sich wahrlich Dramatisches ab: Aus den zahlreichen Spalten des Kraterbodens zischt und dampft es nur so hervor, an manchen Stellen wurden Temperaturen von 600 bis 800 °C gemessen!

Die Insel befindet sich in Privatbesitz, daher darf sie nur von lizenzierten Tourveranstaltern besucht werden. Einfache Panoramaflüge in Flugzeugen sind ebenso zu haben wie Boots- und Helitouren mit Wanderung auf der Insel, die u. a. zu den Überresten einer Schwefelmine mit einer äußerst interessanten Geschichte führen. Die meisten Touren starten in Whakatane; Rundflüge über das ehemalige Tauranga und Rotorua sind möglich.

Aktivitäten

White Island Flights RUNDFLÜGE
(☎0800 944 834; www.whiteislandflights.co.nz; Whakatane Airport; Flüge pro Pers. 249 NZ$) Rundflüge mit einem Starrflügler über Whakaari mit reichlich Gelegenheiten zum Fotografieren. Ein Kombi-Flug Whakaari/Mount Tarawera kostet 339 NZ$.

Frontier Helicopters RUNDFLÜGE
(☎0800 804 354; www.whiteislandvolcano.co.nz; Whakatane Airport; Flüge pro Pers. ab 650 NZ$) Zur zweistündigen Tour nach Whakaari (Abflug von Whakatane) gehört eine einstündige geführte Wanderung auf dem Vulkan.

White Island Tours BOOTSTOUR
(☎0800 733 529, 07-308 9588; www.whiteisland.co.nz; 15 The Strand, Whakatane; 6-Std.-Tour Erw./Kind 199/130 NZ$; ⌚Abfahrten 7–12.30 Uhr) Der einzige offizielle Anbieter für eine Schiffstour nach Whakaari (an Bord des schönen Schiffs *Pee Jay*). Auf der zweistündigen Fahrt zur Insel kann man häufig Delfine beobachten. Auch Ausflüge nach Moutuhora (Whale Island) werden angeboten (Erw./Kind 95/59 NZ$).

Ohope

2760 EW.

Von Whakatane sind es nur 7 km über die Hügel nach Ohope; der Ort hat tolle Strände, die zum Faulenzen oder Surfen einladen, dahinter liegt das verschlafene Örtchen **Ohiwa Harbour**.

Aktivitäten

KG Kayaks KAJAKFAHREN
(☎07-315 4005, 027 272 4073; www.kgkayaks.co.nz; 93 Kuatere Wharf Rd, Kuatere; Touren 85–155 NZ$, 2 Std. Miete Einzel/Doppel 45/70 NZ$) KG Kayaks hat seinen Standort an den Ufern von Ohiwa Harbour, nur 1 km von Kutarere (18 km südöstlich von Ohope) entfernt. Angeboten werden sowohl geführte Touren als auch der Verleih von Kajaks an der östlichen Bay of Plenty. Zu den beliebten geführten Ausflügen gehören Ohiwa Harbour, vierstündige Bootstouren nach Moutuhora (Whale Island) – mit zwei Stunden

Kajakfahren rund um die Insel – und ein Küstenabenteuer zwischen Whakatane und Ohope.

Kajakausflüge bei Mondschein stehen ebenfalls auf dem Programm. Der Kajakverleih inklusive aller Sicherheitsausrüstung und Drybags – ermöglicht es den Reisenden, die kompakten Inseln im Ohiwa Harbour zu erkunden. Im Dezember und im Januar unterhält KG Kayaks auch eine Außenstelle in Port Ohope.

Salt Spray Surf School SURFEN
(☎021 149 1972; www.facebook.com/bysaltspraysurfschool; 2 Std. Unterricht ab 70 NZ$) Wer sich in der Brandung am Ohope Beach tummeln möchte, kann Unterricht in der Salt Surf School buchen. Die Schule stellt die komplette Ausrüstung zur Verfügung und gewährt einen Gruppenrabatt.

Geführte Touren

Moanarua Tours BOOTSTOUR
(☎07-312 5924; www.moanarua.co.nz; 2 Hoterini St; 3 Std. Bootstour pro Pers. 80 NZ$, Fahrrad-/Kajakmiete ab 10/15 NZ$) Angeboten werden Bootsausflüge mit dem Fokus auf Kultur und Geschichte der Māori, außerdem Sonnenuntergangstouren und Angelausflüge. Wer lieber auf eigene Faust losziehen möchte, der kann hier auch einfach Fahrräder und Kajaks ausleihen.

Schlafen

Aquarius Motel MOTEL $
(☎07-312 4550; www.aquariusmotorlodge.co.nz; 103 Harbour Rd; DZ 100–150 NZ$;) Das Aquarius ist eine ruhige, erschwingliche Unterkunft im Motelstil. Die einfache Anlage bietet verschiedene Zimmervarianten, alle mit Küche und nur 100 m vom Strand entfernt (da braucht man gar keinen Swimmingpool).

Ohope Beach Top 10 Holiday Park CAMPINGPLATZ $
(☎0800 264 673, 07-312 4460; www.ohopebeach.co.nz; 367 Harbour Rd; Stellplätze 46 NZ$, Hütte/Wohneinheit/Apt. ab 95/144/250 NZ$;) Der Ohope Beach Top 10 Holiday Park ist geradezu das Modell eines modernen Wohnwagenparks mit einer Menge familienfreundlicher Einrichtungen wie beispielsweise Sportplätze, Minigolf, Pool ... Außerdem gibt es tolle Apartments, die über die Dünen an der Bay of Plenty lugen. Die Nachfrage ist sehr groß (und die Preise dementsprechend gehoben).

★**Moanarua Beach Cottage** B&B $$
(☎07-312 5924; www.moanarua.co.nz; 2 Hoterini St; DZ 155–165 NZ$) Die weitgereisten Besitzer Miria und Taroi führen ihre Herkunft auf die Stämme der Ngāti Awa und Tuhoe auf der Nordinsel zurück. Geschickt kombinieren sie einen herzlichen Empfang mit Informationen über das Erbe, die Kunst und die Kultur der hier ansässigen Māori. Gäste kommen entweder im Moanarua Beach Cottage – ausgestattet mit Māori-Design – oder im bezaubernden Pohutukawa-Zimmer im Haupthaus unter.

Taroi kann Gästen den Kontakt zu Fahrrad- und Kajakverleihern vermitteln und Angel- und Bootsausflüge arrangieren.

Essen

Port Ohope General Store CAFÉ $
(☎07-312 4707; www.portohope.co.nz; 311 Harbour Rd; Hauptgerichte 11–25 NZ$; ⏲9–18 Uhr) Das nette kleine Café bietet frische Säfte, echtes Fruchteis und Gourmetburger und ist ein tolles Plätzchen, um unter freiem Himmel Wein oder Bier zu trinken und dazu Pizza oder Fish & Chips zu essen. Den Sommer über serviert ein Retro-Wohnwagen Kaffee, und es gibt auch einen Paddleboard- und Fahrradverleih.

Ohiwa Oyster Farm MEERESFRÜCHTE $
(☎07 312 4565; www.whakatane.info/business/ohiwa-oyster-farm; 111 Wainui Rd; Gerichte 7–15 NZ$; ⏲8.30–18.30 Uhr) An einem sumpfigen Seitenarm von Ohiwa Harbour (seriöses Austerngebiet) steht die klassische Imbissbude am Straßenrand – perfekt für ein Picknick mit Fish & Chips (und Austern).

Fisherman's Wharf CAFÉ $$
(☎07-312 4017; www.facebook.com/fishermanswharfcafe; 340 Harbour Rd; Hauptgerichte 18–32 NZ$; ⏲Mi–So 18–22 & So 10–15 Uhr) In diesem neuen Restaurant mit großzügiger Terrasse können sich die Gäste auf einen fantastischen Hafenblick in entspannter Strandatmosphäre freuen. Zu Essen gibt es u. a. ausgezeichnete Steaks sowie Fisch und Meeresfrüchte – Fisch-Tacos probieren! – und eine vernünftige Auswahl an Bier und Wein, um einen netten Abend in Ohope einzuläuten. An einem Schalter an der Seite gibt es Fish & Chips zum Mitnehmen.

Hui Bar & Grill MODERN NEUSEELÄNDISCH $$
(☎07-312 5623; www.huibarandgrill.com; 19 Pohutukawa Ave; Hauptgerichte 12–22 NZ$; ⏲Mo 15–20, Di–Fr 10–22, Sa & So 8.30–22 Uhr) Das Hui

präsentiert sich mit polierten Betonböden, weißen Ledersitzbänken und Klappfenstern als elegante Bar mit Grill, die an der kleinen Einkaufsmeile in Ohope Furore macht. Wir empfehlen die Chipotle-Muscheln mit Knoblauch und Kräutern oder das legendäre große Frühstück. Außerdem kann man sich auf neuseeländische Weine und gelegentliche Livemusik ab 14 Uhr am Sonntagnachmittag freuen.

An- & Weiterreise

Die Buslinie 122 von Bayhopper übernimmt die 30-minütige Fahrt über den Hügel von Whakatane nach Ohope.

Opotiki

8440 EW.

Die Gegend um Opotiki wurde spätestens ab dem Jahr 1150 besiedelt, etwa 200 Jahre vor der großen Migration im 14. Jh. Die Māori-Traditionen sind hier bis heute sehr lebendig – entlang der Hauptstraße kann man die verschiedenen Werke hervorragender Holzschnitzer bewundern, und gelegentlich sieht man das eine oder andere Gesichts-*moko*. Opotiki, das Tor zur East Coast, besitzt wunderschöne, einladende Strände (Ohiwa und Waiotahi) und ein hervorragendes, sehr sehenswertes Museum.

Sehenswertes

Im i-SITE ist die Broschüre *Historic Opotiki* mit Fakten über die historischen Gebäude der Stadt erhältlich (auch als Download unter www.opotikinz.com).

Hiona St Stephen's Church KIRCHE
(128 Church St; Gottesdienste So 8 & 9.30, Do 10 Uhr) St Stephen (1862) mit seinen weißen Wetterschenkeln ist eine anglikanische Kirche mit einem perfekt proportionierten holzvertäfelten Innenraum. Reverend Carl Volkner, den der lokale Whakatohea-Stamm als Regierungsspitzel enttarnte, wurde hier im Jahre 1865 ermordet. Im Jahr 1992 gewährte der Generalgouverneur Mokomoko dem Mann, der für dieses Verbrechen gehängt worden war, aber im Nachhinein eine vollständige Begnadigung, die im Vorraum zu sehen ist.

Shalfoon & Francis Museum MUSEUM
(07-315 5193; www.opotikimuseum.org.nz; 129 Church St; Erw./Kind/Fam. inkl. Opotiki Museum 10/5/25 NZ$; Mo–Fr 10–16, Sa bis 14 Uhr) Der ehemalige Gemischtwarenladen von Opotiki ist zu neuem Leben erwacht, in den Regalen türmen sich alte Lebensmittel und Haushaltswaren. Handtaschen, Klebebandspender, Waagen, Bücher – offenbar lässt sich hier so ziemlich jeder Wunsch erfüllen. Eine faszinierende Sammlung.

Opotiki Museum MUSEUM
(07-315 5193; www.opotikimuseum.org.nz; 123 Church St; Erw./Kind/Fam. inkl. Shalfoon & Francis Museum 10/5/25 NZ$; Mo–Fr 10–16, Sa bis 14 Uhr) Das ausgezeichnete Museum von Opotiki, das von Freiwilligen betrieben wird, zeigt interessante historische Ausstellungsstücke, darunter Māori *taonga* (Schätze), Militaria, rekonstruierte Geschäftsfassaden (Friseur, Schreiner, Drucker ...) und landwirtschaftliche Geräte, darunter Traktoren und ein Pferdefuhrwerk.

Hukutaia Domain WALD, ARCHÄOLOGISCHE STÄTTE
(Woodlands Rd; tagsüber) GRATIS Etwa 8 km südlich der Stadt liegt Hukutaia Domain, die Heimat einer der schönsten Sammlungen heimischer Pflanzen in Neuseeland. Mittendrin steht Taketakerau, ein altehrwürdiger, 23 m hoher Puriri-Baum, dessen Alter auf mehr als 2000 Jahre geschätzt wird und der als Begräbnisplatz für hoch angesehene Tote des Upokorehe *hapu* (Unterstamm) der Whakatohea diente. Ihre sterblichen Überreste sind inzwischen an anderem Ort beigesetzt.

Aktivitäten

Motu Trails MOUNTAINBIKEN
(04-472 0030; www.motutrails.co.nz) Motu Trails, einer der 20 „Great Rides" des New Zealand Cycle Trail, umfasst drei Strecken rund um Opotiki – den leichten, 19 km langen Dunes Trail, den mittelschweren, 78 km langen Motu Road Trail und den schwierigen, 44 km langen Pakihi Track – der auch Teile des 91 km langen Loop Trail bildet. Einzelheiten sind auf der Website zu erfahren. Infos zu Fahrradverleih, Camping und Hüttenunterkunft sowie Shuttledienste sind unter www.motucycletrails.com oder www.hireandshuttle.co.nz zu finden.

Wet 'n' Wild RAFTING
(0800 462 7238, 07-348 3191; www.wetnwildrafting.co.nz; Fahrten ab 1095 NZ$) Bietet 100 km weite mehrtägige Rafting- und Camping-Abenteuer auf dem Motu River (Stromschnellen der Kategorie III–IV). Das Unternehmen Wet 'n' Wild hat seinen Hauptsitz in Rotorua.

Motu Jet BOOTSFAHRT
(☎027 470 7315, 07-325 2735; www.motujet.co.nz; SH35; Fahrt Erw./Kind ab 95/65 NZ$) Veranstaltet den Sommer über jeden Tag drei einstündige Touren auf dem Motu River (er fließt durch die Raukumara Ranges bei Opotiki). Fahrten im Winter sind Verhandlungssache.

Feste & Events

Opotiki Rodeo RODEO
(☎07-322 8216; www.opotikirodeo.co.nz; Erw./Kind 20/10 NZ$; ⏲Ende Dez.) Sporen und Cowboyhut abstauben für das alljährliche Opotiki Rodeo. Jippie!

Schlafen

★**Opotiki Beach House** HOSTEL $
(☎07-315 5117; www.opotikibeachhouse.co.nz; 7 Appleton Rd; B/EZ/DZ ab 30/48/66 NZ$; 📶) Die lässige, schuhfreie Herberge am Strand besitzt eine sonnige, mit Hängematten bestückte Terrasse, Meerblick und einen sehr weitläufigen sandigen Hinterhof. Hinter den Schlafsälen und der luftigen Lounge befindet sich ein eigenartiger Caravan (für 2 Pers.) für alle, die den wahren Geschmack von Kiwi-Sommerferien kosten möchten. Die Unterkunft liegt etwa 5 km westlich der Stadt und bietet vierzehn Schlafplätze.

Central Oasis Backpackers HOSTEL $
(☎07-315 5165; 30 King St; B 22–25 NZ$, EZ/DZ 35/50 NZ$; 📶) In einem Kauri-Holz-Haus aus dem späten 19. Jh. ist dieses zentral gelegene Hostel untergebracht. Es ist ein lauschiges Plätzchen mit geräumigen Zimmern, knisterndem Feuer und einem großen Hof vor dem Haus zum Abhängen. Außerdem gibt es einen praktischen Kaffee-Wohnwagen – allgemein zugänglich -, der Bio-Kaffee, Tee und frische Säfte serviert.

Capeview Cottage COTTAGE $$
(☎07-315 7877, 0800 227 384; www.capeview.co.nz; 167 Tablelands Rd; DZ 145 NZ$, weitere Pers. 30 NZ$; 📶) Inmitten von tschilpenden Vögeln und Kiwi-Plantagen steht dieses ruhige Cottage mit zwei Schlafzimmern, einem Grill und einem fantastischen Whirlpool im Freien, von dem aus man einen wirklich erstaunlichen Ausblick auf die Küste hat. Es gibt auch Wochenpreise. Und schöne Grüße an Jack, einen der sehr freundlichen Haushunde.

Eastland Pacific Motor Lodge MOTEL $$
(☎07-315 5524; www.eastlandpacific.co.nz; Ecke Bridge & St John St; Zi. 120–160 NZ$; 📶) Das helle, saubere Eastland ist ein gepflegtes Motel mit kürzlich erneuerten Teppichen und Fernsehern, standardmäßigen Whirlpools und einem Gebäudeflügel mit fünf neuen Wohneinheiten. Die Apartments mit zwei Schlafzimmern sind ein Spitzenangebot für den Preis (weitere Person 30 NZ$).

Essen

★**Two Fish** CAFÉ $
(☎07-315 5448; 102 Church St; Snacks 5–10 NZ$, Hauptgerichte 7–21 NZ$; ⏲Mo–Fr 8–15, Sa bis 14 Uhr) Gute Lokale sind in Opotiki dünn gesät, aber dieses Café serviert deftige hausgemachte Burger, Fischsuppe, Toasties, Steak-Sandwiches, fantastische Muffins und Salate. Dazu kommen eine Riesenauswahl in der Vitrine, zufriedene Mitarbeiter, kubanische Musik, eine tolle Retro-Einrichtung und ein Innenhof. Und Super-Kaffee!

Unterhaltung

De Luxe Cinema KINO
(☎07-315 6110; www.facebook.com/OpotikiDeluxeTheatre; 127 Church St; Erw./Kind 15/8 NZ$) Das betörende alte De Luxe Cinema zeigt aktuelle Filme und ist Schauplatz des ein oder anderen Brass-Band-Konzerts. Im Fenster und auf Facebook werden künftige Ereignisse angekündigt.

Shoppen

Tangata Whenua Gallery KUNST, HANDWERK
(☎07-315 5558; 106 Church St; ⏲Mo–Fr 9–17, Sa & So bis 12 Uhr) Eine interessante Auswahl an Kunst und Handwerk von örtlichen Māori-Designern.

Praktische Informationen

DOC (Department of Conservation; ☎07-315 1001; www.doc.govt.nz; 70 Bridge St; ⏲Mo–Fr 8–12 Uhr) Informationen zum Wandern und Mountainbiken.

Opotiki i-SITE (☎07-315 3031; www.opotikinz.com; 70 Bridge St; ⏲Mo–Fr 9–16.30, Sa & So bis 13 Uhr; 📶) bucht Aktivitäten und Transfers und hat die unentbehrliche kostenlose East-Coast-Broschüre *Pacific Coast Highway* auf Lager.

An- & Weiterreise

Für die Fahrt von Opotiki Richtung Osten gibt es zwei Routen: den SH 2, der die spektakuläre Waioeka Gorge durchquert, und den SH 35 rund um das East Cape. Bei der Fahrt über den SH 2 sind unterwegs einige schöne Tageswanderungen im Waioeka Gorge Scenic Reserve möglich.

Die Schlucht wird immer steiler und enger, je weiter man landeinwärts kommt. Beim Abstieg nach Gisborne führt die Straße dann über die typischen sanften grünen Hügel, auf denen Schafe weiden.

Die Busse halten am Hot Bread Shop an der Ecke von Bridge und St John Street, Fahrkarten und Buchungen werden aber über das i-SITE oder den **Travel Shop** (☎ 07-315 8881; www.travelshop.co.nz; 104 Church St; ⌚ Mo–Do 9–16, Fr bis 14 Uhr) abgewickelt. Der Travel Shop verleiht außerdem Fahrräder und Kajaks (halber/ganzer Tag 25/35 NZ$).

InterCity-Busse fahren täglich von Opotiki nach Whakatane (ab 15 NZ$, 45 Min.), Rotorua (ab 15 NZ$, 2½ Std.) und Auckland (ab 26 NZ$, 7½Std.). Richtung Süden bestehen täglich Verbindungen von Opotiki nach Gisborne (ab 15 NZ$, 2 Std.).

Naked Bus unterhält tägliche Verbindungen u. a. zu den folgenden Zielen.

REISEZIEL	FAHRPREIS	FAHRZEIT (STD.)
Auckland	45 NZ$	6
Gisborne	20 NZ$	2½
Rotorua	18 NZ$	2½
Tauranga	37 NZ$	5
Wellington	70 NZ$	11

Der lokalel Bay Hopper-Bus (Linie 47) fährt nach Whakatane (9 NZ$, 1¼ Std., Mo & Mi 2-mal tgl.).

East Coast

➡ Inhalt

Gut essen

- Mister D (S. 390)
- Opera Kitchen (S. 396)
- Three Doors Up (S. 390)
- Eastend Cafe (S. 383)
- Te Puka Tavern (S. 370)

Schön übernachten

- Stranded in Paradise (S. 368)
- Clive Colonial Cottages (S. 394)
- Millar Road (S. 395)
- Ahi Kaa Motel (S. 375)
- Pebble Beach Motor Inn (S. 389)

Auf zur Ostküste!

Neuseeland ist bekannt für seine Mischung aus ganz unterschiedlichen Landschaften. Hier an der Ostküste ist es aber vor allem die gesellschaftliche Vielfalt, die den besonderen Reiz ausmacht. Hier sieht man die ganze Bandbreite neuseeländischen Lebens von den bodenständigen Siedlungen am östlichen Kap bis zu den wohlhabenden, von Wein gesäumten Straßen von Havelock North.

An der Ostküste tritt zudem die Māori-Kultur am stärksten in Erscheinung. Die *Mmarae,* die großen Versammlungshäuser mit herrlichen Schnitzereien, stehen über die Landschaft verteilt, *te reo* und *tikanga* (Sprache und Brauchtum) sind hier bis heute lebendig.

Unternehmungslustige können den Touristenscharen problemlos entgehen – sei es entlang des Pacific Coast Highway, auf ländlichen Nebenstrecken, an abgeschiedenen Stränden oder im Te Urewera National Park. Und wenn der Koffein-Entzug dann den Ruf der Wildnis verstummen lässt, hilft ein Schlückchen Kaffee in Gisborne oder Napier. Auch an guten Tropfen herrscht hier kein Mangel: Weinreben durchziehen die ganze Region Hawke's Bay.

Reisezeit

- An der Ostküste herrscht ein warmes, überwiegend trockenes Klima. Die Temperaturen um Napier und das sonnige Gisborne herum erreichen im Sommer 25 °C und fallen im Winter selten unter 8 °C.
- Hawke's Bay genießt das ganze Jahr über ein mildes, trockenes Klima mit einem durchschnittlichen Niederschlag von nur 800 mm – somit herrschen ideale Bedingungen für den Weinbau. Geerntet wird im Herbst (März bis Mai).
- Im Winter kann es vorkommen, dass heftige Platzregen Teile des Pacific Coast Highway (SH35) in der Gegend um das östliche Kap herum unterspülen. Also besser den aktuellen Straßenzustand an den beiden Endpunkten (Opotiki oder Gisborne) erfragen, bevor man startet.

Highlights

❶ **Napier** (S. 384) Eine Zeitreise zurück in die 1930er-Jahre: Die bezaubernde Stadt begeistert mit viel Art déco

❷ **Hawke's Bay Weinregion** (S. 395) Eine Genussreise zu den örtlichen Weingütern

❸ **Gisborne Weingüter** (S. 373) Rund um Gisborne gibt es noch mehr fabelhaften neuseeländischen Wein

❹ **Te Urewera National Park** (S. 378) In diesen mächtigen Wäldern voller Māori-Kultur kann man sich geradezu verlieren

❺ **Pacific Coast Hwy** (S. 366) Die vielen Sehenswürdigkeiten auf der Fahrt um das östliche Kap: Cape Kidnappers, Tolaga Bay, Tokomaru Bay und das East Cape Lighthouse

6 **Surfen in Gisborne** (S. 373) Ein Ritt über die Wellen der Ostküste

7 **Eastwoodhill Arboretum** (S. 371) Auf der Suche nach Nymphen auf den magischen Waldwegen nahe Gisborne

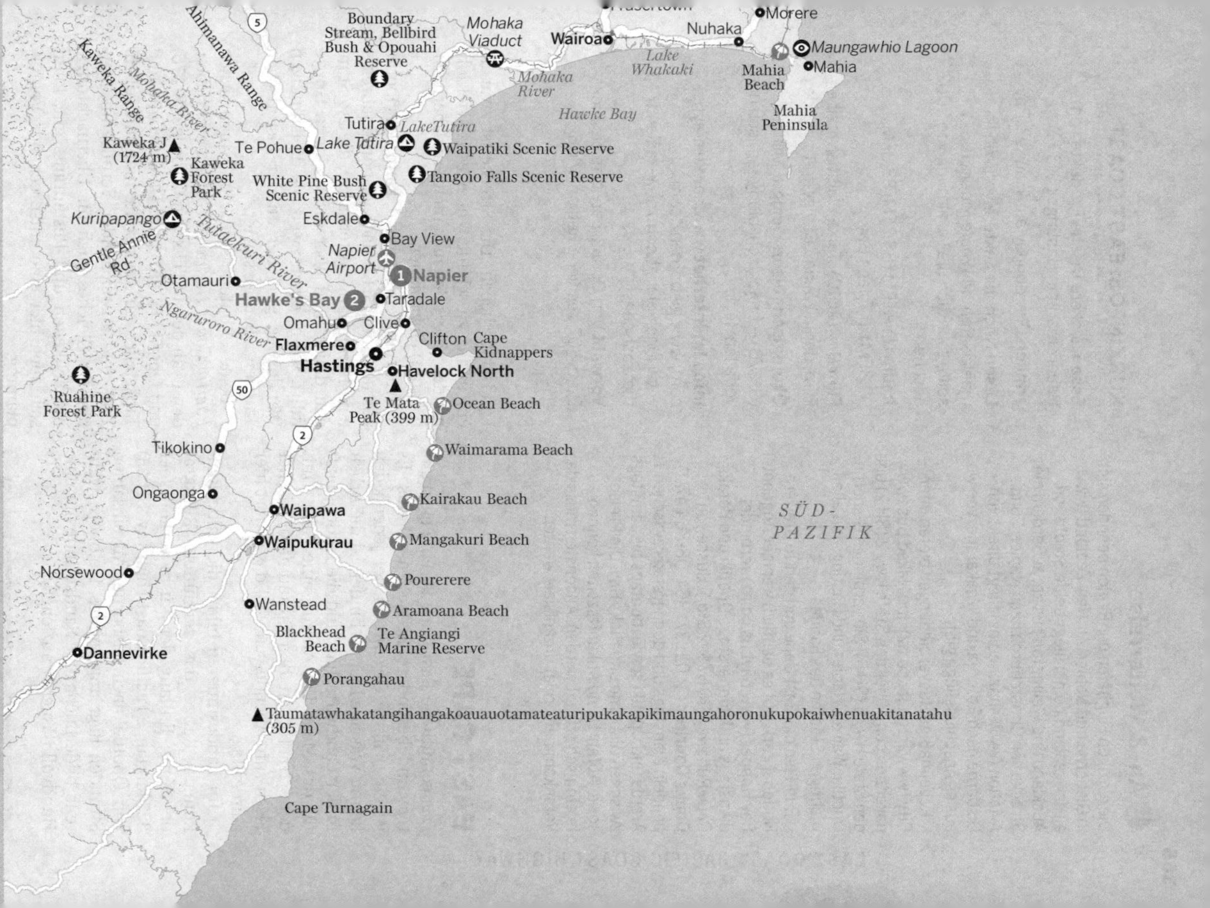

Frasertown
Morere
Nuhaka
Wairoa
Mohaka Viaduct
Boundary Stream, Bellbird Bush & Opouahi Reserve
Maungawhio Lagoon
Mahia
Mahia Beach
Mahia Peninsula
Lake Whakaki
Mohaka River
Hawke Bay
Ahimanawa Range
Kaweka Range
Mohaka River
Tutira
Lake Tutira
Te Pohue
Kaweka J (1724 m)
Kaweka Forest Park
Waipatiki Scenic Reserve
Tangoio Falls Scenic Reserve
White Pine Bush Scenic Reserve
Eskdale
Kuripapango
Gentle Annie Rd
Tutaekuri River
Bay View
Napier Airport
1 Napier
Otamauri
Hawke's Bay 2
Taradale
Ngaruroro River
Omahu
Clive
Clifton
Cape Kidnappers
Flaxmere
Hastings
Havelock North
Ruahine Forest Park
Te Mata Peak (399 m)
Ocean Beach
Tikokino
Waimarama Beach
Ongaonga
Kairakau Beach
Waipawa
Waipukurau
Mangakuri Beach
SÜD-PAZIFIK
Norsewood
Pourerere
Wanstead
Aramoana Beach
Blackhead Beach
Te Angiangi Marine Reserve
Dannevirke
Porangahau
Taumatawhakatangihangakoauauotamateaturipukakapikimaungahoronukupokaiwhenuakitanatahu (305 m)
Cape Turnagain

An- & Weiterreise

Die einzigen Flughäfen der Region befinden sich in Gisborne und Napier. Air New Zealand (www.airnewzealand.co.nz) fliegt beide Städte von Auckland und Wellington aus an, außerdem die Strecke von Christchurch nach Napier. Sunair Aviation (www.sunair.co.nz) fliegt direkt von Gisborne nach Rotorua und Whakatane, von wo aus es Anschlussflüge gibt.

Regelmäßige Busverbindungen bieten Inter-City (www.intercity.co.nz) und Naked Bus (www.nakedbus.com) über den State Hwy 2 (SH 2) und den State Hwy 5 (SH 5). Sie verbinden Gisborne, Opotiki, Wairoa, Napier und Hastings mit allen wichtigen Städten des Landes.

Rund um das East Cape und den Te Urewera National Park gibt es deutlich weniger Angebote. Bay Hopper (www.baybus.co.nz) verbindet dienstags und donnerstags Opotiki und Potaka/Cape Runaway (16 NZ$, 2 Std.). Busse von **Cooks Couriers** (☎ 021 371 364, 06-864 4711) pendeln dienstags und donnerstags zwischen Te Araroa und Opotiki sowie montags bis samstags zwischen Gisborne und Hicks Bay. Die Preise sowie Abfahrt- und Ankunftszeiten können telefonisch erfragt werden. Ansonsten muss das Vorankommen privat organisiert werden.

KURZINFOS: EAST COAST

Essen Leckere frische Produkte vom Bauernmarkt in Hastings (S. 392).

Trinken Chardonnay aus Hawke's Bay.

Lesen Nach der Lektüre von Witi Ihimaeras Roman *Whale Rider* (1987) sollte man sich die Verfilmung von 2002 ansehen.

Radio Uawa FM (88.5FM, 88.8FM, 99.3FM) in Tolaga Bay.

Film *Boy* (2010), Taika Waititis witziger Film, der in Waihau Bay gedreht wurde.

Ökologisch reisen Weingut Millton (S. 373) – biologisch, biodynamisch und vor allem lecker.

Infos im Internet www.hawkesbaynz.com, www.gisbornenz.com, www.lonelyplanet.com/new-zealand/the-east-coast

Vorwahl Von Opotiki ostwärts bis Hicks Bay ☎07; restliche Region ☎06

EAST CAPE

Das gemütliche East Cape ist eine einzigartige und besondere Ecke Neuseelands. Es ist eine ruhige Gegend, in der jeder jeden kennt. Was alle hier verbindet, ist die Arbeit in der Landwirtschaft und die Leidenschaft für das Meer. Ein Ausritt, eine Fahrt mit dem Traktor an den Strand und frischer Fisch zum Abendessen – all das gehört hier zum Alltag.

Im Landesinneren bildet die wilde Raukumara Range das zerklüftete Rückgrat des Kaps. Entlang der Küste verläuft der 327 km lange Pacific Coast Highway (SH 35) von Opotiki nach Gisborne. An einsamen Stränden liegt angespültes Treibholz, während bilderbuchartige Sandstrände nur eine Handvoll Besucher anziehen.

Pacific Coast Highway

Der 327 km lange Pacific Coast Highway, der sich um die östlichste Spitze der Nordinsel windet, hat für Neuseeländer schon lange Kultstatus. Wer reizvolle Fahrten mag und sich nicht daran stört, dass die wenigen Sehenswürdigkeiten weit auseinander liegen, wird die Route durch eine bezaubernde Landschaft lieben. Die Strecke ist zwar an einem Tag zu schaffen, aber es ist viel lohnender, eine (oder auch mehrere) Übernachtung(en) einzuplanen.

Wer nur wenig Zeit hat, kann von Opotiki aus über den SH 2 nach Gisborne fahren – eine 147 km lange Alternative, die 2½ Stunden dauert und über die **Waioeka Gorge** führt, wo es einen zwei- bis dreistündigen Wanderweg gibt, der an der historischen **Tauranga Bridge** startet.

Beide Routen sind im vorzüglichen *Pacific Coast Highway Guide* beschrieben, den es in den i-SITEs von Gisborne (S. 376) und Opotiki (S. 361) gibt. Da Geschäfte und Tankstellen rar sind, sollte man mit vollem Tank und ausreichender Verpflegung starten. Da Gleiches auch für Übernachtungsmöglichkeiten und Restaurants gilt, lohnt sich auch hier eine entsprechende Vorausplanung.

Sehenswertes

Die Strecke östlich von Opotiki bietet diesige Ausblicke auf **Whakaari (White Island)**, einen ketterauchenden aktiven Vulkan. Die einsamen Strände bei Torere, Hawai und Omaio fallen steil ab und sind mit Strandgut übersät. Unbedingt die herrlichen *whakairo* (Schnitzereien) am Schultor in Torere ansehen. Hawai markiert die westliche Grenze des Stammesgebietes der Whanau-a-Apanui, deren *rohe* (traditionelles Land) sich bis zum Cape Runaway erstreckt.

Ungefähr 67 km östlich von Opotiki bedeutete das Fischerdörfchen **Te Kaha** einst das Todesurteil für vorbeischwimmende Wale. Hier gibt es ein Geschäft, einen Ferienpark, ein Hostel, ein B&B und ein Resort.

Bei der **Papatea Bay** lohnt sich ein Halt am Eingangstor zum **Hinemahuru Marae**, in das detailreich die Figuren von Soldaten des Māori-Bataillons aus dem Ersten Weltkrieg geschnitzt sind.

Im kleinen **Raukokore**, das man leicht übersieht, ist die anglikanische **Christ Church** (☎07-352 3979; ruakokore.church@gmail.com; SH35; ⏲Okt.–April 8–20 Uhr, Mai–Sept. 9–17 Uhr) aus dem Jahr 1894 eine anrührende Glaubensbastion auf einer entlegenen Landzunge. Das einfache, weiße und graue Kircheninnere ist entsprechend bescheiden gehalten (unbedingt nach der Maus ganz oben suchen). Gottesdienste finden sonntags um 11 Uhr statt.

Etwa 17 km östlich von **Waihau Bay**, wo es eine Zapfsäule, ein Pub und Unterkunft gibt, liegt **Whangaparaoa (Cape Runaway)**, das nur zu Fuß zu erreichen ist. Hier wurden erstmals in Neuseeland Süßkartoffeln angebaut. Östlich von Whangaparaoa führt die Straße ins Landesinnere ins hügelige Ngāti-Porou-Gebiet, bevor sie in **Hicks Bay**, einer Siedlung mitten im Nirgendwo mit einem wunderbaren Strand, wieder auf die Küste trifft.

Im nahe gelegenen **Onepoto Bay** gibt es sichere Sandstrände zum Schwimmen.

Etwa 10 km östlich von Hicks Bay liegt **Te Araroa**, ein weiteres Mini-Örtchen mit Geschäften, einer Zapfsäule, einem Imbiss und einem wunderschön geschnitzten *marae*.

Die Geologie ändert sich hier: Eruptivgestein wird immer mehr von Sandsteinklippen abgelöst. Den dichten Urwald scheint es nicht zu stören, worauf er wächst.

Im Schulhof von Te Araroa steht der 20 m hohe und 40 m breite **Te-Waha-O-Rerekohu**. Mit seinen über 350 Jahren soll er der größte Pohutukawa-Baum des Landes sein.

Von Te Araroa aus empfiehlt sich ein Abstecher zum **East Cape Lighthouse** – der Leuchtturm markiert den östlichsten Punkt des neuseeländischen Festlands.

Dazu folgt man zunächst einer größtenteils unbefestigten Straße in Richtung Osten (21 km, 30 Min.). Anschließend steigt man über 750 (!) Stufen hinauf zum Leuchtturm. Am besten den Wecker stellen, um rechtzeitig zum Sonnenaufgang dort zu sein! Ein einmaliges Erlebnis.

Fährt man durch das Farmland südlich von Te Araroa, trifft man als Erstes auf das Städtchen **Tikitiki**. Wer es noch nicht geschafft hat, sich ein *marae* anzuschauen, erkennt hier beim Besuch der außergewöhnlichen **St. Mary's Church** (1889 SH35; Spende erbeten; ⏲9–17 Uhr) aus dem Jahr 1924, was einem damit entgangen ist.

Von außen macht die Kirche nicht viel her, aber innen erwartet den Besucher ein wahrer Augenschmaus, u. a. gewebte *tukutuku* (Paneele aus Flachs) an den Wänden, geometrisch gemusterte, bunte Glasfenster, bemalte Holzbalken und tolle Schnitzereien (z. B. die kleinen Kerle, die die Kanzel stützen). In einer Kreuzigungsszene hinter der Kanzel sind auch Soldaten des Māori-Bataillons aus dem Zweiten Weltkrieg dargestellt.

Hinter Tikitiki überragt **Mount Hikurangi** (1752 m) die Raukumara Range – er ist der höchste nicht-vulkanische Gipfel der Nordinsel. Hier scheint die Sonne weltweit morgens als Erstes. Einer lokalen Legende nach war er das erste Stück Land, das emporgezogen wurde, als der Gott Maui die Nordinsel am Haken hatte. In der Version der Ngāti Porou fanden Mauis Kanu und seine sterblichen Überreste hier an diesem heiligen Berg die letzte Ruhe. Die von den Ngāti Porou herausgegebene Broschüre *Mt Hikurangi*, die in der Touristeninformation erhältlich ist, liefert dazu weitere Informationen.

Weiter südlich passiert die Straße die völlig trostlosen Nester **Ruatoria** und **Te Puia Springs**, wo es jeweils einen Laden und eine Tankstelle gibt. Entlang dieses Routenabschnitts bietet sich jedoch ein lohnender Abstecher zur **Waipiro Bay** an (hin & zurück 14 km).

Rund 11 km südlich von Te Puia Springs kommt mit **Tokomaru Bay** der wohl interessanteste Ort der ganzen Strecke in Sicht. Mächtige Klippen rahmen hier einen breiten Strand ein. Seit in den 1950er-Jahren die lokalen Tiefkühlfabriken geschlossen wurden, hat das Städtchen harte Zeiten durchlebt. Nichtsdestotrotz wartet es bis heute mit mehreren Attraktionen auf. Neben guten Möglichkeiten zum Schwimmen und Surfen (vor allem für Anfänger) findet man hier auch eine gut geführte Kneipe (S. 370). Dazu kommen in der Stadt noch ein Supermarkt, ein Imbiss und ein Postamt (…und ein B&B

im ehemaligen Postgebäude) sowie ein paar bröckelnde Überraschungen am hinteren Ende der Bucht.

Südlich von Tokomaru Bay führt der Highway durch eine von der Landwirtschaft geprägte Region.

Nach 22 km erreicht man den Abzweig zur 6 km entfernt liegenden **Anaura Bay**. Es ist ein atemberaubender Moment, wenn die Bucht ganz weit unten erstmals zu sehen ist. Captain Cook traf 1769 hier ein und erwähnte den „tiefen Frieden", in dem die Menschen hier lebten, sowie ihre „wahrlich erstaunlichen" Anpflanzungen.

Zurück auf dem Highway folgt nach 14 km in südlicher Richtung **Tolaga Bay**, der größte Ort am East Cape (830 Ew.). Das Tolaga Bay Visitor Information Centre (S. 370) befindet sich im Foyer des örtlichen Radiosenders (Uawa FM; 88.5FM).

Abseits der Hauptstraße belegt die **Tolaga Bay Cashmere Company** (☎06-862 6746; www.cashmere.co.nz, Tolaga Bay; 31 Solander St; ⏲Mo–Fr 10–16 Uhr) das frühere Rathaus im Art-déco-Stil. Besucher können den Strickern bei der Arbeit zuschauen und die feinen, kostspieligen Produkte auch gleich vor Ort kaufen. Am besten vorher anrufen, um zu erfahren, ob geöffnet ist!

Tolagas Wahrzeichen ist der wunderbare **historische Kai** von 1929 – mit 660 m der längste seiner Art auf der Südhalbkugel. Das Bauwerk wurde bis 1968 kommerziell genutzt. Heute schwankt es irgendwo zwischen rostigem Verfall und engagierten (sowie teuren) Erhaltungsbemühungen.

Aktivitäten

Cooks Cove Walkway WANDERN
(www.doc.govt.nz; Wharf Rd, Tolaga Bay; ⏲Aug.–Okt. geschl.) In der Nähe des bemerkenswerten historischen Kais von Tolaga Bay beginnt der Cooks Cove Walkway, ein einfacher, 5,8 km langer Rundweg (2½ Std.) durch Farm- und Buschland zu einer weiteren Bucht, in der Captain Cook anlandete. Am nördlichen Ende des Strandes führt ein strammer zehnminütiger Fußmarsch zu einem wunderbaren Aussichtspunkt.

Eastender Horse Treks REITEN
(☎021 025 80172; www.eastenderhorsetreks.co.nz; 836 Rangitukia Rd, Rangitukia; Ausritte 2/4 Std. 85/120 NZ$) Im landwirtschaftlich geprägten, weitläufigen Rangitukia, von Tikitiki aus 8 km weiter die Küste entlang, bietet Eastender Horse Treks diverse Ausritte am Strand entlang oder durch den Busch an. Auch Übernachtungs-Camps (290 NZ$) Walknochen-Schnitzkurse (ab 60 NZ$) bietet das Unternehmen an.

Wet 'n' Wild Rafting RAFTING
(☎07-348 3191, 0800 462 7238; www.wetnwildrafting.co.nz; 2–5 Tage 995–1095 NZ$) Wet 'n' Wild Rafting organisiert mehrtägige Ausflüge auf dem Motu River. Die längste Tour führt über 100 km flussabwärts. Für die zweitägige Unternehmung ist ein Hubschraubertransfer notwendig, dadurch kosten die zwei Tage so viel wie sonst eine fünftägige Raftingtour.

Schlafen

★ **Stranded in Paradise** HOSTEL $
(☎06-864 5870; www.bbh.co.nz; 21 Potae St, Tokomaru Bay; Zeltplätze pro Pers. 15 NZ$, B/EZ/DZ 28/45/66 NZ$; 📶) Liegt auf dem Hügel hinter der Stadt. Das Stranded in Paradise mit seinen 12 Betten punktet mit dem Ausblick, den Ökotoiletten und dem kostenlosen WLAN. Im Angebot sind zwei ungewöhnliche Dachbodenzimmer, ein Doppelzimmer unten sowie drei Blockhütten in Wellenform. Gezeltet wird auf einer Anhöhe mit Aussicht (umwerfender Blick auf die Bucht!).

Tolaga Bay Holiday Park FERIENPARK $
(☎06-862 6716; www.tolagabayholidaypark.co.nz; 167 Wharf Rd, Tolaga Bay; Zeltplatz pro Erw. /Kind ab 16/10 NZ$, Blockhütten 60–100 NZ$; 📶) Der Tolaga Bay Holiday Park liegt direkt neben dem Kai. Die Norfolk Island Kiefern werden durch die frische Ozeanbrise in Bewegung gehalten, während die breiten Rasenflächen die Sonne einfangen. Ein besonderes Fleckchen Erde!

Anaura Bay Motor Camp ZELTPLATZ $
(☎06-862 6380; www.gisbornenz.com/accomodation/view/401; Anaura Bay Rd, Anaura Bay; Zeltplatz Erw./Kind ab 18/9 NZ$; 📶) Für den freundlichen Campingplatz spricht die außergewöhnliche Lage direkt am Strand und dem kleinen Bach, an dem Captain James Cook einst seine Wasservorräte auffüllte. Es gibt eine ordentliche Küche, Duschen und Toiletten.

Das Department of Conservation (DOC) betreibt einen eigenen Zeltplatz, der allerdings nur komplett ausgestatteten, d. h. autarken Campern (Erw./Kind 6/3 NZ$) offensteht.

Te Kaha Homestead Lodge HOSTEL $
(☎07-325 2194; www.facebook.com/tekahahomesteadlodge; 6606 SH35, Te Kaha; B 30 NZ$, DZ mit/ohne Bad 100/60 NZ$, FZ 120 NZ$; @📶)

DIE MĀORI AN DER EAST COAST

Die Hauptstämme (*iwi*) der Region sind die Te Whanau-a-Apanui (www.apanui.co.nz; Westseite des East Cape), die Ngāti Porou (www.ngatiporou.com; Ostseite des East Cape), die Ngāti Kahungunu (www.kahungunu.iwi.nz; entlang der Küste südlich von Hawke's Bay) und die Ngāti Tuhoe (www.ngaituhoe.iwi.nz; landeinwärts in Te Urewera).

Die Ngāti Porou und die Ngāti Kahungunu sind die zweit- und drittgrößten *iwi* des Landes. Aus ihren Reihen stammten gegen Ende des 19. Jhs. die bedeutenden Politiker James Carroll, der erste Māori-Minister im Kabinett, und Apirana Ngata, der für kurze Zeit amtierender Premierminister war. Ngata, dessen Antlitz die 50-NZ$-Banknote schmückt, arbeitete im Parlament unermüdlich an einer Wiederbelebung der Māori-Kultur. Die prächtigen, mit Holzschnitzereien verzierten *marae* (Versammlungshäuser) der Region sind Teil seines Vermächtnisses.

Das Māori-Leben ist rund um das East Cape am ausgeprägtesten, vielfach in verschlafenen Dörfern, die sich um die unzähligen, verstreut in der Landschaft liegenden *marae* konzentrieren. Die *tangata whenua* (Einheimischen) des Kaps leben in geschlossenen Gemeinschaften und bestreiten ihren Lebensunterhalt weitestgehend durch Landwirtschaft und Fischerei. Hier an der Ostküste lässt sich daher erahnen, wie sich das Leben der Māori hätte entwickeln können, wäre ihnen ihr Land nicht im 19. Jh. so rigoros weggenommen worden.

Hier trifft man überall auf Māori. Eine Unterkunft mit Māori-Atmosphäre bieten **Te Kaha Homestead Lodge** (S. 368) und **Hikihiki's Inn** (S. 381). Eine detaillierte Einführung in die *Māoritanga* (alles, was die Māori betrifft) gibt es auf Führungen von **Long Island Guides** (S. 394) oder **Waimarama Tours** (S. 394).

Mehr über die Kultur der Māori erfährt man ansonsten bei einem Besuch des **Tairawhiti Museum** (S. 371) in Gisborne, dem **Otatara Pā** (S. 385) in Napier oder der **St Mary's Church** (S. 367) in Tikitiki.

Die verwegen charmante Te Kaha Homestead Lodge hat eine Superlage am Strand, einen Whirlpool am Wasser, weitläufige Rasenflächen und einfache Hostelzimmer. Der gastfreundliche Manager singt schon beim geringsten Anlass „Welcome to the Homestead at Te Kaha" zur Melodie von „Hotel California". Angeltouren werden auf Anfrage organisiert.

Te Araroa Backpackers HOSTEL $
(☎06-864 4896; 57 Waione Rd, Te Araroa; B ab 25 NZ$) Hier erwartet die Gäste eine sehr schlichte, aber sehr charmante Unterkunft in einem umwerfenden, 135 Jahre alten Haus, das von einem Garten mit vielen Vögeln umgeben ist. Ob das alte Saxophon an der Wand noch funktionstüchtig ist?

Hicks Bay Motel Lodge MOTEL $
(☎06-864 4880; www.hicksbaymotel.co.nz; 5198 SH35, Hicks Bay; B 23 NZ$, DZ 85–135 NZ$, Wohneinheiten mit 2 Schlafzimmern 165 NZ$;) Die umwerfenden Ausblicke lenken etwas von dem leicht kasernenhaften Ambiente dieses 50 Jahre alten Motels ab, das hoch über der Bucht klebt. Die sauberen, altmodischen Zimmer sind nichts für das Auge, aber Restaurant (Hauptgerichte 21 bis 35 NZ$, für Frühstück & Abendessen geöffnet), Laden, Pool und die nette Glühwürmchengrotte machen das wett.

Tui Lodge B&B $$
(☎07-325 2922; www.tuilodge.co.nz; 200 Copenhagen Rd, Te Kaha; EZ/DZ/FZ mit Frühstück ab 135/150/160 NZ$) Tui Lodge ist eine geräumige, moderne Pension, die in einer gepflegten großen Gartenanlage (ca. 1 ha.) liegt, die Tui und viele andere Vogelarten unwiderstehlich finden. Auf Anfrage werden köstliche Mahlzeiten serviert bzw. Reit-, Angel- und Tauchausflüge organisiert.

Waikawa B&B B&B $$
(☎07-325 2070; www.waikawa.net; 7541 SH35, Te Kaha; DZ/Suite ab 110/130 NZ$, weitere Pers. 35 NZ$; @) Das zauberhafte Waikawa B&B liegt etwa 7 km nördlich von Te Kaha in seiner eigenen Felsbucht und bietet schöne Ausblicke auf den Sonnenuntergang und Whakaari (White Island). Beim Bau der geschmackvollen Gebäude wurden ausgebleichtes Holz, Wellblech und Inlays aus Paua-Muscheln sehr effektvoll kombiniert. Es gibt hier zwei B&B-Optionen – ein Dop-

pelzimmer sowie ein separates *bach* (Ferienhäuschen), das bis zu sechs Wandersleute beherbergen kann.

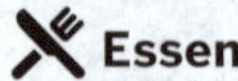

Essen

Pacific Coast Macadamias EISDIELE **$**

(07-325 2960; www.macanuts.co.nz; 8462 SH35, Whanarua Bay; Snacks 4–10 NZ$; Sept.–Mai 10–15 Uhr, Juni–Aug. geschl.;) Einfach himmlisch ist es, einen Becher selbst gemachtes Macadamia- und Honigeis bei Pacific Coast Macadamias zu bestellen und das Eis dann mit Blick auf einen der spektakulärsten Küstenabschnitte des Landes zu genießen. Bei getoasteten und herzhaft belegten Sandwiches und süßen Leckereien aus Nüssen bietet es sich auch für eine Mittagspause an. Vorher aber anrufen und nach den Öffnungszeiten fragen – die variieren sehr stark.

Te Puka Tavern PUB ESSEN **$$**

(06-864 5465; www.tepukatavern.co.nz; 135 Beach Rd, Tokomaru Bay; Hauptgerichte 13–28 NZ$; 11 Uhr bis spätabends;) Das gut geführte Pub mit umwerfenden Blick auf den Ozean ist das Herzstück des Ortes, sorgt für das leibliche Wohl und bietet Besuchern eine Schlafstatt. Vier schicke Wohneinheiten auf zwei Ebenen bieten jeweils bis zu sechs Personen eine Unterkunft (Zweierbelegung 150–190 NZ$, jede weitere Person 30 NZ$, außerdem gibt es Platz für ein paar Wohnmobile (Stellplätze mit Strom 21 NZ$, Stellplätze ohne Strom gratis).

Waihau Bay Lodge PUB ESSEN **$$**

(07-325 3805; www.thewaihaubaylodge.co.nz; Orete Point Rd, Waihau Bay; Hauptgerichte 25–35 NZ$; So–Mi 16 Uhr bis spätnachts, Do–Sa 14 Uhr bis spätnachts) Eine zweigeschossige Kneipe in einem Holzhaus am Kai, die sättigende Gerichte serviert.

An Unterkünften gibt es alles von Zeltplätzen (15 NZ$) bis hin zu 4-Bett-Schlafsälen (ab 23 NZ$ pro Pers.), Doppelzimmer mit eigenem Bad (135 NZ$) und geräumigen Wohneinheiten mit Bad für bis zu acht Personen (Zweierbelegung 185 NZ$, jede weitere Person 25 NZ$).

Shoppen

East Cape Manuka Company ESSEN

(06-864 4824; www.eastcapemanuka.co.nz; 4464 Te Araroa Rd, Te Araroa; Nov.–April tgl. 8.30–16.30 Uhr, Mai–Okt. nur Mo–Fr) Die progressive East Cape Manuka Company verkauft Seifen, Öle, Cremes und Honig, die aus dem wirkstoffreichen Manuka-Baum, der am East Cape wächst, hergestellt werden. Hier kann man auch gut einen Kaffee trinken und einen Feta-Spinat-Muffin oder einen Smoothie genießen (Gerichte und Snacks 6–13 NZ$). Ganz interessant: die geschäftigen Bienen an der Wand.

Praktische Informationen

Tolaga Bay Visitor Information Centre
(06-862 6826; uawafm@xtra.co.nz; 55 Cook St, Tolaga Bay; Mo–Fr 9–17 Uhr;) Die Touristeninformation befindet sich im Foyer des örtlichen Radiosenders (Uawa FM; 88.5FM, 88.8FM, 99.3FM).

Unterwegs vor Ort

Am meisten Spaß macht es (und am einfachsten ist es), den Pacific Coast Highway mit dem eigenen fahrbaren Untersatz zu erkunden (sei es das Auto oder das Fahrrad).

Ein paar Busverbindungen gibt es: Bay Hopper (www.baybus.co.nz) verkehrt dienstags und donnerstags zwischen Opotiki und Potaka/Cape Runaway. **Cooks Couriers** (021 371 364, 06-864 4711) pendelt dienstags und donnerstags zwischen Te Araroa und Opotiki und täglich außer sonntags zwischen Gisborne und Hicks Bay.

Gisborne

35 700 EW.

Wer die Stadt mag, nennt sie „Gizzy". Gisborne (ausgesprochen Gis-born, nicht Gisban) ist eine hübsche Kleinstadt, die von Surfstränden und einem Meer von Chardonnay-Reben eingerahmt wird. Der Ort wirbt damit, dass sich hier zu Beginn eines neuen Tages die Sonne weltweit als Erstes zeigt. Wie dem auch sei: In Gisborne lässt es sich gut ein paar Tage aushalten, man kann sich herrlich am Strand erholen und anschließend ein Gläschen Wein genießen.

Geschichte

Die Region Gisborne ist schon seit mehr als 700 Jahren besiedelt. Ein Pakt zwischen zwei nomadischen *Waka*-(Kanu-)Kapitänen, Paoa vom *Horouta* und Kiwa vom *Takitimu*, führte zur Gründung von Turanganui a Kiwa (heute Gisborne). *Kumara*, die Süßkartoffel, gedieh prächtig in dem fruchtbaren Boden und die Siedlung blühte auf.

1769 war dies der erste Teil Neuseelands, den Captain Cooks Expedition entdeckte. Um ihre Vorräte aufzufüllen und das Hinterland zu erkunden, gingen sie an Land, sehr zum Erstaunen der einheimischen Bevölkerung. Als die Māori-Männer ihre traditionellen, angsteinflößenden Kriegstänze anstimmten, setzte die Cook-Mannschaft leider einen unglücklichen Startpunkt für die interkulturellen Beziehungen, indem sie auf die Begrüßung mit einer Gewehrsalve reagierte und sechs der Männer tötete. Sie fühlten sich bedroht, was, wie sich herausstellte, ein Missverständnis war.

Die *Endeavour* segelte ohne Vorräte weiter, woraufhin Cook, vielleicht auch in einem Anflug von Trotz, die Gegend Poverty Bay nannte, da sie „nichts von dem bereitstellte, was wir benötigten".

Die europäische Besiedelung begann 1831 mit dem Walfang; auf die Walfänger folgten Farmer und Missionare. In den 1860er-Jahren brachen Kämpfe zwischen Siedlern und Māori aus. Der Aufstand der Hauhau nahm seinen Anfang in Taranaki, breitete sich dann zur Ostküste aus und erreichte mit der Schlacht von Waerenga a Hika 1865 seinen Höhepunkt. Gisbornes historische Stätten lassen sich mit Hilfe der Broschüre *Historic Walk*, die man in der i-SITE der Stadt (S. 376) erhält, erkunden.

Sehenswertes

★Tairawhiti Museum MUSEUM

(www.tairawhitimuseum.org.nz; Kelvin Rise, Stout St; Erw./Kind 5 NZ$/frei, Mo freier Eintritt; ⌚Mo–Sa 10–16, So 13.30–16 Uhr) Das Tairawhiti Museum mit einer fabelhaften Galerie legt den Fokus auf die Māori der Ostküste und die Kolonialgeschichte. Seine Kunstausstellung bildet das Herzstück der Kunstszene in Gisborne; es werden wechselnde Exponate sowie ausgezeichnete Ausstellungen alter Fotos gezeigt. Lohnend ist auch die Abteilung mit nautischen Exponaten, sie zeigt *waka* und Gegenstände zu den Themen Walfang und Cooks Poverty Bay. Aber all das verblasst angesichts der Sammlung alter Surfbretter. Der Museumsladen bietet einen schönen Ausblick auf den Kelvin Park. Davor steht das nachgebaute Wyllie Cottage (1872), Gisbornes ältestes Gebäude.

Titirangi Reserve PARK

(www.gdc.govt.nz; Titirangi Dr, unweit Queens Dr; 👪) Das ehemalige *pa* (befestigtes Dorf) Titirangi liegt hoch oben auf einem Hügel und überblickt die Stadt. Zum *pa* kommt man über den Queens Drive oder man schließt sich den durchgeschwitzten Joggern auf dem Fußweg an, der am **Cook Monument** (Kaiti Beach Rd) beginnt. In Gipfelnähe befindet sich unweit vom **Aussichtspunkt** ein weiteres Cook-Gebäude, das **Cook's Plaza** (Titirangi Dr). Aufgrund eines grundlegenden Missverständnisses sieht die dort stehende Cook-Statue dem Cap'n Jim aber so gar nicht ähnlich. Auf einer Tafel steht „Wer war er? Wir haben keine Ahnung". Daneben steht ein kleiner Pohutukawa-Baum, den Prinzessin Di 1983 gepflanzt hat.

Eastwoodhill Arboretum GARTEN

(☎06-863 9003; www.eastwoodhill.org.nz; 2392 Wharekopae Rd, Ngatapa; Erw./Kind/Fam. 15/2/34 NZ$; ⌚9–17 Uhr) Dieses grüne, nach Kiefern duftende Paradies ist in der südlichen Hemisphäre die größte Sammlung von Bäumen und Sträuchern, die sonst eigentlich auf der Nordhalbkugel wachsen. Mit dem Erkunden der insgesamt 25 km langen Themenpfade auf dem herrlichen Gelände kann man locker einen ganzen Tag zubringen. Das Arboretum liegt 35 km nordwestlich von Gisborne; die Anfahrt ist gut ausgeschildert.

Vor Ort gibt es auch eine Auswahl an Unterkünften. Im Angebot ist eine schlichte Unterkunft in Etagenbetten und Privatzimmern (Bett im Schlafsaal 35 NZ$, DZ 120 NZ$, jeweils inklusive Eintritt zum Arboretum). Mahlzeiten können vorab gebucht werden, Selbstversorgern steht eine komplett eingerichtete Küche zur Verfügung (aber nicht vergessen, genügend Proviant mitzubringen – hier gibt es weit und breit keine Geschäfte).

Sunshine Brewery BRAUEREI

(☎06-867 7777; www.sunshinebrewery.co.nz; 49 Awapuni Rd; ⌚Mo–Mi 15–19, Do–Sa 12–20 Uhr) Sunshine, Gisbornes eigene Naturbrauerei, hat eine tolle neue Probierstube unweit von Waikanae Beach eingerichtet und produziert eine Reihe qualitätvoller Craft-Flaschenbiere, darunter sein Aushängeschild, das helle Gisborne Gold. Ein Probiertablett mit fünf Bieren kostet 15 NZ$. Um es zu keinem Rausch kommen zu lassen, werden ein paar Kleinigkeiten zu essen angeboten.

Gisborne Farmers Market MARKT

(☎027 251 8608; www.gisbornefarmersmarket.co.nz; Ecke Stout St & Fitzherbert St; ⌚Sa 9.30–12.30 Uhr) Hier kann man sich mit frischem Obst, Macadamia-Nüssen (und köstlicher Macadamia-Nusspaste!), Kleinwaren, Honig, Kräutern, Kaffee, Wein, Brot, Backwaren, Fisch, Käse und Gisborne-Apfelsinen eindecken … das sind alles Produkte aus der Region.

Gisborne

Gisborne

Highlights

1 Gisborne Farmers Market D2
2 Tairawhiti Museum D2

Sehenswertes

3 Captain Cook Statue C4
4 Clock Tower C2
5 Cook Monument C4
6 Cook's Plaza C4
7 Gisborne Botanic Gardens C1
8 Gisborne Wine Centre D3
9 Statue of Young Nick C4
10 Sunshine Brewery B3
11 Titirangi Lookout D4
12 Titirangi Reserve D4

Aktivitäten, Kurse & Touren

13 Olympic Pool A3

Schlafen

14 Ahi Kaa Motel B3
15 Gisborne District Council D2
16 Gisborne YHA D3
17 Portside Hotel C3
18 Teal Motor Lodge B1
19 Waikanae Beach Top 10 Holiday Park B3

Essen

20 Frank & Albie's C3
21 Marina Restaurant D3
22 Morrell's Artisan Bakery B1
23 Muirs Bookshop & Café C3
PBC Cafe .... (s. 27)
24 USSCO Bar & Bistro C3
25 Zest C3

Ausgehen & Nachtleben

26 Smash Palace A3

Unterhaltung

27 Dome Cinema C3

Gisborne Botanic Gardens GARTEN
(☎06-867 2049; www.gdc.govt.nz/botanical-gardens; Aberdeen Rd; ⊙24 Std.; 👪) Der botanische Garten liegt hübsch neben dem Taruheru River – er ist ein schönes Fleckchen Erde für ein Picknick und für Kinder zum Austoben auf dem großen Spielplatz.

Der **Bushland Walkway** schlängelt sich durch die einheimische Flora.

East Coast Museum of Technology MUSEUM
(ECMOT; ☎027 221 5703; www.ecmot.org.nz; SH2, Makaraka; Erw./Kind 5/2 NZ$; ⊙So–Fr 10–16, Sa 13–16 Uhr) Hier geht alles noch eher analog als digital zu, und die Exponate stammen eher aus dem „Altertum" als aus dem Zeitalter der Raumfahrt. Etwa 5 km westlich des Stadtzentrums hat das unglaubliche Konglomerat aus landwirtschaftlichen Geräten, Feuerwehrfahrzeugen und anderen diversen Geräten in einer alten Melkscheune und verschiedensten Hofgebäuden ein passendes Zuhause gefunden. Man beachte das Millenniums-Willkommensschild ...

Statue of Young Nick MONUMENT
(Customhouse St) Den *Endeavour*-Bemühungen Gisbornes können Besucher nur schwer entkommen: im Park am Fluss steht eine Statue von Nicholas Young. Cooks Schiffsjunge erspähte mit Adleraugen als Erster Neuseeland, und zwar konkret die weißen Klippen von Young Nick's Head.

Hier in der Nähe befindet sich eine weitere Statue von **Captain Cook**. Sie steht auf einem Globus, in den die Routen seiner drei Weltreisen geätzt sind.

Aktivitäten

Wassersport

In Gisborne ist Surfen ein absolutes Muss – dementsprechend sieht die hiesige Jugend auch aus. **Waikanae Beach** und **Roberts Road** eignen sich gut für Anfänger. Erfahrene Surfer zieht es gen Süden zur **Pipe** oder ostwärts zur **Sponge Bay** und nach **Tuamotu Island**. Weiter östlich entlang des SH35 warten **Wainui** und **Makorori** ebenfalls mit guten Breaks auf.

Am Waikanae und **Midway Beach** findet man sichere, ausgeflaggte Schwimmbereiche.

Rere Rockslide SCHWIMMEN
(Wharekopae Rd; ⊙tagsüber) Die Felsrutsche befindet sich am Rere River, 50 km nordwestlich von Gisborne entlang der Wharekopae Road. Ein gut aufgepumpter Reifenschlauch oder ein Boogiebord helfen, die heftigsten Schläge abzufedern. Also ab ins Vergnügen und über eine 60 m lange Felsstrecke flusab-

DIE WEINGÜTER VON GISBORNE

Mit heißen Sommern und fruchtbaren Lehmböden ist das Flusstal des Waipoao nordwestlich von Gisborne eines der Hauptweinbaugebiete Neuseelands. Traditionell ist die Region für ihren Chardonnay und zunehmend auch für Gewürztraminer und Pinot Gris (Grauburgunder) bekannt. Ein Führer, in dem alle Weingüter aufgelistet sind, ist unter www.gisbornewine.co.nz zu finden. In der Nebensaison verkürzen sich die Öffnungszeiten.

Zu den besten Weingütern zählen die folgenden:

Bushmere Estate (☎06-868 9317; www.bushmere.com; 166 Main Rd, Matawhero; ⊙Mi–So 11–15 Uhr) Großartiger Chardonnay, Gewürztraminer und Mittagessen im Café-Stil im hauseigenen Restaurant Vines (Hauptgerichte mittags 26–30 NZ$) sowie im Sommer sonntags Livemusik. Im Winter kürzere und im Sommer längere Öffnungszeiten.

Kirkpatrick Estate (☎06-862 7722; www.kew.co.nz; 569 Wharekopae Rd, Patutahi; ⊙12–16 Uhr) Nachhaltiger Weinbau mit einer ganzen Palette an schönen Weinen, darunter einem ausgezeichneten Malbec. Zu empfehlen: einen Antipasti-Teller im Freien genießen.

Matawhero (☎06-867 6140; www.matawhero.co.nz; Riverpoint Rd, Matawhero; ⊙Sa & So 12–16 Uhr) Hier wird ein besonders weicher Chardonnay gekeltert. Die bukolische Landschaft lädt geradezu zum Picknick ein – zu dem man den einen oder anderen der herrlichen Weine verkosten sollte.

Millton (☎06-862 8680; www.millton.co.nz; 119 Papatu Rd, Manutuke; ⊙Mo–So 10–17 Uhr, im Winter kürzer) Der Wein wird hier nachhaltig, biologisch und biodynamisch angebaut. Am besten ein Picknick mitbringen und es sich inmitten der alten Weinreben gemütlich machen.

ZELTEN IM SOMMER

Gisborne District Council (GDC; ☎06-867 2049, 0800 653 800; www.gdc.govt.nz/summer-camping; 15 Fitzherbert St, Gisborne) Die Stadtverwaltung von Gisborne erlaubt von Ende September bis Anfang April an ein paar ausgewiesenen Orten zwischen Te Araroa und Gisborne sog. „Sommercampen". Die Erlaubnis dafür ist online erhältlich; sie kostet für bis zu sechs Personen für 2/10/28 aufeinanderfolgende Nächte 16/31/66 NZ$ (auch bei den i-Sites Gisborne und Opotiki erhältlich).

Grundvoraussetzung für die Bewilligung sind ein eigener Gaskocher, eine chemische Toilette und eine eigene Wasserversorgung.

wärts in ein Wasserloch! 3 km weiter sorgen die **Rere Falls** für einen 20 m breiten Wasservorhang an einer 5 m tiefen Geländestufe. Wem es nichts ausmacht, nass zu werden, kann hinter den Schleier laufen.

Walking On Water Surf School SURFEN
(WOW; ☎06-863 2969, 022 313 0213; www.wowsurfschool.com; Kurse 2 Std./4 Std. /3 Tage pro Pers. ab 50/95/180/270 NZ$; 👪) Surfen ist im Prinzip wie über das Wasser laufen, oder? Falsch. Es ist viel schwerer – aber diese Truppe versteht es, selbst die naivsten Anfänger in Nullkommanichts in aufrechte Surfer zu verwandeln. Sie bietet auch Kurse für Kinder an und betreibt einen Ausrüstungsverleih.

Olympic Pool SCHWIMMEN
(☎06-867 6220; www.gdc.govt.nz; 45 Centennial Marine Dr, Awapuni; Erw./Kind 4/3 NZ$; ⏱Sept.–April tgl. 6–20 Uhr, Mai–Aug. Sa & So 8–20 Uhr; 👪) Gisbornes lauwarmes großes Schwimmbad hat Innen- und Außenbecken und bietet eine 50 m Bahn, eine 98 m lange Wasserrutsche und ein tiefes Tauchbecken.

Wandern

Es gibt zahlreiche Wandermöglichkeiten rund um Gisborne. Am einfachsten ist ein entspannter Spaziergang am Fluss entlang. Das i-SITE (S. 376) von Gisborne hat Broschüren über den *Historic Walk* und zu den *Walking Trails of Gisborne City* vorrätig.

Der **Te Kuri Walkway** (2 Std.; 5,6 km, Aug.–Okt. geschl.), der sich durch Farmland und Wald zieht und unterwegs imposante Ausblicke bietet, beginnt 4 km nördlich der Stadt am Ende der Shelley Road.

Haurata High Country Walks WANDERN
(☎06-867 8452; www.haurata.co.nz; nicht-geführte/geführte Wanderungen pro Pers. ab 15/25 NZ$) Warum nicht mit Haurata das tolle Hochland hinter Gisborne erkunden? Zu den geführten und nicht-geführten, kurzen und langen Tagestouren sind auch Mahlzeiten, Bauernhofunterkünfte und Whirlpoolbenutzung buchbar.

Geführte Touren

Tairāwhiti Tours KULTURTOUR
(☎021 276 5484; www.tairawhititours.co.nz; geführte Touren pro Pers. ab 225 €, Rabatte für Gruppen) Ausgezeichnete 5½-stündige Führungen rund um Gisborne, bei denen es um Geschichte, Wein, Essen und Kultur geht (also um alles Wesentliche).

Gisborne Cycle Tour Company RADFAHREN
(☎06-927 7021; www.gisbornecycletours.co.nz; Halb-/Ganztagestouren ab 100/200 NZ$, Fahrradverleih Tag ab 50 NZ$) Geführte Radtouren (halb- bis mehrtägig) zu den Sehenswürdigkeiten der näheren und weiteren Umgebung, u. a. zu Weingütern und dem Eastwoodhill Arboretum. Auch Leihfahrräder (mit Karten und guten Tipps).

Feste & Events

Rhythm & Vines MUSIK, WEIN
(R&V; www.rhythmandvines.co.nz; ⏱Dez.) Ein riesiges Event im Musikkalender von Gisborne: R & V ist ein dreitägiges Festival, das an Silvester endet und auf dem bekannte, regionale und internationale Bands und DJs auftreten. Da werden die Unterkünfte schon mal knapp.

Gisborne Wine & Food Festival WEIN, ESSEN
(www.gisbornewineandfoodfestival.co.nz; ⏱Okt.) Spektakuläres Weinkellerfestival, veranstaltet von den regionalen Winzern und Gastronomen. Das Ganze funktioniert so: Man holt sich am **Gisborne Wine Centre** (☎06-867 4085; www.gisbornewine.co.nz; Shed 3, 50 The Esplanade; ⏱So–Mi 10–17, So–Sa 0–19 Uhr; Kartenverkauf ab 1. Aug.) ein Probierglas, eine Karte und ein Armband – und fährt dann die Weinstraße entlang (bzw. lässt sich besser fahren).

Schlafen

Gisborne YHA HOSTEL $
(☎06-867 3269; www.yha.co.nz; 32 Harris St; B/EZ/DZ/FZ 28/52/68/115 NZ$; @📶) Dieser ge-

räumige, senffarbene Hingucker von 1925 liegt nur einen kurzen Fußweg aus der Stadt raus auf der anderen Flussseite und beherbergt ein gut geführtes Hostel. Die Zimmer sind groß und komfortabel (sogar der 10-Betten-Schlafsaal im Dachgeschoss). Außerdem gibt es eine Wohneinheit für Familien mit eigenem Bad. Auf der Holzterrasse und dem Rasen kommen die Gäste schnell miteinander ins Gespräch. Es gibt zudem einen Surfbrett- und Radverleih.

Waikanae Beach Top 10 Holiday Park FERIENPARK $
(☎0800 867 563, 06-867 5634; www.gisborneholidaypark.co.nz; 280 Grey St; Stellplatz pro Pers. 20 NZ$, Blockhütten & Wohneinheiten DZ 70–170 NZ$;) Liegt direkt am Strand; bis zur Stadt ist es ein kurzer, schöner Fußweg (10 Min.). Die Ferienanlage mit viel Grün bietet einfache Blockhütten, etwas gehobenere Wohneinheiten und Rasenflächen für Zelte und Vans. Außerdem Verleih von Surfbrettern und Fahrrädern.

★**Ahi Kaa Motel** MOTEL $$
(☎06-867 7107; www.ahikaa.co.nz; 61 Salisbury Rd; DZ 110–180 NZ$;) Ein gehobenes Motel in einer ruhigen Seitenstraße. Von hier ist es nur ein kurzer (sandiger) Spaziergang über die Straße zum Waikanae Beach. Schickes Bettzeug, geschmackvolle Bäder, Doppelverglasung, Außenduschen, recycelte Holzbalken, Solarzellen und ein durchdachtes Recyclingsystem – alles erste Sahne!

Teal Motor Lodge MOTEL $$
(☎0800 838 325, 06-868 4019; www.teal.co.nz; 479 Gladstone Rd; DZ ab 140 NZ$, FZ 205–235 NZ$;) Das Motel mit einer einladenden Straßenfront direkt an der Hauptstraße (500 m in die Stadt) wirkt irgendwie ein bisschen alpin (und erinnert ein klitzekleines bisschen an *Mad Men*). Das Teal bietet ordentliche, familienfreundliche Wohneinheiten sowie einen Salzwasserpool und top-gepflegte Rasenflächen, auf denen die Kinder herumtoben können. Kostenloses WLAN.

Portside Hotel HOTEL, APARTMENT $$
(☎0800 767 874, 06-869 1000; www.portsidegisborne.co.nz; 2 Reads Quay; DZ/Ferienwohnung mit zwei Schlafzimmern ab 175/220 NZ$;) Das Hotel ist die erste Wahl für Geschäftsreisende. Vermietet werden drei schicke Apartments in drei Kategorien, die direkt an der Flussmündung liegen, wo die großen Schiffe vorbeifahren. Es gibt kleine Balkone mit Glaseinfassung.

Knapdale Eco Lodge LODGE $$$
(☎06-862 5444; www.knapdale.co.nz; 114 Snowsill Rd, Waihirere; DZ inkl. Frühstück ab 420 NZ$;) Das ländliche Luxusidyll empfängt seine Gäste mit einem See, eigenen Tieren und Landwirtschaftsprodukten. Innen wird die modern gehaltene Lodge von Kunst aus aller Welt geziert. Der verglaste Vorderbereich grenzt an eine breite Terrasse mit Grill und Pizzaofen. Nach Vereinbarung wird ein fünfgängiges Abendessen (95 NZ$) serviert.

Die Anfahrt: der Back Ormond Road ab Gisborne gen Nordwesten folgen (10 km).

Essen

Frank & Albie's CAFE $
(☎06-867 7847; www.frankandalbie.co.nz; 24 Gladstone Rd; Hauptgerichte 6–10 NZ$; Mo–Fr 7–14.30 Uhr) Qualität wird in Frank & Albie's, einem netten kleinen Szene-Café an der Hauptstraße von Gisborne, großgeschrieben. Sehr schön ist auch die Art-déco-Bleiverglasung über der Tür. Witzige Sperrholzbänke, Tische aus recyceltem Holz und putzige weiße Hocker bilden innen das geschmackvolle Ambiente für den Genuss toller Sandwiches, Kaffee, Tee und Smoothies.

Muirs Bookshop & Café CAFE $
(www.muirsbookshop.co.nz; 62 Gladstone Rd; Menüs 5–14 NZ$; Mo–Fr 9–15.30, Sa 9–15 Uhr) Das unprätentiöse Café befindet sich oberhalb von Muirs Bookshop, einem beliebten, alten und unabhängigen Buchladen in einem wunderschönen historischen Gebäude.

Auf der Karte steht eine kleine, aber feine Auswahl an Snacks und Kuchen. Wer auf die Kombination von ausgezeichnetem Espresso und Literatur steht, wird hier gar nicht wieder weg wollen. Für schöne Tage gibt es dann noch den Balkon mit Blick auf die Straße.

Morrell's Artisan Bakery BÄCKEREI $
(☎06-867 8266; www.facebook.com/morrellsartisanbakery; 437 Gladstone Rd; Stück 3–7 NZ$; Mo–Sa 6.30–14, So 9–14 Uhr;) Fachbäckerei mit tollen Pasteten, gesundem Brot, leckerem Gebäck, Suppen, Keksen und hübschem Personal (alles aus hauseigener Herstellung – außer dem Personal natürlich). Den Espresso Cheesecake Brownie zu ignorieren wäre sträflich.

PBC Cafe CAFE $$
(☎06-863 3165; www.facebook.com/pbccafe; 38 Childers Rd; Hauptgerichte Frühstück 15–25 NZ$,

Mittagessen 20–30 NZ$; ⏲Mo–Fr 7–15, Sa & So 8–15 Uhr;) Das alte, knarrende Interieur des Poverty Bay Club for Gentlemen (1874) ist schon Grund genug für einen Besuch. Das Café im Inneren macht den Besuch aber noch lohnender: ansprechendes Pub-Essen, ganztägiger Brunch, Pizza, Specials auf der Kreidetafel und günstige Preise. Besonders schön ist die lange Bank an der Außenwand. Dazu kommen das Dome Kino und ein netter kleiner Andenkenladen.

Zest CAFE $$

(☎06-867 5787; www.zestcafe.co.nz; 22 Peel St; Hauptgerichte 15–21 NZ$; ⏲Mo–Sa 6–16, So 8–16 Uhr) Quizfrage: Wie viele Cafés, die „Zest" heißen, gibt es in der westlichen Welt? Antwort: Jede Menge.

Aber abgesehen von dieser Einfallslosigkeit ist dieses Zest eines der besseren Cafés an der Ostküste. Das Angebot umfasst Pizzas, Nudelgerichte, reichhaltige Frühstücksvariationen, Salate, Wraps, Waffeln, Tees und Smoothies. Auch wieder nichts Außergewöhnliches, aber alles perfekt zubereitet, preiswert und frisch.

★USSCO Bar & Bistro MODERN NEUSEELÄNDISCH $$$

(☎06-868 3246; www.ussco.co.nz; 16 Childers Rd; Hauptgerichte 38–45 NZ$; ⏲16.30 Uhr bis spätabends) Dieses durch und durch noble Lokal befindet sich im restaurierten Gebäude der Union Steam Ship Company (USSCO – daher der Name).

Das Können des Küchenteams äußert sich in einer sehr saisonalen, aber stets üppig portionierten Menüzusammenstellung (z. B. mit Soja glasierter Schweinebauch, karamellisierte Süßkartoffeln, Pastinaken-Püree und Salat mit gerösteten Nüssen). Parallel dazu gibt es köstliche Desserts, viele Weine aus der Region, handgebraute Kiwi-Biere und mehrgängige Sonderangebote.

Marina Restaurant FRANZÖSISCH $$$

(☎06-868 5919; www.marinarestaurant.co.nz; 2 Vogel St; Hauptgerichte Mittagessen $20, Abendessen 37–39 NZ$; ⏲ Do–Sa 12–14 Uhr & Di–Sa 18–21 Uhr) Das oft als Gisbornes bestes Restaurant bezeichnete Marina bietet Mittagessen im legeren Bistrostil und formelle, gehobene Abendessen – alles mit sehr französischem Einschlag. Das Gebäude an sich ist reizvoll – ein altes Bootshaus aus weißem Holz und mit hohen Decken direkt am Fluss, dazu weiße Tischdecken und große Weingläser. Die Entenbrust mit Honigjus ist hervorragend.

Ausgehen

★Smash Palace BAR

(☎06-867 7769; www.smashpalacebar.com; 24 Banks St; ⏲Mo–Do 15 Uhr bis spätnachts, Fr 14 Uhr bis spätnachts, Sa 12 Uhr bis spätnachts, So 14–23 Uhr) Hier lassen sich die Gäste auf einem Schrottplatz volllaufen: eine kultige Trinkhöhle in den Industriebrachen Gisbornes (Vorteil: Hier können die Gäste so viel Lärm machen, wie sie wollen!), vollgestopft mit allem Denkbaren und einer geparkten DC 3 im Biergarten. Manchmal gibt es Livemusik, und am Sonntagnachmittag werden ganz altmodisch Schallplatten aufgelegt.

Unterhaltung

★Dome Cinema KINO, BAR

(☎08-324 3005; www.domecinema.co.nz; 38 Childers Rd; Kinokarten 14 NZ$; ⏲Mi–So ab 17.30 Uhr) Das Kino mit Sitzsäcken im alten Poverty-Bay-Club-Gebäude (1874) zeigt Programmkinofilme. Der Ballsaal wird von einer Glaskuppel gekrönt. Im Haus befindet sich auch das PBC Café. Die angesagte Bar nebenan (manchmal Livemusik und Nudelabende) zieht ein schickes Publikum an.

Praktische Informationen

DOC (Department of Conservation; ☎06-869 0460; www.doc.govt.nz; 63 Carnarvon St; ⏲Mo–Fr 8–16.30 Uhr)

Gisborne Hospital (☎06-869 0500; www.tdh.org.nz; 421 Ormond Rd, Riverdale; ⏲24 Std.)

Gisborne i-SITE (☎06-868 6139; www.gisbornenz.com; 209 Grey St; ⏲Mo–Fr 8.30–17.30, Sa 9–17, So 10–16 Uhr;) Neben einem Prachtexemplar von einem kanadischen Totempfahl hat dieses Infozentrum einfach alles zu bieten – ein Reisebüro, Internetzugang, Fahrradverleih, Toiletten und eine Schüssel mit Orangen aus Gisborne auf der Theke.

Postamt (www.nzpost.co.nz; 127 Gladstone Rd; ⏲Mo–Fr 9–17, Sa 9–12 Uhr)

Three Rivers Medical (☎06-867 7411; www.3rivers.co.nz; 75 Customhouse St; ⏲Mo–Fr 8–20, Sa & So 9–18 Uhr) Ärzte und Zahnärzte, Ordination nach Terminvereinbarung.

An- & Weiterreise

Die **Gisborne i-SITE** (s. oben) übernimmt Buchungen für lokale und nationale Transportunternehmen.

AUTO

Gisborne Airport Car Rental (☎0800 144 129; www.gisborneairportcarhire.co.nz) ist

ABSTECHER

MAHIA PENINSULA

Zwischen Gisborne und Napier liegt die Halbinsel Mahia, die mit ihren ausgewaschenen Hügeln, den Sandstränden und dem leuchtend blauen Meer wie ein Mini-Abbild der Coromandel-Halbinsel erscheint – nur ohne die Touristenhorden. Dafür gibt es hier dramatische Felsen, die an die Klippen von Dover erinnern.

Die Bewohner der Ostküste kommen gerne für einen Boots- oder Strandurlaub dorthin; man braucht aber schon einen eigenen fahrbaren Untersatz. Ein oder zwei Tage kann man locker damit verbringen, das landschaftlich schöne Schutzgebiet zu erkunden und den Vogelreichtum der Maungawhio Lagune zu bestaunen, am Strand abzuhängen (bei Sonnenuntergang ist Mahia Beach einfach nur ein Traum) oder sogar eine Runde Golf zu spielen.

Zu Mahia gehören mehrere kleine Ortschaften, in denen man ein paar Pensionen, einen Ferienpark, eine Bar mit Bistro und ein paar Geschäfte findet. Auf www.voyagemahia.co.nz sind alle Unterkünfte aufgelistet.

Der Besuch der Halbinsel liegt nur einen kurzen Abstecher östlich der Straße zwischen Gisborne und Wairoa (SH2): Bei Nuhaka biegt man ab – die Hauptorte liegen dann noch 20 km entfernt. Öffentliche Busse dorthin gibt es hier nicht, also braucht man in jedem Fall ein eigenes Auto.

Vertragspartner für insgesamt neun Autovermieter, darunter alle größeren bekannten Marken sowie lokale Anbieter.

BUS

InterCity und Naked Bus fahren ab der i-SITE von Gisborne.

Folgende Verbindungen gibt es täglich:

REISEZIEL	ANBIETER	FAHRPREIS	FAHRZEIT (STD.)
Auckland	InterCity	85 NZ$	9
Napier	InterCity	45 NZ$	4
Opotiki	InterCity	31 NZ$	2
Opotiki	Naked Bus	22 NZ$	2
Rotorua	InterCity	60 NZ$	5
Rotorua	Naked Bus	28 NZ$	4½
Taupo	Naked Bus	25 NZ$	6
Wairoa	InterCity	29 NZ$	1½

FLUGZEUG

Gisborne Airport (www.eastland.co.nz/gisborne-airport; Aerodrome Rd, Awapuni) liegt 3 km westlich der Stadt. Air New Zealand (www.airnewzealand.co.nz) fliegt von/nach Auckland und Wellington. Sunair Aviation (www.sunair.co.nz) fliegt von Gisborne direkt nach Rotorua und Whakatane, wo es Anschlussflüge gibt.

TAXI

Die Fahrt zwischen Stadt und Flughafen kostet ca. 20 NZ$, z. B. mit **Gisborne Taxis** (☎ 0800 505 555, 06-867 2222).

Südlich von Gisborne

Wer von Gisborne nach Süden in Richtung Napier will, hat die Wahl: Küstenstraße oder Fahrt durch das Landesinnere. Die Küstenstraße ist dabei die etwas bessere Wahl, weil sie schneller ist und gelegentliche Blicke auf das Meer bietet. Der SH36 (Tiniroto Rd) ist aber ebenfalls eine interessante Auto- oder Radelstrecke mit mehreren schönen Haltepunkten entlang des Weges.

Sehenswertes

Rund 49 km hinter Gisborne erstreckt sich das geschützte Buschland des ruhigen **Doneraille Park**. Hier kann man in einem kalten Fluss baden und im Wohnmobil übernachten, falls dieses über eine umweltfreundliche Komplettausstattung verfügt.

An der Tiniroto Tavern beginnt eine Abzweigung (3 km), die Baumfreunden einen Abstecher zum **Hackfalls Arboretum** (☎ 06-863 7083; www.hackfalls.org.nz; 187 Berry Rd, Tiniroto; Erw./Kind 10 NZ$/frei; ⏲ 9–17 Uhr) ermöglicht.

Rund 12 km weiter südlich sind die schneeweißen Kaskaden der **Te Reinga Falls** ebenfalls einen Zwischenstopp wert.

Der stärker befahrene SH2 führt landeinwärts und erreicht schon bald den **Wharerata State Forest** (auf die Holztransporter achten!). Direkt hinter dem Wald, 55 km von Gisborne entfernt, sprudeln die **Morere Hot Springs** (☎ 06-837 8856; www.

morerehotsprings.co.nz; SH2; Erw./Kind 12/6 NZ$, Privatpools 15/10 NZ$, Nichtschwimmer 3 NZ$; ⏲10–17 Uhr, verlängerte Öffnungszeiten von Dez.–Feb.) aus einer Verwerfung im **Morere Springs Scenic Reserve**.

Wer von Gisborne kommend auf dem SH2 fährt, sollte nach dem ungewöhnlich bunt bemalten **Taane-nui-a-Rangi Marae** links der Straße Ausschau halten. Es ist von der Straße gut zu sehen. Eintreten sollte man aber nur, wenn man ausdrücklich dazu eingeladen wird.

Der SH 2 führt weiter Richtung Süden nach Nuhaka, das am nördlichen Ende der Hawke Bay liegt. Von hier aus geht es westwärts weiter nach Wairoa oder ostwärts zur Mahia-Halbinsel (S. 377) mit angenehmer Brise vom Meer. Unweit des Nuhaka-Kreisverkehrs steht die **Kahungunu Marae** (www.wairoadc.govt.nz/pages/kahungunu_marae; Ecke Ihaka & Mataira St, Nuhaka).

Schlafen

Morere Hot Springs Lodge & Cabins BUNGALOWS $
(☎06-837 8824; www.morerelodge.co.nz; SH2, Morere; DZ 80–120 NZ$, zusätzlich Erw./Kind 20/10 NZ$) Morere Hot Springs Lodge ist eine Farm, auf der die Lämmer herumspringen und der Hund unaufhörlich mit dem Schwanz wedelt. Als Übernachtungsmöglichkeiten stehen das klassische Farmhaus von 1911 (12 Pers.) mit Küche und nettem Freiluft-Schlafplatz, ein weiteres Farmhaus mit zwei Schlafzimmern (4 Pers.) und zwei malerische Hütten zur Auswahl. Preiswert.

Morere Tearooms & Camping Ground ZELTPLATZ $
(☎06-837 8792; www.holidayparks.co.nz/morere; SH2, Morere; Stellplätze ab 17 NZ$, DZ 60–90 NZ$; 📶) Gegenüber von den Morere Hot Springs liegt der Morere Tearooms & Camping Ground, wo es gute getoastete Sandwiches (Gerichte 5–18 NZ$) und Stellplätze sowie gemütliche Hütten entlang des sprudelnden Tunanui-Flusses gibt.

Te Urewera National Park

Nebel und Mystik: Der Te Urewera National Park ist der größte der Nordinsel und schützt 2127 km² unberührten Wald, der von Seen und Flüssen geprägt wird.

Das Highlight ist der **Lake Waikaremoana** (See des sich kräuselnden Wassers). Um das tiefe Wasserloch windet sich der Lake Waikaremoana Track, einer von Neuseelands sogenannten Great Walks. Felsige Klippen treffen auf schilfreiche Buchten; und die spiegelglatte Oberfläche des Sees wird nur von Bergzephyren (Windgottheiten) und gelegentlich auffliegenden Wasservögeln gestört.

Geschichte

Der Name Te Urewera schafft es noch immer, dass sich Pākehā-Neuseeländer (Weiße) etwas unbehaglich fühlen – nicht nur, weil er übersetzt „der verbrannte Penis“ bedeutet. Das ungezähmte Waldgebiet mit seiner reichen Geschichte zum Widerstand der Māori verströmt bis heute etwas Ursprüngliches und Unkontrolliertes.

Das einheimische Tuhoe-Volk – bekannt als die „Kinder des Nebels“ – hat den Vertrag von Waitangi nie unterzeichnet und während der Neuseelandkriege mit Rewi Maniapoto bei Orakau gekämpft. Die Armee von Te Kooti suchte hier während der ständigen Kämpfe mit Regierungstruppen Zuflucht. Te Kootis Nachfolger, Rua Kenana, führte ab 1905 unterhalb des heiligen Bergs Maungapohatu (1366 m) eine blühende Gemeinschaft, bis er 1916 aus politischen Motiven verhaftet wurde. Dies löschte die letzte Bastion des Māori-Widerstandes im Land wirksam aus. Maungapohatu erholte sich nie davon, heute ist nur noch eine kleine Siedlung übrig. Das außergewöhnliche Mataatua-*marae* des nahe gelegenen Ruatahuna feiert Te Kootis Heldentaten.

Die Tuhoe sind stolz auf ihre Identität und ihre Traditionen, rund 40 % verwenden immer noch *Te Reo Maori* (die Māori-Sprache) im Alltag.

Aktivitäten

Es gibt Dutzende von Wanderwegen innerhalb der Grenzen des riesigen Nationalparks, von denen die meisten in der DOC-Broschüre *Lake Waikaremoana Walks* (2 NZ$) beschrieben werden. Viele der kürzeren Wege starten am Besucherzentrum und dem Waikaremoana Holiday Park, schön ist auch der Fernwanderweg Lake Waikaremoana Track.

Lake Waikaremoana Track

Dieser 46 km lange Great Walk, für den man drei bis vier Tage einkalkulieren sollte, erklimmt den spektakulären Panekire Bluff, wo weite Panoramablicke mit Farnhainen und Wald abwechseln. Die Wanderung wird als mittelschwierig eingestuft; der einzige

TE KOOTI

In der Geschichte der Māori finden sich immer wieder Mystiker, Propheten und Krieger, darunter der legendäre Te Kooti. 1865 kämpfte er auf Seiten der Regierung gegen die Hauhau (Anhänger des Pai-Marire-Glaubens, der von einem anderen Krieger-Propheten gegründet wurde), wurde jedoch der Spionage verdächtigt und ohne Gerichtsverfahren auf den Chatham Islands inhaftiert.

Während er dort war, las Te Kooti die Bibel und gab an, Visionen des Erzengels Michael gehabt zu haben. Seine charismatischen Predigten und „Wunder" – u. a. erzeugte er mit seinen Händen Flammen (seine Wärter behaupteten, er habe Phosphor von Streichhölzern verwendet) – trugen dazu bei, die Pai Marire von seiner eindeutig māori-geprägten Sichtweise des christlichen Glaubens zu überzeugen.

1867 gelang Te Kooti eine spektakuläre Flucht von den Chathams. Er kaperte ein Versorgungsschiff und segelte mit 200 Anhängern zur Poverty Bay. Einen Zweifler warf er unterwegs als Menschenopfer über Bord. Nach ihrer sicheren Ankunft erhoben Te Kootis Anhänger ihre rechte Hand als Ehrerbietung gegenüber Gott, statt sich unterwürfig zu verneigen – *ringa tu* (erhobene Hand) wurde daher auch der Name von Te Kootis Kirche.

Te Kooti bat um Gespräche mit der Kolonialregierung, wurde jedoch erneut zurückgewiesen; Friedensrichter Reginald Biggs verlangte seine sofortige Kapitulation. Unbeeindruckt von der Pākehā-Gerichtsbarkeit (dem Justizsystem der europäischen Neuseeländer) begann Te Kooti eine besonders effektive Guerillakampagne. Als Erstes tötete er in Matawhero bei Gisborne Biggs und etwa 50 weitere Personen, darunter auch Frauen und Kinder, Māori und Pākehā.

Daraufhin jagte man ihn insgesamt vier Jahre. Te Kooti suchte Zuflucht im King Country, dem weitläufigen Herrschaftsgebiet des Māori-Königs, in das sich die Regierungstruppen nicht hineinwagten.

Die Sinnlosigkeit des Verhaltens der Regierung in dieser Angelegenheit wurde durch die offizielle Begnadigung Te Kootis 1883 deutlich. Inzwischen hatte dieser sich landesweit einen Ruf als Prophet und Heiler erworben. Seine Ringatu-Kirche hat heute über 16 000 Anhänger.

schwere Abschnitt ist der steile Anstieg zum Panekire Bluff. Im Sommer kann es mitunter ganz schön voll werden.

Der Trail ist zwar das ganze Jahr über geöffnet, im Winter hält aber der Regen viele Menschen von der Tour ab, da Nässe die Wanderung sehr schwer werden lässt. Bei einer Höhe von 580 m können die Temperaturen sogar im Sommer sehr schnell sinken. Wanderer sollten einen Kocher und Benzin mitnehmen, weil es auf der Strecke keinerlei Kochgelegenheiten gibt.

Über die Strecke verteilen sich fünf **Hütten** (Erw./Kind 32 NZ$/frei) sowie **Zeltplätze** (Erw./Kind 14 NZ$/frei). Diese Unterkünfte müssen zu allen Jahreszeiten im Voraus über das DOC gebucht werden! Buchungen sind bei den örtlichen DOC-Büros bzw. den i-SITES oder online auf www.greatwalks.co.nz möglich.

Wer ein Auto hat, lässt es am besten am Waikaremoana Holiday Park oder dem Big Bush Holiday Park stehen und nimmt dann ein Wassertaxi zu einem der Endpunkte des Wanderwegs. Alternativ dazu werden auch dreitägige geführte Wanderungen mit Rundumversorgung von den engagierten und erfahrenen Mitarbeitern der Unternehmen Walking Legends (S. 380) oder Te Urewera Treks (S. 380) angeboten.

Entweder läuft man den Trail im Uhrzeigersinn mit Start kurz vor Onepoto im Süden oder man marschiert gegen den Uhrzeigersinn ab der Hopu-ruahine Suspension Bridge im Norden.

Hier die ungefähren Wanderzeiten:

ROUTE	GEHZEIT (STD.)
Onepoto – Panekire Hut	5
Panekire Hut – Waiopaoa Hut	3–4
Waiopaoa Hut – Marauiti Hut	4–5
Marauiti Hut – Waiharuru Hut	1½
Waiharuru Hut – Whanganui Hut	2
Whanganui Hut – Hopuruahine Hängebrücke	2

Lake Waikaremoana Track

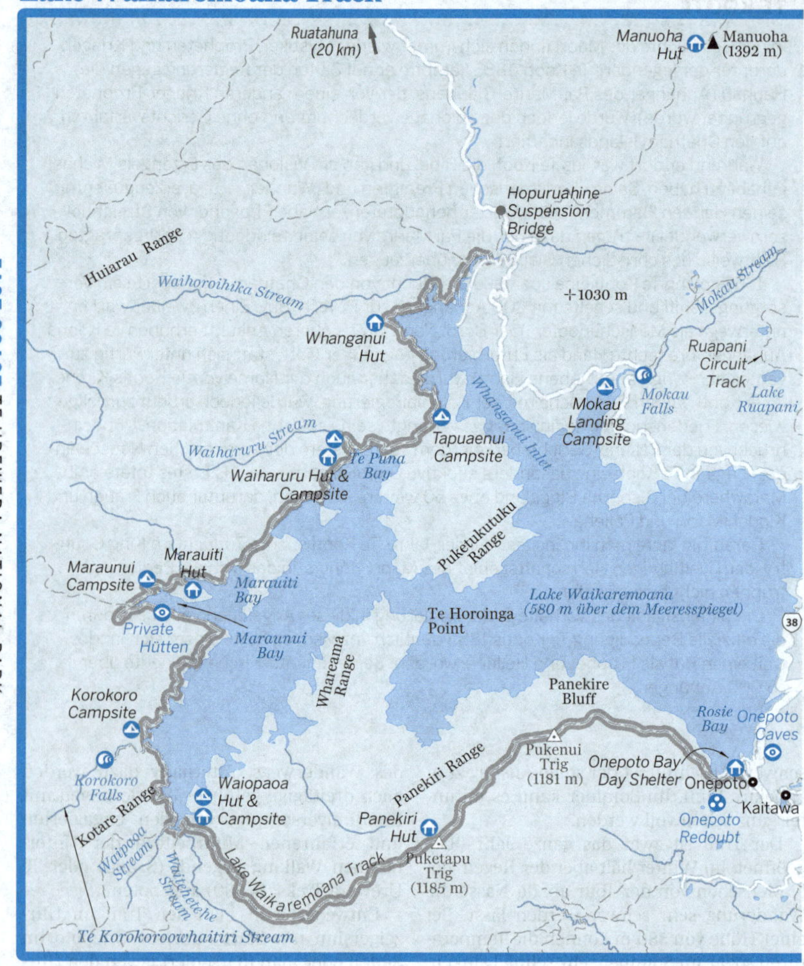

Walking Legends WANDERN
(☎07-312 5297, 0800 925 569; www.walkinglegends.com; pro Pers. 1450 NZ$) Diese engagierte und erfahrene Firma bietet von Rotura aus viertägige, geführte Touren mit Vollverpflegung um Lake Waikaremoana an.

Te Urewera Treks WANDERN
(☎07-929 9669; www.teureweratreks.co.nz; pro Pers. 1390 NZ$) Geführte, viertägige Touren in kleinen Gruppen entlang des Lake Waikaremoana. Im Angebot sind auch ein- bzw. dreitägige Touren in Te Urewera, teilweise in Verbindung mit einer Baumpflanzaktion als Teil des Erlebnisses. Die Touren starten in Rotorua.

Andere Wanderungen

Mit seinen unberührten Inseln ist **Lake Waikareiti** ein verzauberter Ort. Vom Besucherzentrum des Te Urewera National Park führt eine einstündige Wanderung zu seinem Ufer.

Vom Weg zum Lake Waikareiti führt der anspruchsvollere **Ruapani Circuit Track** (sechsstündiger Rundweg) durch Feuchtgebiete und dichten, unberührten Wald. Vom Lake Waikareiti aus gibt es auch eine drei-

stündige Wanderung zur **Sandy Bay Hut** am nördlichen Ende des Sees.

Schlafen

Neben den über 30 vom DOC betriebenen, meist einfachen Zeltplätzen und Hütten innerhalb des Parks gibt es noch den ebenfalls vom DOC gemanagten Waikaremoana Holiday Park. Außerdem gibt es im Umland einige B&Bs und eine weitere Ferienanlage.

Waikaremoana Holiday Park FERIENPARK $
(06-837 3826; www.waikaremoana.info; 6249 Lake Rd/SH38; Plätze ohne/mit Stromversorgung ab 30/36 NZ$, Blockhütten/Chalets ab 65/100 NZ$, zusätzliche Erw./Kind 25/13 NZ$) Direkt am Ufer bietet diese DOC-Anlage Chalets im Schweizer Stil, Fischerhütten und Zeltplätze, meist mit Blick auf das Wasser. Außerdem gibt es einen Laden auf der Anlage.

Big Bush Holiday Park FERIENPARK $
(0800 525 392, 06-837 3777; www.lakewaikaremoana.co.nz; SH38; Platz pro Pers. ab 20 NZ$, EZ/DZ ab 35/70 NZ$) Ca. 4 km vom Beginn des Onepoto Trail entfernt bietet Big Bush Zeltplätze, schmucke Blockhütten und Zimmer für Rucksackreisende. Der Transport von/nach Wairoa und zu Zielen um den See herum, Wassertaxis und Gepäckaufbewahrung werden ebenfalls angeboten.

Lake Road B&B B&B $$
(06-838 6890; www.staywitha.kiwi; 2311 Lake Rd/SH38, Ardkeen; EZ/DZ mit Frühstück ab 140/150 NZ$;) Etwa 24 km hinter Wairoa auf der Straße zum Lake Waikaremoana liegt dieses neue, kleine B&B. Solange man ein eigenes Fortbewegungsmittel hat, ist es eine willkommene Option vor oder nach einer Wanderung. Es gibt ein kühles Flüsschen, in das man eintauchen kann, bevor man die Füße hochlegt. Für bis zu fünf Personen. Picknicks und Abendessen (Thai!) sind ebenfalls erhältlich.

Hikihiki's Inn B&B $$$
(06-8373 701; www.hikihiki.co.nz; 9 Rotten Row, Tuai; EZ/DZ 140/255 NZ$) In der netten, kleinen Ortschaft Tuai, 6 km von Onepoto entfernt, dient dieses kleine, holzverkleidete Schmuckstück als B&B, das von „hundertprozentig neuseeländischen" Gastgebern betrieben wird. Die Preise beinhalten das Frühstück; andere Mahlzeiten kosten extra und müssen 24 Stunden im Voraus bestellt werden. Bis zu sechs Personen.

Praktische Informationen

Te Urewera National Park Visitor Centre
(06-837 3803/900; www.doc.govt.nz; SH38, Aniwaniwa; 8–16.45 Uhr) Das Te Urewera National Park Visitor Centre bietet Wettervorhersagen und Infos zu Unterkünften sowie Pässe für die Hütten bzw. Zeltplätze am Lake Waikaremoana Track.

An- & Weiterreise

Lake Waikaremoana liegt ungefähr eine Stunde (64 km) von Wairoa entfernt am SH38, der weiter nach Rotorua führt. Der gesamte SH38 wird auch die **Te Urewera Rainforest Route**

Hawke's Bay

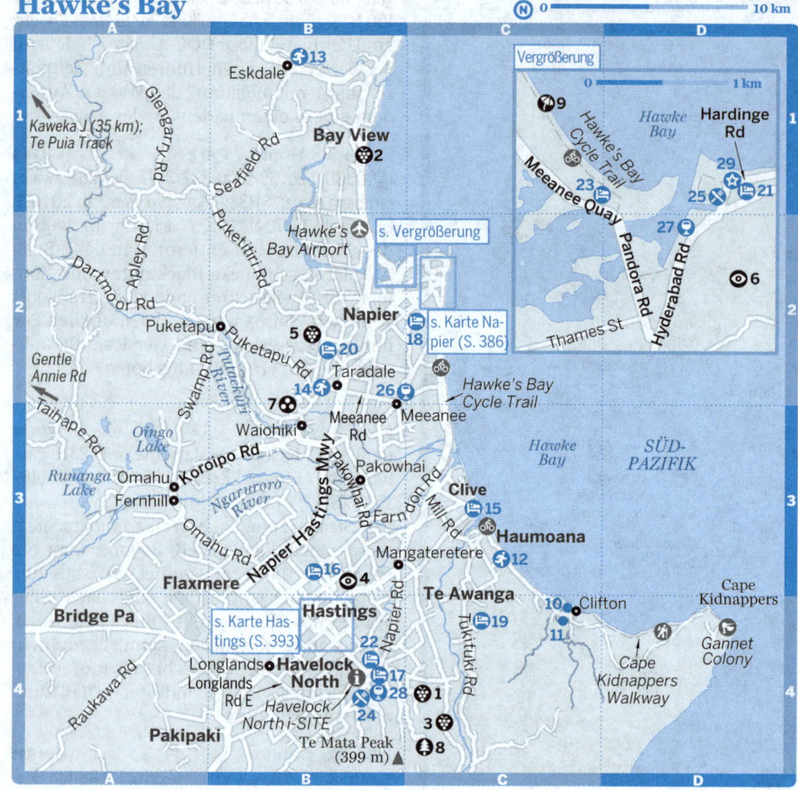

genannt. Ungefähr 95 km der insgesamt 195 km langen Strecke sind unbefestigt: Entsprechend wird man auf der vierstündigen Fahrt ordentlich durchgeschüttelt (ein tolles Abenteuer!).

Big Bush Water Taxi (☎ 0800 525 392, 06-837 3777; www.lakewaikaremoana.co.nz/watertaxi; pro Pers. einfach 50–60 NZ$) bringt Besucher zum Startpunkt der Wanderwege Onepoto oder Hopuruahine. Wer nicht so ambitioniert ist, kann sich sein Gepäck auch von Hütte zu Hütte fahren lassen. Das Unternehmen betreibt auch Shuttlebusse von und nach Wairoa (einfach pro Pers. ab 50 NZ$).

HAWKE'S BAY

Hawke Bay heißt der Küstenabschnitt, der sich von der Mahia-Halbinsel bis zum Cape Kidnappers erstreckt – die Bucht sieht aus, als sei sie aus der Ostseite der Nordinsel herausgebissen worden. Fügt man ein Apostroph und ein „s" hinzu, erhält man den Namen der ganzen Region, die sich nach Süden und ins Landesinnere hinein erstreckt und fruchtbares Ackerland, Surfstrände, Gebirgszüge und Wälder umfasst.

Essen, Wein und Architektur sind die vorherrschenden Themen und Vorlieben der Bewohner und Besucher. Die Gegend ist sehr ansprechend und lässt sich ihrer Meinung nach am besten mit einem Glas Rosé in der Hand genießen.

Wairoa & Umgebung

Das kleine Städtchen Wairoa (4260 Ew.) bemüht sich sehr, sein etwas ungehobeltes Image abzustreifen. Die Stadt ist zwar nicht anziehend genug, um hier länger bleiben zu wollen, bietet aber dennoch ein paar interessante Punkte wie etwa das außergewöhnliche Pastetengeschäft **Oslers** (☎ 06-838 8299; 116 Marine Pde; Pasteten 4–5 NZ$, Gerichte 7–15 NZ$; ⏲ Mo–Fr 8–16, Sa & So 8–14.30 Uhr).

Hawke's Bay

Sehenswertes

1 Black Barn Vineyards ... C4
2 Crab Farm Winery ... B1
3 Craggy Range ... C4
4 Hastings Farmers Market ... B3
5 Mission Estate Winery ... B2
6 National Tobacco Company Building ... D2
7 Otatara Pā Historic Reserve ... B3
8 Te Mata Peak ... C4
9 Westshore Beach ... C1

Aktivitäten, Kurse & Touren

10 Gannet Beach Adventures ... C4
11 Gannet Safaris ... C4
12 Hawke's Bay Farmyard Zoo ... C3
13 Pan Pac Eskdale MTB Park ... B1
14 Pedal Power ... B2

Schlafen

15 Clive Colonial Cottages ... C3
16 Eco Lodge Pakowhai ... B3
17 Havelock North Motor Lodge ... B4
18 Kennedy Park Resort ... C2
19 Millar Road ... C4
20 Mission B&B on the Avenue ... B2
21 Navigate Seaside Hotel ... D1
22 Off The Track ... B4
23 Rocks Motorlodge ... C1

Essen

Alessandro's ... (s. 17)
24 Bay Espresso ... B4
Deliciosa ... (s. 17)
Pipi ... (s. 17)
25 Three Doors Up ... D1

Ausgehen & Nachtleben

4th Door Lounge Bar ... (s. 25)
26 Filter Room ... B2
27 Gintrap ... D2
28 Hugo Chang ... B4
Thirsty Whale ... (s. 27)
Union Hotel ... (s. 25)

Unterhaltung

29 Globe Theatrette ... D1

Shoppen

Strawberry Patch ... (s. 17)

Das künstlerhafte **Eastend Cafe** (☎06-838 6070; eastendcafe@xtra.co.nz; 250 Marine Pde; Gerichte 6–20 NZ$; ⏱7–14.30 Uhr) ist Teil des neu eröffneten **Gaiety Cinema & Theatre**-Komplexes (☎06-838 3104; www.gaietytheatre.co.nz; 252 Marine Pde; Kino-/Theaterkarten 10 NZ$; ⏱Do–So 10–22 Uhr), des kulturellen Zentrums der Stadt.

Zeitvertreib bieten auch der mit Tafeln übersäte **River Walkway** und das **Wairoa Museum** (☎06-838 3108; www.wairoamuseum.org.nz; 142 Marine Pde; ⏱Di–Fr 10–16, Sa bis 12 Uhr) GRATIS, das sich in einer ehemaligen Bank befindet.

Sehenswertes

Der Highway-Abschnitt zwischen Wairoa und Napier führt in weiten Teilen durch wenig fotogenes Farmland, Bäume verwehren auf dem größten Teil der 117 km langen Strecke die Aussicht. Meistens folgt die Straße der Bahnstrecke, die inzwischen nur noch von Güterzügen genutzt wird – wie schade das ist, wird klar, wenn man unter dem **Mohaka Viaduct** (1937), dem höchsten Bahnviadukt Australasiens (97 m), hindurchfährt.

Lake Tutira war schon von den frühen Māori besiedelt, hier findet man Wanderwege und ein Vogelschutzgebiet.

Im Dorf Tutira, gleich nördlich des Sees, führt die Pohokura Road zum wundervollen **Boundary Stream Scenic Reserve**, einem bedeutenden Naturschutzgebiet. Drei Rundwege beginnen an der Straße und dauern zwischen 40 Minuten und drei Stunden.

Entlang dieser Straße befinden sich auch das **Opouahi** und das **Bellbird Bush Scenic Reserve**. In beiden kann man großartig wandern.

Infos zu all diesen Schutzgebieten findet man unter: www.doc.govt.nz.

Unweit der Waipatiki Road, 34 km außerhalb von Napier, liegt der Strand von Waipatiki, ein schönes Fleckchen mit einem gemütlichen Campingplatz und dem etwa 64 ha großen Schutzgebiet **Waipatiki Scenic Reserve**.

Etwas weiter, 29 km von Napier entfernt am SH2, liegt das **White Pine Bush Scenic Reserve**, das von Warzeneiben (*kahikatea*) und Nikaupalmen geprägt wird.

Im **Tangoio Falls Scenic Reserve**, 27 km nördlich von Napier, lohnen die Te Ana Falls sowie der große Bestand an Baumfarnen (*wheki-ponga*) und heimischen Orchideen einen Besuch. Auch zu diesen Schutzgebieten findet man unter www.doc.govt.nz Informationen.

Der **Tangoio Walkway** (hin & zurück 3 Std.), der dem Kareaara Stream folgt, verbindet die Naturschutzgebiete White Pine und Tangoio Reserve. Auf den letzten 20 km entlang der Küste bietet der Highway eine eindrucksvolle Aussicht Richtung Napier.

Die Weinbauregion Hawke's Bay beginnt an der Mündung des Esk River.

Praktische Informationen

Wairoa i-SITE (06-838 7440; www.visitwairoa.co.nz; Ecke SH2 & Queen St; Mo–Fr 8.30–16.45, Sa & So 10–16.45 Uhr) Anlaufstelle für lokale Infos, einschließlich Tipps zum Lake Waikaremoana und zu Unterkünften in der Stadt.

Napier

57 240 EW.

Das heutige Napier ist eine charismatische, sonnige und ruhige Stadt mit der Atmosphäre eines betuchten englischen Seebads. Allerdings resultiert dies aus dem gelungenen Wiederaufbau nach dem verheerenden Erdbeben von 1931: Damals wurde Napier in den beliebten Architekturstilen der Epoche neu errichtet. So findet man hier nun eine einzigartige Konzentration an Art-déco-Architektur. Ein Chrysler Building darf man hier nicht erwarten – die Gebäude sind allesamt niedrig. Nichtsdestotrotz werden die erstaunlich intakten Fassaden und Straßenzüge aus den 1930er-Jahren selbst die unromantischste Seele dazu verleiten, im Stil des *Großen Gatsby* zu flanieren.

Geschichte

Die Gegend um Napier ist etwa seit dem 12. Jh. besiedelt und war den Māori als Ahuriri bekannt (so heißt heute ein Vorort von Napier). Als James Cook sie im Oktober 1769 in Augenschein nahm, herrschte hier der Stamm der Ngāti Kahungunu und kontrollierte die Küste bis hinunter nach Wellington.

In den 1830er-Jahren kamen einige Walfänger nach Ahuriri und gründeten 1839 eine Handelsstation. Bis in die 1850er-Jahre hinein kaufte die Krone – mit oftmals fragwürdigen Mitteln – 5665 km² Land in Hawke's Bay; den Ngāti Kahungunu blieben dagegen weniger als 1600 ha. Die Stadt wurde 1854 geplant und nach dem britischen General und Kolonialverwalter Charles Napier benannt.

Am 3. Februar 1931 um 10.46 Uhr wurde die Stadt durch ein katastrophales Erdbeben (7,9 auf der Richterskala) dem Erdboden gleichgemacht. In Napier und dem nahe gelegenen Hastings gab es insgesamt 258 Tote. Napier war mit einem Mal um 40 km² größer, da das Erdbeben Teile dessen, was vorher eine Lagune war, 2 m über den Meeresspiegel angehoben hatte (Napiers Flughafen war früher mehr „Hafen" und weniger „Flug"). Fieberhaft baute man dann die Stadt wieder auf – so entstand eine der einheitlichsten Art-déco-Städte der Welt.

Sehenswertes

Napier ist in erster Linie für seine Architektur bekannt, und wer sich näher mit all den Schätzen auseinandersetzen will, ist schnell ein paar Tage beschäftigt. Außerhalb der Stadt sind die Weingüter besuchenswert.

★Daily Telegraph Building ARCHITEKTUR
(Karte S. 386; 06-834 1911; www.heritage.org.nz/the-list/details/1129; 49 Tennyson St; Mo–Fr 9–17 Uhr) Das Daily-Telegraph-Gebäude ist mit seinen tollen Verzierungen in Zickzack- und Fontänenform sowie der Zikkuratästhetik einer der Stars in Napiers Art-déco-Show. Wenn die vorderen Türen offen stehen, sollte man auf jeden Fall einen kurzen Blick hineinwerfen, um das in mühevoller Kleinarbeit restaurierte Foyer zu bewundern (heute hat hier ein Maklerbüro seine Räume).

★MTG Hawke's Bay MUSEUM, THEATER
(Museum Theatre Gallery; Karte S. 386; 06-835 7781; www.mtghawkesbay.com; 1 Tennyson St; Erw./Kind $10/frei; 10–17 Uhr) Das elegante MTG ist das lebendige Herz von Napiers kulturellem Leben. Es ist ein leuchtend weißer Komplex aus Museum, Theater und Kunstgalerie am Wasser, der Live-Auftritte, Filmvorführungen und regelmäßig wechselnde Ausstellungen mit lokalen und Wanderausstellungen verbindet.

National Tobacco Company Building ARCHITEKTUR
(Karte S. 382; 06-834 1911; www.heritage.org.nz/the-list/details/1170; Ecke Bridge St & Ossian St, Ahuriri; Lobby Mo–Fr 9–17 Uhr) Das interessante Ufergebäude der National Tobacco Company (1932) bei Ahuriri ist das absolute Art-déco-Meisterstück der Region: Es kombiniert die stiltypischen Art-déco-Formen mit den Naturmotiven des Jugendstils. Rosen, *raupo* (Rohrkolben) und Weinstöcke rahmen den elegant geschwungenen Eingang ein. Während der Geschäftszeiten kann man an den blätterförmigen Türknäufen aus Messing ziehen und die ersten beiden Räume besichtigen.

Marine Parade STRASSE
(Karte S. 386) An Napiers eleganter Küstenallee, die von riesigen Norfolk-Island-Kiefern gesäumt wird, sind Motels und attraktive Holzvillen zu finden. Entlang der Straße gibt es Parks, ungewöhnliche **Senkgärten**, einen Minigolfplatz, eine Skate-Arena, eine Konzertmuschel sowie einen Schwimmbadkomplex und ein Aquarium. Am nördlichen Ende der Allee steht der **Tom-Parker-Springbrunnen**, der aufgrund seiner großzügigen Beleuchtung nachts am besten wirkt. Daneben steht die Statue **Pania of the Reef** mit zweifelhaften Brüsten.

National Aquarium of New Zealand AQUARIUM
(Karte S. 386; ☎06-834 1404; www.nationalaquarium.co.nz; 546 Marine Pde; Erw./Kind/Familie 20/10/54 NZ$; ⏰9–17 Uhr, Fütterungen 10 & 14 Uhr, letzter Einlass 16.30 Uhr) In diesem modernen Komplex, dessen Dach einem Mantarochen nachempfunden ist, sind Piranhas, Wasserschildkröten, Aale, Kiwis, Brückenechsen und unzählige Fische zu Hause.

Schnorchler können mit Haien schwimmen (82 NZ$) oder mit Pinguinen auf Tuchfühlung gehen (65 NZ$).

Bluff Hill Lookout AUSSICHTSPUNKTE
(Karte S. 386; Lighthouse Rd) Die gewundene Straße zum Gipfel des Bluff Hill (102 m) legt man am besten mit dem Auto zurück. Der Weg führt auf und ab wie ein Fahrstuhl auf Speed, belohnt aber mit eindrucksvollen Ausblicken über den Hafen. Tipp: ein Picknick oder Fish & Chips mitbringen.

Napier Urban Farmers Market MARKT
(Karte S. 386; ☎027 697 3737; www.hawkesbayfarmersmarket.co.nz; Clive Sq, Lower Emerson St; ⏰Sa 9–13 Uhr) Hier sind superfrische regionale Produkte zu finden: Obst, Gemüse, Brot, Kaffee, Milchprodukte, Honig, Wein .... Wer braucht da noch einen Supermarkt?

Centennial Gardens GÄRTEN
(Karte S. 386; www.napier.govt.nz; Coote Rd; ⏰24 Std.) Wow! Ein riesiger Wasserfall mitten in Napier! Da mag schon ein künstliches Pumpensystem im Spiel sein, aber sei's drum: Es ist trotzdem ein imposanter Anblick. Enten, Steingärten und Blumenbeete umgeben die unten liegenden Teiche.

Otatara Pā Historic Reserve ARCHÄOLOGISCHE STÄTTE
(Karte S. 382; ☎06-834 3111; www.doc.govt.nz; unweit Springfield Rd; ⏰24 Std.) GRATIS Holzpalisaden, geschnitzte *pou* (Gedenkpfähle) und ein geschnitztes Tor erwecken diese ehemalige *Pa*-Stätte wieder zum Leben. Ein einstündiger Rundgang über grasbedeckte Hügel führt an (allerdings kaum erkennbaren) archäologischen Überresten vorbei, bietet dafür aber umwerfende Ausblicke auf die Umgebung.

Der Anfahrtsweg: Von der Stadt aus auf der Taradale Road und der Gloucester Street nach Südwesten fahren und dann kurz vor dem Fluss rechts auf die Springfield Road abbiegen.

Napier Prison HISTORISCHES GEBÄUDE
(Karte S. 386; ☎06-835 9933; www.napierprison.com; 55 Coote Rd; Erw./Kind/Fam. 20/10/50 NZ$; ⏰9–17 Uhr) Auf der Flucht vor dem Gesetz? Schuldgefühle kann man mit einem Besuch des düsteren Napier Prison (1906) loswerden. Das Gefängnis liegt auf dem Hügel hinter der Stadt. Für Besucher gibt es einen Audio-Guide in 16 Sprachen.

Aktivitäten

Der Kieselstrand von Napier ist zum Schwimmen zu gefährlich. Um sich abzukühlen, gehen die Einheimischen stattdessen nördlich der Stadt zum **Westshore Beach** (Karte S. 382; Nähe Ferguson Ave, Westshore) oder besuchen die Surfstrände südlich von Cape Kidnappers.

Ocean Spa SCHWIMMEN
(Karte S. 386; ☎06-835 8553; www.oceanspanapier.co.nz; 42 Marine Pde; Erw./Kind 11/8 NZ$, Privatpools 30 Min. Erw./Kind 13/10 NZ$; ⏰Mo–Sa 6–22, So 8–22 Uhr) Ein toller Poolkomplex am Wasser mit einem Becken zum Bahnen schwimmen, Thermalbecken, einem Beautybereich und einem Fitnessraum. Alles ziemlich anstrengend ....

New Zealand Wine Centre WEIN
(Karte S. 386; ☎06-835 5326; www.nzwinecentre.co.nz; 1 Shakespeare Rd; Verkostung von 3/6 Weinen 18/29 NZ$; ⏰tgl. 10–18 Uhr, Juni–Aug. So geschl.) Keine Zeit für eine ausführliche Fahrt zu den Weingütern in Hawke's Bay? Dann sollte man zumindest im New Zealand Wine Center vorbeischauen, um bei den „Wine Tasting Adventures" die besten Tropfen der Region zu probieren.

Mountain Valley ABENTEUERSPORT
(☎06-834 9756; www.mountainvalley.co.nz; 408 McVicar Rd, Te Pohue; Ausritte/Rafting/Angeln pro Pers. ab 70/80/250 NZ$) Mountain Valley, 60 km nördlich von Napier am SH 5 gele-

gen, ist ein Zentrum für eine Vielzahl von Outdoor-Aktivitäten. So kann man hier z. B. hoch zu Ross ausreiten, Wildwasserfahrten und Kajaktouren unternehmen oder einen ruhigen Tag beim Fliegenfischen verbringen. Es gibt einfache Unterkünfte vor Ort (Zeltplatz/Schlafsaal/DZ ab 16/22/100 NZ$).

Geführte Touren

Wer keine Zeit für geführte oder eigenständige Stadtrundgänge hat, sollte einfach ein wenig umherwandern – vor allem in den Straßen Tennyson und Emerson. Und immer daran denken, nach oben zu schauen!

Napier

Deco Centre KULTURTOUR

(Karte S. 386; ☎ 06-835 0022; www.artdeconapier.com; 7 Tennyson St; ⏲9–17 Uhr; 👪) Der beste Startpunkt für eine Tour ist das Deco Centre. Es bietet einstündige Führungen an (18 NZ$), die täglich um 10 Uhr am i-SITE von Napier starten. Die ebenfalls täglich durchgeführten zweistündigen Stadtführungen (20 NZ$) starten um 14 Uhr am Deco Centre. Außerdem gibt es hier einen kleinen Laden sowie Broschüren für die eigenständig zu laufenden Routen *Art Deco Walk* (8 NZ$), *Art Deco Scenic Drive* (3 NZ$) und *Marewa Meander* (3 NZ$).

Weitere Optionen sind eine Minibustour (40 NZ$, 1¼ Std.), Fahrten in Oldtimern (75 NZ$, 1¼ Std.) und für Kinder die Schatzsuche *Art Deco Explorer* (5 NZ$).

Napier

Highlights

Sehenswertes

Aktivitäten, Kurse & Touren

Schlafen

Essen

Ausgehen & Nachtleben

Unterhaltung

Absolute de Tours BUSTOUR

(☎ 06-844 8699; www.absolutedetours.co.nz; Touren 90 Min./halber Tag ab 40/60 NZ$) Betreibt gute Bustouren durch die Stadt, nach Marewa und Bluff Hill in Zusammenarbeit mit dem Deco Centre, außerdem halbtägige Fahrten nach Napier und Hastings.

Ferg's Fantastic Tours GEFÜHRTE TOUR

(☎ 0800 428 687; www.fergstours.co.nz; halber/ganzer Tag ab 40/120 NZ$) Die Touren (2 bis 7 Std.) zeigen den Gästen Napier und Umgebung: ein paar Weingüter, Te Mata Peak sowie den einen oder anderen Aussichtspunkt. Unterwegs gibt es nette Gourmetpausen.

Bay Tours & Charters GEFÜHRTE TOUR

(☎ 06-845 2736; www.baytours.co.nz; Tour 3/4 Std. 75/100 NZ$; 👪) Familienfreundliche Angebote wie die vierstündige Tour „Napier Highlights" und der dreistündige Ausflug „Best of the Bay".

Hawke's Bay Scenic Tours GEFÜHRTE TOUR

(☎ 06-844 5693, 027 497 9231; www.hbscenictours.co.nz; Tour ab 50 NZ$) Das weinlastige Angebot an Touren umfasst „Napier Whirlwind" (2 Std., 50 NZ$), die Panoramatour „Hawke's Bay" (ganztägig, 135 NZ$) und einen Wein- und Brauereiausflug (4 ½ Std., 95 NZ$).

Feste & Events

Art Deco Weekend KULTUR

(www.artdeconapier.com; ⏲Feb.) Jeweils in der dritten Februarwoche richten Napier und Hastings gemeinsam das sensationelle Art Deco Weekend aus. Ungefähr 125 Veranstaltungen, von denen viele kostenlos sind, finden in dieser Woche statt, z. B. Abendessen, Picknicks, Tanzveranstaltungen, Bälle, Bands und Kostümierungen im Gatsby-Stil. Bis zu 40 000 Art-déco-Fans nehmen jährlich daran teil.

Schlafen

Napier YHA HOSTEL $

(Karte S. 386; ☎ 06-835 7039; www.yha.co.nz; 277 Marine Pde; B/EZ/DZ ab 26/45/69 NZ$; 📶) Napiers freundliche Jugendherberge befindet sich in einer schönen, alten Holzvilla am Strand. Das scheinbar unendliche Gewirr an

RADTOUR UM DIE BUCHT

Das 200 km lange Radwegenetz der Hawke's Bay Trails (www.nzcycletrail.com/hawkes-bay-trails) – Teil des nationalen Nga Haerenga, dem New Zealand Cycle Trails Projekt – bietet diverse Möglichkeiten von kurzen Fahrten innerhalb der Stadt bis hin zu steilen Single-Trail-Eskapaden. Fahrradwege ziehen sich rund um Napier, Hastings und die Küste entlang, teilweise sind es Themenwege mit dem Schwerpunkt Landschaft, Wasser oder Wein. Die Broschüre *Hawke's Bay Trails* gibt es bei der **Napier i-SITE** (S. 391) oder online.

Napier selbst ist sehr fahrradfreundlich, vor allem entlang der Marine Parade, wo **Fishbike** (Karte S. 386; ☎06-833 6979, 0800 131 600; www.fishbike.nz; 22 Marine Pde, Pacific Surf Club; Radverleih halber/ganzer Tag 30/40 NZ$, Tandems Std. 30 NZ$; ⌚9–17 Uhr) bequeme Fahrräder verleiht – darunter auch Tandems für alle, die die Scheidung riskieren wollen. **Napier City Bike Hire** (Karte S. 386; ☎0800 245 344, 021 959 595; www.bikehirenapier.co.nz; 117 Marine Pde; Kinderrad/Citybike/Mountainbike halber Tag ab 20/25/30 NZ$, ganzer Tag ab 25/35/40 NZ$; ⌚9–17 Uhr) ist eine weitere Option.

Mountainbiker zieht es in den **Pan Pac Eskdale MTB Park** (Karte S. 382; ☎022 544 0069, 06-873 8793; www.hawkesbaymtb.co.nz; abseits der SH5; Pass drei Wochen 10 NZ$), um im Wald viel Spaß zu haben. Auf der Webseite oder per Telefon gibt es die Anfahrtsbeschreibung. Mountainbikes verleiht **Pedal Power** (Karte S. 382; ☎06-844 9771; www.pedalpower.co.nz; 340 Gloucester St, Taradale; halber/ganzer Tag ab 30/50 NZ$; ⌚Mo–Fr 8–17.30, Sa 9–15, So 10–15 Uhr); das Unternehmen hat seinen Sitz unweit des Stadtzentrums. Ansonsten kann man sich auch an Napier City Bike Hire wenden.

Angesichts des angenehmen Klimas, des radfreundlichen Terrains und der zahlreichen Radwege überrascht es nicht, dass einige Fahrradfirmen rund um die Bucht voll durchorganisierte Touren anbieten, bei denen ein Weingutbesuch schon fast obligatorisch ist. Zu diesen Anbietern zählen:

Bike About Tours (☎06-845 4836, 027 232 4355; www.bikeabouttours.co.nz; geführte Touren halber/ganzer Tag ab 35/45 NZ$)

Coastal Wine Cycles (☎06-875 0302; www.winecycles.co.nz; geführte Touren Tag 40 NZ$)

On Yer Bike Winery Tours (☎06-650 4627; www.onyerbikehb.co.nz; ganzer Tag mit/ohne Mittagessen 60/50 NZ$)

Tākaro Trails (☎06-835 9030; www.takarotrails.co.nz; Tagesausflüge ab 40 NZ$)

Zimmern wird von tollen Leseecken und einem sonnigen Innenhof ergänzt. Das Team ist sehr ortskundig und bei Reservierungen behilflich. Von den Angeboten für Rucksackreisende entlang der Marine Promenade ist es die beste Wahl. Ein Leihrad kostet 20 NZ$ pro Tag.

Criterion Art Deco Backpackers HOSTEL $
(Karte S. 386; ☎06-835 2059; www.criterionartdeco.co.nz; 48 Emerson St; B/EZ/DZ/FZ ohne Bad ab 29/53/66/112 NZ$, DZ mit Bad ab 85 NZ$; 📶) Die Eigentümer haben viel Geld ausgegeben, um dieses rubinrote Hostel in der Stadtmitte aufzupolieren. Es ist das beste Beispiel in der Stadt für den spanischen Missionsstil und hat einen wunderschönen kleinen Balkon über der Emerson Street und einen tollen alten Feuerplatz im der Lounge. Eine hübsche Unterkunft in toller Lage.

Kennedy Park Resort FERIENPARK $
(Karte S. 382; ☎0800 457 275, 06-843 9126; www.kennedypark.co.nz; 1 Storkey St; Stellplätze ab 48 NZ$, Wohneinheiten ab 61–239 NZ$; @📶🏊) Der Komplex, der nicht wie ein Campingplatz, sondern eher wie ein ganzer Vorort für Urlauber wirkt, ist der beste unter Napiers Campingplätzen. Er liegt am nächsten zur Stadt (2,5 km südwestlich des Zentrums) und bietet alle nur denkbaren Einrichtungen sowie verschiedene Blockhütten und Wohneinheiten.

Stables Lodge Backpackers HOSTEL $
(Karte S. 386; ☎06-835 6242; www.stableslodge.co.nz; 370 Hastings St; B/DZ/Blockhütte ab 21/69/135 NZ$; 📶) Diese ehemaligen Stallungen sind ein stimmungsvoller und entspannter Platz, um mal vom Pferd abzusteigen. Mit Hippiefeeling, einem Grill, Wandmalereien,

jeder Menge Sättel als Dekoration und kostenlosem WLAN.

Im nahe gelegenen Clive gibt es ein Ferienhaus mit fünf Schlafplätzen.

★ Sea Breeze B&B
B&B $$

(Karte S. 386; ☎06-835 8067; www.seabreezebnb.co.nz; 281 Marine Pde; Zi. mit Frühstück 100–135 NZ$; 📶) In dieser hübschen viktorianischen Villa am Strand (1906), die das Erdbeben unbeschadet überstanden hat, gibt es drei farbenfrohe Themenzimmer (chinesisch, indisch und türkisch), die alle mit einer Vielzahl entsprechender Gegenstände dekoriert sind. Alles ist geschmackvoll gemacht und vermeidet Übertreibungen. Preis und Lage sind in Ordnung. Das Frühstück und das WLAN sind im Preis enthalten.

★ Pebble Beach Motor Inn
MOTEL $$

(Karte S. 386; ☎06-835 7496, 0800 723 224; www.pebblebeach.co.nz; 445 Marine Pde; Zi. 145–295 NZ$; 📶) Anders als bei den meisten Motels in Neuseeland wird dieses von den Eigentümern betrieben – daher sind Wartung und Service für die Angestellten das Wichtigste. Es gibt 25 tadellose Zimmer auf drei Etagen, alle mit Küche, Whirlpool, Balkonen und Blick auf das Meer. Meist sind die Zimmer ausgebucht, deshalb frühzeitig anfragen.

Seaview Lodge B&B
B&B $$

(Karte S. 386; ☎027 235 0202, 06-835 0202; www.aseaviewlodge.co.nz; 5 Seaview Tce; Zi. 130–180 NZ$; 📶) Die prächtige viktorianische Villa (1890) ist Königin über alles, was sie überblickt – und das ist der Großteil der Stadt und ein gutes Stück Ozean. In den eleganten Zimmern finden sich geschmackvolle historische Elemente; die Zimmer haben ein eigenes Bad – entweder auf dem Gang oder ans Zimmer anschließend.

Und was gibt es Schöneres, als auf der Veranda vor der gemütlichen Gästelounge bei Sonnenuntergang ein Gläschen zu heben? Kostenloses WLAN und freies Parken neben der Straße sind weitere Pluspunkte.

Mission B&B on the Avenue
B&B $$

(Karte S. 336; ☎06-844 3988; www.missionbnb.co.nz; 140 Avenue Rd, Greenmeadows; DZ mit Frühstück 150–250 NZ$, Ferienhaus mit Selbstverpflegung 200–400 NZ$; 📶) In einem ruhigen Vorort von Napier unweit der Mission Estate Winery (S. 395) liegt dieses sehr gute B&B. Es wurde 1970 errichtet und 2008 renoviert und wird nun penibel gepflegt und professionell betrieben. Zu den Annehmlichkeiten zählen die kostenlosen Fahrräder, eine große Lounge für die Gäste und das Frühstück auf der Holzterrasse. In die Stadt ist es schon ein Fußmarsch (7 Min. mit dem Auto), aber für das B&B spricht die Lage unweit der Restaurants und Geschäfte von Taradale. Man kann das ganze Haus oder einzelne Zimmer buchen.

Rocks Motorlodge
MOTEL $$

(Karte S. 382; ☎0800 835 9626, 06-835 9626; www.therocksmotel.co.nz; 27 Meeanee Quay, Westshore; Wohneinheiten 100–180 NZ$; 📶) Das Rocks liegt nur 80 m vom Westshore Beach entfernt. Mit seinen Wellblechelementen und Mosaiken hat es die Latte unter den Motels vor Ort höher gelegt. Die Zimmer sind komfortabel, geräumig und farbenfroh eingerichtet: einige haben einen Whirlpool, andere eine frei stehende Badewanne. Kostenloses (und schnelles) WLAN, ein gratis zu nutzender Fitnessraum und ein Wäschereiservice für dreckige Straßenkrieger sind weitere Pluspunkte.

Scenic Hotel Te Pania
HOTEL $$

(Karte S. 386; ☎06-833 7733; www.scenichotels.co.nz; 45 Marine Pde; DZ/1 Schlafzimmer/2 Schlafzimmer ab 190/260/340 NZ$; @📶) Das renovierte, sechsstöckige, geschwungene Te Pania sieht aus wie ein kleines UN-Hauptquartier am Wasser und verströmt nostalgischen Charme. Mit Designerbettwäsche, ledernen Sitzecken und raumhohen Fenstern, die sich für viel frische Seeluft zur Seite schieben lassen, sind die Zimmer allerdings alles andere als retro.

Navigate Seaside Hotel
HOTEL, APARTMENT $$

(Karte S. 386; ☎06-831 0077; www.navigatenapier.co.nz; 18 Hardinge Rd, Ahuriri; DZ/FZ/2-Schlafzimmer-Apartment ab 170/245/305 NZ$; 📶) 26 schicke Zimmer im Apartmentstil auf über drei Etagen, moderne Möbel, elegante Balkone und (aus den besten Zimmern) Meerblick – zum Navigate sollte man sich ruhig navigieren lassen. Für den Nachwuchs gibt es auf der anderen Straßenseite einen großen Spielplatz. Da das Haus erst vier Jahre alt ist, ist alles noch prima im Schuss.

Green House on the Hill
B&B $$

(Karte S. 386; ☎06-835 4475; www.the-greenhouse.co.nz; 18b Milton Rd; EZ 90–115 NZ$, DZ 120–135 NZ$; 📶) 🍃 Zu diesem ökologisch eingestellten B&B geht es einen steilen Hügel hoch – die Belohnung ist viel Grün und ein toller Blick auf Stadt und Meer. Die Gästeetage hat zwei Zimmer, eines mit eigenem Bad im Zimmer und eines mit eigenem, aber außerhalb liegenden Bad. Super Preis-Leistungs-Verhältnis und dazu kostenloses WLAN.

Masonic Hotel HOTEL $$$

(Karte S. 386; ☎06-835 8689; www.masonic.co.nz; Ecke Tennyson St & Marine Pde; Zi. 199–499 NZ$; 📶) Das Art-déco-Hotel bildet mit seinen Zimmern, Restaurants und Bars, die fast einen ganzen Häuserblock einnehmen, das Herzstück der Stadt. Alle 42 Zimmer haben ein eigenes Bad und die besten unter ihnen bieten Meerblick und Zugang zur Dachterrasse.

Essen

Groove Kitchen Espresso CAFE $

(Karte S. 386; ☎06-835 8530; www.groovekitchen.co.nz; 112 Tennyson St; Hauptgänge 9–19 NZ$; ⏲Mo–Fr 8–14, Sa & So 8.30–14 Uhr; ✎) Ein kultiviertes Café in einem Haus im Stil einer spanischen Mission. Hier dreht sich der Plattenspieler und die Küche liefert einen hervorragenden Brunch und interessante Wraps, belegte Brötchen, Salate und einen Wahnsinnskaffee. Mit etwas Glück legt gerade ein DJ Platten auf.

★ **Mister D** MODERN NEUSEELÄNDISCH $$

(Karte S. 386; ☎06-835 5022; www.misterd.co.nz; 47 Tennyson St; Hauptgerichte 25–33 NZ$; ⏲So–Mi 7.30–16 Uhr, Do–Sa spätabends) Dieser lange Raum mit Holzboden und grün gefliester Bar ist der ganze Stolz der Feinschmecker in Napier. Angesagt und schick, aber nicht unerschwinglich. Der schnelle Service tischt Köstlichkeiten wie Pulled Pork (Zupfbraten) mit Polenta oder Risotto mit gebratener Ente auf. Und der Preis für die Neuheit des Jahres geht an – Doughnuts, die mit Spritzen voller Schokolade, Marmelade oder Vanillecreme zum Selberfüllen serviert werden! Eine Reservierung ist notwendig.

★ **Three Doors Up** MODERN NEUSEELÄNDISCH $$

(Karte S. 382; ☎06-834 0835; www.threedoorsup.co.nz; 3 Waghorne St, Ahuriri; Hauptgerichte 24–38 NZ$; ⏲17.30 Uhr bis spätabends) Das fabelhafte alte Union Hotel (S. 391) hat dem Three Doors Up einen Teil seines Reviers überlassen. Das angesagte neue Restaurant serviert klassische Gerichte wie Risotto, Filetsteak, geschmorten Schweinebauch und Chowder (Fischsuppe) mit Meeresfrüchten – alles ist perfekt zubereitet. Interessant ist auch die Tapete aus Notenblättern.

Die 4th Door Lounge Bar (S. 391) nebenan steht für einen Drink vor den Mahlzeiten bereit, falls einem das Union's nicht zusagen sollte.

Indigo INDISCH $$

(Karte S. 386; ☎06-834 4085; www.indigonapier.co.nz; 24a Hastings St; Hauptgerichte 14–22 NZ$; ⏲Do–So 12–14 Uhr & 17 Uhr bis spätabends; ✎) Und – schon länger kein richtig gutes Curry mehr gegessen? Dann nichts wie ins Indigo, ein modernes, authentisches Restaurant, das gefühlt eigentlich teurer sein müsste, als es tatsächlich ist. Hier gibt es über 200 Whiskys sowie saisonale Tagesgerichte mit neuseeländischer Note (z. B. Lammkotelett Masala).

Café Ujazi CAFE $$

(Karte S. 386; ☎06-835 1490; www.facebook.com/ujazicafe; 28 Tennyson St; Hauptgerichte 10–22 NZ$; ⏲8–17 Uhr; ✎) Das unkonventionellste Café in Napier. Im Ujazi werden die Fenster zur Seite geschoben und die alternative Stimmung strömt heraus bis auf den Bürgersteig. Das Ujazi ist ein alteingesessenes und gleichbleibend gutes Café, das Tagesgerichte von der Kreidetafel und herzhafte Thekengerichte anbietet (besonders für Vegetarier und Veganer). Auf jeden Fall das *Rewana* Special probieren – ein umfangreiches Frühstück auf traditionellem Māori-Brot. Und der hausgemachte Limonentrunk ist ebenfalls sehr zu empfehlen.

Restaurant Indonesia INDONESISCH $$

(Karte S. 386; ☎06-835 8303; www.restaurant-indonesia.co.nz; 409 Marine Pde; Hauptgerichte 20–27 NZ$; hDi–So 17.30–21 Uhr; ✎) Das kleine Lokal voller indonesischer Kuriositäten verströmt Authentizität. Eine richtig leckere indonesisch-niederländische *rijsttafel* ist die Spezialität des Hauses (enthält 14 Einzelgerichte, 30–36 NZ$).

MINT Restaurant MODERN NZ $$$

(Karte S. 386; ☎06-835 4050; www.mintrestaurant.co.nz; 189 Marine Pde; Hauptgerichte 29–34 NZ$; ⏲Mo–Sa 6–22 Uhr) Feines Speisen an der Marine Promenade: die kurze Karte führt Gerichte wie in Rotwein geschmorte Rinderbacken mit Waldpilzen, Blauschimmelkäse und Pastinaken. Dazu kommen sinnlich-schöne Gläser und ein flotter Service. Den lärmenden „Super Cool Zone"-Skaterpark auf der anderen Straßenseite muss man dabei einfach ignorieren.

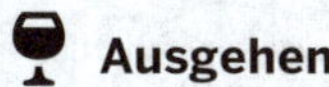

Ausgehen

★ Emporium BAR

(Karte S. 386; ☎06-835 0013; www.emporiumbar.co.nz; Masonic Hotel, Ecke Tennyson St & Marine Pde; ⏲7 Uhr bis spätabends; 📶) Das Emporium ist die kultivierteste Bar in Napier und mit ihrer Marmortheke, den Art-déco-Verzierungen und zahlreichen Andenken aus vergangenen Zeiten sehr stimmungsvoll. Flotte Bedienungen, kreative Cocktails, guter Kaffee, Weine aus Neuseeland und Bistrogerichte (Tellergerichte 15–35 NZ$) sowie die erstklassige Lage machen den Deal perfekt.

Thirsty Whale BAR

(Karte S. 382; ☎06-835 8815; www.thethirstywhale.co.nz; 62 West Quay, Ahuriri; ⏲Mo–Fr 11 Uhr bis spätabends, Sa & So 9 Uhr bis spätabends; 📶) Die große Bar am Hafen ist ein angesagter Platz, um Freunde auf ein Bier oder etwas zu Essen zu treffen. (Hauptspeisen 12–39 NZ$). Die größte Leinwand in Hawke's Bay ist genau richtig, um die All-Blacks-Spiele zu schauen.

4th Door Lounge Bar COCKTAIL BAR

(Karte S. 382; ☎06-834 0835; www.threedoorsup.co.nz/the-4th-door; 3 Waghorne St, Ahuriri; ⏲Mi–Sa 17 Uhr bis spätabends, So 15 Uhr bis spätabends) Direkt neben dem Three Doors Up (S. 390) führt das 4th Door die türbezogene Namensgebung fort und bietet eine Alternative zu den konventionellen Uferbars von Ahuriri. Es ist eine elegante, stimmungsvolle kleine Lokalität, die perfekt für einen Drink vor dem Abendessen oder einen Absacker ist. Freitagabends wird Klaviermusik live gespielt, sonntagnachmittags Jazz.

Gintrap PUB

(Karte S. 382; ☎06-835 0199; www.gintrap.co.nz; 64 West Quay, Ahuriri; ⏲11 Uhr bis frühmorgens, Mo–Fr, Sa & So 9.30 Uhr bis frühmorgens) Die erste Wahl unter den Restaurant-Bars an der belebten Promenade von Ahuriri, wo die Stadt die lauten Menschenmassen nach Anbruch der Dunkelheit am liebsten haben will. Gäste können Meeresspezialitäten im Sonnenschein (Hauptgänge 14–33 NZ$) sowie Räumlichkeiten mit hohen Decken innen und eine sonnige Terrasse genießen.

Union Hotel PUB

(Karte S. 382; ☎06-835 1274; 3 Waghorne St, Ahuriri; ⏲11 Uhr bis spätabends) Wow, was für ein Klassiker! Vor der Ankunft von Craft Beer und schicken Bar-Cafés waren alle Kneipen in Neuseeland so: ein wenig düster, frisch gezapftes Tui, mürrische alte Kerle an der Bar und Metal-Musik aus den 1980er-Jahren aus der Jukebox. Außerdem eine interessante Art-déco-Fassade.

☆ Unterhaltung

Globe Theatrette CINEMA

(Karte S. 382; ☎06-833 6011; www.globenapier.co.nz; 15 Hardinge Rd, Ahuriri; Kinokarten Erw./Kind 16/14 NZ$; ⏲Di–So 13 Uhr bis spätabends) Eine Erscheinung in Lila! Das Programmkino mit 45 Plätzen zeigt Arthousefilme in einer luxuriösen Kinolounge mit gehobenen Snacks und Drinks in Reichweite.

Cabana Bar LIVE MUSIC

(Karte S. 386; ☎06-835 1102; www.cabana.net.nz; 11 Shakespeare Rd; ⏲Mi–Sa 18 Uhr bis spätabends) Das legendäre Musiklokal der 70er-, 80er- und 90er-Jahren musste 1997 schließen. Sehr zur Freude der Liebhaber von Live-Musik ist es aber dank einiger Rockfans wieder auferstanden. Heute spielen hier nun Led-Zeppelin-Tribut-Bands und neuseeländische Gruppen, außerdem gibt es regelmäßig Karaokeabende.

ℹ Praktische Informationen

City Medical Napier (☎06-878 8109; www.hawkesbay.health.nz; 76 Wellesley Rd; ⏲24 Std.) Medizinische Versorgung rund um die Uhr.

DOC (Department of Conservation; Karte S. 386; ☎06-834 3111; www.doc.govt.co.nz; 59 Marine Pde; ⏲Mo–Fr 9–16.15 Uhr) Hier kann man Landkarten kaufen und erhält Infos und Genehmigungen.

Napier i-SITE (Karte S. 386; ☎06-834 1911; www.napiernz.co.nz; 100 Marine Pde; ⏲9–17 Uhr, verlängerte Öffnungszeiten Dez.–Feb.; 📶) Die i-Site liegt zentral und direkt am Wasser, die Mitarbeiter sind sehr hilfsbereit.

Postamt (Karte S. 386; www.nzpost.co.nz; 1 Dickens St; ⏲Mo–Fr 9–17, Sa 9.30–12.30 Uhr)

ℹ An- & Weiterreise

BUS

Fahrten bei InterCity (www.intercity.co.nz) können online oder im i-SITE gebucht werden. Die Fahrkarten für Naked Bus (www.nakedbus.com) sind am besten online zu buchen.

Beide Unternehmen fahren von der Bushaltestelle Clive Square (Karte S. 386) ab und bieten eine Reihe täglicher Verbindungen an, siehe Tabelle auf S. 392.

REISEZIEL	ANBIETER	FAHR-PREIS	FAHRZEIT (STD.)
Auckland	InterCity	82 NZ$	7½
Auckland	Naked Bus	33 NZ$	9
Gisborne	InterCity	45 NZ$	4
Hastings	InterCity	19 NZ$	½
Palmerston North	Naked Bus	20 NZ$	3
Taupo	InterCity	33 NZ$	2
Taupo	Naked Bus	15 NZ$	2
Wairoa	InterCity	32 NZ$	2¼
Wellington	InterCity	39 NZ$	5½
Wellington	Naked Bus	28 NZ$	5

FLUGZEUG

Hawke's Bay Airport (Karte S. 382; www.hawkesbay-airport.co.nz; SH 2) liegt 8 km nördlich der Stadt.

Air New Zealand (☎ 06-833 5400; www.airnewzealand.co.nz; Ecke Hastings & Station Sts; ⏲ Mo–Mi & Fr 9–17, Do 9.30–17, Sa 9–12 Uhr) fliegt direkt von/nach Auckland, Wellington und Christchurch. Sunair Aviation (www.sunair.co.nz) bietet an Werktagen direkte Verbindungen zwischen Napier, Gisborne und Hamilton.

Unterwegs vor Ort

AUTO

Auf www.rentalcars.com finden sich Mietangebote von internationalen und lokalen Firmen, die Schalter am Hawke's Bay Flughafen betreiben. **Rent-a-Dent** (☎ 06-834 0688, 0800 736 823; www.rentadent.co.nz; Hawke's Bay Airport, SH 2; ⏲ Mo–Fr 8–17, Sa 8–13 Uhr) unterhält ebenfalls ein Büro am Flughafen.

BUS

Die lokalen Busse GoBay (www.hbrc.govt.nz) sind mit Fahrradhaltern ausgestattet (!) und pendeln mehrmals täglich zwischen Napier, Hastings und Havelock North. Die Fahrt von Napier nach Hastings (Erw./Kind 4,30/2,20 NZ$) dauert 30 Minuten (Express) oder 55 Minuten (der Bus hält dann an allen Haltestellen). Die Busse fahren von der Bushaltestelle Dalton Street ab (Karte S. 386).

FAHRRAD

Fahrräder (auch Tandems und Kinderräder) vermieten **Fishbike** (S. 388) oder **Napier City Bike Hire** (S. 388).

TAXI

Die Fahrt vom Flughafen in die Stadt kostet rund 25 NZ$. **Hawke's Bay Combined Taxis** (☎ 06-835 7777; www.hawkes-bay.bluebubbletaxi.co.nz) oder die von Tür zu Tür fahrenden **Super Shuttle** (☎ 0800 748 885; www.supershuttle.co.nz; einfach 20 NZ$, jede weitere Person 5 NZ$) sind zu empfehlen.

Hastings & Umgebung

77 900 EW.

Das geschäftige Hastings liegt 20 km südlich von Napier in der Mitte des Obstgartens Hawke's Bay und ist das kommerzielle Zentrum der Region. Ein paar Kilometer an Obstplantagen trennen es von Havelock North mit seiner dörflichen Atmosphäre und dem Gipfel des Te Mata als imposanter Kulisse.

Sehenswertes

Ähnlich wie Napier wurde auch Hastings durch das Erdbeben von 1931 verwüstet, auch hier findet man noch einige schöne Gebäude im Art-déco- bzw. spanischen Missionsstil, die nach der Katastrophe wiederaufgebaut wurden. Zu den Highlights auf der Main Street zählt das **Westerman's Building** (Karte S. 393; Ecke Russell St & Heretaunga St E) – es ist mit Sicherheit das beste Beispiel des spanischen Missionsstils in der Bucht, obwohl es hier unzählige architektonische Schätze gibt. I-SITE bietet den Besuchern die Broschüre *Art Deco Hastings* (1 NZ$) – darin sind zwei Stadtrundgänge detailliert beschrieben.

Te Mata Peak PARK

(Karte S. 382; ☎ 06-873 0080; www.tematapark.co.nz; unweit Te Mata Rd, Havelock North) Der Te Mata Peak (399 m) liegt 16 km südlich von Havellock North und erhebt sich melodramatisch aus den Heretaunga Plains. Der Gipfel ist Teil des 1 km² großen **Te Mata Trust Park**. Die Straße zum Gipfel führt an Schafpfaden, klapprigen Zäunen und schwindelerregenden Steinböschungen vorbei und erinnert atmosphärisch an eine Mischung aus Mondlandschaft und schottischem Hochland. An einem klaren Tag reicht der Blick vom Aussichtspunkt aus bis nach Hawke's Bay, zur Mahia Peninsula und dem entfernten Mount Ruapehu. Das 30 km lange Wegenetz des Parks bietet Touren mit Gehzeiten zwischen 30 Minuten und zwei Stunden: Am besten besorgt man sich beim örtlichen i-SITE die Broschüre *Te Mata Park's Top 5 Walking Tracks*.

Hastings Farmers Market MARKT

(Karte S. 382; ☎ 027 697 3737; www.hawkesbayfarmersmarket.co.nz; Showgrounds, Kenilworth

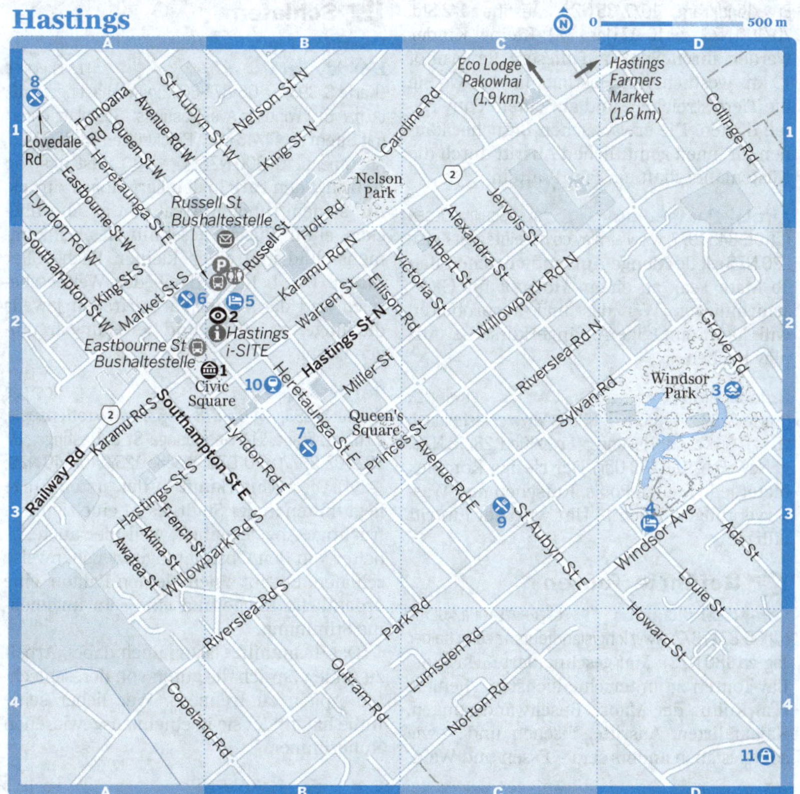

Rd; ⌚ So 8.30–12.30 Uhr) Wer sonntags in der Gegend ist, sollte auf jeden Fall den Markt in Hastings besuchen. Am besten mit einem leeren Magen, etwas Geld und großen Einkaufstaschen!

Hastings City Art Gallery GALERIE
(HCAG; Karte s. oben; ☎06-871 5095; www.hastingscityartgallery.co.nz; 201 Eastbourne St E; ⌚10–16.30 Uhr) GRATIS Das schöne, kleine Kunstmuseum stellt zeitgenössische neuseeländische Kunst (inkl. Māori-Kunst) und internationale Werke in einem hellen Gebäude aus, das extra zu diesem Zweck errichtet wurde. Besucher sollten sich auf einige exzentrische Sachen gefasst machen (viel exzentrischer als Hastings selbst ...).

Aktivitäten

Hawke's Bay Farmyard Zoo REITEN
(Karte S. 382; ☎06-875 0244; www.farmyardzoo.co.nz; 32 East Rd, Haumoana; Farmeintritt

Hastings

Sehenswertes
1 Hastings City Art Gallery B2
2 Westerman's Building B2

Aktivitäten, Kurse & Touren
3 Splash Planet D2

Schlafen
4 Hastings Top 10 Holiday Park D3
5 Rotten Apple B2

Essen
6 Little Blackbird A2
7 Opera Kitchen B3
8 Rush Munro's A1
9 Vidal C3

Ausgehen & Nachtleben
10 Common Room B2

Shoppen
11 Telegraph Hill D4

Erw./Kind/Fam. 10/7/35 NZ$, Ausritte 1/2 Std. 70/100 NZ$; ⏲10–17 Uhr; 👪) Kleine Kinder werden ihren Spaß auf diesem Bauernhof 13 km westlich von Hastings haben, wo sie die Tiere streicheln und auf einem Pony reiten dürfen. Die erwachsenen Besucher können für einen gemütlichen Ausritt durch die Küstenlandschaft ein Pferd satteln.

Airplay Paragliding GLEITSCHIRMFLIEGEN
(☎06-845 1977; www.airplay.co.nz; eintägige Kurse 220 NZ$) Jede Menge Aufwinde machen den Te Mata Peak zu einem Hotspot für Gleitschirmflieger. Wer das mal ausprobieren will, kann eintägige Anfängerkurse bei Airplay buchen.

Splash Planet SCHWIMMEN
(Karte S. 393; ☎06-873 8033; www.splashplanet.co.nz; Grove Rd, Hastings; Erw./Kind 28/18 NZ$; ⏲Nov.–Feb. 10–17.30 Uhr) Der riesige Komplex bietet jede Menge Pools, Rutschen und Wasservergnügen. Nach 15 Uhr wird der Eintritt billiger.

Geführte Touren

Long Island Guides GEFÜHRTE TOUR, KULTUR
(☎06-874 7877; www.longislandtoursnz.com; halber Tag ab 180 NZ$) Maßgeschneiderte Hawke's-Bay-Touren zu unterschiedlichsten Themen, u. a. Kultur der Māori, Buschwanderungen, Kajakfahrten, Ausritte, Fischen und – wie sollte es auch anders sein – Essen und Wein.

Prinsy's Tours WEIN
(☎0800 004 237, 06-845 3703; www.prinsystours.co.nz; halber/ganzer Tag ab 80/95 NZ$) Sehr freundliche und für Laien konzipierte Ausflüge (halb- oder ganztägig) zu vier bis fünf Weingütern. Zusätzlicher Bonus: Man wird zu Hause abgeholt und zurückgebracht und kann so die Weinproben aus vollen Zügen genießen.

Waimarama Tours KULTUR
(☎021 057 0935; www.waimaramaori.com; 2. Touren ab 80 NZ$, Transport ab 40 NZ$) Von Māori veranstaltete Touren zum Te Mata Peak, mit vielen kulturellen Einblicken entlang des Weges. Die Touren finden nur bei einer Mindestteilnehmerzahl statt.

Feste & Events

Hastings Blossom Festival KULTUR
(www.blossomfestival.co.nz; ⏲Sept.) Dieses sehr blütenreiche Frühlingsfest ist für den „Aufstand der Zwölf" im Jahr 1960 berüchtigt. Paraden, Kunst, Kunsthandwerk und Gastkünstler prägen das blumige Treiben.

Schlafen

Hastings Top 10 Holiday Park FERIENPARK $
(Karte S. 393; ☎06-878 6692; www.hastingstop10.co.nz; 610 Windsor Ave, Hastings; Stellplatz ohne/mit Strom ab 44/46 NZ$, Blockhütten 78–160 NZ$, Apartment 140–300 NZ$; @📶🏊) Hastings Top 10 bringt den Park in den Ferienpark zurück. Auf seinem ruhigen Areal gibt es Ahornhecken, ein in Büsche geschnittenes Willkommensschild und einen kleinen Bach voller Enten. Der beheizte Pool, der Wellnessbereich und der Tennisplatz erfreuen jeweils die jüngeren, älteren und bewegungsfreudigen Gäste.

Rotten Apple HOSTEL $
(Karte S. 393; ☎06-878 4363; www.rottenapple.co.nz; 1. Etage, 114 Heretaunga St E, Hastings; B/ZBZ/DZ 26/70/70 DZ$, Woche 125/140/140 NZ$; @📶) Diese Unterkunft in der ersten Etage liegt mitten in der Stadt. Es ist eine ziemlich fruchtige Angelegenheit, weil hier auch Arbeiter von den Obstplantagen wochenweise schlafen. Es gibt einen kleinen Balkon, eine ordentliche Küche und eine sehr angenehme Stimmung.

Das Team hilft Gästen auch dabei, Arbeit zu finden (sprich die guten von den schlechten Äpfeln zu trennen). Wer lieber seine Ruhe hat, findet sie in einem ausgewiesenen Ruhezimmer.

Eco Lodge Pakowhai HOSTEL $
(Karte S. 382; ☎027 298 8910; www.ecolodge-pakowhai.co.nz; 1000 Pakowhai Rd, Hastings; Zeltplatz/B/EZ ab 22/25/60 NZ$, DZ mit/ohne Bad 75/60 NZ$; 📶) 🍃 Obwohl seit 1885 kontinuierlich dieselbe Familie das Grundstück bewirtschaftet hat, denkt man hier sehr fortschrittlich: Der redselige Eigentümer leistet mit Solarpaneelen, Regenwurmfarmen, Doppelverglasung und Sammelsystemen für Regenwasser seinen Beitrag für eine bessere Umwelt. Zudem ist er Experte für das Besorgen von Kurzzeit-Jobs auf Farmen.

Zur Auswahl stehen neue Hütten und Schlafsäle in einem alten Bauernhaus. Hinzu kommen Gratis-WLAN und eine Waschküche. Günstig sind die Wochentarife!

★ Clive Colonial Cottages FERIENHAUS $$
(Karte S. 382; ☎06-870 1018; www.clivecolonialcottages.co.nz; 198 School Rd, Clive; DZ ab 145 NZ$; 📶) Die drei geschmackvollen Cottages auf einem 0,8 ha großen Gelände liegen fast gleich weit von Hastings, Napier und Havelock entfernt. Sie stehen nur zwei

WEINGÜTER IN HAWKE'S BAY

Ursprünglich waren es die Obsthöfe, für die diese Region bekannt war. Heutzutage sind es die Weinreben, denn Hawke's Bay ist inzwischen nach Marlborough das zweitgrößte Weinbaugebiet Neuseelands. Erzeugt werden ausgezeichnete bordeauxähnliche Rotweine sowie Syrah und Chardonnay. Die Karte *Hawke's Bay Winery Guide* bzw. die Fahrradkarte *Hawke's Bay Trails* erhält man bei den i-SITEs in **Hastings** (S. 397) und **Napier** (S. 391). Man kann sie auch von www.winehawkesbay.co.nz herunterladen. Hier ein paar unserer Favoriten:

Black Barn Vineyards (Karte S. 382; ☎ 06-877 7985; www.blackbarn.com; Black Barn Rd, Havelock North; ⊙ Mo–Fr 9–17, Sa & So 10–17 Uhr) Das angesagte, innovative Weingut hat ein Bistro, eine Galerie und veranstaltet im Sommer samstags einen beliebten Bauernmarkt (einer der ersten in Neuseeland). Dazu kommen ein eigenes Amphitheater für regelmäßige Konzerte und Filmvorführungen. Das Aushängeschild ist ein Chardonnay, der sich so trinkt, als würde man eine Sommerliebe küssen.

Crab Farm Winery (Karte S. 382; ☎ 06-836 6678; www.crabfarmwinery.co.nz; 511 Main North Rd, Bay View; ⊙ tgl. 10–17, Fr 19 Uhr bis spät) Ordentlich, nicht zu teure Weine und ein richtig gutes Café mit entspanntem, rustikalen Ambiente und regelmäßigen Live-Sängern. Zum Mittagessen oder auf ein Glas Rosé (oder für beides) sehr zu empfehlen.

Craggy Range (Karte S. 382; ☎ 06-873 0141; www.craggyrange.com; 253 Waimarama Rd, Havelock North; ⊙ 10–18 Uhr, April–Okt. Mo & Di geschlossen) Eindeutig eines der schicksten Weingüter von Hawke's Bay's mit wunderbaren Weinen. Das Restaurant und die Unterkunft sind ebenfalls ausgezeichnet.

Mission Estate Winery (Karte S. 382; ☎ 06-845 9354; www.missionestate.co.nz; 198 Church Rd, Taradale; ⊙ Mo–Sa 9–17, So 10–16.30 Uhr) Neuseelands ältestes Weingut (1851!). Besucher folgen der (super)langen Allee, die den Berg hoch zum Restaurant (Hauptgerichte 28–35 NZ$, Mittag- und Abendessen) und zum Weinkeller führt. Beide befinden sich in einem eindrucksvoll restaurierten Priesterseminar. Führungen sind nur nach telefonischer Reservierung möglich.

Gehminuten hinter dem Strand, haben eigene Küchen und verteilen sich rund um einen Innenhof. Als Gemeinschaftseinrichtungen gibt es einen Grillbereich, einen Billard-Raum und ein riesiges Schachspiel. Die Gäste können Fahrräder ausleihen und finden gleich vor der Tür einen Wanderweg.

Havelock North Motor Lodge MOTEL $$
(Karte S. 382; ☎ 06-877 8627; www.havelocknorthmotorlodge.co.nz; 7 Havelock Rd, Havelock North; Wohneinheit 140–195 NZ$; 📶) Genau in der Mitte von Havelock North macht dieses Motel einen guten Job. Saubere und einfache Zimmer mit ein oder zwei Betten bieten Whirlpool, nette Kunstwerke und Kompaktküchen. Für hungrige Gäste gibt es auf der gegenüberliegenden Straßenseite mexikanische, italienische, chinesische, indische und Burgerlokale.

Off The Track COTTAGE $$
(Karte S. 382; ☎ 06-877 0008; www.offthetrack.co.nz; 114 Havelock Rd, Havelock North; Blockhütten mit 1/2/3 Schlafzimmer ab 160/180/230 NZ$; 📶) Diese drei Ferienhäuser im Wald liegen weniger ab vom Weg als vielmehr nur daneben. Unweit von Havelock North gelegen sind sie eine gute Wahl, wenn man mit der Familie im Schlepptau reist. Es gibt hier auch ein gut besuchtes Café-Restaurant, die Hütten liegen aber weit genug vom Trubel entfernt.

Millar Road VILLA $$$
(Karte S. 382; ☎ 06-875 1977; www.millarroad.co.nz; 83 Millar Rd, Hastings; Villa/Haus ab 400/650 NZ$; 📶 🏊) Diese angenehme architektonische Überraschung mit Blick auf Weinberg und Bucht versteckt sich in den Tuki Tuki Hills. Neuseeländische Möbel und einheimische Kunst zieren die beiden vornehmen Villen (jeweils max. 4 Pers.) und das sehr stilvolle Ferienhaus (max. 8 Pers.). Die Gäste können das 20 ha große Gelände erkunden oder entspannt am Pool abhängen.

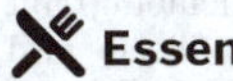

Essen

Bay Espresso CAFE $
(Karte S. 382; ☎ 06-877 9230; www.bayespresso.co.nz; 19 Middle Rd, Havelock North; Hauptgerich-

te 9–23 NZ$; ⏲Mo–Sa 7.30–16, So 8–16 Uhr) Das noch immer populäre Café an der Middle Road in Havelocks Mitte ist alles andere als mittelmäßig. Es serviert selbst gerösteten Biokaffee zum Brunch und appetitliche Thekengerichte. Freddy-Mercury-Gedudel und Blaubeerpfannkuchen – eine Top-Kombination! Auch die Smoothies sind gut.

Little Blackbird CAFE $

(Karte S. 393; ☎06-870 7462; www.littleblackbird.co.nz; 108 Market St S, Hastings; Hauptgerichte 6–12 NZ$; ⏲Mo–Fr 7.30–15.30, Sa 8–14.30 Uhr) Im Erdgeschoss eines alten Art-déco-Bürogebäudes liegt dieses kleine, saubere Lokal, das meistens voller Anwälte ist. Es bietet eine Inneneinrichtung im Retro-Design, flippige Beleuchtung, Kaffeebohnen aus Nicaragua und lächelnde Angestellte (immer ein gutes Zeichen!). Am besten an einen der Tische entlang der Straße setzen, um einen herzhaften Scone oder einen der wunderbaren Salate zu genießen.

Rush Munro's EIS $

(Karte S. 393; ☎06-878 9634; www.rushmunro.co.nz; 704 Heretaunga St W, Hastings; Eis 4–7 NZ$; ⏲Mo–Fr 12–17, Sa & So 11–17 Uhr, längere Zeiten im Sommer) Rush Munro's ist in Hastings eine Institution und serviert seit 1926 vor Ort hergestellte Eiscreme.

★Opera Kitchen CAFE $$

(Karte S. 393; ☎06-870 6020; www.operakitchen.co.nz; 312 Eastbourne St E, Hastings; Hauptgerichte 9–26 NZ$; ⏲Mo–Fr 7.30–16, Sa & So 9–15 Uhr; 🖉) Wie wäre es mit Whiskyporridge mit Sahne und Riesenhaferflocken in diesem modernen, schicken Café direkt neben dem Hawke's Bay-Opernhaus (ob die Erdbebensicherung wohl schon abgeschlossen ist?). Für einen praktischeren Start in den Tag ist ansonsten das Bauernfrühstück zu empfehlen. Himmlische Backwaren, großartiger Kaffee und flinkes Personal – was will man mehr?

Alessandro's PIZZA $$

(Karte S. 382; ☎06-877 8844; www.alessandrospizzeria.co.nz; 24 Havelock Rd, Havelock North; Hauptgerichte 20–24 NZ$; ⏲Di–Do 17–21, Fr–So16.30–21.30 Uhr) Das ausgezeichnete neue Alessandro's macht dünne, leckere Pizzas aus dem Holzofen gerade so wie in Neapel. Am besten eine *Nico e Pere* (Birne, Gorgonzola, Mozzarella, Walnüsse und Trüffelhonig) mit einem *affogato* (eine Kugel Vanilleeis wird mit heißem Espresso übergossen) als Dessert bestellen. Elegantes Innendesign; Peroni vom Fass.

Pipi PIZZA $$

(Karte S. 382; ☎06-877 8993; www.pipicafe.co.nz; 16 Joll Rd, Havelock North; Hauptgerichte 16–33 NZ$; ⏲16–22 Uhr) Knatschpink mit Bonbonstreifen, Kronleuchter und zusammengewürfelte Möbel – so frech antwortet das Pipi auf kleinstädtische Konventionen.

Beim Essen liegt der Fokus auf Nudelgerichten, Pizza auf römische Art, Craft Beer und Weinen aus der Region.

Der **Pipi Truck** taucht gelegentlich an verschiedenen Stellen entlang der Bay auf und bringt das Essen auf die Straße (auf Facebook nach den Orten suchen).

Deliciosa TAPAS $$

(Karte S. 382; ☎06-877 6031; www.deliciosa.co.nz; 21 Napier Rd, Havelock North; Tapas 10–22 NZ$; ⏲Mo & Di 16 Uhr bis spätabends, Mi–Sa 11 Uhr bis spätabends) Großartige Sachen werden in dieser intimen Tapasbar in kleinen Häppchen serviert. Die Küche liefert schicke Köstlichkeiten wie Schweinebauch mit Granatapfelsoße oder Tintenfisch mit Orangen und Petersilie. Alle Zutaten stammen aus der Region. Auf der Weinkarte finden sich spanische und italienische Tropfen. Die Alternative ist eine gute Auswahl an Bieren.

Vidal MODERN NEUSEELÄNDISCH $$$

(Karte S. 393; ☎06-872 7440; www.vidal.co.nz; 913 St Aubyn St E, Hastings; Hauptgerichte mittags 25–29 NZ$, abends 29–38 NZ$; ⏲Mo–Sa 11.30–15 & 18 Uhr bis spätabends, So 11.30–15 Uhr) Obwohl das Restaurant eines Weinguts in einem der Vororte von Hastings liegt, merkt man ihm das nicht an. Der gemütliche, holzverkleidete Speiseraum ist eine passende Umgebung für das geschmackvolle Essen. Bei einem Filetsteak oder Ente Confit und einem Glas Syrah erfüllen sich dann alle Urlaubsträume.

Ausgehen

★Common Room BAR

(Karte S. 393; ☎027 656 8959; www.commonroombar.com; 227 Heretaunga St E, Hastings; ⏲Mi–Sa 15 Uhr bis spätabends) In dieser hippen, kleinen Bar im Zentrum von Hastings stimmt einfach alles: fröhliche Angestellte, Barsnacks, Craft Beer, Weine aus der Region, eine kreative Einrichtung, die Bar im Garten, die Perserteppiche und Musik von Jazz über Alternativ-Country bis hin zu Indie. Alles passt! Im Sommer auch am sonntags geöffnet.

Filter Room BRAUEREI

(Karte S. 382; ☎06-834 3986; www.thefilterroom.co.nz; 20 Awatoto Rd, Meeanee; ⏲Di–So 10–17 Uhr,

Mai–Okt. Di geschl.) Umgeben von Obsthöfen bietet das Team hier beeindruckende Craft-Biere und Apfelweine (zu empfehlen: Black Duck Porter oder Maracujaschaumwein). Alles wird vor Ort hergestellt. Zusätzlich gibt es Probierteller und richtig gute Hausmannskost (Hauptgerichte 12–22 NZ$; Burger, Salate, Lammkeulen). An Sommerabenden wird länger geöffnet.

Hugo Chang COCKTAILBAR
(Karte S. 382; ☎ 06-877 3310; www.hugochang.com; 15b Joll Rd, Havelock North; ⏲ Di–Sa 16.30 Uhr bis spätabends) Wenn es dunkel wird über Havelock North und Ruhe zwischen den Weinstöcken einkehrt, zieht es die Ü25-Truppe mit Drang nach städtischem Trubel zu Hugo Chang. In der versteckt liegenden Bar in asiatischer Aufmachung werden Cocktails, lokale Weine und sanfte Musik serviert.

Shoppen

Strawberry Patch ESSEN
(Karte S. 382; ☎ 06-877 1350; www.strawberrypatch.co.nz; 76 Havelock Rd, Havelock North; ⏲ 9–17.30 Uhr) Hier kann man während der Saison seine Beeren selbst pflücken (ab Ende November den ganzen Sommer lang). Das ganze Jahr über gibt es frische Lebensmittel, Picknickzubehör, Kaffee und richtiges Fruchteis (4 NZ$).

Telegraph Hill ESSEN
(Karte S. 393; ☎ 06-878 4460; www.telegraphhill.co.nz; 1279 Howard St, Hastings; ⏲ Mo–Fr 9–17 Uhr, Okt.–März Sa 10–15 Uhr) Ein leidenschaftlicher Produzent von Oliven, Ölen und Gourmetschleckereien mit mediterranem Einschlag. Alle Produkte stammen von acht Olivenhainen in der Umgebung von Hawke's Bay (sonnig, trocken und nicht zu kalt – perfektes Olivenwetter). Kostenlose Verkostung.

ℹ Praktische Informationen

Hastings i-SITE (Karte S. 393; ☎ 06-873 0080; www.visithastings.co.nz; Westermans Bldg, Ecke Russell St & Heretaunga St E; ⏲ Mo–Fr 9–17, Sa 9–15, So 10–14 Uhr) Hier findet man das gewohnte Angebot an Karten, Broschüren und Buchungen.

Hastings Memorial Hospital (☎ 06-878 8109; www.hawkesbay.health.nz; Omahu Rd, Camberley; ⏲ 24 Std.)

Havelock North i-SITE (Karte S. 382; ☎ 06-877 9600; www.havelocknorthnz.com; Ecke Te Aute & Middle Rds; ⏲ Mo–Fr 10–17, Sa 10–16, So 10–15 Uhr; 📶) Die i-Site bietet regionale Infos in einem putzigen kleinen Kiosk.

Postamt (Karte S. 393; www.nzpost.co.nz; 200 Market St N, Hastings; ⏲ Mo–Fr 8.30–17, Sa 9–12 Uhr)

ℹ An & Weiterreise

Napiers **Hawke's Bay Flughafen** (S. 392) ist nur 20 Autominuten von Hastings entfernt. **Air New Zealand** (☎ 06-873 2200; www.airnewzealand.co.nz; 117 Heretaunga St W; ⏲ Mo–Fr 9–17 Uhr) unterhält ein Büro mitten in Hastings.

InterCity Busse halten an der Bushaltestelle Russell St (Karte S. 393). Fahrten mit InterCity (www.intercity.co.nz) und Naked Bus (www.nakedbus.com) können online oder am i-SITE gebucht werden.

ℹ Unterwegs vor Ort

GoBay (www.hbrc.govt.nz) Busse (mit der Möglichkeit zum Fahrradtransport) pendeln zwischen Hastings, Havelock North und Napier. Die täglich fahrenden Busse von Hastings nach Napier (Erw./Kind 4,30/2,20 NZ$) brauchen 30 Minuten (Express) oder eine knappe Stunde (mit Halt an allen Haltestellen).

Die Busse von Hastings nach Havelock North fahren von Montag bis Samstag (Erw./Kind 2,90/1,50 NZ$, 35 Min.). Abfahrtpunkt ist die **Bushaltestelle Eastbourne St** (Karte S. 393).

Hastings Taxis (☎ 0800 875 055, 06-878 5055; www.hastingstaxi.co.nz) heißt die örtliche Taxifirma.

Cape Kidnappers

Von Mitte September bis Ende April drängen sich am Cape Kidnappers (so benannt, weil einheimische Māori hier versuchten, Captain Cooks tahitianischen Dienstjungen zu entführen) kreischende Australtölpel. Normalerweise nisten die großen Seevögel auf abgelegenen Inseln, aber hier haben sie sich fürs Festland entschieden und lassen sich von menschlichen Beobachtern nicht beim Brüten stören.

Die Vögel nisten gleich nach ihrer Ankunft. Nachdem die Eier etwa sechs Wochen bebrütet wurden, schlüpfen die Jungen ab Anfang November. Im März beginnen die Tölpel ihre Wanderung; im Mai sind dann alle Vögel verschwunden.

Anfang November bis Ende Februar ist die beste Zeit für einen Besuch. Man kann an einer geführten Tour teilnehmen oder auf dem Walkway zur Kolonie gehen (Karte S. 382; ☎ 06-834 3111; www.doc.govt.nz; unweit Clifton Rd, Clifton; ⏲ Nov.–Juni) GRATIS; von Clifton sind es ungefähr fünf Stunden hin und zurück. Entlang des Weges gibt es interessante Klippenformationen, Gezeitentümpel, einen geschützten Picknickplatz und natürlich als Hauptattraktion die schnatternden Tölpel selbst.

Achtung: Beim Weg auf die Gezeiten achten! Das bedeutet im Klartext: nicht früher als drei Stunden nach der Flut losgehen und nicht später als anderthalb Stunden nach der Ebbe den Rückweg antreten.

Geführte Touren

Gannet Beach Adventures ÖKOTOUR
(Karte S. 382; ☎06-875 0898, 0800 426 638; www.gannets.com; 475 Clifton Rd, Clifton; Erw./Kind/Fam. 44/24/106 NZ$;) Erst geht es auf einem Traktoranhänger über den Strand, danach zu Fuß etwa 90 Minuten zum Kap. Die vierstündige, geführte Tour startet am Strand in Clifton und ist sehr unterhaltsam.

Gannet Safaris ÖKOTOUR
(Karte S. 382; ☎06-875 0888; www.gannetsafaris.co.nz; 396 Clifton Rd, Te Awanga; Erw./Kind 75/35 NZ$;) Mit Allradfahrzeugen geht es über Farmland zur Tölpelkolonie. Die dreistündigen Touren beginnen um 9.30 und 13.30 Uhr. Touren mit Startpunkt in Napier oder Hastings kosten einen Aufpreis (Erw./Kind zusätzlich 30/15 NZ$).

Central Hawke's Bay

Südlich von Hastings erstrecken sich Weiden und zwischendrin die prächtigen Gehöfte der viktorianischen Viehzüchter. Es ist eine Gegend (wird auch „Lamb Country" genannt) mit wenig Tourismus, aber reich an Geschichte und einsamen Stränden.

Waipukurau (auch „Wai-puk"; 3750 Ew.) ist die wichtigste Stadt in der Region – nicht besonders aufregend, aber doch ausgestattet mit Tankstelle, Motels, einem Supermarkt und dem Central Hawke's Bay Information Centre (S. 399) mit Kaffeestand.

Sehenswertes & Aktivitäten

Es gibt an der hiesigen Küste nicht weniger als sechs windgepeitschte Strände: **Kairakau**, **Mangakuri**, **Pourerere**, **Aramoana**, **Blackhead** und **Porangahau**. Die ersten fünf sind zum Schwimmen geeignet, außerdem werden eine ganze Reihe von Aktivitäten rund um Sand und Salzwasser angeboten – darunter Surfen, Angeln und Wanderungen zwischen Treibholz und Teichen in den Felsen.

Zwischen dem Aramoana und dem Blackhead Beach liegt das von der DOC geführte **Te Angiangi Marine Reserve** – unbedingt Schnorchel mitbringen!

Es ist ein unscheinbarer Hügel im gefühlten Nirgendwo, doch der Ort mit dem längsten Namen der Welt bietet sich trotzdem für einen Fototermin an. Ob man es glaubt oder nicht: **Taumatawhakatangihangakoauauotamateaturipukakapikimaungahoronukupokaiwhenuakitanatahu** ist die Abkürzung für „Die Kuppe des Hügels, wo Tamatea, der Mann mit den großen Knien, der rutschte, kletterte und Berge verschluckte und der deshalb der Landverspeiser genannt wird, seinem Bruder auf der Flöte vorspielte".

Um dorthin zu gelangen, sollte man in Waipukurau nochmals volltanken und der Route 52 für 40 km bis zur Mangaorapa-Kreuzung folgen. Dort biegt man links ab und fährt weitere 4 km Richtung Porangahau. An der Kreuzung mit den Wegweisern rechts abbiegen, dann sind es noch 4,3 km bis zum berühmten Ortsschild.

In **Onga Onga**, einem alten Dorf 16 km westlich von Waipawa, stehen interessante viktorianische und edwardianische Gebäude. Eine Broschüre mit Stadtspaziergängen erhält man in der Touristeninformation in Waipukurau.

Central Hawke's Bay Settler's Museum MUSEUM
(☎06-857 7288; www.chbsettlersmuseum.co.nz; 23 High St, Waipawa; Erw./Kind 5/1 NZ$; ⏲10–16 Uhr) Das Museum in Waipawa zeigt Artefakte aus der Pionierzeit, informative Schaubilder zu Gehöften und ein schönes Exemplar eines Flusskanus (*waka*). Am Eingang liegt der Anker des unglückseligen Schoners *Maroro*.

Essen

★ **Paper Mulberry Café** CAFE $
(☎06-856 8688; www.papermulberrycafe.co.nz; 89 SH2, Pukehou; Snacks 4–10 NZ$, Hauptgerichte 10–17 NZ$; ⏲7–16 Uhr) Auf halber Strecke zwischen Waipawa und Hastings serviert das Retro-Café in den Räumen einer blauen, 100 Jahre alten Kirche wunderbaren Kaffee, gesunde Smoothies und hausgemachte Mahlzeiten (das Fudge ist unschlagbar). Ein Halt lohnt sich auf jeden Fall, um etwas zu essen, durch die Werke der lokalen Künstler zu stöbern, die auf den Beistelltischen liegen, oder sich im Winter am Holzfeuer die Knochen zu wärmen.

Praktische Informationen

Central Hawke's Bay Information Centre (☎06-858 6488, 0800 429 537 229; www.lambcountry.co.nz; Railway Esplanade, Waipukurau; ⏲Mo–Fr 9.30–16, Sa 9.30–13 Uhr) Hilfreiches Besucherzentrum im alten Bahnhof mit Kaffeestand an einer Seite.

An & Weiterreise

InterCity (www.intercity.co.nz) und Naked Bus (www.nakedbus.com) fahren auf ihrer Strecke von Wellington nach Napier auch durch Waipawa und Waipukurau.

Kaweka & Ruahine Ranges

Die entlegenen Gebirgszüge Kaweka und Ruahine trennen Hawke's Bay vom zentralen Plateau. Die unberührten Wälder bieten einige der besten Wandermöglichkeiten auf der Nordinsel. Auf www.doc.govt.nz gibt es Informationen zu Wanderwegen, Hütten und Zeltplätzen im Ruahine Forest Park und die herunterladbare Broschüre *Kaweka Forest Park & Puketitiri Reserves*.

Aktivitäten

Ab Omahu bei Hastings verläuft die **Gentle Annie Road** (136 km) entlang eines uralten Māori-Pfads landeinwärts nach Taihape. Dabei passiert sie Otamauri und Kuripapango, wo es einen recht einfachen, aber sehr netten DOC-Campingplatz (Erw./Kind 6/3 NZ$) gibt. Für die einsame Strecke braucht man mit dem Auto etwa drei Stunden (oder alternativ ein paar Tage mit dem Fahrrad).

Der **Kaweka J** (1724 m) ist der höchste Punkt der Bergkette und ab dem Ende der Kaweka Road in einer drei- bis fünfstündigen Wanderung erreichbar. Von Napier aus nimmt man zuerst die Puketitiri Road und dann die Whittle Road. Die Route (hin & zurück 3 Std.) ist z. T. unbefestigt und lohnt sich allein schon wegen der Fahrt.

Vor oder nach der dreistündigen Wanderung auf dem **Te Puia Track**, der dem malerischen **Mohaka River** folgt, bieten heiße, natürliche Quellen Entspannung. Um von Napier aus zu den **Mangatutu Hot Pools** (☎06-834 3111; www.doc.govt.nz; ⏲bei Tageslicht) zu kommen, nimmt man erst die Puketiri Road, dann die Pakaututu Road und folgt schließlich der Makahu Road bis zu ihrem Ende. Teile des Weges sind nicht für Limousinen geeignet, ein Geländewagen ist empfehlenswert.

Der Mohaka kann mit Schlauchbooten von **Mohaka Rafting** (☎027 825 8539, 06-839 1808; www.mohakarafting.co.nz; Tagestouren 115–185 NZ$, 3 Tage für 2 Pers. 3850 NZ$) befahren werden.

Wellington & Umgebung

➜ Inhalt

Gut essen

- Ortega Fish Shack (S. 417)
- Logan Brown (S. 418)
- Fidel's (S. 415)
- Gladstone Inn (S. 433)
- Beach Road Deli (S. 426)

Schön übernachten

- YHA Wellington City (S. 412)
- City Cottages (S. 414)
- Museum Art Hotel (S. 414)
- Ohtel (S. 414)
- Martinborough Top 10 Holiday Park (S. 429)

Auf nach Wellington!

Führte die Neuseelandreise bislang durch freie Natur und verschlafene Kleinstädte, bietet Wellington dazu ein echtes Kontrastprogramm. Schicke Boutiquen, Programmkinos, hippe Bars, Live-Bands und Restaurants ohne Ende erwarten den Besucher der Kulturkapitale Neuseelands.

Als Übergang zwischen der Nord- und der Südinsel war die Stadt schon immer eine Durchgangsstation für Reisende. Stätten wie das Museum Te Papa und das Schutzgebiet Zealandia ziehen heute Besucher an, und selbst ein kurzer Aufenthalt offenbart eine Vielzahl weiterer Attraktionen: ein windumtoster Hafen mit schöner Promenade, mit hübschen Holzhäusern geschmückte Hügel, ein städtisches Ambiente und die „frischeste Stadtluft der Welt".

Weniger als eine Fahrstunde Richtung Norden bietet die Kapiti Coast ein ruhiges Strandambiente und als Highlight das besuchenswerte Naturschutzgebiet Kapiti Island. Im Nordosten, hinter der Rimutaka Range, liegt die Wairarapa-Ebene mit netten Städtchen, Farmen und schicken Weingütern, umrahmt von einer wild zerklüfteten Küste.

Reisezeit

- Wellington ist bekannt für sein stürmisch-kaltes Wetter, doch das gilt bei Weitem nicht immer: „Windy Welly" bietet zumindest an einigen Tagen im Jahr T-Shirt-Temperaturen unter strahlend blauem Himmel. Und prompt behaupten die Einheimischen: „Es geht doch nichts über Wellington an einem sonnigen Tag."
- November bis April sind die wärmeren Monate, mit mittleren Temperaturen um die 20 °C. Von Mai bis August ist es kühler und regnerischer und die Temperaturen erreichen nur noch etwa 12 °C.
- Wesentlich wärmer, nicht so windig und deutlich sonniger ist es an der Kapiti Coast und in der Region Wairarapa.

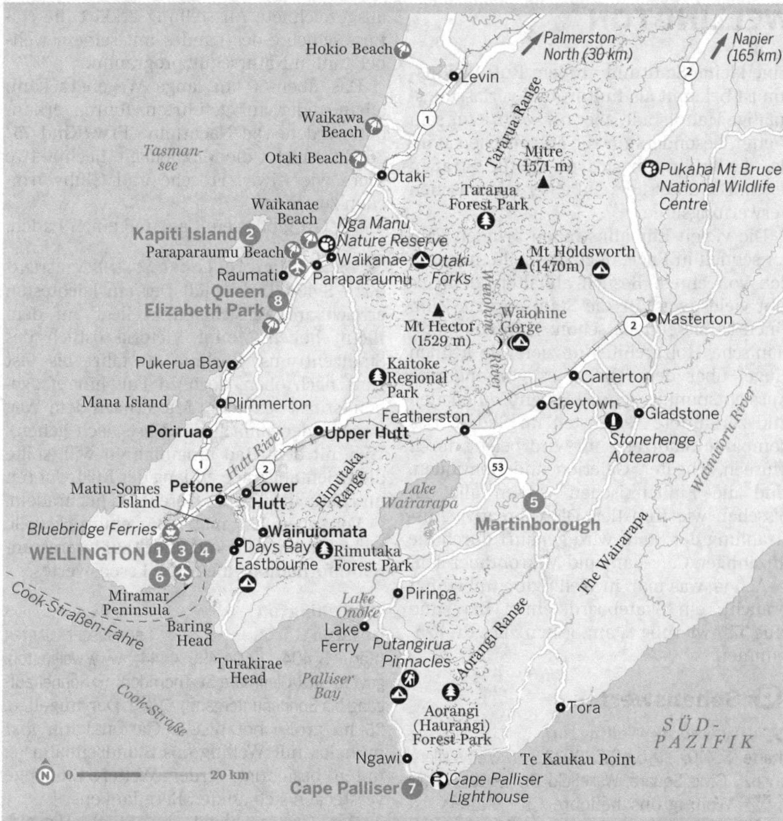

WELLINGTON & UMGEBUNG WELLINGTON

Highlights

1. **Te Papa** (S. 407) Ein interaktiver Besuch im besten Museum Neuseelands und danach ein paar Drinks in der Cuba Street
2. **Kapiti Island** (S. 425) Auf einer Nachtwanderung echte Kiwis beobachten
3. **Ausgehen in Wellington** (S. 418) Das überraschende Nachtleben in der Cuba Street
4. **Wellington Botanic Gardens** (S. 402) Mit der Standseilbahn von Lambton Quay aus hinauffahren. Der Mount Victoria Lookout bietet einen ungewohnten Blick auf die Stadt
5. Die **Weingüter von Wairarapa** (S. 429): Für die Weintour rund um Martinborough leiht man sich am besten ein Fahrrad
6. **Mount Victoria Lookout** (S. 402) Die Sicht auf das zu Füßen liegende Wellington genießen und die frische Luft tief einatmen
7. Der einsame Leuchturm auf der wilden Landspitze **Cape Palliser** (S. 430)
8. **Queen Elizabeth Park** (S. 426): Ein Streifzug durch die Dünen am Strand von Paekakariki

An- & Weiterreise

Wellington ist ein wichtiger Verkehrsknotenpunkt und der Hafen für den **Fährverkehr** (S. 422) zu den Inseln.

Fernzüge der KiwiRail Scenic Journey (www.kiwirailscenic.co.nz) fahren von Wellington nach Auckland mit Halt in Palmerston North.

Wellington Airport (S. 422) wird von internationalen und nationalen Fluglinien angeflogen.

InterCity (www.intercity.co.nz) ist die größte Busgesellschaft der Nordinsel und fährt (fast) überall hin. Die Anfahrt von Norden her nach Wellington City führt entweder über den SH 1 entlang der Kapiti Coast (im Westen) oder über den SH 2 durch Wairarapa und Hutt Valley (im Osten).

WELLINGTON

204 000 EW.

Eine kleine Stadt mit großem Ruf: Wellington ist bekannt als Kultur- und verfassungsmäßige Hauptstadt, aber *berüchtigt* für sein Wetter, besonders für die stürmischen Winde, die erbarmungslos durch die Straßen fegen. Die Stadt liegt auf einer tektonischen Verwerfungslinie.

Die vielen Einbahnstraßen bringen Fahrer schnell in Rage, doch das sollte niemanden von einem Besuch abhalten, denn es gibt vieles, was für die Stadt spricht. Zum einen ist sie einfach schön: Hübsche viktorianische Holzarchitektur ziert die grünen Hügel über dem Hafen, es gibt mehrere Aussichtspunkte, schöne Hafenpromenaden und zerklüftete Felsküsten im Süden. Das kompakte Stadtzentrum wird belebt durch Museen, Theater, Galerien und Boutiquen. Und die Einheimischen wirken alle ein bisschen wie Künstler. Diese kreative Ausstrahlung der Stadt wird genährt durch die unzähligen Café-Bars und Mikrobrauereien.

Ach ja, was man in Wellington unbedingt braucht: ein Skateboard, einen Bart und eine Tätowierung ... am besten alles drei zusammen.

Sehenswertes

★ City Gallery Wellington GALERIE

(Karte S. 410; 04-913 9032; www.citygallery.org.nz; Civic Square, Wakefield St; 10–17 Uhr) GRATIS Wellingtons beliebte City Gallery ist im Monumentalbau der alten Bibliothek am Civic Square untergebracht. Dort werden regelmäßig bekannte internationale Ausstellungen zeitgenössischer Kunst gezeigt. Das Museum ist das Forum für junge Talente und die Avantgarde der neuseeländischen Kunstszene. Bei größeren Ausstellungen wird ein Eintritt verlangt, doch das Nikau Café (S. 417) macht das wieder wett.

★ Zealandia NATURSCHUTZGEBIET

(04-920 9200; www.visitzealandia.com; 53 Waiapu Rd, Karori; Erw./Kind/Fam. nur Ausstellung 9/5/21 NZ$, Ausstellung & Eintritt 18,50/10/46 NZ$; 9–17 Uhr, letzter Einlass 16 Uhr) Das wegweisende Naturschutzgebiet liegt in den Bergen 2 km westlich der Stadt: Der Karori-Bus (Linie 3) fährt dort vorbei, außerdem gibt es einen Gratis-Shuttlebus (auf der Homepage stehen weitere Details).

In dem eingezäunten Tal leben über 30 einheimische Vogelarten, darunter die seltenen Takahe, Saddleback, Hihi und Kaka, außerdem Tuatara und Zwergkiwis. Eine ausgezeichnete Ausstellung erklärt die Naturgeschichte des Landes mit seinem weltbekannten Naturschutzprogramm.

Das über 30 km lange Wegenetz kann alleine oder auf geführten Touren erkundet werden. Die Nachttour (Erw./Kind 75/36 NZ$) bietet die Möglichkeit, nachtaktive Tiere wie Kiwis, Frösche und Glühwürmchen zu sehen.

Vor Ort gibt es ein Café und einen Laden.

★ Mount Victoria Lookout AUSSICHTSPUNKT

(Karte S. 404; Lookout Rd) Der am leichtesten erreichbare Aussichtspunkt liegt auf dem 196 m hohen Mount Victoria östlich des Stadtzentrums. Buslinie 20 fährt bis fast ganz nach oben, doch zu Fuß hinaufzugehen ist fast schon ein Muss (nach dem Weg fragen oder einfach der Nase nach gehen). Wer mit dem Rad hinauffahren will, sollte die Oriental Parade entlang der Küste fahren und dann die Carlton Gore Road hochradeln.

Von oben hat man eine eindrucksvolle Sicht auf die Stadt und findet auf interessanten Informationstafeln viel Lesenswertes.

★ Wellington Botanic Gardens BOTANISCHER GARTEN

(Karte S. 404; 04-499 4444; www.wellington.govt.nz; 101 Glenmore St, Thorndon; Sonnenaufgang bis Sonnenuntergang) GRATIS Der hügelige, 25 ha große botanische Garten kann *fast* mühelos mit Wellingtons Standseilbahn (s. unten) besichtigt werden. Weitere Eingänge verstecken sich an den Bergflanken.

Der Garten bietet ein Stück Urwald, den schönen Lady-Norwood-Rosengarten, 25 000 Frühlingstulpen und diverse internationale Pflanzensammlungen, außerdem Springbrunnen, einen Kinderspielplatz, Statuen, einen Ententeich, ein Café und einen imposanten Blick auf die Skyline der Stadt. Genug Gründe, für den Besuch einen ganzen Tag einzuplanen.

Wellington Cable Car STANDSEILBAHN

(Karte S. 404; 04-472 2199; www.wellingtoncablecar.co.nz; Cable Car Lane, Ende 280 Lambton Quay; Erw./Kind einfach 4/2 NZ$, hin & zurück 7,50/3,50 NZ$; Abfahrt alle 10 Min., Mo–Fr 7–22, Sa 8.30–22, So 9–21 Uhr;) Eine der Hauptattraktionen Wellingtons ist die kleine, rote Standseilbahn, die den steilen Hang vom Lambton Quay nach Kelburn hinauf rattert. Oben befinden sich der Botanische Garten (s. oben), das Carter Observatorium und das kleine, aber feine **Cable Car Museum** (Karte S. 404; 04-475 3578; www.museumswellington.org.nz; Upland St, Kelburn; 9.30–17 Uhr) GRATIS.

Hier wird anschaulich die Geschichte der Standseilbahn erzählt, die 1902 gebaut wurde, um den hügeligen Stadtteil Kelburn zu erschließen. Zurück geht es wieder mit der Standseilbahn oder zu Fuß durch den Botanischen Garten.

Wellington Museum MUSEUM

(Karte S. 404; ☎ 04-472 8904; www.museumswellington.org.nz; Bond Store, Queens Wharf; ⏲ 10–17 Uhr; 👪) GRATIS Die maritime und Sozialgeschichte Wellingtons wird im Wellington Museum einfallsreich und interaktiv erfahrbar in einem Lagerhaus von 1892 erzählt. Ein Höhepunkt ist die bewegende Reportage über den Untergang der Inselfähre *Wahine*, die 1968 im Hafen sank und 51 Menschen mit in die Tiefe riss.

Māori-Legenden werden dramatisch durch winzige holografische Figuren und Spezialeffekte erzählt. 2015 wurde die Ausstellung bis zum Dachboden erweitert.

Dowse Art Museum GALERIE

(☎ 04-570 6500; www.dowse.org.nz; 45 Laings Rd, Lower Hutt; ⏲ 10–17 Uhr; 👪) GRATIS Das Dowse Art Museum liegt 15 Min. mit dem Auto oder eine Busfahrt (Linie 83) von der Innenstadt entfernt und lohnt schon allein wegen seiner Architektur einen Besuch. Es ist ein freundliches, offenes Kunstmuseum, das Bildende Künste, Kunsthandwerk und interessantes neuseeländisches Design präsentiert und darüber hinaus auch ein gemütliches Café (und im Winter eine Eisbahn) bietet.

Weta Cave MUSEUM

(☎ 04-909 4100; www.wetanz.com; Ecke Camperdown Rd & Weka St, Miramar; Eintritt & Tour Erw./Kind 25/12 NZ$, mit Rücktransport 65/40 NZ$; ⏲ 9–17.30) GRATIS Ein Muss für alle Filmfreaks ist das witzige Mini-Museum der mit vielen Oscars ausgezeichneten Design- und Effektfirma Weta Workshop. Weta Workshop hat bei Megahits wie *Der Herr der Ringe, King Kong, Die Abenteuer von Tim und Struppi* und *Der Hobbit* mitgearbeitet.

Die 45-minütige Führung (alle 30 Min.) zeigt, wie solche Filme entstehen. Weta Cave befindet sich 9 km östlich des Stadtzentrums. Dorthin kann man entweder am Wasser entlang fahren oder radeln, Bus 2 nach Miramar nehmen oder eine Abholung buchen (Online-Buchung erforderlich).

New Zealand Cricket Museum MUSEUM

(Karte S. 404; ☎ 04-385 6602; www.nzcricketmuseum.co.nz; Museum Stand, Basin Reserve; Eintritt frei, Eintritt gegen Spende; ⏲ Sa & So 10.30–15.30 Uhr oder nach Voranmeldung) Hinter der Tribüne des berühmten Basin Reserve bietet das Museum Wissenswertes zu diesem Nationalsport, bei dem sich die neuseeländische Mannschaft „Blackcaps" in letzter Zeit besonders hervorgetan hat. Zuletzt war das Museum geschlossen, da es erdbebensicher gemacht werden sollte. Die neuen Öffnungszeiten lassen sich telefonisch erfragen.

Carter Observatory OBSERVATORIUM

(Space Place; Karte S. 404; ☎ 04-910 3140; www.museumswellington.org.nz/space-place; 40 Salamanca Rd, Kelburn; Erw./Kind/Fam. 12,50/8/39 NZ$; ⏲ Di & Do 16–23, Sa 10–23, So 10–17.30 Uhr) Das Carter-Observatorium am oberen Ende des Botanischen Gartens (S. 402) zeigt im kuppelförmigen Planetarium regelmäßig Multimedia-Shows zum Thema Raumfahrt (z. B. *Wir sind Aliens, Dynamische Erde, Ins All und zurück*) und erklärt den südlichen Sternenhimmel (Blick durchs Teleskop Di, Fr und Sa 1 Std. nach Sonnenuntergang). Alle aktuellen Veranstaltungstermine (z. B. über laufende Planetariums-Shows) finden sich auf der Webseite.

KURZINFOS: WELLINGTON & UMGEBUNG

Essen Wellington hat viele hervorragende Cafés und Restaurants.

Trinken Kaffee – Wellington ist rund um die Uhr aktiv.

Lesen Kurzgeschichten von Katherine Mansfield.

Hören Radio New Zealand National (101.3FM; www.radionz.co.nz).

Anschauen *Herr-der-Ringe*-Trilogie, gefilmt in „Wellywood".

Ökologisch reisen Wairarapas Pukaha Mount Bruce National Wildlife Centre (S. 432) mit seinen vielen einheimischen Vogelarten. Aber auch Aale und Tuataras leben dort.

Infos im Internet www.wellingtonnz.com, www.naturecoast.co.nz, www.wairarapanz.com, www.lonelyplanet.com/new-zealand/wellington

Vorwahl Wellington & Kapiti Coast ☎ 04, Wairarapa ☎ 06

Großraum Wellington

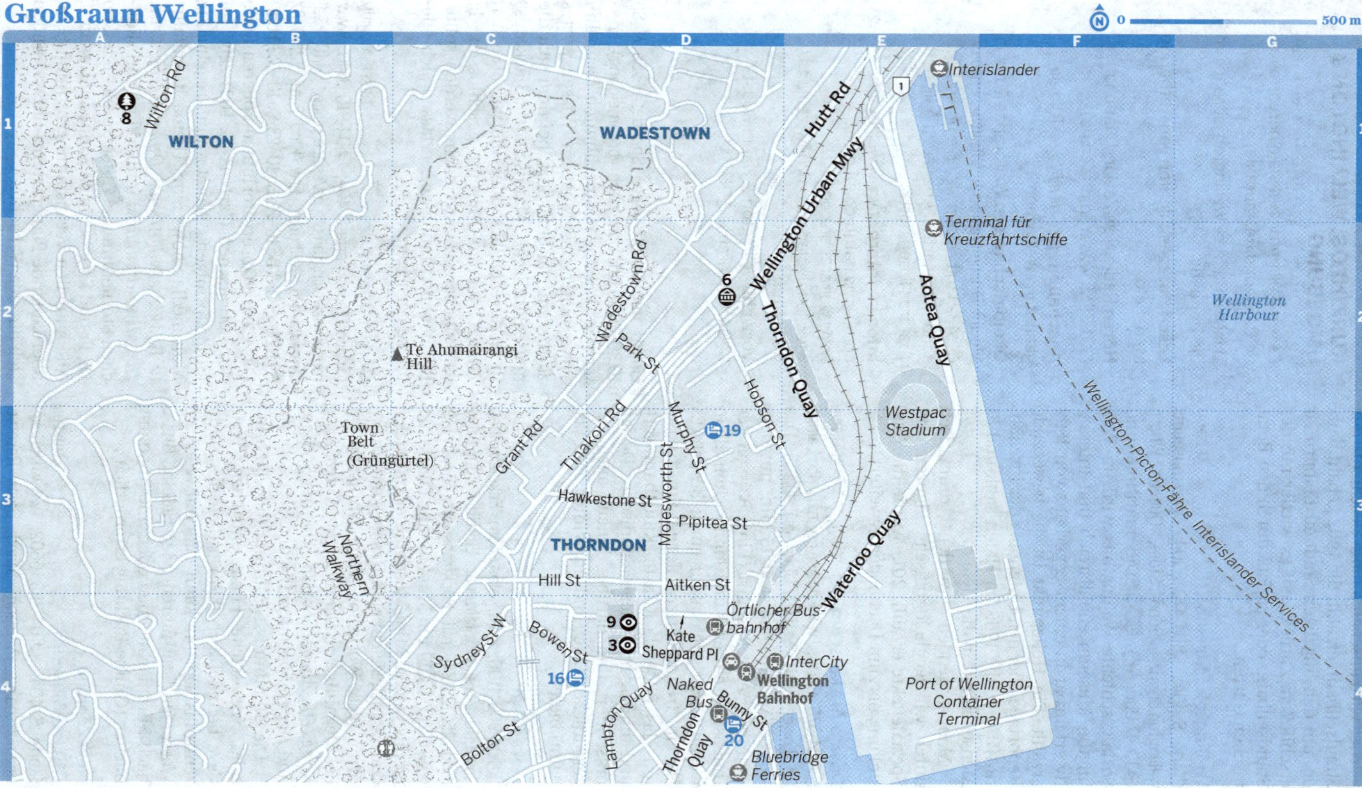

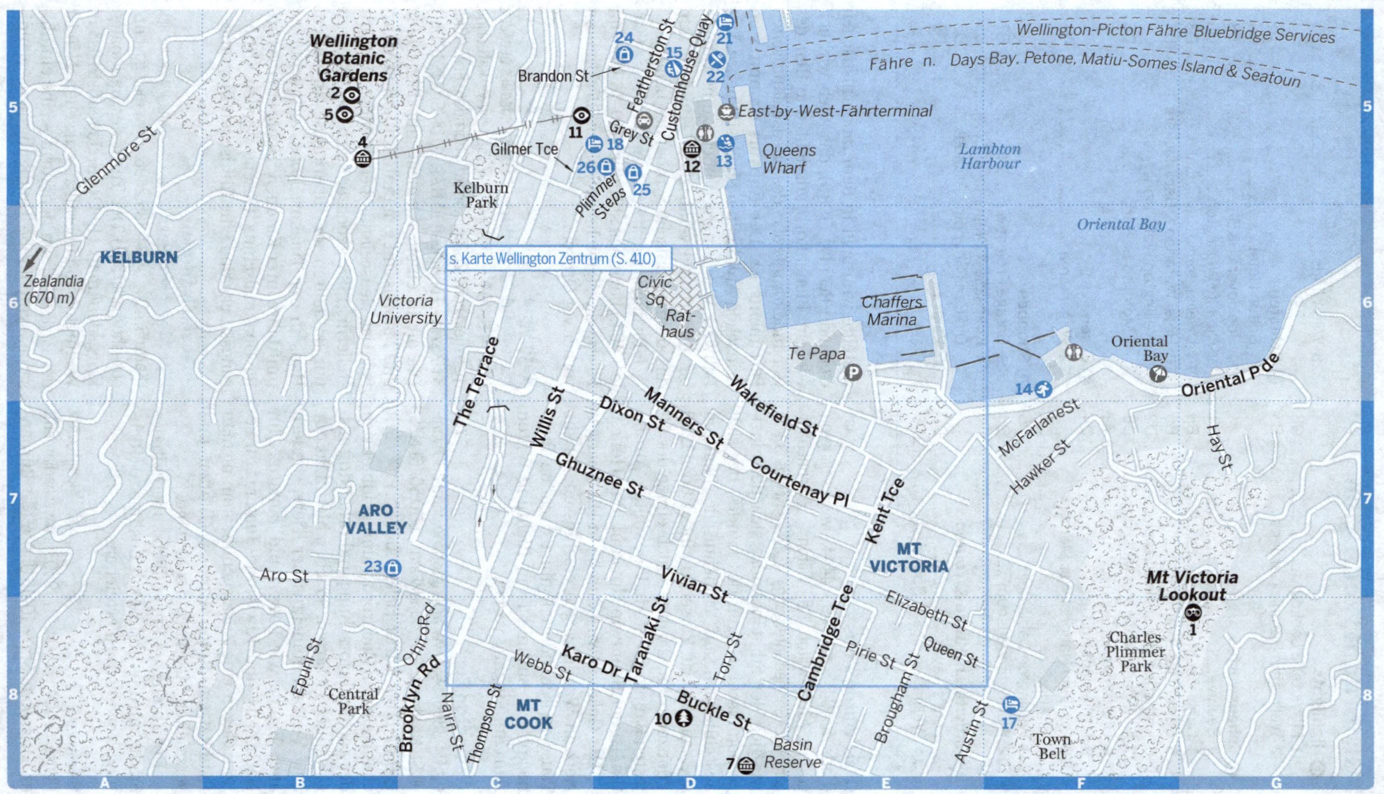
Wellington-Picton Fähre Bluebridge Services
Fähre n. Days Bay, Petone, Matiu-Somes Island & Seatoun
Wellington Botanic Gardens
Brandon St
Featherston St
Customhouse Quay
East-by-West-Fährterminal
Glenmore St
Gilmer Tce
Grey St
Queens Wharf
Lambton Harbour
Kelburn Park
Plimmer Steps
Oriental Bay
KELBURN
Zealandia (670 m)
s. Karte Wellington Zentrum (S. 410)
Civic Sq
Rathaus
Victoria University
Chaffers Marina
Te Papa
Oriental Bay
Oriental Pde
The Terrace
Willis St
Dixon St
Manners St
Wakefield St
McFarlane St
Hawker St
Hay St
Ghuznee St
Courtenay Pl
Kent Tce
ARO VALLEY
MT VICTORIA
Aro St
Vivian St
Mt Victoria Lookout
Elizabeth St
Cambridge Tce
Taranaki St
Tory St
Epuni St
Ohiro Rd
Brooklyn Rd
Webb St
Karo Dr
Pirie St
Queen St
Charles Plimmer Park
Central Park
Nairn St
Thompson St
MT COOK
Buckle St
Brougham St
Austin St
Basin Reserve
Town Belt
1
2
4
5
7
10
11
12
13
14
15
17
18
21
22
23
24
25
26
A
B
C
D
E
F
G
5
6
7
8

Großraum Wellington

Highlights
1 Mt Victoria Lookout ... G8
2 Wellington Botanic Gardens ... B5

Sehenswertes
3 Beehive ... D4
4 Cable Car Museum ... B5
5 Carter Observatory ... B5
6 Katherine Mansfield Birthplace ... D2
7 New Zealand Cricket Museum ... D8
8 Otari-Wilton's Bush ... A1
9 Parliament House ... D4
10 Pukeahu National War Memorial Park ... D8
11 Wellington Cable Car ... C5
12 Wellington Museum ... D5

Aktivitäten, Kurse & Touren
13 Ferg's Kayaks ... D5
14 Wellington Ocean Sports ... F6
15 Wild Winds ... D5

Schlafen
16 Bolton Hotel ... C4
17 Booklovers B&B ... F8
18 CityLife Wellington ... D5
19 Dwellington ... D3
20 Hotel Waterloo & Backpackers ... D4
21 Wellington Waterfront Motorhome Park ... D5

Essen
22 Wagamama ... D5

Shoppen
23 Garage Project ... B7
24 Kirkcaldie & Stains ... D5
25 Old Bank Shopping Arcade ... D5
26 Vault ... D5

Otari-Wilton's Bush
PARK

(Karte S. 404; ☎04-499 4444; www.wellington.govt.nz; 160 Wilton Rd, Wilton; ⏲Sonnenaufgang bis Sonnenuntergang) GRATIS Etwa 3 km westlich der Stadt befindet sich der einzige botanische Garten des Landes, der sich ausschließlich auf einheimische Pflanzen spezialisiert hat. Zu sehen gibt es über 1200 Pflanzenarten, darunter auch einige der ältesten Bäume der Stadt. Eine weitere Attraktion ist der Baumwipfelpfad in 18 m Höhe.

Das Gelände wird durch ein 11 km langes Netz an Wanderwegen erschlossen; für die Pause zwischendurch gibt es schöne Picknickplätze. Buslinie 14 in Richtung Wilton fährt am Eingang vorbei.

Wellington Zoo
ZOO

(☎04-381 6755; www.wellingtonzoo.com; 200 Daniell St, Newtown; Erw./Kind/Fam. 21/10,50/61 NZ$; ⏲9.30–17 Uhr, letzter Einlass 16.15 Uhr) Mit einem aktiven Zuchtprogramm widmet sich der Zoo der Erforschung und Erhaltung ausgewählter Tierarten. So leben hier nicht nur eine Vielzahl einheimischer Tiere, sondern auch Exoten wie Löwen und Tamarine. Im Nachthaus sind Kiwis und Tuataras zu sehen. Gegen eine Zusatzgebühr kommt man Raubkatzen, Roten Pandas, Giraffen und verspielten Meerkatzen sehr nahe.

Der Zoo liegt 4 km südlich außerhalb des Stadtzentrums und ist mit Buslinie 10 (Richtung Newtown) zu erreichen.

Beehive
ARCHITEKTUR

(Karte S. 404; ☎04-817 9503; www.parliament.nz; Molesworth St; ⏲10–16 Uhr) GRATIS Büroangestellte wimmeln in dem modernistischen Gebäude Beehive (1980), das auch wirklich wie ein Bienenkorb aussieht und Teil des Gebäudekomplexes des neuseeländischen Parlaments ist. Der Entwurf stammt vom britischen Architekten Sir Basil Spence. Das Bauwerk war seinerzeit höchst umstritten – bewundert und verabscheut – und ist nun das architektonische Symbol des Landes.

Führungen (inkl. **Parliament House** (Karte S. 404;) beginnen stündlich (10–16 Uhr) im Foyer; die Teilnehmer sollten 15 Minuten vorher vor Ort sein.

Katherine Mansfield Birthplace
HISTORISCHES GEBÄUDE

(Karte S. 404; ☎04-473 7268; www.katherinemansfield.com; 25 Tinakori Rd, Thorndon; Erw./Kind 8 NZ$/frei, Führungen 10 NZ$; ⏲Di–So 10–16 Uhr) Die oft in einem Atemzug mit Tschechow und Maupassant genannte Katherine Mansfield ist Neuseelands bedeutendste Schriftstellerin. 1888 geboren, starb sie 1923 mit nur 34 Jahren an Tuberkulose. In diesem Haus in der Tinakori Road verbrachte sie fünf Jahre ihrer Kindheit. Heute steht es unter Denkmalschutz. Gezeigt werden Erinnerungsstücke und eine filmischen Biografie.

Pukeahu National War Memorial Park
PARK, WAHRZEICHEN

(Karte S. 404; ☎04-385 2496; www.mch.govt.nz/pukeahu/park; SH1) Der Turm des nationalen Kriegsdenkmals (1932) im Jugendstil ist in Wellington von überall aus zu sehen. Neu ist der Park rund um den Turm – eine einfühlsame, symbolische Huldigung neuseeländi-

NICHT VERSÄUMEN

DIE SCHÄTZE DES MUSEUMS TE PAPA

Te Papa (Karte S. 410; ☎ 04-381 7000; www.tepapa.govt.nz; 55 Cable St; ⏲ 10–18 Uhr; 👪) GRATIS Das Museum gehört zum Pflichtprogramm eines jeden Wellington-Besuchs und das nicht nur, weil es Neuseelands Nationalmuseum ist! Es ist interaktiv, macht Spaß und steckt voller Überraschungen. „Te Papa Tongarewa" bedeutet übersetzt so viel wie „Schatzkiste" – sehr passend. Zu den Schätzen des Hauses gehören eine erstaunliche Sammlung an Māori-Artefakten und das museumseigene, farbenprächtige *marae* (Versammlungshaus). Es gibt Naturkunde- und Umweltausstellungen, Abteilungen zur pazifischen und neuseeländischen Geschichte, die nationale Kunstsammlung und thematische, interaktive „Entdeckerzentren" für Kinder. Für Sonderausstellungen mit Arbeiten berühmter Künstler wird Eintritt verlangt, ansonst ist der Eintritt kostenlos.

Besucher können locker einen ganzen Tag in den sechs Stockwerken des Te Papa verbringen und hätten noch immer nicht alles gesehen. Am besten ist es, sich an den Informationsschalter im ersten Stock zu wenden. Um die Highlights zu sehen, empfiehlt sich die einstündige Führung „Introducing Te Papa" (Erw./Kind 15/7 NZ$). Die Führungen beginnen am Informationsschalter täglich um 10.15, 12 und 14 Uhr, donnerstags zusätzlich um 19 Uhr. Die „Māori-Highlight"-Touren (20/10) starten täglich um 12 Uhr. Zwei Cafés und zwei Andenkenläden gibt es außerdem im Te Papa, das durchaus auch zwei oder mehr Besuche vertragen kann.

Die große Attraktion derzeit ist die Ausstellung „Gallipoli: The Scale of Our War" über die Beteiligung Neuseelands an der Gallipoli-Schlacht im Ersten Weltkrieg, und zwar aus der Sicht von acht neuseeländischen Bürgern. Dabei schaffen die hyperreellen, von Weta Workshop erstellten Modelle einen besonders lebendigen Eindruck. Die Ausstellung wird bis 2018 im Te Papa gezeigt.

scher Soldaten und Soldatinnen. Der Platz strahlt nüchterne Ruhe aus – selbst die Skater halten dort Abstand zur Anlage.

Aktivitäten

Der Hafen von Wellington bietet Möglichkeiten für viele Aktivitäten: Kajakfahren, Stand-up-Paddeln, Segeln, Windsurfen ... windig genug ist es ja, das muss ausgenützt werden! Am Ufer kann man Klettern, Radfahren und einen Hochseilgarten besuchen. Die *Wellington City Cycle Map* informiert über die Fahrradwege der Stadt.

★ **Ferg's Kayaks** KAJAKFAHREN, RADVERLEIH
(Karte S. 404; ☎ 04-499 8898; www.fergskayaks.co.nz; Shed 6, Queens Wharf; ⏲ Mo–Fr 10–18, Sa & So 9–18 Uhr) bietet eine Kletterhalle (Erw./Kind 15/10 NZ$), Inlineskaten am Meer (2 Std. 20 NZ$) oder Kajak- bzw. Stand-Up-Paddeltouren (Std. ab 20 NZ$). Weiter im Angebot ist ein Fahrradverleih (1 Std. ab 20 NZ$) und die Möglichkeit zu begleiteten Kajakfahrten.

Wellington Ocean Sports SEGELN
(Karte S. 404; ☎ 04-939 6702; www.oceansports.org.nz; 115 Oriental Parade; Segeln im Hafen pro Pers. 40 NZ$; ⏲ Kartenschalter 9–17 Uhr) Einstündige Segeltörns im Hafen finden Freitag, Samstag und Sonntag um 10.30 und 14 Uhr statt – eigene Segelerfahrung ist dabei nicht erforderlich! Ebenfalls im Angebot: Stand-up-Paddeln, Windsurfen und Kajakfahren.

Wild Winds WINDSURFEN, STAND-UP-PADDELN
(Karte S. 404; ☎ 04-473 3458; www.wildwinds.co.nz; 36 Customhouse Quay; ⏲ Mo–Fr 10–17.30, Sa 10–15 Uhr) Bei all dem Wind und dem vielen Wasser ist Wellington geradezu ideal zum Windsurfen, Kiteboarden oder Stand-up-Paddeln. Wild Winds bietet alle drei Sportarten an; eine zweistündige Unterrichtseinheit kostet ab 110 NZ$.

Makara Peak Mountain Bike Park MOUNTAINBIKEN
(www.makarapeak.org; 116 South Karori Rd, Karori; Eintritt gegen Spende ; ⏲ Sonnenaufgang bis Sonnenuntergang) Durch den tollen, 230 ha großen Park in den Hügeln von Karori (7 km westlich des Stadtzentrums) ziehen sich 45 km Single Tracks in allen Schwierigkeitsgraden.

Das nahe gelegene Unternehmen **Mud Cycles** (☎ 04-476 4961; www.mudcycles.co.nz; 424 Karori Rd, Karori;) verleiht Mountainbikes (halber/ganzer Tag/Wochenende ab 35/60/100 NZ$;

⌚Mo, Di, Do & Fr 9.30–18.30, Mi 9.30–19, Sa 9–17, So 10–17 Uhr) und bietet geführte, unterschiedlich schwere Touren für Radler an.

Wellington entwickelt sich zu einem echten Mountainbike-Mekka – auf der Homepage www.tracks.org.nz finden sich dazu viele Infos. Erreichbar mit Bus 3 nach Kaori.

On Yer Bike FAHRRADVERLEIH
(Karte S. 410; ☎04-384 8480; www.onyerbikeavantiplus.co.nz; 181 Vivian St; Stadtrad/Mountainbike Tag 30/40 NZ$; ⌚Mo–Fr 8.30–17.30, Sa 9–17 Uhr) Guter Fahrradverleih in der Innenstadt.

Adrenalin Forest ABENTEUERSPORT
(☎04-237 8553; www.adrenalin-forest.co.nz; Okowai Rd, Porirua; Erw./Kind 3 Std. 42/27 NZ$; ⌚10–14.30 Uhr, letzter Einlass um 14.30 Uhr) Adrenalin Forest bietet einen schönen Hochseilgarten mit einem Netz an Drahtseilen, Hängebrücken und Plattformen, die in hohen Kiefern aufgehängt sind. Der Hochseilgarten ist mit dem eigenen Wagen oder mit Bus 211 nach Porirua erreichbar. Der nächstgelegene Bahnhof (Zug nach Kapiti) liegt 2 km entfernt.

☞ Geführte Touren

Walk Wellington STADTFÜHRUNGEN
(☎04-473 3145; www.walkwellington.org.nz; Erw./Kind 20/10 NZ$) Informative und preisgünstige, zweistündige Führung durch die Stadt und entlang des Ufers. Alle Rundgänge starten am i-SITE. Die Stadtführung kann online oder telefonisch gebucht werden, aber auch ohne Voranmeldung kann man mit etwas Glück mitgehen. Von Dezember bis Februar starten die Touren täglich um 10 Uhr, montags, mittwochs und freitags auch um 17.30 Uhr.

Wellington Hop On Hop Off BUSTOUR
(☎0800 246 877; www.hoponhopoff.co.nz; pro Pers. 45 NZ$) Bei den zweistündigen Stadtrundfahrten, die von 10 bis 14 Uhr stündlich beim i-SITE beginnen, kann an 17 Haltestellen ein- und ausgestiegen werden. Die Karten sind jeweils 24 Stunden lang gültig.

Kiwi Coastal Tours GELÄNDEWAGENTOUREN
(☎027 252 0099, 021 464 957; www.kiwicoastaltours.co.nz; 3/5 Std. 150/250 NZ$) Ausgezeichnete Entdeckungsfahrten entlang der rauen Südküste mit Vierradantrieb, begleitet von einem örtlichen Māori-Führer, der viel zu erzählen hat.

Flat Earth TOUREN
(☎04-472 9635, 0800 775 805; www.flatearth.co.nz; Halber/ganzer Tag 175/385 NZ$) Verschiedene geführte Touren in kleineren Gruppen zu ganz unterschiedlichen Themen: City-Höhepunkte, Schätze der Māori, Kunst, Wildnis und Drehorte von Mittelerde aus dem Kinofilm *Herr der Ringe*. Weintouren nach Martinborough sind ebenfalls möglich.

WELLINGTON IN ...

... zwei Tagen

Für einen ersten Überblick über die Gegend empfiehlt sich die Wanderung (oder Autofahrt) zum **Mount Victoria Lookout** oder die Fahrt mit der Standseilbahn in die **Wellington Botanic Gardens**. Nach dem Lunch in der aufregenden **Cuba Street** geht es ins Neuseelandmuseum **Te Papa** oder alternativ ins **Wellington Museum**. Mit einer Tour durch die zahlreichen Bierkneipen der Stadt kann der Tag dann ausklingen.

Tag 2 beginnt mit Kaffee und Eiern bei **Fidel's**, einer echten Institution in Wellington, dann geht es weiter ins Naturschutzgebiet **Zealandia** zu den Vögeln. Hier erfährt man viel über Neuseelands Artenschutzprogramm. Andere „komische Vögel" bekommt man bei einer Führung durch das **Parliament House** zu sehen. Bei **Moore Wilson** deckt man sich am besten mit Käse und Wein für ein abendliches Picknick im Waitangi Park ein, bevor man sich wieder ins Nachtleben mit Livemusik stürzt oder einen Kinobesuch im schön restaurierten **Embassy Theatre** unternimmt.

... vier Tagen

Nach den ersten beiden Tagen geht es am dritten Tag auf See zur Robbensafari ans wilde **Cape Palliser**, gefolgt von einer Weinprobe bei den Winzern um **Martinborough** im Weinanbaugebiet Wairarapa. Am letzten Tag lockt dann **Paekakariki** an der Kapiti Coast mit einem Bad im Meer und einem Eis am Strand, bevor die Dünen im benachbarten **Queen Elizabeth Park** in Angriff genommen werden.

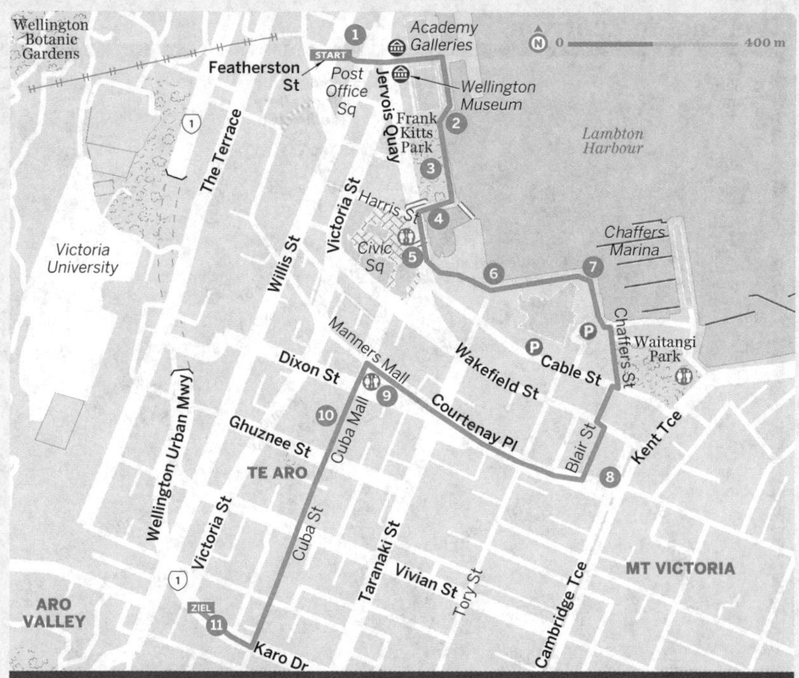

Stadtspaziergang Skulpturenweg

START POST OFFICE SQUARE
ZIEL KARO DRIVE
LÄNGE/DAUER 3,5 KM; 2–3 STUNDEN

Startpunkt ist der Post Office Square, wo Bill Culberts 1 **SkyBlues** wie Spiralnudeln in den Himmel ragen. Nach Überqueren des Jervois Quay geht es zwischen den Academy Galleries und dem Wellington Museum weiter. Am Queens Wharf biegt man nach Süden ab, am großen Bootsschuppen vorbei zum 2 **Water Whirler** von Len Lye. Die nur scheinbar starre, kinetische Nadel erwacht mehrmals täglich zur vollen Stunde zum Leben.

Weiter geht es auf der Promenade unterhalb der 3 **Masten der *Wahine***, die 1968 im Hafen sank. Um die Ecke steht die weiße, walähnliche 4 **Albatross Fountain**. Ein kleiner Umweg führt zur Fußgängerbrücke 5 **City to Sea Bridge** mit ihren verwitterten Holzskulpturen. Zurück am Hafen geht es weiter am *whare waka* (Kanu-Haus) vorbei zum Liegeplatz der 6 **Hikitia**, dem ältesten Schwimmkran der Welt – ebenfalls eine Art Skulptur. Abkühlung verspricht ein Sprung vom Sprungturm ins Wasser, danach geht's weiter am Kai, vorbei an der Bronzestatue 7 **Solace in the Wind**. Über die Fußbrücke gelangt man in den Waitangi Park, dann weiter nach Süden Richtung Courtenay Place über die Chaffers und die Blair Street mit ihren alten Lagerhäusern.

Am Courtenay Place steht die langbeinige Eisenskulptur 8 **Tripod**. Weiter nach Westen kommt man über die Taranaki Street zum Dreieck des 9 **Te Aro Parks** mit dem Kanu-Bug und den Stolpersteinen. An der Cuba Street läuft man durch die Fußgängerzone nach Süden. Vorsicht beim hinterhältigen 10 **Bucket Fountain,** dessen einzige Funktion es ist, Fußgänger nass zu spritzen! Durch mehrere Tore erreicht man das Ende der Cuba Street und die Reste der historischen Altstadt, durch die nun die umstrittene innerstädtische Umgehungsstraße führt.

Der Spaziergang endet bei Regan Gentrys brillanter, geheimnisvoller Skulptur 11 **Subject to Change** gleich neben dem 7,5 m tiefen Brunnen Tonks' Well (Mitte des 19. Jhs.).

Wellington Zentrum

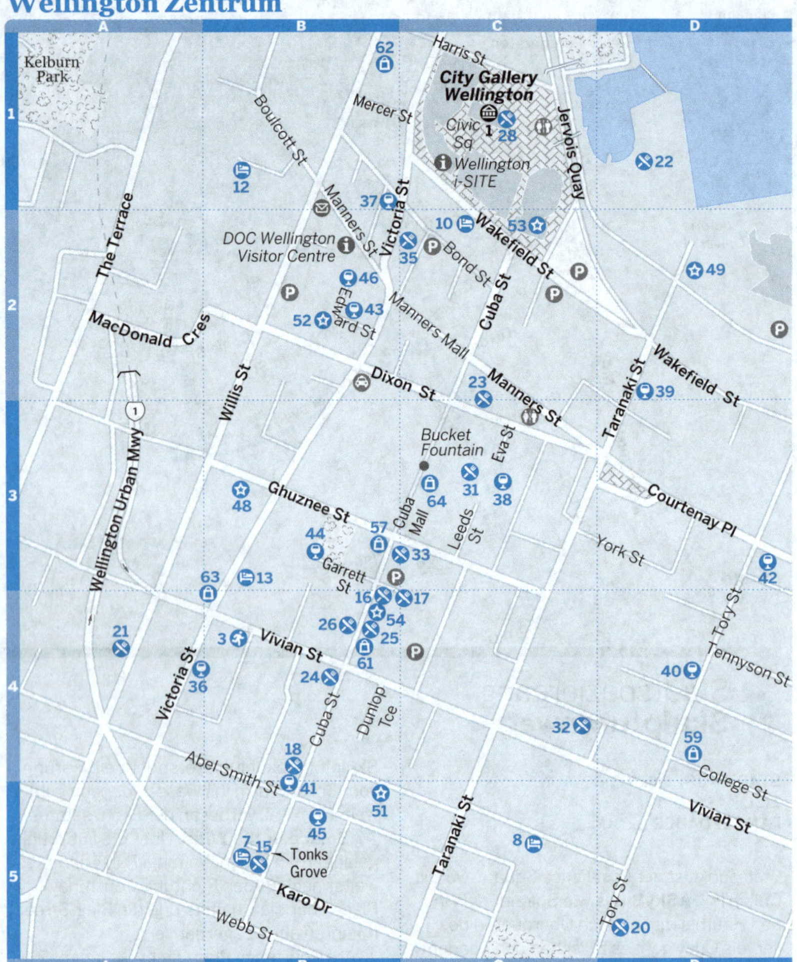

Zest Food Tours ESSEN
(☎ 04-801 9198; www.zestfoodtours.co.nz; Touren ab 179 NZ$) Veranstaltet Feinschmeckerfahrten in kleinen Gruppen in und rund um die Innenstadt (3–5½ Std.) sowie ganztägige Ausflüge über die Hügel ins Weinanbaugebiet Wairarapa (S. 429).

Wellington Movie Tours TOUREN
(☎ 027 419 3077; www.adventuresafari.co.nz; Erw./Kind Touren ab 45/30 NZ$) Halb- und Ganztagestouren, bei denen mehr Requisiten, Filmausschnitte und Drehorte von Mittelerde zu sehen sind, als selbst hartgesottene Fans bewältigen können.

Feste & Events

Den Veranstaltungskalender der Stadt bekommt man beim i-SITE. Karten für Veranstaltungen können bei Ticketek (www.ticketek.co.nz) und TicketDirect (www.ticketdirect.co.nz) gebucht werden.

Summer City KULTUR
(www.wellington.govt.nz; ⏲ Jan.–März) Ein ganzer Reigen sommerlicher Veranstaltungen, oft kostenlos und im Freien (wie etwa die wunderbaren Konzerte „Gardens Magic"), findet von Januar bis März statt. Auch das Wellington Pasifika Festival und die Feier-

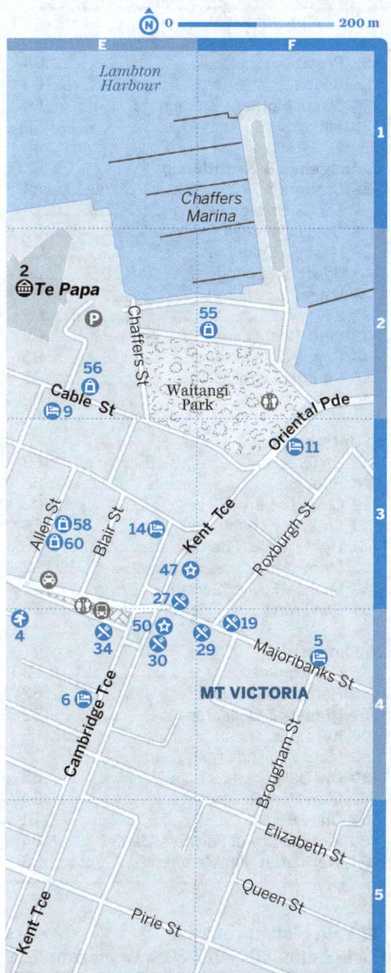

lichkeiten anlässlich des Waitangi Day sind Teil von Summer City.

Wellington Sevens SPORT
(www.sevens.co.nz; ⌚Ende Jan.–Anfang Feb.) Die sieben weltbesten Rugby-Teams prallen so hart aufeinander, dass die Erde zittert. Die Nachfrage ist groß – eine blitzschnelle Vorausbuchung ist ein Muss.

Fringe NZ KULTUR
(www.fringe.org.nz; ⌚Feb.–März) Das Fringe NZ steht für drei Wochen voller avantgardistischer, experimenteller bildender Kunst, Musik, Tanz und Theater.

New Zealand Festival KULTUR
(www.festival.co.nz; ⌚Feb.–März) Die einmonatige Biennale (gerade Jahreszahlen; Mitte Feb.–Mitte März) ist ein Reigen spektakulärer Darbietungen in den Sparten Theater, Tanz, Musik, Bildende Kunst und Literatur. Hier treffen sich viele internationale Teilnehmer und machen das Festival zu einem der kulturellen Höhepunkte des Veranstaltungsjahres.

NZ International Comedy Festival COMEDY
(www.comedyfestival.co.nz; ⌚April–Mai) Drei Wochen lang werden die Lachmuskeln strapaziert, wenn bekannte einheimische Komiker, aber auch weltberühmte Größen, in der Stadt auftreten.

Wellington Jazz Festival JAZZ
(www.jazzfestival.co.nz; ⌚Mitte Juni) Fünf Tage lang hört man besten Jazz in und um die Hauptstadt – definitiv ein gutes Mittel gegen die Winterkälte.

Matariki KULTUR
(www.tepapa.govt.nz; ⌚Mitte Juni–Mitte Juli) Das Neujahrsfest der Māori wird vier Wochen lang mit einem kostenlosen Festival mit Tanz, Musik und anderen Veranstaltungen im Te Papa (S. 407) gefeiert.

New Zealand International Film Festival FILM
(www.nzff.co.nz; ⌚Juli–Aug.) Zweiwöchiges Filmfest (auch in Auckland) mit Indie-Filmen und Bewertung der besten neuseeländischen und internationalen Filme.

Beervana BIER
(www.beervana.co.nz; ⌚Aug.) Craft-Beer-Liebhaber treffen sich ein Wochenende lang in die Stadt, um Bier zu verkosten und sich die Bärte zu streichen. Das Beervana der Bierfreunde liegt übrigens im Westpac Stadion.

Wellington on a Plate ESSEN
(www.wellingtononaplate.com; ⌚Aug.) Ein köstliches Programm gastronomischer Events und günstige Angebote in Restaurants in und um die Stadt.

World of WearableArt Awards Show MODE
(WOW; www.worldofwearableart.com; ⌚Sept.) Zwei Wochen lang wird spektakuläre Kleidung präsentiert (Kostüme oder Kunst – das ist hier die Frage).

Die Karten sind heiß begehrt, entsprechend sind alle Unterkünfte im Umkreis der Stadt schon wochenlang vorher ausgebucht.

Wellington Zentrum

Schlafen

Die Unterkünfte in Wellington sind in der Regel teurer als in anderen Regionen. Es gibt jedoch eine große Auswahl unweit des Stadtzentrums. Auch Parkplätze sind rar und sollten deshalb schon im Voraus reserviert werden.

Bei Wellingtons günstigen Unterkünften handelt es sich meist um Hostels in mehrstöckigen Gebäuden. Die meisten Ferienanlagen liegen außerhalb des Stadtgebiets, Motels finden sich verstreut am Stadtrand. Ferienwohnungen sind sehr beliebt und werden häufig übers Wochenende günstiger vermietet.

In der Hochsaison von Dezember bis Februar und während größerer Veranstaltungen (siehe Kap. Feste & Events) muss die Unterkunft frühzeitig gebucht werden.

★ YHA Wellington City HOSTEL $
(Karte S. 410; ☎04-801 7280; www.yha.co.nz; Ecke Cambridge Terr. & Wakefield St; B ab 32 NZ$, 2BZ/DZ ohne Bad 95/98 NZ$, 2BZ & DZ mit Bad 133 NZ$; @ 📶) 🍃 Wellingtons bestes Hostel punktet mit fantastischen Gemeinschaftsräumen, darunter zwei große Küchen mit Speiseräumen, einem separaten Spielzimmer, einem Lesezimmer und einem Fernsehzimmer. Auch die Umweltfreundlichkeit (Recycling, Kompostierung und stromsparend erzeugtes Heißwasser) des Hauses beeindruckt. Die Rezeption bietet einen Buchungsservice und einen Espresso.

Dwellington HOSTEL $
(Karte S. 404; ☎04-550 9373; www.thedwellington.co.nz; 8 Halswell St, Thorndon; B/2BZ/DZ/3BZ mit Frühstück ab 25/90/90/100 NZ$; P 📶)

WELLINGTON MIT KINDERN

Der mit Abstand größte Hit für Kids in Wellington ist **Te Papa** (S. 407) – das Nationalmuseum selbst scheint von Fünfjährigen gestaltet und eingerichtet worden zu sein. Es gibt jede Menge interaktiver Spielereien und weit mehr krabbelnde, komische und verblüffende Dinge zu entdecken, als man sich vorstellen kann. Dazu kommen noch zahllose Sonderaktionen für alle Altersstufen. Auf der Webseite wurde sogar eine spezielle Seite für Kinder eingerichtet.

Das Museum liegt zudem sehr günstig zwischen dem **Frank Kitts Park** und dem **Waitangi Park** mit ihren Spielplätzen sowie in unmittelbarer Nähe von Rollschuhbahnen, Eisständen und Espressobars für die Eltern.

Eine Fahrt mit der Standseilbahn (S. 402) und eine Runde durch die **Wellington Botanic Gardens** (S. 402) hält die Kleinen ordentlich auf Trab. Wenn es dunkel wird, können sie dann im **Carter Observatory** (S. 403) einen Blick auf die Sterne weit entfernter Galaxien werfen. Wesentlich irdischer sind die teilweise recht merkwürdigen Tiere im **Wellington Zoo** (S. 406) oder in **Zealandia** (S. 402).

Das Dwellington ist noch relativ neu und ein gelungenes Experiment: Zwei denkmalgeschützte Gebäude wurden zusammengelegt und zu einem Backpacker-Hotel umgebaut. Alles ist sauber, hell und komfortabel, dazu günstig nahe der Fährterminals sowie Bus- und Bahnstationen gelegen. Allerdings ist es zu den Bars und Lokalen der Cuba Street ein längerer Spaziergang (alles eine Frage der Prioritäten). Weitere Pluspunkte: das kostenlose WLAN und Tennisplätze!

Trek Global HOSTEL $
(Karte S. 410; ☎0800 868 735, 04-471 3480; www.trekglobal.net; 9 O'Reilly Av.; B 22–29 NZ$, EZ 59 NZ$, 2BZ mit/ohne Bad 89/69 NZ$; P @ WLAN) Die großen Vorteile des Hostels in einer Nebenstraße sind der tolle Eingangsbereich zum Chillen und der gemütliche Fernsehraum. Die Schlafräume und Küchen sind durch lange, enge Korridore miteinander verbunden, aber es geht dennoch recht ruhig zu. Die Zimmer sind sauber und es gibt nette Extras wie einen Fahrradverleih, einen Parkplatz (Tag 20 NZ$) und einen Frauenschlafsaal mit Sonnenterrasse.

Hotel Waterloo & Backpackers HOSTEL $
(Karte S. 404; ☎0800 225 725, 04-473 8482; www.hotelwaterloo.co.nz; 1 Bunny St; B/EZ/2BZ ab 29/68/76 NZ$, DZ mit/ohne Bad ab 107/89 NZ$; WLAN) In einem schönen Art-déco-Hotel (1937) nahe der Bahnlinie ist das alte Waterloo untergebracht. Es gibt saubere, helle Zimmer und jede Menge geräumiger Gemeinschaftsräume mit Charakter (z. B. die Bar). Günstige Mahlzeiten werden morgens und abends im Speiseraum serviert.

Cambridge Hotel HOSTEL, HOTEL $
(Karte S. 410; ☎04-385 8829, 0800 375 021; www.cambridgehotel.co.nz; 28 Cambridge Terr.; B 25–30 NZ$, mit/ohne Bad EZ ab 90/65 NZ$, DZ ab 105/85 NZ$; @ WLAN) Das traditionelle Hotel mit Pub im Stadtzentrum bietet Zimmer mit Bad, Sky-TV und Kühlschrank (Lärmempfindliche sollten Zimmer nach hinten nehmen). Der Backpacker-Flügel bietet eine gemütliche Essküche, saubere Bäder und Schlafsäle mit wenig Tageslicht, aber hohen, holzverkleideten Decken. Ein weiterer Pluspunkt ist das Frühstück für 3 NZ$.

Nomads Capital HOSTEL $
(Karte S. 410; ☎04-978 7800, 050 866 6237; www.nomadsworld.com; 118 Wakefield St; B/DZ mit Frühstück & leichtem Abendessen ab 28/95 NZ$; P WLAN) Das Nomads liegt mitten im Zentrum, ist gut gesichert und bietet saubere Zimmer und eine hauseigene Café-Bar. Küche und Lounge wirken ein wenig eng, aber der gute Service und die historische Atmosphäre lassen dieses Manko vergessen. Parkplätze werden für 18 NZ$ vermietet.

Wellington Top 10 Holiday Park FERIENPARK $
(☎04-568 5913, 0800 948 686; www.wellingtontop10.co.nz; 95 Hutt Park Rd, Seaview; Stellplatz 50 NZ$, Hütte 70–112 NZ$, Wohneinheit 120–185 NZ$; P WLAN) Der Park liegt in Seaview, 13 km nordöstlich von Wellington, und somit recht praktisch unweit der Fähre.

Zu den familienfreundlichen Einrichtungen zählen Gemeinschaftsküchen, das Spielzimmer, eine Hüpfburg und ein Spielplatz. Weniger schön ist die Lage mitten in einem Industriegebiet.

Der Anfahrtsweg: Vom SH2 der Beschilderung in Richtung Petone und Seaview folgen. Die Buslinie 83 fährt ebenfalls dorthin.

★City Cottages FERIENHÄUSER $$
(Karte S. 410; ☎021 073 9232; www.citybedandbreakfast.co.nz; 5 & 7 Tonks Gr.; DZ/FZ 185/219 NZ$; P 📶) Die beiden winzigen Häuschen von 1880 stehen mitten in einem Viertel voller historischer Häuser im Stil der Cuba Street. Durch geschickten Umbau wurden sie in moderne, komplett ausgestattete Einzimmerapartments verwandelt. Die sind ideal für zwei Personen, bieten dank ausziehbarer Sofas aber auch Platz für vier. Sie sind stilvoll, praktisch und sehr „kubanisch". Alles ist sehr cool, aber nicht sehr ruhig.

★Gourmet Stay BOUTIQUEHOTEL $$
(Karte S. 410; ☎04-801 6800; www.gourmetstay.co.nz; 25 Frederick St; EZ/DZ/3BZ/FZ mit Frühstück ab 55/135/199/225 NZ$; P 📶) Das fantastische, neue schokofarbene Boutique-Hotel in einer Nebenstraße bietet 13 Zimmer auf drei Stockwerken, die alle unterschiedlich eingerichtet sind. Die meisten haben ein Bad im Zimmer, andere ihr Bad im Flur. Alle Gästezimmer sind geschmackvoll mit schönem Bettzeug und Kunst eingerichtet. An der Tafel im Frühstücksraum finden sich Gourmet-Tipps für einen Restaurantbesuch in der Stadt. Sehr aufmerksam!

Booklovers B&B B&B $$
(Karte S. 404; ☎04-384 2714; www.booklovers.co.nz; 123 Pirie St; EZ/DZ/3BZ ab 160/200/295 NZ$; P 📶) Die schöne Pension der Schriftstellerin Jane Tolerton ist voller Bücher und bietet drei Doppelzimmer mit eigenem Bad, eines davon mit einem dritten Bett. Der Bus zum Courtenay Place und Bahnhof fährt am Haus vorbei, die „grüne Lunge" der Stadt beginnt gleich nebenan. WLAN und Parkplätze sind kostenlos.

Victoria Court Motor Lodge MOTEL $$
(Karte S. 410; ☎0800 282 8502, 04-385 710; www.victoriacourt.co.nz; 201 Victoria St; DZ/4BZ/FZ ab 150/170/205 NZ$; P 📶) Das schöne dreistöckige, zitronengelbe Motel liegt unweit der Cuba Street und vermietet geräumige Apartments und Wohnungen mit Küchenzeile, hochwertigen Holzmöbeln und frisch renovierten Bädern. Es gibt sogar zwei behindertengerecht konzipierte Wohneinheiten. Die größeren Apartments bieten Platz für bis zu sechs Personen. Gäste parken kostenlos auf dem Gelände.

CityLife Wellington APARTMENT $$
(Karte S. 404; ☎04-922 2800, 0800 368 888; www.heritagehotels.co.nz; 300 Lambton Quay; DZ ab 189 NZ$, 1-/2-Zimmer-Apartments ab 209/239 NZ$; P @ 📶) Die luxuriösen Apartments mit Hotelservice mitten im Stadtzentrum haben ein bis zwei Schlafzimmer, einige mit komplett ausgestatteter Küche und Waschmaschine sowie Blick auf den Hafen. Am Wochenende sind sie ein echtes Schnäppchen. Die Einfahrt für Autos liegt in der Gilmer Terrace, einer Seitenstraße der Boulcott Street (Parkplatz Tag 20 NZ$).

Apollo Lodge MOTEL, APARTMENT $$
(Karte S. 410; ☎04-385 1849, 0800 361 645; www.apollolodge.co.nz; 49 Majoribanks St; DZ 145–165 NZ$, 2-Zimmer-Apt. ab 200 NZ$, zusätzliche Person 20 NZ$; P 📶) Unweit des Courtenay Place liegt diese lose Ansammlung von mehreren Wohneinheiten mit ein bis zwei Schlafzimmern – zur Auswahl stehen kleine Apartments bis hin zu familienfreundlichen Wohnungen mit komplett ausgestatteter Küche. Alles ist recht preiswert für die stadtnahe Lage.

★Ohtel BOUTIQUEHOTEL $$$
(Karte S. 410; ☎04-803 0600; www.ohtel.com; 66 Oriental Parade; DZ 249–425 NZ$; 📶) Das Hotel in der Oriental Parade ist ein wahres Schmuckstück. Die individuell eingerichteten Zimmer und Suiten sind mit stilvollen Möbeln, moderner Kunst und Keramik ausgestattet, die der Inhaber und Architekt des Hauses begeistert zusammenträgt. Am besten den Lieblingscocktail mixen und in der edlen Badewanne genießen. Die schönsten Zimmer haben Blick auf Wellingtons Hafen. Fazit: elegant in guter Lage.

Museum Art Hotel HOTEL $$$
(Karte S. 410; ☎0800 994 335, 04-802 8900; www.museumhotel.co.nz; 90 Cable St; Zi/Apt. ab 239/309 NZ$; @ 📶 ✖) Das einstige „Hotel de Wheels" ist heute ein mit Kunstgegenständen dekoriertes immer noch großartiges Hotel. Um Platz für das Te Papa zu schaffen, wurde es von seinem originalen Standort 120 m weiter an seinen heutigen Platz versetzt. Ein engagiertes Personal, ein sehr gutes Restaurant mit abgefahrener Einrichtung und coole Musik in der Lobby sorgen für eine erfrischende Abwechslung von den sonst einheitlichen Businesshotels. Es gibt tolle Wochenend- und Wochenpreise.

Bolton Hotel HOTEL $$$
(Karte S. 404; ☎04-472 9966; www.boltonhotel.co.nz; 12 Bolton St; DZ 199–354 NZ$; P 📶 ✖) Zu

den Gästen in den 139 Zimmern auf 19 Etagen zählen Diplomaten und Top-Führungskräfte aus der Wirtschaft.

Die Zimmer des künstlerisch angehauchten Hotels sind ganz unterschiedlich gehalten. Allen gemeinsam ist die Farbwahl (gedämpfte Töne), die edle Bettwäsche und die farbenfrohen Kunstwerke. Die meisten Zimmer haben voll ausgestattete Küchen und verfügen teilweise über Park- oder Stadtblick.

Essen

Wellington bietet eine verblüffend vielseitige Auswahl an Essmöglichkeiten: moderne Cafés und noble Restaurants sowie zahllose Nudelküchen, bei denen die große Konkurrenz dafür sorgt, dass der Standard hoch und die Preise niedrig bleiben.

Sonntags gibt es in der Innenstadt jeweils von Sonnenaufgang bis gegen 14 Uhr gleich drei ausgezeichnete Lebensmittelmärkte: den **Farmers Market** (Karte S. 410; Ecke Victoria & Vivian St; ⌚So 6.30–14.30 Uhr) mit viel Obst und Gemüse, den **Harbourside Market** (Karte S. 410; ☎04-495 7895; www.harbour sidemarket.co.nz; Ecke Cable & Barnett St; ⌚So 7.30–14 Uhr) mit erweitertem Angebot neben dem Te Papa und schließlich den City Market (S. 421) .

★Fidel's CAFÉ $

(Karte S. 410; ☎04-801 6868; www.fidelscafe.com; 234 Cuba St; Hauptgerichte 10–24 NZ$; ⌚Mo–Fr 7.30 bis spätabends, Sa 8 Uhr bis spätabends, So 9 Uhr bis spätabends; ✎) Eine Institution in der Cuba Street für die koffeinsüchtige Alternativszene.

Die winzige Küche produziert am laufenden Band Eier in jeglicher Form, außerdem Pizzas und hervorragende Salate sowie die besten Milchshakes der Stadt. Revolutionsrelikte schmücken innen die Wände des coolen Cafés, draußen stehen zusätzlich Tische. Die superemsige Bedienung hat das Chaos bewundernswert gut im Griff. Zur Straße hin gibt es eine Theke für einen Coffee-to-go.

★Mt Vic Chippery FISH & CHIPS $

(Karte S. 410; ☎04-382 8713; www.mtvicchip pery.co.nz; 5 Majoribanks St; Gerichte 8–16 NZ$; ⌚12–20.45 Uhr; 👪) In dieser Fischbude gibt es Fish & Chips nach Nummern: 1. Fisch auswählen (mindestens drei Arten), 2. Panade auswählen (Bierteig, Panko-Panade, Tempura ...), 3. Chips auswählen (fünf Sorten), 4. Aioli, Coleslaw, Salat oder Sauce hinzufügen, dazu einen guten Softdrink bestellen. 5. Im Lokal genießen oder mitnehmen. Burger und Würstchen im Teigmantel gibt es für alle, die keinen Fisch mögen.

Midnight Espresso CAFÉ $

(Karte S. 410; ☎04-384 7014; www.facebook.com/midnightespresso; 178 Cuba St; Hauptgerichte 4–18 NZ$; ⌚Mo–Fr 7.30–3, Sa & So 8–3 Uhr; ✎) Ganz entspannt geht es in diesem guten Nachtlokal zu. Die Gäste bestellen hier Lasagne, klebrigen Dattelpudding oder Spinat-und-Basilikum-Muffins, doch wirklich wichtig ist allen das Koffein. Die alten Holzdielen werden von Messingscharnieren zusammengehalten, für Unterhaltung sorgt ein Metallica-Flipperautomat.

Havana Coffee Works CAFÉ $

(Karte S. 410; ☎04-384 7041; www.havana.co.nz; 163 Tory St; Snacks 4–8 NZ$; ⌚Mo–Fr 7–17 Uhr) Wellington ist fasziniert von allem Kubanischen. Diese erstklassige Kaffeerösterei mit angeschlossenem Café wirft mit ihrer erfundenen Entstehungsgeschichte und der modernen Einstellung zum Service gleichzeitig einen Blick zurück und nach vorn. Zu knabbern gibt es Scones, Kuchen und Torten von der Warmtheke in der Rösterei. Die Stimmung ist immer gut.

Sweet Mother's Kitchen AMERIKANISCH $

(Karte S. 410; ☎04-385 4444; www.sweetmo therskitchen.co.nz; 5 Courtenay Pl; Hauptgerichte 10–26 NZ$; ⌚So–Do 8–22 Uhr, Fr & Sa bis spätabends; ✎) Auf der Karte des immer gut besuchten Lokals stehen etwas dubiose, aber sehr leckere Gerichte der Südstaatenküche und der mexikanischen Küche wie etwa Burritos, Nachos, Po'boy-Sandwiches, Jambalaya und Key-Lime-Kuchen. Das Sweet Mother's Kitchen ist preiswert, nett, schenkt Bier aus kleinen Brauereien aus und hat eine sonnige Terrasse.

Little Penang MALAYSISCH $

(Karte S. 410; ☎04-382 9818; www.facebook.com/littlepenang; Shop 16, Oaks Complex, Dixon St; Hauptgerichte 8–15 NZ$; ⌚Mo–Fr 11–15 & 17–21, Sa 11–21 Uhr) Das Lokal stiehlt mit seiner frischen, perfekt gewürzten und oft höllisch scharfen Straßenküche den anderen hervorragenden malaysischen Restaurants die Schau.

Nasi lemak wird mit Ei, Erdnüssen und viel Kokosmilch zubereitet. Die ebenso leckeren *roti* (Fladen) mit Curry kosten gerade einmal 8 NZ$. Auch die Blätterteigtaschen mit Curry-Füllung sind einfach köstlich. Kein Wunder, dass hier zur Mittagszeit die Hölle los ist.

ABSTECHER

DAYS BAY & MATIU-SOMES ISLAND

Die nette, kleine **East by West Ferry** (Karte S. 404; ☎04-499 1282; www.eastbywest.co.nz) verkehrt zwischen dem Queens Wharf und Days Bay in Eastbourne mit Stopp auf Matiu-Somes Island, an schönen Wochenenden auch in Petone und Seatoun.

Mit der Fähre schippern die Einheimischen seit jeher nach Days Bay. Dort locken ein Strand, ein Park und ein Café sowie ein Boots- und Fahrradverleih. Zehn Gehminuten von Days Bay entfernt liegt Eastbourne, ein kleiner Strandort mit weiteren Cafés, einem netten Pub, einem Pool im Sommer und einem Spielplatz.

Einige Fähren laufen auch Matiu-Somes Island an, die Insel liegt mitten in der großen Bucht. Das Naturschutzgebiet wird vom Department of Conservation (DOC) verwaltet, vor Ort lassen sich u. a. Langfühlerschnecken, Tuataras, Springsittiche und Blaue Zwergpinguine beobachten. Die Insel hat aber auch eine lange Geschichte als Kriegsgefangenenlager und Quarantänestation.

Matiu-Somes Island ist ein nettes Ziel für ein Picknick und bietet sogar einen Campingplatz (Erw./Kind 10/5 NZ$) und Betten in einem der DOC-Cottages (Einzelbelegung 200 NZ$). Die Übernachtungen können online www.doc.govt.nz oder am **DOC Wellington Visitor Centre** (S. 422) gebucht werden.

Die Überfahrt dauert 20–30 Minuten. Wochentags gibt es 16 Überfahrten, acht jeweils am Samstag und Sonntag (hin & zurück Erw./Kind 22/12 NZ$).

Phoenician Falafel LIBANESISCH $
(Karte S. 410; ☎04-385 9997; www.phoenician.co.nz; 10 Kent Terr.; Hauptgerichte 6–15 NZ$; ⊙11.30–21.30 Uhr; ✍) Die freundlichen libanesischen Inhaber (die ganz offensichtlich gerne Reggae hören) bieten typische Falafel, Fleischspieße und *shawarma* – die besten der Stadt. Eine Filiale gibt es in der Cuba Street 245.

Aunty Mena's VEGETARISCH $
(Karte S. 410; ☎04-382 8288; 167 Cuba St; Gerichte 10–18 NZ$; ⊙Mo–Mi 11.30–21, Do–Sa 11.30–21.30, So 17–21 Uhr; ✍) Das freundliche Café bereitet die kalorienärmsten und gesündesten Nudelgerichte der Stadt für ein recht gemischte Publikum zu, das sich die vegetarischen und veganen malaysischen und chinesischen Speisen schmecken lässt. Leicht sterile, zu grell beleuchtete Einrichtung. Hervorragend sind die Klößchen.

★**Loretta** MODERN NEUSEELÄNDISCH $$
(Karte S. 410; ☎04-384 2213; www.loretta.net.nz; 181 Cuba St; Hauptgerichte 10–28 NZ$; ⊙Di–Fr 7–22, Sa 8–22, So 8–21 Uhr) Von Frühstück (Waffeln, Crumpets, Granola) über Mittagessen (Sandwiches, Frittiertes, Suppe) bis zum Abendessen (Pizzas, Pasta, Salatteller) bietet Loretta einer wachsenden Fangemeinde feine und gut portionierte Gerichte. Hier wird eines der besten Risottos der Stadt gekocht. Alles ist hell, luftig und freundlich gestaltet. Eine Vorausbuchung ist nur für das Mittagessen möglich.

Five Boroughs BURGER $$
(Karte S. 410; ☎04-384 9300; www.fiveboroughs.co.nz; 4 Roxburgh St; Hauptgerichte 10–36 NZ$; Mo 15 Uhr bis spätabends, Di–Fr 10 Uhr bis spätabends, Sa & So 9 Uhr bis spätabends) Ganz amerikanisch gibt sich Five Boroughs, eine gekachelte Burger-Bar, die hervorragende Cheeseburger, Reuben-Sandwiches, Buttermilk Fried Chicken und warme Pastrami-Sandwiches serviert, dazu erstaunlich gute Milchshakes und endlos Filterkaffee. Bier und Cocktails gibt es an der Bar.

Prefab CAFÉ $$
(Karte S. 410; ☎04-385 2263; www.pre-fab.co.nz; 14 Jessie St; Hauptgerichte 6–18 NZ$; ⊙Mo–Fr 7–14, Sa 8–15.30 Uhr; 👪) In einem großen, minimalistisch gehaltenen Industriegebäude befindet sich Wellys schickste Espressobar mit eigener Rösterei. Diese schuf den Grundstein für Wellingtons legendäre Kaffeekultur.

Das wunderbare selbst gebackene Brot wird zu all den leckeren, perfekt zubereiteten Gerichten wie Frühstücksbaguette mit Spargel, pochierten Eiern, Parmesan und Hollandaise serviert. Kinder können über die sonnige Terrasse toben.

Pizza Pomodoro PIZZA $$
(Karte S. 410; ☎04-381 2929; www.pizzapomodoro.co.nz; 13 Leeds St; Pizza 13–24 NZ$; ⊙Mi–Fr 12–14 Uhr, tgl. 17–21 Uhr; ✍) Inhaber Massimo meint es mit seiner Holzofenpizza so ernst, dass er sogar Mitglied der „Associazione

Verace Pizza Napoletana" ist, die sich für den Schutz und die Förderung der echten neapolitanischen Pizza einsetzt. So lässt er ich z. B. seinen Mozzarella direkt aus Neapel liefern. Die Pizza kann direkt im Lokal verzehrt oder mitgenommen werden.

Oder man geht nach nebenan ins Goldings Free Dive (S. 418) und gönnt sich ein kühles Bier dazu.

Nikau Cafe CAFÉ **$$**

(Karte S. 410; ☎ 04-801 4168; www.nikaucafe.co.nz; City Galerie, Civic Square; Hauptgerichte 15–27 NZ$; ⏲ Mo–Fr 7–16, Sa 8–16 Uhr; ✎) Das luftige Nikau gehört zu den edleren Cafés und serviert einfache und doch die besten Gerichte der Stadt (z. B. in der Pfanne gebackener Halloumi, Salbei-Eier und ein legendäres Kedgeree – ein Gericht mit Fisch, gekochtem Reis, Eiern und Butter). Täglich wechselt das Menü mit saisonalen Bioprodukten. Erfrischende Aperitifs, göttliche Nachspeisen und ein sonniger Hof machen das Café zu einem echten Highlight in der Café-Szene.

Arthur's CAFÉ **$$**

(Karte S. 410; ☎ 04-385 7227; www.arthursoncuba.co.nz; 272 Cuba St; Hauptgerichte mittags 10–19 NZ$, abends 20–26 NZ$; ⏲ Di–Fr 12 Uhr bis spätabends, Sa 10 Uhr bis spätabends, So 10–16 Uhr) Ein ruhiges, kleines Lokal auf zwei Ebenen in der Cuba Street, in dem es oft noch Platz gibt, wenn draußen alles voll ist. Zu essen gibt es Herzhaftes für Männer: gebratenes Lamm, Sirloin-Steak, Hacksteaks, Lammkeule, Fleischpasteten und Reuben-Sandwichs, dazu beste Weine.

Scopa ITALIENISCH $$

(Karte S. 410; ☎ 04-384-6020; www.scopa.co.nz; Ecke Cuba & Ghuznee St; Pizza 12–25 NZ$, Hauptgerichte 26–29 NZ$; ⏲ Mo–Fr 8 Uhr bis spätabends, Sa & So 9 Uhr bis spätabends; ✎) Original italienische Pizza, Pasta und Gnocchi machen das Essen im modernen Restaurant zum Vergnügen. Die weiße Pizza (*bianca*) ist eine ebenso willkommene Abwechslung wie die Pizza der Woche *(pizzaiolo)*. Von einem Tisch am Fenster kann man dem Treiben auf der „Cuba" zusehen. Montagabends werden Fleischklößchen serviert, das Peroni (Bier) kommt aus dem Fass.

Karaka Cafe CAFÉ **$$**

(Karte S. 410; ☎ 04-916 8369; www.karakacafe.co.nz; Wharewaka Function Centre, Odlins Sq, 109 Jervois Quay; Hauptgerichte 16–25 NZ$; ⏲ Mo–Fr 7.30 Uhr bis zur Dämmerung, Sa & So 8 Uhr bis zur Dämmerung; 👪) Wie wär es mit einem Māori-Essen (*kai*)? Hervorragend am Hafen platziert liegt dieses offene Café ohne Wände, mit Sitzsäcken auf dem Rasen. Das *kai* ist vielleicht nicht 100 % authentisch (etwa die Pulled-pork-Tacos), aber die freundliche Atmosphäre steckt an und es gibt Monteith's bis zum Abwinken.

Capitol MODERN NEUSEELÄNDISCH **$$**

(Karte S. 410; ☎ 04-384 2855; www.capitolrestaurant.co.nz; 10 Kent Terr.; Hauptgerichte mittags 15–26 NZ$, abends 25–38 NZ$; ⏲ Mo–Fr 12–15, Sa & So 9.30–15 Uhr, tgl. 17.30–21.30 Uhr) Der Fixstern am kulinarischen Himmel der Stadt bietet einfache, saisonale Gerichte nach europäischer Art mit erstklassigen Zutaten aus der Region (z. B. die Lammleber mit Parmesankruste). Der Speiseraum ist etwas eng und laut, aber dennoch elegant. Es lohnt sich, an der winzigen Theke auf einen Tisch zu warten. Abendreservierungen werden nicht angenommen.

Wagamama ASIATISCH **$$**

(Karte S. 404; ☎ 04-473 7999; www.wagamama.co.nz; Meridian Bldg., 33 Customhouse Quay; Hauptgerichte 10–22 NZ$; ⏲ So–Do 11.30–22, Fr & Sa 11.30–23 Uhr) Stimmt schon – Wagamama ist ein internationales Kettenrestaurant, aber deshalb ist es noch lange nicht schlecht! Ganz besonders nicht bei diesem Blick auf den Hafen. An einem der großen Gemeinschaftstische aus hellem Holz schmecken die *gyoza* (Klößchen) oder eine Chili-Beef-Ramen-Suppe beim Blick auf die Wellen besonders gut.

Tatsushi JAPANISCH **$$**

(Karte S. 410; ☎ 04-472 3928; www.tatsushi.co.nz; 99 Victoria St; Hauptgerichte 8–19 NZ$, Menüs 29–39 NZ$; ⏲ Di–Sa 11.30–14.30, Mi–Sa 18–22 Uhr) Das kleine Zen-Lokal wird von der offenen Küche beherrscht, in der die original japanischen Gerichte – z. B. superfrisches Sashimi, hausgemachter *Agedashi*-Tofu, *Chazuke*-Suppe, *Sunomono*-Salat und leckeres *Karaage*-Hühnchen – zubereitet werden. Wer richtig japanisch essen möchte, muss dorthin gehen. Zum Mitnehmen gibt es Sushi und Bento-Boxen.

★ **Ortega Fish Shack** MEERESFRÜCHTE **$$$**

(Karte S. 410; ☎ 04-382 9559; www.ortega.co.nz; 16 Marjoribanks St; Hauptgerichte 34–39 NZ$; ⏲ Di–Sa 17.30 Uhr bis spätabends) Ausgestopfte Forellen, Seemannsbilder, blau bemalte Wände und ägyptische Bodenfliesen bilden die mediterrane Kulisse für den Genuss von Meeresfrüchten. Die Fischgerichte sind international (Bratfisch mit malaysischer

Soße, mit Mango-Chutney und Raita), der Nachtisch mit Orangen-Crêpes und einer der besten Käseplatten der Stadt wiederum sehr mediterran.

★ Logan Brown MODERN NEUSEELÄNDISCH **$$$**
(Karte S. 410; ☎ 04-801 5114; www.loganbrown.co.nz; 192 Cuba St; Hauptgerichte 37–42 NZ$; ⏲ Di–Sa 12–14 Uhr, tgl. 17 Uhr bis spätabends;) Das regelmäßig zu Recht als bestes Restaurant der Stadt gepriesene Lokal ist wirklich erstklassig und wirkt dabei weder protzig noch allzu förmlich. Der Speiseraum in einer Bankschalterhalle aus den 1920er-Jahren bringt die Gäste ebenso zum Staunen wie die Speisekarte mit Wild aus dem Nationalpark, Blutwurst, Rüben und Sauerkirschen. Das Drei-Gänge-Bistromenü (45 NZ$) ist ein erschwinglicher Einstieg, wobei die Bestellung eines Weins von der ellenlangen Karte die Ersparnis sofort wieder zunichtemacht. Unbedingt reservieren!

Duke Carvell's MEDITERRAN **$$$**
(Karte S. 410; ☎ 04-385 2240; www.dukecarvell.co.nz; 6 Swan Lane; kleine Teller 6–19 NZ$, große Teller 30–80 NZ$; ⏲ Mo–Fr 12 Uhr bis spätabends, Sa & So 9 Uhr bis spätabends) Ok, es liegt an einem Parkplatz, aber es wirkt sooo kubanisch (vor allem die Graffiti). Zur Auswahl stehen schottische Eier, Blutwurst, Mini-Sandwiches mit Hühnchen und Krautsalat, mit Ouzo flambierter Käse usw. An den Wänden hängt traditionelle Kunst, niedrige Kronleuchter verbreiten ein dämmriges Licht.

Das Mittagsmenü mit drei Gängen und einem Glas Wein ist ein echtes Schnäppchen (38 NZ$).

Jano Bistro FRANZÖSISCH **$$$**
(Karte S. 410; ☎ 04-382 9892; www.janobistro.co.nz; 270 Willis St; Hauptgerichte 28–35 NZ$, 7-Gänge-Menü mit/ohne Wein 145/95 NZ$; ⏲ Sa & So 10–15 Uhr, Di–So 15.30 Uhr bis spätabends) Jano taucht unerwartet an einem trostlosen Abschnitt der Willis Street auf: ein kleines, gelbes Häuschen von 1880, mit Kräutergarten davor und jede Menge Charme im Inneren. Am Kamin vorbei geht es die Treppe hinauf zum Speiseraum auf dem Speicher, wo feine französische Küche serviert wird. Empfehlenswert sind das Lamm mit Kichererbsen, Auberginen, Paprika und schwarzen Oliven. *Magnifique!*

Ausgehen & Nachtleben

Die Wellingtoner lieben das Nachtleben. So wimmelt es in der Innenstadt von Bars, besonders um Courtenay Place (kurze Röcke, sexy Schuhe), Cuba Street (Bärte und Künstler) und am Meer entlang.

Eine kreative Livemusikszene sorgt für eine schöne Atmosphäre, dazu gibt es großartigen Wein aus Neuseeland und noch besseres Bier aus kleinen Brauereien. Unter www.craftbeercapital.com findet man Infos zu ausgefallenen Bieren.

Hinweise zu Gigs sind unter www.undertheradar.co.nz und www.eventfinder.co.nz zu finden.

★ Golding's Free Dive BIERKNEIPE
(Karte S. 410; ☎ 04-381 3616; www.goldingsfreedive.co.nz; 14 Leeds St; ⏲ 12–23 Uhr;) Die grandiose Kneipe in einer aufstrebenden Nebenstraße unweit der Cuba Street ist ein wahres Bierparadies. Von ihren unendlich vielen Qualitäten seien hier nur einige genannt: Drehstühle aus einem Spielkasino, eine tolle Weinkarte, herzhafte Reuben-Sandwiches und Pizza vom Pomodoro (S. 416) nebenan. Blues, Zappa und Bowie haben hier die Lufthoheit.

★ Little Beer Quarter BIERKNEIPE
(LBQ; Karte S. 410; ☎ 04-803 3304; www.littlebeerquarter.co.nz; 6 Edward St; ⏲ Mo 15.30 Uhr bis spätabends, Di–Sa 12 Uhr bis spätabends, So 15 Uhr bis spätabends) Die nette Kneipe in einer Nebenstraße ist freundlich, einladend und romantisch beleuchtet. Mit ihrer Auswahl an Fass- und Flaschenbieren lockt sie „echte" Biertrinker an. Es werden aber auch gute Cocktails, Weine und Whiskys zu den Kneipengerichten serviert. Montagabend stehen Pizza und ein Pint für 20 NZ$ auf dem Programm, dazu Mark Knopfler – Herz, was verlangst du mehr?

Fork & Brewer BIERKNEIPE
(F&B; Karte S. 410; ☎ 04-472 0033; www.forkandbrewer.co.nz; 14 Bond St; ⏲ Mo–Sa 11.30 Uhr bis spätabends) F&B bietet ausgezeichnete Burger, Pizzas, Pasteten, Fingerfood und deftige Hauptgerichte zusammen mit seinen Bierspezialitäten (drei Dutzend davon – das Low Blow IPA ist empfehlenswert). Und nicht vergessen: Zum Dessert gibt es Doughnuts aus Dunkelbierteig!

Thief WEINBAR
(Karte S. 410; ☎ 04-384 6400; www.thiefbar.co.nz; 19 Edward St; ⏲ 15 Uhr bis spätabends) Liebhaber feiner Weine, Cocktails und guter Gespräche sind im Thief gut aufgehoben. Die Lichter des kellerartigen Lokals mit unverputzten Balken und Ziegelwänden spielen auf den Gesichtern der gut aussehenden Feierabend-Klientel, und im Regal hinter der

Bar steht eine Ausgabe der *Encyclopaedia Britannica*, falls jemand Fakten von 1986 benötigt. Das Lokal ist ein echtes Juwel.

Southern Cross PUB

(Karte S. 410; ☎ 04-384 9085; www.thecross.co.nz; 39 Abel Smith St; ⊙ Mo–Fr 8 Uhr bis spätabends, Sa & So 9 Uhr bis spätabends;) Hier sind alle willkommen: fünfjährige Rabauken ebenso wie ihre Omas mit dem Strickzeug. Das Pub besteht aus mehreren farbenfrohen Räumen, in denen sich ein ordentliches Restaurant, eine lebhafte Bar, eine Tanzfläche, Billard und die beste Gartenwirtschaft der Stadt befinden. Es gibt leckeres Bier vom Fass, Essen in allen Preislagen und Veranstaltungen wie Bingo, Livemusik und Quizabende.

Library BAR

(Karte S. 410; ☎ 04-382 8593; www.thelibrary.co.nz; L1, 53 Courtenay Pl; ⊙ Mo–Do 17 Uhr bis spätabends, Fr–So 16 Uhr bis spätabends) Die Bar ist tatsächlich voller Bücher. In den mit Samt ausgeschlagenen Nischen vergnügen sich die Gäste mit Brettspielen oder schlürfen Cocktails. Die ausgezeichnete Getränkeauswahl wird durch eine äußerst empfehlenswerte Speisekarte süßer und pikanter Leckereien wie Thunfisch-Tempura, Churros und Käse ergänzt. Gelegentlich gibt's auch Livemusik.

Laundry BAR

(Karte S. 410; ☎ 04-384 4280; www.laundry.net.nz; 240 Cuba St; ⊙ Mo–Fr 16.30 Uhr bis spätabends, Sa & So 9 Uhr bis spätabends) In der schäbigen Kneipe kann man von früh bis spät gegrillte Hähnchenteile mit Bier hinunterspülen und zusammen mit knitterfreien Trendsettern abhängen. Live-Bands und DJs ergänzen die Bar-Snacks und die grellbunte Einrichtung. Passend dazu: der alte Wohnwagen im schmuddeligen Hinterhof.

Rogue & Vagabond BIERKNEIPE

(Karte S. 410; ☎ 04-381 2321; www.rogueandvagabond.co.nz; 18 Garrett St; ⊙ 11 Uhr bis spätabends) Die leicht schmuddelige, bunte, quirlige Bar mitten in der Cuba Street und gegenüber von einem hübschen, kleinen Park hat einiges zu bieten: 18 Biere vom Fass, riesige Pizzas mit dickem Boden (15–22 NZ$), regelmäßig Livemusik, einen schönen Innenhof und eine Rasenfläche.

Hawthorn Lounge COCKTAILBAR

(Karte S. 410; ☎ 04-890 3724; www.hawthornlounge.co.nz; L1, 2 Tory St; 515 Uhr bis spätabends) Die feudale Cocktailbar scheint in den goldenen 1920er-Jahren stecken geblieben zu sein – es fehlen nur noch die gestreiften Westen und Filzhüte. Man kann Whisky sour trinken und Poker spielen oder einfach nur dem Spektakel hinter der Theke zuschauen, wo absolute Profis die klassischen Cocktails zu modernen Meisterwerken aufpeppen. Geöffnet hat die Bar bis zum Morgengrauen.

Hashigo Zake BIERKNEIPE

(Karte S. 410; ☎ 04-384 7300; www.hashigozake.co.nz; 25 Taranaki St; ⊙ 12 Uhr bis spätabends;) Die düstere Kellerbar mit Backsteinmauern bietet neben einer guten Auswahl neuseeländischer Biere auch bekannte Marken aus aller Welt. Rund um die Zapfhähne und vollen Kühlschränke drängen sich Bierliebhaber, wenn sie nicht gerade der Livemusik dicht an dicht in der Mini-Lounge lauschen (jeden Sa ab 21.30 Uhr). Neil Young ist hier der (musikalische) King.

Crafters & Co BIERKNEIPE

(Karte S. 410; ☎ 04-891 2345; www.craftersand.co; 211 Victoria St; ⊙ So–Do 10–24, Fr & Sa 10–3 Uhr) Im Gefolge der Craft-Beer-Welle entstand diese coole Café-Bar am oberen Ende der Victoria Street – gut für ein Glas Bier und ein schnelles Gericht oder ein paar Flaschen zum Mitnehmen aufs Hotelzimmer. Das Cassels & Sons Best Bitter ist empfehlenswert.

☆ Unterhaltung

In Wellington läuft im alteingesessene Theater Circa (S. 420) ein umfangreiches Programm, ergänzt durch viele Laienschauspielgruppen, experimentelles Theater, Studentengruppen und Gastvorstellungen. Der Veranstaltungskalender ist auf www.eventfinder.co.nz abrufbar.

Die Karten für die meisten Veranstaltungen können über Ticketek (www.ticketek.co.nz) im **Michael Fowler Centre** (Karte S. 410; ☎ 0800 842 538, 04-801 4231; www.ticketek.co.nz; 111 Wakefield St; ⊙ Schalter Mo–Fr 9–17, Sa & So 10–16 Uhr) gebucht werden oder bei TicketDirect (www.ticketdirect.co.nz). Im i-SITE werden oft verbilligte Karten für Veranstaltungen am selben Tag verkauft.

Das Kinoprogramm findet man in der Tageszeitung *Dominion Post* und auf www.flicks.co.nz. Es gibt ausgezeichnete Indie-Kinohäuser hier, außerdem die üblichen Großkinos.

★ Bodega LIVEMUSIK

(Karte S. 410; ☎ 04-384 8212; www.bodega.co.nz; 101 Ghuznee St; ⊙ 16 Uhr bis spätabends) Der

WILKOMMEN IN WELLYWOOD

In den vergangenen Jahren wurde Wellington als Standort der dynamischen neuseeländischen Filmindustrie berühmt und hat sich dabei den Spitznamen „Wellywood" erarbeitet.

Der renommierte Regisseur Peter Jackson lebt noch immer in der Stadt. Der Erfolg seiner Filmtrilogie *Der Herr der Ringe* und weiterer Produktionen wie *King Kong*, *Die Abenteuer von Tim und Struppi* und *Der Hobbit* machten ihn zu einem mächtigen Hollywoodakteur und stärkten Wellingtons Ruf als Filmstadt.

Der kanadische Regisseur James Cameron mischt nun auch mit; die Vorbereitungen für die nächsten drei Folgen des Kinohits *Avatar*, die hier gedreht werden sollen, sind schon angelaufen. Cameron und seine Familie haben sich in Neuseeland niedergelassen und ein Anwesen im ländlichen Wairarapa erworben.

Filmfans können ein Stück der einheimischen Kinomagie bei einem Besuch des kleinen Museums **Weta Cave** (S. 403) oder bei der Besichtigung eines der vielen Filmschauplätze in der Region erleben – eine Spezialität der lokalen Tourenanbieter (siehe S. 410).

Wegbereiter der aktuellen Livemusikszene der Stadt hat sich bemerkenswert lange gehalten (seit 1991) und bietet immer noch ein abwechslungsreiches Programm. Unterschiedliche Gigs, oft auch internationale Musiker und Bands, sind bei guter Akustik zu hören.

Light House Cinema KINO

(Karte S. 410; ☎04-385 3337; www.lighthousecinema.co.nz; 29 Wigan St; Erw./Kind 17,50/12,50 NZ$; ⏲10 Uhr bis spätabends) Das kleine, elegante Kino am oberen Ende der Cuba Street zeigt in drei kleinen Filmsälen verschiedene Blockbuster, Kunst- und ausländische Filme. Die Qualität der Snacks ist gut. Die Kinokarten kosten dienstags nur 11 NZ$.

San Fran LIVEMUSIK

(Karte S. 410; ☎04-801 6797; www.sanfran.co.nz; 171 Cuba St; ⏲Di–Sa 15 Uhr bis spätabends) Die heiß geliebte, mittelgroße Musikkneipe schlägt jetzt neue Töne an, denn auch sie folgt dem Biertrend und serviert dazu heiße Fleischgerichte.

Livemusik wird es weiterhin geben, getanzt wird auch und die Sonne scheint noch immer auf den Balkon.

Meow LIVEMUSIK

(Karte S. 410; ☎04-385 8883; www.welovemeow.co.nz; 9 Edward St; ⏲Di 15 Uhr bis spätabends, Mi–Fr 12 Uhr bis spätabends, Sa 18 Uhr bis spätabends) Mit verschiedensten Veranstaltungen (Country, Ragtime, DJs, Akustik Rock, Jazz, Lyrik ...) ist die Bar einsame Spitze. Dazu gibt's den ganzen Tag über zu coolem Craft Beer hervorragendes, preisgünstiges Essen (Bio-Fleischklößchen mit Gulasch!). Die Einrichtung ist zusammengewürfelter Retro-Stil.

Embassy Theatre KINO

(Karte S. 410; ☎04-384 7657; www.embassytheatre.co.nz; 10 Kent Terr.; Erw./Kind ab 19,50/15,50 NZ$; ⏲10 Uhr bis spätabends) Wellywoods Kino-Mutterschiff kommt direkt aus den 1920er-Jahren und im Jugendstil daher. Heute werden hauptsächlich kommerzielle Filme mit modernster Ton- und Bildqualität gezeigt. Für das leibliche Wohl sorgen Bars und Cafés.

Circa Theatre THEATER

(Karte S. 410; ☎04-801 7992; www.circa.co.nz; 1 Taranaki St; ⏲Kartenschalter Mo 10–14, Di 10–18.30, Mi 10–16, Do–Sa 10–20, So 13–19 Uhr) Das Theater an der Uferpromenade hat zwei Bühnen, auf denen von avantgardistischen Stücken bis hin zum vorweihnachtlichen Krippenspiel alles aufgeführt wird. Restkarten sind eine Stunde vor Beginn der jeweiligen Aufführung erhältlich. Es gibt auch Kombi-Angebote mit einem Dinner.

BATS THEATER

(Karte S. 410; ☎04-802 4175; www.bats.co.nz; 1 Kent Terr.; Karten ab 10 NZ$; ⏲Kartenschalter Di–Sa 17 Uhr bis spätabends) Das alternative, aber gut erreichbare kleine Theater präsentiert avantgardistisches, experimentelles Theater aus Neuseeland. Das Programm ist vielseitig und preiswert.

Shoppen

Wellington hat eine große Anzahl unabhängiger Läden, darunter viele Designerboutiquen. Trotz billiger Importware und Internethandel wird immer noch vieles „made in New Zealand" angeboten, denn die Einzelhändler verkaufen mit viel Stolz ihre einheimischen Produkte.

★Garage Project GETRÄNKE

(Karte S. 404; ☎04-384 3076; www.garageproject.co.nz; 68 Aro St, Aro Valley; ⏲Mo 12–18, Di–Do 12–

20, Fr & Sa 10–21, So 10–19 Uhr) In dieser unabhängigen Mikcrobrauerei im künstlerischen Aro Valley gibt es Craft Beer per Liter wie aus der Benzinpumpe. Zu empfehlen ist das Vesuvian Pale Ale oder eines der anderen Hopfengebräue. Die Verkostung ist frei.

Moore Wilson Fresh ESSEN & TRINKEN
(Karte S. 410; ☎ 04-384 9906; www.moorewilsons.co.nz; 93 Tory St; ⏲ Mo–Fr 7.30–19, Sa 7.30–18, So 9–18 Uhr) Ein Muss für Selbstversorger: das Lebensmittelgeschäft unterstützt aus Überzeugung unabhängig und handwerklich hergestellte Produkte. Was man hier zwischen die Zähne kriegt, gehört zum Besten Neuseelands. Es gibt Wein, Bier und ab und zu auch Kochveranstaltungen.

Unity Books BÜCHER
(Karte S. 410; ☎ 04-499 4245; www.unitybooks.co.nz; 57 Willis St; ⏲ Mo–Do 9–18, Fr 9–19, Sa 10–18, So 11–17 Uhr) Unity Books setzt den Standard für alle Buchläden im Land, mit großem Angebot an Titeln neuseeländischer Autoren.

Wellington Night Market MARKT
(Karte S. 410; ☎ 022 074 2550; www.wellingtonnightmarket.co.nz; L1, 107 Cuba St; ⏲ Fr & Sa 5–23 Uhr) Nächtliche Unterhaltung an der Cuba Street, mit vielen internationalen Speisen und jeder Menge Straßenmusikanten und Künstlern.

Slow Boat Records MUSIK
(Karte S. 410; ☎ 04-385 1330; www.slowboatrecords.co.nz; 183 Cuba St; ⏲ Mo–Do 9.30–17.30, Fr 9.30–19.30, Sa & So 10–17 Uhr) Country, Folk, Pop, Indie, Metal, Blues, Soul, Rock, hawaiianische Nasenflötenmusik – all das gibt's im Slow Boat, Wellingtons traditionellem Musikladen in der Cuba Street.

Hunters & Collectors KLEIDUNG
(Karte S. 410; ☎ 04-384 8948; www.facebook.com/huntersandcollectorswellington; 134 Cuba St; ⏲ Mo–Sa 10–18, So 11–17 Uhr) Hinter der schönsten Schaufensterdekoration Neuseelands finden sich Konfektions- und Vintage-Kleidung (Punk, Skate, Western und Mod) sowie Schuhe und Accessoires. Ein Schild an der Tür sagt: „Nichts verfolgt uns mehr, als das, was wir nicht gekauft haben." Stimmt.

City Market MARKT
(Karte S. 410; ☎ 04-801 8158; www.citymarket.co.nz; Chaffers Dock Bldg., 1 Herd St; ⏲ So 8.30–12.30 Uhr) In der Markthalle gibt es erstklassige Erzeugnisse, Backwaren, Verkostungen, Kaffee, Weine, Buchsignierungen, Unterhaltung und andere Köstlichkeiten. Das imposante Chaffers-Dock-Gebäude von 1940 allein lohnt schon einen Besuch!

Ora Galerie KUNST
(Karte S. 410; ☎ 04-384 4157; 23 Allen St; ⏲ Mo–Fr 9–18, Sa 9–17, So 10–16 Uhr) Mutig bunte, moderne Kunst in Form von Skulpturen, Weberei, Glas und Schmuck: Hier findet jeder das passende Geschenke für die Daheimgebliebenen. Kaffee gibt es übrigens auch.

Vault GESCHENKE
(Karte S. 404; ☎ 04-4711 404; www.thevaultnz.com; 2 Plimmer Sleps; ⏲ Mo–Do 9.30–17.30, Fr 9.30–19, Sa 10–17, So 11–16.30 Uhr) Exquisiter Schmuck, Kleidung, Handtaschen, Keramik, Kosmetik – eine Goldgrube mit vielen schönen Produkten aus Neuseeland.

Old Bank Shopping Arcade EINKAUFSZENTRUM
(Karte S. 404; ☎ 04-922 0600; www.oldbank.co.nz; Ecke Lambton Quay & Willis St; ⏲ Mo–Do 9–18, Fr 9–19, Sa 10–16, So 11–15 Uhr) In diesem schönen, alten Gebäude findet man Läden aus dem gehobenen Segment, hauptsächlich Juweliere und Boutiquen. Mosaikböden und korinthische Säulen sorgen für das passende Ambiente.

Kirkcaldie & Stains KAUFHAUS
(Karte S. 404; ☎ 04-472 5899; www.kirkcaldies.co.nz; 165–177 Lambton Quay; ⏲ Mo–Do 9.30–17.30, Fr 9.30–18, Sa & So 10–17 Uhr) Das ist das neuseeländische Bloomingdales oder Harrods, gegründet 1863. Bei Vorlage von Reisedokumenten gibt es steuerfreie Schnäppchen.

ℹ Praktische Informationen

NOTFALL & WICHTIGE TELEFONNUMMERN

Krankenwagen, Feuerwehr & Polizei	☎ 111
Notruf Aotearoa	☎ 0800 543 354
Hilfsorganisation für Opfer von sexuellem Missbrauch	☎ 04-499 7532
Polizeihauptwache Wellington	☎ 04-381 2000

INTERNETZUGANG

Kostenloses WLAN ist fast überall in Wellingtons Innenstadt verfügbar (www.cbdfree.co.nz); im i-SITE hat man ebenfalls Internetzugang.

MEDIZINISCHE VERSORGUNG

UFS Pharmacy (☎ 04-384 9499; www.ufs.co.nz; 45 Courtenay Pl; ⏲ Mo 8.30–18, Di–Fr 8–18, Sa 10–14 Uhr) Praktisch gelegene Apotheke im Zentrum.

Wellington Accident & Urgent Medical Centre (☎ 0800 611 116, 04-384 4944; www.wamc.co.nz; 17 Adelaide Rd, Newtown; ⌚ 8–23 Uhr) Keine Terminvereinbarung notwendig; bietet einen Apothekendienst nach Geschäftsschluss. Das Zentrum liegt nahe der Basin Reserve am nördlichen Ende der Adelaide Road.

Wellington Hospital (☎ 04-385 5999; www.ccdhb.org.nz; Riddiford St, Newtown; ⌚ 24 Std.) 1 km südlich des Stadtzentrums.

POST

Post (Karte S. 410; ☎ 0800 501 501; www.nzpost.co.nz; 2 Manners St; ⌚ Mo–Fr 8.30–17.30, Sa 9–15 Uhr) Das Postamt hat in Wellington am längsten geöffnet.

TOURISTENINFORMATION

DOC Wellington Visitor Centre (Karte S. 410; ☎ 04-384 7770; www.doc.govt.nz; 18 Manners St; ⌚ Mo–Fr 9.30–17, Sa 10–15.30 Uhr) Hier kann man alles Mögliche buchen und erhält Tageskarten sowie ausführliche Infos über Wanderungen in der Stadt und auf dem Land sowie über Fernwanderwege, Nationalparks, Hütten und Campingplätze.

Wellington i-SITE (Karte S. 410; ☎ 04-802 4860; www.wellingtonnz.com; Civic Square, Ecke Wakefield & Victoria St; ⌚ Mo–Fr 8.30–17, Sa & So 9–17 Uhr) Das Personal hilft bei allen Buchungen und verteilt den *Official Visitor Guide* zu Wellington sowie andere Karten und nützliche Broschüren.

ℹ An- und Weiterreise

FLUGZEUG

Wellington ist das Einflugtor nach Neuseeland. Im **Wellington Airport** (WLG; ☎ 04-385 5100; www.wellingtonairport.co.nz; Stewart Duff Drive, Rongotai; ⌚ 4–1.30 Uhr) befinden sich Informationskioske, eine Wechselstube, Geldautomaten, die Schalter der Autovermietungen, Ladengeschäfte, eine Espressobar ... Wichtig zu wissen: Selbst bei Transit- oder sehr frühen Flügen darf im Terminal nicht übernachtet werden.

Air New Zealand (☎ 04-474 8950; www.airnewzealand.co.nz; 154 Fetherstone St; ⌚ Mo–Fr 9–17, Sa 10–13 Uhr) bietet Flüge zwischen Wellington und den meisten Inlandsflughäfen wie Auckland, New Plymouth, Napier, Nelson, Christchurch, Dunedin und Queenstown an. Direktflüge werden auch nach/von Sydney, Melbourne, Adelaide und Brisbane in Australien durchgeführt.

Jetstar (www.jetstar.com) bietet Billigflüge von Wellington nach Auckland und Christchurch, nimmt aber keine Rücksicht auf Passagiere, die zu spät einchecken. Direktflüge führen an die australische Gold Coast und nach Melbourne.

Soundsair (www.soundsair.com) fliegt zwischen Wellington und Picton bis zu achtmal täglich, auch nach Nelson, Blenheim und Westport im Süden und Taupo im Norden.

Qantas (www.qantas.com.au) fliegt direkt zwischen Wellington und Auckland sowie Wellington und Christchurch, außerdem Direktflüge nach Sydney, Melbourne und zur Gold Coast.

SCHIFF/FÄHRE

An einem klaren Tag in Wellington Harbour oder den Marlborough Sounds einzulaufen, ist ein einmaliges Erlebnis. Die See in der Cook Street kann zuweilen sehr rau sein, doch die großen Fähren kommen damit gut zurecht und bieten zudem Zerstreuung in Sportstudios, Cafés, Bars, Kinos und an Informationsschaltern.

Autovermietungen bieten ihren Service direkt an den Fährterminals an. Wer außerhalb der Geschäftszeiten ankommt, kann das Auto nach vorheriger Absprache direkt am Parkplatz des Fährterminals abholen.

Es gibt zwei Fährdienste:

Bluebridge Ferries (Karte S. 404; ☎ 04-471 6188, 0800 844 844; www.bluebridge.co.nz; 50 Waterloo Quay) Die Überfahrt dauert 3½ Stunden. Täglich verkehren vier Fähren in beide Richtungen. Autos und Wohnmobile ab 120 NZ$; Motorräder 51 NZ$, Fahrräder 10 NZ$, Passagiere ab 53/27 NZ$ pro Erw./Kind.

Interislander (Karte S. 404; ☎ 04-498 3302, 0800 802 802; www.interislander.co.nz; Aotea Quay) Die Überfahrt dauert 3 Std. und 10 Min; es verkehren bis zu fünf Fähren täglich in jede Richtung; Autos ab 119 NZ$; Wohnmobile ab 153 NZ$; Motorräder ab 56 NZ$; Fahrräder ab 15 NZ$ Passagiere ab 55/28 NZ$ pro Erw./Kind.

Der Schalter von Bluebridge befindet sich am Waterloo Quay, gegenüber vom Bahnhof Wellington. Interislander liegt etwa 2 km nordöstlich des Stadtzentrums am Aotea Quay (Karte S. 404); ein Pendelbus (2 NZ$) verkehrt zwischen Bahnsteig 9 am Bahnhof Wellington (von wo auch InterCity-Busse abfahren). Am Terminal befindet sich auch ein Taxistand.

BUS

Wellington ist eine wichtige Drehscheibe des Busverkehrs **InterCity** (Karte S. 404; ☎ 04-385 0520; www.intercity.co.nz) und betreibt dort das umfangreichste Angebot an Verbindungen. Die Busse fahren ab Bahnsteig 9 am Bahnhof Wellington und fahren u. a. folgende Ziele an:

REISEZIEL	FAHRPREIS	FAHRZEIT (STD.)
Auckland	83 NZ$	11
Napier	45 NZ$	5½
Palmerston North	35 NZ$	2¼
Rotorua	65 NZ$	7½

Die Busse von **Naked Bus** (Karte S. 404; ☎0900 625 33; www.nakedbus.com) verkehren zwischen Wellington und den größeren Städten der Nordinsel. Dazu kommen Übernachtbusse (mit Liegesitzen) nach Auckland. Die Busse fahren in der Bunny Street am Bahnhof Wellington gegenüber ab.
Zu den Zielen zählen u. a.:

REISEZIEL	FAHRPREIS	FAHRZEIT (STD.)
Auckland	35 NZ$	10
Palmerston North	24 NZ$	2½
Rotorua	30NZ$	6½
Taupo	25 NZ$	5

ZUG

Der Bahnhof Wellington hat sechs Fahrkartenschalter (Mo–Do 6.30–20, Fr– Sa 6.30–1.15, So 6.30–19 Uhr): Zwei davon verkaufen Karten für die KiwiRail Scenic Journeys, die Interislander-Fähren und InterCity-Busse; die anderen vier Schalter verkaufen Fahrkarten für die Nahverkehrszüge der **Tranz Metro** (☎0800 801 700; www.tranzmetro.co.nz) Richtung Johnsonville, Melling, Hutt Valley, Kapiti und Wairarapa.

KiwiRail Scenic Journey (www.kiwirailscenic.co.nz) betreibt den mehr oder weniger zuverlässig fahrenden *Northern Explorer* von Wellington nach Auckland, der am Dienstag, Freitag und Sonntag fährt. Retour von Auckland fährt er am Montag, Donnerstag und Samstag (ab 179 NZ$, 12 Std.).

KiwiRail betreibt auch die Pendlerzüge der *Capital Connection* wochentags nach Palmerston North, Abfahrt 6.15 Uhr Richtung Wellington, und Rückfahrt nach Palmerston North um 17.15 Uhr (35 NZ$, 2 Std.).

ℹ Unterwegs vor Ort

Metlink (☎0800 801 700; www.metlink.org.nz) ist für den gesamten Bus- und Bahnverkehr der Region Wellington zuständig (mit Anbindung an Tranz Metro) sowie für den Fährverkehr im Hafen.

AUTO & MOTORRAD

Wellington besteht praktisch nur aus Einbahnstraßen, Parkplätze sind tagsüber rar und teuer. Wer mit einem Auto oder Wohnmobil unterwegs ist, sollte unbedingt in einem der Vororte parken und sich dann zu Fuß oder mit öffentlichen Verkehrsmitteln in die Innenstadt begeben. Wohnmobile dürfen tagsüber auch im **Wellington Waterfront Motorhome Park** (Karte S. 404; www.wwmp.co.nz; 12 Waterloo Quay) und auf dem Parkplatz vor dem Te Papa parken.

Neben den großen, internationalen Autovermietern sind in Wellington auch kleinere Anbieter vertreten, die günstigere Tarife anbieten, insbesondere für Mietzeiträume von zwei Wochen und länger. In der Regel sind die Preise allerdings nicht so günstig wie in Auckland. Die Standardtarife liegen bei 40–80 NZ$ pro Tag. Die Autos sind nicht mehr ganz neu, aber gut in Schuss.

Apex Car Rental (☎04-385 2163, 0800 300 110; www.apexrentals.co.nz)

Jucy Rentals (☎04-380 6211, 0800 399 736; www.jucy.co.nz)

Omega Rental Cars (☎04-472 8465, 0800 667 722; www.omegarentalcars.com)

Die meisten Autovermieter raten Kunden, die auch die Südinsel bereisen wollen, das Auto in Wellington wieder abzugeben und nach der Überquerung der Cook Street ein neues Auto in Picton anzumieten. Das ist die gängige (und vor allem erschwingliche) Praxis, die von den Leihwagenfirmen problemlos geregelt wird.

Es gibt auch preisgünstige Angebote, einen Wagen von Wellington nach Auckland zurückzufahren (die meisten Leihwagen fahren in die andere Richtung). Der Nachteil daran ist allerdings, dass für die Fahrt nur 24 bis 48 Stunden Zeit bleiben.

BUS

Metlink (s. links) bietet regelmäßige Busverbindungen innerhalb der Region Wellington in der Zeit von 6–23.30 Uhr. Größere Busterminals befinden sich am **Bahnhof Wellington** (Karte S. 404) und am **Courtenay Place** (Karte S. 410; Courtenay Pl) nahe der Kreuzung mit der Cambridge Terrace. Informationen über Streckenpläne und Abfahrtszeiten liegen beimr i-SITE oder in Minimärkten aus und sind online abrufbar.

Die Fahrtkosten richten sich nach Zonen: im Innenstadtbereich (Zone 1) werden 2 NZ$ fällig, bis hin ins nördliche Masterton (Zone 14) kostet eine Fahrkarte dann bis zu 18 NZ$.

Metlink betreibt samstags und sonntags auch **After-Midnight-Busse** ab den Haltestellen Courtenay Place und Cuba Street , und zwar zwischen Mitternacht und 4.30 Uhr. Sie fahren verschiedenen Routen in die äußeren Vorstädte ab. Der Fahrpreis liegt zwischen 6,50 und 13 NZ$, abhängig von der Entfernung.

FAHRRAD

Wer fit ist oder im Flachland bleibt, kann die Stadt auch mit dem Fahrrad erkunden. Fahrräder verleihen **On Yer Bike** (S. 408) mit Sitz in der Nähe der Cuba Street und **Ferg's Kayaks** (S. 407) am Hafen.

Ein weiterer Anbieter ist **Switched On Bikes** (Karte S. 410; ☎0800 386 877, 022 075 8754; www.switchedonbikes.co.nz; Shed One, Queens Wharf; Kosten halber/ganzer Tag 45/75 NZ$, geführte Touren ab 65 NZ$; ⏲9–17 Uhr), der zusätzlich auch E-Bikes und geführte Touren anbietet.

Die Regionalverwaltung von Wellington hat mit großem Engagement Karten und Tourenvorschläge auf einer Internetseite zusammengestellt (www.journeyplanner.org.nz).

VOM/ZUM FLUGHAFEN

Der Flughafen liegt 8 km südöstlich der Stadt. **Wellington Combined Shuttles** (☎04-387 8787; www.co-opshuttles.co.nz; 1/2 Fahrgäste 20/26 NZ$) bietet einen Minibus-Service (15 Min.) von Tür zu Tür zwischen Innenstadt und Flughafen an. Bei zwei oder mehr Fahrgästen mit derselben Route wird die Fahrt günstiger. Die Fahrzeiten der Pendelbusse sind auf die Ankunftszeiten abgestimmt.

Airport-Flyer-Busse (☎0800 801 700; www.airportflyer.co.nz) verkehren zwischen dem Flughafen, Wellington und dem Hutt Valley. Die Fahrt ins Stadtzentrum kostet etwa 8 NZ$. Die Busse fahren zwischen 6 und 21 Uhr und benötigen für die Strecke rund 20 Minuten.

Ein Taxi braucht für die Fahrt zwischen Innenstadt und Flughafen etwa 15 Minuten und kostet um die 30 NZ$.

TAXI

Taxis stehen dicht an dicht am Courtenay Place (Karte S. 410), Ecke Dixon und Victoria Street (Karte S. 410), an der Featherston Street (Karte S. 404) und vor dem Bahnhof (Karte S. 404). Zwei von vielen Anbietern sind

Green Cabs (☎0508 447 336; www.greencabs.co.nz) und

Wellington Combined Taxis (☎04-384 4444; www.taxis.co.nz).

ZUG

Fünf Bahnstrecken der **Tranz Metro** (☎0800 801 700; www.tranzmetro.co.nz) führen durch die Vororte Wellingtons zu regional interessanten Zielen. Die Züge fahren zwischen 6 und 23 Uhr am Bahnhof Wellington ab, und zwar auf folgenden Strecken:

- Johnsonville über Ngaio und Khandallah
- Kapiti über Porirua, Plimmerton, Paekakariki und Paraparaumu
- Melling über Petone
- Hutt Valley über Waterloo bis Upper Hutt
- Nach Wairarapa über Featherston, Carterton und Masterton

Fahrpläne gibt es in einigen Nachbarschaftsläden, im Bahnhof, im i-SITE und online. Die Standardpreise von Wellington bis zu den Endbahnhöfen der fünf Strecken liegen zwischen 5 und 18 NZ$.

Ein Day-Rover-Ticket (14 NZ$) ermöglicht unbegrenzte Fahrten außerhalb der Stoßzeiten und am Wochenende auf allen Strecken außer auf der nach Wairarapa.

KAPITI COAST

Die Kapiti Coast ist mit ihren breiten und nicht überlaufenen Stränden ein beliebter sommerlicher Tummelplatz und ein erweitertes Vorzimmer der Wellingtoner. Ihren Namen erhielt die landschaftlich reizvolle Gegend von Kapiti Island, einem Wildschutzgebiet 5 km vor Paraparaumu. Der bergige Tararua Forest Park sorgt am gesamten Küstenabschnitt für einen fantastischen Hintergrund. Durch das Berggebiet führen einige gute kürzere und längere Wanderwege. Kapiti Coast ist ein schöner Tagesausflug von Wellington aus, hat aber auch genug Interessantes für Leute zu bieten, die dort ein paar ruhige Tage verleben wollen.

ℹ Praktische Informationen

Die offizielle Touristeninformation der Kapiti Coast ist **Paraparaumu i-SITE** (S. 427) im heruntergekommenen Einkaufszentrum von Coastland (www.coastlands.co.nz; Banken, Geldautomaten, Postamt, Supermärkte).

ℹ Anreise & Unterwegs vor Ort

AUTO & MOTORRAD

Von Wellington nach Paekakariki fährt man etwa 30 Minuten auf dem SH1 oder etwa 45 Minuten nach Paraparaumu. Die Straße ist fast durchgängig gut ausgebaut, an der neuen Überführung Kapiti Expressway wird noch gebaut.

BUS

InterCity (www.intercity.co.nz) fährt alle größeren Städte der Kapiti Coast von Wellington aus an (21 NZ$, 45 Min. von Paraparaumu).

Naked Bus (www.nakedbus.com) fährt ebenfalls täglich große Städte der Kapiti Coast an.

Metlink (www.metlink.org.nz) ist für den Nahverkehr um Paraparaumu zuständig, bis hinauf nach Waikanae (3,50 NZ$, 15 Min.) und Otaki (6,50 NZ$, 40 Min.), insbesondere die Wohngebiete entlang des Highways und der Strände werden von den Bussen angefahren.

FLUGZEUG

Der vor Kurzem erweiterte **Kapiti Coast Airport** (www.kapitiairport.co.nz; Toru Rd) in Paraparaumu wird regelmäßig von Air2there (www.air2there.com) angeflogen, mit täglich zwei Flügen nach Blenheim und Nelson. Air New Zealand (www.airnewzealand.co.nz) fliegt direkt nach Auckland.

ZUG

Die Pendlerzüge von Tranz Metro (www.tranzmetro.co.nz) zwischen Wellington und der Küste sind bequemer und fahren häufiger als

DIE MĀORI IN WELLINGTON

Die Gegend um Wellington, in der Legende das „Maul von Māuis Fisch" und ursprünglich Te Whanganui-a-Tara genannt, wurde ab Mitte des 19. Jhs. von den Māori als „Po-neke" bezeichnet (eine Transliteration von Port Nicholas, wie der europäische Name für Wellington damals lautete).

Die großen *iwi* (Stämme) der Region waren einst die Te Ati Awa und die Ngāti Toa. Die Ngāti Toa waren der *iwi* von Te Rauparaha, der das heute berühmte *Ka Mate haka* verfasst hat. Wie in den meisten Städten leben heute auch in Wellington Māori von vielen *iwi*, die manchmal kollektiv Ngāti Poneke genannt werden.

Neuseelands Nationalmuseum **Te Papa** (S. 407) zeigt exzellente Ausstellungen zur traditionellen und modernen Kultur der Māoris sowie ein farbenprächtiges *marae* (Versammlungshaus). Im Andenkenladen des Museums gibt es wunderbares Schnitzwerk und anderes Kunsthandwerk zu kaufen, wie auch in den benachbarten Galerien **Kura** (Karte S. 410; ☎04-802 4934; www.kuraGalerie.co.nz; 19 Allen St; ⏲Mo–Fr 10–18, Sa & So 11–16 Uhr) und **Ora** (S. 421).

Kapiti Island Nature Tours (s. unten) und **Kiwi Coastal Tours** (S. 408) bieten fundierte Einblicke in die Māori-Kultur der rauen Küste um Wellington.

die Busse. Züge von Wellington nach Paraparaumu (11,50 NZ$, etwa alle halbe Stunde von 6–23 Uhr) halten in Paekakariki (10,50 NZ$) und fahren weiter nach Waikanae (12,50 NZ$). **KiwiRail Scenic Journeys** (www.kiwirailscenic.co.nz) betreibt die Fernzüge *Northern Explorer* von Auckland nach Wellington mit Halt in Paraparaumu (219 NZ$). Auf der Fahrt von Wellington aus in den Norden hält der Zug nicht in Paraparaumu.

Während der Stoßzeiten kann man wochentags mit dem *Capital Connection* morgens von Palmerston North nach Wellington mit Halt in Otaki (14 NZ$), Waikanae (19 NZ$) und Paraparaumu (21 NZ$) fahren. Abends fährt ein Zug nach Palmerston North zurück mit Halt in Paraparaumu (10 NZ$), Waikanae (11 NZ$) und Otaki (14 NZ$).

Kapiti Island

Die 10 km lange und 2 km breite Insel Kapiti Island ist die Hauptattraktion der Küste und wurde schon 1897 unter Naturschutz gestellt. Von Raubtieren weitgehend befreit (22 500 Beutelratten wurden in den 1980er-Jahren ausgerottet), hat sich hier inzwischen eine erstaunliche Vogelfauna entwickelt, mit vielen Arten, die auf der Hauptinsel gefährdet oder ausgestorben sind.

Ein Besuch der Insel ist im Voraus mit einem der drei autorisierten Veranstalter zu vereinbaren. Die Fahrt muss am Morgen des gebuchten Tages rückbestätigt werden, da sie stark vom Wetter abhängig ist. Alle Boote legen am Strand von Paraparaumu ab, der mit dem Zug erreicht werden kann.

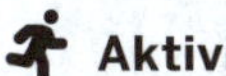

Aktivitäten

Die Insel ist für Wanderer zugänglich (es gibt großartige Wanderwege), für den Besuch von **Rangatira** werden täglich aber nur 100 Personen zugelassen. Die können dann den 521 m hohen Tuteremoana besteigen. 60 Personen dürfen das Nordende der Insel besuchen, wo es kurze, leichte Wanderwege zu Aussichtspunkten und rund um die Lagune gibt.

Geführte Touren

Kapiti Island Nature Tours TOUR

(☎06-362 6606, 021 126 7525; www.kapitiislandnaturetours.co.nz; Transport pro Pers. 75 NZ$, Ganztagestouren 165 NZ$) Die *whanau* (Familie), die die Touren führt, ist seit langer Zeit mit der Insel verbunden. Gäste bekommen die Vogelwelt der Insel (eine unglaubliche Vielfalt und Anzahl lebt inzwischen hier) und die Robbenkolonie gezeigt, und erfahren einiges über Geschichte und Traditionen der Māori.

Bei einer Übernachtung wird eine Nachtwanderung im Busch durchgeführt, mit etwas Glück sieht man den niedlichen und seltenen Zwergkiwi (Tour inkl. Mahlzeiten und Camping/Hütten 335/405 NZ$).

Praktische Informationen

Weitere Informationen über Kapiti Island sind in der DOC-Broschüre *Kapiti Island Nature Reserve* (Download auf der Homepage des DOC: www.doc.govt.nz) enthalten oder können im **DOC Wellington Besucherzentrum** (S. 420) erfragt werden.

An- und Weiterreise

Kapiti Marine Charter (☎027 655 4739, 0800 433 779; www.kapitimarinecharter.co.nz; Erw./Kind ab 75/40 NZ$), **Kapiti Tours** (☎04-237 7965, 0800 527 484; www.kapititours.co.nz; Erw./Kind 75/40 NZ$, mit Führung 95/50 NZ$) und **Kapiti Island Nature Tours** (S. 425) bieten mehrmals täglich die Überfahrt auf die Insel an. Eine Vorausbuchung ist erforderlich.

Paekakariki

1600 EW.

Die erste sehenswerte Ansiedlung Richtung Norden ist das nette, kleine Paekakariki, das 41 km nördlich von Wellington liegt. Das Künstlerdorf findet sich an einem Strand mit schwarzem Sand und ist mit dem Zug oder über den Highway gut zu erreichen.

Sehenswertes & Aktivitäten

★Queen Elizabeth Park PARK

(☎04-292 8625; www.gw.govt.nz/qep; MacKay's Crossing, SH1; ⏲8 Uhr bis zur Dämmerung; 👪) Dieser wellige, 650 ha große Strandpark ist eines der letzten fast unberührten Dünen- und Marschgebiete an der Kapiti Coast. Hier kann man Schwimmen, Wandern, Radfahren und ein Picknick abhalten. Der Park hat insgesamt drei Zugänge: von der Wellington Road in Paekakariki, von MacKay's Crossing am SH 1 und von der Esplanade in Raumati im Norden.

Für Eisenbahnfreunde interessant ist das **Tram-Museum** (☎04-292 8361; www.wellingtontrams.org.nz; MacKay's Crossing, SH1; Eintritt gegen Spende). Es bietet Trambahnfahrten (Erw./Kind/Fam. 10/5/24 NZ$; ⏲Sa & So 11–16.30 Uhr, Jan. tgl.) und Ausritte an.

Stables on the Park REITEN

(☎06–364 3336, 027 448 6764; www.stablesonthepark.co.nz; MacKay's Crossing, SH1, Queen Elizabeth Park; 30/60/90-Min.-Ausritt 55/80/120 NZ$; ⏲Ausritte Sa & So 11 & 14 Uhr, Dez.–Feb. tgl., sonst nach Vereinbarung) Mandy und ihre Freunde führen Ausritte mit gutmütigen Pferden durch. Der 90-minütige Ausritt am Strand entlang bietet Blick auf Kapiti Island und führt dann landeinwärts über Reitwege im Park. Auch Anfänger sind willkommen. Eine Vorausbuchung ist erforderlich.

Schlafen & Essen

Paekakariki Holiday Park FERIENPARK $

(☎04-292 8292; www.paekakarikiholidaypark.co.nz; 180 Wellington Rd; Stellplätze Erw. ab 16 NZ$, Hütten & Einheiten ab 70 NZ$; @📶) Dieser ausgedehnte, grüne Park entspricht nicht gerade dem neuseeländischen Ferienpark-Zeitgeist, aber dankt seiner Lage 1,5 km nördlich der Siedlung am südlichen Eingang zum Queen Elizabeth Park eignet er sich gut zum Wandern und Radfahren.

Finn's HOTEL $$

(☎04-292 8081; www.finnshotel.co.nz; 2 Beach Rd; DZ/2-Zimmer-Suite ab 135/250 NZ$; 📶) Das Hotel ist der erfrischende Blickfang des unscheinbaren Eisenbahndorfs. Es punktet mit geräumigen Zimmern, preiswertem Essen (Hauptgerichte 19–30 NZ$), einer Cafeteria, Bier vom Fass und einem Kino mit 26 Sitzplätzen. Schallschutzfenster schützen gegen den Lärm des nahen Highways.

Beach Road Deli CAFÉ $

(☎04-902 9029; www.beach-road-deli.com; 5 Beach Rd; Snacks 3–8 NZ$, Pizza 13–25 NZ$; ⏲Mi–Sa 7–20, So 7–16.30 Uhr; 🖉) Das schmucke Feinkostgeschäft mit Holzofenpizzeria bietet selbst gebackenes Brot und Gebäck, Käse, Wurst, einen hervorragenden Kaffee und Köstlichkeiten aus aller Welt. Ein Geschenk des Himmels für hungrige Autofahrer und alle, die sich für ein Picknick eindecken wollen oder Lust auf eine Bratwurst im Brötchen haben!

Paraparaumu

25 270 EW.

Paraparaumu ist der größte Wirtschafts- und Wohnbezirk an der Kapiti Coast und zerfällt in zwei Teile: Die Stadt am Highway mit ihren hässlich ausufernden Einkaufspassagen und Paraparaumu Beach mit seinem Uferpark mit Promenade, guten Schwimmmöglichkeiten und Blick auf Kapiti Island (Boote fahren von dort zur Insel). Der richtige Ort für Liebhaber von Craft Beer und Autos (oder beidem)!

Die korrekte Aussprache lautet „Pah-ra-pah-ra-uhmuh", was so viel wie „Reste aus dem Ofen" bedeutet. Der Name entstand angeblich, als Māori-Krieger die damalige Siedlung überfielen und nur noch Essensreste vorfanden. Da der Name für die Neuseeländer der reinste Zungenbrecher ist, nennen sie den Ort in der Regel meist nur „Para-param".

Sehenswertes

Tuatara Brewery BRAUEREI

(☎04-296 1953; www.tuatarabrewing.co.nz; 7 Sheffield St; ⏲Mi & Do 15–19, Fr–So 12–19 Uhr,

Führungen Sa 13.15 & 15.15 Uhr) Die älteste und berühmteste Mikrobrauerei in Wellington bietet auf ihrem Firmengelände einen Bierausschank und serviert dazu Bar-Snacks (Räucherwürstchen, Nachos, Pizza).

Die Samstagsführung durch die Brauerei muss im Voraus gebucht werden (35 NZ$ einschließlich Verkostung).

Southward Car Museum MUSEUM
(☎04-297 1221; www.southwardcarmuseum.co.nz; abseits der Otaihanga Rd; Erw./Kind 17/3 NZ$; ⏲9–16.30 Uhr; 👪) Das riesige, hallenähnliche Museum beherbergt eine der größten Sammlungen an Oldtimern und ungewöhnlichen Autos in Australasien, u. a. einen DeLorean und einen Gangster-Cadillac von 1950. Das Museum befindet sich wenige Kilometer nördlich der wichtigsten Läden von Paraparaumu.

Essen

Ambience Café CAFÉ $$
(☎04-298 9898; 10 Seaview Rd; Hauptgerichte 13–22 NZ$; ⏲ Mo–Sa 8–15, So 8.30–15 Uhr; ✎) Ein typisches Wellington-Café mit kleinen aber auch größeren Gerichten: Fischküchlein, BLT-Sandwiches, Salate und bunte Gemüsegerichte... die Kuchentheke ist voll bis zum Anschlag und der Kaffee großartig.

Praktische Informationen

Paraparaumu i-SITE (☎0800 486 486, 04-298 8195; www.kapiticoast.govt.nz; Coastlands Mall, Rimu Rd; ⏲ Mo–Fr 8–17 Uhr) bietet Informationen zur Kapiti Coast, Landkarten und Broschüren, einschließlich der Broschüre *Kāpiti Coast Walking & Cycling* mit Details zu Wanderwegen und Trails entlang der Küste.

Waikanae

10 630 EW.

Etwa 20 km nördlich von Paraparaumu liegt Waikanae. Lange war der Ort ein beliebter Altersruhesitz, wird jedoch in letzter Zeit zunehmend von Jüngeren entdeckt, die hier ihr erstes Haus bauen, weil sie sich Wellington nicht mehr leisten können. Der attraktive Küstenort ist gut für Spaß am Strand und schöne Naturerlebnisse.

Außer dem Strand (und ein paar guten Cafés dort) ist die Hauptattraktion das Naturschutzgebiet Nga Manu Nature Reserve. Der steile Anstieg hinauf zur **Hemi Matenga Memorial Park Scenic Reserve** (☎04-296 1112; www.doc.govt.nz; ab Tui Cres, Waikanae; ⏲tagsüber) GRATIS wird belohnt mit wunderbaren Blicken aufs Meer.

Sehenswertes & Aktivitäten

Nga Manu Nature Reserve NATURSCHUTZGEBIET
(☎04-293 4131; www.ngamanu.co.nz; 281 Ngarara Rd, Waikanae; Erw./Kind/Fam. 18/8/38 NZ$; ⏲10–17 Uhr; 👪) 🍃 Das 15 ha große Vogelschutzgebiet mit Picknickplätzen, Wanderwegen, Volieren und einem Nachttierhaus mit Kiwis, Eulen und Tuataras ist hier die Hauptattraktion. Täglich werden um 14 Uhr die Aale gefüttert, um 11 Uhr beginnen Führungen zur Vogelfütterung (Erw./Kind 25/12 NZ$ inkl. Eintritt). Der Anfahrtsweg: Über den SH1 auf die Te Moana Road in Richtung Küste, gleich rechts ab in die Ngarara Road und dann der Beschilderung folgen.

Waikanae Estuary Bird Tours VOGELBEOBACHTUNG
(☎04-905 1001; www.kapitibirdtours.co.nz; 2-stündige Führungen 25 NZ$) 🍃 In der Flussmündung des Waikanae sind zahllose Vogelarten heimisch, zu denen sich jedes Jahr 66 Arten von Zugvögeln gesellen. Bei den individuellen Führungen, die von begeisterten Vogelkundlern geleitet werden, können bis zu 20 Arten gesichtet werden.

Schlafen & Essen

Kapiti Gateway Motel MOTEL $$
(☎04-902 5876, 0800 429 360; www.kapitigateway.co.nz; 114 Main Rd, Waikanae; DZ 120–165 NZ$; 📶🏊) Sauberes, luftiges Motel am Highway – außen altmodisch, innen renoviert – mit solarbeheiztem Pool und sehr gastfreundlichen Besitzern. Die Gäste freuen sich über kostenloses WLAN, Gästeküche und Sky-TV.

Long Beach CAFÉ $$
(☎04-293 6760; www.longbeach.net.nz; 40 Tutere St, Waikanae; Hauptgerichte 10–30 NZ$; ⏲8.30–22 Uhr; 👪) Nachbarschaftlich und familienfreundlich, bietet das Long Beach eine umfangreiche Speisekarte von Manuka-geräuchertem Lachs und Ratatouille über Pizza bis hin zu Fish and Chips. Das helle, entspannte Lokal bietet einen großen Winter- und Kräutergarten, und es gibt kaltes Tuatara vom Fass. Das etwas formellere Café **Front Room** nebenan ist ebenfalls sehr gut.

DIE REGION WAIRARAPA

Die weite Landschaft der Region Wairarapa östlich und nordöstlich von Wellington wird von den beiden Gebirgszügen Tararua und Rimutaka eingerahmt.

Benannt ist es nach dem Wairarapa Moana bzw. Lake Wairarapa, was übersetzt so viel wie „Meer des glitzernden Wassers" bedeutet. Der flache, 80 km² große See und die umliegende Sumpflandschaft werden gerade renaturiert, was ökologisch dringend notwendig ist. Mit den Maßnahmen sollen die negativen Auswirkungen der jahrzehntelang sehr intensiv betriebenen Schafzucht minimiert werden.

Schafherden gibt's zwar immer noch jede Menge, aber nun kommen immer mehr Weingüter und der damit verbundene Tourismus dazu, sodass sich die Gegend allmählich in das bevorzugte Ausflugsziel gut betuchter Wochenendurlauber verwandelt.

Lohnenswert ist aber auch der **Classic New Zealand Wine Trail** (www.classicwinetrail.co.nz), der einen wunderbaren Überblick über die Weingegend Wairarapa, die benachbarten Hawke's Bay und Marlborough bietet.

Die Vorwahl ist hier übrigens ☎06, nicht ☎04 wie in der übrigen Region Wellington!

Anreise & Unterwegs vor Ort

Von Wellington aus fahren die Nahverkehrszüge der Tranz Metro (www.tranzmetro.co.nz) nach Masterton (18 NZ$, Mo–Fr 5-mal tgl., am Wochenende 2-mal tgl.) mit Stopps an sieben Haltestellen, darunter Featherston und Carterton (jedoch nicht Greytown oder Martinborough). Busse der Tranzit Coachlines (www.tranzit.co.nz) fahren die Orte abseits der Bahnlinie zwischen Masterton und Featherston an, mit Halt in Carterton, Greytown und Martinborough (Fahrkarten 2–5 NZ$). Jenseits der Weingüter ist man auf den eigenen Transport angewiesen. Die meisten Sehenswürdigkeiten der Gegend liegen an der Küste und den Landstraßen. Der Weg ist dabei oft schon das Ziel: Die Fahrt über die Berge von Wellington ist sehr malerisch.

Martinborough

1580 EW.

Der schönste Ort Wairarapas ist ein hübsches Städtchen mit schattigem Dorfplatz und ein paar zauberhaften alten Gebäuden, umrahmt von einem bunten Flickenteppich aus Weideland und Weinbergen. Bekannt ist der Ort für seine Weingüter, wo die Besucher den herrlichen Pinot zu einem guten Essen genießen und danach in einer der noblen Unterkünfte einchecken können.

Sehenswertes

★ **Martinborough Brewery** BRAUEREI

(☎06-306 6249; www.martinboroughbeer.com; 10 Ohio St; ⏲Do–Mo 11–19 Uhr) Mikrobrauereien gibt es in Neuseeland inzwischen fast überall, Martinborough macht da keine Ausnahme. Mit ihrem Angebot an starken Bieren (die Spezialität ist ein Dunkel) setzt diese Brauerei dem vorherrschenden Weingenuss etwas Gehaltvolles entgegen. Die Sonnenterrasse lädt geradezu zum Genuss eines Glases Bier ein. Führungen durch die Brauerei sind jeweils nach Voranmeldung möglich.

Aktivitäten

Die umweltfreundlichste Art, die Weingüter zu erkunden, ist die mit dem Rad, die Landschaft ist dafür angenehm flach. Und die komfortablen Leihfahrräder werden schon vorsorglich mit Satteltaschen für das eine oder andere Schnäppchen verliehen.

Räder verleihen **Christina Estate Vineyard** (☎06-306 8920; www.wairarapanz.com/see-and-do/martinborough-bicycle-hire-christina-estate; 28 Puruatanga Rd; ganztags Fahrrad/Tandem 25/50 NZ$; ⏲9.30–17 Uhr, längere Öffnungszeiten im Sommer), **Green Jersey Cycle Tours** (☎021 074 6640; www.greenjersey.co.nz; 3–4 Std. Führungen mit Lunch 120 NZ$, Fahrradverleih halber/ganzer Tag 30/40 NZ$; 👪), Martinborough Top 10 Holiday Park (S. 429) und Martinborough Wine Merchants (S. 431).

Geführte Touren

Zest Food & Wine Tours WEIN, ESSEN

(☎04-801 9198; www.zestfoodtours.co.nz; pro Pers. mit Lunch 429 NZ$) Exklusive Kleingruppenführung (2–4 Pers.) um die Weinberge von Martinborough und Greytown, konzentriert auf Qualitätsweine und -speisen. Die Touren sind teuer, aber ihr Geld wert und genau das Richtige für alle, die gerne persönlich betreut werden.

Tranzit Tours WEIN, ESSEN

(☎06-370 6600, 0800 471 227; www.tranzittours.co.nz; pro Pers. 199 NZ$) Tranzit Tours organisiert täglich Touren mit Verkostung in zwei Weingütern, mit Lunch und später Käse und Kaffee. Eine Abholung ist von Wellington oder alternativ von Orten in Wairarapa (kostet 24 NZ$ weniger) möglich.

Feste & Events

Toast Martinborough WEIN, ESSEN

(www.toastmartinborough.co.nz; ⏲Nov.) Am dritten Sonntag im November organisiert Martinborough jährlich das Toast Martinborough – ein Fest der Sinne mit Wein, gutem Essen und Livemusik. Die Karten gehen weg wie warme Semmeln.

DIE WEINREGION WAIRARAPA

Wairarapas weltbekannter Weinanbau blieb fast in seinen Anfängen stecken. Nachdem die ersten Reben 1883 gepflanzt waren, setzte die Prohibition 1908 der brillanten Idee jäh ein Ende. Erst in den 1980er-Jahren wurde der Weinbau wieder aufgenommen, als man entdeckte, dass der Boden rund um Martinborough dem burgundischen *terroir* in Frankreich sehr ähnlich ist. Schnell entstanden die ersten Weingüter, deren Zahl heute auf etwa 40 in der Region angestiegen ist. Im Zentrum des Weinanbaus steht eindeutig Martinborough, doch die Kellereien um Gladstone und Masterton holen stark auf. Die beliebteste Rebe der Gegend ist die Pinot noir.

Die Kellereien von Wairarapa stehen Besuchern weit offen. Verkostungen werden gerne angeboten, einige der Winzer verlangen dafür aber eine kleine Gebühr. Auch gibt es gelegentlich Cafés oder Restaurants in den Kellereien, während andere ein Picknick in ihrem Garten anbieten. Im Winter werden die Öffnungszeiten verkürzt. Der *Wairarapa Visitor Guide* (erhältlich u. a. in den örtlichen i-SITEs) bietet Adressen und Routeninformationen. Weitere Infos finden sich unter www.winesfrommartinborough.com.

Empfehlenswerte Weingüter sind:

Ata Rangi (06-306 9570; www.atarangi.co.nz; 14 Puruatanga Rd; 12–16 Uhr) Eines der ältesten Weingüter der Gegend: großartige Weine und ein hübscher Verkaufsraum.

Coney Wines (06-306 8345; www.coneywines.co.nz; Dry River Rd; Fr–So 11–16 Uhr, Juni–Aug. Fr geschl.) Mit Glück werden die Weine vom unnachahmlichen Tim Coney präsentiert, einem freundlichen Winzer, der einen starken Shiraz anbaut und gern ein Liedchen trällert. Ebenfalls vor Ort: das exzellente Trio Café (Hauptgerichte 25 NZ$). Eine Vorausbuchung wird empfohlen.

Haythornthwaite Wines (06-306 9889; www.ht3wines.co.nz; 45 Omarere Rd; 13–17 Uhr) Gediegene Kellerei mit gutem Tropfen, z. B. einen Pinot noir mit Kirschnote und einen verführerischen Gewürztraminer. Nebenan gibt es ein Café.

Poppies Martinborough (06–306 8473; www.poppiesmartinborough.co.nz; 91 Puruatanga Rd; 11–16 Uhr) Leckere Weine, höchstpersönlich serviert vom leidenschaftlichen Winzerduo Poppy und Shayne. Zu seinen Weinen serviert das Paar dazu passende Aufschnittplatten in einem elegant-einfachen Verkaufsraum.

Wairarapa Wines Harvest Festival WEIN, ESSEN
(www.wairarapawines.co.nz; Mitte März) Das Wairarapa Wines Harvest Festival zelebriert an einem Samstag Mitte März den Beginn der Weinlese mit einem Spektakel aus Wein, Essen und Spaß für die ganze Familie. Schauplatz ist ein Ufergelände zehn Minuten von Carterton entfernt. Der Kartenverkauf beginnt schon Ende des vorausgehenden November – da heißt es schnell zugreifen!

Schlafen

★Martinborough Top 10 Holiday Park FERIENPARK $
(0800 780 909, 06–306 8946; www.martinboroughholidaypark.com; Ecke Princess & Dublin St; Stellplätze pro Pers. ab 18 NZ$, Hütten ab 70 NZ$;) Ein angenehmer Campingplatz mit Blick auf Weinreben, kaum fünf Minuten zu Fuß von der Stadt entfernt. Schattige Bäume und das Freibad hinter dem Zaun machen den Platz zur kühlen Oase an heißen Tagen. Die Hütten sind einfach, aber preiswert, sodass Geld für den Besuch eines Weinkellers übrig bleibt.

Solide Fahrräder, auch Tandems und Räder mit Kindersitz, können von 9–18 Uhr angemietet werden (Fahrrad/Tandem ganzer Tag 35/70 NZ$). Einen Preisnachlass gibt es für Gäste des Holiday Parks.

Claremont MOTEL, APARTMENT $$
(0800 809 162, 06–306 9162; www.theclaremont.co.nz; 38 Regent St; DZ/2-Zi.-Apt. ab 135/195 NZ$;) Die schicke Unterkunft liegt nur 15 Gehminuten vom Stadtzentrum entfernt. Es gibt zweistöckige Wohneinheiten (komplett ausgestattet und in bestem Zustand), moderne Apartments mit Wellnessbad und blitzblanke Wohnungen mit zwei Schlafzimmern – alle zu vernünftigen Preisen. Im Winter bzw. an den Wochenenden fallen die Preise.

ABSEITS DER ÜBLICHEN PFADE

CAPE PALLISER

Der Küstenabschnitt südlich von Martinborough an der Palliser Bay bis zum Cape Palliser ist abgelegen und dünn besiedelt. Wer Zeit und einen fahrbaren Untersatz hat, sollte den markanten Leuchtturm am Kap besuchen.

Von Martinborough windet sich die Straße durch malerische Felder und Wiesen, bevor sie an der Küste auf die **Cape Palliser Road** stößt. Dieser Teil der Fahrt ist unglaublich malerisch, denn auf der einen Seite der Straße erstrecken sich das weite Meer und die schwarzen Sandstrände, auf der anderen Seite ragen die felsigen Klippen empor. An einem klaren Tag kann man sogar die Südinsel am Horizont ausmachen. Außerdem liegt dort ein bedeutendes Naturschutzgebiet, der **Aorangi (Haurangi) Forest Park** (06-377 0700; www.doc.govt.nz; via Cape Palliser Rd; 24 Std.) GRATIS.

An der Küstenstraße weiter südlich liegt das windgepeitschte Fischerdorf **Ngawi**. Hier fallen zuerst die rostigen Bulldozer ins Auge, mit denen die Fischerboote an den Strand gezogen werden. Direkt daneben befindet sich ein Picknickplatz mit Rasen.

Noch ein Stück weiter riecht man schon von Weitem die **Robbenkolonie**, die sich auf dem größten Aufzuchtplatz der Nordinsel tummelt. Fotografen sollten sich keinesfalls zwischen die Robben und das Meer stellen, denn wenn ihnen der Fluchtweg abgeschnitten wird, können die Tiere recht aggressiv werden!

Direkt dahinter steht das **Cape Palliser Lighthouse**, dessen 250 Stufen man hochsteigen kann. Oben angekommen, hat man einen sagenhaften Ausblick, wird aber fast vom Wind weggeblasen.

Auf dem Weg hin oder zurück lohnt sich ein kurzer Abstecher in die uralte Küstensiedlung **Lake Ferry** am Lake Onoke, insbesondere zum charaktervollen **Lake Ferry Hotel** (06-307 7831; www.lakeferryhotel.co.nz; 2 Lake Ferry Rd; Hauptgerichte 14–30 NZ$; 12–15 & 18–21 Uhr). An der Flussmündung reihen sich kleine, graue Dünen, wo das Wasser strudelt und große Möwen mit schwarzen Schnäbeln kreisen. Diese Küstenlandschaft, in der nichts passiert, aber es viel zu sehen gibt, ist typisch für Neuseeland.

Weitere Pluspunkte sind die schöne Gartenanlagen, die Grillplätze und der Radverleih. Die schöne, alte Kirche nebenan lädt zur Beichte ein.

Lacoste Cottage COTTAGE $$
(027 454 6959; www.lacostecottage.co.nz; 42 Dublin St; DZ 160 NZ$, zusätzl. Pers. 40 NZ$;) Die Einrichtung ist ein wenig zu französisch, doch das Cottage aus den frühen 1900er-Jahren ist mit seiner puderblauen Haustür, den Kletterrosen und der großen Veranda unbestreitbar hübsch. Es gibt zwei Schlafzimmer mit Doppelbetten und ein Einzelbett im Wohnzimmer (5 Pers.), das Cottage ist also gut für Familien geeignet.

Aylstone Retreat BOUTIQUEHOTEL $$$
(06-306 9505; www.aylstone.co.nz; 19 Huangarua Rd; DZ mit Frühstück 230–260 NZ$;) Das elegante weiß gestrichene Haus inmitten der Weinreben am Ortsrand ist ideal für Romantiker. Die sechs ebenfalls in Weiß gehaltenen Zimmer mit Bad verströmen einen leicht blumigen, französisch-ländlichen Charme und teilen sich einen noblen Leseraum.

Rund um das Hotel liegt eine Art Schlossgärtchen mit Rasen, gestutzten Hecken und verspielten Gartenmöbeln.

Essen

Village Cafe CAFÉ $
(06-306 8814; www.facebook.com/thevillagecafemartinborough; 6 Kitchener St; Hauptgerichte 10–23 NZ$; tgl. 8–16, Fr 6–21 Uhr) „The Heart of Martinborough" ist vielleicht etwas übertrieben, doch dieses zentral gelegene Café ist zweifellos beliebt. Es gibt Frühstück mit Ei, große Salate, ein umwerfendes Reuben-Sandwich und freitagabends Pizza. Der Speiseraum hat Atmosphäre, wozu auch die Hintergrund- und gelegentlich Livemusik beitragen.

Tirohana Estate MODERN NEUSEELÄNDISCH $$
(06-306 9933; www.tirohanaestate.com; 42 Puruatanga Rd; Lunch Hauptgerichte 12–22 NZ$, Drei-Gänge-Menü 59 NZ$; Mo–Sa 11.30–15 & 18 Uhr bis spätabends, So 18 Uhr bis spätabends) Auf der Terrasse des schönen Weinguts kann man sein ungezwungenes Mittagessen mit einem Glas Wein genießen. Abends wird im sehr eleganten Speisesaal serviert. Die Por-

tionen (Lachsküchlein, Lammkeule, Brotauflauf) sind großzügig bemessen, gut gekocht und elegant serviert. Abends ist eine Vorausbuchung zwingend notwendig.

Pinocchio CAFÉ **$$**

(☎06-306 6094; www.pinocchiomartinborough.co.nz; 3 Kitchener St; Hauptgerichte mittags 13–28 NZ$, abends 29–34 NZ$; ⏲Mi–Fr 18 Uhr bis spätabends, Sa & So 8.30 Uhr bis spätabends) Pinocchio ist eine angesagte kleine Café-Bar hinter dem alten Martinborough Hotel. Am Wochenende serviert es unschlagbar gute Eier Benedict und geräucherte Fischküchlein mit verlorenen Eiern an den Tischen im Hof. Mittwochabends gibt es Burger, sonntags Braten und je nach Jahreszeit Whitebait-Fritters von der West Coast.

Ausgehen & Nachtleben

★**Micro Wine Bar** WEINBAR

(☎06-306 9716; www.facebook.com/microwinebar; 14c Ohio St; ⏲ Mo, Do & Fr 16 Uhr bis spätabends, Sa & So 15 Uhr bis spätabends) Die Micro Wine Bar hat eine ausgezeichnete Weinkarte mit zumeist regionalen, aber auch importierten Tropfen, eine bemerkenswerte Auswahl an Craft Beer und leckere Häppchen von asiatischen Dim Sum bis hin zu mediterranen Tapas. All das kann man auf der sonnigen Straße, in der romantischen Bar oder im geselligen Hof genießen. Dazu ertönt Musik aus den 1970er-Jahren – vom Plattenspieler.

☆ Unterhaltung

Circus KINO

(☎Kinohotline 06-306 9442; www.circus.net.nz; 34 Jellicoe St; Erw./Kind 16/11 NZ$; ⏲Mi–Mo 15 Uhr bis spätabends) Martinborough kann sich glücklich schätzen: Es hat ein eigenes Programmkino. Der moderne, winzige Komplex umfasst zwei bequeme Studiobühnen und ein Café mit sonnigem Zen-inspiriertem Garten. Zu essen gibt es Pizzas, Bar-Snacks und Hauptgerichte (22–34 NZ$) mit frischem Gemüse. Und das Beste: Der Wein darf ins Kino mitgenommen werden.

Shoppen

Martinborough Wine Merchants WEIN, ESSEN

(☎06-306 9040; www.martinboroughwinemerchants.co.nz; 6 Kitchener St; ⏲ So–Do 9.30–17.30, Fr & Sa 9.30–18 Uhr) Ein ausgezeichneter Laden für ein paar Flaschen oder Fässer mit Weinen der Umgebung (natürlich mit Verkostung). Darüber hinaus werden Olivenöle, Bücher, Kleidung und Kunst verkauft. Unternehmungslustige können sich auch Fahrräder ausleihen (halber/ganzer Tag 25/35 NZ$). Ach auch das Dorf-Café (S. 430) ist hier zu finden.

ℹ Praktische Informationen

Martinborough i-SITE (☎06-306 5010; www.wairarapanz.com; 18 Kitchener St; ⏲ Di–Sa 9–17, So & Mo 10–16 Uhr) Das örtliche Informationscenter ist klein, doch die Mitarbeiter zuvorkommend und hilfsbereit. Sie haben Straßenkarten der Weinregion vorrätig und zeigen den Besuchern, wohin sie fahren müssen.

Greytown

2320 EW.

Das netteste der kleinen Städtchen am SH 2 hat sich in den letzten Jahren mächtig herausgeputzt und hat nun eine städtische Einwohnerschaft, zu der am Wochenende noch Massen von Wellingtoner Ausflüglern hinzukommen.

Greytown war die erste geplante Inlandsstadt und zeigt heute noch eine intakte viktorianische Architektur an der Main Street (die Broschüre *Historic Greytown* bietet weitere Infos). Es gibt einige Unterkünfte, ein paar ordentliche Restaurants, drei Pubs in der Hauptstraße und ein paar schicke Geschäfte zum Bummeln.

Sehenswertes

Cobblestones Museum MUSEUM

(☎06-304 9687; www.cobblestonesmuseum.org.nz; 169 Main St; Erw./Kind/Fam. 7/5/15 NZ$; ⏲10–16 Uhr; 👪) Das brandneue, liebenswerte Freilichtmuseum mit Laden zeigt dorthin umgesiedelte historische Gebäude und Objekte aus der Vergangenheit. Das Gelände eignet sich hervorragend zum Picknicken. Gezeigt werden eine Schmiede, eine Schule, ein Feuerwehrhaus, eine Kirche und ein Wollschuppen – sozusagen Wairarapas Geschichte zum Anfassen.

Stonehenge Aotearoa MONUMENT

(☎06-377 1600; www.stonehenge-aotearoa.co.nz; 51 Ahiaruhe Rd; Führungen Erw./Kind 16/8 NZ$; ⏲10–16 Uhr) Etwa 10 km hinter Greytown steht im Hinterhof einer Farm diese maßstabsgetreue Nachbildung des englischen Stonehenge. Es wurde für den Standort auf der südliche Hemisphäre angepasst und steht auf einer grünen Anhöhe über der Wairarapa-Ebene. Seine Mission: Es soll selbst bei Tageslicht den nächtlichen Himmel erwecken.

Das Einführungsgespräch und die Bild-/Ton-Präsentation sind ausgezeichnet. Der Anblick ist exzentrisch und begeisternd zugleich. Für die Besichtigung auf eigene Faust werden pro Erw./Kind 8/4 NZ$ verlangt.

Schlafen & Essen

Oak Estate Motor Lodge MOTEL $$
(06-304 8188, 0800 843 625; www.oakestate.co.nz; 2 Hospital Rd; Zi 135–190 NZ$;) Die saubere Anlage mit roten Dächern am Südende der Stadt verbirgt sich hinter mächtigen Eichen und einem schönen Garten. Die Lodge bietet Studios und Apartments mit ein oder zwei Schlafzimmern, eine geschmackvolle Innenausstattung, weiße Tauben auf dem Rasen und kostenloses WLAN.

French Baker BÄCKEREI $
(06-304 8873; www.frenchbaker.co.nz; 81 Main St; leichte Gerichte 7–13 NZ$; Mo–Fr 8–15, Sa & So 8–16 Uhr;) Zarte Croissants, leckere Törtchen und selbst gebackenes Brot – diese Bäckerei verkauft das alles. Daneben werden Bacon Buttys (Sandwichs mit gebratenem Speck) und Brokkoli-Blauschimmelkäse-Suppe zubereitet, und zum Abschluss ein guter Espresso serviert.

Schoc Chocolates FEINKOST $
(06-304 8960; www.schoc.co.nz; 177 Main St; Riegel 12–14 NZ$; Mo–Fr 10–16.30, Sa & So 10.30–16.30 Uhr) Kein Picknick? Kein Problem. In einem Cottage aus den 1920er-Jahren bietet Schoc an der Hauptstraße göttlich schmeckende Schokoladensorten (Earl Grey, Mandarine, bittere Chili) an, die ihr Geld wert sind, außerdem Schokotrüffel, Rocky-Road (Schmelzschokolade mit Nüssen und Marshmallows) und Erdnusskrokant. Das Probieren kostet nichts.

Masterton & Umgebung

24 400 EW.

Masterton ist Wairarapas Versorgungszentrum, eine praktische Stadt ohne Sehenswürdigkeiten, in der die Einwohner einfach ihrer Arbeit nachgehen.

Sehenswertes

In der weiteren Umgebung gibt es noch ein paar weitere sehenswerte Orte, wie etwa **Castlepoint**, 68 km östlich von Masterton. Das schöne Küstenstädtchen scheint wirklich am Ende der Welt zu liegen, hat aber einiges zu bieten: ein weit ins Meer ragendes Kap, den 162 m hohen Castle Rock, einen relativ sicheren Badestrand und schöne Wanderwege. Ein bequemer, wenn auch manchmal extrem windiger Fußweg führt in 30 Minuten über das Kap zum Leuchtturm und wieder zurück. In den Felsen lasen sich über 70 versteinerte Muschelarten entdecken.

Eine einstündige Wanderung führt zu einer riesigen Kalksteinhöhle (Taschenlampe nicht vergessen!). In 1½ Stunden läuft man von der Deliverance Cove zum Castle Rock und wieder zurück. Bei stürmischer See sollte man auf keinen Fall die Klippen hinuntersteigen!

Im Süden liegt **Carterton**, eines von mehreren Dörfern entlang des SH 2. Es ist mit den bei Weitem schönsten Blumenampeln geschmückt und bietet ein paar gut sortierte Secondhand-Läden und Cafés, die einen kurzen Aufenthalt lohnen.

Für die Männer gibt es einige gute Microbrauereien – das i-SITE-Büro vor Ort hilft mit einer Wegbeschreibung und hat den *Wairarapa Visitor Guide* vorrätig.

★ Pukaha Mount Bruce National Wildlife Centre NATURSCHUTZGEBIET
(06-375 8004; www.pukaha.org.nz; 85379 SH2, Masterton; Erw./Kind/Fam. 20/6/50 NZ$, geführte Wanderungen mit Eintritt Erw./Kind 45/22,50 NZ$; 9–16.30 Uhr) Etwa 30 km nördlich von Masterton liegt das 10 km² große Naturschutzgebiet, eines der erfolgreichsten Zentren zur Erhaltung und Aufzucht von neuseeländischen Tierarten. Der landschaftlich reizvolle Rundwanderweg erlaubt in 1½ Stunden einen guten Überblick. Es gibt ein Kiwihaus und Volieren mit einheimischen Vogelarten. Die Besucher können beim Füttern der Tuataras und der Aale (13.30 Uhr) zusehen. Führungen finden täglich und samstagnachts statt – eine Vorausbuchung ist erforderlich. Auf dem Gelände befinden sich ein Café und ein Laden.

Aratoi Wairarapa Museum of Art & History MUSEUM
(06-370 0001; www.aratoi.co.nz; Ecke Bruce & Dixon St, Masterton; Eintritt gegen Spende; 10–16.30 Uhr) Das kleine, aber sehr feine Museum richtet ein ausgesprochen beeindruckendes Ausstellungs- und Veranstaltungsprogramm aus – und hat ein schönes Café mit angeschlossenem Laden.

Wool Shed MUSEUM
(06-378 8008; www.thewoolshednz.com; 12 Dixon St, Masterton; Erw./Kind/Fam. 8/2/15 NZ$; 10–16 Uhr) Zwei alte Wollschuppen beheimaten ein traumhaftes kleines Museum, das

ganz der Schafschur und dem Wolle produzierenden Gewerbe gewidmet ist. Im Museum werden dazu passend handgestrickte Mützen verkauft.

Schlafen & Essen

Mawley Holiday Park FERIENPARK **$**
(☎ 06-378 6454; www.mawleypark.co.nz; 5 Oxford St, Masterton; Stellplätze für 2 Pers. mit/ohne Strom 30/38 NZ$, B 25 NZ$, Hütten 60–70 NZ$) Ein freundlicher, sauberer Campingplatz am Ufer des Waipoua River nördlich der Stadt. In den Gemeinschaftshütten für Rucksackreisende kann man entweder mit eigener Bettwäsche übernachten oder man leiht sie sich vom Haus. Im Fluss kann man übrigens schwimmen!

★ **Gladstone Inn** PUB-ESSEN **$$**
(☎ 06-372 7866; www.gladstoneinn.co.nz; 51 Gladstone Rd, Gladstone; Pizza 16–18 NZ$, Hauptgerichte 20–32 NZ$; ⊙ 11 Uhr bis spätabends) Das Gladstone liegt 18 km südlich von Masterton und kann kaum als Stadt bezeichnet werden. Hier gibt es nichts außer diesem traditionellen Gasthof aus Holz, der ein Paradies für durstige Bürger, Biker, Sonntagsfahrer und Radler-Nipper ist. Sie alle bevölkern an einem verschlafenen Nachmittag die großartige Garten-Bar. Craft Beer wird aus dem Fass ausgeschenkt. Das i-SITE von Masterton zeigt den Weg.

Praktische Informationen

DOC Masterton Office (Department of Conservation; ☎ 06-377 0700; www.doc.govt.nz; 220 South Rd, Masterton; ⊙ Mo–Fr 9–17 Uhr) DOC-Informationen zu Wairarapa.

Masterton i-SITE (☎ 06-370 0900; www.wairarapanz.com; Ecke Dixon & Bruce St, Masterton; ⊙ Mo–Fr 9–17, Sa & So 10–16 Uhr) Alle wichtigen Informationen für den Aufenthalt vor Ort bietet das Masterton i-SITE, hier bekommt man auch den *Wairarapa Visitor Guide* mit Adressen der Unterkünfte und einer Wegbeschreibung zum Gladstone Inn.

Marlborough & Nelson

➜ Inhalt

Gut essen

- Arbour (S. 451)
- Hopgood's (S. 464)
- Green Dolphin (S. 457)
- Sans Souci Inn (S. 479)
- DeVille (S. 463)

Schön übernachten

- Hopewell (S. 446)
- Bay of Many Coves Resort (S. 495)
- Kaikoura Cottage Motels (S. 456)
- Adrift (S. 478)
- St Leonards (S. 450)

Auf nach Marlborough & Nelson!

Für viele Reisende sind Marlborough und Nelson die erste Begegnung mit der – wie die Bewohner der Südinsel sagen – „Hauptinsel" Neuseelands. Nachdem sie das windige Wellington verlassen und die Überfahrt über die Cook Strait überstanden haben, sind viele Leute überrascht, dass hier die Sonne scheint und es 10 °C wärmer ist.

Die beiden benachbarten Regionen an der Spitze der Südinsel haben noch mehr gemeinsam als das freundliche Klima: Beide haben berühmte Ferienziele an der Küste, z. B. die Marlborough Sounds, den Abel Tasman National Park und Kaikoura. Dann gibt es hier noch zwei weitere Nationalparks (Kahurangi & Nelson Lakes) und viele Gebirgszüge.

Kein Wunder, dass die beiden Regionen auch eine Menge leckerer Erzeugnisse zu bieten haben: von Wildfleisch und Meeresfrüchten bis hin zu Sommerobst! Am berühmtesten aber sind die Trauben, die in den Weingläsern der besten Restaurants der Welt zu finden sind. Hier sollte man stets Taschenmesser und Picknickkorb griffbereit haben!

Reisezeit

- Die Aussichten sind gut: Marlborough und Nelson gehören zu den sonnigsten Regionen Neuseelands. Der Januar und der Februar sind mit Temperaturen von durchschnittlich 22 °C die wärmsten Monate.
- Am kältesten ist es mit durchschnittlich 12 °C im Juli. An der Spitze der Südinsel kann man aber auch schöne Wintertage erleben, an denen die frostigen Morgen oft klarem Himmel und T-Shirt-Wetter weichen.
- Und ja, es stimmt: Je näher man der West Coast kommt, desto feuchter und windiger wird es.
- Von Weihnachten bis Mitte Februar machen an der Spitze der Südinsel unzählige Kiwis Urlaub. Für diese Zeit ist es also ratsam, im Voraus zu planen. Und man sollte darauf gefasst sein, mit Flip-Flops tragenden Familien um Platz zu rangeln.

An- & Weiterreise

Die Cook Strait kann auf gemütliche Art mit der Fähre, die regelmäßig zwischen Wellington und Picton verkehrt, oder mit dem Flugzeug überquert werden.

InterCity ist das größte Busunternehmen, daneben gibt es einige regionale Buslinien. Der Zug *Coastal Pacific* von KiwiRail's fährt auf der schönen Strecke von Picton nach Christchurch mit Halt in Blenheim und Kaikoura (Okt.–Mai).

Ein Mietwagen ist leicht zu bekommen; es gibt zahlreiche Mietwagenfirmen in Picton und Depots überall in der Region.

Viel besuchte Küstengebiete wie die Marlborough Sounds und der Abel Tasman National Park lassen sich am besten zu Fuß oder im Kajak entdecken. Wassertaxis stehen bereit, um die Wanderer oder die Kanuten von einer Etappe zur nächsten zu befördern.

KURZINFOS: MARLBOROUGH & NELSON

Essen Doris' Bratwurst auf den Wochenmärkten in Nelson und Motueka.

Trinken Ein Glas „Captain Cooker" im Mussel Inn (S. 478) von Golden Bay.

Lesen *How to Drink a Glass of Wine* von John Saker.

Hören Das Morgenkonzert der Vögel im Nelson Lakes National Park.

Anschauen Das Kommen und Gehen von Ebbe und Flut.

Festival Marlborough Wine Festival (S. 449)

Ökologisch reisen Der Heaphy Track, eine ökologische Wunderwelt.

Infos im Internet www.marlboroughnz.com, www.nelsonnz.com, www.kaikoura.co.nz

Vorwahl ☎03

REGION MARLBOROUGH

Picton ist das Tor zur Südinsel und zur Erkundung der Marlborough Sounds. Südlich von Picton, nur einen Korkenwurf entfernt, liegen rund um Blenheim weltberühmte Weingüter. Weiter im Süden kann man sich in Kaikoura den Walen bis auf Sichtweite nähern.

Geschichte

Schon lange bevor Abel Tasman 1642 (mehr als 100 Jahre vor der Durchreise von James Cook im Jahr 1770) an der Ostküste von D'Urville Island Zuflucht suchte, war das Gebiet um Marlborough den Māori bekannt; sie nannten es Te Tau Ihu o Te Waka a Māui („Bug von Māuis Kanu").

Cook taufte den Queen Charlotte Sound; seine Beschreibungen machten das Gebiet zum am besten bekannten geschützten Ankerplatz der südlichen Hemisphäre. 1827 entdeckte der französische Seefahrer Jules Dumont d'Urville die Meerenge, die heute French Pass heißt. Seine Offiziere benannten die nördlich davon gelegene Insel nach ihm. Im selben Jahr wurde bei Te Awaiti am Tory Channel eine Walfangstation errichtet, die erste ständig bewohnte europäische Ansiedlung in diesem Bezirk.

An- & Weiterreise

Air New Zealand (☎0800 747 000; www.airnewzealand.co.nz) bietet Direktflüge zwischen den Flughäfen von Blenheim und Wellington, Auckland und Christchurch mit weiteren Flugverbindungen an. **Soundsair** (☎0800 505 005, 03-520 3080; www.soundsair.co.nz; 3 Auckland St) verbindet Blenheim mit Wellington, Paraparaumu und Napier.

KiwiRail Scenic (☎0800 872 467; www.kiwirailscenic.co.nz) betreibt den Coastal Pacific mit täglicher Hin- und Rückfahrt (Oktober bis Mai) zwischen Picton und Christchurch über Blenheim und Kaikoura.

Busse mit dem Ziel Picton fahren vom **Interislander-Busbahnhof** (S. 440) oder von dem nahe gelegenen **i-SITE** (S. 439) ab.

InterCity (☎03-365 1113; www.intercity.co.nz) betreibt Busse zwischen Picton und Christchurch über Blenheim und Kaikoura mit Anschlüssen nach Dunedin, Queenstown und Invercargill. Busverbindungen bestehen auch nach Nelson und Picton mit Anschluss nach Motueka und an die Westküste. Mindestens eine Busverbindung der o. g. Strecken ist mit der Abfahrtszeit der Fähre nach Wellington abgestimmt.

Naked Bus (☎0900 625 33; www.nakedbus.com) betreibt Linien in südlicher Richtung nach Christchurch, Dunedin und Queenstown.

Picton

2950 EW.

Im Winter verschlafen, im Sommer mit bis zu acht voll beladen ankommenden Fähren täglich geradezu hyperaktiv, breitet sich Picton rund um eine tiefe Schlucht am Eingang des Queen Charlotte Sound aus. Picton ist

Highlights

1. Vor der Halbinsel **Kaikoura** (S. 452) kommen Meerestiere und jede Menge Seevögel in Sichtweite
2. **Marlborough Wine Region** (S. 450) Eine Landkarte der Aromen weist den Weg durch die Weinbauregion
3. **Queen Charlotte Track** (S. 443) Zu Fuß oder mit dem Fahrrad gemütlich durch die Marlborough Sounds
4. **Great Taste Trail** (S. 465) Der beliebte Radwanderweg führt auf eine kulinarische Rundreise
5. **Abel Tasman National Park** (S. 472) Im Kajak oder in Wanderschuhen durch den bilderbuchschönen Nationalpark
6. **Omaka Aviation Heritage Centre** (S. 447) Luftfahrtgeschichte wird höchst anschaulich beschrieben
7. Am Ende der Welt: In **Farewell Spit** (S. 480) sind sonst nur australische Tölpel und Pfuhlschnepfen zu Hause
8. **Heaphy Track** (S. 481) Zu Fuß bis an die wilde Westküste

für Reisende der wichtigste Zugangshafen der Südinsel und der beste Ausgangspunkt zur Erkundung der Marlborough Sounds und des Queen Charlotte Track. In den letzten Jahren ist dieser kleine Ort regelrecht aufgeblüht und gibt den Besuchern viele Gründe, länger hier zu bleiben – auch nachdem die offensichtlichen Attraktionen abgehakt sind.

Sehenswertes

Edwin Fox Maritime Museum MUSEUM

(www.edwinfoxsociety.co.nz; Dunbar Wharf; Erw./Kind 15/5 NZ$; 9–17 Uhr) Die *Edwin Fox* gilt als das neuntälteste Holzschiff der Welt, sie wurde in der Nähe von Calcutta aus Teakholz gebaut und brach 1853 zu ihrer Jungfernfahrt auf. Im Verlauf ihrer wechselvollen Geschichte beförderte sie Soldaten zur Krim, Zuchthäusler nach Australien und Auswanderer nach Neuseeland. Das Museum zeigt maritime Ausstellungsstücke, darunter die ehrwürdige alte Dame höchstpersönlich.

Picton Museum MUSEUM

(London Quay; Erw./Kind 5/1 NZ$; 10–16 Uhr) Wer sich für die Geschichte der Region begeistert, deren Höhepunkte der Walfang, die Schifffahrt und die Rollschuhmeisterschaften von 1964 sind, ist hier genau richtig. Die Fotoausstellungen sind unbedingt sehenswert – zumal bei diesem bescheidenen Eintrittspreis.

Aktivitäten

Im Mittelpunkt des Interesses und aller Aktivitäten stehen die Marlborough Sounds, aber auch Landratten finden viele interessante Ziele.

So gibt es in der Stadt mehrere schöne **Spazierwege**. Auf einem kostenlosen Stadtplan des i-SITE sind viele davon verzeichnet, u. a. ein leichter, 1 km langer Weg zur **Bob's Bay**. Der **Snout Track** (Hin- und Rückweg 3 Std.) verläuft an einem Bergkamm entlang und bietet großartige Ausblicke auf die Küste. Außerhalb der Stadt führt der **Tirohanga Track** die Hügel hinauf: Der zweistündige Rundweg ist ein Kraftakt, bietet dafür aber auch die schönsten Ausblicke. Für Fahrradtouren durch die Stadt können Räder in allen Größen bei Wilderness Guides (S. 442) ausgeliehen werden.

Nine Dives TAUCHEN

(0800 934 837, 03-573 7199; www.ninedives.co.nz; Ausflüge 195–350 NZ$) Tauchausflüge zu Revieren in den Sounds, einschließlich Meeresschutzgebiete und verschiedene Schiffswracks, u. a. die *Michail Lermontow,* außerdem Tauchunterricht. Schnorchelausflüge mit Robbenbeobachtung sind ebenfalls möglich (150 NZ$).

Geführte Touren

Marlborough Tour Company TOUR

(0800 990 800, 03-577 9997; www.marlboroughtourcompany.co.nz; Town Wharf; Erw./Kind 145/59 NZ$; Abfahrt 13.30 Uhr) Veranstaltet die 3½-stündige Rundfahrt „Seafood Odyssea", die zu einem Lachszuchtbetrieb führt. Kostproben von Meerestieren und eines Sauvignon blanc sind inbegriffen.

Schlafen

★ Jugglers Rest HOSTEL $

(03-573 5570; www.jugglersrest.com; 8 Canterbury St; Standplätze ab 20 NZ$, B 33 NZ$, DZ 75–85 NZ$; Juni–Sept. geschl.; @) Witzige Gastgeber leiten das gut und umweltfreundlich geführte Backpacker-Hostel (ohne Etagenbetten) mit artistischer Leichtigkeit. Das Haus liegt in friedlicher Umgebung 10 Min. zu Fuß von der Innenstadt entfernt (noch schneller geht es mit einem der kostenlos bereitgestellten Fahrräder). In heiteren Gartenanlagen kommen die Gäste leicht miteinander ins Gespräch, besonders bei gelegentlich stattfindenden Zirkusvorführungen.

Buccaneer Lodge LODGE $

(03-573 5002; www.buccaneerlodge.co.nz; 314 Waikawa Rd, Waikawa; EZ 90 NZ$, DZ 99–124 NZ;) Die Lodge an der Waikawa Bay bietet gepflegte, einfache Zimmer mit eigenen Bädern, viele davon mit einem weiten Blick über die Sounds vom Balkon in der oberen Etage. Gäste werden kostenlos aus der Stadt abgeholt, es gibt einen ebenfalls kostenlosen Fahrradverleih. Selbst gebackenes Brot wird von den freundlichen Inhabern auf den Tisch gebracht.

Tombstone Backpackers HOSTEL $

(03-573 7116; www.tombstonebp.co.nz; 16 Gravesend Pl; B 30–34 NZ$, DZ mit/ohne Bad 87/80 NZ$; @) Hier legen sich die Gäste in Schlafsälen mit Hotelniveau, in Doppelzimmern oder einem Apartment (118 NZ$) für Selbstversorger zur Ruhe. Zum Angebot gehören auch ein Spa-Bereich mit Hafenblick, ein Gratis-Frühstück, ein sonniger Lesesaal, Tischtennis, freier Internetzugang, kostenlose Hin- und Rückfahrten zur Fähre ... und vieles mehr.

Picton

Sequoia Lodge Backpackers HOSTEL $
(☎0800 222 257, 03-573 8399; www.sequoialodge.co.nz; 3a Nelson Sq; B 29–31 NZ$, DZ mit/ohne Bad 84/74 NZ$; 📶) Ein gut geführtes Backpacker-Hostel in einem farbenprächtigen viktorianischen Haus mit hohen Decken. Es liegt etwas außerhalb der Innenstadt, bietet aber viele Pluspunkte, z. B. kostenloses WLAN, Hängematten, Grillplätze, Whirlpool und Schokoladenpudding mitten in der Nacht! Von Mai bis November ist das Frühstück kostenlos.

Picton

Picton Top 10 Holiday Park FERIENPARK $

(☎0800 277 444, 03-573 7212; www.pictontop10.co.nz; 70 Waikawa Rd; Standplätze ab 36 NZ$, Wohnungen 75–185 NZ$; @📶🏊) 500 m außerhalb der Stadt liegt der kompakte, gut gepflegte Ferienpark mit Rasenflächen, zahlreichen Picknickplätzen und anderen gefragten Einrichtungen, z. B. einem Spiel- und Grillplatz und einem Swimmingpool.

★ **Whatamonga Homestay** PRIVATUNTERKUNFT $$

(☎03-573 7192; www.whsl.co.nz; 425 Port Underwood Rd; DZ inkl. Frühstück 180 NZ$; @📶) Die Waikawa Road führt als Verlängerung der Port Underwood Road nach 8 km unvermittelt zu dieser noblen Unterkunft am Wasser; sie besteht aus zwei abgeschlossenen Wohnungen mit breiten Doppelbetten und Balkonen mit zauberhaften Ausblicken. Zwei weitere Zimmer im Haupthaus teilen sich ein Bad. Kajaks, Dinghis und Angelausrüstungen stehen zur freien Verfügung. Es wird ein Mindestaufenthalt von zwei Übernachtungen verlangt.

Harbour View Motel MOTEL $$

(☎03-573 6259, 0800 101 133; www.harbourviewpicton.co.nz; 30 Waikawa Rd; DZ 145–185 NZ$; 📶) Die erhöhte Lage des Motels bietet in den geschmackvoll eingerichteten, abgeschlossenen Studiowohnungen mit Plankenböden einen weiten Blick über einen Wald von Schiffsmasten im Hafen von Picton.

Gables B&B B&B $$

(☎03-573 6772; www.thegables.co.nz; 20 Waikawa Rd; EZ 100 NZ$, DZ 140–170 NZ$, Wohnungen 155–175 NZ$; @📶) Das historische B&B, das sich im ehemaligen Wohnhaus des Bürgermeisters von Picton befindet, besitzt drei individuell gestaltete Zimmer im Haupthaus und zwei gemütlich eingerichtete, abgeschlossene Wohnungen im Hinterhaus. Die liebenswürdigen Gastgeber haben viel Sinn für Humor (der sich auch im Muffin-Club zeigt) und geben bereitwillig wertvolle Ausflugsempfehlungen.

Essen

Gusto CAFÉ $

(33 High St; Gerichte 11–21 NZ$; ⏰7.30–14.30 Uhr; 🖉) In diesem eigentlich alltäglich wirkenden Café mit freundlicher Bedienung wird eine wunderbare Frühstücksauswahl serviert; es gibt u. a. erstklassiges Rührei mit Lachs und ein unglaublich kalorienhaltiges Pfannengericht namens „Morning Glory“. Zu den Mittagsangeboten gehören z. B. Muscheln aus der Region oder ein leckeres Steak-Sandwich.

Picton Village Bakkerij BÄCKEREI $

(Ecke Auckland St & Dublin St; Gebäckstück 2–8 NZ$; ⏰Mo–Fr 6–16, Sa bis 15.30 Uhr; 🖉) Die holländischen Inhaber backen blechweise Köstlichkeiten nach europäischer Tradition, z. B. verschiedene, interessante Brotsorten. Im Angebot sind auch belegte Brötchen, Kuchen und sahnereiche Torten. Eine hervorragende Adresse, um vor oder nach einer Fährüberfahrt oder zum Mittagessen etwas mitzunehmen.

Café Cortado CAFÉ $$

(www.cortado.co.nz; Ecke High St & London Quay; Hauptgerichte 16–34 NZ$; ⏰8 Uhr bis open end) Das Café Cortado ist ein ganz gemütliches Eckcafé mit Bar und Blick auf den Hafen (allerdings muss man für Letzteren zwischen den Pohutukawa-Bäumen und den Palmen am Ufer hindurchgucken). In dem alteingesessenen Laden stehen Fischgerichte, hausgemachte Cheeseburger und ordentliche Pizza auf der Karte.

Praktische Informationen

Picton i-SITE (☎03-520 3113; www.marlboroughnz.com; Foreshore; ⏰Mo–Fr 8–17, Sa & So bis 16 Uhr) Alles Wichtige für Reisende: Karten, Infos zum Queen Charlotte Track, Schließfächer, Transport sowie ein Schalter des Dedicated Department of Conservation (DOC).

DIE MĀORI IN MARLBOROUGH & NELSON

Während die Māori-Kultur auf der Südinsel viel weniger offen zutage tritt als im Norden, ist sie in bestimmten Gebieten noch deutlich wahrnehmbar, vor allem rund um Kaikoura; der Ort ist reich an geschichtlichen Hinweisen auf die Māori. Der Veranstalter **Maori Tours Kaikoura** (S. 456) bietet vertiefende Einblicke in das frühere und das heutige Leben der Māori.

An- & Weiterreise

BUS

Busse mit Fahrziel Picton fahren vom Interislander-Fährhafen oder vom nahe gelegenen i-SITE ab.

InterCity (☎ 03-365 1113; www.intercity.co.nz; außerhalb des Interislander Ferry Terminal, Auckland St) betreibt täglich zwei Busverbindungen in südlicher Richtung nach Christchurch (5½ Std.) über Blenheim (30 Min.) und Kaikoura (2½ Std.) mit Anschlüssen nach Dunedin, Queenstown und Invercargill. Busverbindungen bestehen auch von/nach Nelson (2¼ Std.) mit Anschluss nach Motueka und an die Westküste. Mindestens eine Busverbindung der o. g. Strecken ist tgl. mit der Abfahrtszeit der Fähre nach Wellington abgestimmt.

Kleinere Shuttle-Verbindungen nach Christchurch und Nelson bietet u. a. **Atomic Shuttles** (☎ 03-349 0697, 0508 108 359; www.atomictravel.co.nz) an.

FLUGZEUG

Soundsair (S. 435) bietet Flüge zwischen Picton und Wellington (Erw./Kind ab 99/89 NZ$) an; ein Shuttlebus pendelt zur Start- und Landebahn in Koromiko.

SCHIFF/FÄHRE

Es gibt zwei Anbieter, die zwischen Picton und Wellington die Cook Strait überqueren, und obwohl alle Fähren mehr oder weniger vom gleichen Ort aus losfahren, hat jeder Anbieter sein eigenes Terminal. Den Verkehrsknotenpunkt (auch mit Autovermietungen) bildet das Interislander-Terminal, wo es zusätzlich ein kleines Café und Internetzugang gibt.

Die Überfahrten der **Bluebridge Ferries** (☎ 0800 844 844, 04-471 6188; www.bluebridge.co.nz; Erw./Kind ab 51/26 NZ$; 📶) dauern 3½ Std., es gibt täglich bis zu vier Überfahrten in beide Richtungen. Die Preise für Autos und Wohnmobile betragen 120 NZ$, für Motorräder 51 NZ$ und für Fahrräder 10 NZ$. Die Nachtfähre trifft um 6 Uhr in Picton ein.

Die Überfahrten der Fähren von **Interislander** (☎ 0800 802 802; www.interislander.co.nz; Interislander Ferry Terminal, Auckland St; Erw./Kind 55/28 NZ$) dauern mindestens 3 Std. und 10 Min.; es gibt täglich bis zu vier Überfahrten in jede Richtung. Die Preise für Autos betragen mindestens 121 NZ$, für Wohnmobile (bis zu einer Länge von 5,5 m) mindestens 153 NZ$, für Motorräder 56 NZ$ und für Fahrräder 15 NZ$.

ZUG

KiwiRail Scenic (S. 435) betreibt den Coastal Pacific mit täglicher Hin- und Rückfahrt (Oktober bis Mai) zwischen Picton und Christchurch über Blenheim und Kaikoura (die Strecke führt durch 22 Tunnel und über 175 Brücken!). Der Zug fährt um 13.15 Uhr von Picton und um 7 Uhr von Christchurch ab. Eine Fahrt (ohne Rückfahrt) von Picton–Christchurch kostet für Erwachsene mindestens 79 NZ$. Die Fahrtzeiten sind mit der Interislander-Fähre (s. oben) abgestimmt.

Unterwegs vor Ort

Shuttle- und Rundfahrten durch Picton und die Umgebung werden von **A1 Picton Shuttles** angeboten (☎ 022 018 8472; www.a1pictonshuttles.co.nz).

Ein Leihwagen ist in Picton einfach zu bekommen – oft schon für 40 NZ$ pro Tag. Zahlreiche Autovermietungen sind am Interislander-Fährhafen oder in unmittelbarer Nähe ansässig. **Ace** (☎ 03-573 8939; www.acerentalcars.co.nz; Interislander Ferry Terminal) und **Omega** (☎ 03-573 5580; www.omegarentalcars.com; 1 Lagoon Rd) sind zuverlässige regionale Unternehmen. Die meisten Autovermietungen erlauben, den Wagen in Christchurch stehen zu lassen; Autofahrern, die zur Nordinsel übersetzen wollen, wird häufig empfohlen, den Leihwagen in Picton abzustellen und sich nach der Überfahrt über die Cook Strait einen neuen Wagen in Wellington zu nehmen.

Marlborough Sounds

Die Marlborough Sounds sind ein Labyrinth von Bergkämmen, Buchten, Stränden und Wasserläufen, die geformt wurden, als am Ende der letzten Eiszeit das Meer in tiefe Flusstäler einströmte. Die Fjordlandschaft ist tief verzweigt: Der Pelorus Sound ist z. B. 42 km lang, seine Küstenlinie hat jedoch eine Gesamtlänge von 379 km.

Viele spektakuläre Anziehungspunkte sind mit dem Auto erreichbar. Eine 35 km lange kurvenreiche Fahrt auf dem **Queen**

Marlborough Sounds

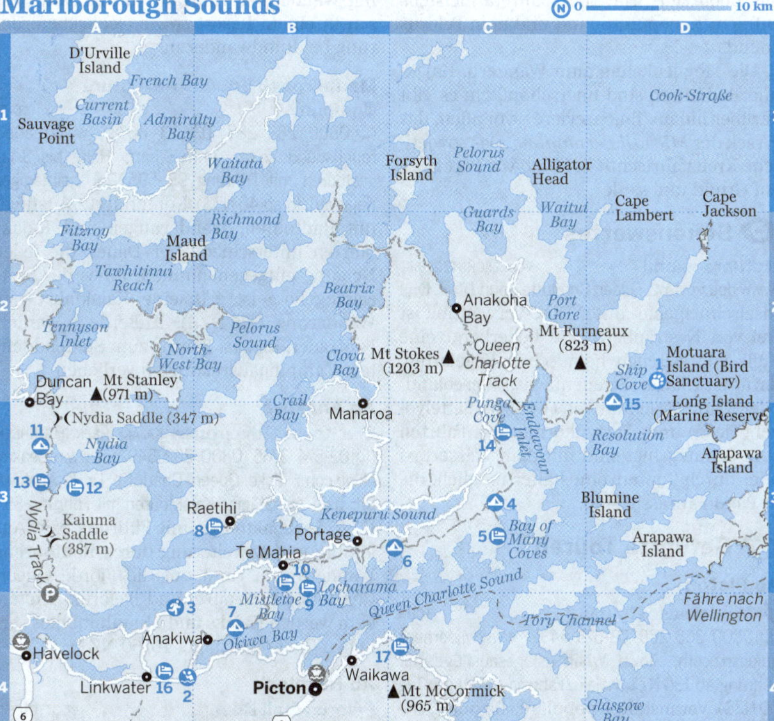

Charlotte Drive von Picton nach Havelock vermittelt einen ersten Eindruck der Landschaft, wer aber mehr Zeit zur Verfügung hat, sollte die länger dauernde Fahrt zum **French Pass** (und weiter zur **D'Urville Island**) unternehmen, wo sich weite Ausblicke auf das ganze Panorama der Outer Sounds öffnen. Die Straßen sind überwiegend schmal und gelegentlich sogar noch unbefestigt; entsprechend viel Zeit sollte man einplanen und immer sehr aufmerksam fahren.

Am schnellsten ist man in den Marlborough Sounds natürlich mit dem Boot unterwegs: So dauert eine Fahrt zur Punga Cove von Picton im Auto zwei bis drei Stunden, mit dem Boot aber nur 45 Minuten. Auf dem Wasser sind die unterschiedlichsten Bootstypen unterwegs – sie fahren im Linienverkehr oder können auch individuell gechartert werden. Die meisten Bootsbetreiber sind in Picton ansässig und befahren hauptsächlich den Queen Charlotte Sound,

Marlborough Sounds

Sehenswertes

1 Motuara Island D2

Aktivitäten, Kurse & Touren

2 Sea Kayak Adventures A4
3 Waterways Boating Safaris A4

Schlafen

4 Bay of Many Coves Campsite C3
5 Bay of Many Coves Resort C3
6 Black Rock Campsite C3
Camp Bay Campsite ..... (s. 14)
7 Davies Bay Campsite B4
8 Hopewell B3
9 Lochmara Lodge B3
Mahana Lodge ..... (s. 14)
10 Mistletoe Bay B3
11 Nydia Bay DOC Campsite A3
12 Nydia Lodge A3
13 On the Track Lodge A3
14 Punga Cove Resort C3
15 Schoolhouse Bay Campsite D2
16 Smiths Farm Holiday Park A4
17 Whatamonga Homestay C4

die Boote aus Havelock fahren meistens auf dem Kenepuru Sound und dem Pelorus Sound.

Die Möglichkeiten zum Wandern, Kajak- und Radfahren sind unerschöpflich; es gibt darüber hinaus Tauchreviere – vor allem das Wrack der *Michail Lermontow*. Das sowjetische Kreuzfahrtschiff lief 1986 vor Port Gore auf Grund und sank.

Sehenswertes

Motuara Island VOGELSCHUTZGEBIET
(www.doc.govt.nz; Queen Charlotte Sound) Das Inselschutzgebiet unter DOC-Verwaltung ist frei von Nesträubern und beherbergt eine Fülle von seltenen heimischen Vogelarten, darunter Okarito-Streifenkiwis, Neuseeland- oder Māori-Fruchttauben (Kererū), Sattelvögel (Tieke) und Warzenkormorane. Fahrten zum Schutzgebiet sind mit dem Wassertaxi oder durch Tourenveranstalter möglich, die in Picton ansässig sind.

Geführte Touren

Ab Picton

★ **Wilderness Guides** TOUR
(0800 266 266, 03-573 5432; www.wildernessguidesnz.com; Town Wharf; Tagesausflüge mit Führung ab 130 NZ$, Kajak-/Fahrradverleih pro Tag 60 NZ$) Veranstaltet populäre, flexible „Triathlons" (Kajakfahrt/Wanderung/Radtour) mit einer Dauer von ein bis drei Tagen sowie weitere Radtouren, Wanderungen und Kajaktouren (mit oder ohne Führung), u. a. eine Paddeltour zur entlegenen Ship Cove. Mountainbikes und Kajaks können auch ausgeliehen werden.

Cougar Line TOUR
(0800 504 090, 03-573 7925; www.cougarline.co.nz; Town Wharf; Wanderwegrundfahrten 105 NZ$, ganztägige Touren ab 85 NZ$) Gepäckbeförderung für Wanderer auf dem Queen Charlotte Track. Außerdem verschiedene halb- und ganztägige Bootsfahrten/Wanderungen, u. a. die spezielle (und flexible) Ecocruise-Tour zur Motuara Island und eine Tageswanderung von der Resolution Bay zur Furneaux Lodge.

Beachcomber Cruises TOUR
(0800 624 526, 03-573 6175; www.beachcombercruises.co.nz; Town Wharf, Picton; Postbootsfahrt 97 NZ$, Bootsfahrten 69 NZ$, Rundwanderungen 99 NZ$) Zwei- bis achtstündige Abenteuerbootsfahrten, u. a. die klassische „Magic Mail Run", außerdem kombinierte Touren mit Wanderung, Fahrradtour und Mittagessen in einem Resort sowie Gepäckbeförderung bei Rundwanderungen.

Marlborough Sounds Adventure Company TOUR
(0800 283 283, 03-573 6078; www.marlboroughsounds.co.nz; Town Wharf; Halb- bis 3-Tagestouren mit Führung 95–595 NZ$, halbtägiger Kajakverleih ab 40 NZ$) Kombinierte Ausflüge mit Radtouren, Wanderungen und Kajakfahrten unterschiedlicher Dauer, die jeder Neigung entgegenkommen. Eines der Spitzenangebote ist z. B. eine Kajakfahrt mit Wanderung (175 NZ$). Außerdem werden Fahrräder, Kajaks, Boards zum Stehpaddeln und Campingausrüstungen verliehen.

Ab Anakiwa

Sea Kayak Adventures KAJAKFAHREN, RADFAHREN
(03-574 2765, 0800 262 5492; www.nzseakayaking.com; Ecke Queen Charlotte Dr & Anakiwa Rd; halb-/ganztägige Kajaktouren mit Führung 85/125 NZ$) Kajaktouren mit Führung bzw. Anleitung und Erweiterung durch Radtouren/Wanderungen rund um die Fjorde Queen Charlotte, Kenepuru und Pelorus. Außerdem werden Kajaks und Mountainbikes verliehen (halb-/ganztägig 40/60 NZ$).

Ab Havelock

Pelorus Mail Boat BOOTTOUREN
(03-574 1088; www.themailboat.co.nz; Jetty 1, Havelock Marina; Erw./Kind 128 NZ$/frei; Abfahrten Di, Do & Fr 9.30 Uhr) Beliebte ganztägige Bootsfahrten in entlegenere Gebiete des Pelorus Sound auf einem echten neuseeländischen Postschiff. Eine Reservierung ist unbedingt notwendig; unterwegs gibt es keine Verpflegung. Hin- und Rückfahrten von/nach Picton und Blenheim können arrangiert werden.

Waterways Boating Safaris BOOTFAHREN
(03-574 1372; www.waterways.co.nz; 745 Kenepuru Rd; halb-/ganztägig 110/150 NZ$) Auf einer Bootsfahrt mit Begleitung durch den Kenepuru Sound steuern die Mitfahrenden selbst ein kleines Motorboot. Eine schöne Möglichkeit, aufs Wasser hinauszufahren, die Landschaft zu sehen und etwas über Ökologie und Geschichte der Region zu erfahren. Ohne Verpflegung.

Greenshell Mussel Cruise BOOTTOUREN
(03-577 9997, 0800 990 800; www.marlboroughtourcompany.co.nz; Havelock Marina; Erw./Kind 125/45 NZ$; Abfahrt 13.30 Uhr) Eine dreistündige Bootsfahrt gewährt Einblicke

in die Aquakultur von Kenepuru. Eine Verkostung von gedünsteten Muscheln und ein Glas Wein sind inbegriffen. Eine Reservierung ist notwendig.

Schlafen

Manche Übernachtungsmöglichkeiten im Gebiet der Marlborough Sounds sind ausschließlich per Boot erreichbar und daher wundervoll entrückt, die beliebtesten Unterkünfte liegen aber am (oder nahe beim) Queen Charlotte Track. Einige Unterkünfte sind im Winter geschlossen; am besten vorher telefonisch nachfragen.

Im gesamten Gebiet gibt es etwa 30 DOC-Campingplätze (viele davon sind nur per Boot zugänglich), ihre Ausstattung umfasst kaum mehr als fließendes Wasser und Toiletten. Beim Picton i-SITE (S. 439) können Interessierte nach Ferienhäusern (*bachs*) zur Miete fragen, sie stehen sehr zahlreich zur Verfügung.

An- & Weiterreise

Fahrten in die Marlborough Sounds gehen überwiegend von Picton aus, die meisten Betreiber von Bootstouren sind am zentral gelegenen Town Wharf ansässig. Das Angebot ist umfangreich: eine schnelle Überfahrt zu einer Lodge, längere Bootstouren mit Zielen wie **Ship Cove** oder dem Vogelschutzgebiet **Motuara Island** bis hin zu einer Rundfahrt mit Gepäcktransport, die es Wanderern ermöglicht, mit leichtem Gepäck auf dem **Queen Charlotte Track** unterwegs zu sein. Selbst Fahrräder und Kajaks können transportiert werden.

Arrow Water Taxis (☎ 027 444 4689, 03-573 8229; www.arrowwatertaxis.co.nz; Town Wharf, Picton) Individuelle Fahrten für Gruppen von mindestens vier Personen zu praktisch jedem gewünschten Ziel.

Float Plane (☎ 021 704 248, 03-573 9012; www.nz-scenic-flights.co.nz; Ferry Terminal, Picton; Flüge ab 110 NZ$) Flüge und Fahrten zu Unterkünften rund um den Queen Charlotte Track und die Sounds, touristische Rundflüge sowie Flüge und Fahrten nach Nelson, zum Abel Tasman National Park und hinüber nach Wellington.

Kenepuru Water Taxi (☎ 021 132 3261, 03-573 4344; www.kenepuru.co.nz; 7170 Kenepuru Rd, Raetihi) Taxi- und Besichtigungsfahrten rund um den Kenepuru Sound, auf Anfrage.

Pelorus Sound Water Taxi (☎ 0508 4283 5625, 027 444 2852; www.pelorussoundwater taxis.co.nz; Pier C, Havelock Marina) Taxi- und Besichtigungsfahrten von Havelock, rund um Pelorus Sound und Kenepuru Sound, auf Anfrage.

Picton Water Taxis (☎ 03-573 7853, 027 227 0284; www.pictonwatertaxis.co.nz; The Waterfront, Ecke London Quay & Wellington St, Picton) Wassertaxi- und Besichtigungsfahrten rund um den Queen Charlotte Sound, auf Anfrage.

Queen Charlotte Track

Eine der klassischen Wanderrouten von Neuseeland – und inzwischen sogar ein Reitweg – ist der gewundene Queen Charlotte Track. Er hat eine prachtvolle Küstenlandschaft zu bieten. Der 70 km lange Weg verbindet die historische Ship Cove mit Anakiwa. Er führt über Privatgelände und durch DOC-Reservate. Inwieweit der Zugang gestattet ist, hängt von den jeweiligen Grundeigentümern ab; man sollte deren Eigentum respektieren, indem man nur ausgewiesene Campingplätze und Toiletten benutzt und seinen Müll wieder mitnimmt. Jeder kann seinen Beitrag zur Erhaltung des Tracks leisten, indem er beim i-SITE in der Stadt oder auf dem Track selbst den **Track Pass** (10–18 NZ$) erwirbt.

Aktivitäten

Der Queen Charlotte Track ist gut ausgeschildert und eignet sich für Wanderer mit durchschnittlicher Fitness. Zahlreiche Bootsfahrt- und Tourenveranstalter bieten ihre Dienste auf dem Track an. Somit kann man entweder die ganze drei- bis fünftägige Strecke zu Fuß bewältigen, oder anfangen und aufhören, wo man möchte – zu Fuß, mit dem Kajak oder dem Rad (d. h. mit dem Mountainbike; fitte, erfahrene Off-Roader werden Spaß haben). Allerdings ist ein Teil der Strecke vom 1. Dezember bis Ende Februar für Radler gesperrt. Während dieser Zeit gibt es aber immer noch genügend andere gute Radwege, die man nutzen kann.

Die Ship Cove ist der übliche (und sehr empfehlenswerte) Ausgangspunkt – vor allem deshalb, weil man leichter ein Boot von Picton zur Ship Cove bekommt als umgekehrt –, man kann aber auch in Anakiwa losmarschieren. In Anakiwa gibt es ein öffentliches Telefon, in der Ship Cove nicht.

Geschätzte Wanderzeiten:

STRECKENABSCHNITTE	LÄNGE (KM)	DAUER (STD.)
Ship Cove – Resolution Bay	4,5	1½–2

Resolution Bay bis Endeavour Inlet	10,5	2½–3
Endeavour Inlet bis Camp Bay/ Punga Cove	12	3–4
Camp Bay/ Punga Cove bis Torea Saddle/ Portage	24	6–8
Torea Saddle/ Portage bis Te Mahia Saddle	7,5	3–4
Te Mahia Saddle bis Anakiwa	12,5	3–4

Schlafen

Das Schöne am Queen Charlotte Track sind die zahlreichen Möglichkeiten für Tagesausflüge, für die Picton der perfekte Ausgangspunkt ist. Aber es gibt auch genügend Unterkünfte entlang des Tracks, und die Bootsanbieter fahren einem das Gepäck hinterher.

Zum Selbstversorgersegment unter den Unterkünften gehören sechs DOC-Campingplätze: **Schoolhouse Bay** (www.doc.govt.nz; Erw./Kind 6/3 NZ$), **Camp Bay** (www.doc.govt.nz; Erw./Kind 6/3 NZ$), **Bay of Many Coves** (www.doc.govt.nz; Erw./Kind 6/3 NZ$), **Black Rock** (www.doc.govt.nz; Erw./Kind 6/3 NZ$), **Cowshed Bay** (www.doc.govt.nz; Erw./Kind 10/5 NZ$) und **Davies Bay** (www.doc.govt.nz; Erw./Kind 6/3 NZ$). Alle sind mit Toiletten und fließendem Wasser, nicht aber mit Kochgelegenheiten ausgestattet. Dazu kommt eine Vielfalt von Resorts, Lodges, Backpacker-Hostels und Pensionen. Wanderer, die nicht vorhaben zu zelten, sollten ihre Unterkünfte – vor allem im Sommer – sehr weit im Voraus buchen.

Smiths Farm Holiday Park FERIENPARK $
(☎03-574 2806; www.smithsfarm.co.nz; 1419 Queen Charlotte Dr, Linkwater; Standplätze ab 16 NZ$ pro Pers., Hütten 60 NZ$, Wohnungen 110–130 NZ$; @ 📶) 🌿 Der freundliche Ferienpark liegt auf der Linkwater-Ebene zwischen Queen Charlotte Sound und Pelorus Sound und ist eine günstige Basisstation nicht nur für Wanderer des Queen Charlotte Track. Gutgepflegte Hütten und Motel-Wohnungen haben einen Blick auf bergiges Buschland; auf den grünen Wiesen des Campingplatzes wird Vieh geweidet. Kurze Wanderwege führen zu einem Wasserfall und in ein zauberhaftes Glühwürmchental.

Mistletoe Bay FERIENPARK $
(☎03-573 4048; www.mistletoebay.co.nz; Onahau Bay; Standplätze Erw./Kind 16/10 NZ$, B/DZ 30/70 NZ$, Bettwäsche 7,50 NZ$; 📶) 🌿 Von hügeligem Buschland umgeben, bietet der Campingplatz attraktive Standplätze mit angenehm einfachen Einrichtungen. Es gibt acht moderne Hütten (140 NZ$) mit jeweils sechs Betten sowie ein Etagenbettenhaus. Großer Wert wird auf Nachhaltigkeit und Umweltschutz gelegt. Ein Landesteg bietet sich für einen Sprung ins Wasser an, in der Bucht können auch Kajakfahrten unternommen werden. Wanderer können von hier aus zum Queen Charlotte Track aufbrechen.

★ **Te Mahia Bay Resort** RESORT $$
(☎03-573 4089; www.temahia.co.nz; 63 Te Mahia Rd; DZ 160–258 NZ$; 📶) Das schöne, einfach gehaltene Resort liegt direkt am Queen Charlotte Track in einer malerischen Bucht am Kenepuru Sound. Es gibt eine Auswahl schöner Zimmer mit Aussicht, darunter historische Räume, die besonders attraktiv sind. Zum Resort gehört ein Lebensmittelladen mit Fertiggerichten, Pizzas, Kuchen, Kaffee und Campingvorräten (Wein!). Außerdem werden Kajaks verliehen und Massagen angeboten.

Lochmara Lodge RESORT $$
(☎0800 562 462, 03-573 4554; www.lochmaralodge.co.nz; Lochmara Bay; Wohnungen 99–300 NZ$; 📶) 🌿 Der künstlerisch aufgemachte, ökologisch betriebene Rückzugsort ist vom Queen Charlotte Track oder direkt von Picton aus mit dem Wassertaxi der Lodge (Hinfahrt 30 NZ$) zu erreichen. Es gibt Doppelzimmer mit eigenen Bädern, Ferienwohnungen und -häuser in grüner Umgebung sowie ein Café und Restaurant mit Schankerlaubnis, dazu ein Badehaus mit Wellness-Angeboten.

Anakiwa 401 HOSTEL $$
(☎03-574 1388; www.anakiwa401.co.nz; 401 Anakiwa Rd; EZ/4BZ 75/180 NZ$, DZ 100–140 NZ$; 📶) Das ehemalige Schulhaus liegt am südlichen Ende des Wanderweges – ein wohltuender Ort der Ruhe und Besinnung. Es gibt zwei Doppelzimmer (eines mit eigenem Bad), ein Zweibettzimmer und eine separate Strandwohnung. Die witzigen Inhaber bereiten ihren Gästen ein besonderes Vergnügen durch einen Badesteg, dazu gibt es Espresso und Eis aus einem kleinen grünen Caravan (im Sommer nachmittags geöffnet). Fahrräder und Kajaks stehen kostenlos zur Verfügung.

★ Bay of Many Coves Resort RESORT $$$
(☎0800 579 9771, 03-579 9771; www.bayofmanycoves.co.nz; Bay of Many Coves; Apt. mit 1-/2-/3-Bett-Zimmern 710/930/1100 NZ$;) Die edel gestalteten, abgeschlossenen Apartments sind mit allem modernen Komfort ausgestattet und bieten eigene Balkone mit Meerblick. Zu einem angeschlossenen Restaurant mit gehobener Küche kommt ein Verwöhnprogramm mit Massagen, Spa und Whirlpool, dazu Sportangebote wie Kajakfahrten und Busch- und Abenteuertouren durch die Sounds (alles wird von den charmanten Inhabern und ihren Mitarbeitern organisiert).

Mahana Lodge LODGE $$$
(☎03-579 8373; www.mahanalodge.co.nz; Camp Bay, Endeavour Inlet; DZ 210 NZ$; geschl. Juni–Aug.) Das wunderschöne Anwesen besteht aus einer hübschen Wiese am Wasser und einer zweckmäßigen Lodge mit vier Doppelzimmern mit eigenen Bädern. Der Naturschutz (Erneuerung von Buschland, ökologische Schädlingsbekämpfung und ein Biogemüsegarten) wird hier großgeschrieben – genauso wie das Wohlbefinden der Gäste: Es gibt einen kostenlosen Kajakverleih, eine eigene Bäckerei und einen Wintergarten voller Blütenpflanzen, in dem auf Wunsch Abendmahlzeiten serviert werden (3 Gänge 55 NZ$).

Punga Cove Resort RESORT $$$
(☎03-579 8561; www.pungacove.co.nz; Endeavour Inlet; Wohnungen 275–450 NZ$; @) Ein angenehm einfaches, charmantes Resort mit separaten Studiowohnungen, Spitzdachhäusern und einer Lodge (für bis zu sieben Gäste), die meisten davon verfügen über einen weiten Blick über die Bucht. Die Backpacker-Unterkünfte sind eher schlicht gehalten (EZ/DZ 58/116 NZ$), die Lage ist dafür aber umso schöner. Es gibt zahlreiche Freizeitangebote wie beispielsweise Pool- und Spa-Bereich, Spiele und Kajaks sowie ein Restaurant mit Bar und Café in einem Bootsschuppen, wo man sich mit guten regionalen Bieren und Pizza für 26 NZ$ stärken kann.

ℹ Praktische Informationen

Das **i-SITE** (S. 439) von Picton nimmt Buchungen für Wanderungen und Gepäckbeförderungen auf dem Queen Charlotte Track vor und hält alle Informationen dazu bereit. Näheres ist auch auf der Website zum Queen Charlotte Track nachzulesen (www.qctrack.co.nz).

ℹ An- & Weiterreise

Die Picton-Wassertaxis lassen Fahrgäste an zahlreichen Haltepunkten entlang des Queen Charlotte Track ein- und aussteigen.

Kenepuru Sound & Pelorus Sound

Der Kenepuru Sound und der Pelorus Sound westlich des Queen Charlotte Sound sind weniger stark besucht und bieten deshalb auch weniger Service für Traveller, z. B. in Sachen Transport. Die Landschaft dort ist allerdings z. T. wirklich atemberaubend, und diejenigen, die ein bisschen Zeit mitbringen, werden für ihre Anstrengungen belohnt.

Havelock ist das Zentrum dieser Gegend, das westliche Ende des 35 km langen Queen Charlotte Drive (Picton ist das östliche) und die selbsternannte „Grünschalmuschel-Hauptstadt der Welt“. Havelock gehört zwar nicht gerade zu den aufregendsten Städten Neuseelands, bietet aber das Nötigste wie Unterkünfte, Benzin und Essen.

Sehenswertes

Wen ein Spaziergang durch die Straßen von Havelock zu dem Gedanken veranlasst, dass diese Gegend doch noch mehr zu bieten haben müsste, der hat Recht. Einen ersten Eindruck davon bekommt man am **Cullen Point Lookout**, zehn Fahrminuten auf dem Queen Charlotte Drive von Havelock entfernt. Ein kurzer Weg führt bergauf und um eine Landzunge herum, mit Blick auf Havelock, die umliegenden Täler und den Pelorus Sound.

Informationen über Sehenswürdigkeiten und Aktivitäten in der Region hält das Havelock i-SITE (S. 446) bereit, es befindet sich im selben Haus wie das Museum Eyes On Nature, das voller erschreckend lebendig wirkender Nachbildungen von Vögeln, Fischen und anderen Kreaturen in Lebensgröße ist.

In den Marlborough Sounds (S. 440) selbst gibt es natürlich unendlich viel zu sehen und zu entdecken.

Aktivitäten

Pelorus Eco Adventures KAJAKFAHREN
(☎0800 252 663, 03-574 2212; www.kayak-newzealand.com; Blue Moon Lodge, 48 Main Rd, Havelock; pro Pers. 175 NZ$) In einem Kajakschlauchboot durch die reizvolle Landschaft des Pelorus River gleiten – ein berühmter

Schauplatz des Films *Herr der Ringe* – aufregende Stromschnellen überwinden und durch kristallklare Wasserbecken und an Urwäldern und Wasserfällen vorüberfahren. Erfahrung im Kajakfahren wird nicht vorausgesetzt. Für mindestens zwei Teilnehmer.

Nydia Track WANDERN
(www.doc.govt.nz) Die Start- und Endpunkte des Nydia Track (27 km, 10 Std.) liegen an der Kaiuma Bay und an der Duncan Bay. Bei der Planung dieser Wanderung ist an ausreichend Wasser und die Rückfahrt zu denken; in Havelock bietet z. B. die Blue Moon Lodge einen Shuttle-Service zur Duncan Bay an.

Auf halber Strecke befindet sich die wunderschöne **Nydia Bay**, wo es einen **DOC-Campingplatz** (www.doc.govt.nz; Erw./Kind 6/3 NZ$) und die **Nydia Lodge** (☎ 03-520 3002; www.doc.govt.nz; Nydia Bay; B 15 NZ$, mind. 4 Personen 60 NZ$) mit 50 Betten gibt (ohne Personal). **On the Track Lodge** (☎ 03-579 8411; www.nydiatrack.org.nz; Nydia Bay; B 40 NZ$, EZ 80–100 NZ$, DZ 130–160 NZ$) bietet weitere Übernachtungsmöglichkeiten an der Nydia Bay. Das ruhige, ökologisch betriebene Anwesen hat ein vielfältiges Angebot, das auch Lunch-Pakete, Abendmahlzeiten und einen Whirlpool umfasst.

Schlafen

Eine große Auswahl an Unterkünften findet man am Kenepuru Sound und Pelorus Sound, die meisten sind vom Queen Charlotte Track aus leicht erreichbar. Als Alternativen bieten sich mehrere, schön gelegene DOC-Campingplätze (die meisten sind im Januar brechend voll), einige abgelegene Lodges und der nahe liegende Ferienpark Smiths Farm (S. 444) in Linkwater an – der Ort liegt auf der Landenge zwischen Queen Charlotte Sound und Kenepuru Sound, dort gibt es eine Tankstelle mit Lebensmittelladen. In Havelock stehen ein paar gute Unterkünfte zur Auswahl.

★ **Hopewell** LODGE $
(☎ 03-573 4341; www.hopewell.co.nz; 7204 Kenepuru Rd, Double Bay; B/Cottages ab 40/195 NZ$, DZ mit/ohne Bad ab 140/105 NZ$; @ 📶) Das abgelegene, bei Reisenden sehr beliebte Hopewell steht von Buschland umgeben direkt am Ufer der Double Bay. Die kurvenreiche Anfahrt selbst ist reizvoll, als Alternative fahren auch Wassertaxis von Te Mahia zur Lodge. Für den Aufenthalt sollte man einige Tage einplanen, um Zeit zum Relaxen zu haben und wenigstens einige der fast unerschöpflich vielen Möglichkeiten sportlicher Betätigung – beispielsweise Mountainbike und Kajak fahren, segeln, angeln – nutzen zu können. Für das leibliche Wohl gäbe es dann noch Gourmetpizzas, Thermalbäder im Freien und vieles mehr …

Blue Moon Lodge HOSTEL $
(☎ 03-574 2212, 0800 252 663; www.bluemoonhavelock.co.nz; 48 Main Rd, Havelock; B 33 NZ$, Zi. mit/ohne Bad ab 96/82 NZ$; @ 📶) Die angenehme Lodge hat eine entspannte Atmosphäre und gemütliche Zimmer (im Haupthaus), eine Familienwohnung (160 NZ$) mit Spa sowie Hütten und ein Etagenbettenhaus im Hof. Zum beachtlichen Angebot gehören neben einer Grillterrasse auch Schlauchbootkajakfahrten auf dem Pelorus River und Hin- und Rückfahrten zum Nydia Track.

Havelock Garden Motels MOTEL $$
(☎ 03-574 2387; www.gardenmotels.com; 71 Main Rd, Havelock; DZ 125–160 NZ$; 📶) Die Ferienwohnungen aus den 1960er-Jahren liegen in einem großen, anmutigen Park, in dem liebenswürdige alte Bäume und unzählige Blütenpflanzen stehen; sie wurden geschmackvoll modernisiert und bieten einen behaglichen Komfort. Sportliche Aktivitäten in der Region können auf Wunsch organisiert werden.

Praktische Informationen

Havelock i-SITE (☎ 03-577 8080; www.pelorusnz.co.nz; 61 Main Rd, Havelock; ⏰ 9–17 Uhr, nur im Sommer) Die winzig kleine, hilfreiche Touristeninformation befindet sich im selben Haus wie das Museum Eyes On Nature.

An- & Weiterreise

InterCity (S. 435) betreibt tgl. Busverbindungen von Picton nach Havelock über Blenheim (1 Std.) und von Havelock nach Nelson (1¼ Std.). Busse von **Atomic Shuttles** (S. 440) befahren die gleichen Strecken. Die Busse fahren in der Nähe des **Havelock i-SITE** ab.

Blenheim

30 600 EW.

Blenheim ist eine überwiegend landwirtschaftlich geprägte Stadt, etwa 29 km südlich von Picton auf den schönen Wairau Plains zwischen den Wither Hills und Richmond Ranges gelegen. In den vergangenen zehn Jahren wurden diverse Maßnahmen zur Stadtverschönerung ergriffen, der Weinbau wurde professionalisiert und ein neues Museum gegründet, wodurch die Stadt deutlich an touristischer Anziehungskraft gewonnen hat.

Sehenswertes

★ Omaka Aviation Heritage Centre MUSEUM
(☎03-579 1305; www.omaka.org.nz; 79 Aerodrome Rd; Erw./Kind 30/12 NZ$, Familie ab 45 NZ$; ⏲Dez.–März 9–17, April–Nov. 10–16 Uhr) Das ungewöhnlich anschauliche Museum beherbergt eine Sammlung von originalen und nachgebauten Flugzeugen aus dem Ersten Weltkrieg, die der Filmregisseur Peter Jackson zusammengetragen hat. Dioramen zeigen Szenen aus Luftschlachten, z. B. den Abschuss des „roten Barons" Manfred von Richthofen durch einen australischen Schützen. In einem Anbau ist eine Ausstellung zum Zweiten Weltkrieg („Dangerous Skies") zu sehen. Flüge in historischen Doppeldeckerflugzeugen werden angeboten (20 Min., 390 NZ$ für zwei Personen).

Auf dem Museumsgelände gibt es ein Café und einen Laden und nebenan **Omaka Classic Cars** (☎03-577 9419; www.omakaclassiccars.co.nz; Erw./Kind 10 NZ$/frei; ⏲10–16 Uhr) mit rund 100 Automobilen aus den 1950er- bis 1980er-Jahren.

Pollard Park PARK
(Parker St) Ein Fußweg von zehn Minuten führt von der Stadt in diesen 25 ha großen Park, der in wunderschönen Gartenanlagen eine duftende Blütenpracht entfaltet. Auf dem Gelände gibt es einen Spielplatz, Tennisplätze, einen Krocket- und einen Golfplatz mit neun Löchern. Im Licht der Abendsonne ist der Park malerisch schön. Auf dem Weg aus oder in die Stadt ist das weitläufige **Taylor River Reserve** in fünf Minuten zu erreichen, ein schönes Gelände für einen Spaziergang.

Marlborough Museum MUSEUM
(☎03-578 1712; www.marlboroughmuseum.org.nz; 26 Arthur Baker Pl, bei New Renwick Rd; Erw./Kind 10/5 NZ$; ⏲10–16 Uhr) Außer einer rekonstruierten Straßenszene, antiquierten Maschinen und gut präsentierten Ausstellungen zur Geschichte gibt es noch die Ausstellung *Wine Exhibition*, durch die eine Tour durch die Weingüter abgerundet werden kann.

Aktivitäten

★ Driftwood Eco-Tours KAJAKFAHREN, ÖKOTOUR
(☎03-577 7651; www.driftwoodecotours.co.nz; 749 Dillons Point Rd; Kajaktouren 70–180 NZ$, Geländewagenfahrten für 2/3 Pers. ab 440/550 NZ$) Will und Rose Parsons nehmen ihre Gäste auf faszinierende Touren mit, die sie leidenschaftlich und heimatverbunden im Kajak oder Geländewagen durch die ökologisch und historisch bedeutsame Wairau Lagoon mit ihrer reichhaltigen Vogelwelt begleiten; sie liegt nur 10 Fahrminuten mit dem Auto von Blenheim entfernt.

Seltene Vögel wie der Königslöffler, der zur Brutzeit eine dekorative Federhaube trägt, sind dabei häufig zu beobachten. In einem für sich stehenden „Retreat" werden Übernachtungsmöglichkeiten für bis zu vier Gäste (DZ/4-Bettzimmer 190/310 NZ$; Frühstück extra 15 NZ$ pro Pers.) am Ufer des Opawa River angeboten.

NICHT VERSÄUMEN

PELORUS BRIDGE

Die spärliche kleine Nische eines tiefgrünen Waldgebiets liegt 18 km westlich von Havelock zwischen unscheinbarem Weideland verborgen. Das landschaftlich schöne Schutzgebiet birgt einen der letzten Bestände von Flussauenwäldern in Marlborough, der nur deshalb erhalten blieb, weil eine Stadt, 1865 auf dem Reißbrett entworfen, nie gebaut wurde. Nach verheerenden Waldrodungen, die sich bis 1912 fortsetzten, erkannte man die Bedeutung des verbliebenen Waldrestes. Ein Schutzgebiet entstand, in dem Besucher zahlreiche Wanderwege entdecken, eine historische Brücke bewundern, im klaren Pelorus River baden (der so verlockend schön ist, dass Regisseur Peter Jackson ihn als Drehort für Szenen des *Herrn der Ringe* auswählte) und nicht zuletzt in einem Café hausgemachtes Gebäck genießen können. Wenige Glückliche können außerdem auf dem kleinen, aber perfekten DOC-Campingplatz übernachten: **Pelorus Bridge Campground** (☎03-571 6019; www.doc.govt.nz; Pelorus Bridge, SH6; Standplätze ohne/mit Strom pro Pers. 15/7,50 NZ$) ist mit modernen Einrichtungen ausgestattet. In der Abenddämmerung zeigen sich Glattnasenfledermäuse, die in Neuseeland endemisch sind – das Schutzgebiet bietet einen Lebensraum für eine der letzten verbliebenen Populationen dieser Tiere in Marlborough.

Weinregion Marlborough

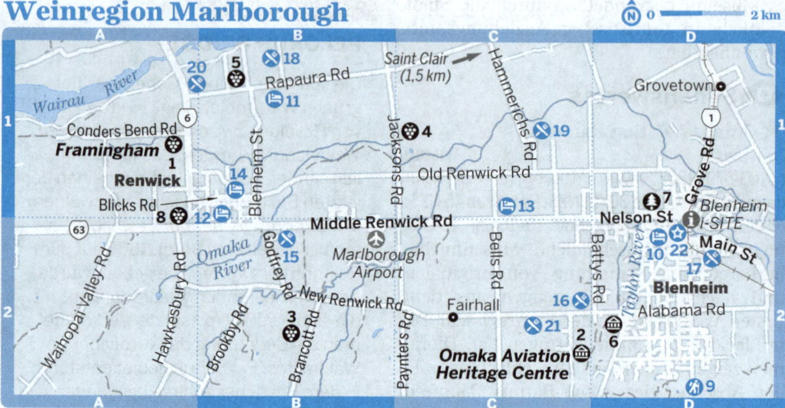

Weinregion Marlborough

Highlights
1 Framingham ... A1
2 Omaka Aviation Heritage Centre ... C2

Sehenswertes
3 Brancott Estate Heritage Centre ... B2
4 Cloudy Bay ... C1
5 Huia ... B1
6 Marlborough Museum ... D2
Omaka Classic Cars ... (s. 2)
7 Pollard Park ... D1
8 Te Whare Ra ... A1

Aktivitäten, Kurse & Touren
9 Wither Hills Farm Park ... D2

Schlafen
10 Lugano Motorlodge ... D2
11 Marlborough Vintners Hotel ... B1
12 Olde Mill House ... B1
13 St Leonards ... C1
14 Watson's Way Lodge ... B1

Essen
15 Arbour ... B2
16 Burleigh ... C2
17 Gramado's ... D2
18 Herzog Winery ... B1
19 Rock Ferry ... C1
20 Wairau River Restaurant ... A1
21 Wither Hills ... C2

Unterhaltung
22 Marlborough Civic Theatre ... D2

Wither Hills Farm Park WANDERN
In einer Stadt, die so flach ist wie ein Pfannkuchen, ist dieser hügelige, 11 km² große Park eine willkommene Abwechslung. Von den mehr als 60 km Wander- und Radwegen aus bieten sich tolle Ausblicke über das Wairau Valley bis hin zur Cloudy Bay. Man kann eine Karte im i-SITE mitnehmen oder sich die Infotafeln an den vielen Eingängen wie Redwood Street und Taylor Pass Road anschauen.

High Country Horse Treks REITEN
(☎03-577 9424; www.high-horse.co.nz; 961 Taylor Pass Rd; 1- bis 2-stündige Ausritte 60–100 NZ$) Die tierfreundlichen Betreiber veranstalten Ausritte für Anfänger bis Fortgeschrittene ab den Stallungen 11 km südwestlich der Stadt (nach dem Weg fragen!).

Geführte Touren

Weintouren werden in der Regel in einem Minibus unternommen, dauern zwischen vier und sieben Stunden, führen zu vier bis sieben Weingütern und rangieren preislich zwischen 65 und 95 NZ$ (ganztägige, große Touren kosten bis zu 200 NZ$ inkl. Mittagessen auf einem Weingut).

Highlight Wine Tours TOUR
(☎03-577 9046, 027 434 6451; www.highlightwinetours.co.nz) Zum Angebot gehört auch der Besuch einer Schokoladenfabrik. Maßgeschneiderte Touren sind möglich.

Bubbly Grape Wine Tours TOUR
(☎027 672 2195, 0800 228 2253; www.bubblygrape.co.nz) Drei unterschiedliche Touren, darunter ein Gourmetangebot zur Mittagszeit.

Sounds Connection TOUR

(☎03-573 8843, 0800 742 866; www.soundsconnection.co.nz) Der Veranstalter stellt in Abstimmung mit dem **Weingut Herzog** (☎03-572 8770; www.herzog.co.nz; 81 Jefferies Rd; Hauptgerichte 24–36 NZ$; ⌚Mi–So 12–15 & 18–21 Uhr) ein Mittagessen mit dazu passenden Weinen zusammen.

Bike2Wine TOUR

(☎03-572 8458, 0800 653 262; www.bike2wine.co.nz; 9 Wilson St, Renwick; Standard/Tandem pro Tag 30/60 NZ$, Abholung ab 10 NZ$) Als Alternative zu den üblichen Minibusfahrten können Teilnehmer mit dem Fahrrad durch Weinberge fahren. Der Veranstalter bietet wahlweise Touren ohne Führung, mit voller Ausstattung oder Unterstützung an.

Feste & Events

Marlborough Wine Festival ESSEN, WEIN

(www.wine-marlborough-festival.co.nz; Eintrittskarten 57 NZ$; ⌚Mitte Feb.) Auf dem Brancott Vineyard (S. 450) wird den regionalen Weinen zu Ehren ein großes Fest mit gutem Essen, viel Wein und Unterhaltung veranstaltet. Aufgrund des großen Andrangs sollten Unterkünfte für diese Zeit schon sehr frühzeitig reserviert werden.

Schlafen

Günstige Unterkünfte in Blenheim sind in der Regel von Langzeitgästen belegt, die als Saisonarbeiter hier beschäftigt sind. Die Hostels helfen auf Wunsch auch bei der Jobsuche und verlangen moderate Wochenmieten. In der mittleren Preiskategorie gibt es zahlreiche Motels, die sich an der Middle Renwick Road westlich des Stadtzentrums aneinanderreihen, weitere Motels sind außerdem an der SH1 in Richtung Christchurch zu finden.

Innenstadt von Blenheim

Grapevine Backpackers HOSTEL $

(☎03-578 6062; www.thegrapevine.co.nz; 29 Park Tce; B 25–26 NZ$, DZ 60–70 NZ$, 3BZ 84–90 NZ$; 📶) In einem ehemaligen Entbindungsheim, zehn Minuten zu Fuß von der Innenstadt entfernt, ist das Grapevine-Hostel untergebracht – die sehr annehmbaren Zimmer sind für Touristen vorgesehen. Der Platz in der Küche ist beengt, dafür stehen den Gästen kostenlose Kanus und eine friedliche Grillterrasse am Opawa River zur Verfügung. Ein Fahrrad ist für 25 NZ$ pro Tag zu leihen.

Blenheim Top 10 Holiday Park FERIENPARK $

(☎03-578 3667, 0800 268 666; www.blenheimtop10.co.nz; 78 Grove Rd; Standplätze 45 NZ$, Hütten 80–92 NZ$, Wohnungen & Motel 135–145 NZ$; @📶🏊) Ein Fußweg von zehn Minuten führt von der Innenstadt zum Ferienpark, der sich unterhalb und entlang der Hauptstraßenbrücke am Opawa River ausdehnt. Die Gäste sollten sich nach den ruhigsten Unterkünften erkundigen. Die Hütten und Wohnungen sind gepflegt, aber schlicht und von einer Asphaltwüste umgeben. Es gibt aber auch Annehmlichkeiten, z. B. ein Spa, einen Pool, einen Spielplatz und Fahrradverleih.

171 on High MOTEL $$

(☎0800 587 856, 03-579 5098; www.171onhighmotel.co.nz; 171 High St; DZ 145–185 NZ$; 📶) Eine einladende Unterkunft in Innenstadtnähe. Die geschmackvollen Studios und Apartments sind am Tag leuchtend bunt und luftig und am Abend in warmes, gedämpftes Licht gehüllt. Die Gäste können eine umfassende Ausstattung und das gewisse Extra an Service erwarten.

Lugano Motorlodge MOTEL $$

(☎03-577 8808, 0800 584 266; www.lugano.co.nz; 91 High St; DZ 140–155 NZ$; 📶) In bevorzugter Lage gegenüber dem hübschen Seymour Square und nur zwei Minuten zu Fuß von der Innenstadt entfernt, findet man das etwas farblose und doch elegante und exklusive Motel mit modernen Annehmlichkeiten. Am schönsten ist eine Wohnung am Ende der Reihe mit zwei Balkonen oder eine der oben liegenden Wohnungen. Schallschutzfenster dämpfen den Verkehrslärm der Hauptstraße.

Weinregion um Blenheim

Watson's Way Lodge LODGE $

(☎03-572 8228; www.watsonswaylodge.com; 56 High St, Renwick; Wohnmobile pro Pers. 18 NZ$, DZ & 2BZ 98 NZ$; ⌚geschl. Aug.–Sept.; @📶) Diese Lodge überzeugt Reisende durch blitzsaubere Zimmer mit eigenen Bädern in einem charmant umgebauten Bungalow mit einer vollständig ausgestatteten Küche und einer kuscheligen Lounge. In einem weiten, grünen Park stehen einzelne Obstbäume, es gibt Hängematten, eine Badewanne auf Klauenfüßen unter freiem Himmel, dazu einen Fahrradverleih (Gäste/Nichtgäste 18/28 NZ$ pro Tag) und eine Fülle von Informationen zur Region.

WEINGÜTER IN MARLBOROUGH

Marlborough ist Neuseelands Weinriese. Hier werden drei Viertel der Weine des ganzen Landes angebaut. Bei der letzten Erhebung waren 229 km² mit Weinreben bepflanzt – das sind ungefähr 26 500 Rugbyfelder! Sonnige Tage und kühle Nächte bilden die perfekten Bedingungen für Trauben, die es kühl mögen: für den weltbekannten Sauvignon Blanc, den erstklassigen Pinot Noir und die angesehenen Sorten Chardonnay, Riesling, Gewürztraminer, Pinot Gris sowie Sekt. Von einer Weinprobe zur nächsten zu fahren und auf den Weingütern zu essen, ist ein Erlebnis, das man bei einem Besuch auf der Südinsel auf keinen Fall auslassen darf.

Ein Vorgeschmack auf die Verkostung

Etwa 35 Weingüter sind für die Öffentlichkeit zugänglich. Die nachfolgend aufgeführten wurden ausgewählt, weil der Besuch ihrer hochwertigen Kellereien ein besonderes Erlebnis ist. Die meisten Weingüter sind zwischen 10.30 und 16.30 Uhr (im Winter gelten manchmal kürzere Öffnungszeiten) geöffnet. Auf manchen Gütern wird eine kleine Gebühr für die Weinverkostung verlangt, die in der Regel beim Kauf einer Flasche Wein erstattet wird. Die Karte zum *Marlborough Wine Trail* liegt im **Blenheim i-SITE** (S. 452) zum Mitnehmen bereit, sie ist außerdem im Internet unter www.wine-marlborough.co.nz erhältlich. Wer nur wenig Zeit hat, findet bei **Wino's** (www.winos.co.nz; 49 Grove Rd; So–Do 10–19, Fr & Sa bis 20 Uhr), einer bewährten Weinhandlung in Blenheim, neben vielem anderen auch eine Auswahl von feineren und selteneren Tropfen aus der Region Marlborough.

Auntsfield Estate (03-578 0622; www.auntsfield.co.nz; 270 Paynters Rd; Mo–Fr 11–16.30 Uhr, nur im Sommer)

Bladen (www.bladen.co.nz; 83 Conders Bend Rd; 11–16.30 Uhr)

Brancott Estate Heritage Centre (www.brancottestate.com; 180 Brancott Rd; 10–16.30 Uhr)

Clos Henri Vineyard (www.clos-henri.com; 639 State Hwy 63, RD1; Mo–Fr 10–16 Uhr, nur im Sommer)

Cloudy Bay (www.cloudybay.co.nz; 230 Jacksons Rd, Blenheim; 10–16 Uhr)

Forrest (www.forrest.co.nz; 19 Blicks Rd; 10–16.30 Uhr)

Framingham (www.framingham.co.nz; 19 Conders Bend Rd, Renwick; 10.30–16.30 Uhr)

Huia (www.huia.net.nz; 22 Boyces Rd, Blenheim; Okt.–Mai 10–17 Uhr)

Saint Clair Estate (www.saintclair.co.nz; 13 Selmes Rd, Rapaura; 9–17 Uhr)

★ **St Leonards** COTTAGES $$
(03-577 8328; www.stleonards.co.nz; 18 St Leonards Rd, Blenheim; DZ inkl. Frühstück 125–320 NZ$;) Auf dem 18 km² großen Grundstück eines Siedlungshauses von 1886 stehen fünf auf einfache Art elegante Cottages, die einen ungestörten Aufenthalt versprechen und zum Bleiben verführen. Jedes von ihnen ist einmalig in seiner Aufteilung und dem Ausblick auf Gärten und umgebende Weinberge. Besonders schön ist das geräumige und behagliche „Woolshed", das eine ländliche Eleganz ausstrahlt. Auf dem weitläufigen Gelände ziehen grasende Schafe, Hühner und Rotwild die Aufmerksamkeit der Gäste auf sich.

Olde Mill House B&B $$
(03-572 8458; www.oldemillhouse.co.nz; 9 Wilson St, Renwick; DZ 160 NZ$;) Das charmante alte Haus ist hoch gelegen im ansonsten eher ziemlich flachen Renwick. Die alteingesessenen Gastgeber betreiben ein einladendes B&B mit herrschaftlicher Ausstattung, Obst aus eigenem Anbau und hausgemachten Köstlichkeiten zum Frühstück. Daneben gibt's hier kostenlose Fahrräder, Wellness unter freiem Himmel und Gärten – ein super Quartier mitten im Weinbaugebiet.

Marlborough Vintners Hotel HOTEL $$$
(0800 684 190, 03-572 5094; www.mvh.co.nz; 190 Rapaura Rd, Blenheim; DZ 190–325 NZ$;) Die 16 von Architekten gestalteten Sui-

Spy Valley Wines (www.spyvalleywine.co.nz; 37 Lake Timara Rd, Waihopai Valley; Sommer tgl. 10.30–16.30 Uhr, Winter Mo–Fr 10.30–16.30 Uhr)

Te Whare Ra (www.twrwines.co.nz; 56 Anglesea St, Renwick; Nov.–März Mo–Fr 11–16.30, Sa & So 12–16 Uhr)

Vines Village (www.thevinesvillage.co.nz; 193 Rapaura Rd; 10–17 Uhr)

Wairau River (www.wairauriverwines.com; 11 Rapaura Rd; 10–17 Uhr)

Yealands Estate (03-575 7618; www.yealandsestate.co.nz; Ecke Seaview Rd & Reserve Rd, Seddon; 10–16.30 Uhr)

Die besten Weingutrestaurants

Arbour (03-572 7989; www.arbour.co.nz; 36 Godfrey Rd, Renwick; Hauptgerichte 31–38 NZ$; ganzjährig Di–Sa 15 Uhr bis open end, Jan.–März Mo 18 Uhr bis open end;) Mitten im Weinland von Renwick bietet das elegante Restaurant Kostproben des „Geschmacks von Marlborough", der Schwerpunkt liegt auf regionalen Erzeugnissen, die zu modernen und zugleich vertrauten Gerichten verarbeitet werden. Menüs von drei, vier oder mehr Gängen werden à la carte angeboten (73/85/98 NZ$), abends gibt es kleine Gerichte zu den Weinen, die aus einer faszinierenden Weinkarte ausgewählt werden können.

Wairau River Restaurant (03-572 9800; www.wairauriverwines.com; Ecke Rapaura Rd & SH6, Renwick; Hauptgerichte 21–27 NZ$; 12–15 Uhr) In modischem Stil umgebautes Bistro mit Lehmwänden, einer weiten Veranda und wunderschönen Gärten mit viel Schatten. Besonders hervorzuheben sind die Muschelsuppe oder das zweifach gebackene Soufflé mit Blauschimmelkäse. Die Atmosphäre ist entspannend und rundum angenehm.

Rock Ferry (03-579 6431; www.rockferry.co.nz; 80 Hammerichs Rd, Blenheim; Hauptgerichte 23–27 NZ$; 11.30–15 Uhr) Draußen ist die Stimmung ebenso angenehm wie im Innenraum, der auf groovige Art stilvoll ist. Eine kleine sommerliche Speisekarte – die z. B. gebratenen Lachs mit Paprika oder Biosteaksandwich aufzählt– wird von Weinen aus Marlborough und Otago begleitet.

Wither Hills (03-520 8284; www.witherhills.co.nz; 211 New Renwick Rd, Blenheim; Hauptgerichte 24–33 NZ$, Platten 38–68 NZ$; 11–16 Uhr) Einfaches, gut zubereitetes Essen in eleganter Umgebung. Auf knallig grünen Rasenflächen ziehen sich Gäste einen Sitzsack heran und genießen geräuchertes Lammfleisch, asiatisches Bauchfleisch oder eine Platte und besteigen dann eine Art Tempelturm von dem aus sich eine eindrucksvollen Aussicht über das Wairau Valley eröffnet.

ten bieten einen tollen Ausblick auf das Tal, besitzen luxuriöse Bäder und sind mit abstrakter Kunst dekoriert. Im eleganten Empfangsgebäude befinden sich eine Bar und ein Restaurant, das sich zu einem Garten voller Kirschbäume und einem Biogemüsegarten hin öffnet.

Essen & Ausgehen

★ Burleigh FEINKOST $

(03-579 2531; 72 New Renwick Rd, Burleigh; Pies 6 NZ$; Mo–Fr 7.30–15, Sa 9–13 Uhr) Schlichte Pies haben in diesem fantastischen Feinkostgeschäft einen großen Auftritt – unbedingt probieren: die milde Variante mit Bauchfleisch oder die würzige mit Steak und Blauschimmelkäse (oder am besten beide). Frisch belegte Baguettes, Würstchen aus regionaler Herstellung, französische Käsesorten und ein großartiger Kaffee sind ebenfalls unwiderstehlich. Zur Mittagszeit herrscht ein großer Andrang.

Gramado's BRASILIANISCH

(03-579 1192; www.gramadosrestaurant.com; 74 Main St, Blenheim; Hauptgerichte 26–38 NZ$; Di–Sa 16 Uhr–open end) Das Gramado fügt der Restaurantszene von Blenheim eine besondere, lateinamerikanische Note hinzu. Ein witziger Ort, an dem die Gäste unverschämt köstliche Mahlzeiten wie z. B. *asado* mit Lamm, Feijoada (Bohneneintopf mit geräuchertem Schweinefleisch) und brasilianisch gewürzte Fischgerichte genießen können. Zum Abschluss gehört natürlich ein Caipirinha.

Dodson Street BRAUEREI

(☎ 03-577 8348; www.dodsonstreet.co.nz; 1 Dodson St, Mayfield; ⏲ 11–23 Uhr) Ein Kneipenrestaurant mit der Atmosphäre eines bayerischen Biergartens – und einer entsprechenden Speisekarte (Hauptgerichte 17–27 NZ$), auf der Schweinshaxe, Bratwurst und Schnitzel verzeichnet sind. Die größte Attraktion sind 24 Zapfhähne, aus denen wechselnde Sorten hochwertiger, handwerklich gebrauter Biere fließen, u. a. auch die Sorten der preisgekrönten, regionalen Nachbarbrauerei Renaissance.

☆ Unterhaltung

Marlborough Civic Theatre THEATER

(☎ 03-520 8558; www.mctt.co.nz; 42a Alfred St, Blenheim) Ein neues Theater mit einem breit gefächerten Programm von Konzerten und anderen Bühnendarbietungen. Das vollständige Programm dieser und anderer örtlicher Bühnen ist unter www.follow-me.co.nz nachzulesen.

ℹ Praktische Informationen

Blenheim i-SITE (☎ 03-577 8080; www.marlboroughnz.com; 8 Sinclair St, Blenheim Railway Station; ⏲ Mo–Fr 9–17, Sa 9–15, So 10–15 Uhr) Informationen über Marlborough und das Umland, u. a. Karten mit Weinwanderwegen. Nimmt Buchungen für praktisch alle Veranstaltungen im Umkreis vor.

Wairau Hospital (☎ 03-520 9999; www.nmdhb.govt.nz; Hospital Rd, Blenheim)

Post (Ecke Scott St & Main St, Blenheim)

ℹ An- & Weiterreise

BUS

Busse von **InterCity** (S. 435) fahren täglich vom i-SITE in Blenheim nach Picton (30 Min.) und Nelson (1¾ Std.). Busse fahren außerdem in südlicher Richtung nach Christchurch (2-mal tgl.) über Kaikoura.

In Fahrkarten von **Naked Bus** (S. 435) sind manchmal Ermäßigungen für Fahrten mit anderen Bussen auf den gleichen Strecken und für Fahrten von Naked Bus auf dessen Hauptstrecken enthalten.

FLUGZEUG

Marlborough Airport (www.marlboroughairport.co.nz; Tancred Cres, Woodbourne) liegt 6 km westlich der Stadt an der Middle Renwick Road.

Air New Zealand (S. 435) bietet Direktflüge von/nach Wellington, Auckland und Christchurch mit Anschlussflügen an. **Soundsair** (S. 435) verbindet Blenheim mit Wellington, Paraparaumu und Napier.

ZUG

KiwiRail Scenic (S. 435) betreibt den Coastal Pacific (Oktober bis Mai) mit Halt in Blenheim auf der Fahrt in nördlicher Richtung nach Picton (ab 29 NZ$) und in Christchurch (ab 79 NZ$) über Kaikoura (ab 59 NZ$) in südlicher Richtung.

ℹ Unterwegs vor Ort

Avantiplus (☎ 03-578 0433; www.bikemarlborough.co.nz; 61 Queen St; Fahrradverleih halbtägig/ganztägig ab 25/40 NZ$); längere Leihdauer und Lieferung nach Vereinbarung.

Blenheim Shuttles (☎ 03-577 5277, 0800 577 527; www.blenheimshuttles.co.nz) Shuttle-Service rund um Blenheim und die Umgebung von Marlborough.

Marlborough Taxis (☎ 03-577 5511) Ein Rettungsdienst wird von Marlborough Taxis geleistet.

Kaikoura

1971 EW.

Fährt man auf dem SH1 von Blenheim aus 129 km nach Südosten (oder von Christchurch 180 km nach Norden), erreicht man Kaikoura, das malerisch auf einer Halbinsel vor der Kulisse der schneebedeckten Gipfel der Seaward Kaikoura Range liegt. Es gibt nur wenige Orte auf der Welt, an denen so viele Wildtiere beobachtet werden können, ganz gleich ob sie nun hier leben oder auf der Durchreise sind: Wale, Delfine, Neuseeländische Seebären, Pinguine, Sturmtaucher, Sturmvögel und Albatrosse.

Dass hier so viele Meerestiere leben, liegt an den Strömungsverhältnissen im Ozean und an den geografischen Gegebenheiten: Der Meeresboden sinkt vom Land aus allmählich ab und fällt dann steil bis auf mehr als 800 m Tiefe ab, wo die Südströmung auf den Kontinentalsockel trifft. Dadurch entsteht ein Aufwärtsstrom, der Nahrung vom Meeresboden hinauf in die Zone schwemmt, in der sich die Meeresbewohner aufhalten.

Sehenswertes

Point Kean Seal Colony TIERSCHUTZGEBIET

Am äußeren Ende der Halbinsel räkeln sich Robben friedlich im Gras und auf den Felsen und lenken damit alle Aufmerksamkeit auf sich. Man sollte vorsichtshalber einen größeren Abstand zu ihnen einhalten (min. 10 m) und ihnen nie den Weg zum Meer verstellen – denn sonst greifen sie an, wenn sie sich in die Enge getrieben fühlen. Dann können sie sich erstaunlich schnell bewegen.

Kaikoura Museum MUSEUM
(www.kaikoura.govt.nz; 14 Ludstone Rd; Erw./Kind 5/1 NZ$; ⌚Mo–Fr 10–16.30, Sa & So 14–16 Uhr) Das Provinzmuseum zeigt historische Fotografien, Kunstgegenstände der Māori und aus der Kolonialzeit, den riesigen Kieferknochen eines Pottwals sowie die versteinerten Überreste eines Plesiosauriers.

Fyffe House HISTORISCHES GEBÄUDE
(www.heritage.org.nz; 62 Avoca St; Erw./Kind 10 NZ$/frei; ⌚Okt.–April tgl. 10–17 Uhr, Mai–Sept. Do–Mo bis 16 Uhr) Kaikouras ältestes erhaltenes Gebäude ist das Fyffe House, dessen „Grundstein" 1844 aus Walknochen gelegt wurde. Das kleine, zweistöckige Cottage präsentiert sich hinter einem bunten Garten und bietet einen faszinierenden Einblick in das Leben der kolonialen Siedler. Infotafeln werden durch historische Objekte ergänzt, die abblätternde Tapete und hier und da ein paar Spinnennetze sorgen für Authentizität. Netter Laden mit Meeressachen!

KÖSTLICHE KRUSTENTIERE

Aus der Fülle von Meerestieren, die vor Kaikoura zu fangen sind, sticht eine Art besonders hervor: Die Languste beherrscht mit ihrem köstlichen Inneren die Speisekarten aller Restaurants der Region. Leider (unnötigerweise, wie manche meinen) ist sie teuer – in einem Restaurant bezahlt man rund 50 NZ$ für eine halbe Languste und mehr als 100 NZ$ für ein ganzes Krustentier. Frische gekochte oder rohe Langusten gibt es auch bei **Cods & Crayfish** (81 Beach Rd; ⌚8–18 Uhr), bei **Nins Bin** (SH1) und **Cay's Crays** (SH1) zu kaufen – Caravans am Strand, die nach einer 20-minütigen Autofahrt im Norden des Ortes zu erreichen sind. Ein Exemplar von guter Qualität kostet mindestens 50 NZ$. Eine Angeltour ist eine Alternative für Selbstversorger, einfacher ist es, in der Nähe der Seebärenkolonie zum **Kaikoura Seafood BBQ** (S. 457) zu gehen, dort können sich die Gäste direkt ans Meer und in den Sonnenschein setzen und gekochte Langusten genießen.

Aktivitäten

Ein sicherer **Badestrand** grenzt an die Promenade, an der auch – als Alternative zum salzigen Meerwasser – der **Lion's Swimming Pool** (191 Esplanade; Erw./Kind 3/2 NZ$; ⌚Mo–Fr 10–18, Sa & So 11–17 Uhr) liegt.

Die Möglichkeiten zum **Surfen** sind in dieser Gegend gut, vor allem am **Mangamaunu Beach** (15 km nördlich der Stadt), wo es eine 500 m lange Brandungswelle gibt – gute Surfbedingungen sind damit garantiert. Wassersportausrüstungen und Informationen sind erhältlich bei **Board Silly Surf & SUP Adventures** (☎027 418 8900, 0800 787 352; www.boardsilly.co.nz; 1 Kiwa Rd, Mangamaunu; 3-stündiger Unterricht 80 NZ$, Board & Anzug ab 40 NZ$) und bei **Coastal Sports** (☎03-319 5028; www.coastalsports.co.nz; 24 West End; ⌚Mo–Sa 9–17.30, So 10–17 Uhr, im Sommer erweiterte Öffnungszeiten).

★ **Kaikoura Peninsula Walkway** SPAZIERGANG
Ein lohnender Rundweg (3–4 Std.) von der Stadt aus führt nach Point Kean, an den Klippen entlang zur South Bay und dann über die Landenge zurück in die Stadt (natürlich kann man auch in umgekehrter Richtung gehen). Auf dem Weg sind Kolonien von Neuseeländischen Seebären, Rotschnabelmöwen und Dunklen Sturmtauchern zu sehen. Toll ist auch ein Halt an den Aussichtspunkten; interessante Schautafeln geben Einblick in Flora und Fauna. Wanderer können sich mit einer Karte vom i-SITE oder auf eigene Faust auf den Weg machen.

Kaikoura Coast Track WANDERN
(☎03-319 2715; www.kaikouratrack.co.nz; 356 Conway Flat Rd, Ngaroma; 190 NZ$) Eine einfache, 26 km lange Wanderung (ohne Führung) führt an zwei Tagen durch privates Farmland und bietet Ausblicke auf die Küste und die Alpen. Im Preis sind zwei Übernachtungen in einem Cottage des landwirtschaftlichen Betriebes und der Gepäcktransport enthalten. Die Teilnehmer bringen eigene Schlafsäcke und Verpflegung mit. Die Wanderung beginnt 45 km südlich von Kaikoura.

Clarence River Rafting RAFTING
(☎03-319 6993; www.clarenceriverrafting.co.nz; 3802 SH1, an der Clarence Bridge; Halbtagestour Erw./Kind 120/80 NZ$) Die Stromschnellen (Grad II) des schönen Clarence River laden

Kaikoura

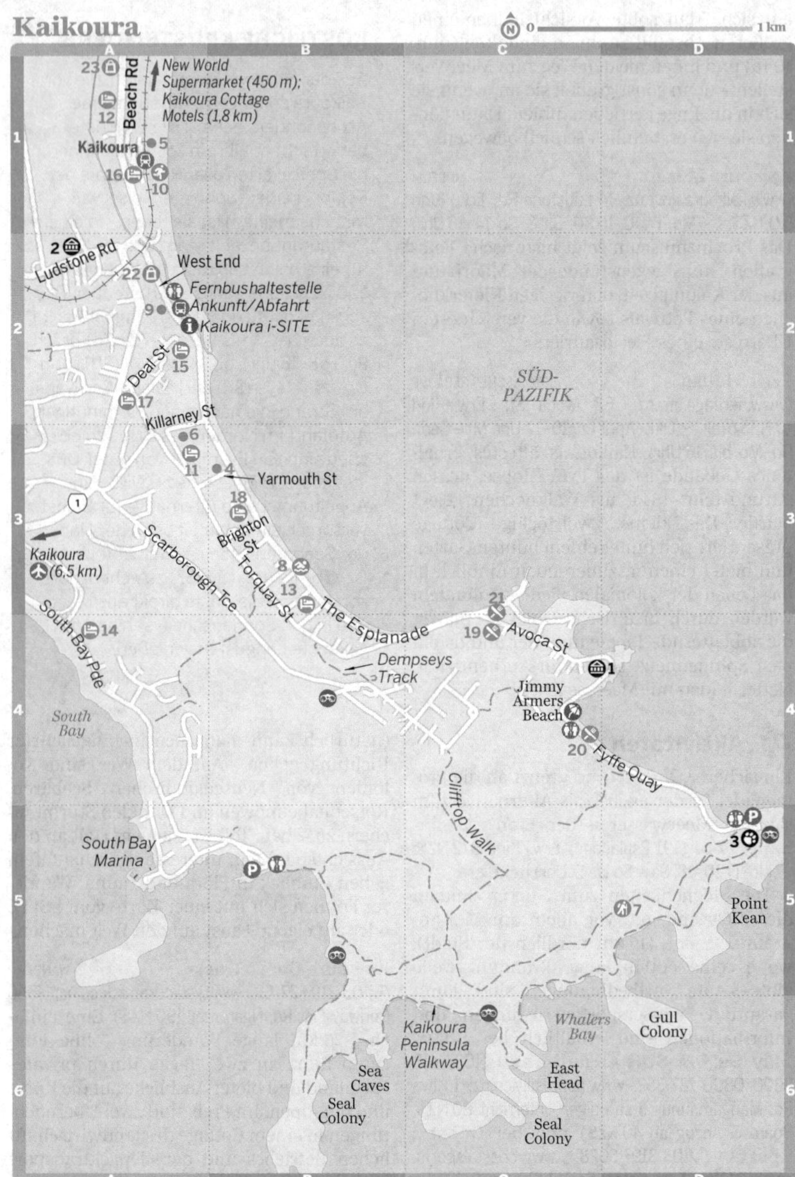

zu einer halbtägigen Raftingtour (2½ Std. auf dem Wasser) oder längeren Touren wie einem Fünf-Tages-Abenteuer mit Campen (Erw./Kind 1400/900 NZ$) ein. Der Veranstalter ist am SH1 ansässig, 40 km nördlich von Kaikoura nahe der Clarence Bridge.

Geführte Touren

Delfin- & Robbenbeobachtung

Whale Watch Kaikoura ÖKOTOUR

(☎0800 655 121, 03-319 6767; www.whalewatch.co.nz; Railway Station; 3½-stündige Touren Erw./

Kaikoura

Kind 150/60 NZ$) Mit fachkundiger Begleitung und der faszinierenden Animation „World of Whales" an Bord geht der größte Veranstalter von Kaikoura regelmäßig auf Tour und macht die Teilnehmer mit den ganz großen Bewohnern des Ozeans bekannt. Der Preis wird zu 80 % erstattet, wenn keine Wale gesichtet werden (die Erfolgsquote liegt bei etwa 95 %). Wer eine Tour machen möchte, sollte einige Extratage einplanen, falls das Wetter umschlägt.

Dolphin Encounter ÖKOTOUR
(☎ 03-319 6777, 0800 733 365; www.encounterkaikoura.co.nz; 96 Esplanade; Schwimmen Erw./Kind 175/160 NZ$, Beobachtung 95/50 NZ$; Touren ganzjährig 8.30 & 12.30 Uhr, zusätzlich Nov.–April 5.30 Uhr) Der Veranstalter wirbt mit der höchsten Erfolgsquote (90 %) ganz Neuseelands beim Sichten von Delfinen und beim Schwimmen mit den Tieren. Auf angenehmen dreistündigen Touren kommen häufig Begegnungen mit großen Gruppen der geselligen Schwarzdelfine vor – sie sorgen für die klassischen zauberhaften Augenblicke in Kaikoura.

Seal Swim Kaikoura ÖKOTOUR
(☎ 0800 732 579, 3-319 6182; www.sealswimkaikoura.co.nz; 58 West End; Touren 70–110 NZ$, Beobachtungen Erw./Kind. 55/35 NZ$; Okt.–Mai) Während der zweistündigen geführten Schnorcheltouren (per Schiff), die von der Familie Chambers angeboten werden, kann man (warm eingepackt im Neoprenanzug) mit den vielen verspielten Seebären von Kaikoura schwimmen (darunter sind auch ein paar sehr süße Babys).

Vogelbeobachtung

★ **Albatross Encounter** VOGELBEOBACHTUNG
(☎ 0800 733 365, 03-319 6777; www.encounterkaikoura.co.nz; 96 Esplanade; Erw./Kind 125/60 NZ$; Touren ganzjährig 9 & 13 Uhr, zusätzlich Nov.–April 6 Uhr) Wer sich selbst nicht zu den Vogelkundlern zählt, kann dennoch die nahe Begegnung mit Seevögeln, z. B. Dunklen Sturmtauchern, Kormoranen und Sturmvögeln, genießen. Die imposanten Albatrosse in ihren verschiedenen Arten, z. B. Weißkappenalbatrosse, stehlen selbstverständlich allen anderen Vögeln die Schau.

Angelausflüge

Kaikoura Fishing Charters ANGELN
(☎ 03-319 6888; www.kaikourafishing.co.nz) An Bord der 12 m langen *Takapu* die Angel auswerfen ... der eigenhändig gefangene Fisch kann – küchenfertig filetiert und verpackt – mit nach Hause genommen werden.

Fishing at Kaikoura ANGELN
(☎ 03-319 3003; gerard.diedrichs@xtra.co.nz) Angeln, Langustenfang, Ausflugsfahrten und Wasserskisport auf der 6 m langen *Sophie-Rose*.

Noch mehr Touren

Kaikoura Kayaks KAJAKFAHREN
(☎ 0800 452 456, 03-319 7118; www.kaikourakayaks.nz; 19 Killarney St; 3-stündige Touren Erw./Kind 95/70 NZ$; Touren Nov.–April 8.30, 12.30 & 16.30 Uhr, Mai–Okt. 9 & 13 Uhr) Hervorragende Seekajaktouren mit Führung, bei denen Seebären beobachtet und die Küste der Halbinsel erkundet werden können. Für Familien gut geeignet. Angeltouren im Kajak und

andere Ausflüge werden auf Wunsch organisiert. Außerdem werden Kajaks für selbstständige Fahrten und Boards fürs Stehpaddeln verliehen.

Kaikoura Wilderness Walks WANDERN
(☎0800 945 337, 03-319 6966; www.kaikourawilderness.co.nz; 2 Übernachtungen Erw./Kind 1895/1595 NZ$) Dreitägige Wanderung mit Führung durch das Naturschutzgebiet Puhi Peaks (in Privatbesitz befindlich), das hoch oben an der Bergkette von Seaward Kaikoura liegt. Im Preis sind die Unterbringung und Mahlzeiten in der luxuriösen Shearwater Lodge enthalten.

Maori Tours Kaikoura KULTUR
(☎0800 866 267, 03-319 5567; www.maoritours.co.nz; 3½-stündige Touren Erw./Kind 134/74 NZ$; Touren 9 & 13.30 Uhr) Faszinierende halbtägige Touren in kleinen Gruppen, die die Gastfreundlichkeit der Māori kennenlernen können und nebenbei landeskundliches Wissen erwerben. Historische Stätten werden besucht, viele Legenden erzählt und die Nutzung von Bäumen und die Verwendung von Pflanzen durch die Ureinwohner erklärt. Frühzeitige Reservierungen sind notwendig.

Kaikoura Helicopters RUNDFLÜGE
(☎03-319 6609; www.worldofwhales.co.nz; Railway Station; Flüge von 15–60-Min. 100-490 NZ$) Flüge mit verlässlichen Walsichtungen (Standardtour 30 Min., 220 NZ$ pro Person bei mindestens drei Teilnehmern) sowie Rundflüge über die Halbinsel, Mount Fyffe und die umliegenden Gipfel.

Wings over Whales RUNDFLÜGE
(☎03-319 6580, 0800 226 629; www.whales.co.nz; 30-minütige Flüge Erw./Kind 180/75 NZ$) Rundflüge in einem Leichtflugzeug mit Start vom Kaikoura Airport (8 km südlich der Stadt am SH 1). Die Walsichtungsquote liegt hier bei satten 95 %.

Schlafen

Albatross Backpacker Inn HOSTEL $
(☎0800 222 247, 03-319 6090; www.albatross-kaikoura.co.nz; 1 Torquay St; B 29–32 NZ$, 2BZ/DZ 69/74 NZ$;) Diese farbenfrohe, künstlerische Backpackerunterkunft schließt drei nette Gebäude ein (eines davon ist das ehemalige Postamt), die in Strandnähe stehen, aber vor der Meeresbrise geschützt sind. Neben einer Lounge mit Musikinstrumenten zum Jammen gibt es auch Terrassen und Verandas zum Relaxen.

Dolphin Lodge HOSTEL $
(☎03-319 5842; www.dolphinlodge.co.nz; 15 Deal St; B 29 NZ$, DZ mit/ohne Bad 74/66 NZ$; @) Wie zu Hause können sich die Gäste dieses Hostels fühlen, das einen wunderbar duftenden Garten, einen bezaubernden Meerblick und einen herzlichen Inhaber hat. Bei sonnigem Wetter spielt sich das Leben hauptsächlich draußen auf der fantastischen Terrasse, rund um den Grillplatz oder am Wellness-Pool ab.

Alpine Pacific Holiday Park FERIENPARK $
(☎0800 692 322, 03-319 6275; www.alpine-pacific.co.nz; 69 Beach Rd; Standplätze ab 46 NZ$, Hütten 78 NZ$, Wohnungen & Motels 137–200 NZ$; @) Der kompakte und sorgfältig gepflegte Ferienpark bewältigt seine große Gästeschar souverän und bietet eine hervorragende Ausstattung, u. a. einen Pool, Whirlpool und einen Barbecue-Pavillon. Die Reihen der eleganten Hütten und Wohnungen heben sich angenehm vom Durchschnitt ab und bieten unterschiedliche Ausblicke auf die Berge.

Kaikoura Top 10 Holiday Park FERIENPARK $
(☎0800 363 638, 03-319 5362; www.kaikouratop10.co.nz; 34 Beach Rd; Standplätze 52 NZ$, Hütten 70–95 NZ$, Wohnungen & Motels 110–185 NZ$; @) Hinter einer dichten Hecke vor dem Highway verborgen liegt dieser Ferienpark, der viele Gäste hat und bestens gepflegt wird, mit familienfreundlichen Einrichtungen (beheizter Pool, Whirlpool, Trampolin). Die Hütten und Wohnungen entsprechen dem üblichen Standard des Top 10.

★ **Kaikoura Cottage Motels** MOTEL $$
(☎0800 526 882, 03-319 5599; www.kaikouracottagemotels.co.nz; Ecke Old Beach Rd & Mill Rd; DZ 140–160 NZ$;) Diese Enklave mit acht modernen Ferienwohnungen, die von schönen, heimischen Pflanzen umstanden sind, ist ein attraktiver Anblick. Die gepflegten, abgeschlossenen Wohnungen mit Blick auf die Berge haben einen offenen, studioartigen Wohnbereich und jeweils ein Schlafzimmer (bis zu vier Gäste finden hier Platz). Stolze Gastgeber empfangen ihre Gäste auf liebenswürdige Weise.

Bay Cottages MOTEL $$
(☎03-319 5506; www.baycottages.co.nz; 29 South Bay Pde; Zi. Cottage/Motel 120/140 NZ$;) Eine tolle Alternative an der South Bay, ein paar Kilometer südlich der Stadt: Die Anlage umfasst fünf Cottages für bis zu vier Personen jeweils mit Küche und Bad, sowie

zwei schicke Motelzimmer mit Edelstahlbänken, gemütlicher Atmosphäre und klaren Linien. Bei gutem Wetter nimmt einen der freundliche Besitzer vielleicht zum Langustenfang mit.

Sails Motel MOTEL **$$**
(☎03-319 6145; www.sailsmotel.co.nz; 134 Esplanade; DZ/Apt. 125/150 NZ$; 📶) Da das Motel keinen Blick aufs Meer (oder auf Segel) bietet, muss der nette Besitzer schon mit Qualität beeindrucken. Die vier abgeschiedenen, geschmackvoll eingerichteten Wohneinheiten für Selbstversorger liegen am Ende einer Zufahrtsstraße in einem Garten (mit viel ungestörtem Platz im Freien).

Nikau Lodge B&B **$$$**
(☎03-319 6973; www.nikaulodge.com; 53 Deal St; DZ 190–290 NZ$; @📶) In diesem hübschen B&B am Hügel mit toller Aussicht erwartet Besucher ein herzliches Willkommen. Die fünf schicken und komfortablen Zimmer mit Bad sind noch nicht alles: Dazu gibt's noch leckeres Frühstück mit frischem Kaffee, gute Stimmung, selbst gemachte Backwaren, kostenlosen WLAN-Zugang, Gratis-Getränke, Whirlpool und einen blühenden Garten – hier würde man gern einziehen!

Anchor Inn Motel MOTEL **$$$**
(☎03-319 5426; www.anchorinn.co.nz; 208 Esplanade; DZ 185–255 NZ$; 📶) Den australischen Inhabern gefiel dieses Motel von Kaikoura so gut, dass sie es kauften und hierher umsiedelten. Die eleganten, geräumigen Wohnungen sind auf einem angenehmen Spaziergang von 15 Minuten aus der Stadt zu erreichen – und liegen etwa zehn Sekunden vom Meer entfernt.

Essen

Reserve Hutt CAFÉ **$**
(72 West End; Gerichte 10–20 NZ$; ⏲8.30–15 Uhr; 🖉) Der leckerste Kaffee am Ort stammt aus eigener Rösterei und wird von den fröhlichen Baristas des besten Cafés von Kaikoura gebrüht. Von der nostalgischen Kiwiana-Schwärmerei einmal abgesehen, ist dies ein hübscher Ort, um ein paar Stunden bei leckeren Brownies, köstlichen Schinkencroissants oder einem gehaltvollen Brunch zu verbringen.

Cafe Encounter CAFÉ **$**
(96 Esplanade; Gerichte 8–23 NZ$; ⏲7–17 Uhr; 📶🖉) Das Café gehört zum Veranstalter Encounter Kaikoura, ist aber viel mehr als nur ein Warteraum. Zum Angebot gehören sehr annehmbare Sandwiches, Gebäck und Kuchen, außerdem eine köstliche Auswahl von Tagesgerichten, z. B. hausgemachte Suppen und Brötchen mit Zupfbraten. Von der sonnigen Terrasse öffnen sich schöne Ausblicke aufs Meer.

Kaikoura Seafood BBQ FISCH **$**
(Fyffe Quay; Stücke ab 5 NZ$; ⏲10.30–18 Uhr) Das alteingesessene Grillrestaurant liegt günstig auf dem Weg zur Robbenkolonie von Point Kean und ist eine gute Adresse, um Meerestiere der Region zu erschwinglichen Preisen zu probieren, darunter Langusten (halb/ganz ab 25/50 NZ$) und Jakobsmuscheln.

Pier Hotel KNEIPENKÜCHE **$$**
(☎03-319 5037; www.thepierhotel.co.nz; 1 Avoca St; Mittagessen 16–25 NZ$, Abendessen 25–38 NZ$; ⏲11 Uhr bis open end) Weite Ausblicke erhöhen den Reiz dieses Restaurants am Meer. Das historische Pier Hotel ist ein freundlicher und einladender Ort für ein Getränk und gute Kneipengerichte, u. a. auch Langusten (halb/ganz 45/90 NZ$). Draußen gibt es schöne Sitzplätze zum Dämmerdrink.

★ **Green Dolphin** MODERN-NEUSEELÄNDISCH **$$$**
(☎03-319 6666; www.greendolphinkaikoura.com; 12 Avoca St; Hauptgerichte 26–39 NZ$; ⏲17 Uhr bis open end) In dieser Spitzeninstitution von Kaikoura werden erstklassige Zutaten wie Meeresfrüchte, Rind, Lamm und Wild verwendet, und es kommen saisonale Gerichte wie frische Tomatensuppe auf den Tisch. Außerdem kann man ausgezeichnete selbst gemachte Pasta bestellen. Auf der langen Getränkekarte stehen u. a. kreative Aperitifs, Qualitätsbier, interessante Weine und vieles mehr. Reservierung ist ratsam, besonders wenn man sich einen Tisch am Fenster mit Blick auf den Sonnenuntergang sichern will.

Praktische Informationen

Kaikoura i-SITE (☎03-319 5641; www.kaikoura.co.nz; West End; ⏲Mo–Fr 9–17, Sa & So bis 16 Uhr, längere Öffnungszeiten Dez.–März) Hilfsbereite Mitarbeiter nehmen Reservierungen für Touren, Unterkünfte und Transportfahrten vor und helfen bei allen Fragen zum DOC.

An- & Weiterreise

BUS

Die Busse von **InterCity** (S. 435) fahren 1-mal tgl. zwischen Kaikoura und Nelson (3¾ Std.) und 2-mal tgl. nach Picton (2¼ Std.) und Christchurch (2¼ Std.). Die **Bushaltestelle** liegt neben dem i-SITE (drinnen gibt es Fahrkarten und Informationen).

Busse von **Atomic Shuttles** (S. 440) halten auf der Fahrt von Christchurch nach Picton auch in Kaikoura, wo es dann weiterführende Busverbindungen nach Nelson, Queenstown und Invercargill gibt.

In den Fahrkarten von **Naked Bus** (S. 435) sind manchmal Ermäßigungen für Fahrten mit anderen Bussen auf den gleichen Strecken und für Fahrten von Naked Bus auf dessen Hauptstrecken enthalten (je nach Kapazität).

ZUG

KiwiRail Scenic (S. 435) betreibt den Coastal Pacific (Oktober bis Mai) mit Halt in Kaikoura auf der täglichen Fahrt zwischen Picton (ab 59 NZ$, 2¼ Std.) und Christchurch (ab 59 NZ$, 2¾ Std.). In Richtung Norden fährt der Zug von Kaikoura um 9.59 Uhr, in Richtung Süden um 15.50 Uhr ab.

Unterwegs vor Ort

Kaikoura Shuttles (☎03-319 6166; www.kaikourashuttles.co.nz) bietet Rundfahrten zu den Sehenswürdigkeiten der Region sowie Fahrten vom/zum Flughafen. Eine Autovermietung der Region ist **Kaikoura Rentals** (☎03-319 3311; www.kaikourarentals.co.nz; 94 Churchill St).

REGION NELSON

Die Region um Nelson, deren Zentrum die Tasman Bay bildet und die sich nordwärts bis zur Golden Bay und dem Farewell Spit sowie südwärts bis zu den Nelson Lakes erstreckt, ist ein beliebtes Reiseziel für Ausländer wie Einheimische gleichermaßen. Das ist nur allzu verständlich: Hier gibt es nicht nur drei Nationalparks (den Kahurangi, den Nelson Lakes und den Abel Tasman National Park), auch in Sachen Essen, Wein und Bier, Kunst und Feste bleiben fast keine Wünsche offen. Aber das größte Freizeitvergnügen ist es, einfach im Sonnenschein zu dösen.

An- & Weiterreise

Nelson ist das Tor zur Region. Von hier starten preisgünstige Inlandsflüge, weit reichende Busnetze verbinden Nelson mit allen Hauptorten der Südinsel.

Abel Tasman Coachlines (☎03-548 0285; www.abeltasmantravel.co.nz)

Golden Bay Coachlines (☎03-525 8352; www.gbcoachlines.co.nz)

Trek Express (☎027 222 1872, 0800 128 735; www.trekexpress.co.nz)

Nelson

46 440 EW.

In der Stadt geht eine wunderschöne Umgebung mit einer kultivierten künstlerischen und kulinarischen Szene und zahllosen Sonnentagen eine charmante Verbindung ein. Nelson zählt deshalb zu den neuseeländischen Städten mit der höchsten Lebensqualität. Im Sommer strömen Neuseeländer und internationale Gäste in die Stadt, um die vielen Facetten ihrer Atmosphäre in sich aufzunehmen.

Sehenswertes

Nelson besitzt ungewöhnlich viele Kunstgalerien, die meisten sind in der Broschüre *Art & Crafts Nelson City* (mit einer Karte zu Stadtspaziergängen) aufgeführt, die beim i-SITE (S. 465) erhältlich ist. Ein lohnender Spaziergang kann z. B. beim **Fibre Spectrum** (☎03-548 1939; www.fibrespectrum.co.nz; 280 Trafalgar St), einem Geschäft für Wollwaren, beginnen und weiter zum Juwelier **Jens Hansen** (☎03-548 0640; www.jenshansen.com; 320 Trafalgar Sq), dem „Herrn der Ringe", führen. Anschließend führt der Weg zur Glasbläserei **Flamedaisy** (☎03-548 4475; www.flamedaisy.co.nz; 324 Trafalgar Sq) und um die Ecke zur Töpferei von Nelson in der **South Street Gallery** (☎03-548 8117; www.nelsonpottery.co.nz; 10 Nile St W). Weitere interessante Arbeiten des regionalen Kunsthandwerks findet man jeden Samstag auf dem Nelson Market (S. 465).

★ Tahuna Beach — STRAND

Die weiten Sandflächen des erstklassigen Strandes von Nelson (der im Sommer von Rettungsschwimmern bewacht wird) sind von Dünen begrenzt. Auf einem großen Parkgelände finden sich ein Spielplatz, ein Espresso-Wagen, eine Wasserrutsche, eine Art Autoskooter mit Booten, eine Rollschuhbahn, eine Modelleisenbahn und eine Restaurantmeile. An Wochenenden kann es extrem voll werden!

Suter Art Gallery — KUNSTGALERIE

(www.thesuter.org.nz; 208 Bridge St; ⌚9.30–16.30 Uhr) GRATIS An die Queen's Gardens grenzt die öffentliche Kunstgalerie der Stadt an, sie zeigt Wechselausstellungen, Podiumsdiskussionen, Musik- und Theateraufführungen sowie Filme.

Die seit Langem erwartete Neueröffnung der Galerie Suter soll nach einem fantastischen Umbau zum Ende des Jahres 2016 stattfinden. Auf der Website sind dazu alle Informationen sowie aktuelle Veranstaltungen zu finden.

NZ Classic Motorcycles MUSEUM
(☎03-546 7699; www.nzclassicmotorcycles.co.nz; 75 Haven Rd; Erw./Kind 20/10 NZ$; ⏲Mo–Fr 9–16, Sa & So 10–15 Uhr) Motorradbegeisterte dürfen diese außergewöhnliche Sammlung von über 300 klassischen Motorrädern, darunter mehrere der äußerst seltenen Brough Superiors, nicht versäumen. Gut durchdachte Ausstellungen auf zwei Etagen und eine praktische mobile App erlauben Besuchern, die Stücke aus verschiedenen Blickwinkeln näher zu betrachten.

McCashin's Brewery BRAUEREI
(☎03-547 5357; www.mccashins.co.nz; 660 Main Rd, Stoke; ⏲Mo & Di 7–18, Mi–Sa 7–22, So 9–18 Uhr) Bahnbrechend auf dem neuen Feld der Brauereimanufakturen in Neuseeland; die Brauerei selbst besteht schon seit den 1980er-Jahren. Zu einer Verkostung können Besucher die historische Apfelweinfabrik besichtigen; außerdem gibt es Cafégerichte und Führungen.

Nelson Provincial Museum MUSEUM
(☎03-548 9588; www.nelsonmuseum.co.nz; Ecke Trafalgar St und Hardy St; Erw./Kind 5/3 NZ$; ⏲Mo–Fr 10–17, Sa & So bis 16.30 Uhr) Der moderne Ausstellungsraum ist voller Exponate zum kulturellen Erbe und zur Naturgeschichte mit Schwerpunkt auf der Region. Regelmäßig werden Sonderausstellungen gezeigt (mit wechselnden Eintrittsgebühren). Es gibt auch einen großen Dachgarten.

Christ Church Cathedral KIRCHE
(www.nelsoncathedral.org; Trafalgar Sq; ⏲9–18 Uhr) GRATIS Ein unvergängliches Symbol der Stadt Nelson ist die Kathedrale im Art-déco-Stil, sie beherrscht die Silhouette der Stadt vom oberen Ende der Trafalgar Street. Die beste Zeit für einen Besuch ist während der sonntäglichen Gottesdienste um 10 und 19 Uhr, dann sind die Klänge der Orgel und der Gesang des Chores zu hören.

Botanical Reserve PARK
(Milton St) Spazierwege führen zum Botanical Hill hinauf, wo eine Turmspitze den **Mittelpunkt von Neuseeland** kennzeichnet. Das allererste Rugby-Spiel des Landes wurde am 14. Mai 1870 am Fuß des Hügels ausgetragen. Der Nelson Rugby Football Club schlug die zaghaften Spieler vom Nelson College damals vernichtend mit 2:0.

Founders Heritage Park MUSEUM
(☎03-548 2649; www.founderspark.co.nz; 87 Atawhai Dr; Erw./Kind/Familie 7/5/15 NZ$; ⏲10–16.30 Uhr) 2 km vom Stadtzentrum entfernt gelegen, umfasst der Park ein nachgebautes, historisches Dorf mit einem Museum, einer Kunstgalerie sowie Handwerksgeschäften für Kleidung und Schokolade. Ein faszinierendes Ziel eines Spaziergangs, der mit einem Besuch der **Founders Brewery & Café** (☎03-548 4638; www.foundersbrewery.co.nz; 87 Atawhai Dr; ⏲9–16.30 Uhr, spätere Öffnungszeiten im Sommer) auf dem Parkgelände beginnen kann.

Aktivitäten

Wandern & Radfahren

Eine Fülle von Gelegenheiten zum Spazierengehen und Radfahren bietet sich in der Stadt und im Umland, das i-SITE hält entsprechende Karten dafür bereit. Ein klassischer Spaziergang führt von der Stadt zur Höhe des Botanical Reserve mit dem **Mittelpunkt von Neuseeland** hinauf; dort können Spaziergänger auch nach den **Grampians**, dem von Wanderwegen durchzogenen Park am südlichen Stadtrand Nelsons, fragen.

Zwei der 23 „Great Rides" des New Zealand Cycle Trail verlaufen durch Nelson: Der **Dun Mountain Trail** (www.heartofbiking.org.nz), ein Wanderweg voller Eindrücke, aber auch Herausforderungen, führt an einem Tag über die Hügel bis in den Süden des Stadtzentrums. Der Great Taste Trail (S. 465) windet sich auf einem wohltuend ebenen Fahrweg durch eine schöne Landschaft und wird durch Haltepunkte unterbrochen, an denen erfreulicherweise Wein und gutes Essen sowie Kunstgenüsse geboten werden.

Gentle Cycling Company FAHRRADTOUR
(☎0800 932 453, 03-929 5652; www.gentlecycling.co.nz; Tagestouren 95–105 NZ$) Fahrradtouren auf eigene Faust auf dem Great Taste Trail mit Besuchen (und Kostproben) in Weingütern, Brauereien, Cafés und vereinzelten Galerien. Außerdem gibt es noch einen Fahrradverleih (45 NZ$ pro Tag) und einen Shuttle-Service.

Trail Journeys FAHRRADTOUR
(☎0800 292 538, 03-540 3095; www.trailjourneysnelson.co.nz; MD Outdoors, 1/37 Halifax St; ganztägige Touren ab 89 NZ$) Trail Journeys bietet eine ganze Reihe von Radtouren ohne Führung im Stadtgebiet von Nelson und

Nelson Zentrum

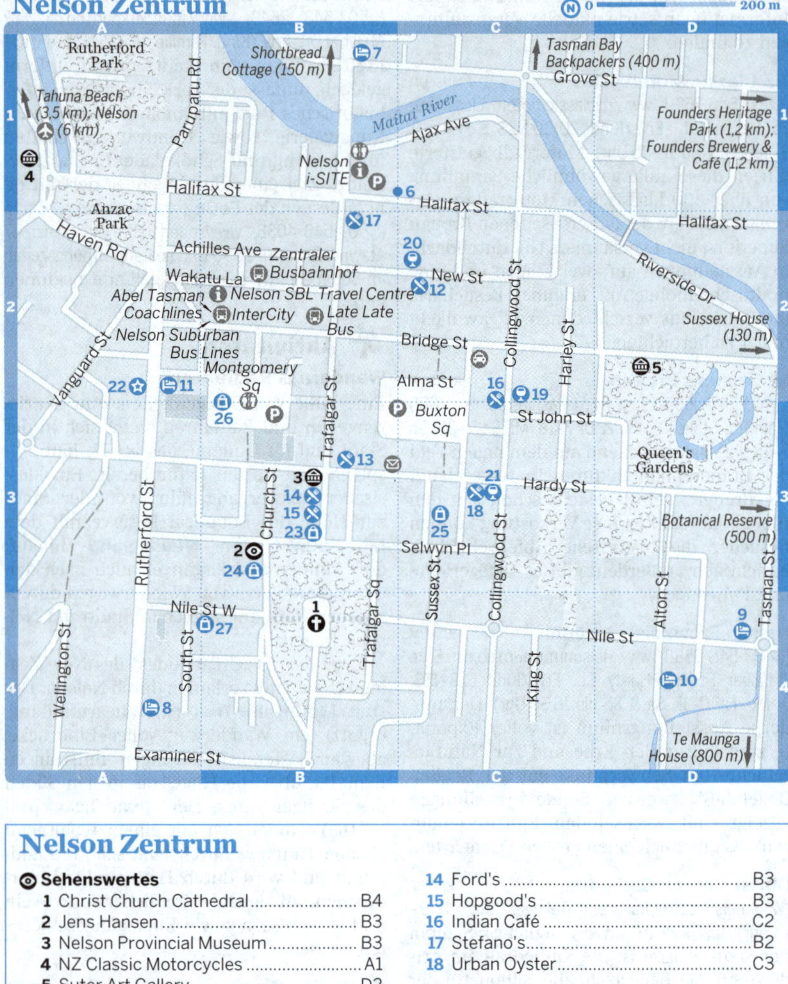

Nelson Zentrum

NICHT VERSÄUMEN

DIE WUNDERBARE WELT DER TRAGBAREN KUNST

In Nelson wurde einstmals die fantasievollste Modenschau Neuseelands ins Leben gerufen – die World of WearableArt Awards Show findet jährlich statt. Etwa 70 Beiträge aus aktuellen oder vergangenen Veranstaltungen sind in den Galerien des **World of WearableArt & Classic Cars Museum** (WOW; ☎ 03-547 4573; www.wowcars.co.nz; 1 Cadillac Way; Erw./Kind 24/10 NZ$; ⏲ 10–17 Uhr) zu sehen, in denen Besucher mit Sinnesreizen förmlich überflutet werden, darunter ein Raum, der im Dunkeln leuchtet. Sehenswert sind auch die „Bizarre Bras".

Wer sich eher für PS als für BHs interessiert, kann unter demselben Dach 100 klassische Automobile und Motorräder in tadellosem Zustand sehen. In wechselnden Ausstellungen werden z. B. ein Cadillac von 1959 in Pink, ein gelber Bullet Nose Studebaker Convertible von 1950 oder eine Isetta von BMW gezeigt.

Die bescheidenen Anfänge der World of WearableArt Awards Show gehen auf das Jahr 1987 zurück, als die Modeschöpferin Suzie Moncrieff eine unkonventionelle Modenschau veranstaltete. Das Konzept bestand darin, Kunstwerke zu kreieren, die wie Mode getragen und an die Träger angepasst werden konnten. Das kreative und inspirierende Potenzial der Show wurde bald erkannt. Kaum ein Material, das nicht schon zu Kleidungsstücken verarbeitet wurde: Holz, Metall, Muschelschalen, Kabelbinder, getrocknete Blätter, Pingpongbälle ... Das **Festival** (S. 411) hat mittlerweile einen neuen Veranstaltungsort in Wellington.

Für einen Rundgang durch die Galerien, das Café und den Kunstladen sollten möglichst mehrere Stunden eingeplant werden.

außerhalb auf dem Great Taste Trail an. Die Touren können an drei bequem gelegenen Fahrraddepots – im Stadtzentrum von Nelson, bei Mapua Wharf und in Kaiteriteri – beginnen.

Nelson Cycle Hire & Tours FAHRRADTOUR
(☎ 03-539 4193; www.nelsoncyclehire.co.nz; Nelson Airport; Fahrradverleih pro Tag 45 NZ$) Stellt komfortable Räder für unabhängige Touren bereit, außerdem Touren mit Führung oder Anleitung auf dem Great Taste Trail und abseits davon. Ein Abhol- und Lieferservice wird innerhalb der Region angeboten.

Gleitschirmfliegen, Drachenfliegen & Kitesurfen

Nelson ist ein ideales Ziel für Abenteuersportler. Viele der Aktivitäten haben naturgemäß im Sommer Hochsaison, vor allem am traumhaft schönen Tahuna Beach (S. 458). Tandem-Gleitschirmflüge kosten rund 180 NZ$, eine Einführung ins Kitesurfen ist ab 150 NZ$ zu bekommen. Boards zum Stehpaddeln werden für 20 NZ$ pro Stunde verliehen.

Nelson Paragliding GLEITSCHIRMFLIEGEN
(☎ 03-544 1182; www.nelsonparagliding.co.nz) Mit Nelson Paragliding können Sportler am Himmel über Tahunanui dahingleiten.

Kite Surf Nelson KITESURFEN
(☎ 0800 548 363; www.kitesurfnelson.co.nz) Kitesurfen lernen in Tahunanui – oder die Balance auf einem Stehpaddelboard halten.

Noch mehr Aktivitäten

Cable Bay Kayaks KAJAKFAHREN
(☎ 03-545 0332; www.cablebaykayaks.co.nz; Cable Bay Rd, Hira; halb-/ganztägige Ausflüge mit Führung 85/145 NZ$) 15 Autominuten außerhalb von Nelson nehmen Nick und Jenny die Teilnehmer auf eindrucksvolle Seekajaktouren mit und erkunden mit ihnen die Küste der Region. Begegnungen mit Meerestieren sind wahrscheinlich (nützliche Schnorchelausrüstungen liegen im Boot bereit), Fahrten in Höhlen sind möglich.

Moana SUP WASSERSPORT
(☎ 027 656 0268; www.moananzsup.co.nz) Anfänger lernen hier, was sich hinter der Abkürzung SUP (Stand Up Paddling) verbirgt, Fortgeschrittene können sich hier ein Board ausleihen.

Happy Valley Adventures ABENTEUERSPORT
(☎ 03-545 0304, 0800 157 300; www.happyvalleyadventures.co.nz; 194 Cable Bay Rd; Skywire Erw./Kind 85/55 NZ$, Quadbike-Tour ab 100 NZ$, Ausritt 75 NZ$) Hier kann man an einem „Skywire" (Mix aus Sessellift und Seilrutsche) 150 m

über dem Wald 1,65 km weit durch die Luft sausen. Wem das nicht genügt, der kann mit dem Quad durch die Gegend preschen. Wer es lieber ruhiger angeht, sollte bei einem Ausritt die Gegend erkunden. Der Anbieter sitzt 15 Fahrminuten nordöstlich von Nelson am SH6; es gibt ein Café vor Ort.

Geführte Touren

Nelson Tours & Travel TOUR

(☎027 237 5007, 0800 222 373; www.nelsontoursandtravel.co.nz) C. J. und sein Team veranstalten verschiedene, flexible Touren in kleinen Gruppen; der Schwerpunkt liegt auf Weinanbau, Brauereihandwerk, Kunst und landschaftlichen Anziehungspunkten in und um Nelson. Die fünfstündige Tour „Best of Both Worlds" verbindet ein Verwöhnprogramm mit besonderen Themenschwerpunkten, z. B. Kunstgalerien oder einem Ausflug zur Rabbit Island (105 NZ$). Tagestouren durch die Weingüter von Marlborough werden ebenfalls angeboten (195 NZ$).

Feste & Events

Nelson Jazz Festival MUSIK

(www.nelsonjazzfest.co.nz; ⏲Jan.) Eine Woche im Januar, die ganz im Zeichen des Jazz steht. Musiker aus der Region und dem ganzen Land geben den Takt an.

Nelson Arts Festival DARSTELLENDE KÜNSTE

(www.nelsonartsfestival.co.nz; ⏲Okt.) Zwei Wochen im Oktober. Das Veranstaltungsprogramm umfasst u. a. einen Straßenkarneval, Ausstellungen, Varieté, Lesungen, Theater und Musik.

Schlafen

Trampers Rest HOSTEL $

(☎03-545 7477; 31 Alton St; B/EZ/DZ 30/52/64 NZ$; ⏲geschl. Juni–Sept.; @📶) Das winzig kleine, viel geliebte Hostel mit nur sieben Betten (keine Etagenbetten) zeichnet sich durch eine unerreichte Behaglichkeit aus. Der begeisterte Inhaber, selbst ein leidenschaftlicher Wanderer und Radfahrer, besitzt umfassende Kenntnisse über die Region. Fahrräder stehen kostenlos zur Verfügung. Außerdem gibt es eine kleine Küche, eine Büchertauschbörse und ein Klavier für abendliche Hausmusik.

Shortbread Cottage HOSTEL $

(☎03-546 6681; www.shortbreadcottage.co.nz; 33 Trafalgar St; B 29 NZ$, EZ & DZ 65 NZ$; @📶) In dieser restaurierten, 102 Jahre alten Villa reicht der Platz nur für ein Dutzend Betten, und doch ist sie bis unters Dach angefüllt mit Charme und perfekter Gastfreundlichkeit. Auf die Gäste warten ein kostenloser Internetzugang, frisch gebackenes Brot und knuspriges Shortbread zur Begrüßung. Die Villa liegt nur einen Steinwurf vom Stadtzentrum entfernt.

Prince Albert HOSTEL $

(☎0800 867 3529, 03-548 8477; www.theprincealbert.co.nz; 113 Nile St; B 29 NZ$ EZ/2BZ/DZ 50/75/85 NZ$; 📶) Vom Stadtzentrum führt ein Fußweg von fünf Minuten zu diesem lebhaften, gut geführten Backpacker-Hostel an einem sonnigen Innenhof mit großen Schlafsälen mit eigenen Bädern. Abgeschlossene Zimmer liegen im oberen Stockwerk des Haupthauses, wo es auch ein Pub im englischen Stil gibt. Dort können Gäste mit Einheimischen ins Gespräch kommen und sich mit preiswerten Mahlzeiten stärken.

Tasman Bay Backpackers HOSTEL $

(☎0800 222 572, 03-548 7950; www.tasmanbaybackpackers.co.nz; 10 Weka St; Standplätze ab 19 NZ$, B 27–30 NZ$, DZ 74–87 NZ$; @📶) Das gut aufgeteilte, freundliche Hostel bietet luftige Gemeinschaftsräume mit einem Kiwi-Soundtrack, Zimmer in kraftvollen Farben, eine sonnige Terrasse und eine heißbegehrte Hängematte. Gute Gratisangebote: WLAN, Fahrräder, Frühstück im Winter und Schokoladenpudding und Eis das ganze Jahr über.

Tahuna Beach Kiwi Holiday Park FERIENPARK $

(☎03-548 5159, 0800 500 501; www.tahunabeachholidaypark.co.nz; 70 Beach Rd, Tahunanui; Standplatz/Hütte/Wohnung ab 20/65/120 NZ$; @📶) Nahe beim Tahuna Beach und nur 5 km von der Innenstadt entfernt liegt der riesige Ferienpark, der im Hochsommer Tausenden von Gästen ein Unterkommen bietet, das je nach Stimmung ein Himmelreich oder die Hölle sein kann. Außerhalb der Hochsaison sind das Café und der Minigolfplatz ziemlich menschenleer.

YHA Nelson by Accents HOSTEL $

(☎03-545 9988, 0800 888 335; www.accentshostel.nz; 59 Rutherford St; B/EZ 30/69 NZ$, DZ mit/ohne Bad 119/89 NZ$; @📶) Ein ordentliches, gut geführtes Hostel in zentraler Lage mit großen Gemeinschaftsräumen, zu denen gut ausgestattete Küchen, eine sonnige Terrasse, ein Fernsehzimmer und ein Fahrradschuppen gehören. Eine neue Leitung sorgt für

Informationen zu Touren und Aktivitäten in der Region und verleiht dem YHA-Haus einen persönlichen Stil.

Palazzo Motor Lodge MOTEL **$$**
(☎03-545 8171, 0800 472 5293; www.palazzomotorlodge.co.nz; 159 Rutherford St; Studios 130–249 NZ$, Apt. 230–390 NZ$;) Die moderne Motor-Lodge mit italienischem Flair bietet elegante Studios sowie 1- und 2-Zimmer-Apartments mit beneidenswert schönen, vollständig ausgestatteten Küchen. Selbst die Gläser haben Klasse, und es gibt eine Geschirrspülmaschine. Die komfortable Ausstattung und die bequeme Lage lassen leicht über den etwas zweifelhaften Kunstschmuck im Haus hinwegsehen.

Te Maunga House B&B **$$**
(☎03-548 8605; www.nelsoncityaccommodation.co.nz; 15 Dorothy Annie Way; EZ 90 NZ$, DZ 125–145 NZ$;) Der Name des Hauses („der Berg") passt gut zu dem herrschaftlichen alten Familienwohnsitz mit ungewöhnlich schönen Ausblicken. Der Gastgeber selbst ist weit gereist. Es gibt zwei Doppelzimmer und ein 2-Bett-Zimmer, die durch behagliche Betten und eigene Bäder anheimelnd wirken. Das leckere, reichhaltige Frühstück kann bei einem Auf- und Abstieg (von jeweils zehn Minuten Dauer) am namengebenden Berg abgearbeitet werden – ein Fußweg von weiteren fünf Minuten führt in die Stadt. Von Mai bis Oktober ist das Haus geschlossen.

Sussex House B&B **$$**
(☎03-548 9972; www.sussex.co.nz; 238 Bridge St; DZ 170–190 NZ$, 3BZ 175 NZ$;) In relativ ruhiger Lage am Fluss, nur fünf Minuten zu Fuß von der Innenstadt entfernt, findet man dieses knarrende alte Gemäuer aus der Zeit um 1880. Fünf geschmackvoll ausgestattete Zimmer sind mit hochwertigen Betten und Stilmöbeln eingerichtet und haben eigene Bäder (bis auf eines, zu dem ein Bad am Ende des Ganges gehört). Zum Frühstück wird heimisches Obst in einem herrschaftlichen Speiseraum serviert.

Cedar Grove Motor Lodge MOTEL **$$**
(☎03-545 1133; www.cedargrove.co.nz; Ecke Trafalgar St & Grove St; DZ 155–210 NZ$;) Ein großes Wahrzeichen ist dieses elegante, moderne Apartmenthaus. Es liegt nur drei Minuten zu Fuß vom Stadtzentrum entfernt. Die geräumigen Studios und Doppelzimmer mit vollständiger Küchenausstattung sind edel und elegant.

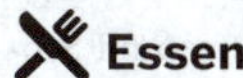

Essen

Falafel Gourmet ORIENTALISCH **$**
(☎03-545 6220; 195 Hardy St; Gerichte 11-19 NZ$; ⏲ Mo–Sa 9.30–17.30, Fr bis 20 Uhr;) Die Adresse für die besten Kebabs in weitem Umkreis – sie sind sogar gesund!

Stefano's PIZZA **$**
(☎03-546 7530; www.pizzeria.co.nz; 91 Trafalgar St; Pizzas 6–29 NZ$; ⏲12–14 & 16.30–21 Uhr;) Im oberen Stockwerk des State-Cinema-Gebäudes entstehen unter italienischer Leitung die besten Pizzas der Stadt mit knusprigem dünnem Boden – authentisch und köstlich. Es gibt auch sehr preiswerte Variationen. Dazu ein Bier und danach ein sahniges Dessert.

★**DeVille** CAFÉ **$$**
(☎03-545 6911; www.devillecafe.co.nz; 22 New St; Gerichte 12-21 NZ$; ⏲Mo–Sa 8–16, So 8.30–14.30 Uhr;) Die meisten Tische des Cafés stehen in einem reizenden ummauerten Innenhof – eine verborgene, unkonventionelle Oase mitten in der Stadt und der perfekte Ort für ein Mittagessen oder den morgendlichen Tee. Das Essen ist gut, die Zutaten sind regional – vom frischen Gebäck, dem Brunch mit Chorizo-Burrito bis hin zu Caesar's Salad und gehaltvollen Burgern. Dazu gibt es regionale Weine und Biersorten. Im Sommer ist das Café bei Livemusik bis in den späten Freitagabend geöffnet.

Urban Oyster MODERN-NEUSEELÄNDISCH **$$$**
(☎03-546 7861; www.urbaneatery.co.nz; 278 Hardy St; Gerichte 13–27 NZ$; ⏲Mo 16 Uhr bis open end, Di–Sa 11 Uhr bis open end) Das kulinarische Erlebnis ist kosmopolitisch: Frische Austern schlürfen oder Sashimi und kräftige Ceviche genießen, asiatisches Fastfood ist hier z. B. als koreanisches Brathühnchen oder Tacos mit Popcorn-Garnelen und teuflisch gute Poutine zu haben. Schwarze Kacheln, avantgardistische Kunstwerke und edle Getränke vervollständigen das Erlebnis.

Ford's MODERN-NEUSEELÄNDISCH **$$**
(☎03-546 9400; www.fordsnelson.co.nz; 276 Trafalgar St; Mittagessen 17–22 NZ$; ⏲Mo–Fr 8 Uhr bis open end, Sa & So 9 Uhr bis open end) Die Tische auf dem sonnigen Gehweg am oberen Ende der Trafalgar Street sind zur Mittagszeit besonders beliebt, das gilt auch für die modernen Klassiker auf der Speisekarte, z. B. hervorragende Suppe aus Meerestieren, Steaksandwich und Nizzasalat mit Lachs aus eigener Räucherei. Gut für eine

kurze Verschnaufpause bei Kaffee und Scones aber auch für ein ausgedehntes Abendessen (die Preise liegen dann etwa um einen Zehner höher).

Indian Café INDISCH $$
(☎03-548 4089; www.theindiancafe.com; 94 Collingwood St; Hauptgerichte 13–23 NZ$; ⏲Mo–Fr 12–14 Uhr, tgl. 17 Uhr bis open end; ✎) In einer safrangelben edwardianischen Villa ist ein indisches Restaurant untergebracht, das mit eindrucksvollen Interpretationen anglo-indischer Klassiker, z. B. Tandoori-Hühnchen, Rogan Josh (Lammcurry) und Beef Madras, ein hohes Niveau hält. Ein guter Einstieg ist immer eine gemischte Vorspeisenplatte für mehrere Personen, die letzten köstlichen Reste der Hauptgerichte können mit einem Stück Brot (zehn verschiedene Sorten davon stehen zur Auswahl) vom Teller gewischt werden.

★ **Hopgood's** MODERN-NEUSEELÄNDISCH $$$
(☎03-545 7191; www.hopgoods.co.nz; 284 Trafalgar St; Hauptgerichte 27–40 NZ$; ⏲Mo–Sa 17.30 Uhr bis open end) Das keilförmige Hopgood's ist perfekt für ein romantisches Abendessen oder ein Ferienextra. Extravagante Gerichte werden kunstvoll, doch nicht künstlich zubereitet, die hochwertigen regionalen Zutaten kommen unverfälscht zur Geltung. Besonders gut: Enten-Confit mit Sauerkirschen oder Bauchfleisch mit Pinienkernbutter. Auf der verlockenden Weinkarte dominieren neuseeländische Erzeugnisse. Reservierungen sind ratsam.

AUF DEN SPUREN DES HOPFENS

Nelson gilt als Hauptstadt des neuseeländischen Brauereihandwerks. Seit der Zeit um 1840 wird in der Region Hopfen von erstklassiger Qualität angebaut. Zwischen Nelson und Golden Bay haben sich zahlreiche Brauereien angesiedelt.

Die Karte *Nelson Craft Beer Trail* (beim i-SITE und anderen Stellen erhältlich, auch im Internet unter www.craftbrewingcapital.co.nz), hilft bei der Orientierung in der Vielfalt der Brauereien und Pubs. Zu den besten Adressen für ein gutes Glas Bier gehören u. a. das **Free House**, **McCashin's** (S. 459), das **Moutere Inn** (S. 467), **Golden Bear** (S. 466) und das **Mussel Inn** (S. 478).

Ausgehen & Nachtleben

★ **Free House** BRAUEREI
(☎03-548 9391; www.freehouse.co.nz; 95 Collingwood St; ⏲Mo–Fr 15 Uhr bis open end, Sa 12 Uhr bis open end, So 10.30 Uhr bis open end) Kommet zuhauf in diese Kirche des Bieres! In dem geschmackvoll für seinen neuen – profanen – Zweck umgebauten Kirchengebäude bekommt man eine ausgezeichnete, häufig wechselnde Auswahl neuseeländischer Qualitätsbiere. Man kann drinnen, draußen oder sogar in einer Jurte trinken, wo regelmäßig ein Unterhaltungsprogramm geboten wird. Halleluja!

Rhythm and Brown BAR
(☎03-546 56319; www.facebook.com/rhythmandbrown; 19 New St; ⏲Di–Sa 16 Uhr bis open end) Die verführerischste Bar in der nächtlichen Szene von Nelson. Cocktails mit Klasse, elegante Weine und handwerklich gebraute Biere füllen hier die Gläser, aufreizende Klänge von alten Schallplatten tropfen aus den Lautsprechern. Regelmäßig finden groovige Gigs am Samstagabend auf einer kleinen, intimen Bühne statt.

Sprig & Fern BRAUEREI
(☎03-548 1154; www.sprigandfern.co.nz; 280 Hardy St; ⏲11 Uhr bis spät abends) Dieser Pub der Brauerei Sprig & Fern aus Richmond hat ganze 18 verschiedene Biere vom Fass im Angebot, vom Lager bis zum Doppelbock, aber auch Beeren-Cider. Einarmige Banditen oder Fernseher gibt es hier nicht, einfach nur ordentliches Bier, gelegentlich Livemusik und einen netten Außenbereich. Drinnen kann auch Pizza bestellt werden. Ein weiterer Pub der Brauerei befindet sich in der 143 Milton St, in der Nähe des Founders Park.

Unterhaltung

Theatre Royal THEATER
(☎03-548 3840; www.theatreroyalnelson.co.nz; 78 Rutherford St) Ein modernes Theater in einem charmant restaurierten historischen Gebäude. Die „große alte Dame der Stadt" (sie ist fast 140 Jahre alt) präsentiert ein umfangreiches Programm. Die Palette reicht von heimischen Stücken und Gastspielen bis hin zu Tanz- und Musikproduktionen. Auf der Website ist das aktuelle Programm nachzulesen, dort können auch Reservierungen vorgenommen werden. Karten gibt es auch beim Kartenvorverkauf (Mo–Fr 10–16 Uhr). Bevorstehende Aufführungen sind außer-

NICHT VERSÄUMEN

GREAT TASTE TRAIL

In einem Geniestreich, der vom großartigen Wetter und einer radfahrerfreundlichen Topografie inspiriert war, wurde in der Region Tasman einer der beliebtesten Radwanderwege ins Leben gerufen. Warum ist er so populär? Kein anderer Weg wird so regelmäßig von Haltepunkten unterbrochen, die dem Genuss von gutem Essen, Wein, handwerklich gebrautem Bier und Kunst gewidmet sind, wobei eine Vielfalt von Landschaftsformen, vom idyllischen Binnenland bis zu Flussmündungsgebieten, durchfahren wird.

Der 174 km lange **Great Taste Trail** (www.heartofbiking.org.nz) verläuft von Nelson nach Kaiteriteri, es ist bereits geplant, ihn landeinwärts fortzusetzen. Der Weg kann mit Übernachtungsaufenthalten in wenigen Tagen in voller Länge bewältigt werden; noch einfacher ist es im Rahmen von Tagesausflügen unterschiedlicher Länge. Mapua ist als Startpunkt hervorragend geeignet, Räder können bei **Wheelie Fantastic** (S. 467) und **Trail Journeys** (S. 459) am Kai geliehen werden. Eine Fährüberfahrt führt zur Rabbit Island mit ihren Wanderwegen hinüber. Der Radwanderweg führt auch durch den aufregenden **Kaiteriteri Mountain Bike Park** (S. 470).

Zahlreiche andere Radtourenveranstalter und Fahrradverleihe in Nelson halten die nötige Ausstattung bereit und sorgen für den Transport der Räder.

dem unter www.itson.co.nz zu finden, Online-Reservierungen sind auch unter www.ticketdirect.co.nz oder im Foyer möglich.

Shoppen

Nelson Farmers' Market MARKT

(☎ 022 010 2776; www.nelsonfarmersmarket.org.nz; Morrison Sq, Ecke Morrison St & Hardy St; ⏲ Mi 11–16 Uhr) Auf dem Wochenmarkt werden Erzeugnisse der Region in Überfülle angeboten und liefern die Zutaten für ein genüssliches Picknick.

Nelson Market MARKT

(☎ 03-546 6454; www.nelsonmarket.co.nz; Montgomery Sq; ⏲ Sa 8–13 Uhr) Der große, betriebsame Nelson Market sollte nicht versäumt werden. Zur Auswahl stehen landwirtschaftliche Produkte, Imbissstände, Mode, Kunst aus der Region, Kunsthandwerk und Straßenmusik.

Praktische Informationen

After Hours & Duty Doctors (☎ 03-546 8881; 96 Waimea Rd; ⏲ 8–22 Uhr)

Nelson Hospital (☎ 03-546 1800; www.mdhb.govt.nz; Waimea Rd)

Nelson i-SITE (☎ 03-548 2304; www.nelsonnz.com; Ecke Trafalgar St & Halifax St; ⏲ Mo–Fr 8.30–17, Sa & So 9–17 Uhr) Ein professionelles Zentrum mit DOC-Infoschaltern, an denen man sich über Nationalparks und Wanderwege informieren kann, u. a. über den Abel Tasman Track und den Heaphy Track. Zum Mitnehmen empfiehlt sich der *Nelson Tasman Visitor Guide*.

Post (www.nzpostco.nz; 209 Hardy St)

An- & Weiterreise

Reservierungen für Fahrten mit Abel Tasman Coachlines, InterCity, KiwiRail Scenic und Interisland-Fähren übernimmt das **Nelson SBL Travel Centre** (☎ 03-548 1539; www.nelsoncoachlines.co.nz; 27 Bridge St) oder das i-SITE.

BUS

Abel Tasman Coachlines (☎ 03-548 0285; www.abeltasmantravel.co.nz) fährt nach Motueka (1 Std.), Takaka (2 Std.), Kaiteriteri und Marahau (jeweils 2 Std.). Es gibt Anschluss zu Bussen von **Golden Bay Coachlines** (S. 458) nach Takaka und dessen Umgebung. Transport zu/von den drei Nationalparks wird von **Trek Express** (S. 458) angeboten.

Atomic Shuttles (☎ 0508-108 359; www.atomictravel.co.nz) fährt von Nelson nach Blenheim (2 Std.), Picton (2¼ Std.) und Christchurch (7¾ Std.) mit Verbindung nach Greymouth und zu anderen Zielen im Süden wie Queenstown, Dunedin und Invercargill. Fahrkarten können beim i-SITE gebucht werden. Hier fahren die Busse auch ab.

InterCity (☎ 03-548 1538; www.intercity.co.nz; Bridge St, Abfahrt SLB Travel Centre) fährt von Nelson zu vielen großen Städten der Südinsel wie Picton (2 Std.), Kaikoura (3½ Std.), Christchurch (7 Std.) und Greymouth (6 Std.).

FLUGZEUG

Die Konkurrenz unter den Fluggesellschaften ist in den letzten Jahren schärfer geworden und Nelson seitdem leichter zu erreichen.

Nelson Airport liegt 5 km südwestlich der Stadt nahe beim Tahunanui Beach. Eine Taxifahrt kostet etwa 25 NZ$. **Super Shuttle** (☎ 03-

547 5782, 0800 748 885; www.supershuttle.co.nz) bringt Fahrgäste für etwa 20 NZ$ bis zur Haustür.

Air New Zealand (☎ 0800 737 000; www.airnewzealand.co.nz) Direktflüge von/nach Wellington, Auckland und Christchurch.

Air2There (☎ 04-904 5133, 0800 777 000; www.air2there.com) Flüge von/nach Paraparaumu.

Jetstar (☎ 09-975 9426, 0800 800 995; www.jetstar.com) Flüge von/nach Auckland und Wellington.

Kiwi Regional Airlines (☎ 07-444 5020; www.flykiwiair.co.nz) Flüge von/nach Dunedin und Hamilton.

Originair (☎ 0800 380 380; www.originair.co.nz) Sitz in Nelson; Flüge von/nach Wellington und Palmerston North.

Soundsair (☎ 03-520 3080, 0800 505 005; www.soundsair.com) Zuverlässig und lang etabliert; Flüge von/nach Wellington und Paraparaumu.

Unterwegs vor Ort

BUS

Nelson Suburban Bus Lines (SBL; ☎ 03-548 3290; www.nbus.co.nz; 27 Bridge St) Nelson Suburban Bus Lines betreibt das regionale Busnetz NBUS zwischen Nelson, Richmond (über Tahunanui) und Stoke bis etwa 19 Uhr an Werktagen und bis 16.30 Uhr am Wochenende. Zum Busbetrieb gehört auch der Late Late Bus (www.nbus.co.nz; ⏲ stündlich Fr & Sa 22–3 Uhr) von Nelson nach Richmond über Tahunanui (Abfahrt von der Westpac Bank an der Trafalgar Street). Bei diesen Busverbindungen beträgt der Fahrpreis höchstens 4 NZ$.

FAHRRAD

Fahrräder können bei **Nelson Cycle Hire & Tours** (S. 461), neben zahlreichen anderen Anbietern von Radtouren und Verleihstellen, geliehen werden.

TAXI

Nelson City Taxis (☎ 03-548 8225; www.nelsontaxis.co.nz)

Sun City Taxis (☎ 03-548 2666; www.suncitytaxis.co.nz)

Ruby Coast & Moutere Hills

Von Richmond, im Süden von Nelson gelegen, aus führen zwei Routen nach Motueka. Ein schnellerer, stark befahrener Weg führt an der Ruby Coast entlang, eine landeinwärts verlaufende Strecke führt durch die Moutere Hills. Beide Strecken bieten sich als Hin- bzw. als Rückweg an, wenn eine Rundfahrt von Nelson aus geplant ist.

Die Route an der Ruby Coast beginnt am Küsten-Highway SH60 und verläuft rund um das Waimea Inlet, bevor sie in die gut markierte **Ruby Coast Scenic Route** einbiegt. Dies ist die schnellste Verbindung von Nelson nach Motueka (ca. 45 Min.). Unterwegs warten aber verschiedene Anziehungspunkte, die Reisende zum Anhalten verführen können – zu den schönsten zählt das Erholungsgebiet auf Rabbit Island (S. 467) und **Mapua** im Mündungsgebiet des Waimea River, wo diverse Kunstläden und Restaurants zu entdecken sind.

Der landeinwärts verlaufende **Moutere Highway** (Schilder weisen bei Appleby am SH60 darauf hin) ist eine angenehme Alternative; er führt durch eine sanfte Hügellandschaft, in der einzelne Gehöfte, Plantagen und elegante Wohnanlagen verstreut liegen. Anziehungspunkte sind hier seltener und liegen auch weiter auseinander, dennoch ist es eine landschaftlich reizvolle und lohnende Fahrt, vor allem im Hochsommer, wenn die Verkaufsstände an der Straße mit frischen Früchten überladen sind. An dieser Strecke ist **Upper Moutere** die größte Siedlung. Ursprünglich von deutschen Einwanderern gegründet und Sarau genannt, ist es heute ein verträumtes kleines Dorf mit ein paar beachtenswerten Läden. Nähere Informationen sind auch im Wanderführer *Moutere Artisans* (www.moutereartisans.co.nz) zu finden.

Beide Highways liegen nicht besonders weit auseinander, das ganze Gebiet ist leicht auf einer Radtour oder auf dem Great Taste Trail (S. 465) zu erkunden, der nach den zahlreichen Weingütern und anderen kulinarischen (und künstlerischen) Haltepunkten, die auf dem Weg liegen, benannt worden ist. Die Broschüre *Nelson Wine Guide* (www.winenelson.co.nz) hilft bei der Orientierung. Andere nützliche Informationsquellen zu diesem Gebiet sind die Broschüren *Nelson Art Guide* und *Nelson's Creative Pathways*.

Sehenswertes

Golden Bear Brewing Company BRAUEREI
(www.goldenbearbrewing.com; Mapua Wharf, Mapua; Gerichte 10–16 NZ$) Im Dorf Mapua ist die Golden Bear Brewing Company schon am Duft zu erkennen – eine Biermanufaktur mit viel Stahlgestühl hinter dem Haus

und etwa einem Dutzend verschiedener Biersorten im Angebot. Eine authentische mexikanische Küche (Burritos, Quesadillas und *huevos rancheros* – das ländliche mexikanische Frühstück – Gerichte 10–16 NZ$) hilft, trotz Bierverkostung einen klaren Kopf zu behalten. Regelmäßig wird am Freitagabend und am Sonntagnachmittag Livemusik gespielt.

★ Waimea WEINGUT

(☎ 03-544 6385; www.waimeaestates.co.nz; 59 Appleby Hwy, Richmond; ⏲ Mo–Mi 10–17, Do–So bis 21 Uhr) Nur 2 km von Richmond entfernt liegt das Weingut Waimea. Eine vielfältige Auswahl interessanter Weine wird zur Verkostung bereitgehalten. Auf dem Gutsgelände ist der **Kellereiverkauf** (www.thecellardoor.net.nz; Hauptgerichte 18–30 NZ$; ⏲ Mo–Mi 10–17, Do–So bis 21 Uhr) zu Recht beliebt.

Rabbit Island/Moturoa STRAND, WALD

9 km von Richmond entfernt weisen Schilder am SH60 auf die Abzweigung zur Rabbit Island/Moturoa hin. Im Erholungsgebiet öffnen sich weite Ausblicke auf das Mündungsgebiet, es gibt Sandstrände und stille Kiefernwälder, die von Wanderwegen durchzogen sind; sie sind Teil des Great Taste Trails (S. 465). Die Inselbrücke wird bei Sonnenuntergang geschlossen; über Nacht hier zu bleiben ist nicht erlaubt.

Höglund Art Glass KUNSTGALERIE

(☎ 03-544 6500; www.hoglundartglass.com; 52 Lansdowne Rd, Appleby; ⏲ 10–17 Uhr) Meisterwerke der Glasbläserei, die internationale Beachtung finden, entstehen unter den Händen von Ola, Marie und ihrer Mitarbeiter am Ofen. Die Arbeitsabläufe sind faszinierend zu beobachten und die Ergebnisse in der Galerie wunderschön anzusehen. Schmuck und Pinguine aus Glas sind schöne Erinnerungsstücke, für den Fall, dass die charakteristischen Vasen der Glasbläserei als Souvenirs zum Mitnehmen zu schwer sein sollten.

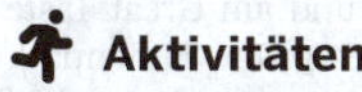

Aktivitäten

Wheelie Fantastic FAHRRADTOUR

(☎ 03-543 2245; www.wheeliefantastic.co.nz; Mapua Wharf, Mapua; Touren ohne Führung ab 95 NZ$, Fahrradverleih pro Tag ab 30 NZ$) In günstiger Lage bei Mapua Wharf bietet der Veranstalter verschiedene Tagestouren ohne bzw. mit umfassender Führung auf dem Great Taste Trail an; auch ein Shuttle-Service zur Abholung steht zur Verfügung.

Essen & Ausgehen

★ Jester House CAFÉ $

(☎ 03-526 6742; www.jesterhouse.co.nz; 320 Aporo Rd, Tasman; Gerichte 15–22 NZ$; ⏲ 9–17 Uhr) Das alteingesessene Jester House ist allein Grund genug für diese Küstenfahrt, zum einen wegen der zahmen Aale des Hauses, zum anderen wegen des friedlichen Skulpturenparks, der zum mittäglichen Verweilen einlädt. Auf einer einfachen Speisekarte sind Klassiker mit individueller Note (Burger mit Wild, Shortbread mit Lavendel) aufgeführt, dazu gibt es Bier und Wein aus der Region. Von Mapua oder Motueka sind es 8 km.

Smokehouse FISH & CHIPS $

(www.smokehouse.co.nz; Mapua Wharf, Mapua; Fish & Chips 8–12 NZ$; ⏲ 11–20 Uhr) In dieser Institution von Mapua setzen sich die Gäste mit Fish & Chips an den Kai, während Möwen kein Auge von den knusprigen Bissen lassen. Köstlichen Räucherfisch und Pasteten gibt es ebenfalls zum Mitnehmen .

Jellyfish MODERN-NEUSEELÄNDISCH $$

(☎ 03-540 2028; www.jellyfishmapua.co.nz; Mapua Wharf, Mapua; Mittagessen 16–24 NZ$, Abendessen 24–34 NZ$; ⏲ 9 Uhr bis open end; ✎) In Strandnähe liegt das Café mit einem sonnigem Innenhof und einer fantasievollen und kontrastreichen Speisekarte – zu alledem ist es den ganzen Tag geöffnet. Die Küche wird von Fisch und anderen Erzeugnissen der Region dominiert, dazu gibt es gute Weine und handwerklich gebrautes Bier.

Moutere Inn PUB

(☎ 03-543 2759; www.moutereinn.co.nz; 1406 Moutere Hwy, Upper Moutere) Es gilt als das älteste Gasthaus Neuseelands. Das Moutere Inn ist mit einer Raumgestaltung im Retro-Stil ein einladendes Haus, in dem sorgfältig zubereitete Gerichte (13–20 NZ$; hausgemachte Burger, Falafelsalat) und überwiegend Biere aus regionalen Brauereien auf den Tisch kommen. Gäste können sich mit einer Kostprobenplatte in die Sonne setzen oder an Livemusikabenden den Klängen des Folk lauschen. Wer nicht mehr weg möchte, kann ein Zimmer zur Übernachtung bekommen.

ℹ An- & Weiterreise

Busse von **InterCity** (S. 465) fahren nach Nelson und Motueka, der Zugang zur Ruby Coast und zu den Moutere Hills ist jedoch nur mit einem eigenen Auto möglich. Auf einer Radtour auf dem **Great Taste Trail** (S. 465) ist die Region gut zu erkunden.

Motueka

7600 EW.

Motueka (der Name bedeutet „Insel der Wekas") ist eine geschäftige, landwirtschaftlich geprägte Stadt und als Ausgangsort für Fahrten in die Region gut geeignet. Alles Notwendige ist vorhanden: zahlreiche Unterkünfte, Cafés und Obststände an den Straßen, alles in einer wunderschönen Flussmündungslandschaft gelegen. Wer auf der Fahrt nach Golden Bay oder zu den Nationalparks Abel Tasman und Kahurangi hier vorbeikommt, kann sich mit Vorräten eindecken.

Sehenswertes

Obwohl die meisten Anziehungspunkte Motuekas außerhalb der Stadt liegen, gibt es auch hier ein paar Attraktionen, die einen Besuch wert sind. Die belebteste von ihnen ist wohl das Aerodrom, wo immer noch viele Aktivitäten in der Luft angeboten werden. Von einem Platz in der Sonne mit guter Aussicht kann man die paar Menschen beobachten, die hierher kommen.

Auch wenn man es von der Hauptstraße aus vielleicht nicht sieht: Motueka ist nur einen Steinwurf vom Meer entfernt. Von der **Promenade** aus lassen sich das Meer, die Vögel und die Salzwasserbecken betrachten. Und man kann hier sogar mit dem Fahrrad fahren; Leihfahrräder sind im **Bike Shed** (03-929 8607; www.motuekabikeshed.co.nz; 145b High St; halber/ganzer Tag ab 25/40 NZ$) erhältlich. Bei der Orientierung im Ort hilft das i-SITE (S. 470) mit einem Stadtplan und der Broschüre *Motueka Art Walk*, in der Bildhauerarbeiten, Wandmalereien und Besonderheiten der Stadt näher beschrieben werden.

Hop Federation BRAUEREI
(03-528 0486; www.hopfederation.co.nz; 483 Main Rd, Riwaka; 11–18 Uhr) Kostproben (3 NZ$) oder Bier in Flaschen und Krügen zum Mitnehmen sind in dieser winzig kleinen, aber hinreißenden Brauerei jederzeit zu haben (5 km von Motueka entfernt). Unter den Ales ist das Red IPA besonders hervorzuheben. (Genauso beachtlich ist der Stand mit frischem Obst auf der anderen Straßenseite.)

Motueka District Museum MUSEUM
(03-528 7660; www.motuekadistrictmuseum.org.nz; 140 High St; Eintritt durch Spende; Dez.–März Mo–Fr 10–16 Uhr, April–Nov. Di–Fr bis 15 Uhr) Eine interessante Sammlung von Kunstgegenständen aus der Region, untergebracht in einem liebenswürdigen alten Schulhaus.

Aktivitäten

★ **Skydive Abel Tasman** ABENTEUERSPORT
(03-528 4091, 0800 422 899; www.skydive.co.nz; Motueka Aerodrome, 60 College St; Sprünge 400/500 m 299/399 NZ$) Die Tandemsprünge von Taupo fallen im Vergleich mit denen, die in Motueka zu erleben sind, etwas ab. Die zahlreichen Sportspringer in dieser Absprungzone scheinen gleicher Meinung zu sein (einige von ihnen können vielleicht im Landeanflug beobachtet werden). DVDs und Fotos sind zusätzlich zu bezahlen. Auf einer Rasenfläche gibt es hervorragende Zuschauerplätze.

U-fly Extreme ABENTEUERSPORT
(03-528 8290, 0800 360 180; www.uflyextreme.co.nz; Motueka Aerodrome, 60 College St; 15 Min. 395 NZ$, 20 Min. 495 NZ$, plus Flugstunde 200 NZ$) Auf einem Flug im offenen Cockpit eines Pitts-Special-Doppeldeckerflugzeugs können Mutige den Steuerknüppel selbst in die Hand nehmen. Flugerfahrung wird nicht vorausgesetzt – nur ein robuster Magen.

Tasman Sky Adventures RUNDFLÜGE
(0800 114 386, 027 223 3513; www.skyadventures.co.nz; Motueka Aerodrome, 60 College St; 15/30 Min. Flüge 105/205 NZ$) Eine seltene Gelegenheit, in einem Ultraleichtflugzeug zu fliegen! Überwältigend eindrucksvoll ist ein Flug über dem Abel Tasman National Park. Beherzte Drachenflieger können zu Tandemflügen abheben (15/30 Min., 76/160 m 195/330 NZ$).

Schlafen

★ **Motueka Top 10 Holiday Park** FERIENPARK $
(03-528 7189; www.motuekatop10.co.nz; 10 Fearon St; Standplätze ab 48 NZ$, Hütten 69–160 NZ$, Wohnungen & Motels 113–457 NZ$;) Nahe bei der Stadt und am Great Taste Trail gelegen, steckt der grüne Ferienpark voller natürlichem Charme – besonders liebenswert sind die hohen Kahikatea-Bäume! Gut gepflegte Anlagen sind allgemein zugänglich, u. a. Swimmingpool, Spa und Spielplatz. Die vielfältigen Übernachtungsmöglichkeiten reichen von eleganten neuen Hütten bis hin zu einem Apartment für bis zu elf Gäste. Auf dem Gelände gibt es einen Fahrradverleih, Informationen und Buchungen für Touren sind erhältlich.

Eden's Edge Lodge HOSTEL $
(☎03-528 4242; www.edensedge.co.nz; 137 Lodder Lane, Riwaka; Stellplätze ab 18 NZ$, B 31 NZ$, DZ/3BZ mit Bad 99/86 NZ$;) Von Bauernland umgeben und nur 4 km vom städtischen Treiben Motuekas entfernt, kommt die praktisch gebaute Lodge dem Himmel aller Rucksackreisenden ziemlich nahe. Zur durchdachten Ausstattung gehören u. a. eine blitzblanke Küche und einladende öffentliche Räume und Flächen, darunter ein Garten mit Rasenflächen. Fahrräder für Touren um den Great Taste Trail werden verliehen – Bier, Eis, Kaffee und andere Erfrischungen sind aber auch in nur wenigen Schritten zu erreichen.

Laughing Kiwi HOSTEL $
(☎03-528 9229; www.laughingkiwi.co.nz; 310 High St; B 29 NZ$, DZ mit/ohne Bad 76/68 NZ$;) Kompakt und einfach gehalten ist das YHA-Hostel. Die Zimmer werden in einer alten Villa und einer praktisch gebauten Backpacker-Lodge mit eleganter Küche/Lounge angeboten. Das ebenfalls zur Vermietung stehende abgeschlossene Ferienhaus (*bach*) ist eine gute Wahl für Gruppen von bis zu vier Gästen (180 NZ$).

★ **Equestrian Lodge Motel** MOTEL $$
(☎0800 668 782, 03-528 9369; www.equestrianlodge.co.nz; Avalon Ct; DZ 125–158 NZ$, 4BZ 175–215 NZ$;) Erstaunlicherweise sind hier weder Pferde noch eine Lodge zu sehen, dafür aber ein hervorragendes Motel in Stadtnähe (abseits der Tudor Street) mit ausgedehnten Grünflächen, Rosengärten, einem beheizten Pool und einem Spa – neben einer Auswahl von kontinuierlich renovierten Wohnungen. Die freundlichen Inhaber geben wertvolle Tipps für Unternehmungen in der Umgebung.

Resurgence LODGE $$$
(☎03-528 4664; www.resurgence.co.nz; 574 Riwaka Valley Rd; DZ Lodge ab 695 NZ$, Ferienhäuser ab 575 NZ$;) In diesem zauberhaften Waldrefugium stehen luxuriöse Zimmer mit eigenem Bad in einer Lodge oder separate Ferienhäuser zur Auswahl. Es ist eine 15-minütige Autofahrt vom Abel Tasman National Park und einen 30-minütigen Spaziergang von der malerischen Quelle des Riwaka River entfernt. Im Preis für die Lodge-Zimmer sind Cocktails, ein viergängiges Abendessen und das Frühstück inbegriffen; der Preis für ein Ferienhaus gilt für eine Übernachtung mit Frühstück, ein Abendessen ist erhältlich und kostet zusätzlich 120 NZ$.

Motueka

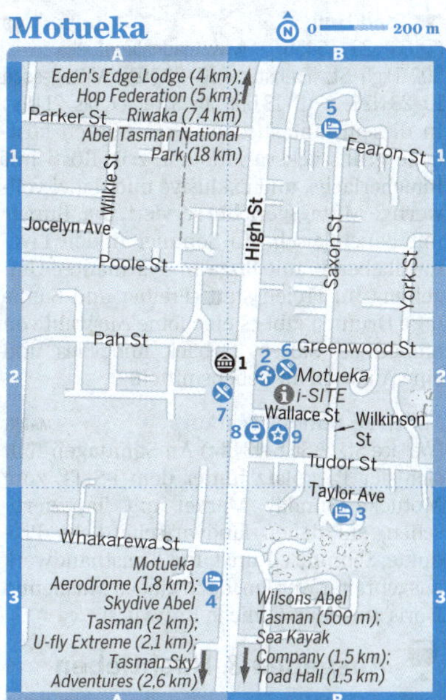

Motueka

Sehenswertes
1 Motueka District Museum A2

Aktivitäten, Kurse & Touren
2 Bike Shed B2

Schlafen
3 Equestrian Lodge Motel B3
4 Laughing Kiwi A3
5 Motueka Top 10 Holiday Park B1

Essen
6 Motueka Sunday Market B2
7 Patisserie Royale A2

Ausgehen & Nachtleben
8 Sprig & Fern B2

Unterhaltung
9 Gecko Theatre B2

Essen

Patisserie Royale BÄCKEREI $
(152 High St; Gebäckstücke 2–8 NZ$; ⏲Mo–Fr 5–17, Sa & So bis 15 Uhr;) Die beste unter mehreren Bäckereien von Motueka ist jede Kaloriensünde wert. Angeboten werden viele verlockende, fantasievolle französische Köstlichkeiten sowie delikate Pies und Brote mit Biss.

★Toad Hall CAFÉ $$
(☎03-528 6456; www.toadhallmotueka.co.nz; 502 High St; Frühstück 10–20 NZ$, Mittagessen 10–23 NZ$; ⏲8–18 Uhr, im Sommer bis 21 Uhr) In diesem fantastischen Café werden köstliche Frühstücksvariationen, z. B. Rösti mit Räucherlachs, und exklusive und dabei vollwertige Mittagsgerichte serviert, u. a. Burger mit Bauchfleisch. Im Sommer finden Livemusikabende mit Pizza in charmanter Umgebung im Freien statt (Freitag und Samstag). Drinnen gibt es eine feine Auswahl von Smoothies, Säften, Gebäck und Pies und eine Auswahl an Lebensmitteln.

Motueka Sunday Market MARKT
(Wallace St; ⏲So 8–13 Uhr) An Sonntagen füllt sich der Parkplatz hinter dem i-SITE zum Motueka Sunday Market mit Tapeziertischen, auf denen landwirtschaftliche Produkte, Schmuck, Kunst und Kunsthandwerk ausgebreitet werden, dazu gibt es Musik und Doris' unwiderstehliche Bratwurst.

Ausgehen & Nachtleben

Sprig & Fern BRAUEREI
(☎03-528 4684; www.sprigandfern.co.nz; Wallace St; ⏲14 Uhr bis open end) Zur regionalen Brauereifamilie Sprig & Fern gehört diese unscheinbare Taverne, die beste unter den Brauereikneipen von Motueka. Sie ist klein, besitzt zwei Innenhöfe und bietet 20 von Hand gezapfte Biersorten, eine einfache, gute Küche (Pizza, Platten, Burger; Gerichte 15–23 NZ$) und ab und zu Livemusik.

☆ Unterhaltung

Gecko Theatre KINO
(☎03-528 9996; www.geckotheatre.co.nz; 23b Wallace St; Eintrittskarten 9–13 NZ$) In diesem winzigen Programmkino kann man sich zu einem interessanten Experimentalfilm in einen Sessel sinken lassen.

Praktische Informationen

Motueka i-SITE (☎03-528 6543; www.motuekaisite.co.nz; 20 Wallace St; ⏲Mo–Fr 8.30–17, Sa & So 9–16 Uhr) Ein zu Recht gut besuchtes Informationszentrum mit hilfsbereiten Mitarbeitern, die Buchungen von Kaitaia bis Bluff vornehmen und umfangreiches Wissen über den Nationalpark weitergeben.

An- & Weiterreise

Alle Busse fahren am i-SITE in Motueka ab. Die Busse von **Abel Tasman Coachlines** (☎03-548 0285; www.abeltasmantravel.co.nz) fahren täglich. von Nelson (mit Anschlüssen zu anderen Zielen der Südinsel über **InterCity** (S. 435)) nach Motueka (1 Std.), Kaiteriteri (25 Min.) und Marahau (30 Min.). Diese Busverbindungen sind mit den Abfahrtszeiten von **Golden Bay Coachlines** (S. 458) nach Takaka (1¼ Std.) und anderen Zielen von Golden Bay Coachlines abgestimmt, u. a. Totaranui im Abel Tasman National Park, Collingwood und der Startpunkt des Heaphy Track. Zwischen Mai und September fahren alle genannten Busse weniger häufig.

Kaiteriteri

790 EW.

Das kleine Dorf am Meer, kurz „Kaiteri" genannt, liegt 13 km von Motueka entfernt und ist das beliebteste Seebad in der Region. In den Sommerferien erinnert am Badestrand nichts mehr an neuseeländische Einsamkeit, der goldfarbene Sand ist dann vollständig mit Badelaken bedeckt. Gleichzeitig ist Kaiteri einer der wichtigsten Ausgangsorte zu Fahrten in den Abel Tasman National Park, der eigentliche Startpunkt ist aber meistens Marahau.

Aktivitäten

Kaiteriteri Mountain Bike Park MOUNTAINBIKE-FAHREN
(www.kaiteriterimtbpark.org.nz) Ausgedehnter Mountainbike-Park mit Strecken in allen Schwierigkeitsgraden.

Schlafen & Essen

Kaiteri Lodge LODGE $
(☎03-527 8281; www.kaiterilodge.co.nz; Inlet Rd; B 35 NZ$, DZ 80–160 NZ$; @📶) Eine moderne, zweckmäßige Lodge mit kleinen, einfachen Schlafsälen und Doppelzimmern mit eigenen Bädern. Die maritime blau-weiße Farbgestaltung wirkt erfrischend auf die etwas nachlässig gepflegten öffentlichen Bereiche. Auf dem Gelände befindet sich die Bar **Beached Whale** (Abendessen 18–28 NZ$; ⏲16 Uhr bis open end, im Winter kürzere Öffnungszeiten), in der die Gäste ins Gespräch kommen können.

Torlesse Coastal Motels MOTEL $$
(☎03-527 8063; www.torlessemotels.co.nz; 8 Kotare Pl, Little Kaiteriteri Beach; DZ 190–210 NZ$, 4BZ 300–350 NZ$; 📶) Nur 200 m vom Little Kaiteriteri Beach (gleich um die Ecke vom Hauptstrand) an einem Hang steht dieser Komplex aus geräumigen Wohneinheiten mit schrägen Decken, Küche und Waschma-

schine. Die meisten der Quartiere gewähren Ausblick aufs Wasser, und es gibt einen Grillbereich und einen Whirlpool.

Bellbird Lodge B&B $$$
(03-527 8555; www.bellbirdlodge.co.nz; 160 Kaiteriteri-Sandy Bay Rd; DZ 275–350 NZ$;) Das gehobene B&B, 1,5 km vom Kaiteri Beach den Hügel hinauf, bietet zwei Zimmer mit Bad, Blick auf den Wald und das Meer, einen großen Garten, erstklassiges Frühstück (selbst gemachtes Müsli und Obstkompott) und hat freundliche Gastgeber.

Shoreline RESTAURANT $$
(03-527 8507; www.shorelinekaiteriteri.co.nz; Ecke Inlet Rd & Sandy Bay Rd; Gerichte 18–22 NZ$; 7.30–21 Uhr, April–Nov. kürzere Öffnungszeiten) Ein modernes Café in Beige mit Bar und Restaurant direkt am Strand. Die Gäste entspannen sich auf einer sonnigen Terrasse, verweilen bei den üblichen Sandwiches, Pizzas und Burgern oder schauen kurz auf einen Kaffee und Kuchen vorbei. Im Winter sind die Öffnungszeiten unregelmäßig. Draußen gibt es Burger zum Mitnehmen.

An- & Weiterreise

Kaiteriteri wird von Bussen der **Abel Tasman Coachlines** (03-548 0285; www.abeltasman travel.co.nz) angesteuert.

Marahau

120 EW.

Der Küstenort Marahau liegt im Norden von Kaiteriteri und 18 km nördlich von Motueka, es ist das wichtigste Tor zum Abel Tasman National Park. Marahau ist weniger ein Dorf als vielmehr eine lang gestreckte Ferienhaussiedlung mit touristischen Einrichtungen.

Aktivitäten

Marahau Horse Treks REITEN
(03-527 8425; Marahau-Sandy Bay Rd; Ponyreiten für Kinder 35 NZ$, 2-stündige Reitausflüge 90 NZ$) Reiter finden bei Marahau Horse Treks Gelegenheit, hoch zu Ross und mit wehenden Mähnen am Strand entlang zu jagen.

Schlafen

Barn HOSTEL $
(03-527 8043; www.barn.co.nz; 14 Harvey Rd; Standplätze ohne/mit Strom pro Pers. 20/22 NZ$, B 32 NZ$, DZ 68–85 NZ$;) Dieses Backpackerhostel bricht mit komfortablen neuen Schlafsälen, einer Sanitäranlage, Campingplätzen auf dem Rasen, kleinen Hütten, Küchen im Freien und Grillbereichen alle Rekorde. Die Scheune mit Gemeinschaftsküche und Lounge-Bereich zum Quatschen ist der Mittelpunkt der Anlage – ähnlich wie die zentrale Veranda mit Feuerstelle. Buchungsmöglichkeiten für Aktivitäten und sichere Parkplätze stehen ebenfalls zur Verfügung.

Abel Tasman Marahau Lodge MOTEL $$
(03-527 8250; www.abeltasmanlodge.co.nz; 295 Sandy Bay-Marahau Rd; DZ 145–175 NZ$, 4BZ 200–260 NZ$;) Unbeschwerte Tage können Gäste in dieser bogenförmigen Anlage mit Blick auf einen Landschaftspark mit 15 Studios und separaten Wohnungen verbringen; sie sind stilvoll gestaltet und haben schwindelerregend hohe Decken. Eine vollständig ausgestattete Gemeinschaftsküche steht Selbstversorgern zur Verfügung, außerdem gibt es ein Spa und eine Sauna. Kuckuckskäuze, Honigfresser (Tuis) und Glockenvögel kreischen und trillern im umliegenden Buschland.

Ocean View Chalets FERIENHÄUSER $$
(03-527 8232; www.accommodationabel tasman.co.nz; 305 Sandy Bay-Marahau Rd; DZ 145–235 NZ$, 4BZ 290 NZ$;) Hoch gelegen und von Zypressen umstanden, bieten diese freundlichen Ferienhäuser ein Höchstmaß an Privatsphäre; sie sind 300 m vom Coast Track entfernt und haben Ausblicke zur Fisherman Island. Mit Ausnahme der preisgünstigsten Studios sind alle Wohnungen in sich geschlossen. Frühstück und Lunchpakete sind erhältlich.

Essen

Fat Tui BURGER $
(Ecke Marahau-Sandy Bay Rd & Marahau Valley Rd; Burger 13–18 NZ$; Sommer tgl. 12–20 Uhr, Winter Mi–So) Der schräge Vogel ist weithin bekannt, sein Caravan rollt zum Glück nicht so leicht davon. Er verkauft Burger der Superlative, z. B. Cowpat (Rindfleisch), Ewe Beaut (Lamm) und Roots, Shoots $ Leaves (Gemüse). Ebenfalls gut sind Fish & Chips und der Kaffee.

Hooked CAFÉ $$
(03-527 8576; www.hookedonmarahau.co.nz; 229 Marahau-Sandy Bay Rd; Mittagessen 11–20 NZ$, Abendessen 26–32 NZ$; Dez.–März 8–22 Uhr, Okt.–Nov. & April 8–11 & 15–22 Uhr)

Das populäre Café hat viele einheimische Stammgäste – zum Abendessen sind Reservierungen ratsam. Der kunstvoll eingerichtete Innenraum öffnet sich auf eine Terrasse mit fesselnden Ausblicken. Das Mittagsangebot dreht sich um Salate und Fischgerichte, die Abendkarte ist aufwendiger und verzeichnet den Tagesfang an heimischem Fisch, Grünschalmuscheln sowie neuseeländisches Lammfleisch.

Park Cafe CAFÉ **$$**
(☎ 03-527 8270; www.parkcafe.co.nz; Harvey Rd; Mittagessen 10–22 NZ$, Abendessen 17–36 NZ$; ⏲ Mitte Sept.–Mai 8 Uhr bis open end;) Am Anfang des Coast Track liegt dieses luftige Café – ein perfekter Ort zum Auffüllen der Energiereserven. Zur kalorienreichen Auswahl gehören z. B. ein großes Frühstück, Burger und Kuchen, Fischgerichte und Salate. Von Donnerstag- bis Samstagabend wird der Holzofen befeuert und Pizza serviert. Am besten lässt sich alles im Innenraum mit schöner Aussicht oder draußen im sonnigen Innenhofgarten genießen. Gelegentlich ist Livemusik zu hören.

ℹ An- & Weiterreise

Marahau wird von Bussen der **Abel Tasman Coachlines** (☎ 03-548 0285; www.abeltasman travel.co.nz) angesteuert.

Abel Tasman National Park

Der küstennahe Abel Tasman National Park erstreckt sich bis zum nördlichen Ende einer Bergkette aus Granit- und Karstfelsen, die in den Kahurangi National Park hineinreicht. Verschiedene Wanderwege durchziehen den Park, einer davon verläuft durch das Parkinnere, die größte Anziehungskraft geht jedoch vom Küstenwanderweg, dem Coast Track, aus – auf dem mehr Wanderer unterwegs sind als auf jedem anderen der neuseeländischen „Great Walks".

Aktivitäten

Abel Tasman Coast Track

Dieser 60 km lange Great Walk ist unbestreitbar Neuseelands schönster: Man findet schimmerndes Wasser, goldenen Sand, urtümlichen Küstenwald und versteckte Überraschungen wie Cleopatra's Pool vor. So eine geballte Schönheit zieht jedes Jahr rund 30 000 Wanderer und Kajakfahrer an, die alle mindestens eine Nacht im Park verbringen. Die Hauptattraktion ist das Gelände: schön geschnitten, abgestuft und gut beschildert. Es ist fast unmöglich, sich hier zu verlaufen, und man kann sogar in Turnschuhen wandern.

Trotzdem bekommt man hin und wieder vielleicht mal nasse Füße. Der Track führt viel am Strand entlang, und die Gezeiten hier spielen oft verrückt. Im Park ist der Unterschied zwischen Ebbe und Flut mit am größten im ganzen Land: bis zu 6 m. In der Torrent und Bark Bay ist es sehr viel einfacher und lustiger, seine Schuhe auszuziehen und durch den feuchten Sand zu stapfen, als den Pfad zu nehmen, der bei Flut als Wanderweg gedacht ist. In der Awaroa Bay gibt es aber keine andere Wahl: man muss genau planen und bei Ebbe gehen. Entlang des Tracks und auf der Website des DOC finden sich Gezeitenpläne; bei den regionalen i-SITES gibt es sie ebenfalls.

Hartnäckig hält sich das Gerücht, der Coast Track ende bei Totaranui, aber eigentlich erstreckt er sich noch bis zu einem Parkplatz in der Nähe der Wainui Bay. Die gesamte Wanderung dauert nur drei bis fünf Tage, aber mit dem Wassertaxi bieten sich einem unzählige Optionen, vor allem wenn man die Wanderung mit einer Kajaktour verbindet. Wer nur ein paar Tage Zeit hat, der bleibt am besten in der nördlichen Ecke des Parks und wandert auf dem Coast Track von Totaranui aus, vorbei an Anapai Bay und Mutton Cove, übernachtet in der Whariwharangi Hut und geht dann über den Gibbs Hill Track zurück nach Totaranui. Auf diesem Abschnitt, der deutlich weniger besucht ist als viele andere, bekommt man einen Eindruck von den besten Attraktionen des Parks: Strände, Seehunde und schöne Küstenlandschaft.

Der Wanderweg fällt unter den Great Walks Pass des DOC. Kinder dürfen kostenlos übernachten, Reservierungen sind dennoch erforderlich. Buchungen sind im Internet (www.doc.govt.nz), beim **Nelson Marlborough Bookings Helpdesk** (☎ 03-546 8210) oder persönlich bei den i-SITES oder den DOC-Büros in Nelson, Motueka oder Takaka möglich. Die hilfsbereiten Mitarbeiter geben auch Empfehlungen zur individuellen Gestaltung der Wanderung und organisieren Transportmittel. Reservierungen sollten so frühzeitig wie möglich vorgenommen werden, vor allem für Hüttenunterkünfte in der Hochsaison zwischen Dezember und März.

Abel Tasman National Park

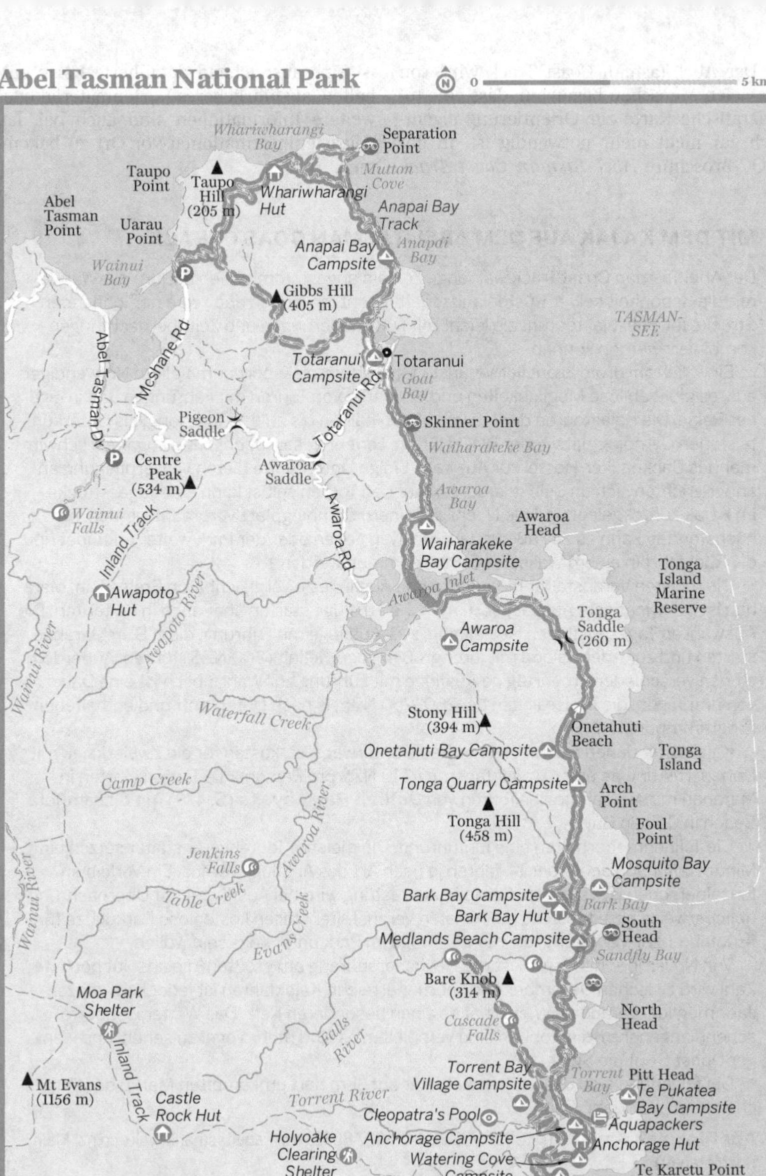
0
5 km
Wharìwharangi Bay
Separation Point
Taupo Point
Taupo Hill (205 m)
Whariwharangi Hut
Mutton Cove
Abel Tasman Point
Uarau Point
Anapai Bay Track
Anapai Bay Campsite
Anapai Bay
Wainui Bay
Gibbs Hill (405 m)
TASMAN-SEE
Abel Tasman Dr
Mcshane Rd
Totaranui Campsite
Totaranui
Totaranui Rd
Goat Bay
Pigeon Saddle
Skinner Point
Waiharakeke Bay
Centre Peak (534 m)
Awaroa Saddle
Awaroa Rd
Awaroa Bay
Wainui Falls
Inland Track
Awaroa Head
Waiharakeke Bay Campsite
Tonga Island Marine Reserve
Awapoto Hut
Awapoto River
Awaroa Inlet
Tonga Saddle (260 m)
Awaroa Campsite
Wainui River
Waterfall Creek
Stony Hill (394 m)
Onetahuti Beach
Onetahuti Bay Campsite
Tonga Island
Camp Creek
Tonga Quarry Campsite
Arch Point
Awaroa River
Tonga Hill (458 m)
Foul Point
Jenkins Falls
Mosquito Bay Campsite
Table Creek
Bark Bay Campsite
Bark Bay
Evans Creek
Bark Bay Hut
South Head
Medlands Beach Campsite
Sandfly Bay
Bare Knob (314 m)
Moa Park Shelter
North Head
Cascade Falls
Falls River
Mt Evans (1156 m)
Torrent Bay Village Campsite
Torrent Bay
Pitt Head
Te Pukatea Bay Campsite
Castle Rock Hut
Torrent River
Cleopatra's Pool
Aquapackers
Anchorage Campsite
Anchorage Hut
Holyoake Clearing Shelter
Watering Cove Campsite
Te Karetu Point
Observation Beach Campsite
Watering Cove
Marahau River
Akersten Bay Campsite
Yellow Point
Jules Point
Adele Island
Apple Tree Bay Campsite
Appletree Bay
Tinline Campsite
Tagesschutzhütte (Parkeingang)
Otuwheru River
Coquille Bay
Fisherman Island
Tinline Bay
Sandy Bay
Marahau

Der Abel Tasman Coast Track wird von so vielen Menschen begangen, dass eine topografische Karte zur Orientierung eigentlich gar nicht mehr notwendig ist. In der DOC-Broschüre *Abel Tasman Coast Track* ist eine ausreichend detaillierte Karte enthalten, ausführlicheres Kartenmaterial oder weitere Informationen sind auch bei den Touristeninformationen vor Ort zu bekommen.

MIT DEM KAJAK AUF DEM ABEL TASMAN COAST TRACK

Der Abel Tasman Coast Track war lange Zeit ein angestammtes Territorium der Wanderer; die Schönheit seiner Küstenlandschaft macht ihn jedoch auch zu einer lohnenden Strecke für Seekajaktouren, die leicht mit Fußwanderungen und Zeltübernachtungen kombiniert werden können.

Eine Vielzahl professioneller Veranstalter stattet Kajaksportler mit allem Notwendigen aus, es gibt zahllose Möglichkeiten und Varianten von Touren mit Führungen und in eigener Regie. Die Kajaktouren dauern von einem halben bis zu drei Tage lang, als Unterkünfte stehen Campingplätze oder DOC-Hütten, Ferienhäuser (*bachs*) und sogar ein schwimmendes Backpacker-Hostel zur Auswahl. Einige Unterkünfte bieten Vollverpflegung an, andere richten sich an Selbstversorger. Auf den Touren selbst kann eine Tagesstrecke im Kajak zurückgelegt und die Nacht auf einem Campingplatz verbracht werden. Am nächsten Tag kann es zu Fuß auf den Rückweg gehen oder der Park weiter erkundet und die Rückfahrt in einem Wassertaxi unternommen werden.

Die meisten Veranstalter bieten ähnliche Ausflüge zu vergleichbaren Preisen an. Marahau ist der wichtigste Ausgangsort, manche Ausflüge starten aber auch in Kaiteriteri. Die Auswahl an Tagesausflügen ist vielfältig, z. B. Ausflüge mit Führung, die z. B. in Marahau starten und zur Adele Island mit ihrer großen Vogelvielfalt (200 NZ$) führen. Außerdem stehen verschiedene mehrtägige Ausflüge mit Führung zur Wahl, üblich ist eine Dauer von drei Tagen, die Preise liegen bei 260–750 NZ$, je nach Unterkunft und enthaltenen Programmpunkten.

Kajaks, mit denen man in eigener Regie unterwegs ist, kosten für ein Zweierkajak mit Leihausrüstung an einem/zwei Tagen 70/110 NZ$ pro Person; Alle Touren starten in Marahau mit Ausnahme der Touren von **Golden Bay Kayaks** (S. 479) mit Sitz am Tata Beach in Golden Bay.

Die Teilnehmer erhalten eine Einführung. Die meisten Tourenveranstalter setzen ein Mindestalter von acht oder 14 Jahren je nach Art des Ausflugs voraus. Ein Verleih an Einzelpersonen ist verboten. Campingausrüstung wird bei Ausflügen mit Übernachtung üblicherweise bereitgestellt; die meisten Veranstalter stellen kostenlose Parkplätze für Autofahrer zur Verfügung, die mehrere Tage im Park unterwegs sein wollen.

Von November bis Ostern ist der Besucherandrang am größten, die absolut höchste Zahl wird zwischen Dezember und Februar erreicht. Kajakfahren ist jedoch im ganzen Jahr möglich, gerade im Winter hat es einen besonderen Reiz: Das Wetter ist überraschend angenehm, die Robben sind verspielter, es sind mehr Vögel zu sehen, und weniger Dunst trübt die Sicht.

Die folgenden sind die größten Anbieter auf dem hart umkämpften Markt; das Vergleichen lohnt sich daher.

Abel Tasman Kayaks (☎ 0800 732 529, 03-527 8022; www.abeltasmankayaks.co.nz; Main Rd, Marahau)

Kahu Kayaks (☎ 0800 300 101, 03-527 8300; www.kahukayaks.co.nz; 11 Marahau Valley Rd)

Kaiteriteri Kayaks (☎ 0800 252 925, 03-527 8383; www.seakayak.co.nz; Kaiteriteri Beach)

Marahau Sea Kayaks (☎ 0800 529 257, 03-527 8176; www.msk.co.nz; Abel Tasman Centre, Franklin St, Marahau)

R&R Kayaks (☎ 0508 223 224; www.rrkayaks.co.nz; 279 Sandy Bay-Marahau Rd)

Sea Kayak Company (☎ 0508 252 925, 03-528 7251; www.seakayaknz.co.nz; 506 High St, Motueka)

Wilsons Abel Tasman (S. 475)

Andere Aktivitäten

★ Abel Tasman Canyons ABENTEUERSPORT
(☎0800 863 472, 03-528 9800; www.abeltasmancanyons.co.nz; ganztägige Ausflüge 259 NZ$) Wenige Nationalparkbesucher dringen bis zum Torrent River vor. Hier ist die Möglichkeit gegeben, den atemberaubend schönen, von Granitwänden umgebenen Canyon in einer abenteuerlichen Kombination aus Schwimmen, Rap-Sliding, Abseilen und mutigen Sprüngen in glitzernde Wasserbecken zu durchqueren.

Geführte Touren

Tourenveranstalter bieten in der Regel kostenlose Hin-/Rückfahrten von Motueka an, die Abholung in Nelson ist jedoch zusätzlich zu bezahlen.

★ Wilsons Abel Tasman TOUR
(☎03-528 2027, 0800 223 582; www.abeltasman.co.nz; 409 High St, Motueka) Das alteingesessene Familienunternehmen bietet eine eindrucksvolle Vielfalt an Bootsfahrten, Wanderungen, Kajak- und kombinierten Touren, darunter eine Tageswanderung (36 NZ$). Übernachtungen für Teilnehmer der geführten Touren in Lodges des Veranstalters im hübschen Awaroa und Torrent Bay.

Zum Angebot gehört ein sieben Tage gültiger Explorer-Pass für unbegrenzte Bootsfahrten an drei Tagen (Erw./Kind 150/75 NZ$).

Abel Tasman Eco Tours TOUR
(☎0800 223 538, 03-528 0946; www.abeltasmanecotours.co.nz; Tagestouren Erw./Kind 159/99 NZ$) Tagesausflüge mit ökologischem Schwerpunkt unter der Führung des Meeresforschers Stew Robertson – sie führen entweder im Boot an der Küste entlang oder auf einer fünfstündigen Wanderung durch das Wainui Valley.

Abel Tasman Tours & Guided Walks WANDERTOUREN
(☎03-528 9602; www.abeltasmantours.co.nz; Touren ab 245 NZ$) Ganztägige Wanderungen in kleinen Gruppen (mind. 2 Pers.), mit Lunchpaket, und Fahrten im Wassertaxi.

Abel Tasman Charters BOOTSTOUR
(☎027 441 8588, 0800 223 522; www.abeltasmancharters.com; 6-stündige Touren 265 NZ$) Ein sechsstündiger Ausflug verbindet eine Wanderung, Kajaktour, Schwimmen und eine Bootstour in den Park mit Start in Stephen's Bay (nahe Kaiteriteri).

Abel Tasman Sailing Adventures SEGELN
(☎0800 467 245, 03-527 8375; www.sailingadventures.co.nz; Kaiteriteri; Tagesausflüge 185 NZ$) Fahrplanmäßige oder individuelle Fahrten im Katamaran. Auch Kombinationen aus Segeln, Wandern und Kajakfahren sind möglich. In den beliebten Tagesausflügen ist ein Mittagessen am Anchorage Beach inbegriffen.

Schlafen

Am Abel Tasman Coast Track gibt es vier Great-Walk-Hütten (32 NZ$) mit Etagenbetten, Heizung, Toiletten mit Wasserspülung und eingeschränkter Beleuchtung, jedoch ohne Kochgelegenheiten. Außerdem gibt es 19 ausgewiesene Great-Walk-Campingplätze (14 NZ$). Der Coast Track gehört zu den Great Walks, alle Unterkünfte in Hütten und auf Campingplätzen müssen daher das ganze Jahr über unbedingt frühzeitig gebucht werden, entweder im Internet über **Great Walks Bookings** (☎0800 694 732; www.doc.govt.nz) oder bei den Touristeninformationen des DOC, die überall im Land zu finden sind. Pässe für Hütten und Jahrespässe können auf dem Wanderweg nicht eingesetzt werden; der Aufenthalt in einer Hütte oder auf einem Campingplatz ist zudem auf jeweils zwei Übernachtungen (auf dem Campingplatz von Totaranui auf nur eine Übernachtung) beschränkt. Wer ohne gültige Reservierung angetroffen wird, muss ein Bußgeld bezahlen und wird möglicherweise sogar aus dem Park verwiesen.

Aquapackers HOSTEL
(☎0800 430 744; www.aquapackers.co.nz; Anchorage; B/DZ inkl. Frühstück 75/225 NZ$; ⊙Mai–Sept. geschl.) Der speziell umgebaute, 13 m lange *Catarac* (Katamaran) ist in der Anchorage Bay dauerhaft vor Anker gegangen und bietet dort außergewöhnliche Backpacker-Unterkünfte für 22 Gäste. Die Ausstattung ist schlicht, aber ordentlich; in den Preisen sind Bettwäsche, Frühstück und Abendessen enthalten. Reservierungen sind unerlässlich.

Totaranui Campsite CAMPINGPLATZ
(☎03-528 8083; www.doc.govt.nz; Sommer/Winter 15/10 NZ$) Ein extrem beliebter Platz mit großer Kapazität (850 Camper) und einer herrlichen Lage am Strand, versteckt hinter schönem Gehölz. Im DOC-Büro gibt es hilfreiche Mitarbeiter, Infotafeln, Toiletten mit Spülung, kalte Duschen und ein öffentliches Telefon.

An- & Weiterreise

Die nächstgrößere Stadt am Abel Tasman National Park ist Motueka, das nahe gelegene Marahau ist das südliche Tor zum Park. Im Norden ist Wainui der offizielle Start- oder Endpunkt der Wanderung, es ist jedoch üblich, den Weg in Totaranui zu beenden, indem entweder der nördlichste Abschnitt ausgelassen oder eine Kehrtwende nach Totaranui über den Gibbs Hill Track vorgenommen wird. Alle Start- und Endpunkte werden von Bussen der **Abel Tasman Coachlines** (S. 458) und **Golden Bay Coachlines** (S. 458) angesteuert.

Unterwegs vor Ort

Im Nationalpark selbst ist es einfach, jeden Punkt des Wanderweges mit Hilfe der zahlreichen Tourenveranstalter und Wassertaxibetreiber zu erreichen; diese bieten fahrplanmäßige oder individuelle Fahrten ab Kaiteriteri oder Marahau an. Üblicherweise gelten folgende Preise für eine Hinfahrt ab Marahau oder Kaiteriteri nach Anchorage und Torrent Bay (35 NZ$), Bark Bay (40 NZ$), Awaroa (45 NZ$) und Totaranui (47 NZ$).

Abel Tasman Aqua Taxi (☎ 0800 278 282, 03-527 8083; www.aquataxi.co.nz; Marahau-Sandy Bay Rd, Marahau) Linienverkehr und Fahrten auf Abruf sowie Angebote für Bootsfahrten/ Wanderungen.

Marahau Water Taxis (☎ 0800 808 018, 03-527 8176; www.marahauwatertaxis.co.nz; Abel Tasman Centre, Franklin St, Marahau) Linienverkehr und Angebote für Bootsfahrten/ Wanderungen.

Golden Bay

Ab Motueka windet sich der SH60 in schwindelerregenden Kurven den Takaka Hill hinauf nach Golden Bay, einer kleinen Region mit ländlichem Charme, deren Einwohner künstlerischen Betätigungen nachgehen oder alternative Lebensstile pflegen, unter ihnen viele Durchreisende, die hier eine Zeit lang hängen bleiben.

Für Touristen liegt die Hauptanziehungskraft der Gegend im Zugang zu den Nationalparks Abel Tasman und Kahurangi, neben weiteren Naturwundern, darunter Farewell Spit und eine Reihe traumhaft schöner Strände. Zur Einführung ist die DOC-Broschüre *Walks in Golden Bay* hilfreich (auch zum Download im Internet).

An & Weiterreise

Golden Bay ist mit Bussen der **Golden Bay Coachlines** (☎ 03-525 8352; www.gbcoachlines.co.nz) gut zu erreichen, täglich verkehren Busse zwischen Nelson und dem Heaphy Track über Motueka und Takaka. Ruhigere Gegenden sind jedoch besser mit einem eigenen Auto zugänglich.

Takaka Hill

Der Takaka Hill (791 m) trennt die Tasman Bay von der Golden Bay. Von Weitem wirkt das Gebiet wie grünes Buschland, beim Näherkommen stellt es sich als eine eindrucksvolle Karstlandschaft dar, die in Millionen von Jahren durch Erosion geformt wurde. Die sanfte Schönheit der Landschaft erschließt sich am besten im Rahmen einer einstündigen Fahrt über die Bergstraße (SH60), die Strecke windet sich steil und kurvenreich an spektakulären Ausblicken und anderen interessanten Anziehungspunkten vorbei.

Kurz vor dem Berg zweigt ein Weg zum **Canaan Downs Scenic Reserve** ab, das am Ende einer 11 km langen Schotterstraße liegt. Das Gebiet erlangte Berühmtheit als Filmkulisse für die Trilogie *Der Herr der Ringe* und für *Der Hobbit*, doch das hervorstechendste Merkmal dieser Landschaft ist das **Harwood's Hole**. Es ist eine der größten Dolinen (*tomo*, Einsturztrichter im Karst) des Landes: Die Höhle ist insgesamt 357 m tief und 70 m breit. An der Oberkante beginnt ein 176 m tiefer, senkrecht abfallender Höhlenschacht, der unten auf die Starlight Cave trifft. Vom Parkplatz aus sind es 30 Minuten zu Fuß dorthin. Man muss wohl nicht eigens betonen, dass die Höhlenbegehung ausschließlich für äußerst erfahrene Höhlenwanderer geeignet ist.

Geübte Mountainbike-Fahrer haben mehrere Rundwege mit mittleren Schwierigkeitsgraden zur Auswahl oder können auf dem aufregenden **Rameka Track** bis nach Takaka fahren. Zum Übernachten gibt es auch einen einfachen DOC-Campingplatz (Erw./Kind 6/3 NZ$).

In der Nähe des Gipfels liegt der **Takaka Hill Walkway**, ein dreistündiger Rundwanderweg, der durch Karstfelsformationen, urtümlichen Wald und Farmland führt. Folgt man der Straße weiter, gelangt man zum **Harwood Lookout** mit faszinierenden Ausblicken hinab auf das Takaka River Valley bis nach Takaka und nach Golden Bay. Vorschläge für weitere Wanderstrecken auf der Sonnenseite des Berges sind in der DOC-Broschüre *Walks in Golden Bay* verzeichnet.

Sehenswertes

Ngarua Caves HÖHLEN

(SH60; Erw./Kind 17/7 NZ$; 45-minütige Touren stündlich Sept.–Mai 10–16 Uhr, Juni–Aug. nur Sa & So) Direkt unterhalb des Gipfels des Takaka Hill liegen die Ngarua Caves, eine Attraktion aus Karstgestein, wo unterirdische Funde in großer Zahl zu entdecken sind, darunter auch Moaknochen. Die Höhlen sind nur im Rahmen einer Führung zu betreten – private Höhlenforschung ist nicht erlaubt.

Takaka

1240 EW.

Das Straßenbild ist von Yoga-Hosen, Dreadlocks und nackten Füßen geprägt – Aussteiger aller Art zieht es in das liebenswerte kleine Takaka, es ist die letzte größere Siedlung, bevor die Straße in westlicher Richtung bei Farewell Spit endet. Alles Notwendige und so manches Unnötige (Batik-Shirts!) gibt es hier zu kaufen.

Sehenswertes

Viele der Anziehungspunkte von Takaka sind leicht per Fahrrad erreichbar. Ein Fahrradverleih, bei dem auch Radwegekarten zu bekommen sind, ist der aus der Zeit gefallene **Quiet Revolution Cycle Shop** (03-525 9555; www.quietrevolution.co.nz; 11 Commercial St; Fahrradverleih pro Tag 25–65 NZ$) an der Hauptstraße. Durch Läden zu bummeln kann auch ein Highlight sein, es gibt Festival-Chic und künstlerische und kunsthandwerkliche Arbeiten aus kleinen Werkstätten zu entdecken. Weitere Spazierwege durch die Kunstszene findet man in den kostenlosen Broschüren *Arts in Golden Bay* und *Arts Trail*.

Rawhiti Cave HÖHLE

(www.doc.govt.nz) Die größte geologische Attraktion, die es in dieser Gegend gibt, sind die Phytokarst-Formationen der Rawhiti Cave, 15 Fahrtminuten von Takaka entfernt (über Motupipi kommend rechts auf die Glenview Rd, dann links auf die Packard Road fahren und den Schildern folgen!). Bei der anstrengenden Wanderung hin und zurück (auf trockenen Abschnitten steil, in nassen Bereichen gefährlich) verschlägt es einem glatt die Sprache.

Grove Scenic Reserve AUSSICHTSPUNKT

(www.doc.govt.nz) Eine zehnminütige Autofahrt führt von Takaka (Hinweisschild an der Clifton Road) zu diesem verwunschenen Karstfelsenlabyrinth mit vereinzelten alten, knorrigen Rata-Bäumen. Der Spazierweg nimmt etwa zehn Minuten in Anspruch und führt an einem eindrucksvollen Aussichtspunkt vorüber.

Te Waikoropupū Springs QUELLE

(www.doc.govt.nz) Die „Pupū Springs" sind die größten Süßwasserquellen in ganz Australien und Ozeanien und werden zu den klarsten der Welt gezählt. 14 000 l Wasser sprudeln pro Sekunde aus unterirdischen Kanälen herauf und bilden einen vielfarbigen kleinen See. Von Takaka führt der Weg 4 km nordwestlich auf dem SH60 entlang, biegt dann von Waitapu Bridge landeinwärts ab und führt nach 3 km zu den Quellen. Beim Parkplatz sind Erläuterungen auf Informationstafeln zu finden, ein Rundweg von 30 Minuten führt an den Quellen vorbei – sie sind heilig und dürfen daher nicht betreten oder berührt werden.

Aktivitäten

Pupu Hydro Walkway WANDERN

(www.doc.govt.nz; Pupu Valley Rd) Der angenehme zweistündige Rundweg folgt einem alten Wasserlauf durch Buchenwald und an den Überresten von Industrieanlagen und Goldminen vorbei zum wiederhergestellten (und in Betrieb befindlichen) Wasserkraftwerk, dem Pupu Hydro Powerhouse, von 1929. Man findet es 9 km von Takaka entfernt am Ende der Pupu Valley Road; Schilder weisen an der Kreuzung der Te Waikoropupū Springs darauf hin.

Geführte Touren

Golden Bay Air RUNDFLÜGE

(0800 588 885, 03-525 8725; www.goldenbayair.co.nz; Takaka Airfield, SH60) Touristen- und Charterflüge über Golden Bay und das Umland (ab 35 NZ$).

Schlafen

Kiwiana HOSTEL $

(0800 805 494, 03-525 7676; www.kiwianabackpackers.co.nz; 73 Motupipi St; Zeltplätze pro Pers. 18 NZ$, B 29–31 NZ$, EZ/DZ 54/68 NZ$;) In dem niedlichen Cottage mit einladendem Garten sind die Zimmer nach typisch neuseeländischen Begriffen benannt: Jandal (Flip-Flops), Buzzy Bee (ein Kinderspielzeug) usw. Die Garage wurde in eine gesellige Lounge mit Kamin, Tischtennisplatte, Billardtisch, Musik, Büchern und Spielen umgebaut. Gäste dürfen kostenlos Fahrräder nutzen.

Takaka Campground CAMPINGPLATZ $
(☎03-525 7300; www.takakacampingandcabins.co.nz; 53 Motupipi St; Standplätze pro Pers. 18 NZ$, Hütten EZ/DZ/3BZ 35/65/75 NZ$;) Der Campingplatz ist einfach gehalten und – nur einen kurzen Fußweg von der Hauptstraße Takakas entfernt – praktisch und in netter ländlicher Umgebung gelegen.

Golden Bay Kiwi Holiday Park FERIENPARK $
(☎03-525 9742; www.goldenbayholidaypark.co.nz; 99 Tukurua Rd, Tukurua; Standplätze ohne/mit Strom 43/47 NZ$, Hütten DZ 85 NZ$; @) 18 km nördlich von Takaka liegt dieses Schmuckstück von einem Ferienpark direkt an einem ruhigen Strand. Weite Grasflächen, anmutige Bäume, die Schatten spenden, und Hecken sind eine reiche Entschädigung für die kärglichen öffentlichen Einrichtungen. Es gibt ordentliche, familienfreundliche Hütten für Reisende mit kleinem Budget und luxuriöse Strandhäuser für bis zu vier Gäste (180–270 NZ$).

★ **Adrift** COTTAGES $$$
(☎03-525 8353; www.adrift.co.nz; 53 Tukurua Rd, Tukurua; DZ 250–540 NZ$;) In einer dieser fünf Hütten inmitten eines wunderschön angelegten Grundtsücks direkt am Strand kann man in himmlischen Betten glückselig schlafen. Erst den Tag mit einem Frühstückskorb beginnen, sich dann in der voll ausgestatteten Küche selbst etwas kochen, dann auf der sonnigen Terrasse essen und danach im Whirlpool entspannen!

Essen & Ausgehen

Dangerous Kitchen CAFÉ $$
(☎03-525 8686; 46a Commercial St; Gerichte 13–28 NZ$; Mo–Sa 9–20 Uhr;) Das Café ist Frank Zappa gewidmet (In the kitchen of danger, you can feel like a stranger). Serviert werden gesunde, preiswerte Gerichte wie Falafel, Pizza, Burritos mit Bohnen, Pasta, großartige Kuchen und Säfte sowie Wein und Bier aus regionaler Erzeugung. Die Stimmung ist angenehm gedämpft und musikalisch. Ein rückwärtiger Innenhof liegt in der Sonne, vor dem Haus lässt sich die Straßenszene beobachten.

★ **Mussel Inn** PUB
(☎03-525 9241; www.musselinn.co.nz; 1259 SH60, Onekaka; ganztägig kleine Gerichte 5–17 NZ$, Abendessen 13–30 NZ$; 11 Uhr bis open end, Juli/Aug. geschl.) Die in weitem Umkreis heiß geliebte Brauereitaverne findet man auf halbem Weg zwischen Takaka und Collingwood. Im Mussel Inn hat sich etwas vom neuseeländischen Landleben erhalten, das sich in den knarrenden Holzbalken, dem weitläufigen Biergarten mit einem Kohlenfeuer, regelmäßigen Musik- und anderen Veranstaltungen und deftigem hausgemachtem Essen wiederfindet. Eine Spezialität des Hauses ist „Captain Cooker", ein dunkles Bier, das mit Manukahonig gebraut wird.

Unterhaltung

Village Theatre KINO
(☎03-525 8453; www.villagetheatre.org.nz; 32 Commercial St; Erw./Kind 14/8 NZ$) Noch ein Beweis für die Affinität der neuseeländischen Provinz zu künstlerisch wertvollen Filmen.

Praktische Informationen

Golden Bay Visitor Centre (☎03-525 9136; www.goldenbaynz.co.nz; Willow St; Mo–Fr 9–16, Sa bis 13 Uhr) Ein freundliches kleines Informationszentrum mit allen notwendigen Materialien, u. a. der unverzichtbaren offiziellen Touristenkarte. Buchungen und DOC-Pässe.

Golden Bay Area DOC Office (☎03-525 8026; www.doc.govt.nz; 62 Commercial St; Mo–Fr 13–15 Uhr) Informationen zu den Nationalparks Abel Tasman und Kahurangi, zum Heaphy Track, Farewell Spit und Cobb Valley. Hüttenpässe sind hier erhältlich.

An- & Weiterreise

Golden Bay Air (S. 477) bietet 1- bis 4-mal tgl. Flüge zwischen Wellington und Takaka.

Busse der **Golden Bay Coachlines** (S. 458) starten von Takaka nach Golden Bay und fahren nach Collingwood (25 Min.), zum Heaphy Track (1 Std.), Totaranui (1 Std.) und hinüber nach Motueka (1¼ Std.) und Nelson (2¼ Std.).

Pohara

550 EW.

Rund 10 km nordöstlich von Takaka liegt das winzige Pohara, ein Ferienort am Strand, dessen Bevölkerung sich im Sommer vervierfacht. Hier gibt es mehr protzige Ferienhäuser als in anderen Teilen der Golden Bay, trotzdem ist die Atmosphäre noch angenehm. Das liegt nicht zuletzt an gutem Essen, netten Unterkünften und einem Strand, der bei Ebbe so groß ist wie das Rollfeld des Londoner Flughafens.

Pohara liegt in der Nähe des nördlichen Eingangs zum Abel Tasman National Park. Die weitgehend unbefestigte Straße in den Park führt am **Tarakohe Harbour** (Poharas Hafen) und der **Ligar Bay** vorbei. Der Aufstieg zum Abel-Tasman-Aussichtspunkt lohnt sich allemal.

Die nächste Siedlung auf dem Weg ist **Tata Beach**, wo **Golden Bay Kayaks** (☎ 03-525 9095; www.goldenbaykayaks.co.nz; Tata Beach; geführte Touren halber Tag Erw./Kind ab 85/40 NZ$, Verleih halber/ganzer Tag 90/120 NZ$) Kajaks und Stehpaddelbretter verleiht und geführte Touren (auch mehrtägige) in den Abel Tasman National Park anbietet.

Von der Totaranui Rd in der **Wainui Bay** ist ein grüner Wanderweg zu den schönsten Wasserfällen der Bucht ausgeschildert: den **Wainui Falls**. Die Wanderung dauert hin und zurück eine Stunde, kann aber durchaus verlängert werden, wenn man seine Füße hier und da in den Fluss hält.

Schlafen & Essen

Pohara Beach Top 10 Holiday Park FERIENPARK **$**
(☎ 0800 764 272, 03-525 9500; www.poharabeach.com; 809 Abel Tasman Dr; Standplätze pro Pers. ab 22 NZ$, Hütten & Wohnungen 65–169 NZ$; @) Auf einem lang gestreckten grasreichen Gelände zwischen den Dünen und der Hauptstraße liegt der Campingplatz in bevorzugter Nähe zum Strand. Die Standplätze sind nett, es gibt außerdem schöne Hütten – jedoch ist dies im Hochsommer ein Lieblingsplatz einheimischer Urlauber: Statt Strandstimmung breitet sich dann eine Vorstadtatmosphäre aus. Auf dem Gelände gibt es einen Lebensmittelladen und einen Imbiss.

★ **Sans Souci Inn** LODGE **$$**
(☎ 03-525 8663; www.sanssouciinn.co.nz; 11 Richmond Rd; EZ/DZ 95/120 NZ$, Wohnungen ab 160 NZ$; ⏲ Juli–Mitte Sept. geschl.;) Ein Aufenthalt in einem der sieben Zimmer mit südlicher Ausstrahlung und Lehmziegelwänden verläuft garantiert „ohne Sorgen". Die Gäste teilen sich ein Badezimmer mit Mosaikfliesen und vielen Pflanzen, das mit Komposttoiletten ausgestattet ist, und eine luftige Lounge und Küche, die sich auf einen halbtropischen Innenhof öffnen. Das Abendessen im Restaurant auf dem Gelände ist sehr zu empfehlen (Reservierungen sind notwendig; Hauptgerichte 35–37 NZ$), ein Frühstück gibt es auf Wunsch.

Ratanui LODGE **$$$**
(☎ 03-525 7998; www.ratanuilodge.com; 818 Abel Tasman Dr; DZ 155–359 NZ$; @) Ein romantisches Refugium in Strandnähe ist diese Boutique-Lodge mit stilvoll viktorianischer Extravaganz. Eine Fülle von sinnlichem Behagen geht von den duftenden Rosengärten, einem Swimmingpool und einem Spa und von Massagen und Cocktails aus. In einem von Kandelabern beleuchteten Restaurant werden Gerichte aus regionalen Zutaten serviert (öffentlich zugänglich; Reservierungen sind notwendig). Fahrräder stehen kostenlos zur Verfügung.

Penguin Café & Bar PUB **$$**
(☎ 03-525 6126; www.penguincafe.co.nz; 822 Abel Tasman Dr; Bargerichte 6–15 NZ$, Gerichte 16–31 NZ$; ⏲ Nov.–April 11 Uhr bis open end, Mai–Okt. Mo–Mi 16 Uhr bis open end & Do–So 11 Uhr bis open end) Das bei Einheimischen sehr beliebte und gut geführte Lokal mit großem Garten eignet sich bestens, um an sonnigen Tagen seinen Durst zu löschen oder sich einen abendlichen Drink zu genehmigen. Für die wenigen ungemütlichen Tage gibt's drinnen einen offenen Kamin. Tagsüber werden sättigende Barsnacks serviert, für abends stehen eher Meeresfrüchte auf der Karte.

An- & Weiterreise

Busse von **Golden Bay Coachlines** (☎ 03-525 8352; www.gbcoachlines.co.nz) fahren täglich von Takaka nach Pohara (15 Min.) auf dem Weg nach Totaranui.

Collingwood & Umgebung

240 EW.

Das entlegene Collingwood ist der letzte besiedelte Ort in der Region Golden Bay und strahlt eine entsprechend weltverlassene Stimmung aus. Im Sommer belebt sich der Ort, bleibt jedoch für die meisten Besucher nur eine Durchgangsstation auf dem Weg zum Heaphy Track oder nach Farewell Spit.

Sehenswertes

Wharariki Beach STRAND
Zum abgelegenen, einsamen Wharariki Beach führt eine unbefestigte Straße, dann ein 20-minütiger Fußweg vom Parkplatz durch Farmland (das zum Puponga Farm Park unter DOC-Verwaltung gehört). Die Westküste präsentiert sich hier wild mit mächtigen Dünen, hochragenden Felsinseln direkt vor der Küste und einer Robbenkolonie an ihrem östlichen Ende (auf dem Weg dorthin sind möglicherweise schon Robben in der Strömung zu sehen). So einladend das Baden hier erscheint, so stark sind die Unterströmungen – und was die See haben will, das nimmt sie sich ...

NICHT VERSÄUMEN

FAREWELL SPIT

Eine öde Ebene, dem Wind ausgesetzt und absolut utopisch: Das Moorland Farewell Spit ist ein namhaftes Vogelschutzgebiet von internationaler Bedeutung – die sommerliche Heimat tausender Zugvögel, vor allem von Pfuhlschnepfen (die von weither aus der arktischen Tundra kommen), Raubseeschwalben und australischen Tölpeln. Wanderer können die ersten 4 km von Farewell Spit auf verschiedenen Wegen erkunden (Näheres in der DOC-Broschüre *Farewell Spit & Puponga Farm Park*; 2 NZ$ oder zum Download im Internet unter www.doc.govt.nz). Außerhalb des Wegenetzes ist das Gebiet nur auf einer Führung durch die hervorragenden Farewell Spit Eco Tours zugänglich, die Touren sind auf die Gezeiten abgestimmt.

Der 35 km lange Strand ist von gewaltigen, halbmondförmigen Dünen gesäumt, von denen sich ein weiter Blick über die Golden Bay und eine riesige Fläche der bei Ebbe trockenfallenden Salzmarsch öffnet.

Am Fuß der Landzunge liegt auf einer Anhöhe eine Touristeninformation mit einem Café – ein netter Ort, um bei einer Tasse Kaffee eine Postkarte zu schreiben, vor allem bei ungemütlichem Wetter.

Der Veranstalter **Farewell Spit Eco Tours** (☎0800 808 257, 03-524 8257; www.farewellspit.com; 6 Tasman St, Collingwood; Touren 125–165 NZ$) ist seit mehr als 70 Jahren im Geschäft. Unter der Führung des unnachahmlichen Paddy und seiner fachkundigen Guides finden eindrucksvolle Touren mit einer Dauer von 2 bis 6½ Std. statt. Mit Start in Collingwood führen die Touren in das Moorland und zum Leuchtturm; dabei sind bis zu 20 Vogelarten zu sehen, unter ihnen Tölpel und Schnepfen. Feingesponnenes Seemannsgarn gibt es obendrein.

Eine Ebene am Rand der Welt ist ein idealer Ort zum Aufsatteln: **Cape Farewell Horse Treks** (☎03-524 8031; www.horsetreksnz.com; McGowan St, Puponga; Ausflüge ab 80 NZ$) liegt auf dem Weg zum Wharariki Beach. Ausflüge durch dieses vom Wind zerzauste Land dauern zwischen 1½ Std. (zum Pillar Point) und 3 Std. (zum Wharariki Beach), längere Ausflüge (inkl. Übernachtung) können organisiert werden.

Collingwood Museum MUSEUM
(Tasman St, Collingwood; Eintritt durch Spende; ⏲9–18 Uhr) Im Collingwood Museum ist ein kleiner Korridor mit einer seltsamen Sammlung von Sattelzeug, Kunstgegenständen der Māori, Moaknochen, Muscheln und alten Schreibmaschinen angefüllt. Einen Museumswärter gibt es nicht.

Nebenan zeigt das **Aorere Centre** in einer Diashow die wunderbaren Arbeiten von Fred Tyree, einem Pionier der Fotografie.

Schlafen & Essen

★**Innlet Backpackers & Cottages** HOSTEL $
(☎03-524 8040, 027 970 8397; www.theinnlet.co.nz; 839 Collingwood-Puponga Rd, Pakawau; B/DZ 34/80 NZ$, Hütten ab 90 NZ$; ⏲Juni–Aug. geschl.; 📶) Anziehende Unterkünfte liegen in einer Fülle von Blüten 10 km von Collingwood auf dem Weg nach Farewell Spit. Im Haupthaus gibt es elegante Backpacker-Zimmer, außerdem abgeschlossene Wohnungen, u. a. ein Cottage für sechs Gäste; auf Nachfrage werden Standflächen für Zelte bereitgehalten. Es gibt einen genussvollen Garten, die Umgebung kann per Fahrrad oder im Kajak erkundet werden, auf dem Gelände sind Wanderungen möglich.

Somerset House HOSTEL $
(☎03-524 8624; www.backpackerscollingwood.co.nz; 10 Gibbs Rd, Collingwood; B/EZ/DZ inkl. Frühstück 32/50/78 NZ$; ⏲Mai–Okt. geschl.; @📶) Ein kleines, einfach gehaltenes Hostel in einem hellen historischen Gebäude, dessen Hügellage weite Ausblicke eröffnet. Tipps für Wanderungen geben die charmanten Inhaber; sie sorgen außerdem für Transport, kostenlose Fahrräder und Kajaks und frisch gebackenes Brot zum Frühstück. Jede vierte Übernachtung ist kostenlos.

Old School Cafe CAFÉ $$
(1115 Collingwood Puponga Rd, Pakawau; Hauptgerichte 14–31 NZ$; ⏲Do–Fr 16 Uhr bis open end, Sa & So 11 Uhr bis open end) Die Leute verdienen die Bestnote für ihre Mühe, einen unberechenbaren Gästestrom mit gutem Essen anzulocken. Was der Küche an Einfallsreich-

tum fehlt (es gibt Steak, Pizza und einen Shrimpscocktail), macht das Café durch eine künstlerische Atmosphäre, eine Gartenbar und seine Gastfreundschaft mehr als wett.

An- & Weiterreise

Die Busse von **Golden Bay Coachlines** (☎ 03-525 8352; www.gbcoachlines.co.nz) fahren zweimal täglich von Takaka nach Collingwood (25 Min.).

Kahurangi National Park

Der Kahurangi, dessen Name in einer von vielen Übersetzungen „blauer Himmel" bedeutet, ist der zweitgrößte Nationalpark Neuseelands und zweifellos einer der facettenreichsten. Die wichtigsten Highlights sind geologischer Natur und reichen von windgepeitschten Stränden und Klippen am Meer über von Erdbeben gebeutelte Hänge und von Moränen eingedämmte Seen bis hin zu den glatten, kuriosen Karstformationen des im Landesinnern liegenden Hochplateaus.

Etwa 85 % des 4520 km² großen Parks sind bewaldet und überwiegend von Buchen, Rimu-Harzeiben und Steineiben bewachsen. Im Großen und Ganzen kann man sagen, dass in dem Park 50 % von Neuseelands Pflanzenarten zu finden sind, darunter 80 % der alpinen Pflanzengattungen. Zu den 60 verschiedenen Vogelarten des Parks zählen auch Haastkiwis, Keas, Kakas und Saumschnabelenten. Es gibt hier gruselige Höhlenschrecken, seltsame Käfer und riesige Spinnen mit langen Beinen, zudem eine majestätische, uralte Schneckenart, die den Namen *Powelliphanta* trägt – sie ist so etwas wie ein (langsamer) Flaggenträger für das Tierreich des Parks. Wer auf einem Ausflug gern neue und seltsame Dinge sehen will, für den ist der Kahurangi National Park hervorragend geeignet.

Aktivitäten

Der bekannteste Wanderweg des Nationalparks Kahurangi ist der Heaphy Track. Weniger bekannt ist der anstrengendere **Wangapeka Track**, der vielen als der lohnendere der beiden Wanderwege gilt. Der Track, der fünf Tage in Anspruch nimmt, beginnt 25 km südlich von Karamea bei Little Wanganui und führt dann 52 km weit nach Osten zum Rolling River bei Tapawera. An der Strecke liegt eine ganz Reihe von Hütten zum Übernachten.

Heaphy Track und Wangapeka Track sind jedoch nur Abschnitte eines 650 km langen Wegenetzes, das u. a. auch hervorragende Tageswanderungen mit Übernachtung im Gebiet des **Cobb Valley** und **Mount Arthur/Tablelands** umfasst. Ausführliche Informationen zu allen Kahurangi-Tracks sind unter www.doc.govt.nz zu finden.

Heaphy Track

Der Heaphy Track ist einer der beliebtesten Wanderwege des Landes. Er ist in jeder Hinsicht ein Great Walk und führt durch vielfältiges Terrain: dichte einheimische Wälder, die mystischen Gouland Downs, abgeschiedene Flusstäler und Strände, die von salziger Gischt umnebelt und von Nikau-Palmen gesäumt sind.

Obwohl er recht lang ist, ist der Heaphy Track gut angelegt, was ihn einfacher begehbar macht als jeden anderen langen Wanderweg im Kahurangi National Park. Trotzdem kann er noch sehr anstrengend sein, besonders bei nicht so gutem Wetter.

Wer von Osten nach Westen wandert, hat die meisten Kletterpartien schon am ersten Tag geschafft, und die schöne Strecke am Strand entlang bleibt für den Schluss aufgespart – ein passendes und belebendes großes Finale.

Von Mai bis Oktober ist der Weg auch für Mountainbiker zugänglich. In Anbetracht der Entfernungen, der Abgeschiedenheit und der unbeständigen Wetterbedingungen, sollte die gewaltige Strecke nur von gut ausgerüsteten, fortgeschrittenen Bikern in Angriff genommen werden. Eine gute Informationsquelle sind die Leute vom Quiet Revolution Cycle Shop (S. 477) in Takaka.

Ein erfahrener Wanderer kann den Heaphy Track in drei Tagen schaffen, aber die meisten brauchen vier Tage. Eine genaue Beschreibung des Tracks ist in der DOC-Broschüre Heaphy Track zu finden.

Geschätzte Wanderzeiten:

STRECKENABSCHNITTE	DAUER (STD.)
Brown Hut bis Perry Saddle Hut	5
Perry Saddle Hut bis Gouland Downs Hut	2
Gouland Downs Hut bis Saxon Hut	1½
Saxon Hut bis James Mackay Hut	3
James Mackay Hut bis Lewis Hut	3½
Lewis Hut bis Heaphy Hut	2½
Heaphy Hut bis Kohaihai River	5

Geführte Touren

Kahurangi Guided Walks WANDERN
(☎ 03-391 4120; www.kahurangiwalks.co.nz) Siebentägige Wanderungen auf dem Heaphy Track (All-inclusive-Angebot 1750 NZ$) sowie ein- bis fünf-tägige Ausflüge in den Abel Tasman National Park (250–1400 NZ$).

Bush & Beyond WANDERN
(☎ 03-543 3742; www.bushandbeyond.co.nz) Naturkundliche Tageswanderungen im Nationalpark Kahurangi, zum Mount Arthur oder ins Cobb Valley (250 NZ$) bis hin zu einer sechs-tägigen Pauschaltour auf dem Heaphy Track (1795 NZ$).

Schlafen

Am Heaphy Track liegen sieben ausgewiesene Great-Walk-Hütten (32 NZ$) mit Stockbetten, Küche, Heizung, Toiletten und Waschbecken mit kaltem Wasser. Nicht alle, aber die meisten haben Gaskochplatten, ein paar können auch mit Licht aufwarten. Außerdem gibt es noch neun **Great-Walk-Campingplätze** (14 NZ$) und den am Strand gelegenen **Kohaihai-Campingplatz** (www.doc.govt.nz; NZ$6) am Ausgangspunkt des West Coast Track. Die zwei Unterstände sind wirklich nur das, was ihr Name sagt – Übernachtungen sind hier nicht erlaubt.

Da der Heaphy Track zu den Great Walks gehört, müssen alle Hütten und Campingplätze das ganze Jahr über im Voraus gebucht werden. Die Buchungen können online über **Great Walks Bookings** (☎ 0800 694 732; www.doc.govt.nz) oder bei den DOC-Büros im ganzen Land vorgenommen werden.

An- & Weiterreise

Zwischen den Anfangs- und Endpunkten des Heaphy Track liegt eine fast unermessliche Entfernung von 463 km. Von Takaka aus ist der Heaphy Track (über Collingwood) mit Bussen der **Golden Bay Coachlines** (S. 458) (35 NZ$, 1 Std.) erreichbar.

Der Startpunkt des Kohaihai-Wanderweges liegt 15 km vom kleinen Ort Karamea entfernt. Busse von **Karamea Express** (☎ 03-782 6757; info@karamea-express.co.nz) fahren von Oktober bis Ende April vom Unterstand (um 13 und 14 Uhr) nach Karamea ab (15 NZ$). Von **Karamea Connections** (☎ 03-782 6767; www.karameaconnections.co.nz) werden Wanderer auf Abruf abgeholt.

Heaphy Bus (☎ 0272 221 872, 0800 128 735; www.theheaphybus.co.nz) bietet eine Shuttle-Rundfahrt – mit Haltepunkt bei Brown Hut und Abholung von Kohaihai (150 NZ$) – und weitere Transportfahrten auf Abruf.

Heaphy Track Help (☎ 03-525 9576; www.heaphytrackhelp.co.nz) übernimmt Autoüberführungen (etwa 300 NZ$ je nach Richtung und Dauer), Lebensmittellieferung sowie Shuttle-Service und gibt Empfehlungen.

Adventure Flights Golden Bay (☎ 03-525 6167, 0800 150 338; www.adventureflightsgoldenbay.co.nz; Takaka Airfield, SH60) bietet Flüge zwischen Takaka und Karamea zu Preisen von 185–200 NZ$ pro Person (bis zu fünf Personen). **Golden Bay Air** (☎ 0800 588 885; www.goldenbayair.co.nz) bedient die gleiche Strecke zu Preisen von 149–169 NZ$ pro Person, ebenso **Helicopter Charter Karamea** (S. 497), wobei bis zu drei /sechs Fluggäste (750/1350 NZ$) mitgenommen werden.

Nelson Lakes National Park

Der unberührte Nelson Lakes National Park erstreckt sich um die beiden Seen Rotoiti und Rotoroa, die vor dem Hintergrund grauer Sandsteinfelsen (Grauwacke) von duftenden Buchenwäldern eingerahmt werden. Mit seiner Lage am nördlichen Rand der Neuseeländischen Alpen in einer schroffen, von Gletschern geformten Landschaft bietet der National Park eindrucksvolle Naturerlebnisse.

Ein Teil des Parks, östlich von Lake Rotoiti, ist ein isoliertes Habitat, eine sogenannte *mainland island*. Dort läuft ein Naturschutzprogramm mit dem Ziel, eingeführte Schädlinge wie Beutelratten und Wiesel auszurotten und dann vor Ort heimische Tiere und Pflanzen nachzuzüchten. Es gibt hervorragende Wanderwege (auch kurze Spazierwege), schöne Ausblicke auf die Seen und vereinzelt die lästigen *sandflies* (Sandfliegen). Im Park sind zahlreiche Vogelarten heimisch, und Bachforellenangler können sich auf ein berühmtes Angelrevier freuen.

Mittel- und Orientierungspunkt aller menschlichen Aktivitäten in der Region der Nelson Lakes ist das kleine, schlichte Dorf **St Arnaud**.

Aktivitäten

Es gibt viele spektakuläre Wanderwege, von denen aus diese raue Landschaft bewundert werden kann. Aber bevor man sich auf den Weg macht, sollte man beim DOC Visitor Centre von Nelson Lakes (S. 484) anhalten und sich Karten, aktuelle Infos zum Track und zu den Wetterbedingungen abholen und seine Hütten- oder Campingplatzgebühren bezahlen.

Zwei fantastische Tageswanderungen sind möglich. Der fünfstündige **Mount Robert Circuit Track** beginnt am Parkplatz beim Mount Robert – eine kurze Fahrt von St Arnaud entfernt, die von Nelson Lakes Shuttles (S. 484) übernommen werden kann – und führt um den Berg herum. Die alternative Seitenroute entlang der Robert Ridge bietet atemberaubende Ausblicke ins Herz des Nationalparks. Der **St Arnaud Range Track** (hin & zurück 5 Std.) an der Ostseite des Sees steigt stetig bis zu dem Gebirgskamm an, der an die Parachute Rocks grenzt. Beide Wanderungen sind anstrengend, doch sie bieten umwerfende Aussichten auf Gletschertäler, Berggrate und den Lake Rotoiti. Die Wanderungen sollten nur bei gutem Wetter unternommen werden. Bei schlechtem Wetter sind beide nicht sinnvoll (keine Aussicht) und zudem gefährlich.

Von der Kerr Bay am Lake Rotoiti und vom Straßenende am Lake Rotoroa aus gibt es auch jede Menge kürzere (und flachere) Wanderwege. Sie sind zusammen mit längeren Tageswanderungen in der DOC-Broschüre *Walks in Nelson Lakes National Park* (2 NZ$) beschrieben.

Sportliche und gut ausgerüstete Wanderer können längere Wanderungen in Angriff nehmen, z. B. den **Lake Angelus Track**. Diese herrliche, zwei bis drei Tage dauernde Wanderung führt am Robert Ridge entlang zum Lake Angelus, dort finden Wanderer eine Unterkunft in der schönen Angelus Hut (Erw./Kind 20/10 NZ$, Reservierungen sind in der Zeit von Ende November bis April unerlässlich; in den übrigen Monaten gelten Hinterlandpässe/-karten). Nach einer oder zwei Übernachtungen folgt die Rückkehr nach St Arnaud auf einer von drei Alternativstrecken. Die Broschüre *Angelus Hut Tracks & Routes* ist beim DOC (2 NZ$) oder im Internet erhältlich und bietet detaillierte Informationen. In der Touristeninformation sind außerdem Empfehlungen zum **Blue Lake**, dem legendären Süßwassersee, zu bekommen.

Rainbow SKIFAHREN, SNOWBOARD-FAHREN
(☎ 03-521 1861, Snowphone 0832 226 05; www.skirainbow.co.nz; Tagesliftpass Erw./Kind 75/35 NZ$) Die sonnenreiche Region Nelson besitzt ein Skigebiet in nur 100 km Entfernung (eine ähnliche Entfernung ist es von Blenheim). Das Skigebiet von **Rainbow** grenzt mit einem vielfältigen Terrain an den Nelson Lakes National Park. Es ist nicht überlaufen, und die Bedingungen für Skilanglauf sind gut. Schneeketten sind häufig notwendig. St Arnaud ist der nächstgelegene Ort (32 km).

Schlafen

Kerr Bay DOC Campsite CAMPINGPLATZ $
(www.doc.govt.nz; Standplätze ohne/mit Strom pro Pers. 10/15 NZ$) An der Kerr Bay nahe dem Lake Rotoiti befindet sich der äußerst beliebte Campingplatz. Die Standplätze haben einen Stromanschluss, es gibt Toiletten, Duschen mit heißem Wasser, einen Waschsalon und einen Küchenpavillon. Ein anregender Ausgangspunkt für Touren in die Umgebung; frühzeitige Reservierungen sind jedoch unverzichtbar. Ausreichend Platz steht auf dem benachbarten, einfacher ausgestatteten DOC-Campingplatz **West Bay Campsite** (☎ 03-521 1806; www.doc.govt.nz; 6 NZ$; ⏲ Sommer) zur Verfügung.

Travers-Sabine Lodge HOSTEL $
(☎ 03-521 1887; www.nelsonlakes.co.nz; Main Rd, St. Arnaud; B/DZ 26/62 NZ$; @ 📶) Dieses Hostel ist eine prima Basis für diverse Outdoor-Abenteuer. Es ist preisgünstig, sauber und komfortabel und liegt nur ein kurzes Stück vom Lake Rotoiti entfernt. In den Schlafsälen, Doppelzimmern und dem Familienzimmer findet sich Bettwäsche in fröhlichen, bunten Farben. Die Betreiber sind selbst erfahrene Outdoor-Abenteurer, sodass für gute und praktische Tipps gesorgt ist. Wanderausrüstung und Schneeschuhe können ausgeliehen werden.

★ **Alpine Lodge** LODGE $$
(☎ 03-521 1869; www.alpinelodge.co.nz; Main Rd, St Arnaud; DZ 155–210 NZ$; @ 📶) Ein verlässliches Familienunternehmen ist diese weitläufige Lodge mit einer Auswahl von verschiedenen Unterkünften, unter denen die Doppelzimmer auf versetzten Ebenen (mit Schlafzimmern in einem Zwischengeschoss) und Spa-Bereich am besten sind. Das einladende Restaurant, das sich auf dem Gelände befindet, ist allein schon ein Erlebnis – ein behaglicher Raum, in dem ein Kaminfeuer knistert, herrliche Ausblicke auf die Berge, gutes Essen (Gerichte 10–32 NZ$; Pizza zum Mitnehmen 20 NZ$) und regionales Bier.

Im Restaurant werden von November bis April Mittags- und Abendgerichte serviert, im Mai und Juli bis einschließlich Oktober gibt es dort nur Abendessen; im Juni ist es geschlossen.

Die angrenzende Backpacker-Lodge (Schlafsaal/Doppelzimmer 29/69 NZ$) ist spartanisch ausgestattet, aber warm und sauber. Außerdem gibt es einen Fahrradverleih auf dem Gelände.

Nelson Lakes Motels MOTEL $$
(☎ 03-521 1887; www.nelsonlakes.co.nz; Main Rd, St Arnaud; DZ 125–140 NZ$, 4BZ 135–180 NZ$; 📶) Blockhütten und schlichte, neuere Wohnungen bieten allen modernen Komfort, u. a. kleine Küchen und Sky-TV. In den größeren Wohnungen, die über voll ausgestattete Küchen verfügen, können bis zu sechs Gäste übernachten.

Praktische Informationen

DOC Nelson Lakes Visitor Centre (☎ 03-521 1806; www.doc.govt.nz; View Rd; ⏰ 8–16.30, Sommer bis 17 Uhr) Das Nelson Lakes Visitor Centre hält Informationen zum Nationalpark (Wetter, Aktivitäten) und Hüttenpässe bereit und zeigt Ausstellungen zur Ökologie und Geschichte des Parks.

An- & Weiterreise

Nelson Lakes Shuttles (☎ 027 547 6896, 03-547 6896; www.nelsonlakesshuttles.co.nz) betreibt 3-mal wöchentlich fahrplanmäßige Busverbindungen zwischen Nelson und dem Nationalpark: Dezember bis April (Mo, Mi und Fr; 45 NZ$); in den übrigen Monaten Fahrten auf Abruf. Fahrgäste werden außerdem an der Kawatiri Junction am SH63 abgeholt bzw. abgesetzt. Die Uhrzeiten sind mit anderen Busverbindungen zwischen Nelson und der Westküste abgestimmt. Busverbindungen bestehen auf Abruf auch von St. Arnaud nach Picton, Kaikoura, Hanmer Springs und weiteren Fahrtzielen im Süden. Ähnliche Strecken werden außerdem regelmäßig von **Trek Express** (S. 385) befahren.

Rotoiti Water Taxis (☎ 021 702 278; www.rotoitiwatertaxis.co.nz) Betreibt Wassertaxis von/nach Kerr Bay und West Bay zum südlichen Ende von Lake Rotoiti (3/4 Passagiere 100/120 NZ$). Kajaks, Kanus und Ruderboote werden halbtägig (ab 50 NZ$) verliehen; Angelausflüge und Bootsrundfahrten sind nach Vereinbarung möglich.

West Coast

➡ Inhalt

Angenehm wandern

- Scotts Beach (S. 495)
- Charming Creek Walkway (S. 492)
- Lake Matheson (S. 517)
- Ship Creek (S. 521)

Schön übernachten

- Old Slaughterhouse (S. 493)
- Breakers (S. 500)
- Drifting Sands (S. 508)
- Okarito Campground (S. 511)

Auf zur West Coast!

Die von der wilden Tasmansee und den Southern Alps gesäumte West Coast ist eine ganz besondere Region. An den Ausläufern der Küste wähnt man sich am Ende der Welt, beispielsweise im verschlafenen, von Farmen umgebenen Karamea oder im angrenzenden Kahurangi National Park. Der Park am südlichen Ende des State Highway 6 ist das Tor zu einigen berühmten Weltnaturerbestätten Neuseelands.

Die West Coast bietet eine grandiose Mischung aus unerschlossenen Küsten, aufregender Wildnis und Sehenswürdigkeiten, die an die Vergangenheit des Landstrichs erinnern. Die Geschichte der Küstenbewohner, die ihr Glück einst auf Gold, Kohle und Holz gründeten, ist haarsträubend. Diese zähen und eigenwilligen Menschen stellen nur 1 % der Gesamtbevölkerung Neuseelands, leben aber auf fast 9 % seiner Landfläche.

Viele Reisende fahren nur zu den Hauptattraktionen Punakaiki, Franz Josef und Fox Glacier. Dabei gibt es viele weitere, genauso imposante Ziele, etwa das Oparara Basin, die Okarito Lagoon und die zahlreichen Seen an der Westküste.

Reisezeit

- In der Hauptsaison von Dezember bis Februar sollte man die Unterkunft im Voraus buchen.
- Die Vor- und Nachsaisonmonate Oktober/November bzw. März/April werden immer beliebter, insbesondere gilt dies für die Region um Punakaiki, Hokitika und die Gletscher.
- Von Mai bis September kann es warm und wolkenlos sein, auch gibt's weniger Andrang und günstigere Unterkünfte.
- An der Westküste regnet es extrem viel (rund 5000 mm jährlich), trotzdem hat sie ebenso viele Sonnenscheinstunden wie Christchurch.
- Unabhängig von der Jahreszeit sollten sich Backcountry-Wanderer immer bei den lokalen DOC-Mitarbeitern nach den aktuellen Wetterverhältnissen erkundigen: Der Wasserstand kann in einigen Flüssen schnell kritisch ansteigen.

Highlights

1 Das **Oparara Basin** (S. 496) mit seinen faszinierenden Kalksteinformationen und dem Regenwald

2 Wildwasserfahrten auf dem tosenden **Buller River** (S. 488)

3 **Reefton** (S. 489): Eine Wanderung auf den Spuren der goldenen Vergangenheit der Westküste

4 **Punakaiki** (S. 498): Die Schönheiten der neuseeländischen Wildnis an den „Pancake Rocks"

5 **West Coast Wilderness Trail** (S. 501) – gleichermaßen per Rad oder zu Fuß ein Erlebnis

6 **Hokitika** (S. 505) mit seinen lokalen Jadearbeiten in den Künstlerstudios

7 Der Blick von der Hängebrücke in das surreal anmutende türkisfarbene Wasser der **Hokitika Gorge** (S. 505)

8 **Okarito** (S. 510): Eine Kajaktour auf den vogelreichen, von Regenwald gesäumten Kanälen

9 **Fox Glacier** (S. 517) und **Franz Josef Glacier** (S. 513): Rundflug über die grandiosen Eislandschaften und die Southern Alps

10 **Waiatoto River** (S. 522): Ein aufregender Jetboot-Trip in die World-Heritage-Wildnis von Haast

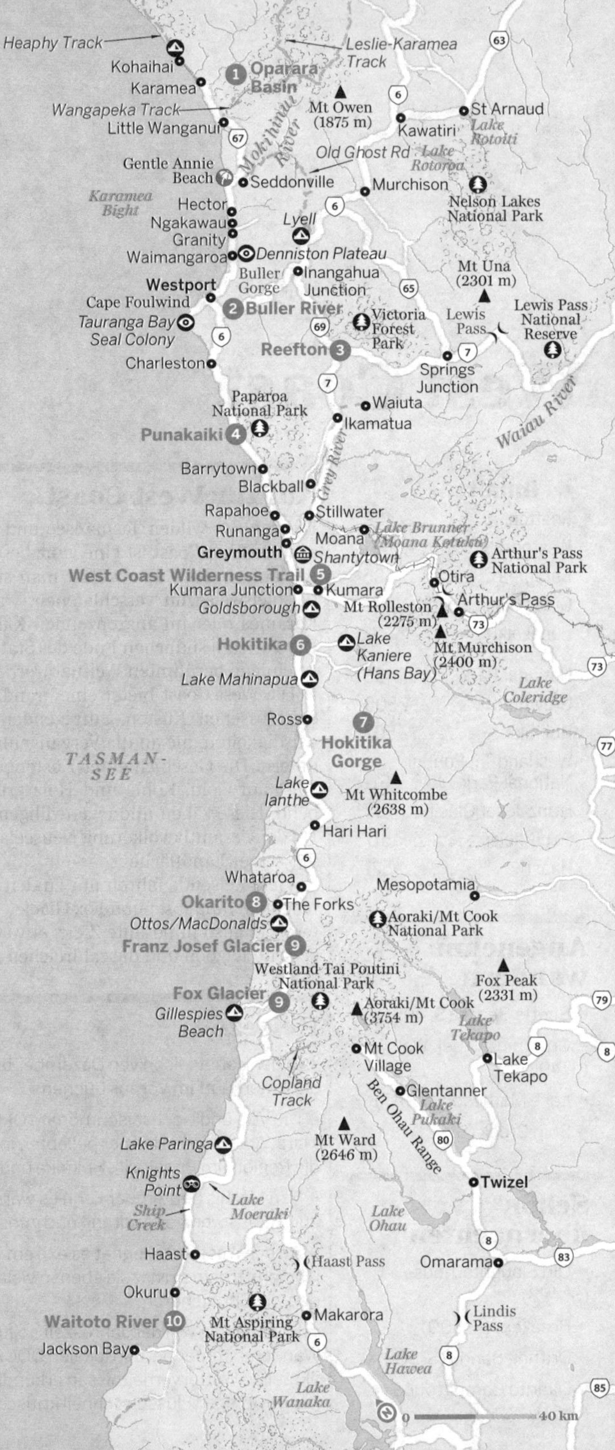

Anreise & Unterwegs vor Ort

Air New Zealand (☎0800 737 000; www.airnz.co.nz) fliegt zwischen Hokitika und Christchurch; **Sounds Air** (☎03-520 3080, 0800 505 005; www.soundsair.com) verbindet Westport mit Wellington.

Reise- und Shuttlebusse fahren – zwar nicht besonders häufig, dafür aber zuverlässig – fast alle gewünschten Ziele an, darunter Nelson, Christchurch und Queenstown.

Zu den wichtigsten Unternehmen mit ausgedehntem Streckennetz zählen **Atomic Travel**, **InterCity** (☎03-365 1113; www.intercity.co.nz) und **Naked Bus** (www.nakedbus.com), darüber hinaus unterhält **West Coast Shuttle** (S. 503) einen täglichen Busverkehr zwischen Greymouth und Christchurch.

Lokale Shuttlebusse fahren verschiedenste Orte an.

Der **TranzAlpine** (S. 501), unterwegs auf einer der spektakulärsten Zugstrecken der Welt, verbindet die Orte Greymouth und Christchurch.

REGION BULLER

Aus Richtung Osten kommend ist Murchison das Einfallstor zur Region. An der Gabelung bei Inangahua hat man die Qual der Wahl: Entweder man fährt weiter nach Westen auf dem SH 6 durch die Lower Buller Gorge Richtung Westport, dem Ausgangspunkt zum hohen Norden und weiter bis zum nördliche Ende der Great Coast Road nach Punakaiki.

Oder man wählt die Route nach Süden über den SH 69, indem man Punakaiki ausklammert und nach Reefton fährt. Dort gibt es die Möglichkeit, entweder den Weg an die Westküste und Greymouth zu nehmen oder über den Lewis Pass nach Osten Richtung Hammer Springs zu fahren.

Eine Variante ist der direkte Weg zum Lewis Pass über den SH 65, der 10 km westlich von Murchison beginnt.

Murchison & Buller Gorge

492 EW.

Murchison liegt 125 km südwestlich von Nelson und 95 km östlich von Westport auf der „Four Rivers Plain". In Wirklichkeit gibt es hier aber nicht nur vier, sondern unzählige Flüsse – der größte ist der Buller River, der nördlich der Stadt verläuft. Wen überrascht es da, dass Wildwassersport und Forellenangeln hier zu den beliebten Freizeitaktivitäten zählen. Doch die umliegenden bewaldeten Hügel bieten viele weitere Möglichkeiten, sich sportlich in der Natur zu betätigen.

Von Murchison windet sich der SH 6 durch die Buller Gorge zur Küste nach Westport. Diese Autofahrt kann man leicht zu einer ganztägigen oder zweitägigen Tour ausgedehnt werden, sofern eine Wildwasser- oder Jetboot-Tour oder ein Halt an einigen der interessanten Punkte unterwegs eingeplant wird.

KURZINFOS: WEST COAST

Essen Fish & Chips am Strand bei Sonnenuntergang genießen.

Trinken Einen Fair-Trade-Kawatiri-Kaffee trinken, der aus der einzigen an der Westküste gerösteten Kaffeesorte gebrüht wird.

Lesen Den 2013 erschienenen Roman *The Luminaries* (2015 deutsch: Die Gestirne) von Eleanor Catton lesen. Der Roman wurde mit dem Man Booker Prize ausgezeichnet und spielt in der Region Hokitika.

Hören Karameas lässiges Lokalradio auf 107.5 FM mit Wunschkonzert für die eigene Lieblingsmelodie.

Anschauen *Denniston Incline* auf YouTube herunterladen und sich vorstellen, in einem der Waggons nach unten zu rasen.

Mitfeiern Während des Hokitika Wildfoods Festival (S. 508) Leckereien aus dem Busch kosten

Ökologisch reisen Im West Coast Wildlife Centre (S. 513) kuschelweiche Kiwi-Küken anschauen. Die sind einfach nur süß!

Infos im Internet www.westcoastnz.com; www.buller.co.nz; www.glaciercountry.co.nz

Vorwahl ☎03

Sehenswertes

Murchison Museum MUSEUM

(60 Fairfax St; Eintritt: Spende; ⏲10–16 Uhr) Das Museum zeigt verschiedenste regionale Erinnerungsstücke, die Exponate aus den Erdbebenjahren 1929 und 1968 sind am interessantesten: Neben Zeitzeugenberichten gibt es Fotos und geschriebene Berichte.

DIE MĀORI AN DER WEST COAST

Früher bahnten sich die Māori auf der Suche nach dem hochgeschätzten *Pounamu* (Jade) Pfade durch die Alpenregion und die Flusstäler bis an die Westküste. Sie verarbeiteten die Jade zu Werkzeugen, Waffen und Schmuck. Hintergrundinformation zu diesem wertvollen Gestein erhält man in der Pounamu-Ausstellung im **Hokitika Museum** (S. 505). Anschließend schaut man dann mit ganz anderen Augen auf die fein gearbeiteten Schnitzereien der Künstler des Ortes.

Weitere Schwerpunktthemen sind die Goldsuche und die Landwirtschaft, u. a. in Form einer Ausstellung alter landwirtschaftlicher Geräte.

Aktivitäten

Im Murchison Information Centre (S. 498) lohnt es sich, nach der *Murchison District Map*, zu fragen. Dort werden regionale Wanderungen vorgestellt, u. a. der Skyline, Six Mile und Johnson Creek Track, aber auch einige Mountainbike-Rundkurse.

Die Mitarbeiter vermitteln auch ausgezeichnete Führer, die ihre Gäste zu den besten Angelplätzen für Forellen führen.

★ **Wild Rivers Rafting** RAFTEN
(☎050 846 7238; www.wildriversrafting.co.nz; 2 Std. Rafting Erw./Kind 160/85 NZ$) Wildwasserrafting mit Bruce und Marty an einem besonders aufregenden Abschnitt der Earthquake Rapids im wunderschönen Buller River (viel Glück beim „Gunslinger" und dem „Pop-up Toaster"!).

Buller Canyon Jet JETBOOT
(☎03-523 9883; www.bullercanyonjet.co.nz; SH6; Erw./Kind 105/60 NZ$; ⊙Sept.–April) Die an der Buller-Gorge-Hängebrücke startende Tour ist einer der reizvollsten und besten Jetboot-Trips Neuseelands. 40 Minuten geht es auf einer rasanten Fahrt durch den herrlichen Buller Canyon in Begleitung eines gut gelaunten Kapitäns.

Ultimate Descents RAFTEN
(☎0800 748 377, 03-523 9899; www.rivers.co.nz; 38 Waller St) Das in Murchison ansässige Unternehmen bietet Wildwasserraften und Kajaktouren auf dem Buller an, darunter die klassische Tour durch die Schlucht im Schwierigkeitsgrad III–IV (160 NZ$). Es gibt aber auch leichtere Familienfahrten (Erw./Kind 130/100 NZ$) und für ganz passionierte Rafter Heli-Raften nach Vereinbarung.

Buller Gorge Swingbridge ABENTEUERSPORT
(☎0800 285 537; www.bullergorge.co.nz; SH 6; Spaziergang über die Brücke Erw./Kind 10/5 NZ$; ⊙Dez.–April 8–19 Uhr, Mai–Nov. 9–17.30 Uhr) Etwa 14 km westlich von Murchison schwingt sich Neuseelands längste Hängebrücke (110 m lang) über den Buller River. Einige kurze Spaziergänge führen über sie hinweg, u. a. der Weg zur White Creek Faultline – jener Bruchlinie, an der das Epizentrum des Erdbebens von 1929 lag.

Auch der Rückweg ist adrenalingeladen: Mit Hilfe des 160 m langen Cometline Flying Fox überquert man die Schlucht quasi im Flug. Die abenteuerliche Fahrt mit der Seilrutsche kann sitzend (Erw./Kind 30/15 NZ$) oder fliegend als „Supaman" (60 NZ$) unternommen werden.

Geführte Touren

Natural Flames Experience GEFÜHRTE TOUR
(☎0800 687 244; www.naturalflames.co.nz; Erw./Kind 85/65 NZ$) Sie zählt zu den unterhaltsamsten und informativsten Halbtagestouren der Region: Per Allradfahrzeug und zu Fuß geht es durch entlegene Täler und Buchenwälder zu einem inmitten von Bäumen und Farnen versteckten Hotspot. Seit 1922 strömt hier permanent brennendes Erdgas aus dem Boden.

Bevor es zurück in die Zivilisation geht, wird das Gas zum Kochen von Teewasser (der Kessel wird dafür einfach auf den Boden gestellt) und zum Backen von Pfannkuchen genutzt.

Schlafen & Essen

Kiwi Park Motels & Holiday Park MOTEL, CAMPINGPLATZ $
(☎0800 228 080, 03-523 9248; www.kiwipark.co.nz; 170 Fairfax St; Stellplatz ohne/mit Strom ab 20/25 NZ$, Hütte 65–85 NZ$, Motel 140 –225 NZ$; @📶) Die baumreiche Anlage am Stadtrand bietet zahlreiche Unterkünfte, z. B. einen von hohen Bäumen umgebenen Zelt- und Campingplatz, einfache Hütten und geräumige Motel-Wohneinheiten. Die fröhlichen Gastgeber und viele Bauernhoftieren sorgen für die perfekte Familienatmosphäre.

Lazy Cow HOSTEL $

(☎03-523 9451; www.lazycow.co.nz; 37 Waller St; B 30–32 NZ$, DZ 84–96 NZ$; 📶) Das Faulenzen fällt hier leicht mit all dem an zu Hause erinnernden Komfort, den gemütlichen Schlafräumen und dem sonnigen Garten. Die Gäste werden mit Muffins oder Kuchen willkommen geheißen. Manchmal kochen die Besitzer ihren Gästen ein frisch zubereitetes Abendessen – wenn sie nicht gerade in ihrem hauseigenen beliebten Cow Shed Restaurant arbeiten ...

Murchison Lodge B&B $$

(☎0800 523 9196, 03-523 9196; www.murchisonlodge.co.nz; 15 Grey St; EZ 150–210, DZ 175–235 NZ$; 📶) Das gehobene B&B inmitten einer weitläufigen, von Wiesen umgebenen Gartenanlage liegt nur wenige Schritte vom Buller River entfernt.

Die attraktive Innenausstattung der aus Holz gebauten Lodge und die freundlichen Gastgeber Rosemary und Stephen tragen das Ihre zum Wohlbefinden der Gäste bei. Die können sich auf ein herzhaftes Frühstück, selbst gemachte Backwaren und viele Informationen über die Region freuen. Kinder müssen über 12 Jahre alt sein.

Cow Shed PIZZA

(⏲Mi–Sa 17–21 Uhr) Das nette Restaurant in der Garage des Lazy Cow Hostels ist eine beliebte Adresse mit gemütlicher Atmosphäre. Hier kommen leckere und preisgünstige Mahlzeiten auf den Tisch. Wer keinen ergattert, kann seine Pizza natürlich auch mitnehmen.

Praktische Informationen

In Murchison gibt es keinen Geldautomaten; die Post befindet sich in der Fairfax Street.

Das **Murchison Information Centre** (☎03-523 9350; www.nelsonnz.com; 47 Waller St; ⏲Nov.–März 10–18 Uhr, April & Okt. 10–16 Uhr, Mai–Sept. geschl.) Die Mitarbeiter informieren über lokale Aktivitäten und Transportmöglichkeiten.

An- & Weiterreise

Es gibt zwei Busunternehmen, die zwischen der Westküste und Nelson/Picton verkehren: **InterCity** (☎03-365 1113; www.intercity.co.nz) und **Naked Bus** (www.nakedbus.com). Die Busse beider Gesellschaften halten am Beechwoods Café in der Waller Street, hier hält auch der **Trek Express** (S. 495), der während der Hauptwandersaison regelmäßig zwischen Nelson und den Wangapeka und Heaphy Tracks verkehrt.

Reefton

1026 EW.

Reefton, das noch immer wie eine Kulisse aus der Fernsehserie *Bonanza* aussieht, ist seit Generationen für den Bergbau und die frühe Einbindung ins Stromnetz und die Installation einer Straßenbeleuchtung berühmt – daher auch sein Slogan „The City of Light“. Heute kommen die Besucher allerdings aus einem ganz anderen Grund: dem erstklassigen Roller Park (Skatepark), der Stuntfans aus allen Ecken Neuseelands anzieht. Wie formulierte es ein Einwohner Reeftons so schön: „Das ist mehr, als wir verdienen.“ Das sehen die Autoren anders. Wenn so viele Freiwillige und Sponsoren bereit sind, eine solch ausgefallene Anlage zu erbauen, dann scheint dieser verrückte kleine Ort doch etwas ganz Besonderes zu sein!

Sehenswertes

Wegen seiner vielen historischen Bauwerke in einem Umkreis von nur 200 m ist Reefton eine faszinierende Stadt zum Bummeln. Wer lebte wo und warum in welchem Haus? Das erfährt man auf dem kurzen **Heritage Walk**, der im Faltblatt *Historic Reefton* (1 NZ$) beschrieben ist. Das Faltblatt erhält man im Reefton i-SITE (S. 491).

Waiuta HISTORISCHE STÄTTE

(www.waiuta.org.nz; abseits des SH 7) Das etwas abseits liegende Waiuta ist eine der bekanntesten Geisterstädte der Westküste. Die einst boomende Goldgräberstadt wurde 1951 aufgegeben, nachdem der Bergwerksschacht zusammengestürzt war. Heute sind noch ein großer verrosteter Heizkessel, ein überwuchertes Schwimmbad, zerfallene Ziegelschornsteine und das merkwürdig intakte Landhaus zu sehen. Das auf einem etwa 1 km² großen Plateau liegende Waiuta mit Blick auf die Südalpen wird von Tieflandwäldern umrahmt – auch deshalb lädt der Ort zu einem Spaziergang ein. Die Anfahrt: Von Reefton geht es 23 km auf dem SH 7 nach Süden bis die ausgeschilderte Abzweigung erreicht ist. Von dort sind es nochmals 17 km, die letzten Kilometer davon auf einer unbefestigten, kurvenreichen und streckenweise schmalen Straße. Es empfiehlt sich, in den lokalen Informationszentren nach Details und Karten zu fragen.

Blacks Point Museum MUSEUM

(☎03-732 8391; blksptmus@hotmail.co.nz; Franklyn St, Blacks Point, SH7; Erw./Kind/Fam. 5/

3/15 NZ$; ⌚ Mi–Fr & So 9–12, Okt.–April, zusätzl. in den Schulferien im Winter 13–16 Uhr) Das in einer alten Kirche untergebrachte Museum liegt 2 km östlich von Reefton auf der Christchurch Road und zeigt zahlreiche Bergbauutensilien.

Am Ende der Zufahrt steht noch das alte Pochwerk **Golden Fleece Battery** (☎ 03-732 8391; blksptmus@hotmail.co.nz; Franklyn St, Blacks Point, SH7; Erw./Kind 1 NZ$/frei; ⌚ Okt.–April Mi & Sa 13–16 Uhr), mit dem früher das goldhaltige Quarzgestein zertrümmert wurde. Beim Museum beginnen auch die Wanderung rund um Blacks Point.

Bearded Mining Company HISTORISCHES BAUWERK
(☎ 03-732 8377; Broadway; Eintritt gegen Spende; ⌚ 9–14 Uhr) Die Typen, die in der Bergbauhütte abhängen, können es kaum erwarten, einen mit „wahren" Geschichten zu imponieren. Wer Glück hat, bekommt auch einen Tee serviert. Der Nachbau einer Bergarbeiterhütte von 1860 wurde aus Zedernholz gebaut. Wer will, kann sich auch selbst im Goldwaschen versuchen.

Aktivitäten

Das hilfreiche *Reefton*-Faltblatt gibt es kostenlos. Es beschreibt detailliert die kurzen Spaziergänge, u. a. den **Bottled Lightning Powerhouse Walk** (40 Min.), der zusätzlich sogar eine eigene App hat.

Rund um Reefton erstreckt sich der 206 000 ha große **Victoria Forest Park** (Neuseelands größter Waldpark) mit einer artenreichen Pflanzen- und Tierwelt. Im Park gibt es aber auch versteckte historische Stätten, etwa die alten Goldminen um Blacks Point. Hier beginnt und endet auch die schöne fünfstündige Wanderung auf dem **Murray Creek Track.**

Zu empfehlen sind auch die anderen Routen im Forest Park, etwa der **Kirwans**, für den man drei Tage einplanen sollte, oder **Big River Track** (zwei Tage). Beide Wege können auch mit dem Mountainbike befahren werden.

Wer mountainbiken will, sollte sich das kostenlose Faltblatt *Reefton Mountain Biking (the best riding in history)* für weitere Informationen besorgen. Mountainbikes verleiht das **Reefton Sports Centre** (☎ 03-732 8593; 56 Broadway; Mountainbikes ganzer Tag 30 NZ$; ⌚ Mo–Sa 9–17 Uhr); dort gibt es auch Auskunft über die tollen Möglichkeiten zum Lachsfischen in der Umgebung.

Inland Adventures RAFTEN
(☎ 0508 723 846; www.inlandadventures.co.nz) Das in Reefton angesiedelte Unternehmen organisiert Rafting-Tagestouren im Schwierigkeitsgrad III auf dem Upper Grey River (Erw./Kind 190/160 NZ$) und leichtere Halbtagestouren auf dem Arnold River, die auch für jüngere Kinder geeignet sind (Erw./Kind 130/100 NZ$).

Schlafen & Essen

Old Nurses Home Guesthouse GUESTHOUSE $
(☎ 03-732 8881; www.reeftonaccommodation.co.nz; 104 Shiel St; EZ/DZ 60/80 NZ$; 📶) In diesem alten herrschaftlichen Haus ist es warm und gemütlich. Schön sind die Gemeinschaftsbereiche, z. B. der hübsche Garten und der Innenhof. In den sauberen, luftigen Gästezimmern (mit Gemeinschaftsbad) stehen bequeme Betten.

Reef Cottage B&B and Café B&B $$
(☎ 03-732 8440; www.reefcottage.co.nz; 51-55 Broadway; DZ 135–170 NZ$; 📶) Die zum Bed & Breakfast umgebaute ehemalige Anwaltskanzlei von 1887 vermietet mit Stilmöbeln vollgestellte Zimmer, ohne dass die Gäste auf moderne Annehmlichkeiten verzichten müssten. Das gilt insbesondere für die noblen Bäder, die Gästeküche und die Lounge.

Im Preis inbegriffen ist das reichhaltige Frühstück im stimmungsvollen Café nebenan, das zum B&B gehört. Das Café wurde 2001 im viktorianischen Stil renoviert.

Broadway Tearooms & Bakery BÄCKEREI $$
(☎ 03-732 8497; 31 Broadway; Snacks 3–8 NZ$, Gerichte 13–20 NZ$; ⌚ 8–17 Uhr) Der Tearoom macht das größte Tagesgeschäft in Reefton, denn hier geht man gern hin, um ein kleines Mittagessen einzunehmen, ein frisches Brot oder ein Päckchen Shortbread zu kaufen. Als kleine Stärkung wird Verschiedenes angeboten, etwa ein Frühstück mit Ei oder ein Mittagsimbiss mit Whitebait, dem neuseeländischen Weißfisch. Beim Essen im Freien lässt sich das geschäftige Hin und Her auf der Hauptstraße von Reefton entspannt beobachten.

Unterhaltung

Reefton Cinema KINO
(☎ 03-732 8391; www.reefton.co.nz; Ecke Smith & Shiels St; Erw./Kind 13,50/8,50 NZ$) Reefton hat in seinem Kino auf Digital- und 3-D-Technik umgestellt. Karten und Infor-

mationen gibt es bei den Mitarbeitern des örtlichen i-Site.

Praktische Informationen

Reefton i-SITE (☎ 03-732 8391; www.reefton.co.nz; 67 Broadway; ⏰ Mo–Fr 9–16.30, Sa 9.30–14, So 9.30–13 Uhr) Hier gibt es hilfreiche Mitarbeiter und eine kleinformatige Nachbildung der Quartzopolis Mine. Die Bibliothek, die gleichzeitig als Postagentur fungiert, bietet Internet-Zugang.

An- & Weiterreise

East West Coaches (☎ 03-789 6251; www.eastwestcoaches.co.nz) Die Busse halten täglich – außer samstags – auf ihrer Fahrt nach Westport (1¼ Std.) und Christchurch (4 Std.) in Reefton.

Rund um Westport

4035 EW.

Westport ist die „Hauptstadt" des nördlichen Teils der Westküste. Blüte und Niedergang der Stadt sind eng mit dem Kohlebergbau verknüpft, inzwischen sorgen jedoch andere Wirtschaftszweige, etwa die Milchwirtschaft und in zunehmendem Maß auch der Tourismus, für den Aufschwung der Stadt. Gastfreundschaft wird hier großgeschrieben und es gibt gute Dienstleistungen für Besucher.

Westport ist daher ein guter Ausgangspunkt für die Fahrt in die reizvolle Küstenregion im Norden, etwa nach Denniston, zum Charming Creek, nach Karamea und für die Wanderung auf dem Heaphy Track.

Sehenswertes

Die faszinierendsten Abenteuer erwarten den Besucher jenseits der Stadt, vor allem auf der Fahrt nach Norden auf dem SH67, der über **Granity**, **Ngakawau** (mit dem bezaubernden Charming Creek in der Nähe) und **Hector** führt. In Letzterem steht ein Monument für die Hector-Delfine, die kleinste Delfin-Art Neuseelands. Sie lassen sich mit etwas Glück aber noch in freier Natur beobachten.

Lohnend ist auch der Besuch von **Seddonville**, einem kleinen Örtchen am Mokihinui River. Der **Seddonville Holiday Park** (☎ 03-782 1314; 108 Gladstone St; Stellplatz pro Pers. 10 NZ$) bietet gute Campmöglichkeiten auf dem Gelände einer alten Schule. Aus dem kleinen (weißen) Flecken auf der Landkarte wird allmählich ein größerer, da er am Nordende der spektakulären neuen Old Ghost Road (S. 492) liegt.

Denniston Plateau HISTORISCHE STÄTTE

(www.doc.govt.nz) Denniston, das 600 m über dem Meeresspiegel liegt, war einst der größte Kohleproduzent Neuseelands und hatte 1911 insgesamt 1500 Einwohner. 1981 jedoch lebten hier nur noch acht Menschen. Berühmt wurde Denniston aber vor allem wegen der unglaublich steilen Denniston Incline: Die beladenen Kohlewaggons der Bergbahn sausten vom Plateau auf Schienen einen 45° steilen Abhang hinunter.

Mit ausgezeichnetem Anschauungsmaterial wird die Geschichte des Plateaus heute wieder zum Leben erweckt. Auf den geführten Touren **Denniston Experience** (☎ 0800 881 880; www.denniston.co.nz; Denniston) fahren die Besucher mit der Bahn („Gorge Express") in den Stollen Banbury zu einem faszinierenden zweistündigen Bergwerksabenteuer ein (Erw./Kind 99/40 NZ$). Bei der einstündigen Tour fährt der Zug nur bis zum Stolleneingang (Erw./Kind 45/20 NZ$).

Die Broschüre *Denniston Rose Walking Tour* (2 NZ$, beim DOC und in der Bibliothek von Westport erhältlich oder als App herunterladbar) versteht sich auch als Anregung, die in dieser Region spielenden Romane von Jenny Pattrick zu lesen.

Die Abzweigung nach Denniston befindet sich 16 km nördlich von Westport bei Waimangaroa. Dort gibt es einen Laden, der hausgemachte Torten und Eiscremes verkauft. Von der Abzweigung sind es nach Denniston noch weitere 9 km landeinwärts auf einer kurvenreicher Straße.

Coaltown Museum MUSEUM

(www.coaltown.co.nz; 123 Palmerston St; Erw./Kind 10/2 NZ$; ⏰ Mo–Fr 9–17, Sa So 10–16 Uhr) In diesem modernen Museum werden wie auf dem Plateau Geschichten über das frühere harte Leben erzählt, hier aber mittels gut aufgemachter Schautafeln und einer ausgezeichneten Fotoauswahl. Maschinen und Werkzeug aus der ehemaligen lokalen Kohleproduktion und Sammlerobjekte aus der Pionierzeit ergänzen die Ausstellung.

Aktivitäten

Westport lädt zum Flanieren ein – das i-Site (S. 494) hat Wegbeschreibungen für den **Millennium Walkway** und das **North Beach Reserve**. Das aufregendste Abenteuer in dieser Region ist jedoch das von Underworld Adventures (S. 493) organisierte

Höhlen-Raften. Bei den Einheimischen und Abenteuertouristen rückt aber das Mountainbiken als populärer Freizeitsport immer mehr in den Vordergrund. Im Sportgeschäft Habitat Sports (S. 495) kann man Räder ausleihen, Karten kaufen und sich ein paar Empfehlungen geben lassen.

Old Ghost Road — TRAMPEN, BIKEN

(www.oldghostroad.org.nz) Die 85 km lange Old Ghost Road ist einer der anspruchsvollsten neu eröffneten Trails für Mountainbiker. Die Strecke folgt einer historischen Route der Goldgräber, deren Bau in den 1870er-Jahren begonnen, aber niemals fertiggestellt wurde, weil der Goldrausch damals abflaute.

Der spektakuläre, nach langer Bauzeit vollendete Trail führt durch Wälder, über grasbewachsene Höhen, durch Flussbetten und Täler. Das südliche Ende des Trails liegt bei Lyell, das nur 50 Autominuten (62 km) östlich von Westport an der malerischen Buller Gorge liegt (SH 6).

Der DOC-Campingplatz und die Tageswanderungen, die man hier unternehmen kann, sind seit Langem sehr beliebt. Für Besucher interessant sind die gut zugänglichen historischen Stätten (z. B. ein Friedhof mitten im Busch).

Das nördliche Ende des Trails liegt bei Seddonville, das 45 Autominuten (50 km) nördlich von Westport abseits des SH 67 liegt. Von dort aus schlängelt sich der Pfad an den steilen Abhängen des ebenso beeindruckenden Mokihinui River entlang. Der Weg führt durchs Gebirge – mit spektakulären Sonnenauf- und Sonnenuntergängen.

Der Trail wurde für Wanderer und Radfahrer konzipiert, wird aber überwiegend von Wanderern genutzt, die für den gesamten Trail ungefähr fünf Tage einplanen sollten. Für geübte Mountainbiker ist es jedoch *die* Herausforderung: Sie fahren ihn in zwei bis vier Tagen ab, vorzugsweise von Lyell aus nach Seddonville.

Die Unterkunft in den vier Hütten am Weg muss im Vorhinein über die Website der Old Ghost Road gebucht werden. Hier findet man auch detaillierte Informationen zu den Teilstrecken, was vor allem für jene interessant ist, die nicht den kompletten Weg abwandern oder mit dem Rad abfahren wollen. Wer nur mal hineinschnuppern will, sollte die erste oder/und die letzte Etappe als Tagestour laufen. Besonders empfehlenswert ist dies vom West-Coast-Ende über die einzigartige Rough Tumble Lodge (S. 493).

Da es sich um einen langen und entlegenen Trail in Wildnisgebiet handelt, kann sich der Zustand schnell einmal ändern, es ist also ratsam, sich auf der Website über den aktuellen Zustand der Wege zu informieren.

Buller Adventure Tours, Habitat Sports (S. 495) und **Hike n Bike Shuttle** (☎ 027 446 7876; www.hikenbikeshuttle.co.nz) in Westport verleihen Mountainbikes sowie weitere Ausrüstung, organisieren den Shuttle zu den Startpunkten und bieten auch sonst einen umfangreichen Service rund um die Wanderung oder die Radtour.

Cape Foulwind Walkway — SPAZIERGANG

(www.doc.govt.nz) Bei gutem Wetter ist der Cape Foulwind Walkway (hin & zurück 1½ Std.), der südlich von Westport beginnt und Omau mit der Tauranga Bay verbindet, ein herrlicher Spazierweg über hügeliges Gelände entlang der Küste. Unweit des Südendes liegt die Seebärenkolonie, in der sich – je nach Jahreszeit – bis zu 200 neuseeländische Seebären auf den Felsen räkeln. Weiter nördlich führt der Weg an der Nachbildung eines Astrolabiums (einer Navigationshilfe) und an einem Leuchtturm vorbei.

Als erster Europäer erreichte Abel Tasman 1642 das Kap und taufte es Clyppygen Hoek (Felsspitze), eine Bezeichnung, die 1770 von James Cook verworfen wurde, der das Kap alles andere als einladend empfand.

Cape Foulwind ist ab Westport gut ausgeschildert. Nach 13 km erreicht man die Lighthouse Road in Omau, wo die einladende Star Tavern (S. 494) das Nordende des Spazierwegs markiert. Das Südende befindet sich 16 km vom Ort entfernt an der Tauranga Bay, es ist beliebt bei Surfern, die aber wegen der felsigen Kanten aufpassen müssen.

Charming Creek Walkway — SPAZIERGANG

(www.doc.govt.nz) Zu einem der schönsten Tagesspaziergänge entlang der Küste (hin & zurück 6 Std.) kann man wahlweise von Ngakawau (30 km nördlich von Westport) oder noch einige Kilometer danach (unweit von Seddonville) aufbrechen.

Auf dem Weg, der einer ehemaligen Kohlebahn durch die Schlucht des Ngakawau River folgt, sieht man zahlreiche verrostete Relikte, es geht durch Tunnel, über eine Hängebrücke und vorbei an einem Wasserfall. Außerdem lassen sich zahlreiche interessante Pflanzen und geologische Formationen entdecken.

Wer nicht hin- und zurücklaufen will, sollte sich bei den Einheimischen nach einer Transportmöglichkeit erkundigen.

Underworld Adventures CAVING
(☎03-788 8168, 0800 116 686; www.caverafting.com; SH6, Charleston) Vom neuen Sitz in Charleston, 26 km südlich von Westport, können verschiedene unvergessliche Höhlentouren gebucht werden, z. B. in die Höhlen des Nile River, in der es von Glühwürmchen nur so wimmelt (Höhlen-Rafting 4 Std. 165 NZ$). Wer nur das Glühen der Würmchen sehen will (ohne Raften), bezahlt 110 NZ$ pro Person. Die Touren beginnen mit einer vergnüglichen Bahnfahrt durch den Regenwald, die auch separat gebucht werden kann (1½ Std. Erw./Kind 20/15 NZ$). Im Café vor Ort bekommt man den ganzen Tag über einfache Gerichte.

Der „Adventure Caving Trip" (5 Std. 340 NZ$) umfasst eine 40 m lange Abseilstrecke durch enge Felsspalten ins *Te Tahi tomo* (Loch), vorbei an Wasserfällen, prähistorischen Fossilien und bizarren Höhlenformationen.

Buller Adventure Tours JETBOOT FAHREN, REITEN
(☎03-789 7286, 0800 697 286; www.adventuretours.co.nz; SH6) Barry, der sein Geschäft 5 km entfernt von Westport betreibt, und seinem Team bieten u. a. Jetboot-Ausflüge durch die Lower Buller Gorge (Erw./Kind 89/69 NZ$) und zweistündige Ausritte entlang des Flussufers (Erw./Kind 89/69 NZ$). Außerdem verleihen sie Räder und organisieren den Transport zur Old Ghost Road als Komplettangebot.

Schlafen

★ Bazil's Hostel HOSTEL $
(☎03-789 6410; www.bazils.com; 54 Russell St, Westport; B 30, DZ 100 NZ$, ohne Bad 72 NZ $;) Das mit Wandmalereien ausgestattete Bazil's wird von sportlichen Menschen geführt, sodass man hier nicht nur schlafen, sondern sich auch sportlich betätigen kann.

So gibt es eine eigene Surf-Schule (3 Std. 70 NZ$, Leih-Surfbrett und Leih-Surfanzug Tag 40 NZ$) und die Möglichkeit, an Stand-Up-Paddle-Ausflügen durch den Regenwald teilzunehmen. Kajaks werden kostenlos zur Verfügung gestellt, Mountainbikes können ausgeliehen werden. Die Tourteilnehmer haben eigene Bereiche, sodass auch Individualreisende im Hostel die gewünschte Ruhe finden.

★ Old Slaughterhouse HOSTEL $
(☎027 529 7640, 03-782 8333; www.oldslaughterhouse.co.nz; SH67, Hector; B 34–38, DZ 84 NZ$; ⏲ Juni–Okt. manchmal geschl.) Das Hostel der etwas anderen Art liegt etwa 1 km nördlich von Hector versteckt zwischen Bäumen hoch oben auf einem Hügel. Von dort bietet sich ein fantastischer Blick über die Tasmansee. Das überwiegend aus recyceltem Bauholz errichtete Haus, in dem es viel interessante Kunst und Mobiliar verschiedenster Stilrichtungen gibt, bietet ruhige Gemeinschaftsbereiche, in die man sich zurückziehen und seinen Gedanken nachhängen kann. Der lohnende, aber steile zehnminütige Aufstieg zum Haus (das Auto muss an einem Parkplatz stehen gelassen werden) unterstreicht den Charme dieser isoliert liegenden Unterkunft.

Carters Beach Top 10 Holiday Park CAMPINGPLATZ, MOTEL $
(☎03-789 8002, 050 893 7876; www.top10westport.co.nz; 57 Marine Pde., Carters Beach; Stellplatz ab 38 NZ$, Wohneinheit 70–205 NZ$; @) Die saubere Unterkunft liegt direkt am Carters Beach unweit von Westport (4 km) und unweit der Seebärenkolonie (14 km). Hier findet man schöne Stellplätze und gemütliche Hütten sowie Motelunterkünfte. Eine gute Wahl für Durchreisende, die bei ihrem Aufenthalt Ruhe bevorzugen und gerne schwimmen gehen.

Trip Inn HOSTEL $
(☎03-789 7367, 0800 737 773; www.tripinn.co.nz; 72 Queen St, Westport; 29–34, DZ & 2BZ 96 NZ$, ohne Bad 75 NZ$;) Das Hostel befindet sich in einer prachtvollen 150 Jahre alten Villa inmitten eines herrlichen Parks. Im Haus selbst gibt es eine große Auswahl an sauberen Zimmern, dazu weitere Unterkünfte in einem Anbau. Geräumige Gemeinschaftsbereiche ergänzen das Angebot.

★ Rough & Tumble Lodge LODGE $$
(☎03-782 1337; www.roughandtumble.co.nz; Mokihinui Rd, Seddonville; DZ inkl. Kontinentalfrühstück 160 NZ$, zusätzl. Person 20 NZ$;) Diese Lodge ist ein Geheimtipp und liegt am Westküsten-Endpunkt der Old Ghost Road, genauer gesagt an einer Kehre des Mokihinui River, wo 2012 aus Kosten- und Umweltgründen ein Staudammprojekt gestoppt wurde.

Übernachtet wird in einem der fünf großen, stimmungsvoll möblierten Zimmer mit maximal vier Betten. Sehr schön sind die Lage in einer sehr ursprünglichen Umgebung, die gemütliche Lodge-Atmosphäre und die reichhaltigen Mahlzeiten (Abendessen 60 NZ$), die im hauseigenen Restaurant serviert werden. In der ruhigeren Nebensaison ist auch Selbstverpflegung möglich.

Archer House B&B $$
(☎0800 789 877, 03-789 8778; www.archerhouse.co.nz; 75 Queen St, Westport; DZ inkl. Frühstück 190 NZ$; @ 📶) In diesem schönen traditionsreichen Haus von 1890, einem sog. New-zealand Heritage Home in viktorianischem Stil, können in drei Zimmern (mit eigenem Bad) bis zu acht Personen übernachten. Den Gästen stehen insgesamt drei Lounges mit antiken Möbeln und ein ruhiger Garten zur Verfügung. Die aufmerksamen Gastgeber, der Begrüßungs-Sherry und das reichhaltige Kontinentalfrühstück sorgen dafür, dass das Haus zur ersten Adresse in Westport gehört.

Omau Settlers Lodge LODGE $$
(☎03-789 5200; www.omausettlerslodge.co.nz; 1054 Cape Rd; Zi. inkl. Frühstück 165 NZ$; 📶) Unweit von Cape Foulwind und gegenüber der exzellenten Star Tavern bietet die Omau Settlers Lodge moderne und stilvolle Unterkünfte, Ruhe und ein gutes kontinentales Frühstück. Die Zimmer haben zwar Küchennischen, doch wer die Gemeinschaftsküche bzw. den Speiseraum nutzt, kommt schnell ins Gespräch mit den anderen Gästen. Der von Büschen umgebene Whirlpool sorgt für herrliche Entspannung.

Charming Creek B&B B&B $$
(☎03-782 8007; www.bullerbeachstay.co.nz; Ngakawau; DZ inkl. Frühstück 149–179 NZ$; 📶) Das nette kleine B&B bietet gemütliche Zimmer und eine mit Treibholz beheizte Hot Tub direkt am Wasser. Dort befindet sich auch das Ferienhäuschen „Beach Nest" für Selbstversorger, in dem drei bis vier Personen schlafen können (100–149 NZ$, Mindestaufenthalt 2 Tage). Möglich ist auch eine Wanderung mit zwei Übernachtungen inklusive Abendessen und Picknick zum Lunch.

Essen

Whanake Gallery & Espresso Bar CAFÉ $
(☎03-789 5076; www.whanake.co.nz; 173 Palmerston St, Westport; Snacks 3–8 NZ$; ⏱Mo–Fr 7.30–17.30, Sa & So 8.30–16.30) Das nette kleine Café verkauft den besten Espresso und das köstlichste Gebäck in der Stadt. Dazu gibt es sehenswerte Fotos des Besitzers sowie ein paar Souvenirs aus der Gegend.

PR's Cafe CAFE $
(☎03-789 7779; 124 Palmerston St, Westport; Gerichte 10–20 NZ$; ⏱Mo–Fr 7–16.30, Sa & So 7–15 Uhr; 📶) Im pfiffigsten Café von Westport kann der Gast zwischen einer großen Zahl von Sandwiches und Gebäck wählen. Der Tresen bricht fast schon unter der Last seiner Kekse und Kuchen (Holländischer Apfel- und Neuseeländischer Banoffee-Kuchen) zusammen! Auf der ganztägig angebotenen Karte finden sich u. a. Lachsomelett mit Dill-Knoblauchmayonnaise, Spanakopita (griechischer Spinatauflauf) und Fish & Chips.

Star Tavern PUB $$
(☎03-789 6923; 6 Lighthouse Rd, Omau; Gerichte 9–30 NZ$; ⏱Mo–Fr 16 Uhr bis spätabends, Sa & So 12 Uhr bis spätabends) Die rustikale Taverne unweit von Cape Foulwind handelt getreu dem Motto „Als Fremder kommen, als Freund gehen". In ihrem altmodischen Speiseraum wird Kneipenessen in üppigen Portionen aufgetischt. Die Gäste werden herzlich empfangen, im unscheinbaren Barbereich stehen ein Billardtisch und eine Jukebox und es gibt einen schönen Garten zum Entspannen.

Praktische Informationen

DOC Westport Office (☎03-788 8008; www.doc.govt.nz; 72 Russell St, Westport; ⏱Mo–Fr 8–11 & 14–16.30 Uhr) Generell sind Buchungen für DOC-Touren auch im i-Site möglich, auch entsprechende Informationen erhält man dort. Diese Filiale ist die richtige Adresse für kompliziertere Fragestellungen.

Westport i-SITE (☎03-789 6658; www.buller.co.nz; 123 Palmerston St, Westport; ⏱Mo–Fr 9–17, Sa & So 10–16 Uhr; 📶) Informationen über lokale Wander- und Spazierwege, geführte Touren, Unterkünfte und Verkehrsmittel; außerdem ein Terminal, an dem man selbst DOC-Informationen abrufen kann. Hütten- und Track-Buchungen. Weitere Informationen: www.westcoastnz.com.

An-& Weiterreise

AUTO

Westport Hire (☎03-789 5038; wesporthire@xtra.co.nz; 294 Palmerston St, Westport).

BUS

Westport ist ein Stopp auf der täglichen Busrunde von Nelson zum Fox Glacier, die von **InterCity** (☎03-365 1113; www.intercity.co.nz) durchgeführt wird. Die Fahrtzeit nach Nelson beträgt 3½ Stunden, nach Greymouth 2¼ Stunden und zum Franz Josef Glacier 6 Stunden. **Naked Bus** (www.nakedbus.com) fährt dreimal wöchentlich dieselbe Route. Die Busse starten vor dem i-SITE.

Busse von **East West Coaches** (S. 491) fahren täglich (außer Sa) bis Christchurch über Reefton und den Lewis Pass; Abfahrt: Caltex-Tankstelle.

Der **Karamea Express** (☎ 03-782 6757; info@karamea-express.co.nz) verbindet Westport und Karamea (Mai–Sept. Mo–Fr, Okt.–April auch Sa, 2 Std;). Abfahrt am i-Site.

Der **Trek Express** (☎ 0800 128 735, 027 221 872; www.trekexpress.co.nz) bietet in der Hochsaison eine regelmäßige Verbindung für Wanderer zwischen Nelson und den Wangapeka und Heaphy Tracks und hält in Westport.

FLUGZEUG

Sounds Air (S. 487) fliegt zwei- oder dreimal täglich von bzw. nach Wellington.

Unterwegs vor Ort

FAHRRAD

Leihräder und Beratung bietet **Habitat Sports** (☎ 03-788 8002; www.habitatsports.co.nz; 234 Palmerston St, Westport; Rad ab 35 NZ$; ⏲ Mo–Fr 9–17, Sa 9–13 Uhr).

TAXI

Buller Taxis (☎ 03-789 6900) bietet Transport zum und vom Flughafen an (etwa 25 NZ$).

Rund um Karamea

375 EW.

Nördlich von Westport windet sich der SH67 entlang der Küste und über das aussichtsreiche Karamea-Steilufer nach Karamea und zur Nordküste. Wer im Auto unterwegs ist, sollte in Westport nochmals volltanken, da die nächste Tankstelle erst nach 98 km kommt. Lohnend ist es, auf der Fahrt einen Stopp einzulegen und den Spazierweg **Lake Hanlon** (hin & zurück 30 Min.) zu laufen.

Das entspannte Karamea (375 Ew.) bezeichnet sich selbst als den „besten Geheimtipp" an der Westküste. Und es stimmt: Wer einmal dort war, gerät ins Schwärmen. Obwohl sehr abseits gelegen, hat Karamea dennoch eine Zentrumsfunktion, ist es doch End- bzw. Ausgangspunkt der Fernwanderwege Heaphy Track und Wangapeka Track sowie das Tor zum magischen Oparara Basin, das man unbedingt besuchen sollte.

Wegen des angenehmen Klimas und der entspannten Stimmung sowohl bei den Einheimischen als auch bei den Besuchern ist die Region um Karamara der ideale Ort, um sich einmal abseits überlaufener Touristenrouten ein paar faule Tage zu gönnen.

Sehenswertes

★ Scotts Beach STRAND

Die Wanderung von Kohaihai über den Höhenrücken zum Scotts Beach, hinter dem ein neuseeländischer Nikau-Palmenhain wächst, ist einfach nur 45 Minuten lang. Der wilde menschenleere Küstenstreifen, der oftmals in Dunst gehüllt ist, ist eine wahre Fundgrube für schönes Schwemmholz.

Auf keinen Fall hier ins Wasser zum Baden gehen: Es gibt lebensgefährliche Strömungen!

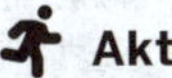

Aktivitäten

Hut ab vor der Gemeinde Karamea, die den ausnehmend schönen **Karamea Estuary Walkway** angelegt hat, einen beliebig ausdehnbaren Spazierweg entlang des Karamea River und seines Mündungstrichters. Zum benachbarten Strand gelangt man über die nördlich des Ortes verlaufende Flagstaff Road. Auf beiden Spaziergängen, die am schönsten bei Sonnenuntergang sind, lassen sich viele Vögel beobachten.

Im Karamea Information & Resource Centre (S. 497) erhält man verschiedenste Landkarten, außerdem die Gratis-Broschüre *Karamea*. Darin findet man weitere ausführliche Beschreibungen von Wanderungen, u. a. zu den Wanderwegen **Big Rimu** (hin & zurück 45 Min.), **Flagstaff** (hin & zurück 1 Std.) und **Zig Zag** (hin & zurück 1 Std.). Als längere Wanderung rund um Karamea bietet sich der **Fenian Track** (hin & zurück 4 Std.) an, der zu den **Cavern Creek Caves** und zu **Adams Flat** führt, wo sich eine rekonstruierte Goldgräberhütte befindet.

Auf dem ersten Abschnitt des **Wangapeka Track** gelangt man zur Belltown Hut. Der vier- bis sechstägige Fernwanderweg durch das Hinterland ist allerdings nur für erfahrene Wanderer empfehlenswert.

Wer nicht wandern will, kann in der Umgebung von Karamea schwimmen, angeln, Kajak fahren und mountainbiken. Am besten fragt man Einheimische nach ihren Tipps und folgt immer dem gesunden Menschenverstand – vor allem wenn es um Aktivitäten im und am Wasser geht.

Der flexible und freundliche Anbieter **Karamea Outdoor Adventures** (☎ 03-782 6181; www.karameaadventures.co.nz; Bridge St; geführte Kajak-/Riverbug-Trips ab 80 NZ$, Kajaks/Fahrräder 2 Std. 40/30 NZ$) veranstaltet geführte und (unbegleitete) Kajak- und Riverbug-Touren an vier Flüssen der West Coast. Außerdem verleiht die Firma Mountainbikes und gibt

NICHT VERSÄUMEN

OPARARA BASIN

Mit den Worten eines Einheimischen ausgedrückt: „Wenn es irgendwo anders wäre, würden die Massen nur so herbeiströmen." Wie wahr! Das im Kahurangi National Park gelegene **Oparara Basin** ist ein Naturspektakel höchsten Ranges – ein verstecktes Tal mit Naturwundern wie Kalksteinbögen und eigenartigen Höhlen. All dies liegt verborgen in einem dichten Wald mit mächtigen, moosbewachsenen Bäumen, die über einem poetisch anmutenden Dickicht thronen, das in allen nur vorstellbaren Grüntönen leuchtet. Am Hauptparkplatz und im Picknickbereich stehen exzellent aufbereitete Infotafeln.

Die Hauptattraktion des Tals ist der 200 m lange und 37 m hohe **Oparara Arch**, der sich über den malerischen Oparara River wölbt und den man über einen einfachen Wanderweg (hin & zurück 45 Min.) erreicht. Hier leben auch die sehr niedlichen und seltenen blauen Whio-Enten. Den kleineren, aber nicht minder eindrucksvollen **Moria Gate Arch** (43 m lang, 19 m hoch) erreicht man über einen einfachen und dennoch wunderschönen Waldrundweg (1½ Std.), der auch zum **Mirror Tarn** führt.

Nur 10 Minuten läuft man vom zweiten Parkplatz zu den Höhlen **Crazy Paving** und **Box Canyon Caves**. Mit der Taschenlampe geht es dann in die faszinierende Höhlenwelt mit Tropfsteinen, einem See, ungewöhnlichen Felsformationen und seltenen, langbeinigen Spinnen. Spinnen, Höhlen, Dunkelheit ... hört sich nach viel Spaß an!

Hinter den Höhlen liegen die faszinierenden **Honeycomb Hill Caves and Arch**, die aber nur im Rahmen einer geführten Tour zugänglich (Führung 3/5/8 Std. 95/150/240 NZ$) sind. Veranstaltet wird diese vom **Karamea Information & Resource Centre** (S. 497).

Hier erhält man auch Auskunft über weitere geführte Touren in der Region und über Transportmöglichkeiten zum Startpunkt des **Oparara Valley Track**. Die lohnende fünfstündige Wanderung kann man auf eigene Faust unternehmen; sie führt durch alte Wälder, am Fluss entlang und endet schließlich am Parkplatz des **Fenian Walk**. Wer von Karamea aus ins Tal fährt, muss zunächst 10 km über die Hauptstraße Richtung Norden fahren und an der McCallum's Mill Road die Abzweigung nehmen. Schilder weisen dann den 14 km langen Weg in das Tal auf einer kurvenreichen Schotterstraße, die zuweilen uneben und manchmal auch steil ist.

Tipps für Exkursionen vor Ort. Ausritte hoch zu Ross sind ebenfalls möglich.

Heaphy Track

Die Straße entlang der Westküste endet 14 km nördlich von Karamea bei **Kohaihai**, dem westlichen Ausgangspunkt (und meist auch Endpunkt) des Heaphy Tracks. Wer vor Ort übernachten will, findet hier einen **DOC-Campingplatz** (www.doc.govt.nz; Erw./Kind 6 NZ$).

Von Kohaihai aus kann man problemlos zu Tageswanderungen oder Wanderungen mit einer Übernachtung aufbrechen, etwa zum **Scotts Beach** (hin & zurück 1½ Std.; S. 495) oder zur schönen neuen **Heaphy Hut** (www.doc.govt.nz; Hütte/Stellplatz 32/14 NZ$; 5 Std.) wandern, wo man ein oder zwei Nächte bleiben und dann zurückwandern kann.

Zwischen Mai und September kann dieser Abschnitt des Heaphy Track (wie auch der gesamte) mit dem Mountainbike befahren werden (2–3 Tage); Leihräder und Infos erhält man bei Habitat Sports (S. 495) in Westport.

Helicopter Charter Karamea (S. 497) fliegt zum nördlichen Ende des Wanderwegs in der Golden Bay: Dafür verlangen sie pro Flug für bis zu 3/6 Personen 750/1350 NZ$; mit Mountainbikes bei bis zu 3/6 Personen 900/1550 NZ$.

Schlafen

Rongo Backpackers HOSTEL $
(☎03-782 6667; www.rongobackpackers.com; 130 Waverley St, Karamea; Stellplatz ab 20 NZ$, B 32–35 NZ$, EZ/2BZ/DZ 75/80/90 NZ$; @ 📶) 🍃 Ein farbenfrohes und umweltbewusstes Hostel mit eigener Radiostation (107.5 FM, www.karamearadio.com) – teils Künstlerparadies für Neo-Hippies, teils Bio-Garten für Vegetarier. Auch deshalb ist das Rongo bei Langzeitgästen so beliebt: Sie bleiben hier oft länger als geplant hängen, helfen im Garten mit oder betätigen sich als DJs. Jede vierte Übernachtung ist übrigens frei.

Karamea Farm Baches HÜTTEN $
(☎03-782 6838; www.karameafarmbaches.com; 17 Wharf Rd, Karamea; DZ/3BZ/4BZ 95/120/145 NZ$; 📶) 🍃 In diesen sieben farbenfroh gestrichenen Häusern für Selbstversorger aus den 1960er-Jahren wird alles bis zu Ende genutzt und recycelt – egal, ob es verschlissene Tapeten oder Omas Teppiche sind. Wer frisches Biogemüse und unkonventionelle Gastgeber mag, wird sich hier wohlfühlen.

Karamea Holiday Park CAMPINGPLATZ $
(☎03-782 6758; www.karamea.com; Maori Point Rd, Karamea; Stellplatz 2 Pers. mit/ohne Strom 33/30 NZ$, Wohneinheit 1 Pers. 30–45 NZ$, 2 Pers. 40–95 NZ$; @📶) Der einfache, allerdings nicht mehr ganz zeitgemäße Campingplatz an der Flussmündung liegt 3 km südlich von Karamea im Grünen. Die einfachen Hütten im Retro-Look sind aber sauber und gepflegt.

Last Resort LODGE $$
(☎03-782 6617, 0800 505 042; www.lastresort.co.nz; 71 Waverley St, Karamea; EZ 50 NZ$, DZ 97–155 NZ$, 4BZ 195 NZ$; 📶) Die weitläufige, rustikale Ferienanlage mit Kultstatus empfängt ihre Gäste inzwischen deutlich kundenorientierter als früher. Das liegt am neuen Management, das erst kürzlich alles komplett renoviert hat. Das Café mit Bar verkauft Espresso, Kuchen, Bier und kleine Mahlzeiten (11–30 NZ$). Das Übernachtungsangebot reicht vom einfachen Doppelzimmer bis zur Familiensuite, alle Schlafräume wurden handwerklich professionell und ansprechend mit einheimischen Hölzern gestaltet.

Karamea River Motels MOTEL $$
(☎03-782 6955; www.karameamotels.co.nz; 31 Bridge St, Karamea; Zi. 125–169 NZ$; 📶) Die Auswahl der eleganten Zimmer in diesem behaglichen Motel, das nur fünf Gehminuten von Market Cross entfernt liegt, reicht von Studios bis zu Zwei-Zimmer-Wohneinheiten. Schön sind die entspannenden Blautöne, die weiten Rundblicke, der Grillplatz und die üppig grüne Gartenanlage.

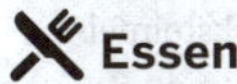

Essen

Karamea Village Hotel PUB $$
(☎03-782 6800; www.karameahotel.co.nz; Ecke Waverley St & Wharf Rd, Karamea; Gerichte 11–34 NZ$; ⏱11–23 Uhr) Hier sollte man sich den einfachen Freuden des Lebens hingeben und neuseeländische Gastfreundschaft genießen: eine Runde Poolbillard, ein Glas Ale und ein gutes Abendessen, gefolgt von einer traditionellen landestypischen Nachspeise.

ℹ Praktische Informationen

Karamea Information & Resource Centre (☎03-782 6652; www.karameainfo.co.nz; Market Cross; ⏱Mo–Fr 9–17, Sa & So 10–13 Uhr, Mai–Dez. kürzere Öffnungszeiten) Das exzellente Zentrum in Gemeindebesitz bietet lokale Informationen für Touristen, Internetzugang, Landkarten und Buchungen von DOC-Hütten. Außerdem kann man hier tanken.

ℹ An- & Weiterreise

Die Busse von **Karamea Express** (S. 495) verbinden Karamea und Westport (2 Std. 35 NZ$, Mai–Sept., Okt.–April auch Sa). Im Hochsommer fahren die Busse zweimal täglich nach Kohaihai, in der Nebensaison nur auf Anfrage. Ein Transport nach Wangapeka kann ebenfalls arrangiert werden.

Die Busse von **Heaphy Bus** (☎0800 128 735, 03-540 2042; theheaphybus.co.nz) mit Sitz in Nelson fahren zu beiden Endpunkten des Heaphy Track und des Wangapeka Track.

Für 150 NZ$ kann man von Karamea mit Hubschraubern von **Helicopter Charter Karamea** (☎03-782 6111; www.karameahelicharter.co.nz; 79 Waverley St, Karamea), **Golden Bay Air** (☎0800 588 885; www.goldenbayair.co.nz) oder **Adventure Flights Golden Bay** (☎0800 150 338, 03-525 6167; www.adventureflightsgoldenbay.co.nz) nach Takaka fliegen, um von dort anschließend auf dem Heaphy Track zurückzuwandern. Nähere Auskunft erteilt das Information & Resource Centre.

Karamea Connections (☎03-782 6767; www.karameaconnections.co.nz) im Hostel Rongo Backpackers bietet bei Bedarf einen Transportservice zu regionalen Zielen an, u. a. Heaphy Track, Wangapeka Track, Opera Basin und Westport.

GREAT COAST ROAD

Dieser traumhafte Abschnitt des SH6 bietet atemberaubende Ausblicke, doch die bekannteste Attraktion sind die faszinierenden Pancake Rocks bei Punakaiki. In Westport sollte man tanken und sich mit Bargeld eindecken – bis Runanga, 92 km entfernt, gibt es keine Tankstelle. Der nächste Geldautomat befindet sich erst wieder in Greymouth.

Von Westport nach Punakaiki

42 ha groß ist das idyllische Areal der mit Solarstrom versorgten **Beaconstone Eco Lodge** (☎027 431 0491; www.beaconstoneeco

lodge.co.nz; Birds Ferry Rd; B 34 NZ$, DZ/2BZ 80/88 NZ$; ⏲Okt.–Mai; 📶) 🍃 ein Rückzugsort im Buschland mit typisch amerikanischer Coolness. Die Lodge liegt 17 km südlich von Westport und bietet gemütliche Betten und einen schönen Gemeinschaftsbereich. Hinter dem Anwesen führen Wege zu idyllischen Badeplätzen am Fluss. Es ist nur Platz für 14 Gäste, also besser im Voraus buchen.

Jack's Gasthof (☎03-789 6501; www.jacksgasthof.co.nz; SH6; Hauptgerichte 12–28 NZ$; ⏲Okt.–April ab 11 Uhr) liegt 21 km südlich von Westport am Little Totara River. Hier betreiben die Berliner Jack und Petra ihre seit Jahren beliebte Pizzeria mit angrenzender Bar mit Diskokugel. Wer hier übernachten will, kann einen Stellplatz für den Camper oder das Zelt (ab 8 NZ$) oder ein einfaches Zimmer (50 NZ$) buchen.

Um einen authentischen Einblick in die Geschichte des Goldbergbaus in der Region zu gewinnen, lohnt sich der Abstecher zur **Mitchell's Gully Gold Mine** (☎03-789 6257; SH6; Erw./10 NZ$/frei; ⏲9–17 Uhr), die 22 km südlich von Westport liegt und von den Nachfahren des einstigen Pioniers betrieben wird. In der Familien-Goldmine werden interessante Geschichten erzählt. Zu sehen sind Tunnel, Bahngleise, ein Wasserrad und das letzte noch betriebene Pochwerk am Ort.

Der nächste mögliche Zwischenstopp ist **Charleston**, 26 km südlich von Westport. Heute kann man es sich kaum vorstellen, dass dieser Ort während des Goldrauschs in den 1860er-Jahren einen Boom mit 80 Hotels, drei Brauereien und Hunderten hungriger Goldsucher erlebte, die hier ihre Claims entlang des Nile River absteckten.

Heute ist davon nicht mehr viel übrig, abgesehen von einem Motel, einem Campingplatz, einer Reihe Häuser einheimischer Kiwis und dem exzellenten Unternehmen Underworld Adventures (S. 493), das die Touristen zu einigen versteckten Naturwundern in der Gegend führt.

Von Charleston nach Punakaiki geht die Fahrt weiter durch eine Postkartenlandschaft aus Tiefland-Pakihi-Büschen und üppigen grünen Wäldern am Rand einiger Buchten. Die unnachgiebig an die Küste brandenden Wellen haben hier spektakulär geformte Felsklippen geschaffen. Wenn es der nachfolgende Verkehr zulässt, sollte man so langsam wie möglich fahren, um diesen schönen Küstenabschnitt in vollen Zügen zu genießen.

Punakaiki & Paparoa National Park

70 EW.

Auf halbem Weg zwischen Westport und Greymouth liegt Punakaiki, eine kleine Ortschaft am Rand des wild zerklüfteten 38 000 ha großen Paparoa National Park. Die meisten machen hier nur kurz Halt, um einen schnellen Blick auf die Pancake Rocks zu werfen. Schade eigentlich, gibt es hier doch tolle Möglichkeiten zum Wandern und für verschiedenste Aktivitäten. Auch die Auswahl an Unterkünften ist nicht schlecht.

Sehenswertes

Der Paparoa National Park präsentiert sich mit hohen Klippen, menschenleeren Stränden, einer beeindruckenden Bergkette, faszinierenden Flusstälern und einer vielfältigen Pflanzen- und Vogelwelt. Hobbyornithologen kommen vor allem wegen der Wekaralle und dem Westlandsturmvogel, einem seltenen Meeresvogel, der nur hier nistet.

★ **Pancake Rocks** NATURLANDSCHAFT

(www.doc.govt.nz) Punakaiki ist berühmt für den Dolomite Point und dessen besondere Verwitterung. Durch den Prozess des sogenannten Stylobedding (Schichtverwitterung) wurde Kalkstein so erodiert, dass er heute das Aussehen von Stapeln dicker Pfannkuchen bekommen hat. Grund dafür ist der Wechsel aus harten (Kalkstein) und weichen (Tonmineralien) Schichten.

Wenn möglich, sollte man bei Flut und vorzugsweise bei Sonnenuntergang vor Ort sein (die Gezeiten sind im Ort angeschlagen), dann strömt das Meerwasser in die Aushöhlungen hinein und schießt anschließend auf imposante Weise durch die Spritzlöcher wieder hinaus. Wer dieses Phänomen an einem stürmischen Tag beobachtet, bekommt eine Ahnung davon, wie ausgeliefert der Mensch den Naturgewalten sein kann.

Ein leichter, viertelstündiger Rundweg führt vom Highway zu den Kalksteinfelsen.

Aktivitäten

In der Region um Punakaiki befinden sich u. a. die Wanderwege **Truman Track** (hin & zurück 30 Min.) und der **Punakaiki-Porari Loop** (3½ Std.), der die spektakuläre Kalksteinschlucht des Pororari River hinauf, über einen Hügel und dann entlang des Punakaiki River wieder nach unten zum Highway führt.

Trittsichere Wanderer können den **Fox River Cave Walk** (hin & zurück 3 Std.) erkunden, der 12 km nördlich von Punakaiki liegt und auch für Höhlenamateure zugänglich ist. Nicht vergessen: Taschenlampe und feste Schuhe mitnehmen!

Weitere Wanderwege im Nationalpark werden detailliert in der DOC-Broschüre *Paparoa National Park* (1 NZ$) beschrieben. Achtung: Viele Wanderwege im Parkinneren werden regelmäßig überflutet, daher unbedingt vor dem Aufbruch im Paparoa National Park Visitor Centre in Punakaiki (s. rechts) nach der Wettersituation und dem aktuellen Zustand der Wege fragen!

Punakaiki Horse Treks REITEN
(☎03-731 1839; www.pancake-rocks.co.nz; SH 6; 2½ Std. 170 NZ$; ⊙Nov.–Mai) Die Mitarbeiter von Punakaiki Horse Treks, deren Ställe sich neben den Hydrangea Cottages befinden, führen Ausritte zum Strand durch, auf denen es durch das schöne Punakaiki Valley geht und auch einige Flussdurchquerungen gemeistert werden müssen.

Punakaiki Canoes KAJAK FAHREN
(☎03-731 1870; www.riverkayaking.co.nz; SH 6; Kanu 2 Std./Tag 40/60 NZ$, Familientarife) Der Sportausrüster vermietet Kanus in der Nähe der Brücke über den Pororari, mit denen man gemütliche, landschaftlich sehr reizvolle Paddeltouren unternehmen kann. Die hier befahrenen Flussabschnitte sind auch für Anfänger geeignet.

Schlafen & Essen

★ **Punakaiki Beach Hostel** HOSTEL $
(☎03-731 1852; www.punakaikibeachhostel.co.nz; 4 Webb St; Stellplatz pro Pers. 21 NZ $, B/EZ/DZ 29/65/77 NZ$; @) Das zwanglose Hostel mit Blick von der Veranda übers Meer liegt nur wenige Schritte von den Pancake Rocks entfernt. Die Besitzer wissen, was ein gutes Hostel ausmacht: bequeme Betten, schöne Gemeinschaftseinrichtungen und Mitarbeiter, die lächeln und es auch wirklich so meinen. Der Preis für das Cutesy Sunset Cottage (130 NZ$) und den einzigartigen Bedford House Truck (115 NZ$, mit Bad) lohnen sich wirklich!

Te Nikau Retreat HOSTEL $
(☎03-731 1111; www.tenikauretreat.co.nz; 19 Hartmount Pl; B 28 NZ$, DZ 75–90 NZ$, Hütte ab 96 NZ$; @) Wer so richtig entspannen, erholen und herumstreifen möchte, für den ist diese Anlage mit einer Reihe unterschiedlicher Gebäude das Richtige. Sie liegen versteckt im Schatten des Regenwalds und dabei nur wenige Schritte vom Strand entfernt. Es gibt Zimmer im Haupthaus, einige nette Hütten und die größeren Nikau und Rata Lodges, in denen bis zu fünf bzw. zehn Personen schlafen können.

Punakaiki Beach Camp CAMPINGPLATZ $
(☎03-731 1894; www.punakaikibeachcamp.co.nz; 5 Owen St; Stellplatz pro Pers. mit/ohne Strom 20/17 NZ$, DZ 68–98 NZ$;) Der von der Salzluft erfüllte Campingplatz direkt am Strand (aber mit festen Grasuntergrund) liegt vor einer spektakulären Felskulisse. Er bietet saubere, wenn auch nicht mehr ganz moderne Hütten und Sanitäranlagen – ein klassischer neuseeländischer Küsten-Campingplatz in fußläufiger Entfernung zu den Pancake Rocks.

Hydrangea Cottages FERIENHÜTTEN $$
(☎03-731 1839; www.pancake-rocks.co.nz; SH 6; DZ 165–320 NZ$;) Die sechs Ferienhütten mit Blick auf die Tasmansee stehen einzeln und voneinander unabhängig auf einem Hügel (in der größten können bis zu sechs Personen übernachten). Als Baumaterial wurden recycelte Hölzer und Steine verwendet. Obwohl die Anlage exklusiv ist, herrscht eine entspannte Atmosphäre, hier und da sieht man bunte Mosaikfliesen, außerdem gibt es einige Outdoor-Badewannen und eine hübsche Gartenanlage. Den Besitzern gehört auch das Unternehmen Punakaiki Horse Treks, das Ausritte anbietet.

Punakaiki Tavern PUB $$
(☎03-731 1188; www.punakaikitavern.co.nz; SH 6; Hauptgericht 20–40NZ $; ⊙8 Uhr bis spätabends;) Ob Frühstück, Mittag- oder Abendessen: In diesem Pub werden großzügig bemessene Portionen und Pommes in beinahe jeglicher Kombination serviert. Zum gemütlichen Ambiente tragen der Poolbillardtisch und das verstimmte Klavier bei. Ein Highlight unter den Getränken ist der original neuseeländische Nektarinensaft von Benger.

Praktische Informationen

Paparoa National Park Visitor Centre (☎03-731 1895; www.doc.govt.nz; SH6; ⊙Okt.–Nov. 9–17 Uhr, Dez.–März 9–16 Uhr, April–Sept. 9–16.30 Uhr) Hier erhält man Informationen über den Park und den Zustand der Wanderwege, außerdem können Buchungen für einige lokale Attraktionen sowie für Unterkünfte (auch Hütten) vorgenommen werden.

An- & Weiterreise

InterCity (03-365 1113; www.intercity.co.nz) fährt täglich Richtung Norden nach Westport (45 Min.) und Richtung Süden nach Greymouth (45 Min.) sowie zum Fox Glacier (5 Std.).

Naked Bus (www.nakedbus.com) bedient dreimal wöchentlich dieselben Strecken. Beide Unternehmen halten netterweise an den Pancake Rocks, sodass die Passagiere sie ausgiebig lang bewundern können.

Von Punakaiki nach Greymouth

Der Highway zwischen Punakaiki und Greymouth wird von schaumgekrönten Wellen und felsigen Buchten auf der einen und von den steilen und grünen Paparoa Ranges auf der anderen Seite flankiert.

In **Barrytown,** 17 km südlich von Punakaiki, betreiben Steve und Robyn das Unternehmen **Barrytown Knifemaking** (0800 256 433, 03-731 1053; www.barrytownknifemaking.com; 2662 SH6, Barrytown; Kurse 150 NZ$; Mo geschl.). Hier kann man sein eigenes Messer herstellen, angefangen vom Schmieden der Klinge bis hin zur Herstellung des Griffes aus heimischem Rimu-Holz. Der ganztägige Kurs schließt ein Mittagessen, Bogenschießen, Axtwerfen und zahlreiche schlechte, aber unterhaltsame Witze von Steve mit ein. Der Kurs muss vorab gebucht werden; eine Abholung von Punakaiki kann arrangiert werden.

Das **Ti Kouka House** (03-731 1460; www.tikoukahouse.co.nz; 2522 SH6, Barrytown; DZ inkl. Frühstück 305 NZ$;) beeindruckt mit einer Regenwaldkulisse und tollen Küstenblicken, mit einem kunstvollen architektonischen Design, recycelten Baumaterialien und Skulpturen drinnen und draußen. Am liebsten würde man sich hier gleich dauerhaft niederlassen – aber es bleibt eben nur ein B&B-Aufenthalt in einem der drei luxuriösen Zimmer.

Das **Breakers** (03-762 7743; www.breakers.co.nz; 1367 SH6, Nine Mile Creek; DZ inkl. Frühstück 255–385 NZ$;) liegt 14 km nördlich von Greymouth und ist wohl eines der am besten gehüteten Geheimnisse entlang der Küste.

Die wundervoll eingerichteten Zimmer des gepflegten Boutique-B&Bs haben alle ein eigenes Bad und Blick auf die Tasmansee. Surfer finden hier sehr gute Surfmöglichkeiten. Die Besitzer sind sportlich, freundlich und haben einen netten Hund.

2 km weiter südlich und 12 km nördlich von Greymouth liegt **Rapahoe**. Die winzige Küstensiedlung ist der nördliche Ausgangspunkt für den lohnenswerten Point Elizabeth Walkway (S. 501).

Wer sich vor oder nach der Wanderung erfrischen will, ist im **Rapahoe Hotel** (03-762 7701; 1 Beach Rd, Rapahoe; Hauptgerichte 14–30 NZ$) genau richtig: Das einfache ländliche Pub in idyllischer Lage bietet herzliche Gastfreundschaft und üppige Portionen Fish & Chips.

REGION GREYMOUTH

In der Region um Greymouth, auf halber Strecke des West Coast Highway, befindet sich der berühmteste Straßenabschnitt Neuseelands: Arthur's Pass. Die abwechslungsreiche Gegend bietet einen einfachen Zugang zu den nördlich und südlich gelegenen Attraktionen.

Greymouth

10 000 EW.

Willkommen im „Big Smoke", dem Ort an der Mündung des Flusses mit dem nicht allzu fantasievollen Namen Grey River. Die größte Stadt an der Westküste, die bei den Māori Mawhera heißt, besitzt Goldvorkommen; bis heute hängt ihr wirtschaftliches Wohl vom Bergbau ab.

Allerdings gewinnen Tourismus und Milchwirtschaft eine zunehmend größere Bedeutung für die Stadt. Greymouth hat sich gut auf den Tourismus eingestellt und bietet den Reisenden alle gewünschten Dienstleistungen und obendrauf ausgefallene Attraktionen – Shantytown ist da sicherlich die berühmteste.

Sehenswertes

★ **Left Bank Art Gallery** GALERIE
(www.leftbankarts.org.nz; 1 Tainui St; Eintritt frei/Spende erwünscht; Di–Fr 11–16.30, Sa 11–14 Uhr) In einem 95 Jahre alten ehemaligen Bankgebäude werden heute zeitgenössische neuseeländische Jadeschnitzereien, Drucke, Gemälde, Fotografien und Keramiken gezeigt. Die Galerie fördert und unterstützt die große Künstlergemeinde der Westküste.

Monteith's Brewing Co BRAUEREI
(%03-768 4149; www.monteiths.co.nz; Ecke Turumaha & Herbert St; Führungen 22 NZ$; 11–

ABSTECHER

WEST COAST WILDERNESS TRAIL

Der 136 km lange Radweg **West Coast Wilderness Trail** (www.westcoastwildernesstrail.co.nz) ist einer von 23 sog. NZ Cycle Trails (www.nzcycletrail.com). Die von Greymouth nach Ross führende, zumeist leicht ansteigende Trasse verläuft über historische Goldgräberpfade, entlang von Wasserläufen, Holztransportschneisen und alten Bahnlinien, andere Abschnitte wurden komplett neu angelegt. Unterwegs durchqueren die Radler außergewöhnliche Landschaften: dichten Regenwald, Gletscherflüsse, Seen und Feuchtgebiete. Und immer wieder beeindrucken die Fernblicke auf die schneebedeckten Berge der Südalpen und/oder die wilde Tasmansee.

Die gesamte Strecke kann in gut vier Tagen mit dem Rad zurückgelegt werden, sie kann aber auch in einzelnen, unterschiedlich langen Etappen gefahren werden. Wer nicht so viel Zeit hat, sollte sich nach der Tour „Big Day Out" von Kawhaka nach Kaniere erkundigen, die viele Highlights einschließt. Eine andere Route führt zu den historischen Pubs von Paroa, Kumara und Ross.

Leihräder, Transportmöglichkeiten und Beratung gibt es an allen wichtigen Einstiegen in den Trail. Erste Anlaufstelle in Hokitika ist **Wilderness Trail Shuttle** (☎ 03-755 5042, 021 263 3299; www.wildernesstrailshuttle.co.nz), in Greymouth hilft **Trail Transport** (☎ 03-768 6618; www.trailtransport.co.nz).

20 Uhr) Von außen betrachtet sieht das alte Monteith-Brauhaus vielleicht nur wie der Firmensitz einer ganz normalen Brauerei aus, in der Biere wie überall auf der Welt gebraut werden. Doch hier wird während der ausgezeichneten Führung doch deutlich mehr geboten, u. a. viel Wissenswertes über die Geschichte des Brauwesens (25 Min. mit großzügig bemessener Verkostung; vier Führungen tgl.). Der luxuriös eingerichtete Verkostungsraum mit angeschlossener Bar hat sich inzwischen zur interessantesten Kneipe des Ortes gemausert (leckere Snacks: 9–22 NZ$) – schade nur, dass abends so früh Schluss gemacht wird.

Shantytown MUSEUM

(www.shantytown.co.nz; Rutherglen Rd, Paroa; Erw./Kind/Fam. 33/16/78 NZ$; ⌚8.30–17 Uhr) In Shantytown, das 8 km südlich von Greymouth und 2 km landeinwärts vom SH6 liegt, wird auf bewegende Weise die Lokalgeschichte lebendig. Hier wurde eine neuseeländische Goldgräberstadt der 1860er-Jahre originalgetreu nachgebaut – inklusive Dampflokfahrt, Pub und „Rosie's House of Ill Repute". Weitere Attraktionen sind die Goldwaschanlage, das Sägewerk, ein grausames Krankenhaus und eine kurze holografische Filmvorführung im Princess Theatre.

Aktivitäten

TranzAlpine EISENBAHNFAHRT

(☎ 0800 872 467, 03-341 2588; www.kiwirailscenic.co.nz; einfach Erw./Kind ab 99/69 NZ$; ⌚ Abfahrt Christchurch 8.15 Uhr, Greymouth 13.45 Uhr) Die TranzAlpine zählt zu den schönsten Zugstrecken der Welt. Sie führt vom Pazifik zur Tasmansee, durchquert die Southern Alps und führt durch den Arthur's Pass National Park. Unterwegs passiert man viele eindrucksvolle Landschaften: die flache Canterbury-Ebene mit den Schwemmkegeln verschiedener Flüsse, schmale Bergschluchten, einen 8,5 km langen Tunnel, von Buchenwäldern gesäumte Flusstäler und einen idyllischen See, gesäumt von sog. *cabbage trees* (Kohlbaum; *cordyline australis*).

Die viereinhalbstündige Reise bleibt unvergesslich, selbst bei scheinbar schlechtem Wetter: Wenn es an der einen Küste regnet, ist die Wahrscheinlichkeit groß, dass an der anderen die Sonne scheint.

Point Elizabeth Walkway WANDERN

(www.doc.govt.nz) Der reizvolle Wanderweg (hin & zurück 3 Std.) startet bei der Dommett Esplanade in Cobden, 6 km nördlich von Greymouth und führt durch eine dicht bewaldete Landspitze im Schatten der Rapahoe Range. Ziel ist ein Aussichtspunkt am Ozean. Anschließend geht es weiter zum nördlichen Startpunkt bei Rapahoe (11 km von Greymouth) – einer kleinen Stadt mit langem Strand und sympathischem Pub.

Floodwall Walk SPAZIERGANG

Nur zehn Minuten dauert der Spaziergang entlang des Flussufers über den Mawhera Quay, dem Startpunkt des West Coast Wilderness Trails (s. oben). Eine andere

Greymouth

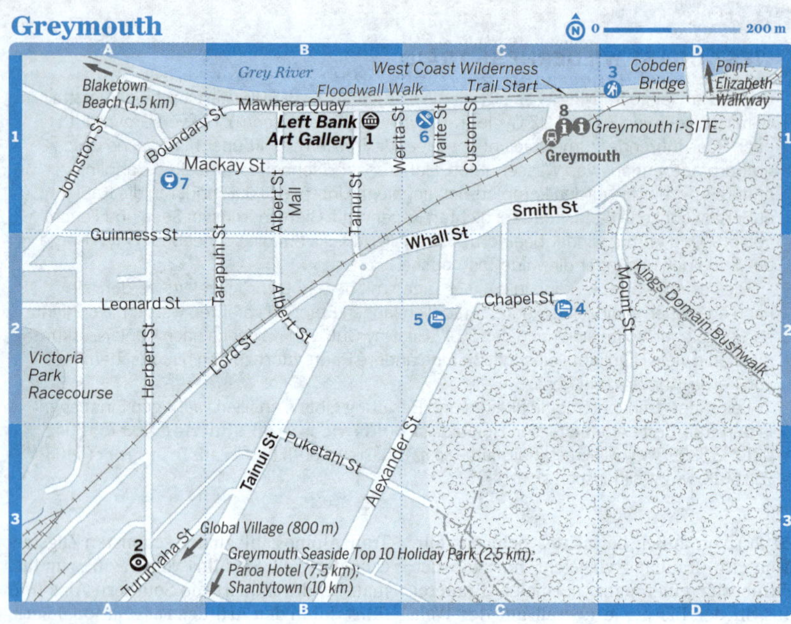

Greymouth

Highlights
1 Left Bank Art Gallery B1

Sehenswertes
2 Monteith's Brewing Co A3

Aktivitäten, Kurse & Touren
3 Floodwall Walk D1
TranzAlpine .... (s. 8)

Schlafen
4 Ardwyn House C2
5 Noah's Ark Backpackers C2

Essen
6 DP1 Cafe C1

Ausgehen & Nachtleben
7 Ferrari's A1

Information
8 West Coast Travel Centre C1

Möglichkeit ist ein etwa einstündiger Rundgang, der zum Fischereihafen, zur Blaketown Beach und zur Mole führt. Dort erlebt man die Wucht des Ozeans besonders intensiv und kann zudem den berühmten West-Coast-Sonnenuntergang genießen.

Schlafen

★ Global Village HOSTEL $
(☎03-768 7272; www.globalvillagebackpackers.co.nz; 42 Cowper St; Stellplatz 18 NZ$ pro Pers., B/DZ/3BZ 30/76/102 NZ$; @ 📶) Das „globale Dorf" wartet mit afrikanischer und asiatischer Kunst und einer lässig-angenehmen Travelleratmosphäre auf. Es gibt kostenlose Leihkajaks – das Lake Karoro Wetland Reserve liegt nur ein paar Meter entfernt – und Mountainbikes. Dank des Spas, einer Sauna und einer Grillstelle kann man hier wunderbar nach den Ausflügen entspannen.

Ardwyn House B&B $
(☎03-768 6107; ardwynhouse@hotmail.com; 48 Chapel St; EZ/DZ inkl. Frühstück ab 65/100 NZ$; 📶) Das antiquierte, aber gastliche B&B am Ende einer ruhigen Sackgasse liegt versteckt zwischen Gärten, die sich die Steilhänge hinaufziehen. Die reiseerfahrene Gastgeberin bereitet ein fantastisches Frühstück zu.

Greymouth Seaside Top 10 Holiday Park CAMPINGPLATZ, MOTEL $
(☎03-768 6618, 0800 867 104; www.top10greymouth.co.nz; 2 Chesterfield St; Stellplatz 40–60 NZ$, Hütte 60–125 NZ$, Motel-Zi. 110–374 NZ$; @ 📶) Der große Park liegt 2,5 km südlich

des Stadtzentrums und ideal für Spaziergänge entlang des nahen Strandes bei Sonnenuntergang. Der Platz bietet unterschiedliche Stellplätze für Zelte und Camper sowie Unterkünfte, die von einfachen Hütten bis hin zu luxuriösen Motelzimmern mit Meerblick reichen. Letztere sind wahrscheinlich die schicksten Optionen der Stadt.

Noah's Ark Backpackers HOSTEL $
(☎0800 662 472, 03-768 4868; www.noahs.co.nz; 16 Chapel St; Stellplatz pro Pers. 18 NZ$, B/EZ/DZ 30/74/74 NZ$; @📶) In dieser farbenfrohen Arche Noah, einem ehemaligen Kloster, wohnen die Gäste in Zimmern, die mit exzentrischen Tiermotiven ausgestattet sind und von deren Balkone sich die Sonnenuntergänge bewundern lassen. Für Erholung sorgen der schöne Garten mit einem Whirlpool hinter dem Haus. Mountainbikes und Angeln werden kostenlos verliehen.

Paroa Hotel HOTEL $$
(☎0800 762 6860, 03-762 6860; www.paroa.co.nz; 508 Main South Rd, Paroa; DZ 128–140 NZ$; 📶) Das Hotel, seit mehr als 62 (und hoffentlich noch viele weitere) Jahren in Familienbesitz, liegt gegenüber der Abzweigung nach Shantytown. Es bietet geräumige Zimmer in einem weitläufigen Garten mit Rasenflächen. Ein Pluspunkt ist die Nähe zum Strand. Zum Hotel gehören eine Bar und ein Restaurant (Hauptgericht 18–35 NZ$). Auf der Speisekarte finden sich Whitebait, das neuseeländische Dessert Pavlova (Baiserboden mit Sahne und Früchten) und Bier – kein Wunder, dass hier auch viele Einheimische einkehren.

Essen & Ausgehen

DP1 Cafe CAFÉ $
(104 Mawhera Quay; Gerichte 7–23 NZ$; ⏲Mo–Fr 8–17, Sa & So 9–17 Uhr; 📶) In diesem zwanglosen Treffpunkt gibt es tollen Espresso und auch gutes Essen. Gute Musik, WLAN, lokale Kunst und Tische im Freien am Quai laden zum Verweilen ein. Das Muffin-Frühstück mit Kaffee (6 NZ$) lohnt sich.

Ferrari's BAR
(☎03-768 4008; www.ferraris.co.nz; 6 Mackay St; ⏲Do–Sa 17 Uhr bis spätabends, So 12–18 Uhr) Dekadenz und Glanz der goldenen Jahre Hollywoods ... Die Bar im Haus des Regent Cinema ist ein so gemütlicher, stimmungsvoller Ort, dass so mancher länger als geplant auf einem der Ledersofas sitzen bleibt und den einen oder anderen Drink bestellt.

Praktische Informationen

Grey Base Hospital (☎03-768 0499; High St)
Greymouth i-SITE (☎03-768 5101, 0800 473 966; www.westcoasttravel.co.nz; 164 Mackay St, Bahnhof Greymouth; ⏲Mo–Fr 9–17, Sa & So 9.30–16 Uhr; 📶) Das hilfreiche Team im Bahnhof hilft gern mit Rat und Buchungen weiter, z. B. von DOC-Hütten und -Wanderungen. Weitere Informationen: www.westcoastnz.com.

An- & Weiterreise

Das wie die i-SITE im Bahnhof zu findende **West Coast Travel Centre** (☎03-768 7080; www.westcoasttravel.co.nz; 164 Mackay St, Greymouth Train Station; ⏲Mo–Fr 9–17, Sa & So 10–16 Uhr; 📶) bucht Fahrkarten für alle lokalen und nationalen Transportmittel, außerdem bietet es eine Gepäckaufbewahrung an.

BUS

Alle Busse halten außerhalb des Bahnhofs.
InterCity (S. 487) fährt einmal täglich Richtung Norden nach Westport (2 Std.) und Nelson (6 Std.) sowie Richtung Süden zum Franz Josef Glacier (3½ Std.). **Naked Bus** (S. 487) befährt dreimal wöchentlich die gleiche Route. Beide Unternehmen bieten auch Fahrten zu weiter entfernt liegenden Zielen an.
Busse von **Travel** (☎03-349 0697, 0508 108 359; www.atomictravel.co.nz) und **West Coast Shuttle** (☎03-768 0028, 0274 927 000; www.westcoastshuttle.co.nz).fahren täglich zwischen Greymouth und Christchurch.

ZUG

KiwiRail Scenic (☎0800 872 467; www.kiwirailscenic.co.nz)

Unterwegs vor Ort

Verschiedene Autovermieter haben Schalter im Bahnhof, zu den lokalen Anbietern gehören **Alpine West** (☎0800 257 736, 03-768 4002; www.alpinerentals.co.nz; 11 Shelley St) und **NZ Rent-a-Car** (☎03-768 0379; www.nzrentacar.co.nz; 170 Tainui St).
Greymouth Taxis (☎03-768 7078)

Blackball

291 EW.

Etwa 25 km flussaufwärts von Greymouth liegt die marode Stadt Blackball – sie wurde 1866 als Standort von Goldgräbern gegründet; der Kohlebergbau hatte hier seine Blütezeit zwischen 1890 und 1964. Der Gewerkschaftsbund National Federation of Labour wurde in Blackball gegründet, entstanden aus einflussreichen Streiks in den Jahren 1908 und 1931. Die Geschichte seiner Entstehung wird auf historischen Tafeln an der Hauptstraße erklärt.

In der Nähe befindet sich das **Formerly the Blackball Hilton** (☎03-732 4705, 0800 425 225; www.blackballhilton.co.nz; 26 Hart St; EZ/DZ inkl. Frühstück 55/110 NZ$; 📶), in dem man den nützlichen Stadtplan *Historic Blackball* erhält. Die offizielle „historische Stätte" bietet viele Erinnerungsstücke, für den Hunger gibt es warme Gerichte (15–34 NZ$), ein kühles Bier, dazu viel Nachmittagssonne und eine Auswahl an Zimmern mit dem Charme längst vergangener Zeiten. Seinen Namen erhielt das Hotel übrigens, nachdem eine bekannte, weltweit vertretene Hotelkette nervös reagierte, als ihr Name geklaut wurde.

Ebenso berühmt wie das Hilton ist die Metzgerei **Blackball Salami Co** (☎03-732 4111; www.blackballsalami.co.nz; 11 Hilton St; ⏲Mo–Fr 8–16, Sa 9–14 Uhr), der Produzent leckerer Salami und Würste aller Art.

Blackball ist auch wegen seiner Lage am südlichen Ende des historischen **Croesus Track** (www.doc.govt.nz) bekannt. Der Wanderweg (und Mountainbike Trail) führt über die Höhen nach Barrytown und lässt sich an einem oder zwei Tagen zurücklegen. Geplant ist, dass er in einigen Jahren ein Teilstück des neuen **Pike River Great Walk** wird.

ℹ An- & Weiterreise

Die Fahrt vom West Coast Hwy nach Blackball dauert etwa 30 Minuten, man benötigt dafür allerdings ein eigenes Auto.

Lake Brunner

270 EW.

Lake Brunner (www.golakebrunner.co.nz) liegt von der Küste weg im Inland der Region Greymouth. Die Fahrt dorthin ist 39 km lang, den SH7 verlässt man bei Stillwater. Von Süden nimmt man die Abfahrt Kumara Junction zum See.

Lake Brunner, einer von vielen Seen in dieser Gegend, ist ein friedvoller Ort für Wanderungen durch das Buschland, für Vogelbeobachtungen und verschiedene Wassersportarten. Auch Bootsfahren und Angeln bieten sich hier an. Die Einheimischen prahlen, dass die Forellen im See und im Arnold River „sehr alt sterben" – was darauf schließen lässt, dass die Fische besonders clever oder die Fischer besonders vom Pech verfolgt sind. Die i-SITE in Greymouth organisiert Angelführer für den Lake Brunner. Wer spazieren gehen will, läuft am besten zum Jachthafen, dort beginnen verschiedene kurze Spaziergänge.

Moana ist die Hauptsiedlung mit zahlreichen Unterkünften, allen voran das **Lake Brunner Country Motel** (☎03-738 0144; www.lakebrunnermotel.co.nz; 2014 Arnold Valley Rd; Stellplatz ab 34 NZ$, Hütte 62–72 NZ$, Cottage-DZ 135–150 NZ$; 📶), das 2 km vom See entfernt liegt. In der großen, parkähnlichen Anlage mit vielen einheimischen Pflanzen liegen Hütten, Cottages und Stellplätze für Camper. Alle, die zelten, finden Plätze auf der üppig grünen Rasenfläche. Das Brunner Country Motel ist ein friedlicher und ruhiger Ort, es sei denn, man stört sich am Gesang der Vögel oder dem Blubbern des Whirlpools.

In Moana gibt es eine Reihe Restaurants, u. a. ein Café gegenüber vom Bahnhof, wo der *TranzAlpine* einrollt. Auch viele lokale Pubs bieten inzwischen eine kleine Speisekarte an. Mit Lebensmitteln kann man sich außerdem an der Tankstelle eindecken.

ℹ An- & Weiterreise

Der *TranzAlpine* hält auf seiner Fahrt zwischen den Städten Christchurch und Greymouth zweimal täglich in Moana. Auch die Shuttlebusse von **Atomic Travel** fahren über Moana, sie sind auf derselben Strecke unterwegs.

Kumara

309 EW.

30 km südlich von Greymouth, unweit des westlichen Endes des Arthur's Pass (SH 73), liegt Kumara. Die Ortschaft gehörte auch zu jenen einst betriebsamen Goldgräberstädten, die mit dem Ende des Goldrauschs verlassen wurden und in der nur noch ein Grüppchen hartgesottener Bewohner zurückblieb.

In jüngerer Zeit ist Kumara besonders dadurch bekannt geworden, dass es sich besonders stark für das Rennen Coast to Coast (www.coasttocoast.co.nz) engagiert. Coast to Coast zählt zu den berühmtesten Multi-Sportwettkämpfen des Landes: Alljährlich im Februar rennen, biken und paddeln Sportler eine Gesamtstrecke von 243 km über die Berge nach Christchurch. Der Fitteste erreicht bei diesem Marathon eine Zeit von unter elf Stunden.

Heute begrüßen die Einwohner von Kumara vor allem Reisendn, die auf der Küstenstraße unterwegs sind und die immer weiter steigende Zahl der Mountainbiker, die den West Coast Wilderness Trail (S. 501) befahren, der durch den Ort verläuft.

Die steigenden Nachfrage an Unterkünften bedient das **Theatre Royal Hotel** (☎03-736 9277; www.theatreroyalhotel.co.nz; 81 Seddon St, SH73, Kumara; DZ 100–290 NZ$; ⏰10 Uhr bis spätnachts; 📶). Das umfassend renovierte Prunkstück mit Nobelrestaurant und luxuriösen Zimmern in Anlehnung an historische Vorbilder hat Kumara auf einen Schlag ins 21. Jh. katapultiert. Wunderschön gelungen sind auch die kleinsten Einrichtungsdetails, immer unter Berücksichtigung des traditionellen neuseeländischen Erbes.

Die Gerichte des Restaurants gehören zum Besten, was die Westküste zu bieten hat (Fisch & Chips, Wild, Pizza und Kuchen). Ansonsten schaut man auf einen Drink rein und nutzt die Gelegenheit, sich mit den Einheimischen zu unterhalten.

Wer den Arthur's Pass befährt, kann im **Jackson's Holidy Park** (☎03-738 0474; www.jacksonsretreat.co.nz; Jacksons, SH 73, Kumara; Stellplatz ab 40 NZ$; @📶) 🍃, 33 km westlich vom Dorf Arthur's Pass, übernachten. Es erstreckt sich über abschüssige 6 ha Land mit außergewöhnlichen Ausblicken auf den Taramakau River und bietet tolle Einrichtungen für Camper und Zeltende.

ℹ An- & Weiterreise

Busse von **West Coast Shuttle** halten täglich in Kumara auf der Fahrt zwischen Greymouth und Christchurch (nicht zu verwechseln mit der Kumara Junction unweit der Küste).

WESTLAND

Etwa das letzte Drittel der Westküste wird als Westland bezeichnet – eine Mischung aus Feldern und Regenwald, in dessen Rücken sich die Südalpen derart steil in die Höhe erheben, das man beim Schauen einen steifen Hals bekommt. Am berühmtesten ist die Region aber wegen ihrer Gletscher, die sich gegenwärtig zurückziehen, aber glücklicherweise umgeben sind von ebenso spektakulären Attraktionen.

Hokitika

3078 EW.

Hokitikas Reichtümer sind vielseitig: Der Ort ist vor allem an der Geschichte Interessierten bekannt, aber auch als Schauplatz vieler Romane über Neuseeland – allen voran *The Luminaries* von Eleanor Catton. Die damals erst 28-jährige Schriftstellerin wurde für ihren Roman 2013 mit dem Man Booker Prize ausgezeichnet.

Die Stadt wurde ursprünglich von Goldgräbern gegründet, gilt heute aber als Hochburg des *pounamu* (Jade), der neben vielen anderen Kunstrichtungen und Handwerkskünsten um Aufmerksamkeit buhlt und zahlreiche Besucher in Straßen der Stadt lockt.

Sehenswertes

★Hokitika Museum MUSEUM
(www.hokitikamuseum.co.nz; 17 Hamilton St; Erw./Kind 6/3 NZ$; ⏰Nov.–März 10–17 Uhr, April–Okt. 10–14 Uhr) Das vorbildliche Provinzmuseum im eindrucksvollen Carnegie Building von 1908 zeigt eine durchdachte, übersichtlich und modern gestaltete Ausstellung. Zu den Highlights zählen die faszinierende Präsentation *Whitebait!* und die Schau im *Pounamu*-Raum. Ein Besuch ist die ideale mentale Vorbereitung für das anschließende Stöbern nach Jade-Schmuckstücken in den Galerien des Ortes.

★Lake Kaniere SEE
(www.doc.govt.nz) Im Herzen eines 70 km² großen, landschaftlich malerischen Schutzgebietes liegt der wunderschöne Lake Kaniere, der 8 km lang, 2 km breit und 195 m tief ist. Sein Wasser ist eiskalt, wie man schnell beim Eintauchen eines Zehs ins Wasser feststellen wird.

Die meisten ziehen es vor, an der Hans Bay (S. 505) zu zelten oder zu picknicken oder einen der vielen Wanderwege in der Umgebung zu erkunden. Zur Auswahl stehen gleich mehrere, angefangen vom 15-minütigen Canoe Cove Walk bis hin zur Besteigung des Mount Tuhua (hin & zurück 7 Std.). Der historische **Kaniere Water Race Walkway** (einfach 3½ Std.) ist Teil des West Coast Wilderness Trail.

Hokitika Gorge SCHLUCHT
(www.doc.govt.nz) Die eindrucksvolle Schlucht ist das Ziel eines landschaftlich reizvollen, 35 km langen Ausflugs. Ihr Wasser hat eine unwahrscheinlich intensive türkise Farbe, die ihre Ursache im Gletschermehl hat. Dabei handelt es sich um Gesteinsabrieb, der mit dem Schmelzwasser der Gletscher transportiert wird.

Wer den kurzen Waldweg und die Hängebrücke entlanggeht, kann die faszinierende Schlucht aus jedem nur erdenklichen Blick-

Hokitika

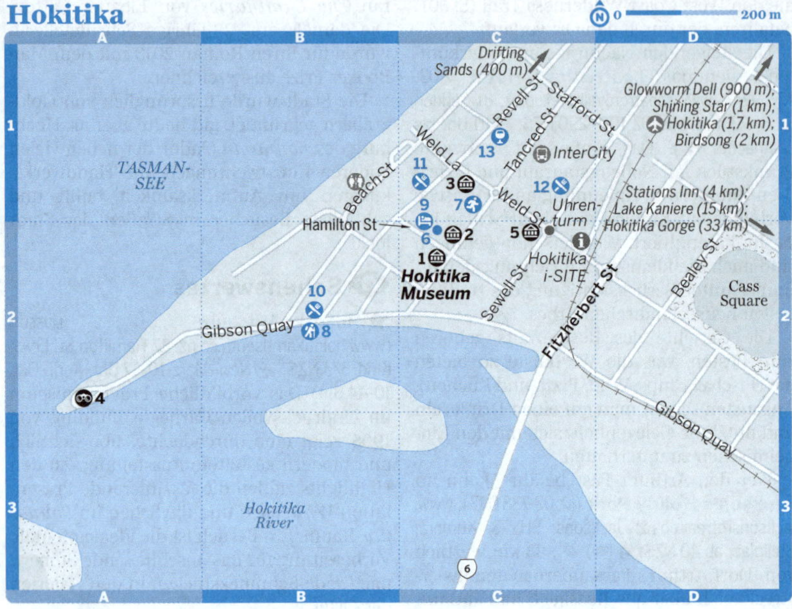

Hokitika

Highlights
1 Hokitika Museum C2

Sehenswertes
2 Hokitika Craft Gallery C2
3 Hokitika Glass Studio C1
4 Sunset Point A2
5 Waewae Pounamu C2

Aktivitäten, Kurse & Touren
6 Bonz 'N' Stonz C2
7 Hokitika Cycles & Sports World C1
8 Hokitika Heritage Walk B2

Schlafen
9 Teichelmann's B&B C2

Essen
10 Dulcie's Takeaways B2
11 Fat Pipi Pizza C1
12 Ramble + Ritual C1

Ausgehen & Nachtleben
13 West Coast Wine Bar C1

winkel anschauen und fotografieren. Die Schlucht ist von der Stafford Street (hinter der Molkerei) aus gut ausgeschildert.

Unterwegs passiert man **Kowhitirangi,** den Schauplatz des schlimmsten Massenmords in Neuseeland, der eine zwölftägige Großfahndung nach sich zog (verewigt im 1982 erschienenen Filmklassiker *Bad Blood*). Neben dem Bauernhof steht ein Denkmal in Form einer steinernen Säule.

Sunset Point AUSSICHTSPUNKT
(Gibson Quay) Spektakuläre Aussicht hat man hier zwar den ganzen Tag, aber wie der Name verspricht, sind gerade die Sonnenuntergänge an diesem Ort außergewöhnlich schön. Mit seinen Surfern, Möwen, der Brandung und einer Portion Fish & Chips ist das Neuseeland pur!

Glowworm Dell NATURWUNDER
Nur ein kurzer Spaziergang führt vom SH 6 zu der unmittelbar nördlich der Stadt gelegenen Glühwürmchenhöhle. Hier bietet sich eine gute Gelegenheit, in die geheimnisvolle Welt der in Neuseeland heimischen Pilzmückenlarven (*fungus gnat larvae* – also keine Würmchen; die europäischen Glühwürmchen sind dagegen Leuchtkäfer) einzutauchen. Weitere Erklärungen erhalten Besucher auf der Informationstafel am Eingang.

Galerien

Die Kunst- und Kunsthandwerksgalerien gehören zu den größten Attraktionen Hokis, in denen ein Tag wie im Flug vergeht. Es gibt zahlreiche Möglichkeiten, die Künstler kennenzulernen und ihnen in ihren Werkstätten bei der Arbeit zuzusehen. Man sollte jedoch wissen, dass in einigen Galerien aus Europa und Asien importierte Jade verkauft wird, da der wertvolle neuseeländische *pounamu* nur mit großem Aufwand gewonnen werden kann.

Hokitika Craft Gallery GALERIE
(www.hokitikacraftgallery.co.nz; 25 Tancred St; ⌚8.30–17 Uhr) Als wohl beste Anlaufstelle für Kunstgewerbe in der Stadt präsentiert die Kooperative eine große Palette kunsthandwerklicher Produkte aus der Region, darunter Jadearbeiten, Schmuck, Keramik und Holzschnitzarbeiten.

Waewae Pounamu GALERIE
(www.waewaepounamu.co.nz; 39 Weld St; 8–17 Uhr) Hier findet man schöne Werke aus Jade in traditionellem und modernem Design. Der Laden liegt in der Hauptstraße.

Hokitika Glass Studio GALERIE
(www.hokitikaglass.co.nz; 9 Weld St; ⌚8.30–17 Uhr) Hier wird Glaskunst in allen Facetten gezeigt – von knallbunt-kitschig bis kunstvoll. Wochentags kann man den Glasbläsern bei ihrer Arbeit zuschauen.

Aktivitäten

Hokitika ist ein idealer Ausgangspunkt für Wanderungen und Radtouren. Zur Information sollte man sich die DOC-Broschüre *Walks in the Hokitika Area* (1 NZ$) herunterladen oder sie sich direkt vor Ort besorgen. Auch lohnt es sich bei **Hokitika Cycles & Sports World** (☎03-755 8662; www.hokitikasportsworld.co.nz; 33 Tancred St; Mountainbike Tag 55 NZ$) vorbeizuschauen, dort können Mountainbikes ausgeliehen werden. Bei Hokitika Cycles bekommt man aber auch Infos zu Wanderwegen, u. a. zum West Coast Wilderness Trail (S. 501).

Bonz 'N' Stonz SCHNITZEREI
(www.bonz-n-stonz.co.nz; 16 Hamilton St; Tages-Workshop 85–180 NZ$) Wie wär's, unter Anleitung von Steve sein eigenes Jadeobjekt, ein Knochen- oder Paua- (Krustentier-) Meisterstück zu entwerfen, zu schnitzen und zu polieren? Die Preise variieren je nach Material und Aufwand des Entwurfs. Eine Buchung ist empfehlenswert.

Hokitika Heritage Walk SPAZIERGANG
Vor dem Spaziergang durch die Fußgängerzone am alten Hafendamm empfiehlt es sich, die Mitarbeiter des i-SITE nach dem informativen Faltblatt (50 c) oder nach dem geführten Spaziergang mit Mr. Verall zu fragen. Auf einem anderen Infoblatt wird der **Hokitika Heritage Trail** beschrieben, ein 11 km langer Rundweg (2–3 Std.), der an historischen Stätten und interessanten Punkten der Stadt vorbeiführt.

Wilderness Wings RUNDFLÜGE
(☎0800 755 8118; www.wildernesswings.co.nz; Hokitika Airport; Flüge ab 285 NZ$) Ein sehr geschätzter Anbieter, der Rundflüge über Hokitika veranstaltet und als weiter entfernt liegende Ziele zum Beispiel den Aoraki/Mount Cook National Park und die berühmten Gletscher anfliegt.

Feste & Events

Driftwood & Sand KUNST
(www.driftwoodandsand.co.nz; ⌚Jan.) Jedes Jahr im Januar wird am Hokitika Beach

WHITEBAIT-FIEBER

Selbst wer der Westküste nur eine Stippvisite abstattet, wird unvermeidlich auf die eine oder andere Weise Bekanntschaft mit Whitebait machen. So kann es sein, dass man ihn ganz unkonventionell in Harihari aus der Hand isst oder ihn in einem der lokalen Cafés oder Restaurants auf der Karte findet.

Die kleinen durchsichtigen Fische sind die Nachkommen einiger wertvoller einheimischer Fischarten Neuseelands, etwa des Inanga, Kokopu, Stint und sogar einiger Aale.

Da das Kilo an der Küste rund 80 NZ$ einbringt, und anderswo noch weit mehr, ist in der Hochsaison von August bis November die Konkurrenz unter den Fischern, die möglichst viel von diesen schwer zu fangenden Fischen anlanden wollen, sehr groß. In diesen Monaten werden alle Flussufer von Karamea bis Haast von Whitebait-Liebhabern gestürmt. Umweltschützer raten allerdings davon ab, die Fische zu essen, um die Bestände nicht noch mehr zu gefährden. Also doch wieder zurück zum guten alten Schinken-Sandwich!

Wer wissen will, warum so viel Wind um diese Fische gemacht wird, sollte die exzellente Ausstellung *Whitebait!* im **Hokitika Museum** (S. 505) besuchen.

drei Tage lang Strandgut zu überraschend kunstvollen oder kitschig-albernen Skulpturen verarbeitet.

Wildfoods Festival ESSEN
(www.wildfoods.co.nz; März) Das Anfang März stattfindende Festival zieht Schwärme von neugierigen und mutigen Feinschmeckern an, die eine Reihe von Dingen kosten, vor denen sie normalerweise Reißaus nehmen oder die sie wie lästige Fliegen einfach wegschnippen würden. Eine frühzeitige Buchung ist ratsam.

Schlafen

★ Drifting Sands HOSTEL $
(03-755 7654; www.driftingsands.co.nz; 197 Revell St; B/DZ & 3BZ 36/109 NZ$;) Wenn doch nur alle Hostels so schick wären! Natürliche Töne und Materialien, eine umweltfreundliche Ausstattung und tolle Atmosphäre – all dies macht das Haus mit direktem Strandzugang zu einer begehrten Unterkunft. Nicht zu verachten sind auch die hervorragenden Betten, die gemütliche Lounge und der Toast zum Frühstück. Fabelhaft!

Hans Bay DOC Campground CAMPINGPLATZ $
(www.doc.govt.nz; Stellplatz pro Ew./Kind 6/3 NZ$) Der einfache DOC-Campingplatz befindet sich in einer Spitzenlage auf einem terrassierten Gelände mit Wiesen und bietet dank seiner erhöhten Position einen fantastischen Panoramablick auf den See und die hügelige Buschlandschaft.

Birdsong HOSTEL $
(03-755 7179; www.birdsong.co.nz; SH6; B/EZ/DZ 34/67/119 NZ$, ohne Bad 85 NZ$;) Das 2,5 km nördlich der Stadt liegende Hostel mit Vogelbildern an den Zimmerwänden lockt mit Seeblick und einer gemütlichen Atmosphäre. Die kostenlosen Räder, die Strandnähe und andere Extras haben schon so manchen zur Verlängerung seines Aufenthalts verführt.

Shining Star CAMPINGPLATZ, MOTEL $$
(03-755 8921; 16 Richards Dr; Stellplatz mit/ohne Strom 32/40 NZ$, DZ 115–199 NZ$;) Eine schöne und vielseitige Ferienanlage in Strandnähe mit allen möglichen Übernachtungsvarianten von Campingplätzen bis hin zu schicken Unterkünften am Strand für Selbstversorger.

Die Kinder lieben das Tiergehege mit Schweinen und Alpakas, die Eltern wahrscheinlich eher das Spa und die Sauna.

Stations Inn MOTEL $$
(03-755 5499; www.stationsinnhokitika.co.nz; Blue Spur Rd; DZ 170–300 NZ$;) Der moderne Komplex liegt auf einem Hügel fünf Fahrminuten von der Stadt entfernt und punktet mit einem schönen Blick auf den entfernt liegenden Ozean. Das Motel bietet schicke Unterkünfte mit Kingsize-Betten und einem Whirlpool.

Das hauseigene Restaurant (Hauptgerichte 30–45 NZ$; Di–Sa ab 17 Uhr) hat einen Hof, einen Teich und ein Wasserrad und ist spezialisiert auf fleischhaltige Kost.

Teichelmann's B&B B&B $$$
(03-755 8232; www.teichelmanns.co.nz; 20 Hamilton St; DZ 235–260 NZ$;) Früher wohnte hier der Chirurg und Bergsteiger Ebenezer Teichelmann, heute ist dieses historische Schmuckstück ein bezauberndes B&B mit freundlichen Gastgebern. In allen Zimmern (mit eigenem Bad) herrscht ein luftiges, erholsames Ambiente, Gleiches gilt auch für das eher private Teichy's Cottage im Garten.

Essen & Ausgehen

Dulcie's Takeaways FISH & CHIPS $
(Ecke Gibson Quay & Wharf St; Fish & Chips 6–12 NZ$; Di–So 11–21 Uhr) Hier sollte man sich eine ordentliche Portion der exzellenten Fish & Chips zum Mitnehmen besorgen (Empfehlung: Steinbutt oder Kabeljau) und diese dann am Sunset Point verspeisen, der etwas weiter die Straße abwärts liegt. Eine Extra-Prise Meersalz ist dabei garantiert!

★ Fat Pipi Pizza PIZZERIA $$
(89 Revell St; Pizza 20–30 NZ$; Mi–So 12–14.30, tgl. 17–21 Uhr;) Vegetarier, Fleischliebhaber und auch alle anderen werden die Pizzas, die direkt vor den Augen der Gäste mit großer Sorgfalt zubereitet werden, lieben! Es gibt auch eine Variante mit *whitebait*, außerdem leckere Kuchen, Honigbrötchen und verschiedene Säfte.

Am besten genießt man sein Essen in der Gartenbar, einem der schönsten Speiselokale in der Stadt (bzw. an der gesamten Westküste).

Ramble + Ritual CAFÉ
(03-755 6347; 51 Sewell St; Snacks 3–8 NZ$, Gerichte 8–15 NZ $; Mo–Fr 8–16, Sa 9–13 Uhr;) Das etwas abseits in der Nähe des Glockenturms liegende Galerie-Café ist ein hübsches kleines Lokal, in das es sich lohnt einzukehren. Hier bekommt man einen

hervorragenden Espresso, köstliche, frische Backwaren und einfache, aber gesunde und auf Bestellung frisch zubereitete Salate. Die Ingwer-Haferplätzchen sind sicher die besten landauf-landab.

West Coast Wine Bar WEINBAR
(www.westcoastwine.co.nz; 108 Revell St; ⌚Di–Sa 8 Uhr bis spätabends, Mo 8–14 Uhr) Das winzige Lokal mit seiner pfiffigen Gartenbar wertet die niveauvolle Lebensart von Hoki auf, bietet es doch eine ganze Palette edler Weine und Fassbiere.

Und wer Hunger hat, bestellt sich dazu eine Pizza von Fat Pipi Pizza weiter unten in der Straße, sie wird angeliefert.

ℹ Praktische Informationen

Hokitika i-SITE (☎03-755 6166; www.hokitika.org; 36 Weld St; ⌚Mo–Fr 8.30–18, Sa & So 9–17 Uhr), eine der besten Touristeninformationen in Neuseeland, bietet Buchungen an, u. a. für alle Busunternehmen. Sie hält auch DOC-Informationsmaterial vorrätig. Die Unterkünfte müssen allerdings online gebucht werden oder man geht direkt in die jeweiligen lokalen DOC-Büros. Weitere Informationen: www.westcoastnz.com.

Westland Medical Centre (☎03-755 8180; 54a Sewell St; ⌚Mo–Fr 8–16.45 Uhr). Außerhalb der Öffnungszeiten sollte man anrufen!

ℹ An- & Weiterreise

BUS

Die Busse von **InterCity** (☎03-365 1113; www.intercity.co.nz) starten vom Kiwi Centre an der Tancred Street oder am i-SITE und fahren täglich nach Greymouth (45 Min.), nach Nelson (7 Std.) und zum Franz Josef Glacier (2 Std.). Die Busse von **Naked Bus** (www.nakedbus.com) steuern dreimal pro Woche die gleichen Ziele an. Beide Busgesellschaften bieten auch Fahrten zu entfernteren Zielen an.

FLUGZEUG

Hokitika Airport (www.hokitikaairport.co.nz; Airport Dr, Abzweig von der Tudor St nehmen) liegt 1,5 km östlich des Stadtzentrums. **Air New Zealand** (S. 487) fliegt an fast allen Tagen dreimal nach Christchurch bzw. zurück.

ℹ Unterwegs vor Ort

In der Stadt vermietet **NZ Rent A Car** (☎027 294 8986, 03-755 6353; www.nzrentacar.co.nz) einen fahrbaren Untersatz; am Hokitika Airport gibt es weitere Anbieter.

Hokitika Taxis (☎03-755 5075)

Von Hokitika zum Westland Tai Poutini National Park

Von Hokitika sind es 140 km Richtung Süden bis zum Franz Josef Glacier. Die meisten Reisenden fahren ohne Halt dorthin, was eigentlich schade ist, da es auf dieser Strecke noch so manch anderes Lohnendes zu sehen gibt. Auf diesem Abschnitt des SH 6 halten die Busse von InterCity and Naked Bus ebenfalls mehrmals.

Lake Mahinapua

Der **Mahinapua Walkway** verläuft entlang einer alten Holztransporttrasse mit Überresten früherer Forstarbeiten und durchquert ein Waldgebiet mit verschiedenen Gehölzen. Die schöne Wanderstrecke (hin & zurück 4 Std.) ist heute ein Teilstück des West Coast Wilderness Trail (S. 501). Der Parkplatz liegt 8 km südlich von Hokitika am SH 6.

2 km südlich vom Parkplatz dieses Wanderwegs liegt der Eingang zum beschaulichen **Lake Mahinapua Scenic Reserve** mit einem Picknickgelände und DOC-Campingplatz. Hier beginnen auch einige kurze Wanderwege.

5 km weiter befindet sich eine ausgeschilderte Abzweigung zum **West Coast Treetops Walkway** (☎03-755 5052, 050 887 3386; www.treetopsnz.com; 1128 Woodstock-Rimu Rd; Erw./Kind 38/15 NZ$; ⌚9–17 Uhr), der nach weiteren 2 km beginnt. Der Baumwipfelpfad ist 450 m lang, verläuft 20 m oberhalb des Bodens und bietet einen ungewöhnlichen Ausblick auf die Baumkronen des Regenwalds, der sich hier aus vielen alten Rimu- und Kamahi-Bäumen zusammensetzt. Das Highlight des Pfads ist der 40 m hohe Turm, von dem man eindrucksvolle Ausblicke über den Lake Mahinapua, die Southern Alps und die Tasmansee genießt.

Im Informationszentrum befinden sich ein Café und ein Souvenirshop.

Ross

297 EW.

Die Ortschaft Ross liegt 30 km südlich von Hokitika und ist der Ort, in dem 1907 der größte Goldnugget Neuseelands gefunden wurde. Der sogenannte „Honourable Roddy" war unglaubliche 2,772 kg schwer; man kann sich lebhaft die Aufregung vorstellen, die dieser Fund auslöste.

Das **Ross Goldfields Heritage Centre** (www.ross.org.nz; 4 Aylmer St; ⏲ Dez.–März 9–16 Uhr, April–Nov. 9–14 Uhr) zeigt eine Kopie von Roddy und ein maßstabsgetreues Modell (2 NZ$) der Stadt zu ihrer Blütezeit. Ross ist inzwischen der Ausgangspunkt des neu geschaffenen West Coast Wilderness Trail (S. 501).

Der **Water Race Walk** (hin & zurück 1 Std.) beginnt unweit des Museums, am Weg liegen alte Goldgräberstätten, Höhlen, Tunnel und ein Friedhof. Wer sich als **Goldwäscher** versuchen will, leiht sich im Informationszentrum eine Goldwäscherpfanne (10 NZ$) und geht zum Jones Creek, um dort (vielleicht mit Erfolg ?) nach Roddy II. zu suchen.

Das 1866 eröffnete **Empire Hotel** (☎ 03-755 4005; 19 Aylmer St; Gerichte 15–25 NZ$) ist eines der versteckten Juwele der Westküste – seine Bar (und viele ihrer Stammgäste) erinnern an längst vergangene Zeiten. Das Gebäude hat eine sehr authentische Atmosphäre, die man bei einem Hauch von Holzrauch, einem Bier und einer ehrlichen Mahlzeit genießen kann.

Hari Hari

330 EW.

Etwa 22 km südlich des Lake Ianthe liegt Hari Hari, wo der verwegene australische Flugpionier Guy Menzies 1931 sein Doppeldeckerflugzeug in einem Sumpf notlandete und damit den ersten Soloflug von Sydney über die Tasmanische See vollendete. In einem Gedenkpark am südlichen Ende der Stadt kann man alles über den damals spektakulären Flug nachlesen und einen Nachbau seines Flugzeugs besichtigen.

Der 2¾ Stunden lange **Hari Hari Coastal Walk** (www.doc.govt.nz) ist ein nur bei Ebbe begehbarer Rundweg entlang der Flüsse Poerua und Wanganui, der durch Moore, Naturschutzgebiete und einen sumpfigen Wald führt. Der Pfad beginnt 20 km abseits des SH6, die letzten 8 km sind unbefestigt; man muss einfach nur den Ausschilderungen von der Wanganui Flats Road folgen. Eine Gezeitentabelle hängt im Pukeko Store, dort bekommt man auch etwas zu essen und einen Kaffee.

Wer übernachten will, steuert am besten das **Flaxbush Motels** (☎ 03-753 3116; www.flaxbushmotels.co.nz; SH6; DZ 65–120 NZ$; 📶) an: Die stimmungsvollen Hütten und Unterkünfte bieten für (fast) jeden Geldbeutel etwas. Bei längeren Aufenthalten sind die Gastgeber bereit, über den Preis zu verhandeln. Und unbedingt nach den Glühwürmchen fragen!

Whataroa

288 EW.

Der kleine Flecken am SH 6 ist Ausgangspunkt für Touren zum **Kotuku Sanctuary**, dem einzigen Brutgebiet des Kotuku (Silberreiher) in Neuseeland Der Vogel nistet hier zwischen November und Februar.

Nur mit dem Unternehmen **White Heron Sanctuary Tours** (☎ 0800 523 456, 03-753 4120; www.whiterontours.co.nz; SH 6, Whataroa; Erw./Kind 120/55 NZ$; ⏲ Ende Aug.–März tgl. 4 Touren) hat man die Möglichkeit, in das Brutgebiet zu fahren. Die interessante 2½-stündige Tour beginnt mit einer Jetbootfahrt, dann geht es weiter über einen kurzen Bohlenweg zu einem versteckt liegenden Beobachtungsstand. Es ist schon ein zauberhaftes Erlebnis, die vielen im Buschwerk nistenden Vögel zu beobachten. Auch wenn es keine Reiher zu sehen gibt, ist es möglich, die landschaftlich reizvolle Regenwaldtour (zum gleichen Preis) zu buchen.

White Heron Sanctuary Tours betreibt auch das **Sanctuary Tours Motel** (☎ 0800 523 456, 03-753 4120; www.whiteherontours.co.nz; SH6; Hütte 65–75 NZ$, DZ 110–135 NZ$) mit einfach ausgestatteten Hütten und Gemeinschaftsbad (Bettwäsche 10 NZ$ extra) und farbenfrohen Motel-Wohneinheiten.

Glacier Country Scenic Flights (☎ 03-753 4096, 0800 423 463; www.glacieradventures.co.nz; SH6, Whataroa; Flüge 195–435 NZ$) hat verschiedene Panoramaflüge mit einem Helikopter im Programm; der Flugplatz befindet sich im Whataroa Valley. Das kleine Team bietet seinen Passagieren bessere Ausblicke auf die Berge im Süden Neuseelands als viele der teureren Konkurrenten, die in den Ortschaften direkt bei den Gletschern abheben.

Sofern geöffnet, lohnt sich auch der Besuch der **Peter Hlavacek Gallery** (☎ 03-753 4199; www.nzicescapes.com; SH6, Whataroa; ⏲ Mo–Fr 9–17 Uhr) am Highway. Peter Hlavacek gilt vielen als einer der besten Landschaftsfotografen Neuseelands.

Okarito

30 EW.

Die Häuser des zauberhaften Küstenortes liegen an der **Okarito Lagoon**, dem größten naturbelassenen Feuchtgebiet Neuseelands. Hier kann man fantastisch Vögel beobachten, etwa den seltenen Kiwi oder den majestätischen Silberreiher.

In Okarito gibt es keine Geschäfte und kaum Einrichtungen für Touristen, daher wird empfohlen, sich vor der Ankunft mit Lebensmitteln einzudecken und auch seine Unterkunft vorab zu buchen.

Ein Hinweis für Autofahrer: 15 km südlich von Whataroa befindet sich die Abzweigung nach The Forks, von dort geht es 13 km Richtung Westen nach Okarito.

Aktivitäten

Am Parkplatz The Strand startet der leichte **Wetland Walk** (20 Min.). Bei der längeren Wanderung **Three Mile Pack Track** (3 Std.) ist der Rückweg über den Strand nur bei Ebbe möglich, daher sollte man sich bei den Einheimischen nach den Gezeiten erkundigen. Nett ist auch der Weg zum **Okarito Trig** (hin & zurück1½ Std.). Alle drei Wanderungen lohnen sich wegen der spektakulären Aussicht auf die Southern Alps und über die Okarito Lagoon.

★Okarito Nature Tours KAJAKFAHREN
(☎03-753 4014, 0800 652 748; www.okarito.co.nz; Kajak halber/ganzer Tag 65/75 NZ$) Das Unternehmen verleiht Kajaks für Paddeltouren über die Lagune und in die üppig grünen Kanäle, die den Regenwald durchziehen. Dort sind die verschiedensten Vogelarten beheimatet. Geführte Touren werden ebenfalls angeboten (ab 100 NZ$), geübte Paddler können die Boote auch über Nacht ausleihen (100 NZ$), um entfernt liegende Ziele anzusteuern. In der Lounge des Büros bekommt man einen Espresso, Fruchtshakes, Snacks und WLAN.

Okarito Boat Tours VOGELBEOBACHTUNG
(☎03-753 4223; www.okaritoboattours.co.nz) Okarito Boat Tours führt Fahrten zur Vogelbeobachtung in der Lagune durch, am interessantesten ist die passend benannte Tour für Frühaufsteher: „Early Bird" ($80 NZ$, 1½ Std., Start 7.30 Uhr). Die beliebte zweistündige „Ecotour" vermittelt einen tieferen Einblick in diese eindrucksvolle Naturlandschaft (90 NZ$, 9 und 11.30 Uhr). Das fröhliche Paar Paula und Swade, das schon lange in Okarita wohnt, kann auch eine Unterkunft im Ort vermitteln.

Okarito Kiwi Tours WILDLIFE TOUR
(☎03-753 4330; www.okaritokiwitours.co.nz; 3 Std. 75 NZ$) Die Firma bietet nächtliche Ausflüge an und verspricht, dass die Gäste mit 95%iger Wahrscheinlichkeit den seltenen Kiwi zu Gesicht bekommen. Da nur Platz für acht Personen vorhanden ist, muss vorab gebucht werden.

Schlafen

Okarito Campground CAMPINGPLATZ $
(Abzweigung von der Russell St; Stellplatz Erw./Kind 12,50 NZ$/frei) Der Campingplatz liegt auf einer luftigen Grünfläche, die von der Gemeinde zur Verfügung gestellt wurde. Hier gibt es eine Küche, einen Grillbereich und warme Duschen (1 NZ$). Treibholz lässt sich wahlweise für die eigene Feuerstelle nutzen oder für ein Feuerchen am Strand nach dem Sonnenuntergang. Es sind keine Reservierungen erforderlich.

Okarito Beach House LODGE $
(☎03-753 4080; www.okaritobeachhouse.com; The Strand; DZ & 2BZ 85–105 NZ$; WLAN) Im Okarito Beach House kann man zwischen verschiedenen Unterkünften wählen. Vor allem das verwitterte, unabhängige „Hutel" (120 NZ$, Unterkunft für 2 Pers.) ist sein Geld wert. Von der Summit Lodge hat man atemberaubende Ausblicke – und drinnen steht der schönste Esstisch, den man je gesehen hat.

An- & Weiterreise

Okarito ist nur mit dem eigenen Auto erreichbar.

WESTLAND TAI POUTINI NATIONAL PARK

Die absoluten Highlights im Westland Tai Poutini National Park sind zweifellos die beiden Gletscher Franz Josef und Fox. Auf diesem Breitengrad gibt es keine anderen Gletscher, die so nah zum Meer liegen. Für die Existenz der Gletscher ist in erster Linie der ausgiebige Niederschlag verantwortlich. Der Schnee, der auf die ausgedehnten Nährgebiete der Gletscher fällt, gefriert in 20 m Tiefe zu durchsichtigem Eis und rutscht dann die steilen Täler hinunter.

Während der letzten Eiszeit (vor 15 000–20 000 Jahren) reichten die Zwillingsgletscher bis ans Meer. In der darauf folgenden Warmzeit schrumpften sie wahrscheinlich auf eine Länge deutlich kürzer als heute. Im 14. Jh. kam es zu einer weiteren kleinen Eiszeit, in der die Gletscher bis 1750 ihre heute größte Ausdehnung erreichten; die

GLETSCHER IN GRUNDBEGRIFFEN

Wer will, kann einige der Begriffe in seinen Social-Media-Einträgen mit einem Hashtag versehen und sich dadurch als Hobbyglaziologe outen.

Akkumulationsgebiet (accumulation zone) Hier sammeln sich Eis und Schnee; auch Nährgebiet genannt.

Bergschrund Eine große Spalte im Eis am Anfang des Gletschers

Blaueis Wenn der Schnee des Akkumulationsgebietes durch aufeinanderfolgende Schneefälle zusammengepresst wird, verwandelt er sich erst in Firn und dann in Blaueis.

Firn Teilweise gepresster Schnee, der sich langsam in Blaueis verwandelt.

Gletscherbruch (icefall) Wenn ein Gletscher so steil abfällt, dass die obere Eisschicht in Eisblöcke zerfällt.

Gletschermehl (glacial flour) Feine Gesteinspartikel in den milchigen Flüssen, die aus dem Gletschertor fließen.

Gletscherspalte (crevasse) Risse im Gletschereis entstehen, wenn der Gletscherfluss beispielsweise durch ein unterschiedliches Gefälle des Untergrunds gestört wird.

Kalben (calving) Der Prozess des Abbrechens von Eis von im Meer oder Binnengewässern endenden Gletscherwänden

Moräne (moraine) Schuttwände an den Gletscherseiten (Seitenmoräne) oder -enden (Endmoräne).

Névé Schneefeld, auf dem sich Firn bildet.

Séracs Eistürme, die sich – wie Gletscherspalten – bilden, wenn der Gletscher über Hindernisse hinwegfließt.

Terminus (terminal) Unteres vereistes Ende am Fuß des Gletschers.

Toteissee (kettle lake) Ein See, der durch das Abschmelzen von isoliertem Toteis entsteht.

Zehrgebiet (ablation zone) Hier schmilzt der Gletscher.

Endmoränen (sie markieren den weitesten Vorstoß) von damals sind noch heute zu sehen.

Der massive Klimawandel der letzten Jahre hat zu einem steten Rückzug der Gletscher geführt, sodass es immer problematischer ist, sich diese zu Fuß anzuschauen. Beide Gletschertore sind mit Seilen abgesperrt, damit die Besucher nicht von Eisschlag oder plötzlicher Flutwelle überrascht werden. Die einzige Möglichkeit, auf sicherem Weg nahe an oder auf das Eis zu gelangen, ist im Rahmen einer geführten Tour. Aktuelle Informationen zu den besten Aussichtspunkten haben das DOC oder die Einheimischen.

Abseits der Gletscher bietet der Park in seinen tieferen Zonen einsame Strände entlang der Tasmansee, von denen aus es durch bunt gefärbte Podocarp-Wälder (Steineibenwälder) hinauf zu den höchsten Gipfeln Neuseelands geht. Vielgestaltig und oftmals einzigartig drängen sich hier voneinander abhängige Habitate in dichter Folge. Robben tollen in der Brandung, während in den benachbarten Wäldern das Rotwild umherstreift. Zu den hier heimischen gefährdeten Vogelarten zählen der Ziegensittich (dem sein meckernder Ruf zu seinem Namen verhalf), der Kaka (Waldpapagei), der Rowi (Brauner Okarito Kiwi) sowie der Kea (Bergpapagei). Keas kommen nur auf der Südinsel vor, es sind neugierige und drollige Vögel, die man ihrer Gesundheit zuliebe auf keinen Fall füttern sollte.

Die 23 km voneinander entfernt liegenden Partnerstädte Franz Josef Village und Fox Village werden oft von Touristen überschwemmt. Franz Josef ist der mehr auf Action ausgerichtete Ort der beiden, während Fox sich einen unaufdringlicheren alpinen Charme bewahrt hat. Von November bis März sorgen die Besuchermassen dafür, dass es oftmals in beiden Orten wie im Tollhaus zugeht. Wer kann, sollte im April oder Oktober zu den Gletschern fahren.

Franz Josef Glacier

444 EW.

Früher nannten die Māori den Franz-Josef-Gletscher „Ka Roimata o Hine Hukatere" – „Tränen des Lawinenmädchens". Denn die Legende besagt, dass ein Mädchen ihren Geliebten verlor, als dieser von einem der örtlichen Gipfel in den Tod stürzte und dass ihre herabfließenden Tränen daraufhin zu Gletschereis gefroren seien.

Der Franz-Josef-Gletscher wurde 1865 zuerst von Europäern erforscht, was auch die ungewöhnliche Namensgebung erklärt: Der Österreicher Julius Haast ehrte mit der Namenswahl den damaligen Kaiser Franz Josef. Der Parkplatz als Ausgangspunkt für verschiedene Wanderungen ins Gletschertal liegt 5 km vor dem Franz Josef Village.

Sehenswertes

West Coast Wildlife Centre WILD LEBENDE TIERE

(www.wildkiwi.co.nz; Ecke Cron & Cowan St; Tagespass Erw./Kind/Fam. 35/20/85 NZ$, inkl. Backstagepass 55/35/145 NZ$) Die eigentliche Aufgabe des Zentrums ist die Aufzucht von zwei der seltensten Kiwi-Arten weltweit, der Rowis und der Südlichen Streifenkiwis (Haast Tokoeka). Der Tagespass lohnt sich, denn nach all den vielen Informationen zu Schutzmaßnahmen, Gletschern und Traditionen erlebt man nun echte Kiwis in ihren begrünten Gehegen! Der zusätzlich zu lösende Backstagepass für die Brut- und Aufzuchtstation bietet die Gelegenheit, mehr darüber zu erfahren, was zum Schutz von diesen vom Aussterben bedrohten Tierarten unternommen wird. Das Zentrum betreibt ein eigenes Café und einen Shop.

Aktivitäten

Wanderungen auf eigene Faust

Beim Gletscher-Parkplatz beginnt eine Reihe lohnender Wege zu den Gletscheraussichtspunkten, etwa der schöne kurze **Sentinel Rock** (hin & zurück 20 Min.). Der Hauptweg **Ka Roimata o Hine Hukatere Track** (hin & zurück 1½ Std.) führt zum besten Aussichtspunkt am Gletschertor. Ein längerer Wanderweg ist der **Douglas Walk** (hin & zurück 1 Std.), der von der Glacier Access Road abzweigt und an der 1750 beim Vorstoß des Gletschers gebildeten Moräne entlangführt, sowie am kleinen „Kesselsee" Peter's Pool.

Der **Terrace Track** (hin & zurück 30 Min.) ist ein eher leichter Spaziergang über das hügelige Gelände hinter dem Ort mit Blick auf den Waiho River.

Zwei schöne Wanderungen durch den Regenwald, der **Tatare Tunnels** und **Callery Gorge Walk** (beide hin & zurück ca. 1½ Std.), beginnen an der Cowan Street.

In der ausgezeichneten DOC-Broschüre *Glacier Region Walks* (2 NZ$) mit Karten und aufschlussreichen Hintergrundinformationen sind die anspruchsvolleren und anstrengenderen Wanderwege, etwa der **Roberts Point Track** (5 Std.) und der **Alex Knob Track** (8 Std.), sowie alle weiteren Wege beschrieben. Als lohnende Alternative zur Autoanfahrt und zum Parken auf dem Gletscher-Parkplatz bietet sich der durch üppigen Regenwald führende **Te Ara a Waiau Walkway/Cycleway** an. Der Rad- und Wanderweg beginnt am Feuerwehrhaus am südlichen Ortsende und dauert einfach zu Fuß eine Stunde; mit dem Fahrrad braucht man entsprechend nur halb so lang.

Räder verleihen **Across Country Quad Bikes** (☎0800 234 288, 03-752 0123; www.acrosscountryquadbikes.co.nz; Air Safaris Bldg, Main Rd) und das YHA (S. 516). Wichtig zu wissen: Mit Rädern darf man nur bis zum Parkplatz fahren, auf den Gletscher-Wanderwegen ist das Radfahren nicht gestattet

Geführte Wanderungen & Helihiking

Wanderungen für Kleingruppen mit erfahrenen Bergführern (Stiefel, Anoraks und sonstiges Equipment werden gestellt) bietet die Firma **Franz Josef Glacier Guides** (☎0800 484 337, 03-752 0763; www.franzjosefglacier.com; 63 Cron St).

Die beiden Standardtouren beinhalten den Helikoptertransfer auf den Gletscher: Die Tour „Ice Explorer" (339 NZ$) beginnt und endet mit einem vierminütigen Flug, Höhepunkt ist der dreistündige Aufenthalt auf dem Eis. Bei der leichteren Variante „Heli Hike" (435 NZ$) geht es in größere Höhen des Gletschers, weswegen man insgesamt zehn Minuten fliegt, allerdings bleibt man dann nur etwa zwei Stunden auf dem Eis. Der „Glacier Valley Walk" (3 Std., 75 NZ$) folgt dem Waiho River bis hinauf zur Moräne. Die Gruppe darf dann auch hinter die Absperrung und kann sich so das Eis von nahem anschauen. Kinder zahlen zwischen 10 und 30 NZ$ weniger.

Glacier Valley Eco Tours GEFÜHRTE TOUR

(☎0800 999 739, 03-752 0699; www.glaciervalley.co.nz) Das Unternehmen führt gemütliche Wanderungen durch, die drei bis acht Stun-

Franz Josef Glacier & Village

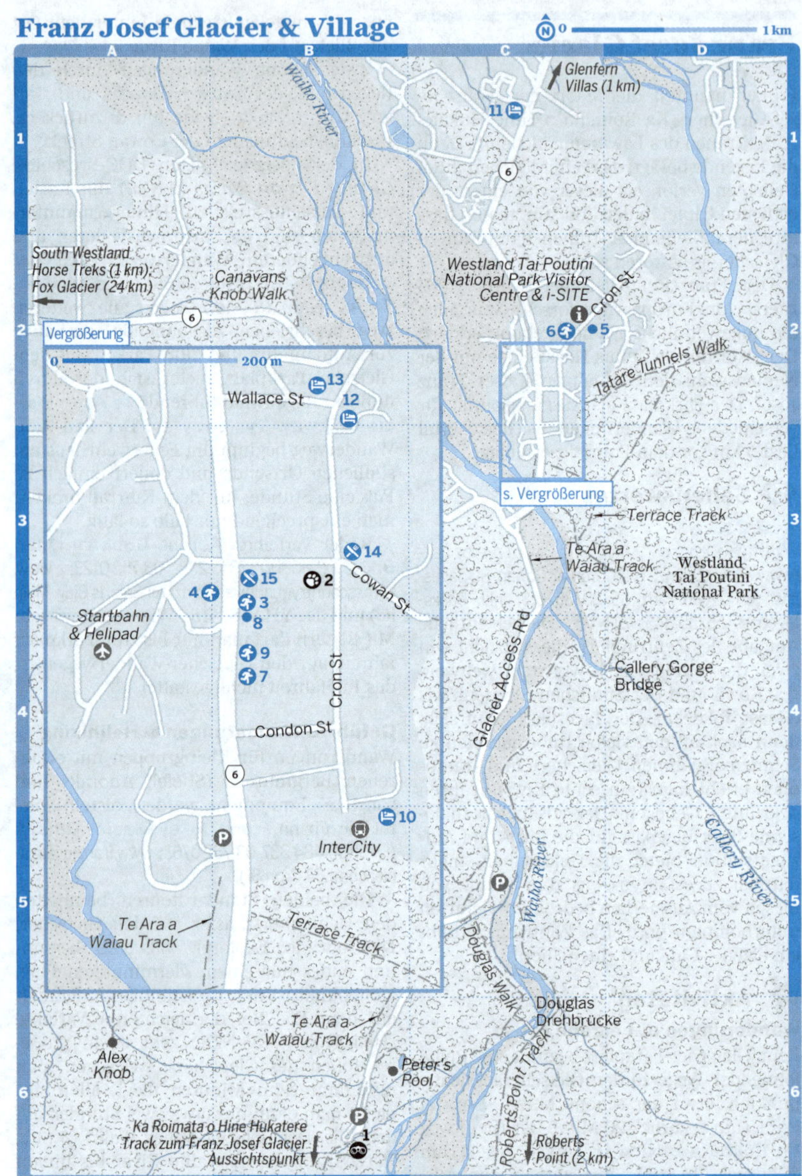

den dauern (75–170 NZ$), unterwegs erfährt man vieles über die Region. Außerdem bietet Eco Tours einen regelmäßigen Shuttle-Service zum Gletscher-Parkplatz an (hin & zurück 12,50 NZ$), interessant für alle, die ohne Auto anreisen wollen.

Fallschirmspringen & Rundflüge

Sandflies (Kriebelmücken) und Moskitos? Nein: In diesem Fall stammt das Summen von den Flugzeugen, die im Schatten des Aoraki/Mount Cook über den Gletschern ihre Runden drehen. Ein regulärer Helikop-

Franz Josef Glacier & Village

terflug (220–240 NZ$) dauert 20 Minuten und führt zum Nährgebiet des Franz Josef Glacier mit einer kurzen Landung auf dem Schnee. Beim „Twin Glacier Flight" besucht man im Rahmen des halbstündigen Flugs sowohl den Fox Glacier als auch den Franz Josef Glacier (300 NZ$). Der Preis für den 40 Minuten langen Flug mit Umkreisung des Aoraki/Mount Cook) beginnt bei 420 NZ$. Kinder unter zwölf Jahren zahlen rund 50 bis 70 % des Erwachsenenpreises.

Es lohnt sich, vorab die verschiedenen Angebote zu vergleichen – die meisten Veranstalter haben ihre Büros an der Hauptstraße in Franz Josef Village.

Skydive Franz FALLSCHIRMSPRINGEN
(☎03-752 0714, 0800 458 677; www.skydivefranz.co.nz; Main Rd) Skydive Franz nimmt für sich in Anspruch, die höchsten Sprünge in ganz Neuseeland anzubieten (aus 5791 m Höhe, 80–90 Sek. freier Fall, 559 NZ$); auch Sprünge aus 4877 m Höhe (419 NZ$) und aus 3962 m Höhe (319 NZ$) sind möglich.

Ein freier Fall mit Blick auf den Aoraki (Mount Cook) ist für manchen Fallschirmspringer der spektakulärste Sprung seines Fallschirmkarriere!

Air Safaris RUNDFLÜGE
(☎0800 723 274, 03-752 0716; www.airsafaris.co.nz; Main Rd) Das einzige Unternehmen in Franz Josef Village, das mit Starrflügel-Flugzeugen fliegt, bietet den dreißigminütigen Rundflug „Twin glacier" (270 NZ$) und den Flug „Grand traverse" (360 NZ$, 50 Min.) an.

Fox & Franz Josef Heliservices RUNDFLÜGE
(☎03-752 0793, 0800 800 793; www.scenic-flights.co.nz; Main Rd; Rundflug 20–40 Min. 210–420 NZ$) Dieser Anbieter in Franz Josef Village hat eine dreißigjährige Erfahrung mit Flügen über die Gletscherlandschaft und längeren Flügen rund um den Aoraki (Mount Cook). Das Unternehmen unterhält einen zweiten Standort in Fox Glacier Village (S. 517).

Glacier Country Helicopters RUNDFLÜGE
(☎0800 359 37269, 03-752 0203; www.glaciercountryhelicopters.co.nz; Rundflug 25–45 Min. 235–440 NZ$) Das von Franz Josef Village aus operierende Unternehmen bietet vier verschiedene Rundflugvarianten an, darunter auch einen erschwinglichen Flug, der 12 Minuten dauert und nur 165 NZ$ kostet.

Glacier Helicopters RUNDFLÜGE
(☎0800 800 732, 03-752 0755; www.glacierhelicopters.co.nz; Rundflug 20–40 Min. 235–450 NZ$) Rundflüge über die Gletscher und den Aoraki (Mount Cook) mit Landung im Schnee. Bei der Variante „Helihike" (399 NZ$) dürfen die Passagiere wenigstens einmal für einige Stunden in der Gletscherwelt wandern!

Helicopter Line RUNDFLÜGE
(☎03-752 0767, 0800 807 767; www.helicopter.co.nz; Main Rd; Rundflug 20–40 Min. 235–450 NZ$) Der etablierte Anbieter führt eine Reihe von Rundflüge durch, u. a. einen eindrucksvollen Flug zum Aoraki (Mount Cook) und zum längsten neuseeländischen Gletscher, dem Tasman Glacier (40 Min.).

Mountain Helicopters RUNDFLÜGE
(☎0800 369 423, 03 -751 0045; www.mountainhelicopters.co.nz; Main Rd; Rundflug 20–40 Min. 220–420 NZ$) Das Privatunternehmen fliegt über die beiden Gletscher Franz Josef und Fox und bietet auch einen kurzen preiswerten Flug an (10 Min.; 99–119 NZ$).

Weitere Aktivitäten

★ **Glacier Hot Pools** THERMALBAD
(☎03-752 0099; www.glacierhotpools.co.nz; 63 Cron St; Erw./Kind 26/22 NZ$; ⏰13–21 Uhr, letzter

Einlass 20 Uhr) Das gut geführte Thermalbad unter freiem Himmel liegt am Ortsrand mitten in einer schönen Regenwaldkulisse. Die Pools eignen sich hervorragend zum Entspannen nach Wanderungen oder an Regentagen. Auf Wunsch gibt es auch Massagen oder ein separates Becken.

Glacier Country Kayaks KAJAKFAHREN
(0800 423 262, 03-752 0230; www.glacierkayaks.com; 64 Cron St; 3 Std. 115 NZ$) Während eines geführten Kajakausflugs auf dem Lake Mapourika (7 km nördlich von Franz Josef Village) erfährt man Faszinierendes über die Region und die Vogelwelt und genießt die herrliche Bergwelt. Es gibt aber auch eine beschauliche Kanaltour mit anschließender Buschwanderung. Empfehlenswert sind die Vormittagstouren. Es gibt spezielle Angebote für Familien und die neu ins Programm aufgenommenen Rundfahrten im Kleinboot.

Eco-Rafting RAFTEN
(03-755 4254, 021 523 426; www.ecorafting.co.nz; Familientour Erw./Kind 135/110 NZ$, 7-Std. Tourp 450 NZ$) Rafting-Abenteuer sind entlang der gesamten Küste möglich – das Spektrum reicht von einfachen Familienausflügen bis hin zur siebenstündigen „Grand-Canyon-Tour" auf dem Whataroa River mit seinen riesigen Granitwänden. Letztgenannte Tour umfasst auch einen 15-minütigen Helikopterflug.

South Westland Horse Treks REITEN
(0800 187 357, 03-752 0223; www.horsetreknz.com; Waiho Flats Rd; Ausritt 1/2/3 Std. 70/110/165 NZ$) Das 5 km westlich der Stadt gelegene Unternehmen bietet Ausritte über die Felder und entlegene Strände an, mit spektakulären Ausblicken.

Schlafen

Franz Josef Top 10 Holiday Park CAMPINGPLATZ $
(0800 467 8975, 03-752 073; www.franzjoseftop10.co.nz; 2902 Franz Josef Hwy; Stellplatz 42–48 NZ$, DZ 65–165 NZ$; @) Der weitläufige Platz liegt 1,5 km außerhalb der Stadt und bietet viele Unterkünfte. Für alle, die zelten, gibt es sonnige, gut drainierte Rasenflächen abseits der Straße.

Franz Josef Glacier YHA HOSTEL $
(03-752 0754; www.yha.co.nz; 2–4 Cron St; B 26–33 NZ$, EZ 85 NZ$, DZ 107–135 NZ$;) Das saubere Hostel bietet warme, weitläufige Gemeinschaftsräume, Familienzimmer, eine kostenlose Sauna und einen eigenen Fahrradverleih. Das Büro übernimmt auch die Buchungen von (Bus-)Fahrten und Aktivitäten. Trotz der zur Verfügung stehenden 87 Betten ist es notwendig, im Voraus zu buchen.

Rainforest Retreat HOSTEL, CAMPINGPLATZ $$
(0800 873 346, 03-752 0220; www.rainforestretreat.co.nz; 46 Cron St; Stellplatz 39–44 NZ$, B 30–34 NZ$, DZ 69–220 NZ$; @) In diesem weitläufigen, von Wald umgebenen Komplex gibt es viele Unterkunftsmöglichkeiten. Als Top-Angebot gelten die im Busch versteckten, separaten Baumhäuser. Ebenso große Abgeschiedenheit genießen die Wohnmobilfahrer, sie müssen aber mit knappen und dreckigen Sanitäranlagen zurechtkommen. In der Backpacker Lodge wimmelt es von Rucksacktouristen, die in Reisebussen ankommen.

Die Monsoon Bar auf dem Gelände ist nicht gerade für die vornehmsten Drinks bekannt, hat aber eine gute Atmosphäre und kocht ganz ordentliche Mahlzeiten (20–32 NZ$).

★ **Glenfern Villas** APARTMENTS $$$
(0800 453 633, 03-752 0054; www.glenfern.co.nz; SH6; DZ 217–239 NZ$;) Nur 3 km entfernt von all dem Trubel im Ort stehen diese reizenden Ferienhäuser mit ein/zwei Zimmern und eigener Aussichtsterrasse. Man genießt hier nicht nur eine gepflegte Anlage, sondern auch den weiten Blick zur Berglandschaft.

Alle Häuser haben erstklassige Betten und voll ausgestattete Küchen, außerdem gibt es einen Fahrradverleih und familienfreundliche Einrichtungen, sodass man sich wünscht, der Urlaub möge nie enden.

Te Waonui Forest Retreat HOTEL $$$
(0800 696 963, 03-752 0555; www.tewaonui.co.nz; 3 Wallace St; EZ/DZ ab 579/699 NZ$; @) Das edelste Hotel am Franz Josef Glacier kommt solide und unspektakulär daher. Die Räume sind in Naturfarben gehalten und haben dicke, helle Teppiche. Es gibt einen Portierservice, ein Degustations-Dinner (mit dem Frühstück im Preis inbegriffen) und eine schicke Bar. In den luxuriösen Zimmern, die alle über Terrassen mit Waldblick verfügen, schläft man hervorragend.

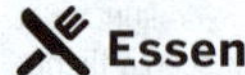

Essen

Alice May MODERNE NEUSEELÄNDISCHE KÜCHE $$
(03-752 0740; www.alicemay.co.nz; Ecke Cowan & Cron St; Hauptgericht 20–32 NZ$; 16 Uhr bis

spätabends) Im familienfreundlichen Restaurant von Alice May, einem Pub im Neu-Tudor-Stil mit ländlichem Charme und gemütlicher Atmosphäre, gibt es gehaltvolle Gerichte schon für 20 NZ$. Unter anderem stehen auf der Karte täglich ein Bratengericht, Pasta und Wild-Burger; das Sirloin-Steak und Fischgerichte liegen im oberen Preissegment. Weiterhin gibt es klebrig-süßen Toffee-Pudding, eine Happy Hour und von den Tischen im Freien einen wunderbaren Gratis-Bergblick.

Landing Bar & Restaurant PUB $$
(☎ 03-752 0229; www.thelandingbar.co.nz; Main Rd; Hauptgericht 20–42 NZ$; ⏰7.30 Uhr bis spätabends; 📶) Das belebte, aber gut geführte Pub bietet eine riesige Speisekarte mit den Klassikern Burger, Steaks und Pizza. Die sonnendurchflutete, mit Gasheizern ausgestattete Terrasse ist ein guter Ort, um sich nach einem Tag auf dem Eis zu entspannen.

Praktische Informationen

Franz Josef Health Centre (☎ 03-752 0700, 0800 7943 2584; 97 Cron St; ⏰Mo–Fr 9–16 Uhr) Das Haupt-Ärztezentrum im Süden der Westlands.

Franz Josef i-SITE (www.glaciercountry.co.nz; 63 Cron St) Hilfreiche lokale Agentur, die informiert und Buchungen für Aktivitäten, Unterkünfte, lokale Verkehrsmittel und Fahrten zu entfernten Zielen übernimmt.

Westland Tai Poutini National Park Visitor Centre (☎ 03-752 0360; www.doc.govt.nz; 69 Cron St; ⏰Sommer 8.30–18 Uhr, im Winter 8.30–17 Uhr) Im luxuriösen Neubau gibt es aufschlussreiche Ausstellungen, aktuelle Wetterberichte, Landkarten und sehr nützliche, stets aktualisierte Informationen über den Zustand der Wanderwege.

An- & Weiterreise

Die Bushaltestelle befindet sich gegenüber vom Fern Grove Four Square Supermarket. Busse von **InterCity** (☎ 03-365 1113; www.intercity.co.nz) fahren täglich Richtung Süden zum Fox Glacier (35 Min.) und nach Queenstown (8 Std.) sowie nordwärts nach Nelson (10 Std.). Fahrkarten sind im DOC Visitor Centre oder in der YHA erhältlich. **Naked Bus** (www.nakedbus.com) bedient ebenfalls dreimal wöchentlich diese Routen. Beide Busgesellschaften fahren auch zu entfernteren Zielen.

Unterwegs vor Ort

Glacier Valley Eco Tours (S. 513) bietet einen Shuttleservice zum Gletscherparkplatz an (hin & zurück 12,50 NZ$).

Fox Glacier

306 EW.

Fox Village ist relativ klein und beschaulich, hier herrscht eine beinahe schon ländliche Atmosphäre, was auch daran liegt, dass der Ort nicht so zugebaut ist. Zu den Highlights zählen der magische Lake Matheson und die Wanderung über den Gillespies Beach am Meer entlang.

Sehenswertes

Fox Glacier Lookout AUSSICHTSPUNKT
Es gibt fast keinen besseren Standort an Land, um einen Ausblick auf Fox Glacier zu genießen, obwohl dieser Punkt so abgeschieden liegt, dass man meinen könnte, man würde gerade mal einen kleinen Ausschnitt des Gletschers zu sehen bekommen.

Aktivitäten

Wanderungen auf eigene Faust

★ **Lake Matheson** WANDERUNG
(www.doc.govt.nz) Zum berühmten „Spiegelsee“ 6 km außerhalb des Ortes geht es über die Cook Flat Road. Wer langsam wandert (und das sollte man tun) schafft die Umrundung in 1½ Stunden. Die schönste Zeit am See sind der frühe Morgen und der späte Nachmittag, wenn die Sonne schon tief steht. Dank des Matheson Cafés (S. 520) gibt es aber praktisch keine unpassende Tageszeit!

Am Ende des Rundweges hofft natürlich jeder darauf, an einem klaren (und windstillen) Tag sein Starfoto schießen zu können. Wenn nicht, dann gibt es immer noch den ausgezeichneten Souvenir-Laden am Parkplatz, um die entsprechende Postkarte zu kaufen.

Copland Track WANDERUNG
(www.doc.govt.nz) Etwa 26 km südlich von Fox Village bringt der SH6 Wanderer zum Beginn des Copland Track, der in sechs bis sieben Stunden zur legendären Welcome Flat führt. Dort sprudelt an der **Welcome Flat Hut** (www.doc.govt.nz; 4 Schlafsäle, 31 Betten, Erw./Kind 15/7,50 NZ$) des DOC eine Thermalquelle aus der Erde. Die betreute Hütte und der angrenzende Campingplatz sind, wie nicht anders zu erwarten, äußerst beliebt. Daher wird empfohlen, entweder im Voraus online oder persönlich in einem der DOC-Touristenzentren die Übernachtung zu buchen. Zum Essen und zum Kochen muss alles mitgenommen werden.

Fox Glacier & Village

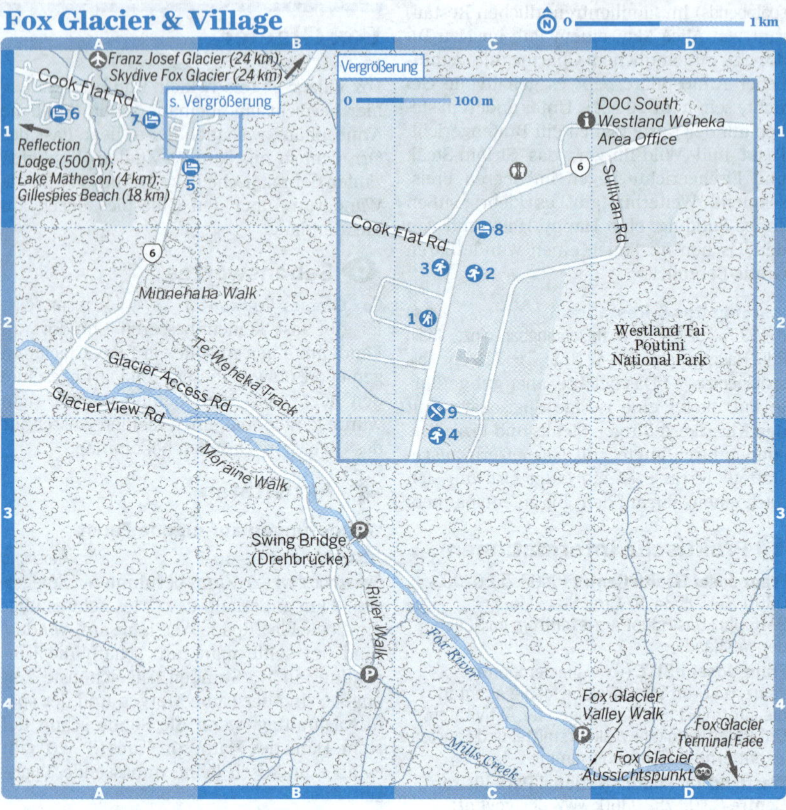

Fox Glacier & Village

Aktivitäten, Kurse & Touren

Schlafen

Essen

Gillespies Beach WANDERUNG
(www.doc.govt.nz) Auf der Cook Flat Road gelangt man nach 21 km (die letzten 12 km auf unbefestigter Straße) zum entlegenen schwarzen Sandstrand Gillespies Beach (ein einfacher Campingplatz), an dem früher eine Bergarbeitersiedlung lag. Von hier aus kann man interessante Wanderwege erkunden, etwa der fünfminütige Abstecher zum alten Bergarbeiterfriedhof, die Wanderung zum **Galway Beach** (hin & zurück 3½ Std.), an dem Robben gern an Land gehen. Auf keinen Fall die Meeressäuger stören!

Auf dem Weg zum Gillespies Beach passiert man die **Peak View Picnic Area**, von der es einen schönen Blick auf den Fox Glacier in der Ferne gibt.

Glacier Walks & Helihikes

Nur wer einen Helihiking-Trip bucht, der von Fox Glacier Guiding (S. 519) angeboten wird, gelangt tatsächlich auf das Gletschereis. Wanderungen auf eigene Faust sind jedoch ebenfalls eine gute Möglichkeit, das Gletschertal zu erkunden. Durch das raue, selbst in den unteren eisfreien Zonen überwältigend schöne Tal gelangt man am Ende bis an die Sicherheitszone dicht vor das Gletschertor.

Von Fox Village sind es 1,5 km bis zur Abzweigung zum Gletscher und dann nochmals 2 km bis zum Parkplatz. Auf Schusters Rappen oder per Rad erreicht man diesen vom Ort aus über den **Te Weheka Walkway/Cycleway**, einen hübschen Weg durch den Regenwald, der unmittelbar südlich des Bella Vista Motels beginnt. Zu Fuß ist man etwas über eine Stunde hin und zurück unterwegs, mit dem Rad 30 Minuten (die Fahrräder müssen am Parkplatz abgestellt werden). Räder können im Motel Westhaven (S. 520) ausgeliehen werden.

Vom Parkplatz benötigt man – je nach aktuellem Wegzustand – etwa 40 Minuten zum Aussichtspunkt, der den Blick auf das Gletschertor ermöglicht. Hier unbedingt alle Hinweistafeln beachten: Der Standort ist tückisch und ändert sich schnell.

Zu den Kurzwanderungen in Gletschernähe zählen der **Moraine Walk**, der über eine große im 18. Jh. gebildete Moräne führt, und der **Minnehaha Walk**. Der leicht begehbare **River Walk Lookout Track** (hin & zurück 20 Min.) beginnt am Parkplatz der Glacier View Road und eröffnet Besuchern, unabhängig von ihrer Fitness, eine gute Möglichkeit, einen Blick auf den Gletscher zu werfen.

In der exzellenten DOC-Broschüre *Glacier Region Walks* (2 NZ$) gibt es Karten und gute allgemeine Informationen.

Fox Glacier Guiding GEFÜHRTE WANDERUNG
(☎03-751 0825, 0800 111 600; www.foxguides.co.nz; 44 Main Rd) Die Firma führt Wanderungen auf dem Eis durch, die Ausrüstung wird gestellt. Die Standardtour (max. 3 Std. auf dem Eis) kostet pro Erw./Kind 399/369 NZ$, es gibt auch alternative Angebote, u. a. eine leichte zweistündige informative Wanderung zum Gletscher (Erw./Kind 59/45 NZ$). Je nach Art der Tour gibt es unterschiedliche Altersbeschränkungen.

Fallschirmspringen & Rundflüge

Ein normaler Rundflug per Hubschrauber (220–240 NZ$) dauert 20 Minuten und führt hinauf zum Gipfel des Fox Glacier, wo man auf dem Eis landet. Der etwa halbstündige Flug zu beiden Gletschern – Franz Josef und Fox Glacier – kostet rund 300 NZ$, für den 40-minütigen Flug mit Umrundung des Aoraki (Mount Cook) werden ab 420 NZ$ verlangt. Die Flugpreise für Kinder unter 12 Jahren liegen bei ca. 50 bis 70 % des Erwachsenenpreises. Ein Preisvergleich lohnt sich und ist auch nicht aufwendig: Die meisten Anbieter haben ihre Büros an der Hauptstraße von Fox Glacier Village.

Skydive Fox Glacier FALLSCHIRMSPRINGEN
(☎0800 751 0080, 03-751 0080; www.skydivefox.co.nz; Fox Glacier Airfield, SH6) Beim Sprung aus über 5000 m (399 NZ$) oder fast 4000 m Höhe (299 NZ$) liegt eine unglaublich faszinierende Landschaft unter dem schwebenden Fallschirmspringer. Der Flugplatz ist bequem in drei Minuten zu Fuß vom Zentrum aus zu erreichen.

Fox & Franz Josef Heliservices RUNDFLÜGE
(☎03-751 0866, 0800 800 793; www.scenic-flights.co.nz; 44 Main Rd; Flug 20–40 Min. 210–420 NZ$) Der Anbieter mit über 30 Jahren Erfahrung fliegt mit den Touristen auf die Gletscher, bei den längeren Flügen wird auch der Aoraki (Mount Cook) umrundet. Auch dies Unternehmen hat eine Geschäftsstelle in Franz Josef Village (S. 515).

Glacier Helicopters RUNDFLÜGE
(☎0800 800 732, 03-751 0803; www.glacierhelicopters.co.nz; SH 6; Flug 20–40 Min. 235–450 NZ$) Bietet Rundflüge rund um die Gletscher und den Aoraki (Mount Cook) mit Landung auf dem Eis. Bei der Variante Helihike (399 NZ$) halten sich die Wanderer mehrere Stunden in der Eisregion auf.

Helicopter Line RUNDFLÜGE
(☎0800 807 767, 03-752 0767; www.helicopter.co.nz; SH6; Flug 20–40 Min. 235–450 NZ$) Das bereits seit Langem im Tourismus tätige Unternehmen bietet verschiedenste Rundflüge an, u. a. den atemberaubenden 40-minütigen Flug zum Aoraki (Mount Cook) und zum längsten neuseeländischen Gletscher, dem Tasman Glacier.

Mountain Helicopters RUNDFLÜGE
(☎03-751 0045, 0800 369 423; www.mountainhelicopters.co.nz; 43 Main Rd; Flug 20–40 Min. 220–420 NZ$) Das private Unternehmen fliegt über Fox und Franz Josef Glacier, bietet aber auch einen zehnminütigen und damit erschwinglichen Trip (99–119 NZ$) an.

Schlafen

★Fox Glacier Top 10 Holiday Park CAMPINGPLATZ $
(☎0800 154 366, 03-751 0821; www.fghp.co.nz; Kerrs Rd; Stellplatz 42–45 NZ$, Hütte & Wohneinheit 73–255 NZ$; @📶) Die Anlage hat Unter-

künfte für jedes Budget, angefangen vom Wohnmobil-Stellplatz auf Gras oder hartem Untergrund bis hin zu Zimmern in Lodges und hochpreisigen Motel-Einheiten. Zur exzellenten Ausstattung gehören eine moderne Gemeinschaftsküche, ein Restaurant, ein Spielplatz und ein Whirlpool, das Sahnehäubchen jedoch ist der Bergblick.

Westhaven MOTEL $$
(☎0800 369 452, 03-751 0084; www.thewesthaven.co.nz; SH6; DZ 145–185 NZ$; 📶) Die eleganten Suiten überzeugen durch ihren ansprechenden Mix aus geriffeltem Stahl und einheimischem Gestein sowie durch ihre ziegelrote und elfenbeinfarbene Wandfarbe. In den De-Luxe-Zimmern gibt es einen eigenen Whirlpool.

Überschüssige Energie kann man sich mit Leihrädern abstrampeln (halber/ganzer Tag 20/40 NZ$).

Rainforest Motel MOTEL $$
(☎0800 724 636, 03-751 0140; www.rainforestmotel.co.nz; 15 Cook Flat Rd; DZ 125–160 NZ$; 📶) Das Äußere der Blockhütten kommt rustikal daher, das Innere entpuppt sich als eher einfallslos. Sehr schöne Rasenflächen laden jedoch zum Herumtollen ein oder zum Genießen des Bergblicks. Insgesamt eine saubere Unterkunft mit gutem Preis-Leistungs-Verhältnis.

Reflection Lodge B&B $$$
(☎03-751 0707; www.reflectionlodge.co.nz; 141 Cook Flat Rd; DZ 210 NZ$; 📶) Die geselligen Gastgeber des B&B im Stil einer Skihütte geben sich alle erdenkliche Mühe, ihren Gästen einen unvergesslichen Aufenthalt zu bereiten. Die blühende Gartenanlage mit einem an Monet erinnernden Seerosenteich und der Bergblick sind das i-Tüpfelchen.

Fox Glacier Lodge B&B, MOTEL $$$
(☎0800 369 800, 03-751 0888; www.foxglacierlodge.com; 41 Sullivan Rd; DZ 175–225 NZ$; 📶) Ansprechende Holzverkleidung außen und innen schmückt dieses attraktive Anwesen und verleiht ihm das Flair eines Berg-Chalets. Wohnen kann man auch in den separaten Mezzanin-Wohneinheiten ähnlichen Stils, die einen Whirlpool haben.

Essen

★Matheson Cafe MODERNE NEUSEELÄNDISCHE KÜCHE $$
(☎03-751 0878; www.lakematheson.com; Lake Matheson Rd; Frühstück & Mittagessen 10–21 NZ$, Abendessen 17–33 NZ$; ⏲Nov–März 8 Uhr bis spätabends, April–Okt. 8–16 Uhr) Das Café am Lake Matheson bietet alles, was den Gast erfreut: Es lockt mit einer stilvollen Einrichtung, die den tollen Bergblick voll zur Geltung bringt, serviert starken Kaffee, Bier vom Fass und hat eine gehobene Küche, angefangen vom Bagel mit geräuchertem Lachs zum Frühstück bis zum butterweichen Lammgericht und Beeren-Crumble als Dessert. Nebenan im gleichen Haus befindet sich die ReflectioNZ Gallery, in der hochwertige Kunstwerke und Souvenirs überwiegend neuseeländischer Herkunft verkauft werden.

Last Kitchen CAFÉ $$
(☎03-751 0058; Ecke Sullivan Rd & SH6; Mittagessen 10–20 NZ$, Abendessen 24–32 NZ$; ⏲11.30 Uhr bis spätabends) Das Last Kitchen versteht das Beste aus seiner sonnigen Lage und seinen im Freien aufgestellten Tischen zu machen. Es ist ein gutes Restaurant, das moderne Gerichte, etwa Haloumi-Salat, Lammbraten mit Pistazienkruste und wirklich leckere Burger auf der Speisekarte hat. Später am Tag ist es auch zum Kaffeetrinken oder auf ein Glas Wein zu empfehlen.

ℹ Praktische Informationen

Touranbieter und Hoteliers/Hostelbesitzer/Campingplatzverwalter sind in Fox Village gut vernetzt und können alle ihre Kunden gut informieren und sie bei den meisten Buchungen unterstützen. Informationen kann man aber auch unter www.glaciercountry.co.nz. abrufen.

In Fox Glacier Village gibt es keinen Geldautomaten (das bedeutet kein Bargeld bis zum weiter südlich liegenden Wanaka), die letzte Tankmöglichkeit vor dem 120 km entfernten Haast ist die Tankstelle **Fox Glacier Motors** (☎03-751 0823; SH 6).

DOC South Westland Weheka Area Office (☎03-751 0807; SH6; ⏲Mo–Fr 10–14 Uhr) Das Büro ist zwar keine allgemeine Touristeninformation mehr, gibt aber die normalen DOC-Informationen, bucht Hüttenschlafplätze und kennt die aktuellen Wettervorhersagen und den Zustand der Wanderwege.

Fox Glacier Health Centre (☎0800 7943 2584, 03-751 0836; SH6) Die Öffnungszeiten sind an der Klinik angeschlagen. Wenn das Zentrum geschlossen ist, ruft man die ☎0800 an, um so Hilfe vom **Franz Josef Health Centre** (S. 517) zu bekommen.

ℹ An- & Weiterreise

Die meisten Busse halten vor der Geschäftsstelle von Fox Glacier Guiding.

Die Busse von **InterCity** (☎03-365 1113; www.intercity.co.nz) fahren zweimal pro Tag Richtung Norden nach Franz Josef Village (40 Min.), der Morgenbus fährt weiter nach Nelson (11 Std.). Die Busse Richtung Süden fahren nach Queenstown (7½ Std.).

Naked Bus (www.nakedbus.com) fährt durchgehend dreimal wöchentlich die Küste entlang Richtung Norden nach Nelson sowie Richtung Süden nach Queenstown.

Unterwegs vor Ort

Fox Glacier Shuttles mit dem unersetzlichen Murray bringt seine Fahrgäste zu Zielen in der Umgebung, fährt etwa von Franz Josef Village ins Copland Valley und hat auch Routen über Lake Matheson, Gillespies Beach und die Gletscher in seinem Programm. Man findet Murray in seinem Bus, der gegenüber von **Fox Glacier Motors** (S. 520) steht.

REGION HAAST

Von Fox Glacier Village ist es eine zweistündige, 120 km lange Fahrt auf einem landschaftlich schönen Abschnitt des Highway nach Haast. Er führt durch Tieflandwälder und gelegentlich auch Weideland, bietet Ausblicke in Täler mit steilen Felswänden und hier und da auch fantastische Fernsicht aufs Meer. Der Straßenabschnitt wurde erst 1965 eröffnet, woran am Knights Point (s. rechts) erinnert wird, der 5 km südlich von Lake Moeraki liegt. Wenn möglich, sollte man hier anhalten, denn er ist ein atemberaubend schöner Aussichtspunkt.

Die Region Haast liegt am südlichen Ende der West-Coast-Straße. Als weitläufiges und bedeutendes Wildnisgebiet mit Kahikatea- und Rata-Wäldern, Feuchtgebieten, Sanddünen, Robben-, Pinguin- und Seevogelkolonien sowie weiten Stränden gehört sie zur Southwest New Zealand (Te Wāhipounamu) World Heritage Area.

Haast

240 EW.

Die drei Ortsteile von Haast – Haast Junction, Haast Village und Haast Beach – liegen rund um die Mündungsregion des breiten Haast River. Einerseits ist Haast geeignet als Halt, um den Benzintank und den leeren Magen zu füllen, andererseits aber bietet es sich auch als Ausgangspunkt für die Erkundung der spektakulären Landschaft an, die die Straße bis zu ihrem Ende an der Jackson Bay durchquert.

Hilfreich bei der Reise durch dieses Gebiet sind die kostenlose Haast Visitor Map (www.haastnz.com) und die DOC-Broschüre *Walks and Activities in the Haast Area* (2 NZ$ oder online downloaden).

Empfehlenswert ist auch ein Trip mit Waiatoto River Safaris (S. 522), der Anbieter organisiert eine der schönsten Jetboot-Abenteuer Neuseelands.

Wer von Haast nach Norden will, sollte den Inhalt seines Tanks kontrollieren, denn die Tankstelle in Haast ist die letzte vor Fox Glacier Village.

Sehenswertes & Aktivitäten

Knights Point AUSSICHTSPUNKT

Auf dem spektakulären Aussichtspunkt direkt an der Straße steht ein Denkmal, das an die Eröffnung dieses Abschnitts des Küsten-Highways von 1965 erinnert. Der leicht vom Highway anzufahrende Aussichtspunkt liegt 5 km südlich von Lake Moeraki.

Lake Moeraki SEE

Der Lake Moeraki liegt nicht nur am Highway, sondern auch im Wildnisgebiet mit World-Heritage-Status. Der unerschlossene friedliche Ort ist ideal, um die bewaldete Berglandschaft rundum in Ruhe zu genießen. Am Südostende liegt ein Parkplatz.

★ **Ship Creek** WANDERUNG

(www.doc.govt.nz) In Ship Creek, 15 km nördlich von Haast, kann man sich wunderbar die Beine vertreten. Hier gibt es zwei interessante Lehrpfade: erstens den Dune Lake Walk (hin & zurück 30 Min.) mit zahllosen Sanddünen und verkrüppeltem Baumbestand, der an seinem Ende mit einer überraschend schönen Aussicht belohnt.

Der andere ist der – wie der Name schon sagt – sumpfige Kahikatea Swamp Forest Walk (hin & zurück 20 Min.)

Schlafen & Essen

Haast Beach Holiday Park CAMPINGPLATZ $

(☎0800 843 226, 03-750 0860; www.haastpark.com; 1348 Jackson Bay Rd, Haast Beach; Stellplatz ab 34 NZ$, B 25 NZ$, DZ 50–110 NZ$) Der beliebte alte Campingplatz lohnt die 14 km lange Fahrt ab Haast Junction gen Süden – er hat viel Charme, verfügt über saubere Einrichtungen und bietet alle möglichen Wohnmöglichkeiten, die von einfachen Hütten

ABSTECHER

DIE JACKSON BAY ROAD

Die meistbefahrene Straße ab Haast Junction ist der SH6, entweder man fährt hier nach Norden oder quer durchs Land. Aber es gibt noch eine weitere Möglichkeit, weiter nach Süden zu fahren, und zwar über die verkehrsarme und landschaftlich außergewöhnlich schöne Jackson Bay Road.

Die in der Ebene liegenden Farmen vor der Kulisse der hochaufragenden Südalpen und die vereinzelten Siedlungen dazwischen bezeugen, dass es wohl niemals widerstandsfähigere Menschen in Neuseeland gegeben haben kann als die Bewohner, die hier einst versuchten zu siedeln. Bis in die 1950er-Jahre war Haast auf dem Landweg nur über Buschpisten von Hokitika und Wanaka aus zu erreichen. Lebensmittel und andere überlebensnotwendigen Vorräte wurden nur alle paar Monate einmal per Küstenschiff dorthin transportiert.

Außer den hier und da anzutreffenden Erinnerungen an die vergangenen ruhmreichen Tage gibt es aber noch eine ganze Menge anderes auf dem Weg nach Jackson Bay zu erkunden.

Nahe Okuru liegt der **Hapuka Estuary Walk** (www.doc.govt.nz), den man hin & zurück zu Fuß in 20 Minuten schaffen kann – ein kurvenreicher Plankenweg mit aufschlussreichen Lehrtafeln, der sich durch ein entlegenes Wildreservat schlängelt.

Der Standort des Tourunternehmens **Waiatoto River Safaris** (☎03-750 0780, 0800 538 723; www.riversafaris.co.nz; 1975 Haast-Jackson Bay Rd, Hannahs Clearing; Erw./Kind 199/139 NZ$; ⌚Ausflug 10, 13 & 16 Uhr) liegt 5 km weiter südlich (und 19 km südlich der Haast Junction). Die Firma bietet einen unvergesslichen zweistündigen Jetboot-Ausflug flussauf- und flussabwärts an. Dieser führt durch mehrere ganz unterschiedliche Landschaften, so etwa durch den tief liegenden Gebirgswald (Teil des Unesco-Welterbegebietes) oder die von salzhaltigem Dunst umnebelte Flussmündung. Die Besitzer und Führer Wayne und Ruth Allanson und die Wildnis-Atmosphäre auf dem entlegenen Waiatoto sorgen dafür, dass die Safari zu einem der schönsten Bootsausflüge Neuseelands wird.

Die Straße verläuft weiter Richtung Westen zur **Arawhata Bridge**, wo es eine Abzweigung zum 3,5 km entfernt liegenden **Lake Ellery Track** (www.doc.govt.nz) gibt. Der wohltuend gemütliche Wanderweg durch moosgrünen strandnahen Wald (hin & zurück 1½ Std.) endet am **Ellery Lake**, an dem eine Picknickbank dazu einlädt, das Lunchpaket auszupacken und zum Nachtisch einen Sprung ins Wasser zu wagen.

Nach weniger als einer Stunde Autofahrt kommt man zum Fischerdorf **Jackson Bay**, das den einzigen Naturhafen an der West Coast besitzt. 1875 landeten hier Siedler mit dem Ziel, sich eine neue Existenz zu gründen. Ihre Pläne, hier Landwirtschafts- und Holzverarbeitungsbetriebe aufzubauen, wurden gnadenlos durch Dauerregen und einen damals fehlenden Landeplatz zunichtegemacht (diesen erhielten sie schließlich 1938). Diejenigen, die nicht aufgaben und blieben, fristeten ihre Existenz weitgehend mit Subsistenzwirtschaft.

Mit Glück und gutem Timing findet man das **Cray Pot** (Fish & Chips 17–29 NZ$; ⌚12–16 Uhr, Öffnungszeiten variieren!) bei der Ankunft geöffnet. Hervorzuheben ist nicht allein, dass sich das Restaurant in einem Wohnwagen mit Blick über die Meeresbucht befindet, das Besondere sind vielmehr die wirklich tollen Meeresfrüchte gerichte, etwa die guten Fish & Chips, die köstlichen Langusten, die Fischsuppe oder die Gerichte mit Whitebait. Die Einheimischen kennen in der Regel die aktuellen Öffnungszeiten.

Wer sich zu viel vom guten frittierten Fisch zugemutet hat, für den ist der **Wharekai Te Kou Walk** (www.doc.govt.nz) nach Ocean Beach der richtige Verdauungsspaziergang (hin & zurück 40 Min.). In der kleinen Bucht herrscht oft starker Wellengang; sehenswert sind hier die interessanten Felsformationen. Infotafeln erklären die Flora und Fauna der Gezeitenpools und der Felsküste.

Als Alternative bietet sich der nicht weit von dort beginnende **Smoothwater Bay Track** an, den man in drei bis vier Stunden erwandern kann. Er folgt alten Pfaden aus Pioniertagen zum glasklaren Smoothwater River.

bis hin zu Unterkünften für Selbstversorger reichen. Außerdem gibt es ein schönes Gebäude für die Zelter mit einer komfortablen Lounge und tollem Ausblick vom Deck.

Der Hapuka Estuary Walk startet auf der anderen Straßenseite und führt in 20 Gehminuten zu einem idyllischen Strand.

Haast Lodge LODGE **$**
(☎ 03-750 0703, 0800 500 703; www.haastlodge.com; Marks Rd, Haast Village; Stellplätze ab 16 NZ$, B 25 NZ$, DZ & 2BZ 55–65 NZ$, Wohneinheit-DZ 98–130 NZ$;) Die Lodge bietet ein breites Spektrum an Unterkünften und saubere, gepflegte Einrichtungen, darunter auch einen hübschen Gemeinschaftsbereich für die Gäste der Lodge und die Camper.

Im Aspiring Court nebenan werden saubere Motelzimmer vermietet.

Collyer House B&B **$$**
(☎ 03-750 0022; www.collyerhouse.co.nz; Cuttance Rd, Okuru; EZ 180–250 NZ$; @) In diesem Juwel von B & B werden die Gäste mit dicken Bademänteln, hochwertiger Bettwäsche, Strandblick und dem Strahlen der Wirtin verwöhnt, die auch noch ein exzellentes Frühstück zubereitet. All dies macht das Collyer House zu einer großzügigen und gemütlichen Unterkunft.

Und so kommt man hin: Einfach nach der Abfahrt vom SH6 für 12 km der Beschilderung entlang der Jackson Bay Road folgen.

Wilderness Lodge Lake Moeraki LODGE **$$$**
(☎ 03-750 0881; www.wildernesslodge.co.nz; SH6; DZ inkl. Frühstück & Abendessen 790–1150 NZ$;) Am Südende des Lake Moeraki, 31 km nördlich von Haast, liegt eine der besten Wildnis-Lodges in Neuseeland. Nicht weit vom Moreaki River entfernt und rundum von Grün umgeben, bietet sie dem Gast komfortable Zimmer (wahlweise mit Blick auf den Fluss, den Regenwald oder den Garten). Abends wird ein Vier-Gänge-Menü serviert.

Aber die eigentlichen Highlights sind die hier möglichen Outdoor-Aktivitäten, etwa die begleiteten Kajak-Ausflüge und Küstenwanderungen. Die Führern sind engagierte Naturschützer mit einem großen Wissen.

Hier hat man auch die Gelegenheit, den Tawaki (Fjordland-Pinguin oder Dickschnabelpinguin) zu sehen, der nur in der südwestlichen Ecke der Südinsel lebt und entlang des Seeufers regelmäßig zu sehen ist. Rund 10 % der 2000 Brutpaare Neuseelands leben in der Brutzeit von Juli bis Anfang Dezember rund um die Wilderness Lodge Lake Moerak. Die Guides der Lodge haben seit 1989 die Lizenz, Gäste zu den Brutvögeln zu begleiten.

Hard Antler PUB **$$**
(☎ 03-750 0034; Marks Rd, Haast Village; Abendessen Hauptgericht 20–30 NZ$; ⏲ 11 Uhr bis spätabends, Abendessen 17–21 Uhr) Allein die Hirschgeweihe an den Wänden bezeugen, dass es sich hier um männliches Territorium handelt, dies unterstreicht auch die ganze Atmosphäre in diesem einladenden und gut geführten Pub. Hier gibt es einfaches, gehaltvolles Essen.

ℹ Praktische Informationen

DOC Haast Visitor Centre (☎ 03-750 0809; www.doc.govt.nz; Ecke SH 6 & Jackson Bay Rd; ⏲ Nov.–März 9–18 Uhr, April–Okt. 9–16.30 Uhr) Das unweit der Abzweigung vom SH 6 nach Haast liegende Besucherzentrum hat alle Wände mit Informationen über die Region zugepflastert und zeigt mit *Edge of Wilderness* einen leider zu kurzen Film über die Landschaft um Haast.

Haast Promotions (www.haastnz.com)

ℹ Verkehrsmittel & -wege

Die Busse von **InterCity** (☎ 03-365 1113; www.intercity.co.nz) halten auf ihrer täglichen Fahrt zwischen Westküste und Queenstown an der Marks Road (gegenüber von Wilderness Backpackers). Auch der Linienverkehr von **Naked Bus** (www.nakedbus.com) führt dreimal pro Woche über Haast.

Haast Pass Highway

Die frühen Māori, die diese Route zwischen Zentral-Otago und der Westküste auf der Suche nach *pounamu* überquerten, nannten die Strecke Tioripatea („Klarer Pfad"). Die erste Gruppe von Europäern, die die Route 1863 bereiste, wurde wahrscheinlich vom deutschen Geologen Julius von Haast angeführt – daher der Name des Passes, des Flusses und der Stadt. In Wahrheit war es aber wohl der schottische Goldgräber Charles Cameron, der den Pass als Erster überquerte. Dies war für die damalige Zeit eine beachtliche Leistung, wurde doch aufgrund des schwierigen Terrains der Haast Pass Highway erst 1965 eröffnet.

Der Highway (SH 6) schlängelt sich von Haast landeinwärts nach Wanaka (145 km, 2½ Std.) am Haast River entlang. Kurz nachdem man den vierten Gang eingelegt hat, überquert er die Grenze zum Mount Aspiring National Park. Je weiter man fährt, umso schmaler wird das Flusstal, bis die Straße schließlich nur noch steile Talwände erklimmt, die von Wasserfällen und Geröll gesäumt sind. Jährlich werden gewaltige Summen investiert, um diesen Highway für den Verkehr frei zu halten – und dennoch stellt er unachtsamen Fahrern zahlreiche Fallen.

Unterwegs sollte man immer wieder anhalten, um die Landschaft zu bewundern, die vielen Aussichtspunkte zu genießen oder kurze Wanderwege zurückzulegen, z. B. die Pfade zu den **Fantail Falls** und **Thunder Creek Falls**. Beide Wanderwege werden in der DOC-Broschüre *Walks along the Haast Highway* (2 NZ$) detailliert beschrieben; an den Ausgangspunkten der Pfade erhält man ebenfalls genaue Informationen.

Der Highway erreicht die Passhöhe auf 563 m. Kurz danach kann man in Makarora etwas essen und auftanken. Oh, hallo Otago!

An- & Weiterreise

InterCity (S. 523) (täglich) und **Naked Bus** (S. 523) (dreimal wöchentlich) nehmen auf ihrer Fahrt zwischen der Westküste und Wanaka/Queenstown die Route über den Haast Pass.

Christchurch & Canterbury

➡ Inhalt

Gut essen

- Pegasus Bay (S. 561)
- Twenty Seven Steps (S. 543)
- Supreme Supreme (S. 542)
- Bodhi Tree (S. 544)
- Oxford (S. 571)

Schön übernachten

- Onuku Farm Hostel (S. 552)
- Halfmoon Cottage (S. 551)
- Peel Forest (S. 568)
- Lake Ohau Lodge (S. 579)
- Lake Tekapo Lodge (S. 576)

Auf nach Christchurch & Canterbury!

Nirgendwo in Neuseeland gehen Veränderungen und Neuerungen so schnell vonstatten wie in dem auch 2016 von Erdbeben erschütterten Christchurch. Zu sehen, wie die zweitgrößte Stadt des Landes wiederaufgebaut und wiederbelebt wird, ist interessant und bewundernswert zugleich.

Unweit von Christchurch liegt die Bank Peninsula mit ihren versteckten Buchten und Stränden – eine Traumkulisse für Touren in die Wildnis. Bei Sonnenuntergang ist man dann zurück in Akaroa, um die dortigen Attraktionen zu genießen. Im Norden liegen die Weingüter des Waipara Valley und das Familienferienparadies Hanmer Springs, im Westen gehen die ordentlich aufgereihten Farmen der Canterbury Plains dann rasch in die spektakuläre Wildnis der Southern Alps über.

Zu Canterburys sommerlichen Highlights zählen beispielsweise Wanderungen durch die Alpentäler und über die Pässe rund um den Arthur's Pass, aber auch Mountainbike-Touren um die türkisfarbenen Seen im Mackenzie Country. Im Winter verlagert sich das Interesse dann in die Skigebiete. Und das ganze Jahr über wacht der Aoraki/Mount Cook, der höchste Berg des Landes, über diese landschaftlich so abwechslungsreiche Region.

Reisezeit

- Canterbury ist eine der trockensten Regionen des Landes, weil die feuchten Westwinde von der Tasmansee ihre Wolken an der Westküste abregnen, ehe sie den Osten der Südinsel erreichen. Wer zwischen Januar und März kommt, kann mit heißem und ruhigem Sommerwetter rechnen und in der landschaftlich reizvollen Gegend viel unternehmen.
- In der Zwischensaison, also im Oktober/November und in der Zeit von März bis Mai, ist es oft kühl und trocken – und vor allem wunderbar menschenleer.
- Von Juli bis Oktober locken die Pisten am Mount Hutt oder in einem der kleineren Skigebiete von Canterbury.

Highlights

1 Christchurch (S. 528) Den dynamischen Wiederaufbau und das Wiedererstarken der Stadt nach dem Erdbeben miterleben

2 Christchurch Botanic Gardens (S. 531) Ein Spaziergang durch den herrlichen Botanischen Garten, das grüne Herz der Stadt

3 Mount John (S. 575) Von oben den überirdischen Blick auf das Mackenzie Country und den schon irreal blauen Lake Tekapo auf sich wirken lassen

4 Hanmer Springs Thermal Pools (S. 557) Sich in den berühmten Thermalquellen so richtig schön einweichen

5 Banks Peninsula (S. 549) Von der Summit Road aus die von den Wellen umtoste Küste bewundern,

bevor es zum malerischen, französisch angehauchten Dorf **Akaroa** (S. 552) hinuntergeht

6 **Aoraki/Mount Cook** (S. 580) Die die Wolkendecke durchstoßende Silhouette des höchsten Gipfel Neuseelands

7 **Alps 2 Ocean Trail** (S. 576) Vom unberührten Twizel mit dem Fahrrad die schönste Teilstrecke des Trails abfahren

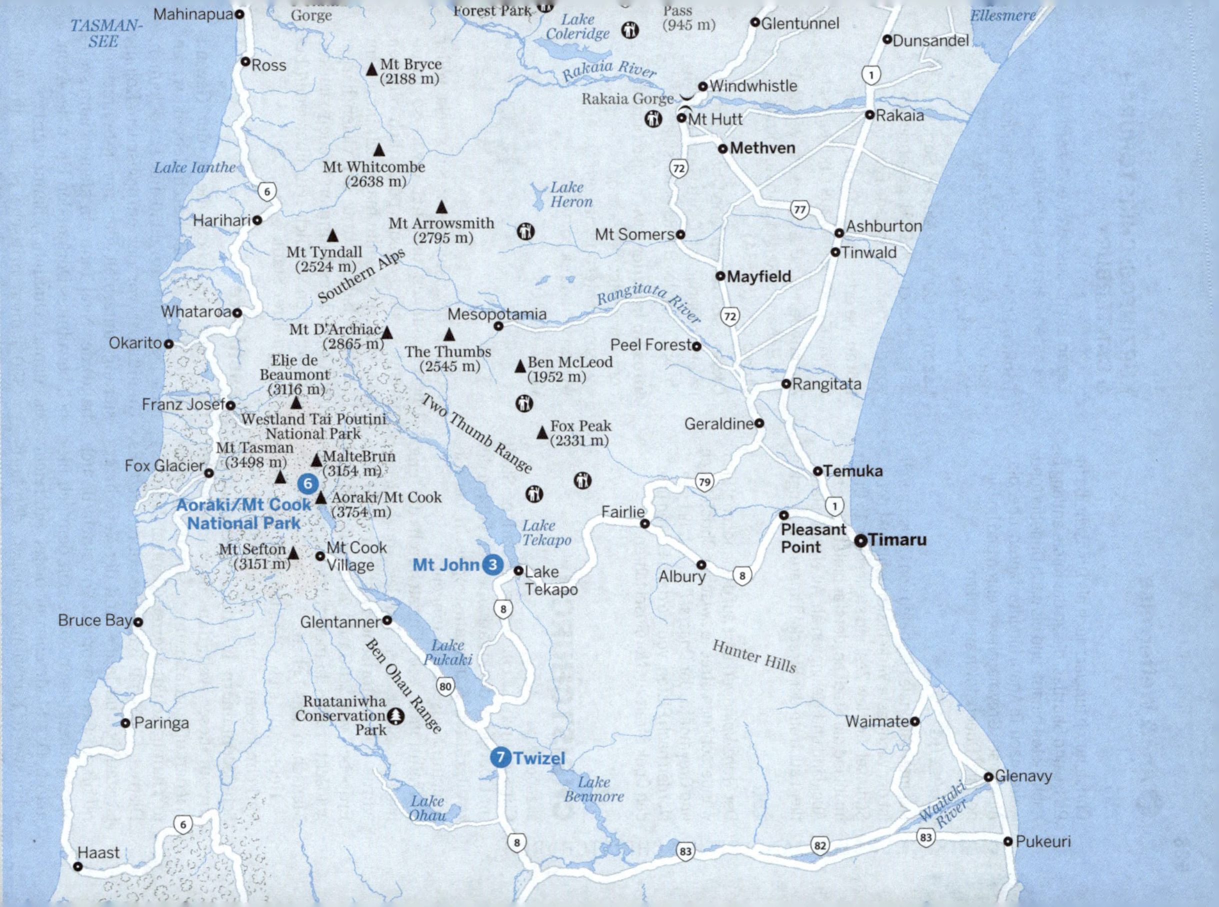

An- & Weiterreise

BUS

Christchurch fungiert auch als Drehscheibe für Busse und Shuttles, die an der Küste entlang bis nach Picton hinauf- und bis nach Dunedin (und weiter nach Te Anau) hinunterfahren, über die Alpen nach Greymouth verkehren und im Binnenland Queenstown ansteuern.

FLUGZEUG

Der internationale Flughafen von Christchurch ist der wichtigste Verkehrsknotenpunkt der Südinsel. Air New Zealand steuert von 15 Orten im Inland die Stadt an, Jetstar bietet Flüge ab Auckland und Wellington an. Air New Zealand fliegt auch auf der Strecke Timaru – Wellington.

ZUG

Der *TranzAlpine* verkehrt auf der landschaftlich wunderschönen Strecke zwischen Christchurch und Greymouth, der *Coastal Pacific* fährt gen Norden nach Picton, von wo dann Fähren über den Cook Strait zur Nordinsel fahren.

KURZINFOS: CHRISTCHURCH & CANTERBURY

Essen Lachs aus den Gewässern der höchsten Berge Neuseelands.

Trinken So ziemlich der beste Pinot noir und Riesling Neuseelands aus dem Waipara Valley.

Lesen *Old Bucky & Me*, ein Bericht über das Erdbeben von 2011, geschrieben von der Journalistin Jane Bowron.

Hören Die erhebenden, gefühlvollen Rhythmen von Ladi6 aus Christchurch.

Anschauen Die Beschreibung von Mut und Beharrlichkeit in Christchurchs Quake City (S. 534).

Ökologisch reisen Eine Übernachtung im ökofreundlichen Okuti Garden Hostel (S. 552) auf der Banks Peninsula.

Infos im Internet www.christchurchnz.com, www.mtcooknz.com, www.midcanterburynz.com, www.visithurunui.co.nz

Vorwahl ☎03

CHRISTCHURCH

342 000 EW.

Christchurch ist eine energiegeladene Stadt im Übergang, die kreativ mit den Folgen der zweitgrößten Naturkatastrophe in der Geschichte Neuseelands umgeht.

Traditionell war Christchurch die englischste Stadt des Landes, doch leider wurde das historische Zentrum durch die Erdbeben von 2010 und 2011 praktisch ausgelöscht. Dabei kamen tragischerweise 186 Menschen ums Leben.

Heute tut sich Christchurch mit mehr Verkehrskegeln und umfunktionierten Schiffscontainern hervor als jeder andere Ort auf dieser Welt; dank der umfassenden Wiederaufbaumaßnahmen ist das gesamte Hauptgeschäftsviertel (Central Business District, CBD) mit Baustellen durchsetzt. Es ist staubig und laut – und der Verkehr gerät oft zur Geduldsprobe. Von einem Besuch abschrecken lassen sollte sich dennoch niemand: Das Stadtzentrum bietet zahlreiche sehenswerte Kunsteinrichtungen, den herrlichen Botanischen Garten und den Hagley Park. In den Straßen der Innenstadt liegen Kunstprojekte und kleine Gärtchen verborgen, die verstreut in der ausgedünnten Stadtlandschaft zwischen den verbliebenen Steingebäuden und der neu gebauten, markanten und glänzenden Architektur liegen.

Neugierige Backpacker werden von dieser chaotischen, verrückten und bunten Mischung begeistert sein: Sie steckt voller Überraschungen und hat etwas so Inspirierendes, dass man persönlich erleben muss. Und eines sollte man auch immer im Hinterkopf haben: Trotz der vielen harten Arbeit und ihres Kummers freuen sich die Einheimischen wirklich sehr über jeden Besucher in ihrer Stadt.

Geschichte

Die ersten Menschen, die in der Gegend des heutigen Christchurch lebten, waren Moa-Jäger, die um 1250 ins Land kamen. Unmittelbar vor der europäischen Kolonisierung unterhielt der *iwi* (Stammesverband) der Ngāi Tahu ein kleines, jahreszeitlich bewohntes Dorf an den Ufern des Avon, das damals Otautahi genannt wurde.

1880 kamen britische Siedler im Rahmen eines geplanten Projekts der Church of England; die Passagiere der ersten vier Schiffe wurden denn auch von der britischen Presse scherzhaft als die „Canterbury Pilgrims" tituliert. Christchurch sollte zu einem Modell einer englischen Klassengesellschaft im Südpazifik, nicht zu einem weiteren gammeligen kolonialen Vorposten werden. So wurden statt Pubs Kirchen ge-

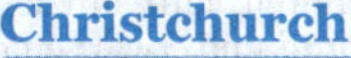

Christchurch

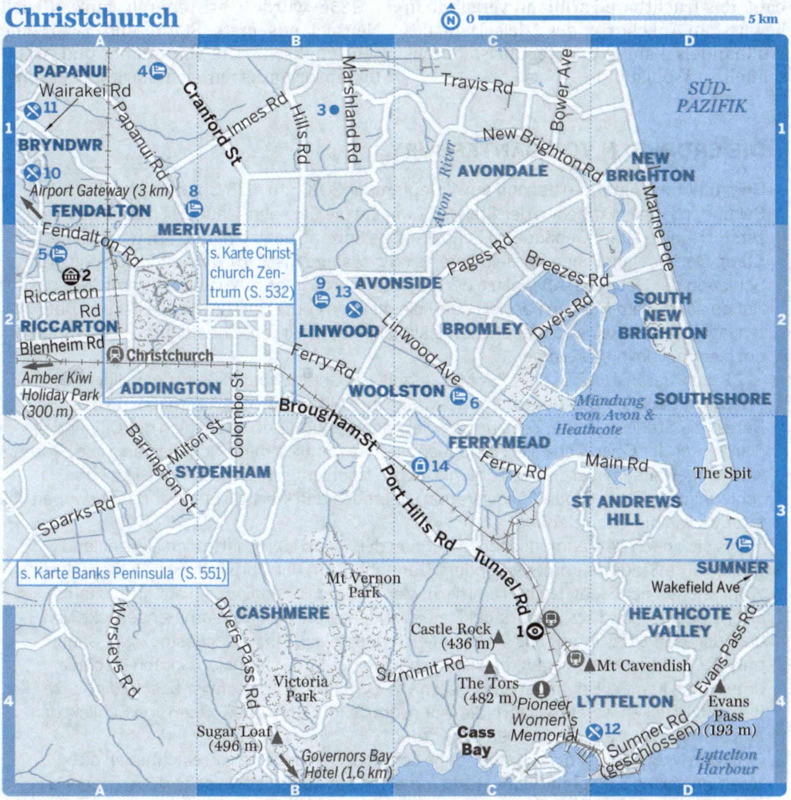

Christchurch

Sehenswertes
1 Gondola C4
2 Riccarton House & Bush A2

Aktivitäten, Kurse & Touren
3 Bone Dude B1

Schlafen
4 Christchurch Top 10 .... A1
5 Fendalton House A2
6 Haka Lodge C2
7 Le Petit Hotel D3
8 Merivale Manor A1
9 Old Countryhouse B2

Essen
10 Bodhi Tree A1
Christchurch Farmers Market .... (s. 2)
Cornershop Bistro .... (s. 7)
Freemans .... (s. 12)
11 Kinji A1
Lyttelton Coffee Company .... (s. 12)
12 Lyttelton Farmers' Market D4
Roots .... (s. 12)
13 Under the Red Verandah B2

Ausgehen & Nachtleben
Civil and Naval .... (s. 12)
The Brewery .... (s. 14)
Wunderbar .... (s. 12)

Unterhaltung
Hollywood Cinema .... (s. 7)

Shoppen
14 Tannery C3

Information
Lyttelton Visitor Information Centre .... (s. 12)

Transport
Black Cat .... (s. 12)

baut, das fruchtbare Farmland vergab man bewusst an Angehörige des Adels. Dank des Wollhandels kam die Elite Christchurchs schnell zu Wohlstand.

1856 wurde Christchurch ganz offiziell Neuseelands erste Stadt, und zwar eine sehr englische. Die Stadtplaner und Architekten orientierten sich stark am europä-

DIE ERDBEBEN VON CANTERBURY

Christchurchs Alptraum begann am 4. September 2010 um 4.35 Uhr morgens. Ein 40 Sekunden langes Erdbeben der Stärke 7,1 weckte die Einwohner äußerst unsanft auf und zerstörte viele ältere Gebäude im Zentrum. Das Epizentrum lag nur 40 km westlich der Stadt. Dort, im ländlichen Darfield, taten sich gewaltige Risse im Weideland auf, und die Schienen der Haupteisenbahnlinie der Südinsel wurde gebogen und gekrümmt. Weil das Beben so früh am Morgen passierte und die meisten Leute noch zu Hause in ihren Betten lagen, gab es keine Todesopfer zu beklagen. Viele meinten, Christchurch sei gerade noch einmal davongekommen.

22. Februar 2011, 12.51 Uhr: Zur Mittagszeit war Christchurchs Zentrum voller Menschen auf Einkaufstour, Angestellte genossen ihre Mittagspause. Diesmal hatte das Beben die Stärke 6,3; sein Zentrum lag viel näher – nur 10 km südöstlich der City und 5 km unter der Oberfläche. Das Erdbeben richtete deutlich mehr Schäden an, viele Leute wurden gewaltsam fast waagerecht in die Luft geschleudert. Die maximale Bodenbeschleunigung (Peak Ground Acceleration) überstieg den Wert 1,8 und war damit doppelt so stark wie die Erdanziehung.

Als sich nach 24 traumatischen Sekunden der Staub legte, hatte sich Neuseelands zweitgrößte Stadt für immer verändert. Der hohe Turm der Christ Church Cathedral, ein Wahrzeichen der Stadt, lag in Trümmern, Mauern und Balkone waren auf die Einkaufsstraße gestürzt und zwei mehrstöckige Gebäude waren in sich zusammengesackt. Von den insgesamt 185 Toten (aus 20 Nationen) waren allein 115 im sechsstöckigen Canterbury TV Building zu beklagen, wo viele Schüler einer internationalen Sprachenschule ums Leben kamen. Der historische Hafen von Lyttelton wurde schwer beschädigt, Straßen und Brücken waren zerstört, die Wohnvororte im Osten von Tonnen von Schlick, der aus dem Boden trat, überschwemmt worden.

In den Monaten nach der Katastrophe schüttelten Hunderte von Nachbeben die traumatisierten Einwohner durch (und forderten ein weiteres Menschenleben), aber die Cantabrians zeigten Tapferkeit und Durchhaltevermögen. Aus dem ländlichen Kernland von Canterbury strömte die „Farmy Army" in die Stadt, bewaffnet mit Schaufeln und Fresskörben. Über soziale Medien wurden 10 000 Studenten mobilisiert, und diese Freiwilligenarmee wurde zu einem wichtigen Faktor beim Aufräumen der schwer getroffenen östlichen Vorstädte. Aufrichtige Hilfe und Unterstützung kam aus allen Teilen Neuseelands, sieben ausländische Staaten schickten speziell für Einsätze in Städten ausgebildete Such- und Rettungsteams.

Es wird wohl länger als eine Generation dauern, um die Auswirkungen dieses Ereignisses an einem warmen Sommertag Anfang 2011 in Ordnung zu bringen. Es mussten damals komplette Straßenzüge und Stadtviertel in den östlichen Vororten aufgelassen werden; die historische Architektur Christchurchs ist unwiderruflich zerstört. Familien, deren Viertel besonders schlimm betroffen waren, müssen seitdem in Unterkünften leben, die nicht ihrem bisherigen Lebensstandard entsprechen und warten bis heute darauf, dass die Versicherungen für die geltend gemachten Schäden aufkommen.

Rund 80 % der Gebäude im Umkreis der vier berühmten Boulevards im Stadtzentrum fielen bereits der Abrissbirne anheim oder sollen noch abgerissen werden. Zwischen den dem Untergang geweihten, den geretteten und den funkelnden neuen Gebäuden liegen zahlose Baustellen und leere Grundstücke, die noch von Schutt bedeckt sind.

Die Wiederaufbaupläne, die in den kommenden 20 Jahren umgesetzt werden sollen, sehen ein kompaktes Stadtzentrum ohne Hochhäuser, weitläufige Grünflächen und Radwege entlang des Avon River vor.

Man geht davon aus, dass sich die Wiederaufbau- und Neubaumaßnahmen insgesamt auf schätzungsweise 40, wenn nicht gar 50 Mrd. NZ$ (ca. 32,2 Mrd. €) belaufen werden.

ischen „Mutterland", was unter anderem zur Anlage englischer Landschaftsparks führte, denen die Stadt ihren Spitznamen „Garden City" verdankt. Auch heute noch ist es in Christchurch im Frühling einfach traumhaft schön.

Sehenswertes

Seit dem Erdbeben füllen die sogenannten „Gap Filler" (Lückenfüller) jede freie Ecke von Christchurch mit Kreativität und Farbe. Die Projekte reichen von zeitlich begrenzten Kunstinstallationen, Spielbühnen und Gärten bis hin zu einem Minigolfplatz durch leere Gebäudekomplexe und das sogenannte „Grandstandium" – eine mobile Tribüne, die für jede Menge Spaß bürgt.

Lücken tun sich auf und werden geschlossen – deshalb macht es Sinn, sich anhand der *Gap Map* (www.gapfiller.org.nz) zu informieren. Aber man kann natürlich auch einfach so durch die Straßen streifen und sich überraschen lassen, auf was man so alles stößt.

Stadtzentrum

★Christchurch Botanic Gardens GARTEN

(Karte S. 532; www.ccc.govt.nz; Rolleston Ave; Okt.–März 7–20.30 Uhr, April–Sept. 7–18.30 Uhr) GRATIS Ein Spaziergang durch diesen herrlichen, 30 ha großen Park am Flussufer ist ein wundervolles Erlebnis. Mit seinen prächtigen Bäumen und Blumen ist er zu jeder Jahreszeit einen Besuch wert, ganz besonders aber im Frühling, wenn Rhododendren, Azaleen und Narzissen ihre volle Blütenpracht entfalten. Es gibt Themengärten, die zur Erkundung einladen, Rasenflächen, auf denen man sich zum Picknick ausbreiten kann, und neben dem **Botanic Gardens Information Centre** (Karte S. 532; 03-941 8999; Mo–Fr 9–16, Sa & So 10.15–16 Uhr) auch noch ein Kinderspielplatz für die kleinen Besucher.

Führungen (10 NZ$) beginnen um 13.30 Uhr (Mitte Sept.–Mitte Mai) am Canterbury Museum (s. rechts). Wer nicht so viel laufen will, fährt mit dem **Caterpillar-Zug** (0800 88 22 23; www.welcomeaboard.co.nz; Erw./Kind 20/9 NZ$; 11–15 Uhr) durch den weitläufigen Garten.

★Christchurch Art Gallery GALERIE

(Karte S. 532; 03-941 7300; www.christchurchartgallery.org.nz; Ecke Montreal St & Worcester Blvd; Do–Di 10–17, Mi 10–21 Uhr) GRATIS Diese sagenhafte Kunstgalerie wurde zwar durch die Erdbeben beschädigt, öffnete jedoch inzwischen wieder ihre Pforten – glanzvoller und kühner als zuvor. Gezeigt wird eine anregende Mischung aus Exponaten, die überwiegend aus Neuseeland stammen.

Hagley Park PARK

(Karte S. 532; Riccarton Ave) Der Hagley Park umschließt die Botanic Gardens und ist mit einer Fläche von 165 ha Christchurchs größte Grünfläche. Die Riccarton Avenue teilt den Park in zwei Teile, durch die nördliche Hälfte schlängelt sich der Avon River. Hier kann man wunderbar spazieren gehen, an einem nebligen Herbstmorgen genauso gut wie an einem warmen Frühlingstag, wenn die Kirschbäume an der Harper Avenue blühen. Das ganze Jahr über tummeln sich Jogger in den von Bäumen gesäumten Alleen.

Canterbury Museum MUSEUM

(Karte S. 532; 03-366 5000; www.canterburymuseum.com; Rolleston Ave; 9–17 Uhr) GRATIS Klar gibt es hier auch eine Mumie und Dinosaurierknochen, aber die eigentlichen Highlights dieses Museums stammen aus der Region und sind jüngeren Datums. In den Māori-Sälen werden schöne Arbeiten aus *greenstone* (Nephrit-Jade) gezeigt, und in der „Christchurch Street" macht man einen stimmungsvollen Bummel durch die koloniale Vergangenheit.

Die Reproduktion des Fred & Myrtles Paua Shell House (Muschelschalenhaus) ist

KOMBITICKETS: WELCOME ABOARD

Welcome Aboard (03-366 7830; www.welcomeaboard.co.nz) ist der Name des Unternehmens, das die Stechkahnfarten (S. 537), die Trambahn (S. 538), die Seilbahn (S. 535) und den Botanic Gardens Caterpillar Train (s. links) betreibt, außerdem noch Thrillseekers Adventures (S. 558) in Hanmer Springs.

Es gibt eine Fülle an Kombitickets, mit denen all jene viel Geld sparen können, die mehr als eine dieser Aktivitäten in der Stadt besuchen wollen.

Das Unternehmen veranstaltet auch die sechsstündige „Grand Tour" (Erw./Kind 129/69 NZ$), in der alle vier in Christchurch angebotenen Aktivitäten enthalten sind, inklusive einem Zwischenstopp in Sumner.

Christchurch Zentrum

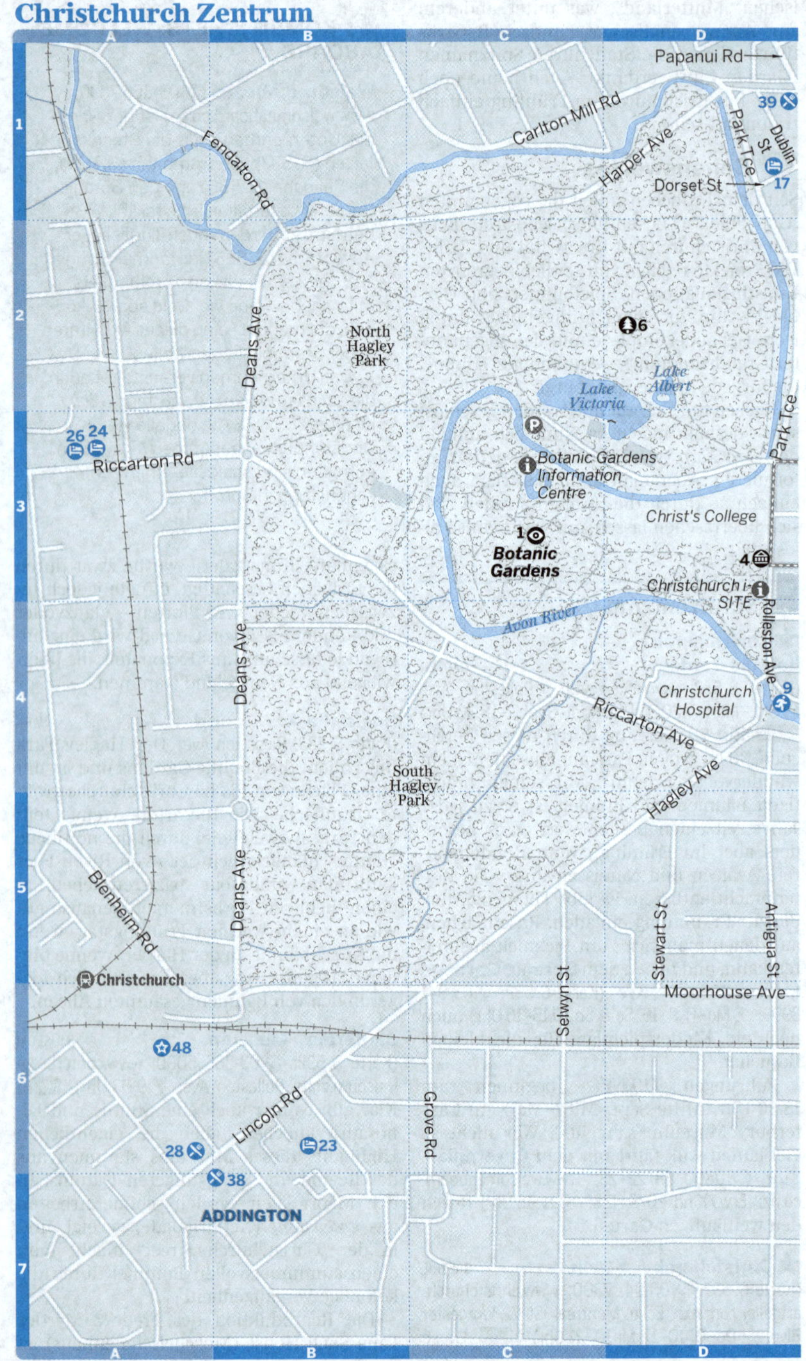

Papanui Rd
Carlton Mill Rd
Fendalton Rd
Harper Ave
Park Tce
Dublin St
Dorset St
39
17
Deans Ave
North Hagley Park
6
Lake Albert
Lake Victoria
26
24
Riccarton Rd
Botanic Gardens Information Centre
Christ's College
1
Botanic Gardens
4
Christchurch i-SITE
Rolleston Ave
Avon River
Christchurch Hospital
9
Riccarton Ave
South Hagley Park
Hagley Ave
Blenheim Rd
Stewart St
Antigua St
Christchurch
Selwyn St
Moorhouse Ave
48
Lincoln Rd
Grove Rd
28
23
38
ADDINGTON

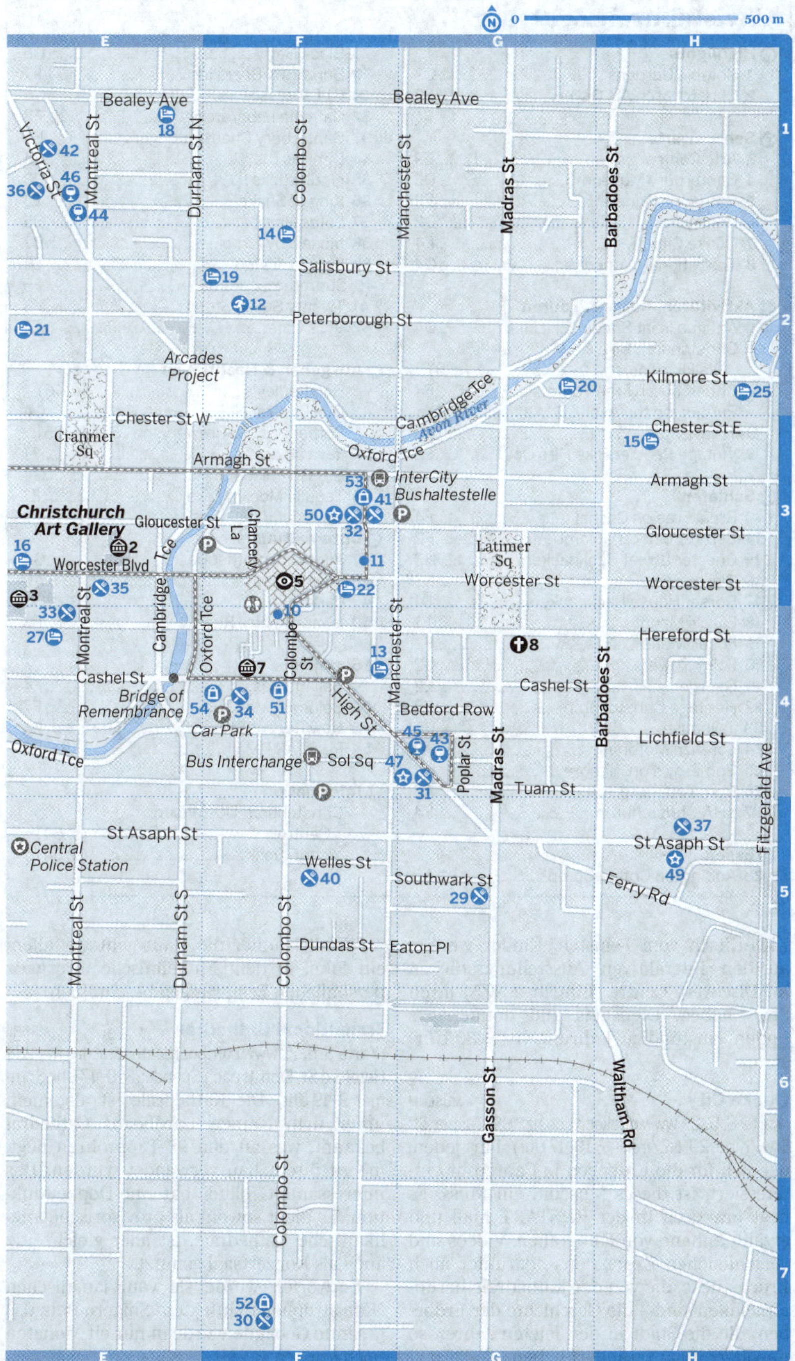

0 500 m
Bealey Ave
Victoria St
Montreal St
Durham St N
Colombo St
Manchester St
Madras St
Barbadoes St
Salisbury St
Peterborough St
Arcades Project
Kilmore St
Cambridge Tce
Avon River
Chester St W
Cranmer Sq
Chester St E
Armagh St
Oxford Tce
InterCity Bushaltestelle
Christchurch Art Gallery
Gloucester St
Chancery La
Latimer Sq
Worcester Blvd
Worcester St
Hereford St
Cashel St
Bridge of Remembrance
Car Park
High St
Bedford Row
Lichfield St
Poplar St
Bus Interchange
Sol Sq
Tuam St
St Asaph St
Central Police Station
Welles St
Southwark St
Ferry Rd
Fitzgerald Ave
Dundas St
Eaton Pl
Durham St S
Gasson St
Waltham Rd

Christchurch Zentrum

Highlights
1 Botanic Gardens ... C3
2 Christchurch Art Gallery ... E3

Sehenswertes
3 Arts Centre ... E3
4 Canterbury Museum ... D3
5 Cathedral Square ... F3
6 Hagley Park ... D2
7 Quake City ... F4
8 Transitional Cathedral ... G4

Aktivitäten, Kurse & Touren
9 Antigua Boat Sheds ... D4
Christchurch Bike & Walking Tours ... (s. 9)
10 Christchurch Free Tours ... F4
Punting on the Avon ... (s. 9)
11 Tram ... F3
12 Vintage Peddler Bike Hire Co ... F2

Schlafen
13 BreakFree on Cashel ... F4
14 CentrePoint on Colombo ... F2
15 Chester Street Backpackers ... H3
16 Classic Villa ... E3
17 Dorset House Backpackers ... D1
18 Eliza's Manor ... E1
19 Focus Motel ... F2
20 Foley Towers ... G2
21 George ... E2
22 Heritage Christchurch ... F3
23 Jailhouse ... B6
24 Lorenzo Motor Inn ... A3
25 Pomeroy's on Kilmore ... H2
26 Roma on Riccarton ... A3
27 YHA Christchurch ... E4

Essen
28 Addington Coffee Co-op ... A6
29 Black Betty ... G5
30 Burgers & Beers Inc ... F7
31 C1 Espresso ... G4
32 Caffeine Laboratory ... F3
33 Canterbury Cheesemongers ... E4
34 Dimitris ... F4
35 Fiddlesticks ... E3
36 King of Snake ... E1
37 Lotus Heart ... H5
38 Mosaic by Simo ... B7
39 Saggio di Vino ... D1
40 Supreme Supreme ... F5
41 Twenty Seven Steps ... F3
42 Vic's Cafe ... E1

Ausgehen & Nachtleben
Boo Radley's ... (s. 46)
43 Dux Central ... G4
Pomeroy's Old Brewery Inn ... (s. 25)
44 Revival ... E1
45 Smash Palace ... G4
46 Tequila Mockingbird ... E1

Unterhaltung
47 Alice Cinematheque ... G4
48 Court Theatre ... A6
49 darkroom ... H5
50 Isaac Theatre Royal ... F3

Shoppen
51 Ballantynes ... F4
52 Colombo Mall ... F7
53 New Regent St ... F3
54 Re:START Mall ... F4

Information
Christchurch DOC Visitor Centre ... (s. 54)
Visitor Kiosk ... (s. 54)

Kiwi-Kitsch vom Feinsten. Kinder werden an den interaktiven Ausstellungsstücken im Discovery Centre (Eintritt 2 NZ$) ihren Spaß haben. Dienstags und donnerstags finden einstündige Führungen (15.30 Uhr) statt.

Quake City MUSEUM
(Karte S. 532; www.quakecity.co.nz; 99 Cashel St; Erw./Kind 20 NZ/frei; ⏲10–17 Uhr) Für jeden, der sich für die Erdbeben in Canterbury interessiert, ist dieses Museum ein Muss. Es liegt praktisch in der Re:START Mall und erzählt anhand von Fotografien, Videos und verschiedenen Exponaten – darunter auch Bruchstücke, die von der Kathedrale heruntergefallen sind – die Geschichte der Erdbeben, die die Stadt in den letzten Jahren so unwiderruflich verändert haben.

Wirklich unter die Haut geht vor allem ein Film, in dem Einheimische ihre ganz persönlichen Erfahrungen beschreiben.

Transitional Cathedral KIRCHE
(Karte S. 532; www.cardboardcathedral.org.nz; 234 Hereford St; Eintritt nach Spende; ⏲9–17 Uhr, Sommer 9–19 Uhr) Die Kathedrale ist allgemein unter dem Namen Cardboard Cathedral bekannt, was an den 98 Pappröhren liegt, die zu ihrem Bau verwendet wurden. Das interessante Gebäude hat eine Doppelfunktion: Es dient sowohl als provisorische anglikanische Kathedrale, ist aber gleichzeitig auch als Konzertsaal genutzt.

Entworfen wurde sie vom japanischen „Katastrophenarchitekten" Shigeru Ban; das gesamte Gebäude wurde in nur elf Monaten hochgezogen.

Gondola SEILBAHN
(Karte S. 529; www.gondola.co.nz; 10 Bridle Path Rd; hin & zurück Erw./Kind 28/12 NZ$; ⏲10–17 Uhr) Es macht Spaß, mit der 945 m langen Seilbahn auf den Mount Cavendish (500 m) hinaufzufahren, um von oben den herrlichen Blick über die Stadt, Lyttelton, Banks Peninsula und die Canterbury Plains zu genießen. Auf dem Berg befindet sich ein Café; Kinder können sich bei einer *Time-Tunnel*-Fahrt durch historische Szenerien amüsieren.

Lohnenswert ist auch der Spaziergang zu einem Aussichtspunkt Cavendish Bluff Lookout (hin & zurück 30 Min.) oder zum **Pioneer Women's Memorial** (Karte S. 529) (hin & zurück 1 Std.).

Arts Centre HISTORISCHE GEBÄUDE
(Karte S. 532; www.artscentre.org.nz; 2 Worcester Blvd) In dem 1877 erbauten Komplex aus neugotischen Gebäuden residierte früher das Canterbury College, der Vorläufer der heutigen Canterbury University. Der berühmteste Alumnus des College war Lord Ernest Rutherford, jener neuseeländische Physiker, dem 1917 als Erstem die Spaltung eines Atomkerns gelang und der damit die moderne Atomphysik begründete. Heute ziert sein Porträt den 100-NZ$-Schein.

Reisende können die Gebäude derzeit nur von der Straße aus bewundern, denn der Komplex wurde bei den Erdbeben schwer beschädigt. Einige Gebäudeteile sollen 2016 wiedereröffnet werden, die Restaurierung der gesamten Anlage wird voraussichtlich erst 2019 abgeschlossen sein.

Cathedral Square PLATZ
(Karte S. 532) Dem Erdboden gleichgemacht und verlassen erstreckt sich der Stadtplatz von Christchurch inmitten von Häusern, die wiederaufgebaut werden. Geblieben sind einzig und allein die Reste der Christ Church Cathedral – ein Symbol für den herben Verlust. Das Erdbeben im Februar 2011 brachte den 63 m hohen Kirchturm zum Einsturz, weitere Erdbeben im Juni 2011 und Dezember 2011 zerstörten das unbezahlbare Rosettenfenster aus Buntglas. Andere historische Gebäude rund um den Platz wurden ebenfalls stark beschädigt. Nur ein modernes Wahrzeichen, die 18 m hohe Metallskulptur *Chalice* von Neil Dawson, blieb

CHRISTCHURCH IN ...

... zwei Tagen

Nach dem Frühstück im **Supreme Supreme** (S. 542) sollte man genügend Zeit einplanen, um einen Rundgang durch das zum Teil noch zerstört darliegende, zum Teil im Wiederaufbau befindliche Stadtzentrum zu unternehmen, die **Quake City** (S. 534) zu besichtigen und über den **Cathedral Square** (S. 531) zu bummeln. Danach ohnt sich der Besuch der **Christchurch Art Gallery** (S. 531), anschließend kauft man den Picknickproviant bei **Canterbury Cheesemongers** (S. 543). Nach dem Essen locken das hervorragende **Canterbury Museum** (S. 531) und anschließend ein Spaziergang durch die herrlichen **Botanic Gardens** (S. 531). Abends bietet die Restaurantmeile in der Victoria Street einige interessante Entdeckungen. Oder man mischt sich auf ein Bier und einen Burger unter das hippe Szenevolk im **Smash Palace** (S. 545).

Der zweite Tag beginnt mit einem Kaffee im **Addington Coffee Co-op** (S. 544), dann fährt man mit der Seilbahn auf den Mount Cavendish hinauf, um die tolle Aussicht zu genießen und oben auf dem Gipfel eine Runde zu drehen. Weiter geht es nach Lyttelton zum Mittagessen. Dann kehrt man durch den Tunnel nach Sumner zurück, um dort am Spätnachmittag zu schwimmen oder einen Spaziergang zu unternehmen. Nach dem Abendessen könnte man sich einen Film im **Hollywood Cinema** (Karte S. 529; www.hollywoodcinema.co.nz; 28 Marriner St; Erw./Kind 17/12 NZ$) anschauen.

... vier Tagen

Die ersten beiden Tage gestalten sich wie oben beschrieben. Am dritten Tag fährt man nach Akaroa, um den Hafen mit seiner üppigen Flora und Fauna zu erkunden und durch die hübschen Straßen zu bummeln. Auf dem Hin- und Rückweg bieten sich immer wieder herrliche Ausblicke. Am vierten Tag lockt ein Besuch im **Orana Wildlife Park** (S. 536). Den Tag beschließt man mit Shoppen und einem Bier und einer Pizza im **Tannery** (S. 546) in Woolston.

unversehrt; sie wurde 2001 anlässlich der Millenniumsfeier errichtet.

Um die überaus geliebte gotische Christ Church tobt nun ein Kampf zwischen Idealisten, die sich für den Erhalt der Reste des historischen Erbes einsetzen, Pragmatikern, die vor allem die Kosten im Auge haben, und all jenen, die ideologisch zu etwas Neuem tendieren.

Obwohl das Kirchenschiff größtenteils intakt ist, wurde im März 2012 von der anglikanischen Diözese der Rückbau und Abriss der Kathedrale angekündigt. Befürworter des Kulturerbes versuchen nun über den Gang vor Gericht den Abriss zu verhindern. Von der Regierung wurde ein unabhängiger Schlichter eingesetzt, der zwischen den verfeindeten Parteien zu vermitteln soll. Er kam in seinem Bericht zu dem Schluss, dass „der Ersatz der Kathedrale aus bautechnischer Perspektive kein besonderes Problem darstellt". Dieses Ergebnis hat die Sache nun noch verzwickter gemacht.

Bis zur Drucklegung dieses Reiseführers wurde keine konkrete Entscheidung getroffen, ob die Kathedrale nun umgebaut, abgerissen, ersetzt oder „adaptiert" werden soll. Aufgrund der Fülle gegensätzlicher Meinungen könnte sich das Gerangel um das Gebäude noch jahrelang hinziehen.

Weitere Vororte

Riccarton House & Bush

HISTORISCHES GEBÄUDE

(Karte S. 529; www.riccartonhouse.co.nz; 16 Kahu Rd, Riccarton) GRATIS Das historische Riccarton House (1856) steht stolz inmitten eines 12 ha großen, bewaldeten Parkareals am Avon River. Hier wird samstags der Christchurch Farmers' Market (S. 574) abgehalten, ein beliebter Bauernmarkt. Führungen durch das Gebäude finden sonntags bis freitags ab 14 Uhr statt (Erw./Kind 18/5 NZ$).

Noch ehrwürdiger ist das kleine Stück raubtierfreien Walds hinter dem Landhaus. Der durch einen Zaun gegen Schädlinge geschützte Wald ist der letzte Rest der Kahikatea-Auwälder in Canterbury. Die Neuseeländische Warzeneibe (Kahikatea) ist mit bis zu 60 m der höchste endemische Baum Neuseelands. Hier sind die höchsten Bäume zwar nur 30 m hoch, aber dennoch zwischen 300 und 600 Jahre alt. Ein kurzer Rundweg führt durch den Wald.

Orana Wildlife Park

TIERPARK

(☎03-359 7109; www.oranawildlifepark.co.nz; McLeans Island Rd, McLeans Island; Erw./Kind 34,50/9,50 NZ$; ⏲10–17 Uhr) Der Park bezeichnet sich selbst als einen „Freigeländezoo" und man versteht, was damit gemeint ist, wenn man (für 45 NZ$ extra) die „Löwenbegegnung" im Käfig erlebt. Es gibt eine ausgezeichnete begehbare Voliere, ein Nachttierhaus mit Kiwis und eine Reptilienabteilung, in der auch Brückenechsen (Tuatara) zu sehen sind. Der größte Teil des 80 ha großen Geländes ist aber der afrikanischen Tierwelt gewidmet, u. a. durch Nashörner, Giraffen, Zebras, Lemuren, Geparden und Gorillas vertreten.

Willowbank Wildlife Reserve

TIERPARK

(☎03-359 6226; www.willowbank.co.nz; 60 Hussey Rd, Northwood; Erw./Kind 28/11 NZ$; ⏲Okt.–

CHRISTCHURCH FÜR KINDER

In Christchurch herrscht kein Mangel an kinderfreundlichen Sehenswürdigkeiten und Aktivitäten. Steht Spaß für die ganze Familie an erster Stelle, sollte man seine Reise so planen, dass man beim größten Kinderfestival Neuseelands vor Ort ist, dem **KidsFest** (S. 540). Es findet jedes Jahr im Juli statt und bietet ein prall gefülltes Programm mit Shows, Workshops und Partys. Das alljährliche **World Buskers Festival** (S. 540) ist ebenfalls empfehlenswert und immer gut besucht.

Für ein Picknick und Freizeitaktivitäten im Freien bieten sich die **Botanic Gardens** (S. 531) an. Neben dem Café befindet sich ein Spielplatz, heiß begehrt bei den Kids ist auch die Fahrt mit dem Caterpillar Train.

Weitere Naturerlebnisse bieten sich im **Orana Wildlife Park** (s. oben) oder im **Willowbank Wildlife Reserve** (s. oben). Überschüssige Energien können die Kids beim Rudern oder Kajakfahren an den **Antigua Boat Sheds** (S. 537) abbauen. Und Vergnügen und Pädagogik lassen sich heimlich, still und leise im **International Antarctic Centre** (S. 537) und im Discovery Centre des **Canterbury Museum** (S. 531) kombinieren.

Bei schönem Wetter locken natürlich die Strände von Sumner oder New Brighton.

April 9.30–19 Uhr, Mai–Sept. 9.30–17 Uhr) In Willowbank, rund 10 km nördlich des Stadtzentrums gelegen, dreht sich alles um neuseeländische Tiere – natürlich auch die Kiwis. Zu sehen sind Bauernhoftiere sowie ein Streichelgehege mit Wallabys, Hirschen, Rehen und Lemuren.

Der Nachbau eines Māori-Dorfes ist die passende Kulisse für die abendliche Ko-Tane-Vorführung (S. 539).

International Antarctic Centre MUSEUM
(☎0508 736 4846; www.iceberg.co.nz; 38 Orchard Rd, Christchurch Airport; Erw./Kind 39/19 NZ$; ⏲9–17.30 Uhr) Das Zentrum ist Teil eines riesigen Komplexes, der für die Verwaltung des Antarktisprogramms von Neuseeland, den USA und Italiens errichtet wurde. Hier haben Besucher die Gelegenheit, Pinguine zu beobachten und viel über den Eiskontinent zu erfahren. Zu den viel besuchten Attraktionen zählen die arktische Sturm-Kammer, in der die Besucher erleben, wie sich ein antarktischer Sturm bei –18 °C anfühlt.

Ein kostenloses Shuttle fährt vor dem Canterbury Museum (S. 531) zur vollen Stunde von 10 bis 16 Uhr zum Antarctic Centre und jeweils zur halben Stunde zurück in die Stadt.

Im „Xtreme Pass" (Erw./Kind 59/29 NZ$) sind der Besuch des 4D-Theaters (ein 3D-Film mit wackelnden Sitzen und Sprühregen) und Fahrten mit dem Hägglund, einem geländegängigen, antarktischem Amphibienfahrzeug, inbegriffen.

Der Penguin Backstage Pass (Erw./Kind 25/15 NZ$), der Besuchern einen Blick hinter die Kulissen des Penguin Encounter gewährt, ist extra zu bezahlen.

Aktivitäten

Bootfahren

Antigua Boat Sheds BOOTFAHREN, KAJAKFAHREN
(Karte S. 532; ☎03-366 6768; www.boatsheds.co.nz; 2 Cambridge Tce; ⏲7–17 Uhr) Die malerischen grün-weißen Antigua Boat Sheds stammen von 1882. Heute werden hier Ruderboote (35 NZ$), Kajaks (12 NZ$), Kanadier (35 NZ$) und Fahrräder (Erw./Kind 10/5 NZ$) verliehen; alle Preise beziehen sich auf jeweils eine Stunde. Zur Anlage gehört auch ein gutes Café.

Punting on the Avon STECHKAHNFAHREN
(Karte S. 532; www.punting.co.nz; 2 Cambridge Tce; Erw./Kind 28/20 NZ$; ⏲Okt.–März 9–18 Uhr, April–Sept. 10–16 Uhr) Die Antigua Boat Sheds sind der Ausgangspunkt für die halbstündigen Fahrten mit einem Stechkahn durch den Botanischen Garten. Die Teilnehmer können sich in den flachen Kähnen entspannen, während ein strammer Bursche in edwardianischer Kluft mit einer langen Stange ganze Arbeit leistet.

Eine andere Exkursion beginnt an der Worcester Street Bridge und führt durch das Stadtgebiet, das peu à peu wiederaufgebaut und erneuert wird.

Schwimmen & Surfen

Die einzelnen Abschnitte weisen zwar unterschiedliche Namen auf, aber eigentlich handelt es sich dennoch um einen einzigen weitläufigen Sandstrand, der sich nördlich der Mündung der beiden Flüsse Avon und Heathcote erstreckt.

Dem Stadtzentrum am nächsten liegt **New Brighton** mit einem markanten Pier, der 300 m ins Meer hineinragt. Rechts und links davon finden sich der **South New Brighton** und der **North Beach**, zwei beschauliche Strände. Der ein kleines Stück weiter nördlich gelegene **Waimairi** ist besonders beliebt.

Der heimliche Superstar ist jedoch **Sumner**, 12 km vom Stadtzentrum entfernt an der Südseite der Flussmündung gelegen. Das Flair, die Lokale und das Kino, das Filmkunst zeigt, machen den Ort zu einem lohnenden Ziel für einen Tagesausflug.

Weiter östlich (jenseits der Landspitze) bietet das abgelegene **Taylors Mistake** das sauberste Wasser aller Strände von Christchurch, ein paar prima Wellen zum Surfen inklusive. Surfanfänger sollten sich allerdings lieber an die Strände Sumner oder New Brighton halten.

Wandern

Die i-SITE hält Informationen zu Wanderungen sowie zu Angeboten in Stadt und Land von anderen Veranstaltern bereit. Lohnend ist beispielsweise der **Avon River Walk**, auf dem man die wichtigsten Sehenswürdigkeiten der Stadt kennenlernt. Während der Recherchen zu diesem Reiseführer stand eine neue Landkarte kurz vor der Veröffentlichung, sie wird auch Details zu den beliebten Trails durch die **Port Hills** enthalten. Vorab ist die Website www.ccc.govt.nz (Stichwort „Port Hills") eine gute Informationsquelle.

Für einen wunderbaren Blick auf die Stadt bietet sich der Weg an, der am **Sign of the Takahe** an der Dyers Pass Road beginnt. Häuser mit dem Namen „Sign of …" in dieser Gegend waren ursprünglich Rasthäuser, die zur Zeit der Großen Depression errichtet worden sind. Der hier vorgestellte Weg führt durch den Victoria Park zum **Sign of the Kiwi** und weiter entlang der Summit Road zum Scotts Reserve.

Von Heathcote Valley aus (erreichbar mit Buslinie 28) kann man auf dem **Bridle Path** in 1½ Std. nach Lyttelton wandern.

Der **Godley Head Walkway** (hin & zurück 2 Std.) beginnt am Taylors Mistake, überquert zweimal die Summit Road und bietet bei klarem Wetter schöne Aussichten.

Spaziergänge in Christchurch und Wanderungen durch Canterbury werden detailliert unter www.christchurchnz.com beschrieben.

Radfahren

Da Christchurch überwiegend flach ist und mehr als 300 km Radwege vorzuweisen hat, bietet die Stadt sich natürlich an, mit dem Rad erkundet zu werden. Details finden sich bei der Lektüre der kostenlosen Broschüre *Christchurch City Cycle Guide* und auf der Website der Stadtverwaltung (www.ccc.govt.nz). Die i-SITE hat Listen mit den Adressen von Fahrradverleihs und gibt Tipps, wer geführte Radtouren anbietet.

In den Port Hills kann man hervorragend mit dem Mountainbike herumkurven; einfach nach der neuen Karte mit den Trails Ausschau halten. In Richtung Banks Peninsula liegt der schönste Abschnitt des Little River Trail (S. 550), eine der spektakulärsten Fahrradstrecken, die Neuseeland zu bieten hat.

Vintage Peddler Bike Hire Co FAHRRADVERLEIH
(Karte S. 532; ☎03-365 6530; www.thevintagepeddler.co.nz; 7/75 Peterborough St; Std./Tag ab 15/30 NZ$) So mancher findet vielleicht Gefallen daran, sich auf ein altmodisches Zweirad dieses flippigen Retro-Fahrradverleihs zu schwingen. Helme, Schlösser und Tipps zur Umgebung sind im Preis eingeschlossen.

City Cycle Hire FAHRRADVERLEIH
(☎03-377 5952; www.cyclehire-tours.co.nz; Fahrradverleih halber/ganzer Tag ab 25/35 NZ$) Das Unternehmen bringt seinen Kunden das gewünschte Rad – sei es ein Stadt- oder Tourenrad oder ein Mountainbike – bis vor die Haustür.

Es kommt auf Wunsch auch ein Mitarbeiter mit einem Rad zur Bergstation der Seilbahn, von wo aus sich Waghalsige dann die 16 km lange Strecke in die Stadt hinunterstürzen können (70 NZ$ inkl. Seilbahnfahrt; 1½ Std.).

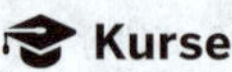

Kurse

Bone Dude COURSE
(Karte S. 529; ☎03-385 4509; www.thebonedude.co.nz; 153 Marshland Rd, Shirley; ab 60 NZ$; ⏲Fr 13–16, Sa 10–13 Uhr) Wer seiner Kreativität freien Lauf lassen will, sollte eine Sitzung bei Bone Dude buchen, wo man in drei Stunden unter Anleitung seine eigenen Anhänger aus Knochen schnitzen darf. Die Kurse sind auf acht Teilnehmer beschränkt, daher im Voraus buchen!

Geführte Touren

★ **Tram** TRAMBAHN
(Karte S. 532; ☎03-377 4790; www.tram.co.nz; Erw./Kind 20 NZ$/frei; ⏲Okt.–März 9–18 Uhr, April–Sept. 10–17 Uhr) Dank der hervorragenden Erklärungen des Fahrers bekommen die Teilnehmer hier viel mehr als nur eine Trambahnfahrt geboten. Die wunderschön restaurierten alten Vehikel rattern über einen Rundkurs mit 17 Haltestellen, an dem viele der Attraktionen der Stadt liegen, wie beispielsweise der Cathedral Square und die New Regent Street. Die Trambahnen fahren im 15-Minutentakt, eine Runde dauert knapp eine Stunde, man kann den ganzen Tag so oft ein- und aussteigen, wie man Lust hat.

TranzAlpine BAHNFAHRT
(☎0800 872 467, 03-341 2588; www.kiwirailscenic.co.nz) Die Fahrt mit dem TranzAlpine führt über eine der schönsten Bahnstrecken der Welt, der Zug durchquert unterwegs die Southern Alps zwischen Christchurch und Greymouth, fährt vom Pazifik zur Tasmansee und rattert durch den Arthur's Pass National Park. Entlang der gesamten Strecke reiht sich eine dramatische Landschaft an die andere – vom flachen Schwemmgebiet der Canterbury Plains bis hin zu schmalen alpinen Schluchten, einem 8,5 km langen Tunnel, Flusstälern mit alten Buchenwäldern und einem See, dessen Ufer mit Kohlbäumen (*Cordyline australis*) bestanden sind. Die 4½-stündige Fahrt ist selbst bei schlechtem Wetter ein unvergessliches Erlebnis – und man sollte immer optimistisch sein: Wenn es an der einen Küste regnet, ist das Wetter möglicherweise an der anderen Seite schön.

Der Zug fährt in Christchurch um 8.15 Uhr, in Greymouth um 13.45 Uhr ab.

Christchurch Free Tours STADTSPAZIERGANG
(Karte S. 532; www.freetours.co.nz; Cathedral Sq; ⏲11 Uhr) GRATIS Ja, diese Tour ist wirklich gratis! Interessenten kreuzen einfach an der

DIE MĀORI IN CHRISTCHURCH & CANTERBURY

Nur 14 % der Māori leben auf der Südinsel, davon aber die Hälfte in der Region Canterbury. Der erste größere Stammesverband, der sich hier ansiedelte, waren die Waitaha, die im 16. Jh. von den Ngāti Māmoe unterworfen und aufgenommen wurden. Im folgenden Jahrhundert traf diese das gleiche Schicksal durch die Ngāi Tahu (www.ngaitahu.iwi.nz), einen Stammesverband, dessen Ursprünge an der Ostküste der Nordinsel lagen.

1848 wurde der größte Teil der Region Canterbury an die Krone verkauft. Die Vereinbarung sah vor, dass ein Gebiet von rund 4 ha pro Person für den Stammesverband reserviert bleiben sollte, tatsächlich blieb ihm aber kaum die Hälfte davon. Mit so wenig Land konnten sich die Ngāi Tahu nicht mehr selbst versorgen und erlitten starke finanzielle Einbußen. Erst 1997 wurde diese Ungerechtigkeit beendet: Der Stammesverband erhielt eine Entschuldigung der Krone und eine Entschädigung in Höhe von 170 Mio. NZ$. Teil der Vereinbarung war zudem, dass der wichtigste spirituelle Ort im Land ihrer Ahnen künftig offiziell die Māori-Bezeichnung als Namensbestandteil enthält: der Aoraki/Mount Cook.

Heute können die Ngāi Tahu eine der tollsten Erfolgsgeschichten des Māori-Stamms vorweisen. Grund dafür ist ihr Ruf als guten Finanzverwalter, ihre vernünftigen kulturellen Ratschläge und ein Portfolio, das Grundbesitz, Forstwirtschaft, Fischereiwesen und viele profitable Transaktionen im Tourismus beinhaltet.

Es gibt viele verschiedene Möglichkeiten, sich in Canterbury mit der Māori-Kultur zu befassen. Artefakte sind im **Canterbury Museum** (S. 531), im **Akaroa Museum** (S. 553), im **Okains Bay Māori & Colonial Museum** (S. 550) sowie im **South Canterbury Museum** (S. 569) zu sehen. Im **Willowbank Wildlife Reserve** (S. 536) befindet sich ein nachgebautes Māori-Dorf, abends wird dort eine Show zu ihrer Kultur präsentiert. Weiter südlich in Timaru bietet das **Te Ana Māori Rock Art Centre** (S. 569) eine interaktive Ausstellung und organisiert auch Exkursionen, damit Interessierte die jahrhundertealten Werke auch direkt vor Ort bestaunen können.

Chalice-Skulptur am Cathedral Square auf und halten nach einer Person in einem roten T-Shirt Ausschau. Wem der zweistündige Spaziergang gefallen hat, drückt dem Führer anschließend ein Trinkgeld in die Hand.

Red Bus Rebuild Tour BUS TOUR
(☎0800 500 929; www.redbus.co.nz; Erw./Kind 35/17 NZ$) Die Erklärungen konzentrieren sich auf die Vergangenheit, Gegenwart und Zukunft der vom Erdbeben zerstörten Stätten im Stadtzentrum. Während der 1½-stündigen Touren wird auch Videomaterial von den früheren Straßenzügen gezeigt.

Hassle Free Tours BUSTOUR
(☎03-385 5775; www.hasslefree.co.nz) Das Unternehmen bietet Fahrten in einem offenen Doppelstockbus durch Christchurch an (Erw./Kind 35/19 NZ$). Wem das zu wenig ist, kann sich für eine Bergsafari im Geländewagen, ein Walbeobachtung in Kaikoura oder den Besuch des Originaldrehorts von Edoras aus dem Film *Herr der Ringe* anmelden.

Christchurch Bike & Walking Tours FAHRRADTOUR, STADTSPAZIERGANG
(Karte S. 532; ☎0800 733 257; www.chchbiketours.co.nz; 2 Cambridge Tce) Auf informativen zweistündigen Radtouren (Erw./Kind 50/30 NZ$) oder Stadtspaziergängen (2 Std. Erw./Kind 35/20 NZ$) sehen die Teilnehmer die Hauptsehenswürdigkeiten der Stadt. Die Führungen beginnen täglich um 10 und 14 Uhr an den Antigua Boat Sheds; unbedingt vorab reservieren.

Ko Tane KULTUREXKURSION
(www.kotane.co.nz; 60 Hussey Rd, Northwood; Erw./Kind 135/68 NZ$; ⏲17.30 Uhr) Im Rahmen der mitreißenden Vorführung von Angehörigen der Ngāi Tahu erleben die Besucher eine *powhiri* (Willkommenszeremonie), den berühmten *haka* (Ritualtanz), genießen ein Büfett mit Speisen aus dem *hangi* (Erdofen) und hören und sehen jede Menge *waiata ā ringa* (Gesang und Tanz). Das Ganze findet im Willowbank Wildlife Reserve (S. 536) statt. Eine interessante Einführung in die Kultur der Māori.

Christchurch Sightseeing Tours BUSTOUR
(☎03-377 5300; www.christchurchtours.co.nz; Touren ab 75 NZ$) Auf dem Programm stehen Stadtführungen, aber auch Ausflüge in die Umgebung, z. B. nach Akaroa (Hafen-Tour), Hanmer Springs (Thermalbad) und in die Weinregion Waipara.

Garden City Helicopters PANORAMAFLUG
(03-358 4360; www.helicopters.net.nz; 515 Memorial Ave; 20 Min. 199 NZ$) Bei einem Flug über die Stadt und Lyttelton lassen sich die Auswirkungen des Erdbebens und die Wiederaufbaumaßnahmen eindrucksvoll erkennen.

Discovery Tours BUSTOUR
(0800 372 879; www.discoverytravel.co.nz; Touren ab 155 NZ$) Bietet Ausflugsfahrten nach Akaroa, zum Aoraki/Mount Cook, nach Hanmer Springs, Kaikoura und ins die Weinregion Waipara Valley an. Die tagesfüllende Arthur's Pass Private Day Tour (315 NZ$) umfasst eine Zugfahrt mit dem TranzAlpine ab Springfield, eine Jetboat-Fahrt durch die Waimakariri River Gorge und den Besuch einer Schaffarm.

Feste & Events

World Buskers Festival DARSTELLENDE KÜNSTE
(www.worldbuskersfestival.com; Jan.) Mitte Januar unterhalten Talente aus dem In- und Ausland zehn Tage lang die Passanten; die genauen Locations verrät die Website. Und nicht vergessen, den Künstlern ein paar Münzen in den Hut zu werfen!

Festival of Flowers BLUMEN
(www.festivalofflowers.co.nz; Feb.) Ein dreiwöchiges Blütenspektakel in den Heritage Gardens.

KidsFest KINDER
(www.kidsfest.org.nz; Juli) Wenn Spaß für die ganze Familie an oberster Stelle steht, dann sollte man bei der Reisevorbereitung den Besuch des größten Kinderfestivals einplanen, das Neuseeland zu bieten hat: das KidsFest. Es bietet ein pralles Programm mit Vorführungen, Workshops und Partys.

Christchurch Arts Festival DARSTELLENDE KÜNSTE
(www.artsfestival.co.nz; Mitte Aug.–Mitte Sept.) Alle ungeraden Jahre (2017, 2019 etc.) steht einen Monat lang die Kunst im Mittelpunkt – mit Musik, Theater und Tanz.

NZ Cup & Show Week SPORT
(www.nzcupandshow.co.nz; Nov.) Rund um die gut einwöchige A&P Show (eine Art Landwirtschaftsmesse), zu der das Land in die Stadt strömt, finden Pferderennen, Modeschauen und Feuerwerke statt.

Garden City SummerTimes MUSIK
(www.summertimes.co.nz; Dez.–März) Alljährlich wird mit einer enormen Fülle an Freiluftveranstaltungen der Sommer gefeiert.

Schlafen

Stadtzentrum

Chester Street Backpackers HOSTEL $
(Karte S. 532; 03-377 1897; www.chesterst.co.nz; 148 Chester St E; B/DZ 34/74 NZ$; @) Die bunt gestrichene Holzvilla mit entspannter Atmosphäre bietet den Gästen ein sonniges Lesezimmer. Vinnie, die Katze des Hauses, ist bei den vom Hostel veranstalteten Grillfesten im beschaulichen winzigen Gärtchen regelmäßig zu Gast.

YHA Christchurch HOSTEL $
(Karte S. 532; 03-379 9536; www.yha.co.nz; 36 Hereford St; B/DZ ab 40/100 NZ$; @) Das schicke, ordentlich geführte Hostel mit gut 100 Betten liegt praktischerweise in der Nähe vom Museum und vom Botanischen Garten. Zur Auswahl stehen Schlafsäle und Doppelzimmer, von denen viele ein eigenes Bad haben. Falls hier alles ausgebucht ist, kann man sein Glück im anderen YHA der Stadt versuchen: Es liegt nur eine Straße weiter (5 Worcester Blvd.).

Dorset House Backpackers HOSTEL $
(Karte S. 532; 03-366 8268; www.dorset.co.nz; 1 Dorset St; B 38 $, DZ 99–119 NZ$; P@) Die 1871 erbaute, beschauliche Holzvilla verfügt über eine Sonnenterrasse, eine große Lounge mit Billardtisch und normale Betten (d. h. keine Stockbetten). Bis zum Hagley Park ist es nur ein kurzer Spaziergang.

Foley Towers HOSTEL $
(Karte S. 532; 03-366 9720; www.backpack.co.nz/foley.html; 208 Kilmore St; B 31–34 NZ$, DZ mit/ohne Bad 80/74 NZ$; P@) Das Hostel im Schatten alter Bäume bietet eine Fülle an gepflegten Zimmern und Schlafsälen, die sich um einen Hof mit Grünfläche gruppieren. Das nette, hilfsbereite Personal versorgt die Gäste mit den neuesten Lokalinfos.

Pomeroy's on Kilmore B&B $$
(Karte S. 532; 03-374 3532; www.pomeroysonkilmore.co.nz; 282 Kilmore St; Zi. 145–195 NZ$; P) Selbst wenn dieses nette Holzhaus nicht die Nachbarin der besten Craft-Beer-Kneipe der Stadt wäre, würde sie viele Pluspunkte bekommen. Drei der fünf elegant möblierten Zimmer (mit Bad) gehen auf den sonnigen Garten hinaus. Im Preis inbegriffen ist das Frühstück im Café Little Pom's (S. 545).

Focus Motel MOTEL $$
(Karte S. 532; 03-943 0800; www.focusmotel.com; 344 Durham St N; Zi. 160–250 NZ$; P)

Das schicke, freundliche und zentral gelegene Motel bietet Ein- und Zweizimmerunterkünfte mit großen Fernsehern, iPod-Anschlüssen, Kochnischen und supermoderner Einrichtung. Es gibt für die Gäste einen Grill und eine Waschküche. Pralinen auf dem Kopfkissen versüßen das Zubettgehen.

BreakFree on Cashel HOTEL $$

(Karte S. 532; ☎ 03-360 1064; www.breakfreeoncashel.co.nz; 165 Cashel St; DZ 90–220 NZ$; P ⓦ) Das neue große Hotel im Herzen des wiederbelebten Geschäftsviertels (CBD) bietet Unterkünfte für jeden Geldbeutel. Die Zimmer sind kompakt und durchdacht konzipiert mit High-Tech-Elementen wie Hybridfernsehern und futuristisch anmutenden Bädern.

CentrePoint on Colombo MOTEL $$

(Karte S. 532; ☎ 03-377 0859; www.centrepointoncolombo.co.nz; 859 Colombo St; Zi./Apt. ab 165/195 NZ$; P ⓦ) Die freundlichen neuseeländisch-japanischen Betreiber haben diesem zentral gelegenen Motel Stil und Komfort gegeben. Mit kleinen Extras wie Stereoanlagen, Verdunkelungsvorhängen und (in den Deluxe-Zimmern) Whirlpools kommt man der nächsthöheren Kategorie schon recht nah.

★ **George** HOTEL $$$

(Karte S. 532; ☎ 03-379 4560; www.thegeorge.com; 50 Park Tce; Zi. 356–379 NZ$, Suite 574–761 NZ$; P @ ⓦ) Das George bietet 53 attraktiv gestaltete Zimmer in einem pfiffig wirkenden Gebäude aus den 1970er-Jahren am Rand des Hagley Park. Die Mitarbeiter erfüllen diskret jeden Wunsch, an glamourösen Annehmlichkeiten warten riesige Fernseher, Toilettenartikel vom Feinsten, Hochglanzmagazine sowie zwei Restaurants im Gebäude – das Pescatore und das 50 Bistro.

Classic Villa B&B $$$

(Karte S. 532; ☎ 03-377 7905; www.theclassicvilla.co.nz; 17 Worcester Blvd; EZ 199 NZ$, DZ 299–409 NZ$, Suite 499 NZ$; P ⓦ) Das hübsche rosa Gebäude von 1897 ist eine der elegantesten Herbergen, die Christchurch zu bieten hat. Die Zimmer sind mit Antiquitäten und orientalischen Läufern ausgestattet; das Frühstück im mediterranen Stil ist für die Gäste ein gesellschaftliches Ereignis.

Eliza's Manor HOTEL $$$

(Karte S. 532; ☎ 03-366 8584, 0800 366 859; www.elizas.co.nz; 82 Bealey Ave; Zi. 245–345 NZ$; P ⓦ) Die Teddybär-Plage konnte dem ehrwürdigen Flair dieses großen Herrschaftshauses von 1861 letztendlich dann doch nichts anhaben. Blauregen rankt sich um die Holzschindeln, die Zimmer sind geräumig und hübsch herausgeputzt.

Heritage Christchurch HOTEL $$$

(Karte S. 532; ☎ 03-983 4800; www.heritagehotels.co.nz; 28-30 Cathedral Sq; Suite 235–440 NZ$; ⓦ) Das Old Government Building wurde 1909 gebaut und steht erhaben am Cathedral Square, während alles rundherum zur Ruine verkommen ist. Dass das Gebäude das Erdbeben halbwegs heil überstanden hat, verdankt es der gründlichen Verstärkung seiner Bausubstanz, als es in den 1990er-Jahren in ein Hotel umgebaut wurde. Nach der dreijährigen Renovierungsphase nach den Erdbeben präsentieren sich die geräumigen Suiten noch eleganter als zuvor. Alle haben eine voll ausgestattete Küche.

Merivale

Merivale Manor MOTEL $$

(Karte S. 529; ☎ 03-355 7731; www.merivalemanor.co.nz; 122 Papanui Rd; DZ 165–229 NZ$; P ⓦ) Das reizende viktorianische Anwesen aus dem 19. Jh. bildet das Kernstück dieses eleganten Motels mit Wohneinheiten im Haupthaus und typische Motelblocks entlang der Auffahrt. Die Unterkünfte reichen von Studios bis zu Apartments mit zwei Schlafzimmern. Ein kontinentales Frühstück gibt es als Zugabe obendrauf.

Fendalton

Fendalton House B&B $$

(Karte S. 529; ☎ 03-343 1661; www.fendaltonhouse.co.nz; 28a Kotare St; Zi. 185 NZ$; P ⊖ ⓦ) In den hübschen Straßen des grünen Stadtviertels Fendalton vermietet das nette B&B im Stil einer Privatunterkunft gerade einmal ein Zimmer. Im Preis inbegriffen ist ein umfangreiches Frühstück mit warmen Speisen und kostenloses WLAN.

Riccarton

Amber Kiwi Holiday Park FERIENPARK $

(☎ 03-348 3327, 0800 348 308; www.amberpark.co.nz; 308 Blenheim Rd, Riccarton; Stellplatze 42–50 NZ$, Wohneinheiten 82–200 NZ$; @ ⓦ) Die herrlich blühenden Gärten und die günstige Lage unweit des Stadtzentrums machen diesen städtischen Ferienpark für Leute attraktiv, die mit dem Wohnmobil oder Zelt unterwegs sind.

Die Übernachtungsalternative sind saubere Hütten und geräumige Motelzimmer.

Lorenzo Motor Inn MOTEL $$
(Karte S. 532; ☎03-348 8074; www.lorenzomotorlodge.co.nz; 36 Riccarton Rd; WE 169–239 NZ$; P 📶) Über dem zweistöckigen Motel – dem besten von vielen an der geschäftigen Riccarton Road – liegt mediterranes Flair. Die Angebote reichen von Einzimmerunterkünften bis zu Apartments mit zwei Schlafzimmern; manche haben auch Whirlpools und Balkone.

Roma on Riccarton MOTEL $$
(Karte S. 532; ☎03-341 2100; www.romaonriccarton.co.nz; 38 Riccarton Rd; DZ 158–235 NZ$; P 📶) Irgendwie erinnert dieses Motel äußerlich ja stark an das benachbarte Lorenzo Motor Inn, aber die beiden Unternehmen haben rein gar nichts miteinander zu tun. Wie beim Pendant, so geben sich die Zimmer auch hier sehr modern. Zur Auswahl stehen Studios, aber auch Wohnungen mit zwei Schlafzimmern.

Addington

★ **Jailhouse** HOSTEL $
(Karte S. 532; ☎03-982 7777, 0800 524 546; www.jail.co.nz; 338 Lincoln Rd, Addington; B 35–38 NZ$, 2BZ/DZ 90/95 NZ$; @ 📶) Wo sich von 1874 bis 1999 das Gefängnis von Addington befand, lockt heute eines der ansprechendsten und nettesten Hotels von Christchurch. Die Zimmer sind alle ein bisschen klein geraten – und werden somit nicht umsonst als Zellen bezeichnet. Das Hotel verleiht Fahrräder (halber/ganzer Tag 10/15 NZ$).

Sumner

Le Petit Hotel B&B $$
(Karte S. 529; ☎03-326 6675; www.lepetithotel.co.nz; 16 Marriner St, Sumner; DZ 159–175 NZ$; P @ 📶) Das gemütliche Frühstück mit Kaffee und Croissants, die netten Inhaber, die französisch angehauchte Möblierung und die Nähe zum Strand von Sumner – all das spricht für dieses nette B&B. Am besten frühzeitig eintreffen und um ein Zimmer mit Aussicht im Obergeschoss bitten.

Weitere Vororte

Haka Lodge HOSTEL $
(Karte S. 529; ☎03-980 4252; www.hakalodge.com; 518 Linwood Ave, Woolston; B/DZ/Apt. 33/84/170 NZ$; 📶) 🍃 Die Haka Lodge, eines der neuesten Hostels in Christchurch, nimmt drei Stockwerke eines modernen Vorstadthauses ein. Die Schlafsäle ohne Etagenbetten und die Zimmer sind sauber und farbenfroh gestaltet. Weitere Pluspunkten sind die gemütliche Lounge und der Garten mit Grill.

Old Countryhouse HOSTEL $
(Karte S. 529; ☎03-381 5504; www.oldcountryhousenz.com; 437 Gloucester St, Linwood; B 42–45 NZ$, DZ mit/ohne Bad 145/120 NZ$; P @ 📶) Das legere Hostel verteilt sich auf drei separate Villen und liegt 2 km östlich vom Cathedral Square. Es besticht mit handgefertigten Holzmöbel, einem Leseraum und einem hübschen Garten, in dem einheimische Farne und Lavendel wachsen. Der Whirlpool und die Sauna sind „heiße Extras".

Christchurch Top 10 FERIENPARK $
(Karte S. 529; ☎03-352 9176; www.christchurchtop10.co.nz; 39 Meadow St, Papanui; Stellplatz 35–52 NZ$, Wohneinheiten mit/ohne Bad ab 94/76 NZ$; P @ 📶 🏊) 🍃 Der große Ferienpark wird schon seit 50 Jahren von ein und derselben Familie geführt. Die Palette an Unterkunftsmöglichkeiten ist groß, dazu kommen noch die Stellplätze für Wohnmobile und die Rasenflächen für Zelte. Neben einer Fülle an Einrichtungen gibt es auch einen Fahrradverleih. Besonders interessant sind die Reisetipps des engagierte Personals, das auch Buchungen vornimmt.

Airport Gateway MOTEL $$
(☎03-358 7093; www.airportgateway.co.nz; 45 Roydvale Ave, Burnside; DZ 140–199 NZ$; P @ 📶) Das große Motel mit verschiedenen Zimmern und Einrichtungen liegt sehr praktisch, wenn man morgens früh seinen Flieger erreichen muss. Der Transfer zum Flughafen steht täglich rund um die Uhr zur Verfügung, und zwar ohne Aufpreis. Der neuere Block ist sehr gemütlich und bietet viel fürs Geld.

Essen

Viele Cafés und Restaurants befinden sich noch in den Räumlichkeiten in den Vororten, in die sie nach den Erdbeben einziehen mussten – d. h. vor allem in Addington, Riccarton, Merivale, Sumner und Umgebung. Mittlerweile eröffnen jedoch immer wieder neue Lokale im Geschäftsviertel, in dem die Wiederaufbaumaßnahmen fortschreiten. So darf man mit jeder Menge spannender und qualitativ hochwertiger Überraschungen rechnen.

Stadtzentrum

★ **Supreme Supreme** CAFÉ $
(Karte S. 532; ☎03-365 0445; www.supremesupreme.co.nz; 10 Welles St; Frühstück 7–18 NZ$, Mittag-

essen 10–20 NZ$; ⏲Mo–Fr 7–16, Sa & So 8–16 Uhr; ✎) Wo anfangen, da es hier doch so viel gibt, was wirklich superlecker schmeckt? Vielleicht mit einem Kimchi Bloody Mary, einem Schoko-Fisch-Milkshake oder auch einfach nur mit einem außergewöhnlich guten Espresso, einem Müsli aus traditionellen Getreidesorten oder einem Eintopfgericht mit Cornedbeef und Kartoffeln. Außerdem kommt hier noch einer der besten Kaffeeröster Neuseelands mit ins Spiel – in Form eines angesagten Cafés, das mit seinem Flair, seiner Form und Funktion überzeugt.

Caffeine Laboratory CAFÉ $
(Karte S. 532; www.caffeinelab.co.nz; 1 New Regent St; Snacks 4–12 NZ$, Gerichte 14–26 NZ$; ⏲Mi–Sa 8 Uhr bis spätabends, Do & So 8–16 Uhr; ✎) Im relativ kleinen Kaffee-„Labor“ an der Ecke dreht sich alles um Kaffee. Aber es werden auch Köstlichkeiten wie geräucherter Lachs, Bohnenpüree und Burger mit Frikadellen zubereitet. Und am Abend bestellt man statt Kaffee ein Craft Beer und Tapas.

Dimitris GRIECHISCH $
(Karte S. 532; ☎03-377 7110; Re:START Mall, Cashel St; Souvlaki 11–16 NZ$; ⏲11–16 Uhr; ✎) Das Dimitris inmitten von zig Food-Trucks in der Re:START Mall beherrscht den Markt mit seinen Souvlaki mit leckerem Huhn, Lamm oder Falafel, die mit Bergen frischem Salat in einem fluffigen Brötchen verkauft werden.

Vic's Cafe CAFÉ $
(Karte S. 532; www.vics.co.nz; 132 Victoria St; Hauptgerichte 10–22 NZ$; ⏲7.30–16.30 Uhr; ✎) Eine nette Adresse für ein herzhaftes Frühstück an einem der großen Gemeinschaftstische oder ein Mittagessen auf der Terrasse. Wer ein Picknick am Fluss plant, kann sich hier mit Gebäck oder noch warmem, frisch gebackenem Brot eindecken.

Black Betty CAFÉ $
(Karte S. 532; ☎03-365 8522; www.blackbetty.co.nz; 165 Madras St; Hauptgerichte 9–20 NZ$; ⏲8–16 Uhr; 📶) In diesem Café im Stil eines Lagerhauses mit Industrieschick liegt der Duft der Kaffeerösterei Switch Espresso in der Luft. Das Black Betty steht bei Studenten des nahen Colleges hoch im Kurs. Spezialitäten sind das Avocado-Püree auf der ganztägig aufliegenden Frühstückskarte und das hervorragende Essen vom Tresen, begleitet von edlen Weinen und Craft Beer.

C1 Espresso CAFÉ $
(Karte S. 532; www.c1espresso.co.nz; 185 High St; Hauptgerichte 10–21 NZ$; ⏲7–22 Uhr; 📶) 🍃 Das C1 befindet sich in einem prächtigen ehemaligen Postgebäude, das das Erdbeben irgendwie überstanden hat. Die Räumlichkeiten strotzen nur so vor nostalgischen Details wie etwa der viktorianischen Eichenholzvertäfelung und den bauchigen Lampen aus den 1970er-Jahren. Die Tische stehen bis hinaus auf den kleinen Platz vor dem Gebäude. Ganztägig gibt es Frühstücksvarianten mit Eiern und Bagels – mit nahtlosem Übergang zur Nachmittags- bzw. Abendkarte.

Canterbury Cheesemongers FEINKOST $
(Karte S. 532; ☎03-379 0075; www.cheesemongers.co.nz; hinten, 301 Montreal St; ⏲Di–Fr 9–17, Sa 9–16 Uhr) Cheesemongers ist die richtige Adresse, um sich mit Käsespezialitäten, Brot, eingelegtem Gemüse und Räucherlachs für ein Picknick einzudecken, dazu noch ein Espresso zum Mitnehmen – und dann nichts wie ab in den Botanischen Garten ein Stück die Straße hinunter.

Fiddlesticks MODERN NEUSEELÄNDISCH $$
(Karte S. 532; ☎03-365 0533; www.fiddlesticksbar.co.nz; 48 Worcester Blvd; Mittagessen 25–40 NZ$, Abendessen 24–48 NZ$; ⏲Mo–Fr 8 Uhr bis spätabends, Sa & So 9 Uhr bis spätabends) Am besten macht man es sich im Fiddlesticks im förmlicheren Speiseraum oder im verglasten Patio, der sich an die geschwungene Cocktailbar anschließt, gemütlich. Das Essen reicht von Suppen und effektvoll präsentierten Salaten bis hin zu Gnocchi und Angus-Steaks.

Lotus Heart VEGETARISCH $$
(Karte S. 532; ☎03-377 2727; www.thelotusheart.co.nz; 363 St Asaph St; Hauptgerichte 13–25 NZ$; ⏲Di–So 7.30–15, Fr & Sa 17–21 Uhr; ✎) 🍃 Das vegetarische Lokal wird von Schülern des südindischen spirituellen Lehrers Sri Chinmoy (1931–2007) betrieben. Serviert werden Currys, Pizzas, Wraps, Burger und frisch gepresste Biofruchtsäfte. Vegane und glutenfreie Biogerichte gibt es zuhauf, dazu noch einen interessanten Andenken- und Musikladen.

★ **Twenty Seven Steps** MODERN NEUSEELÄNDISCH $$$
(Karte S. 532; ☎03-366 2727; www.twentysevensteps.co.nz; 16 New Regent St; Hauptgerichte 30–40 NZ$; ⏲Di–Sa 17 Uhr bis spätabends) Im edwardianischen Abschnitt der New Regent Street befindet sich das elegante, kleine Restaurant in Haus Nr. 16 (Obergeschoss). Auf der Speisekarte stehen überwiegend Köstlichkeiten aus einheimischen Zutaten. Zu den Standardgerichten zählen moderne Interpretationen von Lamm, Rindfleisch, Wild

und Meeresfrüchten, doch auch das Risotto ist hervorragend – was auch für Nachspeisen wie die karamellisierte Zitronentorte gilt.

Saggio di Vino EUROPÄISCH $$$

(Karte S. 532; ☎03-379 4006; www.saggiodivino.co.nz; 179 Victoria St; Hauptgerichte 40–43 NZ$; ⊙17 Uhr bis spätabends) Das elegante italo-französische Restaurant zählt zu den besten der Stadt. Hier werden moderne Versionen von Pasteten, Lammrücken und Steak serviert, anschließend rollt ein gut bestückter Käsewagen vorbei, um das Gelage stilvoll abzuschließen. Die lange Weinkarte ist allein schon als Lesestoff interessant.

King of Snake ASIATISCH $$$

(Karte S. 532; ☎03-365 7363; www.kingofsnake.co.nz; 145 Victoria St; Hauptgerichte 27–43 NZ$; ⊙Mo–Fr 11 Uhr bis spätabends, Sa & So 16 Uhr bis spätabends) Dunkles Holz, goldene Fliesen und lila Tapeten (mit Totenschädeln) verleihen diesem hippen Restaurant mit Cocktailbar gerade das richtige Maß an abgedrehtem Prunk. Die Karte bedient sich erfolgreich in den Küchen Asiens (von Indien bis Korea) mit köstlichem, aber kostspieligem Ergebnis.

Riccarton

Christchurch Farmers Market MARKT $

(Karte S. 529; www.christchurchfarmersmarket.co.nz; 16 Kahu Rd, Riccarton; ⊙ Sa 9–13 Uhr) Der hervorragende Bauernmarkt findet im schönen Areal des Riccarton House (S. 536) statt. Verkauft werden Bioobst und Biogemüse, Käse von der Südinsel sowie Lachs, einheimisches Craft Beer und diverse Multikulti-Köstlichkeiten.

Addington

Addington Coffee Co-op CAFÉ $

(Karte S. 532; ☎03-943 1662; www.addingtoncoffee.org.nz; 297 Lincoln Rd; Gerichte 8–21 NZ$; ⊙Mo–Fr 7.30–16, Sa & So 9–16 Uhr; 📶🖉) Das Café, eines der größten und besten in Christchurch, ist meist voll bis unter die Decke. Ein Laden, in dem Fair-Trade-Mitbringsel erhältlich sind, wetteifert mit köstlichen Kuchen, Gourmet-Pies und dem legendären Frühstück des Hauses (bis 14 Uhr) um die Aufmerksamkeit der Kunden. Vielleicht für den einen oder anderen interessant: der angeschlossene Waschsalon.

Mosaic by Simo MAROKKANISCH $

(Karte S. 532; www.mosaicbysimo.co.nz; 300 Lincoln Rd, Addington; Tapas & Hauptgerichte 8–20 NZ$; ⊙Mo–Sa 9–21 Uhr; 🖉) Das Feinkost-Café steht wegen seiner *bocadillos* (Wraps vom Grill mit vielen, von der arabischen und afrikanischen Küche inspirierten Füllungen, Soßen und Belägen) hoch im Kurs. Verlockend sind die schon mehr als üppigen Tellergerichte, die scharfen Merguez-Würstchen und Tagines (Eintöpfe).

Sumner

Cornershop Bistro FRANZÖSISCH $$

(Karte S. 529; ☎03-326 6720; www.cornershopbistro.co.nz; 32 Nayland St, Sumner; Hauptgerichte mittags 17–35 NZ$, abends 29–38 NZ$; ⊙Fr–So 10–15, Mi–So 17.30–22 Uhr) Klassische Gerichte wie *coq au vin* werden in diesem überragenden französischen Bistro in einem entspannten Strandvorort fachkundig zubereitet. Zum Brunch bleibt man meist länger als geplant.

Weitere Vororte

★ **Bodhi Tree** BURMESISCH $$

(Karte S. 529; ☎03-377 6808; www.bodhitree.co.nz; 399 Ilam Rd, Bryndwr; Gerichte 13–21 NZ$; ⊙Di–Sa 18–22 Uhr; 🖉) Das Bodhi Tree lockt schon mehr als zehn Jahre lang die Einheimischen mit seinen raffiniert abgestimmten Aromen der burmesischen Küche. Das Essen wird in Portionen serviert, die sich mehrere Gäste teilen sollen, und ist so heiß, dass es zischt. Zu den Favoriten zählen *le pet thoke* (Salat aus eingelegten Teeblättern) und *ameyda nut* (langsam gegartes Rindfleischcurry).

Kinji JAPANISCH $$

(Karte S. 529; ☎03-359 4697; www.kinjirestaurant.com; 279b Greers Rd, Bishopdale; Hauptgerichte 16–24 NZ$; ⊙Mo–Sa 17.30–22 Uhr) Obwohl das renommierte japanische Restaurant etwas versteckt in der Vorstadt liegt, hat es eine treue Stammkundschaft – weshalb man gut beraten ist, einen Tisch zu reservieren. War die Reservierung erfolgreich, kann man sich auf Gerichte wie Sashimi, Ingwer-Tintenfisch vom Grill und Tataki vom Wild freuen. Nicht vergessen: unbedingt noch Platz lassen für das Grüntee-Tiramisu, ein überraschendes Highlight zum Abschluss.

Under the Red Verandah CAFÉ $$

(Karte S. 529; www.utrv.co.nz; 29 Tancred St, Linwood; Hauptgerichte 14–25 NZ$; ⊙Mo–Fr 7.30–16, Sa & So 8.30–16 Uhr; 🖉) Das Café in einer Seitenstraße in Linwood ist bei Einheimischen und Reisenden gleichermaßen beliebt.

Am besten nimmt man einfach Platz und schlemmt dann in leckeren Backwaren, Haferpfannkuchen, hausgemachten Pies und Eiern in allen nur denkbaren Variationen.

Burgers & Beers Inc BURGER $$
(Karte S. 532; www.burgersandbeersinc.co.nz; 355 Colombo St, Sydenham; Burger 14–18 NZ$; ⏲11 Uhr bis spätabends) Die Gourmet-Burger mit so kuriosen Namen wie Woolly Sahara Sand Hopper (dahinter verbirgt sich ein marokkanisch gewürztes Lamm mit Zitronenjoghurt) oder Shagged Stag (Wild mit Tamarillo-Pflaumen-Chutney) und das ständig wechselnde Sortiment an neuseeländischem Craft Beer sind Grund genug, um sich auf den Weg nach Sydenham zu machen.

Ausgehen & Nachtleben

Stadtzentrum

★ Smash Palace BAR
(Karte S. 532; ☎03-366 5369; www.thesmashpalace.co.nz; 172 High St; ⏲Mo–Fr 16 Uhr bis spätabends, Sa & So 12 Uhr bis spätabends) Die Bar ist ein Sinnbild für die Vergänglichkeit, die Beharrlichkeit und die Mentalität des waschechten Christchurchers, der fest davon überzeugt ist, dass es nichts gibt, was sich nicht mit einem Stück Draht reparieren ließe.

Jedenfalls ist dieser baufällige, betont gammelige Biergarten eine faszinierende Mischung aus einer Schmiermaxe-Autowerkstatt, einem Autofriedhof für Wohnanhänger und einem angesagten Hipster-Szenetreff samt psychedelischem Schulbus, einem Garten mit essbaren Pflanzen und blühenden Rosen. Es gibt Craft Beer, Pommes und Cerealien sowie Burger, die ohne jegliche Fertigprodukte zubereitet werden (11–15 $).

★ Pomeroy's Old Brewery Inn PUB
(Karte S. 532; ☎03-365 1523; www.pomspub.co.nz; 292 Kilmore St; ⏲Di–Do 15–23 Uhr, Fr–So 12–23 Uhr) Für Bierfans gibt es keine bessere Kneipe als das Pomeroy's, um zu ein oder zwei Bierchen einen krossen Schweinebraten zu vertilgen. Das Pub im englischen Stil bietet regelmäßig Livemusik, einen sonnigen Hof sowie Victoria's Kitchen, wo gutes Kneipenessen auf den Tisch kommt (Hauptgerichte 24–30 NZ$).

Der letzte Neuzugang, das hübsche Café **Little Pom's**, serviert superfeine Speisen (Gerichte 14–22 NZ$) bis in den Nachmittag hinein.

Dux Central BAR
(Karte S. 532; ☎03-943 7830; www.duxcentral.co.nz; 6 Poplar St; ⏲11 Uhr bis spätabends) Mit dem weitläufigen neuen Dux wurde wieder jede Menge Herz in den dem Erdboden gleichgemachten Bezirk um die High Street gepumpt. Nun besteht das Lokal aus einer Bar, in der das hauseigene Craft Beer sowie anderswo kunstvoll gebrauter Gerstensaft serviert werden, der Emerald Room Weinbar, dem Upper Dux Restaurant und dem Poplar Social Club, einer Cocktailbar. Sie alle befinden sich in einem liebevoll restaurierten alten Gebäude.

Boo Radley's BAR
(Karte S. 532; ☎03-366 9906; www.booradleys.co.nz; 98 Victoria St; ⏲16 Uhr bis spätabends) Die Bar, das Pendant zum Tequila Mockingbird darunter, ist feudal und modisch herausgeputzt: Es dominiert der südliche Stil mit Bourbonwhiskey in Hülle und Fülle und herzhaftem Essen wie Sandwiches, Brathuhn, überbackenen Makkaroni und Käse-Kroketten (Snacks 8–20 NZ$). Mit seiner intimen Atmosphäre in der Art einer Mondscheinkneipe ist das Boo Radley's eine nette Adresse für eine lange Nacht.

Tequila Mockingbird BAR
(Karte S. 532; www.tequilamockingbird.co.nz; 98 Victoria St; Teller zum Teilen 8–30 NZ$; ⏲Mo–Fr 17 Uhr bis spätabends, Sa & So 9.30 Uhr bis spätabends) Wen der merkwürdige Name noch nicht in dieses gehobene lateinamerikanische Bar-Restaurant lockt, lässt sich vielleicht von den karibisch angehauchten Cocktails, der schicken Einrichtung und den DJs am späten Abend verführen. Auch das Essen ist ausgezeichnet.

Revival BAR
(Karte S. 532; ☎03-379 9559; www.revivalbar.co.nz; 92-96 Victoria St; ⏲Mo–Do 15 Uhr bis spätabends, Fr–So 12 Uhr bis spätabends) Das Revival ist die hippste unter den Schiffscontainerbars der Stadt. Hier legen regelmäßig DJs auf; in der flippigen Lounge steht eine kuriosen Sammlung von Autohecks und nostalgischen Überseekoffern herum.

Weitere Vororte

The Brewery CRAFT-BIER
(Karte S. 529; www.casselsbrewery.co.nz; 3 Garlands Rd, Woolston; ⏲7 Uhr bis spätabends) Die Brauerei ist eine gute Adresse für alle Backpacker, die gern ein Bierchen trinken. Die von der Brauerei Cassels & Sons gebrauten Craft-Beer-Sorten werden in einem mit

Holzfeuer betriebenen Kessel gebraut; das Ergebnis ist ein volles, obergäriges Ale. Für Neugierige – oder Unentschlossene! – gibt es Tabletts mit mehreren Sorten zum Verkosten. Regelmäßig treten Livebands auf, das Essen – einschließlich der Pizza aus dem Holzofen (20–24 NZ) – ist vom Feinsten.

☆ Unterhaltung

Eine Zusammenstellung von Lokalen mit Livemusik und Clubs findet sich auf den Websites www.undertheradar.co.nz, www.mukuna.co.nz und www.christchurchmusic.org.nz. Das informative Magazin *Groove Guide* liegt in Cafés aus.

Isaac Theatre Royal THEATER
(Karte S. 532; ☎03-366 6326; www.isaactheatreroyal.co.nz; 145 Gloucester St) Das 100 Jahre alte Theater überstand die Erdbeben und öffnete 2014 in alter Pracht seine Pforten. Besucher, die sich hier eine Vorstellung ansehen, sollten einen Blick auf die schönen historischen Elemente werfen. Das Programm reicht von Oper und Ballett bis hin zu Konzerten praktisch aller musikalischen Stilrichtungen.

Alice Cinematheque KINO
(Karte S. 532; ☎03-365 0615; www.aliceinvideoland.co.nz; 209 Tuam St; Erw./Kind 17/12 NZ$) Das kleine Kino für Filmkunst befindet sich in dem schon lange existierenden hervorragenden Laden *Alice In Videoland*, der sich auf Videos und DVDs spezialisiert hat.

darkroom LIVEMUSIK
(Karte S. 532; www.darkroom.bar; 336 St Asaph St; ⏲Mi–So 19 Uhr bis spätabends) Diese hippe Kombination aus Musikbühne und Bar serviert Kiwi-Bier und sagenhafte Cocktails. Oft gibt es Livemusik – meist sogar kostenlos.

Court Theatre THEATER
(Karte S. 532; ☎03-963 0870; www.courttheatre.org.nz; Bernard St, Addington) Das Court Theatre war ein integraler Bestandteil des Arts Centre, musste aber nach den Erdbeben in dieses Lagerhaus umziehen. Vorteil der neuen Spielstätte ist der Platz: ein toller Ort, um beliebte internationale Stücke und Werke neuseeländischer Dramatiker zu erleben.

Shoppen

★ Tannery SHOPPINGCENTER
(Karte S. 529; www.thetannery.co.nz; 3 Garlands Rd, Woolston; ⏲Mo–Mi, Fr & Sa 10–17, Do 10–20 Uhr) In einer Stadt, die über den Verlust ihres Erbes trauert, könnte diese nach dem Erdbeben umfunktionierte Gerberei aus dem 19. Jh. willkommener nicht sein. Die viktorianischen Gebäude wurden stilgerecht herausgeputzt. Die zahllosen Boutiquen darin verkaufen nun von Büchern bis zu Mode und Surfbrettern wirklich alles, was das Herz begehrt. Nicht verpassen sollte man die Hüte aus Schafswolle. Wer keinen Bock auf Shoppen hat, kann in The Brewery (S. 545) vorbeischauen oder sich einen Film in den nagelneuen Kinos ansehen.

Re:START Mall SHOPPINGMALL
(Karte S. 529; www.restart.org.nz; Cashel St; ⏲10–17 Uhr; 📶) Das Labyrinth aus Schiffscontainern war die erste Einzelhandelsmall, die im Geschäftsviertel nach den Erdbeben eröffnete. Mit ihren Cafés, Foodtrucks und Geschäften ist sie ein netter Aufenthaltsort, um sich eine Weile die Zeit zu vertreiben, und zwar vor allem an sonnigen Tagen. Während der Recherchen zu diesem Buch sah es nicht so aus, als würde Re:START in absehbarer Zeit von der Bildfläche verschwinden.

New Regent Street MALL
(Karte S. 532; www.newregentstreet.co.nz) Ein Vorläufer moderner Malls: Die hübsche kleine Zeile pastellfarbener Läden im Stil spanischer Missionen wurde bei ihrer Fertigstellung 1932 als Neuseelands schönste Straße gepriesen. Nach dem Erdbeben vollständig restauriert, lädt sie wieder zu einem angenehmen Bummel durch kleine Galerien, Geschenkläden und Cafés ein.

Ballantynes KAUFHAUS
(Karte S. 532; www.ballantynes.com; Ecke Colombo & Cashel Sts; ⏲9–17 Uhr) Das alteingesessene Kaufhaus von Christchurch verkauft Damen- und Herrenbekleidung, Kosmetik, Reiseutensilien und besondere Andenken aus Neuseeland. Modefreaks sollten einen Blick in die Contemporary Lounge in der oberen Etage werden.

Colombo Mall SHOPPINGMALL
(Karte S. 532; www.thecolombo.co.nz; 363 Colombo St; ⏲ Mo–Sa 9–17.30, So 10–17 Uhr) In der netten kleinen Mall in Laufnähe vom Geschäftsviertel findet man interessante Läden, die keiner Ketten gehören. Der Akzent liegt dabei auf klasse und kultig. Zusätzlich findet man hier noch Feinkostgeschäfte, in denen Knödel, französische Luxusartikel und Picknickproviant verkauft werden.

ℹ Praktische Informationen

24 Hour Surgery (☎03-365 7777; www.24hoursurgery.co.nz; Ecke Bealey Ave &

Colombo St) Keine Terminvereinbarung erforderlich.

Christchurch Hospital (☎03-364 0640, Notfallstation 03-364 0270; www.cdhb.govt.nz; 2 Riccarton Ave) Hat eine rund um die Uhr geöffnete Notaufnahme.

Urgent Pharmacy (☎03-366 4439; Ecke Bealey Ave & Colombo St; ⊙Mo–Fr 18–23, Sa & So 9–23 Uhr) Die Nachtapotheke liegt gleich neben der 24 Hour Surgery.

NOTFALL & WICHTIGE RUFNUMMERN

Krankenwagen, Feuerwehr & Polizei (111)

CERA (www.cera.govt.nz) Bei der Canterbury Earthquake Recovery Authority laufen alle aktuellen Informationen zu Wiederaufbauplänen und zum Stand der Dinge zusammen.

Christchurch City Council (www.ccc.govt.nz) Die offizielle Website des Rathauses.

TOURISTENINFORMATION

Christchurch Airport i-SITE (☎03-353 7774; www.christchurchnz.com; ⊙8–18 Uhr)

Christchurch DOC Visitor Centre (Karte S. 532; ☎03-379 4082; www.doc.govt.nz; Cashel St, Re:START Mall; ⊙10–17 Uhr) Hier erhält man alle touristisch relevanten Informationen zu Neuseeland, außerdem werden Great-Walk-Buchungen vorgenommen. Während der Recherchen zu diesem Reiseführer war ein Umzug im Gespräch. Ein Blick auf die Website oder ein Anruf gibt Auskunft, ob der inzwischen erfolgt ist.

Christchurch i-SITE (Karte S. 532; ☎03-379 9629; www.christchurchnz.com; Botanic Gardens, Rolleston Ave; ⊙8.30–17 Uhr, im Sommer längere Öffnungszeiten) Die sehr hilfreiche und viel besuchte i-SITE hat nun auch eine Zweigstelle in der Re:START Mall, die von November bis März täglich geöffnet hat.

Visitor Kiosk (Karte S. 532; ☎03-379 9629; www.christchurchnz.com; Cashel Mall, Re:START Mall; ⊙Nov.–April 8.30–17 Uhr) Die Filiale der sehr hilfreichen und immer gut besuchten **i-SITE** (s. oben) im Botanischen Garten.

ℹ An- & Weiterreise

BUS

Die im Folgenden genannten Busse halten, wenn nicht anders angegeben, vor dem Canterbury Museum in der Rolleston Avenue. Infos zu den winterlichen Shuttleservices in die Skigebiete erhält man im i-SITE.

Akaroa French Connection (☎0800 800 575; www.akaroabus.co.nz; einfach/hin & zurück 25/45 NZ$) Fährt täglich nach Akaroa.

Akaroa Shuttle (☎0800 500 929; www.akaroashuttle.co.nz; einfach/hin & zurück 35/50 NZ$) Fährt täglich und zwischen November und April zweimal täglich nach Akaroa.

Atomic Shuttles (☎03-349 0697; www.atomictravel.co.nz) Das Unternehmen fährt u. a. nach Picton (35 NZ$, 5¼ Std.), Greymouth (45 NZ$, 3¾ Std.), Timaru (25 NZ$, 2½ Std.), Dunedin (30–35 NZ$, 5¾ Std.) und Queenstown (50 NZ$, 7 Std.).

Budget Buses & Shuttles (☎03-615 5119; www.budgetshuttles.co.nz; ⊙Mo–Sa) Bietet einen Tür-zu-Tür-Service nach Geraldine (57 NZ$) und Timaru (50 NZ$) sowie günstigere Linienverbindungen (ab 27 NZ$).

Hanmer Connection (☎0800 242 663; www.hanmerconnection.co.nz; einfach/hin & zurück 30/50 NZ$) Das Unternehmen lässt täglich einen Bus von/nach Hanmer Springs über Amberley und Waipara fahren.

InterCity (☎03-365 1113; www.intercity.co.nz) Das Unternehmen verfügt über das ausgedehnteste und zuverlässigste Busnetz in ganz Neuseeland. Die **Hauptbushaltestelle** (Karte S. 532; www.intercity.co.nz) befindet sich in der Armagh Street, zwischen der New Regent und Manchester Street. Es verkehren zweimal täglich Busse nach Picton (ab 26 NZ$, 5¼ Std.), Timaru (ab 28 NZ$, 2½ Std.), Dunedin (ab 40 NZ$, 6 Std.) und Queenstown (ab 55 NZ$, 8–11 Std.). Einmal am Tag fährt ein Bus nach Te Anau (ab 61 NZ$, 10¾ Std.).

Naked Bus (www.nakedbus.com) Busse fahren nach Picton (4½–5¾ Std.), Kaikoura (1½ Std.), Dunedin (6 Std.), Wanaka (7½ Std.) und Queenstown (8 Std.).

West Coast Shuttle (☎03-768 0028; www.westcoastshuttle.co.nz) Die Bushaltestelle befindet sich am **Bus Interchange** (Karte S. 532) in der Lichfield Street; die Busse fahren nach Springfield (32 NZ$, 1¼ Std.), zum Arthur's Pass (42 NZ$, 2¾ Std.) und nach Greymouth (55 NZ$, 4 Std.) und in die Gegenrichtung.

FLUGZEUG

Der **Christchurch Airport** (CHC; ☎03-358 5029; www.christchurchairport.co.nz; 30 Durey Rd) ist der wichtigste internationale Flughafen auf der Südinsel mit einer hervorragenden Infrastruktur wie Gepäckaufbewahrung, Mietwagenfirmen, Geldautomaten, Wechselstuben und einer i-SITE-Touristeninformation.

Air New Zealand (☎0800 737 000; www.airnewzealand.co.nz) Air New Zealand fliegt von/nach Auckland, Wellington, Dunedin und Queenstown. Unter dem gleichen Code fliegen kleinere regionalere Fluglinien von/nach Blenheim, Hamilton, Hokitika, Invercargill, Napier, Nelson, New Plymouth, Palmerston North, Paraparaumu, Rotorua und Tauranga.

Jetstar (☎0800 800 995; www.jetstar.com) Fliegt von/nach Auckland und Wellington.

ZUG

Christchurch Railway Station (www.kiwirailscenic.co.nz; Troup Dr, Addington; ⊙Fahrkartenschalter 6.30–15 Uhr) ist der Bahnhof, an dem zwei überaus malerische Zugfahren beginnen, wobei der **TranzAlpine** (S. 538) die spektakulärere Strecke fährt.

Der andere Zug, der *Coastal Pacific*, verkehrt von September bis April täglich; er fährt um 7 Uhr in Christchurch ab und erreicht Picton um 12.20 Uhr (79–179 NZ$). Weitere Haltestellen sind Waipara (59 NZ$, 56 Min.), Kaikoura (49–69 NZ$, 3 Std.) und Blenheim (79–159 NZ$, 4¾ Std.). Der Zug fährt dann in Picton um 13.15 Uhr zurück und kommt um 18.23 Uhr wieder in Christchurch an.

Unterwegs vor Ort

AUTO & MOTORRAD

Die meisten bedeutenden Auto- und Wohnmobilverleiher haben eine Niederlassung in Christchurch, ebenso die zahllosen kleinen lokalen Mietwagenfirmen.

Anbieter mit Filialen im ganzen Land bestehen oft darauf, dass der in Christchurch übernommene Mietwagen in Auckland zurückgegeben wird. Da die meisten Kunden aber in der entgegengesetzten Richtung unterwegs sind, gibt es auf der Route in Richtung Norden oft günstige Angebote.

An einheimischen Mietwagenfirmen sind folgende empfehlenswert:

Ace Rental Cars (☎ 03-360 3270; www.acerentalcars.co.nz; 20 Abros Pl, Burnside)

First Choice (www.firstchoice.co.nz)

New Zealand Motorcycle Rentals & Tours (☎ 09-486 2472; www.nzbike.com)

Omega Rental Cars (☎ 03-377 4558; www.omegarentalcars.com; 252 Lichfield St)

Pegasus Rental Cars (☎ 03-358 5890; www.rentalcars.co.nz; 34b Sheffield Cres, Burnside)

VOM/ZUM FLUGHAFEN

Der Christchurch Airport liegt nur 10 km vom Stadtzentrum entfernt, für ein **Taxi** fallen für diese Strecke jedoch satte 45 bis 65 NZ$ an. Der Flughafen wird aber auch von **öffentlichen Bussen** (www.metroinfo.co.nz) angefahren. Die lila Buslinie fährt über Riccarton (25 Min.) zur zentralen Bushaltestelle (35 Min.) und dann weiter nach Sumner (80 Min.). Buslinie 29 verkehrt via Fendalton (10 Min.) zur zentralen Bushaltestelle (30 Min.). Die Fahrten kosten jeweils 8 NZ$; die Busse fahren zwischen 7 und 23 Uhr im 30-Minuten-Takt.

Daneben gibt es noch folgende Shuttledienste:

Steve's Shuttle (☎ 0800 101 021; www.steveshuttle.co.nz; Fahrpreis ins Zentrum 23 NZ$, jeder zusätzl. Fahrgast 5 NZ$; ⏰ 3.30–18 Uhr)

Super Shuttle (☎ 0800 748 885; www.supershuttle.co.nz; Fahrpreis ins Zentrum 24 NZ$, jeder weitere Fahrgast 5 NZ; ⏰ 24 Std.)

ÖFFENTLICHE VERKEHRSMITTEL

Das Busnetz von Christchurch mit dem Namen **Metro** (☎ 03-366 8855; www.metroinfo.co.nz) ist preiswert und effizient. Die meisten Busse fahren an der **Bus Interchange** (S. 547) ab, der Hauptbushaltestelle. Fahrpläne sind in der i-SITE oder am Infoschalter an der Hauptbushaltestelle erhältlich.

Die Fahrkarten (Erw./Kind 3,50/1,80 NZ$) kann man im Bus kaufen; man darf innerhalb von zwei Stunden einmal kostenlos umsteigen. Mit der Metrocard kann man unbegrenzt 2 Std./1 Tag für 2,50/5 NZ$ herumfahren; die Karten kosten 10 NZ$ und müssen mit mindestens 10 NZ$ zusätzlichem Guthaben aufgeladen werden.

TAXI

Blue Star (☎ 03-379 9799; www.bluestartaxis.org.nz)

First Direct (☎ 03-377 5555; www.firstdirect.net.nz)

Gold Band (☎ 03-379 5795; www.goldbandtaxis.co.nz)

RUND UM CHRISTCHURCH

Lyttelton

2859 EW.

Südöstlich von Christchurch liegen die markanten Port Hills, die zum Hafen der Stadt, Lyttelton Harbour, hin abfallen. Hier gingen 1850 Christchurchs erste europäische Siedler an Land und begannen ihren historischen Marsch über die Hügel. Heute geht die Reise dank des 2 km langen Straßentunnels erheblich schneller. Lyttelton wurde von den Erdbeben der Jahre 2010 und 2011 schwer getroffen; viele historische Gebäude an der London Street mussten danach geschleift werden. Die Stadt schaffte es aber schnell, wieder eine der interessantesten Umlandgemeinden Christchurchs zu werden. Die Bohème-Atmosphäre ist stärker denn je, es gibt wieder gute Bars, Cafés und Restaurants. So lohnt es sich, mit dem Bus von Christchurch nach Lyttelton zu fahren und in die lokale Szene einzutauchen, ganz besonders am Sonnabendvormittag, wenn buntes Markttreiben herrscht.

Essen

Lyttelton Farmers' Market MARKT $
(Karte S. 529; www.lyttelton.net.nz; London St; ⏰ Sa 10–13 Uhr) Jeden Samstagvormittag stehen in der Hauptstraße von Lyttelton Stände mit

Lebensmitteln. Hier kann man sich nicht nur hervorragend mit Obst und Gemüse aus der Region eindecken, sondern auch aus der Fülle an leckeren Backwaren und heiße nSpeisen gleich auf dem Markt das eine oder andere probieren.

Lyttelton Coffee Company CAFÉ $$

(Karte S. 529; ☎ 03-328 8096; www.lytteltoncoffee.co.nz; 29 London St; Gerichte 11–23 NZ$; ⏲ Mo–Fr 7–16, Sa & So 8–16 Uhr;) Die Lyttelton Coffee Company, eine Institution der Stadt, hat sich aus den Trümmern erhoben und pflegt nun wieder ihre Rolle als familienfreundliches Café, in dem gesunde Speisen, darunter sagenhafte Salate und leckere Smoothies, auf den Tisch kommen. Coole Kunstwerke, hin und wieder Musik und ein schöner Blick auf den Hafen von der rückwärtigen Terrasse aus tragen ein Übriges zum Reiz des Cafés bei.

Freemans ITALIENISCH $$

(Karte S. 529; ☎ 03-328 7517; www.freemansdiningroom.co.nz; 47 London St; Frühstück 16–18 NZ$, Mittagessen 20–27 NZ$, Abendessen 22–38 NZ$; ⏲ Mi & Do 15 Uhr bis spätabends, Fr 11.30 Uhr bis spätabends, Sa & So 10 Uhr bis spätabends;) Das Freemans erfreut seine Gäste mit frischer Pasta, Pizza vom Feinsten und Craft Beer von Christchurchs Three Boys. Am besten schnappt man sich einen Tisch auf der Terrasse mit toller Aussicht auf den Hafen; sonntags wird ab 15 Uhr Jazz gespielt.

★ **Roots** MODERN NEUSEELÄNDISCH $$$

(Karte S. 529; ☎ 03-328 7658; www.rootsrestaurant.co.nz; 8 London St; 5-/8-/12-Gänge Degustationsmenü ohne Weine 90/125/185 NZ$; ⏲ Fr & Sa 11.30–14, Di–Sa 17.30 Uhr bis spätabends) Am besten lässt man sich vom Inhaber und Küchenchef Giulio Sturla anhand der Degustationsmenüs zu einer spannenden kulinarischen Reise verführen. Was aus den lokalen und saisonalen Zutaten gezaubert wurde, wird erst beim Servieren verraten und erklärt. Wer so richtig über die Stränge schlagen möchte, lässt sich dazu noch die passenden edlen Tropfen empfehlen.

Ausgehen & Nachtleben

Wunderbar BAR

(Karte S. 529; ☎ 03-328 8818; www.wunderbar.co.nz; 19 London St; ⏲ Mo–Fr 17 Uhr bis spätabends, Sa & So 13 Uhr bis spätabends) Diese Bar, in der regelmäßig Livemusik aller Art gespielt wird (wozu sich natürlich die passende Klientel einstellt), ist eine super Location, um so richtig abzufeiern. Die flippige Dekoration mit den Häuptern geköpfter Puppen ist allein schon den Ausflug nach Lyttelton wert. Der Eingang befindet sich hinten am Parkplatz.

Civil and Naval BAR

(Karte S. 529; ☎ 03-328 7206; www.civilandnaval.co.nz; 16 London St; ⏲ Mo–Do & So 10–23, Fr & Sa 10–1 Uhr) Das unerschütterliche Personal der wunderschönen Bar serviert eine gute Auswahl an hochwertigen Cocktails, edlen Weinen und Craft Beer, während die Küche die Stammgäste mit einer guten Auswahl an Tapas (6–18 NZ$) bei der Stange hält.

Governors Bay Hotel PUB

(☎ 03-329 9433; www.governorsbayhotel.co.nz; 52 Main Rd, Governors Bay; ⏲ 11 Uhr bis spätabends;) Es ist unterhaltsam, von Lyttelton mit dem Auto die malerischen 9 km zu einem der ältesten Pubs (1870) des Landes zu fahren. Es gibt in der Region wohl kaum eine einladendere Terrasse mit Garten, um am Nachmittag eine Weile zu zechen. Das servierte Essen ist gut; auf den Tisch kommt alles an typischen Kneipengerichten (Hauptgerichte 23–35 NZ$).

Wer dann nicht mehr fahrtüchtig ist, kann im Obergeschoss in schick renovierten Zimmern mit Gemeinschaftsbad übernachten (DZ 119–169 NZ$).

ℹ Praktische Informationen

Lyttelton Visitor Information Centre (Karte S. 529; ☎ 03-328 9093; www.lytteltonharbour.info; 20 Oxford St; ⏲ 10–16 Uhr)

ℹ An- & Weiterreise

Die Buslinien 28 und 535 fahren von Christchurch nach Lyttelton (Erw./Kind 3,50/1,80 NZ$, 25 Min.). Während der Recherchen zum Reiseführer war die Summit Road zwischen Christchurch und Lyttelton (via Sumner) noch gesperrt.

Von Lyttelton fahren Fähren von **Black Cat** (Karte S. 529; ☎ 03-328 9078; www.blackcat.co.nz; 5 Norwich Quay) zum verschlafenen Diamond Harbour (Erw./Kind einfach 6,20/3,10 NZ$) und nach Quail Island (Erw./Kind hin- & zurück 30/15 NZ$, nur Okt.–April), einer unter Naturschutz stehenden Insel.

Banks Peninsula

3050 EW.

Die fantastische Halbinsel (Horomaka) entstand durch zwei gewaltige Vulkanausbrüche vor rund 8 Mio. Jahren. Um das Zentrum der Halbinsel liegen z. T. fjordartige, tief ins Inland vorstoßende Buchten, die der Halbinsel aus der Luft das Aussehen eines Zahnrads geben.

Die historische Ortschaft **Akaroa**, 80 km von Christchurch entfernt, ist das kulturelle Highlight der Halbinsel. Spektakulär ist auch die unglaublich schöne Fahrt auf der Summit Road um den Rand eines der uralten Krater. Auch die kleinen Buchten, die den Rand der Halbinsel säumen, sind lohnende Ziele.

In den Gewässern rund um Banks Peninsula lebt die kleinste und seltenste Delfinart der Welt: der nur in den neuseeländischen Gewässern vorkommende Hector-Delfin. In Akaroa starten diverse Touren zur Beobachtung dieser und weiterer Meeresbewohner. So findet man hier z. B. Weißflossenpinguine (eine Variante des Zwergpinguins), Schwertwale und die Neuseeländischen Seebären.

Geschichte

James Cook sichtete die Halbinsel 1770. Er hielt sie für eine Insel und benannte sie nach dem Naturforscher Sir Joseph Banks.

1831 wurde Onawe, ein *pa* (Wehrdorf) der ortsansässigen Ngāi Tahu, vom Stamm der Ngāti Toa unter Führung ihres Häuptlings Te Rauparaha angegriffen. Bei den anschließenden Massakern wurden die Ngāi Tahu stark dezimiert.

Sieben Jahre später handelte der Walfänger Jean Langlois den Kauf von Banks Peninsula mit den Überlebenden aus. Der Kapitän reiste daraufhin nach Frankreich zurück, um eine Handelsgesellschaft zu gründen. Mit Unterstützung der französischen Regierung brachen 63 Siedler zur Halbinsel auf (1840). Doch nur wenige Tage vor ihrer Ankunft erreichte ein britisches Kriegsschiff, das die alarmierten britischen Beamten ausgeschickt hatten, Akaroa. Die Briten hissten als Erste ihre Flagge und erhoben unter Berufung auf den Vertrag von Waitangi Anspruch auf das Gebiet. Wären die französischen Siedler zwei Jahre früher gelandet, wäre die gesamte Südinsel möglicherweise eine französische Kolonie geworden und die Geschichte Neuseelands hätte einen anderen Verlauf genommen.

Die Franzosen siedelten sich dennoch in Akaroa an, 1849 wurden aber ihre Landtitel an die New Zealand Company verkauft. 1850 kam eine große Gruppe britischer Siedler. Die Wälder wurden gerodet, und schon bald wurde die Landwirtschaft zum wichtigsten Wirtschaftszweig der gesamten Halbinsel.

Sehenswertes

Hinewai Reserve WALD
(Long Bay Rd) GRATIS Eine Vorstellung, wie die Halbinsel einmal ausgesehen hat, vermittelt das 1050 ha große private Naturschutzgebiet, das mit einheimischem Wald wiederaufgeforstet wurde. Im Besucherzentrum liegt eine Karte aus, in der die Wanderwege verzeichnet sind.

Okains Bay Māori & Colonial Museum MUSEUM
(www.okainsbaymuseum.co.nz; 1146 Okains Bay Rd; Erw./Kind 10/2 NZ$; 10–17 Uhr) Das Museum nordöstlich von Akaroa zeigt eine ansehnliche Anzahl von Artefakten, die von den europäischen Pionieren stammen. Ein Muss ist das Museum jedoch vor allem wegen seiner landesweit bedeutsamen Māori-Sammlung. Zu sehen sind nachgebaute *wharenui* (Versammlungshäuser), *waka* (Kanus), Steinwerkzeuge und persönliche Schmuckgegenstände. Einen Blick lohnt auch der nette Laden ein Stück weiter die Straße hinunter.

Aktivitäten

Wandern

Banks Peninsula Track WANDERN
(06-304 7612; www.bankstrack.co.nz; 2-/4-Tage ab 185/295 NZ$; Okt.–April) Der 35 km lange private Wanderweg führt durch Ackerland und Wald an der dramatischen Küste östlich von Akaroa entlang. Im Preis enthalten sind der Transport ab Akaroa und die Unterkunft in Hütten. Auf der Zweitagestour läuft man die gleiche Strecke, jedoch in doppelter Geschwindigkeit.

Radfahren

Der als einfach eingestufte, 49 km lange Little River Trail (www.littleriverrailtrail.co.nz) führt von Hornby am Stadtrand von Christchurch nach Little River auf der Banks Peninsula. Er gehört zu den neuen sogenannten „Great Rides of the NZ Cycle Trails". Unterwegs durchfahren die Radfahrer von der Landwirtschaft geprägte Ebenen, vorbei an verwitterten Gipfeln, entlang der Ufer des Lake Ellesmere (wo die vielfältigste Vogelwelt in ganz Neuseeland beheimatet ist) und des kleineren Lake Forsyth. Die schönste Teilstrecke kann als Rundtour von Little River aus gefahren werden. Dort befinden sich auch ein Café und ein Fahrradverleih, wo die Räder verliehen und zurückgenommen werden.

Banks Peninsula

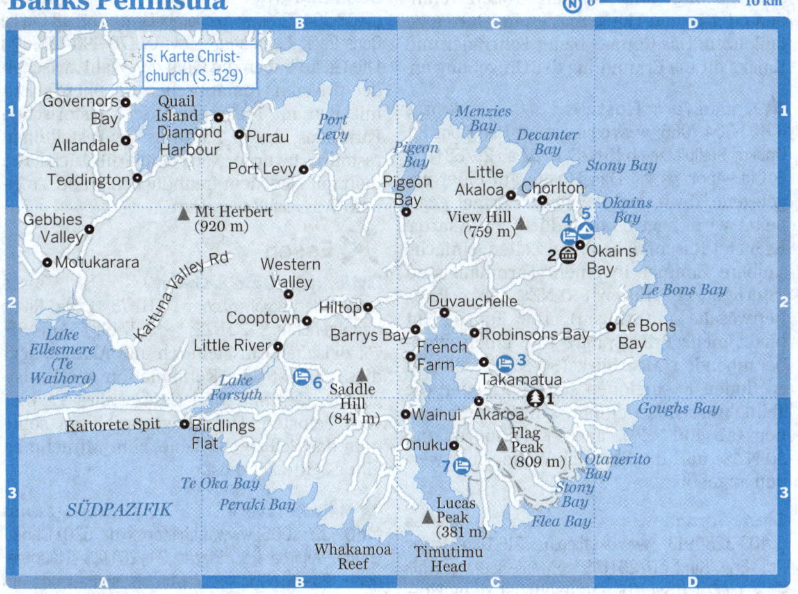

Banks Peninsula

Sehenswertes

1 Hinewai Reserve ... C3
2 Okains Bay Māori & Colonial Museum ... C2

Schlafen

3 Coombe Farm ... C2
4 Double Dutch ... C2
5 Okains Bay Camping Ground ... C2
6 Okuti Garden ... B2
7 Onuku Farm Hostel ... C3

Geführte Touren

Pohatu Plunge NATUREXKURSION
(☎03-304 8542; www.pohatu.co.nz) Das Unternehmen veranstaltet ab Akaroa Abendfahrten nach Pohatu mit einer Kolonie an Weißflügelpinguinen (Erw./Kind 75/55 NZ$). Es besteht aber auch die Möglichkeit, auf eigene Faust dorthin zu fahren (Erw./Kind 25/12 NZ$). Während der Brutzeit, d.h. von August bis Januar, lassen sich die Tiere am besten beobachten, der Ausflug lohnt sich aber auch zu allen anderen Zeiten. Seekajaktouren und Naturexkursionen im Geländewagen werden ebenfalls angeboten, außerdem Übernachtungen in einem abgeschiedenen Cottage.

Akaroa Farm Tours TOUR
(☎03-304 8511; www.akaroafarmtours.com; Erw./Kind 80/50 NZ$) Die Touren beginnen an der i-SITE von Akaroa und führen zu einer in den Hügeln gelegenen Schaffarm unweit der Paua Bay, wo die Teilnehmer gezeigt bekommen, wie die Tiere geschoren werden. Sie können den Hirtenhunden beim Herumtollen zusehen, durch die Gärten spazieren und selbst gebackene Rosinenbrötchen probieren. Etwa 2¾ Stunden sollte man für den Besuch einplanen.

Tuatara Tours WANDERUNG
(☎03-962 3280; www.tuataratours.co.nz; pro Pers. 1695 NZ$; ⏲Nov.–April) Der *Akaroa Walk*, eine gemütliche 39 km lange Dreitagestour in Begleitung eines Guides führt von Christchurch über den herrlichen Summit Ridge nach Akaroa. Die Teilnehmer brauchen dabei nur ihren Tagesrucksack zu tragen. Gute Unterkünfte und Gourmetabendessen sind im Preis inbegriffen.

Schlafen

★ **Halfmoon Cottage** HOSTEL $
(☎03-304 5050; www.halfmoon.co.nz; SH75, Barrys Bay; B/EZ/DZ 33/55/80 NZ$; ⏲Juli–Aug. geschl.; @📶) Das hübsche Cottage aus dem Jahr 1896 liegt 12 km von Akaroa entfernt und ist ein herrliches Fleckchen Erde, um

ein paar Tage lang auf den großen Veranden oder in den Hängematten im Garten zu faulenzen. Das Cottage bietet Fahrräder und Kajaks für die Erkundung der Umgebung an.

★ **Onuku Farm Hostel** HOSTEL $
(☎03-304 7066; www.onuku.co.nz; Hamiltons Rd, Onuku; Stellplätze ab 15 NZ$, B/DZ ab 29/68 NZ$; ⏰Okt.–April; @📶) Das Hostel auf einer abgelegene Farm, auf der ganz normal gearbeitet wird, liegt 6 km südlich von Akaroa. Es bietet Rasenflächen zum Zelten, einfache saubere Zimmer in einem Farmhaus und „Sterngucker"-Hütten (40 NZ$ für 2 Pers., Bettwäsche mitbringen). Die Tonga Hut bietet mehr Privatsphäre und einen atemberaubenden Meerblick (80 NZ$). Ab und zu finden Exkursionen statt, bei denen die Teilnehmer mit Delfinen schwimmen können (ab 100 NZ$), auch Kajaktouren (ab 50 NZ$) und die Skytrack-Wanderung werden angeboten.

Okuti Garden HOSTEL $
(☎03-325 1913; www.okuti.co.nz; 216 Okuti Valley Rd; Erw./Kind 50/25 NZ$; ⏰Mai–Sept. geschl.; @📶) 🍃 Umweltbewusstsein ist dem Hostel mit seinen herrlich exzentrischen Unterkünften wichtig. Geschlafen werden kann in einem umgebauten Truck sowie in diversen romantischen Yurten, die verstreut im bunten Gemüsegarten liegen. Frisch geerntete Kräuter, ein Pizzaofen, ein mit Holzfeuer beheiztes Bad, Hängematten und frei umherlaufende Hühner sorgen in diesem Hotel für ein schönes Flair.

Double Dutch HOSTEL $
(☎03-304 7229; www.doubledutch.co.nz; 32 Chorlton Rd; B/EZ 32/64 NZ$, DZ mit/ohne Bad 86/78 NZ$; @📶) Das Hostel ist so schick, dass es als B&B durchgehen könnte, schont aber dennoch den Geldbeutel. Es liegt in einem 8 ha großen Farmgelände an einer entlegenen Flussmündung. Nur ein kurzes Stück zu Fuß ist es zu einem Kramerladen und zum Strand. Es empfiehlt sich, alle Lebensmittel zum Kochen in der tollen Küche mitzubringen.

Okains Bay Camping Ground CAMPINGPLATZ $
(☎03-304 8789; www.okainsbaycamp.co.nz; 1357 Okains Bay Rd; Stellplätze Erw./Kind 12/6 NZ$) Der Campingplatz liegt in einem von Pinien durchsetzten Landstrich direkt an einem schönen Strand mit Flussmündung. Die sauberen Einrichtungen beschränken sich auf Küchen, Toiletten und Münzduschen, unschlagbar ist die schöne Lage.

Coombe Farm B&B $$
(☎03-304 7239; www.coombefarm.co.nz; 18 Old Le Bons Track, Takamatua Valley; DZ 170–190 NZ$; 📶) Die Gäste haben die Qual der Wahl zwischen der privaten, romantischen Shepherd's Hut mit Bad im Freien und dem historischen Farmhaus, das in Laura-Ashley-Pastelltönen restauriert wurde. Nach dem Frühstück kann man mit Ned, dem freundlichen Hund, zu einem Wasserfall wandern.

Essen

Little River Cafe & Gallery CAFÉ $
(www.littlerivergallery.com; SH 75, Little River; Hauptgerichte 9–20 NZ$; ⏰9–17 Uhr) Am SH 75, zwischen Christchurch und Akaroa, liegt diese fantastische Kombination aus Kunstgalerie, Geschäft und Café – alles ist hier vom Feinsten. Unbedingt probieren sollte man das Selbstgebackene, zum Mitnehmen gibt es gute Feinkost.

★ **Hilltop Tavern** KNEIPENESSEN $$
(☎03-325 1005; www.thehilltop.co.nz; 5207 Christchurch–Akaroa Rd; Pizzas 24–26 NZ$, Hauptgerichte 23–30 NZ$; ⏰10 Uhr bis spätabends, im Winter kürzere Zeiten) Eine tolle Aussicht, Craft Beer, eine anständige Holzofenpizza und ein Billardtisch, dazu gelegentlich Livemusik – kein Wunder, dass bei diesem Angebot Einheimische und Touristen gleichermaßen in das historische Pub strömen. Der Blick auf den Hafen von Akaroa vor der Kulisse der Halbinsel ist ein Traum.

An- & Weiterreise

Von November bis April bietet **Akaroa Shuttle** (☎0800 500 929; www.akaroashuttle.co.nz; einfach/hin- & zurück 35/50 NZ$) täglich Verbindungen von Christchurch nach Akaroa (Abfahrt 8.30 Uhr); die Busse fahren um 15.45 Uhr nach Christchurch zurück. Auf der Website sind die Haltestellen aufgelistet. Es werden auch landschaftlich schöne Fahrten ab Christchurch zur Banks Peninsula durchgeführt.

Die Busse von **French Connection** (☎0800 800 575; www.akaroabus.co.nz; hin- & zurück 45 NZ$) fahren ganzjährig täglich um 9 Uhr von Christchurch nach Akaroa, zurück geht die Fahrt um 16 Uhr.

Akaroa

624 EW.

In Akaroa („Langer Hafen" auf Māori) ließen sich die ersten französischen Siedler nieder – die Nachkommen dieser französischen Pioniere leben bis heute dort. Akaroa ist eine hübsche Ortschaft, die sich bemüht, das Flair eines französischen Provinzdorfs erstehen zu lassen – was sich bis zu den Namen der Straßen und Häuser hin bemerkbar macht.

Der Ort wirkt im Allgemeinen recht verschlafen, wird jedoch turnusmäßig von Touristenhorden überrannt, die von gigantischen Kreuzfahrtschiffen aus einen Landgang machen. Die Schiffe legten früher im Hafen von Lyttelton an, seit dem Erdbeben meist in Akaroa. Selbst wenn Lyttelton wieder auf die Beine kommt, werden die Schiffe hier wohl kaum wieder weg wollen.

Sehenswertes

★ Giant's House GÄRTEN

(www.thegiantshouse.co.nz; 68 Rue Balguerie; Erw./Kind 20/10 NZ$; Jan.–April 14–17 Uhr, Mai–Dez. 14–16 Uhr) Noch immer arbeitet die hiesige Künstlerin Josie Martin mit viel Liebe zum Detail an der spielerisch-skurrilen Kombination aus Skulpturen und Mosaik-Kaskaden, die sich über einen Hügel oberhalb von Akaroa ergießen. Die komplizierten Collagen aus Spiegeln, Fliesen und Porzellanscherben erinnern in vielem an Gaudí und Miró. Überall gibt es wundersame Nischen und Winkel zu entdecken.

Gemälde und Skulpturen stellt Martin im hübschen, 1880 erbauten Haus aus, in dem früher Akaroas erster Bankdirektor residierte.

★ Akaroa Museum MUSEUM

(www.akaroamuseum.org.nz; Ecke Rues Lavaud & Balguerie; 10.30–16.30 Uhr) GRATIS Mühselige Renovierungsmaßnahmen nach dem Erdbeben haben Akaroa eines der besten Regionalmuseen des Landes beschert. Hier erfahren die Besucher alles über die verschiedenen Besiedelungsphasen der Halbinsel und über die spannende Natur- und Industriegeschichte, und sie hören Erzählungen von alten Originalen wie Pompey dem Pinguin.

Ein Film (20 Min.) schließt die letzten Wissenslücken zur Geschichte von Akaroa, während diverse historische Gebäude gleich nebenan sie noch ganz real aufweisen. Und bitte die Spendenbox nicht übersehen!

St Peter's Anglican Church KIRCHE

(46 Rue Balguerie) Das 2015 schön restaurierte anglikanische Kleinod (1864) lässt Unmengen Balkenwerk, Buntglas und eine historische Orgel sehen und hat die eine oder andere Geschichte zu erzählen. Ein Blick in die Kirche lohnt sich auf jeden Fall – egal, ob man religiös ist oder nicht.

Old French Cemetery FRIEDHOF

Der Friedhof am Hügel ist die erste geweihte Begräbnisstätte in Canterbury und bietet sich für einen Streifzug an, der unter die Haut geht. Über einen Pfad, der an der Rue Brittan abgeht, kommt man dorthin.

Aktivitäten

Akaroa Guided Sea Kayaking Safari KAJAKFAHREN

(021 156 4591; www.akaroakayaks.com; 3 Std./halber Tag 125/159 NZ$) Frühaufsteher paddeln bei der dreistündigen „Sunrise Nature Safari" schon um 7.30 Uhr los. Wer ausschlafen will, kann sich dem „Bays & Nature Paddle" um 11.30 Uhr anschließen. Eine größere Herausforderung ist die halbtägige „Try Sea Kayaking Experience".

Akaroa Sailing Cruises SEGELN

(0800 724 528; www.aclasssailing.co.nz; Main Wharf; Erw./Kind 75/37,50 NZ$) 2½ Stunden dauert der Segeltörn auf einer wunderschönen, erstklassigen Jacht von 1946, bei der die Passagiere aktiv mitsegeln dürfen.

Akaroa Adventure Centre OUTDOOR

(03-304 7784; www.akaroa.com; 74a Rue Lavaud; 9–18 Uhr) Hier werden Seekajaks und Stand-up-Boards (Std./Tag 20/60 NZ$), Paddelboote (Std. 30 NZ$), Fahrräder (Std./Tag 15/65 NZ$) sowie Angelruten (Tag 10 NZ$) vermietet. Das Unternehmen befindet sich in der i-SITE.

Geführte Touren

Black Cat Cruises BOOTSAUSFLUG

(03-304 7641; www.blackcat.co.nz; Main Wharf; Bootsfahrt Erw./Kind 74/30 NZ$, Delfinschwimmen Erw./Kind 155/120 NZ$) Neben zweistündigen Bootsfahrten veranstaltet Black Cat auch dreistündige Fahrten für alle, die einmal mit Delfinen schwimmen wollen. Neoprenanzug und Schnorchelausrüstung werden gestellt, ebenso die anschließende warme Dusche an Land. Auch wer nur zuschauen will, ist herzlich eingeladen (Erw./Kind 80/40 NZ$). Pro Tour dürfen nur 12 Personen mit den Delfinen schwimmen, daher vorab reservieren! Die Fahrten melden eine Erfolgsrate von 98 % bei der Sichtung von Delfinen. Beim Schwimmen mit den Tieren sind es noch 81 % – wenn das Schwimmen nicht möglich ist, werden 50 NZ$ des bezahlten Preises zurückerstattet.

Akaroa Dolphins BOOTSAUSFLUG

(03-304 7866; www.akaroadolphins.co.nz; 65 Beach Rd; Erw./Kind 75/35 NZ$; ganzjähr.

Akaroa

12.45 Uhr, plus Okt.–April 10.15 & 15.15 Uhr) Die Firma veranstaltet zweistündige Bootsausflüge mit Tierbeobachtung auf einem komfortablen, 15 m langen Katamaran in – was am wichtigsten ist – der Gesellschaft von Sydney. Der Hund besitzt die außerordentliche Gabe, Wildtiere aufzuspüren. Im Preis inbegriffen sind kostenlose Drinks und selbst gemachtes Gebäck.

Coast Up Close BOOTSAUSFLUG
(☎0800 126 278; www.coastupclose.co.nz; Main Wharf; Erw./Kind ab 75/25 NZ$; ⏱Okt.–April Ab-

Akaroa

fahrt 10.15 & 13.45 Uhr) Bei den malerischen Bootsausflügen steht die Tierbeobachtung im Vordergrund. Auch Angelausflüge werden organisiert.

Eastern Bays Scenic Mail Run AUTOFAHRT
(☎03-304 8526; Touren 80NZ$; ⊙Mo–Fr 9 Uhr) Die Teilnehmer sind mit einem ehemaligen Naturpark-Ranger unterwegs, mit ihm werden entlegene Gemeinden und Buchten im Rahmen der fünfstündigen Postzustellung (120 km Fahrt) besucht. Startpunkt ist die i-SITE (S. *556*). Unbedingt vorher buchen, da nur acht Sitzplätze vorhanden sind.

Feste & Events

French Fest ESSEN
(www.ccc.govt.nz; ⊙Okt.) Bei diesem von der gallischen Kultur inspirierten Treffen dreht sich alles um die Themen Essen, Wein, Musik und Kunst. Keinesfalls verpassen (oder gar auf sie drauftreten) sollte man *Le Race D'Escargots,* bei dem glitschige, bestens trainierte Schnecken einen abgesteckten Parcours absolvieren. Das Fest findet alle zwei Jahre (in ungeraden Jahren) statt.

Schlafen

Chez la Mer HOSTEL $
(☎03-304 7024; www.chezlamer.co.nz; 50 Rue Lavaud; B 30 NZ$, DZ mit/ohne Bad 86/76 NZ$;) Das hübsche historische Gebäude in Rosa beherbergt ein nettes Backpacker-Hostel mit gepflegten Zimmern und einem schattigen Garten samt Fischteich, Hängematten und Grillmöglichkeit.

Das Hostel ist eine selbsternannte fernsehfreie Zone, als Ersatz gibt es kostenlose Leihräder und Angelruten.

Akaroa Top 10 Holiday Park FERIENPARK $
(☎0800 727 525, 03-304 7471; www.akaroa-holidaypark.co.nz; 96 Morgans Rd; Stellplätze ab 40–44 NZ$, Wohneinheiten 72–135 NZ$; @) Der sagenhafte Blick auf den Hafen und die Hügel der Halbinsel ist der eigentliche Trumpf der Anlage. Die Hütten und Motels sind einfach, aber sauber; den Servicehäusern könnten allerdings ein paar Instandsetzungsmaßnahmen nicht schaden. Es gibt einen Pool, einen Spielplatz, Grillstellen und eine Fernsehlounge. Nach Akaroa ist es zu Fuß nur ein kurzer Weg.

Tresori Motor Lodge MOTEL $$
(☎03-304 7500; www.tresori.co.nz; Ecke Rue Jolie & Church St; DZ 160–205 NZ$;) Zur Auswahl in diesem modernen Motel stehen zwölf saubere und schicke Wohneinheiten. Alle verfügen über eine Kochecke. Aber in Anbetracht der nahen Cafés am Wasser und der Fressmeile von Akaroa wird wohl kaum jemand auf den Gedanken kommen, sie zu nutzen. Die Blumenkästen mit blühenden Pflanzen sind ein hübsches Extra.

★ **Beaufort House** B&B $$$
(☎03-304 7517; www.beauforthouse.co.nz; 42 Rue Grehan; r $375; ⊙Juni–Aug. geschl.;) Das hübsche Haus wurde 1878 gebaut und liegt versteckt in einer ruhigen Straße hinter herrlichen Gärten. Es ist mit sehenswerten Kunstwerken und Antiquitäten ausgestattet und verfügt sogar über seinen eigenen Weingarten, in dem die Reben für einen edlen Tropfen gedeihen.

Das einzige der fünf Zimmer, das kein eigenes Bad hat, kompensiert dieses Manko mit einem großen Bad über den Flur, in dem eine Wanne mit Klauenfüßen steht.

Essen & Ausgehen

Akaroa Butchery & Deli FEINKOST **$**

(67 Rue Lavaud; Mo–Fr 10–17.30, Sa 9–16 Uhr) Die Metzgerei ist ein Paradies für Selbstversorger und Leute, die gern Picknick machen. Erhältlich sind alle möglichen Lebensmittel aus der Region – von Brot, Lachs, Käse und eingelegtem Gemüse bis hin zu köstlichen Pies sowie Fleisch- und Wurstwaren für ein Grillfest.

Bully Hayes CAFÉ **$$**

(www.bullyhayes.co.nz; 57 Beach Rd; Frühstück 14–23 NZ$, Mittagessen 11–30 NZ$, Abendessen 22–43 NZ$; 8–21 Uhr;) Das nach dem weitgereisten amerikanischen Seeräuber Bully Hayes benannte Café gilt als die beste Anlaufstelle für ein leckeres Frühstück in Akaroa. Der sonnige Fleck mit Aussicht auf den Hafen lockt zum Brunchen viel Volk an, das sich Eierspeisen, Burger und frische Meeresfrüchte schmecken lässt; später am Tag bleiben dann viele wegen der schönen Bar-Atmosphäre auf ein paar kalte Bierchen hier hängen.

Trading Rooms FRANZÖSISCH **$$$**

(03-304 7656; www.thetradingrooms.co.nz; 71 Beach Rd; Mittagessen 18–35 NZ$, Abendessen 28–43 NZ$; Do–Mo 10–15, Fr–Mo 17–22 Uhr) Das Restaurant samt einer der beeindruckendsten Fensterfronten Akaroas am Wasser ist stilecht in dunklem Holz und Rottönen gestaltet und bietet sich mit seiner stimmungsvollen Atmosphäre für eine exquisite Mahlzeit an. Die französische Küche, u. a. Schnecken oder Cassoulet, bestimmt die Speisekarte, aber mittags lässt die gallische Vorherrschaft dann doch etwas zugunsten von Burgern und Gourmet-Clubsandwiches nach.

Harbar BAR

(83 Rue Jolie; 17–21.30 Uhr) Die unregelmäßigen Öffnungszeiten (die sich nach Wetter und Nachfrage richten) sollten niemanden abschrecken, einen Sundowner in der beliebtesten Bar Akaroas am Wasser ins Auge zu fassen. Oft kommt ein nettes Völkchen zusammen, und dann klimpert vielleicht sogar einer der Gäste auf der Gitarre herum.

Unterhaltung

Akaroa Cinema & Café KINO

(03-304 8898; www.cinecafe.co.nz; Ecke Rue Jolie & Selwyn Ave; Erw./Kind 15/13 NZ$;) Am besten schnappt man sich ein Bier und lässt sich dann häuslich nieder, um sich Arthouse-Filme, einen Leinwandklassiker oder einen Streifen aus dem Ausland in diesem Kino mit einem qualitativ hochwertigen Projektions- und Soundsystem anzusehen.

Praktische Informationen

Akaroa i-SITE & Adventure Centre (03-304 8600; www.akaroa.com; 74a Rue Lavaud; 9–17 Uhr) Eine hilfreiche, kleine Einrichtung, die Infomaterial anbietet und Buchungen von Aktivitäten, Transportmitteln etc. vornimmt. Zusätzlich ist es auch noch die örtliche Poststelle.

NÖRDLICHES CANTERBURY

Von Kaikoura aus führt der SH 1 nach Süden durch die Hundalee Hills in den Hurunui-Distrikt, der für seinen Wein und den Thermalkurort Hanmer Springs bekannt ist. Hier beginnen auch die Canterbury Plains, ein großes, flaches, stark von der Landwirtschaft geprägtes Gebiet, das von auffällig verzweigten Flüssen durchschnitten wird. Im Westen grenzt das Gebiet an die Southern Alps. Von Westport oder Nelson aus führt der kürzeste Weg über den wunderschönen Lewis Pass Highway (SH 7) quer durchs Gebirge.

Lewis Pass

Der nördlichste der drei wichtigsten Bergpässe, die die Westküste mit dem Osten verbinden, ist der 864 m hohe Lewis Pass. Er ist nicht so steil wie die anderen beiden (Arthur's und Haast) und auch nicht so dicht bewaldet, die Autofahrt ist jedoch nicht minder malerisch. An Vegetation gedeihen vor allem Rot- und silberne Scheinbuchen sowie entlang der Flussterrassen die endemischen Kowhai-Bäume. Vom Lewis Pass schlängelt sich der Highway 62 km Richtung Osten, bevor er den Abzweig nach Hanmer Springs erreicht.

Aktivitäten

Die Region bietet sich für diverse interessante **Wanderungen** an, die durch Buchenwälder vor der Kulisse schneebedeckter Berggipfel, Seen, Gebirgsteiche und Flüsse führen. Zu den beliebtesten Routen zählen der **St James Walkway** (66 km; 4–5 Tage) und die Wanderungen im **Lake Sumner Forest Park.** Einzelheiten finden sich in der lesenswerten Broschüre des Department of Conservation (DOC) mit dem Titel *Lake Sumner & Lewis Pass* (2 NZ$). Es herrschen hier fast schon alpine Bedingungen, deshalb sollte man sich aus Sicherheitsgründen unbedingt in das Tourenregister der Hütten (vergleichbar dem Hüttenbuch der Alpenvereine) eintragen.

Maruia Springs SPA, THERMALQUELLE
(☎03-523 8840; www.maruiasprings.co.nz; SH 7; Erw./Kind 22/12 NZ$, für Gäste gratis; ⏱Pools 8–19.30 Uhr) Maruia Springs ist ein kleines Thermalresort im japanischen Stil an den Ufern des Maruia River. Das 6 km westlich vom Lewis Pass gelegene Resort bietet relativ spartanische Unterkünfte (DZ 159–199 NZ$), eine Café-Bar und ein japanisches Restaurant (nur Abendessen). Das Wasser mit schwarzen Mineraleinlagerungen, sogenannten Quellblumen, wird in die Steinbecken im Freien gepumpt. Im Winter ist das Ambiente zauberhaft, im Sommer sollte man sich vor den *sandflies* (Kriebelmücken) in Acht nehmen.

Während der Recherchen zu diesem Reiseführer sollten die Maruia Springs von neuen Inhabern übernommen werden. Mit Veränderungen – hoffentlich zum Positiven – ist also zu rechnen, das Thermalwasser fließt sicherlich weiterhin wie gewohnt.

Verkehrsmittel

East West Coaches (☎03-789 6251; www.eastwestcoaches.co.nz) Busse von East West Coaches, die auf der Strecke zwischen Westport und Christchurch verkehren, halten an den Maruia Springs und am St. James Walkway.

Hanmer Springs

843 EW.

Das von gemeißelt wirkenden Bergen umgebene Hanmer Springs ist der wichtigste Thermalkurort der Südinsel. Hier kann man sich so richtig verwöhnen – mit einem entspannenden Bad in den Thermalquellen, gutem Essen und wohltuenden Anwendungen im Wellnessbereich. Wem das zu einschläfernd ist, findet eine Reihe familienfreundlicher Aktivitäten, darunter auch einige, die für einen gehörigen Adrenalinstoß sorgen.

Sehenswertes

Hanmer Springs Animal Park FARM
(☎03-315 7772; www.hanmer-animal-park.nz; 108 Rippingale Rd; Erw./Kind /Fam. 12/6/35 NZ$; ⏱Mi–So 10–17 Uhr, in den Schulferien tgl.; 👪) Mit mehr Tieren, als auf der Facebook-Seite von Dr. Dolittle vorkommen, ist dieser Bauernhof-Park ein tolles Erlebnis für Kinder. Lamas, tibetische Yaks, Wild, Ziegen, Meerschweinchen und Chinchillas sind hier zu Hause und all diese Tiere dürfen sogar gefüttert werden. Für Mama und Papa gibt es ein Café mit Ausschankgenehmigung und eine Galerie mit Kunsthandwerk.

Aktivitäten

★ **Hanmer Springs Thermal Pools** THERMALQUELLE
(☎03-315 0000; www.hanmersprings.co.nz; 42 Amuri Ave; Erw./Kind 22/11 NZ$, Schließfach 2 NZ$; ⏱10–21 Uhr; 👪) Einer Māori-Legende zufolge entstanden diese Thermalquellen aufgrund von glühender Asche vom Mount Ngauruhoe (Nordinsel), die hier vom Himmel fiel.

Der Hauptkomplex besteht aus mehreren großen Becken mit jeweils unterschiedlicher Temperatur sowie aus kleineren Felsbecken-Landschaften, die nur von Erwachsenen genutzt werden dürfen. Darüber hinaus gibt es ein 25 m langes Süßwasser-Schwimmbecken, private Thermalbecken (30 Min./30 NZ$) und ein Café.

Kinder lieben die Wasserrutschen und den Superbowl (10 NZ$), ein Wasserwirbel. Nebenan befindet sich ein Spa mit Wellness- und Schönheitsangeboten (s. unten).

Hanmer Forest Park WANDERN, MOUNTAINBIKEN
(www.visithurunui.co.nz) Wanderfreunde und Mountainbiker haben in diesem 130 km² großen Waldgebiet, das direkt an den Ort angrenzt, viel Platz zum Austoben.

Der einfache Woodland Walk beginnt 1 km die Jollies Pass Road hinauf und führt durch Wälder mit Douglasfichten, Pappel- und Rotholzhaine, bis er auf den Majuba Walk trifft. Über diesen gelangt man zum Conical Hill Lookout und von dort zurück in die Ortschaft (1½ Std.). Der Waterfall Track ist eine empfehlenswerte Halbtagestour, die am Ende der McIntyre Road beginnt.

Die i-SITE (S. 560) hält die Broschüre *Forest Park Walks* bereit und hat auch eine Landkarte speziell für Mountainbiker (jeweils 3 NZ$).

Hanmer Springs Spa SPA
(☎03-315 0029, 0800 873 529; www.hanmersprings.co.nz; 42 Amuri Ave; ⏱10–19 Uhr) Das Hanmer Springs Spa bietet Massagen und Schönheitsbehandlungen ab 85 NZ$ an. Seit den jüngsten Renovierungsmaßnahmen entspricht das Spa internationalen Maßstäben. Die Eintrittsgebühr in die Hanmer Springs Thermal Pools (s. oben) nebenan reduziert sich auf 15 NZ$, wenn man die Spa-Einrichtungen nützt.

Hanmer Springs

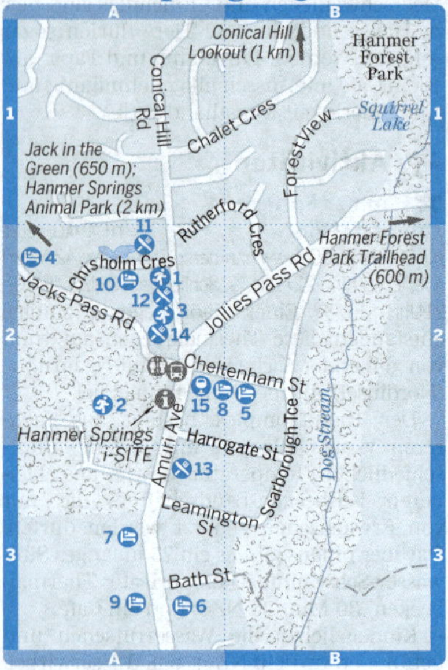

Hanmer Springs

Aktivitäten, Kurse & Touren

1 Hanmer Springs Adventure Centre A2
Hanmer Springs Spa .... (s. 2)
2 Hanmer Springs Thermal Pools A2
3 Thrillseekers Adventures Booking Office A2

Schlafen

4 Chalets Motel A2
5 Cheltenham House B2
6 Hanmer Springs Top 10 .... A3
7 Kakapo Lodge A3
8 Rosie's A2
9 Scenic Views A3
10 St James A2

Essen

11 Coriander's A2
12 Hanmer Springs Bakery A2
13 No. 31 .... A3
14 Powerhouse Cafe A2

Ausgehen & Nachtleben

15 Monteith's Brewery Bar A2

Mount Lyford Alpine Resort SKIFAHREN
(☎ 0274 710 717, Schneetelefon 03-366 1220; www.mtlyford.co.nz; Tagespässe 75/35 NZ$) Rund 60 km von Hanmer Springs und Kaikoura und 4 km vom Mount Lyford Village entfernt entspricht das Skigebiet deutlich mehr den Vorstellungen von einem „Resort" als die meisten anderen Skigebiete Neuseelands. Es gibt verschiedene Unterkünfte und Restaurants, dazu eine gute Mischung an Abfahrten sowie einen Langlaufpark.

Hanmer Springs Ski Area SKIFAHREN
(☎ 027 434 1806; www.skihanmer.co.nz; Tagesskipass Erw./Kind /Fam. 60/30/130 NZ$) Nur 17 km von der Ortschaft entfernt lässt sich dieses kleine Skigebiet über eine unbefestigte Straße erreichen. Hanmer Springs bietet Abfahrten für alle Leistungsniveaus.

Das **Adventure Centre** (☎ 0800 368 7386, 03-315 7233; www.hanmeradventure.co.nz; 20 Conical Hill Rd; ⏲ 8.30–17 Uhr) organisiert während der Skisaison einen Shuttledienst.

Thrillseekers Adventures ABENTEUERSPORT
(☎ 03-315 7046, 0800 661 538; www.thrillseekers.co.nz; 839 Hanmer Springs Rd) Hier können Wagemutige von einer 35 m hohen Brücke Bungee springen (169 NZ$), mit dem Jetboot durch die Waiau Gorge (Erw./Kind 115/60 NZ$) brettern, per Floß den Waiau River (Grad II; Erw./Kind 149/79 NZ$) erkunden oder mit einem aufblasbaren Kajak (5 Std., Erw./Kind 299/189 NZ$) fahren – und zu guter Letzt sich auf dem Quadbike (Erw./Kind 149/99 NZ$) so richtig schmutzig machen.

Das Thrillseekers Adventure Centre befindet sich direkt neben der Brücke (unweit der Abzweigung vom SH7), betreibt aber auch ein **Buchungsbüro** (☎ 03-315 7346, 0800 661 538; www.thrillseekers.co.nz; Conical Hill Rd; ⏲ 9–17 Uhr) im Ort.

Schlafen

Jack in the Green HOSTEL $
(☎ 03-315 5111; www.jackinthegreen.co.nz; 3 Devon St; Stellplatz pro Pers. 20 NZ$, B 32 NZ$, DZ mit/ohne Bad 92/76 NZ$; @ 📶) Das reizende umfunktionierte alte Wohnhaus liegt zehn Minuten zu Fuß vom Ortszentrum entfernt. Sehr schön sind die großen Räume (keine Stockbetten), die beschaulichen Gärten und der hübsche Lounge-Bereich. Wer auf mehr Privatsphäre Wert legt, bucht das Garten-Chalet mit eigenem Bad.

Kakapo Lodge HOSTEL $
(☎ 03-315 7472; www.kakapolodge.co.nz; 14 Amuri Ave; B 28 NZ$, DZ mit/ohne Bad 90/66 NZ$; 📶) Das dem YHA angeschlossene Kakapo hat einen fröhlichen Inhaber, der seinen Gästen eine geräumige Küche und Lounge, Zimmer mit Fußbodenheizung und eine Terrasse im ersten Stock bietet. Zu den Schlafsälen

(ohne Stockbetten, einige mit Bad) werden noch zwei Wohneinheiten im Stil eines Motels (95–100 NZ$) hinzugebaut.

Hanmer Springs Top 10 FERIENPARK $
(☎0800 904 545, 03-315 7113; www.hanmerspringstop10.co.nz; 5 Hanmer Springs Rd; Stellplätze 34–50 NZ$, Wohneinheiten mit/ohne Bad ab 95/78 NZ$; @) Der familienfreundliche Ferienpark liegt nur ein paar Gehminuten von den gleichnamigen Thermalbädern entfernt. Die Kids findet man wahrscheinlich die meiste Zeit auf dem Spielplatz und den Hüpfkissen. Zur Auswahl stehen einfache Selbstversorgerhütten bis hin zu attraktiven Wohneinheiten in einem Motel, wo alles vorhanden ist, was man so braucht.

★ **Woodbank Park Cottages** COTTAGE $$
(☎03-315 5075; www.woodbankcottages.co.nz; 381 Woodbank Rd; DZ 190–210 NZ$) Die beiden schicken Cottages in einem bewaldeten Grundstück liegen sechs Autominuten von Hanmer entfernt, vermitteln aber das Gefühl, als wären sie ewig weit weg. Die Einrichtung ist klar und modern, die Bäder und Küchen sind gut ausgestattet, und die Holzterrassen haben einen Gasgrill plus Blick in die ländliche Umgebung. Abgerundet wird das alles noch von Holzöfen, frischen Gratis-Fruchtsäften und -Käseplatten.

Chalets Motel MOTEL $$
(☎03-315 7097; www.chaletsmotel.co.nz; 56 Jacks Pass Rd; DZ 140–180 NZ$;) In diesen frei stehenden, sauberen und preislich akzeptablen Holz-Chalets kann man den Bergblick so richtig schön auf sich wirken lassen. Die Chalets stehen an den Hängen hinter dem Ortszentrum. Alle verfügen über eine voll ausgestattete Küche; eine Wohneinheit hat sogar einen Whirlpool.

Scenic Views MOTEL $$
(☎03-315 7419, 0800 843 974; www.hanmerscenicviews.co.nz; 2 Amuri Ave; DZ 140–240 NZ$;) Der attraktive Komplex aus Holz und Stein bietet moderne Studios (eines mit eigenem Whirlpool im Freien) sowie Zwei- und Dreibett-Wohnungen. Der Bergblick gehört hier zum Standard, was auch für das kostenlose WLAN und die Kaffeepresse gilt.

Rosie's B&B $$
(☎03-315 7095; www.rosiesbandbhanmer.co.nz; 9 Cheltenham St; DZ 95–145 NZ$;) Rosie hat das B&B zwar mittlerweile verlassen, aber gastfreundlich ist dieses Quartier noch immer, und das Preis-Leistungs-Verhältnis stimmt ebenfalls wie früher. Die Hälfte der Zimmer verfügt über ein eigenes Bad; im Zimmerpreis enthalten sind ein kontinentales Frühstück mit Croissants.

ABSEITS DER ÜBLICHEN PFADE

FARM DER SUPERLATIVE: MOLESWORTH STATION

Die Molesworth Station umfasst 1807 gebirgige Quadratkilometer zwischen Hanmer Springs und Blenheim. Sie ist nicht nur die größte Farm Neuseelands, sondern hat zusätzlich auch noch die größte Rinderherde des Landes (bis zu 10 000 Tiere). Das Gebiet hat landesweit ökologische Bedeutung, weshalb die Farm heute vom DOC (Department of Conservation; ☎03-572 9100; www.doc.govt.nz) verwaltet wird.

Besuche sind in der Regel nur möglich, wenn die Acheron Road, die durch die Farm führt, für den Verkehr geöffnet ist – in der Regel von November bis Anfang April, jedoch wetterabhängig. Unbedingt beim DOC oder dem i-SITE in Hanmer Springs vor der Abfahrt den aktuellen Stand erfragen. Die 207 km lange Fahrt von Hanmer Springs nordwärts nach Blenheim dauert auf der schmalen, unbefestigten Straße rund sechs Stunden, wobei beachtet werden muss, dass die Tore nur von 7 bis 19 Uhr geöffnet sind. In bestimmten Arealen des Farmgeländes darf man zelten (Erw./Kind 6/3 NZ$; offenes Feuer ist nicht gestattet). Die DOC-Broschüre *Molesworth Station* erhält man im i-SITE (S. 560), sie kann aber auch von der Website heruntergeladen werden.

Molesworth Heritage Tours (☎027-201 4536; 03-315 7401; www.molesworth.co.nz; Tour 198–750 NZ$; ⏲Okt.–Mai) veranstaltet Geländewagentouren von Hanmer Springs zur Farm. Bei den Tagestouren ist ein Mittagspicknick im Preis inbegriffen, es gibt aber auch eine fünfstündige Tour ohne Extras. Von Blenheim aus veranstaltet **Molesworth Tours** (☎03-572 8025; www.molesworthtours.co.nz) ein- bis viertägige Heritage- und Geländewagentouren (220–1487 NZ$; alles inkl.) sowie viertägige Mountainbike-Abenteuer mit Rundumversorgung (1460 NZ$).

St James APARTMENTS $$$
(☎03-315 5225; www.thestjames.co.nz; 20 Chisholm Cres; Apt. 190–365 NZ$; 📶) Hier können die Gäste in einem schicken, modernen Apartment mit allen erdenklichen Raffinessen wie einer iPod-Station und einer voll ausgestatteten Küche wohnen. Die Größe reicht von Studios bis zu Apartments mit zwei Schlafzimmern samt Balkon oder Patio. Die meisten Zimmer haben Bergblick.

Cheltenham House B&B $$$
(☎03-315 7545; www.cheltenham.co.nz; 13 Cheltenham St; Zi. 235–280 NZ$; 📶) Das große Haus aus den 1930er-Jahren bietet Platz genug für einen Billardtisch und einen Konzertflügel sowie vier Suiten im Haupthaus, zu denen noch zwei in lauschigen Gartenhäuschen dazukommen. Das warme Feinschmecker-Frühstück wird aufs Zimmer serviert, abends wird Wein ausgeschenkt.

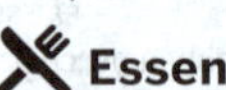

Essen

Hanmer Springs Bakery BÄCKEREI $
(☎03-315 7714; www.hanmerbakery.co.nz; 16 Conical Hill Rd; ⏱6–16 Uhr) In der Hochsaison zieht sich die Schlange der Wartenden bis draußen vor der Tür, die alle in der bescheidenen Bäckerei Pies mit Fleischfüllung und Lachsbagels erstehen wollen.

Coriander's INDISCH $$
(☎03-315 7616; www.corianders.co.nz; Chisholm Cres; Hauptgerichte 14–22 NZ$; ⏱Mo–Fr 11.30–14, tgl. 17–22 Uhr; 🌶) Das fröhlich gestrichene nordindische Restaurant mit Bhangra-Klängen verleiht dem Leben die entsprechende Würze. Das Coriander's ist zwar eine rindfleischlose Zone, dafür kommt aber eine Fülle leckerer Lamm-, Huhn- und Meeresfrüchtegerichte auf den Tisch, auch die Auswahl an vegetarischen Speisen kann sich sehen lassen.

Powerhouse Cafe CAFÉ $$
(☎03-315 5252; www.powerhousecafe.co.nz; 8 Jacks Pass Rd; Brunch 15–24 NZ$; ⏱7.30–15 Uhr; 📶) Hier tanken die Gäste mit einem riesigen High-Country-Frühstück oder einem Highland Fling aus karamellisiertem Porridge (mit Whisky getränkt) neue Kräfte. Zu Mittag kommen die Gäste für einen Burger, Laksa- oder Lachssalat wieder und runden alles mit einer üppigen Eisspezialität ab.

No. 31 MODERN NEUSEELÄNDISCH $$$
(☎03-315 7031; www.restaurant-no31.nz; 31 Amuri Ave; Hauptgerichte 36–39 NZ$; ⏱Di–So 17.30–23 Uhr) In diesem hübschen Holzcottage wird qualitativ hochwertige, jedoch eher konservative Küche in üppigen Portionen serviert. Das noble Ambiente ist den Preisen nur angemessen – die Papierservietten und klobigen Gläser allerdings nicht. Die Bierkarte ist gut, die Auswahl an Weinen solide.

Ausgehen & Nachtleben

Monteith's Brewery Bar PUB
(☎03-315 5133; www.mbbh.co.nz; 47 Amuri Ave; ⏱9–23 Uhr) Das große, viel zu stark ausgeleuchtete und etwas heruntergekommene Brauerei-Pub ist die quirligste Kneipe im Ort. Als Grundlage fürs Bier wird den ganzen Tag über etwas zu essen serviert (Frühstück 15–21 NZ$, kleine Bargerichte 9–16 NZ$, Abendessen 24–35 NZ$). Sonntags legen sich ab 16 Uhr Musiker ins Zeug.

Praktische Informationen

Hanmer Springs i-SITE (☎03-315 0020, 0800 442 663; www.visithanmersprings.co.nz; 40 Amuri Ave; ⏱10–17 Uhr) Bucht Transportmittel, Unterkünfte und Aktivitäten.

An- & Weiterreise

Die **Hauptbushaltestelle** befindet sich in der Nähe der Ecke Amuri Avenue/ Jacks Pass Road.

Hanmer Connection (☎03-382 2952, 0800 242 663; www.hanmerconnection.co.nz; einfach/hin & zurück 30/50 NZ$) Täglich fahren Busse von/nach Christchurch, via Waipara und Amberley.

Hanmer Tours & Shuttle (☎03-315 7418; www.hanmertours.co.nz) Busse des Unternehmens fahren im Shuttleverkehr von/nach Waipara (20 NZ$), Amberley (20 NZ$), ins Stadtzentrum von Christchurch (30 NZ$) und zum Flughafen von Christchurch (40 NZ$).

Waipara Valley

Die praktisch am SH1 in der Nähe des Abzweigs nach Hanmer Springs gelegene, sehr ländliche Region ist ein guter Zwischenstopp auf dem Weg nach Christchurch. Die warmen, trockenen Sommer in diesem Tal (auf die im Herbst kühle Nächte folgen) haben sich als Erfolgsrezept beim Anbau von Trauben, Oliven, Haselnüssen und Lavendel erwiesen. Von hier kommen zwar nicht einmal 3 % der neuseeländischen Trauben, doch werden in diesem so ziemlich kühlsten Klima des Landes die qualitativ besten Weine gekeltert, darunter Riesling, Pinot noir und Gewürztraminer.

Von den rund 30 Weingütern der Region öffnet ein Dutzend seine Keller für Besucher, vier davon haben zusätzlich noch ein Restaurant. Wer die Schätze des Tals in vollem Umfang erkunden möchte, sollte sich ein Exemplar der *Waipara Valley Map* besorgen – oder sie unter www.waiparavalleynz.com herunterladen. Mehrere der berühmten Weingüter werben aber schon am Highway für sich. Die beiden wichtigsten Ortschaften der Region sind das winzige Waipara und das unwesentlich größere Amberley, wobei der zweite Ort allerdings bereits außerhalb der Weinregion liegt.

Sehenswertes

★Pegasus Bay WEINGUT

(☎03-314 6869; www.pegasusbay.com; Stockgrove Rd; ⏲Verkostungen 10–17 Uhr) Das bedeutendste Weingut des Waipara Valley hat auch das schönste Ambiente und betreibt eines der besten Restaurants (Hauptgerichte 36–44 NZ$, Mo–Do 12–16 Uhr) in ganz Canterbury. Für eine schöne Kulisse sorgen die herrlichen Gärten, denen die moderne Speisekarte mit Gerichten aus Neuseeland und die edlen Weine dann aber doch die Schau stehlen. Auf Wunsch kann eine Runde Boule gespielt werden.

Black Estate WEINGUT

(☎03-314 6085; www.blackestate.co.nz; 614 Omihi Rd/SH1; ⏲Mi–So 10–17 Uhr, Dez.–Jan. tgl.) Das architektonisch pfiffigste Weingut im Waipara Valley ist das Black Estate, ein markanter schwarzer Schober mit Ausblick übers Tal. Von hier kommen einige exquisite Weine sowie Speisen, die mit Produkten einheimischer Hersteller zubereitet werden (Hauptgerichte 25–40 NZ$). Neben den gängigen Weinen sollte man nach dem interessanten Rosé fragen, gekeltert aus einem Pinot oder Chardonnay, und den verführerischen Chenin blanc probieren.

Brew Moon BRAUEREI

(☎03-314 8036; www.brewmoon.co.nz; 12 Markham St, Amberley; ⏲Mi–Fr 15 Uhr bis spätabends, Sa & So 12 Uhr bis spätabends) Die Fülle an Craft Beer, die in dieser winzigen Brauerei probiert werden kann, ist unglaublich. Am besten schaut man mit einer eigenen Flasche vorbei, die man sich füllen lässt, oder genießt ein Ale zu einem der Tellergerichte oder Pizzas (Essen ab 15 Uhr).

Schlafen & Essen

Old Glenmark Vicarage B&B $$$

(☎03-314 6775; www.glenmarkvicarage.co.nz; 161 Church Rd, Waipara; DZ 230 NZ$, Scheune DZ 210 NZ$;) Das wunderschön restaurierte, 100 Jahre alte Pfarrhaus kann mit gleich zwei herrlichen Quartieren aufwarten: ein B&B im Haupthaus und eine umgebaute Scheune mit viel Flair (max. 5 Pers.). Die herrlichen Gärten und der Pool sind ein willkommenes Extra.

★Little Vintage Espresso CAFÉ $

(20 Markham St, Amberley; Brunch 8–18 NZ$; ⏲Mo–Sa 7.30–16.30 Uhr) Das kleine Café direkt am SH1 ist echt der Hit. Hier wird so ziemlich der beste Kaffee im Ort gebrüht und entsprechend leckeres Essen zubereitet. Die qualitativ hochwertigen Sandwiches, Schnitten und Kuchen werden von Einheimischen und Touristen mit derselben Begeisterung verschlungen.

Pukeko Junction CAFÉ, FEINKOST $$

(☎03-314 8834; www.pukekojunction.co.nz; 458 Ashworths Rd/SH 1, Leithfield; Hauptgerichte 15–21 NZ$; ⏲9–16.30 Uhr;) Das Café in Leithfield (südlich von Amberley) ist mit Recht ein beliebter Zwischenstopp am Straßenrand. Serviert werden köstliche Backwaren, darunter Gourmet-Wurstbrötchen und Pies mit Lammkeule.

Neben Kunst und Kunsthandwerk hat das Geschäft nebenan auch eine hervorragende Auswahl an Weinen aus der Region im Sortiment.

Waipara Springs CAFÉ $$

(www.waiparasprings.co.nz; SH1; Hauptgerichte 24–28 NZ$; ⏲11–17 Uhr;) Einen Tick nördlich der Ortschaft Waipara liegt eines der ältesten Weingüter des Tals mit einer edlen Auswahl an Rieslingen. Das legere Café serviert Tellergerichte und Bistrospeisen im hübschen familienfreundlichen Garten.

An- & Weiterreise

Der *Coastal-Pacific*-Zug (Oktober bis Mai) hält auf der Fahrt von Christchurch nach Picton in Waipara. Einige Reiseveranstalter in Christchurch bieten Weintouren an.

Hanmer Connection (☎0800 242 663; www.hanmerconnection.co.nz) Die Busse fahren nach Hanmer Springs (20 NZ$, 50 Min.) und Christchurch (20 NZ$, 1¼ Std.).

Hanmer Tours & Shuttle (☎03-315 7418; www.hanmertours.co.nz) Betreibt einen Shuttleservice von/nach Hanmer Springs (20 NZ$) sowie vom/zum Zentrum (15 NZ$) und vom/zum Flughafen von Christchurch (25 NZ$).

InterCity (☎03-365 1113; www.intercity.co.nz) Die Busse von InterCity fahren mindestens zweimal täglich von/nach Picton (ab 29 NZ$, 4½ Std.), Blenheim (ab 27 NZ$, 4 Std.), Kaikoura (ab 16 NZ$, 1¾ Std.) und Christchurch (ab 12 NZ$, 1 Std.).

CENTRAL CANTERBURY

Während die völlig flachen, landwirtschaftlich geprägten Canterbury Plains den größten Teil dieser Region ausmachen, gibt es im Westen, wo sich die Southern Alps zu hohen, schneebedeckten Gipfeln auftürmen, für Reisende viel zu entdecken. Hier liegen zahlreiche Skigebiete und ein paar ausgezeichnete Wanderwege durch unberührte Natur.

Ungewöhnlich für Neuseeland ist, dass die malerischsten Routen hier gerade nicht an der Küste entlangführen und sich die meisten interessanten Punkte nur von zwei spektakulären Straßen aus erreichen lassen: dem Great Alpine Highway (SH 73), der sich von den Canterbury Plains tief in die Berge hineinwindet und weiter zur Westküste führt, und die Inland Scenic Route (SH 72), die um die Ausläufer der Berge herum in Richtung Süden nach Tekapo verläuft.

Selwyn District

Der nach Neuseelands erstem anglikanischen Bischof benannte, weitgehend ländliche Distrikt scheint eine englische Landkarte verschluckt zu haben, um das schöne, grüne Land mit Ortsnamen wie Lincoln, Darfield und Sheffield zu verzieren. Doch alle englischen Assoziationen schwinden sofort angesichts der hochaufragenden, schneebedeckten Southern Alps, die doch in einem ziemlichen rauen Kontrast zu „Englands grünen Hügeln" stehen.

Selwyns zahlreiche Skipisten zählen vielleicht nicht gerade zu den attraktivsten des Landes, bieten Skihäschen jedoch jede Menge Spannung und Spaß. **Porters** (☎03-318 4002, Schneetelefon 03-379 9931; www.skiporters.co.nz; Tagesliftpass Erw./Kind 84/44 NZ$) ist das wichtigste kommerzielle Skigebiet; zu den clubeigenen Skigebieten gehören **Mount Olympus** (☎03-318 5840; www.mtolympus.co.nz; Tagesliftpass Erw./Kind 70/35 NZ$), **Cheeseman** (☎03-344 3247, Schneetelefon 03-318 8794; www.mtcheeseman.co.nz; Tagesliftpass Erw./Kind 79/39 NZ$), **Broken River** (☎03-318 8713; www.brokenriver.co.nz; Tagesliftpass Erw./Kind 75/35 NZ$), **Craigieburn Valley** (☎03-318 8711; www.craigieburn.co.nz; Tagesliftpass Erw./Kind 75/35 NZ$) und **Temple Basin** (☎03-377 7788; www.templebasin.co.nz; Tagesliftpass Erw./Kind 70/39 NZ$).

Der sehr malerische Great Alpine Highway von Christchurch zur Westküste verläuft durch das Herz des Distrikts. Bevor er aus den Canterbury Plains herausführt, verläuft er durch die kleine Siedlung **Springfield** (300 Ew.). Hier fällt ein Denkmal ins Auge, das den Einheimischen Rewi Alley (1897–1987) ehrt, der zur Galionsfigur der Kommunistischen Partei Chinas avancierte. Seine Lebensgeschichte ist wirklich interessant – es lohnt sich, einen Blick auf die Infotafeln am Straßenrand zu werfen.

Das zweite bedeutende Monument der Ortschaft ist ein riesiger Krapfen mit rosa Glasur, der ursprünglich aufgestellt wurde, um für den Film *Die Simpsons* Werbung zu machen, inzwischen aber nicht mehr aus dem Stadtbild wegzudenken ist.

Die Südalpen ragen immer gewaltiger auf, je mehr sich der SH 73 von Springfield kommend dem Arthur's Pass nähert.

Aktivitäten

Rubicon Horse Treks REITEN
(☎03-318 8886; www.rubiconvalley.co.nz; 534 Rubicon Rd) Rubicon hat seinen Sitz auf einer Schaffarm, 6 km von Springfield entfernt. Hier können Gäste einstündige Farmwanderungen (55 NZ$), zweistündige Ausritte entlang von Flüssen oder durch Täler (98 NZ$), zweistündige Ausritte bei Sonnenuntergang (120 NZ$) sowie sechsstündige Ausritte in die Berge (285 NZ$) unternehmen.

Schlafen & Essen

Smylies Accommodation HOSTEL $
(☎03-318 4740; www.smylies.co.nz; 5653 West Coast Rd, Springfield; B/EZ/DZ 30/50/80 NZ$; 📶) Das gut gelegene, einladende YHA-Hostel bietet seinen Gästen ein Klavier, jede Menge Manga-Comics und eine ansehnliche DVD-Bibliothek. Wichtiger sind denen aber wohl die Schlafmöglichkeiten: Zur Auswahl stehen neben den Hostelbetten eine Handvoll Motelwohneinheiten für Selbstversorger (85–160 NZ$) und ein Cottage mit drei Schlafzimmern (220 NZ$). Attraktiv sind die Winter-Pauschalen inklusive Skiausrüstung und Transport ins Skigebiet.

Famous Sheffield Pie Shop BÄCKEREI $
(www.sheffieldpieshop.co.nz; 51 Main West Rd, Sheffield; Pies 5–6 NZ$; ⏱7.30–16 Uhr) Der Himmel möge verhüten, dass jemand aus Versehen an dieser Bäckerei am Straßenrand vorbeifährt! Die Bäcker backen erstklassige Pies mit Fleischfüllung in mehr als 20 Varianten. Und während man sich so eine Köstlichkeit zu Gemüte führt, kann man sich auch gleich noch eine Packung mit typisch afghanischen Keksen kaufen – ein Gedicht aus Cornflakes und Schokolade!

An- & Weiterreise

Da öffentliche Verkehrsmittel im Selwyn District eher Mangelware sind, sollte man sich am besten einen fahrbaren Untersatz besorgen.

Arthur's Pass

300 EW.

Wenn der Great Alpine Highway bei Springfield die Canterbury Plains verlässt, führt die Straße weiter über den Porter's Pass in die Gebirgsausläufer der Torlesse Range und der **Craigieburn Range** und weiter zum Arthur's Pass. Schon Māori nutzten diesen Pass früher, um die Southern Alps zu überqueren – lang bevor Arthur Dobson ihn 1864 „entdeckte". Der Goldrausch in Westland machte es erforderlich, einen zuverlässigen Weg von Christchurch über die Alpen zu schaffen, und so wurde der Kutschenweg innerhalb eines Jahres fertiggestellt. Später wurde für den Handel mit Kohle und Holz eine Bahnverbindung benötigt, die schließlich 1923 in Betrieb ging.

Noch heute ist die Fahrt etwas Außergewöhnliches. Kein Tal ähnelt hinsichtlich seines Charakters und seiner speziellen Sehenswürdigkeiten dem anderen, allen voran das spektakuläre Waimakariri River Valley, auf das man trifft, wenn man in den **Arthur's Pass National Park** hineinfährt.

Das **Arthur's Pass Village** (62 Ew.) liegt 4 km vom eigentlichen Pass entfernt auf 900 m Höhe und ist damit das höchstgelegene Dorf Neuseelands und dadurch ein praktischer Standort für Wanderungen, Klettertouren und zum Skifahren. Das Wetter ist allerdings nicht gerade der Hit: Hier muss man immer mit Regen rechnen.

Sehenswertes

★ Castle Hill/Kura Tawhiti WAHRZEICHEN

Rund 33 km von Springfield entfernt liegen auf üppig grünen Wiesen derart seltsame Kalksteinformationen verstreut, dass die frühen Māori sie einst als „Schätze aus einem fernen Land" bezeichneten. Vom Parkplatz (mit Toiletten) gelangt man zu Fuß problemlos zu diesem bizarren Steingarten, der Freunde des Klettersports ebenso begeistert wie Fotografen.

Arthur's Pass National Park NATIONALPARK

(www.doc.govt.nz) Die weitläufige Bergwildnis, die so typisch für die Southern Alps ist und von den Māori als „Ka Tiriti o Te Moana" (steiler Gipfel in schillerndem Weiß) bezeichnet wurde, wurde 1923 zum ersten Nationalpark auf der Südinsel erklärt. Zwei Drittel der insgesamt 1148 km² liegen auf der Seite von Canterbury, der Rest in Westland. Es handelt sich dabei um eine zerklüftete Berglandschaft, die von tiefen Tälern durchschnitten ist. Vom 245 m tief liegenden Taramakau River geht es hinauf bis zum 2408 m hohen Mount Murchison. Wanderlustige Besucher können hier zahlreiche gut markierte Tageswanderungen unternehmen, vor allem rund um Arthur's Pass Village.

Am besten organisiert man sich die DOC-Broschüre *Discover Arthur's Pass*, die über alle beliebten Wanderungen informiert. Dazu zählt beispielsweise der **Arthur's Pass Walkway**, eine relativ einfache Wanderung vom Dorf zum Dobson Memorial auf dem Gipfel des Passes (hin & zurück 2½ Std.), der Spaziergang zu den **Devils Punchbowl Waterfalls** (hin & zurück 1 Std.) sowie die steile Wanderung zum **Temple Basin** (hin & zurück 3 Std.), die mit herrlicher Aussicht belohnt. Eine größere Herausforderung sind die Wanderungen **Bealey Spur Track** (Tagestour) und der klassische Aufstieg auf den Gipfel des **Avalanche Peak**.

Die zahlreichen Mehrtagestouren führen überwiegend durch Täler, mit gelegentlichen Aufstiegen auf Sättel und Joche. Dazu gehören der **Goat Pass Track** und der **Cass-Lagoon Saddle Track**, beides sind Zweitagestouren. Für beide Wanderungen, aber auch für die Mehrtagestouren durch den Park, ist Wandererfahrung erforderlich. Gründe dafür sind das extrem wechselhafte Wetter und die immer wieder durch Hochwasser gar nicht oder nur schwer passierbaren Flüsse. Wer keine Lokalkenntnis hat, sollte sich vor dem Start von den DOC-Mitarbeitern beraten lassen. Die kennen den aktuellen Stand der Wege und haben die Wetterprognosen vorliegen.

Cave Stream Scenic Reserve HÖHLE

(www.doc.govt.nz) In der Nähe der Broken River Bridge, etwa 2 km nordöstlich von Castle Hill, markiert ein Parkplatz den Zugang zu dieser 594 m langen Höhle. Wie auf den Infotafeln geschrieben steht, ist der Höhlenbesuch ein Abenteuer auch für Anfänger, die nicht regelmäßig in Höhlen unterwegs sind. Grundvoraussetzung für den Höhlenbesuch sind zuverlässig funktionierende Taschenlampen und warme Kleidung. Wichtig ist auch, dass man nur reingeht, wenn der Wasserstand am Markierungspunkt unter Hüfthöhe liegt. Und natürlich sollte man sich an alle Hinweise halten, die notwendigen Vorsichtsmaßnahmen ergreifen – und sich dann dem schaurigen Unterweltvergnügen hingeben. Wer nun verunsichert ist, kann sich auch einfach auf einem kleinen Rundweg (10 Min.) die Umgebung anschauen.

Schlafen

Gezeltet werden kann in der Nähe des einfachen **Avalanche Creek Shelter** (Erw./Kind 6/3 NZ$), gegenüber vom DOC-Zentrum: Dort gibt es fließendes Wasser, ein Waschbecken, Tische und eine Toilette. Weitere Gratis-Zeltplätze findet man an der **Klondyke Corner** und beim **Hawdon Shelter**, 8 km bzw. 24 km südlich vom Arthur's Pass. Dort beschränken sich die Einrichtungen allerdings auf Toiletten und Wasser aus einem Bach, das abgekocht werden sollte.

Mountain House YHA HOSTEL $
(☎03-318 9258; www.trampers.co.nz; 83 Main Rd; B 31–34 NZ$, EZ/DZ-Wohneinheit 74/86/155 NZ$; 📶) Zu den hervorragenden, im ganzen Dorf verteilten Unterkünften gehören ein gepflegtes Hostel, zwei gehobene Motelwohneinheiten sowie zwei Cottages mit drei Schlafzimmern und offenem Kamin (340 NZ$, für bis zu 8 Pers.). Der engagierte Manager führt ein strenges Regiment und hat viele Infos für seine wandernden Gäste.

Arthur's Pass Village B&B B&B $$
(☎021 394 776; www.arthurspass.org.nz; 72 School Tce; DZ 140–160 NZ$; 📶) Das liebevoll restaurierte ehemalige Bahnhofscottage ist nun ein gemütliches B&B mit zwei Gästezimmern (Gemeinschaftsbad). Zum Frühstück werden Eier mit Speck und frisch gebackenes Brot serviert, der interessante Inhaber unterhält derweil seine Gäste. Abends kommt Hausmannskost auf den Tisch (35 NZ$). Und nachfragen, was es mit den angesengten Holzdielen auf sich hat ...

Arthur's Pass Alpine Motel MOTEL $$
(☎03-318 9233; www.apam.co.nz; 52 Main Rd; DZ 125–150 NZ$; 📶) Der Motelkomplex im Stil von Hütten an der Südzufahrt zum Dorf vereint nostalgischen, anheimelnden Charme mit der „Schönheit" doppelt verglaster Fenster. Wertvoll sind die Ratschläge der aktiven, engagierten Wirtsleute.

Wilderness Lodge LODGE $$$
(☎03-318 9246; www.wildernesslodge.co.nz; Cora Lynn Rd, Bealey; EZ 499–749 NZ$, DZ 778–1178 NZ$; 📶) 🍃 Die herrliche Natur und Beschaulichkeit dieser mittelgroßen Berglodge, die versteckt in Buchenwäldern unweit des Highways liegt, hat natürlich ihren Preis. Hier ist alles vom Feinsten, wobei der Focus auf der intensiven Naturerfahrung der Gäste liegt. Täglich werden zwei Aktivitäten in Begleitung eines Guides angeboten, beispielsweise Wanderungen und Kajakfahrten, die im Preis bereits inkludiert sind (wie auch das Frühstück und das Abendessen).

Essen

Arthur's Pass Store & Cafe CAFÉ $
(85 Main Rd; Frühstück & Mittagessen 7–24 NZ$; ⏲8–17 Uhr; 📶) Nichts wie hinein in dieses Café, denn hier stehen die Chancen am besten auf ein Sandwich mit Ei, heiße Pommes, einen guten Kaffee, aber auch Benzin und Lebensmittel für den Grundbedarf.

Praktische Informationen

DOC Arthur's Pass Visitor Centre (☎03-318 9211; www.doc.govt.nz; 80 Main Rd; ⏲8.30–16.30 Uhr) Gezeigt werden Ausstellungen zu den Themenfeldern Ökologie und Geschichte des Arthur's Pass. Die hilfsbereiten Mitarbeiter geben Tipps für geeignete Wanderungen und haben den topaktuellen Wetterbericht vorliegen (ohne den hier gar nichts geht). Detaillierte Routenbeschreibungen und topografische Karten tragen zur Sicherheit bei, was auch für das Ausleihen eines Leuchtsignals gilt und die Möglichkeit, am hier vorhandenen Computer unter AdventureSmart (www.adventuresmart.org.nz) die geplante Wanderung zu hinterlegen.

An- & Weiterreise

Vor der Abfahrt in Springfield (oder in Hokitika bzw. Greymouth in der Gegenrichtung) sollte man unbedingt volltanken. Am Arthur's Pass Store gibt es zwar eine Zapfsäule, aber sie ist nur von 8 bis 17 Uhr in Betrieb und auch noch teuer.

Atomic Shuttles (☎03-349 0697; www.atomictravel.co.nz) Vom Arthur's Pass fährt ein Bus nach Christchurch (35 NZ$, 2½ Std.), Springfield (35 NZ$, 1 Std.), zum Lake Brunner (30 NZ$, 50 Min.) und nach Greymouth (35 NZ$, 1¼ Std.) – und zurück.

TranzAlpine (☎04-495 0775, 0800 872 467; www.kiwirailscenic.co.nz; alle Fahrkarten 89 NZ$) Ein Zug, der täglich von/nach Springfield (1½ Std.) und Christchurch (2½ Stadt) oder nach Lake Brunner (1 Std.) und Greymouth (2 Std.) verkehrt, hält am Arthur's Pass in beide Richtungen einmal.

West Coast Shuttle (☎03-768 0028; www.westcoastshuttle.co.nz) Busse, die am Arthur's Pass halten, fahren von/nach Christchurch (42 NZ$, 2¾ Std.) und Greymouth (32 NZ$, 1¾ Std.).

Methven

1707 EW.

In Methven ist im Winter am meisten los, denn dann füllt sich der Ort mit Skihäschen, die zum nahen Mount Hutt strömen. Zu anderen Zeiten ist nicht viel auf der Hauptstraße los – sehr zur Enttäuschung der Möchtegern-Revolverhelden, die sich zum ruppigen Rodeo im Oktober hier treffen. Im Sommer ist Methven dafür dann ein bescheidener, erschwinglicher Standort für Leute, die gern zum Angeln gehen, aber auch für Wanderer und Mountainbiker, die es in die spektakulären Ausläufer der Alpen zieht.

Aktivitäten

Die örtliche i-SITE (S. 566) informiert über Wanderungen in der Umgebung, z. B. den Town Heritage Trail und den Methven Walk/Cycleway, aber auch über andere sportliche Betätigungsmöglichkeiten, seien es längere Trekkingtouren, Ausritte, Mountainbiketouren, Angeln, Tontaubenschießen, Golf, Panoramaflüge mit dem Hubschrauber oder Jetbootfahrten in der nahen Rakaia Gorge.

Black Diamond Safaris SKIFAHREN
(☎ 027 450 8283; www.blackdiamondsafaris.co.nz) Das Unternehmen bringt seine Kunden mit dem Geländewagen zu wenig frequentierten Club-Skipisten. Die Preise beginnen bei 150 NZ$ und schließen den Transport, die Sicherheitsausrüstung sowie eine Einführung ins Gebiet ein. Ab 275 NZ$ sind auch der Skipass, eine Begleitung und das Mittagessen enthalten.

Methven Heliski SKIFAHREN
(☎ 03-302 8108; www.methvenheli.co.nz; Main St; Tagestouren mit 5 Abfahrten 1045 NZ$) Die umfassenden All-inclusive-Angebote mit begleiteten Skitouren im Hinterland umfassen in der Regel fünf Abfahrten, auf denen es 750 bis 1000 m bergab geht.

Aoraki Balloon Safaris BALLONFAHRTEN
(☎ 03-302 8172; www.nzballooning.com; Flüge 385 NZ$) Am frühen Morgen geht es los zu einem Flug über schneebedeckte Gipfel – inklusive eines Sektfrühstücks.

Skydiving Kiwis FALLSCHIRMSPRINGEN
(☎ 0800 359 549; www.skydivingkiwis.com; Ashburton Airport, Seafield Rd) Auf dem Programm stehen Tandemsprünge aus einer Höhe von gut 1800 m (235 NZ$), 2750 m (285 NZ$) und 3600 m (335 NZ$); gestartet wird das Abenteuer am Ashburton Airport.

NICHT VERSÄUMEN

MOUNT HUTT

Mount Hutt (☎ 03-302 8811; www.nzski.com; Tagesliftpass Erw./Kind 98/56 NZ$; ⌚ 9–16 Uhr) zählt zu den höchstgelegenen Skigebieten der südlichen Halbkugel – und zu den schönsten des Landes. Mit 365 ha ist es auch das größte kommerzielle Skigebiet Neuseelands. Es liegt zwar nur 26 km von Methven entfernt, angesichts der schwierigen Straßenverhältnisse im Winter dauert die Fahrt dorthin aber rund 40 Minuten, von Christchurch aus zwei Stunden. Da es extrem steil hinaufgeht, sollte man bei schlechtem Wetter besonders vorsichtig fahren. **Methven Travel** (S. 567) lässt in der Skisaison Shuttlebusse von beiden Städten (20 NZ$) aus ins Skigebiet fahren.

Die Hälfte des Terrains ist für mittelstarke Skifahrer geeignet, jeweils ein Viertel für Anfänger bzw. gute Skifahrer. Die längste Abfahrt ist 2 km lang. Weitere Attraktionen sind die Sessellifte, das Heliskifahren sowie die weiten Flächen, auf denen man gut Snowboarden lernen kann. Die Saison dauert in der Regel von Mitte Juni bis Mitte Oktober.

Schlafen

Manche Unterkünfte sind im Sommer geschlossen, andere ganzjährig geöffnet. Während der Skisaison macht es sich bezahlt, lange im Voraus zu buchen, was vor allem für die preiswerten Quartiere gilt. Es sind in diesem Abschnitt jeweils die Preise für den Sommer angegeben; im Winter ziehen diese natürlich kräftig an.

Alpenhorn Chalet HOSTEL $
(☎ 03-302 8779; www.alpenhorn.co.nz; 44 Allen St; B 30 NZ$, DZ 65–85 NZ$; @ 📶) Das kleine, einladende Privathaus verfügt über einen Wintergarten mit einem Whirlpool und einem Holzfeuer; die Gäste bekommen auf Kosten des Hauses einen Espresso. Die Zimmer sind geräumig, in freundlichen Farben gehalten und mit viel Naturholz gestaltet; eines der Doppelzimmer hat ein eigenes Bad.

Rakaia Gorge Camping Ground CAMPINGPLATZ $
(☎ 03-302 9353; 6686 Arundel-Rakaia Gorge Rd; Stellplatz Erw./Kind unter 12 J. 8,50 NZ$/frei) Stellplätze mit Strom gibt es gar nicht, und es

sind auch nur Toiletten, Duschen und eine kleine Kochhütte vorhanden, doch davon sollte sich niemand abschrecken lassen: Es ist dennoch der beste Campingplatz weit und breit. Mit seiner attraktiven Lage oberhalb vom knallblauen Rakaia River ist der Platz ein guter Standort für die Erkundung der Gegend. Die Einrichtungen sind von Mai bis Oktober geschlossen.

Mt. Hutt Bunkhouse HOSTEL $
(03-302 8894; www.mthuttbunkhouse.co.nz; 8 Lampard St; B 31 NZ$, DZ 68–80 NZ$, Cottage 280–350 NZ$;) Die engagierten Inhaber, die auch vor Ort wohnen, führen dieses einfache, gut ausgestattete, helle und luftige Hostel mit gemütlicher Lounge und großem Garten. Der kann wahlweise zum Grillen oder zum Volleyballspielen genutzt werden. Für größere Gruppen rechnet sich das Cottage, das Platz für bis zu 18 Personen bietet.

Big Tree Lodge HOSTEL $
(03-302 9575; www.bigtreelodge.co.nz; 25 South Belt; B 35–40 NZ$, Zi. 75–80 NZ$, Apt. 110–160 NZ$;) Das ehemalige Pfarrhaus ist heute ein legeres Hostel mit Zimmern ohne Etagenbetten und Bädern, die mit Holz gestaltet sind. Es liegt etwas versteckt hinter dem Little Tree Studio, einer Wohneinheit für Selbstversorger, in der bis zu vier Personen schlafen können.

Redwood Lodge HOSTEL, LODGE $$
(03-302 8964; www.redwoodlodge.co.nz; 3 Wayne Pl; EZ 55–65 NZ$, DZ 104-149 NZ$; @) In der reizenden, beschaulichen und familienfreundlichen Redwood Lodge werden die Gäste sehr herzlich willkommen geheißen. Angenehm ist das Fehlen von Schlafsälen. Die meisten Zimmer haben ein eigenes Bad, die größeren Zimmer lassen sich so umrüsten, dass eine ganze Familie darin Platz hat. Und die große Gemeinschaftslounge ist der ideale Ort, um sich nach einem Skitag zu erholen.

Whitestone Cottages FERIENHAUS $$$
(03-928 8050; www.whitestonecottages.co.nz; 3016 Methven Hwy; Cottages 175-255 NZ$) Wer einfach alle Viere von sich strecken, Essen kochen, die Wäsche erledigen und viel Privatsphäre möchte, ist in diesen vier großen, frei stehenden Häusern in einem schattigen Grundstück genau richtig. In jedem der Häuser können sechs Personen in zwei Schlafzimmern mit jeweils eigenem Bad übernachten.

Der Grundpreis gilt für zwei Personen; jede weitere Person kostet 35 NZ$ extra.

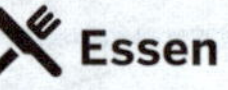

Essen

Cafe 131 CAFÉ $
(131 Main St; Gerichte 10–20 NZ$; 7.30–17 Uhr;) Das polierte Holz und die Bleiglasfenster geben diesem konservativen, aber zuverlässigen Café, das bei den Einheimischen sehr beliebt ist, viel Flair. Zu den Highlights zählen der gute Kaffee, das leckere Frühstück (kann den ganzen Tag über bestellt werden) und die köstlichen selbst gemachten Backwaren. Und wer Lust auf ein alkoholisches Getränk hat, kann dies hier ebenfalls ordern. Wegen des kostenlosen WLAN fungiert das Lokal praktisch auch als Internetcafé der Stadt.

★ **Dubliner** RESTAURANT $$
(www.dubliner.co.nz; 116 Main St; Gerichte 26–34; 16 Uhr bis spätabends) Die original irische Bar mit Restaurant befindet sich im liebevoll restaurierten alten Postamt von Methven. Gut gekocht wird hier auch: Zu Pizza, Irish Stew und anderen herzhaften Speisen passt gut ein Pint Craft Beer.

Aqua JAPANISCH $$
(03-302 8335; 112 Main St; Hauptgerichte 13–21 NZ$; 17–21 Uhr, Nov. geschl.) Während der Skisaison ist dieses winzige Restaurant eine zuverlässige Anlaufstelle, im Sommer lassen sich die Öffnungszeiten allerdings kaum absehen – und deshalb sollte man besser vor einem Besuch anrufen.

Die Kellnerinnen im Kimono servieren den Gästen traditionelle japanische Gerichte, beispielsweise Yakisoba (gebratene Nudeln), Ramen (Nudelsuppe) und Häppchen im Izakaya-Stil, die man sich teilt und die gut zum eiskalten Bier oder einem Glas wärmenden Sake passen.

☆ Unterhaltung

Cinema Paradiso KINO
(03-302 1975; www.cinemaparadiso.co.nz; Main St; Erw./Kind 17/12 NZ$; Mi–Mo) Kurioses Kino mit Schwerpunkt Art-house-Filme.

ℹ Praktische Informationen

Methven i-SITE (03-302 8955; www.methvenmthutt.co.nz; 160 Main St; Juli–Sept. tgl. 9.30–17 Uhr, Okt.–Juni Mo–Fr 9–17, Sa & So 10–15 Uhr;) Hier kann man sich bei den Mitarbeitern nach Wanderungen in der Umgebung und anderen möglichen Aktivitäten erkundigen und anschließend die kostenlose Kunstgalerie sowie das NZ Alpine & Agriculture Encounter (Erw./Kind 12,70/7,50 NZ$), eine interaktive Ausstellung, besuchen.

Medical Centre (☎ 03-302 8105; The Square, Main St; ⏲ 8.30–17.30 Uhr)

An- & Weiterreis

Methven Travel (☎ 0800 684 888, 03-302 8106; www.methventravel.co.nz; 160 Main St) Shuttlebusse des Unternehmens fahren von Oktober bis Juni drei- bis viermal die Woche auf der Strecke von Methven zum Flughafen von Christchurch (45 NZ$); während der Skisaison steigt die Frequenz auf bis zu dreimal täglich. Außerdem fahren im Winter Shuttlebusse ins Skigebiet Mount Hutt (hin & zurück 20 NZ$).

Mount Somers

Die kleine Siedlung liegt am Rand der Southern Alps unterhalb des gleichnamigen Gipfels. Die größte Attraktion der Gegend ist zweifellos der **Mount Somers Track** (26 km), eine zweitägige Wanderung rund um den Berg, die die beliebten Picknickplätze Sharplin Falls und Woolshed Creek verbindet. Zu den Highlights unterwegs zählen vulkanische Felsformationen, Felszeichnungen der Māori, tiefe, von Flüssen gegrabene Schluchten und die vielfältige Flora. Wichtig zu wissen: Auf der Route ist immer mit plötzlichen Wetterumschwüngen zu rechnen, darum sollte man entsprechende Vorsichtsmaßnahmen treffen und vor dem Start die aktuellen Wetterprognosen abfragen.

An der Route liegen zwei vom DOC geführte Hütten: die Pinnacles Hut und die Woolshed Creek Hut (Erw./Kind 15/7,50 NZ$). Informationen und Übernachtungstickets für die Hütten bekommt man im Mount Somers General Store und im Staveley Store.

Schlafen & Essen

Mount Somers Holiday Park FERIENPARK $
(☎ 03-303 9719; www.mountsomers.co.nz; 87 Hoods Rd; Stellplätze 18–32 NZ$, Hütte mit/ohne Bad 80/55 NZ$) Der kleine, nette Park bietet angenehme Stellplätze auf einem grünen Grundstück, daneben aber auch voll ausgestattete Hütten mit eigenem Bad. Für die Übernachtung in den Standard-Hütten muss eigene Bettwäsche mitgebracht werden, sie kann aber auch gegen Gebühr ausgeliehen werden. In der Taverne gleich auf der anderen Straßenseite gibt es WLAN.

Stronechrubie MOTEL $$
(☎ 03-303 9814; www.stronechrubie.co.nz; Ecke Hoods Rd & SH72; DZ 120–160 NZ$; 📶) Die komfortablen Chalets gehen auf vogelreiche Gärten hinaus. Sie werden in verschiedenen Größen angeboten – von Studios bis zu Chalets mit zwei Schlafzimmern.

Der eigentliche Clou hier ist jedoch die Gastronomie: Die Gäste können im renommierten, alteingesessenen Restaurant (Hauptgerichte 34–38 NZ$; Mi–So Abendessen, So Mittagessen) ein förmlicheres Essen genießen oder aber der schicken neuen Bar mit Bistro (Do–So 17.30 Uhr bis spätabends) einen Besuch abstatten. Dort liegt der Focus auf modernen Speisen im Stil von Tapas, zu denen gute Weine und Craft Beer ausgeschenkt werden.

Staveley Store CAFÉ
(☎ 03-303 0859; 2 Burgess Rd, Staveley; ⏲ 9–16.30 Uhr) Am besten schaut man im schnuckeligen kleinen Bauernladen vorbei, um sich ein Brötchen mit Käse, Wurst oder Salat oder auch ein Eis zu kaufen. Es gibt dort aber auch alle Grundnahrungsmittel sowie die Übernachtungstickets für die Hütten am Mount Somers Track.

Praktische Informationen

Mount Somers General Store (☎ 03-303 9831; 61 Pattons Rd; ⏲ 8–18 Uhr) Hier sind die Übernachtungstickets für die Hütten am Mount Somers Track sowie Informationen erhältlich.

SOUTH CANTERBURY

Nachdem sie den Rangitata River ins südliche Canterbury überquert haben, nähern sich der SH 1 und die Inland Scenic Route (SH 72) bei der idyllischen Ortschaft Geraldine bis auf 8 km. Dort hat man die Wahl zwischen dem stark befahrenen Küsten-Highway, der über die Hafenstadt Timaru weiter nach Oamaru und Dunedin führt, und der Weiterfahrt durchs Binnenland auf dem SH 79. Er führt in das Mackenzie Basin, eine weite Hochebene, aus der über tiefblauen Seen die höchsten Gipfel des Landes aufragen. Die meisten Reisenden entscheiden sich für die letztgenannte Route.

Das Mackenzie-Becken ist eine unberührte Ebene am Fuß der Southern Alps, die von Gletschern geformt wurde. Benannt wurde sie nach dem legendären James „Jock" Mckenzie (auch MacKenzie oder McKenzie), der in den 1850er-Jahren gestohlene Schafherden in diese völlig menschenleere Gegend trieb. Als er 1855 schließlich gefasst wurde, erkannten andere Siedler das Potenzial der kargen Gegend als Weideland und gründeten hier Schaffarmen.

Der Filmregisseur Sir Peter Jackson brachte die wilde, zerklüftete Landschaft bei den Dreharbeiten zu Tolkiens *Herr der Ringe* bestens zur Geltung. Mount Cook Village diente dabei als Schauplatz für Minas Tirith, die Hauptstadt des Reiches Gondor, eine Schaffarm bei Twizel diente als Setting für die Schlacht auf dem Pelennor.

An- & Weiterreise

Atomic Shuttles (☎ 03-349 0697; www.atomictravel.co.nz) und **InterCity** (☎ 03-548 1538; www.intercity.co.nz) sind im südlichen Canterbury die beiden wichtigsten Transportunternehmen, mit **Cook Connection** (☎ 0800 266 526; www.cookconnect.co.nz) gelangen Reisende in nächste Nähe zu Neuseelands höchsten Bergen.

Peel Forest

180 EW.

Zwischen den Ausläufern der Southern Alps und dem Rangitata River (am SH72 gut ausgeschildert) gelegen, ist der Peel Forest ein kleines, aber wichtiges Relikt des einheimischen Koniferenwalds (Podocarp). Viele der Totara-, Kahikatea- und Matai-Bäume hier sind Hunderte Jahre alt und Lebensraum für eine reiche Vogelwelt, darunter Grünschlüpfer, Māori-Fruchttauben, Glockenvögel, Fächerschwänze und Südseegrasmücken. Von der nahen Mount Peel Sheep Station führt eine Straße nach Mesopotamia, wo der englische Schriftsteller Samuel Butler in den 1860er-Jahren lebte. Seine Erlebnisse flossen in die berühmte Satire *Erewhon* („nowhere" – also nirgendwo, rückwärts gelesen; 1872) ein.

Sehenswertes

St Stephen's Church KIRCHE

(1200 Peel Forest Rd) Auf einer hübschen Lichtung direkt neben dem Gemischtwarenladen steht diese 1885 erbaute, prächtige kleine anglikanische Kirche (1885). Sie hat einen mit Holz verkleideten Innenraum und ein paar interessante Buntglasfenster. Auf einem ist der hl. Franz von Assisi umgeben von neuseeländischen Pflanzen und Tieren zu sehen. Wer will, kann sich einen Spaß daraus machen, die Kinder nach der Brückenechse – der Tuatara – suchen zu lassen.

Aktivitäten

Der herrliche Koniferenwald setzt sich aus Totara-, Kahikatea- und Matai-Bäumen zusammen. Ein wirklich imposantes Exemplar eines Totara lässt sich am **Big Tree Walk** (hin & zurück 30 Min.) bewundern: ein 31 m hoher Totara mit einem Stammumfang von 9 m, der über 1000 Jahre alt ist.

Außerdem locken noch Wanderungen zu drei Wasserfällen, den **Emily Falls** (hin & zurück 1½ Std.), den **Rata Falls** (hin & zurück 2 Std.) und den **Acland Falls** (hin & zurück 1 Std.). Der Peel Forest Store hat die Broschüre *Peel Forest Area* vorrätig; sie kann aber auch von der DOC-Website (www.doc.govt.nz) heruntergeladen werden.

★ Rangitata Rafts RAFTEN

(☎ 0800 251 251; www.rafts.co.nz; Rangitata Gorge Rd; ⌚ Sept.–Mai) Die dreistündige Exkursion beginnt im wunderschönen Tal des eindrucksvoll mäandrierenden Rangitata River, anschließend unternehmen die Teilnehmer dann eine spannende Floßfahrt durch die Stromschnellen (Grad V) in der Schlucht (210 NZ$, Mindestalter: 15 Jahre). Die sanftere zweistündige Fahrt flussabwärts weist nur Stromschnellen des II. Grades auf (170 NZ$, Mindestalter: sechs Jahre).

Peel Forest Horse Trekking REITEN

(☎ 03-696 3703; www.peelforesthorsetrekking.co.nz; 1 Std./2 Std./halber Tag/ganzer Tag 55/110/180/360 NZ$) Hier kann man kurze Ausritte durch Wälder unternehmen, aber auch an Mehrtageausritten teilnehmen (950–1600 NZ$, ab 4 Pers.). Pauschalarrangements mit Übernachtung werden in Zusammenarbeit mit der Peel Forest Lodge angeboten.

Schlafen & Essen

★ Peel Forest DOC Campsite CAMPINGPLATZ $

(☎ 03-696 3567; www.peelforest.co.nz; Stellplätze pro Erw./Kind 17/7,50 NZ$, Hütten 50–80 NZ$) In der Nähe des Rangitata River, rund 3 km hinter dem Peel Forest Store (S. 569), liegt dieser hübsche Campingplatz, zu dem auch einfache Hütten mit zwei bis vier Schlafplätzen (den eigenen Schlafsack mitbringen), heiße Duschen und eine Küche gehören. Der Laden dient als Rezeption.

Peel Forest Lodge LODGE $$$

(☎ 03-696 3703; www.peelforestlodge.co.nz; 96 Brake Rd; DZ 380 NZ$, zusätzl. Erw./Kind 40/20 NZ$; 📶) In dieser wunderschönen Holzlodge, die versteckt im Wald liegt, gibt es vier Zimmer, in denen bis zu acht Personen übernachten können. Da immer nur eine Buchung angenommen wird, ist man hier mit seinen Freunden ganz für sich.

Die Lodge ist für Selbstversorger ausgelegt, Mahlzeiten lassen sich jedoch arrangieren – was auch für Ausritte, Ausflüge zum Raften und andere Unternehmungen in dieser faszinierenden Gegend gilt.

Peel Forest Store CAFÉ **$$**
(☎03-696 3567; www.peelforest.co.nz; 1202 Peel Forest Rd; Mittagessen 13–19 NZ$, Abendessen 20–29 NZ$; ⊙So–Do 9.30–17.30, Fr & Sa 9.30–21 Uhr; 📶) Alles unter einem Dach: Der Laden ist die örtliche Anlaufstelle, die Lebensmittel, Übernachtungstickets für die Hütten, Internetzugang und Buchungen für den DOC-Campingplatz (S. 568) bietet. Die angeschlossene Café-Bar brüht einen Espresso und bereitet Essen zum Mitnehmen zu. Wer ganz großen Hunger hat, kann Burger, Pizza und anderes gleich vor Ort vertilgen.

ℹ An- & Weiterreise

Busse von **Atomic Shuttles** (S. 572) und **InterCity** (S. 572) fahren bis Geraldine; ab dort braucht man dann einen eigenen fahrbaren Untersatz (oder jemanden, der einen mitnimmt), um zum Peel Forest zu gelangen.

Timaru

31 000 EW.

Backpacker, die über den SH 1 durch Timaru kommen, meinen oft, dass der kleine Hafen auf halber Strecke zwischen Christchurch und Dunedin bestenfalls taugt, um Lebensmittel einzukaufen und aufzutanken – was ihnen verziehen sei. Hier sollte man durchaus vor Anker gehen! Wer einen Rundgang durch das zentrale Geschäftsviertel unternimmt, wird über die erstaunlich gut erhaltene edwardianische Architektur erstaunt sein – und auf ein paar gute Restaurants und interessante Geschäfte stoßen. Ganz zu schweigen von einem Schwung kultureller Attraktionen und hübscher Parks. Es gibt jedenfalls so viel zu unternehmen, dass man locker eine Übernachtung einplanen kann.

Der Name leitet sich vom Māori-Wort „Te Maru" ab und bedeutet „Zuflucht". Vor 1839 gab es hier keine permanent bewohnte Siedlung, dann gründeten die Brüder Weller eine Walfangstation. Das Segelschiff, mit dem der Waltran abtransportiert wurde, gab der malerischen Bucht ihren Namen.

👁 Sehenswertes

★ **Aigantighe Art Gallery** GALERIE
(www.timaru.govt.nz/art-gallery; 49 Waiiti Rd; ⊙Di–Fr 10–16, Sa & So 12–16 Uhr) GRATIS Das Herrenhaus aus dem Jahr 1908 beherbergt eine der größten öffentlichen Galerien der Südinsel. Sie zeigt eine bemerkenswerte Sammlung an Kunstwerken aus Neuseeland und Europa, die aus verschiedenen Epochen stammen. Dazu gesellen sich immer wieder neue Wechselausstellungen, die von den engagierten Unterstützern der Galerie organisiert werden.

Der gälische Name bedeutet „zu Hause" und wird wie das englische „egg-and-tie" ausgesprochen. Falls die Galerie gerade geschlossen hat, lohnt sich der Streifzug durch den Skulpturengarten.

Caroline Bay Park PARK, STRAND
(Marine Pde) Der weitläufige Park direkt vor der Haustür erstreckt sich über einen Garten im edwardianischen Stil unterhalb des Bay Hill Cliff, geht dann von breiten Rasenflächen in niedere Sanddünen über und endet schließlich am Strand. Der Park bietet Unterhaltung für jeden: Es gibt einen Spielplatz, einen Skaterpark, eine Konzertmuschel für Musikaufführungen, einen Eiskiosk und eine Fülle weiterer Attraktionen.

Nicht versäumen sollte man den Trevor Griffiths Rose Garden, eine sagenhafte Sammlung traditioneller Rosenarten. Schön ist auch ein abendliches Picknick vor Sonnenuntergang.

Wichtig zu wissen: Wer das Glück hat, am Strand eine Robbe oder einen Pinguin zu sehen, sollte sich den Wildtieren keinesfalls nähern.

Te Ana Māori Rock Art Centre MUSEUM
(☎03-684 9141; www.teana.co.nz; 2 George St; Erw./Kind Eintritt 22/11 NZ$, Führungen 130/65 NZ$; ⊙10–15 Uhr) Engagierte Museumsführer vom Stamm der Ngāi Tahu lassen in dieser innovativen Multimedia-Ausstellung die Felskunst der Māori wieder lebendig werden.

Von November bis April werden zudem dreistündige Exkursionen angeboten, sie führen zu abgelegenen Stätten mit Māori-Felskunst. Alle Führungen müssen vorab reserviert werden.

South Canterbury Museum MUSEUM
(www.timaru.govt.nz/museum; Perth St; Eintritt gegen Spende; ⊙Di–Fr 10–16.30, Sa & So 13.30–16.30 Uhr) Ausgestellt sind geschichtliche und naturwissenschaftlich interessante Exponate aus der Region.

Zu den Highlights zählen die Māori-Abteilung und der Nachbau der Maschine des örtlichen Flugpioniers und Erfinders

Timaru

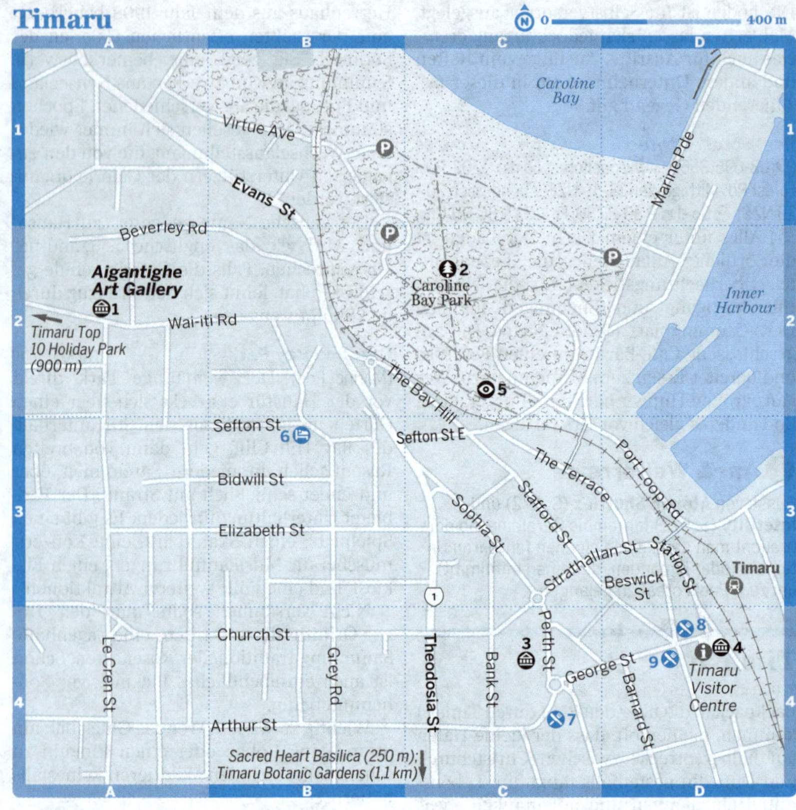

Timaru

Highlights
1 Aigantighe Art Gallery A2

Sehenswertes
2 Caroline Bay Park C2
3 South Canterbury Museum C4
4 Te Ana Māori Rock Art Centre D4
5 Trevor Griffiths Rose Garden C2

Schlafen
6 Sefton Homestay B3

Essen
7 Arthur Street Kitchen C4
8 Koji D4
9 Oxford D4

Ausgehen & Nachtleben
Speight's Ale House .... (s. 4)

Richard Pearse. Man glaubt, dass er seinen ersten halbwegs erfolgreichen Versuch mit einer Flugmaschine schwerer als Luft noch vor dem berühmten Flug der Gebrüder Wright unternahm (1903).

Sacred Heart Basilica KIRCHE
(7 Craigie Ave, Parkside) Die schöne, neoklassizistische katholische Kirche von 1911 wirkt mit ihren vielen Kuppeln, den ionischen Säulen und reich verzierten Buntglasfenstern ausgesprochen römisch. Ihr Architekt Francis Petre entwarf auch die großen Basiliken in Christchurch (seit dem Erdbeben von 2011 eine Ruine) und Oamaru. Die Stuckverzierungen im Innenraum erinnern in der Verschränkung von Blumen- und Herzmotiven an den Jugendstil. Feste Öffnungszeiten gibt es nicht, einfach schauen, ob die Seitentür geöffnet ist.

Timaru Botanic Gardens GARTEN
(Ecke King & Queen Sts; ⏲8 Uhr bis Sonnenuntergang) GRATIS Der 1864 gegründete Botanische Garten ist ein beschaulicher Flecken Erde,

um ein oder zwei Stunden darin zu vertrödeln. Hier gibt es einen Teich üppige Grünflächen, schattige Bäume, einen Spielplatz und eine spannende Sammlung an Pflanzen. Wer Glück hat, ist vielleicht sogar gerade während der Rosen- oder Rhododendronblüte da. Der Eingang liegt in der Queen Street, südlich vom Stadtzentrum.

Trevor Griffiths Rose Garden GARTEN
(Caroline Bay Park, Marine Pde) GRATIS Wer ein Faible für Rosen hat, sollte unbedingt dem Rosengarten Trevor Griffiths einen Besuch abstatten, in dem zwischen Lauben und Wasserelementen rund 1200 Exemplare dieser romantischen Blume wachsen.

Von seiner schönsten Seite zeigt sich der Rosengarten in den Sommermonaten Dezember bis Februar. Dann sollte man sich an einem milden Nachmitttag in diesem duftenden Ambiente einen Sitzplatz suchen und den Garten mit allen Sinnen auf sich wirken lassen.

Feste & Events

Timaru Festival of Roses KULTUR
(www.festivalofroses.co.nz; Nov.) Ende November frönt Timaru eine Woche lang seiner Leidenschaft, der Rose, und zelebriert ein Festival mit einem Markttag, Konzerten und Spaß für die ganze Familie.

Schlafen

Timaru Top 10 Holiday Park FERIENPARK $
(03-684 7690; www.timaruholidaypark.co.nz; 154a Selwyn St, Marchwiel; Stellplätze 39–44 NZ$, Wohneinheiten mit/ohne Bad ab 97/65 NZ$;) Der hervorragende Ferienpark liegt etwas versteckt in einem Vorort und bietet saubere, farbenfrohe Einrichtungen und eine Fülle an Unterkünften auf einem mit alten Bäumen bestandenen und dementsprechend schattigen Grundstück. Die netten Mitarbeiter scheuen keine Mühe, den Gästen mit guten Tipps zur Umgebung und auch bei Buchungen behilflich zu sein.

Glendeer Lodge B&B $$
(03-686 9274; www.glendeer.co.nz; 51 Scarborough Rd, Scarborough; DZ 170–260 NZ$;) Die zweckmäßig erbaute Lodge liegt 4 km außerhalb des Stadtzentrums und bietet ihren Gästen einen beschaulichen Aufenthalt abseits des viel befahrenen SH 1. Die Gäste können einen Spaziergang zum Leuchtturm unternehmen, sich im Garten erholen und dabei zuschauen, wie die Damhirsche an der Koppel nagen – um sich dann anschließend in die vornehme Lodge mit drei Zimmern mit eigenem Bad zurückzuziehen.

Die Inhaber führen übrigens zusätzlich noch ein Unternehmen, das seinen Kunden die besten Plätze zum Fliegenfischen zeigt.

Sefton Homestay B&B $$
(03-688 0017; www.seftonhomestay.co.nz; 32 Sefton St, Seaview; EZ &DZ 130–140 NZ$;) Zurückgesetzt hinter einem hübschen Garten bietet dieses imposante, denkmalgeschützte Haus zwei Gästezimmer – das eine mit angeschlossenem Bad, das andere mit einem größeren Schlafzimmer, einer Glasveranda und dem Bad außerhalb des Zimmers. Im gemeinsamen Wohnzimmer kann man bei einem Glas Portwein untereinander seine Reiseerlebnisse austauschen.

Essen & Ausgehen

Arthur Street Kitchen CAFÉ $
(8 Arthur St; Snacks $2–8, Hauptgerichte 9–19 NZ$; Mo–Fr 7–17.30, Sa 9–15 Uhr;) Das hippste Kaffeehaus von Timaru hält sich an ein Erfolgsrezept, das da lautet: hervorragenden Kaffee, moderne Gerichte, gute Musik und eine Mischung aus künstlerisch angehauchtem Ambiente drinnen und Tischen in der Sonne draußen. Zu den sorgfältig und mit Pfiff zubereiteten Gerichten gehören knackige Salate und köstliche Backwaren, zudem gibt es hier ein À-la-carte-Frühstück und eine Mittagskarte.

★ **The Oxford Restaurant Bar & Brasserie** MODERN NEUSEELÄNDISCH $$
(03-688 3297; www.theoxford.co.nz; 152 Stafford St; Hauptgerichte 26–32 NZ$; Mo & Mi–Fr 11 Uhr bis spätabends, Sa & So 9.30 Uhr bis spätabends) Das schicke Restaurant an der Ecke ehrt das Oxford Building aus dem Jahr 1925 mit einer schicken monochromen Einrichtung und einer Wandmalerei, die an den Tag erinnert, als es um Timaru geschehen war. Das Essen ist vom Feinsten, mit Zutaten aus der Region wie Wild, Rindfleisch und Lachs.

Die Getränkekarte ist so gut, dass manch einer auf ein Glas Wein mit einer Käseplatte oder ein Glas Likör mit goldfarbenem Sirup-Pudding vorbeischaut.

Koji JAPANISCH $$
(03-686 9166; 7 George St; Snacks $5-15, Hauptgerichte 23–36 NZ$; Di–Fr 11–14 & 17–21, Sa & So 17–22 Uhr) Von außen wirkt das Koji eher nichtssagend, doch das Restaurant auf zwei Ebenen macht seine Sache wirklich gut, wenn es darum geht, eine japanische Atmosphäre zu kreieren.

Die Gäste können unten im Speiseraum oder an der netten Bar Platz nehmen, oder aber – was noch schöner ist – nach oben gehen und dort zusehen, wie die Flammen vom Teppanyaki-Grill aufsteigen. In der Küche werden köstliche Gerichte wie Sashimi, Tempura, Gyoza und *takoyaki* mit tanzenden Bonitoflocken (eine Thunfischart) gezaubert.

Speight's Ale House PUB
(www.timarualehouse.co.nz; 2 George St; ⌚11.30 Uhr bis spätabends; 📶) Das Pub, in dem mit höchster Wahrscheinlichkeit mit einem unterhaltsamen Abend zu rechnen ist, macht seine zweifelhafte Dekoration und seine überteuerten Preise mit einem sonnigen Hof und dem historischen Gemäuer eines Steinlagerhauses aus den 1870er-Jahren wieder wett.

Praktische Informationen

Timaru Visitor Centre (☎03-687 9997; www.southcanterbury.org.nz; 2 George St; ⌚10–15 Uhr; 📶) Das Besucherzentrum gegenüber vom Bahnhof (die Züge befördern in dieser Gegend nur Fracht, keine Fahrgäste) teilt sich das Gebäude mit dem Te Ana Māori Rock Art Centre. Es gibt kostenloses WLAN im gesamten kommerziellen Zentrum von Timaru sowie im Caroline Bay Park.

An- & Weiterreise

BUS

Atomic Shuttles (☎03-349 0697; www.atomictravel.co.nz) Die Busse halten zweimal täglich am Visitor Centre auf der Fahrt nach Christchurch (25 NZ$, 2½ Std.), Oamaru (20 NZ$, 1¼ Std.) und Dunedin (25 NZ$, 2¾ Std.).

Budget Buses & Shuttles (☎03-615 5119; www.budgetshuttles.co.nz; ⌚Mo–Sa) Bietet einen Tür-zu-Tür-Shuttleservice nach Christchurch (47 NS$), außerdem Fahrten auf festgelegten Routen (27 NZ$).

InterCity (☎03-365 1113; www.intercity.co.nz) Die Haltestelle befindet sich vor dem Bahnhof. Die Busse fahren nach Christchurch (ab 28 NZ$, 2½ Std., 2-mal tgl.), Oamaru (ab 14 NZ$, 1 Std., 2-mal tgl.), Dunedin (ab 32 NZ$, 3 Std., 2-mal tgl.), Gore (ab 47 NZ$, 6 Std., tgl.) und Te Anau (ab 51 NZ$, 8 Std., tgl.).

FLUGZEUG

Air New Zealand (☎0800 737 000; www.airnewzealand.co.nz) Die Airline fliegt etwa zweimal täglich vom Richard Pearse Airport in Timaru nach Wellington und Auckland und zurück.

Geraldine

2420 EW.

Typisch für Canterbury ist sein Faible für Gärten im englischen Stil – da macht auch das hübsche Geraldine keine Ausnahme. Im Ort herrscht eine dörfliche Atmosphäre, und die Kunstszene zeigt sich sehr aktiv. Im Frühling sollte man sich hinter dem Kriegsdenkmal in der Talbot Street beim River Garden Walk verstecken und heimlich die Einheimischen dabei beobachten, wie sie mit ihrem grünen Daumen Azaleen und Rhododendren pflanzen.

Das Visitor Centre informiert über Wanderwege im Talbot Forest am Stadtrand.

Sehenswertes & Aktivitäten

Geraldine Museum MUSEUM
(5 Cox St; ⌚Mo–Sa 10–15, So 12.30–15 Uhr) GRATIS Das hübsche kleine Museum im fotogenen Town-Board-Office-Gebäude (Stadtratsgebäude, 1885) hat einen neuen Seitenflügel. Thema des Museums ist die Geschichte der Ortschaft, erzählt anhand einer kunterbunten Mischung aus Exponaten und einer umfangreichen Fotosammlung.

Vintage Car & Machinery Museum MUSEUM
(☎03-693 8756; 178 Talbot St; Erw./Kind 10 NZ$/frei; ⌚Okt.–Mai 9.30–16 Uhr, Juni–Sept. Sa & So 10–16 Uhr) Man muss kein großer Anhänger des Motorsports sein, um seine Freude an dieser Sammlung von Oldtimern zu haben, darunter ein De-Dion-Bouton aus dem Jahr 1907 und ein funkelnder Bentley aus dem Jahr 1926. Sehenswert sind auch der 1954 eigens für die Königliche Rundfahrt gebaute Daimler und mehrere sehr schöne Jaguare, Muscle Cars aus den 1970er-Jahren und alle möglichen Landmaschinen.

Big Rock Canyons ABENTEUERSPORTARTEN
(☎0800 244 762; www.bigrockcanyons.co.nz; ⌚Okt.–April) Hier stehen rutschige, rasante, eintägige Abenteuertouren in den Kaumira Canyon (360 NZ$) in der Nähe von Geraldine auf dem Programm, außerdem Exkursionen zu fünf weiteren Schluchten mit jeweils unterschiedlichen Schwierigkeitsgraden.

Schlafen

Rawhiti Backpackers HOSTEL $
(☎03-693 8252; www.rawhitibackpackers.co.nz; 27 Hewlings St; B/EZ/DZ 34/50/78 NZ$; 📶) Die ehemalige Entbindungsklinik auf einem

Hügel am Ortsrand ist heute ein sonniges, geräumiges Hostel mit guten Gemeinschaftsbereichen, einem Zitronenbaum und zwei süßen Katzen. Die Gäste können sich hier Fahrräder ausleihen.

Geraldine Kiwi Holiday Park FERIENPARK, MOTEL $
(☎03-693 8147; www.geraldineholidaypark.co.nz; 39 Hislop St; Stellplätze 34–39 NZ$, DZ 52–135 NZ$; @) Dieser hochwertige Ferienpark liegt mitten in einem Parkareal, zwei Minuten zu Fuß von der Hauptstraße entfernt. Die Unterkünfte sind sauber und das Spektrum an Schlafmöglichkeiten breit – von einfachen Billighütten bis zu feudaleren Motelwohneinheiten gibt es etwas für jedermanns Geschmack. Dazu kommen noch ein Fernsehzimmer und ein Spielplatz.

Scenic Route Motor Lodge MOTEL $$
(☎03-693 9700; www.motelscenicroute.co.nz; 28 Waihi Tce; DZ 135–155 NZ$;) Das Motel, ein Gebäude aus Stein und Holz, verströmt etwas nostalgisches Flair. Dennoch weisen die modernen Wohneinheiten doppelt verglaste Fenster, einen Flachbildfernseher und schicke Tapeten auf. Die größeren Studios haben ein eigenes Bad mit Whirlpool.

Essen

Eigentlich ist es ja längst überfällig, dass Geraldine zur „Hauptstadt des Käses & des eingemachten Gemüses" von Neuseeland erkoren wird. Auch deshalb ist der Ort die richtige Adresse für Selbstversorger. Hier gibt es eine sagenhafte Metzgerei sowie in der Four Peaks Plaza Geschäfte, die selbst verschiedenste Lebensmittel produzieren. Hier findet man beispielsweise eine Tüte Heartland-Kartoffelchips, die ein Stück weiter die Straße hinunter hergestellt werden.

Im Sommer treffen sich Einheimische und Besucher jeden Samstag auf dem netten **Bauernmarkt** (St. Mary's Church Parkplatz; Okt.–April Sa 9–12.30 Uhr).

★ **Talbot Forest Cheese** FEINKOST $
(www.talbotforestcheese.co.nz; Four Peaks Plaza, Talbot Rd; Käse 5–10 NZ$; 9–17 Uhr) In diesem kleinen Laden werden nicht nur der vor Ort hergestellte Käse (darunter ein edler Parmesan und ein Gruyère), sondern auch diverse Feinkostartikel verkauft. Da bleibt kein Wunsch für ein leckeres Picknick offen.

Verde CAFÉ $
(☎03-693 9616; 45 Talbot St; Hauptgerichte 11–18 NZ$; 9–16 Uhr;) Das hervorragende Café liegt ein Stück die Straße hinunter neben dem Postamt in einem wunderschönen Garten. Es ist mit Abstand die beste kulinarische Adresse unter den Speiselokalen von Geraldine. Nur schade, dass es abends nicht geöffnet hat.

MACKENZIE COUNTRY

Wer von Christchurch nach Queenstown und zu den Seen im Süden fahren möchte, muss vom SH 1 auf den SH 79 wechseln – eine malerische Strecke, die ins Hochland und zu den östlichen Ausläufern des Aoraki/Mount Cook National Park führt. Die Straße kommt durch Geraldine und Fairlie, bevor sie den SH 8 erreicht, der über den Burkes Pass zum tiefblauen Lake Tekapo führt.

Das weite Hochland, von dem die malerischen Gipfel des Aoraki/Mount Cook National Park aufragen, ist unter dem Namen Mackenzie Country bekannt und benannt nach dem legendären James „Jock" McKenzie, der seine gestohlenen Herden in diese während der 1840er-Jahre unbewohnte Region trieb. Als er schließlich geschnappt wurde, erkannten andere Siedler das Potenzial dieses Landstrichs und traten in seine Fußstapfen.

Die ersten Menschen, die das Mackenzie Country durchquerten, waren die Māori, als sie vor Hunderten von Jahren von der Banks Peninsula nach Otago zogen.

Unterhaltung

Geraldine Cinema KINO
(☎03-693 8118; www.geraldinecinema.co.nz; Talbot St; Erw./Kind 12/8 NZ$) Die Kinobesucher können sich hier auf ein altes Sofa lümmeln, um einen bekannten Hollywoodstreifen oder auch einen eher selten gezeigten Arthouse-Filme anzuschauen; der Kinobetreiber ist für so manche Überraschung gut.

Manchmal wird hier auch Livemusik gespielt, und zwar meist Folk, Blues oder Country.

Praktische Informationen

Geraldine Visitor Information Centre (☎03-693 1101; www.southcanterbury.org.nz; 38 Waihi Tce; 8–17.30 Uhr) Die Info befindet sich im Besucherkomplex des Kiwi Country. Siehe auch unter www.gogeraldine.co.nz.

An- & Weiterreise

Atomic Shuttles (☎03-349 0697; www.atomictravel.co.nz) Täglich fahren Busse von/nach Christchurch (30 NZ$, 2 Std.), Lake Tekapo (ab 20 NZ$, 1¼ Std.), Twizel (30 NZ$, 2 Std.), Cromwell (ab 30 NZ$, 4¼ Std.) und Queenstown (35 NZ$, 5 Std.).

Budget Buses & Shuttles (☎03-615 5119; www.budgetshuttles.co.nz; ⏲Mo–Sa) Bietet einen Tür-zu-Tür-Shuttle nach Christchurch (57 NZ$) sowie einen günstigeren nach Fahrplan fahrenden Bus (47 NZ$).

InterCity (☎03-365 1113; www.intercity.co.nz) Täglich fahren Busse von/nach Christchurch (ab 32 NZ$, 2¼ Std.), Lake Tekapo (ab 21 NZ$, 1¼ Std.), Cromwell (ab 40 NZ$, 4¾ Std.) und Queenstown (ab 42 NZ$, 5¾ Std.).

Fairlie

693 EW.

Das grüne Fairlie beschreibt sich selbst als „Tor zum Mackenzie". Doch in Wirklichkeit hat man eher das Gefühl, in diesem winzigen, ländlichen Weiler meilenweit entfernt vom grasbestandenen Mackenzie Country im Westen (jenseits des Burkes Pass) zu sein. Die Bäckerei und das Picknickareal bieten sich auf alle Fälle für einen Kurzaufenthalt über Mittag an.

Sehenswertes

Fairlie Heritage Museum MUSEUM
(www.fairlieheritagemuseum.co.nz; 49 Mt Cook Rd; Erw./Kind 6 NZ$/frei; ⏲9.30–17 Uhr) Das Museum hat etwas von einem verstaubten Fenster, das auf das ländliche Neuseeland der guten alten Zeit hinausgeht. Zu sehen sind landwirtschaftliche Geräte, Modellflugzeuge, zweifelhafte Dioramen und ein kunterbuntes Durcheinander an sonstigen Exponaten.

Zu den Hauptattraktionen zählen ein in Eigenregie gebauter Tragschrauber (Gyrocopter), ein historisches Cottage und ein neuer Flügel mit Fahrzeugen aller Art, in dem auch neuwertige Traktoren zu finden sind.

Das kleine angeschlossene Café backt leckeres Gebäck.

Aktivitäten

Das Infozentrum hält Informationen zu **Wanderungen** und **Mountainbikerouten** in der Umgebung bereit.

Der bedeutendste Ski-Ferienort der Region, **Mount Dobson** (☎03-685 8039; www.mtdobson.co.nz; Tagesliftpass Erw./Kind 78/44 NZ$), liegt in einem 3 km breiten, baumlosen Talbecken, rund 26 km nordwestlich von Fairlie. Es gibt hier auch ein Club-Skigebiet in der Two Thumb Range. Es liegt 29 km nordwestlich am **Fox Peak** (☎03-685 8539, Schneetelefon 03-688 0044; www.foxpeak.co.nz; Tagesliftpass Erw./Kind 60/10 NZ$).

Schlafen & Essen

Musterer's MOTEL $$
(☎03-685 8284; www.musterers.co.nz; 9 Gordon St; DZ 150 NZ$, zusätzl. Erw./Kind 25/15 NZ$; WLAN) Die schicken Cottages für Selbstversorger am westlichen Ortsrand von Fairlie bieten allen Schnickschnack, dazu eine gemeinschaftlich genutzte Grillstelle und eine „Lounge" in einem Wollschuppen – plus Esel, Ziegen und Pony. Die drei Wohneinheiten für Familien (max. 6 Pers.) mit gefliesten Bädern und ein Doppelstudio verfügen jeweils über einen eigenen Whirlpool, der mit einem Holzofen beheizt wird (40 NZ$ Aufpreis). So können die Gäste beim Relaxen im Wasser in die Sterne schauen.

★**Fairlie Bakehouse** BÄCKEREI $
(www.liebers.co.nz; 74 Main St; Pies 5–7 NZ$; ⏲7.30–16.30 Uhr; ✎) Die Bäckerei ist im Umkreis von Kilometern bekannt und vielleicht der Hauptgrund, weshalb man in Fairlie einen Zwischenstopp einlegen sollte. Die winzige Bäckerei verkauft außergewöhnliche Pies, z. B. die berühmte Variante mit Lachs und Speck. Amerikanische Doughnuts und Käsekuchen mit Himbeeren finden sich im Sortiment neben Kiwi-Klassikern wie Vanilleschnitten und Eclairs.

Praktische Informationen

Fairlie Heartland Resource & Information Centre (☎03-685 8496; www.fairlienz.com; 67 Main St; ⏲Mo–Fr 10–16 Uhr) Das hilfreiche Infozentrum hält die gut gemachte Broschüre *Fairlie* (kostenlos) bereit.

An- & Weiterreise

Atomic Shuttles (☎03-349 0697; www.atomictravel.co.nz) Es verkehren täglich Busse von/nach Christchurch (30 NZ$, 2½ Std.), Geraldine (20 NZ$, 35 Min.), Lake Tekapo (20 NZ$, 40 Min.), Cromwell (35 NZ$, 3¾ Std.) und Queenstown (35 NZ$, 4½ Std.).

InterCity (☎03-365 1113; www.intercity.co.nz) Busse fahren täglich von/nach Christchurch (ab 34 NZ$, 3¼ Std.), Lake Tekapo (ab 13 NZ$, 35 Min.), Mt Cook (ab 30 NZ$, 2½ Std.), Cromwell (ab 39 NZ$, 4 Std.) und Queenstown (ab 40 NZ$, 5 Std.).

Lake Tekapo

369 EW.

Das 1953 im Zuge eines Wasserkraftprojekts entstandene Tekapo ist heute ein boomender Ort. Das hat er einer erxplosionsartig steigenden Zahl an Ferienhäusern und einem stetig wachsenden Tourismus zu verdanken.

Im Prinzip war Tekapo schon länger ein beliebter Zwischenstopp von Ausflugsbussen auf der Strecke von Christchurch nach Queenstown. Seine Beliebtheit überrascht nicht, wenn man erst einmal da ist: Tekapo liegt an einem türkisblauen See vor der Kulisse schneebedeckter Berge.

Der herrliche Blick auf das Mackenzie Country und die Southern Alps sind schon Grund genug, hier ein bisschen länger zu verweilen.

Doch es gibt auch noch weitere Gründe: 2012 wurde das Aoraki-Mackenzie-Gebiet zu einem internationalen Dark Sky Reserve (Sternenpark) erklärt, von denen es weltweit insgesamt nur zehn gibt. Unter einem von Lichtverschmutzung weitgehend verschont gebliebenen Himmel ist der Mount John in Tekapo der ultimative Flecken Erde, um den herrlichen südlichen Sternenhimmel zu beobachten.

Sehenswertes

Church of the Good Shepherd KIRCHE

(Pioneer Dr; ⌚9–17 Uhr) Der wichtigste Punkt, an dem die Reisebusse ihre Passagiere ausspucken, ist diese 1935 aus Stein und Eichenholz erbaute interkonfessionelle Kirche am See. Durch das Panoramafenster hinter dem Altar haben Kirchenbesucher einen herrlichen Blick auf den See und die dahinter liegende majestätische Bergwelt. Kein Wunder, dass die Kirche ein beliebter Ort für Hochzeiten ist. Wer den alle Beschaulichkeit verscheuchenden Massen entgehen will, sollte frühmorgens oder am späten Nachmittag die Kirche besuchen.

Ganz in der Nähe steht die Statue eines Collies: Sie zollt den Hütehunden Tribut, die eine wichtige Rolle bei der Erschließung des Mackenzie Country spielten.

Aktivitäten

Als Gletscher das Mackenzie Basin ausschürften, verblieb der Berg **Mount John** (1029 m) als eine Art Insel aus hartem Grundgestein im Zentrum eines weitläufigen Eisstroms stehen. Eine Straße führt hinauf auf den Gipfel, man kann jedoch auch eine Rundwanderung (hin & zurück 2½ Std.) unternehmen. Wer sie zu einer Tagestour ausdehnen möchte, wandert weiter zu den Seen Alexandrina Lake und zum McGregor Lake.

Ein kostenloser Ortsplan enthält alle Details zu dieser Wanderung und zu weiteren Touren in dieser Gegend, dazu Radwege wie beispielsweise zum **Cowan's Hill** und durch den **Lake Tekapo Regional Park**. Mountainbikes (Std./halber Tag 10/25 NZ$) und Kajaks (Std. 25 NZ$) werden im YHA Lake Tekapo (S. 576) vermietet.

Im Winter ist Lake Tekapo ein guter Standort, um am Mount Dobson (S. 574) und am **Roundhill** (☎021 680 694, Schneetelefon 03-680 6977; www.roundhill.co.nz; Tagesliftpass Erw./Kind 78/39 NZ$) die Abfahrten unsicher zu machen oder in der Two Thumb Range Langlaufen zu gehen.

Mackenzie Alpine Horse Trekking REITEN

(☎0800 628 269; www.maht.co.nz; Godley Peaks Rd; 1 Std./2 Std./Tag 70/110/310 NZ$) Die Mitarbeiter des Unternehmens an der Auffahrt zum Mount John veranstalten verschiedene Ausritte durch die herrliche Landschaft.

NICHT VERSÄUMEN

AUSSICHTSPUNKT AM LAKE PUKAKI

Der größte der drei Bergseen im Mackenzie Country ist der ausgedehnte Lake Pukaki, ein Juwel mit einer fast schon irreal anmutenden Farbe. An seinem Ufer, unweit des SH 8 zwischen Twizel und dem Lake Tekapo, befindet sich ein gut ausgeschildeter und schon seit ewigen Zeiten beliebter Aussichtspunkt mit einem Bilderbuchblick über den See hinauf zum Aoraki/Mount Cook und den umliegenden Gipfeln.

Neben dem Aussichtspunkt steht das **Lake Pukaki Visitor Centre** (www.mtcookalpinesalmon.com; SH 8; ⌚8.30–18 Uhr), es ist eigentlich ein Außenposten der Mount Cook Alpine Salmon Farm, der höchstgelegenen Lachszucht der Welt. Sie hat ihre Becken in einem hydroelektrischen Kanalsystem ein Stück weit entfernt errichtet. Im Besucherzentrum bietet sich die Gelegenheit, ein paar Sashimi (10 NZ$) oder einen leckeren Räucherfisch zum Mittagessen mitzunehmen.

Tekapo Springs SPA
(☎03-680 6550; www.tekaposprings.co.nz; 6 Lakeside Dr; Erw./Kind Wasserbecken 22/13 NZ$, Eislaufen 16/12 NZ$; ⏰10–21 Uhr) Hier können die Besucher die Wassertemperatur in den Becken von 36 °C über 38 °C bis hin zu 40 °C steigern und sich im heilenden Thermalwasser in einer Parklandschaft mit Blick auf den See so richtig einweichen. Darüber hinaus gibt es einen Dampfraum und eine Sauna (6 NZ$ Aufpreis), außerdem einen Tages-Spa mit Massagen (ab 80 NZ$) und Schönheitsbehandlungen. Während der Recherchen zu diesem Reiseführer waren die Kaltwasserbecken und ein „Aqua-Spielpark" gerade im Entstehen.

Dem Komplex angeschlossen sind im Winter eine Eislaufbahn und eine Schlauchrodelbahn, im Sommer wird mit der größten aufblasbaren Rutsche der Welt und einer Wasserrutschbahn mit Gummireifen geworben.

Geführte Touren

Earth & Sky TOUR
(☎03-680 6960; www.earthandsky.co.nz; SH8) Wer schon immer mal an einer Führung durch ein Observatorium teilnehmen und sich den (südlichen) Sternenhimmel anschauen wollte, ist hier genau richtig. Im Rahmen von Abendexkursionen fährt man zur Sternwarte der University of Canterbury auf dem Mount John (Erw./Kind 145/80 NZ$) hinauf.

Führungen durch die Einrichtung werden im Winter tagsüber auf Anfrage hin veranstaltet, im Sommer steht im Observatorium meist ein Guide von 12 bis 15 Uhr zur Verfügung (Erw./Kind 20/10 NZ$). Wer nicht so viel Geld ausgeben will oder mit kleinen Kindern im Schlepptau unterwegs ist (das Mindestalter für die Mount-John-Tour liegt bei acht Jahren) kann an einer einstündigen Exkursion zum kleineren Cowan Observatory (Erw./Kind 90/50 NZ$) teilnehmen.

Air Safaris PANORAMAFLÜGE
(☎03-680 6880; www.airsafaris.co.nz; SH8) Ein sagenhafter Ausblick auf die Gipfel und Gletscher des Aoraki/Mount Cook National Park bietet sich bei einem „Grand Traverse"-Flug mit einem Starrflügelflugzeug (Erw./Kind 360/230 NZ$). Zur Auswahl stehen noch diverse weitere Flüge, z. B. mit einem Hubschrauber.

Tekapo Helicopters PANORAMAFLÜGE
(☎03-680 6229; www.tekapohelicopters.co.nz; SH8) Das Unternehmen bietet fünf verschiedene Flüge an – von einem 20-minütigen Flug (199 NZ$) bis zu einem einstündigen Flug, der zum Aoraki/Mount Cook und den beiden Gletschern Fox und Franz Josef (500 NZ$) führt. Alle Flüge schließen eine Zwischenlandung in den Bergen mit ein.

Schlafen

Tailor-Made-Tekapo Backpackers HOSTEL $
(☎03-680 6700; www.tailor-made-backpackers.co.nz; 11 Aorangi Cres; B/EZ 32/62 NZ$, DZ mit/ohne Bad 95/85 NZ$; 📶) In diesem geselligen Hostel finden sich normale Betten anstelle von Stockbetten. Das Hostel hat seine Zimmer in drei gepflegten Häusern in einer beschaulichen Straße 300 m vom Zentrum entfernt. Zur Anlage gehört ein großer Garten samt Grillplatz, Hängematten, Hühnern und Häschen. Leute mit überschüssiger Energie können sich auf den Basketballplätzen gleich nebenan austoben.

Tekapo Motels & Holiday Park FERIENPARK, MOTEL $
(☎03-680 6825; www.laketekapo-accommodation.co.nz; 2 Lakeside Dr; Stellplätze 34–44 NZ$, B 30–32 NZ$, DZ 90–110 NZ$; 📶) Der Ferienpark in Toplage auf einem terrassierten Grundstück am See bietet Unterkünfte für jeden Geschmack. Backpacker können Betten in der gemütlichen Lodge im Stil eines Blockhauses beziehen, andere werden sich vielleicht eher für die netten, einfachen Kiwi-Hütten oder die schicken Wohneinheiten mit eigenem Bad und besonders schöner Aussicht entscheiden. Wer mit Wohnwagen oder Zelt unterwegs ist, findet schöne Stellplätze vor und ein tolles neues Servicehaus.

YHA Lake Tekapo HOSTEL $
(☎03-680 6857; www.yha.co.nz; 3 Simpson Lane; Stellplatz pro Pers. 20 NZ$, B 33–38 NZ$, DZ 99–104 NZ$; @📶) Das gepflegte, saubere, aber eher altmodische Hostel bietet eine unbezahlbare Aussicht auf Lake Tekapo. Im Winter knistert ein Feuer im gemütlichen Kamin, im Sommer lockt der nahe See. Das Hostel bietet Leihräder, in der Umgebung gibt es gute Radwege.

★ **Lake Tekapo Lodge** B&B $$$
(☎03-680 6566; www.laketekapolodge.co.nz; 24 Aorangi Cres; Zi. 300–450 NZ$; 📶) Das luxuriöse B&B mit tollem Design ist randvoll mit schöner zeitgenössischer Kiwi-Kunst. Ausblicke auf den See und die Berge, die wie gemalt wirken, bieten sich von den

traumhaften Zimmern und der Lounge. Auf Wunsch wird abends ein feudales Abendessen serviert.

Chalet Boutique Motel APARTMENTS $$$
(☎03-680 6774; www.thechalet.co.nz; 14 Pioneer Dr; Wohneinheiten 190–310 NZ$; 📶) Das Etikett „Boutique-Motel" wird dieser Ansammlung von attraktiven Unterkünften in drei aneinandergrenzenden Anwesen am See eigentlich gar nicht gerecht. Die „Henkel-Hütte" mit ihrer sagenhaften Privatsphäre ist die ideale und feudale Bleibe für frisch Verliebte. Die reizenden Wirtsleute versorgen ihre Gäste immer gern mit allen Informationen, die sie brauchen.

Essen & Ausgehen

★ **Astro Café** CAFÉ $
(Mt John University Observatory; Hauptgerichte 7–12 NZ$; ⏲9–17 Uhr) Vom Glaspavillon auf dem Mount John hat man einen spektakulären Rundblick auf das ganze Mackenzie-Becken – eine bessere Lage kann ein Café gar nicht haben! Empfehlenswert sind die Bagels mit heimischem Lachs oder die frischen Schinken-Sandwiches; auch der Kaffee und der Kuchen sind gut.

Kohan JAPANISCH $$
(☎03-680 6688; www.kohannz.com; SH 8; Gerichte 8–20 NZ$, Hauptgerichte 19–30 NZ$; ⏲tgl. 11–14, Mo–Sa 18–21 Uhr) Das Restaurant mit dem ästhetischen Charme einer Firmenkantine zählt dennoch zu den besten Lokalen von Tekapo, was sowohl dem vom Ambiente ablenkenden Seeblick als auch der authentischen japanischen Küche (z. B. superfrischen Lachs-Sashimi) geschuldet ist. Und unbedingt noch Platz lassen für das selbst gemachte Eis aus grünem Tee!

Mackenzie's Bar & Grill BAR
(SH8; ⏲Mo–Fr 11.30 Uhr bis spätabends, Sa & So 10 Uhr bis spätabends) Das Lokal im Stil einer Kneipe bietet sich für ein paar kalte Biere und ein paar Snacks von der Bar an. Die Aussicht ist großartig, vor allem vom Patio und vom Garten vor dem Haus.

Praktische Informationen

Kiwi Treasures & Information Centre (☎03-680 6686; SH8; ⏲Mo–Fr 8–17.30, Sa & So bis 18 Uhr) Der kleine Andenkenladen fungiert gleichzeitig als Postamt und Infozentrum. Hier gibt es Landkarten zur Umgebung und Tipps, außerdem kann man verschiedene Aktivitäten und Busfahrten ins ganze Land buchen. Siehe auch unter www.tekapotourism.co.nz.

An- & Weiterreise

Atomic Shuttles (☎03-349 0697; www.atomictravel.co.nz) Busse fahren täglich von/nach Christchurch (30 NZ$, 3¼ Std.), Geraldine (20 NZ$, 1¼ Std.), Twizel (20 NZ$, 40 Min.), Cromwell (30 NZ$, 3 Std.) und Queenstown (30 NZ$, 3¾ Std.).

Cook Connection (☎0800 266 526; www.cookconnect.co.nz) Shuttleservice zum Mount Cook (35 NZ$, 1½ Std.).

InterCity (☎03-365 1113; www.intercity.co.nz) Busse fahren täglich von/nach Christchurch (ab 36 NZ$, 3¾ Std.), Geraldine (ab 21 NZ$, 1¼ Std.), Mount Cook (ab 30 NZ$, 1½ Std.), Cromwell (ab 36 NZ$, 2¾ Std.) und Queenstown (ab 36 NZ$, 4¾ Std.).

Twizel

1300 EW.

Der „Twai-sel" ausgesprochene Ort wird von Auswärtigen gern als „Twizzel" (Umdrehung), ja sogar als „Twizzelsticks" (Cocktailquirler) verballhornt. Doch wer zuletzt lacht, lacht am besten.

Die Ortschaft wurde 1968 errichtet, um das im Bau befindliche Wasserkraftwerk gleich in der Nähe mit der nötigen Infrastruktur zu versorgen. Als das Bauwerk 1984 schließlich vollendet war, sollte der Ort eigentlich aufgelassen werden. Doch weit gefehlt: Die Einheimischen dachten gar nicht daran, ihre Cocktailquirler zusammenzupacken und ihr entspanntes Leben in den Bergen aufzugeben.

Heute erfreut sich Twizel eines bescheidenen Booms an Ferienhäusern in Trabantensiedlungen und der Wertschätzung der Reisenden, denn – es liegt nun mal auf der Hand – um Twizel dreht sich alles, und es bietet auch alles (in angemessenem Rahmen), was der Mensch so braucht.

Aktivitäten

Twizel liegt inmitten eines sagenhaften Landstrichs, der für alle möglichen Abenteuer gut ist. **Lake Ruataniwha** am Ortsrand bietet sich zum Rudern, für Bootsfahrten und zum Windsurfen an. Mit einem Stadtplan findet man leicht dorthin. Wen es nicht so ans Wasser zieht, findet hervorragende Wander- und Radwege auf dem Plan, beispielsweise eine nette Flusswanderung. Twizel ist auch der beste Standort für Tagesradtouren auf dem Alps 2 Ocean Cycle Trail.

Beliebt ist das Angeln in den Flüssen, Kanälen und Seen; am besten erkundigt man sich im Informationszentrum nach einem

NICHT VERSÄUMEN

ALPS 2 OCEAN CYCLE TRAIL

Einer der besten sogenannten „Great Rides" auf dem New Zealand Cycle Trail (www.nzcycletrail.com) ist der „A2O", der vom Fuß der Southern Alps bis zum Pazifik bei Oamaru führt und unterwegs sagehafte Ausblicke bietet.

Der höchste Berg Neuseelands – der Aoraki/Mount Cook – ist nur einer von vielen Anblicken, bei denen es einem schier die Sprache verschlägt. Nicht minder beeindruckend sind die verflochtenen Flussläufe, die von Gletschern ausgeschürften Täler, die türkisblauen Stauseen, das mit Neuseelandschwingel (einer niedrigen Grasart) bedeckte Hochland und das fruchtbare Ackerland. Aber es macht auch Spaß, das Rad einfach einmal stehen zu lassen und sich anderen Aktivitäten zu widmen, beispielsweise der Verkostung von Wein. Man kann aber auch nach Pinguinen Ausschau halten, zum Segelfliegen gehen oder sich in einem Whirlpool unter freiem Himmel so richtig entspannen. Die gesamte Radtour lässt sich leicht organisieren und genießen, denn auf dem Land geht es generell gastfreundlich zu – was auch für Lokale und Übernachtung gilt. Die Logistik erleichtern Shuttlebusse und die sonstige touristische Infrastruktur.

Der Trail ist in neun leichte bis mittelschwere Abschnitte eingeteilt; man ist auf Kanalwegen, beschaulichen Landstraßen, alten Bahnlinien und meisterhaft angelegten Cross-country-Abschnitten unterwegs. Aber zwischendurch geht es auch über unwegsameres, hügeligeres Terrain – genau das Richtige für ambitionierte Radfahrer. Die ganze Route lässt sich in rund sechs Tagen zurücklegen, kann jedoch problemlos in kürzere Etappen unterteilt werden.

Twizel ist ein guter Standort, um mit dem Fahrrad Tagestouren zu unternehmen. Möglichkeiten bieten sich in Hülle und Fülle, so kann man beispielsweise einen Bus zum Lake Tekapo nehmen, um von dort in fünf oder sechs Stunden unter dem ungetrübten Himmel Neuseelands nach Twizel zurückzuradeln. Oder man fährt von Twizel zur Lake Ohau Lodge und genießt dort ein gutes Mittag- oder Abendessen. Beide Vorschläge sind Etappen des Alps 2 Ocean Trail und führen durch die herrliche Berg- und Seenlandschaft, für die das Mackenzie Country so berühmt ist.

Am Radweg finden sich diverse Tourveranstalter, die Leihräder, Shuttledienste, Gepäcktransport und Unterkünfte anbieten bzw. organisieren.

Empfehlenswerte Firmen sind das in Twizel stationierte **Cycle Journeys** (☎ 03-435 0578, 0800 224 475; www.cyclejourneys.co.nz; 2a Wairepo Rd) und **Jollie Biker** (☎ 027 223 1761, 03-435 0517; www.thejolliebiker.co.nz; 193 Glen Lyon Rd).

Die Website Alps 2 Ocean (www.alps2ocean.com) informiert in allen Einzelheiten.

einheimischen Angelführer, den man dann fragen kann, wie es zwischendurch mit einer Runde Schwimmen im **Loch Cameron** steht (aber nicht verraten, dass der Tipp von Lonely Planet stammt!).

Ohau SKIFAHREN, SNOWBOARDEN

(☎ 03-438 9885; www.ohau.co.nz; Tagesliftpass Erw./Kind 83/34 NZ$) Das kommerzielle Skigebiet liegt an den Flanken des Mount Sutton, 42 km von Twizel entfernt. Hier finden gute bis sehr gute Skifahrer die richtigen Pisten, außerdem kann man hier sehr gut Snowboarden. Es gibt zwei Funparks und die Lake Ohau Lodge für den Après-Ski.

☞ Geführte Touren

Helicopter Line PANORAMAFLÜGE

(☎ 03-435 0370; www.helicopter.co.nz; Pukaki Airport, Harry Wigley Dr) Es stehen diverse Flüge zur Auswahl, beispielsweise der einstündige Aoraki/Mount-Cook-Discovery-Flug (750 NZ$), die 45-minütige Southern Alps Experience (540 NZ$), der 35 Minuten lange Alpine Scenic Flight (355 NZ$) sowie der 25-minütige Alpine Express (295 NZ$). Bis auf die kürzeste Variante gehört bei allen eine Zwischenlandung im Schnee mit dazu.

OneRing Tours TOUR

(☎ 03-435 0073, 0800 213 868; www.lordofthe ringstour.com; Ecke Ostler & Wairepo St) Die Touren führen zu einer Schaffarm, die als Schauplatz für die Schlacht auf dem Pelennor in *Herr der Ringe* diente; die Teilnehmer erhalten dabei natürlich jede Menge Infos zu den Dreharbeiten. Zur Auswahl steht eine zweistündige Variante (Erw./Kind 84/45 NZ$) oder eine verkürzte einstündige Tour (Erw./Kind 64/35 NZ$).

Außerdem gibt es, wenn die Sonne über Gondor untergeht, (ausschließlich!) für Erwachsene auch eine Twighlight-Tour (115 NZ$) mit Bier, Wein und etwas zu essen.

Schlafen

Twizel Holiday Park FERIENPARK **$**
(☎03-435 0507; www.twizelholidaypark.co.nz; 122 Mackenzie Dr; Stellplätze ab 36 NZ$, B 32 NZ$, Wohneinheiten 95–215 NZ$; 📶) Die grüne Anlage mit vielen Blumen und Unterkünften befindet sich auf dem Gelände einer umgebauten Entbindungsklinik. Neben Stellplätzen werden ein paar Hütten mit eigenem Bad sowie Stockbetten in einem etwas beengten Schlafsaal vermietet. Die modernen Selbstversorgerhütten bieten ein besonders gutes Preis-Leistungs-Verhältnis. Für 35 NZ$ pro Tag kann man sich hier auch ein Fahrrad ausleihen.

★ **Lake Ohau Lodge** LODGE **$$**
(☎03-438 9885; www.ohau.co.nz; Lake Ohau Rd; EZ 144–200 NZ$, DZ 159–220 NZ$) Die Lodge liegt idyllisch am Westufer des entlegenen Lake Ohau, etwa 42 km westlich von Twizel. Das Angebot an Unterkünften (insg. 72 Zimmer) ist breit gefächert – von günstigen Zimmern mit Gemeinschaftseinrichtungen bis hin zu gehobenen Zimmern mit Veranda und Bergblick.

Die Lake Ohau Lodge ist in der Wintersaison der Dreh- und Angelpunkt des Skigebiets Ohau; in den Sommermonaten geht es deutlich ruhiger zu. Es gibt B&B-Pauschalangebote und eine erweiterte Variante mit Abendessen.

Omahau Downs LODGE, COTTAGE **$$**
(☎03-435 0199; www.omahau.co.nz; SH8; EZ 115 NZ$, DZ 135–165 NZ$, Cottages 125–225 NZ$; ⏱Juni–Aug. geschl.; 📶) Der Bauernhof liegt 2 km nördlich von Twizel und bietet zwei gemütliche Selbstversorger-Cottages mit Platz für jeweils bis zu 6 Personen und eine Lodge mit modernen Zimmern und einer Veranda mit Aussicht auf die Ben Ohau Range.

Heartland Lodge B&B, APARTMENT **$$$**
(☎03-435 0008; www.heartland-lodge.co.nz; 19 North West Arch; Apt. 170 NZ$, EZ 240–280 NZ$, DZ 280–320 NZ$; 📶) Das elegante, moderne Haus am grünen Ortsrand bietet geräumige Zimmer mit eigenem Bad im Obergeschoss und gemütliche, gesellige Gemeinschaftsräume im Erdgeschoss. Die netten Wirtsleute bereiten ihren Gästen ein herzhaftes Frühstück mit warmen Speisen, verwendet werden möglichst viele Bioprodukte aus der Region. Das „Retreat-Apartment" gleich daneben (für max. 6 Pers.) hat eine Kochnische und wird ohne Frühstück vermietet.

ABSEITS DER ÜBLICHEN PFADE

RUATANIWHA CONSERVATION PARK

Einen Großteil des riesigen Landstrichs zwischen Lake Pukaki und Lake Ohau nimmt der 368 km² große **Ruataniwha Conservation Park** (www.doc.govt.nz) ein. In diesem Naturschutzgebiet liegt die zerklüftete Ben Ohau Range mit den Tälern Dobson, Hopkins, Huxley, Temple und Maitland – beste Voraussetzungen für gute Möglichkeiten zum Wandern und Mountainbiken. Diese werden in der DOC-Broschüre *Ruataniwha Conservation Park* (online verfügbar) detailreich erklärt. Darüber hinaus sind diverse Tagesausflüge in der Nähe von Twizel möglich.

DOC-Hütten und Zeltplätze liegen über das Parkgebiet verstreut. Einen komfortablen Aufenthalt bietet die Lake Ohau Lodge (s. links).

Durch die Region führt übrigens auch der Rad-Fernweg „Alps 2 Ocean Cycle Trail" (S. 578) – eine tolle Möglichkeit, diese sagenhafte Landschaft sportlich zu erkunden.

Essen

★ **Shawty's** CAFÉ **$$**
(☎03-435 3155; www.shawtys.co.nz; 4 Market Pl; Brunch 12–20 NZ$, Abendessen 29–34 NZ$; ⏱April–Okt. Mo & Di 8.30–15, Mi–So bis spätabends, Nov.–März tgl. bis spätabends; 📶) Das Café – gesellschaftlicher Mittelpunkt im Zentrum und beste Adresse für ein gutes Essen – serviert üppig portionierte Frühstücksvarianten, Gourmet-Pizzas (18–20 NZ$) und abends einen raffinierten Lammrücken. Die Kinderkarte, die Cocktails, die Tische im Freien und die Livemusik sind weitere Pluspunkte.

High Country Salmon FISCH **$$**
(☎0800 400 385; www.highcountrysalmonfarm.co.nz; SH8; ⏱8.30–18 Uhr) Dank des Gletscherwassers, mit dem die schwimmende Fischzucht 3 km außerhalb von Twizel ihre Fische großzieht, ist der Fisch besonders schmackhaft. Er wird in Form eines Filets oder geräuchert verkauft. Wer selbst kocht,

kann den heiß geräucherte Fisch wählen, der in die Pasta geschnippelt und mit einem Schuss Sahne verfeinert köstlich schmeckt.

ℹ Praktische Informationen

Twizel Information Centre (☎ 03-435 3124; www.twizel.info; Market Pl; ⊙ Mo–Fr 8.30–17, Sa & So 11–15 Uhr)

ℹ An- & Weiterreise

Atomic Shuttles (☎ 03-349 0697; www.atomictravel.co.nz) Bietet täglich Verbindungen zu folgenden Zielen:

REISEZIEL	FAHRPREIS	FAHRZEIT
Christchurch	35 NZ$	3¾ Std.
Cromwell	30 NZ$	2¼ Std.
Geraldine	25 NZ$	2 Std.
Lake Tekapo	20 NZ$	40 Min.
Queenstown	30 NZ$	3¼ Std.

Cook Connection (☎ 0800 266 526; www.cookconnect.co.nz) Fährt täglich zum Mount Cook Village (einfach/hin & zurück 27/49 NZ$, 1 Std.).

InterCity (☎ 03-365 1113; www.intercity.co.nz) Das Busunternehmen steuert täglich folgende Ziele an:

REISEZIEL	FAHRPREIS	FAHRZEIT
Christchurch	40 NZ$	5¼ Std.
Cromwell	29 NZ$	2 Std.
Lake Tekapo	13 NZ$	50 Min.
Mount Cook Village	32 NZ$	1 Std.
Queenstown	35 NZ$	3 Std.

Naked Bus (www.nakedbus.com) fährt nach Christchurch und Queenstown/Wanaka.

Aoraki/ Mount Cook National Park

120 EW.

Der spektakuläre 700 km² große Aoraki/Mount Cook National Park ist seit 1990 gemeinsam mit den Nationalparks Fiordland, Mount Aspiring und Westland Teil von der Te Wāhipounamu – Southwest New Zealand World Heritage Area, die sich vom Cook River in Westland bis Fiordland erstreckt.

Das Parkgebiet wird von den Southern Alps und den Gebirgsketten Two Thumb, Liebig und Ben Ohau begrenzt. Mehr als ein Drittel des Gebiets ist dauerhaft von Schnee und Gletschereis bedeckt. Von den 23 Bergen Neuseelands, die über 3000 m hoch sind, liegen 19 in diesem Nationalpark. Der höchste Gipfel ist der mächtige Aoraki/Mount Cook – mit seinen 3754 m ist er gleichzeitig auch der höchste Gipfel Australasiens. Zu den weiteren Bergriesen der Region zählen Sefton, Tasman, Silberhorn, Malte Brun, La Perouse, Hicks, De la Beche, Douglas und die Minarets. Viele Gipfel lassen sich vom Westland National Park aus besteigen; Berghütten finden sich auf beiden Seiten der Parkgrenze.

Wenn er sich nicht gerade in den Wolken versteckt, ist der Aoraki/Mount Cook ist ein imposanter Anblick. Die meisten Besucher kommen im Rahmen eines Busausflugs, legen am Hermitage Hotel einen Fotostopp ein und fahren dann über den SH80 wieder zurück. Schöner ist es natürlich, im Nationalpark zu verweilen und diesen majestätischen Gipfel samt der Landschaft um ihn herum auf sich wirken zu lassen und einen der vielen kurzen Spaziergänge zu unternehmen, die vor Ort angeboten werden.

Auf den Trails sollte man nach Thars Ausschau halten, einer Ziegenart aus dem Himalaya, Gämsen, die kleiner und leichter gebaut sind als Thars und eigentlich aus Europa stammen, sowie Rotwild, das ebenfalls aus Europa stammt. Im Sommer blüht hier die Mount-Cook-Lilie, ein großer Berghahnenfuß sowie Berggänseblümchen, Enziane und Edelweiß.

Geschichte

Die Māori benannten ihn nach der Gottheit Aoraki (der die Wolken durchbohrt) , seinen englischen Namen erhielt er 1851 zu Ehren seines Entdeckers Captain James Cook.

Das Gebiet war schon immer das Ziel von Bergsteigern. Am 2. März 1882 scheiterten William Spotswood Green und seine zwei Schweizer Kameraden bei einem dramatischen 62-stündigen Aufstieg beim Versuch, den Mount Cook zu bezwingen. Zwei Jahre später wurden drei Bergsteiger aus der Umgebung – Tom Fyfe, George Graham und Jack Clarke, – durch die Nachricht angespornt, dass zwei bekannte europäische Bergsteiger sich am Berg versuchen wollten. Sie setzten sich in den Kopf, den Gipfel vor ihnen zu erklimmen. An Weihnachten 1894 schafften sie das bis dahin Unmögliche und erreichten über den Hooker Glacier und den Nordgrat den Gipfel – eine für die damalige Zeit brillante bergsteigerische Leistung.

1913 war die australische Bergsteigerin Freda du Faur die erste Frau auf dem Aoraki. 1948 wählte der Everest-Erstbesteiger Sir Edmund Hillary den südlichen Grat als

Route. Inzwischen ist der Berg auf allen gefährlichen Routen besteigen worden.

Sehenswertes

★ Aoraki/Mount Cook National Park Visitor Centre MUSEUM
(☎ 03-435 1186; www.doc.govt.nz; 1 Larch Grove; ⏲ 8.30–16.30 Uhr, Okt.–April 8.30–17 Uhr) GRATIS Das Besucherzentrum ist ganz sicher das beste DOC-Besucherzentrum des Landes! Hier werden Interessierte nicht nur mit allen notwendigen Informationen und guten Tipps zu Wanderrouten und Wetterbedingungen versorgt, sondern sie können sich auch eine hervorragende Ausstellung zur Natur- und Menschheitsgeschichte des Parks anschauen. Ein guter Tipp nicht nur für Regentage. Auch die meisten sportlichen Aktivitäten lassen sich über das Besucherzentrum buchen.

Sir Edmund Hillary Alpine Centre MUSEUM
(www.hermitage.co.nz; The Hermitage, Terrace Rd; Erw./Kind 20/10 NZ$; ⏲ Okt.–März 7–20.30 Uhr, April–Sept. 8–19 Uhr) Das multimediale Museum wurde gerade einmal drei Wochen vor dem Tod des Mannes eröffnet (Jan. 2008), den viele für den größten Neuseeländer aller Zeiten halten; seine Kommentare wurden wenige Monate vor seinem Tod aufgenommen.

Neben Erinnerungsstücken und Exponaten zum Thema Bergsteigen gibt es ein digitales Planetarium (mit vier verschiedenen Vorführungen) und ein Kino (in dem vier Dokumentationen laufen, darunter der 3-D-Film *Mt Cook Magic* und ein faszinierender, 75-minütiger Film über die Bezwingung des Mount Everest durch Sir Ed).

Aktivitäten

Wandern & Klettern

Verschiedene einfache Wanderungen ab dem Hotel Hermitage und Umgebung sind in der (mehrsprachigen) Broschüre *Walking & Cycling Tracks* erklärt, die im Besucherzentrum (s. oben) und online erhältlich ist.

Längere Touren sollten jedoch nur Leute mit Bergerfahrung unternehmen: In größeren Höhen können Wege, Wetter- und Wanderbedingungen schnell lebensgefährlich werden. Typisch für diese Gegend sind vor allem die plötzlichen Wetterumschwünge: Der Aoraki/Mount Cook liegt nur 44 km von der Küste entfernt, und da das Wetter von der Tasmansee heranzieht, können urplötzlich Stürme auftreten.

Erfahrenen Klettersportlern bieten sich schier unerschöpfliche Klettermöglichkeiten; wem es an Erfahrung mangelt, sollte unbedingt mit einem lokalen Guide losziehen. Und völlig unabhängig von den persönlichen Fertigkeiten gilt es natürlich, Vorsichtsmaßnahmen zu treffen – es sind schon mehr als 200 Personen bei Kletterunfällen im Park ums Leben gekommen. Das traurige Gedenkbuch *In Memoriam* in der Touristeninformation beginnt mit dem ersten Todesfall am Aoraki/Mount Cook im Jahr 1907; seitdem sind über 80 weitere Klettersportler auf dem Gipfel tödlich verunglückt.

Zur eigenen Sicherheit sollte man unbedingt vor einer Kletter- oder Bergtour einen Parkranger über das Ziel informieren und seine Ratschläge auch wirklich befolgen. Wer zum Klettern gehen will oder auch nur eine längere Bergtour plant, sollte vor dem Aufbruch eine Karte (*intention card,* vergleichbar einem Hüttenbuch in den Alpenvereinshütten) mit der geplanten Route und Ziel ausfüllen. Dann können die Parkranger, sollte die Rückkehrzeit massiv überschritten werden, eine Suchaktion einleiten. Wer heil zurück ist, sollte sich unbedingt wieder austragen. Das Besucherzentrum verleiht darüber hinaus Positionsleuchtfeuer für den Notfall (3 Tage/Woche 30/40 NZ$).

Wer plant, in einer der Hütten im Nationalpark zu übernachten, muss sich ebenfalls vorab im Besucherzentrum eintragen und dort auch die Hüttengebühr entrichten.

Wanderer können die öffentliche Schutzhütte im Mount Cook Village nutzen; sie verfügt über fließendes Wasser, Toiletten und Münz-Duschen, das Übernachten ist allerdings nicht erlaubt.

★ Sealy Tarns Track WANDERN
Der Wanderweg nach Sealy Tarns (hin & zurück 3–4 Std.) zweigt am Kea Point Track ab und führt dann auf den Grat zur Mueller Hut (B 36 NZ$) hinauf, einer gemütlichen Hütte mit 28 Stockbetten, Gas, Kochmöglichkeiten und Plumpsklos.

Hooker Valley Track WANDERN
Der Weg zum Hooker Valley hinauf (hin & zurück 3 Std. ab Mount Cook Village) ist eine der schönsten Tagestouren, die man in dieser Berggegend unternehmen kann. Es geht dabei über drei Hängebrücken zum Stocking Stream und weiter zur Gletscherzunge des Hooker Glacier. Nach der zweiten Hängebrücke beherrscht der Aoraki/Mount Cook das Tal, und mit etwas Glück sieht man sogar Eisberge im Hooker Lake schwimmen.

Aoraki/Mt Cook National Park

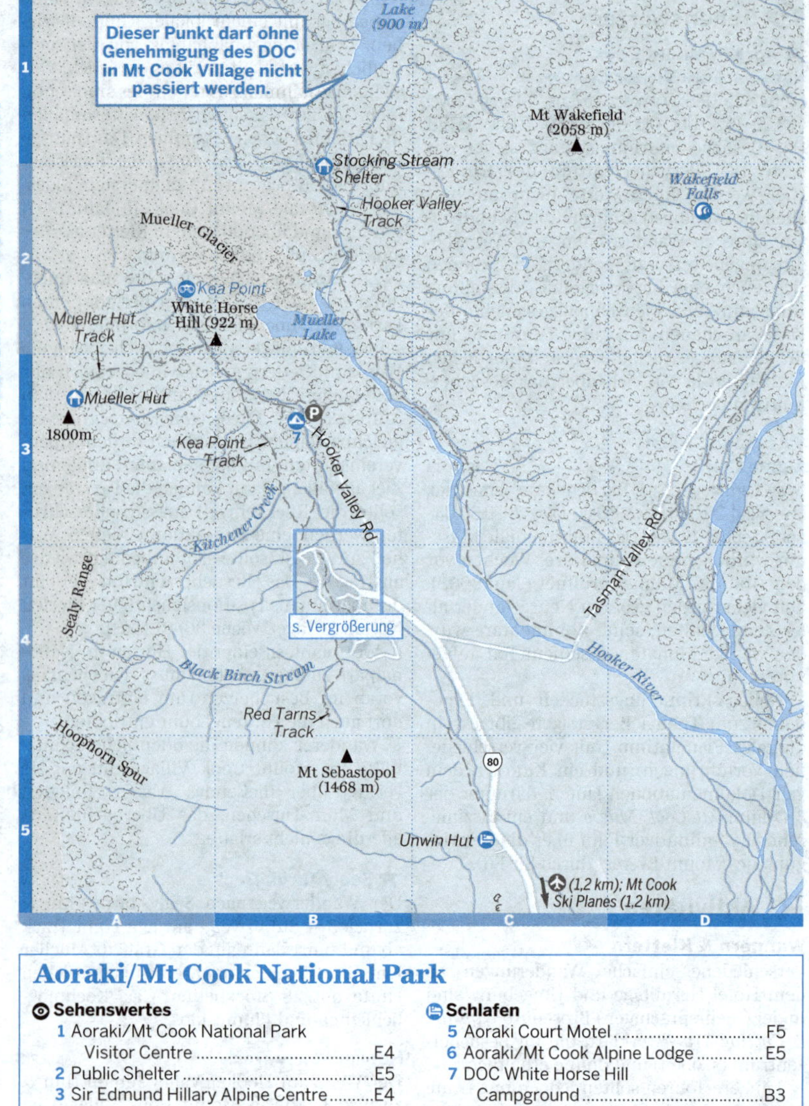

Aoraki/Mt Cook National Park

Sehenswertes

1 Aoraki/Mt Cook National Park Visitor Centre E4
2 Public Shelter E5
3 Sir Edmund Hillary Alpine Centre E4

Aktivitäten, Kurse & Touren

4 Alpine Guides E4
Big Sky .... (s. 8)
Glacier Explorers .... (s. 8)
Glacier Kayaking .... (s. 10)
Southern Alps Guiding .... (s. 10)

Schlafen

5 Aoraki Court Motel F5
6 Aoraki/Mt Cook Alpine Lodge E5
7 DOC White Horse Hill Campground B3
8 Hermitage E4
9 Mt Cook YHA F5

Essen

10 Old Mountaineers' Cafe E4

Ausgehen & Nachtleben

11 Chamois Bar & Grill F5

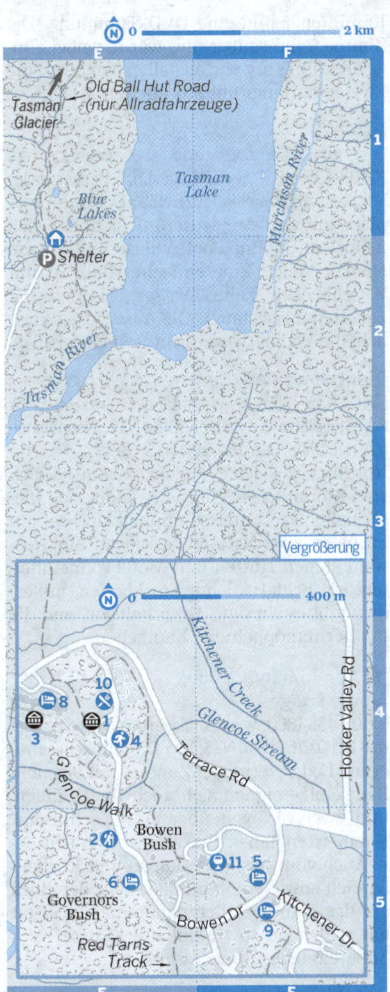

Kea Point Track
WANDERN

Auf dem Weg zum Kea Point (vom Mount Cook Village hin & zurück 2 Std.) wachsen viele endemische Pflanzen. Er endet an einer Plattform mit toller Sicht auf den Aoraki, das Hooker Valley und die vereisten Hänge des Mount Sefton und des Footstool. Die Chance, unterwegs einen Kea zu erspähen, ist aber nicht größer als anderswo im Park.

Wintersport

Southern Alps Guiding
KLETTERN, WINTERSPORT

(☎03-435 1890; www.mtcook.com; Old Mountaineers' Cafe, 3 Larch Grove Rd) Hier finden Einführungskurse für Kletterer und Bergwanderer statt, außerdem lassen sich Skitouren sowie (ganzjährig) drei- bis vierstündige Skitouren mit Helikopterflug auf den Tasman Glacier (495 NZ$) buchen.

Von Juni bis Oktober können Heliskifahrer vom Tasman Glacier eine 10 bis 12 km lange Route abfahren (3 Abfahrten, ab 895 NZ$). Auch eine Variante mit dem Ski-Flugzeug (2 Abfahrten, ab 895 NZ$) ist im Angebot.

Alpine Guides
KLETTERN

(☎03-435 1834; www.alpineguides.co.nz; 98 Bowen Dr, Mt Cook Village) Klettertouren mit einem Bergführer und Kurse für Bergsportler, aber auch Skitouren samt Helikopterflug finden sich im Programm der Firma. In ihrem Geschäft im Hotel Hermitage sind auch Outdoorkleidung und Bergsportausrüstung erhältlich. Eispickel, Steigeisen, Tagesrucksäcke und Schlafsäcke können geliehen werden.

Weitere Aktivitäten

Glacier Kayaking
KAJAKFAHREN

(☎03-435 1890; www.mtcook.com; Old Mountaineers' Cafe, Bowen Dr; pro Pers. 155 NZ$; ⏲Okt.–April) Die geführten Touren eignen sich für Paddler, die schon öfters gepaddelt sind. Sie führen zum Gletscherendsee des Tasman Glacier, manchmal auch des Mueller Glacier. Höhepunkt ist natürlich das Paddeln um einen Eisberg. Aber auch wenn gerade keine Eisberge im See schwimmen: Es ist ein unglaubliches Erlebnis, an diesem ungewöhnlichen Ort mit dem Kayak unterwegs zu sein. Die Guides erzählen unterwegs viel zu den Themen Gletscher und Geologie. Insgesamt ist man rund zwei Stunden auf dem Wasser; gebucht wird im Old Mountaineers' Cafe (S. 385).

Big Sky
STERNGUCKEN

(☎0800 686 800; www.hermitage.co.nz; The Hermitage, Terrace Rd; Erw./Kind 65/32,50 NZ$; ⏲Okt.–April 21.30 Uhr, Mai–Sept. 20.30 Uhr) Der südliche Sternenhimmel über Neuseeland wird den Besuchern im Rahmen einer 45-minütigen Präsentation im digitalen Planetarium des Alpine Centre erklärt. Anschließend ziehen die Teilnehmer los, um mit Teleskopen, Ferngläsern und einem in Astronomie bewanderten Führer die Sterne im Freien zu studieren.

Glentanner Horse Trekking
REITEN

(☎03-435 1855; www.glentanner.co.nz; Glentanner Park Centre, SH80; 1/2/3-Std.-Ausritte 70/90/150 NZ$; ⏲Nov.–April) Angeboten werden

Ausritte mit einem Führer auf einer Schaffarm im Hochland, geeignet für Anfänger wie passionierte Reiter.

Geführte Touren

Mount Cook Ski Planes PANORAMAFLÜGE
(☎03-430 8026; www.mtcookskiplanes.com; Mt Cook Airport) Das Unternehmen am Fuß des Mount Cook Airport bietet 45-minütige (Erw./Kind 425/310 NZ$) und 55-minütige (Erw./Kind 560/425 NZ$) Flüge an, beide mit einer Zwischenlandung im Schnee. Die Variante ohne Zwischenlandung, „Flightseeing" genannt, ist billiger. Empfehlenswert sind der Mini Tasman Trip (Erw./Kind 245/200 NZ$; 25 Min.) oder der Alpine Wonderland Trip (Erw./Kind 310/250 NZ$), bei dem die Teilnehmer 45 Minuten unterwegs sind.

Glacier Explorers BOOTSAUSFLUG
(☎03-435 1641; www.glacierexplorers.com; The Hermitage, Terrace Rd; Erw./Kind 155/77,50 NZ$; ⏲Sept.–Mai) Mit kleinen Booten geht es auf den Endsee des Tasman Glacier, wo man Eisbergen und imposanten Moränenzügen sehr nahe kommt. Die Tour schließt einen kurzen Fußmarsch ein. Buchen kann man am Aktivitäten-Schalter im Hotel Hermitage.

Tasman Valley 4WD & Argo Tours TOUR
(☎0800 686 800; www.mountcooktours.co.nz; Erw./Kind 79/39,50 NZ$) Auf dem Programm stehen ganzjährig 1½-stündige Argo-Touren (kleine Geländewagen mit acht Rädern), auf denen die Teilnehmer den Tasman Glacier sowie den Endsee mit seiner ganz eigenen Bergflora kennenlernen. Die Erklärungen unterwegs sind sehr interessant. Man kann die Fahrten übers Internet buchen oder auch am Aktivitäten-Schalter im Hermitage.

Helicopter Line PANORAMAFLUG
(☎03-435 1801; www.helicopter.co.nz; Glentanner Park, Mt Cook Rd) Das Unternehmen bietet vom Glentanner Park aus 20-minütige sogenannte „Alpine Vista flights" (235 NZ$) an, Flüge über die Ben Ohau Range (355 NZ$; 35 Min.) und einen 40-minütigen „Mountains High flight" über den Tasman Glacier und den Aoraki/Mount Cook (450 NZ$). Bei allen Flügen wird eine Zwischenlandung im Schnee eingelegt.

Schlafen

Mount Cook YHA HOSTEL $
(☎03-435 1820; www.yha.co.nz; 4 Bowen Dr; B/DZ 38/137 NZ$; 📶) 🍃 Das hervorragende, mit viel Kiefernholz gestaltete Hostel bietet eine Gratis-Sauna, einen Trockenraum, ein Kaminfeuer und eine DVD-Sammlung. Die Zimmer sind sauber und warm, wobei einige allerdings arg eng ausfallen (vor allem die Zweibettzimmer mit Stockbetten).

DOC White Horse Hill Campground CAMPINGPLATZ $
(☎03-435 1186; www.doc.govt.nz; Hooker Valley Rd; Stellplatz Erw./Kind 10/5 NZ$) Der Campingplatz mit Selbstregistrierung befindet sich 2 km vom Mount Cook Village entfernt im Hooker Valley. Eine einfache Hütte ist mit Waschbecken (kaltes Wasser), Tischen und Toiletten ausgestattet. Die Aussicht ist herrlich, die Wanderwege nicht weit entfernt.

Glentanner Park Centre FERIENPARK $
(☎03-435 1855; www.glentanner.co.nz; Mt Cook Rd; Stellplätze 22–25 NZ$, B 32 NZ$, Wohneinheiten mit/ohne Bad 180/100 NZ$; @📶) 🍃 Am Nordufer des Lake Pukaki, 22 km südlich vom Mount Cook Village, befindet sich dieser voll ausgestattete Campingplatz, der am nächsten zum Nationalpark liegt. Zur Auswahl stehen Hütten und Motelwohneinheiten, ein Schlafsaal mit Stockbetten, außerdem gibt es ein Café. Unterhaltsam sind die frei herumhoppelnden Kaninchen.

★ **Aoraki/Mount Cook Alpine Lodge** LODGE $$
(☎03-435 1860; www.aorakialpinelodge.co.nz; Bowen Dr; DZ 169–240 NZ$; 📶) Die hübsche, moderne Lodge vermietet Zimmer mit eigenem Bad; einige eignen sich auch für Familien, und zwei verfügen über eine Kochnische. Die meisten haben eine schöne Aussicht.

Auch vom riesigen Lounge- und Küchenbereich sowie vom Grillplatz fällt der Blick auf das grandiose Bergpanorama. Nicht oft hat man eine so traumhafte Kulisse beim Zubereiten des Abendessens!

Hermitage HOTEL $$$
(☎03-435 1809; www.hermitage.co.nz; Terrace Rd; Zi. 215–510 NZ$; @📶) Das berühmte Hotel mit herrlichem Bergblick beherrscht das gesamte Mount Cook Village. Die Flure in den älteren Flügeln erinnern teilweise ein bisschen an die eines Krankenhauses, aber dafür entschädigen die renovierten Zimmer, die nun einen ganz ordentlichen Standard aufweisen. Neben dem Geschäft und dem Sir Ed Alpine Centre stehen den Gästen hier auch noch drei Speiselokale zur Auswahl – von günstig bis gehoben.

Aoraki Court Motel MOTEL $$$
(☎03-435 1111; www.aorakicourt.co.nz; 26 Bowen Dr; DZ 185–265 NZ$) Die Ansammlung moder-

ner Motelwohneinheiten mit schöner Aussicht ist pfiffig, wobei die Preise anderswo nicht angebracht wären. Ornamenttapeten peppen die Einrichtung auf, die gefliesten Bäder zeigen ein paar Designelemente. Zu einigen Wohneinheiten gehört sogar ein Bad mit Whirlpool. Fahrräder können ausgeliehen werden.

Essen & Ausgehen

Old Mountaineers' Cafe CAFÉ **$$**
(www.mtcook.com; Bowen Dr; Frühstück 10–15 NZ$, Mittagessen 14–26 NZ$, Abendessen 18–35 NZ$; Nov.–April tgl. 10–21 Uhr, Mai & Juli–Okt. Di–So 10–21 Uhr;) Das beste Lokal im Dorf mit Büchern, Erinnerungsstücken und Bergblick durch die großen Panoramafenster animiert seine Gäste zum gemütlichen Verweilen. Auf der Speisekarte – mit Biozutaten von Produzenten aus der Region – stehen Pies mit Lachs und Speck, Burger und Pizzas, und fürs Frühstück mit warmen Speisen wird ausgiebig der Kochlöffel geschwungen.

Chamois Bar & Grill PUB
(www.mountcookbackpackers.co.nz; Bowen Dr; 16 Uhr bis spätabends) In der großen Bar im Obergeschoss der Mount Cook Backpacker Lodge kann man seinen Hunger mit Kneipengerichten (Gericht 15–30 NZ$) stillen, außerdem sorgen ein Billardtisch, ein Fernseher mit riesigem Bildschirm und gelegentlich Livemusik für Unterhaltung. Aber an erster Stelle steht für alle Gäste ganz klar die tolle Aussicht.

Praktische Informationen

Das **DOC Visitor Centre** (S. 581) ist die beste Quelle für Informationen über die Region. Der nächste Geldautomat und ein Supermarkt befinden sich in Twizel.

An- & Weiterreise

Der kleine Flughafen von Mount Cook Village wird nur für Panoramaflüge genutzt. Einige Anbieter sind manchmal bereit, den Aussichtsflug mit einem Transport zur West Coast, d. h. zum Franz Josef Glacier, zu verbinden. Ob überhaupt

NICHT VERSÄUMEN

TASMAN GLACIER

Der 29 km lange und bis zu 4 km breite **Tasman Glacier** (www.doc.govt.nz) ist der größte Gletscher Neuseelands, der jedoch in einem solch dramatischen Ausmaß abschmilzt, dass er pro Jahr Hunderte Meter an Länge verliert. Da er auch an der Oberfläche schmilzt, hat seine Eisschicht seit seiner Entdeckung 1891 bereits rund 150 m Dicke eingebüßt. Im unteren Bereich wurden durch den Rückzug Felsen, Steine und Felsblöcke freigelegt, die nun auf dem Eis eine unansehnliche Schicht bilden und durch ihre dunkle Farbe den Schmelzprozess noch beschleunigen. Trotz dieses beträchtlichen Rückgangs weist die dickste Eisstelle schätzungsweise aber noch immer gut 600 m auf.

Lake Tasman am Fuß des Gletschers hat sich erst zu Beginn der 1970er-Jahre gebildet und erstreckt sich nun über 4 km. Aufgrund des fortschreitenden Klimawandels ist damit zu rechnen, dass er in den nächsten 20 Jahren die doppelte Ausdehnung erreichen wird. Der See ist von einem Labyrinth aus riesigen Eisbergen bedeckt, die ständig am Ende der Gletscherzunge abbrechen. Am 22. Februar 2011 brach durch das Erdbeben von Christchurch ein 1,3 km langes, 300 m hohes, 30 Mio. t schweres Eisstück ab. Der Abbruch löste wiederum bis zu 3,5 m hohe Wellen auf dem See aus, die gefährlich auf die Touristenboote zurollten; zu Schaden kam zum Glück niemand. Trotz des dramatischen und gefährlichen Ereignisses werden auf dem Tasman Lake weiterhin Kajakfahrten angeboten, u. a. von Glacier Kayaking (S. 583) .

Bei seinem letzten großen Vorstoß vor 17 000 Jahren Richtung Süden schürfte der Gletscher das Becken des Lake Pukaki aus. Da bei einem späteren Vorschub die Gletscherzunge nicht mehr so breit wie das Tal war, besteht nun eine Spalte zwischen den äußeren Talwänden und den Seitenmoränen dieses späteren Vorstoßes. Die unbefestigte Tasman Valley Road, die von der Mount Cook Road 800 m südlich vom Mount Cook Village abzweigt, verläuft durch diese Spalte.

Von der Blue Lakes Hut, 8 km weiter an der Straße, führt der **Tasman Glacier View Track** (30 Min. hin & zurück) endlose Treppenstufen zu einem durchaus lohnenden Aussichtspunkt auf der Moräne; unterwegs kann man noch einen Abstecher zum Blue Lake unternehmen.

geflogen werden kann, hängt stark von den jeweiligen Wetterbedingungen ab.

Autofahrer sollten unbedingt in Lake Tekapo oder Twizel ihr Auto auftanken. Es gibt zwar Benzin in Mount Cook, aber das ist erstens teuer, und zweitens muss man (gegen Gebühr natürlich) einen „Tankwart" aus dem Hermitage kommen lassen.

Cook Connection (☎ 0800 266 526; www.cookconnect.co.nz) bietet Busverbindungen zum Lake Tekapo (38 NZ$, 1½ Std.) und nach Twizel (27 NZ$, 1 Std.) an.

Busse von Daily InterCity steuern die unten aufgeführten Fahrziele an. Sie halten am YHA und am Hermitage, wo jeweils Fahrten gebucht werden können.

REISEZIEL	FAHRPREIS AB	FAHRZEIT (STD.)
Christchurch	67 NZ$	5¼
Cromwell	59 NZ$	2¾
Geraldine	38 NZ$	3
Lake Tekapo	30 NZ$	1½
Queenstown	64 NZ$	4

Dunedin & Otago

➡ Inhalt

Gut essen

- Riverstone Kitchen (S. 597)
- Fleur's Place (S. 599)
- No 7 Balmac (S. 607)
- Bracken (S. 606)
- Otago Farmers Market (S. 605)

Schön übernachten

- Pen-y-bryn Lodge (S. 596)
- Oliver's (S. 620)
- Pitches Store (S. 617)
- Old Bones Backpackers (S. 596)
- Kiwi's Nest (S. 604)

Auf nach Dunedin & Otago!

Otago birgt städtische wie ländliche Highlights – von idyllischen Ortschaften bis hin zu Weingütern von Weltklasse und ein paar der am besten zugänglichen Naturschutzgebiete des Landes. Im historischen Herzen Otagos liegt Dunedin mit einer lebhaften Studentenkultur und Kunstszene. Vom stattlichen edwardianischen Bahnhof Dunedins fährt die berühmte Taieri Gorge Railway landeinwärts. Dort erwartet einen eine Radtour auf dem zerklüfteten, malerischen Otago Central Rail Trail.

Wer auf der Suche nach dem kolonialen Neuseeland ist, kann in die grenzstädtische Atmosphäre alter Goldgräberortschaften wie Clyde, St Bathans, Naseby und des niedlichen Ophir eintauchen. Natur pur findet man auf der Otago Peninsula, wo sich jede Menge Pinguine, Albatrosse, Seelöwen und Seebären tummeln. Und das am Meer gelegene Oamaru hat ein wundervolles historisches Viertel, Pinguinkolonien und einen merkwürdigen Hang zur Steampunk-Kultur zu bieten.

Das gemütliche Otago steckt voller malerischer Landschaften und hat Reisenden, die es gerne gemächlich angehen lassen, jede Menge zu bieten.

Reisezeit

- Im Februar und März herrscht normalerweise ruhiges, sonniges Wetter, und es locken saftig-frische Aprikosen, Pfirsiche und Kirschen.
- Zu Ostern angelt man sich beim Middlemarch Singles Ball einen „Southern Man" oder ertränkt beim Clyde Wine & Food Festival seinen Kummer.
- In ruhigeren Monaten , z. B. im September lädt der Otago Central Rail Trail zu einer Radtour ein.
- Im November beobachtet man die Profis draußen im Highlands Motorsport Park und radelt dann bei den Victorian Heritage Celebrations in Oamaru mit dem Hochrad in die Vergangenheit.

An- & Weiterreise

Air New Zealand (☎ 0800 737 000; www.airnewzealand.co.nz) fliegt von Dunedin nach Christchurch, Wellington und Auckland, **Jetstar** (☎ 0800 800 995; www.jetstar.com) nach Wellington und Auckland.

Die einzigen Zugverbindungen sind die **Museumsbahnen** (S. 603) von Dunedin nach Middlemarch und von Dunedin nach Palmerston.

Die wichtigsten Busverbindungen führen über den SH 1 oder den SH 8.

WAITAKI DISTRICT

Der breite, verästelte Waitaki River bildet im Norden von Otago die Grenze zu Canterbury. Durch das Waitaki Valley führt eine direkte, aber weniger befahrene Route von den Neuseeländischen Alpen zum Meer, an der man spektakuläre Kalksteinformationen, Felsmalereien der Māori und Fossilien zu sehen bekommt. Die Gegend ist zudem eine der jüngsten Weinbauregionen Neuseelands, und ein großer Abschnitt des neuen Alps 2 Ocean Cycle Trail (S. 578) verbindet den Aoraki/Mount Cook National Park mit Oamaru an der Küste. In der wichtigsten Stadt des Distrikts, Oamaru, gibt es viele Pinguine und herrliche historische Gebäude.

An- & Weiterreise

Auf dem Weg von Christchurch nach Dunedin und Te Anau halten Busse in Oamaru und Moeraki. Weitere Busverbindungen führen auf der Strecke zwischen Queenstown/Wanaka und Christchurch via Omarama. Durch das Waitaki Valley verkehren keine Busse.

Die einzige Bahnverbindung ist die Seasider-Route zwischen Dunedin und Oamaru.

Omarama

267 EW.

Omarama am Beginn des Waitaki Valley ist umgeben von Bergketten und märchenhaften Landschaften. Das verschlafene Nest erwacht jedes Jahr beim Rodeo (28. Dez.) und zur Schäferhundeprüfung (März) zum Leben.

Sehenswertes & Aktivitäten

Clay Cliffs Paritea AREAL
(Henburn Rd; Fahrzeuge 5 NZ$) Die bizarre Mondlandschaft ist das Ergebnis einer 2 Mio. Jahre dauernden Erosion der Schlick- und Schotterschichten, die an der aktiven Ostler-Verwerfungslinie freigelegt wurden. Die Klippen liegen auf privatem Land, und bevor man sich auf den Weg macht, zahlt man bei Omarama Hot Tubs einen Eintritt für sein Fahrzeug. Vom Ort fährt man 3 km Richtung Norden auf dem SH 8, biegt dann links in die Quailburn Road und nach 3 km wieder links in die unbefestigte Henburn Road ein.

Wrinkly Rams FARM
(☎ 03-438 9751; www.thewrinklyrams.co.nz; 24–30 Omarama Ave/SH 8; Erw./Kind 20/10 NZ$) Bei Wrinkly Rams halten regelmäßig Reisebusse. Veranstaltet werden 30-minütige Shows, bei denen Schafe geschoren, Schäferhunde vorgeführt und je nach Saison auch Lämmer gefüttert werden. Man sollte vorab anrufen, um sich einer Reisegruppe anzuschließen oder eine eigene Show buchen. Zu dem Hof gehört auch eines der besseren **Cafés** (Gerichte 10–25 NZ$; ⏱ 7–16.30 Uhr; 📶) von Omarama.

Omarama Hot Tubs SPA
(☎ 03-438 9703; www.hottubsomarama.co.nz; 29 Omarama Ave/SH 8; Wanne 1/2/3/4 Pers. 52/90/114/136 NZ$, Badehaus

KURZINFOS: DUNEDIN & OTAGO

Essen Käse aus der Whitestone-Käserei in Oamaru

Trinken Pinot Noir aus dem zentralen Otago.

Lesen *Wenn Eulen schrein* von Janet Frame aus Oamaru

Hören *Tally Ho! Flying Nun's Greatest Bits, ein Sampler aus dem Jahr* 2011 anlässlich des 30. Jubiläums von Dunedins Kult-Musiklabel

Anschauen *Als das Meer verschwand* (2004), das im zentralen Otago spielt

Mitfeiern Ende November die Victorian Heritage Celebrations in Oamaru

Ökologisch reisen Auf vorsichtiger Pirsch nach Gelbaugenpinguinen an den Stränden der Otago Peninsula

Infos im Internet www.dunedinnz.com, www.centralotagonz.com

Vorwahl ☎ 03

Highlights

1 **Oamaru** (S. 593) Kulturerbe und futuristische Steampunk-Elemente erleben

2 **Otago Peninsula** (S. 610) Pinguine, Albatrosse und Seehunde erspähen

3 **Ophir** (S. 616) Neuseelands Goldgräbervergangenheit in einem urigen Provinznest nachspüren

4 **Cromwell** (S. 621) Einige der weltbesten Pinot Noir in den Weingütern der südlichen Anbaugebiete verkosten

5 **Dunedin** (S. 599) In den Bars und Cafés neuseeländische Biere verkosten und dabei den Klängen einheimischer Bands zuhören

6 **Otago Central Rail Trail** (S. 620) Auf einer stillgelegten Bahnstrecke radeln und herrliche Ausblicke auf die braungoldene Landschaftsidylle genießen

7 **Taieri Gorge Railway** (S. 603) auf kurvenreichen Trassen Schluchten, Canyons und hohe Viadukte passieren

75/140/180/200 NZ$; ⏲ 11 Uhr bis open end) Wer nach dem Wandern oder Mountainbiken seine müden Beine entspannen oder sich einfach nur herumräkeln möchte, für den sind diese mit Holzfeuer beheizten Badewannen genau das Richtige. Zur Auswahl stehen ein 90-minütiges Bad in einer Wanne (jeweils mit Umkleidekabine) oder eine zweistündige Sitzung im Wellness-Badehaus, das auch eine Sauna hat.

Das Gletscherschmelzwasser aus den Bergen ist frei von Chemikalien und wird nach jeder Benutzung gewechselt. Das Brauchwasser wird anschließend umweltfreundlich zur Bewässerung genutzt.

Das Konzept ist zwar japanisch, aber nahe Bergketten wie diese, eine solche Lage am See und einen so makellosen Nachthimmel findet man nur auf der neuseeländischen Südinsel. Es gibt auch therapeutische Massagen (30/60 Min. 60/100 NZ$).

Glide Omarama SEGELFLIEGEN
(☎ 03-438 9555; www.glideomarama.com) Dank der Westwinde und warmen Sommeraufwinde eignet sich diese Region super zum Segelfliegen über die Hügel und die spektakulären Neuseeländischen Alpen. Im Dezember oder Januar findet hier ein nationales Segelfliegertreffen statt. Dieser Veranstalter bietet Kurse und Panoramaflüge von 30 Minuten (345 NZ$) bis zu zweieinhalb Stunden (745 NZ$) an.

Schlafen & Essen

Buscot Station FARMSTAY, HOSTEL $
(☎ 027 222 1754; SH 8; Stellplatz/B/EZ/DZ 10/25/40/60) Ein komplett anderes, einmalig neuseeländisches Erlebnis verspricht ein Aufenthalt auf dieser familiären Farm mit großer Schaf- und Rinderzucht. Es gibt Zimmer im Haupthaus und Betten in einem großen Schlafsaal hinter dem Haus. Der Ausblick auf Sonnenuntergänge von hieraus ist herrlich und die großen Ländereien bieten jede Menge Möglichkeiten zur stillen Erkundung der Umgebung. Zu finden am SH 8, 10 km nördlich von Omarama.

Omarama Top 10 Holiday Park FERIENPARK $
(☎ 03-438 9875; www.omaramatop10.co.nz; 1 Omarama Ave (SH 8); Stellplatz 35–40 NZ$, Wohneinheit mit/ohne Bad 115/58 NZ$; @ 🛜) Die Einrichtungen in diesem Ferienpark, der sich zwischen der Schnellstraße und einem Bachlauf befindet sind wirklich gut in Schuss; die Standardhütten sind klein, aber fein; außerdem gibt es noch größere, in sich abgeschlossene Motelzimmer mit jeweils einem eigenen Bad.

Ladybird Hill MODERN-NEUSEELÄNDISCH $$
(☎ 03-438 9550; www.ladybirdhill.co.nz; 1 Pinot Noir Ct; Mittagessen 16–24 NZ$, Abendessen 28–33 NZ$; ⏲ Mi 10–16, Aug.–Mai Do–So 10–22 Uhr) Man kann es sich natürlich leicht machen und einfach ein Mittagessen à la carte bestellen. Oder man schnappt sich eine Angel, fängt sich in den gut bestückten Teichen den Lachs seiner Wahl (ca. 49 NZ$) und wartet, bis er fertig zubereitet, sprich geräuchert oder als Sashimi (55 NZ$ für mehrere Pers.) serviert wird. Außerdem gibt es auch einen tollen Kinderspielplatz und Wanderwege durch die Weinberge.

DIE MĀORI IN DUNEDIN & OTAGO

Die frühe Geschichte der Māori in Otago entspricht jener in Canterbury (S. 539): Die Ngāi Tahu waren der herrschende Stamm zu der Zeit, als die Briten ins Land kamen. Eines der ersten Stücke Land, das die Ngāi Tahu verkauften, war der sogenannte Otago-Block, eine 1618 km² große Parzelle, die im Jahr 1844 für 2400 £ den Eigentümer wechselte. Der Name Otago leitet sich davon ab, wie die Ngāi Tahu Otakou aussprachen, den Namen eines kleinen Dorfes am äußersten Ende der Otago Peninsula, wo es noch immer ein *marae* (Māori-Versammlungshaus) gibt.

Das **Otago Museum** (S. 602) in Dunedin hat die beste Māori-Ausstellung der Südinsel; dazu gehören u. a. ein aufwendig geschnitztes *waka taua* (Kriegskanu) und eine kunstvoll bearbeitete *pounamu* (Nephrit-Jade). Im Waitaki Valley kann man Māori-Felskunst bestaunen.

Praktische Informationen

Omarama Hot Tubs (S. 589) fungiert gleichzeitig als Touristeninformation und hilft bei der Buchung von Unterkünften bzw. gibt Auskunft zu Verkehrsmitteln. Weitere Infos siehe www.discoveromarama.co.nz

An- & Weiterreise

Atomic Shuttles (☎ 03-349 0697; www.atomictravel.co.nz) Die Busse machen in Omarama kurz Pause, bevor sie weiter nach Christchurch (35 NZ$, 4 Std.), Lake Tekapo (20 NZ$, 1 Std.), Twizel (20 NZ$, 20 Min.), Cromwell (25 NZ$, 1½ Std.) und Queenstown (30 NZ$, 2¼ Std.) fahren.

InterCity (☎ 03-471 7143; www.intercity.co.nz) Zwei Reisebusse fahren täglich nach/ab Christchurch (ab 42 NZ$, 5¾ Std.), Twizel (ab 13 NZ$, 19 Min.), Cromwell (ab 23 NZ$, 1½ Std.) und Queenstown (ab 32 NZ$, 2½ Std.), einer fährt nach/ab Mount Cook Village (70 NZ$, 1¼ Std.).

Naked Bus (www.nakedbus.com; prices vary) Zwei Verbindungen täglich nach/ab Christchurch (5¾ Std.), zum Lake Tekapo (1½ Std.) und nach Cromwell (2½ Std.); eine endet in Queenstown (3¼ Std.), eine weitere in Wanaka (1¾ Std.).

Waitaki Valley

Wein, Wasserski und Lachsangelstellen sind nur einige der Anreize dieser wenig befahrenen Route. Hinter Omarama führt der SH 83 an einigen tiefblauen Stauseen vorbei. Für einen malerischen Abstecher am Nordufer verlässt man bei Otematata den Highway und fährt über den großen Benmore Dam; über den Aviemore Dam geht es dann wieder zurück auf den Highway.

Eine Reihe verschlafener kleiner Ortschaften mit alten Bankgebäuden und Kneipen säumt den Highway. Eine der reizendsten ist das winzige **Kurow** (302 Ew.), in dem scheinbar die Zeit stehen geblieben ist. Von hier stammt Richie McCaw, der einstige Mannschaftskapitän der All Blacks, der Rugby-Weltmeister. Vom fast ebenso niedlichen **Duntroon** (90 Ew.) können abenteuerlustige (und angemessen versicherte) Fahrer über die nicht asphaltierte Straße über den Danseys Pass nach Naseby fahren.

Obwohl es noch lange dauern wird, bis die wenigen Weinbau-Pioniere im Waitaki Valley weltweit den gleichen guten Ruf haben werden wie ihre Kollegen jenseits der Berge in Central Otago, haben sie mit ihren Weinen doch schon internationale Experten auf sich aufmerksam gemacht.

Sehenswertes

Kurow

Kurow Heritage & Information Centre MUSEUM
(☎ 03-436 0950; www.kurow.org.nz; 57 Bledisloe St; ⏲ Mo–Fr 9.30–16 Uhr) GRATIS Heute dreht sich zwar alles um Richie McCaw, aber Kurow hat noch einen anderen berühmten Sohn: Arnold Nordmeyer (1901–1989) war ein Vorsitzender der Labour Party und einer der Schlüsselarchitekten des Wohlfahrtsstaats und des öffentlichen Gesundheitswesens in Neuseeland. Sein Werk wird in diesem interessanten Gemeindemuseum geehrt, das sich selbst scherzhaft als „National Museum of Social Security" bezeichnet.

Pasquale Kurow Winery WEINGUT
(☎ 03-436 0443; www.pasquale.co.nz; 5292 Kurow-Duntroon Rd/SH 83; ⏲ Nov.–März 10–16 Uhr) Das beeindruckendste Weingut im Tal produziert Pinot Noir, Pinot Gris und Riesling sowie weniger verbreitete sortenreine Weine wie Gewürztraminer, Arneis und Viognier. Einfach vorbeikommen und die Weinprobe (10 NZ$, wird bei Weinkauf zurückerstattet) mit Antipasti und Käse genießen!

Duntroon & Umgebung

Takiroa Māori Rock Painting Site ARCHÄOLOGISCHE STÄTTE
GRATIS Die gut ausgeschilderte Stätte mit jahrhundertealten Zeichnungen von mystischen Wesen, Tieren und sogar einem Segelschiff versteckt sich 3 km westlich von Duntroon in den Klippen am Highway.

Maerewhenua Māori Rock Painting Site ARCHÄOLOGISCHE STÄTTE
(Livingstone-Duntroon Rd) GRATIS Die von einem imposanten Kalksteinhang geschützte Stätte umfasst Kohle- und Ocker-Felsmalereien, die noch vor der Ankunft der Europäer in Neuseeland entstanden sind. Von Duntroon geht es Richtung Osten und hinter dem Maerewhenua River die erste Abzweigung nach rechts; die Stätte liegt 400 m weiter links.

Vanished World Centre MUSEUM
(www.vanishedworld.co.nz; 7 Campbell St, Duntroon; Erw./Kind 10 NZ$/frei; ⏲ Nov.–März tgl. 10–16.30 Uhr, April–Okt. 10.30–16 Uhr) Vielleicht gäbe es nicht so viele schlechte Delfin-Tatoos und Filme mit tanzenden Pinguinen, wenn mehr Leute dieses kleine, aber interessante, von Freiwilligen betriebene Zentrum in Duntroon besuchen würden. Denn wenn man erst die 25 Mio. Jahre alten Fossilien von mit haiartigen Zähnen bewehrten Delfinen und riesigen Pinguinen gesehen hat, wirken sie nicht mehr so niedlich.

Auf der Karte *Vanished World Trail* (6,50 NZ$) sind 20 verschiedene geologisch interessante Punkte im Waitaki Valley und an der Küste von North Otago verzeichnet.

Aktivitäten

Awakino Skifield SKIFAHREN

(☎021 890 584; www.skiawakino.com; Awakino Skifield Rd; tgl. Skipass Erw./Kind 50/25 NZ$) Hoch über Kurow liegt das Skigebiet von Awakino in einer Teilregion der neuseeländischen Wintersportszene, die sich für fortgeschrittene Anfänger lohnt, die es gerne etwas ruhiger angehen lassen (mit Pauschalarrangements fürs Wochenende inklusive Skipass).

Oamaru

12 900 EW.

Nichts in Oamaru bewegt sich schnell: Die Reisenden bummeln, die Einheimischen schlendern und die Pinguine watscheln. Sogar die jüngst wiederauferstandenen altmodischen Verkehrsmittel – Hochräder und Dampflokomotiven – eilen mit Weile! Die meisten Reisenden kommen aber eindeutig wegen der Pinguine hierher, jedoch wenn man sich in Ruhe umschaut, spürt man auch die Exzentrik unter der Oberfläche brodeln. Kurz gesagt: Dies ist die coolste Stadt Neuseelands.

Unten am Wasser liegt ein Viertel mit einst vernachlässigten viktorianischen Gebäuden, in denen heute Querköpfe, Antiquare und Bohemiens aller Art Galerien, faszinierende Läden, hippe Locations und sogar ein „urbanes Weingut" betreiben. Am auffälligsten sind die Steampunks, deren Ästhetik stark auf die Vergangenheit ausgerichtet ist und die sich die Zukunft als ein „Morgen wie es sein sollte" ausmalen.

Das früher reiche und recht ambitionierte Oamaru war in seiner Glanzzeit in den 1880er-Jahren genauso groß wie das damalige Los Angeles in Amerika. Die Verschiffung von Kühlfleisch im großen Rahmen bescherte der Stadt den nötigen Wohlstand, um die imposanten Gebäude zu errichten, die heute die Thames Street zieren. Doch die Stadt übernahm sich und war am Ende des 19. Jhs. konkursreif.

Der wirtschaftliche Niedergang im 20. Jh. äußerte sich auch darin, dass die Abrissbirne, der so viele historische Stadtzentren im Land zum Opfer fielen, hier nicht mit so großer Hingabe geschwungen wurde. In den letzten Jahrzehnten haben dann pfiffige kreative Typen die Einmaligkeit der viktorianischen Straßen Oamarus als Möglichkeit zur Entfaltung von verrückten Ideen für sich neu entdeckt.

Sehenswertes

★ **Zwergpinguinkolonie** VOGELRESERVAT

(☎03-433 1195; www.penguins.co.nz; 2 Waterfront Rd; ⏲10 Uhr bis 2 Std. vor Sonnenuntergang) In einem alten Steinbruch nahe dem Ufer Oamarus kann man abends immer beobachten, wie die kleinen Lümmel auf und im Wasser dahinflitzen und ans Ufer watscheln. Zu beiden Seiten der Stelle sind Ausgucke (Erw./Kind 28/14 NZ$) aufgestellt, von denen man einen guten Blick auf die Watschelroute hat; es gibt einen Top-Ausguck (40/20 NZ$) noch näher am Geschehen; dieser ist über einen Bohlenweg, der direkt durch das Brutgebiet führt, erreichbar.

Im November und Dezember sieht man die meisten Pinguine (bis zu 250), von März bis August sind es manchmal nur zehn bis 50. Die Pinguine kommen immer gruppenweise an Land, und es dauert etwa eine Stunde, bis sie alle am Ufer sind. Die besten Zeiten zur abendlichen Beobachtung erfährt man bei der Touristenformation i-SITE. Das Fotografieren ist verboten, und man sollte sich warm anziehen.

Wer sich für das Artenschutzprogramm des Zentrums und seine Erfolge in Sachen Wachstum der Pinguinpopulation interessiert, sollte tagsüber die Führung „Hinter den Kulissen" mitmachen (Erw./Kind ohne Führung 10/5 NZ$, mit Führung 16/8 NZ$). Es gibt auch Kombipakete für die Führung tagsüber und das Beobachten der Pinguine am Abend.

Unter keinen Umständen sollte man abends auf den Felsen am Meer herumklettern, um nach Pinguinen zu suchen. Das zerstört ihren Lebensraum und verfälscht die Studien über den Einfluss der Menschen auf die Tiere.

★ **Victorian Precinct** VIERTEL

Die nur aus ein paar Blocks rund um die Harbour und die Tyne Street bestehende stimmungsvolle Enklave umfasst einige der am besten erhaltenen viktorianischen Geschäftsgebäude Neuseelands. In einer dunklen, nebligen Nacht könnte man glatt glauben, in einem Roman von Dickens gelandet zu sein. Von hier kommt aber auch alles Hippe, Coole und Freakige in Oamaru, und das Viertel ist einer der witzigsten Orte für einen Schaufensterbummel auf der ganzen Südinsel.

Wer tagsüber hier durch die Straßen zieht, entdeckt Antiquariate, Antiquitätenläden, Galerien, Vintage-Läden, schräge

Souvenirläden, Kunstateliers, altmodische Süßwarenläden und Buchbinder.

Abends findet man ein paar tolle kleine Bars vor, und man sieht vielleicht sogar einmal einen Pinguin durch die Straßen watscheln – wirklich!

In dem Viertel ist sonntags am meisten los, wenn der tolle Bauernmarkt von Oamaru in vollem Schwange ist. Einige Läden und Attraktionen sind montags geschlossen. Zurzeit entsteht hier auch ein brandneues Kulturerbe-Zentrum; aktuelle Auskünfte zum Fortschritt der Bauarbeiten erteilt die örtliche i-SITE.

Yellow-Eyed Penguin Colony VOGELRESERVAT (Bushy Beach Rd) GRATIS Die größeren und viel selteneren Gelbaugenpinguine kommen regelmäßig am späten Nachmittag am Bushy Beach an Land, um ihre Jungen zu füttern. Zum Schutz dieser gefährdeten Tiere ist der Strand ab 15 Uhr gesperrt. Trotz ihres Māori-Namens *hoiho* (lautes Gebrüll) sind sie extrem scheu. Wenn sie jemanden sehen oder hören, laufen sie sofort wieder ins Wasser, und die Jungtiere bleiben hungrig zurück.

Es gibt aber versteckte Unterstände in den Klippen (für eine ordentliche Sicht

Oamaru

Highlights
1 Blue Penguin Colony ... D4
2 Victorian Precinct ... A5

Sehenswertes
3 Forrester Gallery ... A4
4 Friendly Bay Playground ... B5
5 North Otago Museum ... C2
6 Oamaru Public Gardens ... B2
7 St Patrick's Basilica ... C1
Steampunk HQ ... (s. 10)
8 Thames St ... C2
9 Yellow-Eyed Penguin Colony ... D5

Aktivitäten, Kurse & Touren
10 Oamaru Steam & Rail ... A4
Penguins Crossing ... (s. 11)
11 Vertical Ventures ... A5

Schlafen
12 Highfield Mews ... C1
13 Oamaru Top 10 ... A2
14 Pen-y-bryn Lodge ... A3

Essen
15 Harbour St Bakery ... B5
16 Midori ... C2
17 Steam ... A4
18 Whitestone Cheese Factory ... C1

Ausgehen & Nachtleben
19 Birdlands ... A5
20 Criterion Hotel ... A4
21 Scott's Brewing Co ... A5

Unterhaltung
22 Penguin Club ... B5

braucht man ein Fernglas). Die beste Zeit, um sie zu sehen, ist zwei Stunden vor Sonnenuntergang.

Thames Street VIERTEL
Oamarus Hauptstraße ist so breit, weil hier früher Ochsenkarren wendeten. Die Ansprüche der Stadt gipfelten in einer Reihe prächtiger Gebäude aus milchigem lokalem Kalkstein (Oamaru-Stein oder Whitestone genannt), deren Architektur sich an der Mode jener Zeit orientierte – vor allem der Klassizismus ist stark vertreten.

Eindrucksvolle Beispiele sind die Forrester Gallery (Nr. 9, erbaut 1883), die ANZ Bank (Nr. 11, 1871), das Gebäude des Waitaki District Council (Nr. 20, 1883), das North Otago Museum (Nr. 60, 1882), das Gerichtsgebäude (Nr. 88, 1883) und schließlich auch die Oper (Nr. 92, 1907).

Steampunk HQ GALERIE
(027 778 6547; www.steampunkoamaru.co.nz; 1 Itchen St; Erw./Kind 10/2 NZ$; 10–17 Uhr) In dem faszinierenden Kunstprojekt zu Ehren der Steampunk-Kultur kann man eine alternative Vergangenheit entdecken – oder vielleicht sogar auch eine skurrile Version der Zukunft. Alte Maschinen keuchen und prusten; die Überbleibsel aus dem Industriezeitalter des letzten Jahrhunderts werden zu anderen Zwecken genutzt und erzeugen Gruseleffekte. Mit einer 2-NZ$-Münze kann man die Funken sprühende, spacige Lokomotive vor der Galerie zum Laufen bringen.

St Patrick's Basilica KIRCHE
(03-434 8543; www.cdd.org.nz/st-patrickoamaru; 64 Reed St) Wer schon einmal davon geträumt hat, mit eigenen Augen das Antike Rom zu sehen, sollte an den korinthischen Säulen vorbei diese prächtige (im Jahr 1873 erbaute) katholische Kirche betreten. Der berühmte Architekt Francis Petre hat mit der Errichtung dieser Kirche bis hin zur Kassettendecke und einer herrlichen Altarkuppel eine echte Zeitreise in die Vergangenheit ermöglicht.

Forrester Galerie GALERIE
(03-433 0853; www.culturewaitaki.org.nz; 9 Thames St; 10.30–16.30 Uhr) GRATIS Die in dem tempelartigen früheren Bankgebäude untergebrachte Galerie zeigt eine exzellente Sammlung regionaler und landesweiter Kunst. Dies ist der beste Ort, um sich Werke von Colin McCahon anzuschauen, einem der bedeutendsten modernen Künstler Neuseelands.

Oamaru Public Gardens PARK
(Severn St; Sonnenaufgang bis Sonnenuntergang) In dem im Jahr 1876 eröffneten schönen öffentlichen Park mit vielen Rasenflächen, plätschernden Wasserläufen, kleinen Brücken und einem Kinderspielplatz kann man an heißen Tagen wunderbar pausieren und einfach nur chillen.

North Otago Museum MUSEUM
(03-433 0852; www.culturewaitaki.org.nz; 58–60 Thames St; Mo–Fr 10.30–16.30, Sa & So 13–16.30 Uhr) GRATIS Hinter seiner klassizistischen Fassade zeigt das Museum Ausstellungen zur Geschichte der Māori und Pākehā (europäische Neuseeländer), zur Schriftstellerin Janet Frame, zur Architektur und zur Geologie.

Aktivitäten

Vertical Ventures RADFAHREN, KLETTERN
(☎03-434 5010; www.alps2oceancycletours.co.nz; 4 Wansbeck St) Hier kann man ein Mountainbike mieten (ab 45 NZ$ pro Tag) oder sich einem geführten Mountainbike-Trip anschließen, z. B. auf dem Alps 2 Ocean Cycle Trail (7 Tage inkl. Transport, Verpflegung & Unterkunft 2695 NZ$). Im Angebot sind auch Helibiking-Tagesausflüge (ab 415 NZ$). Für alle, die sich lieber vertikal fortbewegen, gibt es Klettertouren (ab 140 NZ$ pro Pers.).

Oamaru Steam & Rail ZUGFAHRT
(www.oamaru-steam.org.nz; Erw./Kind/Fam. einfache Strecke 5/2/12 NZ$, hin & zurück 8/3/20 NZ$; ⌚Okt.–April So 11–16.30 Uhr, Mai–Sept. So bis 15 Uhr) Sonntags kann man eine halbstündige Fahrt mit einer nostalgischen Dampflok vom Victorian Precinct zum Ufer machen.

Geführte Touren

Penguins Crossing NATUR
(☎03-477 9083; www.travelheadfirst.com; 4 Wansbeck St; Erw./Kind ab 65/25 NZ$) Die Tour zur Beobachtung der Zwerg- und Gelbaugenpinguinkolonien geht quasi ineinander über. Im Preis inbegriffen ist auch der Eintritt zur Beobachtung der Zwergpinguinkolonie.

Feste & Events

Victorian Heritage Celebrations KULTUR
(www.vhc.co.nz; ⌚Mitte Nov.) Fünf Tage Kostümschau und als Höhepunkt ein großes Abschlussfest.

Schlafen

★**Old Bones Backpackers** HOSTEL $
(☎03-434 8115; www.oldbones.co.nz; Beach Rd; Zi. 95 NZ$, Wohnmobil 20 NZ$ p. Pers.; @☏) Rund 5 km südlich von Oamaru an der Küstenstraße bietet dieses erstklassige Hostel geräumige Zimmer rund um einen sonnigen Innenhof (kein Schlafsaal!). Wegen der einsamen Lage kann man hier so richtig gut entspannen, während von der anderen Straßenseite her das Geräusch der Meeresbrandung ans Ohr dringt; oder einfach eine der Badewannen (ab 50 NZ$ pro Session) buchen und unter dem Sternehimmel in höheren Sphären schwelgen!

Chillawhile Backpackers HOSTEL $
(☎03-437 0168; www.chillawhile.co.nz; 1 Frome St; B 28–32 NZ$, EZ/DZ ohne Bad 56/72 NZ$; ☏) In dem witzigen, bunten Hostel in einem zweistöckigen viktorianischen Haus kann man seiner Kreativität freien Lauf lassen. Gäste dürfen zeichnen, malen oder auf den verschiedenen Instrumenten musizieren – am besten wohlklingenden Soul!

Oamaru Top 10 Holiday Park FERIENPARK $
(☎03-434 7666; www.oamarutop10.co.nz; 30 Chelmer St; Stellplatz 36–44 NZ$, Wohneinheit mit/ohne Bad ab 105/73 NZ$; @☏) Der gut gepflegte, grasbewachsene Campingplatz mit Bäumen im hinteren Bereich liegt gleich neben dem öffentlichen Park. Die Standardhütten sind schlicht, aber es gibt hier auch noch viel schönere in sich abgeschlossene Wohneinheiten (in unterschiedlichen Komfortausführungen).

Highfield Mews MOTEL $$
(☎03-434 3437; www.highfieldmews.co.nz; 244 Thames St; Wohneinheiten ab 170 NZ$; @☏) Seit den 1960er- und 1970er-Jahren, als Motels kaum mehr als düstere Betonblocks waren, hat sich einiges geändert, wie das neue Highfield beweist. Die Wohneinheiten sind schicke Apartments mit Küche, Schreibtisch, Stereoanlage, Bad und Sitzmöbeln im Freien.

★**Pen-y-bryn Lodge** B&B $$$
(☎03-434 7939; www.penybryn.co.nz; 41 Towey St; Zi. 625–750 NZ$; ☏) Die weit gereisten Inhaber, Gourmets, haben das wunderschöne Haus aus dem Jahr 1889 wieder richtig zum Leben erweckt. Es gibt zwei Zimmer im Haupthaus, aber das dritte, kürzlich aufwendig renovierte Zimmer im Rückgebäude ist die beste Wahl. Vor dem Abendessen gibt es Drinks im mit Antiquitäten bestückten Salon, und man kann abends für 125 NZ$ pro Person ein feines Vier-Gänge-Menü im tollen Speisesaal genießen.

Essen

Steam CAFÉ $
(www.facebook.com/steamoamaru; 7 Thames St; Hauptgerichte 10–13 NZ$; ⌚Mo–Fr 7.30–16.30, Sa & So 8–15 Uhr; ☏) Hat sich auf Kaffee und Obstsäfte spezialisiert und bietet sich an, um frisch gemahlene Kaffeebohnen für unterwegs zu kaufen. Neben Crêpes beschränkt sich das Essen auf Sachen an der Theke: frisch gebackene Muffins, Croissants und Ähnliches.

Whitestone Cheese Factory FEINKOST, CAFÉ $
(☎03-434 8098; www.whitestonecheese.com; 3 Torridge St; Platten 7,50–15 NZ$; ⌚9–17 Uhr) Das Whitestone ist eine Institution in der kulinarischen Szene Oamarus und der Entste-

ABSTECHER

RIVERSTONE

Es lohnt sich, den 14 km langen Abstecher von Oamaru zu diesem eigentümlichen Komplex zu machen, der sich an dem unscheinbaren kurzen Stück des SH 1 zwischen der verästelten Mündung des Waitaki River und der Abzweigung zum SH 83 befindet.

In erster Linie befindet sich hier das **Riverstone Kitchen** (☎ 03-431 3505; www.riverstonekitchen.co.nz; 1431 SH 1, Waitaki Bridge; Frühstück 16–18 NZ$, Mittagessen 20–32 NZ$, Abendessen 32–35 NZ$; ⏲ Do–Mo 9–17 Uhr, Do–So 18 Uhr bis open end), ein elegantes Café-Restaurant, das alle anderen in Oamaru in den Schatten stellt. Ledersofas und polierte Betonböden bilden die Kulisse für eine moderne, aber nicht überkandidelte Speisekarte. Viele der Zutaten stammen aus dem großen Gemüsegarten des Slowfood-Restaurants (eindrucksvoll: unbedingt anschauen!) und auch Fisch und Fleisch – Wild, Schwein, Lachs und Rind – kommen aus der Region. Hier kann man zudem richtig gut brunchen: Es gibt ausgezeichneten Kaffee und die legendären Rühreier mit Trüffeln.

Direkt daneben, hinter einer auf alt getrimmten Ladenzeile, findet man das **Riverstone Country** (☎ 03-431 3872; 1431 SH 1, Waitaki Bridge; ⏲ 9–17 Uhr), dessen Regale bis obenhin mit Souvenirs, Kunsthandwerk, Haushaltswaren, künstlichen Blumen, Garten- und Weihnachtsschmuck gefüllt sind. Draußen ist eine Voliere, in der jede Menge Kanarienvögel, Loris und Meerschweinchen herumschwirren und -flitzen.

Schon das weist auf eine exzentrische Gesinnung hin, doch sollte man sich noch die Wasserburg hinter dem Komplex anschauen. Sind die letzten Arbeiten an den sechs Türmen, dem Wassergraben und der Zugbrücke einmal beendet, wollen die Eigentümer hier selbst wohnen.

Wer eine gute nahe gelegene Unterkunft sucht, ist in **Waitaki Waters** (☎ 03-431 3880; www.campingoamaru.co.nz; 305 Kaik Rd, Waitaki Bridge; Stellplatz/Hütte ab 15/40 NZ$; 📶) genau richtig. Der Ferienpark (3 km abseits vom SH 1) wird von einem ambitionierten jungen Inhaber in Schuss gehalten. Sanitäre Anlagen, gepflegte Hecken und Hütten zeichnen die Anlage aus. Eigenes Bettzeug muss mitgebracht werden.

hungsort von köstlichem, preisgekröntem Käse. In dem an die Käserei angeschlossenen Café kann man alle Sorten durchprobieren. Es gibt hier aber nur Lebensmittel mit Käse, z. B. Käse-Scones, gemischte Käseplatten und große Teller mit Crackern und Quittenmus.

Harbour Street Bakery BÄCKEREI $
(☎ 03-434 0444; www.harbourstreetbakery.com; 4 Harbour St; Pies 5,50 NZ$; ⏲ Di–Do 10–16 Uhr) Die holländische Bäckerei verkauft Brot nach europäischem Geschmack sowie Quiche und Fleischpasteten neuseeländischer Art. An einem Tisch im Freien kann man das Leben in den historischen Straßen Oamarus wie in einem Nostalgiefilm an sich vorüberziehen lassen.

Midori JAPANISCH $$
(☎ 03-434 9045; www.facebook.com/MidoriJapanischSushiBarAndRestaurant; 1 Ribble St; Sushi 5–11 NZ$, Hauptgerichte 13–20 NZ$; ⏲ Mo–Sa 10.30–22.30, So 12–20.30 Uhr) Das Midori in einem historischen Steingebäude holt mit Sashimi und Sushi das Beste aus frischem Fisch und Meeresfrüchten aus der Region heraus. Es gibt hier aber auch andere fein zubereitete Gerichte wie Teriyaki-Lachs, Kabeljau, japanische Nudelsuppe und verschiedene Bento-Schachteln. Leckeres zum Mitnehmen gibt es gleich nebenan im Sushi Espresso.

Northstar MODERN-NEUSEELÄNDISCH $$
(☎ 03-437 1190; www.northstarmotel.co.nz; 495a Thames Hwy; Mittagessen 19–23 NZ$, Abendessen 30–34 NZ$; ⏲ 12–15 & 18–21 Uhr) Das Northstar ist erstaunlich schick für ein Restaurant, das zu einem am SH 1 gelegenen Motel gehört. Wenn die Leute in Oamaru etwas zu feiern haben, kommen sie vorzugsweise hierher. Die solide Bistrokarte hat eine moderne Note; auch die Bar ist beliebt.

Ausgehen & Unterhaltung

Criterion Hotel PUB
(☎ 03-434 6247; www.criterionhotel.co.nz; 3 Tyne St; ⏲ Di–Do 11.30 Uhr bis open end) Dieses Ecklokal hat von allen Pubs im Victorian Precinct die authentischste Atmosphäre. Es gibt

eine gute Auswahl von Bieren und Weinen aus der Region. Freitags wird in der Regel Livemusik gespielt.

Scott's Brewing Co. BRAUEREI
(☎03-434 2244; www.scottsbrewing.co.nz; 1 Wansbeck St; ⏲11–19.30 Uhr) In dem ehemaligen Speicherhaus am Wasser befindet sich heute ein einladendes Wirtshaus, in dem man eine Auswahl der besten Craft-Biere in ganz Oamaru probieren kann, sei es auf einem Barhocker an der Theke oder gemütlich auf der sonnigen Terrasse auf eine Pizza mit Bier!

★**Penguin Club** LIVEMUSIK
(www.thepenguinclub.co.nz; Emulsion Lane, abseits der Harbour St; Eintritt variiert) Versteckt sich in einer stimmungsvollen Gasse abseits einer historischen Straße aus dem 19. Jh. Die ungewöhnliche Lage passt zur Musik: Hier gibt es alles von tourenden Kiwi-Bands bis hin zu Punk-, Grunge-, Rock- und Country-Größen aus der Gegend.

Praktische Informationen

Oamaru i-SITE (☎03-434 1656; www.visitoamaru.co.nz; 1 Thames St; ⏲9–17 Uhr; 📶) Hat haufenweise Informationsmaterial, u. a. über Spazierwege und Tiere. Hier sind auch täglich die Zeiten für die Beobachtung von Pinguinen angeschlagen; außerdem gibt es hier einen Fahrradverleih (halber/ganzer Tag 28/40 NZ$) und eine interessante, zehnminütige DVD zur Geschichte der Stadt.

Oamaru Whitestone Civic Trust (☎03-434 5385; www.victorianoamaru.co.nz; 2 Harbour St; ⏲10–16 Uhr) Hat nostalgische Schwarz-Weiß-Fotos von Oamaru, Kartenmaterial und Infos; außerdem sind Flyer zu Rundgängen durch das historische Viertel erhältlich.

Post (☎03-433 1190; www.nzpost.co.nz; 2 Severn St; ⏲Mo–Fr 9–17, Sa bis 13 Uhr)

An- & Weiterreise

Die meisten Busse und Shuttlebusse fahren vor dem Teehaus **Lagonda Tearooms** (☎03-434 8716; www.facebook.com/LagondaTeaRooms; 191 Thames St; ⏲9–16.30 Uhr; 📶) ab; hier und auch beim i-SITE kann man Fahrkarten reservieren.

Atomic Shuttles (☎03-349 0697; www.atomictravel.co.nz) Busse nach/ab Christchurch (30 NZ$, 4 Std.), Timaru (20 NZ$, 1½ Std.) und Dunedin (20 NZ$, 1½ Std.), 2-mal tgl.

Coast Line Tours (☎03-434 7744; www.coastline-tours.co.nz; einfache Strecke/hin & zurück 30/55 NZ$) Shuttles nach/von Dunedin; Umwegfahrten nach Moeraki und Dunedin Airport können organisiert werden.

InterCity (☎03-471 7143; www.intercity.co.nz) 2-mal tgl. Reisebusse nach/von Christchurch (ab 33 NZ$, 4 Std.), Timaru (ab 22 NZ$, 1 Std.), Abzweigung nach Moeraki (ab 17 NZ$, 28 Min.) und Dunedin (ab 22 NZ$, 1½ Std.) und ein Bus tgl. nach Te Anau (ab 45 NZ$, 6½ Std.).

Naked Bus (www.nakedbus.com; unterschiedliche Preise) Tgl. Busse nach/von Christchurch (3¾ Std.), Timaru (1¼ Std.), Moeraki (35 Min.) und Dunedin (1¾ Std.).

Die malerische Seasider-Bahnstrecke nach Dunedin wird von **Dunedin Railways** (S. 603) bedient.

Moeraki

Der Name Moeraki bedeutet „ein Platz, um bei Tag zu schlafen" – und das sagt auch schon, wie das Leben in dem kleinen Fischerdorf aussieht. Es mag überraschen, dass dies eine der ersten europäischen Siedlungen in Neuseeland mit einer 1836 hier eingerichteten Walfangstation war. Seitdem hat Moeraki immer wieder nationale Schätze hervorgebracht – von Frances Hodgkins' Gemälden bis hin zu Keri Hulmes *Unter dem Tagmond* und Fleur Sullivans Kochkunst.

Neben Fleurs Lokal ist die Hauptattraktion eine Ansammlung großer, kugelförmiger Felsbrocken, die wie Riesenmurmeln verstreut an einem schönen Strandabschnitt liegen. Die berühmten **Moeraki Boulders** (Te Kaihinaki) findet man abseits des SH 1, 1 km nördlich der Moeraki-Ausfahrt. Am besten kommt man bei Ebbe her.

Vom Dorf führt ein hübscher, 45-minütiger Spaziergang am Strand entlang zu den Steinkugeln. Nimmt man in entgegengesetzter Richtung den Kaiks Wildlife Trail, gelangt man zu einem hübschen alten Leuchtturm aus Holz. Man sieht vielleicht auch Gelbaugenpinguine und Seebären (Abstand halten!).

Schlafen & Essen

Riverside Haven Lodge & Holiday Park HOSTEL $
(☎03-439 5830; www.riversidehaven.nz; 2328 Herbert Hampden Rd/SH1, Waianakarua; Stellplatz/B12/31 NZ$, EZ/DZ ohne Bad 50/75 NZ$, DZ mit Bad 85 NZ$; 📶) 🍃 In einer Flussschleife des Waianakarua River gelegen, 12 km nördlich des Abzweigs nach Moeraki bietet diese schöne Farm Stellplätze auf einem idyllischen Campingplatz und eine farbenfrohe Lodge mit einer sonnigen Gemeinschafts-Lounge. Kindern wird der Spielplatz

mit dem Hochlandvieh gefallen; Eltern werden das Spa und die friedvolle Atmosphäre mögen.

Moeraki Beach Motel MOTEL $
(☎ 03-439 4862; www.moerakibeachmotels.co.nz; Ecke Cleddy & Haven St; Wohneinheit ab 115 NZ$; 📶) Die vier Wohneinheiten mit Zwischengeschoss in diesem Motel mit hellen Holzfassaden sind geräumig und komfortabel. Jede hat zwei Schlafzimmer, eine voll ausgestattete Küche und einen Balkon.

★ **Fleur's Place** FISCH & MEERESFRÜCHTE $$$
(☎ 03-439 4480; www.fleursplace.com; Old Jetty, 169 Haven St; Hauptgerichte 35–44 NZ$; ⌚ Mi–So 10.30 Uhr bis open end) Die Holzhütte wirkt zwar ziemlich heruntergekommen (dank der vielen Graffiti), beherbergt aber eines der besten Seafood-Restaurants der Südinsel. Am besten geht man nach oben auf die Terrasse und genießt frische Muscheln, zarten Sturmtaucher oder andere kulinarische Schätze aus dem Meer. Unbedingt vorab reservieren.

Anreise & Unterwegs vor Ort

Alle Busse zwischen Oamaru und Dunedin halten am SH 1 an der Abzweigung nach Moeraki. Von dort sind es zu Fuß 2 km ins Ortszentrum und zu den Felsbrocken.

DUNEDIN

121 000 EW.

Wenn die Neuseeländer an ihre siebtgrößte Stadt denken, fallen ihnen sofort zwei Wörter ein: „Schottland" und „Studenten". Das „Edinburgh des Südens" ist sehr stolz auf sein schottisches Erbe und lässt keine Gelegenheit aus, Haggis (eine Spezialität der schottischen Küche) und Dudelsäcke hervorzukramen.

Der Name Dunedin leitet sich vom schottisch-gälischen Namen Dùn Èideann für Edinburgh ab. Die ersten europäischen Dauersiedler, zwei Schiffe voller frommer, hart arbeitender Schotten, kamen 1848 in Port Chalmers an. Unter ihnen war auch der Neffe des Nationalheiligen der schottischen Dichtung, Robert Burns. Eine Statue des Dichters wacht über das Octagon, das Stadtzentrum, und die Stadt hat sogar ihr eigenes Schottenkaromuster.

Wenn es eine feine Verbindung zwischen den Schotten und den Studenten gibt, die in der Vorlesungszeit Dunedin beherrschen, ist das vermutlich Whisky. Die älteste Universität des Landes fördert viel studentische Energie zutage, die die Bars vor Ort am Laufen hält. In den 1980er-Jahren entstand hier mit den Flying Nun Records und dem sogenannten „Dunedin Sound" sogar eine eigene international richtungsweisende Indie-Musikszene.

In Dunedin kann man gut ein paar Tage verbringen. Schindelhäuser, von stattlich bis schäbig, zieren den hügeligen Stadtrand, und viktorianische Basaltgebäude dominieren das kompakte Zentrum. Die Stadt ist ein guter Ausgangspunkt für Erkundungstouren der tierreichen Otago Peninsula, die offiziell noch innerhalb der Stadtgrenzen liegt.

Sehenswertes

City Centre

★ **Toitū Otago Settlers Museum** MUSEUM
(Karte S. 600; ☎ 03-477 5052; www.toituosm.com; 31 Queens Park; ⌚ 10–17 Uhr) GRATIS Das ausgezeichnete interaktive Museum gewährt Einblicke in das Leben der einstigen Bewohner. Nach der fesselnden Māori-Abteilung folgt eine große Galerie mit vom Boden bis zur Decke reichenden Porträts von Siedlern aus viktorianischer Zeit, die einen hinter ihren Backenbärten oder in Spitze gehüllt anstarren. Mit einem Klick an einem Terminal erfährt man mehr über die jeweiligen Personen. Außerdem gibt es noch einen Nachbau einer Kajüte und eine faszinierende Autosammlung. Ein Raum widmet sich den Underground-Stars von Flying Nun Records.

Bahnhof HISTORISCHES GEBÄUDE
(Karte S. 600; 22 Anzac Ave) Dunedins eindrucksvoller Bahnhof, ein Gebäude aus dunkelblauem Basalt (erbaut 1903–1906), ist mit seinem Mosaikböden und den prächtigen Buntglasfenstern eines der am meisten fotografierten Gebäude Neuseelands. Im Obergeschoss befinden sich die **New Zealand Sports Hall of Fame** (Karte S. 600; ☎ 03-477 7775; www.nzhalloffame.co.nz; Dunedin Railway Station; Erw./Kind 6/2 NZ$; ⌚ 10–16 Uhr), ein kleines Museum, das sich der nationalen Obsession verschrieben hat, und die **Art Station** (Karte S. 600; ☎ 03-477 9465; www.otagoartsociety.co.nz; ⌚ 10–16 Uhr) GRATIS, die Verkaufsgalerie der hiesigen Art Society.

Dunedin Public Art Gallery GALERIE
(Karte S. 600; ☎ 03-474 3240; www.dunedin.art.museum; 30 The Octagon; ⌚ 10–17 Uhr) GRATIS

Dunedin Zentrum

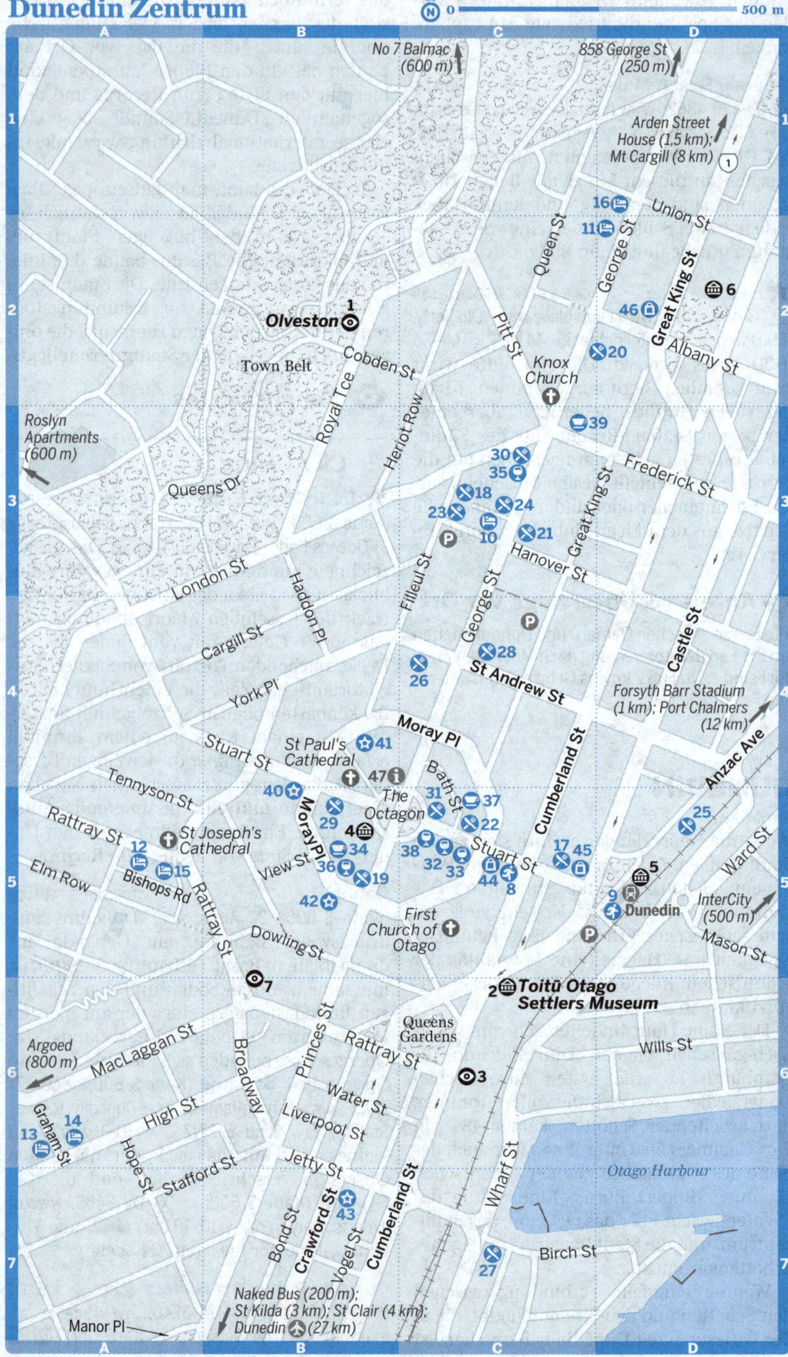

Dunedin Zentrum

Highlights
1 Olveston B2
2 Toitū Otago Settlers Museum C6

Sehenswertes
Art Station (s. 5)
3 Dunedin Chinese Garden C6
4 Dunedin Public Art Gallery B5
5 Dunedin Railway Station D5
New Zealand Sports Hall of Fame (s. 5)
6 Otago Museum D2
7 Speight's Brewery B6

Aktivitäten, Kurse & Touren
8 Cycle World C5
9 Dunedin Railways D5

Schlafen
10 315 Euro C3
11 Bluestone on George D2
12 Brothers Boutique Hotel A5
13 Chalet Backpackers A6
14 Fletcher Lodge A6
15 Hogwartz A5
16 Kiwi's Nest D1

Essen
17 Best Cafe C5
18 Bracken C3
19 Etrusco at the Savoy B5
20 Everyday Gourmet D2
21 Good Oil C3
22 Izakaya Yuki C5
23 Miga C3
24 Modaks Espresso C3
25 Otago Farmers Market D5
26 Paasha C4
27 Plato C7
28 Saigon Van C4
29 Scotia B5
30 Velvet Burger C3
31 Velvet Burger C5

Ausgehen & Nachtleben
32 Albar C5
Carousel (s. 32)
33 Di Lusso C5
34 Mazagran Espresso Bar B5
35 Mou Very C3
36 Pequeno B5
Speight's Ale House (s. 7)
37 Strictly Coffee Company C5
38 Stuart St Brew Bar C5
39 The Fix C3

Unterhaltung
40 Fortune Theatre B5
41 Metro Cinema B4
42 Rialto Cinemas B5
43 Sammy's B7

Shoppen
44 Gallery De Novo C5
45 Stuart Street Potters Cooperative C5
46 University Book Shop D2

Information
47 DOC Visitors Centre B4
Dunedin i-SITE (s. 47)

In dem großen und luftigen Museum kann man die Kunstszene Neuseelands erkunden. Es ist immer nur ein Teil der Sammlung ausgestellt; den meisten Platz nehmen die meistens avantgardistischen Wechselausstellungen ein.

St Paul's Cathedral KIRCHE

(Karte S. 600; www.stpauls.net.nz; Moray Pl; ⏲10–15 Uhr) Sogar im presbyterianischen Dunedin erhält die etablierte Kirche (alias Church of England) einen privilegierten Standort am Octagon. Ein romanisches Kirchenportal führt in das gotisch gestaltete Innere dieser wunderschönen anglikanischen Kathedrale, wo hoch aufstrebende weiße Oamaru-Steinsäulen die Gewölbedecke tragen. Das Hauptschiff stammt aus dem Jahr 1919, obschon die Kirche bis 1971 unvollendet blieb; daher die auffällig moderne Erweiterung. Die gewaltige Orgel (mit 3500 Orgelpfeifen) soll die schönste in der ganzen südlichen Hemisphäre sein.

Dunedin Chinese Garden PARK

(Karte S. 600; ☎03-477 3248; www.dunedinchinesegarden.com; Ecke Rattray St & Cumberland St; Erw./Kind 9 NZ$/gratis; ⏲10–17 Uhr) In Anerkennung der seit jeher in Dunedin lebenden Chinesen wurde dieser in Shanghai vorgefertigte Garten abgetragen, hierher verfrachtet und wieder zusammengesetzt. Innerhalb des Gemäuers finden sich alle Elemente eines klassischen chinesischen Gartens wie etwa Teiche, Pavillons, Steingärten, Steinbrücken und ein Teehaus. Außerdem gibt es eine kleine Ausstellung zur Geschichte der hier lebenden chinesischen Gemeinde.

Speight's Brewery BRAUEREI

(Karte S. 600; ☎03-477 7697; www.speights.co.nz; 200 Rattray St; Erw./Kind 28/12 NZ$; ⏲Führungen Juni–Sept. 12, 14, 16 & 18 Uhr, Okt.–Mai zusätzlich 17 & 19 Uhr) Seit dem späten 19. Jh. braut das Speight's schon Bier. Bei der 90-minütigen Führung kann man sechs Sorten kosten. Es gibt auch die Möglichkeit, die Führung mit einem Essen im benachbarten Ale House zu kombinieren (Mittag-/Abendessen 58/65 NZ$).

North Dunedin

Otago Museum MUSEUM

(Karte S. 600; ☎ 03-474 7474; www.otagomuseum.nz; 419 Great King St; ⏲ 10–17 Uhr) GRATIS Das Herzstück dieser herrlichen Institution ist die Ausstellung *Southern Land, Southern People*, die von der Geologie und den Dinosauriern bis zum heutigen Tag Otagos kulturelle und konkrete Vergangenheit und Gegenwart beleuchtet. Die Māori-Galerie *Tangata Whenua* beinhaltet ein eindrucksvolles *waka taua* (Kriegskanu), wundervolle alte Schnitzereien und einige hübsche Waffen, Werkzeuge und Schmuck aus *pounamu* (Nephrit-Jade). Weitere große Galerien sind *Pacific Cultures, People of the World* (inkl. der obligatorischen Mumie), *Nature, Maritime* und *Animal Attic*.

Die interaktive Ausstellung *Discovery World* (Erw./Kind 10/5 NZ$) ist vor allem auf Kinder ausgerichtet; der Tropenwald voller lebender bunter Schmetterlinge erfreut aber Leute jedes Alters.

Auf der Website stehen die Termine der täglichen Führungen (Eintritt gegen Erwerb einer Goldmünze).

Knox Church KIRCHE

(Karte S. 600; www.knoxchurch.net; 449 George St) Dunedins zweitgrößte presbyterianische Kirche wurde 1876 erbaut, nur drei Jahre nach der imposanten First Church; ihr auffälligstes Element, der 50 m hohe Kirchturm, machte den Basaltbau im neugotischen Stil, in Kombination mit dem weißen Oamaru-Stein, schon bald zum Wahrzeichen der Stadt. Im Innern ist eine wunderschöne Holzdecke, und es herrscht eine so gute Akustik, dass die Kirche regelmäßig als Konzertbühne und für andere Veranstaltungen genutzt wird.

Dunedin Botanic Garden GARTEN

(Karte S. 612; www.dunedinbotanicgarden.co.nz; Ecke Great King St & Opoho Rd; ⏲ Sonnenaufgang bis Sonnenuntergang) GRATIS Der friedliche, grasbewachsene und schattige botanische Garten stammt von 1863. Auf 22 Hektar verteilt finden sich Rosengärten, endemische Pflanzen, ein vier Hektar großes Rhododendron-Tal, Gewächshäuser, ein Spielplatz und ein Café. Kinder lieben die Bahn *Community Express* (Erw./Kind 3/1 NZ$).

Weitere Vorstädte

★ **Olveston** GEBÄUDE

(Karte S. 600; ☎ 03-477 3320; www.olveston.co.nz; 42 Royal Tce, Roslyn; Erw./Kind 20/11 NZ$; Führungen ⏲ 9.30, 10.45, 12, 13.30, 14 & 16 Uhr) Nach europäischen Maßstäben ist das spektakuläre Herrenhaus von 1906 zwar ein junges Küken, bietet aber einen tollen Einblick in die Vergangenheit Dunedins. Man kann das Haus im Rahmen einer faszinierenden Führung besichtigen, die vorab gebucht werden muss. Es gibt hier auch einen schönen kleinen Garten.

Bis 1966 lebten hier die wohlhabenden Theomins, einflussreiche Kunstförderer, die auch kräftig zum Aufbau der Public Art Gallery beitrugen. Der künstlerische Anspruch ist auch bei der Innenausstattung des Olveston sichtbar, zu der Arbeiten von Charles Goldie und Frances Hodgkins (einer Freundin der Familie) zählen. Eine besondere Leidenschaft hegte die Familie für japanische Kunst, und überall im Haus finden sich exquisite Stücke. Da es sich um eine jüdische Familie handelte, ist der Esstisch für den Sabbat gedeckt.

Baldwin Street WAHRZEICHEN

(Karte S. 612; North East Valley) Sie gilt (laut *Guinness-Buch der Rekorde*) als die steilste Wohnstraße der Welt und weist am Gipfelpunkt ein Gefälle von 1 zu 2,86 (35 %) auf. Vom Stadtzentrum führt der Weg 2 km nördlich an der Great King Street hinauf, bis die Straße links nach Timaru abbiegt. Dort geht eine schmale Straße nach rechts ab und in die North Road über. Nach 1 km kommt die Baldwin Street auf der rechten Seite in Sicht.

Aktivitäten

Schwimmen & Surfen

St Clair und St Kilda sind beliebte Badestrände (Vorsicht: Am Strand von St Clair kann es gefährliche Strömungen geben). Beide Strände weisen beständige, gute Left-Hand Breaks auf, ebenso gut sind die Surfbedingungen bei Blackhead weiter im Süden und bei Aramoana im Norden des Otago Harbour.

St Clair Hot Salt Water Pool BADEN

(Karte S. 612; www.dunedin.govt.nz; Esplanade, St Clair; Erw./Kind 6,20/3,10 NZ$; ⏲ Okt.–April tgl. 8.30–18 Uhr, Mai–Sept. Mi–Mo 9–17 Uhr) Das beheizte Meerwasserfreibad liegt an der westlichen Landzunge des St Clair Beach.

Esplanade Surf School SURFEN

(Karte S. 612; ☎0800 484 141; www.espsurfschool.co.nz; 1 Esplanade, St Clair; 90-minütiger Gruppenkurs 60 NZ$, Einzelunterricht 120 NZ$) Das erfahrene Team agiert im Sommer (zu anderen Zeiten telefonisch anfragen) von einem Kleinbus aus, der am St Clair Beach parkt. Das Team bietet Ausrüstung und Kurse.

Wandern/Trekking

Der **Otago Tramping & Mountaineering Club** (www.otmc.co.nz) organisiert an den Wochenenden ein- und zweitägige Wanderungen (mit Übernachtung), meist geht es zum Silver Peaks Reserve im Norden von Dunedin. Nichtmitglieder sind willkommen, müssen sich aber zuvor an die Tourenleiter wenden.

Tunnel Beach Walkway WANDERN

(Tunnel Beach Rd, Blackhead) Der kurze, aber extrem steile Pfad (hinunter 15 Min., zurück nach oben 30 Min.) führt zu einem dramatischen Küstenabschnitt, wo der wilde Pazifik aus dem Kalkstein ungewöhnliche Felsformationen, Brandungspfeiler und Bogen geschliffen hat. Aufgrund starker Strömungen ist das Baden hier gefährlich.

Der Name kommt von dem Steintunnel am Fuß des Pfads, den der Gemeindepfarrer John Cargill von Hand hauen ließ, damit seine Familie leicht zum Picknicken zu dem abgeschiedenen Strandabschnitt kam.

Der Pfad befindet sich 7 km südwestlich vom Zentrum Dunedins. Auf der Princes Street südwärts und unter der Autobahn und der Bahnbrücke hindurch geradeaus weiter fahren! An der nächsten Ampel geht es rechts auf die Hillside Road, der man bis zum Ende folgt, und dann scharf nach links und anschließend rechts auf die Easther Cres. Auf dieser Straße bleibt man für etwa 3,5 km (sie ändert mehrmals ihren Namen) und hält dann links nach der Tunnel Beach Road Ausschau.

Mount Cargill-Bethunes Gully Walkway WANDERN

(Karte S. 612; Norwood St, Normanby) Man kann zwar auf den 676 m hohen Mount Cargill hinauffahren, aber darum geht es hier nicht. Der Pfad (hin & zurück 3½ Std.) beginnt an der Norwood Street, die von der North Road zu erreichen ist. Vom Mount Cargill führt ein Weg zu den zehn Mio. Jahre alten, aus Lava geformten Organ Pipes und nach einer weiteren halben Stunde zur Mount Cargill Road auf der anderen Seite des Berges.

Weitere Aktivitäten

Dunedin Railways ZUGFAHRT

(Karte S. 600; ☎03-477 4449; www.dunedinrailways.co.nz; Dunedin Railway Station; Büro ⌚Mo–Fr 8–17, Sa & So 8.30–15 Uhr) Der Bahnhof Dunedin ist Startpunkt für zwei interessante Nostalgiefahrten: Die beste Zugfahrt verläuft entlang der alten Bahnstrecke der **Taieri Gorge Railway**; der Zug fährt durch schmale Tunnel, tiefe Schluchten, auf kurvenreichen Trassen, durch zerklüftete Canyons und überquert Viadukte. Die vierstündige Nostalgiefahrt an Bord der nostalgischen Waggons aus den 1920er-Jahren führt nach Pukerangi (einfache Strecke 58 km/hin & zurück 63/91 NZ$). Einige Züge fahren bis nach Middlemarch weiter (75/113 NZ$, 6 Std. hin & zurück) – praktisch, um an den Ausgangspunkt des Otago Central Rail Trail zu gelangen.

Der **Seasider** geht in Richtung Norden bis nach Oamaru (72/109 NZ$, 7 Std. hin & zurück), teils an der Küste entlang; in Moeraki (66/99 NZ$) kann man für zwei Stunden aussteigen, um für die Rückfahrt wieder in denselben Zug einzusteigen. Kürzere Fahrten gehen bis Palmerston (59/89 NZ$, 4 Std. hin & zurück). Wer Meerblick haben will, sollte sich um einen Sitzplatz auf der rechten Seite bemühen.

Cycle World FAHRRADVERLEIH

(Karte S. 600; ☎03-477 7473; www.cycleworld.co.nz; 67 Stuart St; 40 NZ$ pro Tag; ⌚Mo–Fr 8.30–18, Sa & So 10–15 Uhr) verleiht und repariert Fahrräder und gibt auch Auskunft zu MTB-Trails.

Schlafen

City Centre

Hogwartz HOSTEL $

(Karte S. 600; ☎03-474 1487; www.hogwartz.co.nz; 277 Rattray St; B31, mit/ohne Bad EZ 82/65 NZ$, DZ 90/74 NZ$, Apt. ab 106 NZ$; P@) Das wunderschöne Gebäude war von 1872 bis 1999 die Residenz des katholischen Bischofs. Heute befinden sich in dem faszinierenden Bau komfortable und sonnige Zimmer, viele davon mit Hafenblick. Die alte Remise und die Stallungen wurden kürzlich in schickere Zimmer und Apartments mit jeweils eigenem Bad umgewandelt.

Chalet Backpackers HOSTEL $

(Karte S. 600; ☎03-479 2075; www.chaletbackpackers.co.nz; 296 High St; B/EZ/DZ 31/50/68 NZ$;

P @) Das weitläufige, alte Gebäude hat eine große, sonnige Küche voller Blumen. Es gibt auch einen kleinen Garten, einen Billardtisch, ein Klavier und angeblich sogar einen Geist. Die Zimmer haben kein angeschlossenes Bad, manche verfügen aber über ein Waschbecken.

315 Euro MOTEL $$
(Karte S. 600; 03-477 9929; www.eurodunedin.co.nz; 315 George St;Apt. ab 175 NZ$; P) Die schicke Anlage erreicht man über eine unscheinbare Gasse, die von der Haupteinkaufsstraße Dunedins abzweigt. Man hat die Wahl zwischen modernen Studios und größeren Zweizimmerapartments mit voll ausgestatteter Küche und Waschmaschine. Dank der Doppelglasfenster bleibt der Trubel der George Street draußen.

Brothers Boutique Hotel HOTEL $$$
(Karte S. 600; 03-477 0043; www.brothershotel.co.nz; 295 Rattray St; Zi. 170–395 NZ$; P) Die Zimmer in der aus den 1920er-Jahren stammenden Residenz der Christian Brothers wurden so renoviert, wie es sich die Mönche sicher nie hätten träumen lassen. Viele einzigartige Merkmale sind jedoch erhalten geblieben. Im Kapellraum findet man noch die originalen Rundbogen-Buntglasfenster. Von den Wohneinheiten unterm Dach genießt man eine grandiose Aussicht. Im Preis inbegriffen sind ein kontinentales Frühstück und ein Drink am Abend.

Fletcher Lodge B&B $$$
(Karte S. 600; 03-477 5552; www.fletcherlodge.co.nz; 276 High St; EZ/DZ/Apt. ab 295/355/650 NZ$; P @) Das traumhafte Herrenhaus aus Backstein, das einst einer der reichsten Industriellenfamilien Neuseelands gehörte, liegt nur wenige Minuten von der Innenstadt entfernt. Der abgeschiedene Garten verströmt jedoch eine herrliche Idylle. Die Zimmer sind elegant mit Antiquitäten eingerichtet und haben reich verzierte Stuckdecken.

North Dunedin

★ Kiwi's Nest HOSTEL $
(Karte S. 600; 03-471 9540; www.kiwisnest.co.nz; 597 George St; B28, mit/ohne Bad EZ 68/48 NZ$, DZ 88/68 NZ$, Apt. 105 NZ$; P @) Das wunderbar heimelige zweistöckige Hostel bietet eine Reihe gepflegter Zimmer mit Zentralheizung, die teilweise mit Bad, Kühlschrank und Wasserkocher ausgestattet sind. Außerdem führt ein kurzer, ebener Weg zum Octagon – damit können nur wenige Hostels in Dunedin punkten.

★ 858 George St MOTEL $$
(03-474 0047; www.858georgestreetmotel.co.nz; 858 George St; Wohneinheit ab 150 NZ$; P) Mit ihrer pfiffigen Gestaltung fügt sich die erstklassige Motelanlage harmonisch in das aus zweistöckigen viktorianischen Häusern bestehende Viertel ein. Die unterschiedlich großen Wohneinheiten reichen von Studios bis zu Dreizimmerwohnungen mit Terrasse oder kleinem Balkon. Die Studios sind mit Mikrowelle, Kühlschrank, Toaster und Wasserkocher ausgestattet, während die größeren Wohnungen auch Kochfelder und Herde haben.

★ Bluestone on George APARTMENT $$$
(Karte S. 600; 03-477 9201; www.bluestonedunedin.co.nz; 571 George St; Apt. ab 225 NZ$; P @) Wer ein imposantes altes Gebäude aus Basalt erwartet, liegt falsch. Der vierstöckige Block könnte nicht moderner sein. Die eleganten Wohnstudios mit Kochnische, Waschküche und winzigem Balkon sind in dezenten Tönen gehalten. Außerdem gibt es einen kleinen Fitnessraum und eine Gäste-Lounge.

St Clair

Majestic Mansions APARTMENT $$
(Karte S. 612; 03-456 5000; www.st-clair.co.nz; 15 Bedford St; Apt. ab 140 NZ$; P) Das alte Apartmenthaus aus den 1920er-Jahren, eine Straße hinter dem Strand von St Clair gelegen, wurde vollkommen renoviert. Die kleinen Wohnungen haben zwar noch ihre alte Form, wurden aber mit schönen Tapeten und schicken Möbeln ausstaffiert. Jede Wohnung hat eine Küche und einen Waschraum.

Hotel St. Clair HOTEL $$$
(Karte S. 612; 03-456 0555; www.hotelstclair.com; 24 Esplanade; Zi. 205–255 NZ$, Suite 370 NZ$; P) In dem zeitgenössischen, mittelgroßen Hotel kann man vom Balkon seines Zimmers die Strandatmosphäre genießen. Alle bis auf die billigsten Zimmer bieten Meerblick, und der Strand liegt nur ein paar Meter vor der Haustür.

Weitere Vorstädte

Leith Valley Touring Park FERIENPARK $
(Karte S. 612; 03-467 9936; www.leithvalleytouringpark.co.nz; 103 Malvern St, Woodhaugh; Stell-

platz 19 NZ$ pro Pers., Wohneinheit mit/ohne Bad ab 92/59 NZ$; P @) Der Ferienpark ist umgeben von einheimischer Waldlandschaft; von hier aus geht es auf zahlreiche Wanderwege, zu Glühwürmchenhöhlen und einem Bach. Die modernen, in sich abgeschlossenen Motelzimmer sind sehr geräumig, dagegen verströmen die etwas kleineren Ferienapartments eine eher rustikale Atmosphäre (Man muss die Bettwäsche mitbringen.).

Argoed B&B $$
(03-474 1639; www.argoed.co.nz; 504 Queens Dr, Belleknowes; EZ/DZ ab 150/190 NZ$; P) Prächtig blühende Rosen und Rhododendron-Sträucher umgeben diese reizvolle, zweistöckige Holzvilla aus den 1880er-Jahren. Jedes der drei nostalgischen Zimmer hat ein separates Bad, jedoch nur eines ist direkt in das Zimmer integriert. Die Gäste können in einem schönen Wintergarten entspannen oder zur Unterhaltung in der Lounge Klavier spielen.

Arden Street House B&B $$
(Karte S. 612; 03-473 8860; www.ardenstreethouse.co.nz; 36 Arden St, North East Valley; EZ 75 NZ$, DZ mit/ohne Bad 130/120 NZ$; P @) Das Haus aus den 1930er-Jahren auf einem Hügel ist mit seinen verrückten Kunstwerken, dem Biogarten, den charmanten Gastgebern und einem lebendigen Ambiente eine wundervoll exzentrische Bleibe. Einige der Zimmer haben einen herrlichen Ausblick, und ein Studio (in einer umgebauten Garage) hat eine Kochnische. Um hierher zu gelangen, fährt man von der Stadt aus die North Road hinauf, biegt rechts in die Glendining Avenue und dann links in die Arden Street.

Roslyn Apartments APARTMENT $$$
(03-477 6777; www.roslynapartments.co.nz; 23 City Rd, Roslyn; Apt. ab 215 NZ$; P) Modernes Dekor und ein herrlicher Blick auf die Stadt und den Hafen prägen diese Apartments, die nur einen kurzen Gang von Roslyns Schlemmermeile entfernt sind. Die Wohnungen sind mit einer vollständigen Küche und Waschmaschine/Trockner ausgestattet.

Essen

Preiswerte asiatische Restaurants finden sich gehäuft an der George Street. Oberhalb von Octagon gelegen, gibt es in Roslyn gute Restaurants und Cafés, und die Strandatmosphäre von St Clair passt wundervoll zu einem ausgedehnten Brunch.

Innenstadt

★ **Otago Farmers Market** MARKT $
(Karte S. 600; www.otagofarmersmarket.org.nz; Dunedin Railway Station; Sa 8–12.30 Uhr) Alles, was es auf dem belebten Bauernmarkt zu essen oder trinken gibt, stammt aus der Region und ist überwiegend biologisch erzeugt. Falafel oder Espresso halten einen bei Kräften, und man kann sich mit vielfältigem Reiseproviant eindecken, u. a. mit frischem Fleisch, Fisch & Meeresfrüchten, Gemüse und Käse.

Good Oil CAFÉ $
(Karte S. 600; 03-479 9900; www.thegoodoilcafe.com; 314 George St; Hauptgerichte 9–18 NZ$; 7.30–16 Uhr) Das schicke kleine Café hat mit Kaffee, Kuchen und frischen Salaten in der Szene die Nase vorn. Zum Aufwachen gibt es einen Brunch mit einfallsreichen Speisen wie etwa Süßkartoffelpüree mit warmem Räucherlachs.

Modaks Espresso CAFÉ $
(Karte S. 600; 03-477 6563; 337-339 George St; Hauptgerichte 9–17 NZ$; 7.30–15.30 Uhr;) In diesem originellen kleinen Café mit Backsteinoptik herrscht ein kunterbuntes Durcheinander aus Resopaltischen, Plastiktierköpfen und Kaffeebohnensäcken – es ist beliebt bei Tee schlürfenden Studenten und Indie-Popmusikfans. Warm getoastete, prall belegte Bagels sorgen im Winter für innere Wärme.

Best Cafe FISH & CHIPS $
(Karte S. 600; www.facebook.com/bestcafedunedin; 30 Stuart St; Snacks zum Mitnehmen 6–10 NZ$, Hauptgerichte 10–23 NZ$; Mo–Sa 11–14.30 & 17–20 Uhr) Das Stammlokal vieler Einheimischer serviert seit 1932 Fish & Chips. Zum Erfolgsrezept gehören Plastiktischdecken, selbst gemachte Pommes Frites und Butterflocken auf Weißbrot.

Velvet Burger BURGER $
(Karte S. 600; 03-477 7089; www.velvetburger.co.nz; 150 Stuart St; Hauptgerichte 9–16 NZ$; 11.30 Uhr bis open end) In bester Lage für die Heimkehrer vom Kneipenbummel bietet das VB Feinschmecker-Burger; besonders der riesige Goneburger (mit Rindfleisch, Geflügel und Speck) eignet sich prima, um den Alkoholpegel abzubauen. Eine weitere Filiale befindet sich in **375 George Street** (Karte S. 600; 03-477 0124; Hauptgerichte 9–16 NZ$; 11.30 Uhr bis open end).

KAFFEE GUT, ALLES GUT!

In Dunedin gibt es mehrere ausgezeichnete Kaffeebars, in denen sich gut Koffein auftanken lässt:

The Fix (Karte S. 600; www.thefixcoffee.co.nz; 15 Frederick St; ⌚ Mo–Fr 7–16, Sa 8–12 Uhr) Lohnsklaven stehen morgens am Take-away-Schalter Schlange, Studenten und andere Leute mit viel Zeit chillen im Innenhof.

Mazagran Espresso Bar (Karte S. 600; 36 Moray Pl; ⌚ Mo–Fr 8–18, Sa 10–14 Uhr) Das kleine Fachwerkhaus, das auch vielen Restaurants und Cafés der Stadt als Bezugsquelle für die köstlichen Kaffeebohnen dient, ist quasi der Pate der Cafészene von Dunedin.

Strictly Coffee Company (Karte S. 600; ☎ 03-479 0017; www.strictlycoffee.co.nz; 23 Bath St; ⌚ Mo–Fr 7.30–16 Uhr) Die elegante Kaffeebar im Retrostil liegt verborgen an der unansehnlichen Bath Street. Verschiedene Räume bieten unterschiedliche Ausblicke; beim Kaffeeschlürfen bleibt Zeit für Kunstgenuss.

Miga KOREANISCH $$

(Karte S. 600; ☎ 03-477 4770; www.migadunedin.co.nz; 4 Hanover St; Mittagessen 9,50–13 NZ$, Abendessen 16–39 NZ$; ⌚ Mo–Sa 11.30–14 & 5–22 Uhr) In dem attraktiven Backstein-Lokal setzt man sich in eine der einladenden Nischen und bestellt von der umfangreichen Karte ein im Römertopf gegartes Reis- oder Nudelgericht. Zu den japanischen Gerichten gehören u. a. Tempura, Katsu und unglaublich leckere Ramen-Suppen aus frischen speziellen Nudeln. Oder man geht aufs Ganze und grillt nach koreanischer Art direkt am Tisch.

Etrusco at the Savoy ITALIENISCH $$

(Karte S. 600; ☎ 03-477 3737; www.etrusco.co.nz; 8a Moray Pl; Hauptgerichte 17–21 NZ$; ⌚ 17.30 Uhr bis open end) Nur wenige Restaurants in Neuseeland können sich mit der edwardianischen Eleganz des Savoy messen, das mit Stuckdecken, Buntglasfenstern mit Wappen, Messing-Kandelabern, grünen ionischen Säulen und sagenhaft prunkvollen Lampen ausgestattet ist. Pizza und Pasta scheinen hier vielleicht nicht reinzupassen, aber die leckeren rustikalen Gerichte des Etrusco suchen ihresgleichen.

Paasha TÜRKISCH $$

(Karte S. 600; ☎ 03-477 7181; www.paasha.co.nz; 31 St Andrew St; Mittagessen 12–21 NZ$, Abendessen 21–36 NZ$; ⌚ Mo–Mi 11.30–15 & 17–21, Do–So 11.30 Uhr bis open end; 👪) Authentische türkische Kebabs, Dips und Salate werden in dieser altbewährten Institution von Dunedin verlässlich gut zubereitet. An den meisten Abenden ist der geräumige, gemütliche Raum voller Gäste, die beim Efes-Bier sitzen und köstliche, orientalische Gerichte miteinander teilen. Eine Spitzenadresse für Take-aways!

Saigon Van VIETNAMESISCH $$

(Karte S. 600; ☎ 03-474 1445; 66a St Andrew St; Hauptgerichte 11–23; ⌚ Di–So 11.30–14 & 17–21 Uhr; 🍷) Das elegante Dekor wirkt asiatisch-edel, die Preise sind jedoch wider Erwarten relativ moderat. Eine gute Wahl sind die verschiedenen Frühlingsrollen sowie eine Flasche vietnamesisches Bier – auf diese Art kann man sich eine chillige Nacht in Saigon vorstellen. Die *pho* (Nudelsuppe) mit einer Riesenportion Sojabohnensprossen und die Salate schmecken ebenfalls gut.

Izakaya Yuki JAPANISCH $$

(Karte S. 600; ☎ 03-477 9539; 29 Bath St; Gerichte 4–12 NZ$; ⌚ Mo–Fr 12–14 Uhr, tgl. 17 Uhr bis open end; 📶) Entzückend und behaglich, mit einer Riesenauswahl kleiner Gerichte zum Probieren – damit ist das japanische Lokal eine wunderbare Adresse für ein spätes Abendessen oder ein ausgedehntes japanisches Essen. Bei Sake oder Asahi-Bier, Sushi, Sashimi, Teppanyaki sowie Kushiyaki (Grillspieße) zieht sich der Abend in die Länge.

★ **Bracken** MODERN-NEUSEELÄNDISCH $$$

(Karte S. 600; ☎ 03-477 9779; www.brackenrestaurant.co.nz; 95 Filleul St; 5/7/9-Gänge-Menü 79/99/120 NZ$; ⌚ Di–Sa 5.30–23 Uhr) Brackens Degustationsmenüs bestehen aus einer Reihe hübscher kleiner Teller mit jeder Menge schmackhafter Häppchen. Die Gerichte haben Raffinesse, sind jedoch nicht übertrieben kompliziert; das Ambiente in dem alten Holzhaus ist stilvoll, aber nicht zu formell.

Plato MODERN-NEUSEELÄNDISCH $$$

(Karte S. 600; ☎ 03-477 4235; www.platocafe.co.nz; 2 Birch St; Mittagessen 19–24 NZ$, Abendessen 34–36 NZ$; ⌚ Mi–So 12–14 Uhr, tgl. 18 Uhr bis open end) Die verrückte Deko (mit Spielzeug- und Bierkrug-Sammlungen) lässt kaum vermuten, dass es in dem relaxten Restaurant am Hafen richtig gutes Essen gibt. Die betont international gehaltene Speisekarte (inklusive BBQ-Gerichten) enthält vor allem frischen Fisch und Muscheln. Die Portionen sind riesig.

Scotia SCHOTTISCH $$$

(Karte S. 600; ☎ 03-477 7704; www.scotiadunedin.co.nz; 199 Stuart St; Hauptgerichte 32–38 NZ$; ⌚ Di–Sa 17 Uhr bis open end) Das Scotia in einem gemütlichen historischen Stadthaus hat alles, was schottisch ist: eine Wand voller Single-Malt-Whiskys und herzhafte Gerichte wie Räucherlachs und Otago-Hase. Die beiden waschechten schottischen Kerle Burns und Coltrane sind stolz auf die Speisekarte, auf der auch Haggis und Pastete mit Whisky-Aroma stehen.

North Dunedin

Everyday Gourmet CAFÉ, FEINKOST $

(Karte S. 600; www.everydaygourmet.net.nz; 466 George St; Hauptgerichte 9–19 NZ$; ⌚ Mo–Sa 8–16 Uhr) Neben den Frühstücksvariationen und Nudelgerichten kommen in dem ausgezeichneten Bäckerei-Café mit Feinkostangebot die meisten feinen Sachen frisch von der Theke. Der Laden ist hell, lichterfüllt und überaus beliebt. Außerdem gibt es hier eine gute Auswahl an aktuellen Zeitschriften und Zeitungen.

St Clair

Starfish CAFÉ $$

(Karte S. 612; ☎ 03-455 5940; www.starfishcafe.co.nz; 7/240 Forbury Rd; Hauptgericht/Brunch 14–20 NZ$, Abendessen 20–30 NZ$; ⌚ So–Di 7–17 Uhr, Mi–Sa bis open end) Das Starfish ist die coolste Adresse überhaupt in der aufstrebenden Restaurantszene am St Clair Beach. Werktags bekommt man mühelos einen Tisch draußen, um eine Gourmetpizza und ein Glas Wein zu genießen. Zum Abend hin werden die Portionen größer und solider (Steak, Fish & Chips, Pulled-Pork-Minihamburger); außerdem gibt es eine gute Auswahl an Craft-Beer-Sorten.

Andere Vorstädte

★ No 7 Balmac CAFÉ $$

(☎ 03-464 0064; www.no7balmac.co.nz; 7 Balmacewen Rd, Māori Hill; Hauptgericht/Brunch 14–25 NZ$, Abendessen 29–37 NZ$; ⌚ Mo–Fr 7 Uhr bis open end, Sa 8.30 Uhr bis open end, So 8.30–17 Uhr; 📶) Das elegante Café oben auf dem Māori Hill ist die Fahrt mit dem Taxi den Hügel hinauf wirklich wert. Das raffinierte Angebot reicht von Wildpastete bis zu gut abgehangenem Rinderdörrfleisch. Wer auf Diät ist, sollte die Kuchen- und Dessertvitrine erst gar nicht angucken.

Ausgehen & Nachtleben

★ Mou Very BAR

(Karte S. 600; ☎ 03-477 2180; www.facebook.com/MouVeryBar; 357 George St; ⌚ Mo & Di 7–17, Mi–Fr 7–0.30, Sa 9–0.30, So 9–17 Uhr) Willkommen in einer der kleinsten Bars der Welt: Sie ist zwar nur 1,8 m breit, hat aber regelmäßig DJs, Livebands und Autoren zu Gast. Es gibt sechs Barhocker – die Leute stehen bis in die benachbarte Gasse. Tagsüber kann man sich hier prima mit Kaffee versorgen.

Carousel COCKTAILBAR

(Karte S. 600; ☎ 03-477 4141; www.carouselbar.co.nz; im oberen Stockwerk, 141 Stuart St; ⌚ Di–Sa 17 Uhr bis open end) Die Tapete mit Schottenkaromuster, die Dachterrasse und großartige Cocktails bilden die Kulisse für die aufgetakelte Klientel, die es genießt, an einem so schicken Ort gesehen zu werden. Die DJs legen von Donnerstag bis Samstag bis spät in die Nacht House auf; freitagabends gibt es Livejazz ab 20.30 Uhr.

Inch Bar BAR

(Karte S. 612; ☎ 03-473 6496; 8 Bank St, North East Valley; ⌚ 15–23.30 Uhr) Der kurze Fußmarsch von der Stadtmitte bis zu dieser kleinen, höhlenartigen Bar lohnt sich, um in dem niedlichen kleinen Biergarten (teils drinnen, teils draußen) ein neuseeländisches Craft Beer mit leckeren Tapas zu probieren; trotz der räumlichen Enge spielen hier oft Livebands.

Albar BAR

(Karte S. 600; 135 Stuart St; ⌚ 11 Uhr bis open end) Die ehemalige Metzgerei ist heute eine ziemlich unkonventionelle kleine Bar, deren Publikum die wahrscheinlich größte Altersspanne in ganz Dunedin aufweist. Die meisten kommen wegen der vielen Single-Malt-Whiskys, der interessanten Biere frisch vom Fass und der sehr günstigen Barsnacks (6–9 NZ$).

Pequeno COCKTAILBAR

(Karte S. 600; ☎ 03-477 7830; www.pequeno.co.nz; behind 12 Moray Pl; ⌚ Mo–Fr 17 Uhr bis open end, Sa 19 Uhr bis open end) In einer Seitengasse gegenüber vom Rialto-Kino überzeugt das Pequeno ein anspruchsvolles Publikum mit Ledersofas, einem behaglichen Kamin, einer ausgezeichneten Weinkarte und einer großen Auswahl an Tapas. Dazu ist eher relaxte Musik zu hören; regelmäßig wird Livejazz gespielt.

Di Lusso COCKTAILBAR
(Karte S. 600; ☎ 03-477 3885; www.dilusso.co.nz; 117 Stuart St; ⊙ Mo–Sa 15–3 Uhr) Die Designbar mit edler Holzvertäfelung, schönen Kandelabern und einer indirekt beleuchteten Getränkevitrine serviert richtig gute Cocktails. Von Donnerstag bis Samstag legen DJs auf.

Stuart St Brew Bar BAR
(Karte S. 600; ☎ 03-477 3776; www.stuartst.co.nz; 12 The Octagon; ⊙ 11 Uhr bis open end) Die Mac's-Brauerei aus Nelson dringt mit dieser flippigen Bar am Octagon in das Territorium von Speights' ein. Dies ist das sonnigste Plätzchen für einen Nachmittagsdrink; nach Sonnenuntergang gibt es oft Livemusik.

Speight's Ale House PUB
(Karte S. 600; ☎ 03-471 9050; www.thealehouse.co.nz; 200 Rattray St; ⊙ 11.30 Uhr bis open end) Selbst in den Semesterferien ist das Ale House voll. Vor allem junge stramme Kerle in ihren saubersten „Dirty Shirts" kommen gerne her. Hier kann man gut Rugby im TV sehen oder die ganze Palette der Speight's-Biere durchprobieren.

☆ Unterhaltung

Metro Cinema KINO
(Karte S. 600; ☎ 03-471 9635; www.metrocinema.co.nz; Moray Pl) Im Rathaus zeigt das Metro Arthouse-Filme und ausländische Leinwandproduktionen.

Rialto Cinemas KINO
(Karte S. 600; ☎ 03-474 2200; www.rialto.co.nz; 11 Moray Pl) Blockbuster und Arthouse-Filme. Dienstags ist der Eintritt oft günstiger.

Fortune Theatre THEATER
(Karte S. 600; ☎ 03-477 8323; www.fortunetheatre.co.nz; 231 Stuart St) Das südlichste Profi-Ensemble der Welt führt seit über 40 Jahren Dramen, Komödien, Märchenspiele, Klassiker und zeitgenössische nationale Produktionen auf. Das Programm umfasst sowohl Stücke für Erwachsene als auch für Kinder. Die Bühne ist eine Wesleyaner-Kirche im neogotischen Stil, in der natürlich auch der obligatorische Theatergeist zu Hause ist.

Sammy's LIVEMUSIK
(Karte S. 600; ☎ 03-477 2185; 65 Crawford St) Die führende Livemusik-Bühne in Dunedin präsentiert unterschiedlichste Richtungen von höllisch lautem Punk über entspannten Reggae bis hin zu Dubstep volles Rohr. Außerdem ist sie die Haus- und Hofbühne einer Reihe tourender neuseeländischer Bands und aufstrebender internationaler Musiker.

Shoppen

Galerie De Novo KUNST
(Karte S. 600; ☎ 03-474 9200; www.Galeriedenovo.co.nz; 101 Stuart St; ⊙ Mo–Fr 9.30–17.30, Sa & So 10–15 Uhr) Die interessante Galerie für moderne Kunst lohnt einen Blick, auch wenn man vielleicht ein wertvolleres neuseeländisches Kunstobjekt erwerben will.

University Book Shop BÜCHER
(Karte S. 600; ☎ 03-477 6976; www.unibooks.co.nz; 378 Great King St, North Dunedin; ⊙ Mo–Fr 8.30–17.30, Sa & So 11–15 Uhr) Dunedins bester Buchladen mit jeder Menge Titel zu den Māori, zum Pazifikraum und über Neuseeland.

Stuart Street Potters Cooperative KUNSTHANDWERK
(Karte S. 600; ☎ 03-471 8484; 14 Stuart St; ⊙ Mo–Fr 10–17, Sa 9–15 Uhr) Ton- und Keramikwaren von lokalen Künstlern.

ℹ Praktische Informationen

DOC Visitors Centre (Department of Conservation; Karte S. 600; ☎ 03-474 3300; www.doc.govt.nz; 50 The Octagon; ⊙ Mo–Fr 8.30–17 Uhr) In der i-Site-Touristeninformation Dunedin untergebracht, hält das DOC-Büro praktische Infos und Wanderkarten für die Erkundung der Region bereit, bucht auch Great-Walks-Touren oder stellt Hüttenkarten aus. Wenn der DOC-Schalter nicht besetzt ist, springt das i-SITE-Team ein.

Dunedin Hospital (☎ 03-474 0999; www.southerndhb.govt.nz; 201 Great King St)

Dunedin i-SITE (Karte S. 600; ☎ 03-474 3300; www.isitedunedin.co.nz; 50 The Octagon; ⊙ 8.30–17 Uhr) Dunedins Touristenformation beherbergt auch das DOC-Besucherzentrum.

Notarzt (☎ 03-479 2900; www.dunedinurgentdoctors.com; 95 Hanover St; ⊙ 8–22 Uhr) Nebenan befindet sich auch eine Apotheke mit Nachtbereitschaftsdienst.

ℹ An- & Weiterreise

BUS

Busse und Shuttlebusse fahren (vorbehaltlich abweichender Angaben) ab dem Bahnhof.

Alpine Connexions (☎ 03-443 9120; www.alpineconnexions.co.nz) Shuttlebusse fahren nach/von Alexandra (40 NZ$, 2½ Std.), Clyde

(40 NZ$, 3 Std.), Cromwell (45 NZ$, 3¼ Std.), Wanaka (45 NZ$, 4 Std.) und Queenstown (45 NZ$, 4½ Std.) und halten auch an den wichtigsten Ausgangspunkten entlang des Otago Central Rail Trail.

Atomic Shuttles (☎03-349 0697; www.atomictravel.co.nz) Busse nach/von Christchurch (35 NZ$, 5¾ Std.), Timaru (25 NZ$,1¾ Std.) und Oamaru (20 NZ$, 1½ Std.) 2-mal tgl.

Catch-a-Bus (☎03-449-2024; www.trailjourneys.co.nz) Shuttlebusse mit Möglichkeit zur Fahrradmitnahme fahren nach/von den wichtigsten Ortschaften entlang des Rail Trail, inklusive Middlemarch (45 NZ$, 1 Std.), Ranfurly (49 NZ$, 2 Std.), Alexandra (56 NZ$, 3¼ Std.), Clyde (56 NZ$, 3½ Std.) und Cromwell (60 NZ$, 3¾ Std.).

Coast Line Tours (☎03-434 7744; www.coastline-tours.co.nz) Shuttlebusse nach Oamaru fahren ab Octagon; Abstecher zum Flughafen Dunedin und nach Moeraki lassen sich einrichten.

InterCity (Karte S. 612; ☎03-471 7143; www.intercity.co.nz; departs 7 Halsey St) Reisebussse nach/von Christchurch (ab 40 NZ$, 6 Std.) und Oamaru (ab 22 NZ$, 1½ Std.) 2-mal tgl. und Cromwell (ab 22 NZ$, 3¾ Std.), Queenstown (ab 36 Z$, 4¼ Std.) und Te Anau (ab 37 NZ$, 4½ Std.) tgl.

Naked Bus (www.nakedbus.com; Abfahrt 630 Princes St; Preise variieren) Tgl. fahren Busse nach/von Christchurch (6 Std.), Timaru (3½ Std.), zum Dunedin Airport (45 Min.), nach Gore (2½ Std.) und Invercargill (3¼ Std.).

FLUGZEUG

Air New Zealand (☎0800 737 000; www.airnewzealand.co.nz) Fliegt nach/von Auckland, Wellington und Christchurch.

Jetstar (☎0800 800 995; www.jetstar.com) Fliegt nach/von Auckland und Wellington.

Kiwi Regional Airlines (☎07-444 5020; www.flykiwiair.co.nz) Fliegt nach Nelson ab Dunedin mit Anschluss nach Tauranga und Hamilton.

Virgin Australia (☎0800 670 000; www.virginaustralia.com) Fliegt nach/von Brisbane.

ZUG

Mit **Dunedin Railways** (S. 603) gelangt man auf Schienen zu verschiedenen Ausflugszielen. Die Taieri Gorge Railway fährt zweimal pro Woche nach Middlemarch, während der Seasider-Zug entlang der Küste eine Möglichkeit ist, nach Moeraki und Oamaru zu kommen.

ℹ Unterwegs vor Ort

AUTO

In Dunedin sind alle großen Autoverleihunternehmen mit einer Filiale vertreten; außerdem gibt es günstige örtliche Anbieter wie **Mainland Rental Vehicles** (☎0800 284 284; www.mainlandcarrentals.co.nz) und **Hanson Rental Vehicles** (☎03-453 6576; www.hanson.net.nz).

BUS

Das Busnetz von Dunedins **GoBus** (☎03-474 0287; www.orc.govt.nz; Erw. 2,20–6,70 NZ$) deckt die ganze Stadt ab. Besonders praktisch sind die Busverbindungen nach St Clair, St Kilda, Port Chalmers und bis nach Portobello auf der Otago Peninsula. Werktags fahren die Busse regelmäßig, an Wochenenden und Feiertagen aber sehr selten (oder gar nicht).

ZUM/VOM FLUGHAFEN

Dunedin Airport (DUD; ☎03-486 2879; www.dnairport.co.nz; 25 Miller Rd, Momona) liegt 27 km südwestlich der Stadt. Eine normale Taxifahrt zwischen Innenstadt und Flughafen kostet ca. 90 NZ$. Es gibt keine öffentlichen Busse dorthin, aber einige Direkttransfers wie **Kiwi Shuttles** (☎03-487 9790; www.kiwishuttles.co.nz; für 1/2/3/4 Pers. 20/36/48/60 NZ$) oder **Super Shuttle** (☎0800 748 885; www.supershuttle.co.nz; für 1/2/3/4 Pers. 30/40/50/60 NZ$).

TAXI

Dunedin Taxis (☎03-477 7777; www.dunedintaxis.co.nz)

Southern Taxis (☎03-476 6300; www.southerntaxis.co.nz)

RUND UM DUNEDIN

Port Chalmers

1370 EW.

Das kleine Port Chalmers liegt nur 13 km außerhalb von Dunedin, wirkt aber Welten entfernt. Das irgendwo zwischen Arbeiterklasse und Bohème angesiedelte Port Chalmers blickt auf eine Geschichte als Hafenstadt zurück und zieht immer mehr Künstlertypen aus Dunedin an. Dunedins bester Rock-'n'-Roll-Club namens **Chick's Hotel** (Karte S. 612; ☎022 672 4578; www.facebook.com/ChicksHotel; 2 Mount St; ⏲Mi–So 16 Uhr–1 Uhr) ist abends eine beliebte Ausgehadresse. Für tagsüber gibt es unkonventionelle Cafés, Designerläden und Galerien.

Sehenswertes

Orokonui Ecosanctuary NATURSCHUTZGEBIET (Karte S. 612; ☎03-482 1755; www.orokonui.org.nz; 600 Blueskin Rd; Erw./Kind 16/8 NZ$; ⏲9.30–16.30 Uhr) Das 307 ha große, raubtierfreie Naturschutzgebiet umfasst den Nebelwald auf dem Bergkamm oberhalb von Port Chalmers und erstreckt sich bis zum Ästuar auf der gegenüberliegenden Seite. Es dient vor allem als Festlandrefugium für Spezies, die üblicherweise zu ihrem eigenen Schutz auf kleine Inseln vor der Küste verbracht werden. Man kann das Schutzgebiet auf eigene Faust erkunden oder im Rahmen mehrstündiger Führungen (Erw./Kind 30/15 NZ$; tgl. 11 & 13.30 Uhr) bzw. zweistündiger Touren (Erw./Kind 45/22 NZ$; tgl. 11 Uhr).

Es gibt hier seltene Vogelarten wie Kiwis, Sattelvögel, Südinseltakahe und Kakas sowie Reptilien wie Brückenechsen und Otago-Skinke.

Der 6 km lange Weg von der Hauptstraße nach Port Chalmers ist gut ausgeschildert.

Aktivitäten

Beliebt ist das traditionelle Freiklettern (ohne Hilfsmittel) am Long Beach und an den Klippen bei Mihiwaka, beide erreichbar über die Blueskin Road nördlich von Port Chalmers.

Hare Hill REITEN

(Karte S. 612; ☎03-472 8496; www.horseriding-dunedin.co.nz; 207 Aramoana Rd, Deborah Bay; Reittrekking 85–160 NZ$) Bietet spannende Ausritte u. a. am Strand und auf dem Bauernhofgelände an.

Schlafen

Billy Brown's HOSTEL $

(Karte S. 612; ☎03-472 8323; www.billybrowns.co.nz; 423 Aramoana Rd, Hamilton Bay; B/DZ 30/75 NZ; ⏲Sept.–Mai) Das Hostel auf einer Farm an der Straße 5 km vor Port Chalmers bietet einen tollen Blick über den Hafen bis zur Halbinsel. Es gibt hier eine hübsche, rustikale Gemeinschafts-Lounge mit Holzofen und vielen alten Schallplatten. Wer Angst vor großen Hunden hat, sollte vielleicht anderswo absteigen.

An- & Weiterreise

Werktags verkehren 17 Busse zwischen der Cumberland Street in Dunedin und Port Chalmers (Erw./Kind 5,20/3 NZ$). Samstags hingegen insgesamt nur elf und sonntags drei Busse.

Otago Peninsula

4220 EW.

Die vielfältige Tierwelt der Halbinsel Otago ist die am leichtesten zugängliche auf der gesamten Südinsel. Albatrosse, Pinguine, Neuseeländische Seebären und Seelöwen sind nur einige Attraktionen, ebenso spektakulär sind die wilde Landschaft, die einsamen Wanderwege, Strände sowie die interessanten historischen Stätten. Trotz vieler geführter Touren über die Halbinsel bleibt die ländliche Idylle erhalten.

Sehenswertes

★Nature's Wonders Naturally NATURSCHUTZGEBIET

(Karte S. 612; ☎03-478 1150; www.natureswonders.co.nz; Taiaroa Head; Erw./Kind 59/45 NZ$; ⏲Touren ab 10.15 Uhr) Was die unglaublich schönen Strände dieser küstennahen Schaffarm von anderen bedeutenden Naturreservaten unterscheidet, ist, dass sie völlig (abgesehen von Schädlingsbekämpfungsmaßnahmen etc.) sich selbst überlassen bleiben. Die Tiere hier werden weder markiert noch gewogen, und viele der Privatstrände haben seit Jahren keinen menschlichen Fußabdruck gesehen. Deshalb sieht man hier (durchs Fernglas) oft und zu jeder Tageszeit Gelbaugenpinguine und Neuseeländische Seebären, die an Felsgumpen faul herumliegen ohne sich von vorbeifahrenden Reisegruppen stören zu lassen.

Je nach Jahreszeit sieht man auch Wale und Zwergpinguinküken.

Die Touren werden in robusten Geländewagen unternommen, die überall hinkommen. Die engagierten Führer sind teilweise waschechte neuseeländische Farmer – einfach fragen, ob man nicht bei der Schafschur dabei sein kann (Preis auf Anfrage).

Royal Albatross Centre & Fort Taiaroa VOGELRESERVAT

(Karte S. 612; ☎03-478 0499; www.albatross.org.nz; Taiaroa Head; ⏲Okt.–April 11.30 Uhr bis Sonnenuntergang, Mai–Sept. 10.15 Uhr bis Sonnenuntergang) Bei Taiaroa Head, am nördlichsten Zipfel der Halbinsel, findet man neben einer Militärfestung aus dem späten 19. Jh. die weltweit einzige auf dem Festland lebende Kolonie von Königsalbatrossen. Den einzigen Zugang zu dem Gebiet hat man im Rahmen einer Führung, z. B. der einstündigen Classic Tour mit Schwerpunkt auf den Albatrossen (Erw./Kind 50/15 NZ$) oder der 30-minütigen Fort Tour (Erw./ Kind 25/10 NZ$); beide können zur Unique Tour (55/20 NZ$) verbunden werden. Alternativ kann man einfach nur das Center anrufen, die Abbildungen anschauen und auf einen Snack ins Café einkehren

Albatrosse gibt es hier das ganze Jahr über, aber der beste Zeitraum für einen Besuch ist zwischen Dezember und März, wenn ein Elternteil das Junge bewacht, während der andere fleißig Futter heranschafft. Die meisten Vögel lassen sich am Nachmittag blicken, wenn Wind aufkommt; an windstillen Tagen bekommt man kaum welche zu Gesicht.

Zwergpinguine schwimmen in der Abenddämmerung bei Pilots Beach an Land (gleich unterhalb des Parkplatzes), um zu ihren Nistplätzen in den Dünen zu gelangen. Zu ihrem Schutz wird der Strand jeden Abend gesperrt. Man kann die Pinguine aber von einer eigens aufgebauten Holzplattform aus beobachten (Erw./Kind 30/10 NZ$). Je nach Jahreszeit sieht man 50 bis 300 Pinguine vorbeiwatscheln.

Das Fort wurde 1885 zum Schutz vor einer befürchteten russischen Invasion erbaut. Die Armstrong-Verschwindlafette wurde so gebaut, dass sie unterirdisch geladen und ausgerichtet werden konnte, um dann wie der langsamste Springteufel der Welt hochzuschnellen und abgefeuert zu werden.

Larnach Castle VILLA

(Karte S. 612; ☎ 03-476 1616; www.larnachcastle.co.nz; 145 Camp Rd; Erw./Kind Villa & Anwesen 30/10 NZ$, nur Anwesen 15/4 NZ$; ⊙ Okt.–März 9–19 Uhr, April–Sept. 9–17 Uhr) Das stolz auf einem Hügel thronende, prächtige neugotische Herrenhaus wurde im Jahr 1871 von dem aus Dunedin stammenden Bankier, Geschäftsmann und Politiker William Larnach erbaut, der damit seine aus dem französischen Adel stammende Frau beeindrucken wollte. Das Anwesen brachte ihm aber kein Glück. Seine ersten beiden Frauen starben, und der dritten wurde nachgesagt, sie hätte eine Affäre mit seinem Sohn. Larnach selbst erschoss sich 1898 im Sitzungssaal des Parlaments, und sein Sohn beging später ebenfalls Selbstmord.

Das Herrenhaus ist voller aufwendiger Holzarbeiten und exquisiter Antiquitäten. Vom Zinnenturm bietet sich ein weiter Blick auf die Halbinsel. Mit der Eintrittskarte erhält man eine Broschüre für einen Rundgang durch das Anwesen. Man kann aber auch eine iPhone-App kaufen (5 NZ$), durch die die Räume fiktiv mit kostümierten Darstellern beseelt werden.

Anschließend sollte man einen Bummel durch den Garten machen. Das Café im Ballsaal lädt zum High Tea ein (zwischen 17 und 19 Uhr inklusive Abendessen).

Penguin Place NATUR

(Karte S. 612; ☎ 03-478 0286; www.penguinplace.co.nz; 45 Pakihau Rd, Harington Point; Erw./Kind 52/15 NZ$) Das auf Privatgrund gelegene Reservat schützt die Nistplätze von Gelbaugenpinguinen. Die 90-minütigen Touren informieren über den Schutz der Pinguine und bieten von mehreren versteckten Unterständen einen näheren Blick auf die Tiere. Die 2½-stündige Ultimate Combo umfasst Pinguinbeobachtung und eine geführte Wanderung durch Wald und Feuchtgebiete.

Glenfalloch Woodland Garden PARK

(Karte S. 612; ☎ 03-476 1006; www.glenfalloch.co.nz; 430 Portobello Rd, Macandrew Bay; ⊙ 8 Uhr bis Sonnenuntergang) GRATIS Ein spektakulärer Hafenblick bietet sich von diesem 12 ha großen Park voller Blumen, Spazierwege und sich im Wind wiegender alter Bäume (darunter ein 1000 Jahre alter Mataī). Der Portobello-Bus hält direkt vor dem Park .

Aktivitäten

Die Wanderwege auf der Halbinsel bieten sowohl an der Küste als auch quer durch das Farm- und Weideland beeindruckende Ausblicke und die Möglichkeit, Tiere in freier Natur zu beobachten. Dazu kann man sich bei der Touristeninformation die DOC-Broschüre *Dunedin Walks* holen oder herunterladen. Ein beliebtes Wanderziel ist die schöne **Sandfly Bay**, die man über die Seal Point Road erreicht (moderat, hin & zurück 1 Std.). Vom Ende der Sandymount Road befindet sich der Gipfelpfad zum Sandymount und der eindrucksvolle Track Chasm und Lovers Leap Track. Achtung: Der Pfad ist während der Ablammsaison zwischen September und Mitte Oktober gesperrt.

Wild Earth Adventures KAYAKFAHREN

(☎ 03-489 1951; www.wildearth.co.nz; Ausflüge 115–235 NZ$) Organisiert Ausflüge in Zweier-Seekajaks, auf denen man oft Tiere in freier Wildnis sichtet. Die Touren dauern zwischen drei Stunden und einen ganzen Tag. Abholungen erfolgen am Octagon in Dunedin.

Geführte Touren

Back to Nature Tours BUSRUNDFAHRT

(☎ 0800 286 000; www.backtonaturetours.co.nz) Die ganztägige Royal-Peninsula-Tour (Erw./Kind 189/125 NZ$) führt zu diversen interessanten Orten in Dunedin, bevor es zur Otago Peninsula geht. Zwischenstopps gibt es am Garten von Larnach Castle (Ein-

Dunedin & Otago Peninsula

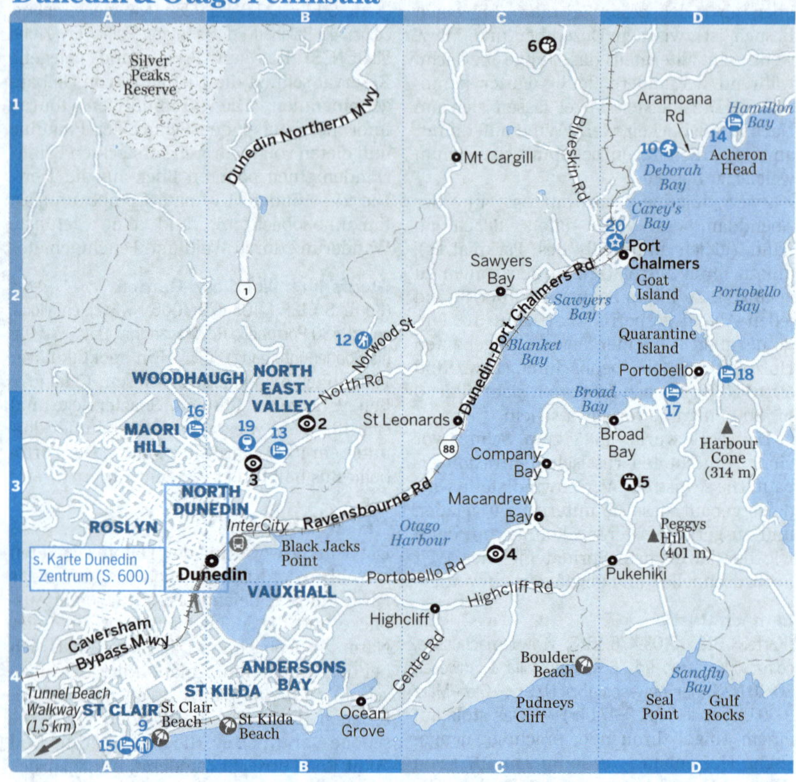

Dunedin & Otago Peninsula

Highlights
1 Nature's Wonders Naturally F1

Sehenswertes
2 Baldwin St B3
3 Dunedin Botanic Garden B3
4 Glenfalloch Woodland Garden C3
5 Larnach Castle D3
6 Orokonui Ecosanctuary C1
7 Penguin Place F1
8 Royal Albatross Centre & Fort Taiaroa F1

Aktivitäten, Kurse & Touren
9 Esplanade Surf School A4
10 Hare Hill D1
11 Monarch Wildlife Cruises & Tours E1
12 Mt Cargill-Bethunes Gully Walkway B2
St Clair Hot Salt Water Pool .... (s. 15)

Schlafen
13 Arden Street House B3
14 Billy Brown's D1
15 Hotel St Clair A4
Larnach Castle .... (s. 5)
16 Leith Valley Touring Park A3
Majestic Mansions .... (s. 15)
17 McFarmers Backpackers D3
18 Portobello Motel D2

Essen
1908 Cafe .... (s. 18)
Portobello Hotel & Bistro .... (s. 18)
Starfish .... (s. 15)

Ausgehen & Nachtleben
19 Inch Bar B3

Unterhaltung
20 Chick's Hotel D2

tritt in das Herrenhaus kostet allerdings extra), zum Mittagessen in einem Pub, am Penguin Place und am Royal Albatross Centre. Ebenfalls im Angebot sind auch ein halbtägiger Ausflug zu verschiedenen Buchten und Stränden in der Gegend (Erw./Kind 79/55 NZ$) sowie Touren auf dem Lovers Leap Track und dem Chasm Track (Erw./Kind 89/55 NZ$).

Elm Wildlife Tours NATUR
(☎03-454 4121; www.elmwildlifetours.co.nz; geführte Touren ab 99 NZ$) Der allseits beliebte Veranstalter Elm Wildlife Tours organisiert Touren in Kleingruppen zur Beobachtung von Tieren in freier Natur mit der zusätzlichen Option, einen Besuch im Royal Albatross Centre oder eine Monarch-Cruise-Bootstour anzuhängen.

Im Preis inbegriffen sind die Abholung in Dunedin und der Rücktransfer zum Ausgangspunkt.

Monarch Wildlife Cruises & Tours BOOTSFAHRT
(Karte S. 612; ☎03-477 4276; www.wildlife.co.nz) Bietet einstündige Bootstouren vom Wellers Rock (Erw./Kind 52/22 NZ$) sowie halb- und ganztägige Touren (90/32 NZ$ bzw. 240/124 NZ$) ab dem Hafen Dunedin. Unterwegs erspäht man vielleicht Seelöwen, Pinguine, Albatrosse und Seebären; im Preis inbegriffen sind bei der Ganztagestour der Eintritt für das Royal Albatross Centre und den Penguin Place.

Schlafen & Essen

McFarmers Backpackers HOSTEL $
(Karte S. 612; ☎03-478 0389; mcfarmers@xtra.co.nz; 774 Portobello Rd, Broad Bay; EZ/DZ ohne Bad 55/66 NZ$, Hütte 120–150 NZ$) Die rustikale Blockhütte und das separate Cottage auf einer bewirtschafteten Schaffarm mit Blick auf den Hafen haben viel Charakter und vermitteln Gästen sofort das Gefühl, zu Hause zu sein. Der Portobello-Bus fährt am Eingangstor vorbei.

★**Portobello Motel** MOTEL $$
(Karte S. 612; ☎03-478 0155; www.portobellomotels.com; 10 Harington Point Rd, Portobello; Wohneinheit ab 160 NZ$;) Abgeschlossene Wohneinheiten, sonnig und modern, direkt an der Hauptstraße in Portobello. Die Studios haben eine Terrasse mit Blick auf die Bucht. Es stehen auch geräumige Wohneinheiten mit einem oder zwei Schlafzimmern zur Verfügung, allerdings ohne Ausblick.

Larnach Castle B&B $$$
(Karte S. 612; ☎03-476 1616; www.larnachcastle.co.nz; 145 Camp Rd; Zi. Stall/Lodge/Anwesen 160/290/460 NZ$; @) Die Gartenlodge von Larnach Castle hat zwölf individuell und recht skurril eingerichtete Zimmer. Weniger flippig sind die stimmungsvollen Zimmer in den 140 Jahre alten Stallungen. Einige Hundert Meter von der Villa entfernt bietet das Landhaus Camp Estate romantische Luxussuiten, die die Ausgabe wirklich lohnen. Im Preis inbegriffen sind das Frühstück und der Eintritt in das Herrenhaus; gegen Aufpreis kann ein Abendessen im Herrenhaus organisiert werden (70 NZ$).

1908 Cafe CAFÉ, BISTRO $$
(Karte S. 612; ☎03-478 0801; www.1908cafe.co.nz; 7 Harington Point Rd, Portobello; Mittagessen 13–24 NZ$, Abendessen 31–34 NZ$; 12–14 & 6–22 Uhr, April–Okt. Mo & Di geschl.) Lachs, Wild und Steaks werden in dem lässig-freund-

lichen Restaurant neben frischem Fisch und Tages-Specials serviert. Mittags gilt die Bistrokarte, auf der Suppen und getoastete Sandwiches zur Auswahl stehen. Das edle Interieur ist mit Werken lokaler Künstler dekoriert.

Portobello Hotel & Bistro BISTROKARTE **$$**
(Karte S. 612; www.portobellohotelandbistro.co.nz; 2 Harington Point Rd, Portobello; Mittagessen 15–17 NZ$, Abendessen 25–29 NZ$; ⏲11.30–23.30 Uhr) Seit 1874 versorgt das Pub von Portobello durstige Reisende mit Erfrischungen und ist noch immer ein beliebter Boxenstopp. Man schnappt sich einen Tisch in der Sonne und genießt in aller Ruhe eine Seafood-Suppe, Burger oder Lammfleischpastete.

Anreise & Unterwegs vor Ort

Werktags verkehren 13 Busse zwischen der Cumberland Street in Dunedin und Portobello Village (Erw./Kind 6/3,60 NZ$), zwei davon fahren zur Landspitze nach Harrington Point weiter. Samstags fahren nur zehn Busse, sonntags nur vier. Auf der Halbinsel kommt man ohne eigenes Fahrzeug nur schwer vom Fleck. Die meisten Tourenanbieter holen einen in Dunedin direkt bei der Unterkunft ab.

Auf der ganzen Halbinsel gibt es keine einzige Tankstelle.

CENTRAL OTAGO

Sanfte Hügel, die in der unerbittlichen Sommersonne von Grün zu Gold bleichen, bilden die Kulisse für eine Reihe winziger, charmanter Ortschaften aus der Zeit des Goldrauschs. An den Theken der Pubs, in denen die Zeit stehen geblieben zu sein scheint, hängen derbe wortkarge „Southern Men" ab. Die Region ist eines der bedeutendsten Weinbaugebiete des Landes. Sie bietet tolle Möglichkeiten für Radfahrer, z. B. Mountainbiken auf den alten Goldminenwegen oder eine Tour auf dem Otago Central Rail Trail.

Middlemarch

156 EW.

Vor der Kulisse der Rock & Pillar Range ist Middlemarch Endstation der Taieri Gorge Railway und des Otago Central Rail Trail. Die Kleinstadt ist in ganz Neuseeland für den Middlemarch Singles Ball (der in Jahren mit ungerader Zahl zu Ostern stattfindet) berühmt. Dann strömen Männer aus dem Süden der Region zusammen, um den Stadtmädchen den Hof zu machen.

Aktivitäten

Cycle Surgery FAHRRADVERLEIH
(☎03-464 3630; www.cyclesurgery.co.nz; Swansea St; ab 35 NZ$ pro Tag; ⏲Depot Mitte Sept.–Mitte Mai) Verleiht Fahrräder und serviert Rail Trail-Passagieren im Middlemarcher Hauptbüro einen Kaffee; hat auch ein Depot zur Abgabe der Fahräder am Ausgangspunkt nach Clyde.

Trail Journeys FAHRRADVERLEIH
(☎03-464 3213; www.trailjourneys.co.nz; Swansea St; ab 42 NZ$ pro Tag; ⏲Depot Okt.–April) Verleiht Fahrräder und organisiert die Logistik für Radfahrer auf dem Otago Central Rail Trail (inklusive Shuttles, Gepäcktransport und Buchung von Unterkünften); außerdem gibt es ein Depot in Clyde am anderen Ende des Radweges.

Schlafen & Essen

Otago Central Hotel HOTEL **$$**
(☎03-444 4800; www.hydehotel.co.nz; SH 87, Hyde; mit/ohne Bad EZ 120 NZ$/DZ 100 NZ$, DZ 170/120 NZ$) Die meisten der ordentlichen Zimmer in diesem coolen alten Hotel, über den Radweg 27 km von Middlemarch entfernt, haben ein eigenes Bad, aber bei den wenigsten ist es auch direkt im Zimmer. Es gibt hier keine Kneipe mehr, und das Café auf der Sonnenterrasse, das auch Alkohol ausschenkt, schließt schon um 16 Uhr. So bleibt das Abendmenü für 40 NZ$ als einzige Option weit und breit.

Kissing Gate Cafe CAFÉ **$**
(☎03-464 3224; 2 Swansea St; Hauptgerichte 7–18 NZ$; ⏲8.30–16 Uhr; 📶) Man sitzt unter Obstbäumen in dem hübschen Garten der netten kleinen Holzhütte und genießt das warme Frühstück, Hackfleischpastete, frischen Salat oder hausgemachte Backwaren. Nana-Chic lässt grüßen!

An- & Weiterreise

Zwei der größten Radfahrunternehmen bieten Shuttles nach Dunedin, Pukerangi und zu den Rail-Trail-Ortschaften. In den wärmeren Monaten setzt Trail Journey Pendelbusse von **Catch-a-Bus** (☎03-449 2150; www.trailjourneys.co.nz) ein, die tgl. nach nach/von Dunedin (45 NZ$, 1 Std.), Ranfurly (27 NZ$, 1 Std.), Alexandra (55 NZ$, 2 Std.), Clyde (55 NZ$, 2½ Std.) und Cromwell (59 NZ$, 2¾ Std.) fahren.

Die malerische **Taieri Gorge Railway** (☎03-477 4449; www.dunedinrailways.co.nz; ⊙Mai–Sept. nur So, Okt.–April Fr & So) verkehrt nur sehr eingeschränkt zwischen Dunedin und Middlemarch; die meisten Züge enden am 20 km entfernten Bahnhof Pukerangi.

Ranfurly

663 EW.

Nach einigen Bränden in den 1930er-Jahren wurde Ranfurly im Stil jener Zeit wieder aufgebaut, und ein paar hübsche Art-déco-Gebäude säumen noch immer die verschlafene Hauptstraße des kleinen Ortes. Das Städtchen gibt sich jedoch alle Mühe, etwas Kapital aus seinem dürftigen Erbe zu schlagen: Es nennt sich die „Art-déco-Hauptstadt der Südinsel". Es gibt hier sogar ein Art-déco-Museum, das in dem prächtigen Gebäude der Centennial Milk Bar an der Hauptstraße untergebracht ist.

Im Ort gibt es ein paar Cafés und einen alten Pub, der Gerichte serviert und Zimmer vermietet.

Aktivitäten

Maniototo 4WD Safaris AUTOTOUR

(☎03-444 9703; www.maniototo4wdsafaris.co.nz; halber/ganzer Tag 130/190 NZ$) Mit diesem Anbieter lässt sich das zerklüftete Terrain erkunden, dass der aus Central Otago stammende Landschaftsmaler Grahame Sydney berühmt gemacht hat.

Schlafen

Peter's Farm Lodge LODGE $

(☎03-444 9811; www.petersfarm.co.nz; 113 Tregonning Rd, Waipiata; 55 NZ$ pro Pers.) Das rustikale Bauernhaus von 1882 auf einer Schaffarm 13 km südlich von Ranfurly bietet bequeme Betten, herzhafte Grillgerichte am Abend (25 NZ$) und die kostenlose Abholung der Aktivurlauber vom Rail Trail. Zur Verfügung stehen auch Kajaks, einige Angelruten und Goldwaschpfannen – es lohnt sich also, etwas länger zu bleiben.

Übernachten kann man auch im benachbarten Tregonnings Cottage (1882).

Hawkdun Lodge MOTEL $$

(☎03-444 9750; www.hawkdunlodge.co.nz; 1 Bute St; EZ/DZ ab 113/150 NZ$; WLAN) Das schicke Boutiquemotel ist die bei Weitem beste Unterkunft im Ortszentrum. Jede Wohneinheit hat eine Kochnische mit Mikrowelle, aber wer gut kocht, kann seine Kochkünste auch in der Gästeküche und am Grill unter Beweis stellen. Im Preis inbegriffen ist das kontinentale Frühstück.

Kokonga Lodge B&B $$$

(☎03-444 9774; www.kokongalodge.co.nz; 33 Kokonga-Waipiata Rd; EZ/DZ 235/285 NZ$; @ WLAN) Gleich abseits des SH 87 zwischen Ranfurly und Hyde gelegen, bietet dieser gehobene Landsitz sechs moderne Zimmer jeweils mit einem angeschlossenen Bad. In einem wohnte Sir Peter Jackson, als er hier in der Gegend den weltbekannten Spielfilm *Der Hobbit* drehte. In der Nähe verläuft der Rail Trail.

Praktische Informationen

Ranfurly i-SITE (☎03-444 1005; www.centralotagonz.com; 3 Charlemont St; ⊙9–17 Uhr; WLAN) Touristeninformation im alten Bahnhofsgebäude; hier liegt ein Flyer zum Ortsrundgang auf eigene Faust auf (Titel: *Rural Art Deco – Ranfurly Walk*).

An- & Weiterreise

In den wärmeren Monaten fahren die von Trail Journey eingesetzten Pendelbusse von **Catch-a-Bus** (☎03-449 2150; www.trailjourneys.co.nz; ⊙Nov.–April) auf dem Weg von Cromwell (52 NZ$, 1¾ Std.) nach Dunedin (49 NZ$, 2 Std.) durch Ranfurly.

Naseby

120 EW.

Das wirklich niedliche Naseby – von schönem Wald umgeben und mit Steingebäuden aus dem 19. Jh. geschmückt – gehört zu der Art von geruhsamen Kleinstädten, in denen die Uhren langsamer ticken. Dass der Ort vom relativ unbedeutenden neuseeländischen Curling besessen ist, deutet ebenso darauf hin, dass hier einfach nicht viel los ist. Die entspannte Kleinstadtatmosphäre und die guten Rad- und Wanderwege durch den umliegenden Wald machen Naseby aber trotzdem zu einem lohnenden Aufenthaltsort für ein paar Tage.

Aktivitäten

Maniototo Curling International WINTERSPORT

(☎03-444 9878; www.curling.co.nz; 1057 Channel Rd; Erw./Kind 30/12 NZ$/ 90 Min.; ⊙Mai–Okt. 10–17 Uhr, Nov.–April 9–19.30 Uhr) In der ganzjährig geöffneten Eishalle kann man Eisstockschießen spielen – auf Wunsch auch mit Anleitung. Im Winter gibt es auch draußen eine Eisbahn.

Schlafen

Royal Hotel PUB $
(☎03-444 9990; www.naseby.co.nz; 1 Earne St; B40, Zi. mit/ohne Bad 110/80 NZ$;) Das Royal Hotel aus dem Jahr 1863 ist mit seinem königlichen Wappen und der wohl rustikalsten Gartenbar von ganz Neuseeland besser als die anderen historischen Pubs im Ort. Die Zimmer sind sehr schlicht, aber blitzblank sauber.

Naseby Lodge APARTMENT $$
(☎03-444 8222; www.nasebylodge.co.nz; Ecke Derwent & Oughter St; 1-/2-Apt. 170/260 NZ$) Die separaten modernen Apartments haben umweltfreundliche Wände aus Strohballen in einer rustikalen Wellblechummantelung. Sie sind schick und geräumig und bieten eine voll ausgestattete Küche sowie eine angenehme Bodenheizung im Bad. Es gibt auch ein gutes Restaurant auf dem Gelände der Lodge.

Old Doctor's Residence B&B $$$
(☎03-444 9775; www.olddoctorsresidence.co.nz; 58 Derwent St; Zi./Suite 295/345 NZ$;) So wohnt es sich toll! Das prächtige Haus aus den 1870er-Jahren versteckt sich hinter einem hübschen Garten und bietet zwei luxuriöse Gästezimmer und eine Lounge, in der abends Wein und Knabbereien serviert werden. Die Suite umfasst ein Wohnzimmer und ein angeschlossenes Bad (mit tollem Schminktisch). Vom kleineren Zimmer aus ist das Bad über den Flur zu erreichen.

Praktische Informationen

Ernslaw One Forestry Office (☎03-444 9995; www.ernslaw.co.nz/naseby-recreational-area; 16 Oughter St; Mo–Fr 9–16 Uhr) Verwaltet das 500 ha große Erholungsgebiet im privaten Naseby Forest. Hier gibt es auch Wander- und Radfahrkarten.

Naseby Information Centre (☎03-444 9961; www.nasebyinfo.org.nz; Old Post Office, Derwent St; Di–Do 9–13, Fr–Mo 10–16 Uhr, im Winter kürzere Betriebszeiten)

An- & Weiterreise

Die Ranfurly–Naseby Road zweigt 4 km nördlich von Ranfurly vom SH 85 ab. Es gibt keine öffentlichen Verkehrsmittel. Radfahrer könnten den 12 km langen Abstecher vom Rail Trail erwägen. Von Naseby kann man seinen Weg auf den nicht asphaltierten, gewundenen Straßen nordostwärts durch die spektakuläre Landschaft zum Danseys Pass bis nach Duntroon im Waitaki Valley fortsetzen.

St Bathans

6 EW.

Ein lohnender, 17 km langer Abstecher vom SH 85 führt in die Ausläufer der imposanten Dunstan Mountains und weiter ins winzige St Bathans. In dem einst turbulenten Goldgräberstädtchen mit 2000 Bewohnern tummeln sich heute gerade mal ein halbes Dutzend ständige Einwohner zwischen den niedlichen Gebäuden aus dem 19. Jh. Die meisten Häuser stehen inzwischen zum Verkauf.

Der **Blue Lake** ist eine zufällig entstandene Attraktion: eine große Mulde, gefüllt mit blauem Wasser, das aus den verlassenen Goldminen abgeflossen ist. Am besten läuft man an den ausgehöhlten Klippen entlang bis zum Aussichtspunkt, von wo aus sich ein besserer Blick auf die fremdartige Landschaft bietet (Die Wegstrecke hin & zurück dauert rund 1 Std.).

Schlafen

Vulcan Hotel PUB $$
(☎03-447 3629; stbathans.vulcanhotel@xtra.co.nz; Main St; Zi. 60 NZ$ p. Pers.) Das Vulcan Hotel ist ein stimmungsvoller Ort, um etwas zu essen, zu trinken oder zu übernachten (und berühmt dafür, dass es hier spukt); allerdings ist die Rezeption nicht immer gut besetzt. Wenn man die wenigen Einwohner von St Bathans in Betracht zieht, ist es freitagabends hier ziemlich voll, weil die durstigen Schafscherer aus dem ganzen Tal herkommen.

St Bathans Jail & Constable's Cottage FERIENHAUS $$
(☎0800 555 016; www.stbathansnz.co.nz; 1648 Loop Rd; Haus 145–340 NZ$) Das benachbarte Gebäude aus dem Jahr 1884 hat ebenfalls Atmosphäre. Das Haus bietet drei Schlafzimmer (für bis zu 6 Pers.) und ist in sich abgeschlossen, inklusive Grill im Garten. Der einstige Kerker wurde in ein Zimmer mit Bad umgewandelt (das Bad liegt in der Gefängniszelle und eine Küche gibt es im Eingangsbereich).

Lauder, Omakau & Ophir

Das winzige **Lauder** (12 Ew.) und das etwas größere **Omakau** (250 Ew.) liegen 8 km voneinander entfernt am SH 85 und sind gute Stopps für Rail-Trailer mit wundem Hintern, die etwas zu essen und ein Bett brauchen.

Doch der echte Schatz in der Gegend ist das bezaubernde **Ophir** (58 Ew.), 2 km von Omakau entfernt jenseits des Manuherikia River.

Hier wurde 1863 Gold gefunden, und so entwickelte sich rasch ein Städtchen, das den Namen des biblischen Landes übernahm, aus dem König Salomo sein Gold bezog. Bis 1875 war die Bevölkerung auf über 1000 Menschen angewachsen, aber als das Gold ausging, verschwanden auch die Leute. Das Schicksal von Ophir war besiegelt, als die Eisenbahn 1904 einen Bogen um es herum machte. Seitdem ist auf der Hauptstraße die Zeit scheinbar stehen geblieben.

Von den vielen historischen Gebäuden in Ophir gibt das beste Fotomotiv die noch immer genutzte **Post** (www.historic.org.nz; 53 Swindon St; ⏲ Mo–Fr 9–12 Uhr) von 1886 ab. Am anderen Ende der Stadt endet die asphaltierte Straße an der aus Holzplanken gezimmerten **Dan O'Connell Bridge** aus den 1870er-Jahren. Hinter dem holprigen, aber malerischen Übergang führt eine Schotterstraße zum SH 85.

Ophir hat mit -21,6 bis +35 °C die größten Temperaturschwankungen im ganzen Land.

Schlafen & Essen

Muddy Creek Cutting B&B **$$**
(☎ 03-447 3682; www.muddycreekcutting.co.nz; SH85, Lauder; 80 NZ$ pro Pers.) Kunstwerke schmücken die Wände des charmant restaurierten Lehmziegel-Farmhauses aus den 1930er-Jahren. Es bietet fünf Schlafzimmer, deren Bewohner sich zwei Badezimmer teilen. Auf Wunsch gibt es auch Abendessen mit regionalen Bioprodukten (60 NZ$ pro Pers.).

Chatto Creek Tavern DENKMALGESCHÜTZTES HOTEL **$$**
(☎ 03-447 3710; www.chattocreektavern.co.nz; 1544 SH85, Chatto Creek; B/EZ/DZ ohne Bad 60/100/130 NZ$; 📶) Das Hotel, ein attraktiver Steinbau aus dem Jahr 1886, befindet sich direkt neben dem Rail Trail und dem Highway, 10 km südwestlich von Omakau. Einfach auf einen Fischkrapfen (in der Saison) oder eine Lammkeule reinschauen oder die müden Wadenmuskeln in einem Mehrbett- oder Doppelzimmer entspannen! Frühstück ist im Preis inbegriffen. Ungezwungenes Campen ist auch möglich (5 NZ$ Aufpreis für Nutzung der Dusche).

★ **Pitches Store** B&B **$$$**
(☎ 03-447 3240; www.pitches-store.co.nz; 45 Swindon St, Ophir; Zi. 280 NZ$; Nov.–April ⏲ Restaurant tgl. 10 Uhr bis open end, Mo, So & Do 10–15 Uhr, Mai & Aug.–Okt. Fr & Sa 10 Uhr bis open end) Das traditionelle Gebäude war früher ein kleiner Gemischtwarenladen mit einer zugehörigen Fleischerei. Es wurde stilvoll in sechs elegante Gästezimmer und ein Café-Restaurant der Spitzenklasse verwandelt (Brunch/Hauptgericht 13–19 NZ$, Abendessen/Hauptgericht 33–37 NZ$). Die unverputzten Steinwände zeugen von der Vergangenheit, die Speisekarte des Pitches aber ist modern-neuseeländisch.

Muddy Creek Cafe CAFÉ **$**
(2 Harvey St, Omakau; Gerichte 8–16 NZ$; ⏲ Mo–Sa 8.30–19, So 10–19 Uhr) In dem freundlichen Café, das mit zahlreichen alten Radios geschmückt ist, kann man sich eine Verschnaufpause vom Rail Trail gönnen. Es bietet den ganzen Tag über Frühstück, Panini, Pies und Eis; man kann sich aber auch vom Schalter einen Burger oder Fish & Chips zum Mitnehmen holen.

Stationside Cafe CAFÉ **$**
(Lauder-Matakanui Rd, Lauder; Hauptgericht 8–18 NZ$; ⏲ Okt.–April 8–17 Uhr) Das kleine herrliche Café am Rail Trail wird von einer reizenden Service-Kraft geführt. Zum kulinarischen Angebot gehören hausgemachte Backwaren, modern-neuseeländische Gerichte, gesunde Salate, Sandwiches, Suppen und Pasta. Leider schmeckt der Kaffee hier nicht so gut.

Alexandra

4800 EW.

Wer nicht extra wegen der Easter Bunny Hunt, wegen des Blütenfests im Frühling oder der im September stattfindenden neuseeländischen Merino Shearing Championships herkommt, wird im bescheidenen Alexandra wohl nur eines wollen: ausgiebig Mountainbiken. Dies ist die bei Weitem größte Siedlung am Central Otago Rail Trail und bietet mehr Lokale und Unterkünfte als der Rest der anderen Kuhdörfer entlang der Route. Hier beginnt auch der neue Roxburgh Gorge Trail.

Alex, wie es von den Bewohnern genannt wird, markiert die südöstliche Ecke der gefeierten Weinregion im zentralen Otago. Von den Dutzenden Weingütern in der unmittelbaren Umgebung sind nur ein paar für Verkostungen geöffnet. Diese sind in der *Central Otago Wine Map* aufgeführt – die Karte ist beim i-SITE (S. 619) erhältlich.

ABSTECHER

ROXBURGH

Südlich von Alexandra windet sich der SH 8 .an schroffen, mit Felsbrocken übersäten Hügeln oberhalb des Clutha River und an den berühmten Obstplantagen von Central Otago vorbei. In der Saison werden an Straßenständen frisch gepflücktes Steinobst, Kirschen und Beeren verkauft. Entlang der Strecke liegen verstreut kleine Ortschaften, von denen viele aus der Zeit des Goldrauschs stammen.

Das geschichtsträchtige **Speargrass Inn** (☎03-449 2192; www.speargrassinn.co.nz; 1300 Fruitlands-Roxburgh Rd (SH 8), Fruitlands; DZ 180 NZ$; ⏰Café Mo–Do 8.30–16, Fr–So 8.30–21 Uhr, Mai–Sept. Di & Mi geschl.; 📶) W), 13 km südlich von Alexandra, hat drei attraktive Wohneinheiten in einem schönen Garten. Das Originalgebäude von 1869 beherbergt ein charmantes Café (Mittagessen 18–26 NZ$). Ein gutes Plätzchen, um eine Pause mit Kaffee und Kuchen zu machen und sich mit einer richtigen Mahlzeit zu stärken!

Weiter südlich ergießt sich der Clutha in den **Lake Roxburgh** mit einem großen Wasserkraftwerk an seinem Ende, bevor er an Roxburgh (522 Ew.) selbst vorbeirauscht. Im freundlichen **i-SITE** (☎03-446 8920; www.centralotagonz.com; 120 Scotland St; ⏰Nov.–März tgl. 9–17 Uhr, April–Okt. Mo–Fr 9–17 Uhr) erhält man Infos rund ums Mountainbiken, Wassersport und Saisonarbeit als Erntehelfer in den Apfel- und Steinobstplantagen.

Obstpflücker können sich auch an **Villa Rose Backpackers** (☎03-446 8761; www.villarose.co.nz; 79 Scotland St; B35, DZ mit/ohne Bad ab 120/100 NZ$; 📶) wenden. Die hübschen, alten Bungalows haben geräumige Mehrbettzimmer, komfortable eigenständige Wohneinheiten und eine große, moderne Küche.

Vor der Abfahrt aus Roxburgh sollte man noch bei **Jimmy's Pies** (☎03-446 9012; www.jimmyspies.co.nz; 143 Scotland St; Pasteten 4–6,50 NZ$; ⏰Mo–Fr 7.30–17 Uhr) vorbei schauen, das seit 1959 auf der ganzen Südinsel bekannt ist. Wer in die Verlegenheit gerät, zwischen den Fleischpasteten wählen zu müssen, sollte Hähnchen mit Aprikose probieren – schließlich ist man hier im Land der Obstplantagen.

Von Roxburgh führt die Straße weiter südwärts durch Lawrence und das Manuka Gorge Scenic Reserve. Die malerische Route verläuft über bewaldete Hügel und durch Schluchten. In der Nähe von Milton trifft der SH 8 auf den SH 1.

Sehenswertes

Central Stories MUSEUM

(☎03-448 6230; www.centralstories.com; 21 Centennial Ave; Eintritt gegen Spende; ⏰10–16 Uhr) Das hervorragende Regionalmuseum widmet sich der spannenden Geschichte der Goldsuche, der Weinherstellung, der Obstplantagen und der Schaffarmen von Central Otago. Es teilt sich die Räumlichkeiten mit dem i-SITE.

Aktivitäten

Sowohl Wanderer als auch Mountainbiker lieben die alten Goldgräberwege, die sich durch die Hügel schlängeln. Entsprechende Karten bekommt man beim i-SITE.

Der beliebte **Alexandra–Clyde 150th Anniversary Walk** (12,8 km, einfache Strecke 3 Std.) ist ein recht ebener Weg am Flussufer mit vielen Rastplätzen und viel Schatten.

Roxburgh Gorge Trail MOUNTAINBIKEN

(www.cluthagold.co.nz) Der im Jahr 2013 mit viel Furore eröffnete gute Wander- und Radweg sollte eigentlich eine Verbindung zwischen Alexandra und dem Roxburgh-Staudamm sein. Da aber die Verhandlungen für den Zugang zu einigen privaten Farmländereien in den mittleren Abschnitten des Weges nicht erfolgreich waren, muss man – wenn man eine Radtour über die gesamte Strecke machen will – im Vorfeld über die lokalen Touristeninformationen oder direkt bei Clutha River Cruises eine 13 km lange malerische Überfahrt mit der Fähre (Erw./Kind 95/55 NZ$) buchen. Zählt man dann noch die „freiwillige" Weginstandhaltungsgebühr (Erw./Fam. 25/50 NZ$) hinzu, wird das zwar eine schöne, aber auch recht teure Radtour.

Alternativ lässt sich von beiden Enden her eine Hin- und Rückfahrt planen: von Alexandra nach Doctors Point (hin & zurück 20 km) oder vom Roxburgh Dam zum Shingle Peak (hin & zurück 22 km).

Ab dem Staudamm, Roxburgh Dam, geht es weiter auf den Clutha Gold Trail, eine 73 km lange, leichtere Strecke, die dem Flusslauf des Clutha folgt und durch Roxburgh nach Beaumont und weiter nach Lawrence führt. Dieselbe Instandhaltungsgebühr gilt für beide Strecken.

Clutha River Cruises BOOTSFAHRT
(☎0800 258 842; www.clutharivercruises.co.nz; Bootsrampe, Dunorling St; Erw./Kind 95/45 NZ$; ⊙Okt.–Mai 14 Uhr) Bei der 2½-stündigen Bootstour kann man die Landschaft und die Geschichte der Region erkunden. Außerdem wird ein Jetboot-Transfer für Radfahrer auf dem Roxburgh Gorge Trail betrieben.

Altitude Bikes FAHRRADVERLEIH
(☎03-448 8917; www.altitudeadventures.co.nz; 88 Centennial Ave; ab 25 NZ$ pro Tag; ⊙Mo–Fr 8.30–17.30, Sa 9–13 Uhr) Verleiht Fahrräder im Verbund mit Henderson Cycles und organisiert die Logistik für Touren-Radfahrer, die auf drei verschiedenen Trails unterwegs sind: Otago Central, Clutha Gold und Roxburgh Gorge.

Schlafen & Essen

Marj's Place HOSTEL $
(☎03-448 7098; www.marjsplace.co.nz; 5 Theyers St; B/EZ/DZ ohne Bad 30/40/80 NZ$; 📶) Die Qualität der drei benachbarten Häuser, aus denen die weitläufige Hostel-Anlage besteht, ist sehr unterschiedlich. Der Homestay-Bereich verfügt über individuelle Zimmer, eine finnische Sauna und einen Whirlpool. Er ist viel hübscher und viel sauberer als der Backpacker-Bereich, in dem überwiegend Saisonarbeiter wohnen.

★**Courthouse Cafe & Larder** CAFÉ $
(☎03-448 7818; www.packingshedcompany.com; 8 Centennial Ave; Hauptgerichte 10–20 NZ$; ⊙8–16 Uhr) Blumige Tapeten und helle Plastiktischdecken verleihen dem nüchternen Gerichtsgebäude aus dem Jahr 1878 eine etwas freundlichere Note. Der Steinbau ist von Rasenflächen umgeben. Die Theke krächzt unter dem Gewicht einer außergewöhnlichen Auswahl an Backwaren (Macadamia-Senf-Croissants, herrlichen Krapfen, Schnittchen und Kuchen). Nicht minder interessant ist die Speisekarte mit Gerichten wie Beef-Cheek-Burger, Pulled-Pork-Minihamburger und Frühstück mit Ei in unterschiedlichsten Varianten.

Praktische Informationen

Alexandra i-SITE (☎03-262 7999; www.centralotagonz.com; 21 Centennial Ave; ⊙9–17 Uhr; 📶) Man besorge sich einen kostenlosen Stadtplan, um die sehr weitläufige Stadt auf eigene Faust zu entdecken.

An- & Weiterreise

Atomic Shuttles (☎03-349 0697; www.atomictravel.co.nz) Täglich fährt ein Bus nach/von Dunedin (30 NZ$, 2¼ Std.), Roxburgh (15 NZ$, 30 Min.), Cromwell (15 NZ$, 30 Min.) und Wanaka (25 NZ$, 1¾ Std.).

Catch-a-Bus (☎03-449 2024; www.trailjourneys.co.nz) Shuttlebusse nach Cromwell (25 NZ$, 30 Min.), Clyde (15 NZ$, 10 Min.), Ranfurly (43 NZ$, 1 Std.), Middlemarch (55 NZ$, 2 Std.) und Dunedin (56 NZ$, 3¼ Std.).

InterCity (☎03-471 7143; www.intercity.co.nz) Täglich fährt ein Reisebus nach/von Dunedin (ab 21 NZ$, 3 Std.), Roxburgh (ab 14 NZ$, 34 Min.), Clyde (ab 10 NZ$, 9 Min.), Cromwell (ab 12 NZ$, 24 Min.) und Queenstown (ab 15 NZ$, 1½ Std.).

Clyde

1020 EW.

Clyde, deutlich charmanter als das rund 8 km entfernte Alex, wirkt wie eine Kulisse für einen Spielfilm über den Goldrausch im 19. Jh. Es liegt schön am Ufer des Clutha River und hat sich ein freundliches Kleinstadtflair erhalten, auch wenn im Sommer Urlauber in Scharen einfallen. Clyde liegt zudem an einem Ende des beliebten Otago Central Rail Trail.

Sehenswertes

Clyde Historical Museums MUSEUM
(5 Blyth St; Eintritt gegen Spende; ⊙Nov.–April Di–So 15–17 Uhr) Im Hauptgebäude des Museums gibt es viktorianische und Māori-Exponate und Informationen über den Clyde Dam. Die größeren Exponate (Maschinen, Kutschen) befinden sich im Komplex der Herb Factory (12 Fraser St).

Aktivitäten

In der Touristenionformation Alexandra i-SITE (s. oben) ist der Flyer *Walk Around Historic Clyde* für den **Alexandra–Clyde 150th Anniversary Walk** (3 Std., einfache Strecke) erhältlich; auf dem ziemlich flachen Wanderweg am Fluss bieten sich zahlreiche schattige Rastplätze an.

Trail Journeys FAHRRADVERLEIH
(☎03-449 2150; www.trailjourneys.co.nz; 16 Springvale Rd; ⌚Touren Sept.–April) Am Anfang des Rail Trail verleiht Trail Journeys Fahrräder (ab 42 NZ$ pro Tag) und organisiert Radtouren, Gepäcktransport und Shuttles. Hat auch eine Filiale in Middlemarch.

Feste & Events

Clyde Wine & Food Festival WEIN, ESSEN
(www.promotedunstan.org.nz; Ostersonntag ⌚10.30–16.30 Uhr) Präsentiert Erzeugnisse und Weine aus der Region.

Schlafen & Essen

Dunstan House B&B $$
(☎03-449 2295; www.dunstanhouse.co.nz; 29 Sunderland St; EZ/DZ ohne Bad ab 110/130 NZ$, DZ/Suite mit Bad ab 170/240 NZ$; ⌚Okt.–April; 📶) Das restaurierte spätviktorianische Gebäude hat Zimmer mit Balkon, ansprechende Bar- und Lounge-Bereiche und epochales Design. Gäste in den günstigeren Zimmern teilen sich das Bad, Wohnkomfort und Atmosphäre sind aber gleich gut.

★**Oliver's** B&B $$$
(☎03-449 2600; www.oliverscentralotago.co.nz; Holloway Rd; Zi./Suite ab 225/495 NZ$; 📶) Das Oliver's ist in einem Kaufmannshaus aus den 1860er-Jahren und seinen Steinbau-Stallungen untergebracht. Die Luxuszimmer sind mit alten Landkarten, Antiquitäten und Badewannen mit Füßen ausgestattet. Die meisten haben Blick auf den idyllischen Garten im Innenhof.

Bank Cafe CAFÉ $
(www.bankcafe.co.nz; 31 Sunderland St; Hauptgerichte 10–15 NZ$; ⌚9–16 Uhr) Man ergattert einen Tisch drinnen oder draußen und schlemmt Kuchen, belegte Brote, Waffeln und köstliche Burger. Die soliden Sandwiches zum Mitnehmen sind perfekt für ein Radfahrer-Mittagessen.

★**Oliver's** MODERN-NEUSEELÄNDISCH $$
(☎03-449 2805; www.oliverscentralotago.co.nz; 34 Sunderland St; Mittagessen 18–26 NZ$, Abendessen 30–39 NZ$; ⌚11.30–14.30 & 17.30–21.30 Uhr) In diesem herrlichen Gastronomiekomplex ist die Manufakturbrauerei Victoria Store Brewery integriert; in dem altehrwürdigen Gemäuer befindet sich das Lokal, eine Bar und ein Feinkost-Café in einem ehemaligen Gemischtwarenladen der Goldrausch-Ära. Auf der Mittagskarte des Restaurants stehen Minihamburger mit Thunfisch, Pulled

OTAGO CENTRAL RAIL TRAIL

Von Dunedin nach Clyde verläuft die Eisenbahnstrecke der Central Otago Rail. Seit Beginn des 20. Jhs. bis in die 1990er-Jahre hinein verband der Schienenweg kleine, im Landesinnern gelegene Goldgräberstädte mit der Metropole. Nachdem die 150 km lange Bahnstrecke von Middlemarch bis Clyde stillgelegt worden war, wurden die Schienenstränge abgerissen und ein neuer Wander- und Radwanderweg, hauptsächlich aus Kies, angelegt, der ganzjährig befahrbar ist und Radfahrer, Wanderer und Reiter über eine historische Route mit alten Eisenbahnbrücken, Viadukten und Tunneln führt.

Der Fernwander- und -radweg, der mit hervorragenden Einrichtungen (Toiletten, Unterständen und Informationen) ausgestattet ist, weist nur wenige Steigungen auf, dafür aber traumhafte Ausblicke auf die Landschaft und Abgeschiedenheit. Der Trail zieht jährlich über 25 000 Besucher an. Am größten ist der Andrang im März, wenn dort unzählige Großstädter unterwegs sind; dann kann es passieren, dass man im Café 30 Minuten auf ein Panino warten muss. Im September ist es ruhiger.

Der Wander- und Radweg ist in jeder Richtung befahr- und begehbar. Die gesamte Strecke nimmt mit dem Fahrrad vier bis fünf Tage (zu Fuß eine Woche) in Anspruch, selbstverständlich können auch kürzere oder längere Abschnitte ausgewählt werden. Einige Umwege führen z. B. nach Naseby und St Bathans.

Mountainbikes können in Dunedin, Middlemarch, Alexandra und Clyde geliehen werden. In allen i-SITEs der Region sind detaillierte Informationen erhältlich. Unter www.otagocentralrailtrail.co.nz und www.otagorailtrail.co.nz findet man Informationen zum Weg, Zeitpläne, Unterkunftsmöglichkeiten und Tourenveranstalter.

Da der Weg sehr beliebt ist, haben sich selbst in entlegenen Orten mittlerweile Unterkünfte und Restaurants angesiedelt; in manchen davon lässt der Service allerdings zu wünschen übrig.

Pork etc.), die trendigen Bistrogerichte am Abend bestehen ebenfalls aus besten frischen Erzeugnissen der Saison (beispielsweise Rehrückenfilet, Lamm-Rumpsteak oder Lachs usw.).

Shoppen

Central Gourmet Galleria LEBENSMITTEL
(☎ 03-449 3331; www.centralgourmetgalleria.co.nz; 27 Sunderland St; ⏲ Di–So 10–16 Uhr) Früher war hier einmal eine Metzgerei, heute bietet die moderne Gourmet-Galerie eine Auswahl preisgekrönter Weine aus der Region, von denen man viele nirgendwo anders findet; auch gibt es hier jede Menge Spezialitäten aus dem zentralen Otago wie Marmeladen und Chutneys.

An- & Weiterreise

Alpine Connexions (☎ 03-443 9120; www.alpineconnexions.co.nz) Shuttles fahren nach/von Dunedin (40 NZ$, 3 Std.), Alexandra (15 NZ$, 15 Min.), Cromwell (24 NZ$, 20 Min.), Queenstown (35 NZ$, 1½ Std.) und Wanaka (35 NZ$, 1 Std.) sowie Zwischenstopps an Ortschaften/Ausgangspunkten entlang des Otago Central Rail Trail.

Catch-a-Bus (☎ 03-449 2024; www.trailjourneys.co.nz; ⏲ Nov.–April) Shuttles nach Cromwell (25 NZ$, 20 Min.), Alexandra (15 NZ$, 10 Min.), Ranfurly (43 NZ$, 1½ Std.), Middlemarch (55 NZ$, 2½ Std.) und Dunedin (56 NZ$, 3½ Std.) während der Hauptsaison für Radwanderungen.

InterCity (☎ 03-471 7143; www.intercity.co.nz) Täglich fährt ein Reisebus nach/von Dunedin (ab 32 NZ$, 3½ Std.), Roxburgh (ab 21 NZ$, 44 Min.), Alexandra (ab 10 NZ$, 9 Min.), Cromwell (ab 16 NZ$, 14 Min.) und Queenstown (ab 22 NZ$, 1½ Std.).

Cromwell

4150 EW.

Cromwell hat ein charmantes historisches Viertel am See, einen tollen wöchentlich stattfindenden Bauernmarkt und die wohl abgefahrensten „Big Things" der Südinsel: mehrere gigantische Obstskulpturen am Highway.

Hier liegt auch das Herz der angesehenen Weinregion Central Otago (www.cowa.org.nz), die für ihren außerordentlich guten Pinot Noir und in geringerem Maß auch für ihren Riesling, Pinot Gris und Chardonnay bekannt ist. Das Cromwell-Becken, das sich vom 5 km südwestlich von Cromwell gelegenen Bannockburn nach Norden bis zum Lake Dunstan erstreckt, deckt über 70 % der Weinproduktion des gesamten Central Otago ab. Am besten besorgt man sich die *Central Otago Wine Map*, in der mehr als 50 Weingüter aus der Region aufgeführt sind.

Sehenswertes

Cromwell Heritage Precinct HISTORISCHES GEBÄUDE
(www.cromwellheritageprecinct.co.nz; Melmore Tce) Mit der Fertigstellung des Clyde Dam im Jahr 1992 wurde das originale Cromwell samt seinem Ortszentrum mit 280 Häusern, sechs Farmen und 17 Plantagen überflutet. Zuvor wurden jedoch viele der historischen Gebäude demontiert und an einer Fußgängerzone am Ufer des Lake Dunstan wiederaufgebaut. Während einige der Häuser original erhalten geblieben sind (mit Ställen usw.), beherbergen andere ein paar gute Cafés, Galerien und interessante Läden. Im Sommer findet jede Woche ein ausgezeichneter **Bauernmarkt** (⏲ Nov.–Feb. So 9–13 Uhr) statt.

Aktivitäten

Highlands Motorsport Park MOTORSPORT/ABENTEUER
(☎ 03-445 4052; www.highlands.co.nz; Ecke SH 6 & Sandflat Rd; ⏲ 10–17 Uhr) Das Rennfahrerparadies wurde in nur 18 Monaten von einer Koppel in eine erstklassige, vier km lange Rennstrecke umgewandelt. Das erste große Rennen gab es hier 2013. Das Spektakel ist nicht nur erfahrenen Rennprofis vorbehalten; darüber hinaus gibt es auch noch ein ausgezeichnetes Rennsportmuseum.

Tempo-Freaks können ihr Talent beim **Gokartfahren** (39 NZ$/10 Min.) erproben, bevor sie eine Fahrt mit 200 km/h in einem **Highlands Taxi** (2/4 Pers. 75/120 NZ$) machen, drei Runden als Beifahrer in einem **Porsche GT3** (295 NZ$) drehen oder sich selbst in einem **V8 Muscle Car** (295 NZ$) hinter das Lenkrad setzen.

Wer es lieber langsamer angehen lässt, kann sich im **National Motorsport Museum** (Erw./Kind 25/10 NZ$) Rennautos und Ausstellungen über neuseeländische Rennfahrerlegenden wie Bruce McLaren, Possum Bourne, Emma Gilmour und Scott Dixon anschauen. Familiengruppen können auch das **Jurassic Safari Adventure** mitmachen; d. h. in einem großen Geländewagen durch einen Dinosaurier-Wald fahren (79 NZ$ inkl. Museumseintritt). Außerdem kann man hier auch kostenlos **Minigolf** spielen und auf der anderen Seite des Parkplatzes im **Nose Cafe** an Weinverkostungen teilnehmen.

Geführte Touren

Central Otago Motorcycle Hire TOUR
(☎03-445 4487; www.comotorcyclehire.co.nz; 271 Bannockburn Rd; ab 165 NZ$ pro Tag) Die gewundenen und hügeligen Straßen von Central Otago sind perfekt für Biker. Dieses Team verleiht Motorräder und empfiehlt unglaublich malerische Strecken. Im Angebot sind auch geführte Touren (ab 195 NZ$) und längere Straßentouren (ab 575 NZ$).

Goldfields Jet JETBOOT-FAHRT
(☎03-445 1038; www.goldfieldsjet.co.nz; SH6; Erw./Kind 109/49 NZ$) Auf einer 40-minütigen Jetboot-Tour geht es durch die Kawarau Gorge.

Feste & Events

Highlands 101 SPORT
(⊙Nov.) Ein dreitägiges Autorennen im Highlands Park, mit Finale der Australian GT Championship (Australische GT-Meisterschaft).

Schlafen

Cromwell Top 10 Holiday Park FERIENPARK $
(☎03-445 0164; www.cromwellholidaypark.co.nz; 1 Alpha St; Stellplatz 40–44 NZ$, Wohneinheit mit/ohne Bad ab 110/75 NZ$; @☎) Der Campingplatz von der Größe eines kleinen europäischen Landes bietet auf seinem Grundstück voller Bäume Hütten und verschiedene in sich abgeschlossene Wohneinheiten.

Carrick Lodge MOTEL $$
(☎03-445 4519; www.carricklodge.co.nz; 10 Barry Ave; Wohneinheit 140–180 NZ$; ☎) Als eines der stilvolleren Motels in Cromwell bietet Carrick Lodge geräumige, moderne Wohneinheiten. Die Anlage ist nur einen kurzen Spaziergang vom Haupteinkaufszentrum entfernt. Die feineren Studios haben einen Whirlpool und schöne Ausblicke auf den Golfplatz.

★**Burn Cottage Retreat** B&B, COTTAGE $$$
(☎03-445 3050; www.burncottageretreat.co.nz; 168 Burn Cottage Rd; Zi./Cottage 200/225 NZ$; ☎) Das drei km nordwestlich von Cromwell gelegene Burn Cottage auf einem Anwesen mit Walnussbäumen und Garten vermietet drei Luxus-Cottages mit erstklassigem Dekor, geräumiger Küche und modernem Bad. Im Haupthaus gibt es für Reisende auch B&B-Unterkünfte.

Essen

★**Armando's Kitchen** CAFÉ $$
(☎03-445 0303; 71 Melmore Tce; Hauptgerichte 10–22 NZ$; ⊙Sa–Do 10–15 Uhr, Fr bis 21 Uhr, im Sommer länger) Die Atmosphäre in der verkehrsfreien Altstadt von Cromwell genießt man am besten bei einem Espresso oder einem Gourmet-Eis von der Veranda dieses Cafés aus. Hausgemachte Pasta, Pizzas und Pies (deftige Quiches und Pasteten) sind ebenfalls ausgezeichnet; die Frühstücksvariationen sind legendär. Freitagabends kann man hier Pizzas und Getränke auch etwas länger genießen.

Mt Difficulty MODERN-NEUSEELÄNDISCH $$
(☎03-445 3445; www.mtdifficulty.co.nz; 73 Felton Rd, Bannockburn; Hauptgerichte 30–35 NZ$; Verkostungen ⊙10.30–16.30 Uhr, Restaurant 12–16 Uhr) Das Mt Difficulty hat nicht nur den unserer Meinung nach besten Pinot Noir Neuseelands, sondern ist auch ein hübsches Fleckchen für ein entspanntes Mittagessen mit einem hervorragendem Blick von oben auf das ganze Tal. Zum Wein gibt es passende Häppchen, die auf großen Gemeinschaftsplatten angerichtet sind, jedoch sollte man sich etwas Plätz für ein leckeres Dessert aufheben. Gegen Spende einer Goldmünze können Weine auch verkostet werden.

Bannockburn Hotel BISTROKARTE $$
(☎03-445 0615; www.bannockburnhotel.com; 420 Bannockburn Rd, Bannockburn; Hauptgerichte 24–30 NZ$; ⊙11–21 Uhr) Auf zur geschichtsträchtigen Kneipe des Bannockburn Hotels mit seinen großzügigen Bistrogerichten wie Spareribs, Steaks, Fish & Chips; auf der großen Terrasse vorne raus fallen die Portionen noch größer aus.

Das Lokal liegt rund 5 km außerhalb der Stadt; jedoch können Gäste zur An- und Abfahrt bequem einen kostenlosen Pendelbus benutzen.

Praktische Informationen

Cromwell i-SITE (☎03-445 0212; www.centralotagonz.com; 2d The Mall; ⊙Jan.–März 9–19 Uhr, April–Dez. bis 17 Uhr) Hier liegt die Wanderbroschüre *Walk Cromwell* auf; darin findet man alle MTB-Trails und ebenso alle Wanderwege der Umgebung und erfährt, wie man zum einstigen Goldrauschzentrum Bendigo gelangt – heute ist es eine Geisterstadt.

An- & Weiterreise

Alpine Connexions (☎ 03-443 9120; www.alpineconnexions.co.nz) Fahrplanmäßige Shuttles nach/von Dunedin (45 NZ$, 3¼ Std.), Alexandra (24 NZ$, 25 Min.), Clyde (24 NZ$, 20 Min.), Wanaka (25 NZ$, 45 Min.) und Queenstown (25 NZ$, 1 Std.).

Atomic Shuttles (☎ 03-349 0697; www.atomictravel.co.nz) Täglich fahren Busse nach/von Queenstown (15 NZ$, 55 Min.), Alexandra (15 NZ$, 50 Min.), Roxburgh (25 NZ$, 1¼ Std.), Dunedin (30 NZ$, 3¾ Std.) und Christchurch (40 NZ$, 5¼ Std.).

Catch-a-Bus (☎ 03-449 2024; www.trailjourneys.co.nz; ⏲ Nov.–April) Shuttles mit Fahrradmitnahme nach Clyde (25 NZ$, 20 Min.), Alexandra (25 NZ$, 30 Min.), Ranfurly (52 NZ$, 1¾ Std.), Middlemarch (59 NZ$, 2¾ Std.) und Dunedin (60 NZ$, 3¾ Std.).

InterCity (☎ 03-471 7143; www.intercity.co.nz) Täglich fahren vier Reisebusse nach Queenstown (ab 11 NZ$, 1 Std.) und jeweils einer nach Fox Glacier (ab 44 NZ$, 6½ Std.), Christchurch (ab 51 NZ$, 7¼ Std.), Alexandra (ab 12 NZ$, 24 Min.) und Dunedin (ab 22 NZ$, 3¾ Std.).

Naked Bus (www.nakedbus.com; Preise variieren) Jeweils ein Bus fährt täglich ab Queenstown (1 Std.), ab Haltestelle Wanaka (55 Min.) in Cromwell, dann weiter nach Omarama (2½ Std.), Lake Tekapo (3¾ Std.) und Christchurch (8¼ Std.).

Queenstown & Wanaka

➜ Inhalt

Gut essen

- Blue Kanu (S. 641)
- Chop Shop (S. 653)
- La Rumbla (S. 653)
- Fergbaker (S. 640)
- Saffron (S. 653)

Schön übernachten

- Adventure Queenstown (S. 638)
- Dairy (S. 639)
- Wanaka Bakpaka (S. 658)
- Lakeside (S. 659)
- Criffel Peak View (S. 658)

Auf nach Queenstown & Wanaka!

Mit seiner Bilderbuchkulisse aus Bergen und Seen und einer unglaublichen Vielzahl an Möglichkeiten, Abenteuer zu erleben, ist es kein Wunder, dass Queenstown ganz oben auf dem Plan vieler Neuseelandreisender steht.

In Wanaka – Queenstowns kleiner Schwester – kann man anschließend den Gang etwas herunterschalten. Aber auch hier gibt es gute Restaurants, Bars und bei Bedarf auch Nervenkitzel unter freiem Himmel. Dank des nahen Mount Aspiring National Park ist es nur eine kurze Autofahrt von Neuseelands atemberaubender Natur entfernt.

Noch gemächlicher geht es in Glenorchy zu, einer schönen Erinnerung daran, wie Queenstown und Wanaka einmal ausgesehen haben mögen, bevor hier scharenweise Abenteuerlustige einfielen. Tolle Naturerlebnisse bieten die Weitwanderwege Greenstone Track und Routeburn Track. Kajakfans zieht es dagegen vor allem zum Nordende des Lake Wakatipu.

Im historischen Arrowtown locken die Relikte aus der Goldgräberzeit, der Wein und ein schönes Abendessen in einem gemütlichen Bistro. Am nächsten Tag gibt es dann wieder unzählige Möglichkeiten, sich zurück ins wilde Getümmel von Queenstown zu stürzen.

Reisezeit

- Das ruhige Sommerwetter von Januar bis März ist perfekt für Queenstowns Abenteuersportarten und Unternehmungen im Freien. Im März findet zudem in den Queenstown Gardens das Gibbston Wine & Food Festival statt.
- Mitte bis Ende März trifft sich ein Heer von Mountainbikern zum Queenstown Bike Festival.
- Ende Juni wird beim Queenstown Winter Festival der Beginn der Skisaison gefeiert. Von Juni bis August bevölkern Ski- und Sknowboardfans aus dem In- und Ausland die Skihänge rund um Queenstown und Wanaka.
- Das Wanaka Fest wird im Oktober gefeiert.

An- & Weiterrreise

Es gehen Inlandsflüge von Auckland, Wellington und Christchurch nach Queenstown; kleinere Flugzeuge fliegen Dunedin, Nelson und Hamilton an. Von Australien aus gibt es internationale Flüge nach Queenstown, so etwa von Brisbane, der Gold Coast, Sydney und Melbourne. Queenstown ist der Hauptverkehrsknotenpunkt für Busse in der Region; von hier geht es zur Westküste (über Wanaka und den Haast Pass), Christchurch, Dunedin (über Central Otago), Invercargill und Te Anau. Von Wanaka geht es auch nach Christchurch und Dunedin.

QUEENSTOWN

12 500 EW.

Umgeben von den aufragenden indigofarbenen Gipfeln der Remarkables und eingerahmt von den gewundenen Buchten des Lake Wakatipu präsentiert sich Queenstown in seinem vollen Glanz. Die eigentlich beschauliche Stadt strotzt vor Lebenskraft und trägt ihre Auszeichnung „Global Adventure Capital" mit stolz geschwellter Brust. Die meisten Besucher verbringen ihre Zeit hier damit, irgendwelche verrückte Sachen zu tun, die sie ihr Lebtag noch nie gemacht haben. Langeweile ist hier ein Ding der Unmöglichkeit.

Es gibt aber auch noch ein anderes Queenstown: kosmopolitischer, mit einer tollen Restaurant- und Kunstszene, ausgezeichneten Weingütern und fünf Golfanlagen nach internationalem Standard. Nach einem „Hüpfer" von einer Brücke oder aus einem Flugzeug sollte man sich also auch die Zeit nehmen, Queenstown ohne Adrenalin-Stoß zu erkunden. Wer dagegen etwas Ruhe sucht, kann beim Sonnenuntergang auf einer Bank am Seeufer einen der schönsten Ausblicke Neuseelands genießen.

Queenstown ist nur allzu vertraut mit Besuchern aus aller Herren Länder. Man kann also großartige Touristeneinrichtungen erwarten, muss aber auch auf Menschenmassen vorbereitet sein, vor allem im Sommer und Winter. Im Herbst (März–Mai) und Frühling (Okt. & Nov.) geht es dagegen etwas ruhiger zu, auch wenn Queenstown ganzjährig ein tolles Reiseziel ist.

Die Bars der Stadt sind die meiste Zeit mit einem überwiegend jungen Völkchen gefüllt, das es wirklich versteht, Urlaub zu machen. Wer eher der zurückgezogene Typ ist, sollte zumindest kurz ins Geschehen eintauchen und hautnah erfahren, warum um

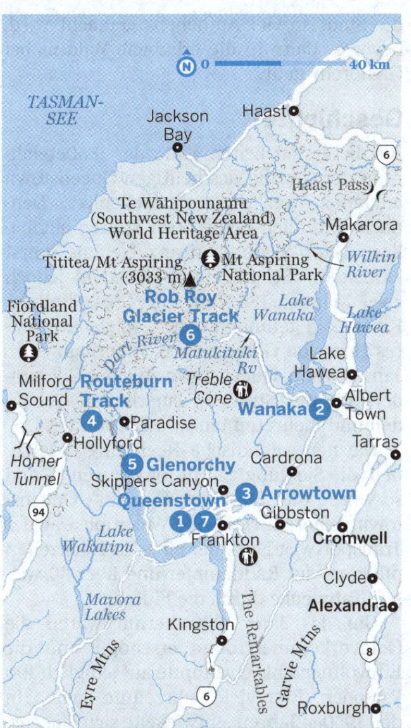

Highlights

1 **Queenstown** (S. 625) In Neuseelands Abenteuerhauptstadt Dinge tun, von denen man bislang nur zu träumen wagte

2 **Wanaka** (S. 654) In der kultivierten kleinen Stadt die besondere Atmosphäre und den Seeblick genießen

3 **Arrowtown** (S. 649) Nach einem Tag mit Mountainbiken und Goldwaschen hier ausruhen und essen

4 **Routeburn Track** (S. 646) Eine Wanderung auf diesem friedlichen und abwechslungsreichen Bergpfad ist einer der besten Great Walks Neuseelands

5 **Glenorchy** (S. 646) Reit-, Kajak- oder Jetbootausflüge zu den oberen Ausläufern des Lake Wakatipu

6 **Rob Roy Glacier Track** (S. 657) Vor dem Anstieg zum Gletscher auf dem Weg durch das herrliche Matukituki Valley bitte nicht jodeln

7 **Queenstown Bar-Hopping** (S. 643) Partymachen bis in die frühen Morgenstunden ist nur einer der zahlreichen Akzente, die das kosmopolitische Queenstown setzt

die Stadt so viel Aufhebens gemacht wird, bevor es dann in die erhabene Wildnis bei Glenorchy geht.

Geschichte

Als die ersten Briten Mitte der 1850er-Jahre in der Gegend des heutigen Queenstown ankamen, war diese menschenleer. Dennoch sind auch heute noch Spuren ehemaliger Māori-Siedlungen anzutreffen. Zuerst kamen die Schafzüchter; nachdem jedoch zwei Männer 1862 am Ufer des Shotover River Gold gefunden hatten, folgte ein wahres Heer von Glücksrittern. Innerhalb eines Jahres wurde Queenstown zu einer Goldgräberstadt mit Straßen, dauerhaften Gebäuden und mehreren tausend Einwohnern.

Die neuseeländische Regierung bezeichnete die Siedlung als „fit for a queen" – und so wurde die „Stadt der Königin", Queenstown, geboren. Der Lake Wakatipu war der Transportweg Nummer eins. Zu Hochzeiten pflügten vier Raddampfer und über 30 weitere Fahrzeuge durch die Fluten.

Um das Jahr 1900 herum waren die Goldvorkommen dann erschöpft und die Einwohnerzahl schrumpfte auf lediglich 190 Personen. Erst viele Jahrzehnte später, in den 1950er-Jahren, entwickelte sich Queenstown zu einem beliebten Reiseziel auf der Südinsel.

KURZINFOS: QUEENSTOWN & WANAKA

Essen Ein gemütliches Mittagessen in einem Restaurant auf einem Weingut

Trinken Eines der überraschend leckeren nur saisonal gebrauten Biere der Wanaka Beerworks (S. 654).

Lesen *Walking the Routeburn Track* von Philip Holden beschreibt die Geschichte sowie Flora und Fauna dieses Fernwanderwegs

Hören Die Stille auf einer schönen Kajakfahrt in der Umgebung von Glenorchy und Kinloch.

Anschauen *Top of the Lake*, eine TV-Serie unter der Regie von Jane Campion, spielt am See von Wakatipu.

Infos im Internet www.queenstownnz.co.nz, www.lakewanaka.co.nz

Vorwahl ☎03

Sehenswertes

Lake Wakatipu SEE

(Karte S. 630) Wie ein perfekter Comic-Blitz ist dieser herrliche See geformt, dessen Uferlänge 212 km beträgt und der bis zu 379 m tief ist (die Durchschnittstiefe liegt bei etwas über 320 m). In den See fließen fünf Flüsse, doch nur einer (der Karawau) fließt hinaus, was mitunter zu dramatischen Überflutungen führt.

Das Wasser sieht nicht nur sehr sauber aus, es ist es auch. Wissenschaftler bewerteten den Reinheitsgrad des Sees mit 99,9 %; damit ist er der zweitreinste See der Welt. Tatsächlich ist das Wasser sauberer als abgefülltes Mineralwasser. Es ist auch sehr kalt. Der Strand an der Marine Parade mag zwar an einem brütend heißen Tag verlockend wirken, doch wer will schon wirklich in Wasser herumplanschen, dessen Temperatur ganzjährig um die 10 °C liegt? Weil das Risiko zu ertrinken bei kaltem Wasser größer ist, sind nach den örtlichen Gesetzen auf allen Seen des Distrikts in allen Booten bis zu 6 m Länge, auch in Kajaks, Schwimmwesten Pflicht.

In der Tradition der Māori stellt die Form des Sees die ausgebrannten Umrisse des bösen Riesen Matau dar, wie er mit angezogenen Knien schläft. Matakauri, ein Bursche aus der Gegend, setzte das Gestrüpp in Brand, auf dem der Riese schlief, um seine Liebste Manata zu befreien, die Tochter eines Häuptlings, die der Riese gekidnappt hatte. Das Fett von Mataus Körper brachte das Feuer so stark zum Lodern, dass es ein tiefes Loch in die Erde brannte.

Queenstown Gardens PARK

(Karte S. 630; Park St) Dieser hübsche, 1876 angelegte Park liegt auf einer kleinen Landzunge, die in die Queenstown Bay ragt. Er wurde von den gartenverrückten Viktorianern als Ort zum Promenieren angelegt. Die Mode hat sich zwar gewandelt (und die Kleider sind nicht mehr so ausladend), doch noch immer strömen die Menschen auf diese Halbinsel und gehen spazieren, machen ein Picknick oder relaxen einfach. Unternehmungslustigere Typen gehen geradewegs zum Frisbee-Golfplatz (S. 634).

Weitere Attraktionen im Park sind eine Eislaufbahn, ein Skater-Park, ein Rasenbowling-Club, Tennisplätze, ausgewachsene exotische Bäume (darunter große Mammutbäume und einige prächtige Andentannen bei der Rotunde) und ein Rosengarten. Am

Denkmal für Kapitän Robert Scott (1868–1912), den Leiter der verhängnisvollen Expedition zum Südpol, ist seine bewegende letzte Botschaft eingraviert.

Kiwi Birdlife Park ZOO
(Karte S. 630; ☎03-442 8059; www.kiwibird.co.nz; Brecon St; Erw./Kind 45/23 NZ$; ⏲9–17, Shows 11 & 15 Uhr) Auf diesen gut 2 ha leben 10 000 einheimische Pflanzen, Brückenechsen und Scharen von Vögeln, darunter Kiwis, Keas, Kuckuckskauze, Sittiche und die äußerst seltenen Schwarzen Stelzenläufer. Besucher können um die Volieren spazieren, die Vogelschutzshow sehen und leise ins abgedunkelte Kiwi-Haus gehen.

Skyline Gondola SEILBAHN
(Karte S. 630; ☎03-441 0101; www.skyline.co.nz; Brecon St; Erw./Kind hin & zurück 32/20 NZ$; ⏲9 Uhr bis spät abends) Von oben gibt es eine fantastische Aussicht. An der Bergstation kann man das Café, Restaurant, den Souvenirladen und die Aussichtsterrasse gar nicht verfehlen. Außerdem warten der Queenstown Bike Park (S. 632), die Skyline Luge (S. 634), **Ledge Bungy** (Karte S. 630; ☎0800 286 4958; www.bungy.co.nz; Erw./Kind 195/145 NZ$), **Ledge Swing** (Karte S. 630; ☎0800 286 4958; www.bungy.co.nz; Erw./Kind 160/110 NZ$) und die Ziptrek Ecotours (S. 634). Abends finden hier ein Māori-Kulturprogramm mit Kiwi Haka (S. 644) und Führungen mit Sternbeobachtung statt (inkl. Seilbahn Erw./Kind 85/45 NZ$).

Zu den Wanderwegen gehört ein Rundweg durch die Douglas-Fichtenwälder (30 Min.). Wer besonders fit ist, spart sich die Gondel und wandert auf dem **Tiki Trail** (Karte S. 630) und **Ben Lomond Track** (Karte S. 630; www.doc.govt.nz) bis oben.

Underwater Observatory AQUARIUM
(Karte S. 636; ☎03-409 0000; www.kjet.co.nz; Hauptlandungssteg; Erw./Kind 10/5 NZ$; ⏲Nov.–März 9–19, April–Okt. bis 17 Uhr) Durch sechs Fenster kann man das Leben unter der Wasseroberfläche des Sees beobachten. Große Seeforellen, Süßwasseraale und Neuseeland-Tauchenten schwimmen direkt an den Fenstern vorbei – besonders, wenn jemand Münzen in den Futterautomaten wirft.

Aktivitäten

Eine erstaunliche Zahl von Geschäften im Zentrum bietet eine große Palette an Aktivitäten. Das Ganze wird noch verwirrender, weil einige Geschäfte im Sommer ihren Namen wechseln, manche Anbieter ganz unterschiedliche Aktivitäten vom selben Laden aus veranstalten, und einige Aktivitäten unterschiedlich benannt werden, aber eigentlich das Gleiche sind. Mehrere Einrichtungen nennen sich Informationszentrum, doch das einzige echte, unabhängige, offizielle Informationszentrum ist das i-SITE (S. 644).

Wer verschiedene Aktivitäten ausprobieren möchte, kauft am besten eines der verschiedenen Kombi-Tickets, die u. a. bei **Queenstown Combos** (Karte S. 636; ☎03-442 7318; www.combos.co.nz; The Station, Ecke Shotover & Camp St) erhältlich sind.

DIE MĀORI IN QUEENSTOWN & WANAKA

Wie an anderen Orten der Südinsel ist auch hier derselbe Übergang von Moa-Jägern zur Herrschaft der Waitaha, Ngāti Māmoe und der Ngāi Tahu vonstatten gegangen. Lake Wakatipu ist von Legenden geprägt, und verschiedene Orte im Norden des Sees sind hochgeschätzte Fundstellen von *pounamu* (Nephrit-Jade).

Dem Ngāi Tahu *iwi* (Stamm) gehört **Shotover Jet** (S. 631) und **Dart River Wilderness Jet** (S. 648); Letztere veranstaltet Exkursionen mit kulturellen Akzenten. Weitere Einblicke in die Kultur werden von **Kiwi Haka** (S. 644) präsentiert, die jeden Abend in der Bergstation der Seilbahn von Queenstown auftreten.

Wandern/Trekking & Klettern

Die vom DOC und vom i-SITE herausgegebene Broschüre *Wakatipu Walks* (5 NZ$) informiert über Wanderwege in der Gegend, von einfachen einstündigen Spaziergängen bis hin zu anspruchsvollen achtstündigen Gewaltmärschen.

Ultimate Hikes WANDERN/TREKKING
(Karte S. 636; ☎03-450 1940; www.ultimatehikes.co.nz; 9 Duke St; ⏲Nov.–April) Bietet Tageswanderungen ab Queenstown auf dem Routeburn Track (ab 179 NZ$) und dem Milford Track (ab 299 NZ$). Alternativ kann man diese mehrtägigen Wanderungen auch ganz machen, wenn man nicht in den DOC-Hütten, sondern in den von Ultimate Hike bewirtschafteten Hütten übernachtet, in denen warme Mahlzeiten und ein eigenes

Region Queenstown

Region Queenstown

Sehenswertes
1 Cardrona Distillery & Museum D2
2 Chard Farm C3
3 Gibbston Valley C3
4 Peregrine D3
5 Pisa Conservation Area D2
6 Walter Peak Farm B3

Aktivitäten, Kurse & Touren
7 Backcountry Saddle Expeditions D2
8 Cardrona Alpine Resort D2
9 Coronet Peak C2
Eforea Spa at Hilton (s. 23)
10 Kawarau Bridge Bungy C2
Kawarau Zipride (s. 10)
11 Skippers Canyon Jet B2
12 Snow Farm D2
Spa at Millbrook (s. 17)

Schlafen
13 Asure Queenstown Gateway Apartments C3
14 Evergreen Lodge B3
15 Kinross Cottages D3
16 Little Paradise Lodge A2
17 Millbrook C2
18 Twelve Mile Delta Campsite B3
Waiorau Homestead (s. 1)

Essen
19 Amisfield Winery & Bistro C2
20 Boat Shed C3
21 Graze C2
22 Sherwood B3
23 Wakatipu Grill C3

Ausgehen & Nachtleben
24 Gibbston Tavern D3

Unterhaltung
Sherwood (s. 22)

Bad warten. Im Winter wird das Büro in Snowbiz umbenannt und verleiht Skier und Snowboards.

Guided Walks New Zealand WANDERN/TREKKING
(☎ 03-442 3000; www.nzwalks.com; Erw./Kind ab 107/67 NZ$) Wunderschöne Wanderungen in der Umgebung von Queenstown, Das Angebot reicht von Halbtagswanderungen durch die Natur bis hin zur vollen dreitägigen Wanderung auf der gesamten Länge des Hollyford Track. In der Wintersaison werden dann entsprechend Schneeschuhwanderungen angeboten.

QUEENSTOWN IN ...

... zwei Tagen

Der Tag beginnt im **Bespoke Kitchen,** bevor es entweder auf die Pisten oder zur Shotover Street geht, um dort irgendwelche nervenaufreibenden Aktivitäten zu buchen. Mit der **Skyline Gondola** fährt man hoch hinauf, um dort einen Überblick über das Umland zu bekommen und die **Rodelbahn**.auszuprobieren. Dann geht's mit dem **Shotover Jet** hinaus, anschließend führt ein Spaziergang durch die **Queenstown Gardens** wieder hinunter, um dann bei Sonnenuntergang den dramatisch schönen Ausblick auf die **Remarkables** zu genießen. Ein Dämmerschoppen im **Atlas Beer Cafe** mit anschließendem Abendessen im **Rata** und ein Bummel durch verschiedene Bars könnten sich anschließen.

Am nächsten Tag wird erst einmal im **Fergbaker** aufgetankt, bevor der Vormittag mit Snowboardfahren, Bungeespringen, Fallschirmspringen oder einer Wildwasser-Floßfahrt verbracht wird. Am Nachmittag geht es dann auf zwei Rädern in den **Queenstown Bike Park** oder zu den Weingütern von **Gibbston**. Nach dem Abendessen im **Blue Kanu** kann man dann durch die verschiedenen Bars der Stadt ziehen.

... vier Tagen

Nach dem Zwei-Tages-Programm führt die Fahrt nach **Arrowtown**, um die **chinesische Siedlung** zu erkunden, im **Chop Shop** mittagzuessen und in den Läden vor Ort zu stöbern. Am nächsten Tag folgt eine Fahrt am Ufer des Lake Wakatipu entlang in das winzige **Glenorchy**. Mittags bietet sich ein Essen im **Glenorchy Cafe** an und dann eine Fahrt zum Ausgangspunkt des **Routeburn Track**, um dort ein bisschen zu wandern.

Climbing Queenstown KLETTERN
(Karte S. 636; ✆027 477 9393; www.climbing-queenstown.com; 23 Brecon St; ab 149 NZ$) Das Klettern, die Bewältigung von Klettersteigen (mit befestigten Metallsprossen, Haken und Seilen), Bergwandern und Gebirgstrekking erfolgt unter Aufsicht qualifizierter Führer.

Bungee-Variationen

Shotover Canyon Swing ABENTEUERSPORT
(Karte S. 636; ✆03-442 6990; www.canyonswing.co.nz; 35 Shotover St; 219 NZ$ pro Pers., weitere Sprünge 45 NZ$) Es gibt hier verschiedene Möglichkeiten, sich in die Tiefe zu stürzen – rückwärts, auf einem Stuhl, kopfüber. Hier geht es 60 m im freien Fall und wildem Schaukeln mit 150 km/h in den Canyon hinein. Im Preis inbegriffen ist der Transfer vom Buchungsbüro in Queenstown.

AJ Hackett Bungy ABENTEUERSPORT
(Karte S. 636; ✆03-450 1300; www.bungy.co.nz; The Station, Ecke Camp & Shotover St) Die Erfinder des Bungees bieten nun Sprünge an drei verschiedenen Stellen in der Gegend von Queenstown. An zwei Orten gibt es riesige Schaukeln. Es begann alles an der historischen **Kawarau Bridge** aus dem Jahre 1880 (Karte S. 628; ✆0800 286 4958; www.bungy.co.nz; Gibbston Hwy.; Erw./Kind 190/145 NZ$) 23 km von Queenstown entfernt (inkl. Transfer). 1988 wurde die Brücke mit einem 43 m Sprung über den Fluss zur ersten kommerziell betriebenen Bungee-Springstätte. Dies ist zudem der einzige Ort in der Region, an dem auch Tandem-Sprünge möglich sind.

Neu an der Kawarau Bridge ist der **Kawarau Zipride** (Karte S. 628; ✆0800 286 4958; www.bungy.co.nz; Gibbston Hwy.; Erw./Kind 50/40 NZ$, 105/150 NZ$ für ein Paket mit 3/5 Mal rutschen) mit drei 30 m langen Seilrutschen, die eher etwas für Kinder sind – aber auch für Erwachsene, die nicht so mutig sind, einen kleinen Nervenkitzel darstellen. Pakete mit mehreren Rutschpartien können auf verschiedene Gruppen aufgesplittet werden, sodass dieses Vergnügen deutlich preiswerter ist als das Bungeespringen.

Oben an der Bergstation der Skyline Gondola und damit am nächsten zu Queenstown liegt Ledge Bungy (S. 627) und Ledge Swing (S. 627); es geht zwar nur 47 m in die Tiefe, aber das Ganze findet 400 m über der Stadt statt. Im Winter kann man sogar Sprünge ins Dunkle wagen.

Zu guter Letzt gibt es noch **Nevis Bungy** (✆0800 286 4958; www.bungy.co.nz; 275 NZ$ pro Pers.), dafür werden allerdings super gute Nerven gebraucht – das höchste Bungee in

Queenstown
0
500 m
Hamilton Rd
Queenstown Hill Recreation Reserve
Bob's Peak
Robins Rd
Gorge Rd
Weaver St
Anderson Heights
Turner St
Brecon St
Ballarat St
Kent St
Belfast Tce
Edinburgh Dr
Hallenstein St
Shotover St
Melbourne St
York St
Stanley St
Coronation Dr
Sydney St
Dublin St
Suburb St
Villa del Lago (250 m)
Panorama Tce
Frankton Rd
Lake St
s. Karte Queenstown Zentrum (S. 636)
Steamer Wharf
Frankton Rd
Hobart St
Adelaide St
Suburb St
6A
Walking Track n. Frankton
Lomond Ave
Brunswick St
Lake Esp
TSS Earnslaw-Route
Park St
The Terrace
Thompson St
St Omer Park
Queenstown Bay
Park St
Frankton Arm
Fernhill (1 km)
Lake Wakatipu

Queenstown

Sehenswertes
1 Kiwi Birdlife Park C2
2 Lake Wakatipu C4
3 Queenstown Gardens D4
4 Skyline Gondola C2

Aktivitäten, Kurse & Touren
5 Ben Lomond Track A1
6 Frisbee Golf D4
7 GForce Paragliding B1
Ledge Bungy .... (s. 7)
Ledge Swing .... (s. 7)
8 Playground D3
9 Queenstown Bike Park B1
10 Queenstown Ice Arena D4
Skyline Luge .... (s. 7)
11 Tiki Trail C2
Ziptrek Ecotours .... (s. 7)

Schlafen
12 Alexis F3
13 Bumbles C3
14 Butterfli Lodge B4
15 Chalet Queenstown F3
16 Coronation Lodge E3
17 Creeksyde Queenstown Holiday Park & Motels D1
18 Flaming Kiwi Backpackers D1
19 Hippo Lodge E2
20 Historic Stone House E2
21 Platinum Villas A4
22 Queenstown Park D2
23 YHA Queenstown Lakefront B4

Unterhaltung
Kiwi Haka .... (s. 7)

ganz Australasien. Geländebusse bringen die Teilnehmer zu einer extra zum Springen gebauten Plattform auf privatem Land, von wo aus man 134 m über dem Nevis River abspringt. Die **Nevis Swing** (☎0800 286 4958; www.bungy.co.nz; Solo/Tandem 195/350 NZ$) beginnt 160 m über dem Fluss und beschreibt an einem Seil, das länger ist als ein Rugbyfeld, einen 300 m langen Bogen über den Canyon – es ist wirklich der größte Swing der Welt.

Wer nicht nur eine einzige der AJ-Hackett-Attraktion erleben möchte, kann sich um ein Kombi-Ticket bemühen.

Wildwasser-Rafting

Queenstown Rafting RAFTEN
(Karte S. 636; ☎03-442 9792; www.rafting.co.nz; 35 Shotover St; Raften/Heli-Raften 209/309 NZ$) Ganzjährige Raftingtouren auf dem bewegten Shotover River (Klassen III–V) und dem ruhigeren Kawarau River (Klassen II–III). Die Touren dauern vier bis fünf Stunden, davon werden zwei bis drei Stunden auf dem Wasser verbracht. Eine aufregende Alternative dazu sind Heli-Rafting-Trips mit dem Helikopter. Die Teilnehmer müssen dafür allerdings mindestens 13 Jahre alt sein und mindestens ein Gewicht von 40 kg auf die Waage bringen.

Wer bei anderen Rafting-Anbietern wie **Extreme Green** (☎03-442 8517; www.extremegreenrafting.co.nz; Rafting/Helirafting 209/309 NZ$) und **Challenge** (Karte S. 636; ☎03-442 7318, 0800 423 836; www.raft.co.nz; The Station, Ecke Shotover & Camp St; Rafting/Helirafting 219/319 NZ$) bucht, macht letzten Endes dieselben Touren.

Zu den Einsatzstellen am Kawarau River kann man ganzjährig gut hinfahren, aber im Winter ist der Shotover River nur mit dem Hubschrauber erreichbar.

Family Adventures RAFTING
(☎03-442 8836; www.familyadventures.co.nz; Erw./Kind 179/120 NZ$;) Sanftere (Stromschnellen Grad I bis II) Touren auf dem Shotover, die sogar für Kinder ab drei Jahren geeignet sind. Nur im Sommer möglich.

Jetboot fahren

Shotover Jet JETBOOTFAHREN
(☎03-442 8570; www.shotoverjet.com; Gorge Rd, Arthurs Point; Erw./Kind 135/75 NZ$) Eine halbstündige Jetbootfahrt durch die Felsencanyons des Shotover, mit vielen aufregenden 360-Grad-Drehungen.

Skippers Canyon Jet JETBOOTFAHREN
(Karte S. 628; ☎03-442 9434; www.skipperscanyonjet.co.nz; Skippers Rd; Erw./Kind 139/79 NZ$) Beinhaltet eine rasante 30-minütige Fahrt durch die engen Schluchten des entlegenen Skippers Canyon am Oberlauf des Shotover River. Die Tour (mit Abholung aus Queenstown) dauert insgesamt drei Stunden und widmet sich auch der Geschichte der Goldförderung in der Region.

Hydro Attack BOOTSTOUR
(Karte S. 636; ☎0508 493 762; www.hydroattack.co.nz; Lapsley Butson Wharf; 15 Min. 149 NZ$; ⏲Nov.–März 9–18, April–Okt. 10–1.30 Uhr) Hat schon einmal jemand einen 5,50 m langen Hai aus dem Wasser schnellen sehen? Dazu springt man einfach hinein, schnallt sich fest und fährt los. Dieses „Seabreacher X

QUEENSTOWN FÜR KINDER

Queenstown hat ein Riesen-Freizeitangebot, allerdings gibt es bei manchen Aktivitäten Altersbeschränkungen. Generell sollte es jedoch kein Problem sein, die Kleinen bei Laune zu halten.

Ideal für alle Altersstufen sind der **Kiwi Birdlife Park** (S. 627), Schiffsrundfahrten über den See an Bord der **TSS Earnslaw** (S. 634) und Geländewagenfahrten durch den engen Skippers Canyon. In den **Queenstown Gardens** (S. 626) befindet sich ein guter **Spielplatz** (Karte S. 630) am Strand in der Nähe des Eingangs an der Marine Parade. Ebenfalls im Park ist die **Queenstown Ice Arena** (Karte S. 630; ☎03-441 8000; www.queenstownicearena.co.nz; 29 Park St; Eintritt inkl. Schlittschuhverleih Erw./Kind 19/15 NZ$; ⏲April–Okt. Sa–Do 10–17, Fr bis 21.30 Uhr) – ideal für Regentage -, außerdem gibt es **Frisbee Golf**. Die **Skyline Gondola** (S. 627) ist ein eher geruhsames Erlebnis in schwindelerregenden Höhen. Kleinere Kinder können die **Rodelbahn** mit einem Erwachsenen nutzen und müssen, um alleine fahren zu dürfen, wenigstens sechs Jahre alt und größer als 110 cm sein.

Für kleine Draufgänger gibt es die wirklich abenteuerlichen Aktivitäten. Schon Zweijährige dürfen einen Tandemflug bei den **Queenstown Paraflights** (s. unten) mitmachen, solange ihnen das kleinste Gurtgeschirr passt. **Family Adventures** (S. 631) bietet ruhige Floßfahrten ab drei Jahren an. Kinder unter fünf dürfen kostenlos mit dem **Shotover Jet** (S. 631) mitfahren, wenn sie größer als 1 m sind, und Sechsjährige dürfen die Zipleinen bei **Ziptrek Ecotours** bedienen. Mutige zehnjährige können beim Bungeespringen und -schaukeln bei irgendeinem der **AJ-Hackett's-Sprünge** (S. 629) dabei sein; ausgenommen ist der Nevis Bungy (Mindestalter 13 Jahre). Acht- und Neunjährige können auch schon mit dem **Kawarau Zipride** (S. 629) fertig werden.

An verschiedenen Stellen in der Stadt können Tandem- und Kinderfahrräder ausgeliehen werden.

Weitere Tipps und Infos – darunter auch zu vor Ort erreichbaren Babysittern – beim **i-SITE** (S. 644) oder unter www.kidzgo.co.nz.

Watercraft" saust mit einer Geschwindigkeit von 80 km/h übers Wasser und taucht dann 2 m unter, um anschließend fast 6 m in die Luft emporzuschnellen. Das Zuschauen macht bei diesem Abenteuer fast ebenso viel Spaß wie das Fahren selbst.

Fallschirmspringen, Drachen- & Gleitschirmfliegen

NZone ABENTEUERSPORT
(Karte S. 636; ☎03-442 5867; www.nzoneskydive.co.nz; 35 Shotover St; ab 299 NZ$) Hier vollführt man einen Tandemsprung mit einem Fallschirmsprungexperten aus einem tadellos funktionierenden Flugzeug.

GForce Paragliding GLEITSCHIRMFLIEGEN
(Karte S. 630; ☎03-441 8581; www.nzgforce.com; inkl. Seilbahn 219 NZ$) Tandem-Gleitschirmflüge von der Bergstation der Seilbahn (um 9 Uhr morgens ist das Vergnügen 30 NZ$ günstiger).

Queenstown Paraflights ABENTEUERSPORT
(Karte S. 636; ☎0800 225 520; www.paraflights.co.nz; Solo/Tandem/Dreier 159/258/297 NZ$) Mit dem Gleitschirm schwebt man 200 m über dem See im Schlepptau eines Bootes. Abfahrt ist am Pier in der Stadt.

Mountainbiken

Mit der Eröffnung des Queenstown Bike Park hat sich die Region endgültig als internationales Zentrum für Mountainbiker etabliert. Wer etwas länger in der Stadt ist, könnte auch gut Mitglied im Queenstown Mountain Bike Club (www.queenstownmtb.co.nz) werden.

Der **Queenstown Trail** – er ist insgesamt mehr als 100 km lang – verbindet fünf kleinere, landschaftlich reizvolle Routen in Queenstown, Arrowtown, Gibbston, am Lake Wakatipu, in Jack's Point und am Lake Hayes. Die Strecke ist für Anfänger und Fortgeschrittene gleichermaßen geeignet.

Queenstown Bike Park MOUNTAINBIKEN
(Karte S. 630; ☎03-441 0101; www.skyline.co.nz; Skyline; halber/ganzer Tag inkl. Seilbahn 60/85 NZ$; ⏲10–18 Uhr, Okt.–April je nach Lichtverhältnissen bis 20 Uhr) Über 20 verschieden Trails – von einfach (grün) bis extrem (schwarze Dop-

pelraute) – führen hoch über dem See über Bob's Peak. Einmal auf den zwei Rädern unten angekommen, kann man einfach wieder in die Seilbahn steigen und alles noch einmal hinunterfahren. Für Anfänger empfiehlt sich der 6 km lange **Hammy's Track**, der unterwegs immer wieder atemberaubende Blicke auf den See und Picknickplätze freigibt. Eigene Räder mitbringen!

Vertigo Bikes MOUNTAINBIKEN
(Karte S. 636; ☎ 03-442 8378; www.vertigobikes.co.nz; 4 Brecon St; Verleih halber/ganzer Tag ab 39/59 NZ$) Wer das Mountainbiken in Queenstown ernst nimmt, kommt an Vertigo nicht vorbei. Zu den Angeboten zählen Fahrtraining (ab 149 NZ$), geführte Touren im Queenstown Bike Park (ab 159 NZ$) und Helibiking in den Remarkables (399 NZ$).

Fat Tyre Adventures MOUNTAINBIKEN
(☎ 0800 328 897; www.fat-tyre.co.nz; ab 209 NZ$) Die Touren eignen sich für Radfahrer verschiedenster Leistungsstufen. Es gibt Tagestouren ins wilde Hinterland, mehrtägige Touren, Helibiking ins Hochland und Touren auf einspurigen Trails. Fahrradverleih und Verpflegung mit Snacks sind im Preis inbegriffen.

Ski- & Snowboardfahren

Rund um Queenstown gibt es zwei hervorragende Skigebiete: Eines liegt in den **Remarkables** (Karte S. 628; ☎ 03-442 4615; www.nzski.com; Remarkables Skifield Rd; Tagespass Erw./Kind 104/59 NZ$) und das andere befindet sich auf dem **Coronet Peak** (Karte S. 48; ☎ 03-442 4620; www.nzski.com; Coronet Peak Rd; Tagespass Erw./Kind 104/59 NZ$). Wem das noch nicht genügt, der fährt zum Cardrona Alpine Resort (S. 662) und **Treble Cone** (☎ 03-443 1406, Schnee-Hotline 03-443 7444; www.treblecone.com; Tagespass Erw./Kind 106/52 NZ$) bei Wanaka. Coronet Peak ist das einzige Skigebiet, in dem Skifahren sogar bei Nacht möglich ist; in einer sternklaren Nacht ist so eine Abfahrt ein wirklich unvergessliches Erlebnis.

Die Skisaison dauert von etwa Juni bis September. In den Wintermonaten gibt es die Ski- und Snowboard-Ausrüstungen überall zu kaufen und zu mieten; **Outside Sports** (Karte S. 636; ☎ 03-441 0074; www.outsidesports.co.nz; 9 Shotover St; ⌚ 8.30–20 Uhr) ist dafür eine gute Adresse.

Selbst außerhalb der Hauptsaison können leidenschaftliche Skifahrer mit dickem Portemonnaie ihrem Hobby noch beim Heliskiing nachgehen; empfehlenswerte Adressen dafür sind Over The Top (S. 634), **Harris Mountains Heli-Ski** (Karte S. 636; ☎ 03-442 6722; www.heliski.co.nz; The Station, Ecke Shotover & Camp St; ab 940 NZ$), **Alpine Heliski** (Karte S. 636; ☎ 03-441 2300; www.alpineheliski.com; 37 Shotover St; 3–8 Fahrten 875-1275 NZ$; ⌚ Juli–

NICHT VERGESSEN, ES IST URLAUB ...

Hier ein Überblick, wie man sich am besten entschleunigt, die Batterien wieder auflädt und den Körper daran erinnert, dass es beim Reisen auch noch andere Dinge gibt, als immer nur neuen Nervenkitzel auszuprobieren.

- **Onsen Hot Pools** (☎ 03-442 5707; www.onsen.co.nz; 160 Arthurs Point Rd, Arthurs Point; 1/2/3/4 Personen 46/88/120/140 NZ$; ⌚ 11–22 Uhr) bietet Einzelbäder im japanischen Stil mit Blick auf die Berge. Wer im Voraus bucht, kann sich gleich in eine vorgewärmte Wanne setzen.
- Wer sich nach ein paar Tagen voller Skiabenteuer, Radtouren und Jetbootausflügen wieder regenerieren möchte, sollte sich wegen Massagen und weiteren Wellnessbehandlungen an **Mobile Massage Company** (Karte S. 636; ☎ 0800 426 161; www.queenstownmassage.co.nz; 2c Shotover St; 1 Std. ab 120 NZ$; ⌚ 9–21 Uhr) wenden.
- Noch mehr Entspannung ist im **Hush Spa** (Karte S. 636; ☎ 03-442 9656; www.hushspa.co.nz; 1st fl, 32 Rees St; 30/60 Min. Massage ab 70/128 NZ$; ⌚ Fr–Mo 9–18, Di–Do bis 21 Uhr) bei Massage oder Pediküre möglich.
- Wellness auf Weltniveau bietet das Millbrook bei Arrowtown. Das **Spa im Millbrook Resort** (Karte S. 628; ☎ 03-441 7017; www.millbrook.co.nz; Malaghans Rd; Behandlungen ab 79 NZ$) wurde in die Liste der besten Wellness-Oasen Neuseelands gewählt.
- Mit dem Wassertaxi geht es über den See zum **Eforea Spa at Hilton** (Karte S. 628; ☎ 03-450 9416; www.queenstownhilton.com; 79 Peninsula Rd, Kelvin Heights; Behandlungen ab 70 NZ$; ⌚ 9 Uhr bis spät abends).

Sept.) oder **Southern Lakes Heliski** (Karte S. 636; ☎03-442 6222; www.heliskinz.com; Torpedo 7 Gebäude, 20 Athol St; ab 895 NZ$).

Weitere Aktivitäten

Es ließen sich noch unzählige weitere Aktivitäten, die in Queenstown möglich sind, auflisten. Wer sich für Golf, Minigolf, Segeln oder Tauchen interessiert, sollte sich beim i-SITE (S. 644) erkundigen.

Frisbee Golf OUTDOOR-AKTIVITÄT
(Karte S. 630; www.queenstowndiscgolf.co.nz; Queenstown Gardens) GRATIS 18 in Bäumen befestigte Drahtkörbe; die Sportgeschäfte vor Ort verkaufen Frisbeescheiben und Wertungskarten.

Ziptrek Ecotours ABENTEUERSPORT
(Karte S. 630; ☎03-441 2102; www.ziptrek.co.nz; Skyline) Dieser adrenalingeschwängerte Trip im Gurtgeschirr, der mehrere Zip-Lines (Seilrutschen) beinhaltet, führt hoch über Queenstown von einem Baum zum nächsten. Die ausgeklügelte Konstruktion und die Umweltfreundlichkeit sind weitere Pluspunkte. Mutige können zwischen der zweistündigen „Moa"-Tour (Erw./Kind 135/85 NZ$), die über vier Seilrutschen führt, und der heftigeren dreistündigen Tour „Kea" über sechs Seilrutschen wählen (Erw./Kind 185/135 NZ$).

Skyline Luge ABENTEUERSPORT
(Karte S. 630; ☎03-441 0101; www.skyline.co.nz; Skyline; 2/3/4/5 Fahrten inkl. Seilbahn 45/48/49/55 NZ$; ⊙Okt.–März 10–20, April–Sept. bis 17 Uhr) Zunächst geht es mit der Seilbahn hinauf, dann in ein dreirädriges Wägelchen zum Startpunkt des 800 m langen Tracks der Sommerrodelbahn. Wer den Blue Track einmal geschafft hat, darf beim etwas anspruchsvolleren Red Track mit den erhöhten Kurven und dem Tunnel weitermachen.

Geführte Touren

Bootsfahrten auf dem See

Million Dollar Cruise SCHIFFSFAHRT
(Karte S. 636; ☎03-442 9770; www.milliondollarcruise.co.nz; Rundfahrt 35 NZ$; ⊙11, 14 & 16 Uhr) Gute und preiswerte, 90-minütige Rundfahrten Richtung Frankton, vorbei an dem mehrere Millionen teuren Grundbesitz von Kelvin Heights.

TSS Earnslaw SCHIFFSFAHRT
(Karte S. 636; ☎0800 656 501; www.realjourneys.co.nz; Steamer Wharf, Beach St; Erw./Kind NZ$57/22) Das stattliche Dampfschiff TSS *Earnslaw* feierte 2012 seinen 100. Geburtstag. Früher war es das wichtigste Transportmittel auf dem See, heute ist es die ewig präsente schwarze Rußwolke, die sich so gar nicht in diese unberührt wirkende Umgebung einpassen will. Die normale Tour über den Lake Wakatipu dauert 1½ Stunden; alternativ gibt es die 3½-stündige Exkursion zur hoch gelegenen **Walter Peak Farm** (Karte S. 628; 1 Mount Nicholas-Beach Bay Rd; Schafsvorführung inkl. Bootsfahrt Erw./Kind 77/22 NZ$), wo Schäferhund- und Schafschurvorführungen warten.

Panorama-Rundflüge

Air Milford PANORAMAFLÜGE
(☎03-442 2351; www.airmilford.co.nz; 1 Tex Smith Lane, Frankton) Zum Angebot gehört ein Flug über den Milford Sound (Erw./Kind 420/255 NZ$), eine Kombination aus Bootsfahrt und Flug (499/300 NZ$) und etwas längere Flüge zum Doubtful Sound und Aoraki/Mount Cook.

Glenorchy Air PANORAMAFLÜGE
(☎03-442 2207; www.glenorchyair.co.nz; Queenstown Airport, Frankton) Zu den malerischen Ausflügen ab Queenstown oder Glenorchy gehört eine Flug-Boot-Flug-Kombi über den Milford Sound (Erw./Kind 485/295 NZ$) und ein Flug über den Aoraki/Mount Cook (Erw./Kind 645/365 NZ$).

Over The Top PANORAMAFLÜGE
(☎03-442 2233; www.flynz.co.nz; Tex Smith Lane, Frankton) Bietet Helikopterflüge zu den Sounds, zu abgeschiedenen Angelstellen und eine große Schaffarm im Hochland. Von Juli bis Oktober steht auch Heliskiing auf dem Programm.

Sunrise Balloons BALLONFAHREN
(☎03-442 0781; www.ballooningnz.com; Erw./Kind 495/295 NZ$) Zu der einstündigen Ballonfahrt in den Sonnenaufgang hinein gehört ein Champagnerfrühstück; allerdings dauert das Abenteuer insgesamt doch etwa vier Stunden.

Touren in die Weinberge

Die meisten Touren legen üblicherweise einen Stopp ein bei den Weingütern in der Umgebung von Gibbston, Bannockburn und Cromwell Basin.

Appellation Central Wine Tours WEINPROBE
(☎03-442 0246; www.appellationcentral.co.nz; Führungen 185–230 NZ$) Die angebotenen Führungen gehen zu den Weingütern in

Gibbston, Bannockburn und Cromwell; mittags werden Tellergerichte in den Restaurants der Weingüter angeboten.

New Zealand Wine Tours WEINPROBE
(027 305 2004; www.nzwinetours.co.nz; ab 185 NZ$) In den Führungen für kleine Gruppen oder für Privatleute sind ein Mittagessen, Snacks und ein Besuch im „Aroma-Raum" enthalten

Ausflüge zum Milford Sound

Die Tagesausflüge von Queenstown zum Milford Sound über Te Anau dauern 12 bis 13 Stunden inklusive einer zweistündigen Schifffahrt auf dem Sound. Es gibt auch kombinierte Bus-Schiff-Flug-Pakete, ebenso wie die Möglichkeit, sich am Ende des Routeburn Track mitnehmen zu lassen. Um Zeit und Kosten zu sparen, lohnt sich die Überlegung, Milford lieber von Te Anau aus zu besuchen.

BBQ Bus GEFÜHRTE TOUREN
(03-442 1045; www.milford.net.nz; Erw./Kind 199/100 NZ$) Ausflug für kleinere Gruppen zum Milford Sound (bis zu 22 Teilnehmer möglich). Auf der Schiffstour wird ein Barbecue zum Mittagessen zubereitet. Wer in Te Anau schon aussteigen möchte, bezahlt 30 NZ$ weniger.

DAS GIBBSTON VALLEY

Übereifrige Besucher von Queenstown sind vielleicht am glücklichsten, wenn sie an einem riesigen Gummiband baumeln, aber beim freien Fall Richtung Kawarau River merken sie vermutlich gar nicht, dass sie sich im Herzen des Gibbston Valley befinden, eines der wichtigsten Weinbaugebiete Central Otagos, mit rund 20 % des gesamten Weinanbaus Neuseelands.

Fast gegenüber der Kawarau Bridge führt eine steil abfallende 2 km lange Schotterstraße zur **Chard Farm** (Karte S. 628; 03-441 8452; www.chardfarm.co.nz; Chard Rd, Gibbston; 11–17 Uhr) GRATIS, dem wohl schönsten Weingut von Gibbston. 800 m weiter auf dem Gibbston Highway (SH6) liegt **Gibbston Valley** (Karte S. 628; 03-442 6910; www.gibbstonvalley.com; 1820 Gibbston Hwy. (SH 6), Gibbston; Weinverkostungen 5–12 NZ$, Führung mit Weinprobe 15 NZ$; 10–17 Uhr), ein großer Komplex mit einer Käserei und einem Restaurant. Die Führungen durch die eindrucksvollen Weingewölbe finden immer zur vollen Stunde von 10 bis 16 Uhr statt.

Noch einmal 3 km weiter auf der SH 6 erreicht man **Peregrine** (Karte S. 628; 03-442 4000; www.peregrinewines.co.nz; 2127 Gibbston Hwy (SH6), Gibbston; 10–17 Uhr) eines der besten Weingüter der Region, das hervorragenden Sauvignon Blanc, Pinot Gris, Riesling und natürlich Pinot Noir produziert. Hier besticht zudem die Architektur – ein bunkerähnlicher Bau mit einem Dach, das in seiner Form an die ausgebreiteten Flügel eines Falken erinnert.

Der **Gibbston River Trail** ist eine malerische Wander- und Mountainbikestrecke von der Kawarau Bridge aus am Kawarau River entlang zum Weingut Peregrine (1–2 Std., 5 km). Von Peregrine aus können die Wanderer (die Radfahrer aber nicht) auf dem **Wentworth Bridge Loop** (1 Std., 2,7 km) weitergehen, der über verschiedene Holz- und Stahlbrücken zu alten Bergwerken führt.

Wer sich hier in der Gegend aufhält, sollte unbedingt in der total rustikalen **Gibbston Tavern** (Karte S. 628; 03-409 0508; www.gibbstontavern.co.nz; Coal Pit Rd, Gibbston; Okt.–April So–Do 11.30–19, Fr & Sa bis 22.30 Uhr, Mai–Sept. Mo geschl.) unweit des Highways hinter Peregrine einkehren. Empfehlenswert sind die hauseigenen Moonshine Wines, die sonst nirgendwo zu finden sind.

Wer sich an den Weinen des Tals gütlich tun will, ohne ans Autofahren denken zu müssen, sollte einfach etwas in der Weinregion bleiben und in den **Kinross Cottages** (Karte S. 628; 021 0881 6595; www.kinrosscottages.co.nz; 2300 Gibbston Hwy. (SH6), Gibbston; Zi 225 NZ$;) übernachten. Jedes Cottage sieht wie ein denkmalgeschütztes Haus aus, ist aber brandneu und in zwei luxuriöse Studio-Zimmer unterteilt. Hier gibt es auch einen eigenen Verkostungsraum, in dem man verschiedene Weine der kleineren Winzer aus der Region probieren kann (Verkostungen 15 NZ$ für fünf Weine).

Am **Queenstown i-SITE** (S. 644) oder **DOC-Besucherzentrum** (S. 644) gibt es Landkarten und Informationen zu Ausflügen ins Gibbston Valley.

Queenstown Zentrum

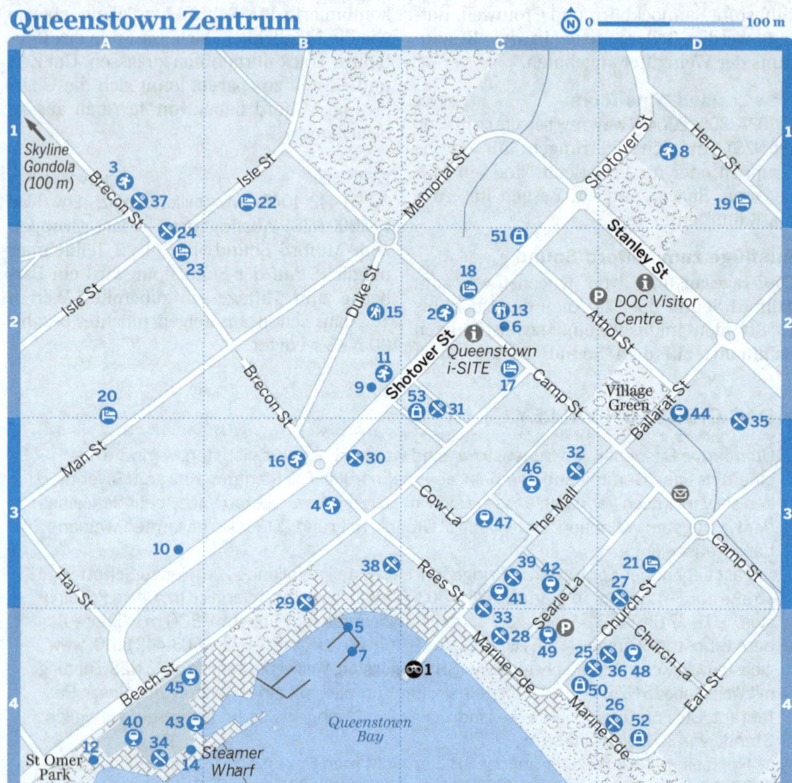

Real Journeys GEFÜHRTE TOUREN
(Karte oben; ☎ 0800 656 501; www.realjourneys.co.nz; Steamer Wharf, Beach St; Erw./Kind ab 230/115 NZ$) Tages- oder Übernachtungstouren zum Milford und Doubtful Sound; außerdem noch eine Fülle anderer Angebote.

Weitere Touren

Off Road Adventures GELÄNDEWAGENTOUR
(Karte oben; ☎ 03-442 7858; www.offroad.co.nz; 61a Shotover St) Aufregende Touren mit Allradfahrzeugen (ab 109 NZ$), Quads (ab 199 NZ$), Crossmaschinen (ab 289 NZ$) oder 4WD-Buggys (248 NZ$, 2 Sitzplätze).

Nomad Safaris GELÄNDEWAGENTOUR
(Karte oben; ☎ 03-442 6699; www.nomadsafaris.co.nz; 37 Shotover St; Erw./Kind ab 175/89 NZ$) Mit Nomad Safaris geht es durch spektakuläre Landschaften und zu schwer zugänglichen Aussichtspunkten in der Umgebung des Skippers Canyon und von Macetown oder auf eine „Safari of the Scenes" durch Mittelerde, also zu Schauplätzen der *Herr-der-Ringe*-Trilogie, rund um Glenorchy und das Wakatipu Basin. Man kann auch mit einem Quad-Bike durch eine Schafstation auf dem Queenstown Hill fahren (245 NZ$).

Feste & Events

Gibbston Wine & Food Festival ESSEN, WEIN
(www.gibbstonwineandfood.co.nz) Für einen Tag Mitte Mai kommt Gibbston in die Queenstown Gardens.

Queenstown Bike Festival SPORT
(www.queenstownbikefestival.co.nz) Zehn Tage voller Action auf zwei Rädern zu Ostern (Mitte bis Ende März).

Queenstown Winter Festival SPORT
(www.winterfestival.co.nz) Zehn Tage Ende Juni, die mit verrückten Ski- und Snowboardaktivitäten, Livemusik, Comedy, Feuerwerk, einem Karneval, einer Parade, einem Ball und vielen frostigen Frivolitäten gefüllt sind.

Queenstown Zentrum

Sehenswertes
1 Underwater Observatory ... C4

Aktivitäten, Kurse & Touren
2 AJ Hackett Bungy ... C2
Alpine Heliski ... (s. 9)
Challenge Rafting ... (s. 2)
3 Climbing Queenstown ... A1
Harris Mountains Heli-Ski ... (s. 2)
4 Hush Spa ... B3
5 Hydro Attack ... B4
6 Kiwi Discovery ... C2
7 Million Dollar Cruise ... B4
8 Mobile Massage Company ... D1
9 Nomad Safaris ... B2
NZone ... (s. 11)
10 Off Road Adventures ... A3
Queenstown Combos ... (s. 2)
Queenstown Paraflights ... (s. 1)
11 Queenstown Rafting ... B2
12 Real Journeys ... A4
Shotover Canyon Swing ... (s. 11)
13 Southern Lakes Heliski ... C2
14 TSS Earnslaw ... A4
15 Ultimate Hikes ... B2
16 Vertigo Bikes ... B3

Schlafen
17 Adventure Queenstown ... C2
18 Goodstays ... C2
19 Haka Lodge ... D1
20 Lomond Lodge ... A2
21 Nomads ... D3
22 Sir Cedric's Southern Laughter ... B1
23 The Dairy ... A2

Essen
24 Bespoke Kitchen ... A2
25 Blue Kanu ... C4
26 Botswana Butchery ... D4
27 Devil Burger ... D3
28 Eichardt's Bar ... C4
29 Empanada Kitchen ... B3
Fergbaker ... (s. 30)
30 Fergburger ... B3
31 Habebe's ... C2
32 Kappa ... C3
33 Madame Woo ... C4
34 Public Kitchen & Bar ... A4
35 Rata ... D3
36 Sasso ... D4
37 Taco Medic ... A1
38 Vudu Cafe & Larder ... B3
39 Winnie's ... C3

Ausgehen & Nachtleben
40 Atlas Beer Cafe ... A4
41 Ballarat Trading Company ... C3
42 Bardeaux ... C3
43 Little Blackwood ... A4
44 Pig & Whistle ... D2
45 Pub on Wharf ... A4
46 Rhino's Ski Shack ... C3
47 The Bunker ... C3
48 Vinyl Underground ... D4
49 Zephyr ... C4

Shoppen
50 Artbay Gallery ... C4
51 Outside Sports ... C2
52 Vesta ... D4
53 Walk In Wardrobe ... C2

Gay Ski Week SPORT, SCHWULE & LESBEN
(www.gayskiweekqt.com) Das größte Schwulen- und Lesbenevent der Südinsel findet jährlich Ende August/Anfang September statt.

Schlafen

In Queenstown gibt es ein schier endloses Unterkunftsangebot, doch Zimmer der Mittelklasse sind nur schwer zu bekommen. Dafür herrscht unter den Hostels ein extremer Konkurrenzkampf, sodass sie immer mehr Service und Leistungen aufbieten, um genügend Kunden zu gewinnen – es lohnt sich, sie in Betracht zu ziehen, selbst wenn man sonst eigentlich nicht der klassische Hostel-Typ ist. Zur Hauptsaison im Sommer (Weihnachten–Feb.) und während der Skisaison (Juni–Sept.) sind die Unterkünfte schnell ausgebucht und die Preise schießen in die Höhe; für diese Zeit sollte man unbedingt rechtzeitig im Voraus buchen.

Goodstays (Karte S. 636; ☎03-409 0537; www.goodstays.co.nz; 1. Stock, 19 Camp St) bietet eine große Auswahl an Ferienhäusern und Apartments auf seiner Website; die Preise liegen bei etwa 190 bis 2000 NZ$ pro Nacht. Häufig gilt eine Mindestmietzeit von zwei bis fünf Nächten.

Stadtzentrum von Queenstown

Haka Lodge HOSTEL $
(Karte S. 636; ☎03-442 4970; www.hakalodge.com; 6 Henry St; B/Zi ohne Bad ab 31/89 NZ$, Apt. 180 NZ$; P ☎) Es lohnt sich, an diesem *haka* teilzunehmen: Dazu schlägt man sich auf die Oberschenkel und haut so richtig auf den Putz. Als Antwort auf diese Bemühungen der Reisenden haben die hell gestrichenen Schlafsäle Stockbetten nach Maß plus abschließbare Aufbewahrungstruhen, eigene Abtrenngardinen, eigenes Licht

und Steckdosen. Angeschlossen ist auch ein Apartment mit zwei Schlafzimmern, einer eigenen Küche, großem Wohnzimmer und einem Raum mit Waschmaschine.

Butterfli Lodge HOSTEL $
(Karte S. 630; ☎03-442 6367; www.butterfli.co.nz; 62 Thompson St; B/EZ/DZ 30/66/69 NZ$; P 📶) Dieses kleine Hostel liegt in einem ruhigen Viertel westlich der Innenstadt am Hang und ist fest im Griff des Katers Jimmy. Es gibt hier keine Stockbetten und auch keine eigenen Bäder. Die Dachterrasse bietet einen unglaublich schönen Ausblick.

Nomads HOSTEL $
(Karte S. 636; ☎03-441 3922; www.nomadsworld.com; 5 Church St; B mit/ohne Bad 32/30 NZ$, Zi 110–140 NZ$; @ 📶) 🍃 Dieses riesige Hostel liegt nicht nur in unmittelbarer Nähe zu Queenstowns Nachtleben, sondern besitzt darüber hinaus auch mit eigenem Minikino, Zimmern mit Bad, großen Küchen, kostenloser Sauna und eigenem Reisebüro eine erstklassige Ausstattung. Als weitere Anreize gibt es ein kostenloses Frühstück und Abendessen.

Hippo Lodge HOSTEL $
(Karte S. 630; ☎03-442 5785; www.hippolodge.co.nz; 4 Anderson Heights; Zeltplatz 25 NZ$, B 30–36 NZ$, EZ 50 NZ$, DZ mit/ohne Bad ab 96/76 NZ$; P @ 📶) Ein heimeliges und etwas abgewohntes, aber gut geführtes, entspanntes Hostel mit der Atmosphäre einer Studenten-WG. Es ist jedoch viel sauberer als diese Beschreibung vielleicht vermuten lässt. Die atemberaubenden Ausblicke sind den vielen Treppen zu verdanken.

Flaming Kiwi Backpackers HOSTEL $
(Karte S. 630; ☎03-442 5494; www.flamingkiwi.co.nz; 39 Robins Rd; B/EZ/DZ ohne Bad 35/72/82 NZ$; P @ 📶) Dieses freundliche Hostel liegt ganz in der Nähe des Stadtzentrums an einer ruhigen und Gott sei Dank hügelfreien Straße und bietet saubere Schlafsäle mit Schließfach an jedem Bett, drei Küchen, unbegrenzter WLAN-Nutzung und bei der Ankunft eine Flasche Sonnenschutz. Wirklich eine hervorragende Wahl.

Bumbles HOSTEL $
(Karte S. 630; ☎03-442 6298; www.bumblesbackpackers.co.nz; Ecke Lake Esplanade & Brunswick St; Zeltplatz/B/Zi 30/33/72 NZ$; P @ 📶) Dieses beliebte, aber winzige Hostel in bevorzugter Seelage ist farbenfroh eingerichtet und strahlt eine locker-legere Atmosphäre aus. Alle Zimmer sind allerdings ohne Bad; hinterm Haus gibt es zusätzlich einige wenige Zeltplätze.

Sir Cedric's Southern Laughter HOSTEL $
(Karte S. 636; ☎03-441 8828; www.sircedrics.co.nz; 4 Isle St; B 27–32 NZ$, Zi mit/ohne Bad 85/75 NZ$; P 📶) Die Wände dieses großen Hostels, das in einem alten Schulgebäude untergebracht ist, sind voller abgedroschener Witze, aber sonst ist es sehr angenehm hier. Wenn es die Witze schon nicht schaffen, so sollte es zumindest das freundliche Personal, die kostenlose Gemüsesuppe und der Wellness-Pool bewerkstelligen können, ein Lächeln ins Gesicht seiner Besucher zu zaubern.

YHA Queenstown Lakefront HOSTEL $
(Karte S. 630; ☎03-442 8413; www.yha.co.nz; 88–90 Lake Esplanade; B/EZ/DZ ohne Bad ab 32/70/89 NZ$; @) 🍃 Dieses Hostel am See ist kürzlich renoviert worden. Zu den Kneipen und Restaurants sind es nur 10 bis 15 Minuten Fußweg am See entlang.

Adventure Queenstown HOSTEL $$
(Karte S. 636; ☎03-409 0862; www.aqhostel.co.nz; 36 Camp St; B mit/ohne 33/31 NZ$, DZ/DBZ 130/150 NZ$; @ 📶) Das Adventure Queenstown wird von erfahrenen Reisenden betrieben (sieht man auf den Fotos im Haus) und liegt sehr zentral. Es bietet makellose Schlafsäle, eine moderne Küche und beneidenswerte Balkone. Viele Dinge sind hier gratis, z. B. unbegrenztes Internet, Auslandsgespräche in 30 verschiedene Länder, Fahrräder und Frisbees. Private Zimmer, aber auch einige Schlafsäle haben ein eigenes Bad.

Creeksyde Queenstown Holiday Park & Motels FERIENANLAGE $$
(Karte S. 630; ☎03-442 9447; www.camp.co.nz; 54 Robins Rd; Zeltplatz 55 NZ$, DZ ohne Bad 81 NZ$, Wohneinheit ab 138 NZ$; P @ 📶) 🍃 Dieser schöne, äußerst gepflegte Ferienpark liegt in einer Gartenanlage und bietet Unterkünfte von kleinen Zeltplätzen bis hin zu in sich abgeschlossenen Moteleinheiten. Zu den skurrilen Anwandlungen gehören seltsame Skulpturen und ein Gebäude mit sanitären Einrichtungen, die wie eine mittelalterliche Hopfendarre anmutet.

Coronation Lodge LODGE $$
(Karte S. 630; ☎03-441 0860; www.coronationlodge.co.nz; 10 Coronation Dr; DZ 170–210 NZ$; P 📶) Direkt neben den Queenstown Gardens verwöhnt diese saubere Lodge mit Tiefgarage,

plüschigen Bettbezügen, Holzböden und türkischen Teppichen. Die größeren Zimmer besitzen kleine Küchen. Im ansprechenden kleinen, mit Holz ausgestatteten Frühstücksraum wird sowohl ein englisches als auch ein Kontinentalfrühstück (Aufpreis!) serviert.

Alexis MOTEL $$
(Karte S. 630; ☎ 03-409 0052; www.alexisqueenstown.co.nz; 69 Frankton Rd; Zi. ab 165 NZ$; P 📶) Mit einem zehnminütigen Spaziergang entlang des Seeufers kommt man vom Zentrum zu diesem modernen Motel auf einem Hügel. Die schönen Selbstversorgerzimmer warten mit aufmerksamen Extras wie Stereoanlagen und Bademänteln sowie tollem Seeblick auf.

Lomond Lodge MOTEL $$
(Karte S. 636; ☎ 03-442 7375; www.lomondlodge.com; 33 Man St; DZ 145–169 NZ$; P 📶) Dieses Motel im mittleren Preissegment wurde erst kürzlich modernisiert. In den Gemeinschaftsküchen oder beim Grillen im Garten kommt man schnell mit den anderen Gästen in Kontakt; allerdings verfügen alle Zimmer auch über einen eigenen Kühlschrank und eine Mikrowelle. Der Aufpreis für den Seeblick lohnt sich.

★ Dairy BOUTIQUEHOTEL $$$
(Karte S. 636; ☎ 03-442 5164; www.thedairy.co.nz; 10 Isle St; EZ/DZ ab 435/465 NZ$; P 📶) Das Dairy war früher ein kleiner Eckladen und ist heute ein luxuriöses B&B mit 13 Zimmern, die mit hochwertigen Details wie Designerbettwäsche, Seidenkissen und wertvollen Mohairteppichen ausgestattet sind. Im Preis ist ein warmes Frühstück und ein Nachmittagstee mit selbst gebackenen Keksen enthalten.

Queenstown Park BOUTIQUEHOTEL $$$
(Karte S. 630; ☎ 03-441 8441; www.queenstownpark.co.nz; 21 Robins Rd; Zi ab 360 NZ$; P 📶) 🍃 In diesem äußerst schicken Hotel bauschen sich in den 19 Zimmern weiße Vorhänge über den Betten mit eleganter Bettwäsche auf. Die „Remarkables rooms" besitzen Balkone zum Park hin in Richtung Gebirgszug (keine Zimmer mit Seeblick!). Die Zimmer zur Seilbahn hinaus sind zwar kleiner, aber sie haben dafür Balkone oder Ausgänge auf Innenhof. Sämtliche Zimmer sind mit kleinen Küchen ausgestattet. Die Gäste können sich zur „Canapé Hour" an kostenlosem Wein und den gereichten Knabbereien gütlich tun.

Historic Stone House APARTMENT $$$
(Karte S. 630; ☎ 03-442 9812; www.historicstonehouse.co.nz; 47 Hallenstein St; Apt. ab 245 NZ$; P 📶) Das frühere Wohnhaus des Bürgermeisters, ein wunderschönes Steinhaus (1874), wurde in ein Apartment mit drei Schlafzimmern umgebaut; in einem Anbau aus Holz sowie in einem erhöht liegenden Gebäude dahinter befindet sich noch je ein Apartment mit einem Schlafzimmer. Die moderne Küche und das Bad verschmelzen nahtlos mit dem historischen Mobiliar, und draußen gibt es einen hübschen Garten und einen Wellnesspool.

Platinum Villas FERIENHÄUSER $$$
(Karte S. 630; ☎ 03-746 7700; www.platinumqueenstown.co.nz; 96 Fernhill Rd, Fernhill; Haus ab 383 NZ$; P 📶) In einem dieser 32 gleich aussehenden, luxuriösen Stadthäuser mit jeweils drei Schlafzimmern kann man sich schnell zu Hause fühlen. In jedem Haus findet sich ein offener Wohnbereich mit großem steinernem Kamin, ein Raum mit Waschmaschine und eine richtige Garage. Die Häuser zum See hinaus liegen nicht wirklich am Wasser, geben aber einen ungehinderten Blick aufs Wasser frei; von den „alpinen" Häusern erhascht man Blicke auf die silbernen Berge.

Chalet Queenstown B&B $$$
(Karte S. 630; ☎ 03-442 7117; www.chaletqueenstown.co.nz; 1 Dublin St; Zi 245 NZ$; P 📶) Die sieben perfekt geschnittenen Zimmer in diesem schicken B&B sind alle mit Flachbildfernsehern, interessanten Original-Kunstwerken und eleganter Bettwäsche ausgestattet. Alle haben ein eigenes, wenn auch teilweise winziges Bad. Einige Zimmer verfügen auch über einen Balkon. Wer eines mit Blick auf den See hinaus ergattern möchte, muss frühzeitig buchen.

Umgebung

Queenstown Top 10 Holiday Park FERIENANLAGE $
(☎ 03-442 9306; www.qtowntop10.co.nz; 70 Arthurs Point Rd, Arthurs Point; Stellplatz 48 NZ$, Wohneinheiten mit/ohne Bad ab 95/85 NZ$; P 📶) 🍃 Hoch über dem Shotover River liegt diese kleine, familienfreundliche Ferienanlage mit ihren hervorragenden Moteleinheiten zehn Autominuten vom geschäftigen Queenstown entfernt. Zudem kann man hier quasi direkt vom Wohnmobil in den berühmten Shotover Jet steigen.

Twelve Mile Delta Campsite CAMPINGPLATZ $
(Karte S. 628; www.doc.govt.nz; Glenorchy Rd, Mt Creighton; Erw./Kind 10/5 NZ$) Dieser DOC-Campingplatz liegt direkt am See, 12 km westlich von Queenstown und bietet nicht viel mehr als eine ebene Stelle für ein Zelt oder Wohnmobil sowie Toiletten ohne Wasserspülung. Die Umgebung ist herrlich, und man kann sogar am Rand des Sees nach Gold schürfen.

Little Paradise Lodge LODGE $$
(Karte S. 628; ☎03-442 6196; www.littleparadise.co.nz; Glenorchy-Queenstown Rd, Mt Creighton; B 45 NZ$, Zi ohne/mit Bad 160/140 NZ$; P) Mit diesem vielfältigen kleinen Paradies haben die Schweizer/philippinischen Besitzer ihre einzigartige Vision verwirklicht. Jedes der rustikalen Zimmer hat Holzböden, skurrile Kunstwerke und handgefertigtes Mobiliar. Draußen geht der Spaß mit kunstvoll gestalteten Wegen durch den schönen Garten weiter.

Asure Queenstown Gateway Apartments MOTEL $$
(Karte S. 628; ☎03-442 3599; www.gateway.net.nz; 1066 Frankton Rd, Frankton; EZ/DZ ab 148/175 NZ$; P) Dieser Motelkomplex am Highway unweit des Flughafens (und daher preisgünstiger als ähnliche Häuser in der eigentlichen Stadt) bietet Apartments mit zwei Schlafzimmern auf zwei Ebenen und zusätzlich einen jeweils eigenen Innenhof. Die Wohneinheiten nach hinten raus sind ruhiger.

Villa del Lago APARTMENT $$$
(☎03-442 5727; www.villadellago.co.nz; 249 Frankton Rd, Queenstown East; Apt. ab 360 NZ$; P) Diese geräumigen Apartments mit ein bis drei Schlafzimmern kleben förmlich an den Klippen zwischen Highway und See. Sie haben Terrassen zum See hinaus mit unglaublich schönen Ausblicken und all den modernen Annehmlichkeiten wie voll eingerichteten Küchen, Waschmaschinenräumen und gasbetriebenen Kaminöfen. Das Wassertaxi hält direkt am eigenen Anlegesteg, oder ein Fußweg von 20 Minuten am See entlang führt nach Queenstown.

Evergreen Lodge B&B $$$
(Karte S. 628; ☎03-442 6636; www.evergreenlodge.co.nz; 28 Evergreen Pl, Sunshine Bay; Zi. 695 NZ$; P @) Das luxuriöse, von Amerikanern geführte B&B versteckt sich oberhalb der Sunshine Bay und lockt mit freiem Blick auf den See und auf die Berge. Dazu kommen kostenlose Getränke wie Bier und Wein, eine Sauna und ein Fitnessraum – alles in allem ein sehr entspanntes Refugium und ein deutlicher Kontrast zu dem Trubel in Queenstown.

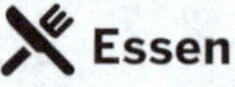

Essen

Stadtzentrum von Queenstown

★ Fergbaker BÄCKEREI $
(Karte S. 636; 42 Shotover St; Gebäckteilchen 5–9 NZ$; ⊙6.30–16.30 Uhr) In der süßen Filiale von Fergburger gibt es alle Arten verführerischer Leckereien – und obwohl nach einer durchzechten Nacht irgendwie alles lecker aussieht, besteht diese Bäckerei auch ganz locker den Tageslichttest. Zu den besonders guten Sachen gehören Fleischpasteten, gefüllte Brötchen, dänisches Gebäck und Bananenkaramellkuchen (*banoffee tart*). Wer danach auch noch Lust auf ein Eis hat, geht einfach ein Häuschen weiter ins Mrs Ferg.

Taco Medic FASTFOOD $
(Karte S. 636; www.tacomedic.co.nz; 11 Brecon St; Tacos 7 NZ$; ⊙Nov.–April 11–21 Uhr, Mai–Okt. 10–18.30 Uhr) Diese fröhlichen Burschen arbeiten aus einem Imbisswagen heraus, der beim Fahrradverleih an der Brecon Street steht. Hier gibt es für die treu ergebenen Fans Tacos mit leckerem Fisch, Rindfleisch, Schweinebauch und schwarzen Bohnen. Nummer eins ist ein Snack, Nummer zwei ist ein komplettes Gericht. Während der Skisaison zieht der Wagen dann auf einen Parkplatz an der Ecke Gorge Road/Bowen Street um.

Empanada Kitchen FASTFOOD $
(Karte S. 636; ☎021 0279 2109; www.theempanadakitchen.com; 60 Beach St; Empanadas 5,50 NZ$; ⊙10–17.30 Uhr) Dieser kleine versteckte Kiosk (unglaublicherweise direkt neben einer öffentlichen Toilette) serviert ausschließlich Empanadas mit verschiedenen Soßen, und sie sind einfach himmlisch lecker. Die Geschmacksrichtungen wechseln täglich: Es gibt sowohl herzhafte als auch süße Varianten.

Habebe's ORIENTALISCH $
(Karte S. 636; ☎03-442 9861; www.habebes.co.nz; Plaza Arcade, 30 Shotover St; Gerichte 8–18 NZ$; ⊙8–17 Uhr; ✎) Kebabs, Salate und Wraps mit einem Hauch Mittlerer Osten sind hier der Renner. Suppen und leckere Pasteten

sprengen den üblichen Rahmen (besonders empfehlenswert sind die mit Hähnchen, Süßkartoffeln und Pilzen).

Blue Kanu MODERN-NEUSEELÄNDISCH $$
(Karte S. 636; ☎ 03-442 6060; www.bluekanu.co.nz; 16 Church St; Gerichte 27–39 NZ$; ⏲ 16 Uhr bis spät abends) Entgegen der Regel, dass alle Tiki-Häuser von Haus aus schäbig sind, schafft es das Blue Kanu irgendwie, nicht nur lecker, sondern auch schick zu sein. Auf der Speisekarte werden deftige Māori-Gerichte, pazifische und asiatische Geschmacksrichtungen mit einheimischen Zutaten in Einklang gebracht und bilden so eine exotische Mischung deliziöser Leckereien, die man am besten miteinander teilt. Auch der Service ist gleichermaßen hervorragend.

Public Kitchen & Bar MODERN-NEUSEELÄNDISCH $$
(Karte S. 636; ☎ 03-442 5969; www.publickitchen.co.nz; Steamer Wharf, Beach St; Gerichte 15–45 NZ$; ⏲ 9–23 Uhr) Der neue Trend zum zwangloseren, gemeinschaftlichen Essen hat Queenstown mit diesem ausgezeichnetem Restaurant am See erreicht. Man setzt sich einfach irgendwo an einen Tisch dazu und bestellt von der Karte eines der Gerichte, die in unterschiedlichen Größen angeboten werden. Besonders lecker sind die Fleischgerichte.

Fergburger BURGER $$
(Karte S. 636; ☎ 03-441 1232; www.fergburger.com; 42 Shotover St; Burger 11–19 NZ$; ⏲ 8.30–5 Uhr morgens) Queenstowns legendärer Fergburger ist heute eine solche Touristenattraktion geworden, dass sich die Einheimischen wegen des Andrangs ihre riesig großen Gourmet-Burger manchmal woanders holen müssen. Die Burger sind wie immer sehr lecker und sättigend, aber sind es die Burger wirklich wert, dass man eine halbe Stunde drauf wartet? Das muss jeder für sich selbst entscheiden.

Vudu Cafe & Larder CAFÉ $$
(Karte S. 636; ☎ 03-441 8370; www.vudu.co.nz; 16 Rees St; Hauptgerichte 14–20 NZ$; ⏲ 7.30–18 Uhr) Exzellentes Hausgebackenes verbindet dieses kosmopolitische Café mit tollem Kaffee und leckerem warmem Frühstück. Innen hängt ein riesiges historisches Foto vom noch viel weniger bevölkerten Queenstown der Vergangenheit, hinten im Garten bietet sich ein schöner Blick auf den See und auf die Berge.

Devil Burger BURGER $$
(Karte S. 636; www.devilburger.com; 5–11 Church St; Hauptgerichte 10–20 NZ$; ⏲ 10–4 Uhr morgens; ✍) Aufpassen Ferg – es kommt Konkurrenz auf in der Burgerszene! Dieser teuflisch gute Neuling bietet neben den Burgern auch noch leckere Wraps. Nach zu viel Alkoholgenuss hilft der „Walk-of-Shame-Wrap", der im Wesentlichen mit all dem gefüllt ist, was ein komplettes englisches Frühstück ausmacht.

Eichardt's Bar TAPAS $$
(Karte S. 636; www.eichardtshotel.co.nz; 1–3 Marine Pde.; Frühstück 16–18 NZ$, Mittagessen 25–26 NZ$, Tapas 7.50–12 NZ$; ⏲ 7.30 Uhr bis spät abends) Die kleine Bar am Eichardt's Private Hotel ist elegant, aber nicht spießig, und bietet ein wunderbares Refugium abseits des Trubels auf den Straßen. Was das Essen angeht, so stehen hier Tapas im Mittelpunkt; sie sind zwar nicht besonders spanisch, aber besonders köstlich.

Bespoke Kitchen CAFÉ $$
(Karte S. 636; ☎ 03-409 0552; www.facebook.com/Bespokekitchenqueenstown; 9 Isle St; Hauptgerichte 11–19 NZ$; ⏲ 7.30–17 Uhr; 📶) Das Bespoke liegt in einer lichtdurchfluteten Ecke zwischen Stadtzentrum und Seilbahn und serviert alles, was von einem gepflegten neuseeländischen Café erwartet wird. An der Theke gibt es eine gute Auswahl, wunderschön präsentierter warmer Speisen, freies WLAN und natürlich tollen Kaffee.

Madam Woo MALAYSISCH $$
(Karte S. 636; ☎ 03-442 9200; www.madamwoo.co.nz; 5 The Mall; Hauptgerichte 16–32 NZ$; ⏲ 12 Uhr bis spät abends; 👪) Das Madam Woo umwirbt seine Kunden mit einer Vorliebe für chinesisches und malaysisches Essen aus der Garküche und serviert viele leckere Snacks, die geteilt werden können (Wontons, dampfende Teigtaschen, ölige gefüllte Fladenbrotrollen), aber auch größere Gerichte (*rendang* aus Rindfleisch, Entensalat, Sambal-Garnelen). Kinder und halbwegs verrückte Erwachsene könnten Spaß daran finden, die Speisekarte auszumalen.

Sasso ITALIENISCH $$
(Karte S. 636; ☎ 03-409 0994; www.sasso.co.nz; 14 Church St; Hauptgerichte 26–36 NZ$; ⏲ 16–23 Uhr) Ob man es sich an einem der Kamine in diesem steinernen Cottage aus dem Jahr 1882 gemütlich macht oder einen Tisch auf der Terrasse unter dem sommerlichen Sternenhimmel ergattert hat – an Atmosphäre

herrscht in diesem gehobenen italienischen Restaurant wahrlich kein Mangel. Erfreulicherweise ist auch das Essen ganz hervorragend.

Winnie's PIZZERIA **$$**
(Karte S. 636; www.winnies.co.nz; L1, 7 The Mall; Hauptgerichte 18–29 NZ$; ⌚12 Uhr bis open end;) Im Winnie's, einer Mischung aus Bar und Restaurant, ist immer viel los. Pizzas mit thailändischem, mexikanischem oder marokkanischem Einschlag sowie riesige Burger, Pasta und Steaks sind eine gute Grundlage für den Alkoholkonsum und sorgen für gute Laune. An milden Abenden wird das gesamte Dach geöffnet und die Party geht bis in die frühen Morgenstunden weiter.

Kappa JAPANISCH **$$**
(Karte S. 636; ☎03-441 1423; L1, 36a The Mall; Mittagessen 11–17 NZ$, Abendessen 16–20 NZ$; ⌚Mo–Sa 12–14.30 & 17.30 Uhr bis spätabends) Idealerweise sitzen die Gäste hier auf dem winzigen Balkon, sodass sie bei einem Sake oder einem japanischen Bier zu den *izakaya*-Gerichten (Snacks, die zu einem Getränk gereicht werden) die vorüberziehende Parade auf der Einkaufsstraße beobachten können. Die Speisekarte ist kurz, scharf und sehr lecker.

Rata MODERN-NEUSEELÄNDISCH **$$$**
(Karte S. 636; ☎03-442 9393; www.ratadining.co.nz; 43 Ballarat St; Hauptgerichte 36–42 NZ$, 2-/3-Gänge-Mittagessen 28/38 NZ$; ⌚12–23 Uhr) Nachdem der Chefkoch und Eigentümer Josh Emett bereits mit einen Michelin-Stern für Restaurants in London, New York und L. A. ausgezeichnet worden ist, hat er nun seinen außergewöhnlichen, aber überraschend unauffälligen Kochstil in Form dieses gehobenen, aber legeren Lokals in einer zurückgesetzten Gasse wieder nach Hause gebracht. Einheimische Sträucher, die die Fenster einfassen und auf einer großformatigen fotoähnlichen Wandmalerei zu sehen sind, schaffen den optimalen Rahmen für eine Speisekarte mit den besten neuseeländischen Zutaten der Saison.

Botswana Butchery MODERN-NEUSEELÄNDISCH **$$$**
(Karte S. 636; ☎03-442 6994; www.botswanabutchery.co.nz; 17 Marine Pde.; Hauptgerichte 38–53 NZ$; ⌚12–23 Uhr) Seeblick und eine schicke Ausstattung bilden das Ambiente für eine brillante Speisekarte, die überwiegend, aber nicht ausschließlich auf Fleisch ausgerichtet ist; dazu noch eine Weinkarte so dick wie ein Telefonbuch! Der Express Lunch für 15 NZ$ ist ein Superangebot.

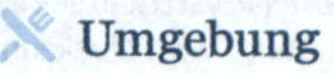

Umgebung

Boat Shed CAFÉ **$$**
(Karte S. 628; ☎03-441 4146; www.boatshedqueenstown.com; Sugar Lane, Frankton; Hauptgerichte 12–25 NZ$; ⌚8–17 Uhr) Dieses tolle kleine Café ist in einer historischen Versandstelle der neuseeländischen Eisenbahn untergebracht, die direkt am See liegt. Hier werden hervorragende, kunstvoll angerichtete Frühstücksgerichte sowie die geliebten Wild-Bacon-Burger zum Mittag serviert. Es ist der ideale Zwischenstopp für alle, die mit dem Rad oder zu Fuß auf dem Uferweg unterwegs sind.

Sherwood MODERN-NEUSEELÄNDISCH **$$**
(Karte S. 628; ☎03-450 1090; www.sherwoodqueenstown.nz; 554 Frankton Rd, Queenstown East; Brunch 9–16 NZ$, Abendessen 20–30 NZ$; ⌚7 Uhr bis spät abends) Trotz ihrer Lage im Herzen eines imitierten Tudor-Resorts und der äußerst komplizierten Weinkarte, lohnt es sich, die 3 km aus dem Stadtzentrum heraus in diese kühle Oase zu fahren. Die Gerichte sind relativ einfach, aber sie sind hervorragend zubereitet (Hühnchen, Lachs, langsam gegartes Lamm, Skirt Steak) und sollten immer mit Gemüse gegessen und am besten zu zweit geteilt werden.

Wakatipu Grill EUROPÄISCH **$$$**
(Karte S. 628; ☎03-450 9400; www.queenstownhilton.com; Hilton Queenstown, Peninsula Rd, Kelvin Heights; Gerichte 34–40 NZ$; ⌚18–23 Uhr) Das Hilton liegt an der Mündung des Kawarau River in den See. Besonderen Spaß macht schon die 8 km lange Anreise zu diesem unverkennbaren Restaurant: Sie erfolgt mit dem Wassertaxi. Wie der Name schon sagt, gibt es immer eine anständige Auswahl an Steaks auf der Speisekarte, aber natürlich noch vieles mehr, darunter Fisch und Lamm aus der Region.

Gantley's MODERN NEUSEELÄNDISCH **$$$**
(☎03-442 8999; www.gantleys.co.nz; 172 Arthurs Point Rd, Arthurs Point; Hauptgerichte 40–44 NZ$; ⌚18–22 Uhr) Die französisch beeinflusste Küche und die exzellente Weinkarte sind die 7 km lange Fahrt von Queenstown her wert. Das stimmungsvolle Restaurant befindet sich in einem Haus aus Holz und Stein, das schon im Jahr 1863 als Gasthof errichtet wurde. Wer sich etwas gönnen

möchte, der sollte am besten einmal das Sechs-Gänge-Degustationsmenü zum Preis von 90 NZ$ probieren.

 Ausgehen & Nachtleben

In Queenstown gibt es am Abend eine große Bandbreite an Möglichkeiten zum Zechen, selbst am Montag- und am Dienstagabend. Allerdings lassen viele Lokale nach 2 Uhr niemanden mehr hinein (raus kommt man daggegen immer), um so Trunkenheit und damit einhergehendes unangenehmes Verhalten einzudämmen.

Einige Veranstalter organisieren Kneipenbummel, in deren Verlauf die Teilnehmer, mit einem Armbändchen ausgerüstet, Zugang zu ausgelassenen Nächten mit preisreduzierten Getränken, Werbegeschenken und Spielen erhalten; Werbung hierfür gibt es in der ganzen Stadt in den Hostels und den Bars..

Zephyr BAR

(Karte S. 636; ☎03-409 0852; www.facebook.com/zephyrqt; 1 Searle Lane; ⏰20–4 Uhr) Die coolste Indie-Rock-Bar von ganz Queenstown liegt – und das gilt für alle Lokalitäten dieser Art – in einem schäbigen Keller an einem Seitensträßchen. Hier gibt es einen beliebten Poolbillardtisch und regelmäßig Livemusik.

Atlas Beer Cafe BAR

(Karte S. 636; ☎03-442 5995; www.atlasbeercafe.com; Steamer Wharf, Beach St; ⏰10 Uhr bis spätabends) Diese winzige Bar am Ende der Steamer Wharf hat sich auf Biersorten der Emerson's Brewery aus Dunedin, Queenstown's Altitude und Bier aus weiter entfernt liegenden Gastbrauereien spezialisiert. Hier bekommt man das beste Essen für sein Geld, hervorragend zubereitete Frühstücksgerichte und einfache Mahlzeiten wie beispielsweise Steaks, Burger und Hähnchengratin. Die Hauptgerichte liegen preislich zwischen 10 und 20 NZ$.

Ballarat Trading Company PUB

(Karte S. 636; ☎03-442 4222; www.ballarat.co.nz; 7–9 The Mall; ⏰11–4 Uhr) Von dem ausgefallenen Dekor einmal abgesehen (darunter ein ausgestopfter Bär und überall an der Wand hängende Enten) ist das Ballarat ein eher traditionelles Lokal mit blitzenden Bierzapfhähnen, Coverbands, Sport-TV, Quizabenden, gelegentlichen Zeitreisen in die Musikwelt der 1980er-Jahre und kräftigen Speisen.

Pub on Wharf PUB

(Karte S. 636; ☎03-441 2155; www.pubonwharf.co.nz; 88 Beach St; ⏰10 bis spätabends; 📶) Extrem cooles Innendesign trifft hier auf schöne Holzarbeiten und eine Beleuchtung, die gerade richtig ist für ein Hipster-Refugium. Die falschen Schafsköpfe erinnern daran, dass man sich immer noch in Neuseeland befindet. Mac's Bier vom Fass, die angebotenen Knabbereien und eine anständige Weinkarte machen das Pub zu einem Ort, an dem sich ein richtig gemütlicher Abend zubringen lässt. Jeden Abend gibt es Livemusik und gelegentlich auch Comedy-Aufführungen.

Vinyl Underground BAR

(Karte S. 636; www.facebook.com/Vinylundergroundqt; 12 Church St; ⏰18–2 Uhr) Ab geht's in die Unterwelt, naja, oder zumindest in den Keller unter der World Bar, denn dort wartet ein unheimlich ansprechender Raum voller Band-Poster, Album Cover und einem großen Porträt von Ron Burgundy (*Anchorman*). Sonntags gibt es Livemusik, montags kann jeder selbst vors Mikrofon treten und meist ist auch ein DJ da. Außerdem macht es Spaß, die Bowie-Bilder zu zählen. Es sind mindestens fünf.

Bunker COCKTAILBAR

(Karte S. 636; ☎03-441 8030; www.thebunker.co.nz; 14 Cow Lane; ⏰17–4 Uhr) Diese winzig kleine Bar liegt seltsamerweise oben und nicht unten im Keller und verkauft sich als Lokal, das Sean Connery als James Bond immer gern aufgesucht hat; Die Fotos an den Wänden sollen das belegen. Am besten ist die Dachterrasse mit Sofas und einem großen Fernseher, in dem klassische Kinofilme laufen; im Winter brennt hier sogar ein schönes Feuer.

Little Blackwood COCKTAILBAR

(Karte S. 636; ☎03-441 8066; www.littleblackwood.com; Steamer Wharf; ⏰15–1 Uhr) Das Little Blackwood hat Kacheln im Stil einer U-Bahnstation an den Wänden, schmückt sich mit interessanter Kunst und die Barkeeper sind wie altmodische Seeleute in gestreifte Hemden gehüllt. Damit ist die Bar eine ansprechende, skurrile Ergänzung zum Steamer-Wharf-Komplex. Es ist hier viel schicker als es klingt, und die Cocktails sind auch wunderbar.

Pig & Whistle PUB

(Karte S. 636; ☎03-442 9055; www.pigandwhistlepub.co.nz; 41 Ballarat St; ⏰11–24 Uhr; 📶) Dieser britisch anmutende Pub hat 17 Biersorten vom Fass im Angebot, acht große Fernsehbildschirme und große Portionen von Rippchen zum Abknabbern. Hier ist ein idealer Ort, um Rugby zu gucken, einer Cover-Band zuzuhören oder sich beim Pub-Quiz am Dienstagabend zu ereifern.

Rhino's Ski Shack BAR
(Karte S. 636; ☎03-441 3329; www.rhinosskishack.com; 8 Cow Lane; ⏰Juni–Sept. 15 Uhr bis spät abends, Okt.–Mai 17–2 Uhr) Das Rhino ist die Nummer eins für Hip-Hop-Fans, Hipster und Skihasen in Queenstown. Es ist eine stimmungsvolle Kellerbar, in der verschiedene Craft-Beer-Sorten, 5 NZ$ teures Rhino's Lager vom Fass und Pizza serviert werden. Tierfelle und Skier schmücken die hölzernen Wände (aus wiederverwendetem Holz) und geben dem Raum so einen passenden rustikalen Après-Ski-Touch.

Bardeaux WEINBAR
(Karte S. 636; ☎03-442 8284; www.goodgroup.co.nz; Eureka Arcade, Searle Lane; ⏰15–4 Uhr) Diese kleine, locker-lässige Weinbar, die an eine Höhle erinnert, hat Klasse. Unter einer niedrigen Decke stehen plüschige Ledersessel und ein Schiefer-Kamin aus Central Otago. Die Weinkarte ist außergewöhnlich; der Preis für mehrere Flaschen kann allerdings schnell mal vierstellig werden.

☆ Unterhaltung

Der kostenlose monatlich erscheinende Flyer *The Source* (www.facebook.com/SourceNZ) listet alle aktuellen Konzerte und Events auf.

Sherwood LIVEMUSIK
(Karte S. 628; ☎03-450 1090; www.sherwoodqueenstown.nz; 554 Frankton Rd, Queenstown East) Das Sherwood ist nicht nur ideal, um zum Essen und Trinken zu gehen, sondern ist mittlerweile auch ein Anziehungspunkt für Musiker. Viele große Künstler sind hier bereits aufgetreten; die Website informiert über die künftigen Konzerte.

Kiwi Haka TRADITIONELLE MUSIK
(Karte S. 630; ☎03-441 0101; www.skyline.co.nz; Skyline; Erw./Kind ohne Seilbahn 39/26 NZ$) Wer sich für die traditionellen Tänze und Gesänge der Māori interessiert, der sollte sich nach oben zur Bergstation der Seilbahn begeben. Jeden Abend finden dort in der Regel drei halbstündige Aufführungen statt; es empfiehlt sich aber unbedingt, vorher zu reservieren.

Shoppen

★ **Vesta** KUNST, KUNSTHANDWERK
(Karte S. 636; ☎03-442 5687; www.vestadesign.co.nz; 19 Marine Pde.; ⏰10–18 Uhr) Das Vesta zeigt richtig coole Kunst und Kunsthandwerk made in New Zealand, darunter interessante Drucke, Gemälde, Glaskunst und Geschenke. Es ist im Williams Cottage (1864) untergebracht, Queenstowns ältestem Haus. Allein schon wegen der Tapeten aus den 1930er- und dem Garten aus den 1920er-Jahren lohnt sich ein Besuch.

Artbay Gallery KUNST
(Karte S. 636; ☎03-442 9090; www.artbay.co.nz; 13 Marine Pde.; ⏰Mo–Mi 11–18 Uhr, Do–So bis 21 Uhr) Artbay ist in einem ansprechenden Freimaurer-Haus aus dem Jahre 1863 direkt am See untergebracht und ist immer wieder ein interessanter Laden, selbst wenn man nicht Tausende von Dollars für einen fein geschnitzten Schafbockschädel ausgeben möchte. Hier lassen sich die Arbeiten moderner neuseeländischer Künstler bestaunen. Die meisten von ihnen haben eine Beziehung zur Region.

Walk In Wardrobe KLEIDUNG
(Karte S. 636; ☎03-409 0190; www.thewalkinwardrobe.co.nz; Beech Tree Arcade, 34 Shotover St; ⏰Di & Mi 10–18, Do–Mo bis 20.30 Uhr) Diese heiß geliebte Modeboutique profitiert von den reichen Urlaubern, die hier ihre Koffer erleichtern, bevor sie wieder nach Hause jetten. Ein idealer Ort, um sich auf runtergesetzte Designerklamotten zu stürzen. Spezialisiert ist der Laden auf Damenbekleidung.

ℹ Praktische Information

DOC Visitor Centre (Karte S. 636; ☎03-442 7935; www.doc.govt.nz; 50 Stanley St; ⏰8.30–17 Uhr) Hier werden die Buchungen für den Routeburn Track bestätigt und man bekommt den Backcountry-Hut-Pass. Außerdem die aktuellen Informationen zum Wetter und dem Zustand der Wege. Man wird auch je nach Fitness und Fähigkeiten gut beraten bei der Auswahl der Wege.

Postamt (Karte S. 636; ☎0800 501 501; www.nzpost.co.nz; 13 Camp St; ⏰Mo–Fr 9–17, Sa 10–14 Uhr)

Queenstown i-SITE (Karte S. 636; ☎03-442 4100; www.queenstowninformation.com; Ecke Shotover & Camp St; ⏰8.30–19 Uhr) Das Personal ist einfach himmlisch, so freundlich und kompetent, obwohl es hier fast immer hektisch zugeht. Buchungen und Infos über Queenstown, Gibbston, Lake Hayes, Arrowtown und Glenorchy sind kein Problem.

An- & Weiterreise

BUS

Alpine Connexions (03-443 9120; www.alpineconnexions.co.nz) Shuttlebusse nach/von Cardrona (35 NZ$, 55 Min., 2-mal tgl.), Wanaka (35 NZ$, 1¼ Std., 4-mal tgl.), Cromwell (25 NZ$, 1 Std., 4-mal tgl.), Alexandra (35 NZ$, 1¾ Std., 2-mal tgl.) und Dunedin (45 NZ$, 4½ Std., tgl.).

Atomic Shuttles (03-349 0697; www.atomictravel.co.nz) Tägliche Verbindungen nach/von Cromwell (15 NZ$, 55 Min.), Omarama (30 NZ$, 2¼ Std.), Twizel (30 NZ$, 3¼ Std.), Lake Tekapo (30 NZ$, 3¾ Std.) und Christchurch (50 NZ$, 7 Std.).

Catch-a-Bus South (03-479 9960; www.catchabussouth.co.nz) Betreibt Busse von Invercargill (55 NZ$, 2¾ Std.) und Bluff (70 NZ$, 3¼ Std.), die an den meisten Tagen fahren und zwei Mal die Woche den Weg über Gore (56 NZ$, 2¾ Std.) nehmen.

Connect Wanaka (0800 405 066; www.connectabus.com) 2-mal täglich von und nach Wanaka (35 NZ$, 1½ Std.).

InterCity (03-442 4922; www.intercity.co.nz) Tägliche Abfahrten nach/von Wanaka (ab 17 NZ$, 1½ Std.), Franz Josef (ab 62 NZ$, 8 Std.), Dunedin (ab 24 NZ$, 4¾ Std.) und Invercargill (48 NZ$, 3 Std.) sowie 2-mal täglich nach Christchurch (ab 55 NZ$, 8½ bis 11½ Std.).

Naked Bus (www.nakedbus.com; die Preise variieren) 2-mal am Tag nach Wanaka (1¼ Std.); 1-mal nach Cromwell (1 Std.), Te Anau (2¾ Std.), Franz Josef (5½ Std.) und Christchurch (9 Std.).

FLUGZEUG

Air New Zealand (0800 737 000; www.airnewzealand.co.nz) verbindet Queenstown mit Auckland, Wellington und Christchurch.

Jetstar (0800 800 995; www.jetstar.com) fliegt ebenfalls die Auckland-Strecke.

Es gibt so manche Airline, die direkte Flüge von Australien nach Queenstown anbietet, darunter von Brisbane, der Gold Coast, Sydney und Melbourne aus.

TRANSPORTMÖGLICHKEITEN FÜR WANDERER & SKIFAHRER

Buckley Track Transport (03-442 8215; www.buckleytracktransport.nz) Transportiert Wanderer von Queenstown aus zu den Ausgangspunkten des Routeburn und des Greenstone Track.

Info & Track (03-442 9708; www.infotrack.co.nz; 37 Shotover St; 7.30–21 Uhr) Während der Wandersaison auf den Great Walks organisiert diese Agentur den Transfer zu den Ausgangspunkten des Routeburn und des Greenstone & Caples Track. Im Winter verwandelt sie sich dann in Info & Snow und bringt die Fahrgäste in die Skigebiete Cardrona und Treble Cone.

NZSki Snowline Express (www.nzski.com; hin & zurück 20 NZ$) In der Skisaison starten vor dem Snow Centre in der Duke Street von 8 bis 11.30 Uhr alle 20 Minuten Shuttle-Busse. Sie fahren sowohl zum Coronet Peak als auch zu den Remarkables. Die Busse fahren ab 13.30 Uhr immer zurück, wenn sie voll besetzt sind. Von 16 bis 19 Uhr fahren auch stündlich Busse zum Nachtskifahren am Coronet Peak, sie kehren von 17.30 bis 21.30 Uhr alle halbe Stunde zurück.

Trackhopper (021-187 7732; www.trackhopper.co.nz; ab 230 NZ$, plus Spritkosten) bietet den Wanderern einen sehr bequemen Rückholservice ihres Autos von beiden Enden des Routeburn, Greenstone & Caples und Milford Track an.

Tracknet (03-249 7777; www.tracknet.net) Dieser Anbieter hat seinen Sitz in Te Anau und bietet die gesamte Wandersaison über Verbindungen zwischen Queenstown und dem Routeburn, Greenstone & Caples, Kepler, Hollyford und Milford Track.

Unterwegs vor Ort

ZUM/VOM FLUGHAFEN

Der **Queenstown Airport** (ZQN; Karte S. 628; 03-450 9031; www.queenstownairport.co.nz; Sir Henry Wrigley Dr, Frankton) liegt 7 km östlich des Stadtzentrums. **Queenstown Taxis** (03-450 3000; www.queenstown.bluebubbletaxi.co.nz) und **Green Cabs** (0508 447 336; www.greencabs.co.nz) nehmen rund 40 bis 45 NZ$ für eine Fahrt vom Flughafen in die Stadt, aber nur 35 bis 40 NZ$ für die andere Richtung.

Alpine Connexions (s. links) Betreibt Linienbusse nach/von Queenstown (5 NZ$, 15 Min., 4-mal tgl.), Cromwell (25 NZ$, 50 Min., tgl.) und Wanaka (ab 25 NZ$, 1 Std., 4-mal tgl.).

Connectabus (03-441 4471; www.connectabus.com) Linie 11 verkehrt von 6.50 bis 23 Uhr alle 15 Minuten zwischen Flughafen und Camp Street in Queenstown (Erw./Kind 13/8 NZ$). Es gibt auch eine Linie nach Wanaka (35/20 NZ$), die 2-mal am Tag fährt.

Super Shuttle (0800 748 885; www.supershuttle.co.nz; Fahrpreis 20 NZ$) Fährt von und nach Queenstown.

ÖFFENTLICHE VERKEHRSMITTEL

Connectabus betreibt mehrere farblich markierte Linien, die bis Sunshine Bay, Fernhill, Arthurs Point, Frankton und Arrowtown fahren. Mit einem Tagesticket (Erw./Kind 33/17 NZ$) kann man das gesamte Netz befahren. Der Netzplan und die Fahrpläne sind beim i-SITE erhältlich. Die Busse fahren immer von der Camp Street ab.

RUND UM QUEENSTOWN

Glenorchy & Umgebung

360 EW.

Das winzige, überwältigend schön gelegene Glenorchy bildet das perfekte Gegenstück zu Queenstown. Immer mehr Anbieter von Abenteuersportarten sorgen dafür, dass Besucher den See und die nahe gelegenen Bergtäler mit dem Kajak, Jetboot oder auf dem Pferderücken aktiv erkunden können. Wer lieber die eigenen zwei Beine benutzt, findet in der bergigen Region am Südende des Lake Wakatipu einige der schönsten Wanderwege der ganzen Südinsel.

Wer ein robustes Fahrzeug besitzt, der kann die herrlichen Täler nördlich von Glenorchy ansteuern. **Paradise** liegt 15 km nordwestlich der Stadt, gleich hinter dem Ausgangspunkt des Dart Track. Man sollte aber nicht zu viel erwarten: Das „Paradies" ist nur eine Koppel, doch die Schotterstraße führt durch ein wunderschönes landwirtschaftlich genutztes Gebiet, das von majestätischen Bergen umrahmt wird. Falls es einem irgendwie bekannt vorkommt: In der Filmtrilogie *Herr der Ringe* ging es durch diese Gegend sowohl nach Isengard als auch nach Lothlórien.

 Aktivitäten

Fast alle Anbieter von Outdoor-Aktivitäten ermöglichen gegen einen kleinen Aufpreis Shuttle-Fahrten von und nach Queenstown. Wer lieber etwas weniger Aufregendes unternehmen möchte, kann beispielsweise eine Farm besichtigen, Fliegenfischen, an geführten Fototouren oder an Kochkursen teilnehmen; Anfragen beim i-SITE in Queenstown (S. 644).

Wandern/Trekking

Die DOC-Broschüren *Head of Lake Wakatipu* und *Wakatipu Walks* (je 5 NZ$, oder kostenlos als Download) informieren detailliert über Tageswanderungen durch das Routeburn Valley, am Lake Sylvan, Dart River und Lake Rere. Die beiden besten Kurzwanderungen sind der **Routeburn Nature Walk** (1 Std.) am Ausgangspunkt des Routeburn Track und der **Lake Sylvan Tramp** (1 Std. 40 Min.).

Eine weitere gute Möglichkeit für eine Kurzwanderung ist der **Glenorchy Walkway**, der im Stadtzentrum beginnt und sich um die Lagune von Glenorchy schlängelt und zwischendurch über Planken führt, wenn es durch die sumpfigen Abschnitte geht. Er ist in den Southern Circuit (30 Min.) und in den Northern Circuit (1 Std.) aufgeteilt, und es gibt genügend Sitzmöglichkeiten unterwegs, die so angeordnet sind, dass sich wunderbare Ausblicke aufs Wasser und auf die Berge genießen lassen.

Vor längeren Wanderungen sollte man sich beim DOC in Queenstown (S. 644) oder Te Anau (S. 670) nach der aktuellen Beschaffenheit der Wege erkundigen und genaues Kartenmaterial besorgen. Eine weitere gute Info-Quelle ist der Lonely-Planet-Führer *Hiking & Tramping in New Zealand*.

Mit Snacks und Proviant sollte man sich in den Lebensmittelläden von Queenstown versorgen. Da der Transfer zu den Ausgangspunkten der Wege in der Wandersaison (Ende Okt. bis März) geradezu boomt, ist es sinnvoll, diesen im Voraus zu buchen. Viele Unterkünfte vor Ort machen Transferangebote zu den Startpunkten der Wanderungen.

★ Routeburn Track TREKKING

(www.doc.govt.nz) Der 32 km lange Routeburn Track lässt sich in zwei bis vier Tagen schaffen und führt durch abwechslungsreiche Landschaft mit fantastischen Ausblicken. Er ist einer der beliebtesten neuseeländischen Wanderwege durch Regenwald und Vorgebirge und gehört zu den neun sogenannten „Great Walks". Viele Trekker stufen ihn als den besten überhaupt ein.

Unterwegs trifft man auf spiegelglatte Bergseen, gurgelnde Bachläufe, märchenhafte Lichtungen mit plüschartigem Moos, Ausblicke auf zerklüftete Berge und knorrige Bäume mit langen, wuchernden Bartflechten.

Der Weg kann von beiden Seiten aus begangen werden, aber empfehlenswert ist es, bei The Divide anzufangen, weil dann die Ausblicke etwas besser sind. Unweit von The Divide steigt ein einstündiger Abstecher hinauf zum **Key Summit.** Von hier aus bietet sich ein Panoramablick auf das Hollyford Valley und die Flusstäler von Eglinton und Greenstone. Der schwierigste Abschnitt des Routeburn ist der Aufstieg auf den **Harris Saddle**. Von dort aus kann man in einer weiteren Kraftanstrengung einen 1½- bis zweistündigen Abstecher steil hinauf zum **Conical Hill** machen. An klaren Tagen reicht der Blick bis zur Brandung in der Martins Bay weit weg an der Westküste. An wolkigen oder windigen Tagen lohnt sich das jedoch nicht.

Routeburn, Greenstone & Caples Tracks

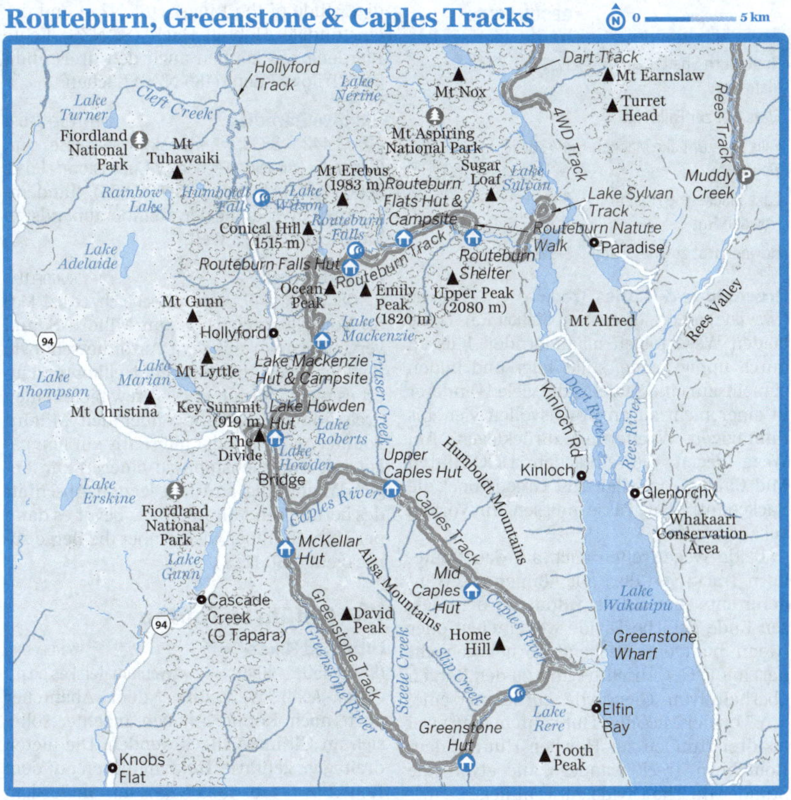

Die wachsende Zahl der Wanderer hat in der Hauptsaison die Einführung eines Online-Buchungssystems erforderlich gemacht, das alle Hütten und Stellplätze am Weg umfasst. Nach der Online-Reservierung muss man sich am Tag der Wanderung oder einen Tag vorher ins DOC Visitor Centre in Queenstown oder Te Anau begeben, um das eigentliche Ticket abzuholen. Außerhalb der Hauptsaison ist keine Vorausbuchung erforderlich, man muss sich aber trotzdem in einem der DOC-Zentren melden, um Tickets für die Hütten bzw. Campingplätze zu kaufen. Es gibt am Weg vier einfache Hütten: Lake Howden, Lake Mackenzie, Routeburn Falls und Routeburn Flats. An den Hütten Lake Mackenzie and Routeburn Flats gibt es zusätzlich noch Zeltplätze. Eine andere Möglichkeit ist, eine geführte Wanderung zu buchen und dann in luxuriösen Lodges zu übernachten, die von Ultimate Hikes (S. 648) betrieben werden.

Der Routeburn Track ist auch im Winter geöffnet. Wanderer ohne Erfahrungen im Winteralpinismus sollten dann aber auf jeden Fall auf die alpinen Abschnitte verzichten. Auf der Strecke zwischen Lake Howden und den Routeburn Falls Huts gibt es 32 Lawinenbereiche, und das Lawinenrisiko bleibt bis ins Frühjahr hinein hoch. Wichtig ist, sich immer beim DOC nach den aktuellen Wetter- und Lawinenbedingungen zu erkundigen.

An beiden Enden des Tracks befinden sich Parkplätze, die allerdings nicht bewacht werden. Deshalb sollte man auf keinen Fall irgendwelche Wertsachen im Auto liegen lassen. Es gibt verschiedene Transfer-Shuttles, und die meisten Leute lassen sich an The Divide absetzen, um ihre Wanderung nach der Milford-Sound-Tour zu beginnen; alternativ planen sie das Ende der Wanderung so, dass sie dann einen Bus zum Milford Sound nehmen können.

STRECKENABSCHNITT	GESCHÄTZTE WANDERZEIT (STD.)
Routeburn Shelter zur Flats Hut	1½–2½
Flats Hut zur Falls Hut	1–1½
Falls Hut zur Lake Mackenzie Hut	4½–6
Lake Mackenzie Hut zur Howden Hut	3–4
Howden Hut zu The Divide	1–1½

Greenstone & Caples Track TREKKING
(www.doc.govt.nz; Greenstone Station Rd) Diese beiden Wege folgen mäandernden Flüssen durch üppig grüne, stille Täler und bilden gemeinsam eine Schleife, die viele Wanderer in einer nicht zu anspruchsvollen vier- bis fünftägigen Wanderung zurücklegen. Am Wege liegen die einfachen DOC-Hütten Mid Caples, McKellar und Greenstone; die Backcountry-Hut-Pässe müssen im Vorfeld gekauft werden.

Beide Wege treffen auch auf den Routeburn Track; von dort aus können die Wanderer entweder auf dem Routeburn zu dessen Ende bei The Divide weitergehen oder (wenn man entsprechend vorher gebucht hat) in die Gegenrichtung bis zu den Bergen oberhalb von Glenorchy zurückmarschieren. Von der McKellar Hut kann man in zwei bis drei Stunden zur Howden Hut auf dem Routeburn Track wandern, die etwa eine Stunde von The Divide entfernt liegt.

Der Zugang zum Greenstone & Caples Track erfolgt von der Greenstone Wharf; ganz in der Nähe gibt es unbewachte Parkmöglichkeiten.

STRECKENABSCHNITT	GESCHÄTZTE WANDERZEIT (STD.)
Greenstone Wharf zur Mid Caples Hut	2–3
Mid Caples Hut zur McKellar Hut	6–7
McKellar Hut zur Greenstone Hut	4½–6½
Greenstone Hut zur Greenstone Wharf	3–5

Weitere Aktivitäten

Dart Stables REITEN
(☎03-442 5688; www.dartstables.com; Coll St) Begleitete Ausritte führen durch bekannte Drehorte aus Sir Peter Jacksons Tolkien-Adaptionen, darunter der zweistündige Ausritt „River Wild“ (145 NZ$), der 1½-stündige „Ride of the Rings“ (165 NZ$) und der einstündige „Hobbits Hack“ (85 NZ$). Echte Pferdenarren können auch den dreistündigen „Trilogy Loop” (185 NZ$) buchen.

Skydive Paradise ABENTEUERSPORT
(☎03-442 8333; www.skydiveparadise.co.nz; Glenorchy Airfield, Glenorchy-Queenstown Road; 3600–4500-m-Sprung 335–409 NZ$) Tandemsprünge über einer der atemberaubendsten Landschaften der Welt.

Heli Glenorchy RUNDFLÜGE
(☎0800 435 449; www.heliglenorchy.co.nz; Mull St) Von Glenorchy bis zum Milford Sound vergeudet man mit dem Auto die schönste Zeit des Tages, aber mit dem Helikopter dauert es nur 15 Minuten. Die Crew bietet einen dreistündigen Rundflug über den Milford Sound (795 NZ$) oder alternativ ein Flugpaket mit Zwischenstopp zu einer 11 km langen Wanderung auf dem letzten Abschnitt des berühmten Milford Track, bevor es dann per Hubschrauber wieder über die Berge zurückgeht (850 NZ$).

Geführte Touren

Ultimate Hikes WANDERUNG
(☎03-450 1940; www.ultimatehikes.co.nz; ⏲Nov.–April) Wer außer dem Abenteuer auch noch Komfort haben möchte, sollte sich an Ultimate Hikes wenden. Die bieten dreitägige geführte Trekkingtouren auf dem Routeburn (ab 1325 NZ$) an; außerdem noch einen sechstägigen Grand Traverse, der Wanderungen auf dem Routeburn und Greenstone Track kombiniert (ab 1760 NZ$), sowie den Klassiker, eine achttägige Tour, die den Routeburn und Milford Track verbindet (ab 3355 NZ$). Im Preis inbegriffen sind der Transfer von Queenstown, das Essen und die Unterkunft in den von Ultimate selbst gut geführten Lodges.

Zudem gibt es noch die eintägige Schnuppertour „Routeburn Encounter“ (179 NZ$).

Dart River Wilderness Jet JETBOOTFAHRTEN
(☎03-442 9992; www.dartriver.co.nz; 45 Mull St; Erw./Kind 229/129 NZ$; ⏲Abfahrten 9 & 13 Uhr) Fahrten ins Herz der spektakulären Wildnis plus kurzer Fußmarsch durch einen Buchenwald und eine Querfeldein-Exkursion. Die Rundfahrt ab Glenorchy dauert etwa drei Stunden. Außerdem werden Jetbootfahrten in Kombination mit einer Flussfahrt in einem dreisitzigen „funyak“, einem aufblasbaren Kajak, angeboten (Abfahrt 8.30 Uhr, Erw./Kind 329/229 NZ$). Im

Preis inbegriffen ist die Abholung auch von Queenstown; dort ist die Abfahrt eine Stunde vor jeder Rundfahrt.

Private Discovery Tours GELÄNDEWAGENTOUR
(☎ 03-442 2299; www.privatediscoverytours.co.nz; halber/ganzer Tag 185/395 NZ$) Die Geländewagentouren führen zu einer Schaffarm in einem entlegenen Tal zwischen Mount Earnslaw und Mount Alfred und zu den Drehorten von Mittelerde. Im Preis ist die Abholung von Queenstown enthalten.

Schlafen & Essen

Kinloch Lodge LODGE, CAFÉ $
(☎ 03-442 4900; www.kinlochlodge.co.nz; Kinloch Rd; B 35 NZ$, DZ mit/ohne Bad ab 159/95 NZ$; @ 📶) Gegenüber von Glenorchy auf der anderen Seite des Lake Wakatipu (26 km über die Straße; 5 Min. mit dem Boot) liegt diese wunderbar einsame Lodge von 1868, die Mountainbikes verleiht, geführte Kajakfahrten anbietet und den Transport zu den Ausgangspunkten der Wanderwege organisiert. Die Heritage Rooms sind recht klein, aber stilvoll und haben kein eigenes Bad. Die Zimmer im Hostel, das der YHA angeschlossen ist, sind komfortabel und farbenfroh, außerdem gibt es einen warmen Whirlpool, der nach einer Wanderung ideal ist.

Das Café mit Bar ist das ganze Jahr über zum Mittagessen geöffnet, im Sommer gibt's Abendessen à la carte und im Winter ist es festgelegt.

Glenorchy Lake House B&B $$$
(☎ 03-442 4900; www.glenorchylakehouse.co.nz; Mull St, Glenorchy; Zi/Haus 295/495 NZ$; 📶) Nach einem langen Wandertag erholt man sich im Wellnessbereich dieses Boutique-B&B, das direkt neben dem hervorragenden Café Trading Post liegt. Die beiden Gästezimmer bestechen durch ägyptische Baumwollbettwäsche, Flachbildschirme sowie hübsche Toilettenartikel. Gäste werden bei Bedarf zum Routeburn und Greenstone Track gefahren.

Glenorchy Cafe CAFÉ $$
(GYC; ☎ 03-442 9978; 25–27 Mull St, Glenorchy; Hauptgerichte 10–20 NZ$, Pizza 25 NZ$; ⌚ Jan.–April So–Do 9–17, Fr & Sa bis 21 Uhr, Mai–Dez. So–Fr 10–16.30, Sa bis 21 Uhr) Ideal ist ein Tisch in der Sonne auf der Rückseite dieses hübschen kleinen Cottages, um dabei ein englisches Frühstück, Sandwiches oder eine Suppe zu genießen. Abends sitzt man drinnen unter schrulligen Lampen bei Pizza und Bier.

Praktische Informationen

Glenorchy Information Centre & Store
(☎ 03-409 2049; www.glenorchy-nz.co.nz; 42-50 Mull St, Glenorchy; ⌚ 8.30–18 Uhr) Das kleine Geschäft am Glenorchy Hotel ist eine gute Quelle für aktuelle Wetter- und Wegeinformationen. Es verleiht auch Angeln und Mountainbikes und hat Wander- und Mountainbikekarten für das nahe gelegene Whakaari Conservation Area.

An- & Weiterreise

Glenorchy liegt am „Kopfende" des Lake Wakatipu, 40 landschaftlich schöne Autominuten (46 km) nordwestlich von Queenstown. Die befestigte Straße ist landschaftlich ein Traum und bietet umwerfend schöne Aussichtspunkte und edelsteinfarbenes Wasser, aber für Radfahrer mit den vielen Hügeln ist sie eine echte Herausforderung. Es fahren keine Linienbusse, aber es gibt in der Hauptwandersaison (Ende Okt.–März) die **Shuttlebusse für Wanderer** (S. 645).

In Glenorchy gibt es zwar auch eine Tankstelle, aber in Queenstown ist der Sprit günstiger.

Arrowtown

2450 EW.

Das malerische Arrowtown, das bei Tagesausflüglern aus Queenstown sehr beliebt ist, entstand in den 1860er-Jahren nach der Entdeckung von Gold im Arrow River. An den hübschen, von Bäumen gesäumten Avenuen stehen heute noch über 60 Originalgebäude aus der Zeit des Goldrauschs, doch das einzige Gold, das heute hier noch im Umlauf ist, sind die Kreditkarten, die in der ständig wachsenden Schar eleganter Geschäfte geschwenkt werden.

Anstatt sich in die Masse der Tagesausflügler von Queenstown her einzureihen, bietet sich, umgekehrt, Arrowtown auch als ein Ausgangspunkt für Besuche in Queenstown und in die weitere Umgebung an. Auf diese Weise kann man die Geschichte, den Charme und die exzellenten Restaurants von Arrowtown besonders dann genießen, wenn die Tourenbusse wieder zurück nach Queenstown gefahren sind.

In der Berglandschaft rund um Arrowtown gehen spannende Dinge vor sich. Der Schallplattenproduzent Mutt Lange (der für seine Arbeit mit AC/DC, den Cars und Shania Twain, mit der er einst verheiratet war, bekannt ist) besitzt inzwischen ein riesiges Stück Land zwischen Arrowtown und Wanaka, nachdem er vier große Schaffar-

Arrowtown

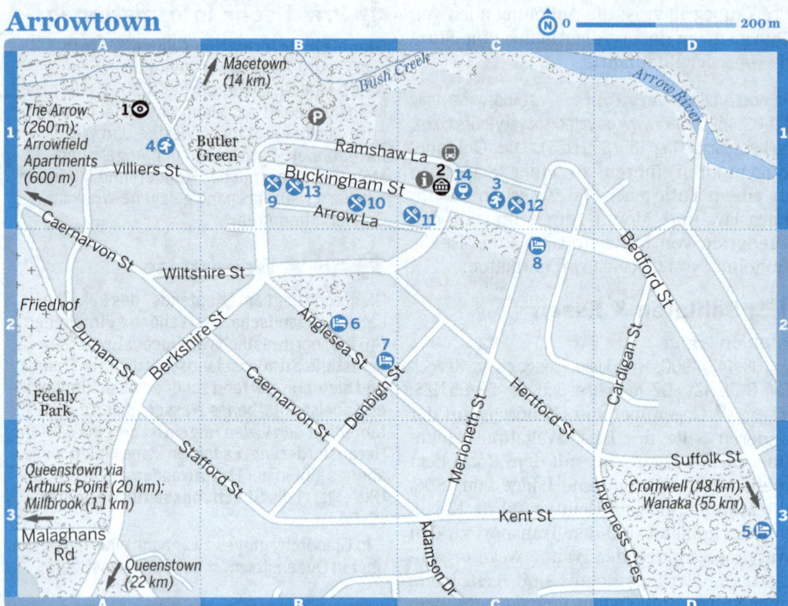

Arrowtown

Sehenswertes
1 Chinese Settlement ... A1
2 Lakes District Museum & Gallery ... C1

Aktivitäten, Kurse & Touren
3 Arrowtown Bike Hire ... C1
4 Dudley's Cottage ... A1
Queenstown Bike Tours ... (s. 4)

Schlafen
5 Arrowtown Born Of Gold ... D3
6 Arrowtown Lodge ... B2
7 Old Villa ... B2
8 Shades of Arrowtown ... C2

Essen
9 Arrowtown Bakery ... B1
10 Chop Shop ... B1
11 La Rumbla ... C1
12 Provisions ... C1
13 Saffron ... B1

Ausgehen & Nachtleben
Blue Door ... (s. 13)
14 Fork & Tap ... C1

Unterhaltung
Dorothy Browns ... (s. 13)

men mit einer Gesamtfläche von 555 km² erworben hat. Im Jahr 2014 schloss Lange durch den QEII National Trust einen Vertrag über das Land, der darauf abzielt, es auch für künftige Generationen zu erhalten. Zusätzlich ließ er sich auf eine gewaltige Kampagne zur Schädlings- und Unkrautbekämpfung sowie zur Wiederherstellung der Natur ein. Es gibt erste Ansätze, um ein Informationszentrum zu bauen und das Gebiet durch die Anlage von Wanderwegen für die Öffentlichkeit zu erschließen – um damit so etwas Ähnliches wie einen privaten Nationalpark zu schaffen.

Sehenswertes

Lakes District Museum & Gallery MUSEUM
(www.museumqueenstown.com; 49 Buckingham St; Erw./Kind 10/3 NZ$; ⌚8.30–17 Uhr) Das Museum widmet sich der Goldgräberära und den Anfängen der chinesischen Besiedlung rund um Arrowtown. Kleine Traveller werden Spaß mit dem Museum Fun Pack (5 NZ$) haben, das Arbeitsblätter, Karten zum Schatzsuchen im Museum und ein paar Körnchen Gold enthält. Hier kann man auch das Zubehör mieten, um sein Glück bei der Goldsuche am Arrow River (3 NZ$)

ABSTECHER

LAKE HAYES

Vor rund 14 000 Jahren war der kleine Lake Hayes mit dem Frankton-Arm des Lake Wakatipu verbunden. Heute liegt er einzeln, und in seinem stillen Wasser spiegeln sich die angrenzenden Hügel wider. Hier lockt der 8 km lange, fahrradfreundliche Rundweg **Lake Hayes Walkway**, ideal auch für eine einfache zweistündige Wanderung.

An der Ostseite des Sees liegt **Amisfield** (Karte S. 628; ☎03-442 0556; www.amisfield.co.nz; 10 Lake Hayes Rd; Hauptgerichte 38–45 NZ$; ⏲Weinverkostungen 10–18 Uhr, Restaurant 11.30–20 Uhr), ein Weingut, das mit den Weingütern im nahe gelegenen Gibbston Valley gut mithalten kann. Nach der Verkostung der gepriesenen Weine (10 NZ$ für fünf Weine, wenn man dort auch isst, ist die Weinprobe kostenlos) setzt man sich auf die sonnige Terrasse und setzt die Gaumenfreuden fort, indem man sich an den Tellern mit hervorragend angerichtetem Essen aus dem Bistro ergötzt. Wer mutig ist, nimmt das Gericht „Trust the Chef" für zwei (70 NZ$).

Der **Lake Hayes Estate** liegt in einer natürlichen Senke jenseits des Highways im Süden des Sees versteckt, der in den 1990er-Jahren als erschwingliche, weniger touristische Wohngegend als Queenstown gegründet wurde. Empfehlenswert ist ein Imbiss im **Graze** (Karte S. 628; ☎03-441 4074; www.grazenz.co.nz; 1 Onslow Rd, Lake Hayes Estate; Brunch 12–20 NZ$, Abendessen 20–25 NZ$; ⏲Mo 7.30–17, Di–So bis 22 Uhr;), einer modischen Café-Bar mit ganz ordentlichen Portionen guten, ehrlichen Essens. Es ist für Radfahrer ein beliebter Abstecher auf dem Arrow River Bridges Ride oder dem Twin Rivers Ride. Angeschlossen ist sogar auch eine Kleinbrauerei.

Lake Hayes liegt 4 km südlich von Arrowtown an der Straße nach Frankton.

zu versuchen; die größten Chancen, Spuren von Gold zu finden, hat man in einiger Entfernung vom Stadtzentrum.

Chinese Settlement HISTORISCHE STÄTTE
(Buckingham St; ⏲24 Std.) GRATIS In Arrowtown befindet sich Neuseelands bestes Beispiel für eine frühe chinesische Siedlung. Informative Tafeln erläutern das Leben der chinesischen Goldgräber während des Goldrausches und danach (der letzte chinesische Bewohner starb 1932); restaurierte Hütten und Läden machen die Geschichte noch greifbarer. Die Chinesen wurden häufig Opfer von unverblümtem Rassismus und hatten keine andere Wahl, als die alten Abräume noch einmal nachzubearbeiten, anstatt sich gewinnbringenden neuen Claims zuzuwenden.

Aktivitäten

Im Informationszentrum gibt es die Broschüre *Cycling & Walking Trail* (1 NZ$), die Einzelheiten zu einigen tollen Wegen in der Gegend enthält. Eine besonders schöne neue Radroute ist der **Arrow River Bridges Ride** (12 km, 90 Minuten pro Weg) von Arrowtown zur Kawarau Bridge, der mehrere neue Hängebrücken überquert und durch einen Tunnel unter dem Highway führt.

Arrowtown Bike Hire MOUNTAINBIKEN
(☎0800 224 473; www.arrowtownbikehire.co.nz; 59 Buckingham St; halber/ganzer Tag Fahrradverleih 38/55 NZ$) Verleiht Fahrräder und gibt gute Ratschläge zu den Trails in der Region. Wer den Arrow River Bridges Ride angehen und sich dann an den Weinen einiger Weingüter von Gibbston gütlich tun möchte, wird von den Mitarbeitern samt Freunden und Fahrrädern für 60 NZ$ wieder abgeholt. Die Räder können auch für mehrtägige Touren ausgeliehen werden.

Queenstown Bike Tours MOUNTAINBIKEN
(☎03-442 0339; www.queenstownbiketours.co.nz; Dudley's Cottage, 4 Buckingham St; halber/ganzer Tag 45/55 NZ$; ⏲Sept.–Mai) Queenstown Bike Tours verleiht Fahrräder und bringt die Kunden auf den Weg zu den verschiedensten Abenteuern, die sie dann aber auf eigene Faust erleben. Dazu gehören auch Weintouren (125 NZ$). Im Preis inbegriffen ist der Transfer von Queenstown, am Ende des Tages die Abholung von Gibbston, eine Käseplatte im Gibbston Valley Cheese und natürlich das Fahrrad.

Dudley's Cottage GOLDSCHÜRFEN
(☎03-409 8162; www.dudleyscottagenz.com; 4 Buckingham St; ⏲9–17 Uhr) In diesem historischen Cottage finden Goldschürfstunden

statt (10 NZ$ plus 5 NZ$, wenn man eine Pfanne leihen und die Sache wirklich selbst im Fluss versuchen möchte). Wer schon weiß, wie die Goldsuche funktioniert, der leiht sich nur eine Pfanne und eine Schaufel (6 NZ$) oder eine Waschrinne (25 NZ$) und zieht auf eigene Faust los. Im Cottage selbst befinden sich auch ein interessanter Laden mit Geschenkideen und ein Café.

Geführte Touren

Arrowtown Time Walks WANDERTOUR
(021 782 278; www.arrowtowntimewalks.com; Erw./Kind 20/12 NZ$; Okt.–April 13.30 Uhr) Vom Museum aus starten täglich geführte Wanderungen (90 Minuten) durch den Ort mit Hinweisen auf Sehenswertes und Informationen zur Geschichte des Goldrausches in Arrowtown.

Schlafen

Arrowtown Born Of Gold FERIENANLAGE $
(03-442 1876; www.arrowtownholidaypark.co.nz; 12 Centennial Ave; Zeltplatz/Wohneinheiten ab 38/130 NZ$, Zi ohne Bad 75 NZ$; @) In dieser kleinen Ferienanlage unweit des Ortskerns stehen einige mit Rosen bewachsene Hütten und ein neuer Versorgungsblock mit Münzduschen für die Campingplatzgäste. Wenn sie nicht gerade schon von Schulklassen blockiert ist, können preisbewusste Reisende auch ein Zimmer in der Oregon Lodge buchen, in der jedes zwei Stockbetten und Zugang zur gemeinsamen Küche und zu den Waschräumen hat.

Arrowtown Lodge B&B $$
(03-442 1101; www.arrowtownlodge.co.nz; 7 Anglesea St; Zi./Cottage 195/395 NZ$;) Von außen sehen die Gästezimmer wie historische Cottages aus, doch innen sind sie gemütlich und modern ausgestattet und verfügen alle über ein eigenes Bad und einen eigenen Eingang vom hübschen Garten aus. Ein kontinentales Frühstück ist im Preis inbegriffen.

Old Villa B&B $$
(03-442 1682; www.arrowtownoldvilla.co.nz; 13 Anglesea St; EZ 110 NZ$, DZ 140–160 NZ$;) Frisch gebackenes Brot und hausgemachte Marmeladen begrüßen die Gäste in dieser historischen Villa mit einem Garten, der wie gemacht ist für sommerliche Grillabende. Die beiden Doppelzimmer mit Bad werden von frischen Blumen und Möbeln im alten Stil geschmückt und in einem der Zimmer steht noch ein zusätzliches Einzelbett.

Shades of Arrowtown MOTEL $$
(03-442 1613; www.shadesofarrowtown.co.nz; Ecke Buckingham & Merioneth St; Wohneinheit ab 150 $;) Die Lage in einem Garten mit hohen schattenspendenden Bäumen verleiht diesen modischen Ferienbungalows eine entspannte Atmosphäre. Einige von ihnen sind mit vollständig eingerichteter Küche und einem Whirlpool ausgestattet. Das zweistöckige Familienhaus ist eine preiswerte Alternative, wenn man mit der ganzen Sippe unterwegs ist.

Arrow BOUTIQUEHOTEL $$$
(03-409 8600; www.thearrow.co.nz; 63 Manse Rd; Suite ab 385 NZ$;) In diesem modernen Hotel am Rand von Arrowtown warten fünf unaufdringliche, aber luxuriöse Suiten, die schick und modern ausgestattet sind. Die großen Panoramafenster setzen die Landschaft in Szene. Das Frühstück ist im Preis inbegriffen.

Arrowfield Apartments FERIENHÄUSER $$$
(03-442 0012; www.arrowfield.co.nz; 115 Essex Ave, Butel Park; Häuser ab 250 NZ$;) Diese 13 geräumigen, alle gleich aussehenden Häuser liegen sichelförmig angeordnet innerhalb eines Neubaugebiets am Rande von Arrowtown und besitzen allesamt Garagen, voll eingerichtete Küchen, Gasöfen und drei Schlafzimmer. Wer nicht alle Schlafzimmer benötigt, lässt sie abschließen und spart dadurch Geld.

Millbrook RESORT $$$
(Karte S. 628; 03-441 7000; www.millbrook.co.nz; Malaghans Rd; Zi ab 212 NZ$; @) Dieses riesige Resort liegt direkt vor den Toren von Arrowtown und bildet fast eine eigene Stadt. Gemütliche abgeschlossene Ferienhäuser bieten jede Form von Luxus, und auf dem Gelände findet sich ein erstklassiger Golfplatz. Am Ende des Tages können die Gäste sich in einem der vier Restaurants stärken oder einfach im Wellnessbereich entspannen. (S. 633).

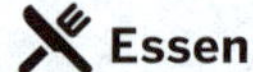

Essen

Arrowtown Bakery BÄCKEREI, CAFÉ $
(03-442 1587; www.arrowtownbakery.co.nz; Buckingham St; Gerichte 6,50–13 NZ$; 8–17 Uhr) Bäckerei und Café nehmen etwa gleich große Bereiche ein. Dieses kleine Café präsentiert eine große Auswahl an leckeren herzhaften Pasteten, darunter so exotische Geschmacksrichtungen wie Wild und Thai-Hühnchen. Auf der Speisekarte finden

sich auch englische Frühstücksvarianten und Fisch mit Pommes (*fish and chips*), man kann es sich aber auch nur bei einer Tasse Kaffee oder einem Stückchen Gebäck gemütlich machen.

La Rumbla TAPAS $$
(☎ 03-442 0509; www.facebook.com/larumbla.arrowtown; 54 Buckingham St; Tapas 11–22 NZ$; ⌚Di–So 16–24 Uhr) Dieses kleine Juwel liegt hinter dem Postamt versteckt und bringt auf hervorragende Weise die kühnen Geschmacksrichtungen und die späten Essenszeiten aus Spanien ins verschlafene kleine Arrowtown. In leckeren kleinen Häppchen kommen Zutaten aus der Region zum Einsatz, wie z. B. Lammfleischbällchen und spezielle Kroketten aus Southland. Die Einrichtung ist zwar etwas langweilig, aber an den Wänden hängt durchaus ernst zu nehmende neuseeländische Kunst.

Chop Shop CAFÉ $$
(☎ 03-442 1116; 7 Arrow Lane; Hauptgerichte 18–27 NZ$; ⌚8–15.30 Uhr) Die Tische stehen vielleicht etwas zu eng und das Personal mag einen Tick zu lebhaft sein, aber das zu bemängeln wäre wirklich Haarspalterei. Hier ist es nämlich durchweg fantastisch – von der international angehauchten Speisekarte (Schweineteigtaschen, türkische Eier, geräuchertes Schweinshaxenhaschee) bis zur interessanten Innenausstattung (mit Blech verkleidete Theke, coole Tapete, schräg eingefasste Spiegel). Auch der Kaffee schmeckt super.

Provisions CAFÉ $$
(☎ 03-445 4048; www.provisions.co.nz; 65 Buckingham St; Gerichte 8,50–24 NZ$; ⌚8.30–17 Uhr; 📶) Eines der ältesten Cottages von Arrowtown ist heute ein hübsches Café inmitten eines duftenden Gartens. Hier springt man man eben zum Frühstück oder für eine Tasse Kaffee herein. Niemand sollte die Stadt wieder verlassen, ohne die zu Recht berühmten weichen Brötchen probiert zu haben. Alles wird vor Ort gebacken, auch das Brot und die Bagel.

Saffron MODERN-NEUSEELÄNDISCH $$$
(☎ 03-442 0131; www.saffronrestaurant.co.nz; 18 Buckingham St; Mittagessen 22–29 NZ$, Abendessen 39–40 NZ$; ⌚12–15 & 18 Uhr bis spätabends) Das Saffron serviert deftige, leckere Speisen in einem eher förmlich wirkenden Ambiente. Die ständig wechselnden Currys könnten auch mühelos in Asien bestehen, während die anderen Gerichte eher in Europa heimisch sind. Echte Fans der Küche können hier auch das Kochbuch *The Taste of Central Otago* erwerben, in dem die besten Rezepte des Restaurants zum Nachkochen abgedruckt sind.

Ausgehen & Nachtleben

Blue Door BAR
(☎ 03-442 0131; www.saffronrestaurant.co.nz; 18 Buckingham St; ⌚17 Uhr bis spätabends; 📶) Diese coole kleine Bar liegt hinter einer schwer zu findenden blauen Tür verborgen und hat eine formidable Weinkarte und genug rustikales Ambiente für eine lange Nacht. Niedrige Decken, ein offener Kamin und Kerzenschein regen zum Trinken an. Mittwochs gibt es abends das offene Mikro.

Fork & Tap PUB
(☎ 03-442 1860; www.theforkandtap.co.nz; 51 Buckingham St; ⌚11–23 Uhr) Craft Beer, tolles Essen und ein sonnig-freundlicher Garten hinterm Haus machen dieses Pub zu einem der besten von Arrowtown. Es wurde 1870 als Bankgebäude erbaut und bietet heutzutage jeden Mittwoch eine Plattform für irische Bands und jeden Sonntag im Sommer für andere Arten von Aufführungen. Bierkenner können für 14 NZ$ vier verschieden Craft-Beer-Sorten zu je 150 ml probieren.

Unterhaltung

Dorothy Browns KINO
(☎ 03-442 1964; www.dorothybrowns.com; Ballarat Arcade, 18 Buckingham St; Erw./Kind 19/10 NZ$) Das ist ein Kino, wie es sein soll: superbequeme Sitze, in denen man sich auch an seinen Sitznachbarn kuscheln kann. Zu den meist hier gezeigten Art-house-Filmen gibt es guten Wein und Käseplatten. Die meisten Vorführungen im Hauptkinosaal haben eine Pause – die perfekte Gelegenheit, sich einen Becher Gourmeteis zu besorgen.

Praktische Informationen

Arrowtown Visitor Information Centre (☎ 03-442 1824; www.arrowtown.com; 49 Buckingham St; ⌚8.30–17 Uhr) Die Touristeninformation teilt sich das Gebäude mit dem Lake District Museum & Gallery.

An- & Weiterreise

Connectabus (☎ 03-441 4471; www.connectabus.com) Linie Nr. 10 fährt regelmäßig (von 7.45 bis 23 Uhr etwa stündlich) von Frankton nach Arrowtown. Von Queenstown aus nimmt man die Nr. 11 bis Frankton und steigt dort um.

WANAKA

6480 EW.

Welche Stadt ist besser – Queenstown oder Wanaka? Das ist in dieser Gegend die ewige Frage, und die Antwort darauf ist wahrlich nicht einfach. Es ist schwer zu sagen, welche Stadt schöner ist – beide liegen herrlich an einem See und in den Bergen. Und auch an der Frage, wo es die besseren Möglichkeiten zum Skifahren und Wandern gibt, scheiden sich die Geister.

Der größte Unterschied sind die Größe und das Ausmaß des Trubels. Im Gegensatz zum lebenslustigen, quirligen Queenstown auf der anderen Seite der Crown Range herrscht in Wanaka noch eine entspannte Kleinstadtatmosphäre. Das heißt aber nicht, dass es ein verschlafenes kleines Nest ist, und neue Restaurants und Bars sorgen für einen Anschein von Weltläufigkeit. Und während Wanaka nicht die gleiche Auswahl an adrenalingeschwängerten Aktivitäten bieten kann, so ist es doch sehr aktiv, was Outdoor-Abenteuer angeht. Zudem ist es preiswerter, was ja oft auch nicht ganz unwichtig ist.

Sehenswertes

National Transport & Toy Museum MUSEUM

(☎03-443 8765; www.nttmuseumwanaka.co.nz; 891 Wanaka Luggate Hwy./SH6; Erw./Kind 17/5 NZ$; ⌚8.30–17 Uhr; 👪) Kleine Armeen der Schlümpfe, *Star-Wars*-Figuren und Barbie-Puppen teilen sich dieses gigantische Museum, das vier Hangars in der Nähe des Flughafens einnimmt, mit einem Dutzend Oldtimern und einem auf geheimnisvolle Weise erworbenen MiG-Jet. Insgesamt werden hier ca. 30 000 Ausstellungsstücke präsentiert, darunter viele Spielzeuge, an die man sich wahrscheinlich noch von regnerischen Nachmittagen in der eigenen Kindheit erinnert

Puzzling World VERGNÜGUNGSPARK

(☎03-443 7489; www.puzzlingworld.com; 188 Wanaka Luggate Hwy./SH84; Erw./Kind 20/14 NZ$; ⌚8.30–17.30 Uhr; 👪) Hier gibt es ein großes Labyrinth in 3D (Great Maze) und viele faszinierende visuelle Tricks, um Menschen aller Altersstufen bei Laune zu halten, sie zu belästigen und zu irritieren. Der Park liegt etwa 2 km außerhalb auf der Strecke nach Cromwell.

Warbirds & Wheels MUSEUM

(www.warbirdsandwheels.com; Wanaka Airport, 11 Lloyd Dunn Av.; Erw./Kind 20/5 NZ$; ⌚9–16 Uhr) Dieses Museum ist den neuseeländischen Kampffliegern, ihren Flugzeugen und ihrem Einsatz gewidmet und zeigt Hawker Hurricanes, eine de Havilland Vampire und viele glänzende, wunderschön restaurierte klassische Autos. Drüber hinaus gibt es angrenzend auch eine Kunstgalerie und ein Café im Retrostil.

Rippon WEINGUT

(☎03-443 8084; www.rippon.co.nz; 246 Mt Aspiring Rd; ⌚Juli–April 12–17 Uhr) GRATIS Im Rippon gibt es nicht nur die beste Aussicht aller Weingüter Neuseelands, sondern auch hervorragenden Wein. Um Streit darüber zu vermeiden, wer denn nun trinken darf und wer fahren muss, spaziert man am besten die 2 km entlang des Seeufers und achtet auf den Weg, der vom Ende des Sargood Drive den Hügel hinaufführt.

Wanaka Beerworks BRAUEREI

(☎03-443 1865; www.wanakabeerworks.co.nz; 891 Wanaka Luggate Hwy./SH 6; Führung inkl. Verkostung 15 NZ$; ⌚Führungen So–Do 14 Uhr) Diese kleine Brauerei ist irgendwie an das Spielzeugmuseum angegliedert. Die Hauptbiersorten (Cardrona Gold Lager, Brewski Pilsner, Treble Cone Weizenbier und Black Peak Coffee Stout) werden noch ergänzt durch die Sorten der Schwesterfirma Jabberwocky und verschiedene andere, nur saisonal gebraute Biere.

ABSTECHER

MACETOWN

Macetown liegt 14 km nördlich von Arrowtown und ist eine Geisterstadt aus der Zeit des Goldrausches. Die Zufahrtsstraße (der originale Lorenweg der Bergleute) ist zerklüftet und hochwassergefährdet und führt mehr als 25 mal über den Arrow River.

Es ist keine gute Idee, mit einem Mietwagen hierher zu kommen. Vernünftiger ist eine Geländewagentour von **Nomad Safaris** (S. 636), bei der man sogar selbst Gold schürfen kann. Von Arrowtown ist es auch möglich, hierher zu wandern (16 km eine Strecke, 7½ Stunden hin und zurück), aber im Winter und Frühling ist das sehr schwierig. Immer beim Informationszentrum nach dem Zustand der Wege fragen.

Wanaka

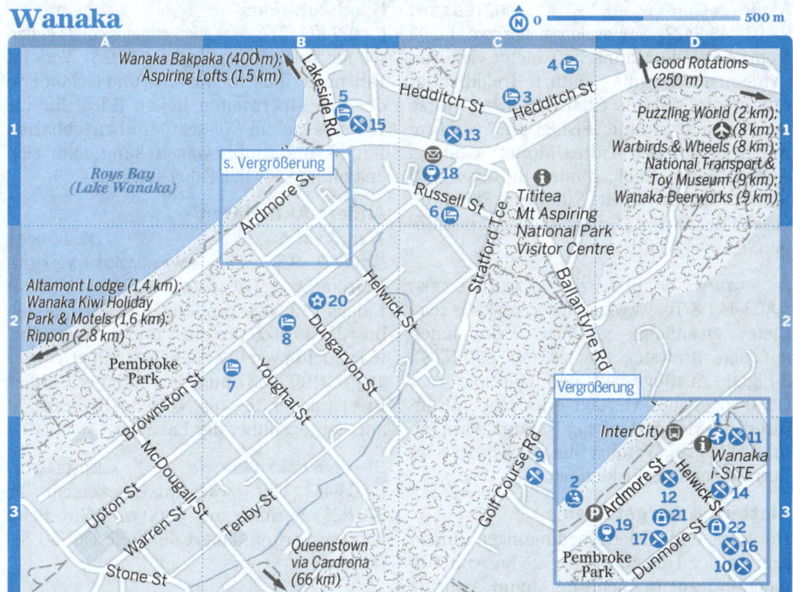

Wanaka

Aktivitäten, Kurse & Touren
- 1 Aspiring Guides D3
- 2 Wanaka Kayaks C3

Schlafen
- 3 Archway Motels C1
- 4 Criffel Peak View C1
- 5 Lakeside B1
- 6 Mountain View Backpackers C1
- 7 Wanaka View Motel B2
- 8 YHA Wanaka Purple Cow B2

Essen
- 9 Bistro Gentil C3
- 10 Federal Diner D3
- 11 Francesca's Italian Kitchen D3
- 12 Kai Whakapai D3
- 13 Red Star C1
- 14 Ritual D3
- 15 Soulfood B1
- 16 Spice Room D3
- 17 Yohei D3

Ausgehen & Nachtleben
- 18 Barluga & Woody's C1
- 19 Gin & Raspberry D3
- Lalaland ..... (s. 1)

Unterhaltung
- 20 Cinema Paradiso B2

Shoppen
- 21 Chop Shop D3
- 22 Gallery Thirty Three D3

Aktivitäten

Wanaka ist das Tor zum Mt Aspiring National Park und zu den Skigebieten Treble Cone (S. 633), Cardrona (S. 662), Harris Mountains und Pisa Range.

Wandern

Genauere Informationen zu den Wanderungen in der Nähe der Stadt, darunter auch verschiedene Seespaziergänge, sind in der DOC-Broschüre *Wanaka Outdoor Pursuits* (3,50 NZ$) zu finden. Der kurze Aufstieg zum **Mount Iron** (527 m, hin & zurück 1½ Std.) wird mit einer großartigen Panoramaaussicht belohnt.

Nördlich von Wanaka verläuft der meist menschenleere **Minaret Burn Track** (6–7 Std. Wanderdauer) im Mount Alta Conservation Area zum Wandern und Mountainbiken ein. Wenn man die ersten zwei bis drei Stunden geschafft hat, führt ein Pfad hinunter zum **Colquhouns Beach**, an dem man, zur Erfrischung nach der Anstrengung, toll schwimmen kann.

Aspiring Guides ABENTEUERSPORT
(☎03-443 9422; www.aspiringguides.com; L1, 99 Ardmore St) Die Mannschaft bietet viele Aktivitäten an, darunter geführte Trekkingtouren in die Wildnis (2 bis 8 Tage), Kurse im Bergsteigen und Eisklettern, geführte Aufstiege auf den Tititea/Mount Aspiring, Aoraki/Mount Cook, Mount Brewster und Mount Tasman sowie Kurse im Skifahren abseits der Pisten (1- bis 5-tägige Expeditionen ins Backcountry).

Adventure Consultants ABENTEUERSPORT
(☎03-443 8711; www.adventureconsultants.com) Bietet zweitägige geführte Exkursionen auf den Brewster Glacier (ab 890 NZ$), 3-tägige Ausflüge auf den Gillespie Pass (1250 NZ$) und viertägige „Alpine Adventures" im Mount Aspiring National Park (ab 1390 NZ$) an. Veranstaltet auch Kurse im Bergsteigen und Eisklettern.

Klettern & Bergsteigen

Hervorragende Kletterbedingungen finden sich an der Hospital Flat – 25 km von Wanaka entfernt in Richtung Mount Aspiring National Park.

Basecamp Wanaka KLETTERN
(☎03-443 1110; www.basecampwanaka.co.nz; 50 Cardrona Valley Rd; Tagespass 23–30 NZ$; ⊙Mo–Fr 12–20, Sa & So 10–18 Uhr) Bevor es in die Berge geht, kann man hier an Kletterwänden mit dem Seil klettern. Selbst unerschrockene Dreijährige können es mit Clip 'n Climb (ab 10 NZ$) versuchen.

Wanaka Rock Climbing KLETTERN
(☎03-443 6411; www.wanakarock.co.nz;) Bietet Kletterkurse für Anfänger (halber/ganzer Tag 140/210 NZ$), eine halbtägige Einführung in das Abseilen (140 NZ$) und anspruchsvolle Felsen für erfahrene Kletterer.

Mountainbiken

Hunderte Kilometer Wege und Pfade in der Region sind auch für Mountainbiker geöffnet. Die DOC-Broschüre *Wanaka Outdoor Pursuits* (3,50 NZ$) beschreibt Mountainbikestrecken von 2 bis 24 km Länge, darunter den **Deans Bank Loop Track** (12 km).

Eine landschaftlich besonders reizvolle neue Strecke ist der **Newcastle Track** (12 km), der dem aufgewühlten blauen Wasser des Clutha River von der Albert Town Bridge bis zur Red Bridge folgt. Wenn man bei Luggate auf den **Upper Clutha River Track** wechselt, lassen sich beide Tracks zu einer 30 km langen Rundfahrt kombinieren.

Good Rotations FAHRRADVERLEIH
(☎027 874 7377; www.goodrotations.co; 34 Anderson Rd; halber/ganzer Tag 59/89 NZ$) Verleiht Fahrräder, Elektrofahrräder und Geländeräder mit superbreiten Reifen (ideal für die Kieselsteine am Wasser). Am benachbarten Kaffee- und Imbisswagen kann man sich erst einmal vor der Fahrt stärken.

Andere Aktivitäten

Wanaka Kayaks KAJAKFAHREN
(☎0800 926 925; www.wanakakayaks.co.nz; Ardmore St; ⊙Okt.–Ostern 9–18 Uhr) Verleiht Kajaks (20 NZ$ pro Std.) und Stehpaddelboards (20 NZ$ pro Std.), und bietet geführte Paddeltouren über den See (halber/ganzer Tag 95/189 NZ$) und den „Mighty Clutha" River (halber Tag 189 NZ$) an. Standort ist am See gegenüber der Lake Bar.

Skydive Lake Wanaka ABENTEUERSPORT
(☎03-443 7207; www.skydivewanaka.com; ab 329 NZ$) Sprünge aus 3600 m Höhe. Beim 4500-m-Sprung dauert der freie Fall 60 Sekunden.

Deep Canyon ABENTEUERSPORT
(☎03-443 7922; www.deepcanyon.co.nz; ab 230 NZ$; ⊙Okt.–April) Hat sich auf Canyoning-Abenteuer spezialisiert: Klettern, Wandern und Abseilen an Wasserfällen in engen wilden Schluchten.

Wanaka Paragliding GLEITSCHIRMFLIEGEN
(☎0800 359 754; www.wanakaparagliding.co.nz; Tandem 199 NZ$) Hier schwebt man etwa 20 Minuten lang in den warmen Sommerlüften am Treble Cone.

Hatch ANGELN
(☎03-443 8446; www.hatchfishing.co.nz; halber/ganzer Tag 450/750 NZ$) Im Lake Wanaka und im Lake Hawea sowie in den Flüssen in der Umgebung kann man wunderbar Forellen angeln. Hatch bietet Fliegenfischen mit der Option, per Hubschrauber oder Jetboot auch zu besonders entlegenen Angelgebieten zu gelangen.

☞ Geführte Touren

Panoramaflüge

U-Fly PANORAMAFLÜGE
(☎03-445 4005; www.u-flywanaka.co.nz; Flüge ab 199 NZ$) Bei einem Panoramaflug über den Mount Aspiring National Park lässt sich der Punkt „einmal selbst ein Flugzeug fliegen" schon mal abhaken. Keine Sorge, es gibt eine zweite Steuerung, über die der Pilot im

NICHT VERSÄUMEN

MOUNT ASPIRING NATIONAL PARK

Grüne Täler, Bergwiesen, unberührte Flüsse, schroffe Berge und über 100 Gletscher machen den Mount Aspiring National Park zu einem Paradies für Outdoor-Fans. Das Gebiet wurde 1964 unter Schutz gestellt und später in die Te Wāhipounamu (Southwest New Zealand) World Heritage Area integriert. Der Park erstreckt sich heute auf 3555 km² entlang der Southern Alps; seinen Nordrand markiert der Haast River, im Süden wird er vom Fiordland National Park begrenzt. Über allem thront der mächtige Tititea/Mount Aspiring (3033 m), der höchste Berggipfel außerhalb der Gegend um den Aoraki/Mount Cook.

Das Südende des Nationalparks bei Glenorchy lockt mit bekannten Fernwanderwegen wie dem **Routeburn** (S. 646) und **Greenstone & Caples** (S. 648) Track, doch auch im Matukituki Valley in der Nähe von Wanaka gibt es tolle kurze Wanderwege sowie einige anspruchsvolle mehrtägige Varianten; Details finden sich in der DOC-Broschüre *Matukituki Valley Tracks* (2 NZ$).

Der dramatische **Rob Roy Glacier Track** (9 km, 2–3 Std. hin und zurück) führt an Gletschern und Wasserfällen vorüber und über eine Hängebrücke. Es ist kein schwieriger Weg, hat aber ein paar steile Passagen. Der **West Matukituki Valley Track** führt bis zur Aspiring Hut (4–5 Std. hin und zurück; Haupt-/Nebensaison 30/25 NZ$ pro Nacht), meist durch malerische flache grasbewachsene Ebenen. Wer auf der Tour übernachten oder gar mehrere Tage wandern möchte, kann das Tal weiter hinauf bis zur Liverpool Hut (auf 1000 m; 15 NZ$ pro Nacht) und French Ridge Hut (auf 1465 m; 25 NZ$ pro Nacht) gehen. Unterwegs bieten sich großartige Ausblicke auf den Mount Aspiring.

Auf vielen dieser Routen liegt Schnee, und es besteht Lawinengefahr! Also immer beim DOC im **Tititea Mount Aspiring National Park Visitor Centre** (S. 661) in Wanaka Rücksprache nehmen und vorab die Tickets für die Hütten besorgen! Zudem sollten Wanderer ihr Vorhaben unter www.adventuresmart.org.nz anmelden.

Die genannten Wege sind vom Raspberry Creek am Ende der Mount Aspiring Road 50 km von Wanaka erreichbar. Die Straße ist 30 km unbefestigt, kann aber in der Regel mit einem normalen Pkw bewältigt werden, es sei denn es hat sehr viel geregnet (unbedingt am Besucherzentrum nachfragen!). Man muss neun Mal Furten durchfahren.

Fall des Falles sofort eingreifen kann – ganz so verrückt sind sie bei U Fly nun auch wieder nicht.

Classic Flights PANORAMAFLÜGE
(☎03-443 4043; www.classicflights.co.nz; Flüge ab 249 NZ$) Veranstaltet Rundflüge in einer alten Tigermoth oder in einem Waco-Doppeldecker. Eine stilechte „Biggles"-Flugbrille und ein Seidenschal werden gestellt.

Wanaka Helicopters PANORAMAFLÜGE
(☎03-443 1085; www.wanakahelicopters.co.nz) Das Angebot reicht von 10-minütigen Schnupperflügen (99 NZ$) bis zu zweistündigen Flügen zum Milford Sound (ab 995 NZ$).

Wanaka Flightseeing RUNDFLÜGE
(☎03-443 8787; www.flightseeing.co.nz) Spektakuläre Flüge über den Tititea/Mount Aspiring (Erw./Kind 248/165 NZ$), Aoraki/Mount Cook (445/285 NZ$) und den Milford Sound (498/315 NZ$).

Weitere Touren

Wanaka Bike Tours MOUNTAINBIKEN
(☎03-443 6363; www.wanakabiketours.co.nz; ab 199 NZ$) Im Angebot sind geführte Ausflüge inkl. der Option zum Helibiking.

Eco Wanaka Adventures WANDERN, BOOTSFAHRT
(☎03-443 2869; www.ecowanaka.co.nz) Zu den geführten Tagestouren gehören eine Wanderung zum Rob Roy Glacier (275 NZ$), eine vierstündige Bootsfahrt und ein Rundgang über die Insel Mou Waho (225 NZ$) sowie eine ganztägige Kombination aus Boots- und Geländewagenfahrt (450 NZ$). Es werden zusätzlich auch Heli-Wanderungen angeboten.

Wanaka River Journeys WANDERUNG UND JETBOOTFAHRT
(☎03-443 4416; www.wanakariverjourneys.co.nz; Erw./Kind 229/139 NZ$) Eine Kombination aus einer 50-minütigen Buschwanderung und einer Jetbootfahrt im reizvollen Matukituki Valley.

Ridgeline Adventures GELÄNDEWAGENSAFARI
(☎0800 234 000; www.ridgelinenz.com; ab 165 NZ$) Geländewagensafari durch die Wildnis in der Gegend von Wanaka.

Feste & Events

Rippon Festival MUSIK
(www.ripponfestival.co.nz) Zu diesem Festival auf dem am See gelegenen Rippon Vineyard kommen die großen neuseeländischen Bands und Musiker. Es findet alle zwei Jahre (in Jahren mit geraden Zahlen) an einem Wochenende um den 6. Februar statt..

Warbirds over Wanaka AIR SHOW
(☎0800 496 920, 03-443 8619; www.warbirdsoverwanaka.com; Wanaka Airport; 3 Tage Erw./Kind 190/25 NZ$) Diese unglaublich beliebte internationale Flugshow wird jedes zweite Jahr (mit gerader Jahreszahl) zu Ostern abgehalten und zieht jedes Mal mehr als 50 000 Besucher an. Es sind auch Tagestickets für einzelne Tage erhältlich.

Wanaka Fest KARNEVAL
(www.wanakafest.co.nz) Bei dem Event Mitte Oktober herrscht die Atmosphäre einer Kleinstadtkirmes. Paraden, Livemusik und skurrile Wettkämpfe sorgen bei den Einheimischen für gute Laune.

Schlafen

★ **Wanaka Bakpaka** HOSTEL $
(☎03-443 7837; www.wanakabakpaka.co.nz; 117 Lakeside Rd; B 30–31, DZ mit/ohne Bad 92/74 NZ$; @☎) Ein energiegeladenes Ehepaar leitet dieses freundliche Hotel oberhalb des Sees mit der wohl schönsten Aussicht der ganzen Stadt. Die Einrichtungen sind erstklassig, und die Mitarbeiter sind super bei der Sache und bieten müden Travellern eine wunderbare Begrüßung. Wegen der herrlichen Aussicht lohnt es sich, etwas mehr für das Doppelzimmer mit Bad zu zahlen.

YHA Wanaka Purple Cow HOSTEL $
(☎03-443 1880; www.yha.co.nz; 94 Brownston St; B 30–35, DZ mit/ohne Bad ab 100/89 NZ$; @☎) Das Purple Cow, das in der Hierarchie der neuseeländischen YHA-Hostels sehr weit oben steht, bietet eine ganze Palette an Gemeinschafts- und Privatzimmern, darunter auch einige mit eigenem Bad, die in einem neueren Gebäude im hinteren Teil untergebracht sind. Das Highlight des Hostels ist die große Lounge mit einem tollen Blick auf den See und auf die Berge sowie einem Holzofen.

Altamont Lodge LODGE $
(☎03-443 8864; www.altamontlodge.co.nz; 121 Mt Aspiring Rd; EZ/DZ 55/89 NZ$; ☎) Das Altamont liegt am ruhigeren Ende der Stadt und wirkt wie ein Hostel für Erwachsene. Es gibt keine Schlafsäle, sondern saubere kleine Zimmer mit Gemeinschaftsbad und einer geräumigen, gut ausgestatteten Küche. Wegen der Holzwände hat das Altamont den Charakter einer Skihütte. Wellnesspool und offener Kamin in der Lounge sorgen für Wohlbefinden nach dem Skifahren.

Wanaka Kiwi Holiday Park & Motels FERIENANLAGE $
(☎03-443 7766; www.wanakakiwiholidaypark.nz; 263 Studholme Rd North; Zeltplätze 25–27 NZ$, Wohneinheit mit/ohne Bad ab 100/85 NZ$; @☎) Rasenplätze für Zelte und Wohnmobile, viele Bäume und schöne Aussichten sorgen für eine zauberhafte, entspannende Atmosphäre. Zur Ausstattung gehören ein Grillplatz mit Heizgeräten, freies WLAN, Wellnesspool und Sauna. Die älteren Motelwohneinheiten sind alle renoviert worden, und die neuesten preiswerten Hütten sind mit ihren Holzfußböden warm und gemütlich.

Mountain View Backpackers HOSTEL $
(☎03-443 9010; www.wanakabackpackers.co.nz; 7 Russell St; B 28–29 NZ$, DZ ohne Bad 68 NZ$; P@☎) Zu diesem farbenfrohen, stimmungsvollen Haus gehören eine gepflegte Wiese und warme, komfortable Zimmer. Nach einem Tag voller Anstrengungen kann man hier abends wunderbar den Grill anwerfen. Praktisch sind auch ein Trockenraum und eigene Parkplätze.

★ **Alpine View Lodge** B&B $$
(☎03-443 7111; www.alpineviewlodge.co.nz; 23 Studholme Rd South; DZ ab 180 NZ$, Cottage 285 NZ$; ☎) Diese hervorragende Lodge liegt in einer friedlichen, ländlichen Umgebung am Rande der Stadt. Sie hat drei Zimmer; eines davon besitzt eine eigene Terrasse mit angrenzendem Buschwerk. Kleine Extras sind das selbst gemachte Shortbread in jedem Zimmer und eine Badewanne. Alternativ kann man auch das in sich abgeschlossene, zum Garten hinausgehende Cottage mit zwei Schlafzimmern nehmen.

★ **Criffel Peak View** B&B $$
(☎03-443 5511; www.criffelpeakview.co.nz; 98 Hedditch St; EZ/DZ/Apt. ab 135/160/270 NZ$; ☎) In einer ruhigen Sackgasse liegt dieses wunderbare B&B mit drei Zimmern, die sich eine große Lounge mit einem Holzfeuer

und eine sonnige, von Glyzinien umrankte Terrasse teilen. Die charmanten Gastgeber wohnen in einem separaten Haus dahinter, in dem sich noch ein Selbstversorgerapartment mit zwei Schlafzimmern befindet.

Wanaka View Motel MOTEL $$
(☎03-443 7480; www.wanakaviewmotel.co.nz; 122 Brownston St; Wohneinheit 120–195 NZ$;) Das renovierte Wanaka View hat fünf Apartments mit Sky-TV, Whirlpools und voll eingerichteten Küchen. Das größte besitzt drei Schlafzimmer überwiegend mit Seeblick. Es gibt auch ein komfortables Studio nach hinten raus, das weder Küche noch Seeblick hat und deshalb preiswerter ist.

Archway Motels MOTEL $$
(☎03-443 7698; www.archwaymotels.co.nz; 64 Hedditch St; Wohneinheit ab 125 NZ$;) Dieses ältere Motel mit sauberen und geräumigen Wohneinheiten und Chalets liegt nur einige Gehminuten vom Stadtzentrum auf einer Anhöhe. Badewannen aus Zedernholz plus Bergblick geben diesem Haus seinen besonderen Touch. Buchungen für die preisgünstige Nebensaison sind empfehlenswert.

★ **Lakeside** APARTMENTS $$$
(☎03-443 0188; www.lakesidewanaka.co.nz; 7 Lakeside Rd; Apt. ab 295 NZ$;) Wer einmal im Luxus schwelgen möchte, ist in diesen modernen Apartments in bester Lage mit Blick auf den See und direkt am Zentrum richtig. Sie verfügen alle über drei Schlafzimmer, werden auf Wunsch aber auch mit nur ein oder zwei geöffneten Schlafzimmern vermietet. Der Pool ist in dieser Gegend eine echte Seltenheit und an heißen Tagen eine verlockende Alternative zum eiskalten See.

Aspiring Lofts B&B $$$
(☎03-443 7856; www.aspiringlofts.co.nz; 42 Manuka Cres; EZ/DZ 180/220 NZ$;) Dieses moderne Haus thront auf einer Klippe am See und besitzt einen wunderschönen Garten und zwei gehobene Zimmer im Dachbodenbereich über der Garage. Jedes von ihnen hat einen eigenen Balkon mit traumhaft schöner Aussicht.

Riverview Terrace B&B $$$
(☎03-443 7377; www.riverviewterrace.co.nz; 31 Matheson Cres, Albert Town; Zi 350 NZ$;) Das todschicke, moderne Haus liegt in einer Neubausiedlung auf einem Hügel mit Blick auf den Clutha River und hat drei gut gepflegte Gästezimmer. Im Preis inbegriffen sind ein englisches Frühstück, Leihfahrräder und ein natürliches Warmwasserbad unter freiem Sternenhimmel.

Essen

Florence's Foodstore & Cafe CAFÉ $
(☎03-443 7078; www.florencesfoodstore.co.nz; 71 Cardrona Valley Rd; Hauptgerichte 9,50–18 NZ$; ⏱8.30–15 Uhr) Die Holz-, Wellblech- und Juteverkleidung verleiht diesem Gourmet-Café am Rande der Stadt ein rustikales Aussehen. Empfehlenswert sind der schönste Räucherlachs der Region mit Eiern Benedict, aber auch das französisch anmutende Gebäck und die lecker gefüllten Bagel.

Red Star BURGER $
(www.facebook.com/redstarwanaka; 26 Ardmore St; Burger 10–17 NZ$; ⏱11.30 Uhr bis spätabends) Das Red Star verwöhnt seine Gäste mit einer Speisekarte voller einfallsreicher Zutaten und 19 verschiedenen Burgern im neuseeländischen Stil zubereitet und das mit knusprig getoasteten Brötchen. Ein Craft Beer auf der Terrasse verkürzt die Wartezeit.

Soulfood CAFÉ $
(☎03-443 7885; www.soulfoodwanaka.co.nz; 74 Ardmore St; Hauptgerichte 10–18 NZ$; ⏱Mo–Fr 8–18, Sa & So bis 16 Uhr;) Es handelt sich nicht um das Soul Food aus der afroamerikanischen Küche: Der kleine Bioladen bietet eine gesunde Auswahl an Suppen, Pizzas, Pasta und Muffins. Es ist nicht alles streng vegetarisch, denn es gibt auch Wild und Würstchen von frei laufenden Schweinen. Die Säfte und Smoothies sind vortrefflich, dagegen ist der Kaffee die übliche Pumpkannenvariante.

Yohei JAPANISCH $
(☎03-443 4222; Spencer House Mall, 23 Dunmore St; Hauptgerichte 9–14 NZ$; ⏱9–17.30 Uhr;) Dieses in einer Einkaufspassage versteckte Lokal kombiniert Sushi auf originelle Weise mit regionalen Einflüssen. Wie wäre es z. B. mit Wild? Es gibt auch japanische Currys, Nudeln sowie hervorragende Säfte und Smoothies.

★ **Francesca's Italian Kitchen** ITALIENISCH $$
(☎03-443 5599; www.fransitalian.co.nz; 93 Ardmore St; Hauptgerichte 20–26 NZ$; ⏱12–15 & 17 Uhr bis spät abends) Die übersprudelnde Italienerin Francesca hat die Geschmacksnoten und die leichtfüßige Freundlichkeit einer echt italienischen Familientrattoria in der Form dieses modischen und immer gut

besuchten Lokals nach Wanaka gebracht. Selbst einfache Speisen wie Pizza, Pasta und Polenta-Pommes sind hier außergewöhnlich. Sie hat zudem noch einen Pizzawagen an der Brownston Street gegenüber dem Cinema Paradiso.

Ritual CAFÉ **$$**
(03-443 6662; 18 Helwick St; Hauptgerichte 11–20 NZ$; 9–17 Uhr) Das Ritual ist ein klassisch-neuseeländisches Café des 21. Jhs. und ist ganz hübsch, aber nicht zu modern. Es ist sowohl schwulen- als auch familienfreundlich und bis oben hin gefüllt mit köstlichem Essen. Die Theke ächzt im positiven Sinne unter der Last der leckeren Salate, Schnitten und Scones.

Spice Room INDISCH **$$**
(03-443 1133; www.spiceroom.co.nz; 43 Helwick St; Hauptgerichte 21–27 NZ$; 17–22 Uhr;) Die Kombination aus authentischem Curry, knusprigem Naan mit Knoblauch und einem kalten Bier ist ideal, um die Batterien nach dem Snowboarden oder Wandern wieder aufzuladen. Neben den bekannten Favoriten des indischen Subkontinents hält der Spice Room auch ein paar Überraschungen wie z. B. einen pikanten Jakobsmuscheln-Masala-Salat parat.

Federal Diner CAFÉ **$$**
(03-443 5152; www.federaldiner.co.nz; 47 Helwick St; Brunch 12–20 NZ$, Hauptgerichte 18–35 NZ$; Mo & Di 7–16, Mi–So bis 21 Uhr;) Dieses weltoffene Café liegt in einem Seitensträßchen versteckt und serviert kräftige Frühstücksgerichte, hervorragenden Kaffee, legendäre Scones und große Gourmet-Sandwiches. Abends stehen richtige Mahlzeiten auf der Speisekarte, die man sich auch locker teilen kann.

Kai Whakapai CAFÉ **$$**
(03-443 7795; Ecke Helwick & Ardmore St; Brunch 13–19 NZ$, Abendessen 19–23 NZ$; 7–23 Uhr;) Das Kai (das Māori-Wort für „Essen") ist in Wanaka eine Institution und ideal für einen Dämmerschoppen zu einem gut gefüllten Baguette oder einer Pizza. Hier wird Craft Beer aus der Region gezapft und Weine aus Central Otago ausgeschenkt.

Bistro Gentil FRANZÖSISCH **$$$**
(03-443 2299; www.bistrogentil.co.nz; 76a Golf Course Rd; Hauptgerichte 38–44 NZ$; 11.30 Uhr bis spätabends) Im Gentil locken Seeblick, fantastische neuseeländische Kunst und leckere moderne französische Küche – alles Pluspunkte für einen unvergesslichen Abend. Es gibt Unmengen an Weinsorten im Angebot, aber bei den Preisen wäre es angemessener, dass ein Ober den Wein einschenkt anstatt ihn aus der digitalen Selbstbefüllanlage ins Glas zu bekommen. An einem lauen Abend sollte man einen Tisch im Außenbereich wählen.

Ausgehen & Nachtleben

Gin & Raspberry COCKTAILBAR
(03-443 4216; www.ginandraspberry.co.nz; L1, 155 Ardmore St; 15 Uhr bis spätabends) Wer einmal Lust auf Glitzerzeug hat, kommt am besten hierher. In dieser reich ausstaffierten Bar gibt es vergoldete Spiegel, glitzernde Lüster, ein Klavier und einen Kamin mitten im Raum. Klassische Kinofilme bilden die Kulisse für klassische Cocktails (darunter auch verschiedene Martinis), und die gelegentlich auftretenden Livebands heizen so richtig ein.

Lalaland COCKTAILBAR
(03-443 4911; www.lalalandwanaka.co.nz; L1, 99 Ardmore St; 18–2.30 Uhr) In diesem kleinen, schummrig beleuchteten und völlig überkandidelten Cocktailpalast kann man den Blick über den See schweifen oder sich in einen bequemen Sessel fallen lassen. Der junge Barbesitzer versteht sein Handwerk nur zu gut und ersinnt immer wieder neue Elixiere, die die Stimmung seiner Gäste heben. Der Eingang in die Bar ist auf der Rückseite des Gebäudes.

Barluga & Woody's BAR
(03-443 5400; Post Office Lane, 33 Ardmore St; 16–2.30 Uhr) Der versteckte Komplex der Post Office Lane ist Wanakas coolster Ort, um abends etwas trinken zu gehen, obwohl er keinen Seeblick hat. Die beiden benachbarten Bars, die einen gemeinsamen Hof und gemeinsame Besitzer haben, arbeiten im Prinzip wie ein Tandem, besonders wenn ein DJ zu Gast ist. Das Barluga wirkt mit seinen Ledersesseln und den alten Tapeten wie ein gediegener Herrenclub. Fantastische Cocktails und fette Beats zerstören diese Illusion aber schnell. Das Woodys spielt mit seinen Billardtischen und der Indie-Musik die Rolle des sportlichen kleinen Bruders.

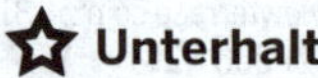

Unterhaltung

Ruby's KINO
(03-443 6901; www.rubyscinema.co.nz; 50 Cardrona Valley Rd; Erw./Kind 19/15 NZ$) Diese hippe Kombination aus Art-house-Kino und schi-

cker Cocktailbar könnte genauso gut in New York oder Shanghai stehen und ist im eher für seine sportlichen Aktivitäten bekannten Wanaka eine echte Überraschung. Die Zuschauer können in riesigen Kinosesseln sitzen oder sie chillen im roten Samt des Salons mit Spezialbieren, klassischen Cocktails und raffinierten Barsnacks. Das Ruby's liegt etwas versteckt im Basecamp-Wanaka-Gebäude an der Stadtgrenze.

Cinema Paradiso KINO
(☎ 03-443 1505; www.paradiso.net.nz; 72 Brownston St; Erw./Kind 15/9,50 NZ$) Das Cinema Paradiso ist in Wanaka eine richtige Institution und zeigt die besten Hollywood- und Art-house-Streifen. Die Zuschauer können sich hier auf einem bequemen Sofa, einem Zahnarztstuhl oder in einem alten Morris Minor räkeln. In den Zwischenpausen wabert der Duft von frisch gebackenen Keksen und Pizza durch den Vorführraum; das selbst gemachte Eis ist übrigens genauso verlockend.

Shoppen

Chop Shop KLEIDUNG
(☎ 03-443 8297; www.chopshopwanaka.co.nz; 3 Pembroke Mall; ⏲ 10–18 Uhr) Hier gibt es den besten Kaffee der Stadt und eine flotte Auswahl an Beanie-Mützen lokaler Designer und coole T-Shirts für den anspruchsvollen Snowboarder.

Gallery Thirty Three KUNST, KUNSTHANDWERK
(☎ 03-443 4330; www.gallery33.co.nz; 33 Helwick St; ⏲ 10–17 Uhr) Töpferwaren, Glas und Schmuck von lokal ansässigen Kunsthandwerkern.

ℹ Praktische Informationen

Post (☎ 03-443 8211; www.nzpost.co.nz; 39 Ardmore St; ⏲ Mo–Fr 9–17, Sa bis 12 Uhr)

Tititea Mount Aspiring National Park Visitor Centre (☎ 03-443 7660; www.doc.govt.nz; Ecke Ardmore & Ballantyne St; ⏲ Nov.–April tgl. 8.30–17 Uhr, Mai–Okt. Mo–Sa) Dieses DOC-Zentrum ist in einem A-förmigen Gebäude am Rande des Stadtzentrums untergebracht, nimmt Hüttenbuchungen entgegen und gibt Infos zu Wanderwegen und deren Zustand. Man sollte unbedingt immer vor Wanderungen in die Wildnis dort Bescheid geben! Es wartet auch eine kleine Ausstellung zur Geologie, Flora und Fauna der Region.

Wanaka i-SITE (☎ 03-443 1233; www.lakewanaka.co.nz; 103 Ardmore St; ⏲ 8.30–17.30 Uhr) Sehr hilfreiches Infozentrum, aber leider immer überlaufen.

Wanaka Medical Centre (☎ 03-443 0710; www.wanakamedical.co.nz; 23 Cardrona Valley Rd; ⏲ Mo–Fr 9–17 Uhr) Verarztet Freizeitsportunfälle.

ℹ An- & Weiterreise

Alpine Connexions (☎ 03-443 9120; www.alpinecoachlines.co.nz) Verbindet Wanaka mit Queenstown, Cromwell, Alexandra, Dunedin und den Rail-Trail-Städten in Central Otago. Betreibt auch Shuttlebusse zum Wanaka Airport, im Sommer zum Startpunkt der Wanderwege zum Mount Aspiring und zum Lake Hawea, und im Winter zu den Skigebieten Cardrona und Treble Cone.

Atomic Shuttles (☎ 03-349 0697; www.atomictravel.co.nz) Täglich ein Bus von/nach Dunedin (35 NZ$, 4½ Std.) über Cromwell (15 NZ$, 50 Min.), Alexandra (25 NZ$, 1¾ Std.) und Roxburgh (30 NZ$, 2¼ Std.).

Connectabus (☎ 0800 405 066; www.connectabus.com; einfach/hin & zurück 35/65 NZ$) Bietet zweimal täglich eine nützliche Verbindung von Wanaka zum Flughafen Queenstown (1¼ Std.) und nach Queenstown (1½ Std.), inklusive kostenloser Abholung von den meisten Unterkünften.

InterCity (☎ 03-442 4922; www.intercity.co.nz) Die Busse fahren vor dem Log Cabin am See ab und steuern täglich Cromwell (ab 10 NZ$, 44 Min.), Queenstown (ab 17 NZ$, 1½ Std.), den Lake Hawea (ab 10 NZ$, 20 Min.), Makarora (ab 12 NZ$, 1¾ Std.) und Franz Josef (ab 43 NZ$, 6½ Std.) an.

Naked Bus (www.nakedbus.com; Preise variieren) Busse nach Queenstown (1¼ Std.), Cromwell (40 Min.), Franz Josef (4¼ Std.), zum Lake Tekapo (3 Std.) und nach Christchurch (7¼ Std.).

ℹ Unterwegs vor Ort

Adventure Rentals (☎ 03-443 6050; www.adventurerentals.co.nz; 51 Brownston St) Auto- und Geländewagenverleih.

Yello (☎ 03-443 5555; www.yello.co.nz) Taxi- und Shuttleservice in die Skigebiete.

WANAKA & UMGEBUNG

Cardrona

Das hübsche Dörfchen Cardrona erreichte seine Blütezeit in den 1970er-Jahren auf dem Höhepunkt des Goldrausches, als es über 1000 Einwohner hatte. Heute ist es ein verschlafenes Örtchen, das zur Skisaison schlagartig zum Leben erwacht.

Die **Crown Range Road** von Cardrona nach Queenstown ist mit ihren Aussichten auf die Vorberge und die zahllosen schneebedeckten Gipfel eine der reizvollsten Straßen der Südinsel. Mit 1076 m Höhe ist sie auch die höchste asphaltierte Straße Neuseelands. In der **Pisa Conservation Area** (Karte S. 628), in der es mehrere kurze Wanderwege gibt, führt sie durch hohes, wogendes Tussockgras. Unterwegs gibt's mehrere schöne Fleckchen, an denen man anhalten und die Aussicht genießen kann, besonders am Queenstowner Ende der Straße vor den Serpentinen hinunter in Richtung Lake Hayes. Die Straße ist allerdings eng und kurvenreich; bei schlechtem Wetter ist große Vorsicht nötig. Im Winter wird sie nach starkem Schneefall manchmal geschlossen, und oft ist sie nur mit Schneeketten befahrbar.

Sehenswertes

Cardrona Distillery & Museum DESTILLERIE
(Karte S. 628; ☎03-443 1393; www.cardronadistillery.com; 2125 Cardrona Valley Rd; Führungen ab 45 NZ$; ⊙9.30–17 Uhr) Eine interessante Abwechslung für die Leute, die durch das Tal reisen. Diese brandneue Destillerie produziert Single-Malt-Whisky, Wodka, Gin und Orangenlikör. Es empfiehlt sich, die Führung im Voraus zu buchen. Sie beginnt stündlich von 10 bis 15 Uhr jeweils zur vollen Stunde.

Aktiviäten

Cardrona Alpine Resort SKIFAHREN
(Karte S. 628; ☎03-443 8880, Schnee-Hotline 03-443 7007; www.cardrona.com; Cardrona Skifield Access Rd; Tagespass Erw./Kind 101/52 NZ$; ⊙Juli–Sept. 9–16 Uhr) Dieses 345 ha große Skigebiet ist gut und professionell organisiert und bietet Abfahrten sowohl für Anfänger als auch für fortgeschrittene Fahrer (25 % Anfänger, 50 % mittleres Level, 25 % Fortgeschrittene) in verschiedenen Höhenlagen von 1670 bis zu 1860 m. Cardrona besitzt mehrere Hochleistungssessellifte, Schlepplifte für Anfänger und extremes Terrain für Snowboarder. Während der Skisaison fahren Busse von Wanaka und Queenstown hierher. Im Sommer übernehmen dann die Mountainbiker das Revier.

Backcountry Saddle Expeditions REITEN
(Karte S. 628; ☎03-443 8151; www.backcountrysaddles.co.nz; 2416 Cardrona Valley Rd; Erw./Kind 90/70 NZ$) Pferdetrekking auf Appaloosa-Pferden durch das Cardrona Valley.

Snow Farm SKIFAHREN
(Karte S. 628; ☎03-443 7542; www.snowfarmnz.com; Snow Farm Access Rd; Tagespass Erw./Kind 40/20 NZ$; 👪) Im Winter lassen sich hier auf 55 km gepflegten Loipen und Wegen wunderbar Langlauf und Schneeschuhwanderungen machen. Skiunterricht und -verleih ist möglich.

Schlafen

Cardrona Hotel PUB $$
(☎03-443 8153; www.cardronahotel.co.nz; 2310 Cardrona Valley Rd; Zi 185 NZ$; 📶) Dieses Hotel aus dem Jahre 1863 ist ein so typisches Sinnbild für die Region, dass es in der Bierwerbung für „Southern Man" von Speight's Brewery vorkam und ein ganz eigenes Après-Ski-Erlebnis bietet. Es gibt ein gutes Restaurant (Frühstück 14–20 NZ$, Hauptgerichte 26–34 NZ$), und im Sommer können sich die Gäste in der Gartenbar hinter dem Hotel entspannen. Die hübsch renovierten Zimmer sind mit gemütlichen Landhausmöbeln ausgestattet und haben ihre Terrassen zum Garten hin (an Sommerabenden kann es schon mal etwas laut sein).

Waiorau Homestead B&B $$$
(Karte S. 628; ☎03-443 2225; www.waiorauhomestead.co.nz; 2127 Cardrona Valley Rd; Zi 270 NZ$; @📶🏊) Dieses hübsche Steinhaus liegt in einem kleinen idyllischen Winkel nahe der Snow Farm verborgen und bietet breite Verandas und drei luxuriöse Gästezimmer, alle mit eigenem Bad. Im Preis inbegriffen sind ein englisches Frühstück und der Nachmittagstee. Die „Poolzimmer" sind preiswerter (140 NZ$); die Eigentümer vermieten in der Regel auf Airbnb.

An- & Weiterreise

Ski-Shuttle-Dienste werden von Alpine Connexions (S. 661), Yello (S. 661) und Ridgeline Adventures in Wanaka und von Kiwi Discovery (Karte S. 636; ☎03-442 7340; www.kiwidiscovery.com; 37 Camp St) in Queenstown angeboten.

Lake Hawea

2180 EW

Das kleine Städtchen Lake Hawea, 15 km nördlich von Wanaka, liegt am Staudamm am südlichen Ende seines 141 km² großen Namensvetters. Der blau-graue Lake Hawea wird vom Lake Wanaka durch einen schmalen Isthmus (Neck) getrennt und ist 35 km lang und 410 m tief. Er ist besonders bei den Fischern beliebt, die den Forellen und vom Land eingeschlossenen Lachsen immer wieder den Kampf ansagen. Der See wurde 1958 um 20 m angehoben, um die Stromkraftwerke stromabwärts zu unterstützen.

Schlafen

Lake Hawea Holiday Park FERIENANLAGE **$**

(☎ 03-443 1767; www.haweaholidaypark.co.nz; SH6; Stellplatz ab 16 NZ$, Zi. mit/ohne Bad 130/60 NZ$; @ 📶) Die großzügige, friedliche, altmodische Ferienanlage am Seeufer ist besonders bei Anglern und Bootsfahrern sehr beliebt. Die Unterkünfte reichen von einer Gruppe einfacher Hütten mit bunt gestrichenen Türen bis zu Motelzimmern und Cottages.

Lake Hawea Hotel HOTEL **$$$**

(☎ 03-443 1224; www.lakehawea.co.nz; 1 Capell Ave; Zi 240 NZ$; 📶) Die Zimmer sind renoviert worden und bieten unschlagbare Aussichten auf den See, sind aber recht teuer für das, was sie eigentlich sind, nämlich einfach nur bessere Motelzimmer. Zum Komplex gehören eine große Bar und ein Restaurant (Hauptgerichte 18–25 NZ$) mit ebenfalls himmlischer Aussicht.

An- & Weiterreise

InterCity (☎ 03-442 4922; www.intercity.co.nz) Busse halten täglich am Damm (SH 6) und fahren von/nach Queenstown (ab 20 NZ$, 2 Std.), Cromwell (ab 14 NZ$, 1¼ Std.), Wanaka (ab 10 NZ$, 20 Min.), Makarora (ab 10 NZ$, 1¼ Std.) und Franz Josef (ab 40 NZ$, 6 Std.).

Makarora

40 EW.

Das abgelegene Makarora ist die letzte Siedlung, bevor es über den Haast Pass an die wilde Westküste geht – hier herrscht definitiv die Atmosphäre eines Grenzpostens. Abgesehen von dem ein oder anderen Reisebus, der hier vorbeikommt, wirkt der Ort herrlich entlegen.

Aktivitäten

Die beste Kurzwanderung in diesem abgeschiedenen Gebiet ist der **Haast Pass Lookout Track** (1 Std. hin und zurück, 3,5 km), der einen großartigen Blick von oberhalb der Baumgrenze ermöglicht. Andere Wandermöglichkeiten sind der **Bridle Track** (1½ Std. eine Strecke, 3,5 km) von der Höhe des Haast Pass zur Davis Flat, und der **Blue Pools Walk** (30 Minuten hin und zurück), wo man riesige Regenbogen- und Seeforellen sehen kann.

Längere Wanderungen führen durch herrliche Landschaften, sollten aber nicht auf die leichte Schulter genommen werden. Die Bedingungen in den Bergen und an den Flüssen ändern sich, sodass man immer gut vorbereitet sein muss und sich beim DOC vor Beginn der Wanderungen erkundigen sollte. Die DOC-Broschüre *Tramping in the Makarora Region* (2 NZ$) ist eine lohnende Investition. Im Tititea Mount Aspiring National Park Visitor Centre (S. 661) in Wanaka kann man sich vor Aufbruch in die Wildnis Informationen über die Wetterbedingungen und den Zustand der Wege einholen.

Gillespie Pass TREKKING

Die dreitägige Rundwanderung über den Gillespie Pass führt durch das Young, Siberia und Wilkin Valley. Das ist ein hoher Passweg mit Lawinengefahr im Winter und Frühling. Da der Abschluss mit einer Jetbootfahrt auf dem Wilkin erfolgt, gilt diese Trekkingtour als eine der unvergesslichsten Wanderungen des Landes. Die Jetboote fahren nach Kerin Forks, eine weitere Tour geht über die Mündung des Young River, wenn der Makarora überflutet wird.

Wilkin Valley Track TREKKING

Der Wilkin Valley Track beginnt am Makarora River und führt am Wilkin River entlang zur Kerin Forks Hut (4–5 Std., 15 km). Nach einem weiteren Tagesmarsch durch das Tal gelangt man zu den Top Forks Huts (6–8 Std., 15 km), von wo aus die malerischen Seen Diana, Lucidus und Castalia (jeweils 1, 1½ und 3–4 Std.) erreicht werden können.

Wilkin River Jets JETBOOTFAHRT

(☎ 03-443 8351; www.wilkinriverjets.co.nz; Erw./Kind 119/69 NZ$) Eine herrliche 50 km lange einstündige Jetbootfahrt auf dem Makarora und Wilkin River in den Mount Aspiring National Park hinein. Die Ausflüge können auch noch mit einem Helikopterflug verknüpft werden.

Geführte Touren

Siberia Experience ABENTEUERTOUR

(☎ 03-443 4385; www.siberiaexperience.co.nz; Erw./Kind 355/287 NZ$) Die extravagante Tour bietet viel Nervenkitzel und kombiniert einen 25-minütigen Flug in einem Kleinflugzeug, eine dreistündige Buschwanderung durch ein abgelegenes Gebirgstal und eine halbstündige Jetbootfahrt den Wilkin River und den Makarora River im Mount Aspiring National Park hinunter.

Southern Alps Air PANORAMAFLUG
(☎03-443 4385, 0800 345 666; www.southernalpsair.co.nz) Rundflüge zum Aoraki/Mount Cook und zu den Gletschern (Erw./Kind 445/285 NZ$), aber auch über den Milford Sound (415/265 NZ$). Angeboten werden außerdem Kombi-Tickets für Flug plus Bootsfahrt auf dem Milford (498/315 NZ$).

Praktische Informationen

Makarora Tourist Centre (☎03-443 8372; www.makarora.co.nz; 5944 Haast Pass-Makarora Rd/SH 6; ⌚8–20 Uhr) Großer Komplex mit Café, Bar, Shop, Infozentrum, Campingplatz, Schlafsaal und abgeschlossenen Wohnungen.

An- & Weiterreise

InterCity (☎03-442 4922; www.intercity.co.nz) Täglicher Busverkehr von/nach Queenstown (ab 24 NZ$, 3½ Std.), Cromwell (ab 19 NZ$, 2½ Std.), Wanaka (ab 12 NZ$, 1¾ Std.), Lake Hawea (ab 10 NZ$, 1¼ Std.) und Franz Josef (ab 36 NZ$, 4¾ Std.).

Fiordland & Southland

➡ Inhalt

Gut essen

- Batch (S. 685)
- Redcliff Cafe (S. 670)
- Louie's (S. 685)
- Elegance at 148 on Elles (S. 685)
- Miles Better Pies (S. 670)

Schön übernachten

- Newhaven Holiday Park (S. 691)
- Observation Rock Lodge (S. 698)
- Bushy Point Fernbirds (S. 684)
- Mohua Park (S. 690)
- Slope Point Backpackers (S. 688)

Auf nach Fiordland & Southland!

Willkommen in einer Landschaft, die Abenteurerherzen höher schlagen und sich von keiner Kamera angemessen festhalten lässt!

Im Westen liegt der Fiordland National Park mit gezackten, oft in Nebel gehüllten Gipfeln, glitzernden Seen, tief ins Land reichenden Fjorden und einer bemerkenswerten Stille. Zugang zum Nationalpark bietet der weltberühmte Milford Track. Er ist aber nur einer von vielen Wegen, die sich durch die dicht bewaldeten, von Gletschern geformten und von gewaltigen Bergen umgebenen Täler ziehen. Im Fiordland liegen auch der Milford Sound und der Doubtful Sound mit von Bäumen gesäumten Klippen, die sich fast senkrecht aus den stillen, tiefen Gewässern erheben.

Im Osten von Southland führt eine Abzweigung abseits ausgetretener Pfade zu den friedlichen Catlins. Wasserfälle, Wälder, eine vielfältige Fauna und eine herrlich zerklüftete Küste zeichnen diese Region aus.

Endstation der Reise könnte Stewart Island/Rakiura sein. Auf der einsamen Insel leben freundliche Seefahrer und eine Reihe gleichermaßen schöner wie seltener Vögel, darunter das geliebte Wahrzeichen Neuseelands: der Kiwi.

Reisezeit

- Von Dezember bis April hat man im launischen Klima von Fiordland noch die beste Chance auf ruhiges Wetter (aber auch dann muss man auf Niederschläge gefasst sein).
- Ende Oktober bis Ende April ist die Saison der beliebten „Great Walks", dann starten täglich Wanderer auf dem Milford, Kepler, Routeburn und Rakiura Track. Alle diese Weitwanderwege müssen vorab gebucht werden.
- Aufgrund des unbeständigen Wetters auf Stewart Island/Rakiura kann man jederzeit an einem Tag alle vier Jahreszeiten erleben. Die Temperaturen sind allerdings milder als erwartet und liegen im Winter durchschnittlich bei 10 °C, im Sommer bei 16,5 °C.

Highlights

1 Milford Sound (S. 676) Der erste Blick auf den Mitre Peak, der sich majestätisch aus dem tintenblauen Wasser des Fjords erhebt.

2 Milford Track (S. 672) Ein abenteuerlicher Weitwanderweg durch die Welterbe-Wildnis

3 Doubtful Sound (S. 679) Bei einer zweitägigen Bootsfahrt Sonnenuntergang und Sonnenaufgang in traumhafter Umgebung genießen

4 Te Waewae Bay (S. 681) Die wilde Kraft der Natur an diesem von der Brandung umtosten Küstenstreifen

5 Rakiura Track (S. 695) Die Einsamkeit auf Neuseelands südlichstem Great Walk

6 Ulva Island (S. 693) Ein Inselparadies voller Vögel

7 Die Catlins (S. 687) Eine Entdeckungsfahrt über Nebenstraßen durch Wälder zu Wasserfällen und einsamen Stränden in dieser friedlichen und windigen Ecke Neuseelands

8 Curio Bay (S. 687) Hier trifft man seltene Tiere wie die Hector-Delfine und die putzigen Gelbaugenpinguine.

An- & Weiterreise

Invercargill ist verkehrstechnisch die Drehscheibe der Region: Hier landen Flüge aus Wellington und Christchurch, Busse kommen aus so entfernt liegenden Orten wie Queenstown und Dunedin. Das kleine Örtchen Te Anau hat direkte Busverbindungen nach Queenstown, Dunedin und Christchurch.

FIORDLAND

Das grandiose Fiordland ist Neuseelands größte und undurchdringlichste Wildnis, ein raues, bergiges, dicht bewaldetes Gebiet, das von tief eingeschnittenen Fjorden durchzogen ist, die wie gekrümmte Finger von der Tasmansee weit ins Land reichen.

Der Fiordland National Park ist Teil der Te Wāhipounamu Southwest New Zealand World Heritage Area, eines Zusammenschlusses von vier Nationalparks in der südwestlichsten Ecke des Landes (die anderen sind Aoraki/Mount Cook, Westland Tai Poutini und Mount Aspiring). Das ausgedehnte Wildnisgebiet bedeckt eine Fläche von insgesamt 2,6 Mio. ha und ist international bekannt für seine einzigartigen geologischen Formationen und seine Ökosysteme. Es ist aber auch von großer kultureller Bedeutung für die Ngāi Tahu, die es als Te Wāhipounamu, „den Platz des Nephrits", verehren.

Auf Schiffstouren erleben die Passagiere die Schönheit der Fjorde hautnah, doch nur die Wanderer können wirklich weit in diese abgelegene und magische Gegend vordringen. Das ist nicht nur auf den berühmten Fernwanderwegen Milford, Kepler und Hollyford Track, sondern auch im Rahmen kurze Tageswanderungen möglich, die meist in der Nähe der Straße beginnen.

KURZINFOS: FIORDLAND & SOUTHLAND

Essen Bluff oysters, eine Austernart, nach der Neuseelands Gourmets ganz verrückt sind.

Trinken Biere der Invercargill Brewery.

Lesen Die Gedichte von Hone Tuwhare (1922–2008), dem berühmtesten Sohn der Catlins.

Hören Das Tosen der Wasserfälle an der Straße zum Milford Sound.

Anschauen Den Film *The World's Fastest Indian* (Mit Herz und Hand, 2005). Nur so ist die tiefe Verehrung Invercargills für Burt Munro zu verstehen.

Ökologisch reisen Ein Besuch auf der vogelreichen Insel Ulva Island. Hier bekommt man eine Ahnung, wie Neuseeland einmal war und wie es wieder sein könnte.

Infos im Internet www.fiordland.org.nz, www.southlandnz.com, www.southernscenicroute.co.nz, www.stewartisland.co.nz

Vorwahl ☎03

Te Anau

1910 EW.

Die friedliche, am gleichnamigen See gelegene Gemeinde ist der Hauptausgangspunkt für Wanderungen im Fiordland National Park und für Fahrten zum beliebten Milford Sound, aber auch so ein hübscher Ort, um dort ein paar Tage zu verbringen. Dank seiner Größe gibt es hier einige gute Lokale und Unterkünfte, die aber alle deutlich günstiger sind als in dem um Aufmerksamkeit buhlenden Queenstown.

Im Osten liegen die Weiden des zentralen Southland, im Westen jenseits des Lake Te Anau die zerklüfteten Berge von Fiordland. Lake Anau ist Neuseelands zweitgrößter See (der größte ist Lake Taupo), er wurde von einem Gletscher ausgeschürft und greift mit mehreren Armen weit in das waldreiche Westufer hinein. An seiner tiefsten Stelle ist er 417 m tief.

Sehenswertes

Punanga Manu o Te Anau VOGELSTATION

(www.doc.govt.nz; Te Anau – Manapouri Rd; ⌚ Morgen- bis Abenddämmerung) GRATIS Die Volieren im Freien am See ermöglichen es, sich einmal die einheimischen Vogelarten aus der Nähe anzusehen, die sich in der Wildnis kaum sichten lassen. Dazu zählt der Wappenvogel des Fiordlands, der extrem seltene Südinsel-Takahe.

Te Anau Glowworm Caves HÖHLE

(☎0800 656 501; www.realjourneys.co.nz; Erw./Kind 79/22 NZ$) Diese beeindruckenden Höhlen, die einst nur in den Legenden der Māori vorkamen, wurden 1948 wiederentdeckt. Das 200 m lange Höhlensystem ist nur vom Boot aus zugänglich; es ist ein magischer Platz mit bizarren Felsen, großen

Te Anau

Te Anau

Aktivitäten, Kurse & Touren
- 1 Luxmore Jet ... B3
- 2 Rosco's Milford Kayaks ... B2
- 3 Southern Lakes Helicopters ... B3
- 4 Wings & Water ... B3

Schlafen
- 5 Keiko's Cottages ... D1
- 6 Radfords on the Lake ... B3
- 7 Te Anau Top 10 ... A2
- 8 Te Anau YHA ... A2

Essen
- 9 Miles Better Pies ... B2
- 10 Redcliff Cafe ... B2
- 11 Sandfly Cafe ... B2

Ausgehen & Nachtleben
- Black Dog Bar ... (s. 14)
- 12 Fat Duck ... C2
- 13 Ranch Bar & Grill ... C2

Unterhaltung
- 14 Fiordland Cinema ... C2

und kleinen Wasserfällen, Strudeln und einer faszinierenden Glühwürmchen-Grotte. Real Journeys bietet 2¼-stündige Touren an, die bis in die Tiefe der Höhlen führen. Sie umfassen eine Fahrt auf dem See, einen Spaziergang und eine kurze unterirdische Bootstour. Ausgangspunkt ist das Büro von Journeys am Lakefront Drive.

Aktivitäten

Egal, in welcher Richtung man ihn auch läuft: Der **Lakeside Track** ab Te Anau ist ein sehr angenehmer Bummel zu Fuß oder per Rad – nach Norden führt er zum Jachthafen und zum Upukerora River (hin & zurück ca. 1 Std.), nach Süden vorbei am Besucherzentrum des Fiordland National Park und weiter zu den Kontrolltoren am Beginn des Kepler Track (50 Min.).

Alle Startpunkte der Tageswanderungen im Nationalpark lassen sich von Te Anau aus gut erreichen. Das Taxiunternehmen Kepler Water Taxi (S. 672) fährt Besucher zur Brod Bay, von wo aus sie den Mount Luxmore (7–8 Std.) besteigen oder über den Lakeside Track zurück nach Te Anau (2–3 Std.) wandern können.

Im Sommer bietet das Unternehmen Trips & Tramps (S. 674) geführte Tageswanderungen in kleinen Gruppen an, u.a. auf dem Kepler und dem Routeburn Track. Real Journeys (S. 677) organisiert geführte Tagestouren (Erw./Kind 195/127 NZ$, Nov.–Mitte April) auf einem 11 km langen Teilstück des Milford Track. Hilfreich für einige Wanderungen sind auch die Busverbindungen von Tracknet (S. 671).

Wer auf eigene Faust losziehen will, sollte sich im Fiordland i-SITE oder dem Besucherzentrum des Fiordland National Park die Broschüre *Fiordland National Park Day Walks* (2 NZ$) besorgen oder sie unter www.doc.govt.nz downloaden.

Geführte Touren

Fiordland Tours TOUR
(☎0800 247 249; www.fiordlandtours.co.nz; Erw./Kind ab 139/59 NZ$) Bietet Busausflüge in kleinen Gruppen und Bootsfahrten auf dem Milford Sound. Die Touren starten in Te Anau, unterwegs wird an interessanten Plätzen Halt gemacht. Darüber hinaus sind geführte Tagestouren auf dem Kepler Track möglich.

Luxmore Jet JETBOOTTOUREN
(☎0800 253 826; www.luxmorejet.com; Lakefront Dr; Erw./Kind 99/49 NZ$) Einstündige Ausflüge auf dem Upper Waiau River/River Anduin.

Southern Lakes Helicopters RUNDFLÜGE
(☎03-249 7167; www.southernlakeshelicopters.co.nz; Lakefront Dr) Bietet halbstündige Flüge über Te Anau (240 NZ$), längere Flüge über Doubtful, Dusky und Milford Sound (ab 685 NZ$) und den Helikoptertransport zu Wander- und Radwegen sowie zu abgelegenen Skiabfahrten.

Schlafen

Te Anau Top 10 FERIENPARK $
(☎0800 249 746, 03-249 7462; www.teanautop10.co.nz; 128 Te Anau Tce; Stellplatz ab 44 NZ$, Wohneinheit ab 129 NZ$, ohne Bad ab 77 NZ$; @📶) Unweit vom Ort und See bietet dieser ausgezeichnete Ferienpark private Unterkünfte, einen Spielplatz, Warmwasser-Whirlpools am Seeufer, einen Fahrradverleih, einen Grillbereich und moderne Kücheneinrichtungen. Neben sehr guten Moteleinheiten gibt es auch preiswerte Hütten für diejenigen, die kein Gemeinschaftsbad mögen.

Bob & Maxine's Backpackers HOSTEL $
(☎03-249 7429; www.bbh.co.nz; 20 Paton Pl, abseits der Oraka St; B 36 NZ$, EZ/DZ 70/90 NZ$; 📶) Nur 2,5 km außerhalb der Stadt und abseits des Highways von Te Anau nach Milford gelegen, bekommt das lässige, moderne Hostel wegen der grandiosen Bergsicht aus der Gemeinschaftslounge begeisterte Kritiken von den Gästen. Die können sich am Holzofen wärmen, ihre Fähigkeiten als Koch in der gut ausgestatteten Küche unter Beweis stellen oder einfach nur in einem privaten Zimmer mit Bad chillen. Fahrräder und WLAN sind gratis.

Te Anau YHA HOSTEL $
(☎03-249 7847; www.yha.co.nz; 29 Mokonui St; B 34–39 NZ$, EZ ohne Bad 80–100 NZ$, DZ mit/ohne Bad 105/96 NZ$; @📶) Das zentral gelegene moderne Hostel bietet großartige Gemeinschaftsräume und bequeme bunte Zimmer. Für Abwechslung sorgen ein Volleyballspielfeld im begrünten Hinterhof, ein Barbecue oder ein nettes Plauderstündchen am Kamin in der Lounge.

Keiko's Cottages B&B $$
(☎03-249 9248; www.keikos.co.nz; 228 Milford Rd; DZ ab 175 NZ$; ⏱Juni–Aug. geschl.; 📶) Gartenanlagen im japanischen Stil umgeben die sehr hübschen und gemütlichen Cottages. Das Frühstück stellt die Gäste vor die schwierige Frage: neuseeländisch oder japanisch? Spa und Sauna sind erfreuliche Extras.

Radfords on the Lake MOTEL $$$
(☎03-249 9186; www.radfordsonthelake.co.nz; 56 Lakefront Dr; Einheiten ab 285 NZ$; 📶) Das Radfords ist nicht das typische Motel, was schon der große Name und die ebenso großen Preise erkennen lassen. Auf gepflegtem Rasen vis à vis vom See bietet der rechtwinklige Komplex 14 luxuriöse Einheiten auf zwei Ebenen, die alle so ausgerichtet sind, dass sie einen schönen Blick haben. Alle haben eine Küche, fünf auch Spa-Bäder.

Te Anau Lodge B&B $$$
(☎03-249 7477; www.teanaulodge.com; 52 Howden St; EZ/DZ ab 210/240 NZ$; 📶) Das in den

1930er-Jahren erbaute ehemalige Kloster der Sisters of Mercy, direkt nördlich der Stadt, bietet ein altmodisches Ambiente. Hier sitzt man beim Wein auf einem ledernen Chesterfield-Sofa vor dem Kamin, zieht sich vor dem Schlafengehen ins Spa-Bad zurück und darf sich am nächsten Morgen über ein köstliches Frühstück in der alten Kapelle freuen.

Essen

★ **Miles Better Pies** FASTFOOD $
(☎ 03-249 9044; www.milesbetterpies.co.nz; 19 Town Centre; Pasteten 5–6,50 NZ$; ⏲ 6–15 Uhr) Zur Auswahl stehen u. a. Pasteten mit Wild oder Lammfleisch mit Minze und für die Süßen verschiedene Obstkuchen. Auf dem Bürgersteig stehen einige Tische, aber noch schöner ist es, die gekauften Köstlichkeiten am Seeufer zu verspeisen.

Sandfly Cafe CAFÉ $
(☎ 03-249 9529; 9 The Lane; Hauptgerichte 7–20 NZ$; ⏲ 7–16.30 Uhr; 📶) Nach Ansicht der Einheimischen gibt es hier den besten Espresso der Stadt. Aber man kann auch den ganzen Tag über gut frühstücken, eine Suppe oder ein Sandwich zu Mittag bestellen oder nachmittags ein süßes Teilchen kaufen.

★ **Redcliff Cafe** MODERN NEUSEELÄNDISCH $$$
(☎ 03-249 7431; www.theredcliff.co.nz; 12 Mokonui St; Hauptgerichte 38–42 NZ$; ⏲ 16–22 Uhr) In einem nachgebauten Siedler-Cottage bietet das entspannte und einladende Restaurant in gastlicher Atmosphäre erlesene Gerichte. Die großzügigen Portionen werden von einem hervorragenden Servicepersonal serviert. Die verwendeten Produkte stammen überwiegend aus der Region und sind alle erstklassig, zu empfehlen sind etwa das Wild und der Hase.

Vor oder nach dem Essen können sich die Gäste mit einem Drink in der Bar entspannen, wo häufig gute Livemusik gespielt wird.

Ausgehen & Unterhaltung

Ranch Bar & Grill PUB
(☎ 03-249 8801; www.theranchbar.co.nz; 111 Town Centre; ⏲ 12 Uhr bis spätabends) Das Pub ist wegen der üppigen Pubgerichte bei den Einheimischen sehr beliebt. Am Sonntag gibt es einen ausgezeichneten Sonntagsbraten (15 NZ$), donnerstagabends finden Jamsessions statt (wenn nicht gerade ein großes Sportereignis gezeigt wird).

Fat Duck BAR
(☎ 03-249 8480; 124 Town Centre; ⏲ Di–So 12 Uhr bis spät; 📶) Die Bar an der Ecke mit Tischen auf dem Bürgersteig ist eine gute Wahl, um ein oder zwei Pint Mac's Beer zu trinken. Die Küche liefert trendige Pubgerichte. Im Sommer ist es täglich zum Frühstücken geöffnet.

Fiordland Cinema KINO
(☎ 03-249 8812; www.fiordlandcinema.co.nz; 7 The Lane; 📶) Zwischen den Vorführungen des ausgezeichneten *Ata Whenua/Fiordland on Film* (Erw./Kind 10/5 NZ$) – im Wesentlichen ein 32-minütiger Werbefilm für das malerische Fiordland – werden ganz normale Kinofilme gezeigt.

Die **Black Dog Bar** (☎ 03-249 8844; www.blackdogbar.co.nz; ⏲ 10 Uhr bis spätabends; 📶) im Untergeschoss ist die angesagteste Bar des Ortes.

Praktische Informationen

Fiordland i-SITE (☎ 03-249 8900; www.fiordland.org.nz; 19 Town Centre; ⏲ Dez.–März 8.30–19 Uhr, April–Nov. 8.30–17.30 Uhr) Die Mitarbeiter buchen Aktivitäten, Unterkünfte und Fahrten.

Fiordland Medical Centre (☎ 03-249 7007; 25 Luxmore Dr; ⏲ Mo–Fr 8–17.30, Sa 9–12 Uhr)

Fiordland National Park Visitor Centre (DOC; ☎ 03-249 7924; www.doc.govt.nz; Ecke Lakefront Dr & Te Anau–Manapouri Rd; ⏲ 8.30–16.30 Uhr) Die Mitarbeiter des Besucherzentrums übernehmen die Buchungen der Great Walks und der Hütten und haben hilfreiche Informationen für die Besucher. Lohnenswert ist auch die naturhistorische Ausstellung und ein Laden, in dem sich Wanderer mit Vorräten und Landkarten eindecken können.

An- & Weiterreise

InterCity (☎ 03-442 4922; www.intercity.co.nz) Zweimal täglich verkehren Busse zum Milford Sound (ab 28 NZ$, 1½ Std.) und nach Queenstown (ab 28 NZ$, 3¼ Std.) und einmal täglich nach Gore (ab 30 NZ$, 1¾ Std.), Dunedin (ab 37 NZ$, 4½ Std.) und Christchurch (ab 61 NZ$, 11 Std.). Die Busse fahren vor dem Kiwi Country an der Miro Street ab.

Naked Bus (www.nakedbus.com; Preise variieren) Täglich fährt ein Bus nach Queenstown (2¾ Std.) und zum Milford Sound (2¼ Std.).

Topline Tours (☎ 03-249 8059; www.topline-tours.co.nz) Shuttlebusse der Firma fahren das ganze Jahr über zwischen Te Anau und Manapouri (20 NZ$), außerdem werden Wanderer von November bis März von Te Anau zu den Startpunkten des Kepler Tracks gefahren, entweder zu den Kontrolltoren (5 NZ$) oder zur Hängebrücke Rainbow Reach (8 NZ$).

Kepler Track

Tracknet (☎ 0800 483 262; www.tracknet.net) Von November bis April bietet das in Te Anau angesiedelte Unternehmen Tracknet drei regelmäßige Busverbindungen von/nach Te Anau Downs (25 NZ$, 30 Min.), Divide (39 NZ$, 1¼ Std.) und Milford Sound (49 NZ$, 2¼ Std.), sowie zwei von/nach Manapouri (25 NZ$, 30 Min.) und Queenstown (45 NZ$, 2¾ Std.). Im Winter verkehren die Busse nur bei Bedarf.

Rund um Te Anau

Te Anau ist der Ausgangspunkt von gleich drei Great Walks – dem Kepler, dem Milford und dem Routeburn Track. Dazu kommt noch der weniger bekannte, aber gleichermaßen lohnende Hollyford Track.

Ausführliche Infos erhält man im Wanderführer *Hiking & Tramping New Zealand* von Lonely Planet und bei den hilfsbereiten Leuten des Fiordland National Park Visitor Centre, wo man auch auf der Adventure-Smart-Website (www.adventuresmart.org.nz) seine Wanderpläne hinterlegen kann (eine wichtige Sicherheitsmaßnahme!).

Kepler Track

1988 zur Entlastung des Milford und des Routeburn Track eröffnet, ist der Kepler Track einer der am besten geplanten und heute beliebtesten Fernwanderwege Neuseelands: Die mittelschwere, 60 km lange Rundwanderung beginnt und endet an den Kontrolltoren beim Waiau River am Südende des Lake Te Anau. Möglich ist auch eine Tageswanderung über die Berggipfel mit traumhaften Ausblicken auf den See, die Jackson Peaks und die Kepler Mountains. Unterwegs wandert man über Felsgrate und durch strauchbewachsenes Buschland und stille Scheinbuchenwälder.

Die Strecke lässt sich in vier Tagen bewältigen, übernachtet wird in den drei Hütten am Weg. Sie lässt sich aber auch auf drei

Tage verkürzen, indem man an der Moturau Hut vorbeigeht und an der Rainbow Reach Swing Bridge die Wanderung beendet. Andererseits ist aber gerade die Übernachtung in der Moturau Hut am Ufer des Lake Manapouri der ideale Abschluss der Wanderung. Der Track kann übrigens in beide Richtungen gelaufen werden, die Variante Luxmore Hut – Iris Burn Hut – Moturau Hut ist jedoch die beliebtere.

Für die alpinen Abschnitte ist körperliche Fitness eine Grundvoraussetzung. Im Winter sind diese immer wieder einmal unpassierbar. Ohnehin ist dieser Track das ganze Jahr über sehr stark von den Witterungsbedingungen abhängig.

Hier die durchschnittlichen Wanderzeiten:

TAG	STRECKE	DAUER
1	Vom Fiordland National Park Visitor Centre zu den Kontrolltoren	45 Min.
1	Kontrolltore bis Brod Bay	1½ Std.
1	Brod Bay bis Luxmore Hut	3½–4½ Std.
2	Luxmore Hut bis Iris Burn Hut	5–6 Std.
3	Iris Burn Hut bis Moturau Hut	5–6 Std.
3	Moturau Hut bis Rainbow Reach	1½–2 Std.
4	Rainbow Reach bis zu den Kontrolltoren	2½–3½ Std.

ℹ Buchungen & Verkehrsmittel

Der Kepler Track ist einer der offiziellen „Great Walks". Zwischen Ende Oktober und Mitte April braucht man deshalb für die **Luxmore Hut**, **Iris Burn Hut** und **Moturau Hut** den sogenannten Great-Walk-Pass. Die Pässe müssen im Voraus gekauft werden. Es ist dringend notwendig, sehr frühzeitig zu buchen – entweder online bei **Great Walks Bookings** (☎ 0800 694 732; www.greatwalks.co.nz) des DOC oder persönlich in einem der DOC-Besucherzentren. In der Nebensaison fahren die Hütten ihre Leistung auf die Kategorie „Serviced" zurück. Es gibt Campingplätze in **Brod Bay** und **Iris Burn**.

Die empfohlene Karte für diese Wanderung ist die *Parkmap 335-09 (Kepler Track)* im Maßstab 1:60 000.

Die Wanderung startet bei den Kontrolltoren. Dorthin läuft man vom Besucherzentrum des Fiordland National Park knapp eine Stunde, entlang des Sees parallel zur Straße von Manapouri nach Te Anau (SH 95). Bei den Kontrolltoren gibt es einen Parkplatz und einen Unterstand. Sowohl **Tracknet** (S. 671) als auch **Topline Tours** (S. 670) fahren mit ihren Shuttlebussen zu den Kontrolltoren oder dem alternativen Startpunkt an der Hängebrücke Rainbow Reach.

Kepler Water Taxi (☎ 027 249 8365; www.facebook.com/keplerwatertaxi; in jede Richtung 25 NZ$) bietet jeden Morgen Bootsfahrten über den Lake Te Anau nach Brod Bay an. Dadurch verkürzt sich die Strecke der ersten Etappe um 1½ Stunden.

Milford Track

Der Milford ist der bekannteste Fernwanderweg Neuseelands und wird schon routinemäßig als „die schönste Wanderung der Welt" beschrieben. Und tatsächlich ist er überwältigend: Wuchernder Regenwald, tief eingeschnittene Gletschertäler, ein wunderschöner, von gewaltigen Berggipfeln eingerahmter Alpenpass und tosende Wasserfälle, darunter der legendäre Sutherland Falls (einer der höchsten der Welt). All dies erklärt seine Beliebtheit und spiegelt sich in den Zahlen: über 14 000 Wanderer laufen jährlich die 54 km lange Strecke.

Während der Great-Walk-Saison darf auf dem Weg nur in einer Richtung, beginnend am Glade Wharf, gewandert werden. Und man muss die erste Nacht in der Clinton Hut übernachten, obwohl sie nur gut eine Stunde vom Ausgangspunkt des Wegs entfernt ist. Die Wanderer müssen die Wanderung in den vorgeschriebenen vier Tagen und drei Nächten absolvieren. Das ist bei gutem Wetter vollkommen unproblematisch, bei schlechtem Wetter aber ärgerlich: So ist man gezwungen, über den aussichtsreichen Mackinnon Pass zu ziehen ohne möglicherweise etwas zu sehen. So ist die Tour also ein bisschen ein Glücksspiel.

Durchschnittliche Wegzeiten:

TAG	STRECKE	DAUER
1	Glade Wharf bis Glade House	20 Min.
1	Glade House bis Clinton Hut	1 Std.
2	Clinton Hut bis Mintaro Hut	5–6 Std.
3	Mintaro Hut bis Dumpling Hut	6–7 Std.
3	Abstecher zu den Sutherland Falls	1½ Std. hin & zurück
4	Dumpling Hut bis Sandfly Point	5½–6 Std.

Während der Great-Walk-Saison wird der Weg auch von geführten Wandergruppen gelaufen, die in gemütlichen Lodges mit heißer Dusche und gutem Essen übernachten. Wer das verlockender findet, kontaktiert

Milford Track

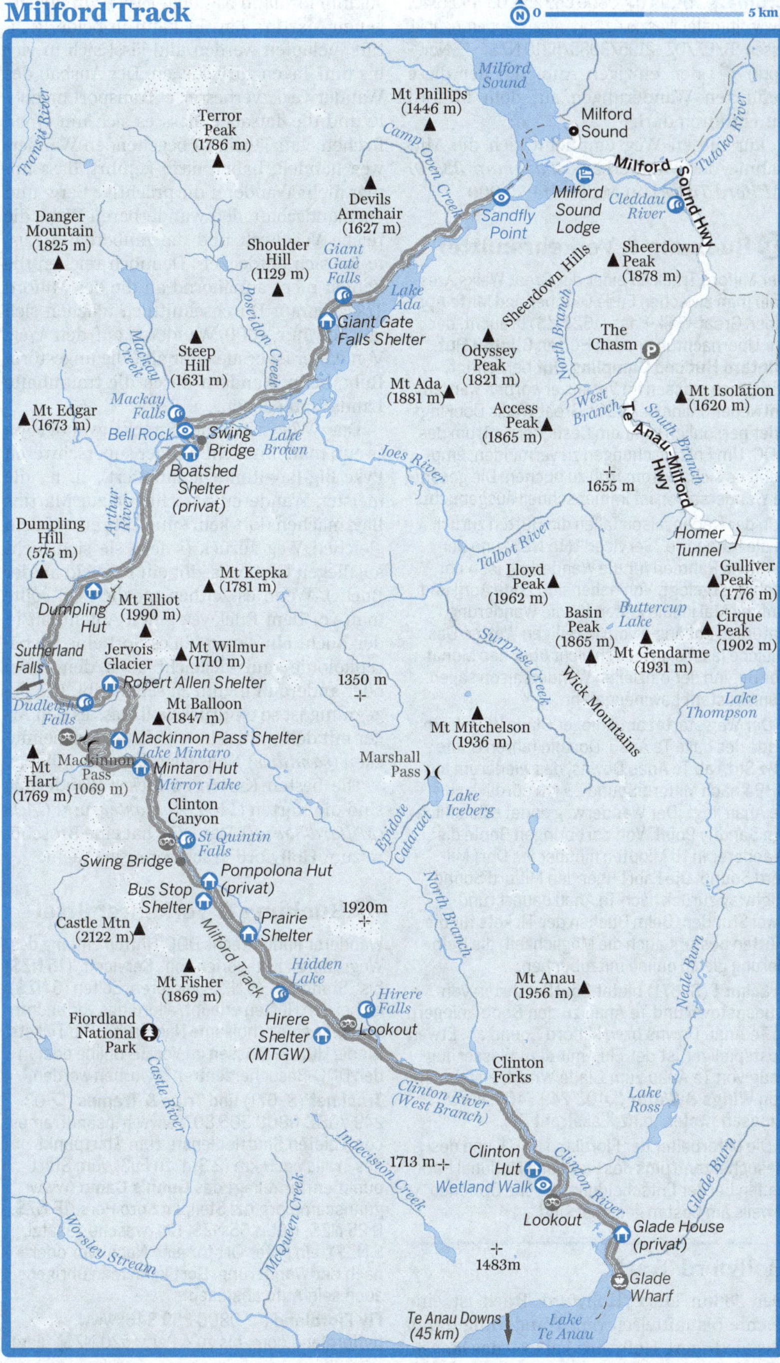

0
5 km
Milford Sound
Milford Sound
Milford Sound Hwy
Tutoko River
Mt Phillips (1446 m)
Terror Peak (1786 m)
Transit River
Camp Oven Creek
Devils Armchair (1627 m)
Sandfly Point
Milford Sound Lodge
Cleddau River
Danger Mountain (1825 m)
Shoulder Hill (1129 m)
Giant Gate Falls
Sheerdown Peak (1878 m)
Lake Ada
Giant Gate Falls Shelter
Sheerdown Hills
North Branch
The Chasm
Steep Hill (1631 m)
Mackay Creek
Poseidon Creek
Odyssey Peak (1821 m)
Mt Ada (1881 m)
Mt Isolation (1620 m)
Mt Edgar (1673 m)
Mackay Falls
Bell Rock
Swing Bridge
Lake Brown
Access Peak (1865 m)
West Branch
Te Anau-Milford Hwy
South Branch
Boatshed Shelter (privat)
Joes River
1655 m
Arthur River
Dumpling Hill (575 m)
Talbot River
Homer Tunnel
Mt Kepka (1781 m)
Lloyd Peak (1962 m)
Gulliver Peak (1776 m)
Dumpling Hut
Mt Elliot (1990 m)
Buttercup Lake
Basin Peak (1865 m)
Cirque Peak (1902 m)
Sutherland Falls
Jervois Glacier
Mt Wilmur (1710 m)
Mt Gendarme (1931 m)
Robert Allen Shelter
1350 m
Surprise Creek
Wick Mountains
Dudleigh Falls
Mt Balloon (1847 m)
Lake Thompson
Mackinnon Pass Shelter
Mt Mitchelson (1936 m)
Mt Hart (1769 m)
Mackinnon Pass (1069 m)
Lake Mintaro
Mintaro Hut
Mirror Lake
Marshall Pass
Lake Iceberg
Clinton Canyon
St Quintin Falls
Epidote
Cataract
Swing Bridge
Pompolona Hut (privat)
North Branch
Bus Stop Shelter
1920m
Castle Mtn (2122 m)
Prairie Shelter
Milford Track
Neale Burn
Mt Fisher (1869 m)
Hidden Lake
Mt Anau (1956 m)
Hirere Falls
Fiordland National Park
Hirere Shelter (MTGW)
Lookout
Clinton Forks
Clinton River (West Branch)
Castle River
Lake Ross
Indecision Creek
Clinton Hut
1713 m
Wetland Walk
Clinton River
Glade Burn
McQueen Creek
Lookout
Glade House (privat)
Worsley Stream
1483m
Glade Wharf
Te Anau Downs (45 km)
Lake Te Anau

Ultimate Hikes (☎ 0800 659 255, 03-450 1940; www.ultimatehikes.co.nz; 5-tägige Wanderung inkl. Essen B/EZ/DZ 2195/3085/5210 NZ$; ⏱ Nov.–April) , den einzigen Anbieter, der diese geführten Wanderungen auf dem Milford durchführen darf.

Für diesen Weg empfiehlt sich die Mitnahme der Wanderkarte *Parkmap 335-01 (Milford Track)* im Maßstab 1:70.000

ℹ Buchung & Verkehrsmittel

Der Milford Track ist einer der Great Walks, weshalb man zwischen Ende Oktober und Mitte April einen Great-Walk-Pass (162 NZ$) braucht, der zur Übernachtung in den Hütten **Clinton Hut**, **Mintaro Hut** und **Dumpling Hut** berechtigt. Die Pässe müssen im Voraus erworben werden, entweder online bei DOCs Great Walks Bookings oder persönlich in einem Besucherzentrum des DOC. Um Enttäuschungen zu vermeiden, empfiehlt es sich, extrem früh zu buchen: Die gesamte Wandersaison ist immer schnell ausgebucht.

In der Nebensaison fallen die Hütten zurück in die Kategorie „Serviced" (15 NZ$) und der zeitliche Rahmen für die Wanderung ist nicht mehr festgelegt. Von daher sind Ende April und Anfang Mai ideale Zeiten für die Wanderung, natürlich abhängig vom jeweiligen Wetter. Das Gleiche lässt sich jedoch *nicht* über den Monat vor Beginn der offiziellen Wandersaison sagen: dann besteht Lawinengefahr.

Der Weg startet am Anleger Glade Wharf, am Ende des Lake Te Anau. Dorthin fahren Boote (1½ Std.) ab Te Anau Downs, das wiederum am SH94 nach Milford Sound 29 km nördlich von Te Anau liegt. Der Wanderweg endet schließlich am Sandfly Point. Von dort bringen Boote die Wanderer in 15 Minuten hinüber ins Dorf Milford Sound. Die Fahrt über den Milford Sound Highway zurück nach Te Anau dauert rund zwei Stunden. Beim Buchen der Tickets für die Hütten besteht auch die Möglichkeit, die Beförderung gleich online mitzubuchen.

Tracknet (S. 671) bietet Shuttlefahrten von Queenstown und Te Anau zu den Bootsanlegern in Te Anau Downs bzw. Milford Sound an. Etwas kostspieliger ist der Flug mit dem Wasserflugzeug von Te Anau zum Glade Wharf, angeboten von **Wings & Water** (☎ 03-249 7405; www.wingsandwater.co.nz; Lakefront Dr).

Die Mitarbeiter der Fiordland i-SITE und des Besucherzentrums des Fiordland National Park helfen bei der Entscheidung, welche Optionen jeweils am besten geeignet sind.

Hollyford Track

Der 58 km lange Hollyford Track ist eine leichte bis mittelschwere Wanderung durch das niedrigere Hollyford Valley – das längste Tal im Fiordland National Park – zur abgelegenen Martin's Bay. Er kann in beide Richtung gelaufen werden und lässt sich in vier bis fünf Tagen zurücklegen. Der Ausbau des Wanderwegs, verbesserte Transportangebote und die Tatsache, dass es sich um einen flachen, ganzjährig zu begehenden Wanderweg handelt, haben dazu geführt, dass immer mehr Wanderer die prächtige Berg- und Seenlandschaft, den wunderbaren Wald, die reiche Vogelwelt und die zauberhafte Küste für sich entdecken. Dennoch reichen die Zahlen nicht annähernd an die des Milford Track heran: Durchschnittlich machen sich jährlich nur 4000 Wanderer auf den Weg. Von daher ist er ideal für alle, die ungestörte Ruhe beim Wandern durch die traumhafte Landschaft suchen.

Der Weg ist eine Streckenwanderung (wenn man ihn nicht mit der superschweren Pyke-Big-Bay-Route kombiniert), d. h., die meisten Wanderer marschieren zur Martins Bay, machen dort kehrt und kehren auf dem gleichen Weg zurück (sofern sie sich nicht ausfliegen lassen, es gibt ein Flugfeld an der Bucht). Wenn es zeitlich möglich ist, sollte man vor dem Rückweg einen Aufenthalt in der Bucht einplanen, da es dort eine Seebärenkolonie und vielleicht auch den einen oder anderen Pinguin zu sehen gibt. Die Begegnung ist so eindrucksvoll, dass es den Ärger mit den wohl scheußlichsten Kriebelmücken (*sandflies*) Neuseelands etwas mildert.

Die besten Karten zu dieser Wanderung sind die Karten *CA09 (Alabaster)* und *CA08 (Milford Sound)*. Das DOC hat eine Broschüre zum Hollyford Track herausgebracht.

ℹ Buchung & Verkehrsmittel

Wanderer finden sechs DOC-Hütten entlang des Wegs, deren Kategorien von „Serviced" (15 NZ$) bis „Standard" (5 NZ$) variieren. Zelten (5 NZ$) ist bei den Hütten erlaubt, allerdings verhindern *sandflies* eine erholsame Nachtruhe. Die Tickets für die Hütten müssen im Voraus online oder in den DOC-Besucherzentren erworben werden.

Tracknet (S. 671) und **Trips & Tramps** (☎ 03-249 7081, 0800 305 807; www.tripsandtramps.com) bieten Shuttledienste zum Startpunkt des Trails an. 9 km (2 Std. zu Fuß) vom Startpunkt entfernt liegt das **Gunn's Camp** (www.gunnscamp.org.nz; Stellplatz pro Pers. 15 NZ$, B 25 NZ$, Hütte 65 NZ$, Bettwäsche zusätzl. 5 NZ$), ein guter Ort für eine Nacht vor oder nach der Wanderung. Dort kann man übrigens auch sein Auto abstellen.

Fly Fiordland (☎ 0800 359 346; www.flyfiordland.com; bis zu 4 Pers. 620 NZ$) fliegt zwischen Te Anau und dem Flugfeld von Martins Bay, meist als Charterflug; in der Saison werden 175 NZ$ pro Person verlangt.

Die im Besitz der Ngāi Tahu befindliche Firma **Hollyford Track** (☎ 03-442 3000; www.hollyfordtrack.com; Erw./Kind ab 1795/1395 NZ$; ⏲ Ende Okt.–Ende April) bietet ausgezeichnete geführte Touren auf dem Hollyford Track mit Übernachtung in privaten Lodges an.

Durch einen Jetboot-Trip den Fluss hinunter und über den Lake McKerrow verkürzt sich die Wanderung am zweiten Tag und endet spektakulär mit einem Rundflug über den Milford Sound.

Te Anau – Milford Highway

Manchmal ist der Weg selbst das Ziel und das trifft mit Sicherheit für den herausragenden 119 km langen SH 94 von Te Anau zum Milford Sound zu. Die Straße ist der einfachste Zugang zum Fiordland, führt durch herrliche Buchenwälder, liebliche Flusstäler, entlang von spiegelglatten Seen und einer grandiosen Bergkulisse und endet am wohl atemberaubendsten Aussichtspunkt Neuseelands.

In Te Anau sollte man entweder gleich frühmorgens (8 Uhr) oder erst am späteren Vormittag (11 Uhr) aufbrechen, um so den Reisebussen zu entgehen, die mittags Ausflugsgruppen am Sound entlangkutschieren. Ganz wichtig ist auch, vor dem Start das Auto in Te Anau aufzutanken. Zwischen Mai und November müssen an Tagen, an denen Glatteis- oder Lawinengefahr besteht (entsprechende Warnschilder sind dann an der Straße aufgestellt), Schneeketten mitgeführt werden. Diese kann man an den meisten Tankstellen in Te Anau mieten.

Die Fahrt dauert ohne Zwischenstopps zwei bis zweieinhalb Stunden, angesichts der majestätischen Landschaft sollte man aber deutlich mehr Zeit einplanen. Unterwegs gibt es immer wieder lohnenswerte Aussichtspunkte und Startpunkte zu kurzen Wanderwegen. Informationen zur Strecke bietet die DOC-Broschüre *Fiordland National Park Day Walks* (2 NZ$), die in der i-SITE von Fiordland, dem Fiordland National Park Visitor Centre oder als Download unter www.doc.govt.nz erhältlich bzw. abrufbar ist.

Zunächst schlängelt sich die Straße durch hügeliges Farmland und hinauf auf die Endmoräne des Gletschers, der einst den Lake Te Anau schuf. Bei Kilometer 29 führt die Straße an **Te Anau Downs** vorbei; dort legen die Boote ab, die die Wanderer zum Startpunkt des Milford Track in Glade Wharf fahren. In Te Anau Downs führt eine leichte Wanderung (hin & zurück 45 Min.) durch ein Waldstück zum kleinen Gletschersee **Lake Mistletoe**.

Weiter führt die Fahrt ins Eglinton Valley hinein, zunächst noch an einigen Schafweiden vorbei, ehe man dann nach Überschreiten der Grenze des Fiordland National Park tiefer in die Wildnis eintaucht. Die eindrucksvollen Gipfel, die dichten Scheinbuchenwälder, die von Lupinen gesäumten Flussufer und grüne Wiesen sind ein herrlicher Anblick.

Gleich hinter dem Campingplatz **Mackay Creek** (Km 51) hat man einen wunderbaren Blick auf die Gipfel des Pyramid Peak (2295 m) und des Ngātimamoe Peak (2164 m). Der Bohlenweg bei den **Mirror Lakes** (Km 58) führt durch Scheinbuchenwald und Feuchtgebiete; an ruhigen Tagen spiegeln sich die Berge jenseits des Tals in den Seen.

Bei Kilometer 77 erreicht man dann den **Cascade Creek** und den **Lake Gunn**. Die Māori nannten das Gebiet früher O Tapara. Es war einst ein Rastplatz für Māori-Gruppen, die auf der Suche nach *pounamu* (Jade) zur Anita Bay unterwegs waren. Der **Lake Gunn Nature Walk** ist ein Rundweg (hin & zurück 45 Min.) durch einen Scheinbuchenwald, in dem die Vögel ein eindrucksvolles Konzert geben. Abzweigungen führen zu ruhigen Stränden am See.

Bei Kilometer 84 ändert sich die Vegetation mit der Überquerung der **Divide**, des niedrigsten Ost-West-Passes in den Neuseeländischen Alpen. Die Schutzhütte am Straßenrand wird von Wanderern genutzt, die hier zum Routeburn, zum Greenstone und zum Caples Track aufbrechen. Von hier aus kann man auch zu einer tollen zweistündigen Rundwanderung entlang der ersten Kilometer des Routeburn Track aufbrechen. Die Wanderung führt durch Scheinbuchenwald hinauf zu den alpinen Tussock-Wiesen des **Key Summit**. An klaren Tagen haut einen der Blick auf die Humboldt und die Darran Mountains geradezu aus den Socken. Der Lehrpfad über die sumpfige Hochebene inmitten niedriger Scheinbuchen ist ein weiterer guter Grund, hier etwas länger zu verweilen.

Von der Divide führt die Straße hinunter in den Scheinbuchenwald des **Hollyford Valley** (ein Halt am Aussichtspunkt Pop's View lohnt sich). Dort führt die empfehlenswerte unbefestigte Nebenstraße vom SH 94 durch das Lower Hollyford Valley zum Gunn's Camp (8 km). Von dort aus sind es weitere 9 km zum Hollyford Track, wo auch der Wanderweg zu den **Humboldt Falls** (hin & zurück 30 Min.) beginnt.

Zurück auf der Hauptstraße nach Milford Sound klettert die Straße durch das von fantastischen Wasserfällen geprägte Tal hinauf zum **Homer Tunnel** (Km 101), dessen Portal von einem spektakulären, vom Eis geformten natürlichen Amphitheater mit hohen Wänden umgeben ist. Der in den 1930er-Jahren im Rahmen einer Arbeitsbeschaffungsmaßnahme begonnene und schließlich 1954 dem Verkehr übergebene Tunnel ist nur einspurig, den Verkehrsfluss regelt eine 2004 installierte Ampelanlage. Die Fahrt durch den dunklen, aus den rohen Felsen gehauenen Tunnel, von dessen Wänden stetig Wasser tröpfelt, endet nach 1270 m am Kopf des spektakulären **Cleddau Valley** – ein beeindruckendes Erlebnis. Keas (Bergpapageien) hängen am Tunneleingang herum und spähen nach Touristen – bitte nicht füttern, das schadet ihnen nur!

Rund 10 km vor Milford lohnt der auch für Rollstuhlfahrer und Kinderwägen geeignete **Chasm Walk** (hin & zurück 20 Min.) einen Zwischenstopp. Der von Wald gesäumte Cleddau River hat sich hier durch Fels seinen Weg in eine schmale Schlucht gebahnt und schöne Erosionsformen geschaffen. Imposant sind auch die Wasserfälle und eine natürliche Felsbrücke. Hier kann man über die Wipfel des Scheinbuchenwalds hinweg einen Blick auf den **Mount Tutoko** (2746 m) werfen, den höchsten Gipfel Fiordlands.

Schlafen

Es gibt neun einfache DOC-Campingplätze (Erw./Kind 6/3 NZ$) am Highway. Alle sind sehr malerisch gelegen, aber auch bei den lästigen *sandflies* sehr beliebt.

Knob's Flat MOTEL **$$**
(☎03-249 9122; www.knobsflat.co.nz; Stellplatz für Erw./Kind 15/8 NZ$, DZ 130–150 NZ$) Im Eglinton Valley, 63 km von Te Anau entfernt, bietet Knob's Flat sechs unabhängige Unterkünfte, die perfekt für all jene sind, die die einfachen Dinge des Lebens schätzen, etwa ein gemütliches Zimmer mit Aussicht. Und was für eine Aussicht es hier gibt!

Stellplätze ohne Strom gibt es für Gäste, die beim Zelten das Gefühl des „zurück zur Natur" doch lieber mit einer heißen Dusche (5 NZ$) und einer Küche verbinden.

An- & Weiterreise

Tracknet (☎0800 483 262; www.tracknet.net) Von November bis April bietet Tracknet drei regelmäßige Busverbindungen auf der Strecke Milford Sound–Te Anau, die unterwegs in Divide und Te Anau Downs halten. Zwei Busse fahren weiter nach Queenstown (90 NZ$, 5 Std.). Im Winter verkehren die Busse nur bei Bedarf.

Milford Sound

114 EW

Das Opernhaus von Sydney, Big Ben, der Eiffelturm – der erste Blick auf die berühmtesten Sehenswürdigkeiten der Welt lässt einen auf der Stelle anhalten und verursacht eine Gänsehaut. Genauso ist es mit dem Mitre Peak (Rahotu), dem spektakulären, 1692 m hohen Berg, der direkt aus dem dunklen Wasser des Milford Sound (Piopiotahi) emporzusteigen scheint. Das berühmte Bild beherrscht die neuseeländischen Tourismusbroschüren seit ewigen Zeiten – nur wenige Sehenswürdigkeiten verdienen aber auch wirklich einen derartigen Kultstatus.

Vom Ende des Highways aus gesehen sitzt der Berg im Mittelpunkt einer außergewöhnlich schönen Berglandschaft mit Felsenklippen, die aus dem tiefblauen Wasser ragen. Von Zeit zu Zeit verlieren die Bäume, die sich an die steilen Abhänge klammern, ihren Halt und eine „Baumlawine" stürzt in den Fjord.

Den Milford Sound besuchen alljährlich rund 500 000 Besucher, die meisten von ihnen kommen im Januar und Februar. An die 14 000 Menschen wandern dann auf dem Milford Track, der direkt am Fjord endet. Einige fliegen per Hubschrauber ein, viele andere fahren mit dem Auto von Te Anau zum Fjord, die Mehrzahl allerdings besucht ihn im Rahmen eines Busausflugs. Aber keine Sorge: Auf dem Wasser draußen wirken all diese vielen Besucher im Angesicht der grandiosen Landschaft ganz winzig.

Aktivitäten

Der Name verrät schon alles: Beim Milford Sound dreht sich alles um Wasser und die Kulisse der umliegenden Berge. Oft ist es neblig, was nicht verwundert angesichts von durchschnittlich 7000 mm Niederschlag pro Jahr. Die hohen Niederschläge versorgen auch die tosenden Wasserfälle mit nie endendem Nachschub. In dem einmaligen Lebensraum – leichteres, gerbstoffreiches Süßwasser legt sich über Salzwasser –, herrschen Bedingungen ähnlich wie in der Tiefsee vor; u. a. leben im und am Wasser Delfine, Seebären und Pinguine. So gehört es fast schon zum Pflichtprogramm, auf die eine oder andere Weise aufs Wasser hinauszufahren.

Rosco's Milford Kayaks KAYAKING
(☎03-249 8500, 0800 476 726; www.roscosmilfordkayaks.com; 72 Town Centre, Te Anau; Touren 99–199 NZ$; ⏰Nov.–April) Zu den geführten Kajaktouren zählen „Morning Glory" (199 NZ$), eine anspruchsvolle Fahrt den ganzen Fjord hinunter bis zur Anita Bay, und die leichtere „Stirling Sunriser"-Tour (195 NZ$), die unter die 151 m hohen Stirling Falls führt. Darüber hinaus gibt es Touren, die angeblich „auch für Oma machbar" sind und Kombinationen aus Kajaktouren und Wanderungen auf dem Milford Track.

Descend Scubadiving TAUCHEN
(www.descend.co.nz; 2 Tauchen inkl. Ausrüstung 299 NZ$) Die ganztägigen Touren beinhalten eine vierstündige Bootsfahrt auf dem Milford Sound auf einem 7-m-Katamaran sowie zwei Tauchgänge. Das Meeresschutzgebiet schützt eine einzigartige Tierwelt, einschließlich einer Vielzahl von Korallen. Der Transport, die Ausrüstung, heiße Getränke und Snacks sind im Preis inbegriffen.

☞ Geführte Touren

Eine Bootstour auf dem Milford Sound ist die entspannteste Art, das Fiordland zu erleben. Im schicken Cruise Terminal, der zehn Gehminuten vom Café und dem Hauptparkplatz entfernt liegt, warten mehrere Anbieter auf Kundschaft.

Jeder Anbieter ist dabei angeblich ruhiger, kleiner, größer, günstiger oder sonst wie besser als die Konkurrenz. Den wichtigsten Unterschied macht letztlich die genaue Abfahrtszeit: Die meisten Tourbusse starten um 13 Uhr. Wer diese Zeit meidet, begegnet an Bord (und auf der Straße!) deutlich weniger Menschen – morgens und abends sind auch weniger Boote unterwegs. Manche Veranstalter bieten sogar Rabatte auf Bootsfahrten außerhalb der Stoßzeit.

Tierfreunde sollten fragen, ob ein Naturkundler an Bord ist. Ganz allgemein ist eine Reservierung unbedingt ratsam! Normalerweise muss man sich 20 Minuten vor der Abfahrt am Terminal einfinden. Gegen eine Extragebühr sammeln die meisten Unternehmen ihre Kunden auch schon in Te Anau ein. Tagesausflüge ab Queenstown sind ebenfalls möglich, bedeuten aber einen anstrengenden 13-Stunden-Tag.

Alle Bootstouren steuern die Mündung des Fjords an, die 15 km vom Hafen entfernt liegt. Dabei durchpflügen die Boote die rauen Wogen der Tasmansee. Bei kürzeren Fahrten werden entsprechend weniger „Highlights" (z. B. Bowen Falls, Mitre Peak, Anita Bay, Stirling Falls) angefahren.

Das **Milford Discovery Centre** (www.southerndiscoveries.co.nz; Harrison Cove; Erw./Kind 36/18 NZ$; ⏰9–16 Uhr), das nur von den Unternehmen Southern Discoveries und Mitre Peak Cruises angefahren werden kann, ist ein schwimmendes Unterwasserobservatorium. Hier bietet sich die einmalige Chance, Tiefseekorallen, Zylinderrosen und den am Grund lebenden Kaiserbarsch aus 10 m Tiefe zu beobachten, ohne nass zu werden.

Cruise Milford BOOTSTOUR
(☎0800 645 367; www.cruisemilfordnz.com; Erw./Kind ab 80/18 NZ$; ⏰10.45, 12.45 & 14.45 Uhr) Ein kleines Boot startet dreimal täglich zu einer Rundfahrt (1¾ Std.).

Go Orange BOOTSTOUR
(☎0800 246 672, 03-249 8585; www.goorange.co.nz; Erw./Kind ab 55/15 NZ$; ⏰9, 12.30 & 15 Uhr) Im Preis der günstigen Rundfahrten (2 Std.) von Real Journeys über den Milford Sound ist je nach Tageszeit ein Frühstück, Mittagessen oder ein Nachmittagskuchen enthalten.

Real Journeys BOOTSTOUR
(☎0800 656 501, 03-249 7416; www.realjourneys.co.nz) Milfords größter Anbieter führt verschiedene Touren durch, darunter eine beliebte Rundfahrt (1¾ Std.; Erw./Kind ab 76/22 NZ$). Die 2½-stündige „nature cruise" (Erw./Kind ab 88/22 NZ$) findet in Begleitung eines Naturführers statt, der Flora und Fauna erklärt.

Es gibt auch zweitägige Fahrten, bei denen unterwegs Ausflüge mit Kajaks und Fahrten in kleinen Booten unternommen werden. Diese Fahrten starten am Nachmittag und enden am folgenden Tag um 9.30 Uhr. Die *Milford Wanderer*, der Nachbau einer alten Handelsschute, bietet Unterkunft für 36 Passagiere in Zwei- und Vierbett-Kabinen mit Gemeinschaftsbädern (B/EZ/DZ 305/621/710 NZ$). Auf der *Milford Mariner* können 60 Personen in eleganteren Einzel- (744 NZ$) oder Doppelkabinen (850 NZ$) mit Bad übernachten. Günstigere Preise gelten von April bis einschließlich September; die Busfahrt ab Te Anau wird extra berechnet.

Schlafen

Milford Sound Lodge LODGE $$$
(☎03-249 8071; www.milfordlodge.com; SH 94; Stellplatz ab 25 NZ$, B/DZ ohne Bad 35/99 NZ$, Chalets 345–395 NZ$;) Am Cleddau River, 1,5 km von Milford entfernt, bietet diese schlichte, aber gemütliche Lodge eine rustikale, lebendige Atmosphäre. Reisende treffen sich zum Austausch ihrer Erlebnisse in der Lounge oder im Pio Pio Café vor Ort, das Mahlzeiten, Wein und Espresso serviert. Die luxuriösen Chalets liegen direkt am Fluss mit schönem Blick auf die eindrucksvolle Kulisse. Es empfiehlt sich daher, frühzeitig zu buchen.

Praktische Informationen

Discover Milford Sound Information Centre (☎03-249 7931; www.southerndiscoveries.co.nz; ⊙8–16 Uhr) Obwohl das Informationszentrum von Southern Discoveries betrieben wird, können hier auch die Touren und Bootsfahrten der Konkurrenz gebucht werden, außerdem Rundflüge und InterCity-Busfahrten. Ein Café ist angeschlossen.

An- & Weiterreise

AUTO

Unbedingt vor der Abfahrt in Te Anau volltanken. Von Mai bis November müssen an Tagen mit Eis- und Lawinengefahr Schneeketten mitgeführt werden (entsprechende Hinweise finden sich an der Straße). Die Ketten können an den Tankstellen in Te Anau geliehen werden.

BUS

InterCity (☎03-442 4922; www.intercity.co.nz) Zweimal täglich fahren Busse von Te Anau nach Milford Sound (ab 28 NZ$, 1½ Std.) und Queenstown (ab 47 NZ$, 4¼ Std.). Zu den Busfahrten kann man auch eine Bootsfahrt oder einen Rundflug buchen.

Naked Bus (www.nakedbus.com; Preise variieren) Tägliche Busverbindung zwischen Te Anau und Milford Sound (2¼ Std.).

Tracknet (☎03-249 7777; www.tracknet.net) Von November bis April bietet Tracknet drei Linienfahrten von/nach Divide (35 NZ$, 45 Min.), Te Anau Downs (47 NZ$, 1¾ Std.) und Te Anau (49 NZ$, 2¼ Std.) an. Zwei Busse fahren von/nach Queenstown (90 NZ$, 5 Std.). Im Winter verkehren die Busse nur bei Bedarf.

Manapouri

230 EW.

Manapouri ist der Ausgangspunkt für Bootstouren zum Doubtful Sound; deswegen streben die meisten Besucher schnurstracks zum Hafen, um die Fähre zum West Arm zu nehmen. So wirkt der Ort oft verschlafen und etwas unterbewertet, denn eigentlich ist der Lake Manapouri einer der schönsten Seen Neuseelands mit einer Naturszenerie, die sich mit jener in Te Anau durchaus messen kann. Außerdem gibt es hier eine Reihe von Anbietern, mit denen man interessante Dinge unternehmen kann.

1969 war Manapouri Schauplatz einer der ersten größeren Umweltkampagnen des Landes. Die ursprüngliche Planung für das Wasserkraftwerk West Arm (das Strom für die Aluminiumhütte bei Invercargill liefern sollte) sah vor, den Pegel des Sees um 30 m anzuheben. Dagegen wandte sich eine Bürgerinitiative, die insgesamt 265 000 Unterschriften sammeln konnte – das entsprach damals 17 % aller wahlberechtigten Neuseeländer! Das Streitthema war letztlich einer der Gründe für die Niederlage der Regierung bei den folgenden Wahlen, das Resultat ein großer Erfolg für die Umweltbewegung: Das Kraftwerk wurde gebaut, ohne den Pegel des Sees anzuheben, und die Petition führte in den 1970er-und 1980er-Jahren zu weiteren Umweltaktionen im ganzen Land.

Aktivitäten

Wenn man bei Pearl Harbour den Waiau River überquert, bieten sich zahlreiche Tageswanderungen an, die in der DOC-Broschüre *Fiordland National Park Day Walks* vorgestellt werden. Der klassische Ausflug ist der **Circle Track** (hin & zurück 3 Std.), an den man die Wanderung zum **Hope Arm** (hin & zurück 5–6 Std.) anschließen kann. Zur Überquerung des Flusses mietet man ein Ruderboot oder nimmt ein Wassertaxi von **Adventure Manapouri** (☎03-249 8070; www.adventuremanapouri.co.nz; Ruderboot Tag 40 NZ$, Wassertaxi hin & zurück 20 NZ$). Das Unternehmen bietet auch geführte Wanderungen und Angeltouren an.

Der zwischen dem Nordende der Ortschaft Manapouri und Pearl Harbour verlaufende einstündige Wanderweg führt zum **Frasers Beach**, wo man Picknick- und Badestellen mit fantastischem Ausblicken über den See vorfindet.

Am Nordende des Lake Manapouri, 10 km nördlich des Ortes, kann man bei Rainbow Reach in den Kepler Track (S. 671) einsteigen.

Manapouri ist auch der Ausgangspunkt für die Wanderung auf dem einsamen **Dusky Track**, einem sehr anspruchsvollen,

84 km langen Wanderweg, für den man acht bis zehn Tage einplanen sollte. Weitere Informationen dazu geben die DOC-Mitarbeiter.

Schlafen

Manapouri Motels & Holiday Park FERIENPARK $
(03-249 6624; www.manapourimotels.co.nz; 86 Cathedral Dr; Stellplatz ab 36 NZ$, Einheit ab 95 NZ$, ohne Bad ab 60 NZ$;) Der exzentrische, aber charmante altmodische Campingplatz vermietet günstige Hütten, die sich teils im Look Schweizer Berghütten, teils als niedliches Schindelhaus präsentieren. Hinzu kommen ruhige Stellplätze und ein einladendes Servicehaus mit Duschen und Toiletten. Als Extras gibt es eine Flotte alter Morris Minors und eine Sammlung alter Flipperautomaten.

Freestone Backpackers HOSTEL $
(03-249 6893; www.freestone.co.nz; 270 Hillside Rd; B 22–33 NZ$, DZ 86 NZ$, ohne Bad 66 NZ$;) Die rustikalen Hütten schmiegen sich an einen Hügel etwa 3 km östlich der Stadt; jede verfügt über einen Gasherd, einen Kanonenofen und eine Veranda. Die Gemeinschaftsbäder sind schlicht. Ein umgebautes Einfamilienhaus bietet weitere acht Betten in Einzelzimmern und Doppelzimmern mit Doppelbett oder zwei Einzelbetten. Hinzu kommen Gemeinschaftsräume und eine voll ausgestattete Küche. Auch hier kann man nach Bootsausflügen fragen.

An- & Weiterreise

Topline Tours (S. 670) Bietet ganzjährig Shuttleverbindungen zwischen Te Anau und Manapouri (20 NZ$).

Tracknet (03-249 7777; www.tracknet.net; Erw./Kind 25/18 NZ$) Verkehrt von November bis April zweimal täglich zwischen Te Anau und Manapouri, auf Anfrage auch im Rest des Jahres.

Doubtful Sound

Der wunderschöne Doubtful Sound ist ein Wildnisgebiet mit zerklüfteten Bergen, dichtem Wald und tosenden Wasserfällen. Doubtful Sound, ein Fjord, der von den Gletschern geformt wurde, ist einer der größten in Neuseeland – er ist dreimal so lang wie der Milford Sound, seine Fläche zehnmal so groß. Und er ist deutlich, *sehr* deutlich weniger besucht. Wenn Zeit und Geld ausreichen und man auf gutes Wetter hoffen kann, ist ein Besuch ein beeindruckendes Erlebnis.

Bis vor gar nicht so langer Zeit trauten sich nur die abgebrühtesten Wanderer und Seeleute in den Doubtful Sound. Selbst James Cook betrachtete den Fjord 1770 nur vom Land aus und war „voller Zweifel" (*doubtful*), ob die Winde im Sund das Schiff überhaupt wieder ins Meer hinaustragen würden. Mit dem Bau der Straße über den Wilmot Pass (1959 eröffnet) wurde die Meerenge dann deutlich einfacher zugänglich. Die Straße sollte damals den Bau des Kraftwerks West Arm erleichtern.

Geführte Touren

Die wichtigsten Überlegungen hier drehen sich um die Frage, ob man eine Tagestour oder Tour mit Übernachtung (Letztere ist teuer, aber empfehlenswert) plant und wie groß das Schiff sein soll. Außerdem ist noch zu entscheiden, ob man das Kraftwerk besichtigen will. Bei allen Touren mit Übernachtung sind die Mahlzeiten sowie die Möglichkeit zum Angeln oder Kajakfahren im Preis eingeschlossen.

Real Journeys BOOTSTOUR
(0800 656 501; www.realjourneys.co.nz) Die eintägige „wildernis cruise" (Erw./Kind ab 250/65 NZ$) beinhaltet eine dreistündige Fahrt auf einem modernen Katamaran in Begleitung eines Naturkundlers. Bei der Tour mit Übernachtung (nur Sept.–Mai) schlafen max. 70 Passagiere auf der *Fiordland Navigator* in Kabinen mit Bad (Viererkabine Erw./Kind 385/193 NZ$, EZ/DZ 1076/1230 NZ$). Einige Touren schließen auch die Besichtigung des Kraftwerks ein.

Adventure Kayak & Cruise KAJAKTOUREN
(0800 324 966; www.fiordlandadventure.co.nz; Tagestour/Tour mit Übernachtung 249/295 NZ$; Okt.–April) Veranstaltet Tagestouren zum Doubtful Sound oder Zwei-Tages-Touren mit einer Zeltübernachtung am Strand.

Fiordland Cruises BOOTSTOUR
(0800 368 283; www.fiordlandcruises.co.nz; Tour ab 1650 NZ$; Okt.–Mai) Tour mit Übernachtung auf der *Southern Secret* (max. 12 Passagiere) in Zweibettkabinen mit Bad.

Go Orange Kayaks KAJAKFAHREN
(03-249 8585; www.goorangekayaks.co.nz; 1/2/3/5 Tage 245/399/550/775 NZ$; Okt.–April) Organisiert zwei- bis fünftägige Kajak- und Zelttouren rund um den Doubtful Sound oder eintägige „Schnupperfahrten". Im Preis inbegriffen sind der Transfer ab Te Anau und heiße Getränke, aber keine Mahlzeiten.

An- & Weiterreise

Für die Anreise zum Doubtful Sound muss man in Pearl Harbour (Manapouri) ein Schiff für die einstündige Fahrt zum Kraftwerk West Arm besteigen. Danach fährt man 22 km (40 Min.) über den Wilmot Pass nach Deep Cove (ständige Bevölkerung: 2 Pers.), wo man wiederum das Schiff für die Fahrt auf dem Fjord besteigt. Manapouri ist der günstigste Ausgangspunkt für den Besuch, doch auch in Te Anau und in Queenstown lässt sich eine Fahrt durch die bekannten Anbieter von Schifffahrten organisieren.

CENTRAL SOUTHLAND

Neuseelands „tiefer Süden" präsentiert sich als ein kontrastreicher Mix aus rauen Küsten, unberührter Wildnis und ausgedehnten landwirtschaftlich genutzten Flächen. In der nur dünn besiedelten Region ist man schnell abseits der ausgetretenen Pfade unterwegs.

Tuatapere

558 EW.

Einst ein Ort mit ein paar Sägewerken, ist das verschlafene Tuatapere heute hauptsächlich ein Landwirtschaftszentrum, das sich aus schwer nachvollziehbaren Gründen als „Wursthauptstadt der Welt" bezeichnet. Die Holzfäller früherer Zeiten waren sehr tüchtig und so blieb nur ein Restbestand des einst ausgedehnten Steineibenwaldes (die Steineibe ist ein Nadelbaum) erhalten.

Die Wildnis ist aber trotzdem nicht weit weg: Tuatapere ist der Ausgangspunkt des **Hump Ridge Track**, der von der örtlichen Gemeindeverwaltung geplant, gebaut und 2001 eröffnet wurde. Die dreitägige, 58 km lange Wanderung ist angesichts der Tatsache, dass sie doch über zerklüftete Höhen führt, relativ leicht. Sie bietet Naturfreunden und kulturgeschichtlich interessierten Wanderern viel: eine spektakuläre Küsten- und Berglandschaft, faszinierende Überreste einer historischen Holzfällersiedlung, eine reiche Vogelwelt und sogar die Chance, an der einsamen, windigen Küste die kleinen Hector-Delfine zu sehen. Unterwegs überquert der Weg einige hohe historische Holzviadukte, darunter auch das höchste Neuseelands.

SOUTHERN SCENIC ROUTE

Die ruhige, aber faszinierende Southern Scenic Route schlägt einen mäandrierenden Bogen von Queenstown nach Te Anau, Manapouri, Tuatapere, Riverton und Invercargill. Von Invercargill führt sie weiter nach Osten und dann nach Norden durch die Catlins nach Dunedin. Informationen findet man unter www.southernscenicroute.co.nz. Um nichts zu versäumen, ist auch die kostenlose Karte *Southern Scenic Route* sehr hilfreich.

Die Wanderung muss im Tuatapere Hump Ridge Track Information Centre (S. 681) gebucht werden. Das Paket umfasst den Transfer zum Startpunkt (in Rarakau, 19 km von Tuatapere) und die bequeme Unterkunft in einer Lodge. Die Wanderung ist ganzjährig möglich, der Preis ändert sich je nach Saison, insgesamt gibt es drei Preiskategorien (ab 175 NZ$), auch geführte Wanderungen sind möglich. Unbedingt im Voraus buchen!

Ein weiteres herausragendes Wildnisgebiet liegt rund um den **Lake Hauroko** westlich von Tuatapere. Er ist über eine weitgehend unbefestigte 32 km lange Straße erreichbar. Der tiefste See Neuseelands – bis zu 462 m tief – ist umgeben von steilen, bewaldeten Hängen. Der **Dusky Track** endet (oder beginnt) an seinem nördlichen Ufer; um zum Startpunkt des Weges zu gelangen, bucht man in Tuatapere ein Boot bei **Lake Hauroko Tours** (☎03-225 5677; www.duskytrack.co.nz; Transport 99 NZ$).

Wasser aus dem Lake Hauroko fließt an seinem Südende über den Wairaurahiri River in die Tasmansee. Zwei örtliche Anbieter von Jetboot-Touren – **W-Jet** (☎0800 376 174; www.wjet.co.nz; Tour ab 225 NZ$) und **Hump Ridge Jet** (☎0800 270 556; www.wildernessjet.co.nz; Tagestour 225 NZ$) – bieten abenteuerliche Fahrten auf dem Fluss.

Sehenswertes

Clifden Suspension Bridge BRÜCKE

Etwa 12 km nördlich von Tuatapere überspannt diese elegante hölzerne Hängebrücke den Waiau River – sie ist die längste ihrer Art in Neuseeland. Vor Ort gibt es Informationstafeln, Picknicktische und Toiletten.

Essen

Yesteryears Museum Cafe CAFÉ $

(☎03-226 6682; 3a Orawia Rd; leichte Mahlzeiten 5–10 NZ$; ⏲8–17 Uhr, im Winter kürzer) Die Favoriten sind Aunt Daisys Zuckerbrötchen und die Kiwi-Milchshakes, für unterwegs empfiehlt sich der Kauf einer selbst gemachten Marmelade. Sehenswert sind die Haushaltsgeräte aus früheren Zeiten.

Praktische Informationen

Tuatapere Hump Ridge Track Information Centre (03-226 6739, 0800 486 774; www.humpridgetrack.co.nz; 31 Orawia Rd; 7.30–17 Uhr, im Winter kürzer) Hilft mit Informationen, dem Kauf des Passes für die Hump-Ridge-Hütten und Transportmöglichkeiten.

An- & Weiterreise

Trips and Tramps (03-249 7081, 0800 305 807; www.tripsandtramps.co.nz) Bietet die Beförderung von Te Anau zum Anleger der Boote, die zum Startpunkt des Dusky Track fahren.

Te Waewae & Colac Bay

Te Waewae ist einer der dramatisch-schönsten Plätze an der ganzen Scenic Southern Route: ein langes, stimmungsvolles, windgepeitschtes Stück Strand mit Blick in Richtung Antarktis. Besonders eindrucksvoll ist die Anfahrt von Osten, wenn man das erste Mal auf die schneebedeckten Southern Alps, schaut, die am Westende der Bay zum Meer hin abfallen.

Einen Stopp lohnt auch der spektakuläre Aussichtspunkt **McCracken's Rest**, von dem aus man vielleicht sogar Hector-Delfinen und Südkaper (Wale) sehen kann. Direkt hinter Orepuki liegt die Abzweigung zur **Monkey Island**, ein grünes Inselchen nur einige Meter vor der Küste, das sich bei Ebbe zu Fuß besuchen lässt. In der Abenddämmerung geht dann die Sonne hinter den Bergen in der Ferne unter.

Colac Bay liegt 15 km weiter östlich und ist ein beliebter Ferienort und ein guter Platz zum Surfen. Südwinde liefern zwar die besten Wellen, aber auch das restliche Jahr finden Surfer hier recht gut Bedingungen vor und können sich über einen nicht so vollen Strand freuen.

Die **Colac Bay Tavern** (03-234 8399; jilly.wazza@xtra.co.nz; 15 Colac Bay Rd; Stellplatz ab 15 NZ$, Hütte EZ/DZ 30/65 NZ$; 11–21.30 Uhr;) ist ein einladender Ort für eine Mahlzeit mit Holzofenpizza oder Fish & Chips. Wer einen Platz zum Übernachten braucht, findet hier einen Campingplatz mit einfachen Zimmern.

Riverton

1430 EW.

Das ruhige kleine Riverton (in der Māori-Sprache Aparima genannt) liegt 38 km westlich von Invercargill und lohnt einen Stopp zur Mittagszeit. Wer in Antarktisnähe schwimmen möchte, hat dazu am langen breiten Strand der **Taramea Bay** eine gute Gelegenheit dazu.

Sehenswertes

Te Hikoi Southern Journey MUSEUM
(03-234 8260; www.tehikoi.co.nz; 172 Palmerston St; Erw./Kind 6 NZ$/frei; 10–16 Uhr) Das kleine Museum erzählt die Lokalgeschichte auf geschickte und anregende Art und Weise. Der Besuch beginnt mit einem interessanten 16-minütigen Film. Wenn nur alle Kleinstadtmuseen so gut wären!

Drinnen befindet sich auch der Schalter des Riverton Visitor Information Centre, wo Kartenmaterial und Broschüren über Wanderungen in der Region verkauft werden. Die Mitarbeiter helfen auch bei der Suche nach Unterkünften.

Essen

Mrs Clark's Cafe CAFÉ $$
(03-234 8600; 108 Palmerston St; Mahlzeiten 12–24 NZ$; So–Do 8–15, Fr & Sa 8–20 Uhr;) In einem verrückten türkisen Gebäude befanden sich seit 1891 ganz verschiedene Lokale. Heute serviert Mrs Clark's modernes und leckeres Essen, einen guten Espresso und gutes Bier und am Freitag- und Samstagabend Pizza.

Invercargill

51.700 EW.

Die flache und etwas charakterlose Stadt ruft bei Besuchern zwiespältige Meinungen hervor (nur Keith Richards hat sie bekannterweise während des Rolling-Stones-Besuchs 1965 als „Arschloch der Welt" bezeichnet). Und doch findet sich dort alles, was man für einen Zwischenstopp zwischen den Catlins, Stewart Island/Rakiura und Fiordland braucht. Es gibt auch einige hübsche Gebäude, eine beachtenswerte Brauerei, eine Handvoll guter Lokale, schöner Parks und einige interessante Plätze für Autonarren.

Sehenswertes

In den Straßen der Stadt finden sich sehenswerte historische Gebäude und wei-

Invercargill

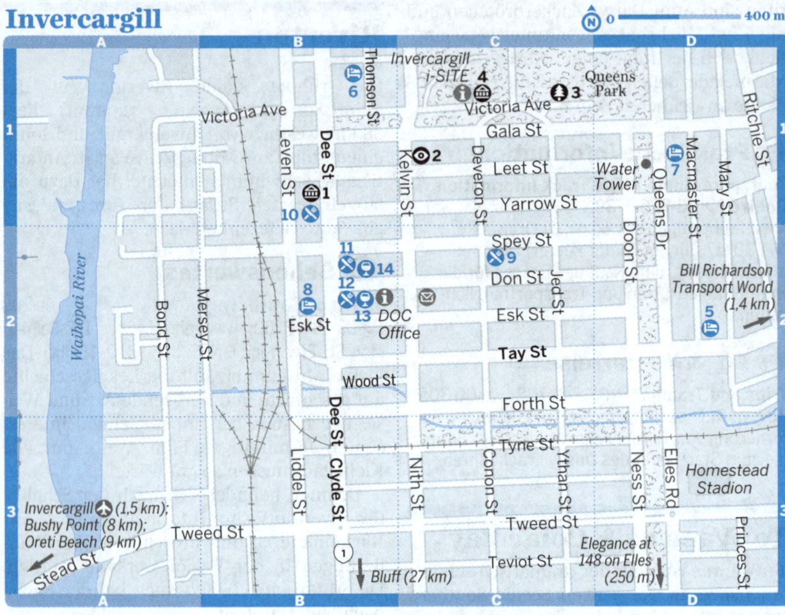

Invercargill

Sehenswertes

1 E Hayes & Sons B1
2 Invercargill Brewery C1
3 Queens Park C1
4 Southland Museum & Art Gallery C1

Schlafen

5 Bella Vista D2
6 Southern Comfort Backpackers B1
7 Tower Lodge Motel D1
8 Victoria Railway Hotel B2

Essen

9 Batch C2
10 Louie's B1
11 Rocks B2
12 Three Bean Café B2

Ausgehen & Nachtleben

13 The Kiln B2
14 Tillermans Music Lounge B2

tere interessante Dinge, sie alle werden in der Broschüre *Invercargill Heritage Trail* vorgestellt. In der Broschüre *Short Walks* sind verschiedene Stadtspaziergänge und kurze Wanderungen rund um die Stadt beschrieben, darunter mehrere um den **Sandy Point**, der in den Mündungstrichter des Oreti River hineinragt.

Der **Oreti Beach**, 10 km südwestlich der Stadt, ist ein netter Ort zum Baden oder Spazierengehen.

Southland Museum & Art Gallery MUSEUM
(☎ 03-219 9069; www.southlandmuseum.com; Queens Park, 108 Gala St; Mo–Fr 9–17, Sa & So 10–17 Uhr) GRATIS In einer großen weißen Pyramide (eine Billigversion des Louvre?) liegt Invercargills Kulturzentrum, das eine Dauerausstellung zur Natur- und Kulturgeschichte Southlands zeigt, vor allem aber zahlreiche faszinierende Geschichten von erfolgreichen Seefahrten erzählt.

Die Stars des Museums aber sind die Brückenechsen (Tuatara), Neuseelands einmalige echsenartigen Reptilien, die sich seit 220 Mio. Jahren nicht mehr weiterentwickelt haben. Wenn der 115 Jahre alte Patriarch Henry ein typisches Beispiel ist, werden sie sich auch in den nächsten 220 Mio. Jahren nicht verändern. Gefüttert werden sie freitags um 16 Uhr. Auch außerhalb der Öffnungszeiten kann man einen Blick auf die Tuatara werfen: durch die Fenster an der Rückseite der Pyramide.

Queens Park PARK
(Gala St) Der halb naturbelassene, halb angelegte Queens Park umfasst eine Fläche von 80 ha mit Bäumen, Pflanzensammlungen, Ballspielfeldern, Teichen, Spielplätzen, Bauernhoftieren, Volieren und sogar einem Wunderlandschloss.

E Hayes & Sons MUSEUM
(☎03-218 2059; www.ehayes.co.nz; 168 Dee St; ⏲Mo–Fr 7.30–17.30, Sa & So 10–16 Uhr) GRATIS Wir wüssten keine zweite Eisenwarenhandlung, die es in einen Lonely-Planet-Führer geschafft hat! Doch zwischen den Gängen mit all den vielen Schrauben, Grills und Besen finden sich sehenswerte Motorsport-Erinnerungsstücke. Dazu zählt das Original-Motorrad (eine Indian), auf dem der verstorbene Burt Munro den Geschwindigkeits-Weltrekord gebrochen hat. Munro wurde durch den Kinofilm *Mit Herz und Hand* (2005), in dem Sir Anthony Hopkins die Hauptrolle spielte, über die Landesgrenzen hinweg bekannt. Mit einem Nachbau von Burts Indian können sich Besucher fotografieren lassen. Weitere Highlights sind ein Buick 8 von 1910, ein Ford Thunderbolt und einige glänzende Chevrolets. Der Eintritt in den Laden in einem klassischen Art-déco-Gebäude ist frei, der Besitzer freut sich aber, wenn Besucher eine Spende für das örtliche Hospiz geben.

Invercagill's Public Art Gallery (Anderson Park) PARK
(☎03-215 7432; www.invercargillpublicartgallery.nz; 91 McIvor Rd, Waikiwi; ⏲Gärten 8 Uhr bis zur Abenddämmerung) Der über 24 ha große herrliche Park bietet Landschaftsgärten, die rund um ein elegantes Herrenhaus im georgianischen Stil von 1925 angelegt wurden. Zum Rand hin gehen die Gärten in den Busch über. Der Spielplatz ist bei den lokalen Familien sehr beliebt, außerdem kann man sich ein sehr interessantes geschnitztes *wharepuni* (Schlafhaus der Māori) von außen anschauen.

Leider ist das Herrenhaus selbst wegen eines möglichen Erdbebenrisikos derzeit nicht zugänglich. Alle hoffen, bald eine Lösung zu finden, damit Besucher wieder die ausgezeichnete Galerie besuchen können, die Werke vieler bekannter neuseeländischer Künstler besitzt.

Bill Richardson Transport World MUSEUM
(☎03-217 1600; www.transportworld.co.nz; 26 Dart St, Hawthorndale) Zur Zeit der Recherche stand die Eröffnung des weitläufigen Privatmuseums kurz bevor. Es birgt die vermutlich größte Zahl alter LKWs (mehr als 300, darunter eine beträchtliche Zahl seltener Ford-Modelle) und Tankwagen (mehr als 150). Sollte es noch nicht geöffnet sein, kann man um eine private Besichtigung bitten.

Invercargill Brewery BRAUEREI
(☎03-214 5070; www.invercargillbrewery.co.nz; 72 Leet St; Führung 25 NZ$; ⏲Mo–Sa 10–18 Uhr) Neuseelands größte Brauerei im Süden des Landes hat mehr als 20 Zapfhähne für die Flaschenabfüllung und verkauft eine gute Auswahl an bereits auf Flaschen gezogenen eigenen und fremden Sorten. Bierliebhaber können an einer Verkostung teilnehmen oder sich der täglich um 13 Uhr stattfindenden Führung anschließen. Sehr zu empfehlen sind das frische B.man Pilsner und das schokoladige Pitch Black Stout.

Schlafen

Viele Unterkünfte bieten Gästen, die nach Stewart Island/Rakiura übersetzen wollen, eine Gepäckaufbewahrung an. Motels drängen sich am Highway 1 East (Tay St) und Highway 6 North (North Rd).

Southern Comfort Backpackers HOSTEL $
(☎03-218 3838; www.southerncomfortbackpackers.com; 30 Thomson St. Avenal; B/EZ/DZ ab 30/54/68 NZ$; 📶) Das große schöne viktorianische Haus bietet eine gut ausgestattete Küche, eine Lounge (ohne Fernseher) und farbenfrohe Zimmer, darunter einige geräumige Doppelzimmer. Im Garten können die Gäste Kräuter pflücken – kaum zu glauben, dass die Stadt nur fünf Minuten Fußweg entfernt ist.

Lorneville Lodge FERIENPARK $
(☎0800 234 600, 03-235 8031; www.lornevillelodge.nz; 352 Lorne-Dacre Rd, Lorneville; Stellplatz pro Pers. 19 NZ$, Einheit 120 NZ$, ohne Bad 60 NZ$; 📶) Dieser von Farmland umgebene gepflegte Ferienpark hat viel Atmosphäre, bietet Entspannung auf dem Land, Stellplätze auf Gras, einen Spielplatz und freundliche Tiere. Die gemütlichen Wohneinheiten sind in einem liebevoll gepflegten Retro-Stil eingerichtet. Die Anlage liegt etwa 10 km nördlich des Zentrums von Invercargill und östlich des Kreisverkehrs von Lorneville.

Invercargill Top 10 FERIENPARK $
(☎0800 486 873, 03-218 9032; www.invercargilltop10.co.nz; 77 McIvor Rd, Waikiwi; Stellplatz ab 40 NZ$, Einheit 102 NZ$, ohne Bad 80 NZ$; 📶) Eine schöne Adresse für alle, die gerne ein

ABSTECHER

GORE

Das 66 km nordöstlich von Invercargill gelegene Gore (9910 Ew.) nennt sich stolz „Heimat der Country Music". Hier findet alljährlich Ende Mai/ Anfang Juni die **Gold Guitar Week** (www.goldguitars.co.nz; Ende Mai–Anfang Juni) statt, die sicherstellt, dass wenigstens zehn Tage im Jahr alle Unterkünfte ausgebucht sind. An den restlichen 355 Tagen sind eine Kunstgalerie, ein nettes kleines Museum und die Möglichkeit, in alten Flugzeugen zu fliegen, die Hauptgründe, hier einen Stopp einzulegen.

Im **Hokonui Heritage Centre** (03-208 7032; 16 Hokonui Dr; Mo–Sa 8.30–17, So 13–16 Uhr) GRATIS befinden sich das Visitor Centre, das Gore Historical Museum und das **Hokonui Moonshine Museum** (03-208 9907; www.hokonuiwhiskey.com; 16 Hokonui Dr; Erw./Kind 5 NZ$/frei; Mo–Sa 8.30–17, So 13–16 Uhr). Gemeinsam feiern sie die stolze Geschichte der Fischerei, Landwirtschaft und des illegalen Schnapsbrennens. Der Eintrittspreis ins Moonshine Museum schließt einen Probeschluck des lokalen flüssigen Goldes ein.

Die herausragende **Eastern Southland Gallery** (03-208 9907; www.esgallery.co.nz; 14 Hokonui Dr; Mo–Fr 10–16.30, Sa & So 13–16 Uhr) GRATIS, auch „Goreggenheim" genannt, hat ihre Räume in der ehemaligen Stadtbibliothek von Gore. Sie zeigt eine umfangreiche Sammlung neuseeländischer Kunst, darunter viele Werke von Ralph Hotere. Die erstaunliche John Money Collection kombiniert Volkskunst aus Westafrika und Australien mit Werken der renommierten neuseeländischen Künstlerin Rita Angus.

Die **Croydon Aircraft Company** (03-208 9755; www.croydonaircraft.com; 1558 Waimea Hwy, SH94; 10/30-Min.-Flüge 95/220 NZ$; Nov.–März Mo–Fr 9.30–16.30 Uhr, April–Okt. Mo–Fr 11–15 Uhr) liegt 16 km außerhalb am SH94 in Richtung Queenstown. Die Firma restauriert alte Flugzeuge. In einem Schau-Hangar (Eintritt 10 NZ$) können einige Schmuckstücke besichtigt werden, darunter eine seltene Dragonfly. Flüge werden in einem Tiger-Moth-Doppeldecker aus den 1930er-Jahren und anderen Kleinflugzeugen angeboten.

Das benachbarte **Moth** (03-208 9662; www.themoth.co.nz; 1558 Waimea Hwy, SH94; Mittagessen 12–26 NZ$, Abendessen 27–34 NZ$; ganzjährig Mi–So 10 Uhr bis spätabends, Dez.–Febr. zusätzlich Mo & Di 10–16 Uhr) ist eine nette Adresse für eine Mahlzeit.

Motelzimmer oder eine Hütte mieten wollen, aber auch interessant für Camper und Reisende mit Zelt mit Rasenflächen und angenehmen Gemeinschaftseinrichtungen.

★ Bushy Point Fernbirds B&B $$
(03-213 1302; www.fernbirds.co.nz; 197 Grant Rd, Otatara; EZ/DZ 150/170 NZ$) Zu den Gastgebern dieses umweltbewussten B&Bs zählen zwei freundliche Corgis. Das Haus liegt nur fünf Fahrminuten vom Zentrum entfernt am Rand eines 4,5 ha großen Naturschutzgebietes. Das Fernbirds ist sehr beliebt bei Vogelbeobachtern, deshalb unbedingt rechtzeitig buchen. Im Preis inbegriffen ist eine geführte Wanderung im Naturschutzgebiet.

Bella Vista MOTEL $$
(03-217 9799; www.bellavista.co.nz; 240 Tay St; Einheit ab 120 NZ$;) Freundliche Gastgeber, vernünftige Preise und saubere, gut ausgestattete Wohneinheiten geben diesem modernen zweistöckigen Bau einen Platz in der Spitzengruppe der Motels von Invercargill. Die Unterkünfte reichen von gemütlichen Studios mit der Möglichkeit zur Zubereitung von Tee und Toast bis hin zu richtigen Apartments mit kompletter Küche.

Tower Lodge Motel MOTEL $$
(03-217 6729; www.towerlodgemotel.co.nz; 119 Queens Dr; Einheit ab 130 NZ$;) Direkt gegenüber von Invercargills seltsam verziertem viktorianischen Wasserturm liegt dieses schon lange existierende Motel, das inzwischen mit neuen Teppichen und Möbeln in Erdfarben ein Facelifting erfahren hat. Die Studioeinheiten sind geräumig, einige Zimmer haben sogar einen Whirlpool.

Victoria Railway Hotel HOTEL $$
(03-218 1281, 0800 777 557; www.hotelinvercargill.com; Ecke Leven St & Esk St; EZ/DZ ab 130/145 NZ$; @) Für eine Zeitreise ins 19. Jh. eignet sich dieses großartige neu ausgestattete Hotel. Im Speisesaal werden Frühstück und Abendessen eingenommen, in der lässigen Bar des Hauses kann man lokale Biere probieren.

Essen

Three Bean Café CAFÉ $

(☎03-214 1914; 73 Dee St; Gerichte 11–18 NZ$; ⌚Mo–Fr 7–16, Sa 8–14.30 Uhr; 📶) Das altmodische Café an der Hauptstraße ist stolz auf seinen guten Kaffee. Dazu passend werden sorgfältig zubereitete Snacks wie leckere Pies und köstlicher Zitronenkuchen serviert sowie sättigendere Gerichte wie Eintöpfe, Salate und Burger. Auch das hilfreiche Personal verdient Erwähnung.

★ **Batch** CAFÉ $$

(☎03-214 6357; 173 Spey St; Mahlzeiten 13–20 NZ$; ⌚7–16.30 Uhr; 📶) Große Gemeinschaftstische, eine entspannte Strandatmosphäre und hervorragender Kaffee und Smoothies machen das Café zum Besten in Southland. Zu den leckeren Thekengerichten gehören Bagels, üppig belegte Brötchen, Banoffee-Brioches (Bananen-Toffee), Plätzchen und Kuchen, die wahre Kunstwerke sind. Eine kleine Wein- und Bierkarte ergänzt die gesunden Mittagsangebote. Im Sommer ist Freitagabend bis 20 Uhr geöffnet.

★ **Louie's** TAPAS $$

(☎03-214 2913; 142 Dee St; Tapas 13–16 NZ$, Hauptgerichte 29–32 NZ$; ⌚Mi–Sa 17 Uhr bis spätabends) Den Beweis, dass cool und Invercargill kein Widerspruch sind, liefert diese gemütliche Tapas-Bar, in der man einen Abend entspannt auf einem Sofa oder vor dem Kamin verbringen kann. Die Speisekarte reicht von kreativen Tapas (Wild, Tacos, Sturmtaucher, Muscheln mit Limette und Chili) bis zu gehaltvolleren Speisen. Mit dem vor Ort gefangenen Sandbarsch kann man nichts falsch machen.

Rocks CAFÉ $$

(☎03-218 7597; www.shop5rocks.com; Courtville Pl, 101 Dee St; Mittagessen 18–23 NZ$, Abendessen 28–41 NZ$; ⌚Di–Sa 10–14 & 17 Uhr bis spätabends) Versteckt in einem Einkaufszentrum liegt dieses familiäre Lokal mit entspannter Atmosphäre. Mittags stehen Sandwiches, Pasta und Salate zur Auswahl, während am Abend Wild in Blaubeersoße und eine köstliche sizilianische Fischsuppe die Stars sind.

★ **Elegance at 148 on Elles** FRANZÖSISCH, BRITISCH $$$

(☎03-216 1000; 148 Elles Rd, Georgetown; Hauptgerichte 26–38 NZ$; ⌚Mo–Sa 6–23 Uhr) Willkommen im Jahr 1984 und das ist nicht böse gemeint. Das Elegance ist das typische altmodische, hervorragende Restaurant, in der die Gerichte teils aus der französischen, teils der britischen Küche stammen. Wie wäre es z. B. mit einem perfekt zubereiteten Stück Wild auf einem Bett aus cremigem Kartoffelpüree?

Ausgehen & Nachtleben

Tillermans Music Lounge BAR, CLUB

(☎03-218 9240; 16 Don St; ⌚Fr & Sa 23–3.30 Uhr) Der Retter von Southlands Livemusikszene, Mr Tillerman, bietet in seinem Club die verschiedensten Musikstile und eine abgenutzte alte Tanzfläche zum Austoben. Auch die lustige Vinyl Bar im Untergeschoss, die ab 20 Uhr geöffnet hat, lohnt einen Besuch. Hier kann man herausfinden, was kommt und Wünsche äußern, welche der alten LPs man hören möchte.

Kiln BAR

(☎03-218 2258; www.thekiln.co.nz; 7 Don St; ⌚11 Uhr bis spät; 📶) Invercargills bestes Gastro-Pub ist auch das schönste, mit trendigen Tapeten und gedämpftem Licht aus übergroßen Lampenschirmen. Das Essen kommt in riesigen Portionen (Hauptgerichte 31–37 NZ$) und umfasst eine Palette von Köstlichkeiten, die von Muscheln über Caesar-Salat und Fish & Chips bis zu Fleischportionen für mehrere Personen viel bietet. Freitags und samstags wird Livemusik gespielt.

Praktische Informationen

DOC Office (☎03-211 2400; www.doc.govt.nz; 7. Stock, 33 Don St; ⌚Mo–Fr 8.30–16.30 Uhr) Auch wenn es sich hier eher um ein Büro als um ein Besucherzentrum handelt, sollte man am besten als Erstes dorthin gehen. Hier gibt es Karten und gute Ratschläge, wenn sonst nirgendwo etwas zu finden ist.

Invercargill i-SITE (☎03-211 0895; www.invercargillnz.com; Queens Park, 108 Gala St; ⌚8–17 Uhr) Die i-SITE hat ihr Büro in der Pyramide des Southland Museum und hilft bei allgemeinen Anfragen und in der Hauptsaison auch bei der Suche nach Unterkünften auf Stewart Island/Rakiura oder in den Catlins.

Postamt (☎03-214 7700; www.nzpost.co.nz; 51 Don St; ⌚Mo–Fr 9–17.30, Sa 9–13 Uhr)

An- & Weiterreise

BUS

Catch-a-Bus South (☎03-479 9960; www.catchabussouth.co.nz) Bietet Linienverbindungen wenigstens einmal täglich nach Bluff (22 NZ$, 30 Min.), Queenstown Airport (55 NZ$, 3 Std.), Queenstown (55 NZ$,

3¼ Std.), Gore (27 NZ$, 1½ Std.) und Dunedin (55 NZ$, 3½ Std.).

InterCity (☎03-471 7143; www.intercity.co.nz) Direktbusse von/nach Gore (ab 12 NZ$, 1 Std., 2-mal tgl.), Queenstown Airport (48 NZ$, 3½ Std., tgl.) und Queenstown (48 NZ$, 3¾ Std., tgl.).

Naked Bus (www.nakedbus.com) Täglich fahren Busse von und nach Gore (50 Min.), Dunedin (3½ Std.) und Queenstown (3¾ Std.).

FLUG

Air New Zealand (☎0800 737 000; www.airnz.co.nz) Air New Zealand fliegt von Invercargill nach Christchurch und Wellington.

Stewart Island Flights (☎03-218 9129; www.stewartislandflights.com) Regelmäßige Flüge nach Stewart Island/Rakiura.

Unterwegs vor Ort

Invercargill Airport (☎03-218 6367; www.invercargillairport.co.nz; 106 Airport Ave) liegt 3 km westlich des Zentrums von Invercargill. Der **Airport Shuttle** (☎03-214 3434; exec.car.service@xtra.co.nz), der von Tür zu Tür verkehrt, kostet ab dem Ortszentrum etwa 14 NZ$; mehr bei einer Abholung in der Unterkunft.

Mit dem Taxi beträgt der Preis etwa 20 NZ$, etwa mit **Blue Star Taxis** (☎03-217 7777; www.bluestartaxis.co.nz).

Bluff

1800 EW.

Bluff ist Invercargills Hafen und liegt 27 km südlich der Stadt. Hier befindet sich Neuseelands einzige Aluminiumhütte, Reisende kommen hauptsächlich, um die Fähre nach Stewart Island/Rakiura zu nehmen oder sich neben dem Wegweiser am **Stirling Point** für ein Foto zu postieren. Dieser soll den südlichsten Punkt Neuseelands bezeichnen, was aber nicht stimmt: Trotz der oft zitierten Redewendung „von Cape Reinga bis Bluff" und obwohl der SH1 am Stirling Point endet, ist Slope Point in den Catlins die südlichste Stelle der Südinsel. Und Stewart Island/Rakiura und eine Reihe abgelegener Felsinselchen liegen noch deutlich weiter im Süden. Aber mit diesen Tatsachen braucht man sich die Freude an einem Schnappschuss nicht vermiesen zu lassen.

Wenn ein Neuseeländer den Namen Bluff hört, denkt er als Erstes an Austern. Ab Saisonbeginn (Ende März bis Ende August) sind die Weichtiere sehr gefragt. Top-Restaurants aus so entfernten Städten wie Auckland wollen sie als Erste auf ihren Karten anbieten. Es wäre falsch zu erwarten, dass man sie in einem leckeren Happen schlürfen kann – da ist schon einiges Kauen nötig.

Wer wissen möchte, was es mit dem Rummel um die Austern auf sich hat, kann frische Austern aus Bluff in der Austernsaison bei Fowlers Oysters kaufen, auf dem Weg in die Stadt auf der linken Seite. Oder man plant den Besuch zur Zeit des jährlichen Bluff Oyster & Food Festival im Mai.

Sehenswertes

Bluff Hill HÜGEL

(Flagstaff Rd) Eine steile befestigte Straße führt zum Gipfel des 265 m hohen Bluff Hill (Motupōhue), wo ein Pfad sich zu einem Aussichtspunkt windet. Wenn der Wind nicht allzu heftig weht, lohnt sich die Lektüre der Informationstafeln am Weg. Auf den Hügel führen verschiedene Wege, darunter der Foveaux Walkway zum Stirling Point und Ocean Beach.

Bluff Maritime Museum MUSEUM

(☎03-212 7534; 241 Foreshore Rd; Erw./Kind 3/1 NZ$; ⌚ganzjährig Mo–Fr 10–16.30 Uhr, Okt.–April auch Sa & So 12.30–16.30 Uhr) Geschichten vom Meer gibt es in dieser Gegend reichlich und viele werden in dem kleinen Museum bewahrt, zusammen mit einem hundert Jahre alten Austernboot und einer großen alten Dampfmaschine. Zu sehen sind aber auch Displays zu Bluffs Geschichte und zur alljährlichen Sturmtaucher-Jagd (tītī), einer wichtigen Tradition der örtlichen Māori.

Feste & Events

Bluff Oyster & Food Festival ESSEN

(www.bluffoysterfest.co.nz; ⌚Mai) Hier wird Bluffs berühmtester Exportartikel gefeiert.

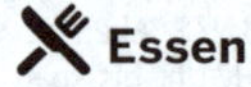

Essen

Oyster Cove FISCH **$$**

(☎03-212 8855; www.oystercove.co.nz; 8 Ward Pde; Hauptgerichte 18–33 NZ$; ⌚1Mo–Do 11–16, Fr–So bis 19 Uhr; 📶) Da es direkt beim berühmten Wegweiser von Stirling Point liegt, genießt man durch die großen geschwungenen Fenster des Restaurants einen herrlichen Blick aufs Meer. Der Ausblick übertrifft das Essen, dennoch finden sich lokale Spezialitäten auf der Karte, die es anderswo nicht gibt, etwa Sturmtaucher, Seeohren, Muscheln von Stewart Island Sandbarsch und natürlich die berühmten Bluff-Austern.

Shoppen

Fowlers Oysters ESSEN
(☎03-212 8792; Ocean Beach Rd; ⊙März–Aug. 9–17 Uhr) Wer frische Austern aus Bluff kaufen will, besucht Fowlers Oysters auf dem Weg stadteinwärts auf der linken Seite.

An- & Weiterreise

Catch-a-Bus South (☎03-479 9960; www.catchabussouth.co.nz) Bietet täglich mind. eine Verbindung nach Invercargill (22 NZ$, 30 Min.), zum Queenstown Airport (70 NZ$, 3½ Std.), nach Queenstown (70 NZ$, 3¾ Std.), Gore (40 NZ$, 2 Std.) und Dunedin (70 NZ$, 4 Std.).

Stewart Island Experience (☎03-212 7660; www.stewartislandexperience.co.nz) Betreibt einen Shuttleservice zwischen Bluff und Invercargill mit Anschluss an die Fähre nach Stewart Island. Die Firma bietet auch sichere Parkmöglichkeit beim Fähranleger (Tag 8 NZ$). Von Ende Oktober bis Ende April ist ein Transfer von Te Anau und Queenstown nach Bluff möglich.

DIE CATLINS

Die Catlins, die sich in die südöstliche Ecke der Südinsel in die Regionen Southland und Otago schmiegen, werden oft übersehen, obwohl der SH1 daran vorbeiführt. Die bezaubernde Region trägt den Namen eines Walfangkapitäns aus dem 19. Jh. und wird geprägt durch fruchtbares Ackerland, ursprünglichen Wald, einsame Leuchttürme, leere Strände, Pfade durch den Busch und die Möglichkeiten zur Tierbeobachtung. An einem klaren Sommertag ist es hier traumhaft schön! Ganz anders schaut's dann aus, wenn der antarktische Südwind bläst. Viel Glück! Die Gegend lässt sich eigentlich nur auf den eigenen vier Rädern gut erkunden. Man kommt langsam voran, die Straße hat viele Kurven, Engstellen, Schotterstücke und Umleitungen. Aber wie so oft gilt: Der Weg ist das Ziel.

Von Invercargill ausgehend schneidet die Southern Scenic Route (S. 680) einen Bogen durch die Catlins. Es lohnt sich jedoch in Fortrose davon abzufahren, um Waipapa Point, Slope Point, Curio Bay und Waikawa zu besuchen. Nördlich von Niagara trifft man dann wieder auf die Straße. Beim Teilstück zwischen Haldane und Curio Bay sind 9 km unbefestigt.

Flora & Fauna

Die Catlins sind ein herrliches Gebiet, um auf eigene Faust Tiere zu beobachten. Südliche Seebären und Seelöwen räkeln sich an der Küste, während im Frühling gelegentlich Südkaper zu sehen sind. Delfine zeigen sich ebenfalls häufig. Anders als in weiten Teilen von Southland gibt es in den Catlins noch ausgedehnte Wälder mit Neuseeländischer Warzeneibe, Totara und Rimu-Harzeibe. Zur reichen Vogelwelt zählen Tuis, Māori-Glockenhonigfresser, Māori-Fruchttaube, der bedrohte Gelbaugenpingin und das seltene Gelbköpfchen.

Praktische Informationen

Die i-SITEs in Invercargill und Balclutha bieten jede Menge Informationen über die Catlins. Auf dem Weg kommt man an gleich zwei Informationszentren vorbei: dem kleinen **Owaka Museum & Catlins Information Centre** (S. 691) und dem noch kleineren **Waikawa Museum & Information Centre** (S. 689).

Unter www.catlins.org.nz und www.catlins-nz.com gibt es weitere Informationen.

In den Catlins gibt es keine Banken, kaum Lokale und Lebensmittelläden. Beim Four-Square-Supermarkt in Owaka findet sich ein Geldautomat; Tankstellen (Öffnungszeiten können variieren) gibt es in Fortrose, Papatowai und Owaka.

An- & Weiterreise

Es fahren keine öffentlichen Verkehrsmittel im Gebiet der Catlins.

Curio Bay & Umgebung

Der Strandort Curio Bay zieht in den Sommermonaten jede Menge Sonnenanbeter an, im Rest des Jahres ist er ein verschlafener Weiler. Die meisten Ferienhäuser liegen an der Porpoise Bay, einem herrlichen Stück Sandstrand und einer der schönsten Strände zum Schwimmen in den Catlins. Zwergpinguine nisten in den Dünen; im Sommer kommen Hector-Delfine dorthin, um ihre Jungen aufzuziehen. Wale sind gelegentliche Besucher, auch Südliche Seebären und Seelöwen können mit etwas Glück gesichtet werden.

Curio Bay selbst liegt gleich beim südlichen Kap an einem wesentlich weniger einladenden Küstenstrich. Es ist bekannt für die versteinerten Bäume aus dem Jura, die bei Ebbe etwa vier Stunden lang zu sehen sind. Rund eine Stunde vor Sonnenuntergang watscheln Gelbaugenpinguine an den Strand. Zu ihnen sollte man einen respektvollen Abstand halten.

Die Catlins

Sehenswertes & Aktivitäten

Waipapā Lighthouse LEUCHTTURM
(Waipapa Lighthouse Rd) Der Leuchtturm aus dem Jahr 1884 steht auf einem einsamen, aber wunderschönen Stück Land. Er wurde drei Jahre nach dem Untergang der SS *Tararua* errichtet, bei dem 131 Leute ums Leben kamen. Informationstafeln erzählen die schreckliche Geschichte. Am Strand tummeln sich Seelöwen. Die Abzweigung zum Waipapa Point ist in Otara, 12 km südöstlich von Fortrose.

Slope Point SEHENSWERTES
(Slope Point Rd) Ein 20-minütiger Spaziergang über Weiden führt zu einem Wegweiser zum tatsächlichen südlichsten Punkt von South Island. Die Kulisse ist fantastisch – nicht nur das Meer, sondern auch die klobigen Steine, die hier ins Wasser stürzen. Wichtig zu wissen: Der Weg ist in der Lammzeit im September und Oktober geschlossen. Ab Haldane ist der Weg ausgeschildert.

Catlins Surf SURFEN
(☎03-246 8552; www.catlins-surf.co.nz; 601 Curio Bay Rd; 2 Std. Unterricht 60 NZ$, Verleih 3 Std./Tag 50/65 NZ$) Die Surfschule mit Sitz im Curio Bay Holiday Park bietet an der Porpoise Bay Unterricht an, die vorbeischwimmenden Delfine amüsieren sich herzlich darüber. Wer schon surfen kann, kann sich ein Brett, einen Neoprenanzug (der ist hier wirklich nötig) und Flossen leihen und sich dann in die Wellen stürzen.

Der Besitzer Nick gibt auch Unterricht im Stehpaddeln (75 NZ$, 2½ Std.).

Schlafen

Lazy Dolphin Lodge HOSTEL $
(☎03-246 8579; www.lazydolphinlodge.co.nz; 529 Curio Bay Rd; B/Zi. ohne Bad 38/80 NZ$; @ 📶) Diese perfekte Mischung aus Ferienhaus am Meer und Hostel verfügt über helle Zimmer mit buntem Bettzeug. Es gibt zwei Küchen und zwei Lounges, der schönere Aufenthaltsort ist aber die Veranda mit Blick auf die Porpoise Bay. Ein Pfad an der Rückseite führt direkt zum Strand.

Slope Point Backpackers HOSTEL $
(☎03-246 8420; www.slopepoint.co.nz; 164 Slope Point Rd; Stellplatz ab 15 NZ$, B 25–30 NZ$, Zi. mit/ohne Bad 90/50 NZ$; 📶) Das ländliche Anwesen vermietet Betten in modernen Schlafsälen und Zimmer, außerdem eine Selbstversorgerunterkunft und ein Haus mit drei Schlafzimmern weiter die Straße hinauf. Es gibt Grasplätze, auf denen Zelte aufgestellt werden können, und Kiesplätze für Wohnmobile. Die Kinder der Besitzer lieben es, den Gästen die Farm zu zeigen. Statt Fernsehen gibt es hier Brettspiele, Puzzles und Stapel von Zeitschriften.

Curio Bay Boutique Studios APARTMENT $$
(☎03-246 8797; www.curiobay.co.nz; 521a Curio Bay Rd; Apt. ab 180 NZ$) Zur Auswahl stehen drei elegante Einheiten: das Beach House Apartment, das an das Haus der Gastgeber angeschlossen ist, und zwei ähnliche Unterkünfte die Straße hinunter. Alle sind für Selbstversorger gedacht, rustikal im Strandstil eingerichtet und haben große Fenster und Veranden direkt am Strand. In einer alten typisch neuseeländischen Ferienhütte können bis zu sechs Personen schlafen.

Waikawa & Umgebung

Waikawa zeichnet sich durch seine hübsche Lage an der Mündung aus, es liegt 5 km nördlich von Curio Bay. Es war einst ein wichtiger Holzhafen, ist aber heute vor allem wegen seines Fish-&-Chips-Wagens bekannt, der im Sommer einen enormen Umsatz macht.

Sehenswertes

Waikawa Museum & Information Centre MUSEUM
(☎03-246 8464; waikawamuseum@hyper.net.nz; 604 Niagara – Waikawa Rd; Goldmünzenspende; ⌚10–17 Uhr) Das Museum ist das einzig Interessante im kleinen Ort und zeigt eine Sammlung verstaubter Landwirtschaftsgeräte und Fotos, die vor allem von regionalem Interesse sind. Allerdings dient es auch als Informationszentrum, als Rezeption für einige Ferienunterkünfte und als Verkaufsstand für so wichtige Dinge wie Zeitungen und Briefmarken.

Schlafen & Essen

Penguin Paradise Holiday Lodge HOSTEL $
(☎03-246 8552; www.catlins-surf.co.nz; 612 Niagara–Waikawa Rd; B/Zi. ohne Bad 30/68 NZ$) Das legere Hostel für Rucksacktouristen hat seine Zimmer in einem historisches Cottage im Herzen des Dorfes Waikawa, ganz in der Nähe der Mündung. Es gibt Spezialangebote, etwa eine Unterkunft für eine Nacht und zusätzlich ein 90-minütiger Surfunterricht.

Waikava Harbour View FERIENHAUS $$
(☎03-246 8866; www.southcatlins.co.nz; 14 Larne St; Haus ab 120 NZ$) Direkt an der Mündung liegt das Harbour View, ein modernes Haus mit vier Schlafzimmern und damit eine gute Wahl für Familien oder eine Gruppe. Bis zu 12 Personen können hier insgesamt unterkommen. Die neueren Unterkünfte Harakeke und Toi Tois mit je einem Schlafzimmer bieten ebenfalls einen gutes Preis-Leistungs-Verhältnis. Hier können bis zu vier Personen übernachten.

Niagara Falls CAFÉ $$
(☎03-246 8577; www.niagarafallscafe.co.nz; 256 Niagara – Waikawa Rd, Niagara; Hauptgerichte 14–22 NZ$; ⌚Dez.–März 11 Uhr bis spätabends, April–Nov. 11–16 Uhr; 📶) Das Café in einem viktorianischen Schulhaus ist der perfekte Ort, um einen Kaffee zu trinken und ein Scone zu probieren oder gleich ein hausgemachtes Gericht zu bestellen. Die würzigen Lamm-Burgers isst man auf frisch gebackenem Brot; außerdem gibt es Sandbarsch, Suppe und köstliche Schokoladenplätzchen. Im üppig grünen Garten kann man bei einem einheimischen Bier oder einem Glas Wein wunderbar entspannen.

Papatowai & Umgebung

Die grüne Ortschaft Papatowai schmiegt sich an die Mündung des Tahakopa River. Es gibt nur ein paar Dutzend permanent hier lebende Einwohner, im Sommer wimmelt es aber vor Urlaubern, die vor allem von der lässigen Atmosphäre und den Möglichkeiten zu guten Wanderungen angezogen werden. Es gibt eine Reihe von kurzen Spaziergängen in der unmittelbaren Umgebung, ferner einen Picknickplatz an der Flussmündung. Weitere interessante Plätze verteilen sich entlang des Highways in beide Richtungen.

12 km westlich liegt die Abzweigung zu den **McLean Falls**. Den Parkplatz findet man 4 km abseits des Highways, zu den Fällen selbst führt ein 40-minütiger Rundweg durch Baumfarne und Rimu-Harzeiben-Wald. Etwa 5 km westlich von Papatowai führt ein leichter Waldweg zum dunklen Moorwasser des **Lake Wilkie** (hin & zurück 20 Min.). Vielleicht singt sogar der Māori-Glockenhonigfresser. 1 km östlich von dort führt eine Kiesstraße zur weitläufigen **Tautuku Bay**, die auch aus der Höhe vom **Florence Hill Lookout** aus zu sehen ist (kurz bevor der Weg nach Papatowai hinunterführt).

Auf dem Highway geht es dann nordwärts zu den **Matai Falls** (hin & zurück 30 Min. zu Fuß) am Maclennan River, dann in Richtung Südosten auf der ausgeschilderten Straße zu den beeindruckenden **Purakaunui Falls** (hin & zurück 20 Min.), die über mehrere Kaskaden in die Tiefe stürzen. Zu beiden Wasserfällen wandert man auf kühlen, dunklen Waldwegen, die an Totaras und Baumfarnen vorbeiführen.

Von den Purakaunui Falls folgt man einer Schotterstraße durch Tarara, Ratanui und Hinahina zur Jacks Bay. Dort folgt man einem Pfad über Farmgelände zum 55 m tiefen **Jack's Blowhole**. Der gigantisch brodelnde Hexenkessel liegt inmitten einer Koppel 200 m vom Meer entfernt und ist durch eine unterirdische Höhle mit dem Ozean verbunden. Benannt wurde das Naturphänomen nach dem Indianerhäuptling

Tuhawaiki, der wegen seiner ständigen Fluchens als Bloody Jack bekannt war. Das Blasloch lässt sich flott marschierend in einer halben Stunde erreichen.

Sehenswertes & Aktivitäten

Lost Gypsy Gallery GALERIE

(☎03-415 8908; www.thelostgypsy.com; 2532 Papatowai Hwy; Eintritt 5 NZ$; ⏲Do–Di 10–17 Uhr, Mai–Sept. geschl.) Aus Fundstücken fertigt der Künstler seine raffinierten Kunstwerke, die herrlich bedeutungslos sind. Die verblüffende Sammlung in einem Bus (freier Eintritt) soll Appetit machen auf die fantastischen Kreationen, die hinter dem Tor folgen (leider werden kleine Kinder nicht eingelassen). Die Geräusche und hellen Lichter der Orgel wirken fast schon hypnotisch.

Cathedral Caves HÖHLE

(www.cathedralcaves.co.nz; 1069 Chaslands Hwy; Erw./Kind 5/1 NZ$; ⏲Nov.–Mai) Die direkt am Strand in die Klippen eingeschnittenen Gewölbe der Cathedral Caves sind nur zwei Stunden während der Ebbe zugänglich (Gezeitenpläne finden sich auf der Website und hängen an der Abzweigung vom Highway und bei den Besucherzentren aus). Und auch bei Ebbe werden die Höhlen manchmal kurzfristig geschlossen, wenn die Bedingungen als zu gefährlich erachtet werden. Wer gern durchs Wasser watet, kann bei einem Eingang hinein- und beim anderen herausgehen. Vom SH 92 sind es 2 km bis zum Parkplatz, es folgt ein gemütlicher 15-minütiger Spaziergang durch den Wald zum Strand und von dort weitere 25 Minuten bis zu den Höhlen.

Catlins Wildlife Trackers TIERE & PFLANZEN

(☎03-415 8613, 0800 228 5467; www.catlins-ecotours.co.nz) Seit 1990 bietet Catlins Wildlife Trackers geführte Wanderungen und Ausflüge mit dem Schwerpunkt Ökologie an, die auf die individuellen Wünsche der Kunden zugeschnitten werden. Wer das nette Gelbköpfchen, Pinguine, Seelöwen oder andere Tiere sehen möchte, kann sicher sein, dass Mary und Fergus sie finden. Das Paket mit drei Nächten/zwei Tagen kostet 1200 NZ$; im Preis inbegriffen sind Essen, Unterkunft und Transport.

Schlafen & Essen

Hilltop LODGE $

(☎03-415 8028; www.hilltopcatlins.co.nz; 77 Tahakopa Valley Rd; B 38 NZ$, DZ 110 NZ$, ohne Bad 100 NZ$) Hoch oben auf einem Hügel liegen 1,5 km außerhalb des Ortes zwei schifffömige Cottages. Mit dem Wald im Hintergrund und umgeben von einer Schaffarm bieten sie spektakuläre Blicke über das Tahakopa Valley und die Küste. Es werden entweder einzelne Zimmer oder das ganze Haus vermietet; das Doppelzimmer mit Bad ist die beste Wahl.

Catlins Kiwi Holiday Park FERIENPARK $

(☎03-415 8338; www.catlinskiwiholidaypark.com; 9 Rewcastle Rd, Chaslands; Stellplatz ab 46 NZ$, Einheit ab 145 NZ$, ohne Bad ab 189 NZ$; @📶) Dieser moderne Ferienpark bietet unterschiedliche Unterkünfte von netten Hütten bis zu schicken Familienmotels. Wer zeltet, hat Zugang zu guten Gemeinschaftseinrichtungen, die auch von den Bewohnern der hübschen „Kiwiana"-Hütten genutzt werden. Das beste Essen der Catlins gibt es im Whistling Frog Café vor Ort.

★ **Mohua Park** COTTAGES $$

(☎03-415 8613; www.catlinsmohuapark.co.nz; 744 Catlins Valley Rd; Cottage 190 NZ$) Am Rand eines 14 ha großen Naturschutzgebietes (7 km abseits vom Highway) bieten diese vier geräumigen, in sich abgeschlossenen Cottages Ruhe und Privatsphäre. Vor der Tür liegt ein interessanter Mischwald mit Vögeln, die in jedem Disney-Film mitspielen könnten. Die Eigentümer haben weitere Unterkünfte am Strand von Papatowai.

Whistling Frog Cafe & Bar CAFÉ $$

(☎03-415 8338; www.whistlingfrogcafe.com; 9 Rewcastle Rd, Chaslands; Hauptgerichte 18–23 NZ$; ⏲Nov.–März 8.30–21.30 Uhr, April–Okt. 9.30–18.30 Uhr); 📶) Das bunte und spaßige Frog ist das beste Lokal in den Catlins. Das Bier wird frisch gezapft und die Speisekarte bietet für jeden etwas, z. B. eine Suppe mit Meeresfrüchten, Gourmet-Burgers, Pastete mit Steak, Lagerbier und altem Cheddar. Das Café befindet sich im Catlins Kiwi Holiday Park, bei den McLean Falls.

Owaka & Umgebung

Owaka ist der Hauptort in den Catlins (303 Ew.). Ein Besuch lohnt sich wegen des ausgezeichneten Museums und der Möglichkeit, vor der Weiterfahrt Benzin und Lebensmittel zu besorgen.

Pounawea, ein hübscher Weiler an der Mündung des Catlins River, 4 km weiter östlich, lockt schon eher, dort Wurzeln zu schlagen. Direkt gegenüber auf der anderen Seite des Fjords liegt die **Surat Bay**, die bekannt ist für die Seelöwen, die den dortigen Strand bevölkern. Zur **Cannibal Bay** läuft man eine Stunde am Strand entlang.

Sehenswertes & Aktivitäten

Owaka Museum & Catlins Information Centre MUSEUM
(☎03-415 8323; www.owakamuseum.org.nz; 10 Campbell St, Owaka; Erw./Kind 5 NZ$/frei; ⏲10–16 Uhr) Mit einer bunten Sammlung an Artefakten informiert dieses moderne Haus auf unterhaltsame und interessante Art und Weise über die Māori und Siedler. Warum die Catlins den Ruf haben, eine Küste der Schiffswracks zu sein, wird in einer kurzen Video-Präsentation erläutert. Das Museum dient außerdem als Informationszentrum für die Catlins.

Catlins River – Wisp Loop Track WANDERN
(www.doc.govt.nz) Die 24 km lange Rundstrecke besteht aus zwei 12 km langen Teilstücken: dem niedrigen, gut angelegten Catlins River Walk (5–7 Std.) und dem Wisp Loop Walk (4–5 Std.), der in größerem Höhen verläuft mit einem Abstecher nach Rocky Knoll. Von dort hat man einen großartigen Blick und sieht interessante subalpine Vegetation. Die Wege können in beide Richtungen als lange Tagestour, aufgeteilt in zwei Tagestouren oder noch kürzere Strecken, gelaufen werden, da es mehrere Einstiegs- bzw. Ausstiegspunkte gibt. Der Hauptzugang erfolgt über die Catlins Valley Road, südlich von Owaka.

Catlins Horse Riding REITEN
(☎03-415 8368; www.catlinshorseriding.co.nz; 41 Newhaven Rd, Owaka; 1/2/3 Std. Ritt 60/105/145 NZ$) Hier kann man die herrliche Küstenlandschaft hoch zu Ross erleben – es gibt Angebote für Anfänger und erfahrene Reiter.

Schlafen & Essen

★ **Newhaven Holiday Park** FERIENPARK $
(☎03-415 8834; www.newhavenholiday.com; 324 Newhaven Rd, Owaka; Stellplatz ab 32 NZ$, Einheit ab 100 NZ$, ohne Bad ab 66 NZ$; 📶) Dieser ausgezeichnete Ferienpark an der Mündung und am Beginn der Surat-Bay-Strandpromenade bietet gute Gemeinschaftseinrichtungen, freundliche Hütten und drei abgeschlossene Wohneinheiten. Beim letzten Besuch sang nicht nur ein Māori-Glockenhonigfresser zur Begrüßung, sondern es duftete auf den Toiletten überraschenderweise nach Zimt.

Split Level HOSTEL $
(☎03-415 8868; www.thesplitlevel.co.nz; 9 Waikawa Rd, Owaka; B 33 NZ$, Zi. ab 82 NZ$, ohne Bad ab 74 NZ$; 📶) Hier hat man das Gefühl, bei einem Freund zu Besuch zu sein. Das ordentliche zweistöckige Haus verfügt über eine bequeme Lounge mit einem großen Fernseher und Ledersofas sowie eine gut ausgestattete Küche. Die Zimmer im oberen Stock haben Sonnenterrassen, unten gibt es ein Zimmer mit Bad, eigenem Kühlschrank und Mikrowelle.

Pounaewa Grove Motel MOTEL $$
(☎03-415 8339; www.pounaweagrove.co.nz; 5 Ocean Grove; Zi. 140 NZ$; 📶) Wer nach einer modernen Unterkunft mit großen gemütlichen Betten, edlen Textilien, Kunst an den Wänden, Flachbildfernsehern und elegantem Bad sucht, hat in diesem Studio mit vier Einheiten das Ideale gefunden.

Catlins Cafe CAFÉ $$
(☎03-415 8040; www.catlinscafe.co.nz; 3 Main Rd, Owaka; Brunch 15–22 NZ$, Abendessen 23–30 NZ$; ⏲9–20.30 Uhr; 📶) Das beste Lokal in Owaka beginnt den Tag mit warmen Frühstücksgerichten und macht bis zum Abend weiter mit Fish & Chips, Burgern, einem Braten und (in der Saison) frittierten Whitebaits mit einer Riesenportion Salat.

Kaka Point & Umgebung

Ganzjährig leben hier nur etwa 200 Personen und so wundert es nicht, dass Kaka Point eine verschlafene Küstengemeinde unweit eines Strands ist, an dem man schwimmen kann. Die größte Attraktion in seiner Nähe ist das Kap **Nugget Point** (Tokatā), 8 km weiter südlich. Nugget Point ist das absolute Highlight unter zahlreichen Aussichtspunkten in den Catlins: Hier schlagen mit großer Wucht die Wellen an die Klippen und die zerklüfteten Inseln (die sog. Nuggets) ragen fotogen aus der Brandung heraus. Oft kann man Robben und Seelöwen unterhalb des Kaps herumtollen sehen. Außerdem gibt es eine vielfältige Vogelwelt, darunter Sturmtaucher und Löffler, die den Windschatten suchen. Ein 900 m langer Spaziergang führt vom Parkplatz zum Leuchtturm auf der Landspitze.

Direkt vor dem Nugget-Point-Parkplatz liegt der Parkplatz für den Besuch der **Roaring Bay**, wo ein Unterstand die Beobachtung von Gelbaugenpinguinen (hōiho) ermöglicht, die hier an Land kommen (die beste Zeit sind in der Regel die 2 Std. vor Sonnenuntergang). Unbedingt alle Hinweisschilder beachten!

Schlafen

Kaka Point Camping Ground FERIENPARK $

(☎03-412 8801; www.kakapointcamping.co.nz; 39 Tarata St, Kaka Point; Stellplatz ohne/mit Strom 129/32 NZ$, Hütte EZ/DZ 30/56 NZ$; 📶) Die Hütten sind schlicht, aber funktional; für Camper gibt es abgegrenzte Rasenflächen. Wanderwege führen in den umliegenden Wald und zum Strand. Zum Dorf ist es nur ein kurzer, wenn auch steiler Weg den Hügel hinunter.

Nugget Lodge GEMIETETES HAUS $$

(☎03-412 8783; www.nuggetlodge.co.nz; 367 Nugget Rd, Kaka Point; Zi. 190 NZ$; 📶) An der Straße zum Leuchtturm stehen auf einer Anhöhe neben dem Meer zwei moderne, in sich abgeschlossene Wohneinheiten im Ferienhausstil – eine mit Balkon, die andere mit eigenem Garten. Das üppige kontinentale Frühstück (15 NZ$ pro Pers.) mit frisch gebackenem Brot und hausgemachtem Müsli lohnt sich auf jeden Fall. Mit etwas Glück erspäht man ein paar der Seelöwen, die sich am Strand unterhalb der Lodge tummeln.

Ausgehen & Nachtleben

Point Cafe & Bar PUB

(☎03-412 8800; 58 Esplanade, Kaka Point; ⏱8.30–19.30 Uhr) Hier nimmt man an der aus Treibholz gebauten Bar Platz, spielt eine Partie Poolbillard oder sucht sich einen Platz am Fenster mit Blick aufs Meer. Das Essen und das Eis können auch mitgenommen werden. Die Spezialitäten des Cafés sind Fish & Chips und die Fischsuppe (Hauptgerichte 26–29$).

STEWART ISLAND

378 EW.

Wer den kurzen, aber sehr lohnenden Ausflug nach Stewart Island/Rakiura unternimmt, hat den meisten Neuseeländern etwas voraus, die zwar sehr neugierig auf die „dritte Insel“ des Landes sind, aber nie wirklich hinfahren.

Wer die Insel besucht, wird herzlich empfangen und zwar von den einheimischen Kiwis (Vögeln) und den anderen einheimischen Kiwis (Neuseeländern). Die Insel ist einer der besten Plätze, um das scheue Wappentier in der Wildnis zu sehen. Die verschworene Gemeinschaft der Inselbewohner freut sich über alle Gäste. Auch diejenigen, die nur einige Tage auf der Insel bleiben, sollten sich nicht wundern, wenn die meisten Einheimischen bald überraschend viel über das eigene Woher und Wohin wissen – vor allem wenn sie in Oban in Neuseelands südlichstem Pub ein Bier mit den Einheimischen getrunken haben. Oban ist die einzige Siedlung auf der Insel.

Stewart Island bietet Besuchern viele Betätigungsmöglichkeiten, z. B. Kajakfahren oder Wandern auf dem Great Walk oder einem der anderen Wanderwege im Rakiura National Park, der bis zu 85 % der Insel einnimmt. Neben der wunderschönen Küsten- und Binnenlandschaft ist die Vogelwelt für viele der Hauptgrund für den Inselbesuch.

Stewart Island/Rakiura ist ein Vogelschutzgebiet von internationalem Rang, selbst Leute, die keine leidenschaftlichen Hobby-Ornithologen sind, werden von dem ständigen Kreischen, Singen und Flattern der gefiederten Schar fasziniert sein.

Geschichte

Die Māori nennen Stewart Island Rakiura, „Glühender Himmel“ – und beim Anblick des spektakulär glutroten Sonnenuntergangs oder der *Aurora australis* (Südlicht, Polarlicht) weiß man, warum. Der Legende nach wurde Neuseeland von Māui aus dem Meer gehoben, der dabei folgende Worte sprach: „Lasst uns außer Sichtweite des Festlands gehen, weit hinaus in das offene Meer, und wenn wir kein Land mehr sehen können, lasst uns den Anker werfen.“ Die Nordinsel war der Fisch, den Māui gefangen hatte, die Südinsel sein Kanu und Rakiura der Anker – *Te Punga o te Waka o Māui*.

Es gibt Beweise, dass Teile von Rakiura schon im frühen 13. Jh. von Moa-Jägern besiedelt waren. Der *titi* (Dunkelsturmvogel) von den Nachbarinseln war in manchen Jahreszeiten eine wichtige Nahrungsquelle für die südlichen Māori.

Der erste europäische Besucher dieses Fleckens war James Cook. Er segelte 1770 um die Küsten im Osten, Süden und Westen, hielt Rakiura irrtümlicherweise für den äußersten Zipfel der Südinsel und nannte es South Cape. 1809 umsegelte schließlich der Robbenfänger *Pegasus* Rakiura und benannte e nach seinem ersten Offizier William Stewart. Im Juni 1864 kauften eingewanderte Europäer den Māori Stewart Island und die benachbarten kleinen Inseln für 6000 £ ab. Geld verdienten sie zunächst mit der Robbenjagd, der Holzfällerei, der Fischverarbeitung und dem Schiffsbau, begleitet von einem klitzekleinen Goldrausch gegen Ende des 19. Jhs. Heute hängt die Wirtschaft der Insel vom Tourismus und dem Fischfang ab.

Flora & Fauna

Da es auf Stewart Island/Rakiura keine Marder wie Frettchen, Hermeline und Wiesel gibt, dafür aber große, intakte Waldflächen, findet man hier eine der größten und artenreichsten Vogelpopulationen Neuseelands. Selbst über Oban wimmelt es in der Luft von Vögeln wie Tui, Māori-Glockenhonigfresser und Kakas, die sich die Insel mit Wekarallen, Ziegensittichen, Farnsteigern, Schnäppern und Südlichen Streifenkiwis teilen. Zudem leben auf der Insel viele Wat- und Meeresvögel wie Regenpfeifer, Kormorane, Albatrosse, Walvögel und Sturmvögel sowie Dunkle Sturmtaucher, die man in der Brutzeit in großer Zahl sieht. Man kann auch die Einheimischen nach der Pinguinparade an den Klippen in der Nähe des Kais fragen. Achtung: Die Vögel auf keinen Fall füttern – das ist für sie gesundheitsschädlich.

Auch Fellträger kommen auf Stewart Island/Rakiura vor, darunter zwei Arten von Hirschen: Rothirsche und Weißwedelhirsche, die im frühen 20. Jh. hier angesiedelt wurden. Auch der Fuchskusu wurde nach Neuseeland eingeschleppt; inzwischen haben sich die Beuteltiere auf der ganzen Insel ausgebreitet und sind als Schädlinge, die den Vogelbestand und die Flora bedrohen, wenig beliebt. Und zu guter Letzt lassen sich Neuseeländische Seebären, Seelöwen, Seeelefanten und hin und wieder auch Seeleoparden an den Stränden und der Felsküste der Insel blicken.

Anders als im übrigen Teil Neuseelands gibt es auf Stewart Island/Rakiura keinen Scheinbuchenwald. Die hier vorherrschende Tieflandvegetation besteht vor allen aus Steineibengewächsen mit ungewöhnlich hohen Rimu-Harzeiben, Miro-Bäumen (neuseeländische Koniferen) und Totaras (Steineiben). Dank der milden Winter, der häufigen Niederschlägen und des durchlässigen Bodens ist der größte Teil der Insel mit üppigen Wäldern, dicken Weinranken und tiefgrünen Farnen und Moosen überwuchert.

Sehenswertes

★ Ulva Island VOGELSCHUTZGEBIET

(Karte S. 694) Das nur 250 ha große Ulva Island/Te Wharawhara ist ein kleines Paradies, das von unzähligen einheimischen Vögeln bevölkert wird. Das Gebiet wurde 1922 zum Vogelschutzgebiet erklärt und ist eine der ursprünglichsten Ecken der Insel. Laut der Umweltschutzbehörde DOC bekommt man hier „einen seltenen Einblick, wie Neuseeland in der Vergangenheit ausgesehen hat und wie es auch in der Zukunft wieder sein könnte". Die Insel wurde 1997 für rattenfrei erklärt, drei Jahre später der gefährdete Südinsel-Sattelvogel angesiedelt.

Inzwischen ertönt wieder viel Vogelgezwitscher, das man beim Spazieren auf den Wegen im Nordwesten der Insel genießen kann. Hilfreich für die Orientierung ist die Broschüre *Ulva: Self-Guided Tour* (2 NZ$), die es im Rakiura National Park Visitor Centre gibt. Viele Wege kreuzen sich zwischen den Gruppen von Rimu-Harzeibe, *miro* (Steineibe), Totara und Eisenholz.

Alle Wassertaxiunternehmen bringen Besucher vom Golden-Bay-Anleger der Insel. Regelmäßige Fahrten bietet **Ulva Island Ferry** (Karte S. 694; ☎ 03-219 1013; hin & zurück Erw./Kind 20/10 NZ$; ⏲ Abfahrten 9, 12, 16 Uhr, Rückfahrten 12, 16, 18 Uhr). Um möglichst viel von Ulva Island kennenzulernen, empfiehlt sich eine Tour mit Ulva's Guided Walks (S. 696).

Rakiura Museum MUSEUM

(Karte S. 697; ☎ 03-219 1221; www.rakiuramuseum.co.nz; 9 Ayr St, Halfmoon Bay; Erw./Kind 2/0,50 NZ$; ⏲ Okt.–April Mo–Sa 10–13.30, So 12–14 Uhr, Mai–Sept. Mo–Fr 10–12, Sa 10–13.30, So 12–14 Uhr) Historische Fotografien stehen im Zentrum dieses kleinen Museums, dass von der Landschaft und Geschichte erzählt, aber auch Māori-Artefakte, Walfangausrüstung und Haushaltsgeräte zeigt.

Aktivitäten

Der Rakiura National Park schützt 85 % der Insel, was sie zu einem Paradies für Wanderer und Hobbyornithologen macht. Zur Erkundung der Wildnis gibt es hier viele Wanderwege – von kurzen, leichten und zu Fuß einfach von Oban erreichbaren Pfaden bis hin zum North West Circuit, eine der

Stewart Island (Norden)

einsamsten Wanderrouten im Hinterland Neuseelands.

Zahlreiche Veranstalter bieten geführte Touren zu Fuß, im Auto, im Boot oder aus der Luft an. Die meisten konzentrieren sich auf die Natur und die Geschichte der Insel.

Wer auf eigene Faust loswandern will, hat die Qual der Wahl. Im Rakiura National Park Visitor Centre erhält man Infos zu langen und kurzen Wanderwegen vor Ort und zu den Hütten unterwegs.

Die in der DOC-Broschüre *Stewart Island/Rakiura Short Walks* (2 NZ$) aufgeführten Wege bieten Ziele für gleich mehrere Tage. Etwas schneller vorwärts geht es, wenn man sich an der Red Shed ein Fahrrad leiht, um so die Straßenabschnitte schneller zurücklegen zu können. Längere Wanderungen können auch verkürzt werden, etwa durch einen kurzen Flug mit Stewart Island Flights (S. 699), einer Firma, die mit Seaview Water Taxis zusammenarbeitet, um die eintägig Wanderung über die Insel, **Coast to Coast,** zu einem großartigen Erlebnis zu machen.

Wer noch nie im Meer geangelt hat und das schon immer mal wollte, sollte das hier tun, denn es gibt keine besseren Fischer

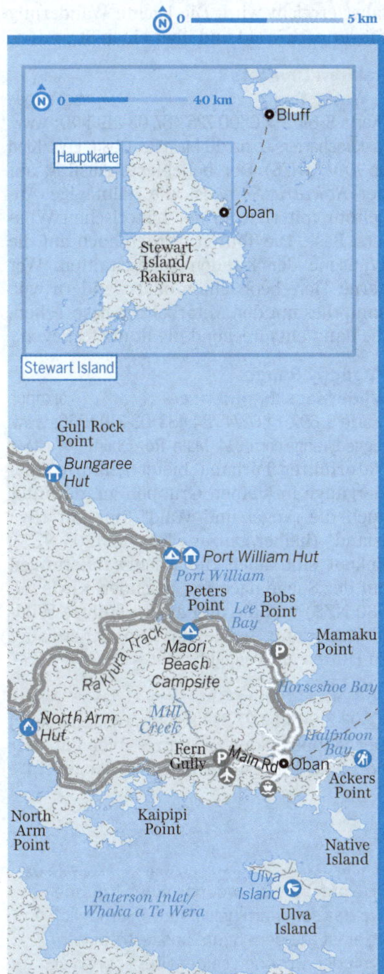

in Neuseeland. Ach ja, die Antwort auf die Frage, ob man hier schwimmen kann, lautet definitiv: „ja". Ja, es ist möglich, und ja, Schwimmer werden dabei fast zu Eiszapfen.

Kurze Wanderungen

Observation Rock WANDERN

(Karte S. 697) Ein kurzer, aber heftiger Anstieg über die Nebenstraßen von Oban führt in 15 Minuten zum Aussichtspunkt Observation Rock. Von dort schweift der Blick über Paterson Inlet, Mount Anglem und Rakeahua. Der Weg ist ab dem Ende der Leonard Road, abseits der Ayr Street, deutlich gekennzeichnet.

Ackers Point WANDERN

(Karte S. 694) Die dreistündige Rundtour verläuft entlang der Bucht, über einen Waldweg, am historischen **Stone House** von 1835 in der **Harrald Bay** vorbei und erreicht schließlich **Ackers Point Lighthouse**. Von dort geht der Blick weit über die Foveaux Strait und die Chancen stehen gut, Zwergpinguine und eine Kolonie Dunkler Sturmtaucher zu sichten.

Mehrtägige Wanderungen

★ **Rakiura Track** WANDERN

(www.doc.govt.nz) Der 39 km lange, dreitägige Rakiura Track ist einer der neun „Great Walks" des Landes. Die leichte Rundroute führt zu wunderschönen Stränden, bevor sie einen 250 m hohen bewaldeten Gebirgskamm erklimmt und sich dann zur geschützten Küste des Paterson Inlet/Whaka a Te Wera schlängelt. Unterwegs kommt man an einigen historisch bedeutsamen Stätten vorbei und sieht viele der für die Insel typischen Meeres- und Waldvögel.

Eigentlich ist der Rakiura Track nur 32 km lang, aber mit den Straßenabschnitten an beiden Enden der Rundstrecke kommt man auf 39 km. Der gut markierte, mittelschwere Rundweg ab Oban kann das ganze Jahr gelaufen werden. Weil er zu den Great Walks gehört, wurde er mit Kies aufgeschüttet, um die für die Insel so berüchtigte Schlammbildung zu minimieren.

Es gibt zwei Great-Walk-Hütten (22 NZ$) am Weg, die im Voraus gebucht werden müssen, entweder über die Website von DOC oder persönlich im Rakiura National Park Visitor Centre. In jeder Hütte darf nur an zwei aufeinanderfolgenden Nächten übernachtet werden. Camping (6 NZ$) ist auf den Plätzen neben den Hütten erlaubt, und auch am Māori Beach.

North West Circuit Track WANDERN

(www.doc.govt.nz) Der North West Circuit Track ist der legendäre Wanderweg auf Stewart Island/Rakiura. Die anspruchsvolle Küstenwanderung führt um eine abgelegene, naturbelassene Küste und bietet einsame Strände, Sanddünen, viele Vögel und Schlamm ohne Ende. Für die 125 km braucht man neun bis elf Tage, es gibt aber mehrere Möglichkeiten, die Gesamtstrecke per Boot oder Flugzeug abzukürzen.

Der Track beginnt und endet in Oban. Die Hütten sind gut über die Strecke verteilt; dabei handelt es sich um „Standard"-Hütten (5 NZ$), abgesehen von den zwei „Great

Walk"-Hütten (22 NZ$), die vorab gebucht werden müssen. Mit dem North West Circuit Pass (35 NZ$) darf man einmal in jeder der Standardhütten übernachten. Notfunkbaken werden empfohlen; außerdem sollten beim DOC aktuelle Informationen eingeholt und die wichtigen topografischen Karten besorgt werden. Es wird auch dringend geraten, sich bei Adventuresmart (www.adventuresmart.org.nz) zu registrieren, die Wanderungen im Nationalpark sind nicht einfach.

Geführte Touren

Ulva's Guided Walks WANDERUNG

(☎ 03-219 1216; www.ulva.co.nz) Schwerpunkt dieser ausgezeichneten Halbtagestouren (125 NZ$; inkl. Transport) ist die Vogelbeobachtung; erfahrene Biologen führen ihre Gäste über Ulva Island. Die Buchung erfolgt über den **Stewart Island Gift Shop** (Karte S. 697; ☎ 03-219 1453; www.stewartislandgiftshop.co.nz; 20 Main Rd, Oban; ⌚ 10.30–17 Uhr, verkürzte Öffnungszeiten im Winter). Besonders leidenschaftliche Hobby-Ornithologen sollten auf Ulvas Website nach dem Birding Bonanza Trip (395 NZ$) schauen.

Bravo Adventure Cruises VOGELBEOBACHTUNG

(☎ 03-219 1144; www.kiwispotting.co.nz) Gegen Sonnenuntergang starten die Kiwi-Beobachtungstouren (140 NZ$). Ziel der kleinen Gruppen ist ein malerisches Schutzgebiet, das im Rahmen einer 30-minütigen Bootsfahrt erreicht wird. Die leichte Wanderung führt durch Wald und über einen Strand.

Rakiura Charters & Water Taxi BOOTSTOUR

(Karte S. 697; ☎ 0800 725 487, 03-219 1487; www.rakiuracharters.co.nz; 10 Main Rd, Oban; Erw./Kind ab 100/70 NZ$) Der beliebteste Ausflug auf der *Rakiura Suzy* ist die halbtägige Angeltour mit Halt an der historischen Whalers' Base. Die Touren werden auch auf die Wünsche der Kunden zugeschnitten. Wer gerne Tiere beobachten oder wandern will, kann dies mit den Mitarbeitern besprechen, die dann entsprechend die Route festlegen.

Ruggedy Range Wilderness Experience ÖKOTOUR

(Karte S. 697; ☎ 0274 784 433, 03-219 1066; www.ruggedyrange.com; 14 Main Rd, Oban) Der Naturführer Furhana bietet geführte Spaziergänge in kleinen Gruppen an, darunter auch die „Vogel und Wald"-Tour auf Ulva Island (halber/ganzer Tag 135/205 NZ$). Beliebt sind auch die Nachtwanderungen auf der Suche nach frei lebenden Kiwis (ab 680 NZ$) und die dreitägige geführte Wildniswanderung, bei der das Gepäck per Fähre zu Hütten am Weg gebracht wird (970 NZ$).

Lo-Loma Fishing Charters ANGELN

(☎ 03-219 1141, 027 393 8362; www.loloma.co.nz) Der Skipper „Squizzy Squires" bietet auf der *Lo-Loma* einen unterhaltsamen Angeltrip.

AUF DER SUCHE NACH DEM KIWI

Stewart Island/Rakiura ist einer der wenigen Orte auf der Welt, wo man einen frei lebenden Kiwi sehen kann – und sicher der einzige, wo das sogar am helllichten Tag möglich ist. Den Vogel gibt es bereits seit 70 Mio. Jahren, er ist mit dem heute ausgestorbenen Moa verwandt. Sein braunes Gefieder lässt ihn mit den Büschen seiner Umgebung verschmelzen, seine weitgehend nächtliche Lebensweise macht es zu einer echten Herausforderung, ihn zu entdecken.

Der auf Stewart Island/Rakiura heimische Südliche Streifenkiwi oder Tokoeka ist größer als seine Vettern im Norden – etwa so groß wie ein Huhn –, hat einen längeren Schnabel und dickere Beine. Der aktuelle Bestand wird auf rund 15 000 Tiere geschätzt. Die Streifenkiwis sind die einzigen, die auch tagsüber aktiv sind. Man kann sie mit etwas Glück gegen Sonnenaufgang und -untergang auf Wiesen und an Stränden antreffen, wo sie grasen oder unter angespültem Seetang nach Sandflöhen buddeln. Wenn man einen Kiwi erblickt, sollte man sich ruhig verhalten, stehen bleiben und Abstand halten: Da die Vögel schlecht sehen und ganz auf die Futtersuche konzentriert sind, laufen sie einem direkt vor die Füße. Die besten Chancen für eine Sichtung bestehen bei den geführten Touren. Wer unbedingt einen Kiwi sehen möchte, sollte in Anbetracht des unbeständigen Wetters – manchmal müssen deshalb auch Touren abgesagt werden – einige Nächte auf der Insel einplanen. Es ist sogar möglich, die Vögel in und um Oban selbst zu beobachten, etwa nach Sonnenuntergang in den buschbestandenen Rändern das Rugbyplatzes. Und das ist doch ein sehr passender Platz für eine solche Begegnung.

Oban

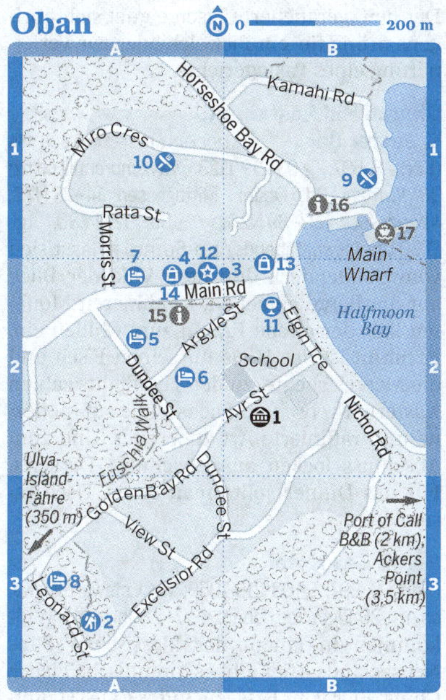

Phil's Sea Kayak KAJAKFAHREN
(☎ 027 444 2323; www.observationrocklodge.co.nz; Touren ab 90 NZ$) Stewart Islands/Rakiuras einziger Kajakführer Phil veranstaltet Trips zum Paterson Inlet, die auf das jeweilige Können der Teilnehmer zugeschnitten werden – unterwegs werden Tiere beobachtet.

Stewart Island Experience TOUR
(Karte oben; ☎ 0800 000 511, 03-219 0056; www.stewartislandexperience.co.nz; 12 Elgin Tce) Bietet 2½-stündige Touren auf dem Paterson Inlet (Erw./Kind 95/22 NZ$), einen einstündigen geführten Spaziergang auf Ulva Island und eine 1½-stündige Minibus-Tour nach Oban und zu den umliegenden Buchten (45/22 NZ$) an.

Schlafen

Eine Unterkunft zu finden, kann schwierig werden, ganz besonders in der Nebensaison, wenn viele Herbergen geschlossen haben. Es empfiehlt sich daher dringend, vorab zu buchen. Auf der Insel gibt es Ferienhäuser, die häufig ein gutes Preis-Leistungs-Verhältnis und den Vorteil der Selbstversorgung bieten, was vor allem praktisch ist, wenn man angeln will. Allerdings muss man vielfach mindestens zwei Nächte buchen oder einen Aufpreis zahlen, wenn man nur eine bleiben möchte. Beim Buchen von Ferienhäusern helfen die i-SITE (S. 685) von Invercargill und das Red Shed Visitor Centre (S. 699). Weitere Informationen findet man unter www.stewartisland.co.nz.

Oban

Sehenswertes
1 Rakiura Museum B2

Aktivitäten, Kurse & Touren
2 Observation Rock A3
3 Rakiura Charters & Water Taxi B2
4 Ruggedy Range Wilderness Experience A2
Stewart Island Experience .... (s. 16)

Schlafen
5 Bay Motel A2
6 Bunkers Backpackers A2
7 Jo & Andy's B&B A2
8 Observation Rock Lodge A3

Essen
9 Church Hill Restaurant & Oyster Bar B1
10 Stewart Island Smoked Salmon A1

Ausgehen & Nachtleben
11 South Sea Hotel B2

Unterhaltung
12 Bunkhouse Theatre A2

Shoppen
13 Glowing Sky B2
14 Stewart Island Gift Shop A2

Information
15 Rakiura National Park Visitor Centre A2
16 Red Shed Oban Visitor Centre B1

Transport
17 Stewart Island Experience B1

Jo & Andy's B&B B&B $
(Karte oben; ☎ 03-219 1230; jariksem@clear.net.nz; 22 Main Rd, Oban; EZ 60 NZ$, DZ 90 NZ$; @ 📶) Eine gute Wahl für Reisende mit einem schmalen Geldbeutel. Hier gibt es Einzelzimmer und Doppelzimmer mit einem großen oder zwei Einzelbetten, die sich ein Gemeinschaftsbad teilen. Ein üppiges Frühstück mit Müsli, Obst und hausgemachtem Brot hält auch an aktivsten Tagen vor. Jo unterhält ihre Gäste wunderbar und Hunderte von Büchern verkürzen bei schlechtem Wetter die Zeit.

Bunkers Backpackers HOSTEL $
(Karte S. 697; 027 738 1796; www.bunkersbackpackers.co.nz; 15 Argyle St, Oban; B/EZ/DZ 34/56/80 NZ$; Mitte April–Mitte Okt. geschl.;) Eine umgestaltete Villa aus Holz beherbergt das beste Hostel auf Stewart Island/Rakiura. Alles ist zwar ziemlich eng, doch eine gemütliche Lounge, ein sonniger Garten, die Lage mitten im Ort und die freundliche Atmosphäre entschädigen dafür.

Bay Motel MOTEL $$
(Karte S. 697; 03-219 1119; www.baymotel.co.nz; 9 Dundee St, Oban; Einheit ab 175 NZ$;) Das Motel am Hügel bietet geräumige bequeme Einheiten mit viel Licht und Blick über den Hafen. Einige Zimmer haben Whirlpools und alle eine Küche. Zwei sind zudem barrierefrei.

★ **Observation Rock Lodge** B&B $$$
(Karte S. 697; 03-219 1444; www.observationrocklodge.co.nz; 7 Leonard St, Oban; Zi. 395 NZ$;) Versteckt zwischen Büschen, in denen viele Vögel leben und mit Blick auf Meer, Sonnenuntergang und Morgenröte, gibt es in der Lodge von Annett und Phil drei elegante, luxuriöse Zimmer mit privaten Veranden und einer gemeinsamen Lounge. Geführte Aktivitäten, eine Sauna, ein Whirlpool und Annetts Gourmet-Abendessen gehören zum Deluxe-Angebot (780 NZ$). Wer sich für eine günstigere Übernachtung entschieden hat, kann die Posten einzeln zum Standardpreis des B&B dazu buchen.

Port of Call B&B B&B $$$
(03-219 1394, 027 2244 4722; www.portofcall.co.nz; Leask Bay Rd; EZ/DZ inkl. Frühstück 320/385 NZ$, Cottages 175–250 NZ$) Das B&B liegt 2 km südwestlich von Oban bei Acker's Point. Das Motto: den Blick auf den Ozean genießen, am offenen Kamin relaxen oder einen einsamen Strand erkunden. Es gibt noch zwei abgelegenere Unterkünfte – The Bach unweit vom B&B und das Turner Cottage in Oban. Egal, für welche Unterkunft man sich entscheidet: Die Mindestaufenthaltsdauer liegt bei zwei Nächten. Geführte Spaziergänge und Touren mit dem Wassertaxi können arrangiert werden.

Essen & Ausgehen

Stewart Island Smoked Salmon FISCH $
(Karte S. 697; 03-219 1323; www.siss.co.nz; 11 Miro Cres, Oban; 200 g Lachs 15 NZ$) Wer frisch geräucherten Lachs mag, sollte die Räucherei besuchen und hoffen, dass jemand da ist. Der heiß geräucherte Fisch eignet sich übrigens prima für ein Picknick oder zur Verfeinerung eines Pastagerichts.

Church Hill Restaurant & Oyster Bar MODERN NEUSEELÄNDISCH $$$
(Karte S. 697; 03-219 1123; www.churchhill.co.nz; 36 Kamahi Rd, Oban; Mittagessen 14–28 NZ$, Abendessen 37–39 NZ$; So 12–14.30, tgl. 17.30 Uhr bis spätabends) Im Sommer lässt sich vom Sonnendeck der alten Villa der Blick auf die Berge genießen, in kühleren Monaten lädt der offene Kamin zum Chillen ein. Berühmt ist das Haus für seinen Fisch und die Meeresfrüchte, zu den Highlights zählen Austern, Krebse und Lachs – alle auf moderne und raffinierte Art zubereitet. Und zum Abschluss locken ausgezeichnete Desserts. Für das Dinner sollte man einen Tisch reservieren.

South Sea Hotel PUB
(Karte S. 697; 03-219 1059; www.stewart-island.co.nz; 26 Elgin Tce, Oban; 7–21 Uhr;) Willkommen in einem der klassischen Pubs Neuseelands. Hier gibt es himmlische Fish & Chips, Bier vom Fass, ein gutes Café (Hauptgerichte 15–33 NZ$) und viele anregende Gespräche an der Bar. Aus diesem Grund ist es auch zu jeder Tages- und Nachtzeit empfehlenswert. Am Sonntagabend findet regelmäßig ein Kneipenquiz statt – ein unvergessliches Stück Inselleben. Wem es dort gut gefällt, kann auch eines der schlichten Zimmer mieten.

Unterhaltung

Bunkhouse Theatre KINO
(Karte S. 697; 027 867 9381; www.bunkhousetheatre.co.nz; 10 Main Rd, Oban; Karten 10 NZ$; Vorstellungen 11, 14 & 16 Uhr) Obans gemütliches kleines Kino zeigt den netten 40-minütigen Film *A Local's Tail*, der einen unterhaltsamen Überblick über Geschichte und Kultur von Stewart Island/Rakiura gibt. Dazu gibt es Jaffa-Plätzchen und selbst gemachtes Popcorn.

Shoppen

Glowing Sky KLEIDUNG
(Karte S. 697; 03-219 1518; www.glowingsky.co.nz; Elgin Tce, Oban; Mo–Do 10.30–15.30, Fr–So 10–17 Uhr) Glowing Sky wurde einst auf der Insel gegründet, produziert aber heute auf der Hauptinsel. Im Sortiment sind T-Shirts mit Māori-Designs und schöne Kleidungsstücke aus Merinowolle für Damen, Kinder und Herren.

Praktische Informationen

Allgemeine Informationen holt man sich am besten in der **Invercargill i-SITE** (S. 685) auf der Hauptinsel.

Rakiura National Park Visitor Centre (Karte S. 697; ☎ 03-219 0009; www.doc.govt.nz; 15 Main Rd, Oban; ⏲ Dez.–April tgl. 8–17 Uhr, Mai–Nov. Mo–Fr 8.30–16.30, Sa & So 10–15 Uhr) Hier erhält man Information zu Wanderwegen, kann aber auch Hütten buchen sowie topografische Karten, Notfunkbaken, Bücher und einige fürs Wandern unerlässliche Dinge wie etwa Insektenschutzmittel und ein paar neue Wollsocken kaufen. Es gibt Infomaterial über Flora und Fauna von Stewart Island/Rakiura, während eine Videothek Unterhaltung und Wissen vermittelt (ein guter Plan B für verregnete Tage).

Über Adventuresmart (www.adventuresmart.org.nz) sollte man seine Wanderungen registrieren.

Red Shed Oban Visitor Centre (Karte S. 697; ☎ 0800 000 511, 03-219 0056; www.stewartislandexperience.co.nz; 12 Elgin Tce, Oban; ⏲ Okt.–April 7.30–18.30 Uhr, Mai–Sept. 8–17 Uhr) Das Buchungsbüro von Stewart Island Experience liegt bequem in der Nähe des Anlegers. Die Mitarbeiter können nahezu alles auf der und rund um die Insel organisieren, darunter Unterkünfte, geführte Touren, Bootstrips, Fahrräder und Mietautos.

Auf Stewart Island/Rakiura gibt es keine Banken. Im Four Square Supermarkt steht ein Geldautomat, der allerdings etwas eigenwillig ist. Kreditkarten werden fast überall akzeptiert.

An- & Weiterreise

Stewart Island Experience (Karte S. 697; ☎ 0800 000 511, 03-212 7660; www.stewartislandexperience.co.nz; Main Wharf, Oban; Erw./Kind einfach 175/38 NZ$, hin & zurück 130/65 NZ$) Die Personenfähre verkehrt bis zu viermal täglich zwischen Bluff und Oban (im Winter seltener). Im Sommer sollte man die Passage einige Tage im Voraus buchen! Die Überfahrt dauert eine Stunde und kann manchmal sehr unruhig sein.

Die Firma betreibt auch einen Shuttle-Service zwischen Bluff und Invercargill (Erw./Kind 24/12 NZ$) mit Stopps in Invercargill an der i-SITE, beim Tuatara Backpackers und beim Invercargill Airport.

Autos können gegen eine Gebühr auf einem sicheren Parkplatz in Bluff abgestellt werden.

Stewart Island Flights (☎ 03-218 9129; www.stewartislandflights.com; Elgin Tce, Oban; Erw./Kind einfach 123/80 NZ$, hin & zurück 213/128 NZ$) fliegt dreimal täglich zwischen der Insel und Invercargill, mit erfreulichen Rabatten für Last-Minute-Flüge und für Reisende über 60 Jahren. Im Preis inbegriffen ist der Transfer zwischen dem Inselflughafen und dem Büro in Oban am Wasser.

Unterwegs vor Ort

Straßen gibt es auf der Insel nur in Oban und den umliegenden Buchten. Stewart Island Experience vermietet Autos und Motorroller bei **Red Shed** (s. links).

Wassertaxis bieten die Mitnahme zur Insel Ulva und entlegenen Punkten auf Stewart Island an – ein nützlicher Service für Wanderer. Zu den Betreibern zählen **Aihe Eco Charters & Water Taxi** (☎ 03-219 1066; www.aihe.co.nz), **Rakiura Charters & Water Taxi** (S. 696) und **Stewart Island Water Taxi & Eco Guiding** (☎ 0800 469 283, 03-219 1394; www.stewartislandwatertaxi.co.nz).

Neuseeland verstehen

Neuseeland aktuell

Neuseeland wurde in den vergangenen Jahren immer wieder von Katastrophen heimgesucht – verheerende Erdbeben, tragische Bergwerksunfälle und Hubschrauberabstürze haben ihre Spuren hinterlassen. Und doch sind die Aussichten günstig: Der Tourismus boomt, die Kunstszene ist ebenso lebendig wie der Markt für Craft Beer, und die Rugby- und Kricket-Teams des Landes sind in bestechender Form – Grund genug, hoffnungsvoll in die Zukunft zu schauen.

Top-Filme

Herr-der-Ringe-Trilogie (Sir Peter Jackson; 2001–2003) Hobbits, Drachen und magische Ringe – Tolkiens Fantasiewelt auf der Leinwand.

Hobbit-Trilogie (Sir Peter Jackson; 2012–2014) Noch mehr Kreaturen aus dem Kosmos von Tolkien.

Das Piano (Jane Campion; 1993) Ein Klavier und seine Besitzerin tauchen Mitte des 19. Jhs. an einem Strand auf.

Whale Rider (Niki Caro; 2002) Eine Geschichte von Familienwerten und Traditionen an der East Coast.

Die letzte Kriegerin (Lee Tamahori; 1994) Ein Film über brutale häusliche Gewalt in South Auckland.

Top-Bücher

The Luminaries (Eleanor Catton; 2013) Verbrechen und Intrigen in den Goldminen an der West Coast.

Mister Pip (Lloyd Jones; 2007) In Bougainville begeistern sich Kinder für Dickens' *Große Erwartungen*.

Lebende Fracht (Maurice Gee; 1998) Konflikte aus dem Zweiten Weltkrieg brechen in Neuseeland auf.

Abends um 10 (Kate de Goldi; 2009) Der 12-jährige Frankie stellt sich den großen Herausforderungen des Lebens.

Katherine Mansfield: Sämtliche Erzählungen (2006) Die wichtigsten Werke der bedeutenden neuseeländisch-britischen Schriftstellerin.

Grund zur Freude

Christchurch erholt sich von den Erdbeben der Jahre 2010 und 2011 – und macht dabei gute und weniger gute Erfahrungen. Einerseits bleibt die Haltung vieler Bürger gegenüber den Behörden reserviert, da nicht alle Entscheidungen der Verwaltung Beifall finden; andererseits festigt das Erlebte das Selbstbild vieler Neuseeländer, die sich als „Kämpfer" fühlen und stolz auf ihre Gemeinschaft sind. Stolz können die Neuseeländer derzeit auf vieles sein. Nach dem Erfolg der All Blacks beim Rugby World Cup im eigenen Land gelang es der Nationalmannschaft 2015, den Erzrivalen Australien im Finale in London mit 34:17 zu bezwingen. Damit gelang es Neuseeland als erstem Land, einen Titel beim Rugby World Cup zu verteidigen. Der erneute Sieg krönte vier Jahre, in denen die All Blacks gerade einmal drei von 53 Spielen verloren (und einmal unentschieden spielten).

Die Sportbegeisterung der Neuseeländer ist nicht auf Rugby beschränkt. 2015 gelang es dem Kricket-Team der Herren, den Black Caps, zum ersten Mal das Finale eines World-Cup-Turniers zu erreichen – und die Zeit vor und nach diesem Erfolg war ebenfalls eindrucksvoll. Zu den Sportstars des Landes zählen die Golferin Lydia Ko, die 2015 mit nur 17 Jahren auf Platz 1 der Weltrangliste geführt wurde, außerdem der NBA-Basketballer Steven Adams (aus Rotorua), der Rennfahrer und IndyCar-Champion Scott Dixon und Valerie Adams, die erfolgreichste Kugelstoßerin der Welt (ebenfalls aus Rotorua).

Was die Kunst betrifft, hat der kanadische Regisseur James Cameron inzwischen ein Landhaus in der Nähe von Wellington bezogen, wo er ab 2016 drei neue Folgen von *Avatar* drehen möchte. Sein Projekt dürfte Anlass für erhebliche Investitionen sein und den Ruf des Landes als erstklassiger Standort für Filmproduktionen weiter festigen.

Und schließlich rangieren die zahlreichen Craft Beer-Sorten Neuseelands mittlerweile international ganz oben auf der Beliebtheitsskala. Wo immer man derzeit im Land unterwegs ist, entdeckt man die Erzeugnisse dieser Kleinbrauereien: regional verankert, aromatisch, kräftig und mit Leidenschaft vermarktet. Die Weinindustrie wirkt schon nervös und fragt sich, wo die vielen Weinliebhaber nur geblieben sind ...

Kein Flaggenwechsel

In jüngster Zeit debattierte Neuseeland über die Frage, ob man sich für eine neue Nationalflagge entscheiden solle oder nicht. Was störte denn an der alten? Eigentlich nichts, sie war ganz in Ordnung. Bis auf den britischen „Union Jack" links oben, eine Reminiszenz an die Zeiten der britischen Kolonialherrschaft.

Im Zeichen der Postkolonialismus – und da Neuseeland sich ohnehin als fortschrittliche Nation empfindet – glaubten viele, es sei an der Zeit, das letzte verbliebene Band abzutrennen, das noch am englischen Vaterland hing. Man sei doch schon seit Jahrzehnten frei und unabhängig und solle sich besser unter einer neuen Flagge versammeln. Kanada sei das schon 1965 gelungen – warum sollte Neuseeland nicht folgen?

Im Rahmen eines ersten Referendums wurden Ende 2015 fünf Entwürfe zur Abstimmung gestellt. Sieger wurde die „Flagge mit dem Silberfarn", wobei das Farnblatt an die Stelle des „Union Jack" treten sollte. Bei der zweiten Volksabstimmung im Jahr 2016 hielt die Mehrheit dann allerdings der traditionellen Flagge die Treue. Was für eine Verschwendung von Steuergeld – oder doch ein wichtiger Schritt auf dem Weg der Unabhängigkeit? Die Zukunft wird es zeigen.

Transpazifische Partnerschaft

Nach sieben Verhandlungsjahren veröffentlichten im Oktober 2015 zwölf Staaten mit pazifischen Interessen den Text eines Handelsabkommens mit dem Namen „Transpazifische Partnerschaft" (TPP): Australien, Brunei, Chile, Japan, Kanada, Malaysia, Mexiko, Neuseeland, Peru, Singapur, die Vereinigten Staaten und Vietnam. Das Abkommen sieht zahlreiche Initiativen vor, um die Beziehungen und den Handel innerhalb der Region zu verbessern. Neuseeland dürfte vor allem vom Wegfall der Steuern und Zölle auf Exporte profitieren, insbesondere im Bereich der Milchwirtschaft.

Kritiker der TPP befürchten allerdings, das Abkommen werde in Neuseeland die Kosten für wichtige Medikamente in die Höhe treiben; insgesamt räume der Vertrag Großunternehmen zu viele Möglichkeiten ein, nationale und internationale Arbeitsschutzregelungen zu umgehen und sich über Gesetze zum Schutz der Umwelt, der Gesundheit, der Finanzen oder der Lebensmittel hinwegzusetzen und Profitinteressen über das Allgemeinwohl zu stellen. Ob das Abkommen letztlich ein Erfolg wird oder nicht, bleibt abzuwarten.

EINWOHNER: **4,64 MIO.**

FLÄCHE: **268 021 KM²**

BIP-WACHSTUM: **2,4 % (2015)**

INFLATION: **0,4 % (2015)**

ARBEITSLOSIGKEIT: **6 % (2015)**

Lebten 100 Leute in Neuseeland, wären ...

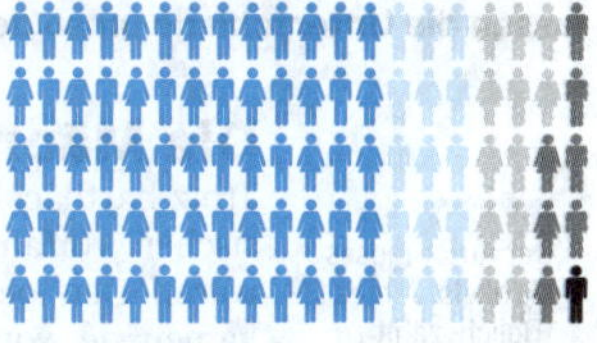

65 europäischer Herkunft
15 Māori
12 Asiaten
7 Pazifikinsulaner
1 anderer Nationalität

Wo sie leben
(% der Neuseeländer)

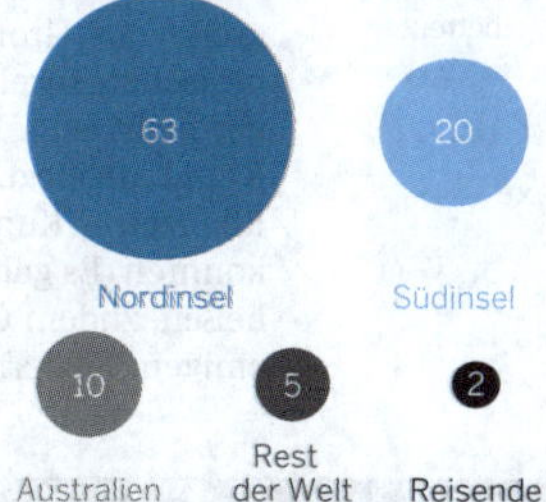

Einwohner pro km²

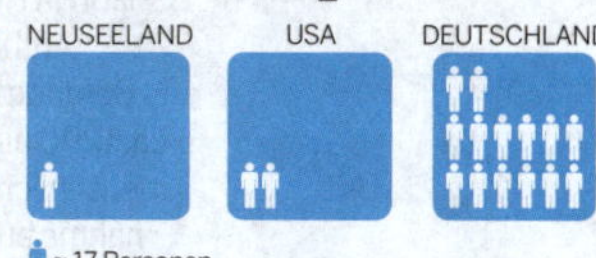

Geschichte

von James Belich

Die Geschichte Neuseelands ist zwar recht kurz, dafür ist sie jedoch rasant verlaufen. In weniger als 1000 Jahren erschienen hier zwei völlig neue Völker auf der Bildfläche: die polynesischen Māori und die europäischen Neuseeländer. Letztere tragen auch einen Māori-Namen, obwohl sie ihn nicht gerne hören: „Pākehā". Einige Aspekte der Geschichte teilt Neuseeland mit dem restlichen Polynesien und mit den verschiedensten europäischen Kolonien, anderes ist hier jedoch ganz einzigartig. Und gerade die Ähnlichkeiten lassen die Unterschiede umso deutlicher hervortreten.

Der Autor dieses Artikels, James Belich, zählt zu den renommiertesten Historikern Neuseelands. Er hat eine Reihe von Büchern über die Geschichte dieses Landes geschrieben und die TV-Dokumentarserie *The New Zealand Wars* betreut.

Die Māori

Trotz hartnäckiger Mythen besteht kein Zweifel daran, dass die polynesischen Vorfahren der heutigen Māori die ersten Siedler Neuseelands waren. Dennoch bleiben Fragen offen: Aus welchem Teil Ostpolynesiens kamen sie: von den Cookinseln, aus Tahiti, vielleicht von den Marquesas? Wann landeten sie hier? Kamen die ersten Siedler in einer oder in mehreren Gruppen? Einerseits deutet einiges, z. B. die DNA von Ratten, die mit den Siedlern auf Neuseeland strandeten, auf mehrere Siedlungsreisen hin. Andererseits haben nur Ratten und Hunde der Siedler überlebt, nicht aber die nützlicheren Schweine und Hühner. Das Überleben dieser geschätzten Tiere hätte wohl oberste Priorität gehabt – das Scheitern einer erfolgreichen Einführung lässt allerdings auf weniger Reisen schließen.

Im Vergleich zu Australien ist Neuseeland zwar klein, doch es ist größer als Großbritannien und sehr viel größer als die anderen polynesischen Inseln. Landschaft und Klima des Landes könnten vielfältiger nicht sein. Die ersten Siedlungen wurden an der Küste im warmen Klima angelegt, sodass in den Gärten die mitgebrachten polynesischen Pflanzen – Kumara (Süßkartoffeln), Gourd, Yam und Taro – gedeihen konnten. Es gab viele Steine, die sich zu Messern und Beilen verarbeiten ließen, zudem Gegenden mit viel Großwild. Neuseeland hat zwar außer einigen Fledermausarten keine Landsäuger, dennoch ist „Großwild"

ZEITACHSE

1000–1280

Möglicher Zeitpunkt des Eintreffens der Māori in Neuseeland. Archäologische Befunde deuten auf ca. 1200 hin; die erste menschliche Einflussnahme auf die Natur fand vermutlich noch früher statt.

1642

Abel Tasman findet auf seiner Expedition von Niederländisch-Ostindien aus das „Great South Land". Nach einem Scharmützel mit den Māori auf See verlässt seine Gruppe die Gegend ohne Landgang.

1769

Der Kontakt mit Europa wird durch James Cook und Jean de Surville – nun dauerhaft – wiederhergestellt. Es gelingt ihnen, mit den Māori zu kommunizieren.

DIE MORIORI & IHR MYTHOS

Eine der hartnäckigsten Legenden Neuseelands besagt, dass die Māori das Land bei ihrem Eintreffen bereits bewohnt vorfanden. Die melanesischen Moriori sollen dort gelebt haben – ein friedvolles Volk, das von den Māori ausgelöscht worden sein soll. Dieser Mythos wurde seit den 1920er-Jahren immer wieder von Forschern verworfen, hat aber dennoch bis heute überlebt.

Was die Sache noch komplizierter macht: Die Moriori gab es wirklich und die Māori haben sie schlecht behandelt. Die echten Moriori lebten auf den Chatham-Inseln, einer Inselgruppe 900 km östlich des Kernlands. Sie waren selbst echte Polynesier und stammten von den Māori ab – „Moriori" war ihre Version desselben Wortes. 1835 kamen im Zuge der Musketenkriege Māori von den Hauptinseln auf die Chathams. Sie töteten einige Moriori, versklavten den Rest, löschten sie aber nicht aus. So bleiben die Moriori der Hauptinseln ein Mythos.

keine Übertreibung: Die Inseln waren die Heimat eines Dutzends von Moa-Arten (recht große, aber flugunfähige Vögel), von denen die größten bis zu 240 kg Gewicht hatten und etwa doppelt so groß wie Strauße waren. Außerdem bevölkerten noch andere Arten flugunfähiger Vögel das Festland und große Meeressäuger, z. B. Seelöwen, das Wasser. Für die polynesischen Jäger waren all diese Tiere wie ein Sechser im Lotto. Innerhalb von nur 100 Jahren verteilten sich die Siedler von der Spitze der Nordinsel bis in den äußerten Zipfel der Südinsel. Für diese Bevölkerungsexplosion wird von Wissenschaftlern auch die proteinreiche Ernährung verantwortlich gemacht.

Gerüchte über Sichtungen des ausgestorbenen Riesenvogels Moa flackern zwar hin und wieder auf, aber keines davon konnte wirklich bestätigt werden. Wer also unterwegs einem leibhaftigen Moa begegnet, sollte ihn rasch fotografieren – es dürfte sich um die größte zoologische Sensation des Jahrhunderts handeln.

Etwa um 1400, mit dem Schwinden des Großwildbestands, wandten sich die Māori den kleineren Tieren zu – Waldvögeln und Ratten – und aus den Jägern wurden mehr und mehr Bauern und Fischer. Ein Überleben war noch gut möglich, auch wenn dafür genauere Ortskenntnisse, unermüdliche Anstrengungen und eine komplizierte Organisation nötig waren. Die Māoristämme mussten sich anpassen. Der Wettbewerb um Ressourcen verschärfte sich, ebenso die Konflikte. Das führte zur Entwicklung von immer raffinierteren Befestigungen, den *pa*. Überreste dieser *pa*-Erdbauten sind noch überall im Land zu finden, z. B. auf den Hügeln von Auckland.

Die Māori kannten weder Metalle noch eine Schrift (und weder Alkohol noch Drogen). Ihre Kultur und Spiritualität waren dennoch außerordentlich reich. Zwischen Ranginui (dem Himmelsvater) und Papatuanuku (der Erdenmutter) kannten sie eine ganze Reihe von Göttern – Götter des Landes, der Wälder und Meere, denen die Ahnen zur Seite standen,

1772

Ankunft der französischen Expedition unter Marion du Fresne; sie bleibt einige Zeit in der Bay of Islands. Anfangs herrscht guter Kontakt zu den Māori, aber der Bruch eines *tapu* führt zu Gewalt.

1790er-Jahre

Walfangschiffe und Robbenfänger erreichen das Land. Es entstehen Kontakte zu den Māori, wobei vor allem die Europäer, Nahrungsmittel, Wasser und Schutz brauchen.

1818–1836

Zeitpunkt der „Musketenkriege" zwischen einzelnen Māoristämmen: Einige haben Musketen und besiegen die „Unbewaffneten". 1836 endet der Krieg bei Waffengleichheit.

1837

Australische Opossums werden nach Neuseeland eingeführt.

CAPTAIN JAMES COOK

Sollten einmal Außerirdische die Erde besuchen, dann wundern sie sich bestimmt über die vielen Obelisken, Gedenktafeln und Statuen eines Mannes mit Perücke, der von Alaska bis Australien, von Neuseeland bis North Yorkshire und von Sibirien bis zum Pazifik überall aufs Meer hinausblickt. James Cook (1728–1779) entdeckte mehr von der Welt, als sonst jemand vor und nach ihm. Es ist fast unmöglich, den Pazifik zu bereisen, ohne dem Bild des Kapitäns und seinem umstrittenen Erbe zu begegnen, das er in den vielen, von ihm für den Westen geöffneten Ländern hinterließ.

.Cook, der so viel in der Welt herumkam und so berühmt wurde, stammte aus einem extrem armen und provinziellen Elternhaus. Der Sohn eines Tagelöhners im ländlichen Yorkshire kam in einer Lehmhütte zur Welt, genoss kaum Schulbildung und schien der geborene Bauer zu sein. Stattdessen ging Cook als Jugendlicher zur See, arbeitete sich vom Diener auf einem Kohlendampfer rauf bis zum Offizier und machte durch seine außergewöhnlichen Karten von Kanada auf sich aufmerksam. Doch wahrscheinlich wäre Cook ein unbekannter zweiter Offizier geblieben, hätte ihn nicht 1768 die Royal Navy auserwählt, eine gewagte Expedition in die Südsee zu leiten.

In einem umgebauten Kohlenschiff, der *Endeavour*, segelte Cook mit einer 70 Mann starken Besatzung nach Tahiti und war der erste Europäer, der in Neuseeland und an der Ostküste Australiens an Land ging. Obwohl das Schiff nach einer Kollision mit dem Great Barrier Reef beinahe sank und 40 % der Mannschaft von Krankheiten dahingerafft wurden oder durch Unfälle starben, schaffte es die *Endeavour* 1771 irgendwie nach Hause. Auf einer weiteren Reise (1772–1775) überquerte Cook als erster Seefahrer den südlichen Polarkreis. Mit seiner Expedition in den äußersten Süden der Erde zerstörte er den alten Mythos eines riesigen, bevölkerten und fruchtbaren Kontinents um den Südpol. Zudem befuhr Cook den ganzen Pazifik von den Osterinseln bis nach Melanesien und entdeckte unterwegs Dutzende von Inseln. Obwohl die Māori zehn seiner Seeleute töteten und kochten, hatte Cook für die Insulaner stets Verständnis. „Auch wenn sie Kannibalen sind", schrieb er, „sind sie von ihrem Wesen her gut."

Auf seiner letzten Reise (1776–1779) war Cook auf der Suche nach der Nordwestpassage. Dabei wurde er zum ersten Europäer, der Hawaii betrat. Er segelte an der amerika-

Einen kompletten Überblick über die Geschichte Neuseelands von Gondwanaland bis heute findet man im Internet unter www.history-nz.org

die nach dem Tod allmählich zu den Göttern aufrückten. Besonders wichtig war der Halbgott Māui. In den alten Mythen zähmte er die Sonne und besiegte die Nordinsel; schließlich kam er zwischen den Schenkeln der Göttin Hine-nui-te-po zu Tode – beim Versuch, in ihren Körper einzudringen und damit die Sterblichkeit des Menschen zu überwinden.

Die darstellenden Künste der Māori, insbesondere Tanz und Gesang, die als *kapa haka* bekannt sind, üben ihre Faszination bis auf den heutigen Tag aus. Auch die bildenden Künste der Māori, vor allem die Holzschnitzerei, sind einzigartig.

1840

Ausgehend von Waitangi in der Bay of Islands unterzeichnen ab dem 6. Februar rund 500 Māori-Stammesführer den Vertrag von Waitangi. Darin wird die Souveränität auf die britische Krone übertragen.

1844

Der junge Ngāpuhi-Häuptling Hone Heke provoziert, als er zuerst die britische Flagge in Kororareka (heute: Russell) und dann die Stadt selbst zerstört. Der folgende Northland-Krieg dauert bis 1846.

1858

Te Wherowhero aus Waikato wird erster König der Māori.

1860–1869

Erster und Zweiter Taranaki-Krieg, ausgelöst durch den kontrovers diskutierten Landbetrug der Regierung und angefacht durch weitere Enteignungen.

nischen Küste entlang von Oregon bis Alaska. Als das arktische Packeis ihn zur Rückkehr zwang, kehrte er nach Hawaii zurück. Dort wurde er während eines Scharmützels mit den Insulanern getötet, die ihn anfangs noch als einen polynesischen Gott verehrt hatten. In einem einzigen Jahrzehnt hatte Cook die Karte des Pazifiks gefüllt und ließ seinen Nachfolgern, wie ein französischer Seemann es auf den Punkt brachte, nicht mehr viel zu tun, als seine Entdeckungen zu bewundern.

Cooks Erbe beinhaltet weit mehr als seine Karten des Pazifiks, auch wenn einige davon so genau waren, dass sie bis in die 1990er-Jahre benutzt wurden. Seine Fahrten waren die ersten wirklich wissenschaftlichen Entdeckungsreisen, denn auf seinen Schiffen waren geschulte Beobachter: Künstler, Astronomen, Botaniker – sogar Dichter. Ihre Beobachtungen legten den Grundstein für Disziplinen wie die Anthropologie und die Museumswissenschaft. Sie bewegten aber auch westliche Künstler und Schriftsteller dazu, den Südpazifik als unschuldiges Paradies zu romantisieren. Indem sie Tier- und Pflanzenarten sammelten, revolutionierten Cooks Begleiter die Art und Weise, wie der Westen die Natur sah, öffneten sie die Augen der zivilisierten Welt für die Vielfalt von Flora und Fauna. Charles Darwins Reise auf der *Beagle* war da schon vorgezeichnet.

Doch Cooks Reisen brachten schließlich auch den Kolonialismus in den Pazifikraum. Innerhalb weniger Jahrzehnte nach seinem Tod kamen Missionare, Walfänger, Händler und Siedler und begannen, die Inselkulturen zu verändern – und oft auch zu zerstören. Daher betrachten viele der einheimischen Völker James Cook als einen imperialistischen Schurken, der dem Pazifik nur Seuchen, Enteignungen und andere Übel bescherte (deshalb die andauernden Schändungen der Cook-Denkmäler). Nichtsdestotrotz dienen den Völkern bei der Wiederbelebung traditioneller Fertigkeiten und Künste – von der Tätowierung bis zur Herstellung von *tapa* (einem Rindenbaststoff) – die Aufzeichnungen von Cook und seinen Begleitern oft als Quelle einer kulturellen Renaissance. Und wie man den Bauernburschen aus Yorkshire auch letztlich bewerten mag, er hat den modernen Pazifikraum geprägt wie kein anderer.

Tony Horwitz, Pulitzerpreisträger, Sachbuchautor und Journalist. Bei seinen Recherchen für das Buch „Cook: Die Entdeckung eines Entdeckers" *bereiste Tony den Pazifik, immer auf den Spuren Cooks.*

Ankunft der Europäer

1840 wurde Neuseeland offiziell zur britischen Kolonie. Der erste verbürgte Kontakt zwischen den Māori und der Außenwelt fand aber bereits 1642 in der Golden Bay auf der Südinsel statt. Damals kamen niederländische Schiffe aus Indonesien auf der Suche nach dem „Great South Land" und den Schätzen, die dort vermutet wurden. Der Kommandant Abel Tasman sollte gegenüber Eingeborenen so tun, als sei man nicht an Edelmetallen interessiert, und er sollte sie auch nicht über deren Wert aufklären.

1861

Gabriel Read, ein australischer Goldsucher, entdeckt in Otago Gold. Infolgedessen steigt die Bevölkerungszahl von Otago innerhalb von sechs Monaten von unter 13 000 auf über 30 000.

1863/64

Waikato-Krieg. Rund 5000 Māori widersetzen sich einer Invasion von Kolonialtruppen mit rund 20 000 Mann. Trotz großer Erfolge unterliegen die Māori am Ende, weiteres Land wird konfisziert.

1868–1872

Ostküstenkrieg: Te Kooti führt nach seiner Flucht aus dem Gefängnis auf den Chatham Islands einen Heiligen Guerillakrieg in der Urewera-Region. Schließlich zieht er sich zurück und gründet die Ringatu-Kirche.

1886/87

Die Tuwharetoa übereignen der Regierung die Berge Ruapehu, Ngauruhoe und Tongariro zur Einrichtung des vierten Nationalparks der Welt.

Der Niederländer Abel Tasman nannte Neuseeland zunächst „Statenland", denn er glaubte, es sei mit Staten Island bei Argentinien verbunden. Später wurde das Land nach dem holländischen Zeeland benannt.

Als Tasmans Schiff in der Bucht ankerte, erschienen Māori in ihren Kanus, um die klassische Frage zu stellen: Freund oder Feind? Die Holländer verstanden nicht und bliesen zum Angriff. Ein Boot wurde angegriffen, vier Besatzungsmitglieder fielen. Tasman segelte davon und kam nie wieder. Ebenso verfuhren alle Europäer in den nächsten 127 Jahren. Immerhin jedoch ließen die Niederländer einen Namen zurück – „Statenland", bald abgewandelt zu „Nieuw Zeeland" bzw. „Neuseeland".

Erst 1769 wurde der Kontakt zwischen Europäern und den Māori erneuert, als unter James Cook und Jean de Surville englische und französische Entdecker landeten. Die Beziehungen waren harmonischer, und weitere Expeditionen wurden unternommen, motiviert durch Wissenschaft, Profitdenken und politische Rivalitäten. Zwischen 1773 und 1777 kam Cook noch zweimal nach Neuseeland, außerdem gab es weitere französische Expeditionen.

Ab den 1790er-Jahren gab es auch inoffizielle „Besuche" durch Walfänger im Norden und Robbenjäger im Süden. 1814 wurde in der Bay of Islands die erste Missionsstation gegründet. Weitere folgten: Anglikaner, Methodisten und Katholiken. Der Flachs- und Holzhandel ließ in den 1820er-Jahren erste kleine Siedlungen von Europäern und Māori entstehen. Überraschenderweise kamen wohl die meisten europäischen Besucher aus Amerika. Walfänger aus Neuengland rasteten gerne in der Bay of Islands. Allein zwischen 1833 und 1839 waren es 271. Doch für die Walfänger bedeutete „Rast" Sex und Saufen. Am liebsten suchten sie dabei die kleine Stadt Kororareka (heute Russell) heim. Die Missionare nannten sie nur „das Höllenloch des Pazifiks".

„Kaore e mau te rongo – ake, ake!" (Wir werden niemals Frieden schließen – niemals, niemals!) So die Erwiderung des Kriegsherrn Rewi Maniapoto auf das Erscheinen von Regierungstruppen in der Schlacht von Orakau, 1864.

Vor 1840 belasteten einige blutige Auseinandersetzungen die Beziehungen zwischen Europäern und Māori, sie blieben aber recht überschaubar. Die Europäer brauchten den Schutz der Māori, ihre Nahrung und Arbeitskraft. Die Māori wollten ihrerseits Waren von den Europäern, vor allem Musketen. Walfangstationen und Missionen wurden durch Eheschließungen mit ansässigen Māori etabliert, was auch dazu beitrug, den Frieden zu sichern. Am häufigsten kam es unter den Māori selbst zu Kriegshandlungen, vor allem in den grausamen Musketenkriegen von 1818 bis 1836. Die Māori im Norden hatten früh Kontakt zu den Europäern, weshalb der dortige Stamm der Ngāpuhi als erster Feuerwaffen besaß. Unter ihrem General Hongi Hika überfielen die Ngāpuhi den Süden und besiegten in blutigen Kämpfen die herkömmlich bewaffneten Stämme. Kaum selbst im Besitz von Musketen, schlossen sich diese den Ngāpuhi an und überfielen ihrerseits die noch weiter südlich lebenden Stämme. Dieser Dominoeffekt erreichte schließlich 1836 den äußersten Süden der Südinsel. Wenn die Missionare behaupteten, ihr Einfluss hätte schließlich die Kriege beendet, so war es doch eher das Kräftegleichgewicht, das nun durch die Verteilung von Musketen erreicht war.

1893

Als erstes Land der Welt führt Neuseeland das Frauenwahlrecht ein. Vorausgegangen war eine von Kate Sheppard angeführte Kampagne.

1901

Neuseeland schlägt die Einladung zum Beitritt zum Commonwealth of Australia dankend aus.

1908

Der neuseeländische Atomphysiker Ernest Rutherford erhält den Nobelpreis für Chemie.

1914–1918

Neuseelands Beteiligung am Ersten Weltkrieg ist für ein Land mit nur ca. 1 Mio. Einwohnern beträchtlich: 100 000 Männer dienen in Übersee, an die 60 000 fallen, die meisten an der Westfront in Frankreich.

Aus Europa kamen nicht nur Waffen und Schießpulver, sondern auch Schweine oder Kartoffeln, wovon auch die Māori profitierten. Musketen und Krankheiten hatten den entgegengesetzten Effekt, aber die negativen Auswirkungen der Kolonialisierung wurden mitunter überschätzt: Die ersten Schätzungen der Māoribevölkerung waren mit bis zu 1 Mio. Menschen zunächst viel zu hoch. Heute wird angenommen, dass 1769 zwischen 85 000 und 110 000 Māori in Neuseeland lebten. In den Muske-

DIE NEUSEELANDKRIEGE

Vor allem fünf unterschiedliche Konflikte werden heute allgemein unter dem Begriff „Neuseelandkriege" (auch: Land Wars oder Māori-Kriege) zusammengefasst. Die Kämpfe, die in Northland ihren Ausgang nahmen und sich über die gesamte Nordinsel zogen, hatten vielschichtige Ursachen, allen gemeinsam aber war als Anlass *whenua* – das Land. Einmal kämpften die Māori auf Seiten der Regierung, ein anderes Mal gegen sie; die Regierung stützte sich auf die Britische Armee, australische Truppen und eigene bewaffnete Polizeikräfte. Als Strafe für die Teilnahme an diesen Kriegen wurde damals Land der Māori enteignet. Diese Eingriffe sorgen bis heute für Konflikte und die Regierung leistet immer noch Entschädigungszahlungen für ihre aus heutiger Sicht unrechtmäßige Vorgehensweise.

Northland-Krieg (1844–1846) „Hone Hekes Krieg" begann mit der berühmten Fällung des Flaggenmastes in Kororareka (heute Russell) und „endete" in Ruapekapeka (südlich von Kawakawa). In mancher Hinsicht war dies eher ein Bürgerkrieg zwischen unterschiedlichen Parteien der Ngāpuhi, wobei die Regierung eine Seite gegen die andere ausspielte.

Erster Taranaki-Krieg (1860/61) Der erste Taranaki-Krieg brach in Waitara aus; die Māori auf der gesamten Nordinsel ergriffen leidenschaftlich Partei.

Waikato-Krieg (1863/64) Der größte unter den fünf Kriegen. In erster Linie war die Kingitanga (King-Bewegung) der Māori darin verstrickt; zum Krieg kam es, weil die Regierung ihren Souveränitätsanspruch gefährdet sah. Dahinter stand allerdings auch in diesem Fall eine Auseinandersetzung um Landbesitz. Nach Niederlagen wie der von Rangiriri wurden die Waikato vollständig von ihrem Land vertrieben und ins spätere King Country umgesiedelt.

Zweiter Taranaki-Krieg (1865–1869) Der zweite Taranaki-Krieg war eine Folge des Māori-Widerstands gegen die Landenteignungen nach dem ersten Taranaki-Krieg. Bei keinem der Kriege waren die Māori einem Sieg so nahe wie hier unter dem weitsichtigen General Titokowaru. Als er jedoch (vermutlich durch eine Indiskretion) den Respekt seiner Krieger einbüßte, ging auch dieser Krieg verloren.

Ostküsten-Krieg (1868–1872)Te Kootis heiliger Guerillakrieg.

1931

Beim schweren Erdbeben in Napier und Hastings kommen 131 Menschen ums Leben.

1935–1949

Unter Michael Savage kommt die erste Labour-Regierung an die Macht. Sie schafft Neuseelands wegweisende Version eines Wohlfahrtsstaates und ergreift unabhängig die Initiative in der Außenpolitik.

1936

Die neuseeländische Pilotin Jean Batten legt die Strecke von Großbritannien nach Neuseeland als erster Mensch ganz allein zurück.

1939–1945

Während des Zweiten Weltkriegs unterstützen neuseeländische Truppen Großbritannien und die Alliierten; ab 1942 kommen rund 100 000 amerikanische Soldaten nach Neuseeland, um es vor Japan zu schützen.

Maurice Shadbolts *Season of the Jew* (1987) handelt vom blutigen Feldzug des Kriegers Te Kooti gegen die Briten in der Poverty Bay in den 1860er-Jahren. Te Kooti und seine Anhänger verglichen sich damals mit den Israeliten und deren Auszug aus Ägypten. Mehr über diese neuseeländischen Kriege erfährt man unter www.newzealandwars.co.nz

tenkriegen wurden etwa 20 000 getötet, ebenso wüteten eingeschleppte Krankheiten – auch wenn die Abgeschiedenheit Neuseelands eine Art natürliche Quarantäne war: Infizierte Europäer erholten sich entweder auf der langen Reise oder sie starben. Manche Krankheiten wie die Pocken, die unter den amerikanischen Ureinwohnern wüteten, schafften es gar nicht bis Neuseeland. Alles in allem wurde bis 1840 die Zahl der Māori auf etwa 70 000 reduziert, was einen Bevölkerungsschwund von weniger als 20 Prozent bedeutet. Die Māori litten also unter dem Kontakt mit den Europäern, sie konnten sich aber immerhin behaupten.

Die Pākehā

Seit 1840 bezeichneten die Māoristämme die Europäer als „ihre Pākehā" und schätzten Profit und Prestige, die mit ihnen ins Land kamen. Die Māori wollten mehr von beidem, und die Briten als Autorität anzuerkennen, war in ihren Augen der richtige Weg; gleichzeitig gab die britische Regierung ihre Zurückhaltung auf. In London standen neben Profit und Prestige auch humanitäre Erwägungen im Vordergrund. Dabei gingen die Briten fälschlicherweise davon aus, dass die Māori der vielen inoffiziellen Beziehungen mit Europäern nicht Herr werden könnten. So schlossen Briten und Māori am 6. Februar 1840 ein Abkommen: Der Vertrag von Waitangi hat heute einen fast so hohen Stellenwert wie die Verfassung der USA, allerdings ist er noch umstrittener. Das Problem ist seine Auslegung durch die Vertragspartner. Nach der englischen Version wurden den Māori Rechte garantiert, diese mussten sich dafür der britischen Regierung unterordnen. Die Version der Māori will dagegen eine Wiederherstellung der Häuptlingswürden erkennen, was zugleich das Recht auf eine regionale Regierung begründete. Zunächst war dieses Problem überschaubar, denn die Version der Māori setzte sich nur außerhalb der europäischen Siedlungen durch. Doch diese Siedlungen wuchsen ...

„Ich glaube, wir alle waren froh, als wir Neuseeland wieder verließen. Es ist kein angenehmer Ort. Den Ureinwohnern fehlt die bezaubernde Schlichtheit ... und der größte Teil der dortigen Engländer besteht aus dem Abschaum der Gesellschaft." Charles Darwin über Kororareka (Russell), 1860.

1840 lebten nur etwa 2000 Europäer in Neuseeland. Damals war Kororareka die Hauptstadt und zugleich der größte Ort. Bis 1850 entstanden sechs weitere Siedlungen (Auckland, Wellington, New Plymouth, Nelson, Christchurch und Dunedin), in denen 22 000 Siedler eine Heimat fanden. Etwa die Hälfte von ihnen kam unter die Schirmherrschaft der New Zealand Company und ihrer Partner. Diese Gesellschaft beruhte auf einer Idee von Edward Gibbon Wakefield. Er wollte die eher barbarische Phase der Besiedlung verkürzen, indem er auf die „sofortige Zivilisation" setzte. Sein Erfolg war eher bescheiden. Ab den 1850er-Jahren wurden seine Siedler, die vorrangig aus der Ober- und Mittelschicht stammten, mit immer neuen Immigrationswellen konfrontiert, die bis ca. 1890 dauerten. Bei diesen kamen Menschen ins Land, die zur großen britischen und irischen Diaspora Australiens und weiter Teile Nordamerikas gehörten. Doch die neuseeländische Mischung wurde eine spezielle. So

1948

Maurice Scheslinger erfindet die Buzzy Bee, Neuseelands beliebtestes Kinderspielzeug.

1953

Dem Neuseeländer Edmund Hillary gelingt zusammen mit Tenzing Norgay die Erstbesteigung des Mount Everest.

1973

Die noch junge neuseeländische Band Split Enz nimmt an einer Talentshow teil – und landet auf dem zweitletzten Platz. Dennoch stürmen ihre Alben später die neuseeländischen und australischen Charts.

1974

Einwanderer von den Pazifischen Inseln, deren Aufenthalt die Dauer ihrer Visa überschritten hat, werden bei Razzien ohne Ankündigung durchsucht. Diese Razzien finden bis in die frühen 1980er statt.

waren Siedler aus den schottischen Lowlands in Neuseeland präsenter als sonstwo auf der Welt. Die neuseeländischen Iren stammten meist aus dem Norden Irlands. Neuseelands Engländer wiederum kamen aus der Gegend um London. Und es gab kleinere Gruppen von Deutschen, Skandinaviern und Chinesen, auch wenn Letztere seit den 1880er-Jahren Ressentiments ausgesetzt waren. Zu der Zeit gab es dann rund 500 000 Pākehā.

Katalysator der Massenimmigration waren auch Maßnahmen der Provinz- und Zentralregierungen, die vor allem zwischen 1870 und 1880 unter Julius Vogel öffentliche Bauvorhaben planten. 1876 schaffte Vogel die Provinzen ab, weil sie seiner Meinung nach die Entwicklung hemmten. Der letzte Gouverneur des Empire, der wirklich Macht besaß, war der talentierte, aber skrupellose George Grey, dessen zweite Amtszeit 1868 endete. Die Gouverneure nach ihm (ab 1917 Generalgouverneure) waren nur dem Titel nach Staatsoberhäupter. Die Regierungschefs (Premierminister) hatten mehr zu sagen. Und die Zentralregierung, die eigentlich schwächer als die Provinzregierungen, die Gouverneure und die Māoristämme sein sollte, häufte letztlich mehr Macht an als diese drei Organe.

Doch die Māoristämme gingen nicht kampflos unter. Ihr Widerstand war einer der heftigsten, der je gegen die europäische Kolonisation geleistet wurde. Zum ersten Zusammenstoß kam es 1843 im Wairau Valley. Ein Trupp von Siedlern zog aus, um den Mythos der britischen Kontrolle auf die Probe zu stellen, doch sie lernten die Macht der Māori kennen. 22 Siedler wurden getötet, unter ihnen Wakefields Bruder Arthur, sowie sechs Māori. 1845 kam es dann zu Gefechten in der Bay of Islands, als Hone Heke eine britische Siedlung plünderte. Heke und sein Verbündeter Kawiti leiteten drei britische Strafexpeditionen in die Irre, indem sie eine moderne Variante der traditionellen *pa*-Festungen errichteten. Überreste dieser Erdbauten sind noch heute in Ruapekapeka (südlich von Kawakawa) zu sehen. Gouverneur Grey erklärte sich zwar im Norden zum Sieger, doch konnte er nur wenige davon überzeugen. Im Süden hatte Grey mehr Erfolg, wo er Te Rauparaha, den wichtigen Häuptling der Ngāti Toa gefangen nahm. Auf der Südinsel konnten die Pākehā die wenigen Māori einfach überrennen. Dennoch, die Kämpfe der 1840er-Jahre zeigten, dass man auf der Nordinsel mit den Māori ständig um das freie Kernland ringen musste.

Im folgenden Jahrzehnt wuchs die Zahl der Siedler und damit auch deren Wunsch, noch mehr Land zu besetzen. Die Folge waren erneute Kämpfe, die in den 1860er-Jahren begannen. Bis 1872 dauerten die Kriege auf der ganzen Nordinsel. Die Kingitanga (King-Bewegung), zunächst eine nationalistische Organisation der Māori, wurde zum Rückgrat des Widerstands. In den späteren Jahren übernahmen einige bemerkens-

Waitangi Treaty Grounds, also der Ort, wo 1840 der Vertrag von Waitangi unterzeichnet wurde, ist heute eine Touristenattraktion. Am 6. Februar finden hier alljährlich Gedenkveranstaltungen (und Protestkundgebungen) statt.

Nancy Wake aus Wellington (Codename: Weiße Maus) kämpfte im besetzten Frankreich als Mitglied der Résistance gegen die Nazis; dabei leitete sie die Operationen der bis zu 7000 Widerstandskämpfer. Auf der Fahndungsliste der Gestapo stand sie ganz oben, unter den am Krieg beteiligten Frauen war sie auf Seiten der Alliierten die höchstdekorierte.

1981

Die Neuseeland-Tour des südafrikanischen Rugby-Teams spaltet die Nation. Viele Neuseeländer nehmen eine kompromisslose Anti-Apartheid-Haltung ein, andere wollen Sport und Politik strikt voneinander trennen.

1985

Das Greenpeace-Schiff *Rainbow Warrior* wird im Hafen von Auckland von französischen Agenten versenkt, um dessen Fahrt zum Mururoa-Atoll zu verhindern, wo Frankreich Kernwaffentests durchführt.

1992

Die Regierung beginnt mit Entschädigungszahlungen für die Enteignungen während der Neuseelandkriege und regelt die Rückgabe der Fischereirechte an die Māori. 1995 werden auch die Enteignungen in Waikato entschädigt.

1995

Peter Blake und Russell Coutts gewinnen mit der *Black Magic* den America's Cup für Neuseeland; rote Socken werden Ausdruck von Nationalstolz.

Der schottische Einfluss auf Neuseeland ist bis heute spürbar, vor allem im Süden der Südinsel. In Neuseeland gibt es mehr Dudelsackgruppen pro Kopf als in Schottland selbst.

„Gottes Land und das Chaos des Teufels" – so erklärte Neuseelands Premierminister Richard „King Dick" Seddon (1893–1906) einmal die Bezeichnung „Godzone" (God's own country) für sein Land.

werte Propheten-Generäle, vor allem Titokowaru und Te Kooti, das Kommando. Die meisten Kriege waren begrenzt – nicht aber der Waikato-Krieg von 1863/1864. Zum Einsatz kamen gepanzerte Dampfschiffe, schwere Artillerie und zehn britische Regimenter. Dennoch gelang es den Streitkräften der Māori, mehrere Gefechte zu gewinnen, etwa das von Gate Pa bei Tauranga 1864. Letztlich unterlagen sie der europäischen Übermacht. Die politische, nicht aber die kulturelle Freiheit ebbte in den ausgehenden Jahrzehnten des 19. Jhs. ab. Als die Polizei 1916 ihre letzte Zufluchtstätte, die Urewara Mountains, besetzte, erlosch sie endgültig.

Wohlfahrt & Kriege

Wollexporte, Goldrausch und Überseeanleihen ließen ab 1850 die Wirtschaft der Pākehā trotz der Konflikte mit den Māori boomen. Erst in den 1880er-Jahren kam der Crash, dem eine lange Rezession folgte. 1891 kamen die Liberalen an die Macht, an der sie sich bis 1912 hielten, wohl auch weil sich die Wirtschaft erholte. Die Liberalen bildeten die erste organisierte politische Partei Neuseelands und stellten die erste von mehreren Regierungen, die Neuseeland den Ruf des „größten sozialen Versuchs der Welt" einbrachten: 1893 führte Neuseeland als erstes Land der Welt das Frauenwahlrecht und 1898 ein Rentensystem ein. Doch auch das von den Liberalen beschlossene betriebliche Schlichtungsverfahren konnte 1912/1913 erbitterte Arbeiterunruhen nicht verhindern. Dies geschah aber bereits unter der „Reformregierung" der Konservativen, die 1912 die Liberalen abgelöst hatten. Die Reform Party, die später in der National Party aufging, blieb bis 1928 im Amt. Als 1929 die Weltwirtschaftskrise ausbrach, wurde auch Neuseeland nicht verschont.

1935 kam eine zweite Reformregierung ins Amt: die erste Labour-Regierung, angeführt von Michael Joseph Savage, dem weitaus beliebtesten Australier Neuseelands. Zeitweise galt die Labour-Regierung als die sozialistischste Regierung außerhalb der Sowjetunion. Doch als 1939 in Europa die Würfel gefallen waren, zögerte die Labour Party nicht, Großbritannien zu unterstützen.

Dies hatte durchaus Tradition: Neuseeland stand bereits im Burenkrieg (1899–1902) und im Ersten Weltkrieg (1914–1918) auf der Seite des Mutterlands, im letzten Fall mit besonders großen Verlusten. Denkmäler für die Gefallenen finden sich heute in fast jeder Stadt – und die Zahl der zwischen 1914 und 1918 Gefallenen übersteigt die der neuseeländischen Opfer des Zweiten Weltkriegs. Auch in diesem trug Neuseeland seinen Teil bei: Rund 100 000 Neuseeländer kämpften in Europa und im Nahen Osten.

Auch wenn Neuseeland friedlich erscheint, so hat es doch einen großen Teil seiner Geschichte mit Kriegen zugebracht. Im 19. Jh. kämpfte es zu Hause, im 20. Jh. in Übersee.

2004

Das Māori-Fernsehen nimmt den Sendebetrieb auf – erstmals gibt es einen Kanal, der neuseeländische Inhalte vermitteln und die Sprache und Kultur der Māori wiederbeleben möchte.

2010

Beim Grubenunglück am Pike River auf der Südinsel kommen 29 Bergleute ums Leben.

2011

Ein zweites schweres Erdbeben innerhalb von sechs Monaten erschüttert Christchurch. 185 Menschen sterben, die City wird zerstört. Im gleichen Jahr ist Neuseeland Gastgeber und Sieger des Rugby World Cup.

2011

Neuseeland ist Gastgeber des Rugby World Cup und gewinnt dieses Turnier zum zweiten Mal in der Geschichte. Frankreich unterliegt im Finale nur knapp.

Die besseren Briten?

Britischen Besuchern kam Neuseeland lange allzu vertraut vor. Das liegt jedoch nicht nur an den britischen und irischen Wurzeln der meisten Pākehā, sondern auch an den seit 1882 immer enger werdenden Beziehungen zwischen Neuseeland und Großbritannien. Damals wurden erstmals gekühlte Waren nach London verschifft. Die neuseeländische Wirtschaft passte sich immer mehr den Wünschen des Mutterlands an, und mit den wirtschaftlichen Beziehungen wurden auch die kulturellen verbessert. Die Kinder studierten britische Geschichte und Literatur, nicht ihre eigene. Neuseelands führende Wissenschaftler und Schriftsteller, etwa Ernest Rutherford und Katherine Mansfield, fühlten sich zu Großbritannien hingezogen. Daran änderte sich auch nicht viel, als Neuseeland 1947 als Mitglied des Commonwealth of Nations die volle Unabhängigkeit erlangte.

Die engen Beziehungen wurden gern als „Rekolonialisierung" bezeichnet. Doch wäre es falsch, Neuseelands Geschichte als die einer ausgebeuteten Kolonie zu betrachten. So war der durchschnittliche Lebensstandard höher als in Großbritannien, das Sozialwesen und die unteren Bildungssysteme waren besser ausgebildet. Die Neuseeländer hatten zum Markt Großbritanniens genauso Zugang wie zu dessen Kultur, zu der sie auch ihren eigenen beachtlichen Teil beitrugen. Die Liste der „britischen" Schriftsteller, Akademiker, Wissenschaftler, Militärs, Verleger usw., die in Wirklichkeit aus Neuseeland stammen, ist lang. Tatsächlich sahen sich die Neuseeländer, vor allem in Kriegsdingen und im Sport, als eine bessere Version der Briten an – die besseren Briten des Südens.

Nicht zu Unrecht schmückte sich das „rekolonialisierte" Neuseeland mit seinem Reichtum, seiner Gleichheit und dem sozialen Frieden. Doch es war auch konformistisch, ja puritanisch geprägt. Bis in die 1950er-Jahre war es Bauern aus moralischen Gründen praktisch untersagt, ihr Vieh auf Wiesen kopulieren zu lassen, die von öffentlichen Straßen aus eingesehen werden konnten. Sonntagszeitungen gab es bis 1969 nicht, bis 1989 durfte an Sonntagen nicht gearbeitet werden. Restaurants mit Schanklizenz waren bis in die 1960er-Jahre spärlich gesät, ebenso Supermärkte oder Fernsehen. Und von 1917 bis 1967 war die Sperrstunde ab 18 Uhr für Pubs berüchtigt. Doch all dies ist nur die halbe Wahrheit. Am sonntäglichen Arbeitsverbot hielt man nicht nur aus religiösen Motiven fest, vielmehr sollten auch die Arbeiter ein Wochenende haben – und auf dem Land war die Sperrstunde sowieso ein Witz.

Es gab also schon immer so etwas wie eine Kiwi-Gegenkultur und zwar noch vor den großen Gegenkulturen der 1960er-Jahre. Bereits in den 1930er-Jahren entstand ein kulturelles Nationalbewusstsein, das nach 1970 seine Blüte erlebte.

Das Gläschen um 18 Uhr erinnert an die exzessiven Trinkgelage nach Feierabend. Einst hatten viele Männer nämlich nur ein Ziel: zwischen 17.05 Uhr und 18 Uhr, wenn die Pubs wieder geschlossen wurden, so viel Alkohol wie nur möglich auf Vorrat in sich zu pumpen.

Über Neuseelands Proteste gegen Atomversuche setzten sich die Atommächte einfach hinweg und spotteten lediglich über das „Gebrüll eines Mäuschens".

2013

Neuseeland erkennt als 15. Land der Welt die Ehe unter gleichschlechtlichen Partnern gesetzlich an.

2013

Einem Teenager aus Auckland namens Ella Yelich-O'Connor gelingt unter ihrem Künstlernamen Lorde mit „Royals" der Sprung auf Platz 1 der US-amerikanischen Charts.

2015

Die legendären „All Blacks" verteidigen beim Rugby World Cup in England ihren Weltmeistertitel gegen den Erzrivalen Australien, der im Finale deutlich unterliegt.

2015

Nach langer Krankheit stirbt der 40-jährige Jonah Lomu, ein herausragender Spieler der All Blacks; den dritten Weltmeistertitel hat er noch miterlebt.

Immer wieder etwas Neues

Das „rekolonialisierte" System wurde nach 1935 mehrfach erschüttert, doch es überlebte bis 1973. In diesem Jahr schloss sich Mutter England den Europäischen Gemeinschaften an. Neuseeland erschloss nun außer Großbritannien auch andere Märkte und Alternativen zu den bisherigen Exportschlagern Wolle, Fleisch und Milchprodukten. Großraumflugzeuge erlaubten es der Welt und Neuseeland, sich immer häufiger gegenseitig zu besuchen. 1960 kamen gerade einmal 36 000 Touristen nach Neuseeland, heute sind es mehr als 2 Mio. jährlich. Mit dem Wandel gingen auch gesellschaftliche Veränderungen einher: Frauen eroberten immer höhere Positionen in der Arbeitswelt und schließlich auch in der Politik. Schwule wagten sich trotz heftiger Gegenwehr der Konservativen mehr und mehr in die Öffentlichkeit. Und immer selbstbewusster trat die wachsende Schar der Studenten auf.

Ähnlichkeiten in den Sprachen der Māori und der Bewohner von Tahiti legen die Vermutung nahe, dass es zwischen beiden Völkern enge Kontakte gegeben hat. Māori ist der Sprache von Tahiti so ähnlich wie Spanisch dem Französischen – trotz der 4294 km, die beide Inselgruppen trennen.

Ab 1945 wuchs die Bevölkerung der Māori, die es zunehmend in die Städte zog. Im Jahr 1936 lebten noch 17 % der Māori in den Städten, 83 % auf dem Land. 50 Jahre später hatte sich dieses Verhältnis umgekehrt. Die Tore für Einwanderer, die bis 1960 fast nur Weiße durchqueren konnten, hatten sich auch anderen geöffnet. So brachten Menschen von den pazifischen Inseln erstmals ihre Arbeitskraft ins Land und (Ost-)Asiaten ihr Geld. Und diese Veränderungen wären wohl der größte sozio-ökonomische Wandel des 20. Jhs. gewesen, hätte nicht in der Politik ab 1984 ein mindestens ebenso großer Umschwung eingesetzt.

Denn in diesem Jahr brachte die neue Regierung – die vierte von den Labour geführte – die dritten großen Reformen auf den Weg. Die Regierung praktizierte eine antinukleare Außenpolitik, was den Linken gefiel, und richtete die Wirtschaftspolitik nach den Märkten aus, was den Konservativen gefiel. Wirtschaftliche Kontrollmechanismen wurden rasant abgebaut. Vielen Neuseeländern behagte die Antinuklearpolitik zunächst nicht, weil sie den ANZUS-Pakt mit Australien und den Vereinigten Staaten von Amerika gefährdete. Doch im Jahr 1985 versenkten französische Agenten das Greenpeace-Schiff *Rainbow Warrior* im Hafen von Auckland – ein Besatzungsmitglied wurde getötet. Während die US-Amerikaner diesen Akt allenfalls halbherzig verurteilten, stand plötzlich ganz Neuseeland hinter der vorher kritisierten Anti-Atom-Politik der neuseeländischen Regierung. Die marktorientierte Wirtschaftspolitik dagegen war bei Weitem nicht bei allen Neuseeländern beliebt, doch hatten die Kritiker keine Alternative zur Hand. Von der neuen Freiheit beflügelt ließen sich neuseeländische Investoren zu Spekulationen hinreißen – und litten dann mehr als der Rest der Welt unter der Wirtschaftskrise von 1987.

Die Website des Kultusministeriums (www.nzhistory.net.nz) informiert kompetent über die Landesgeschichte.

So schaut Neuseeland trotz aller Widrigkeiten zuversichtlich ins noch junge 21. Jh. Neuseelands Gastronomie und Weinbau sowie Literatur und Film erleben eine vorher nie dagewesene Blüte, zudem prägt die spannende ethnische Mischung eine völlig neue Musik. Aber es gibt auch Kontinuität im Traditionellen: das Pub, der Sportplatz, die *quarter-acre section* (das typische neuseeländische Wohngrundstück), der Busch, der Strand, das *bach* (Ferienhaus) – alles Gründe, weshalb viele Besucher immer noch so gern hierher kommen.

Natur & Umwelt

von Vaughan Yarwood

Neuseeland ist ein recht junges Land: In seiner heutigen Form ist es sogar weniger als 10 000 Jahre alt. Vor etwa 85 Mio. Jahren ist es – genauso wie Afrika, Australien, die Antarktis und Südamerika – vom Superkontinent Gondwana abgebrochen und durchlebte in der Folgezeit Auffaltungen, Erosionen, Stauchungen, Risse sowie den Anstieg und Abfall des Meeres während der Eiszeiten.

Geografie

Neuseeland erstreckt sich über zwei aufeinanderprallende Kontinentalplatten (die Pazifische und die Indisch-Australische) und ist bis heute Spielball starker Naturgewalten.

Ergebnis ist eine der vielfältigsten und spektakulärsten Landschaften der Welt: geprägt von schneebestäubten Bergen und überschwemmten Gletschertälern, von Regenwäldern, Dünenlandschaften und einem sagenhaften Vulkanplateau. Diese Vielfalt von geologischen Formen würde man eigentlich eher über einen ganzen Kontinent verteilt erwarten als auf einer relativ kleinen Inselgruppe im Südpazifik.

Vaughan Yarwood ist Historiker Er arbeitet in Neuseeland und international, ist aber auch als Reisebuchautor bekannt. Sehr lesenswert ist *The History Makers: Adventures in New Zealand Biography*.

Überall finden sich Zeugnisse der turbulenten neuseeländischen Vergangenheit: Die Gebirgskette der Südinsel – die 650 km langen Southern Alps – ist durch den Zusammenprall der beiden Kontinentalplatten entstanden. Das Land hat sich schnell aufgefaltet – und dieser Prozess beschleunigt sich heute sogar noch.

Obwohl Neuseelands höchster Berg Aoraki/Mount Cook bei einem heftigen Erdrutsch im Jahre 1991 quasi über Nacht zehn Meter seiner Höhe eingebüßt hat, wachsen die Alps so schnell, dass sie in ein paar Millionen Jahren zehnmal so groß sein werden wie heute.

Auf der Nordinsel wurden die größten Veränderungen durch Vulkane ausgelöst. Auckland liegt an einer Landenge und ist von Vulkankegeln umgeben, auf denen man immer noch die Reste einiger *pa* (befestigter Dörfer) der frühen Māori sehen kann. Der größte und jüngste Vulkan der Stadt ist eigentlich eine Vulkaninsel: die 600 Jahre alte Rangitoto Island. Etwa 300 km weiter südlich wacht der schneebedeckte Mount Taranaki mit der so charakteristischen Kegelform über die ruhigen Weiden, auf denen Milchvieh grast.

Doch das eigentliche vulkanische Herz des Landes verläuft durch das Zentrum der Nordinsel: vom ruhelosen Mount Ruapehu im Tongariro National Park in nordöstlicher Richtung durch das Seengebiet Rotoruas bis hin zu Neuseelands aktivstem Vulkan: der White Island in der Bay of Plenty. Das großartige, 250 km lange, zerklüftete Areal namens Taupo Volcanic Zone ist Teil einer Vulkankette, die als „Pacific Ring of Fire" (Pazifischer Feuerring) bezeichnet wird. Die heftigen Eruptionen dieses Feuerrings haben das Land in seiner Form und Kultur stark geprägt.

Beeindruckend müssen die Eruptionen des Vulkans Taupo gewesen sein, der den Lake Taupo erschaffen hat. Er gilt – gemessen am Materialausstoß – als einer der fleißigsten Vulkane der Welt. Der Taupo brach zuletzt vor 1800 Jahren aus und zündete dabei das gewaltigste Feuerwerk, das im Zeitraum der letzten 5000 Jahre auf der gesamten Erde stattgefunden hat.

In kleinerem Maßstab lässt sich die vulkanische Zerstörungswut im Buried Village (Verschüttetes Dorf; S. 335) der Te Wairoa nahe Rotorua am Ufer des Lake Tarawera gut nachvollziehen. Hier liegen die teilweise freigelegten und der Öffentlichkeit zugänglichen Überreste eines Māoridorfes aus dem 19. Jh., das ohne Vorwarnung vom Mount Tarawera begraben wurde. Die einst bekannten Pink and White Terraces – sie gehörten zu den zahlreichen Anwärtern auf den begehrten Titel „Achtes Weltwunder" – wurden über Nacht durch den Ausbruch desselben Vulkans vernichtet.

Neuseeland zählt, was Geysire angeht, zu den spektakulärsten Orten weltweit. Der leider nur kurzlebige Waimangu-Geysir in Rotorua, der nach dem Ausbruch des Mount Tarawera entstand, war einst sogar der höchste Geysir der Welt – seine Fontäne erreichte Höhen von bis zu 400 m.

Was die Natur zerstört, erschafft sie anderswo neu: Das Waimangu Volcanic Valley (S. 333) entstand während all dieser tiefgreifenden geothermischen Veränderungen. Hier kommt man der Hitze des Erdinneren am nächsten und kann Geysire, blubbernde Schlammlöcher und die größte Thermalquelle der Erde bewundern. Oder man wandert um das Whakarewarewa Village (S. 319) in Rotorua. Dort leben die Nachfahren von durch die Eruption vertriebenen Māori am Rande von rauchenden Entlüftungslöchern und bereiten das Essen für Besucher– meist Maiskolben – in Naturbecken mit kochendem Wasser zu.

Das zweite Nebenprodukt der sich verschiebenden Platten sind seismische Aktivitäten: Erdbeben. Nicht umsonst wird Neuseeland „The Shaky Isles" (die zitternden Inseln) genannt. Die meisten Beben bringen aber nur die Gläser im Schrank zum Klirren. Eines jedoch war indirekt für die Erschaffung einer Touristenattraktion verantwortlich: 1931 erschütterte ein Erdbeben die Stadt Napier an der Hawke Bay, verursachte große Schäden und forderte einige Menschenleben. Napier wurde aber fast vollständig wieder aufgebaut – im damals modernen Art-déco-Stil. Heute zieht es Architekturliebhaber aus der ganzen Welt an.

Allerdings sind Erdbeben in Neuseeland keineswegs auf die Nordinsel beschränkt. Im September 2010 traf ein Beben der Stärke 7,1 auf der Richter-Skala die Stadt Christchurch. Kein halbes Jahr später, im Februar 2011, zerstörte dann ein Beben der Stärke 6,3 einen großen Teil der historischen Altstadt und forderte 185 Menschenleben; dieses Beben war, was die Anzahl der Todesopfer betrifft, die zweitgrößte Naturkatastrophe in der Geschichte des Landes. Während der Wiederaufbau in Neuseelands zweitgrößter Stadt längst im Gange ist, wird die Region immer wieder von Nachbeben heimgesucht.

Der *Nature Guide to the New Zealand Forest* von J. Dawson und R. Lucas ist ein schön bebilderter Band über die neuseeländischen Wälder. Diese Wälder sind wahre Schatzkästen: In ihnen findet man uralte Arten, die noch aus den Tagen der Dinosaurier stammen.

Auch auf der Südinsel sieht man einige Zeugnisse des Vulkanismus: Würden die Reste des alten Vulkans auf der Banks Peninsula keine Barriere zum Meer bilden, wären die Canterbury Plains bereits vor langer Zeit weggespült worden.

Doch im Süden sind es die Southern Alps, die das Land dominieren. Sie bestimmen die Siedlungsstrukturen, stellen bautechnische Herausforderungen dar und prägen das Wetter. Denn das bergige Rückgrat steht den Westwinden im Weg, die feuchte Luft von der Tasmansee mit sich führen. So gehören die Hänge der westlichen Southern Alps mit einem jährlichen Niederschlag von 15 000 mm zu den feuchtesten Orten der Erde. Wenn sich die Wolken abgeregnet haben, weht der Wind trocken über die östlichen Ebenen Richtung Pazifik.

Auf der Nordinsel gibt es gleichmäßigeren Niederschlag und keine so extremen Temperaturen wie im Süden – hier können sie aber in den Keller purzeln, wenn der Wind aus der Antarktis herüberweht. Man sollte nicht vergessen, dass Neuseeland ein maritimes Klima hat, besonders wenn man in höheren Lagen unterwegs ist. Das Wetter kann sich jederzeit ändern und schlecht vorbereitete Wanderer eiskalt erwischen.

UMWELTPROBLEME IN NEUSEELAND

Neuseelands Marketing-Kampagne eines zu 100 Prozent sauberen Tourismus, die Bilder einer unberührten Landschaft heraufbeschwor, wurde hochgelobt und weckt den Neid von Tourismusorganisationen aus aller Welt. Solche Vorstellungen von einer unverdorbenen Umwelt wurden in den letzten Jahren jedoch wiederholt in Frage gestellt, nachdem Umweltschützer und die Medien Neuseelands die Aussagen genauer unter die Lupe nahmen. Bergbau, Öl- und Gasbohrungen vor der Küste, Umweltverschmutzung, Verlust der Artenvielfalt, Einschnitte bei der Finanzierung des Naturschutzes und fragwürdige Stadtplanungsprojekte – es gab zahllose Anlässe für negative Schlagzeilen und viele Gründe, um zu protestieren.

Eine im Jahr 2013 veröffentlichte Universitätsstudie ergab, dass die Neuseeländer das Problem der Wasserqualität als das wichtigste Umweltanliegen betrachten. Ihre Sorgen sind durchaus gerechtfertigt, wenn man bedenkt, dass ein Drittel der 425 Seen, Flüsse und Strände Neuseelands nicht mehr zum Baden geeignet ist, und unterschiedlichste Forschungen bestätigen eine ernsthafte Verschlechterung des Zustandes der neuseeländischen Gewässer. Der Hauptschuldige ist die „schmutzige Milchwirtschaft“– die Flüssigausscheidungen der Kühe sickern ins Frischwasser-Ökosystem und führen dabei nicht nur hohe Konzentrationen an Nitraten mit sich, sondern auch Bakterien und Parasiten wie Escherichia coli und Giardia.

Die Milchwirtschaft ist Neuseelands wichtigster Exportfaktor und nach wie vor schreitet die Neuerschließung von Weideland trotz der dadurch auftretenden eindeutig schädlichen Folgen voran. Zu den Hauptauswirkungen zählt die Tatsache, dass die Landwirtschaft für fast die Hälfte der Treibhausgasemissionen Neuseelands verantwortlich ist. Jan Wright, derzeit Parlamentarischer Umweltkommissar, fasste diese Problematik als „klassisches Dilemma zwischen Wirtschaft und Umwelt“ zusammen. Neuseelands größter Molkereibetrieb Fonterra erklärte, man verpflichte sich, Managementmethoden zu fördern, die dazu beitragen, „Neuseelands sauberes grünes Image zu erhalten“ – und in der Tat haben schon einige Farmer begonnen, ihre Handlungsweise zu ändern.

Es gibt aber noch etliche andere Gefahren für die Ökosysteme im Wasser und auf dem Land, etwa die Verbreitung eingeschleppter Unkrautarten und Plagen, was zugleich auch eine fortlaufende Verringerung der Artenvielfalt zur Folge hat. Die schlimmsten Übeltäter sind Opossums, Wiesel und Ratten, die in den Wäldern ihr Unwesen treiben und andere Tiere, vor allem Vögel, töten. Es kam zu heftigen Debatten, nachdem das Department of Conservation (DOC) den Einsatz von Gift befürwortet hatte, um diese Räuber unter Kontrolle zu bringen – und das obwohl sich prominente Umweltorganisationen wie Forest & Bird sowie der Parlamentarische Umweltkommissar dagegen aussprachen. Heftiger Protest gegen die Verwendung von Natriumfluoracetat kam auch von Interessengruppen wie Jägern und Tierschützern, die besonders auf die Nachteile dieses Gifts hinwiesen, darunter das ungewollte Töten anderer Tierarten und das Einsickern des Gifts in den Wasserkreislauf.

Dies ist nur eine der immer zahlreicheren Aufgaben des DOC – zu ihnen zählen außerdem die Vorgehensweisen im Bergbau innerhalb von Schutzgebieten. Es handelt sich um ein Reizthema für die Öffentlichkeit, wie es jüngst die heftigen Proteste in Verbindung mit dem Kohletagebau auf dem Denniston Plateau an der Westküste bewiesen. Das DOC fand sich zunehmend involviert in diesem Konflikt, während gleichzeitig sein Budget gekürzt wurde und umfassende interne Umstrukturierungen den Eindruck hinterließen, es sei auch personell unterbesetzt.

Mittlerweile erfährt das wichtigste Gesetz, das Neuseelands Umweltpolitik regelt – der Resource Management Act von 1991 –, eine ganze Reihe sehr umstrittener Änderungen, von denen nicht wenige befürchten, sie könnten den Ausbau des Bergbaus zulasten der Umwelt fördern. Diverse Nichtregierungsorganisationen (NGOs) und Interessenverbände, die stets wachsam sind und einen wesentlichen Beitrag zum Wohl von Neuseelands Umwelt leisten, werden in den nächsten Jahren jedenfalls alle Hände voll zu tun haben.

Sarah Bennett & Lee Slater

Endemische Tierwelt

Neuseeland mag geologisch betrachtet noch relativ jung sein, Flora und Fauna allerdings sind es nicht. Beispielsweise lebte die Brückenechse, ein uraltes, einzigartiges Reptil, das nur noch in Neuseeland vorkommt, bereits auf Gondwana und ist eng mit den Dinosauriern verwandt. Dagegen haben viele flugunfähige Vögel (Laufvögel) entfernte Verwandte

Nationalparks & Forest Parks

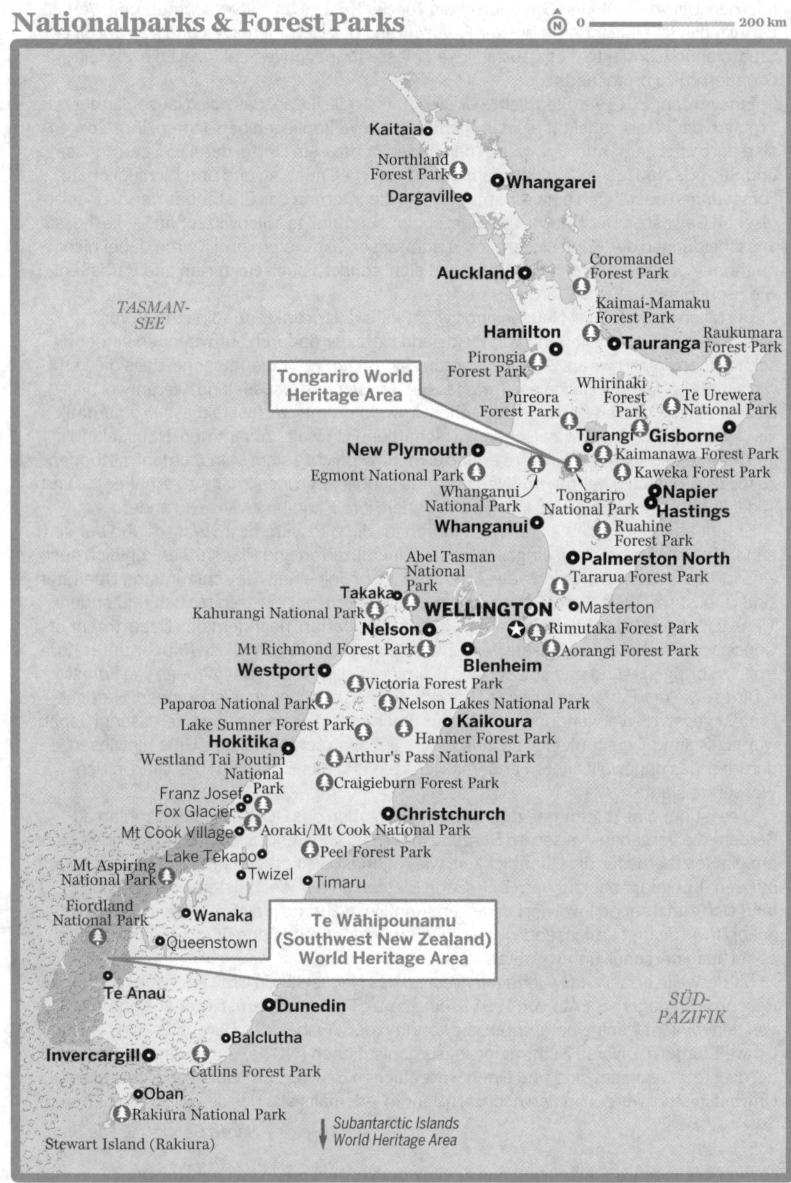

in Afrika und Südamerika. Weil sich die Landmasse abgetrennt hat, bevor Säugetiere auf den Plan traten, haben sich Vögel und Insekten in spektakulärer Weise entwickelt. Und auch für einzigartige und vielfältige Pflanzen ist Neuseeland ein Paradies – die meisten davon gibt es nirgendwo sonst.

Der ausgestorbene, flugunfähige Moa – bis zu 3,5 m groß und über 200 kg schwer – graste auf den offenen Weiden (Skelette sind im Auckland Museum zu sehen). Der kleinere Kiwi stöbert nachts im Laub des Waldes nach Insekten und Würmern. Und eines der furchteinflößendsten Insekten des Landes ist die mausgroße Weta, die nun die Müllbeseitigung übernommen hat.

Als einer der letzten Orte der Erde, der von Menschen besiedelt wurde, war Neuseeland Tausende von Jahren ein sicheres Laboratorium für alle interessanten Evolutionsexperimente. Doch mit dem Eintreffen der Māori und wenig später der Europäer ging es mit der Natur bergab.

Viele endemische Lebewesen wie der Moa und der Huia, ein begnadeter Singvogel, wurden im Laufe der Zeit ausgerottet. Die Menschen rodeten die riesigen Wälder, um Bauholz und Agrarland zu gewinnen. Die Vernichtung einheimischer Arten und die Einführung exotischer Tiere und Pflanzen hatte fatale Auswirkungen auf das Ökosystem – heute kämpfen die Neuseeländer eine späte Schlacht, um wenigstens das zu retten, was noch übrig geblieben ist.

Der *Field Guide to the Birds of New Zealand* von B. Heather und H. Robertson bietet allen Freunden der Vogelwelt umfassende Auskunft, und auch wer sich nur beiläufig für Ornithologie interessiert, entdeckt hier nützliche Hinweise. Ebenfalls ein guter Guide zu Neuseelands Vogelwelt ist der *Birds of New Zealand: Locality Guide* von Stuart Chambers.

Vögel beobachten

Die ersten polynesischen Siedler fanden kaum Säugetiere vor – es gab lediglich zwei Fledermausarten. Dafür wimmelten die Wälder, Ebenen und Küsten nur so von Vögeln. Die neuseeländischen Vögel haben kein auffälliges Gefieder; sie legen wie die einheimischen Pflanzen ein gewisses Understatement an den Tag und buhlen nicht um Aufmerksamkeit.

Zu den musikalischsten Vögeln gehört der Makomako, der außer in Northland auch in allen Wäldern lebt, aber wie die meisten anderen Vögel eher zu hören als zu sehen ist. Sein Ruf klingt wie eine Reihe von Glockentönen und man hört ihn am häufigsten während der Morgen- und der Abenddämmerung.

Der Tui, ein anderer Nektarfresser und der schönste Singvogel des Landes, ist ein großartiger Stimmenimitator und erzeugt seltsame Klick-, Grunz- und Kichergeräusche. Erkennbar ist der Tui an den weißen Federn an seiner Kehle, die sich vom ansonsten dunklen Gefieder abheben. Er ernährt sich oft von Flachsblumen in den Gärten der Vorstädte, ist aber eigentlich in den undurchdringlichen Wäldern – die Neuseeländer nennen sie einfach „Busch" – beheimatet.

Dem Fächerschwanz begegnet man meist auf Waldwegen, wenn er versucht, nach Insekten zu schnappen, die Wanderer aufgeschreckt haben. Das Purpurhuhn (Pukeko) hat ein schwarzes Gefieder und einen leuchtend roten Schnabel. Es lebt vorwiegend in Feuchtgebieten, aber auch in der Nähe von Straßen – aber Vorsicht: Purpurhühner haben keine Angst vor Autos!

Im Hochland der Südinsel lebt der furchtlose und neugierige Kea, ein ungewöhnlicher grau-grüner Papagei mit leuchtend roten Flügelinnenseiten. Dem Kea begegnet man oft auf den Parkplätzen des Fox- und Franz-Josef-Gletschers, wo er nach Essensresten Ausschau hält oder an der Windschutzscheibe herumpickt.

Und dann gibt es noch die Takahe, eine seltene flugunfähige Ralle, von der man annahm, sie sei ausgestorben, bevor man 1948 eine kleine Kolonie entdeckte. Ebenso wenig fliegen kann der Kiwi, das Wahrzeichen Neuseelands. Er hat einen runden Körper, ein grobes Federkleid, kräftige Beine und einen auffällig langen Schnabel; mit den Nasenlöchern an dessen Spitze schnüffelt er nach Nahrung. Es ist nicht ganz einfach, ihn in freier Wildbahn zu entdecken, jedoch kann er in dunklen, seinem natürlichen Lebensraum nachempfundenen Gehegen gut beobachtet werden. Eines der schönsten Gehege ist das Otorohanga Kiwi House & Native Bird Park (S. 208), in dem auch Falken, Neuseeland-Kukuckskauze und Wekas leben.

Um ein Gefühl dafür zu bekommen, wie der „Busch" einst ausgesehen haben mag, lohnt sich ein Trip zur Insel Tiritiri Matangi ein Stück nördlich von Auckland. Dort konnte sich die Natur regenerieren; sie ist ein frei zugängliches Schutzgebiet und einer der erfolgreichsten Versuche, realen Umweltschutz zu praktizieren.

Meerestiere aus nächster Nähe

Kaikoura an der Nordostküste der Südinsel ist das neuseeländische Zentrum, was die Beobachtung von Meeressäugern betrifft. Die größte Attraktion sind hier die Wale. Der Pottwal, der größte Zahnwal, lebt ganzjährig in diesen Gewässern, und je nach Jahreszeit erblickt man auch vorüberziehende Buckel-, Grind- und Blauwale sowie Südkaper (Glattwale). Weitere Meeressäuger, u. a. Robben und Schwarzdelfine, sieht man das ganze Jahr über.

Wer Anbieter sucht, die ressourcenschonend arbeiten, sollte nach dem Qualitätssiegel mit dem Farnzweig von Qualmark Green (www.qualmark.co.nz) Ausschau halten oder sich unter www.organicexplorer.co.nz informieren.

Kaikoura ist auch ein toller Ort, um mit Delfinen zu schwimmen. Gruppen von bis zu 500 Schwarzdelfinen sind kein seltener Anblick. Mit Delfinen im Wasser herumtollen kann man überall in Neuseeland; die Tiere sammeln sich vor der Nordinsel in der Nähe von Whakatane, Paihia, Tauranga und im Hauraki-Golf sowie vor Akaroa auf der Banks Peninsula der Südinsel. Mit Seehunden schwimmen kann man in Kaikoura und im Abel Tasman National Park.

Allerdings sind diese Formen der Tierbegegnung nicht ganz unumstritten. Während der letzten 200 Jahre haben die Walbestände in den Weltmeeren dramatisch abgenommen: Ihre bekannten und vorhersehbaren Wandergewohnheiten haben die Meeressäuger einst zur leichten Beute von Walfängern werden lassen und machen die Tiere heute zu einem einfachen Ziel für „Whale-Watchers". Mit dem Wachstum der „Whale-Watching-Industrie" in Neuseeland wuchsen freilich auch die Besorgnisse über den nachteiligen Einfluss der menschlichen Beobachter auf die Meeresbewohner. Diese Diskussion konzentriert sich vor allem auf die Praxis des Schwimmens mit Walen und Delfinen. Ohne Frage handelt es sich bei diesen Angeboten um eine der ungewöhnlichsten Erfahrungen, die unser Planet zu bieten hat. Kritiker befürchten allerdings, dass die Nähe des Menschen insbesondere zu Muttertieren und sehr jungen Kälbern einen nachteiligen Einfluss auf das Verhalten der Tiere haben könnte. Andere verweisen auf die jahrhundertelange Neigung des Menschen, Wale zu Zehntausenden abzuschlachten, und halten es für angebracht, den Tieren einfach etwas mehr Ruhe zu gönnen.

Wenn man sich die eindrucksvollen Meeresbewohner aber nun einmal gern anschauen möchte, gibt es auf der Welt nur wenige Orte, die dafür besser geeignet wären als Neuseeland. Die Umweltbehörden haben strenge Richtlinien erlassen und achten darauf, dass die Anbieter sich an die Auflagen halten. Trotzdem sollte man entspannt sein und einfach mehrere Tage einplanen, damit ein Touranbieter sich nicht genötigt fühlt, Wale aufzuspüren und zu „jagen", um seine Kunden zufriedenzustellen. Und sollte man beim Schwimmen mit Walen, Delfinen oder Robben den Eindruck haben, dass die Regeln des Tierschutzes verletzt werden, darf man dies dem DOC durchaus mitteilen.

Nationalparks

Ein Drittel des Landes – mehr als 50 000 km² – steht unter Schutz, und jede nur erdenkliche Landschaftsform gehört dazu: mangrovengesäumte Buchten im Norden, die schneebedeckten Vulkane des zentralen

Hochplateaus, die ursprünglichen Wälder der Ureweras im Osten und die majestätischen Berge, Gletscher und Fjorde der Southern Alps. Die 14 Nationalparks und über 25 Meeresreservate und Parks sowie zahlreiche Waldparks bieten Tausende von Möglichkeiten, die Wildnis aktiv zu erleben: etwa beim Klettern, Skifahren, Mountainbiken, Wandern, Kajakfahren oder Forellenfangen.

Drei Orte wurden zum Weltkulturerbe erhoben: Neuseelands subantarktische Inseln, der Tongariro National Park und Te Wāhipounamu (Southwest New Zealand). Einzigartige Pflanzen und Tiere aus der Gondwana-Zeit sind im Südwesten Neuseelands beheimatet.

Der Zugang zur Wildnis ist relativ unkompliziert, allerdings braucht man für die Nutzung der Hütten an den Wanderwegen Pässe. Eigentlich sind die Unterschiede zwischen einem Nationalpark und einem Waldpark gering. Hunde sind in Nationalparks ohne Genehmigung nicht erlaubt. Campen kann man in allen Parks, manchmal aber nur auf ausgewiesenen Zeltplätzen, darum vorher unbedingt beim DOC die nötigen Informationen einholen!

Auf der Website des Department of Conservation (www.doc.govt.nz) findet man wertvolle Auskünfte über Nationalparks und Wanderrouten. Hier sind auch Hütten und Campingplätze in Wandergegenden verzeichnet.

Die Kultur der Māori

von John Huria

„Māori" bedeutete einst „üblich" oder „alltäglich"; heute jedoch bedeutet es viel mehr ... Nun, fangen wir mal so an: In der Welt der Māori gibt es viel Vergangenes, aber auch viel Gegenwärtiges. In manchen Fällen ist die kulturelle Gegenwart die nahtlose Fortsetzung der Vergangenheit, in anderen haben sich die Verhältnisse grundlegend geändert, und manchmal hoffen die Māori auch einfach auf die Zukunft.

Die Māori von heute kann man nicht einfach über einen Kamm scheren. Einige leben ganz in der traditionellen Kultur, andere versuchen, die Traditionen anzupassen und in einen Dialog mit der sich globalisierenden Kultur zu treten. Das Konzept der *whanaungatanga* – Familienbindung – hat einen zentralen Stellenwert in der Kultur der Māori. Die Familien bilden *whānau* (Großfamilien), diese wiederum *hapū* (Unterstämme), und diese schließlich gehören großen Stämmen (*iwi*) an. In gewissem Sinne reichen diese Verbindungen über die Welt der Menschen hinaus bis in die Natur und in die Geisterwelt.

John Huria (Ngai Tahu, Muaupoko) hat Erfahrungen als Redakteur und Autor, wobei die Kultur und Literatur der Māori seine Spezialgebiete darstellen. Er war als Lektor für den Māori-Verlag Huia tätig und betreibt heute ein Redaktionsbüro: Ahi Text Solutions Ltd (www.ahitextsolutions.co.nz).

Die Māori sind Neuseelands *tangata whenua* („das Volk des Landes"); ihre Beziehung zu dem Land ist aus Hunderten von Jahren der Inbesitznahme entstanden. Einst lebten die Māori überwiegend in ländlichen Regionen; heute wohnen viele von ihnen in den Städten, fern ihrer traditionellen Heimat. Aber noch immer ist es üblich, sich bei förmlichen Anlässen bei der Selbstvorstellung auf seine Herkunft zu beziehen: auf einen Berg, einen Fluss, einen See oder einen Ahnen. Es gibt keinen zweiten Ort wie die Heimat, aber auch in anderen Regionen lässt es sich gut leben.

Wer in Neuseeland die Māori erleben will, kann dies nahezu überall tun – bei Kunstdarbietungen, bei Gesprächen, in einer Kunstgalerie, bei einem Ausflug oder bei ...

Geschichte der Māori

Vor rund 3000 Jahren begannen die Menschen, ostwärts in den Pazifik vorzudringen. Dabei hatten sie gegen energische Winde und starke Strömungen zu kämpfen (die Hinfahrt gestaltete sich mühsam, dafür war aber die Rückkehr umso einfacher und sicherer). Einige machten in Tonga und Samoa Halt, andere ließen sich auf den kleinen tropischen Inseln im zentralen Ostpolynesien nieder.

Die Māori kamen ursprünglich aus einem Land, das sie Hawaiki nennen, als sie Aotearoa kolonisierten. Kundige Seefahrer und Segler steuerten mit Hilfe navigatorischer Hilfsmittel – Strömungen, Winde, Sterne, Vogelzüge, Wellenmuster – ihre großen, ozeantüchtigen, mit doppeltem Rumpf versehenen Schiffe (Auslegerkanus) über den Pazifik hin zum neuen Land. Der erste von vielen war der große Seefahrer Kupe, welcher der Legende nach das Land fand, als er einen großen Kraken namens Muturangi jagte. Seinen bekannten Māorinamen Aotearoa aber hat Neuseeland nicht ihm zu verdanken, sondern seiner Frau Kuramarotini, die

DIE ERSCHAFFUNG DER WELT

In der Schöpfungsgeschichte der Māori war am Anfang die Leere, darauf folgte die Nacht, dann entstanden Ranginui (der Himmelsvater) und Papatuanuku (die Erdmutter), die miteinander verschlungen waren und ihre Kinder zwischen sich hegten. Doch die Kinder verkümmerten in der Dunkelheit der Umarmung. Da sie sich nicht entfalten und in der Dunkelheit nicht gut sehen konnten, versuchten die Kinder, ihre Eltern zu trennen. Tāwhirimātea, der Windgott, stürmte gegen die beiden; Tūmatauenga, der Kriegsgott, griff sie an. Ein Götterkind nach dem anderen versuchte, sie zu trennen, aber noch immer drängten sich Rangi und Papa aneinander. Da jedoch stemmte Tāne Mahuta, der Gott der großen Wälder und der Menschheit, seine Füße gegen den Vater und seinen Rücken gegen die Mutter, und langsam, aber unaufhaltsam drückte er sie auseinander: Die Welt des Lichts, der Halbgötter und der Menschen entstand.

In diese Welt des Lichts hinein wurde Māui geboren, der Ahnen-Halbgott. Nach der Geburt wurde er auf dem Meer ausgesetzt und im Dutt seiner Mutter schwimmend gefunden. Er war ein Formwandler: Mal nahm er die Gestalt einer Taube an, mal die eines Hundes oder die eines Aals – ganz wie es ihm gerade passte. Er stahl den Göttern das Feuer. Mit dem Kiefer seiner Großmutter schubste er die Sonne zurück, sodass sie nur langsam über den Himmel ziehen konnte und die Menschen genug Zeit hatten, um tagsüber ihre Dinge zu erledigen (wenn er das doch nur noch einmal machen würde!). Mit der Südinsel als Kanu und dem Gebiss der Großmutter als Haken angelte er sich Te Ika-a-Māui (den Fisch des Māui) – die Nordinsel. Das Ende ereilte Māui, als er versuchte, den Tod höchstpersönlich zu besiegen. Hine-nui-te-pō, die Todesgöttin, hatte Obsidianzähne in ihrer Vagina. (Obsidian ist ein vulkanisches Gesteinsglas mit rasiermesserscharfen Kanten.) Māui versuchte, die Geburt umzukehren und damit den Tod zu besiegen: Als sie schlief, kroch er in ihren Geburtskanal, um bis an ihr Herz vorzudringen. Ein kleiner Vogel, ein Graufächerschwanz, brach bei dem absurden Anblick in Gelächter aus. Davon erwachte Hine nui te pō und zerquetschte Māui zwischen ihren Schenkeln – 1 : 0 für den Tod!

ausrief: *„He ao, he ao tea, he ao tea roa!"* („Eine Wolke, eine weiße Wolke, eine lange, weiße Wolke!"). Kupe und seine Besatzung umrundeten das ganze Land, und viele Orte rund um die Cook Strait (die die Nord- von der Südinsel trennt) und um Hokianga in Northland tragen noch heute die Namen, die die Seeleute ihnen einst gaben; auch die Spuren der Überfahrt sind noch zu sehen. Kupe taufte Hokianga in Northland und kehrte von dort aus nach Hawaiki zurück, wo er sein wertvolles nautisches Wissen an andere Seefahrer weitergab. Und dann kamen die großen *waka* (ozeantüchtige Schiffe).

Diese ozeantüchtigen Boote, mit denen die ersten Siedler ins Land kamen, sowie ihre Anlegestellen wurden durch die Stammesgeschichten vor dem Vergessen bewahrt. Berühmte *waka* sind z. B. *Tākitimu, Kurahaupō, Te Arawa, Mataatua, Tainui, Aotea* und *Tokomaru*. Natürlich gibt es noch viele weitere. Die Māori führen ihre Ahnenreihe bis auf jene zurück, die in den *waka* ins Land kamen (und sogar noch weiter).

Wie wohl der Umzug von ihren kleinen tropischen Inseln auf eine viel größere und kühlere Landmasse gewesen sein mag? Auf Wiedersehen, Brotfrucht, Kokosnüsse und Papier-Maulbeerbäume – seid gegrüßt, Moas, Farnwurzel und Flachs! Und dazu (relativ gesehen) immens viel Land. Neuseeland hat eine Küstenlinie von mehr als 15 000 km Länge, Rarotongas Küstenlinie zum Vergleich ist gerade einmal etwas mehr als 30 km lang. Es gab viel Fläche und eine Tier- und Pflanzenwelt, die sich 80 Millionen Jahre lang vom Rest der Welt unbeeinflusst entwickelt hatte. Es gab gewaltige, unberührte Fischgründe. Es gab, bildlich gesprochen, ganze „Supermärkte" voller Meeressäuger – Seelöwen und andere Robben – sowie eine sagenhafte Vielfalt an Vögeln.

Unterwegs in Neuseeland stößt man überall auf die Legenden und Mythen der Māori: Aus Māuis *waka* wurden die Südlichen Alpen; ein *taniwha* (ein übernatürliches Wesen) schuf im Todeskampf den Lake Waikaremoana, und der Mount Taranaki verließ einst seinen Stammplatz im Zentrum der Berge auf der Nordinsel und hinterließ auf seinem Weg den Whanganui River.

Die frühen Siedler zogen umher, getrieben von Liebe, Handelschancen oder der Aussicht auf größere Ressourcen, aber auch von Streitigkeiten und der Bedrohung durch andere Stämme. Wo die Māori sich niederließen, gründeten sie *mana whenua* (örtliche Gemeinwesen), teils mit Hilfe von Kriegszügen, teils auf friedlichem Wege durch Diplomatie und wechselseitige Heiraten. Anhand der Stammesgeschichte kann man diese vielen Bündnisse, Eingliederungen von Stämmen in andere und auch die Auslöschungen nachverfolgen.

Die Wege des sagenumwobenen Entdeckers Kupe sind überall auf Neuseeland zu finden: Seine Segel (Nga Ra o Kupe) ließ er nahe dem Cape Palliser als dreieckige Oberflächenform zurück; die zwei Inseln im Hafen von Wellington, Matiu und Makoro, benannte er nach seinen Töchtern; sein Blut hat er auf den roten Felsen an der Südküste bei Wellington vergossen.

Die Geschichten wurden mündlich in Form von Erzählungen, Liedern und Gesängen überliefert. Auf die genaue Wiedergabe wurde großer Wert gelegt, denn in einer Kultur ohne Schrift ersetzen die Menschen die Bibliotheken, und das Vergangene ist immer nur eine oder zwei Generationen vom Vergessenwerden entfernt.

Die Māori lebten in *kainga* (kleinen Dörfern), denen oft große Gärten angeschlossen waren. Die Unterkünfte waren, verglichen mit dem heutigen Standard, sehr beengt – oft konnte man kaum aufrecht darin stehen. Dann und wann verließen die Menschen ihr Dorf, um Lebensmittel der jeweiligen Jahreszeit zu ernten. Bei kriegerischen Konflikten zogen sie sich in ihre *pa* (befestigte Wohnanlagen) zurück.

Und dann kamen die Europäer.

Die Māori heute

Die heutige Māorikultur ist von neuen Entwicklungen in den Künsten, der Geschäftswelt, dem Sport und der Politik geprägt. Nach wie vor wird historischer Groll gehegt, aber einige *iwi* (beispielsweise Ngāi Tahu und Tainui) haben die geschichtlichen Streitigkeiten beigelegt und gehören heute zu den Hauptkräften in der neuseeländischen Wirtschaft. Auch gegen den Niedergang ihrer Sprache haben die Māori mit der Gründung von *kohanga reo, kura kaupapa Māori* und *wananga* (Vorschulen, Schulen und Universitäten, in denen Māori gesprochen wird) etwas unternommen. Heute gibt es wieder Menschen, deren Muttersprache Māori ist. Es besteht ein Netzwerk von Rundfunkstationen, die auf Māori senden, und auch das Māorifernsehen hat seine treuen Fans. Immer größerer Beliebtheit erfreut sich die wiederentdeckte Māorifeier Matariki, das Māorineujahr. Matariki ist auch die Māoribezeichnung für das Sternbild der Plejaden (Siebengestirn). Dieses ist ab Ende Mai oder Anfang Juni am Himmel zu sehen, und sein Erscheinen läutet traditionell eine Zeit des Lernens, der Planung und der Vorbereitung ein, aber auch des Singens, Tanzens und Feierns. In dieser Zeit werden Diskussionen und Vorträge, Konzerte, Abendessen und sogar richtige Bälle veranstaltet.

Wer wirklich etwas über das Verhältnis zwischen dem Land und den *tangata whenua* („das Volk des Landes") lernen möchte, fährt am besten hinaus und redet mit den Māori.

Religion

Christliche Kirchen und Konfessionen spielen eine wichtige Rolle für die Māori: Es gibt einfach alles, von Fernsehpredigern über große Kirchen für regelmäßige und gelegentliche Kirchgänger bis hin zu zwei großen Māorikirchen (Ringatu und Ratana).

Vor den jüdisch-christlichen Einflüssen aber gab es die *atua Māori*, die Māorigötter, und für viele Māori sind diese noch immer eine lebendige und relevante Instanz. Es ist z. B. üblich, bei einer offiziellen Ansprache in einer *marae* (Versammlungshaus-Anlage) die Erdmutter und den Himmelsvater zu begrüßen. Die Götter werden in Bildnissen und Schnitzereien dargestellt, man besingt sie in *waiata* (Liedern) und ruft sie an in *karakia* (Gebet und Beschwörung), wenn ein Versammlungshaus eröffnet, ein *waka* vom Stapel gelassen oder auch nur eine Mahlzeit serviert wird. Man spricht von ihnen in den *marae* und in anderen māorispezifischen Zusammenhängen. Die traditionelle Schöpfungsgeschichte der Māori ist allseits bekannt und wird weithin gefeiert.

Kunst

Es gibt viele Sammlungen von Māori-*taonga* (Schätzen) im ganzen Land. Zu den größten und umfassendsten Sammlungen gehören die des Te Papa Museum (S. 407) in Wellington sowie die des Auckland Museum (S. 75). Auch das Canterbury Museum (S. 531) in Christchurch zeigt einen guten Bestand, und im Hokitika Museum (S. 505) gibt es eine spezielle Ausstellung nur zur Geschichte der *pounamu* (Jade).

Um in Sachen Māorikunst auf dem Laufenden zu bleiben, sind das Magazin *Mana* (bei den meisten Zeitungshändlern erhältlich), die *iwi*-Rundfunksender (www.irirangi.net) und die wöchentlichen Podcasts von Radio New Zealand (www.radionz.co.nz) zu empfehlen. Auch im Māorifernsehen werden regelmäßig Beiträge über Māorikunst gesendet: Das Programm findet sich auf www.maoritelevision.com.

Das Māorifernsehen ging 2004 auf Sendung, und für viele Māori war es sehr aufwühlend, endlich die eigene Kultur, die eigenen Probleme und die eigene Sprache in einem Massenmedium zu finden. Über 90 % des Programms sind neuseeländische Eigenproduktionen; die Sendungen sind auf Māori oder Englisch, jeweils untertitelt und damit für beide Seiten verständlich.

Wer aus dem Fernsehsessel einen Eindruck vom Rhythmus dieser Sprache gewinnen möchte, sollte Te Reo (www.maoritelevision.com/tv/te-reo-channel) einschalten, einen Kanal, der ausschließlich Sendungen auf Māori zeigt.

Das Buch von Ngahuia Te Awekotuku mit dem Titel *Mau Moko: The World of Maori Tattoo* (2007) erklärt das Thema umfassend mit prägnanten Kommentaren und wunderschönen Bildern.

Ta Moko

Ta Moko ist die Tätowierkunst der Māori. Traditionell tragen Männer Tätowierungen im Gesicht, auf Hüften und Hintern; Frauen hingegen nur auf Kinn und Lippen. *Moko* waren permanente Muster aus Pigmenten (hergestellt aus verbrannten Raupen oder dem Fleisch der Kaurimuschel), die mit Meißeln aus Knochen eingeritzt wurden: Für die Grobarbeit verwendete man feine, scharfe Kämme, für die Details gerade Klingen. Die Museen in Auckland (S. 75), Te Papa in Wellington (S. 407) und das Canterbury Museum in Christchurch (S. 531) stellen die traditionellen Werkzeuge für *ta moko* aus.

Heute sind die modernen Tattoomaschinen weit verbreitet, aber bei den Māori, die sich der Tradition verbunden fühlen, ist auch der Knochenmeißel wieder im Einsatz. Seit dem Wiederaufleben der Māorikultur in den 1960er-Jahren betätigen sich viele Künstler im *ta-moko*-Bereich und heute tragen eine Menge Māori ihre *mokos* erneut mit stillem Stolz und Bescheidenheit.

Ist diese Kunst auch etwas für Besucher, kann man sich ebenfalls tätowieren lassen? Ja. Der Begriff *kirituhi* („Hautinschrift") bezeichnet von Māorimotiven inspirierte moderne Tattoos, die auch Nicht-Māori tragen dürfen.

Eine Karte mit der Verteilung der *iwi* (Stämme) nebst einem guten Verzeichnis dieser *iwi* findet man auf Wikipedia (www.wikipedia.org/wiki/list_of_iwi).

Schnitzkunst

Traditionelle Māorischnitzereien faszinieren den Betrachter mit ihren feinen Details und den gekrümmten Linien. Die Werke sind umso erstaunlicher, als sie vor Aufkommen des Eisens (als Nägel plötzlich sehr beliebt wurden) ausschließlich mit mühsam hergestellten Steinwerkzeugen geschaffen wurden.

Einige der wichtigsten traditionellen Motive der Schnitzkunst sind *waka* (Kanus), *pataka* (Vorratshäuser) und *whare nui* (Versammlungshäuser). Erstklassige Exemplare dieser Kunstrichtung werden außer im Te Papa Museum (S. 407) in Wellington u. a. auch in den folgenden Museen und Galerien ausgestellt:

BESUCH EINER MARAE

Bei der Reise durch Neuseeland trifft man auf viele *marae* (Versammlungshaus-Anlagen). Oft gehören sie einer durch ihre Abstammung verbundenen Gruppe oder auch städtischen Māorigemeinden, Schulen, Universitäten oder Kirchengemeinden. Besichtigen kann man sie nur nach Vereinbarung mit den Eigentümern. Zu den *marae*, die besucht werden können, zählen u. a.: **Huria Marae** (☎07-578 7838; www.ngaitamarawaho.co.nz/marae; Te Kaponga St, Judea) GRATIS in Tauranga; **Koriniti Marae** (Karte S. 269; ☎06-345 0303, 021 0292 4785; Koriniti Pa Rd; ⌚9–17 Uhr) GRATIS an der Whanganui River Road; **Te Manuka Tutahi Marae** (S. 354) in Whakatane; schließlich der *marae* im **Te Papa Museum** (S. 407) in Wellington.

Zu einer *marae*-Anlage gehört ein *wharenui* (Versammlungshaus), das oft einen Ahnen verkörpert. Der Dachfirst ist sein Rückgrat, die Sparren sind seine Rippen; das Haus schützt seine Nachkommen. Vor dem *wharenui* gibt es einen Platz, den *marae atea*. Manchmal sind auch ein *wharekai* (Speisesaal), ein Sanitärblock mit Toilette und Dusche und eigene Unterrichtsräume, Spielzimmer etc. vorhanden. Hier werden Versammlungen *(hui)* abgehalten, Fragen diskutiert, Kurse gegeben, Jubiläen gefeiert und die Toten verabschiedet. Gesprochen wird – manchmal ausschließlich – *Te reo Māori* (Māorisprache).

Wenn die *hui* länger als einen Tag dauert, schlafen die Besucher im Versammlungshaus auf Matratzen. Irgendjemand hat vielleicht eine Gitarre dabei, und die Nacht verstreicht beim Erzählen von Geschichten und Scherzen.

Das Powhirii

Besucht man eine *marae* im Rahmen einer organisierten Tour, wird man mit einem *powhiri* empfangen. Die Zeremonien, die darunter zu verstehen sind, sind: Zu Anfang gibt es einen *wero* (Kampfforderung). Ein Krieger mit einem *taiaha* (Schlagstock) tritt vor die Besucher und legt den Stock nieder, damit ein Besucher ihn aufnehmen kann. Dann folgt der *karanga* (zeremonieller Zuruf). Eine Frau aus der Gruppe der Gastgeber ruft den Besuchern zu, eine Frau aus der Besuchergruppe antwortet. Die langen, hohen und singenden Anrufe vermischen sich, die Besuchergruppe tritt auf den *marae atea* vor. Nun ist es Zeit für *whaikōrero* (Reden), die Gastgeber begrüßen die Besucher, diese antworten. Die Reden werden mit einem *waiata* (Lied) abgeschlossen; dann legt der Sprecher der Besucher ein *koha* (Geschenk, meist einen Geldumschlag) in die *marae*. Die Gastgeber laden die Besucher zum *hariru* (Händeschütteln) und zum *hongi* ein. Nun herrscht Einigkeit zwischen Besuchern und Gastgebern und man teilt sich eine Erfrischung oder Mahlzeit.

Das Hongi

Stirn und Nase werden fest gegeneinander gepresst, man schüttelt sich die Hände und spricht eine Grußformel wie „Kia ora" oder „Tenā koe". Manche bevorzugen einen längeren Stirn-Nase-Druck (zwei bis drei Sekunden oder länger), andere zwei kürzere hintereinander. Männer und Frauen küssen sich manchmal auch auf eine Wange. Manche Leute glauben, beim *hongi* würden nur die Nasen gegeneinander gedrückt (wäre unangenehm!) oder aneinander gerieben (noch unangenehmer!).

Tapu

Tapu (spirituelle Verbote) und *mana* (Macht und Ansehen) werden in der Welt der Māori ernst genommen. Man setzt sich auf Stühle oder angebotene Plätze, aber nie auf einen Tisch. Menschen, die auf dem Boden liegen, umgeht man, man darf nicht über sie steigen. Das *powhiri* ist *tapu*, Essen während eines *tapu* ist eine schwere Beleidigung. Man darf erst essen und trinken, wenn die Gastgeber dazu einladen. Aber keine Sorge, man muss weder hungern noch dürsten: *manaakitanga* (Großzügigkeit) ist unter den Māori eine hoch geschätzte Tugend.

Je nach Region hat das *powhiri* bestimmte Geschlechterrollen: Frauen *karanga* (Zuruf), Männer *whaikōrero* (Reden halten); die Frauen führen die Besucher zum *marae*, die Männer sitzen auf dem *paepae* (die Rednerbank vorn). Die Diskussion über diese Geschlechterrolle wird im modernen Kontext weitergeführt.

Auckland Museum (S. 75) Hier gibt es eine spezielle Māoriabteilung.
Hells Gate (S. 334) In der Nähe von Rotorua; hier sind täglich Schnitzer bei der Arbeit zu sehen.
Otago Museum (S. 602) Dunedin; hier findet man hübsche alte *waka* (Kanus) und *whare-runanga*-Schnitzereien.
Putiki Church (S. 263) In Wanganui; das Innere der Kirche ist mit Schnitzereien und *tukutuku* (Wandreliefs) bedeckt.
Taupo Museum (S. 285) Mit Schnitzereien verziertes Versammlungshaus.
Te Manawa (S. 275) Palmerston North; Museum mit einem Schwerpunkt auf Māorikunst.
Waikato Museum (S. 188) Hamilton; ein wunderschön geschnitztes *waka taua* (Kriegskanu) ist zu sehen.
Wairakei Terraces (S. 286) Mit Schnitzereien verziertes Versammlungshaus in Taupo.
Waitangi Treaty Grounds (S. 157) *Whare runanga* und *waka taua*.
Whakarewarewa Thermal Village (S. 319) Rotorua; im „Museumsdorf" werden Schnitzereien, andere Kunst, ein Versammlungshaus und Vorführungen geboten.
Whanganui Regional Museum (S. 261) In Wanganui; ein wunderschönes, geschnitztes *waka* (Kanu).

Der Höhepunkt der heutigen Schnitzkunst ist das *whare whakairo* (mit Schnitzereien verziertes Versammlungshaus). Die Gruppe, die den Auftrag erteilt, erzählt dem Bildschnitzer ihre Geschichte und die ihrer Ahnen. Der Künstler bringt dann unter symbolischer Verwendung (oft sehr frei interpretierter) traditioneller Motive das Erzählte und die Ahnengestalten auf Holz oder Sperrholzplatten.

Das Rongomaraeroa Marae, geschaffen von Cliff Whiting und zu sehen im Te Papa in Wellington, ist ein farbenfrohes Beispiel für die zeitgenössische Adaption einer traditionellen Kunstform. Die größte Veränderung in der Schnitzkunst war – wie in den meisten traditionellen Kunstformen – der Einsatz von neuen Materialien und Werkzeugen. Rangi Kipa etwa benutzt für sein *hei tiki* ein synthetisches Polymer namens Corian, einen Stoff, aus dem sonst Küchenarbeitsplatten gemacht werden. Auf www.rangikipa.com gibt es Informationen über seine Galerie.

Mehr über Sitten und Gebräuche der Māori findet man in *Tikanga Māori* von Hirini Moko Mead, in *Visiting a Marae* von Pat und Hiwi Tauroa und in Anne Salmonds *Hui*.

Webkunst

Weben war einst ein wichtiges Kunsthandwerk; mit dieser Technik wurden Kleidung, Netze und Taue, festes Schuhwerk für unwegsames Gelände, Matten für Tonfußböden und *kete* (Taschen) hergestellt. Viele Erzeugnisse dieser Kunst sind schön und praktisch zugleich. Manche Stücke waren wahre Lebenswerke – die Herstellung von *korowai* (Umhängen) konnte durchaus Jahre dauern. Sie wurden vorwiegend aus Flachs und Vogelfedern gewebt; heute trägt man die allseits bewunderten, individuellen Stücke vor allem bei zeremoniellen Anlässen.

Wenn man mit der Verarbeitung natürlicher Materialien zum Allgemeinwohl beitrug, musste man auch für den nötigen Nachschub an Rohmaterial und dessen Funktionsfähigkeit sorgen. Dafür waren genaue Vorschriften notwendig, und die Frauen waren zum Weben unter der Schutzherrschaft der Götter berufen. Heutzutage wird die Tradition zwar hochgehalten, aber nicht alle Traditionen werden auch ausgelebt.

Flachs war (und ist noch immer) ein bevorzugtes Material für die Webkunst. Um aus den Flachsblättern eine widerstandsfähige Faser zu gewinnen, wurde zuerst das Grundgewebe der Blätter mit einer Muschelschale vorsichtig abgekratzt. Dann klopfte man die Faser, bis sie weich war, färbte sie, und schließlich wurde sie getrocknet. Heute jedoch werden alle möglichen Materialien verwendet: Bast, Kupferdraht, Gummi – ja, sogar Fleece und Gartenschläuche!

Den besten Einblick in die Webkunst bekommt man bei einem der vielen Weber, die eigene Werkstätten haben. Wenn man das Handwerk kennt, weiß man die prachtvollen Arbeiten in den Museen erst richtig zu schätzen. Und wer auf den Geschmack gekommen ist: Gewebte *kete* und Rucksäcke sind mittlerweile modische Accessoires und werden in den meisten Städten zum Kauf angeboten. Webkunst kann man außerdem im ganzen Land in Kunstgalerien erwerben.

Haka

Einem *haka* beizuwohnen kann einen echten Adrenalinschub bewirken; so erging es schon den europäischen Augenzeugen, als sie den Tanz 1929 zu sehen bekamen und sich an finsteren Satanismus erinnert fühlten: „Sie wirken wie Teufel aus der Hölle, die durch irgendeinen Mechanismus heraufbefördert wurden." *Haka* ist respekteinflößend und belebend. Es handelt sich dabei nicht nur um einen Kriegstanz; auf diese Weise wurden einst auch Besucher begrüßt, so ehrte man einen verdienten Menschen, drückte seine Identität aus oder unterstrich damit seine Überzeugungen.

Auf www.maori art.org.nz findet man unter „Toi Māori" Hinweise auf die heutige Kunst der Māori.

Zum *haka* gehören magische Worte, kräftige Körperbewegungen und *pukana* (dann schneiden die Tänzer fürchterliche Grimassen, lassen die Augen hervorquellen und zeigen das Weiß der Augäpfel, manchmal wird dazu auch noch die Zunge herausgestreckt).

Der bekannte *haka* „Ka Mate", den die All Blacks vor ihren Rugby-Testspielen aufführen, geht auf den kriegerischen Häuptling Te Rauparaha zurück und drückt dessen Sieg über den sicheren Tod aus. Als Feinde ihn verfolgten, versteckte er sich nämlich in einer Vorratsgrube unter Lebensmitteln. Nachdem die Feinde weitergezogen waren, ließ ihn ein Häuptling namens Te Whareangi (der „haarige Mann" aus dem *haka*) heraus, und als er endlich wieder im Sonnenlicht stand, vollführte er den „Ka Mate".

Einen *haka* kann man bei diversen Kulturveranstaltungen miterleben, beispielsweise im Mitai Māori Village (S. 331), im Tāmaki Māori Village (S. 332), in Te Puia (S. 319) und im Whakarewarewa Thermal Village (S. 319) in Rotorua; außerdem in Ko Tane bei Willowbank in Christchurch und bei Māori Tours (S. 456) in Kaikoura.

Die eindrucksvollsten *haka*-Aufführungen sieht man allerdings beim landesweiten Te Matatini National Kapa Haka Festival (www.tematatini.co.nz), wenn die besten Gruppen Neuseelands gegeneinander antreten. Das Festival findet alle zwei Jahre statt (jeweils in Jahren mit ungeraden Zahlen).

Zeitgenössisches Theater

In den 1970er-Jahren wagten sich erstmals viele Māori-Dramatiker mit ihren Stücken an die Öffentlichkeit; heute ist das Theater ein wichtiger Bestandteil der Māori-Kultur. Das Māori-Theater war stark an die Traditionen der *marae* gebunden: Anstatt das Licht auszumachen und direkt mit der Vorstellung anzufangen, begannen viele Māori-Schauspieltruppen mit einem stilisierten *powhiri*, gaben dem Publikum Raum für Reaktionen auf das Stück und endeten mit einem *karakia* oder einer Verabschiedung.

Taki Rua führt seit mehr als 25 Jahren Māori-Theater für Kinder und Erwachsene auf. Seine Truppe zeigt ihre Stücke in den großen Städten, geht mit den meisten aber auch auf Tour – auf der Website www.takirua.co.nz findet sich das aktuelle Programm. Māori-Dramen sind auch häufig in den offiziellen Theaterhäusern der großen Städte zu sehen sowie beim alle zwei Jahre stattfindenden New Zealand Festival (S.#361). Hone

Kouka und Briar Grace-Smith (deren Stücke es auch in Buchform gibt) haben ihre Werke überall in Neuseeland sowie bei Festivals in Großbritannien gezeigt.

Moderner Tanz

Der moderne Tanz der Māori ist weitgehend vom *kapa haka* (Kulttanz) und der traditionellen Bilderwelt der Māori inspiriert, ebenso wie von deren Lebensweise vor Ankunft der Europäer. So machte der Māori-Choreograf Moss Patterson *kokowai* (eine Körperfarbe aus rotem Lehm und Haifischöl) zum Thema seiner jüngsten gleichnamigen Tanzaufführung.

Neuseelands führende, auf Māoritanz spezialisierte Truppe ist das Atamira Dance Collective (www.atamiradance.co.nz). Seit dem Jahr 2000 zeigt es von den Kritikern bejubelte, schöne und anspruchsvolle Arbeiten. Wenn einem das zu ernst erscheint, mag man vielleicht eher die Choreografien von Mika Torotoro, der unbekümmert *kapa haka*, Travestie, Oper, Ballett und Disco mixt. Auf www.mika.co.nz bekommt man Kostproben in Videoform.

Filme der Māori

Es gab zwar schon früher erfolgreiche Māori-Dokumentarfilme (*Patu!* und die Serie *Tangata Whenua* sind brillant; man bekommt sie in einigen städtischen Videotheken), aber der erste abendfüllende neuseeländische Spielfilm eines Māoriregisseurs erschien erst 1987: *Ngati* von Barry Barclay. Mereta Mita, die erste Māoriregisseurin, drehte ihren Spielfilm *Mauri* im Jahr 1988. Sowohl Mita als auch Barclay verfolgten hochgesteckte politische Ziele und Arbeitsweisen: Während langer Arbeitsphasen im Vorfeld berieten sie sich mit den *kaumātua* (Stammesältesten) und holten deren Meinungen ein. Andere Filme, an denen Māori beteiligt waren oder Regie führten, sind der erschütternde Streifen *Die letzte Kriegerin* und der erhebende *Whale Rider*. Der für die Oscar-Vorauswahl nominierte Taika Waititi, der der Ahnenreihe von Te Whanau-a-Apanui entstammt, schrieb und drehte den Film *Eagle vs Shark* – Liebe auf Neuseeländisch und Boy.

Das **New Zealand Film Archive** (www.filmarchive.org.nz) ist ein guter Ort, um den Māorifilm kennenzulernen; die meisten Vorführungen hier sind entweder kostenlos oder zumindest verhältnismäßig günstig. Die Institution betreibt auch Zweigstellen in Auckland und Wellington.

Māori-Literatur

Von Māori-Autoren gibt es mittlerweile viele Romane und Sammlungen mit Kurzgeschichten; hier kommt sicherlich jeder auf seine Kosten. Wie wäre es mit einem regionalen Zugang? Rund um Wellington eignet sich Patricia Grace (*Potiki, Drei Cousinen, Dogside Story, Tu*), an der Ostküste der Nordinsel vielleicht Witi Ihimaera (*Pounamu, The Matriarch, Bulibasha, Whalerider*). Keri Hulme (*Unter dem Tagmond, Steinfisch*) passt perfekt zur Südinsel. Alan Duff (*Warriors*) kann man überall lesen, auch wenn das Buch sehr melancholisch stimmt. James George (*Hummingbird, Ocean Roads*) gehört unbedingt ins Reisegepäck, sofern man die Strände an der Westküste von Auckland oder den Ninety Mile Beach von Northland ansteuert. Paula Morris (*Queen of Beauty, Hibiscus Coast, Trendy but Casual*) und Kelly Ana Morey (*Bloom, Grace Is Gone*) – diese Bücher passen wohl am besten nach Auckland und ins dortige Umland. Wer Lyrik liebt, kommt am wichtigsten Māori-Dichter in englischer Sprache nicht vorbei: dem verstorbenen Hone Tuwhare (*Deep River Talk: Collected Poems*). Seine Gedichte kann man wirklich überallhin mitnehmen – sie passen ebenso gut in die Kirche wie in eine Kneipe.

Kunst & Musik

Nach dem Ende der Kolonialzeit brauchte Neuseeland etwa 100 Jahre, um eine eigenständige künstlerische Identität auszubilden. In der ersten Hälfte des 20. Jhs. waren Schriftsteller und bildende Künstler die Vorreiter. In den 1970er-Jahren eroberten neuseeländische Pub-Rocker Australien, in den 1980er-Jahren begeisterten sich Indie-Fans für die verrückte alternative Szene von Dunedin. Doch erst durch die Erfolge der Filmindustrie trat die Kreativität des Landes in den 1990er-Jahren ins Bewusstsein der Welt.

Literatur

In Neuseeland nahm man 2013 erfreut zur Kenntnis, dass die 28-jährige Schriftstellerin Eleanor Catton den Man-Booker-Preis zum zweiten Mal ins Land holte, den wohl angesehensten Literaturpreis der Welt. Lloyd Jones war im Jahr 2007 ebenfalls nahe dran, und sein Roman *Mister Pip* schaffte es zumindest auf die Shortlist. Doch seit Keri Hulme den Preis 1985 als Erste gewonnen hatte, musste eine recht lange Durststrecke überstanden werden. Interessanterweise sind sowohl Cattons historischer Roman *The Luminaries* als auch Hulmes eindringliches Werk *The Bone People* (dt. *Unter dem Tagmond*, 1991) an der wunderbaren Westküste der Südinsel angesiedelt – und beide Bücher fangen etwas vom rauen und mysteriösen Wesen der Landschaft ein.

Außer *Die Rückkehr des Königs*, der 2003 den Oscar gewann, war nur ein weiterer neuseeländischer Film in der Kategorie „Bester Film" für den Oscar nominiert: *Das Piano*. Jane Campion war die erste Regisseurin aus Neuseeland, die in der Kategorie „Beste Regie" nominiert war, Peter Jackson der erste Neuseeländer, der diesen Oscar gewann.

Catton und Hulme stehen in der stolzen Nachfolge neuseeländischer Autorinnen, deren Reigen im frühen 20. Jh. mit Katherine Mansfield ihren Anfang nahm. Mansfield begründete eine neuseeländische Tradition der Kurzgeschichte, und jahrelang setzte die Romanautorin Janet Frame Standards. Deren dramatisches Leben schildert Jane Campions Verfilmung ihrer Autobiografie *Ein Engel an meiner Tafel* (1993). Frames Roman *The Carpathians* (1989) gewann den Commonwealth Writers' Prize.

International ist Maurice Gee weniger bekannt, doch national stand er sechsmal an der Spitze der Bestsellerlisten, zuletzt mit *Blindsight* (2005). Sein beliebter Kinderroman *Under the Mountain* (1979) wurde 1981 als wegweisende neuseeländische Fernsehserie verfilmt, 2009 folgte ein Spielfilm. 2004 gewann die Verfilmung eines anderen Romans von ihm, *In My Father's Den* (1972), wichtige Preise auf internationalen Film-

STIMMEN DER MĀORI

Einige der interessantesten und unterhaltsamsten Schriftsteller Neuseelands sind Māori – an allererster Stelle die Booker-Preis-Gewinnerin Keri Hulme. Witi Ihimaeras Romane geben einen guten Einblick in das Leben einer Māori-Kleinstadt an der Ostküste – vor allem *Bulibasha* (1994) und *Whale Rider* (1987); Letzteres war auch Vorlage eines hoch gelobten Films. Auch die Arbeiten von Patricia Grace schildern detailreich das Landleben in einem Māori-Dorf mit einer *marae*-Anlage: *Mutuwhenua* (1978), *Potiki* (1986), *Dogside Story* (2001) oder *Tu* (2004). In *Chappy* (2015) erzählt Grace die Geschichte eines „verlorenen Sohnes", der nach Neuseeland zurückkehrt, um die Fäden seines komplizierten kulturellen Erbes zu entwirren.

MITTELERDE-TOURISMUS

Wer zu jenen Reisenden gehört, die wegen der Szenerie der *Herr der Ringe*-Filme nach Neuseeland kommen, wird nicht enttäuscht werden. Peter Jacksons Entscheidung, in Neuseeland zu drehen, war nicht nur bloßer Patriotismus. Nirgendwo sonst auf der Welt gibt es so abwechslungsreiche und unberührte Landschaften wie hier (und das Honorar für Schauspieler liegt nicht besonders hoch ...).

Einige Orte aus den Filmen erkennt man sicherlich wieder, beispielsweise Hobbingen (nahe Matamata), den Schicksalsberg (sofort erkennbar im gewaltigen Ngauruhoe) und die Nebelberge (die Southern Alps der Südinsel). Die Visitor Information Centres in Wellington, Twizel und Queenstown können einem in der Regel sagen, wie man zu den lokalen Ring-Drehorten kommt. Wer es ganz genau wissen will, sollte sich Ian Brodies *The Lord of the Rings: Location Guidebook* zulegen; es enthält Wegbeschreibungen und sogar GPS-Koordinaten, sodass man alle Drehorte finden kann.

festivals und ist einer der größten Kassenerfolge des neuseeländischen Kinos.

Maurice scheint ein vielversprechender Name für neuseeländische Schriftsteller zu sein: Der verstorbene Maurice Shadbolt erhielt große Anerkennung für seine zahlreichen Romane, vor allem für jene, die in den Kriegen Neuseelands spielen. Einen guten Einstieg bilden *Season of the Jew* (1987) oder *The House of Strife* (1993).

Kino & TV

Wer sein Interesse an Neuseeland der Kinoleinwand verdankt, befindet sich in guter Gesellschaft. Peter Jacksons in Neuseeland gedrehte Trilogien *Der Hobbit* und *Herr der Ringe* waren das Beste, das dem Neuseeland-Tourismus seit Käpt'n Cook passiert ist.

Doch das neuseeländische Kino ist selten so leichtfüßig. In seiner von der BBC finanzierten Dokumentation *Cinema of Unease* beschreibt der in Neuseeland geborene Schauspieler Sam Neill die Filmindustrie seines Landes als eine, die düstere, unheimliche Werke produziere. Es reicht, sich Lee Tamahoris erschütternden Film *Die letzte Kriegerin* (1994) anzusehen, um zu verstehen, was er meint.

Der ehemalige Filmkritiker des *Listener*, Philip Matthews, sieht die Sache etwas optimistischer: „An (Niki Caros) *Whale Rider*, (Christine Jeffs) *Rain* und dem *Herrn der Ringe* kann man die Qualitäten erkennen, die unsere besten Filme auszeichnen. Außer der gekonnten technischen Ausführung haben sie alle eine Art Mystizismus, eine dem Land innewohnende übernatürliche Empfindsamkeit."

Dieser Liste kann man noch Jane Campions *Das Piano* (1993) und *Top of the Lake* (2013), Brad McGanns *Als das Meer verschwand* (2004) und Jacksons *Himmlische Kreaturen* (1994) hinzufügen – sie alle betten verstörende Gewalt in eine magisch aufgeladene Szenerie ein. Der Mystizismus in diesem Land balanciert ständig auf der Grenze zum Grusel. Der Kiwi-Humor ist so schwarz wie die Trikots des Rugbyteams, etwa in Jacksons frühen Splatterfilmen oder in Taika Waititis *Boy* (2010). Neuseeländische Komödien sind vorwiegend im eigenen Land beliebt, doch die von einem amerikanischen Fernsehsender produzierte Serie *Flight of the Conchords* – in deren Mittelpunkt ein Duo neuseeländischer Folksänger steht, die den Durchbruch in New York schaffen wollen – hatte auch erstaunlichen internationalen Erfolg.

Am unbeschwertesten sind die polynesisch beeinflussten Komödien wie *Sione's Wedding* (2006) mit absolutem Wohlfühlfaktor, und dies war auch der zweitgrößte kommerzielle Erfolg des neuseeländischen Kinos.

Die bislang einzigen neuseeländischen Schauspieler, die einen Oscar gewannen, sind Anna Paquin (für *Das Piano*) und Russell Crowe (für *Gladiator*). Paquin wurde in Kanada geboren und kam mit vier Jahren nach Neuseeland, Crowe war im gleichen Alter, als seine Familie von Neuseeland nach Australien zog.

Zuerst sah man im internationalen Film überhaupt keine Neuseeländer, dann tauchten sie in Armeestärke als Invasoren in *Star Wars* auf. Bekannte Gesichter wie Cliff Curtis und Karl Urban scheinen in Actionfilmen die Rolle des mexikanischen oder russischen Gangsters gepachtet zu haben. Viele starteten ihre Karriere in der über lange Zeit laufenden Seifenoper *Shortland Street* (werktags 19 Uhr, TV2).

Gareth Shute, der das Musikkapitel verfasste, schrieb vier Bücher, darunter *Hip Hop Music in Aotearoa* und *NZ Rock 1987–2007*. Als Musiker und Bandmitglied der Ruby Suns und der Brunettes tourte er durch Großbritannien, Europa und Australien. Heute spielt er in der Rock-Gruppe The Conjurors.

Bildende Künste

Die „Kann ich, mach ich"-Einstellung der Neuseeländer erstreckt sich auch auf die bildenden Künste. Wer Einheimische zuhause besucht, wird dort mitunter ein Bild an der Wand hängen sehen, das der Eigentümer selbst gemalt hat, oder im Garten eine Skulptur, die ein Freund aus Muschelschalen, Treibholz und einem Stück des magischen Drahts Nr. 8 gebaut hat.

Solche Objekte prägen die blühende Kunst- und Kunsthandwerksszene vor Ort, die durch praxisnahe Hochschulkurse gepflegt wird, denen am laufenden Band Schnitzer und Weber, Schmuckhersteller, Multimediaexperten sowie Glas- und Metallkünstler entspringen. In den größeren Städten gibt es ausgezeichnete Kunstgalerien, die Werke von interessanten einheimischen Künstlern aller Art ausstellen.

Einige der besten Galerien finden sich außerhalb von Auckland oder Wellington. Das neue Len Lye Centre (S. 243) – es beherbergt das Erbe des Bildhauers und Regisseurs Len Lye – ist eine Reise nach New Plymouth wert, und die Eastern Southland Gallery (S. 684) in Gore zeigt eine bedeutende und stetig wachsende Sammlung.

Die traditionelle Māori-Kunst hat einen ausgeprägt visuellen Stil mit detailliert herausgearbeiteten Motiven, die sich neuseeländische Künstler gleich welcher Herkunft zu eigen gemacht haben. In der Malerei haben die kühle Moderne der Arbeiten von Gordon Walter und der eher umstrittene Pop-Art-Ansatz von Dick Frizzells Tiki-Serie Gewicht. Ähnlich verbreitet sind Themen und Motive der Pazifikinseln, vor allem in Auckland. Als Beispiel kann hier das Werk von John Pule dienen, der auf Niue geboren und in Auckland aufgewachsen ist.

Für Indierock-Fans ist www.cheeseontoast.co.nz eine wichtige Quelle für Infos. Die Seite verzeichnet Gigs, bietet Interviews mit Bands und Fotos. Mehr Infos zum heimischen Hip-Hop, Pop und Rock gibt es auf www.thecorner.co.nz und der schon viele Jahre existierenden Seite www.muzic.net.nz

Es dürfte kaum überraschen, dass in einem Land, das so sehr von seiner natürlichen Umgebung geprägt ist, die Landschaftsmalerei zur ersten (nacheuropäischen) Kunstrichtung wurde. John Gully und Petrus van der Velden gehörten zu jenen, die kamen und einprägsame – wenngleich auch immer wieder überdramatisierte – Darstellungen der neuseeländischen Landschaft malten.

Etwas später schuf Charles Frederick Goldie eine Serie fesselnder, realistischer Porträts von Māori, die als vom Aussterben bedroht galten. Der Streit um die politische Korrektheit von Goldies Werk dauerte Jahre an, doch inzwischen wird seine Bedeutung weithin anerkannt – nicht zuletzt, weil die Māori selbst sein Werk im Allgemeinen als Darstellungen ihrer Ahnen anerkennen und wertschätzen.

In den 1930er-Jahren wurde die neuseeländische Kunst etwas moderner und brachte einige der gefeiertsten Künstler des Landes hervor, darunter Rita Angus, Toss Woollaston und Colin McCahon. McCahon gilt gemeinhin als bedeutendster Künstler Neuseelands. Seine Bilder mögen rätselhaft, ja abstoßend wirken, aber selbst dort, wo McCahon in katholischen Mystizismus abtauchte oder Stellen aus der Bibel zitierte, war seine Spiritualität im Land verwurzelt. Seine trostlosen, düsteren Landschaften machten die ungeheure Kraft Neuseelands quasi fassbar.

Musik

Die ersten neuseeländischen Musikformen waren die *waiata* (Gesänge) der Māori, die diese seit ihrer Ankunft im Land entwickelt hatten. Die wichtigsten Musikinstrumente waren Blasinstrumente aus Knochen oder Holz, von denen das *nguru* (allgemein bekannt als „Nasenflöte“) das bekannteste ist; das Trommeln auf Brust und Schenkeln ersetzte das Schlagzeug. Heutzutage kann man Māori-Livemusik am besten bei den *kapa-haka*-Wettbewerben miterleben, wo Gruppen mit ihren eigenen Programmen aus traditionellen Gesängen und Tanz gegeneinander antreten: das Te Matatini National Kapa Haka Festival (S. 728) findet im März in Jahren mit ungerader Jahreszahl an wechselnden Veranstaltungsorten statt (2017 in Kahungunu in Hawke's Bay). Ähnlich läuft auch das Pasifika Festival (S. 88) in Auckland ab, bei dem sich jede der Pazifikinseln präsentiert. Hier kann man prima sowohl die traditionellen als auch die modernen Formen der polynesischen Musik kennenlernen, sei es beim zeitgenössischen Hip-Hop oder durch hämmernde Cook Island-Trommeln, Insel-Gitarren, Ukulelen und Slide-Gitarren.

Unter www.ripitup.co.nz. findet man eine Veranstaltungsliste der größeren Zentren. Eintrittskarten bucht man bei www.ticketek.co.nz, www.ticketmaster.co.nz oder www.undertheradar.co.nz

Klassik & Oper

Frühe europäische Einwanderer brachten ihre eigenen Musikstile mit und schufen Anfang des 20. Jhs. regionale Varianten. In den 1950er-Jahren wurde Douglas Lilburn zum ersten international anerkannten klassischen Komponisten aus Neuseeland. In jüngerer Zeit hat das Land eine Reihe von weltbekannten Musikern hervorgebracht, darunter die Opernsängerin Kiri Te Kanawa, die Pop-Diva Hayley Westenra, die Millionen von Platten verkauft hat, den Komponisten John Psathas (der die Musik für die Olympischen Spiele im Jahr 2004 schuf) und den Komponisten und Schlagzeuger Gareth Farr (der auch in Frauenkleidern unter dem Namen Lilith auftritt).

DIE BRÜDER FINN

Es gibt einige Lieder, die alle Neuseeländer mitsingen können, wenn sie ein Bier und die Gelegenheit dazu bekommen. Ein erstaunlich großer Anteil davon wurde von Tim und Neil Finn geschrieben und viele ihrer Songs wurden internationale Hits. Tim und Neil wurden in der Kleinstadt Te Awamutu geboren; das örtliche Museum zeigt Dokumente ihres Schaffens.

Tim Finn wurde erstmalig in den 1970er-Jahren mit der Gruppe Split Enz bekannt. Als der ursprüngliche Gitarrist die Gruppe verließ, flog Neil nach England, um dessen Stelle einzunehmen – und zwar obwohl er damals erst 15 war. Split Enz fand zahlreiche Fans in Australien, Neuseeland und Kanada, bevor die Band sich 1985 trennte.

Neil gründete dann mit zwei australischen Musikern (Paul Hester und Nick Seymour) Crowded House und eine ihrer ersten Singles erreichte in den US-Charts Platz 2. Auch Tim stieß später für kurze Zeit dazu; damals schrieben die Brüder *Weather With You* – einen Song, der in den britischen Charts bis auf Platz 7 kletterte und dem Album Woodface eine Goldene Schallplatte einbrachte. Die Originalbesetzung von Crowded House hatte 1996 ihren letzten Auftritt – vor 100 000 Menschen auf den Stufen des Opernhauses von Sydney (Finn und Seymour bildeten die Gruppe jedoch 2007 neu und gehen gelegentlich noch auf Tournee oder nehmen eine Platte auf). Beide, Tim und Neil, haben auch eine Reihe von Soloalben veröffentlicht, außerdem gemeinsame Schallplatten bzw. CDs als Finn Brothers.

In jüngerer Zeit hat Neil etliche Auftritte und Veröffentlichungen unter dem Namen 7 Worlds Collide organisiert; dabei handelt es sich um eine Zusammenarbeit mit bekannten Musikern aus Übersee wie Jeff Tweedy (Wilco), Johnny Marr (The Smiths) und Mitgliedern von Radiohead. Seine neueste Band heißt Pajama Club, zu ihr gehören seine Frau Sharon und die Musiker Sean Donnelly und Alana Skyring aus Auckland.

Auch Neils Sohn Liam steht am Beginn einer Solokarriere, die ihn schon mit Eddie Vedder und The Black Keys auf eine Tournee durch die USA und in die Late-Night-Show von David Letterman geführt hat.

GOOD LORDE!

Natürlich war die größte Neuigkeit der letzten Zeit in der neuseeländischen Musikszene der Erfolg von Lorde, einer Singer-Songwriterin aus Devonport, einem Ortsteil von North Shore, Auckland. Bei ihren Freunden weniger hoheitsvoll als Ella Yelich-O'Connor bekannt, stürmte die 16-jährige Lorde mit ihrem magischen Hit *Royals* im Jahr 2013 an die Spitze der US Billboard Charts – sie ist die erste neuseeländische Solokünstlerin, der das gelang. *Royals* gewann dann 2014 auch einen Grammy für den „Song of the Year". Ihr Debütalbum *Pure Heroine* hat sich weltweit millionenfach verkauft und noch einige Hits hervorgebracht. Nicht schlecht für dieses Alter!

Rock

Neuseeland hat eine starke Rockmusikszene: Besonders bejubelte Exporte sind das verehrte Indie-Label *Flying Nun* und die Musik der Finn Brothers.

Flying Nun wurde 1981 von Roger Shepherd, dem Besitzer eines Plattengeschäfts in Christchurch, gegründet. Viele der frühen Gruppen kamen aus Dunedin, wo die örtlichen Musiker den Do-it-yourself-Anspruch des Punk zu schlichtem Indie-Pop verwandelten, der bei den Leuten von NME in Großbritannien und beim Magazin *Rolling Stone* in den USA gut ankam. *Billboard* behauptete 1989 sogar: „Es scheint bei Flying Nun Records nichts unterhalb von herausragend zu geben."

Viele Musiker der Flying-Nun-Szene treten auch heute noch live auf, beispielsweise David Kilgour (von The Clean) und Shayne Carter (von den Straitjacket Fits, heute Frontman von Dimmer und The Adults). The Bats bringen immer noch neue Alben heraus, und Martin Phillipps' Band The Chills veröffentlichte im Jahr 2015 ein Comeback-Album mit dem Titel *Silver Bullets*.

Unter www.eventfinda.co.nz gibt es eine breite Auswahl an kulturellen Veranstaltungen. Hier lässt sich vieles über Konzerte – Pop und Klassik – sowie *kapa-haka*-Veranstaltungen finden. Spezielle Informationen zur neuseeländischen Klassikszene bietet www.sounz.org.nz

Reggae, Hip-Hop & Dance

Die Musikgenres, die von Neuseeländern mit Māori- und polynesischem Hintergrund am begeistertsten aufgenommen wurden, waren Reggae (in den 1970er-Jahren) und Hip-Hop (in den 1980erJahren); davon entstanden sogar regionale Sonderformen. In Wellington nahm eine florierende Jazzszene Reggae-Einflüsse auf; es gründeten sich eine Reihe von Gruppen, die verschiedene Stile mischten – am bekanntesten ist Fat Freddy's Drop. Der Nationalfeiertag am 6. Februar, der Waitangi Day, fällt zufällig mit dem Geburtstag von Bob Marley zusammen und so gibt es an diesem Tag alljährlich auch Reggae-Konzerte in Auckland und Wellington.

Die hiesige Hip-Hop-Szene hat ihren Mittelpunkt in den Vororten von South Auckland, in denen sehr viele Māori und Pazifikinsulaner wohnen. In dieser Gegend ist auch eines von Neuseelands führenden Hip-Hop-Labels, Dawn Raid, zu Hause, dessen Name von den schändlichen frühmorgendlichen Hausdurchsuchungen in den 1970er-Jahren herrührt, die die Polizei bei Pazifikinsulanern vornahm, die im Verdacht standen, dass ihre Visa abgelaufen waren. Der erfolgreichste Künstler von Dawn Raid ist Savage, der 1 Mio. CDs von seiner Single *Swing* verkaufte, nachdem das Lied in dem Film *Knocked Up* zu hören war. Die bekanntesten Hip-Hop-Acts in Neuseeland sind Scribe, Che Fu und Smashproof (deren Song *Brother* länger als jeder andere nationale Titel Nummer eins der neuseeländischen Charts war).

Dance Music war in den 1990er-Jahren in Christchurch am stärksten vertreten; von dort kamen Salmonella Dub und Tiki Taane. Drum 'n' Bass ist örtlich noch beliebt und hat international anerkannte Gruppen wie Concord Dawn und Shapeshifter hervorgebracht.

Neue Musik

Im neuen Jahrtausend hat die neuseeländische Musikszene neuen Schwung bekommen, nachdem die Regierung die privaten Radiosender im Land zu einer freiwilligen 20-Prozent-Quote für neuseeländische Musik überredet hatte. Den kommerzieller orientierten Musikern hat dies zu sicheren Karrieren verholfen. Rockgruppen wie Shihad, The Feelers und Op-shop sind unter diesen Bedingungen aufgeblüht, ebenso eine ganze Reihe weiblicher Soul-Solokünstler (die zufällig alle Māori-Wurzeln haben): Bic Runga, Anika Moa und Brooke Fraser (die Tochter des All-Black-Spielers Bernie Fraser). Neuseeland brachte in dieser Zeit auch zwei international gefeierte Garage Rockbands hervor: die Datsuns und D4.

Zu den Kiwis, die aktuell internationale Anerkennung genießen, gehören die unglaublich begabte Sängerin Kimbra (die mit Gotye den weltweiten Superhit *Somebody That I Used To Know* sang), die mit Indie-Hymnen auftretende Elektropop-Band The Naked & Famous, die vielseitige Singer-Songwriterin Ladyhawke, die Kunstfigur Lawrence Arabia und das semi-psychedelische Unknown Mortal Orchestra. Aaradhna ist eine viel gepriesene R & B-Sängerin, die mit ihrem Album *Trebel & Reverb* für Furore sorgte, das bei den New Zealand Music Awards 2013 als „Album of the Year“ ausgezeichnet wurde. Bei den Music Awards von 2015 standen Broods im Mittelpunkt, Bruder und Schwester aus Nelson, die als Pop-Duo auftreten, und Marlon Williams, ein Sänger aus Christchurch.

Praktische Informationen

Allgemeine Informationen

Arbeiten in Neuseeland

Mit einem einfachen Besuchervisum darf man keine bezahlten Jobs annehmen. Wer sich nicht an diese (oder jede andere) Bestimmung hält, wird des Landes verwiesen.

Wer ein WHS-Visum (Working Holiday Scheme) besitzt, kann sich jederzeit nach einer befristeten Arbeit umschauen. Gezahlt werden etwa 14 bis 20 NZ$ pro Stunde (d. h. nicht gerade viel). Es gibt viele Gelegenheitsjobs, vor allem in der Landwirtschaft (Obsternte, Mitarbeit auf Farmen und Weingütern), im Gastgewerbe (Bar, Service) und in den Skigebieten. Bürojobs bieten möglicherweise die IT- und Finanzbranche, das Bankenwesen und das Telefonmarketing. Um einen entsprechenden Job zu ergattern, sollte man sich bei einer Jobbörse registrieren lassen.

Saisonjobs als Schnitt- und Erntehelfer eignen sich für Besucher besonders gut. Von Dezember bis Mai werden auf mehr als 30 000 ha Anbaufläche u. a. Äpfel, Kiwis und anderes Obst und Gemüse geerntet. Dabei wird harte, schmutzige Arbeit in heißer Sonne verrichtet – dementsprechend hoch ist die Fluktuation. Normalerweise berechnet sich die Bezahlung nach Pflückmenge (pro Behälter, Eimer oder Kilogramm). Mit wachsender Erfahrung und Geschwindigkeit lässt sich daher nach einer gewissen Eingewöhnungszeit dennoch ein ganz netter Verdienst erzielen. Für Erntejobs sind auf der Nordinsel u. a. die Bay of Islands (Kerikeri und Paihia), Aucklands ländliche Umgebung, Tauranga, die Bay of Plenty, Gisborne oder Hawke's Bay (Napier bzw. Hastings) gute Anlaufstellen, auf der Südinsel Nelson (Tapawera und Golden Bay), Marlborough (rund um Blenheim) oder Central Otago (Alexandra und Roxburgh).

Im Winter gibt es in den Skigebieten Jobs als Service- und Reinigungskräfte in Bars, Restaurants und an Liftanlagen sowie – die entsprechende Ausbildung vorausgesetzt – als Ski- und Snowboardlehrer.

Informationen

Reiseführer, Manager von Hostels und andere Reisende sind die beste Quelle, um sich vor Ort über die Möglichkeiten einer befristeten Arbeit zu erkundigen. **Base Backpackers** (www.stayatbase.com/work) bietet über seine Homepage einen

PRAKTISCH & KONKRET

DVDs Neuseeländische DVDs sind mit dem Code der Region 4 versehen, zu der Australien, der Pazifikraum, Mexiko, Mittelamerika, die Karibik und Südamerika gehören.

Fernsehen Zu den staatlichen Fernsehstationen gehören TV One, TV2, Māori TV oder der zu 100 % auf Māori sendende Fernsehkanal Te Reo. Die Alternative ist Sky TV (www.skytv.co.nz), dessen Sendungen man allerdings nur als Abonnent empfangen kann.

Maße & Gewichte In Neuseeland gilt das metrische System.

Radio Nachrichten, aktuelle Infos, klassische Musik und Jazz sendet Radio New Zealand (www.radionz.co.nz). Radio Hauraki (www.hauraki.co.nz) schickt Rock über den Äther.

Zeitungen Hier bieten sich Aucklands *New Zealand Herald* (www.nzherald.co.nz), Wellingtons *Dominion Post* (www.stuff.co.nz/dominion-post) oder Christchurchs *The Press* (www.stuff.co.nz/the-press) an.

Arbeits-Suchdienst an, in der Rubrik „Notice Boards" (Schwarzes Brett) der Website von **Budget Backpacker Hostels** (www.bbh.co.nz) findet man offene Stellen in BBH-Hostels sowie darüber hinaus einige wenige weitere Jobangebote.

Auf der Website **Kiwi Careers** (www.careers.govt.nz) können Berufstätige in ganz unterschiedlichen Tätigkeitsbereichen (Landwirtschaft, Kreative Berufe, Gesundheit, Schule/Universität, Freiwilligenarbeit und Personalbereich) nach Jobs schauen. **Seek** (www.seek.co.nz) wiederum zählt mit Tausenden von Anzeigen zu den größten Netzwerken für Arbeitssuchende.

Eine weitere Quelle sind die Websites der Skigebiete. Wer in der Landwirtschaft bei der Ernte helfen möchte, sollte sich auf folgenden Seiten umschauen:

- www.seasonalwork.co.nz
- www.seasonaljobs.co.nz
- www.picknz.co.nz
- www.pickingjobs.com

Einkommenssteuer

Der Tod und die Steuern – beide bleiben einem nicht erspart! Die meisten Neuseelandreisenden, die für ihre Arbeit Kiwi-Dollars bekommen, sind verpflichtet, eine Einkommenssteuer zu bezahlen, die gleich vom Gehalt abgezogen wird (Pay As You Earn, kurz PAYE genannt).

Die Einkommenssteuer beläuft sich auf 11,95 % bei einem Jahreseinkommen von bis zu 14 000 NZ$, 18,95 % bei einem Jahresgehalt bis zu 48 000 NZ$, 31,45 % bei einem Jahresgehalt bis zu 70 000 NZ$. Alle höheren Gehälter werden mit 34,45 % besteuert. Vom Gehalt werden außerdem etwa 1,5 % abgezogen, die die Unfallversicherung NZ Accident Compensation Corporation (ACC) kassiert. Die hier genannten Prozentzahlen können allerdings von Jahr zu Jahr leicht schwanken.

Wer als Urlauber Neuseeland bereist und dabei zeitlich befristete Jobs annimmt (z. B. auf der Basis des Working Holiday Scheme), ist unter Umständen berechtigt, sich bei der Ausreise die einbehaltenen Steuern wieder auszahlen zu lassen. Dazu beantragt man am besten vor der Abreise eine Steuererstattung. Weitere Infos sind auf der Website des Inland Revenue Department (www.ird.govt.nz) zu finden oder unter der Telefonnummer 03-951 2020 zu erfragen.

IRD Number

Alle Reisenden, die eine bezahlte Arbeit (auch Ferienjobs) annehmen, müssen ein Bankkonto eröffnen und brauchen eine IRD-Nummer (Inland Revenue Department). Das hierzu benötigte Formular *IRD number application – non-resident/offshore individual IR742* kann man sich auf der Homepage des Inland Revenue Department (www.ird.govt.nz) herunterladen. Die Ausstellung einer IRD-Nummer dauert in der Regel acht bis zehn Werktage.

Botschaften & Konsulate

Die meisten diplomatischen Auslandsvertretungen befinden sich in Wellington, ein paar wenige auch in Auckland.

Australien (☎04-473 6411; www.newzealand.highcommission.gov.au; 72-76 Hobson St, Thorndon, Wellington; ⏲Mo–Fr 9–16 Uhr)

Fidschi (☎04-473 5401; www.fiji.org.nz; 31 Pipitea St, Thorndon, Wellington; ⏲Mo–Fr 9–17 Uhr)

Deutschland (☎04-473 6063; www.wellington.diplo.de; 90-92 Hobson St, Thorndon, Wellington; ⏲Mo–Fr 10.45–12 Uhr)

Österreich (☎04-384 1402; austria@vodafone.co.nz; Level 4, 75 Ghuznee St, Wellington; ⏲nach Vereinbarung)

Schweiz (☎04-472-1593; www.eda.admin.ch; Level 12, Maritime Tower, 10 Customhouse Quay, Wellington ⏲Mo–Fr 8.30–12 Uhr)

USA (☎04-462 6000; newzealand.usembassy.gov; 29 Fitzherbert Tce., Thorndon, Wellington; ⏲Mo–Fr 9–17 Uhr)

Ermäßigungen

Der international anerkannte Studentenausweis, die **International Student Identity Card,** (ISIC), wird von der International Student Travel Confederation (ISTC; www.istc.org) ausgegeben und ist gültig für Vollzeitstudenten und Schüler, die älter sind als 12 Jahre. Bei der Vorlage des Ausweises erhalten Studenten dann Ermäßigungen in Unterkünften, beim Kauf von Fahrkarten und bei Eintritten, beispielsweise in Museen. Die ISTC vertreibt auch die **International Youth Travel Card**, die junge Reisende unter 30 Jahren kaufen können, die jedoch nicht als Vollzeitstudenten an einer Universität eingeschrieben sind und auch nicht mehr zur Schule gehen. Dieser Ausweis berechtigt zu den gleichen Vergünstigungen wie die ISIC.

Ähnlich funktioniert auch die **International Teacher Identity Card**, die von Lehrern erworben werden kann. Alle drei oben genannten Karten (die Kosten belaufen sich auf jeweils 30 NZ$) können online unter der Adresse www.isiccard.co.nz oder in Jugendreisebüros wie STA Travel gekauft werden.

- Die **New Zealand Card** für 35 NZ$ (www.newzealandcard.com) berechtigt bei Unterkünften, Ausflugsfahrten, Sehenswürdigkeiten und Aktivitäten zu Rabatten zwischen 5 und 50 %.

Gegen Vorlage eines geeigneten Altersnachweises (z. B. offizieller Seniorenausweis) erhalten Touristen ab 60 Jahren ebenfalls oft Ermäßigungen.

PREISKATEGORIEN: RESTAURANTS

Die folgenden Preise beziehen sich auf ein durchschnittliches Hauptgericht:

**$** unter 15 NZ$

**$$** 15–32 NZ$

**$$$** über 32 NZ$

Essen & Trinken

In Neuseeland kann man wunderbar speisen. Nähere Details dazu sind im Kapitel **Essen & Trinken** (S. 56) zu finden.

Feiertage

Neuseelands wichtigste Feiertage:

Neujahr 1. und 2. Januar

Waitangi Day 6. Februar

Ostern Karfreitag und Ostermontag, März/April

Anzac Day 25. April

Queen's Birthday 1. Montag im Juni

Labour Day (Tag der Arbeit) 4. Montag im Oktober

Christmas Day 1. Weihnachtstag: 25. Dezember

Boxing Day 2. Weihnachtstag: 26. Dezember

Zusätzlich feiert jede Provinz ihren eigenen „Geburtstag". Die Daten dieser Provinz-Feiertage variieren: Wenn das Datum auf einen Freitag, Samstag oder Sonntag fällt, ist in der Regel der folgende Montag arbeitsfrei; fällt der Feiertag auf den Dienstag, Mittwoch oder Donnerstag, ist der vorhergehende Montag frei.

Die jeweiligen Gründungstage sind:

Southland 17. Januar

Wellington 22. Januar

Auckland 29. Januar

Northland 29. Januar

Nelson 1. Februar

Otago 23. März

Taranaki 31. März

South Canterbury 25. September

Hawke's Bay 1. November

Marlborough 1. November

Chatham Islands 30. November

Westland 1. Dezember

Canterbury 16. Dezember

Schulferien

Die Weihnachtsferien von Mitte Dezember bis Ende Januar sind Teil der jährlichen Sommerferien. Nicht vergessen: Viele Unterkünfte bzw. Verkehrsmittel sind zu dieser Zeit oft schon weit im Voraus ausgebucht. Vor den touristischen Attraktionen muss mit langen Warteschlangen gerechnet werden. Neben diesen Hauptferien gibt es noch drei weitere Schulferienzeiten: Mitte bis Ende April, Anfang bis Mitte Juli und Mitte September bis Anfang Oktober. Die genauen Daten stehen auf der Homepage des Bildungsministeriums, des **Ministry of Education** (www.education.govt.nz).

Frauen unterwegs

Neuseeland ist generell ein sehr sicheres Land für Frauen, solange sie die üblichen Vorsichtsmaßnahmen beachten (gilt auch für Männer): nachts nicht allein unterwegs sein und grundsätzlich aufs Trampen verzichten. Wer außerhalb der Stadt reist, sollte immer genügend Geld dabei haben, um sicher zurück zur Unterkunft gelangen zu können. In den Statistiken spielen Fälle sexueller Belästigung eine verhältnismäßig unbedeutende Rolle, ganz auszuschließen sind Übergriffe aber natürlich nie. Touren für alleinreisende Frauen unter www.womentravel.co.nz.

Freiwilligendienst

Neuseeland bietet jede Menge Möglichkeiten für Traveller, die gern für einen guten Zweck ihre Hände schmutzig machen und freiwillig bei Umwelt- oder Naturschutzprojekten mitarbeiten wollen. Man kann z. B. dabei helfen, Bäume zu pflanzen, Unkraut zu jäten, neue Wanderwege anzulegen, gefährdete Lebensräume zu erhalten und Zäune zu errichten. Die i-SITEs informieren über Optionen vor Ort. Alternativ kann man bei einem der Projektprogramme des DOC (www.doc.govt.nz/getting-involved) mitmachen oder sich bei den folgenden Internetseiten informieren:

- www.conservationvolunteers.org.nz
- www.helpx.net
- www.nature.org.nz
- www.volunteeringnz.org.nz
- www.wwf.org.nz

Geld

In Großstädten und größeren Städten sind Geldautomaten weit verbreitet. Kreditkarten werden in den meisten Hotels und Restaurants akzeptiert.

Bankkonten

Über die Möglichkeiten, in Neuseeland ein Bankkonto zu eröffnen, berichten Traveller Unterschiedliches (Bankwebsites liefern nur recht diffuse Infos). Während manche nur ein paar Ausweisdokumente vorlegen mussten, wurde von anderen gar ein offizieller Beschäftigungsnachweis verlangt. Wie dem auch sei, wer vorhat, in Neuseeland in irgendeiner

Form zu arbeiten, und sei es auch nur einen Ferienjob anzunehmen, muss ein Konto eröffnen. Also vor Antritt der Reise alle relevanten Informationen einholen!

Geldautomaten & bargeldloses Bezahlen

Neuseeländische Bankfilialen mit Geldautomaten gibt es auf beiden Hauptinseln. Allerdings sind sie längst nicht überall vorhanden (z. B.nicht in kleinen Ortschaften).

Viele neuseeländische Geschäfte ermöglichen bargeldloses Bezahlen per Eftpos („Electronic Funds Transfer at Point of Sale"). An den entsprechenden Terminals lassen sich Beträge für Käufe bzw. Dienstleistungen direkt mittels Kredit- oder Bankkarte begleichen. Oft kann man auf diese Weise auch Bargeld abheben. Mittlerweile ist bargeldloses Bezahlen landesweit fast überall üblich. Wie an Geldautomaten auch wird hierzu normalerweise die PIN benötigt.

Geldwechsel

Ausländisches Geld (und in kleinerem Umfang die altmodischen Reiseschecks) lassen sich problemlos in neuseeländischen Banken oder bei lizenzierten Geldwechslern (z. B. Travelex) in den wichtigsten Touristengegenden, in Städten und auf Flughäfen eintauschen.

Kredit- & Bankkarten

KREDITKARTEN

Ob Hostelbett oder Bungeesprung: Kreditkarten (Visa, Mastercard) sind in Neuseeland weithin als Zahlungsmittel anerkannt. Zudem werden sie von fast allen Autovermietern als Garantie/Kaution verlangt und können gegen Zusatzgebühren für Barabhebungen bei Banken oder an Geldautomaten verwendet werden. Verglichen mit Visa und MasterCard werden Karten von Diners Club und American Express seltener akzeptiert.

BANKKARTEN

An Geldautomaten, Bankschaltern und Eftpos-Terminals lässt sich Bares per Bank- bzw. Lastschriftkarte direkt vom heimischen Konto abheben. Akzeptiert werden in der Regel Cirrus, Maestro, Visa Plus und Eurocard; normalerweise wird zudem die PIN benötigt. V-Pay-Karten können außerhalb Europas derzeit nicht genutzt werden. Die eventuell anfallenden Gebühren sind am besten bei der eigenen Bank zu erfragen. Manche Unternehmen (z. B. Travelex) offerieren auch Lastschriftkarten mit festen Abbuchungsgebühren und einem Guthaben, das man unterwegs vom eigenen Konto aus jederzeit aufstocken kann.

Währung

Ein Neuseeland-Dollar (NZ$) setzt sich aus 100 Cent (c) zusammen. Im Umlauf sind Münzen im Wert von 10, 20 und 50 Cent sowie 1 oder 2 NZ$. Hinzu kommen Scheine im Wert von 5, 10, 20, 50 oder 100 NZ$.

Die Preise werden zwar häufig auf den Cent genau angegeben, beim Bezahlen dann aber auf die nächsthöhere Zehn-Cent-Summe aufgerundet.

Reiseschecks

Reiseschecks von internationalen Anbietern wie Amex, Travelex und anderen internationalen Marken sind inzwischen ziemlich aus der Mode gekommen, werden aber nach wie vor problemlos in Banken und von Geldwechselstuben eingelöst. Geld gibt es nur bei Vorlage eines Ausweises. Es lohnt sich, Kurse und fällige Gebühren zu vergleichen.

Steuern & Mehrwertsteuererstattungen

Die Mehrwertsteuer (GST) ist eine einheitliche Steuer in Höhe von 15 %, die auf alle einheimischen Waren und Dienstleistungen erhoben wird. Alle im Buch genannten Preise werden inklusive Mehrwertsteuer aufgeführt. Bei der Ausreise wird diese nicht zurückerstattet.

Trinkgeld

Ein Trinkgeld unterliegt in Neuseeland vollkommen dem Ermessen des Kunden oder Gastes – die Gesamtsumme auf einer Restaurantrechnung ist alles, was man zahlen muss (manchmal wird noch zusätzlich ein Bedienungsgeld erhoben). Es ist natürlich völlig in Ordnung, einen guten Service zu

WWOOFING

Wem es nichts ausmacht, ordentlich mit anzupacken, der kann günstig durchs Land reisen, indem er als Mitglied beim internationalen Programm der **Willing Workers on Organic Farms** (WWOOF; ☎03-544 9890; www.wwoof.co.nz) Freiwilligenarbeit leistet. Wer auf solch einer Farm anheuert, bekommt dort als Gegenleistung für einen harten Arbeitstag freie Kost und Logis und ein paar Erfahrungen in der Biolandwirtschaft. Hat man sich für einen Hof entschieden, sollte man den Bauern/Farmer ein bis zwei Wochen im Voraus kontaktieren – auf keinen Fall einfach unangemeldet vor der Tür stehen!

Die einjährige Mitgliedschaft kostet 40 NZ$. Ein Buch mit den Adressen aller Mitgliedsfarmen kostet zusätzlich 10 bis 30 NZ$, je nachdem in welchen Teil der Welt die Sendung geht. Man sollte für den Besuch im Land ein Working Holiday Visum haben, weil die Einreisebehörden „wwoofing" als Arbeit einstufen.

belohnen – zwischen 5 und 10 % der Rechnungssumme sind angemessen.

Gesundheit

Neuseeland ist sicher eines der „gesündesten" Reiseländer auf der ganzen Welt. Krankheiten wie Malaria oder Typhus kennt man auf den Inseln nicht, das Fehlen von Giftschlangen oder anderen gefährlichen Tierarten sorgt dafür, dass Outdoor-Aktivitäten nicht so gefährlich sind wie im benachbarten Australien.

Reisevorbereitung

IMPFUNGEN

Neuseeland schreibt seinen Besuchern keine Pflichtimpfungen vor, die WHO empfiehlt dennoch allen Reisenden, gegen Diphtherie, Tetanus, Masern, Mumps, Röteln, Windpocken, Kinderlähmung (Polio) sowie Hepatitis B geimpft zu sein – unabhängig vom Reiseland. Der Hausarzt kann ein internationales Impfbuch ausfüllen, in dem alle Impfungen festgehalten werden.

KRANKENVERSICHERUNG

Eine gute private Auslandskrankenversicherung ist für alle Touristen ein absolutes Muss. Die medizinische Versorgung in Neuseeland hat ein hohes Niveau und ist im internationalen Vergleich nicht übermäßig teuer. Nichtsdestotrotz können beträchtliche Kosten entstehen (nicht zuletzt durch Rettungsflüge in die Heimat). Wenn die eigene Krankenversicherung die Kosten für die medizinische Versorgung im Ausland nicht abdeckt, sollte man eine Zusatzversicherung abschließen – weitere Infos unter www.lonelyplanet.com/travel-insurance. Man sollte auch prüfen, ob der jeweilige Versicherer direkt mit medizinischen Einrichtungen in Übersee abrechnet oder ob der Versicherte in Vorleistung gehen muss.

MEDIKAMENTE

Notwendige, für die Reise verordnete Medikamente sollte man immer in der Originalverpackung von zu Hause mitbringen. Ein unterschriebener und datierter Brief des Hausarztes, in dem alle notwendigen Medikamente (möglichst auch die Wirkstoffe und Generica) und ihre Darreichung festgehalten sind, kann im Notfall hilfreich sein. Wer Injektionsspritzen oder Nadeln braucht, sollte diese ebenfalls mitbringen.

In Neuseeland

MEDIZINISCHE VERSORGUNG & KOSTEN

Die öffentlichen Krankenhäuser Neuseelands haben einen hohen Standard und sind für die Bewohner des Landes kostenlos. Die Accident Compensation Corporation (www.acc.co.nz) übernimmt bei ausländischen Touristen alle Behandlungskosten für vor Ort eingetretene Unfälle (z. B. Unfälle im Straßenverkehr oder bei Abenteuer-Aktivitäten). Für alle anderen gesundheitsbedingten Ausgaben während eines Neuseelandtrips hat jedoch ausschließlich die eigene Krankenversicherung aufzukommen. Weitere Infos hierzu gibt's unter www.health.govt.nz.

Die rund um die Uhr besetzte, kostenlose **Healthline** (☎0800 611 116) hilft landesweit bei Gesundheitsfragen weiter.

UMWELTBEDINGTE GESUNDHEITSRISIKEN

In Neuseelands gibt es nur Weniges, was einen stechen, beißen oder gar auffressen kann. Wirkliche Bedrohungen stellen eigentlich nur Unterkühlung und Ertrinken dar.

UNTERKÜHLUNG

Unterkühlungsgefahr besteht während des neuseeländischen Winters sowie ganzjährig in großen Höhen. Zusätzlich kann starker Wind einen heftigen Kältefaktor verursachen, weshalb der Körper sogar bei ansonsten moderaten Temperaturen unterkühlen kann. Erste Anzeichen hierfür sind Schüttelfrost und eine Einschränkung der Feinmotorik (z. B. Schwierigkeiten beim Schließen von Knöpfen). Schwere Fälle äußern sich in Benommenheit, Orientierungslosigkeit, Schwindel und unkoordinierten Bewegungen.

Spätestens dann ist es sehr wichtig, den Wärmeverlust schnellstmöglich zu reduzieren: Nasse Sachen sollten ausgezogen und durch trockene, wind- und wasserabweisende Kleidung ersetzt werden. Zudem ist es ratsam, dem Körper genügend Wasser und Kohlenhydrate zuzuführen, damit er seine innere Temperatur durch Zittern wieder erhöhen kann. Achtung: In richtig schweren Unterkühlungsfällen hört das Zittern plötzlich auf – dann wird zusätzlich zu den genannten Maßnahmen unverzüglich eine medizinische Versorgung durch geschultes Rettungspersonal notwendig.

SURFSTRÄNDE

➡ Die Brandungsstärke an Neuseelands außergewöhnlichen Surfstränden variiert vielerorts (u. a. abhängig vom jeweiligen Gefälle des Meeresbodens). Strömungen und Strudel sind ebenfalls recht verbreitet. Vor dem Wellenreiten ist es grundsätzlich empfehlenswert, sich bei örtlichen Rettungsschwimmern nach den aktuellen Bedingungen zu erkundigen. Und bitte immer die eigenen Grenzen bzw. Fähigkeiten auch realistisch einschätzen!

INFEKTIONSKRANKHEITEN

Unabhängig von den durch Geschlechtsverkehr übertragenen Krankheiten (bitte immer an die üblichen Schutzmaßnahmen denken), tritt in Neuseeland die Giardiasis (Lamblienerkrankung), eine Parasiteninfektionskrankheit, auf.

Klima

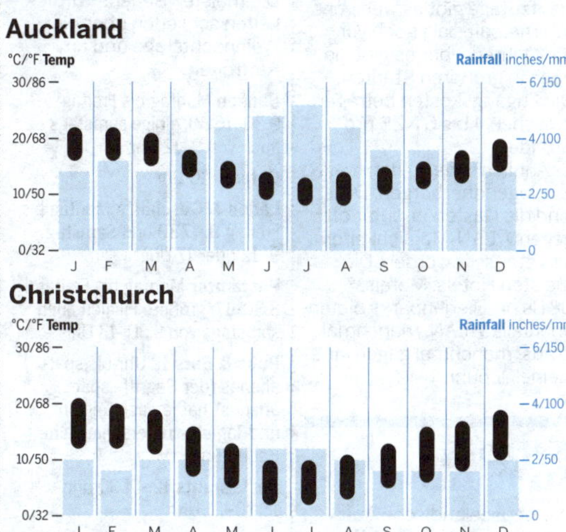

GIARDIASIS

In den neuseeländischen Flüssen sind Giardien (mikroskopisch kleine Dünndarm-Parasiten) weit verbreitet; aus diesem Grund wird dringend vom Trinken unbehandelten Wassers aus Wasserläufen und Seen abgeraten. Um nicht zu erkranken, sollte man ausschließlich gefiltertes, abgekochtes oder mit Jod behandeltes Wasser zu sich nehmen. Die durch die Parasiten ausgelöste Krankheit Giardiasis erkennt man an Symptomen wie plötzlichem Durchfall, einem Blähbauch und Blähungen. Gegen die Krankheit gibt es wirkungsvolle Medikamente (Tinidazol oder Metronidazol).

MEDIKAMENTE

Rezeptfreie Arzneien sind landesweit bei privat geführten Apotheken erhältlich. Dazu gehören Schmerzmittel, Antihistaminika, Hautcremes und Sonneschutzmittel. Manche Medikamente (u. a. Antibiotika und Antibabypille) bekommt man jedoch nur gegen Vorlage eines Rezeptes (ausgestellt von einem Allgemeinarzt). Wer regelmäßig Medikamente einnehmen muss, sollte unbedingt einen ausreichenden Vorrat mitbringen. Ebenfalls sinnvoll ist eine vollständige Auflistung der jeweiligen generischen Namen, da die Markenbezeichnungen je nach Land variieren.

LEITUNGSWASSER

Leitungswasser ist im ganzen Land als Trinkwasser geeignet. Neuseeland hat strenge Trinkwasserbestimmungen, die landesweit gelten.

Internetzugang

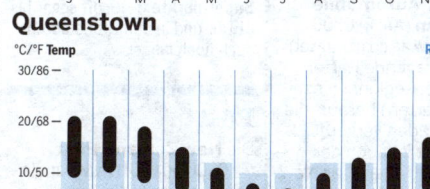

In Neuseeland ist es in den meisten Landesteilen ganz einfach, online zu gehen. Das gilt allerdings nicht für die ganz entlegenen Gebiete. In den Hotel- und Restaurantbesprechungen dieses Reiseführers wird für WLAN das Symbol (📶) und für Internetmöglichkeiten das Symbol (@) verwendet.

WLAN & Internetanbieter

WLAN Ob in Hotelzimmern, Hostel-Schlafsälen oder den Biergärten von Pubs: WLAN-Zugang gibt es überall im ganzen Land. Normalerweise ist die Nutzung den Gästen bzw. Kunden vorbehalten, die dann einen entsprechenden Zugangscode bekommen. Manchmal ist die Nutzung kostenlos, manchmal auch kostenpflichtig.

Hotspots Als größter einheimischer Telekommunikationsanbieter unterhält Spark New Zealand (www.spark.co.nz) landesweit viele WLAN-Hotspots. Diese lassen sich u. a. mit entsprechenden Prepaid-Karten nutzen. Alternativ kann man sich an jedem beliebigen Hotspot einen Prepaid-Code über die Einwahlseite besorgen und per Kreditkarte bezahlen. Auf der Website von Spark findet sich eine Auflistung der Hotspots.

Ausstattung & Internetprovider (ISP) Reisende mit eigenem Tablet oder Laptop rüsten sich am besten mit einem USB-Surfstick (auch „dongle" genannt) aus und verwenden diesen in Kombination mit einer neuseeländischen SIM-Karte: Sowohl Spark als auch Vodafone (www.vodafone.co.nz) verkaufen beides ab 100 NZ$. Wer über einen neuseeländischen Internetprovider ins Netz gehen will, kann zwischen den folgenden Anbietern wählen:

Clearnet (☎0508 888 800; www.clearnet.co.nz) Gehört zu Vodafone.

Earthlight (☎03-479 0303; www.earthlight.co.nz)

Slingshot (☎0800 892 000; www.slingshot.co.nz)

Internetcafés

Heutzutage gibt es weniger Internetcafés als noch vor fünf Jahren, aber es gibt sie noch in größeren Städten. Die Zugangskosten betragen zwischen 4 bis 6 NZ$ pro Stunde.

Ähnlich ist es in den meisten Jugendherbergen: Dort sind die Gästecomputer oft gegen WLAN-Möglichkeiten eingetauscht worden. Die meisten Hotels, Motels, B&Bs und Ferienparks bieten ebenfalls WLAN, manchmal gratis, manchmal gegen eine kleine Gebühr.

Karten & Stadtpläne

Der neuseeländische Automobilclub **Automobile Association** (AA; ☎0800 500 444; www.aa.co.nz/travel) gibt hervorragende Karten (Stadtpläne, Regional-, Insel-, Autobahnkarten) heraus, die in den AA-Läden verkauft werden. Dort ist auch der detaillierte Straßenatlas *New Zealand Road Atlas* erhältlich. Weitere Verlage wie Hema, KiwiMaps und Wises verlegen ebenfalls Straßenatlanten, die man in Besucherzentren und Buchläden kaufen kann.

Land Information New Zealand (www.linz.govt.nz) publiziert verschiedene detailreiche Kartenwerke, darunter Straßen-, Länder- und Urlaubskarten, außerdem Karten von Nationalparks und Waldschutzgebieten und topografische Karten. Sie sind in den größeren Buchläden oder im nächstgelegenen DOC-Büro erhältlich.

Onlinekarten und Adressen vor Ort finden sich unter AA Maps (www.aamaps.co.nz) oder Wises (www.wises.co.nz).

Öffnungszeiten

Die Öffnungszeiten wechseln je nach Saison (in Dunedin ist es z. B. im Winter ganz ruhig), aber die folgenden Zeiten gelten als Faustregel. Die meisten Sehenswürdigkeiten schließen über die Weihnachtstage und am Karfreitag.

Banken Montag bis Freitag 9.30–16.30, einige samstags auch von 9–12 Uhr

Cafés 7–16 Uhr

Läden & Geschäfte Montag bis Freitag 9–17.30 und Samstag 9–12 oder 17 Uhr

Postämter Montag bis Freitag 8.30–17; größere Filialen auch samstags von 9.30–13 Uhr

Pubs & Bars 12 Uhr bis spätabends (der Begriff „spätabends" hat je nach Region und Tag eine unterschiedliche Bedeutung)

Restaurants 12–14.30 und 18.30–21 Uhr

Supermärkte 8–19, oft sogar bis 21 Uhr und in den Großstädten auch noch länger

Post

Die **New Zealand Post** (☎0800 501 501; www.nzpost.co.nz) ist verlässlich und relativ günstig. Die Website mit Filialverzeichnis liefert aktuelle Infos zum landesweiten oder internationalen Postversand (inkl. Zonen und Preise).

Rechtsfragen

Der Konsum von Marihuana ist in Neuseeland weit verbreitet, nichtsdestotrotz ist er aber strikt verboten. Wer mit Marihuana oder anderen illegalen Betäubungsmitteln erwischt wird, muss mit harten Strafen rechnen. Es muss auch damit gerechnet werden, dass man trotz gültigen Visums des Landes verwiesen wird.

Alkohol am Steuer ist in Neuseeland weiterhin ein großes Problem und wird als schweres Vergehen geahndet. Bei Verkehrsteilnehmern über 20 Jahren gilt eine Promillegrenze von 0,5 (Achtung: Null-Promille-Regelung unter 20 Jahren!).

Wer verhaftet wurde, kann vor jeglicher formeller Befragung die Konsultation eines Anwalts verlangen.

Reisen mit Behinderung

Neuseeländische Unterkünfte sind im Allgemeinen recht gut auf Reisende mit Behinderung eingestellt. Viele Hostels, Hotels, Motels und B&Bs haben rollstuhlgerechte Zimmer. Zahlreiche Touristenattraktionen sind ebenfalls für Rollstuhlfahrer zugänglich.

In den meisten Touristenzentren gibt es Tourveranstalter mit behindertengerechten Fahrzeugen. Die Verkehrsunternehmen größerer Städte betreiben zudem Niederflurbusse, deren hydraulische Absenkfunktion das Einsteigen erheblich erleichtert. Es gibt auch Taxiunternehmen mit rollstuhlgerechten Vans. Große Autovermieter (Avis, Hertz usw.) bieten ohne Aufpreis handgesteuerte Fahrzeuge an, die allerdings rechtzeitig reserviert werden müssen. Auch Air New Zealand hat sich gut auf die Bedürfnisse von Rollstuhlfahrern eingerichtet.

Aktivitäten

Das Department of Conservation unterhält viele Wege, die rollstuhlgerecht und als „easy access short walks" kategorisiert sind: Der Cape Reinga Lighthouse Walk und der Milford Foreshore Walk sind die beiden wichtigsten Beispiele.

Wer eher die Kälte liebt, sollte einen Blick auf die Website Disabled Snowsports NZ (www.disabledsnowsports.org.nz) werfen.

Infos im Internet

Weka (www.weka.net.nz) Gute Allgemeininfos mit Sortierung nach Kategorien (z. B. Reisen, Verkehrsmittel und -wege).

Blind Foundation (www.blindfoundation.org.nz)

National Foundation for the Deaf (www.nfd.org.nz)

Mobility Parking (www.mobilityparking.org.nz) Infos zu Parkausweisen für Behinderte (inkl. Online-Anträge).

Schwule & Lesben

Neuseelands schwul-lesbische Tourismusbranche ist nicht ganz so ausgeprägt wie in manchen anderen Industrieländern. Dennoch haben Auckland und Wellington große Schwulengemeinden. Zudem gibt es unzählige Hilfsorganisationen der Szene auf beiden Inseln. Neuseelands Gesetzgebung handhabt den Schutz der Menschenrechte recht fortschrittlich: Die gleichgeschlechtliche Ehe wurde 2013 legalisiert und das gesetzlich vorgegebene Mindestalter für einvernehmlichen Geschlechtsverkehr liegt bei 16 Jahren. Allgemein sind die Neuseeländer im Umgang mit Homosexualität entspannt und tolerant – was nicht bedeutet, dass Homophobie völlig ausgestorben ist. Auf dem Lande ist man eher konservativ; dort sollte man öffentliche Liebesbekundungen besser vermeiden.

Infos im Internet

Szenespezifische Reisewebsites gibt es in Hülle und Fülle. **Gay Tourism New Zealand** (www.gaytourismnewzealand.com) eignet sich ganz gut als Ausgangspunkt und liefert Links zu diversen anderen Online-Angeboten. Dazu zählen die folgenden:

- www.gaynz.com
- www.gaynz.net.nz
- www.lesbian.net.nz
- www.gaystay.co.nz

Eine gute Quelle ist auch das landesweit verbreitete Magazin *express* (www.gay-express.co.nz). Hier finden sich die aktuellen Veranstaltungen, Kritiken und die wichtigsten Adressen aus der Schwulenszene des Landes.

Feste & Events

Auckland Pride Festival (www.aucklandpridefestival.org.nz) Zwei Wochen und ein bisschen wird im Februar in Regenbogenfarben gefeiert.

Big Gay Out (www.biggayout.co.nz) Festival mit kostenlosem Essen, Trinken und Unterhaltung, das jedes Jahr im Februar in Auckland gefeiert wird.

Gay Ski Week (www.gayskiweekqt.com) Jährlich im August/September in Queenstown stattfindendes Skifestival.

Out Takes (www.outtakes.org.nz) Schwul-lesbisches Filmfestival in Auckland und Wellington (Mai/Juni). 2014 ist es wegen finanzieller Engpässe bereits ausgefallen, das weitere Schicksal dürfte ungewiss sein.

Sicher reisen

In Neuseeland ist es nicht gefährlicher als in anderen Industrieländern, aber Gewalttaten kommen durchaus vor. Also besser nicht nachts auf der Straße herumlaufen und in abgelegene Gegenden gehen!

- Keine Wertsachen im Auto liegen lassen, denn Diebstähle aus Autos sind ein echtes Problem in Neuseeland.
- Das Klima in Neuseeland ist unvorhersehbar: Unterkühlung ist in höheren Lagen ein ernst zu nehmendes Risiko.
- Am Strand sollte man sich vor Strömungen und Strudeln in Acht nehmen, die die Badegäste ins offene Meer hinaustragen.
- Die Straßen Neuseelands sind oft nur wegen Touristen gefährlich, die durch das Studieren der Straßenkarte abgelenkt sind. Weitere Gefahren entstehen durch Wohnmobile, die die Kurven nicht eng genug nehmen und Fahrer, die sich nicht mit Schafen auskennen.
- Unter den Belästigungen liegt die Sandfliege ganz vorne, denn sie verursacht extrem juckende Stiche. In Küstenregionen sollte man daher mit Insektenschutzmitteln vorsorgen.

Strom

Für die Steckdosen (s. Abb. unten) benötigt man einen

Stecker mit drei Stiften (Stecker-Typ I, AS 3112), wie er in Australien verbreitet ist. Die Netzspannung liegt bei 230 V, 50Hz.

Telefon

Zu den wichtigsten Providern gehören die folgenden::

Spark New Zealand (www.spark.co.nz) Der Marktführer in Neuseeland; her at auch einen Anteil am heimischen Mobilfunkmarkt.

Skinny Mobile (www.skinny.co.nz) Mobilfunkanbieter.

Vodafone (www.vodafone.co.nz) Mobilfunkanbieter.

2 Degrees (www.2degreesmobile.co.nz) Mobilfunkanbieter.

Mobiltelefone

Die Handynummern beginnen mit ☎021, ☎022 oder ☎027. Die Netzabdeckung ist in Städten, Ortschaften und in den meisten Teilen der Nordinsel gut, fernab der großen Städte gibt es aber auf der Südinsel doch das eine oder andere Funkloch.

Wer sein eigenes Handy mitbringt und es mit einer Prepaid-SIM-Karte eines neuseeländischen Anbieters nutzen möchte, trifft mit Vodafone (www.vodafone.co.nz) die richtige Wahl (immerhin besser als teure Roaminggebühren beim eigenen Mobilfunkanbieter zu zahlen). Jeder Vodafone-Laden (in den meisten größeren Ortschaften) verkauft SIM-Karten mit zugehöriger Telefonnummer (ab ca. 30 NZ$ für 30, 60 oder 90 Tage). Aufladen kann man die Karten in Zeitungsläden, bei der Post und in Tankstellen praktisch überall im Land.

Die Alternative ist das Ausleihen eines Handys bei Vodafone mit entsprechenden Niederlassungen an den Flughäfen von Auckland, Christchurch und Queenstown. Phone Hire New Zealand (www.phonehirenz.com) verleiht ebenfalls Handys, SIM-Karten, Modems und GPS-Systeme.

Ortsgespräche

Ortsgespräche aus den Festnetzen sind kostenlos! Ortsgespräche von einem Münztelefon aus kosten 1 NZ$ für die ersten 15 Minuten, dann 0,20 NZ$ für jede weitere Minute. Es gibt allerdings nur mehr wenige Münztelefone – und wenn man eines findet, kann es sein, dass der Münzeinwurf verklebt ist. Ohne eine Telefonkarte wird man also kaum auskommen. Anrufe auf Handys sind teurer.

Internationale Ferngespräche

Für Auslandsgespräche muss der Code für internationale Telefonate ☎00 gewählt werden, danach die Landes- und dann die Ortsvorwahl (ohne ☎0 davor). Um z. B. einen Anschluss in Berlin zu erreichen, wählt man also zunächst ☎00-49-30. Um von Deutschland, Österreich oder aus der Schweiz einen Anschluss in Neuseeland zu erreichen, wählt man ☎0064, gefolgt von der jeweiligen Ortsvorwahl ohne die ☎0 am Anfang.

Ferngespräche & Vorwahlnummern

Bei Ferngesprächen muss die zweistellige Regionalvorwahl vorangestellt werden; die Gespräche können von jedem Telefon aus geführt werden. Wer innerhalb einer Stadt einen anderen Teilnehmer anruft, muss die Regionalvorwahl nicht wählen. Sobald es sich aber um ein Ferngespräch in einen Nachbarort handelt, muss man bei jedem Teilnehmer innerhalb der Region die Vorwahl mitwählen.

Auskunft & Gratisnummern

Alle Telefonnummern, die mit der ☎0900 beginnen, sind in der Regel Servicenummern, für die mindestens 1 NZ$ pro Minute verlangt wird (bei Anrufen von Handys noch mehr). Diese Auskunftsnummern können nicht von Münztelefonen und manchmal auch nicht vom Handy aus angewählt werden.

Gratisnummern beginnen mit einer ☎0800 oder einer ☎0508 und können im ganzen Land kostenlos angerufen werden. Es kann allerdings sein, dass sie in gewissen Regionen oder für Anrufe von Handys gesperrt sind. Telefonnummern, die mit ☎0508, ☎0800 oder ☎0900 beginnen, können nicht vom Ausland aus angerufen werden.

Telefonkarten

In Neuseeland bekommt man jede Menge unterschiedlicher Telefonkarten; verkauft werden sie in Hostels, Zeitungsläden und Postfilialen – üblicherweise mit Guthaben von 5, 10, 20 oder 50 NZ$. Mit den Karten kann jedes öffentliche oder private Telefon genutzt werden. Dazu gibt man die kostenlose Zugangsnummer und anschließend die auf der Karte angegebene PIN ein. Preisfüchse aufgepasst: Die Tarife unterscheiden sich von Anbieter zu Anbieter recht deutlich, ein Vergleich lohnt sich also.

Toiletten

Neuseelands Toiletten sind Sitzmodelle im westlichen Stil. Die zahlreichen öffentlichen Örtchen sind normalerweise einigermaßen sauber und mit ausreichend Toilettenpapier ausgestattet. Auch die Türschlösser funktionieren zumeist.

Unter www.toiletmap.co.nz findet sich ein Online-Verzeichnis mit öffentlichen Toiletten im ganzen Land.

Touristeninformation

Die Website der nationalen Tourismusbehörde **Tourism New Zealand** (www.newzealand.com) ist der beste Ausgangspunkt für Recherchen vor Antritt der Reise. Unter dem ungemein erfolgreichen Markenzeichen „100 % Pure

AMTLICHE REISEINFORMATIONEN

Reisehinweise und -warnungen gibt es auf den folgenden Regierungswebsites:

Deutschland (www.auswaertiges-amt.de)

Österreich (www.bmeia.gv.at)

Schweiz (www.eda.admin.ch)

USA (www.travel.state.gov)

New Zealand" liefert sie Informationen in mehreren Sprachen (u. a. auf Deutsch).

Touristeninformationen vor Ort

Fast jede neuseeländische Stadt hat anscheinend ihr eigenes Besucherzentrum. Die Zentren der größeren Städte und Ortschaften sind in dem hervorragenden Netzwerk **i-SITE** (www.newzealand.com/travel/i-sites) zusammengeschlossen – es umfasst etwa 80 Besucherzentren, die wiederum zur staatlichen Tourismusbehörde Tourism New Zealand gehören. Die i-SITEs haben gut geschulte Mitarbeiter, informieren über lokale Aktivitäten und Sehenswürdigkeiten und verteilen kostenlose Broschüren und Karten. Sie helfen außerdem beim Buchen von Unternehmungen, Fahrkarten und Unterkünften.

Einige Besucherinformationen empfehlen nur diejenigen Unterkünfte und Tourveranstalter, die zahlende Mitglieder der lokalen Tourismusvereinigung sind. In manchen Fällen sind die Angestellten jedoch auch angehalten, überhaupt keine Empfehlungen für Veranstalter und Unterkünfte auszusprechen.

Daneben gibt es noch ein Netz an Besucherzentren des **Department of Conservation** (DOC; www.doc.govt.nz), das bei der Planung von Aktivitäten helfen kann und auch schon mal Buchungen übernimmt. In den DOC-Besucherzentren in Nationalparks, regionalen Zentren und Großstädten finden sich Ausstellungen über die jeweilige Flora und Fauna und den Artenreichtum des Landes.

Unterkunft

In der Hochsaison sollte man immer frühzeitig reservieren, vor allem in den Sommerferien von Weihnachten bis Ende Januar, an Ostern sowie im Winter in bekannten Skiorten wie Queenstown und Wanaka.

Motels In den Vororten der meisten Städte finden sich ganz gute und preiswerte Mittelklassemotels.

Holiday Parks Eine gute Wahl, wenn man mit Zelt oder Wohnmobil unterwegs ist. Hier gibt es eine riesige Auswahl, von einfachen Zeltplätzen (ohne Strom) bis hin zu festen Hütten für Familien.

Hostels Backpacker-Hostels gibt es in allen möglichen Facetten: von bierseligen Partyschuppen bis hin zu gehobeneren familienfreundlichen Hostels für „Flashpacker".

Hotels Hotels in Neuseeland können alles sein, von kleinen Gaststätten bis hin zu herausgeputzten Hotelketten – und das alles mit entsprechenden Preisunterschieden.

PREISKATEGORIEN: UNTERKÜNFTE

Die folgenden Preise gelten für ein Doppelzimmer mit Bad in der Hauptsaison:

KATEGORIE	PREIS
$	unter 120 NZ$
$$	120–200 NZ$
$$$	über 200 NZ$

Wer in Auckland, Wellington oder Christchurch übernachtet, muss mit Preisaufschlägen von 20 bis 25 % auf die genannten Preise rechnen. In allen drei Städten werden für eine günstige Unterkunft im Doppelzimmer bis zu 120 NZ$, in Mittelklassehotels zwischen 120 und 250 NZ$ und in Spitzenklassehotels auch über 240 NZ$ verlangt.

B&Bs

B&Bs sprießen sowohl mitten in den Großstädten Neuseelands, als auch in kleinen Dörfern auf dem Lande und an einsamen Küstenstrichen wie Pilze aus dem Boden. Es gibt Vorstadtbungalows genauso wie prachtvolle Herrenhäuser.

Das Frühstück kann „kontinental" (Müsli, Toast, Tee oder Kaffee) oder „herzhaft kontinental" (plus Joghurt, Obst, selbst gebackenes Brot oder Muffins) sein. Eventuell gibt es alternativ eine üppige warme Variante mit Eiern, Speck, Würstchen etc. Manche B&B-Betreiber verköstigen ihre Gäste auch abends. Mitunter werden zudem Pauschalpakete mit Übernachtung, Abendessen und Frühstück (Dinner, Bed & Breakfast; DB&B) angeboten.

B&B-Doppelzimmer kosten zumeist 120–200 NZ$ (teilweise aber auch 300 NZ$ und mehr). Manche dreiste Inhaber verlangen heftige Preise für etwas, das im Prinzip einem Schlafzimmer in ihrem Privathaus entspricht. In Großstädten kann es sehr nützlich sein, wenn B&Bs eigene Parkplätze haben.

Übersichten über B&Bs gibt es auf den folgenden Websites:

New Zealand Bed & Breakfast www.bnb.co.nz

Bed and Breakfast New Zealand www.bed-and-breakfast.co.nz

Buchungsservice

Die örtlichen Touristeninformationen im ganzen Land geben Unmengen von Informationen zu Unterkünften der Region, manchmal in Form von Verzeichnissen, die auch alle Annehmlichkeiten und aktuellen Preise der jeweiligen Häuser mit angeben. Oft übernehmen sie auch die Buchung für ihre Kunden.

Online-Buchungen unter folgenden Adressen:

Lonely Planet (www.lonelyplanet.com/new-zealand/hotels) Die gesamte Bandbreite von Unterkünften im Land, von Hostels bis hin zu Hotels.

Automobile Association (www.aa.co.nz) Online-Buchungen (besonders gut für Motels, B&Bs und Ferienparks).

Jasons (www.jasons.com) Langjähriger Reiseservice mit Unmengen an Online-Buchungsmöglichkeiten.

New Zealand Bed & Breakfast (www.bnb.co.nz) Der Name spricht für sich.

Bed & Breakfast New Zealand (www.bed-and-breakfast.co.nz) Übersichten über B&Bs und in sich abgeschlossene Unterkünfte.

Rural Holidays NZ (www.ruralholidays.co.nz) Ferien auf dem Bauernhof und Privatzimmer in ganz Neuseeland.

Book a Bach (www.bookabach.co.nz) Buchung von Apartments und Ferienhäusern.

Holiday Houses (www.holidayhouses.co.nz) Ferienhäuser in ganz Neuseeland.

New Zealand Apartments (www.nzapartments.co.nz) Übersicht über gehobene Apartments in allen Größen.

Campingplätze & Ferienparks

Bei Campingfans und Wohnmobiltouristen stehen Neuseelands Ferienparks (Holiday Parks) hoch im Kurs. Gäste machen es sich dort auf Stellplätzen mit und ohne Stromanschluss oder in günstigen Schlafsälen gemütlich. Hinzu kommen Hütten und Wohneinheiten mit eigenen Eingängen, (werden nicht selten als Motels oder *tourist flats*, Ferienwohnungen, bezeichnet) . In vielen Fällen umfasst die Ausstattung u. a. gut ausgerüstete Gemeinschaftsküchen, Essbereiche, Spiele- und Fernsehzimmer. Städtische Holiday Parks liegen meistens ein gutes Stück vom urbanen Trubel entfernt. In kleineren Ortschaften findet man sie jedoch auch in beeindruckender Zentrumslage oder in der Nähe von Seen, Stränden, Flüssen und Wäldern.

Für Stellplätze in Holiday Parks bezahlen Erwachsene durchschnittlich 15 bis 20 NZ$ pro Übernachtung, Kinder die Hälfte. Plätze mit Stromanschluss kosten ein paar Dollar mehr. Für etwa 70–120 NZ$ können zwei Personen eine Hütte oder Wohneinheit mieten. Sofern nicht anders vermerkt, gelten alle in diesem Buch genannten Preise bei Zelt- und Wohnmobilplätzen, Hütten und Blockhäusern jeweils für zwei Personen.

DOC- & GRATIS-ZELTPLÄTZE

Eine fantastische Möglichkeiten für Traveller mit Wohnmobil (250plus) sind die „Conservation Campsites", die vom **Department of Conservation** (DOC; www.doc.govt.nz) unterhalten werden. Das DOC verlangt für die Plätze gar nichts (ganz einfache Toiletten und Wasseranschluss) oder nur einen geringen Obolus in Höhe von maximal 15 NZ$ (Spültoiletten und Duschen). Das DOC verteilt kostenlose Broschüren mit genauen Beschreibungen der Plätze und Anfahrtswege (inkl. GPS-Koordinaten). Bevor man sich also auf den Weg macht, sollte man sich die Broschüre in einem DOC-Büro besorgen oder sich auf der Website informieren.

Das DOC kümmert sich zudem um Hunderte von Hütten und Campingplätzen in entlegenen Gebieten („Backcountry Huts" bzw. „Backcountry Campsites"), die nur zu Fuß erreichbar sind (für Details s. DOC-Website). Die Hütten und Zeltplätze an den „Great Walks" werden ebenfalls vom DOC verwaltet.

Im äußerst malerischen Neuseeland ist man eventuell versucht, einfach an einem herrlichen Aussichtspunkt anzuhalten und zu zelten. Allerdings ist Wildzelten keinesfalls überall gestattet – daher immer vorher bei Einheimischen, örtlichen i-SITES, DOC-Büros oder kommerziell betriebenen Campingplätzen nachfragen. Wer wild campt, sollte Natur und Umwelt unbedingt immer mit dem nötigen Respekt behandeln. Ebenfalls wichtig: Falls weder der gewählte Stellplatz noch das eigene Wohnmobil über eine Toilette verfügen, darf am betreffenden Ort nicht übernachtet werden! Das Wohnmobil muss zudem mit geschlossenen Abwassertanks ausgerüstet sein. Wer in Verbotszonen campt oder seinen Müll nicht sachgerecht entsorgt, kann mit einem Bußgeld von 200 NZ$ belegt werden, das sofort gezahlt werden muss. Falls rechtswidrig entsorgter Müll eine pozentielle Gefährdung der Umwelt nach sich zieht, beträgt die Geldstrafe bis zu 10 000 NZ$. Weitere Tipps zum Wildcampen gibt es unter www.camping.org.nz.

Farm-Unterkünfte

Farmstays (Ferien auf dem Bauernhof) vermitteln einen prima Eindruck vom neuseeländischen Landleben: Diverse Obstplantagen, Milchwirtschafts-, Schaf- und Viehzuchtbetriebe ermuntern ihre Gäste zur aktiven Mitarbeit. In puncto Preise bestehen große Unterschiede. B&B-Angebote kosten normalerweise zwischen 80 und 140 NZ$. Manche Farmen bieten separate Hütten für Selbstversorger an, während andere günstige Gemeinschaftsunterkünfte im Backpacker-Stil zur Verfügung stellen.

Die Organisation **Farm Helpers in NZ** (www.fhinz.co.nz) gibt ein Büchlein (25 NZ$) heraus, in dem etwa 350 neuseeländische Farmen aufgeführt sind, auf denen man eine freie

Unterkunft im Austausch für vier bis sechs Stunden Arbeitseinsatz pro Tag bekommt.

Rural Holidays NZ (www.ruralholidays.co.nz) nennt auf ihrer Website die Adressen solcher Farmen und Privatunterkünfte.

Gasthäuser, Hotels & Motels

Neuseelands günstigste Hotelvariante sind schlichte Gasthäuser: Einige von ihnen punkten mit jeder Menge Charme und Lokalkolorit. Es sind aber auch schäbige Kaschemmen anzutreffen, von denen man besser die Finger lässt (vor allem als Frau, die alleine unterwegs ist). Bevor man ein Zimmer nimmt, wäre es wichtig, in Erfahrung zu bringen, ob hier vielleicht abends eine Liveband auftritt, denn dann ist an Schlaf oft kaum zu denken. Die günstigsten Gasthäuser sind oft mit Gemeinschaftsbad am Ende des Flurs ausgestattet und verlangen für ein Einzel/Doppelzimmer gerade einmal 30/60 NZ$ (häufiger 50/80 NZ$).

Am oberen Ende des Spektrums rangieren die Häuser internationaler Fünf-Sterne-Ketten, große Resorts und architektonisch höchst reizvolle Boutiquehotels. Moderne Extras, effizienter Service und/oder historische Pracht haben natürlich ihren Preis. Für das Luxussegment werden in diesem Reiseführer Listenpreise (*rack rates*) angegeben. Allerdings sind oft Ermäßigungen und Sonderangebote erhältlich.

Landesweit gibt es zudem zahllose Motels bzw. „Motor Lodges" (DZ 80–180 NZ$) in gesichtslosen Flachbauten, die oft an Highways oder am Rand einer Ortschaft stehen. Die Einrichtung mag zwar mitunter schon etwas angestaubt sein, doch die meisten Motelzimmer sind recht modern und ähnlich ausgestattet (u. a. mit Kühlschrank, TV, Tee- und Kaffeekocher). Die Preise variieren je nach Standard.

UNTERKÜNFTE ONLINE BUCHEN

Weitere Hotelempfehlungen und kritische Kommentare von Lonely-Planet-Autoren bietet der Online-Buchungsservice unter www.lonelyplanet.com. Dort sind Insider-Tipps für die besten Übernachtungsmöglichkeiten abrufbar. Die Angaben sind unabhängig und sorgfältig recherchiert. Und das Beste: Es besteht die Möglichkeit, sofort online zu buchen.

Hostels

Neuseeland bietet viele Hostels, die entweder unabhängig oder als Mitglied einer Kette betrieben werden. Manche der Hostels sind klein, familiär und bieten nur eine Handvoll Betten, andere sind umgebaute Hotels oder zweckentfremdete moderne Gebäude in Großstädten. Die hier genannten Preise gelten immer für Nicht-Mitglieder, die Durchschnittspreise liegen bei 25 bis 35 NZ$ pro Nacht.

HOSTEL ORGANISATIONEN

Budget Backpacker Hostels (www.bbh.co.nz) Neuseelands größter Herbergsverband betreibt rund 220 Hostels. Die Mitgliedschaft in diesem Verband kostet 45 NZ$ für 12 Monate und berechtigt zur Übernachtung in den Hostels, die in der jährlich erscheinenden Gratisbroschüre BBH Backpacker Accommodation aufgelistet sind. Nicht-Mitglieder bezahlen pro Übernachtung jeweils 3 NZ$ mehr. Mitgliedsausweise sind bei allen BBH-Herbergen oder online für 50 NZ$ erhältlich (für Details s. Website)

YHA New Zealand (www.yha.co.nz) Die neuseeländische YHA betreibt rund 40 Herbergen an attraktiven Orten Neuseelands und gehört zum Netzwerk von Hostelling International (HI; www.hihostels.com). Wer über den Herbergsverband in der Heimat bereits im Besitz eines internationalen Jugendherbergsausweises ist, kann diesen natürlich auch in Neuseeland benutzen. Alternativ ist der Ausweis (25 NZ$/12 Monate) auch online oder direkt vor Ort bei großen neuseeländischen YHA-Hostels erhältlich. Nicht-Mitglieder bezahlen pro Übernachtung jeweils 3 NZ$ extra.

Base Backpackers (www.stayatbase.com) Diese Kette mit zehn Hostels ist in ganz Neuseeland vertreten: in Auckland, Rotorua, Taupo, Wellington, Wanaka, Queenstown, Nelson, Dunedin und Christchurch. Die Herbergen zeichnen sich durch saubere Schlafsäle, separate Bereiche für Frauen und jede Menge Möglichkeiten zum Partymachen aus. Angeboten werden auch „Base-Jumping"-Pässe mit zehn Übernachtungen (259 NZ$, online buchbar).

VIP Backpackers (www.vipbackpackers.com) Diese internationale Organisation kooperiert mit rund 20 neuseeländischen Hostels, die nicht zu BBH oder YHA gehören. Sie befinden sich meistens in Großstädten und an touristischen Hotspots. Der Mitgliedsausweis (ca. 61 NZ$/12 Monate inkl. Zustellung auf dem Postweg) bringt bei jeder Übernachtung einen Rabatt von 1 NZ$. Er ist online oder direkt bei VIP-Hostels erhältlich.

Nomads Backpackers (www.nomadsworld.com) Die sieben Franchise-Hostels dieses Verbands plus Hostels, die zu BaseBackers gehören, stehen in Auckland, Bay of Islands, Rotorua, Taupo, Wellington, Wanaka, Dunedin, Queenstown und dem Abel Tasman National Park. Die Jahresmitgliedschaft (20,50 NZ$/12 Monate) berechtigt zu einer Ermäßigung von 5 % pro Übernachtung. Auch in diesem Fall bekommt man den Ausweis online oder direkt bei den angeschlossenen Herbergen.

Haka Lodge (www.hakalodge.com) Eine aufstrebende regionale Kette mit flotten Hostels in Auckland, Queenstown, Christchurch, Taupo und Paihia. Die Preise sind ähnlich wie in den anderen Hostels des Landes, und sie sind qualitativ gut. Es sind auch Touren buchbar.

Mietunterkünfte & Ferienwohnungen

Einfache Ferienhäuser bezeichnen die Neuseeländer als *bach*. Der Name leitet sich von *bachelor* (Junggeselle) ab, da sich in den Hütten normalerweise allein reisende Männer einquartierten, die einsame Jagd- oder Angelausflüge unternahmen. In Otago und Southland sind sie auch als *cribs* bekannt. Die Hütten finden sich vor allem auf dem Land und an der Küste, meistens in entlegenen Regionen. Die Preise betragen normalerweise 80 bis 150 NZ$ – gar nicht so übel für ein ganzes Haus oder einen Selbstversorger-Bungalow.

Für Ferienhäuser mit gehobenem Standard zahlt man für zwei Personen etwa 150 bis 400 NZ$.

Online-Quellen:

- www.holidayhomes.co.nz
- www.bookabach.co.nz
- www.holidayhouses.co.nz
- www.nzapartments.co.nz

Versicherung

- Unbedingt notwendig ist eine umfassende Reiseversicherung, die neben medizinischen Behandlungskosten auch Fälle von Verlust und Diebstahl abdeckt. Manche Verträge klammern explizit Unfälle bei Risikosportarten wie Sporttauchen, Bungeespringen, Rafting, Skifahren und teilweise sogar Wanderungen aus. Wer solche Aktivitäten plant (in Neuseeland ist das höchst wahrscheinlich), sollte sich sehr genau erkundigen, ob seine Police den umfassenden Schutz bietet.
- Achtung: Die neuseeländische Gesetzgebung lässt bei Personenschäden keine Zivilklagen zu (Strafschadenersatz, *exemplary damages*, ausgenommen). Stattdessen greift unabhängig von der Schuldfrage das Schadensersatzsystem der neuseeländischen **Accident Compensation Corporation** (www.acc.co.nz), das eine Art Unfallversicherung für alle Einheimischen und Touristen darstellt. Dieses Programm ersetzt aber keinesfalls eine eigene Reisekrankenversicherung mit umfassendem Schutz, da es z. B. nicht für Einkommensausfall, gesundheitliche Folgeprobleme oder Weiterbehandlung in der Heimat aufkommt.
- Empfehlenswert sind Verträge, bei denen der jeweilige Versicherer direkt mit medizinischen Einrichtungen im Ausland abrechnet. Andernfalls muss man zunächst selbst in Vorleistung gehen. Vor allem in diesem Fall ist es unabdingbar, alle relevanten Dokumente sorgfältig aufzubewahren. Manche Versicherer bestehen auch auf R-Gesprächen mit ihren Zentralen in der Heimat, um das jeweilige Problem auf diese Weise umgehend zu bewerten. Ebenfalls wichtig: Die Police sollte auf jeden Fall Rettungstransporte und Rückflüge in die Heimat abdecken!
- Die weltweit gültige Reiseversicherung unter www.lonelyplanet.com/travel-insurance kann jederzeit online abgeschlossen, erweitert und in Anspruch genommen werden – selbst wenn man bereits unterwegs ist.

Visum

Visumsanträge sind bei den neuseeländischen diplomatischen Vertretungen im Ausland, Reisebüros und bei **Immigration New Zealand** (☎0508 558 855, 09-914 4100; www.immigration.govt.nz) erhältlich. Die neuseeländische Einwanderungsbehörde hat über ein Dutzend Niederlassungen in verschiedenen Ländern der Erde; siehe dazu die genannte Homepage.

Touristenvisum

Staatsbürger Deutschlands, Österreichs und der Schweiz können sich drei Monate am Stück, aber nicht mehr als insgesamt sechs Monate aufs Jahr verteilt visumfrei in Neuseeland aufhalten. Erforderlich sind jedoch Anschluss- bzw. Rückflugticket und Nachweis ausreichender finanzieller Mittel für den Lebensunterhalt. Mehr Infos auf der Website.

Innerhalb eines Zeitraums von 18 Monaten lässt sich die Gültigkeitsdauer eines Besuchervisums auf maximal neun Monate verlängern und kostet zwischen 170 und 220 NZ$, je nachdem in welchem Land der Erde es bearbeitet wird.

Ein Touristenvisum kann von neun auf zwölf Monate verlängert werden. Wer diese Verlängerung gewährt bekommt, muss das Land nach diesen zwölf Monaten definitiv verlassen und kann erst nach einer Wartezeit von zwölf Monaten erneut einreisen. Die Anträge werden individuell von Fall zu Fall entschieden; unter Umständen muss man den Nachweis erbringen, dass man sich in der Zeit des Aufenthalts gut selbst finanzieren kann (1000 NZ$ pro Monat) und ein Anschluss- bzw. Rückflugticket hat, um den Willen zur Ausreise zu unterstreichen. Verlängerungen lassen sich bei allen Vertretungen der neuseeländischen Einwanderungsbehörde stellen. Auf der entsprechenden Website stehen die Niederlassungen dieser Behörde.

Arbeitsvisum

Wer als Ausländer in Neuseeland einer bezahlten Arbeit nachgehen will, kann das nicht mit einem Touristenvisum tun, es sei denn man ist australischer Bürger. Wer mit dem Ziel einreist, in Neuseeland arbeiten zu wollen oder bereits ein Arbeitsangebot hat, muss ein Arbeitsvisum beantragen, das je nach Lage der Dinge bis zu drei Jahre gültig sein kann. Eine Arbeitserlaubnis kann auch nach der Ankunft in Neuseeland beantragt werden, allerdings wird der Gültigkeitsbeginn dann auf den Einreisezeitpunkt zurückdatiert. Je nach Ausstellungsort und Antragsart (Papierformular oder online) betragen die Gebühren für Arbeitsvisa aktuell ab 190 NZ$ aufwärts.

Working Holiday Scheme

Deutsche Reisende, die mit gelegentlicher Arbeit ihre Reisekasse aufbessern möchten, können am neuseeländischen Working Holiday Scheme (WHS) teilnehmen. WHS-Visa sind zwölf Monate gültig. Interessenten müssen zwischen 18 und 30 Jahren alt sein und dürfen Aushilfsjobs annehmen, aber keine festen Beschäftigungsverhältnisse eingehen. Mittlerweile wurde die Beschränkung aufgehoben, nur maximal drei Monate für denselben Arbeitgeber tätig sein zu dürfen. Das WHS-Visumkontingent für deutsche Bewerber ist nicht limitiert. Für Traveller aus Österreicher werden derzeit pro Jahr nur 100 WHS-Visa ausgegeben, die nur eine Gültigkeit von sechs Monaten besitzen. Schweizer können am WHS nicht teilnehmen.

WHS-Visa muss man meistens im eigenen Heimatland online beantragen. Antragsteller müssen ein Rückflug- oder Anschlussticket und den möglichen Zugriff auf finanzielle Mittel von mindestens 4200 NZ$ nachweisen. Zudem muss der Reisepass noch mindestens drei Monate nach dem Ausreisedatum gültig sein. Die Bearbeitungsgebühr beträgt derzeit 165 NZ$. Bei abgelehnten Anträgen wird der Betrag nicht zurückerstattet.

Verbindliche Informationen und Online-Anträge finden sich unter www.immigration.govt.nz/migrant/stream/work/workingholiday/germanyworkingholidayscheme.htm.

Zeit

Neuseeland ist der mitteleuropäischen Zeit (MEZ) um elf Stunden voraus. Während der europäischen Sommerzeit beträgt die Zeitverschiebung nur zehn Stunden, während der neuseeländischen Sommerzeit (letzter Sonntag im September bis 1. Sonntag im April) hingegen zwölf Stunden. Gegenüber Australien beträgt die Zeitverschiebung plus zwei Stunden. Der Zeitunterschied von den Chathams zu Neuseelands Hauptinseln liegt bei plus 45 Minuten.

Zoll

Details finden sich auf der Homepage der neuseeländischen Zollbehörde, dem New Zealand Customs Service (www.customs.govt.nz). Dort wird alles genannt, was eingeführt werden darf und was verboten ist. Jeder Reisende darf folgende Mengen zollfrei einführen:

- Flaschen à (max.) 1125 ml mit Spirituosen oder Likör
- 4,5 l Wein oder Bier
- 50 Zigaretten oder 50 g Tabak oder Zigarren
- Zollpflichtige Waren bis zu einem Wert von 700 NZ$

Es ist ratsam, alle ungewöhnlichen Arzneien zu deklarieren. Die Wanderausrüstung (Stiefel, Zelte usw.) wird aufs Gründlichste untersucht und muss möglicherweise gereinigt werden, ehe sie eingeführt werden darf. Alle pflanzlichen oder tierischen Produkte (dazu zählen auch Gegenstände aus Holz) sowie Nahrungsmittel jeglicher Art sind zu deklarieren. Die Einfuhr von Feuer- und sonstigen Waffen ist verboten oder nur mit einer Sondergenehmigung und einer Sicherheitsüberprüfung gestattet. Man sollte diese Vorschriften nicht auf die leichte Schulter nehmen – bei Nichteinhaltung drohen empfindliche Geldstrafen.

Verkehrsmittel & -wege

AN- & WEITERREISE

Da Neuseeland eine riesige Strecke von den allermeisten anderen Ländern entfernt liegt, fliegen fast alle Besucher aus Übersee hierher. Flüge, Mietwagen und geführte Touren lassen sich online unter lonelyplanet.com/bookings buchen.

Einreise

Die Einreise nach Neuseeland geht normalerweise recht einfach vonstatten – zu überstehen sind lediglich die üblichen Zollformalitäten und die nervige Schlacht an der Gepäckausgabe. Reisepass usw. wurden früher erst nach der Landung kontrolliert. Unter dem an Orwell erinnernden Namen „Advance Passenger Screening" erfolgt die Kontrolle der Einreisedokumente nun jedoch schon vor dem Abflug. Für stressfreies Einchecken ist es daher höchst ratsam, alle benötigten Papiere vollständig und geordnet mitzuführen.

Reisepass

Normalerweise dürfen Ausländer ohne Einschrän-

KLIMAWANDEL & REISEN

Der Klimawandel stellt eine ernste Bedrohung für unsere Ökosysteme dar. Zu diesem Problem tragen Flugreisen immer stärker bei. Lonely Planet sieht im Reisen grundsätzlich einen Gewinn, ist sich aber der Tatsache bewusst, dass jeder seinen Teil dazu beitragen muss, um die globale Erwärmung zu verringern.

Fliegen & Klimawandel

Fast jede Art der motorisierten Fortbewegung erzeugt CO_2 (die Hauptursache für die globale Erwärmung), doch Flugzeuge sind mit Abstand die schlimmsten Klimakiller – nicht nur wegen der großen Entfernungen und der entsprechend großen CO_2-Mengen, sondern auch, weil sie diese Treibhausgase direkt in hohen Schichten der Atmosphäre freisetzen. Die Zahlen sind erschreckend: Zwei Personen, die von Europa in die USA und wieder zurück fliegen, erhöhen den Treibhauseffekt in demselben Maße wie ein durchschnittlicher Haushalt in einem ganzen Jahr.

Emissionsausgleich

Die englische Website www.climatecare.org und die deutsche Internetseite www.atmosfair.de bieten sogenannte CO_2-Rechner. Damit kann jeder ermitteln, wie viel Treibhausgase seine Reise produziert. Das Programm errechnet den zum Ausgleich erforderlichen Betrag, mit dem Reisende nachhaltige Projekte zur Reduzierung der globalen Erwärmung unterstützen können, beispielsweise Projekte in Indien, Honduras, Kasachstan und Uganda.

Lonely Planet unterstützt gemeinsam mit Rough Guides und anderen Partnern aus der Reisebranche das CO_2-Ausgleichsprogramm von climatecare.org.

Alle Reisen von Mitarbeitern und Autoren von Lonely Planet werden ausgeglichen. Weitere Informationen gibt es auf www.lonelyplanet.com.

AUSREISESTEUER UND ANDERE GEBÜHREN

Wer von einem der verschiedenen internationalen Flughäfen des Landes Richtung Heimat abfliegt, muss eine internationale Abflugsteuer von 25 NZ$ bezahlen, die jedoch schon im Ticketpreis enthalten ist. Es werden noch weitere Gebühren (Gebühr für zivile Luftfahrt 1,50 NZ$, Gebühr für den Flugsicherheitsdienst 12 NZ$, Abfluggebühr 6 NZ$, Ankunftsgebühr 16 NZ$) auf den Ticketpreis aufgeschlagen.

kungen nach Neuseeland einreisen. Passagiere mit einem gültigen Reisepass (d. h. alle, die kein Visum benötigen) sollten keine Probleme haben.

Flugzeug

Neuseelands ganzjährig riesiges Angebot von Aktivitäten macht die Flughäfen fast immer sehr betriebsam. Wer zu besonders beliebten Spitzenzeiten (z. B. über Weihnachten) reisen möchte, sollte seine Flüge unbedingt rechtzeitig buchen.

Die Hauptsaison für Flüge nach Neuseeland ist der dortige Sommer (Dez.–Feb.). In der Zwischensaison (Okt./Nov. & März/April) sind die Tickets etwas günstiger. Die Nachsaison fällt normalerweise auf die Wintermonate (Juni–Aug.). Dann bescheren Scharen von Skifahrern den Fluggesellschaften immer noch viele Passagiere.

Flughäfen & Fluglinien

INTERNATIONALE FLUGHÄFEN

Mehrere neuseeländische Flughäfen wickeln internationale Verbindungen ab. Die meisten Maschinen landen in Auckland:

Auckland Airport (AKL; Karte S. 72; ☎09-275 0789; www.aucklandairport.co.nz; Ray Emery Dr., Mangere)

Christchurch Airport (CHC; ☎03-358 5029; www.christchurchairport.co.nz; 30 Durey Rd.)

Dunedin Airport (DUD; ☎03-486 2879; www.dnairport.co.nz; 25 Miller Rd., Momona)

Queenstown Airport (ZQN; Karte S. 628; ☎03-450 9031; www.queenstownairport.co.nz; Sir Henry Wrigley Dr., Frankton)

Wellington Airport (WLG; ☎04-385 5100; www.wellington airport.co.nz; Stewart Duff Dr., Rongotai)

Die Flughäfen Hamilton, Rotorua und Palmerston North können grundsätzlich ebenfalls internationale Direktflüge abfertigen, sie tun es aber im Moment nicht.

FLUGLINIEN NACH & AB NEUSEELAND

Neuseelands nationale Fluglinie Air New Zealand (www.airnewzealand.co.nz) steuert Ziele in ganz Europa, Nordamerika, Ostasien, Australien und Ozeanien an. Zudem unterhält sie ein umfangreiches Netz an Inlandsflugverbindungen.

Von Australien aus sind Virgin Australia (www.virginaustralia.com), Qantas (www.qantas.com.au), Jetstar (www.jetstar.com) und Air New Zealand die wichtigsten Fluglinien.

Von Nordamerika fliegen Air New Zealand, Air Canada (www.aircanada.com) und American Airlines (www.aa.com).

Zu den zahlreichen Anbietern von Flügen ab Europa zählen British Airways (www.britishairways.com), Lufthansa (www.lufthansa.com) und Virgin Atlantic (www.virginatlantic.com). Außerdem landen viele weitere Fluggesellschaften im Rahmen von Interkontinentalrouten ebenfalls in Neuseeland.

Unter den zahllosen Optionen ab Asien und dem Pazifikraum sind u. a. Direktflüge ab China, Japan, Singapur, Malaysia, Thailand und vielen ozeanischen Inselnationen.

Übers Meer

Jacht Es ist möglich, aber keineswegs einfach, für die Strecke zwischen Neuseeland und Australien bzw. einigen Pazifikinseln auf einer Jacht anzuheuern. Am besten hört man sich in Häfen oder Jacht- und Segelclubs um. Beliebte Jachthäfen in Neuseeland befinden sich in der Bay of Islands und in Whangarei (beide in Northland) bzw. in Auckland und Wellington. Die Monate März und April sind die besten Monate, um nach Schiffen mit Ziel Australien Ausschau zu halten. Auf den Fidschi-Inseln legen die meisten Schiffe zwischen Oktober und November ab, da später häufig Zyklone die Gewässer unsicher machen.

Kreuzfahrtschiff Wer lieber langsamer reist, kann auf die vielen Kreuzfahrtschiffe zurückgreifen, die entlang ihrer Südpazifikrouten in Neuseeland anlegen. Für Einsteiger empfiehlt sich **P&O Cruises** (www.pocruises.com.au).

Frachtschiff Eine etwas andere Alternative sind Kojen auf Frachtern nach oder ab Neuseeland. Weitere Details hierzu liefern Websites wie www.freightercruises.com oder www.freighterexpeditions.com.au.

UNTERWEGS VOR ORT

Auto & Motorrad

Mit einem eigenen fahrbaren Untersatz lässt sich Neuseeland am besten und intensivsten erkunden. Autos und Wohnmobile können vor Ort problemlos und recht günstig geliehen werden. Bei mehrmonatigen Aufenthalten kann sich alternativ der Kauf eines eigenen Fahrzeugs lohnen.

Automobilclub

Neuseelands Automobilclub, die **Automobile Association** (AA; ☎0800 500 444; www.aa.co.nz/travel) hilft im Fall einer Panne und verkauft Karten und Unterkunftsverzeichnisse (Ferienparks, Motels und B&Bs).

Mitglieder ausländischer Automobilclubs sollten ihren Mitgliedsausweis mitnehmen – viele Clubs haben für ihre Mitglieder besondere Vereinbarungen über Dienstleistungen mit dem neuseeländischen AA abgeschlossen.

Benzin

Treibstoff gibt es an Tankstellen im ganzen Land. Wer nicht gerade in einem Vehikel aus den 1970er-Jahren unterwegs ist, füllt sich den Tank wohl entweder mit bleifreiem Sprit *(unleaded)* oder Autogas (LPG). Letzteres ist im ländlichen Raum jedoch nicht überall erhältlich. Autogasnutzer greifen daher zur Sicherheit am besten auf ein Fahrzeug mit Hybridmotor zurück. Die Benzinpreise sind landesweit etwa gleich hoch (zum Recherchezeitpunkt ca. 2 NZ$/l). Ausnahmen stellen entlegene Ecken dar (z. B. Milford Sound, Mount Cook), wo die Preise teilweise deutlich höher sind.

Führerschein

Grundsätzlich wird in Neuseeland der in der Heimat gültige Führerschein akzeptiert, allerdings nur, wenn eine beglaubigte Übersetzung mitgeführt wird. Einfacher kann es daher sein, sich einen internationalen Führerschein (*International Driving Permit*, IDP) zu besorgen, der – allerdings nur in Verbindung mit dem nationalen Führerschein – drei Jahre lang gültig ist. In Deutschland und der Schweiz ist er bei den Straßenverkehrsbehörden (Führerscheinstelle), in Österreich bei den Automobilclubs (z. B. ÖAMTC) zu beantragen. In Deutschland und Österreich muss man hierzu außerdem den EU-Führerschein im Scheckkartenformat besitzen.

Ein Auto mieten

CAMPERVAN

Egal, wann man auf entlegenen Straßen in den Rückspiegel schaut: Fast mit Sicherheit wird man einen weiß schimmernden Campervan (Wohnmobil) hinter sich sehen, der mit Mountainbikes und tragbarem Grill beladen hinter einem herfährt.

Nahezu alle Städte betreiben einen Campingplatz oder einen sogenannten *holiday park;* für den Stellplatz mit Strom werden in der Regel rund 35 NZ$ pro Nacht (hier kann man sein Wohnmobil anschließen) verlangt. Ebenfalls über das ganze Land verstreut liegen die Plätze des Department of Conservation (DOC; www.doc.govt.nz), die für Wagen bis zu einer Breite von 2,5 m zugelassen sind. Der DOC verlangt ganz unterschiedliche Preise (bis zu 15 NZ$/Erw.), auf manchen ist die Übernachtung sogar gratis: Infos gibt es auf der Website.

Dutzende Mietwagenfirmen verleihen auch Wohnwagen, die Preise hängen von der Jahreszeit, der Größe des Fahrzeugs und natürlich von der Dauer des Mietverhältnisses ab.

Kleine Vans für zwei Personen verfügen normalerweise über eine Miniküche und einen Klapptisch, der sich nach dem Essen in ein Doppelbett verwandeln lässt. Größere „Luxusvarianten" mit zwei Schlafplätzen besitzen zusätzlich Dusche und Bordtoilette, genau wie Wohnmobile mit vier bis sechs Kojen, die wesentlich geräumiger und so groß (und ähnlich lahm) wie Lastwagen sind.

Im Sommer verlangen die großen Verleihfirmen für Fahrzeuge mit zwei/vier/sechs Schlafplätzen mindestens ca. 110/150/210 NZ$ pro Tag, bei einer Mietdauer von einem Monat und mehr; im Winter können die Preise auf bis zu 50/70/100 NZ$ pro Tag purzeln.

Zu den großen Mietwagenfirmen zählen:

Apollo (☎09-889 2976, 0800 113 131; www.apollocamper.co.nz)

Britz (☎09-255 3910, 08 00 081 032; www.britz.co.nz) Verleiht unter dem Namen „Britz Bikes" zusätzlich Stadträder und MTBs (ab 12 NZ$ pro Tag).

Kea (☎09-448 8800, 0800 464 613; www.keacampers.com)

Maui (☎09-255 3910, 0800 688 558; www.maui.co.nz)

Wilderness Motorhomes (☎09-282 3606; www.wilderness.co.nz)

BACKPACKER-VANS

In der Wohnmobilbranche zielen einige Billigfirmen mit tollen Angeboten und gut ausgestatteten, poppig besprühten Fahrzeugen direkt auf Backpacker ab. Die Preise sind relativ niedrig (Wohnmobil mit 2/4 Schlafplätzen Mai–Sept. ab 25/50 NZ$ pro Tag; Dez. –Feb. ab 90/150 NZ$ pro Tag). Beispiele für Anbieter:

Backpacker Sleeper Vans (☎0800 321 939, 03-359 4731; www.sleepervans.co.nz)

Escape Campervans (☎0800 216 171; www.escaperentals.co.nz)

Hippie Camper (☎0800 113 131; www.hippiecamper.co.nz)

Jucy (☎09-929 2462, 0800 399 736; www.jucy.co.nz)

Mighty Cars & Campers (☎0800 422 505; www.mightycampers.co.nz)

Spaceships (☎0800 772 237, 09-526 2130; www.spaceshipsrentals.co.nz)

MIETWAGEN

Zwischen den Mietwagenfirmen wird ein erbitterter Streit um die Kunden ausgetragen, vor allem in den Großstädten und in Picton. Bei Vertragsabschluss sollte man immer darauf achten, dass man den Wagen mit unbegrenzter Kilometerzahl übernimmt. Einige, wenn auch nicht alle Firmen verlangen ein Mindestalter des Fahrers, das bei 21 Jahren liegt.

Viele Mietwagenfirmen setzen voraus (oder bestehen darauf), dass ihre Fahrzeuge nicht über die Cook Strait von einer zur anderen Insel mitgenommen werden. In der Regel gibt man seinen Wagen deshalb entweder in Wellington oder in Picton ab und mietet nach der Fährpassage auf der anderen Insel einen neuen Wagen. Auf diese Weise werden auch ganz nebenbei noch die Kosten für den Transport des Autos auf der Fähre eingespart, und es gibt keine Scherereien.

INTERNATIONALE MIETWAGENFIRMEN

Die international agierenden Mietwagenfirmen unterhalten in allen Großstädten, größeren Städten und an den Flughäfen eigene Büros. Einige Firmen verleihen ihre Autos auch für eine Strecke *(one way relocation)*, z. B. in Auckland mit Rückgabe in Wellington. Meist sind daran aber Bedingungen geknüpft bzw. es werden höhere Preise verlangt. Andererseits findet man mit etwas Glück auch einen Autovermieter in Christchurch, der seinen Wagen gern aus Auckland zurückgefahren haben möchte und supergünstige Tarife anbietet (manch einer verlangt dafür sogar gar nichts).

Die Mehrzahl der Firmen bietet ihren Kunden zwei Varianten an: unbegrenzte Kilometerzahl oder 100 Freikilometer (plus/minus) pro Tag plus eine festgelegte Gebühr für jeden zusätzlichen Kilometer (im Centbereich). Die Tarife in den Großstädten beginnen für einen Kompaktwagen (neuestes Modell, japanischer Hersteller) bei etwa 40 NZ$, für einen mittelgroßen Wagen (inkl. MwSt., unbegrenzte Kilometerzahl & Versicherung) verlangen die Anbieter um die 75 NZ$.

Avis (☎09-526 2847, 0800 655 111; www.avis.co.nz)

Budget (☎09-529 7784, 0800 283 438; www.budget.co.nz)

Europcar (☎0800 800 115; www.europcar.co.nz)

Hertz (☎03-358 6789, 0800 654 321; www.hertz.co.nz)

Thrifty (☎03-359 2720, 0800 737 070; www.thrifty.co.nz)

ÖRTLICHE AUTOVERMIETER

Örtliche Autoverleihfirmen breiten sich mehr und mehr aus. Sie sind in fast allen Fällen preiswerter als die etablierten, internationalen Unternehmen – teilweise bieten sie sogar den halben Preis! –, aber dafür muss man u. U. auch einige Nachteile in Kauf nehmen: Die Fahrzeuge sind häufig älter, die Fahrzeugdepots liegen weiter von Flughafen oder Stadtzentrum entfernt, und die Firmen bieten oft mit weniger Papierkram eine schlechtere rechtliche Absicherung für den Kunden.

Die Tarife starten für die kleinsten Modelle bei etwa 30 NZ$ pro Tag. Wer eine Woche oder länger mietet, kann auch günstigere Preise aushandeln. Gleiches gilt für die Nebensaison und für Wochenenden.

Erschwingliche, unabhängige Vermietungsfirmen, die ein landesweites Netz von Büros betreiben:

a2b Car Rentals (☎09-254 4397, 0800 545 000; www.a2b-car-rental.co.nz)

Ace Rental Cars (☎09-303 3112, 0800 502 277; www.acerentalcars.co.nz)

Apex Rentals (☎03-363 3000, 0800 500 660; www.apexrentals.co.nz)

Ezi Car Rental (☎09-254 4397, 0800 545 000; www.ezicarrental.co.nz)

Go Rentals (☎09-974 1598, 0800 467 368; www.gorentals.co.nz)

Omega Rental Cars (☎09-377 5573, 0800 525 210; www.omegarentalcars.com)

Pegasus Rental Cars (☎09-275 3222, 0800 803 580; www.rentalcars.co.nz)

Transfercar (☎09-630 7533; www.transfercar.co.nz) Spezialist für Autos, die man an anderen Stationen als der Verleihstation abgeben kann.

MOTORRAD

Born to be wild? Neuseeland ist ein Traumland für Motorradfahrer, auch wenn das Wetter nicht überall ideal ist. Die meisten Motorradvermieter haben ihre Agenturen in Auckland und Christchurch. Bei ihnen kann man alle Maschinen vom 50 ccm-Moped *(nifty-fifty)* bis zur 750 ccm-Tourenmaschine (und stärker) ausleihen. Die renommierten Verleiher, die meist auch geführte Touren anbieten, verlangen Tagesmieten von 50 NZ$ pro Tag aufwärts, z. B.:

New Zealand Motorcycle Rentals & Tours (☎09-486 2472; www.nzbike.com)

Te Waipounamu Motorcycle Tours (☎03-372-3537; www.motorcycle-hire.co.nz)

Versicherung

Um zu vermeiden, dass man bei einem Unfall tief in die eigene Tasche greifen muss, sollte eine entsprechende Versicherung abgeschlossen oder aber alternativ pro Tag ein etwas höherer Tarif bezahlt und dadurch die Eigenbeteiligung gesenkt werden. So werden im Falle eines Unfalls statt 1500 oder gar 2000 NZ$ nur noch 200 bis 300 NZ$ fällig. Kleinere Verleiher, die günstige Tarife anbieten, verlangen eine zwingend vorgeschriebene Kaution (über Kreditkarte) von etwa 900 NZ$.

Viele Versicherungen schließen Glasschäden (auch an der Windschutzscheibe) oder das Ersetzen defekter Reifen aus; bei Unfällen, die auf Stränden oder Pisten passieren, greift ebenfalls keinerlei Versicherungsschutz. Unbedingt vorab das Kleingedruckte genau studieren!

Mehr Informationen zum neuseeländischen Versicherungssystem Accident Compensation Corporation (verschuldensunabhängige Personenschadenversicherung) sind unter www.acc.co.nz zu finden.

Ein Auto kaufen

Wer länger im Land unterwegs ist, für den lohnt es sich eventuell, sich zu Beginn der Reise einen Wagen zu kaufen und ihn am Ende der Reise wieder zu verkaufen. Solche Autokäufe lassen sich am ehesten in Auckland und Christchurch tätigen, entsprechende Annoncen findet man an den Schwarzen Brettern der Hostels. Turners Auctions (www.turners.co.nz) ist der größte Autoverkäufer im Land, er besitzt insgesamt zehn Filialen.

RECHTSFRAGEN BEIM AUTOKAUF

Wer einen Wagen gefunden hat, sollte sichergehen, dass das Fahrzeug eine ausreichend lange Warrant of Fitness (WoF; eine Art TÜV) und eine Kfz-Zulassung hat. Details gibt es auf der Website der New Zealand Transport Agency (www.nzta.govt.nz).

Der Käufer braucht außerdem eine Haftpflichtversicherung *(third-party insurance)*, die im Falle eines Eigenverschuldens die Schäden am beteiligten Unfallfahrzeug bezahlt; der neuseeländische Automobilclub **Automobile Association** (AA; ☎0800 500 444; www.aa.co.nz/travel) kann dabei beraten. Neuseelands verschuldensunabhängige Versicherung Accident Compensation Corporation (www.acc.co.nz) deckt die Personenschäden ab, dennoch sollte sichergestellt sein, dass man zusätzlich eine eigene Reiseversicherung besitzt.

Viele Gutachter checken ein Fahrzeug vor dem Kauf bzw. Verkauf für etwa 150 NZ$ durch; man findet sie bei Auto-Auktionen oder kann sie zur Besichtigung in die Unterkunft rufen. Adressen gibt es über **Vehicle Inspection New Zealand** (VINZ; ☎09-573 3230, 0800 468 469; www.vinz.co.nz) oder über den Automobilclub AA.

Vor dem Vertragsabschluss sind auch unbedingt die Besitzverhältnisse zu klären und sicherzustellen, dass es sich beim Fahrzeug nicht um ein gestohlenes handelt oder um eines, bei dem noch Rechnungen offen sind. **LemonCheck** (☎09-420 3090, 0800 536 662; www.lemoncheck.co.nz) von AA bietet in solchen Fällen seine Dienste an.

AUTORÜCKKAUF-VERTRÄGE

Wer sich Probleme mit dem Kauf bzw. Verkauf eines Fahrzeugs ersparen will, kann mit einem Autohändler auch eine Rückkaufgarantie abschließen. Leider versuchen die Autohändler in den meisten Fällen, mit findigen Argumenten den verabredeten Rückkaufspreis zu drücken – oft auf die Hälfte dessen, was man ursprünglich bezahlt hat. Von daher ist es günstiger, entweder ein Auto zu mieten oder es auf eigene Faust zu kaufen und anschließend wieder zu verkaufen (was aber ausreichend Zeit voraussetzt).

Gefahren im Straßenverkehr

Ein ungewöhnlich hoher Prozentsatz der in Neuseeland an Unfällen beteiligten Fahrer kommt aus dem Ausland – etwa 30 % der Unfälle geschehen unter Beteiligung nichteinheimischer Fahrer. Eigentlich ist das Autofahren in Neuseeland ein Kinderspiel, aber immer wieder passiert es, dass man hinter einem langsam fahrenden Lkw oder Wohnmobil herschleichen muss. In solchen Fällen gilt es immer, die Ruhe zu bewahren und sich der Straßenverkehrsregeln bewusst zu sein. Es gibt viele nur langsam befahrbare kurvenreiche Straßen, einspurige Brücken und Schotterpisten – in solchen Fällen ist immer erhöhte Vorsicht geboten. Und generell auf Schafe achten!

Informationen zum Straßenzustand gibt es unter 0800 444 449 oder www.nzta.govt.nz/traffic.

Verkehrsregeln

➡ In Neuseeland herrscht Linksverkehr, das Lenkrad befindet sich also auf der rechten Seite. An Kreuzungen hat der Fahrer von rechts Vorfahrt.

➡ Auf einspurigen Brücken (von denen es überraschend viele gibt) zeigt ein Schild an, wer Vorfahrt hat. Der kleine rote Pfeil bedeutet wie in Europa, dass das Fahrzeug auf der Gegenfahrbahn Vorfahrt hat.

➡ Die Geschwindigkeitsbegrenzung außerhalb von Ortschaften liegt bei 100 km/h, innerstädtisch bei 50 km/h. Auf vielen Straßen wird die Geschwindigkeit mittels Kameras und Radar kontrolliert.

➡ Alle Fahrzeuginsassen müssen zu jedem Zeitpunkt angeschnallt sein; wer diese Regel missachtet, muss mit Bußgeld rechnen. Kleine Kinder müssen auf entsprechenden Kindersitzen angeschnallt werden.

➡ Alle Fahrer sind dazu verpflichtet, ihren Führerschein bei jeder Fahrt bei sich zu tragen. Alkohol am Steuer ist in Neuseeland ein großes Problem – trotz aller entsprechenden Kampagnen und empfindlicher Strafen. Die Grenze liegt bei 0,5 Promille für Fahrer über 20 Jahren und bei 0,0 Promille (!) für Fahrer unter 20 Jahren.

Bus

Busreisen in Neuseeland gestalten sich relativ unkompliziert. Die gut organisierten Busunternehmen fahren bis in die hintersten Winkel beider Inseln und steuern auch die Start- bzw. Endpunkte diverser Wanderrouten an.

Allerdings sind Bustrips oft teuer, ermüdend und zeitaufwendig.

Der Branchenführer **InterCity** (www.intercity.co.nz) deckt fast die ganze Nord- und Südinsel ab. Der Hauptkonkurrent **Naked Bus** (www.nakedbus.com) bedient ähnliche Routen. Beide Gesellschaften bieten Fahrten mitunter schon ab 1 NZ$ (!) an.

InterCity hat auf der Südinsel eine Sightseeing-Tochter namens **Newmans Coach Lines** (www.newmanscoach.co.nz), die zwischen Queenstown, Christchurch und den West-Coast-Gletschern unterwegs ist.

Busklassen & Rauchen

Sehr demokratisch: Neuseeländische Busse haben keine ausgewiesenen Economy- oder Luxusplätze. Rauchen an Bord ist überall strikt verboten.

Naked Bus hat mittlerweile jedoch eine **Sleeper Class** auf Nachtfahrten zwischen Auckland und Wellington (Zwischenstopps in Hamilton und Palmerston North) eingeführt, die es den Fahrgästen ermöglicht, in einem 1,80 m langen Bett zu liegen (Ohrstöpsel empfehlenswert!). Weitere Infos dazu auf www.nakedbus.com/nz/bus/nakedbus-sleeper.

Reservierungen

Im Sommer, während der Schulferien und an Feiertagen sollte man für beliebte Routen so früh wie möglich buchen (idealerweise ein bis zwei Wochen vor Reisebeginn). Zu anderen Zeiten reichen normalerweise ein bis zwei Tage Vorlauf. Bei Online-Buchung ein paar Wochen im Voraus sind Karten generell am günstigsten.

Buspässe

Wer große Strecken zurücklegen will, kann mit Buspässen von InterCity und Naked Bus im Vergleich zu mehreren Einzeltickets einiges einsparen. Allerdings ist man dann natürlich an das Liniennetz des jeweiligen Unternehmens gebunden. Die Pässe sind in der Regel zwölf Monate gültig.

Inhaber bestimmter Ausweise (YHA, ISIC, Nomads, BBH od. VIP) erhalten bei InterCity eine Ermäßigung von 10 % auf reguläre Fahrscheine.

LANDESWEIT GÜLTIGE PÄSSE

Flexipass Der InterCity-Pass, mit dem man beliebig oft ein- und aussteigen kann, erlaubt das Reisen in fast alle Orte des Landes und in jede Himmelsrichtung (inkl. Interislander-Fähre durch die Cook Strait). Der Pass wird in Blöcken verkauft, die Fahrzeiten von mindestens 15 Stunden (119 NZ$) bis maximal 60 Stunden (449 NZ$) umfassen. Der Preis für einen Block wird umso günstiger, je mehr Stunden man kauft. Wer länger unterwegs ist, kann auch Zeitblöcke nachkaufen.

Aotearoa Explorer, Tiki Tour & Island Loop Landesweit gültige Pässe von InterCity für feste Strecken, bei denen man beliebig aus- und einsteigen darf. An diesen Strecken liegen die wichtigsten touristischen Sehenswürdigkeiten; die Preise variieren zwischen 738 und 995 NZ$. Details finden sich auf der entsprechenden Website: www.intercity.co.nz/bus-pass/travelpass.

Naked Passport (www.nakedpassport.com) Mit dem Pass kauft man Busstrecken in Fünferblocks, die jederzeit aufgestockt werden können. Jede Fahrt wird separat gebucht. 5/15/30 Fahrten kosten 151/318/491 NZ$. Ein Pass für beliebig viele Fahrten kostet 597 NZ$ – ein Superangebot, wenn man mehrere Monate im Land unterwegs ist.

BUSPÄSSE FÜR DIE NORDINSEL

InterCity bietet sechs Buspässe ausschließlich für die Nordinsel an, bei denen man auf festgelegten Strecken beliebig oft aus- und einsteigen darf. Die Preise reichen von 119 NZ$ für kurze Strecken zwischen Auckland und Paihia bis zu 384 NZ$ für lange Strecken wie die Fahrt von Auckland nach Wellington. Auf der Strecke liegen die wichtigsten Sehenswürdigkeiten des nördlichen Landesteils. Details siehe www.intercity.co.nz/bus-pass/travelpass.

BUSPÄSSE FÜR DIE SÜDINSEL

Auf der Südinsel bietet InterCity sechs Pässe für feste Strecken (Ein- und Aussteigen jederzeit möglich); die Preise für die Fahrt von Picton nach Queenstown an der West Coast entlang beginnen bei 119 NZ$ und gehen bis zu 509 NZ$ für Fahrten um die ganze Insel. Details dazu siehe www.intercity.co.nz/bus-pass/travelpass.

Shuttle-Busse

Ergänzend zu InterCity und Naked Bus füllen regionale Shuttle-Bus-Firmen die Verbindungslücken zwischen den kleineren Ortschaften Neuseelands. Folgende Unternehmen (eine vollständige Liste findet sich auf www.tourism.net.nz/transport/bus-and-coach-services) bieten regelmäßige Linienfahrten und/oder Chartertouren an:

Abel Tasman Travel (www.abeltasmantravel.co.nz) Ist auf den Straßen zwischen Nelson, Motueka, Golden Bay und dem Abel Tasman National Park unterwegs.

Alpine Scenic Tours (www.alpinescenictours.co.nz) Fährt durch die Umgebung von Taupo und bis in den Tongariro National Park hinein; hinzu kommen Shuttles zu den Skigebieten am Mount Ruapehu und Mount Tongariro.

Atomic Shuttles (www.atomictravel.co.nz) Steuert Ziele auf der ganzen Südinsel an – darunter Christchurch, Dunedin, Invercargill, Picton, Nelson, Greymouth, Hokitika, Queenstown und Wanaka.

Catch-a-Bus South (www.catchabussouth.co.nz) Von Invercargill und Bluff nach Dunedin und Queenstown.

Cook Connection (www.cookconnect.co.nz) Bedient das Dreieck Mount Cook–Twizel–Lake Tekapo.

East West Coaches (www.eastwestcoaches.co.nz) Offeriert einen Service zwischen Christchurch und Westport über den Lewis Pass.

Go Kiwi Shuttles (www.go-kiwi.co.nz) Verbindet Auckland täglich mit Whitianga auf der Coromandel Peninsula.

Hanmer Connection (www.hanmerconnection.co.nz) Tägliche Fahrten zwischen Hanmer Springs und Christchurch.

Manabus (www.manabus.com) Pendelt täglich zwischen Auckland und Wellington und fährt dabei über Hamilton, Rotorua, Taupo und Palmerston North. Steuert außerdem Tauranga, Paihia und Napier an. Einige Linien werden von Naked Bus betrieben.

Tracknet (www.tracknet.net) Im Sommer fahren Wanderer-Shuttles (z. B. zum Milford-, Routeburn- oder Kepler Track) von und nach Queenstown, Te Anau und Invercargill.

Trek Express (www.trekexpress.co.nz) Shuttle-Service zu allen Wanderrouten im oberen Teil der Südinsel.

Waitomo Wanderer (www.travelheadfirst.com) Fährt ab Rotorua oder Taupo nach Waitomo (jeweils hin & zurück).

West Coast Shuttle (www.westcoastshuttle.co.nz) Pendelt täglich zwischen Greymouth und Christchurch.

Backpacker-Busse

Wer gern ein paar Kilometer mit Gleichgesinnten reisen will, für den haben die folgenden Veranstalter Busfahrten auf festgelegten Routen im Programm – entweder landesweite oder wahlweise auf der Nord- bzw. Südinsel. Meist werden auch Übernachtungen, Mahlzeiten und die Möglichkeit, die Fahrt beliebig zu unterbrechen, mit angeboten.

Adventure Tours New Zealand (www.adventuretours.com.au) Fünf 11- bis 22-tägige Touren, die entweder über die Südinsel, die Nordinsel oder beide Inseln führen.

Bottom Bus (www.travelheadfirst.com/local-legends/bottom-bus) Touren ab Dunedin, Invercargill und Queenstown, die durch die eher flachen Regionen der Südinsel gehen.

Flying Kiwi (www.flyingkiwi.com) Touren durch Neuseeland mit viel Spaß und Aktivitäten. Unterkunftsart: Camping oder Hütten (4 bis 28 Tage).

Haka Tours (www.hakatours.com) 3- bis 16-tägige Touren voller Schnee- oder Mountainbike-Abenteuer.

Kiwi Experience (www.kiwiexperience.com) Hauptanbieter von Touren, die man jederzeit unterbrechen und wieder aufnehmen kann; riesige Auswahl!

Stray Travel (www.straytravel.com) Ein breites Angebot an flexiblen Pässen und Touren, die man jederzeit unterbrechen und weiterführen kann.

Fahrrad

Das Radfahren boomt in Neuseeland, vor allem in den Sommermonaten. Wen wundert's? Das Land ist sauber, grün und meist nicht überlaufen, es bietet viele günstige Übernachtungsmöglichkeiten (einschließlich Zeltplätzen) und frisches Wasser im Überfluss. Die Straßen sind in der Regel in einem guten Zustand und das Klima ist weder zu heiß noch zu kalt. Die größte Gefahr geht vom Straßenverkehr aus: Immer wieder fahren die riesigen Lkw zu dicht an den Radfahrern vorbei. In den Hauptorten findet man Räder (zum Kaufen oder zum Leihen), Ersatzteile und Fahrradwerkstätten sind keine Seltenheit.

Alle Radfahrer sind gesetzlich dazu verpflichtet, einen Fahrradhelm zu tragen (andernfalls wird ein Bußgeld erhoben), für die eigene Sicherheit empfiehlt sich auch reflektierende Kleidung. Wer auf öffentliche Verkehrsmittel angewiesen ist, wird feststellen, dass auf vielen wichtigen Bus- und Bahnstrecken Räder nur dann mitgenommen werden dürfen, wenn ausreichend Platz vorhanden ist; für den Transport werden bis zu 10 NZ$ verlangt. Einige der kleineren Verkehrsbetriebe wiederum bieten ausreichend Platz für Räder, verlangen aber für den Transport ebenfalls einen Aufpreis.

Wer sein eigenes Rad mit dem Flugzeug nach Neuseeland einführen will, sollte mit der entsprechenden Fluggesellschaft die Modalitäten klären, z. B. wie das Rad transportiert werden muss (Packmaße etc.).

Die Website www.nzta.govt.nz/traffic/ways/bike bietet Tipps zur Fahrradsicherheit und zu rechtlichen Fragen. Der New Zealand Cycle Trail (Nga Haerenga; S. 54) informiert über das Netz der 23 „Great Rides" in Neuseeland.

Mieten

Die meisten Fahrradverleiher verlangen für Straßenräder oder Mountainbikes in der Regel eine Leihgebühr von etwa 20 NZ$ pro Stunde bzw. bis zu 60 NZ$ pro Tag. Eventuell lassen sich auch Langzeittarife aushandeln. Drahtesel können zudem häufig bei der eigenen Unterkunft (Hostel, Ferienpark etc.) gemietet werden. Die Leihfahrräder von Fahrradläden in größeren Städten sind oft vergleichsweise besser in Schuss.

Kaufen

In Neuseelands größeren Städten sind Fahrräder überall zu bekommen. Neuere Modelle kosten jedoch ziemlich viel: Für ein anständiges Trekkingrad oder robustes Mountainbike wird man überall 800 bis 1800 NZ$ los. Günstigere Drahtesel lassen sich für ca. 500 NZ$ ergattern. Doch selbst dann fehlen noch Gepäcktaschen, ein Schutzhelm, ein Schloss und weiteres Zubehör – da kommt schnell ganz schön was zusammen. Tipp: Im Ausverkauf nach Weihnachten und bei Inventuren mitten im Jahr gibt's neuere Bikes mitunter zu Schnäppchenpreisen!

Flugzeug

Wer Neuseelands Attraktionen möglichst zeitsparend besuchen möchte oder muss, kann auf ein landesweites, sehr sicheres und verlässliches Flugliniennetz zurückgreifen.

Fluglinien in Neuseeland

Als größte einheimische Fluggesellschaft deckt Air New Zealand den Großteil des Landes ab. Weniger frequentierte Routen werden dabei oft vom Tochterunternehmen Air New Zealand Link bedient. Auch die australische Jetstar ist zwischen den größten Städten Neuseelands unterwegs. Zusammen transportieren diese beiden Gesellschaften den Großteil aller Inlandsflugpassagiere. Außerdem übernehmen diverse kleine Regionalanbieter wichtige Verbindungen zu abgeschiedenen Inseln (z. B. Great Barrier Island im Hauraki-Golf, Stewart Island, Chathams). An dieser Stelle nicht aufgeführt werden die vielen Anbieter von Charter- und Panoramaflügen in Neuseeland. Hier einige Inlandsfluglinien:

Air Chathams (03-305 0209; www.airchathams.co.nz) Bedient die entlegenen Chatham Islands ab Wellington, Christchurch und Auckland. Flüge von Auckland nach Whakatane sind ebenfalls im Angebot.

Air New Zealand (0800 737 000; www.airnewzealand.co.nz) Steuert über 20 Inlandsziele und zahllose Flughäfen in Übersee an.

Air2there.com (0800 777 000; www.air2there.com) Verbindet Ziele entlang der Cook Strait (u. a. Paraparaumu, Wellington, Nelson und Blenheim).

FlyMySky (0800 222 123; www.flymysky.co.nz) Fliegt mindestens dreimal täglich ab Auckland zur Great Barrier Island.

Golden Bay Air (0800 588 885; www.goldenbayair.co.nz) Verkehrt regelmäßig zwischen Wellington, Nelson und Takaka in der Region Golden Bay; bringt außerdem Wanderer nach Karamea und von dort zum Heaphy Track.

Barrier Air (0800 900 600; www.barrierair.kiwi) Bedient Great Barrier Island, Auckland, Tauranga, Whitianga, Kaitaia und Whangarei.

Jetstar (0800 800 995; www.jetstar.com) Verbindet die Touristenhochburgen Auckland, Wellington, Christchurch, Dunedin, Queenstown, Nelson, Napier, New Plymouth und Palmerston North.

Kiwi Regional Airlines (07-444 5020; www.flykiwiair.co.nz) Neuer Anbieter mit Flügen von Nelson nach Dunedin, Hamilton und Tauranga.

Soundsair (0800 505 005; www.soundsair.co.nz) Pendelt jeden Tag mehrfach zwischen Picton und Wellington; startet zudem in Wellington gen Blenheim, Nelson, Westport und Taupo. Fliegt außerdem von Blenheim nach Paraparaumu und Napier sowie von Nelson nach Paraparaumu.

Stewart Island Flights (03-218 9129; www.stewartislandflights.com) Verkehrt zwischen Invercargill und Stewart Island.

Sunair (0800 786 247; www.sunair.co.nz) Fliegt ab Ardmore (bei Auckland), Great Barrier Island und Tauranga nach Whitianga, hinzu kommen viele weitere Nordinsel-Verbindungen zwischen Hamilton, Rotorua, Gisborne und Whakatane.

Flugpässe

Air New Zealand bietet Urlaubern aus den USA oder Kanada, die mit Air New Zealand aus den USA, Kanada, Australien oder von den Pazifischen Inseln gebucht haben, den praktischen und preisgünstigen **New Zealand Explorer Pass** (www.airnewzealand.com/explorer-pass) an. Mit diesem Pass kann man auf 27 Strecken in Neuseeland, Australien und den Südpazifischen Inseln (darunter Norfolk Island, Tonga, Neukaledonien, Samoa, Vanuatu, Tahiti, Fidschi, Niue und den Cook-Inseln) fliegen. Die Flugpreise teilen sich in vier entfernungsabhängige, ermäßigte Zonen auf: Flüge in Zone 1 kosten ab 99 US$ (z. B. von Auckland nach Christchurch); Zone 2 sind Flüge ab 129 US$ (z. B. von Auckland nach Queenstown); Zone 3 ab 214 US$ (z. B. von Wellington nach Sydney) und Zone 4 ab 295 US$ (z. B. von Tahiti nach Auckland). Der Pass kann vor Reiseantritt oder nach Ankunft in Neuseeland erworben werden.

Nahverkehr

Bus, Zug & Straßenbahn

Die größeren Städte des Landes haben ausgedehnte Busnetze. Bis auf ein paar löbliche Ausnahmen fahren solche Stadtbusse jedoch hauptsächlich nur tagsüber und von Montag bis Freitag – am Wochenende ist der Betrieb teilweise eingeschränkt oder ruht komplett. Im Zentrum von Auckland wird das Vorankommen durch die Link-Busse erleichtert; in Hamiltons Innenstadt verkehren Gratisbusse auf einer Rundroute; Christchurchs kostenlose City-Shuttles werden durch die historische Straßenbahn ergänzt. Am Freitag- und Samstagabend, wenn viele Leute feiern gehen, sind in den meisten Großstädten Nachtbusse unterwegs.

Die einzigen Städte mit anständigen Regionalbahnstrecken sind Auckland und Wellington mit ihren vier bzw. fünf Vorstadtlinien.

Taxi

In den großen Städten sieht man viele Taxis, und selbst in kleinen Städten gibt es meist ein lokales Taxiunternehmen.

Taxis haben ein Taxameter und sind in der Regel verlässlich und vertrauenswürdig.

Schiff/Fähre

Obwohl Neuseeland eine Inselnation ist, existieren auf dem umliegenden Meer fast keine Langstreckenrouten. Zu den wenigen Ausnahmen zählen z. B. die Schiffsverbindungen zwischen Auckland und diversen Inseln im Hauraki-Golf – ebenso die Interisland Ferries, die über die Cook Strait zwischen Wellington und Picton schippern. Außerdem überquert eine Passagierfähre die breite Foveauxstraße zwischen Bluff und dem Ort Oban auf Stewart Island.

Bei entsprechend großem Geldbeutel empfehlen sich die Kreuzfahrtschiffe, die Neuseelands Küstenlinie im Rahmen längerer Südpazifikrouten folgen. Diesbezüglich ist P&O Cruises (www.pocruises.com.au) einer der größten Anbieter.

Trampen & Mitfahrzentralen

Trampen ist nirgendwo auf der Welt wirklich sicher und daher nicht zu empfehlen. Wer trotzdem trampen will, sollte sich bewusst sein, dass er damit ein gewisses und möglicherweise ernst zu nehmendes Risiko eingeht. Dennoch sieht man an den Rändern neuseeländischer Landstraßen nach wie vor viele Anhalter.

Eine Alternative besteht darin, auf den Schwarzen Brettern von Hostels nach Mitfahrgelegenheiten zu suchen.

Zug

Bei Zugfahrten in Neuseeland geht's um das Reiseerlebnis und nicht unbedingt um schnellstmögliches Vorankommen. Fahrkarten für die insgesamt vier Routen (s. unten) von **KiwiRail Scenic Journeys** (☎0800 872 467, 04-495 0775; www.kiwirailscenic.co.nz) können direkt beim Unternehmen sowie bei Reisebüros und Touristeninformationen gebucht werden – ebenso an den meisten Bahnhöfen (bemerkenswerterweise jedoch nicht in Palmerston North oder Hamilton). Die Angebote beziehen sich auf Tagesfahrten (keine Schlafwagen).

Capital Connection Pendlerservice zwischen Palmerston North und Wellington (nur werktags).

Coastal Pacific An der Ostküste der Südinsel zwischen Christchurch und Picton.

Northern Explorer Zwischen Auckland und Wellington. Richtung Süden: montags, donnerstags und samstags; Richtung Norden: dienstags, freitags und sonntags.

TranzAlpine Zwischen Christchurch und Greymouth über die neuseeländischen Alpen – eine der berühmtesten Zugstrecken der Welt.

Zugpässe

Der **Scenic Journey Rail Pass** (www.kiwirailscenic.co.nz/scenic-rail-pass) von KiwiRail Scenic Journeys erlaubt unbegrenzte Fahrten auf allen Routen des Unternehmens und gilt zusätzlich noch für die Interislander Ferry (Wellington–Picton). Der Pass ist in zwei Varianten erhältlich, bei denen Bordplätze jeweils spätestens 24 Stunden vor Antritt der Fahrt reserviert werden müssen:

Fixed Pass Begrenzte Gültigkeitsdauer (Erw. 1/2/3 Wochen 599/699/799 NZ$, Kind etwas weniger).

Freedom Pass Gilt zwölf Monate lang und währenddessen für eine bestimmte Anzahl von Reisetagen (3/7/10 Tage 417/903/1290 NZ$).

Sprache

NOCH MEHR ENGLISCH UND MĀORI?

Detailliertere Hinweise und viele nützliche Wendungen finden sich im *Lonely Planet Sprachführer Englisch* und im *South Pacific Phrasebook* von Lonely Planet. Man bekommt die Bücher im **shop.lonely planet.com**, im Buchhandel und bei Internetbuchhändlern, oder man besorgt sich Lonely Planets iPhone Phrasebooks im Apple App Store.

Neuseeland besitzt drei Amtssprachen: Englisch, Māori und die neuseeländische Gebärdensprache. Natürlich wird man als Besucher überwiegend mit dem Englischen zu tun haben, doch Māori erlebt derzeit ein echtes Comeback. Auf Englisch kann man sich grundsätzlich mit jedem Neuseeländer verständigen, doch gibt es einige Gelegenheiten, bei denen ein paar Brocken Māori ganz nützlich sind, etwa beim Besuch eines *marae*, wo häufig nur Māori gesprochen wird. Mit ein wenig Māori kann man zudem viele Ortsnamen, denen man unterwegs begegnet, besser deuten.

Kiwi-Englisch

Ganz ähnlich wie die Bewohner eines jeden englischsprachigen Landes der Welt haben auch die Neuseeländer im Laufe der Zeit ihren ganz eigenen Sprachgebrauch herausgebildet. Das markanteste Merkmal des Englischen in Neuseeland ist die sogenannte Vokalsenkung (die Zunge liegt bei der Aussprache tiefer): *fish and chips* klingen auf Neuseeländisch also eher wie *fush and chups*. Auf der Nordinsel wird an gesprochene Sätze vielfach ein *eh!* angehängt. Im tiefsten Süden wird das *r* stark gerollt, ein Zeichen für die schottischen Wurzeln der Region; vor allem begegnet man dieser Eigenheit auf der Südinsel.

KONVERSATION & NÜTZLICHES

Wer einen Fremden nach etwas fragt, sollte die Frage oder Bitte auf jeden Fall mit einer höflichen Entschuldigung einleiten: Die Floskel „Excuse me, …" ist also immer ein guter Anfang.

Guten Tag.	*Hello.*
Hallo.	*Hi.*
Guten …	*Good …*
Tag	*day*
Morgen	*morning*
Tag	*afternoon*
Abend	*evening*
Auf Wiedersehen.	*Goodbye.*
Bis später.	*See you later.*
Tschüss.	*Bye.*
Wie geht es Ihnen?/ Wie geht es dir?	*How are you?*
Danke, gut.	*Fine. And you?*
Und Ihnen?/Und dir?	*… and you?*
Wie ist Ihr Name?/ Wie heißt du?	*What's your name?*
Mein Name ist …/ Ich heiße …	*My name is …*
Ja.	*Yes.*
Nein.	*No.*
Bitte.	*Please.*
(Vielen) Dank.	*Thank you (very much).*
Bitteschön.	*You're welcome.*

Entschuldigen Sie, .../ Entschuldige ... *Excuse me, ...*

FRAGEWÖRTER

Wer?	*Who?*
Was?	*What?*
Wo?	*Where?*
Wann?	*When?*
Wie?	*How?*
Warum?	*Why?*
Welcher?	*Which?*
Wie viel?	*How much?*
Wie viele?	*How many?*

GESUNDHEIT

Wo ist der/die/das nächste ...?
Where's the nearest ...?

Apotheke	*chemist*
Zahnarzt	*dentist*
Arzt	*doctor*
Krankenhaus	*hospital*

Ich brauche einen Arzt. *I need a doctor.*

Gibt es in der Nähe eine (Nacht-)Apotheke?
Is there a (night) chemist nearby?

Ich habe mich verirrt.
I'm lost.

Wo ist die Toilette?
Where are the toilets?

Ich bin krank.
I'm sick.

Es tut hier weh.
It hurts here.

Ich habe mich übergeben.
I've been vomiting.

Ich habe Durchfall/Fieber/Kopfschmerzen.
I have diarrhoea/fever/headache.

(Ich glaube,) Ich bin schwanger.
(I think) I'm pregnant.

Ich bin allergisch gegen ... *I'm allergic to ...*

Antibiotika	*antibiotics*
Aspirin	*aspirin*
Penizillin	*penicillin*

MIT KINDERN REISEN

Ich brauche ... *I need (a) ...*

Gibt es ...? *Is there (a/an) ...?*

einen Wickelraum	*baby change room*
einen Babysitz	*baby seat*
einen Babysitter	*babysitter*
einen Kindersitz	*booster seat*
einen Babysitter-Service	*child-minding service*
eine Kinderkarte	*children's menu*
einen Kinderstuhl	*highchair*
(Wegwerf-)Windeln	*(disposable) nappies*
ein Kindertöpfchen	*potty*
einen Kinderwagen	*stroller*

Kann ich mein Kind hier stillen?
Do you mind if I breastfeed here?

Sind Kinder erlaubt? *Are children allowed?*

PAPIERKRAM

Name	*name*
Staatsangehörigkeit	*nationality*
Geburtsdatum	*date of birth*
Geburtsort	*place of birth*
Geschlecht	*sex/gender*
(Reise-)Pass	*passport*
Visum	*visa*

Reservierungen vornehmen

An ...	*To ...*
Von ...	*From ...*
Datum	*Date*
Ich möchte ... reservieren.	*I'd like to book ...*
Auf den Namen ...	*in the name of ...*

Vom … bis zum … *from … to …*
Kreditkarte *credit card*
Nummer *number*
gültig bis … *expiry date*
Bitte bestätigen Sie Verfügbarkeit und Preis.
Please confirm availability and price.

SHOPPEN & SERVICE

Ich suche …
I'm looking for …
Wo ist der/die/das (nächste) …?
Where's the (nearest) …?
Wo kann ich … kaufen?
Where can I buy …?
Ich möchte … kaufen.
I'd like to buy …
Wie viel (kostet das)?
How much (is this)?
Das ist zu viel/teuer.
That's too much/expensive.
Können Sie mit dem Preis heruntergehen?
Can you lower the price?
Haben Sie etwas Billigeres?
Do you have something cheaper?
Ich schaue mich nur um.
I'm just looking.
Können Sie den Preis aufschreiben?
Can you write down the price?
Haben Sie noch andere?
Do you have any others?
Können Sie ihn/sie/es mir zeigen?
Can I look at it?

mehr *more*
weniger *less*
kleiner *smaller*
größer *bigger*

Nehmen Sie …? *Do you accept …?*
Kreditkarten *credit cards*
Reiseschecks *travellers cheques*
Ich möchte … *I'd like to …*
Geld umtauschen *change money (cash)*
einen Scheck einlösen *cash a cheque*
Reiseschecks einlösen *change some travellers cheques*
Ich suche *I am looking for …*
einen Geldautomaten *an ATM*
eine Geldwechselstube *an exchange office*
eine Bank *a bank*
die … Botschaft *the … embassy*
deutsche *German*
österreichische *Austrian*
Schweizer *Swiss*
das Krankenhaus *the hospital*
den Markt *the market*
die Polizei *the police*
die Post *the post office*
ein öffentliches Telefon *a public phone*
eine öffentliche Toilette *a public toilet*
Wann macht er/sie/es auf/zu?
What time does it open/close?
Ich möchte eine Telefonkarte kaufen.
I want to buy a phone card.
Wo ist hier ein Internetcafé?
Where's the local Internet cafe?

UNTERKUNFT

Wo ist …? *Where's a …?*
eine Pension *bed and breakfast, guesthouse*
ein Campingplatz *camping ground*

ein Hotel	*hotel*
ein Privatzimmer	*room in a private home*
eine Jugendherberge	*youth hostel*

Wie lautet die Adresse?
What's the address?
Ich möchte bitte ein Zimmer reservieren.
I'd like to book a room, please.
Für (drei) Nächte/Wochen.
For (three) nights/weeks.

Haben Sie ein …?
Do you have a … room?

Einzelzimmer	*single*
Doppelzimmer	*double*
Doppelzimmer mit zwei Einzelbetten	*twin*

Wie viel kostet es pro Nacht/Person?
How much is it per night/person?
Kann ich es sehen?
May I see it?
Kann ich ein anderes Zimmer bekommen?
Can I get another room?
Es ist gut, ich nehme es.
It's fine. I'll take it.
Ich reise jetzt ab.
I'm leaving now.

VERSTÄNDIGUNG

Verstehen Sie (mich)?
Do you understand (me)?
Ich verstehe (nicht).
I (don't) understand.

Könnten Sie…?	*Could you please …?*
bitte langsamer sprechen	*speak more slowly*
das bitte wiederholen	*repeat that*
das bitte aufschreiben	*write it down*

VERKEHRSMITTEL & -WEGE

Öffentliche Verkehrsmittel

Wann fährt … ab?
What time does the … leave?

das Schiff	*boat*
der Bus	*bus*
der Zug	*train*

Private Verkehrsmittel

Wo kann ich … mieten?
Where can I hire a…?
Ich möchte … mieten.
I'd like to hire a/an …

ein Fahrrad	*bicycle*
ein Auto	*car*
ein Allradfahrzeug	*4WD*
einen Schaltwagen	*manual*
ein Motorrad	*motorbike*

Wie viel kostet es pro …?
How much is it per …?

Tag	*day*
Woche	*week*
Benzin	*petrol*
Diesel	*diesel*
bleifreies Benzin	*unleaded*
Autogas	*LPG*

Wo ist eine Tankstelle?
Where's a petrol station?
Führt diese Straße nach …?
Does this road go to …?
(Wie lange) Kann ich hier parken
(How long) Can I park here?
Wo muss ich bezahlen?
Where do I pay?

Ich brauche einen Mechaniker.

I need a mechanic.

Ich habe (in …) eine Panne mit meinem Auto.

The car has broken down (at …)

Ich hatte einen Unfall. *I had an accident.*

Das Auto/Motorrad springt nicht an.

The car/motorbike won't start.

Ich habe eine Reifenpanne. I have a flat tyre.

Ich habe kein Benzin mehr. I've run out of petrol.

WEGWEISER

Können Sie mir bitte helfen?

Could you help me, please?

Wo ist (eine Bank)?

Where's (a bank)?

Ich suche (die Kathedrale).

I'm looking for (the cathedral).

In welcher Richtung ist (eine öffentliche Toilette)?

Which way's (a public toilet)?

Wie kann ich da hinkommen?

How can I get there?

Wie weit ist es?

How far is it?

Können Sie es mir (auf der Karte) zeigen?

Can you show me (on the map)?

MĀORI

Die Māori haben eine bewegte Geschichte, die in Liedern und Gesängen festgehalten ist. Sie berichten ganz dramatisch von vielen wichtigen Ereignissen, z. B. davon, wie die Māori von Polynesien nach Neuseeland gekommen sind. Die frühen Missionare haben die Sprache als Erste niedergeschrieben, wobei sie nur 15 Buchstaben des lateinischen Alphabets verwendeten.

Māori ist eng mit anderen polynesischen Sprachen (wie dem Hawaiianischen, Tahitianischen und der Sprache der Cookinseln) verwandt. Das Māori auf Neuseeland und das Hawaiianische sind sich sehr ähnlich – obwohl mehr als 7000 km zwischen Honolulu und Auckland liegen.

Māori war nie eine tote Sprache – bei Māorizeremonien wurde sie zu allen Zeiten benutzt –, doch im Lauf der Jahre waren immer weniger Menschen mit ihr vertraut. Glücklicherweise ist in letzter Zeit das Interesse an ihr wieder erwacht, ja bildet einen integralen Bestandteil des Wiederauflebens der Māoritanga (Māorikultur). Viele Māori, die die Sprache zwar in den *marae* immer gehört hatten, aber sie in ihrem Alltag nicht benutzten, lernen sie jetzt oder sprechen sie bereits fließend. Māori wird heute in ganz Neuseeland in Schulen unterrichtet, es gibt einige Fernsehprogramme und Nachrichtensendungen auf Māori, und viele englische Ortsnamen bekommen Māorinamen. Selbst Regierungsstellen haben Māoribezeichnungen erhalten; so ist beispielsweise das Inland Revenue Department (Finanzamt) auch als Te Tari Taake bekannt. (Das letzte Wort müsste eigentlich *take*, d. h. „Abgabe", heißen, die Behörde hat aber die Schreibweise „aa" vorgezogen, um anzudeuten, dass die Aussprache ähnlich dem deutschen „a" ist).

Vielerorts haben sich Māori zusammengetan, um ihren Kindern die eigene Sprache und Kultur zu vermitteln: Sie sollen zweisprachig aufwachsen und so mit der Māoritradition vertraut werden. Man ist stolz darauf, die Sprache fließend zu beherrschen. In einigen *marae* darf nur Māori gesprochen werden.

Aussprache

Māori ist eine melodische, poetische Sprache, die sehr leicht auszusprechen ist. Tipp: Jedes Wort – und manche können endlos lang sein – muss Silbe für Silbe ausgesprochen werden. Jede Silbe endet auf einen Vokal; es gibt im geschriebenen Māori keine Buchstaben, die nicht auch gesprochen werden.

Die meisten Konsonanten des Māori – *h*, *k*, *m*, *n*, *p*, *t* und *w* – werden ähnlich wie im Deutschen ausgesprochen, das *w* wie im Englischen. Das *r* ist ein Reibelaut (nicht gerollt), bei dem die Zunge sich am Vordergaumen befindet. Der Laut klingt für Deutsche eher wie das englische „l" in „full".

Das *ng* ist ein Konsonant wie im deutschen Wort „singen" oder „Gesang", kann aber auch am Anfang einer Silbe oder eines Wortes stehen – einfach immer wieder „ing" sagen und dann das „i" weglassen.

Das *wh* klingt in der Regel wie ein schwach artikuliertes deutsches „f". Man findet diese Aussprache bei vielen neuseeländischen Ortsnamen wie Whakatane, Whangaroa und Whakapapa (alle am Anfang mit schwach artikuliertem „f"). Es gibt jedoch einige lokale Unterschiede: In der Gegend um den Whanganui River wird beispielsweise das *wh* wie in den englischen Wörtern „when" und „why" ausgesprochen.

Ganz besonders wichtig ist die korrekte Aussprache der Vokale. Die genaue Lautfärbung kann man am besten von einem Muttersprachler lernen. Jeder Vokal existiert als Lang- und Kurzvokal, Langvokale werden in der Schrift häufig durch einen Längenstrich über dem Buchstaben oder durch die Verdoppelung des Buchstabens markiert. (In diesem Buch sind Langvokale jedoch nicht extra bezeichnet.)

Vokale

a wie in „haben"

e wie in „Kette"

i wie in „Igel"

o wie in „Gott"

u wie in „Huhn"

Diphthonge

ae, ai wie in „Schwein"

ao, au wie in „Maus"

ea wie in der norddeutschen Aussprache von „eher"

ei wie in „Bay"

eo wie in „Leo"

eu „e" und „u", nicht: „äu"

ia fast wie im englischen „Ian" (iän)

ie wie in „jemand"

io wie „jo"

iu wie im englischen „cue" (kju)

oa „o" und „a" hintereinander artikuliert

oe wie im englischen „toe"

oi wie in „Eule"

ou wie im englischen „how"

ua „u" und „a" wie im englischen „fewer"

Begrüßungsformeln & Smalltalk

Begrüßungen auf Māori werden im Land immer beliebter; also nicht überrascht sein, wenn man mit einem *Kia ora* begrüßt wird.

Willkommen! *Haere mai!*

Hallo./Viel Glück./ Gesundheit. *Kia ora.*

Hallo. (zu einer Person) *Tena koe.*

Hallo. (zu zwei Personen) *Tena korua.*

Hallo. (zu drei oder mehr Personen) *Tena koutou.*

Auf Wiedersehen. (zur Person, die bleibt) *E noho ra.*

Auf Wiedersehen. (zur Person, die geht) *Haere ra.*

Wie geht es Ihnen? (zu einer Person) *Kei te pehea koe?*

Wie geht es Ihnen? (zu zwei Personen) *Kei te pehea korua?*

Wie geht es Ihnen? (zu drei oder mehr Personen) *Kei te pehea koutou?*

Gut, danke./ Alles in Ordnung. *Kei te pai.*

Geografische Bezeichnungen in Māori

Die folgenden Wörter sind Bestandteile vieler Ortsnamen der Māori in Neuseeland; wer sie beherrscht, kann sich die Bedeutung solcher Namen durchaus erschließen. Ein Beispiel: Waikaremoana ist die See *(moana)* des Wellen *(kare)* schlagenden Wassers *(wai)*, und Rotorua ist einfach der zweite *(rua)* See *(roto)*.

a – von
ana – Höhle
ara – Weg, Pfad, Straße
awa – Fluss oder Tal
heke – hinabsteigen
hiku – Ende, Ausläufer
hine – Mädchen, Tochter
ika – Fisch
iti – klein
kahurangi – wertvoller Besitz; besonderes grünes Gestein
kai – Essen
kainga – Dorf
kaka – Papagei
kare – wellig
kati – schließen
koura – Flusskrebs
makariri – kalt
manga – Bach, Nebenfluss
manu – Vogel
maunga – Berg
moana – See oder Teich
moko – Tattoo
motu – Insel
mutu – beendet, vorbei
nga – die (Plural)
noa – gewöhnlich, normal; nicht **tapu**
nui – groß
nuku – Entfernung
o – von, Ort von ...
one – Strand, Sand oder Schlamm
pa – befestigte Siedlung
papa – ebenes, weites Land

pipi – Schalentier
pohatu – Stein
poto – kurz
pouri – traurig, dunkel, düster
puke – Hügel
puna – Quelle, Loch, Brunnen
rangi – Himmel
raro – Norden
rei – wertvoller Besitz
roa – lang
roto – See
rua – Loch im Boden; zwei
runga – oberhalb
tahuna – Strand, Sandbank
tane – Mann
tangata – Menschen
tapu – heilig, tabu
tata – nahe; gegen etwas stoßen; zwei Inseln
tawaha – Eingang, Öffnung
tawahi – die andere Seite (eines Flusses oder Sees)
te – der, die, das
tonga – Süden
ure – männliche Geschlechtsorgane
uru – Westen
wahine – Frau
wai – Wasser
waingaro – verloren; Gewässer, die je nach Jahreszeit verschwinden
waha – zerbrochen
waka – Kanu
wera – verbrannt oder warm; treibend
wero – Herausforderung
whaka ... – handeln als ...
whanau – Großfamilie, Sippe
whanga – Hafen, Bucht oder Meeresarm
whare – Haus
whenua – Land
whiti – Osten

Einige einfachere Ortsnamen, die aus Wörtern der obigen Liste zusammengesetzt sind:

Aramoana – See-(moana) Weg (ara)
Awaroa – Langer (roa) Fluss (awa)
Kaitangata – Essen (kai) Menschen (tangata)
Maunganui – Großer (nui) Berg (maunga)
Opouri – Ort der (o) Trauer (pouri)
Te Araroa – Der (te) lange (roa) Weg (ara)
Te Puke – Der (te) Hügel (puke)
Urewera – Verbrannter (wera) Penis (ure)
Waimakariri – Kaltes (makariri) Wasser (wai)
Wainui – Große (nui) Gewässer (wai)
Whakatane – Handeln (whaka) wie ein Mann (tane)
Whangarei – Geschätzter (rei) Hafen (whanga)

GLOSSAR

Die folgende Liste enthält Abkürzungen aus dem „Kiwi-Englisch", aus dem Māori und Slangausdrücke, die in diesem Buch verwendet werden und denen man in Neuseeland durchaus begegnen kann.

All Blacks – Neuseelands Nationalteam in der Rugby Union

ANZAC – „Australia and New Zealand Army Corps", die gemeinsame Einsatztruppe von Australien und Neuseeland

Aoraki – Der Māoriname des Mount Cook bedeutet „Wolkendurchdringer".

Aotearoa – Der Māoriname für Neuseeland wird meistens mit „Land der langen, weißen Wolke" übersetzt.

aroha – Liebe

B&B – „Bed and Breakfast"; Frühstückspension

bach – Ferienhaus („betsch" ausgesprochen); siehe auch crib

black-water rafting – Rafting in einer unterirdischen Höhle

boozer – öffentliche Bar

bro – wörtlich „brother"; bezeichnet meistens Freunde

BYO – „bring your own" (bezieht sich in Restaurants oder Cafés normalerweise auf alkoholische Getränke)

choice/chur – fantastisch, großartig

crib – Bezeichnung für ein Ferienhaus (bach) in Otago und Southland

DB&B – „Dinner, bed and breakfast": Unterkunft mit Frühstück und Abendessen

DOC – Department of Conservation (oder Te Papa Atawhai); Behörde, die für die Nationalparks und damit alle Wanderwege und Hütten zuständig ist

eh? – ungefähr so viel wie „nicht wahr?"

farmstay – Urlaub auf dem Bauernhof, Unterkunft auf einer Farm

Football – Rugby, entweder der Union oder der League; bedeutet gelegentlich aber auch Fußball

Great Walks – eine Reihe von neun beliebten Wanderwegen in Neuseeland

greenstone – Jade; *pounamu*

gumboots – Gummistiefel; eingeführt von Arbeitern auf den Gummiplantagen

Hawaiki –die polynesische Heimat der Māori

haka – Tanz jeder Art, vor allem aber der Kriegstanz

hangi – Ofen in Form eines Lochs, bei dem das Essen in Körben über der Glut gegart wird; auch: ein Festmahl der Māori

hapu – kleinere Stammesgruppe oder Teil eines Stamms

hei tiki – geschnitzte, stilisierte menschliche Figur, wird um den Hals getragen; auch: *tiki*

homestay – Unterkunft in einem Privathaus

hongi – Māori-Art der Begrüßung: Nasen und Stirnen werden aneinandergepresst und man teilt den gemeinsamen „Lebensatem"

hui – Versammlung, Treffen

i-SITE – Informationszentrum

iwi – großer Stammesverband mit einer gemeinsamen Herkunft, die bis auf die Zeit der Einwanderung aus *Hawaiki* zurückgeht; Volk, Stamm

jandals – zusammengezogen aus „Japanese sandals"; Flip-Flops oder Latschen, die üblicherweise aus Gummi bestehen

jersey – meist langärmliges Shirt, üblicherweise aus Wolle; das Trikot der Rugbyspieler

kauri – einheimische Kiefernart

kia ora – Hallo

Kiwi – flugunfähiger, nachtaktiver, brauner Vogel mit langem Schnabel; neuseeländisches Nationalsymbol. – Kleine, fleischige Frucht mit rauer, brauner Schale und grünem oder gelbem Fruchtfleisch – wird auf Englisch niemals nur *kiwi* genannt, sondern *kiwifruit*; auch unter dem Markennamen „Zespri" bekannt. – Neuseeländer; neuseeländisch (als Adjektiv verwendet).

Kiwiana – Kollektivbezeichnung für alles, was mit dem Leben und der Kultur Neuseelands verbunden ist

kiwifruit – siehe Kiwi

kumara – polynesische Süßkartoffel, ein Grundnahrungsmittel der Māori

Kupe – früher polynesischer Seefahrer aus *Hawaiki*, der die Inseln, die heute Neuseeland bilden, entdeckt haben soll

mana – die spirituelle Eigenschaft einer Person oder eines Gegenstands; Ansehen; Autorität eines Häuptlings oder Priesters

Māori – die ersten polynesischen Siedler Neuseelands

Māoritanga – die Kultur der Māori

marae – bezieht sich eigentlich auf das geheiligte Gelände vor dem Versammlungshaus der Māori, im allgemeineren Gebrauch aber auch auf den gesamten Gebäudekomplex

Maui – eine Gestalt aus der polynesischen und Māori-Mythologie

mauri – Lebenskraft/Prinzip

moa – großer, ausgestorbener flugunfähiger Vogel

moko – Tattoo; üblicherweise Gesichtstätowierung

nga – die (Artikel im Plural); siehe auch *te*

ngai/ngati – wörtlich „die

Leute von", „die Nachkommen von"; Stamm (auf der Südinsel „kai" ausgesprochen)

NZ – die Universalbezeichnung für Neuseeland; ausgesprochen „en zed"

pa – befestigte Māorisiedlung, üblicherweise auf einer Hügelkuppe

Pacific Rim – Bezeichnung für die moderne neuseeländische Küche, die regionale Produkte wie Meeresfrüchte innovativ mit den Cuisines anderer Länder kombiniert

Pakeha – Māoriwort für einen Weißen oder einen Europäer

Pasifika – die auf den Pazifischen Inseln verbreitete Kultur

paua – Abalone oder Seeohr; die Schale wird zu Schmuck verarbeitet

pavlova – Schaumgebäck mit Kiwis und Sahne

PI – Bewohner der pazifischen Inseln

poi – Ball aus gewebtem Flachs

pounamu – Māoribezeichnungfür Jade

powhiri – traditioneller Willkommensgruß der Māori beim Betreten eines *marae*

rip – gefährliche starke Strömung am Strand, die einen ins Meer hinauszieht

Roaring Forties – Meeresregion zwischen dem 40. und 50. südlichen Breitengrad, die bekannt ist für ihre häufigen Stürme

silver fern – Nationalsymbol, das u. a. die *All Blacks* und andere Nationalteams auf ihren Trikots führen; es stellt die Unterseite eines *ponga*- (Silberfarn-)Blattes dar; das nationale Netball-Team sind die Silver Ferns

sweet, sweet as – fantastisch, großartig

tapu – eine starke Macht im Leben der Māori mit zahlreichen Ausprägungen; in der einfachsten Bedeutung heißt es so viel wie „heilig", „verboten" oder „tabu"

te – der, die, das (Artikel); siehe auch *nga*

te reo – wörtlich „die Sprache"; Māorisprache

tiki – Kurzform von *hei tiki*

tiki tour – reizvolle Strecke; Rundweg

tramp – Wanderung durch die Natur, Trekking-Tour

tuatara – prähistorisches Reptil aus der Zeit der Dinosaurier

tui – einheimische Vogelart

wahine – Frau

wai – Wasser

wairua – Geist

Waitangi – gemeint ist der Vertrag von Waitangi

waka – Kanu

Warriors – Neuseelands beliebter Rugby-League-Club, der in der australischen NRL spielt

Wellywood – Wellington (in Anspielung auf die dort blühende Filmindustrie)

zorbing – Funaktivität, bei der man in einem aufblasbaren PVC-Kugel einen Hügel hinunterrollt

Hinter den Kulissen

WIR FREUEN UNS ÜBER EIN FEEDBACK

Post von Reisenden zu bekommen ist für uns ungemein hilfreich – Kritik und Anregungen halten uns auf dem Laufenden und helfen, unsere Bücher zu verbessern. Unser reiseerfahrenes Team liest alle Zuschriften genau durch, um zu erfahren, was an unseren Reiseführern gut und was schlecht ist. Wir können solche Post zwar nicht individuell beantworten, aber jedes Feedback wird garantiert schnurstracks an die jeweiligen Autoren weitergeleitet, rechtzeitig vor der nächsten Nachauflage.

Wer Ideen, Erfahrungen und Korrekturhinweise zum Reiseführer mitteilen möchte, hat die Möglichkeit dazu auf www.lonelyplanet.com/contact/guidebook_feedback/new. Unter www.lonelyplanet.de/kontakt erreichen uns Anmerkungen speziell zur deutschen Ausgabe.

Hinweis: Da wir Beiträge möglicherweise in Lonely-Planet-Produkten (Reiseführern, Websites, digitale Medien) veröffentlichen, ggf. auch in gekürzter Form, bitten wir um Mitteilung, falls ein Kommentar nicht veröffentlicht oder ein Name nicht genannt werden soll. Wer Näheres über unsere Datenschutzpolitik wissen will, erfährt das unter www.lonelyplanet.com/privacy

DANK VON LONELY PLANET

Wir danken den Reisenden, die mit der letzten Ausgabe unterwegs waren und uns nützliche Hinweise, gute Ratschläge und interessante Begebenheiten übermittelt haben:

Sain Alizada, Ian Baker, Sal Bolton, Iain Cook, Erin Crampton, Alkistis Danilatou, Gary Dickman, Hans Elander, Jack & Deidre Evans, Nadine Haas, Rüdiger Heß, Jinghan Di, Shona Leisk, Jeroen Loopstra, Kathy Manville, Kelly McFaden, Thomas Michel, Yu Morikawa, Chuck Perso, Phillip Roullard, Olivia Rowland, Gary Salloum, Kerstin Stiegler, Lukas Toma, Jean Tuck, Lisa Wilkie

DANK DER AUTOREN

Charles Rawlings-Way

Ich danke den vielen großzügigen und kenntnisreichen Neuseeländern, die mir unterwegs begegnet sind, ganz besonders den Mitarbeitern der i-SITES von Hastings, Whanganui und New Plymouth, die alle meine Fragen unglaublich rasch zu beantworten wussten. Ein großes Dankeschön geht an Tasmin Waby, die mich beauftragt hat, und an ihr großartiges Team im Verlag. Ein riesiger Dank gebührt aber auch meinen unermüdlichen, klugen und professionellen Mitstreitern – Lee, Sarah, Peter und Brett. Vor allem aber danke ich natürlich Meg, Ione und Remy, die die Stellung gehalten haben, bis ich zurück war.

Brett Atkinson

Ich danke allen Mitarbeitern der i-SITES, beim DOC und in den diversen Informationsbüros, die meine Fragen geduldig beantwortet haben. Ein Hoch auf die fantasievollen Küchenchefs und engagierten Craft-Beer-Brauer von Neuseeland, deren Erzeugnisse mich unterwegs gestärkt haben, und auf Carol, die mich bei Ausflügen zu Stränden, Inseln, in die Hauptstadt und zu den Hobbits unterstützt hat. Und natürlich danke ich meinen Mitautoren – dem besten Team, das man sich nur wünschen kann. Sehr dankbar bin ich Tasmin Waby bei Lonely Planet, die mir erneut die Gelegenheit gegeben hat, das Land der Kiwis noch gründlicher kennenzulernen.

Sarah Bennett & Lee Slater

Ein Dankeschön an alle, die uns unterwegs behilflich waren, darunter die Mitarbeiter der Touristenbüros und beim DOC, der Reiseanbieter – und viele andere Reisende. Danke auch an Freunde und Familie, die Platz genug hatten für den Campervan, einen Kühlschrank für die Flaschen – und die uns auf wichtigen Recherchereisen begleitet haben. Und natürlich danken wir unseren Mitautoren für die kameradschaftliche Unterstützung – und wie immer Tasmin Waby, die unser Team angeführt hat.

Peter Dragicevich

Sehr zu Dank verpflichtet bin ich Hamish, Jill und John Blennerhassett in Wanaka, Scott und Sophie Kennedy in Queenstown, Michael Wilson in Invercargill und Joanne und Phil Cole auf Waiheke Island. Ganz besonders danke ich Michael Woodhouse für seine freundliche Begleitung auf dem Weg nach Otago. Und ich danke natürlich meinen Freunden und Verwandten in Auckland, die sich in den Bars und Restaurants der Stadt gemeinsam mit mir den Bauch vollgeschlagen haben: gute Arbeit!

QUELLENNACHWEIS

Die Daten in den Klimatabellen stammen von Peel MC, Finlayson BL & McMahon TA (2007), Aktualisierte Weltkarte der Köppen-Geiger-Klimaklassifikation, *Hydrology and Earth System Sciences*, 11, 1633-44.

Abbildung auf dem Umschlag: Kratersee des Mount Ruapehu im Tongariro National Park auf der Nordinsel, Danita Delimont Stock / AWL ©.

ÜBER DIESES BUCH

Dies ist die 6. deutsche Auflage von *Neuseeland*, basierend auf der mittlerweile 18. Auflage von *New Zealand (Aotearoa)*. Verfasst wurde das Buch von Charles Rawlings-Way, Brett Atkinson, Sarah Bennett, Peter Dragicevich und Lee Slater. Dieses Team war bereits für die 17. und 16. Auflage verantwortlich. Betreut wurde der Band überdies von folgenden Mitarbeitern bei Lonely Planet:

Verantwortliche Redakteurin Tasmin Waby

Projektredaktion Elizabeth Jones, Tracy Whitmey

Leitung der Kartografie Diana Von Holdt

Layout Michael Buick

Redaktionsassistenz Imogen Bannister, Michelle Bennett, Nigel Chin, Gabrielle Innes, Jodie Martire, Kristin Odijk, Gabrielle Stefanos, Saralinda Turner

Assistenz der Kartografie Hunor Csutoros, Corey Hutchison, Rachel Imeson

Bildredaktion für den Umschlag Naomi Parker

Dank an Anita Banh, Jennifer Carey, David Carroll, Daniel Corbett, Ryan Evans, Andi Jones, Lauren Keith, Karyn Noble, Darren O'Connell, Mazzy Prinsep, Kirsten Rawlings, Diana Saengkham, Dianne Schallmeiner, Eleanor Simpson, Angela Tinson, Anna Tyler, Dora Whitaker

Register

Karten **000**
Abbildungen **000**

Karten **000**
Abbildungen **000**

Karten **000**
Abbildungen **000**

REGISTER M–N

Karten **000**
Abbildungen **000**

Z

Kartenlegende

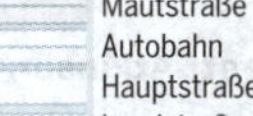

Sehenswertes

- Strand
- Vogelschutzgebiet
- Buddhistisch
- Burg/Schloss/Palast
- Christlich
- Konfuzianisch
- Hinduistisch
- Islamisch
- Jainistisch
- Jüdisch
- Denkmal
- Museum/Galerie/Hist. Gebäude
- Ruine
- Sento-Bad/Onsen
- Shintoistisch
- Sikh-Religion
- Taoistisch
- Weingut/Weinberg
- Zoo/Naturschutzgebiet
- andere Sehenswürdigkeit

Aktivitäten, Kurse & Touren

- Bodysurfing
- Tauchen/Schnorcheln
- Kanu/Kajak
- Kurse/Touren
- Ski fahren
- Schnorcheln
- Surfen
- Schwimbad/Pool
- Wandern
- Windsurfen
- andere Aktivität

Schlafen

- Schlafen
- Camping

Essen

- Essen

Ausgehen & Nachtleben

- Ausgehen & Nachtleben
- Café

Unterhaltung

- Unterhaltung

Shoppen

- Shoppen

Praktische Information

- Bank
- Botschaft/Konsulat
- Krankenhaus/Arzt
- Internet
- Polizei
- Post
- Telefon
- Toilette
- Touristeninformation
- andere Information

Landschaft

- Strand
- Hütte
- Leuchtturm
- Aussichtsturm
- Berg/Vulkan
- Oase
- Park
- Pass
- Picknickmöglichkeit
- Wasserfall

Bevölkerung

- Hauptstadt (National)
- Hauptstadt (Staat/Provinz)
- Stadt/Großstadt
- Ort/Dorf

Verkehrsmittel

- Flughafen
- Grenzübergang
- Bus
- Seilbahn
- Radfahren
- Fähre
- Metrohaltestelle
- Monorail
- Parkplatz
- Tankstelle
- S-Bahn-Haltestelle
- Taxi
- Bahnhof/Zugstrecke
- Tram
- U-Bahn-Station
- anderes Verkehrsmittel

Hinweis: Nicht alle hier aufgeführten Symbole sind in den Karten zu finden

Verkehrswege

- Mautstraße
- Autobahn
- Hauptstraße
- Landstraße
- Verbindungsstraße
- Piste
- unbefestigte Straße
- Straße in Bau
- Platz/Fußgängerzone
- Treppen
- Tunnel
- Fußgängerbrücke
- Wanderung
- Wanderung mit Abstecher
- Wanderpfad

Grenzen

- internationale Grenze
- Bundesstaat/Provinz
- umstrittene Grenze
- Regional/Vorort
- Gewässergrenze
- Klippen
- Mauer

Gewässer

- Fluss, Bach
- periodischer Fluss
- Kanal
- Wasser
- Trocken-/Salz-/periodischer See
- Riff

Fläche

- Flughafen/Landebahn
- Strand/Wüste
- Friedhof (christlich)
- Friedhof (anderer)
- Gletscher
- Watt
- Park/Wald
- Sehenswertes (Gebäude)
- Sportanlage
- Sumpf/Mangroven

UNSERE AUTOREN

Charles Rawlings-Way

Taranaki & Whanganui, East Coast (Nordinsel), Wellington Engländer von Geburt, Australier durch Zufall, All-Blacks-Fan aus freiem Willen: Charles' Wissen über Aotearoa war zunächst eher begrenzt (Schafe, Berge, Schafe auf Bergen ...). Er erkannte, dass es da noch mehr geben musste, als ihm ein weit gereister Onkel 1981 die Nachbildung eines Jade-Tiki mitbrachte. Er trug es mit Stolz, bis er 1982 die beigen Trikots des neuseeländischen Kricket-Teams sah ... Der schneebedeckte Gipfel des Mount Taranaki, Napiers Art-déco-Erbe und Whanganuis unkonventioneller Charme halfen ihm zu vergeben: Charles ist hingerissen von Neuseelands geisterhaften Landschaften, seinen entwaffnend freundlichen Einheimischen und deren Entschlossenheit, ihr Schicksal selbst in die Hand zu nehmen. Charles schrieb auch den Abschnitt „Reiseplanung", „Neuseeland verstehen" und die Kapitel „Allgemeine Informationen" und „Verkehrsmittel & -wege".

Brett Atkinson

Bay of Islands & Northland, Waikato & Coromandel Peninsula, Taupo & Central Plateau, Rotorua & Bay of Plenty Brett wurde in Rotorua geboren und lebt heute in Auckland. Gern erkundete er für diese Ausgabe die obere Hälfte der Nordinsel von Neuseeland. Bei Exkursionen nach Northland, zur Coromandel Peninsula und zum Tongariro National Park standen ihm die Urlaubsreisen mit der Familie in Kindertagen vor Augen, und auch die Wiederentdeckung seiner Heimatstadt weckte viele Erinnerungen. Bei Lonely Planet hat Brett über Ziele in Europa, Asien und am Pazifik recherchiert, als Reise- und Gastronomiejournalist war er bereits in rund 50 Ländern unterwegs. Über seine aktuellen Erlebnisse berichtet er auf www.brett-atkinson.net

Sarah Bennett & Lee Slater

Marlborough & Nelson, West Coast (Südinsel), Christchurch & Canterbury Sarah und Lee haben sich auf Reisen durch Neuseeland spezialisiert, wobei ihr Schwerpunkt auf Outdoor-Abenteuern liegt: Wandern, Mountainbiken und Campen. Sie haben bereits an fünf Auflagen dieses Reiseführers mitgearbeitet, außerdem an Wanderführern über ihr Land. Mehr über die beiden unter www.bennettandslater.co.nz. Von Sarah und Lee stammen außerdem die Beiträge über Ski- & Snowboardfahren, übers Wandern und „Neuseeland extrem".

Peter Dragicevich

Auckland, Dunedin & Otago, Queenstown & Wanaka, Fiordland & Southland Nachdem er beinahe zehn Jahre für internationale Reiseführerverlage tätig war, ist Peter endlich zurückgekehrt – in seine Heimatstadt Auckland. Als Zeitungsredakteur hat er dort in den 1990er-Jahren über Kunst und über die Club- und Bar-Szene berichtet. Beim Neuseeland-Band von Lonely Planet ist er jetzt bereits zum fünften Mal mit an Bord; für Lonely Planet hat er zwar auch an Dutzenden anderen Titeln mitgewirkt, aber Neuseeland bleibt sein absolutes Lieblingsziel.

Mehr über Peter unter:
http://auth.lonelyplanet.com/profiles/peterdragicevich

Beiträge von ...

Professor James Belich verfasste das Kapitel „Geschichte". James gehört zu Neuseelands renommiertesten Historikern und gewann Preise für *The New Zealand Wars*, *Making Peoples* und *Paradise Reforged*. Außerdem arbeitet er fürs Fernsehen: *New Zealand Wars* wurde in Neuseeland im Jahr 1998 ausgestrahlt

Toy Horwitz steuerte den Kasten „James Cook" im Kapitel „Geschichte" bei. Tony wurde als Reporter und Sachbuchautor mit dem Pulitzerpreis ausgezeichnet. Seine Begeisterung für Cook und das Reisen führte ihn nach Neuseeland, Australien und in den Pazifikraum, herauskam dabei das Buch *Cook: Die Entdeckung eines Entdeckers*, eine Mischung aus Cook-Biografie und Reisebericht.

John Huria (Ngai Tahu, Muaupoko) ist der Verfasser des Kapitels „Die Kultur der Māori". Als Redakteur, Forscher und Autor beschäftigt er sich in erster Linie mit diesem Thema. Beim Māori-Verlag Huia war er Chefredakteur, jetzt leitet er mit Ahi Text Solutions Ltd (www.ahitextsolutions.co.nz) sein eigenes Unternehmen für Redaktions- und Verlagsdienstleistungen.

Josh Kronfeld verfasste den Kasten über das Surfen im Kapitel „Neuseeland extrem". Der frühere Flügelstürmer der All Blacks wurde durch seine Leidenschaft für das Surfen an Neuseelands Stränden zur Legende. Dank seiner Reisen im Namen des Rugby konnte John weltweit weitere Breaks testen.

Gareth Shute hat im Kapitel „Kunst & Musik" den Beitrag über die Musik verfasst. Er hat schon vier Bücher veröffentlicht, darunter *Hip Hop Music in Aotearoa* und *NZ Rock 1987–2007*. Als Musiker und Mitglied der Ruby Suns und Brunettes hat er schon an Tourneen nach Australien und Europa teilgenommen. Derzeit musiziert er in der Indie-Soul-Gruppe The Cosbys.

Vaughan Yarwood aus Auckland schrieb das Kapitel „Natur & Umwelt". Zu Vaughans Büchern zählen: *The History Makers: Adventures in New Zealand Biography; The Best of New Zealand, a Collection of Essays on NZ Life and Culture by Prominent Kiwis*, bei dem er auch Herausgeber ist; und die Regionalgeschichte *Between Coasts: from Kaipara to Kawau*. Vaughan hat an vielen Publikationen in Neuseeland und aller Welt mitgewirkt und war früher Mitherausgeber von *New Zealand Geographic*, für das er viele Jahre schrieb.

DIE LONELY PLANET STORY

Ein uraltes Auto, ein paar Dollar in den Hosentaschen und Abenteuerlust, mehr brauchten Tony und Maureen Wheeler nicht, als sie 1972 zu der Reise ihres Lebens aufbrachen. Diese führte sie quer durch Europa und Asien bis nach Australien. Nach mehreren Monaten kehrten sie zurück – pleite, aber glücklich –, setzten sich an ihren Küchentisch und verfassten ihren ersten Reiseführer *Across Asia on the Cheap*. Binnen einer Woche verkauften sie 1500 Bücher und Lonely Planet war geboren. Heute unterhält der Verlag Büros in Melbourne (Australien), London und Oakland (USA) mit über 600 Mitarbeitern und Autoren. Sie alle teilen Tonys Überzeugung, dass ein guter Reiseführer drei Dinge tun sollte: informieren, bilden und unterhalten.

Lonely Planet Global Limited
Unit E, Digital Court,
The Digital Hub,
Rainsford Street,
Dublin 8,
Ireland

Verlag der deutschen Ausgabe:
MAIRDUMONT, Marco-Polo-Str. 1, 73760 Ostfildern,
www.lonelyplanet.de, www.mairdumont.com,
lonelyplanet-online@mairdumont.com

Chefredakteurin deutsche Ausgabe: Birgit Borowski

Übersetzung: Dr. Dagmar Ahrens, Dr. Birgit Beile-Meister, Petra Dubilski, Beatrix Gehlhoff, Marion Gieseke, Dr. Martin Goch, Christiane Gsänger, Christel Klink, Dr. Annegret Pago, Dr. Thomas Pago, Christiane Radünz, Jutta Ressel M.A., Manuela Schomann, Beatrix Thunich, Karin Weidlich

An früheren Auflagen haben außerdem mitgewirkt:

Berna Ercan, Tobias Ewert, Derek Frey, Karen Gerwig, Marion Gref-Timm, Christina Kagerer, Laura Leibold, Britt Maaß, Marion Matthäus, Ute Perchtold, Claudia Riefert, Dr. Christian Rochow, Erwin Tivig; Dorothee Büttgen, Monika Grabow, Stefanie Gross, Joachim Henn, Christina Jacobs, Jürgen Kucklinski, Robert Kutschera, Raphaela Moczynski, Annika Plank, Andrea Schleipen, Linde Wiesner, Theresa Zuhl

Redaktion und technischer Support: CLP Carlo Lauer & Partner, Riemerling

MIX
Papier aus verantwortungsvollen Quellen
FSC® C018236

Neuseeland
6. deutsche Auflage Januar 2017, übersetzt von *New Zealand (Aotearoa) 18th edition*, September 2016, Lonely Planet Global Limited

Printed in Poland